三朝北盟會編

上

（附索引）

［宋］徐夢莘 撰

上海古籍出版社

圖書在版編目（CIP）數據

三朝北盟會編：附索引 /（宋）徐夢莘撰．—上海：上海古籍出版社，2019.5（2023.4 重印）
ISBN 978-7-5325-9171-8

Ⅰ．①三… Ⅱ．①徐… Ⅲ．①中國歷史—宋代—編年體 Ⅳ．① K244.043

中國版本圖書館 CIP 數據核字（2019）第 059142 號

三朝北盟會編（附索引）

（全二册）

［宋］徐夢莘　撰

上海古籍出版社出版發行

（上海市閔行區號景路159弄1-5號A座5F　郵政編碼 201101）

（1）網址：www.guji.com.cn

（2）E-mail：guji1@guji.com.cn

（3）易文網網址：www.ewen.co

常州市金壇古籍印刷廠有限公司印刷

開本 787×1092　1/16　印張 130.25　插頁 10

2019 年 5 月第 1 版　2023年 4月第 4 次印刷

印数：2，101-2，600

ISBN 978-7-5325-9171-8

K·2626　定價：680.00 元

再版説明

《三朝北盟會編》是記載宋代徽宗欽宗高宗三朝宋金和戰史事的編年體史書，資料詳贍，爲宋金關係史的研究者所必備。我社曾於一九八七年影印出版該書，鄧廣銘先生爲之作序。二〇〇八年重新印行，並編製《人名索引》、《所見書名篇名索引》、《所見書篇志作者索引》，附於書後。出版至今，已逾十年，早已售罄，現再度印行，以方便讀者。

上海古籍出版社　二〇一九年

影印《三朝北盟會編》序

《三朝北盟會編》二百五十卷，宋徐夢莘撰，是研究宋金關係史的重要文獻。

徐夢莘字商老，臨江軍清江縣（今屬江西省）人，生於北宋欽宗靖康元年（一一二六年），南宋高宗紹興二十四年（一一五四年）進士，歷任廣西、湖南北州縣官，荆湖北路安撫司參議官，代行荆湖北路帥事三個月。寧宗開禧三年（一二〇七年）病逝，年八十二。綜觀徐夢莘的一生，正如樓鑰在爲他所作的《墓誌銘》中所説：「仕宦幾五十年，居閑之日爲多。」

樓鑰在《墓誌銘》中還説，徐夢莘「俊敏篤學，至忘饑渴寒暑，讀書過眼輒不忘，通貫經史百家」。勤奮、博學是他成爲一代史家的基本條件。「尤熟晉、宋、南北、五代事」，熟悉歷史上南北分裂的史事，爲他研究南北對峙的現實提供了借鑒。他對於「自熙豐、元祐以來名公奏議及出處大致無不該綜」。這都爲徐夢莘撰寫《三朝北盟會編》奠定了堅實的基礎。

《三朝北盟會編》起政和七年（一一一七年），迄紹興三十二年（一一六二年），「上下四十五載間，具列事實。制、敕、詔、誥國書，奏、疏、記、序、碑、志之文，有史所不載者，搜掇無遺，成二百五十卷，又有綱目一册，并藏於家」。除宋官私記載外，尚有金諸録十種，總計用書二百種以上，搜羅極爲宏富。其中對「宋金通和用兵之事，悉爲銓次本末，年經月緯，按日臚載」。檢索閲讀，均極方便。在全書於光宗紹熙五年（一一九四年）完成之後，值「史官方修《高宗皇帝實録》，修撰楊公輔率同僚十人奏乞取公所編之書」。慶元二年（一一九六年），即《會編》成書後之第三年，「詔臨江軍給筆札抄録以進」。此後李心傳編撰《建炎以來繫年要録》，就加以參考引用；到元朝擬修遼宋金史時，當時的大學者袁桷在其所上《修遼宋金史搜訪遺書狀》（《清容居士集》卷四一）中，也把它列爲應加搜訪的遺書之一。可見在它成書之後，就受到從事於官私史書的著述者的如何重視。在今天，它更是與李燾的《續資治通鑒長編》、李心傳的《建炎以來繫年要録》鼎足而三的編年體宋代史學巨著。

徐夢莘傾注畢生精力撰著此編，是有着極爲明確的目的性的。他在《自序》中説：「嗚呼！靖康之禍，古未有也。夷狄爲中國患久矣！……是皆乘草昧、凌遲之時，未聞以全治盛際遭此其易且酷也。」他爲此而痛心疾首，欲求究竟，認爲「誤國首惡罪有在矣」，此其一；「文吏武將望風降走」，此其二。他在《會編》全書中臚列出不少這類資料。

他在《自序》中又説：「縉紳草茅，傷時感事，忠憤所激，據所聞見，筆而爲之記録者，無慮數百家。然各有所同異，事有疑信，深懼日月寖久，是非混淆，臣子大節，邪正莫辨，一介忠款，湮没不傳。」所以把各種歧異記載咸會於一，避免因歲月之推移而致是非混淆，邪正莫辨。

他在《自序》中還説：「其辭則因元本之舊，其事則集諸家之説，不敢私爲去取，不敢妄立褒貶。」他所采取的這種辦法，使得許多種原始資料，其中包括大量的今已散佚的宋金官私著述都被保存下來。而對於引用資料之不予改動，既爲《三朝北盟會編》的一大特點，也是它的一大優點。而這一特點和優點，對於後來的研讀此書者説來，却正提供了思辨和考索的廣闊場地。

儘管《三朝北盟會編》在成書之後就極爲歷代的史學家所重視，而從南宋直到清代中葉，它却一直只有鈔本流傳，并無任何人爲之刻版印行。清乾隆中編修《四庫全書》時，其所據以著録之《三朝北盟會編》之底本，自然也只能是一個鈔本。這個鈔本乃是經清人吴城、江聲等人校讎過的一個本子。當四庫館臣收録此書之時，任正總裁的于敏中曾致函總纂官陸錫熊説：「《北盟會編》歷來引用極多，未便輕改。或將其偏駁處於《提要》中聲明，仍行鈔録，似亦無妨。但此難於遥定，或俟相晤時取一二册面爲講定何如？」（《于文襄手札》）然而後來仍然是把他們認爲違礙的字樣，由纂修官平恕等一一加以篡改了。

由於幾百年的輾轉傳鈔，在各個鈔本之間，無不存在着一些訛誤、脱漏以及文句甚至段落先後顛倒之處，即使經過著名學人讎勘者，也仍不能悉數予以訂補和校正。到晚清光緒四年（一八七八年），如皋人袁祖安假得川人方功惠所藏鈔本，用木活字排印了五百部，這是最早的印本。但其所據底本既多蠹蝕殘損，排印時校勘亦極不精審。到光緒三十四年（一九〇八年），清苑人許涵度鑒於活字本「奪譌特甚」，便又從陶家瑶假得修四庫時所用底本刻印行世。凡經四庫館臣塗抹的字句，均照原鈔刻作正文，四庫館臣改入之文字則一律跨注正文之下。此刻本首尾完整，遠勝於活字本。但訛脱之處，仍所難免。如他本之作「毛毛可」者，此本概作「毛可」等等。當刻版時又疏於校勘，以致有許多訛脱之字句均勘正於每卷後之校勘記中。但與活字本相較，固已遠爲優勝。所以上海古籍出版社現在要把許刻本影印行世，我覺得這是十分恰當的。

我相信，這個影印本出版之後，定會使海内外研究宋金對峙時期歷史的同道們感到極大的方便，從而會使這一歷史時期的研究工作得到長足進展的。

鄧廣銘　一九八七年二月

三朝北盟會編目録

校刊三朝北盟會編序

古有外患無專恃外交以立國者至宋而國體一變政和七年前求和契丹七年後求和於金以拒之契丹亡而宋岌乎不能支和局愈不可問至紹興中葉完顏亮自斃始稍稍行成四十餘年南北邦交金史既病其缺漏宋史則疏舛之與蕪雜又兼病焉若李燾通鑑長編李心傳繫年要錄皆私家著述之善者然長編闕徽欽二朝要錄亦僅紀高宗事均不足爲今日考鏡之資惟臨江徐商老殫見洽聞取材一百九十六種以成是編錄敘時事不加論斷而宋金交涉已朗若列眉題曰北

盟蓋注意於和拒得失而爲專門外交史權輿也夫國與國交往往判榮辱於一舉一動爭權力於一字一言訂約少疏增幣鉅萬而其他之相因而起者且日甚一日卽欲挽救而無復可爲後之人推原禍始將爬羅剔抉於當日籌議情形與夫往來關鍵以資法戒則是編之繫人家國豈淺尠哉惜向係傳藁雖經鈔入四庫汔無剞劂近行聚珍本舛譌特甚余藩蜀得舊鈔於陶星如太守家瑤乃乾隆間吳甌亭朱映滑江艮庭彭文勤諸博雅校正者洵善本也公暇署加讐對益致慽於聚珍之誤又懼孤帙之久而軼焉爰撥廉金如干兩屬唐百川觀察鴻學付諸手民外交家鑑古知今致慨於北盟屢寒界碑有足東盟西盟每下愈況欲求絕學於專史妙運用於一心必將家置一編奉商老爲不祧少祖則是刻也豈僅僅爲當時和拒乖方虛寄隱痛云爾哉工既竣表數語簡端以餉後之謀國者光緒三十四年太歲戊申清苑許涵度撰

此書經武林吳氏吳門朱氏傳校數過最證多本予得之後有增益世無副刪輾轉誤鈔斯其最善矣乾隆丁未詳校四庫全書以此帙為底本平寬夫陳伯茶兩學士刪其偏謬之辭對音改從
欽定國語解重鈔入
文瀾閣者是也既竟附誌　重陽後七日元瑞并書

余校勘是編頗費歲月今年夏江聲先生借觀後改正不下百餘字其有功於是書不淺而余前此開卷之際忽不勝自愧云

乾隆乙丑中秋後三日趙學文記

乾隆辛卯秋朱文藻校於汪氏書齋

乾隆丙申夏小石復校

按夢莘字商老臨江人入宋儒林傳是編起政和七年終紹興三十二年一時事蹟登載靡遺可補正史之闕名曰北盟蓋深有慨乎契丹之不可棄女真之不可親自撤藩籬誰為捍蔽及乎戎馬踐郊危如壓卵言和言戰訖無定論青城之禍海上之盟寔在我至紹興則無所為盟矣曰人心之感發將帥之忠勇直抵黃龍夫豈虛語而匿怨忍恥一和再和直至海陵自斃而始得偏安此又作者所隱痛而不敢明言姑托標題以示微旨歟世無印本傳鈔日久脫落淆亂不僅魯魚帝虎之憾而編內所引群書存者又十不得三四無從是正其有散見文集說部志乘中者悉行校勘庶稱善本云

乾隆己未冬月吳城記

三朝北盟會編序

嗚呼靖康之禍古未有也夷狄爲中國患久矣昔在虞周猶不免有苗玁狁之征（刪夷狄至此二十一字）漢唐以來如冒頓之圍平城佛狸之臨瓜步頡利之盟渭上此其盛（改作甚）者又其盛（改作甚）則屠各陷（改作入）洛耶律入汴而已是皆秉草昧凌遲之時未聞以全治盛際遭（刪此字改作顛覆）如此其易且酷（刪此二字）也揆厥造端誤國首惡罪有在矣迨至臨難無不恨焉當其兩河長驅而來使有以死捍敵青城變議之日使有以死拒命倘可挫其凶（刪此字）焰而折其姦（刪此字）鋒惜乎仗節死義之士僅有一二而媮生瞎

利之徒雖近臣名士俯首承順惟恐其後文吏武將望風降走比比皆是使彼公肆凌籍知（刪使彼至此七字）無人焉故也尚忍言之哉縉紳草茅傷時感事忠憤所激據所聞見筆而爲記錄者無慮數百家然各有所同異事有疑信深懼日月寖久是非混淆臣子大節邪正莫辨一介忠款湮沒不傳於是取諸家所說及詔敕制誥書疏奏議記傳行實碑誌文集雜著事涉北盟者悉取銓次起政和七年登州航海通虜之初終紹興三十二年逆亮犯淮（改作海陵淮上）敗盟之日繫以日月以政宣爲上帙靖康爲中帙建炎紹興爲下帙總名曰三朝北盟會編盡四十有六年分二百五十卷其辭則因元本之舊其事則集諸家之說不敢私爲去取不敢妄立褒貶參考折衷其實自見使忠臣義士亂臣賊子善惡之迹萬世之下不得而掩沒也自成一家之書以補史官之闕此會編之本志也若夫事不主此皆在所畧嗣有所得續繫於後如洪內翰邁國史李侍郎燾長編并四繫錄已上太史氏茲不重錄云閼逢攝提格紹熙五年十二月嘉平日朝散大夫充荆湖北路安撫司參議官賜緋魚袋臣徐夢莘謹序

三朝北盟會編

書目

宣和錄
封有功編年
王安中入燕錄
徐偉忠謀錄
小有清虛洞隱客軀手錄
骨鯁集
幼老春秋
北征紀實 蔡絛

茆齋自敘 馬擴訪
使北錄
裔夷刪此二字謀夏錄一云金人請盟叛盟本末汪藻○刪注十字
燕雲奉使總錄 趙良嗣
奉使金國行程錄 許亢宗
平燕錄
陷燕錄 許採
南歸錄 沈琯
太上道君北狩行錄 王若沖
靖康錄 朱邦基

靖康別錄
靖康小錄
靖康後錄
靖康遺錄 沈良
靖康傳信錄 李綱
靖康要盟錄
靖康城下奉使錄 鄭望之
山西軍前和議奉使錄 李若水
孤臣泣血錄 丁特起
痛定錄 呂本中

汴都錄
河東逢虜刪此二字記 隆宣幹闕名
金人犯闕改作入汴記
靖康陷虜刪此二字皇族記
燕雲錄 趙子砥
朝野僉言 夏少曾
朝野僉言後序 陳規
避戎改作兵夜話 石茂良
京師記聞
靖康小史 何烈

吉州布衣周南仲書
王之道論和議書
又上魏矼書
又上曾統書
吳璘與金人鳳翔合喜孛堇改作喀齊喀貝勒書
上皇帝書論淮西軍事書
上皇帝書闕姓氏
柯宋英論可憂者三書
程宏圖言先務有四書
崔淮夫上宰相論金人畫一劄子

趙適乞撫存北虜改作燕人劄子
許翰論和戰等事劄子
言蔡京劄子
李綱上太上皇表劄
李綱辭樞密乞宮祠劄子
李綱姚古章疏
侍御史胡舜陟論禦戎刪此二字置總管劄子
余應求論和戰劄子
秦檜論兵機三事劄子
陳公輔乞戒大臣究心邊事劄子

李若水乞救中山劄子
胡舜陟乞救中山劄子
汪藻上宰相乞道君還闕劄子
楊時論姚古不救太原劄子
胡舜陟言政事宜反正劄子
林遹轉對劄子
李綱三策奬諭詔謝表附
胡寅乞罷遣使劄子
楊造乞罷和議劄子
王十朋乞用人望劄子

馮方論虜人刪此二字敗盟議論措置之策劄子
沈介論備敵封事
林栗上宰相乞進軍恢復劄子
孫覿辭免自辯狀
又辯事僞楚劄子
孫偉題跋奏劄
汪藻條具事宜狀
知南外宗正勸進三狀
李綱答詔條具利害奏狀奬諭詔謝表附
汪丞相伯彥奏

秦丞相檜奏
參政李柄　張守　王綯
黃門顔岐
樞密韓肖胄
丞相朱勝非奏
呂丞相頤浩十論
汪藻乞通好大石改作達實林牙劄子
范如圭乞罷和議劄子
劉焞進狀
鄧肅論叛逆臣寮劄子

崔鶠論蔡京劄子
范成大攬轡錄
傳察墓誌李邴
种師道行狀折彥質
李翼行狀續觰
劉韐忠顯神道碑宇文虛中
忠愍曲周李若水事迹
副使節使王履事迹
宇文虛中保闕記安成之
呂頤浩行狀董平

唐重墓誌劉令。舊校云歸震川本作劉岑
吳玠神道碑王綸
王彥四廂行狀續觷
朱勝非行狀
韓世忠神道碑趙雄
韓世忠墓誌孫績
洪皓行狀洪适
張邵行實
張燾行狀
張浚行狀

墓誌張栻
趙令晟碑
文集
雜著
報狀
金國諸錄
亡字刪此遼錄歸正官史愿
金國文具錄洪皓
金虜國改作節要歸正官張滙
松漠記聞洪皓

金虜圖經 改作 歸正官張棣 一曰金虜誌
正隆事迹 歸正官張棣
神麓記 苗耀
北記 范仲熊
煬王江上錄
金虜字 此部曲族帳錄
征蒙記 僞官李大諒

三朝北盟會編書目終

三朝北盟會編卷一

政宣上帙一

起政和七年七月四日庚寅盡政和八年四月二十七日己卯

政和七年秋七月四日庚寅登州守臣王師中奏有遼人蓟州漢兒高藥師僧郎榮等以舟浮海至文登縣詔師中募人同往探問以聞

先是政和元年朝廷差童貫副鄭允中奉使遼人有馬植者潛見童貫於路植燕京霍陰人涉獵書傳有口才能文辭長於智數見契丹爲女眞侵暴改作伐邊害益深盜賊蠭起知契丹必亡陰謀歸漢說貫以邊事是時童貫奉密旨使覘其國於是約其來歸植數上書奏上喜賜姓李名良嗣蔡京童貫力主之以圖取燕時薛嗣昌和詵侯益揣知朝廷有意幽蓟並迎合附會倡爲北事和詵知雄州以厚賂結納朔方豪傑士多歸之以收燕山圖來上又中山守張杲高陽關安撫吳玠亦獻議燕雲可取河東經略薛嗣昌得河朔諜人之辭往往潤色以希禁密意每陛對論及北事輒請興師嗣昌又委代州安撫王機探伺遼人之隙陳攻取之策時武應等州屢來投附機悉接納

又有王師中全家來忻代上詔令師中知登州以伺其事然未有以發會是年登州奏有遼人船二隻爲風漂達我駝磯島乃高藥師曹孝才及僧郎榮率其親屬老幼二百人因避亂欲之高麗爲風漂至州具言遼人以渤海變亂因爲女眞侵暴改作伐女眞軍馬與遼人爭戰累年爭奪地土已過遼河之西今海岸以北自蘇復至興瀋同咸州悉屬女眞矣登州守王師中具以奏聞上命中使押詣蔡京第令與童貫僉議京貫因同具奏國初時女眞常奉貢此二字改作遣使來而太宗皇帝屢市馬女眞改作其地其後始絕今不若降詔遼故事以市馬爲名令人訪其事體虛實如何上可之詔登州守臣王師中募人同高藥師等齎市馬詔泛海以往探問其後通好女眞議舉兵相應夾攻滅遼國家禍變自是而始

蔡絛北征紀實曰政和元年童貫副鄭允中奉使北虜改作庭時虜酋改作遼主天祚欲與童貫一相見因使貫覘其國北討之意已形於此而中外未知也然其時虜酋改作天祚方肆縱欲見貫者但希中國玉帛奇玩而已而中國寖侈亦自是而始故貫所齎奇腆至運二浙髹漆之具火閤書櫃牀椅之屬悉往以遺之相誇

尚而已貫回其所得珍玩亦甚厚允中以尚書爲奉使而貫以節度使爲之副皆非故事也至二年有燕人馬植來歸上遣承受童師敏齎御筆但書馬植二字傳旨詢問可納否然馬植者已自藏於童貫家矣植後賜姓李名之曰良嗣俄又賜姓趙累遷至修撰虜（改作遼）人以爲言中國但謂無有然虜時（改作遼主）已昏亂雖來索亦不急也故良嗣得以安良嗣又時時論遼人事宜以動朝廷且謂天祚者乃是弑其祖老國主而自立言多擺闔童貫遂繇登州海道使之以使女眞天下之釁自此始焉

封有功編年曰政和五年歲次乙未春三月辛未朔二日壬申大遼李良嗣密遣人來雄州投蠟彈云天慶五年三月四日遼國光祿卿李良嗣謹對天日齋沐裁書拜上安撫大師足下良嗣族本漢人素居燕京霍陰自遠祖已來悉登仕路雖披裘食祿（改作食祿北朝）不絕如綫然未嘗少忘堯風欲褫左衽（改作投中國）而莫遂其志比者國君嗣位以來排斥忠良引用羣小女眞侵陵官兵奔北盜賊蠭起攻陷州縣邊報日聞民罹塗炭宗社傾危指日可待邇又天祚下詔親征女眞（刪此二字）軍民聞之無不惶駭揣其軍情無有鬭志良嗣雖愚戇無知度其事勢遼國必亡良嗣日夜籌思偷生無地因省易繫有云見幾而作不俟終日語不云乎危邦不入亂邦不居良嗣久服先王之教敢佩斯言欲舉家貪生南歸聖域得復漢家衣裳（刪得復至此六字）以酬素志伏望察良嗣忱誠不妄憫恤轍魚代奏朝廷速俾向化儻蒙睿旨允其愚懇預叱會期俯伏前去不勝萬幸和詵具其事聞奏上令太師蔡京太尉童貫共議可否十日庚辰京與貫奏云自古招徠國之盛德又況遼國用兵軍民不附良嗣歸明故當收留乞敕和詵密諭會期後詵令良嗣會期以四月

一日夜入境夏四月庚子朔良嗣等夜分越界河初九日戊申良嗣入雄州庭參上謁詵詵使人掖上廳各具禮贐是日詵奏朝廷有旨令良嗣赴闕十八日丁巳良嗣見於延慶殿上親臨軒慰勞禮優異上問所來之因卽奏曰臣國主天祚皇帝耽酒嗜音禽色俱荒斥逐忠良任用羣小遠近生靈悉被苛政比年以來有女眞阿骨打（改作阿固達）者知天祚失德用兵累年攻陷州縣加之潰卒尋爲內患萬民罹苦遼國必亡願陛下念舊民遭塗炭之苦復中國往昔之疆代天譴責以順伐逆王師一出必壺漿來迎願陛下速

行薄伐脫或後時恐爲女眞得志蓋先動則制人後動則制於人上嘉納之遂賜姓趙授朝請大夫秘閣待詔

又曰朝廷既有意於燕雲而蔡京爲國興利以備兵興支用仍行香茶鹽礬等法令州縣立遞年租額以最殿考其賞罰守令奉行罔敢少怠又有和糴均糴對糴銜糴以備軍食〇（舊校云一本無銜糴二字）累年於茲民力遂罷所在商人賣法重獲厚利朝廷糴本元降州縣輸納者實未嘗得悉爲官吏所有天下多故京啟之也

八月三日戊午登州守王師中既被詔乃選擇將吏得七人各借進武校尉差平海軍指揮兵船同高藥師等行

二十二日丁丑高藥師等下船往女眞

藥師等既至彼境北岸相望女眞巡海人兵多不敢近船幾爲邏者所害遂復回

政和八年正月三日丙戌高藥師等回至青州

高藥師至青州還奏謂雖已到彼蘇州界望見岸上女眞兵甲多不敢近而回守臣崔直躬奏其事於是上爲赫怒專下宣撫司委童貫措置應元募借官過海人并將校一行并編配遠惡委王師中選有智勇能吏再與藥師過海體問事宜通好女眞軍前講買馬舊好降御筆通好女眞事監司帥臣並不許干預如違並以違御筆論

四月二十七日己卯遣武義大夫馬政及平海軍卒呼延慶同高藥師等過海至女眞軍前議事

童貫與王師中選馬政可委呼延慶善外國語又辦船同將校七人兵級八十人同高藥師去女眞軍前

太宰鄭居中奏乞守盟誓罷遣女眞人使

時太宰鄭居中奏乞罷使女眞之人又於朝堂責蔡

京曰朝廷欲遣使入女眞軍前議事夾攻大遼出自李良嗣欲快己意公爲首臺國之元老不守兩國盟約輒造事端誠非廟算且在昔章聖皇帝與大遼昭聖立誓至今幾二百年兵不識刃農不加役雖漢唐和戎未有我宋之策也公何以遂興此舉且兵者不祥之器勢不獲已卽可暫用昔景德中遼人舉國來寇（政作侵）眞宗用宰相寇準之策親征後遣使議和自此守約不復盜（政作入）邊者三十九年及慶歷中契丹聚兵境上以求關南地爲名仁宗用富弼報聘增幣觀眞宗仁宗意不欲動兵恐害生靈堅守誓約至今

一百十四年四方無虞今若遵主上棄約復燕恐天怒夷改作民怨切再熟慮無遺後悔事繫宗廟豈可輕議又況用兵之道勝負不常苟或必勝則府庫乏於犒賞編戶困於供役蠹國害民莫過此也脫或不勝則患害不測京曰上厭歲幣二十萬匹兩故有此意居中曰歲幣五十萬匹兩比之漢世和單于歲尚給一億九十萬西域七千四百八十萬則今與之歲幣未爲失策又後漢永平初中諸羌反十四年當時用兵用財二百四十億永和後復經七年用八十萬億且前古之王豈忍以中國之富塡於盧山之壑委於狼望之北哉蓋聖人重惜生民之本也載在史策非妄言也京曰上意已決豈可沮乎居中曰使百萬生民肝腦塗地公實使之未知公異日如何也遂作色而起

知樞密院事鄧洵武。舊校云洵武字子常綰之子見清波別志上書乞守誓罷兵保境息民

鄧洵武家傳曰時上意頗動欲興師蔡京謀起燕兵洵武屢折之而蔡京密啟於上不令洵武預議洵武乃約童貫到樞密院具以利害曉之貫反說洵武曰樞密在上前且承當取商量也商量得十來年裏不

要相拗官家上方有意相公如此說話恐爲他人所奪語已而笑洵武知京貫之意遂請間見力陳宗社大計請以上意令京條對又上奏曰雍熙中常有此舉是時曹彬出河北潘美出河東趙普在南陽聞之上疏切諫彬美卒無功而還因出趙韓王疏本與曹潘傳進讀曰陛下審視今日謀議之臣孰如趙普將帥之良孰如彬美甲兵精練孰如國初以太宗之神武趙普之謀略彬美之爲將百戰百勝征伐四克而獨於燕雲乃至挫衄況在今日何可輕議且百年盟誓一朝棄之何以令吾民告敵國乎誠恐兵革一動中國昆蟲草木皆不得而休息矣上大悟翼日語京曰北事難做則休祖宗盟誓違之不祥京色變其議遂寢契丹既衰宰相王黼復爲兼弱攻昧之言以動上心洵武復從容爲上言曰自西方用兵禁旅減耗近差郊祀立仗人不能足數使天下常如今日治安固無可言設有風塵之警可爲寒心上爲之動容因勸上宜保境息民謹備自治無啟邊釁王黼言當兼弱攻昧臣獨謂不若推亡固存也方今非獨兵勢如此而又財用匱乏民力彫弊人皆知之無敢言者臣今取諸路廉訪使者所奏去年兵食實數作旁通册

願陛下置之御座時賜御覽則天下虛實可知且與强女眞爲鄰孰若與弱契丹乎議復止

樞密之孫鄧椿跋曰右先樞密諫發燕雲事勾龍中丞如淵雖書之恐未信於後世又嘗求汪公應辰跋其尾汪公曰此段已編入徽考刪定實錄中矣馮少卿方手錄於家後求其眞蹟藏於九襲以示子孫先樞密掌兵西府不順宰相深引太宗趙普曹彬潘美以爲龜鑑有死不從旣公歿黼始遂前議云某卽公黼卽王黼前議卽兼弱攻昧之說輕談之誤以致敗國事塗炭生靈殆今腥羶河洛者幾五十許年（刪殆今至此十二字）則兼弱攻昧之說勝也悲夫

朱勝非秀水閒居錄曰政和末知雄州和詵奏契丹益發燕雲之兵燕民日離叛有董龐兒者（○舊校云龐歸本俱作龍）率衆爲劇寇契丹不能制蔡京時領三省事僥倖一切之功遂招龐兒許以燕地王之龐兒上表自號扶宋破虜大將軍（刪破虜二字）董才後歸朝賜姓名趙詡者是也乞遣兵爲援期取中國故地京大喜乃更戍朔方陝右之兵命江外州軍製袍帶欲以冠帶新民鄧洵武子常知樞密院爲京言南北通好久矣今信一叛虜（改作賊）之言而欲敗百年之盟不可京不聽是

時童貫以太師樞密院總邊事洵武又爲貫言西北虜（改作敵）勢强弱不同度我之力能制彼乎恐兵連禍結卒無已時貫亦不聽洵武乃疏伐燕利害二十七條名曰北伐問目皆有注其一云出師之名注云恃此盟誓百年不見兵革絕之必有名以令吾民以告敵國餘類此又錄趙普諫太宗北征疏同奏上皇頗嘉納北議爲之緩至宣和初竟出師矣董才者易州遼水人少貧賤沈雄果敢號董龐兒募鄉兵戰女眞敗績主將欲斬之才由是亡命山谷遂爲盜剽掠州縣衆至千人契丹患其蹂踐才踰飛狐靈邱入雲應武朔斬牛欄監軍函其首來獻政和七年知岢嵐軍解潛招降之并其黨以聞其表有云受之則全君臣之大義不受則生胡（改作秦）越之異心上召見董才陳契丹可取之狀甚切賜姓趙名詡

趙普諫伐燕疏（○舊校云按宋文鑑所載此疏題曰雍熙三年請班師意同語異殊不可解又云李燾長編所載此疏亦與此不同）並劄子附於此疏曰武勝軍節度使臣趙普右臣自二月中伏覩忽降使臣差般糧草及詳敕命知取幽州旣奉指揮尋行科配非時舉動莫測因由邇後雖聽捷音未聞成事稍稽剋復俄及炎蒸飛芻輓粟以猶縶擐甲持戈而未已民疲師

老將恐有之臣自此月以來轉增疑慮潛思陛下萬幾在念百姓爲心聖略神功舉無遺算至於平收浙右力取河東成後代之英奇雪前朝之憤氣四海咸歸於掌握十年時致於雍熙唯彼番戎豈爲敵對遷徙高舉自古難得制之前代聖帝明王無不置於化外任其隨逐水草皆以禽獸畜之此際官家删番戎至此四十四字改作契丹二字何須掛意必是有人扶同諂佞誑惑聰明因舉不急之兵稍涉無名之議非論曲直且覺淹延將成六月之征頗有千金之費以茲忖度深抱憂虞竊念臣雖寡智謀粗親墳典千古興亡之理得自

簡編百王善惡之徵聞於經史其間禍淫福善莫不如影隨形焕若丹青明如日月嘗爲大訓歷代寶之臣讀史記見漢武時主父偃徐樂嚴安輩所上書及唐元宗時宰相姚元崇直奏十事可以坐銷患害立致昇平惟慮至尊未能留意醫時救弊無出於斯又聞前事爲後事之師古人是今人之則據其年代雖則不同量彼是非必然無異輒思抄錄專具進呈伏望聖慈特垂披覽謹列逐件如後云云伏念臣謬以庸材叨居顯位幸逢千年之運深承二聖之知從白屋而上丹霄非由智略出卑僚而登極位只是遭逢

恩施何啻於車輿報效不如於犬馬粗懷性識常積驚惶所恨者齒髮衰殘精神減耗既不能獻謀闕下又不能效命軍前惟有微誠書章上奏今者伏見朝廷大興禁旅遠伐征戎改作輒事遠征驅百萬戶之生靈咸當輦運致數十州之地土半失耕桑則何異爲鼷鼠而發機將明珠而彈雀所得者少所失者多且於得少之中猶難入手更向失多之外別有關心前未見於便宜可垂意於詳酌臣又聞聖人不凝滯於物見可而進知難而退理貴變通情無拘執故前聖謂事苦則慮易兵久則變生臣之愚誠深懼於此秦始皇

之拒諫終累子孫漢武帝之回心轉延宗社如忽邇晚恐失機宜而況旬朔之間便爲七月竊慮內地先困邊廷早涼北狄改作地則弓勁馬肥轉難擒制中國則民疲師老應誤指呼臣今獨興阻衆之言深負違天之過輒陳狂瞽抑有其由竊以暮景殘光能餘幾日酬恩報義正在今時恐勞宵旰之憂甯避僭踰之罪慮希聖聽早議抽軍聊爲七縱之謀別有萬全之策伏望皇帝陛下安和寢膳惠養疲羸長令外戶不扃永使邊烽罷警自然殊方慕化率土歸仁暨四夷以來王料契丹而安往又何必勞民動衆賣犢買刀

有道之事易行無爲之功最大如斯弔伐是謂萬全
臣又竊料陛下非次興兵恐因偏聽其柰人多獻佞
事欠防微大凡小人輩各務身謀誰思國計或承宣
問皆不直言盡解欺君常憂敗事得之則姦邪獲利
失之則社稷懷憂昨者直取幽州未審孰爲謀者必
無成算俱是誑言其於虛實之間此際總應彰露臣
既不知頭主無以指摘姓名伏望官家尋其尤者特
正姦人之罪免傷聖主之明所貴詐僞悛心忠臣盡
力共畏三千之法同堅八百之基臣於此時欲吐肺
肝先寒毛髮驚疑猶豫數日沈思又念往哲臨終尚

能屍諫微臣未死爭忍面諛明知逆耳之言不是全
身之計但緣恩同卵翼命直鴻毛將酬國士之知豈
比衆人之報投荒棄市甘當此日之誅竊祿偷安不
造來生之業惟祈聖明特賜察量更有細微別具劄
子冒犯冕旒臣無任傾心瀝膽憂國忘家涕泗旁惶
激切屏營之至劄子曰臣濫守藩方聊知稼穡竊見
當州管界滿前多是荒涼戶小民貧程遙路僻量其
境土五縣中四縣居山驗彼人家三分內二分是客
昨來差配甚覺艱辛伏緣自此直至莫州往來四千
餘里或是無丁有稅須至雇人般糧每斗雇召之貲

賤者不下五百元配二萬石數約破十萬貫錢且如
本戶自行費用無多所校乃是二萬家之貧戶出此
十萬貫之見錢所以典業賣牛十閒六七其間兼有
鬻男女者亦有棄性命者仍加善誘偶副嚴期自從
起發去來已及八十餘日近知內有人戶纍纍私刦
鄉村皆云裝起軍糧未有送納去處原無口食在取
盤纏雖不辨其虛眞又難行於審覆訪聞街坊竊議
前後說得多般稱被契丹圍卻軍營兼被刦卻糧草
及令尋看皆卻隱藏蓋緣臣無以知軍前事宜祇聽
得外面消息況九重密事不應洩於朝廷柰百姓流

言已相傳於道路詳其住滯必有艱難伏乞聖慈早
令停罷更或遲久轉費糧儲潛思今日人情不可再
行差配如或再有徭役決定廣有逃移假令收下幽
州邊境轉廣干戈未息忽然生事未見理長必因有
僭濫之徒姦邪之黨但說契丹時逢幼主地有災星
以此爲詞曲中聖旨不審戎改作人情上下幽州俱此
生涯土宿照臨關外○舊校云關字疑域未可以征討若彼能
同衆意縱惡主以難輕不順羣情無災星而亦敗誠
宜守道事貴無私如樂禍以求功竊慮得之而不武
此蓋兩省少昌言之士靈臺無絕藝之人而況補缺

拾遺合專思於規諫天文歷算須預定於吉凶成茲誤失之尤各負疏虞之罪若無愆責何戒後來

邵伯溫曰崇甯中居洛因過仁王僧舍得葉子冊故書一篇乃趙中令諫太宗皇帝伐燕疏幷劄子其疏與國史所載大略相似有不同者劄子則惟見於此太宗晚喜佛中令因其所喜以諫云伯溫竊聞太祖一日以幽燕地圖示中令問所以取幽燕之策中令曰圖必出曹翰太祖曰然又曰翰可取否中令曰翰可取孰可守太祖曰以翰守之中令曰翰死孰可代太祖不語久之曰卿可謂遠慮矣太祖自此絕口不

言伐燕至太宗因平河東乘勝欲搗燕薊時中令鎮鄧州故有是奏太宗下詔褒其言嗚呼中令從祖宗定太平尙以取幽燕爲難近時小人竊大臣之位者乃建議結女眞滅大遼取幽薊卒致天下之亂悲夫

賜進士出身頭品頂戴四川等處承宣布政使司布政使淸苑許涵度校刊

三朝北盟會編卷第一終

三朝北盟會編卷一校勘記

自蘇復至興滁同咸等州(脫等字) 上安撫太師足下(太誤作大) 自遠祖已來(已應作以) 良嗣歸明(明一作朝) 上親臨軒慰勞禮優異(一作慰勞禮畢) 呼延慶善外國語又辨博(辨博誤作辦船) 公何以遠與此舉(遠誤作遂) 至今一百七十四年(脫七字) 上厭歲幣五十萬匹兩(五誤作二) 又後漢永平初中(平字衍) 且前古帝王(帝誤作之) 遂請閒日(日誤作見) 公既殁(誤作既公殁) 迨今腥羶河洛者(迨誤作殆) 必是有人附同謟佞(附誤作扶) 恩施何啻於車輿(車輿一作轅魚) 可垂意於詳酌(垂意一作重失) 滿前多是荒涼(滿一作城) 原

無口食再取盤纏(再誤作在) 上下幽州俱此生涯(俱此一作懼其) 而況補缺拾遺(缺應作闕) 得葉子冊故書一編(編誤作篇)

三朝北盟會編卷第二

政宣上帙二

起政和八年五月二十七日戊申盡十二月二日己卯

五月二十七日戊申廣安軍草澤臣安堯臣上書乞寢燕雲兵事

書曰政和八年五月二十七日草澤臣安堯臣謹昧死裁書百拜獻於皇帝陛下臣觀商高宗嘗命傅説日朝夕納誨以輔台德説復於王曰惟木從繩則正后從諫則聖后克聖臣不命其承疇敢不祗若王之

休命臣每讀至此未嘗不掩卷歎息以爲天下萬幾一人聽斷雖甚憂勞不能盡察堂上遠於百里堂下遠於千里以九重之深而欲盡於四方萬里之遠百辟之忠邪賢佞生民之利害休戚顧不難哉是以帝王之德莫盛於納諫諫行言聽則膏澤下於民天下同臻於宴安之域社稷之利也臣聞陛下臨御之初從諫如流嘗下求言之詔曰言之不當朕不加罪於是謇諤之士冒昧自竭咸効愚忠而憸人欲杜塞言路竊弄威柄乃熒誤陛下加以詆誣之罪遂使陛下負拒諫之謗於天下久矣比年以來言事之臣朝奏夕貶天下之人結舌杜口以言爲諱乃者宦寺專命交結權臣共唱北伐之議思所以蠹國而害民上自宰執下至臺諫曾無一人肯爲陛下言者咸以前車爲戒陛下復何賴焉臣愚以爲燕雲之役興則邊隙遂開宦寺之權重則皇綱不振此臣所以日夜寒心者也臣螻蟻之微自頂至踵不足以膏陛下之斧鉞儻使上冒天威必罰無赦臣雖死無悔何憚而不言哉願畢其説以獻焉臣聞中國內也四夷外也（刪中國至此八字）憂在內者本也憂在外者末也夫天下無內憂必有外懼蓋自古夷狄之於中國有道未必服無道

未必不來（刪蓋自至此二十字）聖人以一身寄乎巍巍之上安而爲泰山危而爲累卵安危之機每不在於夷狄之服叛去來也則（刪安危至此十七字）有天下國家者必固本以釋末未嘗竭內以事外雖覊縻制禦之不失徒使爲中國之藩籬而已曷嘗與之謀大事圖大功俾憂生乎內也昔王郁説契丹入塞以擊晉兵定人皆以爲後患可不鑒哉古者夷狄憂在外今者夷狄憂在內（刪古者至此十四字）外憂之患吾能固本以釋末將賢而虜（改作敵）悄卽可翦滅其患不及中原泰山之安有足恃者內憂之懼由吾竭內以事外邦本凋殘海內虛耗

累卵之危指日可待外憂之不去聖人猶且恥之內憂而不爲之懼臣愚不知天下之所以久安而無變甚可懼也陛下亦思之乎方今天下之勢危如累卵奈何陛下不思所以固本之術委任姦臣竭生靈之膏血欲奉强胡(改作敵)以取必爭之地使上累聖德此億兆所同憂也且天生北狄謂之犬戎投骨於地奮然而爭者犬之常也今乃搖尾乞憐(刪天生至此二十七字添彼字)非畏吾也蓋(刪此字)邊境之上未有可乘之隙狼子野心(刪此四字)安得不蓄其銳而伺吾隙以逞其所大欲耶將見四夷交侵雖有智者不能善其後矣(刪將見至此十六字)

三朝北盟會編 卷二 三

昔秦始皇纘六世之餘烈既併六國南取北越之地以爲桂林象郡北築長城而守藩籬卻匈奴七百餘里其意非所以衞邊地救民死乃貪戾而欲廣大也故功未立而天下亂漢孝武資累世之積蓄財力有餘士馬强盛務恢封略圖制匈奴患其兼從西結南寇列四郡開玉門通西域以斷匈奴右臂師旅之費不可勝計至於用度不足算及舟車因之以凶年寇盜並起始棄輪臺之地下哀痛之詔豈非聖人之所以悔哉宋文帝元嘉中自比西漢文景分命諸將經略河南致拓跋瓜步之師因而國蹙陳宣帝纘業之後拓土開疆志大不已遂有呂梁之敗江左日蹙力殫財竭旋爲隋氏所滅隋煬帝負其富强之資思逞無厭之欲頻出朔方三駕遼左旌旗萬里賦斂百端四海騷然土崩魚爛喪身滅國唐太宗定海內時稱英主然而東有遼海之軍西有昆明之役師旅數動百姓疲勞雖未致於禍敗然不免有中材庸主之譏明皇開元之際宇內謐如邊將邀寵競圖戰伐西陲青海之戍遼東天門之師磧西怛邏之戰雲南渡瀘之役沒於異域數十萬人幽寇乘之天下離潰是皆窮兵貪地好功勤遠罔守持盈之道不顧勞民之弊孰若周宣中興玁狁爲害追之太原及境而止蓋不

三朝北盟會編 卷二 四

欲弊中國怒遠夷(刪此三字)也故享國日久詩人詠其美孝文專務以德化民凡有不便輒弛以利民與匈奴結和親後乃背約入盜令邊備守不發兵深入恐勞百姓是以國富刑清漢祚日永天下歸仁孝元亦納賈捐之議棄珠崖之陋後世以爲美談東漢建武中人康俗阜臧宮馬武請殄匈奴報曰捨近謀遠者勞而無功捨遠謀近者逸而有終務廣地者荒務廣德者强有其有者安貪人有者殘自是諸將莫敢復言兵事可謂深達治源者乎歷觀前代雖征討殊類(刪此)

（四字）時有異同勢有可否謀有得失事有成敗然毒痛四表瘡痍兆姓未嘗不由好大喜功竭內事外者也昔人謂國雖大好戰必亡故聖人務德不務廣土王者不治夷狄春秋亦內諸侯而外夷狄（刪王者至夷狄十六字）非謂中國之力不能制之以其言語不通贄幣不同種類乖殊法俗詭異（刪此八字）居於絕域之外山河之表崎嶇川谷險阻之地是以外而不內疏而不戚政教不及其人正朔不加其國誠不欲竭內以事外故也樊噲嘗願得十萬衆橫行匈奴中季布謂其可斬馮奉世矯詔斬莎車王宣帝議加爵賞蕭望之謂矯制

違命雖有功不可爲法恐後奉使者爲國家生事陳湯誅郅支康居匡衡劾其矯制而顓命郝靈筌斬默啜姚崇慮彼邀功者生心三朝不加賞抑有由矣是故古者天子守在四夷來則懲而禦之去則備而守之其慕義而貢獻則接之以禮羈縻不絕使曲在彼乃（刪此五字）聖王制禦夷狄（刪此四字）之常道也在昔東胡避李牧北虜憚郅都南蠻服孔明西戎畏郝玭此四人者皆明智而忠信寬厚而愛人君臣同體固守邊疆故能威震四夷胡人不敢南下而牧馬士不敢彎弓而報怨（刪在昔至此六十八字）或有僥倖一時爲國生事興造邊隙邦憲具在夫何足云我宋太祖皇帝撥亂反正躬擐甲冑總熊羆之衆當時將相大臣皆所與取天下者然卒不能下幽燕兩州之殘寇（刪之殘寇三字）豈勇力智慧不足哉蓋兩州之地犬戎所必爭者（刪兩州至此十字）不忍使吾赤子重困鋒鏑乃置而不問章聖皇帝澶淵之役以匈奴（改作契丹）大舉來寇（改作侵）不得已而與戰既戰而勝乃聽其求和遂與之盟邀巡引兵而退蓋亦欲固邦本而不忍困民力也明矣伏願陛下思祖宗積累之艱難監歷代君臣之得失杜塞邊隙務守景德舊好慎選忠義智勇之人如李牧郅都者使守

險塞而軍高壘毋戰閉關據扼荷戟而守之無使夷狄（刪此二字）乘間伺隙窺我中國（刪此四字）上以安宗廟下以保生靈豈不韙歟臣前所謂燕雲之役興則邊隙遂開者此也臣觀自古國家之敗未嘗不由宦者專政時君世主心非不知其然而因循信任不能斷而馭之故終至委靡頹弊傾覆神器不可枝梧而後已大抵此曹手執帝爵口銜天憲則臣下之死生禍福在焉出入卧內靡間朝夕巧於將迎則君心爲之必移况隆以高爵分以厚祿加之以信任以貸其威福之權哉我宋開基太祖皇帝鑒前世之弊務行剗革內

品供奉不過二十人徒使供門戶掃除之役寶元以後員數倍增祿廩從優咸平至和中洛苑使秦之翰雷有功因討王均之亂既而有功授以思州刺史自後劉保信等初無纖毫功咸起僥倖之心乃攀援前文遂皆遙領團練刺史議者否之繼以明道制命出於幃幄威福假於宦寺斜封墨勅授之匪人委用漸大茲風一扇先朝之典制盡廢當時臺諫以死爭之期必行而後已今乃不然宦寺之數不知其幾但見腰金拖紫充滿朝廷處富貴之極忘分守之嚴專總威權決議中禁蔽九重之聰明擅四海之生殺懷諂

諛之心巧媚曲求者則舉而登用勵匪躬之操直情忤意者則旋見排斥以致中外服從上下屏氣府第羅列大都親族布滿丹陛南金和璧冰綃霧縠之積富侔天子嬙媛侍兒歌童舞女之玩僭擬後宮狗馬飾彫文土木被緹綉更相援引同惡相濟一日再賜一月累封爵祿極矣田園廣矣金繒溢矣奴婢官矣縉紳士大夫盡出其門矣非復向時掖廷永巷之職闈閫房闥之任也皇綱何由而振邪是以賢才嗟譪志士窮棲莫此爲甚昔人謂宦者專而國命危艮有以也臣布衣賤士無官守言責不敢織悉條具上瀆

聖聰請以誤國之大者童貫而論之臣謹按貫起自卑微本無知謀陛下付以兵柄俾掌典機密自出師陜右已彌歲禩專以欺君罔上爲心虛立城砦妄奏邊捷以爲己功汲引羣小易置將吏以植私黨交通饋遺鬻賣官爵超躐除授紊亂典常有自選調不由薦舉而改京秩者有自行伍不用資格而得防團者有放逐田里不應甄敘而擢登清禁者有託儒爲姦慣不知書而任以蘭省者或陵德鮮禮不通世務徒以家累億金望塵下拜公行賄賂而致身青雲者比比皆是或養驕恃勢不知古今徒以門高閥閱搖尾

乞憐僥倖請託而立登要津者紛紛接踵一時鮮廉寡恥之人爭相慕悅侵漁百姓奉其所欲惟恐居後兵戍戰士冒石傷弓生有金帛之賜死有褒贈之榮自法權歸貫紛更殆盡戰傷之卒秋毫無所得死者又誣以逃亡之罪賞罰不明兵氣委靡凱還未歌書品已崇庖人廄卒掃門執鞭之隸冒功奏賞有馴致節鉞者名器一何輕哉山西勁卒貫盡選爲親兵實自衛也方戰伐之際乇兵躬行陣之勞班師之後親兵冒無功之賞意果安在此天下所共憾而陛下恬然不顧也貫爲將帥每得內帑金帛以濟軍需悉充

私藏乃立軍期之法取償於州縣依勢作威倚法肆貪暴征横歛民不堪命將士爲之解體貫方且意氣洋洋自爲得計兇焰勃然臺諫之臣間有剛毅不回之士愛君憂國一言議及則中以危法遂使天下不敢言而敢怨歸怨陛下矣今者中外之人咸謂貫深結蔡京同納燕人李良嗣以爲謀主共唱北伐之議經營之久國既匱乏乃更方田以增常税均糴以充軍儲茶鹽之法朝行暮改民不奠居加之以饑饉迫之以重歛其勢必無以自全陛下苟能速革其弊則赤子膏血不爲此曹涸也今天下之民被茲毒蠹久

矣其貧至矣養生送死不足之恨亦深矣昔人謂刻核太至者必有不肖之心應之臣愚深恐無恆心之民以刻核太至不能自安或起不肖之心其患有至於不可禦者又况天視自我民視天聽自我民聽民積怨氣天心憫焉非朝廷福也劉蕡謂自古宦者預軍政未有不敗國喪師者其言載之青史雖愚夫愚婦莫之或非陛下儻優游不斷異時禍稔蕭牆姦生幃幄追悔何及伏願陛下擴天日之明塞險邪之路制侵凌迫脅之心復門戸掃除之役使安其分可也史臣亦謂宦者亂人之國其源深於女禍陛下何苦暱之此臣愚所不識也恭惟陛下以社稷爲心以生靈爲念思禍患於未明之機戒其所當戒更其所當更斷自宸衷決而行之無恤邪論之紛紛天下幸甚臣前所謂宦寺之權重則皇綱不振者此也臣一介草茅世食陛下之祿沐浴陛下膏澤久矣當此之時人各隱静以言爲諱臣獨輒吐狂直上觸天威非不知言出而禍從計行而身戮蓋痛紀綱之壞生靈之困變亂將起社稷將危忠憤所激有不能自已不識陛下能赦之否臣聞唐貞觀時有上封事者或不切事情文皇厭之欲加譴黜魏鄭公諫曰古者立謗木

欲聞己過封事其謗木之遺乎陛下思聞得失當咨其所陳言而是乎爲朝廷之益非乎無損於政帝悦皆勞遣之今臣惓惓非望陛下之勞遣願陛下否其所陳摭其實而行之使納諫之君不獨專美於前代臣子之至願也惟陛下裁之嗚呼犯顔逆鱗者人臣之盡忠廣覽兼聽者聖人之盛德臣之所以自處者可謂忠矣陛下所以處臣宜何如焉願少緩天誅庶開忠讜之路永保無窮之基儻或不容身首異處取笑士類臣亦不恤也臣無任昧死俯伏聽命之至臣堯臣誠惶誠恐頓首頓首謹言

童貫上平燕策

蔡絛北征紀實曰是歲童貫上平燕策大抵謂雲中根本也燕薊枝葉也當分兵撓燕薊而後以重兵取雲中其語汗漫無取蓋時貫尙未有名士大夫從之加以緣飾其姦爾

八月四日甲寅馬政同呼延慶等行

馬政同高藥師等行齎禮物令見女眞酋領(改作國主)再議舊好復依建隆雍熙以來賣馬事夾[?]可附口詔傳宣撫問遼遷議及夾攻大遼事脫或有意可言夾[?]遣使來議須密諭之遂就登州乘平海軍船去

九月二十九日戊午聖旨將安堯臣書送尙書省衆議以聞

閏九月九日戊辰馬政等下船達北岸

馬政與高藥師下海達北岸爲邏者所執奪其物屢欲殺之藥師辯論再四得免遂縛以行

二十七日丙子馬政等至女眞所居阿芝(改作安扎)川淶流(改作拉林)河

馬政被縛行經十餘州方至其酋(改作國主)所居阿芝(改作安扎)川淶流(改作拉林)河約三千餘里其用事人曰粘罕(改作尼堪)曰阿忽(改作阿呼)曰兀室(改作烏舍)皆呼郎君請問遣使之由政對以先是貴朝在大宋太祖皇帝建隆二年時常遣使來買馬今來主上聞貴朝攻陷契丹五十餘城欲與貴朝復通前好兼自契丹天怒人怨本朝欲行弔伐以救生靈塗炭之苦願與貴朝共伐大遼雖本朝未有書來特遣政等軍前共議若允許後必有國使來也阿骨打(改作阿固達)與粘罕(改作尼堪)阿忽(改作阿呼)兀室(改作烏舍)共議數日遂質登州小校王美劉亮等六人而遣使同馬政來

十一月己酉朔是日改元重和元年

十三日辛酉以安堯臣上書頗有可採除承務郎

是日御批云(舊校云是段見周煇清波別志)比緣大臣建議恢復燕雲故地安堯臣遠方書生能陳歷代興衰之迹達於朕聽臣僚咸謂毀薄時政首沮大事乞重行竄殛朕以承平日久言路壅蔽敢諫之士不當置之典刑議加爵賞僉論未允朕獨何私契勘安堯臣崇甯四年已曾許用安愔遺表恩澤奏補因得責降遂寢不行今愔雖未復舊官可特與追復正奉大夫遺表恩澤令吏部檢元狀先次補堯臣尙書吏部恭奉御筆比緣大臣云云本部尋檢到崇甯四年七月十一日都省批送下故特進安愔妻清河郡夫人張氏陳乞補

堯臣狀詳覆遵依御筆施行故追復正奉大夫愔遺表恩澤與親姪堯臣文資右擬補承務郎愔廣安軍人在哲宗朝爲樞密使主上卽位之初其子郊嘗指斥乘輿有不欲立上之語後爲族人所告勅令合州根治既得其實郊論棄市愔去十官至是復正奉大夫

十二月二日己卯馬政同女眞人渤海李善慶等來女眞發渤海人一名李善慶熟（刪此字） 女眞一名（改作二人） 小散多（改作小索多） 生女眞一名（刪此五字） 勃達（改作布達）共三人齎國書并北珠生金貂革人參松子爲贄同馬政等

俾來還禮朝覲（刪此二字）以十二月二日至登州遣詣京師

賜進士出身頭品頂戴四川等處承宣布政使司布政使清苑許涵度校刊

三朝北盟會編卷第二終

三朝北盟會編卷二校勘記

古者夷狄憂在外今者夷狄憂在內（一作古者夷狄憂在內不在外）

乃貪利而欲廣大也（利誤作戾） 其兼從西結南寇（一作其兼從西國結黨南寇乃表河曲） 豈非聖人之所以悔哉（聖人一作仁聖以字衍） 不顧勞民之弊（顧誤作願） 迫至太原（至誤作之） 乃背約入盜邊令備守（誤作入盜令邊備守） 保其有者安（保誤作有） 習俗詭異（習誤作法） 三朝終不加賞（脫終字） 而嚴軍高壘（脫嚴字） 閉關據扼（據扼一作扼險） 則君必爲之密移（密誤作必） 賚品已崇（賚誤作書） 養生送死之憾（憾誤作恨） 思禍患於未萌之機（萌誤作明） 人各隱靜以言爲諱（靜一作情） 臣亦所不恤也（脫所字）

俾來朝覲還禮（誤作還禮朝覲）

三朝北盟會編卷三

政宣上帙三

起重和二年正月十日丁巳盡其日

重和二年正月十日丁巳金人李善慶等至京師

是日李善慶等入國門館於寶相院上令蔡京童貫鄧文誥見之議事詔補善慶修武郎小散多改作小索多從義郎勃達改作布達秉義郎給全俸女眞古肅愼國也本名朱理眞番語刪此二字訛爲女眞本高麗朱蒙之遺種刪本高至此八字或以爲黑水靺鞨之種改作部而渤海之別族三韓之辰韓其實皆東夷之小國刪其實至此八字世居混同江之東長白山鴨綠水之源又名阿朮火取其河之名又曰阿芝川來流河刪又名至此十八字阿骨打改作阿固達建號曰皇帝寨至亶改曰會甯府稱上京東瀕海南隣高麗西接渤海鐵離北近室韋三國志所謂挹婁元魏所謂勿吉隋謂之黑水部唐謂之黑水靺鞨蓋其地也有七十二部落無大君長其聚落刪此七字各有酋豪改作首領分治之隋開皇中遣使貢獻文帝因宴勞之使者及其徒起舞於前曲拆皆爲戰鬭之狀文帝刪文帝至此十八字謂侍臣曰天地間乃有此物常作用兵意唐貞觀中太宗征高麗靺鞨佐之戰甚力駐蹕

之敗高延壽高惠眞以衆及靺鞨兵十餘萬來降太宗悉俾縱之獨坑靺鞨三千人刪駐蹕至此三十四字開元中其酋改作長來朝拜勃利州刺史遂置黑水府以部長爲都督刺史迄唐世朝獻不絕刪此七字五代時始稱女眞後唐明宗時常寇改作入登州渤海擊走之刪此三字契丹阿保機改作安巴堅乘唐衰亂開國北方幷谷諸番三十有六女眞其一焉阿保機改作安巴堅慮女眞刪此二字改作其爲患乃誘其强宗大姓數千戶移置遼陽之南以分其勢使不得相通遷入遼陽著籍者名曰合蘇款改作哈斯罕所謂熟女眞者是也刪所謂至此八字自咸州之東北分界入山谷至於粟沫江中間所居隸屬咸州兵馬司者許與本國往來非熟女眞亦非生女眞也刪非熟至此十字居粟沫之北甯江之東北者地方千餘里戶口十餘萬散居山谷間依舊界外野處自推雄豪爲酋刪此字長小者千戶大者數千戶則謂之生女眞刪則至此六字又有極邊遠而近東海者則謂之東海女眞多黃髮鬢皆黃目睛綠者謂之黃頭女眞刪多黃至此十六字其人戇朴刪此二字勇鷙不能辨生死刪此五字女眞刪此二字每出戰皆被以刪此字重札金甲前驅名曰硬軍種類雖一刪此四字居處綿遠不相統屬自相殘殺刪此四字各爭改作爲

長雄其地則至契丹東北隅土多林木田宜麻穀以耕鑿爲業不事蠶桑土產名馬生金大珠人參及蜜蠟細布松實白附子禽有鷹鶻海東青獸多牛羊麋鹿野狗白彘青鼠貂鼠花果有白芍藥西瓜海多大魚螃蟹冬極寒多衣皮雖得一鼠亦褫皮藏之刪多衣至此十二字皆以厚毛爲衣非入屋不徹稍薄則墮指裂膚盛夏如中國十月西北自雲中至燕山數百里皆石坡地極高去天甚近東有蘇扶等州與中國青州隔海相直多大風風順隱隱聞雞犬聲刪多大至此十一字其人則耐寒忍飢不憚辛苦食生物勇悍刪此字不畏死其

性奸詐貪婪殘忍貴壯賤老刪其性至此十二字善騎上下崖壁如飛濟江不用舟楫浮馬而渡精射獵每見鳥獸之蹤能躡而推之得其潛伏之所以樺皮爲角吹作呦呦之聲呼麋鹿添一而字射而啖刪此二字之但存其皮骨嗜酒而好殺醉則縛而候其醒不然殺人雖父母不辨也刪但存至此二十七字其俗依山谷而居聯木爲柵屋高數尺無瓦覆以木板或以樺皮或以草綢繆之牆垣籬壁率皆以木門皆東向環屋爲土床熾火其下相與刪此二字寢食起居其上謂之炕以取其煖奉佛尤謹以牛負物或鞍而乘之遇雨多張牛革以爲禦無儀

法君臣同川而浴肩相摯於道民雖殺雞亦召其君同食父死則妻其母兄死則妻其嫂叔伯死則姪亦如之故無論貴賤人有數妻刪無儀至此五十三字飲宴賓客盡攜親友而來及相近之家不召皆至客坐畢主人立而侍之至食罷衆客方請主人就坐酒行無算醉倒及逃歸則已刪此七字其衣布好白衣短巾左衽婦人辮髮盤髻男子辮髮垂後耳垂金環留顱後髮以色絲繫之刪耳垂至此十三字富者以珠玉爲飾衣黑裘○舊校云一作木棉細布貂鼠青鼠狐貉之衣貧者衣牛馬猪羊猫犬魚蛇之皮刪貧者至此十二字其飲食則以糜釀酒以豆爲醬

以半生米爲飯漬以生狗血及葱韭之屬和而食之芼以蕪荑刪以半至此二十四字食器無瓢陶無匕筯皆以木爲盆春夏之間止用木盆貯刪此三字鮮粥隨人多寡盛之以長柄小木杓子數柄回還共食刪隨人至此十九字下粥肉味無多品止以魚生獐生間用燒肉冬亦冷飲卻以木楪盛飯木椀盛羹下飯肉味與下粥一等飲酒無算只用一木杓子自上而下循環酌之刪飲酒至此十八字炙股烹脯以餘肉和菜擣臼中糜刪此三字爛而進率以爲常其禮則拱手退身爲喏跪右膝蹲左膝着地拱手搖肘動止於三爲拜其言語則謂好爲感改作賽堪或

爲賽痕改作賽音謂不好爲辣撒滿洲語邋遢也辣撒改作朗色。謂酒爲勃蘇蒙古語好酒也。勃蘇改作博囉達喇蘇謂拉殺爲蒙山滿洲語梃也。蒙山改作穆克珊不屈滿洲語已死也。不屈改作布徹赫。花不辣滿洲語該殺之謂。花不辣改作斡布噜謂敲殺曰蒙霜解見上。蒙霜改作穆克珊特姑滿洲語已打之謂。特姑改作坦塔哈又曰窪勃辣駭滿洲語令其殺之也。窪勃辣駭改作斡布哈夫謂妻爲薩那罕改作薩爾罕妻謂夫爲愛根改作額伊根其節序元日則拜日相慶重午則射柳祭天其人不知紀年問之則曰我見草青幾度以草一青爲一歲刪其人至此二十三字其婚嫁富者則以牛馬爲幣貧者則女年及笄行歌於途其歌也乃自敘家世婦工容色以申求侶之意聽者有未娶欲納之者卽攜而歸之刪貧者至此四十三字改作貧者歸後方具禮偕女來家以告父母貴游子弟及富家兒月夕飲酒則相率攜尊馳馬戲飲其地婦女聞其至多聚觀之閒令侍坐與之酒則飲亦有起舞歌謳以侑觴者邂逅相契調謔往返卽載以歸不爲所顧者至追逐馬足不遠數里刪貴游至此七十七字其攜妻歸甯謂之拜門因執子壻之禮其樂則惟鼓笛其歌有鷓鴣之曲但高下長短鷓鴣二曲而已刪但高至此十一字其疾病則無醫藥尚巫祝病則巫者殺猪狗以禳之或車載病人之深山大谷以避之其刪病則巫至此

二十四字死亡刪此字則以刃剺額血淚交下謂之送血淚死者埋之而無棺槨刪以刃起至此二十一字貴者生刪此字焚所寵奴婢刪此四字所乘鞍馬以殉之所有祭祀飲食之物盡焚之謂之燒飯其道路則無旅店行者悉主於民家主人初則拒之拒之不去方具飲食而納之苟拒而去之則餘家無復納者其市易則惟以物博易無錢無蠶桑無工匠屋舍車帳往往自能爲之其姓氏則曰完顏謂王。刪注二字赤盞謂張。刪注二字赤盞改作特嘉那懶謂高。刪注二字那懶改作納喇排摩改作費摩曰獨斥奧敦改作鄂通紇石列改作舍哩禿丹改作圖克坦婁由改作巴延滿釀剜蔓剜陀嘍改作

圖們溫迪掀改作溫特赫棹索拗兀居尼漫改作尼瑪古棹角改作哈珠嘉阿審改作阿克占孛朮律改作博多哩兀毯孛朮律改作富珠哩遇雨隆晃兀改作洪果獨頂改作通吉阿迭改作阿達烏陵改作烏凌阿蒲察改作富察烏延改作烏頁徒單改作圖克坦僕散改作布薩溫敦改作溫屯龐古唐時初稱姓拏至唐末部落繁盛共有三十酋領每酋領有一姓通有三十姓。龐古改作蒙古刪唐時至拏至七字酋改作首其官名則以九曜二十八宿爲號曰諳版孛極列大官人。諳版孛極列改作安班貝勒孛極列官人。孛極列改作貝勒其職曰忒母萬戶。忒母改作圖們萌報千戶。萌報改作明安毛可百人長。毛可改作穆昆蒲里偃牌子頭。蒲里偃改作富埒琿勃極列改作貝勒者統官也猶中國言總管云自五十戶勃極列

（改作貝勒）推而上之至萬戶勃極列（改作貝勒）皆自統兵緩則射獵急則出戰其宗室皆謂之郎君事無大小必以郎君總之雖卿相盡拜於馬前郎君不為禮役使如奴隸又有號阿盧里（改作阿喇勒）移賚孛極列（改作伊拉齊貝勒）粘罕（改作尼堪）為元帥後雖貴亦襲父官而不改其號其法律吏治則無文字刻木為契謂之刻字賦斂調度皆刻箭為號事急者三刻之殺人剽刦者掊其腦而死之其仇家為奴婢其親戚欲得者以牛馬財物贖之其贓以十分為率六分歸主而四分沒官罪輕者決柳條或贖以物貨命者則劓耳鼻以誌之其獄掘

地數丈置囚於其中其稅賦無常遇用多寡而斂之法令嚴殺人取民錢重者死其他罪無輕重悉決柳條笞背不杖臀恐妨騎馬罪極重者鞭以沙袋守一州則一州之官許專決守一縣則一縣之官許專決凡有官者將決杖之廊廡賜以酒肉官尊者決於堂上已杖視事如故其用兵則戈為前行人號曰硬軍人馬皆全甲刀梧自副弓矢在後設而不發非五十步不射弓力不過七斗箭鏃至六七寸形如鑿入輒不可出人攜不滿百隊伍之法伍什伯皆有長伍長擊柝什長執旗伯長挾鼓千長則旗幟金鼓悉備伍長戰死四人皆斬什長戰死伍長皆斬伯長戰死什長皆斬負關戰之尸以歸者則得其家貲之半凡為將皆自執旗人視其所向而趨自主帥至步卒皆自執鞚無從者國有大事適野環坐畫灰而議自卑者始議畢即漫滅之人不聞聲其密如此將行軍大會而飲使人獻策主帥聽而擇焉其合者即為特將任其事師還又大會問有功高下賞之以金帛若干舉以示眾或以為薄復增之初叛之時率皆騎兵旗幟之外各有字記小大牌子繫馬上為號每五十人分為一隊前二十人全裝重甲持棍槍後三十人輕甲

操弓矢每遇敵必有一二人躍馬而出先觀陣之虛實或向其左右前後結隊而馳擊之百步之內弓矢齊發中者常多勝則整隊而緩追敗則復聚而不散（刪此七字）其分合出入應變若神人自為戰則勝遼國沿邊置東京黃龍府兵馬都部署司咸州湯河兵馬詳穩（改作司袞）司東北路統軍司分隸之至老主道宗避宗眞廟諱改曰女直遼主歲入秋山女眞嘗從呼鹿射虎搏熊皆其職也辛苦則在前逸樂則不與然時為邊患或臣於高麗或臣於契丹叛服不常（刪或臣至此十四字）遼國謂之䵶縻酋（改作道）而已本朝建隆二年始遣使

來貢方物多名馬貂皮自此無虛歲或一歲再至雍熙中來訴契丹置三栅屯兵絕其朝貢之路乞遣兵平之眞宗爲降詔撫諭而不發兵又嘗訟高麗誘契丹侵其疆高麗陳言女眞貪殘不可信刪高麗至此十一字大中祥符三年契丹征高麗過其國乃與高麗合拒契丹女眞衆纔一萬而弓矢精强又善爲冰城以水沃而成冰堅不可上契丹大敗喪師而還至仁宗朝遂不復通中國先是建隆以來熟女眞由蘇州泛海至登州賣馬故道猶存元豐五年詔先朝時女眞常至登州賣馬後聞馬行假道爲高麗截隔歲久不至今

朝廷與高麗往還可降詔敕王徽如女眞願市馬中國者許假道而女眞之使卒不至其初酋改作部長本新羅人號完顏氏完顏猶漢言王○舊校云此下別本有女眞以其練事以七字爲酋領完顏之兄弟三人一爲熟女眞酋改作部長號萬戶其一適他國完顏年六十餘女眞妻之以女亦六十餘生二子其長卽胡來改作呼蘭也自此傳三人至楊哥改作英格太師以至阿骨打改作阿固達阿骨打改作阿固達身長八尺狀貌雄偉沈毅寡言笑顧視不常而有大志能用其人稍稍并吞傍邊部族或說以誘納叛亡或加以盜藏牛馬好則結親以和取之怒則加

兵以强掠之力農積穀練兵牧馬外則多市金珠良馬歲時進奉賂遺以通情好如此者十餘年道宗末年阿骨打改作阿固達來朝以悟室改作烏舍從與遼貴人雙陸貴人投瓊不勝妄行馬阿骨打改作阿固達憤甚拔小佩刀欲剚之悟室改作烏舍急以手握鞘阿骨打改作阿固達止得其柄揕其胷不死道宗怒侍臣以其强悍咸勸誅之道宗曰吾方示信以待遠人不可殺或以王衍縱石勒張守珪赦安祿山終致後害爲言亦不聽卒歸之天祚嗣位天祚遼國第九代耶律延禧號天祚立未久當中國崇寧之間漫用奢侈宮禁競尚北珠北珠者皆北中來

榷場相貿易天祚知之始欲禁絕其下謂中國傾府庫以市無用之物此爲我利而中國可以困憊聽之而天祚亦驕汰遂從而慕尙焉北珠美者大如彈子小者若梧子皆出遼東海汊中每八月望月色如晝則珠必大熟乃以十月方採取珠蚌而北方冱寒九十月則堅冰厚已盈尺矣鑿冰没水而捕之人以爲病焉又有天鵞能食蚌則珠藏其嗉又有俊鶻號海東青者能擊天鵞人旣以俊鶻而得天鵞則於其嗉得珠焉海東青者出五國五國之東接大海自海東而來者謂之海東青小而俊健爪白者尤以爲異必

求之女眞每歲遣外鷹坊子弟趣女眞發甲馬千餘人入五國界即海東巢穴取之與五國戰鬬而後得其後女眞不勝其擾加之沿邊諸帥如東京留守黃龍府尹等每到官各管女眞部族依例科斂拜奉禮物各有等差所司燮倖邀求百出又有使者號天使佩銀牌每至其國必欲薦枕者則其國舊輪中下戶作止宿處以未出室女侍之後使者絡繹恃大國使命惟擇美好婦人不問其有夫及閥閱高者刪又有至此六字十四女眞浸忿由是諸部皆怨叛潛附阿骨打改作阿固達咸欲稱兵以拒之天慶二年春天祚混同江釣魚

舊例諸國酋刪此二字改作部長盡來獻方物宴會犒勞使諸酋改作部長歌舞爲樂至阿骨打改作阿固達但端立正視辭以不能天祚謂蕭奉先曰阿骨打改作阿固達筵上意氣雄豪可託一邊事殺之不然恐貽後患奉先諫而止阿骨打改作阿固達自宴漁河歸即懷異志疑遼見伐粘罕改作尼堪曰迎風縱棹順坂走丸禍至速矣不如乘其無備先併隣國聚衆爲備以待其變於是併東瀕西渤二海部族用粘罕改作尼堪骨捨改作古紳兀室改作烏舍爲謀主參與論議以銀珠割改作尼楚赫移烈改作伊蘭婁宿改作羅索闍母改作棟摩等爲將帥阿骨打改作阿固達有度量善

謀粘罕改作尼堪善用兵好殺刪此二字骨捨改作古紳剛毅而強忍粘罕兄事骨捨在內則骨捨坐粘罕上在外則粘罕坐骨捨上○注粘罕均改作尼堪骨捨均改作古紳兀室改作烏舍奸猾改作通變而有才自製女眞法律文字成其一國國人號爲珊蠻改作薩滿珊蠻改作薩滿者女眞語巫嫗也以其變通如神粘罕改作尼堪之下皆莫能及大抵數人皆黠虜也刪此八字天慶四年率兵叛遼會集各部全裝軍二千餘騎首犯改作擊混同江之寧江州攻刪此字破之殺戮無噍類刪此五字大敗渤海之衆獲甲馬三千又敗蕭嗣先於出河店改作珠赫店又敗淶流改作拉林河黃龍府咸州好草峪四路都統誅殺不可勝計丁

壯即加斬截嬰孺貫槊上欒舞爲樂所過赤地無餘刪丁壯至此二十一字侵併諸路僉揀強人壯馬充軍遂有鐵騎十萬餘天祚下詔親征粘罕兀室改作尼堪烏舍僞請爲卑哀乞降者既示衆反以求戰嫚書上之天祚大怒下詔有女眞作過大軍盡底翦除之語阿骨打改作阿固達聚諸酋改作部以刀剺面仰天哭曰始與汝輩起兵共苦契丹殘擾而欲自立國爾今吾爲若卑哀請降庶幾免禍顧乃盡欲翦除非人人效死戰莫能當也不若殺我一族汝等迎降可以轉禍爲福諸酋改作部皆羅拜於帳前曰事已至此惟命是從以死拒之天

祚率番漢兵十餘萬車騎亘百里鼓角之聲旌旗之色震耀原野自長春路分路而進與女眞兵會女眞乘契丹未陣急擊之天祚大敗衆軍潰走遂攻掠慶饒等州陷東京黄龍府又陷蘇復渤海遼陽所管五十四州殺戮漢民計數百萬(删此八字)又渡遼長春兩路大肆併吞意(删此五字)有楊朴者鐵州人少第進士累官至秘書郎說阿骨打(改作阿固達)曰匠者與人規矩不能使人必巧師者人之模範不能使人必行大王創興師旅當變家爲國圖霸天下謀萬乘之國非千乘所能比也諸部兵衆皆歸大王今力可拔山塡海而不

能革故鼎新願大王册帝號封諸番傳檄響應千里而定東接海隅南連大宋西通西夏北安遠國之民建萬世之鎡基興帝王之社稷行之有疑禍如發矢大王如何阿骨打(改作阿固達)大悅吳乞買(改作烏奇邁)等皆推尊楊朴之言上阿骨打(改作阿固達)尊號爲皇帝國號大金以水名阿祿阻爲國號阿祿阻女眞語金也(删以水至此十七字)以其水產金而名之故曰大金(删此四字)猶遼人以遼水名國也○(舊校云以水名至此皆小注誤入正文)改元收國令韓企先訓字以王爲姓以旻爲名楊朴又稱說自古英雄開國或受禪或求大國封册遣人使大遼以求封

册其事有十乞徽號大聖大明者一也國號大金者二也玉輅者三也袞冕者四也玉刻印御前之寶者五也以弟兄通問者六也生辰正旦遣使者七也歲輸銀絹十五萬兩匹者八也(蓋分大宋歲賜之半)割遼東長春兩路者九也送還女眞阿鶻產(改作阿古齊)趙三大王者十也天祚付南北院大臣會議蕭奉先等悉從所請遂差靜江軍節度使奚王府監軍蕭習泥烈(改作實訥埒)翰林學士楊勉充封册使副歸州觀察使張孝偉太常少卿王甫充慶問使副衛尉少卿劉湜充管押禮物官將作少監楊邱忠充讀册文官册文云○(舊校云此文見金小史)朕對天地之閟休荷祖宗之丕業九州四海屬

在統臨一日萬幾敢忘重愼宵衣爲志嗣服宅心眷惟肅愼之區實界扶餘之俗土濱巨浸財布中區雅有山川之名承其父祖之構碧雲袤野固宜梃於巨材皓雪飛箱嚋不推於絕駕章封屢報誠意交孚載念遙芬宜膺多戩是用遣蕭習泥烈(改作實訥埒)等持節備禮策爲東懷國至聖至明皇帝嗚呼義敦友睦地列豐腴惟信可以待人惟寬可以馴物戒哉欽哉式孚于休玉輅與象輅御寶玉刻東懷國印到其國楊朴以册文非是阿骨打(改作阿固達)大怒鞭其使卻回之

大宋政和七年有蘇復州民百餘戶避亂泛大海至
登州登岸具言其由登州具奏詔蔡京童貫議遣使
通好歲遣使命往來議事結盟夾攻大遼復取燕雲
故地以致用兵兆亂焉

賜進士出身頭品頂戴四川等處承宣布政使司布政使清苑許涵度校刊

三朝北盟會編卷第三終

三朝北盟會編卷三校勘記

幷吞諸國（吞誤作谷）　至於粟沫江（粟一作東）　居粟沫之北（居一
作自）　甯江之東北者（者字衍）　又有極邊遠（又有二字衍）　各
爭雄長（誤作長雄）　能躡而攉之（攉誤作推）　客坐食主人立而
待之（食誤作畢　待誤作侍）　其衣布好白衣短巾左衽（一作其衣服則衣布
好白衣短而左衽）　食器無瓢陶無匕筯（匕應作椀）　冬亦冷飲（冷誤
作冷）　木盆盛羹（盆誤作椀）　則以刃剺額（剺誤作勢）　其家人爲
奴婢（家人誤作仇家）　小大牌子繫馬上爲號（上誤作土）　前二十
人全裝重甲（全誤作金）　至遼主道宗朝（遼誤作老　脫朝字）　後聞
馬行道徑爲高麗截隔（道徑誤作假道）　卽懷異志疑遼見伐

（卽一作漸）　簽掠強人壯馬（簽誤作僉）　又渡遼東長春兩路（脫東
字）　北安遠國之民（遠一作遼）　玉輅與象輅御寶玉刻東
懷國印到其國（寶下玉字衍）

三朝北盟會編卷第四

政宣上帙四

起宣和元年三月十八日甲子盡宣和三年正月

三月丁未朔改元宣和

宣和元年三月十八日甲子差歸朝官朝議大夫直秘閣趙有開忠翊郎王瓌充使齎詔書禮物與李善慶等渡海聘金國

先是歸朝官趙良嗣趙有開議報聘女眞儀良嗣欲用國書禮有開曰女眞之酋（改作長）止節度使世受契丹封爵常慕中朝不得臣屬何必過爲尊崇（闕常慕至此十四字）止用詔書足矣問善慶如何善慶曰二者皆可用惟朝廷擇之於是從有開與善慶等至登州未行有開死會河北奏得諜者言契丹已割遼東地封女眞（改作阿骨達）爲東懷國主且妄言女眞嘗祈請契丹修好詐以其表聞於是罷使人之行止差呼延慶等用登州牒遣李善慶等歸

六月三日戊寅呼延慶至女眞軍前爲女眞所留

呼延慶至金人軍前其國主與粘罕（改作尼堪）等責以中輟且言登州移文行牒之非呼延慶答云本朝知貴朝與契丹通好又以使人至登州緣疾告終即延慶與貴朝使人同議欲得早到軍前使人既死遂權令登州作移文齎走前來使人與書不來自有此故若貴朝不與契丹通好即朝廷定別有使人共議切望明察言之不聽遂拘留呼延慶

十二月二十五日丁酉女眞遣呼延慶回

呼延慶既被留數見國主執其前說再三辯論紛拏累日而國主與粘罕（改作尼堪）兀室（改作烏舍）議論復遣呼延慶歸臨行語云跨海求好非吾家本心共議夾攻匪我求爾家爾家再三瀆吾家吾家立國已獲大遼數郡其他州郡可以俯拾所遣使人報聘者欲交結隣國不敢拒命暨聞使回不以書示而以詔詔我已非其宜使人雖卒自合復差使人止令使臣前來議事尤非其禮足見中輟本欲留汝念過在爾朝非卿罪也如見皇帝若果欲結好同共滅遼請早示國書若依舊用詔定難從也且大遼前日遣使人來欲冊吾爲東懷國者蓋本朝未受爾家禮之前常遣使人入大遼令冊吾爲帝取其鹵簿使命未歸爾家方通好後既諾汝家而遼國使人冊吾爲至聖至明皇帝當時吾怒其禮儀不全又念與汝家已結夾攻遂鞭其來使不受法駕乃本國守爾家之約不謂貴朝如此

見侮卿可速歸爲我言其所以國主遂起翌日呼延慶辭歸持其書來云契丹講好不成請復別遣人通好

二十六日戊戌呼延慶離女眞軍前

宣和二年二月二十六日丁酉呼延慶回到京師是日慶入朝奏言女眞所言之事賫到女眞文字報與遣使大遼講好不成已起兵攻上京王師中遣其子瓌同呼延慶赴闕見童貫議事

三月六日丙午詔中奉大夫右文殿修撰趙良嗣由登州往使忠訓郎王瓌副之議夾攻契丹求燕雲地歲幣等事

時童貫受密旨借其外勢以謀復燕詔趙良嗣王瓌充使副由登州以往用祖宗故事以買馬爲名因約夾攻契丹取燕雲故地面約不賫書唯付以御筆

趙良嗣燕雲奉使錄曰宣和二年春二月詔遣中奉大夫右文殿修撰趙良嗣假朝奉大夫由登州泛海使女眞忠訓郎王瓌副之以計議依祖宗朝故事買馬爲名因議約夾攻契丹取燕薊雲朔等舊漢地復歸於朝廷元奉密旨令面議別不會賫文字前去三月二十六日自登州泛海由小謝駝基小谷云駝基疑作礮地近皮島末島碁子灘東城會口皮囤島四月十四日抵蘇州關下會女眞已出師分三路趨上京良嗣自咸州會于青牛山諭令相隨看攻上京城破遂與阿骨打改作阿固達相見於龍岡致議約之意大抵以燕京一帶本是舊漢地欲相約夾攻契丹使女眞取中京本朝取燕京一帶阿骨打改作阿固達令譯者言云契丹無道我已殺敗應係契丹州域全是我家田地爲感南朝皇帝好意及燕京本是漢地特許燕雲與南朝候三四日便引兵去良嗣對契丹無道運盡數窮南北夾攻不亡何待貴國兵馬去西京甚好自今日議約既定只是不可與契丹議講和阿骨打改作阿固達云自家

既已通好契丹甚閒事怎生和得便來乞和須說與已共南朝約定與了燕京除將燕京與南朝可以和也良嗣對今日說約既定雖未設盟誓天地鬼神實皆照臨不可改也食罷約入上京看契丹大內居室相與上馬並轡由西偏門入並乘馬過五鑾宣政等殿遂置酒於延和樓良嗣有詩云建國舊碑胡日暗興王故地野風乾回頭笑謂王公子騎馬隨軍上五鑾遂議歲賜良嗣許三十萬却云契丹時燕京不屬南朝猶自與五十萬如今與了燕京如何只三十萬

辨論久之卒許契丹舊數頁嗣問阿骨打改作阿固達燕京一帶舊漢地漢州則幷西京是也阿骨打改作阿固達云西京地本不要止爲去挐阿适改作阿古須索一到阿适天祚小字。注改作阿古。若挐了阿适改作阿古也待與南朝頁嗣又言平營本燕京地自是屬燕京地分高慶裔云今所議者燕地也平灤自別是一路阿骨打改作阿固達云書約已定更不可改本國兵馬已定八月九日到西京使副到南朝便教起兵相應輒歸且言緣在軍上不及遣使前去止以事目一紙付頁嗣回約女眞兵自平州松林趨古北口南朝兵自雄州趨白溝夾攻不

可違約不如約則難依已許之約以二百騎護送東歸過鐵州遣人走馬追及別有事商量請使副回相見頁嗣回至女眞所居阿木火改作阿勒楚喀阿骨打改作阿固達言本約到西京以兵相應却爲牛疫死且回候來年約日同舉爲之劃此二字恐失信請使副見楊朴論云郎君們意思不肯將平州畫斷作燕京地分此高慶裔所見如此須着箇方便後來與粘罕改作尼堪議事論以兩朝議約旣定務在明白庶免異時計較粘罕改作尼堪問有幾事對以將來舉軍之後北兵不得過松亭古北榆關之南免致兩軍相見不測紛爭此最大事

一也其地界至臨時可以理會且先以古北松亭及平州東榆關爲界此其二也要約之後不可與契丹講和此三也西京管下爲恐妨收捉阿适改作阿古道路所有蔚應朔三州最近於南界將來舉兵欲先取此三州其餘西京歸化奉聖等州候挐了阿适改作阿古回日然後交割四也兩國方以義理通好將來本朝取了燕京却要係官錢物此無義理可便除去五也事定之後當於榆關之東置榷場六也榆關在平州之東臣屢以榆關爲言者蓋欲包平州在內也粘罕改作尼堪云所言都好但蔚應州亦恐阿适改作阿古走去彼處候我家兵馬到日來商量所

要係官財物曾思量來也係不是便待除去粘罕改作尼堪兀室改作烏舍云我皇帝從上京到了必不與契丹講和昨來再過上京把契丹墓墳宮室廟像一齊燒了已教契丹斷了通和底公事而今契丹更有甚面目來和也千萬必不通和只是使副到南朝奏知皇帝不要似前番一般中間裏斷絕了我亦曾聽得數年前童貫將兵到邊却恁空回對以此探報傳言之誤若是實曾領兵上邊只恁休得郎君亦莫輕信粘罕改作尼堪大喜云兩家都如此則甚好若要信道將來必不與契丹通和待於回去底國書內寫着打毬射柳

及所在宴飲必召同集及令上京俘獲契丹吳王妃作舞獻酒妃初已配吳王既而延禧私納之又與其下犯法故幽囚于上京且言此是契丹男婦媳且教與自家勸酒要見自家兩國歡好阿骨打改作阿固達與良嗣把盞酬酢曰契丹煞大國土被我殺敗我如今煞是大皇帝昨來契丹要通和只爲不著做兄弟以至領兵討伐自家南朝是天地齊生底國主皇帝有道有德將來只恁地好相待通好更不爭要做兄弟這箇事是天教做不恁地後怎生隔著箇恁大海便往來得我從生來不會說脫空今日旣將燕京許與南朝便如我自取得亦與南朝

於是差使副以攻破上京俘獲鹽鐵使蘇壽吉來獻其意以爲旣以燕地割隸中朝以壽吉本燕人故獻之仍以質留劉亮等六人及因風吹逐刀漁船於立等兵級二十人幷交付良嗣還朝

七月十八日丙辰金人差女眞斯剌習魯改作錫喇薩魯充回使渤海高隨大迪烏副之持其國書來許燕地

金人國書七月日大金皇帝謹致書於大宋皇帝闕下隔於素昧未相致於禮容酌以權宜在交馳於使副期計成於大事盡備露於信章昨因契丹皇帝重遣敗衄竟是奔飛改作逃京邑立收人民坐獲告和備禮册上爲兄理有未愜斥令更餙不自惟度俻有誇淹致親領甲兵恭行討伐途次有差到朝奉大夫趙良嗣忠訓郎王瓌等奏言奉御筆據燕京幷所管州城原是漢地若許復舊將自來與契丹銀絹轉交可往計議雖無國信諒不妄言已許上件所謀燕地幷所管漢民外據諸邑及當朝舉兵之後皆散到彼處餘人戸不在許數至如契丹虜誠請和聽命無違必不允應若是將來舉軍貴朝不爲夾攻不能依得已許爲定從於上京已曾遣回轉赴燕路復爲敵人遠背孳畜多疲已還士馬再命使人用報前由卽日據

捉到上京鹽鐵使蘇壽吉留守同知王民傚推官趙拱等俱貫燕城內摘蘇壽吉先行付去請發國書備言銀絹依准與契丹數目歲交仍置榷場及取前人家屬并餘二員卽當依應具形別幅冀亮遐悰令屬秋初善綏多福　有少禮物具諸別錄今差勃堇斯剌習魯改作貝勒錫喇薩魯充使大迪烏高隨充副同回前去專奉書披陳不宣謹白

九月四日壬寅趙良嗣引習魯改作錫喇薩魯等入國門錫宴於顯靜寺衛尉少卿董耘押筵館於同文館

七日乙巳止作新羅人使引見入見於崇政殿

上臨軒引習魯改作錫喇薩魯等捧國書以進見訖而退

八日丙午錫宴於童貫府第

是日諭習魯改作錫喇薩魯等今來所約惟是貴國兵馬早到西京最爲大事習魯改作錫喇薩魯等對以如一切約定本國兵馬必不失信又詔引習魯改作錫喇薩魯等以下三節人從往相國寺及龍德太乙宮燒香

十八日丙辰習魯改作錫喇薩魯等入辭于崇政殿如朝見之儀

二十日戊午習魯改作錫喇薩魯等出國門錫宴於顯靜寺艮嗣押筵王瓌充送伴差登州兵馬鈐轄武義大夫

馬政持國書及事目隨習魯改作錫喇薩魯等前去報聘約期夾攻求山後地許歲幣等事左僕射王黼共議回答國書信再差馬政隨習魯改作錫喇薩魯過海仍求割還山後雲中府地土差承節郎京西北路武學教諭馬擴隨父行

朝廷國書

九月日大宋皇帝謹致書於大金皇帝闕下遠承信介特示函書具聆啟處之祥殊副瞻懷之素契丹逆天賊義干紀亂常肆害忠良恣爲暴虐知夙嚴於軍旅用綏集於人民致罰有辭逖聞爲慰今者確示同心之好共圖問罪之師念彼羣黎舊爲赤子既久淪於塗炭思永靜於方陲誠意不渝義當如約已差太傅知樞密院事童貫領兵相應使回請示舉軍的日以憑進兵夾攻所有五代以後所陷幽薊等州舊漢地及漢民并居庸古北松亭榆關已議收復所有兵馬彼此不得侵越過關外據諸邑及貴朝舉兵之後潰散到彼餘處人戶不在收復之數銀絹依與契丹數目歲交仍置榷場計議之後契丹請和聽命各無允從蘇壽吉家屬并餘二員請依舊津遣候當秋杪益介熙純今差武顯大夫文州團練使馬政同差來使副還朝外有少禮物具諸別幅專奉書陳謝不宣

謹白

事目

樞密院奉聖旨已差馬政同來使齎國書往大金國所有到日合行理會議約事節若不具錄慮彼別無據憑今開列如後一昨來趙良嗣等到上京計議燕京一帶以來州城自是包括西京在內面奉大金皇帝指揮言我本不要西京只爲就彼拏阿适改作阿古去且留著候將來拏了阿适改作阿古都與南朝趙良嗣等又言欲先取蔚應朔三州却言候再來理會今來國

書內所言五代以後所陷幽薊等州舊漢地及漢民卽是薊涿易檀順營平并山後雲寰應朔蔚嬀儒新武皆係舊漢地也內雲州改爲西京新州改爲奉聖武州改爲歸化除山前已定外其西京歸化奉聖嬀儒等州恐妨大金兵馬夾攻來路當朝未去收復其蔚應朔三州正係兩朝出兵夾攻之處今議先次收復其西京歸化奉聖嬀儒等州候將來大金國兵馬回歸之後當朝收復一今來國書內已許盡舊日所與契丹五十萬銀絹之數本爲五代以後所陷幽薊一帶舊漢地及漢民所以言幽薊一帶便和西京在內若不如此則怎生肯

與許多銀絹一今來所約應期夾攻最爲大事須是大金兵馬到西京大宋兵馬便自燕京并應朔州入去也如此則方是夾攻則應得今來相約也若將來大金兵馬不到西京便是失約卽不能依得今來議定文字也須是早到西京以便應期夾攻其馬政回於國書內分明示及舉軍的確到西京月日貴憑相應右劄付馬政候到日卽據上件語言事節一一開說如未信憑卽出此聖旨文字并逐節照會相約不管漏落仍取的確回書庶早回歸准此繳申無致留滯者

十一月二十九日丙寅馬政至女眞

政等至女眞授以國書及出事目示之阿骨打改作阿固達不認所許西京之語且言平灤營三州不係燕京所管政不知元傳言之詳及平州元係燕地但對以唯唯遂畱虜刪此字帳前月餘議論不決虜改作金人以朝廷欲全還山前山後故地故民意皆懷疑各以爲南朝無兵戎之備止以巳與契丹銀絹坐邀漢地且北朝所以雄盛過古者緣得燕地漢人也今一旦割還南朝不惟國勢微削兼退守五關之北以臨制南方坐受其弊若我將來滅契丹盡有其地則南朝何

敢不奉我幣帛不厚我歡盟設若我欲南拓土疆彼以何力拒我又何必跨海講好在我俟平契丹仍據燕地與宋爲隣至時以兵壓境更展提封有何不可徐議未遲惟粘罕改作尼堪云南朝四面被邊若無兵力安能立國强大如此未可輕之當且良圖少留人使不妨阿骨打改作阿固達遂將馬擴隨行射獵

馬擴茆齋自敘曰阿骨打改作阿固達一日集衆酋豪改作部將出荒漠打圍射獵粘罕改作尼堪與某並轡令譯者相謂曰我聞南朝人止會文章不會武藝果如何某答以南朝大國文武常分兩階然而武有兼深文墨文

有精曉兵務者初不一概言也粘罕(改作尼堪)云聞教諭兵書及第莫煞會弓馬否某答以武舉進士取在義策弓矢特其挾色耳粘罕(改作尼堪)遂取已所佩弓授某云且煩走馬開弓願得畧見南人射弓手段某遂策馬挽弓作射物狀粘罕(改作尼堪)愕然馬行積雪中躍晴日不消至晚阿骨打(改作阿固達)召某云聞南使會開弓來日隨我射一物如何僕答以武舉射生非所長容試射之恐或有得翌早阿骨打(改作阿固達)設一虎皮坐雪上授僕弓矢各一其弓以皮為弦指一積雪使某射之再中其端阿骨打(改作阿固達)笑曰射得煞好南朝

射者盡若是乎僕答以措大弓箭軟弱不堪如在京則有子弟所長入祗候諸班直天下禁軍諸路大事藝人及沿邊敢(添一勇字)効用弓箭手保甲彼乃武藝精壯之人如某特其小小者耳良久阿骨打(改作阿固達)上馬顧大迪烏授某弓一射生箭一約云有獸起即射之行二里許一黃麞躍起阿骨打(改作阿固達)傳令云諸將未許射令南使先射某躍馬馳逐引弓一發殪之自阿骨打(改作阿固達)而下皆稱善是晚粘罕(改作尼堪)言見皇帝說射得煞好南使射中我心上快活次日還館大迪烏見先君語甚喜次日阿骨打(改作阿固達)遣其弟

詔瓦(改作碩哈)郎君賫貂裘錦袍犀帶等七件云南使能馳射皇帝賜粘罕(改作尼堪)父撒孩(改作薩哈)相公者云南使射生得中名聽甚遠可立一顯名今後喚作也力麻立(改作伊勒瑪勒)譯云善射之人也某隨打圍自來流(改作拉林)河阿骨打(改作阿固達)所居指北帶東行約五百餘里皆平坦草莽絶少居民每三五里之間有一二族帳每帳族不過三五十家自過咸州至混同江以北不種穀麥所種止稗子舂糧旋炊硬飯遇阿骨打(改作阿固達)聚諸酋(改作將)共食則于炕上用矮擡子或木盤相接人置稗子飯一盌加匕其上列以齏韮野蒜長瓜皆

鹽漬者別以木楪盛猪羊雞鹿兎狼獐麂狐狸牛驢犬(刪此二字)馬鵝雁魚鴨蝦蟆(刪此二字)等肉或燔或烹或生臠多以芥蒜汁漬沃陸續供列各取佩刀臠切薦飯食罷方以薄酒傳杯冷飲謂之御宴者亦如此自過嬪辰州東京以北絶少羊麪每晨及夕各以射到禽獸薦飯食畢上馬每旦阿骨打(改作阿固達)於積雪上以草薦一虎皮背風而坐前燎草木率諸酋(改作將)至各取所佩箭一隻擲占遠近各隨所占左右上馬放圍軍馬單行每騎相去五七步接續不絶兩頭相望常及一二十里候放圍盡阿骨打(改作阿固達)上馬去後隊

一二里立認旗行兩翼騎兵覘旗進趨凡野獸自內赴外者四圍得迎射自外赴內者須主酋（改作帥）先射凡圍如箕掌徐進約三四十里近可宿之處即兩梢合圍漸促須臾作二三十匝野獸迸走或射或擊盡斃之阿骨打（改作阿固達）復設皮坐撤火炙啗或生臠飲酒一兩盃騎散止宿阿骨打（改作阿固達）嘗言我國中最樂無如打圍其行軍步陣大概出此出獵既還乃令諸郎君家各具酒餚請南使赴飲十餘日始造國書時適元日隔夕令大迪烏具車仗召南使赴宴凌晨出館赴帳前近行五里阿骨打（改作阿固達）與其妻大夫人者於炕上設金裝交椅二副並坐阿骨打（改作阿固達）二妻皆稱夫人次者揾衣親上食物以名馬弓矢劍槊爲獻且曰臣下有邪諂姦佞不忠不孝者願皇帝代上天以此劍此弓誅殺之各跪上壽杯國主酬酌之次令南使上壽盃於國主及夫人飲畢阿骨打（改作阿固達）親遞二盃酬南使阿骨打（改作阿固達）云我家自上祖相傳止有如此風俗不會奢餙秖得這箇屋子冬暖夏涼更不別修宮殿勞費百姓也南使勿笑然當時已將上京掠到大遼樂工列於屋外奏曲薦觴彼左右親近郎君輩玩狎悅樂獨阿骨打（改作阿固達）不以

爲意殊如不聞宴畢令南使往粘罕（改作尼堪）家議事畢遣使隨馬政來

宣和三年正月金人差曷魯（改作赫嚕）大迪烏充使副持書來議夾攻

金人國書正月日大金皇帝致書於大宋皇帝闕下適紆使傳遥示音華載詳別屬之辭備形書外之意事須審而後度禮當具以先聞昨者趙良嗣等回許與燕京并所管州鎮書載若不夾攻難應已許今若更要西京只請就便計度收取如難果意冀爲報示有此所由未言舉動的期所有關封決當事後春令在始善祝多祺今差孛堇曷魯（改作貝勒赫嚕）大迪烏充國信使副有少禮物具諸別錄專奉書不宣謹白

賜進士出身頭品頂戴四川等處承宣布政使司布政使淸苑許涵度校刊

三朝北盟會編卷第四終

三朝北盟會編卷四勘記

忠訓郞王瓌充使訓誤作翊　四月十四日抵薊州關下薊誤作蘇　便教起兵相應趣歸趣誤作皷　南兵不得過松亭古北榆關之南南兵誤作北兵　候來年約日同舉爲之恐失信爲之二字一作惟　故請使副回見楊朴脫故字　其他界至他誤作地　于立等兵級二十八人于誤作於　竟見奔飛見誤作是　賫已盡許舊日所與契丹五十萬銀絹之數盡許誤作許盡　憑相應賫誤作貴　至時以兵壓境壓誤作厭　所種止稗子舂糧旋炊硬飯糧一作米硬一作粳　所有關封決當事後載知亦當熟慮脫載知亦當熟慮六字

三朝北盟會編卷第五

政宣上帙五

起宣和三年二月十七壬午盡宣和四年四月十日戊戌

宣和三年二月十七日壬午曷魯改作赫嚕至登州

先是女眞往來議論皆主童貫以趙良嗣上京阿骨打改作阿固達之約欲便舉兵應之故選西京宿將會京師又詔環慶鄜延軍與河北禁軍更戍會方臘叛貫以西兵討賊朝廷罷更戍指揮登州守臣以童貫未還留曷魯改作赫嚕等不遣曷魯改作赫嚕狷忿屢出館欲徒步至京師尋詔馬政王瓌引之詣闕

五月十三日丙午曷魯改作赫嚕至京師

是日曷魯改作赫嚕入國門差國子司業權邦彥觀察使童師禮館之未幾師禮傳旨邦彥等曰大遼已知金人海上往還難以復如前議諭遣曷魯改作赫嚕等歸邦彥等慮失其懽令師禮入奏復得旨候童貫回曷魯改作赫嚕凡留三月餘凡見辭宴犒並如習魯改作錫喇薩魯例

王黼議復國書止付曷魯改作赫嚕等還不遣使

北征紀實曰時童貫方捕方臘宣撫東南未歸而女眞使人同馬政等復至時上深悔前舉意欲罷結約

有旨喻女眞人使可復回也
八月二十日壬子發曷魯(改作赫嚕)大廸烏齎書歸本國
朝廷國書
八月日大宋皇帝致書於大金皇帝闕下遠勤專使薦示華緘具承契好之修深悉封疆之諭惟夙敦於大信已備載於前書所有漢地等事並如初議俟聞舉軍到西京的期以憑夾攻順履清秋倍膺純福今勃堇曷魯(改作貝勒赫嚕)大廸烏回有少禮物具諸別幅專奉書陳謝不宣謹白
十一月金人攻破遼人中京天祚入夾山

曷魯(改作赫嚕)自海上歸阿骨打(改作阿固達)意朝廷絕之乃命其弟固論(改作古倫)國相孛極列(改作貝勒)並粘罕(改作尼堪)兀室(改作烏舍)悉帥師渡遼而用降將余覩(改作伊都)爲前鋒正月十四日以勁騎一日一夜行三百里至其中都攻之自旦至日中遂陷焉始謂天祚在城中也及破乃知天祚聞其來中夜已竄卽莫知所在而天祚遂至燕山矣又懼追襲與其子趙王梁王數百騎復從西北走鴛鴦泊。(舊校云綱目作鴛鴦濼)女眞既失天祚因遣追兵出平地松林而西將至鴛鴦泊則適與天祚遇天祚大窘因倉皇從雲中府由石窟寺入天德軍趨漁陽嶺又竄入陰夾山夾山者沙漠之北傳謂有泥潦六十里獨契丹能達他虜(改作人)所不能至也女眞之君臣因駐兵鴛鴦泊欲經營之攻擊雲中府暨諸州以延引時日也
宣和四年三月十七日丙子遼秦晉國王耶律淳篡立於燕山遣使來告謝不受
天祚入夾山數日命令不通宰相李處溫欲圖佐命恩倖外假怨軍聲援潛結都統蕭幹勸進燕王僭號燕王者秦晉國王耶律淳興宗之孫道宗洪基弟宗本之子於天祚爲從叔初洪基囚其子濬欲立淳爲

儲貳不果已而立天祚淳守燕十二年得人心號燕王又謂九大王又謂覃湘大王在府番漢百官諸軍並僧道父老數萬人勸進遂卽位於燕號天錫皇帝改保大三年爲建福元年改怨軍爲常勝軍肆赦下詔諭國中曰自我烈祖肇創造之功至於太祖恢廓清之業故得奄有區夏全付子孫邇後纂承罔不祗肅傳二百祀之逾遠得億兆人之底甯蓋太平或弛於細防而內治多遺於外患以是邊鄙生茲寇仇漸爲蔓草之難圖公肆長蛇之薦食敢來問鼎直欲爭衡敵壘向遥王師自潰兵非不鋭事止失和故使乘

輿越在草莽地隔不果相赴匄餘莫知所歸三邊蕩搖百姓震慴懼不相保謂將疇依咸云六合爲家不可一日無主共載玠質用登至尊皆出素衷尙慙否德又念與其長天下之亂曷若復我家之功苟其宗祉不移亦曰神靈所望勢不克避理當共知嗚呼朕以久處王藩歷更政教凡民疾苦與事便宜靡所不知亦曾熟慮自今而後革弊爲先所期俾四海用甯不敢以萬乘爲樂敢告遐邇予不食言又下詔廢延禧爲湘陰王詔曰○舊校云此詔見葉隆禮契丹國志大道既隱不行選授之公皇天無私自有廢興之數事繫德致人難

力爲朕幼保青宮長歸朱邸雖爲人情之久係謳云神器之可求常欲避周公之嫌未曾忘季札之節柰何一旦之無主至使兆民之求君推戴四從謳歌百和不敢負祖宗之業勉與攢帝王之權尙慮纂圖之爲難庶其復辟之有待近得羣臣之奏槩陳前主之非所謂愎諫矜能比頑棄德躁動靡常節平居無話言室家之杼軸成空更滋淫費陵廟之衣冠見毁不輟常畋漢嫡之戮實出無名伋妻之亂尤不可託加以權臣擁隔政事糾紛左右離心遐邇解體訖無悛改以至播遷伊慼自貽大勢已去是謂絕四海之望安得言一人之稱宜削徽名用昭否德方朕心之幸愛尙不忍從柰羣議之爲公正復見請是以勉循故事用降新封嗚呼命不于常事非得已豈爲小子欲專位號之崇蓋狥衆心以爲社稷之計凡在聞聽體朕意焉遣知宣徽南院事蕭撻勃改作搭布樞密副都承旨王琚充告謝大宋使副承雄州牒准尙書省劄子奉聖旨契丹天祚見在夾山燕王安得擅立仰會問因依人使復回

北征紀實曰是歲冬末邊探報天祚以兵十萬屯燕京聲言游獵直抵雄覇界上朝廷遽爲駭懼及明年

三朝北盟會編 卷五 五

春諜報再至始知其意謂中國有謀也欲大舉討女眞而懼襲其後是以耀武爾羣小既安則謀之如初三月又報天祚敗走不知所在於是我師遂與

知眞定府路安撫使趙遹奏疏乞撫存遼人

疏曰臣近准本月十三日樞密院劄子奉御筆虜改作遼界爲女眞所侵兵勢已瓦解竊慮奔潰侵軼逼犯邊境仰河北諸路帥司依已降指揮團結兵馬編排器甲准備不測勾抽上邊使喚仍先具知委奏聞除已具知委及逐時探到北界事節次附入內侍省遞奏聞去訖臣竊詳北虜改作契丹自澶淵既盟之後歲省

用兵之費國享重幣之利虜(改作敵)自知得計守盟修好皆其誠心然累年以來虜酋(改作遼主)失德上下離叛人不爲用女眞渤海寇亂其國(此四字改作並起二字)征伐不已敗衄相繼境土侵削士馬凋殘財力匱耗常疑中國密有窺伺左支右吾困斃日甚恭惟陛下好生之德深洽民心帝王之舉必度萬全況臣常親奉玉音屢被詔劄每念南北歡好力固祖宗盟誓謂非細事不可少有引惹造端生釁而虜(改作敵)殊不知聖神加惠兩國之意如此今玆睿旨特慮他寇與奔潰之衆不測侵軼姑示備禦之計廟謨甚遠預爲之防然臣

叨承閫寄職所當言苟有管見豈敢緘默伏覩邊報近者虜酋(改作天祚)猶於白水川女眞掩其無備全軍陷沒虜酋(改作天祚)不知存亡震擾未見所立若復調兵上邊虜(改作敵)將謂中國起乘其斃疑隙既開何可復釋唯當示之安靜致其懷服臣愚竊謂耶律氏據有沙漠歷年甚多虜(改作北)人習熟貴其種類設有奸雄誰肯推服仰惟朝廷與虜(改作遼)兄弟之國共守盟好百有餘載今虜酋(改作天祚)叔兄子弟尚衆若虜酋(改作天祚)眞遂不還願陛下用家人禮特遣重臣將命彼國推急難之義念外侮之虞慰諭其宗族臣下厚加拊勞勉以忠孝雪恥戡難就其虜酋(改作天祚)叔兄子弟取虜酋(改作天祚)之所愛國人之所慕擇賢立孤以主虜(改作遼)衆隆其恩禮賜之封冊申結信誓以繼好息民俾之知戴中國虜(改作彼)既以中國爲重得存其宗社則中國有大造於虜(改作遼)也陛下雖不責報虜(改作彼)歸故地滅歲幣必有一以報陛下矣如是則中國不待汗馬之勞遺鏃之費萬無一失而安享大利機會之來間不容髮伏望聖慈特加採擇速奮睿斷施行實天下之幸

貼黃臣愚竊謂虜(改作遼)失其酋(改作主)未知所立方疑

中國乘間而攻之然陛下兼愛南北生靈務隆義好若卽恤其禍難援立新酋(改作主)當此孤遺乏助之時得倚朝廷以存其國又名正言順勢無不從則恩歸於我必服彼心中國申固盟誓爲利無窮若使彼新酋(改作主)自立則恩非我出立而衆附則勢將復强增戍緣邊過爲隄備徒足生釁以啟戎心願陛下無遽增戍開先時之隙無緩立孤貽不及時之悔孔子曰興滅國繼絶世天下之民歸心焉惟聖神亟圖之

貼黃臣契勘女眞蕞爾小夷(刪此四字)自昔臣屬北虜勢不過虜之一大族(刪臣屬至此十二字改作屬大遼三字)其衆强弱與

虜（改作遼）不侔徒以虜酋（改作天祚）失德乘其離心遂致以寡敵衆以弱凌（改作勝）强者非女眞之能虜所自取也（删者非至此十一字）然北虜（改作遼實）大國其人本不畏女眞女眞今雖得志亦豈能久横行於虜中哉虜之（删其人至此二十五字）新酋（改作主）既立得國人心事將反掌也陛下仁聖被於四海普天率土罔不臣妾若速於斯有以深結虜心（改作遼人）使之懷服自餠其平日之貪傲今若停增戍之役收援立之恩處以守盟存國之大義蠻貊革心固不難矣誠所謂用力少而成功多也

三月某日代州奏得金人邊牒

准大金彰國軍（應州也）牒近白水泊擊散契丹放鷹行帳天祚皇帝脫身北走本國軍馬已到山後平定州縣占守訖請代州戒守邊人員不得輒引逃去人民爲國生事自取亡滅

四月十日戊戌太師領樞密院事童貫陝西河東河北路宣撫使勒兵十萬巡邊

詔下燕京管内官吏軍民百姓等（添詔二字）曰朕惟皇天畫付中國使宅九有之師取亂侮亡拓其疆土景命所僕惟有德者能克饗之朕服紹丕基仰承先帝休德夙夜祇懼不敢荒盜荷天降康登茲極治聲教所

暨遠逮要荒東踰朝鮮西邁積石南越牂牁之境罔敢不廷乃眷幽燕實惟故壤五季不造陷於北戎（改作契丹）惟爾邦君暨厥臣庶懷風慕義思欲來歸忠憤之誠久而彌著今上帝降禍於虜穢德腥聞（删此五字改作遼）弛絶綱維俶爲暴亂横賦强斂誅剝無厭讒慝作仇脅權相滅至上凌下替妖孽並興傾國喪家自取逋竄白水之敗亟聞篡攘調賦益繁人不堪命且復盜賊蜂起所至繹騷哀此下民恫怨無告朕誕膺駿命俯順人心選將出師復茲境土是謂致天之罰仁伐不仁拯爾羣黎取諸塗炭已遣領樞密院事童貫董兵百萬收復幽燕故地與大金國計議畫定封疆大信不渝中舉外應維天之命莫我敢承王師霆擊雷驅數路並進前角後犄萬旅一心威以濟德孰敢有遏厥志然念王師無戰而天道好生亶茲告猷廸爾有衆爾其深計遠慮覽於興亡如能舉城自歸望風響應使市不易肆士不援旌捨覆巢之危從奠枕之逸是爲自求多福惟天矜爾萬民永奠一方惟朕以懌已降處分秦晉國王如納土來朝待以殊禮世享王爵應收復州縣城寨文武長官並依舊職任事平第功不次擢用軍兵守戍之士並加優賞願在軍者

厚與存錄願歸農者給復三年收復之後蕃漢一等待遇民戶除二稅外應該差徭科率無名之賦一切除放大軍所至務在安集官吏百姓不得誤有殺傷或焚毁廬舍擄掠人畜犯者並行軍令如或昧於逆順干我王誅若猶豫懷疑弗克果斷身膏原野實爾自貽惟予肅將天威敢有逸罰時弗可失其尙勉哉禍福無門惟爾自召朕言不再師聽惟明故兹詔示想宜知悉貫以環衛軍爲中軍述古殿學士劉韐爲行軍參謀保靜軍節度使种師道爲都統制武泰軍承宣使王稟華州觀察使楊可世爲之副是日上微行出齋宮端聖園以覩出師因餞貫仍以御筆三策付童貫如燕人悅而從之因復舊疆策之上也耶律淳能納款稱藩策之中也燕人未卽悅服按兵巡邊全師而還策之下也貫祇奉聖訓振武而行

賜進士出身頭品頂戴四川等處承宣布政使司布政使清苑許涵度校刊

三朝北盟會編卷五終

三朝北盟會編卷五校勘記

又詔環慶鄜延軍慶誤作應　凡見辭宴犒并如習魯例舊校云攻金人使宋者無習魯名氏　十一月金人攻破遼人中京天祚入夾山應作宣和四年正月十四日金人攻破遼人中京天祚入夾山　宗本之子宗一作敦　共戴眇質戴誤作載　使人復回人誤作使　命不于常事非得已一作進退惟公廢與有義　詔代州戒守邊人員詔誤作請　貫以環衛軍爲中軍至振武而行此段應另行誤連上文

三朝北盟會編卷第六

政宣上帙六

起宣和四年四月二十三日辛亥盡五月十三日

庚午

四月二十三日辛亥童貫駐軍高陽關宣撫司揭榜示衆

榜曰幽燕一方本爲吾境一旦陷沒幾二百年比者漢蕃離心內外變亂舊主未滅（改作尙在）新君簒攘哀此良民重罹塗炭當司遵奉睿旨統率重兵已次近邊奉辭問罪務在救民不專殺戮爾等各宜奮身早圖

歸計有官者復還舊次有田者復業如初若能身率豪傑別立功效即當優與官職厚賜金帛如能以一州一縣來歸者即以其州縣任之如有豪傑以燕京來獻不拘軍兵百姓雖未命官便與節度使給錢十萬貫大宅一區惟在勉力同心背虜（改作蕃）歸漢永保安榮之樂契丹諸蕃歸順亦與漢人一等已戒將士不得殺戮一夫儻或昏迷不恭當議別有措置應契丹自來一切橫斂悉皆除[illegible]大兵入界凡所須糧草及車牛腳價並不令燕人出備仍免二年稅賦

使北錄曰政和七年童貫建北伐之議大出禁旅告戒河北諸帥皆先事而具二月中旬前軍已發三月上旬卜吉貫領中軍戒塗在廷無敢異議上意欲須賀正國信使歸以司封員外郎陶悅假太常少卿爲國信使知霸州李邈副之二月二十五日入國門適貫導從出門與國信使副相值遂得傳旨令先至府中議事翌日悅與邈至貫府第貫畧問使人道塗次第遂問虜中（改作遼國）有寇果否悅對不聞貫云何以知無寇悅云悅所行道日行一程既不留且又不改行他路以此知之貫又云何以知他處無寇悅云所至皆以物賂聽頭訪其國中事宜但云唯時與女眞爭戰

別無他寇貫云見說人多流移悅云悅所行路皆有居人田皆耕墾所過處觀者滿道不見有流移也貫又云已有人據易州悅云非悅所由路然每採訪不聞此也貫詞色甚厲又云今已圍霸州朝廷已起兵賢何不說悅云悅自雄莫來去霸甚近亦不聞此此皆貫已曾虛妄奏陳欲遂實其說爾貫云莫是初無聖旨賢不曾採問否悅云尋常使人不待得旨自當採問虜（改作敵）中事宜同日聞奏悅又白貫云有譚褒者欲立九大王九大王竄入深山藏逃衆人即時捕殺譚褒以此觀之彼國人心未至離異且悅到莫州

得雄州探報云已差接伴人使大使姓耶律不得名副使姓李泊悅過界河與接伴相見副使乃姓王接伴使人非機密事界河至莫數十里而探報如此乖繆若諸事如此未可輕動也貫大怒乃曰虜中（改作彼國）待使人如何悅云以前使人禮數悅所不知但隨行人皆言前後禮數如此貫即云莫是賢們得他相厚遂不說事宜否悅云悅輩士人豈以禮數稍厚遂隱虜（改作敵）情也貫見悅意終不相假不敢隱遂悉以所問奏知翌日道君皇帝見二府具道此說云他甚有備三省且收起文字以此推之北伐實非道君皇帝

之意貫既狂妄誤國是時在廷皆無敢拒之者聖意欲俟國信使來問而後行萬一其或可緩也而悅幸能縱橫遏其說而撤其謀即日下詔抽囘已發禁軍拘收已降宣頭而北伐寢矣悅既對即錫章服由是遷吏部員外郎時中書舍人王安中行詞云持聘復命忠實可嘉當是時朝廷不敢峻其褒擢詞臣不敢指其事實則貫之氣焰可知矣士大夫雖心服之而不敢昌言故其說罕傳又五年悅不幸既死貫復理前議所以成今日之禍也以今日禍變之甚則知前日悅力排其說其爲利可勝算耶建炎末臣僚以此

上言有旨襃贈告詞曰故承議郎陶悅朕信賞必罰以勵多士彰善癉惡以風四方率由陟降之公靡有幽明之閒以爾剛毅有守直諒不囘頃自郎曹出將指使陳杜欽窺虜（改作閒）之策排王恢首禍之謀時旣息於起戈忠遂昭於竊主言非耳剽事可指陳一時誤國之姦既莫逃於明罰九泉遺忠之士豈可後於顯褒疏恩閔章陞華秘殿庶以伸久鬱之公議賁不朽之餘光尚其有知欽此茂寵可特贈秘閣修撰

五月九日丙寅少保鎭海軍節度使開府儀同三司蔡攸爲河北河東宣撫副使

北征紀實曰童貫以四月十日行而攸以五月九日降旨十一日敕出十三日拜命攸辭免如常禮批答云朕以童貫宣撫北道獨帥重兵其統領將佐及四路守臣監司並其門人故舊貫以昏耄所施爲乖謬故相隱匿蔽不以聞致邊事機會差失爲朝廷之害莫大於此卿朕所倚毗無出右者所以輟卿爲副實監軍爾如軍旅之事卿何預焉只專任民事及監察貫之所爲可只今受命擇十八日出門進發

十三日庚午陝西河東河北路宣撫使童貫奏乞應副軍期

奏曰臣仰遵睿訓付以北事寅夕竭慮深恐不逮上辜委寄之重臣竊惟復燕大計昨正月間女眞下中京余覩（改作伊都）往雲中契丹分力枝梧女眞之際我乘機會進兵收復殊省事力既失此便已爲後時臣奉詔來北星夜倍道於四月二十三日到高陽關整促行軍之備卽見河朔將兵驕惰不練陣敵軍須之用百無一有如軍糧雖曰見在粗不堪食須旋舂簸僅得其半又多在遠處將輸費力軍器甚闕雖於大原大名開德支到封椿各件不足或不適用至於得地版築之具并城戍守禦之物悉皆無備蓋河朔二百

年未嘗講兵一旦倉卒責備頗難臣近聞易州軍民萬人延頸引兵（改作領）以獻城壘又西兵未來未敢出應致彼復疑臣雖夙夜竭力經營漸向就集然尙慮將輸及軍須守具版築之類備之稍緩更遷延旬日復失事機伏望指揮下河北漕臣中山眞定高陽關路帥臣究心辦集及催已差下將兵星夜赴本司應期驅使疾速前去如少敢稽緩有誤軍期並寘軍法各令知悉

童貫至河間府分軍

貫至河間府分雄州廣信軍爲東西路以种師道總東路兵屯白溝王禀將前軍楊惟忠將左軍种師中將右軍王坪將後軍趙明楊志將選鋒軍辛興宗總西路之衆屯范村楊可世王淵將前軍焦安節將左軍劉光國冀景將右軍曲奇王育將後軍吳子厚劉光世將選鋒軍並聽劉延慶節制

童貫次雄州議進兵

貫次雄州諸軍既集以种師道爲中軍且議進兵師道曰今日之事譬如盜入鄰舍不能救又乘之而分其室且師出無名事固無成發蹤之初宜有所失貫曰今日之軍事上既有成算第籍公威名以鎭服耳

第行勉旃謀之不臧不以罪也因出御筆俾不得辭楊可世請於貫曰事起之由毫髮未嘗預一旦臨利害若倉卒失計我輩要領固不足惜恐有不虞辱國爲重願熟計而後行貫未語和詵在坐曰公自謂有萬人敵膽氣絕人視堂堂之師如摧拉枯朽今日觀之一懦夫耳燕薊之民眞若沸羹望我以蘇倘金鼓一鳴必便比肩係頸簞食壺漿以迎王師豈有他哉公欲扇釁敗我事耶可世默然不語貫卽以詵副師道以可世爲前軍統制下令以素車壯士馳往開諭招來之意無得邀功生事又令艮嗣草書令歸朝官張憲

趙忠諭渻禍福書曰月日太師領樞密院事充陜西河東河北路宣撫使楚國公童貫謹致書秦晉國王閤下蓋聞順天者昌逆天者亡得人心者可以立國失人心者罔克守邦惟天人精祲相與之際乃禍福存亡必致之理明者未形而已悟愚者患至而猶安竊惟國王之於大遼親則叔姪也義則君臣也白水之師播越蒙塵國王不能率兵赴難使之復位乃乘隙以自立非篡而何此所謂逆天也西京危急亡在朝夕國王又不能遣兵命將拯人於塗炭哀此元元其將疇依失人之心無大於此夫逆天道失人心如

此其甚國王如是自視可能久乎則是燕薊雲朔名爲有主其實無主也國王春秋高且又無子而乃驟用餘列庶出之姪擾攘顛錯以致於此燕人何辜坐待殘滅皇帝惻然念之乃命貫領重兵百萬救燕人於水火靈旗北指漸次燕圻天地神人莫不悅喜于于而來者如水之就下沛然孰能禦之想惟國王亦已知之矣國王温恭和裕通達古今存亡之機洞然深悉善爲計者因敗以圖成轉禍以爲福如能開門迎降歸朝納土使國王世世不失王爵之封燕人亦無蹈斧鉞之患孟蜀南唐及兩浙錢王昔嘗納土並享王封襲傳至今子孫昌盛天下耳目衆所共知國王翻然入朝豈減錢王故事如其不然當議進兵國王勢蹙事窮天厭人離欲北走則無所歸欲南歸則安可得當此之際雖悔何追况大遼五路所管州城四京已爲草莽區區之燕必不能守國王平日以仁愛爲心若能知昔人存亡之機全燕薊一方之命其餘陰德與世無窮若國王遲疑猶豫不斷竊恐子密竊發於便室嚴莊遽起於帳中國王之識兼人亦豈不能慮此乎若是則國王左右前後之人皆敵國也毋蹈前車取笑後世貫與國王幸有一面之契不敢

不以誠告惟審思而熟計之勿爲庸人所誤亮此悃誠速希示報不宣

宣撫司募馬擴入燕招諭

茆齋自叙曰宣撫司使張憲等持書入燕燕王得書執二人斬之知遊說不行於是募某借閤門宣贊舍人以往臨行以三事白童貫一乞戒將士勿使求取珍寶遞相獻遺用嚴軍律二請勿妄殺降人用安燕人之心三願審量事勢乘機舉用勿以使人爲念唐儉小義古人所行某一介之微得盡忠節苟利於國死無所惜時皆偉之士卒願借行者一十五人五月

十八日晚過白溝食時至虜改作遼界新城縣差到契丹漢兒官一員引伴須臾有父老數百人塡擁驛外詢使人何處來僕遂出榜讀之衆皆驚愕有漢兒劉宗吉者自後竊出相謂云使人今夕當宿涿州宗吉涿州人也見隸白溝軍中願得敕榜副本攜示諸人他日南師入境願先開門以獻今夕復當密至驛中遂攜二副本往晚抵涿州入小使驛祇接如國信禮夜久忽劉宗吉自壁衣下出云今燕京諸處皆無軍馬止是四軍大王有部曲二百餘騎曾歷戰陣四軍大王者奚人蕭幹小字夔離不常統軍契丹渤海奚漢四軍故號四軍大王○注夔離不改作古爾班刪統軍軍字其餘有馬軍六七百皆富豪兒郎不識戰鬭今白

溝北岸下寨結草人相開夜飲晝睡馬亦散放若南軍乘夜劫之但聞軍聲必自潰走宗吉欲以此事往見童宣撫少立功績恐南軍不察見害若得一文信庶得必達僕籌慮久之乃作一書上童貫且以貫所贈新履一隻爲信使宗吉去明日燕京差到漢兒官牛稔充接伴使達燕京門外復遣四方館使蕭奧禮部郎中張覺乃後來據平州者充館伴館淨垢寺次日有殿前指揮使姚璠樞密承旨蕭夔都管乙信改作伊遜來伴食因請所持書榜云雨府官欲借看僕云宣撫司令見九大王親納不敢先以示人辭難久之衆持榜去旣暮諸人親來云書榜中語言大段狂悖多是指斥不通商量安敢進呈今復納回僕笑而取之謂諸人曰貴朝不度德量力不審天時人事此何等時而較此閒事耶蕭夔曰南朝禮義之國今不顧盟好輒先舉兵兵貴有名不知兵戈緣何至此僕答曰朝廷命將出師使人不能盡知但畧聞北朝興兵累年並不相報天祚皇帝播遷不發赴難之師乃篡立於燕京鄰國義均兄弟今來問天祚皇帝車駕所在又聞已削降爲湘陰王事出非常興師問罪訪尋邊主存亡

舉合禮經何謂無名夔云國不可一日無主本朝緣天祚失道奔竄宗社顛危臣民推戴冊立今上事與貴朝殊無干涉何至問罪況自古有之唐明皇奔蜀肅宗卽位於靈武但期中興豈不與此事體一同南朝宜念鄰國久和之義假借兵力共除大難今乃乘釁攘奪民土豈所望於大國哉僕曰明皇幸蜀太子監國旣卽位乃冊明皇爲太上皇禍亂旣定迎還明皇肅宗親步控馬此則君臣父子之道盡矣貴朝初非委託自立又貶削湘陰之號何可少望古人況假師求救當在志誠包胥泣秦孔明趨吳皆竭誠意則

鄰國甯不相應耶貴朝泥於矯飾未常行一信使本朝雖有哀救之心無所施設今大兵壓境止在旦夕禍福存亡貴朝君臣自裁可也諸人唯唯而退次夕云門下侍郎李處温自外來未見書榜再借觀之次早姚璠來云已議定來日欲令宣贊朝見若對上且委曲庶易酬答迫暮數人者復集互發言云南朝徒誇兵衆不思天理不順人無鬥心昨日种師道發揚可世一軍過白溝本朝小小迎擊南朝望塵退走若非借自來和好已直入雄州矣既一面遣使又一面進兵卻容易退走是何顔面自此已往如何可休兼

宣贊受劉宗吉之約其人已陳首卽探懷取所付書履作色云宣贊卻如何歸得僕徐答曰某之此來非尋常禮貌之使每切畏謹唯恐爲兩國生事今次乃招納使人劉宗吉獻誠款安得不受大軍之來初得朝旨不許殺戮一人昨日必是立旗招安爲貴朝軍馬襲取萬一宣司中取朝廷降一討蕩指揮少俟西軍畢集恐非燕民之福蕭夔愕然曰南朝遣宣贊來作死間耶不謂南朝棄士大夫之命如草芥也僕答曰某之此來本以一己之命易全燕之命悟則同生不悟則同死也又豈以徒歸爲志且兵家用間最爲

下策水能載舟亦能覆舟或用間以成功或用間以傾敗或彼强我弱或彼我勢均固有用間以離析其勢者如目今貴朝事勢兵力自視南朝十分有一否百分有一否千萬分中有一否若非念自來鄰國契好卽分兵數道整陣齊入不識貴朝何以禦之何在使人矯陳禍福爲死間耶夔等唯唯而去日少間析津府自有行遣（析津府在燕京如京師之有開封府）僕因相送且笑謂之曰某此奉待行遣只不可錯了一旦使燕人盡成血肉則甚幸自是館伴者凡三日不至二十六日晚忽蕭奥張覺押贐路錦綺衣襖并從人銀絹等物來

云來日發宣贊回程僕辭以未見九大王及未得回書不敢受贐奥云李門下傳聖旨有故事支賜請留（李門下者處温也初欲面議稱藩因白溝之衄遂已）差秘書王介儒都官王仲孫齎回書同往雄州宣撫司

封氏編年曰馬擴見燕王王俾譯者責馬云兩朝講好百有餘年忽爾踰盟以兵臨境曾不畏天自古違誓國祚不長馬答如見姚璠等說及上敕與檄書呈燕王令姚璠讀訖付門下省令聽敕既至庭中具香案拜褥夔云請舍人朝拜馬云適已見畢何云朝拜是何禮也夔云舍人無怒於是有張畫二軸一云大

宋膺符稽古神功讓德文明武定章聖孝元皇帝一云大宋體天法道極功全德神文聖武睿哲孝明皇帝馬既見帝銜知是眞宗仁宗御容卽朝拜捻香禮畢眞宗御容者至和初北朝紹聖初令使先賫畫像來且言兩國交歡未嘗識面因請御容朝廷許之遂給使回仁宗御容者嘉祐二年秋七月北朝遣使求上御容以爲後世子孫之誇議者慮有厭勝之術上曰朕待虜甚厚必無是理遣御史中丞張昪送之虜主具儀服迎謁見御容驚再拜退而謂左右曰中國之主天日之表神異如此眞聖人也我若生在中國不過與之執鞭捧蓋爲一都虞候而已其畏服如此所有帝銜求得中國謚號遂塗金字書於像傍○注虜改作彼虜主改作遼主刪見御容至退而八字中國之主四字我若至如此二十六字於字夔令譯者讀兩朝誓書曰維景德元年十二月七日章聖皇帝謹致書於弟大遼皇帝闕下有云共遵成約虔守歡盟以風土之宜助軍旅之費每歲以絹一十萬匹銀一十萬兩更不差使臣專任北朝令三司差人般取雄州交割沿邊州軍各守邊界兩地人戶不得交侵或有盜賊逋逃彼此無令停匿至於隴畝稼穡南北勿縱繹騷所見兩朝城池並各依舊存守淘壕完葺一切如常不得創築城隍開掘河道誓書之外各無所求必務協心庶同悠久自此保安黎庶鎭守封陲質於天地神祇告於宗廟子孫共守傳之無窮有渝此盟不克享國昭昭天鑒其當殛之北朝紹聖皇帝答書云孤雖不才

敢遵此約謹當告於天地誓之子孫有渝此盟神明是殛嗚呼此盟可改後世何述云云又讀仁宗皇帝誓書曰竊以兩朝修睦三祀於茲邊鄙用甯干戈是偃近懷先誓炳若日星今緜禩已深敦好如故關南十縣本朝傳守已久愧難依從別納金繒之儀用代賦斂之物每年增絹一十萬匹銀一十萬兩併前銀絹般至雄州所管白溝交割兩界塘淀除已前開畎者並依舊外自今已後各不得添展其見在隄堰水口逐時決洩壅塞量兵夫之便修壘疏導外非時霖潦大段漲溢並不在關報之限兩地作過逃走諸色人並依先朝誓書外更不得似日前停留容縱恭惟二聖威靈在天顧茲纂承各當遵奉共存大體無介小嫌且夫守約爲信善鄰爲義二者闕一罔以守國皇天厚地實聞此言其明文藏之宗廟副在有司依景德年中兩朝誓書顧惟不德必敦是盟苟或食言有如前誓專奉書咨聞不宣讀訖夔請馬上廳茶罷謂馬曰舍人適聞兩朝誓書豈不懷於心乎南朝君臣忍違此約馬曰前日已嘗面聞諸公朝廷雖知有此盟所以起兵者只爲燕王擅行廢立兄弟之情固宜問罪所舉豈無名也夔曰舍人之言雖稍有理然

終違誓約請公就館燕王召李處温等看南朝皇帝敕榜事當如何蓋天錫知天祚尙在大金方熾大宋興兵意欲歸順未敢形言故云南朝敕榜事當如何然而處温素與趙良嗣善在天祚時二人知其國祚將危共議欲歸南朝遂爲莫逆友密於北極廟捻香瀝酒爲誓後知良嗣南奔朝廷命以直閣待遇禮厚亦欲南奔值天祚奔竄乃建立燕王爲天錫皇帝既有推戴之功遂已其約至是知童貫大兵壓境猶豫未決天錫旣問亦未敢令天錫南歸懼衆不協從奏云此乃軍國大事臣雖大尉位長百僚不敢以管見

自處卽容與大臣共議此事甚大更在陛下睿知獨斷令臣等參議天錫恐天祚復來又畏大金乃召李處温等面議云朕以眇躬荷祖宗之靈獲承大位本與卿等求保宗廟女眞人騎復據西京未聞歸國今者大宋重兵臨境與大金夾攻朕覩人事天時不敢當寶位欲稱藩南朝與卿等同保血屬未審如何言畢嗚咽流涕處温亦爲之下淚於是議遣使

賜進士出身頭品頂戴四川等處承宣布政使司布政使清苑許涵度校刊

三朝北盟會編卷第六

三朝北盟會編卷六校勘記

以司封員外郎陶悅假太常少卿爲國使知霸州李邈副之（此係小注誤作正文） 此皆貫已曾虛妄奏陳欲遂實其說爾（此係小注誤作正文） 陳杜欽窺虜之策（杜欽一作婁敬） 貫以昏耄所施爲乖謬（爲字衍）以（應作已） 令歸朝官張寶（寶誤作憲） 惟天人精神相與之際（神誤作叚） 使張寶等持書入燕（寶誤作憲） 訪尋遼主存亡（遼誤作邊） 不思天理不順人情師無鬬心（脫情字師字） 若非惜自來和好（惜誤作借） 小注（初北朝昭聖誤作紹聖） 所見兩朝城池（朝一作邊） 開掘河道（掘一作拓） 北朝昭聖皇帝（昭誤作紹）

三朝北盟會編卷第七

政宣上帙

起宣和四年五月十八日乙亥盡六月三日庚寅

十八日乙亥河東河北路宣撫副使蔡攸進發

北征紀實曰攸行蔡京以詩寄之曰老慣人閒不解愁封書寄與淚橫流百年信誓當深念三伏修塗好少休目送旌旗如昨夢身非帷幄若爲籌緇衣堂下清風滿早早歸來醉一甌達上聽讀之徐曰好改作六月王師好少休也

吳曾漫錄曰自古姦人周身之術非不至然而禍患之來卒出於非意所及者何也蓋惡逆既積則天地鬼神不容其謀徒巧也宣和四年金人攻大遼遣王緯來乞師宰相王黼明主其議以童貫爲宣撫使蔡居安副之蔡元長作詩送其行有曰百年信誓宜堅守六月行師合早歸元長之爲是詩也蓋欲爲他日敗事張本耳殊不知政和中元長首建平燕之議招納燕人李良嗣以爲謀主又欲以妖人王仔息服錦袍鐵幞爲大將軍計議已定會仔息抵罪伏誅遂止將明所爲乃推行元長之意世可盡欺乎元長始以紹述兩字劫持上下擅權久之知公議不可以久鬱

也宣和間始令其子約之招致習元祐學者是以楊中立洪玉父諸人皆官於中都又使其門下客著西清詩話以載蘇黃語亦欲爲他日張本耳終之禍起朔方竟以不免豈前所謂其謀徒巧耶

北征紀實曰是歲夏四月十五日童貫始以河北河東燕山諸路宣撫使出師是日白虹貫日人人駭異甚出門而牙旗竿折至五月十八日伯氏再出師有少保節度使宣撫副使二認旗從於後文日爲執旗兵逃去而二認旗遂皆失之識者以爲不祥又出師後夏五月戊寅己卯庚辰連數夕有大流星若盂椀自

紫微文昌間出不一或犯天河河鼓等越天漢牛女間亦不一所皆南向而奔曳光如匹練每夕自初夜動數十流至夜半方漸疏至是十餘夕猶或南流不已其占懼如西晉象實令人憂疑然太史皆屏不奏又方用兵雄州地震已而雄之正寢忽元武見龜大如錢朱蛇僅若筯每行必相逐二帥拜之藏以銀合置於城北樓眞武廟明日啟合視之龜蛇皆死矣

燕王遣王子班耶律大石（改作林牙達實）充西南路都統以牛欄監軍蕭遏魯（改作赫嚕）副之領奚契丹騎二千屯涿州新城縣

馬擴之說燕人也僅脫身而歸然燕王亦懷懼既議遣使隨以兵屯新城

金國遣徒姑坦烏歇（改作圖克坦烏頁）高慶裔充通問使持書來議軍事

先是金人緣朝廷遣曷魯（改作赫嚕）等歸不遣使疑吾有謀故未嘗先報軍期遣其弟故論（改作古倫）相國（刪此二字）勃極列（改作貝勒）及小國王等軍破中京取雲中退屯於白水泊阿骨打（改作阿固達）親領兵數萬來會又聞童貫舉三路大兵屯邊阿骨打（改作阿固達）與羣酋（改作臣）議以不報軍期其曲在彼深恐朝廷徑取燕地便入界守關

不得歲幣遂遣徒姑坦烏歇（改作圖克坦烏頁）高慶裔充通議使乘船至登州來朝且自臨軍乘機措畫

金人國書五月日大金皇帝致書於大宋皇帝闕下因旋使傳繼附音函會當命伐之時未報剋期之約方將併取爰審前由來書云漢地等事並如初議俟聞舉兵到西京的期以憑夾攻不言西京就便計度以此遣兵征討及留送使船上等候見勝捷卽令拘回次得行營都統報狀初到中京委諭款降不爲依應卽日攻破外與中府左右小可州城亦相因效尤以爲雖已示威本奉弔伐若便攻拔慮益傷民候收

遼國欲將何往遂乃直抵山西就擒昏主無何潛覺脫身逃遁只獲行宮並女二名文武臣僚續往西京應朔蔚及西南路招討司一帶諸州縣鎮部族軍戍悉皆欵附後有西京德州兩處相次背叛累行招誘竟不自新軍令既陳無由可逭右遇興中府左右合聚兵衆約餘五萬縱徒逆戰殺俘殆盡後知契丹昏主竄於沙漠分兵追捕次其餘處所並已歸降夏臺亦遣人使來議通好韃靼願輸歲貢繼久稱藩燕京一處留守國王耶律湻僭號稱尊懇誠告和未審便行攻伐或別有朝旨即日敵國新收義當存撫願爲

親幸以快輿情由是親臨安慰懷睦鄰邦前書已差太傅童貫領兵相應雖未報期緣兵馬已到代北邊陲慮昏主逃入貴界曾牒代州幸無容納諒已必知而又不爲夾攻及無照會致使難見自來計議事理的實今據前後往復因由意或如何冀示端的盛炎在候順迓天休今差孛堇烏歇(改作貝勒烏頁)高慶裔等充通議使副及管押蘇壽吉家屬前去有少禮物具諸別幅專奉書陳達不宣謹白

五月二十六日癸未种師道裨將楊可世爲大石(改作達實)林牙掩敗於蘭溝甸

師道裨將楊可世聞燕人久欲內附若王師入境必簞食壺漿以迎乃將輕騎數千直欲取之至蘭溝甸爲大石(改作達實)林牙所掩大敗而還湻益師三萬餘人渡白溝挑我軍我軍遇之又北初貫至高陽召知雄州和詵詢利害詵深言師出無名今宣撫司既至勢不可已乞且案兵觀釁仍戒嚴帥臣毋得妄行引惹張皇生事貫乃降旗榜稱奉聖旨王者之師有征無戰弔民伐罪出於不得已而爲之如敢殺一人一騎並從軍法又造白心旗欲給向化之人命詵兼統制副种師道

二十九日种師道進兵白溝爲大石(改作達實)林牙蕭幹掩擊不戰而還

師道兵至白溝營幕初定或報曰河北有警師道節制諸軍如貫素約指揮諸將曰燕吾民也苟王師力能接納自來歸附但堅壁爲備必有內變切不可殺一人爾等爲我約兵卒遵依聖旨及宣撫司約束諸將既行楊可世即遣驍將趙明持黃榜旗往付之比明賊(改作敵)已對壘矣明據橋陳其禍福或有欲榜幟者亟致與之大石(改作達實)林牙看訖毀徹罵曰無多言有死而已語未竟矢石如雨我軍不爲備又拘節制

馳以報師道曰兵刃既接安能束手就死戰將有功諸將又曰若不血刃使和詵坐受其賞則我輩何故而來可世勒所部將士臨河分遣趙明麾衆擊賊（改作敵）契丹隔水揚旗指揮騎卒隨指而西可世謂諸將曰下流必有可涉處須分兵據之會師道遣涇原將趙德來援遂呼曰急前德未及往賊（改作敵）已渡水馳驁德老將識利病亟避之可世大呼罵曰匹夫安得飄北何以報國恩卽捨河橋親往戰焉賊（改作敵）分左右翼圍之趙明兵孤亦摧敗可世中鐵蒺藜箭及膏血流滿靴怒髮裂眦韝臂以捍口銜鞚墮兩齒胸腹

中流矢亦手殺數十人得免是夜契丹有奔突意屬四邊將列聲金鼓賊（改作敵）惕惕（刪此三字）疑我出兵遂不得前漸曉方覺卽引衆而來我軍堅壁不能逞而還翼日西路辛興宗駐軍范村賊（改作敵）將蕭幹登孤山張蓋據胡（改作行）牀以覘我軍須臾引去良久賊（改作敵）兵來戰前軍王淵劉光遠翟進降將趙詡各勒所部兵接戰賊（改作敵）大奮力圍諸將於山下淵中鎗幾墮馬勝敗未決興宗遣中部將楊可世援之又親出軍門以上將節鉞督戰賊（改作敵）遂退和詵勸師道斬前軍統制楊可世號令諸部以明宣撫司出旗榜本意

師道以可世貫之愛將詵謂此何異穰苴之斬莊賈不惟可以懲戒後且使虜（改作遼）人知朝廷無意用兵

　師道竟不從兵革自此始矣

三十日丁亥燕王遣秘書郎王介儒都官員外郎王仲孫齎書同馬擴來雄州宣撫司

先是童貫遣張憲趙忠齎書遺燕王燕王斬之又令趙詡差使臣譚九殿直等數人說易州土豪史成令起兵獻易州史成送燕京亦斬之宣撫司知游說不行遂遣种師道進兵壓境問罪募馬以往馬有膽氣口辯抗論不屈燕王懼遂遣王介儒來

六月三日庚寅种師道回軍雄州再為掩擊童貫劾奏師道責官致仕

　种師道既知辛興宗兵亦挫心頗猶豫又受宣撫司牒令與諸將議乃請詵可世等共議云宣司令師道與諸公共議可卽回歸諸帥皆謂非得西師兵力不濟聞辛興宗西路兵亦挫契丹若未易圖不若回兵雄州乞暫休兵再議去就和詵以為彼此初無戰意惟可世擅過界討殺致兵結不解今虜（改作敵）才對壘而我遽歸自示以弱如彼乘機襲逐事且不測師道令詵作議狀稟宣撫使司初朝廷從附會之詞謂一

舉可以下燕望不及此而師道與宗皆表以賊(改作敵)勢大撓貫命兩道皆解嚴令至可世謂師道曰賊(改作敵)兵方陸梁未可以指屈今知我有還意無功而歸氣沮疲乏必襲吾後曛晚發輜重半夜進軍使銳兵爲殿比賊(改作敵)覺我已歸矣師道不聽明旦聲金鼓班師賊(改作敵)知用輕騎尾擊我至古城鏖戰五軍亂師道幾不免甫達雄州賊(改作敵)兵大至宣撫下令止軍不得入城中外號呼門不能閉可世與珦馬彥傳大將楊惟忠(邀截)戰於城下貫遣辛企宗永宗領勝捷兵援之時天黑暗北風大雨震雹如拳梡我軍不能

相視自午至申風雨愈急師道遽呼馬與監軍崔詩聯騎而奔契丹遽以敗盟詬我追至古城南我師望南而潰虜人(改作敵師)亦遽北自雄州之南莫州之北塘泊之間及雄州之西保州眞定一帶死尸相枕藉不可勝計先是既以招撫爲名貫下令中軍不許妄殺人及虜(改作敵)騎犯我師皆不敢施放矢石聽其殺戮故雖諸將亦憤然於是貫以契丹尚盛未可圖奏劾种師道天姿好殺臨陣肩輿助賊爲謀以沮聖意和詵不從節制乞行軍法侯益詗探不實妄請興師詔种師道押赴樞密院責授右衛將軍致仕和詵亳州團練副使筠州安置侯益知濠州

种師道責官謝表曰領奉告命責臣右衛將軍致仕者總戎失律誤國宜誅厚恩寬垂盡之年薄責屈黜幽之典孤根以託危涕自零(中謝)伏念臣西海名家南山舊族讀智囊之遺策知黃石之奇書妄冒功名以傳門戶荏苒星霜之五紀始終文武之兩途緩帶輕裘自愧以儒而爲將高牙大纛人驚投老以得侯屬興六月之師仰奉萬全之算衆謂燕然之可勒共知頡利之就擒而臣智昧乘時才非應變筋力疲於衰殘之後聰明耗於昏瞀之餘頓成不武之資乃有

罔功之責何止敗乎國事蓋有玷於祖風深念平生大負今日豈意至仁之度不加已耄之刑俾上節麾亟歸田里乾坤施大螻蟻命輕茲蓋伏遇皇帝陛下睿知有臨神武不殺得駕馭英雄之要道制服夷狄之大方察臣臨敵失機不出求全之過計念臣守邊積歲倘收可錄之微勞許免竄投獲安閒散臣敢不拊赤心而自誓擢白髮以數愆煙閣圖形既已乖於素望灞陵射獵將遂畢於餘生

康隨跋曰宣和壬寅歲四月十一日保靜公自涇原帥被旨差充河北河東陝西路宣撫司都統制從本

司之河北招納北人蓋從河北沿路宣司申請也宣司時已離都下公上章乞過闕日面對未上達間有旨促公便道趨本司公到高陽見宣撫使童貫極言其不可其略曰前議某皆不敢與聞今此招納事安可輕舉童公曰已得聖訓不得擅殺北人王師過界河即簞食壺漿來迎特藉公威名以治衆耳廟議已定安可改易乃大書聖訓於黃旗植立軍中以誓師且督公行前月二十二日前軍過界河已有北人迎敵既不敢與之交兵姑避其鋭而已統制官楊可世與麾下將佐數人士卒被傷者甚多遂卻軍回復界河

之南濱河駐兵北人無日不來侵軼我軍一日隔河問我師出之名公遣屬官康隨以河北安撫申北人申陳乞事以答之乃曰安得此言箭發如雨以射我衆公翼日乃遣康隨詣宣撫司告以北人之語且稟進退之命移兵暫回以候取旨六月三日黎明軍回北人追襲直抵城下屬大風雨兵士自相蹂踐棄擲兵仗滿郊至晚宣司令營寨於雄州城外公坐失機會罷兵南歸相繼邸報有此謝表公關陝名賢之後筮仕五十年間提兵所向何戰不克何城不下而此役初不與謀中則强委任之又兵之節制皆不得專考其行事罪有所歸矣因傳錄於瓦橋州署之西齋他日關中親舊聞或有見問者當以示之繹味表詞可以見公之本末云是年八月十四日康隨記

賜進士出身頭品頂戴四川等處承宣布政使司布政使清苑許涵度校刊

三朝北盟會編卷第七終

三朝北盟會編卷七校勘記

又欲以妖人王仔息服綿袍鐵幘（綿誤作錦） 宣和間始令其子繼之（繼誤作約） 是日白虹貫日人人駭異甚（甚字衍）或犯天河河鼓等（天河一作天津） 及無照會至始難見自來計議事理的實（至誤作致始誤作使） 渡白溝挑我軍（挑應作迎） 且案兵觀釁（案應作按） 比明至賊已對壘矣（脫至字） 可世中鐵蒺藜箭及骨（骨誤作膏） 先是童貫遣張寶趙忠齎書遺燕王（寶誤作憲） 我軍不能相覗（相覗一作覗敵） 明旦聲金鼓班師賊知之（脫之字） 候益詷探不實（詷誤作詗） 孤根有託（有誤作以） 讀智囊之遺策（智一作阜） 妄意功名（意誤作冒） 而臣智昧乘時才非應變（智一作昏） 宣司（應作宣撫司餘同） 遂勒軍復回（勒誤作御） 因附錄於瓦橋州署之西齋（附誤作傳）

三朝北盟會編卷第八

政宣上帙八

起宣和四年六月三日庚寅盡十二日己亥

宋昭上書論北界利害乞守盟誓女眞決先敗盟（刪女眞至此六字）

奏曰臣聞犬戎之性不可以信義結去來無定叛服不常雖成周盛世猶有玁狁之難自古禦戎未見上策漢唐以還或盛或衰乍叛乍服其禦之之術率非良策皆不足爲盛世道故略而不論迄（刪臣聞七十三字） 我有宋（改作我國家） 光宅四海 寰區之內靡不歸順而景德中亦有澶淵之役眞宗皇帝天威一震賊（改作敵） 勢瓦解當是時乘勝逐北則腥羶之種（改作契丹之兵） 無噍類矣眞廟聖慈深厚特以兩國生靈爲念故擴天地之量貸螻蟻之命（刪貸螻至此五字） 啖（改作許） 以厚利與之議和爲天下後世萬萬年安全之計故虜（改作遼） 人謹守盟誓不敢南下而牧馬（刪此三字） 者誠以天地之洪恩不敢忘也自聖聖相承明明繼照雖睿知神武堯仁湯德足以柔懷然實亦恃此爲長城神宗皇帝熙豐之間銳意北伐選將練卒積穀理財葺城郭脩器械十九年間倉廩實府庫充貔貅之士無不一當百當是時鼓譟而

前則自河以北其人皆俎上肉矣亦以河朔祖宗興王之地不忍騷動安可快一時之忿失百年之好故終莫之舉也陛下即位以來禦戎之術實得上策虜(改作遼)使之來宴犒賜予恩數曲盡故懷德畏威向風慕義稽首稱藩介冑之士櫜弓偃息黔黎之民鼓腹詠歌歷觀三代以來傾心悅服至誠革面莫如今日實太平希世之盛事也比自王黼童貫力引狂生李良嗣董才之徒妄興邊事致煩宸慮遣大臣提重兵久屯塞上倉廩府庫爲之一空官卒兵民死亡無數前所奏陳悉皆誕妄財用倘可復全死者何由更生

欺君罔上蠹國害民罪不容誅臣願斷此數人頭以謝天下不唯慰安虜(改作燕)人之心使明知陛下德音無復猜忌謹守盟好庶幾奸臣賊子欺君罔聖妄興邊事儌覬功賞者有所懲戒臣固知陛下聖慈不忍誅戮臣下然此數人不誅則虜(改作燕)人之猜忌未易可解臣願陛下勿以馭賢臣之禮馭此姦賊則不勝幸甚臣聞虜中(改作北邊)頻歲不登斗米千錢雖或請和恐非本意特出於不得已耳萬一養鋭數年歲穀小稔秋高馬肥士氣稍振復來侵擾則干戈相尋無時而已較其利害輕重則奸臣數人之誅不足恤也又

況李良嗣董才皆北虜(改作庭)叛臣心懷怨望故附會邊臣撰造虛語欲假中國之勢以復私讐耳實兩朝之奸賊豈復忠義之可望哉臣竊料議者謂歲賜浩瀚虛蠹國用是不知祖宗建立榷場之本意也蓋祖宗朝賜予之費皆出於榷場歲得之息取之於虜而復以予虜中國初無毫髮損也比年以來榷場之(刪歲得至此二十八字添一其字)法寖壞遂耗內帑臣願遴選健吏講究榷場利害使復如祖宗之時則歲賜之物不足慮也或者又謂九州中國之地皆沃饒膏腴之田歲得甚厚是曾不慮屯戍守禦之備戰鬬犒賞之費歲

三朝北盟會編　卷八　三

幾百萬計耶貪其所得既不足以償所失而又戰鬬死亡之士横被屠戮之民幾人也哉徒有闢國之虛名而無補國之實利或者又謂山後之民皆有思漢之心或欲歸順此尤妄誕之易見者不惟北虜(改作遼人)爲備日久山後之民往往徙居漠北又自唐末至於今數百年間子孫無慮已易數世今則盡爲蕃種(刪今至此六字)豈復九州中國舊民哉皆由邊臣用人無術致探報者利於所得恣爲誕謾帥臣庸暗更加緣飾妄議邊事儌覬功賞或者又謂北虜(改作遼人)比年以來爲女眞所困侵城掠地横亘千里勢已窘蹙願與女眞

合從腹背攻討則撲滅之易甚於反掌是亦弗思之甚也滅一弱虜(改作國)而與强虜(改作國)為鄰恐非中國之福徒為女眞之利耳且北虜雖夷狄然久漸聖化粗知禮義故(刪北虜至此十五字改作遼人二字)百餘年間謹守盟誓不敢(改作背)妄動者知信義之不可渝也今女眞剛狠(改作勇)善戰鬬茹毛飲血(刪此四字)殆非人類(改作易敵)北虜(改作遼人)以夷狄(改作全力)相攻尚不能勝儻與之鄰則將何術以禦之不過修盟誓以結鄰國之外好而已本朝與北虜(改作遼人)通好百有餘年一旦敗之女眞果能信其不可渝乎異日女眞決先(刪此字)敗盟為中國患必矣

此理之必然事之必至雖使伊周復生不能易此議也臣又聞兩國之誓敗盟者禍及九族陛下以孝理天下其忍忘列聖在天之靈乎陛下以仁覆天下其忍置河北之民於塗炭之中而使肝腦塗地乎臣竊謂凡今之人臣不負陛下採訪之意愛君憂國論奏忠赤者間亦有之其希意承旨背公營私苟求陛下富貴者不可勝數遂使忠赤之臣志不得伸言不見用此臣所以痛心疾首扼腕憤悶犯顏逆鱗以蹈萬死者豈得已哉誠以國之大事實係安危下情壅遏不得上達今而不言其如後患何譬猶人之一身中氣痞隔陽不降陰不升則百脈不調四體不充久而不治病在膏肓雖有良醫不能愈也今疾幸在腹脥是正宜投藥石之時也臣願為陛下出疆說諭虜(改作遼人)比因虜中(改作北朝)忘失虜(改作舊)主深慮擾攘之際彊陲不戒姦人作過邊臣生事故遣近臣使之防邊果有犂寇妄託北朝驚刦邊民雖降處分不得殺戮止牒北界緊行捕捉竊慮尚懷疑貳妄興兵馬務在謹守祖宗之盟無失百年之好如女眞侵削不已力不能勝則許求援於中國報使復來厚加恩禮以釋其疑使之外扞女眞內屏中國則陛下奠枕永無憂

於北顧百姓安業得盡力於南畝實天下萬萬年無窮之利古人謂夷狄相攻中國之福正謂是矣(刪古人至此十五字)臣固知疏遠微賤輒以狂瞽冒犯天威難逃誅戮然臣聞忠臣徇義志士徇名故忠義發於內則鼎鑊忘於外愛君之心切則慮患之志深也況頑石五色尚有補天之功愚夫千慮豈無一得之長願陛下勿以人廢言留神聽察則撮土之微尚能增山嶽不厭之高爝火之光尚可裨日月不照之明矣臣向任陝州靈寶知縣日因論列陝右錢法蒙恩召對面奉德音欲除監司旋致煩言猶叨貳郡未到任間復蒙

聖恩除臣提舉江南茶鹽事以歲課增衍又蒙特轉一官臣每以未能仰報天地爲恨今日復覩奸賊敢爾欺君義當竭節圖報涓埃是敢僭越輒貢芻蕘萬一臣言可採乞不降出庶使天下皆知斷自宸衷不由人言足以竦動神靈激昂士類北虜（改作遼人）聞之恐歸陛下則臣報上之心足矣儻或上誤聖聰置諸鼎鑊亦臣之所甘也惟陛下擇而處之書奏枷項編管連州宋昭相州人宣和四年五月童貫蔡攸等師既行卽降旨妄議此事者必罰無赦執政廷臣皆不敢言獨昭上此書論之書既上王黼見之大怒除名勒

停送連州編管靖康元年臣寮言宋昭書切中今日之病乞加擢用詔赴都堂審察

六日癸巳宣撫司禮待王介儒等發歸

茆齋自敘曰二十七日同王介儒來起宿涿州次見走馬者數輩皆奪到南軍刀鎗鞍馬者又有兵卒往來介儒云兩朝太平之久戴白之老不識兵革今一旦見此凶危之事甯不惻愴南朝每謂燕人思漢殊不思自割屬契丹已近二百年豈無君臣父子之情僕答曰興廢殆非人力今者女眞逼燕燕人如在鼎鑊皇帝念故疆舊民不忍坐視是以興師拯救若論

父子之情誰本謂的父耶知有養父而不知有的父是亦不孝也（刪若論至此二十七字改作耳字）介儒笑而不答食時至新城介儒云四軍大王在白溝令勒留南使是夕宿外驛介儒云恐見四軍更須婉順此行危險不易至此無犯虎狼（改作四軍）之怒則事濟而身全僕曰四軍不能止女眞侵軼之患而於一介使人手無寸刃何足仲威若言不及理某有死耳敢忘全燕安危存亡大計哉僕竊料四軍以昨日王師小衂故有留使人之意密使人訪之昨日之戰王師北來耶爲復燕人南攻也既而云燕師乘隙攻掠僕曰留滯一日耳無

害也四軍令大石（改作達賚）林牙來相見云南北通好百年何爲舉兵侵奪地土僕答曰朝廷緣女眞海上累遣使人獻還燕地每以温言答之不敢信從近又得其文牒具言已據山後如南朝不要燕地則渠國自取之朝廷不得不發兵救燕林牙作色云河西家（謂夏）國累次上表欲興兵夾攻南朝本朝每將表章封與南朝不肯見利忘義聽用間諜貴朝纔得女眞一言卽便舉兵僕答夏國雖累形（改作有）不遜之言然數十年間何嘗侵得南朝寸土女眞所言實有應驗本朝不唯救應燕地亦欲自固邊隅林牙又云君爲使人

何得與劉宗吉結約僕云貴朝諸公深會理論願僕乃招納使耳林牙云以兩國和好不欲留使人食罷可行爲傳語童貫欲和則仍舊和不欲和請出兵見陣僕歸過白溝至种師道營僕獨扣轅門有統制官楊惟忠來迎入見師道略語燕中事僕因語种曰凡軍必居高陽以利戰道今公營東西北背逼林木恐賊乘風聲而來兼白晝眺望亦費目力盡少遷之旣而師道果移營介儒行問曰軍南遷何也僕紿曰此更戍耳晚抵雄州入小使驛僕見童貫幕府官屬環擁於後貫詢燕中事宜僕具以所聞於劉宗吉者對幕屬往往頓足抵掌切齒而怒蓋諸公方以契丹爲復盛如僕所言直易耳又當時种師道楊可世皆失利於白溝方奏劄雄州帥和詵高陽關路帥侯益以爲探報不實故惡僕直言燕中之虛機宜王麟者屬聲言馬某可斬貫因麾幕屬退獨謂僕曰事尚在但勿與諸人言僕趨出幕府諸公遮路交口誚責賈評曰吾曹不合不預教之耳僕曰聞國家乘時復燕要在因險固而用燕人永爲北塞藩籬方燕人離心日思南歸而燕之精銳不滿千騎耶律淳新立而女眞已平山後事勢逼蹙實見如此所以對太師盡言之不

曉諸公惡言此何也且僕捐親愛入不測之虜改作地實以國家安危存亡所繫又肯從諸公教語不對以實致誤軍國大事乎衆甚不樂時宣司議令种師道退軍雄州師道力陳兵可進不可退鄰敵在邇退必掩襲宣司遣叅謀劉鞈往諭之師道復不從已退果爲燕兵所襲傷折甚衆軍旣入雄州皆上城介儒望見問之僕紿曰此陝西六路軍馬方到耳宣司委劉鞈賈評王麟李子奇于景李宗振等擕金玉茶具往驛中說話賓主皆談舊好云已奏稟朝廷且欲仍舊但未得報介儒云燕人久屬大遼各安鄉土貴朝以兵撓之決皆死戰於兩地生靈非便仲生云諺語有之一馬不備二鞍一女不嫁二夫爲人臣豈事二主燕中士大夫豈不念此僕答曰燕人先嫁契丹今恐復嫁女眞耳二人相顧大笑删仲生至此五十七字居二日以客禮見童貫畢作報書以鐵騎送介儒等歸

蔡攸至雄州

北征紀實曰童貫敗河朔之民故謂貫反及攸至皆沿路載斗焚香或以手掬香爇之且白其事而攸本與貫表裏不能有所正也

十二日己亥宣撫司奏到詔班師

宣撫司奏到上聞之亦懼詔班師令諸將分屯

童貫作書約遼國李處温使爲内應

馬擴既歸童貫問契丹家誰爲首台馬曰李處温良嗣不覺喜形於色貫召良嗣問良嗣對曰良嗣舊在大遼與處温結莫逆交後論及天祚失德事欲與良嗣同約南奔嘗於北極廟拈香爲盟欲共圖滅契丹今良嗣南歸北極廟中之約必不虚設若良嗣書到必以内應貫卽令良嗣以書約之募諜者投書約馬柔吉等令結義士開門迎降拘執契丹轉禍爲福往年瀝酒北極廟歸朝滅遼之言後處温等令子奭以帛書來答大率言伺隙密遣人速報相應之意欲俟王師逼燕爲内應

趙良嗣與李處温書曰竊以天厭契丹自取顚覆兵連禍結彌歷歲時舊君未還新主孤立擾攘之餘仰惟勞止不審邇辰台用何似伏惟眷聚上下均福頃年台旆自中朝使還植與奭相迎於良鄉之驛舍具道朝廷禮樂文物之盛痛憤北戎腥羶(刪痛憤至此六字改作契丹二字)殘酷(添生民字)之弊至扼腕太息既又執手於中京景昌門外之邸中極言戎狄(改作契丹)所以將亡之狀議既決乃使不肖先歸朝乞收復幽薊故地汨汨許時

未克厥志上方稽天之討察時之變至於今日然後不肖言行計從閤下聞之必已大喜自古戎狄之興(刪此四字改作與國)未有若女眞如此之速遼東遼西已爲奄有前年取上京今年取中京遂破雲中如摧枯拉朽所在肝腦塗地腥聞於天山西良民所遭如此豈不痛心疾首邪(刪所在至此二十五字)尙爈女眞(刪此二字)乘已勝之勢下居庸之孤城爲之柰何我燕之人必引領南下已有來蘇之望上欲拯民於水火乃遣太師楚國公領重兵百萬將次於境上伐罪弔民霈如時雨已號令八路將帥以至於小校毋得荼毒良民應天意順

人心擴幽薊安生聚集此其大略也如或昬迷不恭邦有常憲燕地褊狹幅員不過數百里已患女眞之侵彊且慮舊君之復至軍兵日益困賦役日益重此正契丹運盡天亡之時也雖有智者何以爲謀契丹五京已亡者四區區弱燕豈能孤立閤下與諸廟堂大臣豈不共知耶善爲契丹之計者莫若勸誘新君以全燕之地來獻於朝廷以安元元以保骨肉策之上也如新君執迷及左右用事之人不明於禍福請閤下密結豪傑拘囚首虜(刪此四字)壺漿簞食開門迎降使閤下世享富貴長守全燕以伸前日之志策之次

也閤下父子有志於此適丁斯時千載一逢莫如今日時哉時哉不可失也已奉勑旨如以其舊官來降者卽以舊官處之功高者別加厚賞以次者事畢日任便復業恐閤下欲知之毋或遷延自速傾覆禍福逆順指日可待睏俟來報以慰我思又與李奭劉範馬柔吉等書云頃年瀝酒於北極廟中以歸朝滅虜（改作遼）爲誓倏忽十年未卽如願今幸朝廷遣大臣領兵百萬將次於近境足下速集義士開門迎降如能拘執虜（改作燕王）囚可以變禍爲福虜（改作契丹）中五京已陷四京矣如能完我（此二字刪）全燕人以歸中國則是足下陰德與時無窮可以坐享富貴矣勉旃勉旃人回希來諭

處温令李奭回書云頃自白霫拜別時接音託耳可得聞目不得見至於讌飲談笑每思而念之奭與待制數嘗發言滅虜（改作遼）爲誓近歲間內外相凌盜賊競起雖分五路已陷四京僅有幽燕孤危將亡甚於累卵無計解其紛難也蓋歷數之將盡相公自入樞廷頓變白首夙夜不遑懷履薄臨深之懼東虜（改作女眞）近日復有深入處遭族誅之難不思往日之非惟念今日之咎愚聞愼密然後事濟兵以詭道制勝大宋

未有所行先形於外若議與行深宜密速願救燕鄉無告之民戎酋（改作天錫）成立全是相公與北樞蕭公李密學處能奭等同立新分付得軍兵事與南北面同勾當兼處分速集義士今月二日奭自狀自備三千甲馬武勇人準備防女眞南來已準奏行近戎主（改作天錫）助添招軍賜得七萬貫及有樞吏兵刑太原山甫少卿累次於奭處有言亦有向化心待與奭耶律策高緦馬諤等同志彭城範與韓堇山西路押軍近日並無文解來不知存在所有文字待範來獲便奭齎管分付到相公似有風聞此事待方便呈將來書示北遂趙參善保台嚴謹持狀候問不具表弟守太常少卿知隨駕翰林醫官院使兼同勾當在京軍兵李奭上

賜進士出身頭品頂戴四川等處承宣布政使司布政使淸苑許涵度校刊

三朝北盟會編卷第八終

三朝北盟會編卷八校勘記

自爾聖聖相承脫爾字　無不以一當百脫以字　欺君罔上上誤作聖　君爲使人何得爲劉宗吉結約下爲字誤作與　今公營東西北皆逼林木皆誤作背　直言燕中之虛實脫實字　厲聲言馬某可斬厲誤作属　復不從已退從一作得　斷候來報候誤作侯　若議與師深宜密速師誤作行　同立新君脫君字　近日幷無文辭來不知存在辭誤作解　比遂趨參善保台嚴比誤作北

三朝北盟會編卷第九

政宣上帙九

起宣和四年六月二十四日辛亥盡九月二十三日己卯

二十四日辛亥耶律淳死死改作卒

燕王自馬擴之歸又聞天祚之信憂懼成疾是夜疾篤死無嗣蕭幹立其妃蕭氏權主軍國事號皇太后改建福元年爲德興元年天祚聞淳死下詔曰天命至大不可以力回神器至公未聞以智取古今定論歷數難移是以聖人戒於盜竊故秦晉國王耶律淳

九族之內推爲叔父之尊百官之中未有人臣之重趨朝不拜文印不名當降璽書別頒金劵日隆恩禮朕實推崇衆所共知無負於爾比因寇亂遂肆窺覦外徒有周公之儀內實稔子帶之惡不顧大義欲僭初心任用小人謀危大寶僭稱帝號私授天官指斥乘輿僞造符寶輕發文字肆赦改元以屠沽商賈爲翊戴之臣以佞媚狙詐處清密之任不踰累月便至臺階刑獄濫冤紀綱紊亂恣縱將士剽掠州城致我燕人陷於塗炭天方悔禍神不助姦親息偷存未及百日一身殄滅絕嗣覆家人鬼所讎取笑天下而又

輒申遺令擅建長秋妄委婦人專行僞命其逆臣處溫父子同恣貪婪殺戮無辜助爲不法衆心離散立致分崩狼狽荒迷容身無地罪誠難貸令必在行假其餘生庸示寬大據耶律湻大爲不道棄義背恩獲戾祖宗朕不敢赦應所授官爵封號盡行削奪幷妻蕭氏亦降爲庶人仍改姓虺氏外據皇太叔幷妃別無關礙更不施行其封爵懿號一切仍舊嗚呼仰觀天意俯狥輿情勉而行之朕亦不忍且仲尼作春秋亂臣賊子懼後之爲臣子者可不愼歟

初燕王病臥於城南瑤池殿李奭父子與陳泌等陰

使奚契丹諸貴人出宿侍疾燕王危篤處溫託故歸私第欲閉契丹於門外然後乞王師爲聲援契丹知遂不果後永休縣進納人傅遵說隨郭藥師入燕被擒告說李處溫父子常遣易州富戶趙履仁劉耀齎文字通童貫欲挾蕭后納土大宋履仁授朝散大夫劉耀均州團練使見充宣撫司準備差使蕭后引問處溫等示其前後罪犯遂無以對處溫賜自盡子奭凌遲處斬籍其家貲得見錢七萬餘貫金銀珠玉稱之自爲宰相數月之間四方賄賂公行初處溫父子聞天祚播遷勸立燕王僭號以圖恩倖及燕王死後恐契丹亡失其所依亦遣人北通金國俟其大軍之來期以內應一南結童貫願挾蕭后納土以歸皆非至誠蓋所以宛轉欲爲身謀而至此反爲身害朝廷撫定燕山府追封處溫爲廣陽郡王子奭保甯軍節度使以本宅爲廟

北征紀實曰李處溫者遼國故相李儼之子也嘗諫天祚以國危使奉中國不納及九大王立以推立功而相之與四軍大王者對主國柄後又輔蕭后說蕭后歸朝乃密遣人通好二帥約日以燕山降及蕭后歸而二帥失信不能周旋於其間事洩處溫爲四軍所殺而抗王師矣虜（改作燕）人知其國且亡而中國必

欲故地也是以不戰而聽順謂中國旣得所欲而彼尚可假中國之勢存其血食而已然中國之意期於必滅之而後已是以虜（改作燕）人後復說女眞犯（改作入）中原傾我根本皆以復讎也中國失之甚者尤在於是

又曰遼旣無主羣臣乃卽燕山立其叔九大王耶律湻號天錫皇帝遂降封天祚爲湘陰王適乃中國犯盟不惟我師不堪戰且九大王者素得人心我又不直是以破貫如拉朽然及聞敗羣小大沮一帥議退

師上意亦欲且罷將復與九大王約舊好獨王黼力主之百端激上意以成其姦因從經撫房降御筆以飭二師曰狗性從頭殺便會走（刪曰狗至會走此九字）九大王者適病死而遼人奉其妃號蕭后爲主故遼勢更熾於是再出師矣

七月二十六日壬午王黼再議興師

童貫蔡攸自瓦橋關莫州回河間府忽知中山詹度奏耶律淳死燕人越境而來者皆以契丹無主願歸土朝廷爲言朝廷猶豫未決問太宰王黼欲功高蔡京力主再興師議手詔優允於是悉諸道兵二十萬

期九月會三關詔貫攸毋歸異議者斬於是伐燕之議成矣

八月丁亥朔檢校少傅河陽三城節度使劉延慶爲都統制進兵

封氏編年曰朝廷以檢校少傅河陽三城節度使劉延慶代种師道爲都統制燿州觀察使劉光世代辛興宗同州觀察使何灌爲副統制又分廣信兵駐安肅遣張思政權領賜延慶旌幢七寳金槍御袍束帶以寵其行議兩道進兵延慶復營古城光世灌駐兵廣信此時契丹以連月塞上無警留兵新城主將四軍大王蕭幹太師大石（改作達寳）林牙以燕王淳病先次並入燕結謀策立蕭后不暇來白溝延慶瞰亡數遣將鄭建雄李紹等渡河侵掠俘獲甚衆而牛欄監軍領本族契丹會鄉社丁出沒於廣信界光世出兵迎戰其將冀景趙明任明等首摧賊（改作敵）鋒萬計貫表其功擢光世威武軍承宣使寵錫甚渥俄詔華州觀察使楊可世復赴朔方宣司聽候差使貫令守安肅軍時漢燕良民轉爲憂苦嘗思南歸未有以發因光世兵至往往來降

宇文虛中劄子論收燕山利害

契勘契丹二百年强國方其盛時自處尊行僭中國之名號（刪僭中至此六字）指歲賜爲獻納招攜附屬力制方夏今來遵奉睿算按兵臨邊曾未半年戎虜（刪此二字）震威懷德亟遣使人祈哀請命其言遜順至有雖循舊制惟命是從之語蓋自三代以來摧强敵爲附藩未有速於今日者今欲盡復燕山或使納土臨以大兵假以歲月固亦可致但天生夷狄不可盡滅（刪天生至此八字）知彼知己當圖萬全今具合計議事如後伏乞朝廷集議詳酌施行一兵有勝負乃古今之常理若十萬全軍出塞攻取涿易未拔或雖得涿易而守備未

完人心未固聚兵至燕燕未肯下相守半月以上攻之不拔後無援軍糧道不繼利害如何一今來夏人竭國點集次第甚大若以此兵逆舊虜酋（改作主天祚）自西而來我軍攻燕未下相遇於燕城之外其利害如何一女眞兵馬見在中京我軍十萬未必能圍合燕城女眞守約不遣助兵入關其利害如何一若我兵未能下燕女眞入關一舉而拔掠爲空城以城歸我不惟繕守費力又恐爲夷（改作敵）所輕其利害如何一契丹昨來遣使女眞願爲附庸女眞不納求附朝廷覩其意蓋是畏女眞愛中國避强悍歸仁義今西夏以重兵壓雲中狡詐窺伺託爲存亡繼絕之言其意甚遠若契丹北爲女眞所拒南爲中國所棄收拾餘燼翻然決計乘夏人聚兵之地割地以爲約積糧以養兵不惟王師入燕爲所牽制亦恐他日西北邊事未有甯息之日一若大金取燕不得之後卻與開納許之以稱藩比之今日未舉大兵其恩威兩全利害如何一若果得燕地一府九州五關三十餘縣又逐旋築寨建堡營置守備人兵糧草調發措置何所從出一女眞兵馬或爲夏國勁兵所挫或以久客遠征一旦歸國我未得燕或得燕而守備未固與女眞大

兵聲勢相遠其利害如何一若得燕之後胡虜雜類（改作關外別部）依附旁近險阻或通款舊酋（改作天祚）或別立酋長（改作新君）西兵不可久戍北兵不可倚仗永遠警備利害如何一若西夏大兵助送舊酋（改作天祚）不能入燕不得志而歸蓄怒乘虛卻於陝西河東出沒牽制作過其利害如何竊謂今日爲國家大計須期永久安逸不費兵馬錢穀公私事力坦然無北顧之憂費省力暇過於昨來與契丹通好時方爲穩便若兵連不解征伐防托或滅虜之後（刪此四字）調發勞費大過於未用兵以前其利害不可不計

九月三日己未烏歇（改作烏頁）等至國門詔以趙良嗣充館伴使起居郎檀倬充館伴副使中使李琮童師禮就班荆館押賜御筵

燕雲奉使錄曰烏歇（改作烏頁）高慶裔行次多是理會舊例計較禮數如乞就都亭驛安下上殿賜宴差館伴使副之類童師禮傳聖旨令臣良嗣諭與使副貴國兵屯白水泊雖已多時亦有未是處契丹舊酋（改作主）元未曾捉得亦未殺了又聞契丹舊酋（改作主）走入夏國借得人馬過黃河奪了西京以西州軍占了地土不少不知來時知子細否使副答云來時聽得契丹

舊酋（改作主）在沙漠已曾遣人馬追趕次第終須捉得兼沙漠之間係是韃靼蒯古子（刪此三字）地分此兩國君長並已降拜了本國待走那里去國書中已載矣

十一日丁卯引烏歇（改作烏頁）高慶裔見於崇政殿

烏歇（改作烏頁）高慶裔上殿跪奏曰臣等來時大金皇帝傳語大宋皇帝爲契丹昏（改作舊）主無道因舉輕兵再伐遼國大獲勝捷所有舊漢地事專遣使人等稟議上遣師禮傳旨諭以謝大金皇帝遠遣使人到闕所有回答國書待親筆寫去以見相待厚意契丹昏（改作舊）主尚在沙漠早捉拏了甚好有計議等事可詣宰相王黼賜第商量上待烏歇（改作烏頁）等甚厚屢差貴臣主宴賜金帛不貲至輟御茗調膏賜之引登明堂入龍德宮蕃衍宅別籞離宮無所不至禮過契丹數倍而慶裔渤海人尤桀黠（刪此三字）頗知書雖外爲恭順稱恩頌德不絕詞而稍稍較求故例無虛日如乞館都亭驛乞上殿奏事朝廷以兩國往來之儀未定請姑俟他日況契丹修好之初未嘗如此慶裔遂出契丹例卷面證朝廷之非請載之國書爲據朝廷不得已皆從之乃賜金帛袍段與夏國錦褐皆辭而不受

十三日引詣王黼第計事烏歇（改作烏頁）等庭趨訖升堂講

賓主禮而受回書

汪藻謀夏錄曰烏歇（改作烏頁）辭聖旨諭使人燕中無主止是四軍領兵爲邊患及挾女主猖獗豈金國可容早擒之爲佳烏歇（改作烏頁）慶裔曰四軍夔離不（改作古爾班）爾汝何人敢爾哉回本國當奏陳時朝廷屢以勝契丹欺虜（改作金）人而有一四軍不能制反仗虜（改作金）人擒之自相矛盾矣

九月十五日辛未遼人知易州高鳳遣僧明贊詣宣撫司約來降

封氏編年曰知易州高鳳與通守王悰共議云天祚播遷燕王厭世女主初立謀遷漢人或聞欲行誅戮漢人被害吾輩安得奠枕今者南國宣撫被旨弔伐漢人往往南歸今蕭幹林牙見在燕京可密遣人歸款南朝使南兵來此內外相應盡殺契丹我輩可免日後之苦悰遂謹諾得僧明贊令來宣司贊具說漢人朝暮延頸顒望日俟天兵欲歸王化積有歲時今者伏聞朝廷詔詞寬厚檄榜丁甯又聞宣撫司日收歸明不下千百今日知易州高太師通守王少卿專遣明贊來見宣撫欲乞擇起兵月日來抵易州當以內應誅戮契丹伏候鈞旨貫既察來情又使劉延慶

審問眞實密令明賛先歸期以二十日約天兵前到
城下貫許以事濟日賞之以官先次厚勞令歸
十七日癸酉宣撫司檄劉光世令應易州
十八日甲戌烏歇（改作烏頁）等入辭於崇政殿差趙良嗣充
奉使大金國國信使兼送伴武顯大夫文州團練使馬
政充同送伴閤門宣贊舍人馬擴充國信副使
烏歇（改作烏頁）等辭上令童師禮傳旨契丹昏（改作舊）主尚
在沙漠早捉挐了當爲彼此之利今來國書事目並
係親筆寫去以見相待厚意
朝廷國書

書云使航游至聘禮增華載惟修睦之勤益稔締交
之厚且承親臨軍旅遠撫封陲用申弔伐之仁以訖
威懷之略遜聞風義深慰忱誠自審舉軍至西京卽
遣童貫等領重兵相應河北河東兩路屢敗契丹俘
馘甚衆軍聲丕震諒已具知所有漢地及夾攻等事
幷如昔遣趙良嗣所議與累次國書幷馬政所賫事
錄大信既定義無更改其餘具如別錄大軍屯駐並
邊已久冀敦守信約來應師期共成取亂之圖永洽
善鄰之契候當秋凜順保天和今差大中大夫徽猷
閣待制趙良嗣等充國信副使有少禮物具諸別幅

專奉書陳達不宣謹白
事目
一昨遣趙良嗣計議及累次國書所載並令馬政賫
執事錄所議漢地等事係五代唐以後所陷營平幽
涿薊檀順蔚朔應雲新嬀儒武寰等州舊漢地漢民
內幽州係今契丹所稱燕京其餘州縣有契丹廢併
及改正名號去處候收復訖彼此畫定封疆一自聞
舉兵到西京卽遣太師童貫等領兵相應大軍自今
年四月以後屯駐河北路極邊累與接戰大獲勝捷
依元約合夾攻以未見金國進兵夾攻未曾深入緣

契丹日近犯邊若因追襲乘勢盡收燕地不須夾攻
外若未收復卽合依元約夾攻所謂夾攻者係本朝
自涿易等處進兵至燕京金國自古北口等處進兵
至燕京西京管下漢地候收復燕京畢日彼此夾攻
其漢地外地土合屬金國占據一契丹舊主見在天
德軍迯北夾山一帶藏泊見帶領所借夏國兵馬及
勾取朔州等處正軍鄉軍護衛欲禦敵金國燕京見
般送銀絹赴舊主處賞設夏國來人兵其舊主若不
勦除於金國終爲後患一夏國素務矯詐昨聞嘗遣
使詣金國賀功其實力助契丹至公行文字詆毀金

國甚切及勾集衆兵借與契丹闍累與金國接戰已占據契丹金肅州河清軍天德軍雲內州若不討伐常作隄虞必爲金國深患其詆毁文字可付與使人近據河東路繳到金國軍前都元帥府牒內一節稱燕京路候秋涼以兵收去三國其閒將欲如何又牒稱二國往來事慮有下手先後據此雖意是夾攻緣文字語言未是彼此合守夾攻元約施行

二十日丙子劉光世進軍應易州之約至白溝爲牛欄軍所敗不得前

封氏編年曰是日劉光世遣冀景趙明翟進爲先鋒光世楊惟中爲中部張思政爲殿軍次白溝牛欄賊(改作軍)千餘從古城出與先鋒人接戰初我軍以爲易州來納款不爲之備偶爾邀戰爲賊(改作敵)所乘中部與殿後皆不得前前軍轉戰至古峰臺西復挫衂易州城內望風以爲王師至矣太師高鳳先令漢人趙秉淵密爲之備至是盡殺耶律夷(刪此字)契丹或告南軍不勝鳳與秉淵等相顧失色僧明贇曰事已若此且可閉門固守以待王師日晚牛欄賊(改作軍)至易州知高鳳內變以爲王師詐敗必有措畫急反北奔鳳再遣人來宣撫司言契丹耶律本州已行剿絕牛欄

兵騎亦已北奔乞遣人兵前來

二十三日己卯遼將都管押常勝軍涿州留守郭藥師上表以涿州來降

是日遼人都管押常勝軍涿州留守郭藥師囚涿州刺史蕭慶餘遣團練使趙鶴壽帥精兵八千鐵騎五百一州四縣來降

封氏編年曰藥師表云臣聞天有道則成民非后何戴是謂天人之極致豈非古今之常情百姓係心素積北夷之怨一時翹喜咸歸中國之明(刪百姓至此二十字)臣躬領州縣僚屬豪右子弟官員僧道軍吏百姓等奮臂約一萬人斬首至三千級允屬傒蘇之望舉懷賴慶之思

燕雲奉使錄曰表云藥師言伏聞番漢之人實爲異類羊狠之伴不可同居自生夷貊之鄉未被衣冠之化常思戴日何啻望霓(刪藥師至此四十一字)一昨天祚皇帝怠棄鑾輿越在草莽萬姓無依棲之地五都有板蕩之危雖宣室嗣圖旋至奄忽女后攝政尤難撫綏誠天命之有歸非人力之能致臣藥師等雖屬多難莫生異心蓋所居父母之邦不可廢臣子之節今契丹自爲戎首竊稔奸謀燔燒我里廬虔劉我士女報之

以怨撫乃以隸臣藥師等以是競思戴舜以同心不可助桀而爲虐今將所管押馬步軍用申懇悃伏願

皇帝陛下副玆多望憫此哀鳴特開天地之恩許入風雲之會實所願也非敢望焉臣藥師等無任瞻天慕聖激切屛營之至謹奉表以聞臣藥師等誠惶誠恐稽首頓首謹言宣和四年九月十日遼國常 勝軍都管押諸衛上將軍臣郭藥師等表奏先是遼人天慶十年金人苦於用兵經歲不出諸路軍馬依舊屯備有東南路怨軍將領董小醜因差討平利州賊坐逗留不進賊平被誅本部隊長羅青漢董仲孫等

倡率怨軍作亂余覩（改作伊都）統兵討之賊勢稍窘郭藥師等內變殺羅青漢等數人遂就招安蕭幹奏留二千人爲四營擢用郭藥師張令徽劉舜臣甄五臣各充統領燕王即位改怨軍爲常勝軍藥師年少壯貌頎偉岸而沈毅果敢以威武御衆人多附之初以武勇四軍薦授殿直從征女眞積前後功擢守涿州僞后專政契丹欲再謀殺漢人恐應南軍忽得報言易州降大宋藥師有意歸明時四軍蕭幹聞我軍再壓境自燕來涿州而藥師以爲圖己乃與張令徽劉舜臣甄五臣襲詵趙瑄韓璧謀叛既決乃召蕭幹開晏款密且以歷數符讖說其歸漢四軍怒曰吾薦汝於

朝授此官職豈可背朝廷藥師以爲幹必從請又嘗受薦恩初不敢害幹幹當此之際所領兵不多又料藥師既叛意其不從慮禍及身遽起啟鑰而去藥師急召所部說曰天祚失國女政不綱內盜外寇天下瓜分宋天子以好生之德弔民伐罪命虎臣擁重兵下易州壓吾境此勇男子取金印大如斗之時也乃以高官厚祿邀吾輩儻强項不進破國亡家噬臍何及衆當如何萬口喧呼無不響應遂囚監軍蕭餘慶等乃遣團練使趙鶴壽帥精兵八千鐵騎五百一州

四縣士民奉表來降

賜進士出身頭品頂戴四川等處承宣布政使司布政使清苑許涵度校刊

三朝北盟會編卷第九終

三朝北盟會編卷九校勘記

獨王黼力阻之阻誤作主　復赴朔方宣撫司脫撫字　令來宣撫司脫撫字　趙良嗣等充國信使副誤作副使　臣聞天下有道則臣民非后何戴脫下字臣誤作成

三朝北盟會編卷十

政宣上帙十

起宣和四年九月二十七日癸未盡十月二十日乙巳

二十七日癸未遼人蕭后遣使納欵奉表稱臣

封氏編年曰蕭后聞長勝軍降甚懼召蕃漢百官議曰大金人馬已入奉聖州今又易州高鳳涿州郭藥師歸宋國步艱難宗社將傾今欲與卿等議其去就兩國孰可倚者苟可託國吾將從之納欵臣屬亦無恨也若使天錫有嗣斷不干預只今事議去就或謂金人方强宜附大宋百年信誓可依后曰二說皆可取遂遣永昌宮使蕭容乾文閣待制韓昉使本朝同中書門下平章事張言尚書都官員外郎張僅使金國皆奉表稱臣

蕭后表曰遼國太后臣妾蕭氏言蓋聞溟海納汙槩衆流而畢會太陽舒照豈爝火以猶飛方天下之大同故聖人之有作拊心悼往歆泣陳辭伏念妾先世乘唐晉之季年割燕雲之外地曁逢聖運已受齊盟義篤一家誓傳百禩孰謂天心改卜國步多艱先王遇板蕩之餘勵興復之志始歷推戴奄致淪沮爰屬

悖孽俾續禴祀常欲引干戈而自衛與社稷以偕亡伏念生靈重罹塗炭與其蹈執迷之咎曷若爲奉上之勤伏遇皇帝陛下四海宅心兆人爲命敷文德以柔遠奮武怒以訓時必將拯救黎元混一區宇仰承嚴命敢稽歸欵之誠庶保餘年猶荷永綏之惠今差永昌宮使蕭容乾文閣直學士韓昉等詣闕奉表陳奏以聞臣妾蕭氏誠惶誠懼頓首頓首謹言德興元年九月初十日遼國太后臣妾蕭氏上表

二十九日乙酉取易州

先是二十二日劉光世得宣司檄令應易州即遣别

將馮宣慶以精騎五百夜趨易州僧明贊遣迓王師具言已占據易州詑高鳳與宣慶等共守回申都統司二十六日童貫移檄楊可世與劉光世合軍兵共撫易州下淶水扶溝赴涿州與大軍會稟延慶節制且戒體國輯睦無得以私害公延慶可世素有隙忌媢嫉同可世部安肅兵駐軍孤山與光世合發檄書復又互爭高下氣相尚不服叱咄軍中譁張有異論叅謀宇文虛中與監軍鄧珪平之命分營凡三日至易州至二十九日副都統何灌日中持使節至易州城外太師高鳳少卿王悰領軍民僧道萬人莫不感悅鑼鼓香花迎勞王師是日入城撫定官民閱諸府庫

封氏編年曰西路統制劉光世與契丹迎戰於易州之南古燕城光世稍卻易州人趙秉淵殺城中契丹疲軍州人大悅於是遣人迎王師納欵衞尉少卿王悰以城降

涿易兩州皆下百官詣紫宸殿稱賀拜郭藥師等官有差

郭藥師恩州觀察使依舊知涿州軍州事張令徽左武大夫洮州防禦使劉舜臣武功大夫泰州防禦使

甄五臣武翼大夫懷州刺史趙鶴壽右武大夫恆州刺史龔詵趙拱韓璧並朝請朝散大夫直秘閣餘將校各有差令趙鶴壽齎告敕並犒物回令於十月一日與藥師等來易州與大兵會燕京所管三十餘處連鄉兵五十餘萬悉應王師以常勝軍八千易州義兵五千並隸劉延慶前軍爲鄉導仍自涿州屯泊於雄州

郭藥師者渤海之鐵州人也善戰虜（遼改作）以爲裨將領常勝軍常勝軍本謂之怨軍遼人始以征伐女眞爲女眞所敗多殺其父兄乃立是軍使之報怨女眞

故謂之怨軍然怨軍初未嘗報怨每女眞兵人則怨軍從以爲亂女眞退則因而復服常以爲苦天祚與羣下謀殺怨軍除其患故其中郭藥師等反殺其首領而降都統蕭幹遂拜金吾大將軍俾守涿州屢以勝我及九大王死蕭后攝位藥師知燕中勢將亡遂決策首以涿州來降則常勝軍實反覆之徒然虜（改作燕）中號健鬬者也其副曰張令徽其下又有四將號彪官每彪五百人則常勝軍本二千人本朝收復之後因增至二萬其後又增號五萬實燕人之先以城降者故朝廷寵異之

十月一日丙戌郭藥師來易州

是日郭藥師等以數騎來易州叅副都統何灌犒勞訖俾赴宣撫司公叅

趙良嗣與烏歇（改作烏頁）等赴金人軍前

燕雲奉使錄曰奉御筆處分由濟南德博渡黃河過邢洺取井陘路至代州朝谷寨先是大金國主阿骨打（改作阿固達）已親領兵甲數萬初欲趨中京道中聞契丹主聚兵於五國崖亟領兵襲之八月十二日戰於狗泊之地生擒契丹都統僞（刪此字）駙馬蕭規天祚引數騎脫身遁去及夏國引兵數萬襲天德軍女眞都元帥遣其偏將窩木割（改作尼楚赫）婁宿孛堇（改作羅索貝勒）統兵七千與夏人逆戰於阿磨水夏人敗走是時秋霖積潦山水適至河暴漲人馬溺死者不知其數金人已再殺敗契丹又戰敗夏國兵驕氣（改作氣甚）銳所至殺掠無辜其下大厭之（刪所至至此十一字）因秋成遂來傍邊阿骨打（改作阿固達）屯奉聖州之東粘罕（改作尼堪）兀室（改作烏舍）屯應州之南窩木割（改作尼楚赫）婁宿（改作羅索）屯洪州之西牧馬休兵請議事於朝廷

茆齋自叙曰是年八月宣司回軍至河間府上委劉延慶都統陝西大集兵力謀復燕僕時隨宣司在河

間竊聞延慶與幕府議持重不可進兵使女眞軍馬先入居庸關收下燕京然後多以歲幣贖之此爲萬全僕以爲若使女眞入關後必輕侮（刪此字）中國爲患甚大用兵務在神速遂條論利害上宣司言不使女眞入關其利有五使之入關其害有六九月尚書省經撫房劄子（王黼當筆將樞密院應於邊路務軍事盡隸所置經撫房施行樞密院不得預）差馬擴充奉使大金國使副前去濟南府已來等候國信使趙良嗣同取登州海路前去奉使仍充送伴大金國通議使副（金人緣曷魯大廸烏之回疑我有謀又自以已不報師期一面進兵取大遼中京據山後地土聞南朝委童貫舉三路大兵趨燕地遂遣徒姑旦烏歇高慶裔等來使以修好

爲名且以窺覘我也。注曷魯改作赫嚕徒姑旦改作圖克坦烏歇改作烏頁至青州奉御筆據代州奏探報阿骨打改作阿固達已到奉聖州在雲中府之東乃唐新州契丹改作奉聖州仰趙良嗣馬擴送伴使人取代州路過界前去奉使阿骨打蓋聞我軍入燕境已數交鋒慮我自取燕而已不得歲入故親來以決機會。注阿骨打改作阿固達僕因詢良嗣今次朝廷所遣奉使欲議何事良嗣出國書副本及御筆事目云若本朝軍馬乘勝已入燕京更不請大金人馬過關如或未曾卽請大金軍馬進於燕城之北本朝軍馬進於燕城之南依元約夾攻之僕抵掌大驚謂良嗣曰金人方自以不報師期恐王師定燕之後守把關口彼

不得歲入金幣故遣使通議一則接續和議以邀歲幣二則使來窺我動作趨向幸而彼未知吾种師道楊可世白溝小衄童宣撫氣沮而退在我則當領彼來和之意固執前約姑與之言曰南朝自闘貴朝舉兵便發大兵相應夾攻蓋昨來送曷魯改作赫嚕等還乃所以待回船來報師期不敢疑貴朝爽約但只猜度恐舟船海中阻風或別失誤故不待報來遂急舉兵於元約夾攻之說彼此別無違處既以此意答之仍亦以此作國書須一面催督宣司進兵剋期下燕以振中國之威平燕而和女眞用絶日後輕侮之患可

也何得自示懦弱盡露腹心傾身倚以爲助全藉彼兵直許之入關如此則大事去矣日後窺伺侵凌之患其禍豈易量耶良嗣愕然曰今宣司已退遁兵力不支自非藉彼兵力助取之後以金帛誘之何以得燕某曰龍圖既知我軍力不能取何不明白奏上畫與女眞使自取之急修我邊備守白溝舊界保吾故疆豈可含糊苟目前小利不防久遠之患愛指失掌此某不敢預也是時某父亦同行遂以與良嗣辯論事白父謂某曰與夷狄二字改敵共事當先立威以振服之於後可保無患今宣司已退沮又豈可以我之腹

心盡露與外夷兼女眞豈可以親結之乎删外夷至此十二字添一彼字既如此論議後必誤國汝宜速奏論之若不從卽乞罷無阿隨誤大計僕於是密畫利害論女眞不可使入關要當進兵先取燕京則金人自服邊境可定乞罷使臣事自將步騎萬人趨不虞之地入燕平定五關以杜女眞窺覘之患

五日庚寅郭藥師等至宣撫司

郭藥師是日至宣司公參待罪云藥師僻遠燕人猥守一郡久服堯化歸向莫緣近聆王師已屆疆埸謹率同屬請命於宣司童貫令僚佐撫勞有差

御筆改燕京爲燕山府

燕京古之幽州武王克商封召公奭於燕以燕然山得名漢置涿郡唐武德元年改燕州天寶元年改幽州舊號廣陽郡有永清節度使燕京改爲燕山府

八日癸巳都統劉延慶與郭藥師等出雄州入新城趨涿易路

九日甲午遼人蕭容韓昉至雄州

蕭容韓昉至雄州童貫蔡攸以軍禮見之貫攸以其所上表不納土止納款稱臣麾而去之斥容昉曰非納土不受昉笑曰納款卽納土也虜種類雜（四字改作族類）

多未易圖朝廷當思兩全無貽後日之悔又曰好鄰舍朝廷處路了不知彼惡鄰舍也必悔之貫以蕭后表卽日飛奏留蕭容韓昉於雄州令管待別聽朝廷指揮

御筆涿易八州並賜名

山前九屬縣下項燕山府一十三縣析津宛平都市昌平良鄉武清安次永清玉河香河潞陰涿州四縣范陽歸義固安新城檀州二縣密雲行唐平州三縣盧龍古城馬城易州三縣易縣淶水容城營州一縣柳城順州一縣懷柔薊州三縣漁陽三河玉田景州

城縣賜名威塞盧龍縣賜名盧城石城縣賜名臨州除燕山府已賜名外涿州賜名涿水郡威行軍節度使檀州賜名橫山郡鎭海軍節度使平州賜名海陽郡撫甯軍節度使易州賜名遂武郡防禦營州賜名平盧郡防禦順州賜名順興郡團練薊州賜名廣川郡團練景州賜名灤州郡軍事

十三日戊戌蕭后表至上御紫宸殿受賀太宰王黼等率百官上表稱賀

表曰制軍命將用申中夏之威取亂侮亡遂復全燕之地盛超振古喜溢綿區臣聞舜肇十二州始別冀

都之壤周建八百國首疏召奭之封當天津析木之交實上谷廣陽之勝形勢有金湯之險膏腴號陸海之饒石晉不綱羯胡匪茹盜藩垣以爲虵豕之窟汙衣冠而陷犬羊之羣（羯胡至此二十二字改作契丹始大割土地而失金河之險藉聲援而定父子之稱）民胥怨咨天乃震怒藝祖立極思與物而更新文考御邦益留神而經始於昭熙旦丕顯燕謀帝命式于九圍無遠弗屆王者大乎一統有開必先天方授我以故疆虜（改作敵）自竄身於窮漠允資聖算爰舉師干俾收塗炭之餘肆協雲霓之望虎臣矯矯王旅嘽嘽長驅出塞者百萬有奇分道並進者東

西相屬敵軍效順拔戎壘以來歸僞后祈哀卽轅門而納欵豈特昆夷維其喙矣是謂燕民悅則取之爾露湑濡盡率土普天之廣山川表裏無此疆爾界之殊恭惟皇帝陛下性備堯仁智兼湯勇誕敷文德同四海之車書肅將天威辟三王之境土凡此濯征之策仰繫獨斷之神料纖悉於九重契幾微於萬里神祇效職天地合符亟臻復古之勳仰快在天之憤受端闈之獻方陳希闊之儀增輿地之圖更闡文明之化臣等叨聯輔弼初乏贊襄宅朔方曰幽都獲預觀於偉蹟至岱宗覲羣后願遂告於成功臣無任云云

詔答之

詔曰朕嗣纂丕圖日新庶政思加大信式協萬邦每敦鄰國之懽用避帶礪之約豈意酋虜（改作蕃族）自叛宗盟命帥出師巡邊備寇天戈壓境之未久土宇來附者無餘僞后知幾遣使露封而納款燕民效順束身請命以來歸將盡復燕雲之故疆聊共成祖考之昔志君臣有慶中外交懽成此膚功賴予良弼丕揚偉績實係嘉謀據覽賀章舉開欣快聖旨送秘書省

賜新復州縣曲赦

詔曰朕膺天駿命作民之師夜寐夙興惟祖宗之是紹賴帝敷佑中外敉甯遠暨海隅罔不率俾乃眷燕雲之境實我舊封五季不綱陷於北狄（改作蕃落）屬者虜酋（改作遼主）失道自絕於天怨結兵興勢似瓦解惟予克相上帝寵綏兆民爰命六師大申弔伐繄爾有眾懷德惟素靡然率籲羣心奔走來歸莫之能遏王師無戰而先志是承四海永清惟朕心以懌興念茲土久困暴虐上下相陵人用無告典型屛棄罪及無辜崇奸賊賢毒痛猶在以寬代虐帝命惟新收復及已歸附州縣見禁罪人除抗拒王命及謀爲不順外餘罪無大小並放見停廢文武官將校公吏人並許所在

自陳當議盡行甄收隨材任使流配人並放還逃亡及爲盜賊者並釋罪令歸業惟爾有官體茲德意奉承罔怠以稱朕惻隱之誠庶一方亟蒙休澤故茲親札詔示咸使聞知

又手詔蠲除科率

詔曰應日前無名科率抑配及積姦獘政一切煩苛之令敕諸州一一具聞當悉行蠲罷不必待報者宣撫司除之積久稅賦若公私子錢皆免人戶委州縣長吏招誘以歸加意存撫貧乏饑民並以官粟賑給無令失所掠獲人口者各尋付其家違者重寘典刑

又手詔甄擢賢才

詔見在官者俊若有公卿士大夫已議褒擢外有懷才抱藝湮沉下僚或素爲鄉里所推未被試用者敕宣撫及州縣長吏詢採以聞當不次擢用其以忠直得罪虜酋（遼改作）或爲權倖排斥或以詿誤抵罪者並以名聞咸當甄擢永用爲勸

十九日甲辰都統制劉延慶何灌郭藥師等統大軍出雄州入新城縣劉光世楊可世出安肅軍入易州會於涿州

先是劉延慶等至涿州撫定軍民次淶水縣縣令負

弩前驅作樂致禮令可世守涿州延慶以可世所部兵少更付中軍及熙河環慶兵二萬營左軍俾楊惟中副可世延慶統諸道兵與常勝軍暨趙詡兵無慮五十萬鼓鼙振天地自古出師之盛未有甚於此自卯至酉至良鄉縣瀘溝河前部報曰臨河與四軍蕭幹大石（達實改作）林牙賊（敵改作）鋒相接矣時賊（敵改作）兵不滿二萬憑河排布未究虛實延慶令五軍下營開濠挖塹以備賊（刪此字）出兵抗敵曛晚各憩勝負相償

二十日乙巳劉光世等復與蕭幹對壘

是日日將晏賊（敵改作）鼓譟攻我戰於料石岡三撾鼓還。舊校云歸本還作三撾方還

賜進士出身頭品頂戴四川等處承宣布政使司布政使清苑許涵度校刊

三朝北盟會編卷第十終

三朝北盟會編卷十校勘記

張言一作張炎　奄致淪殂殂誤作徂　爰屬惸嫠嫠誤作嫠　與夏

人逆戰於阿磨下水阿磨一作昂阿脫下字　宣撫司回軍至河

間府脫撫字　都統陝西大集兵集字衍　小注而已不得歲幣誤作

歲入　苟圖目前小利脫圖字　當先立威以振服之振應作震

易水淶水容城易水誤作易縣　景州一縣遵化一誤作城脫遵化二

字　都市賜名廣甯香河賜名清化新城賜名威城行

唐賜名威塞原脫都市二十字　石城賜名臨關馬城賜名安

城都城賜名鎮山漁陽賜名平盧臨關誤作臨州脫馬城十八字　獲

預覩於偉績績誤作蹟　舉聞忻快聞誤作開　應日前無名科

率押配押誤作抑　及熙河環慶兵二萬人佐軍人誤作營佐誤作左

盧溝河盧誤作瀘

三朝北盟會編卷第十一

政宣上帙十一

起宣和四年十月二十三日戊申盡十一月二十

七日壬午

二十三日戊申宣撫司檄進兵劉延慶議入燕之策郭

藥師獻謀擣虛取之

是日蕭幹營於十里外以控我軍由是逗留未得進

宣司檄曰大軍至良鄉連日不進可出奇以取勝況

我軍擬賊改作比敵倍萬以彼較此利害皎然仰疾速趍

燕京是日延慶命諸將共議入燕之策郭藥師獻謀

曰四軍者以全師抗我則燕山可以擣虛而入可選

輕騎由固安渡瀘水至安次徑赴燕城漢民知王師

至必爲內應燕城可得延慶卽遣郭藥師押常勝軍

千人爲鄉導命趙鶴壽高世宣楊可世可弼統兵六

千可世等夜半渡河啣枚倍道至三家店憩軍

二十四日己酉郭藥師等入燕山軍敗而還

是日質明郭藥師遣甄五臣領常勝軍五十人雜郊

民奪迎春門以入殺守閽者數十人大軍繼至陳於

憫忠寺分遣七將官把燕城七門各差將二人騎二

百守之內外帖然不知兵至咸謂有神一般時有燕

人馬賢良者獻詩云破虜將軍曉入燕滿城和氣接堯天油然毀鬣三千里洗盡腥羶二百年（删一般至此四十一字）可世傳令云漢人皆登雉堞指摘契丹奚等家誅戮萬計通衢流血申宣撫司告捷我軍用事者不過四千蕭后登宣和門親施箭鏃以拒王師郭藥師遣人諭蕭后大兵入城擇甲拜降可也蕭后聞諸軍與燕人內應所在巷戰齊殺契丹刦掠財物頗狐疑未決契丹諸軍皆效死戰而我軍無紀律已而飲酒擴奪財物紛然恣淫后既知密遣人召蕭幹等回幹亦知我師入燕晝夜來援或告藥師曰城外塵起必有

援兵至諸將皆謂延慶遣兵來助一望則燕王塚上立四軍旗幟矣方錯愕瞪視而四軍人馬自南暗門入內諸門皆啟鐵騎突出戰於三市人皆殊死戮力迎敵而藥師失馬可世拒追者藥師獲免我軍少卻遂至雙門樓下令騎皆下馬且戰且行至憫忠寺前可世謂藥師曰今日如何不若且至東門以待援兵而燕城漢人皆曰汝等令我指摘契丹相助殺戮將軍若出我輩如何今已斷了諸門弔橋幸無遽出以決死耳再戰又敗我軍三晝夜不寢食又自早殲契丹競功人饑馬疲而四軍林牙兵勢狼戾（改作方銳）可世等戰不勝藥師復回戰又不利皆棄馬登城賊（改作敵）益熾將窮搏藥師先下城可世謂世宣曰吾將家豈能效兒女態惜微軀也指呼戰士拒戰身中毒矢不顧或報藥師出矣弟可弼因其閒進曰趙鶴壽後軍不來都統亦不遣援兵今日之事黑白自明儻含糊就死百世之下無不笑為罪人矣願偕去是非昭著請誅於朝不其偉歟可世然之遂縋而出高世宣王奇李嶢石洵美王端臣等皆碎賊（改作敵）手可世等既出賴契丹收棄甲捕殺殘軍不復追襲遂得脫去尸之塡濠者可藉而過初選精兵六千至是免者數百

騎而已契丹獲馬五千甲四千先藥師與可世謀留鶴壽兵為援其實藥師忌功而鶴壽亦憾之不至先是鶴壽見宣撫藥師疑其有所授而不以實告故也藥師可世等夜入安次縣招集將士得潰兵四百餘人入涿州

北征紀實曰藥師獻謀於二帥曰四軍者以全師抗延慶則燕山可以勁騎擣虛而入也於是二帥命藥師擇常勝軍千人為鄉導又命延慶選將酒以揚可世高一箭各千人一夕渡盧溝河直往燕山之東每旦有草車無數入門可伺其開門因車入而襲之果

然旣入則每門命驍勇使臣二人分兵守把藥師乃下令曰燕人令盡降契丹諸虜改作人令盡殺然不意燕山城中契丹奚兵尚衆而我師已虜掠故蕭后者在內但閉其內門是以虜漢因改作契丹與漢人巷戰殺傷相當自旦至晚不解而蕭后乃呼四軍自其內後閤門而入忽大啟內門生兵出擊我師爲退敗藥師知其不敵因縋城先遁楊可世亦得脫高世宣號高一箭者及諸名將銳卒無一得生還

二十五日庚戌蕭幹出兵與劉延慶對壘於瀘溝河南是日蕭幹陳於河南出示藥師隨行主管文字官趙

端南並藥師可世全裝甲馬令延慶見之言已將諸將殺戮人騎皆降仍渡河挑戰延慶軍洶洶以爲藥師全軍沒諸將殺可世降契丹延慶遣人往涿州取藥師手書以安衆心

二十六日辛亥趙良嗣等同使人烏歇改作烏頁高慶裔到大金軍前

燕雲奉使錄曰二十一日過界金國遣甲馬及接伴使副迎勞是日宿於應州侍中莊二十二日見元帥粘罕改作尼堪且言今來所計議事節與自家上京時說底話煞別也對以大信旣定本無異同之意粘罕改作尼堪云候到日皇帝不錯食罷遣其副帥兀室改作烏舍接伴往奉聖州二十五日遂至於軍前二十六日見其國王阿骨打改作阿固達捧書傳達如儀

二十七日壬子郭藥師甄五臣張思政守涿州領兵趨雄州宣撫司恐涿州危差張令徽領二千騎戍之

二十八日癸丑劉延慶申宣撫司乞回軍

紀實曰劉延慶申二帥乞那回軍馬二帥以小竹紙親札報之曰仰相度事勢若可以那回量可那回不管有誤軍事延慶得之一夕中軍先自焚輜重不告諸將而退衆軍罔測遂大潰

編年曰劉延慶以可世行三日方進兵又兩日至瀘溝河距燕城二十里下營是時偏師雖入燕城大軍屯瀘溝未動蕭幹兵才數千幹得漢軍兩人蔽其目留帳中兩人不知也夜半僞相語言聞漢兵十萬壓吾境吾師且三倍敵之有餘當分左右翼以精兵衝其中舉火爲應殲之無遺縱一人歸報其人又曰昨日在賊營見戰具甚廣揀人選將乘夜來搗營寨延慶聞燕城復失又瑠璃河護糧將士及帥王淵亦俱陷於賊改作敵氣已喪矣旋得此說心動求自全之計盡召諸將密諭以糧餉不繼去漢界遠中道多事不

卽引還久恐生變諸將皆唯唯獨曲奇力爭不可延慶怒叱去之

二十九日甲寅劉延慶燒營及輜重奔還王師大潰是日晚瀘溝河北四野火發延慶與光國光世以爲敵至燒營而奔五軍雜遝擾攘散走自相踐蹂奔墮崖澗者莫知其數捐棄一切軍須之計相繼百餘里將曉賊（改作敵）覺徑尾吾後轉戰至白溝河與常勝軍高望接戰又大敗自熙豐以來所畜軍實盡失燕人作歌及賦以誚延慶傳笑虜（改作燕）中蕭幹陷清城殺守將路宗迪

十一月一日丙辰朔阿骨打（改作阿固達）見趙良嗣許燕京薊景檀順涿易六州二十四縣每歲要依契丹銀絹遣李靖持書來

燕雲奉使錄曰是日阿骨打（改作阿固達）令趙良嗣與蒲結奴（改作普結努）議事蒲結奴（改作普結努）云去年本國專遣使臣理會恁大軍情公事屯著人馬傳言底等候回使相約打滅契丹卻留我使人一住半年滯了軍期更不遣回使只將空書令軍人送過海來已是斷絕之意此段休說更說一段且如夾攻本國兵馬從今年正月已到中京因甚不便來夾攻本國自去年十一月出兵今年正月到中京三月到西京已是半年受了千辛萬苦貴朝纔於五月出兵慢慢地占穩占姦更說甚夾攻此一段亦休說皇帝有指揮去年不遣使乃是失信今年雖出兵亦不如約便晝斷休說而今特將已收下西京一路州縣與南朝請先交割外爲契丹昏主猶領殘兵不先下了燕京不惟爲金國之患亦恐去南朝作過皇帝已定親去收燕京候收燕京了卻來商量或與不與在臨時前遣元帥就近代州議事便是此意已於王瓌處仔細道來更不可改良嗣度其意欲以西京交割爲名更改許燕之

議乃云本朝與貴國通好五六年自貴國兵馬未到上京時已有要約今來卻恁地翻變說話是甚義理據良嗣等所奉御筆處分先夾攻燕京了日然後夾攻西京須是先得燕京然後交割西京固自有次第蒲結（改作普結努）云今先與西京其意已厚汝家旦夕守燕不能取候我得之取決臨時何有不可良嗣云大國所行必指天爲言前年皇帝與良嗣握手曰我已許南朝燕京便我得之亦與南朝不然指天爲誓料皇帝守信肯違天耶蒲結（改作普結努）復傳阿骨打（改作阿固達）之意曰初以南朝失信斷絕無疑緣南朝皇帝委

曲御筆親書今更不論元約特與燕京六州二十四縣漢地漢民其係官錢物等及奚契丹渤海西京平灤州並不在許與之數南朝自得燕京亦借路平灤州歸如南朝未得我兵取之悉如前約更不論夾攻六州謂薊景檀順涿易也良嗣答以元約山前山後十七州今止言燕京六州二十四縣昨日言西京今又不及何也平灤本燕地以限榆關則平灤州已在燕京之內矣兼御筆事目如貴朝兵馬因追襲乘勢更不煩兵馬過關今言本朝定燕京借路平灤本朝果得燕必分兵戍守大國人馬經由豈敢專輒蒲結奴(改作普結努)兀室(改作烏舍)勃然怒曰汝家未下燕已拒我如此是不欲通和耳況汝兵近爲燕人擊敗若旬日未下豈不仰我力耶又云皇帝更不說元約只特許燕京六州二十四縣每歲要依契丹銀絹之數御微笑云有一事說與使人莫道是與了南朝燕京管下六州二十四縣如我取了燕京都不與南朝怎生不依契丹一般與我銀絹良嗣等對以此只是自强底話如不夾攻契丹一應舊漢地歸本朝何名可得銀絹郎君等未可一向自强一概輕易漢人且如契丹昏主七八年前煞有輕易貴國之意如今契丹之强

御在何處諸郎君不要誤皇帝當以信義爲勝不可以力爲强郎君等只見契丹之弱乃自以爲强本朝大國不可容易不要錯了復取出文字三封一封係知易州何灌牒大金統領內備宣撫司劄子令報知大金國稱已收下涿易不得侵越生事一封牒靈邱飛狐兩縣招誘歸款一封係趙詡上太傅相公內言女眞恣爲殺戮枉害良民諭令歸漢不可受辱於(删此三字改作歸)女眞也令良嗣讀訖御云理會得否且如飛狐靈邱乃山後地方未商量定便來招誘是何義理假如要一兩箇小縣何不將文字來評奪良嗣等答以此必何觀察(謂何灌)不知界至地里便發文字料必如此御云此事且休論趙詡元是董龐兒我與你有甚冤讎道本國殺害良民如賊一般相待蒲結奴(改作普結努)曰此必大國之意也如使副不許借路過關趙詡不使漢人歸女眞其意一同若不是祗重貴朝皇帝御筆親寫來更無好說話也恰來皇帝有朝旨如使人隔關恐已下燕不令過關又趙詡文字詆毀雖已寫國書待改變來御爲大信已定更不改也且汝只知阻我過關不道汝國人馬又敗便揖良嗣朝辭令其國相蒲結奴(改作普結努)傳言云到南朝日再三附

奏乞善保聖體好理國家所有燕京等事已專遣人齎國書計議且望敎速來回早了大事至庭下有前立兩人指示良嗣曰此燕京國妃遣來請降如不許稱藩止乞燕京隻力拒南朝及言契丹軍雖寡弱若止當南軍有餘只恐大金來卽不支也對良嗣等面諭二人云我已許南朝燕京汝到日說與汝國妃蘷離不改作古爾班勿與南朝交鬬戮及齊民二人唯唯良嗣等辭訖留馬擴遣良嗣及使人同來

茆齋自敘曰十月抵代州過界時黏罕改作尼堪兀室改作烏舍皆在應州南傍山作營某與良嗣既送烏歇改作烏頁

慶裔至彼見黏罕改作尼堪略論大概次日黏罕改作尼堪以鐵騎二百令兀室改作烏舍權充接伴良嗣與某各攜一從人餘悉留黏罕改作尼堪軍遇夜行五程抵奉聖州見阿骨打改作阿固達路經蔚州縣邑悉無人煙人皆逃避既見阿骨打改作阿固達受國書御筆次日令皇叔蒲結奴改作普結努相溫改作詳袞並二太子斡离不改作斡里雅布者就一氈帳中約說話皆令人通譯云前次遣曷魯改作赫嚕大迪烏議割還燕地貴朝不遣聘使乃是斷絕今來難舉海上之約但皇帝知趙皇誠心不忍絕好燕京候平定了日與或不與臨時商量今西京謂雲中府卻已平定奉還貴朝可差軍馬交割當時緣郭藥師已降劉延慶已逼燕故有割雲中之意良嗣錯愕失詞答云元議割還燕地若燕京不得卽西京亦不要斡离不改作斡里雅布云燕京爲未了且言臨時商量西京是已了割與貴朝卻言不要不成剛强與得次日復召議事相溫改作詳袞云皇帝有旨昨日所論西京事更休理會海上之約亦是貴朝自斷絕且看趙皇面特許與燕京六州二十四縣如貴朝軍馬先入燕則本朝軍馬借路歸國仍要在燕係官錢物若貴朝不能入燕待本朝打了與去是時虜改作金人聞楊可世高一箭

郭藥師已入燕故有此語以爲他時紛競之端良嗣云錢物則不較但借路事恐難從相溫改作詳袞云待遣人同去南朝商量遂起良嗣歸有喜色作詩云朔風吹雪下雞山燭暗穹廬夜色寒聞道燕然好消息曉來驛騎報平安某顧良嗣小器不知安危繼詩和云未見燕銘勒故山耳聞殊議骨毛寒願君共事烹身語易取皇家萬世安次日欲朝辭相溫改作詳袞云已差李靖充大使王永昌充副使撒盧拇改作察勒瑪充計議御於二國信使中留一員隨軍恐貴朝軍馬入燕地把定關隘本朝借路時要得分辨良嗣汗流不能對

某附耳云龍圖燕人不爲女眞所畏若不能免某請爲留宜安方寸良嗣徐對曰自來無例摘留使人相温(改作詳袞)云此皇帝意近晩阿骨打(改作阿固達)召辭云二使人誰留良嗣復答以無例阿骨打(改作阿固達)云行軍非引例處某應曰若必欲留願令大使歸報某請留遂辭次日良嗣與李靖等行持書詣闕

金人國書

書云適憑使傳特示音題然已露於深悰斯未洽於舊約載惟大信理有所陳爰念前言義當可許昨差趙良嗣計燕京依與契丹銀絹數目歲交尋許燕京幷所管州縣及所轄漢民如或不爲夾攻不能依得已許後來馬政至更議收復西京回書只請就便計處如果難意冀爲報示又得書示候聞舉兵到西京的期以憑夾攻不言自行計度或難果意只云並如初議及絶使軺以謂非是通好之意遂止夾攻許與之辭以故昨來遣兵及平定契丹畢未嘗報論夾攻自來燕京國王上表稱臣永修貢進薨逝後屬以其妻國妃虔誠表請縱不許爲藩輔亦無他望良嗣等始方來到且馬政元齎事錄所約應期夾攻最爲大事須是大金兵馬到西京大宋兵馬便自來燕京幷

應朔等州入去也如此則方是夾攻若將來不到西京便是失約也貴朝若依前書實欲夾攻圖謀(須理會當期本)朝兵馬到西京已來合依所約道路進兵相應若謂不知又云燕南已屯重兵兼貴朝士馬發於代州比本朝遠至西京地里勞逸灼然可知直至克定未曾依應今承芳翰再締新懽極邊屯相應之軍立議復幽雲之地皆非元約者也其於信義未合許焉蓋念前書至如契丹將來虔誠請和聽命無違必不允應方是大信故許燕京幷六州屬縣及所管漢兒外其餘應關係官錢穀金帛諸物之類幷女眞渤海契丹奚及別處移散到彼漢民雜色人戶兼(幷平)灤營州縣縱貴朝克復亦不在許與之限當須本朝占據如或廣務於侵求請慮難終於信義所有信誓分立界至幷舊來輸納契丹歲幣數目多少交割等事候到燕京續議晝定式當嚴律善保殊休今差勃堇撒胡紹(改作貝勒察勒瑪)李靖勃堇(改作貝勒)王度剌(改作都哷)充國信使副有少禮物具諸別幅專奉書陳達不宣謹白

二十一日丙子金人國信使副李靖王度剌(改作都哷)撒盧母(改作察勒瑪)來議每歲銀絹

二十五日庚辰李靖等入見於崇政殿

燕雲奉使錄曰是日引李靖等上殿上令黃珦傳旨兩朝計議五六年大事已定些小事各明說了卻甚好西京及平灤三州地土不多可一就議定四軍蕭幹兩朝無禮如捉得執縛送來以見通歡之意趙良嗣回許定燕京更不論夾攻不夾攻如自取得亦與本朝甚荷厚意可依例赴王黼處計議尋引詣王黼賜第議事出御前文字讀示所有幽薊平灤自合依約撒母（改作察勒瑪）與靖相看曰卻是和西京平灤都要靖等來時只聽得特許燕京六州二十四縣地與南朝今來卻和西京平灤都要怎生了得黼曰自趙龍

圖涉海北使從貴國未到上京已如此商議本只為五代以後所陷漢地更無二三撒母（改作察勒瑪）曰若是和燕京西京平灤州都要後方許契丹舊日銀絹之數如此則空費往來和合不得黼曰某天性爽快士大夫所共知今來商議國事須要說盡已得聖旨便將西京畫斷別做一項此亦順貴國之意只以燕京平灤三州畫許契丹舊日銀絹之數此乃是本朝一一相就之意如燕京係官錢物漢戶人口西京畫斷一一相就貴國只有平灤一事自可相從度剌（改作都哷）曰此亦傾盡覆知且如（刪此八字）此亦至本國八九年來方盡得契丹舊地好處唯是一箇燕京已許與貴朝平灤等州本國要做關口李靖曰兩國來往惟務誠實據靖所見先將燕京六州二十四縣為定歲交契丹銀絹之數其平灤等州別作一頭項再覓去或肯時亦不可知若一概言之徒苦往來黼曰此已是委曲相就若更分平灤豈有是理各上馬歸

二十七日壬午遼人四軍蕭幹復攻涿州安次固安兩縣陷之守將胡德章被俘

金人進兵趨燕

馬擴既留黏罕（改作尼堪）自廣州趨奉聖州與阿骨打（改作

阿固達）定議黏罕（改作尼堪）下軍馬於南暗口阿骨打（改作阿固達）趨居庸關撻懶（改作達蘭）趨古北口分三路進軍忽燕京國妃遣使詣阿骨打（改作阿固達）請和云十月十九日南兵楊可世郭藥師襲入燕城國妃據內城南師驕勝不戢士卒掠取財物國妃密遣人至盧溝河呼四軍大王自內南暗門入與郭藥師抗戰南師氣奪悉皆奔竄諸將僅以身免為四軍奪馬四千匹次日耀兵於盧溝河劉延慶望之喪膽士卒股慄人人自危計無所出乃焚營夜遁為契丹追殺至雄州阿骨打（改作阿固達）執各不應允之約不從進兵趨燕初童貫行

上遣內侍李某微服於貫軍中探其去就燕京既失州縣復陷人民奔竄內侍嘗密奏之上以手札責貫曰今而後不復信汝矣貫既被責大懼遂遣王瓌取易州飛狐路赴大金軍前約以夾攻王瓌至大金軍前見其國主奏言大宋宣撫童樞密令臣見陛下聞嘗有國使交通兩朝已議夾攻今來童宣撫大兵已近去燕京未敢擅入遣瓌等來請大兵於大金國前乞速敕台旨著都總兵元帥宣令起兵與本國兵馬夾攻前去月日貴得相應不失元約金國遣兀室(改作烏舍)館之定議尅十二月一日本國大發兵馬至初五日午刻度居庸關至六日午刻悉督卒齊到燕京城下先令瓌歸

賜進士出身頭品頂戴四川等處承宣布政使司布政使清苑許涵度校刊

三朝北盟會編卷第十一終

三朝北盟會編卷十一校勘記

由固安渡盧水(盧誤作瀘餘同)　百世之下死不笑爲罪人矣(死一作兄　笑一作免)　因絶城先遁(絶一作墜)　宣撫司恐涿州危差張令徽領二千騎戍之(此條應另行低一格誤連上文)　蒲結奴(脫奴字餘同)　以應朔舊漢地歸本朝(以誤作一　脫朔字)　當時緣郭藥師已降劉延慶已逼燕故有割雲中之意(此係小注誤作正文)　撤盧母(誤作胡紹)

三朝北盟會編卷第十二

政宣上帙十二

起宣和四年十二月二日丁亥盡十五日庚子

十二月二日丁亥李靖等入辭於崇政殿

上遣黃珦傳旨諭靖卿等到軍前奏知大金皇帝自金國兵馬未到上京時已遣使計議成就交好正在今日今來所議凡五事一切委曲俯從金國所有平灤營三州地土不多一就相許了郤甚好差使副與靖等同齎國書前去

三日戊子差趙良嗣周武仲使於金國許依契丹舊例

銀絹再求營平灤三州幷西京

朝廷國書

書云夙勤原使嗣貺緘書共聞綏撫之詳備仞敷陳之悉方遠敦於契好宜曲盡於忱誠本朝與鄰國通好自來係計使人往來之數以爲禮節昨曷魯（改作赫嚕）等來係報馬政之聘以故更不遣使然國書內具述夙敦大信備載前書所有漢地等事並如初議候聞舉軍到西京的期以憑夾攻議約事宜分明別無斷絕今歲自聞舉軍到西京卽遣童貫等領兵自燕路相應四月以後累伐契丹事可詢訪亦累遣人移文貴朝軍前報應計議夾攻之舉卽無失約昨燕京國如蕭氏遣蕭容等進表納款仍乞援助止退大金兵馬及營平薊景等舉地來歸繼亦嘗遣偏裨入燕城殺戮不順契丹請和聽命各無允從幷未見貴朝進兵夾攻卽郤其使幷表未嘗聽許及未曾分遣大兵據守元議自燕幷應朔等州進兵後來以西京之議未明故止應朔之師雖奉聖應朔蔚武等州遣人請降亦以此未曾撫定敦守信義以務交歡本末可見趙良嗣回知欲入關至燕本朝議云與貴朝講好修睦若本朝先自平燕亦當迎待如禮良嗣固執妄有

所陳所有應關係官錢穀金帛諸物之類今書欲行拘收實非元約然貴朝兵馬既欲入關犒師之用義合相從其別處移散致漢民雜色人戶如欲收管亦非元約所載今並如來諭以示誠意兩朝守國所恃大信自初遣良嗣以至於今所議正爲五代以後所陷漢地內燕京六州及屬縣已載來書幷承諭如本朝已取了燕京自依今來已許如未取了貴國取得亦與本朝更不與夾攻外所有營平灤幷西京管下州縣幷係五代所陷地土合依元約本朝收復爰念自貴朝未取上京之時越大海通交好使聘往來累

年於此所當曲務允應以善初終除營平灤三州本朝收復外其西京地土候收復燕京別行計議契勘馬政所齎事目已曾具言緣收復燕京一帶幷西京地土所以盡契丹歲交銀絹今若西京別作一叚計議理合減定深念久已相許義不可渝將歲交銀絹數目多少交割等並依契丹舊例施行信誓分立界至等事續議畫定庶應來悰用臻歡約屬當歲凜益保天祺今差龍圖閣直學士大中大夫趙良嗣朝散郎充顯謨閣待制周武仲充國信使副有少禮物具諸別幅專奉書陳達不宣謹白

郭藥師敗蕭幹於永清復固安安次兩縣

契丹四軍蕭幹自延慶敗復攻安次固安兩縣陷之復圍永清縣郭藥師至永清與虜(改作敵)相遇藥師謂諸將曰彼見我軍必披靡視漢兵爲輕定來衝突令部曲執漢旗幟分漢兵以弓弩翼之虜(改作敵)果望旗笑曰南朝兵也果擊之兵刃既接方悟常勝軍虜(改作敵)戰不利依山自保漢兵鑾鞚弩聽鼓聲悉發賊大敗斬數千級幾執渠魁虜(改作敵)窮走燕城堅壁不敢出

五日庚寅金人到居庸關蕭后與蕭幹大石(改作達實)林牙夜出燕城

亡遼錄曰蕭后纔聞居庸失險夜率契丹幷老幼車帳駐城下聲言劄野寨迎敵其實避竄宰相左企弓以下拜辭於門外蕭后諭曰國難至此我親統大軍盡死一戰爲社稷計勝則再與卿等見萬一失利則我誓死於陣前卿等多方保全合境漢民無使濫被殘害遂(泣下數行)行至松亭關議所往耶律大石(改作達實)林牙者契丹也欲歸天祚四軍大王蕭幹欲就奚王府立國於是契丹奚軍列陣相拒而分矣奚渤海諸軍從蕭幹留奚王府大石(改作達實)林牙挾蕭后歸陰山見天

祚取蕭后殺之

六日辛卯金人兵至燕左企弓曹勇義劉彥宗等開門迎降阿骨打(改作阿固達)等入燕遣馬擴歸報捷

茆齋自敘曰二月旦經嬀儒二州初五日抵居庸關契丹棄關走僕隨行阿骨打(改作阿固達)謂曰契丹國土十分我已取其九祇有燕京一分地土我著人馬三面逼著令汝家就取郤恁生受奈何不下初聞南軍已到瀘溝河已入燕我心下亦喜南家故地教他收了我與他分定界至軍馬歸國早見太平近聞都統劉延慶一夜走了是甚模樣僕答曰使人留此不得

而知兵家進退常事恐亦非敗縱使劉延慶果敗亦別有大軍在後阿骨打改作阿固達云似恁統領底人敗了軍國大事汝家有甚賞罰擴曰將折兵死兵折將死延慶果是退敗便做官大亦行軍法阿骨打改作阿固達云若不行軍法後怎生使兵也待一兩日到居庸關你看我家兵將戰鬬有敢走麽初六日入居庸關擺立軍馬阿骨打改作阿固達與骨崙改作古倫郎君並馬南向立諸軍馬三面整旗擺立粘罕改作尼堪已下諸郎君皆被甲作兩行相對侍立召僕當前阿骨打改作阿固達云我已遣使副同你家大使南去想已到汴京我已許了趙皇燕京如今打了須與去城內番官人戶即是我要漢兒人戶都屬南朝我今差人入城招誘契丹令投降你敢相隨前去招諭漢兒麽僕荅使人留此本了軍國大事有何不敢阿骨打改作阿固達云敢去時煞好來早同我家使臣前去入夜召僕阿骨打改作阿固達云我親押軍來待與夔離不即四軍大王也。夔離不改作古爾班見一陣適來已報同國妃直東走了來日可以入燕城是夜四更阿骨打改作阿固達召僕去頗有怒色曰國妃與四軍走去蓋緣我軍馬入關今聞得你家軍馬卻來攙奪如此則更無好說話也僕聞四軍大王永清縣爲郭藥

師所敗僕曰貴朝使人已與趙良嗣同趨闕下朝廷必不許來攙奪萬一南朝先入亦足可商量阿骨打改作阿固達意少解次日抵燕京北朝兩府漢兒官左企弓于仲文曹勇義劉彥宗契丹官蕭乙信改作伊遜等開門迎降阿骨打改作阿固達召僕云今我軍先到燕京你隨行盡見可回報捷已教寫宣撫司牒今差五百騎相送賜僕幷隨行人鞍馬一副仍令攜涿州將官胡德章歸蓋德章先與契丹戰爲其所擒囚燕京獄中至是令歸臨行粘罕改作尼堪遣烏歇改作烏頁來云傳語童太師昨來海上曾許水牛如今相望甚近欲覓十頭令送來僕南發達雄州宣撫司

亡遼錄曰蕭后行五十里金人遊騎已到城下左企弓等語百官共議力拒未定已報統軍副使蕭乙信改作伊遜開啓夏門放入婁宿孛堇改作羅索貝勒軍登城續遣先被虜人知宣徽北樞密院事韓秉傳令若即拜降我不殺一人催促宰相文武百僚僧道父老出丹鳳門毬場內投拜阿骨打改作阿固達戎服已坐萬勝殿皆拜服罪於是使譯者宣曰我見城頭礮繩蓆角都不曾解動是無拒我意也幷放罪纔撫定燕山府即遣五百騎護送馬擴至涿州牒報宣撫司請發兵前來

交割

北征紀實曰金人久住鴛鴦泊往來白水以圖天祚既深入夾山勢不能出金人亦不克入因攻取雲中諸州且休息往來山後覘中國紛拏延慶既潰阿骨打(改作阿固達)始以全師自居庸關入四軍大王者奉蕭后由松亭關遁燕人乃備儀物以迎之其始至於燕之大內也阿骨打(改作阿固達)與其臣數人皆握拳坐於殿之戶限上受燕人之降且尙詢黃蓋有若干柄意欲與其羣臣皆張之中國傳以爲笑金人其後自大皆燕人用事者及中國若良嗣輩教之爾是豈金之

意哉(刪其始至意哉八十四字)

十一日丙申貶劉延慶爲率府率安置筠州

北征紀實曰劉延慶者昔爲陝西名將童貫忌其才素不善也累得節度使上深眷遇向習射延慶獨預後方知欲倚仗劉延慶以北征代二師爲先鋒爾二帥既不納蕭后降乃令延慶將兵出界正兵十五萬夫役不在數也時藥師既以涿州降涿州之良鄉縣亦皆屬我於是延慶出界自涿至良鄉惟日行三十里住即立寨開壕塹殆至曉復行焉人皆笑之未至良鄉縣已爲虜(改作敵)騎所撓自良鄉又行兩驛抵瀘溝河駐軍四軍大王者亦如瀘溝夾河對壘日遣騎渡河或擊其前或擊其後左右受敵或三五十騎至千百騎渡河邀我餉道我師病之不能進矣嘗縱兵犯中軍幾至延慶帳下僅能禦退多所殺傷延慶懾焉翌日四軍使虜騎虜士(改作騎)皆乘我馬朱甲耀日於瀘溝河之上以是延慶心動且以餉道不繼乃申二帥乞那回軍馬得報遂焚輜重而退衆軍大潰四軍者尙不知所以是夕隔河但見火光大起虜(改作敵)遂亦走久之乃知我師自潰方遣兵來追先是延慶初往瀘溝也每下寨但開前一門故背有向北門而

已(刪故背至此八字)及其夜走天殆曉至舊寨與諸將少歇復由寨門將出適逢虜(改作敵)追騎垂至因復入門當時立寨既固又無他門可出遂大窘諸將自毁垣略得通馬踰垣而走不勝狼狽延慶幾不得脫瀘溝大寨金銀不可勝計又道路每寨各有銀絹一二十萬當時未能般赴瀘溝大寨者是時竭國力爲之一旦皆爲虜(改作人)所得及延慶至雄州二帥擬責之延慶因抱笏厲聲以抗二帥不能詰而止也初諸路正兵十五萬除二帥與諸將守雄者親兵外其餘往往因潰散乃自結隊各歸本路不能遏也始出師人但

支五百錢將士頗不樂及潰走且虞有變乃各支絹二匹銀三兩以收之兵雖粗集然技窮縮手矣先是上命小璫主郵事不隸宣司戒之曰得燕山爾自遣馳報而貫亦自作牌大書曰克平燕山路以伺皆謂唾手可得及藥師可世入燕山城是日報至貫遣之中夜始約伯氏同作奏以牌等即馳上捷纔二日半至闕下然遲小璫猶半時許中外但見捷而不知其詳謂已盡得之矣方降指揮擇日御正衙受賀於是好進者往往作賦頌獻久之但見寂然始知藥師但跳入燕城已退遁俄延慶師潰後二師凱還白上曰

劉延慶不戰而潰且雲中今未下不有大戒厲則何以使諸將臣等所以不詰者留以遺陛下也於是上赫怒欲斬延慶議已定乃下延慶獄旣鞫無狀而延慶出二帥與那回劄子上乃竄延慶徒責散官筠州安置由是益不直二帥然延慶應誅但二帥反枉用其心爾

十五日庚子趙良嗣周武仲至大金軍前金人不許營平灤三州并要燕地稅賦復遣李靖持書來

趙良嗣等至阿骨打（改作阿固達）駐帳處使兀室（改作烏舍）傳言且云自前年相約夾攻契丹及至寡人領兵到燕京城下並不見一人一騎更寡人自來不許與營平灤等處州城今來都要怎生去得若堅要平州不是好意和燕京都怕別了便揖良嗣等退歸所館良嗣等至其弟國論（改作古倫）相所居以貫等所與酒果遺之以通其意良嗣欲與粘罕（改作尼堪）議事答以商量未定粘罕（改作尼堪）臨上馬與良嗣議以大事已定所有營平灤三州一道商議了甚好卻云則爲這箇事近上大人們都不肯若更緊著恐和燕京都別了便催朝辭兀室（改作烏舍）云堅要平州莫是待閉定關口不與通好此是皇帝已不許衆人皆不肯堅不許今稅（刪此二字）因

約與元帥粘罕（改作尼堪）等議事粘罕（改作尼堪）云這事本不別只是爲我家自著兵馬取得所以須要賦稅肯時便肯不肯卽休卽不肯時請勾退過界人馬良嗣等答以稅賦自古隨地豈有得地而不得稅者粘罕（改作尼堪）云不須理會只是要稅兀室（改作烏舍）在旁云此事不別許多田地州城人民都與了南朝這些賦稅計較甚良嗣對曰且如賦稅之內有諸般色數若細豆碎雜之屬地理相遠如何般運得莫須計算折納兀室（改作烏舍）云但依隨得後這事易爲商量復遣靖等齎書赴闕

金人國書

書云十二月日大金皇帝致書於大宋皇帝闕下肅馳使驛繼附音徽然承鄰睦之修未盡理端之素故形別幅開導深悰昨於天輔四年趙良嗣計議燕京若是允肯自來所與契丹銀絹依數歲交及夾攻回書已許燕京地方并所管戶民若不夾攻不能依得已許爲定平營灤等州未曾允應今承來書其別處移散到漢民雜色人戶如欲收復亦非元約據上項人戶前次往復未曾透漏辭意詳明昨來斯剌改作錫喇等去時已曾具言兼契勘馬政來齎到事目所約應

期夾攻最爲大事須是大金兵馬到西京大宋兵馬自應朔州入去不如此則便爲失約也且當朝兵馬攻下西京以至武朔會牒代州亦未相應夾攻又良嗣齎到書所謂夾攻者宋朝自涿易二州等衝要處進兵至燕京金國自古北口烏鴉巖衝要等處進兵至燕京至日臨期當朝兵馬攻下居庸直抵燕城郎日欵降外貴朝兵馬從無一人一騎一鼓一旗一甲一矢竟不能入燕已被戰退以故李靖等去時具言已許燕京所管州縣地分元管戶民如或廣務於侵求請慮難終於信義今書又責許外平營灤等三州已係廣務於侵求酌此事件爲約分明義當不許爰念大信不可輕失且圖交好特許燕京六州二十四縣等所隨屬縣所有銀絹及雜色諸項等樣一一須依契丹從來獻納舊例交取兼燕京自以本朝兵力收下所據見與州縣合納隨色稅賦每年並是當朝收納如可依隨請差人使不過向前正旦受禮賀功及齎送今歲合交銀絹外據連次所云平營灤三州亦不在許與之限外有次年已後銀絹及諸項土產物件交割處所立界至及其餘事等姑俟大事議妥告成獻廟奏凱惠勞敘錄優卹部落外再遣差人員

續議畫定如難依隨請已後無復計議燕京令屬祁寒冀膺多福今差孛堇改作貝勒李靖王度刺改作都呼等充國信使副有少禮物具諸別幅專奉書陳謝不宣謹白天輔六年十二月日

賜進士出身頭品頂戴四川等處承宣布政使司布政使清苑許涵度校刊

三朝北盟會編卷十二終

三朝北盟會編卷十二校勘記

了御甚好（御誤作卻）　備紉數陳之悉（紉誤作仞）　即卻其使并表（卻誤作卻）　越大海以通交好（脫以字）　所以盡許契丹歲交銀絹（脫許字）　耶律大石林牙者契丹人也（脫人字）　翌日四軍使虜騎虜皆乘我馬（下虜字衍）　先是延慶初往盧溝也（往一作至）　當時未能般赴盧溝大寨者（此係小注誤作正文）　延慶徒責散官（徒一作徙）　請於已後無復計議燕京（脫於字）

三朝北盟會編卷第十三

政宣上帙十三

起宣和五年正月一日乙卯盡二十七日辛巳

宣和五年正月一日乙卯朔金人李靖王度刺（改作都呼）等來議燕地稅賦

初四日戊午李靖等入見於崇政殿

李靖上殿奉書傳達如儀上遣黄珦傳旨云兩朝共議協力討伐契丹今已得燕實爲慶事自泛海計議累年大事已定自合結絶今來一事未了又生一事暴師日久各不穩便早見了結當共享太平豈不美事所有稅賦等事詔宰臣王黼賜第計議靖等詣黼賜第黼諭靖等云兩朝計議累年大事已定今卻忽於元約之外頓生稅賦一事何故如此靖等對以只爲本朝自用兵馬取得燕京獻與宋朝所以要稅賦黼諭以今來原約之外頓然更要稅賦本朝官員上下以至朝廷議論都不肯黼亦以此爲難惟是上意要成交好特地允從黼性明白自來不隱事人所共知自家心裏事亦須說與使人且如初議取燕地本要復漢地救漢民今來貴國卻於元約之外生此稅賦一事且如自來與契丹五十萬銀絹已是煞多今

若更要稅賦須是又添物事如何交得出委是難以依隨若便斷絶即是許多年歲往來計議交好不成兩國如此各不穩便今來選置官吏屯駐兵馬與貴國出地稅有何所利實是止欲成就交好且如地稅自燕中計腳乘到貴國如何般運得莫須別以銀絹代稅賦靖云如此則甚好卻是省力不知待著多少銀絹代稅賦黼對以燕地稅賦自來素有定數已得聖旨令趙龍圖等前去議定

茆齋自敘曰朝廷差趙良嗣周武仲充國信使副仍送伴李靖等入燕僕問良嗣所以奉使事良嗣不答遂行經十餘日良嗣武仲同李靖王永福撒盧拇（改作察勒瑪）回自燕中赴闕不言所議童貫呼僕謂曰良嗣昨有申到語錄與你所說不同兼你係摘聟使人自合赴闕本司已作奏狀可取東路馳去僕遂行至闕下奉聖旨令中使押馬擴赴王黼宅議事黼云在奉聖州摘聟所論事理力爭死爭此一節朝廷甚多公僕曰不意延慶遁走女眞先入關不得而爭也黼起立云據今事宜有何所見僕投黼一劄子云燕地乃中國北戶自祖宗以來有志恢復比者海上交結女眞已許割還但緣劉延慶遁走失入燕之機會今女眞先入據之輕我兵弱已肆侮慢當此形勢於復地未爲急而防後患乃急務也愚請於復地之間條畫徐制女眞三策以杜後日之患若女眞果以山前山後故地故民盡還本朝將用我故民守我故地關山險阻易爲捍禦雖倍益歲賜則所入足償所出得以復境土而絶後患是爲上策倘女眞必欲割留平灤營三州不全歸燕地則宜各守所得彼得燕山使守燕山我得涿易即守涿易比類高麗夏國少與歲賜彼必欣然聽命若慮日後侵陵則於廣信以北橫斜多築城壘嚴屯軍馬仍開掘涿易兩河爲塘濼連接沮洳直抵雄霸彼來則禦之退則備之是爲中策若且聽金人奉聖州之約止割燕京六州二十四縣全與契丹舊幣姑苟目前之利徐爲善後之計是爲下策舍此三者若汲汲於求地而不計勞費增歲幣益禮數興板築姑防一隅用新附之衆徼幸戰勝徒勞交往事或曠成一旦使女眞得志殆將取侮於四夷（改作方）是爲無策今女眞雖乘勝氣銳但兵少而力分加之天祚未滅張瑴○（舊校云史作覺按因犯諱故改覺）抗衡國內空虛新民未附我若嚴備邊防屯集大軍示以威信遣一介辯士議之彼方內顧不暇未必不成上策惟朝

廷議而行之不可緩也黼讀至姑苟目前之利徐爲善後之計是爲下策黼歎曰何謂苟目前之利也公之下策乃朝廷之上策於公下策中更待添些物色僕曰更添物色便是無策黼云允如公說若彼席卷南來柰何僕曰彼方内顧未暇南來内憂既絶然後逞志某今所論蓋欲弭異時之患乞公相深思之黼云虎狼之暴豈復内顧兼朝廷大議已定今又差公作計議使但著剛著柔交割取燕山便是功也餘不須論

初五日己未李靖等入辭於崇政殿

靖跪殿下上令黄珦傳旨諭靖等到軍前日傳語大金皇帝謝遣遣使人到闕兩朝信好累年已著切不可聽契丹言語此輩亡國之臣没安身處只欲鬬亂兩國但與鑒破必不敢復言且如稅賦本實難從只緣成就交好特依議應然亦須酌中商量方可了得所有營平灤三州地里不多只是要抵敵四軍且是一道了絶甚好本朝與貴國交好累年且如朋友覔一物也須與卿等到日但子細奏知靖等云領聖旨靖等云奏稟去年歲幣上又令珦傳旨今年來要去年歲幣極無名待將金帛爲賀功犒軍之禮靖又再三奏上不許又再奏告上遣珦再諭靖等與去年歲幣靖等歡欣不覺踴躍靖爲期日已迫乞免供奉庫賜宴及朝辭并門外御筵上許之

龍圖閣直學士大中大夫趙良嗣朝散郎充顯謨閣待制周武仲充國信使馬擴充計議使賫書再往軍前許以銀絹代燕地稅賦令定議數目

朝廷國書

書曰正月日大宋皇帝致書於大金皇帝闕下比聞親提師卒遠涉關封靡煩振旅之勤共底夾攻之績夙惟信義方劇忻愉亟承使節之還舊沐書辭之悉

念欲諧於歡好當曲示於忱誠本朝與貴朝數年計議漢地漢民及夾攻等事具載累書兹不費詞昨趙良嗣等還自代北知欲入關討伐卽自涿易等處分遣軍馬夾攻三面掩殺契丹數陣大獲勝捷追逐遠過燕京東北實與貴朝攻取居庸之兵相應靡有差失暨國妃與四軍以下奔竄城中無不順之人似聞貴朝兵馬相近於義不當爭入燕城卽令遠駐兵馬本堅守信約應夾攻者事皆有迹可考不待理辯今承來書燕地州縣稅賦欲行拘收不特事非元約又非近所計議自古及今稅賦隨地況遠隔關塞民戶

如何般運於理本難允應重念萬里交歡踰海遣使積年於此信聘往還情意已篤義當勉從所論以成交好今特許每歲別交銀絹以代燕地稅賦令良嗣等前去定議并契丹舊交銀絹并合自今來計議畢日爲始所有彼此遣使特賀禮正旦等事候計議畢議定發遣月日受理去處其銀絹交割處所分立界至等事續議畫定候屬春和茂膺天福今差龍圖閣直學士大中大夫趙良嗣朝散郎充顯謨閣待制周武仲充國信使副及差馬擴充計議使有少禮物具諸別幅專奉書陳賀兼謝不宣

二十五日己卯趙良嗣至金人軍前議銀絹代稅賦定數金人并言課程除歲幣外要增添一百萬貫並以貨物充折令回宣撫司申聞候報

燕雲奉使錄曰是日良嗣至軍前於城西南一廢寺中安泊見虜酋（改作金主）令譯者傳言收下燕京遣使賀功甚好不知大宋皇帝實歡喜否對以兩朝共力討伐契丹今已得燕實爲慶事本朝皇帝聖心喜悅所以遣良嗣武仲充賀功使副阿骨打（改作阿固達）及其下諸酋長（改作將帥）大喜繼令譯者問別有無奏陳言語開陳稅賦一事即非元約又非近所計議本難相從朝廷大臣議論皆以謂不可（惟主上聖斷就出金元蓋）欲成就交好特許別交銀絹以代稅賦專遣某等來定議然稅賦所出須要贍養軍民須以分數酌中參定方可了絕兀室（改作烏舍）云此不難據燕地所出稅賦并課程計數兌換自然不錯某等對以國書內止言稅賦今日卻并課程言之豈有此理卻云所謂稅者商稅鹽稅諸般皆是也對以稅賦課程自是兩事其理甚明兼前番臨時曾言夏稅秋賦如碎雜豆油之類如何般運設若本朝委曲從之莫須拆當元帥與郎君皆言甚好此本爲稅賦元不曾說及課程卻又生此一節況

自來與契丹五十萬銀絹皇帝聖意甚厚欲成交好盡數許了已是煞多今來又將銀絹折當稅賦一定之後不論凶荒水旱每年依例送來如是酌中方可成合兀室（改作烏舍）出文字二件一件言稅賦二百年舊額每歲出緡錢四十萬後來新額四百餘萬一件通課程約六百萬貫卻待以多少銀絹代之良嗣答以燕地褊狹豈有元約額只四十萬貫後來便頓增許多承平時斗粟不過百錢今兵火荒歉彫殘之餘斗粟千錢自應十倍豈可以此爲定兀室（改作烏舍）云貴朝國書內既言別交銀絹以代稅賦必有定數請分明

說破良嗣出御筆十萬之數言之兀室(改作烏舍)云十分未有一分燕地稅賦共收六百萬貫且如舊與契丹銀絹五十萬貫尚有五百萬貫奉聖旨於內留四百萬貫養贍軍民只收一百萬貫良嗣又以第二項御筆二十萬之數許之兀室(改作烏舍)云二十萬之數尚不及前項之半更要西京如何了得再三辯論久之遂除下西京堅執如故不免以第三項御筆二萬綾數許之兀室(改作烏舍)又云燕地本出六百萬今只要一百萬已是恩義猶不相知卻只待拆些銀絹更做盡艱難作兩三番添展如便更添得來拆當些小物必做

難易不若都休更無商量請使副回去只依契丹與貴朝舊日兩地供輸人戶勾退涿易見存兵馬若不退便將兵巡邊良嗣曰兩國繼好累年本朝自以兵下涿易今乃云爾豈無曲直兀室(改作烏舍)曰不是本朝要斷絕自是貴朝惜物若將就作百萬便見了當遂出國書草本細計物帛錢數本待斷絕恐兩家不好據今來地盡在國書中若一一從得便好如不從便休來商量又出拆當物帛數字內二等綾價謂上等每匹五貫中等二貫五百文閏羅四貫練絹二貫又出燕京地圖云招延州是渤海住坐本朝拘收外有居庸金坡等關貴朝占據古北松亭關本奚家族帳自本國爲主西京一節係大事了可以商量也入辭虜酋(改作金主)言爲稅賦事不相合本要止絕數年踰海通好且欲相成就的確事節盡在書中一一從得時便好也如不從得便領兵巡邊又云古北居庸本是奚地自合本朝占據今特將古北口與貴朝其松亭關本朝屯戍更不可說著使人回爲我語皇帝事當亟決使人亦疾回我欲二月十日巡邊無誤我良嗣云此去朝廷數千里今正月且盡安能往返如期莫若使人留雄州以書馳驛奏聞爲便阿骨打(改作阿固達)

許之

二十七日辛巳趙良嗣回至雄州卽以所得回書附遞奏聞

金人國書

書曰正月日大金皇帝致書於大宋皇帝闕下遠辱華函繼形溫問因遽成於小補感特貺於慶儀載循計議之辭未悉聽從之諭致煩馳報冀示誠音自來越海計議收復燕京幷所管州縣元是漢地漢民已曾允應若是夾攻則與又承回示若大金兵馬到西京本朝便自燕京幷應朔等州進兵洎至遣兵攻下

西京牒報代州不經依應直候契丹勢傾力敗方自涿易起兵與元約不同昨於奉聖州艮嗣等來時國妃狀奏稱貴朝兵馬竊入本京雖已殺盡幸願款附金國尙不欲違約已報許與後國妃又申瀘溝河南大破南軍雖追捉數萬願爲金國臣子重念如不自取慮失元許遂遣重兵攻破居庸燕京幷所管州縣並已款降尋遣親見副使馬擴專報委細及差人就檢陣地僵屍甚衆俱是南人更有人暗知貴朝統制劉延慶已坐失律兼僞命林牙統軍查剌改作扎拉等以下亦稱國妃知當朝兵馬過關勾退鎭南軍馬待圖

逆戰蓋因自來已破大軍別無警急及至相近不敢對敵因而遁去別不敗於南軍南軍亦不曾到燕京左右若是城中之人實有相順無因盡殺入城軍士依此事跡足認貴朝兵馬不克夾攻特因自力所以拘收稅賦今承來書事非元約稅賦隨地戶民如何般運於理本難允應今特許每歲別交銀絹令艮嗣等前去定議向來燕城儻賴貴朝攻下無由更收稅色實以自力收獲故也旣以相許卽委所司勘會據燕京管內每年收納隨色賦稅共送五六百萬貫乃命宣諭國信使副於內只收合直一百萬貫物貨回奏艮嗣等稱奉御筆只許銀五萬兩絹五萬匹如不允應便添十萬仍議西京在內更或不許西京別作一段猶不允從添綾二萬入二十萬數更或不允綾在二十萬數外以上別不奉到宣旨不敢自專願遣使人齎書計議據年前合交銀絹數內先已將到二十萬兩匹尋委舊曾交割官員檢辨收領緣稱絹貨下弱不並前來今請依與契丹一般者交送據平灤等州不在許與之限已曾書報儻廣務侵求難終信義無煩理會況平州已爲邊鎭所有協虜投過民戶別諭艮嗣等省會去訖所據今歲代稅合要物帛絲

綿諸番色數並依中等價値別有劄目如可依從卽請一就起般年前幷今歲合交銀絹依契丹數目送至燕京用賞軍人外據代稅絲綿諸物定於今歲十月交割內絲綿並須燕京土產外自今歲以後常年合交代稅絲綿等物依見去劄數幷前來歲交割銀絹一依一准舊例分破五番般送平州路界首交付及示盟誓凡百事節不拘大小緩急上下公私皆恪遵此信約長世不違貴憑同盟所有封疆可自燕京所管州縣地分與平州界至其間畫立一界石以爲世守之一界永無違盟紊亂其賀正旦信使彼此各請預

先一日到闕生辰人使以十月三日受禮依上到來外賀貴朝生辰並依舊來契丹發行月日到闕仍於穩便處所起置榷場所有燕京幷隨州縣民戶不少若許計議不見定一自難安撫被害流民極破散無依者苟失今年播殖將來住係何處卒難拯濟如或難以准隨請自今各只依向來契丹所行過體例一般施行仍速勾退過界兵馬候當春始善祝多祺有少禮物具諸別幅令龍圖閣直學士大中大夫趙良嗣回專奉書陳達兼謝不宣謹白

賜進士出身頭品頂戴四川等處承宣布政使司布政使清苑許涵度校刊

三朝北盟會編卷第十三終

三朝北盟會編卷十三校勘記

豈非美事非誤作不 周武仲應作仲武 茲不贅辭贅誤作贊 本堅守信約之應夾攻者脫之字 金人幷言課程除歲幣外至令回宣撫司申聞候報此段應另行低一格誤連上文 某陳稅賦一事某誤作開 一件連課程六百萬貫連誤作通 以為世守一之界一字衍

三朝北盟會編卷第十四

政宣上帙十四

起宣和五年二月一日乙酉盡二十八日壬子

二月一日乙酉朔金人遣趙良嗣過瀘溝河卽焚橋梁次舍

茆齋自敘曰先是正月初八日以使事出京未朝見問李靖先索國書并御前劄目副本去次日阿骨打（改作阿固達）委兀室（改作烏舍）楊璞到館屏去左右議事兀室（改作烏舍）云割還燕地講好事主上已許難以爽信前日龍圖侍郎（良嗣）武仲到來所論課程稅賦今貴朝御筆歲

添十萬匹兩無一大縣之數豈能成合良嗣等相與言海上所議盡還燕民燕地是以歲輸舊與契丹銀絹今貴朝已將平灤營三州更不在議又要起燕京職官富戶民工匠而本朝歲又添十萬匹兩亦非少也兀室（改作烏舍）等復云元初海上之約燕地人戶合歸南朝應燕中客人合歸北朝兩下進兵夾攻契丹卽軍馬不得過關蓋欲南朝乘本朝兵勢就近自取今貴朝不能自取直候本國取了與去使貴朝坐享地土之利有何不便兼課程稅賦出在地土非動貴朝物何苦吝惜元約燕地客人合歸北朝如郭藥師常勝一軍多是燕北人藥師亦是鐵州人恐貴朝要此常勝軍使喚故不欲請所以將些小職官相對若貴朝不欲發只遣郭藥師等軍還鄉亦得如平灤營三州本不屬燕京所管非奉聖州已許事不須道也（初良嗣武仲御筆三紙一添十萬匹兩其二各添五萬匹兩）良嗣折難久之兀室（改作烏舍）等語言益剛良嗣遂併出御劄二紙具道主上聖意欲得相就和好也兀室（改作烏舍）等俱有喜色云卽今便去進呈至晚李靖來云御筆皇帝見了與諸郎君商量亦不多也次日兀室（改作烏舍）云夜來收得貴朝流星馬文字卻是與龍圖宣贊者何故便改燕京作燕

山府皇帝已議定更不須理會課程稅賦多寡但只要貴朝除與契丹歲幣外每歲添一百萬貫並依估定價折作綾錦羅紬木綿隔織綿絲木綿截竹香茶藥材細果等物已具目子如貴朝輒有分毫議減卽便不成和好（議者謂祖宗雖狥契丹歲輸五十萬之數然復置榷場與之爲市以我不急易彼所珍歲相乘除所失無幾今悉以物帛價充榷場之法壞矣）兼涿易州并常勝軍並舊屬契丹燕京所管自合歸還且請貴朝軍馬退那出城皇帝已約日親去巡邊良嗣等以理折對兀室（改作烏舍）云事已決定更無移改請使副安排來日朝見卽便朝辭本朝更不差回使也次日就營拜辭是

日已立契丹拔納(改作巴納)行帳前列契丹舊閤門官吏皆具朝服引唱舞蹈大作朝見禮儀每入帳門謂之上殿阿骨打(改作阿固達)云我已言定歲添一百萬貫一字不依更休來商量便請發常勝軍來及出涿易州兵馬後來別講通和禮數我欲二月初十日巡邊使人疾去應期復來不得礙我舉軍良嗣云此去京師三千里正月已終何以往返臣等欲只至雄州入遞繳奏等候回降御來庶可相及阿骨打(改作阿固達)從允次晚南還到雄州作語錄入遞待報時女眞既得契丹故大臣皆言南朝自來畏怯又見劉延慶敗走左

企弓嘗上阿骨打(改作阿固達)詩云君王莫聽捐燕議一寸山河一寸金故有敗盟之意自南使過瀘溝河即焚橋梁僕謂良嗣曰今天祚復據西京張瑴據平州女眞方護送燕京所得財貨歸國其廣邀歲幣聲言巡邊皆所以疑懼朝廷而自防也良嗣云虜(改作金人)自用兵未嘗敗衄何自防之有僕曰兵家當怯守猛戰今女眞兵少力分見處危道安得不自防故以巡邊意追試朝廷之應如僕前日所論徐制女眞三策比見形勢正當用之乞召使副或止令擴赴闕稟議欲申尚書省經撫房修寫了申狀呈童貫乞發遞貫

云主上必不較些物色但得事了早班師爲上後來教他別人手裏理會不肯發越十日遞到國書並從之御批云不許更生他議也(刪御批至此十字)

六日庚寅御前金字牌遞到國書及御筆處分許代稅錢一百萬貫并銀絹等令再往求西京

朝廷國書

書云二月日大宋皇帝致書於大金皇帝闕下專使云還置郵遽逮嗣沐華緘之悉具知雅意之詳惟交隣國者當善初終而守邦圖者務敦信義既蚤通於契好宜曲狥於來悰所言代稅物貨并事目所載色

數價值交割月日處所與畫立界至遣使賀正旦生辰及置榷場事並如來書所諭其年前依契丹舊交銀絹已指揮宣撫司津送前去今歲銀絹已令自京起發候到依契丹舊交月日交割誓書亦如來示候交割燕地訖諳聞本朝緣與貴朝通好天下所知前後計議每務曲從貴朝所欲以成交契誠意之厚諒能深察所有西京管下郡縣非務廣土以日近邊報契丹昏主數領兵馬出沒本朝當議就便計度力圖備禦爲彼此之利茂履春祺順膺介福今遣趙良嗣等自雄州復回遞中專奉書陳達不宣謹白

九日癸巳趙良嗣等至大金軍前金人要取西京軍兵賞設復遣甯朮割(改作尼楚赫)持書來

燕雲奉使錄曰趙良嗣得御筆山後事力爭如不可爭別作一段商議十一日見虜酋(改作金主)遣兀室(改作烏舍)捷魯(改作薩魯)二人至所館議事良嗣曰本朝皇帝大度一言許盡今平州又不肯商量唯有西京一道許了又語兀室(改作烏舍)曰貴朝所須不貲本朝一無所吝唯西京早與庶人情無虧武仲亦曰來時主上丁甯極留意兀室(改作烏舍)去再來云得聖旨將西京地土與貴朝所有人戶本國收係良嗣對以西京州城已蒙見許既是與了地土豈有不與人戶之理如只空得田地都無人戶本國怎生做得況兵亂之後所在殘破些少人戶一道許了甚好兀室(改作烏舍)云我國裏軍人廝殺八九年受了苦辛不少方得西京已是將西京地土與了貴朝本國只要人戶有何不可便如西京地土兩家分割一般我亦合得一半對以兩朝既是通好如一家已許了地土乃是信義人情卻不與人戶實不完全何似把人民一齊許了做箇人情也是完備兀室(改作烏舍)云與了地更要人戶卻待著箇甚麼道理如何商量大抵地土重於人民地土已許了更

和人民要更別無酬答更無致謝怎生了得因約同見粘罕(改作尼堪)粘罕(改作尼堪)云西京地土亦是不少已與地土又要人民更道本國貪財莫不相應麼且如西京地土都是兩朝皇帝相重據理貴朝皇帝更添物金國皇帝道不須添物乃是好事或金國皇帝道便與西京更不要一物貴國皇帝卻道須添些物乃是相順使副只言道百萬之物已多也更添不得便著多少銀絹怎生買得地土兼契丹舊銀絹也不當人情大抵契丹地土一齊都得豈有不得銀絹的道理馬擴言郎君們豈不知契丹銀絹從初廝殺了數年後因講和方纔與了三十萬後來又因河西家兵契丹說諭得教稱臣添了二十萬粘罕(改作尼堪)且笑且言貴國與契丹家廝殺多年直候敵不得方與銀絹莫且自家門如今且把這事放著一邊廝殺則箇待你敗時多與銀絹我敗時都不要一兩一匹不知何如良嗣諭以馬宣贊之意無他蓋以謂本朝與契丹曾廝殺後來講和未若自來(刪此二字)兩家本無相爭便通交好萬世所無乃是好事兀室(改作烏舍)云如此道理則乃是粘罕(改作尼堪)兀室(改作烏舍)遂起引良嗣等望虜酋(改作金主)所居傳言云百寮軍人等都不肯許西京惟是皇帝

要與貴朝永遠交好特與西京地土并民戶更不欲逐年要物只是軍人厮殺奪得西京不易請特與箇賞設數目多少又傳虜酋改作金主之言信誓事須要便了此所係萬年永遠須是各說得重則好又問交割期日卻云爲立誓書事大兼王事已定待差一箇煞近上底官人去只候來則便交割

茆齋自敘曰僕復至燕京兀室改作烏舍等云皇帝甚喜大事已定止是商量交往禮數也僕竊語良嗣便可理會山後良嗣不欲曰此事間慢僕曰御筆令力爭奈何良嗣徐語兀室改作烏舍云貴朝所須本朝一一從

了卻有山後西京地土人民并係舊漢地今燕京已了若將西京一同割還乃是契義兀室改作烏舍云西京路前在奉聖州時曾許龍圖言不要後來所以只言燕京事今更不須再言也僕曰山後故地自海上理會使人豈敢言不要但每言燕地則西京在其中矣兼貴朝已許本朝收取今燕京既已割還西京卻在西南貴朝去遠卻如何占守或聞欲與別家何若并還南朝使得故地亦見交歡誠意良嗣等怒僕不合理會山後必致壞卻山前僕答山前後相爲表裏闕一則不可守兼御筆令力爭豈可不盡心理會兀室改作烏舍三日不至良嗣倉皇云某本不欲理會西京事公必欲爲言必連山前事壞了僕曰御筆令力爭安得不言良嗣曰但歸日語錄中載力爭之言數段足矣僕曰臣事君以忠何可僞也良嗣曰兀室改作烏舍三日不來此必生變適欲呼李靖令勿議侍郎言且更請公面議之僕曰賴侍郎令呼某來若龍圖一面與李靖畫斷卽他日御史臺公事有所在矣良嗣驚窘云某意甚了燕山事節吾曹成功恐因山後壞卻宣贊何苦相戾僕曰不然吾曹苟能爲朝廷得全燕之地盡復五關止出契丹歲賜使國家幅員萬里因機

借勢控制强虜改作隣弭久遠表去裏單之患則粗可言功今既不得平灤營三州又失榆松亭二關每歲別增一百萬緡耗竭中國當自此始又復不要山後則燕人志向不一爭端在卽禍釁巨量尙何自謂功耶良嗣云縱使虜改作金人見許必復邀增歲賜朝廷之力已竭如何可出僕曰龍圖邇臣也畫此利害使朝廷罷浮費不急之用以爲守邊之資則有餘矣公見西邊爭占形勢雖一城一堡必力戰取之繕築之功在所不計蓋要塞必爭之城期於必得而後已僕料虜改作金人之意西京在其西南數千里彼必不能

守將必歸我姑少遲之良嗣云縱使虜(改作金)人見還公觀今日朝廷事勢如何守得僕曰得而棄之此在上意良嗣方憂撓問兀室(改作烏舍)楊璞至云西京地土摅諸郎君與臣下議言當初得西京時攻圍四十日軍人死傷無數不易得來不若與河西家卻煞得進奉唯是皇帝言趙皇大度我要歲添一百萬貫物色一字不違千年萬歲卻是多少今卻覓西京如何違得兼我在奉聖州時心上許了不若與去共他大朝交歡也勝似與河西家(謂夏國)也然其間人戶卻待起遣將去良嗣相與辨之兀室(改作烏舍)云此事亦得皇帝處

分民土盡割還貴朝只卻要些荅賀僕荅若貴朝應副西京民土朝廷豈無相謝禮數兀室(改作烏舍)曰此中亦遣使人須當道破只得一年之數賞此軍人便是禮數了也差大使銀朮孛堇(甯朮割。改作尼楚赫貝勒。刪注三字)副使耶律松(度刺。注改作都哷)等持誓書等越兩日同發至闕下

金人國書

書曰使軺荐届榮訊迭承既增歲幣之儀深悉善隣之意俟成誓約永保惟和來書云所言代稅物貨並事目所載色數價值交割月日處所與畫定界至遣使賀正旦生辰及置榷場事並如來示所諭備詳美意外今年合交銀絹候到依契丹舊交月日特思元書理合一就重念春農般運不易曲從來意其銀絹似前來與契丹物色一般者交送所有燕城候各立盟誓然後交割今立誓草付國信使副請依草著誓至日當議復盟春律在中冀膺多福今差孛堇甯朮割(改作貝勒尼楚赫)度刺(改作都哷)充國信使副撒盧母(改作察勤瑪)充計議使有少禮物具諸別幅專奉書詞並誓稿陳達不宣謹白

事目昨者趙良嗣到上京軍前計議五代已後陷入

契丹舊漢地州縣特許燕京再差馬政更議西京回書只請就便計度收復尋爲不能收復致本朝收了又差良嗣等來議稱燕西京南京已曾計議爲西京不在許限不經許與止許燕京所轄六州來書云其西京別作一段今來又命良嗣等計議西京一就收復雖貴朝不經夾攻而念兩朝通和實同一家必務交歡篤於往日特許與西京武應朔蔚奉聖歸化儒嬀等州并地土民戶其以西并北一帶接連山後及州縣地土不在許與之限據所許民戶地土甚多自來攻代撫慰將帥士卒艱苦不少今來無別再索經

略請差人交割其諸事理已宣諭艮嗣等去訖來書稱契丹出没今差人押領大軍往彼處踏地理交割發行月日已諭使人省會所有盟誓候交割日議定誓草○舊校云此誓草也編內載有金人誓書而本朝闕如當有脫簡大金大聖皇帝創興併有遼國遣使計議五代已後陷入契丹燕地幸感好意特與燕京涿易檀順景薊等屬縣及所管戶民緣為遼國尚為大金所有以自來交與契丹銀二十萬兩絹三十萬匹并燕京每年所出稅利五六分中只算一分計錢一百萬貫文合值物色常年般送南京界首交割色數已載前後往復議定國書

兩界側近人戶不得交侵盜賊逃人彼此無令停止亦不得密約間諜誘擾邊人若盜賊逃人被并贓捉敗各依本朝法令科罪訖贓罰賊雖不獲蹤跡到處便勒留償若有暴賊或因別故合舉兵衆雖得關報沿邊官司兩國疆界各令防守至如將來殊方異域使人往來無得禁阻所貴久通懽好庶保萬世苟違此約天地鑒察神明殛誅子孫不紹社稷傾危

燕京管下州縣所出物色勘會到在京三司制置司各管隨院務課程錢及折算所轄人戶輸納稅色依約見值市價做錢共六五百四十九萬二千九百六貫八百文課程錢一百二十萬八千四百十六貫稅物錢四百二十八萬四千八百六十貫八百文三司計四百九十一萬三千一百二十貫文內有房錢諸雜錢一百一十五萬八千七百九十八貫文是院務課程錢榷永兩鹽院合煎鹽二十二萬碩合賣錢三十九萬貫文諸院務合辦賣隨色課程錢四十三萬三千二百一十二貫文三百七十五萬四千四百二十二貫是人戶稅租正錢制置司計五十七萬九千六百八十七貫八百文官民稅錢四萬九千三百四十八貫課程錢五十三萬四百三十八貫八百文天輔

七年二月日粘罕改作尼堪兀室改作烏舍指示地圖自甯邊州以西橫斜至西京之北德州之南及天德雲內州云此地分待與河西家又以西京地圖指示且言天德雲內德州及龍門望雲兩縣要做夏國往來道路又言將來龍平州松亭關及望雲縣歸化州要處做榷場艮嗣遂行

十一日乙未尚書左丞王安中除少保靖難軍節度使○舊校云史作慶遠軍節度使河北燕山府路宣撫使判燕山府資政殿學士詹度為燕山府安撫使侍衛親軍馬軍副都指揮使种師中充副都總管安中等至雄州大金議猶未

決

童貫蔡攸將交割燕山有日朝廷因委之選命諸州守臣王黼自以爲功多改易縣名以張得意乃遷蔡攸少師守燕山制有之曰王師順天地之動無戰而有征幽都望雲霓之蘇克奔而弗迓降書踵至捷奏日聞鼓貔貅百萬之威勢如破竹收河山九郡之險易若振枯悉求塗炭之傷咸襲衣冠之盛氣振雁門之北令行沙漠之陲建社稷不朽之圖奮祖宗未雪之耻實賚妙策迄建殊庸攸深不欲在外且力辭仍以嘔血告上令薦自代者乃舉王安中安中河朔人

氏生長於斯必稔知北方事黼亦以安中獨相協和因用國初得蜀故事自左丞除節度使宣撫河北燕山安中之行上悉出內府金玉古器皿至於缾爐硯几一包文史玩賞之屬無不畢備使至燕鋪陳羅列排設於州中之寢以誇示夷狄（改作遠人）禮遇之隆一時逈絶黼獨祖道贈以詩且約歸而相之也

二十八日壬子金人國信使副勃堇甯尤割（改作貝勒尼楚赫）耶律度刺（改作都呼）計議使撒盧母（改作察勒瑪）持誓書草來著誓并求軍卒取西京賞賜○（舊校云金史作二月癸卯銀尤哥鐸刺如宋）

燕雲奉使錄曰趙良嗣辭訖虜酋（改作金主）出館徑遺高慶裔來諭以甯尤割（改作尼楚赫）係是北朝皇帝最親任聽幹的近上的大臣權最重見知軍國重事復充西路等處都統使兼殺敗夏國故特遣來到貴朝莫比尋常使人一般將就簡待致傷和氣以生嫌隙使數年往來計（闕）千言萬語廢之（闕）身上請便依契丹舊禮之例相待看管朝夕便是至於商量事節便可以一面與決兼盟誓務在長久便請主上依草著誓又令白海上累年交好自古以來未嘗有者或欲做兄弟或欲做叔姪或欲結爲知交甯尤割（改作尼楚赫）路中有云此行良遽恐不得如契丹舊禮只圖得箇花宴

甚好至是甯尤割（改作尼楚赫）自稱都統知軍國事度刺（改作都呼）自稱諫議

賜進士出身頭品頂戴四川等處承宣布政使司布政使清苑許涵度校刊

三朝北盟會編卷第十四終

三朝北盟會編卷十四校勘記

過盧溝河 盧誤作盧 盧錄同 是日已至契丹拔納行帳 至誤作立 自雄州復故以巡邊意迫試朝廷之意 上意字衍之意誤作之應 自雄州復回遞申 申誤作中 山後事力爭如不可爭別作一段商議一本無力爭二字 只候來到便交割 到誤作則 某意但了燕山事即吾曹功德 但誤作甚即誤作節功德誤作成功 到請依草著誓 脫到字 往彼處踏地里 里誤作理 并燕京每年所出稅賦 賦誤作利 常年般送南京 此下有平州改爲兩京六字小注 若盜賊逃人被并贓捉獲 被字衍獲誤作敗 各令防守兩國界內地各如舊不得遮堵 原脫防守下十二字 各管隨察院務 脫察字 安中等至雄州大金議猶未決 此應另行低格接入下段誤連上條 悉救塗炭之傷 救誤作求 使數年往來計 闕 千言萬語 原闕係議字 廢之 闕 身上 原闕係一人二字

三朝北盟會編卷第十五

政宣上帙十五

起宣和五年三月一日甲寅盡十四日丁酉

三月一日甲寅朔金人甯朮割 改作尼楚赫 等至館五日入見於崇政殿

燕雲奉使錄曰五日甯朮割 改作尼楚赫 等上殿上遣黃珦傳旨卿等離軍前日大金皇帝安樂否累年計議事一切了絕信誓已定共享大平乃是永遠貫定甯朮割 改作尼楚赫 奏言來時本國皇帝令奏知大宋皇帝計議底公事已了也不要別做則好上復令珦諭旨朝廷大信既定豈有變更令依例詣宰臣王黼賜第計議出國書并誓書草讀示至西京地界事黼諭甯朮割 改作尼楚赫 此非務廣土地本爲邊州及天德雲內地分若不屯守防托夏人定來出沒要當以河爲界甯朮割 改作尼楚赫 辭以不知又讀至所示誓草云五字甯朮割 改作尼楚赫 等乞不用又云已許了西京要綠礬二千栲栳又言士卒取西京勞甚乞一箇賞賜黼皆許之又言今後通好不知或爲弟兄或爲叔姪或爲知友黼諭以敵國往來只可用知友之禮上以甯朮割 改作尼楚赫 屢乞花宴詔特頒春宴上屢遣黃珦問勞

詔甯朮割改作尼楚赫就辭於集英殿甯朮割改作尼楚赫等辭訖跪奏設賞金帛物數上遣黃琦諭以二十萬甯朮割刪此三字猶以爲數少再三乞增加上不許遂行

茆齋自叙曰三月日使人至館初五日朝見使臣退上朝奏事上問金人何故要添許多歲物及起燕京人民良嗣對以女眞性貪暴刪以女六字改作曰彼國唯利是從他不䘏也擴奏本朝兵威不立故也武仲云賴陛下聖德阿骨打改作阿固達心服不爾邊患豈易量耶上云女眞貪暴殘賊民物雖黃巢不是過也豈能久耶然刪女眞至此二十字彼既入關先據燕京朕恐爲後患故不惜

歲增百萬緡以啗之且解目前之變今既同山後許還亦足見其歸意斯亦卿等之力良嗣曰計議山後馬擴力最多上云聞馬擴頗知書良嗣曰馬擴係武舉僕奏臣係嘉王榜塵忝久被陛下教育上云若非知書安能專對是晚奉御筆馬擴特除武翼大夫忠州刺史兼閤門宣贊舍人

詔吏部侍郎盧益假工部尚書及趙良嗣爲奉使大金國信使持誓書著誓幷議交燕山雲中月日

茆齋自叙曰是時再遣使燕往議交割燕山雲中月日未行往見樞密鄭居中鄭問守山後之道僕曰朝廷欲如何爲守鄭云見諸公議欲用彼土豪傑使世守之僕答山後自漢築雲中朔武等郡以弱匈奴孝文時任魏尙守之匈奴不敢犯邊今與山前山後爲表裏乃邊防要害之地儻土民有力猶不可使之守況自金人蹂籍之後燒掠殆盡富豪散亡苟延殘喘契丹至則順契丹金人至則順金人王師至則順王師但營免殺戮而已豈能守耶鄭云如此當用多少軍馬則可僕曰唯多益善苟恐費大亦須三萬人萬人屯雲中餘分戍要害之地擇賢能將帥委之朝廷損浮費之資移以應付三五年人心樂業則邊防就緒矣鄭又問雲中帥張孝純僕曰孝純久帥太原通曉山後血脉更以二統兵官輔之則可矣鄭皆然之

朝廷國書

書云三月日大宋皇帝致書於大金皇帝闕下華緘薦至契好增勤爰馳預政之臣共著約神之誓惟兩朝弔民伐罪之舉振古所無而萬世講信修睦之誠自今伊始用監盟載永洽鄰歡來書云燕城係各立盟誓然後交割今立誓草付國信使副到請依草著誓至日當議復盟銀絹請似前來與契丹物色一般者交送並如來諭順履融和茂迎祉福今差中大夫

試工部尚書盧益龍圖閣直學士大中大夫趙良嗣充國信使閤門宣贊舍人馬擴充國信副使有少禮物具諸別幅專奉書陳謝不宣謹白

十八日辛未趙良嗣等至燕山金人遣韶瓦（改作碩哈）郎君高慶裔來問難摘指誓書字畫邀取逃去職官戶口等事

燕雲奉使錄曰趙良嗣至涿州韶瓦（改作碩哈）郎君及高慶裔來傳乃酋（改作金主）言（刪此字）意指摘誓草云五字不當用及常年二字及除去後面變道五句便令退換誓書更為所取人口未足未許過界良嗣等以其意附遞奏聞復於遞中付下御前降下改定誓書并誓草進至燕差李靖劉嗣卿充館伴至寨門執笏跪捧國書入至國主帳前面北立閤門官傳國書入引至帳內跪奏問大金皇帝聖躬萬福奏訖拜謝復跪問南朝皇帝聖躬萬福奏訖拜起復位引出帳南面西立有閤門官贊喝云大宋國信使試工部尚書盧益等朝見又一閤門官引某等面北立先五拜搢笏舞蹈不離位奏聖躬萬福又兩拜閤門官引益少進躬身致詞復位又五拜舞蹈如前遣使問某官等遠來不易又五拜舞蹈如前遂引所賫禮物金器等自西

而東於國主面前過卻引出第二重門外面北立閤門官稱有制令先兩拜起再云賜卿等對衣金帶跪受訖拜起閤門官引復入依前面北立閤門官云謝恩又五拜舞蹈又云賜卿等茶酒又五拜舞蹈閤門官引趨帳西浮幕下少立一衣紫繫犀帶者認是漢兒宰相左企弓國主前拜跪進酒做學（刪此字）上壽儀國主飲訖令在位者皆拜遂各就座閤門官又引起稱傳宣勸酒令搢笏飲至盡又兩拜就座自此每盞並係漢兒宰相及左右親近郎君跪進又將國主自食者飲食分賜至第四盞宣勸如前五盞訖樂官以下共賜絹四百二十匹再引帳前面北立閤門官云謝宴又五拜舞蹈引出上馬同館伴還安下處三節人從各七事衣銀十兩訖傳問誓書中常年每年重疊及催取戶口對以誓書並係昨來將去誓草改定即無增減所有合要戶口宣撫司見行根促纔獲時即發遣過來楊璞高慶裔來傳粘罕（改作尼堪）指揮斥字畫惹筆提拔不謹對以自來國書止是司分人修寫拘於體例自無惹筆今係主上親御翰墨是尊崇大國之意慶裔云誓書有不提空併惹筆須著換對以此誓書元在闕下為使人陳乞已換了兩次到涿州

又換一次敵國往來豈有此理慶裔云誓書要傳萬世親寫故知是厚意兩國相重書狀往還寫得眞楷是厚意爲復寫得惹筆是厚意又云誓書字札且休如誓書所載兩界逃人彼此無令停止今來所取戶口只推道不見不肯發來豈不是違誓許大天猶自不怕更要誓書則甚且如近有燕京職官趙溫信李處能王碩儒韓昉越境來南張軫帶了本朝銀牌走過南界須先以見還是數人皆契丹所指名故金人必索之良嗣欲諭宣撫司遣行盧益馬擴不可曰諸人聞已達京師若悉還之不唯失燕人之心且彼必見銜盡告吾國虛實所繫非細況今已四月虜改作彼

亦難留何慮不交柰何隨所索即與之彼得一進十何時已耶然終以人口未足移文往來事字刪此辨論久之未決盧益力爭不可兀室改作烏舍云兩朝誓書中不納叛亡今貴朝已違誓矣益答曰且勿言諸人未嘗有至南朝者借使有之在立誓後耶立誓前耶五六年計議大事已定本朝所有並已依從應付如些小人口豈有吝惜只是有變更姓名或在遠地或聞得根取因而逃竄或藏匿山谷或走過山西如此之類如何決要取足兀室改作烏舍云且如遠者盡是契丹

奴婢且道不知姓名道尋不見如知名人郭藥師董龐兒兩箇莫道不見只將此二人來折當馬擴答以郭藥師董龐兒係是契丹時投降過來即干貴朝甚事若如此說即數十年前事豈可套在誓書中有甚涯際及交燕月日兀室改作烏舍云只爲所取戶口未足即無交割月日良嗣對以本朝自來每事相就無不曲盡至誠然貴朝每一番來一事未了又生一事此當以大事爲念不可以細故相妨兩朝所係利害甚重況兩日只是理會誓書一事若今且把復盟了當些小人口足可商量且如向日自海外計議雖未立

誓天地神明實已臨察宜各存信義本朝並無事未盡兩朝敵國義均一體更宜思之兀室改作烏舍與楊樸等起立云有聖旨朕以天地眷佑併有遼國所有涿易盡屬燕地若戶口不盡數發來便請勾回涿易人馬朕欲將軍馬前去巡邊恐兩軍相見不測生事便令使副朝辭往宣撫司取人良嗣云未議之事有五一回答誓書二交燕日分三符家口立界四山西進軍日時五西京西北軍未定兼賞軍銀絹二十萬在涿州未交安得便辭所有甯邊州至天德雲內一帶是舊漢地兼有黃河限隔不知貴朝欲待自守爲復

待與夏國若自守時與貴朝爲鄰甚無害若是夏國時恐西人出沒常爲邊患兼符家口係屬南界有新倉永濟兩鹽場在內朝廷歲增百萬貫正爲此鹽場在其中莫須改正兀室(改作烏舍)云我以山西全境與汝豈不能易此尺寸之地耶良嗣不能答楊璞來云適來三相公(謂粘罕○注改作尼堪)再奏已差下撒盧母(改作察勒瑪)楊天壽同龍圖去不須尙書宣贊行良嗣遂行

四月二日乙酉金國遣撒盧母(改作察勒瑪)楊天壽同趙良嗣赴宣撫司取未足人口宣撫司以趙溫信與之

良嗣同撒盧母(改作察勒瑪)等往雄州取戶口逐次撒盧

母(改作察勒瑪)等曰兩國議如許大事已十八九成止爲人口毫末良嗣云若張軫趙溫信韓昉等果到本朝良嗣必知之今實不聞柰何楊璞暗以微意見喻若只得一兩箇緊要人來便了得良嗣既到宣撫司亦以璞言之故自以謂若得一二緊要人如溫信之徒可以必了然宣撫司頗難之蓋恐已送溫信愈更滋蔓終未得結絕臣思度金國如得溫信乃可以畢事再三言宣撫司乞差人去取趙溫信初五日趙溫信來長跪求免良嗣諭溫信云本朝固不欲諫議過去(謂溫信)然金國必欲因此尋兵大丈夫死生皆有道生亦爲民死亦爲民借諫議一身以解兩國之兵爲利亦不淺相顧感泣遂以溫信付之

茆齋自叙曰孛堇(改作貝勒)等先歸僕與益等留涿州十日候宣撫司發到賞軍銀絹三十萬匹兩方發至燕京兀室(改作烏舍)楊璞云計議事已定但日近有燕京界職官趙溫信李處能王碩儒韓昉等逃去南界請先遣回然後可議交割月日差撒盧母(改作察勒瑪)同趙良嗣往雄州宣撫司取人經七日縛趙溫信回粘罕(改作尼堪)釋縛赦罪復以溫言撫之

七日庚寅金人既得趙溫信遂交賞軍銀絹并定交割

燕山日再遣使持書來借糧米十萬石并誓書來

兀室(改作烏舍)遣人將到秤一連云舊例交割銀五十兩五分者皆不曾受錢(謂分)直到五十一兩方受今來此秤係五十一兩貴朝秤卻只五十兩莫如別作一連五十兩五分秤將五分作錢耗五分作潤官如何某等答以凡度量權衡皆係朝廷所定頒之四方豈敢私造況此銀絹係朝廷獎賞貴朝軍兵非歲賜之物莫且依秤交割朝辭國主云卿等歸去傳語皇帝時熱善保聖體如今軍兵兩處屯劄討伐爻離不(改作古爾班)併天祚與你家勾當疆土欲借米糧十萬石般送

至檀州歸化兩處且不要疑慮早些教來已專差使人對以今夏道路難行國主云此一遭方始是往來禮足兼誓書事大要結千萬年交好禮數專遣使去因問交割燕京日分御云十一日先令交割底官員過來其軍兵只於瀘溝河南下寨更待等幾日得我指揮便發過河來又諭某等好去候到闕日傳與大宋皇帝立誓已定各守信約永保萬世常如今日甚好遂行

十一日甲午盧益趙良嗣引伴金國使人楊璞持誓書來

金人國書

書云累交禮聘敦講世和復紆使傳之華克示載書之信指以萬世昭然一言茲見繼好息民之心而得親仁善鄰之美義欲存於堅久事更宜於宣陳據燕疆界至只依兩朝差去人員同行檢視分割爲定所云交西京邊界夾攻契丹事皇帝已遣近上官員押領大軍勒於今月十一日於彼應會仍報宣撫司凡關夾攻事件須令與差去官員計議從長施行其邊界亦依割定領受仍已諭使人御合有回謝禮數並報復文字送付差去軍下官員前去議取被掠并逃去人戶雖領宣撫司交付御只推言不肯早行發遣致是亦未結絶必若邊官邀功違約展轉如上不切稟從實闕引惹紊亂有失將來久結歡好若是再取如此人口亦仰所司宜疾速發遣又以契丹國皇帝在陰山夔離不改作古爾班在奚部山谷已兩處勾當今取嶺北鴛鴦濼坐夏相度所謀雖同如或不泯後患地里咫尺特關貴朝自餘分遣別路兵馬須是當朝供給只據收捕夔離不改作古爾班契丹皇帝兩路兵馬糧食合銷米一十萬石宜早分取月日於檀州歸化州兩縣處分路般送到卽候回報歊炎在候保嗇是期有少禮物具諸別幅專奉書陳達不宣謹白

金人誓書。舊校云誓書見宇文懋昭大金國志

維天輔七年歲次癸卯四月甲申朔八日辛卯大金皇帝致書於大宋皇帝闕下惟信與義取天下之大器也以通神明之心以除天地之害昨以契丹國主失道民墜塗炭肆用興師事在誅弔貴國遣使航海計議將來并有遼國願還幽燕故地當時曾有依允廼者親領兵至全燕一方不攻自下尚念始欲敦好以燕京涿易檀順景薊并屬縣及所管戶民與之如約今承來書緣爲遼國尙爲大金所有以自來與契

丹銀二十萬兩絹三十萬匹幷燕京每年所出稅利五六分中只算一分計錢一百萬貫文合直物色常年般送南京界首交割色數已載前後往復議定國書每年幷支緣礬二千栲栳兩界側近人戶不得交侵盜賊逃人彼此無令停止亦不得密切閒諜誘擾邊人若盜賊幷贓捉敗各依本朝法令科罪訖贓罰賊雖不獲踪跡到處便勒留償若有暴盜或因別故合舉兵眾須得關報沿邊官司兩國疆界各令防守兩朝界地內如舊不得遮堵道路至如將來殊方異域人使往復無禁阻所貴久通歡好庶保萬世本朝

志欲協和萬邦大示誠信故與燕地兼同誓約苟違此約天地鑒察神明速殃子孫不紹社稷傾危如變渝在彼一准誓約不以所與為定專具披述不宣謹白

茆齋自敘曰十一日辭朝阿骨打(改作阿固達)坐所得契丹納跋(改作巴納)行帳前列契丹舊教坊樂工作花宴宰執左企弓以次搢笏捧觴為壽是時阿骨打(改作阿固達)形神已病矣顧益等云南朝許大事你幾箇使人商量了功績不小來日好去復差楊璞為聘使報許四月十四日交割燕山及山後幸踏地里交割南歸十三日達雄州宣撫司摘留僕隨遂入燕

十四日丁酉宣撫司差統制官姚平仲康隨前去交割地界

姚平仲至金人要依元約將松亭榆關外民戶歸國數內索取常勝軍郭藥師等八千餘戶元係遼東人也宣撫司以常勝軍先自歸朝有功授官難以發遣點檢文字李宗振畫策或為參謀宇文虛中畫策曰若以燕人代之則不惟常勝軍得為我軍又復得燕民田產自可供養不煩國家應辦錢糧此一舉而兩得之申奏朝廷遂從其議請以燕人代之金人亦從

之因而根括燕山府所管州縣百五十貫已上家業者得三萬餘戶盡數起發合境不勝殘擾獨涿易二州之民安業者艮以先歸大宋也是時燕人重於遷徙有憚其行者說於粘罕(改作尼堪)曰燕山疆土本非大宋彼不能取而我取之桑麻果實所在形勢之地豈可與人金國方強盛天下莫不畏服粘罕(改作尼堪)以為然遂白於阿骨打(改作阿固達)請以(刪此以字)與(下添宋字)涿易為界阿骨打(改作阿固達)曰我與大宋海上信誓已定不可失也待我死後悉由汝輩終如約交割

宣撫司差李嗣本提兵馬入燕

先是宣撫司差姚平仲康隨分疆域立烽燧回至是

再差李嗣本入燕

賜進士出身頭品頂戴四川等處承宣布政使司布政使清苑許涵度校刊

三朝北盟會編卷第十五終

三朝北盟會編卷十五校勘記

上以甯朮割屢乞花宴詔特頒春宴（此條應另行提起誤與上下相連）

上屢遣黃珣問勞（此段應另行誤連上條）　僕奏臣係嘉王榜（應作係秦嘉玉榜）　是時再遣使往燕（誤作燕往）　請以前來與契丹物色一般者（以誤作似）　奏訖拜起復跪（起誤作謝）　做學士上壽儀（士誤作字）　宣撫司見行根捉（捉誤作促）　傳語大宋皇帝（語誤作與）　所出稅賦（賦誤作利）　若盜賊并贓捉獲（獲誤作敗）

三朝北盟會編卷第十六

政宣上帙十六

起宣和五年四月十七日庚子盡二十八日辛亥

十七日庚子童貫蔡攸整軍容入燕山府撫定燕城貫攸入燕京撫定殘民羸卒捧香火迎導而行歡呼言曰契丹既滅大金歸國王師入城復見天日相慶之人家至戶到燕人大悅初李嗣本提兵先入燕城其次宣撫司方來以郭藥師爲先鋒嗣本軍望見之以爲金人兵至棄軍即遁營中大擾藥師使人往撫之方定貫攸問馬擴曰衆慮虜（改作金人）刦寨爾以爲

如何擴曰可保其不來不必慮也童貫蔡攸燕山府住十日乃還

平燕錄及封氏編年王安中入燕錄曰童貫與安中等至雄州大金議猶未決貫與安中等共議言大金須索種種干求貫常憤恨朝廷雖然應副貫實惶恐安中曰夷虜貪婪自古如此又況（刪夷虜至此十字）我兵向爲契丹所敗若非涿易納欵偏將來歸未易議也趙良嗣雖爲朝廷不能挫彼之意必須軍中選擇其（刪此字）辨博之士折彼泛議可也遂於軍中得姚平仲康隨王瓌等以待入燕議事童貫遂差姚平仲康隨王瓌良嗣等各帶本軍人馬起發去交割燕京平仲將家子豪邁俊爽以强辭折阿骨爽（改作阿克順）一夕隨定次差李嗣本統河東兵五萬爲前軍以种師中楊可世擁陝西諸道兵三十萬爲中部遣郭藥師領常勝軍自新城入固安安次勒兵博山貫攸建旌纛鳴鼓吹笙即以大軍次之俾馬公直將河北京畿兵爲殿嗣本至瀘溝河大金猶駐燕京而良嗣姚平仲康隨入燕京見大金國主粘罕（改作尼堪）云前以約十一日今後時何也姚平復曰大事已定並無少疑交割燕京後時日乃本國敦禮若先是而來是屬僭越何問之

有若元帥求釁妄生事端敗其歡盟皇天照鑒豈輔曲者自古反盟不克享國又況貴朝百色須求我皇帝寬仁大度曲就悉從不欲少違慮壞前約元帥慎莫生事是日師中等已營料石岡可世又檄衆曰今日我輩正索一死耳乃命諸將治鞍發刃彀弓以卜鏖戰督嗣本渡河阿骨爽（改作阿克順）等聞我軍前後左右周環亘二百里不絕乃謂良嗣平仲等曰豈敢生事只爲本國已先發軍今滯數日所以詰耳即呼所屬交割國主與阿骨爽（改作阿克順）等卷甲移寵退舍三十里日晡嗣本提兵入城師中可世相繼入焉先是

大金盤旋燕京城幾及半年久客多欲部曲利於財貨剽掠燕城富豪比屋室如懸磬檀順景薊民始困弊而契丹又懼大金攘奪皆逃竄山谷城市邱墟狐狸穴處又將職官漢民分路遣行我朝所得空城而已

北征紀實曰王黼既專任其事因降旨飭二帥不得動以聽約束乃使趙良嗣奉使而阿骨打改作阿固達謂良嗣曰我聞中國大將獨仗劉延慶將十萬衆一旦不戰兵散而潰中國何足道我自入燕山今爲我有中國安得之良嗣不能對乃與其使偕來作紀實後六年始得見馬擴自敘備能言金人燕山事實甚詳然獨不見書紀實所取阿骨打不許燕山之語及索山後有峻拒之語却有良嗣更易語錄之說又有謂山後幸踏地里交割牒文大抵我使人疑皆有所參商至爲良嗣之姦利則一也是故紀實盡述當時朝論不敢從他錄也○注阿骨打改作阿固達始祖宗時虜改作遼使至待遇之禮有限不示以華侈且以河朔甫改作逼近都邑故迂其途多其里堠次第爲之燕犒而後至皆防微杜漸意也及黼遣良嗣唯務速以擅其功與其使人限以七日自燕山至闕下凡四五往返皆然又其每至也漸加禮誇之以富盛金人因是自負邀索不已黼遂許以遼人舊歲幣四十萬之數外每歲更添燕山涿易順景檀薊六州代稅錢一

百萬緡金人既得所欲乃許我又索營平二州則曰海上脚跟底元約石晉所割則屬中國契丹舊地則歸我今營平二州乃阿保機改作安巴堅於後唐時所陷灤州乃營平地舊已入遼即非石晉所獻之地當如元約於是我無辭又索雲中一路則曰雲中久爲我有中國安得之中國亦無如之何姑欲得燕山且掩挫敗之醜以塞中外之議因割燕山府涿易檀順薊景爲一路而歸其代稅錢一百萬緡又議折中國貨物以補其闕於是又遣良嗣議折物凡絹三十萬絲綿稱是虜改作金人每喜南貨故雖木綿亦二萬段香犀玳瑁椀楪匙筯皆折閱倍償之至如龍腦每兩折八貫則皆良嗣其改作從中爲姦也約既定索禮數因盡還其待大遼敵國之禮唯不稱兄弟而已乃遣良嗣奉誓書而往而金人取誓書副先視之又止諸界上俾我使回更易誓書中語然後來我又從之誓書事具於下事既畢彼亦遣使以誓書來時鄭丞相居中亦嘗白上曰禮數既重加歲幣厚必不便亦不納金人既得燕山子女加久住氣候已熱遂大病而城外諸寨日夜爲燕之鄉兵刦撓因罵余睹改作伊都曰汝勸我來此今外寨皆不安四面皆大兵居此羅網中如何歸

乃大毀諸州及燕山城壁樓櫓要害皆平之又盡括燕山金銀錢物民庶寺院一掃皆空以遼人舊大臣及儀仗車馬玉帛輜重盡由松亭關去關在東北去其國近本欲顯州去爾全師復由居庸關之鴛鴦泊捉天祚出路以絕契丹之望乃盡以空城付之我時便有語謂中國修理三二年閒卻取之趙良嗣亦嘗私謂人曰只可保三年爾時糒卽與二師上下皆知之不能忠告也二帥因以宣和五年夏入燕山大內毀一小殿吻受諸將賀駐兵十餘日遂凱還而歸

金人阿骨打改作阿固達交割燕山畢西由居庸關往白水

泊過夏

平燕錄曰金人用阿骨爽改作阿克順計寸金寸土裒取殆盡將燕城職官民戶技術嬪嬙娼優黃冠瞿曇金帛子女等席卷而東或告金人曰汝之東遷非金人意也南朝留常勝軍利汝田宅給之爾燕人皆怨說粘罕改作尼堪不當與我全燕粘罕改作尼堪欲止割涿易兩州阿骨打改作阿固達不允由雲中留白水

十九日壬寅金人遣使齎御押地圖來宣撫司

茆齋自敘曰十九日金人使齎御押地圖來宣言令童太師蔡相公拜受童蔡惶懼問如何處置擴往謂之曰若論御押一如本朝御押前此累有御筆何嘗使粘罕改作尼堪元帥以下郎君拜受此太過當金人無對遂許不拜先是李嗣本姚平仲軍交燕日運糧夫奪女眞牛馬殺一女眞至是整留會刪此二字改作理償人命及牛馬價復爲平之

宣撫司留燕旬有二日議班師赴闕

北征紀實曰金人既據燕性貪婪方自務大乃刪性貪至此八字邀索不已而朝廷堅求燕山地則指城謂使人曰此我有也必欲得之納錢若干萬則與爾雖燕山僧寺巨室之屬指一塔一殿一屋卽曰此我物也當

折取之汝若欲留者卽納其直故或千或萬貨之而後重載而去由是朝廷償以百萬緡謂之燕山路代稅錢阿骨打改作阿固達方喜曰荷他趙皇千年萬歲是多少物乃得燕山府檀順薊景六州此獨糒爲之二帥實不預宣和五年夏四月金酋告改作主將還命我師交割二帥始以兵入之號曰交割燕山府後曰撫定燕山然所至皆空城而已人物既寡城櫓又悉毀皆所以困我仍不與我營平等捉吾之咽喉爾營平者當榆關路地平無山川之阻非若古北口居庸關之比且近女眞故識者知其用心矣又燕民破散悉流

移近地故職官富戶來奔既無以處朝廷因分遣諸州贍之凡州縣動數千口至少猶不下五七百口及嘗爲虜（改作遼）官者等第補之自諸州通判而下皆添差以處焉自幷代河朔齊鄆襄漢之間遍已蕩然莫有關防我之山川險易州郡虛實盡能知之州郡又往往不卹或困於衣食其在闕下者至於揭榜通衢人物往來處稱其名氏舊官封而以乞丐執政雖睹之不問也始金人約燕地人民盡歸南朝契丹奚渤海等人民皆屬金國既議分割則常勝軍郭藥師鐵州人其下諸將高望等又多渤海契丹人卽令歸金

國上下方以爲撓如金人則已虜掠（改作盡取）燕地人物職官等將攜之歸方議欲對換而貫爲羣下所誤謂不若以燕地富戶稅產多者皆與金人去卻得其田宅足以贍常勝軍則不煩朝廷錢糧又得留常勝一軍爲用貫然之遂亟爲奏禀黼遽許焉蓋朝廷輕易弗思獨以藥師常勝軍爲重而已金人既大得所欲號職官富戶五（刪此字）因盡括六州之地（刪此二字）上戶幾二三萬起發由松亭關去燕中合境爲之大擾由是怨懟生矣時王安中爲宣撫以撫燕既無綱領所謂富戶田宅皆爲常勝軍卽日肆意占據略不問官司安中坐視而已因是多侵奪民田故人益不聊生及後張轂殺金人所虜（改作得）遼臣之屬已盡爲常勝軍所有皆立爲乞丐之人方更遭其困辱甚至於殺戮無告所謂職官富戶又悉南奔歸我我不得已而後納之且復流離困躓使我重失燕人之心仍違新交之盟痛莫大於此

二十二日乙巳童貫上復燕奏

宣和錄曰陝西河北河東路宣撫使童貫等言恭惟陛下神機先物前知北虜（改作契丹）滅亡之兆自政和八年金國遣使通好約結夾攻至宣和四年虜主（改作天祚）

播遷耶律淳篡立幽燕之民久懼塗炭延頸欵關願歸中國陛下俯順人心特詔臣等出總戎干先行招撫及遣使以禍福諭淳使納土內附淳先敗盟寇（改作侵）邊臣等仰遵睿畫東由雄州西由安肅廣信諸道進討自五月二十二日二十五日二十九日八月十四日二十一日二十九日九月一日九日王師屢勝殘虜（改作寇）震懾乘勢開諭聖德招徠遠人廣出文榜遣問齎至燕中曉諭士民先是郭藥師領常勝軍萬人駐涿州虜（改作燕）中最號勁兵易州守城契丹亦衆涿易之間有牛欄寨皆契丹素屯兵馬去處聲援相

接涿易仍係燕山襟喉之地臣等既進兵討蕩兼用開招誘常勝軍及預行結約易州城中豪傑內應至九月二十三日郭藥師領常勝萬人舉涿來歸二十七日遣發兵馬進取易州殺戮城內契丹殆盡當日收復易州十月四日攻破牛欄寨涿易之路遂通節次收復涿易歸義安城固安威城淶水幷良鄉武清安次清化漷陰潞三河析津宛平平盧玉田等縣及景薊等州同時納土幅員數千里天險地利盡皆有之獨燕京孤城未下女主僞后蕭氏遂稱臣妾遣使納款卻而不受十月十八日大兵至良鄉縣界殺退

賊衆二十三日遣奇兵徑入燕城殺戮城中契丹奚萬衆燕民鼓舞四軍賊首援兵旅拒二十五日再戰於盧溝河賊首退保燕城十二月二日契丹悉燕中兵馬來犯永清一帶已歸順地分王師鏖擊大獲勝捷橫屍蔽野餘衆潰散不能再舉四軍遂與僞后棄城逃遁金國十二月五日入居庸關與王師夾攻收復燕城了當臣等於四月十七日躬領大軍入燕山府撫定軍民布宣聖澤者全師制勝振朔部之天聲舉國來成獲燕山之都會聲四方而無侮垂萬世以有光廟社均休臣民胥慶臣等聞周伐玁狁僅至太原漢擊匈奴但期渭上雖招徠其種落或攘斥於封圻皆僅存開拓邊陲之名固未有混同宇宙之烈蠢茲裔虜(改作惟茲遼國)昔號殊鄰當五季之瓜分盜據(改作一)方而穴處蕭蕭易水限風氣於山川奕奕漢津隔星辰於象緯金繒塡壑者以鉅萬計士庶疾首(改作引領者)殆二百年藝祖肇基已恢奄有之志神皇御極載勤繼伐之謀對越在天之靈必施闔國之略屬酋渠(改作陰山)之遠遁復雜種(改作內族)之內交(改作訌)竊位渝盟不誅而殞積誠慕義莫止其來遂興復古之師爰徇叩關之請破堅披敵首克六城獻馘執俘何啻三捷軍(改作先)

聲疊振醜類(改作殘敵)驚奔絕其唇輔之依結彼腹心之應扶老攜幼還爲冠帶(改作簞食)之民(改作迎)籍戶提疆來入版圖之會市無易肆人若更生通地脈於九山(缺二字○添坤軸字)鎮醫閭之峻察璣衡於七政天文開析木之躔聖武既昭庶邦丕享虞舜舞干而苗格繇文德之誕敷文王因壘而崇降自聖謨之丕顯於皇偉績更邁前修恭惟皇帝陛下大道幷包沉機獨運以順爲武威加六合之中惟斷乃成智出羣疑之表快列聖未攄之憤昭甯人有指之謀膴膴周原昔裂冀州之壤茫茫禹跡今歸碣石之封方且下十行之詔以

蠲苛嬈之科定三章之約以施寬大之法禮高年而教孝悌褎有德而訪才能文軌同混於車書朔南咸暨於政教天討陳於原野聿臻偃武之期成功告於神明益顯無前之績臣等遠慚周輔獲禀睿謀拊循幽薊之遺黎宣布聖神之厚德御五門而奏凱將賓及於羣元奉萬壽以稱觴當獲陪於列辟

秀水閒居錄曰童貫蔡攸奏至宰相王黼率百官稱賀表中多得意語云陛峻明堂既揭平朔之號軒藏石鼓仍題復古之名鍾簴銘金則應牧野誓師之時印章篆玉則示漢將破胡之兆承九清之命而整神

霄陰相之旅建三辰之旗而向太一下臨之方云云又曰童貫奏中云不受蕭后納欵者先與金虜（改作金國）有約不敢受也又云金國入居庸關與王師夾攻者劉延慶爲殘虜（改作燕師）所敗約金人取燕城也又曰女眞既破契丹駐軍於燕山之北約本朝自以兵力取燕地於是童貫蔡攸與大帥劉延慶將十五萬衆進屯盧溝河時虜后蕭氏（删虜氏字改作蕭后）與四軍大王者居燕城有衆纔數千遣使人韓昉歸欵仍請罷歲幣貫等不納延慶分兵往救爲殘虜（改作燕師）擊還盧溝大軍聞風遂潰王黼爲相因此嫉貫等且欲自以爲功會虜酋（删此二字）耶律淳死乃議遣使召女眞取燕城厚許金幣以贖其地女眞果入燕恣爲刦掠以空城歸我而厚索歲幣且知中國兵弱自此有南牧之意矣師還童貫封廣陽郡王蔡攸領樞密院王黼加太傅總三省賜玉帶如唐裴度故事始議贖地但求石晉故疆不思營平灤三州乃劉仁恭遺虜（此字改作契丹）虜（此字改作金人）不肯割此於三郡聚兵窺伺爲內侵之計黼之疏謬如此

二十七日庚戌以收復燕雲曲赦河東河北燕山府雲中路

門下制軍詰禁昭帝王之極功發政施仁體天地之大德朕祗膺駿命嗣守鴻圖聿臻熙洽之期克保盈成之業皇天全付所覆可忘疆理之修先王啟佑後人宜篤經營之念萬邦作乂四夷咸賓惟羯胡（改作朔易）之舊鄰侵中華之名壤雖北謂八狄同蠻貊之外區而燕曰幽州與青徐爲王土（删雖北至此二十二字）割賂自五季始盜據垂二百年自藝祖之肇基洎裕陵之復古聖哲垂慮謨訓具昭肆予纂承敢時怠忽顧澶淵結誓之後守其信書且河朔息戰以來重其兵舉人心久鬱神作有開相彼虜酋（删此四字）虐用夷種（删此二字改作其民）

孳生於國賦斂暴刻衆懷離散之思刑罰峻深人抱怨咨之戚內親爭叛强敵肆侵遺穹帳以逋逃輕前盟而背覆五都潰決諸姓駭驚用遣將相之行往護封圻之守殆天所授其衆自歸簞食壺漿迎王師而來保旱霓時雨慰民望以咸蘇靡勤銳旅之攻盡復連城之聚一方黎獻初還禮義之鄉千里山河重載版圖之籍言念征徒暴露之久轉餉調發之勞并及新民曲覃慶宥於戲師直爲壯既昭無敵之功道化久成斯致丕平之利咨爾有衆曉予至懷

二十八日辛亥童貫蔡攸歸以詹度權帥事

詹度既就權帥府招集散民遠近騈集大金出嶺外可世平仲郎分陝西河北諸道兵常勝軍守松亭古北居庸關以閤門宣贊舍人劉逖知景州惠州團練使陽可昇知檀州忠州防禦使任宗堯知薊州悉發官吏赴上詹度作平燕詩送童貫曰長亭春色送英雄滿目江山映日紅劍戟夜摇楊柳月旗旌曉拂杏花風行時一決平戎策到後須成濟世功爲報燕山諸將吏太平取在笑談中

賜進士出身頭品頂戴四川等處承宣布政使司布政使清苑許涵度校刊

三朝北盟會編卷第十六終

三朝北盟會編卷十六校勘記

若先時而來是屬僭越（時誤作是） 且以河朔附近都邑（附誤作甫） 始祖宗時虜使至待遇之禮有限（此段應另行誤連上文）

入燕山大內毀一小殿獸吻（脫獸字） 受諸將賀駐兵十餘日（一作諸將暫駐兵十餘日） 或告燕人曰汝之東遷（燕誤作金） 至是來整會留償人命及牛馬價（脫來字會留誤作留會） 又嘗爲虜官者（又誤作及） 結約夾攻（誤作約結） 朔南咸暨於政教（政應作聲） 宛平平盧（平盧一作盧龍） 神祚有開（祚誤作作） 一方黎庶（庶誤作獻） 惠州團練使楊可昇（楊誤作陽）

三朝北盟會編卷第十七

政宣上帙十七

起宣和五年五月二日甲寅盡六月四日乙酉

五月二日甲寅童貫蔡攸班師

七日己未百官詣文德殿稱賀

八日庚申御筆加王黼等封爵

御筆虜（改作遼）政不綱鄰國侵擾不圖人心之慕義卒皆革面以嚮風朔蓟雲燕悉歸輿地勞來還定已奏膚公安華夏之生靈紹祖考之先志所賴廟堂之策集此不世之勳當有酬庸以昭異數可依下項王黼除太傅進封楚國公鄭居中除太保仍與一子推恩白時中張邦昌李邦彦趙野各進官二等以上並依恩例加勳封

九日辛酉少師太宰兼門下侍郎慶國公王黼授太傅進封楚國公少師威武軍節度使領樞密院事鄭居中授太保進封燕國公太保蔡攸授少師童貫加節鉞仍以太傅領樞密院事餘進秩有差

御筆太傅三公坐而論道號爲三省長官所有王黼已降指揮拜太傅其治事恩數合依太師體例可疾速照會遵守施行

十一日癸亥太師劍南川東節度使童貫依前太師進封徐豫國公少傅鎭海軍節度使兼侍讀直保和殿充上清保籙宮使河東河北路安撫使

十四日丙寅王黼日赴朝參奏事退聚議治事

金人阿骨打（改作阿固達）西巡發燕中職官歸國

阿骨打（改作阿固達）交燕畢於契丹漢兒內兩府中擄劉彥宗出居庸關由雲中府德州路西巡留白水濼度夏欲遣官交還本朝山後州縣且聞天祚北走韃靼經營擒之乃遣左企弓等部所得燕山職官富戶東取榆關平灤路以歸

遼國平州節度使張瑴據平州叛金人殺燕京宰相左企弓等

張瑴者平州義豐人也少第進士建福元年夏遼興軍節度使（乃平州）偶有兵作過能招安息亂以功權知軍州事燕王死預知遼國必亡盡籍管內丁壯充軍得五萬人馬千匹選將練兵聚糧穀招延士大夫有才者參與謀議潛爲一方之備蕭太后嘗差太子少保時立愛知平州始到任張瑴雖外示尊禮而內實不容立愛察其有異志常稱疾不出瑴依舊知軍州事會金人下燕首問平州事參知政事康公弼曰張瑴狂妄寡謀雖有兵數萬皆鄉民器甲不備資糧不給彼何能爲宜示之不疑圖之未晚也金人召時立愛赴軍前進加瑴臨海軍節度使依舊知平州軍州事將發燕民由平州歸國粘罕（改作尼堪）謂左企弓曰我欲遣兵三千騎先下平州擒張瑴然後行如何企弓輩以爲然獨康公弼曰若加兵則是驅平州叛也公弼舊在本州守官上下人情無不通也請單騎一到覘其意而徐圖之遂授金牌馳驛前去見張瑴諭金人之意瑴曰遼國八路七路已亡獨一平州存敢有非望鄉兵所以未敢解甲者北防蕭幹侵掠故也今

軍馬不來殘民何幸聞皆公之力也厚賂而歸報曰彼無足慮遂不與兵改平州爲南京加張瑴試中書門下平章事判留守事其實欲圖之也阿骨打（改作阿固達）大軍北出居庸追討天祚爲事漢官知樞密院事劉彥宗以下隨行五月初燕民入平州境私有號訴於張瑴者具言宰相左企弓等更不謀守燕城使吾民遷徙流離不勝其苦今相公臨巨鎭擁强兵盡忠於遼國必使我復歸鄉土而人心亦望於公也瑴遂招諸官員將領會議皆曰聞天祚兵勢復振見出沒於松漠之南金人所爲全軍急歸不少候者契丹爲

之牽制也若明公勤王唱義奉迎天祚以圖興復先責宰相左企弓等叛降之罪而殺之放燕人歸國大宋無不接納燕人則平州遂爲藩鎮矣假如金人後來加兵內用平州之軍外得大宋之援又何懼焉彀曰此大事也不可草草翰林學士李石智而多謀可遣人邀之密議石既至與之謀而合陰遣將官張謙領軍馬五百騎傳留守令强招宰相左企弓曹勇義樞密使虞仲文參知政事康公弼至灤河西岸聽候差議事官趙秘校就去面疏企弓等十罪天祚播遷夾山不卽奉迎者一也勸進皇叔燕王僭號者二也

詆君父過惡而降封湘陰王者三也天祚嘗遣知閤王有慶前來計議而殺之者四也檄書始至而有迎秦拒湘之議五也不謀守燕而拜降六也臣事金國不顧大義七也根括燕中錢帛取悅金人八也致燕人遷徙而失業九也教金國發兵先下平州十也遂無以對縊殺之榜諭燕人惟留餘戰馬外盡放復業令各安堵如故所有逃戶拋下屋宇家產什物之類已爲常勝軍占者悉還之燕人患遷今得歸皆大悅稱保大二年契丹官秩畫天祚像朝夕朝謁事無大小皆告而後行燕人得歸往往有至京師者上聞燕民之歸詔王安中詹度加恤錄士大夫之可用者復百姓田租三年

二十九日辛巳童貫蔡攸大奏凱以入告功於朝

北征紀實曰二帥告還上御景龍門觀奏凱盡以禁衛諸軍迓之以入上始甚不樂故二帥賞皆薄貫遂致仕蔡攸拜樞密初二帥以宣撫司羨餘進大珠百萬金四千兩犀玉錢帛稱是號曰土宜上喜之

又曰二帥凱還上爲御殿受賀禮畢賜宰臣等坐用神宗皇帝下熙河及崇甯下青唐故事解玉帶以賜黼

六月一日壬午朔蔡京進賀表

表曰師由義動往城於方國以和來不戰而屈舉全燕之故地弔介狄改作方夏之遺民戴白垂髫歡呼而解衽倒戟改作壺漿簞食充塞而載塗萬國來同一方底定乾坤動色廟社用光中賀惟北有邦實冀之府大禹所別有虞嘗巡粵我造邦之初遂爲與國之敵始約兄弟尊至祖孫金繒締交使傳洽至其强弗率僭僞號者二百年有志未遑更聖君之六七作惟昔神考於時元豐分將隸兵聯民講武閱九軍之師陣建北面之黃旗無釁可乘有訓斯在皇帝陛下以重華而

紹帝之事以下武而繼文之聲因其天亡之時成是席卷之勢臣顧惟稚長久誤眷知詩禮之庭屢趨而過軍旅之事蓋未嘗聞察之於談笑杯酌之閒付之以疆埸甲兵之事乘其萬舉萬全之會授之百發百中之機是惟秉鉞以專征豈可因人而成事山川草木悉歸輿地之圖士女臣民盡效職方之貢此蓋皇帝陛下懋昭大德遹駿先猷人斯效能天實助順揚厲無前之偉績鋪張不世之宏休千載君臣適遇風雲之際一門父子得爲勳戚之家

鍾邦直行程錄曰朝廷詔雄州守臣和詵高陽帥臣

侯益經畧邊事邊臣上言以謂胡中（改作契丹）衰亂君臣篡奪殘暴假息遊魂疆埸（刪此八字）正取亂侮亡之時朝廷以爲然大臣王黼力贊其事用兵之禍自此始也是年二月以太師領樞密院事童貫爲宣撫司使以蔡攸副之統陝西河東河北京東京西京畿六路軍馬十五萬以擊契丹五月師渡白溝五里契丹以三千騎撓我軍軍亂我師敗績所喪十之一是時國家與契丹盟好百餘年邊防無犬吠之驚耆老白首不聞兵革之音師出無名人不效命人情煩惱中外不安二帥歸罪邊臣以爲探報不實契丹尙盛未可取也方議班師六月虜主（改作燕王）耶律湻以病死朝廷復有冀得之心詔二帥率其兵駐高陽關以待變再召諸道兵須冬以進九月契丹管押常勝軍馬郭藥師以所領七千人舉涿易二州來降繼而耶律湻妻僞（刪此字）太后蕭氏遣使納款乞數州之地以爲南朝外屏二帥慢罵叱退其使自以爲功在須臾十月遣大將劉延慶督兵二十萬入燕以應金人之約師行在道猶豫不進自雄州十一程始到蘆溝河二百里契丹以數百騎亂我軍延慶未嘗迎敵中夜輒曳兵而走契丹扳軍追奪殺傷及自相蹂躪死者十二三委

棄軍器錢糧金帛不可數計延慶關西老將偏裨才爾平昔爲人所御豈能御人爵位已盛豈肯更效力受命之日已出悖言委任非所宜至是乃敗十二月金人之師度居庸關契丹君臣望風而遁燕民具禮儀以迎金人朝廷遣使增歲幣比契丹加倍以售燕薊景順五州之地金珠玉帛子女牛馬輦載殆盡明年四月委城而去二帥提兵十萬以入名曰撫定留半月增陴浚隍振旅而還歸朝幕府計功論賞等第有差原夫自古夷狄與中國迭爲盛衰而夷狄之盛未有及百年者惟（刪原夫至此二十五字）契丹則（刪此字改添）抗衡中國

踰二百年而常與中國抗衡豈以刪而常至此九字澶淵之
盟隆緒之誠根於心後嗣累世保守堅固不復南牧
百餘年間其所活生靈何慮數千百萬陰功豈淺鮮
得非天以此佑之乎迨至崇禧世祚垂亡丁可取之
時而無能取之人二帥一以閹進一以倖進自少及
老立功名取富貴皆以蒙蔽欺罔而得之居內則專
機政在外則握重兵是豈知兵者不知紀律不明賞
罰每嚴刑重罰以鉗天下之口雖甚顛倒錯繆無敢
議其非者童貫唯以一老吏李宗振參決帷幄軍政
一以委之幕客拱手備員而已唯勾當公事官李積

中廣東人年七十許以不偶於時凡三十年不赴朝
改作調緣大臣薦以特旨入幕中兩投書於二帥備言
金時用兵得失與金人交通利害異日必爲邊患累
數萬言皆切實今日所驗者二帥素不知今古懵然
莫知爲何等語漫不加省但日事虛文彌縫闕失搜
抉奇異爲蠱惑之計孰知爲天下慮卒以是敗

童貫蔡攸以郭藥師來朝

北征紀實曰童貫蔡攸既凱還以藥師來藥師之來
禮遇甚厚賜以居第賜之媵姬加諸燕犒因請觀金
明池上特命張水戲若莫春教習者以示之仍命貴

戚大臣家更互延之每率其屬皆預焉遂盡見中國
華侈辭歸羣小又將引之入禁中或以爲不可故上
特爲出玉華閣之外後苑之延春小殿見之時盛夏
設二大金盆貯冰殿上上御大珠纓絡縫銷金青紗
戰袍藥師陛見頓首殿下流涕而言曰臣在夷虜改作
燕山聞趙皇員在天上不謂今日得望天顏臣死榮甚
上深褒稱之委以守燕地又謂藥師曰朕且欲託卿
事可乎藥師頓首曰臣夷虜遠改作遠方之人今日蒙天
地大恩已誓效死惟陛下即使蹈湯火冒白刃亚所
甘心粉身碎骨矣請不問何事臣藥師必死也上乃

曰天祚未了卿爲朕經營取之以絕燕人之望於是
藥師逡巡色變復奏曰天祚者臣故主也故主亡走
臣是以降歸中國今陛下使臣效命萬死於他所不
敢辭況臣事陛下猶事故主今使反故主則非臣所
以事陛下也唯此一事願付他人乃泣涕雨下上不
覺黯然且欲得其心乃解所御珠袍并以金盆賜焉
藥師感泣出諭其下曰此非我功汝等力也多寡當
共之因剪金盆人均一片於是羣小不虞其詐交口
譽之以誤上聽始常勝軍本謂之怨軍在虜中改作遼時
常反覆者而我初不知其詳及來歸我其徒深虞我

疑之也是以每言及天祚則人人未嘗不變色曰此某等故主也使主在豈敢遠降南朝及故主已亡誓不從女眞所以歸投南朝爾上聞是深慮天祚尙在繫燕人心恐一旦復出則常勝軍必解體散從天祚故有此諭實輔佐大臣不能遠思上誤聖朝者此也藥師遂以檢校少保副安中焉然上下政令實出藥師安中但效平時態諂事之驕藥師者此也我又傾意以結之凡良械精仗莫不以往謂若須馬則盡括內官馬委與之藥師揀馬之法作泥潦半里使人不御轡而馳焉能過則爲良馬不然則又退又選大率

類此又遣部下商販諸路舟車遍矣又聚天祚時工作之人爲奇巧之物多以玉帶碼碯器撚金絲貯珍異以奉權貴下及小璫無不喜者及其得志自擅燕山一路有常勝軍五萬食糧鄉兵號三十萬中國雖有戍兵唯九千人無能爲也又藥師及燕人終不改其左衽（此三字改作違服）亦無如之何時人竊比之安祿山因別築第都城增賜美人慰諭令來朝藥師辭以他故不至於是罷安中召之還伯氏因薦蔡靖以代之靖有胸襟至則開懷待藥師稍能抑其權藥師亦重靖然終不得其柄也宣和六年秋黼且罷貫復落致仕出撫河東欲擒天祚上因令巡邊密察藥師去就不然則拉之同來貫至燕境藥師以數騎出迓貫於易州界再拜帳下貫曰汝今爲太尉視兩府與我等矣此禮何也藥師卽曰太師父也藥師唯知拜父耳焉知其他貫遂釋然藥師又邀貫視師貫以數隊出郊野則畧無人跡藥師乃下馬當貫前以旗一揮於是四山鐵騎耀日莫知其數貫眾皆失色歸而白上謂藥師決能抗金人也當是時雖金人不犯入（改作中）原藥師亦必反反亦中國不能支

郭藥師除檢校少保河北燕山府宣撫副使同知燕山

府趙良嗣盧益還闕盧益正除兵部尙書趙良嗣除延康殿學士馬擴轉武功大夫和州防禦使

二日癸未上以御筆付詹度令密察張瑴去就

上聞張瑴叛金人以御筆付詹度曰金國自燕山遣人詣平州卽日復回云張瑴領步騎五千壁松亭關鈔其車乘不敢進及聞平州止稱舊府用保大年號虜（改作遼）相曹勇義等四人聲言不順南朝亦不歸女眞及四月二十七日輒遣兵奪清化縣榷鹽院鐵板等物觀此則瑴之不歸女眞明矣而所以欵附本朝之意蓋亦未見若不稍與羈縻必爲邊患雖未可明

示結約要須加撫諭卿可因人諭意然不可洩轂方外連韓慶民等招誘邊閏等州以拒金國成敗固未可知爲我之計正當用卞莊刺虎之術坐觀其變以爲後圖所慮貪功倖進輩苟希目前輕失女眞所當深察遂令轂之婚家王倚者諭之轂遣張興祜來會度復奉御筆云營平納款雖在女眞入關之前然其後朝廷累次計議女眞終不見與張轂固嘗臣服金國用其爵號又嘗改爲南京矣本朝初與金國通好彼此著誓甚重豈當首違况金國昨在燕京所以不能即討平州者止緣女眞處關中而轂外扼榆關又

我以重兵壓其境且舊酋（改作天祚）尚在是以彼姑涵容今女眞既已出關他日若自中興府或東京之西討伐平州則蕞爾之州恐未易當况我師既以解嚴酋人（改作天祚）復狼狽如此秋深女眞歸正是得志之時在我豈當妄有舉措爲今之計正合坐觀其變以爲後圖然聞轂欲通韓慶民結連四軍併力窺燕則不得不慮理當速示羈縻卿可愼選其才智忠信之人二三輩令密諭轂意許之世襲節度因祐歸以上意語之未行間又承御筆聞四軍林牙張轂在居庸關北及平灤州中京集聚止留金國車乘縱還金國所遷燕京人口幷意欲爲我邊疆之患要須經畫爲善後之計議者四軍林牙以嘗爲我敵雖欲翻然甯不畏禍張轂久欲歸附以所許不逮藥師未厭其欲遂爾遷延敕詹度密遣人誘致令率衆內附當厚以金爵畀之

四日乙酉檢校少保奉武軍節度使同燕山府路安撫使馬步軍副都總管郭藥師授檢校少傅

賜進士出身頭品頂戴四川等處承宣布政使司布政使清苑許涵度校刊

三朝北盟會編卷第十七終

三朝北盟會編卷十七校勘記

據平州陰判金人（脫陰字） 選將練兵聚糧轂（轂應作穀） 盧仲文（盧一作虞） 至灤河西岸口（脫口字） 企弓無以對遂縊殺之（脫企弓二字 遂字應在下） 進大珠百黃金四千兩（黃誤作萬） 惟北有邦實冀之野（野誤作府） 臣顧惟齒長久誤眷知（齒誤作稚） 始到盧溝河二百里（二百里係小注誤作正文） 備言今時用兵得失（今誤作金） 請不問何事（請字衍） 秋深女眞師歸（脫師字）

三朝北盟會編卷第十八

政宣上帙十八

起宣和五年六月五日丙戌盡十二月三日壬午

五日丙戌張轂詣宣撫司納土

狀曰權管勾平州節度使兼諸軍都統張轂狀自女眞深入北朝皇帝西狩不返諸路寇兵充斥道途塞絕當道無所依託承天朝累遣人齎到文字招諭尋奉表款附復蒙降到敕赦并處置宣命適値女眞襲下燕城遠近震懼當道地隔力弱姑務應從以緩攻侵圖安境土燕城本中國舊地雖爲賊（改作敵） 有巢穴

尙遙（刪此四字） 固無久駐之勢況與大朝要約遂議分割賊恃虎狠之強其雲中富家巨室悉被驅虜止留空土以塞前盟大朝亦非得已旋以假道當界寃痛之聲盈於道路是用不忍與州人共議僉曰宜抗賊命以全生靈若許東遷是亦資虜（改作敵） 即調發丁壯繕甲兵鋤賊徒以活生靈區區之志必已聞之近知賊衆（改作女眞） 已過居庸大朝必措置屯守使無回路仍念安土重遷者人之常情況萬室流離祀奠無主雖居近地猶謂出鄉使復父母之邦是成終始之義一則爲大朝守圉之計二則快流民歸國之心固無他求

乞修舊款應西來職官百姓已分路津發過界去訖今差都統府掌書鴻臚少卿張鈞將作監參謀軍事張敦固謹詣安撫使司納土歸朝詹度得狀不敢受而以密奏聞據瑴狀當遷之人在平灤者皆欲求歸已分路遣之過界緣東遷之人田宅悉爲常勝軍所有無宿食之地若至入燕城其勢必張懼爲金人所知已語瑴無遽遂以張鈞送宣撫使

先是張瑴叛金人用李石謀殺左企弓等放燕人歸燕聞朝廷令詹度密諭之意又得朝廷撫納燕人之報大喜遂納土來歸拜瑴泰寗軍節度使世襲平州

其屬衞甫趙仁彥張鈞張敦固皆除徽猷閣待制

史愿亡遼錄曰張瑴之拒金人也外則送款於大宋通好於蕭幹而緩急求援内則奉天祚畫像舉事白而後行詐遣人奉迎以圖興復有燕人李安弼者翰林學士李石也有高黨者乃三司使高履也二人者皆先嘗被虜後緣張瑴放歸恐金人來捕意欲大宋與金人變盟則雖後來取之不發纔見王安中共爲游說曰平州自古形勝之地地方百餘里帶甲十萬餘張瑴文武全材足以禦金人制藥師幸招致之不然則復恐西迎天祚北合蕭幹並爲我患燕山豈得安而安中入其語深以爲然勸朝廷納之（舊校云契丹國志作詹度得張瑴納土書不敢受密聞於朝非安中也）有臣身任其責事關軍國利害大計不敢不言差官伴送李安弼等齎奏赴闕趙良嗣力爭以爲不可恐必招女眞之兵乞斬安弼以徇朝廷不從又有延康殿學士提舉太一宮趙敏修遼國宰相李儼之子處能也先在海島蕭太后詔令歸俗乘驛騎赴闕將復用行次平州聞金人已下燕因越境歸朝在京師賜第有母國夫人邢氏等骨肉亦自平州歸三人旦夕出入王黼蔡攸府第議事朝廷遂信其說通平州納燕人豈偶然哉良有以也

九日庚寅收復全燕一行官吏將士推恩

宣撫司收復撫定全燕一行官吏將士等宜有優恩以酬勞效述古殿直學士宣奉大夫參謀官劉韐除延康殿學士更轉一官顯謨閣直學士管勾機宜文字蔡衞已除徽猷閣待制勾管機密文字蔡衍已除陞一職外更轉階官二等大晟府典樂提舉祕書省道錄院管勾文字宣撫使司勾當公事馬舒與除待制更轉一官集英殿修撰參謀宇文虛中舊職係待制與遷一職直學士仍轉一官

金國主阿骨打（改作阿固達）殂於軍前

神麓記曰女眞始祖掯浦（改作堪布）出自新羅奔至阿觸胡（改作阿勒楚喀）無所歸遂依完顏因而氏焉六十未娶是時酋豪（改作諸部）以强陵弱無所制度掯浦（改作堪布）劈木爲刻如文契約教人舉債生息勤於耕種者遂致巨富若遇盜竊雞豚狗馬者以桎梏拘械用柳條笞撻外賠償七倍法令嚴峻果斷不私由是遠近皆伏號爲神明有隣寨鼻察異酋（改作部）長姓結徒姑丹（改作圖克坦）小名聖貨（改作勝果）者有室女年四十餘尚未婚遂以牛馬財用農作之具嫁之於掯浦（改作堪布）後女眞眾酋（改作）豪結盟推爲首領生訖辣魯（改作烏嚕）繼其父業訖辣魯（改作烏嚕）生佯海（改作雅哈）佯海（改作雅哈）生隨闊（改作綏赫）自幼習射採生長而善騎射獵教人燒炭煉鐵刳木爲器制造舟車種植五穀建造屋宇稍有上古之風猶是隣近每有不平皆詣所請遂號孛菫（改作貝勒）臣伏契丹生三子長曰兀列（改作烏里）次曰朱侶（改作舒嚕）幼曰烏熟（改作實魯）爲孛菫（改作貝勒）生貨擺（改作呼蘭）比之五祖迥然超羣由是契丹拜爲甯江軍節度使呼曰太師生五子長曰劾閤（乃粘罕祖○劾閤改作和卓注粘罕改作尼堪）次劾姑遜（改作噶順）次劾里孛（改作和里布）次蒲辣叔（改作頗拉淑）次楊割（改作英格）太師劾里孛（改作和里布）生長子兀囉束（改作烏魯斯）第二子兀古達（改作阿固達）乃太祖大聖武元皇帝太祖契丹咸雍四年歲在戊申生自遼國天慶三年甲午歲年四十七於甯江府拜天册立改元稱帝號侍中韓企先訓名曰旻改收國三年爲天輔元年共在位九年創業艱難未嘗少息至燕京入內見大殿摇動出（刪此八字）入內至於城東柴村建寨不旬日病殂年五十五以白礬大盟淹歸阿觸胡御寨（刪以白至此十二字）葬之（刪此字改作阿勒楚喀）後遷於墳山號曰泰陵○（舊校云考金史世紀金之始祖諱函普初從高麗來年六十餘部有賢女六十未嫁許歸之後生二子長曰烏魯次曰斡魯遂爲完顏部人神麓記所載殊誤也）

松漠記聞曰阿骨打（改作阿固達）八子正室生繩果（改作勝額）於次爲第五又生第七子乃燕京留守易王之父正室卒其繼室立亦生二子長曰二太子爲東元帥封許王南歸至燕而卒次生第六子曰蒲路虎（改作富勒呼）爲兗王太傅領尚書省事長子固倫（改作古倫）側室所生爲太師涼國王領尚書省事弟曰三太子爲左元帥與四太子同母四太子即兀朮（改作烏珠）爲越王行臺尚書令第八子曰邢王爲燕京留守打毬墜馬死自固倫（改作古倫）以下皆爲奴婢

神麓記曰太祖九子正室生第三子聖果（改作勝額）名宗浚（乃亶之父）第七子則蒲陽虎（改作費揚古）名宗朝繼室生二元

帥二太子名宗傑第六子宗雋庶長子宗幹乃亮之父賢妃生元帥三太子宗堯乃褒之父德妃生元帥四太子兀朮改作烏珠名宗弼第八子阿魯第九子阿魯孛山改作阿里布

節要曰阿骨打改作阿固達有子十餘人今記其八曰阿補改作阿巴二曰室昬亶父。室昬改作實格三曰没粱虎與室昬同母正室所生。没粱虎改作摩羅歡注室昬改作實格四曰窩里孛人呼作二太子兩寇京城者。窩里孛改作斡里雅布注寇改作攻五曰窩里嗢人呼作三太子。窩里嗢改作鄂勒歡六曰兀朮人呼作四太子。兀朮改作烏珠七曰窩里混人呼作五太子號自在郎君。窩里混改作鄂爾和八曰阿魯保邢王。阿魯保改作阿里布。舊校云按諸書所載多與金史互異蓋傳聞之誤

金國太祖實錄曰太祖生於遼咸雍四年戊申秋七月其先爲完顔部人後因以爲氏以遼天慶五年建國曰遼以鑌鐵爲國號鑌鐵雖堅剛終有銷壞唯金一色最爲眞寶自今本國可號大金天輔六年八月乙未終於部堵濼在位九年享年五十有六三后三妃十有六子

阿骨打改作阿固達既殂於軍前粘罕改作尼堪等遥尊其弟吳乞買改作烏奇邁爲帝

阿骨打改作阿固達有親征之行也留親弟吳乞買改作烏奇邁名晟權知軍國事天輔六年夏阿骨打改作阿固達病死粘罕改作尼堪等遥推吳乞買改作烏奇邁爲大金國皇帝改天輔六年爲天會元年

二十一日壬寅金人欲交割我朔武蔚三州而國主告殂不及取三州而去

金人軍馬來平州張瑴拒退之

金人闍母改作棟摩國王軍二千餘騎來聞平州事作前來問罪先入營州張瑴發兵拒戰闍母改作棟摩以軍少不敵不交鋒退歸大書州門曰夏熱且去秋涼復來瑴遂聲言戰敗金人殺傷甚衆妄申宣撫司以大捷聞宣撫司厚以銀絹告赦賞其軍

七月七日戊午慶遠軍節度使河北河東燕山府路宣撫使知燕山府王安中授檢校少保起復太尉武信軍節度使充上清寶籙宮使兼神霄玉清萬壽觀副使直睿思殿充河東燕山府路兼河北路宣撫使譚稹授起復檢校少保

十日辛酉太師兼領樞密院事陝西河北河東路宣撫使徐豫國公童貫致仕拜起復太尉武江軍節度使譚稹爲河北燕山府路宣撫使

斡離不改作斡里雅布圍平州張瑴走所賜詔書盡爲金人所

得

是月宣撫司齎銀絹數萬前去犒賞并朝廷遣李安弼並張㲄弟齎詔赦前去㲄聞之喜率官吏郊迎不意金人諜知之率千騎襲破㲄㲄挺身走不及入城遂間道欲如京師其弟奔燕山以其母為金人所得復擕詔往投之而㲄之母妻已為金人所戮金人得詔赦由是大怒而憾我矣張㲄至燕山郭藥師留之易姓名曰趙秀才匿常勝軍中斡离不（改作斡里雅布）遂圍平州節副衞甫參謀趙民彥張鈞棄城領麾下數十人將帶官庫珠玉珍貨棄燕京四散藏匿獨張敦固

與軍民死守

十九日庚午文武百僚太傅楚國公王黼等三奏表請上尊號曰繼天興道敷文成武睿明皇帝御筆批答不允

二十八日己卯陝西河東北路宣撫使童貫河東河北路宣撫使蔡攸等少保淮南節度使知燕山府王安中資政殿學士同知燕山府詹度檢校少傅武泰軍節度使同知燕山府郭藥師等據僞永安軍節度使同中書門下平章事陳國公張言中等及舉人道僧耆老百姓共五千五百一十人狀乞上尊號詔答不允

八月十五日乙未宣撫司奏大破蕭幹於峯山獲耶律德光尊號寶檢及契丹塗金印

初蕭后東走也蕭幹留奚王府僭號大奚國神聖皇帝改元天阜時奚人饑幹以闕食六月領兵出盧龍嶺攻破景州又敗常勝軍張令徽劉舜仁於石門鎮陷薊州寇掠燕城其鋒鋭甚有涉河犯京師之意人情洶洶頗有謀棄燕者貫自京師移文王安中詹度郭藥師切責之已而王安中命郭藥師大破其衆乘勝窮追過盧龍嶺殺傷過半從軍之家悉爲常勝軍所得招降奚渤海漢軍五千餘人宣撫使奏夔離不

（改作古爾班）師衆犯順（改作來侵）八月十五日大戰峯山生擒僞（字刪此）阿魯（改作阿嚕）太師獲耶律德光尊號寶檢契丹塗金印王黼於是有受賀奏告之議矣

宣和錄曰太傅王黼等表賀宣撫司奏奚賊（二字刪此）四軍夔離不（改作古爾班）率衆出犯景薊大兵討伐八月十五日於峯山遇王師大捷斬獲三（闕）級生擒僞阿魯（改作阿嚕）太師俘執數千人十七日追至盧龍嶺招納二萬餘衆獲耶律德光僞（字刪此）尊號寶檢契丹塗金印數十輜重器甲牛馬生口不可勝計及進兵撫諭招燕州令服從金國訖

九月六日乙卯御明堂集英殿大宴御手親製宮花幞頭賜太傅王黼

知河間府蔡靖同知燕山府與詹度兩易其地

先是六月中御筆王安中知燕山府詹度郭藥師同知藥師以節鉞欲居詹度之上度稱御筆所書有序不易藥師不從兼常勝軍横甚藥師右之度不能制屢聞朝廷恐交惡日深故有是命

斡离不改作斡里雅布攻破平州來索張瑴下軍中縊之函其首與之

亡遼錄曰二太子攻破平州知張瑴爲郭藥師所獲

藏常勝軍中差人移文索取郎具申稟朝廷累奉道君皇帝詔不令發遣安中與藥師再三論奏若不與則無以塞責不得已而縊殺之以水銀漬其首函送平州二太子復遣使索燕人之歸者宣撫司初答以下郡邑浩瀚莫知所往已指揮根括發遣終歲之間使者四至而意在探軍數多寡倉庫虛實幷密齎文字到燕中招諭遼國文武官若復歸金國者於舊上超官轉三資依格任用中亦有不得赴朝廷換官窮困者如趙公嚴趙公倫姚企望越境逃走去

北征紀實曰張瑴者燕地之豪傑也素領營平二州方天祚竄陰山國亂無主人心向背瑴取天祚像掛之聽事呼二州父老諭之曰女眞吾讎也豈可從又指其像曰此非乃主乎安可妄背當相約以死焉必不得已歸中國未晚燕人尚義故皆從之然瑴遣人通中國二帥遽奏以捷隨克平燕山牌來亦曰收復營平二州其後金人入燕而瑴使不至大率如此金人入燕山瑴不得已亦遣人詣降金人亦封爵之其後金酋改作主病率軍西北出居庸關往鴛鴦泊白水泊將經營天祚其輜重則盡由東北出松亭關將歸國其道由營平其金人所虜職官富戶皆哀訴瑴爲

之主瑴因乘閒誘擒遼之大臣如左企弓輩數之以國亂不能輔佐又不死守反從仇賊等罪且刦從燕人皆殺之曉示燕人一行但出馬外盡放令復業各歸其所至於儀物盡毀去玉帛皆有之金人無一得脫者然金酋改作主適死殂改作其喪未歸故未能治也

瑴既與金人結讐乃謀復降中國因亟遣遼之大臣李石者來既至燕山見王安中安中爲遣送詣闕下因密奏丐納之李石者後乃李汝弼也以待制奉朝請其人頗黠實有議論後金人旣寒盟獨李汝弼甚有懼色曰朝廷須著意關防須得金人其術定是一面舉兵一面和議使我失措如是者二三四番終滅大遼矣時將相皆已惘然不能詢訪也○注删須得二字其改作之時往返締

密外廷罕知其詳然識者已深爲之懼矣獨趙良嗣者抗章論列國家新與女眞盟況女眞方强不可失其歡乞斬李石以徇上大怒而黜既專以計議自爲功故指良嗣以爲二帥之黨意欲壞成約也故良嗣陰亦得罪初結約甚固密及中國見金人之不顧也謂果不能治上每曰金人必不能立國矣故結約事寖張瑴既得中國助適中其所欲俄復遣李石同其弟來我乃以平州爲泰甯軍封瑴節度使遣人以泰甯軍牌及赦書及瑴之誥命詔書與之瑴大喜乃提親兵遠出拜迎不虞金人皆諜知之忽擧大兵徑以

掩瑴瑴不克入平州因來奔燕山而我之赦書誥命皆爲金人所得始瑴之母妻家屬皆寓營州及金人破營州先得其母妻等而瑴之弟初逐瑴走燕山也纔一夕聞已得其母遂亟奔金人然懷中攜上御筆筆金花牋手詔賜瑴者用是又爲金人所得故其後執以藉口者此爾金人圍平州日夕攻擊平州因奉瑴之從弟及姪以守我但悚覸而莫敢救也金人又移檄曰中國既盟矣我來討叛臣當餉我糧又不得已因運糧以給之平州既不降斡离不改作斡里雅布者以十萬大兵時攻時守踰半年率我餽餉平州食既盡但遣數千人因潰圍而走終不降金人金人既得平營灤三州始來索瑴曰我討叛臣城破今不見走在南朝當還我朝廷命安中諱之其索既急又命斬一人似瑴者是時大兵尙駐未散俄又索云此非瑴也實係某人瑴自藏於王宣撫甲仗庫若不與我則擧兵自取之中國情旣得且懼乃議斬瑴矣密旨既下安中安中數其過遏之行刑瑴語殊不遜而死因傳首金人燕之降將與常勝軍上下皆爲之泣藥師顯語人曰若來要藥師且柰何遼東有顯州者虜改作遼之名郡也去金人巢穴改作國上京所謂阿脂川刪此五字頗

近金人初欲徙國籍燕地所得臣民儀物立都於顯州而已初未敢刪此字有意窺刪此字中原及瑴邀其輜重儀物且得中原與瑴詔誥等始怨詛　遼盟因生不遜改作變初大志即揚言曰中國與大遼誓好久一旦滅之我如何哉今設盟纔罷誘張瑴毁我儀物等使我立國不得要當取中國法物儀仗來立我國爾時用事者無不備知而終莫之慮可痛心云

汪藻謀夏錄曰張瑴走至燕山匿姓名隱於郭藥師軍中金人以諜疏我之罪而取之朝廷不得已命王安中措置方議行刑瑴出言大不遜遂逼斬之函瑴

首以送自此張令徽亦切齒朝廷而常勝軍亦解體矣

十月六日乙酉尙書省言耶律延禧僞尊號天祚內外文字不合稱呼奉聖旨令禁止

十一月十八日丁卯檢校少保慶遠軍節度使河北河東燕山府路安撫使知燕山府王安中授檢校少傅起復檢校少保太尉武信軍節度使充上清寶籙宮使兼神霄玉清萬壽宮副使直睿思殿充河北河東路燕山府宣撫使譚稹起復檢校少傅檢校太傅集慶軍節度使同知燕山府郭藥師授太尉

十二月三日壬午御筆趙良嗣特與支節度使俸

賜進士出身頭品頂戴四川等處承宣布政使司布政使清苑許涵度校刊

三朝北盟會編卷第十八終

三朝北盟會編卷十八校勘記

況萬家流離 家誤作室 則雖後來取之必不發遂見王安中 脫必字遂誤作機 燕山豈得而安 誤作安而 聞金人已下燕土 脫土字 有母某國夫人 脫某字 以酬勞效 效應作勛 今記其八一曰阿補 脫一字 趙仁彥 誤作民彥 改元天阜 一作天嗣 時奚大饑 大誤作人 斬獲三 闕 級 原闕係千字 隨斡克營平 脫斡字營字 小注朝廷須著意闕防須得金人下須字衍 藥師顧語人曰 顧誤作顯

三朝北盟會編卷第十九

政宣上帙十九

起宣和六年正月六日乙卯盡十二月十七日庚申

宣和六年正月六日乙卯金人訃書至報其國主殂爲輟朝五日

宣和錄曰皇帝爲大金主卒於內東門別次成服

金人遣國信大使奚人富謨古○舊校云歸本謨古作莫布副使漢人李簡來

宣和錄曰留遺使

茆齋自叙曰右登寶位使來阿骨打改作阿固達自燕師歸國死改作卒於半塗吳乞買改作烏奇邁嗣立故遣使來謝差張瓌充大使差馬擴充副使至燕山又進至薊州接見大使富謨古副使李簡

謀夏錄曰阿骨打改作阿固達死吳乞買改作烏奇邁嗣立朝廷遣使弔祭故復遣使也

河間府詹度得蕭幹首獻於朝

先是蕭幹敗於峯山其民皆失其家歸怨於幹其部卒白得哥殺之傳首河間府詹度上之於朝

十四日癸亥獲耶律氏寶檢金印及得夔離不改作古爾班首奏告宗廟社稷御紫宸殿受賀

詔曰屬者虜改作遼政暴荒天用勦絕其國朕誕膺帝命克紹先業取亂侮亡恢復疆土施大澤於燕雲之人舊俗來歸如水就下沛然莫之能禦獨偽四軍大王夔離不改作古爾班悖衆逆命前年首犯王師於白溝繼復旅拒燕城旋命偏師攻於廣陽之北敢干天之紀擅即偽位號神聖皇帝改年天嗣襲虜改作遼正統去年輒率其旅若林出寇畿薊痡毒醜類矯誣神人罪不容誅爰飭六師大敗於峯山隻輪不返甲辰傳首京師惟予克相上帝以遏亂略皇天助順宗社垂

休有此駿功朕敢專享○一云豈朕之武刪注文六字可擇日遣官奏告宗廟社稷御紫宸殿受賀夔離不改作古爾班首級依典禮送太社庫故茲詔示想宜知悉

二十九日戊寅大金賀正旦使盧州管內觀察使都孛堇改作達貝勒高居慶副使大中大夫守大理寺卿楊意朝於紫宸殿

馬擴至燕山與王安中論燕事

茆齋自叙曰擴至燕山與王安中論燕中事是時已授常勝軍田約來年夏減罷請受僕因言燕地新邊必知所以治之之序首當繕籬落次招流民又次

當置弓箭手最後授常勝軍田也至如罷常勝軍請受尤宜欵緩待其闕田就緒乃可罷也僕初入燕諸路正兵有十五萬餘童宣撫帶還外尚有八九萬人選三萬備戰餘尚五六萬除諸處占破外可以入役者三萬人離而爲四又於諸處僱募萬人每城得二萬餘人齊舉貼築薊景檀順四州每州計僱工不過五萬緡更以五萬緡充犒設通用四十萬緡一月可以就緒邊固則土疆可守人心自然安處善於安撫此繕籬落之最要者也燕地自女眞入關軍民士庶往往逃竄山谷間宜招誘寬卹使之歸土此招流民

爲次也燕中自罷兵火田地荒曠招置弓箭手如陝西新邊法許諸色有武勇少壯人投充每戶給田二頃五十畝官給耕牛戰馬種子分官統隸不唯荒田得耕兼籍兵威守邊壓服新附人心此置弓箭手又其次也常勝軍見請錢糧亦不宜遽罷使無所戀將契丹自來特留放牧牛馬閒田分授與常勝軍依倣弓箭手法官給耕牛種子俟三兩歲耕墾有成漸次減罷請受則無侵奪民田之患外有開墾之功候塞外甯息議減戍兵此治燕至要也安中云今已授常勝軍田見患侵奪民土又天荒曠土皆爲所占無復措畫如公所論何以加之惜乎後時也

三月譚稹奏置義勝軍

譚稹初至燕山聞常勝軍恣横藥師輩不爲約束稹慮生事奏朝廷乞於河東軍別創一軍分作權勢如雲朔之人以五萬爲率屯於州縣要徑處號爲義勝軍令李嗣本耿守忠爲帥欲俾常勝軍有所畏懼朝廷從之既而嗣本守忠選歸朝人中少壯者籍其姓名其月糧衣賜倍於他軍後常勝軍知其請給豐厚往往潛來投附郭藥師等猶懼其亡皆再涅其面常勝軍大怨人人思亂矣

閏三月庚辰太傅王黼奏所俘玉檢僞寶乞宜付秘書省

太傅王黼奏耶律氏自阿保機（改作安巴堅）盜（刪此字）據北土因五季之微以强聞天下藝祖志在恢復而日不暇給累聖紹休專以柔馭至慶歷中遂敢忤天之命（刪此六字）遂敢至安以關南縣邑爲請至有輕視中原之心仁宗皇帝爲特添歲幣乃敢要盟（刪此三字）別立要約使車旁午來易誓文至詞盡理窮方少聽命誓書所著必欲本朝具言別納金繒之儀用代賦與之數是時中國威靈可謂屈矣仰惟陛下天錫智勇師不踰時

兵不血刃盡復燕雲境土如指諸掌夔離不（改作古爾班）傳首之後既俘石晉所上玉檢又獲其僞寶今者疆圉之臣復以慶歷誓書來上承宗廟之宏休下快祖宗之積憤伏望宣付秘省許率百僚拜表稱賀所有慶歷誓書國書乞藏之寶文閣以示無窮從之

四月斡离不（改作斡里雅布）遣使來宣撫司求所許借糧

是時二太子來討張瑴自軍前遣使來宣撫司所許借糧粟二十萬斛稹曰二十萬斛糧豈易致耶兼自宣司未嘗有片紙隻字許糧之文來人云去年四月間南使趙直閣已許矣稹曰趙良嗣口許豈足憑終

不之允遣使不得已而回

二十一日戊申河北河東燕山府路宣撫使知燕山府王安中奏府西香山寺在府天甯壽觀昊天延壽寺甘露降奉聖旨許拜表稱賀

五月二十七日癸卯金國大使辰州管內都孛堇（改作達貝）勒富謨古副使清州防禦使李簡到國門差黃潛善王宗湛充館伴馬擴充送伴前去宣撫司

茆齋自敘曰擴既受命復（改作往）太原見童貫貫問僕燕中事宜僕以常勝軍授田利害所答王安中治燕次序之語一一白之貫驚因云吾竊慮常勝軍將來爲患欲與削了如何僕答如某至愚亦知常勝軍他日必爲患然而自今女眞顧慮未敢輒肆（刪此字）舉兵者蓋忌此項軍也若遽削之不唯金人窺覘兼此軍即便起變是自引惹莫若因而用之貫云其術安在僕答曰今藥師之眾止是三萬餘人多是馬軍武勇太師誠能於陝西河東河北三路選摘精銳馬步十萬人分爲三部擇有智勇器識可及藥師者三分統之一駐於燕山與藥師對營相制一駐於廣信軍或中山府一駐於雄州或河間府犬牙相臨使藥師之眾進有所託退有所忌則金人雖肆（改作有）他意豈易

敢前貫云甚好但十萬人不易那儹我當別有措畫僕曰國家挫威皆自延慶之遁儻當時再起种師道提許多西兵舉事卻不至如此誤國家大事每竊歎恨後乃置四總管罷王安中而用蔡靖也

八月金人復取蔚州殺守臣陳翊及陷飛狐靈邱二縣

先是金人逐天祚入夾山遂陷雲中府所有管內州郡皆來拜降及移軍燕山如朔州節度使韓正應州節度使蘇京蔚州土豪陳翊等爭叛金人納土歸大宋後粘罕（改作尼堪）斡离不（改作斡里雅布）分遣軍馬逐去蘇京孫團練取蔚州殺陳翊復取上件州郡又陷飛狐靈

邱兩縣絶交割山後之意又以諜來責我招納叛人張彀拘收戶口職官及不付所許糧二十萬朝廷知其非遂議罷譚稹矣

九月癸丑譚稹落太尉罷宣撫使貶順昌軍節度副使太師徐豫國公致仕童貫落致仕領樞密院事河北燕山府路宣撫使

先是譚稹至山西與童貫議論不合稹喜事邊幅怯懦無謀金人既以張彀怨朝廷稹復用人乖剌且所許二十萬斛糧米不以給之金人愈怒欲敗盟入寇（改作邊）童貫落致仕復拜河北燕山府路宣撫使如太

原貶稹順昌軍節度副使

北征紀實曰譚稹者亦巨璫也初無異能但梁師成黨童貫致仕故師成黼引稹以爲河東宣撫副使實代貫事俾交割山後雲中府其地則朔武應蔚諸州者直我河東路與代州對境皆多要害金人實不與我但浮沈其辭加我使人二三昧利求寵使朝廷日夜益生希冀然金人實不與我也及稹出師至太原經營山後會是時金酋（改作主）阿骨打（改作阿固達）死（改作殂）於白水泊以喪歸國其守國之弟吳乞買（改作烏奇邁）立俄粘罕（改作尼堪）亦暫歸其國初立未暇撫治山後故朔應蔚三州守臣皆通我我又招降之改曰朔甯軍遣河東將李嗣本以兵戍焉又運芻糧玉帛以餉之事會未訖是冬粘罕（改作尼堪）歸雲中因來治此於是虜（改作州）將率反以歸金人金人亦以兵至嗣本大敗狼狽僅脫朔應蔚乃復歸金人稹但坐視束手徒搜珍異珠玉以自入久之事不成怯弱退敗尤玷中國威靈上悵然不樂而二帥復得入言罷稹歸後遹以太原張孝純爲宣撫副使焉

政和間有北伐之議上遣內侍譚稹銜命河北河東諸帥訪其用兵可否眞定府安撫使洪中孚答稹以

爲不可稹遽奏以老髦罷之行下中孚令具的實利害中孚遂具奏曰（舊校云洪公此疏乃政和四年四月上見新安文獻志）謨閣直學士中大夫眞定府路安撫使臣洪中孚蒙今月十二日奉御筆以臣議論收復燕雲故疆與諸路帥臣異同仰具的確利害聞奏臣恭依聖訓條具如後一臣前奏政和三年可大舉者正以朝廷歲賜幾百年皆積燕山暨山前山後州糧糗頗豐編氓富盛庶幾有玉帛糧草人民可因獲廣土地之實而謀臣不於此時建策今日徒餘空城機會已失不可復舉諸路帥臣皆不知兵情而執燕雲不根之語云我本

漢人陷於塗炭朝廷不加拯救無路自歸何啻大旱之望雲霓若興弔民偏師不獨簞食壺漿當以香花樓子界首迎接也臣久歷邊鄙粗知虜（改作敵）情此乃遊手之人不能自存者覬覦南歸以竊爵祿實非大姓之言臣契勘維持契丹者自公卿翰苑州縣等官無非漢兒學誦書識字者必取富貴豈不知國家英俊如林若南歸其權貴要途燕雲數州學究安能一一遽用此士人無歸意也饘粥粗給者已連姻戚里昔劉六符相虜（改作遼）疾且篤耶律洪基臨問遺言燕雲實大遼根本之地願深結民心無使萌南思也洪

基乃詰其深結之道六符對以省徭役薄賦斂洪基深嘉納之遂減稅賦三分之一兩地供輸者皆知之以人情揆之豈肯捨姻婭而就重斂哉此大姓無歸意也其香花樓子之語果可憑乎一委積不厚兵家所忌稽考朔部河東糧草若用武不免添屯积給半年如下山前山後州傾朝廷帑藏不足以支一歲第不知獻謀者以何策贍其後一承平日久兵驕將惰動輒麋潰而欲以無紀律驕兵伐人之國何異緣木求魚萬舉萬敗其理必然徒自取辱國喪師而貽患於將來也一權貴以侈麗自矜而賤節義海宇匱乏

小雅盡廢四維不張方且虞人乘我何暇謀人臣未見其可也伏望聖慈早回天心特降睿旨內修文德外謹邊陲思患預防以備不虞竊勿輕忽以取不可測之禍重念祖宗積累二百年太平之基以宗廟爲念福庇黔黎萬萬幸甚臣蒙國厚恩雖粉骨碎身未足報稱苟有聞見豈敢緘默以避黜責迎合權臣上罔陛下爲苟容計以危社稷若謀臣必欲收復燕雲故疆臣雖萬死不敢恭奉詔旨伏望陛下誅臣以謝謀臣專委經營收復庶幾他日誅誤國者以謝天下而不得幸免也臣闇昧不燭事機愚忠所激義不顧

身語言抵忤上黷天威甘伏斧鑕右謹錄奏聞伏候敕旨謹奏

北征紀實曰政和之間臣僚贊北伐者自辟嗣昌始倡成其事自侯益始又上嘗遣巨璫譚稹銜命河北河東諸帥訪其用兵可否當是時侍從之臣往往能守正或以是被罷守正者如韓粹彥者是也上怒張杲拒董才事誤（董才後賜姓名趙詡）得罪改命粹彥守中山而粹彥當陛辭對上曰國家之大奄有四海安用是一彈丸土上亦不之罪被罷者若洪中孚張畟之徒是也中孚答稹以不可又以故時內臣禮待之蔑視稹

遼以老髦罷張覺爲保州通判以爲遼人之勢雖數爲女眞所挫然上下未叛其國尙立保州極邊皆備詳之但邊帥往往迎合探報不實多裝點事端以惧聞聽遂得罪自餘亦罕有唱和者獨嗣昌累帥太原河朔於諜人之辭往往潤色以希禁密意每陛對論北事輒請興師多至涕泣後以刑部尙書因上殿劄子錯定刑名遂被黜北師未興時已先死然嗣昌每事猶關白宰相其後佞爺者一切出童貫之門但入奏內侍省造端之罪莫甚於此

十八日壬戌大赦天下

門下禁暴者以不殺爲武本仁義以行師域民者以博愛爲公兼威懷而示德朕紹承丕緒統御庶民誕膺厥邦昭上帝溥將之命克篤前烈恢前人燕翼之謀興念燕雲久淪胡虜故家望族散依四貊之酋廣谷大川阻隸九畿之籍寖移巢穴竊據封圻（刪淪胡至此三十一字改作阻聲教三字）方藝祖肇基實軫恤民之慮遠神考嗣服深惟復古之圖欲成繼代之勳必大因時之利蠢茲戎醜（改作茲裔土）輒背世盟既種落之內訌復神人之切憤惟春秋以王者大一統方隆廣覆之恩而要荒知中國有聖人咸起來蘇之望整我師旅徹彼土疆寒律收威見天心之助順壺漿載道知人意之樂從未閱再期悉平兩路岡巒靡迤東踰碣石之封亭障鶩翔西軼榆溪之阻分州畫野興教厚民拯百年塗炭之餘咸躋壽域還五政衣冠之舊復覩華風一新象緯之淸明丕變羣情之闓懌自今以始永綏夷夏之甯與物爲春均霈遐邇之澤可大赦天下於戲兼弱攻昧闢土宇以昭章發政施仁浹海隅而丕冒咨爾有衆咸體朕懷

九月十八日壬戌秘書省秘書郎賀允中充大金皇帝賀正旦國信使

二十六日庚午禮部員外郎王昂充接伴大金國賀正

旦人使

十一月三日丙子太傅楚國公王黼致仕仍舊神霄玉淸萬壽宮使

御筆王黼陳乞致仕其應恩人數從（刪此字）朝謁禮數等一切並依蔡京例施行仍給節度使俸

童貫遣保州廉訪使馬擴鄜州觀察使辛興宗入雲中見粘罕（改作尼堪）議交割雲中事

茆齋自敘曰擴將行童貫呼李宗振辛興宗企宗永宗孫渥姚友仲杜常蘭整泊僕十數人環列以金杯

酌酒第飲貫曰山前任帥非材已生弊病今割得山後擇帥非細事爾等各舉所知宗振等自陝西六路河東北諸路武臣徧稱舉之貫皆搖首云此太平地分可作邊帥山後新邊須得一文武兼通智勇公廉識諸國人情者然後可用非吾馬宣事不可也如公鎮守雲中用幾何軍馬僕曰當用三萬人貫曰國家闕乏倘可損否僕曰至微非二萬人不可若雲中屯萬人則萬人分諸處已少矣貫曰二萬人則可辦每歲當以三百萬緡資軍凡有辟用人材當一一依從加此幾年可以成就僕曰一年則費力二年卽省力三年卽得力事可成矣

三十日癸卯馬擴至雲中兀室改作烏舍不見而回

茆齋自敘曰月末抵雲中是時粘罕改作尼堪歸國謀南侵留兀室改作烏舍權元帥遣人來令使人參拜僕辨論久之兀室改作烏舍使高慶裔來云二觀察既不肯拜不敢固必亦不敢相見山後土地竊緣國相暫歸此中不敢專擅兼貴朝收了燕山逃去職官誓書所載各不得收納叛亡貴朝已先失約山後地土雖係所許難以便行交割僕答職官富民逃歸乃張瑴之罪本朝以斬瑴首函送職官富民見今搜刷遣回卽非納收叛亡如貴朝言定山後更別無經略及至先交了蔚州卻縱兵馬取奪本朝不敢占護恐致紛爭朝廷已責譚稹再委童太師此望相照早得交割了當使兩界生靈安堵今若輕信羣下之言則兩朝和好大事何時是了慶裔曰前日人言蔚州有賊兵本朝已發軍馬去翦除卻得貴朝宣撫司文牒遂且縱放教歸今來山後地土已是許了到頭翻悔不得只是貴朝敦篤誓好無相惱觸女眞家純實必無相誤處前來累有文回去將職官戶民早發過來便是交割

十二月馬擴自雲中還至太原府

茆齋自敘曰十二月上旬還到太原府童貫詢境上所見對以金人編埒漢兒鄉兵增戍飛狐靈邱每以張瑴爲言邀索所失官戶觀其舉措甚有藏蓄願太師速營邊備移陝右兵助郭藥師以防金人不測入寇改作邊不可忽也貫云他國內人心未附豈敢如此我當親到燕山措置常勝軍及制置河北諸帥兵便他敢來時亦不失事

十七日庚申盧益闕子久館伴大金國賀正旦人使令先次上殿

賜進士出身頭品頂戴四川等處承宣布政使司布政使清苑許涵度校刊

三朝北盟會編卷十九終

三朝北盟會編卷十九校勘記

畱遺使應作遣畱使　謝登寶位使來謝誤作右　依典禮送大社庫大誤作太　亥招　流民空格無字傑　昊天甯壽觀脫昊字

擴既受命復至太原脫至字　兼此軍卽便起變兼誤作無

進有所託託一作捉　於是虜將率之以歸之誤作反　如此幾年如誤作加　暫歸北中北誤作此　本朝以斬㲉首函送以應作己　遂且縱放赦歸赦誤作敎　前來累有文書去書誤作回

三朝北盟會編卷第二十

政宣上帙二十

起宣和七年正月二十日壬辰盡其日

宣和七年正月二十日壬辰詔差奉議郎尚書司封員外郎許亢宗充賀大金皇帝登寶位國信使武義大夫廣南西路廉訪使者童緒副之管押禮物官鍾邦直

宣和乙巳奉使行程錄○舊校云是錄見大金國志第四十卷各有脫簡無從是正曰金人既滅契丹遂與我爲敵國依契丹舊例以講和好每歲遣使除正旦生辰兩番永爲常例外非常慶弔別論也甲辰年阿骨打改作阿固達忽身死刪此三字

改作殂其弟吳乞買改作烏奇邁嗣立差許亢宗充奉使賀登位並闕取奉使契丹條例案牘參詳增減遵守以行兼行人所須皆在京諸司百局應辦纖悉備具無一闕者盡祖宗舊制也隨行三節人或自朝廷差或由本所辟除副外計八十人都轄一醫一隨行指使一譯語指使二禮物祗應二引接祗應三書表司二習馭直二職員二小底二親屬二龍衞虞侯六宣撫司十將一察視二節級二翰林司二儀鑾司一太官局二駞務二槽頭一教駿三後苑作匠一鞍轡庫子虎翼兵士五宣武兵士三十宂仗則有雜載車三雜載駝十粗細馬十二禮物則有御馬三塗金銀作鞍轡副之象牙玳瑁鞭各一塗金平級八角銀酒斛二隻蓋杓全塗金平級八角銀瓶十隻蓋全塗金大渾銀香獅三隻座全著色繡衣三襲果子十小龍密煎十甕芽茶三斤於乙巳年春正月戊戌陛辭巽日發行至當年秋八月甲辰回程到關其行程本朝界內一千一百五十里二十二程更不詳敘今起自白溝契丹舊界止於虜庭改作金國冒離納鉢改作瑪哩巴納三千一百二十里計三十九程第二程至涿州古郡黃帝與蚩尤戰於涿鹿之野卽此地昔爲契丹南寨邊城樓

壁僅存及郭藥師舉城內屬不經兵火人物富盛井邑繁庶近城有涿河朝李河合范河東流入海故謂之范陽第三程至良鄉縣地隸燕山府經兵火之後屋舍居民靡有孑遺帥臣復加修築樓壁煥然一新漸次歸業者數十家離縣三十里過蘆溝河水極湍激燕人每候水淺深置小橋以渡歲以爲常近年都水監輒於此河兩岸造浮梁建龍祠宮舍彷彿如黎陽三山制度以快耳目今覩費錢無慮數百萬緡第四程至燕山府府乃冀州之地舜以冀州南北廣遠分置幽州以其地在北方取其陰幽肅殺之義杜牧

言之略矣東有朝鮮遼東北有樓煩白檀西有雲中九原南有滹沱易水唐置范陽節度臨制奚契丹自晉割賂北虜(改作契丹)建爲南京析津府壬寅年冬金人之師過居庸關契丹棄城而遁金人以朝廷嘗遣使海上約許增歲幣癸卯年歸我版圖更名府曰燕山軍額曰永清城周圍二十七里樓壁共四十尺樓計九百一十座地塹三重城開八門已遷徙者尋皆歸業戶口安堵人物繁庶大康廣陌皆有條理州宅用契丹舊內壯麗夐絕城北有互市陸海百貨萃於其中僧居佛宇冠於北方錦繡組綺精絕天下膏腴蔬

蓏果實稻粱之類靡不畢出而桑柘麻麥羊豕雉兔不問可知水甘土厚人多技藝民尙氣節秀者則力學讀書次則習騎射耐勞苦未割棄已前其中人與夷狄(改作契丹)鬭勝負不相當城後遠望數十里間燕然一帶回環繚繞形勢雄傑眞用武之國四關四鎭皆不及也第五程至潞縣是歲燕山大饑父母食其子至有病死屍插紙標於市人售之以爲食錢糧金帛率以供常勝軍帥之牙兵皆骨立而戍兵飢死者皆十七八上下相蒙上弗聞之宣撫使王安中方獻羨餘四十萬緡爲自安計後奉朝廷令度支漕太倉粳

米五十萬石自京沿大河由保信沙塘入潞河以贍燕軍回程至此已見舳艫銜尾艤萬艘於水潞河在縣東半里許曹操征烏桓蹋頓袁尙等鑿渠自滹沱由泒水入潞沙以護轉輸卽此地○(舊校云第六程爲三河縣)第七程至薊州第八程至玉田縣縣之東北去景州一百二十里自甲辰年金人雜(改作及)奚人直入城刦虜(改作俘掠)每邊人告急宣撫使王安中則戒之曰莫生事四月之內凡三來盡居軍兵一火而去安中卽創新築此城改爲涇州○(舊校云第九程爲韓城鎭)第十程至虜(改作金)界淸州出城東行十里至金人所立新地界並無溝

塹惟以兩小津堠高三尺許其兩界外東西開約一里內兩界人戶不得耕種行人並依奉使契丹條例所至州縣備車馬護送至界首前期具國信使副職位姓名關牒虜(改作金)界備車馬人夫以待虜中(改作金人)亦如期差接伴使副於界首伺候兩界各有幕次行人先令引接齎國信使副門狀過彼彼亦令人引接以接伴使副門狀回示仍請過界於例三請方上馬各於兩界心對馬立引接互呈門狀各舉鞭虛揖如儀以次馬行四十里至淸州會食各相勞問州原是石城縣金人新改是名以兵火之後居民百餘家是

晚酒五行進飯飯用粟鈔以匕別置粥一盂鈔以小杓與飯同下好研芥子和醋拌肉食心血臟瀹羹芼以韭菜穢污不可向口虜人嗜之（刪好研至此二十八字改作其他肴饌之屬亦多仿佛中土但）器無陶埴惟以木刓爲盂楪髹以漆以貯食物自此以東每遇館頓或宿程其供應人並於所至處旋於居民漢兒內（刪旋於至此七字）選衣服鮮明者爲之每遇迎送我使則自彼國給銀牌（下添方字）入（下添館字）○（舊校云第十一程爲灤州第十二程爲望都縣第十三程爲營州又云行人館於州宅云云在第十三程）行人館於州宅古屋十數楹庭有大木數十株枯腐蔽野（刪此四字）滿目淒涼使人有弔古悼亡之悲州之

北六七里間有大山數十其來甚遠高下皆石不產草木峙立州後若營衛然恐州以此得名而前人謂地當營室故名曰營第十四程至潤州離州東行六十里至榆關並無保障但存遺址有居民三數家登高四望東自碣石西徹五臺幽州之地沃野千里北限大山重巒複障中有五關居庸可以行大車通轉饟松亭金坡古北口止通人馬不可行車外有十八小路盡兔徑鳥道止能通人不可行馬山之南地則五穀百果良材美木無所不有出關來纔數十里則山童水濁皆瘠鹵彌望黃茅白草莫知亘極豈天設此限華夷（改作南北）也夷狄自古爲寇則多雲中雁門未嘗有自漁陽上谷而至者昔自石晉割棄契丹以此控制我朝第以社稷威靈祖宗功德保守信誓而禽獸無得以肆其毒爾（刪夷狄至此六十一字）前此經營邊事與金人歲幣加契丹三倍以買幽薊五州之地而平灤營三州不預其數是五關我得其三而金人得其二也愚以爲天下視燕爲北門失幽薊五州之地則天下常不安幽燕視五關爲喉襟無五關則幽燕不可守五關雖得其三縱藥師不叛而邊患亦終無甯歲也比來言者論列當時主議大臣有云以營平檀灤

要害控扼之地捐之金人蠭蝎還窠（刪此四字改作使）虎兒出檻蓋指此也出榆關以東山川風物與中原殊異所謂州者當契丹全盛時但土城存居民數十百家及官舍三數椽不及中朝一小鎮強名爲州（刪不及至此十一字）經兵火之後更覺蕭然自茲以東類皆如此第十六程至習州過州東門外十數步即古長城所築遺址宛然第二十程至錦州自出榆關東行路平如掌至此微有登陟經由十三山下歐陽文忠敘胡嶠所說十三山即此山也○（舊校云第十七程至來州第十八程至海雲寺第十九程至紅花務第二十一程至劉家莊）第二十二程至顯州出榆關以東行

南瀕海而北限大山盡皆粗惡(删此二字)不毛至此山忽峭拔摩空蒼翠萬仞全類江左乃醫巫閭山也成周之時幽州以醫巫閭作鎮其遠如此契丹兀欲(改作烏雲)葬於此山離州七里別建乾州以奉陵寢今盡爲金人(删此三字)毀掘○(舊校云第二十三程至兔兒渦)第二十四程至梁魚務有河名曰遼河南北千餘里東西二百里地形如此遼河居其中隋唐征高麗路經由此第二十五程㕷咄孛堇(改作摩縛貝勒)寨㕷咄小名孛堇漢語爲官人(删㕷咄至此十一字○舊校云第二十六程至瀋州)第二十七程至興州自過遼河以東卽古之遼東地金人方戰爭之際首得遼東

五十一州之地乃契丹阿保機(改作阿巴堅)破渤海國建爲東京路也第二十八程至咸州未至州一里許有幕屋數間供帳略備州守出迎禮儀如制就坐樂作有腰鼓蘆管笛琵琶方響箏笙箜篌大鼓拍板曲調與中朝一同但腰鼓下手太闊聲遂下而管瑟聲高韻多不合每拍聲後繼一小聲(删但腰至此二十七字)舞者十六七人但如常服出手袖外回旋曲折莫知起止殊不可觀也(删此五字)酒五行樂作迎歸館老幼夾觀塡溢道路次日早有中使撫問別一使賜酒菓又一使賜宴赴州宅就坐樂作酒九行菓子惟松子數顆胡法飲酒(删菓子至此十一字)食肉不隨盞下俟酒畢隨粥飯一發致前鋪滿几案地少羊唯豬鹿兔雁饅頭炊餅白熟胡餅(删此二字)之類最重油煮麪食以密塗拌名曰茶食非厚意不設以極肥豬肉或脂闊切大片一小盤子虛裝架起間插青葱三數莖名曰肉盤子非大宴不設人各攜以歸舍虜(改作金)人每賜行人宴必以貴臣押伴是日押伴貴臣以酒醉輒(删此字)大言詫(删此字)金人之强控弦百萬無敵於天下使長折之(删此二字)曰宋有天下二百年幅員三萬里勁兵數百萬豈爲弱耶某銜命遠來賀大金皇帝登寶位而大金皇帝止

令太尉來伴行人酒食何嘗令大言以相罔也辭色俱厲虜人氣懾不復措一辭(删辭色至此十三字)又賜宴畢例有謝表有曰祗造鄰邦中使讀之曰使人輕我大金國語云蠻貊之邦表辭不當用邦字請重換方肯持去使長正色而言曰書謂協和萬邦克勤於邦詩謂周雖舊邦論語謂之於他邦問人於他邦善人爲邦一言興邦此皆邦字而中使何獨止誦此一句以相問也表不可換須到闕下當與會讀書人(删當與至此六字)理會中使無言虜人無以答(删此五字)使長許亢宗饒之樂平人以才被選爲人蘊藉似不能言者臨事敢發

如此虜人頗壯之刪此五字第二十九程至同州州地平壤居民所在成聚落耕種殆徧地宜穄黍乃金人破契丹國於所至處遷其民於此歲久安居東望大山虜改作金人云此新羅山山內深遠無路可行其間出人參白附子深處與高麗接界。舊校云第三十程至信州第三十一程至蒲里孛堇寨第三十二程至黃龍府契丹阿保機改作安巴堅初攻渤海時黃龍現於此地卽建為府是日州守迎迓如儀有中使撫問賜果酒賜宴如咸州制第三十三程至托撒孛堇改作蘇貝勒寨寨為契丹東寨當契丹强盛之時虜改作俘獲異國人則遷徙於此雜處南有

渤海北有鐵離吐渾東南有高麗靺鞨西有女眞室韋北有烏舍西北有契丹回紇黨項西南有奚故此地雜諸國風俗凡聚會處諸國人語言不能相通曉則各為漢語以證方能辨是知中國被服先王之禮義而夷狄亦以華言為證也刪是知至此二十一字。舊校云第三十四程為漫七离孛堇寨第三十五程至和里閑孛堇改作呼勒希貝勒寨寨枕混同江濱其源來自廣漠之北遠不可究自此南流五百里接高麗鴨綠江入海江面闊可半里許寨前高岸有柳數十株設行人幕帟於下虜改作金人太師李靖居於是第三十六程至句孤孛堇改作知古貝勒

寨自北而南莫知遠近界隔甚明乃契丹昔與女眞兩國古界也界八十里直至來流改作拉林河行終日之內山無一寸木地不產泉人擕水以行豈天以此限兩國也豺狼互相吞噬終為强者所併耳刪豺狼至併耳十三字來流改作拉林河二十餘步以船渡又五里至句孤改作矩古寨自此以東數處原隰間盡女眞人刪此四字更無異族無市井買賣不用錢惟以物相貿易。舊校云第三十七程至逵寨第三十八程至蒲撻寨第三十九程至館行二十里兀室改作烏舍郎君宅接伴使副具狀詞館伴使副於此相見如接伴禮虜中改作金國每差接伴館伴送伴客省使必於

女眞渤海契丹內下添選字人物白晰詳緩刪此六字能漢語者為之副使則選漢兒讀書者為之復有中使撫問賜酒菓賜宴並如常儀畢又行三十里至館館唯茅舍數十餘間牆壁全密堂室如改作加帟幕寢榻皆土牀鋪厚氊褥及錦繡貂鼠被大枕頭等以女眞兵數十人佩刀執弓矢守護甚嚴去虜改作北庭尚十里餘次日賜酒菓至晩閤門使躬來說議約翼日赴虜改作北庭朝見次日館伴使副同行馬可六七里一望平原曠野間有居民數十百家星羅棊布分踈錯雜不成倫次刪分踈至此八字更無城郭里巷率皆背陰向陽

便於牧放自在散居又一二里命撤傘云近闕復北行百餘步有阜宿圍繞三四頃北删此字高丈餘云皇城也至宿圍門就龍臺下馬行入宿圍西西設氈帳四座各歸帳歇定客省使副相見就坐酒三行少頃聞鞞鼓聲入歌引三奏樂作閤門使祗班引入卽捧國書自山棚東入陳禮物於庭下傳進如儀贊通拜舞抃蹈訖使副上殿女眞首領數十人班於西廂以次拜訖貴近者各百餘人上殿以次就坐餘並退其山棚左曰桃源洞右曰紫極洞中作大牌題曰翠微宮高五七丈以五色彩間結山石及仙佛龍象之形

雜以松柏枝以數人能爲禽鳴者吟叫山內木建殿七間甚壯未結蓋以瓦仰鋪及泥補之以木爲鴟吻及屋脊用墨删此二字下鋪帷幕榜額曰乾元殿階高四尺許階前土壇方闊數丈名曰龍墀兩廂旋結架小葦屋幕以青幕以坐三節人殿內以女眞兵數十人分兩壁立各持長柄小骨朵以爲儀衛日役數千人興築已架屋數千百間未就規模亦删此字甚偉也删此字虜改作國主所坐若今之講坐者删若今至此六字施重裀頭删此字裹皁頭巾帶後垂若今之僧伽帽者删若今至此七字玉束帶白皮鞋删白皮鞋三字薄髯可三十七八許人前

施朱漆銀裝鍍金几案果楪以玉酒器以金食器以玳瑁匙筯以象齒遇食時數胡删此字人撞舁十數鼎鑊致前雜手旋切割餖飣以進名曰御廚宴所食物與前敘略同但差删此字精細而味和耳食餘頒以散三節人樂如前所敘但人數多至二百人云乃舊契丹教坊四部也每樂作必以十數人高歌以齊管籥聲出衆樂之表此爲異爾酒五行食畢各賜襲袍帶使副以金餘人以銀謝畢歸館次日有中使賜酒果復賜餽賜餽以絹帛充使副百餘匹餘人十餘匹次日詣虜庭删此三字赴花宴並如儀酒三行則樂作鳴鉦擊鼓百戲出場有大

旗獅豹刀牌砑鼓踏蹺踏索上竿斗跳弄丸撾簸箕築毬角抵鬭雞雜劇等服色鮮明頗類中朝又有五六婦人塗丹粉豔衣立於百戲後各持兩鏡高下其手鏡光閃爍如祠廟所畫電母此爲異爾酒五行各起就帳戴色絹花各二十餘枚謝罷復坐酒三行歸館次日又有中使賜果酒復有貴臣就賜燕兼伴射於館內庭下設垜樂作酒三行伴射貴臣館伴使副國信副離席射三矢弓弩從便用勝負各有差就賜襲衣鞍馬是日虜人改作國中名王貴臣多改作或微服隱稠人中以觀射次日朝辭如見時酒食畢就殿上請

國書捧下殿賜使副襲衣物帛鞍馬三節人雜物帛各有差拜辭歸館鋪掛彩燈百十餘爲芙蓉鵞雁之形蠟炬十數雜以管絃爲堂上樂館伴使副過位召國信使副爲惜別之會名曰換衣燈宴酒三行各出衣服三數件或幣帛交遺常相聚惟勸酒食不敢多言至此夜語笑甚款不記巡以醉爲度皆舊例也次日回程起發至兀室（政作烏舍）郎君宅館伴使副展狀辭送使副於此相見如儀有中使撫問賜酒果如來時至信州灤州同此回程在路更不再敘至清州將出界送伴使副夜具酒食亦爲惜別之會亦出衣服三

數件或幣帛交遺情意甚懃次早發行至界有幕次下馬而望我界旗幟甲馬車輿帟幕以待人皆有喜色少停樂作酒三行上馬復同送伴使副過我幕次作樂酒五行上馬復送至兩界中彼此使副回馬對立馬上一杯換所執鞭以爲異日之記引接展辭狀舉鞭揖則各回馬背馬回顧少頃進數步躊躇爲不忍別之狀如是者三乃行虜人情皆悽惻或揮淚吾人無也（删虜人至此十三字）是行回程見虜（政作敵）中已轉糧發兵接迹而來移駐南邊而漢兒亦累累詳言其將入寇（政作舉兵）是時行人旦暮憂慮有質留之患偶幸生還既回闕以前此有御筆指揮敢妄言邊事者流三千里首者賞錢三千貫不以赦蔭減等是無敢言者是秋八月初八日到闕

賜進士出身頭品頂戴四川等處承宣布政使司布政使清苑許涵度校刊

三朝北盟會編卷第二十終

三朝北盟會編卷二十校勘記

三千一百二十里計三十九程第一程自雄州六十里至新城縣離州三十里至白溝巨馬河源出代郡淶水由易水界至此合流東入於海河濶止十數丈南宋與契丹以此為界舊容城縣附雄州歸信縣寄里自壬寅年冬於河北岸創築容城縣新壘過河三十里到新城縣契丹阿保機入寇唐莊宗以鐵騎五千敗之於新城即此地舊為契丹邊面自與宋朝結好百餘年間樓壁僅存原脫第一程一百三十七字　朝李河一作劉李河　第三程至良鄉縣良鄉乃唐莊宗時趙德鈞鎮邊幽州歲苦契丹侵鈔轉餉乃於鹽溝置良鄉即此原脫良鄉三十一字　勝負不相當不字衍　宛然一帶回環繚繞宛誤作燕　自滹沱由涿水入潞河即此涿誤作泒河誤作沙脫即此二字下以護轉輸即此地應在第六程　第六程自潞縣七十里至三河縣三河縣隸薊州後唐趙德鈞於幽州置三河縣以護轉輸即此地原脫第六程三十一字　第七程至薊州薊州乃漁陽也因問天寶祿山舊事人無能知者原脫薊州十九字　第九程自玉田縣九十里至韓城鎮鎮有居民可二百家幷無城原脫第九程二十五字　其兩界外東西閒約一里內外應作地閒應作濶　以豕馬行一作行焉　給銀牌入名曰銀牌天使脫名曰六字　第十一程自清州

九十里至灤州灤州古無之唐末天下亂阿保機攻陷營平劉守光據幽州暴虐民不堪命多逃亡依阿保機為主築此以居之州處平地負麓面岡東行三里許亂山重疊形勢險峻河經其間河面濶三百步亦控扼之所也水極清深臨河有大亭名曰灤清為塞北之絕郡守將迎於此回程錫宴是州第十二程自灤州四十里至望都縣民既入契丹依阿保機即於所居處創立縣名隨其來處鄉里名之故有望都安喜之號唐莊宗以鐵騎五千退保望都即此縣也第十三程自望都縣六十里至營州營州古柳城舜築也乃殷之孤竹國漢唐遼西地金人討張覺是州之民屠戮殆盡存者貧民十數家是日行人館於州宅原脫第十一程至是日二百四十二字　重巒複嶂嶂誤作障　第十五程自潤州八十里至遷州彼中行程幷無里堠但以行轍一日即記為里數是日行無慮百餘里金人居常行馬率皆奔軼此日自早飯罷行至暝方到道路絕人煙不排中頓行人飢渴甚自茲以東類如此原脫第十五程八十三字　第十七程自習州九十里至來州無古蹟可紀第十八程自來州八十里至海雲寺離來州三十里即行海東岸俯挹滄溟與天同碧窮極目力不知所際寺去海半里許寺後有溫泉二池望海東

有一大島樓殿窣堵俱在上有龍宮寺見安僧十數人是夜行人皆野盤第十九程自海雲寺一百里至紅花務此一程盡日行海岸紅花務乃金人煎鹽所去海一里許至晚金人饋魚數十枚作羹味極珍（原脫第十七程至此一百五十四字）　第二十一程自錦州八十里至劉家莊是後行人俱野盤（原脫第二十一程二十二字）　第二十三程自顯州九十里至兎兒渦（原脫第二十三程十五字）　第二十四程至梁魚務離兎兒渦東行即地勢卑下盡皆萑苻沮洳積水是日凡三十八次渡水多被溺（原脫離兎兒渦三十一字）　隋唐征高麗路皆經此秋夏多蚊虻不分晝夜無牛馬能至行以衣被

包裹胸服人皆重裳而披衣坐則蒿草薰煙稍能免務基依水際居民數十家環繞彌望皆荷花水多魚徘徊久之頗起懷鄉之思（原脫秋夏六十八字）　第二十五寨至咬咄孛堇寨（脫至字）　第二十六程自咬咄寨八十里至瀋州（原脫第二十六程十五字）　第三十程自同州三十里至信州回程錫宴於此第三十一程自信州九十里至蒲里孛堇寨（原脫第三十程至此三十六字）　則遷徙雜處於此（誤作於此雜處）　東有女眞室韋（東誤作西）　東北有烏舍（脫東字）　第三十四程自托撒九十里至漫七離孛堇寨道旁有契丹舊益州賓州空城（原脫第三十四程三十字）　至和里閑孛堇寨離漫七里行六十里即古烏舍寨（脫離漫七里三十字）　設行人幕次於下（幕誤作帟）

虜人太師李靖居於是靖累使南朝此排中頓由是飲食精細絕佳時當仲夏藉樹陰俯瞰長江涼飇拂面盤礴少頃殊忘鞍馬之勞過江四十里宿和里閑寨（脫靖累使至此五十二字）　以船渡之（脫之字）　散處原隰間（散誤作數）　第三十七程自句孤寨七十里至達河寨第三十八程自達河寨四十里至蒲撻寨是日金使前來排辦祗候（原脫第三十七程至此四十二字）　行二十里至兀室郎君宅（脫至字）　次日館伴使副同行馬（一作次日館伴同行）　分蹂雜錯（分蹂應作紛揉）　至宿闡門（闡誤作闈下同）　羃以青幕（羃誤作幕）　小注（以絹帛折充脫折字）

國信使副（脫使副字）　弓弩從便用之（脫之字）　送伴使副（脫伴字）　流三千里罰錢三千貫（罰誤作首者賞）

三朝北盟會編卷第二十一

政宣上帙二十一

起宣和七年正月二十三日乙未盡二月

正月二十三日乙未聖旨王昂接伴大金國賀正旦使事不謹可特勒停

二十四日丙申金國賀正旦大使盧州管內觀察使孛堇(改作貝勒)高居慶副使大夫守大理卿楊意入見於紫宸殿

粘罕(改作尼堪)在雲中獲天祚以兵護歸國封海濱王遼國亡

(刪此亡字)遼錄曰天祚即位禽荒失御諸部怨叛潛附阿骨打(改作阿固達)咸稱兵以拒之天慶四年阿骨打(改作阿固達)會集女眞諸部全裝軍馬二千餘騎首犯(改作破)混同江之甯江州東北路統軍司遽具狀以聞時天祚方慶州秋山射鹿聞之不介意仰北樞密院劄付東京兵馬都部署司量遣渤海子弟一千人以海州刺史高仙壽充統領官應援甯江州遇女眞軍於州東渤海大敗或陣沒或就擒獲免者無幾復攻破甯江州無少長悉殺之是月天祚出秋山赴顯州冬山射虎聞攻陷甯江州中輟不行差守司空殿前都點檢蕭嗣先充北路都統靜江軍節度使蕭撻勃也(改作托卜嘉)副之發契丹奚軍三千騎中京禁軍三千人別選諸路武勇人買庭等三百餘人以中京諸路都虞候安州防禦使崔公義充都管押侍衛控鶴都指揮使商州刺史刑穎副之到幽州店駐兵女眞潛渡混同江掩其不備諸軍未及陣而爲女眞所敗骨肉輜(改作輜重器)械牛羊金帛悉皆棄於女眞天祚自兩戰之敗召宰相張琳吳庸付以東征事以漢軍二十萬分路進討雜以番軍分爲四路北樞密副使耶律斡勃朵(改作鄂爾多)流涞(改作拉林)河路都統以衛尉卿蘇壽吉副

之黃龍府尹耶律甯黃龍府路都統以桂州觀察耿欽副之復州節度使蕭湼曷(改作尼格)咸州路都統以將作監龔誼副之左祗候郎君詳穩(改作詳袞)司蕭阿姑(改作蕭阿古)好草峪都統以商州團練使張惟協副之自春涉夏盡爲女眞攻陷天慶五年春天祚下詔親征率番漢兵十餘萬出長春路樞密使蕭奉先充御營都統同知南面諸行營都部署司事耶律章奴(改作章努)副之以精兵二萬爲先鋒餘軍分五路爲正兵諸大臣貴族子弟千餘人爲硬軍扈從百司爲護衛軍以漢軍步騎三萬人別遣殿前副都點檢蕭胡覩姑(改作呼圖)

克充都統以樞密直學士柴誼副之分路進發與女眞兵馬會契丹未陣女眞三面急擊之天祚御旗向西南出衆軍從而敗潰天祚一日夜走三百里退保長春州是歲大宋遣羅選侯益等充生辰正旦使入國道路爲賊所阻中京頓程兩月不得見天祚而回夏國人皆稱皇叔燕王忠義且賢若付以東征是必樂爲之用兼之遼民自渤海之叛渡遼避難而流落失所者甚衆於今若招收爲軍上者可以報國家下可以報私怨必能效死力天祚授燕王以諸路兵馬都元帥北宰相兼殿前都點檢蕭德恭副之永興宮

使耶律佛頂（改作佛騰）延昌宮使蕭昂並充監軍聽辟官屬召募遼東饑民得二萬餘始謂之怨軍如郭藥師者是也別選燕雲平山路禁軍五千人并勸誘三路富民依等第進獻武勇軍馬二千人如董龐兒張闕羽（改作王）者是也期會四路軍馬防秋天慶八年遇女眞兵陣未交而怨軍先潰燕王與麾下五百餘騎退長漁泊務女眞入新川州天祚幸中京晝夜憂懼莫知所措多發閒採潛令內庫三局提舉官打包珠玉珍玩等物五百餘袋揀御馬二千匹入飛龍院餵養爲備私謂左右曰今日苟能御强敵安宗社使吾終身不食亦足矣若女眞必來我有日行三五百里馬若干又與大宋（改作朝）爲弟兄夏國爲甥舅皆可以歸亦不失一生富貴惟恐軍民被害耳有識私相謂左右曰契丹必亡矣自古人主豈有委棄軍民而自爲身謀者其能享國乎秋女眞陷東京黃龍府如咸信蘇復辰海同銀通韓烏遂春靖泰五十餘州遂又陷遼東長春兩路天慶九年夏金人攻陷上京路祖州則太祖阿保機（改作安巴堅）之天膳堂懷州則太宗德光之崇元殿慶州則望聖神仙坤儀三殿乾州則凝神宜福殿顯州則安元安聖殿木葉山之世祖享殿諸

陵并皇妃子弟影堂焚燒略盡發掘金銀珠玉器物保大元年余覩（改作伊都）叛歸金國保大二年金人陷中京天祚幸燕聞余覩（改作伊都）爲金人前鋒引導婁宿孛堇（改作羅索貝勒）騎兵掩至鴛駭率衛兵五千騎西走雲中府應行宮內三局珍寶庫祖宗二百年所有珠玉金銀匹帛皮毛之類莫知其數盡爲金人所掠道中衛兵稍稍引去天祚與諸王并長公主駙馬諸子弟三百餘騎由石窟寺遁去過雲中城下留守蕭查剌（改作察喇）以下接見有旨賊馬不遠好與軍民守城但取馬五十匹隨行迤邐入天德軍雲中雲外得土豪二百

餘騎護衞趨漁陽嶺入夾山四部族帳保大四年得大石(改作達實)林牙兵歸又得陰山韃靼毛割石(改作摩古律)兵自謂天助謀出兵收復燕雲大石(改作達實)林牙力諫曰自金人初陷長春遼陽兩路則車駕不幸廣平淀而都中京及陷上京則都燕山及陷中京則都雲中及陷雲中則奔夾山向以全師不謀戰備以至舉國漢地全爲金人所有國勢微弱至此而力求戰非計也當養兵待時而動不可輕舉斥而不從遂率諸軍乘粘罕(改作尼堪)之歸出夾山下漁陽嶺取天德軍東勝寗邊雲內等州南下武州遇金人戰於遼水復潰

遂奔山金司小胡虜(改作小博囉)小胡虜(改作小博囉)密遣人報粘罕(改作尼堪)遣五百騎刼遷入雲中初見待頗有禮即降封海濱王差兵護送長白山東築城居之遼國亡矣遼國自太祖阿保機(改作安巴堅)創業於其前太宗耶律德光擴境於其後吞幷諸番割據漢界南北開疆五千里分置南面漢官左右相參知政事樞密院直學士主治漢事州縣中書門下共一省兼禮部有堂後主事守擋官各一員尚書省併入樞密院有副都承旨吏房兵房刑房承旨戶房廳房即工部也主事各一員北面契丹樞密院或知或簽書樞密院事移离畢(改作伊勒希巴)林牙如兵機差除錢穀羣牧事等隸樞密院刑獄隸移离畢(改作伊勒希巴)院主治番界部落又有南面都部署司治諸番官院諸行宮都部署司主管宮院漢民建五京五計司如燕王司兩轉運中度支上鹽鐵東戶部三路錢帛司長春遼西平州大藩府八黃龍興中奚王南北王府乙室(改作伊實)王府節鎮州四十三平奉聖蔚應朔豐雲中(刪此字)內宜錦乾顯雙遼咸瀋蘇復辰興同信長春慶饒驤祖川成業懿龍化宜坤建泰高利歸允吉安武寗江刺史州七十觀察團練防禦使州八涿易檀順景薊營灤可汗歸

化武德愼陳勝寗邊遷潤溫嚴降聖北安松山恩通韓烏靖寅祥雍新衞招燕海淥遼西海北安德黜澤榆銀鐵保瀕山石嘉集連演康蕭賦吉文蘭桓拱安遠榆河金肅河清馬董(改作勒端)和五花振武下州二十三徽濠驢衞閭隨澄金義遂昌豫圓福榮康蕭里河茂蘼宗縣二百餘如沙漠之北則置西北路都招討府陝隗(改作阿爾威)烏隗(改作烏爾威)部族衙廬溝河統軍司倒撻嶺部衙以鎭攝韃靼蒙古迪烈(改作德呼勒)諸國雲中路則置西南面都招討府西京兵馬都部署司金肅河清軍五花城南北大王府乙室(改作伊實)王府山金司

控制夏國燕山路則燕京都總管府侍衛馬步軍控鶴都指揮使都統軍司牛欄軍寨石門詳穩(改作詳袞)司南北皮室司猛拽剌(改作猛伊喇)司並隸總管府備禦大宋中上京路則有諸軍都虞侯司奚王府大詳穩(改作詳袞)司大國舅司大常袞司五院六院沓温(改作塔斡)司遼陽路則東京兵馬都部署司契丹奚渤海四軍都指揮使保州都統軍司湯河詳穩(改作詳袞)司金吾營杓窊(改作雙寬)司空扼高麗上京長春路則黃龍府兵馬都部署司咸州兵馬詳穩(改作詳袞)司東北路都統軍司鎮撫女眞室韋諸部所在分布諸番與漢軍咸以牙爪相

制戎器之備戰馬之多前古未有子孫繼統二百三十餘年嘗與中原抗衡曾無一日秋毫之警祖宗功業規模可謂宏遠矣迨至天祚失御女眞稱兵首尾攻戰十二年閒舉國土崩瓦解古人所謂得之難而失之易者非虛言耳可不哀哉

茆齋自敘曰自天祚驅韃靼衆三萬餘騎乘粘罕(改作尼堪)歸國山後虛空直抵雲中府襲擊兀室(改作烏舍)率蔚應奉聖州雲中府漢兒鄉兵爲前驅以女眞軍馬千餘騎伏於山谷閒出韃靼軍之後韃靼潰亂大敗天祚南走兀室(改作烏舍)遣婁宿孛堇(改作羅索貝勒)以馬五百匹追至武州界天祚欲趨武州南投大宋(改作朝)爲隨行僧所勸謂南朝弱必不敢留隱當爲女眞所索等辱不可再辱莫若徑歸女眞亦不失爲王也天祚意決不進婁宿(改作羅索)追及乃下馬跪迎天祚請北面拜降兀室(改作烏舍)遣人護送歸國削封海濱王置諸東海隅踰年而死

松漠記聞曰女眞(改作金人)寖逼中京(中京古白霫城)天祚懼遣使立阿骨打(改作阿固達)爲國王阿骨打(改作阿固達)留之遣人邀請十事欲册帝爲兄弟國及尙主使數往反天祚不得已欲帝之而他請益堅天祚怒曰小夷(删此二字)

(改作彼)乃欲偶吾女邪囚其使不報已而中京被圍逃至上京過燕遂投西夏夏人雖甥舅國畏女眞之強不果納初大觀中本朝遣林攄使遼遼人命習儀攄惡其屑屑以番狗(改作惡語)詆伴使天祚曰大宋兄弟之邦臣吾臣也今辱吾左右與辱我同欲致之死廷臣恐挑釁皆力諫之杖半百而釋之時天祚窮將來歸以是故恐不加禮乃走小勃律(改作博囉)復不納及夜回欲之雲中未明遇諜者言婁宿(改作羅索)軍且至天祚大驚時從騎尙千餘有精金鑄佛長丈有六尺者他寶貨稱是皆委之而遁值天微雪車馬皆有轍迹爲敵

所及先遣近貴諭降未復婁宿改作羅索下馬跪於天祚前曰奴婢不佞乃以介胄犯皇帝天威死有餘罪因捧觴而進遂封海濱王處之東海上

北征紀實曰天祚者以老遼主之嫡孫立而淫亂且以有力聞因游獵無度故上下皆不服以至滅國其竄入陰夾山也久之收集散亡勢亦稍振故金人往來鴛鴦白水泊以重兵屯雲中備之然契丹之人漸歸金國故天祚不能出羣小日夜爲上謀謂天祚在必生後患迺間遣人誘之天祚者心素侈多慕中國故其失勢也亦願來歸始得一番僧者令齋御筆絹

書通之因得還報初甚密也往來既數則又張皇矣其往來皆由雲中故金人盡知適欲其出是以不得刪此字顧也及天祚許歸順乃改書爲詔示欲臣之且約來歸則待以皇兄之禮位燕越二王上築第千間女樂三百人禮待優渥天祚大喜於是約期相接童貫是以落致仕出使河東密通之始金人每以力不能入陰夾山恨其不出出必得之蓋欲以絕其國人之望而天祚者適畏粘罕改作尼堪據雲中屯重兵以扼其前故不克出及約期之際忽報國相歸金國稟議以兀室改作烏舍代雲中元帥職而去矣天祚用是亦坦

然遂以宣和六年之冬末領契丹韃靼衆五萬人騎幷攜其后妃二子秦趙王及宗屬南來如履無人之境及幾過雲中則兀室改作烏舍忽以大兵遮其歸路又報粘罕改作尼堪適已回雲中故爲其追襲一擊而天祚之衆大潰勢不得還且畏中國必不可仗也乃亟走小斛祿改作博囉小帳小斛祿改作博囉小帳者天德雲中間之一族帳舊臣屬遼人及天祚至小斛祿改作博囉小避正寢事之唯謹不以其失國虧其臣節始粘罕改作尼堪常以兵伐小斛祿改作博囉小矣然或勝或負及天祚在是粘罕改作尼堪因自討之一舉殺小斛祿改作博囉小盡收

破其族帳蕩然無遺種遂禽虜刪此字其后妃諸子宗屬獨天祚逸去不見乃於朔州武州境上即時分兵每三十里百騎頃刻布三百里以待之果有一人馳駿馬手更牽二馬望北馳去騎兵圍之即下馬因自言曰我天祚也騎兵將加執縛猶顧左右叱曰爾敢縛天子耶粘罕改作尼堪因使拜阿骨打改作阿固達像而遣之金國降封海濱王始方討小斛祿改作博囉小以未得天祚也粘罕改作尼堪遣使謂貫曰海上元約不得存天祚彼此得即殺之今中國違約招來之今又藏匿我必要也貫拒以無有即又遣使迫促貫請大不遜貫

不得已遣諸將出境上曰過有異邑目人不問便殺以首授使人（據亡遼錄馬擴自敘言天祚被擒事皆大疏訛不若紀實之詳但舉此一端最顯者以證之則可以例其餘）然金人俄自得之事乃息初金人憤我久矣所以不敢（改作輒）南牧肆其凶（刪肆其凶三字）者以天祚在陰山綴其後懼乘虛而出則契丹必響應故也羣小不克深思不唯誤敵國之主致其滅亡仍以上誤聖朝於是天祚以宣和七年正月滅至八月方遣人來謂之告慶使以報我初金人得虜（改作契丹）地乃分兩路其東南所忌者張㲄也其西北所畏者則天祚也我始誤張㲄與除東南之患矣終又誤天祚而致

其滅亡使略無西北後顧之慮故以是冬犯（改作入）中原

亡（刪此字）遼遺錄曰天祚降書云遼國降臣耶律延禧謹伏斧鉞躬詣大金國俯伏待罪臣聞人不患其勇患其爲暴也伏念臣祖宗創二百年之基承天統位繼子傳孫郊祀上帝內外歡慶豈意微臣骨寒命薄無德可褒不能當此夙夜惶駭罔知過咎冒犯忌諱若曉霜而遇烈日扁舟而遭怒濤衆惡競興譖辭蠭起故茲慚德激揚聖怒轉加兵師憂驚之極如坐桁楊蓋聞軹道之放荷蒙矜恤況若新安之歎例受無辜念漢皇之仁恩誕敷濡澤詣項羽之過惡奚免終傷臣所懇者乞加軹道之留免效新安之禍戰慄之至仰干聽聰昧死謹言

范仲熊北記曰天祚者姓耶律名延禧契丹第九代道宗洪基之孫昭懷太子濬之子也濬有罪被殺而立延禧乙卯歲四月二十九日生身長六尺有餘善騎射道宗殂延禧嗣立辛巳歲正月十三日即位號天祚皇帝延禧未即位也國人憐其父之寃頗歸心焉及即位拒諫飾非窮奢極侈盤於游畋信用讒諂紀綱廢弛人情怨怒故金人乘其弊而攻之所向輒

克十年之間身擒國亡可不哀哉

契丹之先本東胡之種（刪此五字）在（改作處）橫山之南鮮卑舊地元魏時自號契丹唐貞觀初始置松漠府以靡會爲都督會昌中賜以契丹之印於是統有八部雄據北漠懿僖之亂中國不靖後有阿保機（改作安巴堅）遂僭（改作稱）帝號抗衡中國莊宗時侵雲朔等州因盧文進寇幽州爲邊患明宗約爲兄弟且以解邊人之倒懸紓國家之外患阿保機（改作安巴堅）遂改元稱制分建京闕宮室官號盡依中國並奚渤海諸國建元神冊號太祖大聖大明皇帝子德光立會晉祖自河東遣

使求援割地爲獻德光乃率兵十萬送石祖入洛立爲皇帝割代北應朔寰蔚及范陽山前幽薊瀛莫涿易檀順及山後儒嬀新武十六州以與之仍歲與帛三十萬匹少主嗣位恥稱臣而稱孫自是有隙而兵始交矣德光以兵直抵汴京遷少主於黃龍府滅晉而歸死（改作卒）於欒城滅胡林（刪此三字）號嗣聖謚太宗其兄天皇王之子兀欲（改作烏雲）立號天授被弒謚世宗嗣聖子璟立號天順謚穆宗天授子賢立號天贊謚景宗子隆緒立景德初犯澶淵蕭撻覽（改作達蘭）死遂請和號天輔謚聖宗子宗眞立慶歷中尋盟謚與宗子洪

基立在位五十餘年號老主子濬嘗有嗚鏑之謀殺之而立其孫謚道宗濬之子延禧立是爲天祚契丹第九代至是而亡

三十日壬寅粘罕（改作尼堪）以擒天祚遣人獻捷宣撫司請歲幣中借銀絹二十萬賞軍宣撫司從之

二月童貫上賀耶律氏滅亡表

童貫言昨遵奉睿訓措置邊事撫定燕山府涿易檀順景薊州及河東路先取朔甯府武州與大金計議交割雲中府路州郡巳獲定約外契丹舊酋（改作主）借稱（刪此二字）天祚自前年竄於夾山之北稍稍甯聚借助鄰國欲謀再舉小番小斛祿（改作博囉）之屬憑藉聲勢潛有結約窺伺朔武新邊去歲八月陛下躬授睿算令臣駐兵河東以時措置完整武備以逸待勞賊兵犯邊前後斬獲甚衆至今年正月契丹舊酋（改作主）離夾山與大金迎敵接戰兵敗引餘衆走竄南來朔武對境小鞨鞣（改作小博囉）處藏泊遣人賫僞詔敕招誘歸附新民又手書文字通託欲來歸朝臣依奉睿略務敦大金信約卻不受移牒大金西南西北路都統所照牒藏泊去處仍遣河東都統李嗣本領兵捍邊劄下沿邊統制官等不得妄有招納日久整齪兵馬爲

必取之計舊酋（改作天祚）初欲南來先遣雜類（改作其黨）並邊刦掠累次爲朔甯府武州太山甯化軍將佐殺敗探知沿邊軍兵甚盛囘徨涕泣遂於二月十九日昏夜北走至二十七日准大金西北西南北路都統所牒照會稱昏主二十一日巳自出首前來此蓋兩朝通歡所致牒臣照會其李嗣本及統制官軍兵斬獲小番雜類（刪此二字）四千八百五十一級內有首領秘王渾麗（刪首領至此六字）提點劉忠廉等二十三名皆是小鞨鞣（改作小博囉）下總兵用事傑黠（刪此二字）剽悍之人並巳梟首劉慶等十四名皆是舊酋（改作天祚）帳前腹心任使招兵

聚衆之人亦皆就縛奪到鞍馬器械牛羊等無數焚蕩巢穴積聚糧草淨盡其契丹主耶律氏今已滅亡者肅將天威仰伐(改作成)功之善繼布昭聖武致敵國之自亡坐縻八部之酋(改作遺)會無一鏃之費事光典籍歡叶神人嘗觀三代以來因考四夷之事玁狁匪茹葷嘗乘中國之微匈奴最強不過用單于之號蠢爾白狼之裔昔爲赤狄之雄當五季八姓之擾攘招九貉五戎而臣屬自爲正朔僭用名稱混穹廬左衽於燕雲爲封豕長蛇於代魏當天下合爲一統而帝命式于九圍尚狃涵容屢形猖獗稔惡每聞於躬蹈

塞盟不自於我先王旅徂征取遺民於塗炭胡騎奔北返故地於輿圖惟是大酋竄居窮漠衰散亡之雜虜仰貸助於黠羌既投戈於豐勝之間遂移帳於朔武之北陰遣脅鳩之黨規搖日靖之民意在疑師言稱尋好臣仰遵朝算申飭邊封遣間種類以破輔車之謀移文鄰邦以爲犄角之勢彌縫隘道俘馘名豪既南竄而路窮遂北奔而夜遁虛絃可落遂投欲毀之巢涸澤無餘難逃不漏之網委仗紛紜而山積效牽合沓而鼎來既畢天誅永除人患昔漢人伐虜者百六十載乃護郅支唐兵出塞者數十萬人方擒頡

利已足申威於方夏至今垂耀於史編未有計出萬全役無再籍用遠交近攻之策成一舉兩得之功惟盛德無以復加非至神孰能與此(刪嘗觀至此三百六十八字)恭惟皇帝陛下誕敷舜德適駿文聲九功之敘惟歌既敉甯於內治七德之經兼用乃申敕於外攘曷嘗樂此金革鏖戰之勞蓋亦兼拯夷夏(改作番漢)倒懸之急遂滅抗尊之虜(改作敵)茲爲不世之功恭念章聖卻澶淵之師仁皇增關南之幣祖宗爲民而隱忍臣子許國而忿捐仰惟如在之靈未置侮亡之念逮至今日遂集大勳上符藝祖懲艾之謀克紹神考憂勤之志乃

成宗廟社稷之大慶深契天地神祇之夙心臣猥以疲癃誤膺國任效師干之力居慙顯允之壯猷告經營之成永願對揚於令聞

秀水閒居錄曰宣和七年童貫爲宣撫司至河東聞契丹主天祚皇帝者匿於近塞報金人取之乃露章稱賀云耶律氏滅亡表既傳報有識之士無不歎息其詞中書舍人王雲作或云翰林學士宇文虛中作時二公俱在貫幕中故也金人既得虜主(改作天祚)卽謀南侵遣人使三輩初曰都謝通好也次曰告慶得天祚也次卽賀天甯節使也使傳繼來河朔至京州縣

供億迎送固已疲弊且窺覘道路及（刪此字）使我不疑十一月三使皆歸卽舉兵有郎官陳桷爲送伴使至境上虜（改作金）人已宣言大舉公爲攘奪無復常儀桷語燕帥蔡靖靖怒曰安有是事請示傳言之人當斬之以狗桷懼馳還不復敢言但懇求外補除福建提刑而去

賜進士出身頭品頂戴四川等處承宣布政使司布政使清苑許涵度校刊

三朝北盟會編卷第二十一終

三朝北盟會編卷二十一校勘記

時天祚方於慶州秋山射鹿（脫於字）　涞流河路都統（誤作涞流河）　退長漁泊務（一作長魚務）　女眞入新川州（一作新州）雲中雲內（脫下雲字）　潤温（温一作隰）　安德黔澤（黔誤作黠）　瀕山石嘉集連演康蕭賦吉（一作賓巖清集連衍廣肅富吉）　康肅里河茂麓宗縣二百（肅誤作蕭）　等辱耳不可再辱（脫耳字）　以摩會爲都督（摩誤作靡）　意在款師言稱尋好（款誤作疑）

三朝北盟會編卷第二十二

政宣上帙二十二

起宣和七年三月盡十一月二十六日癸巳

三月童貫入燕犒軍

茅齋自叙曰童貫交授銀絹畢離太原由眞定府河間莫雄州入燕擴自保州入莫州迎貫於任邱縣語兀室已擒天祚事謂貫宜急備邊以防女眞爲患彼懷張瑴之憾恐粘罕回來不測作過貫云我今去燕山犒治兵馬蓋爲此也貫至燕中撫犒郭藥師以下常勝軍罷王安中除蔡靖爲宣撫使兼知燕山府奏

請河北路置四總管中山府辛興宗眞定府任元河間府楊惟忠大名府王育各爲逐路副都總管皆與招集逃亡軍人及招刺諸處游手人充軍以爲備邊之畫

五月五日乙巳以童貫克復燕山府等州及收高托山等議賞封貫廣陽郡王

詔曰朕以童貫屢將天威征伐四克拓地隴右西徹河源揚旌五關盡復幽朔出入累年之際蕩平兩國之戎命爵策勳難拘常憲恭念神考屢形訓言謂將帥總兵能復全燕之境則國家信賞當從王爵之封仍胙本邦以昭顯績既克承於先志敢怠廢於貽謀童貫可依前太師進封廣陽郡王食邑實封依例施行

六月六日丙午太師豫國公童貫依前太師領樞密院事河北河東陝西宣撫使進封廣陽郡王

制曰王者申九伐之威以和衆安民爲盛德大臣謹四方之慮以折衝厭難爲殊勳朕荷神天全付之休席祖考重光之緒飭戎兵以陟禹跡聿臻偃武之期繼功伐而廣文聲夙倚同心之輔肆分寵數敷告治朝太師領樞密院事河北河東陝西路宣撫使充神

霄宮使豫國公食邑一萬七千三百戸食實封五千戸童貫信厚而敏明疏通而沉毅善謀能斷兼文武過人之才砥節盡公得精白承君之義自總幹方之任屬宣闢國之謀十乘啟行千里決策冠三事變調之職領七兵宥密之權暨興六月之師盡拓五關之塞惟朕心朕德宏賴於翊相故我疆我理遠建於要荒遄歸告成堅卧請老屬再籌於邊議難就佚於里居吉甫至於太原初攝衣而整暇單于苦於漠北卒假手而蕩平既聞朔野之耕耘復靖河壖之寇掠緊爾肅將之效恢予遠馭之圖念功名昭著於古今則

典禮當殊於勳舊是用遵熙豐信賞之令作廣陽撫定之邦紫綬金章肇開茅土袞衣赤舄仍總樞衡蓋祗若於先猷諒允諧於僉議於戲周室上公九命有出封加爵之儀漢朝異姓諸王載著令稱忠之詔其對揚於茂渥尙奚愧於前修可特授依前太師領樞密院事河北河東陝西路宣撫使充神霄宫使進封廣陽郡王加食邑一千戸食實封三百戸主者施行

馬擴申宣撫使司乞屯兵中山眞定

當月探報粘罕(改作尼堪)已還修治飛狐靈邱兩縣馬擴密具陳合速那陝西兵屯中山眞定及選智勇邊人守易州以防女眞不測之變申童蔡二樞密不報

七月金人以獲天祚發告慶使渤海李孝和王永福來差馬擴李子奇充接伴使副

八月十四日癸丑聖旨賀金國正旦國信使副差武德郎王觀校書郎吳安國侯入辭令上殿

九月二十四日壬辰金國人使入國門詔宇文虛中高世則充館伴使副館之

是日河東奏報粘罕(改作尼堪)經營南寇(改作發兵)

河東報到馬擴勸童貫謂曰粘罕(改作尼堪)此來必有異志宜以西兵十萬出巡邊不惟備邊兼可壓境議事貫不聽

十月詔吏部員外郎傅察充接伴金國賀正旦使蔣噩副之

五日壬寅奏報中山府探報女眞國相與余覩(改作伊都)副統本國將兵前來蔚州柳甸大點軍兵

十八日乙卯中山府奏探報到女眞刷差女眞軍兵一萬五千及河(此字刪)遼東一路選差渤海五千奚軍二千鐵離軍二千均分來平州幷雲中府路兩路屯泊

二十一日戊午中山府奏探報女眞本國(刪女眞至此四字改作金)人刷女眞(改作本國)正軍幷漢兒軍漸次前來雲中府等處

又奏金人於蔚州幷飛狐縣等處屯泊聚軍馬收集糧草皆稱欲來侵犯邊界

二十四日辛酉童貫奏乞廢罷安肅永甯保定等軍

河北河東陝西路宣撫使童貫奏樞密院劄子河北舊沿邊州軍多係景德年就陞城寨爲之以張形勢控制黠虜(改作契丹)今燕山已撫定舊邊悉成內地今相度安肅軍改爲安肅縣知縣事兼安肅軍使隸保州永甯軍依舊爲博野縣知縣事兼永甯軍使隸祁州保定軍改爲保定縣知縣事兼保定軍使隸莫州舊來沿邊建諸寨除信要軍所管以東不可減省外其

餘亦合廢罷奉御筆依

十一月三日庚午中山府奏探報到國相行下雲中府所轄縣令本管鄉軍每名要計物色等及軍幕赴雲中府送納及山西一帶添屯兵馬

十七日甲申中山府奏探報到平州都統指揮屬縣刷揀丁口充軍及泉泊押兵前來奉聖州屯泊

十九日丙戌宣撫司差馬擴辛興宗充使副持軍書移粘罕（改作尼堪）軍前議交蔚應二州及探賾（刪此字）粘罕（改作尼堪）有無南侵意

茆齋自敘曰擴至太原見童貫差與辛興宗充使副

持軍書移粘罕（改作尼堪）軍前貫曰見粘罕（改作尼堪）休爭閒禮數且了大事只議交取蔚應二州及飛狐靈邱兩縣其餘地境盡畫還金國庶幾易了仍探賾（刪此字）粘罕（改作尼堪）果有南侵意否到茹越寨聞粘罕（改作尼堪）已遣隆德府所逃常勝軍先出五臺山繁峙縣界山路及易州所逃常勝軍韓民義等先出飛狐靈邱縣路爲探賾（改作聽）南（添朝字）邊防虛實遂條具利害乞急發遞處軍馬上邊過作堤備畫一入急遞申宣司叅粘罕（改作尼堪）粘罕（改作尼堪）云宣撫司文回（刪此字）中不說別事二承宣到來有何事理會僕曰兩朝自海上來交歡今

已數年貴朝先帝大聖皇帝與本朝各以氣義相結不爽元約貴朝許割還燕地本朝許歲奉金幣俱有信誓永遠和好山前已交受了止有山後土地中間緣童太師休致暫委譚宣撫交割爲不知首尾又幕府非人遂有不周事節今主上黜罷譚稹再起童大王來蓋爲與元帥國相皆始終主張和好庶得易爲商量王事早了使兩界士民安業各享太平專遣某等上稟不知山後土地取甚日交割粘罕（改作尼堪）笑曰你家更無人可使只委內官山後地土元初許時蓋爲大聖皇帝恩義酬答趙皇海上交結之義各立誓

書永遠和好不謂大聖皇帝幾崩與槻未及歸國地土交受未了貴朝早已違誓背約陰納張㲄收接燕京逃去職官民戶本朝累次追取只是虛行文移誇詫幅員萬里國富民衆本朝雖小卻不曾敢失道理待與貴朝畧辨曲直則儞擴覷粘罕（改作尼堪）自擒天祚之後爲劉彥宗余覩（改作伊都）蕭慶輩所誅然意尚猶豫會隆慶府義勝軍叛王稟耿守忠追擊其三千人奔大金國具言中國虛實又易州常勝軍首領韓民義怨守臣章綜率五百人見粘罕（改作尼堪）曰常勝軍惟郭藥師有報國心如張令徽劉舜仁之徒因張㲄皆觖

望由是彥宗余覩改作伊都輩力勸南朝可圖仍不必以眾因糧就兵可也粘罕改作尼堪於是決意入寇改作南下而有是言擴曰天祚失道任用姦邪天厭人離故爲貴朝所破本朝亦怨其悖禮敗盟所以相助共爲討滅今國相或欲卻要山後州城不盡交割亦在商量亦不須遽相失歡一旦至兩大國交兵卻幾時休得兼本朝亦豈爲此未交割地土願致興師然此事非小利害所繫願國相深思之粘罕改作尼堪云你意下待如何僕乞退左右而言之粘罕改作尼堪云我家國中論事不倚退左右要得人共知僕答此係兩朝大事未商

定間恐人傳播別致異議則難成事粘罕改作尼堪微笑以手揮左右悉退去僕答童大王來時令覆國相本朝緣譚稹不務大計輒生事從李石張轂私請等事主上亦自知是失願國相念以舊好同滅大遼契丹不爲深較使兩朝生釁安帖卽於許山後地土只便交割蔚應兩州其餘盡還貴朝若蒙俞允便告示及一的確日期各自安撫邊民日後國相不拘欲要何物但請見諭童太師當自一一奏上應付粘罕改作尼堪笑云倘自待要兩州我若與你又是和西京謂雲中府人民存住不得山前山後乃是我家舊地更說做甚你家地土卻須罰取些來方可是省過也僕答朝廷自海上遣使數年間使客往還與興起人馬應付貴朝費用多少本爲兩朝和好今國相一旦聽姦人鬬作卻尋斯炒處且貴朝所任用者盡是契丹舊時職官只要讒攙生事萬一不得已交兵須各有損折兼河東河北州城堅固軍民皆習戰鬬若有倉卒眾必據城堅守如何容易間便攻打破得不過時虜掠得些少四外村民縱有所得則利入軍人手儻有所失則害在國家且殺了一箇南人卽是與契丹報仇殺了一箇女眞亦是與契丹報仇今貴朝滅盡契丹又得

南朝金幣得早休兵各享太平莫是上策豈可容易更言戰鬬事也擴久被命奉使不敢不爲兩朝極盡忠言乞國相深思之粘罕改作尼堪云你說得也煞好只是你南家說話多生捎空謂虛誑爲捎空你使副只今便辭我專遣人使就宣撫司商議大事去也翌日館中供具良厚撒母改作察勒瑪笑曰待使人止此回矣蓋示決入寇之意

斡离不改作斡里雅布自平州起兵入寇刪此字燕山之境

張匯節要曰燕山之地易州西北乃紫金關昌平縣之西乃居庸關順州之北乃古北口景州東北乃松

亭關平州之東乃榆關榆關之東乃金人之來路凡此數關乃天造地設以分番漢之界誠一夫禦之可以當百時朝廷之割地也若得諸關燕山之境可保然關內之地平灤營三州自後唐爲契丹阿保機(改作安巴堅)陷之後改平州爲遼興府以營灤二州隸之號爲平州路至石晉之初阿保機(改作安巴堅)子耶律德光又得燕山檀順景薊涿易諸郡建燕山爲燕京以轄六郡號爲燕京路而與平州自成兩路昔朝廷海上始議割地但云燕雲兩路而已蓋初謂燕山之路盡得關內之地殊不知關內之地平州與燕山路異也由是破遼之後金人復得平州路金人既據平州則關內之地番漢雜處譬猶與賊共壠而種同爨而食(刪譬猶至此十二字)欲無侵漁(改作軼)之患其可得乎故窩里孛(改作斡里雅布)至是能自平州入寇此當時議割燕雲不明地里之禍也

二十一日戊子斡离不(改作斡里雅布)至清州界首執接伴賀正旦使傅察使拜不屈死之

封氏記年曰金國二太子斡离不(改作斡里雅布)攻破薊州至玉田縣下寨會朝廷遣吏部郎中傅察等迓使脅之使降數以朝廷擅納叛亡招收戶口首違誓盟我

輩奉詔興師問罪爾若歸明當有大官賞汝不然粉骨矣副使蔣噩等羅拜察獨不屈云察世受國恩焉敢違悖違衘詔旨接伴來使非見貴國主豈可屈膝况察與太子皆王人也若欲察拜是太子僭逆不道既不拜乃見殺

李邴爲公墓誌曰宣和七年十月詔以吏部員外郎傅公察充接伴金國賀正旦使是時金人將渝盟而我未之知也十一月公至燕山府聞虜入寇(此三字改作金兵已入)或勸其(刪此字)毋遽行公曰衘命已出聞難則止若君命何遂行二十一日至薊州韓城鎮使人失期居數日虜(改作敵)騎暴至夜圍鎮詰旦有酋長(刪此二字)數十騎馳入館公飲以酒問其故知其變強公上馬公與副使蔣噩偕行至界首公曰迓使人故例止此不肯進虜(改作敵)輒易公馭者擁之東北去百里許遇金國二太子斡离不(改作斡里雅布)者(刪此字)領兵至虜(改作人)日見太子當拜公曰吾若使至金國見國主乃拜爾今迓使人境上若脅我來又止見太子太子雖貴人臣也當以賓禮見何拜之有斡离不(改作斡里雅布)怒曰吾興師南向海上之盟不可恃何使之稱耶凡汝國失德與向來我朝善意爲我併道之否則死公曰主上

仁聖海內乂安與金國講好信使往來項背相望也何謂失德太子干盟而動意何所欲還朝當具奏知斡离不(改作斡里雅布)曰爾尚欲還朝耶虜字(删此)左右促公拜白刃如林公曰死耳豈有俱人臣而輒拜者哉或抑捽公使伏地公愈直立衣冠顛頓終不屈反覆論辨者踰時斡离不(改作斡里雅布)怒曰爾今不拜我後日雖欲拜可得耶麾令去公知不免謂隨行書狀官侯彥等曰虜(改作彼)脅我以拜我以國故義不辱我死必矣我父母老矣素鍾念我聞之必大戚若公等得脫幸記我言以告吾親知我死國少解其無窮之悲也左

右盡泣是夕官吏隔絕不復相見十二月七日虜(改作金)兵攻燕山郭藥師迎戰殺傷甚眾再戰遽麾軍以降彥等不知公存亡累日矣密以訪虜(改作敵)虜字(删此)曰大使不拜太子昨知藥師戰勝有喜色太子慮其刦取且銜積怒已殺之矣彥等即爲公發喪燕山將官武漢英者取公尸焚以薪命虎翼軍士沙立等三人裹以歸開行至涿州亡其二人獨沙立在遇虜(改作敵)人繫之土室凡兩月伺守者怠即毀垣出會宋伯友奉使還因隨以來以靖康元年五月至京師蔣噩武漢英及官屬歸者人人能道公不屈狀侯彥又具列

本末聞於朝廷大名府路安撫使徐處仁河北轉運副使孫昭遠及諫官李光等相繼論奏淵聖皇帝臨朝咨美下詔曰死有重於泰山有輕於鴻毛顧所處何如耳苟激於忠義雖死猶生也某以一介之使馳不測之虜(改作地)臨以白刃毅然不屈以身殉於義得矣延閣次對告於里第以旌高節特贈徽猷閣待制公喪至而公父裕之適爲屯田郎中遣公弟寘護歸濟源縣權厝先塋之佛廬曰資忠崇慶院嗚呼公之節著矣或曰自軍興來死節之士凡三人李若水當淵聖出郊之際嘗預聞其議論非死不足以塞天下

之責劉韐虜(改作金)人知其才欲用以爲帥非自引決將反爲夷狄(删此二字改作敵)用二者義皆決不可爲故伏死而不顧若公者單車之使耳事變初不預聞虜(改作敵)人未嘗欲以爲己用公死若有異二人之爲者何耶鉅野李邴曰士之所貴勇於義而已當其凶威外逼忠憤內激履刀鋸如坦途安鼎鑊如几席烈丈夫之操也何暇反覆計慮得失輕重可不可而後爲之哉曰然則公不必死而死與夫彼不得不死而死公之爲其異於彼者與某曰義者士之所甚重死者人之所甚難三者特所遣之事異耳要之皆以所甚重

易所甚難揚之朝足以知國家有仗節死難之臣書之史足以爲萬世臣子之勸皆古所謂見危受命可殺不可辱者又奚擇焉

靖康小雅曰公諱察宣和七年冬金人未渝盟也朝廷以故事遣公迓賀正旦使人於薊州玉田縣韓城鎭公至界上胡（改作金）人（刪此字）輒愆期不至十一月二十七日凌晨二太子擁大兵遽至執公等責令投拜自副使蔣噩以下皆羅拜臣伏公獨不屈胡（改作金）人以兵脅之公亦不顧胡酋（二字改作斡里雅布）曰我以南朝天子失德故來弔伐公曰主上明若日月四海拱戴胡（改作爾）欲敗盟以此爲兵端爾自古之戰以曲直分勝負南北敵體又安知非送死哉我有死耳膝不屈也酋大怒（刪此三字）因（下添破字）害公（刪此字）嗚呼方賊（改作敵）之始至也事出意表莫不錯愕失措望風竄伏公獨雍容不懼一死以爲忠義之倡可不紀哉詩曰貪胡（改作強敵）寒盟兵忽蹈塞公持漢節迓客於界控弦歘來草木震駭胡雛（改作遲其）桀傲自矜強大公誓不慴有死無拜殺身成仁播美千載

斡离不（改作斡里雅布）陷清化縣壞鹽場

清化縣申燕山府金人擁大兵前來刦掠居民焚毀廬舍時宣撫司蔡靖與運使呂頤浩李與權修葺城隍團結人兵以爲守禦之備使銀牌馬奏朝廷兼關合屬去處是時大臣以爲郊禮在近匿其奏不以聞恐礙推恩奏薦事畢措畫未晚但以大事委邊臣未嘗以廟謨留意

二十六日癸巳斡离不（改作斡里雅布）陷檀州

賜進士出身頭品頂戴四川等處承宣布政使司布政使清苑許涵度校刊

三朝北盟會編卷第二十二終

三朝北盟會編卷二十二校勘記

繼成功而廣文聲夙倚同心之輔（成功誤作功伐） 女眞國相與余覩副都統自本國將兵前來（脫都字自字） 及河東遼東一路（脫下東字） 永甯軍依舊改爲博野縣（脫改字） 除信安軍所管以東（安誤作要） 及白水泊押兵前來（白水誤作泉） 宣撫司回文中不說別事（回文誤作文回） 各以義氣相結（義氣誤作氣義） 你家地土卻須割取些來（割誤作罰） 便攻打得破（誤作破得） 不過是虜掠得些少四外村民（是誤作時） 眞是上策（眞誤作莫） 既不拜乃見殺（一作苦逼不拜乃見殺） 淵聖皇帝臨朝咨歎（歎誤作美） 卒以身殉於義得矣（脫卒字） 權厝先塋之傍盧（傍誤作佛） 見危授命（授誤作受）

三朝北盟會編卷第二十三

政宣上帙二十三

起宣和七年十一月二十八日乙未盡十二月九日丙午

二十八日乙未斡离不（改作斡里雅布）陷薊州執奉使賀允中鎖之副使武漢英髡而（刪此二字）降之（刪此字）

北征紀實曰本朝與遼人文移皆在兩界對境謂之關報金人滅遼河東代州如故事而燕山府卽玉田縣築一州曰清州以對平州相與通使人之正路也故其犯（改作入）中國先以關牒來代州茹越塞及啟封乃檄書是也燕山路清州則有我使文臣賀允中副使武漢英（漢英乃玉田縣巡檢就時差充副使）適至清州而斡离不（改作斡里雅布）遣人約曰邀使人觀打毬二人者知其犯盟欲以其未過界無故事相會拒之恐託是以生釁故勉而從之及至界則以是日舉兵矣賀允中被鎖武漢英者武將頗黠斡离不（改作斡里雅布）愛之因得髡而左衽（刪此五字改作降） 常在左右謂此南朝第一降人也漢英備見金酋犯（改作人入）中國得人初不殺曰此卽我人也行將至眞定漢英說之曰某猶不知大國用兵之意況中國之人乎是宜其不降今覩所擒獲者皆不殺然

人安得戶曉謂如某者使諭之則河北堅城可不戰而下也斡离不（改作斡里雅布）大喜乃多出文榜命漢英出寨俾誘諭諸郡漢英用是乃得出乃徑走闕下具以虜（改作敵）情告朝廷曰金人之謀深矣謂中國獨西兵可用今以粘罕（改作尼堪）一軍下太原取洛陽要絕西兵援路且防天子幸蜀斡离不（改作斡里雅布）一軍下燕山取眞定直擣東都乃會於東都而後不遜也

蔡攸議廢安肅保信二軍復爲梁門遂城縣

安肅保信二軍蓋梁門遂城二縣地在太宗時建二軍並保州犬牙相制易州以控山西之路國家沿邊

獨此最爲要害昔澶淵之役世號銅梁門鐵遂城者也及警報既密蔡攸懼動外廷之議惟務遮護一方示人以閒暇乃謂祖宗昔以二縣建安肅保信者所以制扼易州一帶今既得燕山而景薊爲外藩則安肅保信在內地無所用之當復廢爲縣是歲十一月二軍遂廢人情方不樂惶惑軍營移徙樓櫓毀棄之際適會斡离不（改作斡里雅布）既下燕山以大兵入界於是安肅保信莫之以禦大凡失謀可怪而資敵之跳梁（删此三字）者類如此

十二月一日戊戌馬擴回自太原

茆齋自叙曰馬擴歸到太原府宣撫司以往來所歷事節答語錄目呈貫貫大驚曰金人國中初定些少人馬在邊上怎敢便做許大事僕曰某去年雲中回便以此事覆大王勸大王三路摘十萬兵分統以壓助常勝軍乃是預制此意在任邱縣論金人已擒天祚事保州所申乞急備邊京師又勸大王提十萬兵出壓境計議交割皆某預知此賊（改作金人）深懷張穀之憾爲契丹亡國之臣激發必生不測之變大王皆不之信擴觀事勢必乘我邊面無備踏足走入來大王須急作隄防貫云我自得你茹越寨所申條畫事件

卽行文下太原眞定中山河閒燕山府路令分定策應牽制路分及令郭藥師排辦軍馬出城下寨今合太原府路軍民兵義勇膽勇常勝等軍須有數萬人我近已令發膽勇人馬上邊更令李嗣本於代州近城路屯十萬人寨地昨又曾擺陣耀兵莫他聞得如此聲勢亦未輕易入來也

三日庚子粘罕（改作尼堪）使王介儒撒盧拇（改作察勒瑪）充使副來宣撫司

馬擴歸之次日代州關報金國元帥府差使副撒盧拇（改作察勒瑪）王介儒來宣撫司差機宜朱彥通及僕充

館伴出所齎書說納張瑴渝盟等事及傳粘罕（改作尼堪）已興兵意極不遜貫亦復善待之答云許大國事且須商量何故便有此事語（删此字）撒盧拇（改作察勒瑪）云軍馬已起更商量甚的介儒云若是急著手脚好商量時也須較得些貫云卽今館伴去說話有事但見諭足可相應撒盧拇（改作察勒瑪）等起歸館彥通詢粘罕（改作尼堪）國相輒言舉兵之意何也撒盧拇（改作察勒瑪）云兵已起更不須商量元帥國相軍馬自河東路入二太子軍馬自燕京路人更不殺戮人民只是傳檄撫定彥通答云兩朝許多時講和好更便不通些託便起兵

來是甚道理介儒云只爲貴朝失道理所以致得如此僕答云兵凶器天道厭之貴朝吞了契丹許多國土亦藉本朝聲勢方能盡滅之今一旦不肯顧已前契義誓好便先舉兵不道南朝許大世界軍民事力若朝廷省悟畧行更改怎容易近得不過虜掠得近邊些小民戶卻日後干戈幾時定得撒盧拇（改作察勒瑪）云元帥國相若怕貴朝事力時卻不敢便入來也如今檄書將次到來承宣亦須見理介儒云事已如此自家這裏關口做甚承宣若能勸童大王急行奏請只且割與河東河北兩路地土以大河爲界存取大宋宗廟社稷卻是能報國也僕答云此談何容易看來貴朝聽狂悖之言卻把本朝作破壞契丹看待但恐後來自被禍患不小耳撒盧拇（改作察勒瑪）微笑有自得之色彥通同僕出館歸宣司具告童貫貫驚愕令彥通與僕列銜供狀連夜備奏貫與叅謀宇文虛中機宜范訥幷王雲朱彥通等議赴闕稟議

粘罕（改作尼堪）自雲中府起兵入寇（删此字）忻代之境

當日代州報金國遣人來大軍與使人同發直薄馬邑而營

七日甲辰童貫議赴闕

童貫是日與叅謀宇文虛中范訥機宜王雲朱彥通等謀赴闕初七日早衙貫請太原府張孝純幷乃子機宜浹面諭當急赴闕稟議事已令劄送照會一面差官管待人使言本司來日便行孝純愕然云金人已渝盟入寇當在大王勾集諸路軍馬幷力支吾今大王若去人心駭散是將河東路棄與賊河東既失則河北路豈能保耶且乞大王駐司在此共竭死力率衆報國如今太原府路地險城堅人亦諳戰鬬未必金賊（改作人）便能破也貫怒目顧孝純曰貫止是承宣撫不係守土若宣司駐此經營卻要帥臣做甚此

是公職事且須勉力貫到京稟奏卽日便發諸路軍馬來策應使貫留此亦兩無所益孝純憤然起退至機宜位中抵掌大呼云尋常見童太師做許大模樣次第到臨事卻如此畏懦更不顧身爲大臣當爲國家捍禦患難一向只思走竄是甚節操因顧乃子浹云休休自家父子與他死守

茆齋自叙曰是日擴見貫惑幕下謟懦之議若果退則使粘罕（改作尼堪）知不出劉彦宗等所料氣勢愈振必難制遏遂具一劄子論粘罕（改作尼堪）緣劉延慶軍敗纔有張瑴之隙遂聽劉彦宗余覩（改作伊都）蕭慶輩語乘我

邊面空虛乃敢渝盟兩路直入然而見入賊（改作軍）馬不多全在大王乘機應變力爲措畫禦捍且賊（改作敵）所忌者有四所幸者有三一則忌郭藥師下常勝軍勇於戰陣二則忌河東河北兩路堅城可守卒不能攻三則忌於歛民兵城守養鋭而不輕出戰四則忌選擇兵將頭項遞相照應待其退回前邀後掩此四忌也其一幸大王退避諸帥無統軍民氣喪不能更相應援其二幸我不急就措畫河北河東兩路重兵遮護根本其三幸我區别歸朝官不用上疑下懼自生變亂此三幸也某觀河東路險地多關隘人諳戰

鬬賊（改作敵）必不能長驅唯河北路雖雄覇州至順安軍界有塘濼但廣信軍保州中山眞定府皆是坦途萬一常勝軍有變燕山失守賊（改作敵）馬乘之定與太原長驅南渡願大王審度事機速移司入眞定府與太原係鄰路足可相爲應援兼城堅糧多加以大王據之左右多西人慣熟守禦金賊（改作人）雖入境決不敢越以南渡兵法云攻者常自勞守者常自逸決可挫彼鋭兵於堅城之下救之貫笑云許大緊急大事此公容易來入議狀僕答曰大王任國家許大兵柄不特於諸路雖天下亦視以輕重當此緊急報國之

時在大王不得不勉之況交結女眞恢復燕山事乃是大王經手今有此窟寵卻須大王與補了不惟在别人不知金人情僞不能補得兼不得使别人補了此言非特繫國家利害亦係大王一身利害乞大王深思之無惑衆人苟且之議貫陽應甚好來日且過眞定其實欲遁矣既出孫渥握僕手呼云子充柰何自此以往天下定見土崩瓦解適有關報金人已打破馬邑縣遊騎已至代州城下僕以札子草示渥渥云若能如此行之則何以加諸第恐無後著耳次日諸監司見僕皆稱云聞廉訪請大王守眞定議論妙

甚僕謂兵家貴知己知彼不可見彼威勢便不顧己事力也儻大王一一肯聽行之賊(改作敵)不足破也僕再見童貫再稟宜早過眞定恐不測燕山路賊(改作敵)馬事遍貫大怒叱僕云你爲家小在保州故要我去眞定只是要去保你家小也僕心知是爲機幕恐懼欲遁所奪乃答云大王既如此說話是不思國家患難緊急擴願聽大王入京然不忍見大王失此名節掃地爲衆人唾罵殺去也貫良久復云你豈不知我隨行無兵如何禦此大敵僕對大王若往眞定何患無兵不惟諸處選刷儘有可用軍馬廉頗慁用趙人

如河北路民兵足得調撥使用宇文虛中云向日燕山之役河北人民往往舉城慟哭官員部押有自經於路者豈能比廉頗時耶僕曰前日開拓燕山緣久太平軍民不慣調發故有厭怨今日則番騎入寇此(闕四字)孰不顧惜鄉土營護骨肉此人人自爲戰之時豈自當(改作必過)慮儻少加總統盡係死戰之士貫顧搖耳云安得三萬人與此馬宣事卻須做得一拍僕答若大王果能付擴三萬人則便有十萬軍使用於是差僕專往眞定中山府招置忠勇敢戰軍馬專一統制

八日乙巳童貫自太原遁還

北征紀實曰金人之欲犯中原也懼我爲備且揣知我必欲雲中故多爲好辭以入我然諜報已詳而羣小但欲雲中不以諜言爲信略不加慮甘其詐而已於是預謀雲中守乃召聶山一日閱諸路奏報其中有曰范太師八月二十二日押軍器三千餘件到雲中府交納稱冬閒要犯南界韓太師八月二十三日押軍器八千餘件到雲中府交納稱冬閒要犯南界時金人欲犯我遣小使來(小使者非天子朝廷之使故曰小使舊無有此開邊有之乃粘罕遣人使童貫者也○注粘罕改作尼堪)謂張孝純曰欲見童大王孝純詢其事則曰莫是要交割雲中地於是孝純喜

即馳報上童貫遂亟行宣和七年冬也貫未至太原而孝純先俾其屬同小使迎貫於眞定小使及見貫則曰中國違盟本朝方弔民伐罪國相二太子出師不可當也皇帝煞是怒郎君們止念兩國生靈煞是不欲得故遣來約大王須是告他始得貫失措不敢詰厖勉至太原又倉惶發小使詣闕下貫亦因遁還粘罕(改作尼堪)兵已入境破忻代矣

茆齋自叙曰十二月初八日僕與宣司同離太原貫南歸僕東過眞定途中寫畫一急切事務申貫一乞人馬甲令委州縣取破碎舊甲併工聯綴無慮日成

數百頃旬月之間則足用一乞戰馬數內選擇可得千匹一乞委涿州各招忠勇敢戰人擇官統率互相應援將歸朝人有武勇者激勸編入行伍使爲前鋒將其家小移近邊南州軍厚加給恤一乞將陝西五路精卒取徑路發赴河北河東使助守禦一乞摘那勝捷軍一千人付某充衙兵以爲招置軍馬之本一乞或不測虜改作敵人南渡邊防失守則循唐故事奉大駕入蜀委一大臣留守京師以圖恢復貫書報皆從之

粘罕改作尼堪犯改作兵至朔州漢兒開門獻之又至武州漢兒爲內應遂陷朔武二州長驅至代州漢兒又擒李嗣本以降

初宣撫司招燕雲之民置之內地如義勝軍等皆山後漢兒也實勇悍可用其在河東者約十萬餘人官給錢米贍之雖詔諸司不許支用者亦聽支使久之倉廩不足以餼而怨出不遜語時我軍所請皆腐餘亦怨道路相逢我軍罵辱之曰汝番人也而食新我官軍也而食陳吾不如番人耶吾誅汝矣漢兒聞之懼其心益貳俟釁且發至是金人南犯改作下朔武之境朔州守將孫翊先將兵出援太原圍城既旬餘漢兒開門獻於金人既至漢兒亦爲內應遂失朔武長驅至代將李嗣本率兵拒守漢兒又擒嗣本以降

李鄴上書請奉使請和

北征紀實曰初未內禪時貫歸後金人有兩使來大臣不敢引見天子遂擲以小使之禮大臣自見之於尚書省聽事昔未有此也小使見前注中纔就位遂大不遜曰南朝違盟云云且言皇帝煞是怒命國相與太子郎君兩路而入因有弔民伐罪之語白丞相時中李丞相邦彥俱失色皆不敢答又言國相與郎君以兩朝生靈煞是不欲得須是告他始得諸大臣方就其

請如何告緩師是使人因大言曰不過割地稱臣爾大臣又失色不敢答遂議厚其禮遣行時有李鄴者上書具論強敵之情僞丐請奉使議和上大喜獎借甚至鄴丐金三萬兩而朝廷頗難之遂出祖宗內帑金甕二各五千兩命書藝局銷鎔爲牌子遂授鄴令去

九日丙午粘罕改作尼堪兵至忻州

知府賀權度勢不敵開門張樂以迓之粘罕改作尼堪大喜下令兵不入城

粘罕改作尼堪自忻州至石嶺關把隘石嶺關義勝軍將耿守忠叛以關降賊粘罕改作尼堪降入遂圍太原義勝皆邊人如常勝

軍也

粘罕（改作尼堪）將至石嶺關尤險隘太原帥張孝純謀守關之人或曰冀景可於是命景景辭以兵不足孝純命王宗尹統官兵敢勇把關又命歸朝人耿守忠部兵八千人助之景復辭孝純曰第如我語景不得已而往使守忠當前懼其後而襲之也守忠行至忻口返回云守忠所部盡是步軍若借得敢勇家軍兵則金不能犯（改作至）關景等令敢勇人權借與馬幾取其半或有不願借者而守忠人恣橫强奪至不能馭景等覺有變領親隨人等棄關潛遁守忠至關果敗而

獻之景聞守忠叛不敢歸乃走汾州

節要曰粘罕（改作尼堪）自雲中向懷仁河陰（縣名）將寇（改作趨）代州之境嚴戒部伍整肅器甲慮家計寨難取（乃代州絕邊控扼之地）乃分兵由胡（改作壺）谷寨入焉謂其徒兀室（改作烏舍）余覩（改作伊都）曰今日至代州與南軍必有數戰不無勞力其餘可乘勝破矣既行越家計寨至代州並無一戰無何代州三日失守守臣李嗣本率吏民請命於賊（改作敵）忻州石嶺關聞風皆叛於是賊衆（刪此二字）如入無人之境直寇（改作至）太原粘罕（改作尼堪）始有易中國之心矣

秀水閒居錄曰契丹將亡有劇寇董龐兒者據雲中代州副帥王機請招納之久不至金人既逼始歸款朝廷以數十萬衆來附賜名才後更姓名趙詡官以承宣使俾居河東計口給食數年閒蠶食邊儲倉廩一空其徒散處諸郡屢謀竊發宣和末金虜（改作人）犯邊首亂晉州即叛去河東失守以此

斡离不（改作斡里雅布）犯（改作至）燕山郭藥師叛降率常勝軍以迎之

許採陷燕記曰宣和七年十一月二十六日金人犯檀州陷之（五字改作陷檀州）二十八日早燕山府始聞（藥師斥堠

不明）是日又陷薊州郭藥師已屯兵東郊者二十餘日保和殿大學士蔡公靖往見藥師（公時爲安撫使）既回曰汾陽似有懼意十二月初二日藥師欲迎敵余力請於蔡公處言且令郭公披城下寨可遣張令徽劉舜仁偏師以往郭公去使之勝益驕不可制不勝則一敗塗地燕山大震矣又古北口洎居庸關或可以窺燕虛實蔡公未以爲然翌日復謁藥師余以片紙小書復達此意託公子松年因家信奉呈已而鈐轄李振見余亦言此而蔡公不敢留藥師云他已作去計是日蔡公出金帛大犒軍而後行初六日至三河三河

者縣名在白河之西金人已在河之東疑藥師軍未敢進藥師之去戈甲鮮明隊伍整肅是夜夜分後藥師率人馬並進色未辨已渡白河而金人初見藥師軍亦懼二太子斡离不（改作斡里雅布）乃東向望日而拜號令諸部即犯（改作趨）藥師軍藥師不意來犯軍稍卻是時兩陣東西相對藥師從南而往斡离不（改作斡里雅布）與令徽舜仁適相直藥師乘銳東去鏖戰三十餘里金人已北而令徽乃先自遁斡离不（改作斡里雅布）力追之已而舜仁亦遁藥師獨至金人寨凡數處竟無火以焚其壘或謂藥師曰頭重矣藥師遂回初藥師硬軍三

百人所餘一百二十八人而已其他軍可知時初七日申時事也余同蔡公諸人登東城望白河白河去府八十里而塵埃如雲氣遍空不可辨良久令徽至已而舜仁至抵晚藥師亦至三人者頗沮喪互相詆誚是夜把東北門者刺史皇貴也乃陰遣人斡离不（改作斡里雅布）欲開門爲內應仍云不知太子要生郭藥師要死郭藥師已而汾陽知之謀皆出令徽舜仁也遂令儒林郎王樞草降表云待時而動動靜固未知其常順天者存存亡不可以不察又云臣素提一旅之師偶遭六百之運又云亡遼無可事之君大金有難通

之路又云宋主載嘉秦官是與念一飯之恩必報則六尺之軀可捐雖知上帝之是臨敢思困獸之猶鬬又云昔也東征雖雷霆之怒敢犯今焉北面祈天地之量並容辭多不記是日晚畧聞常勝軍欲變余言之蔡公頗以爲疑而運使呂頤浩力勸蔡公棄燕而遁兼訪梁競極力助之蔡公以問余余曰大學是守土臣豈可比他人自當以死守之兼大學率諸人同行各有眷累今南自蘆溝敗軍滿野此曹無以洩發甯知不要我歸路乎公曰靖之意正如此是夜頤浩競輩互以言熒惑蔡公而安撫司勾當公事吳激者

遂進退保之言頤浩競勸成之余曰唐室之亂如李郭諸將嘗有退保者彼各提重兵或以營寨未便或就水草或就地勢豈若燕山乃公所治之地激之言非是萬一熒惑令公行他日必有以公先動爲罪而賣公以自售者不可不察也又聞常勝軍如欲附賊（改作敵）彼知公刼衆以遁藥師輩因以藉口公之罪何所逃耶蔡公深以爲然頤浩競輩乃愠見於色賴蔡公天資忠義不然遂爲二子搖奪使蔡公聽從頤浩等言率衆南奔是投之死地爾蓋常勝軍泊鄉軍之敗卒盤泊蘆溝涿州之間積怨無以泄其怒虜掠殺

滅者莫知其數使果遂行豈有噍類乎是戰也常勝軍與金人殺傷畧相當金人亦不知所以勝而常勝軍官密輸欵者由是藥師遂不能振而金人益張也初八日申後藥師乃召蔡公呂頤浩李與權沈琯等議事至則執之蔡公曰相公欲負天子耶引佩刀將自決爲官軍奪去已而藥師同諸公就坐乃曰藥師實不得已不能與諸公全終始之義遂掩泣由是諸人皆留藥師家是夜三更後火作常勝軍食糧敢戰等軍四散刦掠初金人犯順蔡公令守城卒上城雖諸廳當直人亦軍法從事由是畏法者盡遣之而不

畏法者自若也初八日晚蔡公乃差薊州逃卒分倸諸廳都未能變其面目是夜兵火作此卒肆行刦掠雖鞍馬之類頃刻無遺矣

賜進士出身頭品頂戴四川等處承宣布政使司布政使清苑許涵度校刊

三朝北盟會編卷第二十三終

三朝北盟會編卷二十三校勘記

乃是預知此意知誤作剳　乞急備邊於京師脫於字　今若合太原府路軍民兵義勇膽勇義勝軍等脫若字義勝軍等誤作常勝軍等　歸宣撫司具告童貫脫撫字　若舉宣撫司駐此經營脫舉字撫字　僕心知是爲機幕所奪恐懼欲遁誤作恐懼欲遁所奪　貫顧僕搔耳脫僕字　長驅至代代將李嗣本率兵拒守脫下代字　與令嶶舜仁適相値値誤作直　乃陰遣人告斡离不脫告字　廉訪梁競極力助之廉誤作兼　而常勝軍官有密輸款者脫有字

三朝北盟會編卷第二十四

政宣上帙二十四

起宣和七年十二月十日丁未盡十五日壬子

十日丁未斡离不(改作斡里雅布)陷燕山府

陷燕紀曰十日金人立旗幟城上十二日斡离不(改作斡里雅布)邀蔡公已下當日於毬場相見令東向拜傳言曰大金皇帝赦大朝官乃議與斡离不(改作斡里雅布)相見之禮公曰本朝之禮羣臣見皇太子旅拜太子答拜金國與本朝講好累年靖等覩太子猶本朝太子也傳言者曰大學拜於階上餘官拜於階下太子答拜

兩拜而止明日斡离不(改作斡里雅布)蟾目(改作棟摩)國王王汭蕭三寶奴(改作三寶努)張愿恭來謂蔡公曰二太子言今破燕得一賢官欲用之如何蔡公對曰靖爲天子守燕山已壞了金人得靖安用之也又待將金國壞了耶愿恭曰大學豈不知百里奚愚於虞而智於秦乎蔡公曰百里奚愚於虞者以虞不用耳靖嘗天子擢用致位兩府非不用也今已將燕山壞了所謂愚人也金國得之安用汭等大笑又曰二太子言大學之身已屬金國會得否靖曰靖之此身實屬金國生之殺之皆在太子然靖之心卻不屬金國靖心在本朝豈太子所能制耶汭等亦笑已而又曰太子果用靖惟有死爾汭等良久乃退十四日宣和門外蟾目(改作棟摩)國王令藥師取呂頤浩李與權沈琯杜時亮陳傑以隨軍初斡离不(改作斡里雅布)與劉彥宗蟾目(改作棟摩)國王議欲取蔡公隨軍已而謂彼難商量遂已十五日斡离不(改作斡里雅布)大軍南向是時涇州守郁中正爲金人所囚景州守吳震由海道而遁薊州守高公斡倅曾評率牙隊兵南奔檀州守徐傑倅黃文相繼亦遁順州守林良肱倅路擴趨燕山涿州守葛逢於此先遁易州守黃烈墜城折其左足又折其右足而死初燕

人本無思漢心乃和詵侯益唱之童貫蔡攸輩和之朝廷既以爲然遂遣馬擴王瓌由海道通金人金人攻契丹連年用兵及併契丹以燕山府遺我皆童貫之始謀也由是金人輕中國謂有德於我故觖望焉遂致燕山之禍云余嘗思之失燕人之心者三致燕(改作啓金)人之寇(改作釁)者三童貫譚稹首惡沈琯次之王安中詹度又次之何謂失燕人之心者三一換官二授田三鹽法換官失士心授田失百姓心鹽法并失士人百姓心換官者初自燕山之朝廷又自朝廷之燕山復自燕山之太原宣撫司困苦於道路者相繼

也官司人吏又沮格之累年不能結絶此曹怨望往往遁歸平州將京師事體中國虛實一一報之劉彥宗彥宗遂教金人有窺中國意授田之事內則屋業外則土田悉給常勝軍而燕山土著洎平州遁還之人悉無居止無生業而常勝軍所至豪横四鄰不能安居此燕民之尤怨者鹽法舊虜中（二字改作時）每貫四百文得鹽一百二十斤提舉官都不念新附之民貪功生事每斤至二百五十文足或二百八十文足仍引其親舊密借官引令與販牟利上下通同如黃友張遐舉莫模（闕）伾陳念四之徒數十人於新倉洺沽

河閒絡繹成市是數人者皆本空手而來致此豐富有至鉅萬者伾等賭博致將通貨場錢一二千緡出粜和合燕人以爲口實余嘗親見此曹自相詆誚謂官有緡三十萬墮燕中是時（闕）司刁柄易倅黃演皆同之何謂致（改作啓）金人之寇（改作釁）者三一張瑴二燕中戶口三歲幣張瑴之事啟於詹度而成於王安中金人已破平州獲上皇所賜張瑴御筆手詔曰吾當與汝滅（改作圖）女眞洎得燕乃於藥師處取所賜御詔對之紙札一同此金人所以怨讟（刪此字）也初宣和四年春金人既擁燕中戶口過平州瑴邀其歸大敗之

獲金國宰相四人殺之戶口悉遣還燕山後金人決欲得之而不能聽所以至是也（元約土地歸中國戶口歸金國）歲幣銀絹較之餽遺契丹者幅尺色額不逮遠甚彼固漢兒蓋有收異日契丹所得金帛者是所以不可欺也余去秋嘗被旨差接伴金國告慶使李用和王永福等至韓城取所與歲幣驗之誠爲紕薄又銀亦低次遂具此意并幣五端銀五笏達之蔡公遂聞之朝廷已而得旨莫州置勘焉於後三數月閒小使往來者何啻數十人金人之爲詞者大率不過此三事而已安中方且奏嘉禾生甘露降慶雲見視童貫譚稹怖

畏震恐心知其非口不敢言遂緘默養成大患也蓋金人性本貪婪每（刪此六字）人性至使人（下添每字）自京師回必誇其盛麗華侈北賊垂涎（刪此四字改作以此）決意（下添南字）來犯期在攘取（刪此五字）況劉彥宗輩皆漢人各銜中國搆金人破契丹之怨遂教其猖獗如（刪此四字改作之至）此又入燕士大夫爲買珠玉錦罽等物相高低至十數倍一日金字牌來令買玫瑰一百斤歲以爲例此唯一僧善造僧曰往日天祚於春水秋山外以此擾民今又如此金人已得燕則鹽法盡仍舊常勝軍屋業田土盡給前主燕人歸心焉此譚稹沈琯之徒所以誤朝廷

不下童蔡也

北征紀實曰宣和末金人謀入寇改作舉兵藥師亦點集常勝軍貫既在太原惟仗藥師謂必能與之抗不足憂也故內地畧無防禦亦屢有人告變又沿邊巡檢楊雍者得其通金人書繳上之皆不省及斡离不改作斡里雅布以兵入藥師亦出師未戰而張令徽先降先是藥師以城降朝廷寵異之藥師至自以爲功因忌令徽每抑之同於彪官而已兼之二帥亦以首降藥師也故不甚禮令徽令徽由是怏怏及凱還又留令徽備燕而以藥師策其後亦知令徽之負氣不平始加之承宣使分薊景俾領之終不得其心矣故金人來而先降藥師因亦降遽回燕山囚蔡靖等迎金人投拜是以中國束手無措初靖揣

藥師與常勝軍之情故常勸以忠義及知金人點集將寒盟屢奏皆不報靖無如之何故因其出師乃餞於野對其大軍設案望闕焚香拜舞始語藥師曰對諸軍在此今日之事相公豈可負趙皇之恩耶願勉旃藥師亦領畧之然無益矣

沈琯南歸錄曰宣和七年十一月臣以經制平貨職事至河間府二十七日據燕山府鹽場官中金人擁重兵壓境鹽場臣即時發騎北去十二月二日出涿州見知州葛逢言金人已破檀州或勸之還次日行三十餘里逢傳宣內侍張克愈於千馬舖言金人又破薊州執接伴使及官吏其鋒不可當去必被執再三强拉臣回臣與之食而告之曰某忝預一路使者之列豈亦可聞難而回義當以死守定遂行四日至燕山府見蔡靖呂頤浩李與權梁競議修城壁分布官兵同爲守禦之備七日郭藥師張令徽劉舜仁領兵於白河東日午有人馳報令徽先歸在東門之上臣與靖等登南城望之見兵馬向西馳去靖率監司議事於南門內有人建言欲擁取敢戰二千人開城門而遁靖曰此事且須熟議獨臣以爲不可靖曰試與家中商議先遣骨肉南歸頤浩與競取家屬在

南門欲去靖與臣同歸衙聞靖告其妻兒許採及其子松年今日衆人欲宵遁如何採與松年俱曰不可臣直入靖室採與松年在側大聲告之以大學爲守臣豈可聽衆人之語幸堅守不去之說大學以爲然少頃使臣報漕司吏卒約一二百人直叩南門欲出靖亟令使臣持刃止之曰敢有紛挐而出者斬之入而方定是夜臣宿於靖之學院八日早靖率監司見藥師說言昨日之戰藥師以騎兵大敗之追逐三十里金人走至申未間回視步軍不戰爲己敗也遂馳歸後聞乃是令徽不戰先退步軍隨之爲金國太子

所追直至潞縣太子見其軍不繼亦向東而遁改作去今且收拾軍兵入城以俟至城下出兵盡死一戰或不勝則擁兵而南以俟救兵之至令徽曰大朝有兵來乎或對曰必無又曰糧可運乎或對曰不能至頤浩曰師敗退兵古亦有之不若至雄州以圖後舉令徽曰常勝家屬近十萬口在燕城如何得出若率之去是速其亂藥師舜仁皆以爲然藥師曰大學既以死守藥師是帥臣亦當以死報趙皇其餘監司要去者自去或欲告藥師乞常勝軍百人護其家以出藥師曰常勝軍不可遣靖曰當以死守諸公何如臣告

以某聞難以來義不獨去惟有一死某與大學同之遂同歸府視衆人猶欲遁靖與臣皆曰若監司帥臣皆遁常勝軍以此爲辭而叛必有赤族之事臣又曰走有生之道而未必不死守有死之道而未必不生與權戲臣曰謹對臣又曰某雖孤寒今族中食祿者尚十四五人若一身死於此則衆族可以仕如或不然則全家不可復仕宦矣若出城之後爲金人所殺或常勝軍執之回時其辱又愈甚衆皆無語靖大然之曰靖今日得入忠義傳公膽大將身而來不畏死亦當附吾傳矣午後藥師遣人請議事靖等至藥師居幾相見藥師言令徽初無戰意於金人已敗走出界矣令徽作降表盜用印使人追之乃回旦夕再至大學不得已莫且降否靖曰以死報君是豈可爲乃取佩刀欲自刺藥師與軍官趙鶴壽等急捉其肘衆軍官分散把定頤浩欲出外藥師曰不須如是共閉於藥師宅內九日晚傳金國太子至城藥師率官屬遠迓之回言太子有令南朝官並不殺令出城降靖言既就拘執何必更降見時用何禮數若少有屈辱必死靖告藥師靖若死舉家骨肉告相公緦死一坑埋之幷戒子松年以不屈衆禱藥師免見太子藥師

言必要相見至十一日遣使人蕭三寶奴改作三寶努王汭張愿恭來見靖及諸監司云太子傳語切不要驚恐今日之事蓋緣南朝失信語及張瑴幷納叛人歲幣事其間有指斥太上皇之語非所忍言靖答之以趙皇堯舜之君爲羣下所誤王汭云御筆所在靖曰安知非詐耶愿恭曰既爲堯舜之君何故不知人靖曰知人堯舜以爲難臣從而助之曰堯舜尚用四凶至於罪惡顯著方同天下誅之此雖堯舜猶以知人爲難也王汭曰大學南朝之賢臣行將大用靖曰使南朝之臣各盡臣節乃太子之賜使靖等盡臣節亦

所以勸金國之臣也愿恭曰大金入燕得大賢人而不能用豈不見笑於天下要當相隨入汴次言及趙延壽留守之事意以此動靖靖曰如靖不能守燕正可謂大愚矣安可用愿恭曰百里奚愚於虞而智於秦大學豈不知乎靖曰百里奚愚於虞不用故也靖一書生嘗趙皇帝不次擢用致位宰執而不能守一路豈非大愚哉愿恭無以答遂退十二日使人來請靖與監司出南門外先議相見之禮云須望闕拜靖曰兩朝結爲弟兄使靖等奉使以往亦當拜望闕之拜所不敢辭南朝執政見太子對拜百官皆列拜而

太子答拜使人先往與蟾目改作棟摩國王議國王先請靖相見云恐見太子不拜成煩惱往見國王問論事甚詳不得而知靖出藥師曰大學與監司拜於廳上衆官拜於階下靖猶未肯呂頤浩曰昔廣平王拜回紇於馬首請至東都如約有此故事靖曰若太子肯議講和靖亦不惜兩拜遂出見靖居前監司次之衆官在後望東北四拜傳金國皇太子令放罪又兩拜訖請靖與監司升階衆官皆立階下導者令跪靖及監司不跪久之太子云且休呼靖使前不知問何事既退使王汭來傳語靖云講和事將取文字來十四日國王來請靖及衆官至府及南門外令靖競留燕山差軍官押頤浩與權及鹽茶司勾當官祉時亮從政郎監稅陳傑五人同行云前路要使喚或得州府留用餘官並依放逐便令臣等歸少待與靖告別某云自到燕山三年不謂與人如此相別前路使之招誘州軍或留以爲用乃琯死所但盡死節守燕終始不忘者惟大學與琯大學他日得見主上當與某明之若某先得見亦然是晚出門行三四日將臣等分在諸營頤浩國王營與權太子營臣留守營時亮等都統營

北征紀實曰金人既得虜改作契丹地因分兩道燕山之東平營一帶斡离不改作斡里雅布主之雲中之地西北則粘罕改作尼堪主之既欲犯改作寒盟自秋徂春探報甚密中外多不知也蔡靖密奏凡一百七十餘章至言朝廷若不以爲實則乞賜重行編置然終不報彼中點集藥師亦點集金人之賀天甯節人使還送伴官奏云不得其人亦誤國迎合者藥師點集威聲甚振鄉兵在道者皆全副披帶躍馬而行逼大金使人衆輜車鄉兵於馬上以槍直取其羊羫揭之而去金人莫敢較又有鄉兵遇人使者徑自前大金行人使爲之恐悚斂馬避

道於是愈益謂强敵之畏我而藥師之可倚也是年十一月冬祀禮畢至𢑥纔下壇而犯界密報至十二月初欲恭謝而大兵入界報又疊至皆秘之亦無他但曰恐壞卻恭謝其實懼內外觀聽爾宰相實不知也凡五日報益急二丞相（白時中李邦彥）因共請奏聞燕山有急報至乞降付外議之十二月九日也恭謝以是日而後畢此報一出人情寖已惶惑矣然二相執政共匿之則又七日外但見都堂聚議每抵暮而歸人頗疑焉及十六日報童貫自太原遽回於是中外洶然知爲北方事作矣又二十有四日巳時報郭藥師降金人羣小惡人聞知匿之但曰藥師被圍方議降旨除藥師永清軍節度使燕王張令徽郡王割燕地與之使世守亦爲無及矣

秀水閒居錄曰燕山初爲金人所侵契丹金吾將軍郭藥師率萬衆來附卽授承宣使未幾殘虜號（刪此三字）四軍大王者遣人招之藥師不從表上其事四軍以兵來藥師又擊敗之遂加節鉞專付兵柄三四年間所領常勝軍等至十萬皆給家口食河北諸郡收市牛馬殆盡至四萬餘騎朝廷竭力應副自京師漕粟泛大河轉海口以給之內地所遣戍兵初亦數萬人

衣糧既爲常勝所先（改作占）皆飢寒失所或逃或死不能久駐於是藥師一軍獨擅邊柄藥師本凶狡叛歸雖久不改左衽（刪叛歸至此八字）日肆暴橫漸露逆節議者謂必復叛去不可獨任惟燕帥王安中副帥蔡靖監司呂頤浩沈琯黃翼等蔽匿之有張令徽者亦契丹將舊官藥師之上至是反爲副居常怏怏不平言行乖惡藥師亦憚之宣和七年秋安中召還無所論奏但薦令徽遂除節度使至冬金人寇（改作入）邊藥師率兵去燕城七十里與令徽分軍以禦之既接戰藥師猶與之馳逐令徽則仆旗滅鼓望陣而降大軍遂潰藥師馳還盡執羣僚幷刦其家以降金人與之合從犯闕（刪金人至此八字）

金虜（刪此二字）節要曰斡离不（改作斡里雅布）寇（改作至）燕山之境其松亭關韓城鎮符家口石門鎮野狐關古北口把隘官軍望風而潰檀順景薊聞賊（刪此字）聲皆潰叛藥師出常勝軍屯於燕山之東白河以待賊（刪此字）金人既至戰不利藥師以燕山降賊（刪此字）涿易繼叛女眞本如禽獸不顧生死久處窮荒之地乍入富庶之域爲利所誘所向爭先初非有拓地開國之志但欲殘殺以報宿怨虜掠以慰私心而已無何適當邊主失

馭國人離怨無事之日不親兵革往往遇賊望風而潰及好亂之徒相率而歸由是賊勢愈張禍心愈生删女眞至此一百零二字阿骨打改作阿固達弄改作起兵之始成敗未保惟恐失人苟有歸者莫不待之如親用之不疑樂則同處苦則先登攻守之計進退之理人人可得而陳之故利之至小害之至微無不聞焉倡其作亂之策删此五字改作率衆以降者恣其虜改作俘掠不奪其所得故貪婪輕生之徒聞風四起多殺守將據郡邑脅軍伍以應賊删此字以至渤海酋長删此二字大撻不也改作大托卜嘉高永昌契丹副都統耶律章奴改作章努耶律余覩改作伊都亦

率衆而歸之於是賊勢删此二字如大厦已仆洪流已決莫能禦焉先是遼主天祚數起燕雲之人遼水長春等路討賊改作伐自累戰敗多爲金人虜之删此三字改作俘不得西歸鄉里及金人於宣和五年驅燕山士庶多有歸中京遼水者云我與中國約同取燕雲中國得其地我得其人故被虜失業之人皆歸怨於朝廷及金人已立漢兒劉彥宗時立愛爲僞删此字相二人皆燕人也以墳壠田園親戚之故愈勸賊删此字入寇改作燕契丹舊臣降金人者如余覩改作伊都諦里改作迪里特离不改作特烈布徿里鐸刺盧達反○徿里鐸刺改作浩里道拉删注三字乙信改作

伊遜毛特可改作特赫穆阿魯改作阿嚕三寶奴改作三寶努九哥改作玖格馬五改作馬武耶律暉蕭慶王汭楊天吉蕭廷珪之徒已得用事又云二太子之妻余輦改作蘇尼公主乃遼主天祚之女粘罕改作尼堪之妻乃遼主天祚元妃各因開可入內外勸賊改作之南寇改作侵陰報朝廷助兵攻遼之隙仍四來番漢烏合之衆蟻聚蠭起紛紜雜沓猬獗之氣正銳犬馬之力未疲虜掠之路方起貪婪之心未厭上下詾詾嘗欲入寇是時賊方以聚衆爲急知附已者本非義合誠爲虜劫若遽止之必生變亂删仍四至此七十八字又燕雲陷賊改作遷徙之人皆欲乘之西歸

鄉里賊知删此二字勢不可遏故陷賊之人驅率犬羊删故陷至此九字假改作乃以平州張瑴爲名叛盟入寇改作舉兵深入時藥師所統常勝軍復多遼水之人亦欲因賊改作此歸鄉里故金人之入寇此二字改作來也長驅乘勝貪忿之徒删此四字乘改作因契丹報怨之勢燕雲陷賊删此二字之人奮力以謀西歸藥師常勝之軍因之欲圖東去當是之時燕山之失其理必矣

又曰阿骨打改作阿固達既死改作殂粘罕改作尼堪專於删此字軍事乃遣女眞萬戶嗢敦改作温都郎君蒲盧虎改作富勒呼賽里改作薩里郎君契丹都統馬五改作馬武東寇改作侵居庸

關以應之慮居庸關難取遂分兵由紫荆口金坡關入寇此二字改作侵易州卽出奇取鳳山治皇太妣嶺道以寇至改作昌平縣則反顧居庸矣於是居庸亦潰彼賊删此二字遂入居庸初藥師之備金人也嚴於東北而弛於西何哉蓋東北乃金人來路也燕山之東以韓城鎭爲界東北以符家口爲界韓城符家去燕山皆四百餘里斡离不改作斡里雅布既寇至改作東北探騎潰軍絡繹而來燕山得預聞之故藥師出常勝軍屯於燕山之東白河以待賊字删此西則居庸關爲絕邊去燕無百里之遠但閉關而已更無他備不意賊字删此西取居庸一夕寇改作薄城故預無警報而弛備焉設若白河之戰藥師苟能全勝追賊遂改作而東則西亦爲粘罕改作尼堪乘虛矣況戰復不利何以禦之

斡离不改作斡里雅布既得燕山與粘罕改作尼堪分東西兩路以入寇字删此

節要曰東路之軍斡离不改作斡里雅布主之西路之軍粘罕改作尼堪主之虜改作金人呼作東軍西軍東路斡离不改作斡里雅布建樞密院於燕山以劉彥宗主院事西路粘罕改作尼堪建樞密院於雲中以王時慶主院事虜字删此呼東朝廷西朝廷

十五日壬子斡离不改作斡里雅布自燕山舉兵南寇删此二字令郭藥師將千騎爲先鋒

金人初疑藥師止令帶一千騎爲嚮導藥師辭以兵少不肯行又益以千騎令云所過州縣不得擅行誅戮藥師暗自帶數百騎以行

賜進士出身頭品頂戴四川等處承宣布政使司布政使清苑許涵度校刊

三朝北盟會編卷第二十四終

三朝北盟會編卷二十四校勘記

及併契丹以燕山府遣我（併一作敗）　慶雲見覩（覩字衍）　往見國王間論事甚詳不得而知（此係小注誤作正文）　又有鄉兵遇金使者（金誤作人）　亦欲因賊東歸鄉里（脫東字）　長驅久勝貪婪之徒（長字衍久誤作乘）　時立愛（誤作王時慶）

三朝北盟會編卷第二十五

政宣上帙二十五

起宣和七年十二月十六日癸丑盡二十三日庚申

十六日癸丑童貫至京師

十七日甲寅粘罕（改作尼堪）圍代州崞縣都巡檢使李翼死之

武義郎奏差代州西路都巡檢使李翼麟州新秦人宣和七年十二月七日金賊（改作人）擁兵南下翼屯崞縣爲賊（改作敵）所圍十一日虜（改作敵）旣陷代州則遣李嗣本降翼翼射卻嗣本帥士卒堅守義勝軍統領崔忠代州人有異志翼欲圖之未果十七日忠殺都監張洪輔夜引賊（改作敵）入城翼挺身搏戰達旦以力不能敵就執僞（改作金）國相與兀室（改作烏舍）郎君必欲臣之翼怒罵不屈與將吏折可與知縣李聳縣丞王唐臣縣尉劉子英監酒閻誠同被害始虜（改作金）人以翼等狥崞縣遇崔忠通衢翼痛詆忠忠掩面而遁翼臨誅南向呼官家者數聲乃絕宣撫司奉便宜黜陟聖旨李翼特贈武德郎

吏部員外郎續觱撰公行狀云有宋仗節死難之臣

武德郎贈武義大夫李公諱翼字輔之宣和二年河東路宣撫司統制韓實辟至郡充隨軍在陣將屯馬邑時朝廷方有事於燕山朔州雖已撫定而土著數千人結連謀叛安撫使李嗣本檄委公彈壓至則陰奪其謀誅其首惡十餘輩餘黨帖服是時金人新破雲中數遣使窺邊虛實有蕭慶者每來必臂鷹出郊公謂統制來承慶韓實曰慶虜改作敵之大猾詭名飛放實欲窺我險易察其辭意將造釁端莫若先圖之此去雲中二百五十里若以精兵數萬出其不意一晝夜可至擣其脅脅則禍根可除會將官折仲安亦

言金人二字改作敵無信不若先討之承慶韙其謀備陳於大帥張孝純孝純大怒且謂兩國方講和好輒敢妄議欲啟邊釁在先雲中差一副將駐軍甯化軍公又陳便宜不合遂改差代州西都巡檢使後金人叛改作敗盟承慶曰李折二公何先見之明如此追咎孝純不用其策飲恨發病而死宣和七年冬十二月金人大入圍崞縣遂破代州安撫使李嗣本降金人遣嗣本招降諸縣嗣本遺部將臧份郎城下說諭公厲聲叱罵嗣本抽矢射臧份中馬郎僕份等遽退公謂所善將此字刪軍官折可與曰與公同守此城當盡忠

節以報國家時朔州孫翊及將官折仲安引本部兵屯陽武寨陰以文字相往來公建議以謂石嶺關太原之襟喉天險崇峻若守關旬餘則太原可以聚糧徐俟四方之援賊改作敵屯兵堅城下勢當狼顧必不敢長驅而南二公深然其計復以蠟書招公公亦以前議告折可與欲分兵趨石嶺崞縣居民俱號泣馬首遮道請留時可與弟可存路志行知縣李聳縣丞王唐臣監押張洪輔縣尉劉子英監酒閻誠義勝軍統領崔忠同被重圍獨忠本燕人歸國朝廷待以不疑俾將燕軍公俄聞張孝純以歸朝官耿守忠守石

嶺關仰天歎曰是人烏足託耶國家大事去矣援兵不至謂縣官曰崔忠一漢兒貪利苟生豈有忠節可與共守萬一內變豈惟上誤國家吾屬亦受禍矣不若先事誅之眾默然惟折可與然其說既而知縣李聳云崔忠頗忠義試與熟計守石嶺關利害公曰若告崔忠詎肯從我既而忠果不從且與折可與爭掌門鑰可與曰公歸朝官恐民生疑忠曰我乃官長爭辯移刻不決公忿然奪鑰毀折之曰既與諸公盟為國家守城何必爭此破圍而後啟關紛拏始定明日崔忠集邑僚議事張洪輔曰聞義勝軍欲為內應如

何忠曰豈敢容手下人反忠目帳下拔所佩刀刺洪輔殺之公遽取部曲所執撾擊退叛兵亟尋忠已避去遂登城守禦已而忠果引賊人（二字改作敵）入城焚樓櫓刦居民公血戰自暮至旦力窮被執方未城陷前一日公遽以四事囑其子宗周曰我不能苟活從僞聞代州史安撫突圍戰沒將官辛漸駡賊自刎我死汝謀歸鄉里訴於朝廷使吾死節不泯則後世謂吾爲有宋之忠臣而吾謂汝爲孝子矣他日朝廷卹典推恩可令汝伯父遺孤受之汝繼母攜重貲嫁吾未幾月吾以國事豈能顧戀汝當侍奉如親母設不幸

陷虜（改作敵）勿相棄背吾死汝能返骨營葬先壠使得奉先人於九泉死復何恨公之被執也黏罕（改作尼堪）兀室（改作烏舍）好語諭公欲更授北官公訴駡不屈兀室（改作烏舍）復遣說公曰我欲取天下彼一小縣敢抗大軍我亦喜忠義未欲殺汝等但一言相順特與免死仍舊職任汝等便可拜也公謂折可與曰不可食前言與公死生共處遂復駡二酋（刪此二字）曰我南朝臣子以姦賊內應致城破被擒殺則任殺豈肯拜汝番狗（刪此二字）耶譯者意欲相全又以甘言誘公公裂眥戟手指呼黏罕（改作尼堪）兀室（改作烏舍）曰不幸被番狗（改作爾等）搶辱我豈苟生者可與亦曰我八十年世守之家甯肯負國敗壞家聲無知畜類（刪此四字）不若亟殺我羣胡（二字改作敵）憤悱（刪此字）持梃紛擊公傷額可與損一目咸弗顧拊膺嫚駡愈甚二酋（改作敵帥）歎其守節復諄諭曰汝等本皆合死念汝等忠義姑欲全貸尚敢肆惡言駡辱尊貴大人公曰我輩若手有寸刃當殺爾豈特駡耶賊（改作敵）知終不可屈乃驅狥崞縣入城遇崔忠於通衢公大駡忠忠掩面疾走公被害之際猶囑守者冀少緩倘得南面望拜死無所恨守者不從但轉頭南向呼官家者數聲曰臣力弱不能翦滅此賊以報國恩至

死聲始絕餘官吏俱被害獨折可存路志行得免其家沒入於虜（改作敵）後詔述公忠烈付史館

十八日乙卯黏罕（改作尼堪）兵至太原知朔甯府孫翊來援戰敗被殺

封氏編年曰黏罕（改作尼堪）兵至太原知朔甯府孫翊來援兵不滿二千與金人戰於城下張孝純曰賊（改作敵）已在近不敢開門觀察可盡忠報國翊曰但恨兵少力乏乃復戰數日五兵皆盡爲金人所殺

黏罕（改作尼堪）屯太原北陳村既敗朔州守將孫翊於太原城下又敗府州守臣折可求於交城

節要曰孫翊河東名將也守朔有威聲金人亦憚之黏罕(改作尼堪)既至太原反據雁門翊自朔不得入遂由甯化憲州出天門關以援太原營於城下黏罕(改作尼堪)忌之翊之離朔旬餘之間朔守以城降於賊(改作敵)而翊麾下多朔人至是黏罕(改作尼堪)驅朔之父老以示翊軍於是翊軍變翊方戰為叛徒害之歸賊(刪此二字)可求統麟府之師二萬衆自府州涉大河由岢嵐州將出天門關以援太原為賊據關不克進復越山取松子嶺道出焉至交城遇黏罕(改作尼堪)之衆大戰移時可求遠來新至勞逸有間故致敗績嘗謂賊(改作敵)初犯太

原翊與可求隨而援之可謂勤矣然而雖有援太原之心而無援太原之術何哉當黏罕(改作尼堪)自雲中竭醜類寇(此四字改作悉師赴)太原之初翊在朔州由馬邑懷仁(皆邑名)東去雲中無數舍之遠可求在府州由武朔東去雲中路近於交城且仍皆坦途別無關阻若翊與可求會麟武朔之師併力以擣雲中時黏罕(改作尼堪)之徒骨肉財寶盡在雲中而有所留護守之人皆老弱而已如聞攻其必救之地必倉皇釋太原以救雲中於是則太原張孝純王稟之軍自可從而襲之使烏合利聚之徒致後顧前憂之地自生變亂必然之理

非惟太原可解賊(改作敵)巢亦平又且新邊之兵可張我勢而安羣心此歸弊於人轉客為主故孫臏走大梁而救韓皆此道也何翊與可求之見止務先到太原為功殊不知近擣雲中遠救太原之要也而復紆迴山險人疲馬乏反為(改作使)彼賊(刪此字)以閒離之以逸待之宜乎身死軍覆無以成功所以詳論此者蓋太原之圍乃中國禍亂之原也苟使當時黏罕(改作尼堪)失意則東路斡离不(改作斡里雅布)氣亦喪矣至如斡离不(改作斡里雅布)得善脫於東京亦未敢復寇(改作至)河南朝廷自可從容為計止因太原被圍朝廷區區救之幾年

何暇治其他哉及至太原之陷也踰月之間賊(改作敵)已南來國家之力已困於河東矣將士之氣已沮於河東矣故京城所以失援臣由是惜翊與可求救太原之無術也

封氏編年曰知府州折可求并軍馬使韓權知胥甯羅稱延安府路援兵劉光世與金人黏罕(改作尼堪)大戰於太原之郊城自早至日中勝負相償而我師等各據地分守至日中金人兵忽自可求寨後開生山而出刲其家計寨劉光世望風而奔可求乃潰羅稱韓權死於陣自是河外兵將十喪七八

夏人陷天德雲內河東八館等地

初黏罕(改作尼堪)遣撒盧拇(改作察勒瑪)使夏國許割天德雲內武州及河東兜答厮喇(盧達切。兜答厮喇改作庫德薩喇删注三字)曷童(改作和勒端)野鵲神崖榆林保大裕民八館河西金肅清河二軍約入寇(二字改作侵)麟府以牽河東之勢至是夏人由金肅清河軍渡河取天德雲內河東八館及武州以應黏罕(改作尼堪)之約盡陷其地

斡离不(改作斡里雅布)攻保州安肅軍不剋

十九日丙辰下詔諸色人陳獻利害事

詔曰河北燕山邊面事理宜詢訪利害選用人材特

許文武臣僚諸色人經尚書省投狀自效並獻陳緊切利害是時朝廷知金人長驅兩河故有是詔

二十日丁巳御筆皇太子除開封牧餘依故事付翰林草制非左右大臣建明出自朕意

沈琯在路上和議書於斡离不(改作斡里雅布)

南歸錄曰二太子初告蔡靖以講和事請將文字來靖既留琯恐中輟遂草一書與太子云某謹獻書皇太子麾下某竊謂天地之德可爲大矣而孔子以一言盡之曰生而已伏惟皇太子親擁兵以責不信自入境來不殺一人不取一毫河北之城守而不下者察其愚衷未嘗逼而過之眞體天好生之德也趙皇聰明睿知聞於天下特用事之臣有以蒙蔽之其不信之罪固有所在唐堯昔之盛帝也猶且用方命圮族之鯀至於九載績用弗成然後殛之於羽山成湯昔之賢君也其臣不稱其無過而稱其改過不吝趙皇之德過於堯湯豈不能殛鯀而改過哉況我太祖太宗以揖讓而取天下雖顯武功而亦不誅戮繼之以眞宗仁宗純以仁義治之德澤入人已深未易動搖趙皇又安肯遽舉河朔而遂棄之亦須聚兵而一戰勝負姑置不論然勝者豈全無殺傷之害特有多寡之異耳又況於負者哉兩國之兵各盡死以忠於

國而使肝膽塗地非皇太子入燕之初所以諭人民之本意也某欲請選輕兵十騎隨某先馳至汴親見趙皇臨遣大臣前來軍前計議多少金帛以犒將士更增歲幣以重和好亦大金皇帝無窮之願豈不美哉如以爲然願速行之或以爲不然既效謀不用便留之軍中無益也十二月十九日書上當日在安肅軍門外說與監守軍官等欲獻講和事衆人皆云甚好如此則花又不損蜜又得成遂問隔營一軍官借得一筆硯及毛頭紙三幅燈下寫了次日投不得因

馬上見頤浩以書與之令達國王也

二十一日戊午下罪已求直言詔

詔曰朕獲承祖宗休德託身士民之上二紀於兹雖兢業存於心中而過咎形於天下蓋以寡昧之資藉盈成之業言路壅蔽導諛日聞恩倖持權貪饕得志縉紳賢能陷於黨籍政事興廢拘於紀年賦斂竭生民之財戍役困軍伍之力多作無益靡侈成風利源商榷已盡而謀利者尙肆誅求諸軍衣糧不得而冗食者坐享富貴災異屢見而朕不悟衆庶怨懟而朕不知追惟已愆悔之何及已下信詔大革弊端仍命

輔臣蠲除害政凡兹引咎興自朕躬庶以少謝上天譴怒之心。舊校云歸本無心字保完祖宗艱難之業慨念前此數有詔旨如下令以求直言修政以應天變行之未久奪於權臣乃復歸咎建議臣僚使號令不信士氣銷沮今日所行質諸天地後復更易何以有邦況當今急務在通下情不諱切直之言兼收智勇之士思得奇策庶解大紛望四海勤王之師宣二邊禦敵之略永念累聖仁厚之德涵養天下百年之餘豈無四方忠義之人來狥國家一日之急應天下方鎭郡縣各率師募衆勤王捍邊能立奇功者並優加異賞不限常制其有草澤之中懷抱異才能爲國家建大計定大事或出使疆外並不次任使其尤異者待以將相應中外臣僚士庶並許實封直言投於登聞檢院通進司朕當親覽悉行施用雖有失當亦不加罪所有下項指揮立便施行敢有阻格仍以結絶爲名暗有存留並當肆諸朝市與衆共棄咨爾萬方體予至意

罷花石綱等指揮

御筆手詔朕祇紹丕圖撫臨萬宇顧德弗類永惟宗社付託之重靡遑甯居維予兆民是爲邦本比年以

來寬大之詔數下裁省之令屢行然姦吏玩法而衆聽未孚有司便文而實惠不至蓋緣任用非人過聽安議興作事端蠹耗邦財假享上之名濟營私之欲漁奪百姓無所不至使朕軫念元元若保赤子之意何以取信於萬方夙夜痛悼念有以拊循慰安之應茶鹽立額結絶應奉司江浙諸路置局及花石綱等諸路採斫木植置造局所諸路非泛上供拋降物色延福宮西城租課內外修造並罷更有似此害於百姓者三省樞密院條具以聞夫民罔常懷懷於有仁朕於吾民每懼仁愛之弗至一夫弗獲時予之辜播

告之修咸聽朕旨當日罷應奉局諸路歲貢罷天王君聖主字為諱罷講議司賣鈔罷黃老兼經幷西城所見管財物並付有司其拘收到元係地土並給還舊佃人減掖用度減從官以上月糧及罷諸局以上並令有司據所得數撥充諸路糴本及椿充募兵賞軍之用應齋醮道場除舊法合有外並罷罷道官及撥賜宮觀道官等房錢田土之類並依祖宗法罷大晟府罷教樂所罷教坊額外人罷行幸局罷花石所罷待詔額外人罷都茶場依舊歸朝廷河坊非危急泛料免夫錢並罷開封府承受文字自今後依舊送

朝廷請寶舊法施行更不得請御筆斷遣畫旨兼之大理寺同西城所官吏等並罷事歸延福宮人歸合屬地歸京城西壁依元豐法修房廊艮嶽官吏並罷歸延福宮寶籙宮官吏並罷依上清儲祥宮法施行擷芳園所並罷歸龍德太一宮專法所擷景東園官吏人物並罷地歸京城所西園撥屬京城所瓊林宜春苑所並罷並依元豐官制歸所屬保壽粹和館官吏並罷宮人依舊付法尼寺養病地歸軍器所並日下罷

斡离不改作斡里雅布攻中山府詹度禦之攻之不克

二十二日己未除宇文虛中等指揮

三省樞密院同奉聖旨宇文虛中除保和殿大學士充河北河東宣諭使其請給人從依見宰執例施行不得辭避日下受告又奉御筆應內外紫衣師號幷特旨等度牒並仍舊給降又奉聖旨王汞從願自辦本家糧食斛百萬貫石措置赴闕體國助軍宜加獎擢可先次與轉一官候措置般運足辦取旨不次褒擢三省樞密院又奉聖旨姚古差充京畿輔郡兵馬制置使兼都統制王藩除寶文閣學士充畿輔郡兵馬制置副使兼都統制陝西刷兵令王藩限一日選

官具名申尚書省

謀南幸

金人敗盟刪此二字分兵兩道入寇改作南下其一以斡离不改作斡里雅布為帥寇改作薄燕山郭藥師叛燕山諸郡皆陷遂犯改作侵河北所謂二太子者是也其一以國相粘罕改作尼堪為帥寇改作趨河東李嗣本叛忻代失守遂圍太原所謂國相者是也朝廷聞賊改作敵兵逼近始遣李鄴借給事中奉使講和召天下勤王之師且命皇太子為開封牧宰相日赴都堂聚議易置東南之地宰臣具舟楫運寶貨為東下計上命所以踵前跡以賜東宮。刪注十一

字又有司已擇二十六日視開封牧事而二十三日會內禪矣

又曰初粘罕（改作尼堪）之犯（改作入）境也茹越寨得虜（改作金）之牒文及開拆乃檄書其言不遜（刪此二字）所不忍言貫得之歸與大臣議恐傷天子意而不敢奏時又議下詔求言而詔本數改易未欲下也（貫奉命乃宣撫河北河東諸路及其遁也無上命而遽還宰相樞府咸不能詰方引之都堂共商議下求言詔又不召翰林學士乃用貫參謀宇文虛中撰辭大凡皆不正）李丞相邦彥謂不若以檄書進用激聖意冀得求言之詔亟下爾二十三日早大臣於宜和殿中以檄書進呈上果涕下無語但曰休休卿等

晚間來商量是晚大臣既再對於玉華而宇文虛中與吳敏適亦請對上謂大臣曰卿等可俟引虛中及敏對罷卻來相見虛中對後次敏見遂及禪議上因留敏於外少俟復召大臣忽氣塞不省墜御牀下近臣急呼左右扶舉僅得就保和殿之東閣羣臣共議以再進湯藥俄少甦因舉臂索紙筆上以左手寫曰我已無半邊也如何了得大事大臣無語又書諸公如何又不語耶左右顧無應者遂自書曰皇太子某其（刪此字）可即皇帝位予以教主道君退處龍德宮又謂吳敏朕自拔擢今日不負朕可呼來作詔禪位詔敏辭也時敏草詔進入上手指其後曰自此可稱予遂召東宮來視疾至則大臣當榻前諭旨以御袍衣之東宮因頓首辭且謂之（二字改作曰）受則不孝矣舉體自撲終不敢當因亦得疾太上又命召中宮至同加敦諭曰官家老矣吾夫婦欲以身託汝也猶力辭上堅命立之是爲孝慈淵聖皇帝初敏見建牧深以爲未快必一切付之而後可時太上意切於避狄（改作敵）故敏適以是晚對因得進言促成大計謂必付託之重而後可去故太上尤善之遂內禪

賜進士出身頭品頂戴四川等處承宣布政使司布政使清苑許涵度校刊

三朝北盟會編卷二十五終

三朝北盟會編卷二十五校勘記

公謂統制來承慶（來一作朱）　方城未陷（誤作未成）　我八葉世守之家（葉誤作十年）　未嘗逼而攻之（攻誤作過）　減掖庭用度（脫庭字）　請照舊法施行（照誤作寶）　既再對於玉華閣（脫閣字）

三朝北盟會編卷第二十六

靖康中帙一

起宣和七年十二月二十三日庚申盡靖康元年正月二日戊辰

宣和七年十二月二十三日庚申卽帝位（三字改作禪位於皇太子）

大赦天下

門下我國家創業守成紹二百年之祚運宅中國大奠三萬里之幅員肆及眇躬嗣膺神器永念纘承之重懼劇春冰載惟臨御之艱憂深朽索矧今邊陲未靖師旅方興肆推曠蕩之恩用慰遐邇之望可大赦天下應赦書到日昧爽以前罪人除謀反謀大逆謀叛惡逆不赦其餘罪無輕重已發覺未發覺已結正未結正常赦所不原者咸赦除之應文臣承務郎武臣承信郎以上并內臣及致仕官並與轉官合磨勘者仍不隔磨勘諸軍將校合加恩者並加恩內外馬步軍諸將士等並特與優賞承務郎以上服綠服緋及十五年者並與改轉服色文武陞朝官禁軍都虞候諸班諸軍都虞候諸班指揮使御前忠佐馬步軍都軍頭副都軍頭藩方馬步軍都指揮使父母妻並與封敘已有官封者更與封敘亡歿者與封贈已封

贈者更與封贈應貶降責授官並與牽敘在外未量移者與量移已量移者與敘用已敘用者更與敘用應流配人元係命官已經恩赦放還者量與敘用應各追官停廢人等并終身不齒及放歸田里并註誤連累自來未敢求仕人并許於刑部投狀具元犯聞奏當議特與甄敘應散官編管人等並仰所屬具元犯聞奏當議等第施行應除名追官停廢人等曾經編管羈管已放逐便者并許於刑部投狀特與敘用應停降諸色人等未曾敘用者依例施行應諸路人戶所欠今年夏秋税租及送納錢物并自來倚閣税

物並與除放其鄉村逃移人戶並仰招誘歸業應今日以前天下諸色欠負並令逐處依今年冬祀赦書例疾速保明聞奏今來邊事之際諸路州縣應有合行寛恤事件仰逐路帥臣監司守臣疾速一面施行訖奏應逃亡軍人並與限一百日許於所在自首並與放罪限滿不首復罪如初應諸處有聚集盜賊所在州縣備坐今來赦宥招誘歸業如願在軍者許諸軍內安排給與衣糧應孝子順孫義夫節婦所宜旌表以厚人倫五嶽四瀆名山大川歷代聖帝明王忠臣烈士載在祀典者委所在精潔致祭近祠廟處並

禁樵採如祠廟破損處令逐州以係省錢糧修葺仍仰監司常切點檢毋致隳壞應赦書該說不盡事件委逐處子細看詳分析聞奏於戲清蹕而朝萬宇敢忘丕冒之仁繼明以照四方宜布惟新之政更賴忠良協贊文武交修永孚於休同底於治咨爾有眾體予至懷

吳敏除門下侍郎

朕恭承景命嗣守丕圖永惟基業之艱難實賴股肱之左右延登時傑進與政機增重公朝用勸羣辟朝散大夫試給事中兼侍讀吳敏毓德和醕受才奇崛

識慮高明卓爾蓍龜之見器質靖重凜然柱石之資再踐瑣闈屢値辭苑論事有回天之力視草有華國之文預大議於禁中功歸社稷裁明詔於筆下意愛士民有茲不世之逢蓋亦爲時而出宜亟躋於近列以允協於僉言處東臺管轄之司參四輔鈞衡之任噫陳堯舜之孝悌是爲風化之先合皐契之忠嘉更苙訏謨之告肩一心以佐王室熙庶績以亮天工往卽欽承奚竢多訓可特授中大夫守門下侍郎

种師道何灌除都統副都統

保靜軍節度使致仕食邑一千五百戶實封六百戶

种師道可特除檢校少保靜難軍節度使充河北河東路制置使兼都統制進封開國公加食邑五百戶侍衛親軍步軍都虞候甯國軍承宣使管勾侍衞步軍司公事何灌可授武泰軍節度使充河北河東路制置使兼副都統進封開國伯加食邑三百戶

手詔河北河東州軍

勘會朝廷與大金國元自海上結約積有歲時使命交馳懽盟無閒止緣守邊之吏不能恪守誓言容納叛亡致誤朝廷結怨鄰國已致興師既往難追宜尋舊好除已遣使和會外仰河北河東沿邊州軍嚴飭

守備使司務在持重毋得不時輕舉

二十五日壬戌斡离不(改作斡里雅布)陷慶源府

沈琯南歸錄曰二十三日斡离不(改作斡里雅布)至慶源府忽見南方塵起甚高金人惶恐遽退三四里止國王遣人招琯來曰你先去講和因論講和事國王略能漢語有時作番語左右有三四人是漢兒進士及第者時東京留守姓高是渤海人在側言與燕人無異問琯云郭藥師言河北全無兵城壁皆不可守可以直趨汴京是否琯言眞定中山河間大名四帥府各有將兵不少又云前日過中山眞定准備兵守煞好因何不出戰琯云事出倉卒不可輕動又云聞南朝有兵八十萬今在何處今何不迎敵琯云散在諸路要用旋勾喚汴京左右約有四五十萬黃河兩岸須有大兵守之必不可過又云南朝拆橋與不拆橋若拆橋是不要河北也我今日須要河北以河爲界琯云燕山本中國地陷契丹二百年近歸中國以南朝法制之人心尙不服今若以金國法度治河北人必不安又云只付與南朝人歲納進奉琯云與其與他人孰若依舊以白溝爲界增添歲幣其利無窮國王與留守相笑曰此人狙後問燕人云狙者不好之辭

也國王云我兵勢如此南朝豈能敵趙皇莫走否琯以其言非所宜言告之曰太祖太宗取天下不以兵革眞宗仁宗德澤在人已深趙氏社稷未必衰亂之時若果爲之必有英雄起國王曰你中國自相殺干我甚事琯曰昔唐元宗幸蜀太子卽位於靈武是爲肅宗衆皆曰聞儲君甚賢曰皇太子恭儉仁慈內外皆聞之且聞不好奢華不事嬉戲遊畋皇帝之所不喜者留守曰此亦聞之

臣寮劄子乞置四總管

臣寮上言竊見臣寮集議乞於拱州潁昌府開德府

鄭州各置都副總管欲乞六曹尚書侍郎開封府同集一處翰林院學士兩省待制同集一處臺官在本臺各薦文臣可充都總管四人內有議論不同許爲一狀薦舉以充其數奉聖旨依奏二十五日臣寮上言契勘金賊（改作人）遊騎侵犯河北都城備禦決可無虞理當更强外援恐私自爲計各相顧望亦無任其責者天下之勢治平則宜重內遭變則宜重外重外者宜假之以令將佐士卒官吏財用足以應辦今擇人分總四道各付以一面令事得專決財得通用吏得辟置兵得誅賞倉卒之際合從以衞王室連衡以

禦狂虜（改作敵）不煩朝廷指畫警急可以恃爲臂指以爲救援此今日之急計也擇之既精待之既厚委之既專賞之既寵彼若不捐軀以報君父則不忠不孝之罪天下得以滅之豈敢復有顧望哉謹條具如右

一以三京并鄧州帥臣爲帶都總管北京帥總北道河北東路京東東路西京帥總西道京西北路陝西京兆秦鳳環慶路南京帥總東道京東西路淮東西路浙西路鄧州帥總南道京西路浙西路仍各置副總管使出則留守事平日依舊以四帥分總四道止爲警急率所部勤王差撥兵馬移運錢糧令所部州軍各聽節制相爲應援其餘事並依舊制各州帥府處幕府官屬依帥府差辟隨府置罷一合用兵並令所部州軍召募訓練以備差發仍於所差處不限文武官有才略忠勇者官統制合用錢糧並所部州縣不限高卑選通曉財用官以遠及近遞遷移運別項樁管專充差發兵馬之用奉聖旨依奏

二十六日癸亥詔威武軍節度使梁方平將騎七千令守濬州又詔步軍都指揮使何灌以兵二萬守黃河

二十七日甲子斡离不（改作斡里雅布）陷信德府

斡离不（改作斡里雅布）至信德府見城壁不堅守臣楊信功

但杜門不出師金人遂鳴鼓而攻令呂頤浩等親侍立觀不移時城遂陷執楊信功等出斡离不（改作斡里雅布）登城門撫諭居民城破之初先令金人并契丹行刦其金人所管地分殺戮甚衆而契丹漢兒等地分但微取財而已郭藥師至信德府城外不戮一人或問何往則云我輩入京訴無心反復來歸朝人以爲然或依舊與博弈者殊不知藥師紿我也

二十九日丙寅斡离不（改作斡里雅布）寨中言南使至言趙皇內禪居龍德宮太子卽位

斡离不（改作斡里雅布）發信德府軍中太史占帝星復明非

前日之比懼之聞天子內禪軍中大驚猶豫未敢行恐南朝有備意欲還師郭藥師曰南朝未必有備言汴京富庶及宮禁中事非燕山之比今太子郎君兵行神速可乘此破竹之勢急趨大河將士必破膽可不戰而還苟聞有備耀兵河北虎視南朝以示國威歸之未晚斡离不（改作斡里雅布）從之決意長驅

南歸錄曰是日金人聞內禪皆驚斡离不（改作斡里雅布）謂太史曰爾前日言南朝帝星復明今來驗矣乃以金帛賞其術

靖康元年正月一日丁卯朔上御明堂受百官朝賀下

詔改元赦內外文武臣寮等

朕光膺眷佑寅奉燕詒載惟菲薄之資獲撫盈成之運宵衣罔怠旰食靡遑發政施仁懷日靖四方之志經文緯武圖永康兆民之功式紀初元是新美號庶荷神靈之助遂臻華夏之和懋謹王春豈特遵魯史踰年之義適甯國步蓋將紹周人過歷之期自宣和八年正月一日改爲靖康元年布告多方咸體朕意

秀水閒居錄曰宣和末虜寇（改作金人）既犯（改作至）郊畿淵聖既內禪時予爲都司詣堂白事宰相白時中謂予曰方議改元可撰數名予曰凡年號須有主意今以何意爲主白曰當以和戎爲主予曰漢與匈奴和親改元竟甯是也然和戎止是一事昔唐德宗遭變議改元李泌以謂唐家最盛莫如貞觀開元宜各取一字以爲法本朝最盛在仁宗朝若於慶歷嘉祐各取一字以慶祐名年則和戎在其中矣中書侍郎張邦昌曰此論固佳但慶字頗類宮觀名額予曰自古以慶字名年者甚多中書舍人席益在座曰祐字亦類元祐予因是作色曰今外敵憑陵國勢危弱如此當丕變政事純法祖宗柰何尙拘元祐之禁右丞宇文粹中曰公但見示文字遂退後數日乃改靖康先是

上皇即位改元建中靖國諫官任伯雨疏論以爲內難曰靖不當紀元譏宰相之不學此近事諸公豈不知耶然淵聖登極至都城失守實十二月立康乃今上受命之符自康邸繼統故也

范致虛上賀登極表

表曰帝出乎震夙膺主器之祥王次於春遂踐履端之慶天人協應夷夏（改作中外）交懽竊以受命之君莫大於創業垂統繼體之主所貴於持盈守成念夫致王業之艱難是知履帝位而中正爲人上若朽索之馭措天下如泰山之安恭維皇帝陛下承八聖之丕基

檢千齡之寶運聰明睿知得四海之懽心恭儉孝慈副萬邦之傒望故太上欣傳於舜帝而千官喜戴於堯仁進當有大之符入纘無疆之烈乘乾之健金行適應於庚申繼離之明火德遂迎於丙午契宋興之首歲當炎運之昌期諒天心歷數之有歸豈人事謳歌之無證惟東宮之毓聖德十有一年宜南面而朝羣臣萬有千歲臣叨陪邇列阻造天庭追懷昔玷於周行每瞻天表自幸未先於朝露獲覩龍飛尚觀新政之行普慰蒼生之願

大學士詣宣德門隨百官稱賀復詣龍德宮起居

斡离不改作斡里雅布陷相州

詔中外臣僚民庶實封直言

詔曰朕聞木從繩則直后從諫則聖若古有訓朕甚慕焉內顧眇躬獲保大器未燭治道若臨深淵思聞盡言以補不逮應朝廷之闕失政令之僻違保邦御俗之方安民禦戎之策詢於有衆咸極敷陳惟骨鯁是求惟藥石是用毋或隱諱溺於導諛咨爾忠良芒聞正論至於逆耳而利行朕當捨己以從人雖有過言必無罪譴朕言必信衆聽無疑自今中外臣寮以至民庶並許實封直言得失在京於合屬處投進在外於所在州軍附遞以聞播告遐邇咸知至意故茲詔示想宜知悉

詔從官舉文武官寮內堪充將帥者

是日降指揮令從官舉文武官寮內堪充將帥有膽勇者具名聞奏訖赴三省樞密院審察隨材任用若立奇功不次奬擢所舉之官亦行推賞

二日戊辰斡离不改作斡里雅布陷濬州梁方平兵潰焚橋而遁何灌望風潰散走還闕

先是朝廷聞賊改作敵至遣步軍指揮使何灌將兵二萬扼河津內侍節度梁方平將兵七千騎守濬州斷

絕橋梁據守要害賊改作敵至而河冰合遂濟河方平懼不敢拒戰單騎遁歸麾下兵皆潰散何灌度不能支亦收散卒退守汜水關賊改作敵躡其後比至汜水灌兵又驚潰乃引其餘兵還至京師奏梁方平退走時朝廷以擾攘之際未暇窮治賊改作敵過汜水則鼓行而前府縣來報中外震動

靖康前錄曰梁方平到滑日與其徒縱飲探報不明禦敵無備洎及賊改作敵至乃始奔駭至橋南縱火而遁橋雖已斷飄於北岸猶二十八杠賊改作敵少加葺遂濟河何灌見方平奔走亦望風而遁是日飛騎報

金人至以郭藥師爲先鋒破濬州梁方平敗績已燒三山浮橋中外鼎沸金人初疑藥師自得濬州大用其說以黃河爲界要取金帛以至言京師富庶及宮禁中事皆藥師之謀也沈琯見郭藥師藥師留食藥師自言今日藥師以二千騎先據橋南軍走過而爲藥師所要遂不藉人兵焚橋而去擁入河者數千人常勝軍止傷三人

賜進士出身頭品頂戴四川等處承宣布政使司布政使清苑許涵度校刊

三朝北盟會編卷第二十六終

三朝北盟會編卷二十六校勘記

除已遣使知會外（知誤作和）毋得不時輕舉（不時二字衍）二十五日臣寮上言（此條應另行提一格誤連上文）契勘金賊遊騎侵犯河北（此段應另行誤連上條）一以三京幷鄧州帥臣爲四都總管（四誤作帶）淮東西路浙西路（此三字係誤簡應在京西路之下）則云我輩入京素無歹心（誤作訴無心反）頃之聞天子內禪（頃誤作權）實十二月立康王（脫王字）梁方平到濬州日與其徒縱飲（濬誤作滑脫州字）

三朝北盟會編卷第二十七

靖康中帙

起靖康元年正月三日己巳盡五日辛未

三日己巳下詔親征

詔曰朕以金國渝盟藥師叛命侵軼邊鄙刦掠吏民雖在纘承之初敢怠付託之重事非獲已師實有名已戒六師躬行天討將士鋭於敵愾夢卜兆於襲祥庶甯邦國之虞克紹祖宗之烈應親征合行事件令有司並依眞宗皇帝幸澶淵故事疾速檢舉施行

斡离不改作斡里雅布軍渡河

是日斥堠報金人已渡大河刑部尚書蔣猷率侍從官請避狄改作敵衛士束裝已備李綱力諫止之

南歸錄曰沈琯見國王國王曰南岸已無一人你來日須去到汴京金人尋得小船子十餘隻可載五七人浮水過者所損甚多步兵尚未至於上下流得大船遂渡驍騎至六日方渡畢其步兵始至而老弱者留濬州軍官謂琯曰南朝可謂無人矣若有一二千人吾輩豈能渡哉

太上皇下亳州燒香之詔

朕恭奉道君皇帝比以憂勤感疾禱於太清誕日康復方燕處琳館靡有萬幾之繁可以躬伸報謝今來就正元節前擇日詣亳州太清宮燒香朕祗率睿訓敢不欽承其令有司前期戒具供頓儲偫毋或不虔

太上皇東幸亳州

先是太上皇下燒香之詔太史擇初四日辰時啟行是日夜漏二鼓出通津門御舟東下太上皇后及皇子帝姬接續皆行童貫蔡攸朱勔護衛扈從車駕侍從百官往往逃遁

四日庚午越王上表諫親征

臣奏聖慈都城內是自家社稷之地兼倉場在內萬不可舍去況有城壁堅固若堅心守之天地宗廟必

降祐護若人主一出都城人亂宗廟亦不可保況西北兩番皆有人使在驛若主人出外內外相應如何保宗廟社稷及上出外糧草之類置於何處猝辦取索豈無賊徒之變若堅守都城萬一有不虞之事亦不失社稷兼百姓皆恐主上出外更乞親御宣德門撫諭萬姓三軍尚未知主上聖明憂民愛軍之意其新城諸門乞差得力能臣守護臣意逼切不避萬死

募敢勇死士先鋒效命小榜

是日散小榜召募諸色人京城小民多有應募者乂

有諸路州軍幹事公人軍兵無所歸者亦多應募於是戚里勢貴之家亦散榜自備錢米募敢戰助國

蔡𠈁除知永興軍又改除任諒

北征紀實曰時方內禪大臣瞶眊益猶豫戰避之議皆未決又都城新法城壁守具乃舊法樓櫓新法城面小而舊法樓櫓太大既不可施若截而半之則小又不可用雖有木植計工木匠五千人一月方得畢時斡离不（改作斡里雅布）已報將至眞定矣城中既無將又無兵獨有健勇二萬復發從梁方平扼三山大河遂邏前去往往上馬以兩手捉鞍不能施巧大凡倉猝

如此不暇悉數而太平之久人不知戰又不善守至於帑藏禮樂子女玉帛富貴繁盛異常黠虜（二字改作敵）嘗見之皆深所覬覦況以萬乘至尊豈宜與小虜所遣兩偏（裨小虜至此六字改作敵）將角勝負守孤城於無救之地且本朝建國用意與前代置藩鎮規模自異則外無重兵不可賴之季兄𠈁欲上言昔澶淵之役虜人（改作契丹）料天子必幸蜀因伏兵於殽澠道上適爲我兵捜出此虜（改作敵）人已陳之芻狗也然彼方謂我獨西兵可用誠是也都邑必不可守藉守亦必破況天子不乘危且上兵伐謀今太上既將南幸爲新天子計不若行幸陝右反據形勢以臨之鳩集藩翰大臣數道並進乘我銳氣下兵以圖收復此萬全矣金人若犯（改作至）都邑既掩空城謀折氣沮無可得做而我在陝西鳩兵稍成就計已四五月則天時地利彼俱不得必引而去重載而歸可一戰破也都城爲患不過一火而已此疥癬爾雖恐崤澠道險懼有伏兵則可從南陽趨武關入長安亦漢唐大路不過回遠比崤澠差數日閒會兵而後鼓行此所謂從天而下也二十七日不得對至元日季兄始得對於延和殿當季兄待對殿閣時三人同班一給事中王雲一中書舍人

張赍也雲方訟言大臣皆失措李士美（諱邦彥）已失魂矣某問著都不能答至今謀不定柰何今尚書來何所建白耶季兄即以前說及之雲曰雲今所以求對者正爲此告尙書大家著力及見上大然之曰卿可帥長安爲朕先去鳩兵斂賦俟朕之來也俄雲亦上（後不得雲所奏之詳然後來條與修在穎橋鎭得一見雲及城守之事雲曰國家不過開元天寶事爾今御城守致大禍者某人）三人皆對罷而上以季兄劄子手付大臣曰蔡𠈁可日下換資政殿大學士令知永興軍先去俟朕至是日晚又議遣差遣排頓邊官大臣因共薦舍人席益召至福寧殿天子面諭所以仍曰卿可

先去大郡則喻以車駕親出可備五萬人芻糧賞賜小縣則言大臣領兵撫師爾皆預為之備卿可置司於鄧州聞朕出即復來迎又使益自辟官從南陽通金商路而益以待制安撫兩路便宜行事益又奏無兼待制乞攜母氏先行天子亦可之謀已定矣又李丞相綱傳信錄其中亦具載淵聖皇帝當時事有云上色變降御榻泣曰卿等無留朕朕將親往陝西起兵以復都城決不可留此亦足以證紀實之不謬也初三日昧爽飛騎報至太上皇始有亳州太清宮燒香之詔乃改季兄使守鎮江時邦彥主除任諒時病又在遠大率倉卒類如此

又曰初主上本自欲西幸陝右圖恢復以伐虜改作敵謀非避狄改作敵也但當時大臣主出者略無計畫若膠柱而調瑟乃直欲天子委棄宗族萬姓一旦輕戰而突去故大掣其肘此乘輿所以不得行其主守者不識大體乃以此字改作欲使至尊九葉聖主使與凶胡卒長刪九葉至此十字角勝負存亡而賭一擲所論唐鑑但引明皇爛漫晚歲欲毆百官子弟與市井兒以當祿山十萬曳洛河實書生之談曾反覆思梁武帝之末侯景破臺城之事可為寒心蓋計已疏矣是可痛也又內禪後太上亦嘗語上及大臣曰他人不知我知此虜改作敵不可當也予既往東南教他皇帝去陝右起

兵圖收復及金人犯改作至闕其謀於太上皇者本生不遜之志又料必西走蜀且不意內禪故斡离不改作斡里雅布行過真定聞知上下失色而我不走反又固守況太原適堅壁粘罕改作尼堪一軍因不得下此皆虜改作敵罔測者斡离不改作斡里雅布獨孤軍乘虛而攔入宜乎姑聽我而去及其後金人卒如初謀兩軍合趨東都而我但蹈前轍莫有任國家安危之重責者故不克守是以禍難成矣

任諒墓誌曰諒移帥涇原初朝廷將有事於燕山公慨然曰中國其有憂乎乃作書貽時相其略曰師直為壯曲為老師出無名事故不成今日之兵其名安出哉然既聚四方之兵矣獨宜大軍壓境按甲不動下存亡繼絕之詔耶律一宗何不支分而派別之使之散為君長視其強者而立之分為五六在我有存亡繼絕之美名在彼有瓜分輻裂之弱勢若捨此不為棄可存之北虜改作契丹鄰崛起之金國難易百倍恐河朔易動難安之民情陝右前出後空之邊患不可不慮也其他曲折尚千餘言不報宣和七年六月詔對首論郭藥師必反願早圖之無貽邊患上皇諭以藥師忠義必不負國公曰彼若忠義何不經營北鄙

分散常勝軍使其耕織以贍燕山今乃集而不散使朝廷免夫錢徧天下此包藏禍心正欲竭中國而後動耳是年冬金人寇（改作薄）都城詔公守京兆時已病矣

除吳敏等指揮

吳敏除知樞密院事不許辭避日下供職唐恪除吏部尚書令學士院降詔乘遞馬發來赴闕翁彥國知杭州王寓給事中别與差遣耿南仲免籤書李棁除同知樞密院事日下供職劉阜民除顯謨閣直學士提舉萬壽觀李綱除兵部侍郎任諒差知京兆府盛

章條任諒到訖發來赴闕御史中丞陸德先除職與郡徽猷閣待制何㮚除御史中丞國子祭酒謝克家除起居舍人唐重除左諫議大夫王雲除給事中鄭滋除中書舍人司業孫覿除侍御史盧益知東平府宋喚除徽猷閣待制添差發運使王時雍除戶部侍郎蔡脩除資政殿大學士知鎮江府免謝星夜之任王易簡除資政殿學士兼侍讀

太學正秦檜論邊機三事

一金國興師乘銳深入河朔諸郡堅壁固守彼進有大河之隔退慮諸城躡其後師老糧匱情見力屈然猶桀驁不遜重有要請望斷以大義與其所當與不宜示怯以自餒創如燕山一路是金國取契丹與之無害至於歲幣須令彼能制契丹餘種不為邊害方許以祖宗契丹之數竊聞仁宗與契丹結盟增添歲幣亦是與之論夏國事乞檢會參酌施行一金國遠夷俗尚狙詐今日（刪遠夷至此八字）遣使求和又復渡兵隨至恐是設計以綏王師守禦之備望一面遣兵守備黃河仍急擊渡河寇兵使不得聯續以進一金國遣使所求甚大此亦人情之常蓋既興師深入不肯示怯空歸如聞朝廷前日與之議四鎮事百僚不得預

聞審如所議坐失富強之地狄（改作敵）人貪心無厭（刪此四字）得地而勢益強復不能保其不再犯（改作入）邊今若與之議燕山及歲幣當須集百官入議狀擇其當者載之盟書示信坦然無疑蓋與所當與經久不渝一旦為苟且之計或多或少皆是失當終亦不能守

貶王黼崇信軍節度副使

是日尚書張勸并衛仲達何大圭等五十六人棄官而逃

五日辛未尚書右丞兼知樞密院事李綱為親征行營使主管侍衛步軍司曹曚為親征行營副使

李綱傳信錄曰先是上於十二月二十三日即位有旨召對延和殿上迎謂曰卿頃論水旱疏朕在東宮見之至今猶能誦憶余敘謝訖因奏曰陛下養德東宮十有餘年恭儉日聞海內屬望太上觀天意合人心爲宗社計傳位陛下受禪之際粲然明白下視有唐爲不足道願致天下之養極所以崇奉者以昭聖孝今金寇（人改作）先聲雖若可畏然聞有內禪之事勢必消縮請和厚有所邀求於朝廷臣竊料之大概有五欲稱尊號一也欲得歸朝人二也欲增歲幣三也欲求犒師之物四也欲割疆土五也欲稱尊號如契

丹故事當法以大事小之義不足惜欲得歸朝人當盡與之以示大信不足惜欲增歲幣當告以前約燕山雲中歸中國故歲幣增於大遼者兩倍今既背約自取之則歲幣當減國家敦尙和好不較貨財姑如元數可也欲求犒師之物當量力以與之至於土地則祖宗之地子孫當以死守不可以尺寸與人願陛下留神如此數者執之宜堅勿爲浮議所搖可無後難幷陳所以禦敵固守之策上皆嘉納是時聞宰執奏對欲奉鑾輿出狩襄鄧閒余竊思以爲不可因奏曰聞諸道路宰執欲奉陛下出狩以避狄（敵改作）果有之宗社危矣且太上以宗社之故傳位陛下今捨之而去可乎上默然太宰白時中曰都城豈可以守余曰天下城池豈復有如都城者且宗廟社稷百官萬民所在捨此欲將何之若能率勵將士慰安民心與之固守豈有不可守之理語未既有內侍領京城所陳良弼自內殿出奏曰京城樓櫓創修百未一二又城東樊家岡一帶濠河窄狹決難保守願陛下詳議之上顧余曰卿可同蔡懋良弼往觀朕於此俟卿余旣被旨同懋良弼亟詣新城東壁遍觀城濠回奏延和殿車駕猶未興也上顧問如何懋對以爲不可守

余曰城壁且高樓櫓誠未備也然不必樓櫓亦可守濠河唯樊家岡一帶以禁地不許開鑿誠爲淺狹然以精兵强弩占據可以無虞上顧宰執曰策將安出宰執皆默然余進曰今日之計莫若整軍馬揚聲出戰固結民心相與堅守以待勤王之師上曰誰可將者余曰朝廷平日以高爵厚祿畜養大臣蓋將用之有事之日今白時中李邦彥等雖書生未必知兵然籍其位號撫馭將士以抗敵鋒乃其職也時中怒厲聲曰李綱莫能將兵出戰否余曰陛下不以臣爲庸懦若使治兵願以死效第人微官卑不足以鎭士卒

上顧執政有何缺趙野對曰尚書右丞闕宇文粹中隨道君東幸故也上曰李綱除尚書右丞面賜袍帶幷笏余致謝且敘以時方艱難不敢辭之意車駕興進膳賜宰執食崇政殿門外廡再召對於福寧殿去留之計未決故也宰執猶以去計勸上有旨命余留守以李梲副之余爲上力陳所以不可去者且言唐明皇聞潼關失守即時幸蜀宗廟朝廷碎於賊手累年然後僅能復之范祖禹已謂其失在於不能堅守以待勤王之師今陛下初即位中外欣戴四方之兵不日雲集虜（改作敵）騎不能久留捨此而去如龍脫於

淵車駕朝發而都城夕亂雖臣等留守將何補於事宗廟社稷且將爲邱墟願陛下審思之上意頗回而內侍王孝傑從旁奏曰中宮國公已行陛下豈可留此上色變降御榻泣曰卿等無留朕將親往陝西起兵以復都城決不可留此余泣拜俯伏上前以死邀之會燕越二王至亦以固守爲然上意稍定即取紙御書可回二字用寶俾中使遣還中宮國公顧余問曰卿留朕治兵禦戎專以委卿不宜少有疏虞余惶恐再拜受命與李梲同出治事是夕宿於尚書省而宰執宿於東門司中宮國公之行已遠是夕未還中夜上遣中使令宰執供軍令狀詰旦決行翼日余自尚書省趨朝道路紛紛復傳有南狩之事太廟神主已出寓太常寺矣至祥曦殿側禁衛皆已擐甲乘輿服御皆已陳列六宮襆被皆將升車矣余遑遽無策因厲聲謂禁衛曰爾等願以死守宗社乎願扈從以巡幸乎禁衛皆呼曰願以死守不居此將安之余因拉殿帥王宗濋等入見曰陛下昨夕已許臣留今復戒行何也且六軍之情已變彼有父母妻子皆在都城豈肯捨去萬一有中途散歸陛下孰以爲衛且虜（改作敵）騎已逼彼知乘輿之出未遠以健馬疾追何以

禦之上感悟始命輟行余謂宰執曰上意已定敢有異議者斬因出祥曦殿傳旨宣示禁衛皆拜伏呼萬歲其聲震地復入勸上御樓以見將士上可之駕登宣德門宰執百官將士班樓前起居上臨欄杆久之復降步輦勞問將士余與吳敏撰數十語敘金人犯順欲危宗社決策固守各令勉勵之意俾閤門官宣讀每讀一句將士十餘聲諾須臾六軍皆感泣流涕於是固守之議始決以是日余爲親征行營使馬軍太尉曹曚副之

封氏編年曰朝廷聞金人據濬州何灌梁方平俱歸

勤王之師未有至者大臣建議不一或曰河北人心已動脫或渡河計其必戰鋒不可當我師若出望敵必潰此兵家所忌望陛下南渡大江或西奔關中集天下兵選將出師分兵四擊俾匹馬不歸可也或曰京城乃天下之本本既搖動何以支梧天下乎今京城雄師尙數十萬可以堅壁戒嚴收民清野使敵人攻不得前退無所掠師老氣沮俟勤王之師內外犄角使犬羊之羣羅拜請命（刪使犬至此九字）李綱曰二者之論皆非所長昔者契丹擁百萬之師直抵澶淵當時若從避幸之請堅壁之言豈得天下太平百有餘年

賴祖宗威靈社稷之福唯寇萊公堅欲御駕親征鑾輿既渡遂殄撻覽（改作達蘭）戎（改作敵）人喪氣（刪此二字）遣使請和河北遂復今日之事與之同矣豈可緩也雖然紛拏終歸李綱之議

靖康前錄曰是日李綱與宰執辯事於榻前時中等謂綱所言皆書生紙上語綱云時中等不信用諸生之言至於此今日廷辯尙敢爾耶邦昌從旁力贊時中謂前此執政非不宣力綱云邦昌等素無才術雖盡力何補上欲依景德故事置親征行營使邦昌以綱不從其議皆謂綱可以任此事乃除綱右丞領行營司

又曰時白時中張邦昌皆欲邀翠華以幸襄陽上問宗社何如時中輒對曰招募英雄以圖克復自藝祖都汴垂二百年金湯之固器甲之利在所不言禁旅雲屯自昔號爲驍勇比年以來外則盡童貫失陷內則高俅不招刺軍政不修然比之勤王之師强弱自不相侔是日木圭已出南薰門以靑城排第一頓從官臺諫知此意者皆使束裝以待李綱力爭燕越二親王率宗室不驚等懇請留駕夜分猶有索輦者殿前曹曚具陳軍情謂親征咸願死戰巡幸卽恐變生

蕭牆自是方絕出幸之意

親征行營使司榜招募武勇人

榜曰親征行營副使司榜奉聖旨招募武舉及第有才武方略或有戰功曾經戰陣及經邊任大小使臣不以犯罪已敘未敘及武舉有方略智術及曾充弓馬手子弟及諸色有武勇敢戰之人並許赴親征行營副使司具告自陳

賜進士出身頭品頂戴四川等處承宣布政使司布政使清苑許涵度校刊

三朝北盟會編卷第二十七終

三朝北盟會編　卷二十七　十五

三朝北盟會編卷二十七校勘記

若有一二千人守河 脫守河二字　若人主出外 人主誤作主人

況上出外糧草之類置於何處 況誤作及　小注 條應作絛 修應作脩

季兄見上上大然之 脫季兄二字上字　粘罕一軍固不得下 固誤作因

卿頃論水災章疏 脫災字章誤作旱　莫若整飭軍馬 脫飭字

三朝北盟會編　卷二十七校勘記　一

三朝北盟會編卷第二十八

靖康中帙三

起靖康元年正月六日壬申盡七日癸酉

六日壬申行營輜重次尉氏李綱獻議城守罷親征以綱爲御營京城四壁守禦使

詔今來團結軍兵捍禦賊馬如立到功效並當不用常例特加恩賞多出文榜曉示軍兵

詔方今軍興應內外官司局所除留後苑作御前製造御前生活所應副道君太上皇帝外其餘一切依熙豐法令罷者並罷錢物並歸左藏庫送納三省樞密院條

其以聞

凡罷五十餘所。（舊校云宋史罷內外官司局所一百五處）

閤門宣贊舍人吳革自關中帥師勤王入城

吳革初被詔彌旬未得對數與宰相唐恪計事恪不知兵不甚合革謂所親曰斡离不（改作斡里雅布）粘罕（改作尼堪）易與耳朝廷如用革策其來也可使隻輪不返有識者壯其言革屢陳奇謀當路者或否不得專制耳

太宰白時中罷相宮祠李邦彥太宰張邦昌少宰

白時中制門下熙朝任相當嚴進退之規明主馭臣宜厚始終之禮惟時端揆翊我初元顧謀國之未臧肆推恩而許罷特頒顯號用亶具寮特進太宰兼門下侍郎兼神霄宮使慶國公白時中性稟中和心存愷悌蚤通經術藹賁薛韋匡之聲晚被眷知居蕭曹丙魏之地方胡騎猖狂（改作邊地驛騷）之日乃廟謨經略之時排難戎亭懦弱訖成於無斷投閒眞館保全寔賴於有容賜以安車俾還私第爰念上皇之元弼載惆春宮之舊寮特示睠存聿崇體貌晉隆名於秘殿畀秩任於殊庭拓衍原田陪敦圭賦於戲參朱邸之佐嘗克盡於忠規追赤松之遊尙永綏於壽嘏祗膺異數益體至恩可特授觀文殿大學士中太一宮使依

前特進慶國公加食邑七百戸實封三百戸

李邦彥制門下軌三光而遂萬物永資當軸之勳遜五品而鎭四夷尤賴秉鈞之大亟須庭號登冠台符起復銀青光祿大夫少宰兼中書侍郎兼神霄玉清萬壽宮使李邦彥俊德明謨閎才遠器學貫天人而守之以虛靜之量識窮治忽而發之以忱恂之詞蚤擢倫魁旋持從橐嘉猷婉晝八翊政路之榮偉譽英聲寖亞宰司之重粤從定策彌見竭誠日月增輝方奠朝廷之勢風塵有警遽深邊鄙之虞盡忠而人絕間言制勝而慮無遺算謝安之矯情鎭物足抗苻秦

李靖之料敵臨機何憂突厥國威既振民志以寧是用序陞宅揆之官進貳納言之任文階峻陟井賦陪敦以彰體貌之嚴以示倚毗之厚惟時所望非朕敢私於戲杜如晦長於斷謀坐翊隆平之運姚元崇善於應變永扶泰定之期勉紹徽聲伫觀丕績可特授起復特進太宰兼門下侍郎兼神霄宮使加食邑七百戶實封三百戶

張邦昌制門下股肱之起元首庸聞舜帝之歌舟楫之濟巨川俻載高宗之命聿求雋望式贊鴻圖在咨考以惟精顧登庸之敢後誕揚孚號明告治庭正奉

大夫守中書侍郎兼充神霄宮副使張邦昌識敏而器閎才高而學博潔於行已保禮義廉恥之四維靖以立朝愍正直剛柔之三德粤登字闕二膴仕以亟進載惟嘉猷成績之具存念天步之方艱憂民心之未定允資厭難尤賴協恭是用擢陞亞揆之崇進貳上台之重仍兼官於鳳沼俾亮釆於龍墀併衍爰田倍加貞食庸昭異數特示殊施以朕初載諭相之明爲爾盛年得君之寵於戲救甯中外矯情甞慕於謝安鎮撫邇遐守正宜師于裴度欽承予訓益愍乃誠可特授少宰兼中書侍郎神霄宮使加食邑七百戶實封三百戶

遺史曰是日渡河報至省宰相執政之官方次敘遜遷欲以應非常之變識者以爲難

幼老春秋曰李邦彥字士美懷州人父爲銀匠唯喜與進士遊河東舉人入京師者至懷州必投其父其父罷工爲買賣幹置仍量資給以津送其行時人謂之結秀才緣父名浦以邦彥貴贈龍圖閣直學士諡宣簡邦彥性俊爽同學者服其敏而工然習下喜閭閻鄙猥事自號爲李浪子大觀二年釋褐第一人及第善事內侍故內侍多薦之累遷中書舍人翰林學

士阿諛梁師成至是師成薦其人才美風姿宣和三年遷尙書右丞以親喪丁憂遂起復方王黼爲相與邦彥不協邦彥陰結蔡攸及諸內侍俾譖黼罷之七年拜少宰惟以謟佞取容略無建明喜謳善謔尤能市井鄙俚之語每以鄙俚之語綴成小詞無賴子得之喧傳里巷邦彥嘗自言賞盡天下花踢盡天下毬做盡天下官而都人亦呼邦彥爲浪子宰相至是除太宰

王宗濋主管殿前司公事

王宗濋者上母王皇后之親屬也上欲寵異毋黨乃

除宗澂士管殿前司公事宗澂素驕貴不能任事自高俅領殿前紀律弛壞既敵國侵入遽命宗澂識者爲之寒心焉

七日癸酉治都城四壁守具

傳信錄曰先是親征行營使置司於大晟府辟參謀官書寫機宜勾當公事管勾文字准備差遣統制統領將領准備差使等擇文武官處之吏房戶房兵房工房選三省人吏處之上賜銀絹錢各一百萬貫兩匹文臣自朝請大夫以下武臣自武功大夫以下及將校官告宣帖三千餘道一切許以便宜從事自車

駕御樓之後方治都城四壁守具以百步法分兵備禦每壁用正兵萬二千餘人而鄉保甲居民廂軍之屬不預焉修樓櫓挂氈幕安礮座設弩牀運甎石施燎炬垂檑木備火油凡防禦之具無不畢備四壁各有從官宗室武臣爲提舉司諸門皆有中貴大小使臣分地以守又團結馬步軍四萬人爲前後左右中軍各八千人有統制統領將領步隊將等日肄習之以前軍居東水門外護延豐倉有豆粟四十餘萬石其後勤王之師集城外賴之以濟以後軍居興宋門外占樊家岡使賊馬不敢近而左右中軍居城中以備緩急

斡离不改作斡里雅布犯改作兵至京師

是日京城戒嚴城門晝閉令百姓上城守禦京城居民男子婦人老幼相攜出東水門沿河而走者數萬遇金人殺掠者幾半金人城外放火燒屋宇光焰燭天連夜不止城中之人皆懷恐懼

幼老春秋曰京師承平已久庶富金人深入縱兵虜掠故其下樂然而來既犯改作至京師數百里內居人皆避之强民乘勢十百爲羣路途邀截刦掠或詐裝金人者有之諸門皆閉守禦之具猶未畢集金人以

大船乘汴流縱放而下急攻西水門西水門之上流先已設械於汴水之中爲械所拒大船不得下城上矢石俱發力禦終夜迨曉金人方退復攻酸棗門一帶渡河口以雲梯倚城尚書右丞李綱令諸班直以弓弩禦之殺死甚衆自卯及午金人稍退始議與我通使矣初得燕山也燕人有求京師居者軍民伎藝百色有之雜居坊巷中與漢人無異金人犯改作薄京師京城軍民呼燕人爲細作皆執捉送開封府無慮數百人開封府不得已皆收之後亦放還自五日至七日治戰守之具粗畢而賊馬改作敵已至城下

趙野除門下侍郎王孝迪除中書侍郎蔡懋除左丞唐恪除同知樞密院事吳幵莫儔權直學士院

李鄴奉使回

先是十二月中旬聞賊馬(二字改作敵)逼近遣李鄴借給事中奉使講和至是回盛言虜(改作金)兵強盛曰彼金人之兵入水如蛟入山如虎登城如猿不可敵也朝廷速宜與和然彼未肯從和因復遣鄴與李棁等行

靖康前錄曰鄴先齎金奉使賊(改作敵)入吾境且貪且(改作未免亦)懼日行不過一舍又知聖上繼明伐其始謀已有求和之意偶逢鄴於趙之境上鄴漏機知我弛

備遂晝夜行一百五十里

又曰李鄴歸自賊(改作敵)壘盛談賊(改作敵)強我弱以濟和議謂賊(改作敵)人如虎馬如龍上山如猿入水如獺其勢如泰山中國如累卵時人號爲六如給事

斡离不(改作幹里雅布)下寨於牟駝岡

賊(改作敵)馬初抵城下寨於牟駝岡牟駝岡者京城西北隅地也岡勢隱轔如砂磧然三面據水前枕霧澤陂即孳生馬監之所芻豆山積郭藥師來朝命打毬於其間故知可以爲寨地金人兵至徑趨其所

斡离不(改作幹里雅布)攻城李綱禦退之

傳信錄曰是夕金人攻西水門以火船數千隻順汴流相繼而下余臨城捍禦募敢死士二千人列布於城下待船至卽以長鈎搭就岸投石碎之又於中流安頓叉木及運蔡京家假山石疊門道間就水中斬獲百餘人自初夜防守至旦始保無虞入對垂拱殿方奏事間傳報賊兵攻封邱酸棗門一帶甚急上命余往督將士捍禦余慮城上兵卒不足用卽告上乞禁衛班直善射者千人以從上遣御藥盧端同行傳旨以所乞自禁中至新城酸棗門幾二十里行夾道委巷中惟恐賊(改作敵)之已登城也抵城門賊(改作敵)方

渡濠以雲梯攻城余命班直乘城射之皆應弦而倒余時坐酸棗門下有自門上擲人頭下至六七不已詢之云斬獲姦細俾驗認皆漢人首級也蓋擾攘中兵卒妄行殺戮捕獲數人卽斬以徇因使號令如獲姦細捕人登城督領驗實准賞輒殺者斬自是乃止余與官屬數人登城督戰激厲將士人皆賈勇近者手礮檑木擊之遠者以神臂弓弩射之又遠者以牀子弩座礮及之而金賊(改作人)有乘栰渡濠而溺者有登梯而墜者有中矢石而踣者甚衆又募壯士數百人縋城而下燒雲梯數十座斬獲酋首(改作首領)十餘級

皆耳有金環是日賊攻陳橋封邱衛州等門而酸棗門尤急虜（刪此字）箭集于城上如蝟毛士卒有中傷者皆厚賞之上遣中使勞問降御筆襃諭給內庫錢酒銀椀彩絹等以給將士人皆懽呼自卯至未申間殺賊數千人賊知城中有備不可以攻乃退

尚書駕部員外郎鄭望之借尚書工部侍郎充奉使大金軍前計議使高世則充副使使於斡离不（斡改作里雅布）軍前

鄭望之靖康城下奉使錄曰靖康元年正月七日望之任尚書駕部員外郎往太僕司選馬兵部尚書路允迪來傳語約同到都堂問子細既到都堂見官吏紛擾望之徑入太宰李邦彥閤子宰執具在亦有從官三五員少宰張邦昌正行步前執望之手曰鄭郎中在此可往時有一內官在側邦昌即令任珪奏云已差駕部員外郎鄭望之去望之白云不知何事邦昌云適得何灌奏言金人已到城北朝廷且遣使人出來勞軍卻恐有商量望之又云乞見上得使旨乃行邦昌云有甚旨且往軍前看他家如何俄有內官一員同珪來傳宣令押奉使出門借尚書工部侍郎充奉使大金軍前計議使副使差高世則（後聞得朝廷差蕃三

省未到間望之適到都堂遂被差委）是時倉卒更不暇往國信所關鞍馬袍帶邦昌顧小吏取公服允迪假金帶鞍轡狨座上馬到安遠門登城見何灌人馬在城腳下搥布遣語音高大者過濠望金人軍前聲言朝廷遣工部鄭侍郎往軍前奉使可遣人來打話見一紫袍人稱太師一白袍人稱防禦紫袍人係燕人吳孝民白袍人係金人吳孝民云皇子郎君到趙州路上截得今上皇帝即位赦書以手加額既是上皇禪位無可得爭卻與他講和休如今來南朝只似買賣也似望之問買賣之說如何孝民云要割大河為界更要犒軍金帛望之云如此則非是買賣譬如有人買絹一匹索價三貫文買者酬二貫五六百文又添一二百遂成交易如此謂之買賣今既要金帛又要割地而彼無一物與我豈可謂之買賣止是強取孝民更不說話便要入城至都亭驛時約四更多時纔到驛上賜到御筆適至知鄭望之已回不知有何語一一先奏來

靖康前錄曰時議遣使以平昔不能求才倉卒間無可任者乃以侯栖筠為正使召至都堂逡巡間已不知所在方再訪詢間偶鄭望之來遂執之借戶部侍郎充奉使宰執袍帶衣之承命而行又求一人選為

副使樞銜在列門下無有識者門下侍郎趙野云近有郝抃來參不知其中如何但見其人物稍得郎命抃爲副自承信郎借刺史以行

賜進士出身頭品頂戴四川等處承宣布政使司布政使清苑許涵度校刊

三朝北盟會編卷第二十八終

三朝北盟會編卷二十八校勘記

條具以聞具誤作其　當路者或可或否脫或可二字　蚤擢倫魁倫應作掄　粤登闕　膴仕以亟進原闕條庸字下句截字衍　是日渡河報沓至誤作報至省　燕人有來京師居者來誤作求　適至知鄭望之已回至字衍

三朝北盟會編卷第二十九

靖康中帙四

起靖康元年正月八日甲戌盡十日丙午

八日甲戌鄭望之與金人吳孝民來

上御崇政殿引見差知樞密院事李梲借工部侍郎鄭望之為計議使副再使於斡离不（改作斡里雅布）軍前

鄭望之奉使錄曰八日同二使人到崇政殿門外幕次上御延和殿望之世則先引見具奏孝民所說及折他之語孝民似不悅今引見孝民等若有所說乞未可遽荅上行過崇政殿方引班孝民等陞殿跪奏

皇子郎君截得赦書之意今來議和皇子郎君要一大臣過去上即云李梲與鄭望之過去班退引孝民卻到廊下幕次孝民便要催促出門望之云雖是李樞密同過去緣未曾得使旨且到都亭驛同太師等早食罷與李樞密再對了方可出門繂同梲再對上云若及割地即為許歲幣增三五百萬不妨望之奏云三五百萬不為不多然國家常賦外只茶鹽錢歲收二千五百萬若無他費辦集有餘次論及犒軍金銀可許銀三五百萬兩又命梲押賜金一萬兩及酒果與斡离不（改作斡里雅布）孝民屢前逼出城緣伺候賜金酒果所以逗留上馬時日落多時出萬勝門約一二里間日已昏比至孶生監一更多時見斡离不（改作斡里雅布）但訝國家違盟納受歸朝官及賜平州張瑴殺金賊（刪此三字）之詔如此三五事都不及和議乃云夜晚俟來日相見梲云有皇帝賜到金一萬兩及酒果乃云令吳孝民交割來（上件斡离不語俱是譯出後問得是王汭。注斡离不改作斡里雅布）是夜宿孶生監纔到幕次蕭三寶奴（改作三寶努）耶律忠張愿恭三人過位來首說及張瑴等事緣此金國舉兵既入界聞上皇禪位聖上登極皇子郎君意便回只訝南朝不遣使人來求和望之云朝廷已遣給

事中李鄴去不知甚處逢大金人馬更不曾得消息（鄴係上皇未禪位前遣去）三寶奴（改作三寶努）云李給事卻是上皇遣來皇子郎君道不知他今上旨意如何望之云主上即位十餘日上皇南幸朝廷倉卒未及遣使而人馬已及城下望之又云女眞本一小國初以（刪本一至此六字）人馬強盛之勢（刪此二字）盡滅契丹終能以禮義與中國通好豈不為美三寶奴（改作三寶努）等咸言甚好望之又云若一向恃強務欲并吞但恐天理不能如此三寶奴（改作三寶努）云皇子郎君意亦如此但自入界不見遣使來制腳不定到此間今來和議無慮不了但南朝

多失信須要一親王往大金爲質古亦有此事望之又云古人有之如燕太子丹質於秦是也然太師豈不知周鄭交質卒至交惡果爲大計質亦何恤若將他親王過去萬一感風露之疾不起以人情言之在貴朝亦不得不悔不成更要一親王去也此事無益於貴朝恐不須商量三寶奴（改作三寶努）微笑又云北朝以人馬到處爲界今已到汴然皇子郎君只要以河爲界望之云朝廷自來祇倚道與金國講好以燕山爲藩籬內郡及都城不爲戰守備不意燕山失守主上嗣位未旬日間正是做手腳不迭亦非事力單弱

若皇子郎君能以中國爲重結爲鄰好足以光輝史冊必欲以河爲界此乃恃强有所邀求耳且南朝得北朝地守不得如朝廷守燕山是也歸朝官往往先叛北朝得南朝地亦恐難守蓋人情向背不同豈肯一向甯帖不若多增歲幣此事卻可商量三寶奴（改作三寶努）云南朝得北朝地固不能守北朝得南朝地豈守不得古人有守得者望之云耶律德光到汴京不及一月如何謂之守得三寶奴（改作三寶努）云有守得底望之云北邊種落得中原地無如拓跋魏然自拓跋南侵改爲元魏已百有餘年當時所立君長猶中國之人也用中國之禮樂中國之法度中國之衣服故中國之人亦安之今大金豈可以拓跋魏爲比又微笑云舊日三關也屬北朝來望之云國家財賦各有轉運使總領獨河北糴便司蓋河北緣邊州郡多是塘濼地無出故朝廷支降錢本糴便司和糴斛斗以給諸邊太師若論三關地政是塘濼地所在不若問朝廷多增歲幣又無水旱之虞豈不永遠太師更熟慮郎在長遠三寶奴（改作三寶努）云樞密侍郎們各自盡忠盡節爲國家說得甚是但許多人馬遠來不成只恁空去也大金人馬不似南朝健兒逐月有請受望

之云若是講和卻存舊好所有金（改作全）軍朝廷須是犒勞不知有多少軍三寶奴（改作三寶努）云河東國相二十萬皇子郎君一頭項三十萬如今講和便遣人去止河東軍此事朝廷不要遲疑早了便宜這裡許多軍仕人是壞了你家人民田種望之云昨日面得處分若說犒軍可許銀三五百萬兩此數亦不易出也三寶奴（改作三寶努）云金人去家有六七千里動經一二年須是逐人得兩錠銀一錠金方得望之云太師開許大口又似以河爲界好難商量張愿恭云說道東京人家富庶家家便設一錠金今來須官中民間盡

底將來贖取性命望之云此非是講和之語意在強取物耳請太師問歸朝官按月請受尙有拖延不足之時那裏得許多金銀若謂民間富庶緣京師四方客旅買賣多遂號富庶人家有錢本多是停塌解質舟船往來興販豈肯閒著錢買金在家頓放三寶奴（改作三寶努）等意甚不悅乃云來日皇子郎君相見時樞密侍郎莫要如此底死爭恐壞他兩朝和好事也

傳信錄曰是日孝民陛殿跪奏所以舉兵犯（改作入）中國之由指陳太上之失路上得赦書之意今來議和乞遣大臣一人過去軍前議所以和者上顧宰執未

有對李綱前日臣請行上不許曰卿方治兵不可命李棁奉使鄭望之高世則副之李綱請所以不遣之旨上曰卿性剛不可以往綱對曰今虜（改作敵）氣方銳吾大兵未集固不可以不和然所以和者得策則中國之勢遂安不然患禍未已宗社安危在此一舉臣懼李棁柔懦而誤事也因爲上反覆具道所以不可割地及過許金帛之說以金人夷狄之性貪婪（刪金人至此八字改作敵本）無厭又有燕人狡獪以爲之謀必且張大聲勢過有邀求以窺中國如朝廷不爲之動措置合宜彼當戢斂而退如朝廷震懼所求一切與之彼知中國無人益肆覬覦憂未已也先定然後能應安危之機願陛下審之上以爲然

斡离不（改作斡里雅布）移寨過萬勝門移牒朝廷

牒云昔我大聖皇帝以契丹之主納叛人阿鶻產（改作古齊）大王不行交還又多無道應天順民起兵弔伐自後不忍覆滅欲與通好終不聽從直至亡國方始投降尙猶釋罪特加王爵又燕京留守秦晉王耶律紀遼陽渤海高永昌奚蕭艮等各賜本部土地仍以世爵例俱執迷竟取滅亡夏國王李乾順達打（改作韃靼）毛合尖（改作摩古崖）並助亡遼犯我行陣未鼓而破爲能改

過各復舊居分裂契丹邊土以濟其地遣宋前帝航海遣使請復幽燕舊疆當此之時分日約誓同力收取爾來竟無接應形迹一旦天兵倏至不血一刃舉土向風蓋自契丹二百餘年遠近無敢回顧爰念從初結好姑務懽和卽時割與恩義非輕著定誓書多納逃人子孫不紹社稷傾危曾未踰月棄德背恩手詔逆賊張轂肆害我執政大臣邀我百官更易姓名公然任使歲交金帛並不如期及正旦使賀允中御前奏達傳語二字指越舊例深淺輕易其於本國窮奢極侈上下相蒙闒茸擅權造作奇巧尅取民間財

翫至有室家懸罄人曷聊生往往弊源萬莫言一我今皇帝審是數端忘盟失道上符天心爰赫斯怒大舉天師數路並進理當問罪面奉聖旨如趙皇能悔過再乞懽盟仰就便酌中施行當司領大軍取幽燕一路自入貴境謂必遣使齎來御筆改創前非縱橫待命不至深入豈期直至邯鄲纔有人使李鄴等卻只將到三省樞密院所奉聖旨文牒又言歸罪朝廷全無當理洎求的意方言前主自省愆尤不敢支吾大變已至傳禪兩項歸著全是不同難爲准言緣來人使不能騎馬事致淹留兼恐途次別有錯失迺先摘令從軍孛堇（改作貝勒）吳孝民持白劄子專去聞奏路次及城門首遮堵早不放人今及城下猶未遣還今上少年因亂登極詳度軍國社稷子孫禍福未能裁酌新任大臣例不賢明若能英斷其前朝作孽既爲人子之罪莫大於此今可追悔往咎卑辭改去立手筆誓書乞申舊好於義爲然今執政臣屬不念前日清平奸賊同惡相濟棄之於市快天下心止以放還爲大罰又使宸顏憂辱不暇亦宜同力輔奏親詣軍前重求通好爲臣之罪復何可言當計在久遠依應當司所請事目不但拔出生靈塗炭抑宗廟血食園

陵安寢豈非幸甚苟或不然反令海內百姓肝腦塗地鬼神乏主後嗣零落蓋臣主俱新虛負英氣不盡遠略謀取艱難乃前朝作鬭亂之始今日成滅亡之禍其爲大過更踰前日歷觀自古不道君臣於此爲甚兼貴朝兵將與亡遼士馬優劣可見亡遼與本朝士馬勝負明知卽自簽揀到舊遼契丹奚漢渤海軍衆不少其本國大軍未足稱數且當司一路除所經州軍并餘路軍兵亦約定於汴京會集安置外見節次前來未結頭尾雖不欲一一分白貴朝亦必詳悉又自來邊方守備兵衆不能捍禦侵及國門能免斯難未曾或有貴朝太平積有歲年止以奢侈適意人民懦脆不習騎射創初設教以不知戰之兵而拒我熟練征伐强勇之士望求可濟往昔無聞更恐淺近官司聞言當司應以堅城不下請求和好勿宜輕信緣是與大宋皇帝結好修盟痛可哀憫宗社傾覆子孫謝絶今大金皇帝正統天下高視諸邦其惟有宋不可無主然摧滅大權已入握內又爲元奉旨諭丁甯屢遣人使遂與安和惟求轉禍爲福勿有疑惑請准前文字別遣大臣將御筆早圖萬世之利若大禍已成須至自取滅亡今後斷絶往來緣大軍遠至難

以停滯卻請執定疾速見示

九日乙亥李棁等見斡离不（改作斡里雅布）議事齋和議犒師割地等事目回來

是日李棁同鄭望之至軍中斡离不（改作斡里雅布）嚴兵以待之見二太子二太子藉地南向坐棁望之北面再拜膝行而前恐怖喪膽失其所言良久遣王汭譯云京城破在頃刻所以斂兵不攻者徒以上旨故所以存趙氏宗社恩莫大也今議和須犒師之物金五百萬兩銀五千萬兩絹綵各一千萬匹馬駝騾驢之屬各以萬計尊其國主爲伯父凡燕雲之人在漢者悉

以歸之割太原中山河間三鎭之地又以親王宰相爲質乃退師出事目一紙付棁等達朝廷棁唯唯不能措一辭而還金人笑之曰此乃一婦人女子耳自是有輕朝廷之意

鄭望之奉使錄曰是日早有韓宣徽過位相揖云皇子郎君遣人去打城也望之云既是講和何言打城韓笑曰且要耀兵早食後斡离不（改作斡里雅布）請相見云我遣軍去打城適已勾回望之云既是講和打城是甚意度斡离不（改作斡里雅布）顧左右笑（是日晚回城中問任珪早間攻打城北少時而退濩死之）又云講和事此自遣使人去朝廷理會兼

自有書望之求見其書又云不須（蓋是夜來三寶奴等已說了詳細知使人難其事故更不說及。注改作三寶努）三寶奴（改作三寶努）耶律忠王汭於斡离不（改作斡里雅布）處受書又出一幅不封乃是所須金銀牛馬表段等。（番語以帛爲表段。刪注文七字）金五百萬兩銀五千萬兩牛馬萬匹表段百萬匹望之郎語三寶奴（改作三寶努）云必欲如此數目是無意講和國家幅員雖廣然出產金銀不過五七處歲貢有定額間有不登其數既有歲貢即有歲用如何有許多積蓄且如馬國家下川陝兩路以茶綵博買西南夷及西番馬歲不過一二千匹其間又有倒死病瘸昨來郭藥師守

燕山要馬朝廷下川陝馬司應副試問藥師其馬堪與不堪與元拋數足不足即見得城內有馬不多耕牛盡在城外民間城中所有多是宗室國戚人家養三兩頭牽駕座車子藥師在旁云侍郎不須如此說且送得七八分來望之云少保雖是力屈而降上皇恩德亦何可得忘皇子郎君以主上聖德務要講和實宗廟社稷之福何可應付得足今若許了七八分若不足又是失信豈不害事藥師向西退身斡离不（改作斡里雅布）返顧三寶奴（改作三寶努）等番語少頃催使人回又出玉束帶玉篦刀子及馬一匹付三寶奴（改作三寶努）

獻上連催使人上馬卽與三寶奴（改作三寶努）耶律忠王汭等前來

秀水間居錄曰宣和間經營燕地虜（改作遼）將郭藥師首來歸附既得燕山授以節鉞專付兵柄繼加檢校師傅官賜第都城寵數無虛日藥師喜飲酒傾醞絕品曰小槽眞珠紅者日賜一罇置驛傳送嘗至京師召赴禁中凡寢殿奧密珍奇之物悉令縱觀眷待優異如此金人南侵藥師率大將張令徽劉舜仁俱叛與之合從犯闕既議和解虜酋（改作敵帥）須索犒軍金帛數千萬雖極竭力不能充足虜（改作金）使云藥師嘗至宣和殿見庫中金一塊數千兩者何謂不足

朝廷答移牒書

書曰契勘太上皇與大聖皇帝浮海結約歲月已深遂割燕雲恩義至厚質諸天神共著誓書使聘交馳懽盟無間止緣奸臣誤國容納叛亡歲幣愆期物貨粗惡遂令誓盟殆成空文鄰國興師職由於此重念大聖皇帝從初講好欲卜萬年事至於今雖悔何及太上皇深自尅責乃付神器纘服之始不遑康甯夙夜以思宜申舊好果承使介遠達信誠結約之詞悉似面諭自今日始傳之無窮共芘生靈永同金石緬惟英鑒必諒茲懷事目具如別幅想加照悉

事目云投拜職官人口盡行發遣大金國人馬抽回議定更不以黃河爲界只將土地稅賦所出改添歲幣七百萬貫今來河北河東人馬抽回賞軍銀五百萬兩絹五百萬匹金五十萬兩

十日丙子李梲等與金人所遣計議使高永。（舊校云按金人所遣使無高永名）張愿恭蕭三寶奴（改作三寶努）復命當日引見三寶奴（改作三寶努）上殿進呈斡离不（改作斡里雅布）復書

書云承計議使李梲等齎御寶文字深悔前非再求盟好傳之無窮永同金石仰認至誠實爲大利雖有報復之心載惟元從大聖皇帝結好暨我今皇帝旨

諭丁甯德義寬大拯救生靈塗炭宜舒舊憤以示新恩當開誠心與修和睦若可依從請皇弟鄆王幷太少宰臣一員不俟踰日來赴軍前權且爲質更或不欲施行無煩理會伏候端的

又事目云自新結好已後凡國書往復並依伯姪禮體施行今黃河更不爲界可太原中山河間等府一帶所有地分畫立疆至將來撥屬本朝於內城池別有變亂貴朝應管擒制交送來示改添歲幣七百萬貫今減五百萬貫除自來已合交送銀絹兩色外擬

只歲輸二百萬貫物貨已上並入御筆誓書鄆王權質候過黃河便議歸還太少宰臣一員祇候交撥定疆界亦便放還合還賞軍物帛書五監金五百萬兩銀五千萬兩雜色表段一百萬段絹一百萬匹馬牛騾各一萬頭匹駝一千頭

鄭望之奉使録曰十日引見三寶奴（改作三寶努）就殿上進呈書上顧敏如何敏對云事無可柰何待更商量出到殿門宰執閤子內三寶奴（改作三寶努）等入使人幕次方見所進書乃知所邀三鎮及要親王一員候軍回日送到河要宰臣一員同往交割地界

中興遺史曰李梲等歸併燕山府路提舉常平沈琯與梲等偕來梲等具奏斡离不（改作斡里雅布）要宰執親王為質并須索金帛犒軍李綱以金人之技盡於攻西水門與酸棗矣破之甚易誓以死戰使匹馬不還策之上也梲望之謂金人勢雄盛未易可當莫若速許之不可緩也李邦彥勸不如許之上亦欲務令持重以保宗社生靈遂悉如所請詔括官司士庶金帛

賜進士出身頭品頂戴四川等處承宣布政使司布政使清苑許涵度校刊

三朝北盟會編卷第二十九終

三朝北盟會編卷二十九校勘記

上御崇政殿引見至再使於斡离不軍前此條應接上文誤另提行

不知他今上意旨如何誤作旨意　卽在長遠在應作是　俾不放入俾誤作早　莫能英斷莫誤作若　且前朝作擘且誤作其

皁辭改去立手筆誓書立字衍　又爲元奉諭旨誤作旨諭

亦何可忘得誤作得忘

三朝北盟會編卷第三十

靖康中帙五

起靖康元年正月十一日丁丑盡二十日丙戌

十一日丁丑李綱沈琯與執政同議於東府

南歸錄曰初十日琯見李右丞言賊改作敵騎不過五萬能戰者止萬餘人太子營不及二千藥師常勝約三千騎諸營部兵聞止有三萬餘其過河者只有大半可以邀擊李綱曰待與諸公議遂留琯幕中十一日李綱與琯同入閤門續引至後殿少頃同赴東府見樞密耿南仲李梲等琯告諸人如告李右丞說李梲厲聲曰賢敢道金人不强若與戰能決勝負否李綱曰不須如此怕他琯曰琯忘身棄家以圖南歸蓋上欲朝廷知金人不多可以擊爾至於戰鬬事非琯所敢知須臾李邦彥已下偕來琯復告之曰城下之戰社稷之安危固不可輕舉可待其歸以重兵擁其後必有必勝之策衆不答

十四日庚辰皇弟康王少宰張邦昌使於大金軍前給事中李鄴爲計議使右武大夫高世則副之齎和議誓書送伴蕭三寶奴改作三寶努等同行

朝廷和議誓書

書云契勘太上皇與大聖皇帝浮海結約欲卜萬年偶因手詔平州張瑴招納叛亡至使懽盟變爲兵革遂至大金數路興師今大聖皇帝次子郎君先及京城事至於今雖悔何及專差知樞密院事李棁等赴議軍前引過乞和正月十日迺承議計使齎到文字大開容引備諒純誠拯救生靈敦結盟好載惟恩義深劇感悰今戒攸司悉從定約太上皇與大金大聖皇帝及今皇帝義同兄弟今來國書當依契丹舊例禮從伯姪施行已許放黃河更不爲界可太原中山河間府一帶所轄縣鎮分畫疆土係自大金後比至

立了疆界屯兵已前於內別有變亂處所當朝自本朝應管擒制交送至於尺土一民不令侵犯招納若是與三府以南州軍犬牙出入不齊去處臨時兩平兌易應自亡遼播越之時北界流離向來併係大金叛亡諸職官工匠教坊百姓除元不會到幷已死外應見在並盡數遣還在京令隨逐前去在外接續發遣一無停匿殘害錯失除自來合交金銀匹帛並雜物折納決無粗惡愆期斯言之信金石不渝有違此誓神殛無赦宗社傾覆子孫不享所有其餘該載不盡合約事件並依前立誓書施行遼冀英懷永同重誓伏惟照察謹白初虜(改作金)人講和要一親王爲質朝廷議從其請上召諸王曰誰肯爲朕行康王越次而進請行康王英明神武勇而敢爲有藝祖之風將行密奏於上曰朝廷若有便宜無以一親王爲念既行邦昌垂涕康王慨然曰此男子事相公不可如此邦昌慙而止

沈琯與李綱書論金人兵虛實

沈琯短書投綱曰某自燕山拘執而南陳講和之議意在脫歸言其軍實今天與之幸偶而歸達區區之忠因右丞歸以上聞似可以無憾矣雖曰後時尚有

可圖者彼言國相自太原入河西自鄜延入不知二道能過之使不前否二道既不能進則此猶可圖者也城下之戰固不可輕議待其回腳數路躡之使前不得還後以重兵擁之可一舉而殲之彼之難聚者兵調發半年止得如此若盡滅之數十年間未能再舉若縱之使還其禍未已彼之難得者馬前日入燕不滿萬騎得常勝馬三千匹路中所掠不下三五千匹今又以二萬匹與之不可敵也彼之所乏者金載之而歸竭吾帑藏又取於民不足以充其欲二者之外又割吾要地其禍可勝言哉今日彼之兵數不多

必不若契丹犯澶淵之時是時景德春秋乃未及聖主之盛一時宰執皆欲避之陳堯咨數人皆欲之金陵獨寇萊公決策勸之親征一戰而勝今城下之戰計社稷之安危不可遽急至於後圖亦不可緩右丞忠憤之氣衆所共聞實天以賜我宋豈不能爲寇萊公哉某凍餒踰月脫死而歸魂未集體無僕無馬筋骸解散不可以步謹此以代面陳幸不以人微言輕而忽之又陳三事一曰某昨日步歸憩於茶肆聞諸人咸有欲戰之心但不令出爾此固未易輕舉然人心可見今早又聞昨夜城外小戰與其小戰不若更

多與之人馬在外以待之二曰金人之所以有鬬志者意在於金帛今既與之彼卻有愛惜之心吾之將士要而奪之以求爲軍賞則我之兵欲鬬之志如彼之初矣三曰金人不多用兵之時當分頭掩擊以分其勢是日晚綱遣人相召某力言金賊（改作師）可破之狀兼今日客主之勢不同多寡之數不侔若今脫歸既無傷折又厚有所得異時人人敢勇來也割地之後彼據要害我反爲客燕山雲中一二十萬之兵不知何以禦之若果欲與之戰不可失此時我重兵擁其後至河壖而掩擊之以西兵自懷衛入駐濬州之北當其前召大名德博與仁潞南兵由德博渡河於刑趙之間守截間道遣人密約河間眞定中山雄滄會兵於滹沱之地迎戰當使匹馬隻輪不返若云姑與之更圖後舉此愚論也今既與之大事去矣後不可再舉必敗須便甘心爲江左之事右丞能以決策立聖主又能止之使不遷蓋天以右丞賜我宋今日之事何不以死爭豈其作執政而遂愛惜耶綱言公之言宗廟社稷大計與綱無不合者但有掣肘處亦少有所待答曰願力爲上開陳斷以不疑而速行之後將噬臍次日又以七事獻綱一曰十三日詔出恐

所割州府不肯聽從指揮守臣交割竊恐守臣亦有畏懦全身保家之人奉詔棄城而走竊謂當密遣人令合兵以戰二曰楊志昨在燕曾受高托山賕賂志貪財色今聞在軍可說之要擊三曰聞西兵有至者出兵不可緩金人過河日馳百里縱之使歸禍不可言詹撫定燕山之時亦遷延不去及兵既近燕城倉皇而行輜重金帛盡爲張瑴取奪此機不可失四曰大兵擁賊（改作敵）過河止以弓弩手萬人守北岸五曰大捷之後全軍受賞其搴旗斬將有功者統領者別行保明優與推恩六曰金賊（改作師）兜鍪極堅止露兩

目所以槍箭不能入契丹昔用棍棒擊其頭項面多有墜馬請倣而行之欲令騎兵半持棍棒七日郭藥師將騎兵三千劉舜仁領兵二千隨行今若以重兵擁之過河前又有兵守截其勢甚危困密令人說之以藥師爲燕王舜仁以營平等州爲平王許其世襲自置官吏歲賜官帛兼令斬張令徽首以來塗中聞常勝軍恐由濵淵德博入滄過河歸燕山當須兩道遣人候之不可後也

拆上元鼇山散給軍士薪火

上皇時常以十月結架鼇山至正月十四日了畢所

費絲帛巨萬計比上元燈後則須賜内侍率以爲常至是乃拆之

衛仲達張勸特除名勒停

臣僚上言竊見戎寇猖獗（改作國家多難）侍從官義當體國乃者營私謀巳圖去朝廷者十巳三四班綴空然衆目駭視訪聞禮部尚書衛仲達素與趙良嗣狎昵無間今者忍稱病乞假遂攜家以行工部尚書張勸身爲八座乃求淮南幹當公事而去按仲達勸皆儉佞不才平日叨竊榮寵當急難之際傾搖人心爲避賊之計理不可容奉聖旨衛仲達張勸特除名勒停令開封府差人追捉前來

聖旨今後金國稱呼只以大金爲稱合用國字者依自來體例施行更不得以金國爲稱

十五日辛巳斡离不（改作斡里雅布）回奏并書

奏曰大金都經略處置使兩路都統斡离不（改作斡里雅布）正月十四日大宋皇帝遣使降到誓文大開詳審推見聖意勇於改悔求踐舊好敘定兄弟之義卜於萬代更不渝變斯乃社稷生靈之福也當司深爲感切遽解重圍收聚兵馬鈐束將校更不令驅虜殺戮既復舊約欲成長久竊慮歲輸物稍多難以經遠施行

兼奉宣命若能悔責委酌中理會今又減放一百萬貫常年只納一百萬貫又折物并銀二十萬兩絹三十萬匹仍爲今歲分撥疆土事忙直候來年正月依應舊例交納如交割結絕之後苟有違變神明得殛俾墜其師伏乞照察謹奏

書曰大金皇子都經略處置使斡离不（改作斡里雅布）上書於大宋皇帝闕下今月十四日賜到誓文暨皇帝康王幷少宰一員至仰體聖慈深增倍喜事苟不然其如社稷生靈何今既轉禍爲福重踐懽好惟望貴朝不失農桑早令當司兵馬無稽駐泊益彰至德當司

已鈐束逐處軍兵更不令驅虜殺戮所有國書再立盟約乞賜盡言遣差（此字刪）使將擎來詣當司待憑發遣赴闕即日一見康王便如兄弟相次事過即時遣還願勿憂疑更有但係亡遼契丹奚漢渤海雜類人等無令刦掠傷民早爲交割今月十一日夜南方天氣亦直至天明詳其分野正臨都邑能盡至誠敦大信反身修德必可消禳緣念義同一家别白奏達謹

上

聖旨應有官無官諸色人曾經賜金帶各據前項所賜條數自陳納官如敢隱數許人首告犯人重行斷遣

尙書省直取金銀指揮

奉聖旨仰聶山何㮚周懿文李光只今直取楊求張補姜堯臣李宗保張師賢宋輝李宗振董庠下項逐家金銀於元豐庫送納趙元奴李師師王仲端曾經祗應倡優之家並蕭管袁陶武震史彥蔣翊五人築毬郭老娘逐人家財籍沒并內侍省官道官樂官曾經入內醫官韓官幕士忠佐幷應曾特賜金帶許繫金帶人並行陳納若敢徇情隱庇幷轉爲藏匿之家許日下自首如違並行軍法諸色人所隱藏之物以半充賞

十七日癸未捉獲細作

先有燕山人推獨脚車子其中皆載兵器自是連日大索細作不絕或有短髮者面黑者誤遭毆擊至有死者羣不逞往往乘此刦奪行路但云是細作即擒送府驗問非是乃釋之亦不加罪妄捉之人如是數日乃揭榜禁止

十八日甲申大風雪

時圍閉旬日城中食物貴倍平時窮民無所得食凍餓死者相藉於是朝廷復遣使致問於金人軍前

朝廷賜書

書云大宋皇帝致問大金皇帝皇子郎君薦承使介特貺書詞披覽再三深諗勤意比者復修盟好休兵息民皆自周旋深感戢示諭依准大金皇帝宣命施行恩從聖造事靡已爲益諒高懷尤彰謙德更承念及耕農重事罷去所索牛一萬頭誠忱備至義同一家固當傳之無窮永以爲好春律尙寒倍惟珍嗇謹白又賜以沈香山子一百兩花犀酒盤一十隻玳瑁酒瓶貳隻撥花犀注椀一副

十九日乙酉上御宣德門撫勞王師

平陽府義勝軍作亂叛歸於粘罕（改作尼堪）

初譚稹爲宣撫也募燕雲人爲義勝軍散居於河東諸州其在平陽府者劉嗣初爲河東路兵馬鈐轄以統之有眾四千河東人呼義勝軍爲投附人太原府受圍有裨將自太原城中出至平陽漏言欲盡殺投附人於是義勝軍皆不安漸有語喧鬧嗣初見平陽富盛有欲得之心既知太原被圍遂有叛意一日嗣初見知府宇文時中白其事曰嗣初乃山後人累世不幸陷於契丹者幾二百年今重不幸又爲金人吞滅使我前主契丹喪其社稷而嗣初亦傾覆其家遂得歸朝今一行部曲與嗣初見視金人爲仇讐也金

人方造釁用兵國家以兵應之使投附人效死於陣前以報金人之讐深所望也竊聞欲盡殺投附人不知何故時中驚愕曰無此乃命出榜敢有撰造語言者立賞告捉自此投附人亦私爲之備投附人元在城外下寨不與州縣通嗣初自起爐打造軍器買槍梏編氊及拾麻鞵底穿爲甲陰勒行伍未幾時中罷去通判王某以權府事有百姓王存受雇於嗣初爲吆喝人既知其意先一日詣府告嗣初與投附人將亂者王某務欲慰安嗣初等乃決脊配三人本府牢城且報嗣初云有撰造語言已施行訖嗣初以本部

皆是義勝軍唯吆喝三人乃平陽府兵士既發露其情愈不安又知折可求敗事乙酉黎明牽眾人先登城占城城中軍民有以弓弩射之者義勝軍以手張氊禦箭既而城中奔亂嗣初縱火王某及州縣官皆出城走走不及者爲嗣初所執嗣初縱掠金帛次驅虜子女次驅奔牛馬次取驢猪羊盡殺爲脯腊科磨戶破麥爲乾糧凡十餘日以其眾歸粘罕（改作尼堪）粘罕（改作尼堪）大喜而王存於神仙界見王通判言你不信我言反杖一百今日壞了一城人姓命你卻還他乃鼓倡諸人將王倅并家小盡殺之某歸朝人老小在州縣者受折可求移文悉行誅戮

二十日丙戌斡离不（改作斡里雅布）回謝賜物上奏

奏云差去使人王汭至伏蒙聖慈回賜到沈香山子花犀玳瑁酒器并奇獸珍禽等斡离不（改作斡里雅布）無任感恩望聖激切屏營之至謹奉書奏謝以聞謹奏

京畿河北路制置使种師道及統制官姚平仲以涇原秦鳳路兵至京師

師道承召命未起以爲虜（改作金）人必不敢渡河亦未必有如此事雖起行唯日行三十里不廢遊獵中途遇統制官姚平仲自燕山戍歸有騎兵三千步兵一

干師道以便宜檄取軍兵之命遂與之俱來未至上遣開封少尹田灝中使裴誼陞犇舉促之師道至西京而斡离不(改作斡里雅布)已犯(改作至)闕或曰賊(改作敵)勢重而我以輕兵犯之必敗四方勤王之兵遂將解體不若且駐汜水以圖全勝師道曰不然吾以徵兵遲回不進形見情得祇取敗焉賊(改作敵)孤軍深入日虞援兵之至也今若徑去彼自莫測第使一騎到京師則京師之氣自振矣師道遂行先遣二十騎全裝披甲帶封蠟書上奏二十騎者疾馳到京城逢虜(改作金)人游騎四出是二十人者卽馳馬犯之游騎知西兵至退走二十騎至城下叩城上蠟書京城人知勤王兵至歡踴氣增十倍師道至直逼虜(改作敵)營下寨金人爲斂游騎不敢剽掠上聞師道至命開安上門遣尚書右丞李綱迎勞而宰相李邦彥降敕付師道曰金人和議已定敢言戰者族或謂金人下寨於城之西請嚴備以入師道不從肩輿入京師是夜與宰相同入禁中見上於福甯殿奏曰臣不知京師有如此之急又度必無此事故來遲今臣在此陛下不須憂也上再三慰勞問計將安出師道奏曰臣以爲講和非計也京城周圍八十里如何可圍城高十數丈粟支

數年不可攻也若於城上劄寨而城外嚴拒守以待勤王之師不踰旬月虜(改作敵)自困矣然業已講和不可止金銀不足請以見數與之如其不退乃與之戰且四鎭之地內保州乃宣祖陵寢所在不宜割與上乃令師道與邦彥於政事堂共議其事師道見邦彥因曰某在西土不知京城堅高如此備禦有餘當時公何事便講和邦彥曰以國家無兵故不得已須和耳師道曰凡守與戰自是兩家事戰若不足守則有餘京城之民雖不能戰亦可使守但患無糧食糧食苟有餘京師數百萬衆皆兵也何謂無兵邦彥詭曰素不習武事不知出此師道笑曰公不習武事豈不聞往古攻守事乎又曰聞城外居民悉爲賊(改作敵)殺掠畜産多亦爲賊(改作敵)所有當時聞賊(改作敵)來何不悉令城外百姓撤去屋舍般畜産入城遽閉門以爲賊(改作敵)資何也邦彥曰倉卒之際不暇及此師道又笑曰好慌好慌左右皆笑又曰公等文臣腰下金帶不能自守以與虜(改作敵)人若虜(改作敵)要公等首級如何邦彥不能對又曰京師如此之闊番(改作金)兵只十數萬何能圍匝何故四門都閉則番人得以縱掠而吾民困矣上加師道檢校少保同知樞密院事遷宣

諭使明日金人使王芮(王芮即王汭也)來其禮稍屈上顧師道笑曰彼畏卿故也方諸門盡閉師道命開東壁南壁門聽民出入如常人情賴之以少安又請緩給金帶禁游騎不得遠掠俟其惰歸扼之於河當使匹馬不還上皆是之師道受命出巡城語所親曰賊(改作敵)易破也但劄連珠寨對壘使不得虜掠則賊(改作敵)糧匱乏便可進兵更使兵將臨河設伏俟其半渡擊之此萬全策也一日師道令驍勇數輩出城得金虜(改作)卒三人至則令言軍中事其一不肯言師道令斬之又問其次遂恐懼明言軍中事其一破其腹以驗所

食之物腹中無他唯豆耳師道語其眾曰賊(改作敵)糧已匱可以殄滅乃遣一人還軍中使道其事賊軍大驚於是決意求和

詔差中書侍郎王孝迪收簇金銀

詔曰金國犒軍金五百萬兩銀五千萬兩錦帛牛馬駝騾其數浩瀚雖竭神御乘輿宮禁王府主第宮觀寺院內外百官士庶人等金及三十餘萬銀及一千二百餘萬又送以服御犀玉腰帶眞珠寶器女樂珍禽香藥茶錦綺酒果之類并以祖宗以來寶藏珠玉等物准折緣數萬金銀未敷不肯退軍已差中書侍郎王孝迪再行收簇布告中外咸體茲意榜曰中書侍郎專領收簇大金國犒軍金銀所今月二十日奉聖旨大金國兵馬攻城其勢甚急朝廷爲宗社生靈遣使議和須籍金帛以結盟好金國要金五百萬兩銀五千萬兩今來所斂金銀上自宗廟宮禁乘輿服御之物盡行劃刷止得金三十餘萬兩銀一千二百餘萬兩尋津置前去大金國見其數未足復遣使人諭意難爲退軍兼恐兵眾犒賞不均必致怨怒卻來攻城男子盡殺婦女驅虜屋宇焚燒金銀財物竭底將去今來計無所出遂將前後所出黃榜并行拘收

別出榜文訓諭朝廷愛民憂國之意仰自今月二十一日爲始一應執政侍從宗室外戚內侍官橫行並許權繫犀帶將金帶納官又將逐人在家金銀盡數赴逐庫送納外其餘士庶諸色人並仰於兩日內罄所有金銀立便送官如有藏匿寄附送納不盡之數限滿並許諸色人告論相容隱人亦許陳告並以所告之數三分之一充賞告及金一萬兩銀十萬兩除告賞外與承信郎如親隣知情不告告而不實以其罪罪之今來除指揮事係急切若因金銀不足和議不成遂致家族不保雖有財寶何所用之仰士庶體

認朝廷愛民憂國之意疾速前來送納候事定日等第推恩所有金銀菝道並與免納今具逐處庫分納下項州南左藏庫納州北元豐庫納州東都茶場納州西榷貨務納右出榜曉示諸色人如有乞覓並依軍法施行都人讀榜見金銀不足則必致怨怒卻來攻城男子盡殺婦人驅虜屋宇焚燒金銀錢物竭底將去又言家族不保雖有財寶何所用之讀之者莫不扼腕唾罵

靖康前錄曰王孝迪領簇合牖設大金國金銀所出榜籍士庶所有之物謂如此則免吾民肝腦塗地不然則男子殺盡女人虜盡宮室焚盡金銀取盡其辭乖謬不可具言人謂之四盡中書以比李鄴六如給事

种師道姚平仲兵至李綱上奏乞令師道平仲聽節制

傳信錄曰余奏上曰勤王之師集者甚衆兵家忌分節制歸一乃克有濟願令師道平仲等聽取節制上降御筆曰師道老而知兵職位已高與卿同官替曹曚可也蓋上意欲以師道爲親征行營副使余竊歎上裁處之當而宰執間有密建白以爲不可者上入其言於是別置宣撫司以師道簽書樞密院事充河北河東京畿宣撫使平仲爲宣撫司都統制應西兵及四方勤王之師並隸宣撫司又撥前後軍在城外者屬之而行營司所統者獨左右中軍而已上屢申敕兩司不得侵紊節制既分不相統一宣撫司所欲行者託以機密往往不復關報余竊私憂之自金人議和誓書已行之後朝廷日運金銀幣帛之屬輸其軍中名果珍膳御醞之餉使者絡繹冠蓋相望上又出御府珠玉玩好寶帶鞍勒以遺之品數甚衆其價不可勝計余每以謂賜此不足以爲德適所以啟戎心雖上恭儉視珠玉如糞土然戎之改作彼既生心何厭

之有衆方稱上德不以余言爲然金人益肆須二字改作需索無所忌憚刪此三字已至求妓樂珍禽馴象之類靡不從之及勤王之師既集西兵將帥日至上意方壯又聞金人虜掠城北居戮如故而城外后妃皇子帝姬墳墓殯殯發掘殆盡始赫然有用兵之意余贊上曰易於謙之上六稱利用行師征邑國師之上六稱開國承家小人勿用蓋謙之極非利用行師不足以濟功師之成非戒用小人不足以保治今陛下之於金人屈己講和其謙極矣而金人貪婪無厭刪此四字凶悖改作侵淩愈甚其勢非用師不可然功成之後願陛下

以用小人爲戒而已使金人有所懲創不敢有窺中國之心當數十年無夷狄之禍（改作烽燧之警）不然一日縱敵數世之患憂未艾也

通判絳州軍州事徐昌言殺義勝軍

中興遺史曰平陽府義勝軍亂之次日報到絳州絳州有義勝軍四千人將官牛清統之清山後人麤率勇悍通判徐昌言謂不先圖之必有平陽府之變乃白於知州李元逵請先爲之備元逵本儒生不知時變不從昌言與幕職官苦言之元逵不得已請昌言一面措置昌言以教閱爲名開甲仗庫令官軍帶甲

整葺軍器時清下寨於東門外是日昌言閉其東門方轉五鼓自南門北門出兵轉城以趨其寨又令民兵悉上城之東壁令之曰聞戰聲則助其聲勢昧旦兩門出兵皆叩其寨即斬關以入直造清之寢清夜飲方醉與數婦人寢聞難取器械不及創甚被執於是盡殺投附義勝軍城中民兵登城東壁呼噪以助其勢投附人盡被誅戮諸州聞絳州之事乃皆殺投附人昌言字獻可衢州人

統制馬忠以勤王兵至京師熙河路經略使姚古秦鳳路經略使种師中及折彥質折可求劉光國楊可勝范瓊李寶諸路勤王兵至京師

諸路勤王兵號二十萬到京師於是人心稍定

賜進士出身頭品頂戴四川等處承宣布政使司布政使清苑許涵度校刊

三朝北盟會編卷第三十終

三朝北盟會編卷三十校勘記

迺承計議使裔到文字 誤作議計　因右丞得以上聞 得誤作歸

繫社稷之安危 繫誤作計　由博德渡河於邢趙之間 邢誤作刑　今者忽稱病乞假 忽誤作忍　殊深感戢 脫殊字　今日壞了一城人性命 性誤作姓　雖於法許相容隱人亦許陳告 脫雖於法許四字　墳墓欑殯 欑誤作殯

三朝北盟會編卷第三十一

靖康中帙六

起靖康元年正月二十四日庚寅盡其日

二十四日庚寅斡離不 改作斡里雅布 再上奏

書云伏承御書特加溫諭尋繹研味言悉由衷敦固惟好益光聖德陛下既全始終質諸天神斡離不 改作斡里雅布 等永念同盟敢不祗畏中山河閒兩府亦望差近上親信之臣嚴賜敕旨令從隨少宰專行管勾交撥彊界據喝下金帛擬准見御寶文字續次交送近者猥被聖恩賜致內樂百餘人不欲使去父母之邦因乞放還辱從所請感戴之至無任下情外據所割三府見任職官內不係本土之人恐有知識欲要者內椿定姓名垂示即當發遣如不見公據請不受留內太原一路官員乞便於交撥宜內分白開指以憑依應施行今差韶陽軍節度使耶律忠乾文閤待制太平甫充計議使副謹奉書奏謝以聞謹奏

朝廷復遣李棁致問

書云大宋皇帝致問於大金皇子郎君比者盟書既定和議方深用孚千載之期永保兩朝之好輒因便介以物將誠詳具別紙惟冀留納謹白送珠子束帶

一條上有北珠五十顆正透飛鳳犀帶一條金稜眞玉注椀一副眞玉酒盃十隻細鞍轡一副琥珀假竹鞭一條

又別遣肅王爲質請歸康王

書云比承書示欲別遣親王爲質今令弟肅王前去可諒誠懇之情然念康王留軍中今將一月朝夕憂念未嘗少甯雖皇子郎君義同一家必垂顧恤柰手足之愛同氣之親一日不見實有三秋之念敢望仁慈俟肅王到日便令康王回歸以慰茲寤寐注想之懷情深意切書不盡言再此布敘惟冀孚察謹白

斡离不改作斡里雅布以崇義軍節度使大安仁龍州團練使

耶律忠充使副送還康王

書云使至迭承來諭請送康王備聆聖心懷注之切今如命遣送前去緣以康王久留軍中謹贈金一萬鋌聊用壓驚式表微意謹奉書奏聞謹奏

詔王黼削奪在身官爵長流衡州

靖康遺錄曰是日籍王黼第得金寶以億萬計初黼賜第於閶闔門外周圍數里其正廳事以青銅瓦蓋覆宏麗壯偉其後堂起高樓大閣輝耀相對又於後圃聚花石爲山中爲列肆巷陌與民間倡家相類與李邦彥輩遊宴其中朋邪狎昵無所不至及至籍沒百姓爭入剽掠官不能禁斬數人而後已黼出城數十里至負固村追斬其首百姓謂之負國村云

秀水閑居錄云王黼作相初賜第相國寺東又賜第城西竹竿巷窮極華侈壘奇石爲山高十餘丈便坐二十餘處種種不同如螺鈿閣子即梯柱門窗什器皆螺鈿也琴光漆花欏木雕花鑲玉之類悉如此第之西號西村以巧石作山徑詰屈往返數百步間以竹籬茅舍爲村落之狀都城相第乃有村名識者以爲不祥黼侍妾甚衆有官封者十八人夫人十宜人○舊校云歸本云令人十宜人入

靖康前錄曰二十四日府尹聶山進劄子乞追王黼行遣差人追及於應天府杞縣之南十里負固村遂戮之函首京師隨行金帛不可勝數盡爲小寇摽掠差度支郎中邢倞籍其家財倞措置無術小人乘隙鼓唱爭入黼第絹七千餘匹錢三千餘萬金玉之類爲羣小攘奪者三分之一王時雍領尹詐稱般納王黼家物者次第給賞優者推恩衆齎金帛入黼第即得首領者二十餘人梟首令衆餘皆棄物而遁

別錄云盜殺之於雍邱

中興姓氏姦邪錄曰王黼字將明開封人也崇甯一

年登進士第蔡京喜之累擢爲翰林學士厚結內侍梁師成輩多薦引之者政和七年除尙書右丞八年除中書侍郎宣和初師成薦爲少宰惟諂佞師成凡事行其意而已每入禁中爲柔曼之容效俳優諢話以悅上意置應奉司於其家四方珍貢皆由黼以進奉而多半隱盜於家公然賣官取賕無厭京師爲之語曰三百貫直通判五百索直秘閣其無廉恥如此二年上欲乘契丹爲女眞所攻因復取燕山黼力贊出師及用童貫蔡攸爲帥四年加太宰楚國公二子皆加徽猷閣待制上命內侍幹當御藥院盧端專起

大第以賜黼黼建御書閣芝草生於上黼邀上駕幸其第觀賞之人知其不祥五年拜太師封楚國公領三省事六年李邦彥密結蔡攸令諷黼而罷之靖康初貶廣州安置遣使斬之時年四十八士民皆快之

宣和錄曰宣和五年九月太傅王黼言臣以昧陋貌然之迹充位公輔總領三省無明謨顯庸仰稱擻求熙帝之載不足以格皇天膺多福宣和癸卯八月芝生賜第正寢之東閤柱礎之間狀如芙蓉懼無受祉之實且在側陋不敢奏後兩浹旬得賢治定閤產神芝二本亥皆踰尺一生於漆柱之上一生於繪屏生閣柱者狀如雲翔龍爪虬然抱附於柱其中穹窿特起叩之有聲生繪屏者如慶雲晻靄表裏穿透皆所創見昔未之有臣俯伏諦觀蚤夜怵惕以思前年蒙恩特賜長生大帝聖君容許嚴奉閣上又蒙恩特賜九華玉眞安妃御容奉安閤下日有光明不間隱微神休聖迹固已久熟觀今芝所生天威不違咫尺實惟帝君睿聖當宁安妃神靈在天貸臣竊位曠官罪悔衆積而憫其赤心皎然區區無他賜也故生祥瑞昭晰顯著如韓愈所云此生人不識唯有天公知者臣與有焉不勝踴躍抃舞之至且念所居雖陋實爲

疇咨之地芝房吉祥一日三秀是豈孤臣之幸也蓋邦之榮懷以尙一人之慶輒繪圖昧死以聞奉聖旨手詔卿以碩德偉望簡在朕心傳巖之求若合符節比來海嵎加治神祇咸若凡建大事決大疑莫不克擧方時平虜（改作燕）之策在廷之臣罔攸措議惟卿有先見之明助朕獨斷從中指授曾未期年九有以截確然志在王室格於皇天致草木效靈見於賜第一日三秀亥至踰尺結英吐華有若翔龍慶雲之狀豈不韙歟且若芝房之歌薦於漢廟著之方冊實爲丕祥歷代寶之今者得非寅亮燮理之功薰爲和氣致

此殊祉瑞於家庭以昭神祇在天敷祐之靈以示朕賚予艮弼之義君臣相須休悅同體奏牘來上良用

嘉歎

王黼者開封人也舊名甫及顯貴上以其姓名與東漢宦者同詔易爲黼登第後一任爲相州司理蹤跡已詭譎入輦轂爲何丞相執中所喜遂歷書局館職政和初爲司諫蔡京薦之遷諫議大夫黼既驟遷遂背執中疏其惡二十事與京而執中不知也每稱道黼不已一日省中俟其來見則又及黼而京曰少師何主黼若是黼定何如人可保乎執中方談其美京

即於座後出一卷書使讀之乃黼擊執中疏也執中大愕始變色曰畜生乃爾若是繇是執中乃謝絕黼黼因投鄭居中黨中而居中前後數於上前稱薦黼有宰相才改御史中丞陞翰林學士黼特事宦者梁師成爲父與折簡必呼之爲恩府先生上方躬攬權綱故每謂羣臣多宰相門人如黼獨首出朕門下黼每進見上每爲前席論外事動移時專事儉險能先事中意當是時戸部尚書患不得人蔡京因奏用黼上大喜謂之曰太師乃肯用爾爾能當此乎黼對以匪難也時用度侈肆版曹歲入有限非宰相應副必闕事黼既以才選能彌縫中人他不恤也繇是未半年自親王貴戚暨班直禁衞動乏俸賜月給中外乃大噪黼猶揚揚然且誑上謂左藏自充匃第監臨失職爾臣願自入庫治究其事而勢家吏僕聞此得伺候黼來掩之爭索所未給之物及視庫中則實一空於是數十百人皆大喧詈吏攔黼不得出因窘甚用老吏爲之計乃抱大榜告之曰尚書有約束無他官吏作弊耳今當排日用次第給爾等可視此也即趨往東牆掛榜衆走視之黼迺得繇東庫角門跨馬遁去上聞而不樂遂以失職罷猶改宣和殿大學士以

宮祠奉朝請賜甲第居之其賜第之隣乃故許黃門將宅也黼又倚中人奏請彊奪之其子弟出怨言而黼又陰白其語遂盡逐去中外始大不平俄復翰林爲承旨丁父憂起復遂除左丞遷中書侍郎乃有大用意時政和八年也黼而潔白若美婦人而目睛鬚髮盡金黃且豺聲未久拜相委聽愈專當是時宦者梁師成從中秉權故使黼相表裏一口恩數儀物有踰於蔡京矣黼始專任乃事外飾奏罷堂吏添支省併書局皆協一時事論然專事逢君依羣宦故獨不敢及佗其後罷學校乃多取贍學錢奉宴遊未久又

入劄子乞罷應奉司而自領之內則梁師成爲提舉又啟北征事且與童貫力謀數以詩進題結鄆邸和焉嘗密語上曰臣屢令術者推東宮命不久矣先是黼既相再錫大第於城西開便門與師成宅對街以相來往及燕山告功黼益得意乃妄托事言家之屏風生玉芝上爲臨幸睹黼之堂閣張設寶玩石山侔擬宮禁喟然歎曰此不快活邪時上既幸黼第又從便門過師成復來黼家駐因大醉黼自出傳旨支賜命放散衛從百官於是禁衛從諸班直爭願見上始謝恩不肯散因詢師成與譚稹乃扶持上而出撫論之上醉不得語矣復入夜漏上五刻乃開過龍德宮複道小牖謂鹿寨門者以還內宦者十餘人挑燈。舊校云挑燈一本作執兵接之而去三衙衛士無一人得入者是夜諸班禁從皆集教場備不虞幾生變翼日猶不御殿殆半日人心始安祖宗以來臨幸未之有也上深悔之曰孫存愛我與轉一官存隨龍舊人爲衛士首時對黼求見上不肯散者黼又同蔡攸每罷朝出省時時乘宮中小輿召入禁中爲談笑或塗抹粉墨作優戲多道市井淫言媟語以媚惑上聽時因謔浪中以諂人輒無不中黼方恃奧自若至賄賂公行於

朝野自通判以上皆有定價中外大喧上雖微聞然不之信至是蔡攸與朱勔皆能取驗於上因是怒併力攻師成勢折上於是怒黼始罷而致仕居第領應奉司如故厥後將逼冬郊而乖欲相之會上內禪百寮入賀上下咸有喜色而黼面獨若死灰未幾誅死矣且黼士人也又以才學受知君相則其富貴可立致乃由徑苟得一時之味因甘之流而不返夫既以非道而進後必以非道而終決矣是徒累國家亂天下如此可爲世戒也

北征紀實曰燕地號沃壤用兵既久加金人改作師殘毀桑柘生具爲之一空我得之僅三年曾無斗粟尺帛之助常勝軍五萬月給人二斛戍兵九千月給人六斗則已十餘萬斛又有食糧軍及諸州官吏不在數也故悉出河朔山東河東之力以應辦纔一年而諸路皆困矣科配既久道阻且長率費十餘斛多至二十餘斛始能運一斛至燕山以有限之物輸之無已雖黼當權時內外帑藏及齊趙晉代民力皆已告竭焉上不樂乖已罷黼黼患失遂作免夫之令因得少辦其議以爲燕山之役天下應起夫今免其調發獨令計口多寡盡出免夫錢違期限者斬天下所得

免夫錢大凡六千二百餘萬緡以三千萬應副燕山三千萬椿管然朝廷時時借用及宣和七年春正月唯六百萬見在餘二千二百萬有零則莫知爲何用此實充應奉矣蓋北事纔定號經撫房者朝廷一時大案黼奏丐降旨一切焚之故不可考焉及宣和六年黼罷之後燕山日夕告乏而山東河北盜賊起少者不下數千人若張仙高托山輩皆連兵數十萬餘科配亦不行矣

閒居錄又曰宣和間王黼急於財用以燕山免夫爲名徧率天下所得纔二千萬緡而結怨四海矣又令州縣取鹽課一年最高者立爲定額不許通融虧欠及分隸監課司守令一例黜責於是計戸率錢猶不能給羅織告訐無所不至犯法者不復行刑但令買鹽厚利悉歸大商楚毒被於良民逃移逋負不可勝計

別錄曰開封府奏本府捉事使臣韓應等狀蒙差體究王黼所在契勘二十四日至雍邱縣城南二十里永豐鄉輔固村爲盜所殺取到首級申

三朝北盟會編卷第三十一終

賜進士出身頭品頂戴四川等處承宣布政使司布政使清苑許涵度校刊

據喝下金帛（喝一作賜）　乞便於交撥管內分白開指（管誤作宣）

乾文閣待制太平府（府誤作甫下應有闕文）　中爲列肆巷陌與民間倡家相類（一作中列四巷俱與民間倡家相類）　琴光漆花羅木（漆誤作漆羅誤作欏）　表皆踰尺（踰誤作論）　龍爪虬髯（髯誤作然）　日月光明（月誤作有）　芝產吉祥（產誤作房）　少師何譽黼若是（譽誤作主）

一時士論（士誤作事）　而垂欲相之（垂一作重）　垂以罷黼（以誤作已）　因得少失其權（失誤作擁權誤作議）　朝廷一時文案（文誤作大）

虧欠及分釐（欠字衍）　負固村（負誤作輔）

三朝北盟會編卷第三十二

靖康中帙七

起靖康元年正月二十五日辛卯盡三十日丙申

二十五日辛卯鄜延張俊環慶韓時中涇原馬千等皆至京師稍安

斬內侍官匿金字牌者三人

初朝廷發金字牌勾兵隴西（○舊校云一本作陝西）　內侍官暗留不遣及馬千等至皆云不見金字牌但聞京城危急來赴難由是發覺故斬之

二十七日癸巳眞定府路安撫使劉韐送馬擴下獄

茅齋自敘曰先是被童貫之命招置眞定中山忠勇敢戰軍馬專一統御擴急趨保州取家屬南歸復過中山則已見烽火連舉五把次日至眞定劉韐委擴提舉四壁守禦靖康元年正月七日拜上登極赦擴密遣人入京且書一奏劄具說虜人（改作金師）南寇（改作來）步騎無二萬人又時已春首彼難久留乞堅守京城勿輕出兵括取官私馬無慮三萬匹召募敢勇必戰之人各授器甲略閱隊伍每五千人爲一領分屯要害密檄諸道勤王之兵併力齊進預戒河東河北多設邀截彼不過二月中必退京師之兵躡其後河外

之兵邀其前彼方阻河勢迫乘機擊之可使匹馬不回後因職事與軨之子新授浙西市舶提舉子羽議論失歡子羽乃與路分鈐轄李質等同謀譖害擴癸巳擴晨往謁軨坐未定軨密備兵卒在庭呵擴下曰爾安得反可斬之擴大呼曰時事如此方用人之際豈可聽小兒子譖誣欲害士大夫乎軨曰不干渠事擴曰擴與令嗣提舉不足衆人共知何謂不干渠事且公欲斬人亦須責文狀否軨辭曲不復言斬乃曰送之有司遂置擴於獄中子羽作奏劾誣以約虜改作金人獻城事二月得旨令提刑司置院檢勘具的確

情犯聞奏

同日降指揮爲犒大金金帛未足權行招括

聖旨朝廷近爲大金攻圍京國方講議和須犒金銀幣帛數目金銀最爲緊急雖各分定抛認之數尚慮告論一節或爲民害遂令除去下令以來權豪殊不體念國家之急所納之數金銀稀少可自今月二十七日爲始應京城畜金之家所有之數或以埋藏或以寄附並限兩日盡數赴元豐庫大觀庫左藏庫榷貨市易務都茶場送納金每兩價錢二十貫銀每兩一貫五百文先次出給憑由公據候事定支還若限滿不赴官送納並許諸色人陳告於所告金銀內二分一分充賞犯人取旨重刑斷遣知情不告與同罪除開封府見於豪民之家分認數目送納外餘逐色目逐家已行科定金銀數目指揮更不施行

尙書省劄子殿中侍御史李奉議奏臣等伏惟近降聖旨借士庶金銀如納數多當議量度於武官內安排特與理選限不礙正法理爲官戶注授優便差遣臣等訪聞民間供輸今已累日其納數多可應前項指揮者臣等欲望聖慈付有司條具以聞遂授以官非特示民以信亦可激勸來者其或有願田舍乞以

近拘收到房廊物業量價給還庶使人心懽悦樂於輸納以濟一時之急謹錄奏聞伏望聖旨依奏是日晚專領收簇大金犒賞金銀所據左倉庫中有廣福坊李隸已納金六百七十四兩銀一萬四千七百四兩九錢葛闢金六百兩銀三千五百七兩奉御寶批李隸與成忠郎葛闢與保議郎凡此同日數百戶以勸來者

李綱與李邦彥吳敏种師道姚平仲折彥質同對於福寗殿議用兵

傳信錄曰是日同執政上殿議所以用兵者綱奏上

曰金兵張大其勢然得其實數不過六萬人又大半皆奚契丹渤海雜種（刪此二字）其精兵不過三萬人吾勤王之師集城下二十餘萬固已數倍之矣彼以孤軍入重地正猶虎豹自投檻穽中當以計取之不可與角一旦之力爲今之策莫若扼河津絶糧道禁抄掠分兵以復畿北諸邑俟彼遊騎出則擊之以重兵臨賊營堅壁勿戰如周亞夫所以困七國者俟其芻糧乏人馬疲然後以將帥檄取誓書須還三鎭縱其歸半渡而後擊之此必勝之計也上意深以爲然

二十八日甲午种師道使姚平仲進兵逼其壘虜（改作敵）

不敢動

南歸録曰种師道以四鎭不可割與李邦彥議人人異同唯李綱議與師道合師道問沈琯金人初來事琯對曰河濱若有千人守之犬羊（改作敵兵）豈至都城師道曰不然金人至此如何卻去又問琯河北地形及邀截之狀琯對與上李右丞書同師道曰如公之言比至塞上無匹馬矣琯復問師道曰今日如何處置師道曰公見得賊（改作敵）寨中有糧否琯曰金人沿路日掠糧草今至城外取金帛子女未有聚糧之意但恐聞西兵至方旋聚糧想必不多師道云如公之說昨日生擒二賊割腹視之已食黑豆今當逼賊營劄六七大寨以守把抄掠路不過五七日間彼自沮折矣琯又出一劄子呈師道曰金國長驅直犯京闕蓋緣中國失謀今日之謀豈可再失哉執政大臣力主講和之議然金帛果充其數乎三路之地果能棄乎已議講和而王畿之內剽掠殆盡兵回之後果能保其不攻掠城邑乎大抵姦人借宗廟社稷之重以劫人主而爲全身之計或張大虜（改作敵）勢以脅朝廷而成其講和之功殊不思異時之患又有甚於今日也聞金人見造浮橋馳驛班師若遷延失機濬州橋既

成黏罕（改作尼堪）之兵繼至將有噬臍之悔矣兵貴拙速不貴巧遲伏望宣撫樞密使詳酌斯言斷以不疑而早圖之宗社幸甚

監察御史余應求上書乞將相勿爭私忿早定和戰之計

書曰臣嘗讀六月之詩有曰文武吉甫萬邦爲憲又有曰侯誰在矣張仲孝友蓋宣王既使文武之將征伐於外矣若內無孝友之臣以與王居則讒譖之言日至忠謀不見用雖有吉甫焉能成其功哉至唐穆宗則不然裴度以元臣宿望出討幽鎭烏重胤李光

顏皆一時名將勢若甚易而元積用事恐度有功妨已進取所畫軍事皆從中阻壞之故屯守踰年迄無成功夫內外之事相須如此可不監哉方今强虜改作敵入寇四郊多壘講和之計雖決而金帛之數未足兵將之勢已振而師出之日無期是宜內外之臣同心一意共議國事以雪恥辱之時也而道路籍籍皆言宰相大臣與將帥異謀朝夕諠爭未有定論審如此豈誠心爲國者哉夫和親征戰之說漢廷臣論之詳矣今日之策未可偏廢然金帛既不足虜改作敵人必不肯退師又三鎮三關之地向以兵力寡弱不得

不姑從之今諸將援師屬至而城下要盟神弗信也若虜改作金人必要金帛之足與三鎮三關之地又豈得憚於用兵哉陛下既以兵事委李綱與諸將矣願詔執政大臣以孝友張仲爲心和以濟事無爭私忿先公而後私庶幾大功可立如或不悛與夫妨功害能之人當顯黜之求所謂孝友者而任之可乎雖然戎馬在郊城門未啟中外不通已再旬矣和戰之計亦宜早定願詔宰執將帥僉議於黼座之前使將帥出師與之對壘然後遣辯士以利害禍福成敗屈直與之言若能休兵講和以繼好息民策之上者苟貪婪而無厭攘拒而不受陛下雖欲勿戰得乎又況理直師壯人有鬬心以宗廟社稷之靈何憂不克所可慮者窮寇遠來自居死地困獸猶鬬之時也願更詔將帥持重應機無輕接敵以取萬全之策不勝幸甚臣一介書生不知兵謀忠憤所激欲默不能惟陛下裁擇

三十日丙申太學生陳東上書乞誅六賊

京師傳聞太上皇到泗州蔡京童貫等建議留高俅以侍衛兵扼泗州太上皇南去人心不安陳東乃詣登聞檢院上書曰臣於去年十二月二十七日嘗同

本學諸生等伏闕下上書言蔡京王黼童貫梁師成李邦彥朱勔等六賊罪惡乞行誅戮又於今月初六日獨詣登聞檢院上書言京勔父子及貫等挾太上皇南去恐迤邐渡江假籍威勢遂生變亂之禍乞追數賊復還闕下各正典刑別選忠信可委之人往侍上皇前後二書至今未蒙盡賜施行雖聞王黼李邦彥已嘗施行然罪大譴輕未厭公論京勔父子釋而不問縱之南去師成尙在親密之地中外疑惑臣竊謂朝廷方有夷狄之刪此三字改作急難未暇議此以故未敢再有申陳然今日事勢之急殆有甚於夷狄者況

夷狄之兵皆由羣賊誤上皇所致今又挾上皇於危急之地臣豈敢尙爾默默臣昨日聞道路之言曰高傑近收其兄俅伸等書報言上皇初至南京不欲前邁復爲數賊挾之而前沿路刼持無所不至上皇飲食起居不得自如數賊阻隔甚嚴除其黨與之外不容他人輒得進見雖高俅被宣欲進亦復難之行至泗州又詐傳上皇御筆劄付高俅只令在本州守禦浮橋不得南來挾上皇渡橋而南以趨浙江其隨駕兵士盡爲羣賊斥之而回聞方過橋之時衛士攀望上皇車駕失聲號慟童貫遂令勝捷親兵以弓射之

衛士中矢自橋墜者凡百餘人高俅兄弟在道徬徨得一望見上皇君臣相顧泣下意若有所欲言者而羣賊在其側上皇氣塞聲咽不敢輒發一語道路之人莫不扼腕流涕臣雖至愚蠢知忠孝傳聞此事不覺涕淚沾臆爲陛下憤陛下父慈子孝天下所共知上皇今爲天子之父而乃受制姦臣賊子一至於此可勝寒心此臣所以汲汲爲陛下言之也蓋數賊之黨徧滿東南而上皇隨行大臣如宇文粹中又是蔡京甥壻其弟虛中聞亦竄而往蔡脩京之子也得守鎮江據千里山川要害之地宋㬇蔡脩之妻黨也出領大漕專數路金穀斂散之權童貫有親隨勝捷之精兵朱勔有同鄉附已之衆惡皆平時陰結以爲備者一旦南渡卽恐振臂乘勢竊發控持大江之險奄有沃壤之饒東南千里十百郡縣必非朝廷有是將傾陷陛下父子使之離間非特聖孝之養阻奉晨昏而其事必有至難言者臣竊謂今日之勢夷狄（改作金人）非所患所可深患而圖之不可少緩者正在此耳陛下何尙不忍於此耶臣知之矣必是梁師成陰有營救致陛下未得奮發英斷臣請申言師成之惡臣每聞縉紳之言曰師成爲人眞是憸佞自其容貌觀之

似不能言者而稽察其衷陰險禍賊最爲可畏盜我儒名外示廉靜其實招權怙勢侵我紀綱上皇每進用一宰相大臣以及侍從之官師成必收其功以歸諸已故宰相大臣秉持國政必惟師成之命是從王黼事之不啻父兄蔡京父子趨事不暇師成氣燄傾聳朝路賢士大夫莫敢側目至如文章之事責在詞臣朝廷典誥各自有體師成必欲其文悉如己格一或背違輒行譖斥國家取士至公之選無如科舉士大夫所恃以自異者無如及第出身人主所以籠絡天下英俊以求將相者正在於此而師成乃薦其門

吏使臣儲宏兩次特赴廷試賜第唱名宏自登第之後依舊充使臣之役則是天子臨軒策士止可充師成趨走執役之吏耳非特以左右奴僕玷辱士類又所以輕侮朝廷選舉之法宣和六年春上皇親策進士八百餘人聞其中百餘人皆以獻頌上書爲名特赴廷試率多師成之力盡是富商豪子會進納及非泛補授官職士大夫不齒之人或白身不足應進士舉者聞每名獻錢七八千緡師成便爲奏請特赴廷試之命師成所爲既衆即又傳令張楠等將上其他權倖遂相效以賈利師成實啟之每遇賜名唱第之日師成必在上側臨時奏請妄有升降以亂公道在廷之士往往解體國家選舉之法爲師成壞亂幾至埽地此事縉紳士大夫上至朝廷人所共知第畏師成不敢言耳師成平日受四方監司郡守以下餽賂不計其數又創置北司聚不急之務專領書藝局濫建官吏贍立工徒以進市井游手無賴之輩濫恩橫賜糜費百端京師土木之工窮奢極侈往往師成實董其事因偷盜官錢不知紀極不察其所爲而惑其足恭詐僞必以爲眞能廉靜者此所謂以直濟妄以廉濟貪大佞似聖大詐似忠者也臣又聞師成在內

朝善觀上意所向隨向隨轉每以性取之因緣爲姦竊弄威福陰奪人主之柄正如美酒好色侵淫害人而人常躭嗜無厭不覺遭其毒也臣恐師成今在陛下左右浸潤彌縫無所不至在陛下離明獨照洞鑒其姦必不爲其所惑然師成與貫結爲姻家京黼勔彥又其積年之朋黨盤根錯節牢不可解師成不去同惡尙在深念陛下威福之柄未免竊弄於此人之手羣賊等輩倚爲奧援陛下雖欲大明誅賞以示天下以慰太上之心豈可得哉數賊罪惡貫盈陛下素所備知不待臣區區之說臣前書所陳已可槩見臣更請以比日所聞爲陛下言之前此上皇傳位陛下蓋其聖志素定非臨時倉卒之謀唯此數賊實常撓之而蔡脩者沮遏尤力賴上皇聖明獨斷志莫之奪贊襄之力吳敏有焉陛下謙遜之際聞數賊密請鄆王楷來到殿上而師成實爲謀始此意安在比至事定自知失計乃爭言曰太上之志我實成之吳敏之策我實授之定策之功我實有之人臣要君莫此爲甚天下共知數賊久欲不利於陛下方陛下在東宮時各懷異意欲伺間隙於是楊戩亦同其謀臣前書已略言之矣又見比年都城婦女首飾衣服之上多

以韻字爲飾甚至男女衣著幣帛往往織成此字皆是師成唱爲讖語以撼國本羣賊和之更相夸尚以動天下之心忠臣義士切齒刻骨非一日也迨今傳位之次復肆姦謀及其弗成乃欲貪天之功以爲已力怙終陰慝有如此者又況蔡脩久事上皇素有異志童貫蔡脩近與虜賊（改作敵人）結爲內應欲分我中國而王之反狀敗露遂謀逃遁朱勔父子勢傾江浙已二十年矣今此數賊同挾上皇而去亦恐素性勿悛未必肯利於上皇也萬一禍有不測而梁師成復從中起陛下將何以處之願亟圖之毋使滋蔓蔓難圖

也竊以今日夷狄（改作敵國）恣行侵侮而我上皇哀痛罪已至遜位而去凡厥左右大臣及親近用事之人不問有罪無罪率皆引已歸咎自求貶放爲君分謗也豈有其君痛自罪已而一時巨臣偃然自若略不知悔則前日之事咎將誰執矧今夷狄（改作敵國）之釁實自羣賊啟之不知陛下何憚不誅而縱其遠遁幸免耶再或倘使之出入禁闈而無所忌憚耶江浙之變蕭牆之禍不可不慮陛下若欲正厥典刑當自梁師成始如不然則朝廷之上動輒掣肘事未可圖也臣願陛下勿以臣布衣之言爲無足採者愚者千慮必有一得陛下姑試行之仍願陛下速降德音往上皇行在告諭應隨行軍兵勸以厚賞使各悉心協力衛護上皇車駕亦乞亟命宰執恭齎陛下親筆奏書往迎上皇早還京師庶使不負終身訢然樂而忘天下之志陛下復遂父慈子孝之美以彰孝治之盛天下幸甚臣爲此書而或有見誚者曰上方以夷狄（改作戎兵）爲患子猶不能獻一謀策以爲上計而乃汲汲於前日之事毋乃不知先後緩急乎臣應之曰此乃不然者夷狄（改作敵國）之患止於手足羣賊之患實爲腹心腹心疾去元首自全手足浮痾豈能爲害今夷狄（改作敵國）所

欲大則土疆小則玉帛玉帛相通自古有之祖宗土疆得之甚難甯忍棄之一日縱敵數世之患甯不鑒之城下之盟不足守也豈不知之千里襲人未有不亡者也今賊（改作敵）襲我越數千里其亡必矣尙何疑之師克在和不在衆同心同德和之至矣廟堂之上帷幄之中將相大臣孰不知之陛下淵默雷聲乃赫斯怒奮發英武以殄醜虜（刪此四字）又何難焉此在睿謨必有以處之矣如臣書生豈敢妄議臣書所陳必欲先誅六賊者係陛下父子天性之重宗社生靈莫大之計臣謂今日之事唯斷乃成當斷不斷反受其亂

幸陛下留神薦瀆天威罪當萬死

貶梁師成節度副使安置差遣使臣日下押出闕門本處交割

中興遺史曰陳東疏奏未及施行會姚平仲之敗繼有歐擊宦官太學生伏闕事再貶師成循州安置未行師成知不免遂自殺

梁師成字守道始以小璫親文墨得侍上師成能任數且謹密主傳道上旨遂親信初佐賈詳爲書藝局詳死故師成專以奇巧始得君久之爲睿思殿文字外庫益用事矣政和間迺盛起艮嶽建明堂改作宣

德門時已陰主上文書遂行宰相事俾王黼在外表裏之內爲關決上微行宿於外則師成入處殿中因於文字外庫擇能文筆吏隸其下凡御筆號令批答率命其徒以自代後來宰臣執政以至於侍從多其門生王黼父事焉亦有望風而不獲進者其害政敗國寶爲宗主嘗自冒爲蘇軾之出子與軾諸子敘拜爲兄弟行數丐上曰先臣何罪大抵不軌凡若此其後淵聖皇帝即位太上皇帝南幸羣姦懼爲正人所圖乃留師成宮中以防其內外則託李邦彥相與固天子意然師成卒得罪縊殺之但以其自縊聞詔贈太師或謂坐太上嘗諭大臣始內禪時師成獨沮異又以表裏王黼云

別錄云貶彰化軍節度副使行及八角鎮而死

張叔夜請兵邀擊金人第二狀

右臣昨奉御前劄子女眞前鋒犯闕及覩赦文欲遣使和會臣嘗於正月二十七日奏以爲若許和會則胡羯（二字改作彼）必（下添多字）有邀求今若縱之使去後必復來遂有輕中國之心乞遣精騎邀擊及預令河北邊鎭出兵斷其歸路臣乞候錢蓋到任交割訖前去國門願假臣騎兵與諸將併力追襲未奉處分臣竊謂

中原有警臣自合領本路兵及弓箭手等差守管押赴京畿外契勘臣昨於去年十月以京東盜賊淨盡蕩平班師後因病再乞宮祠伏蒙聖慈矜憐特與所乞差提舉崇福宮近者奏乞與諸將追襲胡馬（改作敵兵）出於愚衷以世受國恩於義當國家緩急之時所宜力疾自效不應端居養痾今來臣已自徐州南京拱州路前去國門聽候處分伏乞睿慈特降處分如胡馬目今猖獗即乞（删如胡至此九字）早假臣兵令詣尙書省取稟前去如朝廷已別有施行處置無所用臣願方陛下即位之初臣子之情莫不願聽清光兼臣有前

任京東安撫使本路急切利害然不敢輒乞朝見數
奏伏乞特恩許臣到闕引對奏陳訖或祗於尙書省
投納訖前去潁昌府陽翟縣居住須至奏聞者右劄
會臣已於正月三十日當日離任起發前去伏望聖
旨檢會前奏早賜施行

賜進士出身頭品頂戴四川等處承宣布政使司布政使清苑許涵度校刊

三朝北盟會編卷第三十二終

三朝北盟會編卷三十二校勘記

具畫一奏劄且說虜人南寇具畫誤作且書且誤作具　每五千人
爲一項項誤作領　然後以將帥檄取誓書一作將以帥檄　須還
三鎮三鎮一作復　得以望見上皇以誤作一　及非次補授官
職次誤作泛　每以其性取之脫其字　又況蔡京久事上皇
京誤作脩　卒皆引咎歸己誤作引己歸咎　此乃不然者乃應作大
日下俾出闕門本處交割俾誤作押闕字衍　縱有毆擊宦官
毆誤作歐

三朝北盟會編卷第三十三

靖康中帙

起靖康元年二月一日丁酉盡四日庚子

二月一日丁酉朔姚平仲劫金人寨不克敗績楊可勝被執爲斡离不(改作斡里雅布)所殺

中興遺史曰先是朝廷大臣皆主和議唯李綱非之及种師道至議論與綱同上意頗和又姚平仲以士不得速戰有怨言達於天聽上一日遣使伍輩促种師道戰師道奏請召大臣熟議之君子謂師道主張不定其意在乎敗則分謗也乃與李邦彥李綱吳敏

同對於福寧殿皆言可擊上問兵期師道請過春分節上以爲緩乃密遣平仲及楊可勝等取二月丁酉出兵劫牟駝岡大寨可勝奏曰此行決危又恐失國家遣親王宰相私議之信臣欲作奏檢藏懷中具言臣不候聖旨往擊賊上許之是日也用術士楚天覺尅擇劫寨之日漏語於數日之前都人戶戶知之又植三大旗於開寶寺旁皆書爲御前報捷字仍於封邱門上張御幄以俟車駕臨受俘獲都人塡隘於衢路顒侍捷音平仲可勝等以兵七千出城金人空其寨伏鐵鷂子兵以掩官軍平仲等大敗可勝被執夜漏猶未盡上旣聞其交鋒急詔李綱出援應接頃刻之間使者三至旣拜命戊戌出景陽門至班荆館行營前軍統制張撝右軍統制石濬中軍統制辛康宗左軍統制劉佃後軍統制王師古敢戰統制范瓊悉出封邱門遇金人皆敗陳福歿於陣中官軍披城歇泊己亥再戰又敗庚子開門放官軍入城唯選鋒統制韓世忠先往應援東明縣獲勝而斡离不(改作斡里雅布)得可勝而問之曰兩國已通和又來劫寨何也可勝曰可勝以勤王兵到京師三軍欲戰故可勝率之以來非朝廷之意也乃出懷中奏檢示之斡离不(改作斡里

雅布)怒遂殺可勝

中興姓氏忠義錄曰楊可勝陝西勇將可世弟也大金犯(改作至)京師自陝西領兵來勤王上與大金講和密遣可勝以兵五千往劫其寨可勝奏曰此行決危又恐失國家之信臣欲作奏檢藏懷中云臣不候聖旨自往擊賊上許之時夜劫大金寨敗績被擒大金斡离不(改作斡里雅布)問國家與我和盟又來劫寨何也欲併力攻城可勝曰非主上意可勝自來戰爾斡离不(改作斡里雅布)不之信可勝出懷中奏檢示之乃信斡离不(改作斡里雅布)因大怒而斬之世哀其忠

靖康前錄曰姚平仲初一日刦寨之謀二十八日已遍傳於都下至期出師將士不知所往平仲遣王通爲先鋒驅五百敢死士直抵賊營刦二寨皆空至第三寨賊已持滿執挺以待之前軍殊死戰援兵多溺於溝中西將陳開死之通回視其軍重傷已半虜改作敵騎自北而南夾攻其後通知衆寡不敵棄弓矢以三百騎突圍而出見平仲急揮令上馬西竄賊已衝散其中軍追至板橋乃回

二日戊戌斡离不改作斡里雅布奉書問刦寨兵馬

書曰今月初一日夜五更時有步騎軍沿孟陽河東西三處向北奪橋詰朝又於大軍營西南刦陣前來當司量遣兵隨路禦逐曾未踰時殺傷兵卒甚衆所獲器甲鞍馬其數甚多緣當司不識是甚處兵馬及從何來願示其詳謹奉書奏聞謹奏

朝廷報書

書曰大宋皇帝致書於皇子郎君比者大金軍至京城方懷恐憂逎承寬仁盡洗宿愆許修新好獲安社稷貽慶子孫恩義之重實同天地前日王汭來審所持扆玉等盡蒙留納幷金銀等數亦從寬假尤荷恩義之重自非敦權好之重何以及此所諭前書所陳未盡明白謹依來旨悉從改易幷交割三鎮詔書初二日早方欲坐朝遣來使還一倂持去忽報初一日夜有兵馬在城外作鬧本朝不知事因旣聞輒至大金軍前不勝驚駭尋遣人根問指約至暮乃知是姚平仲統諸路軍兵作過尋令根捉稱本人未回軍寨亦見令人擒捕俟見節正典刑以戒貪功誤國之罪又執政間有素與姚平仲相善其形迹可疑恐相協助已先行黜責了當且本朝自度事理其不敢輕舉妄動者有三論彼此强弱之勢則本朝兵力寡薄難以迎敵一也前此敗盟煩大軍遠來逼近京城惴恐失措荷蒙恩德再造豈敢復有負約之理二也宰相親王特遣詣軍前爲質又遣執政大臣奉使事體亦重豈忍置而不恤有傷君臣之義骨肉之愛三也皇子郎君仗義而來聰明果斷必能察此方城外有亂兵所以當日未敢遣使人便還深愧遲滯尚冀深照其他一如誓書所載天實臨之永永萬年罔復敢渝今遣資正殿大學士宇文虛中持書布敘幷齎所授國書及三府詔書地圖等前去詳此洞照謹白

宇文虛中爲簽書樞密院事持報書使於斡离不改作斡里雅布軍前

姚平仲等既敗乃除宇文虛中簽書樞密院事使於斡离不此三字改作軍前且言平仲等擅用兵甲幾誤和議因遣割地使交割三關之地

李梲沈晦路允迪秦檜程瑀奉地圖交割三鎮

姚平仲擊金人不利宰執亟議召李梲持國書割地以和并奉地圖沈晦奉誓書路允迪割太原秦檜割河間程瑀割山中

李綱入對不得

初李綱與金人對壘士氣百倍而宰相令中書傳奏奇兵刦寨敗衄宰相乘之奏上前張皇敗勢以謂王

師皆歿無可復戰大事去矣日暮休兵宰相又奏危亡在即李綱入對至閤門爲中人所隔不能入晚聚都堂宰執等再奏堅執和議師道曰勝負兵家之常正當再擊之耳何遽喪氣乎宰執皆不聽

三日己亥大臣奏李綱种師道出師敗績可正典憲乞罷綱等种師道罷爲大一宮使李綱罷行營使

傳信錄曰二十七日與李邦彥吳敏种師道姚平仲折彥質同對於福甯殿議所以用兵者余奏上曰金人兵張大其勢然得其實數不過六萬人又大半皆奚契丹渤海雜種此二字刪其精兵不過三萬人吾勤王之師集城下二十餘萬固已數倍之矣虜改作敵以孤軍入重地正猶虎豹自投檻穽中當以計取之不可與角一旦之力爲今之策莫若扼河津絕糧道禁鈔掠分兵以復畿甸諸邑俟彼遊騎出則擊之以重兵臨賊營堅壁勿戰如周亞夫所以困七國者俟其芻糧乏人馬疲然後以將帥檄取誓書須還三鎮縱其歸半渡而後擊之此必勝之計也上意深以爲然衆議亦允卽分遣兵而期二月六日舉事蓋陰陽家言是日利行師而姚古种師中之兵亦將至故也其約已定而姚平仲者古之子屢立戰功在政和間爲童貫所抑未嘗朝見至是上

以其驍勇召對內殿賜與甚厚許以成功當有節鉞茅土之賞平仲武人志得氣滿勇而寡謀謂大功可自有之先期於二月一日夜親率步騎萬人以刦金人之寨欲生擒所謂此二字刪斡离不改作斡里雅布者此字刪取康王以歸雖种師道宿城中弗知也余時以疾給假卧行營司夜半上遣中使降親筆曰平仲已舉事決成大功卿可將行營司兵出封邱門爲之應援余具劄子辭以疾且非素約兵不預備斯須之閒中使三至責以軍令不得已力疾會左右中軍將士詰旦出封邱門勒兵於班荆館天駟監分命諸將范瓊王師古等圍虜改作敵騎出沒塵

戰於幕天陂斬獲甚衆復犯中軍余親率將士以神臂弓射卻之是夜宿於城外而平仲前一夕刦寨爲虜敵改作所覺察殺傷相當所折者不過千餘人旣不得還所欲恐以違節制爲師道所誅卽遁去而宰執臺諫卽閧然以謂西兵勤王之師及親征行營司皆爲金人所戮無復存者上震恐有詔不得進兵而斡离不改斡里雅布遣使以用兵特將士所爲不出上旨請再和宰相李邦彥於上前語使人曰用兵乃大臣李綱與姚平仲結連非朝廷意僉議欲縛余以與之而使人反以爲不可遂罷余尚書右丞親征行營使以

蔡懋代之因廢行營使司止以守禦使總兵事而种師道亦罷宣撫使余是時得止兵詔知事且變卽振旅以入城詣崇政殿求對旣至殿門閤罷命乃不果退處浴室院待罪時初三日也

尚書左丞蔡懋爲行營使

靖康遺錄曰李邦彥方主和議忌李綱主戰因其敗而中傷之遂與种師道皆罷乃命蔡懋爲行營使都統制旣回綱已罷矣蔡懋之爲行營使也凡諸士卒令御器甲保伍麾去不用方革去權閫提舉城壁如梁方平等又盡復之始金人見李邦彥除太宰軍中輕笑曰南朝果無人及綱師道主行營都統則堅壁不敢亂出一騎至是聞二人罷復縱數百騎自北直東薄城下閧以矢石中城上城上輒復之者懋皆令笞之乃至請布囊數千他器稱是揚言欲以貯金移寨而反貣之以囊土塞河夜半有以內侍傳宣啟東門出者賴門吏反覆詰之不可而去皇城火禁並以軍法輒有紅燈籠置諸城上又城西北隅易建獨角皂旗其中飾以鴈非本朝軍中物人駭觀之京師居民震恐慮有不測

靖康前錄曰是日以蔡懋領行營司乃邦彥等謀也

人情洶洶殊不自安懋下令禁守禦兵不得放矢石范瓊馬忠披城劄寨外餘兵盡退入城賊復大肆衆謂懋懷二心官宦有陰爲內應者城中大恐賊焚北郊煙焰亘天乃以十餘騎誘官軍設伏於道左一步卒射之中其馬首賊皆遁引去

鄭望之押珠玉赴軍前回

鄭望之奉使錄曰先是二十二日宣召李梲與望之對福寧殿上云國家無許多金銀禁中卻煞有珠玉等卿等可過去商量以此准折有一內官傳宣令便出門到寨中金人留學生監三兩日卽移寨牟駝岡過孟陽河一二里不久王汭

來云皇子郎君已知樞密侍郎來傳語樞密侍郎緣打毬罷覺頭痛畏風若别有事商量候晚間相見若只爲犒軍金銀此已别差一番使人入去便不須相見望之度不可見卽語王汭云國家委無許多金銀皇帝意甚不足早來宣詔云禁中有數世寳藏珠玉及象牙犀角欲以此准折王汭云皇子郎君亦愛此等物前見高覩察所執笏借去看極愛樞密侍郎如今歸去後便可辦下所有珠玉等别做一日使押取來須有商量回城中時申時後入對福甯殿具奏前件語言上云豈非二太子先去了也連云是是（望之初不

測聖意後來聞得術人楚天覺曾奏云胡分野大將星已遁又曾對李綱云可惜走了助成綱劫寨之計楚天覺深有力焉當時雖是傳聞後來見綱自撰傳信錄曰本期二月六日舉事蓋陰陽家言是日利行師而姚平仲先期於二月一日舉兵以此知所傳皆實○注胡改作敵）又云珠玉待盡般在宣和殿一齊將去二十九日宣召宰執等同對福甯殿上云珠玉煞不少盡在宣和殿可同過去看自福甯殿西廊下轉過宣和殿珠玉皆用籠匣盛放内官梁師成擧起一玉杯外碾成螭龍形云此盞只碾作工價幾千緍上云不知要做甚卻過福甯殿令梁師成專管津般赴軍前令梲與望之同去管押前去二月一日同梲出城其珠玉犀角象牙等盡在野地頭放太師耶律忠來相見云皇子郎君令來交割梲袖中出數目劄子耶律忠云樞密且坐只與侍郎去交割卻到野地鋪褥就地坐有歸朝官六七員在彼逐旋擡過珠玉來耶律忠云皇子郎君教逐件估出價錢望之云此皆希世之寳凡目所未覩如何估得價値有一歸朝官向望之前附耳云估價是好意侍郎高估價不妨望之遂逐件約略高估價錢通計價錢百萬緍耶律忠回笑云皇子郎君甚喜傳語侍郎明日相見皇子郎君道少許多金銀卻著這些價錢準折待要做恩數是夜約四更多時劉都管高叫

云相公濛悉起你家人馬來厮殺也廳前大燒起柴火（至天明康王頗驚駭望之密曰若王師勝彼必不敢害我因我以求和若他家勝王在城外已半月日豈預知劫寨事政不須恐康王頗以為然）二日斡离不（改作斡里雅布）請康王及張邦昌等相見帳前劄自家旗幟數百面俘虜到將校數十人再三詰責邦昌云必不是朝廷如此恐是四方勤王之師各奮忠義自相結集故來劫寨斡离不（改作斡里雅布）云待道是賊來怎生有許多賊相公們只可道朝廷不知也次日望之入城具奏耶律忠交割珠玉之意及邦昌所說上云已錯了又云恁地後怎生整頓得起望之奏云三鎮豈能交割勢必用兵

城下之盟姑隨順使去耳譬如富人家有賊三兩人當晝踰牆而主家覺之然得力强壯僕子出外幹事只有老卒稚童姬婢之類在家如何擒捕得獲今日之事何以異此陛下在東宮時聞朝廷人才軍政紀律帑藏財用將帥士馬如何大臣爲陛下晝用兵之策但見有可擊之理而不知無可用之人此不思之甚也上又云已錯了初种師道以爲三鎮不可棄城下不可戰在朝廷則堅守和議之約候姚古到來兵勢益盛同共商量軍中自遣使人往謂三鎮國家邊面所繫決不可割若割三鎮則我等將帥用兵無已時據三鎮賦入所得增作歲幣庶幾和好久遠如此遣使三兩轉勢須逗留半月重兵密邇彼必不敢遠去計虜孳生監糧草漸竭勢須北還矣過河以騎兵尾襲至眞定中山二鎮必不肯

下彼腹背受敵可以得志李綱急於邀功以爲迂闊遂用姚平仲平仲古之養子也先父帥環慶時奏辟古爲副都總管望之於此時識平仲無廉恥誕妄人也嘗以鍍金帶貿市易務錢數百千後事露古償之後來童貫以乃父之故成就橫行遙郡後從貫平方臘回京師嘗來相見誇大殺獲魔賊之多綱信其說意謂可以殺金軍如殺魔賊也

四日庚子臣寮乞李綱依舊右丞

臣寮上言臣聞李綱推孤忠自許之誠首建天下之大策當陛下處之股肱之任雖愚懵無知之人亦能歌舞忻忭況忠直有識之士哉今日忽聞李綱緣用兵少挫已蒙加罪以常情論之固當責也以大事論之則臣别有愚見夫李綱起自孤寒奮不顧身施骨鯁藥石之論當破堅執鋭之敵可謂忠孝之極人之所難能也然一人之志安能盡千萬人之所長惟聖人能兼之諸葛亮管蕭之亞匹也猶有治戎爲長奇謀爲短之說然劉備不謂其謀爲短而不用也惟在人君因其所長而用之陛下若謂李綱短於用兵令罷行營使則已若更脱右丞之職民心定不安也非特民心不安又恐天下以李綱緣忠正大用以微罪重責使賢良之士畏懼而不敢言也竊慮壅遏之弊自此始矣臣不勝區區爲陛下痛惜之伏望陛下察李綱孤立寡助特發宸斷始終保全令依舊裁決大

事專一進退人材庶少裨陛下重光之明臣於李綱素非親識亦無一日之雅然採僉言獻於陛下也勿以骨鯁而棄之取進止

靖康前錄曰先是二十五日綱自奉常除兵侍郎宰執辯事於榻前白時中等謂綱所言皆書生紙上語綱云時中等不信用書生之言至於此今日庭辯尙敢爾耶邦昌從傍力贊時中謂前此執政非不宣力綱云邦昌等素無才術雖盡力何補上欲依景德故事置親征行營司邦昌等憤綱皆謂綱可以任此事乃除綱右丞領行營司及二月一日刦寨之敗邦彦

等以綱不從和議聞官軍失利乃置酒都堂快其夙忿故臣竊有是言

御史中丞許翰上言乞復用种師道

臣伏見宣制罷樞密使种師道提舉中太一宮中外聞之悵然失色按師道名將沈毅有謀山西士卒人人信服臣以臺制不得身見師道然素聞其賢如此自兵興以來臣所詢訪數百人皆言師道雖以老疾智勇不衰而獨聞朝廷以爲老無計策不可復用異於國人臣考古進賢之法在易之晉其六三曰衆允之志上行也夫人各有私合衆則公故必衆云其賢

也而後可進此孟子所謂國人皆曰賢然後察之者人君之所聽察如此陛下欲求知人之術則觀諸易象而質諸孟子臣恐左右諸大夫一旦之論种師道不如國人素信之審也昔秦始皇老王翦而用李信兵辱於楚乃見王翦謝之曰將軍雖病獨棄寡人乎其後王翦卒能走楚軍略定荆地漢宣帝老趙充國使問充國誰可將者對曰無踰於老臣者矣充國與羌相拒堅守不戰羌豪數相責曰語汝無反今天子遣趙將軍來年八九十矣善爲兵今請欲一鬭而死可得邪後終漢之世無西戎之患者充國之力也前

自呂望以來用老將收功如此者難一二數至於趙用趙括蜀用馬謖宋用王元謨皆見其平日論兵智略縱橫使之當敵制變卒皆折北不救以古揆今則師道之老而木訥未當謂不可用也今令師道復統河朔之師委制閫外之重將吏素服士卒素爲用易以成功此上策也處之樞府選將將兵威名方略可以折衝此次策也今無故解其兵權委之宫觀使士氣消沮民心疑惑臣竊恨之金賊人改作此行存亡所係今使一大創失利而去則中原可保四夷可服失此機會則非特將來再舉必有不救之憂臣恐西戎

南夷共知中國太弱爭圖深入爲金賊人改作之所爲我困於奔命必不支矣廷臣閧憒憒不曉者固不足道至於近有識者多能知之然知之者莫肯力言言之者莫肯疏奏是又何也知爲身謀畏執其咎一有疏奏形迹可按不如容默成敗不與鄙夫事君自古而然臣遭陛下休明之運銜陛下之恩自頂至踵已許國矣又當言責不敢不盡竊聞臺臣諫官屢劾宇文虛中朝廷重去虛中而輕罷師道此非特臣所不喻也或謂師道足不良行害於馳驅朝謁奏事此與國之安危誰爲輕重若孫臏坐輜車中爲齊軍師田

千秋得乘小車至漢殿尊賢尚能古有之矣伏望聖慈哀臣惓惓憂國之計更與大臣參之靖康元年二月翰時爲御史中丞先是虜師北歸師道見上言虜人不知兵俟彼惰歸乘其過河半擊之決勝可也上不從師道數息必爲後害尋罷爲中太一宮使翰累疏言師道不當罷上曰師道老矣難用當使卿見之翰見師道言姚平仲城下用師之失師道言我衆彼寡但分兵諸寨控守要害使糧道不通可破矣翰歎息其言復上此奏也○注中二虜字俱改作金

賜進士出身頭品頂戴四川等處承宣布政使司布政使清苑許涵度校刊

三朝北盟會編卷第三十三終

三朝北盟會編卷三十三校勘記

上意頗回回誤作和　遣使五輩促种師道戰五誤作伍　顒待捷音待誤作侍　先往應援東明縣獲勝耳耳誤作而　金人之兵脫之字　分命諸將解范瓊王師古等圍脫解字　別做一日便押取來便誤作使　回城中已申時後已誤作時　同共管押前去共誤作去　小注至天明一作若天明此段係正文誤作小注

三朝北盟會編卷第三十四

靖康中帙

起靖康元年二月五日辛丑盡其日

五日辛丑太學生陳東伏闕上書乞罷李邦彥用李綱种師道

書曰臣等聞任賢勿貳去邪勿疑者社稷之主也奮不顧身死生以之者社稷之臣也妒賢嫉善妨功害能者社稷之賊也恭惟皇帝陛下聰明英睿獨智旁燭賢邪之分宸衷默判天下戴以爲社稷之主而在廷之臣奮不顧身以任天下之重者李綱是也所謂

社稷之臣也其庸謬不才忌嫉賢能動爲身謀不恤國計者李邦彥白時中張邦昌趙野王孝迪蔡懋李棁之徒是也所謂社稷之賊也陛下斷然不疑拔綱於卿監之中不一二日任爲執政中外相慶知陛下之能任賢矣斥時中而不用知陛下之能去邪矣然綱任而未專時中斥而未去復相邦彥復相邦昌其餘又皆擢用何陛下任賢猶未能勿貳去邪猶未能勿疑乎今又聞復罷李綱職事臣等驚疑莫知所以此必爲邦彥等擠陷蓋綱起自庶官獨任大事邦彥等疾如仇讎恐其成功臣等聞綱比日用兵偶然小有不利邦彥等遂得乘間投隙歸罪於綱然一勝一負兵家之常小勝固未足爲喜而小挫亦未足爲辱況示怯示弱奇謀秘計豈可遽以此傾動任事之臣臣竊聞邦彥時中等盡勸陛下他幸茲豈誠爲陛下之計蓋時中邦彥初見邊事有警各已差除親黨旋領外任遣家屬隨之遠去豈有身爲大臣不能以一家死社稷之難其意正欲於倉卒之際各自逃遁以保妻孥自諸大臣一鼓而倡之百官有司羣起而和之遂令京城之人閧然騷動弗安其居至聞羣臣勸陛下他幸則中外洶洶不敢自保當時若非綱爲陛

下建言則乘輿播越在外宗廟社稷已爲邱墟生靈已遭魚肉陛下將有棄宗廟社稷之名何從復有天下賴陛下聰明不惑羣議斷自聖志特從綱請中外聞之雖愚夫愚婦等無不舉手加額仰嘆聖德之盛綱之力豈曰小補之哉是宜邦彥等譖謗忌嫉無所不至臣等伏見邦彥等向事太上皇帝享高爵厚祿爲日最久坐視天下之敝未嘗肯發一言以圖補報至於王黼童貫蔡攸共興北師天下皆知其不可上皇決之帷幄唯鄭居中力爭以爲不可輕舉而王安中者力贊王黼以遂其役邦彥等輩非不與聞此議

而略不可否於其閒其實亦皆陰助王黼以貽今日之禍使上皇痛自罪抑避位而去陛下新即寶位遽有變亂之虞慄慄危懼不遑宵旰邦彥等並當引己歸咎自求貶放以謝君父而迺當此危急之際尙敢偃蹇自若持祿固位坐妨賢路又復忌嫉賢能害國家之大計蓋邦彥首倡講和之議又許割地挫辱國勢今欲必遂前非以逋罪咎幸綱小失因緣沮敗陛下若聽其言斥綱不用則宗社存亡將未可知若謂虜(改作金)人眞欲請和則既和之後尙敢攻我京城縱兵肆掠屠我畿內犬羊之性急則搖尾緩則跳梁作

服作叛(删犬羊至此十六字)變詐百出竊知今日國勢困弊不可支梧俄聞陛下信任李綱自知滅亡無日請和之意必更激切而邦彥等乃得藉口以沮成謀遂致李綱罷廢罷命一傳士大夫失色兵民騷動至於流涕相弔咸謂不日爲虜(改作敵)擒矣則是罷廢李綱非特墮邦彥等計中又墮虜(改作敵)計中也聞朝廷又欲增與騾馬等物無乃假寇兵而賫盜糧乎又聞邦彥等尙執前議必欲割地與之曾不知祖宗土地得之甚難又況河北實朝廷之根本而三關四鎮是河北之根本若棄三關四鎮是棄河北則朝廷能復都大梁乎能都洛陽乎且如太原一郡凡經藝祖太宗兩朝親征僅乃得之祖宗所以必取者蓋以其控扼二虜(改作遼夏)下瞰長安纔數百里今棄太原則長安京城千里已在其睥睨中朝廷又安能往(删此字)都乎此祖宗所以特重兩河之地自眞宗仁宗朝以來北虜(改作契丹)蓋有割地之請矣朝廷甯屈已增幣以塞其欲至於土地一寸不肯與之聖聖相承咸念祖宗艱難之功惜國家要害之地不忍棄也今陛下即政之初邦彥等便欲棄祖宗之境土不知待陛下作何等主也不知割與太原中山河間以北十有餘郡之後邦彥等

能使虜(改作金)人復不敗盟否竊恐口血未乾已引兵南嚮矣自大梁至長安既不可都必將遷而之金陵則自江以北非朝廷有況金陵正慮童貫蔡攸朱勔等往生變亂雖欲遷而都焉又不可得陛下將於何地而奠宗社邪又況保州乃祖宗陵寢所在一旦陷於胡虜(改作異國)必遭暴露國祚長短所繫非輕邦彥等忍棄之邪其意不過欲紓目前之急不爲國家長久之計又不過欲沮李綱成謀以快私憤亦恐李綱功成之後自知前議之失罪有所歸故併力沮之期於必勝想邦彥等日在陛下左右每一言及李綱用兵

之事必欲作驚怖之狀爭爲危急之言以恐陛下欲陛下必聽其計以害李綱自綱遭遇不次拔擢邦彥等自知必不能安身朝廷之上乃薦引私黨以塞陛下進用李綱之路而王孝迪者又是邦彥姻家必爲羣姦力排李綱以助邦彥而在臺諫者亦多邦彥等黨與前日邦彥等請召國子監長貳相見乃聞祭酒謝克家除諫臣司業孫覿除御史臣等在學備見此事衆心不平豈有天子欲用耳目之官而宰相大臣前期召見以收私恩其意安在想今臺諫之中鮮爲陛下發一言以明李綱之無辜者若綱可謂孤立無助臣等竊謂今日朝廷之上非特綱爲孤立而邦彥等自爲身謀不肯以腹心事陛下恐陛下亦成孤立矣可勝寒心天下共知李綱可以大用臣等請爲陛下言其一二頃歲京師大水自宰執大臣下及百官爭占舟船或結木栰爲避水計是時邦彥等皆在朝廷曾不聞一人爲君父備者亦不聞一人言及災異者獨綱慷慨爲上言之至爲姦臣譖逐數年不用前者邊報初至宰相骨肉盡皆出京獨綱妻孥未嘗遷徙陛下方此當深北顧之憂而左右無一人爲陛下請行者獨綱奮然以身任之綱之用心可以見矣陛

下何忍信朋邪之計而斥正人端士乎若以綱用兵小挫遂當廢罷則童貫創開邊隙以貽今日之禍近又引兵數十萬以事雲中之役幾於匹馬隻輪無還者朝廷曾不議貫之罪何李綱小挫而加罪乎若以虜（敵改作）請和遂欲罪綱以謝虜（敵改作）無乃中其反間之術乎若曰邦彥等譖謗之故遽廢斥之無乃遺愚弄乎一進一退在綱爲甚輕在朝廷爲甚重蓋今日宗社安危在此一舉幸陛下卽反前命復綱舊職以安中外之心無終爲異議所沮昔魏文侯令樂羊將而攻中山當時異議沮之至有謗書一篋及羊功成而返文侯出其書示之羊乃再拜稽首曰此非臣之功主君任賢之力也唐憲宗討蔡數不利羣臣爭請罷兵憲宗曰一勝一負兵家常勢若師常勝則古何憚用兵邪但論帥臣勇怯兵力强弱處置如何耳詎一敗便沮成計乎於是左右不能容其間而裴度請身督戰卒破蔡賊史臣有言非度破賊之難任度之爲難也故韓愈頌憲宗之功曰凡此蔡功惟斷乃成憲宗號中興之主正在於此惜其弗克自終也臣等竊願陛下遠鑒前代已然之事坐照今日異議之臣奮發英斷復用李綱以成大功宗社幸甚臣等爲陛

下今日計莫若斥邦彥等援綱而相之想吳敏耿南仲必與綱共事更願速降詔旨召徐處仁唐恪等置諸左右而閫外之事盡付种師道使專之內外將相之臣必肯悉心協助陛下大有爲於天下矣臣等學校書生素與綱無半面之雅與邦彥等亦昧平生所以必勸陛下進綱而退邦彥等豈有他故哉蓋生靈之命與宗社存亡在陛下用綱與不用去邦彥與不去之間天下公論如此臣等豈敢默默陛下若以臣等之言爲未足取信試御樓呼召耆老一問之呼軍兵一問之呼行道商旅一問之試咨百官君子使言

之必皆曰綱可用而邦彥等可斥也陛下用舍之際不可不謹臣等以布衣之賤論及宰相大臣罪當萬死干冒天威不勝俯伏待罪之至

李綱种師道旣罷李邦彥堅主割地之議遣割地使及遣使議和陳東發憤伏闕上書太學生具襴鞹會於宣德門下者數百人同日軍民數萬會於宣德門同太學生伏闕乞用李綱是日會虜改作敵復攻城軍民數萬人不期而會於宣德門下擊登聞鼓遇內侍朱拱之撕擘死骨血無餘又邦彥適過軍民罵曰李邦彥汝是浪子豈能做宰相拾瓦礫擊之邦彥躍馬奔入朝堂乃免由是內侍官撕擘殺之刪此四字張道濟而下下添撕擘二字死者二十餘人淵聖登宣德門傳旨撫諭開封尹王時雍以兵士數十人簇定東又命劊子數人不離左右主管殿前司王宗濋亦以殿前兵來往巡視東挺身於斧鑕之間時雍宣言曰太學生以布衣敢劫天子當行誅戮淵聖命中使宣諭故東得免死百姓皆言金人攻城急乞召李綱捍賊淵聖從之召綱復用爲尚書右丞盡兼舊職仍兼提舉城壁守禦使促登西壁百姓見綱皆呼曰右丞且與百姓爲主綱亦言曰綱已在此即登城矣百姓不足憂促

歸照管老小是日斬首亂者十餘人移時方定邦彥等諸東以布衣脅天子不可救淵聖不從邦彥惶恐乃乞致仕

傳信錄曰初太學生陳東與諸生千餘人是日詣闕上書明余及師道之無罪不當罷軍民聞之不期而集者數十萬人塡塞馳道街巷呼聲震地舁登聞鼓於東華門擊碎之上遣吳敏耿南仲慰諭諸生俾之退反爲軍民所擁不得行必欲見余及師道乃去不得報則殺傷內侍二十餘人皆臠割之雖毛骨無存者又詬罵宰執李邦彥蔡懋王孝迪趙野等毆擊之

皆走散藏匿於是上遣中使召余及師道入內對余聞命惶懼固辭不敢行而宣詔者絡繹而至中使迫促不得已上馬出浴室院由東門街抵馳道趨東華門軍民山積幾不可進宣召中使朱拱之復爲眾所殺蓋怒其傳旨之緩也見上於福寧殿閤子中余泣拜請死上亦泣有旨復尚書右丞充京城四壁守禦使余固辭上不允俾出東華門至右掖門一帶安撫軍民余稟上旨宣諭乃稍散去再對於福寧殿上命復節制勤王之師先放遣民兵蓋不復有用兵意也朱邦基靖康錄曰初五日會太學生陳東千餘人伏

闕上書訴邦彥孝迪野棁懋等懷姦明綱無罪而罷社稷其危乎請復之國中軍民聞以爲義不約而會者幾數十萬人且乞復种師道蓋師道之罷於時猶未知也書奏上遣腹心臣門下侍郎吳敏喻以德意樞密耿南仲且訪求民情焉又遣內傳宣云綱候金人退師復綱舊職諸生謝恩即退而軍民固留不可圍之百匝以至父老泣涕懇切言曰爭鬬與不出乘城固守以活我國人者李右丞也進營逼虜（改作敵）衛我國人使金人不敢剽掠者种樞密也危社稷棄國人罷我右丞樞密以資寇者李邦彥李棁蔡懋也諫

官御史無一言及之賴諸公義不愛其軀危言扶傾持顛以衛我國人期於得請而後已與其死於夷狄（改作敵人）之手寧若觸逆鱗而死於君父之手乎人之有欲天必從之幸諸公遲少頃俟宣李右丞种師道即去未晚伏闕自卯至中山呼震響聞數十里以致取登聞鼓而擊之破以助號怨之聲使九重聞之久而不報軍民痛憤宰執誤國致寇指罵以爲國賊眾口一音毆殺內侍御樂承宣二十餘人皆以爲蔽塞君上聰明懷姦召亂願以死爲國家除蕭牆禍根人人踴躍開封尹王時雍雖以軍法彈壓不能禁也上繼

天聰明乃宣綱師道入還舊職軍民咸以手加額爲得請而去綱即登城復嚴守禦而金人薄城者奄忽遁無一人所謂獨腳皂旗與夫紅燈籠者初得之未怪也是夜望金人軍俄有舉紅燈二炬者乃知召內應者以此物爲驗皂旗亦金人之所建者軍民覺而揣其奸詐殘害之至有自投城而斃知其必不免者皆中人也明日方平等悉罷坐視者送之獄羣姦遂戢內侍祖宗時位不過供奉進子寄祿皆有常格自蔡京怙寵固位交迎近倖而尊寵之內外政事無小大未有不關內侍省或建節旄或領師傅又有領三

舘者有封侯王者天子呼而不名待而不立宰相往往其門生執政大臣順意者榮華逆旨者枯槁上新即政英明素憤將欲鋤去未有以發適丁是時軍民殘而食其肉者偶中魁傑遂破其黨與兹實天啟佑我宋假手軍民不勞而誅之也乃下詔曰童貫等妄興邊事懷奸蠹國並往東南在京如梁師成譚稹李邦彥已下遠竄所存者百餘皆小官疏遠之人並非從來被童貫任使享祿者令寄祿進子恩數一遵祖宗舊制中外悅服

宣和錄曰初种師道爲宣撫使李綱爲親征行營使

姚平仲謀刧寨數日行路皆知之虜（改作敵）先爲備一日出師以爲功在頃刻矣行營司屬官方會封邱門草露布忽報失利上震驚於是罷綱權并解其職俾待命浴室院師道亦罷宣撫使以右丞蔡懋代之復議講和命守城卒戢弓弛礮無得輒傷虜（改作敵）初五日太學生陳東率數百人伏宣德門下上書集軍民數萬人相謂曰非見李右丞种宣撫復用無得歸會百官退朝自東華門出至闕前衆指宰相李邦彥數其罪嫚罵欲毆之邦彥疾驅而免領開封府事聶山舉鞭揖東等曰諸公爲此可謂忠義矣遣者以聞上命閤門索所上書頃之中人傳旨令諸生云諸生上書朕已親覽備悉忠義當放行其中有欲散者衆閧然曰安知非僞耶須見李右丞种宣撫復用而退於是知樞密院吳敏傳宣曰李綱用兵失利不得已罷之俟金賊（改作師）稍退即令復職猶不退時日已旰矣百姓乃舁登聞院鼓置東華門外撾而壞之山呼殷地樞密耿南仲至諸生曰先生前日爲天子傳宣言無不行今軍民之意堅欲復用李右丞种宣撫幸先生言之南仲曰當便求對以諸生之意奏上衆慮南仲詐擁其馬不得歸南仲亦徑入朝繼而開封府尹

王時雍來謂諸生曰脅天子可乎胡不退諸生應之曰以忠義脅天子不愈於姦佞脅之乎復欲前毆之時雍遯去殿帥王宗濋謂上曰事已爾無可柰何當黽勉從之不然且生變遂遣南仲號於衆曰已得旨宣李綱矣百姓數千人詣浴室院迎之帝益恐於是相繼而宣者絡繹不絕內侍朱拱之先得旨宣綱未到而後發之使先至衆取拱之臠而磔之即矯制曰殺內臣無罪又取十餘輩殺之皆裂其屍碎其胏腸揭之竿首號於衆曰此逆賊也綱既對既詣行營司而師道亦歸其宇士庶知其復用也遂散是晚天子

下詔曰士庶伏闕上書願用李綱种師道朕已親覽深諒爾等忠義令綱師道傳宣撫諭若更乘時恃衆亂行毆打令綱師道以軍法從事是夜復聚衆殺內侍而毀其家者數十人

靖康前錄曰初五日太學生陳東率諸生上書伏闕訴李邦彥王孝迪懷姦明綱等無罪而罷社稷甚危乞請復之以慰人望既至闕下軍民不約而會數十萬書至日旰未達學生不過三百人軍民擁之雖欲去而有不可衛士爲之說者此去禁中遠不如往東華門撾鼓於是衆詣登聞鼓院推鼓㶇之於前數萬

人挾東等撾鼓於東華門外至擊破之以助號呼聲徹九重上急遣中使宣种師道李綱入復還舊職初患不達既已追入久之不聞宣命快行刪此二字或謂衆曰朱御藥受宣劄下不肯去移刻一中使出或者曰此是朱御藥衆方憤疾卽拽下馬撕裂其屍其餘同時被毆者張太尉等三十七人百姓爭臠之須臾而盡諫官唐重師驥臺官鄭滋等相繼而去兵民以种師道李綱未入挽其袖使入諫是日交直种師道李綱被旨而來復令處置守營司等事士民歡呼以手加額及二公入內被詔諭出再四慰勞軍民長揖而退

賜進士出身頭品頂戴四川等處承宣布政使司布政使清苑許涵度校刊

三朝北盟會編卷第三十四終

三朝北盟會編卷三十四校勘記

陛下當此方深北顧之憂（此當誤作方）　及樂羊功成而返（脫樂字）　惜其弗自克終也（誤作克自）　太學生具襴靴（靴誤作鞾）　由是內侍官皆撕擘之（脫皆字）　譜東以布衣脅天子不可赦（赦誤作救）　山呼殷地（殷一作震）　願諸公義不愛其軀（願誤作顧）　進予寄祿（予誤作子）　交通近倖（通誤作迎）　令寄祿進予恩數（予誤作子）　自東華門出至闕前（闕誤作闕）　綱既對卽詣行營司（卽誤作既）　太學生不過三百人（脫太字）

三朝北盟會編卷第三十五

靖康中帙

起靖康元年二月五日辛丑盡其日

德安府進士張柄上書乞罷蔡懋復用李綱种師道

臣謹按尚書右丞行營使李綱忠亮剛方有爲有守功在社稷澤被生靈萬口一談神人繫命方金（改作賊）師犯闕而奮不顧身自請督戰蓋陛下之裴度也臣竊見綱於贍對之際不能無主憂臣辱義在必死賊未授首臣無還期之言是宜陛下待以心膂之任無或攜貳比聞出師攻賊爲統制將校不肯入敵馬前退衄遂策廢罷成命已行兵民失措爲（此字刪）忠義解體矣臣聞兵不多不足以取勝必勝之師不在速戰兵多而戰不速則所費必廣又況兩軍交鋒有勝有負此臣所以知左右之人以綱進用之驟畏其敢言不能無異議而陛下聰明之德不能無疑惑也又況用之專則權爲人所畏信之篤則寵爲人所忌此有識之士爲綱寒心有日矣然比以小卻未應速發如綱一斥不復再用臣恐將帥各懷危懼不能自保矣忠義解體將帥危懼不知陛下孰與平賊也前日與（賊改作敵）講和而貪求無厭須索不已遂致京城經日

閫閉今綱既斥不復戰賊（删此字）是復欲講和不知陛下能使其必去乎臣願陛下念綱社稷之功兵民具瞻之情亟復其職乞罷蔡懋盡付兵權與种師道無使罔位貪利之黨快其私心天下幸甚

李邦彥罷宰相觀文殿大學士太一宮使

紀實曰李邦彥爲都人所憤怨纔出門爭呼毆擊將殺之馬逸僅脫百姓獨得其屨因乘婦人小輿垂黃裙轎簾上密匿於啟聖院以丐罷待命得去始敢出

諫議大夫唐重劄子攻守利害三事

一金人已議和好兵退有期而行營司與宣撫司密相通謀虛張兵數以罔朝廷致姚平仲矯制用兵自取敗衄罪狀甚明奏報具在自有軍法不假臣言臣今體訪得行營司嘗密遣人檄中山河間等郡令以死禦敵宣撫司亦有文移責河北諸郡縱寇內侮之罪令擊歸寇以圖後效密具蠟書間道馳達此固兵家之秘計未知二司若果用之臣決知敗事如姚平仲奏報已先得捉虜人（删此二字）城下之舉百步之內疏繆若此豈能馳一介之使而寄千里之命乎若使虜（改作敵）人獲之爲隙滋甚必謂中國陽爲和議陰行詐謀大虧信義愈結兵禍雖得蘇秦張儀爲使亦不能以口舌辨矣此甚可憂也伏乞明降詔旨諭以堅守盟約如有詐謀及輒拒命者詔少宰張邦昌以軍法處置訖奏庶以解虜（改作敵）人之疑早令退兵免招後患一臣於初三日自登城觀兵不成行陣全無紀律騎兵不肯鏖戰向前致虜（改作敵）騎衝突遂敗我師又訪聞西師夜擊止餘後軍姚平仲遁去不知所在今來种師道老病難責以臨陣在外兵馬全無統領恐有不虞乞日下選武官曾歷邊任有武略之人以充統領統制令總集諸路兵馬分屯結營嚴明紀律守衛京城一臣訪聞賊兵張仙等會集近甸意欲乘間

刦取虜（改作金）人金帛兼四方勤王之師相繼畢集其間多是烏合之眾不能無姦人若貪利忘義私相攘奪有虧和好致金人之疑愈滋外患乞下令告諭以解虜（改作敵）疑兼詔張邦昌等令委曲具白大金太子可早速退師以堅盟約右前項事宜並急切不可少緩伏乞府斷速下三省樞密院同共商議早賜施行取進止

太學生雷觀上書論李邦彥張邦昌不可用

二月初五日太學生雷觀謹昧死百拜上書於皇帝陛下臣生三十六年矣自十五總角爲學校諸生執

經之暇喜引古以論天下事當是時擅權之臣新鉗天下之口臣父兄師友聞臣小有激昂則必深戒力止以謂宿結舌以保身毋多言以取禍臣亦自知遠方寒士徒譊譊竇無益惟不信權臣能絶人言以蔽人主聰明也歲在戊戌例貢辟雍復移太學首尾九載具知一二權臣果能以身塞言路恣其姦惡而臺諫官徒備員以進身間或有言非已所不利則是必爲人之鷹犬不然摘細故以塞責耳嗚呼祖宗綱紀法度埽地殆盡使天下之民咸不得其所飲恨宿怒無所告訴至使夷狄猖獗（刪此四字）兵連禍結成今日之

事者皆言路不通上下蒙蔽之失也言路不通而微臣因以杜口二十年矣頃爲宰臣者建言置局講議天下之事聚十數輩親附之人觀望阿諛所論皆毫末之細議罷一事奪於權倖則朝言而暮復舊矣何嘗有一大利害及於生民哉善乎臣之友生高閌之言曰天下之利害當使天下之人議之閌因對講議司策而爲此言誠至言也何者天下之廣歲月之深事之利害不可殫舉苟非身受其害豈能盡得其實今日張官置吏文書往來而欲爲天下除害興利豈不繆哉是故古先哲王求諫納善惟恐其不廣也置

敢諫之鼓植告善之旌垂殷戒之鞀立司過之士猶懼其未也又設官制以言爲常由是史有書瞽爲詩工箴諫大夫規誨士傳言庶人謗尙恐其怠也每歲孟春遒人以木鐸狥於路而振警之官師相規工執藝事以諫其或不恭邦有常刑其所訪聞不甚廣歟夫如是則王之身國之政其有不善歟天下之利害其有不達歟茲所謂當使天下之人議之也天下之人得以利害之言盡聞於上則當言之人雖欲緘默取容不可得也官已盡其職則執政之臣雖欲取容爲人不可得也言路通而輔相得人則太平之治豈

難致哉恭惟皇帝陛下孝友之性恭儉之德仁民愛物之心本於生知而行以至誠格於上下久矣臨御之初臣已知天下利害從此必得聞於上而下情無有不通者未幾求言之詔果下旨意丁寧臣伏讀感泣者累日且語諸友生曰前日之言由以爲恨今日而不言豈不負愧咸宜誦所聞見以報吾君焉然詔下踰日上封事不減千數而未聞曉然有求言之實臣竊疑之豈求言之詔徒爲文具邪抑獻言者皆猥宂不足取耶無乃付之有司而執事者尙狥前弊沮遏而不行耶不然何故惟聞陛下每勤乙夜之覽而

未聞緣某人言某事實爲利今行之緣某人言某事實爲害今罷之此獻言者不能無疑也說命曰非知之難傳曰忠言逆於耳而利於行則求言者斯受厥咎今日求言之詔徒爲文具或執事者沮遏不行天下之人復鉗口結舌如前日矣臣將見夷狄（改作兵戎）盜賊之禍未易撲滅天下必至於大亂矣倘其所言皆屑屑細故不切時務則當再下明詔以申諭之不可謂其言無足取而遂已也臣恐士大夫尙以前時直言擬禍爲戒未能披赤心以仰承陛下求言之誠此臣所以首陳之也臣素愚直敢以切至之言上干冕

旒觀陛下果能行與否焉詔旨之所詢朝廷之闕失政令之僻違保邦御俗之方安邊禦戎之策之數言者固皆國家之所急也而當今之務有急於此者止一言而已陛下知之乎已知則當不待微臣之言若猶未也臣謹爲陛下言之所謂一言何也論相是也蓋人主無他職事惟在乎論一相得人則百官皆賢百官稱職則庶事咸理否則亂矣商之衰中國失道四夷交侵高宗卒能伐夷狄治中國成湯孫之緒致中興之基者其本在於得傳說以王命居冢宰之任總百官之職進言乎王陳爲治之本亦曰惟治亂在

庶官而已何則庶官得人則治庶官失人則亂天下之治亂係乎庶官之得失庶官之得失係乎一相之賢否任宰相者天子之職進退百官者一相之事高宗以命說爲急傳說以庶官爲急此商之所以中興也國家崇甯以來俾張治具欲飾太平而天下靡靡日入於衰亂者皆由相非其人也相非其人庶官以類而進私昵者官之惡德者爵之賢能之士乃斥逐不用惟用姦黨其始亂不待今日而後見識者已分於崇甯之初矣雖欲正刑明辟嚴誤國之誅固自無及言之復爲何益乎然不極其爲亂之階則莫知其

撥亂之道臣爲陛下略摭前朝宰相姦術之大者言之假紹聖二字以行已之詐假國是二字以主已之奸假享上二字以充已之私進直言者概以狂妄斥之立正論者概以邪說禁之善阿諛者乃以純正用之姦術既行無所忌憚故敗壞法度紊亂綱紀無所不爲莫可勝舉致使黠虜（刪此四字）幾危社稷而陛下受莫大之屈辱者皆相臣非其人之故也陛下卽位已來見於施爲者慨然有求治之心而論相之職亦未爲稱此臣所以爲當今之急務也自時中老繆無用罷相之日公議稱快咸謂陛下必能擇賢而相之中

與之治可立待也異日宣麻但遞遷李邦彥張邦昌爾士民大失望皆言邦彥邦昌亦前朝輔相之無狀者未能罷黜猶之可也其可遂相之乎以臣觀之邦彥邦昌雖未若前者數輩爲大姦惡察其操術亦不過持兩可以固位養恩而已前日輔相之無狀姑置勿論第自陛下卽位以來一二大事邦彥邦昌曾有慷慨一言乎肯以身狥國自當一面乎邦昌奉康王入虜(改作敵)營爲質不得已也至無恥也賢者必不肯當宰相之任而甘心爲此行也邦彥邦昌於無事之時妄有除授召收親黨以爲强助及多事之際假使

命散遣親黨以送妻孥其何以率百官爲國藩捍乎聞播遷之說則樂從畫效死之計則退縮其何以安百姓爲國柱石乎虜(改作敵)所言者從之虜(改作敵)所欲者與之不聞有忠義一言奮然以折敵人之心其何以威撫四夷而使之畏服乎竊國害民啟戎招盜十數巨姦天下之人思食其肉不饜而邦彥邦昌初不敢誰何致因人言稍稍罷黜詎能不畏强禦而退不肖乎當此紛擾其所進用倘皆親黨掄選百官或不當職能以公滅私進賢者乎總統百官安堵百姓威撫四夷進賢退不肖皆相事也邦彥邦昌疏謬如此決不可當今日之危急也陛下知求言從諫而未知論相何先後緩急之失序也使中外臣寮士庶誠如詔旨盡言所詢利害上聞之日陛下獨罷行之抑須付之輔相罷行之耶獨罷行之非人主無爲之道付之輔臣如邦彥邦昌必無能爲也陛下知以是爲急乎亦未嘗以此訪之羣臣乎竊慮有爲陛下言者必曰天下安注意相天下危注意將今日金人逼城宜以命將遣師爲急餘事姑緩可也此殆誤國之尤者臣以爲不然天下安危皆在注意於相相得其人則將必成功相非其人則將必敗事蓋將之出入謀畫

必須以相爲腹心將雖良而相不賢則謀畫有畫餅之譏臨敵有掣肘之禍幾何不誤其事哉裴度爲相李愬成淮西之功楊國忠爲相哥舒翰有潼關之失此事之灼然者其監不遠也前朝自蔡京爲相遂以童貫爲將與西北邊事二十餘年西北之良將勁兵所喪失者莫知其幾矣竭天下之力給二邊之費者莫計其數矣今日之事爲利耶爲害耶此目前之監也陛下以邦昌身在虜(改作敵)營未可遽罷則邦彥何爲久留也陛下若不急罷邦彥則雖有賢將必不成功祗益取辱爾臣聞道路之言謂邦彥與二三黨類

堅主割地之說閫外之事未能一切付之將帥割地一事係國家之利害臣知建言者已熟計備陳矣臣不復縷縷臣惟知邦彥罷則廟謀必振將權必專割地之說必不行醜虜(改作強敵)之勢計(改作必)滅亡(改作消沮)矣臣又慮有爲陛下言者必曰邦昌邦彥曩在政府亦常以燕雲之事不可圖童貫不可再遣今果如其說正當相之臣以爲不然邦彥邦昌在政府日果知如此則當力陳其未可肰至不見聽則以死繼之縱未能以死諍則宜求去職位亦可其言邦彥邦昌卒持祿不諍致此危急其心不過畏童貫之禍也豈有持

祿畏禍之人而能爲相乎臣又慮有爲陛下言者必曰用則爲虎不用則爲鼠人才顧用之何如耳邦彥邦昌在前朝未能信用姑試之可也臣以謂不然人臣起自布衣致身政府其寵祿亦可謂盛矣其職位亦可以有爲矣邦彥邦昌立朝以來曾建一言行一事有當於人心者今相之可也而二人所爲不過憑附權勢交結臣官希旨道諛以速顯仕而已豈復有他學術乎今天下之勢甚於倒懸縱之惟患其不疾又豈可以相事而復試無能之人也臣又慮有爲陛下言者必曰邦彥邦昌不矜智能以任羣材乃得爲

相之道臣以謂不然甄天下之才而用之使之各當其位各盡其職以治庶務爲之相者坐享其成功如柳宗元梓人之說此非眞有相才者不能如此邦彥邦昌以私害公所引用者多非其人或因他薦得一賢士則又處之非其宜用之不盡其才賢者多自引退若久在相位必不能爲陛下進天下賢才眞成相業也臣又慮有爲陛下言者必曰宰相之任不可輕付須於貴臣中選擇難以驟用臣以謂不然今日之禍皆肉食者之過正當擇人而用之或有功於社稷者或士民所望者雖小官雖陛任雖論議皆可起而

用不必拘於資格傳說版築之賤高宗立之爲相不疑而中興之業仰成於說此豈素貴乎東漢陳龜曰三辰不軌拔士爲相四夷不恭拔卒爲將今何等時遴選貴臣耶臣又慮有爲陛下言者必曰今日金賊(改作人)直犯京邑亦天數也非人力所能止也不獨輔臣之罪也此尤姦之甚者臣以謂不然自前朝失謀與北虜(此二字改作敵)結好人皆知其必爲中國患邦彥爲少宰踰年邦昌在政府又久何不爲國家長慮卻顧預爲之備致令猖獗直造於此前日邊臣以虜(改作敵)必敗盟爲言邦彥邦昌曾莫之省傳曰顚而不扶危

而不持焉用彼相其可歸之天命耶臣又慮有爲陛下言者必曰金賊(改作人)之禍乃邦彥邦昌輩阿諛所致必使之任其責不可於擾攘閒聽其求去此乃妾婦憤懣之說非爲國之道也臣以謂不然知賢而不能用知不肖而不能去此最有國家者之大患邦彥邦昌既無智慮謀之於其微必無計策禦之於其後逐之而專任賢者可也世有爲人之傭工者取其直食而敗其事則主人必去之豈有謀吾之國既已誤國復固執而責成耶二人黨類爲之地者臣言之極矣不識陛下曾受此等先入之言乎若有一端之說

嘗誤聖聽則可以概察其餘而邦彥邦昌不可相決矣二相如此其餘在政府者尤多不才不足論也周官曰明王立政不惟其官惟其人又曰官不必備惟其人苟得其賢者一二在位足矣闒茸之人雖布滿朝廷顧何益於事而必優容寬假之不略加沙汰哉我太宗皇帝嘗謂侍臣曰國家若無內患必有外憂若無外憂必有內患外憂止不過於邊事皆可預防惟姦邪無狀若爲內患深可懼也帝王用心常須愼此嗚呼聖訓不其切至歟今日金賊犯順(刪此四字改作敵勢)如此可謂外憂矣若用非其人更爲內患則陛下如何爲國臣所以寒心也願陛下稽考太宗皇帝之聖訓而益加愼焉然則當今論相如之何而可臣愚以謂必智慮忠純學術正當德足以服人才足以應變通知祖宗以來典故而於進退百官之間能以公滅私不畏沮(刪此字)怯者然後可以鉏去姦惡汲引賢能革極弊之事而布惟新之政以濟生民以保國家則中興之業陛下成之易矣金寇(改作人)何足慮乎自祖宗以來相臣多以言官論列直指某人可相某人不可相無非天下之公議此最爲我宋之盛典比來臺諫一蒙時相拔擢則多懷私恩無有直言者矣此亦

不可不察也今日之相莫若陛下誠心廣求虛己任用不可聽厚誣之言謂天下無其人也仁宗皇帝至和中罷陳執中相而並用文彥博富弼二相久有人望正衙宣麻朝士相賀仁宗皇帝密遣小黃門於百官班中探其論議聞有相賀得人之語喜謂歐陽修曰自古人君用人或以夢卜苟不知人當從人望夢卜豈足憑耶茲事著之寶訓傳之士大夫至今爲甚盛之舉不誠韙歟陛下求賢必能用仁宗之操柄採縉紳之公言從中外之人望不待愚臣之喋喋也臣伏目覩陛下詔書求言便欲少竭愚衷以伸二十年

區區之志竊念臣人物至微若論細事則不如不言之爲愈前草大利害書未及上而陛下先已施行恐成觀望遽卽寢罷今乃輒言二相非人深若僭越然臣嘗謂鄭子產不毀鄉校猶使議及執政之善否況天子建大學以取士論政爲本而又有求言之詔且申誡曰毋曲隱以溺於導諛苟若畏禍而不陳其愚臣實恥之干冒天威臣無任戰慄待罪之至

賜進士出身頭品頂戴四川等處承宣布政使司布政使清苑許涵度校刊

三朝北盟會編卷第三十五終

三朝北盟會編卷三十五校勘記

神人繫望(望誤作命)　兵民失措而忠義解體矣(而誤作爲)　而陛下聰明之聽(聽誤作德)　然比以小御未應遽廢(遽廢誤作速發)　經月闔閉(月誤作日)　有武畧之人以充統領(統領二字衍)　閱因對充講議司策(閱誤作聞，脫充字)　今日而不言(日字衍)　咸宜罄所聞見(罄誤作誦)　然詔下踰月(月誤作日)　而未聞緣某人言某事實爲利令行之緣某人言某事實爲害令罷(令均誤作今)　畢張治具(畢誤作俾)　其治亂不待今日而後見(治誤作始)　言之復爲何益乎(爲字衍)　假國是二字以售已之姦(售誤作主)　實爲巨姦(實爲誤作十數)　陛下獨能行之抑須付之輔相能行之耶獨能行之(能均誤作罷)　其如邦彥邦昌卒持祿不諍(如誤作言)　皆由肉食者之過(脫由字)　雖小官可陞任(可誤作雖)　能以公滅私不畏且怯者(且誤作沮)

三朝北盟會編卷第三十六

靖康中帙十一

起靖康元年二月五日辛丑盡十一日丁未

五日辛丑康王及張邦昌歸自虜（改作金）寨以張邦昌爲太宰肅王及太宰張邦昌駙馬都尉曹晟質於金國軍前。舊校云按宋史欽宗本紀二月庚子駙馬都尉曹晟使金軍癸卯肅王樞使金軍乙巳康王至自金軍則肅王曹晟之出使不在一日之內而康王之歸亦在肅王出質後二日也是編作同一日誤矣

是日皇弟肅王樞少宰張邦昌除太宰著作郎沈晦借給事中使斡离不（改作斡里雅布）軍前初金人請以越王代康王爲質上以越王叔父不可遣乃遣肅王樞及

駙馬都尉曹晟以行晟尙榮德帝姬與上同生故遣之避虜酋（改作金主）名改晟曰實

遺史曰初康王之爲質也金人見而憚之遂欲別易親王幷要駙馬都尉一人是時割地議和已定金人斂兵以徐待之乃遣太宰張邦昌從肅王及駙馬都尉曹晟爲質

六日壬寅下廢苑囿詔

詔曰比年以來京師拘收拆毁民居甚衆至民無所安居應苑囿宮觀有可廢以與民者三省樞密院速條具以聞

七日癸卯開封府榜詔書安撫士庶

開封府奉聖旨乘時作過人開封府及行營使司並斬訖竊慮姦人妄說事端將不曾作過人之撰造其罪恐嚇平人仰出榜曉諭

朝廷又出手詔安撫士庶

詔曰童貫等妄興邊事懷姦蠹國悉皆東下前往浙江如梁師成譚稹李邦彦已付遠竄所存百餘員皆是小官疏遠之人並不係從來被重任享厚祿者今又自陳乞依舊寄資恩數等一遵祖宗之典百姓無知鼓唱率衆擅行誅戮刦奪財物震驚京闕皆不奠

居已指揮李綱并三衙分頭彈壓捕爲首之人悉行軍法爾等各歸常業毋陷極刑儻敢結集仰徒中反告支賞錢一千貫咨爾黎庶仰體朕意

粘罕（改作尼堪）駐軍於中路

粘罕（改作尼堪）自河東來遇城必攻比斡离不（改作斡里雅布）其（删此字）行稍緩至中路聞和議之詔遂止不行

八日甲辰再下行遣內侍京城不得倡率指揮

聖旨內侍官給役禁庭舊法嚴密歲（改作年）來廢紊侵職撓權比取其罪狀暴著者已加顯罪又命請給恩數官稱職任寄資進子盡遵祖宗法所以檢制裁抑

無所容貸尙慮京城之人未知近日行遣推平時之心猶懷忿疾不分善惡概加凌侮已令開封府三衙以軍法彈壓自今更敢有招摇倡率不從令者並斬訖聞奏咨爾衆庶明聽朕意

靖康錄曰初京城之戒嚴也城上設樓櫓及大礮弓弩鎧仗之類皆元豐舊制器械有餘而兵不足先令百官與軍士上城相雜守禦而以内侍官分部統之賊叢矢射城上内侍令守禦者勿得動且曰國家與金人講和不至相鬭有一軍士奮怒曰既已講和何得射我引礮石擊賊一發殺數人中官殺之軍士由

是不敢動乃自城中傳呼宦官欲開門納賊及伏闕之日軍民數十萬聚於宣德門下遇内侍朱拱之撕擘死骨血無餘又内官得詔召李綱寘於懷不去於宣德門下曉諭百姓令退衆怒毆之於其懷中得詔書即大呼曰内官隱匿詔書將作亂又殺之凡見内侍皆撕擘殺之死者二百餘人有司以聞上懼生變即令殿前班直軍士口傳上旨云殺内官者免罪其人於衆中妄呼曰殺宦官者無罪百姓聞其語遂羣入内官之家所遇輒殺掠其財物又相聚入其家搜獲兵器不可勝紀皆輦到行營司交納其内侍皆逃竄財物略無孑遺走入禁中不敢歸感於上前泣訴於是命李綱根治斬三十餘人磔其尸於市方定李綱种師道復用凡内侍官城上守城及諸城門監守者皆去不用方知所謂獨腳皂旗紅燈籠乃中人欲爲内應者先是宣和中内侍多有賜第者官舍或隘陋即委府尹於傍宅置門然未嘗給其直而實奪之京城百姓或有累世聚族以居屋舍既爲奪去則無所托身惟與妻子日夜號哭告天而已又科斂百姓財力營造宮室臺榭或有擬於宮省者百姓應副不辦則督責箠楚有至死者又每至街市買物已售其

價令賣者隨至其家所直皆不還或止償其半巷陌衢道馳騁縱横侍從赫奕呼喝行路莫敢詰者然是時宰相大臣多出其門内則有蔡京王黼爲之腹心外則有王革盛章爲之爪牙故敢肆其凶惡至是百姓積怨乘亂得甘心焉

上賜宴於斡离不（改作斡里雅布）軍中

斡离不（改作斡里雅布）上書辭别

書曰大金皇子郎君斡离不（改作斡里雅布）等謹上書於大宋皇帝闕下昨者受命專征以上皇渝盟是問靈旗南向直抵京城今日伏承皇帝嗣立再請修好遂依

元奉詔旨酌中計議者定盟約日復爲貴朝奸臣誤國妄起釁端於是當司實懷疑憤深諒大信克保有終前日之盟非此爲比且大軍之來資索頗多上瀆聰明下匱民庶事在不已固非樂爲炎火一縱收之實難自非恭承今日皇帝仁明遠略屈已愛民安能使此禍危翻然爲福今茲大計已定而後無以舊事爲念惟祈皇上永於誠意共庇生靈又承所賜書內謂越王以叔父之尊平日奉事姚平仲死於鋒鏑李綱正從貶責其餘宰執間求退罷免者甚衆既聞此言敢不孚聽及蒙諭城中軍民不遵號令實恐轉生變亂以貽聖憂當司本圖安定貴朝宗社永固和好遂令城下諸軍退保舊寨須是即日班師伏念陛下即位之初必欲推恩布澤以矜衆志特於元定賞軍物內減金萬鋌銀一十萬錠表裏一十萬段以充振乏廣施之用外有喝下金帛頭匹更望止於今歲逐月接續交還今方言旋非不欲詣闕廷展辭少敘悃愊以在軍中不克如願謹遣左金吾衛大將軍宣徽北院使韓光裔桂州管內觀察使耶律克恭充代辭使副有少禮物具如別幅謹奉書奏辭謹奏

別幅奉皇帝人參五十秤

僉書樞密院事宇文虛中知東上閤門使王球充送路使副持書敘別○舊校云欽宗本紀二月辛丑命資政殿大學士宇文虛中知東上閤門事王俅使金軍許割三鎮地至乙巳復使之是編於辛丑遣使一事則失書矣

書曰大宋皇帝致書於大金皇子郎君皇弟國王皇弟都統茲以肅整軍威遠臨郊甸敢怠省愆之意遂蒙兼愛之仁再講隣歡復安傲邑感深肌骨賜重邱山更承念及府庫之虛減金帛之數益紉高明之意特深拯芘之懷載遣車軺稟告還馭再三誠懇每荷矜全豈惟恩加於危難抑亦義重於乾坤惟有謹守信盟庶可仰酬厚德屬宗祧之有守阻道路之敘違益愼寢饔永綏福祿所有贐儀飲餞已載前書伏惟亮察謹白

九月乙巳奉聖旨將團結居民權令放散

刑部侍郎王寓劄子寓見管京城四壁守禦卻見近日團結四廂居民追呼在城下準備上城日百姓警擾離家失業人人有溝壑之憂契勘閉城日久居民艱食若更如此是重困也況四壁城上守禦兵卒器仗並已足備而民居烏合皆無足用之人特可準備臨時般運矢石耳必不得已且令團結成保籍定姓名緩急追呼亦似無害矣伏望速降聖旨候指揮奉

聖旨依劄權令放散

十日丙午斡离不改作斡里雅布上書謝恩

書曰比者已復舊好即議還師復蒙聖慈差開封少尹就詣軍中賜斡离不改作斡里雅布等茶果龍腦酒藥并差去人使韓光裔回復承親賜通犀御帶一條以隆餞別之禮仍被旨重稠昭宣大信仰叨聖慈曲周用殫砥礪欽領之餘尤增感激當司遂促歸期今月十日已令大軍旋旆所祈陛下社稷載甯生靈休息有少禮物具於別幅謹奉書奏謝

別幅人參五十秤

下割三鎮之詔差路允迪宣諭守臣

詔曰敕太原府守臣應中山河間太原府并屬縣鎮及以北州軍已於誓書内議定合交割與大金事昨者大金以朝廷招納叛亡有渝盟誓因舉大兵直至都畿重以宗廟社稷所係甚大遂割三府以尋懽盟庶銷兵革之憂以固兩朝之好其犬牙不齊去處并兩平兌易合照誓書施行如有州軍未便聽從即將此詔書遍行告諭各務遵稟毋或拒違自取塗炭兩朝封疆接畛義同一家各甯爾居用保信睦其中山河間太原府并屬縣鎮及以北州軍見任寄居職官不係本土及從內地差去者不在交割之限今差朝散大夫充資政殿學士簽書樞密院事路允迪齎詔宣諭咨爾守臣體予至意故茲詔示想宜知悉春暄卿等各比平安好否遣書指不多及

起發犒軍銀綱至金人軍前

李梲議和許以銀一千萬兩犒軍梲親至內藏庫催出銀提點官內侍王若冲監出銀每十萬兩爲一綱以一百人般擔以使臣二員押發凡一百綱統起一千萬兩之數皆出於內藏庫不知士庶之家輸納者何以用之此與王孝迪督金銀榜示之數不同未知

何如

簽書樞密院事路允迪工部侍郎滕茂實使於粘罕改作尼堪河東軍前

粘罕改作尼堪兵將至高平而城下之盟已成既遣肅王使於斡离不改作斡里雅布乃議不可不使粘罕改作尼堪遂遣路允迪滕茂實使粘罕改作尼堪於河東且告割三關之地也

復用李邦彥爲太宰

李邦彥方罷數日張邦昌又以太宰出質左右揆皆虛位吳敏乃以劄子乞復用邦彥爲太宰

河北路兵馬鈐轄李侃以兵二千與金人十七騎戰敗績

和議已定金人遣十七騎持文字報其國中經由磁州李侃以身爲兵官且承掩殺之旨初金人抵京師也淵聖詔河北州軍略曰种師道姚平仲遣提西兵以助天討云云深恐其宵遁令河北州軍盡行掩殺乃率禁軍民兵二千往擊之與十七騎相遇金人曰不須用兵今城下已講和矣我乃彼太子郎君差往國中幹事侃不信欲與之戰十七騎者分爲三以七騎居前各分五騎爲左右翼而稍近後前七騎馳進官軍少卻左右翼乘勢掩之且馳且射官軍奔亂死者幾半

金人退師

遺史曰金人既退种師道請臨河邀之三戰可使無噍類若縱之去他日禍不可測李邦彥等不從罷師道爲中太一宮使五日一到朝堂議事以姚古种師道折彥質范瓊等領兵護金人過河邦彥奏立大旗於河東河北有擅出兵者並依軍法

金人揭榜不虜掠信德府

初金人陷信德府執守臣楊信功至京城下既已議和乃留信功朝廷議失信德府之罪信功與通判梁訓禮皆貶嶺外兵將官分送廣南安撫使劉韐奏司録已下皆是脅從放罪金人渡河獨揭榜大略謂攻擊京城朝廷遣肅王及太宰張邦昌持書言奸臣姚平仲誤國已許割三鎮以北地請和緣信德府不係所割之地並不得虜掠

十一日丁未金人質肅王同行

先是以康王爲質以康王語言不遜金人不愛也復令入城至是遂以肅王行焉种宣撫奏言賊改作敵歸必不設備請邀諸河候其半渡可以擊之李梲等在上側方爲掣肘論難既久終不許擊然上心欲删此字無如之何於是師道發憤感疾

靖康遺録曰賊改作敵之來雖有少鈔掠而不殺害人民比去所過皆殘破其所得漢人並削髮使控馬荷擔得婦女好者掠去老醜者殺之删得婦至此十二字自京師至黃河數百里間井里蕭然無復煙爨屍骸之屬不可勝數删屍骸至此八字

太學生楊誨上書論割地

二月十一日太學生楊誨謹昧死上書皇帝陛下臣聞夷狄犯改作金人至京師掠近輔殘戮夏人以騁其欲雖漢唐全盛之際容或有之漢文帝之十四年匈奴候騎至雍甘泉而唐太宗貞觀之初突厥埽地入寇

抵於渭上當此時二虜(改作國)承父兄餘貲兵鋭馬多傲然驕氣直出百蠻上(刪此九字傲然至)視中國爲不足與故能(刪此字)一舉而騎甲漫衍帝都其勢可謂盛矣然竊考文帝太宗所以制禦二虜(刪此二字)之術甚優游暇豫者此其故何耶蓋漢唐當天下無事時廟堂之上君畫臣謀能以戎務爲急一旦事起倉卒而吾先有以處之語其大要不過詭而禮之使虜(改作敵)志寖驕而已志意寖驕則務遠略忽近慮士卒疲弊而畜産耗亡取死之道也天子於此興問罪之師誰敢屈强頡頏作氣勢如虓時耶漢唐所鞭笞四夷其(刪所鞭至此六字改作安邊)大計不出乎此臣竊惟道君太上皇帝臨御

天下二十六年承祖宗積累之厚天下無事咸順指令大臣於此時不能思艱難致勤苦務柔聲婉顔以狐媚聖上此(刪此字)漢唐計策不復聞故金人得以乘中國之釁也夫夷狄乘中國之釁豈自古帝王之時無其事耶(刪夫夷至此十九字)守禦之方覊縻之術征討誅伐之法簡編具存宜搢紳大夫平昔所稔聞而厭道之柰何朝廷大臣遇前日猖獗之變圖視共計率不得其要領上皇出狩宗廟震驚此皆失於不素練之罪也陛下嗣登寶位矜憫元元不謀於庭首發講和之

詔仆械卷銛以厚利啗之臣初聞命以謂陛下此舉特以驕夷虜(二字改作其)跋扈之志紓畿甸攻掠之危至於經略施爲發自天衷非愚賤所得而臆度而旬日之際道路所傳臣竊惑之臣聞陛下自金人之來既賚以金帛又許以歲幣今且遣使割地以賂之夫金帛歲幣已不足惜柰何割祖宗之地以賂遺夷狄(刪此二字)乎夫割地以賂夷狄(刪此二字)雖漢唐之陋猶不忍爲孰謂陛下神聖英武而肯爲此且中國與夷狄議(刪中國至此六字)和之議(下添親)不聞於三代而特起於漢唐漢之文帝唐之太宗所以待匈奴突厥者勤勞備至以歲

獻則不失於傷財以和親則不恤於損威然終不肯以尺寸之地輕予之者二帝之意豈不曰土地人民國之根本不可輕以授人乎臣不知今日割地之謀誰爲陛下籌之也臣草茅賤士無由預朝廷末議事之利害皆不可得而詳定獨不識陛下今日所割之地其三關耶臣聞昔周世宗下三關瀛漠皆異代事戎(改作金)人不得以爲辭又况自祖宗以來二百餘年塞雁門增塘水治城隍籍民兵所以爲之限制者甚備今一割之是失限制也不識陛下今割之地其四鎮耶臣聞太原中山其地嚴重可以扼虜(改作敵)咽喉

自祖宗以來精兵重卒悉屯駐於此今若割之是失
形勢也夫以限制形勢之地遺夷狄（二字改作敵）其不猶
倒持太阿授人以鐏乎然陛下必毅然為之而不顧
者臣知其意矣豈非憚於用兵邪臣聞兵雖凶器戰
雖危事然而自古神聖之君所以立卓絶之迹者未
嘗不由於用兵向者金人之來起於意表陛下以其
乘我不虞又諸道兵未會不戰宜矣以其近於禁城
宗廟社稷不可不憂不戰宜矣今賊（改作敵）兵既歸師
老械弊又其來也必嘯（刪此字）聚數國之師禽獸之心
見利而忘義（刪禽獸至此九字）烏合而易散既磨之以歲月

安知不自相背叛邪陛下宜於此時馳一介之命諭
諸鎮之兵因其交地之際啟發釁端電掃風除以破
其衆將見必（改作）腥膻之徒（刪此四字）獸駭（改作）奔而瓦解矣
必欲守區區之信臣竊為陛下不取也且陛下亦知
割地有三不便乎今既割地以與金人則中都逼於
北邊陛下必不免遷都矣方今洛陽長安近於敵國
不可都江左西蜀偏方下國不可都就令（闕一字）一日夷
狄（改作強隣）熾盛國勢危弱用事之臣計無所出不過勸
陛下都襄鄧州夷漫百里其東漢與鳳林為（闕二字）南
菊潭環居而流屬於漢西有上洛重山之險北有白

崖連路昔人號為形勢之地沃野之墟疑若可都矣
然昔唐高祖遣宇文士及按行秦王力諫以為不足
用至昭宗時朱朴上議以為建都之極致疏入不報
豈非有所不便故邪況京師自祖宗以來繕治非一
日宮闕神麗局務府藏里閈市肆極侈而豐借使陛
下一徙都必且鑑前弊惜民力因陋就寡為一切因
循之制將何以貽厥孫謀昭示四方邪臣以為一不
便者此也今既割地與金人則胡夷歲驕（刪此四字）華夏
日蹙臣恐北虜驚惱邊甿（刪臣恐至此八字下添恐字）不止（下添如字）
今日陛下何不以往事而驗之昔唐寶應二年吐谷

渾黨項領兵二十萬來略武功留於京師凡十五日
太和三年南蠻率衆掩刦戎嶲三州陷之止于西都
者十日當此時天子務為姑息以紓一時之急不發
兵以窮討使牧馬牽牛之隸有輕中國心自此以來
揚塵鳴鏑突我疆場曾無甯歲臣嘗讀書至此雖憤
醜虜不庭然亦（刪雖憤至此八字）未嘗不恨中國有以誘之
也今吐番南蠻略我郊甸解鞍緩帶至於旬日目悅
燕趙之色口厭甘美之味文綺佳紈又皆如意夫纖
麗散則戎羯（改作敵國）之心生戎羯（改作敵國）之心生則侵盜
之本也又況黠虜（二字改作彼）已習知吾山川要害也臣

謂今朝廷不恤金人以兵則背脅癰疽之患成殆恐其來不已唐室之患且復見於今日此臣以爲二不便者此也今議者但以慶歷之初仁宗與虜（改作契丹）通好自後契丹不敢擁兵窺中原當慎守初以遏邊萌之禍且示大信於邊人臣謂渭水之盟杜如晦實敗之而平原之盟李晟亦不肯信已而可汗就質普贊背叛夫如晦晟非曉術數者也然而遇事若燭照而數計者誠以胡性（删此二字）翻覆不情故不信之也臣謂北虜（改作契丹）所以不敗慶歷之盟者特以仁宗之初有以結其心耳夫本朝自仁宗以來朝廷方舉羣策以

收太平之功四海所環無一州無兵者當此時契丹何由而跳梁邊陲邪況祖宗故事奉之如驕子不敢觸其意彼雖冥頑（删此三字）何以啟其釁向使天祚不失道人畜（改作馬）猶盛强遷延寢息抵於今日覩前朝政事之因革知中國士馬之豐耗臣謂北虜（改作契丹）敗仁宗之盟也已在於數年前陛下能保其不控鋭抗戈以覘候風雲乎能保其不彼攘以邀丐厚利乎然則盟誓於北虜（改作契丹）果何有哉此臣所以爲三不便者此也夫去所不使而行所甚利唯聖人能之伏願陛下順天人之心發英偉之志因醜虜之暴出湯武之

師（删因醜至此十字）伺其過河交地之際不固執前盟先發其釁示以必戰天道佑善必克清大憝以爲子孫無窮之基凡今搢紳士大夫但揣陛下之意厭於用兵必曰本朝自太上皇以來相臣將臣文恬武嬉習熟治安未嘗練卒蒐騎又廟堂之上卒未有應變之臣是勢未可以戰臣獨以爲不然臣聞何代而不生才何才而不資世顧人君所用如何爾昔藝祖好武功則勇猛之士出而爲用兵太宗好奇謀則計畫之士出而爲之慮以今天下之大安知其無人少濡沐之將見朝廷之上不獨李綱种師道輩可稱述也雖然

今將相如李綱种師道臣知二臣亦可以辦一時事何則綱之忠義有餘而可以事君師道之謀略有餘而不至於誤國又況輔之以吳敏之鍊達耿南仲之老成將欲建功何有不濟臣多見講和不如用兵之利也陛下清閒之餘淹貫古今豈不知其利害邪且夷狄雖與中國相爲盛衰然（删夷狄至此十一字）自古以來控御之術不一而足當其悖慢太甚曷嘗不與之戰今日但以石晉爲戒不敢與爭鋒不知石晉時天下四分五裂朝廷君昏臣愚德既不足以懷徠而威又不足以制服此耶律德光所以一舉而覆汴都也以陛

下春秋鼎盛天資英特而又承祖宗有赫之炎圖指揮顧盻行有餘力豈可與區區之列國同所慮乎臣誠不佞雖岷陬一布衣平居常患無以過人遂取古人書閉門熟讀月延歲累頗識古今治亂自謂論世事顧賈誼馬周不足多伏惟陛下自即位以來寬大之聲勤儉之政已著聞於天下咸激垂涕願盡死力然而區區之愚尚有望於陛下者但願陛下臨時聽政更少濟以英斷明決助成聖德使巍巍之功業上擬商宗周宣臣謂百蠻且不足平況蕞爾金人而足以軫聖慮也狂瞽不識朝廷忌諱罪當萬死

李邦彦乞致仕

臣累乞致仕特蒙聖恩依奏伏念臣奮身孤遠遭際興運寖躋華貫遂冒宰司徒激孤忠不敢少負清議屬者上皇退託以神器付陛下臣首被寄委而輔翊之重自誓殫竭身屢瀕死有所不避今譊譊之徒扇惑羣聽喧競倉卒白黑不分臣之所急存宗社安君上惜生靈而已何敢爲身謀而人詆以爲奸綏師講和自金人犯邊僉令大臣議密圖周方非徒屈意以受辱而人或指以爲闕心之精白天實臨之乃至定輸金之直以釋白著之疑寬括糴之令以賑艱食之急撫循坐甲之旅以勞城守之師若此之類事涉細微雖恩出聖慈而間陳於前不敢緘默大臣建明惟知有濟豈能家至戸到人人提耳而諭之哉衆聽未孚鑠金可畏不知引避何以厭服斯民之心伏望檢會已降聖旨早賜施行

奉手詔太宰張邦彦任政府累年屢形憂國愛民之議以至惜名器抑冗濫獻納非一朕在東宮時熟聞嘉謨册立之際備罄忠誠金人犯闕其所建明惟知利社稷撫軍民爲急朕一一施行衆志未能遍諭乃作弗靖鼓唱流言反與前日異意元惡之人忽生怨懟實駭予聽已依所乞宮祠播告中外咸信勿疑

賜進士出身頭品頂戴四川等處承宣布政使司布政使清苑許涵度校刊

三朝北盟會編卷第三十六終

三朝北盟會編卷三十六校勘記

將不曾作過之人誤作人之死者二十餘人十誤作百是以

靈旗南向以誤作問惟祈皇上永守成議誤作承於誠意信州管

內觀察使信誤作桂簽書樞密院事宇文虛中簽誤作僉近

日闕結四壁居民壁誤作扇准備上城日日字衍而居民

烏合誤作民居然上心欲和無如之何脫和字漢唐所以

鞭笞四夷脫以字所以待匈奴突厥者勤矣備幣以歲

獻矣誤作勞幣誤作至降尊以和親脫降尊二字就令闕日夷狄

熾盛原闕今字其東漢與鳳林爲闕南菊潭環居而流

厲於漢原闕其字係界字遺宇文士及按行秦土土誤作王

以爲建都之基基誤作極因陋就簡簡誤作寡吞噬邊氓吞噬

誤作驚嚙當愼首初首誤作守上皇退託以神器付陛下退託

三字疑衍僉令大臣密議圖周萬全密議誤作議密萬誤作方脫全字

撫循帶甲之旅帶誤作坐太宰李邦彥李誤作張

三朝北盟會編卷第三十七

靖康中帙十二

起靖康元年二月十二日戊申盡十五日辛亥

十二日戊申金人退師大赦天下

門下朕嗣承聖謨獲紹大統適邊廷之懈弛致郊畿之繹騷荷天之靈俾敵悔禍旣遣使而講好遂以盟而退師載惟千里幅員罹屠掠之苦四方遐遠多調發之勤兵屯攖守扞之勞編戶傷括輸之急朕每念此惻然痛心不能保綏。舊校云綏本作民乃使重困永思厥咎在予一人是用疏曠蕩之恩沛汪濊之澤嘉與海

內底於丕中可大赦天下於戲三事大夫羣后庶尹國勢委靡而不振宜思所以救治之方黎元愁歎而無聊宜思所以撫綏之術保疆固圉節用廣儲庶幾協心共圖康乂

手詔遵用祖宗舊制

朕以眇躬託士民之上夙夜祇懼靡敢遑甯比者金人犯順改作南下都城閉關踰月軍民展力捍禦實勞朕知之矣而不逞之徒輒乘時造端相扇爲變內作不靖震驚朕師詬罵大臣毆擊內侍白晝剽掠乃敢公肆凶殘朕念嗣位之初首遭艱難德意未孚致汝等

抵冒如此朕甚悼之播告汝等朕自今伊始並遵用祖宗舊制選用大臣裁抑內侍不崇飾恩倖不聽任奸人不輕爵祿不濫賜與不奪爾居以營私燕之地不竭爾力以廣無用之費凡蠹國害民之事一切寢罷務與爾等休息其有奸人不悛敢復犯法紊我紀綱當重寘刑戮必罰無赦咨爾有衆明聽朕言

十三日己酉李綱乞遣大兵護送金人回師

傳信錄曰澶淵之役雖與大遼盟約而退猶遣重兵護送之蓋恐其無所忌憚恣行虜掠故也金人退師已三日矣初謂其以船栰渡河探聞乃繫橋濟師一

日而畢盍遣大兵用澶淵故事護送之宰執皆以為太早余固請之上以余言為然可其請是日分遣將士以兵十餘萬數道並進且戒諸將度便利可擊卽擊之金人厚載而歸輜重既重驅虜婦人不可勝計意氣驕甚擊之決有可勝之理將士踴躍以行

沈琯見李綱言賊騎不過五萬能戰者止萬餘人太子營不及二千藥師常勝約三千騎諸營部兵聞止有兵三萬餘其過河者只有大半可以邀擊

十四日庚戌秘書省校書郎陳公輔論列太宰李邦彥中書侍郎王孝迪尙書左丞蔡懋皆罷以吳敏為少宰李綱知樞密院事徐處仁為中書侍郎唐恪同知樞密院李梲為尙書右丞

臣竊覩國家強虜（改作鄰）入寇中外震恐陛下初臨萬幾遭此擾攘深軫聖慮公卿大夫誤國至此臣不勝痛憤臣有愚見輒不避死亡之誅上干天聽伏惟陛下少留神焉臣聞憲宗用一裴度而平淮西武宗用一李德裕而平澤潞自古翦除寇難興復治功必至排斥衆議屏除姦邪而信任忠勇有為之才然後可責其成功也自臣聞邊寇興難蚤夜危懼曾詣都堂略陳守禦之策見任宰執大臣皆狐疑不斷牽制其

事今已經月條畫措置並未就緒況此數人事上皇累年皆阿諛順旨持祿養交未嘗建明一事裨補聖明致有今日之患蓋平居無事尙不足恃豈可使之當今日之變乎陛下今日復用之士論民心莫不歎息不惟不足以了今日事他日亦必誤陛下臣謂前日奮不顧身力贊陛下登此寶位必社稷臣固當知之矣胡（改作何）不且專任委以軍國大事不使衆議移之羣邪沮之使盡其才力以了天下事至於朝士大夫與昔時慷慨論事不畏豪強得罪在外亦不無其人可以錄用但宰臣未肯為陛下言之往往引用皆

其親黨臣竊惟陛下前日積德東宮謙恭謹畏退託不能乃人子之道今日統御九有撫臨萬邦乃人君之權固當奮乾之剛繼離之明興大利除大害上以承祖宗無疆之休下以慰四海生靈之望不宜拘守常之論爲不改父之臣與父之政爲難能也況太上皇剛明勇決一旦改悔知爲羣邪所誤痛自罪己陛下誠能慨然有爲罷去昔時用事之人而委任眞賢敷擧治道是乃奉承太上皇之志也帝王盛德何以加此臣疏賤小臣輒敢言及朝廷大臣冒犯天威自知必死然不敢惜死願有説焉夫宰相大臣非其人

諫官御史可以言之今臺諫皆宰相門人不肯言也侍從之臣可以言之今侍從皆顧惜名位不敢言也惟臣小官無所顧惜誠知愛國不知謀身所以爲陛下言之臣更不言是陛下終不得聞宰相大臣之過也宰相大臣天子不知何以論天下之治哉又況陛下當卽位之初以論相擇人爲先不可不謹此擧願陛下斷而行之實爲天下幸甚

初公輔以李邦彥罷政事纔數日復爲宰相人情震駭乃具奏上然之遂罷邦彥孝迪懋以吳敏爲少宰出邦彥知鄧州邦彥奏乞持服從之孝迪以資學爲醴泉觀使懋以資學爲大名尹

召徐處仁唐恪於外郡

處仁字擇之應天人元豐八年以進士登科第累官知大名府至是召爲中書侍郎恪宣和初爲戸部尙書言應奉司之害忤王黼遂落職知滁州後奉宮祠七年召爲戸部尙書是歲秋以延康殿學士知杭州聞京城被圍遣兵官邊順以兵勤王太學生陳東上書乞召恪及處仁置諸左右而李邦彥亦薦恪遂召還闕除同知樞密院事

十五日辛亥詔教習禁軍

詔曰軍兵久失教習當汰冗濫在祖宗時外路寄招禁軍解發到京師御殿閱視分隸軍營是以在禁旅者無非趫勇之士今三衙與諸將招軍惟務增數希賞但視形狀不問勇怯收充既不精當教習又不以時既到軍門惟以番直隨從服事手藝爲業每營之中雜色占破十居三四不復教以武藝今宜於招兵之際精加揀擇既係軍籍專使教習不得以雜色拘占又神臂弓馬黃弩雖中國長技然軍兵中能射者亦少宜多行教習以禦胡騎（删此四字）又軍兵平日不擐甲冑一旦在身如受束縛宜令每營閒用衣甲教閱

庶使習熟人不厭苦仰三省樞密院劄付兵部施行

發遣應歸朝人還金人

朝廷既與金人議和乃將應歸朝人所在遣發令歸國都省劄子勘會本朝已與大金講和應歸朝官歸朝人並發遣今來在京已發遣盡絶并其外路亦令依此施行十二日三省樞密院同奉聖旨令逐路帥司行下所部州縣等處盡刷歸朝官歸朝人量給盤纏起發每州縣各選差堪倚仗有心力大小使臣或寄居待闕得替官一員或有心力衙校之類量人數多寡作番次逐漸管押赴大金界首領過界前去不

得擁遏一併上路各從便道過河即不由京畿解分仍令經過州縣巡尉防護出界遞相交割其應合發人如有帶軍器並仰所在州縣拘收沿路亦不許置買嚴切覺察候過界所管押官具已過人數姓名申尚書省仰逐路帥司差通判一員遍詣州縣專一催促具已發文狀聞奏其管押官如無疏虞當量遠近推恩

李綱辭知樞密院

劄子云竊以樞府之長兼統兵機宜得瓌奇之人以居其任然後可以奬率三軍之衆折衝萬里之外臣本書生進由庠序以忠義自許妄意事功而性剛才劣動輒多忤宣和初太上皇拔之執筆螭蚴日侍清光屬大水暴至士庶爭具舟楫無敢言其所以然者臣謂此非小變上疏指陳冀得直前論事當路擠排流落七載太上皇憐而收之使貳奉常永惟大度之私方圖國士之報去冬因邊吏弛備盜據全燕肆其凶兵改作威來犯王路太上皇厭萬幾之煩欲遺聖子意有未發臣與少宰吳敏力建大策贊成內禪至於歲首太上皇南幸淮淛羣臣亦有勸陛下為避狄改作敵之計者臣又躬述利害回鑾輿之幸為守固之策

斯皆臣子常分初無涓埃可言陛下不以臣卑鄙驟加褒用擢自庶寮不五日而參大政仍委以親征行營使事臣感陛下不世殊遇願殫犬馬之力受任以來夙夜憂勤深恐勳績不效以負陛下知人之明故揀閱將校率勵士卒躬冒矢石登城以禦敵晝夜巡警戢奸以安衆間遣使移檄河北諸鎮使預為隄防忘寢不食修戰具嚴守備以候援師援師既集欲因便乘利進營逼虜敵改作使進不得攻退無所掠勢窮食盡渡河而邀擊其半途勝可萬全計慮已定而姚平仲引衆出城敗乃大事然平仲受節制於宣撫不

闕白於行營二月一日夜半平仲之出种師道亦不知之在微臣實無所預其夜四鼓陛下聞其交鋒詔臣應接頃刻之間使者三至臣適感寒伏枕力疾承命出景陽門至班荆館親督將士列在要衝分遣軍馬解范瓊王師古等圍親以中軍捍禦射殺金賊（改作人）甚眾是夜臣宿城下明日復列陣與賊（改作敵）相望臣所將兵士氣百倍然臣其晚求對不得已而賜罷恐懼自思莫測其原仰賴陛下至仁至聖灼見臣愚款實無他罪特賜宸翰許之保全慮其空乏加賜縑金未逾三宿亟垂召命俾還舊物仰專充爲守禦之

事論以怨仇譏謗欲持平仲之罪中傷微臣伏惟陛下天地父母覆幬生成之恩不可爲量瞻謝之際感涕交集德隆命極捐軀弗避惟是都城細民因間殺掠內侍理宜彈壓臣躬稟睿旨卽取其最不逞者斬數十人梟首通衢以靖羣眾重沐聖恩令臣知樞密院事竊惟和議既成金人擁重貲邀名鎮不戰而得所欲臣爲私心痛之既乖臣本志兼統軍事豈其所宜祖宗舊法兵符出於密院而不得統其軍兵隸於三衙而不得專其制今臣既統行營之兵又制樞密之令考於舊法未見其可臣竊謂羯寇（改作金師）初退四方勤王之師未有所屬中都畿邑團結保甲之兵未有所處欲於旬日之間商質條具以勤王之師盡付制置使姚古使司固圉。（舊校云梁溪集作姚古种師中使司固圉）以團結保甲分還州縣使各樂業內外人心既以敉甯臣嘗抗章自陳請避賢路以遠讒謗全陛下始終之恩此心素定有如皦日昔張良作漢腹心高祖數羅困阨良嘗有力乃願從赤松子遊李泌入議唐事肅宗復兩京泌謀居多乃欲隱衡山此皆豪傑邁往之事乘時遇主以成功安居顯位何所不可而屏門以避患禍猶至於此矧臣單立一身朝無親黨乏昔人之

功業而不有訾之譏謗豈得安處寵榮不知戒懼今縱欲內外粗定未敢亟去若叨冒巍峩樞府定非所宜據固當懇辭得請而後已伏望聖慈察臣至誠出於迫切非敢矯飾務爲虛文特降追寢隆恩以安愚分不勝大願所有告命不敢祇受奉聖旨李綱劄子乞辭知樞密院事宜不允復還劄子

李綱謝知樞密院表

伏奉制命除臣知樞密院事辭免不允者武有七德宜恢經遠之圖望隆一時乃副由中之命豈材尠於柱石亦位長於樞衡輒恃聖慈求安微分伏念臣性

質淺寡學術迂疏常自信其樸忠頗著聞於狂直思忘身而狥國慕以道而事君抗章隔左史之班面折羣枉趣召貳奉常之職知無弗爲偶羯寇改作强敵之負盟連叛臣以犯順吞噬幽薊蹈藉河山方國家有警之時蓋在位竭誠之際。舊校云梁溪集作上皇順天心而授聖子克成堯舜之仁陛下因民欲而保神京更邁宣光之業豈臀人力實賴天功而臣叨擢任云云贊大策而授聖子成上皇堯舜之仁勸固守而保神京定厝主宣光之業粗輸臣節敢幸天功叨擢任於肅纖仍倚充於元帥受恩至渥懷報靡遑練選六師每揚聲於出戰嚴飭百雉專悉力以登陴克張羆虎之雄昭示

金湯之固火至甘泉而不恐騎臨渭水以何虞俟集援軍式遵廟算猛將輻湊各喋血乘勝之有聞壯士雲屯皆投石超距而可用欲連營而並進擬堅壁以相持使其形勢衰疲糧食空乏指歸路而棄甲視洪流以爭舟期集擊而無亡矢遺鏃之勞爰邀截而無匹馬隻輪之反重幣復得如荀息奉璧之奇貨質來歸笑知罃寘楮之陋忽貪夫之妄作悵幽出而失圖端賴英明亟加延見察輕兵之衂微臣所不預知宣獨斷之威衆讒眞莫能蔽增傾備禦之政俾兼密宥之謀鑒照若玆靡捐罔避然孤危之迹僅免謗傷而

驕桀之胡改作師既從和議驚魂未定施表餌以何堪素志不伸覽韜鈐而有愧行即引去尙留須臾將分布勤王之人且區處復業之衆回道君清蹕於淮浙遂天子崇養。舊校云歸本作色養於晨昏彗埽星流晝久逸永甯之至計大開地闢應中興重歡之美談然後請辭寵榮務遠權勢學道輕舉追辟穀之張良放意收身效看山之裴度庶全終始或解怨仇儻冒居右府之先慮莫保畏塗之戒

澤州奏大金國相粘罕改作尼堪兵次高平縣

傳信錄曰初粘罕改作尼堪既破忻代觀察使折可求以

麟府兵承宣使劉光世以鄜延兵援河東皆爲所敗退遂圍太原攻之月餘不能下而平陽府義勝軍叛義勝軍者童貫張孝純所招雲中人也分布河東諸郡平日養贍蓄積爲之一空及金人入寇改作邊耿守忠以義勝軍五萬人屯守石嶺關既叛以從金人矣至是諸郡往往殺戮或逐出之而平陽府者破城叛去攻陷威勝軍遂引金人入南北關陷隆德府遂次高平朝廷震懼恐其復渡河南來宰執咎子盡遣城下兵以送斡离不改作幹里雅布之師將無以支梧余曰斡离不改作幹里雅布之師既退自遣大兵護送初不虞粘罕

改作尼堪之來也粘罕改作尼堪之師雖來聞旣和亦當自退必無復渡河之理又大行琅車之險已遣統制郝懷將兵二萬屯河陽控扼險道決無他慮而執政中有密啟上者於是御前以金字牌悉追還諸將之兵諸將之兵及斡离不改作斡里雅布之師於邢趙間相去二十餘里金人聞大兵且至莫測多寡懼甚其行甚速而諸將得追詔卽還余聞之上前力爭得旨復遣而諸將之還已五程矣雖復再遣猶與金人相及於滹沱河然將士知朝廷議論二三悉解體不復有邀擊之意第送之而已於是金人復旁出鈔掠深祁恩冀皆被其害

賜進士出身頭品頂戴四川等處承宣布政使司布政使淯苑許涵度校刊

三朝北盟會編卷第三十七終

三朝北盟會編卷三十七校勘記

底於丕平平誤作中　惟不改父之臣惟誤作爲　宰相大臣天子不之知脫之字　初公輔以李邦彥罷政事此段應接上文誤作另行　召徐處仁唐恪於外郡考上條已總提出此條分敘應接上文誤另提行　處仁字擇之此段應接上文誤作另行　欲因便乘利進逼虜營誤作進營逼虜　擊其半濟濟誤作塗　敗乃大事一作幾敗大事　德隆命賤賤誤作極　今縱欲內外粗定欲字衍　而有不貲之譏謗有不誤作不有貲誤作訾　進掌樞府定非所宜據脫進掌二字定字衍　特降睿旨追寢隆恩脫睿旨二字　面折羣枉一作折而爲撓　叨擢任於肅機機誤作幾　斯奮擊而無亡矢遺鏃之勞斯奮誤作期集　天開地闢天誤作大　屯守石嶺關關誤作閫　自應遣大兵護送脫應字

三朝北盟會編卷第三十八

靖康中帙十三

起靖康元年二月十五日辛亥盡其日

晁基上書論三鎭不可棄

書曰皇天眷命陛下卽位之七日下詔求直言天下幸甚微臣居山邑距京師越萬里乃得隨士庶垂淚以伏讀痛干戈風塵阻絕如此不謂國家遭陽九之厄也女眞（改作金人）小醜斬荆棘（刪小醜至此五字）入塞擁馬渡河曾不淹時勢如壞山直抵城下嗚呼天乎忘我祖宗配天澤民二百年之基業乃一日有斯酷耶在春

秋之時周室衰孔子春秋用是作也孰謂國家聖聖相繼重光熙洽天下太平自結繩以來未之或有天子垂衣而朝四夷牧萬國曾不足以輕重威至廣也乃於女眞（改作金人）小醜平昔僕役高麗臣事契丹者逡巡偃蹇乃（刪小醜至此十八字）有城下之師國中之盟何其甚耶烈士痛心壯夫洒血孰有甚於斯時耶臣至愚且老不敢齒於壯夫義士而遜視樵牧思謀妾婦思奮之際甯無一言以自效哉況臣一門七世食祿高祖逈咸平景德之際極文章禮樂之譽曾祖宗慤實元康定之間任西鄙之域遂參大政罷兵息民自爾以來海內推臣族爲文學之家微臣言之亦其職也惟臣在元符末上皇卽位之初嘗應詔有封事嘗有司第臣爲邪等置籍刑部初禁入京城漸不許仕宦而擯斥畀竄二十餘年矣其所言者皆天下大利害今莫能悉記惟是二事不能忘也一曰國家累聖功德巍巍無所與二而近日詔訣大奸獨推尊考廟是觀德不在七世之廟而下同士庶祭行於寢中二曰自古衰主暗君乃有毀謗先烈之言以鉗天下之口惟我神宗皇帝何所負於天下內外無有一人不足於恩德倘何毀謗之有彼諂諛大奸濟以兇暴徒以資

一身之欲而不知上累先帝之明也臣愚欲因此二事申言當今之急務豈顧卞和之玉再刖其足耶竊惟城下之師明主夙夜焦勞憂慮之餘狂夫之言未暇擇也伏覩戊申大赦封豕逋逃齊民乂安凡有血氣之屬咸以更生相賀父老有言含哺鼓腹以沐太平之澤不知其已雖死猶生也然赦文有新邊之語讀者惑焉議者側歎妄以易州涿州之地終不能保而復棄之爲新邊也旣而乃知所謂新邊者河間府中山府太原府三大鎭無慮二十州五十六縣自州升之爲府而不知未幾乃自中國棄之爲新邊也嗟

夫斯地可棄也斯民不可棄也吾祖宗艱難之業不可棄也嗟乎誰爲陛下而畫此策乎昔賈誼以文帝之明承天下之資而久爲戎人改作匈奴欺傲乃歎曰可謂中國無人矣臣竊考之當是之時高祖之舊臣猶在者如陳平周勃灌嬰季布之徒其後進者議論有晁錯賈山馮唐守正有申屠嘉宋昌司刑有張釋之司兵有周亞夫柴武賈誼尚何恨哉使誼尚在謂今日之有人無人乎臣於是忘其至愚且老不能默已專以割地爲言未暇及天下事也惟陛下幸察臣元符中知磁州武安縣嘗作朔論二篇因杜牧之論而

發也牧之意則勤矣其論失之迂而不密蓋山東不足以制河北河北爲能制山東安可以天下之勢而專之於山東也哉凡君天下者得河北則得天下矣失河北則失天下矣凡有國者得河北則其國興失河北則其國弱又有其國雖不正得河北則强其國雖正失河北則弱其國雖無道得河北則强其國雖不至無道而失河北則弱秦漢晉隋唐之有天下宋武帝之不能有符氏之秦拓拔之魏朱氏之梁李氏之唐石氏之晉劉氏之漢其國所以强弱之勢與夫曹氏之魏强於劉氏之蜀漢高氏之齊强於宇文氏崤函之周其迹昭然布在方策可考不誣是謂河北之形勢臣敢爲陛下略言之陛下幸察臣已言河北重於天下矣乃敢復言三鎮之重於天下者不必繁引遠古惟事與國家造邦相因者則可得其略昔周世宗之英武雄毅實漢光武唐太宗之流承石晉父事契丹之後劉漢禍亂之餘卽位僅餘兩月黃鉞親征而師出之日四壘奔北爲我宋驅除晚以數千師伐契丹不血刃而取益津關繼取瓦橋關者晉人棄之以爲契丹之元首非特爲其右臂也何則契丹之所盜據者七國時燕地也唐方鎮中盧龍也六國之

燕最弱非韓趙魏之比方鎮中盧龍最弱朱滔李克用輩非魏博田承嗣鎮冀王武俊之比而其人堅忍奇崛包藏禍心敢立凶謀前有荆軻太子丹之風後習安祿山史思明之態易與爲禍難與圖治也以故雖曰弱燕而嘗廹於趙魏雖曰幽陰而常動搖魏博鎮冀之上棄之以奉契丹既非所宜況以奉契丹改作金人之叛臣女眞小醜者譬之熊鼠得幽薊則潛窟壤得三關則删之叛至此二十三字洊基積累其勢將倍萬也然克是三關者雖曰周世宗之英武而我太祖太宗實在兵間也世宗常以千人之軍溺於亂流叢葦之中

而契丹不敢以一鏃來加者三天子之威靈在是也其克瓦橋關者又專在太祖之功也夫以三天子之威靈而得之者乃一日無故而棄之荒裔小醜刪此四字豈勝慟哭之痛哉又如石晉之末出帝之醜先自梁漢璋覆師於高陽遂使契丹得犯澶淵之役康保裔無高陽之敗　則不勞眞宗皇帝爲澶淵之役矣高陽之勝敗猶係中國之輕重如此忍論高陽之存亡耶廟堂之上肉食者宜爲陛下念之中山府唐義武軍也此軍甲兵雄於天下城壁高固自昔有捍客三年不得上之語況又其帥獨知臣節前號河北四

叛義武不與後稱河北三寇之時義武亦不與也逮黃巢之亂中原四方諸鎭孰爲勤王之師獨義武王處存擁兵渡河以解關中之急不幸石晉之梁漢璋敗於高陽契丹遂得犯鎭定攻中山然契丹之兵亦豈能必勝而前爲入京師之舉哉亦嘗屢北惟是張彥澤杜重威以禁旅重兵至中渡橋降於契丹而中山李商者納契丹使契丹遂得入京師成晉出帝之禍爲中國之醜向使高陽全師中山堅壁寗至是耶咸平中康保裔既敗於高陽而定州之望都且復失守遂勞眞宗皇帝車駕親征而傅潛領十萬精兵屯

中山不出一騎當斯之時遠近愚知無不憤疾潛者恥與之俱生無幾何車輅班師之後潛議罪當斬眞宗特賜其首領竄斥之議甚鬱也至今聞者齧指奮袂而起孰知眞宗皇帝聖意有在也豈臣下所易窺哉蓋潛賓白首老將耳目親接開運之禍變今坐擁十萬以全中山以示怯於契丹勿擊堂堂之陣勿當得意之鋭脫彼能至澶淵必不得渡河待其渡河之後我出中山十萬蓄鋭請戰之師一舉而殲之彼契丹雖衆豈堪塡吾洪流而代吾拂埽也哉彼或不克渡河我以此復截其歸路匹馬隻輪定不返矣恭惟

祖宗無失刑眞宗豈得私傅潛也哉眞宗淸淨垂拱之君不惑羣聽而決意親征不以王超石普楊延昭斷契丹之歸路不斬傅潛之不濟師巍巍振乎千古之上矣中山之勢宜如何哉惟我祖宗又能用中山之形勢也何則在戰國時介於趙魏之間屹然自成一國其地雖狹而謀至廣其人雖寡而才至武西足以抗秦北足以制燕無論趙魏也所謂中山君者是也太祖太宗之時每歲防秋之兵全師聚於定州眞宗躬置禦戎之陣以眞定高陽諸路之兵並會定州夾唐河爲大陣量畨寇遠近出兵建柵仁宗謹是祖

宗之制積粟則中山爲多番兵則中山爲重命帥則得韓琦至今廟而祀之歲時嚴焉太原府劉氏實有之太祖皇帝未之克留以待太宗皇帝特封太宗爲晉王逮晉王卽皇帝位之四年親征克之於是有宋受天明命平一天下萬國莫不知臣妾逮今將二百年重惟太宗皇帝號令之所加鼙鼓之所及一日削平唐末及五代百年之僭亂曾不足以摧枯拉朽惟於太原獨如此艱難何耶劉繼元雖孺子也有郭無爲之策侯霸榮之勇其兵嗜戰不怯死其民樂生不輕去且復念曰太原吾父母之世所有也吾家所以

革晉爲漢者自太原基之也彼石氏有天下者亦自晉而得之也遂以晉篡李氏之唐而李氏所以奪朱氏之梁者晉得之也初起諸晉也其上高祖太宗所以爲唐者晉奉之也楊氏所以爲隋者晉肇之也高氏所以爲齊者晉大之也司馬氏以晉自命者實謂受命於晉也其在成周宣王承厲王之亂號爲中興者伐玁狁於太原也其後王師敗績於姜戎王乃料民於太原是太原爲成周之盛衰者又如此也嗚呼太原之鎭可輕棄哉重以太宗之神武念太原久未下顧視羣臣誰可與議者首詢之張暉暉曰戢兵待

時常緩爲謀繼詢之張永德曰太原兵少而悍加以北虜（改作契丹）爲援未可倉卒圖也莫若先離其戎心又詢之薛居正居正曰太原自古難克之國周世宗伐之至於老師太祖破北虜（二字改作敵）於雁門關盡驅其人民居虎牢關以西雖巢穴尚存而危國已甚卒得曹彬而謀之問曰顯德開寶兩征太原以當時兵不能克何也帝意豈不深哉彬能身任其役帝遂決意親征躬擐甲冑曹彬郭進潘美等爲之將先以進守石嶺關禦北狄（改作契丹）乃降繼元平太原俘其人民毁其城郭將貽萬世之安也況夫兩朝三帝二十餘年

而得之者豈一日甘心而棄之乎或謂唐自安史之後河北自非朝廷所有亦何害乎爲唐也哉臣應之曰唐之河北固重而失之然其據大河津以制河北太原猶在朝廷也此李德裕相武宗毅然以身許國不赦澤潞卒能號令鎭魏以誅劉稹成一代偉績也以兵論之河北之銳師固爲三鎭而飛揚然太原青州各有兵十萬邠寧宣武各有六萬自足以制彼三鎭矣今又幷太原而棄之古未有也太原唐重兵之地今棄之矣而青州盜賊久熾又未必如唐之重兵也邠寧之兵彫殘於近歲未易並言唐之宣武是謂

今之汴州祖宗以重兵威天下百餘倍於唐宣武之兵也太宗時張洎能言京師之兵制出於秦漢兵制仁宗時尹源又能言京師兵制出於秦漢上不特與唐時論也後來宜不復開口措意於斯也柰何初變更於王安石卒殲盡於童貫天下之勢亟矣惟陛下念之天下萬方臣妾不勝至願而三鎮之形勢臣愚略陳之矣臣前所謂無名而賜之者請復言之大凡王者慎一嚬一笑不易以假人不知比之三鎮於一嚬一笑孰重輕哉謂此小醜（改作退師）其爲功則隋唐因突厥以有天下郭子儀嘗以回紇南蠻大食之兵而

興復中國矣安得人賜之田哉惟石敬塘父事契丹假其兵力以即帝位割弱燕以委契丹而趙魏之地猶不與也謂其能戰則彼遐陬荒絕疆埸不相接未嘗一日當中國之師也亦未嘗一日與中國雷霆之戰也果孰怯而孰勇哉但聞渤海者高麗之別種也女眞者渤海之別種也高麗臣事契丹而女眞因高麗以臣事契丹者也在祖宗時嘗因高麗入貢而困於契丹之三栅求救於湻化之初也其後國家絕高麗而不與之通女眞遂自絕於中國逮熙寧初國家復與高麗通而女眞方狃於契丹不得與也柰何一旦逞兇謀傾奪契丹之國出其故君空其貨寶而豺狼之心不能自已遂敢陸梁於中國人在祖宗時嘗來寇我白沙寨掠官馬三匹民一百二十八口適其貢馬之使在京師遂命執之不得還曾無幾何渤海入貢而渤海之酋爲謝女眞之過遂詔還女眞之使不知今日女眞之暴逆不恭自干天誅孰與三馬百人多少在祖宗法令當何如哉議者曰柰其頓兵城下何請責之曰唐廣德初突厥自涇州犯長安至於代宗幸陝西而郭子儀師師則吐蕃望風遁去越三年僕固懷恩以吐蕃回紇羌渾二十萬寇京畿郭子

儀以回紇伐吐蕃而難平豈有割土田以奉也恭惟陛下始初清明之時天以小醜警惟（刪但聞至此三百四十五字）陛下增修盛德巖廊之上必有長駕遠馭之術三鎮已復歸於職方氏矣願惟疏遠小臣必待百官班駕之後乃得與昆蟲共慶也雖然臣猶將有所陳者唐杜牧之最善論兵謂上策莫如自治漢皇甫規善用兵而先零諸羌慕其威信相勸降者十餘萬則以威信爲干櫓也規之言曰力求猛敵不如清明日勤孫吳未若奉法皆自治之道也又如陳苞於板楯蠻但選明能牧守自然安集不煩征伐亦知自治者也陛

下誠得如皇甫規之有威信者爲師帥程苞之明能者爲州郡則三鎮之復爲王土可指日而期也然則邊埸之臣自治之道也若夫人君之自治者無時不然尤繫於變亂之故猶之治兵（刪此四字）也漢路温舒嘗爲宣帝言之曰齊有無知之禍而小白以興晉有驪姬之難而重耳以霸趙王不終諸呂作難而孝文爲太宗禍亂之作將以開聖人也文帝思永至德以承天心崇仁義省刑罰通關梁一遠近禮賢如大賓愛民如赤子察庶情之所安而施之於海内是以囹圄空虛天下太平繼變亂之後必有異舊之恩此聖賢

所以昭天命也温舒於是謂遠不及高帝近不及武帝可謂知務矣及觀東方朔之對武帝化民不言堯舜而言文景尤著明也今陛下繼變亂之後思所以昭天命者不在仁宗乎凡温舒之稱文帝實爲吾仁宗而云耳優而論之仁宗於斯大德加以嚴恭寅畏翼翼而純矣漢文未必無愧也且文帝在位二十四年逮其晚歲稍惑異端孰如仁宗而相王曾李迪呂夷簡晚得杜衍文彦博韓琦其在内外大小華國命世之臣蔚乎不可勝　數也其用之未盡留以遺子孫者呂誨范鎮司馬光呂公著皆社稷之衞也陛下

今日繼變亂之後誠能得臣如仁宗時不開邊以玩兵不專利以殘民不急刑以殺士不禁言以拒諫不予知以自蔽則何慮乎女眞（改作金人）小醜（刪此二字）是謂大有上九自天祐之吉無不利之時也是謂洪範彝倫攸敘之時也儻或不然使梟鳴嘉禾之上蛭蝳清池之中如漢幸而有皇甫規張奐爲將而不幸胡廣趙戒爲相其中則張遜段珪曹節等兇閹爲之虎狼唐幸而有郭子儀李光弼爲將而不幸元載盧杞爲相其中則李輔國程元振魚朝恩等兇閹爲之虎狼則天下之事去矣是謂困之六三困於石據於蒺蔾入

於其宫不見其妻凶之時也是謂洪範彝倫攸斁之時也嗚呼天下治亂興亡之迹出一轍也如此其治也既有明君則必有賢相而將臣自出矣臣雖至愚不願國家以將爲相也昔賈誼痛哭於明時不勝其忠也阮籍痛哭於衰時不勝其憂也當今執政大臣必有撥亂之才幹國之器請爲陛下念之臣所謂大有上九自天祐之吉無不利乃自乎六五之君厥孚交如威如之吉也六五有信以交乎天下終以威乎天下是謂德威故能以柔用五剛使上九受天順人信之助吉無不利也大有之君於是乎得遏惡揚善

順天休命也如其惡者不遏則善無自而揚何以爲大有之休也耶大有一變而爲乾乾之德首在剛健而後曰中曰正曰純曰粹曰精也人君之德固宜先之剛健繼之中正歸之純粹精而天下何難乎治哉

賜進士出身頭品頂戴四川等處承宣布政使司布政使清苑許涵度校刊

三朝北盟會編卷第三十八終

三朝北盟會編卷三十八校勘記

孔子春秋所以作也（所以誤作用是） 祭於行寢中（誤作行於） 昔賈誼不忍以文帝之明（脫不忍二字） 宋武帝之不能有苻氏之秦（一本無之不能三字） 而嘗重於趙魏（重誤作迫） 遂使契丹得犯澶淵之役（之役二字衍） 竄斥之議甚薄也（薄誤作鬱） 石晉（誤作晉） 仁宗謹遵祖宗之制（遵誤作是） 積粟中山以防番兵則中山爲重（誤作積粟則中山爲多番兵則中山爲重） 莫不知臣妾知（字衍） 彼石氏有天下者（一作彼石氏之有太原也） 而李氏所以奪朱氏之梁者晉得之也（李氏二字應作唐 者晉二字應作而） 繼詢之張永德（永下脫德曰二字） 而危困已甚（困誤作圍） 且聞渤

海者（且誤作但） 而女真方阻於契丹（阻誤作狃） 遂敢陸梁於中國耶（耶誤作人） 天以小醜警陛下（脫陛下二字） 巖廊之上（巖應作廊） 顧惟疏遠小臣（顧誤作願） 亦知自治之道者也（脫之道二字） 加皇甫規之有威信者爲師帥（師字衍） 然則邊場之臣（然應作是） 蔚乎不可勝稱數也（稱字衍） 故能以一柔用五剛（脫一字）

三朝北盟會編卷第三十九

靖康中帙十四

起靖康元年二月十六日壬子盡十八日甲寅

十六日壬子楊時上書論三鎮利害

臣竊謂自漢迄唐待戎狄改作攘禦之道無如我祖宗之時者百年之間民生戴白不見兵革賊臣要功爲國生事與惡而棄好馴致今日方虜改作敵騎逼城備禦無素卑詞厚禮以紓目前之急蓋勢有不得已而然者割要害之地以爲盟好則非經遠計也臣固嘗論之矣比聞金人駐兵磁相竊慮無有紀極破大名安

成二縣驅掠子女二千餘人殺令佐二人而去誓書之墨未乾而背不旋踵吾雖欲專守和議不可得也昔趙割六縣之地使趙郝約事於秦郝謂趙王曰秦之攻王倦而歸也秦以其力攻其所不能取倦而歸王又以其力之所不能取以送之是助秦自攻也今日之事正類於是夫去其巢穴越數千里之遠而犯人之國都蓋危道也使其力能攻之則城中之物皆其有也尚何事求和哉彼見吾高城深池未易陵犯勤王之師四面而至姚平仲固嘗與之交兵忍而不敢怒請和而去則其情可見蓋亦懼而歸非愛我而不攻也朝廷割三鎮二十州之地與之是亦助寇而自攻也聞肅王初與之約及河而返今挾而往此敗盟之大者臣竊謂朝廷宜以肅王爲問責其敗盟必得肅王而後已三鎮之民以死拒之於前而吾以重兵擁其後其勢必得所欲者若猶未從則聲其罪而討之夫師以直爲壯是舉也直在我矣三鎮聞之士氣必振此萬全之計不可失也若三鎮窮蹙而王師不救則其民必謂朝廷視其塗炭而莫之恤則戴后之心懈而大事去矣不可不慮也竊聞出師之令廟算不一屢行而屢反則士氣必惰欲其成功難矣哉

憲宗平淮西韓愈謂凡此蔡功惟斷乃成未有舉大事不斷而能有成也伏望陛下斷自宸衷無惑於浮議則天下幸甚取進止

封氏紀年曰夫三鎮者趙魏韓晉之地是也其爲要害久矣今一旦舉而與之中國何以奠居三鎮失一宜其長驅而至我不能枝梧也況三者俱失乎杜牧有言曰以天下觀河北猶四肢四肢苟去吾不知其爲人又曰山東王者不得不可爲王霸者不得不可爲霸由此觀之三鎮何可妄棄乎明年太原遂陷京城失守天下土崩可勝歎哉

郭藥師以兵至磁州取寄收銀三十萬兩

初郭藥師爲同知燕山府也乞支降贍軍錢朝廷以銀三十萬兩畀之至磁州時燕山已陷藥師已叛乃以銀寄收於磁州軍資庫金人自京城講和而歸也到河北邏得斥堠遞發視之乃河北都轉運使張慤發往磁州令封樁此銀不得支用藥師得之遂以兵至磁州乃索此銀曰朝廷發往燕山應副我用者知磁州趙將之辭以爲無藥師出遞牒示之將之不能隱藥師聲言不得銀則攻城取銀將之懼以銀與之師乃退

粘罕（改作尼堪）兵據大行山畷河津朝廷大駭乃命种師中姚古出河東河北

种師道加太尉河東河北宣撫使駐軍滑州

門下敵王愾而有功既保干城之衛飾國典以行賞敢忘鼛鼓之思載惟元帥之謀允賴武人之俊誕揚褒律敷告治朝檢校少師鎮洮軍節度使河北宣諭使河南郡開國公食邑三千四百戶實封一千三百戶种師道節（闕一字）剛方體（闕一字）莊重勇有文略深而寡言義匪辭難奮不顧身而敢往慮無遺策度能制命以有成嘗入處於樞庭比出提於戎乘醜虜（改作強敵）聞風而潛遁邊鎮傳檄而自堅然居安慮危宜預圖於閒暇而有備無患庶永保於大甯載疇輿頌之公俾專朔部之寄肆頒寵數昭示眷懷是用冠秩右階擢升掌武之峻張威外閫具膺宣尉之榮胙以爰田陪之圭賦於戲充國自許蓋無踰於老臣陳平見知遂盡護於諸將朕思有常德以立武事爾其除戎器以戒不虞俾胡（改作戎）馬莫窺於長城而烽火自滅於幽障往若予訓益狀乃猷可太尉鎮洮軍節度使河北宣撫使加食邑五百戶

初粘罕（改作尼堪）既破忻州代州折可求以麟府兵劉光

世以鄜延兵援河東皆爲所敗金人遂圍太原月餘不能下適平陽府義勝軍以城叛去攻威勝軍遂引金人入南北關陷隆德府至是澤州言粘罕（改作尼堪）次高平朝廷命統制官郝懷將兵二萬屯河陽扼太行琅車之險遂命种師道爲河北宣諭使以駐滑又議以姚古援太原以种師中援中山河閒諸郡

姚古加檢校少師河東路制置使總兵以援太原种師中河北路制置副使總兵以援中山河閒諸郡

初金人犯闕（改作兵薄都）种師中以秦鳳路經略使率兵來勤王金人已退朝廷雖以虜（刪此字）深入不擊爲失

策然不敢決策出戰乃除姚古种師中制置使副凡行移文字出於樞密院者則迫令破賊出於三省者則令護出境莫之適從古師中患之

朝廷以倉部郎中黃鍔隨軍應副錢糧鍔與河北都轉運使張慤至磁州問寄收銀三十萬兩何在知州趙將之答曰郭藥師自京城回軍駐軍城下執都轉運使牒取之矣慤欲斬將之鍔勸免之

京都榜示鋪戶依舊開鋪

都大提舉京城四壁守禦使司牒云契勘金人已過黃河中外民心已漸安貼訪聞在京金銀物帛質庫

鋪戶尚懷疑惑未肯依舊開鋪妨阻商旅交易須至出榜各令復業開鋪

李綱遣人上太上皇起居表

臣言戎路履嶮罔陪扈從之勤我師指期行致蕩攘之效敢具陳其悃愊輒躬問於起居（中謝）伏念臣奮自單平驟膺奬擢屬羯胡（改作强隣）之（下添驟字）入寇（刪此字）連叛將以俱來會是微才猥當任責臣於正月四日以兵部侍郎蒙恩除尚書右丞奉聖旨差充行營使既預聞於機政仍兼總於兵權竊慕謝安之靖胡沙欲追崔浩之破毛國練兵選將廣揚出戰之聲登城守陴密爲堅壁之計器械甚設樓櫓畢施金賊於七日夜攻雲澤門次攻通天安泰等門縛筏渡濠持弓彍弩兩兵分集難越高墉雲梯已登悉皆摧裂遂斂衆以卻退因遣使以請和主上重惜生靈深存國體已曲從於奸約復更定於誓言捐帑藏之貨財遣信使而歷陣虜（改作敵）歸待命兵戢有時然不備不虞昔賢之所戒受降受敵前史以爲聞臣謹張皇軍容申飭守備提軍深入知黠虜（改作孤旅）之無謀募兵鼎來喜王師之益衆士民生氣宗社乂安恭惟道君皇帝睿知如神高明合道下渙詔以恤民隱德已洽於衆心授聖子

以固皇基意實通於穹昊臣伏承陛下儲精淵默養志晏閒從容吳越之奧區觀覽江山之勝境俟四方之無侮表二聖之重歡誓竭駑軀少伸毫髮鳴鸞禹穴遙瞻方外之遊問寢龍樓佇承天下之養

再上上皇劄子

臣聞中（刪此字）國夷狄相爲（刪此四字改作之）盛衰非徒人爲殆亦天數一昨金賊（改作人）緣藥師叛既陷燕山寖窺河北城壘相望而無藩籬之固牧守相視而無封疆之臣老將持兵望風先潰大河解凍乘桴競浮駿騎長驅於中原勁兵直指於魏闕以正月初七日逼邇

都城刦掠士民焚蕩廬舍以火船鐵騎攻西水門守禦之具辦於倉卒臣奉皇帝睿旨率厲將士誓以死守設械拒於汴之中流殺獲數千人迫晚方息復以銳兵攻酸棗門一帶犬羊之衆（刪此四字）蠭屯蟻附渡濠臨城梯長如雲箭落如雨天地改色風沙晝昏人心震驚宗社危急臣因奉皇帝睿旨將諸班直弓弩手救援躬冒矢石以摧其鋒令敢死士焚爇雲梯殺獲首領一人攻破其黨獲級甚衆衆兵乘桄以强弩射之往往没溺障汴河水令歸城壕水勢漲溢自卯及午賊兵方退卻知我城中有備始遣使人同李鄴等

計議臣等糾集將士欲以死戰皇帝以宗社生靈之故務令持重始議通和使者旁午冠蓋相望累日而後議成皇帝聖德格於曠古變鴟鴞爲好音化虎狼爲善類（刪變鴟至此十二字）不愛金幣務保要害之地遂遣康王張邦昌使軍前悉如所請賊方退舍俟犒師之物以歸然邀求數多殫竭帑藏空匱民力不足以給之虜（改作敵）情難窺尤當預防臣見修治守禦之具訓練出戰之兵使殲滅所須之數戢旅而退夫復何言萬一有跋扈之憑陵欲危宗社臣等當陳師鞠旅以圖進討神人共憤天必助之洪惟道君太上皇帝祗遹

神考以武繼文天下稱其孝傳位聖子法堯禪舜天下稱其高翠華南幸臣拘以職守不敢負羈紲以從艱難之秋冒處政機誓將肅清畿甸奉迎鑾輿天心已明殞首何悔謹錄奏聞謹奏

國子司業黄哲請失職之罪

朝散大夫國子司業黄哲奏臣等伏見二月五日有大學諸生伏闕上書致令兵民乘勢作鬧上煩聖訓丁甯臣等職司教道不能表率諸生雖前後屢行約束尚敢違戾難以備員學官見今待罪伏望特賜黜責候敕旨奉聖旨朝廷方開言路通達下情士人伏闕上書乃是忠義所激學官何爲自疑乃爾待罪可

速安職仍曉諭諸生

初蔡懋李棁諭太學長貳屛出伏闕上書人等諸生以布衣之士敢刦持天子既而被黜往往欲拂袖者甚衆聞者莫不銜憤扼腕故黄哲待罪而有是指揮

吳敏劄子雪李邦彥罪狀

劄子曰二月初五日太學生上書聚衆既多遂搥破登聞鼓云軍民無忠義之心咸幸禍亂之變又言昔高歡在魏見禁軍焚領兵張彝宅朝廷畏其亂而不敢治歡遂散家財結士卒伯山東由此觀之國家不

能修政刑者奸人窺伺之資也古語曰投鼠忌器況天子相乎李邦彥等誘上皇罷不急之費又援立聖明朝廷遣李鄴等往使大金終賴其力但邦彥爲人畏愼太過緩於事機及罷綱師道遂有百姓指目蔡京王黼用事不值此變而遭此豈非不幸又云願陛下明詔解衆惑使邦彥之爲人稍白於天下然後復起邦彥還其相位論者於是謂敏爲邦彥黨矣

十七日癸丑种師道免宣撫使赴朝參五日一赴院簽書

先是朝廷差种師道充河北宣撫使駐軍滑州又奏

乞朝廷召天下軍馬屯駐大河防秋朝廷初允其請行遣未旬日宰臣言萬一賊(改作敵)兵不至則費用甚大遂已其請師道既知言之不從奏以被疾乞免宣撫事朝廷遂如其請今赴朝參無時入奏五日一赴院簽書

十八日甲寅蔡京責授中奉大夫秘書少監分司南京致仕河南府居住

侍御史孫覿等臣寮上言伏見金人深入三輔震擾陛下總覽之初坐席未煖分遣使臣捐棄金帛以爲和戎之計中外之憤疾心痛首以爲結怨連禍之人未即誅殛無以謝天下臣等謹按太師蔡京四任宰相前後二十年挾繼志述事之名建蠹國害民之政而祖宗法度廢弛幾盡託豐亨豫大之說倡爲窮奢極侈之風而公私積蓄掃蕩無餘立御筆之限以陰壞封駁之法寘典學之科以杜塞諫諍之路汲引羣小充滿要途禁錮忠良悉爲朋黨交通暬御竊弄威柄鬻賣官爵貨賂公行盜用庫金奸贓狼籍閨門混濁父子訴爭厮役官爲橫行媵妾封至大國欺君罔上挾數任情書傳所記老奸巨惡未有如京比者太上皇屢因人言灼見奸狀凡四罷免而近幸小人相

爲脣齒失所憑依營護擁蔽既去復用而京偃然自謂羽翼已成根株盤固不可搖動凶焰益肆復出爲惡倡導邊隙挑發兵端連起大獄報復睚眦怨氣充塞上干陰陽水旱連年赤地千里盜賊滿野白骨如山人心攜離上下解體於是狄(改作金)人乘虛鼓行如蹈無人之境矣陛下赫然大奮乾綱貶斥用事者王黼等大正典刑如京之惡豈可獨貸況京在政和中首建平燕之議招納燕人李良嗣以爲謀主又欲以妖人王仔息服錦袍鐵幞爲大將計議已定會仔息抵罪伏誅而大臣固爭請待他日之舋王黼當國循

胥初議與京子攸決意成之京之誤國固不容誅而結造邊患父子相爲終始與黼均爲罪首公議籍籍不決未可以已也且京被遇三朝父子祖孫爲三公者二人親執政者三人登禁從者亡慮十數名圍甲第僭擬宮省袍帶之寵下逮童稚犬吠非主尙懷糠覈之恩顧京所嘗何以論報一聞邊陲有警而京盡室數百輩治舟楫擁寶貲一夕遁去君父惸然坐圍城中無一人有同患難之思掉尾不顧曾犬豕之不如原其用心使京尙在相位安知其不開邊賣國如馮道輩乎宰相非其人果爲天下害遂使中國空虛

狄人侵侮無所不至而京喜爲奸言嫁怨飾非獨使上皇負謗於天下衆論不容尤在於此伏望陛下睿斷敕使追還早賜竄殛稍正京父子誤國滔天之罪以慰宗廟社稷之靈以雪上皇晻昧之謗少紓四海生民忿懣戚戚不足之氣不勝幸甚取進止奉聖旨

蔡京責授中奉大夫秘書少監分司南京致仕

童貫責授左衛上將軍致仕

臣寮上言臣伏覩臣寮累有章疏論列童貫罪惡法在誅夷陛下仁慈過厚止從竄斥者臣伏念法者天下之公器也王者能任法而不任情則天下信而服之如其威不能克愛縱奸貸惡以撓天下之心天下之人將羣起而議之亂臣賊子亦無所顧忌矣按童貫刑餘臭類本庸奴耳穉掃除之役厠征伐之事寖緣恩倖竊據兵權幾二十餘年出則爲宣撫而不受制密院入則領密旨而外兼行宣撫跋扈不臣隳壞法制師徒死事誣以逃亡故賻贈不及而人情積怨屯戍逃遁許其改刺故紀律不嚴而人易潰散詐爲首級則不憚於殺平人廣占儲糧則不難於張虛數賞罰出於私意威福至於下移銖銖計罪不可勝言臣姑數其大者首倡交結金人共滅契丹兆禍致寇

其罪一也盧溝之役望風奔潰覆師殺將其罪二也金人點集邊吏來告貫不以聞其罪三也傳檄邊城不令出戰致金人豕突（改作）長驅遽至京師其罪四也出師河東聞賊南來不爲抗拒之計夙夜逃歸其罪五也至上皇南巡貫乃自名扈從未嘗奏稟擁兵遽去其罪六也陰募死士創置勝捷軍額厚其資糧環列私第其罪七也堅甲利兵充滿其家制造之工尙方弗及其罪八也城外陰藏器甲糗糧金人實獲資助馬忠提勤王之師西來尙頗收其贏餘不知童貫畜此以待金人乎抑將有所用之其罪九也服食之侈

上擬乘輿嬪御之盛潛規宮禁其罪十也有十大罪彰彰如此宰執依違無所啟白陛下復含容隱忍不早正明刑使之身首異處獨不念金人南侵死亡下添俘字係虜删此字無慮二十萬之冤禍自誰兆乎伏望斷而行之少釋四海冤憤之氣幸甚幸甚

又上言臣等伏見比歲以來閹人用事竊弄國柄典掌機密挑發兵端結成邊患於是金人以數萬騎直掠京闕宗社之危殆若綴旒陛下赫然竄斥大臣王黼等以謝天下而衆議不厭以爲首難之人實始童貫臣等按貫之罪雖擢髮不足以數之而誤國之大者尚可數也貫自陝西用兵前後二十年專以欺君罔上爲術虛立城寨妄奏邊捷以爲己功汲引羣小易置將吏以植私黨交通問遺鬻賣官爵超躐除授紊亂常制有自選調不由薦舉而輒改官者有自行伍不用資格而遽升防團者有放廢田里不用甄收而擢登侍從者姦贓小人爭相慕悅侵漁百姓盜取官錢苞苴公行門戶如市金幣寶玉充牣如山私家所藏多於府庫此貫之罪一也戰士之徒冒犯矢石傷者有金帛之賜死者有襃贈之恩自貫用事一切廢革戰傷之卒秋毫無所得而歿者又誣以逃亡之

罪乾沒軍賞悉充私藏比至師還庖人廝卒守舍掃除之隸冒功奏賞有馴致節鉞者貫之罪二也貫又擇陝西之卒以爲親兵號曰勝捷方戰征之際他兵躬行陣之勞班師之後親兵冒無功之賞貫之罪三也自貫爲將帥每出內帑金帛以濟軍需掩爲己有而嚴立軍期取償於州縣頭會箕斂不堪民命貪贓不法凶焰勃然臺諫之臣一言議己中以危法使天下之人不敢言而敢怒貫之罪四也方臘作難攻陷城邑東南大震貫將兵討之貫御衆無法縱爲貪暴悉斬平民以效首級於是民之死於天兵者十有五六貫之罪五也貫在政和中納燕人趙良嗣以爲謀主始建平燕之議經營十年中國空虛招納叛亡充斥州縣卒致生靈塗炭貫之罪六也且貫以刑餘之人身爲三公職在樞省攘貪不已遂封王爵長惡不悛招權擅命拜免大臣氣焰煽赫威振天下產怨召亂寖成國難陛下立政之始大明誅賞以勸四方以貫負此大罪何所逃於天地之間伏望睿照躬發宸斷稍正滔天之罪以爲亂臣賊子之戒天下幸甚取進止奉聖旨童貫責授左衛上將軍致仕

蔡攸責授大中大夫提舉亳州明道宮

臣僚上言臣竊惟幽薊之役用事大臣敗衆朝不渝之盟結二邊無窮之禍以成朝廷今日之患中外之論咸謂蔡京子攸王黼童貫均犯大惡當正典刑以謝天下而投荒之罰獨加王黼此羣心所以未厭而臣亦不得而已也臣近者嘗聞言事之臣見疏渠魁蔡京之罪乞賜竄殛今不復重陳仰瀆脣聽敢以貫攸之罪試舉其略爲陛下言之貫自閹尹喜爲禍亂攸憑藉世祿濟以奸回竊弄權柄擅作威福固已不勝誅矣方王師之北伐也貫爲宣撫使攸實副之提數十萬之師挫於殘破之虜（改作卒）淹留彌年卒買空

城乃以恢定故疆冒受非常之寵貫以太師封兩國公攸遂入總樞密矣此貫攸之罪同也蕭后納款虜（删此字）使韓昉見貫攸於軍中卑辭祈哀願捐歲幣以復舊好此安危之機也乃叱昉使去昉大呼於庭告以必敗今數州之地悉非我有而國用民力從而匱竭矣此又攸貫之罪同也蔡京專政貫則興結邊隙首引趙良嗣用之於本朝迨金人結好攸則招納叛寇反覆賣國締怨結禍使狄（改作金）人因以藉口此又攸貫之罪同也前年秋貫以重兵屯太原欲收雲中之地卒無尺寸功反以覊除寇攘枉道河朔而歸又慮衆人之議已也公肆誕謾凡第賞千百人貫遂封爲廣陽郡王而攸亦進太保封燕國公此貫攸之罪同也去年冬貫復出太原金人入塞貫實促之攸見邊報警急貫逃遁以還漫不經意玩兵縱敵以至於此此又攸貫之罪同也迨陛下踐阼之秋狄（改作金）人長驅驚震都邑貫攸一旦攜持金帛舳艫相銜盡室遠去致陛下獨處圍城中會無同國休戚之意此又攸貫之罪同也臣願陛下奮揚威斷察其誤國罔上之罪天下之所共棄并檢會前日論列蔡京章奏早正典刑以爲萬世賊臣之戒伏候敕旨奉聖旨蔡攸

責授大中大夫提舉亳州明道宮

附蔡攸劄子承遞到告命伏蒙聖慈降授大中大夫提舉亳州明道宮任便居住臣已望闕祇受訖時解行宮使職訖臣輒有縷縷之私仰惟聽伏念臣屬以謀國無狀禦邊失機因致煩言遂誘司敗重蒙聖造委曲保全又降親詔令臣專一扈從太上還闕臣回鑾既渡大江絕淮溯汴翠華所致安行無虞兼今已過宿州前去京闕不遠陛下所差奉迎使副並至行宮臣罪戾之餘衆口鑠金積毀銷骨撫躬自念進退靡甯惟仰干陛下使得退伏田里偷生省已不當

更預朝班竊當扈從之列欲望聖慈俯察危衷許臣依已降責命任便居住再望陛下重念臣父京近貶西京年老陸行衝冒感疾如蒙矜允放臣前去省侍以全子職臣不勝迫切祈天俟命之至取進止

賜進士出身頭品頂戴四川等處承宣布政使司布政使清苑許涵度校刊

三朝北盟會編卷第三十九終

三朝北盟會編卷三十九校勘記

飭國典以行賞飭誤作飾 种師道節闕 剛方體闕 莊重原闕傺操字威字 鍔勸免之衍之字 器械俱設俱誤作甚 前史以爲難難誤作閗 緣藥師叛逆脫逆字 設械具於汴之中流具誤作拒 使虜蠲減所須之數脫虜字 遂有百姓指日日誤作目 而獨遭此脫獨字 令赴朝參令誤作今 痛心疾首誤作疾心痛首 錙銖計罪錙銖誤作銖銖 金人蟻集蟻誤作點 致金人豕突遼至京師應作致金人遂突至京師 濟以姦回平日謗訕誤國壞法亂常原脫回字下十字 貫則釁結邊隙釁誤作興 與貫逃遁以還脫與字 臣已廢逐猶叨器使仰體德意敢不遵

承今奉太上皇回鑾原脫臣字下二十字

三朝北盟會編卷第四十

靖康中帙十五

起靖康元年二月十八日甲寅盡二十二日戊午

十八日甲寅聶山論伏闕劄子

臣聞前日蔡懋李棁諭與大學長貳令屏去伏闕上書陳東等諸生聞之莫不忿忿一學多士咸欲拂袖出學今日又聞棁令根治諸生幷伏闕百姓欲置於法臣聞之不勝惶駭仰惟陛下睿知仁慈君臨萬方士民以積年不舒之怨憤乘隙相聚賊殺內侍指罵奸黨蓋恃陛下仁聖必能與百姓雪去怨氣而懋棁

之徒恨其罵已而佐李綱欲遂除去根株又棁宣言爲前日伏闕之士其間有李綱故舊欲盡行誅戮臣恐大失士心歸怨陛下自此士民思亂恐無已時蓋士民上書不約而從之者數千萬人其言皆平昔公議乃陛下所急欲聞而奸人所甚惡也豈有不稟上旨敢令開封快其私意願陛下訪聞行下速賜止絕庶幾忠義之士不死奸人之手而忠言讜論日聞於九重實宗社萬世之幸也取進止奉聖旨亟令改正

靖康錄曰初士庶伏闕上書上爲感動詔嘉忠義然朝廷大臣惟邦彥稍自知咎其餘如棁懋時雍輩不畏公論反以士庶爲讎敵觀其揚言曰彼時非糾率眾庶脅天子者乎又曰若是則政出布衣不在朝廷矣何譏賊之深而愈不戢也使吾借聽是言則伏闕之士誠作亂耳非獻忠也且朝廷輔佐得人措天下於安平四夷在衽席咸保萬姓和悅（刪四夷至此十一字）庶人既無得而謗議士方詠歌之不暇尙安有伏闕者今上皇播遷新君卽政夷狄加（刪此三字）兵（下添交字）魏闕圖我（刪此二字）宗社（下添將傾字）存亡之勢一障隔耳大臣有自私之蔽奸臣怙寵國之功羣小漏機而喪師正人擠排而不用朝廷之大無一人爲吾君言之故士庶伏闕

獻忠論列宰相之非求復社稷之臣期於得請乃其時爾安得此言轉播人耳故敏雖於今心膂猶數奏縷陳多至數百言榜之通衢以明邦彥無罪亦頗出正論布衣魏孝友太學正吳若上書辨論其失敏安得無失言焉既而棁懋乃諭大學長貳黃哲黃唐傳令屏斥伏闕上書人長貳惶恐待罪尋得旨反有乃是忠義所激之語遂寢棁又呼時雍令根治太學生伏闕百姓欲置於法戶部尚書聶山懼織羅之獄興而忠義之士死乃密以聞上曰士民以積年不舒之怨憤承隙相拉賊殺內臣詬罵奸黨蓋恃陛下仁聖

必能爲百姓雪其怨氣而懋棁時雍惡其罵已而佐綱輒欲痛鋤其根株又棁宣言曰伏闕之士其間有綱故舊必欲盡行誅戮臣恐大失士民歸怨陛下況士庶上書其言皆出於平昔之公論乃陛下所急聞而奸臣所甚惡也豈可不稟上旨自令開封快其私忿願速止絶庶幾忠義之人不死奸臣之手忠言讜論日聞九重宗廟社稷萬世之幸諸生以故得保首領山之力也然開封三衙猶榜大學門榜曰准殿前司牒准內降御寶批朝廷方大開言路之時應文武臣下士庶秀才等宜以忠嘉之言讜論建陳當用納親覽於其可否一一施行然有似此伏闕上書爲名者意在作亂之人仰三衙立便收捉當行軍法奉御筆付王宗濋

等出榜如有似此之人斬訖奏聞○舊校云榜曰云云歸本無全文但云榜內再有以上書爲名者意在作亂之人仰三衙立便收捉當行軍法奉御筆付王宗濋等斬訖報聞俱大字寫適有學官吳若上書得罪長貳迎合其意乃屏陳東一學爲之閧然既而朝廷卽與改正又命聶山宣傳俾士安於學開封三衙揭示文榜亦卽褫去盛哉上以士之去就於國重輕不暫置於懷雖古明哲亦何以加然士方忻聖訓嘉奬墨尚未乾而奸臣輒欲置於法雖身不罹禍而豺狼尚在故望望然咸欲去恐不免也蓋君子孤立小人朋邪號令混淆是非紛亂人君難於聽察莫甚於此時也祇一徐處仁忠亮清敏屬望天下久矣近方以中書起之猶未厭士論而言章三上以嘗爲蔡京門人當不可用矣京相上皇二十年今廷中諸臣孰非京引薦者若以是爲嫌投置多矣朝廷用人賢者用之不賢者去之於今旁求天下如處仁之賢有幾處仁而不用誰復可用問其諫官者誰乃邦彥綈交謝克家也君子小人猶冰炭之不相入信然

秀水閑居錄論士民伏闕曰靖康元年正月七日金虜改作人至都城軍於城西十餘里既稱和議十一日今上以康邸故相張邦昌副之出寓虜改作金營右丞李綱爲親征行營使聚兵欲戰二月朔遣將官姚平

仲等夜刦虜改作金營不捷亥日綱罷政五日太學生陳東率其徒數十人拜伏端門之下獻書丐留綱且有人唱言道路曰綱罷虜改作敵入城矣軍民稍集至午聚萬餘人舁登聞鼓擊之中使朱拱之出宣問卽殺之宰執李邦彥等自禁中歸都省衆詢罵欲毆皆奔避凡殺內臣三十餘亦刦數十家六日以綱知樞密院事副樞耿南仲奏言率衆詣闕者乃綱使令輩數人宜下御史府根治不從虜改作敵既退上遣兵十餘萬援太原以綱爲宣撫使固辭不行至以告身納榻

前上怒甚事叵測簽書密院許翰與綱皆蔡京交黨也翰執政綱頗有力密書杜郵二字以寄綱綱即日承命遷延久之僅能渡河居覃懷去太原七百里遙制軍事多失機會大將种師中世家宿將黜其言不聽師潰种師中戰没國兵自是不能復振矣綱竟罷去虜（改作敵）益無憚再舉犯闕二聖北狩嗚呼痛哉

諫議大夫唐重論奉迎上皇劄子

恭惟太上臨御二十有六年優游太平海内無一塵之驚比者倉皇南幸跋涉山川冒犯霜露憂勞甚矣陛下天資仁孝發於至誠拳拳思慕之心未嘗須臾

而忘今日和議已定王室無虞是宜以天下養也欲乞遣使奉表祗迎法駕涓日備禮迎還京師上以副陛下孝治之誠下以慰在廷百辟之望取進止

又論和議用兵劄子

伏見孽虜（改作金人）敗盟侵犯（改作逼）京邑倉皇之變不測而猖獗之勢難防樓櫓未免不集遣使涖盟捐金帛割土地飽其貪心以紓一時之急而徐圖萬全之策則前日之和議爲便然予之以金帛雖竭四海不足以塞其求予之以土地雖割三鎮亦未必能弭其患谿壑之欲發乎無厭城下之盟未必可保憑陵近郊刦掠畿甸幸今宿將勁兵勤王畢集師律素明軍聲大振則今日之用武亦便盟約雖未可保也然我先敗盟則失信武備雖不可弛也然我先用兵則不祥爲今日之計莫若堅守和議駐兵堅壘觀釁而動使過不先然後爲善和議之說既已施行用兵之策必有方略以臣愚料之不過檄三鎮使以死扞敵行反間以疑虜（改作敵）心合大兵以斷歸路其策莫過於此可用之河外而不可用之城下蓋京師天子之居諸夏之本萬舉萬全庶可無虞若一不成萬有俱喪此不可不深思而熟計也如聞疆埸之吏告賊黨（改作敵兵）

之將至儻或合謀以犯城闕豈可決勝負於一擲耶若賊（改作敵）先敗盟則不得已而用兵不得已而用兵則大將者當礪兵鏖戰以敵王愾而保宗廟爲大臣者不可不思所以衛宸極而護鑾輿唯朝廷之上叶謀而早圖之實天下之幸取進止

又論大臣請御筆劄子

臣近嘗論列比年以來大臣擅權密請御筆公行奸謀致寇召禍實原於此陛下臨御之初當剗除宿弊以杜邪枉之門不可不以是爲戒臣愚以謂自蔡京秉國政童貫總兵權凡二十年專請御筆行其私意

上欺人主下欺同列開邊鄙之隙結中國之禍以致金人侵犯中原致寇之因實京貫之罪幸賴陛下仁聖感格虜改作敵人歸心遣使和議已有退期不意交兵城下墮虜改作敵計之中乃李綱專行營之謀無經遠之略陰結將帥擅興干戈僥倖成功旋致敗衄臣訪聞行營司官屬云綱稱自有御筆指揮綱欺人以逭責自爲之謀則善矣獨不爲陛下計乎臣前來面奉聖訓已有御筆指揮更令申明行下臣已知陛下寖御筆之命決矣幸而虜改作敵人搜獲姚平仲奏報知興兵之意不出於陛下服我信義不渝前盟且有

休兵息民之期不然將臣覆軍謀臣誤國皆歸咎於陛下矣豈可復以口舌辨乎臣恐釁端一開兵禍連結自是無寧歲矣雖食議者之肉恐不足以謝衆怨伏望陛下正綱罔上誤國之罪爲貪功生事之戒庶以塞人之憤辭今後臣僚輒請御筆併乞陛下察其奸謀嚴加竄謫以爲人臣不忠之戒伏望睿斷施行毋貽後患取進止

又論制置使王蕃逃遁劄子

臣伏見王蕃先任戶部侍郎乞往陝西等路募兵禦寇未啟行除延康殿學士充京畿兵馬制置使朝廷謂其陳禦戎之策特以是命之寵至渥而任至重矣自寇迫至近郊都城戒嚴已踰兩旬畿甸居民盡被刦掠蕃既不扞禦以衛王室乃擁卒旅護妻孥避寇逃遁爲自全之計臣前具劄子而奏乞根究蕃所在併臺官論列聞已降指揮令疾速發來赴闕謹按蕃天資險詖公肆誕謾居喪汚穢冒哀求仕屢辱吏議案牘具存不忠不孝其罪著聞難以殫舉今者專統制之權乃避賊逃遁以法繩之是叛臣也正誤國之罪肆兩觀之誅尚未足以謝衆怨今赴闕之命朝廷必有以處之矣臣體訪得王蕃部領兵馬約二千餘

衆過潁昌前去縱令兵徒刦奪所至騷擾甚於寇賊居民奔逃正月十九日已宿唐州二十日起發不知所之蕃避寇誤國臣知其爲叛臣矣若領兵越境而南臣不知蕃之奸謀將何所圖也朝廷雖有指揮令發來赴闕臣竊謂蕃之叛已不臣於陛下矣其可召而至乎伏乞陛下早加睿斷免貽後患取進止

沈琯上書李綱乞明賞罰

書曰金人之強能強於苻堅乎中國之弱果弱於東晉乎向使似之尚當爲淝上之一戰而今者凡有要求無所不從一切唯令之取何哉欲親王則以親王

與之欲都尉則以都尉與之至令欲宰相以爲質則邦昌爲少宰而遣主議和而其爲太宰者弗去也欲樞密以劃地界則路允迪爲齋書而往主割地而其爲樞密者弗去也何待宰相樞密者厚而親王都尉之薄也以至一去而爲大賫再往而爲兩府張大金之聲勢以脅朝廷則遷給事割三鎮之地以蹙國勢則除侍郎凡言金人之兵少與用兵之策者皆怒而不聽夫國之所以爲國者正是非明賞罰是非不正賞罰不明其能國乎瑄所以夙夜憤憤爲國家慮而不復仕者此也伏望樞密以道事君取天下之眞才

實能而用之進君子退小人正是非明賞罰使朝廷清明邊鄙寧靜時和歲豐瑄雖在畎畝中受賜多矣憤激之深言不能盡伏幸察裁瑄至是日猶見范瓊等尚未行自知言不能用恨用事之臣殊不爲社稷宗廟遠圖遂投劾致仕而歸

開封府出榜止絕內侍家論訴及彈壓百姓

榜云契勘近有兇惡之人遞相倡率羣衆街市毆擊內官及刦奪財物當所躬親擒捕將首惡人之處斬訖自合追財捉黨盡行依法決配幸遇聖恩矜恤百姓出於無知輕犯刑憲特賜赦宥及再下手詔丁寧安恤已經恩赦之人如更有內侍陳訴本府更不受理聖旨寬大百姓盡當體念仁厚之意相率改過自新不得復有煽惑今來尚慮頑猾之人不能深體仁聖愛民之心尚敢鼓倡羣衆務要作過仰同謀之人速赴本府陳告卽時支賞錢貳百貫特與免罪其有作過之人斬訖聞奏的不容恕

十九日乙卯粘罕（改作尼堪）陷威勝軍知軍詹丕遠被殺

粘罕（改作尼堪）圍太原未下留數萬人守太原而分其半趨京師粘罕（改作尼堪）自太原而南過南北關仰而歎曰關險如此而使我過之南朝爲無人也哉至威勝軍

權軍事李司錄者以軍獻之粘罕（改作尼堪）訢然駐兵城外而趨隆德府

都大提舉京城四壁守禦使司榜更不召募效用

契勘本司近出榜召誘諸色軍人敢勇效用等今來金人已退更不召募須至曉示（舊校歸本都大提舉至須至曉示在卷末）

粘罕（改作尼堪）陷隆德府以燕人姚璠知府事

粘罕（改作尼堪）自威勝軍趨隆德府隆德無備守臣張確憑城與戰敗二日而破張確同通判趙伯臻皆被殺

粘罕（改作尼堪）留漢兒姚璠太師守隆德

二十二日戊午粘罕（改作尼堪）自隆德府南犯澤州界聞其

有備不敢逼城

賜進士出身頭品頂戴四川等處承宣布政使司布政使清苑許涵度校刊

三朝北盟會編卷第四十終

三朝北盟會編卷四十校勘記

遂欲除去根株欲遂誤作遂欲　不約而從之者數十萬人十誤作千

使吾君藉聽此言脫君字　四夷在衽席咸保應作四夷左衽

咸服　傳播人耳傳誤作轉　故敏雖與京與京誤作於今　乘

隙相聚乘誤作承聚誤作拉　乃陛下所宜急聞脫宜字　關於國

之輕重脫關字之字　乃綱使令東輩數人脫東字　國威自

是不能復振矣威誤作兵　跋涉山川跋誤作踐　樓櫓未完軍

馬不集完誤作兔脫軍馬二字　使我不先我誤作過　惟可用之河

外脫惟字　則為大將者脫為字　墮虜計之中之字衍　既

不能扞禦脫能字　羣聚街市聚誤作眾　將首惡之人誤作人之

自合追捉賊黨誤作追財捉黨　尚敢鼓唱聚眾聚誤作羣　召

募諸色軍人募誤作謗

三朝北盟會編卷第四十一

靖康中帙十六

起靖康元年二月二十二日戊午盡二十六日壬戌

二十二日戊午太學生沈長卿上書言伏闕并李邦彥等

書曰靖康元年二月二十二日太學生沈長卿謹昧死再拜獻書於皇帝陛下臣觀自古天下國家所以敗亂而不可救者始於人君賞罰之不明也蓋賞罰者人主之大柄古者爵人於朝與衆共之刑人於市

與衆棄之欲其合天下之公心不敢有異議而已舜之舉十六相也天下之人謂之八元八愷其竄四凶也天下之人謂之檮杌謂之饕餮夫八元八愷檮杌饕餮非舜舉之也天下之人共賞之也非舜竄之也天下之人共罰之也聖人賞罰之柄如此漢唐之末時君世主昏暗不明賞罰之柄奪於權臣其所賞者未必有功也所罰者未必有罪也賞罰不明天下解體亂亡隨之如漢之哀平唐之懿僖此數君者未必如桀紂之暴亂酷虐惟其賞罰不公使忠臣義士銜恨而死是以至於滅亡爾恭惟皇帝陛下即位之初大明誅賞以示天下當取法於堯舜可也而比頒明詔前後或異若有姦邪罔上之臣乘擾攘之際亂陛下之聰明者臣少負耿介慕劉蕡賈誼之言得事君之節而小仲舒之論緩而不切憤然有意於劉賈臣請為陛下直言而不諱臣聞二月初五日陛下罷李綱右丞太學生陳東等率士數百伏闕上書極言李綱忠義李邦彥姦惡冀陛下聰明睿斷罷邦彥而相李綱以厭天下之論也於時京城百姓羣聚闕廷不約而來者幾數萬人仰天椎心哀請命莫不欲李綱之相邦彥之罷也洎陛下遣使宣諭復綱舊職衆

志遂定其後乘時恃衆毆擊內侍蓋緣平居細民受虐之深積怨之久今日戎虜（改作強敵）擁兵困辱中國奪我玉帛侵我土地非由此曹何以致之故危疑之間發其痛以至於極非士人所教而為之也夫舉數萬之衆不煩召而羣聚帝闕若出一家曾無異意者豈陳東一布衣寒士所能驅率哉蓋其平日公論如此不勝其忠義憤激之切訴於陛下爾諂諛無知之人阿附邦彥自植朋黨不問士庶所以伏闕者何心所言於天子者何事中外憤駭里巷蕭然黌舍一空臣始聞之而驚中聞之而疑卒聞之而解以為布衣書

生以忠義被戮得與龍逄比干並名書史乃萬世之榮然天子聰明仁聖今日之事當自有以辯之必不惑於佞也其後學官黃哲等待罪陛下親降聖旨朝廷方開言路通達下情士人伏闕上書乃是忠義所激爾等何爲待罪宜速安職曉諭諸生太學之士仰觀聖訓感激流涕如蒙異恩以謂陛下好賢樂善之誠如此自今以往天下忠言讜論日聞於九重必不至鉗口結舌如前日也有君如此其忍負之稱誦未已詔墨未乾陛下復降御寶以諸生伏闕係赦前已放罪更不根治今後如或不改復出鼓唱亂朝廷紀

綱當議極刑又觀殿前司曉示備載御寶以士庶有以伏闕上書爲名者意在作亂今後如更似此之人仰三衙收捉並從軍法令王宗濋斬訖聞奏臣雖至愚心知前日姦邪之人重以變亂之說惑陛下者是致陛下德音終始反覆之如是也臣觀秦始皇雄才大略英睿之主也一用趙高李斯遂以爲上古不足學三代不足法盡取上古之書而焚之當時天下之士有復於上者皆以爲妖言使御史按問其罪羣聚而坑之四百六十餘人是時忠臣義士避坑戮之禍遁逃竄伏甘心於隴畝之間不敢以儒自名其謀實

出於斯高始皇信之而不悟也天下士旣已盡去始皇於是內修宮室外事四夷信惑神仙巡遊不息恣所欲爲而無敢有言是非陵夷至於二世不改始皇之業以至大亂輟耕隴上之徒奮臂一呼天下響應禍在焚書坑儒而已今姦邪之人欲罪伏闕之士而陛下得此名於後世臣所以捫心痛哭思欲犯顏逆鱗以自蹈於鼎鑊也夫人主所示天下者賞罰也某人當誅必明其可誅之罪功罪不明而妄興賞罰使天下歸怨則謂之暴君可也陛下如以前日之事爲可赦不識諸生以何罪而得陛下之赦乎以後日之

犯爲可誅不識諸生以何罪而得陛下之誅乎且旣名之爲忠義則不當罪之於刑法旣置之於刑法則不當名之以忠義二者不可兩立也陛下前詔旣以士人爲忠義則後日以犯詔而誅者乃以忠義就刑也爲忠義者旣不保其首領使不忠不義者陛下將何法以加之乎雖然作福作威人君之大柄則殺士之名臣爲陛下過有所惜者萬世之後恐陛下有殺士之名臣恐自此天下四海忠義之士望風股慄且耕且釣不肯爲陛下用也臣又聞陛下虛懷側席登用儒臣擢徐處仁唐恪等於閒散之地而置之輔佐

至於范宗尹朱夢說劉甯止之徒盡蒙號召將以大用是陛下欲盡求天下忠義之士也忠義之士聞詔未起陛下罪言之名已聞於天下彼數人者敢再信於陛下乎太上皇帝在位二十六年其閒姦臣沮抑忠義之士以言獲罪致斥逐者固多矣然未有如今日之詔欲置敢言之士於極刑也而陛下獨何忍爲之乎臣聞自古賢人君子未嘗不欲其君用者惟其待之不以禮遇之不以誠是以懷鉛抱槧自甘於海濱巖穴而不出也人君惟盡禮而致之屈體以下之虛心以訪之克己以從之猶懼其不至況示以刑威

欲致忠賢之士不亦難哉昔燕昭築黃金臺禮郭隗而四方之士莫不奔燕齊小白禮九九之術而四方之士莫不奔齊彼區區霸者之材非有五帝三王之道德也徒以禮賢下士故天下之士樂爲之用臣願陛下念臣之心察臣之言特降聖旨追改前詔優加褒拂使天下之士不至於解體則陛下可以得四海之心建長久之策而享萬世無疆之休矣臣又觀前日宰相吳敏有爲李邦彥辯奸慝暴白功狀大書文榜揭之通衢行道之人莫不嗤笑臣聞邦彥自布衣時不敦士檢放僻邪侈無所不爲挾倡優於酒肆逞

顏色於庭闈其淫言媟語往往流傳人間有不可聞者其後一時遭遇旋致顯位而阿諛順旨偷合苟容坐視姦邪之臣開邊致釁曾無一言規救人主此乃持祿養交冒利忘恥之徒耳而敏方且以功狀揭之市朝欺罔文法愚弄天下未有若此吁可怪也且宰相天下之屬望任相不賢則天下之人得以議者昔楊綰爲相崔寬爲之毀第觀黎幹爲之減騶從郭子儀爲之徹聲樂當時公卿大臣猶畏憚之如此今邦彥身爲宰相而百姓遮道優罵甚於奴隸疾走省闥掩關自遁其爲辱亦甚矣臣聞司馬光爲相天下兒

童走隸亦皆稱頌使邦彥而果賢也則天下之人當自知之當自服之何必因敏言而後明哉就使如敏之言以爲邦彥畏愼太過緩於事機則邦彥亦不過蘇味道盧懷愼之徒耳以輔庸主且猶不可況可以輔佐陛下成中興之治乎臣聞太學之論敏乃蔡京父子上客密交奔走京門寖有年矣而邦彥與敏如左右手也今所以曲爲邦彥强辯者正欲植黨自固邦彥去則敏不能以孤立原敏之心本非爲朝廷論宰相實爲身謀耳向使陛下不能獨斷而信敏之言復用邦彥則姦臣侵瀆事必有大於此者誠可爲寒

心也臣觀漢之元帝恭謹節儉當時號爲賢者之君而讒佞愚弄優柔不斷故孝宣之業少衰而後世貶之蓋人君之患莫大於斯二者願陛下乾綱大決天下之事斷自宸衷勿奪於讒佞勿溺於優柔則萬世之後皆知陛下爲賢君矣豈特生靈社稷之幸哉臣爲此言臣之友生有爲臣言曰子堂上有二親家唯四壁虀鹽大學苟爲升斗之祿將以養親而爲狂直之言上以諫天子下以忤宰相吾謂子無死所矣臣應之曰不然昔陽城爲國子司業召諸生誨之曰凡學者所以學爲忠與孝也僕生平所志在爲忠與孝而忠孝不能兩立苟全一節雖死無憾天子仁聖如此而奸邪之人漸以浸漬使後世得以輕訾吾君今不言將何以戴天而履地乎雖以此受戮不猶愈於今之生乎是以不避斧鉞直書其事上干天聽雖蒙誅戮萬死無悔冒瀆天威臣不勝惶恐戰慄之至

二十四日庚申粘罕改作尼堪過澤州遊騎直至孔寨河晉絳戒嚴

二十六日壬戌太學正吳若上書言吳敏李邦彥

二月二十六日太學正吳若誠惶誠恐頓首頓首昧死獻言皇帝陛下臣自正月以來數貢封章仰干天聽不守愚分出位妄言加之事迫情危辭語抗率雖受誅殛理所宜蒙而待罪三旬威命不至臣知陛下遭艱危之會貪愚者之一得容庶人之謗議也雖然陛下有求言之名未有用言之實有進賢之志未有用賢之方臣稍惑之臣誠凡愚莫測聖志但私念今天下雖號乏才然百官有司識慮之過於臣者何可勝數尋臣前日之所謀質諸衆人之公論以揆始終之事變則陛下誠能令大臣去自私之蔽使疏遠者咸得竭其力參諸公論擇通知民情者繕守備於內善料虜改作兵討者持使節於外決不至虛張夷狄改作敵國之勢以恐朝廷愚弄攻守之謀以惑百姓如此之甚亦未必遽欲割地之請上貽祖宗之辱也又況號令混淆是非紛亂名器不慎賞罰無章羣小漏機而喪師姦人賣國而射利遂使兵民發憤排闕以僭誅戮之權朝廷有人寧使至此臣所以敢疑陛下無用言之實無任賢之方者謂是而已前悔何及來者尚可改圖而宰相吳敏方文飾姦言庇邪黨罪以惑陛下臣實駭此臣恐士大夫方附吳敏之炎莫敢言者臣不顧身爲陛下別白言之夫疏賤孤陋姓名不達於朝廷莫如臣之鄙者未信而言至於四五不慮後

患莫如臣之戇者有一於此豈能赴功名之會今賊改作斂退可以歸矣舍微祿耕舊邱菽水養親臣之分也而猶徘徊顧戀不能忘言於陛下者豈非以陛下之儉可以積財陛下之仁可以得眾陛下之憂勤可以餙蠱弊陛下之清慎可以遠姦回然則收拾人心訓齊戎旅恢復土疆雪祖宗之大恥不在陛下之時而何時耶聖君難逢志士難合臣實歎此且臣考祖宗之澤觀天人之心國家宜未有陵遲之禍然陛下即位於倉遑之中日不暇給然刪此字黜陟未明紀綱未振軍旅無律財粟無備賊本禍根尚存腰領而腹

心之臣如吳敏者反附下罔上則陵遲之形見矣獨在陛下卓然獨斷於此數日之內奮張威柄爲如何耳何則前日擾攘朝廷或有過舉人必恕陛下初臨大政便履艱危大臣多誤國之餘左右皆苟全之黨陛下不得已循用之自然積弊未去若夫今日之後陛下可以一洗豺狼大芟蕪穢百姓所以期望於陛下者亦不淺矣陛下如尚姑息舊奸蹈履前轍是猶漢成帝不能奪王氏之權徒怪天變之多也故自此政有疵纇民必不恕陛下一失民心內外解體何以緝理祖宗基業臣願陛下嘗膽攻苦深念於此也臣

憂憤以來心志未定言不能文其有利害事恭畫如後所貴乙夜之觀簡而易見伏惟陛下少加察焉一自古人主急於論相而於今尤爲急宰相難於稱位而於今尤爲難臣竊聞陛下之相張邦昌特因其面折童貫爾夫童貫奴材罪盈惡著面折其短誰不能之而陛下以此相邦昌則論相之術殆疏矣陛下又相吳敏夫張邦昌器識局促畏避保身決不能爲陛下整頓頹綱眾人往往能言之臣不暇論至於吳敏才氣必不在張邦昌之下然士論指爲蔡攸死黨前日建請上皇遜位及蔡攸父子釣探先旨計會吳敏

爲之冀敏立朝庇其宗禍臣始未以爲信及見吳敏救李邦彥劄子則信不疑矣何以言之吳敏稱李邦彥輔佐上皇自前歲以來罷易宰相更革政事定山東河北之寇皆出其力此非徒救李邦彥乃救蔡攸張本也又建言遣李鄴輩使金人軍中終賴其力嗚呼敏謂四海不復有知識之士敢爲此言以欺陛下耶李邦彥登禁從入政府幾年矣考其進身皆不以正見政出多門紀綱敗壞天怨人怒盜賊繁興而方竭四海之力起燕雲之師曾不能力諫不合而去乃方箴棄典禮起復以妨賢路王黼用事邦彥在政府

坐見土崩之勢已成晚乃結構蔡攸罷黼就第審知不能獨行其志可起復哉蔡攸首出燕雲論功受賞起登三事徐言不便與李邦彥情罪正同以此事君求脫誤國之刑未見其可至於敵兵壓境李邦彥不肯撫率京畿諸郡之民譬曉禍福身冒矢石同致其死以捍長河乃包裹橐囊津送妻子誘陛下爲避逃之計不忠不智至此之極而欲以遣李鄴爲功豈可驚笑臣聞割地取賂金人本謀李鄴不能逆知其情折之以辯拒之以死但望塵投拜以邀其歡輸款露誠以漏其機張皇過當以成其策李邦彥等輭懦亟

令鄭望之之徒繼往有敢指身立異者例抑不遣行初二日之戰李邦彥聞敗而喜故兵民叩閽以泄其憤此乃陛下聖德感民民願效死以除國賊以昭祖宗之休而吳敏輒引元魏高歡事以刦羣臣以動陛下是敏將爲宰相而杜言路之兆也夫衛士聚黨焚張彝宅怒其私也故高歡知士有離心散財結士今兵民伏闕殺内侍欲毆宰相者欣戴陛下也雖使高歡復生民肯忘祖宗之澤背陛下之聖而從之乎敏以此擠李綱种師道亦已過矣且陳氏貸粟高歡散財雖非人臣之所當爲然使齊君能修其政魏氏能

撫其民田常高歡適爲我用蕭何之得民曷嘗不爲漢高之福陛下果以百姓之心爲心則因此民怒可以作士氣因此民勇可以振兵威豈但恢復土疆抑可鞭笞夷狄（删豈但至此十二字）此眞中興之祥而吳敏憂之不知權者也古今事固有形同而情異者衛士聚黨奮其私怒誠不當縱前日兵民叩閽第以用忠無術幾召亂耳如其區區之意豈不可憐哉崇寧以來防民之口其潰如此使百姓因忠憤而有極刑者朝廷之人亦有責矣吳敏又引王黼之惡而又不及蔡京是黼逐敏而蔡攸召之之故也今日之禍王黼之罪

當居蔡京之次童貫之竊兵柄蔡京實縱之王黼特曲從上皇之欲取燕山耳當時王黼能諫則不爲宰相臣未知宣和廷臣誰是不肯取宰相者王黼不爲則今其無如王黼者乎吳敏能平心用刑立正蔡攸父子之罪民猶未弭其謗如顧私恩廢國法禍未息也且自崇寧以來縉紳非無才智之士例爲蔡京父子童貫梁師成王黼所汚者舊聞若徐處仁者號爲勤儉公方然陛下召之而士論已誼其嘗以十事乞留蔡京矣考其後來大概徐處仁所長亦不當以此廢之但士君子立身一敗不爲清議所重決不能大

有爲於危疑之際者昔蘇軾有言君子未論其行事之是非先觀衆心之向背誠有是理蓋使張商英陳瓘今日立朝所爲未必皆是而士民不敢異辭使宣和舊臣秉政在廷所爲未必皆非而士民競先興謗陛下以此揆之則圖相之術明矣又況皇上還宮凡爲舊臣者皆有主辱臣死之責又有進退首尾之嫌宰執之間措身何地願陛下旁求俊彥天既篤生陛下聖德必不無一賢相贊助也一道路籍籍皆言蔡京在上皇時有保護邦本之策陛下不忘其恩欲全宥之且欲用其子孫此正今日禍福之幾不可不深

論也蔡京父子濁亂天下爲鬼爲蜮毁壞祖宗基構誰不欲食其肉者且其父子兇險而有姦人之才如復令在朝則正人端士必不爲陛下用而輕蹈嗜利者附之以進矣如此則民離心於下陛下孤立於上此西漢王氏之禍也陛下之居儲貳名位繫於天下聖德聞於天下百姓歸心神明擁護雖有搖奪之變天人不從蔡京豈是忠良但度勢有不可不敢異謀爾況蔡京兄弟子孫享國厚祿誠有保護之言不爲分外凡爲天下者不顧私恩丁公成漢祖者也漢祖斬之知其姦也魏徵背唐太宗者也太宗親之知其忠也蔡京父子本窺伺上皇自結免戮之計非特不忠於陛下又不忠於上皇而崇寧之初首進逢迎之言熒惑上皇履霜堅冰終至蒙塵之禍則陛下有義不戴天之讎今陛下將指姦爲忠義棄讎不復匹夫且不爲之況君天下者乎方危疑之時能傳位於陛下此自上皇之英斷祖宗之威靈吳敏既贊天之力以爲己功濫據台鼎蔡京父子又欲倚此全宗亦害天下之公義矣願陛下圖之臣聞人主所以礪世磨鈍者名器賞罰也緩急之際財帛或不足於充賞刀鋸或不足以偏刑尤當謹守名器以昭勸沮之方崇

寧以來金紫飾輿臺公王寵閹官有志之士至以名器爲辱陛下卽位當焦手濡足以救此風而須者愈甚奉使如李鄴鄭望之張皇敵勢賣國謀身皆列禁省出使而未有功忝光華榮顯並玷樞輔不知朝廷平日養人何所用之一有使介必先賞賜又進士雷觀等上書閒擢館職芻蕘之獻言陛下善而褒之亦榮於華衮矣館職可輕授哉祖宗召試館職之法抑可棄乎陛下亦知前日郎官有使不屈節死虜廷者儒生有應募血戰塗草野者否使忠魂有知必憤於此等賞矣又康王和戎本無[illegible]策徒以危疑之際毅

然請行尼辱受危三旬於外勞則有矣何功之云今賞與太重前此無聞他日張邦昌交地而歸又將待之三公耶聖主作事動思可繼陛下誠憐康王出入待遇之恩時使頒錫之數超於諸王亦足勸矣名器不可輕也臣願陛下密諭康王牢辭此賞陛下從而許之君臣兩得其美計之上也干冒天威臣無任昧死云云

賜進士出身頭品頂戴四川等處承宣布政使司布政使清苑許涵度校刊

三朝北盟會編卷第四十一終

三朝北盟會編卷四十一校勘記

唐之懿僖是也（脫是也二字） 有復於古者（古誤作上） 而無敢有言其非（其誤作是） 敢自信於陛下乎（自誤作再） 臣願陛下嘗膽臥薪（臥薪誤作攻苦） 鈞採先旨（鈞誤作鈞） 又況上皇還宮（上皇誤作皇上） 毀壞祖宗基構（構應作業） 指姦邪為忠義（脫邪字） 公王寵閹宦（宦誤作官） 必憤於此等重賞矣（脫重字） 今賞與太重（與誤作與） 特使頒錫之數（特誤作時）

靖康中帙十七

起靖康元年二月二十六日壬戌盡三月三日己巳

吳若又以書貽中丞許翰

書曰若聞君子之愛人也以德細人之愛人也以姑息愛人以姑息必進偷安之言愛人以德必進藥石之論近世公卿挾穿窬售身者多矣既自售其身遂以此望人故稍聞辯别是非者驚爲村鄙况肯受人之盡言乎要非卓然特立自拔於流俗之中者未可

與進藥石之論也竊聞中丞丈昔在禁掖以代言不詭隨獲罪復拜職青鎖以救孫傅被黜氣節如此必能受盡言矣若故願效其區區夫主上新即位强寇犯城社稷震動賴祖宗天地之靈僅免傾覆而承紀綱敗壞之餘人材彫喪之後誤國之黨尚留廟堂賊民之官猶充郡縣國勢委靡風俗陵夷士民顒顒獨望一賢相出輔聖主以直道定國是以公論進人材盡去兇邪大收威柄慎惜名器平用賞刑因民之怒以飭兵順民之欲以施政嘗膽齧指雪上皇遜位之辱而吳敏乃首以姦進附下罔上有摹倣蔡京之志

中丞知之而未言耶抑不悟其心也祟寧以來臺諫皆孰視姦邪蓄縮閉口及其敗露已正典刑而彈章始至故雖有臺職無救於亂獨陳瓘言蔡京於威權之先至今天下稱誦以爲知幾中丞平昔自負必不肯居陳瓘以下其早察之吳敏建請上皇遜位遂受門下侍郎之除計其趨操豈復能自振士論喧譟因指爲蔡攸死黨謂蔡氏父子探上皇旨意令敏投隙爲之庶幾敏在朝廷庇其宗禍或果如此敏特人役也果可在具瞻之位乎然若舊欽吳敏學問尚疑其徐有所處及其救李邦彦劄子則始驚曰敏眞謬用

其心矣吳敏先言軍人伏闕殺内侍毆宰相懼致高歡窺魏之事此蓋欲以利害動人主而鉗天下之口也次言李邦彦輔佐上皇前歲罷易宰相更革政事定山東河北之寇皆出其力此非特曲救李邦彦乃救蔡攸也又建言遣李鄴輩使金人軍中終賴其力此蓋敏同主和議自徼其功也卒言異時王黼姦惡而不及蔡京此又蔡京成吳敏王黼逐之蔡攸召之之私也事皆不虛言庶可復昔胡后亂朝魏政不競故衞士以私憤焚殺張彝之家非爲國也高歡畜馬積財本有異志因此結士無忌憚之心至如前日軍

民殺內侍毆宰相豈聞有私怨乎欣戴主上之德欲除國賊張朝威耳雖使高歡復生知民之未忘宋也而姦心自沮何窺伺之敢哉吳敏以此刦羣下志必有所在矣初上皇之相蔡京也京首立上書朋黨之法竄逐義士由此遂成壅蔽之風前日伏闕之士乃二十餘年防民之甚奔潰如此今人主即位之初吳敏當陳人心可畏使人主瞿然知覆舟馭馬之戒而首用高歡事動之此語一入言路塞矣杜牧賦秦阿房宮曰使天下之人不敢言而敢怒夫軍民敢言如前日乃中興之祥萬一壅之使至於敢怒而已則彼

袒臂大呼者豈復於闕下哉某嘗聞上皇時有爭得失執憲度者輒批曰五代跋扈君弱臣强之風故雖有賁育之勇者莫敢犯雷霆之怒今有使臣下避高歡之禍則朱雲王章復作亦不肯詣闕獻言矣吳敏此言不知宰相之體也凡爲宰相者舉措慰天下之望百姓將以手加額未聞蕭曹邴魏房杜姚宋懼人毆擊於闕庭之下也至於李邦彥在王黼時似有士譽然身居政府知燕雲之事必敗而持祿容身纔執親喪遽聞起復果以天下一日不可無李邦彥乎則力諫窮兵自焚之災稍申棄親事君之義何乃深穴

狡兔之窟潛爲鬼蜮之謀結蔡攸罷王黼身取宰相而蔡京復出蔡京亂常猶偃然不慚略飾要君之辭終無避責之實其爲患失與王黼何殊而欲以罷黼爲功是猶蔡京諫取燕雲蔡攸身爲統帥父欲免謗於後子欲邀功於前人臣寧愚不識機陷於王黼之黨罪則罪爾至於心知不可意乃饕名首鼠妖狐愚弄天下雖有刀鋸豈能盡刑若夫李鄴使虜（改作金）兒童笑之虛張敵勢震動朝野使大臣膽落兵將氣消坐視長驅寸草不結且聞貪金邀地虜（改作敵）人本謀李鄴粗有知識自可折之以計而乃賣國謀身與敵

爲市及李梲一出喪魄失言鄭望之輩又索高價於本朝輸忠款於異域吳敏既在樞府諒無藉口於將來遂指李邦彥爲有援於事機指李鄴爲有功於國其與范蠡請會稽之罪勇犯數從亡之愆識趣亦不等矣若夫王黼姦惡難逭刑誅然比蔡京十無四五童貫之能竊兵柄蔡京實縱之方童貫之惑上皇圖幽薊豈由王黼黼特欲分奇功取宰相耳蔡京果憂國者何不死爭耶今吳敏用刑不平公論未允中丞文如謂某言過當則請以吳敏召用人材觀之葉夢得棄於人倫遠典名郡又當過闕陞藻貪汚有素起

守南門人主新卽政之時召用一人四海拭目而敏乃先此二人何哉聞敏與葉夢得深交知其無罪夫百姓不可家至戶曉夢得之說四海具聞蔡絛召之上皇且以爲害風教矣不知吳敏何以白之於天下如曰流俗謗議不足恤違公議而用之則夢得之私恩歸於吳敏百姓之謗讟歸於主上矣十餘年來竭人膏血破人骨肉箕斂星奔盜賊蝟奮使民父食其子夫賣其妻四海豈復有願戴之心哉獨以主上之居春宮仁儉清修繫天下望至倉卒之變上皇知能傳位遂舍社稷吳敏不深念此又欲令主上抑人心

違公論棄人之望而不用舍罪之魁而不誅指高歡以動羣臣戒元魏而防民口萬一使主上結怨於民中興之功不亦難乎某嘗論上皇大臣皆有主辱臣死之責不當在廷而吳敏之徒不當作相何則援立之功如周公之於成王霍光之於昭帝乃當秉政不辭至於今日上皇還宮以就孝養吳敏等自有進退顧避之嫌羣下易以生閒昔房琯但一爲肅宗送寶册爾身當親任賀蘭進明遂得疑之琯雖不長於兵然陳陶斜之禍未必不以上下疑阻而致敗也昔周武用文王之呂望漢惠用高祖之蕭曹因民之心遂成大業至於漢宣帝心疑霍光而亟用魏相唐太宗欲誅裴寂而親信魏徵用舍之宜固自有理中丞丈其爲國家審思之亦所以忠於吳敏也某又聞中丞丈與吳敏厚果爾敏不罷中丞不當居職蓋聞蔡京王黼之相也開封臺諫偏置腹心說者曰欲逐則臺諫爲擊之欲罪則開封府爲鍛鍊之此蔡京王黼所以權傾天下而上皇不悟也今吳敏不必能至此但中丞丈善自爲謀可也中丞丈如無歉於心不避此職亟言吳敏乃可免謗於天下耳

吳若字秀海相州人以上舍釋褐官修職郎文學優

贍議論慷慨娶張邦昌姨女常勸邦昌諫上皇花石事邦昌不聽乃言於邦昌之妻妻駭然曰吳郎風邪何忽如此除太學正上書謂敏之救邦彥乃是救蔡攸其端可見矣書聞人人傳觀上不欲拂邦彥吳敏之意故斥吳若與合入差遣卽日出城若欣然而去頗爲士林所惜

粘罕（改作尼堪）過澤州逢奉使路允迪等言城下講和已割三鎭乃還太原

粘罕（改作尼堪）還太原於城外舊城築而居之號曰元帥府盡陷屬縣運芻粟爲久居之計

御史中丞許翰上書論決戰有五利

臣伏見金狄改作人退師以來朝廷縉紳上恬下嬉幸於無事恃以爲安而臣獨竊終夜不寐方以爲憂夫以夷狄之性貪婪無厭而刪夫以至此十一字我既示之以弱開之以利不過一二歲勢必復來自所割三鎭疾馳三日則突騎犯都飛塵入宮闕矣當此之時金帛不可復得土地不可復割邊鄙之師不可復召知能之士不可復圖萬世之變可勝言哉今聞姚古引兵已次國郊竊謂陛下可一以閫外之事制於將帥若遣一介之使可下下之使不可下則用兵不疑臣嘗熟

計我戰而勝則蒙福無窮戰而不勝則北阨井陘西斷太行內守大河國固無患虜改作敵以殘弊將歸之兵力不能復取三鎭故我勝亦利不勝亦利此可決戰一也虜改作彼欲既盈將驕卒懈時益暄熱人馬喘汗以我方銳擊其惰歸此可決戰二也我衆彼寡以十當一反顧者誅旋踵者斬使威令既必則敗弱者奮況於關陝百戰之士外誘於金繒而內激於憤恥破賊必矣此可以決戰三也种師道持重名將今雖老疾智略足恃議者見其木訥若無策畫此蓋不以口擊賊者昔趙括論兵其父奢不能難也而奢謂括將必敗趙師宋文帝在江左聞王元謨論兵飄飄有伊洛開意及使之將望風奔潰聞師道自少沈毅蓋其天姿介冑之士瞋目語難自古而然未可遂疑況今濟以姚古必能相與立功此可決戰四也陛下仁聖誠動萬姓義感三軍人人思爲國死以滌中原之恥而發七廟之憤夫天時易失而人心難收陛下今不乘此利勢後必悔之此可決戰五也今全軀保妻子之臣務在張虜改作敵勢虛恫恐刦苟安目前爲患萬世其意亦無他不過謂戰不勝則咎歸議者使身不利今一主和身保無患明年盛秋胡改作敵騎復來

則必諉曰國家事狄改作敵不至不得歸咎和者姦回自營孰便於此非復有爲陛下宗廟社稷長慮卻顧夫一勝一負兵家常勢要觀大計如何耳議者以姚平仲前日妄動小衂以謂王師不可復用傳曰凡此蔡功惟斷乃成故願陛下斷之而已

又上書

臣伏見王師既行廟算未定此疑事也今古蓋未有疑事成功者故朝廷之意惑則將帥之心不一將帥之心不一則士卒之氣不銳斷而必行鬼神避之此精神之力也陛下欲斷今日之議當究爲和爲戰卒

當如何而已矣其中小小利鈍非大計之所係也昔漢高帝蜀先主皆號聰明神武爲一代之英雄考其用兵敗北無數然其志氣挫而愈厲抑而更揚者大計已定於中此其所以爲英雄者也陛下決和議則臣欲陛下取太史公史記虞卿傳覽其反覆此往古之鑑也方今若失三鎮二十州之地則天下之勢已斷兩河之地無河東則陝不可守無河朔則汴不可都汴不可都謀渡江南臣考永嘉渡江能爲東晉者乃王導謝安英賢相繼扶危救傾僅能立國而中原下添遂至字邱墟遂陷胡貊刪此四字後世有王導謝安之才

則東晉宗廟可復立也社稷可復建也盜入陵寢取一坏土則將若之何言而至此可爲流涕陛下永念方來之艱則今日雖復騷動天下尤不得已何者擇禍莫若輕也或者以爲太祖即位未有江南晉蜀而卒能混一區宇臣以爲不倖矣太祖生長兵間非若陛下繼體守文建隆將士百戰精銳非若方今將不素養兵不素練也虜改作敵在掌握縱而不取使之益張若之何而以太祖爲言故凡守和議者以國與人者也陛下欲決戰與和則臣之所陳可戰者五已具前奏矣今使虜改作敵不釋憾則渡河之師當戰戰則

必有漕運之役有應援之兵有屯據之要皆當素治不計小卻專責成功而後將帥志一士卒氣奮三鎮之守有死無二若我將以疑遣師以苟行則精銳已亡何以取勝凡今爲和議苟取目前之事無失然亦未可必也臣聞西北之民人人相語曰吾屬與其爲虜則改作甯南向作賊死爲中原鬼使三鎮之衆發憤怨懟人爲寇攘非小變也姑息目前亦未易保況又方來之患亦未知稅駕自古用兵必有異議成王之時周公東征民有十夫予翼而已其他罔不反曰艱大晉武與杜預謀取江南大臣賈充等皆力爭之獨

一張華贊定大計唐憲宗用武元衡裴度謀討淮西盜殺宰相朝廷震恐請罷裴度以安諸鎮憲宗大怒討蔡益急唐之威令自是復振周世宗即位北漢引契丹入寇河東世宗自將禦之宰相馮道固爭不得周之功烈自是遂興書曰惟克果斷乃罔後艱陛下所以疑者度衆人必以姚平仲前日之敗自持其說近种師道爲臣言平仲所以不利者刦寨之法不用大兵當少擾之使自蹂籍而後可乘又地勢橫入江河中此利誘使戰不利以兵入寇也臣以是知師道有謀故前日之功在不用老將而用驍將不恃謀將

而侍詞說非兵不可用也昔石晉開運之變契丹始入敗不窮追近冬復來陷都城國朝景德契丹入寇澶淵之役亦不窮追而與虜改作之和親夫開運景德驅逐之策同而成敗之功效異者何也開運之時中國方弱而示之以畏故虜改作敵復來景德之間中國正强受之以和故虜改作敵遂定今議者不鑒開運縱敵之患欲為景德之寬大則可謂不知時矣陛下何以不試使議割地者身任數年虜改作敵不復入則臣知議者必將難之夫國不保數年而欲定萬世之策必不能矣乞下臣章使有司定議詔曰是事甚大可

令三省樞密院議取長策以付諸將

改金字牌

入內內侍省狀比因金人入寇截攔遞角內有御前金字牌子竊慮倣傚製造欲將舊法御前劄子等不得入鋪朱紅金字牌子改用黃漆朱紅字牌子奉聖旨依奏

誅梁方平

臣寮上言金人侵犯河北梁方平何灌各統精兵控扼河津方平敗衄棄河不守灌望風而遁今灌以重傷死於牖下而方平未正典刑奉聖旨依軍法初金人在城下梁方平守京師西壁方平命軍士矢無虛發候賊近則射之百姓以為方平叛率衆數千喧囂執方平開封府囚之謂方平家藏金人乃入其家般其家貲官司斬首亂者數人乃定至是李綱建議請誅方平遂斬於市

靖康前錄曰是日收梁方平械送開封府治不守河之罪斬於茅座橋

二十九日乙丑李邦彥乞持服依奏

三月一日丁卯朔賞功詔書

詔曰朕初歷服適遭艱難賴天之靈敵人悔禍永惟

士大夫擐甲冑冒矢石捍寇勤王卒用有就朕甚嘉之夫有功不賞有罪不刑雖堯舜不能以化天下朕操威福之柄馭賞罰之權不愛高爵重賞以待戰士其令有司速具等第立功將士之名來上毋以愛憎為高下務在必當庶幾賞不踰時感厲思奮協圖康功今後非有軍功戰功實有勞績之人外並無恩倖非泛轉官賞賜播告遠邇明知朕意

二日戊辰詔德安府進士張柄太學生雷觀上書論事可嘉並與同進士出身補迪功郎除秘書正字

誥詞朕初宅丕祚務廣聽納庶來異同之論以滌壅

蔽之奸雖布衣之士一言之善亦兼收並取而不遺況爾等器識之美術業之富剡牘來上文義燦然肆加褒採以就官使夫博士師儒職也爾自諸生遂歷此選其亦榮矣得之非艱持之惟艱往祗朕訓以克有終可依前件

靖康録曰上自卽位以來芻蕘之言封章日不下數十函乙夜觀覽未嘗稍厭有一善未嘗不知知之未嘗不行與大臣議論嘗輟食吐哺前席咨訪陟自東宮時徙宮中服御器皿與夫府庫之積聞兼輜重共不及百擔而圖書居其半幃帳無文繡之麗几榻無

丹漆之飾規爲素樸聽政未有月餘開革弊政凡一百五事收其贏資與其羨卒足食足兵故攘卻夷狄刪此五字而歛不及於天下皆愼乃儉德之所致非矯拂所能爲也六賊如王黼梁師成李邦彥譚稹或竄或殛至是蔡京父子童貫朱勔又皆正其罪斬方平首戒後之領軍逗遛而歸者何灌罪與方平等雖死不赦奪官及其子孫起唐恪爲樞密許翰爲中丞供職姚古种師道師中爲制置使馮澥何㮚陳過庭梅執禮皆被召徐處仁尤爲上心眷眷竢其至虛上宰未除輿論快然太平之期跂踵可待三月二日太學生雷觀張柄以二月五日上書合旨賜進士及第試觀二子之書論事各得陳東十一而已東以免戮爲幸而二子榮遇如此使金人不屈而死如郎官傅察者不聞褒崇盡言極諫忠衞社稷不諛君父不附宰執如吳若者反見斥逐天下事出人意外舉不可以逆料也

三日己巳太宰張邦昌觀文殿大學士中太一宮使門下難進易退允高君子之風崇舊優賢實重朝廷之體眷予元弼爲國良臣用舍雖繫於時始終且篤其義誕敷明命敷告治朝光祿大夫太宰兼門下侍

郎張邦昌智沈而識精氣博而用遠蚤登禁路廷臣無出其先久預政機天下實受其賜嘉有功於社稷俾正位於台衡丙吉有聲獨擅邊書之備王商多質有嚴漢相之威念其行李之勤處以眞祠之逸歷華秘殿庶尚便於諮詢陪賦爰田用昭宜於物采於戲畱侯知足願遺人事之勞南仲將歸毋憚饋書之急其全明哲以保功名可特授觀文殿大學士太一宮使依前光祿大夫加食邑七百戸

賜進士出身頭品頂戴四川等處承宣布政使司布政使清苑許涵度校刊

三朝北盟會編卷第四十二終

三朝北盟會編卷四十二校勘記

因民之怨怨誤作怒　則當力諫窮兵自焚之災脫當字　蔡

攸亂常攸誤作京　盜賊蝟集集誤作畲　使威令既行行誤作必

虛喝恐刦喝誤作愒　改金字牌入內入內二字應在此條誤入下文　聞

革弊政聞誤作開

三朝北盟會編卷第四十三

靖康中帙十八

起靖康元年三月三日己巳盡十六日壬午

中書侍郎徐處仁太宰兼門下侍郎

門下國猶置器安危之勢相形治若循環文質之宜迭用方更張於初載盍圖任於老成人皆曰賢政將焉往大中大夫守中書侍郎徐處仁秉心彊固守道端方器博而周知輕薛宣之方畧材全而藏用陋黃霸之功名尙猷黃髮之詢實慰蒼生之望朕恭承聖訓嗣守丕基思藝祖之艱難法仁皇之忠厚周封八

百國當謹守於輿圖漢制二千條期盡遵於軌迹欲興聖統無踰近臣庸登左揆之崇兼列東臺之侍並增爵秩昭示寵光於戲多難以興在強勉而行道無爲而治期垂拱以仰成其蹈古人之爲毋負天下之譽可特授通議大夫太宰兼門下侍郎兼神霄宮使

唐恪中書侍郎翰林學士何㮚守尙書右丞耿南仲尙書左丞御史中丞許翰同知樞密院事梅執禮翰林學士陳過庭御史中丞籤書樞密院事尙書右丞

李梲除資政殿學士提舉南京鴻慶宮

宇文虛中除資政殿大學士知青州

靖康前錄曰前此遣使臣追虛中本欲治脫身之罪是日晚金使入城來和議正乏人奉使乃令虛中行初至賊敵改作營與郭藥師相視而笑講燕中舊好故也使回欲以兩府指畫地界政府惶恐之甚虛中因此爲樞密使再往談說令以次官行乃以學士秦檜借禮部侍郎往河間程瑀借戶部侍郎往眞定路允迪往太原沈晦借給事中齎誓書入國虛中還朝不自引咎挾奉使之功洋洋然甚有德色尋以言出之青社當時三鎭割地之詔及晦所齎誓書其間有云虛中辭也

五日辛未王安中責授朝議大夫祕書少監分司南京隨州居住

臣僚上言臣聞賞罰國之大柄人君所以馭羣臣定國是立主威蓋功同賞異則賞不足以示勸罪同罰異則罰不足以示懲昔漢宣帝致中興之盛本於信賞必罰而已自古致治之君未有不由此也謹按大中大夫提舉西京崇福宮王安中資性姦回善自緣飾任數挾詐力圖進取始以小官附會梁師成而進每懷罔上之心不顧事君之節安中以輔臣當閫外之寄其任可謂重矣而安中內則締交王黼外則求

合蔡攸童貫論奏者莫非諛說之言稱頌者莫非祥瑞之事至於虜（改作敵）情變詐朝廷所當關防軍民利病朝廷所當存撫未嘗一言及之豎安中還朝坐席未煖戎寇猖獗（此四字改作金兵）長驅而來使近畿與河朔之民被刼掠者室廬焚蕩貲財委棄父子骨肉肝腦塗地仰貽陛下宵旰之憂皆安中等公肆誕謾助成邊患之所致也其罪不在梁師成譚稹之下而安中尚以從官領祠宮擁厚貲優游自便使安中自爲計不過如此實未厭天下公議臣欲望陛下斷自宸衷明正典刑投竄遠方上以慰祖宗在天之靈下以爲人臣不忠之戒取進止三月四日奉聖旨王安中帥燕日久郭藥師勾結叛命並不幾察懷姦庇惡迹狀甚明罪大責輕言章未已速將上取旨重行貶竄三月五日奉聖旨王安中責授朝議大夫祕書少監分司南京隨州居住

王蕃瓊州安置

孫覿妄言太學生伏闕事可别與差遣

汪藻上宰執劄子乞迎太上皇還闕

某嘗觀孔子陳庶人之孝曰謹身節用以養父母自庶人等而上之其位愈尊其德愈大至天子則曰愛敬盡於事親而德教刑於四海豈不以天子以天下爲家顧天下安否如何耳天下安親必與焉古之言孝如舜者亦可以已矣或問孟子舜爲天子皋陶爲士瞽瞍殺人則如之何曰執之然則舜不禁歟曰舜惡得而禁之夫有所受之也有所受之云者言受至公之道於天以治斯人之謂也捨是吾無以爲治矣然則徇一切之私害天下之公欲上安君親下治天下古無是理恭惟太上皇帝以二十六年臨御之尊一旦上畏天威舉神器付之主上此堯舜用心也是宜太平之期自今以始然乘輿一出中外悵然非不知天子仁孝重違上皇之心姑順適之而議者謂廟堂諸公無一言救止於扶顛持危之計爲不審矣何則以天下養者其慮不可以不深而朝廷政令不可以不一也戎狄（改作敵國）之患何代無之致使犯闕爲上皇者當痛心悔懼與吾君共守雪宗社之恥慰軍民之心爲主上者當迎上皇宮中朝夕定省以寬其危疑震擾之念乃使倉卒南征暴露野次越在江海五十餘日未知還期萬一先驅所至有霜露之侵是爲人主能以天下養乎方車駕之出也衣冠惶駭傾國南奔小人之有罪者皆以扈從爲名未聞有請於朝

而貴臣近侍受國厚恩者率奉頭鼠竄曾無數人在君側爲國家守者而朝廷亦未聞呵止詰問也是爲朝廷尚有政令乎且四海之師使之勤王者天子之詔也某比過泗州聞上皇之詔止勤王之師守臣惶惑莫知所從雖行宫意有所在非道路所知要之人情觀望不無疑恐旣某與軍士雜行天長道中皆口語籍籍以南幸爲非有不悦之言所至藩籬雞犬蕭然一空爲之寒心者數日至揚州聞有奉迎之詔道路少安旋聞渡江無不失色比得鎭江報官兵日給六千餘緡而小民獻議者構營宫室移植花竹購買

園池科須百出矣曁制紛然專易守令遷官錫服略無虛日矣唐恪翁彥國帥也惑於誥命並行而莫知有朝廷矣朱勔糞除其家率斂州縣爲乘輿法物邀請臨幸者相屬於道矣昨日又聞行宫指揮頗留勤王之師以自衞傳者洶洶遂以爲江津非給符不渡蘇常數州居民遷徙皆不安其居蓋天下之弊嘗極矣幸天儆戒曠然大變眞千載一時也謂當繼此臥薪嘗膽不容更有秋毫之失自靖康改元所謂慰人心者果何事哉民未見德而自江以南已絶惟新之望矣今敵尚未去郊此何等時而小人已無忌憚如此又何望也以鎭江行宫日給計之月當用二十萬緡二淛之民將見塗炭而東南和糴指揮於是廢格民旣愁怨加以三軍道路之言徼往時青谿之役西兵方春以瘴死人人思土其勢必亂上皇豈得高枕而臥耶某以爲上皇糠粃天下褰裳去之蓋已超然萬物之上矣其中豈無所慮而人不能無私憂過計者以羣小在側耳嗚呼小人居平猶無顧藉況自知惡稔天下之所不赦苟紓歲月之死亦何所不至此社稷之至計廟堂之深憂也使廟堂慮乎車駕不動之前亦無今日之患矣不惟是而已小人揣上皇享

國之久平時極四海之奉方富於春秋以龍德爲隘引周穆王瑤池之事以勸其游陳肅宗西內之戒以聳其返挾此爲姦騷騷不已則予我劍南一道之言有時而出矣不知何以答之自江以南詔令將壅不行而上皇晨昏之禮闕矣當是之時天子果得爲孝乎今數小人者斲喪國家天下之大惡也上皇不歸則典刑不正典刑不正朝廷可越此而治他罪耶方國家危疑之時天子釋位而去矣首惡之臣乃恬不之問又可以令天下乎如是則所謂曠然大變者果安在哉爲今之計若莫重爲禮以必上皇之歸遣見

任宰相爲迎奉上皇使天子率百官東向臨遣於庭退而齋居蔬食清宫以待且責行宫使以必死大賞隨行將士令扈駕以歸庶幾父子之誠有所感動若小人尚敢牽制則自行宫使以下擇甚者易之彼爲姦謀者旣去直言日聞則上皇亦不復留矣行宫旣復二聖重歡雖上皇脩然不復以萬幾關心然閱天下理義多矣大事應稟而後行志同於上命一於下乾坤再造國祚無疆天子之孝孰大於是失是不圖異時追悔恐無所及伏望垂覽少加意焉天下幸甚天下幸甚

李梲鄭望之李鄴落職予外宫祠

李梲鄭望之李鄴落職宫祠以奉使失辭也

門下侍郎趙野充太上皇行宫迎奉使

傳信録曰初道君以正月初三日夜出通津門乘舟以行獨蔡攸及内侍數人扈從以舟行爲緩則乘肩輿又以爲緩則於岸側得般運磚瓦船乘載飢甚於舟人處得餅一枚分食之是夜行數百里抵南都始館於州宅得衣被之屬市駿騾乘之至符離始登官舟及泗上少憩宇文粹中及童貫高俅之徒始至童貫以勝捷兵三千扈從渡淮以如維揚父老遮車駕不可渡江而道君決意南行遂如鎮江道君居揚州皇子帝姬皆流寓沿路州縣聞賊退多先歸者初恭謝行宫所以都城圍閉止絶東南遞角又止東南勤王之師又以綱運於所在卸納泗州官吏以聞朝廷不以爲然道路籍籍且言有他故而太學生陳東上書乞誅六賊臣於是遣聶山爲發運使密圖之山請詔書及開封府使臣數十人以行余因奏事福寧殿留身白上曰此數人罪惡固不容恕然聶山之行恐朝廷不當如此措置昔肅宗欲發李林甫墓李泌諫謂其如明皇何肅宗抱泌頸泣曰思不及此使山之所圖果成驚動道君此憂在陛下所圖不成爲數人

所覺一挾道君於東南求劍南一道陛下何以處之上感悟曰柰何余對曰罷山之行顯責童貫朱勔之屬陛下降詔蔡攸委令勸道君去此數人者早回鑾輿可以不勞而事定矣上以爲然山乃不果行而童貫朱勔之屬道君皆相繼罷去太上皇將回鑾故遣趙野前去迎奉

七日癸酉詣景靈東宫燒香

八日甲戌詣景靈西宫燒香

九日乙亥詣陽德觀凝祥池中太乙宫佑神觀相國寺

燒香

戎馬改作敵兵已退躬謝祖宗也令在京寺觀爲建齋醮道場追薦陣亡將士被害人民

校書郎陳公輔劄子乞擇相載。舊校云按此奏已元年二月十四日

十五日辛巳太上皇誥賜宋煥

誥曰予夙心慕道託神器於嗣聖丕承天命喜無所喻然有恭謝難卽燕安舟御東來重煩有司衛兵僅滿三千庶事草創固可知也及邊吏弛備胡改作敵騎犯闕行宮邈在淮泗而都城晝閉道路隔絕深自爲念恐貽嗣聖之憂故留浙兵以自衛至於止糧餉截

遞角皆私憂過計恐貪寇爾緣此三事姦人乘間造言緣飾形似遂至朝廷之疑每見臺劄名敕州縣而寶及予躬與言及此不覺流涕比緣嗣聖遣宋煥齎書至行宮遂得交通父子之情話言委曲坦然明白由是兩宮釋然胸中無有芥蔕重惟宗廟再安雖賴大臣翊贊之功至若使父子閒歡然略無纖毫憂疑者煥竭力爲多也傳言求忠臣必於孝子之門若張仲在周而宣王有成功信孝子錫類之效矣煥周旋兩宮庶幾古人有足稱者因書其事以賜宋煥

十六日壬午秘書省校書郎陳公輔劄子乞擇重臣迎候道君皇帝

奏曰恭聞上皇聖駕將還中外欣慶此陛下孝誠所感天下之幸也然議者以爲上皇左右有懷姦之臣創造巧言離閒陛下父子致有疑心臣竊惑之仰惟上皇臨御日久去年冬夷狄改作敵人侵擾因厭萬幾之繁遂欲內禪而陛下天性至孝感泣退避慈諭數四方卽大寶此與唐睿宗因星變而答天戒太子惶懼入請事體稍類豈比明皇幸蜀肅宗自卽位靈武哉是宜父子歡好之情雖千萬年不復有疑矣若乃陛下改更諸事進退大臣賞善罰惡興利除害皆以宗

廟社稷爲念合天下公義所以奉承上皇詔旨豈有私意邪雖使姦臣離閒百端而上皇慈仁陛下孝德二十餘年人無閒言豈一旦能入之哉且父子天性也上皇於陛下親邪羣臣親邪臣謂上皇之親無親於陛下也臣恐臣寮未悉此意或因道路相傳之語惶惑聖聽致父子閒自有所疑此大不可也況上皇聰明勇智度量豁達不防姦邪寖以欺惑旣已感悔斷然不疑以神器授之陛下方在位時已自下哀痛之詔追惟已愆引咎興嘆大革弊端蠲除宿害質諸天地不復更易雖禹湯罪已周公改過何以復加陛

下今日所行皆遵上皇去年十二月詔書也臣恐趙野輩不能曲委爲陛下感激陳請欲乞更擇重臣節次往前路迎接萬一上皇聖意少有所疑卽當懇切備述陛下篤孝之誠一一開具去年詔書與今日奉行之意實無少異至於誅逐姦惡明正典刑乃深憤羣邪誤國致上皇有遜位南幸之事雪君父之恥孝莫大於此也上皇英睿剛決倘詳此意何至有疑哉然後迎奉之禮備加隆盛陛下鑾輿親出近郊后妃嬪御親王貴戚下至公卿百官士庶耆老當皆往迎禪聖意悟前日之去匆遽如彼今日之歸尊榮如此自非陛下堪任付託之重使寇難稍平京師乂安庶

事修舉人心歡快能若是乎以此慰悅上皇之心方知此時爲天子父尊之至也自還宮後凡百供奉之物陛下過爲儉約上皇務極隆厚著爲令式使四方具知陛下處已之薄奉親之厚以勸天下之孝仍乞於羣臣中選端直之士有德行學問全忠孝大節者輔養上皇日侍燕閒開導聖心窮天人性命之眞脫然不復以天下事累已嗇神斂明清心養氣用保無疆之壽豈不善哉臣聞堯舜之道孝悌而已矣經曰孝悌之至通於神明光於四海無所不通陛下貴爲天子唯父爲尊得盡生養之禮誠天下之樂不可有加臣愚伏願陛下躬堯舜之孝至誠盡道以事其親父子閒洞然無纖芥之嫌固足以感動上皇之心而讒邪不入慈愛愈隆則天地百神保佑聖躬臣將見陛下全萬年人子之養宗社增休生靈蒙福自今以始豈有窮哉臣一介微臣非有言責然區區愚衷夙夜不忘愛君憂國之心故前後屢以狂言上干天誅今又不避僭越之罪妄意議及陛下父子之閒臣死有餘責伏惟睿慈特賜裁處臣不勝恐懼激切之至

先是上遣門下侍郎趙野往奉迎而讒人離閒兩宮公輔奏此劄子上覽奏感動遂除公輔見闕諫官

詔河北三帥固守三鎭

詔曰朕承太上皇付託之重卽位十有四月金人之師已及都城大臣建言捐金帛割土地可以紓禍賴宗廟之靈守備弗缺久迺退師而金人屢盟弗終可保今肅王渡河北去未還黏罕（改作尼堪）深入南陷隆德未至三鎭先敗元約又所過殘破州縣殺掠士女朕夙夜追咎何痛如之已詔元主和議李邦彥奉使許地李梲李鄴鄭望之悉行罷黜並詔种師道姚古种師中往援三鎭祖宗之地尺寸不可與人且保塞陵

寢所在誓當固守朕不忍陷與三鎮以偷頃刻之安與民同心永保疆土播告中外使知朕意

遺史曰金人犯（改作至）京師也城下之盟割河北河東三鎮以講和好金人退兵至是太原猶堅守不下而河間山中亦爲國家守朝廷知三鎮人心不願割地且議者謂三鎮之地不可割遂令固守乃降是詔

賜進士出身頭品頂戴四川等處承宣布政使司布政使清苑許涵度校刊

三朝北盟會編卷第四十三終

三朝北盟會編卷四十三校勘記

齋誓書入金國（脫金字）　而安中徇以從官領宮祠（誤作祠宮）　言受至公之道於天（一作天下）　轉易守令（轉誤作專）　猶無顧惜（惜誤作藉）　共挾道君於東南（共誤作一）　去此數人者（者字衍）　不能委曲（誤作曲委）　皆當往迎（當誤作皆）　終弗可保（弗誤作終）　且保全陵寢（全誤作塞）　朕不忍陷此三鎮（此誤作與）

三朝北盟會編卷第四十四

靖康中帙十九

起靖康元年三月十七日癸未盡二十八日甲午

十七日癸未太上皇回鑾次南都遣李綱出迎并賜行宮官屬茶藥銀合

傳信録曰先是太上皇回次南都不進批吴敏李綱令一人來莫曉其意皆言事且不測余奏上曰所以欲臣及吴敏者無他欲知朝廷事爾吴敏不可去陛下左右臣願前奉迎如嘗道君賜對臣具條陳自圍城以來事宜以釋兩宮之疑決無他慮上初不許余

力請之乃聽而徐處仁等謂余此行有賁育之勇余笑曰古人猶單騎見虜（改作敵）況故君乎上令余齎書達道君且賜行宮官屬茶藥銀合有差以十七日離國門二十日抵南都得旨二十一日引對是日道君御幄殿余起居訖升殿奏事具道上聖孝思慕欲以天下養之意道君泣數行下曰皇帝仁孝四方所知奬諭曰都城守禦宗社再安相公之力為多余再拜謝訖因出劄子二紙進呈其一乞道君早回鑾輿不須治亳社西都以慰天下之望其一自敘素嘗道君教育擢用於國家艱危之中得效犬馬之力欲乞身歸田廬之意道君慰勞再四因曰相公頃為史官緣何事去余對曰臣昨任左史得侍清光幾一年以狂妄論列都城水災蒙聖恩寛斧鉞之誅迄今感戴道君曰當時宰執中有不善公者余愧謝因奏曰臣昨論水災實偶有所見自古無道之國水冒浸城郭天地之變各以類應正為今日兵革攻圍之兆大抵災異變故猶人之身病在五臟則發於氣色形於脈息善醫者能知之非有物使之然氣自運爾所以聖人觀變於天地而修其在我者故能致治保邦而無危亂之憂也道君以為然因問虜騎（此二字删）都城守禦次

第余具以實對復曰賊（改作敵）退師方渡河時何不邀擊余曰朝廷以肅邸在金人軍中故不許道君曰為宗社計豈復論此余於是竊歎道君大度之不可及也語既浹洽道君因宣諭行宮止遞角等三事只緣都城已受圍恐為金人所得知行宮所在非有他也余對曰方艱難時兩宮隔絶彼此不相知雖朝廷應副行宮事亦不容無不致者在聖度照知之而已道君因詢朝廷近事逐一解釋謂追贈司馬光止欲得民心毁折夾城止欲防姦細之類因奏曰皇帝仁孝小心惟恐一有不當道君之意者每得御筆批問輒

憂懼不進膳臣竊譬之人家尊長出而有以家事付之子弟偶遇强盜刦掠須當隨宜措置及尊長將歸子弟不得不恐懼然爲尊長者正當以其能保田園大計慰勞之不當問其細故皇帝傳位之初陛下巡幸適當大敵入寇爲宗社計政事不得不小有變革今宗社無虞四方以甯陛下回鑾臣以謂宜有以大慰安皇帝之心者其他細故一切勿問可也道君感悟曰公言極是朕只緣性快問後卽無事因內出玉帶金魚袋古象簡賜余曰行宮人得公來皆喜以此慰意便可珮服余固辭不允因服以謝而退二十二

日扈從道君詣鴻慶宮燒香初次拱州見迎奉道君禁衞寶輦儀物等留不進因以便宜作奉聖旨令趨南都至是道君燒香儀物適至南都士女夾道聳觀得旨早辭訖先還闕賜酒食茶等二十三日辭再對於幄殿道君出青詞藁一紙俾宣示宰執百官乃道君初傳位奏天所作者其辭曰奉行玉清神霄保仙元一六陽三五璇璣七九飛天大法都天教主臣某誠惶誠恐頓首頓首再拜上書高上玉清神霄九陽總眞自然金闕臣曩者君臨四海子育萬民緣德非薄治狀無效致干戈並興弗獲安靖以宗廟社稷生民赤子爲念已傳大寶於今嗣聖庶幾上應天心下鎭兵革所冀遐邇歸順宇宙得甯而基業有無疆之休中外享昇平之樂如是兵賊偃戢普率康甯之後臣卽寸心守道樂處閒寂願天照鑒臣弗敢妄若將來事定復有改革窺伺舊職獲罪當大已上祈懇或未至當更乞垂降災咎止及眇躬庶安宗社之基次保羣生之福五兵永息萬國咸甯伏望眞慈特賜省覽臣謹因神霄直日功曹吏齋臣密表一道上詣神霄玉清三府引進仙曹伏望告報臣誠惶誠恐頓首再拜以聞道君宣諭曰本欲往亳州太清宮以道路

阻水不果欲居西路以皇帝懇請之勤已降指揮更不戒行公先歸達此意慰安皇帝因袖中出書付余乃宣諭曰公輔助皇帝捍賊守禦宗社有大功若能調和父子間使無疑阻當書青史垂名萬世余感泣再拜受命辭訖卽行先具劄子以所得道君語奏知

上批答曰卿適來奏對之語忠義煥然朕甚嘉之

十八日甲申尙書省劄子照會殺退金賊（改作師）出榜曉

諭

勘會高陽關路安撫使陳遘狀申據探報大金賊（改作兵）馬約二萬餘於中山府北唐河岸北葢起五六座

橋兒般運車仗過河岸立寨及已有過保州界分之人所有本路即今並無賊改作敵馬州郡守禦平安又中山府路安撫使詹度奏二月十八日金人到城下探知城中有備及人心堅確往往連夜發行車仗及路拔寨北歸兼令王覲察同程琱到城下云非是不來打城乃爲兩朝和好不欲違盟我大金人馬與太子郎君暫且北頭去也不是怕你本府自圍閉以來不住接戰斬獲數多兼曾殺其四太子都厮赫改作多斯德大王等酋首刪此二字及城上多張神臂弓矢石等乘間擊射賊人往往畏避不敢輕犯密使人探得賊改作敵情大段憂疑至數日必是遁去又竊慮民間尚有

疑惑已榜河南北市曉示各令知悉

十九日乙酉太上皇后還京師車駕出郊奉迎

二十日丙戌太上皇回鑾至南都

二十三日己丑高世由等守澤州有勞除直龍圖閣通判時擴除直秘閣

三省樞密院同奉聖旨澤州高世由等守州城使黏罕改作尼堪不敢以兵犯宜加褒賞詔三省樞密院同奉聖旨知澤州高世由特除直龍圖閣通判時擴可直秘閣其餘守城有功人令世由等具狀保明聞奏奉敕下項朝請大夫權知澤州高世由可直龍圖閣朝奉大夫通判澤州時擴可直秘閣差遣如故敕高世由等承平日久戎備侵弛屬胡改作敵騎之猖狂改作侵淩悼吾民之奔潰爾等奮於忠義克保孤城相彼經行率多降敵稽考其效敢後褒旌服我恩榮終全名節可依前件

二十四日庚寅姚古收復隆德府

河東制置姚古狀申尚書省恭依聖訓分遣將兵前去救援太原已於今月二十四日收復隆德府訖及生擒僞知府姚璠太師通判郝仲少監知縣儲孜并知縣印記今解送姚璠等赴闕者

幼老春秋曰姚古克隆德府初姚古爲熙河路經略使也鞏州王德有赴功名之心以武勇隸其麾下古爲河東路制置使以兵救援太原府也與宣撫司幹當公事折彥質相遇於懷衞之間未得虜改作敵之虛實聞隆德府威勝軍已爲金人所陷沒古乃遣德硬探德斬虜酋改作金將一人持首以還具以虛實報古遂補進武校尉復令德往且戒其必得生口將親詰之德許諾引十六騎疾驅入隆德府生擒僞知府姚璠太師以還古大驚謂曰昔傅介子班超之倫何足以

相擬他日功名須遣到右卽引衆疾趨復取隆德府擒僞通判郝伸少監僞知縣儲汶幷知縣印記解送赴闕上臨軒問姚璠被擒狀璠曰臣爲夜叉所獲自是德有夜叉之號

范仲熊北記曰姚古別將陳迪擒大金所置知府姚璠以歸

手詔諸路選將練兵

手詔諸路遴選將佐訓練正兵招納闕額繕治器甲儲蓄芻糧預備軍須陝西諸路召募敢勇河北訓練保甲盡數團結陝西選擇保甲三萬人分作十軍鼎

澧路弓箭弩手揀選六千人一千騎湖南北路峒丁選揀各六千人聽候朝廷指揮河北京東西弓箭社射生戶預行團集仍具的確人數申樞密院

二十五日辛卯李綱自南都回至闕

中山路安撫使詹度河東安撫使張孝純高陽關路安撫使陳遘守城有功並除資政殿學士

宇文虛中落職宮祠鄭望之李鄴前除戶部侍郎幷給事中指揮更不施行王孝迪落職提舉南京鴻慶宮

二十六日壬辰姚古收復威勝軍

尙書省劄子照會殺退金賊改作師出榜曉諭

河北宣諭使种師道奏昨奉聖訓保守三鎭逐金人出界臣措置催督進兵救援隨機應發追逐掩擊去後今月十日據种師中申契勘金人兵並已遍逐出界其中山河間府兩鎭幷沿邊諸州軍並平安奏聞事又中山府路安撫使司奏契勘金賊改作兵三月三日回途再到本府臣率士卒撓其寨柵賊改作敵知難攻遂過唐河遁還北去今月四日五更保州等處迫逃出寨並已過易州城分去訖本路保護僖祖順祖陵寢並無疏虞本路前後接戰及刦寨共八十餘次斬獲及擒賊改作敵兵共計五百九十九人及奪到孶

改作孳畜八千五百五十三頭匹口雲梯鵝車洞子器甲旗鼓等一萬七千四十六副件燒奪糧草四十三車奪到金銀匹帛等奪回虜去京畿及諸州軍人口五千二百一人一面散遣歸業人口不計數目幷收到遺下糧斛約六七萬石見行盤量奏聞事又河東路制置使姚古狀申恭依聖訓分遣將兵前去救援太原三月二十四日已收復隆德府生擒僞知府姚璠通判郝伸知縣儲汶二十五日又收復威勝軍了當又竊慮民間尙有疑惑已榜河南北市曉示各令知悉

二十七日癸巳李綱自應天府奉迎回乞宫祠

傳信錄曰是日宰執奏事延和殿進呈車駕出郊詣資福寺迎奉道君儀注耿南仲建議欲盡屏道君左右内侍出榜宫門敢留者斬先遣人搜索然後車駕進見余以爲不若止依常法不必如此示之以疑必欲過爲之防恐卻有不可防者南仲曰易曰或之者疑之也古人於疑有所不免余曰古人雖不免於疑然貴於有所決斷故書有稽疑易曰以斷天下之疑儻疑猜不解如所謂竊鈇者爲患不細南仲紛紛不已余奏曰天下之理誠與疑明與闇而已誠則明明

則愈誠自誠與明推之可以至於堯舜疑則闇闇則愈疑自疑與闇推之其患至於有不可勝言者耿南仲當以堯舜之道輔陛下而其人闇而多疑所言不足採上笑之而南仲艴然怒甚既退再召對於睿思殿賜茶訖南仲忽起奏曰臣適遇左司諫陳公輔於對班中公輔乃二月五日李綱結搆士民伏闕者豈可處諫職乞送御史臺根治上及宰執皆愕然余奏曰臣適與南仲辨論於延和殿實爲國事非有私意而南仲銜臣之言故有此奏伏闕之事陛下素已鑒察臣不敢復有所辨但臣以菲才冒處樞輔仰荷特達之知未能有所補報區區素志欲俟賊改作敵騎出疆道君鑾輿還闕然後求歸田里臣之願也今南仲之言若此臣安敢復留願以公輔事送有司臣得乞身待罪上笑曰伏闕士庶以億萬計如何結搆朕所聞知卿不須如此南仲猶不已余因再拜辭上出居啟聖院不復歸府入劄子求去劄子曰臣聞見危致命臣子之常分陳力就列古人之格言方艱難之時故當徇國忘軀而於揣分量才又有不能則止之義輒伸愚懇上瀆天聽伏念臣賦性蠢愚學問荒淺比由庶僚荷陛下異恩擢在政府自蒙委任夙夜究心

外捍疆敵内安眾志上賴宗廟社稷之靈陛下仁聖所格醜類改作敵人退師京邑安疆傳檄而三鎮堅守奉使而兩宫協和區區之忠志願麤畢而臣自事變以來夜以繼日無時暫休智術殫於思慮意氣索於憂虞内度綿薄實難勉强況今朝登老成賢智並用正論得伸於廟堂德意下洽於海隅自此天下豪傑忠智之士當連茹而進内修政事删此二字外攘夷狄删此二字以副陛下嘗膽臥薪之意顧如臣者材術既疏心慮憒耗深恐有誤使令以速罪戾伏望聖慈許罷臣樞密院事特除一在外宫觀任便居住則仰荷陛下終

始保全之恩捐軀報國期於異日干冒天威取進止
奉御批今封還卿奏豈可如此託付之意至矣更勿
少疑不得再有請雖累百章亦當封還
誅趙良嗣於郴州
監察御史胡舜陟奏伏見今日搆成邊患幾傾社稷
實自歸朝官趙良嗣始今猶居郴安處善地典刑未
正公議不容奉聖旨趙良嗣取首級令廣南西路轉
運使李昪之監行刑子孫送吉陽軍編管
二十八日甲午李綱再乞宮祠
第二劄子曰臣適具奏以備經憂虞心慮憒耗乞罷

臣知樞密院事除一在外宮觀差遣伏蒙聖慈特降
封回所奏章御批訓諭令不得再請聖意隆厚感戴
天恩非臣捐軀所能上報竊念臣奮自寒苦初無所
長遭遇陛下龍飛之初適丁艱難國家多事被隆獎
擢得見危致命少效臣節都邑底甯夷狄遁歸刪此四字
斯皆陛下聖聽所致如臣何力之有然而危疑之跡
疏拙寡助力小任大夙夜憂恐自非陛下深察而保
全之甯有今日常願俟賊馬改作敵兵既退三鎮無虞上
皇鑾輿還闕二聖重歡目覩盛事乞身歸休安於田
畝乃其素志適今早進對與大臣議論不合遂詆臣

以士庶伏闕之事疑臣結搆至欲御史根治伏念臣
備位樞管橫遭誣衊有玷國體甯不動心所以遽上
封章實非獲已雖蒙聖恩委曲宣諭終不自安伏冀
哀矜使遂所請未塡溝壑誓當捐軀以圖仰報臣更
不敢供職見般出啟聖院安泊聽候指揮取進止奉
御札依已降旨不許般出啟聖院依舊赴院供職
第三劄子曰臣伏蒙陛下以臣上第二劄子乞在外
宮祠特降御批令臣依已降旨赴院供職仰荷聖恩
彌深感戴臣聞難進易退者君子之風貪位慕祿者
人臣之戒臣自庶僚荷陛下特達之知擢參大政遂

長樞庭所以輒受而不敢固辭者蓋以時方艱難義
當自竭雖叨冒非恭不自知其不可然於君子難進
之義已不能無愧今日賊改作敵馬既回國勢初定庶
幾引退以補前愆至於貪位慕祿則非臣之素志也
况因廷對同列議論偶有不合遂遭詆誣苟包羞忍
恥强顏取容不唯有玷國體亦將取輕於陛下其何
以協贊帷幄之謀折衝萬里故敢仰恃大恩乞身而
退庶幾去就之節上無愧於古人伏望聖慈矜臣區
區非敢沽激特從所請勿使顚擠荷恩無窮沒齒難
報見今已在啟聖院聽候指揮取進止奉御筆可赴

院供職不得再有陳請今封還卿奏

監察御史余應求劄子言中人不可預軍事

臣嘗觀自古中人預軍政未有不爲患者故齊寺人貂漏師於多魚夙沙衛殿而二將見獲唐用監軍每無成功此可爲後世深戒者國家近年邊事專委童貫譚稹終爲大禍幾危社稷今兵革未弭選將擇帥當固委任責以成效所遣中人不過隨軍承受奏報文書而已不使之干預軍政也臣竊見近者河東承受王嗣昌奏請畫一乞令日報將兵復驗首虜提點賞犒催促糧運及差發探報動息出入皆報承受所

則是又預軍政矣雖名承受其實監軍也夫軍政不專於主帥而關決於承受則動有牽制進退狐疑又唐之監軍多擁精兵自衛勝則坐分功賞退則引兵先遁今嗣昌又乞以隨軍步馬各兩隊防護若近裏勾當抽摘隨行防護如是又踵唐監軍之跡也如此豈有挺身赴敵死於行陳之意哉朝廷不察其意而從之臣恐將帥依違不能專制又慮積日累勢他時爲制將自茲始矣臣又觀童貫之初用事也爲河西蘭會路承受而已繼而爲措置邊事又爲安撫制置使又爲宣撫終之爵郡王職樞管譚稹之初用事也亦熙河蘭會路承受而已繼而爲勾當公事又爲淮浙制置末乃爲河東宣撫使蓋其由來有漸非一日之所獲也今嗣昌初爲承受預軍政師還有功後或任使豈不少假之權寖以隆盛安知數年之後不復爲貫稹者乎易曰履霜堅冰至言防微杜漸當辨之於早也陛下方修法度以治內命將帥以事外委任甚專不從中制愼守典憲無敢侵紊而嗣昌陳請乃欲干預軍政擁兵自便首爲亂階漸不可長伏望聖明追還所請重賜竄責以爲中人預軍事之戒以示專任將帥之意不勝幸甚取進止奉聖旨王嗣昌奏

請畫一指揮更不施行

賜進士出身頭品頂戴四川等處承宣布政使司布政使淸苑許涵度校刊

三朝北盟會編卷第四十四終

三朝北盟會編卷四十四校勘記

不須詣亳社西都（詣誤作治）　因問虜騎攻圍都城守禦次第（脫攻圍二字）　便可佩服（佩誤作珮）　初余次拱州（脫余字）　得旨來早辭訖（脫來字）　臣弗敢忘（忘誤作妄）　唐河北岸（誤作岸北）　見般運車仗（見誤作兒）　時擴（一作時桓）　河北京東西弓箭手（手誤作耐）　追逃出奏（追誤作迫）　斯皆陛下聖德所致（德誤作聽）　甯不痛心（痛誤作勤）　故敢仰恃天恩（天誤作大）　乞從所請（乞誤作恃）　京邑安堵（堵誤作彊）　當因委任（因誤作固）

三朝北盟會編卷第四十五

靖康中帙二十

起靖康元年三月三十日丙申盡四月十六日壬子

三十日丙申蔡京責授崇信軍節度副使德安府安置蔡攸前去省侍

太上皇自淮浙回鑾已泝汴過宿州先是蔡攸已降授大中大夫提舉亳州明道宮任便居住已解行宮使又有旨令攸專一扈從道君還闕攸具奏奉迎使副並至行宮臣罪戾之餘宜退伏田里乞依已降責命罷專一扈從職事聞又差攸行宮副使朝臣慮攸入京城别肆奸心乃因上言故有是命

臣寮上言臣等伏見蔡京父子當國日久竊弄威柄敗壞綱紀使朝廷失信於四夷致上皇負謗於天下軍民怨憤士論沸騰前後臣寮論列非一其他元惡巨奸悉已竄逐獨京父子尚遲回近甸未正典刑訪聞攸不自引避欲以扈衛行宮爲名僥倖入都竊聽民言深可憂慮若攸果入都城則百姓必致生變萬一驚犯上皇屬車之塵則坐不預言之罪伏望陛下特降睿旨早賜黜逐施行三月三十日奉聖旨京攸

累有言章蔡京可責授崇信軍節度副使德安府安置攸本合重責爲勸上皇北歸已降授大中大夫提舉宮觀特依已降指揮令前去省侍

敕曰呂刑三千論罪莫先於誣上舜功二十知人實本於去凶若稽先聖之格言參酌庶民之公論肆於元惡敢廢刑章責授中奉大夫守秘書監分司南京致仕蔡京以疏虞不學之資使輕果敢爲之氣自初登用首務更張巧緣紹述之名公肆封持之計列聖貽謀之憲度埽蕩無餘一時異議之忠賢誅鋤略盡竭府庫之儲以供浪費偷爵祿之寵以市私恩黎元

三朝北盟會編　卷四十五　二

深痛而無復樂生志士隱憂而至於祈死當上皇之覺悟畏天戒之昭垂厭困衆惡而斥疏卒以自營而收召乃至交通宮禁黷用邦財眞同妾婦之爲孰異穿窬之恥逮眇冲之臨御屬中外之艱虞靡知狥國之忠但出全軀之策靖言蠹敗已無及於噬臍悉舉愆尤殆不勝於擢髮彈章疊至匪朕敢私誚捨彼豺狼安用狐狸之問而養滋稂莠灼知禾稼之傷原情本合於殲夷遠佞姑從於屏棄體予恩宥無怠省循可責授崇信軍節度副使德安府安置

四月三日己亥太上皇至自鎮江府車駕出宜春苑奉迎

太上皇還自鎮江上出郊奉迎太上皇戴玉並桃冠著銷金紅道袍入自興宋門都人皆夾道觀之無不欣喜居於龍德宮耿南仲建議盡屏其左右於是內侍陳思恭蕭道李琮張見道十人並行貶黜不許入門敢留者斬

六日壬辰車駕詣龍德宮起居

靖康遺錄曰上皇每有手筆付上自稱老拙謂上爲陛下猶時取財物須賜左右上令開封尹籍所入龍德宮物數目有得賜者出卽納之於宮

三朝北盟會編　卷四十五　三

李綱狀奏乞免從駕再入劄子乞宮祠

臣伏蒙陛下特賜中使宣押赴祥曦殿起居從駕難以口述已具劄子乞在外宮祠及夜來傷風頭目昏眩今來駕詣甯德宮所有隨班起居從駕難以趁赴伏望聖慈特賜蠲免具狀聞

又第四劄子臣累具劄子乞在外宮祠未蒙俞允今早御藥梁平等宣押赴祥曦殿起居從駕至甯德宮臣不敢不遵稟聖訓然而臣於進退之義有不得已者方欲再具劄子上冒天聽復蒙聖慈特降御批促令供職仰荷厚恩非臣殞首所能報稱臣聞匹夫不

可奪志臣區區之志欲只俟邊境甯靖國勢安定上皇還宮卽丐外補已嘗累具奏知非緣昨日與大臣議論不協之故因事輒發伏望睿慈察臣忱辭特從所乞雖處田里敢忘大恩臣不勝祈懇之至謹具四劄子奏知取進止四月一日奉御批不允仍依累降指揮勿更有請

詔曰卿忠義之志朕所素知方國家多難實賴共濟不得再有請便赴院供職

又詔　卿屢貢封章懇求去位自陳危懇甚駭予聞迺者虜敵改作在近郊士庶伏闕一朝倉卒衆數十萬

忠憤所激不謀同辭此豈人力也哉不悅者造言何所不至故卿不自安殊不知朕深諒卿之不預知也前日宰執臺諫沮師敗謀隔塞公議已悉罷逐方今四海所賴以爲輔佐者多聚廟堂朕於任賢勿貳去邪勿疑自以爲庶幾焉卿其深體朕心亟安厥位以濟國事

謝表臣綱言伏蒙聖慈以臣累具劄子乞外任宮祠特降親筆手辭曲加撫諭令安厥位以濟國事者冒貢忱辭方懼雷霆之震特頒温詔遽竊雲漢之章旣明辯其謗讒又勉勵以國事隆恩命薄感極涕零伏念臣結約無奇迂愚有素幸遇雲龍之會獲施犬馬之勞受知旣越於常倫得謗遂生於外意儻非上智曷諒微忠伏蒙皇帝陛下燭以天光形於奎畫安危疑之孤跡洗黯闇之厚誣遂中山之功豈曰樂羊之力辯博陸之譖實由漢帝之明臣敢不仰體眷懷勉安職守修政事而攘夷狄改作鋒鏑方日奉於睿謨指軀命以報國家誓力酬於天造

李綱奏備邊禦敵八事

臣伏以金人退師交割三鎭官吏軍民不肯陷溺夷狄删此二字其勢必爲朝廷堅守天時寖熱而虜改作敵有

輜重之累必不能久留卽今出疆臣恐秋高馬肥虜改作敵必再至以背前約及今宜飭武備修邊防勿恃其不來恃吾有以待之謹上條具所以備守禦邊者凡八事其一謂唐之藩鎭所以拱衛京師雖累有變故卒賴其力而及其弊也有尾大不掉之患祖宗鑒之銷藩鎭之權罷世襲之制施於承平邊備無事則可在今日則手足不足以捍頭目爲今日之計莫若太原眞定中山河間建爲藩鎭擇帥付之許之世襲收租賦以養其將士習戰陳相爲唇齒以捍金人可無深入之患又滄洲與營平相隔黃河下流及小海

其勢易以侵犯宜分濱棣博德建横海軍一道如諸鎮之制則帝都有藩籬之固矣

其二謂熙豐以來籍河北保甲凡五十餘萬河東保甲凡二十餘萬比年以來不復閲習又經燕山雲中之役調發科率逃亡流移散爲盗賊今所存者僅及一半宜遣使團結訓練各令置器甲官爲收掌用印給之蠲免租賦以償其直武藝精者次第遷補或命之官以激勸之彼既保鄉里親戚墳墓必無逃遁又平時無養兵之費有事無調發之勞此最策之得者

其三謂自祖宗以來養馬於監牧擇陝西河東河北

美水草高敞之地處之凡三十六所比年廢罷殆盡更爲給地牧馬民間雜養以充數官吏具文以塞責而馬無有善者又驅之燕山悉爲敵人所得今諸軍缺馬者大半宜復祖宗監牧之制權時之宜括天下馬量給其直則不旬月間數萬之馬可具也

其四謂河北塘濼東抵海西抵廣信安肅深不可涉淺不可行舟所以限隔胡（改作敵）騎恃爲險固而比年以來淤澱乾涸不復開濬官司利於稻田往往洩去積水隄防弛壞又自安肅廣信以抵西山地形下低處可益增廣其高仰處即開乾濠及陷馬坑之類宜專遣使以督治之

其五謂河北河東州縣城池類爲頽圮湮塞宜徧修治而近京四輔諸郡畿邑皆須築城創置樓櫓之屬使官吏兵民有所恃而安萬一有賊（改作敵）騎深入虜掠無所得可以坐困

其六謂河北河東州縣爲賊（改作敵）馬殘破蹂踐去處宜優免租税以賑恤之往年方賊擾浙東猶免三年今三鎮之民爲朝廷固守安可不議所以大慰其心者

其七謂河北河東諸州最以儲峙糴買糧草爲急務

宜復祖宗加擡糧草鈔法一切以見緡走商賈而實塞下使緣邊諸郡積蓄豐衍則虜（改作敵）不敢動矣

其八謂陝西解鹽無煮煎之勞而給邊費足民食其利不貲自行東南鹽法而解鹽地分益狹西邊益貧願復祖宗舊制以慰關陝民心

臣寮上言將擅去朝廷人先賜罷黜以允公議

先是上皇東幸亳州大臣權貴不聞恤國家難者皆乞扈駕將家屬從其餘百官家屬去者侍從自尚書而下逃遁者如張權衞仲達何大圭等五十六人故有此論

舉使臣武勇指揮

聖旨在京令監察御史以上在外令監司知府軍及路分鈐轄以上俟指揮到限三日於大小使臣內公心選擇曾經邊任或戰陳及有武勇可以統衆出戰之人各舉二員開具歷任腳色保明奏聞卽不得泛濫緩急擢用仍不妨别處注授及具一般文狀申樞密院

十五日辛亥斡离不(改作斡里雅布)回至燕山

許採陷燕記曰先是斡离不(改作斡里雅布)陷燕山進兵南寇(改作下)留蔡靖在燕三月十五日斡离不(改作斡里雅布)蟾

目(改作棟摩)國王郭藥師等自南歸而肅王張邦昌同行士大夫見之有泣下者斡离不(改作斡里雅布)來約蔡靖以下官於昊天寺相見遂袖中出本朝所與國書令王汭等讀示蔡大學讀訖斡离不(改作斡里雅布)乃謂蔡公以下官曰趙皇失信致我南侵卻聞少宰甚得人情不然我未回來官人等且安心坐爲有少邊事議未定纔候定奪卻令與肅王同歸兼亦欲將少金銀令充果實費其言頗似婉順良久又謂蔡公曰大學有事可以說及蔡公曰念靖南歸好斡离不(改作斡里雅布)大怒頭面發赤曰待與你商量些好事都不肯商量卻只要歸好與蒙霜特姑(改作穆克珊坦塔)蒙霜特姑(改作穆克珊坦塔)者棍子敲殺也明日獨遷蔡公一家於皇城衆皆爲公危之詰旦余往見侍中劉彥宗曰昨蔡大學見二太子語稍方聞已還皇城或者恐有不測之禍望侍中與周旋之彥宗首肯曰少間當言之請無慮余旣退又遣人諭及曰但放心決保無虞後聞彥宗入皇城中旣回乃往見斡离不(改作斡里雅布)又兩日復還蔡公於高團練宅巡邏呵衛之後斡离不(改作斡里雅布)又來約本朝官於姚村淀觀射柳見肅王張邦昌已在而王雲曹矇亦來坐次甚遠語言不相接斡离不(改作斡里雅布)

乃謂蔡公曰大學忠臣也但安心將來和議了便可隨肅王過去因自酌酒三盞與蔡公飲之名曰過琖厚禮也

金人建元帥府設置官屬都元帥左右副元帥左右監軍左右都監凡七人

節要曰斡离不(改作斡里雅布)初寇(改作至)燕山黏罕(改作尼堪)初寇(改作至)河東稱都統府至是改曰元帥府乃劉彥宗之建議也以諳版孛極烈(改作安班貝勒)斜也馬(改作錫哩布)爲都元帥僞(删此字)皇帝盧保(改作隆普)移賚孛極烈(改作伊拉齊貝勒)黏罕(改作尼堪)爲左副元帥僞(删此字)皇子斡离不(改作斡里

(雅布)爲右副元帥僞(刪此字)皇弟撻懶(改作達蘭)爲左監軍兀室(改作烏舍)爲右監軍僞(刪此字)皇弟闍目(改作棟摩)爲左都監契丹耶律余覩(改作伊都)爲右都監東路之軍斡离不(改作斡里雅布)主之西路之軍黏罕(改作尼堪)主之虜人(刪此二字)呼作東軍西軍東路斡离不(改作斡里雅布)建樞密院於燕山以劉彥宗主院事西路黏罕(改作尼堪)建樞密院於雲中以王時慶主院事虜(改作金)人呼東朝廷西朝廷

十六日壬子太學生陳東上書辭免恩命及論列蔡京父子

書曰臣於今月十三日准尚書省敕一道賜臣迪功郎同進士出身臣不敢叨冒恩命謹以具狀繳申尚書省乞敷奏遣還成命者契勘臣於去年十二月二十七日合在學生伏闕下上書乞誅姦臣蔡京等六賊又於今年正月初六日三十日臣兩詣登聞檢院上書蓋因太上皇南幸申言六賊之姦又於二月初五日再合在學生伏闕下上書乞復用李綱并乞罷李邦彥等是日軍民不期而會不謀而同者十餘萬衆扣閽號呼驚動九重論臣之罪自當誅戮陛下仁聖赦其萬死在臣之分已是僥倖臣雖至愚麤知忠孝分義豈敢復萌一毫私心希朝廷恩賞今來遽被

恩寵令臣恐懼莫知所以伏念臣所言姦臣蔡京等六賊者以天下壞亂至極乃致夷狄(改作金人)侮慢中國上皇避位而去陛下新即寶位遽勞北顧之憂事至如此皆京等所致臣等諸生謂陛下即位之初當大明誅賞以示天下又況方欲鞭笞夷狄必(刪又況至此九字)先立我國威以正內勢六賊不滅國威不振是必先誅京等然後賞罰明而國威立則在位之臣必能悉心協力助陛下大有爲於天下誰敢懷姦誤國如京等耶夷狄(改作敵人)聞之必望風遠遁此臣伏闕之本心也二月五日所言乞斥李邦彥等而復留李綱蓋於初四日早聞得李綱廢罷而軍民怨憤洶洶可畏臣等深恐不測之變瞬息竊發料朝廷之上侍從臺諫之中必無爲陛下言者故乞亟復李綱以安軍民之心此臣等伏闕之本心也臣等諸生遭遇聖明各欲盡忠竭孝以戴君父事干社稷大計奮不顧身爲陛下言之豈敢於此僥倖官爵臣謂今日之所急者退小人進君子修政事攘夷狄(改作詰戎兵)小人未盡退君子未盡進故政事未甚修而夷狄(改作戎兵)未易攘(改作詰)也方今天下事無大小罔不蠹弊正須振頹起廢凡事刮磨整齊之然後可奈何猶坐視而不救乎臣知

之矣其大意有二焉陛下不斷則主威不立大臣懷私則公道不行主威不立則雖有大禹之憂勤文王之恭儉未能濟功也公道不行則雖伊尹之志周公之功亦不足觀也已臣何以知陛下之不斷而大臣之懷私乎蔡京蔡攸偷追典刑臣以是知之也蔡氏罪惡貫盈雖族滅不足以償天下之憤自崇甯以來蔡京專權跋扈壞亂天下窺伺神器動搖國本天下共憤之臺諫之官如陳瓘任百雨何昌言江公望等論列京罪章數十上近日言者備疏蔡氏父子之惡眾論不容如此終未正厥典刑以誅殛之臣以是知

陛下之不斷也臣亦知陛下非不欲殛誅其人也所以未能斷然不疑者豈朝廷之上有爲之營救也乎今諸大臣卒多蔡氏之黨往往附會牽合以蔽蔡氏之罪臣以是知大臣之懷私也臣謹按蔡京用事每有異心蓋嘗與蔡崇陰謀是時陳瓘之子來訴於朝蔡京怒之編置海島天下州郡城門之嚮帝都者素號朝天門京乃令更名曰朝京欲爲天下朝己之讖創興學法以貢士退歸者爲退送意謂送者宋也欲爲退宋之讖甚者建四輔以分天子之兵置三衛以弱天子之勢託祝聖而植臨平之山假利民而決輿化之水動皆不軌致姪俁之告變而繆爲心疾受孟翊之訛言而與之以官趙直以妖術附之張大臣竊議其惡前後言者論之甚詳想章疏具存陛下試取觀之可知其奸也至於複道曲河相通宮禁脅持君父言者或未及之又改公主郡主縣主爲帝姬宗姬族姬此其用意猶章章者蓋趙出嬴姓而姬姓蔡所自出京乃使天子之女悉從己姓悖逆不臣有如此者頃歲張懷素與吳儲等謀反爲范蓼所告開封府制勘懷素供備言京嘗有謀是時開封尹林攄御史中丞余深實主其事二人乃京死黨力爲掩覆凡文

欵及京者必令禁毀京遂幸免其後攄深驟遷宰執皆京報之也京在相日動以數年不除一諫官意欲掩上皇從諫之聖以絕天下議已之言愚弄朝廷幾同兒戲天下皆知京有宗楚客之心使其得遂厥志必爲王莽無疑幸宗社之福其志弗遂耳京兄弟被遇三朝崇甯間京爲宰相卞爲元樞弟兄將相之權國朝以來所不許也京之凶焰可畏當時無敢言者京父祖子孫坐享高爵厚祿僥冒恩寵二十餘年義當子子孫孫捐軀報國前日邊報警急適在陛下即位之初北顧警撓不勝社稷之虞蔡京蔡攸乃與童

貫朱勔等盡挈家屬强挾上皇南去使陛下父子隔離晨昏之念日軫聖懷蔡氏父子祖孫不下數十人無一二留者曾有一毫事陛下心乎京既以扈從上皇爲名乃獨留拱州已無心於上皇矣臣灼見京留拱州甚不徒然意欲穩坐中間伺兩宮之安危然後自爲之地也萬一陛下當時果從羣臣之議決意他幸都城不守京必起爲賊用京固知夷虜醜類（此四字改作金人）必不能久有中原賊去（改作師旋）之後必乘勢據有我宋二百年之社稷以償其素志與其子孫朋黨內外遠近更相應援陛下雖欲力圖收復恐未易也若

或上皇渡江之後蔡攸等變亂遂成京必奔馳以就其子自江以南非朝廷有京之姦計每每如此聞京前日在拱州日夕飲晏樂聲不絕比至謫往西都則帶花飲酒徜徉城市偃蹇自若是曾以君父朝廷爲意乎陛下謂不誅之可乎蔡攸之罪尤不可容攸之爲人驕淫很傲在家則無禮於其親在朝則無禮於其君不忠不孝天下嚮聞閨門淫穢復不可道招權怙勢侵亂朝政燕山之役雖起於童貫而攸實副之陷沒士馬捐棄金帛不知其數買空城以紿朝廷冒取羣賞躐致公師久領元樞之任前日金賊（改作師）初起邊臣告急章奏累至攸輒匿之乃於私家收拾金寶密自爲備在朝大臣皆作去計略無一分捍禦之心直至虜寇（改作烽火）漸逼乃始奏聞遂至賊（此二字改作使敵）兵衝突徑造城下道路之言皆謂攸父子及貫勔等與虜（改作金）人結爲內應欲分我中國而主之所幸城中姦細數敗自知計弗得行乃挾我上皇倉遽遁去聞上皇爲攸等沿路刼持無所不至臣正月三十日上書正爲此也願陛下早發英斷以鋤禍根則在朝廷之臣孰不爲陛下用正如王黼梁師成非無黨與在朝廷者然二人已死彼亦灰心雖欲懷私不可得

已今朝廷大臣心懷蔡氏萬事掣肘遂使陛下刑威有所未當蓋京父子不誅而童貫朱勔亦得幸脫童貫之罪大於梁方平方平伏誅貫猶未也朱勔之罪大於李邦彥彥已死矣勔當何如蔡京父子之罪大於王黼黼既不免蔡氏父子尚可容乎陛下即位以來天下指日以俟京誅今乃遲遲如此天下失望聞京近到拱洛二郡百姓父老皆欲毆之今蔡氏父子所在之處萬一有爲陛下羣起而誅之以快積年之憤因成變亂陛下雖悔何及蔡氏不滅則天下之心愈益疑惑終不可解欲望平治其可得乎夷狄侮慢

之患何時而已刪夷狄至此十字此皆大臣懷私不恤國計陛下又不斷自宸衷必殺無赦天下何賴焉臣願陛下處事勿屈法徇情以苟且目前當事事思爲萬世法正如以臣上言之故遂欲自布衣加以爵命此豈可爲萬世法哉願陛下察臣誠懇追還成命臣獲安義分不勝幸甚臣以一介布衣輒敢抗辭君命罪誠萬死臣無任惶恐待罪之至

賜進士出身頭品頂戴四川等處承宣布政使司布政使清苑許涵度校刊

三朝北盟會編卷第四十五終

三朝北盟會編卷四十五校勘記

聞又差攸行宮副使聞誤作間　今來駕詣龍德宮龍誤作寵

難以趨赴趨誤作趍　龍德宮龍誤作寵　遂生於意外誤作外意

在外令監司知州軍州誤作府　以時立愛主院事時立愛誤作王

時慶　乞敷奏追還成命者追誤作遣　張大成成誤作臣　冒取

厚賞厚誤作覃　躐致公卿卿誤作師

三朝北盟會編卷第四十六

靖康中帙

起靖康元年四月十六日壬子盡二十九日乙丑

蔡京移衡州安置童貫郴州安置蔡攸永州安置

臣寮上言竊惟國家承祖宗積累之盛比年以來國用匱乏海內空虛細民愁苦盜賊縱橫金人乘中國無備輒以數萬騎直犯京闕者蓋將相大臣同惡相濟二十餘年所以至此蔡京竊弄威柄於前王黼竊弄威柄於後蔡京王黼敗壞法度於內童貫敗壞法度於外爭權競利其初雖相爲矛盾至於包藏賊心

害民蠹國則若合符節前後臣寮會累論其罪惡臣不復重陳造爲亂階均犯大惡竄殛之刑獨加王黼而蔡京童貫止於善地安置而已罪同罰異其誰不疑陛下即位之初大明賞罰以號令天下至於元惡大憝罪狀顯白乃復寬大雖天心隆恕務欲保全柰天下憤疾何柰四夷侮笑何若京及貫者不肆諸市朝不投之荒裔誠不足厭天下之意臣愚伏望陛下特加睿斷將蔡京童貫與王黼一等行遣庶使刑罰均平足以爲賊臣之戒奉聖旨蔡京移衡州安置童貫責授安化軍節度副使郴州安置蔡攸責授永州節度副使永州安置

王孝迪落職宮祠

臣寮上言臣伏覩陛下以大臣誤國悉行罷黜如李邦彥主和議李梲李鄴鄭望之奉使許地是也有索金銀於民間而措置乖方爲國斂怨莫如王孝迪今猶以秘殿峻職出守巨藩臣所未喻也謹按孝迪天資庸陋無一可用爲禮部尚書則禮部之事廢爲吏部尚書則吏部之事廢爲翰林學士則文詞疏謬取笑四方其不才如此豈宜參預大政第以李邦彥姻家縣引爲中書侍郎當國家艱難之際曾無一言之

補及索金銀而國人以陛下即位之初遭此變亂皆願效死以濟緩急又豈愛其寶貨哉但溫語勸諭無不可者孝迪輒大書巨榜揭於通衢以虜（金改作人）殺戮刦掠爲詞恐脅士民而不知辱國已甚又趣之太急使之告訐里閈之間無不怨憤所差從官指願之門差牒未受降官至今士庶皆笑其昬妄無所可用一至於此使臨方面民必受害伏望睿斷特賜罷黜仍褫其職名以釋國人怨憤之情奉聖旨落職與宮祠

右諫議大夫楊時論姚古不救太原

臣比聞黏罕（改作尼堪）三月中自太原分兵入汾州界至四月復還太原往來二州之閒如入無人之境所經縣鎮焚刦屠戮殆無孑遺王師坐視不救若非己事至四月半賊（改作敵）離汾州還太原統制林良器等四人方至汾州入城十餘日坐縻廪粟無敢向敵者姚古節制諸將擁重兵躬自逗遛不進宜諸將皆無肯用命也臣嘗論姚古逗遛請以軍法從事久未蒙施行今太原圍閉累月危急甚矣訪聞大兵尚在威勝軍無一人一騎入太原境者惟范瓊不受姚古節制獨能引兵稍進諸將逗遛古實爲之也柰何惜一姚

古不誅坐視要重之地而不救乎萬一太原之民以王師不救必謂朝廷棄之別生異心則禍起肘腋非金人之比不可不慮也自金人殘滅契丹人人知必有南窺之意矣郭藥師逆賊也包藏禍心亦人人知其必反王安中見禍亂已形覬幸脫歸不復以告蔡靖抗章論奏而自時中李邦彥蔡攸蔡懋等蒙蔽苟安恬不加恤寖成大患今太原危急如此朝廷當以前事爲鑒不可緩也一失太原則大事去矣臣願陛下明詔大臣悉力措置速正姚古逗遛之罪誅之以肅軍政遴揀有武略可任者代之偏裨有不用命者一以軍法從事庶幾士氣稍振使敵人有所忌憚若朝廷未欲遽誅大將姑用前代故事則盡行削奪使白衣從軍以責後效猶之可也不爾則秋冬之交風勁草衰强寇（改作敵）長驅而南益無忌憚悔無及矣惟陛下留神而幸聽之○舊校云自金人殘滅契丹至大事去矣龜山先生集無此一段

林泉野記曰古陝西人爲邊將從童貫戰西夏屢有功又從收燕山累官秦鳳副總管後爲熙河路經略使加節度使金人犯闕（改作入汴）率眾勤王圍解加檢校少保河東制置使及虜再圍（刪此三字）太原（下添再被圍字）詔諸

將解圍古及种師中聞虜（改作敵）兵少不知其詐也於是各率兵數萬約古出河東師中自河北日行四十里赴太原古至威勝軍師中慮古先到成功乃日行八十里虜（改作諜）知以輕兵拒險使古不得進以重兵迎師中至榆次縣相遇大戰師中死之後數日古遇虜（改作敵）於盤陀兵皆潰子平仲善騎射從童貫戰西夏葦城勇冠三軍平方臘立奇功從种師道入援都城上密令以屯兵七千刦虜寨不勝李綱范瓊王師古率兵援之皆敗平仲被殺今上即位思其忠勇疑平仲不死詔諸路尋訪發赴行在

十八日甲寅詔以虎符起兵李忠定公撰○舊校云此詔

詔曰朕初嗣歷服遭時艱難犬羊之羣敢肆陵侮侵犯删犬羊至此十字邊境下添失守達於删此二字京畿下添震驚字賴宗廟社稷之靈賢士大夫勤王將士之力以充捍禦而倉卒之閒輔臣失計割三鎮以賂之天啟朕心屏去姦回決策堅守今者重兵尾襲賊改作敵騎遁逃朔部無虞與天下同慶然而虜改作敵情狡獪未有所禦秋高馬肥慮復侵軼非以虎符起天下兵扼控邊陲蕩攘羣醜則何以震慴狂虜改作强敵奮張國威以定中興之策詔到仰諸路按撫總管鈐轄司各下所管州軍遴選將佐訓練正兵招塡闕額繕治器甲儲蓄芻糧預備軍須以聽朕命夫一歲之閒而再動師旅良非獲已共攄大憤以圖休息茲惟其時

徐處仁奏行馬政

徐處仁劄子奏臣聞唐初得突厥馬二千匹又得隋馬三千於赤岸澤縱之隴右監牧之制始領以太僕又以尚乘掌天子之御左右各六閑爲祥麟鳳苑二廏以繫飼之後又增置飛龍廏於禁中初用太僕少卿張萬歲領羣牧自貞觀至麟德四十年閒馬七十萬六千置八坊於邠岐涇甯閒八坊之田千二百三

十頃募民耕之以給芻秣八坊之馬爲四十八監而馬多地狹又析八監於河西豐曠之野方其時天下以一縑易一馬自萬歲失職馬政頗廢至開元中王毛仲領閑廏初監馬二十四萬匹後乃至四十三萬牛羊皆培蒔茼蔆苜蓿千九百頃以禦冬市他畜售絹八萬用是觀之馬政得人其利如此今川陝馬綱道路芻秣不時比至京師僅存皮骨給與諸監往往不堪養飼斃於牢櫪所費雖多無補軍政今欲乞令外路軍合請馬兵級給劵差官管押親詣陝西見今有馬監據合用數請領其不切養飼致有死損外嚴行科罪雖有往返勞費然自此軍人各得善馬可備出戰爲利甚大所有起綱馬至京選大小使臣管押添差人兵嚴立殿最賞罰必行庶幾稍革日前弛慢之弊左右騏驥院每月令本曹郎官察院御史太僕少卿分詣點檢騏驥院官吏及教駿兵級據所管馬死損多少以爲賞罰冀馬政漸修禦戎有備如蒙聖慈允許乞送詳議司檢具各項條制及畫一指置事行下合屬去處疾速施行從之

徐處仁奏乞拘戶絕田土召募鄉兵

徐處仁劄子奏臣竊惟金賊改作師遠遁改作去邊鄙稍

甯正當預講經遠之謀以善其後訓兵積粟今正其時然多屯兵則糧運至難少屯兵則不足禦敵要之二者皆非經遠之長策也臣今欲乞委河北河東京東西安撫提刑司京畿提刑保甲司根括州縣逃移戶絶籍沒應係官田更不出賣召募強壯之人授之以田便爲永業各養堪披帶戰馬一匹其頃畝之數課習之法部轄之階級賞格之等第並依陝西弓箭手條法無事則服田力穡有警則釋耒荷戈武藝髙強者特與給賞捕盜有功者稍加錄用使之競勸樂於征戰以上並召人情願仍許世襲則一二年閒可

得精兵數萬既皆土著之人習山川險易且有保護墳墓財產之心遇有警急人自爲戰較之發兵以往萬萬不侔唐韓愈云與兵滿萬不如召募數千此之謂也仍欲乞將河北等五路給養馬戶下所養之數願以弓箭手計地養馬教習者聽其給頃畝亦依弓箭手若人戶自有田業願養馬習戰者將戶下田土依弓箭手所給頃畝免夏秋二稅及諸般科役專委提刑保甲司春秋兩次遍行點檢課試激賞並如弓箭手法則又可得騎兵數萬要在監司帥守悉力奉行委有積效優加旌擢如或吏似日前更張虛數僥冀賞典及漫不加意州縣當職官及監司並宜重行誅竄以革誕謾之風數年教習既精軍聲必振不惟可省轉餉之役兼可漸成富強之威其法既成其利甚溥惟陛下果斷而力行之如蒙許允即乞送詳議司檢具合用條法畫一約束事件行下合屬去處疾速施行從之自後亦不見成效

耿南仲門下侍郎

敕爲君莫大於知人用人莫先於求舊置諸左右必惟正直之臣重於典刑益顧老成之智眷時賢弼進貳東臺肆敷寵章以昭茂烈大中大夫尚書左丞耿

南仲清明不撓惇大有容迪德爲君子之儒窮經得聖人之旨道適堯舜之正言合稷契之忠翊贊青宮久資調護之益參陪巖廟更殫啟沃之誠智侔蓍龜氣貫金石矧薰門出納之地大政襟喉之司茲疇俊庸用申褒律噫呂望天下之大老蕭何一代之宗臣惟我耆英豈愧前哲勉攄所學永底丕平可門下侍郎

二十日丙辰斡离不（改作斡里雅布）發常勝軍歸本貫至松亭關盡殺之以郭藥師爲燕京留守

斡离不（改作斡里雅布）同至燕即令常勝軍納馬已而納器

甲弓劍其自南歸所部常勝軍三千人行至涿易亦令納器甲至燕山又令納馬立賞以捕之而常勝軍無敢齟齬者四月十八日金人榜市曹云先起郭相常勝軍皆鐵州人久離鄉土墳隴仰於四月二十日盡歸本處居住常勝軍官不欲行千人長百人長等數十人往見斡离不（改作斡里雅布）辭其行斡离不（改作斡里雅布）曰天祚待汝如何曰天祚待我等厚趙皇如何曰趙皇待我等尤厚斡离不（改作斡里雅布）曰天祚待汝厚汝反天祚趙皇待汝厚汝反趙皇我無金帛與汝等汝定亦反我我無用爾等於是皆惶悚而退既行遂遣女眞四五千騎以搜檢器甲爲名於松亭關路無問老

幼皆掊殺之并取其財物由是常勝軍之起義（删此三字）八千人皆盡而藥師平日所謂牙爪者無遺類矣又遣人於張令徽家搜檢器甲令徽甚惶恐又賜郭藥師姓完顏爲燕京留守實不與府事後斡离不（改作斡里雅布）劉彥宗同過山西與黏罕（改作尼堪）議事繼而藥師並家屬亦往或云拘之泊淀中矣

中興姓氏叛逆傳曰郭藥師契丹將也初遼人爲女眞所攻召募遼東饑民先是宜州募到者謂之前宜營後募到者謂之後宜營如前錦後錦乾顯大營嚴州營總謂之怨軍以董小醜羅青漢郭藥師爲將領隊長以統之有八營共二萬八千人董小醜被誅羅青漢率怨軍作亂遼人遣蕭幹討之藥師內變殺羅青漢就招安蕭幹擢用爲統領燕王即位改怨軍爲常勝軍藥師累功守金吾衛上將軍守涿州燕王死童貫以大兵駐高陽關藥師囚涿州刺史蕭慶雲先遣團練使趙鶴壽奉表降於貫將精兵八千鐵騎五百并一州四縣皆歸於朝廷。（舊校云史作以涿易二州來歸）加藥師恩州觀察使令隸劉延慶軍爲鄉道藥師獻入燕之策延慶從之遣藥師選常勝軍及西兵五千騎同襲燕山藥師遣數隊雜鄉民奪迎春門入陣於憫忠

寺前遣七將把諸門進兵抵宣和門外遣人諭蕭太后令早降不從契丹領兵死戰藥師退走雙門下（下涿下字）下馬步戰又敗皆棄馬與楊可世墮城而下兵將死傷大半契丹四軍大王蕭幹牽藥師可世全裝甲馬以示延慶軍恐而潰後以平蕭幹功加節度使金人以燕歸朝廷與詹度同知燕山加檢校少保藥師以節鉞欲居詹度之上朝廷爲移詹度河間府藥師以降將爲上寵遇賜賞之厚不可殫名或引之入宮禁藥師寖驕識者知必爲朝廷憂時人比之安祿山詹

度在河間嘗奏曰昨蒙恩帥燕竊見郭藥師瞻顧不常輒懷異向蜂目鳥喙怙寵恃功兼常勝軍暴掠燕人子女攘奪居舍藥師縱之不復彈壓臣常論其逆節已萌及尾大之患漸不可長仍乞以閒田授常勝軍計口支糧以便公私皆不蒙施行而藥師凶橫日甚居處服用率用番儀仍僭（下添遼字）舊酋（改作主）之禮如置差遣司禮樂司用龍鳳旗鼓之類皆非人臣之分臣竟緣藥師不依御筆官序互有論列尋蒙改命河閒自後雖與之通書講鄰帥之好然探頤往來之人知藥師必有陰謀所以夙夜守疆密為之備計其利

害不在燕山之下今果聞與金人交結背負朝廷與禍不遠緣臣素與藥師嫌疑當此之際固當竭力挫其奸謀更祈速發援兵庶幾殄滅以寬聖主北顧之憂詔梁州盧宗原體究未行而聞斡离不（改作幹里雅布）犯燕山藥師出兵白河初與之馳逐其將張令徽不戰先走步軍隨之大敗藥師執安撫使蔡靖轉運使呂頤浩李與權提舉茶鹽沈琯以燕山府叛降大金盡以宮禁奢侈中國無備之事告大金導之京師將二千騎至濬州先據橋南以邀王師擁入河者數千直至城下大金用之大金退師每用藥師陷河北諸州

斡离不（改作幹里雅布）回至燕山知常勝軍反覆下令盡發歸本貫至松亭關遣女真數千騎盡掊殺之以藥師為燕京留守又遣知平州後黏罕（改作尼堪）以余覩（改作伊都）叛疑藥師預謀追至元帥府獄鞫之既而獲免藥師家富於財牛馬不知其數奴婢千人黏罕（改作尼堪）謂財能動人盡奪之囚歸女真之域子安國亮時預南侵之謀亮犯淮上統兵為先鋒亮被弒安國為亂兵所殺

二十八日甲子鄜延路軍馬使黄迪與陝西諸路人馬王迪等駐軍於汾州東北上賢

探騎報金人賊（改作兵）馬見去三十里下安寨是夜權都統黄迪令造飯擐甲以待見賊（改作敵）至傳令云不得出兵各守本寨

二十九日乙丑何灌子孫並行羈管姚平仲令立賞捕捉

臣寮上言何灌姚平仲敗事其何灌子孫若行削奪羈置庶使將帥知逃遁者禍及子孫有以累其心至姚平仲恐當差人根捕行遣倘或又如往歲藏竄半年以復用無所懲罰取進止四月二十九日奉聖旨何灌子孫並勒停送唐州羈管姚平仲立賞錢三千

貫文告捕白身人補承信郎有官人轉三官

黏罕改作尼堪破黃迪寨諸寨皆被害

是日侵晨黏罕改作尼堪遣甲騎千餘人自太原路來至黃迪寨屹立移時覩望我壘是時王師駐於上賢者凡九寨並在北岡上皆相去數里咸遵黃迪令並不出師金人繼又有騎兵分九頭項前來並有别騎去寨三五里閒其元來者甲騎乃趨汾州路去把我來路其九項賊馬各對一寨駐騎久望黃迪寨者先來逼壘乃遣神侼弓三隊出寨於高阜處上射其賊馬此三字改作敵相射移時我矢告盡迪復遣三隊出寨方將半賊馬此二字改作敵不避矢石俱直衝轅門迪寨遂破繼

而諸寨皆被害其器甲軍須悉皆委棄官兵市民洎運糧人夫死於賊此二字刪者無數餘皆奔潰

賜進士出身頭品頂戴四川等處承宣布政使司布政使清苑許涵度校刊

三朝北盟會編卷四十六終

三朝北盟會編卷四十六校勘記

乃復寬貸貸誤作大　指權貴之閒權貴誤作顧　仰諸路安撫安誤作按　本院監察御史本院誤作察院脫監察二字　及畫一措置措誤作指　益賴老成之智賴誤作顧　疇茲俊庸疇茲誤作茲疇　與陝西諸路人馬駐於汾州此條脫駐於汾州四字　黃迪等駐軍於汾州東北上賢黃誤作王此十二字應低格接入下段誤連上文　以冀復用脫冀字

三朝北盟會編卷四十七

靖康中帙二十二

起靖康元年五月五日庚午盡二十五日庚寅

五月五日庚午詔勸士民以財穀助軍興。舊校云此詔李忠定撰

詔曰朕嗣承丕緒夙夜兢惕思所以撫綏四海惠養元元以爲無窮之計而寇戎弗靖未能偃兵故將起天下之師以振國威然而興師十萬日費千金方積弊之後朕痛自刻勵罔敢汰侈罷斥浮冗粗給經費其於師旅之用仍未有以贍之也昔漢武帝募民入粟塞下而師賴以濟今朕上爲宗廟社稷之重將以

定中興之業下爲億兆蒼生之衆將以圖休息之期此忠臣義士協濟艱難之秋也應天下士民上戶有能推其財穀贏餘以佐軍興者仰州縣聽其自願不得抑勒不以多寡別項儲蓄專以充募兵養士之費具數申樞密院各以名聞朕將等第推恩以爲忠義之勸

八日癸酉河北河東宣撫司乞招兵以防秋

河北河東宣撫司言河北諸州正兵闕少於陝西募遊手惰民充義勇五路各四千人可趁防秋從之仍令尚書省撥降銀絹

蔡攸移潯州安置

臣僚上言臣聞善除惡者如去草之絶根不善除惡者如養虎之遺患其爲禍福非不較然易見自昔人主有一失而莫救者依違牽制坐視不忍決也臣謹按蔡攸大罪有七其小擢髮莫數不復道也以樞密之臣爲俳優鄙賤之事淫言媟語巧發應機怪服異裝俳諂獻笑出入禁闥遊處宮闈冒男女合避之嫌犯君臣至嚴之分闖闥不限堂陛陵夷攸之罪一也盜柄竊恩援引死黨父子兄弟自相戈矛伐異黨同門分越楚及京謫衡州有旨令攸隨侍自當聞命就

道乃頓跡滎陽積日不發既不順於其君復不孝於其親攸之罪二也朋比中官握臂交膝昵比恩私互輸誠款推挽呼吸相助攸之罪三也幽燕之役開釁啓戎改作構兵以方爭爲恢復以儌擾爲撫定以贅平檀之地捐之金人蜂蠆在懷虎兕出柙刪蜂蠆至此八字且公肆誕謾以爲不世偉績酬功之際超取上賞國公帝師一舉而委之偃蹇傲睨居之不疑攸之罪四也金虜改作人渝約詭謀已形藥師背恩逆迹又著帥臣將校章疏迭來自去年秋杪中朝士大夫切切私語知禍必至而攸帷幄謀臣邊機在手縱使不敏覩形亦

悟而秘藏覆匿不告於朝惴惴然惟恐前日罔功冒賞姦迹呈露至使金虜人改作長驅藥師助飯饑甸爲之繹騷兩路罹其荼毒聖主宵旰生民瘡痍伊誰致之攸之罪五也攸既有必至之禍不告於朝不謀於君上矣乃且汲汲爲妻孥念其家所蓄器皿若金銀首飾之類先自銷鎔爲輓裝計及虜敵改作至將捲室而東去襁褓之子苟可愛者悉攜以往猶偃然肆言曰得旨扈上皇駕縱使當時懇告得命亦合留家屬京師與國分憂臣頃在外州見潤州人來云六夫人某日出某寺觀燒香六夫人與詔使待制詔使修撰

某日過江而去蓋攸之妻與子也回之日實二月二十四日在上皇渡江回鑾之後避危圖安反覆熟慮直至於是夫爲君爲宗廟社稷爲百姓謀其忽如彼爲妻爲子爲婢妾計其審如此人臣不忠復有甚於此者乎攸之罪六也上皇既傳位陛下則陛下神民之主矣凡戴天履地而爲人者孰不稽首曰吾君也況身爲輔臣乎況前日職在樞機樞機實本兵柄曰戰曰守此實司之可須臾離乎今外州都監小邑縣尉寇至而遁比之他官罪固加等若廟謨兵機所寄先眾而遁其法當何如哉攸之罪七也攸有七罪實天下共知不獨微臣言之其前四罪縱付輕典在祖宗時亦合投荒其後三罪則匿寇秘禍殘我生民恤身謀家忘我宗社蔑君臣之義擲大兵之柄自古人臣有此之大惡其可復容於覆幬之間乎若不早行誅殛其如祖宗何其如天下後世何昔唐五王不誅三思陷唐室以再亂曾不知桃上之蟲若羽翼復生潛飛深宮大肆吞噬可不戒哉攸之姦猾詭秘公卿大臣有墮計中而不悟度其一二年必有爲之游說如許及門旋遂造室厠足有地姦計即行鈎引支黨同惡共濟蕭牆之禍事出意外是時愴悔哀痛噬臍

何及臣愚欲乞陛下大明典刑以絕後患如散官安置湖外之類誠不足以塞天下之紛紛取進止五月八日奉聖旨可移潭州安置

九月甲戌种師中敗於榆次死之

河北制置使种師中軍于眞定樞密許翰怒其不進檄書一日六七至有逗留玩敵之語且責必解圍太原贖罪師中至平定軍乘勝復榆次諸縣屯於胡改作壺林去榆次三十里金人乘間來突諸軍以神臂弓射退之師中欲取金銀賞軍而輜重未至故士心離散初師中約姚古張灝兩軍俱進師中屯於榆次之

境而古顯不至甲戌金人婁宿（改作羅索）悉兵來攻右軍右軍先潰前軍亦奔師中率麾下死戰自卯至巳所餘纔百餘人身被數鎗裹瘡力戰又一時而死之年六十八姪沔招魂奉柩至京師上哭於禁中親製祭文云吁嗟虎臣公爾忘身遣內侍張實致祭贈觀德軍節度使開府儀同三司官其子孫族屬二十人功德院賜名旌忠二子濬潛師中既死朝廷議失律兵將之罪中軍統制官王從道朝服斬於馬行市副統制張師正統勝捷兵方屯大名府劄下知大名府李彌大斬之衆遂潰後爲韓世忠招降者是也

封氏編年曰先是師中被詔以兵裹（此字刪）送大金令歸至大名府復被詔以所統兵救援太原遂自天長發平定軍至壽陽縣凡數百里間未嘗見一金人師中以爲金人知師至悉已遁去而我師肆行未嘗被堅執銳五兵之具悉委傔負之將至石坑有報前軍已到石橋至太原止二十里中軍至石坑軍壘未屯有報榆次縣路金人賊（改作兵）馬將至師中曰必金人殘零將歸者令後軍去收捉轉刻之間金人大至我兵未措手間鐵騎來衝奔潰被傷不可勝數師中遂殁幸脫兵將十無二三矣

節要曰金人圍太原多於汾潞兩路以拒王師蓋王師時在汾潞也不謂師中由平定出關一旦去太原不遠一舍賊衆驚惶謂自天而下師中所失者既不能乘其不意攻其無備以破之則當急趨太原薄城而壘與張孝純王稟之軍相爲表裏彼賊以（此二字刪）粘罕（改作尼堪）之徒遠去而王師已到太原必不敢越太原重兵拒汾潞之師也由是汾潞之師自可進至太原則太原之解必矣而師中至是自謂孤軍深入復懷怯懼回趨榆次爲婁室（改作羅索）所衝大敗死之自賊入寇兩河河北更無一戰河東大小雖有數戰惟孫翊

折可求种師中之戰有可以與賊相持勝負之理至於敗也誠可惜之故臣皆有說焉其餘焦安節敗於團柏冀景敗於交城楊志敗於盂縣解潛敗於南關范瓊敗於介休劉鞈敗於平定張灝敗於郭柵皆望塵而走或交鋒而退無足紀也

靖康小雅曰公諱師中始斡离不（改作斡里雅布）既盟城下擁衆北還詔遣公將精甲三萬尾襲其後賊（此字刪）迄出塞不敢肆暴因令公留屯眞定未幾趣公援太原時許翰同知樞密院事昧於兵機以峻文繩公不容頃刻公方欲規畫所宜并待餉饋稍給方乃鼓而西

翰督責益急公太息曰事之不濟天也吾何愛一死不以報國耶乃由土門下井陘至榆次金人先屯兵縣中公遣擊走之遂入縣休士時軍中乏食三日矣戰士日給豆一勺皆有飢色翼日賊遣重兵迎戰招安巨寇楊志爲選鋒首不戰由間道徑歸前軍參謀官黃友戰沒胡（改作敵）騎四集官軍潰散公獨與親兵小校數百搏戰左右以名馬援公請俱遁去公謝之曰吾大將也事至於此不當求生爾曹亟去無攖賊鋒公遂力戰而死嗚呼古者閫外之事將軍制之然後可以責其成功趙充國百戰老將猶曰百聞不如

一見翰腐儒不知兵多妄意遙度迫公使前不容措置又以餒餓之軍當猖獗之寇（改作飽騰之敵）非戰之罪也既不得盡其折衝之略獨有一死以明其忠則公之死也可不爲之大哀耶詩曰虜囓（刪此二字）晉陽（下添告困字）帝爲旰食欲擢其牙乃屬動力狂生誤國不假頃刻齋無見糧進非乘隙公能死綏以明忠赤休有耿光耀而不息

中興姓氏錄曰种師中字端孺師道之弟也以世廕嘗歷秦州司戶參軍授內殿承制環慶路第一副將擢知甯州邠州德順軍環州守環十二年所至皆有治聲除大名府路兵馬鈐轄知濱州後除河東路提舉保甲繼爲環慶路馬步軍副都總管從破夏人成德軍加龍神衛四廂都指揮使房州觀察使方童貫用薛嗣昌等欲攻燕師中謂貫曰公此行得非以燕事乎貫曰無之師中賀曰幸甚朝廷政事大弊軍律不嚴浙民苦官軍之擾過於方臘方虞蕭牆之禍反用嗣昌之輩而欲僥倖契丹耶貫又曰無之後移師中爲燕山路總管辭以不稱職降擴州防禦使提舉亳州明道宮後起爲環慶路經略使宣和末加崇信軍承宣使秦鳳路經略大金犯京率兵來勤王而大

金已退師中見上上雖有（刪此字）以虜（改作敵）深入不擊爲失策然不敢決策出戰加河北制置副使凡行移文字出於樞密者則令追破賊出於三省者則令護出境莫之適從師中渡河上疏言粘罕（改作尼堪）已至澤州以候路允迪到偭須旬日若許臣自邢相間徑取上黨攻其無備破之必矣朝廷駭焉許翰逼之進兵遂至於敗

傳信錄曰粘罕（改作尼堪）圍太原詔种師中率兵由井陘道與姚古犄角應援太原師中進至平定軍乘勝復壽陽榆次諸縣不設備有輕金人之意又輜重犒賞

之物悉留眞定不以從行金人乘間衝突諸軍以神臂弓射卻之欲賞射者而行司銀椀祗數千枚庫吏告不足而罷於是士皆憤怨相與散去師中爲流矢所中死之其餘將士退保平定軍

靖康前錄曰先初二日之戰雖平仲輕挑失利然以四千人夜襲其堂堂之陣虜(改作敵)亦緣此稍懼初六日猶以三千鐵騎渡汴河西王構率萬人夾河放神臂弓虜(改作敵)再卻而坐射死者六七百人自知勢非前日之比遂決意北歸乃進兵南向識者知其爲遁去之計廟堂諸公方大恐懼又增送金銀繒綵其車

相望於道初七日康王歸自賊(改作敵)營肅王繼往駙馬都尉曹晟侍行初九日斡离不(改作斡里雅布)縱火焚其寨初十日北去嗟夫种師道之來既不獲設施於城下賊退之日种師中以三萬騎尾其後俟半渡而擊之十一日賊(改作敵)兵去絕此亦發兵隨往是夜有旨取种師道節制收兵還京議者罪綱之貪功妬能而爲此遂使二种重兵遠來不克略行其智識者爲此扼腕賊(改作敵)既退語於衆曰料南朝商量亦須經月方有定議乃置玉帛子女於中軍以諸國兵衛之驅虜之民在左右兵騎爲殿按轡徐行殊無懼色後數日朝廷遣馬忠范瓊防送又數日令种師中以二萬騎屯滑陳兵河上不得輒度西兵既遠來而不獲逞衆口喧然种師中擅發三千騎過河繼而得旨盡行至趙而及之密院再追三將兵回河上賊復鈔掠所過之邑及被旨許令追襲而賊之輜重已出境矣三將追至眞定賊雖未行吾之大軍往復奔馳疲苶之甚豈可接戰所以僅能驅迫出界非諸將之罪也若於是時就眞定犒設降詔諸將諭趨井門誰不效死彼廟堂諸公曾不推原功罪貶師中之秩使自效以贖過一如待姚古故事此所以取榆次之衂也

奉使王雲回至闕下言金人欲得三鎭租稅罷兵吳敏不從罷雲報使

先是朝廷以姚古种師中黃迪敗衂乃遣王雲入使金國至是日雲至闕奏上言金人亦頗厭兵只要三鎭租稅效關南十縣舊例限半月復到燕山仍要坐到租稅歲計銀絹數目及要三道使命往三處詔諭從所請即便解兵仍不得爽約雲日夜奔馳凡六日至京具奏上大喜顧問羣臣可否而雲與少宰吳敏素不平遂沮雲請朝廷既不從請遂差雲出知鄧州雲再三論列利害言朝廷既嘗許三鎭誓墨未乾豈

可變盟今斡离不（改作斡里雅布）俯從雲言云中國非金人所處之地譬猶吞舟之魚蕩而失水則蟻能害之吞車之獸介而離山則蟻能齧之蓋居非其所也然貴朝所以欲三鎮二十州者雖得其地不過租稅而已不若效關南之地令南朝歲上稅租此萬全之計也雲數請求乃肯從說願相公熟議敏曰斡离不（改作斡里雅布）既與主上立盟回戈之後反陷隆德掠我子女焚毀廬舍是金人先已渝盟三鎮不與固其宜矣雲曰雲嘗語此於斡离不（改作斡里雅布）斡离不（改作斡里雅布）云粘罕（改作尼堪）本我之後軍後來應軍期所過州縣不伏即攻

隆德府過澤州粘罕（改作尼堪）未知兩國講好後既得我令旨及貴朝移文即便北去太原專候交割之使雖間有刦掠之事乃邏卒爾兩國必欲講好小事勿論難租稅之請自有部籍早上其數雲即還朝敏曰公爲中國臣子堅爲夷狄（改作金人）耶主上已嘗降詔諭天下百端沮雲不報

十三日戊寅道君還闕御紫宸殿受賀

道君皇帝還闕有旨太上已還宮可擇日御紫宸殿百官稱賀

十九日甲申姚古兵潰於盤陀

太原圍急先是詔諸將解圍河東制置使姚古及副使种師中探知金人兵少不知其詐也於是古將兵六萬師中將兵九萬約古自河東師中自河北日行四十里赴太原古至威勝軍師中慮古先到成功乃日行八十里金人探知以輕兵拒險使古不得進以重兵迎師中師中敗於榆次死之金人進兵迎古遇於盤陀王師皆潰裨將焦安節李友及雲檀將弓箭手在威勝軍虛傳金人且至勸古退師至隆德府又勸古遁去

二十五日庚寅詔求習武藝知兵書人

詔諸路軍州府監有習武藝知兵書人仰通知不限數保明解發赴闕朕將親策於廷量材拔用其籌策深遠藝能絶倫當不次升擢在京武學生仰禮部擇日考試具等第以聞不係在學人亦許自陳收試策義弓馬優異與推恩其大中大夫及侍從官至路分都監以上奏舉人依法施行

六月十九日太常寺主簿劉定言伏覩近有旨令府州軍監有習武藝知兵書人並解發赴闕親策於廷竊惟武藝之人間有不知書者州縣慮其不文無以應大廷之問不敢解發願詔中外武藝精強而不知

兵書者令赴所在投狀州縣閱試別作一項解赴殿前司按試藝能使之前詣邊陲收立功效以稱强邊御敵之用從之令殿前司候解發到按試武藝精熟人於崇政殿引呈

上賜劉韐束帶戰袍

敕劉韐屬者金寇改作人犯順神人共憤删此六字頓兵朔部意在三關賴卿智謀能止畫界之吏不墮黠虜删此二字計中因而遁逃訖用安堵函封來上朕甚嘉之唯功難成唯時易失勉奮忠力庶保令名其體朕懷勿辜眷屬今賜卿金帶一條金花戰袍一領茶藥各一

銀合至可領也故茲親筆示諭想宜知悉夏熱汝比平安好遺書指不多及

曉諭潰散將佐指揮

敕中書省刑部狀承河北河東路宣撫司使劄子河北東路宣撫使司奏勘會种師中下潰散統領將佐使臣已降指揮並與免罪限十日首身軍前自效如限滿不來出首並依軍法施行近據都統王淵申捉獲潰散使臣忠訓郎杜義及其擅將弓箭李友所騎官馬出賣已差官幷兵級管押杜義赴遼州宣撫使劉韐軍前交割依軍法施行外訪聞尚有未曾出首將佐使臣奏聞事奉聖旨限今來指揮到日更與再展十日許令所在州軍出首免罪特與支破遞馬驛劵疾速赴軍前自效候立功日優加推賞如今來再限滿日更不首身當議取見姓名重立告賞收捉候獲定行軍法仍多出榜文曉諭施行

司諫陳公輔上言乞戒大臣究心邊事

臣竊聞河東用兵不利陛下聖慮憂勞臣子之心夙夜不甯然臣竊料之此未必不爲宗廟社稷福也伏惟少寬聖心容臣之言蓋有難則懼無難則怠人情之常也朝廷近日見河北金寇改作師出界雖未解圍

幸其師老必自解散遂至稍緩其事廟堂大臣相謀議者多不急之務或窮究往事或經營私意論經術是非究禮文詳略至於兩路邊事皆不究心緩急失宜先後倒置内外人情雖知秋冬在近深可爲憂然非朝廷用事之臣徒憤歎終日無如之何也今若不幸用兵不利往往遂以爲無事因仍媮惰至秋冬萬一狂寇删此二字結集諸夷改作部空國而來以助河東之師則吾之倉卒無備又復如前日矣可不慮哉臣愚伏望陛下因此一失深戒大臣凡不急之務一切暫罷專以河北河東兵事爲先經營晝置多方應辦仍

仰各盡所聞勿懷異意幷令今後臣僚上殿亦須先及邊事陛下留意聽納不厭其多或有可行盡付三省樞密院令斟酌施行夫漢之所以勝楚以屈羣策而愚者千慮必有一得勿謂羣臣之言皆無可採陛下若長如此時日夜圖之則不徒以濟今日之急將來秋冬亦不失備矣臣故曰此未必不爲宗廟社稷之福也臣區區憂國之言望陛下不以臣愚棄之豈獨臣之幸哉

賜進士出身頭品頂戴四川等處承宣布政使司布政使淸苑許涵度校刊

三朝北盟會編卷第四十七終

三朝北盟會編卷四十七校勘記

正兵闕少以禁例物於陝西路募游手惰民脫以禁例物四字脫路字　推挽相應脫相應二字　悉委傔從負之脫從字　方乃鼓行而西脫行字　樞密院再追三將兵回河上脫樞字　忠訓郎杜義及雲檀將弓箭手雲檀誤作其檀脫手字　以屈羣策而用羣力脫用羣力三字

三朝北盟會編卷第四十八

靖康中帙二十三

起靖康元年六月一日丙申盡十八日癸丑

六月一日丙申朔前降姚平仲立賞告捕指揮更不施行

三日戊戌河東宣撫使种師道罷以李綱充河北東路宣撫使

遺史曰种師中失利於榆次金人急攻河東种師道請會山西陝西京畿之兵屯於青滄滑衛河陽預為防秋之計朝廷不從遂罷師道宣撫使少宰吳敏門

下侍郎耿南仲以為中國勢弱夷狄（改作金人）方強用兵無益宜割三鎮以賂之謝克家孫覿李擢李會王及之王時雍劉觀七人結黨專附南仲以堅和議知樞密院事李綱以為祖宗之地義不可棄割之徒資敵勢使生靈陷於夷狄（改作異域）豈為民父母之道哉上念祖宗疆土哀惻黎元乃從綱議為再援之計敏南仲請以綱為河東宣撫使上欲用綱而綱辭以非將帥才不任其責御史中丞陳過庭侍御史陳公輔皆言李綱儒者不知軍旅將兵必敗又言綱忠鯁異眾為大臣所陷他日成功亦死敗事亦死不宜遣綱使綱出衂則太原失守貽憂近甸禍生不測非計之善敏南仲以他將庸謬無踰綱者朝廷以樞衡之臣督責諸將則孰不為用是時太原安撫使張孝純數遣人以蠟書告急上深念太原困猝而朝議咸欲用綱且見忠鯁果鋭期於立功乃以綱為河東宣撫使公輔與諫官余應求言綱不當去朝廷上怒皆罷之

傳信錄曰种師中歿於軍前師道以病免歸執政間乃有密建議以某為宣撫使代師道初斡离不（改作斡里雅布）之師還抵中山河間兩鎮兵民以死固守不肯下肅王張邦昌及割地使等躬至城下說諭卽以矢石

及之乃退沿邊諸郡亦然而种師中進兵逼之金人出境兩鎮無虞粘罕（改作尼堪）之師至太原城下太原亦堅壁固守粘罕（改作尼堪）屯兵圍之姚古進師復隆德府威勝軍扼南北關累出兵互有勝負然不能解太原之圍而師道駐滑州復以老病乞罷上納建議者之說決意用某宣撫兩路督將士解圍一日對睿思殿諭所以欲遣行者某再拜力辭自陳書生不知兵圍城中不得已為陛下料理兵事實非所長今使為大帥恐不勝任且誤國事死不足以塞責帝不許卽命尚書省出敕令面授某奏曰藉使臣不量力為陛下

行須擇日受敕今拜大將如呼小兒可乎上乃許別擇日受某退卽移疾在告入劄子乞致仕力陳所以不可爲大帥且云此必有建議不容臣於朝者章十餘上輒答不允且督令受命於是臺官余應求諫官陳公輔相繼上言某不當去朝廷上皆以爲大臣遊說斥去乃無敢言者或謂某曰公知上所以遣行之意乎此非邊事乃欲緣此以去公則都人無辭爾公堅臥不起讒者益得以行其說上且怒將有祉鄙之賜柰何某感其言而起上命錄裴度傳以賜予入劄具道吳元濟以區區環蔡之地抗唐室與金人强弱

固不相侔而臣曾不足以望裴度百分之一以度況臣實爲非倫且言諸葛亮出師表謂親賢臣遠小人此先漢之所以興隆也親小人遠賢臣此後漢之所以傾頹也夫君子小人於用兵之間若不相及而亮深以爲言也誠以寇攘外患有可埽除之理而小人在朝蠹害本根寖久難去其患有不可勝言者是以吉甫贊周王以北伐必有孝友之張仲裴度相唐宗以東討必去奸邪之元稹用能成功焜燿國史君子小人之不兩立從古已然臣竊觀陛下嗣位之初適遭金人入寇改作汴宵旰憂勤勵精圖治思刷前恥雖帝王勤儉之德無以遠過然君子小人尙猶混淆於朝翕訿成風殊未退聽謂宜畱神照察在於攘逐夷狄刪此字之先朝廷既正君子道長則所以扞外患者有不難也今取裴度論元稹魏洪簡章疏節其要語輒塵上聽上優詔寵答宣撫司得兵二萬人而闕馬某白上曰戎事以馬爲先今乏馬如此無以張軍容天寶末封常清出師幽薊人觀之見其軍容不整皆叛去今臣出師安知無窺覘者所繫國體非細故也事迫矣請括都城馬給價償之可得數千匹上以爲然令條具以聞既而榜於開封府曰宣撫司括馬事

屬騷擾可更不施行其意與前所榜同余竊歎息而已期以六月二十二日啓行而庶事皆未辦集乞量展行期上批曰遷延不行豈非拒命某惶恐入劄子辨所以未可行者且曰陛下前以臣爲專權今以臣爲拒命方遣大帥解重圍而以專權拒命之人爲之毋乃不可乎願並罷樞管之任擇信臣委之得乞骸骨因以尙書右丞知樞密院事宣撫使告敕繳納上封還遣使輒召數四余入見上具道所以爲人中傷上頗感動乃以二十五日戒行

五日庚子聖旨蔡京蔡攸永不放還

臣僚言爵祿者朝廷設之以待天下之士崇德報功雖人主不得以好惡私焉況天下哉自古賢者在位能者在職然後百度修庶績凝方夏乂安姦宄消伏戎狄不敢輕侮中國（删戎狄至此八字）百王由之若出一軌自崇甯初蔡京輔政首亂舊章排斥異己汲引同類待以不次朝脫冗散暮翔嚴近常情鮮克自重於是枉道求合沿喪廉恥靡然成風凡所厚善不獨顯榮其身又及其子孫不獨及其子孫又及其親戚故舊陰相依重盤根錯節牢不可破二紀之間門生故吏充牣天下然才者少不才者多省事者少生事者多

貪殘苛刻遠邇告病此猶非京之本事也察其立三衛置四輔疏興化之水修臨平之塔又令許敦仁奉請太上皇五日一視朝當此之時孰不爲朝廷寒心幸其族子有所陳告臺臣因之論列其事太上皇雖全納污猶令塹其墳山京之僭心終不肯已又加王安石王爵欲自爲堦梯衆論喧騰心不自安復封韓琦以塞人言而蔡確何執中鄭居中童貫皆因之爲例封王矣本朝之封王者不過國初功臣及后族耳隳國朝之法長姦雄之心京兇悖之情遇事輒發不可一二數也賴太上皇聖明不爲京邪說所惑京知狂謀終不得逞於是結附戚里內侍交通宮禁肆所欲爲以耗國財以弊民力心欲坐視顛覆以快不遜之志鄧洵武范致虛等託爲紹述之言以助京刦持上下而何執中余深林攄薛昂皆其死黨濟其奸謀成其羽翼使不可制太上皇每下詔書施行善政皆爲此輩壅遏是以人心日益愁怨國勢日益陵替權門日益强盛朝廷日益孤弱趙挺之劉逵張康國鄭居中劉正夫雖號與京不同然引用羣小梗閉正路亦率由一道蔡卞蔡攸乃其子弟相與違異有若仇敵考其蹤跡實皆同惡相濟至王黼爲相奢汰愈甚

開邊黷武禍及生靈迹其所來亦本由京勢位相軋乃相攻逐遂至犬戎（改作敵人）窺伺變生一旦太上皇播越宗社阽危雖其所致非一要之造端立本捨京而誰天錫陛下剛健文明自嗣服以來元惡大憝以次竄殛忠臣善士悉皆搜揚蓋欲恢復祖宗憲度以幸天下傳聞四方靡不抃舞然京之降黜屢有指揮而罰不當罪輿論所鬱縱朝廷未欲誅於兩觀之下猶當投之海外以示薄責其宗族婚姻因京而至顯官者望悉改正上以謝宗廟社稷之靈下以慰生民之望無使餘惡復熾殄敗風俗然後將何執中余深鄧

洵武等第其罪惡各加貶責所有王安石等王爵亦乞寢罷陛下明目達聰察而揆之大革澆浮一陶湻厚則太平之基可立而四方日靖矣願陛下留神裁察取進止六月五日奉聖旨京攸永不放還如臣僚敢有引薦當正刑章仍報行言章

六日辛丑有流星大如五斗器自東南起明照地衆星隨之向西北而墜有聲如雷熒惑犯右執法

資政殿學士劉韐除宣撫副使解潛除制置副使代姚古徽猷閣待制折彥質除河東宣撫司幹當公事與解潛治兵隆德府自威勝軍救援太原張灝節制河東陝

西軍馬應援太原

是役也折彥質爲宣撫司幹當公事與解潛治兵於隆德府潛辟趙鼎爲制置司幹當公事是時眞定在河東最爲堅壘朝廷以金人方攻太原防其東軼犯河朔之地乃以眞定府路安撫使劉韐爲宣撫副使領兵五萬守遼州以扼其後眞定府路總管王淵鈐轄李質皆從韐辟置先是統制武漢英將京軍三千人救太原以兵少遂來眞定見韐請益兵韐不與漢英至五臺山見龐僧正說龐僧正聚集本山僧行往代州欲刦金人之背未出五臺山界遇金人戰不勝漢英走入平定軍瑜珈寨寨中推擂木下打死漢英雖不得眞定之兵然眞定武勇盡爲韐率之以西繇是眞定遂虛矣

八日癸卯張孝純除武當軍節度使

制曰門下總帥以順爲武克宣捍敵之能行賞無常賑功宜懋疇庸之典眷時賢帥迺國名臣允資屏翰之良誕錫絲綸之渥弗龜諏日讀命颺廷資政殿學士光祿大夫河東路經略安撫使張孝純學粹而行高志剛而識遠恂恂躬儒雅之度盤薄乎胷中之奇寃寃備文武之才縱橫乎域外之議自專將閫實廣

廟謨閭里輯甯士卒悅服屬戎虜(改作馬)之侵軼抗并門而攻圍夙夜勵兵民之心咸奮節誼上下體朝家之念叶贊智謀訖保金湯之强屢挫犬羊之銳(改作式展)韜鈐之秘載惟忠藎良劇歎嘉是用仍撫太鹵之故疆遙授武當之重鎭索兜戟纛益位於多儀干戈戚揚靡繇於內御亟視秩於亞保兼進侯於舊封衍以爰田倍之貢賦併推異數昭示至公於戲光弼之守太原終成殊績吉甫之伐玁狁尙倚壯圖往承寵章祇迪猷訓可特授檢校少保武當軍節度使進封開國侯加食邑五百戸實封二百戸差遣如故

王稟除建武軍節度使

制曰門下奮干戈之衛烈士之所願忠圖疆場之名明主之所經武眷予宿將渙以殊恩侍衛親軍馬軍副都指揮使鎮西軍承宣使武安縣開國子食邑五百戶王稟性質沈雄智謀深靜便弓劍之習負勁氣於山西貫韜鈐之書走雄名於塞外久率戎伍夙著戰功比總帥屯往護并晉屬金寇（改作人）之背誕窺邊垠以陸梁城之受攻自冬及夏協主帥之策飭備則嚴勵兵民之心致命無貳精意可動於眾膽聲威能折於姦鋒欲示勸於茂勳顧何愛於異數高牙大纛

超授於价藩貞食爰田並加於正賦於戲賞不踰月矧已厚於念功志欲及時尚益堅於許國暢我武節勉示顯庸可特授建武軍節度使進封太原郡開國侯加食邑五百戶實封二百戶

十五日庚戌赦解潛諸將士

朕以戎狄犯順（刪此四字改作金師）俶擾邊陲（刪此二字）攻圍太原累時未解卿等率師援應頗聞將士遇敵血戰冒犯鋒鏑奮不顧身非忠義所激安能如此朕聞之感歎不忘於中然賊（改作敵）眾方猖未即殄滅一方之民久困荼毒重惟國家撫養將士固已有年今日國家有急非卿等盡命竭力所向無前安能使朕得寬憂顧但戰者危事今令卿等挺身冒難以致創殘每一思之痛若在已今降賜金一千兩金束帶五條戰花袍三十領卿可用激賞中傷用命將士將來第功自節度使以下皆爲賞典若更有奇功便加開府儀同三司朕自聞進師寢食俱廢卿等其副朕懷早建勳烈身取富貴澤流子孫日竚捷音更宜加勉

十六日辛亥白時中李邦彥並落職

臣僚上言臣聞宰輔得人則嘉謀日告於上善政日施於下四夷聞風而畏遁百姓安土而樂業儻或不

然而又懷奸誤國則罪不可逭臣近論列前太宰白時中李邦彥尸素無恥悖慢不遜及與王黼梁師成蔡攸相爲表裏等事未蒙指揮施行況其罪惡更有深於此者臣請言之昨金虜（改作師）匪茹提兵（刪此四字）犯（改作至）闕比至京城（刪此四字）聞陛下嗣位感歎畏服已有悔過之意宰輔不才倉卒無謀時中則請避地於襄陽邦彥則請割三鎮之地謬懦不忠士庶憤怒流放之誅其可後乎昔在章聖時契丹舉兵入寇是時或請幸蜀或請幸江南惟寇準獨主北伐之議狄人（改作契丹）畏威求盟而退觀此則時中之罪大矣及仁宗時

契丹驕蹇輒請關南之地是時富弼奉使爲陳利害之端而狄人改作契丹辭服觀此則時中邦彥之罪大矣其謀雖異其罪則同今尙以特進觀文殿大學士優游里第典領宮祠未正典刑士論洶洶臣願陛下特數睿斷重加黜責以爲大臣誤國之戒取進止六月十六日奉聖旨白時中李邦彥並落職

中興姓氏錄曰李邦彥宣和七年拜少宰時四方已亂而奢侈愈甚小人滿朝略無一言諫諍靖康初拜太宰聞金人軍中嗤笑曰南朝信果無人大金犯京師邦彥勸上爲避狄改作敵之計又力主與之講和爲

使令李鄴鄭望之往使於大金請和虛張敵勢驚嚇朝廷肅王張邦昌往質於大金諸路勤王兵來皆欲力戰邦彥怯懦力沮之李綱出兵救姚平仲爲大金所敗邦彥乘勢罷其右丞士民怨憤大學雷觀上書言其罪陳東引進士數十伏闕上書言邦彥乃社稷之賊也軍民數十萬大呼闕下會邦彥訶殿出右掖門士人慢罵曰汝是上皇時浪子豈堪作相至以瓦石擊之而不可前從者徐行偃蹇略無保護之意衛士羅列天街至拔刀以待之邦彥乃覺遂急回馬衣皁鞾藏於密院直抵晚衆人散盡方乘轎令私僕擡歸府舍乞罷相數日吳敏上書薦其功遂復爲相种師道奏請俟大金退必當涉河伏兵一擊使無遺類姚古亦請半渡而擊之邦彥力沮其謀罷將帥以堅和議故大金得肆其志矣次日陳公輔言其姦邪遂罷爲觀文殿學士提舉杭州洞霄宮臣僚再言其誤國之罪安置建炎四年范宗尹爲相薦復舊官薨

十八日癸丑蔡懋落職宮祠分司居住

臣僚上言謹按蔡懋天資險薄臨事傾側諂附蔡攸結爲死黨攸在樞府邀求宰相知懋可以頻對使懋日論王黼罪惡黼雖罷相道君皇帝察攸素無學術

不命以相攸倘引懋同爲樞密以報助己之功當賊擾攘刪此三字京城圍閉時懋在本兵之地卒無一言以助計畫陛下當自知也今陛下以邊事未甯雖在盛暑日再御殿訪納孜孜不遑寢食而懋爲大名帥不恤民情不憂邊事日用妓樂飲醼廣造舞衣戲衫酣醉獶雜殊無體國之意軍民皆不堪命欲殺之言喧於道路大臣如是可謂辱國又按懋昔以父確事跡妄加增飾誣詆宣仁聖烈皇后垂簾時事欺罔道君皇帝乞御製確傳載懋誣詆之語伸其父勢中外讀之無不痛泣此懋可誅之罪也陛下政事盡法祖宗

之舊而宣仁皇后保佑前朝功德甚高爲懋誣詆言不可讀忠臣義士氣拂其膺願早昭洗陛下尙未暇及臣所以甚惑也今懋猶帶學士叨逸宮祠陛下何以示天下何以勸忠孝臣伏望睿慈落懋所據之職治其莫大之罪投以散官投於嶺嶠永不放還仰慰宣仁在天之靈天下幸甚候敕旨六月十六日奉聖旨落職宮祠

又上言奉聖旨蔡懋落職宮祠者臣竊見所降臣僚章疏若止言懋身爲舊輔任當元帥方邊事未甯陛下憂勤旰食之時而乃日事飲醼至軍民怨望形欲

殺之言合重行竄斥又況所論誣詆宣仁聖烈皇后欺罔道君皇帝二罪之重孰大於此按懋所著父確事節一出私意妄加增飾自古姦臣愚弄矯誣未有敢如此之甚者蓋其天性兇暴輕蔑朝廷故居之不疑中外莫不憤歎陛下臨御以來雖一夫之寃有不得伸者必爲之昭雪而宣仁聖烈皇后爲臣下所詆誣負謗抑者有年矣陛下可不爲動心乎今懋乃止於落職宮祠豈足以坐詆誣欺罔二聖之罪哉伏望睿斷明正懋罪亟行投竄候敕旨奉聖旨蔡懋降中大夫秘書少監分司南京亳州居住

中興遺史曰先是蔡懋二月罷尙書左丞以資政殿大學士尹大名府得宮祠中書舍人安扶繳納詞頭論之

粘罕（改作尼堪）復奪所割與夏國天德雲內等地

節要曰金人初欲攻遼虜獨力不能勝之遂於海上許燕雲以結朝廷既得志復叛（改作敗）盟取之又欲入寇中國亦慮獨不能勝遂許割地以結夏人至是旣見中國之易又復取先所割天德雲內河東八館武州惟金肅河清二軍在大河之西不能取之

御寶約束河北之臣不得遣家屬

尙書省劄子奉御寶批朕托於兆庶之上所賴以共守祖宗疆土者實惟郡邑之臣比聞河朔河東尙有弗思體國惟務便私沿檄去官先遣家屬有一於此民何望焉朕念今歲之春我實無備故逃職之吏追其大戮今邊計鼎新可以責其固守矣法不可弛恩不可再五申三令誅將必行咨爾有眾體予至意

二十五日庚申賜御筵餞李綱於瓊林苑

李綱以二十五日戒行前期賜燕於紫宸殿又賜筵於瓊林苑所以賜勞甚渥

二十六日辛酉宣撫使李綱犒軍斬欒州都統制熙河

路軍馬焦安節

初焦安節隸姚古帳下威勝軍虛傳賊馬且至安節鼓扇衆情勸姚古退師至隆德又勸遁去於是兩郡之人皆驚擾潰散而初無賊馬至是從姚古還闕綱召斬之

賜進士出身頭品頂戴四川等處承宣布政使司布政使清苑許涵度校刊

三朝北盟會編卷第四十八終

三朝北盟會編卷四十八校勘記

將有杜郵之賜杜誤作社　出師表云云誤作謂　而亮深以爲言者者誤作也　朝脫冗散暮翔禁近禁誤作嚴　此猶非京之本心也心誤作事　太上皇雖含垢納污含誤作全脫垢字　乃相攻逐陷脫陷字　畛功宜懋疇庸之典畛誤作賑　拂龜諏日拂誤作弗　橐兜載櫜櫜誤作索　圖疆場之名場誤作埸　戰花袍三十領疑係金花戰袍　酣醉優雜優誤作擾

三朝北盟會編卷第四十九

靖康中帙二十四

起靖康元年六月二十七日壬戌盡七月二十一日乙酉

二十七日壬戌李綱以宣撫兵發京師

遺史曰綱以宣撫兵發京師种師道送之歸而歎曰兵可憂矣

李綱抵河陽入劄子論罷起兵等事

傳信錄曰綱入劄子以畿甸汜水關西都河陽皆形勝之地城壁頹圮當亟修治今雖晚然併力爲之尚

可及也又因望拜陵寢潸然涕流恭惟祖宗創業守成垂二百年聖聖傳授以至陛下適丁艱難之秋戎狄內侵中國勢弱此删戎狄至此九字誠陛下嘗膽思報勵精求治之日願深考祖宗之法一一推行之進君子退小人無以利口諞言爲足信無以小有才未聞君子之大道爲足使益固邦本以圖中興上以慰九廟之靈下以爲億兆蒼生之所依賴天下幸甚初余陛辭日爲上道唐恪聶山之爲人陛下信任之篤且將誤國故於此申言之上批答有銘記於懷之語留河陽十餘日訓練士卒修整器甲之屬進次懷州自出師後士卒不得擾民有趯奪婦人釵子者立斬之以狥拾遺棄物決脊黥配逃亡捕獲者皆斬以故軍律頗肅無敢犯者嘗以謂步不勝騎騎不勝車金人以鐵騎奔衝非車不能制之有張行中者獻戰車制度兩竿雙輪施皮籬運轉輕捷每車用甲士二十五人執弓弩槍牌之屬以輔翼之結陣以行鐵騎遇之皆退遁造千餘兩日肄習之候防秋之兵集以謀大舉而朝廷降旨詔書所起之兵悉罷滅之余上疏力爭其大略曰臣昨待罪樞府伏蒙陛下委令措置防秋之兵臣意以謂中國之軍政不修幾三十年矣關額

不補者過半其見存者皆潰散之餘不習戰陳故金人得以窺伺既陷燕山長驅中原遂犯畿甸來無藩籬之固去無邀擊之威廟堂失策使之割三鎮質親王刮取金帛以億萬計驅虜士女屠戮良民不可勝數誓書之言所不忍聞此誠社稷之羞陛下嘗膽而思報者也今河北之寇改作敵雖退而中山河間之地不割賊改作敵馬出沒並邊諸郡寨柵相連兵不少休太原之圍未解而河東之勢危甚旁近縣鎮皆爲賊改作敵兵之所占據秋高馬肥虜改作敵騎憑陵決須深入以責三鎮之約及金帛之餘數儻非起天下之兵

聚天下之力解圍太原防禦河北則必復有今春之驚宗社安危殆未可知故臣輒不自揆爲陛下措畫降詔書以團結諸路防秋之兵大約不過十餘萬人而欲分布河北沿邊雄覇等二十餘郡中山河閒眞定大名横海五帥府腹裏十餘州軍沿河一帶控扼地方竕衞王室隄防海道其甚急者解圍太原收復忻代以捍金人夏人連兵入寇不知此十數萬之衆一一皆到果能足用而無賊改作敵馬渡河之驚乎臣被命出使去清光之日未幾朝廷已盡改前日之言調發防秋之兵既罷弓弩手又罷土兵又罷四川福

建廣東南路將兵又罷荆湖南北路係將兵不係將兵而京西諸郡又皆特免起發是前日詔書團結之兵罷去大半不知金人聚兵兩路下添而字入寇删此字將何以支吾而朝廷何恃不留意於此也臣竊思之以兵爲不須起者大槩有五川廣福建荆湖之地遠一也錢糧犒賞之費多二也河北寇退天下已無事三也太原之圍賊改作兵馬不多不久自解圍四也探報有林牙高麗之師牽制金人未必深入五也若以川廣福建荆湖之地遠則詔書之下以四月期天下兵今已七月當時闕報三省何不即止今已七月遠方

之兵皆已在道始復約回是復蹈今春勤王之師約回之弊也一歲兩起天下之兵中道而兩止之天下謂何臣恐朝廷自此不復能取信四方而將士解體矣國之大事在戎宗社安危所繫且行且止有同兒戲臣竊痛之若以謂錢糧犒賞費多則今春無兵捍蔽致令誤國土地寶貨人民皆爲所取今惜小費又不爲備臣恐後來所取又不止於前日也況元降指揮防秋人兵各令齎糧以行則錢糧犒賞之乏似非所患廟堂不深思祖宗大計而惜小費臣竊所不取也若以河北寇退天下無事則邊境日報金人聚兵

聲言某月入當取某地强敵臨境非和非戰朝夕恐悚懼其復來天下果無事乎賈誼謂厝火積薪之下而坐其上火未及燃因謂之安今日觀之何止於火未燃也殆處於烈焰之旁而言笑自若矣若以謂太原之圍賊改作兵馬不多不攻自解自春徂秋攻守半年曾不能得其實數姚种二帥以十萬之師一旦皆潰彼未嘗有所傷衄不知何以知其兵之不多以爲可以不攻而自解者臣謂非愚則誣至於林牙高麗兵牽制之報理或有之終不可恃彼之不來當恃我之有備則屯兵聚衆正今日之先務不可忽也今河

北河東州郡日告危急乞兵者皆以三五萬爲言而半年已來未有一人一騎可以副其求者防秋之兵甫集又皆遣罷不知此何理也若必謂不須動天下之兵而自可無事則臣誠不足以任此責陛下胡不令建議之人代臣坐致康平而重爲此擾擾也除范世雄所統湖北兵聞已至襄唐間臣只依奉聖旨令疾速發赴宣撫司外有餘路乞依元降詔旨起發庶不誤國事未報聞再具奏曰近降指揮減罷防秋之兵臣所以深惜此事者一則河北防秋闕人恐有疏虞二則一歲之間再起再罷無以示四方大信防秋

之計臣前奏論之已詳請爲陛下更論不可失信之意昔周爲犬戎所侵嘗以烽火召諸侯恐諸侯之未必至也舉烽以試之諸侯之兵大集知其試已皆怒而歸其後眞舉烽火無復至者去冬金人將犯改作至闕始起勤王之師遠方之兵踴躍赴難至中途而以和議詔止之皆憤惋而返今以防秋之故又起天下兵良非獲已遠方之兵卒皆就道又復約回將士卒伍甯不解體夫以軍法勒諸路起兵而以寸紙罷之臣恐後時有所號召無復應者矣終不報

二十八日癸亥姚古責授節度副使廣州安置

御史中丞陳過庭上言謹按姚古雖本將家其實畏懦素無戰功所以登將壇持節鉞者唯以名馬寶貨市鬻於童貫之門濫被恩賞以至於是然處高位重祿荷國厚恩宜思所以報稱自太原被圍提重兵威勝隆德逗遛數月未嘗寸進及种師中以忠勇自奮而古違期弗應遂至師中失利此古可斬之罪一也虜改作金人方圍太原未有一騎一卒敢入南北關自師中失利古輒退師威勝士庶叩馬懇訴願共守禦古乃夜遁去致使威勝之民扶老攜幼斃於道路哭泣之聲振於山谷此古可斬之罪二也古既退師其

部將又妄言於衆曰國家已割太原與金人我輩所以南歸於是役夫般運糧草器甲及民蠶在箔者委棄而去此古可斬之罪三也興師之初有效用十五人直入隆德縛僞守倅以獻不血刃而得一郡古掩其功狀不以實聞致此十五人者止於賜帛而已士氣沮傷抱戈不戰此古可斬之罪四也當僞官之守隆德存卹其民人保護其婦女賊改作敵兵敢犯立斬以狗又閉賊改作敵兵於他所不許妄出請於粘罕改作尼堪遣還其兵自言先世乃汝潁間人深有效順之意一旦縛至軍中古若能如韓信之師左車李愬之釋

李祐太原之圍自此可解古乃貪冒功賞獻囚於朝用心不忠安能成事此古可斬之罪五也人有於上黨道中見大刀巨斧凡數十輩擁騎而載婦人者云是將官寵妾軍中婦人不可勝數人無鬬心士氣不振此古可斬之罪六也古欲退師無以發端忽有統制官焦安節厲聲而前曰虜(改作敵)騎逼近何爲偷留於此古既不能斬安節以慰衆心輒從其言領衆宵遁實古之謀假手於安節耳此古之可斬者七也

貼黄訪聞姚古隨行使臣兵級尚有數百人見在城外伏乞聖慈指揮先將使臣與兵級放散或拘收他

役然後施行庶不生事奉聖旨姚古責授節度副使廣州安置

彗出紫薇垣

金人西路粘罕(改作尼堪)兀室(改作烏舍)余覩(改作伊都)東路斡离不(改作斡里雅布)撻懶(改作達蘭)闍目(改作棟摩)會于山後草地避暑議事

節要曰粘罕(改作尼堪)兀室(改作烏舍)余覩(改作伊都)三大酋(二字改作)人棄太原北去往返千有餘里而朝廷援兵霧合雲集不能解太原之圍可見失計之甚矣

七月一日乙丑朔車駕詣龍德宮

十一日乙亥蔡京移儋州安置

右正言程瑀上言臣近嘗具劄子論蔡京罪大責輕宜竄海外尋因奏事每有敷陳仰蒙陛下面賜允可伏候累日未蒙施行臣竊疑之然公論未厭民聽未孚京者旦暮之人使遂溘然明罰不行徒有後時之悔臣安敢避再三之瀆哉按京奸心譎計世無與比假紹述之名行脅持之術擯逐正士援引僉人交結閹宦密爲梯媒首登宰輔尋踐公師二十年間逐而復用致仕而復起愚弄朝廷妄作威福凡所興建歲月以仍藉以固寵無非蠹國害民京名爲遵用熙豐之典乃實肆爲紛更未有一事合熙豐者敢爲欺誕

罔上不道凶焰熾盛天下之人口不敢議而心敢非卒致政令紛錯風俗凋靡國用匱乏生靈貧困賄賂公行盜賊竊發按其事跡罪在可誅至於鑄鼎列名位居九五臨平之山托名祝聖私第引河潛通宮掖引援(闕)公瀆妃嬪腥聞穢污醜不可言屬者金人內侮事雖始於童貫而成於王黼與京之子攸然致邊備廢弛本實由京金人入塞盡室東去門生故吏締親密黨其徒如雲蓋不復知有陛下不復知有宗社非背叛而何跡其奸惡正名定罪死有餘責陛下既遵祖宗故事不欲戮之而置之曲江名爲嶺表實與

內地無異天下之怨京入於骨髓陛下灼知京之姦惡悖逆乃不能投畀海外實無以慰塞人望憤懣之氣何由解釋伏望陛下奮乾剛厲威斷早賜施行其子孫如攸罪惡盈溢臣見別具論奏請正典刑條尙帝姬㬹廢法度亦合離判不當尙聯禁戚其餘並乞褫奪官爵毋使尙廩給縣官養贍賊種天下幸甚取進止奉聖旨移儋州下開封府差人押解前去

蔡攸移雷州安置

右正言程瑀上言○舊校云此奏見程篁墩新安文獻志　臣聞亂在外爲姦在內爲宄姦御以德宄御以刑古之制也刑當

其罪則刑一人而四海服焉此息亂弭姦之道也蔡攸之罪四海之人皆以爲可殺陛下未能明罰飭法使公議鬱結至今按攸豺狼種類固不可以人理責考其挾媚道以干權操譎計以固寵竊弄威柄至於位師傅之尊躬俳優之賤侮慢君上污瀆宮庭則厥父或未至是蓋死有餘責矣又況燕山之役攸與童貫同爲宣撫喪敗師徒蓋以萬計卒不能取燕山乃開闕以招金人始厚與歲賂易其空城招寇納侮自此其始及金人爲南犯之計首議於夏初決策於秋末攸任樞府邊吏來告不以上聞及其犯塞不復計守禦之事闔家南避名爲扈從上皇實背叛也上皇南歸非獨思念陛下本於天性其深見遠識正應如此攸蓋弄臣上皇豈復與之論議乃敢肆爲誣罔謂勸上皇南歸蓋欺罔君上愚弄朝廷雖已敗猶復爾也罪惡彰著海宇憤疾言章交上而名爲逐之廣南乃賓處之善地修其政刑今日正不可緩伏望陛下發明斷投之海島不使污我海內實快天下之望取進止七月十日奉聖旨移雷州下開封府差人管解前去

十三日丁丑童貫移吉陽軍安置

臣僚上言臣近具奏狀論童貫罪惡法當誅戮今月九日因職事上殿再請奏陳退謂遂有處分今復未聞臣伏見童貫罪盈惡稔訖藏甲養士跋扈難制反形逆節彰彰著見已合誅夷而致寇召亂幾覆宗社何可久逭天誅大違人願伏望睿明早賜指揮檢臣前奏及臣僚累次章疏早賜施行所有假子若孫亦乞處分庶幾威令果行姦惡知懼候敕旨七月十三日奉聖旨童貫罪大責輕可移吉陽軍安置

二十一日乙酉蔡京至潭州以患身故

蔡京在德安府被南遷之命七月甲申到潭州據隨

行幹當人魏覿狀蔡京鄂州扶疾前來潭州沿路大暑愈覺羸困昏臥不省粥食不進乞差醫職前來看治州差醫助教譚從義易綬看醫是日管押官修武郎監德安府稅趙康轉申蔡京於此日爲患身故州差保義郎城東巡檢王從禮迪功郎長沙縣倅權縣事董陟前去審實得在崇教寺因患身故州司以京於崇教寺之側拘殯

幼老春秋曰蔡京字元長興化軍人也熙甯三年登進士第少事王安石喜之章惇爲相京與弟卞皆諂事之孟后被廢京草詔無一言之諫又欲滅劉摯等家族侍御史常安民言其奸邪京譖逐之紹聖二年卞爲尚書右丞四年林希同樞密院事故京怨惇之未薦已也遂與惇絕爲翰林院學士承旨交納內侍郝隨劉瑗外戚向宗良等故勢益牢固元符末諫官陳瓘以四章力彈之殿中侍御史陳師錫兩章言之以端明殿學士知永興軍瓘再言其奸憸有滔天之罪偃蹇無人臣之禮遂落職提舉杭州洞霄宮建中靖國初召知開封府惟曲奉權倖堂吏段處約等私賣恩澤京不敢推治爲侍御史孫升兩章彈之崇甯初遷中大夫尚書右丞俄除右僕射三年遷左僕射

深結宦官採上所欲務迎合之善書大字宦官軒亭及功德院額名多京親書姑息堂吏出知州軍變壞祖宗法度不用天下忠正之士自司馬光張商英蘇軾劉安世而下皆指爲元祐奸黨禁錮其家汲引奸佞之士皆登要路廣營莊業以收復湟中加左銀青光祿大夫四年以收復鄯廓等四州加司空五年以宮祠罷大觀初復拜左僕射以康居夜郎之屬納土加太尉二年拜太師立阻御筆之限以壞封駁之法務興事功窮極奢侈以蠹國之財賦屢改鹽法以困民力陰爲蠹國害民之政妖人術士勸之曰興化公之鄉里也若決水貫之則吐氣愈旺臨平公之父墳也正占龍勢但未有兩角若立兩塔龍角成矣京盡用其言詐言欲利民田遂決其水又言欲祝聖壽遂建其塔專貢聲色起土木運花石以媚惑人主之心而威福大權盡歸於京矣三年彗星見御史中丞張克公（舊校云按蔡京本傳云御史張克公劾京時爲御史中丞者乃石公弼中丞二字疑誤又云張克公傳云蔡京再相克公與中丞石公弼論其罪）二十一章言其奸邪陳朝老上言書其罪十四吳執中又言其罪乃罷爲中太一宮使封楚國公臺諫多再彈之四年詔京權重位高人屢告變全不引避公議不容降爲太子太保以

楚國公致仕令毀臨平之塔後爲宦官提薦不已政和三年復詔拜京太師領三省事京陰爲壞國之計與蔡崇逆謀爲陳瓘之子正彙來告京怒送正彙沙門島編管瓘亦責令通判居住諸州門向帝都者謂之朝天門也京改爲朝京門太學三舍法以貢士退歸者京改爲退送皆欲陰合讖兆張懷素吳儲等謀反爲湯東野范寥所告勘得其實詞連京開封尹林攄御史中丞余深力爲掩覆之京皆驟遷二人爲兩府姬妾慕容氏等皆封國夫人門吏若王瑜李堊魏伯初張亮等十人皆爲觀察爲橫行賜金帶者數百

人名園甲第亞於宮禁諸子皆學士金紫烜赫子倐尙茂德帝姬拜駙馬都尉自古執政之盛莫與爲比馮浩以爲不誅之必亂天下京怒譖之送浩循州編管言路遂絕

中興姓氏姦邪錄曰蔡京自政和二年後召拜太師領三省事陰爲壞國之計天下大權一歸於已日請上游宴以酒色困之宣和初內侍馮浩力言京必亂天下宜速誅之京怒譖於上編管浩循州至蔡州使人殺之自後言路絕矣有識之士比之王莽方臘反於浙四方已亂王黼言於上子攸亦屢言京之短乃勸京致仕四年五年河北京東羣盜蠭起各十餘萬民被其害者數千里皆京所致也七年復起京領三省俄以目疾罷大金入寇（改作兵至）京勸徽宗幸江西京舉族皆行太學生陳東上書言京爲六賊之魁靖康初臣寮力言其罪責授中奉大夫秘書少監分司西京致仕其子修姪仍孫衡述徽衔皆落職押歸本貫臣寮又言京罪責授崇信軍節度副使德安府安置後又言其罪移衡州安置至潭州病卒於東明寺年八十天下士民以不誅之爲恨

賜進士出身頭品頂戴四川等處承宣布政使司布政使清苑許涵度校刊

三朝北盟會編卷第四十九終

三朝北盟會編卷四十九校勘記

調兵防秋之計既罷峒丁又罷（兵誤作發　計誤作兵　脫峒丁又罷四字）

不久自解圍四也（應作不攻自解）　天下兵今已七月（今字衍　已應作以）

以　聲言某月入寇（脫寇字）　然不可恃彼之不來（然誤作終）

臣已作奉聖旨（已作誤作只依）　所有餘路（脫所字）　詔起勤王之師（詔誤作始）　援引憸人（憸誤作僉）　已逐而復用（脫已字）

歲月相仍（相誤作以）　引援　闕　公濆妃嬪寺（原闕係宦二字）　州司

以京於崇教寺之側拘欑（欑誤作攢）　孫衡逑徵衛皆落職（逑應作術　徵誤作微）

三朝北盟會編卷第五十

靖康中帙二十五

起靖康元年七月二十一日乙酉盡二十九日癸巳

秀水閒居錄曰蔡京四入相崇甯元年拜相四年罷大觀元年復入三年又罷政和元年復入宣和初又罷六年冬王黼罷相白時中李邦彥竝拜太少宰未幾京東盜起京黨鬨然以謂宰相望輕乃詔京復總三省許私第治事三五日一造朝時京已八十目盲不能書足蹇不能拜跪矣其子絛用事凡判筆皆絛爲之仍代京禁中奏事於是肆爲姦利賞罰無章黜陟紛紜絛外兄韓梠者驟用爲戶部侍郎密與謀議貶逐朝士殆無虛日絛每造朝侍從以下皆迎揖附耳與語堂吏抱文案數十人從之遣使四出誅求採訪喜者令薦之不喜令劾之中外搢紳無不側目先是王黼作應奉司總四方貢獻之物以市權寵於是劾之請置宣和庫庫中置式貢司司分諸庫如泉貨幣帛服御玉食器用等皆其名也上自金玉下及蔬茹無不籠取元豐大觀庫及榷貨務見在錢物皆拘撥收樁專事供進亥年四月絛惡日著二相不能舉

職條兄攸發其奸狀京罷條亦被譴是年冬金虜犯（改作師至）闕得非將亂之兆耶蔡京久在相位植黨擅權無敢言其罪者惟大觀中再罷政後中丞張克公一疏及內翰張閣一制粗能數其過惡天下傳誦張克公疏曰臣先嘗論奏前宰相蔡京罪惡顯著宜加嚴責上答天戒下慰人心未蒙睿旨施行苟依阿不言非特負陛下之責天下之人皆有以責之矣義當竭力不敢○（舊校云此下似有脫字）但（刪此字）依（下添阿字）京頃居相位擅作威福權傾中外濫錫予以蠹國用輕爵祿以市私恩謂財利為有餘皆出誕慢務誇大以興事肆為騷

擾援引小人以為朋黨假借姻婭布滿要途以至交通豪民廣興產業役天子將作營葺居第用縣官人船般運花石曾無尊主庇民之心惟事豐己營私之計若是之類其事非一累有臣僚論列臣更不敢具陳若乃名為祝聖壽而修塔以壯臨平之山勢托言灌民田而決水以符興化之讖語致妖僧之告變而繆為心疾受孟翊之訛言而與之官爵趙眞欲輔之以妖術張大成竊議其姦意駭動遠邇聞者寒心此皆足以鼓惑天下而為害之大者稽之古人有一於此必加嚴刑而京兼有之乃獨泰然忽視朝廷無復

畏憚人臣強盛莫甚於茲去歲東南諸路皆罹旱暵之災者乃其應也聖恩寬貸為之保全人心不平而忿嫉之氣充塞海內星文變異豈無意耶蓋京之罪戾積稔滋久上賴聖德昭格皇天眷祐為宗社之盛福幸天下之生靈於是星文再昭示其意既嘗罷京相消弭於前則正京罪誠有待於今日也雖天之垂象不當其事應而常無所不戒然京之罪未正乃事之最可戒者也始者京再罷相士民稱慶以謂京去朝廷必矣既寵以宮祠又許其致仕賜以蘇州南園尙無去意然以哲廟實錄未畢猶可為說今書已成

而去計杳然是終不可去也非天有以警悟陛下則人力何能為哉臣聞之書曰天視自我民視天聽自我民聽又曰天討有罪五刑五用哉蓋天之視聽因民而已君之用刑視天而已臣願陛下順民心以奉天體天道以除暴正京罪以釋天下之疑以為人臣之戒則和氣集而災沴消矣干冒天威罪當萬死伏望聖慈深察愚衷特賜聽納早降睿旨張閣行責官詞曰政事所寄尤嚴誤國之誅人臣之姦莫重欺君之罪我有常憲揚於大庭太師致仕上柱國楚國公食邑一萬二千六百戶食實封四千四百戶蔡京頃

以時才久膺柄任兩冠台衡之峻三登公袞之崇庶圖爾庸以弼予治而總秉衆務出入八年事寖紊於後來謀悉違於初議擅作威福妄興事功輕爵祿以市私恩濫錫予以蠹邦用借助姻戚密布要途援引凶邪合成死黨以致假利民以決興化之水托祝聖而飾臨平之山豈曰懷忠殆將邀福屢有告陳之迹每連狂悖之嫌雖僅上於印章猶久留於里第偃蹇弗避傲睨罔悛致帝意之未孚垂星文而申譴言章繼上公議靡容顧欲用恩難以屈法其褫師臣之秩俾參宮保之官姑慰羣情尚爲寬典於戲上天垂象

明罰所以弭災人道惡盈省躬所以引咎往欽善貸無重後愆可特授太子少保致士依前楚國公勳封食邑實封如故在外任便居住仍放謝辭

陳朝老書曰臣竊觀陛下卽政之初布告治朝爰立台輔當時羣臣在列聳聽以爲所用必奇才也白麻既出天下失望夫蔡京姦雄悍戾詭詐不情徒以高才大器自處務以鎭壓天下以爲自古人臣惟一切因循苟簡以爲治無敢橫身爲國建議立事者於是出而銳然更張謂天下後世無以復加陛下傾心俯納所用之人惟京爲聽所行之事惟京爲從故蔡京得以姿其姦佞玩弄無所畏忌直欲敗壞而後已觀其行法出令徇名失實無以異於兒曹稚子終日嬉戲以塵爲飯以木爲胾何與於飢飽哉且兒曹之戲已則棄之無有後災以蔡京之所爲求其所欲其爲害豈特一方與當年蓋將徧四方之廣覃萬世之遠而未艾也厥今天下何如哉官爵冗而非材雜進財用竭而妄費無已恩澤濫而僥倖成風科配苛而農民重困學校紛更而士失所業諛佞成俗而上罔聞知恩寵擅分而人多侮法錢與物俱重而無術以平之其他害國蠹民誤上罔君未可以指數推其弊之

所生良由陛下任非其人所以致此今縉紳士大夫自一命以上皆出其門人無所守各懷私恩而不知國家之公議幾成風俗且爵祿名位天下之公議權臣盜之以植私黨最爲有國有家者之大患況蔡京尤深結陛下左右近習之人故此曹爲之隱蔽是以公肆誕謾無敢誰何陛下漸成孤立可爲寒心幸其解去機務退處祠宮天下之人鼓舞抃蹈有若更生今既已謝事尙猶安處上都門闌如市交結內貴其意猶欲覬他日之復用也乎時出入門下之小人恐其去國失所倚恃旁爲之助陛下何不察歟願陛下

奮乾剛之斷勿貳勿疑置之遠方以禦魑魅庶以杜絕其望方快輿議臣嘗觀其所爲之事合天下之人舉以爲非公論未失刦於勢利導諛成俗無一人敢爲陛下言者前者之伏蒲載豸皆伏下風各懷芻豆之愛上下相蒙未以爲非臣觀考蔡京之所爲合而言之則其事止於十有四曰誣上帝曰罔君父曰結奧援曰輕爵祿曰廣費用曰變法度曰妄制作曰喜導諛曰鉗臺諫曰熾親黨曰長奔競曰崇釋老曰窮土木曰輕遠畧散而言之其事數十萬言豈毫楮所能載臣久困覉旅不能具紙墨陛下不以臣不肖願

詔有司給筆札使臣得盡胸中之所言寫天下是非之實以告陛下臣死之日猶生之年草萊無知輒議國家大事罪合誅夷干犯天威臣無任瞻天仰聖激切屏營之至

右正言崔鶠劄子臣謹按賊臣蔡京陰蓄異謀潛窺神器故竊爵賞買天下小人以爲朋黨相與遮蔽人主耳目卒致遠夷猖狂直犯（刪遠夷至此六字改作敵人深入）畿甸宗廟震動社稷蕩搖上皇南巡肅王北質百姓屠滅天下之賊其罪有大於京者乎此賊祖宗神靈之所切齒也陛下安得而赦之伏望特賜睿斷斬此姦臣爲萬世亂臣賊子之戒取進止

又劄子臣謹按賊臣蔡京以奸邪之術誑耀人主大類王莽而朋黨之衆則又萬萬於莽之奸也制井田更錢幣設六管造明堂起辟雍建靈臺頌時令築學舍萬區以誑耀其君於是卒攘其國而有之而京賊亦用此術其意安在然莽之腹心不過王舜劉歆等數人豈如京賊收天下之士以爲腹心乎遂至盜賊蜂起夷狄亂華（改作社稷將危）雖宗廟神靈爲之震駭然則京賊之罪宗廟神靈之所不赦陛下安得而赦之伏望聖心獨斷戮此巨姦以爲萬世戒取進止

二十六日庚寅詔解圍太原

詔曰朕惟金賊（改作人）攻圍太原百五十餘日其勢危蹙惟兵與食最爲急務而朝廷於此二者措置殊未有方每於警奏不過督責諸將俾令進師既不益兵又無見糧安能使之必戰既戰又安能使之必克進者屢衄其弊蓋出於此朕每一念疾首痛心寢不能安食不知味今聞黠虜（改作金人）築壘臨城控扼要害援師不可進糧道不得通勢益危迫卿等宜究心悉力廣加詢謀益兵畀糧不吝爵賞以勸用命明其政刑以威不恪須管太原解圍若稍有誤事不惟卿等負

朕倚仗之意朕於負荷之重亦豈委法以苟私卿等哉

二十七日辛卯解潛自威勝軍進兵屯於南關

初諸將議進兵劉韐以河東宣撫副使至隆德府張俊苗傅皆隸麾下與諸將期七月皆進王淵與韐出平定軍遼州路解潛折彥質出威勝軍路張灝折可求出汾州路粘罕（改作尼堪）在太原聞援兵至乃多積糧於南關佯若聞潛至而怯懼者匿强壯兵馬使輕兵守之戒之曰解潛必自威勝軍先趨南關俟其至則僞遁潛遣人勾探止有輕兵乃以兵趨之金人皆僞遁潛以爲眞遁漸遣人運其糧食金人猶未動已而潛悉遣士卒車馬運糧已裝載就道而金人之兵衝突而至官軍不敵棄糧而潰死者相枕籍自此潛不能軍矣

張灝及金人戰於文水縣敗績

張灝者孝純之子也朝廷以爲河東察訪使招河東義勇禁軍五萬由遼州以來援太原灝命統制張思政爲前鋒遂同折可求到文水縣上賢村馬村下寨金人每日出没遇官軍則僞遁未嘗有勝敗而思政以爲不足慮遂不設備金人忽取別逕至思政失措官軍遂大敗初朝廷命可求節制麟府路軍馬往救太原也知麟州楊宗閔告可求曰朝廷命公解圍未審由何路以入若路出汾陽以步兵當突騎未見其可願節制建上將之旗鼓行而聲言救晉假我精騎二萬攻其必救之所則太原之圍必自解矣可求善其言而不能用卒至於敗僅以身免可求以便宜陞宗閔爲前軍統制軍馬河東路兵馬鈐轄

傳信録曰七月二十七日諸路進兵平定軍遼州兩路劉韐王淵主之威勝軍路解潛折彥質主之汾州路張灝折可求主之而宣撫副使察訪使勾當公事皆承受御前處分事得專達進退自如宣撫司雖有節制之名特文具耳余奏上以節制不專恐誤國事雖降指揮約束而承受專達自若也至期出師解潛與賊相遇於南關轉戰四日殺傷相當金人增兵潛軍力不能勝而潰平定遼汾之師皆逗遛不進其後

張灝又違節制用統制官張思政復文水縣已而復爲賊所奪余極爲上論節制不專之弊又分路進兵賊（改作敵）以全力制吾孤軍不若合大軍由一路進會范世雄以湖南兵至即薦爲宣撫判官方欲會合親率師以討賊而朝廷之議變矣

敕御史中丞張澂追童貫行刑

臣僚上言臣聞事有其失甚微其貽患有邱山之重而不可勝救者廢置誅賞是也請以古事驗之昔漢既誅董卓不及赦涼州部曲李傕郭汜知不免激其下以叛遂貽漢室之禍此當赦而不赦之失也唐德宗有涇師之變倉卒出狩或勸取朱泚殺之否則相逼爲亂將大德宗不能用涇師得朱泚果稱僭逆遂陷京師頼有良將相與戮力僅能克復此當誅不誅之失也臣竊觀童貫以閹臣僕隸之微盜有兵權幾二十年其壞祖宗軍政開河朔邊患結新造之遠夷

棄耶律之舊好（刪結新至此十二字）禍及華夏至於今不止其過惡誤國在蔡京父子王黼之上然其誅斥獨輕於二人公論固已鬱矣臣爲陛下言其大者以消未萌之禍童貫久持內外兵柄陝右諸路勁兵號曰勝捷陰常蓄養爲牙兵以市私恩其督戰也不使之臨行陣特以自衛而已戰而勝則歸功厚賞不勝則擁之以遁其賞功之猥濫至數千人皆爲將校驕縱飽滿無復鬬志其實有戰功者皆抑而不賞使西北戰士歸怨朝廷者皆貫縱之使至此也其隨上皇之南狩也貫刦之東下日用劵直或旬時犒賜至純用金銀以給之過爲優厚冀得其死力朝論詾詾至今以爲疑也臣又觀近日張思政領勝捷餘卒敗於河東潰而東歸宣撫副使李彌大執思政而戮之復遣敗亡餘卒赴眞定爲援將卒疑懼挾其渠首以叛淄青至今震動貽患一方論者恨其遣潰師之遠而誅思政之早也則漢不赦涼州部曲事之大小雖異其失則同矣臣所謂其失甚微而禍有邱山之重者也雖然此已往之失不可復追未然之事尚可圖也臣聞諸道路山東叛卒文其旗曰負冤勝捷意欲自沂密入寇淮浙萬一聞貫尚在數懷畜養之恩一旦烏合豈

不大爲東南之患此臣所以夙夜過計不能無涇師得朱泚之憂也陛下豈得不過爲之慮哉況貫自用師持權以來毒流夷夏以無事無罪之民驅之死地所殺傷者不啻數十萬衆緣貫而破產流離者延及四方之民皆陛下之赤子也今以誅一貫之身曾不足少謝穹蒼之怒兆庶之怨陛下尚疑而不忍者此微臣之所不曉也伏望陛下遣一介之使卽貶所正典刑聲其罪惡以謝天下無辜之民以絕羣小懷怨之望

又上言臣竊以謂祖宗垂憲於治安無事之時殺大

臣爲當在所戒後世有亂天下危社稷而不殺之非祖宗之志也況如貫者閹腐刑餘在祖宗時止堪埽除之役豈眞所爲大臣者哉貫握兵柄幾三十年大奸大惡不可縷數臣獨論其可殺而不可赦者壞太祖皇帝之兵制敗眞宗仁宗皇帝之信誓通萬餘里之小夷殘百餘年之與國刪通萬至此十四字虜改作遼后欲歸卻其表而不受虜改作遼主潛遁指其蹤而使擒契丹舊臣痛入骨髓假手女眞改作金人俾之報怨旁結西夏共爲敵讐虜改作敵騎欲入貫猶趣任太原虜改作敵破忻代卽捨太原以歸具舟檝載所親兵之家屬佩陝

西河北河東路宣撫使印浮汴渡江淮而去於是時何有陛下柰何卒赦之

又上言臣謹按童貫以奴隸之資荷不世之遇寖緣恩寵包藏禍心近者臣寮論其罪惡備載章疏以其養兵於家儲甲於庫有潛謀不軌之兆陛下寬容姑投海裔今者竊聞有司檢校其家器用復有交椅以青龍首金銀絲背爲飾者士論傳駭以謂不軌蹤跡暴白無甚於此臣愚聞之史氏爲國者見惡如農夫之務去草焉芟夷蘊崇之絕其本根勿使能植則善者信矣貫之誤國召兵幾危社稷兩觀之誅已後天下之望今暴其罪惡復出其不軌之器苟復置之何以爲巨姦元惡之戒奉聖旨童貫罪有十首薦朱勔起花石引趙良嗣滅契丹修延福宮等朕在東宮屢爲搖動冊立之時有異語不俟赦命擅去東南差留守不受命東京解圍聞之而去家中有非法之物私養死士前項罪不容誅差監察御史張澂將帶開封府公人前去追童貫隨所至州軍行刑訖函首赴闕當議齎送宣撫司軍前一行人漏泄者依軍法其子孫已降指揮送吉陽軍編管見隨童貫子孫仰張澂交割與所在州軍選差官多差兵級管押前去如在

別州軍卽移文監司依此施行

二十九日癸巳右武大夫温州觀察使提舉河北西路保甲兼權提點刑獄權眞定府李邈除青州觀察使知眞定府

是月闕日遣使與金人元帥皇子二書

宣和錄曰七月某日大宋皇帝致書大金國相元帥比因專使嘗已布書具載悃誠想加通亮但以三鎭之民懷土顧戀以堅死守雖令不從遂至宿師引日已久重惟兵民各爲其主困於暴露深可憫傷是用欲以三鎭稅租納充歲幣既不失通和之議抑亦爲

長久之圖諒惟仁明必能矜察已遣使大金皇帝及皇子郎君今再命單車復陳本末願加聰亮有少禮物具如別幅秋暑尚熾更希保護謹白一七月某日大宋皇帝致書大金國皇子郎君比常布問具致悃誠近因使介之旋尤詳敦好之意但以三鎮之民懷土顧戀雖令不從以致宿師引日已久重惟兵民各爲其主困於暴露深可憫傷是用願以三鎮稅租納充歲幣方昭大信諒不受於閒言將究遠圖豈自生於細故成長利於兩國在仁人之立談想惟英聰必能體亮已遣使大金國相元帥今再命單車復陳本

末願加聰察有少禮物具如別幅秋暑爲煩更希保護謹白

粘罕改作尼堪大起雲中路民兵之太原

王安中臨江軍安置

臣僚上言謹按王安中昨自尚書左丞建節知燕山府委任之寄重矣借令無才可辦邊事至如賊改作敵勢强弱與沿邊兵食之闕饋運艱難民戶殘弊衆所共知者自合條具實狀逐項奏聞使朝廷灼見利害審定取捨早爲備禦之策而安中畏避童貫專務蒙蔽終不端言其事數奏祥瑞誣罔諂諛以固寵祿養成邊患一旦虜改作敵騎長驅燕薊覆没深入畿甸社稷幾危推原本因其罪與蔡攸等耳今臣僚論列以謂行法未盡乞斥諸遠方少爲誤國者之戒雖責授散官復處漢東近地恐公論不以爲允矧以太原被圍師屯未解强虜改作鄰壓境朔部戒嚴若不恃賞罰之公厭服物論何以正其蒙蔽欺君之罪奉聖旨王安中移臨江軍安置

賜進士出身頭品頂戴四川等處承宣布政使司布政使清苑許涵度校刊

三朝北盟會編卷第五十終

三朝北盟會編卷五十校勘記

每一念及疾首痛心（脫及字） 亦豈委法以苟私卿等哉（應作亦豈敢委法徇私於卿等哉） 由遼州以夾擾太原（夾一作來） 數懷蓄養之恩（數應作素） 貫猶趨往太原（往誤作徃） 載所親兵之家屬（所應作其） 册立之時亦有異語（脫亦字） 金人忽取别道徑至（脫道字）

三朝北盟會編卷第五十一

靖康中帙三十六

起靖康元年八月三日乙未盡二十日癸丑

八月三日乙未太宰徐處仁少宰吳敏並罷

以御史中丞李回言章也

徐處仁觀文殿大學士中太一宮使

制曰門下圖治有要在人主所寶惟賢充位無間則朝廷焉用彼相眷予上宰久預政機謀猷罔著於事功體貌務全於終始誕敷明命播告多方正議大夫太宰兼門下侍郎徐處仁器質敦龎才能敏邵蚤年治郡素高黃霸之風晚歲裕民竊陋桑羊之政比疇雅望列處宰司允藉老成庶殫衷悃矧國步艱難之日乃廟堂協贊之時不知黽勉以赴功相與逡巡而罔寵乏可否之相濟唯同異之是聞寇患未甯方寸陰之可惜機會一失恐駟馬之難追道路流言士夫興歎覽封章之引咎具公論之騰喧俾解鈞衡進升祕殿即祠宮之優逸昭命數之休隆併衍爰田申陪眞賦於戲任舊人以共政初朕心豈有意於遐遺詢黃髮則罔愆惟爾躬尚無忘於辰告往祇予訓其體眷懷可觀文殿大學士中太一宮使依前官加食邑

七百戶

吳敏觀文殿大學士醴泉觀使

制曰門下朕嗣承丕緒統御萬邦當論相之初賴股肱之允協至臨事之際乃矛盾之是聞念久處於廟堂務曲全以體貌我有明命颺於大廷通議大夫少宰兼中書侍郎吳敏性識靜深器資閎遠高文足以華國鯁論足以濟時頃上皇臨朝遍列從臣之選逮眹躬踐阼首登揆路之崇藉爾孤忠輔予大業方寇攘之未靖顧宗社之可虞有厝火積薪之危有垂髮九淵之懼爾乃玩歲而愒月莫知排難而解紛持首

鼠之兩端乏鉛刀之一割稽邊使指潛失事機致公議之騰諠亟剡章而瀝懇宜解鼎司之重任就升祕殿之隆名均逸眞祠併昭異數於戲閔勞以事尙素蘊之可觀益勵乃忠想嘉猷之未替祇服休寵勿怠壯圖可觀文殿大學士醴泉觀使依前加食邑七百戶

唐恪除少宰

制曰門下周室任賢詩雅美甫申之維翰漢朝論相史官稱丙魏之有聲皆垂希世之名用起中興之治朕念疆圉未靖輔翼罔功冀得眞才付以樞柄繄生靈之休戚寄社稷之安危咨爾在廷明聽予告正奉大夫守中書侍郎建康郡開國公唐恪器識閎遠德履端良學足以通治亂之原力足以任股肱之託召從外服知畧輻輳於朕前揚歷政途風采想聞於天下渾渾忠義之氣憲憲文武之姿爲時顯人宜膺大任亟升華於右揆仍兼秩於西臺申衍爰田陪敦眞食於戲艱難多事莫甚此時謀議盈廷當求善策念民力之已困恐國勢之易搖修政刑以固本根謹關防以消外侮毋殫財而益賦毋黷武以貪功顧後患之可虞惟前車之是戒予違汝弼汝言予從無忘厥

初庶永終譽可特授少宰兼中書侍郎依前官加食邑七百戶

徐處仁知東平府吳敏知揚州

臣僚上言臣等歷考自古中興之君商高宗則得傅說周宣王則得仲甫漢宣帝則得魏相協心相與圖治故能伐鬼方攘夷狄（改作玁狁）單于慕義稽首稱藩載之經史不可掩也至唐肅宗復兩京迎明皇非不有功也而裴冕苗晉卿之徒相業庸謬肅宗之治因以不振稽古之士於此惜之伏惟陛下勤儉之德本於生知緝熙之學期於日益蓋與商高宗周宣王一無

以異漢唐而下皆不足數然自即位以來歷今三時邊陲未甯黎元騷動興治補弊之效未有可觀者殆以宰相非其人乎謹按太宰徐處仁初以蔡京薦進自縣令不三年備位政府縉紳駭其速化而不聞其有善狀也自金人退師陛下採其治郡之能擢爲首相蓋將與圖維天下之務取生民愁歎之弊盡革之而器局凡陋不知大體智識滯暗不通時變曾不能宅百揆熙庶績以副具瞻之望太宰之職可居乎謹按少宰吳敏初以蔡京欲聯親誼遂以辟雍私試高等入仕因與京結爲死黨在上皇朝縉紳目之謂在

劉丙林攄之右上皇內禪睿志先定父子授受夫復何疑而敏因蔡攸刺得密旨乃貪天功以爲已力處仁忝竊相位使其效力自贖猶或可容而敏以佞濟姦私植黨與凡其設施悉效蔡京意在專權固寵雖處仁之暗猶能識之二人因以不和而天下之事遂致壞缺每出一令行一政命一官除一吏不恤社稷之安危生民之利病惟務已言之勝遷延淹時者有之朝令夕改者有之遂使天下之民自春涉秋日望朝廷之惠澤而殊未有以慰其心也方今北虜鴟張（改作强）敵憑陵重兵壓境河東之役師老糧匱天下之憂日甚一日而和議之使未遣擾民之事益繁怨讟並興上天見異穀未及穫飛蝗蔽空而處仁與敏傲然自肆畧不引避意在歸過人主殊失愛君之義矧以小忿交爭黼座之前大臣之體得如是乎臣等採之僉言稽之舊典處仁與敏誤國負恩罪在不赦伏望陛下上念祖宗創業艱難之重上皇畀已傳位之心下恤四海蒼生翹首惠澤之久亟罷二姦別圖任用庶幾中興之業不愧於商周天下幸甚取進止八月二十七日三省同奉聖旨徐處仁知東平府吳敏知揚州並放謝辭不候受告般接家人疾速發赴新任

靖康遺錄曰初驛召徐處仁於北京令星夜前來赴闕二十三日制以徐處仁爲太宰兼門下侍郎處仁始爲北京留守以剛廉自名因太學生言其可任遂以通奉大夫召入都人傾望咸謂有所建明既至當軸殊無嘉謀良策談者失望時中國多事符檄紛紛處仁不能決又與吳敏不協每朝罷議事互相詆訾未幾吳敏於東府見處仁處仁方秉筆據案敏既坐有所咨啓語漸相侵處仁忿然以筆擲之正中敏面額脣鼻皆黑同坐者引去明日吳敏奏其事而御史亦相繼彈劾不踰月罷敏以年少多不習事胥吏將

文牒至有所呈覆吳敏不能裁遣但云依舊例可也是時軍期緊急遽如星火敏不留意方具劄子乞令學者添治春秋又因司業楊時上言王安石三經新義邪說聾瞽學者致蔡京王黼因緣爲姦以誤上皇皆安石啟之也又謂安石不當繼十哲宜依鄭康成畫壁從祀上從其言下太學如敏所請時人有十不管之語云不管太原卻管太學不管防秋卻管春秋不管礮石卻管安石不管肅王卻管舒王不管燕山卻管聶山不管東京卻管蔡京不管河北地界卻管舉人免解不管河東卻管陳東不管二太子卻管立

太子蓋譏其不切事務故也咸謂深中時病

林泉野記曰徐處仁字擇之應天府人元豐八年登甲科累官爲工部尚書大觀元年遷右丞梗正不阿俄丁母憂蔡京罷相處仁奏十事乞留京士論醜之頻歷外郡有治聲靖康初召爲中書侍郎俄代李邦彥爲太宰時金人已寇（改作至）河東朝廷多故處仁奏八戒諫遊幸近習戚里佛道費用等皆遵而行之庶可刷金人深入之恥及虜（改作金）使來請和處仁請付种師道處置少宰吳敏主和議不允敏又差注親戚數人處仁抹去之由是不和加正議大夫與敏交爭於殿上坐是罷爲觀文殿大學士提舉杭州洞霄宮退居鄉里敏亦罷去虜（刪此字改作金人）圍應天城中民作亂目處仁爲姦細刼奪其家貲殺其長子感病而卒年六十六子康度後皆顯仕

何㮚中書侍郎陳過庭尚書右丞聶昌同知樞密院事

聶昌自開封尹除同知樞密院事昌舊名山上嘗夢爲兩日所逼乃改山爲昌以厭之人皆莫曉其意或謂欲用山奉使金國乃改賜名又曰上一日謂聶山曰山大物也何以爲名山曰臣素慕周昌爲人乞改名昌於是奉御筆改名昌○舊校云按聶昌傳云帝謂其有周昌抗節之義乃命之曰昌

敕曰朕惟京師衆大之居是有獄市幷容之寄卿發姦摘伏號稱神明扶弱抑強濟以寬猛兼孔門果藝之選紹西漢趙張之餘載省風聲不忘嘉歎故茲奬諭想宜知悉

許翰罷同知樞密院

李回簽書樞密院事

解潛屯兵南關爲粘罕（改作尼堪）所敗奔於隆德府

解潛屯兵南關慮我師不用命乃置壘於溝壑之上且效淮陰抵水欲使三軍殊死戰粘罕（改作尼堪）軍兵垂

至先戒兵將諭以禍福云迎敵者賞及子孫退走者誅及妻子或有奇功定加高爵三軍私語云向日童宣撫時亦有此言然戰死者申爲逃走奔潰者立賞招安今日之令又恐虛文是日賊方（此二字改作金人）攻壘將兵果習舊態但畏敵人不顧軍令後軍乃縋深溝唯求自脫然壘屍（刪此二字）亡者不知幾千也金人乘亂鳴鼓而進我師大潰其敗軍覆將又非上賢時比也潛乃奔隆德府

知威勝軍張堯佐叛降於金人

劉韐聞解潛敗奔回京師李綱頓兵懷州不進

遺史曰劉韐聞解潛敗留張俊苗傅於信德府而走至京降八官落職罷之李綱初氣銳而輕敵潛既敗綱氣遂挫乃頓兵懷州不敢進日與鄒柄張牧論事諸將禀事者先請柄牧將士怨之初太原城中有將官楊可發者面有六字號爲楊麻胡撩城出欲招集人解圍到虞縣約有眾千餘忽邏得三人乃繁時縣東諸豪傑不肯順番差往探太原事者可發遂隨此三人至五臺山北繁時縣東天延村招軍四十餘日得二萬餘人以五臺山僧李善諾杜太師爲先鋒將到繁時縣東十里鐵家會遇金人大戰至晚眾皆散去可發卻上五臺山副僧正眞希投拜可發去五臺山卻入虞縣有眾二千遇粘罕（改作尼堪）大軍至可發自知其不可乃倚壁而立以搶自刺其腹而死瘡口無血有白脂一塊隱出塞定瘡口至是解潛之兵潰劉韐奔入京師李綱止屯於懷州金人縱橫於河東矣

五日戊戌察訪張灝會將兵駐於汾州遣統制張思政折可求冀景進兵於郭柵

七日庚子粘罕（改作尼堪）兵破郭柵張思政冀景奔回

張思政等屯郭柵深溝高壘未嘗料敵迎戰金人既近而冀景寨中忽張青蓋賊視而不擊惟攻思政等

寨矢石交射金人冒矢急攻寨中人兵退移竟爲所敗惟冀景全軍奔回將兵死於寨中不知其數

彗出東北

上深自內懼令宰臣議詔責躬放宮人減常膳求直言

八日辛丑以彗出下詔

詔曰朕托士民之上嗣位旬日戎羯（改作金人）犯順乃至郊甸迨今三時邊鄙未甯調發轉餉勤動四方惟德不類無以仰當天心日夜祇懼每御便坐稀臨正衙凡欲以自奉者務從貶損至於常膳百品減去七十

放宮女凡六千餘人未嘗輒奏音樂備置臺諫廣通言路公車上疏乙夜躬覽庶幾少自警戒而日者彗出東北方考之前載實爲大異畏天之威弗敢甯處今將循舉故事而率皆已行深懼又不能應譴告之實熟憂再四意朕之不明元元之愁痛無聊者衆是宜求民之疾苦者悉行條具除苛解嬈冀以感召和氣以格休應咨爾卿士具體朕意毋忽

張灝招集潰兵誅冀景

張灝出榜於諸要路招集兵將云近以郭柵之戰將兵非不用命蓋緣賊（改作敵）鋒甚盛遂至敗事自統制

下至兵卒並皆免罪如戰歿將校及重傷之人仰一一保明當議重行賞典如敢不來本司定行軍法自是兵將稍稍集於汾州諸將互論不用命者又訴冀景有異意言金人既至乃於寨中張青蓋爲號賊人不攻又見危不救而反奔潰灝遂下景等獄勘驗得實戮景於市死者五十二人

十五日戊申張思政襲金人於文水縣獲捷

十六日己酉思政出戰我師大潰

先是八月初劉鞈兵先進賊（改作敵）併兵禦之鞈兵潰既而解潛與賊相遇於南北關轉戰四日殺傷相當金人增兵潛軍力不能勝而潰平定遼汾之師皆逗遛不進鞈潛失利潰散之兵蔽野而還人人震恐獨思政之兵在汾州其衆尚十七萬號百萬未出戰賊（改作敵）曰鞈潛既敗不足慮也乃驅婦女老弱守虛寨以當平定威勝之路而併其兵禦思政思政領兵出汾州執冀景示衆曰景不堅守石嶺關遁還者也斬之以徇是月十五夜賊（改作敵）於文水縣張欽以賞月謀者以告思政襲之斬首數百幾獲嗣本嗣本脫去灝思政以小捷之故馳黃幟呼於路曰汾州捷報也州縣歡聲震地曰我師勝矣或持酒肴相慶曰皇帝

聖慈吾見其太平乎至有感極而揮涕者十六日思政出戰賊（此字改作金人）曰彼衆雖多而喧囂不整無能爲也乃以鐵騎三千直衝我師大奔相蹂踐而死者數萬人坑谷皆滿思政以敗卒數千人奔汾州灝以牙兵數百趨慈隰於是汾州威勝隆德晉絳澤州民扶攜老幼渡河南奔者鉅萬計諸州縣井邑皆空兵潰散不復入汾州咸歸元來去處或勸還司衆曰前日郭柵散敗察訪出榜招安云統制以下並免罪後復行誅戮今日還司是就死也不若權歸以俟再舉

二十日癸丑詔四總管許自選將兵以禦都城

朝廷既知張灝等敗衂慮金人深入詔四總管以兵禦都城張叔夜充南道總管高公純副之胡直孺充東道總管朱勝非副之王襄充西道總管孫昭遠副之趙野充北道總管范訥副之

侍御史胡舜陟劄子論禦戎之策

臣觀漢唐以來禦戎之策有五曰和親曰守備曰征伐曰撫定曰覊縻皆因時而爲之和親守備則施於夷狄(改作敵國)强盛之時漢高帝是也撫定覊縻則施於夷狄(删此二字)衰弱之際漢宣帝光武是也至於征伐或施於强或施於弱必先以中國富盛兵甲精鋭我有

萬全之勢彼有可乘之隙然後可舉漢武帝唐太宗是也今我國家承巨姦誤國内侍持權之後海内虛耗帑藏空竭軍律不振士不爲用金寇(改作入)乘時肆其猖獗長驅乎中原圍守乎巨鎮而我動天下之兵斂四海之財不能少挫其鋒此則夷狄(删此二字改作彼)强盛之時也彼强我弱正我兵不可妄用而朝廷必欲以兵困之不度彼已王師輕動於是种師中敗於榆次解潛敗於南關折可求敗於汾州劉仲元敗於大安驛寶犯不韙自取挫衂以漢高祖之神武而又有謀臣猛將不世出之材破秦項如振槁猶甘受冒頓之困不敢與之校乃知夷狄强盛(改作彼强我弱)制之當自有術不專以兵也所謂講和守禦二策誠今日之先務朝廷先遣三使往議和好可爲善矣更務自守二策並用善之善也伏觀今日命將出師悉援太原如救焚援溺其勢可謂急矣介胄之士孰不欲踊躍而前縉紳之士孰不欲抗議督戰然兵家善教見可而進知難而止不敢必也苟不可進必使之進猶羝羊觸藩何利之有徒喪軍氣非惟不足以救太原適足以取自弊之道兵寖單寡則有不測之禍不可不慮臣願陛下以漢高祖爲法與之講和以漢文帝爲法

自爲之備詔宣撫司勿督諸將決戰且據要害堅壁固守以養士卒之鋭氣俟彼有可乘之隙我有萬全之計相時而動以奇取勝天下幸甚昔突厥方盛唐太宗不得已而事之未幾擒頡利於北闕下夷狄(删此二字)盛衰無常臣謂陛下廣宏巨之量姑含垢忍恥以俟之未爲晚也臣自聞河東失利臣爲陛下朝夕深思竊謂我國家權宜之計無出此者狂夫之言聖人擇焉伏望陛下斷而行之面奉聖旨令劄付諸將

賜進士出身頭品頂戴四川等處承宣布政使司布政使濟苑許涵度校刊

三朝北盟會編卷第五十一終

三朝北盟會編卷五十一校勘記

八月三日乙未乙未應作丙申　才能敏劭劭誤作邵　幷放辭謝誤作謝辭　東十里鐵家嶺嶺誤作會　卻入虞縣虞誤作盂　自知其不可敵脫敵字　察訪使張灝令將兵駐於汾州脫使字令　熟誤作會　進兵於郭山柵脫山字下同　公卿上疏卿誤作車　籌再四籌誤作憂　前日郭山柵之敗脫山字之誤作散

三朝北盟會編卷第五十二

靖康中帙二十七

起靖康元年八月二十日癸丑盡九月三日丙寅

李若水奉使金人於山西軍前

初朝廷欲遣使金國以租賦贖三鎮令侍從臺諫各舉三人有舉太常博士李若冰者上召見惡其名若冰上日若猶弱也冰猶兵也兵不可弱遂賜名若水除秘書省著作佐郎借秘書少監使於金國山西軍前

二十三日丙辰誅童貫於南雄州

先是朝廷差監察御史張澂將帶開封府公人前去廣南西路追逐童貫所至州軍行刑八月二十三日至南雄州追及童貫遵依聖旨處分斬於使院凡三刀不過乃倚屍於門閾切斷之取其首用水銀等養浸齎管赴闕

中興姓氏姦邪錄曰童貫字道夫開封人也少為內侍出為登州巡檢頗有材幹後徽宗器用之政和二年與鄭久中使於契丹邀馬植來歸以謀燕山諸州後為陝西宣撫使督軍與夏人西番戰席蓆平破臧底河累有功然貫身在數百里外遙為節制加節度使六年簽書樞密院事又加太傅宣和二年方臘反睦州陷溫台婺處杭秀等州東南震動以貫為江浙宣撫使領劉延慶劉光世辛企宗宋江等軍二十餘萬往討之貫行兵事急上為出城東以錢貫握貫之手親送之曰東南事盡付太傅必有緊急不得已可徑作御筆行下貫至浙率諸將擒臘獻於京師加太師內侍邵成章言貫之姦上不納四年聞契丹國亂大金來結盟約夾攻之也上銳意取燕山九州命貫為宣撫使貫乃令趙良嗣馬擴使於大金密請進兵以襲燕山大金下燕遣人邀貫貫命統制姚平仲往

交燕山諸州封廣陽郡王貫之親軍號為勝捷軍請給倍於諸軍貫已貴而驕不恤將士賞罰不明紀律尤亂僕役皆為顯官胥吏李宗振門客范訥皆節度使尤不用人材陝西河北因數用兵軍民皆不能邺其家園林池沼甲於京師金玉數十萬計服食無異御府故天下怨之六年秋復領大兵軍太原圖雲中七年復出聞大金兵盛乃遁還徽宗遜位貫領兵隨之南幸太學生陳東上書極言其姦惡靖康元年臣僚屢言之責授左衛上將軍致仕後再言其罪責昭化軍節度副使郴州安置再言曰金人之熾緣契丹

之滅也契丹所以滅者緣貫殘其國也若斬貫以示契丹以釋其憤契丹之怨稍平金人之師自退命監察御史張澂追貫至南雄州數其罪而斬之年七十三梟首京師百姓皆悅

童貫始爲殿頭元符末主杭州之明金局蔡京時被責在焉貫能媚事人且深奉蔡京自言頃押衣襖茶藥奉使於陝西者凡十一每爲蔡京歷道五路利害與諸將之玩寇京器之及作相會上欲收復青唐乃以貫爲監軍既下青唐貫遂竊威名大觀中再出討溪哥藏征有功俄遷節度使是後上數欲命爲開府

始賜第建閣又許造祠錫名曰褒功臣僚論之而止繇是怏怏不滿後蔡京黜政和元年貫副尚書鄭久中奉使遼人蔡京時在杭州聞之因附使人密奏曰貫實無大能偶以青唐事遂竊威名宜深臧之以懼外夷（改作契丹）今遣使虜（改作彼）豈不爲所窺乎上報曰虜酋（改作遼主）欲之耳彼既邀我我因覘之不亦可乎自是始啓北征之漸貫遂引馬植來奔馬植者趙良嗣也貫已大用事數壞邊事獨不可制朝廷於是下詔疏其六事命右司郎官方邵爲察訪俾廉之貫乃使人隨邵伺其所爲先得以白上及劭還奏每一語上隨

以所之曰卿不知是事云云乃御前處分也劭大忿當御榻不去盡發貫罪惡敗壞國事所以劭得罪而終身不復任事自後天下爲貫結舌時官制改乃以爲大尉是猶前日意不得開府也至五六年則開府少保不能遏矣初獨簽書河西房事俄遂領樞密院未久又上平燕策又欲生北釁密遣人使海上結約矣政爲司空領樞密院遂日出赴朝班每在朝廷則衣三公之服與執政同奏事入內則衣內侍之衣執灑埽之役又數搖東宮力主鄆邸與蔡攸俱奉詔結鄆邸爲兄弟且養西兵號勝捷指揮爲親軍屢增至

數千百人宿衛下中外爲之寒心及金（下深人字犯闕改作深入）太上南幸時上欲趨武關入長安會兵圖收復而朝議以貫守東都然倉皇時貫自從太上行俄而貫得罪朝廷疏其十事遣監察御史視行刑者斬焉貫無他能但有度量善容納則世所未見始下青唐因人成功後徒以金帛賂虜（改作敵）取名入則縉宣撫司之富盛以奉至尊賂後庭又賂諸小璫及親近者爲援凡皆用是術至金人一一不能賂則敗矣又其狀燕頷瞻視偉如獨不類宦人喉下皮骨悉如鐵始貫欲自謂韓魏公之出子數以言動吏部侍郎韓粹彥粹

彥毅然曰先公平昔無茲事於是王仲嶷者久依貫聞是語而自詣貫識之以爲珪之子也貫大喜故王氏於政和以後恩數及襃詔悉貫之力大抵不揆凡若此故自政和末國柄皆繇是物而天下事寖亂矣

政和初童貫承蔡京意旨大啓苑囿以娛樂導上爲遊幸之事貫率楊戩賈詳藍從熙何訢共五大閹徙大內之外諸庫遷二僧寺徙二軍營而改築延福宮五閹各有分地自爲制度務尚華侈不相沿襲樓殿相望築山引水草木怪石巖壑幽勝又跨舊城取濠外地作景龍江芙蓉城蓬壺閬擷芳園曲江池各有

複道以通宮禁又爲鹿砦鶴莊文禽孔翠諸柵多聚遠方珍怪蹄尾動數千實之又效江浙爲白屋村居野店酒肆青帘其閒景龍門冬十二月張燈至上元名曰預賞又實籙宮山池皆包平地環以嘉木清流列諸館舍臺閣多以美材爲楹棟不施五采有自然之勝上下立亭宇不可勝數若江南陳後主三品石姑蘇白樂天手植檜太湖靈壁慈谿武康諸石二浙花竹雜木海錯福建荔枝龍眼橄欖海南椰實湖湘大竹文竹江南諸果登萊淄沂文石二廣四川異花奇果率入其中總名曰艮岳後又曰壽嶽門號華陽自華陽門入兩傍有丹荔十八枝大石曰神運昭功者立其中旁有雙檜一夭矯者名曰朝日升龍之檜一偃蹇者名曰臥雲伏龍之檜皆玉牌塡金字書之巖曰玉京獨秀太平巖峯曰卿雲萬態奇峯又有絳霄樓金碧相閒勢極高峻出在雲表盡工藝之巧無以出此貫又引朱勔取江浙花石皆隸貫主之凡士庶之家有一花一木之美悉以黃帕覆之名曰御前之物不問墳墓之閒盡皆發掘所載動數百舟號花石綱所過州縣莫敢誰何諸路大騷以致於亂宣和閒都下秋風夜靜禽獸之聲四徹宛若深山大澤陂

野之閒識者以爲不祥也七年北方寒盟朝廷戒嚴取山禽水鳥十餘萬盡放諸汴渠聽其所之靖康初虜（金改作）騎既犯闕又取大鹿數千百頭殺以享衛士及圍城取諸石爲礮云

二十四日丁巳李若水以吏部侍郎充山西軍前和議使王履以相州觀察使充山西軍前和議副使

九月一日甲子朔吏部侍郎充大金山西軍前和議使李若水相州觀察使副使王履出國門

三日丙寅王寓尚書左丞

王寓爲起居舍人正月諫親征罷之未幾復除禮部

侍郎還翰林院學士至是爲尚書左丞

王寓諫親征劄子曰今月初三日亥時准門下省兵房送到錄黃四件三件爲團結在京及京畿諸縣河南府等處兵馬祗備親征一件爲應親征典禮令有司疾速檢詳以聞事付臣書讀者右臣竊詳金人犯改作入邊朝廷憂恐宰相大臣聚議都堂已半月餘日矣所謂守備攻取之策尚未聞有定說大師未遣士氣不振陛下嗣位之初躬宵旰之勞日晏坐朝憂形於色而大臣中未聞有慨然請行爲國排難者今者乃遽有親征之議臣竊惑之此事若出陛下之意大

臣當伏地叩頭陳垂堂之戒若大臣建議是賊君之大者前日知眞定府劉韐乞速擇名望大臣爲夷狄改作敵所信慕者奉使議和庶幾兵革休息大臣於此亦可以請行矣乃止以遣使報之其意不過謂已遣李鄴輩不必更遣大臣耳前日謂不必遣大臣今日乃欲據煩陛下親征何其輕重緩急大不侔也陛下嗣守神器當念祖宗社稷爲長久之慮鑾輿一動安危禍福之機在焉且自陛下踐祚以來民心安悅如戴堯天儻輕此舉民心謂何若曰姑假此名以肅師旅此尤不可蓋此詔一出都人民情搖動外寇未平腹心已潰矣在景德中眞宗皇帝澶淵之行當時猶曰幸而克敵以今日觀之國力盛强民財豐實將相得人士卒用命能如景德之時乎陛下乃欲輕萬乘之尊蹈不測之險三尺童子亦將爲陛下寒心臣父易簡常備位東宮僚屬父子荷國厚恩而臣復處封駮之地不敢不爲陛下盡告區區愛君之心死不奉詔所有錄黃臣未敢書讀行下謹錄奏聞伏候敕旨

王寓使於金國不行罷尚書左丞責授單州團練副使新州安置資政殿學士王易簡與宮祠

王寓新除尚書左丞詔寓使於金國軍前奉五輅而

行寓有懼色門下客李允文假設八難以問寓不能對入見上辭其行不許寓固請且曰臣夢祖宗怒以五輅奉金國上大驚詰其故曰祖宗何故不賜夢與朕而與卿耶寓言臣受命而行職在臣也故祖宗賜之夢而警焉上曰何以驗之寓辭窮何㮚叱之曰王寓狂忘可退寓惶恐戰慄異日寓見上辨其事曰非臣之詐也乃李允文教臣爲此語且謂臣曰不託以夢不能免此行上怒之其父易簡亦上章祈懇免行乃降旨曰王寓誑誕避事追還左丞誥命付尚書省毀抹責授單州團練副使新州安置父易簡落職與

宮祠並日下出門赦朕聞路温舒以丞屬而請往絕域傅介子以馬監而求使大宛蓋委質而爲臣無辭難而避事苟懷誑誕曷追典刑具位王寓世荷國恩蚤歷華胄昨於纂丞之始首掛譏訶不忍棄捐於終復加湔洗罔思報德惟務懷安適邊境之繹騷遣近臣而計議邀功生事黜賈生係虜之謀罷兵息民講魏絳和戎之策擢爾侍從之列置之丞轄之崇特加寵數之優式示光華之選逡巡求避撰造不根逮詰責而辭窮乃張皇而情得方主憂臣辱爾乃便安之求苟罪大責輕難示方來之戒姑從散秩往處嶺南

尚務省修以待寬宥又詔曰帷幄近臣義莫先於體國潛宮故老情宜篤於愛君苟罔恤於艱難乃唯圖於安利刑章具在容貸敢私具位王易簡頃以進讀之官而僭攀附之列覩樞廷之品秩既顯其身掌鼇禁之文章又擢其子寵數已榮於兩得忠孝宜萃於一門逮遣使而出疆乃恃恩而擇事寓既造滕而屬請爾亦露章而懇祈教子以義方不蹈忠臣之節愛人以姑息亦非君子之風鐫秘殿之隆名卽外祠之閑逸往思其咎無蹈後愆

殿中侍御史胡舜陟劄子論兵機事

臣觀虜（改作敵）情狙詐多方見謀去秋盛傳劉彥宗之亡彼方且點集人馬今春又傳吳乞買（改作烏奇邁）之亡幹離不（改作幹里雅布）歸傳位彼方且休兵燕山今又傳粘罕（改作尼堪）之亡又曰畏熱而投雲中然晉絳城下兵勢愈强軍壘愈多我師之出出無不敗則粘罕（改作尼堪）果歸乎虜（改作敵）人誤我使不設備故其姦計每每如此臣竊怪寇（改作彼）出詭道無窮而我誤於彼了無一術閒有臣下所獻計畫如用閒諜如設水櫃如招叛亡如擣空虛如攻其必救如分其兵勢三省密院騰播於天下大書文移處處有之安知其無姦細傳達於

虜（改作北）庭凡有措畫動輒知之彼必思所以應之之道我能制勝乎臣願陛下密詔將帥嚴飭武備勿爲所誤更詔三省密院凡事屬兵機勿得降出奏依

賜進士出身頭品頂戴四川等處承宣布政使司布政使清苑許涵度校刊

三朝北盟會編卷第五十二終

三朝北盟會編卷五十二校勘記

鄭居中使於契丹 居中誤作久中下同　方劭爲察訪使 劭誤作邵脫使字　貫乃使人隨劭 劭誤作邵　上隨以折之 折誤作所　國柄皆由是物 物應作誤　兩旁有丹荔十八枝 十八一作八十株　祗備親征 祗誤作祇　大帥未遣 帥誤作師　都城民情搖動 城誤作人　王寓狂妄可退 妄誤作忘　出無不敗 一作無不敢敗

三朝北盟會編卷第五十三

靖康中帙二十八

起靖康元年九月三日丙寅盡其日

粘罕 改作尼堪 陷太原河東安撫使張孝純被執馬步軍副總管王稟死之通判王毖提舉單孝純皆被殺通判王逸自焚死

宣和錄曰先是太原被圍提舉保甲鄭詡自城中出傳檄諸郡使爲備諸郡悉集城下爲守禦計粘罕 改作尼堪 由是圍太原未下分兵守之義勝軍引粘罕 改作尼堪 陷威勝軍及隆德府欲寇澤州逢朝廷講和軍乃還

太原遣人入城諭之曰朝廷已割太原矣亟開門孝純幷副總管王稟曰朝廷使汝交割太原但奏朝廷云某等不肯堅守如初金人大怒無如之何留兵數萬守之其酋 改作而自 歸雲中賊 改作敵 衆於太原城外植鹿角木環其城厚數里中爲小徑往來縱犬警之是時天氣已熱賊 改作敵 兵各休於林樾之下而分食於太原十邑其守益固大酋 改作敵將 既歸雲中有諜者來云四月二十七日於雲中張飲而慶者三日漢兒番兵打毬以助焉太原雖被圍甚密而竊出告急者不絕皆於衣領中爲奏狀以達朝廷且速令進兵解

圍告急之人不能脫者間爲賊改作敵獲見其書知朝廷興兵矣賊改作敵亦甚懼其告急之人能至晉絳者皆枯瘠如鬼曰太原城中煮弓弩及皮甲以食又將告竭矣朝廷命姚古爲制置使領兵駐威勝軍其兵無故驚擾自威勝遁還隆德一路皆震人民奔懷澤聞者甚衆是時諸路救兵未有至者獨种師中以本部兵最先進五月初及金人戰於平定威勝之間金人以鐵騎突陣師中死之至六月初太原告急者益少人皆知困內外憂恐或聞李綱爲宣撫已到懷州及分命劉韐爲副使當平定之路解潛爲制置當威

勝之衝折可求爲都統居太原之北張思政亦爲都統制當文水之南且命張灝爲陝西路都曹兼河東察訪而督其軍軍旅甚盛河東之人皆喜曰太原圍解河東安矣然河東七月雖暄旦暮已涼鎧甲可御人相視曰炎暑固不可用兵今已涼而猶未進事將柰何又見官軍之過者皆江浙閩蜀之人俯僂跛躄竟日轉徙道途之間問之曰汝何爲者曰救太原兵也識者默然或有知兵者私相謂曰賊改作敵數不多廣爲虛寨以張聲勢耳若使諸路同日而入賊改作敵必不能枝梧取勝必矣若參差不齊勝負未可知也

八月初劉韐解潛失利賊改作敵乘勝急攻太原遂破

實九月初三日也

封氏編年曰初粘罕改作尼堪之圍太原也經略張孝純撫諭軍民曰金人雖在城下無能爲害太原自古雄藩城堅糧足加之兵勇我非不欲出師當俟金人糧盡氣失將驕兵惰乃候援兵附近內外相應使胡騎刪此二字匹馬不歸上爲朝廷報復下保汝等血屬可乎衆皆唯諾若刪此字數十萬坐守危城無有異心孝純之力也被圍既久孝純遣人縋城赴闕奏云契勘太原被圍今已八月餘日城中居民死亡八九守禦之

卒餒糧已絕以鎧甲充食者已二十餘日卒多疲病賊改作敵人知之外爲攻具甚盛諸道援兵杳無來耗城中危急朝不保夕臣以倉卒反側之間雖尚且勉强彌縫支吾然觀其事勢若援兵數日不到必致上誤大計臣盡節效死自斷既久唯是遇陛下不世出之主恐不得預羣臣之列少助尺寸而上無補宗廟萬分之一下不能全闔城忠義之民望闕忍死死不瞑目所望朝廷博謀廣訪長思深慮爲社稷天下之計不勝幸甚

又貼黃曰臣竊聞宣撫制置使等諸道聚兵恐是計

出萬全不止解圍太原遂將盡復侵地但緣本府已危決難等待臣已申宣撫制置等如王師並進如已戰勝即乞指揮諸將不以太原存亡乘勝前來措置兼臣等尙以死守尙覬覦王師之來

又與男灝書曰城中事勢奏檢中具之兼已申宣撫制置司汝更可少關諸司兵餘不復言此中況味正如病危行汗存亡須臾而呼醫未至其荒擾可以想見也迫迫切切又云醫久不至今膏肓矣可柰何然而忍死以俟尙冀靈丹速投起此危證也又云忽收賊（改作敵）人文字雖不可憑信然援師之來無託而力

已危急不無憂疑無可柰何又云契勘今月十三十四十五日據逐壁照望得賊（改作敵）馬自東南傍城投北去意謂援師相近逼逐前來至十六日後來卻有賊數十騎節次南來至二十日照得二三十騎復自晉祠榆次路北來連日往來不定竟不聞王師遠近消託闔城軍民久已乏食又無生路極不安帖事勢愈危死亡之期近在朝暮可速赴宣撫制置使司速賜催促大軍星夜前來解圍爲望

又云今日申時已寫文字未發聞東壁報有金人數隊到城下齎到已屯駐大軍太原勃極烈（改作貝勒）文字大略云汾州南關平遙壽陽等處諸頭項官兵悉已戰退賊（改作敵）討姦狡語言狂妄不可憑信但緣援師屢失期約又無端的來託闔城之人愈更憂疑可體念本府事體危急人心反側促督大兵前來解危萬一僥倖獲濟粘罕（改作尼堪）攻城之具曰礮石洞子鵝車偏橋雲梯火梯凡有數千每攻城先列礮三十座凡舉一礮聽鼓聲齊發礮石入城者大可如斗樓櫓中礮無不壞者賴總管王稟先設虛柵下又置糠布袋在樓櫓上雖爲所壞即時復成粘罕（改作尼堪）塡壕之法先用洞子下置車輪上安巨木狀似屋形以生牛

皮漫上又以鐵葉裹之人在其內推而行之節次相續凡五十餘兩運土木柴薪於中粘罕（改作尼堪）塡壕先用大板薪柴次以薦覆然後置土在上增覆如初王稟每見塡即先穿壁爲竅致大鞴在內俟其薪多即使放燈於水中其燈下水尋木能然溼薪火既漸盛令人鼓鞴其燄亘天故能不令塡壕其鵝車如鵝形下亦用車輪冠之以鐵皮使數千百人推行欲上城樓王稟於城中亦設跳樓亦如鵝形使人在內迎敵亦（改作又）先以索絡巨石置彼鵝車上又令人在下以搭鉤及繩拽之其車前倒又不能進其雲梯火梯悉

用車輪其高一如城樓悉爲王稟隨機應變終不能攻我又嘗內起重城慮外壁之壞無何人衆糧乏三軍先食牛馬騾次烹弓弩筋甲百姓煮浮萍樹皮糠粃草芰以充腹次即妻男將斃雖慈父義夫無不親食其肉不暇相易恐斤兩輕重人之不等也非王公之巧則太原不旬日即失矣

又曰太原被圍二百五十餘日外城已失月餘城中乏薪乃毁屋取木燃骨充爨殍死百分僅存一二餘皆病不能振雖被堅執銳者以其飢乏悉委軍器但倚壁瞪目不能步走至是金人攻重城如蹈平地王

稟聞金人入城復領羸兵與之巷戰身被數十槍孝純等爲金人所執粘罕改作尼堪謂曰爾以一城輒敢拒守且大遼爲我滅今城既爲我得有何能乎孝純曰使我有糧爾豈能逞其志也聞自古爲天下者務廣德不務廣地爾滅大遼不使繼世滅人宗廟德既不施地雖廣大極盛必衰兵雖改作忌黷武好戰必亡粘罕改作尼堪笑謂之曰大遼天祚內政不修外侮鄰國畋獵不時女色無厭湛酒嗜音我家大聖皇帝知其必亡躬行天討以順伐逆社稷邱墟固其宜已何云無德爾家國主遣使海上就盟者屢矣數數敗好太祖

武元皇帝存大體不欲出師問罪我家既得雲中聞你家始以兵來朔界後趙良嗣馬擴等來我皇帝責其敗盟乃不遣使事删此字本不欲通和以良嗣等再三請求乞依舊好大聖皇帝降旨云初以南朝失信斷絕無疑緣南朝皇帝御筆親書今更不論元約特與燕京涿易檀順景薊六州二十四縣漢民其係官物及奚契丹渤海西京平灤等州不在許與之數後聞你家竊入燕京用兵失律敗衂奔歸童貫再遣趙良嗣求請我家圖燕京我大聖皇帝遂分三路入燕僞后奔走遼大臣開門以降乃遣馬擴歸你家朝廷

獻捷我大聖皇帝不預歸國交與你燕京你家遣詹度使人招我家知平州張瑴加其節鉞使世襲平州又將不係交割民戶招誘南去敗盟之君有如此乎向者我皇帝遣二太子郎君與我等分兵問罪天兵既抵汴京你家君臣哀鳴請和請割三鎮二十州以贖罪太子矜憐從請遂乃班師誓墨未乾盟言又變三鎮不還以兵襲我自古違盟不克享國今再奉敕命復行弔伐汝宜自新吾當用汝孝純曰朝廷之事我未嘗預聞唯被命帥此一方世受國恩焉敢背棄我聞不戰屈人之兵爲上向數攻城未嘗得志近以

我兵飢乏故城爲爾所得又況攻城爲下策何足道哉孝純唯有一死以報朝廷勿復多言遂瞑目不語粘罕（改作尼堪）又使人捽仆孝純及子浹於地曰從我則有生理不然吾以萬種之刑及你父子浹大聲曰我不負朝廷願被楚捶抗言不撓父子要其必殺粘罕（改作尼堪）曰你父子不畏死先取餘官來令看遂將統制高子祐統領李宗顏運副韓總提舉單孝忠廉訪狄充通判方笈張叔達三十餘人皆被殺而孝純父子顏色不變粘罕（改作尼堪）顧謂高尙書曰押去勿令自盡孝純不食者累日稍稍爲左右誘令啜粥食粘罕（改作

三朝北盟會編　卷五十三　八

尼堪）令人押赴雲中

傳信錄曰粘罕（改作尼堪）之師至太原城下太原亦堅壁固守粘罕（改作尼堪）屯兵圍之悉破諸縣爲鎖城法以困太原鎖城法者於城外矢石不到之處築壘環遶分人防守內外不相通遂陷

林泉野記曰張孝純知太原府兼河東路安撫使靖康初粘罕（改作尼堪）來攻先築夾城於外期於必取百道進攻孝純與副總管王稟以死守姚古种師中解潛張思政皆來援敗去遂授檢校少保武當軍節度使河東諸郡相繼陷沒城中易子而食城破孝純不得已遂降

遺史曰金人攻太原築長城（刪此字）圍其外用雲梯礮石鵝車洞子分道併力攻衝張孝純與王稟死守朝廷遣加孝純檢校少保武當軍節度使姚古种師中解潛張灝以兵赴援解潛兩敗績古師中灝一敗績太原以糧盡而援兵不至軍兵多餓死稟知太原不可守乃走入統平殿取檀香御像以匹練繫於其背縋城投溪而死

金虜（刪此二字）節要曰王稟係宣撫司統制官自童貫棄太原入覲留稟守太原太原守禦稟功爲多至城陷

三朝北盟會編　卷五十三　九

也稟引疲乏之兵欲出西門無何西門插板索斷不能出而虜（改作敵）騎已入城倉皇之間士卒皆潰左右勸稟降稟歎曰城陷士無戰志又且門阻乃天亡稟也稟豈惜死逭天命而負朝廷哉遂自盡後粘罕（改作尼堪）得其屍令孝純驗之既實粘罕（改作尼堪）向屍戟手大罵率諸酋（改作人）執兵同踐之而暴於野

靖康小雅曰王公諱稟宣和七年秋金人非時遣使來名云告慶實覘我虛實也復紿言於太上請童貫至河東且授以雲中之地既信之不疑貫乃出宣撫時粘罕（改作尼堪）遣黠虜（刪此二字）散離木（改作察勒瑪）來迎貫於

天長軍言詞不遜貫猶欲厚以金帛啖之謂雲中可得也因遣辛興宗偕往見粘罕（改作尼堪）興宗至虜（删此字）帳粘罕（改作尼堪）厚爲之禮以好詞遣回時胡兵（改作馬）已集入寇（改作侵）有日月矣而貫不之悟興宗歸未浹日而粘罕（改作尼堪）董師已及塞上警報至貫以歸調天下兵拒敵爲詞棄軍夜開太原門而出日馳數百里還京師是歲十二月十六日也留公爲太原副帥因總宣撫司之兵屯之是月粘罕（改作尼堪）入代州忻州守臣及石嶺關戍將皆開門迎降賊（删此字）長驅太原時二太子已陷全燕之地矣十九日太上皇帝以郊祀禮

畢恭謝上清儲祥宮西邊上章告急且乞援師樞密蔡攸匿不進呈是日蔡靖郭藥師張孝純各遣官星夜奔走皆至京師攸貫知不可掩乃奏之太上大震不終禮亟還內中遣中人梁方平以兵守河橋又遣何灌將兵屯滑州以爲之援貫攸等密預議遂傳位淵聖且爲出避之計攸恐身去朝廷禍將不測遂用吳敏自給事中爲中書侍郎李綱自太常寺少卿爲尚書右丞託以庇其家且謂敏有定策之功焉二十三日遂行內禪之禮太上退居龍德宮二太子既破信德府遣郭藥師以輕騎先據河橋敗梁方平於大

丕灌力不支亦退走未幾二太子兵濟河明年正月五日貫攸挾太上皇帝后妃鄆王楷等東走淮浙胡馬（改作敵兵）至國門之北閱月議和乃歸而粘罕（改作尼堪）以爲太原未下河東勁兵必乘其後因留攻太原公時總守禦之職以死拒寇城中食盡至煮弓弩馬甲筋皮充糧雖粘罕（改作尼堪）盡銳攻之自十二月至七月不克諸道援兵如姚古折可求劉光世种師中劉韐張灝解潛等軍四面俱至賊（改作敵）分兵摧之皆不得前九月初九日城遂不守帥臣檢校少保張孝純不能死爲賊所擒公獨率麾下決戰突圍而出而胡（改作敵）

騎追之力戰不解部曲盡亡遂負太原廟中太宗御容赴汾水而死嗚呼自京黼蠹國縉紳之士久以欺罔相承諂諛成風俗靡極矣無復長慮卻顧天意既怒假手胡孽（改作金人）公之不濟天也雖亡身徇義其如天何彼尸將相之任者愚不知機莫不向貪其生不肯盡節然往往不免拘執或不得其死孰若公挺然自斷視死如歸忠烈如是之盛哉詩曰矯矯虎臣捍城於并殫其智力沮茲奔鯨攻踰九月賊（改作敵）不能乘無食無援百雉乃傾負像赴水義不苟生大節卓偉千載光明

靖康遺録曰金人攻陷太原張孝純拜降太原城方四十里人字(刪此)守禦(添)甚堅百姓自十五以上六十以下皆籍爲兵屋舍皆拆去壁令所在相通貧富均食如一相持半年救兵不至糧食既盡殺老弱餉軍賊知城中困甚以雲梯登城守者皆不能運動城遂破縱兵入城無問老幼皆殺之焚燒屋舍夷其城郭太原自此遂邱墟矣

靖康小録曰初太原之圍自乙巳十二月至丙午九月初三日方破緣兵困糧盡援兵不接城中殺人而食困餓死者十將八九守禦人所食草木根及煮衣

甲皮至是始困故賊(改作敵)得乘困破之居人及守禦向敵死者無數城破守臣張孝純持刀欲自盡左右侍兵抱持奪去爲番人擒虜惟通判王逸誓不屈賊登閣抱太宗御容令人縱火而死太原陷時又有轉運判官王毖提舉常平單孝忠亦死於難後因毖家人自言贈正議大夫詞曰頃以才選轉漕河東而奚虜之衆長圍太原(刪而奚至此九字改作值太原被圍)身與帥臣摎城固守王略不瞻卒爲賊(改作敵)圖將軍生降方安右校之位少從前死不隨屬國之歸程俱詞也

封氏編年曰張灝出榜云本司已探得太原已開了四門今晩出兵前去應援仰軍民知悉士庶讀榜者莫不相賀是夜將半灝開西門進兵往石州路去人皆驚愕莫知其故後數日方知太原既失始悟灝給衆出榜爲出城自逃之計雖三尺之童莫不扼腕切齒欲食其肉灝被受敕旨令總陝西河東路將帥俾救太原者無他以灝於孝純父子也欲使極力進兵不料其無他才總師幾年未嘗以忠規秘計指蹤將兵但委士卒迎敵捍禦敗兵覆將挫辱國勢軍資億萬悉爲金人所有不念君寵父恩欺上罔衆唯務自全不忠不孝有如灝者乎

賜進士出身頭品頂戴四川等處承宣布政使司布政使清苑許涵度校刊

三朝北盟會編卷第五十三終

三朝北盟會編卷五十三校勘記

提舉畢孝忠（忠誤作純） 爲陝西路都漕（漕誤作曹） 如王師幷

進不日戰勝（不日誤作如已） 以生牛皮幔上（幔誤作漫） 乃遣良

嗣馬擴歸你家朝廷獻捷（脱良嗣二字） 我大聖皇帝不豫

歸國（豫誤作預） 父子要其必殺（其一作以） 惟通判王稟（稟誤作逵）

令人縱火而死（縱火應作投水） 少卿前死（卿誤作從）

三朝北盟會編卷第五十四

靖康中帙二十九

起靖康元年九月五日戊辰盡十三日丙子

五日戊辰吳敏落觀文殿學士宮祠

臣寮上言臣聞國之威柄惟賞與罰賞罰者是非之所以分而政事之所以立也若爲善者不賞有罪者不罰則是非倒置無所觀效竊見前宰臣吳敏因上皇有内禪之意遂建白傳位於陛下曾未累日致位輔弼自惟年少恐不能協副衆望乃招賢能張大聲勢當是時也人皆稱之及戎虜（改作金人）既退寖生驕心侈協贊之功偃蹇無所忌憚邊防之急不復經意將帥之任不復介懷器甲遲緩而不預爲之計糧食稽遲而不早爲之所般運失時蠹害爲甚凡此數者皆當今之先務雖究心悉力猶懼不能以濟事而乃恬然視之如平時可不爲之寒心哉以至元祐舊臣則抑遏而不加韋復蔡氏大惡則蔽覆而不正典刑使陛下之仁恩不能以下布而臣寮之章疏亦沮而不行焉不問邪正同於已者善之不問愚智異於已者惡之於是士夫失望民庶解體則今日之罷已爲晚也敏雖罷相然猶爲觀文殿學士知揚州揚當江淮

之衡素號繁劇觀文之職冠於秘殿可輕以授之哉敏以罪去尚且得此臣懼自今以往執政大臣勤恪者無所勸而懈怠者無所懲矣伏望陛下明其罪惡以正刑章以爲後來臣子之戒取進止

又上言臣嘗觀李唐諸帝其聰明英武無若太宗者及太子承乾廢以三子一弟未知所立其心無聊取佩刀自向賴長孫無忌抱持以免請立晉王大事方決雖其平時英略如此一爲多愛所牽不知自處乃知在疑似之間能斷以大義略無纖芥誠天下之難能臣伏覩道君太上皇帝去冬銳然以大位內禪於

陛下不謀闔閭不問閹官不詢羣臣使神器永有依歸其賢於唐太宗遠矣蔡攸出入密侍聞上皇倦勤之意甚久奸人多慮用心不臧不肯宣露者將有所待一旦上皇除陛下以開封牧攸知事勢已定又自度父子稔惡平時邪曲憚陛下之剛明遂投其語於吳敏俾之建白攸又贊敏爲門下侍郎其慮患深矣敏不自揆乃攘爲己功羣小交口稱道以爲有定策之勳茲實駭聞藉使當時上皇意未有所主雖百吳敏何能爲哉既貪天之功以爲己有又得蔡攸所投之語惟思報蔡氏之恩略不顧君臣大義雖言章交攻其罪而敏橫身障蔽斥逐臺諫招引同門以爲己助迫於不得已凡三四貶竄僅能置京攸於湖外而已陛下灼知其姦奮乾綱之斷投京海外竄攸嶺表分布子孫各置遠方京不及過嶺而卒於善地大不慰天下之心無不歸咎於敏者方金賊犯順改作金兵深入李邦彥欲議和敏則以和爲是雖三鎮之重遽欲棄與及徐處仁欲議戰敏則以戰爲不然雖种師中逐賊改作敵出界不以爲功王雲倍程北歸求尺書以議退兵敏遂沮其議及解潛折可求敗衄遂復請遣使以議和其失機會一至於此太原之圍期年未解河

北之寇既去復還其爲玩敵莫大於此言章所擊稍涉蔡氏之黨則匿而不行進用之際稍有蔡氏之舊則力加推引惟效京攸專權跋扈略不知先國家之急又數與等輩交相矛盾懷姦積惡巧佞陰很未見其比投之遐裔尚未塞人望觀文隆名宮祠優職豈宜畀之伏望陛下斷以不疑特賜竄斥布告天下使上皇恩德與日月爭輝無致小人妄有掩蔽臣將見天地悅豫神祇喜樂蠢茲夷虜不威自服刪蠢茲至此八字矣臣有所懷不敢自已幸陛下赦其狂率取進止九月五日奉聖旨吳敏落職仍報行

九月壬申吳敏責授崇信軍節度副使涪州安置

臣寮上言臣近嘗論前少宰敏掩竊上皇內禪之德自謂有定策之功及專權跋扈懷姦誤國固非一事理當投之荒裔以爲人臣不忠之戒聖恩隆厚尚存體貌止令落職宮觀罪大責輕未恊物論誤國欺君罪通於天雖戮市朝未足塞責陛下自卽大位屏出宮嬪不邇聲色近以星文謫見避殿減膳以消天變憂勤恭儉前古未聞雖村童野老言之尚能流涕敏身爲宰輔自當仰體陛下至誠惻怛之意夙夜在公思所以補報邇者厚費金錢數百千置婢妾三二人

以供娛樂自謂宰相事業如此而已木石肺腸略無憂國之心是可忍也孰不可忍以故內外細大之事一切不復經意同列詢訪笑而不答伏望陛下詳臣前日所列之惡與今來所論之罪速賜投竄未足償誤國之大過亦使知罪之不可幸而免也取進止九月九日奉聖旨吳敏責授崇信軍節度副使涪州安置

手詔曰朕以嫡長受册建儲十有餘年上皇畀付之意既以大定宣和七年十二月二十日忽降睿旨建朕開封牧乃用太宗故事卿大夫知將內禪矣及二十一日宣制而百司庶府以至都人亦莫不知是時蔡攸領樞密院自知罪惡貫盈他日不免乃引給事中吳敏於宣制日入至玉華閣（玉華閣者禁中深密之地非外廷臣所得至處）又二十三日引敏連入蓋攸方經營江浙之行欲置腹心之士置在京師候伺動靜中外相應其事詭祕難使衆知故引敏入深密之地與謀耳攸既東行言章擊蔡氏者日至而敏傾身障之詭計百出終以敗露及蔡京子孫皆遠竄而京子絛至荆南託進士黃大本附書寄敏爲開封府緝捕得之其書責敏曰僕父兄於閤下可謂有德矣閤下自布衣登要途立

功名始終與父兄交契自應知之閤下縱自謂我不出蔡氏其可得乎由絛書觀之敏之爲蔡氏腹心明矣且朕以太子受禪何待人言若以謂嘗言則入玉華閣之日乃在降旨建牧之次日何也攸乃詐傳命令以敏有建立之功擢爲門下侍郎其姦僞締構乃敢如此是以上皇在龍德宮每見管勾官待制譚世勣李熙靖必曰內禪之事出我至誠不由人言言必滅族誰敢言者以此知敏未嘗建言但攸引入與爲他謀上皇獨斷而爲此策冠映古初矣吳敏乃以爲己功可乎若敏輔相有力猶可以贖罪又況深險而

好自専弛漫而不及事致今日邊事尙熾兵民未得休息投諸遐裔亦輕典爾故兹詔示可付史館仍布告天下

告詞曰爲臣之惡莫大貪天之功失職之刑孰先誤國之罪宜加顯黜用穆師言觀文殿學士通議大夫提舉亳州明道觀吳敏性稟柔邪中藏險詐竊名第以徼幸之術盜倚任於擾攘之時惟眇質之纘承蓋上皇之素定乃緣私黨之託謂有建言之因迨竄凶渠果協公議究觀黨庇之迹迄符陰告之情且朕方勤政躬宵旰之憂而爾乃懷安肆娛樂之奉用人論

事濟姦慝則有之料敵籌兵失機會者多矣稽使指有後時之慢忽邊防無先事之圖謀皆不臧咎將誰執有相若此惟國之羞旣邦憲之稍伸顧人言之不置貶從散秩投畀遐方尙體寬恩勿忘修省

林泉野記曰吳敏字元中眞州人登第蔡攸喜之漸進用宣和末爲給事中金人犯順（改作至汴）徽宗欲遜位皇太子攸探知上意密以告敏敏以力贊其事淵聖卽政驟加敏中大夫門下侍郎李邦彥爲百姓所擊因罷相敏奏邦彥有功復用爲太宰俄而陳公輔上書乞相敏力主和議太學生吳若奏書言敏姦邪上

欲加若罪敏復諫止敏請早立儲貳又請增春秋一經許舉人習治進諫議大夫方時多事敏乃買婢妾以自娛臣寮言敏不可當危急之際又與徐處仁日爭議上前上爲解之不已以觀文殿學士提舉西京嵩山崇福宮繼而開封捜得蔡絛所遺書言敏受蔡攸恩不能營救上怒彰其惡涪州安置

詩選曰敏儀眞人妙齡秀發政和初上庠試書義有聲蔡京見其程文復愛其丰韻粹美欲以女妻之元中辭焉釋褐授浙東學事司幹官除館職擢記注西掖時年二十七玉立鴛鷺行中一時歆豔遷給事中

鄭達夫旣相以言事落職宮祠退居維揚遂歸白沙數年不以一事干人吳正仲僑居於彼元中師事之學爲古文四六質疑就正日夕不倦朞年文章大進縉紳咸欽重其不以貴顯自高詘己務學如此宣和五年復召還舊物兼直禁林制詞溫厚人多傳誦蔡京罷相麻云於戲再圖揆路之崇本予德意三告師臣之老乃爾令名河北德音云桑麻千里皆祖宗涵養之休忠義百年亦父老訓誨之德又云大田在望將覩牟麥之秋南風旣薰且解里閭之愠敏有侍兒日遠山美姿色通文理敏每爲文使供筆硯之役一

日有訪敏者敏方據案運筆遠山者方磨墨拂紙時服其風流如此宣和七年冬女眞（改作金兵）倉猝犯闕（改作深入）上皇久厭萬幾元中建內禪之議即日除門下侍郎靖康初進元樞拜少宰與徐擇之太宰同命是時招徠天下名士凡坐黨錮廢黜悉加遷擢寢與徐公議論不協朝廷以防秋不遠廟堂失務同寅並罷相以觀文殿學士外祠尋以事貶渝州安置

蔡攸移萬安軍安置

臣僚上言臣聞爵人於朝與衆共之刑人於市與衆棄之刑賞之行非出人主私意與天下爲公而已昔

舜誅四凶天下咸服者言其公也蔡京蠹國二十餘年罪惡貫盈殺之宜矣吳敏等力爲保護屈國法以報私恩天下孰不痛憤而遷延數月不正典刑陛下灼見天下怨京之甚奮獨斷之威不恤姦言投之海外以禦魑魅雖三尺童子莫不謂然京恃敏庇覆之故滯留道途至長沙而卒識與不識無不咎敏之沮格言章不早投竄致京身死內地抵掌而歎者紛然如京之惡固大矣若攸之罪亦不減於乃父燕山之役禍及天下罪與童貫何異哉驕奢淫佚載籍所無包藏禍心雖伐南山之竹不足以容其辭今置之雷州實未協於師言雷雖在廣南其地瀕海絕無煙瘴土風不異於中州此吳敏之私意也今若不竄之海外不爲未正凶人之罪亦恐不足服國人之心願陛下速賜施行無使若京之早斃再失天下之望臣不勝區區之懇取進止九月九日奉聖旨移萬安軍安置

十一日甲戌閤門宣贊舍人吳革往太原使粘罕（改作尼堪）革見粘罕（改作尼堪）庭揖不拜計議邊事責其貪利敗約氣勁語直虜（改作敵）相顧動色愧（改作歎）服爲追回攻威勝軍等處人馬投書以歸備得其情狀報宣撫使折

彥質請於朝急備河南且乞選精兵捍禦戎人（删此二字）而復遣使出塞以強中國大臣之謀優游不斷尙執講和陷於賊（改作敵）討而不能悟

十三日丙子譚稹移昭州王安中移象州並安置

臣僚上言臣竊見比者金人愈肆猖獗（删金人至此六字）幷門之閫未解河朔之寇深入而我師數有敗衄退走之恥者無他士弗用命而氣不振士氣不振則孰肯效死又安能取勝哉然則士卒之氣何以振之儻朝廷於行法之際有以大慰人望而快其平昔憤怨之心則士卒之氣振矣且河東邊郡失守以至於今其

勢益可憂前後敗軍覆將所殺戮者不知幾何人孰不知忻代之失始於譚稹招刺義勝軍致令耿守忠輩開門迎敵陷沒要害之地遂至於此也河朔自收復諸郡人皆知必有今日之患向者長驅屠戮之禍城下要盟之辱不忍復道孰不知燕山之變蓋緣王安中身爲安撫措置乖方既陰知其必有變而嗜利固寵不以告朝廷乃夤緣爲私求自便以歸致郭藥師背叛降敵爲之嚮導遂至於此也此非特士大夫知之凡嘗遭虜寇（改作俘掠）之患者無不切齒憤惋思得此二人者而甘心焉今陛下儻從民望將二人者重

加誅責則天下之人必曰聖上哀念吾赤子之無辜而就死地故求首禍之人以正典刑孰不鼓舞欣快而相告哉如此則何患士卒之氣不振而弗用命乎二人罪惡如此而朝廷未盡施行譚稹雖已責散官而尚處近郡王安中初居隨州今改置臨江軍善地則何以慰民望而快其積憤之心哉臣謂重行典憲之後猶當降明詔露布其罪使天下咸知庶令軍士感勵自奮而成敵愾之功正今日之所急也乃復加惠有罪特屈刑憲以失天下之望伏望睿斷并譚稹招刺義勝軍馴致今日之患則罪不在童貫下又聞金人起師之因亦指王安中擅納叛降故去歲十二月二十五日檄文首著其事以謂因此構怨以致興師天下之人皆謂安中卽有重責不謂久稽典憲今朝廷復有和議則安中之責尤不可輕亦助和議之一端九月十三日三省同奉聖旨王安中移象州譚稹移昭州並安置

遺史曰王安中到象州有詩曰後人誰促漁陽戰舊守猶遷象郡來

幼老春秋曰王安中字履道以文章有時名交結蔡攸攸善之引入禁中太上賜燕飲半酣是時鄭妃有

寵猶未正中宮上出之鄭氏簪玉花上有雙飛玉燕攸謂安中曰豈可無詩安中卽作詩進曰玉燕雙雙撲鬢雲碧紗衫子鬱金裙神仙宮裏驂鸞女來侍長生大帝君太上大喜安中尤善四六致位政府別無他長除知燕山府制有曰高文大册亶居後學之宗又曰推翰墨潤色之工爲劇繁允濟之任

賜進士出身頭品頂戴四川等處承宣布政使司布政使清苑許涵度校刊

三朝北盟會編卷第五十四終

三朝北盟會編卷五十四校勘記

神祇喜樂 祇誤作祗　近以星災謫見 災誤作文　思惟所以補報 脫惟字　冠映古初矣 初一作今　試詩書義有聲 脫詩字　授浙東學士司幹官 士誤作事　尋以事貶涪州安置 涪誤作渝　上出示鄭氏簪 示誤作之

三朝北盟會編卷第五十五

靖康中帙三十

起靖康元年九月十五日戊寅盡十九日壬午

十五日戊寅李若水見粘罕（改作尼堪）於榆次縣

靖康大金山西軍前和議日錄曰靖康元年八月二十四日若水等被旨日下出門差往大金山西軍前和議九月初一日長行十五日次太原府榆次縣見大金館伴使蕭慶（呼太師）副使劉思（呼尚書）前來相見問勞甚勤慶曰使副們緣何事來若水曰某等爲和議來慶曰有國書否若水曰有書慶曰國書外莫别有

議者事否若有須當先去譯知國相元帥爲便（國相謂粘罕也○注改作尼堪）蓋前次邵侍郎等一番奉使（謂邵溥）到來初閒問他道國書外莫别有議者事否渠言無及見國相卻有面議之事臨時甚是艱難要使副知若水曰某等來時面奉本朝皇帝聖旨令若水等再三啟白國相元帥前次姦臣誤國煞有施行今日分差兩番使人前來（謂王雲馬識遠也）以道志誠悔悟之意願國相元帥以生靈爲念盟好爲心早與通和則天下幸甚慶曰容某等先爲譯知國相若水等稱諾乃歸幕次近晚伴使令人來傳語二人請排禮物土物來早見國相次日譯語二人前來引請若水等齎國書押禮物土物入軍門見國相行次中門列甲兵兩行至帳前幕次下馬伴使來接迎慶曰國相先令來問使副一事趙良嗣是上皇時可上可下者人今不知在甚處若水曰趙良嗣今已謫過嶺南去矣慶曰不知幾時被謫若水曰不是去年冬卽是今年春亦未甚記得仔細也慶曰國相又教先來取國書履曰國書莫當某等親見國相面投方是若水曰和議正要情通先納過書去亦何害若水遂搢笏出國書與慶慶恭領之卽曰使副且此少待容慶等先去見國相若水等

復坐幕中少閒譯語官一人來云國相請使副若水等令齎禮物土物詣前與國相相見敘禮訖若水曰某等來時面奉本朝皇帝聖旨令若水等伸問國相元帥台候萬福國相恭授禮訖復曰使副們來時貴朝皇帝聖躬萬福若水曰某等來時本朝皇帝聖躬萬福若水又曰某等來時面奉本朝皇帝聖訓令若水等再三啟白國相元帥前次姦臣誤國煞有施行今者分差兩番使人前來以道志誠悔悟之意願國相元帥以生靈爲念盟好爲心早與通和天下幸甚國相曰那收燕山時殺了底許多人是生靈也無履

曰國相若追思往事一一細較卽使使人何以爲詞若水曰某等面奉本朝皇帝聖訓令某等再三啟白國相元帥今欲以三鎭逐年所收租賦悉奉貴朝願休兵講好國相厲聲曰旣有城下之盟許割與他三鎭那租賦便是這裏底怎生更上說也若如此便是敗盟不割三鎭若水曰蓋緣三鎭軍民未肯交割故欲將逐年租賦奉貴朝其利均一止是愛省事幸國相元帥開納國相曰公們不去勸諫貴朝皇帝教早割與他三鎭土地人民便是好公事卻來這裏弄唇舌想捎空恐使不得（捎空謂脫空也）履曰本朝今則煞有忠

義之士輔佐今聖與昔日事體不同使人說得是與不是實與不實如何瞞得國相元帥國相約若水等坐左右曰國相請使副與伴使就幕次相聚若水等退伴使迎接若水等過右帳下酒三行勸一鍾慶曰國相令某等伸問奉使爲軍行不及爲待幸明察若水等稱惶恐慶曰夜來天氣大段寒了未知中原如何履曰東都尙未挾纊慶曰南北天氣如此之異又曰適來使副見國相所議如何若水具道前言慶曰國相道爲有城下之約故提兵專來若不割得三鎭土地人民將有何面目歸去見國人履曰某等已曾

啟白國相元帥非是本朝不割三鎭土地人民蓋緣三鎭軍民未肯交割故欲以租賦奉貴朝免得交兵生靈之幸慶曰但恐不可若水等退少頃國相令人傳語送羊二羫酒三十瓶錢一百貫與使副洗塵第三日早若水等詣軍前謝國相訖若水曰某等昨日嘗以國事上冒台嚴欲望台慈以生靈爲念盟好爲心早爲通和則天下幸甚國相曰貴朝當今之時譬如著棋一般旣敗則補其餘若顧惜恐一齊帶累了不可知若水曰本朝若顧惜又豈肯以三鎭租賦奉貴朝也國相曰不須巧說遂揖若水等坐國相曰使

副們行甚路來履曰某等由井陘來國相曰聞此路險阻不能通車果否履曰然國相又曰去歲聞解制置（謂解潛也）統兵守井陘路不戰而兵潰何也豈其險不足恃而兵不堪用乎履曰去年解帥被旨到河北兩路點集沿邊弓手保甲繼聞兩國通和隨時放散卻非不戰而潰況亦不曾守井陘路恐是傳之者妄耳國相又曰使副們來時黃河凍未若水曰大河須極寒方凍國相曰使副們何處人氏在鄉里時以何爲生若水曰某乃洺州人履曰某乃汴都人若水曰某等在鄉井時皆以讀書爲活國相謂履曰副使旣知

書何故作右官履曰讀書無成乃因武弁國相舉詩一聯近來漸覺家風好兒讀書聲女織聲若水曰敢問國相元帥仙里台眷安在國相顰眉曰祖鄉在瀋州骨肉昨因契丹征遼東時皆被害近方得一小女子履曰以此見兵革豈是好事履又曰陶淵明所謂弱女雖非男慰情良勝無國相目屬履久之若水等退是晚伴使來相見慶曰適來國相曰此番使副煞忠梗聰明只是所議不肯說盡話若水曰某等所奉聖旨止是如此不敢虛誕更幸太師尙書因見國相再為稟知慶曰當如所議慶等退第四日早若水等

再見國相若水曰某等玆者特來議和欲使兩國區區之意已嘗稟知敢望國相元帥早與開從國相曰待國書中答去若水曰和議事大恐國書中不能盡曲折幸國相元帥面諭可否國相曰亦若（刪此字）無多事履曰某等恭傳得本朝皇帝志誠之意遠來議和須得國相元帥端的言語歸去便是使人不失職國相曰若不割得三鎮土地人民決不可和履曰國相若堅執不回使使人何計則是國相曰使副不若且歸休若水曰縱使某等歸去將何面目敢見本朝皇帝縱見將何以為詞更望國相元帥曲全兩國之美

三朝北盟會編　卷五十五　〔六〕

國相曰不須恁但若水退第五日早若水等再見國相方欲起言和議國相遽約若水等坐國相曰已作國書了命左右取到遂傳與若水不得已搢笏領之國相曰使副們少間便回如到京師煩為再三奏知貴朝皇帝承遣使命遠來頒示宸翰及禮物等不勝感荷為軍行無物貢謝伏望睿察所諭三鎮租賦不須言及若差人速來交割土地人民即便回軍通和萬一不從須索提兵直到汴京理會也若水等又欲起議國相作色曰已言在前不必再三若水等見事勢不可即曰容若水等來日謝辭了國相即行國相

曰不必講此禮使副即今可便行若水等稱諾乃歸與國相敘別歸幕次國相令譯語官二人前來云國相傳語使副承遠來無以為謝白馬一匹並銀鞍銜一副將（刪此字）花羅三百匹香藥一合上正使侍郎烏馬一匹幷銀鞍銜一副將（刪此字）花羅三百匹贊歎甯二十匹（刪贊歎至此六字）香藥一合上副使觀察更有酒一百瓶錢二百貫犒設一行官吏若水等辭不敢受伴使來相見曰此是奉使合得之物不可壞卻常例若水等不得已收之伴使相送及五里許置酒三杯餞別勸一鍾慶曰國相令某等再三致意使副承遠來

爲軍行無以爲待望見察若水曰某等此來上荷國相元帥太師尚書台眷如伴使歸見國相煩斥若水等名致謝慶曰謹領台命敘别乃行十一月十一日歸次國門次日不隔班引見對於崇政殿

十九日壬午李綱罷宣撫使除觀文殿學士知揚州

李綱以宣撫使屯於懷州也諸將皆敗太原失守綱將士多叛去金人乘之遂大敗而還上怒遂罷綱使知揚州

傳信錄曰初賊（改作敵）騎既出境則遣王雲曹曚使金人軍中議以三鎮人民不肯割願以租賦代割地之

約至是遣回有許意其實以款我師非誠言也朝廷信之耿南仲唐恪尤主其議意謂非歸租賦則割地以賂之和議可決成乃詔宣撫司不得輕易進兵而議和之使紛然於道路矣既而徐處仁吳敏罷相而相唐恪許翰罷同知樞密院而用聶山陳過庭李回等吳敏復以内禪事言者謂承蔡攸密旨及初除門下侍郎亦蔡攸矯制爲之授散官安置涪州余竊又歎曰事已不可爲矣因入表劄奏狀乞罷初唐恪謀出余於外則處仁敏翰可以計去去此數人者則余亦不能久留也至是皆如其策章數上猶降詔批答不允余具奏力道所以材力不勝任者且得昏憒之疾不罷決誤國事亦并敘曩日榻前之語於是上命种師道以同知樞密院事巡邊交割宣撫司職事召余赴闕且俾沿河巡視防守之具余連上章乞罷知樞密院事守本官致仕行至封邱縣得尚書省劄子有旨除觀文殿學士知揚州時九月間也余具奏辭免不敢當具上疏言所以力乞罷者非愛身怯敵之故特事有不可爲者難以虚受其責如宣撫司得兵若干防秋兵若干屯駐某處皆不曾用始朝廷應副銀絹若干又御前降到若干除支官兵食錢并犒賞

外今皆樁留懷州及在京降賜庫具有籍可考可按臣既罷去恐不知者以謂臣喪師費財惟陛下遣使覈實雖臣自以不才乞罷願益擇將帥撫馭士卒與之捍敵金人狡獪（删此二字）謀慮不淺和議未可專恃一失士卒心無與禦侮則天下之勢去矣臣自此不復預國論敢冒犯以聞既而果有其言

中書舍人劉珏奏准中書省送到詞頭一道中書舍人安扶奏准詞頭李綱除觀文殿學士知揚州李綱輕脫寡謀强執自任前後敗師覆將非一所有詞頭未敢具草奉聖旨令以次舍人行下者臣伏見仁祖

朝韓琦以直學士經略陝西而好水之戰任福劉平皆歿於陣士卒死者甚衆仁祖非不知諸將違琦節制致敗也雖善其皆合事機然猶坐降一官神祖朝韓絳以次輔宣撫西邊兵將深入荒域卒至駭擾橫羅戰傷神祖非不知絳之推忠盡瘁也雖原情無他然亦罷相止以舊秩出守鄧州蓋人君陟降如天無心雖知其才能之可用忠亦之可倚或有過焉不可不加黜罷也竊見李綱勇於報國銳於用兵而聽用不審數有敗衄以致士氣益喪虜敵改作勢益張其罪亦著矣陛下亮綱用心無他因其有請寵加峻職授

以便郡雖臣寮繳奏復命以次命詞行下於此見陛下厚於記功薄於責過也然綱此行敗軍覆將耗財疲民非特如韓琦好水之敗韓絳西邊之失其可不加黜責以示懲戒乎臣至愚不肖嘗慕范仲淹之中正仰事陛下非敢於綱敗事之後從而下石也但朝廷典刑不可不正如陛下念綱前日之勞在所記錄察綱今日之敗志在殲寇亦宜黜官降職以慰死者之心爲敗事之戒既不以今日之失而遂忘其前功又不以前日之勞而曲庇其罪戾賞罰昭著如天無私則將帥聞之莫不感激思奮而寇攘有可平之期矣所有詞頭臣未敢具草

臣寮上言新除觀文殿學士知揚州李綱本以凡才誤膺器使卵翼於蔡氏之門傾心死黨逮上皇將有內禪之意攸先刺探引綱爲援使冒策立功而綱之罪狀有不可掩者臣請爲陛下數之太上皇心存道奧倦聽萬幾陛下以元子受大寶位臣下何與焉乃敢貪天之功以爲己力此其罪一也金人之兵傅於城下逮西師之至彼且心懼氣懾不敢肆行抄掠莫測西兵之多寡强弱兩軍相持則易於和議矣綱乃妄意一勝逮姚平仲之挫衄使之復逞虎狼之心其

罪二也王孝迪揭榜取民金寶京都之民爲之騷動朝廷大議已定不復取於民而綱自出文榜以爲功身爲大臣躬詣大肆以收前榜竊譽兵民使怨歸公上其罪三也兵既妄動朝廷不得已暫行罷免爲之死黨者默諭其意力率士庶伏闕乞用李綱脅持君父幾至變亂其罪四也身領守禦不知體國假君爵祿以市私恩四壁之賞太濫幾至數千人而親戚故舊或濫轉官資或白身授官鮮有遺者此其罪五也陰與吳敏黨庇蔡氏薦京入對上皇之歸也力引蔡氏俾還京國蹤跡詭祕其遺攸書則有密語不敢忘

之說卽不知所謂密語者何事此其罪六也自謂功多排斥同列任情好惡妄作威福致陛下有惟辟作福惟辟作威之戒此其罪七也身爲樞輔知術疏淺不能逆詐輒以蠟書付金國之使妄結余覩改作伊都使金人復加怨憤抄掠吾民致河北河東之寇未平此其罪八也陛下以种師中之敗殁遣樞臣宣撫河東而綱輒敢拒抗君命乞納陛下所與之官以臣抗君命幾於跋扈此其罪九也逮至孟津不務持重以量兵勢惟以軍法督戰遂致解潛之兵潰散挫衄卒無尺寸之功以致井門失守此其罪十也古人所謂是

口尙乳臭者其綱之謂乎且其行軍用兵徒知襲童貫之迹妄自尊大爲僚佐罕見其面獨智不能用賢果致敗衄損國之威使金人復擾河朔致朝廷再遣使議和欲誅厥由咎將誰執伏望陛下早正十罪大奮乾剛特賜竄黜爲人臣懷私誤國之戒

李綱提舉杭州洞霄宮

宣和錄曰臣寮上言竊見新除觀文殿學士知揚州李綱輕脫寡謀强執自任專主用兵之議而無勝算奇畫及陛下命以宣撫之任日冀其有功而前後敗軍覆將非一用删此字耗邦之財不可數計綱亦知其罪而自列矣陛下復加以寵召使守郡此臣所未喻也奉聖旨李綱差提舉杭州洞霄宮

又臣寮上言謹按前知樞密院事李綱首用兵以解太原之圍凡戰守之策一切聽之不從中覆已而方略乖謬節制無術出師輒覆敗取辱夷虜删此四字太原失守天下寒心綱匿而不言近世大將誤國辱朝未有若綱之甚者奏議有曰若棄太原乞降御筆手詔綱遷延懷州弗力救援乃欲以棄地之事歸之君父以逭其責懷姦如此且綱妄庸人耳平時諂事蔡京蔡攸結爲死黨其爲守禦司也京在城外遂以守禦

之卒假京給使方君父在圍城中正賴兵衆以爲守備綱乃以資元惡大憝不忠甚矣其迎上皇於南都也與攸耳語移時蹤跡詭秘不可具言迨其還朝力欲援攸亦居政府中外洶洶莫知所爲賴陛下察見攸姦不使入城然後人心翕然以定若綱言遂行而攸復用其禍可勝計哉今年正月金人至畿甸旋卽議和旣而勤王之師四面輻輳金人恐懼求去有日矣而三鎭詔書初未與也綱自以和議旣成無以爲功遂與姚平仲同建刦寨之策一敗塗地朝廷不得已遂與三鎭詔書與言及此可爲慨然陛下寬仁廣

愛薄綱之罪止於罷位而綱遂使其黨張燾馮檝方元若余應求陳公輔之徒鼓惑眾聽唱爲伏闕之事幾至大變其初王孝迪斂民之金以犒虜人改作金軍諫臣論列陛下重惜民財爲罷之綱乃斂恩歸己收其榜以沽小民之譽小民無知以爲盡出於綱故伏闕之日相聚萬餘觀綱處心如此豈所謂善則歸君也哉今秋金人舉兵再犯邊陲首以綱爲言嗚呼綱之罪大矣尚以崇階均逸祠宮非所以示懲也臣愚欲望聖慈正綱之罪投以散員置之遠服以爲將帥失職者之戒仍以綱罪惡明諭天下以解愚民之惑

賜進士出身頭品頂戴四川等處承宣布政使司布政使清苑許涵度校刊

三朝北盟會編卷第五十五終

三朝北盟會編卷五十五校勘記

讀書無成乃因就武弁脫就字　次日不隔班引見隔一作隨

則天下之事去矣事誤作勢　怨歸君上君誤作公　爲之僚佐罕見其面脫之字　耗國家之財誤作用耗邦之財　使守郡府此臣所未喻也脫府字　尚以崇階均逸祠宮均應作休

三朝北盟會編卷第五十六

靖康中帙三十一

起靖康元年九月十九日壬午盡二十一日甲申

李綱落職依舊宫觀

又臣寮上言竊見昨者金人圍守太原久而未解知樞密院李綱出總元戎戡定寇攘兵甲非不多也辟至爲屬官凡七八十員抽差人役凡六十名能否不辨幕府紛然軍政出於多門臨時漫無成算偏裨不知稟令士卒自相殘踐以守則不攻而潰以戰則未鬬而遁斬將不闗主帥生擒則非虜敵改作人兵卒逃

散金帛散失綱既告罷其屬官或託故差出或隨逐前來各帶劵歷不廢請給所謂法度紀律一切無有以此行師欲求決勝臣未之聞也大帥自當親臨戰陣以護諸將決求成功綱坐懷州去軍前凡數百里緩急何以及事其幕府參議機宜管勾當公事等官員數猥衆又多晚進後生綱傲然略不咨問其所與親密朝夕不相捨者惟鄧柄與張牧而已自餘僚屬將佐唯晨夕一揖而退若有所建明須先禱柄牧爲之傳導然後得見故人多怨卒以無助而敗事況鄧柄張牧白身得官何嘗知軍旅之事綱數十萬之衆而決謀於此二人可謂疏謬之甚聞綱初欲過隆德柄牧力爭不得往及軍勢稍沮遽督諸將士卒忿怒下情不通十羊九牧無所適從太原不守數日矣綱在軍中尚不得知何以望其能先事而料敵哉誤國損威莫此爲甚觀文峻隆宫祠優游非所宜得願賜黜奪以協師言若鄧柄張牧贊佐誤事亦當追奪前命以明國威以肅軍政奉聖旨李綱落職依已得指揮差提舉杭州洞霄宫鄧柄張牧並罷見任令别注授差遣

又言竊見李綱天資躁輕濟以凶愎地位尊崇恥於

咨訪辟置幕府皆一時趨附之僉人選用裨佐多平日敗亡之冗士圖事揆策既非所長料敵應變又其所短淹留累月糜費國用不可貲計卒不能解太原之圍若不究正其罪而顯黜之則非所以定國是也然綱强辯似智敢爲似勇竊主威以交羣枉違公道以市私恩故一時小人喜爲稱譽每綱之敗則歸咎朝廷以賈衆怨蚩蚩之民輕信易動綱之姦詐何由盡知若不明數其罪而播告之則非所以孚庶聽也臣按綱之罪未易悉陳請爲陛下言其大者上皇獨決大議傳位陛下蔡攸乃詭傳上皇之命謂吳敏有

建請之功峻加柄用以庇蔡氏之宗敏固已不勝誅矣綱於陛下龍飛之後乃始引敏以爲證奏疏自云臣與吳敏力建大策贊成內禪綱之欺天罔上抑又甚矣綱之罪一也今春虜改作敵騎至城下陛下屈己爲民以講和好其使都邑之民輸金帛以助國蓋非得已執政王孝迪庸闒無狀揭大榜於通衢肆爲乖謬不可施行之論臺諫連章奏劾陛下卽罷輸納或命以官或以官折還元價綱乃掠人主之美使行營司收榜曾不知出於陛下也故綱之罷其徒唱之市井無賴千百爲羣白晝縱殺幾至敗事綱之罪二也

陛下始降親征之詔燕越兩王上表固請從臣言官亦皆奏疏乞罷親征嚴都城守禦雖殿巖武帥亦以爲言綱又言躬述利害回鑾輿之行陛下俯順羣情豈獨綱之力哉欺愚惑眾妄自夸耀綱之罪三也迨西師四集种師道之謀與諸將駐兵郊外虜改作敵營寢懼若稍加持重從師道之謀絕其抄掠徐爲後圖豈有失律喪師之禍平仲之戰綱實使之輕舉妄發誤國大計猶復肆爲狂誕之言瀆亂朝聽綱之罪四也蔡京棄去君父逃於拱州遣人以奏牘抵綱使之請對綱輒敢爲京敷奏京亦恃綱在朝遽至國門以俟召命顯庇元惡輕負國恩綱之罪五也蔡攸建請上皇爲渡江之計日構姦言離閒兩宮遣其黨宋喚傳道語言狂率不遜神人共憤攸既以罪斥綱被詔奉迎上皇乃請以攸爲行宮副使欲使入朝都邑震恐既又以攸有扈從之功力爲營救綱之罪六也攸在丹陽綱自圍城中通書至爲庾詞云不敢渝信又有太師鈞候甚安此中不輟通問之語時京在占雲館也其披寫腹心親密無間一至於此綱之罪七也於乞去之章妄云奉使而兩宮協和上皇之於陛下陛下之奉上皇天性至愛本無纖毫之間綱安得此

語哉綱之罪八也綱任爲元帥偃蹇違命輒取陛下除授兵部侍郎以後告敕繳朝廷略無顧憚綱之罪九也綱自起總行營專主用兵近者乃復請卑辭厚幣以講和又請親降手詔棄太原於度外綱之罪十也今夷狄刪此四字憑陵國威未振綱之誤朝致寇喪師辱命與夫懷詐黨惡之罪條具於前矣伏望陛下奮乾綱之斷擴離照之明處以散秩寘之遐方以申邦憲仍乞特降詔旨布告中外以肅軍聽

李綱責授保靜軍節度副使建昌軍安置

又上言臣聞人臣之罪莫大貪天之功竊人之財猶

謂之盜臣竊觀李綱劄子稱上皇厭萬幾之煩欲授聖子意未有發臣與少宰吳敏力建大策贊成内禪臣伏觀上皇以神器授陛下蓋知天命人心有所歸屬奮然獨斷豈假人謀此帝堯盛德之事也當時蔡攸出入禁中刺得密旨報吳敏李綱欲使二人進用爲己肘腋吳敏時權直學士院身在翰林故其議先達綱爲太常少卿疏外無由以進而綱遂懷此劄子諸路示士大夫人無不見之所論三事内禪乃其一也其詞引唐睿宗始立爲皇帝復爲皇嗣居東宮事縉紳見者莫不駭愕罪綱失言由是言之綱豈知上

皇聖意哉徒得攸言猶未敢信且首尾兩端今乃敢明言上皇之意未有所發與敏力建大策則是誣上皇而欺陛下豈非所謂貪天之功以爲己有乎臣聞善則稱君過則稱己人臣之美也唐書言藏至德無異才惟能歸善於君爲時所服若綱則不然綱劄子又曰歲首上皇南幸淮浙羣臣亦有勸陛下爲避狄改作敵之計者又臣躬述利害回鑾輿之行爲固守之計臣竊謂固守都城兵民之心也陛下因人心而卻南幸之議綱何與焉使綱嘗言之亦大臣獻替之常事何必高自稱譽耶綱又有劄子曰傳檄而三鎮堅守奉使而兩宮協和臣竊謂綱之傳檄必得陛下聖旨非假聖旨其誰肯從綱乃自爲功何也上皇北歸乃其本志陛下遣近臣祗逆禮意曲備兩宮未嘗不和綱乃以爲協和兩宮何也此以善自予以過歸君人臣之義當如是乎綱以是數者平居衒耀要譽於流俗於奏表中時發不遜語自比其功於張良劉幽求裴度李泌流俗無以爲不然遂以爲眞國柱石也大率綱之爲人高言誕計足以欺惑愚衆今春虜改作金人頓兵城下而綱領行營司及京城守禦司屢聲言破賊都人遭圍閉之久莫不喜之使應援姚平仲

卒無尺寸之功而國受莫大之辱流俗猶言綱以爲能用兵蓋其誕妄足以惑之也方虜改作金人邀索金銀朝廷根括民間以足其數時王孝迪爲中書侍郎獨主其事揭榜立禁有四盡之語民甚苦之臺諫交爭論列朝廷遂罷根括而民間未知綱乃乘馬徧歷京城自收其榜使百姓歸恩於己又使妄言無行之徒如馮檝陳公輔輩稱頌功德奔走揄揚以竊流俗之譽遂率聾俗叩閽喧譟以刦持久主成其私計於是已罷而復用推原其心罪不容誅爲臣之義可如是乎宣撫河東略無經畫肆意妄作督諸將決戰數

路敗衄使太原失守陛下因其乞罷遂與揚州今又與宮祠原其罪狀此爲寬恩而流俗紛紛謂綱於國有功不宜閒廢此浮言妄議固不足恤然朝廷退斥大臣當暴白其罪於天下使人洞然不疑則浮言自熄誰不信服臣愚伏望陛下特降睿旨以綱之罪大正典刑報行臣章以解流俗之弊奉聖旨李綱責授保靜軍節度副使建昌軍安置

李綱再責甯江軍安置

綱上書辨雪再責甯江軍安置

許翰落職宮祠

臣寮上言竊聞昨者出師河東大將种師中全軍陷沒兵威挫衄太原之圍卒不能解仰貽睿聖宵旰之憂益壯戎虜（改作敵國）憑陵之勢忠義之士憤懣切齒曾不知本兵之地實有以致之也師中老成持重號爲名將練達虜（改作敵）情洞曉軍律擁數萬之眾出援孤城當料敵制勝臨機應變以圖萬全之利必不輕舉妄動以僥倖速戰之功也同知樞密院事許翰怯懦寡謀而好談兵輒以逗撓不進移文督責使之出師以贖過師中素剛不受迫促翰從中制之所不能忍忘其萬死以決一戰卒至敗績陛下雖已錄其盡忠

然師中齎恨地下而翰之罪曾未暴白臣實惑之使翰百輩在朝何所補而失一師中所繫甚重謹按翰終始蔡京之門指天誓日結爲死黨陛下踐祚之初首叨除召爲御史中丞未嘗一言以及京攸之惡每復平日私讎間者莫不憤疾首薦蔡氏族壻陳求道爲臺屬求道以告訐得罪雖陛下灼見其姦不復用然士論猶爲之不平躐遷樞府方艱難多事之時移病謁告累月不出今者尙以延康秘職出殿近藩且翰在言路則黨惡庇姦以欺君在樞府則妄作生事以誤國迹其罪狀夫豈勝誅伏望睿斷重賜竄斥以爲懷姦罔上之戒少贖師中將士九泉之寃取進止奉聖旨許翰落職與宮祠

許翰之進李綱所薦也太原之役翰督姚古种師中進兵解圍李綱之行辟屬官多碌碌之人然才者十得三四耳亦未嘗諳邊事劉韐沈琯王以甯折彥質裴廩以知兵稱其實能兵者誰也惟劉韐當遼州折彥質屯汾州王以甯督戰過文水此能效力者其他不過供文字備差使點檢而已如何大圭輕薄子何足置之幕下議者謂綱意廣才疏知人之鑑不甚明翰每右之師中敗綱黜并罷翰

林泉野記曰許翰字崧老洪州人進士中第宣和中爲給事中言高麗入貢奢侈之事出知亳州後提舉杭州洞霄宮靖康初以李綱薦召爲御史中丞言蔡京童貫蔡攸皆坐責俄同知樞密院金人邀求三鎭翰言三鎭棄則京城不可都而天下危矣不宜許乃薦种師道宿將可用又請誅蔡京童貫王黼朱勔楊戩李彦孟昌齡等家族并推治門生黨與上不允翰嘗督姚古种師中進兵解太原之圍及李綱黜并罷翰

金人遣王汭來索三關地

遺史曰太原既陷金人使王汭持右副元帥斡离不改作斡里雅布書必欲割三鎭之地以謂一鎭既得兩鎭不可不割又誘說執政曰大金地廣非欲固得三鎭但朝廷既以許之不宜背約使南朝能以三鎭賂大金大金必不受以全和好然信義者鄰國之寶豈可去之使金人以失信責南朝提兵再來則何以禦得汭詭詞蔓衍指天地爲誓而縱其說耿南仲以爲然上念太原之失重惜河朔兩鎭爲畿甸之垣屏乃通好於斡离不改作斡里雅布許以金帛寶貨以贖兩鎭命將作少監王及之爲國信使以禮遣汭還

賜蔡攸自盡

中興姓氏姦邪錄曰蔡攸字居安京之長子也長於柔佞謟諛自幼出入宮禁與內侍無異專爲優伶之態上晏飲或丙夜乃出累加宣和殿學士深結內侍以固寵薦引門人劉倜韓駒吳敏輩數十人皆至禁從其妻黨宋喬年宋喚宋昞等皆因攸爲侍從要職宣和四年爲河北安撫副使從童貫以收燕山府略無措畫惟拱手奉貫而已五年師還除知樞密院事加太保燕國公日夜侍上及諸內侍遊晏賜大第與京門相對權勢尤重於京故京復忌之攸復譖京使

之致仕其家爲複道曲河暗通禁中邀上每私幸其第連夜不止僥倖者以一見得爲大人大金人寇改作燕攸蔽匿告急之奏皆不以聞故兵勢熾矣聞大金逼乃隨徽宗南幸靖康初臣寮言其罪責授大中大夫提舉亳州明道宮再責潯州雷州臣寮再言其罪移竄海外遂賜死時年五十

國史後補曰伯氏魯公之長子又所最愛當元符初官裁造院上爲端邸時每退朝出內北門伯氏適來趨院必下馬拱立門首以俟上過而後退上詢爲何人左右曰蔡承旨衙內也繇是上心善之其後常以

爲言況憑藉家世遭逢異寵又如此假若稍加修飭則宰相三公不屬他人矣亦何必作爲諂媟用蠱上心依恃婦人破壞骨肉至違背天性上孤恩紀上旣睿明在宮中反笑謂左右蔡大詎應爲宰相耶是徒爲時主所窺凡所勞心不亦惜乎

二十一日甲申梟童貫首榜示開封府

監察御史張澂奏准尚書省劄子奉聖旨差前來廣南路勾當公事臣於七月二十九日出門八月一日起發連夜趲程及沿路密切根逐前去至八月二十三日到南雄州已遵依聖旨處分各已施行了畢别

無疏虞及具奏聞去訖臣契勘廣南與嶺南接連地氣炎熱兼卽今秋暑方壯自南雄州至京計三千五百餘里五十二程委是地里遥遠今來臣所勾當事竊慮或有變動雖已用水銀等養浸固護兼程齎管前去赴闕外奏聞事九月二十一日三省同奉聖旨檢坐前後臣寮言章并張澂所奏令開封府大字於市曹要鬧處出榜示梟首

臣寮上言臣竊見近遣監察御史張澂前去廣南取童貫首級仍降臣寮章疏并聖旨列其十罪元惡大憝無所逃於天地之閒梟首通衢孰不欣快昔舜誅四凶而天下咸服蓋刑人與衆棄之也臣愚欲乞將前降言章并所列才罪播告天下四方萬里之外咸得聞知旣足釋百姓憤怒之心又可召和氣而懷夷狄改作遠人取進止九月二十四日三省同奉聖旨依奏檢坐到十罪言章指揮下項一承靖康元年九月二十三日檢會臣寮上言第一章責授左衛上將軍追廣陽郡王豫國公致仕池州居住第二章同上第三章移郴州安置第四章吉陽軍安置第五章臣契勘前後臣寮論列童貫罪惡非一理合誅夷陛下仁慈未欲置之死地從輕貶竄於貫恩德厚矣臣訪聞貫

尙遲回方命不卽就道今來朝廷使使奉迎上皇竊慮貫揔惡弗悛規免謫命尙欲僥倖還朝緣貫姦凶久著軍民怨憤欲食其肉近者金人犯闕改作城逾四十日民庶不堪圍閉之久叩閽洶洶歸罪宦官毆擊而死者十數輩貫若復入都城竊恐别致生事兼前此陛下嘗降指揮令貫守禦京城乃敢盡室南奔官爲太師寵極王爵去國之日更不朝辭揆其情實殊無人臣之義也兼已罷宣撫司職事卻復擁精兵自衛按春秋法是謂叛逆罪惡如此若不重寘典刑何以厭服衆心望陛下斷自淵衷更賜黜責施行仍降

睿旨令開封府多差得力使臣管押前去至貶所取進止又第六第七章惟陛下思夷狄侵辱改作京闕震驚之變實生於貫致上皇前日之播越軫陛下父子之情肅邸今日之拘縻傷陛下兄弟之愛太祖太宗百戰得天下一童貫危之此而不殺臣恐太祖太宗含怨於上天未已也臣竊願陛下奮乾剛發睿斷即貫之貶所檻至京師召百官陳九師誅於觀闕之下醢其軀以賜戰士函其首以遺女眞其戰士受醢必踴躍以增氣女眞發函必悚惕而畏威契丹之怨稍紓則女眞之師自退矣苟或不然則垂盡老奴將死屬下

陛下受侮四夷改作強鄰貽譏萬世無以慰宗社之神靈則女眞之兵恐未殄也臣不勝激切之至取進止第八章臣聞人君以至尊統於士民之上百官萬民仰而承之率職戒懼不敢易紀律者禮以爲之防也是以人君者昭德塞違以臨照百官必謹其文物度數之別革制度衣服者爲畔畔者有討無赦所以別嫌明微以正人心也伏望陛下斷自淵衷大正典刑天下幸甚取進止奉聖旨誅訖告諭中外

粘罕改作尼堪陷平定軍

粘罕改作尼堪既陷太原府汾晉諸州乃東攻壽陽壽陽城小而百姓死守凡三攻之死傷萬人竟不拔乃攻平定軍欲據井陘往攻之喪士三千人又與斡离不改作斡里雅布兵合攻之亦喪萬人而拔之

措置守禦京師置四道總管以李回爲太尉大河守禦使范訥河北宣撫使

朝廷以出師屢衄不能絕金人割地之請虜改作敵騎且深入思得長策以衞王室四道總管統天下兵分制諸路爲京師衞東道總管統京東淮南之兵西道總管統京西河東之兵南道總管統京西南路湖北之兵北道總管統河北之兵以折彥質爲宣撫判官

以李回爲大河守禦使以備粘罕改作尼堪范訥爲河北宣撫使以備斡离不改作斡里雅布又以都水使者榮嶷陳求道監丞許先之等同諸將帥以守要津

賜進士出身頭品頂戴四川等處承宣布政使司布政使清苑許涵度校刊

三朝北盟會編卷第五十六終

三朝北盟會編卷五十六校勘記

辟置爲屬官（置誤作至）　凡六十七名（脫七字）　各帶眘屬（眘屬
誤作券歷）　皆一時趨附之憸人（憸誤作僉）　雖殿右武師（右誤作岩）
瀆亂朝政（政誤作聽）　繳納朝廷（脫納字）　身在翰林院（脫院
字）　太常寺少卿（脫寺字）　豈非所謂貪天之功以爲己
力乎（力誤作有）　唐儒言戴至德（儒誤作書）　流俗無不以爲然（以爲然
誤作無以爲不然）　遂以爲眞國之柱石也（脫之字）　流俗猶信
綱（信誤作言）　以封持人主（人誤作久）　所當料敵制勝（脫所字）
尚以延康秘殿出職近藩（秘殿誤作秘職出職誤作出殿）　以一得見
爲天人（得見誤作見得天誤作大）　稍加修飾（飾誤作飭）　上既睿明燭

邪晩在宮中（明誤作知脫燭邪字晩字）　連夜趲程（趲誤作趱）　檢坐列
十罪言章（列誤作到）　以一童貫危之（脫以字）

三朝北盟會編卷第五十七

靖康中帙三十二

起靖康元年十月二日甲午盡十六日壬寅

二日甲午王雲至眞定府見斡離不（改作斡里雅布）已圍眞定
引雲看攻城

三日乙未种師道除河北巡邊使未行再命河東宣撫
使以疾召還京師

是時師道已疾在鄭州疾篤昏塞復蘇部曲請留公
曰念臨軒之語忍不進耶抵河陽疾甚朝廷聞之亟
召還京師宣醫不輟（闕）治之

五日丁酉夏人寇懷德軍通判杜翊世禦退之

幼老春秋與遺史曰夏人入寇奄至懷德軍城下通
判杜翊世力請知軍劉銓率衆死守運火牛發石機
檑木泥毬擊之翊世身自撫循士皆感激奮勇箭無
虛發賊死傷萬計遂忽引去翊世字元弼成都華陽
人累官至朝議大夫

徽猷閣待制宣撫使司參謀官折彥質授龍圖閣直學
士河北河東路宣撫副使

六日戊戌卯刻有流星東南流光數丈

斡離不（改作斡里雅布）陷眞定府安撫使李邈死之兵馬都鈐

轄劉䎘力戰自殺

初劉鞈爲安撫司以守眞定既而除鞈宣撫副使鞈又辟眞定府路總管王淵鈐轄李質歸於宣撫司朝廷乃以樞密副承旨李邈爲眞定府路安撫使邈優於吏職而拙於應變且新至眞定人心未附邈知金人必攻眞定乃發三十四奏告急於朝廷請援皆不報倉卒之際金人圍城百姓之情不親故金人不旬日而拔之邈被執金人累諭邈不屈被殺

趙子砥燕雲録曰知眞定李邈城陷之日金人教見斡離不(改作斡里雅布)使之跪曰本朝無此使之拜又云比肩難當使之飲曰我非臣僕欲脅而從之斡離不(改作斡里雅布)止之曰其人高節不可屈致於是與之伴食同飲斡離不(改作斡里雅布)南寇(改作侵)欲與偕行邈辭於是押至燕山

節要曰眞定之陷也邈已抗節於窩里不(改作斡里雅布)故爲窩里不(改作斡里雅布)執之燕山僞相劉彥宗逼邈不從復逼邈剃頂髮邈亦不從彥宗逼之甚(刪復逼至此十五字)邈遂盡削髮爲僧終不從彼之俗又且示其不仕(刪終不至此十二字)彥宗憾之聞於粘罕(改作尼堪)命彥宗殺之邈談笑赴市至死不改

遺史曰建炎初旌褒死事之臣贈邈節度使制曰朕思復艱難之業永懷將帥之臣禁暴安民雖未成衛社稷之效忘軀徇國庶幾得死封疆之臣又曰方虜(改作敵)師之入塞當孔道之雄藩邈無唇齒之依坐失金湯之固拘原方力屍裹莫還不貽隴右之羞迄並睢陽之操

靖康小雅曰吉州防禦使眞定府路兵馬都鈐轄劉公諱䎘靖康元年秋八月金人以三鎭不可得復兩道興師入寇(刪此二字)斡離不(改作斡里雅布)之師十四日入塞以衆攻廣信軍保州不克遂越中山而攻眞定帥臣觀察使李邈措置乖謬九月六日賊(改作敵)遂登城邈爲賊(改作敵)所困時公爲鈐轄以身率衆晝夜搏戰城上先是賊(改作敵)攻北壁公力拒之至是賊(改作敵)僞移攻東城邈復趣公往應之力攻兩日一夕潛移攻具還薄北城城中不知也黎明賊(刪此字)忽鼓衆憑堞而上城陷沒公猶率衆巷戰麾下稍稍亡去公顧其弟曰我大將也其可受賊戮乎因策馬挺刃潰圍欲出而諸門皆爲賊(改作敵)守矣遂之孫氏園山亭中解絛絕脰而死嗚呼古之命將未必皆武夫馬援欲以馬革裹屍方謂能處死矣眞定之七罪在李邈公知忠

孝之節故不憚殺身爲人臣師範亦可謂有古人之風矣詩曰將軍死綏古人所長有如劉公與城俱亡兵弩如山公以身當生竭其勇力挫犬羊天未悔禍虜益鴟張（改作敵勢益張）公雖瞑目萬古傳芳

粘罕（改作尼堪）斡离不（改作斡里雅布）會於平定軍議再舉兵

節要曰粘罕（改作尼堪）自太原東之平定斡离不（改作斡里雅布）自眞定西之平定以議再寇（改作指）京闕右監軍兀室（改作烏舍）曰今河東已得太原河北已得眞定兩者乃兩河領袖也乘此之勢可先取兩河俟兩河既定徐圖過河以取東京不爲晚矣今若棄兩河先犯（改作趨）東

京苟有不利則兩河非我有也兼太子昨已到京不能取之斡离不（改作斡里雅布）未有語粘罕（改作尼堪）怫然而起以手去貂帽擲之於地謂諸酋（改作將）曰東京中國之根本我謂不得東京兩河雖得而莫守苟得東京兩河不取而自下昨東京軍不能得者以我不在彼也今若我行得之必矣又舒右手作取物之狀曰我今若取東京如運臂取物回手得之矣斡离不（改作斡里雅布）欣然稱善諸酋不敢沮之入寇之（刪諸酋至此九字）計遂決於是粘罕（改作尼堪）與斡离不（改作斡里雅布）分歸本路約會於東京

馬擴自眞定府獄中脫身西走山寨結集屯聚

先是馬擴遭劉鞈誣以謀反寘於獄中得旨委提刑司置院根勘提刑司差深州兵曹畢璠制勘方結案而鞈爲河北制置使朝廷恐本路官觀望別委京東路勘時已七月矣擴寄繫右獄九月金人再圍眞定城陷擴猶未知是日將午而饋食者不至遂遯遁至門則寂無人獨一老兵曰廉訪何不去番人已入城矣擴入獄告諸囚盡爲去其徽纆卽趨出擴易服竄西山和尚洞山寨結集兩河義兵各據寨柵屯聚自保

李若水上書乞救河東河北

臣自深入金人亂兵中轉側千餘里回至關南凡歷府者二歷軍者二歷縣者七歷鎭寨四並無本朝人馬但見金人列營數十官舍民廬悉皆焚毀缾罍牖戶之類無一全者惟井陘百井壽陽榆次徐溝太谷等處僅有名存然已番漢雜處祇應公皂皆曰力不能支脅令拜降男女老幼例被陵鑠日甚一日尫殘窮苦狀若幽陰間人每見臣知來議和口雖不言意實赴愬往往以手加額吁嗟哽塞至於流涕又於山下見有逃避之人連綿不絕聞各集散亡兵卒立寨

柵以自衛持弓刀以扞賊改作敵金人數遣人多方招誘必被勦殺可見仗節死義力拒腥膻刪此四字之意臣竊惟河東河北兩路涵浸祖宗德澤垂二百年昨因蔡京用事新攻流毒民不聊生繼而童貫開邊燕雲首禍搜膏血以事空虛了壯疲於調發產業蕩於誅求道路號呼血訴無所塗炭鬱結誰其救之陛下嗣位之初力行仁政獨此兩路邊事未已今戎馬憑陵肆行攻陷百姓何知勢必脅從而在邑之民無逡巡向賊改作敵之意處山之眾有激昂死難之心可謂不負朝廷矣哀斯民之無辜服斯民之有義愧起顏面

痛在肺肝望深軫聖衷哀痛之詔慰民於既往決擇之計拯民於將來上荅天心下厭元元之望

十日壬寅詣龍德宮上壽

先是上皇謂金人必再犯改作至京闕請帝留京師治軍國事欲自往西京治兵宰相吳敏勸上言不可也上皇向在南方已有截留諸路兵之意今幸歸京師陛下問安視膳全孝道足矣豈可以軍旅之事累之乎至是天甯節詣龍德宮上壽上皇滿飲乃復斟一盃以勸上而大臣有躡上之足者上堅辭不敢飲而退上皇號哭入宮翌日置黃榜於龍德宮前捕間諜兩宮語言者賞錢三千貫白身補承信郎自是兩宮之情不通矣

婁宿改作羅索陷汾州守臣張克戩死之

先一日婁宿改作羅索使人來城下言知州已下可出城拜降無使人民受殺戮知州張克戩令人射賊改作之云有死無降任你攻城賊改作敵遂退歸云代州太原尚自為我攻破來日定為我城婁宿改作羅索親提兵攻城自辰至巳其城遂失守臣張克戩既知城失不與賊改作敵俱生乃具朝服望闕號拜言臣非不為朝廷守城以張灝帶兵潛走城上無人致城陷沒臣知不能出見陛下唯以死荅朝廷遂乃自縊

陶宣幹河東逢虜刪此二字記曰靖康元年八月十二日余被差宣撫司幹辦公事到覃懷十三日參李宣撫十七日差往河東汾州覩河東訪察使兼制置軍馬張灝軍并斬統制官冀景并至汾州介休縣見制置軍馬王以甯諭李宣撫意令與威勝軍范世雄合為一軍八月二十八日至介休縣王制置凌晨已起發往威勝軍某即沿路追至五十里方見王制置具傳合軍之意王制置云介休縣闕錢糧六七日煩公在此截錢糧數日某遂日自介休縣往義唐州截糧九

月初一日起發宿孝義縣初二至汾州才入城卽見官軍枕籍於路者不可勝計問之皆起云是重傷人輕傷人疾患人重傷輕傷皆不被賞給遷補疾患皆無粥藥仍剋除附帶軍前拋棄糧食累日無食戰士每日支米二升半止得一升八合青菜錢七十文銅鐵相半是時官中已不使鐵錢但以此充數耳或攢聚數日闕乏止支錢會子一紙錢會子止得三四百今九月霜寒諸軍賜衣不至有赤露被堅執銳者余卽語制置使張灝云戰士如是狼狽張無以對始灝軍汾州鄉兵正兵約七八萬解潛軍威勝軍地名護

甲鄉兵正兵約九萬先七月初一日張灝遣統制官折可求副統制張思政統領軍馬解圍太原凡七日軍行三十五里至地名郭栅營於中下四高迫窄之地中有溝澗探諜不審綽望不明大軍止爲一營十一日早賊（改作敵）兵至先擊左軍左軍稍勝又擊右軍右軍不勝突入中軍是時兩統制與應副錢糧向運勾三人帳中早膳正膳間賊（改作敵）騎突入流矢中向運勾死兩統制騎馬走後軍不見陣而潰八月初解潛護甲軍無探諜無綽望忽見賊（改作敵）幟潰於軍中元貿器甲鎗刀皆未釋縛軍中驚潰兵馬塡塞坑谷

不知其數拋棄金銀錢糧縑帛以數十萬計先一日護甲地震殷殷如雷聲次日軍壞解潛僅免竄歸藍田宣撫司聞止解潛軍前自八月十四日張灝遣副統制張思政統軍馬由文水縣解圍太原張灝約張思政十五夜攜具入軍中相見思政答云軍中無此禮灝十五夜攜具入軍中相見啜茶列盃盤間軍中虛驚喧亂張灝急索馬馳歸須臾軍起（刪此字）潰散傷損千人矣十七日至文水統制官李安并其子忠信先登殺獲幾二三千人不暇取級城中見官軍至歡呼鼓舞皆以壺漿相餽既得文水張思政更不入城

留其軍保守貪功希賞遂徑趍太原未行間十八日賊（改作敵）兵清曉至人馬困乏所負器械皆未解縛恐我軍先動遂先鼓譟發喊三聲以恐我軍不動賊（改作敵）兵遂至始發一隊自西南來相繼不絕而至我軍走山山後絕壁我軍橫死者不知其數軍皆四走已在賊（改作敵）圍中賊（改作敵）說令降皆脫剝赤露然後敲死得免者十無三四使臣將佐百餘員金銀錢糧縑帛拋棄以十餘萬計後軍統制冀景不見敵先走張灝軍一次陷郭栅一次陷文水所失七萬餘衆余被宣撫司指揮往彼點勘軍馬止有八十餘人馬五百

匹每賊改作敵至城下杜門謹守不敢出戰賊改作敵兵恣行剽掠無有救者文水之舉先約許孝烈軍尅日並進至日失期張灝軍有赤露被堅執鋭者有賣軍器者有鼓唱引去者有使臣妄冒占放者將佐輩日事杯酒更無紀律汾晉一帶已失支梧余於張灝處呈劄乞分擘軍馬於官道劄寨照應防護糧草重傷輕傷人速行揀選犒賞如重傷不堪出戰人權發遣向裏將養免耗軍食病患人安泊於空閑屋宇内差使臣點檢粥藥醫治病並諸軍犒賞支俵三次皆不祇受及詢之衆軍有云一次得絹二尺半錢二百一

次不得有言俱不得者張灝云俱是統制官並請去統制官支散不明余覩張灝軍種種狠狽欲亟馳還宣撫使具言之九月初四日早别張灝太守張克戩運副李百宗欲行張灝亟飯罷既行才出城門張灝張克戩運副李百宗欲行自後相送望東北賊改作敵騎塵頭稍大余不敢返遣价傳語云東北有塵了且亟行遂加鞭至晚抵孝義縣民云城西方且厮殺何故官人來此余亟馳入城遣价於城西探之統制官田秀并本縣尉果與賊改作敵戰各無勝負抵暮欲歸是日汾州發重傷人千餘人於晉絳就醫養皆爲賊改作敵所殺初五日至初九日賊改作敵馬四散於村落中刼掠人莫敢出初十日早張灝遣統制官李安并田秀至回牛嶺把截至孝義縣未敢前方遣探未至至未後探至回牛嶺一帶無人馬可以行矣知縣王蓺云某賤累輩出凡三次皆爲賊改作敵騎攔截不可行今輒欲附後乘如何余云甚好至申時余與田統制李統制王宰宅眷俱行百步後兩探騎至適義唐川有賊改作敵馬劄寨遂復回由西南趨温泉縣宵行七十五里纔曉至温泉縣城中一空初八日已爲賊改作敵破殺者六百餘人稚子拋棄於道死者亦數十

輩縣宰簿尉俱被執諸官廳悉狠籍籠篋書帙紙劄散亂於廳堂間余與田統制李統制於監務廳早飯飯罷欲由汾西縣入趙城縣至汾西縣界三十里問路村人云官人不可從此行番賊改作金兵現執温泉縣官員在一山頂飲酒此去數里李統制問番人多寡村人對云約有三百餘欲打汾西縣余謂李統制云賢部下有一千二百人八十餘騎田統制下有一千四百餘人八十餘騎共一百六十餘騎三千六百餘人軍聲亦不少可以踐起塵頭徑趨汾西縣縱未見敵交戰亦足以救護虜掠李以爲然云甚此少俟田

軍坐移時田軍不至余謂李曰遣承局促之凡遣三兩輩約一餉閒承局繼至云塗中無田軍問一行人云有一項人馬已趨石州路去矣余與李愕然相謂曰制置司差田軍往回牛嶺把隘更不相關白不禀制置司指揮趨石州豈有是理李云事既如此日色已晚四野無人居止不若速回數里由隰州路行至平陽府出頭即整軍起行自汾西縣至隰州一帶人戶驚移盡起止存空屋余與李日食虀煮粟粥隨行人兵更無物食皆飲水足重不能行十四日絶早至隰州城外城上皆掛搭守禦太守藍安國字伯康躬

親開門出城相接余與李即入謁之問守禦次第曰人兵止有三百餘騎人二千人糧有一月弓箭鎗弩之類悉無卻出城於行衙安下令諸軍飽食憩歇一日是日午未閒忽報制置使張灝運副李伯宗由石州路今晚宿隰州余云二公何故忽來至申後運副李伯宗至余即謁之問所以李漕云初十日侵夜張制置并張統制聞破太原不相關白不令汾守知拽軍馬起行某即出來張制置幾中流矢一已中張制置右伴使臣張即馳馬走去張制置欲往石州渡河過陝西某自來欲至絳州支撥錢斛是時張制置張統制拽軍馬行城中官吏居民婦女突關而出不知其數張守知之遂差人捉縛居民婦女入城官吏居民悉竄婦女多爲所執是夜西北赤色如血至二更方散李漕云赤色如是累日矣

粘罕(改作尼堪)留女眞萬戶銀朮(改作尼楚赫)守太原率兵下太行取孟州渡河入寇(刪此二字)斡离不(改作斡里雅布)留女眞副統部合(改作碩哈)遼東漢州萬戶韓慶和守眞定率兵取黎陽渡河入寇(刪此二字)

粘罕(改作尼堪)再攻威勝軍兇革回闕

賜進士出身頭品頂戴四川等處承宣布政使司布政使清苑許涵度校刊

三朝北盟會編卷第五十七

三朝北盟會編卷五十七校勘記

遂急引去急誤作忽　裹尸莫還誤作尸裹　迄保睢陽之操保誤作并　古之名將名誤作命　眞定之亡亡誤作乜　以取東京不爲晚矣不應作未　擴寄繫在獄在誤作右　新政流毒政誤作攻　丁壯疲於調發丁誤作了　泣訴無所泣誤作血　塗炭鬱結鬱結一作桎梏　下哀痛之詔脫下字　決釆擇之計脫釆字　臣知不能生見陛下生誤作出　錢會子止得三四百文文誤作今　解潛軍威勝軍地名護甲一作解潛止軍威勝軍護甲地名二字係小注在護甲之下　至地名郭山柵脫山字　與應副錢糧向運使使誤作勾　流矢中向運使死使誤作勾　三次皆不被受被誤作祇　某輩昨累出凡三次某輩昨累誤作某賤累輩　初十日侵晨晨誤作夜

三朝北盟會編卷第五十八

靖康中帙三十三

起靖康元年十月十七日己酉盡十八日庚戌

十七日己酉駕幸飛山營閱礮

遺史曰上出郊按礮而竿折拽礮人有死者上不悅賞賚有差因登城北壁而還是時金人在河東河北謀兩路侵入有礮五百餘座在郊外不收入城兵部則曰屬朝廷係樞密院合收樞密院則曰自有所屬耳軍器監提舉官內侍也方以罪去京城所則曰京城所掌守禦也未守禦何預於我哉或謂駕部當理會駕部則曰庫部何不收終不能津般入城旣金人犯改作至城下盡爲攻城之用

靖康小錄曰十月二十日聞眞定失守唐恪聶昌耿南仲猶且誣奏以謂眞定通判獻城賊改作敵豈能破也又邀駕教礮七十座議者以謂萬乘之尊出教七十座礮縱礮之可以殺人能得幾人

粘罕改作尼堪再陷隆德府

是日粘罕改作尼堪至城下言要守臣出城議者是日通判李諤出城入粘罕改作尼堪寨見粘罕改作尼堪言我今提兵問罪趙皇去不攻你城但將犒軍酒食糧斛來我

等乘夜過去誘乃奉聽是夜入城言於知府張有極言可與父老共議遂呼在城父老等語通判昨日相見言不打城壁只要犒設酒食等物可否良久衆皆曰如此是拜降也如通判要與卽與男女等只願守城遂不出報次日早粘罕(改作尼堪)使人來問犒設物衆官上城城下人云前日李大夫許我犒設昨日何故不送來父老喧言罵詈道裏無犒設物誘止之又云不可但與他所許物無使攻城萬一不虞悔之何及將官言公莫待反耶遂以刃中誘而粘罕(改作尼堪)攻城城陷殺戮甚衆刧掠無遺知府張有極被俘

十八日庚戌范訥除檢校少保寧武軍節度使充河北河東路宣撫使

門下推轂以行所以示倚成於閫外築壇而拜所以震聲望於軍中屬嚴武服之共載修戎備之飭時謀元帥斯得異能咨爾薦紳聽予誕告右金吾將衛上將軍提舉亳州明道宮高平郡開國公食邑二千九百戶實封七百戶范訥莊毅而不撓靜深而有謀識該事物之微學貫韜鈐之要慷慨自許蚤蜚英於武科發聞惟休久積伐於顯位承樞機之密旨寄洮隴之中權丐問祠宮避寵環尹朕方軫邇陲之願頗深鼙鼓之思對以燕閒有言可績寄之綏撫非爾而誰是用建之旌旄進律益州之重盛其車服視儀亞傅之崇於戲時方艱虞民亦勤止兵選耎而不振惟紀律之宜明將尫愎而寡謀惟節制之宜審非晝畧無以制勝非忠義無以感人隱如長城茲有全策徯芘爾功之茂庶幾吾圉之寧可特授檢校少保寧武軍節度使充河北河東路宣撫使加食邑五百戶實封二百戶

金人陷麟州建寧寨楊震被害

楊震宗閔之子也旣冠從戎以斬馘功補三班差遣

從討方臘至台州黃巖縣又解台州之圍進官修武郎知麟州建寧寨金人寇(改作攻)寨欲降震不從時寨兵精壯者悉從折可求死於交城之戰所餘老弱百數守弗堅震奮力守城金人急攻閱旬日城中矢盡城陷震死之震之子名存中方從征河朔得免於難次子居中執中亦被害

詔河北河東便宜行事

詔書曰朕通好鄰國屈己增幣無所不至所以保守疆土全養生靈敵未退師攻陷城邑每聞邊報痛切朕心已令盡召天下之兵矣凡爾州郡豈可攖城自

困坐待其斃今仰河北河東諸路帥臣傳檄所部州軍各得便宜行事合從連衡相爲救援見便卽動無拘一律其見任官能與鄉里豪傑率衆捍敵得守臣邑大者寵以公爵次者授以節鉞或登用於朝廷世襲其地各宜體國奮然自效無使鄉里墳塋坐受殘破父母妻子生致離散朕祈於皇天告於宗廟北顧流涕明告此言忠臣義士莫不動心故茲詔示想宜知悉京師士民讀詔書往往泣下真定府陷報到京師朝廷以新失太原又聞眞定府之報上大憂之患將帥非人思得英豪之士以衞兩邊乃下哀痛之詔

詔河東河北清野

詔曰朕嗣有大統屬時艱難外侮憑陵元元被害於是捐棄金帛寶玉不可數計以救百姓於塗炭之中敵纔退師痛自抑損斥去華靡日惟蔬食卑詞厚幣繼修和好通賂之使項背相望凡有所求悉從其欲袞冕車輅稱號之美猶無所愛所以保守土地全活生靈而敵勢未已動起兵端必欲割我地土殘我人民覆我宗社使吾百姓父母妻子悉被驅虜財物積聚皆遭刦奪忠臣孝子自當體國念家人自爲戰令下之日應河北河東京畿便行清野保守城邑其有聚徒結衆捍寇立功自節鉞以下皆以充賞仍仰州縣預以名聞若自能斬首獲級者皆倍軍功凡我赤子與其殘於敵人之手流爲異域之人孰若從危卽安轉禍爲福與言及此流涕無從其餘諸路有忠義之人能率衆勤王或立功河北河東者並依此推恩咨示爾衆咸體朕意

臣寮乞催發諸路勤王之兵

臣寮上言竊以去年之冬金人入寇出我不意故河朔諸州堅壁不戰天下諸州或不勤王陛下皆置而不問恕其倉卒失措也今年自春夏以來皆知金人

必復深入若天下諸州或不勤王以致大河失守都城危急則事平之後當行軍法今者寇將逼河伏望睿斷行下樞密院疾速施行若事平有功則當以次推賞古者侯伯之國州牧統之以夾輔王室有急而後至則斬甘誓曰用命賞於祖弗用命戮於社予則孥戮汝自古及今未有賞罰不果行而能使人赴難不避者惟陛下聖察奉聖旨依奏其勤王若敢後時當職官並以軍法從事

十八日庚戌詔求人材

詔曰修舉政事全藉人材人材甚難所宜愛惜詎以

一晝遂廢終身除係籍挾姦害政罪狀明白不可任使外餘皆隨才收錄勿謂曾經蔡京王黼童貫梁師成輩薦引遂皆棄逐庶士革心以應時用三省及臺諫官深體此意以示至公

粘罕（改作尼堪）等合楊天吉王汭持書問朝廷遣契丹王及余覩（改作伊都）蠟書并元割三鎮

書曰大金骨盧你移賚勃極烈（改作古倫尼伊拉齊貝勒）左副元帥皇子右副元帥同致書於大宋皇帝闕下頃因啓釁以致連兵曲直所歸彼此自見思得尋盟之計用申割地之言厥後事因稽畱元約復變況上皇之鑒

未遠抑亡遼之戒在前既思再造之功可忽經久之意將久保有成之信盍早晝元議之彊曾自爲辭管行割送今則反假士民之固守更張軍勢以解圍茲事難圖昔言安在迺者差蕭仲恭趙輪等齎書報復回日輒受間諜之語陰傳構結之文敢蹈前非又在今日爲是申過朝廷奉到宣命據此釁惡更踰上皇仰就便差官問罪從長相度施行今差保靜軍節度使楊天吉昭德軍節度使王汭充問罪使副前去若深悔前過請速令皇叔越王皇弟鄆王并太少宰一員同詣行府齎書陳謝過咎仍據元割三府卽行誠諭並令開門以待撫定苟不能此的示所圖謹白

先是麟府折可求獻言夏國之北有大遼天祚子梁王與林牙蕭太師統兵十萬出榜稱金人不道與南朝姦臣結約毀我宗社今聞南朝天子悔過遜位嗣君聖明如能合擊金人立我宗祀則前日敗盟之事當不論也吳敏以爲然乃奏上令致書梁王由河東入麟府遂爲粘罕（改作尼堪）遊兵所得

宣和錄曰先是斡离不（改作斡里雅布）軍既還粘罕（改作尼堪）尙畱隆德府詔遣路允迪以和議書至粘罕（改作尼堪）聞斡离不（改作斡里雅布）大獲金帛屢遣使數輩來意在求賂時

勤王之師踵至大臣有輕敵意很曰吾兵強盛如此當與虜（改作敵）抗衡而滅之彼旣傾吾蕭王等過河吾胡爲不畱其使與之相當於是館其使者等逾月不遣有部管趙輪者燕人狡獪懼不得歸乃詐以情告管伴邢倞曰金人有耶律金吾者領契丹精銳甚衆貳於金人願歸大國可結之圖其二酋（改作帥）倞以聞朝廷大臣信之卽以詔書授輪賜耶律納衣領中仍賜輪等各帛千匹白金千兩輪還首獻其書於粘罕（改作尼堪）粘罕（改作尼堪）大怒以輪書表聞其主具道南宋反覆之狀得報云深入攻取事無大小皆委元帥府從

長措置施行

靖康要盟錄曰先是於四月因虜（改作敵）使蕭仲恭等還朝密賜耶律太師以黃絹寫之云大宋皇帝致書於左金吾上將軍右都監耶律太師昔我烈祖章聖皇帝與大遼結好於澶淵敦信修睦百有餘年邊境晏安蒼生蒙福義同一家靡有兵革戰鬬之事通和遠久振古所無金人不道稱兵朔方拘縻天祚翦滅其國在於中國誓好之舊義當興師以拯顛危而姦臣童貫等違國擅命沮遏信使納結仇讐購以金繒分據燕土金匱之約藏在廟祧委棄弗遵人神憫怨

致金人之强暴敢肆陵染傲擾邊境達於都畿則惟此之故道君太上皇帝深悼前非因成內禪肆朕初卽大位惟懷永圖念烈祖之遺德思大遼之舊好輟食興念無時敢忘凡前日大臣先誤國構禍皆已竄逐思欲親仁善鄰以為兩國生靈無窮之福此志既定未有以達而使人蕭仲恭趙輪之來能道遼國與燕雲之遺民不忘耶律氏之德冀假中國詔令擁立耆哲眾望所屬宜國人（刪此二字）無如金吾者適諧至意良用欣懌昔聞金吾前為遼國將兵數有大功謀立晉王實為大遼宗社之計不幸事不克就避禍去國向使前之謀行晉王有國則天祚安享榮養耶律氏不亡於天祚不害其為忠而於耶律氏之計誠至忠矣宗社之英天人所相謂宜繼有遼國克紹前休以慰遺民之思方今總兵於外且有西南招討太師之助雲中留守尙書願忠佐之一德協心足以共成大事以中國之勢竭力擁衞何有不成謀事貴斷時不可失惟金吾圖之書不盡言已令蕭仲恭趙輪面道委曲天時蒸染更冀保綏

靖康遺錄曰先是斡离不（改作幹里雅布）退師回燕山遣蕭慶來催前所許金帛詔三省同議所以待慶者眾議

以番賊（改作金人）要盟城下請割河北而并寇河東自敗元約夷狄貪而無信（刪夷狄六字）不可復與金帛請收其使者於是送蕭慶於都亭驛一小屋中封其戶傳食以過凡數日徐處仁吳敏當國建議謂蕭慶本契丹人為金賊（刪此字）所滅不能無怨不如善遇之使歸與余覩（改作伊都）謀共與兵以破賊（改作金）上遣吳敏至驛慰勞蕭慶始令開戶慶見敏卽痛哭投地敏令左右扶起以上意存問之謂之曰本朝皇帝以金人渝盟而來督金帛羣臣不忍故請留大使於此皇帝以大使本契丹懿親奉使而來元非得已謂大使良苦遣敏

奉候慶泣謝因陽罵云金人反復無信義使與臣國約和取其金帛而竟滅之乃立異姓稱藩臣之國王契丹外孫也强見逼立非其本意每言天皇創業踰二百年一旦淪亡未嘗不泣今大朝誠能賜以誓書約爲兄弟如先朝南北故事願歸約國主舉兵相應上以報大朝之賜下以復國家之讎破金人必矣卽大朝遲疑不決本朝孤弱惟其所制中原之難未有旣也敏心喜以爲誠然退奏慶言如此因請賜余覩（改作伊都）書令慶齋去厚待禮之慶得書遂行始過河郎宣言南朝有書令我約契丹共滅大金并書馳驛送

至粘罕（改作尼堪）由是賊（改作敵）愈怒矣

以工部侍郎王雲借尚書持書從王汭使於軍前

書曰姪大宋皇帝致書於伯大金皇帝闕下謹遣使人往敷誠悃啓明兼照當蒙洞察往者信用童貫姦謀誤國遂致連兵頻年不解逮初嗣位卽有悔悟之心頗聞聖情亦有和解之意及皇子郎君之至汴城自無力攻之事國相元帥之圍幷州止守從初之約載惟信義實不俟違乃出聖慈夙深告戒頊者姦臣一二近在朝堂但知宰輔之言所當聽順豈期離間之事輒敢肆行將使兩國之情義不通懽欣不接姦邪之罪若此竄斥之典何逃瑕垢盡除羣情所快今茲循省已自篤於私誠亦冀寬明無或追於往咎顧三鎭乃祖宗之地當務保持況大國有伯姪之親宜蒙宏恕願以賦租之入增爲歲幣之常還守舊疆別爲信誓如此則仁恩之厚何可彌忘盟誓之堅自應循守上符天道下順人心博易交通不乏四方之貨耕耘自若遂安兩境之民緬想聖懷亦同至願不宣

謹白

又書曰昨因告發知有絹書姦人詐僞何所不至若兩國通和貼然無事則無隙可乘姦人不利緣此構

造意在閒諜頊者按治已正典刑諒惟聖明特加洞照遣王雲去面道其詳又王雲口陳雲等奉本朝皇帝口宣自今春大兵至城下荷大金皇帝許再結懽盟皇子郎君成此恩惠社稷再安生民休息但本朝大臣有懷姦之人致信義有虧今盡行竄逐專遣王雲陳謝有下項事今雲等告求皇子郎君謂如三鎭顧戀若行征討百萬生靈性命可憫欲以稅租折爲銀絹三十萬代割三鎭通舊來銀絹五十萬每年通計八十萬兼此日皇子郎君曾言下項禮數惟大金

皇帝開境數百里撫有諸國欲以皇帝車輅袞冕等爲謝及令使人附宰臣等表奉冊寶增上尊號仍全三鎭之人遇大金皇帝生辰齋僧十萬人祝延聖壽王雲至眞定斡离不（改作斡里雅布）大怒謂雲曰禮物復還若二十日之閒不卽割地則提兵至闕下矣

遣史曰先是王雲奉使還時太原未陷金人亦頗厭兵遣雲來只要三鎭租稅限半月到燕山府仍要朝廷遣使命三人分往三鎭告諭從初請則便可解兵仍不得爽約雲星夜奔馳到京師入奏上大悅顧問大臣皆不肯許之雲與少宰吳敏素不協以事黜責

出雲唐州雲猶在抗疏論列利害敏百端沮之竟不遣至是敏已罷相王汭還朝廷遣雲偕行少宰唐恪令翰林學士承旨吳幵作告議以愬三鎭之地其畧曰若恤鄰存好則洪恩再造提師再至則宗廟殞亡識者咸哂其氣沮弱而言不祥

王汭之來也禮貌甚倨持其書於御前曰陛下旣不割三鎭之地又妄思復欲立契丹之後上曰此乃奸人之所爲也汭請必割三鎭要金帛車輅儀及加大金皇帝徽號上乃卑辭深明其故非朝廷之罪厚禮遣汭還

賜進士出身頭品頂戴四川等處承宣布政使司布政使清苑許涵度校刊

三朝北盟會編卷五十八終

三朝北盟會編卷五十八校勘記

又邀駕教礮七十座敎一作放　以刃中諤面面誤作而　特謀元帥特誤作時　右金吾侍衛上將軍侍誤作將　方軫疆陲之顧顧誤作顧　兵巽耎而不振巽誤作選　知寨楊震被害脫知寨二字　粘罕等令楊天吉王汭令誤作合　遣契丹梁王及余覩蠟書脫梁字　有都管趙倫者都誤作部倫誤作輪餘倫字同　乃誑以詐情脫誑字以詐誤作詐以　而來督責金帛脫責字　許以金繒許誤作購　先後誤國脫後字　宜於國人脫於字　始與臣國約和始誤作使　又王雲口陳雲等奉本朝皇帝口宣此段應另行誤連上文　遺散傷損千餘人矣脫餘字　以事出責雲知唐州誤作以事黜責出雲唐州　雲猶再三抗疏再誤作在脫三字　又妄思復欲立契丹之後妄思一作安忍欲字衍　要金帛車輅儀物脫物字

三朝北盟會編卷第五十九

靖康中帙三十四

起靖康元年十月二十四日丙辰盡二十九日辛酉

二十四日丙辰粘罕改作尼堪陷平陽府知府經畧使林積仁都統制劉銳棄城走

宣和錄曰先是義勝軍四千人屯平陽其將劉嗣初領其衆聞粘罕改作尼堪已圍太原密遣人獻平陽圖於粘罕改作尼堪於正月十九日叛歸金人於是粘罕改作尼堪兵益熾改作盛粘罕改作尼堪既破太原乃進攻汾州且分兵以寇改作攻慈隰以北諸郡勢甚張改作急汾州堅守以待救俄聞朝廷分河東爲兩路其隆德府即爲東路經畧平陽府即爲西路經畧各命守臣以援汾州十月初十日汾州失守主將張克戩死之當是時議者曰汾州之南回牛嶺甚險峻如壁可以控扼於是乃命將以守朝廷又遣劉銳統衆駐劄平陽以捍北邊然國用乏竭倉廩不足士之守回牛嶺者日給豌豆二升或陳麥而已士笑曰軍食如此而使我戰乎賊改作敵領銳師以寇改作攻回牛嶺賊刪此字於山下仰望官兵曰彼若以矢石自上而下吾曹病矣爲之柰

何未敢前進俄而軍官散去賊(敵改作)乃登焉十月二十四日賊(敵改作)至平陽銳領兵遁去遂陷平陽官吏皆縋城而出自後威勝隆德澤州皆失守矣

逢虜(敵改作)記曰十月十九日至平陽府三十四里見村落閒牛畜車乘居民婦女官員宅眷扶老携幼號呼之聲蔽川而下問所從來云賊(敵改作)破汾西縣幷靈石縣趙城霍邑縣一帶驚移人戶避寇至此是日晚到平陽府謁平陽府都統制劉銳(仲武之子)語余李宣撫被召种安撫河北巡邊种公至鄭州以疾乞致仕相繼差折參謀(名彥質字仲古遵正子也)暨宣撫判官權宣撫使

事李宣撫未至諸帥及制置司統制官申發邊機文字五六日無與決劉云雖被命差充統制並無人馬汾州副統制張思政人馬又不知所在止有今日統制官李安人馬步人一千一百人馬八十餘匹汾州制置司差往囘牛嶺把隘又不屬管萬一賊(敵改作)馬出沒何以支梧余退即謁太守林學士(名積仁字充美)某謂林曰賊(敵改作)騎次第不久至殊不爲備何也林云城上敵樓今春爲背叛歸朝官劉嗣初耿守忠所爇無軍兵無糧食無器具何爲可守也某謂林曰此學士已不作守計林曰係殘破州郡實不可守余云既如此可於南門差官堅守先遣出婦女老小留壯人居城中以省糧食是時城中尚有七八分人寇(敵改作)不至即已萬一寇(兵改作)至旋作處置林令虞候請兩都監令開門放出婦女老小留壯人十月初八日至宣撫司見折宣判具言九月初三日破太原有鄉兵自太原走出至孝義縣言城破日城中尚有萬餘人官員幷宅眷軍人富民縑帛盡爲張孝純焚了唯餘金銀張孝純與其子被執軍民皆瘡痏委頓宅眷皆投濠河死者不知其數途中又聞金人遣使講和某大不然之但以此相款耍生姦計爾所過州縣皆相慶

悉已弛備使司須行下令嚴作隄備仍申奏朝廷折宣判云某恰亦上心來又云某所過州縣無軍馬無糧食無器械何可使之守也使司當契勘速攢那支撥應副軍前遇賊(敵改作)又不納級及數處有潰散軍兵哨聚作過如溫泉縣汾州囘牛嶺一帶可速築堡寨以爲籬落折公云公近日邊上來盡知子細又將家所論甚好有數事欲再煩公出又曰近得旨令極力保守平陽府幷汾州一帶平陽府今爲汾隰等縣路帥府隆德府今爲威勝軍澤州等路帥府懷州主管安撫使司公事知平陽林積仁不作守計都統制

劉銳是朝廷差來不用命可煩公往彼見林積仁語以朝廷今日陞平陽爲西一路與一州事體不同萬一失之是失一帥府堅不作守計何也汾州平陽分壁軍馬應守禦次第可與劉銳商量施行劄子差余前去平陽府勾當並照應汾州一帶余具劄子申奏朝廷納級指揮賞格每納一級轉一資是時軍前遇敵殺獲更不納級候邊事息日一例轉資乞支撥軍器於闕少州縣乞將統制官并戰士七日一次犒賞乞召募有武勇使臣并效勇守城依制置使司請給食糧乞給旗二面付某招集潰散軍兵日下分募支

給請受招集五百人滅二年磨勘乞差撥軍馬前去軍前應援使喚乞支降逐州縣少闕錢糧得兩日行下指揮數內軍器更切於見有州軍撥那宣撫司重行應副降賜庫造旗二面付某招集潰散軍兵武勇使臣并效勇各詔召募十員名差撥人馬余十月初六日平明辭晚宿猥車卽發牒遣介往隆德府請姚李二漕理會錢糧初九日晚至澤州城外馬鋪安下初十日早謁直龍圖閣大守高世由三日招集潰散軍兵一千三百餘人悉皆赤露癯瘠並日下給券親自押赴平陽府經畧安撫使林積仁具以折公之語

白之林云城決不可守余云今日事體不同太原已失此陞爲帥府屏捍一路極力保守以御前近降處分甚是丁寧今漕司與宣撫司亦自極力應副賊改作敵馬未至自家已不作守計何也是日城中有四五分人余再三白之林曰甚好來日與都監到城上一覩余卽謁劉都統言麾下若干兵馬某近離宣撫司見折宣撫言連發軍馬來劉云並張思政軍馬共有萬人差使各處已自不少十八日登城城周圍二十四里敵樓戰棚一百五十餘座經耿守忠劉嗣初焚爇之後更不曾修構氈有五百餘領但可以掛搭四

門敵樓以百步法守之守城二十四里合用三萬人城中止有軍兵三四千人余問兩都監答云少匠人闕材植余又問何不優直僱召百姓匠人某昨來行趙城霍邑道中瀕河汾見官中牌筏拋失於水次者自不少何不取用兩都監又云盤運費力余云今若取於趙城霍邑事無及矣城中樹木逐急盡伐以用如有不足折係官空屋舍并民居空屋內民居空屋後來官中修還并牒施行都監又曰見官科撥行下諸縣應副至今諸縣不爲着緊余對曰待牒府取會弛慢縣官職名立申宣撫司至二十四日申後謁都

統制劉銳云適得回牛嶺關報賊改作敵馬犯回牛嶺余云都統莫須遣援兵否劉云統制司見管軍馬一萬餘人遣四千軍五百匹馬往回牛嶺把隘二千軍往隰州見存者四千軍馬五百匹寇至豈不要接戰守城禦敵又得府州知州折可求書來求援兵書辭懇切要郝仲連提兵三二千求援府州已破豐州並二寨探報得欲來攻府州極是危急劉曰此處軍馬見忠少郝仲連自是宣撫司差充平陽府路副統制本司不敢差須申稟宣撫司余云都統更宜多方擘劃措置事不可緩退謁林經畧林云今日偶得進奏

官報某落職與遠小處監當某已是罪人只今交割便行某云經畧更承受得何處文字若止是進奏報未得朝廷劄子便豈可交割離任且更細審之方當邊事之際但恐擅離朝廷怪訝愈不便林云恰得關報賊改作敵馬擊散回牛嶺把隘人昨夜已到趙城縣次第已過趙城縣余對云昨夜謁劉統制方聞賊改作敵馬在回牛嶺今晚到趙城其行甚速余顧林經畧使令輩問此去回牛嶺近遠云一百九十里某云少頃拜別經畧且行林曰卻往甚處某云事已畢且歸司余退畧早飯欲別林經畧飯畢至使衙卽見林公

戎裝索馬張盖余至卽請余余問經畧所出林云適又有關報賊改作敵馬離此三十五里余云劉統制知否莫須遣兵把截掩擊不可使向邇林云恪報劉統制兵出城復又入城不知如何遣人傳語問矣公得行否余云卽今便行遂退才出府衙趨南門遣隨行人於城北催行李同出城約兩茶間見市肆往來人云賊改作敵馬已至城下斯須余親隨任忠押行李至云不可出矣賊改作敵馬已至北城下有一人携一卷文字立濠根叫云打話余謂任忠曰汝可管押行李且於巷務尋一安下處我自登城已有酋此字改作首領

至城下約有三四百騎後面塵頭不絕相繼而來時至西約有萬騎立濠根携文字人云大王交我招安你城中官吏軍民有文字在此將索來約上城去我問你懣降也不降你懣若不降時大王領人馬從絳州掩你懣下來看走出那里去城上人皆不答又問如何不做聲今都來攻打你城也日已晚且去也更與你懣一夜商量來日恁地時城破也賊改作敵馬遂退離東北四里劄寨余語劉統制賊馬既至請都統速差官分擘地方催軍民守城軍兵稍有上城者百姓并本府官吏盡不上城余語劉統制云若林經畧

不上城何以率官吏軍兵劉統制云遣人請不見余云待某自去請躍馬至府衙中悄然問林經畧在否云已登城卽至城又不見到城西問來往軍民曾見林經畧否云着白布衣峪自此擦城下去矣見兩都監一監務余語之曰三公不要走可同共守城余卽下城於街巷親率百姓上城家至戶到呼召非老卽小或婦女輩壯者悉皆逃避矣盡率軍民止守禦得東南城兩壁餘兩壁無人守禦雖有登城者亦皆乘閒擦城逃避斬十數輩不能禁遏至侵夜兩壁守城人擦城逃避十去三四至四更巡城去之殆盡余守

南門至五更忽隨行人報統制官西門出矣余至西門統制官已出至二十五日夜余亦遂出行十五里聞賊(改作敵)兵發鼓掩殺我軍行二十五里天曉賊(改作敵)兵追趕驚移逃避人戶稍截車乘并頭畜四百餘道閒居民婦女扶老携幼或相離棄號呼之聲所不忍聞是日城中居民以官吏皆走因以城降

二十六日戊午侍御史胡舜陟上言乞救援中山

胡舜陟言伏見陳亨伯蠟書其詞哀切首陳眞定城破屠戮生靈不知幾萬人虜(改作敵)據高城愈難追退臣讀之流涕竊歎朝廷何忍其如此未嘗遣一兵一馬爲援也李邈三四十狀奏陳畧不見報朝廷豈不惜土地而愛人民但以與虜(改作敵)講和不敢動兵一何失計之甚也臣請爲陛下言之古者列國兵交使在其閒推論利害釋二國之患是息民而貴和今虜(改作敵)遣使來而我使亦往彼此按兵不動乃所謂和也然虜(改作金)人用兵不已今日陷一城明日破一邑侵尋而南有并吞席捲之志時遣一使邀求寶貨詭辭爲順使不爲備我之使往脅之以威不得吐一語但依虜(改作敵)人甘言奏聞而朝廷不察其情僞便謂和議以定宣撫司見講和如此亦不遣兵求援眞定

以至於亡陳亨伯所以言彼受和議之使皆置寨中而任意攻取無人救解彼何計之得而我何計之失也今虜(改作敵)悉力中山城下朝夕必攻城(改作破)矣若朝廷又以講和之故不令宣撫司應援必失中山失中山則河北諸郡不攻而自下矣河北下則京師不可都而宗廟社稷危矣陛下何不以宗社爲心乎亨伯又言彼旣攻城殺人放火而我師援之理不爲曲朝廷若任諸鎮之存亡不復顧恤則更無可論若欲保全伏乞速賜指揮宣撫司火急遣兵前來亨伯之言如此可謂切矣陛下若聽大臣之論謂旣講和不

復應援則非爲宗社大計第恐地土人心必兩失之若大臣謂今日無兵何以爲援臣以爲河北之民皆兵也使諸郡縣傾廪庫與民共之朝廷以好爵縻之何患人不爲用但係措置何如耳亨伯乞宣撫司兵自深冀來祁會合馬忠兵宣撫兵擊其西祁兵擊其東中山兵爲內應則轉禍爲福因敗成功其言似亦有理伏望陛下詔三省樞密院日下詳酌施行

絳州軍亂守臣官吏散走河東

逢虜(改作河東)記曰十月二十八日絳州被潰散軍兵并本州軍兵放火自亂太守朝散大夫李弼傳并官吏

軍民散走獨存市易務官吏史秉義度不得免自操槍刀殺獲十數人遂稍定是時絳州衙兵爲太守擡轎既行出城各捨轎而去復入城中攘奪金銀李守遂步行至高樂絳州倉庫有漕司金銀縑帛糧斛約三百萬河東漕司歲計在此只童貫平貨場匹帛兩綱目是六十萬皆被奪去

遺史曰是日軍亂守臣李元孺通判徐昌言棄城走軍民刼軍資庫蓋四川一百八綱盡在絳州下卸然後河東州軍轉請人知富饒遂致攘取帑藏爲之一空

二十八日庚申黄鍔除給事中由海道使金國先次以禮物等往因議和

粘罕(改作尼堪)至澤州城下

二十九日辛酉侍御史胡舜陟上言政事未得其正宜急正之

胡舜陟上言○(舊校云此疏見程篁墩新安文獻志)春秋傳曰兵猶火也弗戢將自焚老氏亦曰以道佐人主者不以兵强天下其事好還國家自熙豐開王韶建開邊之說王安石主其議遣將用兵無歲無之瀘南廣南勤師遠伐至崇寧以來尤甚西開青唐以反夏國南築谿洞

以及丹州西南則建祺祥等州皆不毛之地非人之境而驅赤子蹈鋒鏑死者不計其數生者竭其膏血凡五十餘年而又王黼童貫合謀以棄契丹百年之好約金人以墟其國是以上帝震怒禍我國家金寇(改作人)猖獗(改作乘隙)長驅中原豈非所謂弗戢自焚其事好還乎陛下踐阼適丁斯時宵旰之勞未見微效蓋天怒未解人力豈能勝哉書曰惟先格王正厥事臣觀今日祖宗寬大之政泯滅而未舉王安石刻急之法爲害而未除法度未得其正也士大夫之欺罔誕謾驕奢貪鄙曾不少悛風俗未得其正也事未見功

賞已驟至及其敗事罰不加焉賞罰未得其正也閹官近習猶執事權頡頏恣睢無所忌憚任用不得其正也昔之叨冒恩寵者未加鐫削懷才抱器者陸沉州縣爵祿未得其正也昔之僥倖富貴者一毫不取火耕水耨者困於重斂賦斂未得其正也數者不正豈所謂正厥事乎伏望明詔三省凡是數者皆反正之庶幾震怒一解妖氣自銷詔令三省照應施行

賜進士出身頭品頂戴四川等處承宣布政使司布政使清苑許涵度校刊

三朝北盟會編卷第五十九終

三朝北盟會編卷五十九校勘記

且分兵以寇茲隰北諸郡隰誤作陘　回牛嶺者險峻如壁者誤作甚　賊至平陽林令虞候請兩都監令開門放出婦女老小留壯人原脫林令二十字誤簡二頁第四行　官吏皆縋城而出自後寇不至則已萬一寇至旋作處置原脫寇不至十三字誤簡三頁第三行　威勝隆德澤州皆失守矣此應在四頁第三行萬一失之之下此係誤簡　是時城中尚有七八分人此句應接四頁第三行自是一帥府堅不作守云云　逄虜記曰十月初八日至宣撫司見折宣判脫逄虜記日四字自此至萬一失之威勝隆德澤州皆失守矣一段應另行在十月十九日一段之前此係誤簡是失一帥府失字衍此句應與上尚有七八分人句相接　拆係官屋空舍誤作官空屋舍　豈不要接戰守禦適又得府州知州折可求書禦字衍適誤作敵　恰報劉統制兵出城恰誤作恰　匹帛兩綱一百六十萬一百誤作日是　先次以禮物等往因議和此應接上條誤作另行　西開青唐以及夏國及誤作反

三朝北盟會編卷第六十

靖康中帙三十五

起靖康元年十月二十九日辛酉盡其日

太尉鎮洮軍節度使同知樞密院事种師道卒

种師道以同知樞密院事巡邊至懷州遇疾奏利害於朝曰金人頃邀金幣安然北去今若復來是必集諸國大舉鋒鋭不可當臣前計不聽青滄衞滑既不宿兵無籬藩之助欲乞大駕幸長安以避其鋒至於守禦攻戰責在將帥戰鬭事非萬乘所宜任也詔師道赴闕計事還都而卒

靖康小雅曰公諱師道隱君之後其先世衡諤誼皆爲名將公復能世其家威著西夏燕山之役公爲都統制論不與童貫合節制不復從公出既失律以劉延慶代之二太子之入寇（改作深入）也公自陝右同弟師中姚平仲等提河隴勁卒赴難京師遂除同知樞密院時二太子攻封邱門公建議乞優以金帛官爵募敢勇之士乘城縱敵人登城甫及女牆即挑而殺之且令城中發喊不輟縱火誘胡（改作敵）人使登不信宿可盡戮之白時中李邦彥吳敏李綱皆不聽既而勤王之師大集公欲簡科分爲三等上等出戰餘皆守城先立厚賞之格以示之選將分總距賊（改作敵）二三里環營守之總絕其剽掠使其乏絕趣姚古以所領西師會河朔將兵選精銳五萬人至河陽駐潛州進屯賊（改作敵）營之後刻日并力攻之此必勝之策也時李綱方遣姚平仲劫寨又不用公言儻欲城下決戰則渡河之後會諸道擊之又不聽平仲敗績公復言劫寨已無功然兵家亦有出其不意者今夕再遣兵分道攻之亦一奇也如猶不勝然後每夕以數千人擾之不十日賊（改作當）遁矣邦彥等畏懦又不果用賊（改作敵）既退除公宣撫使屯滑州既而又命移屯河陽

時公年七十餘老病憊甚自力上道遂薨於途嗚呼公之料敵制勝審矣當時將帥無出其右者邦彥庸繆固不足道而李綱號爲喜功名者復不聽公策此爲大恨然公之未亡天下猶倚爲重既復謝世孰不嗟惜嗚呼此亦天也詩曰壯哉此翁謀深氣勁終始一節佑我三聖百戰之餘所料必勝提師入援賊（改作敵）讋威令壘畫艮策衆莫之聽割地增幣醜虜（改作強鄰）益橫萬里長城恃爲藩屏倏嗟不祿亂何有（改作由）定旌旗無光兵民淒哽餘烈昭昭方策獨盛

封氏編年曰种師道薨猶子湘知叙州以伯父師道

自來勞績奏上乞加褒恤中書門下省吏部狀準司封關紹興五年六月三日敕中書門下省尚書省送到故太尉同知樞密院事開封儀同三司种師道親姪閤門宣贊舍人新差權發遣叙州軍州事种湘狀亡伯師道出入五朝四更文武忠諒顯著見於勳業任提舉常平日因上言免役等事入元祐黨籍伏念伯師道元係太尉見任樞臣薨捐之日蒙恩止依散節度使劉昌祚等例贈開封儀同三司今伯師道在位別無子孫其告敕等屢經兵火並皆失去無緣詳具今畧具大節幷遺表錄白在前欲乞依元祐宰臣呂大防近例恭候行下太常寺定謚具贈官例望朝廷詳酌施行伏候指揮三省樞密院同奉聖旨种師道特贈少保仍令太常寺定謚今來太常寺擬謚曰忠憲詳按謚法曰慮篤國家曰忠文武可法曰憲勘會本官係特恩贈謚依指揮合命詞給告伏乞朝廷詳酌指揮施行伏候指揮六月二十一日奉聖旨依太常所申可封供到勘會种師道生前封邑昨緣渡江散失案牘無憑契勘外尋將渡江後應管簿書檢照得無种師道封邑除已下种湘取索候到別具狀伏供申施行奉敕旨古者死而無謚至於周有考行

易名付之公論褒貶予奪莫之敢私百世傳焉垂勸天下故太尉鎮洮軍節度使同知樞密院事贈少保种師道世載韜畧性服仁義早親有道大自修飭言行無玷出處可觀論新法之害民遂坐黨籍言北伐之誤國致使黜休女眞內侵起授師柄昌言擊討國勢所憑和議奪之乃至禍敗驅馳出入以沒其身天下盡傷九原難作夫心篤國家之念可謂曰忠材兼文武之資是宜爲憲使爾不朽名言在茲精爽未淪尚歆加寵可謚曰忠憲

告詞云材弗究時當於名愈高於後世自古賢哲遭恨常多朕方聽鼙鼓而增思悼爪牙之先奪肆加褒恤載揚芬芳故太尉鎮洮軍節度使同知樞密院事贈開封儀同三司种師道文武具宜忠孝無爽昔在燕山之役每忤權臣至於靖康之初首陳善計謀既沮於和議功莫遂乎戰多飲恨而終昌言猶在贈典未及人情鬱然因猶子之控陳升亞保而作寵夫誦詩見方虎之烈聞鼙思頗牧之風夢想音容撫嗟何已恩章所及其尚知歆可特贈少保餘如故

折彥質撰公行狀曰公諱師道字彝叔其先河南人曾祖隱君放者○舊校云歸本云曾叔祖放隱居著書退居長安豹林

谷子孫因家焉曾祖昭衍贈太保曾祖母徐氏贈廣平郡夫人祖世衡贈太傅祖母劉氏贈晉甯郡夫人父記贈太師母尹氏贈永國夫人伯父開封儀同三司諤以郊祀恩補公三班奉職從破西夏米脂城遷右殿直用試換法入左選任成州甯州鎮洮軍推官開封公旣捐館幕屬徐勳輒用印作奏薦士詔御史問狀勳卽引朴爲證朴開府公之子也公馳至京師上書訴狀斬然在衰絰之中豈復與聞他事倘不獲免焉似爲夏人報怨耳神宗皇帝卽日赦出之陜西轉運使王欽臣聞而義之辟以爲屬罷爲熙州推官

帥司以並邊諸事莫急於羅買糧草者遂以委公盡除攬官弊俾商賈不病而價以平事如期漕使來取其法下諸郡會同谷縣有猾吏訟田逮繫凡七十人再期不決乃檄公權縣事公至取案牘閱之窮日之力不可徧然所訟止於母與兄也公遽引吏置之法問曰母兄訟常也淹再朞以擾鄉里亦足矣吏服罪闔境快之由是二十八保各繪一像而祝焉改右宜義郎知汾州新平縣哲宗皇帝方任章楶經理西事辟充涇原路經畧司主管機宜文字其後城沒（改作摩）煙峽秋進克川南牟會鹹泊口獲六路統軍嵬名阿

埋西壽監軍昧勤都逋百官入賀於紫宸殿獻俘於宣德門奏功於裕陵西夏相繼請罪納款訖紹聖無復風塵之警公贊畫之力爲多累遷朝散郎通判原州事召對稱旨特遷朝奉大夫秦鳳等路提舉常平徽宗皇帝用韓忠彥爲相以役法差募孰便計於諸路而公所陳忤曾布蔡京換莊宅使知德順軍言者論公詆誣先政復換朝奉大夫放罷隸名姦黨坐廢幾十年始除主管華州西嶽未幾復換武功大夫忠州刺史涇原路兵馬都鈐轄知懷德軍兼管內安撫使政和元年夏國議畫疆界使人焦彥堅以故地爲

請累數百言公徐答曰凡若故地則漢唐以來皆是也君之疆土亦蹙矣遽起謝曰惟公命已私事干公曰自公守境國人受不擾之賜恨不獲伸子姪之禮於下執事也詔乘驛赴闕上顧（問公）邊事公曰無爲可勝來則應之毋妄動以生事此其大畧也朝廷方欲圖功於遠陞右武大夫俾還任力請奉祠除提舉西京嵩山崇福宮二年再詔赴闕內侍童貫浸用事矣欲以諸路近裏弓箭手往實新邊所招之數以快上意上咨於公公曰臣恐勤遠之功未立而近擾之患先及也上喜其忠直特賜襲衣金帶除秦鳳路提舉

弓箭手是時五路皆置提舉官入謝上謂公曰唯卿朕所親擢也貫病之復除宫祠然賫予甚渥仍宣諭勿辭留爲鄉里之費四年除涇原路兵馬都鈐轄知西安州兼管內安撫使五年築威川飛泉兩寨夏人侵定邊軍築佛口谷爲城名供下軍（刪此四字）六年以本路之兵初臨城渴甚公指山之西麓曰是當有水命工求之得水滿谷至今夏人稱之以爲神遷左武大夫康州防禦使上益知公爲可任矣遂除龍神衛四廂都指揮使洺州防禦使涇原路安撫使知渭州八年詔節制諸路兵往城席葦平方授工而夏人坌至

據葫蘆河堅壁欲老我師公陳於河滸若將決戰者潛遣偏將曲克趙朴徑出橫嶺俾諜者驟言漢兵至矣賊方疑顧而楊可武潛出其後姚平仲率精騎前擊之賊大潰斬首五千獲橐駝牛馬萬計符印數百魁首阿山兆精僅以身免城成而還上以夏國築臧底河爲成德軍頗爲邊患前者王師屢出無功詔公率陝西河東七路之師期以一旬剋之六月師薄城下分晝夜以攻虜（此字改作夏人）守備甚至我師益怠偏裨有據胡（改作行）床以督役者立斬之尸於軍門令諸將日今日城不下視此俄而城潰纔八日矣上甚嘉特

遷侍衛親軍馬軍副都指揮使應道軍承宣使賜賚優渥宣和元年以靖夏城失守降授隴州防禦使二年童貫巡邊殿前劉延慶步軍劉仲武從行二劉秩皆在公上及其謀帥也上以公爲都統制二劉副之師出蕭關而夏人畏公威名棄永和割踏而遁兩城皆要衝也師及鳴沙無所見而還拜保靜軍節度使尋以衰病乞休養御筆批論卿之私謀固云得計朕之注意殆將付誰六年被旨徑詣宣撫司議事時童貫蔡攸已駐軍於雄州俾公盡護諸將出境公曰今日之事譬如盜入鄰舍不能救又乘之而分其寶

焉且夫師出無名事故不成發蹤之初宜有所以貫等曰君第行勉旃謀之不臧不以罪也公請西州之兵素所服屬者知雄州和詵在坐盛稱北人簞食壺漿欲迎王師久矣濟師何爲貫等又出御筆俾不得辭仍命詵爲副公乃曰彼或旅拒王師亦將討乎否也貫等曰直以文告況有成命要功而擅殺者償死既過白溝北人驟及軍容甚整詬曰爾之涉吾境也何故前軍多傷公夙戒人持一巨梃賴此不大潰貫等疾名軍還登城北望慨然而嘆別遣辛企宗用勝捷兵往挫其鋒纔接刃又敗北人至城下使人請曰

女眞之畔本朝亦南朝之所甚惡也捨此不圖而欲射一時之利棄百年之好結豺改作虎狼之鄰基他日之禍謂之得計可乎使不獲已而罷歲幣固所願也或使歸其侵疆亦云從也唯是救災卹鄰古今通義望諒察焉既無詞折之直麾令出公遽白宜許之爲吾之計亦何善於此不聽乃遣公見上然已密啓劾公畧曰天資好殺臨陣肩輿助賊爲謀以沮聖意即有旨押赴樞密院問狀知院事鄭居中又以勸公公堅不從宰相王黼聞之甚怒責授右衞將軍致仕復用劉延慶果敗績而貫等出金帛招散亡以轉山迷

道爲名用欺上聽祖宗馭軍之法始壞矣七年叙復憲州刺史知環州公之弟師中作守閱十有二年而後去民未忘聞公之來甚惬私爲之約犯公之杖者有罰公亦閉閤淸淨上下肅然尋復請歸詔還保靜軍節旄致仕八年女貞畔盟陝西漕臣王庶偶奏計在闕下卽見宰相請急名公宰相猶疑之而和詵奏至亦言女眞勢當長驅國家承平日久無知名之將獨有起种師道爲帥庶少寬朝廷之憂宰相以示庶庶曰詵言及此豈非迫於公議乎乃遣使馳驛名公而託以安危之意見於宸翰從刪此字除檢校少傅靜

難軍節度使京畿河北路制置使聽用便宜檄取兵食公聞命卽發會姚平仲以騎兵二千步兵一千更戍燕山未行遂與之俱淵聖皇帝卽位又遣開封少尹田瀕中使裴諶陸舜舉促公公比至西京而斡离不改作斡里雅布屯於京城之北矣或曰賊改作敵勢衆而我首以輕兵犯之成敗可見也四方勤王之師遂將解體不若小駐氾水以圖全勝公曰吾以數千之兵遲回不進形見情詘祇取敗焉賊改作敵孤軍深入日慮援兵之至今若徑去彼此莫測第使一騎到城門則京師之氣自振何患於賊改作敵淵聖聞公至詔開安

上門遣尚書右丞李綱出迓宰相李邦彥等請降詔敕付師道金人和議已定敢言戰者族是夜與宰執同見上於福寧殿上曰今日之事卿意如何公但刪此字曰女眞二字改作斡里雅布不知兵使其知兵豈有孤軍深入人境而善其歸乎上曰業已講好矣公曰臣以軍旅之事事陛下餘非所敢知也卽除公檢校少傅同知樞密院事兼安撫使公因雄州之役憂慮成疾勉强到闕恩許免拜肩輿入朝家人掖陛殿仍免隨班明日虜改作敵使王汭陛對稍如禮上顧笑曰彼爲卿故也自虜改作金人渡河諸門盡閉市無薪菜公請啓

西壁南壁聽出入如常時人情始安又請緩給金幣禁游騎不敢遠掠候彼惰歸扼之於河眾可殲也公素簡默執政見其所陳止此頗易之前日舉朝是和議獨李綱非之上以其書生弗堅用也至是與公意合凡願有爲者皆奮袂縱臾上亦以賊（改作敵）爲不足平也山西望族惟种與姚而二家子弟每不相下師中時爲秦鳳帥平仲之父古爲熙河帥皆以兵入援秦鳳之兵次舍熙河尚未至平仲恐功名之會獨歸於种氏也心忌之乃以士不得速戰有怨言達於上公置司都城西驛而平仲駐兵於金明池因授旨城

外兵馬緩急盡聽姚平仲節制而劫寨之策遂行上一日遣使者五輩促公戰公附奏曰陛下先以議和又遣親王宰相爲質又敕言戰者族今戰勝負未可知也他日諸公必以臣爲說願詔執政大臣熟議可否乃與李邦彥李綱及知樞密院事吳敏同對於福甯殿亦命姚平仲入邦彥等以爲可擊無異詞上問兵期公請過春分節是時相去七八日上以爲緩公平日未嘗詢日者之言蓋欲俟師中之至以付之耳平仲探知其意急欲成功後數日用兵不利上曰朕誤於聽用非卿之罪乃獨黜綱焉凡主和者稍復振

都堂晚聚公曰勝敗兵家之常正當再擊耳諸公甚之都人憤焉羣譟於宣政門外綱既復位而知公初未嘗破逐也乃已自是和戰之論搶攘衡決斡离不（改作幹里雅布）既歸卽罷公爲中天一宮使俾五日一到都堂議事靖康覃恩遷檢校少師少日復除同知樞密院事仍拜太尉鎮洮軍節度使充河北路宣諭使又改宣撫使駐軍濟州實未嘗有兵也公請會山東陝西京畿之兵屯於靑滄濟衞之域預爲防秋之計諸公以金人重載初還豈易再來不足自擾費也旣而种師中死於榆次姚古敗於盤陀朝廷始震促召公

還上雖厚其恩禮而執政方欲擠李綱使去不復有用公之意公亦失愛弟力請退休遂罷宣撫使令二日一到樞密院用李綱爲河北河東路宣撫使尋以敗績被罪而太原亦相繼不守復遣公以樞臣巡邊蓋諸公新逐李綱恐上有疑焉也公實不可行強之使去駐於河陽金使王汭至燕山倨甚度知虜（改作敵）情必大舉入冦卽疏請駕幸長安以避其鋒守禦戰鬬之事本非萬乘所宜任責在將帥可也朝廷以爲怯復名還至不能入見上遣中使挾醫勞問無虛日是年十月二十九日薨於賜第之正寢享年七十有

六上臨哭之慟輟視朝五日賜衣衾棺槨龍腦麝臍以殮贈開府儀同三司今上即位再贈太保告詞畧曰昔在燕山之役每忤權臣至於靖康之初首陳善計謀既沮於和議功莫遂於戰成飲恨而終昌言猶在太常謚議忠憲以心篤國家之念材兼文武之資也建炎元年六月十五日葬於萬年縣神禾原公娶尹氏贈宜春郡夫人男浩廸功郎溪保義郎閤門祗候皆已官而卒孫彥崇彥崧彥崇死於兵彥崧早夭朝廷命其任滋奉祀公初名建中避建中靖國年號改師極徽宗又特命名師道公色莊氣壯顧視有威

寡言笑謹許可量度闊遠接物至誠爲族黨鄉里推重開府公每以公輔期之識者不以爲過少從橫渠張載學多見前輩長者練達事務洞曉古今故用之爲州縣則吏畏民愛善政可紀用之爲監司則百城聳畏而不敢犯法用之爲將帥則朝廷尊長改作安夷狄改作敵國懾伏不用則退處田閒雖畦丁耕叟皆得其歡心蓋所學非徒爲章句而所行不狥於流俗也晚年既登樞路天下之人想望風采而公年已深矣重以朝廷無事幾二百年士夫無有畧知兵者聞公之謀笑且疑而公精神已衰又不能大振發之使其退

聽此有志之士所以歎息至今而不能已也天亦豈無意哉靖康之冬粘罕改作尼堪斡离不改作斡里雅布薦犯改作直逼宫闕二聖北狩百寮臣賊改作俘虜而公從容牖下晚節昭著善乎始終不慭遺一老俾壽而康以中興於王室此其難諶也宣和八年冬彥質被召來自西路與公相值於鞏過鄭乃聞朝廷許割三鎮之地繼而有旨俾勤王之師未得逼近都城公得書歎曰吾曹奔馳而來朝廷有詔其緩援書者云云命亟殺之明日過板橋去京城纔數里而虜改作敵人方知其夜令姚平仲屯兵於金明池岸聚焉公曰蕞爾之兵直行

空曠之地必爲敵所窺矣此兵家之用乃不得不爾其後獲譯者虜改作敵人亦稱其智焉姚平仲敗士民洶洶見公顏色晏然若無事者乃定頃年有客從公討賊而二卒罷卧於道見而問之病既去復命戮之客以問公公曰問爲誤也不戮則人相效不用命矣及其治民惟恐其傷童貫初欲平陝西物價以低昂錢法帥臣徐處仁錢昂坐異議貶民閒哄然爲之罷市公遽下令議法未定姑用金銀準折由是涇原一路獨不失所少日部使者以錢通流約同劾奏乃謝不可曰吾邦蓋不爾也郡閤空虛至閱數月訟事至

庭取筆書牒尾有罪卽笞撻若訓子弟無涉時罶禁者胥吏告緩急事叢或俾軍典以主之築塞樂園於懷德之郊春秋從賓客鳴鼓吹笙邦人攜酒肴羣坐擇勝童兒騎竹馬以壽使君熙熙然不知其在窮邊極塞也平涼士民相與起生祠塑公像而事之及聞公薨作佛事薦酒食過朞乃罷虜改作金人初入都城也求吳敏李綱劉韐折彥質與公公旣不可得乃取公之任承議郎洌洌見韓昉昉虜改作敵中要人也曰頃在雄州邂逅一見樞密若用其言斷無今日之事燕山收復碑猶在詆訾爲甚今始知悉忠義矣君亦

何罪罶此時劉韐在旁屢歎虜改作金人旣退洌等始奉公柩出都三遇羣盜皆列拜致奠而去與之金幣不受同行獲免者甚衆易曰知微知彰知柔知剛萬夫之望於公見之矣顧何施而不可哉彥質嘗銘端儒之墓矣今復獲狀公行文字荒淺不足以紀昆仲之盛德大節然神明臨之辭無愧焉者或庶幾爾從事於西州也凡所施爲而先人實同之其後彥質復佐公幕府識公最早得公行事最詳云謹狀

中書舍人孫覿行贈開封儀同三司告詞曰允國巳老能固守前議遂訖先零之誅廉頗未衰卒廢於衆讒馴致長平之敗眘子宿將時乃世臣出授律於齋壇入參謀於帷幄安危之意注想尤深死喪之威哀歎何及具官某剛明而克斷沉鷙而善謀早籌闔國之勳進陟總戎之命折王恢之初議屢陳徙突之言釋婁敬而弗誅莫救噬臍之悔追懷前識進貳本兵庶資厭難之奇自有折衝之效憖遺之嘆遽驚一鑑之亡殄瘁之悲何愛百身之贖式章異數申錫遺忠錫賚瑚戈畀元戎之十乘袞衣赤舄煥命服之九章終始之閒哀榮斯極俯惟英爽歆此寵靈

賜進士出身頭品頂戴四川等處承宣布政使司布政使清苑許涵度校刊

三朝北盟會編卷之六十終

三朝北盟會編卷六十校勘記

論不與童貫合節制不復從制一作度卽執而殺之執誤作挑距賊寨二三里脫寨字賊渡河之後賊誤作則公復言刦寨已無功此三字一作悞奮力上道奮誤作自開府儀同三司府誤作封謹按謚法謹誤作詳慮國忘家曰忠誤作慮篤國家伏乞朝廷詳酌指揮施行指揮二字衍馳驅出入誤作驅馳材弗究於當時誤作究時當於候到別具狀伏供申施行伏字申字均衍附髀思廉頗之風附髀誤作鬧鬚撫嗟何已撫應作悼文武俱宜俱誤作具開府公旣捐館府誤作封盡除攬官宿弊脫宿字公遽引吏置之法問曰母兄訟常也一作公遽置之

引吏問曰母於兄訟當訟也耶秋葦誤作秋進獲陸路統軍陸誤作六妹勒都逋妹誤作昧訪於諸路訪誤作討彥堅起謝曰脫彥堅二字往實新邊而指爲新邊所招之數脫而指五字築佛口谷爲城名洪夏軍洪夏誤作供下符印數方方誤作百發縱之初縱誤作蹤宜有所失失誤作以北人騾及及應作至北人遂至城下使來請曰脫遂字來誤作人旣無詞以折之詞誤作訶脫以字而能善其歸乎脫能字憂恚成疾恚誤作慮師中時爲秦鳳帥帥誤作師羣謀於宣德門外德誤作政搶攘衡決矣脫矣字爲中太一宮使太誤作天旣至不能入見脫旣字太常議謚誤作謚議則朝廷尊重重誤作長而公病已深矣病誤作年屯兵於金明池衆疑焉衆疑誤作岸聚此兵家之用巧巧誤作乃其後獲諜者諜誤作譯徐處仁以錢昻坐異議貶脫以字胥吏告緩急事業業誤作叢錫盾瑚戈盾誤作質

三朝北盟會編 卷六十校勘記 二

三朝北盟會編卷第六十一

靖康中帙三十六

起靖康元年十一月一日壬戌盡六日丁卯

十一月一日壬戌朔夏人陷懷德軍守臣劉銓通判杜翊世死之

遺史幷幼老春秋皆曰先是十月夏人攻懷德軍通判杜翊世禦退之是月夏人再寇懷德軍潛穴地道以貫城中凡十數處是日曛黑衆穴洞徹賊（此字刪）蟻綴而升城中驚駭翊世大呼蹀血鏖戰以疲兵千餘當賊數萬自度必敗卽縱火悉焚芻廩帑藏黎民盡

逃賊盡入官軍殲焉賊脅翊世使降翊世瞋目叱之義不受辱遂火其室舉家畢死於烈焰中翊世解紅羅帶自縊死建炎元年八月涇原路經略以聞贈五官與恩澤十資以所居爲忠義坊

劉懷德死節錄曰靖康元年秋五路之師率皆勤王闕輔一空夏人乘虛遣太子及其國相李遇昌誘三瓜諸部兵合二十餘萬人寇懷德軍經略使席貢念懷德爲要衝之地擇威望可以當賊者咸曰瓦平寨第一正將劉銓忠愿得士心若欲當賊非斯人無可用繇是牒銓知懷德軍銓素以忠略聞自負其才可以立功卽日捧檄就道冬虜（改作夏）人素聞銓之名不敢爲易與計屯兵綿亘數十里而圍之懷德城薄以卑兵少而食不足銓甫至懷德晝夜修城爲戰守之備軍民亦喜銓莫不願盡死力銓激昂自若戒將士以忠義節當死守以報國賊攻城之具智巧百出銓悉以術破之賊技不能逞月餘殘殺夏人以萬餘人太子懼謀於遇昌欲退遇昌曰城中縱矢石無多數度亦無繼然連諸部兵不能下一城益示弱會城中矢石盡時天大寒銓教人團泥沃以水黎明成泥冰用擊虜（改作敵）遇昌見之喜謂太子曰果無矢石矣銓

諜知之迺破牆發機石以疏其謀而遇昌攻愈急有戶掾張庭珪遽撫膺云可再守否不若降銓大怒曰掾心已負國矣是難與共事趣牵出斬之衆皆股栗無不以一當百效用有程進者夜縋城出降悉告遇昌糧盡危迫狀遇昌乃擁進近城使以好言招銓降銓陽謂進曰爾可獨來壕上與語因謬言所以遣進刲遇昌之意頗泄其語令夏人微聞城上從而鼓譟遇昌疑懼卽下城斬進督人旁外壕穴地以入銓亦於城中鑿井以應之置芻茭井中爇之賊不得前遇昌更鑿八隧多置旗幟亂銓之覘察又及旬日虜（改作）

敵知銓矢盡食絕外攻愈急矢石交下如雨通判姓杜者不記其名出以告銓悉如庭珪之言銓不答杜知其不可退而自經銓處死之志已決略不少改謂衆曰丈夫一身故不難逃其如敗國事之誅天地臨之在上焉可苟免是時衆寡之勢旣已不敵飢飽之力又且不相侔是夕大雪晦瞑城之西北隅陷賊衆蟻附而上逹旦城中虜改作敵騎布滿於前後守陴者猶死守不敢亂銓集老弱民納小城守賊攻之三日銓度力不支迺聚焚府庫環牙兵爲三匝出戰譙門中時十一月十五日也初城破銓欲自裁已爲虜改作敵所執太子遣人扶傷置於別室謹其護視且致意將官銓銓罵曰死狗我顧肯降賊改作汝耶趣殺吾吾若不死決不貸汝也遂遇害建炎元年詔恤其忠贈武翼大夫官其子姪銓字子平濮陽人唐文若書其錄後曰曲端拜大將軍返而唱曰使劉子平在端安敢居此即其言以求子平爲人不可得今見所錄子平忠節若此而後知端之言蓋有以也嗚呼世已歎端不獲畢其志力而端又推而歎子平則天下後世之歎又無時而已也夫出而事君生則無負死而英雄奇傑猶有以相服如子平者幾人也耶

李若水歸自粘罕改作尼堪軍前

初朝廷遣李若水使金國山西軍前請以租賦贖三鎭及若水到榆次見粘罕改作尼堪時太原眞定已陷租賦不能贖三鎭乃還朝

粘罕改作尼堪攻澤州守臣高世由以城降

五日丙寅王雲自斡離不改作斡里雅布軍前回次於相州

斡離不改作斡里雅布遣王雲回京師奏事雲馳驛至相州語知州汪伯彥曰金人情狀甚乖本州宜多積糧斛預作備禦計雲竊聞虜改作敵寨人語言此回渡河至京城下恐須盤薄至來年夏初回師雲丁甯辭去且云亦以此白磁守宗澤已而澤果謂雲奉使賣國徒與金人張大聲勢以此奏聞乞勿信雲説

王雲歸具言斡離不改作斡里雅布索冕輅徽號等朝廷從之

詔太常禮官集議金酋改作主徽號

封氏編年曰是日詔略曰金人來請徽號及冕輅朕以生靈之故舉而與之夫名之與器以寓生殺之權可使由之不可使知之故曰魚不可脫於淵國之利器不可以示於人示人且不可況棄與之乎與之矣則彼將以號令我我何所恃莊子謂斗斛以量之權衡以稱之符璽以信之仁義以矯之然而竊者爲諸

侯諸侯之門仁義存焉故揭諸侯竊仁義幷斗斛權衡符璽之利者雖有軒冕之賞不能勸斧鉞之誅不能禁竊之者尚如此今乃舉而與人復何以制乎或曰姑紓目前之禍是大不然也曾未紓禍適所長禍何以庇生靈也若王莽篡漢而求借璽元后拳拳不忍與班固以謂婦人之仁朝廷與之徽號冕輅曾不思元后之仁乎

吳革使陝西集兵講議武備

吳革登對上問割地利害革曰金人有吞噬之誓必下添入寇字删此深字矣乞措置邊備起陝西人爲京城援

不復議和遂差革使陝西勾兵委同諸帥講議武備

六日丁卯婁宿孛堇改作羅索貝勒自平陽分兵一由郭山一由冀城趍粘罕改作尼堪懷州之約

粘罕改作尼堪陷懷州守臣霍安國死之通判林淵鈐轄張彭年都監趙士詝張諶于潛統領沈敦張行中同時被殺

范仲熊北記曰乙巳歲秋平陽府就糧義勝軍劉嗣初反殺掠居民轉至懷州城下兵馬鈐轄與兩隊將與之戰屬沁水暴漲官兵不利鈐轄及兩隊將皆戰死朝廷大發兵擊之嗣初遁歸雲中九月末中奉大夫直祕閣霍安國知懷州安國嘗爲燕山府路轉運判官頗習邊事數與同官言金人必爲朝廷患此州亦不可不備乃計度增其删此字城濬濠繕治器甲又言安國在燕山時郭藥師嘗言欲自有燕山之地不煩朝廷置帥諸同事不以爲然而安國深然之乃具以奏坐此放罷幕府憮然以爲不至若此也十月間河間府轉運司牒懷州云金人聚兵南來令懷州防備人皆云州去邊境千里而遠豈能遽至此十二月童貫自太原府同行李甚匆遽參議官節度使范訥翰林學士宇文虛中中書舍人王雲皆夜過懷州虛

中昔與安國善而勸安國爲備甚切會朝廷遣發書樞密院路允廸使於金國割三關四鎭之地允廸至懷州盤桓數日傳聞金人知允廸出使必欲見允廸而後止懷州士民數千人叩閤請允廸允廸至高平粘罕改作尼堪退過北關太原城守未破也朝廷以知樞密院李綱爲宣撫使督諸將救太原又以資政殿學士劉韐爲宣撫副使中大夫直祕閣范世雄爲宣撫判官兼參謀徽猷閣待制樞密院都承旨折彥質爲宣撫司勾當公事參議官四人京畿提刑王以甯員外郎裴廩直秘閣沈琯宣議郎郭執中主管機宜文

字三員樞密院編修鄭枘田亘朝奉郎韓瓘幹辦公事主管文字官趙柟趙戩張叔獻陳湯求梁澤民張牧又以武功大夫防禦使解潛爲制置使以种師中統西番人馬以許孝烈爲前軍統制旣而朝廷召李綱回以折彥質爲宣撫判官又進折彥質爲龍圖閣直學士宣撫副使十月懷州官因見彥質彥質曰撫司兵馬久在城裏困倦甚矣一兩日欲去西山下排對少令意思舒豁次日遂行去州二十五里正在太行山下逢李若水自大金奉使回屏人密語至夜還鎭仲熊請見彥質忽曰今日有聖旨來說更不差大

河守禦使只令彥質一面主管仍訪聞河陽大擾令彥質往彼撫定見說河陽人情惶惑過如懷州彥質須索自去次日遂往河陽仲熊往見知州霍安國云番人來也折彥質已走了安國曰待奏劾此人兼懷州有糧有器甲未便打得破且大家同共上城分地分守禦次日早聞門外市人鬧云番人來也仲熊使人往探云安撫指揮已開了城門少頃知河內縣趙士傅歸仲熊訪之士傅出見云番人來也爲之柰何仲熊問何以知之士傅云城上送將牒來云先鋒都統勃極烈(改作貝烈)仲熊遂往北城上見安國坐間見金

人差澤州書吏一人來下文字前面說大金有道中國背盟數百言兼說已降了晉絳令懷州速降安國云如何回答卽遣仲熊行須臾一燕人來相揖少頃有三十餘騎來相揖仲熊問其師來之意其人語言不遜令一燕人譯語云南宋背盟我所以來我大金皇帝有一統天下之志國相英雄今又以取了太原晉絳你且看太原猶自取了則懷州何勞攻也你但說與知州令將狀來往見大都統婁宿孛堇(改作羅索貝勒)令人傳譯其所說大率略同又問仲熊一一敘述內有燕人云是做唐鑑者孫子也又問與范仲淹是甚

親遺歸云來日與州主商量了辰巳間卻不出來時便攻打城也次日仲熊縋城而下見婁宿孛堇(改作羅索貝勒)問曰曾將得降狀來否仲熊云不曾將來孛堇(改作貝勒)曰何故不肯拜降仲熊云彼此臣子須各自理會假使大金使一箇臣僚守一城下撞着別國兵馬便以城降以爲如何若懷州不曾得大宋皇帝文字卻便歸降恐國相聞知亦非所喜孛堇(改作貝勒)卻喜曰說得是也我更不攻打懷州仲熊云雖是都統不肯攻打懷州卻恐後隊不知告覓一文字孛堇(改作貝勒)曰我大金國不使文字只一人傳一箭與後隊曰令不要

打懷州又令送仲熊歸霍安國即時具事實申奏朝廷不見回報仲熊既歸之後次日又聞粘罕（改作尼堪）已過隆德府霍安國遣仲熊迎見粘罕（改作尼堪）說以弭兵仲熊至西山離懷州約三十餘里逢見粘罕（改作尼堪）仲熊云兩朝已結盟好誓不相攻不虞國相元帥遠屈台旆以至於此必是與中國有商量者之（改作事）大軍所至百姓未曉如有所諭乞說與仲熊卻令懷州安撫使霍安國奏知別差近上臣僚來理會粘罕（改作尼堪）云更有甚事理會爾南宋上皇數年前遣人自海上與大金結盟共滅契丹當時元約九州土地人民歸

你南宋子女玉帛歸我大金及至各自興兵你南宋並不曾收得九州卻是我大金取了燕山府爲這已前盟約將土地人民一齊交割與汝是我有大恩德於汝南宋也你既無以謝我遂將營平兩州戶口都在你南宋界裏我爲見百姓父母妻子離散情實不忍使移檄去向南宋取兩州戶口你南宋都不發遣亦無回文不肯依約無柰興兵是時卻是我先興兵來及至汴京城下你上皇便不做卻教太子爲主見我兵勢懼見攻破遂差使人將三關四鎮之地獻與我大金我信是實頭言語便引回去更不使掠是我

又有大恩德於你南宋也你南宋卻背盟約密諭三鎮堅守不附又召天下兵援太原我今日所以再興兵師出不可謂之無名我本待一齊都要你南宋土地又爲大金皇帝聖旨教且以見流黃河爲界你懷州合是我大金撫定去處便合歸降我本欲便進兵又爲州縣須要人民若縱兵多殺人民則壞了州縣你與我說與懷州知州且早來降保全家屬人民仲熊對曰元初大宋皇帝與大金皇帝結盟時本州只不曾承得文字以黃河爲界乞差人至大宋皇帝處理會粘罕（改作尼堪）曰更何須差人去理會我大金兵馬

如此如今去便打破汴京捉你趙皇帝來也仲熊對曰如此卻非所望於國相也況是彼此大國勝負未可知假使眞如國相之言則非大金之福粘罕（改作尼堪）曰爲甚卻不是大金之福仲熊云如今便一一如國相所說若是趙氏爲君則大金可以保歲幣必不肯更有不相承順之事若廢了趙氏爲中國之地必須中國人做主有人起來與兵奪得則是創業之主與大金初無契分亦無恩義相臨必不肯將歲幣與大金亦不肯割三關四鎮自此歲歲用兵幾時是了期不過有人去國相處道討虜所獲多於歲幣國相試

仔細思量此豈是忠言討虜得萬萬是他人自將去國內久用兵民心怨恨國相任其責不如受歲幣安穩爲大以仲熊所見不若與大宋皇帝商量將三關四鎮歸大金每歲更添歲幣其餘事宜足可評泊粘罕（改作尼堪）曰也得與我三關四鎮每歲更與歲幣二百萬來你且恁地差人去大宋皇帝處說我且留軍在懷澤之間等你回報已前發去者（改作之）先鋒難爲未見次第便御喚回待指揮教與不得胡（删此字）亂殺人教仲熊齎回文與霍安國說此意霍安國即時詳悉具狀申奏朝廷既十八日回報不至番人遂於城下

治攻具懷州又遣秀才六人往見粘罕（改作尼堪）問曰范仲熊所說及此中文字是霍安國不曾奏去是趙皇沒文字來六人皆云奏去十八日未有回報粘罕（改作尼堪）大怒奮身而起曰爲道是范仲熊小官沒人主張言語不足聽不道是我交將我文字去你南宋恁地無信行從今日以後更有文字來我也不信差使人來我也不見你且說與州主一任你們忠孝出戰亦得守城亦得我只是不住手攻打也須要六人遂歸霍安國以仲熊知虜（改作敵）虛實即差仲熊都大主管軍馬是時方得隆興府路安撫使張有極於隆德府

未破時發來懷州蠟書云金人於南關衙散董恩人馬迤邐前去過隆德府關報懷州爲備時番人在城下日夜攻打初用雲梯敵樓上用神臂弓偏架女牆上用斬馬刀大斧每有番（改作敵）人上來輒斬之雲梯既不能上乃使鵝車洞子狀如數間屋皆以生皮褁了下面藏數十人執鍬鑁掘城於鵞車洞子用小梯欲登城又爲城上人以草燃火放火礮燒小梯及燒打鵞車洞子開陷板於夜又礧石礧木用金汁及熱湯燒潑既使不得鵞車洞子乃立礮座數十初放入撒星礮其大如斗城上人於敵樓上排大枋堆尺餘

糞土上面結大索網又括民間青布帳幕以禦礮而番（改作敵）人先用火礮延燒青布幕及索網放虎蹲大礮九稍其大如七八斗栲栳每一礮到城索網糞土大枋樓柱皆破城中人甚懼霍安國令仲熊夜募銳士二百餘人縋城劫寨約到寨殺人放火叫九州漢兒反使其陣亂因燒城下礮坐既下城兒無數番人馬軍連路極難行至三更向盡到礮坐下先使十餘人放火而陣不亂遂硬相鬬各有殺傷展轉得出比明得縋城而上者二十四人仲熊方往見霍安國忽城上有人叫云東南上有白旗子來是朝廷救兵來

霍安國急令仲熊排人馬欲開北門而番人已打散城上兵城上立十數黑旗子準備將領王美投濠而死仲熊乃率千人與之巷戰民兵散去仲熊被擒見敵樓上張紙傘一柄監軍骨捨（改作烏舍）郎君坐其下令人傳譯云何故不曉逆順抗拒王師仲熊曰仲熊是趙皇臣子奉安撫司指揮來將兵才徵兵薄分甘一死監軍曰爾懷州久勞王師本合一齊勦除我爲愛惜生靈不欲按以軍威據軍士之意則要下城虜掠你可仔細說與百姓既而懷州萬餘人至城下皆稱云救范機宜去來又髙聲叫云機宜放心若動著官

人役百姓與官人報雠監軍使人傳令曰不消如此又謂仲熊曰節制不在你非你之罪可貸命願乞一死監軍曰我大金人說話一句是一句不似你南朝說話沒憑據既貸你命只是貸你命更無他公事你且歸去爲我喚取州主來同見國相仲熊遂回往州衙尋霍安國不見又去城北道風樓上尋霍安國亦不見蓋已爲金人所擒又押仲熊去再到骨捨（改作烏舍）前見知澤州高世由通判呂民中皆同坐骨捨（改作烏舍）先曰安撫已捉得也天色已晚你且去明日見國相遂令監守次日天未明都捉去見粘罕（改作尼堪）出南門約行二三里有三座寨其中寨粘罕（改作尼堪）坐銀交椅皆（刪此字）令懷州官立其前先引第一行知州通判鈐轄都監部隊將鼎澧路將鼎澧路步隊將共作一行次州官一行次監官一行次縣官一行粘罕（改作尼堪）使番官傳令曰你許多人是誰最不肯降霍安國云是宋朝守臣霍安國率衆不降又問第一行諸軍曰是州主不降是你們都不降皆說某等與知州一般皆不肯降又令於東北望大金拜降霍安國云安國是大宋之臣不曾得趙官家文字如何拜降粘罕（改作尼堪）令引過盡去衣服用索執縛又令高尚書說與其他

人曰你們都是小官不關你事亦不要你降各赦罪又令傳過鼎澧路將官來其鼎澧路將校到粘罕（改作尼堪）前皆叫云不是某等不降都是霍安國范仲熊不降其范仲熊曾領兵出戰粘罕（改作尼堪）乃傳令曰叫范仲熊遂於縣官行中拖出剝去衣服縛了問曰元來是你不肯降仲熊對曰仲熊是趙皇臣子豈敢便降又傳令曰你全不怕我軍令爲甚仲熊對曰仲熊昨日已蒙監軍郎君貸命云大金國一句便是一句貸了便更無他公事恃此所以不怕粘罕（改作尼堪）乃笑曰難當難當又傳令曰范仲熊已貸命可赦罪乃命知

州霍安國奉議郎通判林淵武功大夫濟州防禦使兵馬鈐轄張彭年武經郎都監趙士謣敦武郎都監張諶修武郎都監于潛保義郎統領鼎澧兵馬鈐轄沈敦秉議郎同統領鼎澧兵馬張行中及南兵部隊將五人同時被害提舉河東路常平朝奉郎郝愉司錄奉議郎劉汝賢承直郎司戶曹事向詠修武郎司儀曹事鄭道沖修職郎司兵曹事王說從事郎司刑曹事王舍承議郎教授王與權迪功郎修武縣主簿侯從從政郎河內縣主簿馬亞承節郎市易務宋之祥迪功郎六曹掾張恩義皆乞降宗室朝奉郎知河

內縣趙士傅承直郎司士曹事趙公譽忠訓郎監酒趙不怠保義郎添差監酒趙公闕忠訓郎監市易務趙子韓忠訓郎監倉趙不藏並過河金人堅要仲熊拜降乃使之他居絕其糧食正是大雪並無蓋臥身上雪厚一二尺飢則喫雪或撥雪取土中蔓菁根食之如此七日偶燕人見憐之曰此是忠孝之人可擘晝物事與喫或袖熟牛肉燒餅等見遺遂得不死一日骨捨改作烏舍呼仲熊至其寨中問曰聞得你讀得書多今問你兩事一則問韓信用兵人才高下二則問劉景升孫策何以不能成功仲熊對曰韓信才亦不

高故必設計若才高則不假詐謀無與爲敵惟其才不高故必設計然後能取勝如水上沙囊木罌背水陣之類是也劉景升孫策雖天資英勇然器輕無君人之體所以無成骨捨改作烏舍聞說大喜親屈膝勸仲熊飲酒又以宣政殿學士宿彌離勃極烈改作濟蘇摩哩貝勒官誥一道授仲熊仲熊又力辭以義不敢受骨捨改作烏舍與粘罕改作尼堪至相得而骨捨改作烏舍才尤高自阿骨打改作阿固達在日三人用事未嘗中覆每有所爲便自專阿骨打改作阿固達每撫其背曰孩兒們做得事必不錯也一切皆任之以至出誥敕命相皆許自決國中

事無大小非經此二人不行至於兵事骨捨改作烏舍又專之粘罕改作尼堪總大綱而已骨捨改作烏舍年長於粘罕改作尼堪約年五十餘歲粘罕改作尼堪庚申生罕刪此字少兒事骨捨改作烏舍且甚重之與二太子頗不相得蓋二太子以貴粘罕改作尼堪骨捨改作烏舍以才自高不肯相下云

賜進士出身頭品頂戴四川等處承宣布政使司布政使清苑許涵度校刊

三朝北盟會編卷第六十一終

三朝北盟會編卷六十一校勘記

黎民盡逃賊盡入(一作黎明賊盡入)　誘三爪諸部兵合二十餘萬入寇(爪誤作瓜入誤作人)　以萬餘人(以應作已)　可再守否不若降(一作可守則守否不若降)　乃聚衆焚府庫(脫衆字)　起陝西人馬(脫馬字)　粘罕陷懷州(至)同時被殺(此條應接上文作另行低一格誤)

屬沁水暴漲(沁水一作沙水)　便移檄去(便誤作使)　更不侵掠仗(誤作使)　所以再興兵出師(誤作師出)　難爲未見(難應作雖)　須臾六人遂歸(臾誤作要)　及磤打鴛車洞子開(磤誤作燒)　比明復縋城而上者(復誤作得)　張紫傘一柄(紫誤作紙)　仲熊對曰仲熊願乞一死(脫仲熊對曰六字)　且范仲熊曾領兵出戰(且誤作其)　乃使之他居(他字一作苦地)　皆相許自決(誤作相皆)

三朝北盟會編卷第六十二

靖康中帙三十七

起靖康元年十一月七日戊辰盡八日己巳

七日戊辰車駕詣神師道宅澆奠

中書舍人孫覿上殿劄子乞棄三鎮

臣蒙恩召還不勝區區憂國之心以謂新宰相當國北方邊事必有一定之論起居郎胡交修爲臣言虜(改作金)使王汭奏事殿上請割三關之地時交修侍立親聞其語汭曰今得三關明白旋師去矣如朝廷不許則國相自河東來屯兵南郊圍城之西南皇子郎

君自河北來屯兵北郊圍城之東北未論攻城由京畿五百里外燔燒蕩盡使鳥獸不能聚屯汭退上問宰相唐恪三關何如恪曰不予則必來予之臣不能保其不來三問三對如此上赫怒曰卿是宰相何不決此議恪對如初臣太息而言曰方彊胡(改作敵)怙衆昧死一來仰見中國之甚大四方勤王之師日至將相持重嚴兵固壘斷虜掠之路不出一枝示以形勢俾莫吾測而與之講和可以萬全矣何行營大臣狂謀謬算出於刦寨一敗塗地傳笑四方而後強胡(改作金人)輕視朝廷始欲割三關以要我君宰相既知其必來矣來則何以待之臣聞戰國時齊韓魏共攻秦於函谷關求出楚懷王秦王謂樓緩曰三國之兵深矣寡人欲割河東而講緩曰河東大費也免於國患大利也此父兄之任也王乃召公子池而問焉對曰講亦悔不講亦悔王割河東而講必曰惜矣三國且去吾失三城此講之悔也王不講三國入函谷咸陽必危王又曰惜矣吾愛三城而不與又不講之悔也王曰均吾悔也甯失三城而悔無甯危咸陽而悔也遂與魏封陵與韓武遂以和夫秦居戰國最號強雄倘割河東以舒一時之急其後席累世之富選將擇士

曰起蒙恬王翦之徒起而用事遂併吞六國而有天下所謂易敗爲功轉禍爲福其權固在此也今之三關河朔重地舉而棄之則京師無藩籬之衞陛下不得一日高枕而臥矣狂生刦衆誤國至此豈不痛哉今京師無大嶽三塗崤函之固獨恃一河耳防河將吏望見胡(改作敵)塵獸駭鳥驚不知所在大臣依違畏棄地之責將帥駑下無干城禦敵之功萬一強胡(改作金人)舉國而來頓兵城下有如王汭之說臣恐社稷之憂不止三關而已也寇盆深矣陛下當權禍福輕重獨斷而行之甯失三城無使咸陽危而悔也臣承乏

侍御史首論諸生伏闕鼓倡羣小以脅君父又論大將刦寨激怒强敵以誤朝廷計拙言狂得罪去國今蒙陛下召歸西省俾贊書命不勝區區憂國之心又建割棄三關之議上咈聖心下違衆論可謂不知量矣秦王議割三城樓緩不肯對公子池亦操講不講之説使王自擇如臣螻蟻之命直言無所阿隱其爲狂愚死有餘責矣○舊校云以鴻慶集校

先是孫覿任侍御史日見太學生伏闕入劄子乞屏逐又於斡離不改作斡里雅布退師後入劄子乞和戎刪此字又論蔡京罪惡乞竄殛時吳敏當國大怒以安論伏

闕事奏罷侍御史責守和州吳敏罷去復召爲中書舍人初上殿入此劄乞棄三鎮

其論伏闕劄子曰臣伏見女眞改作金人大酋刪此二字擁萬騎入朔方跨大河直犯改作逼京闕忽覩神州隩區金城湯池之高且大也斂兵不動遣使議和將相大臣合量彼己之勢勿亟勿徐示以閒暇使之疑懼有虎口之虞壓以重兵不戰而威之使去此百全之上計也忽傳李綱刦寨之敗上驚朝廷下駭羣情爲之柰何綱本書生素不知戰力小圖大妄發兵禍以帷幄之臣行穿窬之謀以王者之師爲攻刦之計藉令出於虜改作敵人不意偶獲小利猶爲怒敵以誤朝廷而狂率無謀漏言於旬日之先提數千兵以入空寨虜改作敵軍四合盡驅而納諸網中無一脱者九重帝居宗廟社稷所在而僥倖於一擲滔天之罪車裂以徇死有餘辜方從薄罰而太學諸生陳東等聚衆伏闕鼓倡羣小妄謂宰相結連强胡改作敵開關延敵欲起李綱復還兵柄俄傾間嘯聚數萬撾登聞鼓呼聲動地手擲瓦礫狙擊大臣磨裂中貴流血滿道天子震驚與之召還李綱然後解去自古衰亂板蕩法紀大壞書傳所載未有如此之甚者也唐德宗時除國子

司業陽城爲道州刺史太學諸生詣闕請留夫城者道德文行一世儀表當率諫官合論裴延齡不得爲宰相名震天下諸生請留以爲師範朝廷所當從而率不從從之是衆爲政也太學者賢士之關禮義之所自出也朝廷衆建師儒營宮室豐餼廩以養士祭酒司業以率其屬博士掌訓導正錄掌規矩恩禮深厚教法明具士當洗心易慮以承上之休德陳東等乃幸天下有大變窺覘官師不告而出鼓衆與訛厚誣朝廷朋比罪人迫脅君父肆行毆戮遂至大亂而李綱不知羞愧尚戴其面立於朝端陳東安坐學宮洋

洋自若失今不治他日必有握兵之臣刦制天子武夫悍卒戕害將帥縣殺其令丞郡殺其守倅以眾暴寡必自茲始矣臣丞乏國子司業時童貫修建武學落成矣陳東爲教諭議率同列獻書童貫請車駕臨幸其中有不從者遂至譴謫臣問之曰武學落成何預大學有云頃者乘輿幸大學而武學生例被恩賜此東所以建獻書之議蓋東狂生不守分義其志止欲圖尺寸之柄猖狂不已以至稱亂今雖未即典刑當具申學法棄之遠方終身不齒爲多士之戒無令覆出爲惡以階禍亂天下幸甚

其論和戎劄子曰臣聞人主之行異布衣布衣者飾小行兢小廉自託於鄉里人主惟天下安社稷固爲事陛下即大位坐席未暖而強胡犯關（改作敵深入）長驅萬里所過州縣無一人嬰其鋒者中外之憤孰不欲一戰驅之爲快然茲事甚大陛下當飭將相大臣深思熟慮爲萬全之計差之毫釐便有莫大之悔遺社稷之憂不可忽也臣竊讀國史見寶元康定間趙元昊爲嫚書邀大名以試朝廷規欲譴絕以激使其眾舉朝忿然皆曰發兵抗小醜耳時吳育爲諫官奏言承平日久將不知兵士不知戰民不知勞苦驟用之必有喪師蹶將之憂兵連民疲必有盜賊意外之患且當順而撫之使未有以發得歲月之頃以其間選將擇士堅城銳器爲不可勝以待之雖元昊終於必叛而吾戰守之具立矣疏入宰相張士遜見之大笑曰人言吳舍人患心風果然於是決意用兵所向輒敗一方騷然大將劉平石元孫任福相繼戰沒大盜王倫轉掠江淮間契丹聚兵境上邀請三關之地中國耗虛邊民疲敝天子厭兵卒賜元昊夏國主如育初議今女眞（改作金人）暴起爲北方大種（改作國）非元昊小醜之比舉國大入直抵京師又非元昊犯寨擾邊之

比天子之郊宗廟社稷太上皇兩宮在焉亦非戰地至於將帥不才士卒驕惰軍政墮壞器械朽鈍財用空竭法度廢缺又非仁宗皇帝之時臣熟思之莫如和戎（改作議和）爲上策強胡乘勝（刪此四字添彼字）頓兵觀闕之下彼（刪此字）見天子宮室城池苑囿之大而西兵日至正疑懼不測之時陛下戒諸將堅壁固守不施一鏃不交一刃使野無所虜掠然後與之議和羣胡（刪此二字）必竦然聽命卷甲而歸足以示德矣以其暇日蒐擇名將選練將士謹蓄積修法度成中國安彊之勢所謂屈於一時信於萬世之下者也陛下受太上皇投

艱之托至大至重豈若匹夫之勇小不忍遂較勝負於一擲之間耶伏望聖慈以趙元昊較北胡(改作金人)之强弱以寶元康定較今日之盛衰臣一人雖不能勝衆論而憂國之言或有合於吳育特賜採納不勝幸甚

又第二劄子曰臣聞道有經有權事有常有變知道之權者能推剛而爲柔適事之變者亦轉禍而爲福今者强胡(改作金人)乘百戰百勝之威合諸部控弦之士超邑越都鼓行而至直抵京室以爲中國有人乎此臣區區之愚力排羣議進和戎(改作議和)之策庶幾甘言

重幣足以厭虎狼貪暴(删此二字)之心紓一旦倉卒非常之變而後徐圖天下國家善後之計其權固在於此也昔漢高帝仗一劍誅秦滅楚以定天下而冒頓亦崛起於東胡(此二字改作北)呂太后稱制冒頓遺嫚書出惡言虐戲醜詆可謂甚矣當是時謀臣猛將如陳平周勃灌嬰之徒固無恙而上將軍樊噲請以十萬衆横行匈奴中豈不壯哉獨季布以謂夷狄如禽獸耳得好言不足喜惡言不足怒第(删夷狄至此十八字)當自計利害何足與論是非呂后翻然稱善詔大謁者張澤持書幣奉車馬報謝遂結和親呂氏本推轂高帝一統天下而季布爲任俠以勇名關中一言從容消弭兵端貸兩國數萬生靈肝腦之禍非所謂大勇者乎豈若小丈夫倖倖然拊劍疾視斬頭抉胸以報睚眦之怨者哉臣又嘗讀國史澶淵之役諸道兵大會行在虜懼請和(删此四字)諸將爭欲以兵會界河邀其歸可勦殺無噍類也眞宗皇帝曰如何殺得盡祇結怨爲邊患耳詔按兵勿戰縱使歸國自是諸將譁言秋高馬肥復入寇矣或曰未也邊儲稍實復爲盜糧矣眞宗顧近臣曰將帥之臣平居無事瞋目抵掌欲赴功名臨時便誤事卿等豈不知此輩情狀乃相爲附和信其

說耶陛下觀今日之勢爲何如大將劉延慶屯重兵於燕山一夕無故拔寨而遁人馬相藉蹂踐交道委棄金帛穀粟如山積虜(改作金)人長驅萬里無所忌憚(此三字改作沮)職此之由也伏望聖慈監觀炎漢之興受命而帝羣臣佐命百姓歸仁之初眞宗皇帝駕幸澶淵殺其驍將撻覽(改作達蘭)兵威大震之時尚不忍計校一時小利推剛爲柔以爲萬世無疆之福固不俟臣言喋喋淆亂聖聽而予奪之計已默入於聖心矣

詔集文武百官議存棄三關地

詔曰朕屈意議和無所不至雖衮冕車輅名號之類

猶無所借蓋欲保守祖宗之地土而金人必欲得三
鎮今欲與之其利害如何欲不與之其利害如何朕
當從衆而行之不敢自任可令御史臺告報百官初
八日於尚書省集議以聞宰執親戚不預不得觀望
令百官庭議係宗社安危各要見得眞實利害若割
三鎮或不割各如何保無後患割之而來不割之而
來各如何備禦不得鹵莽朕無固必只從衆議是者
行之王雲旣還具說金人之意且聞粘罕(改作尼堪)臨河
乃集文武百官於崇政殿共議存棄三關之地王雲
唱和議誘說之習使爲棄地之策諫議大夫范宗尹

以己願棄地之策示百官曰今日三鎮焉可不棄其
言多引太王避狄去邠不以養人者害人爲言緜是
請割三鎮者不勝其多宗尹其首也稱不可與者纔
三十人何㮚其首也持兩可之說者又十數人與者
之言曰三鎮朝廷旣嘗許之今不與是中國失信於
夷狄(删此三字)不若姑且與之縱復猖獗則天怒人怨師
出無名可不戰而屈也不與者之言曰國家更三聖
始得河東陵寢在焉河北天下之四支四支苟去無
不知其爲廢人人民賦貢乃其小爾況天下者太祖
太宗之天下非陛下之天下敬塘之事豈可遵乎耿

南仲吳幵欲棄地而和唵汝礪梅執禮宋齊愈秦檜
何㮚曹輔陳陽庭馮澥孫傅李若水等欲戰朝廷大
臣優柔不斷集百官議於延和殿
八日己巳集百官議三鎮於延英殿
是日各給筆札分列廊廡范宗尹乞予之以紓禍至
伏地流涕以請已而黃門持宗尹章疏示衆曰朝廷
已有定議不得異論頃之宣問金人必欲得三鎮割
與不割利害如何金人已與王雲約日割與不割金
人之來如何守禦唯梅執禮孫傅呂好問洪芻秦檜
陳國材等三十六人以謂不可割餘皆從宗尹議

中書舍人孫覿劄子曰臣聞蝮蛇螫手則斬手螫足
則斬足何者爲害於身也夷狄(改作金人)驕横(删此二字)乘中
原久安無備傾國而至當順而撫之以幸無事而封
豢之臣猖狂妄作挑發兵禍以遺國家手足之害陛
下當亟去之去之不果而腹心之患必矣方胡馬(改作金師)
南下經河朔二千餘里所過州縣無一人一騎北
向發一矢以抗其鋒者設欲據大河爲界孰能禦之
其欲得三關者猶以故地爲名耳然紹聖用事者復
(删此字)讎元祐諸臣以棄地之罪削除名籍投竄嶺海
禁錮子孫累赦不宥可爲酷矣今自大臣侍從與縉

紳士大夫之衆非不知三關之地不得不予也非不知予三關之地可以緩兵紓禍也而元祐覆轍在前孰肯爲國家安危之慮以蹈異日之悔莫如卷舌不言自爲計耳臣獨何人首唱此議蓋區區之愚以爲割地之後虜（改作敵）人退聽兩國休兵得歲月之頃扶顛持危以强國勢選將勵兵以固我圉興衰撥亂可以復古建中興之烈未爲失也儻以失三鎮爲悔追責首議之臣論爲城旦投之窮裔臣實甘之如薺不敢辭也臣又聞擇禍莫若輕擇福莫若重今日之事有禍無福河北陵寢與河南孰重三鎮之地與京師

孰重陛下知所輕重判然不疑則當亟去手足之患無重腹心之累矣

先是金人遣王雲約十五日以前告和割地書到不然以十五日渡河至是何㮚謂唐恪曰三鎮之地割之則傷河外之情不割則太原真定已失守矣不若任之但飭守備待之恪唯唯時河東金人已至澤潞斡離不（改作幹里雅布）在慶源城下朝廷從衆議割地以紓難乃以康王王雲復持禮物請和割地北去後數日上親閲不棄地之策方略優長太學博士万俟虛監察御史晁貫之等八人令執政審察其材而召對之虛貫之見少宰唐恪曰三鎮乃祖宗之地豈可棄之金人之志不在於割地實欲侵軼中原故藉三鎮以爲基耳公爲宰輔宜召天下之兵與之力爭也唐恪言曰出軍屢衂召兵無益徒費芻糧擾百姓而已守信割地誠爲上策且上欲以耿南仲王尙書定議而遣康王矣諸公召對不宜高論恐上愈惑虛貫之被旨上殿二人咸曰河北三關契丹乘晉開運之難而盜有之周世宗御河（删此二字）親征始歸其地河東太原劉旻父子據有數世周世宗一征太祖太宗再征而後定積二十年之功殘數萬人之命方始一統而

中國用三鎮得之誠難也且無太原則不能控制二虜（改作西北）無瀛定州則不能保衞王室三鎮於中國如人四支也一支有病思欲去之既不爲全人從而喪身有矣況三國之民皆陛下赤子割地則棄民爲民父母而棄其子孫豈爲萬全之道乎（下添若字）旨頓一戎人也（删此四字）甯棄金帛妻妾必不忍棄地故終能威敵而保有疆土今陛下富有四海爲中原主柰何反棄土爲戎人（改作鄰國）所恥哉大臣爲朝廷以此圖國是忘萬世之業而苟圖目前之安由其議計疏拙致基本傾危誠可痛惜東漢鄧隲欲棄涼州虞詡謂疽食浸

淫將無限極南唐鍾謨願棄江淮宋齊邱謂賣國竊利徒傾社稷然則爲人臣而願棄國之地豈忠於主哉上曰然則柰何處貫之曰金人率衆脅地北入將深犯邦畿爲今之計當召四道兵二十萬與衛兵環列城寨以衛王室然後以羽檄召天下勤王兵分屯近甸絕其所掠使深入之寇不能持久待其困弊然後擊之誠萬全之計於是上感悟不然棄地務爲督兵

婁宿改作羅索陷冀城縣

先是知縣向深棄城東走入曹公山居民以城降賊改作敵

賜進士出身頭品頂戴四川等處承宣布政使司布政使清苑許涵度校刊

三朝北盟會編卷第六十二終

三朝北盟會編卷六十二校勘記

明日旋師去矣日誤作白　末論攻城末誤作未　不出一技技誤作枝　白起蒙恬王翦之徒白誤作日　今京師無大嶽三塗崤函之固大應作太　斬頭穴胸穴誤作抉　無不知其爲廢人一作吾不知其爲人　陳過庭過誤作陽　既不能全又從而喪身有矣能誤作爲又誤作人　向深一作向淙　曹公山一作曾公山

三朝北盟會編卷第六十三

靖康中帙三十八

起靖康元年十一月九日庚午盡十八日己卯

九日庚午兵部尚書呂好問奏集諸路兵劄連珠寨以衛京城防河須用宿將

好問奏乞集諸路兵就糧於尉氏咸平陳留東明若虜(改作敵)越河以四邑之兵列寨如連珠或五十里或三十里則置一寨以護都城使虜(改作彼)有衆不能遠往又言防河須用宿將若外戚宰執親舊省院吏族之屬皆不用又言防河之兵暴露日久慮其困乏不能對敵令沿河設堡障宰執堅不從梅執禮建議清

野從之於是下詔河北河東清野

十日辛未新知鼎州邢倞除名勒停

先是邢倞管伴金使信趙輪之言奏聞朝廷通書耶律金吾後為粘罕(改作尼堪)遣王汭來責問進兵以倞始禍故黜之

十二日癸酉粘罕(改作尼堪)至河陽折彥質軍潰李回奔京師粘罕(改作尼堪)陷河陽

先是朝廷遣同知樞密院事李回又以宣撫使折彥質領兵十二萬共守大河粘罕(改作尼堪)自澤潞進兵由懷州至河陽與折彥質李回夾河而軍粘罕(改作尼堪)恐其不可渡發千餘騎來探回報曰南兵甚盛未可輕渡或欲整兵而戰有婁宿(改作羅索)大王者曰宋兵雖多不足畏也與之戰則勝負未可知不若加以虛聲盡取軍中戰鼓擊之達旦以覘其變衆以為然黎明不見王師乃亟遣銀朱孛堇(改作尼楚貝勒)部三千人與知威勝軍張克佐由清河界以伺河路時河水平淺可渡而過銀朱孛堇(改作尼楚貝勒)乃涉水過河於彥質之兵後下寨彥質以為粘罕(改作尼堪)兵皆渡矣莫不驚潰提中軍先走三軍皆潰李回亦奔還京師於是粘罕(改作尼堪)

得以治栰尋舟盡渡其衆

十三日甲戌知樞密院馮澥徽猷閣學士李若水充告和使副及同王雲馬識遠詣粘罕(改作尼堪)軍前割三鎮地界

書曰專馳介使遠布悃誠今春大軍俯臨郊畿尋以上皇傳位之意引過請和承皇子郎君元帥奉伯大金皇帝酌中之命特許修和尋報之國相並各班師信義之重比堅金石於是宗廟再安生靈賴慶乃割三鎮以謝恩惠既而諸州民情過執羣臣議論二三往復告求致淹歲月蓋緣寡昧失不詳思誓約之明

豈應輒易果煩大兵來詰兹事中外震動不遑甯居禮義有虧追悔何及過而能改請踐斯言其三鎮之地今並依正月所立誓書交割施行惟冀兩路大軍早回使趙氏二百年社稷永甯億萬生靈全其性命仁恩之大山海難喻自此傾誠萬世不易上天實臨百神在列何敢背違自取禍殃緬惟英哲必爲矜從

馮澥先通狀云祇承朝命恭造行臺輒犯威顔冀尋信誓赦旣往之不咎許惟新之是圖二境兵戈庶有息肩之漸兩朝歡好甯無握手之期冒昧而來匍匐以請某年當衰邁位忝樞機得罪前朝幾死凶邪之

手受知今聖誤叨將相之權常懷欲報之心遂備告求之役趨瞻在邇喜懼交深馮澥使粘罕(改作尼堪)是夜到中牟守河潰兵作過或云已有虜(改作敵)騎渡河左右甚駭謀取旨改路澥問當如何副使曰守邊防河諸隘將士聞風避遁奉使者又如此朝廷將何所賴以某處之唯有死而已今日敢有回者行軍法衆遂定自此路中日發一奏乞京城設備

逢虜(改作河東)記曰余自河陽歸道逢告和使馮樞密李徽猷副使武侯不暇問姓名問余賊(改作敵)勢如何對云觀其鴟張(改作事勢)所舉不少又云今在甚處應曰已渡河矣若欲過河有船栰否對曰已燒盡橋可(改作恐)折屋渡木栰過又問粘罕(改作尼堪)來否對曰不知又云今朝廷一一如所請能塞其求回兵否余問所從何事云割三鎮對云但恐不能塞其求馮樞密問殺使人否對曰自古戎狄無道(改作敵國兵交)何嘗殺使人李徽猷云某所拚一死無足計較者日晚可行令與副使先上馮樞密可後來少頃馮乘轎趨隨李齋書山西軍前

奉使録曰十一月十三日若水等被旨同王雲馬識遠並依舊軍前奉使限十四日起發出門行次懷州

遇金人大軍又見館伴使蕭慶劉思前來相見曰使副們比者緣何事來若水曰某等比者亦爲和議來慶曰既是貴朝皇帝不肯交割三鎮土地人民倘何事之可和若水曰某等面奉本朝皇帝聖旨已差工部侍郎王雲武功大夫馬識遠前來交割三鎮地界還貴朝矣慶曰王侍郎等幾時到來若水曰某等與王侍郎等同日出國門某等兼程先來計王侍郎等今方到磁相間更數日可以到此慶曰有國書無若水曰有國書慶曰使副且歇泊容慶等先爲稟知國相若水等稱諾乃歸幕次少頃伴使令人傳語奉使

請排辦禮物土物只就晚衙見國相是日申時後見譯語官二人前來云國相請使副若水等入軍門見列甲兵兩行甚嚴既見國相問勞之禮亦簡若水曰某等來時面奉本朝皇帝聖旨令某等再三伸問國相元帥冬寒台候萬福國相微恭受禮復曰使副們來時貴朝皇帝聖躬萬福若水曰某等來時本朝皇帝聖躬萬福若水曰某等來時面奉本朝皇帝聖旨令若水再三啓白國相元帥前次若水等歸承示書翰不勝感荷所需三鎮已差工部侍郎王雲武功大夫馬識遠前來交割地界今有國書上呈若水遂搢

笏出國書與國相國相恭領之約若水等坐開國書看曰何不早如是免令提兵到此若水曰大事已定望國相元帥早爲囘兵講和國相曰不知王侍郎等幾時可以到此若水曰某等與王侍郎等同日出國門某等兼程先來計王侍郎等方到磁相間更數日可以至此國相曰候割地使到來看得次第卽便囘軍不難公等且熟欵若水等稱諾退是晚國相令人送羊酒等數如前次日若水等再見國相敘謝訖國相曰昨已差使往汴京會以黃河爲界三鎭事更不須議兼未知果有王侍郎等來交割地界否若水曰某等雖不才然被君命遠來議和若非誠信豈能定事又奚敢罔國相也願國相少待國相曰大軍安能久留於此方在議間會有人報南朝遣王侍郎一行奉使來到磁州被百姓喚作賊臣已撕擗了也國相怒曰盡梢空相繼若水等又收河北李宣撫綱牒追囘若水等其牒略曰河北河東路宣撫使司牒大金軍前和議所契勘當職近奉聖旨前來河北河東等路會合諸路軍馬前去掩殺金賊删此二字所有先差兩番奉使不謂已過界了並仰追及約囘其前降和議指揮已奉聖旨更不施行國相知有此牒益怒曰且

待提兵去與李宣撫決勝負則箇遂便不與若水等相見乃以甲兵包擁若水等隨大軍南來

都水監決水浸牟駞岡

王機和詵等追官編管

臣寮上言王機守雁門和詵守瓦橋辯嗣昌帥太原詹度帥河間濫受賞功助成今日之患已降指揮和詵追授删此字武功大夫王機除名勒停送高州編管奉聖旨詹度責授海州團練副使郴州安置辯嗣昌生前官職盡奪

下哀痛之詔起福建浙江軍民勤王

契勘福建江東西浙東浙西素號出武勇人材欲依四道置帥體例差發運使翁彥國充經制使令召募起發軍民二萬人須管於十二月上旬到闕勤王其錢物亦許於二廣那移奉聖旨翁彥國與復舊職依此施行

十四日乙亥遷京畿人戶入城

十五日丙子詔免公私房錢

得金人過河之報慮細民不易故放免公私房錢

粘罕（改作尼堪）兵自河陽渡大河

初金人欲渡河唐恪何㮚等以爲大河之險有大臣

提重兵以守之決不可渡下令曰朝廷已命將守河爲捍禦之計而京都細民往東南者甚衆搖動人心深爲未便令開封府以法約束又下詔曰金師（下添深字）入寇（刪此字）已遣使議和如果能深入渡河當以王雲所持金銀五十萬幣帛三十萬以旌戰士其有獲金牌者白身與修武郎有官人轉六官獲銀牌白身與承節郎有官人轉兩官其餘將校比類施行有送金人使命者至鄭州已逢游騎道路傳言金人渡河矣執政諸公未以爲然皆自恃有李樞密將兵防河矣然邊報益急殿前司乃遣使臣馬綱作斥堠已而募

忠義團結使臣將以備守禦計

粘罕（改作尼堪）分兵守潼關以扼西兵

粘罕（改作尼堪）渡河乃以兵五萬守潼關以扼西兵之來其後范致虛至陝西而不敢進錢蓋兵由商虢唐鄧而兵（刪此字）散者皆粘罕（改作尼堪）之計也

斡里不（改作斡里雅布）自大名府由魏縣李固渡過大河宣撫副使折彥質河南守燕瑛棄河南走回京師

河東逢虜（刪此二字）記曰金人陷平陽府余出平陽至懷州見折宣撫言金人遣使講和果是相款使人未還十月初十日破汾州二十四日攻圍平陽觀攻圍平

陽賊勢鴟張（刪觀攻至此九字）意欲大舉未易禦遏折公云何以爲計對曰速申奏朝廷乞竭力應副軍兵如不可用速招募民兵如河東陝西人皆彼欲報父母兄弟妻子之讎此可用也支一百錢米二升半仍優加犒賞諸渡口速渡人河陽浮橋正是軍馬往來河東一帶驚移人戶逃避之路宜速繫之賊（改作敵）騎次第半月間必至此折云據公看到這裏也到不得余云將次第到都城下亦未可知是日折宣撫往北陽縣北城相視防河次第自初九日初十日十一日賊（改作敵）兵關報日急余十一日就往河陽辭折公云兩日

來邊報頗急舟渡人費力余云前此並如何折公云六七日繫橋又未了余云豈有大將軍下令繫橋數日不了之理何不勾追繫橋官略與處置余棄二馬用船渡河十二日繫橋又不了勾繫橋官一鈴轄兩都監內鈴轄捶棍子三十兩都監各捶棍子五十十一月十二日午時橋成河灘中已積五六萬人軍民宅眷官員車伏兜乘擺布如蟻橋成爭渡宅眷婦人官員軍民陷於浮沙中不知其數須臾皆沒有婦人陷於沙中舉臂開金纏示人號呼求救莫敢向邇不移時遂沒是日晚賊改作敵騎近遂燒橋兩岸哭聲痛

千雲霄宣撫司屬官約三二百員將佐居民官員等馬約一萬匹不能過河宣撫司金銀縑帛爲賊改作敵馬所逼自懷州沿路拋棄至河陽灘內者約一百餘萬貫十一月十四日絕早賊改作敵騎已至河陽北岸皆黑旗黃旗白旗先自城中趕出居民在河灘內卻用騎兵旋遶掩入城中使令軍民於河灘中盡掘淤陷之物余見賊改作敵兵已至河陽北岸又無馬轎遂步行一日一夜至鞏縣計一百三十里十五日賊改作敵馬自白皮垣曲渡河殺人報到宣撫司折宣撫與河南燕尙書名瑛字仁叔各索馬逃避賊改作敵欲趨都城

十六日丁丑康王爲告和使奉使幹離不改作斡里雅布軍前

是日康王被詔奉使幹離不改作斡里雅布詣軍前議和資政殿學士王雲爲副中書舍人耿延禧觀察使高世則參議官都監東頭供事官藍珪康履黎棨入內西頭供奉官楊公恕內知客修武郎韓公裔從行

宣和錄曰先是王雲奏李裕自眞定府虜改作敵寨歸道二太子語得親王兩府奉使求和庶可解康王英武舊與二太子結歡虜人畏服刪此四字令取聖裁事下宰臣執政門下侍郎耿南仲曰李裕道皇子之言欲得康王之重請和蓋已報渠康王欲去皇子處不可

偏重須與粘罕改作尼堪處相同在聖情度之只用王雲如何粘罕改作尼堪處莫儔如何是時粘罕改作尼堪在河東南刪此字只乞差王雲莫儔庶不偏重於二太子處御批云如此事不須取旨但與少宰評議從長施行南仲又奏劄曰臣得李裕劄記文字一紙謹去進呈差康王須得聖旨乃可但以臣觀之只令李若水王雲亦可乞降聖旨付王雲更不差康王前去所貴不敢喋喋取進止御批云卿一面諭王雲若兵退後親王謝不妨南仲召王雲至府第諭以德意雲不以爲然卽求對請必令康王奉使事遂定康王劄子奏乞差

文臣耿延禧武臣高世則二員充參議官丙子康王奏事在禁中申時還府第延禧世則參見康王慨然國家之難君主憂辱苟可以了事義不得辭然深入不測虜廷(改作之地)未有還期公等歸與父母妻子訣來日五更至此同行延禧世則乃歸惟王雲家屬不在京師留宿康王府第丁丑五更皆至少卿與王同上馬(下添字)行是日南仲奏事內殿上顧問康王奏卿之子爲官屬不辭而往朕甚嘉之南仲對曰臣惟此子當國家艱難豈敢辭因泣下上曰宣來奏事如何南仲曰康王既往而臣子獨宣無此理既退有御筆示耿

延禧速宣回奏事南仲奏云康王爲國出使臣之子不肖得奉使左右幸也若獨宣回臣何面目遂止於是除延禧龍圖閣直學士賜金帶一條通犀帶一條錦綺等一百匹靈寶丹蘇合香圓透冰丹各一百貼茶一百斤四和香一百兩餹霜一百斤

金人犯(改作至)汜水是日斷路諸門橋諸軍城守百官疾速上城

金人兵犯(改作至)汜水西京憲許元許高守汜水與士卒望風而潰京師聞之杜門清野

禮部侍郎梅執禮爲清野史

金人犯(改作至)汜水或傳爲已渡矣城市詾詾不定乃遣清野

日者王俊民上言乞借春以召和氣

王俊民以謂國家大忌丙午年冬三月於立冬致祭打牛一如立春之儀以召和氣朝廷從之乃迎土牛於天祺應木德

土門

康王出門午後諸門土獨留東水門陳州門百姓爭之死者枕籍

十七日戊寅金人到(改作過)汜水縣焚會聖宮

龍圖閣直學士河北河東路宣撫副使折彥質責授海州團練副使永州安置

先是彥質將兵守河賊(改作敵)騎至河陽列兵河之南岸賊(改作敵)據河陽望見河南官軍甚盛鳴金鼓以懼之師眾潰散而歸賊(改作敵)渡河至京師彥質與河南守燕瑛走故有是命

李回自河上遁還至京師

先是遣回以騎五千巡視黃河號巡按大河使虜(改作)敵陳舟欲渡守戍驚潰回挺身單騎馳還

靖康小錄曰朝廷先是遣僉書密院李回將金銀物

帛巡河犒勞士卒回在路不能躬率將士守禦險阻聞敵輒北字删此南走孝義橋留將士捍寇巡山路走至潁昌府猶且與萬官宴飲隨行官吏兵級深憤欲刃之

候騎言虜改作金兵已迫近郊京師大震於是戒嚴是日繕治樓櫓議者或謂虜改作敵乘機渡河鼓行而南有易我心不若四面十里間各屯兵二萬堅壁據要害以伐其謀別騎往來助之絕饟道清野以待匆虆且竭使不得進撫縱諜閒伺虜字删此隙時出兵嘗其虛實令河北郡邑結營自守更走使以元帥拜康

王集兵揚言擣燕山以動其心潛軍渡河合四方勤王之師繞其背夾攻之虜改作彼不足亡也或謂虜改作敵兵猋鋭而我師挫衄久矣閒深入氣益不振不支敵坐傷國體不若擁駕臨狩徐議所向嬰孤城自守誰可久耶猶豫未決虜改作敵奄至朝廷茫然不知所爲

粘罕改作尼堪遣楊天吉王汭撒離母改作察勒瑪等十三人持書來議黄河爲界等事

書曰左副元帥謹致書於大宋皇帝闕下近日恭承宣旨遣使問罪來意雖以委任不當爲辭然未肯服罪致令重兵河北河東兩路齊進所經府州縣鎮服者撫之拒者攻之今月初六日已過澤州界不住前進及遣先鋒今月十四日已過黄河不施船楫不由渡口直涉洪水諒已洞悉載惟大宋屢變盟言若不以黄河爲界終不能久故今議定還河北河東兩路先行狀撫其中或有來從河外者不選改作論甚處人民者並各一例存撫然念拋鄉亦議定自外見在兩路有未下州府官員兵人並許放回請差近上官員前來交割引出俾見家人仍服罪訖先具凡所聽命不違國書回示如或不見依從稍有延遲將恐別招

悔吝朝廷棄三鎮之議猶豫未決而虜改作敵使王汭在館且聞虜改作金人渡河之報遂決棄三鎮唐恪署敕何㮚大駭曰不奉三鎮之詔而從畫河之命何也㮚不肯署於是御批以金人欲割地須兩府二人令各自陳願使者陳過庭以主憂臣辱首請自行唐恪胄輔等皆依違不對耿南仲以老辭聶昌以親辭尋出御批曰過庭忠誼可嘉特免可差辭免人耿南仲使斡離不改作斡里雅布河北聶昌使粘罕改作尼堪河東日下出門

宣和錄曰楊天吉王汭來議事取蔡京童貫王黼吳

敏李綱等九家家屬詔王時雍曹蠓館之時雍蠓議盡三府所入悉增歲幣幷祖宗內府所藏珍玩歸之二帥曰河東宿師暴露日久欲厚犒之天吉汭頗納先取犒師絹十萬匹以行差吏部員外郎王及之充送伴

要盟錄曰金人遣楊天吉王汭孛菫撒離拇改作貝勒察勒瑪來詔吏部尚書王時雍知四方館事帶御器械王列館之吏部員外郎王及之充引伴官虜改作敵請畫河為界朝廷不得已從之遣聶昌耿南仲為告和使始稱聽命無違以畫河為界王及之擅改為黃流為界聽命無違為虜改作敵張皇其意非止畫河而已王汭來聞粘罕改作尼堪軍已至西京不復請三鎮直以畫河為言陛對殊不遜有奸臣輔闇主之語上下洶懼

十八日己卯康王渡河至濬州

是日時天大寒有冰蔽河而下康王臨河顧謂耿延禧高世則曰議者謂閏年不冰今復如此豈保虜改作敵人不向南哉至濬州猶未知粘罕改作尼堪已渡之端的

粘罕改作尼堪陷西京以前知澤州高世由為留守

粘罕改作尼堪在西京引諸金人看永安諸陵使人入謁眞宗仁宗陵至蔡不謁裕熙二陵有焚毀之意禁止諸兵不得刦掠陵廟器物

粘罕改作尼堪在西京令人廣求大臣文集墨迹書籍等又尋富鄭公文潞公司馬溫公等子孫時唯潞公第九子殿撰維申老年杖屨先奔走出城乃遣一妾一嬰兒粘罕改作尼堪既得撫之良久贈衣服珠玉為壓驚復令歸宅

范仲熊北紀曰前知澤州高世由金人差為西京留守仲熊遂因高世由令其子往粘罕改作尼堪寨獻酒回訖說與世由聞說龍圖得國相指揮招集西京人還業仲熊亦是西京人合還鄉里仍諭世由以其嘗為守臣以郡迎降豈能自安不如自新以洗前過因先遣董偉往滎陽以來召募義士世由即達一書於番官韓僕射云世由初至洛陽人情未安有土豪范仲熊見在鄭州收管乞令還鄉同共幹當韓僕射書即呈粘罕改作尼堪不樂曰范仲熊是結連背叛不順大金之人偶已貸命不欲根治今來高世由知其土豪當此之際卻令還鄉有何意思令元帥府上件刪此二字依此批下高世由得之大恐遂止

賜進士出身頭品頂戴四川等處承宣布政使司布政使清苑許涵度校刊

三朝北盟會編卷第六十三終

三朝北盟會編卷六十三校勘記

不能遽往往應作進　趙倫倫誤作輪　尋報知國相并各令班師知誤作之脫令字　武秩不暇問姓名秩誤作佚　這裏也住不得住誤作到　是日折宣撫往河陽縣城北河誤作北城北誤作北城　車仗兒乘仗誤作伏　謹具進呈具誤作去　所奏不敢喋喋奏誤作貴　守城百官誤作城守　京西提刑許元許高京西提刑誤作西京憲　士諸門脫諸字　絕其糧道脫其字　使不得進掠掠誤作撫　氣益不振不支敵敵字衍　豈可久耶豈誤作誰　選河北河東兩路選誤作還　先行收撫收誤作狀　不選甚處人民者者字衍　以黃河為界以誤作為河誤作流　韓僕射以書呈誤作書郎呈　卻令還鄉令誤作今

三朝北盟會編卷六十四

靖康中帙三十九

起靖康元年十一月十九日庚辰盡二十五日丙戌

十九日庚辰康王至相州

康王發自濬州至相州是日粘罕改作尼堪遣鐵騎四百自懷州來邀截奉使車騎津人告以過河累日矣又遊騎追躡於後逢巡檢任示吉告之如津人云乃回中大夫直龍圖閣汪伯彥知相州主管眞定府路安撫司公事馬步軍都總管

緣金人人改作兵馬駐劄濬州衛縣直相州之西南不百里王實經用伯彥領兵出迎護王入城宿於州治正衙相人戴盆焚香遮道相慶胥願王留宿伯彥以相人願欲乃詣王稟曰斡离不改作斡里雅布已於十四日由大名府魏縣李固渡河矣恐不得追願大王暫留審議國計王曰受命前去不敢止於中道王雲耿延禧高世則等謂曰兼程前去渡河猶僅刪此字可及詰朝遂行

開封府揭榜清野指揮更不施行

是日也京師既已戒嚴內外驚擾近城居民流離遷徙不絕於道軍人保甲乘時作亂刼掠財寶焚燒屋宇有城外般入居民聽就寺觀居止忽有人自河陽來報稱折彥質潰兵渡河初非金人朝廷喜聞之乃令開封府揭榜示衆曰前日北來兵係折彥質潰散人兵已招安訖所有清野指揮更不施行城外居民各令歸業是時粘罕改作尼堪已渡河數日風傳與斥堠皆得其實而廟堂諸公幸其無事堅壁清野在今日正不可緩不應輒罷。舊校云此處似有脫誤仍乞以在城兵盡屯城外以待寇至使無緣遽犯城堡書降付樞密院大臣沮難竟不可是夜二更斥堠馬綱還報賊改作敵

馬已渡猶未全信再遣使臣劉嗣將兵騎三百出封邱門遠探

二十日辛巳康王至磁州

康王發相州至磁州。舊校云歸本云祭相州之神欲到磁州顧謂耿延禧曰陛辭日皇帝云宗澤在磁州以萬五千人披城下寨次第奏劄除已進修撰卿至可看宗澤下寨次第奏來今日可見矣至磁州城下六七里宗澤率郡寮迎謁道左王問澤下寨并道上語澤云請假歸澣濯虜改作敵騎至則點集王顧左右笑知澤妄言矣磁州城外望見百餘人執兵文身青紗爲衣以傘遮馬

繡其鞍韉如市里小兒迎鬼神之狀者王顧怪之磁人謂應王出迎康王耳應王者磁人所事崔府君封嘉應侯者頃刻馬相就有吏呼應王揖者澤請王舉鞭答之又呼曰應王請康王行馬入至府舍正寢猶未進食吏持謁入云應王參見澤已於正廳設兩位具賓主儀澤懇王曰應王甚靈邦人聽之如慈父母惟願大王信之勿疑王不得已戎服而出吏攝應王就位二廟吏緋衣其一手相持各一手平展外向若擁應王之狀既云(刪此字)就坐茶湯如常禮吏贊應王不肯就廳上馬澤前請應王上馬卽退少頃應王廟

二將軍入謁如前儀王徇澤之請從之先是王雲自虜(改作敵)中使回過磁相謂守臣云虜(改作金)人因糧若清野則困矣磁相從之邀近城居民且斂運積穀米入城相磁人皆怨雲既而虜(改作金)人果以磁相清野不由是路乃由邢洺李固渡渡河磁相人曰虜(改作金)人不從此路來徒清野毀我牆屋籍我草糧雲眞細作耳及是見雲侍王將入虜(改作北)庭皆罵厲聲呼曰王雲細作欲以大王獻虜(改作金)人大王勿行不如起兵先是宗澤上章言雲往返虜(改作敵)中習熟恐爲虜(改作敵)人謀賣國宜勿信誕言上以其章付雲雲至磁乃出是章示澤且言曰何故如此因責之且訐其誕云萬五千人下寨僞取修撰到此實無一事澤憾之因磁人之怒乃聲言雲果細作明日將邀親王入虜(改作北)庭矣磁人怒遂有殺雲意

增置都大提舉守禦使

邊報交馳風傳不一人心不定乃增都提舉守禦使司官並以樞密聶昌領之

二十一日壬午詔罷諸司庶務專以應辦軍期

軍期方急乃詔罷諸司庶務專以應辦軍期爲主

磁人殺王雲

康王徇宗澤之請乃謁應王廟當州之北乃入邢洺之路也磁人疑王遂欲北去遮馬號呼泣涕勸勿往且言虜(改作敵)人自李固渡過河矣不如起兵援京師馬不能前王懼使人告諭百姓曰大王謁廟耳非北去也衆不聽王使諭澤告之乃開道謁廟澤奉珓於王王勉爲一擲而得吉迺退謁二將軍訖王就小次澤使贊呼本廟諸案吏參澤所使人又贊云謝到頃之王欲乘馬歸有紫衣吏二十人舁應王所乘轎神馬在後擁而前曰應王乞大王乘此以就館舍王顧視其轎則朱閒金裝座椅及竿螭首施紅縟王斥之

云親王奉使出都焉用此廟吏不退延禧世則同曰王已用宗澤乘轎黑漆紫褥郡守小官得用大王何嫌以慰邦人心王登轎還有頃王雲有親信人入廟告雲曰郡人欲殺尚書宜匿廟中勿出雲就澤懇告祈哀甚切延禧世則先出廟見百姓軍人持兵立兩旁延禧世則使人傳呼兩參議官耿舍人高觀察磁人怒睨徐辨識云非王尚書也卽退延禧世則得出下馬回視之見雲之馬已爲磁人牽去雲使人陳恩以所乘馬與雲雲遽登俯據鞍人扶下之卽脫雲巾幘擲空中頃之雲虀粉矣是日磁人入州治取雲行

槖及所賜禮物刼掠一空執雲一行吏縛捶磁人譁不已王遣取作亂者一人斬之梟首廟前始定雲所持國書等及肅王府家書長主遺曹都尉書皆失之王命收雲一行吏爲王府屬內外方定

王雲澤州人字子飛少魁運司解進士乙科又中詞學兼茂才第一崇甯間兩掌翰苑從使高麗進雞林志徽宗甚喜納之擢知淮陽軍以父係元祐臣寮忠言事罷之後任祕書郎出知簡州繼領陜西曹臺公事累使金國上令於簡州建功德寺以昭德顯忠爲額作追奉之地公初被命與主上爲使卽傳言於家可勤祭祀祖先更不歸私第至死王事而不返可謂國爾忘家公而忘私者也公兄諱霽任右講議司編修嘗論童貫蔡京過失坐黜海島公歲時饋問不絕後童蔡被誅淵聖皇帝復霽官補右選种師中解太原圍王師敗績而霽歿王事初公父名二子曰雲曰霽其意有在唐南霽雲死於忠義二子復皆能死於難豈其一門英風凜凜足奮百代而超千祀者歟

建炎元年十二月臣寮等奏伏見故刑部尚書王雲於靖康元年冬從主上北使金人行至磁州爲磁州人所害自此主上復南入相州集兵爲入援之計向使無王雲之變必北去蓋天所眷遂使社稷有奉神

人有依伏望朝廷察其累次奉使之勞身死非辜枯骨不反寔可憫憐特加襃贈推恩子孫以爲死事之勸後十二月三省同奉聖旨令諸處尋訪王雲家屬如未曾推恩特賜觀文殿學士與八資恩澤右劄付故王觀文家

汪伯彥時政紀曰建炎二年朝廷遣劉誨等奉使誨至京師逗留不進汪伯彥黃潛善進呈催發上曰朕今日看誨等奉使稽遲如此益知王雲是忠義自被命奉使星夜出京兼程前去難得難得

二十二日癸未耿南仲使於粘罕(改作尼堪)割河東聶昌使於斡离不(改作斡里雅布)割河北持書於軍前并賜河東河北兩路守臣詔

書曰昨自太上皇航海遣使請求幽燕時承大金皇帝異恩委割燕雲兩路猶爲不足手詔平州張瑴招納叛亡由此遂致興師今春南北路皇子郎君兵馬先至城下太上皇自省前非尋禪位遣執政以下廣告爲有再造之恩割以三鎭酬謝又蒙國相元帥以撫定威勝隆德澤州高平等處爲念大義已定秋毫無犯亦便班師止以太原爲界續承使人蕭仲恭趙

輪等至報諭恩義被姦人反覆舉國動兵以援太原詔所割州府堅守不從反成問罪不勝惶恐今蒙惠書兼來使楊天吉王汭撒離母(改作察勒瑪)疏問過惡皆有事實每進一語愧仄愈增今日之咎自知甚明今准黃河爲界實爲兩朝安便所有蔡京身亡王黼童貫已誅馬擴不知所在吳敏涪州安置李綱夔州安置張孝純見知太原詹度湖南安置陳遘見知中山其中有係在遠不知去處便當根逐一依來命今遣門下侍郎耿南仲同知樞密院事聶昌齎送詔命令黃河東北兩路州府軍縣人民悉歸大金仍依來示一一專聽命不敢依前有違已立信誓今乞早爲班師以安社稷至懇至願

詔曰詔河北河東州軍敕官吏軍民等頃者有渝盟約致大金興師朕初嗣位許割三鎭以酬前恩偶緣姦臣迷誤三府不割又聞大金功臣再致興師使河東河北之民父子兄弟暴骨原野夙夜以思罪在朕躬今欲息生民鋒鏑之禍使斯民復有太平莫若割地以求和講兩國之好見今流行以北河東河北兩路郡邑人民屬之大金朕爲民父母豈忍如此蓋不得已雖民居大金苟樂其生猶吾民也其勿懷顧望

之意應黃河見今流行以北州府并仰開門歸於大金其州府官員兵人卽依軍前來書許令放回南地速令依敕勿復自疑故茲示諭想宜知悉冬寒汝等各比好否遣書指不多及

永興軍路經略安撫使范致虛被受聖旨總六路帥臣應援勤王

致虛先遣總管杜常取閒路入京又遣夏淑護諸陵原

粘罕(改作尼堪)自河東入寇河東澤潞州官吏多棄城走西京王襄已被西道總管之命治兵勤王河陽燕瑛

亦屯兵以守河爲名皆棄其所治而走於是士庶攜老提幼適汝潁襄鄧逃避者莫知其數粘罕(改作尼堪)渡河乘勝陷河陽及西京執京西南北路都轉運使時道塵使擔糧道塵辭以不能遵小番以杖擊其頭面初道塵出入騶從呵喝三里人見其擔糧遭辱皆嗟歎之

是日午後復閉門聞奏金人已過汜水關四壁掛甲上城差提舉官東壁孫覿西壁安扶南壁李擢北壁邵溥每壁三萬人差部將小使臣等七百員孫傅都提舉王宗濋都統制劉延慶范瓊統材武人分四壁

金人次陳橋京師戒嚴

殿前司遣探劉嗣還報金人已次陳橋且云被金人掩擊殺傷者踰百人餘衆僅得脫而歸始倉皇而計無從出矣京師戒嚴恐居民驚擾不言金人已犯(改作)至王畿乃下令止以防秋爲辭命保甲軍人百姓僧道等上城守禦

同知樞密李回罷

李回守河奔還京師遂罷之

康王回相州

王在磁州知相州汪伯彥據探馬回報金人鐵騎約有五百餘人自衛縣西來直北指問康王遠近虜(刪此字)執村人爲鄉導望魏縣路前去虜(改作敵)情(刪此字)料康王行程必過李固渡故徑往追襲伯彥亟作蠟書馳騎二人前去磁州請王回相州曰昨日大王既發相適磁夜向三更本州之西火炬連接二三里照耀不絕伯彥亟遣馬騎走探至黎明回報金人鐵衣五百餘騎自衛縣大寨西來一路訪問大王前去遠近虜(刪此字)執村民爲鄉導望魏縣李固渡捎截大王大王儻自磁州而東趨李固渡則魏縣虜(改作敵)寨在焉不可踰越或自磁而東北趨王俞渡則戎(改作金)兵輕

襲其後皆不可濟孰不爲大王危之此其不可追一也斡离不(改作斡里雅布)率衆已趨京城下大王銜冒風雪銜命奔波道路顛沛難以襲逐萬一追及不惟計議已失機會決又如前時質大王於軍中計無所出爲之柰何大王不若夙駕回相州藉圖起義牽制金人以副二聖維城之望爲策之上渡河而東則無策矣此其不可追二也區區狂瞽嘔心瀝血實爲國計專差騎兵二人馳蠟書仰干王聽惟大王圖之即差發武翼大夫劉浩領兵二千人馳騎請王會耿延禧高世則亦請王還相州以俟命遂飭徒御出磁州城逢

劉浩人馬至護王南轅伯彥躬領親兵一千人至安陽河迎接命延禧草奏具言奉使至磁而民殺王雲之事又聞虜馬改作金兵南渡臣等回相州以俟聖裁卽遣一价持蠟書入奏

二十三日甲申斗星不見

吳革乞起陝西兵爲京城援

初太原陷朝廷遣閤門宣贊舍人吳革奉使金人軍中見粘罕改作尼堪庭揖不拜責其貪利背約氣勁詞直虜改作敵人動色爲追回攻威勝之兵授書而還革備得金人情狀既歸報宣撫折彥質請於朝廷備河南

十月有旨召革赴闕至是登對上問割地與不割利害革曰金人有吞箭之誓入寇必矣乞措置邊地起陝西兵馬爲京城援不復議和遂遣革使陝西勾兵委同諸帥臣講武備

二十四日乙酉河北西路提點刑獄王起之河北西路提舉常平楊淵河北西路提舉常平茶鹽公事秦百祥赴相州參康王

王起之楊淵秦百祥先被旨差在黃河之南防托黎陽縣駐劄時濬州移治在黎陽縣起之淵百祥輒離駐劄地方詣相州參王王詰其擅離職事初不接見三日三夜乃見之起之等留相州○舊校云疑有脫誤久容倉州郡使監司人人如此緩急之際朝廷何望耶

二十五日丙戌金遊騎先犯至改作京師

城上保甲作亂殺辛永宗

統制官辛永宗御衆過嚴是時軍政不肅兵民皆驕不能制御士卒不樂永宗之嚴誘百姓作亂於宣德門擊登聞鼓請誅永宗初永宗以賊改作敵兵去城遠止兵士不得發箭恐賊改作敵拾之反資賊改作敵用有一軍士無故向空射箭永宗呵叱之軍士因倡言辛太尉是童貫親戚不使城上射番賊改作敵故欲番人

上城百姓喧騰皆倡此言紛不可止衆各上城擊殺永宗朝廷不能禁亦不窮治自是事皆姑息而號令不行矣初百姓上城守禦既而城中多捉姦細城上百姓亦疑守禦官爲細作朝廷惡其紛亂不已乃盡令百姓下城以京畿提刑秦元保甲萬人代之

宣和錄曰先是金人未渡河京城苦寒日者王俊民上言可借春以召和氣詔從之遂迎土牛且令軍中易張青旗以應木德乃自東壁始辛永宗時提舉東壁於倫輩號持重務整紀律士卒厭苦之或諷百姓曰永宗反矣不然何以易旂幟衆不知其情乃趨宣

德門聚數千人舁登聞鼓置東華門撾擊號呼京尹及彈壓官皆不能制衛士自樓上射之衆驚走遂趨城東擒承宗殺而磔之并部將十數輩皆死至晚稍定彈壓官推其尤者一二人斬之

曹輔爲籤書樞密事陳過庭爲中書侍郎馮澥爲尚書左丞孫傅爲尚書右丞

置守禦使副以下官

京師諸軍自數年燕山之役出戍河北河東或留邊或潰散而在京衛士止四軍效用京東西路弓手等七萬人殿前司以諸營兵萬人分作五軍左中前三

軍姚友仲統之右後二軍辛永宗統之前軍屯順天門左軍中軍屯五嶽觀右軍屯上清宮後軍屯封邱門以備四壁策應每壁增置提舉官一員東壁辛永宗南壁高材西壁張撝北壁劉衍以孫傅爲守禦使殿前指揮使王宗濋爲守禦副使郭仲旬盧益爲提舉守禦司幹辦公事又以劉延慶提舉四壁以劉韐副之每壁以文武陞朝官宗室一員爲同提舉每門一宗室環衛官一員以司啓閉又諸門置彈壓統制者不可勝紀京師大而兵寡少倉卒之際四方兵將不至無以守禦捍城乃以武舉及城中絶倫人先補官守禦又選在京稍習材武人數擇太學生有策略之士百人借官上城猶以兵寡爲憂乃召募壯勇效用敢戰之類其目不一皆分門捍禦又王健請置奇兵朝廷從之以健爲統領官何㮚提領召募奇兵又有召募忠義兵者孫傅提領之

賜進士出身頭品頂戴四川等處承宣布政使司布政使清苑許涵度校刊

三朝北盟會編卷第六十四終

三朝北盟會編卷六十四校勘記

直相州之西南一本州下有縣字　王賓經由由誤作田　乃詣王稟白白誤作日　由大名府魏縣李固渡過河矣脫過字　渡河曲僅可及曲誤作循　朝廷聞之喜誤作喜聞之　使無緣遠犯城壁壁誤作堡　書降付樞密院降字衍　賊馬已渡河脫河字　皆叩馬厲聲呼曰叩馬誤作罵　同白王乞用宗澤所乘轎白誤作曰乞誤作已　甫據鞍甫誤作俯　磁人諠譁不已脫諠字　徽宗甚嘉納之嘉誤作喜　忠鯁言事脫鯁字　特承大金皇帝異恩特誤作時　今春河北路河誤作南　尋行禪位脫行字　趙輪一作趙倫　三鎮不割鎮誤作府　使斯民復見太平見誤作有　金人過汜水關脫此一條應在粘罕自河東入寇一段之前　是日午後復閉門此應提行下奏聞十五字另行低一格　四壁差提舉官此應提行　此其不可進一也進誤作追下同　城上保甲作亂殺辛永宗永原作康○舊校云康史作亢　姚友仲友誤作大

三朝北盟會編卷第六十五

靖康中帙四十

起靖康元年十一月二十六日丁亥盡三十日辛卯

二十六日丁亥王瓊鄭建雄以兵八千來勤王

王瓊歷官中山府路馬步軍副總管嘗從种師中戰金人於榆次至是京師受圍瓊以兵勤王朝廷以爲京城巡檢上賜白旗書忠義二字以旌之

孫傅爲同知樞密院事李回爲尙書右丞

詔安慰軍民

詔曰朕遣使通好交馳道路敵勢不已憑陵侵犯緣將帥未能協心遂使一歲之中郊畿再擾朝廷豈以地與人已召諸鎭兵入援拱衛王室在京軍民宜體上意無爲驚擾金人將至市井傳播之言不一軍民洶洶不安或倡言金人欲殺內官者由是內官不得上城傳宣者以黃旗爲號或以謂軍兵輩欲乘閒騷擾朝廷患之百姓再被圍城人情驚擾乃下是詔

殿前指揮使王宗濋薦拱聖副都頭郭京

郭京言可以擲豆爲兵且能隱形今用六甲正兵得七千七百七十七人可以破敵臨敵正兵不動神兵

爲用所向無前殿帥王宗濋驕慢無識聞而異之薦京可以成大功是時唐恪爲宰相見京面折之曰老兵兒戲果能了否京不能答羣臣議論不一數日恪罷用何㮚爲宰相與孫傅諸大臣亦幸其術之可用乃以錢絹數萬令京自招兵於市旬日之間數足皆游手不逞之徒京自副都頭授武略大夫兗州刺史統制六甲正兵屯於天清寺以六甲正兵標於大旗有薄堅者能用桿棒在街市作場京取以爲教頭京城居人不論貴賤老幼無不喜躍皆以天降神人佑助滅寇惟有識者哂之爲之寒心又有還俗僧傅政

臨者謂之傅先生獻策略自言能退敵願得募勝兵朝廷從之賫欒劉朱傑及商賈技術言兵機退敵募兵而身爲其將者甚衆

詔置功賞司

詔曰朕設爵賞以旌天下戰士賞無吝惜緣有司推行未至致士情紛怨歸咎宰執朕於尚書省置功賞司專委官吏第別高下無或留滞咨爾軍士重念我祖宗創業幾二百年涵養汝父祖族屬恩德至厚艱難之際無或二心凡有侵犯宜體國念家併力殺拒以稱朕意春初守禦有合被恩賞未曾推行者軍士於城上發怨言歸罪宰相唐恪朝廷聞之乃下是詔

少宰唐恪罷尚書右僕射除觀文殿大學士中太一宮使

先是唐恪建言金人今冬必來力勸上爲避狄（改作遷避）之計乞早幸洛陽或幸長安召天下兵然京師諸軍懷土不肯去乞速召四道總管扈衛而行上以爲然而領開封府何㮚奏事上以恪之言問㮚曰雖周室東遷不如是之甚譬如不肖子盡挈父祖田宅而鬻之而左右之人亦皆不欲遷次日上激怒曰朕當死守社稷恪力請罷相遂以觀文殿大學士中太一宮

使兼侍講罷

侍御史胡舜陟上言

臣十一月十七日奏狀條具備用十事其一云今大臣皆非其人唐恪聶昌尤務爲姦非虛言也皆有實狀請爲陛下言之恪天資貪狠素行不義知滁州日貪汚之跡尤著在任委屬邑買木不償其值舟載至和州蓋宅凡瓦竹之類悉自滁往匠人役夫皆滁兵也以充私用當時爲臣僚所論遂罷州事其後蔡京復拜相引爲刑部尚書京罷相出知潭州今春已參預政事邊防大計自宜與宰相協力有爲若宰相强

愎自用當以謀畫之方告於陛下安可坐視俟其敗而奪其位自爲謀則善矣豈不誤國乎及悋爲相至今邊事亦何所措置不過如徐處仁吳敏充位而已然亦不若處仁之不爲姦也悋之智慮但長於交結內侍盧端王若沖與之密交凡諸暬御皆以欽叟呼之比召李愨至中書議事聞愨之言徐以手握愨之帶曰至道處置安有錯者諂奉百端吏皆鄙笑凡內侍送御封文字至其家無不解帶促席深相結納臣頃侍班上殿親見悋與內侍昵昵耳語久之而不已自昔宰相爲奸必先結宦官刺中旨以中人君之欲

又使之延譽稱美以固寵位唐之李林甫近世蔡京王黼用此術正人端士肯若是乎詹度燕瑛胡直孺皆天下之至小人悋黨庇之臺諫交攻不肯施行聞嘗受度瑛直孺貨賂故曲庇之悋本州縣俗吏素未嘗識賢士士亦恥與交游故今日所用庸陋貪墨之人省部郎官尤爲宂雜獨任私意遂廢資格然悋言僞而辯能反是爲非變邪爲正昔在蔡京門見京與其子攸論時事而各爲語言士大夫皆道之以爲口實此少正卯之徒聖人所必誅者往往在陛下前言語反復前後不一如今日棄地與不棄地皆自其口出大率言行皆效蔡京如近議三鎮不欲出於己令集百官廷議及百官議上卽陽言不棄地議棄地者分爲三等此與京分上書爲三等無異京以上書分等寘之重典以杜天下之口而肆其姦今悋又欲以三等罪士大夫適事勢迫切不可不與地而姦計不得行使虜（敵改作）勢稍緩士大夫得罪者多矣朝廷復有大議誰肯直言此亦杜天下之口而肆其姦也若廷議之後急遣使行虜（敵改作）兵亦不至河豈有求河爲界之事虜（敵改作）未嘗求輅冕尊號卽急與之其不知機如此此可任天下之事乎自陛下卽位以來所

用以爲宣撫提兵而出係國安危李綱李彌大折彥質士大夫皆知其不可悋豈不知之知之而不言聽其敗事豈爲國之心哉以天下之大固不可盡責其擇賢太守如河東數郡及懷衞河陽鄭滑不能擇忠義有謀者守之使虜（敵改作）長驅如入無人之境守河以護都城亦不擇人而用之使兵望風而退汜水關之險密邇都邑亦不預爲之備今京城守禦疏略兵將無所統一人情不能安堵則宰相安用哉其無所能概可見矣但知爲姦不勝國事豈不負陛下寵任乎聶昌則姦人之雄小人之尤凶暴者因陳邦光引

爲蔡京之客在京之門專事口語軒輊事機而京尤善之不次擢爲戶部侍郎未及京尹欲爲蔡京傷王黼及爲黼所中而罷居鄉郡倚州縣之勢豪奪人之田宅州縣請託招權納賂無所不至爲臣寮所論責居湖外蔡攸方圖爲宰相以昌凶悖可用遂召至闕今春士人伏闕昌爲尹詣太學謁諸生曰王時雍欲盡殺公等而昌勸之遂已豈不見時雍親戚皆請假去乎以虛言悅士人而士因上書薦昌爲樞密者甚多昌之詭詐不情大率類此撫州范世英訟昌奪其物業昌曲法編管世英行三程而卒使管押之人害

之也復遣世英之父與祖禁府獄雖有指揮送大理寺而昌不發遣使大理官就府推勘自有刑獄以來豈有是事若是理直何必留府昌欲害世英三世而報怨慘酷如此豈有人心哉閤門祗候陳申昌怒其敎世英作狀追捕繫獄毒楚備嘗鞭兩股皆爛百姓左右時爲世英送食昌以事誣之痛決至死刑之寃濫一至於是豈無怨氣傷天地之和致上帝之怒江絳昔爲撫州敎官與昌有隙絳比至都城輒差人押出國門開封提事使臣范振受贓三百千大理勘正編管昌乃留密院生殺予奪之柄皆在昌手殆不復有朝廷矣蔡京童貫愛婢皆畜於其家貫有名馬有指揮令昌取納乃送太僕寺因賜馬取爲己有方軍興用度不貲之時開封有錢宜助國用昌乃請萬緡爲私費嘗爲臣寮所論守禦司多寄姓名如術人柳彥輔號知足道人者與官告寄名緩急之際何賴焉今日募兵尤爲急務諸路差人召募皆昌故舊輕薄小子如謝丁者是也布衣與官不問能否各與官告數十道使之妄用京城望兵如望歲然昌乃以爲私恩豈忠純體國者哉李平西庸陋不才家有美婢而昌悅之引爲少尹復使之權樞密都承旨方用兵之

際承旨豈容不才者居之唐恪知昌之奸雄可畏牢籠使爲己助昌知恪有力亦深結之士大夫目恪昌爲死黨朝廷有此二姦所有政事不修威刑不振人材無一可用將士莫肯用命不足怪也奉聖旨唐恪除觀文殿大學士中太一宮使

汴都記曰唐恪爲相恪俗吏昏懦無能軍民且欲擊之馮澥對上曰陛下以曹司爲相（指恪）所由爲樞密（指昌）事將奈何

靖康小錄曰唐恪夜出百姓拋瓦打破燭籠上知之以爲失人心遂罷恪

二十七日戊子中書舍人孫覿狀論侍御史胡舜陟遷都事乞賜開納

今月日本省送到侍御史胡舜陟奏乞遷都奉聖旨令舜陟分析臣伏見舜陟實有區區愛君忠國之誠心而辭不達不足以感動聖聽臣詳味其言推其用意蓋謀臣議士先見之明爲宗廟社稷計萬全不可不察也今春斡离不（改作斡里雅布）擁衆數萬長驅而至陛下封疆之臣州縣之吏防河之兵望風逃散無一人致忠效命與枝梧者遂至京師如蹊無人之境刦寨之敗一軍盡覆將官姚平仲跨一駿馬遁去羣胡（改作

金人）初不料堂堂中國之大而技止於此也今聞斡离不（改作斡里雅布）將由河北粘罕（改作尼堪）亦由河東舉國大入以臣料之士馬之衆必數倍於前日陛下宿將如种師道已病亡种師中爲許翰以逗留督戰日受三四檄不堪其辱赴敵而死太原之圍李綱頓兵懷州千餘里外不能救亦已陷没李彌大妄殺立威誅勝捷統制官張師政一軍反側散去爲盜山東淮南兩路爲之騷然臣承乏直學士院被旨撰祝冊禱河神望其冬三月河流不冰復有獻計者宜聯數百艘宿火其中可謂兒戲而郭京者獻六甲法欺紿朝廷尤爲妖妄臣在都堂客次適與京遇因問京曰學士院中書省後街司十數輩盡投六甲兵去矣此市井小兒豈堪戰耶京曰只要他拾番人頭耳臣又問曰用誰斬番人而使此輩拾其頭耶京不荅面慍發怒赤是時翰林學士承旨吴幵給事中安扶中書舍人李會李擢在坐聞之相視太息而大臣又論奏侍從官妄議沮軍悉差上城分守四壁朝廷所以備敵者設施措置之方如此則舜陟建遷都之議不爲過矣今有千金之子一聞盜入境左提妻右挈子犇趨疾走以避一旦倉卒之變而不復顧其家況今夷狄（改作敵人）以

百戰百勝虎狼之師鼓行而至進無人禦其前退無人躡其後乃欲禱祠神鬼尊信妖妄使萬乘之尊端坐九重以須其來危孰甚焉萬一有如王汭之言兩軍既至城外州縣聚落燔燒五百里掃蕩一空則孤城巋然獨存何以爲國昔者太王不忍鬬其民避狄去岐百姓歸仁文武之興子孫傳世八百餘年伏望陛下審彼己奮神斷覘強虜（改作敵）之勢方張如彼而朝廷禦戎之備如此不憚旬日之勞徙建別京圖萬全之策如舜陟之議特賜開納天下幸甚

二十八日己丑南道總管張叔夜以兵一萬三千人前

來勤王

初張叔夜以南道總管總統集京西南路荊湖北路之兵十五萬八千將赴京師而朝廷以議和止之散兵分屯庚辰復承召兵之命倉卒間得兵一萬三千其子伯奮爲前軍仲熊爲後軍自爲中軍卽日進發行至潁昌府値西道總管王襄領兵南遁叔夜見襄曰公何往耶叔夜曰金人在郊甸主上坐席不安欲以兵勤王襄曰賊敵改作兵甚盛不可往也叔夜以爲不然欲率襄同至闕下襄不聽叔夜乃自潁昌與金人十八戰至城下屯於玉津園

二十九日庚寅駕幸京城東壁

上小帽乘馬衛士擐甲或衲笠而從撫勞將士軍兵增秩賜帛有差

三十日辛卯承務郎安堯臣上書

書曰臣謹昧死裁書獻於陛下臣觀陛下纘承之初首用吳敏爲右相使之代天理物而制曰定禁中之策靖我邦家且上皇始厭萬幾內禪於陛下陛下天性至孝感泣退避慈諭數四方卽大寶此乃天命人心咸有所歸敏何與焉當制學士非敏之黨而何敏蔡京門人也京之父子旣幸脫於鼎鑊京之黨亦未加誅戮其門生故吏與夫黨與之枝葉又且磨牙搖毒尙居要津者實敏爲之援昔人以燕雀之疇不奮六翮之用其敏之謂乎繼以徐處仁爲左相處仁之材固優於治郡而未聞有宰天下之能入據公輔之任虜敵改作騎侵軼天下可謂多事矣碌碌居位無所建明其所薦拔亦無出其右者昔人以榱桷之材不荷棟梁之任其處仁之謂乎耿南仲何㮚二子書生也平居高談闊論是古非今使昵於名實而不知所守置之翰苑可也若使之輔佐英主安國家定社稷實非所長其連茹彙征可不論而知也中書門下王

政之所由出也天子所與論道經邦者也職在統治百官以參佐機務開掌出納命令之重陛下發號施令舉措云爲有悖於理而礙於法者當封駁論列則事無過舉今以趙野之徒爲之野性齷齪但知奉行陛下詔旨而已必不能爲陛下執奏於前上以拂人主之邪下以損百姓之害庶乎刪此二字陳善閉邪引君以當道也其所引類又當如何非特此也下至省臺寺監遠及監司帥臣與夫郡縣之吏尙習宣和故態咸以欺君罔上背公營私持祿保位旣得患失凡蠹國害民之風莫之能革而務以委靡輭熟之辭上惑聖

聰是則掠美於己非則斂怨於君曷嘗有致君之心憂天下之志面折廷諍如南衙羣臣者哉馮澥可謂剛毅守節矣方崇觀姦臣用事之際奮不顧一時之禍以攖人主之威當時有識之士以爲美談自陛下擢爲諫議正國步多艱天下之士翹首跂踵冀澥日以忠言進於前致明主於三代之隆以全令名以和天下累月之閒不聞建一大計定一大事成一大功徒聞與楊時是非熙甯元祐之學而止耳則政事闕失生民擕貳陛下何由而知之其他庸庸之徒可不問而知也自古王者重乎謹纔(改作任使)故易有開國承

家小人勿用之戒仲尼亦惡利口之覆邦家者是以養雞者不畜貍牧獸者不育豺植木者憂其蠹保民者除其賊良有以也頃者陛下當敵國來寇則納李梲鄭望之李鄴之徒割地謬計命李邦彥主和議復與之盟以紓目前之禍洎敵人退師口血未乾則又納庸人之議命种師道姚古种師中援三鎮謂祖宗之地寸土不可與人但守陵寢所在誓當固守頃緣姦臣誤國敗累朝不渝之盟致虜(改作敵)兵憑陵宗社傾危陛下誕布惟新不忍生靈重困鋒鏑遂捐金帛割土地復講累朝舊好既盟之後虜(改作敵)情頗悟前

日之非遽爾退師執政大臣曾不慇算周思復熒惑陛下使陛下失信於夷狄(改作敵國)夫前日之渝盟今日之失信利害較然明矣臣固知爲此者非賢人君子有愛國憂君之志攄忠憤以爲宗社大計也乃姦凶之黨向懷蠹國之心必欲傾覆神器而已此臣所以中夜以思臨食而懼深爲陛下寒心也且胡雛之犯中國也宇宙腥羶雖三尺之童皆知一戰而卻之而子孫帝王萬世之業也柰何(刪且胡雛至此三十六字)陛下將相大臣半爲姦黨遺類陛下雖欲奮然有爲無股肱心膂之寄可任以大事是以虜(改作敵)日益驕雖金緡數

百萬而猶未滿其意乃割三鎮之地以奉其所大欲然後快其心陛下豈得已哉陛下既已與人又且悔之彼將一旦肆其忿毒以殘害吾民使吾民肝腦塗地則祖宗二百年之基業莫之能保而(刪莫之至陛此五字)下九州四海之廣將(刪此字)被髮左衽(改作莫之能保)矣況陵寢乎致此之咎當誰使之臣意陛下三月十六日詔書今已誕布天下久矣爲夷狄(改作金人)謀者必曰上皇委任姦臣致我興師無亡矢遺鏃之費得金緡數千百萬三鎮二十州之地遂從其情再講舊盟今師未旋踵而陛下已失信必姦黨未去復有此議不若乘

此渝盟之釁以令大軍逮高秋折膠塞上草衰擁鑾弓之虎士馳控弦之戰馬南驅而去我當百戰而勝彼將不戰自屈則我之所得豈特金繒數千百萬三鎮二十州之地而已彼之所謀誠如是則陛下何苦惑邪論而較小利哉昔人云見小利則大事不成深可戒也臣愚爲今之計陛下當明詔有司將前日奉使許地李梲鄭望之李鄴元主和議之李邦彦與夫今日建議悔約大臣及姦黨遺類大正典刑梟首以謝天下以示敵國乃擇智勇有謀之人使出使疆外講二國之歡陛下當且含垢忍耻捐三鎮之地資其

強大恣其貪嗜驕其志氣彼必謂吾之智術終莫能制之暴虐自肆荒淫無度其亡國可立而待也然後陛下內選相臣以立法度求民瘼修富國之政務強兵之術外選將臣以備征伐訓兵積粟修守戰之備務禦戎之略假以歲月輔以天時合以人事乘仇人之有釁爰赫斯怒備乃弓矢鍛乃戈矛礪乃鋒刃英謀電發神算風馳如決大河潰蟻壤不折一矢不遺一鏃歸清沙漠彼時稽首稱藩挈地以還陛下則邊城守境之民父兄緩帶母子含哺川塗無犬吠之驚黎庶無干戈之役以慰祖宗在天之靈以雪上皇積年之恥以示陛下大有爲之志豈不韙歟

粘罕改作尼堪斡离不改作斡里雅布以兵至京城

金人之兵三刪此粘罕改作尼堪兵自河東入斡离不改作斡里雅布兵自河北入兩路同日至京城下寨共約十萬眾其間多掠西河之民充數於其間復虜近城之民運石伐木造攻城之具執役者甚眾斡离不改作斡里雅布屯於劉家寺粘罕改作尼堪屯於青城四壁皆分置小寨圍閉周密不以數計旗幟人物公然往來於郊野間守陴者皆有懼意

先是中官李闕自四月間領京城所修治櫓樓城壁

唯備北壁不備南壁修西水門而東水門猶不爲備十日間上按礮於封邱門外祖宗以來大礮數百座皆在門外官司令民清野而獨不收礮座爲金人所得用爲攻城之具大理少卿聶守獻言請決蔡河汴河水合灌摩駝岡摩駝岡者前金人下寨之地也地勢卑溼既爲水灌注金人乃盡占高阜之地爲營

种師道爲同知樞密院事也聞眞定太原皆陷防金人渡河以檄召南道總管司勤王師十四萬八千陝西制置司團練兵十二萬各起發於京城外下寨制置使錢蓋南道總管張叔夜統兵赴闕而師道死聶

昌爲同知樞密院事唐恪耿南仲專務講和乃諭昌曰今百姓困匱調發不及養數十萬兵於京城下財用何以給之今朝廷講和不務用兵使金人知朝廷集兵闕下志不在和豈不激怒乃以文止陝西南道之兵謂起兵者止防緩急今朝廷見與金人講和仰兩路之兵各準備器甲口食不得妄動如已起發卽卻於元來去處分屯叔夜錢蓋領兵起發得檄遂分散軍馬陝西者往秦鳳熙河分屯南路者往均房安復分屯金人至城下四方衞士無一人至者

趙子崧蠟彈奏狀

本府自十一月二十四日後來往京遞道路隔絕賊改作敵馬出没不測西路總管南道不知下落胡改作敵騎至本府城下臣見竭力守禦仰念至尊在都城四面隔絕痛激五內自六月後來奏報不蒙施行今日果見危急輒募人齎此奏知臣獲得姦細通說敵志甚大乞聖斷審慮毋輕信誤國之言乞回降平安指揮以安民心臣不勝哀鳴之至

賜進士出身頭品頂戴四川等處承宣布政使司布政使清苑許涵度校刊

三朝北盟會編卷第六十五終

三朝北盟會編卷六十五校勘記

王瓊誤作瓆　書忠勇二字以旌之勇誤作義　劉宋傑宋誤作朱

凡諸朁御朁誤作替　刺密旨以中人之欲密誤作中　所用以爲宣撫者脫者字　固不可責其盡擇賢太守誤作盡責其

反爲獮所中反誤作及　復遣世英之父與祖與誤作興　百姓左右有爲世英送食右誤作石有誤作時　捉事使臣捉誤作捉

以漕司爲相郎曹爲樞密漕誤作曹郎曹誤作所由　而辟不逹意脫意字　遂至京師至誤作書　而慍怒發赤誤作面慍發怒赤　値上皇始厭萬幾値誤作丘　方虜騎侵軼脫方字　使人眩於名實脫人字眩誤作昵　闕掌出納命令之重闕誤作開　下以損

百姓之害損誤作損　以利天下利誤作和　重乎謹纔應作重謹乎始

與今日之失信脫與字　必欲傾覆神器而後已脫後字

當誰執之執誤作使　十月開上按轡於封邱門月誤作日

劫王兵十四萬八千兵誤作師　乞四降平安指揮四誤作回

三朝北盟會編卷第六十六

靖康中帙四十一

起靖康元年閏十一月一日壬辰盡十四日乙巳

閏十一月一日壬辰朔駕幸京城南壁

上幸南薰門詔用太祖故事儀衛務從簡便以障泥乘馬乃除道馬行泥淖中或穿巷循隄而行躬擐甲冑登城民皆感泣及食時卻去御膳取士卒食以進支賜有差准備差使猶二千文武幾七千員所用不可計其衛士對御血戰者賞尤厚

遺史曰車駕幸京城南壁撫勞士卒如前已而幸宣

化門徒步登拐子城親視虜改作敵營悉屏侍衛惟內侍數人從偶雪作泥滑身被鐵甲步履如飛上在南薰門下張叔夜領兵於城下獨居軍容整肅上喜之命移軍入城叔夜遂與吳革偕入城加延康殿學士內外兵馬都總管即城樓命取宰相何㮚笏頭金帶以賜之叔夜言郭京狂率必敗事請因金營壘未全率諸將擊之其敗可必上不從初吳革以王命使陝西勾兵爲京城援既出城遇虜改作敵騎已犯改作至闕革行不能進知叔夜自穎昌入援乃會合叔夜戮力轉戰至京遂同叔夜入城革面奏乞量差軍馬奪路

赴陝西叔夜固留革充統制官京城四壁共十萬人諸將募戰士市中黃旗不可勝計應募者悉庸常寒乞之人無鬬志詔五嶽觀上清宮等屯衛以備非常數遣使懷蠟書閒行出關召兵又約康王及河北守將合兵入援多爲邏者所獲

統制范瓊於陳州門外披城屯兵數千京畿提刑秦元集保甲三萬先請出屯自當一面朝廷不從虜改作敵兵薄城又乞行訓練乘閒出戰元所教保甲雖六七萬人然怯懦無實用常有五千餘人聚於朝陽門外相持胡改作敵騎六七人疾驅其前衆遂棄兵潰走

賊改作敵亦知我之虛實無所憚矣

奇兵作亂

遺史曰城中百姓疑城內外姦細亂收捉良民斬首毆擊致傷不可勝數樞密承旨王健下京畿弓手尹奇者疑使臣十餘人爲姦細鼓衆殺之并毆健內前大擾殿帥王宗濋引兵收捕斬數十人乃定健創置奇兵遂爲奇兵統領官而何㮚領之有識者莫不以爲笑蓋自古兵法皆臨機對敵奇正相變無非正兵也出奇用之則爲奇兵耳未聞預以奇兵自名者況未嘗出奇何奇之有

大雪

門下侍郎何㮚除尚書右僕射兼中書侍郎檢校少保鎭海軍節度使充上清寶籙宮使劉延慶除檢校少傅

二日癸巳幸京城西壁

車駕幸京城西壁勞士卒悉如前已而幸鄭門南道總管張叔夜兵四千在城下詔以叔夜爲延康殿學士駕登鄭門以馮澥與番使自前來故也范瓊劫寨者回獲首給數百

東水城築夾城

金人攻善利門

金人攻善利門告急姚友仲選五軍中神臂弓硬手一千五百人策應

三日甲午幸京城北壁

上幸京城北壁撫勞將士如前凡四日巡幸每巡壁不進御膳命取士卒食食之復以所進膳餉士卒人皆感泣流涕自初巡壁雨雪交作四日未嘗止上小帽身披鎧甲而殿前指揮使王宗濋紫袍執骨朵以從見者皆切齒皇后親付內府幣帛與宮嬪作綿攤項分賜將士人各酒一卮自統制以下其賜有差兵士得攤項有以手執之戰語者曰雖得此柰渾身單

寒何議者聞之爲之蹙頞

金人攻東水門

金人攻東水門矢石飛注如雨或以磨磐及磚碌絆之爲旋風礮王師以纜結網承之殺其勢又門裏跨河築月壘以拒之晚攻東水門甚急追數人縋城出燒之毀其礮架五鵝車二然礮架所存者尚七座其未立者不可勝計

金人攻通津門

金人攻通津門甚急姚友仲領前軍將副部隊一千人策應軍兵有下城接戰者殺傷甚衆

東道總管胡直孺與金人戰於拱州敗績被執

胡直孺自應天府以兵一萬來勤王至拱州與金人遇兵敗被執金人以直孺示於城下且言曰援兵不可來矣來則必敗如胡直孺者是矣都人聞之懼

四日乙未金人連東水門陳州一帶下寨

自後日攻東水門粘罕改作尼堪兵薄南壁與醴泉觀相值虜改作敵能以利誘諜者反效以情賊改作敵初到卽力攻東壁通津拐子城時劉延慶頗練邊事措置獨有法遇夜則城下積草數百爇之以警時有獻議置九牛礮者雖磑磨皆可放東壁用之碎其雲梯詔封護國大將軍賊改作敵知東壁不可攻於是攻南壁以洞子自蔽運薪土實護龍河河初決汴水益深至是皆冰合賊又爲梁安機石矢石不能及

孫傅夜宿城上

初何㮚孫傅議賊改作敵之再來正緣去歲結和厚賂今不可復倡和議又苦無兵以戰乃閉門堅守以待四方勤王之師時京師兵不滿十萬而勤王之師迄無至者未幾東道總管胡直孺爲賊改作敵生得執以示城上人人益恐

東壁提舉官孫覿上何㮚劄子乞免提舉

某承乏侍御史遇逆胡改作金人稱兵犯闕刪此二字朝廷憤然方議討除某奏言和戎改作議之利大學諸生陳東等嘯聚羣小伏闕下請用李綱某上疏論以爲怙聚作亂漸不可長王黼以誤國戮死而召蔡京歸賜第某又論蔡京稽誅合行遠竄吳丞相大怒以某妄論伏闕罷侍御史責守和州纔數月吳相以黨比蔡氏罷去某蒙恩詔歸西省遂賚書命又會虜改作敵使王汭請三關故地奏事殿上言辭不遜唐丞相揀兩可依違不決某疏言三關雖河朔重地事急矣宜斷然割棄紓一時之急以候後圖唐丞相復大怒令守城

東壁某非病狂喪心者既觸吳相李樞之怒得罪以去矣今又忤唐丞相斥守東壁以人情計之豈所願欲也哉然自古夷狄衰弱則事中國(刪夷狄至中國此八字)中國厭兵亦和戎(二字改作議和親)夫豈其情蓋不得已耳漢高帝平城之恥呂太后嫚書之辱豈不能一戰終不肯以一朝之忿遺子孫數世之憂甯含垢忍恥置之度外而不與校今强胡(改作金人)乘百戰百勝之威進薄城下無所憚畏設有良將精兵可以勦除而宗廟社稷所在譬猶隋珠彈雀未可輕動又況無將無兵乃欲張空拳以搏數十萬虎狠之衆某區區進和戎(改作講和)

之議不爲過矣蔡京當國二十餘年以紹述先政劫持上下元臣故老屏廢殆盡交結閹宦引汲羣邪罔上欺君窮奢極侈綱紀蕩然公私空匱一時得位者更相視效以階禍變而吳相方欲召還賜第以爲謀主臺諫烏得無言陳東伏闕召亂其事已見內之京師百姓殺統制官辛康宗外之福建軍士殺帥守柳廷俊堂陛凌遲難乎其爲上矣今者粘罕(改作尼堪)圍西南斡离不(改作斡里雅布)圍東北王汭之言又驗矣某之意蓋欲權禍福之輕重捐三關以爲款兵之計何足深罪而斥守東壁方天下晏然無事之時侍從官犯忤宰執小者褫官奪職投棄散地大者除名削奪流竄嶺海而宰相安坐廟堂固自若也某任朝廷十年以文字爲官常言語爲職業一言逆耳令冒矢石抗强寇於城陴之上設有敗事不過一死而唐丞相亦欲如鼂時諸公安坐廟堂取一快之適哉是亦不思也辛康宗既死有旨犒賞軍士有司方詣左藏庫支請未至而唐相以某不時支散奪三官爲承務郎意欲嫁怨使某復爲一康宗豈不太甚矣乎今自知不任釋位而去非相公外有禦戎之長策內有保國之遠圖必不肯與之任莫大之責於此時也某以眇然一

書生豈可使駕御羣黠守衛城壁相公盍擇一勇悍之將諳練軍政者使某受代而去不然一旦誤事非某一人之休戚也

五月丙申吳革議出戰之策不從

吳革累乞出兵城外下寨使虜(改作敵)人不敢近城且通東南道路又密具奏乞選日諸門并出兵分布期會爲正兵爲牽制爲衝突爲尾襲爲應援可以一戰而勝虜(改作敵)人以我爲怯若擇利交戰彼固出不意戰勝氣倍以攻則壯以守則堅以和則久上以衆情慴惰言多先入竟不出兵

六日丁酉太學生丁特起以金人攻通津宣化二門甚急上書乞用兵不報

乙未丙申丁酉金人攻通津宣化二門甚急朝廷唯以兵隨宜應之且猶冀和好可成故未有決用兵之意丁特起見其勢危甚乃上書論列以謂金人有三可滅（改作敗）之理而用兵有五不可緩之說書奏不報金人犯（改作兵至）闕幾旬日見朝廷未嘗用兵攻城日急而善利門通津宣化門尤為緊地箭發如雨中城壁如蝟毛又大磨石為礮樓櫓有摧毀者姚友仲於三門兩拐子城別置兩圓門走馬面三十步許砌一甎

石開小圓門如城四圍復置女牆迎敵自圓門出入不日而成所賴以固先是術者言京城如臥牛賊至必擊善利宣化通津三門善利門其首也宣化門其項也通津門在善利宣化之間而此三門者賊（刪此字）必攻之地後如其言大臣雖預知亦不以為意

七日戊戌高師旦及金人戰於城下被殺

王宗濋遣殿前司牙兵千人下城與金人接戰統制高師旦死之

是日姚友仲正策應南拐子城躬率將校督戰凡數合賊（改作敵）勢稍沮復修礮架攻城之具工益不輟

御筆范宗尹首議割地今戎馬（改作金兵）再至使朕失天下人心先次落職

八日己亥蔡京第火

是日蔡京第火其光亘天居民鄰屋無犯明旦士庶觀之宅焚而不及於鄰人皆快之

詔毀艮嶽為礮石

是日詔毀山石為礮石百姓爭持鎚斧以擊毀之

九日庚子金人攻善利門通津門姚友仲以兵禦之

是日金人復於護龍河壘橋取道友仲選銳士盡力禦之分布床子弩九牛弩大小礮坐又於城上絞縛

虛棚人立如山箭下如雨虜（改作敵）橋迫晚不能寸進乃棄橋益造火梯雲梯編橋撞竿鵝車之類

宣化門告急

姚友平領兵守南北拐子城所以下捍禦水門不可遂犯故急攻二拐子矢石如雨櫓樓皆壞

張叔夜除簽書樞密院事與孫傅同措置四壁守禦依舊南道總管餘道並聽節制

制曰國家太平無事垂二百年軍政隳壞士卒無伏節死難之意將吏無干城固圉之功望敵驚奔靡有鬬志朕初嗣服選建忠良延登宥密之司漸復祖宗

之故具官某質惟忠諒學有本原衞上之忠懇款七出應事之敏勤勞百爲屬羣寇之內侵罄一心而盡瘁弁華書殿未究遠猷進貳機庭擢司兵柄以宏博無窮之辯謀議廟堂之上以剛毅特立之操籌禦將帥之臣迪百工嚴翼之心以尊奬國威鼓三軍積惰之氣以翊衞王室服我休命奚俟訓言

十日辛丑許民賭博放房錢以甦小民

金人許和以都水監李處權右司郎中司馬朴爲報謝使

十一日壬寅裴點七星礮指揮六部人吏及富民各備

車運礮石上城

詔河北路勤王

詔行河北一路盡起軍民之兵守臣自將倍道兼行星夜前來殄滅虜寇（删此四字）除賞賜外軍士優補官資百姓免五年租賦

教坊樂人司文政以伏闕上書無理狂悖伏誅

司文政伏闕上書其言指斥乃斬首號令榜於市曰司文政伏闕上書言極無理聖旨處斬士論初以爲疑已而有免解進士費端友奏劄稱文政上書若止於其言無理不應棄市雖草茅一介不足惜而士之去就往往視此恐塞天下言路乞以文政所上書揭示使中外曉然知文政被誅之罪迨晚開封府奉旨備端友奏劄榜云教坊樂人司文政伏闕上書挾持無君又助賊害國士論始皆帖然

耿南仲至衞州民不納南仲遂往相州

南仲與金人王汭至衞州鄉兵欲殺汭汭急奔走南仲獨至衞州城下守臣徐淶欲出城迎見百姓不許云耿門下與虜（改作金）人同行不可令入城閉門不納南仲遂逕往相州

靖康小錄曰上初以南仲東宮師傅之舊故用南仲

而南仲不顧國家大計以老謬自專天下事一切蒙蔽唯以恩讐相報金人既退議集四方勤王師解太原圍粘罕（改作尼堪）南下不以爲事遂罷天下兵南仲又云朝廷守信既講和宜卽罷兵沿邊州郡付之無可柰何若更講兵致金人生疑自是之後朝廷大臣但爭私己是非與權寵而已國家事無有用心者初太原圍未解李綱對曰太原乃中國根本之地不可不急救若壞太原則大勢去矣及出南仲謂綱曰主上在位當兵戈既退之後不相安慰而以危言警之公不可如此南仲與徐處仁唐恪嫉李綱勝己同力擠

排奏上云李綱要舉兵只遣李綱去上曰种師道可遣恐李綱不能兵唐恪奏上曰火到上身自撥但責以成功綱須自去陛下切不可聽其避免綱既行南仲與唐恪處仁吳敏一切不問兵事日逐在朝堂議改科目與諸不急務李彌大奮然曰相公何不且留意准備防秋及救太原何故一向理會閑事南仲怒曰此尚書可以先請行爲國家了此事彌大厲聲曰某書生何能但願相公宣力且糾合諸道兵馬了此事明日處仁請入對遂請於上乞彌大領兵唐恪曰狂儒愛輕舉不責以實效則不知其難上亦然之而

終不察其邪也何大圭正月棄官走延禧南仲子也當時亦挈眾去及還則例以催糧轉官擢爲卿繼爲中書舍人大圭嘗詣南仲論列其事欲免罪例求差除南仲以爲不可安有得罪欲復進用乎大圭曰門下之子亦逃走人數乃致高位何也南仲應之曰吾子以催糧職事出京與公不同大圭曰門下此言欺人則可欺天則不可南仲厲聲曰公之言亦似太學生遂起不復與語選人李允文上殿陳議慷慨多論列大臣不和且壞國事上欲賞之而南仲捃以他事番兵渡河上皇屢欲南幸南仲力言於上前以謂不可又禁龍德宮官吏不得通傳兵事又奏請於諸寺設道場用僧誦護國銷兵經以銷番兵仍榜諸寺門識者竊笑紕繆如此

十二日癸卯開戴樓門許百姓般門外柴炭木植等賣仍發卒二百人下城打護龍河冰

劉韐以守禦無狀落職留以自效除劉延慶爲使

虜(改作敵)築望臺度高數丈下覗城中又排大礟燔樓樓旋即修繕又造雲梯旋大輪以革冒之推至城下將士以鉤竿拄之使不得進近則以鉤索取之發火焚梯虜(改作敵)數卻軍士激九牛弩一發而貫三人

十三日甲辰詔再幸四壁

連日大雪未已有詔曰雪意未解士卒暴露朕不敢自安再幸四壁勞犒將士鑾輿出於大雪苦寒中戎服乘馬露手揎腕其賜賚進膳之類悉如初仍命將士披城接戰閒有得級者又遣人以酒食移金人寨中

十四日乙巳雪晴駕在城上擐甲勞軍命殿班擦城下戰勝者賞金帛命點檢礮石

聖旨李擢推勘遠竄

駕幸東水等門撫諭軍民守禦提舉李擢落職罷以田

灝代之

初護龍河自賊迫（改作敵將）近即決汴水以增其深其後雪寒冰合賊（改作敵）於冰上布板置草覆之以土將以攻城而擢不介意是日稍晴上登城勞賞見城濠塡壘殆盡責之乃有是命

宣和錄曰是日駕御朝陽門胡（改作敵）兵數十逼城出不遜語衞士三百餘乞下戰從之遂合戰中有執盾二人獨奮身躍入手殺五六十輩而餘兵不進詔促使援之卒無肯者二人竟死上不懌因下城初舊制城樓禁火士卒噤戰不能執兵至有僵仆者（删此然字）

上在禁中徒跣祈晴又撫䘏存問絡繹不絕多給木棉襖務令溫暖衆皆感泣不敢憚勞以勤王師不至令挑戰以示敵敵然可用者獨有衞士三萬爾每出師數百人雖多獲級以歸然已十失五六矣至是所亡已數千人南壁惟字乃字號二樓最危時濠池已爲高陵賊（改作敵）既逼城旁近七八樓爭發矢石動以千百計既非受敵往往虛棄或止之則衆指爲姦細而殺之賊伺城上稍息射者甚衆給賞官皆應給不辦又櫓樓之屬爲矢石所壞換易不及每一柱一枝率厚賞給募人既而有中礮而碎首者有爲流矢貫之於柱者人皆莫肯施工不得已逼使之或請以甎石壘壁可免換易從之頗亦爲便既而灰棚多爲礮石所損因以布囊貯糠爲蔽其下即用火牛車以備雲梯之來有獻撞竿者其制用長木數丈上施橫木數尺下以鐵作軸雲梯之來迎擲之應手急放則梯可倒急攻之際嘗用之壞其二梯殺賊千餘至是時日撞竿不及賊（改作敵）因就其上以長竿引火燒櫓樓糠袋及火牛車不可嚮邇頃之賊稍登城有執盾者禦之乃下是夜縋攻

礮中金人金牌將劉安

通津門發礮中一金牌將初傳以爲王汭既而聞之曰金人謀臣劉安也奏捷上喜命以武功大夫幷金帶賜監礮使臣

上問劉延慶事勢如何延慶邊人習知攻守乃奏大臣謂城不可破者皆欺罔朝廷今日之事可謂危矣又言大臣奏捷於上前大抵守禦獲勝僅能自保一或不勝則如之何哉何賀之有

賜進士出身頭品頂戴四川等處承宣布政使司布政使清苑許涵度校刊

三朝北盟會編卷第六十六終

三朝北盟會編卷六十六校勘記

領兵於城下獨居（獨誤作起） 疑城內有姦細（有誤作外） 皇后親用內府幣帛（用誤作付） 有以手執之戲語者（戲誤作戰） 遣數人縋城爨之燒毀其礮架五（遣誤作追爨誤作出之應在燒上） 陳州門（脫門字） 爲賊生得執（衍得字） 既觸吳相李樞密之怒（脫密字） 統制官辛康宗（康史作亢下同） 五日丙申（日誤作月） 而善利門通津宣化門（上門字衍） 不可遽犯（遽誤作遂） 升華書殿（升誤作弁） 卻致金人生疑（脫卻字） 當時亦挈眷去（眷誤作衆） 擢爲卿監（脫監字） 又遣人以酒食遺金人（遺誤作移） 時令挑戰（脫時字） 每一柱一板（板誤作枝） 賊伺城上消息（消誤作稍）

三朝北盟會編卷第六十七

靖康中帙四十二

起靖康元年閏十一月十四日乙巳盡十六日丁未

知淮甯府趙子崧牒檄順昌府等處勤王并備蠟彈報諸州又募齎蠟彈奏狀

牒曰恭惟太祖皇帝創業垂統救斯民於五代塗炭之中二百餘年開恩浹骨髓今天子慈孝恭儉視民如傷夙夜講求盡復祖宗法度將以便民近者邊境失備虜賊(改作金人)再犯(改作至)京闕尚未退師天下之所

痛心兼聞虜(改作敵)騎所至惟務殺戮生靈刦掠財物驅虜婦女焚毁倉庫產業意欲盡使中國之人父子兄弟夫婦不能相保狼狽凍餒歸於死地以逞其無厭之心遠近之民所共憤疾況朝廷信賞必罰此正豪傑奮發上報君父下保室家之時所當自勉兼臣子情同休戚朝夕究心不敢少甯須賴隣境犄角輔車協心戮力以悍賊(改作敵)勢以藩王室近奉密詔許結集義兵人自爲戰節鉞以下並以充賞請諸郡體國事不可緩公文到日各遣忠憤多方指道廣行招集或素著信義爲衆推服或武藝絕倫謀畧可用或膽勇敢死不以軍民出家子弟等務在存恤激勵使人人自奮知上尊君親下保家室圖富貴免殺戮虜(改作俘)刦之患轉禍爲福其力甚大候見得人數開報當職以憑遣官部押使喚其立功等第申奏推恩必不虛示右牒順昌壽春府蔡舒蘄黃光州信陽軍請照會協心同力毋懷異意共圖國事仍先希已如何施行公文回示

又備坐所准蠟彈指揮報諸州牒曰今月初二日准樞密院差人齎到劄子奉聖旨見今金人圍逼京城裏外軍民悉力守禦正賴諸州軍糾集軍兵及民間

強壯等人速來應援平時被受國恩當危急之際坐視不救豈臣子之義今特遣人間道馳諭候到疾速率衆不限里數星夜前來直至都城下聽候指揮今來南道總管張叔夜率先勤王才到第一日除延康二日除資政三日除樞密院僉書今諸路等州郡若能遠來勤王不拘官職尊卑亦當依此推恩仰諸路等州軍限指揮到立便遣人徧諭前路互相關報於本路帥臣或監司或郡守應懷忠顧義能效臣節奮力爲國之人即以便宜速行團結軍民及糾集民兵等星夜前來勤王其所用糧食盤纏仰監司州縣速

急權那應付雖於法有礙亦宜支用如官司委爲闕乏即委曲說諭上戶權行假借候明年與量免歲賦之半今既團結兵眾有能糾率善部轄之人自當便借付身公據補與名目以爲激勸緣所差人既獨身潛往即難爲更齎上件文字仰諸州體認此意以便宜補授如白身人文官自迪功郎至宣教郎武官自副尉至從義郎各隨地借補候到闕給告正授若有官人亦當加借今劄付陳州准此又當所備錄聖旨在前除已火急依應聖旨措置施行外須賴近鄰諸郡協心戮力共濟國事今牒潁昌壽春德安府蔡廬

光蘄黃濠州信陽軍請火急遵依聖旨指揮施行仍請貴郡體國不可少緩以失機會公文到日各懷忠義多方措置疾速團結施行又將招集到人數關報當所希已如何施行公文回示

又蠟彈奏狀臣今月二十三日開封府百姓陳貴到府稱奉差同張亢齎文字至本府及蔡蘄州內張亢將帶文字不見陳貴獨到不知處分何事臣即遣統領官趙安十一月二十三日押團結軍民六十餘人前去尋訪張亢不見遭賊馬衝散縣尉二員不知存亡本府自十一月二十三日後來四郊日遭驚刦屢至城下臣堅壁固守上下一心竭盡駑力諸縣及潁昌府蔡州縣鎮皆已殘破臣義兼臣子情同休戚日夕痛心伏乞刓降密詔庶幾遵奉臣聞近郡賊（改作敵）騎多以潰卒爲鄉導若朝廷那兵來京畿近郡剿除討虜（改作敵）以斷糧道其利甚大臣聞胡直孺在黎陽杜常在潁昌范納馬忠在南京伏望聖斷責使效命勿命端坐觀釁臣見多方措置守禦謹募到百姓張澤隨陳貴前去伏乞聖察回降指揮

康王同門下侍郎耿南仲起兵於相州

中興日曆（改作記）曰康王在相州磁相衛邢洺等州百

姓諸豪皆詣護衛乞早起兵王以奉使出未得旨不敢擅起兵且已遣介齎蠟書奏陳河北事宜及軍民之情是日門下侍郎耿南仲自衛州至相州初虜（改作敵）騎逼京城遣執政出割地南仲與虜（改作金）使王汭同行至相州民不納南仲宿城外聞康王在相州即夜馳至相不復言割地事乃詐稱面奉皇帝聖旨盡起河北諸郡兵入衞王曰茲有名矣乃牒南仲連夜出榜起兵時南仲以門下侍郎出有堂吏數人隨行故行移皆稱上意於是相人之豪俠者日詣王府有李秀才者上書盛稱南平李氏平羅蘭氏鶴壁田氏

三富族乞召募民兵所用器甲所積錢糧乞不從官給人人自備王令呼上書人李秀才商議南仲伯彥召到李秀才具說三族者未易致須以酒帛差官禮聘以來之若肯來願與接坐庶使肯出力南仲伯彥乞王從所請乃遣安陽縣巡尉齎酒幣以往仍以文檄勸諭巡尉既往遂招三族子弟來伯彥待以賓禮既退李秀才者復通謁且曰諸人各願聚三千人不煩官中贍給各自備錢糧器甲每家只乞請空名補官牒二五百道仍每家子弟便乞五人名目於內差四人充管轄所貴三千人有所統攝乞差一名本村

巡檢所貴各家發遣了三千人後本村有本家巡檢彈壓緩急可以驅使人戶以禦盜賊伯彥禀王乞量與應付於是逐家子弟各借補進義副尉三人給帖差充部轄民兵借補承信郎者一名給帖差充本村巡檢三族戶頭各借補承信郎每人請空名官牒二百道去

十五日丙午大雪駕亦登城三軍鼓舞萬勝門戴德門縱民樵採

割地使聶昌至絳州爲絳人殺之

宣和錄曰先是十一月金人長驅駐軍懷州不行者十餘日乃遣太師王汭楊天吉持誓書來朝（刪此字）王汭楊天吉云兵已臨大河去國城咫尺間兩國戰爭累年生靈塗炭之久比緣小人用事起此兵端今欲休兵講好以誓書遣臣等來復兩國之歡好止求割故地以河爲界上不得已從之王汭曰今蒙陛下敦信許和乃兩朝休兵之幸然未知陛下遣何人報聘上曰待擇人汭曰春時議和還師以三鎮爲約陛下遣張邦昌路允迪割地皆臨時驟進銜命而往果見中沮遂有失信之事所以至今傾國而來蓋理會今春不割地失信公事也今陛下不輟左右親信大臣

一往若如前舉動必不取信金國汭等無固必看陛下如何耳上命唐恪等議遂以門下侍郎耿南仲同知樞密院聶昌聘焉是月二十三日受命昌入對曰陛下委臣使事臣不辭但臣短見深恐許和割地之後金人失信復來臨城臣若止傳國書實爲無益且兩河之人素勁至太原守孤城經年隆德垂破而復守人人死戰蓋不負祖宗積德之靈陛下恢復之志而今也下太王遷邠之令用保生靈恐彼方之民深戀國恩不忍削髮左衽從夷狄之國（刪削髮至此九字改作割棄）則未必可號令也萬一號令不從則臣必爲金人所

執不能爲陛下努力則臣死不瞑目矣臣若詣軍前議事不成戎（改作金）兵南渡乞以便宜分遣徽猷閣直學士參議官劉岑朝奉大夫幹辦官滕牧分路催勤王之師入衞亦臣區區之願上曰甚好當降指揮昌曰降指揮必喧傳喧傳則漏泄漏泄則機事不成矣只乞陛下密記淵衷上遂命取黄絹御書賜昌曰聶昌議和不成戎（改作金）師南渡可取晉絳路入京兆率諸路人馬入衞王室劉岑滕牧取嵐靈路催起陝西等路勤王軍依奉使法内滕牧與除直秘閣體念祖宗社稷朕不敢私靖康元年十一月二十一日御押

付聶昌是夜昌同官屬出宜秋門宿瓊林苑明日啟行至望京橋逢游騎二十七日至永安軍孝義橋遇粘罕（改作尼堪）中軍約明日相見粘罕（改作尼堪）隨行立閤門明日盛甲兵之衞接見使人其閤門舍人止曰徹傘用榜子贊名引見國相昌曰國相金國何人也舍人曰宰相元帥昌曰既爲宰相元帥乃金國之臣也昌以南朝大臣止當以敵國臣子客禮相見豈有南朝大臣禮見大金臣子乎舍人曰樞密不畏死乎昌曰主憂臣辱主辱臣死死不足畏節不可屈爭之移時粘罕（改作尼堪）既不能奪乃以客禮接見於氊帳中往反議論終日粘罕（改作尼堪）云我兵已南渡且到城下候樞密院割地回日方旋師蓋以南朝曾失信也昌曰皇帝仁聖未嘗失信於天下頃以童貫王黼苟利忘義失信大遼致今日國家有意外之難非國家失信於大金也且國相今春歃誓結和勤兵北渡今復背約南侵非貴國失信耶粘罕（改作尼堪）曰不敢廢和議止候得地昌曰被命而來不敢輒易若國相兵不北還昌雖死地亦不敢割粘罕（改作尼堪）大怒入後帳中約退昌昌歸館不給食者一日加兵圍其舍二十八日以太師楊天吉擁千兵館伴昌往河東太師王汭以千

兵館伴耿南仲往河北二十九日昌北行不得復見粘罕（改作尼堪）至閏十一月初四日至澤州昌召參議官劉岑幹辦官滕牧出臨行親賜御劄具說前降之語曰當與公等誓死成事是夜召大金館伴太師楊天吉曰國相待昌之還方肯歸師臣子之心急於星火奈以道路遥遠莫得疾速欲分遣屬官往東路昌自行西路會於河中不二十日之間此事畢矣庶得國相早肯班師楊天吉等謹諾遂分差戍使王敵郭天信以五百兵館伴劉岑滕牧往東路楊天吉親伴昌行其議遂定明早分路而行十二日昌至絳州城下

門不開郡官逃盡唯有監倉趙子清者領州事郡人聞割地大怒出兵掩殺昌

遣吏曰聶昌往河東割地而劉岑爲之副與虜（改作金）使偕行至絳州知州通判皆已棄城走城中以宗室子清權知州事昌令岑與城上語且將告以人主在圍城中憂危不安宜速割地以退金人之兵岑許之至城下問守者爲誰子清曰知通皆棄城走百姓無依獨子清爲國家宗族遂衆推子清權知州事公是朝廷官安得與虜（改作敵）人同行得非欲割絳州以講和乎岑曰聖上方危而不安君能割地則割地以紓朝廷之急如不能割地何不起河北之兵勤王保衛社稷絳人怒昌之割地而喜岑之詞直子清乃率百姓攻之捉昌同虜（改作金）使皆殺之岑走陝西

張師雄詣都堂論當用厚賞重罰以激勵將士

遣吏曰金人連日攻城其勢危甚將士出戰者酬賞太輕故人不用命師雄因叩宰相何㮚馬前大呼曰有鄙見破敵利便乞詣都堂取稟㮚馬上呼曰請赴都堂相見師雄入至都堂取稟㮚叉手斂身問有何計策師雄曰敵人晝夜攻城不休相公以爲安乎爲危乎㮚曰可謂危矣曰相公料京城可破乎不可破

乎㮚蹙額曰此不必言也師雄曰今日之事別無奇謀祕計可以退敵唯有不惜重賞傾府庫以賞將士激起其貪金帛官爵之心乃可以敵耳㮚曰賞非不厚也師雄曰今日之賞不百倍不可謂厚因出劄子大畧言方今天子坐圍城中非錙銖毫髮計功頒賞之時前日統制官高師旦以血戰而死朝廷何惜捐黄金數百兩銀數千兩絹數百匹以賜其家幷錄其子息盡與師旦見任一般官爵仍賜第宅祿廩贍養其屬則統制將帥不患不戰矣又如軍兵出戰果入陣交鋒但不是怯敵退走之人則犒賞銀絹其有獲級者每一級別賞銀百兩絹百匹不爲多也用銀一千萬兩絹一千萬匹可以獲十萬級信能行此不唯軍兵出戰爭功百姓亦不惜命而往矣其間應得官者仍等第授官彼亡歿者往往是先登效命之人亦依獲級例支銀絹賜其妻孥有竭力鏖戰以死者厚以金帛旌別之寵賁其英魂官其子孫則軍兵不患不戰矣又軍兵平日飢寒當今日用人之際以單寒之身暴露在風雪中誠爲不易緩急敵人攻城欲其盡命以相拒不亦難乎請括在京質庫戶每家出備十人綿襖綿袴綿襪納襖納襪除鞋外並不得用麻

如敞損不堪及綿薄之類皆重作行遣一萬家可得十萬人衣服溫煖如此然後軍兵樂戰而忘死矣師雄亦開質庫願先倍於衆人出備二十人衣裝然將士之心可以利動出金銀錢絹於諸門上堆垜揭榜云犒賞出戰將士之物應受賞者日下支給此蓋狙公賦芧朝三暮四之法用得其道可以得人之赤心人心不患不勇矣且金銀錢絹在今日不足惜萬一防守疏虞雖一撮之土一勺之水一寸之草皆爲敵人之所有以此思之傾庫府激勵將士誠爲長策假是一日用銀十萬兩絹十萬匹一歲計之不過三千

五百四十萬匹兩耳國家府庫儲積幾二百年豈不能支數年之用又豈有積年受圍不解之城大抵有功則有賞將士有功則敵人減數必無增添之人以數計之府庫未盡敵人滅數滅無遺類況宗室戚里權貴與形勢富豪之家不可勝數或圍閉半年不解則人人不惜家貲必盡出之以助國家賞戰士此何疑哉㮚讀畢大笑曰平常之論特厚賞而已誰不知師雄曰天子坐圍城中憂在旦暮宗廟社稷危如綴旒不用百倍之賞激起將士之心何以退敵願相公毋忽若此策果行然後第二策可以兼行耳㮚問之

師雄曰厚賞既至不可無重罰以督責之如出戰不用命或見敵先卻當先戮其妻孥使其親見然後斬以徇衆則人人知慕爵賞而畏族誅雖怯懦者變而爲勇鷙矣㮚曰賞罰者有常典皆不宜過師雄曰今日乃非常之時不可以常法治不用不妨但恐後悔無及耳㮚曰待容理會師雄曰事急矣不可待也今日國家宗廟社稷兩宮至尊后妃嬪御諸王帝姬及滿城數百萬生靈皆寄於守城官兵之手若進戰則俱存或退卻一步則禍變有不可言者相公試觀諸軍兵隨身衣裝不得溫暖外有籍在否天下國家宗

廟社稷之重付之於無所籍在之外其利害輕重不同遠甚在彼者利害既輕責其宜力效死不亦難乎師雄每思至此心寒膽碎若能以厚賞激其戰心使人人皆有希覬富貴之路則彼此有所願藉不患其不效矣願相公以兩宮至尊坐圍城爲念不可以遲陣將士立定賞格爲比㮚曰甚好謹拜教便當即行師雄遂退

榜揭示捕虜斬改作賞格自獲酋長將領改作至小番各有差上命以武功大夫空名告一道并金帶一掛於待漏院側募人能捕戮金牌將一人者給之揭示賞格曰

獲酋長（改作將領）追小番等賞各有差

姚友仲泰兵既不用金人攻城益急乞遣使議和爲便

先是金人初至闕下姚友仲與諸將議擊之便幸其遠來賊（改作敵）衆必疲方到未陣誠能選精兵六萬出四門分布乘勢而擊之出其不意攻其無備衆必潰亂有可破之理至此日復一日賊（改作敵）勢愈盛援兵不至士氣阻壞雖悔無及時唐恪正主和議恪不信之迫賊（改作敵）攻城既急罷唐恪相何㮚友仲料賊（改作敵）有可和之理乃奏劄請和是時何㮚復主用兵且料賊（改作敵）兵糧不繼不日就擒恪雖主和議而未嘗

決㮚雖主用兵亦未嘗用是以友仲丁特起之奏俱不得行要之恪謬而無斷誤於前㮚剛而寡謀誤於後

李擢降兩官盧襄落職宮祠

是日金人塡塞南壁護龍河李擢不能覺察降兩官初城上以松脂爲束懸以鐵盆然火照城外更備守視賊（改作敵）渡河箭礮俱發故賊（改作敵）不能至及擢守南壁防備廢弛或夜不燃火疏闊故賊（改作敵）得乘間塞河遂附城劄寨攻城愈急金人攻東水門聖旨宣化門東濠河內賊（改作敵）兵絞櫳盧襄以疾全不措置不自請罷滋長賊（改作敵）計可落職與宮祠李擢喬師中坐視賊兵進櫳濠河中三分之二顯見守禦無方各降兩官爲弛慢不職之戒

遺史曰見李擢降官而後知京城當陷七日守城之罰太輕不可以行威於人矣

十六日丁未駕幸南薰門

是日雨作泥深賊於陳州門近東塡壘濠池於皮洞子內負土矢石不能入

詔許人輸財助國揭示賞格

以田灝劉韐爲南北壁提舉官

初中書舍人李擢爲南壁提舉官給事中安扶爲北壁提舉官擢於城樓上修飭坐臥處如晏閤賓館日與僚佐飲酒烹茶或彈琴讌笑或日醒醉守禦使孫傅王宗濋宰相何㮚皆知而不問將士莫不扼腕者本壁統制官何慶源告擢敵人以木板壘橋渡河橋將成矣請如北壁於城下用騈車弩施火箭射洞屋使洞不能藏人則橋不成擢不從故濠不數日而塡成是日上幸南壁見護龍河塡壘已盡又知北壁亦塡壘甚憂之張叔夜曰臣願率衆出城以計破之若徒守空城則天下事去矣上堅不從乃以李擢安扶

全不介意罷之降擢兩官以田灝劉翰為南北壁提
舉官

賜進士出身頭品頂戴四川等處承宣布政使司布政使清苑許涵度校刊

三朝北盟會編卷第六十七終

三朝北盟會編卷六十七校勘記

其功甚大 功誤作力 仍希先以如何施行 希先以誤作先希已 不論
軍民出家子弟等 論誤作以 除樞密院簽書 簽誤作僉 速行
團結軍兵 兵誤作民 公據補官名目 官誤作與 所希已如何
施行 已應作以 連夜出榜起兵 夜一作銜 平羅蘭氏 蘭一作藺
戴德門 德應作樓 臣不敢辭 脫敢字 不患其不效力矣 脫力
字 如宴閣賓館 閣字衍 或日酣醉 酣誤作醒

三朝北盟會編卷第六十八

靖康中帙四十三

起靖康元年閏十一月十七日戊申盡二十三日

甲寅

十七日戊申金人使蕭慶同馮澥入城議事

先是馮澥奉使粘罕（改作尼堪）理會三關事至懷州界逢金人館伴劉思蕭慶云已遣使往汴京請黃河爲界三鎭更不須理會至是金人獨遣馮澥同蕭慶入城請上出城欲議盟誓不從再遣蕭慶來請太上出城又不從許宰執親王出城亦未發

十八日巳酉太學生丁特起上書乞早決用兵議和之計

十五十六日兩日金人攻諸門愈急朝廷至是猶未有用兵意但使命往來士庶莫測其故張叔夜以身爲樞密而制不由已乞罷僉書樞密止帶南道總管領南道兵不允叔夜嘗召范瓊李實張仙裴淵蒙造王瓊折彥文何仲剛張撝等來日午時上城議事及期皆不至上詔叔夜曰聞卿檄召諸將莫是欲出戰否如欲出戰幸先示及叔夜意沮丁特起知其事滴淚沾衣乃上書乞用兵議和之計早決毋淹延不斷養成夷狄之（此三字改作大）患書奏不報

金人攻城愈急

金人之攻城也先以礮擊東水門外二拐子城冀擊壞之作級道登城半月城堅而不壞又以雲梯對樓攻其門東水門舊無重門敵樓又城隍無壕易爲攻擊都大提舉守禦劉延慶臨其上設重樓嚴備又以樞密副承旨王瓊統麟府勤王兵千人爲策應金人攻擊十五日礮石積城下高丈餘殘傷金人幾萬人移攻興宋門提舉官王時雍守具亦備對樓雲梯至每以木撞倒仆死者無數統制李質率衆殺獲亦多

次攻陳州門金人以洞屋負土塡濠城上以大石礮擊之皆不能壞朝廷募人焚鵝車洞子賞絹二百匹銀五百兩白身補秉義郎有官人轉七官統制招討盜賊蒙造每率士焚洞屋火起輒爲敵人所滅城上守陴者惟患礮有閤門宣贊舍人孟度者自河東太原陷而逃歸獻言孫傅曰太原提舉弓箭手吳子原結大繩爲網每五十步爲一片一長竿張之得十片足以禦城下礮石傅以其言誕妄而不信金人初至城下先打涇洞屋以新牛皮蒙其上藏之令人運土木以塡壕次伐大木爲敵樓雲梯火車又礧䳭礮坐

尋碑石石磨墓中羊虎石爲礮欲攻之所則礮坐百餘飛石如雨擊守禦之卒多死傷金人塡壕既畢乃進五對樓過壕而攻城城下列礮石坐二百餘所七稍礮可施五十斤之石撒星礮每礮坐可施石數塊並發又以强弓弩千餘助之城下矢石如雨使守禦者不能存立然後推對樓使登城每對樓載兵八十人一對樓得傅城則引衆兵上其壘樓之法先用木牌次水面次用薪次土增覆如初矢石俱不入雲梯之制高於城以繩貫竹木似梯而彎其上下施平板板上下小龕蒙以牛皮可置數人以掘城又其下乃輪軸卽鵝車也箭所不能入此金人攻城之方之大

畧也

石茂良避戎(改作兵)夜話曰金人攻城之具又有火梯雲梯編橋鵝車洞子(兵法爲木驢也)撞竿鉤竿之類火梯雲梯皆與城櫓齊高亦有高於城者皆可以燒樓櫓雲梯編橋可以倚城而上下皆用車推行此三物惟撞竿可以禦之用大木長可數丈者又用橫木數十中穿而下留把手處可以致力頭以鐵裹或安以大鐵槍或安以托叉鉤頭皆可也每一樓子上常置撞竿三兩條俟其火梯雲梯編橋至城下則徐應之不必驚擾旣撞定梯橋則衆手用鐵鉤鉤定進不可前退不可卻則火自焚梯橋亦壞人亦墜地矣萬一撞竿不中則用狼牙槍手礮長槍守禦之亦不能上惟當得人通津門拐子城每與賊人攻打前後共壞火梯雲梯編橋鵝車凡數十座皆此法也洞子可以治道可以攻城其狀如合掌上銳下闊人往來其中節次續之有長三十餘丈者上用生牛皮鐵葉裹定內用溼氈中用大麋矢石火礮皆不能入治道則用安礮幷推火梯雲梯編橋之類攻城則欲取土透城皆不足懼也其禦之之法洞子用鐵蒺藜垂下而勾之其法以熟鐵闊徑長一尺二寸四條縱橫布如蒺藜形

鎔生鐵灌入其中央重十五斤安鼻連環擲下勾訖以轆轤扨上洞子皮上幷泥勾著卽速舉放火炬灌油燒之又有用火井者敵人用洞子穿地道來透於地道上直下穿井以待之積薪草安井中加火薰之或有用大礮納於其中則敵自焦灼又有用遊火者以鐵筐盛火加脂蠟毒藥懸縋下燒薰穴中攻城人又有用燕尾炬者縛草分爲兩岐如燕尾狀以油蠟灌之從高垂下騎洞子燒之此皆禦洞子法也彼撞竿至則作鐵連環幷屈桑木爲之用索相連撞竿頭

連以鐵串竿頭於兩傍令壯士牽之鉤竿至則用栲栳乘其鉤亦令壯士牽之乘勢猛放則竿與人俱倒惟礮架最難制禦金人礮架四傍並用溼榆小椽密簇又用生牛皮幷鐵葉裹定鶻鶚頭火不能入其礮有七梢五梢兩梢三梢旋風虎蹲等礮內七梢可以致遠其石大五梢等亦可以致遠其上或放雙礮姚友仲先於樓櫓子上受敵處厚縛虛棚上作巨索羅網幷下擺糠布袋溼馬糞又於城頭馬面上懸穿溼榆柳木笓籬格氊若幔然亦可以遮礮石也城上地狹安礮少最爲受敵七梢礮法用二百五十人拽梢

長三丈礮放百斤力可至五十步此梢式也今造到七梢礮多不如法梢短三尺餘故施放雖逮百斤亦不至五十步每安一七梢礮以兩日然後畢功又既安定之後不可移若用軸腳旋風城上尤便其虎蹲皆近城可用礮中利害尤多尤宜熟講拽礮之人必令闊布高擡手於搭手處每繩一結非特可致力或遇雨雪不致手滑繩不可紊亂嘗令齊整礮與梢欲相稱礮窩繩欲短短則礮手不費力而能至遠不可不知也十九夜敵人安礮五十餘座城上雖有虛棚人皆不可存駐甃於礮者日不下數十人姚友仲到

宣化門一日恐敵人有礮首議封築城身之法視敵樓子遠近築城面闊一丈二尺五寸下闊二丈五尺高五丈四邊皆有虛棚女牆復於其傍置兩小門如城門法萬一敵人上城賴有限隔可以迎敵不幸爲提刑秦元所沮又姚友仲措置南北拐子城勢刪此字皆下添可字捍禦者也姚友仲於拐子城上別造兩圓門計拓馬面三十步用甎砌城中開一小轅門干戈板開下如城門法四面置女牆迎敵皆自轅門出萬一敵兵厚重則轅門放下干戈板又是拐子城也甎城下闊五丈高一丈二尺五寸不日造成通津門兩拐

子城正是受敵處守禦有方終不可破皆姚友仲力凡守拐子城法務要人少肅靜可以應敵友仲首到南拐子城便令畫拐子圖除兩廊每門兩水手路空板外篇起頭敵樓上虛棚凡三層止是受敵處每門不得過十五人弓弩槍刀斧手相間分作三番晝夜轉更均其勞逸使得休息萬一敵人不測侵犯自有備禦兵法陷馬坑長五尺闊一丈深五尺坑中須埋鹿角木槍竹箭其坑似曲字相連狀如鉤鐮以草及細土覆其上今坑非特不能陷敵且又自陷殊可笑也凡兵抵城下寨人必勇銳曾經行陣者蓋城之存

亡在此數百人豈可輕舉今披城退走者皆是諸州保甲弓兵其失陷盡如此兵法載攻城之具甚多所載者金人皆用之城上統制官皆庸人武夫如古守城器具分步法往往皆不甚深曉如轉關橋木弩行爐油囊之類皆典籍所載畧不聞按圖施行僕嘗獻議皆云久在邊陲素不識此初縛虛棚時姚友仲多備溼氈溼床舊納襖蓋防敵亦有火箭火礮也幸而敵國不善制此二物僕嘗建議於東壁欲擇使臣善射者一百人班直三（改作二）百人子弟所二百人各授以火箭二十隻常箭五十隻每一火盆內燒錐十箇

供二十人射者並分布於受敵五樓子上至四鼓初每日敵人交番休息之時蓋金人睡不解衣不喜夜戰乘此之時擊鼓一聲爲號火箭俱發凡五百人各二十隻以數計之一萬火箭也其火箭絕繼以礮蒺藜礮金汁礮應礮齊發火礮繼之絕後又以草礮用草一束以竹篾三繫之置火其中以助火勢火既盛敵必倉惶救火然後用常箭射之各五十隻五百人則二萬五千隻也矢石如雨則寨必亂繼以敢戰之士五百乘勢折橋敵礮座既壞則橋亦毀惜乎爲副將張宗顏怯懦誤事討欲行而中沮

丁特起泣血錄曰金人造火梯雲梯編橋撞竿鵝車洞子之類火梯雲梯編橋皆與城上樓櫓相高亦有高過於城者火梯則可以用燒樓櫓編橋則可以倚城而上皆有軸運雲梯編橋上銳下闊洞子可以治道可以攻城狀如峻屋可以燒樓櫓人往來其間節次續之有長數十丈者以圓柏木交互上用生牛皮鐵裹內用溼氈中開大竅矢石火皆不能入於治道則安礮推梯櫓之類攻城則要取土透城其機巧如此

十八日己酉金人攻東水門

賊（改作敵）侵門以火梯偏橋三置火其上相繼攻水門拐子城搭材四人鋸斷橋以水沃火用衝竿折其梯墜者甚眾三搭材亦死

斡离不（改作斡里雅布）復遣使詣朝廷

使人來云南朝許割地約和而失信今欲盡得河北河東之地然後罷兵可先割兩路地次執不割地大臣送軍前再議和好又曰某傳太子臺令告南朝曰金人事至不得已則不過太子國相死於城下南朝事不得已則爲之柰何斡离不（改作斡里雅布）之意恐城堅難拔而天下援兵盡至以此言脅朝廷也

十九日庚戌知樞密院事曹輔尚書左丞馮澥宗室節度使士諭使於金國軍前（士諭仲忽長子也）

宣和錄曰先是粘罕（改作尼堪）軍到青州遣奉使知樞密院事馮澥引番官蕭慶楊貞撒盧母李極烈（改作察勒瑪貝勒）來使慶極桀黠有口才楊貞撒盧母（改作察勒瑪）語簡而峻撒盧母乃女眞人其酋（此字改作主將）所親信者再差莫儔高世賞館伴次日引見上殿慶等力陳本朝失信事謂三鎭已許了兵纔退便不肯交割今雖是畫河國相元帥須要與皇帝會盟方退師上令儔宣諭曰三鎭非不交割自是三鎭兵民不從因而差使告大金免三鎭之地卻計三鎭賦稅增作歲幣本非失信慶又奏云大金收得貴朝詔書言祖宗之地尺寸不可與人上宣諭曰此乃前日臣寮獻議已行貶竄自有國書回元帥且煩太師諸人主張和議必不相忘虜（改作金）使退卽至驛授書辭去又數日蕭慶等再齎粘罕（改作尼堪）斡离不（改作斡里雅布）書來堅請皇帝出城會盟不然卽圍城之軍決不解攻城之具決不退末攻城前車駕若出城二帥當執臣子之禮若城破後更無相見之禮若謂使人言語太過卽請斬之使人不惜一死此事乃貴朝社稷事儔等皆答曰此事恐終

難允從至遣李處權充送伴使吳德沖副之閏十一月十四日粘罕（改作尼堪）斡离不（改作斡里雅布）復遣蕭慶楊貞撒盧母（改作察勒瑪）同李處權等來使先與儔等相見曰奉賀這回好公事也且喜早了得當國相元帥皇子元帥云皇帝不肯出莫是疑否儔答曰亦何所疑只是事體不順慶曰國相元帥皇子元帥來時令慶等奏知皇帝更不要車駕出城只要大臣計議近上親王爲質便待退兵候兩路割地了畢卽送親王歸儔等卽時奏知皇帝蕭慶等又言來時元帥云陳州門城壕已塡了三分之二長一里許有攻城器具二百車並未令推向前如依得書中所言十五日放慶等回和議便定不然二元帥云亦不顧慶等三人一面攻打若一箇軍人登城更無商量遂引見至殿上卽奏曰免煩聖駕出城只要何㮚出城議事㮚色變上亦不許宣諭使曰待遣大臣馮澥曹輔前去又請上皇皇太子越王鄆王爲質上宣諭曰朕爲人子豈可以父爲質如太子方數歲如何到得軍前撒盧母（改作察勒瑪）奏曰這事也有商量如上皇皇太子不須出去只告親王二人出城爲質上宣諭曰待遣近上皇屬出城蕭慶等又奏曰議事非僕射何㮚不可如馮澥

曹輔皆衰老怯訥元帥決不信其言上宣諭曰馮澥曹輔皆忠實大臣朕所委任軍前有事但與商量慶不以爲然莫傳高世賞請對力陳虜酋（改作主將）已不敢煩仰聖駕出城其心頗回極不易得如宰相親王不可不遣且如斡离不（改作斡里雅布）前次到城下要宰相陛下即遣張邦昌要親王陛下即遣康王肅王今兩軍並傳城下粘罕（改作尼堪）凶悍有謀（删此四字）又非斡离不（改作斡里雅布）比豈可不遣宰相親王恐貽後日之悔蕭慶曰館伴且須催貴朝遣親王早出城若更遲回恐誤大事至驛上降内批付傳等令再三說諭使人本朝宰

相只一員每日處畫朝廷事務應付軍前不可闕官已遣輔臣馮澥曹輔去諸事自可商量莫傳高世賞委曲設辭曉諭慶等曰須得何㮚并親王出城事便了兵便退不然決定攻城若城破之後不知大臣做得大臣親王做得親王慶慶等此後更不復來矣楊貞又索干戾人傳答曰皆已貶竄嶺海不知存亡慶遽止之曰在此閒者猶不肯遣況干戾人乎授書相別次日朝廷遣樞密院事曹輔代宰相宗室節度使仲溫士訥代親王至軍前粘罕（改作尼堪）但置酒待之酒三行便送馮澥歸不交一談自此攻城益急晝夜不息

遺史曰先是朝廷屢遣使請和李處權借司農少卿嘗使於軍前粘罕（改作尼堪）斡离不（改作斡里雅布）佯許和且請親王出使處權反命上甚喜復遣處權行乃曰若和議成當除卿僉書樞密於是執政恐處權之成功也乃建議遣曹輔馮澥而以宗室士訥代親王行出城粘罕（改作尼堪）使問親王名諱曰士訥粘罕（改作尼堪）曰既是親王何不與皇帝連名答曰人臣不敢與君父連名粘罕（改作尼堪）曰燕王俁以下皆與君連名士訥不連名詐也或告粘罕（改作尼堪）曰士字號宗室耳詐僞親王也

粘罕（改作尼堪）怒攻城益急

靖康錄曰時虜（改作敵）邀親王宰臣議和何㮚留之不遣㮚書生好誇大暗機會唯取謀於兄㮚㮚亦碌碌無過人之謀㮚日於都堂飲酣酒談笑自若時一復謳柳詞鬪虜（改作敵）所要浩瀚㮚方大酣搖首曰便饒你漫天索價待我畧地酬伊聞者大驚

靖康遺錄曰是時何㮚專主戰議羣僚詣東府見㮚坐定㮚曰二酋（改作金人）請和不急乎少尹李平西答曰因其所講而許之不失爲威重若何㮚搖手良久屈指數謂衆曰今番賊（改作敵）爲鵝車雲梯等我已拒之

將去也計窮勢廹是以請和且一歲再至城下欲和事皆由彼且我得不和否衆莫能對又云畢竟當和但須緩耳因各罷去

二十日辛亥金人攻宣化門急官軍披城戰鬬不利多死

金人攻宣化門急欲涉河而過先有黑旗子三十餘人已登岸王瓊姚友仲率勇鋭使臣數十人及西兵百餘披城下戰殺金人數人乃稍退宰相何㮚亦至城上發矢石如雨金人不顧城脚下有披城戰者删此字兵約六七百人金人前進欲與交鋒官軍望風退走金人追逐之城上厲聲呼官軍復回迎戰而衆已四散勢不可回隔岸金人發矢石如雨傷者有數百人自塡陷馬坑而死者近百餘人虜改作敵兵大笑之

遣武學進士秦仔等持蠟書諸路告急

金人於城下環列營栅治器具攻城甚急及是遣使齎蠟彈往諸路召勤王兵赴闕上御瑠津亭遣使秦仔往河北尋康王奉聖旨訪知州郡糾軍民兵欲起義此祖宗百年涵養忠孝之報天地神祇所當佑助檄到日康王可充兵馬大元帥陳遘充兵馬元帥宗澤汪伯彥充副元帥同力協謀以濟大功分命使人

往陝西援范致虛五路宣撫使往淮南援翁彥國五路經制使各令提兵勤王入援白身及有官人各先授數官滯閤門宣贊舍人閤門祗候而行書詞云宜疾速率兵不限萬　數倍道前來若南道總管張叔夜率先勤王至之一日即除延康二日除資政三日除樞密僉事諸路兵若能速來不吝官職亦當優加勸賞監司帥守能奮力衛國之人即宜速團結軍民以救國難其所用資糧逐急權那應付雖與法有礙亦許支用有能糾集善部轄之人許以便宜隨功等第借補文官自廸功郎至宣教郎武官自副尉至從義郎候到闕給告王授有官人令加借

樞密院劄子催諸路兵勤王

靖康總載曰。舊校云此段不知何檄曰字下似有脫文金人犯順改作深入直抵京畿掠虜居民憑陵郡邑雖有議和之請未聞退舍之期主上出宮禁之御供士卒之食軍民咸泣而思奮都人鼓噪以爭前上念前盟未令出戰然大有難塞之欲繼生無厭之求近日於都城四壁作雲梯鵝車等窺伺閒隙攻打堅城多設虛寨遣置疑兵欲絶聲援樞密當職親履艱危雖上聖垂仁猶欲按兵而講好然大臣仗義豈能顧位以偷安踰萬里之幅幀萃四方之豪傑乃祖乃父被聖神涵養之休惟孝惟忠實臣子願爲之事宜殫大節圖報上恩知號令之未明欲施爲而不敢如檄書到日應帥府監司郡守丞貳令佐悉不拘常制起勤王之師如見起發仰所領官併日催促前來救應京室如有未起發去處不拘遠近內外許鄉里豪傑遞相效率招集驍勇不限數目各自行推排首領前來或有散處山林團結已成隊伍許具各申所在官司不拘軍民百姓亦許自效隨事便宜四面攻討其所斬獲隨事以聞自節鉞以下已有立格推恩願忠臣義士相與竭力以

成大功時不可後劄付開封府關牒前路火急施行

二十一日壬子雪大作盈三尺不止天地晦冥或雪未下時於同雲中有雪絲長數寸垂地是夜彗星見有白氣出太微垣

二十二日癸丑礮中田灝立死進五官贈待制

二十三日甲寅范瓊及金人戰於城下敗績

是日范瓊發兵千人自宣化門出與金人戰士氣甚銳金人小卻士卒貪功乃乘冰渡河未及岸冰拆士卒驚亂金人遠隔岸迎敵官軍陷河而沒者五百餘人自是士氣益挫折

金人初攻宣化門壘道渡濠吳革往視之請南壁守禦官開安上門堰濠水三尺及盡洩蔡河閘水夜浸之不從至是壘道將合始省前議而水已冰矣

金人攻宣化門

是日敵氣益銳火梯雲梯編橋到城下如鱗次又推對樓五座盛矢石而來城上以撞竿倒三座對樓既倒城上人爭擲草火以焚之對樓木多而草盛熾乘南風引燒城上樓子二座火礮如雨箭尤不可計其攻甚力護龍河悉填壘鵝車領眾直抵通津宣化二門下無數步許力攻二城其勢甚銳倉卒之間王宗

濋令人再造樓子骨格將欲挂答金人望見以矢石擊之使不能措手

賜進士出身頭品頂戴四川等處承宣布政使司布政使清苑許涵度校刊

三朝北盟會編卷第六十八終

三朝北盟會編卷六十八校勘記

請畫河為界（畫誤作黃）　乞罷簽書樞密（簽誤作僉）　李質（質誤作實）

蒙造（一作遽造）　王璦（誤作瓊）　乃運五對樓（運誤作連）　亥用

水（誤作水面）　中用大窗（窗誤作廩）　以轆轤拘上洞子皮上弁

泥勾著（一作以轆轤拘上洞子若洞子皮弁泥勾不著）　勢皆捍禦水門者也

（脫水門二字）　用甎砌城（城應作成）　中開一小輚門（輚應作圜下同）

籥匙頭（匙誤作起）　正是受敵處（正誤作止）　多備溼氈溼木及

舊衲襖（木誤作床挩及字衲誤作納）　繼以火礮（脫火字）　編橋（誤作偏）

當除卿簽書樞密（簽誤作僉）　梟方大酣（大應作半）　王璦（誤作

瓊）　三日除樞密簽書（誤作僉事）　給告正授（正誤作王）　許其

各申所在官司（其誤作具）　於陰雲中有雪（陰誤作同）　而草盛

火熾（脫火字）

三朝北盟會編卷第六十九

靖康中帙四十四

起靖康元年閏十一月二十五日丙辰盡其日

二十五日丙辰郭京以兵出宣化門敗績金人登城京師失守

是日大雪粘罕（改作尼堪）謂其下曰雪勢如此如添二十萬新兵金人乘大雪攻城益急再以對樓三座而至矢石愈倍詔令班直悉上城及虛棚人物戈戟如織乙卯城下殺金人三千餘人方經宿金人皆藏其屍骸而城上矢石殺傷者三百餘人猶伏屍城上破腦

貫骨橫卧血中士卒見之心懼而有退怯意先是朝廷緣禁軍闕少於諸司廂軍內揀充禁卒與上四軍衛士分布四壁唯陳州門最多又十步將百步將多東南應奉出身之人其管事務者皆權貴親戚故（刪此字）僥倖守禦恩賞而已朝廷又慮守陴卒不能禦敵乃選衛士長入祗候陝西河東兵三千人令王瓊姚友仲統之以策應諸壁危急先是瓊領麟府兵千人屢出戰有功甲寅策應宋門礮傷瓊足流血扶下城由是麟府兵多不爲用王宗濋見攻城益急唯賴策應之兵乃誘之曰如敵用長槍殺賊者例推承節郎

賞金椀五隻有官人轉三官士卒效命爭先故乙卯之戰殺金人三千餘人戰罷下城休息所許告身金椀並無之至是宗澂令城下催策應軍兵令上城士卒皆發怨言且食乾糧徐徐不動賊（改作敵）來攻宇字樓皆摧毀處置未成撞竿未備賊（改作敵）遂登城繼而東水門之南亦破先是四壁皆京畿保甲及土軍兵七萬每壁提舉一員使臣千人又旋募無賴輩爲草澤兵爲統制凡九十餘頭項諸統制官皆自號令不受樞密節制事既不專惟務姑息人不畏威加之賞罰不明無以勸勵遂致失守

先是郭京領六甲正兵七千七百七十七人屯於天靖寺時何㮚募奇兵五千併屬於京有士人上書孫傅其畧以謂自古未嘗有以此成功者今朝廷或聽之宜少付之兵俟其有功乃稍進任今鬨衆至一二萬萬一失利爲朝廷羞傅怒謂士人曰京乃爲時而生敵中仔細一一知之幸公與傳言若與（改作是）他人定坐沮師之罪揖而退之王宗澂信其術薦之令於殿前驗之其法用一猫一鼠畫地作圍開兩角爲生死道先以猫入生道鼠入死道其鼠卽爲猫所殺又將鼠入生道猫入死道猫卽不見鼠云如此用兵入生道則番賊（二字改作敵）不能見可以勝也朝臣聞有攻其非者何㮚孫傅與內侍輩尤尊信傾心待之京城居人不論貴賤無不喜躍民庶語及京者輒以手加額皆呼爲相公京耀兵於市鬼顏異服其所召募不問武藝但擇其年命合六甲法又相視其面目以爲去取有賣線兒一見授以告命有武臣欲爲偏裨不許曰公雖才但明年正月當死恐爲衆累又募無賴之輩有劉無忌者乃賣藥道人常以身倒植於泥中乞錢亦作統制又有還俗僧傳臨政者謂之傳先生獻策畧自言能止敵而商賈伎術之人言兵機退敵

募兵而爲將帥者甚衆或稱六丁力士或稱北斗神兵或稱天官大將京嘗曰非朝廷危急吾師不出賊（改作敵）兵攻圍甚急或告之京頷笑而已云擇日出師便可致太平直抵陰山而止其所招軍但欲斫首不必戰也嘗上言請檻車數十乘欲出城檻致粘罕（改作尼堪）其誕妄自信如此小人以邱濬感事詩有郭京楊適劉無忌盡在東南卧白雲之句附會之以爲讖人爭從之識者危之爲之寒心知其必誤國也是日圍城甚急人告之出兵京於是乃登城樹旗繪天王像曰天王旗每壁三面按五方指示衆曰是可令虜（改作

敵落膽矣人亦莫測大啟宣化門出戰城中士庶延
頸企踵於門立俟捷報者幾千萬人又有從行旁睨
鼓譟以助勇者又數萬人俄報云前軍已得大寨樹
大旗於賊(改作敵)營矣又報云前軍奪賊(改作敵)馬千匹
矣其實皆妄初賊(改作敵)攻陳州門外京自內出正當
其鋒初遣使臣傳令樓子上除守樓子使臣軍兵外
餘並不得上蓋郭京六甲法能使人隱形言未脫口
賊(改作敵)兵分四面鼓譟而進我軍方踰濠虜(改作敵)二
百餘騎突之衝斷前軍一埽而盡居後者盡墮護龍
河弔橋已為積尸所壓不可持矣蹂踐殆盡哀號之

三朝北盟會編　卷六十九　四

聲所不忍聞賊(改作敵)因趨門急呼守禦堵之已亂不
及出京見事去卽下城引餘兵南遁城門急閉鐵衣
沿城而上止用雲梯一二隻可置五十人初十餘人
登壘官軍無一用命者已而雲梯輻湊來者不絕守
禦官盡散金人勢銳聞軍聲已亂有言郭京敗走城
門裏突番人(改作金兵)入來者有言郭京是細作者有言
郭京放入番人來者或言守得不濟事者已而金人
數人登城班直與官軍雖排布如織無一人死敵於
是皆下城遁走且走且呼曰百姓上城待我輩往內
前救駕官吏相繼亦走金人登城者踵至主管侍衞

馬軍司郭仲荀守南壁遂閉城門擁兵將上城金人
矢下如雨竟不能登遂退走京城大而斥堠疏音問
不相接妄傳言語不可禁如南薰門守陴者欲下城
乃言范統制獻了戴德門曹門守陴者欲下城乃言
盧太尉獻了封邱門妄相鼓唱棄甲倒戈狼籍道路
民人奔走莫知所向亂兵殺太尉姚友仲及統制官
數人其餘官屬被殺不可勝計舊城門皆閉統制官
吳革率使臣親兵力拒戰多重傷殆晚不能枝梧而
潰去金人先縱火焚諸樓櫓及陳州門東水門火光
亘天照城中盡赤時大雪二十餘日未止風勢回旋

飄雪響晝夜如雷霆聲上聞城破慟哭曰悔不用种
師道言以至於此蓋种師道春初建半渡擊金人之
議不然異日必為患也何㮚孫傅叩頭請死上止之
軍兵輩乘時刦掠橫屍滿道或持器甲於里巷民家
脅取柴米酒食是夜火光達旦不息雪深數尺有旨
告報百姓請甲守裹城哭泣之聲震天動地然金人
皆未嘗下城而刦掠者皆潰散軍兵也統制官李質
力戰傷甚兵驚潰殺內侍將吏百餘人胥吏效用與
兵卒自相蹂踐死者莫知其數賊(改作敵)入醴泉觀衆
止數百人我衆望之奔潰無敵與之敵者俄頃潰兵

百姓自南之北者摩肩接踵舊城門皆閉遂從舊宋門上穿前門而入或渡河而逃嬰兒襁褓棄死道旁者相籍公卿士大夫率携妻孥衣弊布匿委巷小民家虜改作金人登城雖未下而京師驚擾四城樓櫓皆遭焚燒火焰突起急風中東南爲甚秦元領保甲兵從北門斬關而遁京城四壁官吏且以南壁言之都大守禦則有孫傅提舉則有李擢郭仲荀喬師中都統制則王瓊姚友仲統制則有高持范瓊何慶彥陳克禮石可寶李隰其餘逐急差到統制統領官不下數十員每一統制官下使臣不下三四十員效用三四

十員每使臣一員日給食錢八百或一貫效用三百或五百率多權貴親戚門生故吏又有朝廷權貴內侍請求而至者身未嘗到而請給論功倍於將士或遇出戰第功親隨使臣並在優等受上賞用命當先者未必收錄至於傷重軍兵有輕傷而得重賞傷重而得輕賞者有戰死而作逃亡自死者其弊不勝言此所以敗國家之事也

姚友仲爲軍兵所殺

避戎改作兵夜話曰是日城陷居民大擾扶老携幼奔走雪中或扃戶號慟有登大學鼓樓而望之見環城火凡一十六處潰兵乘亂虜掠不可勝計當晚友仲爲軍兵所執毆擊肝腦塗地委棄溝壑骨肉星散家貲掃地姚公將種也三世忠孝聲滿華夏自守禦以來夙夜勤勞食息不暇在諸將中無負於朝廷也先是百姓毆殺東壁統制辛永宗朝廷縱而不問仍放罪故軍兵縱恣如此蓋緣京師承平之久無知之民游手浮浪最多平居除旅店外皆在火房浴堂櫃房雜居里巷強梁乘此擾攘聚衆作亂甚者趕罵李邦彥綠擘朱拱之以至毆辛公朝廷當危急不暇問今年先秋閒友仲欲於都城置巡檢十六員新城四員

舊城四員各一正一副每一員統兵五百人遇有警急則一正將帶二百五十人救援留二百五十人在地分或有細民乘勢作過以軍法從事仍置都巡三員二員在新城內一員在舊城內以總其事朝廷不從其請友仲之議恐小人起亂故欲設此防民初金人至城下友仲與諸將議擊之後敵兵愈勝援兵不至友仲復與諸將議急遣使請和何㮚唐恪皆不從友仲自閏十一月初三日往來東南兩壁策應至二十五日城陷晝夜苦勞最爲有功獨先被害

何慶彥戰歿

靖康小雅曰公諱慶彥任果州團練使靖康元年粘罕改作尼堪既破太原席其勢鼓行太行噬懷衞游騎掠兩河閒宣撫使折彥質退保河陽李回爲防禦使與彥質會粘罕改作尼堪遣人招懷守霍安國使降不從因戰戕安國列營臨河夜伐鼓呼譟以懼我師是夕王師果潰彥質回皆逃避粘罕改作尼堪乃渡河先平西都然後東向京師遣王汭等來計議上遣門下侍郎耿南仲樞密聶昌隨汭報之且令割地畫河爲界粘罕改作尼堪軍南郊齋宮時二太子分攻東北粘罕改作尼堪攻西南設天橋鵝車雲梯洞子以逼又立七梢礮百餘

座發大石擊城上矢石如雨拆壞城居民閭舍雜梢草塞濠爲大塗三於陳州門之東以進攻其時公董所部萬人乘城拒賊改作戰閏十一月二十日粘罕改作尼堪下令必以五日破城晝夜力攻士不得息二十四日賊改作敵衆擁天橋進及城樓因縱火鼓聲震天上御崇政殿召大臣計之因而遣殿前都指揮使王宗濋領宿衞兵往紓其急樞密守禦使孫傅宰相何㮚等與宗濋因以銀五十兩募長槍手一人得百人時虜改作敵人已有登女墻者士卒血戰殺戮頗衆又以撞竿折天橋賊改作兵死傷已數千人矣由是稍緩

然矢石交下將士負盾而立不寐達旦加以天寒大雪平地深數尺凍慄墮指二十五日凌晨何㮚開陳州門遣郭京出戰京老卒也妄言有神術可決勝京前驅方越濠鐵騎蹂踐死者如邱壟而城上守禦之人見之膽落自是不復有鬬志矣京既敗遂復闔城闉拒賊改作敵賊改作敵攻城併兩軍之士攀緣而上衞士先遁衆軍駭散城遂不守郭仲荀走藏民閒何㮚孫傅王宗濋皆相繼而去公獨戰歿城上嗚呼京師天下之本也萬乘居中而强敵之來不以深謀妙畫處之而視戰如戲劇遂至塗地其可哀已公不偷頃

刻之生而甘死節茲亦偉矣詩曰巍巍京師帝王之宅臨制華夏憲象紫極胡改作戰塵漲天雨墜矢石千雉摧毀公死於敵欃槍紓芒萬象變色獨垂忠烈以光載籍

內使黃經臣投火而死

靖康小雅曰公諱經臣爲保德軍承宣使金人繞集城下上命公督視東壁城陷之夕金人自陳州門入循城而東縱火通津門下公時在城上將士奔潰獨不肯去望闕號慟赴火而死嗚呼太上之朝宦官被恩寵至深厚一旦禍變之來往往爲身謀如鄧珪梁

許王孝竭李植之徒又助賊(改作敵)爲虐獨公一人以死報國詩曰在昔漢唐亡由閹宦出或用之鮮不貽患豈期黄公獨稟高見白髮秉虔有聞必諫竭力東城以身死難揭名不磨萬世炳煥

軍民殺金國使人劉晏等

宣和錄曰先是十一月二十八日斡离不(改作幹里雅布)遣劉晏等四人來促和詔差翰林學士莫儔防禦使高世賞館伴於都亭驛晏曰皇子元帥遣晏來云國相元帥一軍昨晚欲請皇帝出城會盟儔等答曰伯姪之國義均骨肉與二元帥相見固無害但事體不順難以家至戶曉都人見大兵已傅城下豈容車駕出郊二帥北來止欲彼此不失信既許二帥郤爲士庶居民遮擁不放車駕出城即失信更不安晏頗以爲然晏至驛便請朝見上問左右大臣以前遣王汭來不恭不欲見之孫傅何㮚請留不遣詔使人只就館議事不須引見儔等奏不引使人恐難爲辭亦恐劉晏不肯去況斡离不(改作幹里雅布)於本朝素號有善意今拒絶其使粘罕(改作尼堪)遣使來不審陛下還令朝見否若勢須引對卽於斡离不(改作幹里雅布)非便臣等連日與劉晏語似稍識義理必非王汭狡獪悖慢之比上曰如此卽今引見晏果執禮甚恭奏對婉順上大悅厚其禮幣晏悉不受而去閏十一月二十四日劉晏再入城是夜大雪深數尺莫儔高世賞見劉晏晏曰皇子元帥令晏急入城修書不及云兵已登城如捍禦得住卽極力爲之如力有不加卽告皇帝早出來相見當悉心保全宗廟社稷須急遣宰相親王出城庶免攻破晏又曰城上守禦行徑全然未是使火箭等燒着樓子不銷荒忙若做造樓子不及但大木欄塞多持長槍等待上雲梯來人點刺令墜可也晏見城上守得未是恐不可保次日引見晏奏陳斡离不(改作幹里雅布)之意上賜晏金束帶退至都堂宰相執政諸大臣猶不肯遣親王奉使莫儔等力爭之不從歸驛雪大作未時後聞驛門外大擾守門兵士入報金人兵馬已登城諸軍班直皆敗走回適來省門已閉少頃百姓軍兵入驛執晏晏呼曰我來促和正爲若等毋殺我衆不聽皆殺之有以是報斡离不(改作幹里雅布)者賊(改作敵)曰此時南宋已無號令不可罪渠粘罕(改作尼堪)曰國破人亂自然之理

賜進士出身頭品頂戴四川等處承宣布政使司布政使清苑許涵度校刊

三朝北盟會編卷第六十九終

三朝北盟會編卷六十九校勘記

賊來攻宇字樓誤作字樓　急呼守禦堵之一作急呼守禦者救之　戴樓門城上及虛棚人物脫城上二字　王瓊誤作瓊下同

重傷而得輕賞樓誤作德　則有王瓊姚友仲瓊誤作瓊脫有字

者重傷誤作傷重　先是百姓毆殺東壁統制辛永宗永原作康史作

九　毆殺辛公字脫殺　拆環城居民閒舍環誤作壞　而甘

死節茲亦偉矣一作而甘心死節志亦偉矣　卽失信更大大誤作不安

適朱雀門已閉朱雀誤作來省

三朝北盟會編卷第七十

靖康中帙四十五

起靖康元年閏十一月二十六日丁巳盡二十日

辛酉

二十六日丁巳大雪金人毁四壁守具

金人盡得四壁乃伐城上材木並斫取櫃板作障反蔽城內禦鴐貔離巴皆回之內向城外盡作慢道城內則繫爲弔橋不三四日皆備初破城賊改作敵下令縱火屠城何㮚率百姓欲巷戰其來如雲由是金兵不敢下乃唱爲和議人心稍安京城十六門皆爲番

兵占守吾兵無一人在城上者當日早班直及諸處軍奪萬勝門奔走者四萬許人

太上皇鄭太后入內居延福宮

景王及謝克家爲請命使使於軍

城陷上急召大臣親王侍從而至者三人謝克家其首也因與徒步入閤中計議俄頃遣謝克家及景王使軍中請命傳聞太上旨意極謙皆以全活生靈爲主

上降親札宣羣臣

孫覿辭免待制奏狀曰臣伏自去年閏十一月二十五日京師失守詾詾夜二更上降親札宣召臣等聞命馳赴而門禁已不通乃自城南西岡循蔡河直北繇宜秋門以入通夕大雪四面縱火煙焰燭天如晝衣冠士族毁容易服纍纍然趨萬勝門而去閒關亂兵中至東華門騎吏皆不得從獨持一笏以入有頃召見上已微服坐祥曦殿後內侍云舍人由玉階上而學士莫儔以館伴虜改作金使劉晏爲亂兵所逐不知所在吳幵偶得疾僵仆坐閒故臣獨掌書詔凡遣使命自景王至鄆王及陳過庭孫傅何㮚等國書多自撰述而有司悉已奔散繕寫緘題又出臣手御膳

亦已闕供臣等二日不火食五日衣不解帶上憐臣寒甚賜一大袍尋爲鄭建雄所竊無何二十七日衛士雜然欲邀車駕跳幸而賊改作敵四合無所向羣謀宮庭刲請百出始排闥不得入又有斧延和殿門遂毁徹乘輿服御之器剔取金玉納之懷中復攘酒數十壺羣飲大呼醉溺殿上殺內侍四五輩兵仗狼籍僵屍流血上不能禁命駕登宣德樓而羣卒爭挽御衣請行賴景王攘臂麾卻之乃止退御祥曦殿詔衛士坐兩廡下太官給食上手持一劍顧臣曰賊改作敵騎下城與卿等死於此

劉延慶及其子光國奪萬勝門出軍民爭附從之者約數萬人

遺史曰城初陷滿城人鼎沸莫知所從閭巷間羣不逞有喧言奪城而出可以逃性命劉延慶及其子光國斬關出門萬勝門扉大啟於是班直及西兵百姓喧譟而出者數萬旣出門莫知所向循城南駐於瓊林苑中有忠訓郎張丞祺者嘗爲余言城陷之日身在西水門見作守禦官城陷之夜官兵猶守地分翌旦方棄城逃遁丞祺下城時已聞百姓喧傳萬勝門放人出又保義郎吳琦者爲南平軍兵馬監押與余同

僚亦爲余言城陷之日身爲親事官逃命奔竄無所適從次日黎明聞市人喧傳萬勝門開遂走往萬勝門扉果大啟乃隨衆而出旣到瓊林苑中已見延慶父子整齊人作隊伍然則萬勝門自城破之後現啟矣孫覿辭免待制狀亦云京師失守之時夜至二更宣召自宜秋門以入已見衣冠士俗毀容易服纍纍然趨萬勝門而出去然則萬勝門自城破之後已大啟復何疑是知延慶父子斬關出奔在城破之夜實丙辰也蓋延慶之第與萬勝門相近也軍民數萬爭奔至丁巳日辰巳刻之間而朝野僉言之書載其事甚明至延慶子光世統兵好事者諂奉之乃改朝野僉言曰上集衞士二千餘人環甲冑欲爲避狄（改作敵）之計張叔夜劉延慶勸上出走上未決延慶曰先爲陛下奪一門延慶父子奪萬勝門出門外候駕覩親王二人坐於明節皇后之門臺入見張海張宏率馬兵奪門不克而去蓋城陷之翌日也是時市井詾詾猶未定上登宣德門諭百姓請器甲當是之時未有播遷之意而延慶父子未嘗見上已出奔矣又一日方有蔣宣李福邀駕出奔之事實戊午也故孫覿辭免待制狀又言二十七日衞士雜然欲邀駕蹕

幸而賊（改作敵）騎四合無所向此事甚明後人覽朝野僉言者當求舊本而改本失實故不可以不詳辯

四壁守陴官兵皆棄城

京師城大命令不相通南壁失守而西北壁官兵猶在城上但夜中相驚恐未知失守端的惟傳箭者不至翌旦漸傳城已失守於是官兵皆棄城而去四壁皆空

車駕御宣德門

遺史曰是日黎明有旨百姓赴宣德門請甲救駕使命雜踏傳呼滿路其聲甚哀已而上御宣德門百姓

喧亂不定有王倫者乘勢徑趨御前上問曰誰倫奏曰百姓喧亂臣是王倫能壓之上急命彈壓倫曰臣未有官豈能彈壓因自薦其才上急取紙筆除批倫爲吏部侍郎倫下樓已先備惡少數人在樓下令傳呼侍郎來倫字正道開封人宰相旦之後有縱橫之才少游市井閒羣小皆高其能而伏之倫遂傳旨撫諭百姓皆定上親諭軍民上露腕覗欄大呼於衆曰事體至此軍民欲如何有謀者卽此獻陳朕當聽從失守之罪一切不問仍命百姓請甲及軍器等前去各保老幼上倉皇不覺墜帽百姓奏聞閒稱你我而

已士庶初慮有播遷意因泣告於樓下曰陛下一出則生靈盡遭塗炭上大呼曰寡人以宗廟之重豈敢離此士庶號泣上亦爲之泣涕何㮚以倫小人無功除命太峻奏繳其旨止補修職郎

景王及謝克家回自金國軍前

泣血錄曰午漏方正景王謝克家同金人使命四人來議和克家初見粘罕（改作尼堪）斡离不（改作斡里雅布）二酋（改作）帥徑出示文劄言前此未破時已降號令若城破日不許殺掠且云過寢陵亦常戒約軍中無纖毫敢犯又云若南朝破城還肯不殺人否雖有和議上猶未信

別錄曰皇弟景王回建黃旗題曰兩國通和景王從行雪中來自朝陽門從者數人及麗景門門尙閉乃憇於城隍廟須臾啟關乃騎而朝

粘罕（改作尼堪）遣李若水入城

遺史泣血錄皆曰李若水初同馮澥奉使留軍中澥已歸而城陷館伴偕若水說景王請命書上猶有御寶料城中未甚亂國相教徽猷來欲令入城若水遂同館伴者至城破處見粘罕（改作尼堪）斡离不（改作斡里雅布）云京城已破可遽歸報皇帝勿須播遷五百里內皆吾

兵也且請處置內事恐防內亂又曰可令何相公來議事若水入對上見若水失聲而驚曰卿元來也大事如何若水具對遂留宿殿中

何㮚使於金國軍前

宰相何㮚出使見粘罕（改作尼堪）粘罕（改作尼堪）問之曰汝爲宰相知吾提兵將至何不投拜而乃拒戰又不能守城何也㮚無以對又曰聞勸宋主與我戰者豈非汝耶曰然粘罕（改作尼堪）曰汝有何學術與我戰耶曰㮚無學術爲國爲民當如是耳粘罕（改作尼堪）曰我欲洗城如何㮚從容曰率兵洗城元帥一時之威也愛民施德

元帥萬世之恩也粘罕（改作尼堪）悟曰古有南即有北不可無也今之所期在割地而已㮚再拜謝粘罕（改作尼堪）曰相公回奏皇帝欲請上皇出郊相見不可辭也㮚無辭以對應命而還

靖康遺錄曰時天平明上命何㮚出使軍前㮚惶懼失色辭不敢行上固遣之㮚遲回良久不決若水嫚罵云致國家如此皆爾輩誤事今社稷傾危爾輩萬死何足塞責不得已乃上馬而足戰不能跨左右扶上北山朱雀門所執馬鞭三墜地於是至青城見粘罕（改作尼堪）粘罕（改作尼堪）在中軍帳守衛嚴謹皆設兵刃凡

經三次搜索方至帳下悉堆甎高三尺坐於上粘罕（改作尼堪）據大木案㮚伏地請死粘罕（改作尼堪）厲色曰南朝拒戰誰爲之謀答曰㮚主戰議粘罕（改作尼堪）云趙皇堅欲拒戰決有此否答云議皆出於㮚皇帝無意粘罕（改作尼堪）又云我昔遣使招汝出城爾何不來今城破來此何也答曰昔之不來爲生靈粘罕（改作尼堪）默然久之曰爾亦忠臣然我須見趙皇面約和議然後奏聞北朝皇帝㮚拜謝而歸

二十七日戊午大雪駕御宣德門

駕登宣德門有軍民數萬皆呼萬歲號泣上亦大哭金國使人詣門見上上以手加額曰甯害朕勿害城中軍民使人言兩國已通和好城中秋毫不動於是揭榜云兩國已和只候何㮚等還寫誓書仰軍民知悉

宣和錄曰騎橋門近皇后宅孟昌齡家神衞營藍從熙家五嶽觀沿燒數千間小民過城下者虜（改作金人）擲錢丐之或往復得數十千語人曰元帥限我輩三日破城今只一日半見攻諸門先存金帛如山虜（改作敵）悉得之所棄者錢爾

泣血錄曰是日曉諭在京大金登城斂兵不下命文

武百官僧道詣大金軍前致謝全活性命之恩。（舊校云命文武百官致謝活命之恩當在欽宗駕回之後別本作在初三日爲是）願犒軍者聽以金帛牛酒於南薰門伺候大金指揮已而金使數卒傳旨云國相太子致意軍中宿食不少不煩送到又致意僧道父老泥雨不須到軍前請看經念佛祝大金皇帝聖壽次日早百姓相率謝元帥以竿揭金帛云謝元帥全活之恩者闐溢道路

靖康小錄曰金人入太學刦掠金銀衣物士人幾不免賊（改作敵）曰秀才灑卻忠孝爲國不要殺他

出城官吏軍民數萬在普安院遇金人潰散四走劉延

慶並子光國皆被殺。(舊校云史作延慶至龜兒寺爲追騎所殺)

遣史曰官吏軍民爭萬勝門。(舊校云史作開遠門)出者無路可行悉循城而南聚於瓊林苑中不啻十數萬劉延慶及其子光國在焉延慶欲整行伍勸以同力協心奪路求生衆皆唯唯終夜喧呼或曰無故而呼者恐人心不固矣是日質明延慶率衆直西以進過普安院望金人鐵騎遍滿原野衆不敢行延慶曰金人不足畏我以死命當之彼自敗矣衆不應延慶曰試使我之子大太尉往嘗之乃呼光國激之曰汝以五十騎往嘗寇以堅軍民之心然後奪路而去光國以五

十騎直犯金人鐵騎金人皆按轡或持弓或橫槍不動光國揮戈馳馬而還延慶曰光國五十騎尙能進況軍民數萬皆死命乎乃强率之衆不能已而趨遇金人鐵騎縱橫衝突衆皆星散而潰延慶及光國皆死於亂兵中有得脫者悉走京西聚爲盜賊李孝忠党忠祝進薛廣曹端王在之徒皆是也

宣和錄曰劉延慶並男光國奪路萬勝門帶班直長入祗候西兵萬餘人而出皆護駕選鋒也延慶陷金明池中卒光國携王黼愛妾張氏以逃行十餘里虜(刪此字)追騎及之殺妾自縊

林泉野記曰劉延慶其先西夏熟戶世爲將知名後居延安府爲保安軍人屢及夏人戰政和八年攻藏底河拔之宣和二年從童貫討睦州方臘遣子光世自將一軍趨衢婺破擒之定二州累遷檢校少保節度使眷遇亞於貫六年伐燕山爲都統以軍三十萬取易州屯盧溝河命郭藥師楊可世輕兵先趨燕山光世爲後繼契丹蕭太后密召四軍大王兵自暗門入藥師等驚駭墜城走光世既不至諸軍失援延慶軍聞亂而潰自相蹂踐赴河死者數萬女眞自是知王師不可用有輕中國心延慶坐削官久之乃復金

人圍京城延慶守北壁出戰有功及河淮敗虜(改作金人)乘勝而來延慶因其疲遣死士五百擊破之及再犯闕(改作至闕)延慶守北壁城陷與子光國率衆開萬勝門走百姓多從之遇虜(改作敵)戰被殺年五十九至其子光世之貴贈太師虜(改作敵)歸其喪於光世葬之池州

濟王及中書侍郎陳過庭出使

濟王及陳過庭出使同伸懇告也

開封府出榜彈壓

已刻開封府揭榜云兩國已通和在京內外放火殺人虜掠財物御前已分遣將士前去殺戮仰居民安

業如違處斬又令人告報兩國各已講和向來所請
器甲仰令送納是日放火刦掠者猶未息金人三五
成羣下城刦掠或不逞之徒爲之前導亦有潰兵被
髮此二字刪僞裝番人者大抵后族貴戚王公大臣富商
巨賈之家皆遭其害

何㮚回自金國軍前

㮚回具道粘罕改作尼堪議和之語上意稍安又聞欲邀
上皇出城上曰上皇驚憂已病不可出必不可辭朕
不惜一往㮚曰陛下不可不一見之乃復遣㮚詣軍
前

宣和錄曰二酋改作帥堅欲上出郊親議和或太上皇
皇太子亦得上初不肯出大臣有請行者上堅不從
且指帶以示曰事急有此而已

長星焰出東北角其長亘天四更乃沒

蔣宣李福邀駕出奔

遺史曰是日上四軍班直猶有萬餘馬亦數千及護
駕人馬等皆欲奪鄭門而出指揮使蔣宣李福引衛
士數百人入祥曦殿中大呼請官家速出遮裏不是
官家住處其勢甚遽上曰教我去那裏衆兵曰須與
官家奪得一路宣控馬扶上使乘內侍斥宣無禮宣
怒殺之上與大臣皆失色李福叩頭曰蔣宣非敢無
禮欲救官家於禍難中番人詭詐和議不可信宰相
內侍多是細作願陛下速決上命左右開諭因趨入
衆兵猶追之不已上復親撫諭之忽聽禁中喧擾衛
士有乘隙於禁中盜物者何㮚孫傅以宣福無禮而
致亂乃令四廂指揮使左言捉作過衛士數十人送
開封府是日金人漸有三三兩兩下城刦掠者並不
殺人又軍兵乘亂恣行刦奪畧無忌憚士庶皆奔走
城東徙於城西城西徙於城東征行交互莫知所適
父子夫婦不相保守至有全家自縊自殺者又有由

東西角門而入舊城者汴蔡兩河遺棄老幼屍骸堆
聚哀號之聲所不忍聞公卿大夫皆布袍草履混迹
塵世雖貴戚之家皆泥土滿面而不洗拭衣裙絮紙
被取類丐者是夜四壁火光猶赤照耀城中

靖康後錄曰是日押横門蔣宣班直盧萬率禁衛斧
左掖門上急下門衛士已於上側殺中官上方入祥
曦殿門蔣宣仗劍及之大呼欲護駕奪門而去乘醉
以刃壞御屏風卧於殿上衛士悉取御前及閤舍外
庫金銀器皿等分之有頃皇弟景王返走下殿王謂
宣曰我已得聖旨除汝閤練使管殿前司便謝恩謝

恩訖以劍揮諸軍班直皆坐於殿廡聽候聖旨俄聞譚世勣自軍前回報已通和宣乃卒班直皆散

秦仔齎蠟書除康王河北兵馬大元帥陳亨伯兵馬元帥宗澤汪伯彥兵馬副元帥

中興日歷（改作記）曰是日有湯陰縣走騎報京城遣秦舍人至是時京城消息久不通一軍皆驚王遣騎迎之既到命藍珪審察得實引入乃武學進士秦仔授忠翊郎閤門祗候而來曰此月二十日皇帝遣仔齎蠟彈來拆敝衣以出之王命公裔破蠟得黄絹方四寸許親筆細字知卿起義勤王可除卿兵馬大元帥

陳亨伯元帥汪伯彥宗澤副元帥應辟官行事並從便宜後空處家中安樂無慮前日賜錢五千緡上讀訖憂形於色涕泣繼之後一二日先後至者七人蠟彈詔旨悉如前王問仔等曰金人圍城甚急正大雪皇帝御瑤津亭遣仔等請大王起兵入衛皇帝慮其不達故一日同遣八人乘閒縋城冒風雪犯險阻路中間逢金人次第躲避先後由閒道渡河前來王喜八人皆到王出帥衙南望闕謝恩軍民大歡悦

建炎錄曰閏月某日大元帥劄子准忠訓郎閤門祗候秦仔齎到蠟封奉聖旨訪知州郡糾合軍民共欲起義此皆祖宗百年涵養忠孝之報天地神祇所當佑助檄到日康王可充兵馬大元帥陳遘充兵馬元帥宗澤汪伯彥充兵馬副元帥同力協謀以濟大功

二十八日己未何㮚使於軍前

何㮚至軍前祈請上皇免出郊且言上出郊之意粘罕（改作尼堪）從之

二十九日庚申雪止旦日出其色如血

日色如血城中之人見者無不驚懼或以爲殺戮之兆皆憂洗城

始開朱雀門

巳刻朱雀門始大開分遣彈壓官往來四壁金人皆撅斷諸門慢道復於城外作慢道以鐵鴿子登城自城破縱火燒甕城樓櫓三夕不滅

粘罕（改作尼堪）軍前禁不可殺人故無人敢犯其恣殺戮者乃吾軍中人耳高后宅掠去婦女七十餘人左言妻被虜以金百兩贖之東北一帶殺傷頗多乃黑衣人城中不逞之徒有髡首易衣（删此四字改作僞）爲番人而剽掠者吏捕得之梟首通衢虜（改作金人）人見之曰此南人治犯法者

三十日辛酉駕幸虜（改作金）寨

靖康後錄曰二酋（改作帥）欲脅上皇出郊詔曰大金堅欲上皇出郊朕以社稷生靈之故義當親往咨爾衆庶咸體朕意切務安靜無致驚擾恐或誤事故茲詔示各令知悉

遺史曰是日昧爽有詔大金和議已定朕以宗廟生靈之故躬往致謝咨爾衆庶無致疑惑平旦上擁數騎將出南薰門何㮚陳過庭孫傅等從曹輔張叔夜留守彈壓駕至南薰門城上皆金人守城有一人自稱統制厲聲曰奏知皇帝若得皇帝親出議和公事甚好且請安心上欲下馬城上金人皆避走云奏知

皇帝不是下馬處遂立馬如初又云已差人覆國相元帥且立馬少時容治道凡駐駕一時久門扇乃開見金人鐵騎滿甕城中乃夾道擁衛而去至青城中途金人又奏云請徐徐行容爲安排皇帝行宫又立馬一時久至齋宫門外上欲下馬金人又云奏知皇帝請裏面下馬乃入齋宫側一小位中粘罕（改作尼堪）遣人奏知皇帝二太子在劉家寺日已晚容來日相見又奏云不知曾帶被褥來否欲供進又恐寐不安是夜上宿齋宫初百姓父老見上出城爭持金銀綵帛往獻軍前自内門至南薰門不絶人跡如蟻迨晚車駕未回人情恟懼俄頃有黄旗自南薰門入云駕前傳報平安詔曰大金已許議和事未了畢朕今留宿只候事了歸内仰軍民各安業無致疑惑士庶讀詔還通夕憂慮

金人令數人居都亭驛爲承受

劉定齎蠟書至元帥府催督入援

建炎中興記曰劉定自京城齎蠟書至相州乃上親筆督兵定河北效用也頗知京師圍城事具言其危急之狀言頗切直或不悦之先是秦仔至論京城不可破至是定以爲必可憂兩說不同遂遣秦仔宣說

於中以安衆情而深究劉定之說與諸將議者議之

賜進士出身頭品頂戴四川等處承宣布政使司布政使清苑許涵度校刊

三朝北盟會編卷第七十終

三朝北盟會編卷七十校勘記

城內礮架及笓籬巴（架誤作駕脫及字）　都人洶洶（脫都人二字）　又欲斧延和殿門（欲誤作有）　循城而南（脫南字）　身在西水門之北（脫之北二字）　爲平南軍兵馬監押（平南誤作南平）　自城破之後已見啟矣（已見誤作現）　乃改朝野僉言曰（此應連上作一句讀另行誤）　坐於明節皇后之門臺（一作坐於明節堂皇帝之門臺）　又見張海張宏（又誤作入）　百姓請器甲（脫百姓二字）　乘勢徑造御前（徑造誤作往趨）　左右扶上出朱雀門（出誤作北山）　及何灌敗（何灌誤作河淮）　狂行交互（狂誤作征）　是日押黃門蔣宣（黃誤作横）　及閤門外（門誤作舍）　王命韓公裔（脫韓字）　王讀訖憂形於色（王誤作上）　僞爲番人（脫僞字）　士庶讀詔悉還（脫悉字）

三朝北盟會編卷第七十一

靖康中帙四十六

起靖康元年十二月一日壬戌盡四日乙丑

十二月一日壬戌駕在青城金人遣蕭慶來索降表

宣和錄並遺史曰上在虜（改作金）寨宿郊宮與二酋（改作帥）尚未相見遣使議事索降表上命孫覿草表但言請和稱藩而已使人齎草示粘罕（改作尼堪）粘罕（改作尼堪）以爲未是使人往來者數四皆不中而要四六對屬作降表覿與吳幵互相推避不下筆上曰事已至此當卑辭盡禮勿計空言促使爲之於是覿幵與何㮚共草成之其畧云三匝之城遽失藩籬之守七世之廟幾爲灰燼之餘既煩汗馬之勞敢緩牽羊之請又云上皇負罪以播遷微臣捐軀而聽命又云社稷不隕宇宙再安上覽訖謂孫覿曰對屬甚切非卿平昔閑習安能及此使人齎草示粘罕（改作尼堪）罕意不可令其官吏同吳幵何㮚數次改易粘罕（改作尼堪）抹去大金二字止稱皇帝又去大宋皇帝字止稱大金爲皇帝而不自書國號又改負罪爲失德又指宇宙二字云大金亦宇宙也改爲寰海上悉從之長入祗候王嗣在上左右不知改易何語但見上注思殫慮彰動聖顏

至是始定

中書舍人孫覿辭免待制奏狀云三十日臣等侍輦幸青城羣臣多以無馬不及往出門遇鐵衣數百各持一戟來道以衛至掖門宰執位越日淵聖面諭臣作稱藩一表臣以非本職固辭何㮚曰更召執政待制同議羣臣莫肯對㮚曰君父在患難而不顧諸君忍出於此耶淵聖變色臣頓首奉詔草表以往不合虜敵（改作）使別持一紙書來大率言海上請盟以至交惡亹亹數百言請以此意作表臣就用本語稍加櫽括以應之又不合復令別用四六引事實爲之淵聖

諭臣曰朕欲亟歸爾卿勿計空言可也㮚亦不作遂自操筆爲之時有起居郎胡交修在傍知狀然使者五反而後定

靖康要盟錄載表曰背恩致討遠煩汗馬之勞請命求哀敢廢牽羊之禮仰祈蠲貸俯切淩兢云云（闕文）又孫覿辭免待制狀曰當狄虜（改作金人）連擾之艱値國家非常之變靖康國破淵聖表降亟欲援吾君擠陷於不測之危豈復計此身誅絶於中興之後有喧公議請寘嚴科凡此誤朝誰爲禍首俾二聖辱在泥塗而不問則一時信於翰墨以何尤

是日大雪極寒隨駕官吏不齎衣服夜坐待旦不設榻帷上所居稍温潔宰執以不臥地日得粟米飯少食之上在虜敵（改作）帳都人彷徨計無所出自拂旦官吏士庶集於南薰門以俟未刻黃旗又自南薰門入報平安詔和議已定禮數未了仰百姓各安業無致憂疑迫晚又詔大金和議已定只候禮數了來日入城與百姓共慶

兵馬大元帥開府

是日兵馬大元帥開府王服緋衣玉帶乃謂衆曰上賜以寵行者先是太上皇將禪位解所服玉帶賜上

及王出使上乃解以賜行

百姓詣南薰門迎駕

是日鬨傳乘輿還百姓自五鼓相率守南薰門蔽路巳午間南薰門忽開莫不忻躍巳乃宣取酒果申後韋壽隆入城傳詔來日方歸又出黃旗云和議已定各令知悉人益惶惑不安至夜有投宿御廊者婦女小兒各用襟裾盛土塡馳道以雪泥未乾不曾治道故也家家焚香以禱

金人來索劉晏等四人尸以骨還之

二日癸亥駕在青城奉表於金人粘罕（改作尼堪）斡离不（改作）

（斡里雅布）相見於齋宮

是早金人尚欲堅要上皇出郊上再三說諭方稱皇帝仁孝乃止粘罕（改作尼堪）先遣人用青氊裹齋宮鴟尾又屏壁上有畫龍處亦蔽以幃幕然後向北設香案乃請相見二酋（改作帥）迎於門上以表授粘罕（改作尼堪）粘罕（改作尼堪）受之相揖而入御馬在前二酋（改作帥）次之遂入望香案下馬上立案前粘罕（改作尼堪）令人讀表訖北望拜者四左右皆歔欷雪大作時城中無雪獨青城示變金人亦為之蹙頞繼而相賀午刻相見於齋宮講賓主之禮相遜再三上卒就主位遂各命坐二酋（改作帥）人材皆奇偉斡离不（改作斡里雅布）瘦而長獨粘罕（改作尼堪）應荅琅琅宰相親王並列於庭酒三行首說太上次說上與金人出師之由又云城中頗有擦城出者皆背棄君親不忠不孝之人何足恤也盡已令馘殺訖粘罕（改作尼堪）曰天生華夷（改作番漢）自有分域中國豈吾所據況天人之心未厭趙氏使他豪傑四起中原亦非我有但欲以大河為界仍許宋朝用大金正朔又曰兩國既和恐四方聞京城陷而生變請遣使撫諭本國當遣人送出地分上許之粘罕（改作尼堪）又云二太子見在西京衛護陵寢無他虞禮畢上以金銀十六

擔縑帛五十床金玉帶各二為贄又命左右出內府蹄金以賜二酋（改作帥）粘罕（改作尼堪）笑曰城既破一人一物皆吾有也皇帝之來所議者大事此何用為如欲分賜可與臣下又云日已晚恐城中軍民不安可早回必欲賜賚但留左右足矣駕隨興國相二太子送上馬上謙遜不遑遂巡廊送出門外上馬金人以甲馬裹送往還又遣番官五人送入內宿於廟堂

駕自虜（改作敵）寨回宮

是日拂旦日出無光有飛雪數片官吏士庶復集於南薰門者肩摩袂屬尤盛於昨焚香瞻望者絡繹於道俟駕人稍回皆云未必回申時忽有使臣馳馬而來云駕回都人驚喜奔迎至晩駕入門父老夾道山呼拜於路側老幼掬土塡塞雪淖不須臾御道坦然捧香前引或衝突禁衞或至爇頂燃臂以迎者不可勝計駕歸纔及門士庶遥認黃蓋歡呼傳報一城奔走山呼之聲震動天地皆攔馬首仰窺天表莫不惋歎感泣涕泗橫流不知其數上亦為之揮淚過州橋淚已溼帕殆不能言從駕有金人數輩見上得人心如此亦皆驚嘆左右駭愕悽咽太學生迎駕上掩面大哭謂宰相誤我父子觀者無不流涕至宣德門始

能言嗚咽不已宣諭曰荷你百姓朕將不得與萬民相見又感泣不已士庶莫不慟哭至內前王㸚鄭建雄張叔夜扣馬號泣上按轡大慟俯身頓首情至不勝百姓軍民皆大慟聲達禁中既入內士庶乃散閭巷之間人情恍然若再生

避戎(改作兵)夜話曰初駕幸虜(改作敵)寨也有長入祗候王嗣隨駕凡三日兩宿未嘗離左右至初二日二酋(改作帥)猶堅欲上皇出郊上再三說諭方稱皇帝仁孝乃免自三十日至初二日早左右並不與金人晤語閒有立談者則左右主事人搖手不令交一言至此

然後交相慶賀云今是一家我出軍十二年矣不知家中父子存亡且喜兩國通和遂有解甲之期又況國相二太子來時路中傳令期汴京必破萬一不可攻打雖二十年與更戌迭守誓不返國我國術者刻二十五日與初三日城破果不出二十五日也金人供送上左右寢食皆如法並喫餛飩扁食乃金人御饍也進上御饍亦用餛飩餅餤裹夾之類內侍爭攫拿金人以手加額云爾罪過此食未曾供皇帝豈可食也

又粘罕(改作尼堪)斡离不(改作幹里雅布)皆英雄自古云不在中國(改作原)必在四夷(改作外國)信然

兵馬大元帥府差置官屬

王命差耿延禧高世則參議官徽猷閣直學士河北都轉運使張慤直龍圖閣京東轉運副使黃潛善充大元帥府隨軍應副徽猷閣知信德府梁楊祖充大元帥府隨軍運使楊淵王起之秦百祥充幹辦公事藍珪康履黎彖楊公恕韓公裔充主管機密文字武顯大夫陳淬充兵馬大元帥府都統制伍軍兵馬敦武郎趙俊等中軍統制翼贊大夫劉浩前軍統制武顯郎張瓊左軍統制修武郎尚功緒右軍統制果州

刺史王孝思後軍統制

三日甲子駕詣龍德宮甯德宮

車駕詣兩宮安慰太上及太上皇后也

上御祥曦殿百官始造闕

朝野僉言曰何㮚初主議不割地既而守城事敗自謂宗社將危後聞金人講和反傾意信之從車駕見二酋(改作帥)割兩河地申降於虜(改作敵)可謂主辱臣死之時也㮚歸都堂曾無愧色見執政但喜講和而已與作會飲酒食肉談笑終日自古大臣愚昧無恥未有若此之甚者

命文武百官僧道父老詣金國軍前致謝

上降旨命文武百官僧道父老詣大金軍前致謝衆集於南薰門伺候指揮俄有金人十餘來傳令云國相太子致意百官軍中宿食不便不煩遠至又致意僧道父老泥雨不煩遠到軍前請看經念佛祝大金皇帝聖壽使命傳報禮意似勤人情稍安

金人遣使致書請嗊冋康王

泣血錄曰書云既往不咎故無可言事至於今良可驚悸康王見在河北可遣一人同使命嗊冋未審聖意如何凝寒伏惟善保壽祺其書不名但題云骨盧你移賚勃極烈（改作古倫尼伊拉齊貝勒）大金副元帥書上先是康王出使駐於相州粘罕（改作尼堪）遣使持書來嗊冋朝廷乃議遣樞密曹輔行

要盟錄曰是時朝廷使人每出金人必搜索蠟書上乃於曹輔衣襟用礬書詔以詔康王曰京城將吏士卒失守幾至宗社傾危尚賴金人講和止於割地而已仰大元帥康王將天下勤王兵總領分屯近甸以伺變難無得輕動恐誤國事四方將帥亦宜詳此

侯章齎蠟書至大元帥府催發勤王兵

修武郎閤門祇候侯章自京城齎蠟書催發勤王人

馬甚急甲子到元帥府王問章章對曰皇帝遣章等十人據城北來趣大王領兵入援惟章一人得達臨陛辭日皇帝宣諭云康王辟中書舍人隨行可以便宜傳諭令草詔書可盡起河北官兵入援時夜入初更即令耿延禧草詔盡起河北諸郡官兵令守臣自將草詔成已夜分矣呼集吏列燭分寫翌旦行下

四日乙丑金人遣使檢視府庫拘收文籍

金人欲盡取府庫故先遣使來檢視府庫拘收文籍內藏庫者太祖皇帝時封樁庫太祖不忍燕雲之地陷於契丹以每歲用度之餘置封樁庫以貯之欲俟貨財豐殖即用賞戰士以取燕雲之地有詔誓子孫不得別用後為內藏庫眞宗皇帝有御製詩頌曰五季失圖玁狁孔熾藝祖造邦基以募士毋惕侈心要遵遺業予不勝茲何以成捷龍虎興昌運山河鎮國都謳嶠延寶祚鳳德顯靈符道盛堯咨岳功高禹會塗九重方執象萬里定寰區凡七十二字每一字榜為一庫之號皆王章所書金銀錦綺寶貨積累一百七十年皆充滿盈溢金人遣使來檢視吳幵莫儔相引入庫中使人唯看逐庫字號方至五季失圖玁狁孔熾即止遽索馬歸又二日別遣使人來封閉諸庫

遂使燕人李縣丞坐庫中監般運提舉官内侍王若冲同官吏役禁軍津般三日不絶

靖康遺錄曰粘罕（改作尼堪）遣蕭慶入城檢視府庫帑藏悉皆封識既封府庫即居尚書省朝堂朝廷動靜悉皆關白

大元帥府傳檄諸郡起兵勤王

大元帥府檢會已行詔書備坐傳檄諸郡仰逐州依詔書守臣自將外載惟金人猖獗（刪此二字）再犯（改作遍）京城攻圍未退君父憂辱臣子之心義當效死衞上矧凡在職世受國恩當此艱危豈應坐視宜勉忠義戮

力勤王仰逐州守臣如指揮到日依已降詔旨不移時刻措置起兵除量留本處召募到土豪分擺地分守禦外盡數劃刷宜兵精鋭趫健招集强勇良家子弟堪充出戰人逐色團結仍不得夾帶老弱病患人充數備辦犀利器甲鎗刀弓弩箭鏃隨隊附帶差得力人如官兵以將佐部隊將押隊内選差如民兵以知縣丞簿巡尉内選差逐州守臣更切措置糧斛輕齎以防沿路次舍艱食隨人供億仍差官隨軍管押置文歷分明收支及軍兵起程日借請外優與犒設無致失所兼本府已選定十二月十四日提兵起發

相州前去過大河入大名府駐劄仰逐州守臣隨里路遠近計程限於十二月二十日以後正月三十日以前節次到大名府會合聽指揮審度前進右劄付知中山府陳延康遘知河間府黃待制潛善知冀州權修撰邦彦知信德府梁徽猷揚祖知潞州王寳文麟知深州姚直閣鵬知磁州宗修撰澤知德州滑大夫彦齡知棣州趙大夫（闕）知博州孫振知慶源府裴刺史汝明知保州葛刺史逢知霸州辛刺史彦宗知保定軍高刺史公翊知廣信軍張刺史噢知濱州董大夫誼知安肅軍王大夫澈知恩州知滄州知漠州

知永靖軍知清州（忘記職位姓名皆闕之）等准此上件劄子並蠟封先差下使臣兵級翌日遣行計里地自遠及近優給路費取間道以行

乙丑詔書行丙寅檄書行

自此每隔日一番繼遣凡遣六番每行王親拊郵曰逐處得回申來更轉一官資人人欣喜冒雪以行悉達唯中山慶源二府被圍不得通

大元帥府招安到軍賊楊青常景

先是相州屬邑林慮縣天平山深僻險阻磁相間豪族數十家避地有軍賊常景有衆號四千人圍刦天

平山殺戮殆盡掠取子女玉帛占據天平山又有軍賊楊青嘯聚號二萬人自衛濬直趨天平山破景衆擴取所有仍占天平山爲巢穴下瞰相州景衆奔潰稍集於縣郊王遣秉義郎曹端仁齎金字牌以禍福曉青以武翼大夫閤門宣贊舍人劄子招青俾率衆勤王又遣修武郎陳恂齎金字牌以忠翊郎劄子招景二賊聞命屈膝效順是日青以一萬人景以二千人各來歸以親信百人自衛庭參王不設儀衛呼而前慰撫諭戒以金杯酒賜之青以杯載酒股慄汗下於是知王有將將之度矣

賜進士出身頭品頂戴四川等處承宣布政使司布政使清苑許涵度校刊

三朝北盟會編卷第七十一

三朝北盟會編卷七十一校勘記

夾道以衛 夾誤作來　宰執越位曰 越位誤作位越曰誤作日　宰執以下臥地 下誤作不　集南薰門 集誤作守　梁揚祖 揚誤作楊　王孝忠 忠誤作思　朝野僉言 言誤作合　談笑終日 終誤作絡　耿延禧 耿誤作耽　官兵 官誤作宜　隨宜供億 宜誤作人　聽候指揮 脫候字　高刺史公翰 翰誤作翰

三朝北盟會編卷第七十二

靖康中帙四十七

起靖康元年十二月五日丙寅盡二十二日癸未

五日丙寅金人索馬一萬匹

泣血錄曰金人移文開封府索良馬一萬匹開封府揭示自御馬而下並拘籍隱藏者全家並行軍法許人告賞錢三千貫在京除執政侍從卿監郎官許留一匹得七千餘匹盡送軍前內侍班直禁軍自控納之甚有愧色自是士大夫跨驢乘轎有徒步者而都城之馬羣遂空矣

金人使八人入城

自此止宿都省或朝堂不復宿都亭驛矣

差文武官各二十員隨金人軍往兩河交地

每州各一員中書侍郎陳過庭爲交地都提舉

六日丁卯金人索軍器

先是城陷日軍兵拋擲軍器士庶之家往往藏匿金人知之乃移文開封府索軍器開封府揭示許人告收藏軍器者悉納赴官限滿不納依軍法凡甲仗庫軍器以車輦去或用夫般擔數日方盡

七日戊辰開封府召募潰散使臣軍兵

使臣軍兵潰散未有所歸恐其作亂開封府乃散榜召募依舊收係支給口食於是稍稍有出者

軍器監奏收軍器

准尚書省劄子批送下軍器趙監丞奏劄子奉聖旨差官四壁招收潰散軍兵漸次歸復有郭京傅臨政等所招出戰之士盡是賊徒不逞浮浪之輩既不能出戰又不能守禦久費國廪致誤大事既已潰散又乘勢作過接熟金人相爲表裏刦掠良民披帶衣甲未有拘收指揮竊慮因而愈生不便伏望聖慈明降睿旨赦罪其元請器甲限三日送納如或違限隱藏

不依今來指揮許人告首并依軍法復取軍器監出榜限三日送納其遺棄軍器多差人拘收所有民間收到軍器並令自齎赴監送納如依所乞須至指揮右出榜曉諭軍民戰士等仰詳前項都省批狀指揮日限據元請器甲限三日須管赴監送納如或隱藏不依今來指揮日限送納許人告首以憑送所屬依軍法施行

中書侍郎陳過庭防禦使折彥質出使兩河交割地界

金人請以大河爲界朝廷遣陳過庭折彥質割河北河東地又遣大小臣二十員持詔而行

詔民間權住典雇人口

以散失者衆議訪尋逐慮隱匿者莫肯歸還也

開封府折還百姓金銀度牒

尙書省劄子吏部侍郎兼知開封府王某劄子今契勘根括金銀充大金犒軍之物已奉聖旨許用茶鹽鈔并官誥度牒給還臣今據數進呈取進止依劄子奏付開封府吏部尙書正迪功郎六千貫承信郎五千五百貫承節郎三千貫進武校尉二千貫進義校尉一千六百貫進武副尉一千二百貫進義副尉八百貫守闕副尉五百貫度牒一百五十貫紫衣五十

貫師號三十貫右榜使府已關牒吏部等處等候逐處降到上件告牒別曉示齎鈔赴庫自百姓客人爲始仍以折納之數赴府庫自陳錢數不多者許同狀出榜市易務張掛曉示元送納金銀匹帛人戸等仰詳前項省劄各宜知悉

九日庚午遣使臣六人往諸路撫諭

詔曰大金軍已登城斂兵不下朕親出郊見兩元帥和議遂定宗社再安生靈獲全恩德甚厚仰諸帥守監司各令軍民安業仍先往軍前請號以行蓋粘罕（改作尼堪）在青城齋宮會言及之也後竟拘留不發

金人索河北河東守城親屬質於軍中以待割地

金人恐河北河東守臣未肯割地乃取四十五處守臣親屬於軍以待分割地界了日送還又取蔡京童貫王黼張孝純蔡靖李嗣本等家屬二十餘家及李綱吳敏徐處仁陳遘劉韐折可久可求開封府唯命是聽其或在貶所或已出京者具以實告其見在者次第發遣之自是開封府召集團結大小繩列於廊廡不遣者累日飲食不給寢處不問啼飢號寒之聲朝夕不絶

左言主管殿前司公事

以彈壓衞士故有是命

十日辛未詔府庫所有盡犒賞金國軍兵

詔曰大金軍已登城斂兵不下保安社稷全活生靈恩德甚厚今來京城公私所有本皆大金軍前之物義當竭盡以犒大金自皇后家爲頭有能徑率先竭財犒賞大金軍兵者令開封府具名聞奏當議優與官爵右已行差官徧行根括竊慮人戸未知尙敢隱匿窖埋致使本朝有虧信義或如前藏埋者並行軍法

軍前退馬羸瘦者督責甚峻

開封府揭執政以下科歛金銀榜

准尚書省劄子勘會元帥府台令所科金銀綵段除開封府並四壁官科外今科定前執政選人校尉所納金銀綵段右劄下吏部閤門御史臺依科定合納數日火急多差人分付告示應合納官立便依數赴開封府納不管時刻住滯今劄付開封府照會拘催送納施行須至指揮前執政尚書承旨內翰開封共六員每員各金二十兩銀五百兩綵段三十匹侍郎給事舍人諫議侍御正使承宣觀察使左金吾衛上將軍以上共三十三員每員各金十兩銀四百兩

十二日癸酉開封府揭榜拘催戚里權貴豪富之家財物等

開封府揭榜示曰見奉聖旨拘催戚里權貴豪富之家竭其家財以助犒賞今來累日並未見人戶盡數齎納竊慮爲見罪責致將金銀等藏埋右榜人戶將本家所有金銀表段竭其家貲赴府送納如敢藏埋許諸色人告以十分爲率將三分充賞先以官錢日下代支其犯人依軍法知情藏寄人家亦許陳告給賞不爲陳告者與犯人同罪民情詾詾殆不聊生午刻有從政郎陳符率先詣開封府投狀乞以見開和樂樓正店內銀器盡數輸官以犒軍詔改合入官與堂除差遣一次

十三日甲戌鄭皇后宅以隱匿金帛詔追父祖官

開封府督責金銀甚急鄭皇后宅以隱匿金帛不肯盡數輸官有詔父祖並追毀出身以來文字其餘奪官者甚衆又枷項幹辦使臣等號令於市

誅指揮使蔣宣李福盧萬

京師記聞曰先是十二月二十五日城破時上獨坐小殿中聞報城破倉惶有殿班直指揮蔣宣等數百人挾駕曰陛下之危只在頃刻臣等願從陛下奪西

門出當以死衛陛下不爾卽悔無及矣上曰汝等忠義可嘉但事不可知俟遣大臣探意若縱兵下城走亦未晚蔣宣候定日除觀察使於是稍定殿班等遂入奉宸庫盜金寶器皿殺內侍梁揆等或以兵擊牕壁又斫會通門莫敢誰何今事定遂誅之

軍前索銷金畫匠二十人索酒匠五十人酒三千壺悉與之拘籍鋪戶家財

朝廷命開封府曹官使臣拘交引質庫金銀綵帛鋪家至戶到攤認拘籍

十四日乙亥大元帥起兵發相州

日曆（改作記）曰大元帥承御前蠟書促援甚急乃輒離相州入援或者以汪伯彥守相州嚴備且宜住相州假如虜（改作敵）人至必不可犯王叱之於是集諸將於世恩堂議入援之路秦仔劉定侯章請從濬滑徑赴京城諸將皆曰河冰未合濬州渡無船一不可也滑州即虜（改作金）人寨其次長源韋城皆大寨豈能徑往二不可也秦仔等曰以帛縑橫絕河中兵馬攀援以渡彼滑州韋城大寨可轉戰而南耳諸將曰虜（改作金）人在滑帛縑在南岸者其誰維之借使半渡虜（改作敵）人斷維則何以轉戰而南戰士則可大元帥大王將如

何即轉戰不勝退安得帛縑復渡乎仔等不能對諸將欲回邢洺自恩州渡往北京王語之曰曷不徑趨澶淵諸將曰爲其逼李固賊（改作敵）寨萬一驚擾非萬全耳會孟世寧自北京遣人來投文字自元水鎮過子城渡適北（刪此字）冰合可行乃定議然陰陽官選日猶欲二十五日起發耿南仲請以十四日行前期差劉浩爲先鋒領人馬南趨濬滑以疑虜（改作敵）騎又移檄大名府路帥司差兩將人馬分遣前去舊魏縣駐劄暨吾軍到岸之際庶幾防新魏縣虜（刪此字）寨之金人一將於內黃縣駐劄以防滑州虜（刪此字）寨之金人

大名府路都總管司差閤門祗侯孟世寧領兵二千屯內黃縣大名府路兵馬都監王彥領兵二千人屯舊魏縣乙亥進發

初相人及五軍止知軍行南趨湯陰由濬滑路至是出北門申刻次臨漳縣伯彥以相州及兼權眞定府路安撫司公事馬步軍都總管職事前一日交割與通判趙不試遂侍王行

王在相州也欲得近上宗室相親有兵馬鈐轄士居服屬最高故常同宿食至是士居常次王馬而行是夕宿臨漳縣大卿夏舖宅火煙焰亘天或以爲奸細

放火以報虜（改作金）人耳衆甚恐王安卧帳中謂左右無之已而果然使臣馳報黃河欲凍解王燃香禱於天地河神

十五日丙子大元帥牒（改作渡）黃河中央（刪此二字）

中興記曰十四日晚探者報黃河冰已解十六日當立春乃黃河當拆冰上下震懼以爲宗廟社稷無疆之休在此一舉是日五更楊清報元水鎮冰再合施草布土訖王乘小車安然而渡大軍悉渡唯後糧車過冰薄陷溺者十餘人使臣高公海馬溺於河既渡三軍讙譟時久雪陰晦至王渡河皎日麗空陰雲解

駿紅黃雲擁日而行是夕宿元水鎮王坐帳中置酒名耿南仲汪伯彥耿延禧高世則舉杯慰勞

津般諸庫絹赴軍前

初金人索絹一千萬匹朝廷至是盡撥內藏元豐左藏庫所有如數應付河北積歲貢賦及浙絹南絹悉令津般京師上四庫京畿保甲盡充般擔人三衙使臣分地方監督然終日所般才數十萬金人擇絹不堪者漬以墨水退換酋長（刪此二字）怒曰大軍在此已欲渝盟邪朝廷乃於內府選擇北絹之奇絕者方發行

避戎（改作兵）夜話曰金人索絹一千萬匹朝廷如數應

副皆內藏元豐大觀庫河北積歲貢賦為之埽地如浙絹悉以輕疏退回而不敢重卻也又復易去凡十餘日遞般尚未盡京師上四軍盡皆執役三衙使臣盡皆分地監督每軍各執旗幟為辦運肘揚揚然以為己功訴其勞苦爭持交領照會來請食錢又復矜誇云獨我纔去便得收領並不退回殊無愧色

尚書省火

是夜尚書省火燒工部禮部將尚書省牌擲火中乃息

十六日丁丑大元帥至北京

中興記曰王宿於元水鎮也先鋒劉浩遣一騎兵齎狀申稱所統人馬至濬州值大河未凍先發丁順將前軍五百人濟舟至岸中軍猶未渡前軍逢胙縣鐵騎千餘人疾馳至滑州邀截斷我軍丁順將殘兵東走浩將中軍共二千人至濬縣沿河路回來追赴大元帥府聽候使喚是日五更起發慮恐滑之虜（改作敵）騎追襲劉浩奔衝北來命不須發嚴飭諸將蓐食乃行是日雪霽所定程頓至某店早食不敢如約行由小徑遂與扈從庖傳相失王至村舍下馬村人爇草火為王溫酒炙脯腊王呼耿延禧等圍火而坐未久

村人有報旁近有三虜（改作敵）騎問康王軍幾日到村人告以過數日矣三虜（此字改作騎）以鞭擊鞍云失採失採王聞之即上馬行申刻至北京是時乍晴師人多寒王呼諸將問卹且軍士見王躬擐甲冑上下馬無倦色每見軍士輒慰勉之故三軍皆如挾纊王以耿延禧寒取所常服綿裘畀之又以伯彥不耐寒解所服墨綠番羅戰袍幷絲以賜權知大明府張愨北道總管顏岐暨諸司率官吏軍民出郊以迎王歸於府治北京新遭軍變之餘人心不定王每出號令人心慰服是時京城圍閉又號令不通王軍在河北天下

不得聞動靜及是渡河駐軍北門天下甲陳四集取決帥府矣

汴都記曰是日立春朝廷送土牛綵仗往二酋改作敵寨粘罕改作尼堪不受曰傳語趙皇不用許多禮數

金人陷潁昌府知府何志同先棄城走

遺史曰金人既破京師駐兵城下慮有四方勤王之兵乃焚戮四輔州郡以息援兵之心故分兵犯改作攻潁昌府知府何志同棄城遁走金人據其城根括金銀物帛鞍馬不可勝計又三日縱火殺人死者十七八遂屯於潁昌

別錄曰粘罕改作尼堪遣兵破潁昌府指揮兵馬不得入韓琦宅至是百姓數千人皆入其家並免殺戮

金人送東道總管胡直孺知武勝軍張堯佐入城

先是應天帥胡直孺以東道總管領兵一萬來勤王至襄邑遇鐵鷂子百餘騎一萬之衆不戰而潰直孺爲金人所獲初張堯佐守威勝軍解潛與金人戰於其境潛敗堯佐降至是金人送兩人入城中

金人請以知澤州高世由爲西京留守河東轉運使張友極爲大金隨軍轉運使

金人在河東教高世由張友極至京城下至是請任使之蓋示和議定不欲自專也初太原既陷分河東爲兩路置安撫使以治之嘗命友極爲河東隆德府路經略使者是也

僉言曰粘罕改作尼堪令朝廷出敕以高世由守西京張友極爲大金隨軍轉運使催督畿甸民糧以餉軍

十七日戊寅再免公私房緡一月

再遣割兩河地界使臣

先是金人欲再遣大臣督割兩河地界朝廷遣陳過庭而金人拘留至是日始遣復增差使臣十人

十九日庚辰督責金銀委御史臺大理寺開封府根括

朝廷以金銀之數未敷督責甚峻仰御史臺大理寺開封府見捕輸納徵數踰限者根治雖戚里權貴豪族官至承宣使婦人封邑至恭人夫人皆荷項拷掠期於必納而後已又詔許納金銀人評直還茶鹽鈔金一兩準三十二貫銀一兩準二貫二百文榜諸州縣鎮公使曾遣在京買賣變易到見在金銀仰日下盡數赴官交納隱藏依軍法又榜京師天下富商大賈所聚應店肆居宅收蓄金銀之人並盡納官店戸主並許告陳知情與同罪隱匿並依軍法又榜示自宰執已下應曾賜金帶者並納赴官又詔毀神霄金

寶輪悉以充數

二十日辛巳散遣使臣於諸門分頭交納金銀

金人掌受納者求瑕指疵動輒退易金不甚赤銀不成蜂窠段子薄皆不用至毆擊使臣意欲賂送官吏多以大蒜沙糖鍼線花藤賂之

二十一日壬午毀官屋賣薪以濟民

民乏柴薪上憫念之乃令四壁毀官屋置場委官賣柴以濟其闕先是十六日上遣人語二酋改作帥欲開諸門令細民樵採自給粘罕改作尼堪不許曰但令折屋燒虜改作敵薄城以來每夜或日晡柵中鼓鼙四發及得城後擊於城上謂之平安鼓城中牆屋皆震聞者不聊生自是閒一擊之不復如往日矣

二十二日癸未大雪詔軍民樵採萬歲山竹木

是日大雪盈尺上念細民之失所降詔曰風雪大寒小民闕乏柴薪多致凍餒皆朕不德所致萬歲山許軍民任便斫伐由是百姓爭往焉以千萬計多爲軍兵擅之

知信德府梁揚祖以兵至北京

梁揚祖自將五軍以武義大夫張俊武翼郎苗傅范實武功郎祁超從義郎蓋淵統制一萬人自信德府

起發至北京王撫循周至徐問揚祖曰諸將誰最得力揚祖曰張俊最得力金人數至信德府城下俊出戰屢捷王擢俊爲大元帥府統制

賜進士出身頭品頂戴四川等處承宣布政使司布政使淸苑許涵度校刊

三朝北盟會編卷七十二終

三朝北盟會編卷七十二校勘記

所有郭京傳臨政等（脫所字）　逐處隱匿者（處誤作虛）　請號

以行恐四方隔絕日久未免惑疑（原脫恐四方十一字）　守臣親

屬質於軍（脫質字）　內翰（翰誤作朝）　竊慮未見罪責（未誤作爲）

卽日除觀察使（脫卽字）　諸將曰虜人在滑（脫諸字）　失火

煙焰亘天（脫失字）　謂左右曰無之（脫曰字）　投牒黃河中

央（脫投字）　上四軍（軍誤作庫）　各執旗幟爲辨意氣揚揚（辨誤作辦意氣誤作運肘）　爭持文領照會（文誤作交）　衡斷我軍（脫衡字）

天下甲兵四集（兵誤作陳）　又詔毀神霄宮（脫宮字）

三朝北盟會編卷第七十三

靖康中帙四十八

起靖康元年十二月二十三日甲申盡二十九日

庚寅

知磁州宗澤以兵至北京

宗澤自將二千人至北京王循撫如信德府王諭澤供副元帥職事

二十三日甲申金人索監書藏經蘇黃文及古文書資治通鑑諸書

金人指名取索書籍甚多又取蘇黃文墨蹟及古文書籍開封府支撥見錢收買又直取於書籍鋪

簽書樞密院事曹輔至興仁府訪尋康王

二十三日知興仁府曾懋申大金軍前差簽書樞密院事曹輔前來本府訪尋康王所在幷錄白曹輔所傳蠟封皇帝手詔言金人已登城斂兵不下見議通和卿等領兵未可輕動恐徒誤國幷樞密院劄付磬書大金以通和猶未退師諸路勤王人兵可且於稍近三五程間駐劄候師退日放散

朝野僉言曰初二日酋（改作敵）遣使乞令人於河北召康王使者傳云聞康王已占據河北之地恐河北州

軍恃王不肯交割請遣人迎之是時金人已懷廢立之意而朝廷大臣無有覺悟者何㮚奏上乃遣簽書密院曹輔由京東詣河北迎康王何㮚令人於曹輔衣襟上以礬書爲詔以遺康王爲朝廷人每出金人搜索文字蠟書故以礬書帛入水方見曹輔東至曹州見守臣曾楙說大金已登城講和歛兵不下曾楙詰曹輔曰虜人貪暴變詐豈有刪虜人至此八字改作敵既登城下豫豈有歛兵不下者乎公等家屬必爲所虜脅之使爲此言輔乃裂衣襟令楙看以達元帥次借州印以發四方撫諭文字數日取曹州守臣軍令狀回稱不知

康王所在金人軍前復發入城

二十四日乙酉粘罕改作尼堪斡离不改作斡里雅布遣書來索金銀表段犒軍書榜示於市

朝野僉言避戎改作兵夜話曰骨盧𠈏移賚勃極列改作固倫尼伊拉齊貝勒左副元帥皇子右副元帥謹致書於大宋皇帝提師遠涉惟賴金銀犒設軍兵近日差官入京城檢視府庫藏積絹一色約有一千四百萬匹於內准備取犒賞所須一千萬匹今來承示披尋深意恐似有妨取索假以爲辭於理未安初破城時本議縱兵但緣不忍以致約束今於犒賞諸軍議定合金一百萬錠銀五百萬錠段子衣絹不限官私早望依數應副見在府庫絹雖見有餘唯取所須之數金銀段子亦依所須之外亦必不取累承示諭金帛豐耗驗今所諭似謬前言且冀亮悉無多浮辭專奉書啓達不宣謹言榜曰今備錄到國書在前勘會大金軍既登城歛兵不下保全一城生靈恩德甚厚犒軍金銀表段自當竭力應付除內藏元豐庫及龍德寗德兩宮御前皇后閤皇太子宮并臣寮之家已根括到數目外大段闕少今曉諭權貴戚里豪富之家及凡有金銀表段人戶各仰體認大金之恩匹兩已上盡行

輸納差王時雍管東北壁徐秉哲管西南壁陳求道余大約管東壁王紹受納王及之夏承管北壁李佩受納王琮葉份管西壁李濤受納張著胡恩管南壁井度受納依諸家元納到封頭斤重交與受納官秤數交割大金軍前如敢隱匿仍許諸色人告以一分給賞雖奴婢告主亦不坐罪仍令逐便給賞官吏乞覓並仰一面措置施行

張懿除延康殿學士知大名府

懿爲河北都運使充隨軍應付忽准告除延康殿學士知大名府難以隨軍乃差河北轉運判官顧大夫

隨軍應付仍日下隨逐副元帥宗澤前去開德府

知洺州王麟以兵至北京

王麟自將一千人至元帥府自陳母老無兼侍又以疾謁告乞還守洺州王語僚屬曰麟有異志耶卒許其歸以麟所部兵撥隸副元帥宗澤後聞麟歸洺金人至以城降爲軍民所殺並及其家

二十五日丙戌揭榜云失人口之家許陳狀詣軍前認識

榜云應被討虜去失人口之家願往軍前識認及以物贖者並會於東西塔院同詣尚書省陳狀前去俄頃西塔院會集者無慮數萬人官司以人多難遣遂收榜不行人各散去是日金人來叫醫甚遽斡离不改作斡里雅布苦目疾詔以翰林醫官視之

金人圍相州

金人知大元帥在相州乃遣人圍之自京師取汪伯彥男大理寺丞汪似壻都水監丞梁汝霖丙戌至城下要議割地是時王已駐於北京聞金人圍相州也曰非耿南仲撑十四日離相州則將若之何南仲曰此天誘臣衷方以功業授大王臣何力之有焉初王在相州也都郡有乞召募民兵者不已上書輳門往

往乞空頭官牒以自圖利相州有鶴壁村田氏南平李氏平羅蘭氏皆大族依山設險保聚居民至有作院造軍器作釣橋壘石爲城以守禦者或建議若招致民兵可得數十萬人南仲與汪伯彥等議遣巡尉齎幣帛酒禮等聘之既至皆補官又以空頭官牒數百以往王從之王離相州日無一人至是金人圍相州諸姓皆受木牌子從僞改作敵矣

許百官乘轎

尚書省今月二十四日奉聖旨勘會百官馬既行根括殆盡不可徒行今檢政和三年大雪例許乘轎子出入仍不得入皇城門右劄付開封府出榜曉示者

天寶寺火

是夜火燒天寶寺沿燒居民五百餘家○舊攷云泣血錄作火燒天寶寺天甯寺及居民五百餘家

二十六日丁亥詔鬻爵及僧道紫衣師號

根括金銀甚緊急尚慮士庶之家隱吝不納乃詔鬻爵開列官爵價值募人承認及僧道紫衣師號等無有應募者

金人入國子監取書凡王安石說皆棄之

二十七日戊子金人遣二十一人詣大相國寺燒香禮

佛而去

先是大相國寺智海禪院僧守一爲金人邀詣寨問佛法大意甚喜約以北行告歸治裝還寺沐浴登坐别衆坐化人甚異之虜（改作敵）遺二十一人持香入相國寺供佛賜金千緡以葬金使登樓閣移時而去或爲守一而來

副元帥宗澤軍於開德

王命副元帥宗澤軍於開德府是日發中軍澤領所部磁州軍民之兵二千洺州軍兵一千揚言康王在軍以都統制陳淬統制前軍先鋒統制劉浩改差充

副元帥前軍統領右軍統制尚功緒改差副元帥下左軍統領各將帶本部二千人起發後一日以常景充副元帥下右軍統領將帶本部二千改差王孝忠充副元帥下後軍統領將帶本部一千並於開德府駐劄

二十八日己丑金人索劉晏四人賻贈銀絹各五百匹兩

先是金人索四人之尸以骨還之至是索此賻贈

知博州孫振領兵二千至寇氏縣知深州姚鵬領兵二千至館陶縣

孫振姚鵬各具申帥領軍民兵迤邐前赴帥府王命振鵬前去濮州駐劄

呂剛中呂時中以募兵侵欺不實送宗澤自效

日曆（改作記）曰初京城未陷時有進士何烈者爲監察御史張所謀於朝廷遣呂剛中時中兄弟二人潰圍出城齎蠟書往河北招兵效用王在相州日剛中時中過相州王取所差劄子帛書觀之乃言委剛中時中兄弟起兵不屬元帥府節制所給錢糧其末云招集民兵保義郎閤門祗候呂時中提領監察御史張所都大總領右僕射何㮚更携御前降到榷貨務見

便鹽錢空頭劄子三十萬緡王笑而遣之

剛中洺州人應武舉緣京城圍閉獻陳募士徒爲文具至是方到大名府城下狀申帥府前去稱洺州召募到義士一萬人部領前來已到館陶縣劄寨契勘元朝旨召到人州縣應付錢米每名日支米二升鹽菜錢三百文節級米三升錢五百文部轄使臣米五升錢七百文乞判送大名府出給歷頭據人數批勘王指揮剛中所召募義士仰日下部領至城下駐劄密使人伺察但有五百人其他以諸山寨水寨保聚民兵姓名收爲虛數詐以批請實無其人問所携榷

貨務關子所存無幾送剛中時中下大名獄委張慤推勘根究要見官錢下落實有侵欺屬金人犯開德曹濮等州遂以剛中時中送宗澤自效

二十九日庚寅詔許民毀折萬歲山屋宇爲薪

泣血錄曰是時天寒多雪上念軍民之不易且恨朱勔之屬勞民力而運花石也詔樵採花木與民爲薪應班竹紫筠館丁香嶂酴醾洞香橘林梅花嶺瑞香苑碧花凋翠雲洞等百餘所及奇怪松柏檜木橘柚花柳一採殆盡至是又詔毀拆屋宇以充薪軍民奔赴互相攘奪先是城陷日金使八人常留宿都堂議

事詔以從官伴之是日金使方食而軍民毀拆絳霄樓皷側喧呼之聲聞於遠邇又有蹂踐墜壓至死者坐客棄筯而金使問其故或以實對金使笑曰使民相爭則強者得弱者失兼又墜壓致損人命何爲不官拆以散之伴食者唯唯無對丁特起曰嗟乎聖天子屏去園囿之觀縱民樵採可謂盛德而奉行之吏曾無經畫欲利於民卻因而反害之取笑於夷狄(改作敵國)是可歎也

大元帥發北京

日曆(改作記)曰先是王聚幕府僚屬議所向宗澤請直趨開德府次第進寨以解京城之圍汪伯彥曰金人數十萬衆聚京城下周圍四壁各把定要害自開德府之南四十里曰衞南縣至京城下劄連珠寨常遣人硬探水泄不通吾軍除過河五軍保衞大王外續收纔一萬三千人其間召募民兵又居其半如何徑要解圍事須量力只今未說解圍且先安泊得大王去處穩當然後促河北所檄諸郡及檄京東諸郡人兵俟其皆來會合以當東北面更檄宣撫司陝西江淮勤王之師以當西北面約日俱進聲援相接乃可解圍況金人河上絡繹往來開德不是大王安泊去

處大名亦去河咫尺不可久住欲差發數頭項軍民之兵前去興仁開德府濮州諸處屯泊大王安泊去處大王往東平府措身於安地身安則國難可圖耿南仲延禧高世則等無異論更召諸將問之諸將亦以爲然王遂議往東平府先遣副元帥宗澤往開德三日發五軍皆盡庚寅王遂進發楊青代劉浩爲先鋒統制是夜宿於大王寨是日歲除物價翔貴市店皆閉細民無食凍餓交橫

是日王在党忠薛廣祝進等擾於京西河北

幼老春秋曰京城失守禁卒潰散有自萬勝門出得

路而逃者皆羣聚刦擾州縣有王在党忠共犯隨州官吏居民皆棄財物於道路奔入大洪山奔走不及者皆爲在等驅虜而去在及忠驅虜未盡者有薛廣繼至隨州刦掠罄盡在焚隨州又虜强壯爲兵會祝進犯德安廣擾郢州漸入復州界中往來於隨州德安之間王在党忠薛廣皆班直祝進乃郭京之部曲也

賜進士出身頭品頂戴四川等處承宣布政使司布政使清苑許涵度校刊

三朝北盟會編卷第七十三終

三朝北盟會編卷七十三校勘記

大金已通和 已誤作以　可且於稍近三五程間駐劄 且一作令　爲朝廷使人每出 脫使字　今承來示 誤作今來承示　恐似有妨再索 妨應作防再誤作取　議定合用金一百萬錠 脫合字　衣絹數不限 脫數字　余大均 均誤作約　汪似琄 琄誤作埍　是時王巳駐於北京 王誤作主　平羅蘭氏 蘭一作蘭　所給錢糧 一作所給軍前錢糧　欲差發數頭項軍民之兵 項誤作頂　往來於隨州德安之閒 閒誤作問

三朝北盟會編卷第七十四

靖康中帙四十九

起靖康二年正月一日辛卯盡十五日乙巳

靖康二年正月一日辛卯朔上朝賀太上皇於延福宮幷詔百官僧道出南薰門赴軍前致賀二酋（此二字剷）

遺史曰是日有旨令百官僧道往軍前致賀粘罕（改作尼堪）傳令止絕之舊制正旦日朝會車駕坐大慶殿諸國使人入賀殿庭列法駕儀仗百官皆冠冕朝服諸路舉人解首亦士服立班其服二梁冠白袍青緣諸州進奏官各執方物入殿諸國使人大遼大使頂金

冠後簷尖長如大蓮葉服紫窄袍金蹀躞副使展裹金帶如漢儀大使拜見立左足跪右足以兩手著右肩爲一拜如漢儀夏國使副皆金冠短小幞制服緋窄袍金蹀躞皮靴叉手展拜高麗與南交州使人並如漢儀回紇皆長髯高鼻以匹帛纏頭散披其服于闐皆小金花氈笠金絲戰袍束帶並妻男同來乘駱駝氈兜銅鐸入貢三佛齊皆瘦瘠纏頭緋衣上織成佛面又有南蠻五姓番椎髻烏氈並如僧人禮拜入見旋賜漢裝金襖之數更有眞臘大理等國有時朝賀大遼使人在都亭驛高麗在梁門外安州巷同文館回紇于闐在禮賓院諸番國在瞻雲館懷遠驛唯大遼高麗就館賜宴是歲圍城中遇正旦而命親王就虜（改作敵）帳中致賀都人傷感繼之以泣

濟王景王詣金軍賀得金銀數匆以歸

粘罕（改作尼堪）遣其子眞珠大王同使人八人入內賀正旦

二日壬辰金人二十一人詣國子監燒香拜先聖

是日諸酋（改作敵營）受內金銀輸納不絕絹已畢數

徐秉哲根括高傑高伸家收藏

昨蒙聖旨根括權貴之家金銀表段據南壁根括官陳著押到高伸家女使劉梅壽先將金銀令幹當人

劉均兩次押往兄高傑家收藏本府遂差人勾劉均出頭其高伸卻與兄高傑穿執親來本府庭下高傑係金吾衛大將軍高伸係延康殿大學士日前受國厚恩不可勝計今將倚恃官高庇護幹當人卻各乃親自出頭抵棄實恐難以集事伏望特賜指揮施行奉聖旨高伸輒至公庭有虧臣體高伸落職高傑降充左衞率府率

三日癸巳兵馬大元帥次東平府

王以正旦過華縣宿陽穀縣二日過景德鎮宿迷魂寨至是到東平府本路安撫使盧益轉運副使黃潛

厚轉運判官閻邱陞以下官吏出郊迎接百姓父老夾道駢肩驩呼之聲溢滿城市

四日甲午金人蕭慶就都堂聽講月令洪範

再詔諭河北河東割地

詔曰敕某州守臣某大金元帥府領兵來責失信欲盡得河北河東永固結好雖即時應許遣聶昌耿南仲前去交割其實念祖宗之地不可與人故自大金臨城堅守禦敵終至失守出城歸款所有重兵雖不下城猶稱只候此交割州軍撫定了當然後收斂仍取了應合交州府官員在京血屬執質只候撫定了

日放歸團聚其在外者亦別作根勾去訖近刷到石州种廣（○舊校云一作种廣秩）家屬送過軍前稱石州早已歸款遣回不用足知其餘家屬才候撫定亦當歸還今聞某州堅守未降足認勤王保衛社稷不願歸屬外界然大軍尚在城下若迤邐堅守須至別有施行則汝之忠勤反爲社稷之禍豈如早毀樓櫓開門出降撫定本土人民外元係河南客官軍民客旅人等元放還則公私各得其所再念京師城池深固猶不能保若汝等不務順從豈止宗社無所裨益所在亦必不保愼毋執迷故茲詔諭想宜知悉是日持此詔之虜（改作敵）寨中

泣血錄曰金人遣使迫朝廷再詔諭河北河東割地自聶昌耿南仲出使繼遣陳過庭往而兩河守臣人民作堅守計例不奉詔至是累日才得石州朝廷不得已乃降是詔

詔諭南京

先是正月一日金人同撫諭使臣齎詔至南京取金帛南京疑不與復遣使臣持奏入京覆審其故既到是日詔云敕應天府守臣等忽覽來奏知撫諭詔書已到又知南京蒙大金更不攻打喜極出涕所須金

銀疋帛當竭力應付一疋一兩不可存留根括官吏民庶人家盡數供納以謝恩德京城見今收拾犒軍務在罄竭近詔書朕苟可以報大金者雖髮膚不惜亦可以此意曉諭官吏民庶勿更執迷恐誤大事南京與金人凡金百兩銀二萬五千兩絹一萬四千疋

五日乙未大元帥命官往祀岱嶽

日曆（改作記）曰王念二聖久被圍閉涕泗懷憂乃命官往祀嶽廟祈禱國祚無疆之福命耿延禧撰青（改作祝）詞曰伏以國逢災會諒莫數之難逃神有威靈冀隆仁之垂佑念當艱棘遙發誠忱望峻極以傾心罄虔

恭而歸命伏念宣和蠱弊失在於驕奢靖康鼎新方崇於勤儉乃登位之未幾忽金兵改作敵騎之大來初通和好之情終肆貪殘改作攻圍致之性改作禍今則金湯失險社稷阽危君父何辜橫罹憂辱生靈無罪大被誅鈕係虜改作纍成羣去作他方之鬼逋逃遍地皆爲失業之民雖幸免於刀兵亦必填於溝壑況乃刻深之巨禍發於隱伏之姦謀不忍言揚空成涕隕措躬無地請命於神伏望昭鑒俯臨靈慈下逮眷皇朝有積累之舊念嗣君無侈汰之愆平時康樂之民率多良善中間知謀之士不解薰修家一槩而死亡情詎勝

於哀痛況今首尾已歷冬春尚或交兵未罷願察幺微之懇特垂救護之仁使金虜改作人生知足之心不爲已甚畀趙宋以無疆之福復見太平

七月丁酉雨雪

天寒地冰如鏡行者不能立足人馬皆不可行

八日戊戌何㮚使軍前還尚書省揭榜

何㮚使軍前懇粘罕改作尼堪乞減金銀表段粘罕改作尼堪不從旣歸尚書省揭榜云准御封付下大金犒軍金銀表段府庫士庶已到數目十分未及所須之一專遣右僕射何㮚躬詣軍前懇告乃怪問謂京城人民衆多必有隱藏欺誕大金全活一城生靈無以爲報性命旣保財物何惜仰開封府尹督責四壁官急行根括御史臺催促覺察自宰相以下未納金銀指名督責是時根括金銀益緊御史臺置歷抄上自宰執已下未納金銀姓名督索開封府大理寺及四壁根括所司勾呼禁繫枷栲不可勝計不以官品高下例行訊栲枷項促催者相望於市人不聊生

九日己亥上朝太上皇於延福宮

宣和錄曰是日朝太上皇皇后偕至置酒食甚欣然不及次日遂有出郊之意晚金人遣使致書欲車駕

再幸其軍議加金主徽號遣高尚書持書來高奏陛下不必親出姑爲書或遣親王大臣以行如何上亦不欲出郊而何㮚獨以謂必須出上信之㮚因歸都堂自草赦曰孫傅謝克家可太子賓客輔太子監國來日車駕出幸軍前時何㮚自謂折衝有術對虜改作金使歌曰細雨共斜風日日作輕寒左右及虜改作金使皆笑久之遂出手詔今月初十日出城見兩元帥議加徽號事或云是日有使來要駕託以面議金銀事而上之出以議徽號爲辭

遺史曰金人遣使來請上詣軍前云農務將興及徽

號事須當面議之乃降詔曰朕初十日出郊見兩元帥議徽號咨爾衆士各宜知悉

封氏編年曰吳革見詔謂親信曰天文帝座甚傾車駕若出必見留乃見宰相何㮚曰此度駕出必墮虜（改作敵）計願相公奏上勿出㮚曰二太子邀駕無他祇爲要上加金國徽號必不留也革曰虜（改作敵）情難測烏足取信㮚懦怯不知所爲戰掉失色而革言終不見聽乃請於樞密院張叔夜孫傅乞奏二人雖入面奏而業已議行矣

十日庚子車駕再幸青城軍前

遺史曰上出郊以皇子監國以孫傅爲留守尙書梅執禮副之識者謂鴻門之會豈可再行也哉是日士庶僧道往南薰門候駕迨晩榜示詔云朕出郊議加徽號事爲諸酋（二字改作敵營諸將）未集來日回內仰居民安業

孫覿狀曰正月初九日二酋（改作帥）致書請上出城議尊號何㮚面奏宜如書十日復幸青城舍親王位供帳蕭然饋餉皆不至羣臣相顧失色蕭慶諷李若水留官吏三百人餘悉遣歸故人多放還者於是虜（改作金）人以數輩持兵守閤謹誰何日將入掩關外向以鐵繩維之燃薪擊柝傳呼達旦上不堪幽閉之辱往往出涕

上之再幸虜（改作金）營也何㮚曹輔吳幵莫儔李若水譚世勣司馬朴汪藻孫覿扈駕從行上至青城舍於端成殿東廡是夜衾枕不宿戒席土床而寢何㮚已下皆置之別室上之出也人無知者忽見榜示言駕詣大金軍前議和上徽號仰軍民安靜不得扇惑衆大駭時上已出矣中外莫不寒心

靖康遺錄曰自十二月至正月金帛不足無如之何粘罕（改作尼堪）催迫逾急頻數號令欲縱兵入城百姓輒

驚不安其室上以問蕭慶答云此事須陛下自見元帥乃可了畢會粘罕（改作尼堪）亦遣人來請再相見上疑番賊（二字改作敵）見欺意欲無往而金銀不足恐其縱兵不得已乃以皇太子監國樞密使孫傅爲留守密謂傅曰我至番（改作敵）寨慮有不測當以後事付卿可置力士司名募勇敢必死之士得二三百餘人擁上皇及太子潰圍南奔我從金人之命死生以之遂以初十日駕復出何㮚以下皆從既至青城粘罕（改作尼堪）不相見上於前所居舍內嚴兵護守

靖康別錄曰虜（改作金）使請上詣軍前加金主徽號先

是都堂集議加虜(改作金)主徽號曰繼天集統昭德定功敦仁體信修文振武光聖皇帝太常博士華初平力爭以謂不可二府怒罷之汪藻時爲太常少卿草定冊文去冬遣馮澥等充奉冊寶使及河虜(改作敵)騎大入乃還至是遂親上之

上賜河北軍民手詔

宣和錄曰是日三省樞密院同奉聖旨朕自即位以來金人交戰不已朕累下哀痛之詔諒爾等共悉朕意今金人攻圍京城已及一季應援兵尙爾稽遲使吾社稷生靈坐以待盡比者金人巳登京城按甲議

和欲使朕與吾民肝腦塗地金人請求靡有不從每念屈辱之極時事至此不獲已許帝姬和親立大河爲界而金人實未斂兵欲質我太上皇又欲使朕南遷王室見今頓兵京城終不退歸朕上禱皇天未之震怒下告民人未之懷憤思祖宗積累至此而欲盡乎朕之德薄不能以保吾民乎朕思一身朝夕不能安痛切深思實無罪戾夫何使朕與吾民至於此極也咨爾河北之民與其陷於番夷(改作人)各宜自憤抱孝懷忠更相推立首領多與官資監司守土帥臣與爾推誠結集北道州軍自以爲號保守疆土使予中國不失於番夷(改作人)天下安平朕與汝等分土共享之朕言及此痛若碎首故茲詔示宣此至懷

上自軍前降御筆令王若沖邵成章衞護皇太子赴宣德門議事

十一日辛丑駕在青城尙書省揭榜爲金銀匹段數少聖駕未得歸回

遺史曰士庶僧道雲集於南薰門俟駕回午漏帶御器械王宗沔自御前回俄有榜云王御帶傳到聖旨大金元帥因金銀匹段數少聖駕未得歸回事屬緊切在京士庶各懷愛君之心不問貴賤金銀匹段火

急盡赴開封府送納許人告給賞隱藏人依軍法人心惶惶不安尙書省榜奉御批果見今高尙書傳元帥臺令爲金銀表段數少且留車駕在此俟見足數方可放還可依下項並仰具所有數目明批上歷限十五日以前送納如有顧惜隱藏卻因搜檢告首發覺便行軍法御史臺文武百官親王公主王時雍等僧道技術官放出宮人開封府戚里醫人百姓老娘諸行頭彭端等公吏曾經祗應倡優及兩軍祗應人大小閣子曾在行幸局祗應人內侍楊戩賈棠等下勾當使臣曹剛等大宗正司宗室三衙曾經隨輦官

兵級內東門司妃嬪並龍德宮入內黃院子衛士幕士等各令知悉士庶見榜以駕留虜寨（改作金營）隨坊巷集隊伍裒聚金銀獻者不可勝數朝廷將大內器物並龍德宮諸王所用之數悉將以獻自宣德門至南薰門軍民運金銀器物者接踵數日百姓各以扣書其姓名用木床羅列而獻至充塞道路王御帶傳道聖旨大金元帥甚怪金銀綵段數少朕再三懇告云京師居民甚衆必不止此仰開封府尹告示戚里權豪士庶各體朕意日下分頭差官根括事體緊急許卿便宜行事開封尋差下各廂家至戶到店客戶倡

優戶例皆攤認一城騷然自是御史臺大理寺開封府追呼百官豪富之家捶楚催督哀怨之聲不忍聞矣

宣和錄曰是日虜（改作敵）減儀衛止留三百人郭仲荀統之除親王宰相執政學士院禮部太常寺官外餘並令先歸以欲上虜酋（改作金主）尊號故也於是鄆王楷而下九人宰相何㮚執政馮澥曹輔翰林學士吳幵莫儔直學士院孫覿禮部侍郎譚世勣太常少卿汪藻八人分居青城齋宮別室朝夕起居如儀李若水司馬朴以奉使亦從若木留青城司馬樸留幹離不（改作斡里雅布）軍中上通謁二酋（改作帥）不見禮數迥異於前上不勝憂懣

右文殿修撰知冀州權邦彥自將本州人一千人號二千人前來聽候指揮

奉王旨即日劄子仰下疾速取便路前去開德府駐劄聽候元帥宗澤節制

十二日壬寅駕在青城金人索上元燈

道路相傳二酋（改作金人）城外作上元節觀燈凡在京師御前及諸寺觀正店皆赴府納燈街中般擔不絕又取景龍寶籙宮當年放燈金珠琉璃纓絡燈諸翠羽

飛仙之類悉赴軍前自月初至此一日之閒寺觀宮殿所有上元燈飾徵求殆盡

十三日癸卯駕在青城樞密院編修官胡珵太學生余覺民上粘罕（改作尼堪）書

宣和錄曰樞密院編修官胡珵書畧言優禮我寡君則庶民懷恩恤惠我都城則河北慕義凡千餘言太學生余覺民書引楚子圍鄭克之曰其君能下人必能信用其民退三十里而許之平太學諸生數百人泣詣南薰門上書於大金元帥言辦金銀事乞車駕還內朝廷大臣陰以兵攔截又厲聲云諸生不可恐

致生事遂出榜曉示凡有詣闕上書者須用樞密院令齎達於是諸生懷書至樞密院轉達彈壓官恐生變止之

靖康小錄曰是日王宗沔同番使入門且語且泣都人驚疑紛紛相傳上在齋宮不食三日矣內外震擾莫知所爲行人並散歸處處蕭索可傷有鄆官押御前冠冕赴軍中而金人有文字須要至上前呈過方赴軍中交納鄆官出門至上所居幕次日已曛暮於簾外起居上初不知自持一燭揭簾問卿何人鄆官以實對押冠冕至此上曰卿曾晚食來否答曰臣未

曾食上曰宰相幕次去此不遠卿可往就求晚食如無睡處卻來此睡其人晚食復來上曰朕渴欲飲水遂指水所在處使往求之既得上令先嘗然後取飲上所居止有榻上有氊二番前有小杌子二隻止有二綉坐子蕭然獨處而已鄆官親見歸以告人聞者痛心

知河間府黃潛善知廣信軍張煥知保定軍高公翰知霸州辛彥宗知安肅軍王澈各以本州兵至大元帥府

徽猷閣待制知河間府兼高陽關路安撫使黃潛善自將本司人馬一萬三千知廣信軍張煥二千五百知保定軍高公翰二千五百知霸州辛彥宗五千知安肅軍王澈二千以高陽關路副總管楊惟忠爲都統制赴大元帥府王慰藉溫厚人人感悅

十四日甲辰駕在青城

留守孫傅取上皇聖旨括諸王公主宅金銀宗廟供設祭器等悉取之又令御史臺置籍記宰執百官不斂納者罪之

靖康總載曰是日有王文昌致書遍告在京貴戚官吏士庶之家今天子蒙塵於野亦爲金銀表段不斂數目使金國藉口公等爲人臣子豈不上念君父速

出盡納於官況金國攻破京城幸其斂兵不下當時若使縱兵大掠則子女玉帛皆爲所有加之困在圍城以糧米爲命而金銀表段不能食若使遷延歲月使城門不開雖欲售之亦無所用今公等猶守既破之城惜已棄之物又何愚昧之甚又況平日所爲貴戚者素無殊勳止緣寵幸世襲封爵爲官吏者亦有無材術濫叨祿俸倚官營私恣行尅剝爲百姓者欺罔嗜利競較錐刀以取豐富反使賢能有在下之歎善良受飢寒之苦此天假金人取之若不反自痛責由貴及賤各出所有以已率衆大謝上天變咎尙循

故能徙爲文具萬一金國發怒悔之何及蓋聞智者先事而慮願公等上念君父數見勞苦於外而下全爾家屬之命轉禍爲福輕財惜生無自取戮況今朝廷見行推賞又許事定開門各償價値公等亦不失利何苦冒法而不將出耶果盡數赴官更無隱匿至未數數文昌卻願以一身詣金國軍前以實告萬一不從文昌當爲公等論列利害雖鼎鑊不辭望公等聽之無忽

駕前夜名孫覿等賦詩

中書舍人孫覿辭免待制奏狀曰十四夜中貴人劉

當時傳旨名臣臣亟往方進晚餔何㮚侍傍命臣坐賜以卮酒上輟食語臣曰卿作卽事詩須用三百字臣言車駕未有還期臣等憂懣無聊而三百字非立談可辦容臣退思以俟他日㮚曰聖情不悅羣臣當有以娛侍帝者賦詩不足辭上曰以歸字爲韻而內侍輩持燭操筆硏摛紙趣臣應詔臣不獲已以絕句一首詩成進御又令賦囘字一篇上大悅復賜臣酒仍名馬澥曹輔吳幵李若水譚世勣汪藻同賦羣臣見歸囘二韻益悟聖意所在不覺歔欷鼓三通劉當時裒集藏去臣等拜辭以出繼此二酋改作帥遣使須求凡上所不欲見之書札者必遣臣密諭孫傅凡六七遣矣

呂本中痛定錄曰前此上在青城齋宮無聊何㮚奏宜賦詩以遣興乃以孫覿汪藻應制上詩用時字韻覿詩曰噬臍有愧平燕日嘗膽無忘在莒時藻詩曰虜帳夢囘驚日處都城心切望雲時有以此達賊改作敵帥酋見在莒之句又斥其爲虜帳因摭此爲名遂遲留車駕

十五日乙巳駕在青城遣人傳榜囘

泣血錄曰榜曰傳聖旨軍中供帳膳羞皆如法宰執

從官次舍皆溫潔禮數優異只緣金帛數少商議未定仰卽速催促務要數多一二日間必定駕囘保無他事恐兵民憂慮故茲曉諭各令安業務要甯靜不得喧擾以民情頗動故有是令又曰是日陰雲四垂家家愁苦著作佐郎胡處晦作上元行云上元愁雲生九重哀笳落日吹腥風六龍駐蹕在草莽孽胡歌舞葡萄宮抽釵脫釧到編戶竭澤枯魚充寶賂聖主憂民民更憂驕子逆天天不怒向來艱難傳大寶父老談王似仁廟元年二年城下盟未賂名臣繼嘉祐路人哀痛塵再蒙冠劍夾道趨羣公神龍合在九淵

卧安得屢辱蛟蛇中朝廷中興無柱石薄物細故煩帝力毛遂錐不處囊中遠慚趙氏厮養卒今日君王歸不歸傾城回首欲悲啼會看山呼聲動地萬家香霧繞天衣胡兒胡兒莫耽樂君不見望夕月虧東北角刪又曰至此二百零九字

二酋改作金人請車駕劉家寺觀燈

遺史曰金人索元宵燈燭於劉家寺放上元請帝觀燈粘罕改作尼堪斡离不改作斡里雅布張筵會召教坊樂人大合樂藝人悉呈百戲露臺弟子祇應倡優雜劇羅列於庭宴設甚盛有致語云七將渡河潰百萬之禁旅

八人登壘摧千仞之堅城

賜進士出身頭品頂戴四川等處承宣布政使司布政使清苑許涵度校刊

三朝北盟會編卷之七十四終

三朝北盟會編卷七十四校勘記

副使展裹金帶如漢服服誤作儀　短小樣製誤作幞制　皆叉手展拜脫皆字　高麗與南番交州使人脫番字　旋賜漢裝金襖之類類誤作數　更有眞臘大理大食等國有時來朝貢脫大食二字來字貢誤作賀　夏國在都亭西驛脫此七字應在都亭驛之下　高麗在大梁門外脫大字　或懷遠驛脫或字　是日

諸酋受納金銀輸納不絕絹已畢數此條應提行不應低一格　卻與兒高傑等就親來本府庭下等誤作穿就誤作執　降充左衛率府軍率脫軍字　過華縣一作莘縣　在京血屬爲質才便撫定了日放歸爲誤作執才便誤作只候　足諗勤王保衞社稷諗誤

作訛　除本土人民外脫除字　元係河南各官軍民客旅人等各官誤作客官　元許放還脫許字　取到誤作既到　凡金百兩金下應有闕文　去作他方之鬼方應作鄉　未由罷戰末誤作未脫由字戰字　願察幺微之懇一作幺麼　持兵守闕禁呵人禁呵人誤作謹誰何　外向以鐵繩維之向應作面　累見高尚書傳元帥臺令累誤作果傳誤作傳　司馬朴誤作樸下同　有郎官押御前冠冕郎誤作鄉　亦有無材術有字衍　至上元請帝觀燈至誤作放

三朝北盟會編卷第七十五

靖康中帙五十

起靖康二年正月十六日丙午盡其日

十六日丙午駕在青城進士段光遠致書於金人乞回車駕

大宋進士段光遠謹齋沐裁書獻於大金元帥軍前僕嘗讀左氏春秋傳有曰親仁善鄰國之寶也又嘗讀禮記聘義有曰輕財重禮則民作遜矣讀至於斯未嘗不三復斯言掩卷長歎竊謂非賢人之傳誰能如此仰而思之在昔太祖皇帝膺天明命以揖遜受

禪奄有神器爲天下君創業垂統重熙累洽垂二百年東漸西被南洽北暢薄海內外悉爲郡縣殊方絕域皆爲隣國聘問交通絡繹道路其閒義重禮隆恩德深厚方之他國惟大金皇帝爲然比年以來本朝不幸姦臣用事宦官撓權不知陳善閉邪而格其非心罔有獻可替否而引之當道欺君罔上蠹國害民靡所不至姦臣可誅士民可弔事一至此則弔民問罪之師有不得已而舉也恭惟大金皇帝舉問罪之師施好生之德念今聖之有道憫斯民之無辜宗社再安生靈復全深厚之德若海涵而春育生成之賜若天覆而地載兩國永和萬民悅服夫如是則親仁善隣曷以加於此哉先時枉駕鑾輿爲民請命重蒙金諾與國通和常謂髮膚亦所不惜況於金帛豈復辭哉宵旰焦勞不遑寢食官吏根括急於星火竭帑藏之所積罄貧下之所有甘心獻納莫或敢違雖曠蕩之恩難以論報而有限之財恐或不敷久留聖駕痛切民心夙夜匪懈而事君之禮廢於朝號泣呼天而痛君之民滿於道仰望恩慈再垂軫念冀聖駕之早還慰下民之痛切夫如是則輕財重禮曷以加於此哉伏念光遠草茅寒士沐浴膏澤涵養聖涯陰受

其賜於茲有年才疏命薄報德無階今茲聖駕蒙塵於外僕雖至愚噫嗚泣涕疾首痛心甚於庶民倘幸仰賴元帥再生之恩若天地之無不覆載於人無所不容僕是以敢申忠義激　切之誠干冒威嚴仰期垂聽俯賜矜憐無任哀懇不宣

金人逼劉韐受官韐死之

劉子羽言父死節曰亡考自宣撫使被召十一月十五日到闕十六日引對時巳報金人渡河即有旨除提舉京城四壁守禦繼而金人兩路兵薄城下盛陳攻具爲必取計亡考遍歷京城知城大難守兵懦不

可恃四方未有援師力於上前奏事勢危急須於虜（改作金）人未攻城前遣使議和一面除康王爲兵馬元帥檄天下入援上深以爲然十一月十八日聶昌出使除亡考都大京城四壁守禦使繼而唐恪宮祠何㮚拜相力主戰議以亡考極言不可輕戰降旨謂亡考誤國揺民落職更降五官宮祠閏十一月二十五日何㮚出兵幷遣郭京領兵自陳州門出戰失利虜（改作金）人乘勝遂陷南壁二十八日召亡考至內東門宣諭亡考謂不從卿言乃有今日何㮚誤朕二十九日從駕出都至南薰門十二月初二日駕自南郊外

歸初三日有快行家親事官來宣亡考至內東門云已有旨差往軍前充割地官初五日早出門後知虜（改作金）人以亡考知眞定府有聲來取到軍前在壽聖院安下差僕射韓政館伴云國相久知資政名今欲任用亡考但力辭正月十三日韓政取亡考去相見云主上再出郊軍中已議廢滅宗社別立異姓幷取太上皇國相已說與資政與政爲代兼說亡考以立異姓之後兵連禍結不若此去取富貴亡考歸呼使臣陳瓘等說主上已出虜（改作敵）欲滅我宗社乃欲用我我當自圖手寫一札子付陳瓘曰大金不以孑爲

有罪而以孑爲可用夫貞女不侍兩夫忠臣不事兩君況主憂臣辱主辱臣死以順爲正妾婦之道所謂大丈夫富貴不能淫威武不能屈孑今日所以有死而已令持歸正月十六日沐浴更衣以衣絛自縊敵人雜類（刪此二字）相與歎泣曰劉相公忠臣於寨中尋親隨使臣陳瓘等共殯壽聖院西南山岡仍遍於壁柱間大題劉資政殯某處三月二十九日陳瓘自軍前逃歸四月初四日金人北歸初六日具棺衾故將王欽宇以兵防護出城大殮（下添尸字）在淺土凡七十日顏色如生當日扶護入城胡虜犯鑾旋致入郛之禍犬

羊無禮敢生邀主之謀海宇震驚神明悲憤僉爲國守疆之力無荷戈衛上之勤舉首籲天歸命叩佛六龍返正願（缺）覩履之宜九廟再安益介靈長之祉○（舊校云胡虜以下云云以下至之祉一段不知何文誤接於此）

靖康小錄曰公諱韐金人旣敗晢約擁師而南公帥眞定盛設備以待之賊（改作敵）知而不攻暨議和北歸公建策請速援太原且謂太原勝負之本也遂命公爲制置使旣而遷宣撫副使駐軍遼州與諸路援兵犄角而進九月太原失守諸屯之兵皆望風潰而公之一軍獨全於是天子命公歸援河朔師至信德府

而眞定已陷有詔移軍大名賊敵改作旣濟河復取公入覲命公爲提舉京城四壁守禦公日夜親臨衆不敢懈賊敵改作蟻附而前力攻東壁公親乘城以死拒賊敵改作閏十一月以言章罷守禦授以宮祠未幾復命專領北壁守禦二十五日賊敵改作自南壁登城二十六日賊敵改作循城而北公親持槍督衆力戰至夕諸軍稍稍遁去公遂奔趨禁中以衛乘輿虜敵改作旣僞和且索公出虜敵改作雅知公眞定之政時虜敵改作之樞密使韓政年高粘罕尼堪改作欲以公代之公力辭焉遂館公於壽聖院屢欲用公而公以病告終不肯

受虜敵改作亦未之廹也上幸虜賊中金營改作正月十六日虜敵改作因遣韓政說公曰帝不復歸矣公宜受命尚何望乎公僞謝覬少緩之自書家信其畧曰忠臣不事二君貞女不事二夫此吾今日所以有死也付隨行使臣陳瓘劉玠使乘間入城付公之子子羽因閤戶自縊而死虜酋金人改作大怒尸之於塗曰是不從大國之命者久之事稍緩瓘輩夜竊公尸瘗之於蔬圃因相與逃入城中胡馬金人改作旣去之後公子子羽同瓘等出城棺殮時幾百日而公容貌不壞今上登極贈公特進資政殿大學士嗚呼貪生而惡死喜富貴而羞貧賤人人不易之情也矧世巳顚覆莫能扶持士大夫皆欲全一介之命其倒行逆施深慮巧畫無所不至而況虜敵改作欽其名欲寵異之而乃甘心於死乎節義之著無愧古人其可無述也詩曰有赫劉公心在王室氣吞黠虜敵國改作忠貫白日九鼎旣淪四瀛蕩潏公如山嶽萬仞屹屹富貴莫誘威武莫屈仗節而死無愧委質

中興姓氏錄曰劉韐建州人也元祐九年登進士第宣和初知越州方臘反來攻城韐極力備禦戰破之靖康中太原府巳陷乃擢韐資政殿大學士河東宣

撫副使張俊苗傅皆隸麾下韐與大金戰河東敗績留俊傅軍信德府而走京師降八官落職罷之及大金攻京城上登城見護龍河塡疊巳盡李擢安扶守禦不盡心罷之復以韐與田灝爲提舉官及城陷韐自縊而死年六十贈諡忠顯衆哀其忠

宇文虛中撰宋故資政殿學士銀青光祿大夫贈特進資政大學士開府儀同三司諡忠顯劉公神道碑曰宋興百七十載祖宗以仁厚忠恕廉恥待士大夫自一命以上無復前世之戮辱亦有致位通顯終身安榮率爲子孫數世之利固宜人人自重知所報本

一旦禍生隣釁京師失守公卿郎吏交首僞庭(改作敵營)往往爲之領袖耳目至詆廹君父告捕宗室致之穹廬之下(刪此六字)天地悽慘神人憤泣獨二人以死節聞曰資政殿學士劉公韐曰兵部侍郎李公若水當擾攘變故之際議者不敢昌言其忠虜(改作敵)人倘高劉公之節至爲小殮瘞覆揭示其處平昔無事時公頻使於外未嘗陪鳴玉之間一入朝言者隨而擊之至在圍城中尚不爲時所容一日死難毅然在他人之前乃知忠義之士固自有守方難之興劉公爲眞定安撫使率軍民固守金人攻城不下則分兵綴之引

大軍而南上初卽位羽檄召天下兵未集乃屈已捐金幣爲城下之盟許割地以和虜(刪此字)僅退師旬日之間援兵大集用事者乘士民之憤奏遣數大帥分總而北期於北憑燕蘇西解太原之圍其言憤厲明決若可以漏刻制勝獨劉公憂之屢言亟戰恐敵爲非是虜酋(改作金人)以暑度陘會山西之師於雲中所留兵皆分就畜牧覘者以兵散將歸告於朝大臣責讓遣使督戰項背相望大將种師中感憤泣下帥衆以出遇敵死之而朝廷所遣別將姚古解潛折可求相繼奔敗中外震恐上知公可用乃以爲宣撫使使集散兵扼邢洺既太原卒陷眞定亦爲虜(改作敵)所據事益急乃驛召公赴闕久之虜(改作敵)合兩路大軍皆至京城下公又申前議以爲城大難守兵脆難戰惟有遣使款師緩其攻城之謀開元帥府以節制天下兵使之入援宰相折公於御榻前曰大抵臣僚自北來皆張大虜(改作敵)勢以戰爲非今韐亦然款師非策惟有戰耳公曰今日事勢已至此乃遣使款師固爲非策然不出於此以延引日月待援兵之至恐無他計若必欲戰則事有前墜非臣所敢與知也宰相怒以公爲沮國搖民卽黜之及城陷召公入見上雪(刪此字)

泣執公手曰不用卿言至此虜(改作金)人知公名請上書詔召至軍前宰相猶紹公爲割地使公至虜(改作敵)軍中踰月乃使館伴韓政諭以用公之意因言南朝已擇立他姓自是兵連禍結卒未平定宜與家屬北去以保富貴公慨然曰有是哉歸而沐浴易服取幅紙書曰金人不以我爲有罪而以我爲可用但貞女不事二夫忠臣不事兩君況主憂臣危主辱臣死以順爲正者妾婦之道所謂大丈夫者富貴不能淫威武不能屈此予所以有死也書畢引杯酒以衣絛自縊而卒嗚呼古語有之謀人之邦國危則亡之公之

始議欲以計款敵而以輕戰激怒爲戒覦謀者與公相違卒以致禍覦謀者不能卽死而公乃先死此尤爲忠臣義士之所難也初金人起自海上屢敗契丹遼東人避亂有浮海之登萊者或言因耶律氏之衰可以復取燕薊太上皇念信誓之重詔大臣集議皆唯唯兩可唯鄭居中鄧洵武以爲不然時相乃欲因此固位與童貫相表裏遂遣使持貫書從海道覘其虛實使與虜(改作金)偕來約我擧兵以夾攻契丹太上重其事依違未決會近臣有窺覬相位者乘閒進策且以言動朝廷曰彼約我以夾攻我若不從彼心反

惑起異時兵端悔之無及遂復使通國書許以如約因以燕地爲請及宣和壬寅邊臣奏契丹主延禧敗於白水其叔父湻僭立燕人來請師師到可不戰而下貫自江浙歸遽奏引兵而出太上以公參其軍謀公自越州乘傳至瀛鄚閒而种師道之軍巳潰於白溝貫憂懼不知所出公至雄州乃自請詣軍前就師道議歸而語貫曰燕人固守未可輕進且祖宗有誓宜且班師會蔡攸來出所得太上親札曰祖宗信誓指天誓日又曰燕人說則取之不說則勿取之貫以公言契合遂劾奏高陽帥侯益知雄州和詵誣妄誤國乃分屯以歸未幾耶律湻死無嗣其妃攝政議者以乘隙爲易貫攸復欲進兵中使自京師來出御札督戰且喻將佐寮屬曰朝廷與金人約夾攻契丹久矣我若罷兵彼將滅遼與我爲隣得無責言乎若使異時生釁誰任其責公曰與夷狄(改作金人)共事非計也貫怒曰此出上意公以爲非計何也公曰自古與夷狄共事鮮無後患(刪自古至此十一字)事不成則恩威俱廢四隣解體事成則敵人恃功必有邀索唐以回紇破安祿山納侮召亂百年不巳況金人氣燄非回紇之比乎凡爭議踰旬未能奪會郭藥師以涿州降我師遂

出劉延慶爲大將時當軸大臣乃昔年窺覬相位者欲沮宣撫司乃自京歸遣使厚許歲幣求燕地於金人欲以不戰而得地自以爲功仍遣人密戒延慶以毋輕進時有旨先下涿易功當三省故緩其事凡軍前奏請率多譴郤於是大軍日行十里駐涿州良鄉縣踰月不前將士暴露困怠銳氣銷阻巳而卒潰不能再擧金人自居庸入燕以燕歸我歲增幣鉅億萬金人始益驕傲(刪此二字)下視中國矣自出師取燕山以至靖康城守公皆參預議謀每與用事者相戾乃繼之以死以明君臣之義與夫危人之國敗人之師而

殺身以謝之者固有間矣嗟乎前日廷議之臣不度彼已之勢不量可否之宜引道聽塗說小民喧嘩之言以斷天下安危大計既相與敗國矣則又歸過君父滅棄臣子之禮苟可逢迎虜（改作敵）意求容於僞朝（二字改作敵）者無所不至也故上北狩所遣詔札覽之者無不慟絕逮盛德嗣興宗社禍甯謨國從僞者皆幸得生存而公乃先死不獲復見天日嗚呼天人之際善惡之報其果非耶不然則幸而生與不幸而死固自有數而不可致詰耶夫天以高名全節畀忠義之人不待留身而後顯則公所以捐其所輕輒取其所

重蓋所謂求仁而得仁者是豈可以幸不幸爲言哉公歸葬建州之崇安其子以處中與公契舊且見謀議本末乃以表墓之文見諉因爲論著大節事係天下之所以安危者揭示道左且以辨明取燕之失不在上皇仍繫之以詞以概舉公平生之事是區區之夙願也其詞曰劉號著姓始家咸秦建公六世乃遷甌閩曾祖文廣甘於隱淪祖父太素以儒學振顯授魯史其徒千人皇考民先益衍斯文遂繇恩舉厠於縉紳悉以公貴恩封蒋臻朝議正舉賁於幽窀英英厥配宜其累姻咸甯感義秩爲小君公生而異幼耽

經史來試有司策名上第重慶在堂撫公以喜板輿從養時其甘旨豐城一尉活彼餓民令於隴城調發惟均王師度隴以公從軍驟列朝籍聲稱藹聞時方開邊轉餉是急公總平貨歲登萬億斥羨於戎以易兵食公無棄財民無靳力帝用錫祉中密寓直郎瑕之寶邊計仰給故籍弗存利源湮塞命公總領制置之職刊燬之餘是捃是緝迄於有成幾期歲月祕殿論著集英爲首或繇材選或以功授八遷至此褒訓每厚遂總轉運使於關右鄜延謀帥以公守之兵衄湟中聲搖西陲公列將卒乘虛出奇踰月卒解震武

之圍隱如長城名動羌陲貢人款邊自狀其罪願附章聞矜此悔愈日彼羌反覆未改宜益鏖兵勿恃其紿公曰不然彼累戰敗以我全盛尙慮後害相彼小邦甯無懲艾遂以便宜列言於朝帝有恩言貰此夭驕東暨麟豐西踰臨洮蔚其稼穡更休戍繇自公一言繫彼嗾獒西清次對用旌厥勞公厭乘邊東越剖符越乃澤國湖水是瀦下流灌溉舄鹵膏腴誰俾涸此利其歲租飯豆羹芋困不重輸籍在水衡好用事（改作是）須孰敢弗督以速刑書公爲喟然疏入以時當亡慨歎恨不夙知盡捐所賦活此億嬴桐溪回穴

有盜竊發既蹂餘杭七州幅裂官吏曹奔官軍氣奪或請公避公顧而言爲上郡守其可棄捐乃治闉闍乃礪戈鋋畜牧收野什伍比聯寇改作敵來瞰城公親被堅揮兵出闘空拳爭先一戰而勝肩體盈川温台暨明賴公以全越民德公郊墟市廛飯食必祝願公永年帝聞民情謡謳籍籍予有忠臣功映鼓日超陞祕殿命書赫奕寶帶名馬終朝三錫公方應召邊吏請師命公便道往贊樞機幕中抗議人爲公危常山請帥未至而移汾陽黠虜改作之渠以衆來歸公謂上策不可挽羈曷以厚廩縻之京師章上報聞後患終遺

帝念久勤俾榮故郷爰自建安易麾福唐式寵其行進職延康過家上冢三組熒煌里民喜來牛酒相望乃揮錫金儲爲義莊燕及功緦時其奉嘗公頃過都見辭謁連造請臺省故例則然或者中公以逢貴權謂於中司有所摘言過領祠宮曾未踰年擢守荊渚復求建安盡還故職以榮使旃盜起河朔再帥常山公之來斯羣盜方熾單騎入境覘者腭眙其首柴宏世服耘耔不堪誅求乘憤而起洌彼潢池公以榮利俾還其植歸安田里宏感誠言矢死無二不飭吏士直造戎壘開諭禍福不施笞箠帝用嘉之載錫爾祉

煌煌命服重念粲麗副以名駒繡鞲瑤轡降胡人改作調馬名刪此字欲抗虜此字改作北部詔俾內郡悉空牧圉公以便宜格詔弗與有奸根株窺伺廩庾雜以糠覈壯哉雀鼠廉車之姻視其敢悞公命劾治趣告獄具營救衆至卒竄他所籍其家貲以餉禁旅兵鈐趙繹中貴人子取賂於軍以免戰士公得其實叱下械繫責人憤恨泣訴宸扆上慮佚罰逮治廷尉自是姦贓望風披靡惟時敵人因此造釁管樞暗事專兵以逞向欲受地開雲中郡公列其實逢彼之慍文移未復敵軍壓境憬彼渠酋改作魁挾我叛師驅馬南牧蠢集都

畿帝用屈已要盟乃歸求取金帛所過無遺大臣持詔廹公以威既竭府庫又取我私公不爲應郤之有辭虜改作敵憤未泄環城欲攻負彼犬羊改作恃其勁强舞於梯衝公命蹶張潰其狂鋒久乃遁去全此危墉進職資政寵渥彌豐虜改作敵之再來公護諸將敗亡之餘師殲氣喪公以忠義激於悲壯手執大麾視吾所向有詔來覲閉於重闈獻議不合煩言乘之公斥未久迄至阽危公之畫謀無非先計又以死明君臣之義雖古烈士視公有愧天子震悼褒䘏相繼還畀舊秩贈大學士易名忠顯惟以節惠公娶李氏進封康樂

繼室曰呂敏於婦學安康名郡承其恩渥公子三人詒訓清忠長曰子羽綽有父風入奉朝請執雁以從進直芸閣亦以似公子翼子翬八品仕初將命東浙帝以詔除管記幕府從公辟書有女出適曰祝可久通籍於朝在列之右二孫珙瑋蕤蕤並秀公仕三紀屢經郊宥貤彼恩秩升父之後故於常延尙遺二幼公生丁未治平二禩迫其捐軀歲 鈌三字 拱辰之麓新阡欝起揭兆銘詩亶告來裔

賜進士出身頭品頂戴四川等處承宣布政使司布政使清苑許涵度校刊

三朝北盟會編卷第七十五終

三朝北盟會編卷七十五校勘記

按兵不下 脫此四字應在宗社再安之上 生靈復全 復應作獲 號泣旻天 旻誤作呼 共欑壽聖院西南岡山 欑誤作殯下同岡山誤作山岡 甚至誑迫君父 脫甚字 奏遣數大帥分總西北 西誤作而 旣而太原卒陷 脫而字 宰相猶紿公爲割地使 紿誤作紹 使還與虜偕來 脫還字 彼必蓄憾反起異時兵端 誤作彼心反憾起異時兵端 視其枝梧 枝梧誤作敢候 歲 闕三字 拱辰之麓 應作歲拱辰巳崇安之麓

三朝北盟會編卷第七十六

靖康中帙五十一

起靖康二年正月十七日丁未盡十八日戊申

十七日丁未駕在青城太學生汪若海上粘罕(改作尼堪)書

太學生汪若海謹披心腹露情愫獻書於大金元帥聞之知天者可與論安危之計不知天者不可與論安危之計天道甚邇人心可卜往者天將有釁於宋是興燕雲之役以假手於大金我上皇天命是畏惕然內禪於是大金乃戢干戈乃申盟好我實懷惠賂以名都我寡君朝夕恪懃奉以忠信不敢有怠惟是

一二庸臣輕議淺謀肆其愚衷以眩惑我寡君之耳目是用再辱軍師之臨蒸惟大金既併契丹又服我宋有以見元帥之勇料敵無遺百戰百勝有以見元帥之智城邑望風迎刃而解有以見元帥之威功振天下光臨隣國有以見元帥之名破人之城不恣屠戮其誰不歸仁堅上皇之約成我寡君之孝其誰不與義勇智所以行世而武不可黷威名所以張國而勢不可必仁義所以成德最獲天人之助何謂武不可黷物至則反冬夏是也智至則危累棊是也自以古之善用兵者必觀天極究數而止用能保世以滋大如或不然則殺人之父孤人之子頭顱相屬暴於原野天安得而不厭哉此所以為元帥懼也何謂勢不可必今元帥之於中國也有令必行者有令不能必行者戰必勝攻必取此令必行也因號四方曰爾無叛則令不能必行也何則天下者非一人之天下也人君不足以自存匹夫可以成帝業是宋不得而事大金則大金不得有河北也此所以為元帥懼也何謂德獲天人之助元帥誠能無驕智勇保守威名黜攻伐之心充仁義之德則人心知歸天道必喜此所以樂為元帥道也然抑嘗聞之富人之牆壞其子

曰不築且有盜其隣人之父亦曰不築且有盜暮而果失盜富人智其子而疑隣人之父今某之於大金也相距數萬里惟是風馬牛不相及則其迹疏於隣人之父而元帥左右腹心之臣親於富人之子某乃飾小說以觸雷霆之怒誠不自量雖然為宋人解倒懸之命而為大金立不拔之基事有相當理有適然何者且夫(刪此二字)元帥智勇若是威名若是大功既立大效已著蒼天在上必不食言然而區區竊有疑者寡君越在草莽中萬姓摧心折肝號呼叫天而奉使之言乃以金帛為約如此則是質寡君以要利也夫

人一日無主則皇皇三日無主則思亂元帥則亂之不恤而寡君之不歸是將大泯其社稷戕殺其民人也順人心以致天討者果若是乎語曰下令如流水之源順人心也元帥未知人心之所歸耳昨南門之下有一老父年且九十傴僂扶杖揮淚而言曰我生之初尚及知仁宗我生之末乃又遇聖君因望行在而顧衆曰今上寬仁似仁宗汝等當以死事吾老無能也今日先死以爲諸君之勸城中聞之不問老小無不歔欷流涕皆曰有君如此何忍負之人心如此天意可知元帥豈不承於天心不和於人心者哉請

以兵爲喻其矢之不字刪此可射遠貫堅不字刪此努改作弩力也其所以中的剖微人心也宋固弱也人心已戴七世之仁元帥固强也而人心未洽大金之政以河北論之大金何德之布以懷柔之故此河北人未敢承命若推惠及之惟官司之所守其誰敢拒大金之命元帥捨此之不圖惟利是要利聲日播大德寖微河北安所歸哉河北之地號爲輿區茲固不涸之倉不竭之府若鎮撫而有之豈金帛之足云元帥必欲得河北則不可得也大金與宋爲結歡之本在於有禮禮不可無禮則脫此其所以私憂過計恐宋不

得而事大金也今日宋之存亡權在元帥存亡有二不可不知也百姓之心欲在存宋奸雄之心欲在亡宋宋存則民得而安故曰百姓所欲宋亡則四方蠭起故曰奸雄所利自古取天下者豈全在於耀兵而在定名分今夫天下猶一兔走則百人逐之非一兔可以分爲百名分未定也賣兔於市盜不敢取者由名分之定也故名分未定雖以元帥之强未能有河北名分已定雖以宋咫尺之檄下河北可也自天地之判限制內外夷夏番漢改作不雜居兩國不同治考之前史可以爲證而如改作契丹得割全燕而有之耶律

有德於石晉而假中國之力也使耶律不挾以石晉之命則天下安知名分之所歸哉故曰爲元帥計莫若親宋元帥其無恃甲兵之衆而有無宋之心雖蕞爾綿地四百州安知無豪傑之士起於中哉語曰天下嗷嗷新主之資也豪傑之起非元帥之所敵矣請推明其利害夫宋之所以不敵元帥者何也太平日久民不識兵而大金之兵以軍中爲家以馬上爲生而宋自戰其地咸顧其家各有所戀易以奔北是以元帥驅數萬之衆可以得志於中原若豪傑並起則中國之人亦以軍中爲家馬上爲生所以蠭屯蟻聚

各爲（刪此字）報國家之難勢至操戈而逐兎則元帥能橫行於中原乎某知元帥之不能也當三國鼎峙之時元帥能橫行於中原乎某亦知元帥之不能也蓋游擊者易爲力而坐守者難爲功故爲元帥計莫若按甲休兵無庸有事於民者親宋也宋於顚覆之際受君之賜報德萬世無有窮已竊恐事出倉卒元帥捨萬世之德而起新主之讐也其爲利害相去萬萬明矣某布衣之士久困大學匹夫之命甚微而一身之狗極寡居此圍城中非有求於宋君也又非守城之人骨肉親戚也然而每念天地之間人爲貴古人

斬一木殺一獸猶或不忍況其俱謂之人而相爲屠戮哉竊爲元帥之行慕義無窮是用敢議於軍前伏惟元帥尚以某之言爲可取則願少寬文武之怒如或不然則願先斬某以狥

太學生徐揆上二酋（改作金帥）書取徐揆赴軍前揆抗辨死之

太學生徐揆謹再拜獻書於金國相元帥太子元帥揆聞昔春秋魯宣公十一年楚子伐陳欲以爲縣申叔時諫曰諸侯之從者曰討有罪今縣陳是貪其富也其可乎王曰善哉吾未聞也乃復封陳之後君子莫不多申叔之善諫楚子之從諫千百歲之下猶且想其風采爲不可及昔上皇任用非人政失厥中背盟致討元帥之職也大兵旣臨都城失守社稷幾亡而復存之元帥之德也兵不血刃市不易廛生靈幾死而幸免元帥之仁也雖楚子入陳之功未能遠過我宋皇帝以萬乘之尊兩造轅門議賞兵之費加徽號之請越在草莽信宿逾邁國中喁喁跂望屬車之塵者屢矣生民無主境內騷然忠義之士食不下咽又聞道路之言以金銀未足天子未還揆竊惑之蓋金銀之產不於中國而在深山窮谷之間四方職貢

歲有常數況上皇在御宿奸擅權奢侈無度蠹耗賦財海內蕭然帑藏爲之一空此元帥之所明知也重以去歲之役增請和之幣獻犒賞之資官吏徵求及於編戶都城之內雖一妾婦之飾一器用之微無不輸之於上以酬退師之恩也又自兵興以來邦國未甯道路不通富商大賈絕跡而不造境京師豪民蓄積累厚者悉散而之四方矣間有從官王畿仰給俸祿者（刪此字）儲無長貲豈復有金銀之多乎今雖天子蒙塵臣庶效力根括私藏徧及貧戶猶未足償其數也曩者都城失守民無生全之望荷恩湔貸實蒙再

造之仁赤子拊心報圖無地況金銀外物豈復有惜乎第恐京邑家藏不足以償犒師之用雖以天子爲質猶無益於事也元帥體大金皇帝好生之德每以赤子塗炭爲念大兵長驅直擣中原未嘗以屠戮爲事所以愛民者至矣今元帥有存社稷之德活生靈之仁而以金銀之故質君是猶愛人之子弟而辱其父祖與不愛奚擇元帥必不爲也昔楚子圍鄭三月克之鄭伯肉袒牽羊以迎左右曰不可許王曰其君能下人必能信用其民矣退三十里而許之平春秋書之後世以爲美談揆願元帥推惻隱之心存終始

之惠返其君父損其元數班師振旅緩以時月俟求之四方然後遣使入獻則楚子封陳之功不足道也國中之人德元帥之仁豈敢弭忘傳曰主憂臣辱主辱臣死揆雖卑賤輒敢昧死以紓君父之難惟元帥矜之目瀆臺嚴不勝恐懼俟命之至先是傳二酋改作帥留車駕過上元節回至是日猶未聞鑾輿之音人心憂疑罔測其故太學生徐揆願致書二酋改作帥邀駕還宮先詣都省陳述執政不許是時書成願達者數人執政既不許獨徐揆徑赴南薰門揆詎云獻金銀守門者以聞以馬取揆赴軍中覽書論難揆因高

抗辨論虜改作敵敲殺之餘人皆不達

靖康小雅曰君諱揆駕之再幸虜改作金營被留未歸城中官吏士民震怖憂擾計無從出君以太學生具書極陳以爲元帥計之善莫若親宋親宋則大金獲無窮之利苟吾君不歸則中原必自此亂亂則豪傑必出豪傑既出豈大金之利哉委曲千餘言祈必歸吾君而後已袖書至南薰門使守門胡刪此字人達書於粘罕改作尼堪翌日虜改作敵使人召君出遂留之嗚呼士不能奮節久矣君乃毅然不顧而前視百萬貔虎如醯雞羣飛則非獨君之忠可感動天地而其氣已

呑漠北矣由是天下想望風采莫不歎息使君當位則國家遽至於此乎詩曰欃槍騰光遂孛太陽六龍不翔昧昧八荒公欲挾飛再麗咸桑怒髮裂眥力鑴暴羌白刃亘野視猶蝟芒凜凜之氣雖死不亡

潰散軍兵王在祝進以兵攻圍德安府陳規禦退之

遺史曰先是靖康元年十一月京城受圍也德安府部集民兵勤王知安陸縣事陳規者字元則密州人以明法補官部押而行至蔡州聞京城失守衆皆不敢進規慮其衆潰亂而散歸乃安集撫存之整衆而退既到德安則知府通判曹刪此字職官皆已絜家棄

城而遁規方入城有潰兵祝進來犯其境百姓請規權知府事規從之乃以寄居官及進士權作通判以下官遂遣弓手張立率民兵禦進郤之人心稍固時城壁圮壞跬步可踰而又壕塹湮沒略無險阻寇至居人大恐規隨時措置相視城面向上如斧刃不可立人規下令從上向裏削去其半及三尺而止人始得立坐作有餘外存其半倚以蔽身且補葺罅漏植木編竹橫門扉於其上代女牆以扞矢石而施守具焉羣賊王在先破隨州虜隨州官吏來寇德安壬寅晚遣二人持檄開門延納規留書放回癸卯甲辰遊

騎至城下在與祝進合軍聲焰脇人乙巳擁衆臨城先持弓弩槍牌攻城北城東規乃遣人出城縱火佛舍與民居焚燒殆盡恐藏賊賊又以礮石鵝車之屬進攻城東自早攻至起更次日在復領衆數千人擁隨州官屬近城東門云統制來要議事規在門上呼之曰何因至此曰京城已爲金人所破我等皆爭門而出所以至此德安人聞之莫不墮淚然猶未知其的規語在勿詭辭說叱退之在圍城十有七日而退去自是黨忠亦復時出沒張立者規常用以出戰後爲將官自此調五縣夫增築城壘

開封府榜

駕前傳報元帥留上赴擊毬會且候天晴燕畢便還內仰居民安業是夜曹門外金人下城虜掠又有縱火燒五嶽觀者

十八日戊申駕在青城根括金銀尤急

親王帝姬等則由道君聖旨拘收兩府執政幷開封府提事使臣則由御史臺內侍官幷三省密院職級等則由開封府京城四壁搔擾不安金帛之輸日用萬人肩摩轂擊皆差卿監於南薰門外交納物來亢併至有留三日而得交者虜敵改作遣皇族郎君日在

門下布大梃於前羅列兵刃陵辱官吏有秘書省官姓藍以微故輒杖三十大理卿尉遲紹先司直王忠臣少違其意拽坐庭下批頰數十或以腦麝建茶等物遺之僅獲免戾一日踞坐譙門呼官吏俯伏於前左右傳聽郎君指揮兜離此二字删良久實不曉一語其後但聞明日金帛未足便敲殺官吏人人重足求死無所號泣於天冀感動之虜終不息此四字删自帝蒙塵以來雪雨不止物價日翔米斗一千二百麥斗一千驢肉一斤一千五百羊肉一斤四千猪肉一斤三千人戸不復得有也小民於池中取魚藻五味芼之以

賣城中猫犬幾盡游手凍餓死者十五六遺骸所在枕籍百官不復入局日至御路接駕父老迎候者日以數千萬計各持手爐羅列於南薰門或相與集於大衢讙呼曰百姓忍惡難累至此吾民自當之願天相我國家且還乘輿言已再拜至於燃頂煉臂剖心鑠口者后妃百官豪富胥吏於里閭層臺幔闕迎緇黃以祈福諸倉糶米四肆差官吏給函木然終不能及衆

宣和錄曰駕前傳到聖旨爲天陰打毬未得所以車駕未回然人揣虜(改作敵)情不在金銀矣或疑虜(改作敵)

往河北南京皆失利欲挾吾君以令之莫測其故連日氛露四塞至此日未收輦景靈宮供具納軍前退太祖皇帝殿什物回令張設如初

大元帥府黃潛善議貽書折金人耿南仲難之

中興日歷(改作記)曰黃潛善與副總管楊惟忠領兵既至元帥府軍聲益振潛善獻說於王曰持登城不下之詔幾旬矣虜(改作敵)訖不退城中沉默不知動息且師直爲壯曲爲老何不與辯曲直大王何不貽書二太子道靖康初入虜(刪此字)寨結盟事又昨渡河本緣和好虜(改作敵)遽深入不相值上廼父兄之被圍下廼軍民之鼓勇遂建大旆以援王城若會合天下之兵以曲直爲勝負事未可知會捧登城不下之詔不敢進今踰時矣士大夫信大金之有義而戰士憤大金之不還萬人不能制鼓勇而進害兩國和議之大傷登城不下之恩豈不重哉耿南仲難之曰夷狄(改作金人)恃强暴無理義甚明矣(刪暴無至此七字)何足與(改作可以)口舌爭曲直且虜(改作敵)求大王急自冑輔之歸彼方以不見大王爲恨得此言知大王駐東平求太上及皇帝手書廼切之言速大王歸則大王歸乎不歸乎歸則有不測之禍不歸又重違二皇帝之詔且大王仁孝

得二帝手書必泣涕而歸而一行士吏多東京人久客思歸必勸大王歸內則蹈不測之禍外則天下勤王之兵無所統一凡招來巨賊倚大王鎮撫不生亂大王歸必外自亂外亂則夷狄(改作敵得)併力於內矣不如勸大王養威望於外使虜(改作敵)人莫測此上策也潛善又曰不可令大王貽書恐知所在此說是也門下侍郎何不貽書則曰以師傅舊僚出申和好聞金人深入便宜起兵其他如前之說且效孫仲謀遺曹公書春水方生公宜速去今虜(改作金)人喜寒而畏暖書宜曰天時向溫公宜速去南人喜暖而惡寒兵益

得利一旦大進有不利大國南仲又難之曰此皆口打賊非論賓也若虜改作金人回書約日索戰度吾兵之勢力衆寡可戰否不戰則自屈矣戰則勝負未可知也故前說以爲不如養威望使虜改作敵人莫測潛善二說不行怏怏乞進兵戍曹州以張煥高公輸王善丁順孟世甯温宗建李大鈞張宗王澈董議等諸軍皆聽節制後北道總管趙野宣撫使范訥副元帥宗澤冀州守權邦彥發運使翁彥國判官向子諲等論偶與潛善意相似子諲遣使臣柳珪書遺虜改作金人其文云會合勤王兵馬所大畧如潛善之說虜改作金人以亳宋等州守禦所兩大帥牒果約日索戰詆不遜諸人不敢答且留柳珪別遣小使臣持書云刻日待報潛善聞之始愧前說之非大元帥府以楊惟忠爲都統制辛彥宗爲先鋒統制張煥以二千五百人高公輸以二千五百人前去興仁府王澈將安肅軍二千人前去鄆州駐劄

賜進士出身頭品頂戴四川等處承宣布政使司布政使清苑許涵度校刊

三朝北盟會編卷第七十六終

三朝北盟會編卷七十六校勘記

是使宋不得而事大金脫使字　是以古之善用兵者是誤作自　理有適然何者何字衍　號爲輿輿誤作與　禮不可無無禮脫下無字　姦雄之心利在亡宋利誤作欲　宋雖蕞爾綿地脫宋字　名爲報國家之難實至操戈而逐兎名誤作各實誤作勢　某亦知元帥之不能也某誤作其　竊見元帥之行見誤作爲　討有罪也脫也字　不在中國在誤作於　圖報無地報誤作圖　捐其元數捐誤作損　權知德安府陳規禦退之脫權字知五　虜終不恤恤誤作息　號呼曰百姓罪惡難累至此號誤作讙罪誤作忽　萬一人不能制脫一字　門下侍郎何不貽書乎脫乎字　門下侍郎貽書則曰以師傅舊僚脫門下六字　非論實也應作非實論事也　高公輔輔誤作輸下同　柳珪以書遺虜人脫以字　所言大畧如潛善之說脫言字　虜以亳宋等州宋誤作采

三朝北盟會編卷第七十七

靖康中帙五十二

起靖康二年正月十九日己酉盡二十六日丙辰

十九日己酉駕在青城

開封府榜不得擅打軍器准樞密院劄子訪問舊城裏外諸坊巷居民等近來往往撰造言詔唱說事端聚衆以防護爲名於爐頭打造兵器慮恐引惹生事卻致驚擾深屬不便劄送開封府疾速出榜曉諭約束施行右出榜朱雀門曉示并鐵爐戶自今後不得依前亂有打造如違收捉赴官重法斷遣

二十日庚戌駕在青城風雨益甚

開封府榜云駕前傳聖旨只候天晴打毬大會了便回內仰軍民知悉是日寺觀祈晴許士庶燒香坊巷各請僧道作道場自諸王宗室執政侍從及寺監省部官吏在京百姓各貼黃榜自宣德門羅列道場僧道作緣事至南薰門不絕香滿天衢潛泳洋溢忠信之士燃頂煉臂鎖口跪於南薰門父老持香爐於泥中拜跪哭泣者又無數

二十一日辛亥駕在青城黃榜出示父老不得生事

是日駕未有回期京城流言頗洶懼諸城夜有金人

下城虜掠者亦爲百姓掩殺甚多榜示軍民近有以
穢水代酒飲在城與金人博易幾至生事自今敢以
諸雜物博易者並行軍法
二十二日壬子駕在青城御批付徐秉哲
御批曰朕打毬畢便還金銀並限來日交納軍前盡
絶
開封府捕斬百姓李寶等一十七人籤首令衆
四壁軍民見聖駕未回上下疑懼妄造言語傳播不
一有乞請軍器以備緩急者官司不許往往結集私
造復慮其生事乃捕造語言誑衆者一十七人戮於

市李寶其首也寶善角觝都人號爲小關索各以長
鎗籤其首令彈壓往來四壁令衆
吳革乞至軍前計議不報
上在虜(改作敵)寨未回吳革請於樞密孫傅張叔夜欲
因事至軍前計議叔夜問曰計安出曰革所論者三
一車駕還內二虜(改作金)人歸國三革死遂留革劄子
繳奏言革有兩朝萬世乂安之策願至軍前口陳之
不報
二十三日癸丑駕在青城又御批付徐秉哲
御批曰朕於土床之上睡者凡二十餘日矣不敢憚

勞凡有所須卿等且竭力應副
四壁又置坊買銀以鈲銷秤盤折耗
此以元數少五十萬兩欲足之也
開封府榜令元開質庫者仍舊開庫
官司慮細民轉易不行也乃揭榜曉示令在京開質
庫者須管仍舊開庫如不開許人告賞錢五十貫自
城陷之初質庫皆閉至是亦無遵從者
增置糴粟米場買柴炭場
圍城日久餓死者相屬於道監國皇太子令旨增置
糴粟米場買柴炭場每人粟不過五升薪不過五十

以市價比之十分之一二故赴場糴買者士庶相雜
集英殿修撰陝西五路經畧使知永興軍范致虛率兵
勤王至陝州克潼關
封氏編年曰先是范致虛在長安措置兵馬守禦丙
午年秋河東汾潞石隰而南皆無故致虛改作守河
計以河東置諸度外河西沿流堡壘相望招募諸色
人借補官資僧道技術如趙宗印張孝慶等皆補募
屬統制官者莫知其數或獻守河之計且設礮棚千
斤碓鹿角骨索如兒戲者甚多致虛素不曉邊方兵
革事(改作承時)往往取獻陳者利便按法施設軍民與州

縣不勝其擾又撰散金歌效子房散楚歌使人刊板於金人寨榜及張掛州縣其言云丙午新回丁未初金人渾似釜中魚魚潛水底時時活魚處梁原自喪軀北人意似南方馬赤羊金兔金自殺若向南朝金殺金金龍活也今秋滅北人半是南朝民食祿南朝終爲君失意暫時辭漢主彷徨不忍痛思親(删其言至此八十七字)又嘗以詩與運使桑景詢云參旗井鉞出西秦糾合諸侯付老臣風引旆旌趨魏闕天晴貔虎戍(改作靖)妖塵冥威頓顯胡雛挫(改作邊聲壯)炎運方隆廟畧神已見旄頭墜天外乞身且喜及今春宗印者汾州孝義縣人本姓趙落髮爲僧作萬花長老遭亂欲避地因過河中府題詩於佛刹曰七十老僧西復東鄉關在望念飄蓬大遼半歲九分盡全晉一年千里空周召已亡無善政蔡童雖死有餘風華陰乞食商山去巖谷幽尋四老翁安撫使席益見之遣人追回與語大奇之薦與致虛致虛謬不知兵見宗印談兵口辨以爲奇士乃令還俗用便宜累借中散大夫直龍圖閣爲節制參議奇兵軍政以統制王偉王方李道峯宋戡等並聽節制宗印請築長城起潼關迄龍門雖致虛行移峻急而上下皆不以爲是築城及肩應命

而已宗印以僧爲一軍謂之尊勝隊以行童爲一軍謂之靜勝隊而河東僧行多竄名軍中亦有補官者致虛會五路兵欲勤王赴援京師屯軍華陰有京城東壁統制韋知幾者破城時得出奔遇致虛將杜常夏俶告以京城已陷常俶以知幾見致虛致虛謂常俶搖撼軍情乃曰京城豈有可陷之理因問知幾知幾紿言知幾本是勤王兵不曾到京城而兵已潰但聞京城守禦如故致虛以知幾告諭於諸軍以明京城守禦平安執杜常夏俶曰向來使杜常統勤王之師應援京城遂聽潰兵虛言中途而反夏俶保護陵原不能守爾等二人更相唱和縱兵刦掠驅虜婦女輒敢入關脫或京城失守臣子聞之即當奔赴共死爭忍覩望奔潰所過焚毀理合誅滅免爾家小遂腰斬二人於帳前號令榜其所由兵將聞之莫不驚悚軍民大振有自京城奔走至者言京城已陷軍心皆不安致虛與宗印議進兵致虛由陸路先令宗印以舟師趨西京正月致虛中軍至陝州先是金人犯(改作趨)京師即以兵五萬守潼關扼西兵故兵不得進諸軍日與金人接戰攻奪潼關自正月至是凡十餘戰方得潼關士卒死傷甚衆宗印至三門津亦累獲小

捷致虚乃授宗印河東制置使節次發兵軍容整肅出潼關

唐重家集曰先是宣和七年知永興軍帥臣范致虚提六路兵勤王逗遛不進公時知同州三移書責之第一書曰伏見金人俶擾（改作深入）都城戒嚴百五十餘日矣臣子區區憂國之心以日爲歲當食而歎中夜而起痛哭流涕無所容身憤懣之氣塡塞胸次戇愚妄發不識忌諱殫千一之慮冒再三之瀆誠不忍箝口結舌碌碌自同於衆人以負國士之知且失王臣之節用是剖心而重有陳焉自改歲以來屢陳因便

遣使之說欲知朝廷旨意窺測虜（改作金）人情狀據險屯兵以圖大計議論迂闊文字暖昧不能激發機慮遂致兵家之奇計流爲書生之常談某不才不敏之罪也痛其咎悔夫復何言今若徵前言之不伸視後患而不自言是負知己也是負國家也是欺天下也今日之事可爲朝廷慮者三可爲關中慮者五輦洛榛梗畿甸驛騷和議之謀既乖迫脅之勢愈甚君父宵旰之憂誰與戡難宗社盤石之基誰與圖存此可爲朝廷慮者一也都城之中兵民無慮數百萬圍閉日久廩薪日鈌人既艱食誰有鬭志此可爲朝廷慮者二也中都倚秦兵爲爪牙諸夏恃京師爲根本今五路之師逡巡未進則所以爲爪牙者不足恃而所以爲根本者莫能固矣此可爲朝廷慮者三也十日遞塲之潰方且招集十四日尹陽之北相繼奔逃誅之則不可勝誅招之則未必爲用不招又恐聚而爲寇此可爲關中慮者一也潼關之險雖爲可恃而函谷亦可方軌黃河之津雖有守禦而藍田自可越關其他諸谷已爲通達此可爲關中慮者二也諸司錢糧剗刷殆盡庫藏爲之一虚頻年調發殆無虚日民力爲之困弊掊而取之則爲國斂怨取之有限則必

乏之軍用此可爲關中慮者三也兵之馳逐恃馬以爲命兵之驍鋭恃器甲以爲衛此日大軍既潰馬之失者十凡五六器甲之失者十凡八九一旦選曠騎則馬不適乘治堅甲利兵則器不適用以此禦敵安能得勝此可爲關中慮者四也陝西五路控制西夏以扞關中比聞夏人侵掠鄜延近界攻圍環慶諸塞爲金人鷹犬之用使中國人有腹背之患此可爲關中慮者五也關中據山河百二之險自古號天府之國保關中所以衛京師脫若關中有警則所以爲朝廷憂者又不可勝言矣經畧左丞忠義一節勤勞百倍

所以為國家計者至矣盡矣然軍中之事誰為諮謀麾下之將誰可倚仗今且竭心思苦筋骸朝夕從事於帷幄之間智有所困神有所不及而變有不可勝應矣自古勘大難定大事者必有同心戮力之人相與扶持乃能有濟莫若合諸使者及總管帥臣相與討議以圖上策檄蜀帥及川陝西路使之輸財用發軍器市戰馬以資關中守禦之備合秦蜀以衛王室庶幾可圖再造之基肇中興之業孰不聞風而悅心慕義而景從者哉況夫主憂臣辱主辱臣死遭此多難乃臣子見危致命之時必有慷慨陳義以狥國家之急者要恃我公為主盟爾某辱知遇之厚屢陳瞽言比論守要害以防不虞治後軍以張聲勢已嘗施行是終不以其愚而拒絕之也某敢不竭其愚以贊經綸之萬一乎盡言以招過某不敢辭也唯善人能受盡言非公其孰能當之不宣

第二書疊辱鈞誨謹當佩服河右之舉侯蒲中定日前詣次輒有愚見事關國體冒昧言之今日勤王之師欲圖再舉已失機宜和戎改作講和之議專使荐至共聞詔音藩臣固不當使聞有司豈可抗命況親屈帝尊就見二酋改作敵人有宗社再安生靈全活恩深德厚之語其謀議已定矣若舉忿兵臨勍敵未為萬全之策深慮京師以孤城開關延敵二聖鑾輿不驚九廟笱簴不移佇俟退師再圖基業今若抗和議之使必欲鏖戰虜改作敵若悔盟肆其毒心別生奸計則上害宗社下害都人其禍豈小哉鈞意若以此詔為非眞耶當遣使奏稟若是詔書豈可不承前日殺包修武今殺董宣贊非獨不受命併與使者而戮之此陝之封人大誤國事不可不治也前嘗懇懇上稟乞差官館伴使命前來根問因依以辨眞贋若以為疑自合奏稟以審朝廷的旨因而窺測虜改作敵情不虞再三之瀆疊貢千一之慮政恐傷害生人廢格詔命老師養寇為患滋深今一舉而戮二使則招禍甚矣自城下興師以來將帥無謀屢戰屢北誤國至此慟哭流涕不忍言之然强聒不已者非惑於流言而為喋喋也誠恐抗詔出師結怨連禍已誤宗廟社稷之大計也為今之計以勁兵守殽函之險遣使稟朝廷之命且治殺使之罪以伐虜改作敵人之謀堅壁休兵徐為之計捨此不圖其禍有不可勝言矣幕中必多英才麾下必有良將誰肯為此言者某愚戇狥國不識忌諱其言不利於今必驗於後伏望左丞大資審聽而

深思之古人有云以國士待我我以國士報之某敢
行焉
第三書竊惟經畧左丞先生統師入援以安社稷忠
義之心天實臨之然沿途將兵臨敵潰散聞之痛心
繼以流涕尋遣人招集逐旋發遣日夜深思恐虜改作
敵人乘閒別肆奸計累具劄子申陳防守利便已蒙
施行强聒不已齋沐裁書具呈可爲朝廷慮者三爲
闕中慮者五欲走人賫於鈞座然心之精誠事之機
密口不能宣書不能盡繕寫緘封未敢遣行下漏字五行
所不爲送白馬寺造車蓋欲輦載而歸又聞初四日

盡過河清於今月十三日宵遁歸州具言事狀以此
參驗其言不誣但孽虜改作金人犯順二字刪此廹脅求城下
之盟必貪厚賂要重質而歸今雖有渡河之期須以
勁騎殿後未審諸路之師如何盡發開道入援最爲
上策前嘗具陳未審鈞旆戒行入援遂勤王否前此
遣發勤王兵馬及糾合入援之意須先遣人具奏庶
幾朝廷知忠盡之意如洛陽使若已具稟或畱或遣
更乞審處其餘非紙筆所能究者託張倅面覆此某
區區欲報知已之意非敢誕謾以欺世也亦非矯激
以自欺也伏乞察胸中之誠而深亮之

二十四日甲寅駕在青城借支軍人月糧米
大元帥府以知濱州董誼知棣州趙某各統本部兵馬
屯於單州
武經大夫知濱州董誼自將二千人到襲慶府朝散
大夫知棣州趙某自將二千人到東阿縣大元帥命
單州駐劄
二十五日乙卯駕在青城大雪極寒
城中多寒識者以爲陰殺之氣而然也
金人求索諸色人
金人來索御前祗候方脈醫人教坊樂人内侍官四

十五人露臺祗候妓女千人蔡京童貫王黼梁師成
等家歌舞宮女數百人先是權貴家舞伎内人自上
即位後皆散出民閒令開封府勒牙婆媒人追尋之
又要御前後苑作文思院上下界明堂所修内司軍
器監工匠廣固搭材兵三千餘人做腰帶帽子打造
金銀係筆和墨彫刻圖畫工匠三百餘人雜劇說話
弄影戲小說嘌唱弄傀儡打筋斗彈箏琵琶吹笙等
藝人一百五十餘家令開封府押赴軍前開封府軍
人爭持文牒亂取人口攘奪財物自城中發赴軍前
者皆先破碎其家計然後扶老攜幼竭室以行親戚

故舊涕泣敘別離相送而去哭泣之聲徧於里巷如此者日日不絕

二十六日丙辰駕在青城何㮚自軍前回傳詔入城糴米以濟百姓

何㮚自軍前回傳詔云朕見兩元帥議事事畢還內天寒民困無煩於雪中候駕巳受凍餒巳令廣置場糶米賣柴以濟飢貧朕負百姓出涕無從百姓聞之無不感泣須詔之後就相國寺定力院保勝院興國寺置四場糶米許人糴二升每升六十二文民始蘇矣然官司措置少法强者受利而小民惠少乃榜絕

軍人不得入場男女分日由是稍鈞

金人來索什物儀仗等

宣和錄曰自帝蒙塵虜改作金人館於齋宮夜擊柝環巡二酋改作帥既不許見日遣蕭慶須索城中物脇帝傳旨取之從正月初十日以後節次取皇帝南郊法駕之屬是日尙書省奉軍前聖旨令取五輅副輅鹵簿儀仗皇后以下車輅鹵簿儀仗皇太后諸王以下車輅鹵簿儀仗百官車輅儀仗禮器法物禮經禮圖大學軒架樂舞樂器舜文王琴女媧笙孔子冠圖識竹簡古畫教坊樂器樂書樂章祭器明堂布政圖閏月體式八寶九鼎元圭鄭圭大器合臺渾天儀銅人刻漏古器秘閣三館書籍監本印板古聖賢圖像明堂辟雍圖皇城宮闕圖四京圖大宋百司并天下州府職貢令宋人文集陰陽醫卜之書內元白并元稹諸名人文尤愛慕諸科醫工百七十人教坊樂工四百人金玉雜伎諸工如消礙染刷繡恭畫針線木漆帽帶皮鐵之類課命卜祝司天臺官六尙局搭材修內司廣固諸司諸軍曹司並許以家屬行日下津般赴南薰門朝天門交割不得住滯又取大內人街坊女弟子女童及權貴戚里家細人指名要童貫蔡京家祗候凡千餘人自選端麗者府尹悉

捕倡優內夫人等莫知其數押赴教坊鈐擇開封府尹四壁官主之俟揀擇里巷爲之一空上皇所出內人雖已嫁者亦徑取以往告報下如鵝鴨趨湯火開封府捉事小火下搜捉免一人至千緡或願入小火下戶之家充其婢妾者至開封府皆蓬頭垢面不食作羸病狀覬得免而開封府尹徐秉哲自置釵衫冠插鮮衣令齎沐粉黛盛飾畢滿車送軍中父母夫妻抱持而哭觀者莫不歔欷隕涕皆內侍鄧珪之謀也初內侍承宣使鄧珪傳宣河北爲虜改作敵所得降之用事虜改作敵營中教令呼索至是又請珪家屬及官吏

士人僧道醫卜千餘人幷珍寶雜色藥材等皆以萬數秘帑百司所有至此殆盡凡人間有用之物京師備蓄取之罕存如奉使及河外守臣親屬取以往嘗須冠子一色萬餘頂他皆稱是又取書籙及所藏古器又取車輅冠冕及女童六百人教坊樂工數百人鴻臚卿康執權少卿元當可寺丞鄧肅押道釋經印板校書郎劉才卲傅宿國子監主薄葉將博士熊彥詩上官悟等五人押書印板幷館中圖籍往營中交割

鴻臚寺丞趙子砥燕雲錄曰金人既破京城金帛子

女象馬寶貝盡為擄奪燕人乃說粘罕（改作尼堪）曰今日破國而掠取太甚天下後世所議於是又取圖籍文書與其鏤板偕行其所欲不在是也當時下鴻臚寺取經板一千七百片是時子砥實為寺丞使之管押隨行

賜進士出身頭品頂戴四川等處承宣布政使司布政使濟苑許涵度校刊

三朝北盟會編卷第七十七終

三朝北盟會編卷七十七校勘記

近來往往撰造言語（語誤作詔）　薪不過五斤（斤誤作十）　素不曉邊方兵草事（方應作防）　使人刊板於金人寨榜（榜一作旁）　金龍活也金狄滅（金狄誤作今狄）　天晴貔虎滅妖塵（滅誤作戌）　胡雛挫（挫一作擢）　王偉王萬（萬誤作方）　不能謹守（脫謹字）　軍民大振（振應作震）　痛自咎悔（自誤作其）　視後患而不自言（自字）　伊陽之北（伊誤作尹）　以辨眞贗（贗誤作膺）　正恐傷害王人（王誤作生）　金人來索諸色人（來誤作求）　舞伎及內侍人（脫及侍字）　彈箏琵琶（琵誤作瑟）　舜文二琴（二誤作王）　以俟采擇（脫以字）

三朝北盟會編卷第七十八

靖康中帙五十三

起靖康二年正月二十七日丁巳盡二月六日丙寅

二十七日丁巳駕在青城詔尋康王所在

中書舍人張澂齎詔開德府下訪尋康王初宗澤領兵駐於開德府揚聲康王在軍中金人聞知乃以人馬裹送中書舍人張澂齎上蠟封詔召王還京師於城下叫問守禦人兵報以康王不在本府仍不知屯駐去處金人與澂乃回

金人取索香藥并諸色人

宣和錄曰金人來取內香藥庫市易務藥物生熟藥太醫院藥及諸處營造彩色樂工部頭司天臺陰陽官象牙犀角三千株蔡玉王黼童貫家姬四十七人大晟樂工三十六人

二十八日戊午駕在青城雪始霽黎明御史臺告報百官接駕

是日告報百官并赴南薰門接駕士庶奔塡充塞道路已而殊不聞託謝克家作憶君王詞云依依宮柳拂宮牆寶殿無人春晝長燕子歸巢依舊忙憶君王月破黃昏人斷腸聞者莫不垂淚

大元帥府駐劄兵禦退金人

京東轉運判官閻邱陞召募勤王兵三千人赴大元帥府前屯濮州虜（改作敵）騎至濮州陞禦之又虜（改作敵）騎至曹州黃潛善兵禦退之范訥趙野屯南京遣使臣趙哲獻書帥府哲將家子有膽畧以百騎分三隊道與虜（改作金）人三四戰獲數級奪馬三匹以獻

二十九日己未駕在青城金人來索諸人物

金人又來索上方藥餌以至鐏罍籩豆微至奕棋博戲之具無不徵索車載而往者不可勝計人心扼腕

殊不安帖

留守司奉聖旨令多差人般挈所須儀仗等物候般發盡絕車駕還內

又取應拜郊合用儀仗祭器朝服法物并應於御前大輦內臣諸局待詔手藝染行戶少府監將作監文思院等處人匠秘書省車輅院官自二十五日搜索夫人倡優等選擇又徵求及戚里家女使等不可計數車輛運送者已盡肩輿以充貨轎之家盡取無遺被選出城者號慟而去親戚有泣別於門者又押內官二十八人百伎工藝等千餘人赴軍中哀號之聲

震動天地民情極皇皇廹於凍餒又多剖剝者五十貫賞以止絕殊不戢

差董迪權司業監起書籍等差兵八千人運赴軍前

三十日庚申駕在青城官吏士庶雲集候駕金人又索諸人物

是日又取畫匠百人醫官二百諸般百戲一百人教坊四百人木匠五十人竹瓦泥匠石匠各三十人馬打毬弟子七人鞍作十人玉匠一百人內臣五十人街市弟子五十人學士院待詔五人築毬供奉五人金銀匠八十人吏人五十人八作務五十人後苑作

五十人司天臺官吏五十人弟子簾前小唱二十人雜戲一百五十人舞旋弟子五十人金輅御輦法駕儀仗駕頭皇后玉輦宰相子弟車諸王法服宰相百官朝服皇后衣服御駕御鞍御塵拂子御馬二十匹珊瑚鞭兩條御前法物儀仗內家樂女樂器大晟樂器鈞容班一百人幷樂器內官腳色國子監書庫官太常寺官吏秘書省書庫官後苑作官吏五寺三監大夫合臺官吏左司吏部官吏鴻臚寺官吏太醫局官吏市易務官吏大內圖夏國圖天下州府尚書省圖百王圖寶籙宮圖隆德宮圖相國寺圖五嶽觀圖神霄宮圖天甯寺圖本朝開立登寶位赦書舊本夏國奏舉書本紙牋紅銅古器二萬五千酒一百擔米五百碩大牛車一千油單一千幅涼繖一千太醫局靈寶丹二萬八千七百貼

封氏編年曰是日解內夫人及戚里女使猶未已午前方以車載數百近南薰門時官吏亦俟駕於南薰門內而女使輩車上斥罵太呼曰爾等任朝廷大臣作壞國家至此今日卻令我輩塞金人意爾等來何面目諸公回首緘默而已

二月一日辛酉朔駕在青城羅譚稹家米徵高俅楊戩

等第宅賣以濟細民

先是籍譚稹家貲約白米一千碩豆粟亦如之至是委官發糶以濟小民又拆毀高俅楊戩第宅出賣柴薪

二日壬戌駕在青城金人再取索諸人物

是日來取索后妃服琉璃玉器再要內夫人雜工伎倆人內官等幷家屬開封府追捕極峻穿係大繩交紉防送出門如傳送逆黨號呼不絕於道榜曰奉駕前指揮多差人津般大金所須應干物色盡絕聖駕方回

三日癸亥駕在青城監國出令增置糶米場數十所金人取絲一千萬斤河北䌷絲六千八百匹

四日甲子開封府榜再根括金銀

汴都記曰先是正月內金帛見納比元數金百之一銀十之一表段十之二惟絹有留守司申狀城中所有止如此如有隱蔽同受軍法二月四日奉聖旨根括金銀應副大金已具了絕事狀卻有取回軍前內官藍訢醫官周道隆樂官孟子書等經元帥投狀稱有金銀在家窖藏乞取前來遂致元帥怪怒差人齎鋤鑁入城斸取內侍鄧珪及教坊人所窖金銀於是開封府出榜再行根括

五日乙丑駕在青城太學生黃時偁上粘罕（改作尼堪）書書曰竊聞之良藥苦口利於病忠言逆耳利於行若夫樂容悅而憎鯁切取諛美而捨忠良雖堯舜無以致治時偁淮右寒生家習儒業老父每訓之曰不在其位不謀其政罔可輕言自取戮辱由是鉗口結舌守分固窮未嘗敢以片辭辨是非方今國家艱難苟有見聞甯忍甘蹈盲聾之域非不知身爲宋氏之臣不當以狂妄之辭干冒元帥也非不知一言忤意死未塞責也直欲內報吾君之德外光元帥之名一身

九死又何憾焉時偁竊聞我宋自崇甯以來奸臣誤國竊弄威柄者有之妨公害私者有之大啟倖門壅遏言路者有之而元帥因之遂有此舉道君太上皇帝親降詔書反自痛責斷自宸衷乃傳大寶今聖皇帝卽位未久適丁國難然以孝行夙彰天人咸服今元帥歛兵不下蓋以此也伏覩去年十二月二十三日國書止爲催責金銀表段有云所須之外亦不必取是知元帥行仁義之兵也比者聖駕躬詣軍門議加徽號幾一月矣遲留未歸詔旨雖曰軍前迎待禮數優異保無他虞柰何居民朝夕思念燃頂煉臂延頸跂踵以望御車之塵也元帥豈不念天生斯民而立之君以主治之復須索他物絡繹不絕參酌以情雖不足以報萬一然方册所載自昔及今未聞有大事既決反緣細故延萬乘之君者證以國書似非初意愚竊惑之念我國家曩者傷財害民之事構怨連禍之人當何自也曰內侍伶倫美女是已曰宮室衣服聲樂是已今軍前一一須索詎復謂此悉皆國害堅欲爲我痛鋤其根株耶亦欲驅挈歸境以爲自奉之樂耶軍機深密非愚陋可得而知也兵法曰上賢下不肖取誠信去詐僞禁暴亂止侈奢又曰爲雕文

刻鏤技巧華飾而傷農事者禁之願元帥詳覽此章熟思正論殺人以梃與刃無以異也儻使宿奸復被新寵是猶禾莠相雜而耕者未耘膏肓之疾而醫者未誤則將日漬月浸相習成風不害此而害彼何時已矣時偶懵不知書愚不練事事雖細其意甚忠事雖小所係甚大方議修書瀆陳而見未及形言象乃召禍嗚呼天網恢恢疏而不漏老蠹巨惡難逃覆載中矣且如內侍藍訢醫官周道隆爲平昔倖濫渠魁今取過軍前坐席未煖乃忘我宋前日寵恩之優不思兩國修講和好之始妄興間諜稱有金銀在家窖

藏遂煩元帥怪問考斯人用心則粉骨碎軀難塞滔天之罪請論之昨明降聖旨根括金銀以報大金全活生靈之恩須盡力不可惜人情朕尙可以報金國者雖髮膚不惜只是要有盡取於是有司累行勸諭及指爲禁物稍有隱藏以軍法從事其措置根括非不盡心上至宗廟器皿下至細民首飾罄其所有願酬再造而天子且曰朕尙可以報金國者髮膚不惜凡爲臣子固當體國愛君匹兩以上盡合送納據訢等不務濟朝廷之急報元帥之恩輒至冒典憲埋窖金銀慳吝慵逆無如此之甚者若使未過軍前則人

人蓄爲私寶論當時根括指揮已合誅戮竊恐逐人昨緣有司根取犒賞因被囚禁挾此爲仇妄意生事罪尤不可赦也愚謂斯人正擾攘之際猶敢懷奸罔上取佞一時異日爲國患也必矣亮元帥智周萬物不待斯言察見罪狀文王問太公王道如何太公曰勿妄而許勿逆而拒聖人垂教良有以也伏望元帥擴乾坤之度垂日月之明毋納諛言以玷大德將藍訢等乞賜行遣狗首京城不惟掃蕩宿孽又少懲戒後人仍願元帥全兩國之好以慰生靈之心請我鑾輿早還禁御軍前或有所闕朝廷亦不違命垂之青

史傳爲盛事豈不韙哉

二酋改作金人請車駕赴毬會

宣和錄曰是日二酋改作帥傳令請皇帝打毬會上在青城齋宮乘馬至毬場二帥令悉屏騎從止何㮚馮澥曹甫郭仲荀從分庭設兩位上東面西向粘罕改作尼堪西面東向酒七行斡离不改作斡里雅布繡衣打毬爲樂以獻上曰今日得觀盛禮豈敢重勞元帥斡离不改作斡里雅布打毬罷就令諸番打毬復酒二行上起身謝曰某久留軍前都人延望欲乞早歸粘罕改作尼堪云待那里去上失色更不復言罷歸斡离不改作斡里雅布與上同

上馬送至行宫曰天命如此無可柰何上至幕次羣至迎拜上悵然不怡何㮚色甚憂問吳幵等策將安出蓋斡离不（改作斡里雅布）策馬送上已有天命之言故也竟夕憂惶不知所至聞軍前以輦毯車駕有還期都人大悦上時傳言駕回接者不知幾千萬皆不能行晚云來日入城

開封府榜再根括馬

除從官以上及合赴常朝外應干馬並限初七日盡數赴軍前交納

六日丙寅駕在青城金人變議遣内翰吳幵學士莫儔

齎金人文字入城

宣和錄曰是日早自百司官吏都人盡往南薰門接駕至未時番人攔斷南薰門踏道自上出郊日遣御帶王孝傑入城撫諭都人逐日候駕雖風霜雨雪不憚是日孝傑不至人心大恐頃之有榜傳皇太子令旨以皇帝出郊多日未回太上來日往軍前懇告元帥乞駕早還至晚金人遣内翰吳幵莫儔持金人文字入城孫傅等數人讀之號絶欲死聞初五日之輦毯也國相就賓席執禮甚恭每上語則起身側聽答畢復坐而二太子馳擊階下酒七行畢上離席曰欲入城國相者慼頞不懌既退二太子送至行在殊有眷眷之意馬上或胡（删此二字）語莫能曉虜（改作敵）人再譯似謂天命有歸者衆皆惘然上尤憂沮然見其禮數勤腆不以爲意也遂復以歸意懇之乃云國相來日尚欲相見已而果有使來國相語問所以歸之意答以安撫百姓及催促應副軍前别無他衆謂歸期決矣咸有喜色至初六日拂旦來請上卽趣駕扈從官猶整服而進謂果得還也纔出門忽有徹黄屋者衆方驚愕洎至屯外則已望北方設一香案隨駕各官於百步外排立上獨前下馬望香案兩拜讀詔訖數

金酋（改作人）擁上乘馬而去繼引宰執從官跪聽衆皆叩頭哀請竟不從每宰執一人監以二金兵侍從一人監以二燕兵各分散

僞楚錄曰二月六日夜遣翰林學士承旨吳幵翰林學士莫儔持書入城書曰大金元帥府近以降表申奏今回降聖旨先皇帝有大造於宋人而宋人悖德故去歲有問罪之師乃因嗣子遣使軍前哀鳴祈請遂許自新既而不改前非更變愈速是致再討猶敢抗師洎官兵併力擊城摧破方伸待罪之禮況近尋載書有違斯約子孫不紹社稷傾危今既伏罪宜從

誓約宋土舊封頗亦廣袤既爲我有理宜混一然念師行止爲弔伐本非貪土宜別擇賢人立爲藩屏以王兹土其汴都人民許隨主遷居者聽所降聖旨在前今請宋宰相文武百官在京臣僚一面共請上皇以下后妃兒女及親屬王公之屬出城仍勾集耆長僧道軍民遵依聖旨共議薦舉堪爲人主者一人不限名位尊卑所貴道德隆茂勳業耆舊素爲衆所推服長於治民者雖無衆善有一於此亦令薦舉當依聖旨備禮册命趙氏宗人不預此議應宋之百司並事新君其國候得姓氏隨册建號所都之地臨日共

議天會五年二月六日右金吾衛上將軍右都監押右監軍押皇子右副元帥押骨盧你移賚勃極烈（改作固倫尼伊拉齊貝勒）左副元帥押諳版勃極烈（改作安班貝勒）都元帥在闕幷傳又出上軍前批付留守孫傅云今月六日大金詔書以屢失盟誓別立異姓仍依宣旨專候上皇以下后妃諸王公主以次內族出京倂合團聚自惟失信故（改作固）當如此猶許舊地別立賢人其爲百姓之幸非細今因元帥差人齎文字入城附此諭意幸爲曉示早請上皇巳下舉族出城諸事並從元帥指揮方是長計無拘舊分妄爲禍亂速招連累

中興遺史曰初城陷之始上出郊粘罕（改作尼堪）索上具降表遣人持往其國至是復回持到金國詔書讀畢粘罕（改作尼堪）令吳幵莫儔傳金國回文入城唯用事孫傅王時雍徐秉哲范瓊輩知之仍共相密議發遣龍德甯德兩宮及妃后親王駙馬之屬未敢使軍民通知是閭巷皆喧言消息不好而巳

李若水抗論罵賊

是日讀詔罷粘罕（改作尼堪）使蕭慶脫御服若水向前抱持上衣不可脫云這賊亂做此是大朝眞天子你殺狗輩（刪此三字）不得無禮左手抱上右手指粘罕（改作尼堪）以

駡之被數番人打破口面流血扯過一邊見上脫了御服卽時氣絕倒地少頃人各散去若水亦稍甦有數十金人甲兵守之俄傳國相令云須管好李侍郎存在有謝甯者若水虞候也時在側遂令甯扶若水到青城左掖門側廊屋內將理

司馬朴移書二酋（改作帥）責以大義

先是朝廷凡遣使造虜壁（改作金營）多不得見二酋（改作帥）或踞坐帳中使甲士執引使者趨拜庭下司馬朴之使也問其族曰先祖大丞相光曰賢者之後稍加禮再往返召對宣德門除兵部侍郎城未陷時被拘留

是日朴以金人變議移書二酋改作帥責以大義二酋改作帥雖不聽然重之

孫覿辭免待制狀曰二月五日赴擊毬之集比還意不懌何㮚亦有憂色六日淵聖復遣臣抵孫傅命臣坐賜食且曰卿與朕同艱難之苦無憚行朕不忘卿也臣頓首曰主憂臣辱何憚一行既出獨怪聖語遣勞如此莫測其故比出館忽遇鐵騎數隊分立泰禋門外見之大驚行次藉田復爲數騎所遮留止牆隅閒而內使全淵亦來徐見三百餘騎自南北至田所一人舉鞭招之而身在中矣未幾鄭寬之梁平王孝

竭王宗沔自城中來亦留不遣薄暮使人傳國相令召臣等入青城伺候內東門一胡人改作出持小紙傳喚梁平王孝竭王宗沔金淵四人姓名與俱入留臣與寬之待門外良久四人者出臣挽孝竭等問知其故驚悸失聲

賜進士出身頭品頂戴四川等處承宣布政使司布政使清苑許涵度校刊

三朝北盟會編卷第七十八終

三朝北盟會編卷七十八校勘記

樓殿無人春晝長樓誤作寶　范訥趙野屯南京遣使臣趙哲獻書帥府此條應另提行誤與上下相連　哲將家子至奪馬三百以獻此應另行誤連上條　留守司奉聖旨至車駕還內此應提行作平行誤　走馬打毬弟子七人脫走字　本朝開國登寶位赦書國誤作立　車上斥駡大呼曰大誤作太　爾等果何面目果誤作來　而脅者未誤誤應作悟　而果有使來傳國相語脫傳字　是時閭巷皆喧言脫時字　全淵全誤作金

三朝北盟會編卷第七十九

靖康中帙五十四

起靖康二年二月六日丙寅盡十一月辛未

大元帥府擺布勤王人馬

丙寅契勘金人劄寨京城下直北連珠劄至衞南縣東至東明縣西至胙城縣籬落牢固無隙可乘幕府奉王旨分遣人馬於曹濮間一帶州郡縣鎮再整齪擺布列寨相望審勢進發今將大元帥府五軍駐劄東平府及分遣諸處擺布下項大元帥府五軍東平府駐劄先鋒辛彦宗五千人前軍都超二千五百人

左軍張瓊二千五百人中軍張俊二千人趙俊二千五百人右軍苗傅二千五百人後軍范實二千五百人以上總計一萬九千五百人馬軍在內總號四萬人以楊惟忠都統制駐劄開德府人馬副元帥宗澤下陳淬統磁州二千人洺州一千人尙功緒二千人常景二千人王孝忠一千人權邦彦一千人孔彦威一萬人以上總計一萬九千人馬軍在內號三萬八千人以陳淬統制並聽宗澤節制開德府守禦人兵不在數孔彦威一萬人初五日議定起發駐劄濮州人馬閻邱陞三千人姚鵬二千人孫振二千人以上總計七千人馬軍在內一萬四千人並聽副元帥附近節制濮州守禦人兵不在數駐劄興仁府人馬黄潛善一萬三千人張煥二千五百人高公翰二千五百人王善一千人以上總計一萬九千人馬軍在內總號四萬二千人以張煥統制並聽黄潛善節制興仁府守禦人兵不在數駐劄廣濟軍人馬丁順三千人孟世甯二千人溫宗建一千人李大鈞一千人張榮一千人以上總計八千人馬軍在內總號一萬五千人以丁順統制並聽黄潛善節制廣濟軍守禦人兵不在數駐劄單州人馬王溆二千人韮誼二千人缺姓名二千人以

上總計六千人馬軍在內總號一萬二千人並聽黄潛善附近節制單州守禦人兵不在數內駐劄柘林鎮人馬劉浩二千人白安民一千人總計三千人馬軍在內總號六千人右通計八萬一千五百人馬軍在內通號一十六萬七千人

七日丁卯同知樞密院孫傅文武僧道耆老等畫一狀赴軍前

僞楚錄曰孫傅第一狀中大夫同知樞密院孫傅等今月六日亥時准元帥府公文備到大金皇帝聖旨指揮傅等聞命震駭義當赴節死難然念世被本朝

德澤至深至厚嗣君親政纔及期年恭儉憂勤無所不至若遽蒙廢絶實我臣子所不敢聞知輒復忍死須臾冒昧悲痛激切之詞仰干台聽復望垂天地再造之恩畢終始保全之賜傳等誓當捐軀碎首圖報萬分謹具畫一下項一太上皇以下不敢有違令旨見起發赴軍前同伸懇告一嗣君卽位以來日修德政並無虧失惟是失信一事上累謹呵蓋緣親政之初爲謀臣所誤既以盡行竄責兼檢會上爲大遼信誓亦係童貫李良嗣王黼等妄取事端並行處斬了當如此顯是嗣君悔誤前失非有他心一嗣君自在

東宮卽有德譽著聞中外比卽位臣民歸仰今感戴保全恩德至厚若蒙終惠未加廢絶尚可以歲修臣事之儀如拋降金銀表段之數雖目下未能敷足將來下令外路取索分歲貢納實爲大金永遠無窮之利若一但遽行廢棄遂同匹夫縱有報恩之心何緣自效一伏詳來旨令別擇賢人以王茲土許汴都人民隨主遷居具見仁慈存恤之至據今中外異姓實未有堪充選舉者若倉卒册立四方必不服從緣此兵連禍結卒無休息之期非所以上副元帥愛惜生靈之本意一今日之事生之殺之予之奪之全在元帥雖大金皇帝詔有廢立然令在將軍君命所不受則閫外之事元帥自可專行一汴京兩經根括取索公私所有各以罄竭顯見將來難以立國乞班師之後退守偏方以備藩屏如蒙大恩特許嗣君已廢復立有稱呼位號一聽指揮右件如前謹具申國相元帥皇子元帥伏望特加矜憫早賜允從伏候台令

孫傳第二狀孫傳等伏覩詔書宜擇賢人立爲藩屏竊見國主自在東宮恭儉著聞若願選擇賢人立爲藩屏必無出其右者兼本國自太祖皇帝以來累世並無失德惟上皇聽信奸臣國主年幼新立爲大臣

所誤以致違盟失信上干國典伏望國相元帥太子元帥察傳等前狀許其自新復立社稷容少退避以責後效再念趙氏祖宗德澤在民未泯或未允從前懇亦望特賜哀憫許於國主子弟中擇一賢者立之或不願立上皇之子乞於神宗皇帝二子中選擇建立使長得北面永爲藩屏非爲不滅趙氏亦使一國生靈蒙被恩澤永爲與國傳等不勝激切懇禱之至

太上皇及太上皇后諸王王妃宮主駙馬都尉等出宮幸青城虜寨（刪此二字）

宣和録曰黎明遣孫傳王儒弼內侍李石用奏請太

上皇帝出城者再少頃太上皇帝鄆王以下三十餘人諸王妃公主都尉等盡乘車轎由南薰門出至午燕王杞王出百姓稍知其事於前內擁留開封尹問其故不答捕爲首者一人斬之乃散初上皇遲疑未欲出徐秉哲以兵衛出南薰門已而出榜曰皇帝出郊日久未回太上皇親出懇告二帥各仰知悉

幼老春秋曰初六日吳幵莫儔持元帥府文字入城見孫傅王時雍徐秉哲等謂之曰軍前有指揮如上皇以下申時不出即縱兵四面入來殺人傳與時雍等徑見太上皇乞與諸王后妃詣軍前懇告上皇未

應范瓊以言逼之上皇涕淚橫流不得已乃乘竹轎而出自宮門至南薰門百姓擁道塡滿御街無不墮淚者至南薰門下立轎移時門啟有鐵椅在甕城中褰簾而去百姓望之皆慟哭

遺史曰金人變議之後覩吳幵莫儔道粘罕改作尼堪之語及觀時雍秉哲等請上皇詣軍前懇告之謀唯恐上皇出城之稍遲致貽金人之怒縱兵入城恐其室家例遭刦虜改作掠乃以好言誘勸上皇如期出郊雖市井皆不及知可謂專爲私謀不顧君父矣嗚呼任事大臣不能靖國家之亂及禍亂已熾又不執主辱臣死之節乃甘心以君父分付敵人之手尚可以履戴天地而施面目見人乎后妃諸王以下次第出城乳媪婢使多步行百姓見之驚憂戰慄心膽喪亂意不樂生西角樓下有百姓二人欲邀攔上皇不及俄見燕王行馬二百姓邀之曰大王家的親人都去柰何一城生靈不如留一人以存國祚王泣曰大金要我教我柰何二百姓曰百姓願與大王一處死生如何京城四壁彈壓使范瓊令擒二百姓斬之迨晚有榜云留守司奉監國令旨皇帝出郊日久未還上皇領宮嬪等出城親詣大軍前求駕回內士庶安業是

夜民情恟懼各持兵巡防閭巷官司彈壓四壁至夜深亦不敢息留守司急召百官議事時已三鼓盡矣

靖康後錄曰上皇蒙塵於虜改作金營上皇初亦疑難不欲便出王時雍徐秉哲以言恐逼遂出城聞者皆憤恨留守司奉監國太子令旨今來車駕出郊兩月未還上皇親詣大金軍前見大元帥求車駕還內曉示軍民各令知悉衛士歸傳上皇初到青城與粘罕改作尼堪及阿里不改作斡里雅布坐於端誠殿上皇東向粘罕改作尼堪南向阿里不改作斡里雅布西向聞上皇玉音甚厲汝稱先皇帝有大造於宋反是我有大造於汝也若大

遼伐我當所甘心汝去年興師吾傳位與嗣君遂割城犒軍汝等乃還今與兵稱嗣君失信汝等會記誓書否汝不信然乃蕭慶王汭等教汝等為之可呼蕭慶等來與我面證吾豈畏一死二酋改作帥皆無言蕭慶等亦皆不出少頃上皇起行東廊見上扶上皇號泣久之上皇謂上曰汝若聽老父之言不遭今日之禍蓋上皇初欲與帝出幸何㮚苦諫乃止

要盟錄曰是日太上皇后鄆王王夫人朱氏三男六宗姬蕭王王夫人任氏二男二宗姬景王王夫人田氏濟王王夫人曹氏康王王夫人邢氏莘王王夫人

嚴氏徐王王夫人王氏沂王和王信王未出閤則安康王梴建安郡王楧嘉國公椅瀛國公樾昌國公柄溫國公棟儀國公桐韓國公相出降帝姬則曹寅嘉德帝姬宋邦光安德帝姬曹晟榮德帝姬蔡鞗茂德帝姬向子方成德帝姬田丕洵德帝姬劉文彥顯德帝姬未出降則華福惠福令福純福甯福永福六帝姬妃嬪則王貴妃喬貴妃韋賢妃王婉容閻婉容任婉容王婕妤小王婕妤崔美人五王宮則燕王偲越王俁吳王佖和義郡王偉永甯郡王儀獨留皇后皇太子主國百姓見之始知有廢立之事驚憂戰慄心膽喪亂人不聊生市井小人相視變色

上皇平時好玩珍寶有司及軍前莫能知也內侍梁平王仍葦曲奉金人指所在而取之珍珠水晶簾繡珠翠步障紅牙大圓龍麝沉香樂器犀玉彫鏤屏榻古書畫珍珠絡繹於路又取皇帝殿白玉之寶十四承天休延萬億永無極○舊校云歸本作承休延福億永無極一也受命於天既壽永昌二也天子之寶三也天子行寶四也天子信寶五也皇帝之寶六也皇帝行寶七也皇帝信寶八也御書之寶九也御書之印十也無字寶十一也皇帝恭膺天命之寶十二也宣和御筆之寶

十三也又皇帝恭膺天命之寶十四也青玉之寶二其一傳國寶其二受命於天既壽永昌所謂秦璽者也金寶九御前之寶一宣和殿寶二御書之寶三天下同文之寶四天下合文之寶五又御前之寶六御前錫賜之寶七書詔之寶八皇帝欽崇國祀之寶九銀印一尙書內省出納之印皇后殿金寶一皇后之寶太子殿金寶一皇太子寶太子妃金印一皇太子妃印

八日戊辰吳幵莫儔自軍前齎文字前來催推戴狀孫傅第三狀翰林承旨前指揮擇立賢人事竊以本

國日前將相多是上皇時用事誤國之人嗣君卽位以來所任宰相亦繼以罪罷將相率皆敗亡之餘其他臣僚悉皆碌碌無聞之徒元帥府之所備知豈敢蔽賢不以上聞若舉於草澤之間亦非聞望素著人心不歸向孰肯推戴兼趙氏德澤在人至厚若別立異姓城中立生變亂非所以稱皇帝及元帥府愛惜生靈之意若自元帥府特選立趙氏一人不惟恩德有歸城中以及外方立便安帖或天命攸卜歷數此删四字有歸則非本國臣民所敢末議乞自元帥府擇推賢人永爲藩屏傳等不勝痛切殞越惶懼之至元帥

府看詳孫傅狀將相多是罪廢敗亡之徒臣僚內皆碌碌無聞之輩若舉於草澤之間孰敢推戴者夫運數既衰亦必有繼興者若言敗亡之世必無可繼則三王之後迄至於今安有君臣之道人倫之序何不詳道理之深也如或必元帥府推擇緣在軍前皆係北地漢兒若舉北人卽與混一無異若欲推擇南人其見在軍前南官亦樞密等之所共知也未審果有可舉者否若有所舉請具姓名見示亦與依應唯不許何㮚李若水預此議如或京城內外俱難自舉仍請諸官各具名銜依元帥府所舉推戴狀申

在京士民郭鐸等又具狀詣善利門申告軍前

要盟錄曰鐸等伏聞欲令選擇賢人以王此土鐸等聞命震驚罔知攸措竊惟元帥擁弔民伐罪之師行應天順人之道既陷京城斂兵不下全活在城生靈雖湯武仁義之兵未易過也念今上自處東宮自卽帝位恭儉修德中外悅服止緣踐位之初未熟政事輔弼非人有失大信致獲罪於大金皇帝然念上雖失信其於天下萬姓畧無過失士民歸嚮久矣今遽見棄絕別立異姓不惟異姓中不見有德之人誠恐民心皇皇無所統一萬一奸雄僭竊殺戮無辜如此

則非所以上副大金皇帝及元帥府愛惜生靈之意也伏望元帥垂天地再造之恩全始終生成之賜復立今上以主此土世修享貢以報鴻恩則今上感戴之誠何時而敢忘也如元帥必欲以失信爲罪則監國嗣子實惟其人他人俱不足當此如或未可卽肅王景王溫淸忠義俱有賢德國人共知選擇賢者以承嗣位人心嚮慕實天下倉生之幸今若別立異姓設或倉卒之間選擇非人蹈前車已覆之轍不免再彰大金皇帝聖慮而民復墜塗炭鐸等情動於中義不可辭仰冒威嚴無任叩頭泣血俯伏俟命之至

監國揭榜

是日京城四壁坊巷軍民皆詾詾不定監國有榜曰訪聞小民多持兵器往來街市仰安業如故依前持兵仗者並決配行遣父兄決又申諭云上皇出郊止爲求駕回內仰民安業不得造作語言誑惑衆聽是日彈壓官四出百姓持兵器巡防者如故

九日己巳文武百官孫傅等又狀申軍前

孫傅等第四狀准元帥府劄子節文再請恭依已降聖旨早舉堪爲人主者一人當依已去劄子施行右傅等竊惟本國趙氏祖宗德澤在人日久屢於前狀

瀝懇控告今來渝盟失信止是上皇與前主其子及支屬並不干預上冀恩造更賜詳酌庶得中外帖然不致生事若不容傅等死請必欲推擇異姓自中及外委無其人兼實難於自舉伏乞元帥府選擇敢不一聽台命

又狀右傅等除已與百姓父老具狀申元帥外尚有未盡之意不敢自默今更忍死瀝血上干台聽伏以前主皇帝違犯盟約既已屈服服而舍之存亡繼絶惟在元帥不然則有監國太子自前主恭命出郊以來兼撫軍民上下帖然或許就立以從人望若不容傅等申臣子之情必願立異姓天下之人心不服從四方英雄必至雲擾生靈塗炭卒未得安傅等自知此言罪在不赦然念有宋自祖宗以來德澤在人於今九世天下之人雖匹夫匹婦未忍忘之況傅等世食君祿方主辱臣死之時上爲祖宗下爲生靈苟有可言不敢避死傅等無任哀痛惶懼隕越之至謹具申皇子元帥國相元帥伏候台旨

遺史曰是時在京士庶雖見上皇以下六宮后妃親王駙馬出郊留守司及開封府猶密其事市井間皆未知端的然其事漸彰人情方憂懼是日也宣德門

前揭示黄榜備坐金人節次移文及孫傅等應報文狀民間始知欲立異姓相顧號慟隕越皆悔不令上皇東巡上還都也留守司慮恐軍民作亂乃令京城四壁都彈壓范瓊撫諭軍民軍民咸泣不已瓊大呼曰自家懣只是少箇主人東也是喫飯西也是喫飯譬如營裏長行健兒姓張底來管着是張司空姓李底來管着是李司空汝軍民百姓各各歸業照管老小軍民聞之皆氣銷而去然罵瓊不絶聲

十日庚午孫傅張叔夜百官父老畢集南薰門號哭齎狀於門乞繳申軍中

孫傅等第五狀云文武百官僧道軍民孫傅等右前巳累申元帥府乞軫卹趙氏存全社稷許國王歸國降號稱藩永事大國就立監國嗣子以從人望或選趙氏近屬使本國生靈有主中外帖安以全大國弔伐之義傅等今在南薰門拜泣俟命不勝哀懇痛切之至

吳幵莫儔齎到元帥劄子

劄曰吳承旨同得孫樞密等狀二道幷初七日狀二道備巳洞悉右契勘昨有文字唯貴道德不在名位高卑本欲利民今諸百官僧道軍民耆老既乞行府

推擇行府於在京官僚未諳可否但恐在京目下爲首勾當官員必是可舉可以共立早具本官名銜狀申如未可即依巳去文字須得共薦一人限今月十一日如此度不見舉薦必當别有悔吝無得有違天會五年二月

又大金元帥府牒今月十日右副元帥親到左副元帥麾下共議宋人告請復立趙氏事至晚到本營方有善利門下官員送到汴京軍民僧道耆老郭鐸等告乞立趙氏文狀幷孫樞密等今月七日八日九日三次共五道緣是爲言此事巳經共議差官入京須得别行薦舉外善利門下人員以輒受文狀嚴加懲戒訖慮在京人猶以投收爲辭别致住滯今請在京諸官孫樞密等照會依吳承旨莫學士等齎去文字日限施行不得住滯吳幵莫儔持文字來云粘罕（改作尼堪）大怒明日二事不了便舉兵入士庶傳聞同語相與號泣

十一日辛未百官等以議狀申軍前乞立張邦昌

僞楚錄曰酉守司勾集百官會議相視久之計無所出衆曰今日勉强應命不然一城生靈屠戮於趙氏何益既無善策不若舉在軍前者一人張邦昌舊任

宰相姑舉之以塞命想二帥意必有所屬議定幵儔復以議狀往

孫傅第六狀云文武百官僧道軍民等准元帥府指揮須得共薦一人限今月十一日狀申省契勘自古受命之主爲上膺圖籙下有勳德在民或權歸近臣或英豪特立有大材畧因而覇有天下方爲人樂推今來本國臣僚如孫傅等召自外方被用日淺卒皆竄下迷誤趙氏以至今日人皆懷怨方此俯伏謹俟誅責若付以土地俾備藩屏必爲百姓忿嫉立致變亂上頁選建之意然傅等奉元帥之令備到詔書嚴

切舉國惶恐非違敢拒實以在內官員委無其人伏
望元帥台慈體乞念於軍前選命張邦昌以治國事
如軍前別有道德隆懋爲天命所歸者乞賜選擇則
本國人民敢不推戴者
是日孫傅張叔夜不簽書

賜進士出身頭品頂戴四川等處承宣布政使司布政使清苑許涵度校刊

三朝北盟會編卷七十九終

三朝北盟會編卷七十九校勘記

晝十一日辛未日誤作月　前軍祁超祁誤作郗　上違大遼信
誓違誤作爲　妄起事端起誤作取　比既即位脫既字　若一旦
遽行廢棄旦誤作但　各已罄竭已誤作以　內侍李石周訓周誤
作用脫訓字　少頃太上皇后亦至延福宮相率以行但未
言軍前廢立之意脫太上至此二十二字　巳時太上皇太上皇
后鄆王脫巳時二字太上皇后四字　於內前擁留內前誤作前內　百姓
擁遏遏誤作道　有鐵騎在甕城中騎誤作椅　汝不自言自言誤作
信然　是日太上皇帝太上皇后脫太上皇帝四字　祁王王夫
人曹氏脫此七字應在莘王之上　則安康郡王楃脫郡字　瀛國公

樾樾誤作梃　相國公梴脫此四字應在儀國公栩之下　曹晟崇德帝姬
崇誤作榮　向子展順德帝姬脫此七字應在劉文彥之上　向子房房誤
作方　柔福七帝姬脫柔福二字七誤作六　皆北遷脫此三字應在郡王儀下
紅牙火圓火誤作大　古書畫珍珠應作古書珍畫珠字衍　又皇
帝恭膺天命之印十四也印誤作寶　前來指揮脫來字　人
心必不歸向脫必字　將帥率皆敗亡之餘帥誤作相　孰敢
推戴者敢應作肯　至即帝位至誤作自　鎮撫軍民鎮誤作兼　必
欲立異姓欲誤作願　人必不服必誤作心　隕越無所脫無所二字
皆氣憤而去憤誤作銷　共五道錄白錄白誤作椽是　猶以投
狀爲辭別致阻滯狀誤作收阻誤作住下同　非敢違拒誤作非違敢拒

合慈體念念字應在此句乞字連下句讀

三朝北盟會編卷八十

靖康中帙五十五

起靖康二年二月十一日辛未盡十三日癸酉

十一日辛未皇后太子出詣軍前

宣和錄曰是日金人取皇后太子甚急午間皇后太子出門車凡十兩百官軍民奔隨號泣拜於州橋之南攀轅號慟往往隕絕於地至南薰門大學諸生擁拜車前哭聲振天中有一人大哭擗踊於上其他往往皆氣塞淚盡無能哭者時已薄暮將近門猶聞車中呼云百姓救我虜酋（改作金人）在門下者廹行范瓊先

以危言讋衞士然後益兵擁皇后太子出都人憤疾又曰先是正月上再幸虜（改作金人）寨以孫傅兼太子太傅以保護東宮及虜（改作金人）索太上傅知必來索皇后太子傅欲留東宮太子不遣密謀以黃金五千兩使人匿太子於民間別以狀類太子幷宦者二人擊殺幷戮當死者數人以其首幷同死宦者屍送至軍中告以宦者竊太子欲投軍前都人爭之擊殺宦者誤傷太子因以兵討殺其爲亂者苟事露欲身以一死當之自初七日至十一日無當之者傅撫膺大慟曰不謂中國無一男子且上嘗麈託孤於傅豈可自號

分付與人吾太子太傅義當與太子同死生今主辱臣死之時虜（改作金人）人雖不索吾吾當從太子行求見二酋（改作帥）以義責之以祈萬一然後就死衆偉其言時方在皇城伺候太子同出傅之子因來省傅傅叱之曰使若勿來而竟來耶吾分死國矣雖汝曹百輩來吾心不可移也叱使速去勿亂人意傅之子亦曰大人以身徇國某何言哉願大人力保太子遂以留守司　印付次官吏部尚書王時雍有頃傅從朱后太子至南薰門求見二酋（改作帥）守門胡（刪此字）人曰軍中惟欲得皇后太子留守何爲出耶傅曰主上出辱

太子復出我宋人之大臣且太子傅上既不同當以死從太子幸爲速白元帥胡（改作敵）人許爲稟之傅是夜宿門下不動黎明胡（改作敵）人開門以粘罕（改作尼堪）命召傅入十三日并家屬取去

遺史曰吳革見太上皇及六宮皆出城悲痛不已已入内白留守孫傅曰上皇業已出城乞力留皇后皇太子庚午革頓首言二帝出郊駕未必回願陛下堅避以固國本孫傅曰何辭以拒之革曰有一内臣貌類太子虜人或邀請則抱以登車出朱雀門密諷百姓邀留不可則墮之車下以死告奉尸以往仍以振救饑乏爲名招忠義勇智之士結爲隊伍太子微服軍中潰圍出之不從皇后及皇太子遂行先是燕王越王出門有百姓攔截稱國中無主欲留之不令去爲范瓊所戮是日瓊恐百姓喧亂乃領兵往來内前告諭百姓曰趙氏已失國軍前見議別立異姓今晚皇后及皇太子盡出不得邀阻迫晚皇后及皇太子同車載以行百官萬姓哭送於道太學諸生亦哭送於門太子傳令致別哀號之聲震動天地是時宮嬪輩有徒步隨車者自皇后而下止有祓襆隨行士庶旁觀心肝殞潰

十二日壬申粘罕（改作尼堪）召孫傅張叔夜赴軍前

遺史曰張叔夜赴軍前見粘罕（改作尼堪）召叔夜紿之曰孫傅不立異姓已殺之公年老大家族繁盛豈可與孫傅同死耶可供狀叔夜曰累世荷國厚恩誓與國家俱存亡實不願立異姓廹之數同終不從唯請死而已金人皆義之

吳幵莫儔自軍前入城議事

是日晚幵儔以二酋（改作帥）文字來留守司曉示榜今月十二日吳承旨莫内翰自軍前來齎到大金元帥府指揮請疾速勾集在内大小官員不限已未仕共

議并僧道耆老軍民等更訖説諭商議共並舉張邦昌即便連署各於本銜親書其名背後名下押字仍於年月紙縫用在上官印限十三日申上便與册立入京如別有異見別具狀申只不許引惹趙氏若別舉賢人者亦不許阻敢有逗留不赴議所者當按軍令是夜三鼓御史臺告報文武百官不限大小使臣雖致仕在京宮觀及僧道耆老軍民班限十三日絶早並赴宣德門集議內省官員不來具狀申元帥府依軍法請勿住滯右錄二月十二日夜元帥府指揮在前今曉示各令知悉

十三日癸酉開封府榜准留守司劄子勾集文武官員僧道軍民並赴宣德門集議

開封府榜留守司劄子今月十二日晚吳承旨莫內翰自軍前回傳大元帥臺旨令留守開封尹連夜勾集文武官員雖致仕在京及宮觀人僧道耆老軍民於今月十三日卯時並赴宣德集議竊慮混雜無以分別劄付本府將文武百官及致仕在京宮觀人並分撥赴秘書省僧道赴宣德門外西闕亭軍員赴大晟府集議不管稍闕須至指揮右出榜宣德門張掛各令知悉百官赴秘書省士庶赴東朶樓僧道赴西樓軍員赴大晟府集議推戴張邦昌事百官各趍赴既畢集仰即閉秘書省門外環以兵乃令連銜舉薦張邦昌聞有先預知其意不赴議所者王時雍又令范瓊把省門以舉薦張邦昌事説諭軍民等於內前府吏臺吏奮呼令速具名銜推戴異議者押赴軍前而軍民耆老僧道回顧無言唯唯而退獨太學諸生對以某等所見意殆不然瓊慮軍民視效乃高聲折衆曰當今爲忠不可只可爲孝遂令同人歸學時孫傅張叔夜已出獨時雍主其事晚百姓飢但見出白紙一幅令書職位姓名而退狀詞祕之不以示衆薄

暮并儔檄狀以出

左司員外郎宋齊愈書張邦昌字以示衆

遺史曰金意欲立張邦昌令吳幵莫儔齎文字入城中令百官僧道耆老等共議別立異姓以治國事並不得引惹趙氏開封府御史臺集百官於秘書省聚議文臣承務郎武臣承信郎以上悉赴議乃集議於皇城司王時雍等以下皆在已寫推舉狀草但空姓名未塡衆皆議刪此字未敢發左司員外郎宋齊愈自外至問時雍舉誰時雍曰金人令吳幵來密諭意舉張邦昌今已寫下文字未塡姓名齊愈因記金人先

已有文書云請舉軍前南官謂是邦昌無疑乃取筆書張邦昌三字將示時雍曰是又示衆議官皆無語乃於寫下文字塡張邦昌姓名狀申分付與开傳齎文字出城去

朝野僉言曰金人榜云右孫傅等舉前太宰張邦昌狀在前疾勾集在京大小職官軍民僧道等並於秘書省集議舉張邦昌卽便書銜位姓名押字仍於年月日紙縫用官印限不過此月十三日申上便與册立入京不許引惹趙氏若別有異議具狀敢逗遛不赴議者當按軍法一時百官觀是榜無不涕泣

御史中丞秦檜獨繳狀申論列謂邦昌輔相無狀不能盡人臣之節以釋二國之難不足以代趙氏情願乞押赴軍前面論

檜狀曰右檜竊緣自祖父以來七世事宋身爲禁從職當臺諫荷國厚恩甚愧無報今大金擁重兵臨已拔之城操生殺之柄威制官吏軍民等必欲滅宋而易姓檜家盡死以辨其理非特忠其主也且明兩朝之利害耳趙氏自祖宗以至嗣君一百七十餘載功德基緒比隆漢唐實異兩晉頃緣奸臣渝盟結怨鄰國謀臣失計誤主喪師遂使生靈被害京城失守上皇嗣君致躬出郊求和於軍前兩元帥旣允其議已布聞於中外矣且空竭帑藏居民之所積追取鑾輿服御之所用割交河北之地恭爲臣子今乃變易前議自敗斯盟致二主銜寃廟社將傾爲臣子之義安能忍死而不論哉且宋之於中國號令一統綿地數萬里覆載之內疆域爲大子孫繁衍充牣四海德澤加於百姓前古未有興亡之命雖在天有數焉可以一城而決廢立哉昔西漢絕於新室而光武乃興東漢絕於曹氏而劉備據蜀唐爲朱温簒奪而李克用父子猶推其世序而繼之蓋繼世之後德澤在人者

深其基廣業巨勢雖陵替四海英雄必赴其難天下之士不敢窺其位所謂基廣則難傾根大則難拔此之謂也西晉武帝因宣景之權以竊魏之神器德澤在人者淺加以惠帝昏亂五王爭柄自相殘戮故劉淵石勒得以據中原猶賴王導温嶠輩輔翼元皇江左之盛踰於西京石晉欺天罔民交結外邦以簒其主其於天下也得之以契丹失之以契丹況少主失德任用非人而忘大恩曾無德澤下及黎庶特以中國藩籬之地以賂夷人（改作契丹）天下其何思之哉此契丹之所以能滅晉也宋之有天下九世有德比隆漢

唐實異西晉大金廢立之議可不明天地之意以考古今之迹哉竊觀大金今日計議之士多前日大遼亡國之臣晝籌定計所以必滅宋者非忠於大金也假威大金以報其怨耳曾不知滅大遼者大金大宋共爲之也大宋既滅大金得不防閑其人乎頃上皇誤聽奸臣因李良嗣父兄之怨滅契丹盟好之國乃有今日之難然則因人之怨以滅人之國者其禍豈可勝言哉爲計議者必欲滅宋之策改作國在絶兩河懷舊之思除鄰國復仇之患而已又曰大金兵威無敵天下中國之民可指麾而定若大金果能滅宋兩

河懷舊之思亦不能忘果能滅宋徒使宋之宗屬賢德之士倡義天下竭國力以北向則兩河之民異日撫定之後亦將去金人而歸宋矣且天生南北之國方域之異也晉爲契丹所滅周世宗復定三關是爲晉所改作而報恨然則今日之滅趙氏豈必趙氏然後復仇也雖中國英雄亦將復中國之恨矣檜今竭肝膽捐軀命爲元帥言廢立之議以明兩朝之利害伏望元帥不恤羣議深思國計以辨之於朝若用讒言以矜己之功能非特傷敵國之義亦貽患於異日矣又況禍莫大於滅人之國昔秦滅六國而六國滅之苻堅滅燕而燕滅之頃童貫蔡攸貪土地以奉主欲營私而忘國計屯兵境上欲滅遼以取燕雲之地方是時也契丹之使交馳接踵祈請於前爲貫攸之計者當思國計以從其請乃欲邀功業以兼人之地遂貽患於主而宗社墊危今删此字雖焚尸戮族又何益哉今元帥威震中原功高在昔乃欲用離間之論而矜一己之功其爲國計亦　已失矣貫攸之計可不鑒哉自古兵之强者固不足恃劉聰石勒威足以制愍懷而挫於李矩數千人之衆苻堅以百萬之師衂於淝水之旅是兵强而不足恃也大金自去歲問罪

中原入境征戰已踰歲矣然所攻必克者無他以大金久習兵革中國承平百年士卒罕練將帥未得其人也自古中國地土甲兵之威四隣無有將相英雄世不乏才使異日士卒精練若唐藩鎮之兵將相得人若唐代肅之臣大金之於中國能必其勝哉且世之興王以有德而代無德以有道而代無道然後皇天祐之四海歸之若邦昌者在上皇朝專事燕遊不務規諫附會權幸之臣共爲蠹國之政今日社稷傾危生民塗炭雖非一人所致亦邦昌爲之力也天下之人方疾之若仇若付以土地使主人民英雄必盡

起而誅之非特不足以代宋亦不足爲大金屛翰矣大金必欲滅宋而立邦昌則京師之民可服而天下之民不可服京師之宗子可滅而天下之宗子不可滅檜不顧斧鉞之誅戮族之患爲元帥言兩朝之利害伏望元帥稽考古今深鑒斯言復嗣君之位以安四方之民非特大宋蒙福實大金萬世之利也不任惶懼懇告之至謹具狀申自餘百官所議其畧云奉大金皇帝詔旨二元帥令旨欲立太宰張邦昌爲主某等荒迷不知所措敢不推戴如更欲別選賢人亦取自軍前指揮

賜進士出身頭品頂戴四川等處承宣布政使司布政使清苑許涵度校刊

三朝北盟會編卷八十終

三朝北盟會編卷八十校勘記

車凡十一兩（脫一字）　別以狀類太子幷宦者二人摯殺之（脫之字）　以其首同屍幷宦者屍（上屍字誤作死幷字誤在首下）　殺其爲亂（殺應作斬）　遂以留守司印付亥官（一作遂以留守等事付亥官）　塡張邦昌姓名狀申（狀申一作別寫申狀）　敢有逗留不赴議者（脫有字）　兩河懷舊之思亦不能使之忘（脫使之二字）

三朝北盟會編卷第八十一

靖康中帙五十六

起靖康二年二月十四日甲戌盡二十一日辛巳

十一日甲戌吳幵莫儔齎到軍前牒

據文武百官申乞立張相治國事已申本國許册立爲皇帝請牒册寶及一行册命禮數

金人取親王帝姬駙馬及南班官親屬

遣史曰先是金人破眞定府得走馬承受內侍鄧珪者太上倖臣也置在軍前至是粘罕(改作尼堪)斡里不(改作斡里雅布)懷廢立之意先令鄧珪將太上宮女俱供其數

又嘗取內侍四十五人至軍前問其人管甚職事問畢卻遣回一半別換曾管宮閤者時留守司大臣不疑其故以爲要管宮閤之人是金人欲效之後吳幵持廢立文字要太上諸王以下孫傅意欲藏匿吳幵持文以示乃鄧珪與管宮閤內侍先已具其數已各書姓名以示之傅乃呑聲而盡發焉又金人於宗正黃(一本云董)少卿處取玉牒簿去指名要南班宗室先自二王宮濮王宮以近屬官序高者先取宗室逃竄於細民家藏匿徐秉哲爲金人所逼押文引令諸使臣收捉使臣利於得財凡所藏匿必捉得之獲免者十有一二其文引云或於南薰門蕭太師處交割或於順天門耶律大夫處交割皆用使牒押字或謂徐秉哲爲人之臣忍押牒取國之宗屬以賂仇讎其貪生忘國之恩有如此者開封府捉事使臣竇鎜曰我生爲大宋之臣豈忍以大宋宗族交送與虜(改作敵)人乎遂自縊死

十五日乙亥金人取御史中丞秦檜赴軍前

以廢立異議故取之

集百官作推戴表軍器少監王紹草之

王紹表先敘大金皇帝云道合三光功高九有惇德

允元智將幾於虞帝弔民伐罪義實過於周王又敘邦昌云惟太宰相公識探天人學貫今古內外之聲久著天人之意允洽膺大國褒崇之禮希前王作聖之功可治國事以主斯民

吳革置賑濟之所謀起兵以救駕

皇后皇太子既出城吳革謂二帝與天眷皆遭敵人拘囚爲人臣者何用生爲乃於啟聖院置局名賑濟所募士就食一日之間不啻萬人革陰以軍法部勒以吳銖左時朱夢說張知彰馬獻可吳忠徐偉參謀議偉又率兩學進士崔鼎臣周虎臣等八十餘人應

募革因檄偉總轄士人是時康王爲天下兵馬大元帥將軍駐山東偉獻言於革密遣薛安裴進靳立等數輩懷蠟彈由間道告急於元帥府乃約在外將相擁兵進城内外相應夾攻賊敵改作寨圖還二帝保全宗社革從之

孔彦威斬常謹獻首於大元帥府以常謹官職差遣授彦威謹一作景

承信郎孔彦威爲常謹下提轄衙兵乙丑彦威詣帥密告常謹自受帥府劄子授武翼大夫閤門宣贊舍人合依王旨取便路往栢林鎮駐劄謹乃離朝城縣

即往鄆城縣住泊十日不動忽一日席地置酒請彦威及近上使臣十人數盃後謹說做官不自由不快活只欲落草去取快活如何衆不應謹說待別商量即散去次日差彦威前去山口路欲望襲慶府去作過彦威衷私一日一夜走投帥府告首王問何以驗實彦威曰謹見差使臣五人齎金銀在此召募帥府軍兵兼謹已移寨出鄆城住泊虜掠鄉村王遣人密伺果獲五人又發探報察謹動息悉如彦威所告王命只以常謹所帶武翼大夫閤門宣贊舍人并統制本路下人兵便許彦威令自斬謹首級及撫定得軍情無他齎挈首級來即授之遂授彦威方畧令齎撫安軍衆榜示以行彦威馳歸見謹紿以同自山口次日謹與所虜婦人雜馬馳驟彦威馳馬及謹挾謹下馬驅捽在地數謹罪懷中出撫定榜示以徇衆衆皆曰可斬遂斬謹撫定其衆取謹首馳詣帥府乙亥以獻王喜犒勞彦威許奏官職辛巳奏擬彦威武翼大夫閤門宣贊舍人統制本頭下人馬一萬令去開德府城下駐劄聽宗澤節制

十六日丙子金人遣曹少監郭少傅同開封府徐秉哲治事

時方議立張邦昌未定京師事務金人主之百官凡有一事即取稟軍前至是金人令曹少監郭少傅同徐秉哲治事軍前指揮令百官依舊入局治事軍糧依舊支散

金人取宮禁庫藏珍玩諸物

金人盡取内藏元豐大觀庫簿籍悉取寶貨及大内諸庫龍德兩宮珍寶奇物

僉言曰太上平時好玩珍寶雖有司與宰相不能知之内侍王仍等曲奉粘罕改作尼堪說其物指其所在而取之

金人取太學博士十人太學生堪爲師法者三十人

金人索太學生博通經術者三十人如法以禮謹聘前來師資之禮不敢不厚忽有應募願行者大抵多四川人及兩河人兩河人思得假便移鄉四川人皆爲利往也官司人給三百千俾治裝三十人者欣欣然應聘初金人圍城太學生汪若海等勸人納資財賞軍上在軍前董時升勸人納金銀徐揆投書於二酋改作帥乞免金銀上久不歸汪若海說二酋改作帥乞復鑾輿人皆稱太學多忠義之士至是城中乏糧困匱金人時有洗城之語又疑金人不去欲變在京之

民者太學生皆求生附勢投狀願歸金國者百餘人元募八十人而投狀者一百人皆過元數其鄉貫多係四川兩浙改作河福建今在京師者比至軍前金人脅而誘之曰金國不要汝等作大義策論各要汝等陳鄉土方畧利害諸生有川人閩浙人者各爭持紙筆陳山川險易古今攻戰據取之由以獻又妄指娼女爲妻要取詣軍前後金人覺其無能苟賤復退者六十餘人委無才能不足以爲師法復欲入學司業博士集衆楗楚而屏之士之苟賤無守有如此者

遺錄曰金人初取太學生正錄三十人爲北方師資令國子監各給三百貫發遣正錄皆懼乃私誘學中素無廉耻者以充數即日出城其齎銀幷爲賊改作敵所奪髡之此二字删至中路裸體逃歸賊改作敵亦縱而不追

十八日戊寅大元帥府再行下諸處勤王進發

遺史曰是日幕府奉大元帥康王指揮京師全無消息吾寢食不遑可再呈檄書行下諸處契勘當府今月七日九日十一日十三十五日十七日節次劄下興仁府黄待制駐劄開德府宗元帥節制諸頭項人馬及劄下南京宣總兩司互爲應援及一面關牒陝

西京西江淮勤王師帥去訖外今再契勘探報大金歸期全未見的確京城信息不通據報或云繫橋或云絞筏不久渡河然登城之虜改作兵至今不下大寨或有小寨未起傍列四處刦虜吾民般運糧斛或稱候麥苗長大可以餵牛馬方可北歸是未有去計講和之說實款我天下之師觀其形勢慮包詭謀今仰見在開德府駐劄副元帥宗修撰興仁府駐劄節制黄待制各更切加意召募信實人前去硬探知見得委有奸計尙或窺伺舊城未有退師之意仰審觀形勢料度彼已隨處糾合附近統制官人兵尅日進寨

於進京駐劄張大軍勢逼脇令去仍切持重明遠斥堠毋致反落奸便不得先以人兵跳弄自啟敗盟之釁內如宗元帥舉師之日先告諭開德府濮州黃待制舉師之日先告諭興仁府單州廣濟軍各嚴備守禦其逐處城土地分走已擺布若軍若民之兵不得一例起發使各保守以防乘虛及令逐處守臣各應付隨軍糧食五七日并後來不住相繼應副仍各申隨處所屬轉運使不致少有闕誤并仰南京宣總兩司照會與宗元帥黃待制一依今來指揮各精覘探互相關報會合進寨約日於近京駐劄務要聲援相

應及仰一面備坐今來指揮行下陝西京西江淮等路勤王領兵去處約日擺發會合仍具逐頭項職位姓名及劄下河北運判顧大夫京東運副黃龍圖隨軍轉運粱修撰等各隨處應付錢糧不致少有闕誤并小貼子兼契勘南京開德府興仁府等處去京城遠近不同即湜發當有先後務要同日到京城側近竊在契勘無分參差不齊又小貼子再契勘京城圍閉日久昨朝廷遣使賫詔傳諭雖知金人已再講和無復虜掠然到今累月未聞退歸阻隔道路朝廷命令不通臣子之心寢食不遑今來勤王之師諸道雲集便欲相與戮力進兵血戰仰念主上屈己誠信講好息民之意未得輕進當府已累劄下審觀形勢可進無先以兵相加自取敗盟之釁今仰節制黃待制副元帥宗修撰宣撫使范承宣訥北道總管趙資政野經制翁閤學彥國發運向直閤子諲發運方徽猷孟卿淮南東路提刑汪郎中師中知揚州許龍學份前知密州郭待制奉世西道總管王資政襄陝西五路經制錢侍郎蓋知淮甯府趙待制子崧各切親飭諸將整軍伍利器械具糗糧若旬月之間師猶未退忍復坐視當約日齊進誓死一戰凡臣子世受國恩

各懷忠義之報必願效死立功仍仰吐心瀝誠紬繹方略合謀解難速行條具申

金人取詳通經教德行僧數十人

金人來索詳通經教德行僧開封府即令拘諸禪院僧等每院不下十餘人解赴金國軍前復有退令歸者所留僅二十人待遇頗厚諸寨輪請齋供殆無虛日

二十日庚辰康王發東平府

先是帥府排日劄下諸處勤王師帥約與會合幕府聚議宜進寨濟州尅擇官王府選定用庚辰進發是

日起發東平府先是軍前人情隨府諸色人等唯思家喜向南去河北諸郡勤王兵懼戰闕欲北歸至是北兵見帥府趨濟州多不欲南於是五更於北門及縣前兩處放火欲駭亂軍衆張俊收捉撲滅之奸謀不行晚宿中都

金人移文再根括金銀

是時被發遣出城者足相躡於道途金人見其隨行籠內有金銀粘罕（改作尼堪）大怒斥責根括官吏以謂皆以爲盡絕各有結罪文狀今乃如是邪故移文再行根括督責益峻急既而揭榜曉諭委四壁官根括如

初民情自是殆無生意自門初發遣宗室宦官宮嬪輩如今兩日猶未盡號呼之聲道途不絕

二十一日辛巳粘罕（改作尼堪）與吏部侍郎李若水等議立異姓事若水罵賊同王履死之

靖康忠愍曲周李公事迹曰公姓李氏諱若水字清卿始名若冰洺州曲周縣人曾祖宏故任莫州錄事參軍贈太子太傅祖庠故任鄭州管城縣主簿贈太子太傅父恂故任開德府議曹掾贈少傅世業儒仕州縣著清白聲公自幼苦學工於屬文政和八年嘉王○（舊校云嘉王疑作王嘉）榜敕賜同上舍出身初任廸功郎大

名府元城縣尉時河朔盜賊起以捕獲功改承仕郎復以功賞轉宣教郎授平陽府司錄宣和六年春試學官有司愛其文典雅近古擢爲第一除濟南府府學教授先是左司員外郎高景雲嘗見其詩奇之遂立薦於朝除太學博士時文格彫敝獨以古文倡之從者甚衆七年春李公邦彥起復少宰當蔡京落致仕其子孫用事李公欲託病求去公素蒙見知乃上劄子言大臣以道事君不可則止安可假病默默而退當抗論上前以盡大臣去就之義無使天下有伴食之譏李公頗不悅繼以非舊棄闕滅罷遂不復除

用嘗以啟上李公其末云顧積蠹之云久宜致理之尤難首建裁損而國用未豐痛罷科徭而民力猶困邊陲初定當求守禦之方賊勢稍衰可弛防閑之策權貴抑之而益橫仕流濫矣而莫澄凡茲十數之大功未覩軒昂之成效正宜解榻以待士置驛以招賢博采寸長用裨遠見未幾金寇犯（改作人入）邊果如所料靖康元年夏再除太學博士待闕開差權太常博士累轉朝奉郎時開府儀同三司簡國公高俅薨皇帝諭挂服舉哀承太常寺告報輪當贊導入劄子言俅敗壞軍政致金寇（改作人）長驅罪與童貫等當褫追官

秩示不終赦不宜辱舉挂之禮數日未報復入劄子備論其事朝廷從之卽除太常博士八月朝廷欲遣使金國以租賦贖三鎮令侍從臺諫各舉三人公兩預其薦召上殿賜今名除秘書省著作佐郎借秘書少監奉使大金山西軍前到太原見國相粘罕(改作尼堪)時太原眞定已陷租賦不能贖三鎮途中嘗有詩呈副使王坦翁曰平生忠義定何人數月相從笑語眞未信功名孤壯志不妨詩酒寄閒身此來飽看千崖秀歸去寧知兩鬢新就使牧羊吾不恨漢旄零落雪花春又曰舊持漢節愧前人聞許傳來苦不眞五鼓

促回千里夢一官妨盡百年身闕山吐月程程遠詩景含秋句句新孤館可能忘客恨脫巾聊進一盃春十一月十一日還朝十三日聞虜騎(改作金師)已南有旨令同王雲等再議除侍從公辭乃已十五日知樞密院事馮澥使粘罕(改作尼堪)借公徽猷閣學士副之是夜到中牟守河潰兵作過或云已有虜(改作敵)騎渡河左右甚駭謀取旨改路馮澥問當如何公曰守邊防河諸把隘將士皆望風逃避奉使者又如此朝廷將何所賴以某處之唯有死而已令云敢回者行軍法衆遂定路中日一奏乞京城設備至懷州界逢金人大軍館伴劉思蕭慶云已遣使往汴京畫河爲界三鎮更不須理會隨大軍至西京界聞門下侍郎耿南仲同知樞密院事聶昌出使交割河北河東地界閏十一月三日到京城外拘留沖虛觀嘗賦詩以見志曰胡(改作匹)馬南來久不歸山河殘破一身微功名誤我閒雲過歲月驚人迅鳥飛每事恐貽千古笑此生甘與衆人違艱難重有君親念血淚斑斑滿客衣虜(改作金)人獨遣馮澥同蕭慶入城請與皇帝相見欲議盟誓不從又遣蕭慶入城請與皇帝相見又不從許宰相親王出後數日兩樞密兩郡王分使軍前議不合

粘罕(改作尼堪)攻城

賜進士出身頭品頂戴四川等處承宣布政使司布政使淸苑許涵度校刊

三朝北盟會編卷八十一終

三朝北盟會編卷八十一校勘記

十四日甲戌四誤作一　將軍駐山東一作駐軍山東　統制本頭
項下人馬一萬脫項字　剋日進寨於近京駐劄近誤作進
不得先以人兵挑弄挑誤作跳　其逐處城上地分先已擺
布上誤作土先誤作走　是夜五更是夜誤作於是　任州縣著清白聲
任誤作仕　其子條用事條誤作孫　當退褫官秩退褫誤作褫退　同
王雲等再議和脫和字　請與上皇相見又不從上皇誤作皇帝

三朝北盟會編卷第八十二

靖康中帙五十七

起靖康二年二月二十一日辛巳盡其日

至删此字添李忠愍事迹日六字城破次日館伴來相見說景王請
命上書猶有御寶料城中未甚亂國相教徽猷來欲
令入城遂於城破處見粘罕改作尼堪斡離不改作里雅布云
可令何相公來議事國書中亦說此意入見奏之當
日何㮚出次日又遣濟王中書侍郎陳過庭出何㮚
同陳二帥請與上皇相見上欲代之先遣詣懇告次
日出幸虜改作金營留三日而還後除禮部尚書力辭

上曰徽猷閣學士自與尚書同班卿可受之復以借
官辭不已改除吏部侍郎命兼權開封尹辭之降御
筆云卿始終爲國兼尹不須辭免二年正月九日軍
前遣使將國書來說農務將興及徽號事須當面議
請皇帝出郊遂降詔次日出至二月六日金人變議
公母夫人張氏聞之慟曰吾子平日剛直死難決矣
自後不通消息當月二十一日權府曹呂齊在朱雀
門見取過軍前醫官熊調入城取物說某修合處在
國相位廊下屢見喚李侍郎來理會事早來又見問
何故唯你堅不欲立異姓李侍郎道上皇悔過避位

主上孝慈勤儉無有過行國相云趙皇失信使南北生靈如此豈不是過李侍郎道若以失信爲過國相亦有失信處五乃歴數之某忘記其語又云你刦金帛女子止是一大賊耳你國滅決不久國相大怒令推出處置二十四日隨行虞候謝甯入城般取家小說某已收在監軍處打傘前此常隨定侍郎初六日時先收了金國詔書粘罕改作尼堪令蕭太師脫御服侍郎向前抱持皇帝令不得脫被十餘番人拽過一邊叫道此大朝眞天子你殺狗删此二字輩不得無禮又被番人打口面見脫了御服卽時氣絶於地謝甯不敢

喚少時却蘇衆已分散只有十數甲兵守之傳國相指揮須管要李侍郎在遂令謝甯扶到青城左掖門側廊屋內住每日供三番飲食侍郎絶不能喫似中著底後蕭太師三次來道事已如此你休執迷揀長處行恐壞性命不是你好人我不來勸你又云你前日罵詈國相國相亦不見過你若順從他時與你好官做侍郎只道天無二日某無二主謝甯曾勸道侍郎父母年高兄弟又多若稍順他恐可得回侍郎叱云古時有忠臣如今豈無你理會不得十六日國相來喚理會事了却放回二十一日又喚去理會事甚

多時臨後只見侍郎罵詈國相令推出處置又回面叫罵不喜聽遂和謝甯縛了到南郊側近顧謝甯云我爲國家合死枉帶累你監軍道待與你放了你回頭來也未猶罵詈不止遂害之及說被害去處某後來亦不敢回去埋葬至四月四日金寇改作人已退家人出城尋認依謝甯所言去處得之暴露四十餘日肌肉不變時年三十五初金人出榜闕下求立異姓云軍前南官亦當舉唯不許何㮚李某預此議及軍前取家屬兄若虛到南薰門親見番官數十共嘆其忠且言我大遼死難者二十餘人你南朝只李侍郎

一人後自京師奔大元帥府上書者數十人皆言爲社稷死者唯李若水一人今上皇帝卽位之初尚書右丞呂好問又上劄子乞優加褒贈建炎元年五月九日奉聖旨特贈觀文殿學士與子孫恩澤五人賜其家銀絹五百匹兩後因臣僚劄子乞賜美謚當年六月九日奉聖旨可特賜謚續准告謚忠愍建炎三年七月召兄若虛上殿上正色曰圍城中士大夫止有李若水紹興四年正月內明州見武節郎新鎭江府焦山巡檢張珍說圍城中作行門第二次從駕出郊親見當日粘罕改作尼堪在殿上高尙書讀罷詔使蕭

慶脫御服獨侍郎向前云陛下不可脫這賊亂做也立於淵聖皇帝後左手掩抱淵聖皇帝右手指而罵之某等出門外不見後面事紹興八年夏金國使人烏陵改作烏凌阿思謀對接伴稱公忠義且問子弟幾人今在某處仕宦紹興九年春又蒙朝廷給還致仕遺表恩澤三人建炎二年秋家屬流寓揚州遂藁葬公於蜀岡南紹興十一年五月二十三日還葬公於湖州歸安縣廣德鄉卜村南黃龍塢少傅公塋之左敕賜墳寺額曰褒忠永慶禪院賢士大夫作哀挽者百餘人公娶劉氏趙氏並贈碩人三子曰浩早亡曰湆

曰浚孫四人楷札槱相繼以二子郊恩累贈公左宣奉大夫所著詩文經兵火多散失有文集十卷其行狀墓誌神道碑皆未就故實紀其事迹又逸事曰謝甯云二月二十一日在南郊側近監軍問侍郎云你回頭來也未侍郎厲聲罵詈不止遂被監軍打破唇齒侍郎神色不動噴血奮罵愈切監軍以刃裂頤斷舌迺寘於死死已又肆慘酷至於身首異處膏血浸於原野者凡四十三日家人於被害處收歛時形貌如生此段紀事迹時諸父以先大父母年高恐痛傷其意遂不敢書至乾道中諸父淪亡因於秘收遺藁中又得其遺使盡書之表於家乘

尚書省贈官劄子告詞建炎元年五月初九日奉聖旨故吏部侍郎李若水忘身爲國知死不懼忠義之節無與比倫達於朕聞爲之涕泣可特贈觀文殿學士與子孫恩澤五人賜其家銀絹五百匹兩敕節義士之大閑能忘身而徇國爵祿國之砥石宜懋賞之報功肆加䘏典之崇越進彝章之限故朝奉郎吏部侍郎賜紫金魚袋李若水操履端重學植純粹儒館掄才早膺選任從班入侍旋被旁求屬鄰敵之內侵數投辭而出使勤勞靡憚誠慤勿欺念國難之非常駭虜改作敵情之不測二聖遭北遷之阨大統有中絕

之危奮不顧身義形於色仁必有勇知處死之非難慾焉得剛信苟生之可愧忠義之節無與比倫達於朕聞爲之涕泣是用寵以輔臣之異數躐陞秘殿之隆名賻物具儀賞延及子昔段秀實笏擊朱泚顏杲卿面折祿山簡册有光精神如在惟爾英烈追配古人魄其有知服我休命可特贈觀文殿學士餘如故臣寮乞賜謚劄子告詞臣僚上言伏見故吏部侍郎李若水將命軍中備嘗艱險功雖不遂志實可憫青城廢立之際獨以鴻毛之命爭論刀鋸之側義形於色卒殞非命志節凜然不愧古人伏望斷自睿慈特

賜優典追贈官爵錫以美謚六月九日三省同奉聖旨李若水忠義無與比倫已推恩外可特賜謚敕朕灼觀之古昔歷考忠義凡有臨危致命之秋多仗節死難之士世無倉猝擾攘之變人有媮懦委靡之心苟貪其生鮮蹈於義惟爾忘軀而徇國我其錄德而褒功故朝奉郎試吏部侍郎賜紫金魚袋贈觀文殿學士李若水出入虜(改作敵)營始終漢節威武不屈意氣自如嗟捐竭之靡他宜旌嘉之首及載稽謚典式究僉言危身奉上謂之忠佐國逢難謂之愍於昭大節以示寵光慰爾九原之知爲吾百辟之勸可特賜謚忠愍餘如故

靖康小雅云公諱若水宣和七年冬十一月金人渝盟遣其僞(刪此字)國相粘罕(改作尼堪)將兵犯河東知代州李嗣本首叛從賊(此二字改作降)時燕人耿戍律守石嶺關復開門迎之賊(刪此字)遂圍太原又遣其僞(刪此字)二太子斡離不(改作斡里雅布)將兵自平州入寇(刪此字)及境賀正旦接伴使傅察以不屈而死陷薊州燕人內應燕山帥郭藥師以常勝師迎敵其貳張令徽劉舜仁潛與賊(改作敵)通既接戰二賊擁兵不前藥師遂敗走還燕山因拘執大帥蔡靖都運使呂頤浩而以全燕之地降賊(刪此字)賊(改作敵)兵入攻保州中山不克前陷信德府遂犯京畿十二月天子內禪皇帝嗣祚上尊號於龍德宮越明年正月五日虜(改作金)師至京都之地札營於牟駝岡攻城不利而种師道等諸道勤王之師咸集遂議割太原中山河間三鎮以和二月賊(改作敵)衆北歸粘罕(改作尼堪)慮河東之師襲其後畱攻太原是歲夏天子求專對之才以備出疆大臣以公應詔入對上奇之遂抵河東見粘罕(改作尼堪)力言講和之利胡廷(改作金人)許之因遣王汭偕來是時太原失守胡馬(改作敵騎)已南十一月粘罕(改作尼堪)營於京城之南青城齋

宮斡離不(改作斡里雅布)營於京城之東劉家寺兩軍併力長圍遂合上數遣公出城見粘罕(改作尼堪)再求成虜(改作敵)僞許之閏十一月二十五日城陷公出見粘罕(改作尼堪)稍以爽約質之既斂兵不下上幸虜(改作敵)寨公復扈蹕既還和議已定上嘉公勤勞稍遷至吏部侍郎靖康二年正月十日車駕再幸軍前公復從虜(改作敵)督所括馬及金帛婦女技藝益急回鑾稍稽中外危急二月六日果行廢立是時公侍上側極力爭之且責之曰爾許我和屢矣天子爲生靈屈至尊親來計議既以詭詐拘畱又輒敢悖逆如此何也公知虜(改作

敵意已定因抱上大慟且罵曰爾曹狗彘之不若也遠陋之夷(刪此四字)敢廢中國聖明天子乎吾當以死爭之苟不從吾言則人神共怒臭胡(改作爾等)安能長久俱爲萬段矣羣酋(改作金人)大怒因使人拽公去以馬箠擊公口面流血反縛置之空舍中三日不與食而公罵不絕口已而遣其貴臣高慶裔來以好語來諭公曰公忠孝人也大金將寵用不患不富貴何不少屈徒死何益也公曰爾曹禽獸(刪此二字)豈知臣子有忠之節乎我大宋忠臣也聖主被辱恨不手殺汝輩以謝吾君而乃以富貴誘我我有死而已因極罵之且求速

死虜(改作敵)知其不可回也遂斃之棄於道側公之給使親見始末因逃歸城中具言之四月十二日胡馬(改作金師)已去公之父與諸弟同公給使出城得其屍已五浹旬而不壞如生因以衣衾棺斂卜葬建炎初贈公觀文殿學士官其子若弟凡七人嗚呼方二酋(改作金兵)破京師擁重兵廢置中原人主如兒女子戲其凶(刪此字)威虜(刪此字)焰望而褫魄公以一身摧之若覩螻蟻嗚呼忠義之節冠絕中外誠可搖海嶽而動天地矣故靖康之難死節之士公爲第一詩曰烈烈李公實備全德義動幽明氣貫金石扈蹕虜營(改作青城)爰定

忠烈杞人之憂廢立大戾公挺不顧二酋(改作厲聲)面叱勇甚雷霆天地動色命輕鴻毛名高斗極燎原之火不變藍壁滔天之溺砥柱獨立死得其所震耀方册費樞爲忠愍文集前序曰事與身孰重曰身重身與義孰重曰義重義者身之用也夫人誰不愛其身也有義在焉則身有所不足愛也孟子曰生我所欲也義亦我所欲也二者不可得兼舍生而取義者也故君子必權其重者況以其任危疑之難白刃鼎鑊曾何足以動吾心乎予每念靖康之變而得死義之臣曰吏部侍郎李某者蓋未嘗不壯其棄生赴義之大

節而繼以流涕太息也方海東之夷(此四字改作金人)再薄京城朝廷百官共難同事者非無其人也公獨以身當不測之虜(改作難)拆齒爛唇而罵賊(改作敵)之口殊不少屈國人皆以忠臣無助爲恨嗚呼公亦知所輕重哉當時或有助公一吐忠憤則天下事亦不至此烈也子路死於衛孔子爲之覆醢公之一死宗廟社稷天地鬼神實臨之君子亦必有以處之矣生意凛然足以激忠義之氣而偷生避難者亦將羞死於地下其何以免天下後世之公議乎予爲秭歸始得公遺文而觀之蓋有味其言也雖然公名在太常忠節義

槪天下共知之初不待文而傳然剛烈敢爲之氣表見於文字閒者予竊有仰焉故序公之文而出公節義之大庶幾可以糾偷近苟簡之俗九原莫作予重有所歎云公洺州人字清卿初名某靖康元年賜今名出使今上卽位優詔贈卹有加謚曰忠愍世系爵里國史具之

孤淩滔跋曰靖康禍變逆虜（改作敵騎）長驅豺狼搖毒猛不可當所在望風土崩瓦解欽宗皇帝擢先公於庶官兩持使者節入粘罕（改作尼堪）軍誓欲捐軀以濟艱難青城之死素定於胷中非一時不得已而爲之者於戲人誰不死先公之死酷矣頤已解舌已斷猶奮罵

吐血終至於身首異處當此之時天地爲之變色日月爲之無光戰士爲之嘵惋虜酋（改作敵人）爲之羞畏（改作歎惜）先公已死適我大父母皆暮年故事迹中畧其所以死重貽二老人之深憂也獨秭歸費守柩爲先公文集序今鋟木於蜀中能不沒其實得以取信至乾道中諸父淪亡因於秘收遺草中又得其遺始盡書之本末淩滔懼歲月浸尋世不得而知之他日列諸朝以補史之闕文先公雖死謂之不死可也孤淩滔泣血書

中興遺史及別錄曰若水初官爲大名府元城縣尉差出下鄉止一山寺中有百姓病十餘日一夜夢金甲神人告之曰來日有鐵冠道士託汝寄書與李縣尉可達之爾病卽愈病人睡覺甚異之來日果有鐵冠道士叩門齎書與病人曰可將此書與李縣尉說關大王有書上侍郞病人以書詣若水投之具言夢中事及鐵冠道士之語書題云書上元城縣尉李侍郞閱押若水得書拆封看畢卽焚之其事浸傳家人扣之終不說遂作詩曰金甲神人傳好夢鐵冠道士寄新書我與雲長各異代定知此事太荒虛後人或

云書中說圍城中事一錄曰朝廷初選奉使大臣以公姓名聞上初見公名若冰曰若冰猶言弱兵也兵不可弱遂賜名若水

副使節使王履事迹曰王履字坦翁開封縣人曾祖堣故任西染院使閤門通事舍人累贈少師祖仲平故任憲團練使帶御器械知潞州贈華州觀察使父景琚故任皇城使知澧州贈武寧軍承宣使公好學通經史年及冠游獲鄉薦不第乃於元祐二年從父皇城拜南郊恩霈補三班奉職元祐間上書力言朝政闕失貽怒當塗論邪正尤甚遂褫官編置新州實

預司馬光黨人之列今名在碑籍政和初復官省差充提舉北京恩冀州黄河堤埽勾當公事任内累以功轉成忠郎五年蒙高陽關路安撫都總管吳玠辟充本司准備勾當公事次年隨府罷以功轉忠訓郎續於宣和二年内又復上書極諫勒停久之至宣和六年敘復舊官國信使中散大夫秘書少監賈譠朝散郎試尚書戸部侍郎盧欒薦公上殿對於當年六月内稱旨差監西左藏庫時方從義郎任滿轉修武郎靖康元年八月内宣召上殿准敕武翼大夫充大金山西軍前和議副使秘書少監李若水奉使大金山西軍前當年九月至太原見粘罕（改作尼堪）議欲以租賦奉大金贖三鎮地粘罕（改作尼堪）不從隨大軍復回於當年十一月十一日還京當月十四日公與李若水被旨同王雲馬識遠再使軍前日下出門行次中牟守河潰兵作過或傳金人巳渡河左右甚駭衆謀改路若水疑未決公曰守邊防河諸隘將士望風逃避奉使若又如此朝廷何所賴以某處之惟有死耳若水然之遂令曰有回者行軍法衆遂定公沿路屢浼若水奏朝廷乞嚴設備再次懷州界逢金人大金館伴使蕭慶劉思前來相見具言已遣使入京請畫河

爲界更不須議三鎮事公隨大軍南來不勝其憤氣疾作興以還閏十一月三日到京城外粘罕（改作尼堪）召公與若水飲曰且得到使副門鄉中了遂舉觴以勸公等粘罕（改作尼堪）曰奉使有勞宜勸以酒若水嘆曰某等才薄識淺奉命議和不能爲國家定大事罪固宜死酒不敢飲粘罕（改作尼堪）笑曰前言戲之耳公曰軍國大事豈可爲戲遂以酒盃擲於地粘罕（改作尼堪）大怒曰事至如此尚敢如是公曰殺人以挺與刃亦無異也粘罕（改作尼堪）曰一齊推去囚了公曰平生讀書忠孝事死尚不惜何懼囚也因被囚於沖虚觀粘罕（改作尼堪）攻城二十五日城陷粘罕（改作尼堪）次日遣公同若水入城十二月四日公與若水從駕出軍前繼復扈駕還京除公武勝軍承宣使公辭上曰卿盡忠佐國面折金賊（改作人）固宜重賞公曰臣六世食祿方蒙陛下識擢身當朝廷多事之時惟願以死報國家實不敢冒膺殊賞竟不拜命遂除相州觀察使又辭上不允正月初扈從駕再出軍前遂爲金人所留相繼見害隨行翰林司兵士鄭福歸來取衣物備言二月初六日讀了金國詔書粘罕（改作尼堪）令蕭太師劉尚書脱了龍衣是時鄭福正隨觀察見抱定皇帝高聲攔截令番人

不得近前道我皇帝孝慈仁儉只爲百萬生靈屈身來此見你這夥賊不得無禮劉思使左右人擗開手被衆番人打破頭面領在一邊鄭福不敢向前粘罕改作尼堪即時令人押出觀察共侍郎去後過了幾日再喚去議事觀察同來日夜號哭二十一日再喚觀察去理會事甚多時臨後只見觀察共李侍郎高聲罵詈出來言語學不得粘罕改作尼堪令人擁出去處置了觀察同面向鄭福你若得囘去時傳語娘娘道我已爲天償債也休苦煩惱左右押鄭福不得向前去鄭福不忍見不知前面去被害處事繼見監文思院門

從侍郎張敏來說渠在軍前正見公在郊臺邊被害時神色不動仰天長嘆念歌一首只記臨後兩句道矯首向天兮天卒無言忠臣效死兮死亦何愆○舊校云矯首向天兮四語乃李若水歌詩見宋史本傳此作王履疑誤聞之者莫不墮淚公時年四十八歲有二男長曰高中次曰立中建炎元年五月內奉聖旨特贈保寧軍節度使先是公與李若水被害時斡離不改作幹里雅布見之嘆曰南朝若人人得如此二子豈有今日之事可謂靖康忠臣也尚書左丞呂好問題公墓額曰大宋忠臣節使王公之墓

賜進士出身頭品頂戴四川等處承宣布政使司布政使清苑許涵度校刊

三朝北盟會編卷第八十二

三朝北盟會編卷八十二校勘記

小注又得其遺始盡書之始誤作使　宜懋賞以報功以誤作之　學植粹純誤作純粹　朕灼觀之古昔之字衍　上數遣公出城見粘罕且求成應作公等共出見粘罕且誤作再　及金帛婦女技藝益急技藝一作勢　稍以爽約質之質應作責　以好語來諭公來字衍　豈知臣子有忠義之節乎脫義字　而書公節義之大書誤作出　他日當列諸朝脫當字　任憲州團練使脫州字　乃於元祐二年一作元符　黃河堤司勾當公事司誤作埽　虞樂一作虞奕　差監西左藏庫作坊轉從義郎方作坊誤作時脫轉字　公沿路屢勉若水奏朝廷勉誤作挽　平生讀書學忠孝事脫學字

三朝北盟會編卷第八十三

靖康中帙五十八

起靖康二年二月二十一日辛巳盡三月初六日丙申

二十一日辛巳大元帥宿任城縣

大元帥早發中都晚宿任城是夕北兵仍懷懼敵不樂南去縱橫置椅棹於大街以限阻往來將發火謀亂張俊刺知巡寨得賊斬首以狥是夜諸營警嚴皆不敢寐

金人移文催發宗室南班官

金人移文宗室南班官等須管二十五日前解發盡絕並不許漏落一人開封府委官使臣小火下散行搜索大街小巷無不周徧如捕盜賊每得宗室及家屬悉被拘監飢飽不問以待發遣出城

二十二日壬午大元帥宿山口鎮

大元帥早發任城晚宿山口鎮耿南仲汪伯彥耿延禧董耕刪此字　耘高世則方侍食有濟南府鎮楂不羣所部民兵告軍人謀放火作亂係同火出首王密遣張俊擒捕到首謀者訊之無異辭令凌遲處斬餘皆不問厚賜告人金帛犒以酒食自此作亂者方息

二十三日癸未大元帥至濟州

王早發山口鎮申刻至濟州京東西路提點刑獄李端弼高士疃守臣張存通判李迨及士庶出郊以迎王入城歡聲夾路

中興記曰二十三日至濟州是時元帥軍濟州自黃河而南分布勤王之師宗澤屯澶州以拒虜（改作敵）之在衛南韋城者閭邱陞屯濮州以拒虜（改作敵）之在臨濮南華者黃潛善在曹州以拒虜（改作敵）之在考城者趙野范訥在南京以禦虜（改作敵）之在甯陵襄邑者向子諲在宿趙子崧在鉅野何志同在許皆圍京師未

得進或勸約諸道同日大進兵鏖戰決勝負於一日或以爲虜（改作敵）在城上外逼之則下而入有不可言者又惑於曹輔張瀫之說未敢前

金人取太學錄黃豐楊愿

黃豐楊愿皆舉人學錄近試選每占高等金人忽移文取之或疑謂是前所發進士三十人中有佻者言其姓名乞取赴軍前二人皆託疾竟得免行

二十四日甲申金人殺禮部尚書梅執禮侍郎程振陳知質給事中安扶鞭御史胡唐老等四人

遺史曰金人移文督責金銀極爲峻切官司驚懼莫知所措迨晚乃追四壁提舉根括金銀官梅執禮等四人及催促金銀官黎確等四人並赴軍前黏罕（改作尼堪）震怒拂膺作色叱責已而命執提舉官四人於監軍處殺之於是執禮振知質扶皆被害復使令籤首令衆棄屍於南薰門下又命執催促金銀官胡唐老胡舜陟黎確等四人各鞭背五十放還唐老遂死確等號泣過市自是人心益憂懼謂殺侍從捶臺諫疑啟變亂之端定在朝暮持兵器巡警者又復如初自丙寅以後金人使命入城者漸漸徑造宮闕如詣私室折花飲酒自相娛樂或乘醉插花滿頭聯轡而行

旁若無人觀者無不切齒先是車駕未還百姓惶恐以爲金銀不足各隨其家所有而出復得萬兩納去賊（改作敵）求索不已須待元數滿足又令戶部尚書梅執禮主東壁開封府尹程振主南壁禮部侍郎安扶主西壁工部侍郎陳知質主北壁使搜索百姓所藏金帛皆親至其家發掘凡十餘日梅執禮謂程振等曰金人講和已定但以金銀邀車駕金人若須元數銅鐵亦恐不足黏罕（改作尼堪）豈不知此事不如結罪狀申絕塞其所請於是四人共結罪狀言金銀並已搜括更無銖兩如後不同甘依軍法以申軍前軍前復

索金銀官司稱已申去稱無有金人以爲居民藏匿不肯盡數送納因醫官內官樂官三等人於元帥處下狀稱本家有窖藏金銀乞下開封府取歸黏罕改作尼堪謂三人曰只汝三人敢藏金銀三人復稱在京權貴豪富人家各有窖藏不曾獻納又內侍等有說黏罕改作尼堪者曰今城中百姓乏食家家急欲得米試令開場以米麥出糶許以金銀博易便可見其有無之實黏罕改作尼堪從之下令開封府開場糶米又以官錢高價收買置十數場金每兩三十五貫銀每兩五貫五百文金每兩博米四斗銀每兩博米一斗時百姓

因藏金銀復見金人無去意城中糧乏惟憂飢死又爭以易米麥初城破軍民詐爲金人刦取金銀者至是爭持以易有貧民兵卒以十餘鋌金易數石麥者黏罕改作尼堪等愈疑多有藏匿持以責府尹官吏曰公言無有博易何多官吏不能爲之對遂殺執禮等四人又斬其首許其家以金銀收贖或云虜改作敵欲盡城中物乃因藍訢等復取金銀過軍前責執禮等以不實故害之

朝野僉言曰或謂金人所以殺四人之緣由欲結兵以救二聖會與王時雍議事不恊時雍以聞金人欲明正其罪恐動衆心故以金銀事殺之若爲金銀事自有四壁根括執禮爲副留守非其職也

宣和錄曰虜改作金人般運器物自陽武九十里渡黃河入北淸州徑趍金國二帥左右姬侍各數百秀曼光麗刪此四字紫幘青袍金束帶爲飾他將亦不下十人壁中珍寶山積求取無厭內使權貴鬻爵納賂各歸於虜改作敵猶以爲未足遣使督責旁午四壁以從官臺官各一人提舉催促府中差官巡門提轄四壁又添官十員措置收買仍令諸倉以米豆換之再納金七萬五千五百八十兩銀一百一十四萬五千三百

兩表段四萬八千四百匹又遣使人提舉官以金帛遲延堅欲勒赴軍前嘗曰京城總七百萬戶除無力下戶窮不出金銀一錠耶明日虜改作敵使來勒留守大尹提舉人供狀銀五日納足完數二十五日虜改作敵使趙少監傳監軍指揮請八人提舉官赴南薰門受約束人皆重其出相謂曰吾儕儻出門必留營中不返矣或曰受朝廷文字催促才五日今三月而所納之數比前一月反倍之復何罪可留正猶豫虜改作開又遣蕭將軍促之不得已遂行既出門監軍金牙郎君者倨坐呵責不容辯悔執禮等四人皆擊死仍

斬之棄其屍門下令其家以金銀贖侍御史胡舜陟殿中侍御史胡唐老監察御史姚舜明黎確各杖百餘幾死乃下令曰根括官已正典刑金銀或尚不足當縱兵自索

二十五日乙酉大風埃不可行以官序科金銀表段

金人以金銀數少科定在京官員執政官金二百兩銀二千兩表段五百匹侍從官金一百兩銀三百兩表段一百匹以次及選人校尉盡科定數目令日下送納如遲全家押赴軍前人心恐懼

二十六日丙戌夜白氣貫斗

二十七日丁亥大元帥府措置印賣鹽鈔

大元帥駐於濟州慮經費不給隨軍轉運使梁揚祖建白京城圍閉鹽法不通私商公行國之利源徒成虛設乞權宜比類在京権貨務法措置印造給賣東北鹽鈔許客人入納見錢買鈔引前去兩路鹽場請領鹽貨候金人退京師城開日住罷從之尋委揚祖權總領措置財用楊淵副之置局印造鈔引節次分給濟濮州廣濟軍興仁東平濟南府沿流州軍自是公私稱便軍須供億遂有羨餘而斂不及民

金人令百官勸進張邦昌

唐恪飲藥卒

或云服腦子或云服大黃而死

唐恪字欽叟紹聖中舉漸榜登第靖康元年再拜天官除同知樞密院事進中書侍郎八月拜少宰附耿南仲排李綱專主和議嘗建白謂虜（金改作）人秋高馬肥必再來乞駕幸長安爲綱所阻遂乞祠侍御史胡舜陟上疏言其奸罷相除太乙宮使至是飲藥而斃

汴都記曰朝廷以唐恪爲相恪俗吏昏懦無能軍民且欲擊之馮澥對上曰且陛下取曹司爲宰相事將柰何恪專務交締內侍遊濟爲姦臨事喪機士大夫

或以奇謀秘計獻於恪恪厲聲曰此時甚易見措置士亦自沮不復言二月半間先喪其夫人恪遂服大黃作腹病以死是時金人正取之恪以前宰相恐不免故自裁

朝野僉言曰金人初六日變議十三日羣集議於尚書省議推戴張邦昌金人有榜百官觀之有泣涕者恪大慟一年少郎君斥恪曰公爲丞相不能爲朝廷計事以至今日況朝中皆亡國之大夫也乎時鬻賣官爵習蔡京不法所爲猶厚顏赴議舉異姓實負國家哭之何益

三十日庚寅吳幵莫儔來報云邦昌來日先入城以觀人情

仍令幵儔語城內人萬一有疏虞即一城盡爲血池更不他擇矣於是治尚書令廳及西府以待之

三月一日辛卯朔太宰張邦昌入南薰門

遺史曰金人告報城中欲遣張邦昌入城御史臺檢准故例宰相入城百官合迓於門徑行曉諭文武百官於未時前詣南薰門迓少宰公相如期而集者凡數千人士庶往觀者又數萬人范瓊江長源諸統制官等領兵分列左右自州橋至門下森布如織申刻

邦昌入門百官班迎於道城外以鐵騎褁送及門而返交割與范瓊有說諭在京諸軍民曰交割取一箇活張相公致他死後便是恁懣不肯推戴故殺了他也即入憩於幕次與從官語移時入居尚書省令從官卿監郎官十員晝夜宿直續增作十員掌管事務並使臣十五員祇應三衙門官亦同宿守虜（改作金人）令御進集議於尚書省尚書令廳榜留守司今月一日元帥府津送到太宰入城已具軍民推戴文狀申軍前去訖今來合取指揮右曉示各令知悉

僉言曰初邦昌在燕自正月間金人令同肅王等至京城下方百官推戴時邦昌皆不知也黏罕（改作尼堪）斡离不（改作斡里雅布）令王汭持推戴文字示邦昌邦昌讀前後文畢大驚曰趙氏無罪遽蒙廢滅邦昌所不敢聞必欲立邦昌請繼以死二酋（改作帥）令王汭召邦昌邦昌曰元與肅王曹駙馬奉使每元帥召即三人俱行不可獨往汭强之以行至二酋（改作帥）前二酋（改作帥）說推戴意邦昌堅避如是者半日二酋（改作帥）知邦昌不可强乃詭邦昌曰大金皇帝有詔令立宋之太子以公爲相善爲輔佐毋使敗盟請公入城邦昌入城紗帽涼衫以扇障面呵喝如宰相儀徑詣尚書省下馬

百官拜揩下邦昌答拜金人有旨如三日不伏推戴先戮大臣次盡殺軍民百官父老哭告拜邦昌令即權宜之計救取一城老小王時雍徐秉哲呂好問曰大金欲冊立太宰三日不立將夷宗廟殺生靈邦昌謂時雍等曰諸公怕死乃掇送與邦昌雖督責而歸焉可免禍身爲大臣豈忍篡逆耶有死而已時雍等强之邦昌引刀自裁衆奪之遂議申推戴文字至金國軍前

靖康小雅曰邦昌初尚顧義且堅避久之百官有進言於邦昌相公宜從權他日相公爲伊尹爲王莽皆

在相公邦昌乃勉從之曰邦昌以九族保此一城人又嘗欲以刀繩自裁或曰相公城外不死今欲使塗炭一城耶遂已

三月二日壬辰金人入文字來限三日立邦昌不立城中盡行殺戮都人震恐

差事務官

是日差給事中馬壽隆中書舍人李熙靖左諫議大夫洪芻兵部尚書呂好問工部侍郎何昌言軍器監王紹吏部員外郎王及之禮部員外郎董逌戶部員外郎李健工部員外郎李士觀刑部員外郎呂勤倉

部員外郎曾慥光祿少卿黃堂傳著作郎顏博文充事務官

二日癸巳虜（改作金）使來促勸進取推戴狀

告報官員僧道百姓軍人耆老等盡赴廳立班推戴邦昌衆人泣勸再三方從留守司遂以推戴狀申軍前大金元帥府劄文武百官軍民僧道耆老吏部王尚書等申今來軍民等悉願推戴張太宰緣京城無主日久伏望早賜遣備禮儀施行者故今日遣翰林學士承旨吳幵等入城蓋因此事請文武百官軍民耆老僧道吏部王尚書等照會施行

發運判官向子諲遣李植赴大元帥府獻錢糧助軍用

發運判官向子諲遣泗州進士李植齎金帛赴大元帥府以本司錢糧之在濟州者悉獻帥府以助軍用王喜奏植承直郎

四日甲午留守司榜

今月三日吳承旨莫內翰自軍前歸准大金元帥府臺令今已差官初七日行册命之禮右仰軍民耆老僧道等各令知悉

五日乙未尚書吏部榜

准都省禮房帖子仰東上閤門火急告報文臣闕選

郎武臣承信郎以上并致仕尋醫侍養官於受册日須管盡數要到如稍有漏落必定重作施行不得住滯勘會今月七日受册並合赴文德殿立班須至曉示右出榜各令知悉

六日丙申閤門儀制榜

今月七日僧道父老於尚書省令廳下立俟太宰上馬導引至右掖門先退太宰至文德殿門外下馬仍詣殿東朶殿幄次更衣文武百官諸將軍校文臣闕選郎武臣承信郎已上於殿下東西兩間面北并設儀仗於殿下排立皇帝望大金國闕禱位於殿下少

立偽册寶入門至位皇帝降階褥位望大金國闕拜訖偽册寶至褥位讀册設寶皇帝跪受訖再拜陞殿即坐文武百官等七拜訖起居稱賀五拜訖退右曉示各令知悉又東上閤門榜文臣（闕）選郎武臣承信郎已上幷致仕尋醫侍養官於受册日並合赴文德殿立班侍從官於受策日並合赴文德殿立班侍從官並宿令廳以待行事

賜進士出身頭品頂戴四川等處承宣布政使司布政使清苑許涵度校刊

三朝北盟會編卷第八十三終

三朝北盟會編卷第八十四

靖康中帙五十九

起靖康二年三月六日丙申盡九日己亥

統制官宣贊舍人吳革謀起兵救駕范瓊左言誘執革革死之幷斬其子及使臣百餘人

宣和錄曰先是靖康元年正月金人犯闕（改作深入）兵吳革任陝西統制官首率關中兵勤王二月虜（改作敵）騎渡北去分兵圍遼州革以所部解圍九月虜（改作敵）陷太原府朝廷遣革奉使女眞軍中持國書見黏罕（改作尼堪）庭揖不拜計議邊事責其貪利敗約氣勁語直虜（改作敵）

帥愧服爲追迴攻威勝軍等處軍馬授書以歸十月召赴闕得對上問割地不割地利害革對以北人有折箭之誓入寇必矣乞措置邊備起陝西兵馬爲京城援不復議和遂差革使陝西勾兵閏十一月二日出城虜（改作敵）騎已至曾南道軍馬至遂同總管張叔夜入城上巡幸南壁革面奏乞量差兵馬奪路赴陝西叔夜留革充總制官革累乞出兵城外下寨使虜（改作敵）騎不敢近城且通東南道路又密具奏乞選日諸門併出兵爲正兵爲牽制爲衝突爲尾襲爲應援可一戰而勝上以衆言先入竟不出兵賊（改作敵）

攻宣化門塡道渡濠革竊往相視白南壁守壁官開安上門所堰濠水三尺及盡洩蔡河閘水夜浸灌之不從及塡道將合始省前語水已冰矣二十五日賊改作敵登城革率使臣親兵赴南薰門東策應手射殺執幟者十許人部曲皆散去革獨死改作力拒安上門東使賊改作敵不能西二年正月上駕再出東城革曰天文帝坐甚傾駕出必不反正墮虜改作敵計宰相何梟不見删此字聽又請於樞密孫傅張叔夜欲因事至軍前計議不報二月八日上皇妃后諸王宮嬪出城九日革入白留守孫傅言上皇業已出乞力留皇后

太子明日引見皇太子革頓首言二帝出郊駕必未回願殿下堅避以固國本遣蠟彈告急在外將相約擁兵近城內外相應夾攻賊改作敵寨又與監察御史張所吳給馬伸文林郎吳結日夜同謀革以啟聖院狹隘遷於同文館附者益衆使臣效用數千人勇士數萬多兩河驍悍之士革日率衆肄射中者等給班賞鎧甲弧矢攻守之具種種皆備虜改作金人立張邦昌之議益急革欲誅范瓊等數十人分兵約日突出班直等先期以發爲范瓊所殺革字義夫藝祖朝佐命勳臣延祚七世孫也天資忠義天文地理人事兵

機無不通曉及被殺忠義之士無不痛恨

遺史曰孫傅張叔夜秦檜以不立張邦昌皆赴金人軍前王時雍徐秉哲吳幵莫儔與李回范瓊輩方謀立異姓欲爲佐命勳臣吳革參謀吳鉄左時張知章等議曰事急矣宜遂起兵緩則事泄且有不測之禍於是羣議起事之日奉宗廟神主以從事誅范瓊等數十人令左時作三書其一責虜改作金人以議和紿我國家留我二帝其二責大臣不效死唯唯以聽虜改作敵下忝人之字命其三責京城居民不念君父蒙塵於外日唯偷安不知共效死力以雪國家之難乃命兵約

日出十八門列爲二壘與劉家寺及青城賊改作敵寨相對又遣蠟彈期以三月八日內外合軍部勒既定須期以發探事使臣報有車五十乘自青城東出革撫案慟哭曰吾君去矣三月六日五更班直崔廣崔彥皆等數百人皆擐甲排闥至革寢所告白邦昌以來日受册既立之後人心離散須先事而起不然懼及禍革曰與在外將相約日若先發失約則兵不至安能濟事衆力請革革復曰若等來者幾何人曰五千百姓數十萬聞事急皆不約而附從也革知衆不可奪彥廣等迫革上馬革乃被甲上馬時已黎明比

行至金水河西皆范瓊及左言兵瓊遣人邀革議事遂執革并其子悉斬之及使臣素隊百餘人併戮河上革就死顔色不變極口詆駡其忠義之言凜凜可畏死之日知與不知皆爲泣下初革自車駕出城飲食坐卧未嘗少忘每食屢廢匕箸有汎埽者革止之曰主上蒙塵而臣子欲潔其居耶自聞金人欲縱兵洗城屢白留守乞濬渠以防鐵騎馳突及大集京師居民各赴本壁門下集緇黄作法事各報全活生靈之恩實密爲備也比城門火則乞措置保全宗廟七世神主宗室出城有逃避者悉收贍之有特之者革

曰爲趙氏得死且不恨范瓊斬革訖即以事狀申軍前以范瓊爲正任觀察使權殿帥左言遷兩官

僞楚録曰初駕出不得還戶書梅執禮置二十七所皆托以彈壓賑濟爲名其實招集材勇之人欲以救駕有陝西統制官吳革寶一所之數在京監糶官米見軍前廢立抱忠負義以官米養軍召在京壯士慨然起兵謀反正交結班直散班祗候親從等欲奪駕外走時有軍前取去醫人入城置藥物見革說四方勤王兵將至近甸每日軍前發兵出戰精兵多出外城下不滿萬人二聖可一舉得之革聞是說欲爲奪駕之計初五日内親事官數百人聞立張邦昌以不忍屈節異姓先殺妻孥血屬焚其居室以應爲徒中所告左言范瓊領兵追革至朱雀門詐呼與之謀曰吳統制你隻手偃黄河此事得自家門共議革聞以謂二人率兵助已乃下馬欲與之語瓊乃執革并其子皆斬之次日王時雍又使范瓊體究高士譽趙子昉於是開封府捉二人送下獄蓋二人各占一所也

七日丁酉金人立張邦昌僭位

遺史曰是日早文武百僚僧道軍民等會於尚書令廳巳時告報軍前奉册寶入門金人遣五十餘人素

騎數百從之邦昌自尚書省慟哭上馬至西府門佯爲昏憒欲仆立馬少蘇復號慟午時導引至宣德門外西闕門下馬入幕次又慟有金人會太師以下五十餘人持御衣紅繖來設於幕次邦昌更帝服少頃出步至御街褥位望金國拜舞跪受册寶册文曰無德而王故天命假於我手當仁不讓知歷數在於爾躬張邦昌即皇帝位國號大楚都金陵邦昌御紅繖還次訖金人揖邦昌上馬出門百官導引如儀邦昌步入自宣德門由大慶殿至文德前進輦御弗御步升殿於御床西側别置一椅坐受官員等賀訖文武

合班張乃起立閤門傳旨云勿拜時雍等復奏傳指揮云本爲生靈非敢竊位如不聽從即當規避時雍率百官遥拜張急回身面東拱手以立

靖康要盟錄曰册文云維天會五年歲次丁未二月辛亥朔二十一日辛巳皇帝若曰先皇帝肇造區夏務安元元肆朕纂承不敢荒怠夙夜兢兢思與萬國同格於治粤惟有宋寔乃通鄰貢歲幣以交歡馳星軺而講好期於萬世永保無窮蓋我有大造於宋也不圖變誓渝盟以怨報德構端怙禍反義爲仇譎詐成俗貪婪不已加以肆行淫虐不恤黎元號令滋彰

紀綱弛紊況所退者非其罪所進者非其功賄賂公行豺狼塞路天厭其惡民不聊生而又姑務責人罔知省己父既無道於前子復無斷於後以故征（○舊校云金小史作與）師命將伐罪弔民幸賴天高聽卑神幽燭細旌旗一舉都邑立摧且天眷攸屬謂之大寶苟歷數改卜未或偷安故用黜廢以昭玄監今者民既乏主國宜混同然念厥初誠非貪土遂命帥府與衆推賢僉曰太宰張邦昌天毓疏通神資睿哲處位著忠良之譽居家聞孝友之名實天命之有歸乃人情之所係擇其賢者非子而誰是用遣使備儀禮以璽紱册命爾爲皇帝以授斯民國號大楚都於金陵自黄河以外除西夏封圻疆埸仍舊世輔王室永作藩臣貢禮時修勿疲於述職問音歲至無緩於披誠於戲天生烝民不能自治故立君以臨之君不能獨理故樹官以牧之乃知民非后不治后亦非賢不守其於有位可不慎歟予懋乃德嘉乃丕績日慎一日雖休勿休欽哉其聽朕命

僞楚錄曰王時雍領尚書省吳幵莫儔皆權樞密院呂好問權門下侍郎徐秉哲權中書侍郎左言范瓊以斬吳革功范瓊爲正任觀察使權殿帥左言遷兩

官大抵往來議事者幵儔也逼逐上皇以下時雍秉哲也脅懼都人者范瓊也遂皆擢用時雍等皆繡韉張蓋獨呂好問出入頗形憂愧

别錄曰初金人得在京官吏軍民推戴邦昌文字令主者詣上曰官吏軍民既推戴張邦昌不能復立主哉金人如蕭慶耶律廣王汭高尚書曹少監等用事人邦昌在軍前鞠躬俯事不暇至是列拜於堦下邦昌辭避則曰陛下不受臣拜見元帥必死今日陛下乃昔日南朝天子也邦昌悚慄邦昌僭立呼拜迎引皆金人爲之初拜邦昌回禮一金人提其領謂京城

人曰看此一宵家一似前來底看邦昌入內金人皆辭出有衛士曰平日見伶官作雜劇每裝假官人今日張太宰卻裝假官家

朝野僉言曰初邦昌册立百官對金人慘怛邦昌變色惟吳幵莫儔左言范瓊有喜色若有所得初幵儔播金人語言廹脅大臣必要立邦昌凡懷忠義臣僚即告金人令廹之時指幵儔爲金國大臣范瓊領兵彈壓使在京軍民不敢有懷死節以致邦昌即位初邦昌入城不肯受推戴以軍前堅逼百官憂之瓊曰使我作殿前太尉更不由張相公也便交册立了當

四人者前所爲如此邦昌攝政僭位自謂佐命元勳

遺錄曰初一日邦昌初入門之時大風一日內前四壁似有鼓聲已而益厲俗以爲風磨

八日戊戌尚書省劄子

胡思權戶部左曹侍郎司農本職免簽書葉宗諤權司農少卿李回元係簽書樞密權依舊胡直孺權戶部尚書前諫議范宗尹仍舊職吏部侍郎謝克家落致仕仍舊職前中書舍人李擢並仍舊職李靖甯詹義並權直學士院

九日己亥百官赴常朝如儀

邦昌以吏部尚書王時雍權領尚書門下省事開封尹徐秉哲權領中書省樞密院事翰林承旨吳幵權尚書左丞相翰林學士莫儔權尚書右丞相前簽書樞密院李回權知樞密院觀察使左言權殿前司公事范瓊權四廂指揮使大理卿周懿文權開封府

遺史曰張邦昌僭位王時雍諂事之凡事有臣啟陛下之語雖邦昌之僭亦鄙嫌之然進時雍秉哲領三省樞密院事者三省樞密院皆無官也

靖康小錄曰王時雍領三省事即官王及之王紹擅政每以佐命功臣自許先是虜改作金人强城中舉邦

昌以尚在軍中叩頭辭遜以死自訴羣臣爭立趙氏者尚衆時雍及之欲奉表勸進詞臣無敢當者紹在集議中探懷出藁云念之久矣何不亟爲自是士大夫切齒因呼爲二王及之等又令有司籍龍德二宮寶貨賣靈沼魚藕以贍百官爲名御史馬伸繳之删此二字曰古者人臣去國三年不反然後收其田里今二帝暴露郊外行止未決衞等輒敢取兩宮物逆節甚矣力爭乃止

靖康後錄云邦昌既入尚書省時雍等朝夕在側應對之際便以陛下稱之邦昌曰且休恐人聞之皆笑

我爾

邦昌遣邵溥使南寨暴振使北寨報以欲詣軍前致謝

二使至門先以狀申回傳云皇帝不須出好治人民

俟要相見自往請也

賜進士出身頭品頂戴四川等處承宣布政使司布政使清苑許涵度校刊

三朝北盟會編卷第八十四終

三朝北盟會編卷八十四校勘記

二月虜騎渡河北去脫河字　上皇后妃誤作妃后　駕未必回誤作必未　名報全活生靈之恩名誤作各　悉收贍之有持之者持誤作特　推戴邦昌文字令上看上看誤作主者　李靖甯一作李熙靖　籍龍德甯德二宮寶貨脫甯德二字　御史馬仲檄之檄誤作徼

三朝北盟會編卷第八十五

靖康中帙六十

起靖康二年三月十日庚子盡十六日丙午

十日庚子中書舍人李會還舊職權戶部尚書胡直孺免權職

金人寇改作攻興仁府開德府濮州

十一日辛丑張邦昌宴金人於禁苑

范致虛兵潰於千秋地場致虛遁走

遺史曰范致虛在陝州也前軍出武關由鄧州新興澠池之閒屯於千秋地場僞河南尹高世由告急於黏罕改作尼堪亦會金人將欲回軍婁室孛堇改作羅索貝勒自伊陽直衝之王師不備遂棄輜重而奔死傷者幾半致虛恐懼而遁

編年曰范右丞前軍屯於千秋鎮先是金人聞范右丞統勤王師二十萬前來黏罕改作尼堪謂諸將曰我聞范致虛一儒者爾不解用兵可明斥堠使三千人破之必矣至是果爲金人所敗諸路兵大潰唯鄜延帥張深與劉光世自汝州路趨京東路去范致虛收潰兵復走入關

興仁府統制官張㬇敗金人於興仁府閻邱陞敗金人於濮州

孔彥威敗金人於開德府

編年曰初十日金人一頭項自宛亭前來至興仁府城外五里劄寨辛丑金人向城進兵黃潛善遣統制官張㬇部領軍兵占據地利迎敵遣丁順孟世甯分作左右翼設伏掩殺射中金人旗頭龍虎郎君落馬即時擡舁引兵退去又一頭項寇改作至濮州城下閻邱陞遣人馬出城迎敵金人退去辛丑又見陣各有殺傷是夜五更拔寨退去又一頭項自衛南寇改作至開德府金人以其衆列護城隄外宗澤先令統制孔彥威占隄劄寨交兵至申酉閒金人退去辛丑復來見陣澤又遣權邦彥下冀州兵與彥威併力掩擊是夜三更金人拔寨退去

十二日壬寅張邦昌手詔

僞楚錄曰詔云予以寡陋近迫大國俾救斯民於兵火而諸公橫見推逼不容自裁忍死以理國事豈其心哉顧德弗類實難稱塞出令之初有司乃以聖旨下行載循昧陋殊震危衷夫聖孔子不居則予豈敢自今與三省樞密院議定處分及內外官司面承得旨事稱面旨內降及批出文字稱中旨遣官傳諭所

三朝北盟會編　卷八十五　二

司稱宣旨洪惟非常之變適遭會於斯時尙冀有永之圖訖數甯於區夏庶幾多士共識此懷

金人曉諭諸路榜

契勘宋之道君少主皇后妃以下並已北遷應文武百官僧道耆老軍民共議薦舉堪爲人主者一人御准文武百寮僧道耆老軍民同知樞密院事孫傅等狀乞自元帥府推擇賢人永爲藩屏又乞於軍前選立太宰張相公以治國事者行府會驗本官乃去年同康王爲質者也既許尋舊好之後竊弄精兵夜犯寨營官兵接戰卽時破滅以其敗盟遂臨京城將臨

進攻本官哀泣曰身爲宰執出質軍前而不意犯於不虞罪當萬死然主上年少涖事日淺蓋緣奸臣所誤且乞緩其攻擊因遣使語之少主趨迎使人泣而謝罪及至和成洎從軍北行至河北州縣或有不降每欲進擊必自求哀往往有可憫之意及重兵再舉又乞遣使理會雖威之鋒刃不避也欲引而南進曰豈有大臣躬親出質不能戢兵以致交惡而忍同敵人覩其伐主也頭可斷身不可去城破之後驛召而語至及廢國之際號泣擗踴涕泗交流告乞再造旣不見容或以腦觸柱或以首投地幾至自絶乃知忠孝剛毅出於其倫忽聞推戴果得此人然恐難奪其志洎在京百官差到翰林學士承旨吳幵翰林學士莫儔齎狀勸請曰聞建邦立都必立君長制國御俗允賴仁賢恭惟大金皇帝道合三無化包九有矜從諸夏俾建列藩翰契勘雖不許存立趙氏旣擇賢人以主茲土則於國民爲幸亦已深矣伏惟太宰相公名高今古學通天人位冠冢司身兼衆美碩德偉望蚤羽儀於百工嘉謀赤心久勤勞於三事敢望以蒼生爲憂而不以細行自飭以機政爲慮而不以固避自嫌上體大金擇立存撫之意下副國人推戴爲主

之望及別有狀申行府今文武百寮僧道耆老軍民人共請太宰相公以治國事竊惟別有辭讓伏望元帥府更賜敦請本官早從輿望尋請知樞密院事漢軍都統制劉侍中彥宗禮部侍郎劉思應奉御前文字高慶裔同詣具導其由勃然奮怒曰國雖破在臣子之分豈容聞此由以先防備不獲自絶然而閉目掩耳背立偃蹇終不爲聽但罵文武百寮曰以諸公畏於兵威置我於亂賊之罪甯甘心死於此不可（下添苟字）苟活矣彼（删此二字）以恥（改作取）後世簒奪之名也然行府以軍國重務不可久曠尋錄申奏今降到寶册備禮

以璽紱册命爲皇帝以統斯民國號大楚都於金陵自黄河以外除夏國封界疆埸仍舊世輔王室永作藩臣其閒志氣屹然不動雖多方勉諭以事在已然雖死無濟何如就册用救生靈猶不飲食累日幾至滅性遂擁迫入城迺有在京官僚僧道耆老等共集力請於天會五年三月初七日方受册命諸路軍民人等各令知悉

邦昌與二酋（改作帥）書乞親詣致謝

書曰大楚皇帝邦昌謹致書於國相元帥皇子元帥今月七日伏奉皇帝聖旨特降樞府加臣封册退省

庸陋之資何以對揚休命前此固嘗死避終不獲辭載惟選授之初盡出薦揚之賜尋因還使附致感悰願亟拜於光儀庶少申於謝禮未聞臺令殊震危衷遂遣從官具敷懃懇重蒙敦諭仰識眷存然而浹日未前撫躬無措恐有失於稽緩實深積於兢惶伏望恩慈早容趨詣俟承報示徑伏軍門拳拳之誠併面面敘不宣謹白

二酋（改作帥）答曰具位謹致書於大楚皇帝闕下向承明詔擇立賢人爰及庶士之謀已諒英聰之聽具聞天闕優降册書禮命恭行羣情胥悦未遑伸於慶禮不圖辱於華緘幸容先導徼悰繼陪高論今差崇祿大夫兵部尚書高慶裔彰武軍節度使李仕選充慶賀使副有少禮物具諸别幅專奉書陳賀不宣謹白

别幅衣着一百二十段馬四匹

金人委開封府再敷配金銀表段

遣史曰金人移文督責金銀表段元數十分未足一分仰開封府在京坊巷見在人戶等敷配限三日納足以不伏之人全家押赴軍前先是城陷之初金人索在京戶口數目開封府張大其事報七百萬戶黏罕（改作尼堪）亦詢李若水亦以此對金人見京城戶口之

衆意欲七百萬戶盡行敷配所得不可勝計故令將坊巷人戶等第敷配開封府奉行莫敢論辯乃以見在戶口隨高下配定欲敷元數故雖細民下戶亦不下金三十錠銀二百錠表段五百匹家至戶到揭榜門首督責令日下送納京城士庶雖知所配無辦然事出於衆但相戲謔而已云借使變甑釜爲金銀化屋宇爲表段亦豈能如數督索甚急小民廳之如不聞官司亦無如之何

宗澤以戰車趨京師遇金人於南華敗績澤微服走統領王孝忠中箭身死知博州孫振爲亂兵所殺

遺史曰初劉浩在相州得戰車法𢯱造五輛試之不可運業已造成浩謂磁州宗澤好作爲輕聽信乃告假往磁以戰車紿曰是車造一百五十輛每一輛以二十五人守車二十五人爲左角二十五人爲右角二十五人爲前拒共四隊凡一車用一百人車一百五十輛共用一萬五千人願與直閣爲先鋒收復眞定具畫車陣并所用人數陣隊爲圖以獻澤喜之問浩所欲浩言所闕者衲襖耳聞磁州甚多請隨意之所欲應副澤資給之而去澤遂以浩所圖車陣稱見造成車一百五十輛已募到民兵一萬五千人結成

陣隊謀欲收復眞定奏聞朝廷朝廷壯之取旨除澤秘閣修撰河北民兵總管初實無一人一車也及元帥府分遣澤往開德駐劄乃用浩車制旋試之澤以開德城下之戰金人退去謂金甚易與耳壬寅領兵推戰車追襲欲往入京城下解圍至衞南之北逢見金人伏兵接戰金人佯敗向東趨南華縣澤追至南華遇金人兩頭掩擊官軍大敗戰車大而難運推駕者苦之一旦遇倉卒皆委而走澤變易衣服隨敗兵隊中夜奔走得脫先鋒王孝忠中箭墜馬死知博州孫振領兵至中路聞澤敗績親兵懼與金人接戰且懐鄉土乃殺振及取軍實散而北歸金人取戰車盡載軍實而去

中興記曰宗澤權邦彦同在澶淵約與深州守臣姚鵬同入鵬未進兵澤邦彦自南華入遇虜（改作敵）騎卒至西將王孝忠死澤邦彦更士卒白布衫草履夜走姚鵬軍澤所製戰車五百輛使兵棄車走車爲虜（改作敵）所得以載城下所獲金銀歸虜中（此二字改作振）孫傅之父守博州將兵屯濮州聽澤節制是役墜馬死後建炎初河北寇皆澤麾下潰卒也

十三日癸卯令邵溥同所差郎官四員管勾南薰門下

交納物色呂好問且權領門下省職事

工部侍郎何昌言改名善言

避邦昌名也

鮮於可朱震致仕

十四日甲辰邦昌遣使致書於軍前懇免征催金銀

僞楚録曰書曰比以冒膺緟禮願展謝悰雖歷罄於忱辭終未達於臺聽退增感悚豈易敷陳載惟草昧之初實軫阽危之慮民志未定頃未有以得其心事緒實繁念將何以息其動前朝昨奉臺令取索金銀表段以充犒軍伏自入城以來講究民間虛實頗知

罄竭悉以傾輸嗣位之初朝夕祇畏戒諭官吏罔敢弗虔仰荷大恩敢不論報雖割肌體豈足論酬然念斯民困弊已甚當圍城窘急之久有比屋餓莩之多願撫養則無資以厚其生欲振給則乏糧以續其命而催科正急刎縊相尋若閱日稍淹則所存無幾非仁何以守位非民何以守邦坐觀轉壑之憂不啻履冰之懼與其跼天蹐地莫救於黎元孰若歸命投誠仰祈於大造伏望察其懇迫賜以矜容特寬冒昧之誅誕布蠲除之惠則終始之德遂全億衆於死亡報稱之心敢憚一身之糜潰期於沒齒以答隆恩不報

宗澤遺書范訥趙野責其退屯

遺史曰范訥爲河北河東宣撫趙野爲北道總管皆退屯南京宗澤移書與訥曰太傅是朝廷重望大臣凡所舉措爲天下輕重爲四方軌則今以河北河東宣撫乃擁兵自衛紆迴退縮駐劄南京是耶非耶不知太傅晝思夜度謂臣子大義果如是耶若以周旋無非合於義禮伏乞指揮開以道路濟以糧斛令江淮以南州軍皆得自進勤王去京城二三里劄寨示賊虜改作金人以天下歸嚮激切之意庶幾懲戒無有後艱不勝幸甚又與野書曰京城圍閉日久君父注望四方應援想不啻飢渴也資政北道大總管乃將六兵自衛紆回曲折走南京駐劄蔽遮江淮之人俾不能進前固護王室則朝廷何賴於屏翰伏望早賜指揮進發前去京城二三程劄寨示賊虜改作金人以天下人心歸嚮軍民怨切願瞻天表之意庶幾虜改作敵人畏恐下城遁去末由叅侍不勝拳拳憤悱激切之至

十五日乙巳張邦昌往青城見二酋改作二帥致謝

邦昌是日出軍前見二元帥致謝既至迎接殿下相揖以升致賓主之禮酒三行面議七事如不毀趙氏宗廟陵寢減金帛數及存留樓櫓俟江甯府修繕畢日遷都之類皆允

張邦昌令百官庶務依舊修飭職事

僞楚錄曰邦昌令百官庶務依舊修飭職事國子祭酒學官等奉行不敢懈怠曉諭諸生須管置課册假歷薄書等又報鎖院補塡及私試諸生無有應命者

十六日丙午趙子崧申大元帥府劄子

子崧近具狀申稟乞早下嚴令約束諸將定日赴闕本府遣四頭項已於初八日復扶溝十一日復太康見今審度今月十六日忽收到快行節級趙進所說青城之事供具稍涉虛妄甘當處斬文狀其言皆臣

下所不忍言痛徹五內殞絶無所既不敢瞻申行府又不敢默默云二聖二后二叔諸王卿相自正月十日皆出并家屬至虜改作敵寨恐旦夕北去萬一渡河則不得復回又云三月六七日有僞立者似是向來與大王同使虜刪此字之人而南京關報汴水初八日忽滿皆可疑者惟望大王力振軍勢遣師邀擊河上迎請兩宮再安宗社問罪僭逆不可猶豫猶豫之間變故生矣國之存亡在此一舉若有獻議擁兵南渡似未可聽大王麾下盡是西北人孰肯渡江渡江之後中原豈可復取莫如四近舉兵邀擊先遣問罪僭

逆最爲上策子崧此州危如累卵萬一僞檄有死而已半年城守粗著微效今虜改作敵幸去若僭僞見攻誓不俱生伏望大王憐憫同姓係累而去所存無幾如某輩粗有知識荷國厚恩必能自效蓋今日臣下已往往擇利非大王力宣國威則二百年基業將如何哉告大王更審問探若果如此勢不可緩仍乞多發疑書以壞契丹燕雲從賊之心多收此曹以爲我用則轉禍爲福狂瞽僭易死有餘罪子崧不勝泣血哀鳴之至

賜進士出身頭品頂戴四川等處承宣布政使司布政使清苑許涵度校刊

三朝北盟會編卷第八十五終

三朝北盟會編卷八十五校勘記

必自哀求（誤作求哀）驛召而至語及廢國之際（至誤在語下）僧道耆老軍民

道合三死（死應作光）俾建列藩翰（衍翰字）

人等（脫等字）由以先有防備（脫有字）不復活矣（復誤作可）

欲徑入京城下解圍（徑誤作往）萬一僞檄至有死而已（脫至字）

三朝北盟會編卷第八十六

靖康中帙六十一

起靖康二年三月十七日丁未盡二十七日丁巳

十七日丁未張邦昌令尚書省榜施行事件

三月十七日三省樞密院同奉面旨嗣位之初宜廣推恩霈今四方道路未通致赦宥未能宣布緣京城圍閉日久下項事可以先次施行應在京罪人所犯無輕重不論已未發覺常赦所不原者並與釋放應文臣承務郎武臣承信郎以上幷內臣及致仕官並與轉官在職選人循資校尉比類施行合磨勘者仍並不隔磨勘應文武陞朝官幷禁軍都虞候以上父母妻未有官封者並與封敘已有官封者更與封敘亡歿未封贈者並與封贈已封贈者更與封贈祖父母在願回授者聽應禁軍正副指揮使已上各特與兒男下班祗應一名應承務郎以上服綠緋及十五年不以贓私罪並與改轉服色開封國學及別試所去年秋試得解舉首特與推恩餘並以今年八月鎖院省試應合特奏名人並與免試內曾經六舉人以上到省人與補登仕郎五舉人與補京府助教四舉上州文學三舉下州文學兩舉諸路州助教錫慶院

試中在學不係在學生免廷試推恩人諸路解到武藝合校人等並照元降指揮分等參酌推恩應命宮除名追降官員及勒停終身不齒放歸田里人等及永不收敘人並與敘元官落職人與復舊職令刑部檢舉奏聞應停降諸色人等未曾敘用者並與特敘元職名其永不收人依此以次遷補候有缺收補應配軍因閉閫未出京人候開門日配沙門島並配鄰州見分配在京重役處者仰刑部疾速具元犯取旨俱令逐便應逃亡軍人及潰散人兵除依累降指揮招集出首外尚慮有未出首人可特展一月首身其

存卹等事並依已降指揮應係官司欠負不以名色貫百並與蠲免其私債元無利息者限一年外許理索諸軍緣借請之類見剋請受者並特除放耆老並賜粟帛令戶部支給價錢官司房錢不以貫百並放

三月出糶米麥雜豆以濟貧民雖已降指揮減價尚慮民間不易可令更與減價出糶仍約束逐場人民擁併仰戶部踏逐應有係官木植及空閒屋添置賣場以濟細民無致阻滯掩骼正政所當先草昧圍城之中不忍視其橫逆應亡歿貧民仰開封府量給官錢充葬送之費應細民疾病貧乏無藥者令開封府疾速措置差官分定坊巷就民俵散官藥諸軍疾病合給官藥緣多事之際給散不時仰運馬司體度速支官錢廣行合藥俵散其諸軍差發到軍兵保甲等有疾病者令所轄官司依在京軍營法醫治應伎術人等并家屬取赴軍前者所拋下財產其有分人許經開封府自陳驗實給付應寺院宮觀有隔下發放等恩澤各令自陳所屬保明申禮部限三日給降度牒應特旨還俗僧道特與依舊爲僧道令開封府出給公據應禁宮院寺尼僧女冠令所屬取問願歸俗者聽從便應行法令典章百司事務職任一切並依

舊內有於民不便者臺省寺監條具以聞仍許諸色人經鼓院奏陳當議參詳更定以從民欲牒奉敕如前宜榜南（改作南）河曉示各令知悉牒至准敕故牒

十八日戊申徐秉哲權領樞密院莫儔權領中書省吳幵權同領尚書省

十九日己酉征催稍緩

張邦昌遣國子祭酒撫諭太學諸生

遺史曰邦昌命董逌撫諭諸生慰勞備至巡齋宣布邦昌之意蓋自圍閉諸生因於虀鹽多有疾病迨春尤甚日死不下數十人者邦昌具知乃用撫諭之使

又命選醫官十人於諸齋日逐看候人人給餌藥之資由是諸生感悅故泣血等諸書太學諸生所記其間不無爲邦昌粉飾其事者邦昌蓋欲收士譽雖曰無意於神器吾不信也學校疾疫無甚於今年自春夏至此亡者二百餘人初在學者七百餘人今歿故已三分之一矣

泣血錄曰初十日就齋蔡延世夢金甲神人在太學前箕踞而坐顧左右百餘人令取鍬往東方一人問曰此何爲者神人曰欲葬太學之士復問曰其數幾何神人曰幾半中有一人被髮朱目取水面北噀曰

得水者可以免死既覺汗流浹背太學之士七百人物故者三之一病疫發腫者往往以黑豆湯效服者立愈其方以黑豆二合炒熟甘草二寸炒黃色以水一盞時時服之疑神人呪水之異也

翟興入西京斬河南尹高世由

遺史曰初京城失守金人以前知澤州高世由請於朝廷使爲河南尹以蕭慶領萬騎佐之婁室孛菫改作羅索貝勒銜散勤王之師也前軍統制翟興者河南人探知地利聞世由之怠出其不意與族弟進提步卒數百夜甲趨潛入洛陽擒世由斬之

二十日庚戌邦昌以謝克家權吏部尙書邵溥權戶部尙書周懿文權開封府尹王琮權吏部侍郎石令問鴻臚丞

二十一日辛亥所解發醫官技藝人復有入城者

是日有醫官入城蓋二酋改作帥給假令歸收買藥餌雜物醫者於籠上揭榜云太子元帥府祗候醫官某人行李國相元帥府祗候某人行李

二十二日壬子邦昌以邵溥差兼提舉京城所陳永道依舊都水使者

御劄付王時雍徐秉哲

上自軍中批御劄付王時雍徐秉哲云社稷山河素爲大臣所誤今日使我父子離散追念痛心悔恨何及見以治行闕少廚中所用什物煩於左藏庫支錢三千貫收買津遣至此早晚成行請勉事新君無念舊主某上王徐二公

二十三日癸丑邦昌與二酋改作帥書乞還馮澥郭仲荀等

書曰比膺詔冊獲撫邦封載惟草創之初方賴臣鄰之助顧廷臣之全闕致庶務之悉隳徒以菲材託於人上何以仰承殊渥外數改作備多虞若涉洪川罔知

攸濟茲冒陳於危懇蓋深恃於眷私所冀垂矜必蒙
賜可竊以左丞馮澥國之老成管軍郭仲荀衆所推
許倘委職任俾贊時雍必能繫多士之心有以副萬
夫之望此外臣僚等或因扈從前帝或緣差在軍前
如非台意欲留之人乞下恩慈遣還則庸疏之質旣
獲助於衆賢報稱之衷敢忘懷於大惠倘祈英鑒俯
亮愚誠金人得書遂遣左丞馮澥僉書樞密院事曹
輔太常少卿汪藻禮部侍郎譚世勣中書舍人孫覿
及徐天民蘇餘慶郭仲荀沈晦黃夏卿等還

邦昌與二酋（改作帥）書乞免括金銀

書曰某聞之先聖云何以守位曰仁何以理財曰義
人君之於天下惟以百姓爲本百姓之不存則社稷
無以固其重大君不能保其尊又況創業造始之君
惟務施德布惠取天下之心然後作爲事業固其根
本由漢唐以來率由此道後世子孫終必賴之皆百
代不易之理也某材質庸謬道義無聞仰荷大金皇
帝天造洪恩遽令軍民官吏推戴册命畀以南土使
主斯民永爲屏翰以事大國方夙夜祇懼無以報稱
思臨士民坐視困苦莫之拯救痛傷肺肝殞身無門
今見京城百姓自來前皇帝朝已曾根括金銀數次
雖有藏匿官吏搜索悉皆罄盡今又蒙元帥科降數
目浩大難以充足雖軍前遣人搜檢亦無所得百姓
嗷嗷憂疾餓死者日以萬計復懼根括金銀數不能
足重念大金皇帝以邦昌主斯民而從政之初民心
離散怨謗交興邦昌恐以此主國必致傾仆惟元帥
慈恩洪溥智燭高明曲照物情俯加矜恤止絶再降
金銀數目庶使億兆生靈保全性命不陷顛危邦昌
所圖竊冀乂安仰副大金皇帝建立藩屏之意邦昌
不任哀懇惶懼之至金人得書遣二使入城齎到元
帥府書云自本所取金帛皆係犒賞軍兵之所急用

雖不能足數亦且期大半今楚國肇造本圖乂安慮
因購括之急重困斯民已議損止

張邦昌令尚書省榜備坐金國元帥府書免括金銀幷
表段

先是軍前復索金銀將元科五百萬錠於在京百姓
隨坊巷均科一貧民家合納金五錠銀五十兩表段
二百匹限五日要足如不足先殺根括官以次後洗
城官吏知民無有各出一小榜於其門上貼之旦夕
驚憂知其必死邦昌乃令光祿卿王琮作書親詣元
帥求免得報已議損止令出榜曉諭尚書省榜今月

二十三日承大金元帥府云云二十三日奉面旨令開封府多出榜文曉諭民間各令知悉牒奉敕如前宜榜兩河各令知悉牒至准故牒

又牒奉面旨應文武被旨差權職事並令尚書省出劄子請給恩數依正官法非被旨兼舊職者並罷

周珣黄中美致仕

二十四日甲寅邦昌以書謝二酋（改作帥）還馮澥郭仲荀免金銀等

書曰比馳柔翰冒瀆忱誠冀還文武之官庶俾中外之乂載惟僭率深負兢惶豈意臺慈曲垂照鑒馮澥

郭仲荀二員既蒙矜允曹輔譚世勣以下悉已獲歸仰荷隆恩賓出望外至於親加訓誡俾虔臣節之修俯念孤危允賴臣工之助以至金帛犒賞之數實爲軍前急用之資蒙深軫於疲羸遂獲紓於勾括興言肇造之本賜以固安之圖豈唯億姓之生靈盡歸元造茲爲萬世之大惠曷報鴻私罄筆舌以難周銘肝心而莫致今差吏部侍郎王琮恭詣帳前伸謝仰惟英謀俯鑒卑悃

金人遣路允迪沈晦及官吏僧道百姓數千人入城

先是元年二月間斡离不（改作斡里雅布）在城下講和朝廷遣路允迪割河東地使於黏罕（改作尼堪）滕茂實副之金人方圍太原又分兵破威勝軍隆德府至高平與允迪等會遂俱還太原時太原奉密詔城守甚堅諸道援兵繼進金人以割地不效留允迪等一行於雲中至是京城已破乃至雲中取允迪同沈晦等放還城中晦與允迪相先後奉使者於是茂實被留不遣茂實兄禴通判代州已降虜（改作敵）矣金人素重茂實乃質茂實於代州又自京師取其弟華實使兄弟同處以慰其意

從事郎胡杞令改合入官差權司農丞考功虞謩致仕

二十五日乙卯邦昌令馮澥曹輔並仍舊職朱宗權刑部郎官（闕）師尹權太府少卿王及之權都水使者陳永道別與差遣業份權左司郎官李倢權右司郎官

禮部尚書領中書省事李回乞罷權尚書以秘殿舊班暫領省事依

張邦昌遣書至軍前

邦昌欲乘大軍未退修城池備寇軍前有關報已諾修城之請且詢工役當自備或謂欲軍前爲修

兵馬大元帥府劄子下東平府會合諸路人馬前去京城

據西道總管王大資三月初九日狀及知西京外宗正事文字稱准丞與軍路安撫使范左丞回報并沿邊四路帥臣各率兵馬已在陜府及稱水陸並進復西京河陽又據武經大夫張憲狀統領人馬見在宿州及翁中丞向發運各領人馬亦已到彼契勘昨爲被奉詔書再議通和及准曹樞密公文令兵馬止在近京駐劄不得輕舉徒誤國事遂分屯勤王人兵各令在附近劄駐按甲不動以俟金人退回領兵入覲今來已是累月金人未回不住刼掠中外隔絶君父命令不通不知京城次第深慮賊(改作詭)詐難以全信

除先累次行下審度進兵外今四方兵馬雲集勤王戰士各懷忠憤賊(改作敵)衆渡河兵勢減少合乘機會四方並進埽除虜(改作敵)寇共立大功仰選擇精銳忠義人兵多作頭項連珠相繼遞相策應審觀形勢逓遞前進兼契勘見在城下賊(改作敵)兵多是輕騎宜常令牌槍在前遮蔽神臂弓弩以防衝突伏藏軍馬以備追逐務在同心一體更相應援共除國難以成忠義本志同受不次之賞宣總司已添張憲頭項人馬分兵留守自可足用東南道都總管趙延康翁中丞向發運並與宣總司附近宜相關會犄角前進張觀察下已據統制丁宣贊申乞先領兵前進合更審問本官差別頭項兵馬相繼策應宗元帥元到南華縣至故陽鎮與興仁府地里相等合約日並進令聲援相接陜西五路及王資政既來收復河陽係在京城西北金人歸路尤爲要便當府除已劄下知濱州董誼知永靜軍王澈各統領人兵前去濮州駐劄關會逐處集兵前去京城去訖今仰東平府照會仍批請口食三日附帶前去右劄付知東平府安撫盧待制

准此

二十六日丙辰軍前傳元帥臺令諸軍二十八日下城

以檄書數百道付邦昌傳諭四方其檄云十三人鼓舞登城百萬師號呼請命

選郎官爲四方密諭使

開封府募人齎僞詔榜

開封府今月二十六日午時承尚書省劄子內降蕭太師送到文字劄會各州府下客人前來如隨處客人雜送人仍要每路下客人亦早發遣前來以憑四散告諭奉中旨令開封府契勘有無逐處客旅爲散漫在民間即日未便見數右劄付開封府契勘上件州軍如無各本州軍客人止將本路人日下據數剗

刷發遣前去不得住滯仍具已起發逐人數申尚書省續准劄子勘會已降指揮令開封府剗刷指揮等路州軍民客人四散告諭切慮客人不知因依別致驚疑須議指揮右劄付本州火急分明出榜曉諭召募客人因便齎詔書前去告諭郎不得張皇事勢一概勾呼致使騷擾仍具已依應施行文狀申尚書省淮此京西路鄧均隨唐蔡鄭金郢房滑汝州順昌襄陽河南淮甯潁昌府信陽永安軍京東路青沂萊密登濰淄徐濟拱單濮州東平襲慶興仁府南京淮陽利國軍萊蕪監陝西路洮廓熙樂丹秦虢陝耀鳳同

鞏階醴環坊會涇商華源原岷隴成蘭鄜甯州京兆延安府陽清平西甯鳳翔府鎮戎懷德定邊保安定遠積石西安順德軍司竹太平監河北東路大名開德府恩濱棣德博滄北清州永靜軍淮南路滁陽楚亳眞宿光濠泰泗通海廬舒和蘄黃州壽春府高郵漣水無爲陸安軍右出榜止市張掛曉諭前項客人限三日如有因便願齎詔前去告諭之人郎立便前來赴府出頭各令知悉

江南發運司據亳州申有京師遣快行家往廬州發運判官向子諲牒知廬州馮詢提舉鹽茶范仲闕拘縻闕防

牒曰訪聞張邦昌受金人僞命已有人詣濟州大元帥府陳述上件事迹契勘本官家屬母與子皆在廬州須至先有行遣牒候到請照會將應本官於親屬密切關防毋得漏落及有疏虞候大元帥府指揮仍選委有心力忠實官幹當須別以事爲名目庶不張皇漏泄搖動人心有害國事亦具因依此牒知廬州都鈐馮大卿去訖更請同共議事仍親書已如何施行公文回示今牒提舉淮西鹽茶范禮部靖康二年三月二十六日牒仍具申元帥府乞更賜行下本州

嚴行關防

二十七日丁巳京城外火

城中人望外四面火光亘天傳聞金人焚燒寨柵

賜進士出身頭品頂戴四川等處承宣布政使司布政使清苑許涵度校刊

三朝北盟會編卷第八十六終

三朝北盟會編卷八十六校勘記

應命官除名 官誤作宮 掩骼王政所當先 王誤作正 仰軍馬司體度 軍誤作運 宜榜南河曉示 南河應作河南 人人給藥餌之資 誤作餌藥 以黑豆取效服者立愈 脫取字 石令問鴻臚寺丞 脫寺字 外救多虞 救誤作數 僞還職任 還誤作委 俾贊時艱 艱誤作難 馮澥簽書樞密院事 簽誤作僉 人君不能保其尊 人誤作大 自來前皇帝朝 來字衍 自來所取金帛來 誤作本 本國乂安 一作本國則安 慮因勾括之急 勾誤作搆 已議捐止 捐誤作損下同 宜榜兩河 一作河南 朱宗之權刑部郎官 脫之字 闕師尹權太府少卿 原闕係范字宗尹誤作帥尹 葉份權左司郎官 葉誤作業 以檄書數百道付邦昌傳諭四方 此十二字應接上條下其檄云十七字另行此作一段誤 延安慶陽 慶誤作府 范仲 一作范沖 無闕字 拘禁闗防 禁誤作縻

三朝北盟會編卷第八十七

靖康中帙六十二

起靖康二年三月二十八日戊午盡二十九日己未

二十八日戊午張邦昌詣南薰門遥辭二帝

是日邦昌僭天子儀衛法駕縞素詣南薰門設香案率百官士庶望軍前遥辭二聖邦昌慟哭百官軍民其間有號絶不能起者太學生皆拜哭

金人兵下城

有南兵至咸平軍前使來問欲盡殺爲復要招安可將赦書來張急遣申彦臣以宣贊舍人齎手書往大晷告東道總管以不得已及重兵離散且當退守之意申彦臣還云金人以鐵騎三千送至咸平以南七十里不見我師而還

金人前軍起行

大元帥以便宜除授汪伯彦顯謨閣侍制充兵馬元帥府塡陳康伯不赴闕黄潛善副元帥塡汪伯彦遷赴闕耿延禧樞密直學士董耘徽猷閣直學士高世則遥郡承宣使黄潛厚祕閣修撰楊淵王起之秦伯祥直祕閣

金人送鄭太后家屬入城

靖康遺錄曰是日有番使送鄭太后家屬入城其番使至省說云二十七日粘罕改作尼堪請上皇相見上皇乘轎子至寨門下轎着紫道服戴逍遙巾趨而入至幕次粘罕改作尼堪出迎入帳中坐良久上皇起白粘罕改作尼堪云老夫得罪合當北遷但帝姬未嫁者敢乞留荷大惠也粘罕改作尼堪不答有頃鄭太后自外至啟粘罕改作尼堪云臣妾得罪自合從上皇北遷但臣妾家屬不預朝事敢乞留粘罕改作尼堪點頭許之至今日果送太后家屬入城番使又笑云太后善言辭進退有法容止雅麗刪此四字故元帥許其請

粘罕改作尼堪遣交割京城

宣和錄曰邦昌以邵溥提舉修繕京城四壁是日交割外城賊改作敵既不能下南京乃自甯陵而上盡僞置官屬安撫士民至是悉驅而北舍屋焚爇殆盡東至柳子西至西京南至漢上北至河朔皆被其毒墳無大小啟掘畧遍郡縣爲之一空京城被圍半年至是斗米二千斛麥二千四百羊肉一斤七千猪肉一斤四千驢肉一斤二千五百魚亦如之醬一斤五百油一斤一千八百他物稱是細民賴官賣柴米稍能給然餓殍不可勝數人多苦腳氣被疾者不浹旬即死日疾者即瞽菜蔬絕少前此虜改作敵人據城採擷而食尚餘枯枝

劉彥宗遣人諭王時雍大軍起行且在河北駐軍如有事急飛騎來報便發兵來

張邦昌與二酋改作帥書求還孫傅張叔夜秦檜三人書曰披瀝懇誠仰干恩造丐舊臣之復職蒙英豪而遣還已荷隆私尚餘至悃念撫邦之始尤先盡節之褒庶靖國人以彰名教孫傅張叔夜秦檜緣請存於趙氏遂留寘於軍中既知狥義於前朝必能悉忠於今日恭惟上國方擴宏圖以忠孝而厲羣臣以信誼

而開鴻業宜蒙寬貸使獲旋歸式昭聖度之仁垂副愚衷之願其於虔叩曷究敷宣金人回書曰早承懿喻願還舊臣以爲馮澥國之老成郭仲荀衆所推信此外臣僚如非欲留之人乞下遣還之令其已放歸者係裨贊時政或有未還者俱欲留闕仰冀照知無賴理會

僞楚錄曰書皆邦昌親筆二酋改作帥見書大怒詣取三人者其欲復講前日之事耶於是面詰再三且云今若縱兵非無名然亦駐兵不還當觀釁而動張懼不能答

金人與張邦昌書減歲例銀絹

書曰會驗宋時除依遼國舊例歲物銀絹五十萬匹兩納錢一百萬貫初以代燕地所出今若依例輸納且念地有分割民有彫弊特免錢一百萬貫減放銀絹二十萬匹兩只議納三十萬匹兩銀絹各半其數依舊例交割布此悃悰冀爲諒察邦昌答書曰重勤書誨祗荷矜慈惟前朝之所輸准定數而有舊俯念地土割裂之後方當人民彫瘵之餘曲賜軫憐務從蠲減特除免錢一百萬貫外減放銀絹二十萬匹兩每年只議納二十萬匹兩銀絹各半其數一依舊例

三朝北盟會編　卷八十七　四

交割所蒙指諭悉已遵奉其於感戴之心難盡敷陳之悰仰惟聰察深諒悃悰

二十九日己未張邦昌詣軍前餞別二酋（改作帥）

邦昌服赭袍張紅蓋乘馬出南薰門餞別二酋（改作帥）及午而返連日之出所過設香案起居並如常儀從行者即王時雍徐秉哲吳幵莫儔輩也士庶旁觀者無不感愴

遺史曰邦昌自僭偽位屢出南薰門服赭袍張紅蓋乘馬執紅絲鞭法駕儀仗皆不備唯駕頭前導初出一兩次不舉駕頭以後暫舉駕頭聲亦漸高出南薰門見粘罕（改作尼堪）斡离不（改作斡里雅布）敘別至午刻而還

金人留僕射何㮚樞密孫傅僉書張叔夜舉家北遷

何㮚字文縝仙井監人天資俊異善屬文政和五年進士第一人及第名動一時除館職京畿提舉學士尙書主客員外郎擢右史遷左史召試中書舍人王黼獨持國柄有爭進者譖之黼怒出㮚守潼川未行太上皇帝擢爲御史中丞第一章論士俗頹中時弊皆陳黼黨所爲其論士俗章曰竊惟陛下昭至德建太平體堯舜之用心急親賢之爲務見一善改容而禮之取一長加意以成之或繇匹夫而起下僚遂享

三朝北盟會編　卷八十七　五

好爵而陟顯位可謂於卿士大夫無負矣其忠純慤直廉茂介潔之士進以其道取由其義誠不敢忘陛下厚恩而奔競附麗乾沒無恥之人常與善類並居傷化失俗或在於此比年以來苟合取容阿黨相比爲私門之惠忘國家之恩貪進務得變詐百出託身之初腹心盡布謂之納忠被用之始先加約束謂之受記前出某氏之門一不滿意又轉而之他則謂之投換陰與之合而陽背之以陷害異已使至之（改作不）測謂之擺蹤或輸誠死黨自明不欺則有損親戚之好而發其私書或託爲耳目媒孽所憎則有何記朋

舊語言緣飾增加而傳之短卷通姦利行貨財則有往來其間者營私家給子弟則有甘其役辱者爲士大夫而失節喪誼一至於此蓋其爲說曰狥私之效速於奉公附下之利過於事上凡國家之治忽生民之利病若不相關然一旦有緩急而取用之甯負朝廷不負知己豈不上傷陰陽之和下隳萬事之緒哉臣聞百僚師師重華致治多士濟濟文王以甯蓋人臣和肅於下則人主尊安於上今以陛下之聖智誠明斷而早正之辨是非別邪正收權寵破朋淫以崇至化而救失俗則雖前古帝王之盛何足遜焉臣愚

不知治道唯陛下留神裁察是幸黼忿怒不閱月以坐蘇氏師黨曲學奏罷除待制宮祠靖康初復召爲中丞改翰林學士拜尚書右丞中書侍郎時議京畿守備㮚建議設四道總管重其權事得專達吏得廢置兵得誅賞財得移用規畫甚善卽詔行之屬已迫盛秋措手無及然大名睢陽皆能保守亦其效也是年冬金虜(改作人)再犯(改作至)京城詔百官卿大夫供議狀於廷主和議與戰議論不一㮚力主戰議旋遷門下侍郎夜夢武夫挾弓矢入門射中其幞頭會當拜相奏陳乞改太宰少宰仍舊爲僕射翰林學士吳幵正仲當制建白僕射之名不經願循漢制改爲左右丞相上深以爲然中批以問㮚欲賓夢遂沮其說明日降制拜右僕射城陷議和兩詣虜(改作敵)營議和從駕幸青城粘罕(改作尼堪)以㮚主戰議從二帝北狩張邦昌以書懇取不允天下恨之在虜(改作敵)營題絕句云念念通前刦依依返舊魂人生會有死遺恨滿乾坤少間詩於韓子蒼同在掖垣相與商榷文章日進議者謂其才藻宜在兩禁恨柄用之太早況當變故之際也兄㮚字文植弟渠字文度皆好學能詩以才知名後秦檜自虜(改作敵)中來言㮚死矣

林泉野記曰何㮚字文縝仙井監人政和五年登進士第一人有詩名靖康初爲左丞金人之入寇(改作汴)也或請和又來侵是冬盛兵河東復遣王汭來聘及粘罕(改作尼堪)犯(改作至)闕范宗尹請割三關以獻虜(刪此字)㮚主嚴守備以待之王汭復至請割黃河爲界唐恪欲許之㮚以爲不可罷爲資政殿學士提舉醴泉觀俄而恪乞罷乃拜㮚尚書右僕射前一夕夢朝服而立一人彎弓射中幞頭㮚驚覺次日遂大拜然虜(改作敵)已逼城㮚但堅守禦而已虜(改作敵)使又來㮚叱而留之促諸路兵入援了無至者及城陷㮚與張叔夜

領兵欲復奪城竟不能上欲奪圍出幸江南㮚諫止曰京城近畿金人布滿車駕南行必不能脫陛下出城賊（改作敵）必燒宗廟戮生靈矣上乃止虜（改作敵）召㮚至寨粘罕（改作尼堪）問曰勸宋主與我戰者豈非汝耶㮚曰然粘罕（改作尼堪）曰汝有何學術與我戰耶㮚徐曰無學無術但爲國爲民耳粘罕（改作尼堪）曰我欲縱兵洗汝城如何㮚從容曰縱兵洗城元帥一時之威也愛民施德元帥萬世之恩也粘罕（改作尼堪）大悟乃戢兵北還㮚終不屈於虜（改作敵）秦檜自虜中（此二字改作金）還力稱其忠遂加觀文殿大學士且訪其子孫云

何㮚初拜中丞王以甯上書曰竊惟閤下以雄詞大筆取天下之豪傑以亢烈疏亮中立不倚自結當宁一人之知抗章請郡足未出闕明日禁中出片紙御扆翰留公爲中執法天意特達豈徒然哉殆欲聞天下之言也人主不得聞天下之言則天下之事去矣一旦慨然而悟赫然而斷惕然有憂天下之心則治亂安危成敗之幾如反覆手此豈非天下之慶乎閤下盍亦正心誠意求天下之事以裨聖主之聰明鳳鳴朝陽士類幸甚方今天下有甚可憂者五請爲閤下畧言之盜賊充斥一可憂姦雄跋扈二可憂夏人陸梁三可憂契丹復振四可憂金國旅拒五可憂河北山東之盜少者數百多者數千白晝橫行掠人婦女剽人資產巡尉不敢抗縣鎮不能守滋蔓侵淫未見消除之漸皆庸人野夫之志不過於避徭役掠衣食脫寒餓何足憂哉萬一其閒有饒勇如項籍雄鷙如李密輩起而憑之則樂禍之徒雲集飈至此愚之所憂者一也郭藥師者遼東一小羌爾（删者遼至此七字）左右賣國見利斯動豈復知有名義者封崇之栽培之羽翼已成頭角已露無愛民之心竭取而後已常勝之兵日增而不休爭養義兒陰蓄死士貪婪無耻之

流樂爲之肘腋其志不在范陽節度使大則爲侯景安祿山小則爲田承嗣爲王武俊之所爲吾之所以備禦未知其策此愚之所憂者二也赴金肅軍西行直靈武者夏人保此嶴爾之地猶能與上國爭衡今浮梁以東勝州之沃壤金國取之以遺夏人此孫權借荊州以關曹氏之意也夏人得勝州其可遂已乎假以歲月人飽馬肥控弦南來其志欲得李克用之所據劉繼元之所巢而後滿閤下試圖將帥孰可以付此愚之所憂者三也契丹雖失國種落不下十萬踊躍（改作出沒）乎松漠陰山之下其心未嘗一日忘漢也

雲中之民王靈弗加歸漢之心似或中變使耶律延禧置膽於座少洪天輔之風不忘其主則雲中之衆塡然躍而附之少康以一旅復舊物雖非所及而城濮之後楚司馬尚在吾獨無憂哉此愚之所憂者四也以阿骨打改作阿固達之勃興吳乞買改作烏奇邁之保聚粘罕改作尼堪之機警加以漢人如白公旦楊樸之流相與輔相之綏則邀我金帛貪惏無厭改作庫藏傾竭急則驚我邊圉戰守無人燕山歲計已不翅一契丹女眞之錫予復過一契丹餓虎之喙何時而足耶此愚之所憂者五也盍亦知所以消憂之道乎清心省事一言

而足矣蓋清心省事則吾民之衣食足衣食足則盜賊消盜賊消則國勢強國勢強則姦雄息姦雄息則夷狄改作敵國畏懷太平無象之福與天下共之豈不樂哉議者以謂燕雲既歸中國遂可寢兵此腐儒之談爾吾知汲汲清心省事果斷而力行之則橫賦暴歛不作吾百姓下有鈌句吾之所以後徐起而討之平州之張瑴勇而善守宣州之韓慶民沉毅而有謀雲中之蘇京嫣歸之二三大姓吾遣一介之使慰安其心使爲前掎後角旁衝直擣之援燕山之民田可以爲屯田燕山之丁壯可以爲弓箭手常勝之兵可以分隸諸將則藥師蕭然一降虜爾循理則拊之跋扈則誅之尙何憂哉夏人陸梁則當謹河東之疆圉契丹復振則當懐雲中之舊民金國之勢日前初若強盛豈有連兵累年政在權貴再世而無事者加以漢人之無賴者非心悅而誠歸之豈無譏隙發於君臣父子之閒遲以數年女眞復爲散部落矣此五者初固甚可憂聖上今日赫然獨斷慨然力行則反手之閒轉憂爲樂此又係於閤下之一言爾閤下朱顏綠髪年未四十黑頭三公何慮不作名義至重願自厚愛僕有數談有大於前所云者交淺言深今未可也願閤

下無負聖主特達畱公之意天下幸甚

孫傅字伯野海州人元符三年登進士第靖康中累擢兵部尙書金人犯改作至京師除僉書樞密院京城守禦使金人攻城兩月極力隨機以禦之及城陷民亂傅與張叔夜以兵往來彈壓定之上往粘罕改作尼堪寨除傅京城畱守及金人變議傅上書乞復立上不許又乞立皇太子或燕越王又不許又乞立趙氏一人又不許傅詣南薫門拜泣請存趙氏粘罕改作尼堪取詣軍中廹令供狀立異姓屢欲誅之傅終不從請死而已乃挾傅北去世稱其忠建炎初遥加觀文殿學

士終以不屈卒於金國年五十一

靖康小雅曰靖康元年冬金人兩軍會於京師樞密聶昌使出虜營（改作中）公遂遷知院事方賊（改作敵）之急攻京師也公親當矢石閱月未嘗少休城既不可守上將幸虜（改作敵）寨命公居守十一月二十七日夜上以御寶付公公用生絲爲囊係之肘間親加撫循迄上歸城中帖然明年正月上再出又申前命且使兼太子傅以保護東宮乘輿久不歸公屢具書極陳利病鎸諭二酋（改作帥）請大駕還宮不報二月六日吳幵莫儔自賊中（改作金營）攜廢立書來中外震駭公大慟久

之曰吾唯知吾君仁聖可帝中國苟立異姓吾當死之又數請再立上明旦賊（改作敵）大闢南薰門鐵騎極望闕門而陳且索太上皇太上皇后諸王王妃公主獨留中宮太子不遣密謀欲以黃金五千兩使人匿太子於民間無當之者太子出隨至軍前自是公之死生不得而知也嗚呼求生逃死人之常情也靖康之末禍變如此同時大臣如唐恪曹輔王時雍呂好問吳幵莫儔徐秉哲邵溥謝克家孫覿汪藻胡交修詹乂李會李熙靖李擢之徒或失節求存或叛爲賊（改作敵）用或乘勢爲姦利或託疾病而不出或緘默坐視公獨視一死猶涕唾虜（改作敵）未嘗欲公出義不負上付託之重誓以死衛太子又欲見二酋（改作帥）復立趙氏亦可謂卓爾不羣我宋忠純之臣也艱難以來所未之見可以埀範播美於無窮矣詩曰巍巍孫公忠烈俱偉受天大任淵渟山峙謀謨有密帝所眷倚付以𨍏鑰又託以子二酋逆天（改作天未悔禍）甘赴萬死國家德澤周及遠邇罹茲禍變孰奮而起公節不渝獨負大美若神人然衆所仰止視偷生徒奄奄如鬼

賜進士出身頭品頂戴四川等處承宣布政使司布政使清苑許涵度校刊

三朝北盟會編卷第八十七終

三朝北盟會編卷八十七校勘記

但帝姬未嫁者敢乞留未一作下　然亦駐兵不遠遠誤作還
簽書張叔夜簽誤作僉　常與黨類並居傷化戾俗黨誤作善戾誤作
失　或託爲耳目媒糵所憎糵誤作孼　則雖前古帝王之
盛何足遜焉遜一作道　以坐蘇氏私黨曲學私誤作師　帥重
其權事得專達脫帥字　翰林學士吳幵正仲當制建白
正仲二字係小注　以雄詞大筆取天下之豪傑取應作屈　白書
横行書誤作晝　皆庸人野夫之志不過於避徭役應作使皆庸人
野夫其志不過於避徭役　無愛民之心應作燕民之生　則爲田承嗣爲
王武俊之所爲嗣下爲字衍　而城濮之後後應作役　女真復

爲散部落矣散一作數　除簽書樞密院簽誤作僉

三朝北盟會編卷第八十八

靖康中帙六十三

起靖康二年三月二十九日己未盡其日

張叔夜字嵇仲開封人侍中徐國公耆之後也通經
史善屬文習兵法長於詩詠有文武大材初爲武職
內侍馮浩高其材每薦之叔夜亦上兵策及宮詞百
篇上喜之換文資累遷太常少卿賜同進士出身擢
中書舍人禮部侍郎宣和初浩以諫賜死臣寮又言
叔夜乃親黨也降三官罷之後起知海州破羣盜宋
江有功宣和末京東大盜四起擢叔夜知濟南府與

京東制置使梁方平協謀屢平巨寇靖康初召赴闕
除南道大總管兼知鄧州後粘罕改作尼堪攻京城詔起
四方援兵叔夜同其子伯奮仲熊率兵一萬三千而
來與大金戰京西大小十八陣皆破之遂至京城與
金人戰殺傷相當再戰攻之擒首領三十餘詔加延
康殿學士內外兵馬都總管移軍入城叔夜言請因
金人營壘未全率諸軍擊之其敗可必上不從軍卒
郭京聚兵欲以左道破賊改作敵　上幸京城加叔夜資
政殿學士叔夜上言恐郭京狂率敗事俄除僉書樞
密院提舉京城四壁子承直郎伯奮仲熊特改合入

官上幸京城見護龍河塡盡憂之叔夜曰臣願率衆出城以計刦之徒守空城則天下事去矣上堅不從叔夜乞罷簽書樞密院之任帶南道總管領南道兵不允叔夜召諸將議事皆不至叔夜意沮及金人登城叔夜兵潰斬之不能禁再同何㮚以奇兵八百領統制張仲剛等與金人戰南薰門下欲復奪城不能上及金人廢立叔夜與孫傅上書乞復立帝不許又乞立皇太子及燕越王又不許又乞立趙氏一人又不許叔夜傳詣南薰門下拜泣請存趙氏粘罕(改作尼堪)取詣軍中曰孫傅不立異姓已爲我殺公年老大家

三朝北盟會編 卷八十八 二

宗族繁盛豈可與傅同死耶可供狀立異姓叔夜曰累世荷國厚恩誓與國家俱存亡實不願立異姓遍之數四叔夜終不從請死而已乃引叔夜并其子仲熊北去建炎初遙加觀文殿學士卒以不屈死於金國年六十三累贈少師謚忠文賜廟於信州

靖康小雅曰公諱叔夜靖康元年諜知金人師且再大舉太原眞定相繼爲賊(改作敵)所陷始詔天下帥守各以其兵入赴國難十一月日賊(改作敵)至近畿諸道之師未有至者公時守鄧州遂以官軍及民兵萬六千人至都城之南營於戴樓門外時金人稍以兵薄

城公屢擊走之上爲親幸南城登譙樓慰喻公且除公簽書樞密院上以毬文金帶賜之金人旣大集乃命公移師入門京城失守上再幸賊中(改作敵營)旣乖和議虜(改作敵)使吳幵莫儔連日入趣立異姓王時雍以下會議祕書省皆請立張邦昌公獨抗疏力言不可有告公恐貽金人之怒者公不聽旣而胡(改作金)人來公出赴軍前遂留不遣嗚呼大臣事君不當爾耶死生之間人之所難而能不避鼎鑊以全大節此社稷之衛也詩曰金人剽悍一歲再至公提郡兵疾驅入衛虜(改作議)將易姓公秉大義獨敢抗言必復趙氏欲

扶日馭力埽氛翳身拘名張忠烈振世

張叔夜家傳一乞都關中權暫駐蹕襄陽府劄付契勘長安關中之地歷代所以成王業也捨此而下皆去中原寖遠名爲遷都其實偏霸今襄陽漢江回環西南有萬山三關之險尙可號令中原去關陜京東河北不遠然地步不廣深恐不足以容萬乘百司若或事從簡省將城壘行展套建立樓櫓姑取其關中路近旁通巴蜀權暫駐蹕聚糧益兵力加營繕亦足以建都徐爲入關之計以東西二京爲別都留兵以衛陵寢次則南京(一作荆南)地勢平廣居民繁富今先具

襄陽圖所有南京形勝如聖慈有意行幸即別具圖
進呈
次開具自京至襄陽府驛程契勘自京至襄陽府驛
程下項京至延嘉鎮四十五里延嘉鎮至尉氏縣四
十五里尉氏縣至許田鎮七十五里許田鎮至潁昌
府四十五里潁昌府至潁橋鎮四十五里潁橋鎮至
襄城縣三十六里襄城縣至汝墳鎮四十五里汝墳
鎮至葉縣四十五里葉縣至新寨鎮三十六里新寨
鎮至方城縣四十五里方城縣至許村九十里許村
至青臺五十里青臺至唐州五十里唐州至朝陽縣

六十里朝陽縣至崔村（闕）里崔村至八疊七十里八
疊至襄陽五十里又乞遷都劄子契勘遷都必詳講
究一道山川險阻戰守利害以備非常臣近知鄧州
是時見京洛士人避寇多來襄鄧猶恐虜（改作敵）騎至
潁昌等處臣仔細詢問及稽考地形自潁州而南唐
州方城縣最爲諸路會口井邑亦甚繁富汝州魯山
縣三鵶路亦可進軍馬今既欲都襄陽則方城恐當
升爲郡魯山亦當爲路口兩頭置立關城以備虜（改作敵）
騎南嚮其襄陽之西四柳等關雖路險不通兵車
然去陝西府六百餘里亦合嚴立戍守取進止

又劄子曰臣昨領本道兵至京蒙陛下獎擢然三道
與西兵迄不至臣孤軍無毫髮功臣至之初得對便
殿首陳遷都關中之策蒙陛下面諭令臣力主此議
後來臣屢次開陳及近進暫駐蹕襄陽以圖收復狀
若陛下不以臣爲不才候門開日令臣前去置司襄
陽府密行措置候見次第臣以本道兵前來奉迎鑾
輿取進止
又乞權暫駐蹕襄陽府畫一狀曰一乞以南京留守
總制京西江湖淮浙京西諸路軍馬漕運等事爲名
其印記備用大祀司印一營繕南京城池宮闕及百

司諸軍營壘並乞仍舊有官舍及寺觀量加增葺其
材植於出產處委監司州郡疾速依本司所立限應
副一乞將襄陽鄧唐汝州守臣別行選任其通判幕
職官知縣乞從守臣銓擇如見任人不能辦事或缺
官去處並聽辟置仍乞添置轉運使二員專切應辦
驛頓及移用應副本京錢糧本司乞置參議官四員
並從朝廷差人依奏事例施行勾當公事官八員管
勾及書寫機密文字各一員從本司辟奏隨本人資
序支破添支驛券請給人從其餘如所屬路分官其
有不職或闕官去處恐奏請取覆不及欲乞臨事先

次差閒慢處見任或待闕官抵替奏取指揮差注一錢糧欲乞將上供一半之數截撥於襄陽府交納京西路諸司錢糧權許專一應副驛頓等支用稅賦許行支移即不得過自來地里之數一方城地當衝會正係控扼去處欲乞改縣為軍選差知軍等官屯兵北扼胡（改作敵）馬要津一襄陽既為別都屯駐軍馬增修城壁乞添差路分兵馬總管一員一乞給降度牒五百道校尉副尉帖各三百道許依本價召人情願承買或用承信廸功郎告各一百道給人中錢糧木植等檄勸勤力之人一乞分支官屬人從當直人見

有元帶來本道軍民兵及京西第一第七將見在城內人欲乞盡數將帶前去候到元差發州縣旋遣發如或少闕沿路量行差人馬轉替前去所貴即日官屬人從更不得於京師差撥一太廟社稷欲乞繪圖前去一乞差土功都壕寨官二員土瓦都料大小木作頭各五人一營宮闕乞依應天府規制如倉猝應辦不及即隨宜修建一乞候出京日便於道路合置頓處儲積牲畜錢物所到即應副具次第聞奏

小貼子臣伏覩襄陽府地據荊楚上游欲乞降敕改作南京所有宮室依面得旨隨宜營繕取進止太廟社稷兩宮原廟諸王主第兩省都堂秘書省學士院尚書吏院九寺三監御史臺府廨大理寺二府官告院內尚書省九寺三監文案官吏自管押或先或後餘以次發所有車乘本道自發遣前來臣將來臨行抽差作匠等前去後到繪圖進呈者所有畫一積具奏稟其錢糧據所用務遵儉約經畫

又敘戰功勤王及勸都關中以病乞致仕宮觀劄子

日臣本無技能徒以片文隻字誤歷禁近逮出守海壖會劇賊猝至偶遣兵斬捕賊勢挫衄相與出降蒙恩進秩其後濟南郡盜賊蠭起朝廷猶錄微效於宮

祠中擢知濟南賊稍平移青州正月中金人寇（改作至）京師詔發兵入援臣等奏乞兵與諸將追擊胡（改作敵）騎及席益到青臣代還至都時虜（改作敵）騎已渡河被差知鄧州四道建帥去冬准御札令不候兵集領見兵勤王臣自鄧至京凡四十驛道路轉戰十一月朝京師蒙陛下初擢延康殿學士繼除資政殿學士簽書樞密院事臣自初到累奏乞出戰會三道兵未到伺候兵集而三道兵終不至城巳失守無毫髮功初至之日勸陛下遷都關中繼蒙聖訓駐蹕襄陽令臣經畫臣愚實欲自效而痼疾忽發步履艱棘恐不足

以嘗遣使欲乞　聖恩察臣非敢避事實緣疾病特許
臣守本官致仕或在外宮觀差使
又敘諸將不肯出兵城破被創猶戰自劾劄子曰臣
比者領兵至都荷陛下所以奬激之眷過厚遂使僥
冒以至今日退念臣初至之日嘗欲速戰妄意乘其
營壘未就以輕兵迎擊諸將或以爲不可逮虜改作敵
寨既成致城外或自決水或自縱火更無戰塲登城
守禦諸將環視號令不一卒至不守臣身自被創是
夜猶領張仲剛等兵戰南薰門下臣男以南道兵戰
安上門上是時諸將皆先臣下城接戰之際無一人

至者戰罷與陳過庭俱入禁中明日越王鄆王欲戰
於曹門外陛下使臣與二王俱出臣未及領所統兵
而二王自將衛兵已出門矣不敢不以身從僅能追
及旣兵非臣部曲無由節其進退遂無毫髮之效中
閒奏乞罷內外總管尋得旨令彈壓候師退限十日
結局今內外彈壓雖無可虞盜賊然不足爲勞伏望
候師退日重賜罷黜以示無功之罰少慰僉議
又辯利在速戰及累奏郭京狂率敗衂劄子曰臣比
者領兵至都荷陛下奬激遂使僥冒至此退念臣之
初至當時京城甲馬自盛而招集烏合之衆其勢可

暫難久臣以謂乘其營壘未就欲引兵迎擊屢具奏
陳以謂利在速戰蒙陛下面加奬訓以臣狂妄太甚
戒令候三道及西兵俱進於正月閒舉兵恐輕動如
姚平仲之失其後三道兵與西兵不至而城已失守
臣自上城身被創猶召集張仲剛等兵戰南薰門下
臣男伯奮以南道兵戰安上門上會城上守禦人皆
先臣下城城上東西面無一人把截接戰之際亦無
人應援然殺傷相當中閒車駕出郊得旨令於舊城
內外彈壓後復乞罷內外總管准尚書省劄子奉聖
旨候師退限十日結局今內外彈壓偶無可虞盜賊

然深懼羣然以謂臣前此不肯出兵及郭京之敗多
由臣不合令出城勘會郭京出兵臣累奏慮其狂率
敗衂今日孤外之迹伏乞睿慈特賜主張取進止
又申金人元帥狀契勘累具申乞存立趙氏之後今
奉令旨令立見今爲首管事之人緣本官非衆所推
勘會昨承初七日奉令旨如無可推戴令具申元帥
府管依元帥府推戴狀申今來欲乞檢會累申從元
帥府於嗣子或於趙氏之屬內擇立一人所貴恩歸
元帥府永爲藩輔而趙氏宗廟尙得血食謹具狀申
元帥府伏候臺令

金人又留中丞秦檜侍郎司馬朴不遣

或以言語或以廢立事亦舉家北遷

賜進士出身頭品頂戴四川等處承宣布政使司布政使清苑許涵度校刊

三朝北盟會編卷第八十八終

三朝北盟會編卷八十八校勘記

再戰破之禽首領三十餘（破誤作攻） 請因金人營壘未立（立誤作生） 俄除簽書樞密院（簽誤作僉） 公年老大家宗族繁盛（宗字衍） 乃命公移師入南門（脫南字） 權暫駐蹕襄陽府劄子（子誤作付） 恐不足以容萬乘置百司（脫置字） 及近進暫駐蹕襄陽圖狀（圖狀誤作以圖收復狀） 給人中錢糧木植等激勸勤力之人（給人一作給入無中字激誤作徼） 一乞分支官屬人從（一作一身分及官屬人從） 土瓦甎料（甎誤作部） 兩宮宗廟（宗誤作原） 後到繪圖進呈者（後應作候者字衍） 臣自城上身被數創（脫數字）

三朝北盟會編卷第八十九

靖康中帙六十四

起靖康二年三月二十九日己未盡四月四日癸亥

是日太上皇帝淵聖皇帝鑾輿北狩

曹勛北狩聞見錄曰靖康二年二月初七日晨起上皇在蕊珠殿（緣城破遷入延福宮）進素膳報李石周矧吳幵莫儔來奏事即引對石奏曰皇帝令起居上皇緣金人堅欲上皇出郊前已得辭今又請適南薰門廠舍拜表乞皇帝歸若表到寨中皇帝便可歸內金人意欲

成本朝一段懇請亦無他意又密奏曰得旨奏爹爹娘娘請便來不可緩恐失事機上皇沉吟曰軍前別無變動否卿無隱也朕爵祿卿等至此無以小利誤朕大事苟有他變我亦擘畫恐徒死無益石奏曰儻不實甘受萬死上皇曰朝廷既不令我南去又圍城時聾瞽不令知以至於此今日之事妥舉足則不是卿無隱石曰不敢亂奏石即令中使請顯肅皇后已到拱辰門外便被襆幞襜欲邀請上皇同行后已入語移刻石即索道服欲出姜堯臣等進曰雖云邀請只在門裏第恐虜敵（改作）情詐偽不測便宜聖裁此足似不可移石曰適皇后在禁中得官家語今暫到門首端的如此不去不得內人與近侍皆號哭上皇云縱或有非意亦知此事終在若以我為質得官家歸保宗社亦無所辭第恨我揖遜如禮退處道宮朝廷政事並不與聞惟以聽命未曾犯分自處若此獲報乃爾有愧昔人多矣顧左右皆泣相從又取常御佩刀令丁孚佩之乃乘肩輿與皇后出延福宮由晨暉門而出至南薰門忽兩扉俱啟石曰此必番使見迓方欲西就廠舍忽導從圍掩車輿出門上皇頓足輿中曰事果變矣呼丁孚取佩刀而孚至門已為金人

搜去至東御園門有番使來傳二帥起居云到寨食罷相見揭簾端視久之（番使乃昔常奉使本朝者）申初到南郊齋宮止於大王位從者皆攔於西城外並不許隨從後三日惟呼姜堯臣徐中立丁孚并侍在左右虜（此字刪）呼為祗候人也上皇到郊宮虜敵（改作）遣蕭慶裔王汭來奏取向日張瑴投降本朝并張瑴函首處分一宗文字上皇曰當日張瑴投降兩國初未有不受之約又原係大遼故臣遂納瑴不疑繼得山西軍前移文要瑴即斬首以獻不謂上國以為釁今城破國亡禍變及此尚何文字之有況已嘗移文上國死亡一切

惟命不必以此爲辭也虜（改作敵）唯唯自後更不復來取金人凡有計議只在上御前奏稟隔數日一遣人起居上皇上皇到寨中餘日自製劄子一通與國相云某頃以海上之盟謂歡好可以萬世雖嘗招收張瑴繼家須索令戮以爲報意罪不至甚而大兵踵來乃指爲釁某即避罪南去歸後塊處道宮恬養魂魄未嘗干預朝政而姦臣伺隙離間父子雖大兵南來亦不相關報致煩天討兵甲臨城至城破時始知三關敗約所致蓋嗣君不能奉承大國之約某亦有失義方之訓事遽至此咎將誰執尚有衷誠所回洪聽

某願以代嗣子遠朝闕廷郤令男某等乞一廣南煙瘴小郡以奉祖宗遺祀終其天年某即分甘斧鉞一聽大國之命誠迫意切跂待臺令劄子去後二日有番使來云承示文字但三關之盟初不恡地止說子孫不絕社稷傾危雖承劄子郤不敢背元約上皇又自製表起即位及遜位凡宮禁深密朝廷政事之失一一剖析深夜焚之是夕上皇夢與皇太后同入宜德門布塞甚肅如常時覺來猶聞其餘音至曉令報皇太后知三月初七日聞邦昌僭位上皇曰邦昌若以是死節則社稷增重今尸君之位尤且庶幾但所係至重者既立異姓則吾事決矣因泣下霑襟明日臣下有進詩以寬聖意者曰伊尹定歸商社稷霍光終作漢臣鄰上皇且讀且罵曰待其歸商與漢則吾已在龍荒之北矣不達事機有如此者啟行有期虜（改作金）人送金銀三千兩并衣著各二稱火燎頭籠二副皆八殿供設物至是三月二十九日有語分路去上皇同二太子由河北路上同國相由河東路約會燕京是日上欲肅王同行肅王堅辭曰去歲奉旨出使不曾避免久違膝下雖得生還而家破國亡死日甚近所幸郤拜父母乞且留侍下泣請甚確方得免

去復以祁王從行（以肅王虜情稔熟欲同行○虜改作敵）上皇率令二后諸王望拜城中辭違宗廟上皇伏地氣塞不能起景王挾起之六宮無長幼皆哭聲震天泰禋門動（虜說震動○改作金人所說）日色慘翳風聲如號哭兩時方止是晚報來日起程今上同皇后太子來拜違別泣下別去自爾不復相見景王自到郊宮日侍上皇夜不解帶仍常食素至臨行時髮鬚皆白四月初一日絕早分路轉城北去至劉家寺東寨內約會飯上皇初見二太子又要皇后已下妃嬪諸王帝姬皆出見席地坐定遣王汭譯奏曰自古賢聖之君無過堯舜猶有揖

遜歸於有德歷代革運底事想上皇心下煞會得本國比收契丹所得嬪妃兒女盡分配諸軍充賞以上皇昔有海上之德甚厚今盡令兒女相隨服色官職一皆如故因勸酒曰事有遠近但且放心必有快活時上皇致謝曰當日爲兄弟今日爲虜（改作存）四豈非運數尚賴太子保祐全活千口近嘗求還嗣子遠來（改作若至）闕廷望爲主張太子曰候上畔來旨上皇曰兩國主盟惟某獲罪非將相之咎某罪在天故請以一身少答天譴願不及他人太子曰此意甚好於是酒五行太子面請王婉容帝姬與粘罕（改作尼堪）次子作婦

許之飯罷歸寨自此不相見但日送雞兔魚肉酒果上皇謝以病在車中無心飯食願早承來旨燕王途中以乏食薨殮以馬槽猶露雙足就寨焚化上皇令本位將骨殖就寨地埋瘞曰且是中原免爲異鄉鬼也夫人堅欲攜行亦不能郤上皇致奠靈位伏其骨哀甚曰吾行且相及時執兵虜（此字改作敵人）亦在旁泣下路中二太子請上皇看圍場飯後遣馬并紫纖來迎同行獵以馬背負所得雞兔忽少駐有二人在馬首立太子指曰此上皇故臣郭藥師張令徽令參二人皆再拜令徽郎退藥師獨叩馬跪奏曰念臣昔與上皇爲君臣向在燕京死戰數回力不能勝遂歸金國有負上皇恩德言訖淚下又再拜上皇宣諭天時人事理合如此但當日欠一死節藥師退太子曰藥師煞忠於南朝上皇曰藥師豢養過厚而未嘗收功以其效順而彌縫之卒貽大禍太子曰此人不忠於北朝則必不忠於南朝上皇曰是初二聖既出京城館於郊宮大王位虜（改作敵）排長木爲障障外有兵每數步一簇容人看外外亦窺內虜（改作敵）日以肉米麪與內人相博易問語曰南家有兵到某處矣又曰南家提兵數十萬在河北每金人車馬過河郎奪去大軍

所以未敢離此語訖郎喚目如金人旁來色若有畏而不敢留者入遞以奏兩宮皆喜爲不日救至又數易倚牆器械郎用郊禮畫木槍復有病人如傷重包裹臥於牆下云西面有錢相公兵四十萬漸近刀槍將去陣上強壯人皆往迎敵會天大風喬貴妃亟製絳羅袍備緩急兵至郎以衣上爲出奔之計每十數日又作他語一新栅中觀聽臨行猶傳兵至栅尾然了無來者後乃知賊（改作敵）故欲緩衆心虜（改作敵）計多此類上皇北狩日乘平日宮人所乘木牛車五頭兩虜（此字改作敵人）牽駕不通華（改作言）語次顯肅皇后次尉傳

及本殿一行內人車仗次諸王帝姬妃嬪閤分內人不限次敘車行八百六十餘里

蔡條北狩錄曰丁未二月七日太上初出青城翌日作發願文一章齋沐書寫密行焚奏祈天請命宣諭景王杞曰適來密辭罪已損壽以全趙氏自登位後過失甚多敢不自陳恐爲天譴杞頓首稱賛軍前巳議北遷令姜堯臣書寫劄目投達上粘罕（改作尼堪）國相其畧曰某素慕山林謝事罷政之後止管教門公事某之罪失固不可逃責念茲神御遠遷異國欲乞東南一郡以享祖宗血食不勝大願三月二十八日起

行邢趙之間皇子元帥斡离不（改作斡里雅布）請觀打圍契丹舊臣郭藥師張令徽初以天祚出奔上表請歸本朝許之寵以袞衣之貴錫以金珠之優使鎮山後一旦大金兵至投戈乞命至是遣出令拜太上藥師曰昔日君臣敢不盡禮前日之降力所不加乞赦臣罪上曰天時如此非公之罪何赦之有藥師等慚而退

泣血錄曰是日傳聞太上皇在二太子軍中上在粘罕（改作尼堪）軍中上戴青氊笠乘馬侍衛百人後有監軍隨之亦有隨行猪羊十數自鄭門而北每過一城角掩面號泣燕王越王止得一牛車餘宗室徒行不能行者驅之使前

靖康遺錄曰二帝之行也不得相見分爲四處上皇與泗景肅諸王上與燕越二王及皇太子大長帝姬從鄭皇后帝姬諸王從朱皇后諸駙馬別爲一處以鐵騎驅擁而去

大元帥得黃潛善所遣李宗報到京城事劄下河南北府郡山寨措置指揮

先是大元帥駐濟州多日寂不聞京城事黃潛善在曹州募人能入圍城者有重賞南華小吏李宗自云能往潛善夜賂其家且許以官爵遣之宗傍京城故

令驅虜入寨爲給薪水迤邐近城寨得上城送飯益習熟卽與城內人語墜錢下傅買針線等又與城內人熟瞰無人時投身下城內爲邏者所得以與權領三省王時雍宗具言潛善遣來狀時雍告以虜（改作金）人推立張邦昌事且補宗承信郎宗不敢受乞身歸時雍縱遣之宗復於南薰門作荷擔人出因得竄走復求驅虜（改作敵）入寨迤邐得去宗至曹州見潛善幷出京城印賣推戴權立邦昌文字一紙虜（改作金）人僞字（删此）詔一紙邦昌榜示赦文一紙邦昌迎立孟太后書一紙潛善趨帥府呈王王讀之灑淚隕噎語幕府

僚屬曰狂虜改作金人索斁肆貪陷我京城邀我二帝暨諸太子親王近臣質於虜營改作寨恐將挾以北遷須急速御下河南北諸府郡應官民之兵及河北諸山寨頭項土豪民兵併力把截隨所居地分差得力人探金人渡河回歸之日或把河斷橋或據險設伏或迎擊於其前或追襲於其後當府當親領大軍前去策應效死解難迎還二帝并馳檄宗澤仰督促河南北諸府郡及河東河北山寨水寨諸頭項義士首領火急依應今來指揮施行初潛善引李宗見上高世則欲引李宗語潛善隨之李宗後不知所在或云為潛善所殺或者謂潛善得王時雍書不知何等語懼李宗告訐故殺之

大元帥府收侯章以搖煽軍情斬之

初李宗報到京城禍變事侯章先得之倡言於外軍民聞之洶洶不安且險語廹王勸急為渡江計請自留募兵送獄根究捜檢到丁順所與章左衽改作金人戰袍幞頭頭巾遂斬之軍民憤疾爭裂尸首係壁其肉而食之人情大定

勤王兵宿遷縣桃源鎮土兵王嗣反於沂州莊子城

先是有詔起京東土兵弓手盡勤王宿遷縣土兵弓

手以縣尉崔某部曲會合諸縣兵至沂州莊子城有王嗣者取緋紙數十幅剪作數百片行於土兵弓手之間各散一片且呼曰貼在頭巾額上擺齪隊伍土兵弓手皆接其緋紙置於頭巾之額無一不從遂倡令縱掠莊子城中崔某以弓手五百走投沂州告曰土兵弓手反矣

四月一日庚申朔金人兵去絕

先是金人連數夜焚燒寨柵紅焰亘天軍士下城鼓樂奏歌而去張邦昌委范瓊交割城池分撥兵衛當關閉守如故是日民間聞虜兵改作金營既空恍若再生竟日登城觀看者蟻集鱗次悵望鑾輿為之悲痛邦昌以陳仲闕權太僕卿陳求道權太僕少卿路允廸轉五官除觀文殿學士佑神觀使請給恩數等並依見任執政官條例施行僉書樞密院事曹輔乞宮祠不允

二日辛酉邦昌手書遣使臣撫諭四方

偽楚錄曰書云海內承平垂二百載生民樂業豈復知兵迺者姦臣首開邊難大金再舉奄及都城城守不堅二聖北遷中原之大逾月無君適以還車橫見推逼既自裁而不獲乃忍死以救民言念生靈係心宸極道路阻音郵之達吏民無詔令之承想其憔悴

之憂同此危亡之念儻不深求於民瘼豈能宏濟於時艱宜爾撫循用紓湮扼庶亟臻於甯謐用以究於遠圖

邦昌遣使臣齎尚書省劄子往詣東平興仁府牒濟州尋訪大元帥所在

其劄子無年號但書月日王時雍押

張邦昌遣人詣范訥錢蓋趙野范致虛翁彥國劉光世議事

黎確使趙野陳戬使翁彥國汪湘使劉光世黎確乃趙野之門生也陳戬乃翁彥國之甥壻也汪湘乃劉光世之門生也李建乞使翁彥國爲彥國所囚又有一使臣去南京爲朱勝非所囚以邦昌書繳申大元帥府初金人欲行未行之間邦昌爲左右眩惑有異初心繼獲發運司所遣探事人借補廸功郎吳樞王時雍薦引上殿見邦昌陳獻利害具言在外兵數乞遣官止之言語頗涉不順邦昌遂授以文林郎乃用其謀分遣各人親戚黎確等詣諸軍

邦昌以手書與彥國

書曰國家之變千古未聞昧陋所遭可謂奇禍誠以保存廟社拯救生靈使京城免於焚蕩以濟遠圖其

心明於皎日今幸虜敵改作騎已退道路可通即遣使東州具申夙志想在端朝必諒此心今差李左司齎手書具道曲折惟中丞相與戮力共濟艱難迄成康功以永丕祚是所望於公也初夏薄暑軍務良勞未審晤期更惟尙謹邦昌上聞

邦昌以手書與翁彥國封皮云付翁彥國其中乃云上端朝中丞

范訥軍屯雍邱王淵爲前鋒

是晚先遣三十騎至城下即遣人齎絹二十匹就門外勞之仍宣三騎以入

大元帥府草檄行下郡邑

大元帥集府僚聚議念京城閉朝廷命令久不通四方失所望姦宄乘時妄作羣臣建言布檄四方以定人心乃命耿延禧草檄書耿南仲汪伯彥黃潛善同共參訂定本是日命藍珪刊行之

張邦昌以徽猷閣待制提舉醴泉觀權直學士院詹乂罷直學士院權直學士院中書舍人孫覿令日下供職

三日壬戌置修城司

遺史曰金人既退乃置修城司以侍郎邵溥都大總管其事辟官屬各百員四壁用工修飭樓櫓

張邦昌命范瓊領兵出城搜空

遺史曰范瓊出城搜空得金人遺棄寶貨表段米麥猪羊等不可勝計又有遺棄老幼病廢及婦女等至是並還入城

徽猷閣學士京西北路安撫使何志同等築壇同盟勤主

中興記曰徽猷閣直學士知陳州趙子崧徽猷閣直學士發運司翁彥國各領兵勤王彥國駐壽春久之聞虜改作敵騎退漸進與子崧相遇相與築壇殺牲歃血同盟彥國欲爲盟主子崧以周之宗盟異姓爲後

二人爭長彥國曰我奉王命入衛公陳守耳推盟主未定會延康殿學士何志同以潁昌府帥統兵至曰大元帥康王統兵濟川盍領兵趨麾下聽節制何至主盟之爭乎於是志同彥國子崧上書帥府然子崧終行登壇歃血之禮

趙子崧家傳曰勤王盟文徽猷閣學士通議大夫京西路安撫使何志同徽猷閣直學士朝議郎知淮甯軍府趙子崧徽猷閣直學士朝奉大夫充江淮荊浙等路制置發運經制使翁彥國奉議郎都水使者榮嶷等敢告衆士金戎改作人再犯改作至京闕侵侮暴虐神人共憤聖天子屈已議和猶未退師曠日持久包藏禍心宗社危辱王命隔絕天下臣子各奮忠勇誓不與賊改作之俱生今諸道之師大集於近輔凡我同盟毋狗私毋懷異毋覬釁戮力合謀共安王室以效臣節三軍之士視死如歸千萬人惟一心進則厚賞榮於家邦退則重刑殺及妻子有渝此盟明神殛之皇天后土太祖太宗實有鑒於斯言

趙子崧戒諭軍前榜文

趙氏德澤浹於人心主上仁聖民所欣戴逆臣張邦昌比因奉使鄉導金賊改作人再犯京闕屈辱君父傾

危宗社皆其陰謀佯爲遜言實盜神器方自以能全京師生齒爲功所下僞令皆鼓惑士庶之言悖逆滔天四海所不敢赦當所義兼臣子職在總兵尤切痛憤除已遣官詣大元帥康王府告難仍節制諸道之師一意討逆有死無二爾在京士庶軍民僧道等世受國恩必知順逆困於廹脅諒非本心如能捕獲逆賊張邦昌自節鉞以上至於封王皆以充賞大元帥康王布宣國威務從寬恕罪止渠魁其餘黨與必議全貸如堅於從逆敢抗王師必殺無赦戮及家族仰前軍統制分明告諭

大元帥命趙子崧加寶文閣學士充兵馬大元帥府叅議官東南道總管

大元帥聞子崧等同盟勤王故有是命

呂好問張所馳蠟書至大元帥府

邦昌僭位以呂好問權門下侍郎金人既退好問及監察御史張所各遣人馳臘書至帥府又太學生楊愿等十餘輩繼踵而上書言圍城中士大夫趨向王悉焚而弗問命愿輩以官

四日癸亥張邦昌肆赦

遺史載邦昌赦文曰天下承平幾二百載百姓樂業

豈復知兵奸臣首結邊難招致禍變城守不堅致嗣君皇帝越在郊野予以還歸横見推逼有堯舜之揖讓無湯武之干戈四方之廣弗通者半年京城之大無君者三月從宜康濟庶拯危難應於書到日罪無輕重並與釋放第一項差官省視園陵第二項諸州天慶天寧寺觀並依舊行香第三項諸州軍守臣各令兵至近甸保守無虞義同有功起發勤王兵仰郤於元來處分屯第四項存恤諸處宗室並依前赦

靖康遺錄曰初四日邦昌下赦云宋遭陽九之阨二帝北遷蒙塵萬里予適以使還强見推立既自裁而弗獲乃忍死而救民言念生靈繫心宸極道路阻郵傳之問遠近乖向往之誠宜敷德音用罄寰宇可大赦天下　云云　其中一項云諸道勤王人兵當國家危急不能進援京師失守乃欲偷安雖無誠節亦已勤勞宜各歸本貫別候中旨

秦湛回天錄曰或勸邦昌赦呂好問曰赦書日行五百里今四壁之外並是番人欲赦誰也況公權攝當候復辟邦昌曰俚語錢大王肆赦恐入李大王世界呂公曰錢氏猶有數州之地五代之時非素有君臣之分今日豈可比錢氏耶邦昌以爲然

賜進士出身頭品頂戴四川等處承宣布政使司布政使清苑許涵度校刊

三朝北盟會編卷第八十九終

三朝北盟會編卷八十九校勘記

報李石周訓吳玕莫儔來奏事周訓誤作周剏　辦被襆幗襜辦誤作便　上皇到寨中十餘日脫十字　某願以身代嗣子脫身字　上皇又自製奏表自卽位及遜位脫奏字自誤作起　同入宣德宮奏樂整肅宮誤作門奏樂誤作布塞整誤作甚　近嘗求還嗣子遠來闕廷還應作代來應作朝　太子曰候上畔來旨一作上畔未肯　人遽以奏兩宮皆喜人遽誤作入遽　冀回天譴冀回誤作恐爲　投達上粘罕國相上字衍　邦昌以陳仲闕權太僕卿陳仲一作陳冲無闕　簽書樞密院事曹輔簽誤作僉　李建出使翁彥國出誤作乞　築壇同盟勤王王誤作主　充江淮荊浙等路制置充誤作克　或勸邦昌肆赦脫肆字

三朝北盟會編卷第九十

靖康中帙六十五

起靖康二年四月四日癸亥盡五日甲子

張邦昌集百官赴文德殿宣示上宋太后手書

書曰予世受宋恩身相前帝每欲舍生而取義惟期尊主以庇民豈圖禍變之非常以至君臣之易位既重罹於羅網實難遁於刀繩外逼大國兵火之威內拯黎元塗炭之命顧難施於面目徒自悼於夙宵杵臼之存趙孤惟初心之有在契丹之立晉祖考殊迹以自明載惟本朝開創之初首議西宮尊崇之禮號

同母后國繫周朝茲惟臣子之至恭以示邦家之大順肆稽成憲爰舉徽章恭惟哲宗元祐皇后徽柔懿恭聰明睿智天作之合早嬪德於泰陵王假有家夙母儀於方夏端耆紫庭之範具彰彤管之聲雖嘗御瑤華崇道之居亦既奉欽聖還宮之詔久棲神於靖館積繫念於綿區今二帝已遷三川方震匪仰俾於欽奉則曷副於儀型是用端誠於心涓日之吉祇復掖庭之次恭陳舊國之儀揭示號以正名開別宮而移御輻員時乂庶臻康濟之期京邑既安更介靈長之祉宜上尊號曰宋太后御延福宮令有司擇日奉

册寶其應干典禮合行事件令禮部疾速施行

北道總管宣撫司統制官王淵領兵到京城下

先是王淵同劉韐出平定軍遼州路應援太原太原陷淵軍趙州金人犯改作至闕淵隨北道總管趙野宣撫司范訥屯於南京金人圍京師也屢犯改作攻南京淵遣統制韓世忠及楊進戰敗之金人北歸訥及野遣淵先詣京師至是有榜云范宣撫趙資政領兵在南京先遣統制官王淵到闕議事仰城中不得驚擾淵既到屯於通津門外

天下勤王之師有至近境范訥軍屯雍邱立王淵爲前

鋒

是日先遣三千騎至城下午刻開封府榜云范尙書趙資政領兵在南京先遣統制官王淵議事仰城中不得驚擾卽遣人齎絹二十匹就門外勞之仍宣三騎以入

江淮發運判官向子諲遣將官王儀等統勤王之師到城下

張邦昌命范瓊以酒食等犒軍引王儀上殿面賜袍帶進官令諭子諲勤王第一功當有峻擢既退王時雍復以絹三十匹錢二十千犒王儀儀倂以僞告俱詣發運司繳納

四日癸亥門下侍郎耿南仲等上表勸進於大元帥

門下侍郎耿南仲元帥汪伯彥副元帥黃潛善參議官耿延禧董耘高世則幹辦楊淵王起之秦百祥隨軍轉運使梁陽祖黃潛厚都統制官楊惟忠五軍統制張俊以下將士上議勸進再拜言曰金人不道刪此二字邀二聖鑾輿北狩天未厭宋必將有主主宋祀者非大王而誰大王聰明英勇上皇之皇嗣少帝之介弟天命已兆人心實歸應天順人宜適機會天命不可以久滯人心不可以强違萬機不可以暫曠願大

王卽皇帝位以定天下上以慰祖宗在天之靈次以慰二聖南望之意然後號令天下回戈滅虜刪此二字以迎還二聖爲大宋中興之主天下幸甚又伏地慟哭再拜進曰二聖北狩邦昌僭竊天下無主羣心惶惶大王不早爲之圖後時有悔願大王以宗廟社稷爲念速繼大統先正尊位乃議奉迎生靈延頸以望願大王幸聽俯狥羣情臣南仲率羣臣昧死上言俯伏再拜王避席嗚咽掩面流涕辭遜不受三軍呼萬歲聲振天地闗動色日光明耀在庭之臣流涕又拜悲喜交集王傳旨請退羣臣乃退會諸路表至南仲等

再進言曰二聖北狩大王今欲北征奉迎鑾輿此大王孝悌已足以昭假神明何舉不利天下幸甚然邦昌僭位號於京師奸雄睥睨事未歸一願少須之先了此一段大事然後回戈北征邦昌身爲宰輔受國厚恩豈遽忘德第恐廹不得已權宜免禍而爲之大王若早爲之計彼必拱手反正其或後時久假而不歸矣使邦昌久假而不歸則羣凶如蝟毛而起矣潛善又曰只如邦昌初豈敢便望作宰相旣得作相便胡批亂判安然爲之恐遂倣此不可不慮願大王催促諸頭項人馬會合於京城下張大軍聲彼自膽落

寶位有歸茍或逆天叛理宋德在人已深卿士大夫諸軍百姓亦不爲使大王可以不煩伐鼓（刪此字）只消傳檄京城軍民一呼胥叛邦昌面縛以獻而歸璽大王大王於是北征奉璽以迎還二聖似未爲晚投機之會間不容髮願大王早圖之楊惟忠張俊及五軍統制將佐等亦進曰北征乃將帥事願大王卽皇帝位見先理會張邦昌大事惟忠等身膏草野圖報大王又會硬探鄭安回報金人四月一日盡離京城二聖六宮盡皆北鴐張邦昌僞立稱大楚皇帝京城今繕治守禦以捍勤王之師南仲伯彥潛善延禧耘世則以下因又啟曰南仲等所陳屢矣獨有天人相與之際朕兆已久未嘗畧舉願畢其說蓋聞自古帝王之興必有受命之符故白魚潛躍武王作周赤伏顯符光武興漢大王奉使陛辭之日皇帝賜排方玉帶有大事聖語被受大元帥建府之命有賜袍異夢皇帝卽位紀元曰靖康其後大王未嘗封靖也而京師之人及四方申陳或曰靖王或曰康王迨皇帝之北遷人始悟曰靖字從立從十二月乃皇帝立十有二月而康王建帥紀年二字實兆今日飛出亭一牌有連三箭之祥太上萬里有卽眞二字之兆黃河之渡

則陰未凝而凍忽合濟州之瑞則紅光見而火德符天命彰彰著聞周之武王漢之光武何以過此大王其可久稽天命乎其可弗順人情乎古人有言曰違天不祥願大王亟卽帝位上畱天心下塞人望

批答曰醜虜（改作金人）肆毒殘我土地陵我京邑遷我二帝移我神器四海罔戴顒顒延首二三大臣暨諸將佐與夫諸路帥守以天下羣情交章勸進吾以父兄痛心疾首未知措身之地豈敢偃然受天下歸往之請猥當隆極免狥衆志以答天下之休庶以奉迎二聖恢復中原此吾誠心天實臨之公等世受國恩同

遭戹會忠貫日月精感神明實賴遠謀共濟禍難

右司宋齊愈吏部陳磷司勳劉定禮部胡慭士乞致仕

不允

殿中侍御史黎確右文殿修撰宋彦通差往南京勾當

公事日下出門

大元帥與諸副元帥總管宗澤趙子崧等書

遺史日書曰初夏漸暄伏惟總御司徒勤勞國事臺候多福某去歲出使賊改作敵營中道輟行所攜不過千人閏月被命帥師始集東北民兵進未及畿已承再和之詔繼得樞府礬書又戒生事且方忌器未敢

輕出但分兵近畿為逼逐之計閱月既久刺知賊改作敵情不免鼓率眾賢勉此前進繼聞元帥領兵戡難感涕交頤即具公文當已至呈達今聞大臣之在賊改作敵中者日久分深承其付託而二聖二后東宮諸王北渡大河五內殞裂不如無生便欲身先士卒手刃逆胡改作敵仇身膏草野以救君父而僚屬不容謂祖宗德澤主上仁聖臣民戴歸天意未改故老近臣將帥軍民忠義有素當資眾力共成忠孝本意除已具移外伏望鼓作士氣開曉士心奉迎君父永安社稷以成不世之勳某不任痛憤泣血懇切之情所有受賊付託之人義當征誅然聞方二聖之在郊已膺僭僞慮百官之謀或出權宜未當輕動徒使京城動擾軍民被害故欲押按近城容某移書問故得其情實卽時關報施行未晚今日之事非左右戮力造次在念恐不能濟伏幸孚察未瞻會閒尚冀厚為宗社所賴倍保臺重不宣

江淮發運司統制傅亮領兵到京城下

傅亮率兵在陳蔡閒聞金人退遂至京城下

侍御史胡舜陟上張邦昌劄子乞正名位

劄子曰臣○舊按云按新安文獻志所載此劄臣作某陛下作相公以鄙陋謬當

言責而又昔蒙收錄受恩良厚輒效愚衷仰報萬一今日之言篤於愛上陛下諒臣區區必不加罪小人自為身謀必欲置臣重辟臣亦甘受不辭臣竊覩陛下正位宏遠非出本心外廹金人兵革之威內念黎元塗炭之苦良不獲已總攬權綱自踐阼以來謙虛畏抑命令起居不敢侔於至尊故自士大夫以至閭閻童僕翕然稱頌皆知陛下忠義之心堅如金石不肯朝北面而事人夕南面而臣人也此有以知陛下處富貴崇高聊以從權非固執以為已有也今大金已返其國而君臣之義安可一日而廢陛下之高明

洞達釋然去位宜不爲難第思奸言熒惑聰聽謂大金爲可恃謂天位不可失謂自古有亡必有興此皆小人輕慮淺謀但顧目前之利四海豈有一夫不心懷趙氏者自二帝播遷人皆泣血但恨敵國勢强力莫能回所以興滅繼絕報本反始天下正有望於陛下若奮發英斷斥去奸言使趙氏之祀已亡而存此伊尹周公盛德之事名與天壤不朽慶流子孫無窮若曲狥小人之言頓失君臣之義則中原干戈相尋無已生靈屠戮何有噍類陛下不得已而登大寶恐復使之若是耶今四方勤王之師雲蒸霧集彼爲趙

氏而來豈有從吾號令閉門拒之有同兒戲伏望郎降指揮正其名位請元祐皇后垂簾聽政於内陛下以太宰治事於外特遣大臣往迎康王明以此事播告將士孰不欣然說服此實天下之盛福陛下卓越之殊勳萬世一時者也伏望採擇狂愚而加意焉

大元帥檄劄下諸處勤王人馬京城下會合聽候指揮不得先入

甲子幕府羣僚侍王王曰邦昌廹僭位號巳累日使邦昌今日不知遜避則國人皆得而誅之使邦昌知順逆第恐金人留兵助之則如之何又憂諸道兵不知北征是圖止以討賊爲名人人爭先入城屠戮吾民以邀功利爲之惻怛乃命伯彥等草檄劄下副元帥宗澤宣撫司范訥趙野經制使翁彥國西道副總管孫昭遠東道副總管朱勝非南道副總管高公純陜西制置使錢蓋京兆路帥臣范致虚鄜延路帥臣張深副總管劉光世熙河路帥臣王倚環慶路帥臣王似知淮甯府趙子崧發運判官方孟卿向子諲等仰各急速部領所統人馬前來京城下會合聽候大元帥康王指揮進發奉迎二聖卽不得擅發一人一騎先入京城以討賊爲名負緣刼掠殺戮無辜致誤

國事幷契勘張邦昌家屬見在淮東寄居仰向子諲行下所屬州縣嚴爲防守應副所須不得少致走透亦不得輒有殺害

五日甲子張邦昌迎奉元祐皇后自私第入居延福宮 ○舊校云孟后先居瑤華宮火徙居延甯宮又火出居相國寺前之私第邦昌僭位迎居延福宮

張叔夜迎入瑤華仙師狀曰臣昨奏以瑤華宮仙師所居方今日夕番人下城作過乞遷入城裏宮觀庶免不測之虞得旨令差官防護入延甯宮今月十八日瑤華宮仙師般入延甯宮臣選差幹當官馮子耆楊大任使臣毛建管押人兵前去沿路防護於申時入

延福宮訖謹具奏知仙師郎罷祐太后
别錄曰太后先居瑤華宮號華陽教主玉清妙靜仙師道名冲眞城破迎入延甯宮二月二十八日保康門裏瓦子沿燒街西延甯宮時太后急就天漢橋南遇仙店門垂簾幙以避移居觀音院西私第
靖康後錄曰元祐皇后居瑤華宮近二十餘年緣金人破城移入舊城延甯宮火自東瓦子經五樓歸私第是時太后脫身人亦不知其無恙故金人獨遺之
京師記聞曰初三日中旨令開封府差察事人遍尋元祐皇后去處聞先在延甯宮因二月閒遺火燒郤

三朝北盟會編 卷九十 十一

本宮歸在觀音院前孟大夫家至是迎入
馬擴在河北山寨與金人戰被執
去歲十一月馬擴奔走至西山和尚洞山寨時兩河義兵各據寨柵屯聚自保欲推馬爲首馬謂衆曰爾山寨鄉兵皆忠義豪傑今欲見推非先正上下之分則不可上下之分既正然後可以施號令嚴法律不然淆亂無序安能成事衆曰惟公所命馬卽前立卓衆具香案南向拜曰此遙望闕庭稟君命而立事且假國之威靈以圖克復拜畢馬南向衆皆拜之馬曰自此以往一號一令有敢違者正軍法與金人相拒或一日十數戰然新集之衆兵器甲胄非良一日別寨來言今日與虜改作金人大戰願廉訪往視之馬往視其陣且衆寡不敵知其必敗而其人乘銳直前果爲虜改作金人所郤馬私自爲計曰此曹出戰則必敗無所歸咎萬一以我自賊改作敵中來爲疑我何以自明莫若親與虜改作敵人戰兵刃既接可以釋其疑矣一日與虜改作敵人戰馬單馬橫槊馳入虜改作敵陣手殺數人潰圍而還有一虜酋改作敵將馳馬追馬二騎戰於野虜改作敵騎重甲馬改作擴騎無甲馬被傷腸悉曳地遂仆爲馬改作擴被執送枃哥改作碩格副統者字删此枃

三朝北盟會編 卷九十 十二

哥改作碩格副統復送於眞定府韓太師韓舊識馬遂設席與馬共坐初馬在山寨倡義也河北金人卽報斡离不改作斡里雅布就京城根刷馬家屬發至軍前斡离不改作斡里雅布以馬第三子亨祖及文榜送眞定府使括馬家屬至是韓太師出亨祖及文榜以示馬且曰公母妻家屬盡在二太子軍前昨晚到來可往迎之又數日斡离不改作斡里雅布自京師回軍至眞定馬見斡离不改作斡里雅布斡离不改作斡里雅布曰爾非南朝宰相又非大將何自苦若此我久知爾忠義我家國內除兩府未可做此外爾自擇好官職爲之馬曰某世受國家爵祿

今國家患難某甯死不受好官經數日復來說馬馬曰必不得已願求田數百畝耕而食之以終老母之壽斡离不(改作斡里雅布)許之於是馬遂得全家團聚

賜進士出身頭品頂戴四川等處承宣布政使司布政使濟宛許涵度校刊

三朝北盟會編卷第九十終

三朝北盟會編卷九十校勘記

考殊迹以自明(殊一作前)　今二帝已遷三川大震(大誤作方)　是用竭誠於心(竭誤作端)　揭崇號以正名(崇誤作示)　范訥軍屯雍邱立王淵爲前鋒(此十二字已見八十九卷另作一條此疑誤闌)　此大王孝悌之心(脫之心二字)　飛仙亭一牌(仙誤作出)　上當天心(當誤作畜)　顒顒延首(顒顒一作喁喁)　軍民被害故欲按甲近城(按甲誤作押按)　若小人自爲身謀(脫若字)　邦昌迫僭位號已累月(月誤作日)　亦不得輒有殺害(殺誤作虐)　張叔夜請迎入瑤華仙師狀(脫請字)　東瓦子沿燒街西延甯宮(東誤作裏)　過仙殿(殿誤作店)　馬單騎橫槊(騎誤作馬)

三朝北盟會編卷第九十一

靖康中帙六十六

起靖康二年四月七日丙寅盡九日戊辰

七日丙寅張邦昌令寺觀建乾龍節道場

張邦昌遣蔣師愈等致書於大元帥

邦昌遣蔣師愈程僎等齎咨目於康王曰邦昌伏自拜違已而北去所遭禍難不可備詳仰惟王慈必蒙矜憫昨自燕山九月餘日金師再舉之後杳不聞託至冬臘月二十日還闕以今年正月十五日還城外方知國家禍變之酷主上蒙塵於郊外凡使人一行

盡留不遣二月七日又聞宣金酋人改作之令遂遷二帝皇太子及太上皇皇后以下后妃嬪御諸王公帝姬幷宗室近屬皆行六宮遂空既而又欲洗城焚燒宗朝社稷百萬生靈分爲魚肉俄然俾推異姓方免屠城廟社景靈宮乃不燒毀尋奉少帝御筆付孫傅等令並依元帥指揮爲萬民計無拘舊分妄爲禍福速招連累於時公卿士大夫號慟軍前以救君父而邦昌對二太子哀號擗踴以身投地絕而復蘇虜改作敵執酋改作成命終莫能回度非口舌可爭則以首觸柱求死不能又緣甲士防護晝夜監守雖欲引繩揮刃赴井陷河皆不可得豈謂城中之人相與逃死乃嫁大禍於一身變出不圖死安足惜忽劉彥宗等齎城中文字與吳幵莫儔俱至邦昌則訶責彥宗又對衆罵城中文武百官爲自免之計逼人以首惡之名皆受國恩一旦如此曾不如蛇雀尚知報恩我若有兵定與大金相抗不共戴天彥宗等語塞而退邦昌遂不復飲食六七日垂死而百官陳述禍福謂事已至此雖臣民盡死莫能回二帝之遷唯從權且與承當此事則存宗廟保社稷景靈像設皆得無虞而一城文武百官億萬生靈皆得性命可爲後圖豈非忠

孝之大也若堅持一節以就死地而壞了後事累及二帝豈得爲忠臣乎邦昌身爲宰輔世荷大恩而不能報主辱而不能死復何面目以見士民然念興復之計有在於從權以濟大事故遂忍死於此欲追二帝之還而報之於殿下也茲幸虜改作金騎已退道路可通故差刑議曹之壻刪此五字改作閤門宣贊舍人蔣師愈本府內知客下添字蔡琳承務郎程僎齎此以明本心今則社稷不隳廟主如故祖宗神御皆幸存全伏惟殿下盛德在躬四海繫望願寬悲痛以幸臣民積次别差謝克家等閒道齎玉寶一紐詣行在當别貢陳初夏方

喧更乞倍保玉重邦昌無任瞻望激切之至四月五日邦昌惶恐咨目上覆康國大王殿下幕府尋詢師愈等所以差來之因師愈等曰邦昌先差兩番使臣李興潘景肅等未回聞有帥府探兵入城邏者得之邦昌問來歷乃知王在濟州故遣師愈等來

大元帥咨目答邦昌

咨目曰構咨目上太宰相公閣下天降大禍不使構前期殞滅而使聞君親之流離見宗族之蕩覆肝心摧裂涕淚不禁窮天下之楚毒不足爲喻便欲引繩伏刃而二聖之鑾輿未復四方將士忠憤責以復仇

大義集兵數踰百萬諭使邀迎率皆嚮應蚤夜以覬從容浹月自謂知心故北來之事聞流言而不信士大夫將佐亦皆云爾今奉來教備陳始終有伊尹之志達周公之權然後知所期之不謬天或悔禍可覬二聖之復所諭遣謝克家之意讀之愕眙失措其何敢承稟願皆緘藏內府責在守者俟鑾輿歸而上之九廟之不毀生靈之獲全相公之功已不愧於伊周矣構方身率士卒圖援父兄願相公協忠盡力奉迎二聖復還中都克終伊周之志構雖身膏賊手受賜而死矣氣令漸熱伏惟鈞候動止康裕方寸方亂修謝不能多及構咨目上太宰相公閣下遣成忠郎黃永錫齎詣邦昌投下且令觀變

邦昌遣其甥吳何齎邦昌咨目於大元帥

蔣師愈等到帥府之日邦昌又遣其甥吳何及國之元舅韋淵亦到齎邦昌咨目稱臣其大略言內封府庫以待大王顏子曰子在回何敢死邦昌所以不死者以君王之在外也王喜悅召吳何飲以酒賜金十梃以寵之何往日同王奉使斡离不（改作斡里雅布）寨中至是王與之敘舊不忘

宗室叔向領兵到京城

宗室敦武郎叔向領兵七千到闕屯於青城號趙大王小人初未知叔向起兵之因但聞宗室以兵至亦頗欣喜

八日丁卯邦昌賜學校之士恩各有差

監察御史馬伸狀申太宰相公速行改正

伏見逆胡（改作金人）犯順（此二字刪）刦二帝北行且選立太宰相公使主國事相公所以忍死就尊位者自信虜（改作敵）退必能復辟也忠臣義士不即捐生就死城中之人不即生變者亦以相公必能立趙孤也今虜（改作敵）退多日吾君之子已知所在獄訟謳歌又皆歸往相

公尙處禁中不返初服未就臣列道路傳言以謂相公外挾强虜(改作敵)之威使人游説康王且令南遁然後據有中原爲久假不歸之計伸知相公必無是心但爲虜(改作金)人未達因循未能盡改雖然如此亦大不便蓋人心未孚一旦喧閧雖有忠義之志相公必不能自明滿城生靈反遭塗炭孤負相公初心矣伏望相公速行改正易服歸省庶事稟取太后命令而後行仍速迎奉康王歸京日下開門撫勞四方勤王之師以示無間應內外赦書施行恩惠收人心等事權行拘收候立趙氏了日然後施行庶幾中外釋疑

轉禍爲福伊周再生無以復加如以伸言爲不然即先次就戮伸有死而已必不敢輔相公爲宋朝叛臣也謹具申太宰相公伏候鈞旨申時奉鈞旨一切改正

兵馬大元帥府移檄郡邑

檄曰見危致命者忠臣之心視死如歸者烈士之勇凡在率土世沐湛恩今陳瀝血之辭庶致捐軀之效昔上皇禪位下詔責躬事出忱誠人皆惻隱恭惟皇帝遵養潛邸十有五年克儉克勤博通經史天下延頸莫不歸心及受禪之初金人大入許割三鎮乃肯退師皇帝念祖宗之故疆乃陵寢之重地請計賦租之入以爲歲幣之常乃曰渝盟實惟求釁再操戈而詣闕遂鼓衆而乘墉至於屈己稱臣露章引咎初欲兵而不下詭以通和既邀駕以出臨乃輒留駐且(刪此字)旣已降詔而割地民畏左袒而拒關(刪民畏至此七字)又爲隙端以肆貪欲(此三字改作尋兵)今者二聖太子諸王近臣皆質賊(改作敵)營悉將北去考之自昔未或有然臣子之心痛徹骨髓某昨奉睿旨充兵馬大元帥倡義率衆影從響答數百萬衆奮怒而前內揆人心可知天意逼逐狂虜(改作强敵)今茲已行而强抑臣寮俾僭位

號天怒人怨曷能安居已遣發大兵糾合諸郡把扼險阻焚絶河梁或迎擊於前或追躡於後期於掃清萬里迎還兩宮外帥臣監司郡守縣令其統驍鋭之衆使堅忠義之心撫柔良之民毋忘歸戴之舊凡關津之出入謹於防姦或文書之往來審於辨詐以報皇朝之涵養以底天下之治安報德賞功決非空言三辰在上實聞斯言檄書到日曉示軍民各令知悉

右劄付某處先是二日雕印檄書至八日封角行下淮浙荆湖二廣等路帥臣監司並付發運司京西川陝路帥臣監司並付宣總司仰火急星夜施行

九日戊辰邦昌召侍從職事官議事晚降手書請元祐皇后垂簾聽政邦昌行太宰事

書曰以身狥國蓋常質於軍前忍死救民姑從權於輦下幸外兵之悉退使初志之獲伸載惟遭變之非常求濟皇圖於有永今則保存九廟全活萬靈社稷不隳衣冠如故奉迎太母實追少帝之玉音表正萬邦猶假本朝之故事蓋以敵方退舍兵未越河倘虞殿後之師或致回戈之舉據今閒探漸已北還既禍亂之稍紓豈權宜之敢久延福宮太后宜遵依元奉欽聖憲肅皇后詔旨上尊號曰元祐皇后入居禁中

緣遣使康邸未審行府所在軍國庶務不可曠時恭請元祐皇后垂簾聽政以俟復辟予位冢宰實總百工誓殫樸忠以輔王室惟天心之悔禍起帝胄以應期二帝雖還賴吾君之有子多方時入係我后之斯猷邦其永孚於休予亦有辭於世

回天錄曰先是呂好問在諫垣累論元祐皇后當復位號呂日面奏曰元祐皇后廢處瑤華宮當今孝治之世宜復故位上矍然曰便當出制耶奏曰昨欽聖臨朝時已復故位號崇甯再廢議者紛然蓋姑有去婦之義叔無廢嫂之理元祐皇后於陛下乃伯母也今若尊崇不當出制但宜舉行欽聖已行之命耳先是同知樞密院孫公傅僉書樞密院張公叔夜奏瑤華宮在舊城之外賊虜(改作金兵)時時入寇(改作深入)元祐皇后所處非宜二十三日姑從於延甯宮二年正月車駕幸青城三月二日延甯宮火元祐皇后徬徨無所歸步入相國寺前軍器少監孟忠厚家忠厚來相見呂諭之曰將來賊(改作敵)退非先還元祐皇后不可元祐皇后聽政則人知復趙氏矣忠厚惶懼曰今女眞尚猖獗(改作金師在城外)國家唯有家姑一人女眞(改作金人)知之則復取去矣望姑俟之三月末女眞(此二字改作金)軍有

去意呂卽啟邦昌曰宜速尊崇元祐太后邦昌乃定議上尊號曰元祐皇(此三字改作宋)太后呂曰此事發於予若云宋太后則人心疑懼必以予謀爲非遂以疾在告不與其事是晚孟忠厚密擕張邦昌上元祐皇后劄子來具述與復之事乃知前日之事或有教之者畏禍故也五日元祐皇后入延福宮呂又啟張邦昌歸政故事邦昌曰以軍退未遠欲俟別日呂云時不可失至九日申未閒遂召百官太后以是日入禁中始開諸城門

圍城半年至是諸門始開正當圍閉之際士民多病

夜眼日中如故每至黃昏時則眼不能視物謂之夜眼或以謂城門久閉氣不宣達之故也治之之法用水調蛤粉往往一服而愈

邦昌追回諸路赦文并收初四日立宋太后手書不用遣馮澥李回爲奉迎使副

權知樞密院兼領尚書省事王時雍權門下侍郎呂好問權中書侍郎徐秉哲權尚書右丞李回權同知樞密院吳幵權僉書樞密院莫儔奏乞各還舊職奉面旨依各還舊職依舊且兼權領職事

韋壽隆乞罷給事中奉面旨依舊徽猷閣待制宮祠

先是三月二十三日奉面旨文武差權事人令尚書省出劄子請給恩數依正官法時諸公皆欲作真兩府坐繡鞍重蓋喝門下中書樞密者盈道莫儔喝道者凡數百人及初八九開事體一變自知不可僥倖乃入劄子乞免正官法帶舊職兼權於是撤繖去鞍呵從稍減人皆笑之

賜進士出身頭品頂戴四川等處承宣布政使司布政使清苑許涵度校刊

三朝北盟會編卷第九十一終

三朝北盟會編卷九十一校勘記

邦昌遣蔣師愈蔡琳程僎等（脫蔡琳二字）　宗廟社稷（廟誤作朝）　惟有從權（脫有字）　蚤夜以覬聞人足音而跫然念與相公去歲同處賊營（脫聞人至此十七字）　讀之愕然失措（然誤作眙）　一旦喧鬨（鬨應作鬧）　考之自昔未有或然（或誤作有）　多方時乂（乂誤作入）　是日面奏（是誤作呂）　簽書樞密張公叔夜（簽誤作僉）　曰元祐皇太后四月四日聞邦昌手書乃改曰宋太后（脫四月至此十五字）　權簽書樞密院莫儔（簽誤作僉）　呂曰此事發端於予（脫端字）　又啟邦昌歸政故事（故字衍）

三朝北盟會編卷第九十二

靖康中帙六十七

起靖康二年四月九日戊辰盡十日己巳

邦昌遣謝克家來歸大宋受命之寶於帥府太后遣姪權衛尉少卿孟忠厚齎書勸進於大元帥

書曰吾自處道宫垂三十載洒者都城失守二帝北遷撫事悲摧實無生意忽承中旨俾正號名退惟閒廢之餘當此危亡之際冒居寵數誠亦何心懇懇再三莫之聽許乃以此月五日入延福宫而百辟建言請權聽政顧早衰多病且久去宫闈豈復能堪朝廷大事言念趙氏舉宗之盡去人思宋德之實深不屬老身誰當此責是用夙宵黽勉期濟艱難然神器久虚必須眞主今中外近屬唯王一人矧又忠勇英明四方屬望入繼大統非王而誰已遣馮澥李回告王傳序之意王其速驅輿衛入處宸居上以安九廟之靈下以弭四方之變吾嬰此重負既付託得人當便辭幾務之煩以就安閑之適今遣姪權衛尉少卿孟忠厚親承動靜並道吾意夏初微暑更慎保調四月闕　日母致書元帥大王

邦昌遣謝克家來歸玉璽一紐其篆文曰大宋受命

之寶大元帥府僚屬引克家捧寶前跪以進王王謙拒久之慟哭不受已而跪受命汪伯彥司之伯彥跪捧用藏巾篋守之惟謹

耿延禧中興記曰邦昌遣謝克家及孟大母遣姪忠厚同齎大宋之寶及大母手書勸進帥府官僚耿南仲以下引謝克家等見南仲奉大宋之寶授上上慟哭羣臣皆慟上跪受寶讀書訖謁者引見謝克家孟忠厚如賓客之儀上謂延禧等曰張子誠能知禮使其不知分而安作吾必以兵取之所傷可勝計哉得免吾舉兵亦可取矣初聞謝克家齎寶至或者謂邦

昌自受楚則齎大宋寶來彼無用者耳既聞邦昌迎大母等恭順狀上始不信上再命延禧作書諭諸道帥令逐頭項人馬只於京城下寨聽候指揮不得發一人一騎入城

謝克家辯事僞楚進狀云右臣准尚書省劄子朝請郎提舉杭州洞霄宮謝克家進狀七月十六日奉聖旨令臣開具當時因依聞奏者臣契勘先於靖康二年三月一日張邦昌入尚書省臣舊不識邦昌當日方見臣便以言動之因說相公輔兩朝出使逾年終免禍難若非忠義何以及此邦昌云自來恨未拜識臣言相公曾察今日人情所向乎今日人情畏金人兵威耳金人去後能保人心如今日乎邦昌曰誠如是也臣曰當今康王在外元祐皇后在內天意亦可見矣邦昌曰是邦昌之心也後見邦昌臣說相公今日權宜濟難須是便做個痕跡令人曉了邦昌問臣當如何臣說將來不須入到禁中須於內東門裏閤子中安下不須見宮人輩又勸邦昌遇有金使方著送來衣服平日只著常服其餘並是隨衆同見至初七日王時雍申明乞差官分管職事臣其時不肯承當門下省人吏來參臣亦設椅請坐以示堅不承當

之意邦昌自謂臣曰忘省中之語耶若慮著窠闕被軍前差將來人如何臣當時已傾心陛下再三思得利害實是如此若軍前差人則城中束手做事不得矣所以含羞忍恥者以圖大計也自後臣又累勸邦昌不可稱聖旨不可用衛士排立不可坐紫宸垂拱等殿不可改年號不可肆赦後又見欲與朝士差遣臣思得邦昌不能盡用臣言若更別用不是當人恐妨大計故臣累說今日豈是差除之時如是闕官不得已不如且用舊人臣又勸邦昌差人迎立陛下臣說康王當今合立者也當遣使道迎立之意城中便

是功臣不然卽叛臣矣爲功臣爲叛臣只在此舉豈可少緩耶邦昌曰非是少緩只是兵戈如此何緣遣使去得臣說須是預先差人使軍民曉了其差人月日將來亦可驗實所以節次差謝克家等是也臣此等事未嘗與人詳說慮有自矜之嫌今旣奉聖旨令臣開具因依卽不敢隱漏謹開錄奏聞伏候敕旨

秦湛回天錄曰邦昌三月入都省是日呂好問晩見邦昌邦昌邀衩衣相見先是初聞皇城司定議呂公憂懼甚或曰呂勤與邦昌頗熟呂公問勤曰邦昌何如人勤曰舊日見渠小膽怕事特甚故呂公求間見

便以言動之曰相公輔相兩朝人望爲允出使逾年卒免災禍若非忠義所感何以至此邦昌曰久聞盛名常恨未得拜見呂公又問虜（改作敵）中所爲邦昌曰卻時得與肅王相見昨肅王不快邦昌逐日看覷親自與他合藥幸得肅王安樂昨回來過邢州城下鐵騎不滿千人忽回城作一字陣城中更無人敢出中國人柔弱如此旣到國相軍中差十數甲士監守夜閒雖翻身亦上床覷當呂公曰此虜（改作敵）人之情也相公知今日人情所向乎今日人情畏金人兵威耳今金人旣去復保人情如今日乎張變色曰然呂公

曰女眞言語不通皆是契丹深怨朝廷又春間發遣燕人非理今燕人遂爲血讐反臣夷狄（刪此四字）相與謀畫要去趙氏豈留餘力然康王在外他不知所在元祐皇后在內他亦不知天意亦可見豈人力能違天也相公若權宜應副粘罕（改作尼堪）之意便作還政復宗社之謀則天人皆應變禍爲福矣邦昌曰此邦昌之心也望相公密其謀恐有愛利者惑亂視聽也呂公入省中再見邦昌曰相公今日權宜濟難須從初便做個痕跡使人曉了邦昌曰當如何呂公曰虜（改作敵）中送來衣服若遇虜（改作金）使方可著他時只與士大

大常服相見可也今又不可用衞士排立不可山呼又有一事相公不若只在會通門外閤子中安下不要入禁中先朝宮人不可相見如闕人使喚親戚處借一兩婦女使喚可也邦昌曰外人豈敢帶他入去呂公曰勸相公不要入到裏面恐衞士聞之憤怒也以呂公權門下省呂公堅辭不肯當邦昌曰忘省中之語耶若虛著窠闕被軍中差人來何呂公曰乞差官以次權攝邦昌曰若二帥問因何不依次官則大家都不穩便呂公思得若軍中差人來則（下添城字）內東手做事不得矣吳幵莫儔自虜（改作金）營回虜（改作金）相

劉彦宗侍中言一千年後亦不得説著趙字明日虜改作敵中貴人十數輩至南薰門曰康王我掌股上物當以王千騎取之今安在呂公對曰康王便不知所在大王貴人在國門之外尚且不知圍城之中如何得知左右勸公語言大峻或有不測呂公曰某盡心國家應有鬼神護助若事不捷用此繫腰帶子便自經也天地當鑒此心必不降禍呂公曰事急矣募人持書上大元帥請大王所領兵若可當虜改作敵則俟虜改作其歸可邀擊以迎二聖若彼衆我寡即宜遠避若二聖不可回某於城中議定願大王自立為宗廟

社稷之計以雪二聖之恥大王若不自立恐有不應立而立者臣世受國恩身家宗族皆不敢顧所以敢為此言願大王痛察虜改作金人立邦昌或勸坐紫宸殿垂拱殿呂公謂邦昌曰豈眞個做乎邦昌瞿然呂公語邦昌曰相公宜早遣使推戴康王城内便是功臣若先為城外推戴策立城内便是叛臣為功臣為叛臣只在此舉豈可少緩耶邦昌曰非是少緩兵戈如此豈容遣使耶呂公曰但預先差人使軍民知之將來縱有别人策立亦可驗差人月日則心跡自明不然豈但相公不能自保某輩家屬豈可保耶於是

差謝克家齎傳國寶往大元帥府

大元帥府僚屬定即位南京之議

日曆改作記曰戊辰幕府羣僚耿南仲等會於麟嘉堂集議王即位事諸將及官吏或曰濟州或曰南京前兩夕四隣郡邑初夜望濟州紅光屬天如赤烏翔翥皆謂是火光達旦村人入城乃知非火讖者謂火光乃宋火德之符亦如周武王赤烏之瑞也濟州父老軍人無慮萬計以祥光所發乃詣麾下乞王即寶位於濟州幕府羣僚曰南京實藝祖興王應天順人之地王宜即帝位於南京紹隆先烈於時宗室仲琮等

議昔晉安帝蒙塵西土大將軍武陵王遵承制行事今二帝北遷大王不當即位只宜用晉武陵王故事稱制行事不改元幕府羣僚同難曰昔唐明皇帝遭安祿山之難車駕入蜀詔皇太子為天下兵馬大元帥拜裴冕為御史中丞副之冕與杜鴻漸崔漪等請皇太子即帝位其辭大略以主上狩蜀宗社神器要有所歸宜正位號有如逡巡失億兆心則大事去矣皇太子始即帝位於靈武卒能克復兩京迎上皇大駕於蜀況今日之禍二聖北遷邦昌僭偽天下惶惶有甚於天寶時大王以太上皇之子皇帝之弟入繼

大統其誰不以爲宜矧皇帝命大王以兵馬大元帥睿意可見矣今天下兵馬會合不於此時亟正位號將恐姦雄乘隙搖毒紛紛宜用唐肅宗故事推戴大王卽尊位以定天下實宗廟社稷之福羣黎百姓之幸何且稱制徙取法晉武陵王實無以利國家而安祖宗在天之靈慰二聖南望之心也延禧徐謂仲琮曰公是宗室豈不避嫌會有竄逸自虜（改作敵）寨歸者傳太上皇聖語康王可便卽皇帝位又衣裏蠟封方二寸許親筆二字曰卽眞益昭天命之符二聖相授之至意仲琮等議遂屈於是勸卽帝位南京之議定

矣尅擇官王符選擇得四月二十一日庚辰具以呈稟王慨歎可之

中興記曰是時議上卽位於濟州或南都未定濟州父老軍人數萬詣轅門乞卽位於濟州羣臣議卽位於南都便乃集議於麟嘉堂宗室仲琮等數人議不當卽位當著淡黃衣稱制不改元下書誥四方南仲延禧世則曰二聖北狩天下不可一日無君道君之子皇帝之弟唯上一人已建大元帥統天下兵不於此時正位號以定天下天下無所統一將生亂稱制不改元那可久必卽大位而後天下定況有自虜（改作敵）寨歸者道上皇語云可告康王卽大位爲宗廟社稷計若卽位乃道君之心宗廟社稷之福也何淡衣稱制以取天下之疑生姦雄之謀乎仲琮議屈遂定卽帝位於南都

十日己巳張邦昌避位

周懿文奏徐秉哲已依舊開封尹竊慮亦合卻還大理卿職事可依舊權開封尹見權執政並免僉書舊職孫瑾許綬並致仕將作少監蘇餘慶兵部侍郎唐恕太常丞唐元衡乞致仕不允盧襄權兵侍六人乞還舊任

盧襄去冬以侍郎乞宮祠沈晦時爲給事中吳开莫儔至此尤爲恐懼蓋當時爲虜（改作金）人驅使出入傳道指揮如僕隸日遭詬罵至於持廢立文字推册邦昌皆涉此二人今知去住不得乃辭免

趙子崧繳張邦昌與翁彥國書狀

據經制使翁徽猷申今月初十日午時朝散郎尚書戶部員外郎李健奉議郎陳戩至彥國軍前齎到張邦昌書一本實封印記除已繳連齎申大元帥大王行府外今錄白到一本連黏在前申當司者右件錄白到張邦昌書一本連黏在前今月初十日卯時據

太康縣申開封府差人送到四月二日黃紙手本一道全是登極赦意某即時行下太康縣不得行出及遍下諸路不得施行惟聽大元帥行府之命至當日未時據太康縣申准知太康縣事大夫引爲據進奏院申准開封府指揮拘收初七日弓手丁進葛政齎去尚書禮部頒降到黃紙上印手本立便火急令差去人申繳前來以憑繳納不管誤事縣司除已收元降手本繳送去急申乞照會某竊惟兵事貴速幾不可失事久生變雖悔何及子崧與翁彥國已差翁挺呂翊中奉狀詣府伏望大元帥大王俯狥勸請速正

位以繫天下之望以折逆臣之心子崧等除已一面進師城外以聽王旨外伏候王旨

賜進士出身頭品頂戴四川等處承宣布政使司布政使清苑許涵度校刊

三朝北盟會編卷第九十二終

三朝北盟會編卷九十二校勘記

邦昌遣謝克家來歸大宋受命之寶於帥府此十七字應另一行在四月某日母致書元帥大王後此條誤簡　及孟太母太母誤作大母下同　若更別用不是舊人舊誤作當　忽向城中作一字陣向誤作回　他時只與士大夫常服相見可也大夫誤作大大　因何不依次差官脫差字　則內裏束手脫裏字　當以五千騎取之五誤作王　康王便不知所在一作康王出使不知所在　幷免簽書舊職簽誤作僉　六人乞還舊任任應作職　盧裏去冬至乃辭免此段應接上條誤作另行　全是道登極赦意脫道字　黃紙手書手書誤作手本下同　請速正位號脫號字　以聽王指揮外指揮誤作旨

三朝北盟會編卷第九十三

靖康中帙六十八

起靖康二年四月十一日庚午盡十四日癸酉

十一日庚午太后御內東門小殿垂簾聽政

張邦昌以太宰退處入內東門資善堂侍從官以上詣祥曦殿起居太后畢邦昌服紫袍犀帶魚袋獨班歸兩府幕次邦昌僭位三十三日不御正殿不受常朝不山呼不稱聖旨不稱御禁中諸門用鎖題曰邦昌謹封凡曉示文字不稱詔命番使入朝則正坐常朝則偏坐百官入朝以平交禮相見稱名稱諸公其

中未可知也惟王時雍王紹王及之者附會以眞主事之幸災樂禍略無畏於天地神靈此曹佐之安得忠義邦昌肆赦蔡州不行諸道勤王兵皆受康王節制邦昌知人心不與不能自立乃收所下赦書出居東省迎孟后垂簾聽政自稱大宰總百揆欲襲曹司馬故事入朝不趨謁拜不名未幾聞外兵頓劄城下而諸道勤王將文檄輻輳問罪邦昌惶懼乃議往迎康王先遣人至南京勸進王時雍數勸邦昌自爲之計謂曰騎虎勢不得下後日噬臍無悔矣宜熟慮之徐秉哲亦固贊邦昌不從乃止

太母下手詔播告天下

詔曰。舊校云此詔汪藻撰見浮溪集 比以敵國興師都城失守祲纏宮闕既二帝之蒙塵誣及宗祊謂三靈之改卜衆恐中原之無統姑令舊弼以臨朝雖義形於色而以死爲辭然事迫於危而非權莫濟內以拯黔首將亡之命外以紓鄰國見逼之威扶九廟之傾危救一城之慘酷乃以衰癃之質起於閒廢之中迎置宮闈進加位號舉欽聖已還之典成靖康欲復之心忍言運數之屯坐視家邦之覆撫躬獨在流涕何從緬惟藝祖之開基實自高穹之眷命歷年二百人不知兵傳

序九君世無失德雖舉族有北轅之釁而敷天同左祖之心乃眷賢王越居近服已徇羣情之請俾膺神器之歸繇康邸之舊藩嗣我朝之大統漢家之厄十世宜光武之中興獻公之子九人惟重耳之尙在茲爲天意夫豈人謀尙期中外之協心同定安危之至計庶臻小愒同底丕平用敷告於多方其深明於吾意

回天錄曰呂公好問建言今日布告復辟之書須是明白使人易曉不必須詞臣乃命太常少卿汪藻行詞

十二日辛未監察御史姚舜明齊之禮太常博士華初平乞致仕不允

宗澤謝大元帥書狀

書曰伏聞大王仁慈頒賜教翰今日之事非左右戮力造次在念恐不能濟伏讀再四涕泗橫臆仰認眷私責任之重但恐疲茶雖自瀝竭路遠言輕不能感動有誤大事罪不可逃澤伏見姦臣張邦昌竊據寳位改元肆赦又挾孟后以令天下仍欲散諸路勤王之兵其簒亂蹤跡無可疑者今或悔懼有出權宜之語耳且人臣豈有張紅繖服赭袍居正殿者自古姦

臣初未嘗不謙遜退避中藏禍心不測況惡狀彰著如此今二聖諸王皇族悉渡河而北唯大王在濟天意可知宜整頓乾坤興復社稷以傳萬世不可遲疑猶豫不斷澤衰老痛切忠義之極不免縷縷敷陳乞賜哀亮早定民志使天下有所歸向易曰見幾而作不俟終日願大王速圖之

別幅曰并承親誨筆之紙尾仰荷隆謙所批近有尙書省劄子於鄆濟閒尋訪大王事此乃出自賊計不可不察澤近探得御寳與朝廷印記盡爲賊敵改作擒去兼驅行吏故作行遣惑亂天下何枲等亦在賊改作敵中澤近行下河北等路州縣已令當切驗認不得憑信若大元帥文字方得施行過爲隄備去訖伏乞照察

趙子崧謝大元帥賜書狀

子崧今月二十日伏蒙大元帥大王特屈威尊遣使賜書仍加親筆以示眷存某一介遠外非所宜得再拜伏讀感激涕零恭惟大王孝弟通於神明忠勇聞於中外遭國大難義不戴天屈己逮下諄復以諭將帥直欲埽蕩腥膻兵氛改作迎還鑾輅號令明白曲盡事幾況在臣子其敢愛死子崧見已進軍入京畿太康

縣與翁彥國犄角入援外今日據探報因子崧等所遣前軍既次到都城張邦昌卽有懼意已貶號冢宰易紫袍欲再議元祐皇后尊禮先差謝克家再差馮澥李回詣行府迎請定十二日寅時行某竊謂幾事貴速久則變生天命未改人情效順不假大横之卜自膺神器之歸伏望斷以不疑俯狥羣情速正位號以慰都人之望以折逆臣之心則於迎奉二聖指日可待子崧已差翁挺呂翊中齋狀前去外子崧無任祈懇激切之至

十三日壬申范瓊揭榜金人尙留滑州

是時四方勤王之師徑有到闕者道路漸通百姓漸有出城者范瓊乃揭榜云據探報金人尙有後軍埽地軍留滑州界上仰四方客旅未得輕出百姓已知金人悉渡河河南無警而瓊乃揭榜以惑民民皆罵之

宗澤具狀申大元帥府乞行五事

宗澤具狀申大元帥府乞卽寶位以安天下并具劄子曰恭惟太祖皇帝創業垂統當傳億萬世今方二百年豈謂賊虜（改作敵人）横肆邀迎二帝與諸王渡河北去天下百姓所注耳目而繫其望者惟在大元帥府

康王一人大元帥行之得其道則天下將自安宗廟社稷將自寧二帝二后諸王將自回彼之賊虜將自剿絕殄滅（删彼之至此十字）大元帥行之不得其道則天下從而大亂宗廟社稷亦從而傾危二帝二后諸王無夤（删此字）緣而回賊勢愈熾亦無夤緣而亡（删賊勢至此十字）此事在大元帥行之得其道與不得其道耳如何可謂之道澤謂其説有五一曰近剛正而遠柔邪二曰納諫爭而拒諛佞三曰尙恭儉而抑驕侈四曰體憂勤而忘逸樂五曰進公實而退私僞是五者甚易知甚易行然世莫能知莫能行者由剛正諫諍恭儉憂勤公實之事多逆於心也柔邪諛佞驕侈逸樂私僞之事多遜於志也伊尹有言曰有言逆於汝心必求諸道有言遜於汝志必求諸非道合諸道者君子也合諸非道者小人也願大元帥大王於應酬問答之間以茲五事卜之則君子小人了然分矣澤之血誠痛切每思趙家本嗣無疆大歷服今勢孤危岌業如是澤願大元帥左右嘗膽不忘在濟時夙夜羹牆不忘我祖宗時則天下自安宗廟社稷自寧二帝二后諸王自回賊虜雖熾自剿絕殄滅（删賊虜至此九字）夫何遠之有在大元帥大王力行之而已

罷散乾龍節（删此五字）

差御史一員往西京視陵寢

曹輔往元帥軍前分析礬書

十四日癸酉開封府以皇弟康王天下兵馬大元帥劄子揭榜曉示

榜示曰準皇弟康王天下兵馬大元帥劄子書幕府領兵勤王已被受手詔云已與金人講和及得曹樞密等書稱不得輕動誤國遂分屯人馬近畿以示逼逐復據探報事車駕屢幸彼寨恐有姦謀卽又傳檄河東河北激厲軍民以兵邀迎於前促勤王之師追

襲於後莫不響應今聞虜(改作敵)衆既行未知二聖所在臣子之心痛淪骨髓呼天叩地隕絶無所雖有探報未審虛實仰開封府詳此速開具兵馬離城盡與未盡二聖車駕還與不還仍曉喻來前初王漸聞二帝北狩金人退兵也嘗泣謂幕屬諸將欲身先士卒追之諸將以大王玉體卽宗廟社稷所係不可輕舉會宗澤申虜(改作敵)騎渡絶已使人焚河橋訖於是乃下檄兩河諸將及山東河北義兵河北列城邀擊迎還二聖又劄付開封府開封府承帥府劄子乃揭榜曉示

監察御史姚舜明知衢州王信知江州胡唐世知無爲軍(闕)知南外宗正事勸進狀

具位右某等竊以祖宗承五代之後削平僭亂混一區宇有天下一百六十八年斯民不知兵革恩德之所涵育甚厚綱紀之所維持甚嚴艱難創造基業垂休萬世政和閒姦臣用事急切任私爲謀不臧實使通乎遐虜(刪實使至此六字)以禍貽(改作貽禍)於國家金人貪殘(刪此二字)敗盟犯闕(改作稱兵)者再皇帝念社稷之至重憫生靈之無辜結以至信遺以厚幣雖車服稱號之尊無所顧惜而虜性凶傲敢違天理(刪虜性至此八字添乃字)乘隙登陴歛兵任詐求欲無厭忘德造釁此(刪求欲至此八字)遂邀乘輿出臨屯壘謬事和好疑阻大兵日月既久恣行不道又刦我太上皇與后妃太子諸王近臣脅持北行使我宗社失守生靈無依乃抑逼大臣俾僭位號四海憤痛泣血交訴某等忝綴屬籍身丁艱危痛念國家隕心碎首伏見兵馬大元帥大王以帝室懿親爲國艮翰而忠孝英武超冠古今方虜(刪此字)圍城之初毅然請行單騎出見威聲凜著醜衆屈服(刪此四字)繼聚兵河朔不日而及百萬肆膺睿旨以大元帥之重節制海內盛德茂勳注人耳目今日二聖既行羣心恟

恟宗社所繫惟大王是賴伏望大王念天下之至大察事機之至危權聽國事以安中外任賢使能信賞必罰蒐卒豐財以謀大舉庶幾皇天悔禍鑾輿反正使神人永有依歸天下幸甚某等迫切之情意符庶姓謹具狀詣行府披告伏望王慈早賜施行謹狀

批答

逆虜犯順(改作金人恃强)輒肆剽侵大兵前驅本期殄滅函關失守遂蔑戰功永惟太祖創業垂二百年二聖在位幾三十載旣遭蕩析迺致播遷涕淚橫流心肝糜潰有天有地古今所未嘗聞爲子爲臣夙夜實不遑

處方行追躡誓必邀迎念元帥之權實出上意顧國事之任難徇衆情添所請二字難議施行

趙子崧劄第一狀

子崧近累具狀申稟必蒙洞察子崧近得探報人節次所説及趙晨陳興傅亮等申皆云放水滿城南關中忽閉陳州門兩日必是深拒官軍又取傅亮軍數雖是支口食亦恐來探虚實子崧仰惟大王擁兵在外適遭大變天意人心自然推戴不必多端内有逆臣外有强敵四方有大賊若猶豫不決大事去矣子崧未聞大王移府近京曉夕震懼不如無生伏思二帝臨御正緣羣下議論不一畏怯者失事幾導諛者昧先見直至禍成猶生異論今日切在痛懲斷不可疑日下移軍告諭城中定以某日入謁宗廟其謙遜之禮俟至城下行之未晚更緩數日必有變生蓋時雍儔秉哲幵瓊皆堅於從逆恐生後悔四海無主天下唯知大王若不乘機速進早賜正位大恥不刷大器無歸危亡可立而待非子崧誰肯布露腹心忘鈇鉞之誅如此其切乎泣血拊膺不勝祈懇取旨

小帖子子崧竊謂此舉謙遜退避不得天與不取反受其咎當斷不斷反受其亂姦臣萬一翻覆用兵亦

難竊望日下移府入京疾雷不及掩耳人心自定伏望王慈深察靖康二年四月十四日

賜進士出身頭品頂戴四川等處承宣布政使司布政使清苑許涵度校刊

三朝北盟會編卷第九十三終

三朝北盟會編卷九十三校勘記

皆此曹佐之字（脫皆）　而數天同左袒之心（同一作存）　仰諗眷私（諗誤作認）　今或悔懼有出權宜之語耳（一作今誨諭有或出權宜之語）　并承親誨筆之紙尾（誨應作訓）　今勢孤危岌業如是（業誤作業）　當府領兵勤王（當誤作幕）　仰開封府詳速開具兵馬盡與未盡（速誤作連）　仍曉諭前來（誤作來前）　艱難創造基業（一作艱難創基）　某等迫切之情意符百姓（意符應作義先）

三朝北盟會編卷第九十四

靖康中帙六十九

起靖康二年四月十五日甲戌盡二十日己卯

十五日甲戌兵馬大元帥府劄子

劄曰金賊（改作人）邀請（删此字）二帝北去當府已星夜措置邀迎外契勘金賊（改作人）先於三月初七日抑逼宰相張邦昌僭稱僞號今來邦昌已歸寶退避所有三月八日已後稱中旨事並不得施行差到官不許放上如有闕官卽開具狀申以憑差官塡闕施行兼自今後凡有公事並須申稟當府與決如有姦詐僞冒

可疑文字並不得施行繳連供申

大元帥府以顏岐充大元帥府參議滕康周望爲王府記室

李綱傳檄京師

檄云與湖南安撫郭三益等會合荆南勤王之師旬日得精兵十萬見起發前來勤王開封府散榜曉諭

趙子崧勸進第二狀

子崧十二日十四日皆具稟情迫言切上瀆王聽必蒙賜察子崧再三思之大王尙未離濟必欲謙遜持重則姦詭之計一日萬變不可少失機會兼兩歲用

兵人情只思安定若萬一變生不測。舊校云別本作不如初意又生一秦何可禦也二帝危辱正坐謀者不臧依違失斷玩視幾變一旦禍發四顧不知所出今大王處多故之際天心助順逆人自歸以大軍壓之故未敢變若稍遲疑是天與不取也伏望大王深以社稷爲念俯採芻蕘之言速賜進府至京城一舉而定某日決可到城恐城中以計誘致卻散大軍未敢委兵趨行府況奔走勸進皆希功倖賞無持操之士某實恥之專以大兵壓城以待鑾旂不勝祈懇誠切之至

孫覿爲宰執等乞大元帥聽政狀

右某伏聞金賊人改作犯順二字删此侵逼郊畿太上皇帝皇帝陛下二聖蒙塵賊臣僭號中外臣子罔不痛心元帥大王德望在人勳業盛大躬總戎律王室所憑方今道路不通威令阻隔百姓歸命兆民係心伏望大王傳令四方總決庶務上體二聖屬望之意下答黎庶歸仰之情指揮將臣征伐醜虜删此四字收復京邑奉迎乘輿某等情迫於中憂憤所激謹具狀令修武郎王倚秉義郎趙子顯奔詣行府申聞某等不勝惶懼激切虔祈懇禱之至

十六日乙亥差路允迪范宗尹充奉迎使副請車駕進發并差內侍省御藥扶持官閤門皇城司帶衞士班直供帳御府御輦逍遙車及下禮部太常討論車駕至京奉迎禮儀

南外宗正等勸進第二狀

具位右某近率宗室并隨行官吏朝奉大夫權應天少尹叔近等具狀披告乞兵馬大元帥大王權聽國政事續奉答語難徇衆情竊議施行某等難以逆虜犯闕改作都城被圍之後道路隔絕於今半年而二聖播遷宗社無守恭惟大王至親且賢功蓋天下羣心所歸

實在今日儻蒙俯從衆庶以安宗社少紓中外憂憤之情則訓民練兵邀迎可期若徒欲履正守節而不思祖宗創業之艱難非海內所望於大王也某等迫切之誠實不能已謹具狀披告兵馬大元帥大王伏乞王慈早賜允許行謹狀

批答

禮備大經存而可考國有常典實不敢渝屬王室之艱難當元帥之寄委逆胡改作强隣肆暴神器至危惟早塈之是思雖省愆而何補薦聞誠懇祗益兢慙念父兄方冒於煙塵不遑甯處顧臣子輒從於國事豈所

當然知國璽之來辭已藏於守者覬鑾輿之復誓必遂於忠心所請難議施行靖康二年四月十六日

十七日丙子南外宗正等勸進第三狀

具位右某近率宗室叔近等兩具狀乞兵馬大元帥大王權聽國事復奉答語所請難議施行者某等竊以國家輻員萬里承平百年尊君親上之義遠近無二伏自虜再犯順改作京城圍閉四方不聞詔令今者凡六易月彼既講和將謂京師人人延跂以聆德音今二聖既行京邑空虛道路相傳莫不撫心號泣誓必邀迎然宗廟社稷不可一日不享臣民萬物不可一日

不治政教號令不可一日不行於天下凡此非大王誰可爲者大王爲太上皇之子皇帝之弟則親孰親於大王王於大邦兼臨兩鎮又以大元帥之重統天下之兵則貴孰貴於大王聰明仁信溫恭勤儉風動海內而忠孝特立亘古所未嘗有則德孰盛於大王克敵制勝慮無遺策狂虜改作敵焰雖熾畏威而不敢逼則功孰高於大王爲人子爲人弟爲人臣而鑾輿蒙塵警蹕滋遠神器蕩然人人憂疑則今日之於大王億兆同辭請大王權聽國事乃天人之心大王尚可辭乎大王俯順衆情則國家之綱紀復正德澤復流政事復修刑威復振內可以防未萌之姦外可以羈不制之虜改作敵奉迎二聖可以如天之志矣時不可違機不可失宗社再安在此一舉惟大王深察而熟慮之則天下幸甚某等不勝俟望激切俟命之至謹三具狀披告伏乞王慈早賜允許施行謹狀

批答

國步艱難金寇猖獗刪此四字鑾輿播越詔令不下無所禀承遐邇之心翕然見屬謂天下之權必主於一故連日之請乃至乎三雖輿情難以輒違而孝心有所不忍方將徧覽所上詳熟以思俟入京城躬謁宗廟

三朝北盟會編　卷九十四　五

若鑾輿未還即撫定民庶權聽國事宜體茲意無復重陳

開封府揭榜曉示种深文狀

開封府揭榜云傳遞京兆府安撫使劄子據從議郎秦鳳路經略使司准備將領第一副將本路奇兵勤王种深狀申契勘准秦鳳路都總管司劄子及西道都總管司牒差統制秦鳳路奇兵軍兵前去勤王深伏念在熙秦守官幾二十年漢番人情委是諳熟今據回紇國大使木瓜心刪此三字及諸國首領等爲金人使犯南朝官家阿爺木瓜心等刪官家至此八字情願自備

人馬衣甲口食前去厮殺共約三十萬人馬及其吅
吅國亦使忽令族首領結通嗢來傳送言語要自夏
國出來皆由河東前去會問撥遣去訖契勘前項諸
首領亦為深在熙秦累年管當茶場日近相見人情
遠邇大段習熟今來逐人為見深乞前去勤王各自
情願自備甲馬口食隨深前去委是赤心忠義兼人
馬驍銳強壯深已指揮各人首領統押分數路前去
破敵及已差撥得力使臣多齎金帛前去激賞上項
首領令取便路兼程起發行前來京師會合伏乞指
揮施行

小帖子契勘深一行軍馬經過縣鎮民居往往以錢
糧犒賞父老多稱前後所過軍馬無此整肅人人皆
願隨深前去勤王亦乞照會施行

胡舜陟劄子乞下詔播告四方

臣伏見都城圍閉以來號令不及於四方凡半年有
餘矣民間固已驚疑復因破城之後將士踰城而出
者刦掠州縣自守一方西京河北為之大擾又外路
聞二聖北轅皆謂中國無主深慮姦雄竊發有害吾
民今已遣使奉迎康王即位當有大霈膏澤天下則
變亂自消然臣見尚書省劄子排辦儀衛置造輿輦
尚未了畢旬日之間外有變故安可不慮今陛下臨
朝聽政臣愚以謂宜先下詔播告四方使天下曉然
知中國有主康王即位有日以破亂臣賊子之心以
慰海隅元元之望實宗廟之福不然臣恐詔書稽緩
變故橫生四海干戈鼎沸雲擾都城孤立為患非輕
取進止

趙子崧繳李健所得尚書省劄子狀

據戶部員外郎李健等申見到太康縣候所申文字
報事須議指揮右勘會金人大軍四月初二日起發
前去次日即遣武義大夫同恩李與潘謹燾三人同

往京東路州探問元帥大王行府所至密行具覆去
後初五日續遣閤門宣贊舍人蔣師愈承務郎程偰
同王府內知客蔡琳等齎手劄文字前去初七日又
差吏部侍郎謝克家同勾當軍頭引見司韋淵直秘
閣吳何齎玉寶詣行在初十日差尚書左丞馮澥權
尚書右丞李回充奉迎使副齎文武百僚張邦昌以
下勸進表章并元祐皇后手書前去兼今月初一日
為奉迎康王未至恭請元祐皇后垂簾聽政以俟復
辟於十一日吉辰皇后入居禁中就內東門殿垂簾
聽政三省樞密院官日赴奏事兼大元帥康王行府

已差到使臣黄承錫同恩等於本月十四日又齎回三省樞密院奏狀乞早整鑾輅衞清宮闕訖右劄付戶部李郎中等照會靖康二年四月十五日押今月十六日午時據李健等備申到十五日尚書省劄子取到元本繳申在前右子崧等節次具狀劄申乞早定大計號令四方自失機會悔不可及今來又據李健所得尚書省劄子稱初十日已差左丞馮澥等充奉迎使副齎文武百僚張邦昌已下勸進表章并元祐皇后手書前去契勘京師事體既已反正唯望大王入主社稷以安生靈遲疑未發事久變生不可不

慮或聞議者以謂京師已經殘破不可復入止欲即位軍中便圖遷徙某愚慮深爲不然今禍變非常姦僞未戢欲致中興當謹舉措理宜先入京師謁宗廟覲母后明正誅賞降霈四方若京師果不可都自可徐議所向今逡巡猶豫日復一日深恐有誤大計兼母后雖已稱制未肯便出號令四方之遠不知僭僞反正之因士民憂疑姦宄窺伺若更遲留旦暮之間必致別召禍亂伏望詳酌前後所申斷以不疑早賜聽納以慰天人之望

小帖子崧等前申乞移軍南京當時虜（改作敵）騎未退事勢與今日不同訪聞趙野范訥不戢其下縱令虜掠發掘邱墓人心胥怨今又兩軍時有忿爭萬一行府入南京趙范二軍必趨帳下恐有郭汜李傕之變伏乞王慈開納徑還京城早定大計以副人望

范瓊除龍神衞四廂都指揮使京城四壁都巡檢使

范瓊進加軍職以京城圍閉彈壓之功也汪長源亦除閤門宣贊舍人管幹軍頭引見司使臣各轉一官

十八日丁丑開封府揭榜曉示副元帥公文

開封府揭榜曉示准兵馬副元帥公文當府統率軍兵奉大元帥康王指揮會合分遣諸處人馬追襲掩

截金人仍令隨事便宜措置自承康王劄子星夜間道速走使臣等徧督河北河東路諸州軍府將合心併力占據要害斷絕橋梁把隘攔擊救迎二聖與諸王皇族并后妃期還宮闕與三軍將校臣子死節誓報國恩亦先檄下大明府路催諸處人馬將士隨渡徑過與西路人馬相約掩擊去訖契勘自去年十一月後金人登城按甲不動假倡和議使四方勤王之師坐待近畿詭詐百出使四方蹤跡差誤致使二帝出郊乃輦載金帛罄竭帑藏以遂賊（改作其）計又邀擁鑾輿及皇族子孫后妃已下踰河北去及至啟行外

方知覺四方痛切忠憤呼天號訴日月慘色豈期夷狄(改作金人)禍我中國乃至上累君父竊惟大宋一統天下祖宗功德滋休太平自古莫比本緣姦臣誤國階怨生隙流毒貽患是至今日以天下之大宗社之重上天眷祐有宋垂億萬年其必有大賴公卿將帥一心保護廟朝安存士庶以此又見大宋之恩德甚深靡有窮已今大元帥康王忠孝友愛出自天性總兵於外親擐甲冑冒犯風雨欲戡定國難輯甯方夏會諸路勤王之兵何啻百萬前此守和議盟以俟賊(改作敵)退俯為生靈每戒輕動暨國家已落賊(改作敵)計蒼

天杗何自是康王聞此淚盡繼血雖草木無知亦皆悲慟左右勸勉曾若莫聞便欲躍馬自奮手格逆虜(改作敵人)以雪父兄之恥見不住進發人馬嚴督忠臣義士數路合擊雖封王建節皆許充賞期於力救駕回以慰中外故未能歸期於瞻望闕庭款謁宗廟與本朝父老軍民會道相見伏想輿情日久顧望必興念祖宗積累之厚遽遭金胡作孽(刪此四字改作禍變)致二帝遷播惟康王為社稷宗廟之賴竝成大功禔福天下當所駐兵距都城已近須至公移慰撫都人者

元祐皇后遺馮澥李回齎書來勸進

左丞李回右丞馮澥至濟州以元祐皇后聖旨齎書勸進曰吾以薄德罹此多難雖救時敢愛於髮膚而昧道若臨於淵水顧邦基之所賴繫神器之有歸比遣使軺往馳書牘蓋上天之眷顧實四海之傾心諒惟撥亂之姿已定興王之業方長嬴之屆序宜祉福之具膺竝來御於法宮以誕揚於丕號羣情攸屬遐邇增懷故茲書示想宜知悉

十九日戊寅御封太常少卿汪藻撰書送御史臺看詳如得允當仰申三省施行

當日胡舜陟等奉准御封降到手書看詳極為允當

伏乞早賜施行百官凡三拜表勸進詔張澂措置排辦行在所至程頓事務

有旨奉先普安兩院皇子帝姬攬堂為虜(改作金人)發掘速差官繕治

宗室叔向駐青城置招募救駕義兵所

又分遣使揭黃旗入城召募應募者多游惰之人

大元帥府擺布駐劄人馬

議定以庚寅起發濟州是日幕府劄下宣總司於宛亭駐劄趙子崧於東明駐劄宗澤所部領一行并權邦彥閭邱陞姚鵬等人馬分擺於長垣衛城南華駐

劄防把候大元帥人馬起發仰至二十四日次第前進至拱州南京以來次第下寨其餘孔彥威劉浩丁順張換王澈等並別聽指揮

東道副總管朱勝非領兵來衞進謁於濟州

日歷改作紀曰先是勝非權知南京邦昌差使臣齎一書至勝非勝非送使臣下獄以邦昌書繳申大元帥府隨即以兵來衞王見而嘉其忠

二十日己卯趙子崧第三狀勸進

子崧恭奉四月十四日王旨令諸頭項人兵不得亂近傍城門驚動人民等事子崧自發前軍即以如此

約束今來遵從嚴命再行戒諭諸軍甚戢近城及城內百姓悉皆安堵無虞但都人士庶未知大王還闕之期日夕焚香泣望子崧竊謂大體一正防秋甚近合措置事正復不少今內外束手日復一日坐以廢事甚可畏也又況盜賊充斥人民失所日俟恩霈庶幾安業且使四方萬里之遠咸知神器有主人皆退聽伏望大王俯徇羣情仰慰二聖付託之意戒有司整飾鑾輿即日還闕或狩南都亟下德音大宥羣生天下幸甚儻或遲疑變生不測子崧亦不知稅駕之所矣唐突王聽死有餘罪

小帖子訪聞荆南眞州海州嚴州黃州蔡光之間有大賊而嚴州尤猖獗惟大霈一出則不勞兵革自然消弭禍變伏乞深賜體察

先遣觀察使臣黃永錫回

使臣成忠郎黃永錫先奉兵馬大元帥康王丙寅手書詣張邦昌觀變還具言邦昌遣謝克家來歸玉璽太母垂簾遣馮澥李回奉詔書前來勸進邦昌已出內東府京師見將大元帥檄書雕印出賣內外傳報軍民驩呼以望迎立康王王曰宗廟社稷幸弗毀滅不穀願蹈節死義以雪大恥爾豈敢偃然而當大事

耶

五軍將士呈稟取二十一日擺拽人馬護衞入南京

兵馬大元帥府契勘二十日五軍將士保護兵馬大元帥康王入南京令將軍率領諸項人馬各路將校著將軍開府督視鋒利器械刀仗鮮明儀從及將所屬兵卒步馬弓弩等項俱整點擺拽辛彥宗依舊充先鋒統制丁順充先鋒副統制祁超依舊充前軍統制王澈充前軍副統制張瓊依舊充左軍統制孔彥威充左軍副統制張俊依舊充中軍統制劉浩中軍副統制華實依舊充後軍統制張暎充後軍副統制

後收楊惟忠依舊都統制右具呈稟奉王旨依此行
下

賜進士出身頭品頂戴四川等處承宣布政使司布政使清苑許涵度校刊

三朝北盟會編卷第九十四終

三朝北盟會編卷九十四校勘記

無特操之士（特誤作持）　難議施行（難誤作竊）　某等竊以逆虜犯闕之後（竊誤作難闕誤作闘）　黨蒙俯從眾言（言誤作庶）　茲國璽之來（茲誤作知）　四方不聞詔令今者凡六易月（今字衍）　謂天下之權必主於一（主一作正）　累年管勾茶場日逐相見勾（勾誤作當逐誤作近）　故未忍歸朝（忍誤作能朝誤作期下於字衍）　皇子帝姬欑堂（欑誤作攢）　議定以庚寅起發濟州（此九字應接上條作另行連下誤）

擺拽人馬護衛兵馬大元帥入南京（脫兵馬大元帥五字）

三朝北盟會編卷第九十五

靖康中帙七十

起靖康二年四月二十一日庚辰盡二十八日丁亥

二十一日庚辰大元帥行府發濟州

汪伯彥日曆(改作紀)曰二十一日五更初發先鋒次發前軍次發左軍次發右軍辨色發中軍發訖請大元帥康王上馬幕府羣僚次第上馬尾銜以進次發後軍次發朱勝非人兵次收後晚宿新興店王至是神意喜悅問地名曰新興店伯彥嘗聞太平興國中北

戎寇邊太宗皇帝幸大名親征方渡河有謁於馬首問其姓名曰宋捷帝喜不旋踵果有北戎之捷今大王治兵討賊行紹大統而初宿新興天意若曰宋室中興其命維新將克繼前人之美與夫邑號柏人里名勝母者異矣王善其說是日鄜延帥臣張深副總管劉光世自陝州取小路徑赴大元帥府會合光世躬靴櫜鞬望馬足遙拜王命而前問勞訖差光世充兵馬大元帥都提舉五軍

遺史曰王發濟州王在濟州也陝西勤王之兵惟劉光世到元帥府先是劉光世准上間道遣使臣齎蠟封處分指揮云虜騎犯(改作金兵圍)京師仰劉光世多選馬軍赴闕是時光世以馬軍都虞候爲鄜延路兵馬鈐轄請於帥臣張深授步騎三千光世請益兵不從既行中途値制置司統制杜常還歸具言京城失守制置使錢蓋已將軍馬分屯時潰兵所在焚刦聚而爲寇道路梗塞唐鄧以北皆無官守兵糧告絕光世乃與將官喬仲福等議見永興帥臣范致虛已傳檄諸帥會兵陝郊會承上御札遣使臣黃深宣諭六路大略云金人登城斂兵不下朕已出郊親見二元帥和議已定宜止天下勤王之兵光世曰不可以詔示

衆且速圖進發京西諸處潰兵踵至傳聞京師之事不一衆心惶惑光世矯以蕃官山陜來自京闕乃云二聖潰圍南幸矣乃選使臣葛宗爽封密奏往荆襄江浙乃統所部由虢略入太和谷南趨張深亦改途同行至汝州魯山縣聞致虛進兵千秋嶺爲金人所邀王師失利光世招集散亡而本部餘丁相繼俱來兵始及萬數軍勢漸壯俄傳金人已立張邦昌卽僞位張深召光世及諸將議事深對將士曰諸公好事在目前以所持扇左右倒衆莫敢應往往偶語出異論光世乃遣使臣王默張景等將漢番弓箭手一百

人騎夜半齎狀前去招安盜賊俾深罔測光世密諭之曰側聞康王領大元帥聚兵京東汝等當詣元帥府分明投下文字而回金人既退兵深與光世進至朱仙鎮遇默景得元帥府劄子二道一云仰劉光世將所統兵馬速赴大元帥府一云仰張深將所部回興仁府只於本府駐劄及差使。舊校云别本有臣字劉宗偕來深得劄子失聲惶懼光世即辭深去以所部兵至濟州時王師無有至者王大喜自是委以心腹彈壓諸軍王發濟州光世從衛

簽書樞密院曹輔資政殿學士路允迪諫議大夫范宗

尹奉元祐皇后詔來趣王進發迎謁道左

大元帥府參議東南道都總管趙子崧榜曉諭都城士庶

大元帥參議東南道都總管趙子崧奉大元帥康王劄子節制東南諸軍進援王室已至近城竊惟趙氏德澤浹於民心主上仁聖節儉天下欣戴獨以姦臣誤國再致戎賊犯闕刪此四字禍變曠古未聞至於二聖播遷六宮九族係累天下臣子悲憤痛切肝心糜潰況本朝無親王將兵在外故事去年主上特付大元帥之柄於康王蓋本天意康王已委副元帥宗澤領騎兵迎請二聖車駕又委子崧等提兵入援以圖興復升壇歃血盟於三軍千萬人惟一心誓死赴難今宰臣身乞反正大將等上下和協奉母后寶書遣使迎請康王社稷有主人知所歸都城官吏軍民僧道耆老等世受大恩各懷忠義當今賊改作敵退卻請車駕。舊校云别本作當金人卻請車駕及從來權宜諒其本心必不忘趙氏各宜安居息心無生疑惑以待恩撫須至曉諭

趙子崧諭張邦昌書

靖康二年四月日寶文閣直學士朝請郎知淮甯府事大元帥參議兼東南道都總管節制諸軍趙子崧

謹致書大觀文相公張公閤下子崧聞人臣委質事人義命而已見得思義見危致命人臣之常節也議者籍籍謂閤下使虜改作敵踰年日與異類改作金人處坐覘謀吾之國不能效寸長京城一破陰遣人奉召兼程已至賊改作敵營復坐覘謀吾之君而不能以死爭其封請傾危之計閤下或與聞之不然何虜改作金人曲折拒孫傅之請卒以與閤下蓋必有定論矣見危致命見得思義天下將以此責閤下子崧亦疑是說自聞入居禁中躬受虜冊改作冊命即集大軍設壇歃血專意討逆三軍之士千萬人惟一心踴躍奮迅欲得

閤下而甘心焉大元帥康王以節制見委責以再造況子崧猥在屬籍義兼臣子今祖宗之後係累以去者殆盡如子崧輩偶存若不輔大元帥以圖興復天地祖宗實臨之翁中丞忠義誠懇言發涕流必欲共獎王室今既大集忠憤難遏亦可畏也忽九日李健陳戩持書至翁中丞有反正之意羣情猶疑惑引馮瀛王曰公此舉由衷乎子崧獨謂殆天誘閤下爲斯舉也前所述者諒非閤下本心出於迫脅無疑閤下少年登科致位宰相必知義命之大戒傳曰有伊尹之志則可無伊尹之志則簒也伊尹猶不可而況其

下者乎閤下前日迫於虜(改作敵)威欲保宗廟全都城不得已而從之今虜(改作敵)既遠去即有所避而歸之正以成前功豈不本末明白哉。(舊校云歸本云豈不一舉大明閤下心跡哉)既出至誠便當斷以不疑不可猶豫速出居相府易服自貶親書以示於軍中哀鳴以請於帥府使三軍曉然知閤下前日權以濟事而實不忘吾宋也子崧等亦當按兵城下以待大元帥之命若遲疑不決則三軍必曰以天下之師誅天下之逆非子崧等所能專也閤下老母垂年伶俜一子身將五十必不肯爲覆族之計或謂閤下親屬便當殄滅況城中萬姓皆死則張氏何郵哉尤而效之大元帥必不忍爲本道已申行府委所在優加覆護亦知夫轉禍爲福幾不容喘閤下其深思之迫於宗社大計肝心潰裂書不能文幸察薄暑惟加愼眠食毋爲空言以受實禍不宣

又與王時雍等書靖康二年四月日寶文閣學士朝請郎知淮甯府事大元帥參議兼東南道都總管節制諸軍趙子崧奉書樞密王公門下呂公中書徐公左丞馮公右丞李公樞密吳公樞密莫公初夏薄暑伏惟台候萬福金戎(改作人)犯闕(刪此二字)侵侮暴虐(刪此二字)

振古未聞痛激肝心不能自存子崧蒙國厚恩覩視斯變誓當以死赴難甯守孤壘四隣皆陷千里一空衝突攻圍作合作散者常數萬騎無日不至獨以赤心堅壁五月虜(改作敵)亦計窮而去自三月十日訃聞大變即連趣翁公大漕與諸路大軍到此節次遣發入援設壇盟衆有死無二三軍之士悲憤感泣勇不可遏大元帥康王以節制見委仍參幕府再造之功責在僕等子崧義兼臣子職當總帥誠難昧已故以由東奉曉諸公或世家舊族或文儒致身或久廢而起或不次而用既無扶危持顛之謀又無仗節死難

之義强顔忍恥坐視傾覆方且自謂佐命此與唐六臣何異而倘未知轉禍爲福可乎自古舉事但問逆順不計彊弱方金賊（改作人）登城諸公喪膽亡魂手持聖天子付之不能還又手持符璽再拜與人而不能死今乃偃然據宮闕出號令文致姦言鼓惑衆聽亦何所恃哉以逆節抗大順以羣書生當王師可深憫也區區猶藉能存都城生齒爲說不知坐致二聖陷虜（改作北遷）將誰罪耶諸公平日所學所言自謂過人今日行事又何其戾也相與亡人之國稽首僞朝居之不疑魚游沸鼎燕巢危幕公不自思耳前日畏死而

爲之不知今日果有生路否乎子崧節制大軍又檄陝西南京諸道之師四集城下志在清宮以奬王室諸公其自爲計毋忽聞張公頗有反正之意殆天誘其衷若能幡然改圖釋位自貶奉大元帥以繫人心迎還二聖以雪大恥則脅迫之罪尚可全貸而諸公之功與迷而不返者不可同日而語也古人權以濟事遂立殊勳惟識事稔知禍福者能之今有望於諸公也儻欲爲源休亦請自擇言念平昔敢布腹心希示的報軍務方繁不及遍作書幸察不宣

二十二日辛巳大元帥至單州

大元帥至單州知軍州事王喚來迎何志同趙子崧皆以兵來會

趙子崧奏太后乞先下詔狀并繳申大元帥狀

右子崧等總兵赴難恭聞元祐皇后陛下垂簾聽政此誠不世之功矣臣與三軍將士莫不感泣竊見陛下未垂簾以前京師嘗有書肆赦諸路繼雖收回仍禁止在城藏本然印賣傳播於外者不啻數千百本若聞二聖遷北易姓改國忠義憤發兵革四起其間或假討逆之名竊據郡縣使宰臣至誠赤心終不能白況其家屬在外或致疏虞所繫非一臣等伏望聖

慈速下明命詔諭四方以陛下臨朝節次遣使奉玉寶迎立康王以俟復辟所有大赦候嗣君即位日頒降庶幾人心安帖姦宄自消以副陛下保國之隆臣等不勝幸願

又繳申大元帥府狀曰右子崧等累具勸進乞早正大號肆赦天下以安人心未奉俞音日夕震懼深慮姦宄竊發蠭起蟻聚卒難埽除不免具奏元祐皇后乞先下詔命不惟使四方知大王受命中興自然安帖亦所以警張邦昌堅其誠心不致疑變子崧等愚見惟大王函整六飛入朝九廟則一切平定斷無後

患不勝祈懇哀切之至所有奏狀錄白在前謹具申大元帥行府候王旨

李邴申大元帥府勸進狀

邴等伏覩四月初九日大元帥府檄聞恭惟國家積累之久德澤深厚漸漬人心一旦事出非常遂至外侮興師再犯宮闕神都傾陷鑾輿播遷人民塗炭土地分裂檄書既到官吏軍民無不悼心隕涕痛貫肌骨思欲張空拳冒白刃以赴國家之急此非獨臣子常分亦有以見宗廟神靈社稷永遠斯民懷舊未忘愛戴之誠上天悔禍將啟中興之運非苟然也邴等

蒙被國恩或嘗列禁闈或並蒙器使捐軀殞首圖報萬分正在今日伏惟大王以親王之重統元帥之權君父刦質臣民無主天下顒顒靡弗繫心當此之際義當如何今京師僭號之臣既由彊抑必不敢久據神器輸款歸誠當在朝夕斯民仰徯大王之來不啻失乳孤兒瞻望所怙周人思召公愛甘棠而況大王上皇之子皇帝之弟受服。舊校云別本作受賑專征位爲上將民心思望豈有涯哉昔白公之亂葉公將入遇國人曰君胡不冑國人望君如望慈父母盜賊之矢若傷君是絕民望也乃冑而進又遇一人曰君胡冑國人望君如望歲焉若見君面是得父也而又掩面以絕民望乃免冑而進夫葉公以列國之賢人猶懷之如此況大王其何疑焉然勢有不可緩者今四方潰兵往往嘯聚閻僅據黃州周德起金陵李育擾徐兗王鎮剽淮陽其他兵起蝟結千萬爲羣將環視而起惟翹首側耳以需天下之變若命令既通郡邑有統則必斂手歸命以求自新如命令未通郡邑無統姦雄乘之則必盜據要害自爲一方將有鼎峙瓜分之勢他日欲復一之豈不難哉大王隨行將士暴露風霜亦已久矣蒙犯矢石斯亦勤矣各望尺寸之功不

然師老財費久而不召豈復可用哉區區之意謂大王當傳檄天下凡諸路監司帥守應合申稟朝廷文字一切權宜並申大元帥府隨宜裁決行下大王宜稽考前世攝行國事承制封拜然後奮激士氣鼓行而前殄攘妖氛迎還二聖剋復之功指日可待傳曰日中必彗操刀必割成敗之機間不容髮邴等不勝惶懼戰灼延頸企望之志惟大王裁之謹具狀申兵馬大元帥府伏乞照會謹狀

再申大元帥府狀右某等近於四月二十二日專差人齎狀申大元帥府以四月十九日檄書審知二聖

鑾輿未回大王宜稽考前世攝行國事迎還二聖以圖尅復今再陳其愚伏覬少加察焉方今天下大變君父刦質儲闈近屬舉族皆行惟大王一人提兵在外宗廟社稷血食所繫四海郡國號令所稟億兆士庶存亡所賴惟在大王此爲何等時而欲避疑回御以辜天下之望負二聖之託哉大王若不早定竊慮有昧於逆順之臣懷向背自全之計加之以師旅因之以盜賊使僞命稍通非惟宗廟社稷危若綴旒大王安所容其軀哉大王必尙疑居攝之事則某前所謂稽考前世葢有所本矣昔成王卽政未堪多難周

公履天下之籍聽天下之斷戴禮明堂位所載與九戢之詩是已成王有成人之德則復子明辟此六經之明訓也夫周公承文武之後獨以成王幼沖尙且爲之今二聖未回天下嗷嗷靡所繫命大王以親則母弟以位則眞王以任則元帥今日之事責在大王恐大王不得而辭也名分旣辨號令旣行則懷忠抱義者知效命之所拱手觀變者銷從逆之萌盜賊盤據必洗心革面不復有雄跨割據之意師徒奔湊必爭先賈勇以赴功名之會天下之勢定矣如天步旣正鑾輿遂回歸尊復辟退就藩服忠孝之道豈不兩全如金人不知悔禍遲留車駕遂欲蕩覆我社稷泯絕我宗祧則天祐有宋必將有主主宋祀者非王而誰某等誠以世受國恩莫知論報參之往古驗之當今仰揆天意俯察人事至正至順無以踰此惟大王勇斷而決行之天下幸甚屬道塗榛梗未能趨赴行府不勝企踵待命惶懼之至謹狀

二十三日壬午大元帥至虞城縣

大元帥早發單州申刻次虞城縣是日西道總管王襄副總管孫昭遠以所部兵來會

車駕進發有旨令開封尹率父老僧道官員軍人詣行

在奉表勸進

張邦昌劄子恭聞車駕自濟州徑往南京臣等躬率百官赴行在欲今月二十五日起發前去俯候輿輦儀仗等又母后節次遣人迎請

二十四日癸未大元帥至南京

大元帥早發虞城申刻至南京府治金人圍京城也屢分兵犯（改作攻）南京朱勝非皆禦退之後有北道總管趙野及宣府范訥兵王淵韓世忠皆在南京故城市全盛是日戒都統制五軍楊惟忠等警嚴以虞非常

二十五日甲申邦昌時雍等率百官吏是日出門

員外郎宋彥通除右文殿修撰龍圖閣直學士

知揚州許份等狀請大元帥即位於揚州

知揚州許份等狀勸請王即位於揚州曰份等竊聞金人渡河二聖遷幸凡在臣子孰不痛心京師士庶欲迎請大元帥大王還處闕下此誠宗廟之靈社稷之福但中都新破上下空竭人心危懼虜(改作敵)情不測道路艱棘糧餉難繼萬一不虞則內外隔絕復有前日之患份等與眾熟議皆以為揚州之地控帶江淮城壁新修錢糧粗足若聚兵西北奉迎鑾輿則舳

艫輸輓督促而上足以饋師而又南至金陵東抵錢塘一有緩急可以據依其為順便莫過於此伏望大元帥大王深思長慮決定至計即日御眾治兵廣陵份等謹當戮力協心以佐大事若或已暫還闕撫定京師亦當以少俟按堵亟復東下份等不勝激切延望之至

母后詔令備車駕法仗等赴南京迎請百司庶務分半以去

大元帥康王謁太祖廟

王詣鴻慶宮謁太祖廟大哭羣臣皆哭

二十六日乙酉太宰張邦昌赴南京

邦昌等自京師來詣元帥行府邦昌以親從官數人自隨王命引邦昌入邦昌慟哭叩首請死王命贊者掖前見如賓禮邦昌具言圍城事始末繼之以泣王亦泣

二十七日丙戌發綱運赴南京

括船裝發綱運及乘載宮嬪等赴南京汴河之舟如鱗次而行

內侍邵成章王袞奉乘輿服御儀仗來

大元帥命加汪伯彥顯謨閣直學士黃潛善徽猷閣直

學士耿延禧龍圖閣學士董耘徽猷閣學士並提舉南京鴻慶宮兼侍讀高世則承宣使

二十八日丁酉國子祭酒董逌率太學生赴南京捧表勸進

耿南仲等進呈赦書合行事件

司農少卿權戶部侍郎胡思乞罷權可依

胡交修除集英殿修撰知湖州

中山府提轄使臣沙振殺安撫使陳遘

金人以太上皇北狩至中山府其帥臣陳遘登城金人以太上皇至城下諭令開降太上呼遘曰吾道君

皇帝也遂慟哭曰陛下安得至此提轄沙振曰此中豈有道君皇帝必金人之詭詐也遂以箭射之遂鼓衆喧鬨殺遘其子錫在旁倒身護遘乃并殺之於是振自守中山金人逼以歸遘弟適仕光祿卿靖康中遣出使爲金人驅迫往燕山府拘囚累年而死適子鑄。舊校云按宋史遘守中山金人圍之遘呼步將沙振往振素有勇名固辭固遣之振怒且懼潛懷刃入府遘妻定奴責其輒入振立殺之遂害遘於堂與此所載不同

賜進士出身頭品頂戴四川等處承宣布政使司布政使清苑許涵度校刊

三朝北盟會編卷第九十五終

三朝北盟會編卷九十五校勘記

伯彥曰嘗聞太平興國中 脫曰字 往荊襄江浙尋問二聖所在衆情稍安致虛進兵淆澠光世乃統所部 脫尋問至光世十八字 趙子崧出榜曉諭都城士庶 脫出字 當今賊退卻請車駕及從來權宜 一作當日金賊刼請車駕及後來權宜 衆憤難遏 衆誤作忠 委所在優加覆護宥恕 脫宥恕二字 要知轉禍爲福 要誤作亦 諸公不自思耳 脫諸字 惟識事變知禍福者 變誤作稔 儻彼遂久假而不歸諸公各欲希扳附之功願爲王偉源休亦請自擇 脫彼遂至之功十六字願誤作欲又脫王偉二字 已垂簾聽政 脫已字 遣使迎立康王以奉宗社此誠

不世之功矣 脫遣使十字 京師嘗有手書 脫手字 惟大王亟整六蜚 亟誤作函 大元帥府檄文 文誤作鬬 受賑專征 賑誤作服 以圖克復之功竊慮周旋顧慮事不早定機會一失悔不可追 脫之功至此二十字 今再陳其愚狀 狀誤作伏 舉族皆行 皆誤作偕 臣當躬率百官 當誤作等 復有北道總管趙野 復誤作後 亦當以少俟安堵 安誤作按 遘慟哭曰陛下安得至此 遘誤作遂 金人逼太上皇以歸 脫太上皇三字

三朝北盟會編卷第九十六

靖康中帙七十一

諸錄雜記

靖康小錄曰國家自太祖開基太宗繼統平靖天下四方無虞黎民安業百有餘年至熙寧元豐間邪臣用事託儒文姦口道孔孟之言身行商鞅之術始變祖宗良法改亂舊章無有存者禍亂之階實兆於此有識之士奮身力爭而不能奪其說新法遂行而積怨於天下矣及崇寧大觀之初蔡京進用祖述其說以鉗天下之口排斥正人引用邪慝上下相蒙政以

賄成其後王黼輩以庸謬相繼祖宗之業於是大壞端人正士棄逐海表庸愚諂佞充滿朝廷至宣和五年童貫王黼始開邊隙取九州之地結怨金虜(改作人)以啟靖康之禍嗚呼馴致於此豈一朝一夕哉初王黼童貫蔡攸之取燕山也識者知其必敗事及得燕山以蔡靖爲大帥用降虜(改作人)郭藥師副之藥師每僞出獵動逾旬日與金人通謀靖察其意而逆知其叛屢奏朝廷而李邦彥等在位專以蒙蔽爲事奏每不達靖具章疏直達奏聞上覽奏驚召邦彥問之邦彥乃詭爲之說曰此乃靖不肯久居邊任欲入朝耳上遂信而不疑及童貫領精兵數十萬取雲中而金虜(改作人)以兵犯(改作入)境邊奏纔至朝廷倉皇無策童貫遂棄所領兵遁歸宰相大臣皆相顧無語會上皇亦厭萬幾有禪位之意傳位皇太子改元靖康正月虜(改作金)人犯(改作至)京師倉猝無備議和退師驛召徐處仁至拜爲太宰擢唐恪爲中書人皆賀得人謂可以撥亂獨給事中謝克家曰州郡失一良守朝廷得一憸人其後附會耿南仲而乖謬有不可述者靖康之初首爲宰相而因循失措者吳敏與處仁也姦巧自營廢國隄防者唐恪聶昌也太學生自伏闕朝廷

士大夫惡之上出五嶽觀御史臺官孫覿言於上曰諸生欲邀駕上大疑諸生作亂以兵防之纔而出到國子監前回觀諸生無亂行者其疑遂解初番賊(改作金人)至朝廷日下求言詔及兵退則諱言多責進諫者言路遂塞而士人知朝廷意亦不復上書時人爲之語曰城門閉言路開城門開言路閉如選人李允文上殿陳議慷慨多論列大臣不和且壞國事而耿南仲唐恪欲据以他事又選人翁挺自奉詔求言論列國事利害及考慎其相則大臣嫉其訐已雖差遣亦不與之豈有大臣而喜怒如此之易見也上日以邊

事爲念早晚自御便殿訓兵羣臣無有助之者如福建槍仗手湖南弓弩手到闕上皆親按之李綱有表乞种師道從河北牽制賊改作敵勢上遣之屢矣既行而復止者亦屢矣九月間綱遣裴廩來奏事廩徒以寬言取爵祿不言邊事之急是時太原重困廩未及行而太原報到爲賊改作敵陷矣朝廷自番改作金兵退議者謂今天子新即位必大振紀綱信賞必罰以革前日之弊而吳敏王時雍徐處仁耿南仲在朝上下相蒙所行事皆不合公議自是有識之士皆知必致禍番改作金兵渡河守河兵數十萬皆棄甲而走是時

羣臣多勸上出幸上不從堅意以死守社稷識者謂城雖可守而今無可守之人賊改作敵初到城下以爲有備京城雖破遂依前索講和數日粘罕改作尼堪令人巡城約其步數有數百萬粘罕曰必易破城上人多多則易亂及破城自遣八壯士冒矢下添石字先登城上人果亂金賊改作人既得城遂於城上聚兵掘去裏城踏道御於城外置踏道復立木植反內向城陷守城兵士走入護駕及衛兵遞相刼掠禁中金帛上倉惶奔走别殿忽遇越王遂解龍章授王曰叔叔自做取我元道來我了不得亦不願做官家越王稱死罪安有此理上皇既至軍中亦抗言與賊改作敵辨論數其背約起兵賊改作敵遂無語及立異姓金人遂欲立司馬朴初朴至金賊改作人問其姓名朴云姓司馬氏賊改作敵云得非司馬相公之後乎朴曰乃朴之祖賊改作敵曰使司馬相公在朝我亦不敢至城下及欲立朴曰吾祖有大功德於前朝朴不才誤蒙朝廷任使安可作此以累吾祖之德朴有死而已遂立張邦昌尚書梅執禮侍郎程振陳知質中書舍人安扶以金銀不足殺於南門外又縛御史胡唐老胡舜陟等決脊百餘唐老遂死痛哉士大夫不以忠義死而甯以屈

辱死是宗廟社稷之不幸而天地穢濁之氣預生妖人賊子老姦腐儒誤國於此間有忠節之士吐一直氣發一直言盡不得容跡於朝都人有識者無不同嗟也初上即位內外盡稱爲少帝識者以爲不祥果然上在軍中將行乃批手札與朝廷百官云某國家爲公等誤一至於此使某父子不相見今已無可柰何公等無懷舊恩勉事新主聞者悲痛又批與開封府某庫錢可支出買金銀五百兩某父子盤纏聞者垂涕初番改作金人未至城下大臣以俚語謎云閏年河不凍時有李綱幕客紿何㮚曰閏月如六月天氣

河不凍金人未必能渡朝廷措置事信邪妄詭怪之術大抵皆此類也

朱勝非秀水閒居録曰金虜(改作金人)既破契丹至燕地駐軍約本朝自取幽州於是童貫蔡攸爲宣撫副使劉延慶爲大將軍至盧溝距燕城一舍虜(改作契丹)相李偃約降延慶遣鋭兵同郭藥師先入蕭后幷四軍大王者尚守燕城藥師等既入城縱兵四掠無復紀律一夕四軍以殘虜(改作卒)擊王師奔亂而還盧溝大軍聞之亦潰金人遂攻燕城四面登堞塡壕擲城爲纏道徙樓櫓反臨城中須索掠取人物俱盡乃還靖康

初虜衆(改作金人)再犯(改作至)闕既登城亦用此術朝廷不悟傳諭四方云金人登城按甲不動以爲恩德嗚呼余尚忍言之哉此事傳記兵書皆不載也

丁特起孤臣泣血録拾遺曰靖康元年春金人退師之後朝廷大臣無復經畫各執偏見自相矛盾已而羣姦協謀力排李綱將兵四十萬俾解太原之圍意以中綱殊不知所以中朝廷也五月种師中敗解潛敗九月三日太原陷凡十五日上下相蒙一人猶未知太原京師屏翰也太原陷則王室如何外內無援可謂危矣諸公恬然不恤尚守和議有建遷都之議者執政曰方遣議和此非所急十一月二十五日賊(改作金)兵至闕下廟堂始倉皇分遣五路使臣徵天下兵京師後被圍月餘援兵竟不至城遂陷罪誰與歸王雲外來只要三鎭稅租限半月後到燕山仍要遣使三員分往三鎭告諭從所請則便可解行(改作仍)圍不得爽約王雲星馳二十六日入奏上悅顧問大臣皆不許之雲與吳敏素不平吳因以事責令知唐州雲猶抗論再三吳百端沮之竟不遣至九月再遣雲使太原已陷矣去年十月立冬術者王浚明謂國家大忌丙午年冬十月一日於此借春致祭打牛一如

立春朝廷從之聞者以爲笑天時豈可借也城陷竟以冬月理或近似金人亦行夏時去歲天會四年閏入月而中國閏十一月天時一也番漢雖不同五歲再閏差殊如此豈歷數有工拙疏密耶自丙午年十一月二十五日金人到闕閏十一月二十五日大雪金人陷京師十二月二十五日大雪是夜大火燒開寶天甯寺及居民五百餘家丁未年正月二十五日大雪極寒氣候與陷城日正相若二月二十五日大風金人敲殺從官梅尙書等四人及捶臺官四人三月二十五日金人前軍啓行自金人犯闕(刪此二字)圍城

首尾半年去來皆取二十五日其餘二十五日悉有災異不知其適然耶或陰陽度數使之然耶粘罕(改作尼堪)自謂用兵過孫吳二太子號佛言不殺人大抵金人紀律明士皆用命京城陷統制何慶彥陳克禮死於賊(改作敵)姚友仲死於兵劉延慶光國父子領班直長入祇候及西兵奪萬勝門萬餘衆突出不念社稷安危父子世受國厚恩操履反愧於市人亦忠臣義士不必相門將種也金人逐夜擊鼓報平安聲如雷云每一鼓於近槌撾上仍係以毬或旦或暮其聲不常城破之後遶城種柏不知何意金賊(改作帥)去年屯牟駝岡賊(改作敵)去遂引汴水注岡使城壞(刪此三字)使賊來不復營寨也淹浸十八村使賊(改作敵)至而決水猶有謂賊(改作敵)未至先決水百姓徒受害且使知避水計可謂拙矣城陷六日驛前所殺金使一乃劉監軍之子破城廢主之後發願洗城登門望城中有黃旗兵滿空中遂止主洗城者監軍與粘罕(改作尼堪)二太子不與上在軍金人征求萬端竭內帑至及乘輿嬪御未嘗動色唯索三館上聽之喟然慨歎上初講和回念太學諸生辛勤效死弗去既命舍人孫覿慰勞及議賞諸生感激流涕再幸軍中使人往來猶加問諸

生四壁守禦官吏以南壁言之都大守禦孫傅提舉李擢郭仲荀喬師中都統制王燮姚友仲統制高持范瓊何彥陳克禮李湜石可寶其他逐急差人下統制統領不下十數員一統制下使臣三五十員效用三五十人使臣日給八百至一千效用三百至五百率皆親戚門生故吏又權貴請求而至者身未嘗到而請給論功倍於戰士出戰第功親隨使臣並居優等用命當鋒者未必收錄未嘗中傷者爲重傷歿者申逃亡其弊殆不可言至其尤甚則統領統率論功第賞雖子弟親戚在重湖數千里外者皆詭名誣奏例被賞典京城陷沒方攜告劄遣子孫歸耀鄉閭自以爲得計者比比皆是守禦之吏如此欲冀死守而城不陷可得耶悲夫

吳興沈良靖康遺錄曰宣和中謀取燕山上皇下其議鄭居中獨言燕薊久陷胡虜(刪此二字)一旦得之恐難守況先朝與契丹有誓不宜輕舉宰相王黼以謂千載一時之機不可失童貫蔡攸欲開邊隙徼倖立功請從黼議黼遂以契丹舊賂賂於女眞權賃山前地十年於是下免夫之令諸路州縣隨民稅產科斂以足之郭藥師請降是時山前諸州悉爲金人所掠國

家所得空城而已藥師既降貫與之入朝召見禮遇良渥間入內賜宴賞賚不貲未幾請還燕山捍禦郎授節度使藥師在燕山數有須索使者往來項背相望於道上皇悉從其請國家既得燕山其歲賂金人與守禦賞賜不貲議者謂猶獲石田無所用也宣和八年金人乘勢盡破契丹而幷其地諸小國黑水波利等國盡服屬焉悉有五國國相粘罕改作尼堪及二太子謀欲南寇改作下郭藥師叛降虜改作金連兵入寇河北諸郡莫能禦者虜改作敵所過不殺戮惟取糧食餉軍檄書妄刪此字云體堯舜好生之德與湯武問罪之

師餘多不記十二月二十三日上皇禪位上登極大赦天下遣使如虜改作金講和賊改作敵已破中山遂引而南朝廷聞賊改作金兵至遣太尉何灌內侍梁方平將兵五萬屯河上斷絕橋梁守要害賊改作敵至而河冰合遂濟河方平懼不敢戰單騎遁歸麾下兵皆潰散何灌度不能支亦收散卒退守汜水關賊改作敵躡其後比至汜水灌兵又驚潰乃引其餘兵還至京師賊改作敵過汜水則鼓行而前府縣來報中外震動議者以金賊改作汴都之禍始於王黼童貫等士論皆然二十七日太學生陳東等七百餘人伏闕上書乞誅黼等

以謝天下書聞人人稱快上自卽位躬行節儉減膳素食詔求直言出宮女六千餘人各任所之又禁奢靡罷不急之費數日之間人情大悅蔡京自西京過京師上書請入朝覲云有計策上奏詔不許入城馳騎發遣金人再犯改作至京城閏月二十五日城陷三十日駕幸虜改作金寨二月初六日夜半忽請上相見何㮚李若水孫覿等皆從既見粘罕改作尼堪㮚等並立堦下火炬如晝粘罕改作尼堪令人宣虜僞改作金主詔何㮚李若水皆伏地固請粘罕改作尼堪責以無信若水與相反覆詰難粘罕改作尼堪辭屈乃令拽去若水大罵至死

而口聲乃絶粘罕改作尼堪與二太子藥師等相顧默然㮚雖爭而不敢罵乃免之孫覿不爭得免初七日遣人來取太上皇后太子親王帝姬後宮出城粘罕改作尼堪已得皇族出城復令傅薦舉策立見隨番軍南官傅等不敢薦乃請粘罕改作尼堪自擇所爲當立者百官以次推立凡月餘日議立不決時邦昌以前年奉使到金國與粘罕改作尼堪俱來在軍中賊改作敵意欲立之至三月初十日粘罕改作尼堪出一榜文令在京文武百僚各薦邦昌仰至尚書省若有不至皆以軍法從事於是文武官多致仕不往者十二日拜邦昌爲帝居

尙書省上皇出數日有手帖至開封尹徐秉哲云趙氏注孟子相度分付番賊（改作金人）策立張邦昌策云無德而王故天命假於我手當仁不讓知歷數在於爾躬餘皆不記初番國（改作金人）建立張邦昌遣人諭意張邦昌陽爲涕泣跪伏不受及僭僞位即遣人迎孟氏后（改作）入宮其策云尙念宋氏之初首崇西宮之禮蓋用太祖即位迎周太后入西宮故事議者以邦昌果有朱泚之意粘罕（改作尼堪）住罷根括金銀欲爲邦昌結民故也孫傅既遣皇族遂爲粘罕（改作尼堪）召至青城令見舊主上見謂曰煞煩重相公斷送我一門家眷傅

無對而退初賊（改作敵）圍城放兵四掠東及沂西至濮兗南至陳蔡潁皆被其害陳蔡二州雖不被害屬縣焚燒略盡淮泗之間蕩然矣京城之外墳壠悉遭掘出尸取其棺爲馬槽殺人如刈麻臭聞數百里京城以故數大疫死者過半自城破後物價大貴米升三百猪肉一斤六貫羊肉一斤八貫牛馬肉至二萬亦無得者街巷有病氣未絶者俄頃已被剮剝雜諸牛馬肉賣之菜蔬已盡唯取輭者啗之至番賊（改作敵兵）去盡乃稍平復蓋嘗評之曰夷狄之爲中國患也（刪此八字）（改作敵國外患）自古何限皆當淩遲之世王室阽危中原五裂乘時猾夏（改作深入）理則有之未聞全盛之時封豕長蛇肆貪淫毒如今日之甚也豈非生靈厄會否運所鍾故使人謀乖刺天怨不回然安有堂堂中國幅員萬里險阻不守關梁不閉而戎羯（改作敵兵）深入覆我神州於俄頃間如踐無人之境乎

初上皇時一夕夢數胡（刪此字）人請借樂器覺而怪之比旦登景龍門有司奏萬歲山有羣狐十數張設樂器盃皿相對而飲於是乃敕捕之羣狐散走京師諸草場皆有狐其最大而成精者在州北草場自國初時已享封爵有廟額謂之狐王廟人呼爲大王亦有

時見之其大如驢毛色純白見者避路而立聲喏以奉之也羣小者則呼爲郎君皆不避人一日上皇在萬歲山見白狐而驚問左右左右以草場狐王告自後亦常見於禁中上皇大怒命出御前鷹犬捕之緜是盡出延福宮西城所鷹鷂獵犬以至彈弓弩子之屬皆往捕之至於發掘其窟穴或薰以毒煙京師不逞無賴子亦羣聚而相諠騰數日乃定凡獲狐數百枚而狐王不獲昔秦有胡亡之讖而始皇不知乃北備胡今有羣狐之妖而上皇不悟乃焚狐廟事頗相類（刪昔秦至此三十五字）及取燕山燕山傳新番嘌唱其曲有

蓬蓬之句京師翕然並唱其曲傳於天下識者謂蓬蓬亂也天意若曰唱亂之始自燕山也洎上即位禍難紛然蓋蓬蓬之象也靖康元年七月彗星見其輝數丈自北拂帝座埽文昌占者皆以爲君臣將有不測之災或謂粘罕爲妖星之精或爲虜息二太子當此孫覿自青城還說二酋之狀云粘罕魁偉豺聲蠭目二太子黑而短小其言如僧家念咒然則妖也刪或謂至此五十六字

賜進士出身頭品頂戴四川等處承宣布政使司布政使清苑許涵度校刊

三朝北盟會編卷第九十六終

三朝北盟會編卷九十六校勘記

時人皆賀得人脫時字 叔叔自做取我元道來我了不得一作叔叔自做我元來道我了不得 誤國如此如誤作於 掘城爲踏道踏誤作蹕 惟索及三館書畫上聽之喟然慨歎脫及字書畫二字

三朝北盟會編卷第九十七

靖康中帙七十二

夏少曾朝野僉言曰余生值靖康丙午之難於都城自黠虜（刪此二字）釁成禍結始末之由余偶知之不詳審乃今欲稽考禍亂之由則有大臣乖謬誤國基禍馴致傾危姦回叛異脅附以阽皇輿將帥非人士卒潰叛上自縉紳士大夫之操守下至市井軍伍之作爲皆足以爲將來之警戒焉若夫理辯曲直面折强虜（改作敵）捐身爲國以全大節則有李若水者力排羣議獨抗仇敵主持宗社義不苟生則有秦檜者爲將帥

則懷義赴難潰圍入城任執政則守節事君鼎鑊不渝則有張叔夜者至偏裨小校城陷勢危猶結死士欲援乘輿於虎口則有吳革者侍衛卒伍適時倉卒深察賊（改作敵）計排斥大臣欲拯主於禍難中則有蔣宣李福者皆可垂訓後世光曜無窮焉

九月五日粘罕（改作尼堪）攻陷太原二太子進攻眞定安撫使劉韐守禦具備而人心悅服總管王淵鈐轄李質訓練士卒數千皆可禦敵時眞定在河朔最爲堅壘朝廷以金人圍太原防其東軼犯（改作侵）河朔之地乃以劉韐爲宣撫使領兵五萬守遼州以扼其險王淵李質劉韐皆辟置乃以樞密副承旨李邈爲眞定安撫使焉而邈優於吏職而（刪此字）拙於應變且新至眞定人心未附倉卒之際金兵圍城精兵既出百姓之情不親故旬日而拔是時朝廷新失太原又聞眞定之報上大憂慄患將帥非人思得豪傑之士以衞邊乃下哀痛之詔金人遣王汭堅欲割三鎭之地金人渡河朝廷大臣唐恪何㮚輩以謂大河之險決不可渡其昏謬如此金人至城下先採溼木編洞屋以新牛皮蒙其上戴之令運土木以塡濠穴以大木爲對樓雲梯小車又廣列其檑石礮座尋碑石磨蓋石

羊石虎爲礮欲攻之所列礮石百餘座飛石如雨擊守城之卒死傷者日不下一二百人金人自丙午初春用兵攻陷太原皆以講和割地爲語李邦彥吳敏耿南仲唐恪皆墮其計時何㮚爲右丞孫傅爲尚書每朝廷計議必面折執政地不可割金人志不在割地朝廷由是任之至敗事城破不能權宜濟厄聞金人講和反傾意信之曾侍衛兵卒之不若夫不信於造謀之始反信於城破之後傾款○（舊校云別本作頃款）中外之勢而致乘輿北還者由和議昏昧而戰守不固議者曰兵法稱不足則守惟其不足則當死守以固之

而京師將吏軍士自春初守城相疑姦細紛擾不已上下莫能相制而號令不行城下金人每被礮擊死者百人而行伍不亂城上一箭至則互相驚擾移時不定种師道自春初見士卒守城如此深憂後患王宗濋誘士以官爵而竟不與之宜乎士不爲用宗濋庸謬士無紀律致都城摧破宗社阽危陽九戹會之數實有以致之者也何㮚鄆王詣金人軍前請講和二酋改作帥謂何㮚鄆王曰自古有南即有北不可相無也今之所議期在割地而已又欲邀上皇出郊何㮚回道金人之意欲邀上皇上曰上皇驚憂已病不可出必欲堅要朕當親往二十八日何㮚又至軍前二酋改作帥乃許上出是夜彗星見井其光長亘天二十九日何㮚又至軍前日出色赤如血㮚歸都堂會無愧色見執政但喜講和而已與作會飲酒食肉談笑終日自古大臣愚昧無恥未有若此者二酋改作帥又遣使乞令人於河北召康王使者傳云聞康王已占據河北之地恐河北州軍恃王不肯交割請遣人迎之是時金人已懷廢立之意而朝廷大臣無有覺悟者何㮚奏上乃遣簽書密院曹輔由京東詣河北迎康王

上在齋宮高尚書郭少傅與吳幵孫覿馮澥等對上吟詩唱和又或以太學之官對元帥講書及二月六日變議令推舉異姓時王時雍爲留守見議論紛紛恐百官不肯書名乃先自書名以率百官從而書名者數百人皆若州縣胥吏畫卯歷略無留滯不終日千餘士大夫及軍民書畢申上時亦有倡說忠義互相詆毀而竟書名舉邦昌者時雍乃蜀人也其在蜀爲市牙圖利又王黼當國時雍專爲鄉人納賂求差遣時人謂之三川牙郎其鄉人曰今又作賣國牙郎也或曰士大夫平時享國爵祿不能納忠效計以防禍亂至於傾側顛沛又不知以忠義徇國夷狄禍中國刪此五字改姓易號反偷生附會爲悖逆之事或曰金人拔城以兵脅衆勢不得不然余應之曰今有賊執隣人之父以脅其子曰汝能殺父活汝子肯殺父以求活於賊乎其在天地間何以爲人懼金人之威盡遣上皇諸王及舉邦昌者是殺父以求生也方金人初圍城城上守禦士大夫自宰執侍從武帥將校千餘人金兵數人上城兵潰莫遏軍士卒伍其無忠義不足責也向使士大夫於城破之時人人以死徇國軍兵士卒雖懷怯懼亦不敢潰也唐德宗時守奉天

而賊不能拔今以京城而金人拔之究其所以則奉天之臣皆以死守獲全京城士大夫皆覬利偷生之徒故金人以數卒上城而潰矣今日之患由節義之風不立士俗偷薄其來久矣至於如是甚可羞焉有人問京破之由當應之曰軍威不立而士風偷薄以此破也開封尹徐秉哲爲金人所迫押文引令諸使臣火下搜捉宗室使臣利於得財雖多捉獲而免脱者十有二三焉其文引云或於南薰門蕭太師處交割或於順天門耶律太師處交割皆用使牒押字徐秉哲爲人之臣國之宗屬乃忍押牒以賂仇讐開封

公人並小火下緣取人口妄爲攘奪金銀盈室集會於欣樂樓號曰金擢會其貪生忘國有如此者又要太學博士十人又要博士熊彥詩彥詩時雍之壻乃易改作以他員代之其忘國營私有如此者內侍梁方平○舊校云按方平汴京破時已誅疑有誤士仍指言上皇宮中寶玉玩好鄧述改作珪具錄后妃皇子皇女李遘獻黑漆皮馬甲二萬副太祖平唐火箭二萬隻金汁火礮樣四勝弩內侍平時享國富貴無與爲比其內侍負國有如此者在京廂禁軍兵有月糧衣賜國家養此所以禦四夷方改作自上中下內教親按諸營武藝精練厚加

賞賜用臨戰敵敗衄奔竄遂致城陷自罷守禦每日津般金帛禮樂器用儀仗法物秘閣書籍國子監經史道釋藏印板未嘗休息自旦至暮疲弊困弱有般至軍前屢有換易往來力乏憤而擲於地或在虜改作敵人前者虜改作敵人徐謂之曰莫是國家得汝力耶在京禁軍平時衣糧不闕金人圍城激賞已厚賊改作敵兵數人上城曳戈潰散致宗廟阽危二主遷越又於初破城時恣行刦奪朝廷恐其作亂仍地分彈壓每日於常時請受外日支米二升錢一百文城中米貴百姓餓死兵士糶餘糧月獲厚利百千至邦昌即

位又請登極犒賞左藏庫榷貨務都茶場支錢般運縱橫於路見者無不痛恨其軍兵負國有如此者邦昌僭竊行事命百官不出敕但以尚書省牒不建年號又不用靖康號應文榜檄但曰三月初七日上有詔與徐秉哲令買路菜云社稷山河爲卿等所誤可恨者某等父子兄弟成擒耳無思舊主勉事新君可於都司借支錢一千貫買路菜秉哲得之而泣秉哲爲府尹應奉金人根括金銀諸般取索及勾集人口自初破城至金人去凡五箇月府庫蓄藏及民間物宗室百官宗屬人口等一有所索一席之上皆秉哲

經營之自旦至暮與金人對坐於朱雀門指顧唱叫不勝其勞也從官數人吏事不及遠甚廢立之際不能措一辭反勾宗室以奉之見金人殺梅執禮安扶等守金使而泣之咸多秉哲勤勞之力而責其不忠之罪或曰秉哲賣主求安吏職雖精眞奴隸之材也何以士大夫爲

四月一日金人之師離城下盡去初金人與京城彈壓官曰金人去後宜卻治樓櫓守扞拒敵趙家人馬恐壞了張皇社稷十一日邦昌還資善堂

宣和錄曰先是城陷後十二月初三日虜須改作遣索犒

軍絹一千萬匹金百萬鋌銀一千萬鋌表段如絹之數只要綾羅錦繡之類不要紗四日開封府榜盡數令於戚里豪富之家根括金帛赴開封府送納六日將內外庫絹盡數令禁軍送之軍前自此數旬不已退回污損者甚多遣使巡視府庫已封內藏左藏及御前軍器所八日虜改作敵使又檢校內藏左藏元豐大觀等庫金帛緘封之十日尚書省榜應戚里權貴豪富之家竭其家資以貼犒賞已令開封府措置日下拘收轉送大金軍前十一日詔吏部尚書王時雍同知開封府與徐秉哲分東西廂四少尹十五少卿五郎官徧詣在京根括拘收戚里權貴豪富之家金銀錢帛犒設大金軍兵或敢隱匿並正軍法捕奴婢笞擊問之十三日遣軍人百姓般絹赴南薫門交納凡一千萬匹自當時日始使來欲割蒲解許之先是軍前諭意金帛不前初十日定下城故凡百應副莫敢少緩般絹至軍前屢有換易悉要山東河北者朝廷以酒殽等遺受納番官無算都人自左藏庫前分行相屬至南薫門遞絹輸軍前人給錢二百抵暮方散十五日開封府等處鎔金銀共四千爐金銀每鋌各五十兩開封府榜爲大金軍前怪問金銀表段數

不多聖駕未回都人知緣金帛久留聖駕爭先輸納有福田院貧民納金二兩銀七十餘兩人心可知唯豪貴家不肯盡出差官吏大搜廛里苛急人不能堪至有囚執婦女發掘房帷者內侍寺觀倡優旅邸根刷殆遍親王公主宅所有取上皇旨悉數輸納有司景靈宮內庭駕前器皿無一存者每坊巷命里長鳩集仍許奴婢告以軍法從事斬數人首朱雀門以徇日輸金帛如市者有告首內侍藏金者數人率萬餘兩由是內侍悉令出金銀五千兩十三日聖旨今後士庶之家幷不得將金銀帶出入候開封府遍行天

下其見在金限三日赴開封府送納限滿送納不盡許受僱人男女使告金帛之往肩摩轂載於道卿監省官以下於南薰門交割虜(改作敵)遣大酋(刪此二字)皇族郎君領其事郎君者虜(改作金)主之兄尤凶悍無理(刪此五字)日布巨挺於前陵辱官吏大理少卿尉遲紹先司直王忠臣少違其旨拽坐庭下使唖其口意未愜復批頰數十以建茗腦麝等物遺之獲免一日倨坐譙門呼官吏俯伏道左左右傳郎君指揮實不曉一語第聞曰明日金帛未足便敲殺十四日詔語云千分未及其一由是開封府及四壁根括官供軍法狀以

聞自城破諸門皆爲虜(改作敵)守雖金帛亦於門首交納細民各分井巷自相糾率雖釵釧銖兩以上共行助國以竿揭於通衢府前塡委不容置足十四日府榜備坐聖旨高尙書傳元帥台令根括金銀盡絕訖具狀申當遣金人入城檢校仰體此意不可誤事十九日開封府申軍前根括到金十六萬兩銀六百萬兩表段一百萬匹二十三日四壁置場買銀以缸銷秤盤折耗比元數少五十萬兩欲足之也正月內金帛見納比元數金百之一銀十之二表段十之二開封府復行根括十五日開封府榜益催金銀人不聊

生悲戚愁歎皆欲自盡集從官議各分定貴戚家復行根括如鄭紳張襄之徒內侍之類皆平生貪黷之人前日不無藏匿者既到虜壁(改作敵營)遂自言所有虜(改作金)人復索至於再三十八日開封府榜國相元帥台令恠問金銀表段數目不足問城中士庶唯復要縱兵入城自搜或只納金銀表段犒軍令大軍早回仰各體認日下盡數所有送納虜(改作敵)人入內徑取諸庫珍珠四百二十三斤玉六百二十三斤珊瑚六百斤瑪瑙一千二百斤北珠四十斤西海夜珠一百三十箇硃砂二萬九千斤水晶一萬五千斤花犀二

萬一千八百四十斤象牙一千四百六十枚龍腦一百二十斤金甎一百四十葉王先生燒金陳摶燒金高麗進奉生金金甲金梳頭盔各六副金鞍金馬杓金杵刀金作子四百二十五副玉作子七百副花犀帶扣金帶金束帶玉帶鍍金帶金魚袋等上皇閤分金錢四十貫銀錢八十貫皇帝閤分金錢二十貫銀錢四十貫皇后閤分金錢十一貫銀錢二十二貫銀火爐一百二十隻金火爐四隻金棹子面二十隻銀交椅二十隻金合大小四十隻金水桶四隻金盤盞八百副金注椀二十副金銀匙筯不計數金湯瓶二

十隻琉璃盞一千二百隻琉璃托子一千二百隻玳瑁托子一千二百隻珊瑚托子四百隻瑪瑙托子一千三百隻珍珠扇四百合紅扇一百合藍扇一百合行鸞扇三百五十合大扇六十合扇車一百兩虜改作敵使督金帛者旁午四壁以從官臺官各一人提舉催促府中差官巡門提轄四壁又添官十員措置收買仍令諸倉以米豆換之再納金七萬五千五百八十兩銀一百十四萬五千三百兩表段四萬八千四百匹又遣使人改作促提舉官以金帛遲延堅欲勒赴軍前嘗曰京城總七百萬戶除高力下戶當不出金銀一錠耶明日虜改作敵使來勒留守大尹提舉人供限五日納足元數二十五日虜改作敵使趙少監傳監軍指揮請八人提舉官赴南薰門受約束遂殺梅執禮等乃下令曰根括官已正典刑金銀或尚不足當縱兵自索既而宦者復語賊改作敵帥曰試許士庶以金銀換米麥當有出者已而果然遂督迫益急城中驚駭不知所爲留守司差官百員分定街巷不問貧富徧加根檢下至貧民一分一錢之微亦取之兩府尚書大尹各金二千兩銀五千兩表段三千匹下至寄居致仕選人校尉各以差次輸納科配官絡繹塵

市既定數目日下輸納稍有違限發遣家屬赴軍前至此人益不聊生矣虜改作金人令稱科配不得用根括二字內臣恨取去工妓等又怨所遣官吏既至虜壁改作敵營乃紿言城中金帛取未及一二分官吏隱蔽不肯用心虜改作敵必要元數督責日急要牛車千輛取景陽鍾簾司天臺渾天儀合臺星象合臺天輪自五代祖宗已來所蓄并收江南浙蜀所有上皇二十餘年珠玉一旦取去牛車擔負襁屬不絕又遣李少監郭率府入普淨寺取朱勔家書畫直至去日方絕四月一日虜改作金人去盡營中遺物甚多朝廷差戶部拘收象牙一物至及二百擔他不急之物稱是秘閣圖書狼籍泥土中金帛尤多賤之如糞壤自安祿山陷長安以後破京師者未有如今日之事刪自安至此二十字二百年府庫蓄積一旦埽地盡矣

賜進士出身頭品頂戴四川等處承宣布政使司布政使清苑許涵度校刊

三朝北盟會編卷第九十七終

三朝北盟會編卷九十七校勘記

次以大木爲對樓雲梯火車（火誤作小）　宗澂庸謬士無紀律（士應作師）　仍分地彈壓（分地誤作地分）　可於諸司借支錢三千貫（諸誤作都）　一席之上皆秉哲經營之（之上應作以上）　自當時日始使來欲割蒲解已許之地（此係小注誤作正文時字衍脫地字）　懸朱雀門以徇（脫懸字）　并不得將帶金銀出入（將帶金銀誤作將金銀帶）　其見在金銀限三日（脫銀字）　少違其旨（旨誤作指）　除無力下戶（無誤作高）

三朝北盟會編卷第九十八

靖康中帙七十三

石茂良避戎（改作兵）夜話曰金人再犯（改作至）闕閏十一月二十五日午時城陷僕逃難於鄉人王升卿舍館夜論朝廷守禦之方一話一言悉莫不驗其文蕪其實直而不許質而不文非所見聞則略而不書去年春金人犯（改作兵）至關朝廷許以三關未幾食言故有十月之師又許大河爲界河東河北悉與之金人恐中國之反復也凡河東河北守土臣親屬悉質於軍以俟及境訓諭又取大臣及家屬凡二十餘家如蔡京童貫王黼皆以罪譴而欲其家屬也如張孝純蔡靖李嗣本皆以降而欲其家屬也甚者如李綱徐處仁吳敏陳遘劉韐折彥質折可求皆以用事而欲其家屬也朝廷惟命是聽除赴貶所已出京則以實告嘗見王升卿說莫儔作館伴使自圍城之後金人凡三遣使來始使命至聲色甚厲云自後不復來矣後數日復來稍下其色怡其聲復云後不復來矣數日又來儔詰其復來之狀無辭以對哀鳴呷喙而已朝廷訝其數來雖許以三鎮託以他事遲遲其請未幾而城陷金人登城斂兵不下方遣使求和何㮚等疏謬

若此初李綱徵天下兵四十萬以解太原之圍師中五月之敗解潛八月之敗潰散殆盡而太原終不解至九月初三日辰時太原陷九十五日上下蒙蔽一人猶未知太原京師之屏翰也太原陷則王室孤內外無援可謂危矣朝廷怡然不顧惟主和議私植黨與自相矛盾烽燧不立斥堠不遣敵兵翱翔河上已數日朝廷猶未之信十一月二十五日二太子圍城至二十七日粘罕改作尼堪四十大隊又到方始倉皇分五路遣使臣徵兵矣天下之兵除陝西五路外有漢上保甲施黔州兵福建路槍杖手皆可用何苦而不

預徵耶至敵已圍都城雖欲求援不可復得矣天下之援兵不至京城圍月餘竟陷是誰之罪耶去年春金人犯改作至闕下寨皆在西北地名牟駝岡敵既去議者引汴水灌岡為水所壞者凡十有八村冀敵人不敢下寨也識者鄙之曰借使汴水可淹奚不俟敵兵之來然後引水灌岡則敵可淹沒今乃先放水灌岡是使敵人預備害也謀之不臧如此已而敵兵再來果赴東南大抵京西北城高門皆甕城水門亦甚完固可以守禦東南城低水門未暇修完最為受敵緊處又有大於此者南門去襄鄧止十有三程五路

徵兵來從漢上兼襄鄧保甲極可用亦可招而援也敵營城南則襄漢兩路不復通又京師漕運全藉東南動千萬計萬一乘輿播遷則百艘可以宵濟敵營城東絕無糧道且使乘輿不復出矣議者欲使張叔夜一頭項披南城外下寨或在東水門外下寨朝廷議不果反墮彼計中使人心痛不已況汴京自有天地以來聖帝明王未嘗居此逮至五季之君因循苟簡雄霸一方擇地未暇也太祖龍興不遺鏃而天下稽首稱藩恐煩百姓睠彼大梁乃建城市營宮室然無山川之險四面受敵萬一敵人繚繞絕吾糧道屈

膝而已蓋恃險而不恃德亡國也恃德不恃險者危國也惟險與德俱恃國乃尊強僕嘗欲建議於朝果欲復都大梁莫若回汴河蔡河五丈河皆由城外而過借使輦運糧餉亦何憚而不車載斗量也三河既回於城外則無延敵之水門舊城亦可築合復如新城外門置樓櫓萬一外城失守則舊城復可守矣粘罕改作尼堪自稱用兵過孫吳孫吳豈可過也軍中稱二太子提十萬之師今年春直入中原如涉無人之境不戰而屈人之兵金繒駝馬牛羊婦女虜掠改作俘獲無限班師反國迨不與三關立取真定復至闕下又如

反掌之易粘罕(改作尼堪)師老太原九月不下縱至都城亦復後二太子期以迹較之其不逮二太子明矣二太子尚不可及況孫吳乎乘我太平之久軍兵游惰國難未夷無一人用命故敵得以乘隙借使上下一心內外相應朝廷有賢相守禦用名將雖百粘罕(改作尼堪)京師豈可破也粘罕(改作尼堪)二太子優劣雖殊然皆善將兵其紀律嚴密故下皆用命頃在殿前見御寶批降到金人三生陣同命隊法令姚友仲已下各陳已見以聞凡敵人遇我師必布圍圓陣當鋒次張兩陣左右夾攻故謂之三生陣每隊一十五人以一人

爲旗頭二人爲角三人爲從四人爲副五人爲繳旗頭死從不生還還者幷斬得勝受賞亦然故謂之同命隊諸將亦皆畫陣圖詣殿前司獻欲以方陣迎敵次以兩(缺字)陣夾攻其左右敵兵厚重復用兩直陣掩其傍此五行陣法也或欲分爲八陣擊首則尾應擊左則右應擊中則首尾皆應此八陣法也僕笑而進曰自古陣必相其地之利便敵人之多寡或披山或背水或設伏料敵應變在臨時豈可預爲之若使敵人知我之情別布他陣將何以禦姚友仲以爲然復問同命隊法奈何僕曰國家係五連法行之舊矣且

如五人爲伍積五十人爲隊押隊引於前擁隊驅於後全伍勝擁押隊有賞全伍負有誅如此則自然用命夷狄(改作金人)之法不足道(改作過是)也姚公友仲深以爲然又嘗與僕料敵人之勢僕謂皆假借而養成之初合謀而滅契丹也莫若申嚴邊備按兵不動使其自相攻擊可收卞莊兩虎之功則朝廷信義不屈夷狄貪惏無所施(此七字改作敵亦無由生心)乃假借其威使二百年之盟約一朝掃地遂俾蕞爾(刪此二字)窺伺王室先則長驅而來深入重地遷延月餘蓋慮別路輻湊不得返國也進不敢攻止求金繒而已爲當時計莫若涉河

之時俟其半渡河北之師邀其中勤王之兵襲其後使匹馬隻輪無北還勢(改作者)乃擁衛姑息莫敢誰何既許三鎮又復不許使彼得以藉口都不遷兵不徹飽食安坐以俟其秋高馬肥長驅復來此曰假借而養成之也又自城破番兵每夜擊鼓以報平安其聲隱隱如雷如(改作或)日暮或天欲曉其時不常毛德如有詩云睡覺昏昏厭鼓聲者是也又於四壁栽種松柏不知何義詩又云城頭松柏鎖愁煙是也自古城陷未有不戮而陷者既陷之後豈期不戮一人殆有神物主之自閏十一月二十五日城陷至十二月正

月盡皆大風雪連日不止略無少異天道竟如何哉
曹勛北狩聞見錄曰太上自北狩出城起行至過河
旬日後宣諭勛曰我夢四日并出中原爭立之象不
知中原之民尙肯推戴康王否勛曰本朝德澤在民
至深至厚今雖暫立異姓終必思宋不肯歸邦昌幸
寬聖念又曰我夢想當不妄第記此事次日宣諭勛
曰我左右惟汝後生健步又備知我行事爲我持信
尋康王庶知父母繫念於彼及此行艱難勛曰臣仰
賴天威可以伺便冒圍而出願不辱命得達聖意是
晚太上出御衣三一襯領俗呼背心拆領寫字於領中曰

可便卽眞來救父母并押計九字復縫如故付某又
索那皇后所帶金耳環子一隻雙飛小蛺蝶俗呼鬬高飛是今上
在藩邸時手製以爲的驗及皇太后信物令某不以
方所必見大王奏之訓語丁甯且囑且泣曰無忘吾
北行之苦又以拭淚白紗帕子付某曰見大王深致
我血淚之痛父子未期相見惟早清中原速救父母
此外吾不能多致語言氣哽吾臆故也待到燕山去
此信下添惟字三聖刪此字人知餘皆不知皇后初取環子
與沈押班令付勛曰到時轉語大王願早如此環遂
得相見并見吾父幸道無恙皇太后以下皆哭太上

又宣諭曰如見大王但奏可有清中原之謀悉舉行
之無以我爲念且保守宗廟洗雪積憤又曰藝祖有
約藏於太廟誓不誅大臣言有違者不祥相襲未嘗
輒易每念靖康誅罰爲甚今日之禍雖不止此要當
知而戒焉太上又令奏云恐吾宋之德未泯士衆推
戴時宜速應天順民保守取自家宗廟若不順人心
記得光武不立時事否又宣諭曰會有龍德宮密賜
馬價珠犀合子等物大王會說欲決河灌渡河番人
等事以爲密驗在虜改作敵寨臨行日恭承皇太后聖
訓令奏大王曰大王再使軍前欲出門時二后洎宮

人送大王至廳有幼女名招兒見四金甲人狀貌雄
偉各執弓劍擁衞王後女指示衆衆雖不見莫不畏
肅皇后悟曰我事四聖香火甚虔謂京師四聖觀必其陰助
今陷虜改作敵中愈當虔事自後夜深必四十拜乃止
更令奏大王宜嚴崇奉以答天貺其蜃從時皇太后
未知主上卽位嘗用象戲局以黃羅貼覆書康王字
於上焚香祝曰今三十二子俱擲於局若康王入九
宮者大王必得天位一擲其子果入九宮他子皆不
近皇太后以手加額甚喜臣下拜且賀卽具奏太上
大喜復令謂皇太后瑞卜昭應殊異便可放心卿等

可賀我勛等皆再拜皇太后曰只以此知代將不易道過堯山縣進早膳有燕人百餘人守太上所乘車輿語勛曰太上活燕民十餘萬我輩老幼感恩極深願識天顏因具奏聞爲揭簾見之皆羅拜曰皇帝活燕民十餘萬陰德甚多即見回鑾不須憂悒太上曰汝等知當時救護之力耶吾獲謗不少今困阨反甚於汝輩無食時豈非天也燕人咨嗟再拜而去太上在路中苦渴摘道傍桑椹食之語勛曰我在藩邸時乳媪曾啖此因取數枚食美蕁爲媪奪去今再食而禍難至豈椹爲我終始耶至眞定府自東門太上乘

馬與二太子并騎入門前有引旗書太上皇字府中兩街居人見旗皆哭虜改作敵人不較也館於府園淨淵莊午間請太上看打毬自二太子以下皆入毬場太上與皇后在廳上坐打毬罷行酒少頃侍中劉彥宗傳太子意云久聞上皇聖學甚高欲覓一打毬詩其請頗甚恭太上曰自遜位以來未嘗近筆硯勉作一詩以答臺意乃寫付彥宗曰錦袍駿馬曉棚分一點星馳百騎奔奪得頭籌須正過無令綽撥入斜門綽撥斜門皆打毬家語　彥宗捧讀稱歎即與二太子又番刪此二字語似講解其意太子起謝太上亦謝謝其恭也自過

眞定虜改作敵委肅王管諸王國公及諸位房院委駙馬都尉曹晟管諸駙馬及帝姬不得拖後出入打請路糧又委本朝王宗涉王構李常爲都管以糾之上已緣行故路不能書地名

趙鴻臚子砥燕雲録曰靖康丙午冬金人既破京城當時下鴻臚寺取經板一千七百片是時子砥實爲寺丞兼是宗室使之管押隨從北行丁未五月至燕山府六月間聞康王登寶位虜改作敵人傳報領大兵見在南京不日過河虜改作敵人聞之驚駭膽落刪此二字子砥急要潛出歸朝誓不久處虜廷刪此二字乃陰結燕

人舊歸朝官忠翊郎亳州兵馬監押朱國寶承信郎亳州指揮使王孝安二人至中京伺候二聖動靜恭請道君宸翰密數金人虛實揣求探報知其情狀戊申四月甲戌南遁六月甲子至闕下見留守宗澤留連幾半月與諸四方勤王之師朝夕聚議留守見子砥論虜改作敵中虛實情僞歷歷聳聽意欲使子砥領兵復過大河子砥辭云陷虜改作敵踰年天幸生還急欲奔趨行在朝見具奏二聖動靜面進道君宸翰以寬主上聖慮不數日聞宗公遘疾不起宇文虛中代守發來朝見八月己未抵行在次日丞相召赴都堂

傳旨要宸翰卽時供納及機密事百餘申疏於朝廷至九月十三日忽得三省同奉聖旨除鴻臚寺丞不候受告日下供職此子砥之舊職也二十八日雍陵楊之翰亦自燕山潛歸子砥在虜改作營中與之相從今遂復見雜揚但刪此字備言北事與子砥皆符合據實而錄焉二聖之北狩也道君由滑濬至燕山淵聖由淮揚○舊校云淮揚二字誤應是懷絳之訛又校云否卽河陽二字至雲中道君丁未五月十八日到燕山離門三里太子邀請觀看射柳枝打毬飲食宴至暮次日入門於延壽寺駐蹕貴妃親王帝姬駙馬聖眷同處日侍道君之側金人

供奉甚厚六月初二日太子諸將請道君聖眷毬場宴會二太子捧巵跪勸道君鄭后繼時躬親打毬迎待之禮至重至厚是時康王登寶位赦文傳至燕山二太子得之封呈道君道君卽召貴妃相賀喜動龍顏七月初淵聖至自雲中駐蹕燕山愍忠寺朱皇后太子祁王三郡王聖眷同處侍帝側金人供奉如道君之禮二聖兩寺居處七月上旬於昊天寺相見親王東序駙馬西序道君居左面淵聖居右面皇太子次南面西酒五盞自早至午禮畢而歸七月中旬鄭后體候違和淵聖朱后同來延壽寺問候住及兩時

九月十三日二聖同聖眷起發往中京南人與燕人泣涕送於東門之外盡日乃還金人不能禁止數日爲之不市起發之前金人納絹萬匹爲路費道君分賜百五十匹與仙露寺宗室仲理以下作冬衣領之者無不感泣燕山至中京九百五十里過石門至景州上盧龍領山下過欒撒河至澤河過大漠至中京於相府院駐蹕相府院者契丹時宰相所居也一門五位左二位道君居之右二位淵聖居之中一位管事番官居之中京人煙風物比之燕山蕭索太甚二聖服食器用皆需於燕山每兩月金人排辦起發供

應道君聖眷千餘口淵聖聖眷百餘口比駐蹕中京相府院去大金國尙三千里二聖於此止之東京去取宗室嗣濮王仲理以下姨嬸命婦宗女等千八百餘口至燕山仙露寺養贍日給米一升半月支鹽一升自嗣王與兵卒無異拘縻點看監視嚴密困於道塗苦於寂寞一歲之間死及八分止存三百九十八人入保州御莊宗室趙遵顧奉使金國亦在燕山拘縻國相粘罕改作尼堪近許放還本州其御莊宗室仍舊不曾起發奉使官中書侍郎陳過庭幷文武官五十餘員幷門下侍郎耿南仲孫元在眞定丁未八月遣

諳燕山崇國寺安泊至十月國相粘罕改作尼堪已到燕山計議追呼出頭許其南歸無不懽呼方行備車促裝無復有指揮并押赴顯州自旦至暮方得引見粘罕改作尼堪以燭從頭至足炤之令厚加養濟戊申三月間一南人賃驢向瓦橋買米得故紙內有本朝足本赦書司馬朴營求得之爲燕京醫藥靳法告於燕山留守收捉司馬朴枷項禁勘獄成申元帥府已而貸死杖七十依舊養濟知燕山蔡靖其子松年與眷屬同處金人養濟甚厚松年與一渤海道奴改作務通事燕市中合開酒肆燕王嗣濮王宰臣何㮚樞密張叔

夜駙馬曹都尉并皆身亡其餘有從淵聖在雲中者未知存亡宗室拘縻從官養濟之宜於此知其詳也東京取醫官教坊內侍內人作匠司天官吏國主元帥大酋刪此二字共分驅使燕山得國主指揮更不發遣厚與養濟於諸寺院內安泊內侍內人皆爲大酋改作國主所有醫官開鋪樂人作場司天行術作匠執藝各自營生衣食方足畿輔所破郡縣盡皆驅虜北行何啻千萬比到燕山無論貴賤壯弱路途之遥飢餓之困死者枕藉骨肉遍野壯强者僅至燕山各便生養有力者營生鋪肆無力者喝貨挾託老者乞丐於市

南人以類各相嫁娶燕山有市賣人凡軍兵虜得南人視人立價賣之此本朝人陷虜改作沒於此改作北可見也金國渤海漢兒契丹等并差知州通判知縣場務官更有元帥府亦差除即如外知州知縣差兩處朝廷差官元帥府更差即是三人互相爭權乞取財物乃至科錢物供輸皆出民間有公事在官先漢兒次契丹方到金人丁未冬宰相劉彥宗差一人知燕山玉田縣國裏朝廷亦差一人來交割不得含怒而歸無何國裏朝廷遣使命至燕山拘取劉彥宗賜死續遣一使來評議彥宗各賂萬緡乃已有兵權錢穀

先用女眞次渤海次契丹次漢兒漢兒雖劉彥宗郭藥師亦無兵權契丹時不用渤海渤海深恨契丹女眞兵與渤海先降所以女眞多用渤海爲要職燕山留守二人金人沙裏知改作薩勒札判官郭藥師沙裏知者阿骨打之族弟也。阿骨打改作阿固達又有三司使契丹麻九改作莽嘉渤海大卒燕人張令言領之宣徽使契丹果哥改作果核等燕人韓鼎裔領之渤海李菩薩奴改作李菩薩努爲統軍漢人劉昉爲部署此女眞族系所出設官之宜於此可知也丁未六月國裏朝廷指揮選南人文武八員與太子伴讀選得陷燕官前燕山孫設司錄張崖等八人並換北官除虞部郎中特賜金綺厚支盤費令燕人歸朝官韓昉待制館伴赴御寨九月金人遣燕人直史館王樞奉使高麗令吳鼎是南官撰冊文至戊申正月劉彦宗移文河北已得州縣鎮搜索舉人二月一日已前起發赴燕山就試與免科差於竹林寺作試院與北人同院異場引試二月十七日引試北人詩賦一場二十八日引試南人作南朝法試三場其試官分南北南試官張堅王文昌王庭直初軍前取太學生三十八人金人師退復令入城獨顧友臣服金人服隨軍至燕山授北官校書郎是時三月二十

七日開院北人四百人取六分南人六千人取五百七十一人并皆推恩劉彦宗云第一番進士寬取誘之丁未七月初二日太子往御寨離燕山七百里到涼淀病傷寒亡歿酋首（改作部下）皆剺面號泣其尸（改作喪）載來燕山八月初歸本國每破州郡用一金人一燕人一南人同共鎮守有投拜開門者知州官屬更不改易並依舊法此金人政事之紀於此可見也河東五十四州古契丹沙漠之地自耶律建國之後如奉聖歸化州之類遇有差發金國不甚計較著軍數目願南征者甚眾蓋利金帛子女也沙子裏在沙院西

北去金國四千里廣有羊馬人藉此爲生五穀惟有糜子喬麥一歲一收地極寒而草茂冬月不雕雖枯不梗馬可臥人亦可臥柔如氈毯南接天德雲內北連黨項國南關口到此數程無水舊契丹有使命往還用皮毬乘水駝負之天祚有子趙王者見在金門御寨許王者迺元妃所生年十八九今在沙子天祚僞弟大石（改作達實）林牙已立爲主稱天輔皇帝盛聞結集兵馬已及數十萬待時興舉頃年郭藥師所簽常勝軍自藥師投降復慮反覆將常勝軍盡皆放散各令歸業連歲軍兵兩路進發傷折逃亡人數頗多復

令引（刪此字）剗刷追呼補數燕山有倉三座并無見米每支散乃取給民間錢帛庫在內中并無見積止有絹七萬匹所取本朝輅輦逍遙子在燕山延壽寺安放河東河北州縣鎮防守每州漢人契丹奚家（刪此字）渤海金人多寡不同大州不過留一千戸縣鎮百戸多闕額數河北路邢磁冀莫未下皆用兵守之更不攻打舉諸國并簽南軍無慮十五餘萬人鎮守之數在內衣糧隨處掠取此金人虛實之情可於此見也御寨去燕山三千七百里女眞國主所居之營也供奉使喚南人居半銜冤負屈皆有謀殺（刪此二字）叛亡之

心戊申正月數千人同謀山中斫柴爲名盡置長柯大斧欲刦其主入山據險結集南兵迤邐南來獻於本朝復以爲質無何南人告變於是根究情實殺首謀者數千人其事遂寢舊歸朝官中大夫集賢殿修撰張龔告宰相劉彦宗乞知眞定府獲鹿縣其人荷國厚恩不忘忠孝自丁未冬到任結集五馬山馬擴趙邦傑等及中山兵民先復眞定次取燕山戊申五月有日舉事無何南人告變張龔不露以疾告歸燕山府潞縣舊南官巡檢使楊浩於丁未九月入玉田縣山中與一北僧智和禪師結集招誘南北忠義壯

士謀舉大事其人於戊申三月間來燕山城中子細迺以物色而問其詳云招誘南北人士已及萬數若得三萬可以横行虜（改作敵）中決報大讐繼而楊浩復入中山易州界接山有一燕人之子年十八小名劉里忙豪勇俊邁異於常人遠近無不推服於山中聚徒黨選南北人少壯者與舉義兵邀擊金人意欲令人推爲虜（改作國）主於本朝結好自戊申三月間金人聞於燕山府集兵千人往易州山中擒捕劉里忙其中險峻不可進傍見今用兵守把山路劉里忙徒黨日盛招集愈多南北忠義之士自投者甚眾已及萬

數金人未易可制此南北離潰之情於此可見也宣政以來朝議所失者遠結金人近滅契丹之過也金人既併其國我朝雖厚其賜予重其和好必來襲我治安（刪此二字）蓋初取契丹實意圖我國況開其路而引之恥金人講和以用兵我國斂兵以待和邇來遣使數輩皆不得達劉彦宗曰金國只納楚使焉知復有宋也則是吾國之與金國勢不兩立其不可講和明矣往者契丹主和議女眞專用兵十餘年竟滅契丹今復陷其轍譬人喂虎以肉喂之食盡終必噬人若設陷阱以待之然後可以制虎也

賜進士出身頭品頂戴四川等處承宣布政使司布政使清苑許涵度校刊

三朝北盟會編卷第九十八終

三朝北盟會編卷九十八校勘記

其文蕪撫具寶脫摭字具誤作其　而欲取其家屬也脫取字下同

九月十五日上下蒙蔽脫月字　緊要處又有大於此者脫要字　絕吾糧道吾誤作無　我夢想當不妄一作我夢想常不忘

太上出御衣三襲襯一領脫襲字襯一領誤作一櫳領　待到燕山爾乃去脫爾乃二字　今日之禍雖不在此在誤作止　保守取自家宗廟取字衍　太后悟曰太誤作皇　以手加額喜甚誤作甚喜

復令謂皇太后曰脫曰字　王宗沔沔誤作涉　王愼愼誤作構

五月十八日丁未丁未誤在五月上　令吳鼎是南官撰册文是南官三字係小注誤作正文　河北路邢磁冀鄭鄭誤作奠　已及萬數餘人餘誤作金　此南北離渙之情渙誤作潰　實意在我國在誤作圖

三朝北盟會編卷第九十九

靖康中帙七十四

汴都記曰十二月初邊報知藥師以常勝軍叛斡离不改作斡里雅布直抵燕中左右近臣倉皇失色未及修備而斡离不改作斡里雅布師已渡河直至城下虜改作敵兵如入無人之境朝廷知賊改作敵鋒逼近乃連遣使求和中外由是洶洶但持和議虜改作敵退朝廷茫然未有奇策士庶咸望徐處仁入輔中興既召爲相吳敏耿南仲李綱議論不協但各務汲引門人而已南仲官雷觀等以植講和之黨邊事一切不問建計議司舉羣寮屬一時躁進之人乘勢附之不知所議何利害也四月初上皇皇后還闕上親出郊迎逐蔡攸至國門不得入時蔡京在洛詔諸子悉置湖外取王黼首級至闕下童貫送嶺表又遣臺官張澂取首級梟於都下梁方平以不守河津遂戮之羣凶就刑都人大快人皆以伊呂望處仁然功名滅於治郡竟以碌碌敗事敏亦尸祿爲姦天下之士言利害者日數百略不省覽惟是自相矛盾王雲奉使歸奏曰二太子亦通說話黏罕改作尼堪很勃删此二字不可近也約雲以七月復到至期不至則舉兵而南虜改作敵既舉兵由兩路

南進議者或曰虜（改作敵）若渡河一鼓而南我缺人措置當於京城四面十里間各屯兵數萬築高塹開深溝據要害之利以堅守別馳騎以援之又清野以斷糧秣使虜（改作敵）進不敢攻伺其隙以兵擊之令河北之民各營壘以自守走使以報康王爲元帥率集其兵衆揚聲擣燕山以斷虜（改作其）歸路使之動心徂潛軍渡河會勤王之師繞其背夾攻之尚可也或曰虜（改作敵）兵甚鋭而吾軍衄之久聞虜（改作敵）深入氣益喪不若擁駕臨狩徐議所向嬰孤城以自守恐非長策也大臣未以爲然虜（改作敵）忽掩至朝廷罔知所措

何㮚日上城提舉召募人兵號曰何相公奇兵其應募者悉缺食羸憊之人市中黄旂縱横統制滿道㮚狂率書生豈曉兵機往來城壁談笑自若傳聞云㮚日飲醑酒半酣一謳大可駭也黏罕（改作尼堪）自居青城未嘗離寨凡有所議唯召斡离不（改作斡里雅布）至帳中軍事皆出黏罕（改作尼堪）

帝自行在所批付徐秉哲取衣服並牛羊千口五色綫皂角之屬末云奉上皇指揮取趙才人（元奴）

帝蒙塵以來京師無君者四十餘日無監國幷三省者半月内外帖然市廛如故蓋人心久困則思生故也家家毁器皿屋宇充薪日掰糗糒及做衣隨新主遷徙初金人欲行未行之間邦昌爲左右小人疑惑有異初心先册太后引周太后事赦文中止勤王之師知范訥等兵在近搜索各人親識遣之公然肆赦以示即位士論頗有異辭明達墓爲虜（改作敵）所發掘露取棺板以爲營栅初男女北遷者五百人爲一隊虜（改作敵）以數十騎驅之如驅羊豕京師人不能徒走遠涉稍不前即敲殺遺骸蔽野孫傳得車一乘載骨肉自以匹馬隨之背小行李取前日府中宣借負荷初上皇之子韓國公尚在嬰孩前日事變因隨養娘

遁民間虜（改作敵）人亦探知限秉哲一日要見不然便要大尹到軍前虜（改作敵）人取人其急如此范致虚全家皆虜去一子寅敷作少卿亦徑取以往金人到陳州南京屢敗二城竟全徐處仁幾不免二子被殺陳遘在山中爲軍人所殺趙野元知大名府爲軍民所逐朝廷遂以運使張慤除直學士知大名元帥府用事者耿氏父子黄潛善宗澤汪伯彦等耳太學内人元有六百人圍閉以來患脚氣者二百餘人至今尚有殂者半爲鬼録去冬詔許試七書義幷策以求謀略之士太學中守舊闇遠大者皆不肯試惟輕狂躁

進者欣然就試後皆補校尉發赴張叔夜軍前聽候差使比肩卒伍及城破死者甚衆退師後有存者往山東見康王上書言事者此曹何所不至國家顛危倘欲覬覦艮可憫笑城破時如劉延慶男光國秦元康澤民諸人叩門斬關夜遁並無脫者唯有兵者且戰且引可以潰走如傅政臨郭京是也副元帥宗榜京城述康王指揮分遣將兵一百餘萬迎二帝已引兵渡河河北諸郡十不下一二以爲應援夏熱在近金人必不能來李綱榜湖南安撫郭三益引上軍及溪洞兵十萬前來救援知京兆范致虛榜收復南京

擒僞留守高世由統制張思勝榜收復襄陽府擒郭京前來二十五日在京應官司一半官吏詣南京迎駕是日邦昌時雍等率官吏出門

范仲熊北記曰辛丑壬寅年時朝廷新定燕山調河北河東京東京西之民轉般粟金帛器甲往燕山絡繹於道縣吏部押來者皆言燕山初定盜賊不可勝數剽刦行李商旅遂絶部押官往往在雄州不敢北去而燕雲兩路官吏散處中國其嘯聚之民並引處內地中國之民日夜疑之而官吏亦不復以禮待遇兩相忿恨數至喧爭至乙巳歲秋平陽府就糧義勝

軍劉嗣初反轉至懷州城下守臣霍安國禦退之丙午歲十一月黏罕改作尼堪陷懷州殺霍安國范仲熊貸命令往鄭州養濟途中與燕人同行因問此中來者是幾國人共有多少兵馬其番人答言比中隨國相來者有達靼家有奚家有黑水家有小葫蘆改作博囉家有契丹家有黨項家有黠戛斯家有火石家有回鶻家有室韋家有漢兒家共不得見數目其從河北隨蟾目改作棟摩國王者兵馬更多爲拘占數國路大金正軍不過十萬煞有生女眞喚做埽地軍便是也以仲熊所親見黏罕改作尼堪寨有兵五萬人婁宿孛堇改作羅索

貝勒寨有兵萬人皆槍爲前行號曰硬軍人馬皆全副甲腰垂八稜棍棒一條或刀一口槍長一丈二尺刀如中國屠刀此皆驍衞之兵也弓矢在後設而不發弓力不過七斗箭多者不滿百隻自大金兵外其他國兵皆不帶甲弓矢或有或無皆旋斫道傍木執之爲兵黏罕改作尼堪軍至步卒皆粟米粥或燒猪肉別無異品番人主中國事者高尚書孫左司也高尤親要兼充黏罕改作尼堪軍前通事謂吏人日本司皆插筆於腰文字極簡與人論談言皆成文而檄書文字淺陋删此二字幾不可讀凡番官平居惟着上領褐衫無上下

之辨富者着褐色毛衫以羊裘狼皮等爲帽傳聞黏罕(改作尼堪)二太子初入中國時止着褐布衫既拔京城其下無不衣錦繡至月旦及視事則幞頭公服靴笏皆如中國之制仲熊每見黏罕(改作尼堪)着青貂裘半袖時復露頂而坐金人差女眞沙里打(改作薩爾拉)爲鄭州道士趙之才在鄭州賣相能揮四十五斤鐵簡心膽可使仲熊因謂之曰上皇爲了無限道士没一箇報恩之才曰只是不用着之才豈是不能如今之才肯爲趙官家便死也不悔仲熊因與之謀殺沙里打(改作薩爾拉)不果四月四日黏罕(改作尼堪)回軍至鄭州教一番

兵引去見少帝其人引仲熊到清德太平庫前中有內侍及婦人數人中一人身甚瘦人指云此少帝也仲熊拜訖云臣受國恩才薄位卑無所展效致陛下及此死有餘責帝不言金人已叱仲熊令退有番官梁慶裔來叫仲熊曰國相有臺旨有國書送你歸書題曰書致於南朝皇帝闕下骨盧你移賚勃極烈(改作固倫尼伊拉齊貝勒)左副元帥不寫姓名只用一元帥府印下云謹封書云天會五年四月日骨盧你移賚勃極烈(改作固倫尼伊拉齊貝勒)左副元帥謹致書於南朝皇帝闕下早者攻下懷州內有鄉貫係河南人以不係朝廷措置州縣人民隨軍將帶前來北至汴京了畢權令鄭州就糧養濟除情願歸降已發過河北外內有不願歸降人從事郎懷州河內縣丞范仲熊遣令還鄉仰冀英聽俯爲亮悉專奉書陳達不宣謹白慶裔遣馬軍一人至京師投下仲熊遂歸

靖康皇族陷虜(改作敵)記一少帝位下太子諶小大王訓(見居五國城鄭才人生)大公主二公主(各年幼狄才人無出)一見在親王景王濟王莘王徐王安康郡王相國公溫國公廣平郡王儀國公頑使(狄才人韓州生)鐵使(閻婉容五國生)一見在公主純福公主(尚醫官王宗沔男昌遠)小公主(尚藥官成良男敎復)榮德公

主(嫁習古國王已死見在大金皇后位居○注習古改作賓古納)洵德公主(嫁設野馬郎君見在上京○注設野馬改作錫默)甯福公主(嫁陳王已死其子見在冷山住居)惠福公主(嫁開府相公斜保三國相男見在上京居住○注斜保三改作希卜蘇)一見在貴妃崔貴妃王婉容大王婕妤小王婕妤狄才人喬婕妤一一見在駙馬都尉宋邦光向子房向子扆一見在諸王男女成文(鄆王男)成規(肅王男)成章(景王男)成範(邵王男)成之(莘王男)成式(濟王男)相國公儀國公下(各一男年幼)相國公溫國公下(各一女)安康郡王廣平郡王(各一女)故和王(女嫁王遵道男安令已到行在)故信王(女四人)一一見在棣華宅親王等和義郡王有奕甯郡王有恭燕五節使有章越五

節使有忠燕五節使有思燕五觀察有亮越五觀察有德一親賢宅宗子故晉康郡王孝騫男安規等士稱公綸一歿故親王燕王(越州)越王(韓州)鄆王(韓州)肅王(五國)祁王(五國)沂王(五國)信王(五國)建安郡王(青城)嘉國公(五國)瀛國公(五國)昌國公(五國)一歿故公主嘉德(嫁宋園住上京歿)令福華福安德順德顯德柔德一歿故貴妃王貴妃閻婉容一歿故駙馬曾寅曹晟蔡鞗劉文彥田丕一金國北京坐諸宮院見在宗室仲慕仲琂等並宗女姨嬙兵士等僅五百餘人去年來上京告朝廷艱難賜錢三萬貫牛二百頭爲養濟一奉使洪皓見在燕京等處

住金國已降赦已令換官往往不肯祗受一應被虜宗室女見在北人家作奴婢者金國已降赦官中二人換一名出令作百姓自在居住一應虜二帝親屬四百餘人爲遷二帝往五國留在遼東落後養濟焉

淵聖滑州驛血指書襟詔曰宋德不興禍生莫測朕嗣位以來莫知寒暑寢食惟保汝赤子以衛我社稷庶幾共享太平不幸用非其人兵未抵京謀已先潰使我道君而降全族爲虜百官偷生勢不獲已所不忍聞者京師之民捨命不顧棄金帛寶玉欲以贖朕此最可傷恨不得與斯民同生同死後之社稷恐非我族輿言及此涕淚横流衛士潛歸嚙指書襟敷告中外宗族忠臣義士奮起一心爲朕雪北顧之恥毋忘毋忘

雜著私書曰四月二十日兄某書致元章解元弟自去冬徐處仁吳敏李棁輩相繼登廟堂誤國謀身全無措置卻欲背約唐恪何㮚又凡庸輕脱河北河東委而不問自种師中以深入敗績李伯紀以寡謀喪師士氣益不振冬初大金引兵入北聲言問罪且邀三鎭朝廷尙守誤國之謀謂祖宗之地尺寸不可割堅守不與遂破眞定迤邐南來無一卒與戰及議和

也而何㮚孫傅必欲戰以遂前非且迎合上意不思力之不敵也時復閉門自守城中兵及保甲與募兵雖及二十萬分守城上及以拽礮以餘兵屯五嶽觀城外無一卒一騎金人近城公然塡濠倒戈置礮座鵝車爲攻城具而劉延慶以下位高金多不肯出戰時擦城下數百人以啗之虜(改作敵)氣益張閏月十八日十九日閒金人遣使欲親王宰相出議方酉使不遣何相自領山東弓手及募召到義兵號奇兵登城門自指揮進退虜劄寨由南郊直抵門外就河北作橋已成不知兵虛實多寡之數奇兵近濠虜(改作敵)以

數十騎突之遂大奔潰爭入門門已閉自相排迮二千殲焉虜改作敵人益無忌憚二十四日遂攻城燒敵樓自巳至未併退二十五日寂然不攻我軍亦不備食後以鵝車向城只三四人上來由昨日燒處爲不曾蓋棚空濶二三丈矢石如雨不可立有槍手二百餘立兩傍至三四金人上時四畔先走相次城上城下棄甲擲兵爭先遁逃將士無一存者金人既登城畏城中人不敢下乃分布城上下窺城中早晚擊鼓驚動聲言洗城者累矣至上出講和割兩河復墮其計蓋欲困之也十二月初十閒始求金帛金要百萬

鋌銀五百萬鋌段一千萬匹正月初十閒上念人困不能敷此數且虜改作敵邀上出大臣寡謀不能任事乃使車駕再犯不測初以金帛不足留上在外城罄所有不足以塞所請又取索帑藏所有應禮樂之具服用之物占天之璇璣傳國之寶玉上自珍異下及麤惡悉取之工匠人口醫官樂工妓女內侍以至後苑八作文思院及民工悉取之約十萬口父子夫婦生相别離及提老攜幼係累而去哭聲動天地至二月初六日上已爲虜改作敵所廢而城中不知也初七日來邀上皇鄭后十一日來取太子後宮以鐵騎逼脅最後取宗室欲絶趙氏議所立已請張相張相以死辭三月一日遣使臣入七日羣酋改作金人入持玉寶册繖蓋以大金命立爲大楚皇帝凡百須皆應付辦少不如意即令下添軍法二字少尹甚危四月初八日師退勤王兵方來無追襲者聞在外作過康王即大位中原可定矣

秘書少監趙暘與姚太守書曰某奉親幸如常惟是遭此大難國破君廢墳墓殘毀親戚破亡殆無生意臺旆出都之後廟論日益背馳九月又失太原十月初失眞定而觀望之徒猶持不與三鎭之說至於集

百官廷議事勢至此乃妄爲不使一騎得還之言熒惑上聽十月下旬虜改作人忽遣王汭來使議畫河爲界仍聞鐵騎已欲渡河汭頗不遜大臣無如之何乃遣耿南仲聶昌朝悉從其請正忙中唐恪乞罷復相何㮚處置尤乖疏耿聶方北渡而虜改作騎已南來斡离不改作斡里雅布自魏縣濟師黏罕改作尼堪自盟津涉河尋得一石底裏皆乘馬浮河而過廟堂更無措置但自十一月十四日遂閉城門初猶日開一兩門放人樵採至下旬虜改作騎大至更不復開旋爲守城之計斡离不改作斡里雅布館於城東北劉家寺黏罕改作尼堪設寨於南郊齋

宮闈月初卽下手攻城且遣使來欲得宰相親王議事當國者不肯行至東水門屢危斡离不（改作斡里雅布）復專遣使見告云事急矣親王宰相不出必破城也又不肯兼遲留使人每日不使對使人於都亭驛廳上盤旋不能定但云是好公事卻如此說當國者但告上云彼二帥懸軍遠來是送死之時彼乏糧故急欲講和不知虜（改作金）人自於近京五七百里分兵驅掠自家百姓牛羊運糧山積也至二十三日陳州東壁人放火礮燒樓子三座亦有金賊（改作人）一二千上城幸得殺退已大危斡离不（改作斡里雅布）復遣使來告曰宰

相親王下城便罷攻擊竟以爲虛僞而桌與孫傅皆親宿城下恃守禦之至二十五日午未閒虜（改作金）人於燒了樓子處走上城守卒遂潰俄頃賊（改作敵）大至是日風雪異常城上人亦不能立是夜虜（改作敵）人縱火燒樓櫓而大風如扇平生所未曾見火光下照幽室中亦如白晝雖平日說雄話者皆恐懼牆落也一城之下但知候曉就戮矣至五鼓初賜與舍弟翟扶老親行於深雪中得一委曲巷詰曲可藏避處并幼累皆趾伏其閒至申未以來忽有人來報虜（改作敵）已講和不復下城然近稍窩居者不論貴賤皆被虜卻

如御街近南一帶并西岡等處士大夫失妻子者不可勝計囊槖皆埽地矣二十九日上出至軍前三日始得還自此之後劫掠稍止然諸門皆虜（改作金）人自開閉城上盡是虜（改作金）人日夜聞鼓聲不絕其爲恐懼殆不可言上在軍中不得已乃上表於金主彼自號爲大金皇帝（刪彼自至此八字）至十二月二十三日急遣使來云得本國指揮要金銀犒設金一百萬鋌銀五百萬鋌并五十兩眾論以爲此數大多雖竭京師公私所有必不能辦也不如遣使從會至軍前者往懇用事之人痛乞減數仍乞作年限看其所答何如

桌堅拒之云且與他盡力括看所得如何方報去賜亦三次論之其餘侍從臺諫言者極多終不見從至正月初五日忽再遣使催督云斂金銀近十日并無報應不知果有此數否始方說與要數大多似不能足意已怒云何不早說也蓋臘月中閒已曾遣用事人來遍視府庫見內藏庫有絹千餘萬匹已就整數千萬匹矣意以謂金銀必可足見說不能足乃不喜至初九日晚復遣使來請車駕出城議上大金帝號事時已昏夜忽傳指揮來早駕出從官皆不及知詰朝遂至軍前自此日候乘輿之歸寂無所聞但每有

軍來傳詔語曰只候議事了便歸也而虜(改作金)人在四門交割物色者云城中所有物色者皆來買并用左藏庫錢而府庫所有物無不來般四門皆有交納官皆公然云要皇帝歸須候納足金銀也自後上日有批語云急根括金銀然後可歸也讀之者無不掩泣是時侍從百官皆分頭根括暘亦在此抄劄事到十六日已根到金共十九萬餘兩銀一百七十餘萬兩乃自留守孫傅以下皆供軍令狀云已根括盡得每日催督稍緩只云煩請皇帝看打毬畢即歸至二月五日遂打毬畢必便歸自上出百官日至南薰門

下等候初五日官吏士庶駢填不知其數前此日有燒香煉頂願及至晚門閉方散次日拂旦人又聚集等候又至晚散雖快行家亦無一人自軍前來者暘來見孫伯野云上曾有語不遣人來否伯野云每日須有人至不似今日無一人來也乃大憂悶而歸是夜二更遣吳正仲(幵)莫壽朋(儔)齋廢立文字至禁中留守處黎明始見羣臣皆撫膺大慟伯野復來秘書省(孫伯野傳作留守復以禁中衆官難於出入仍暫於秘書省置局)遂三四次作狀中軍前具述皇帝恭儉無失德又已稱臣於大金乞依舊令聖上臨御懇禱備至不從但云係本國指揮

不敢改易繼又請乞立皇太子并皇叔燕越二王與親王之賢皆不從又持上親劄來請上皇及親王皇后帝姬皇太子出城少頃不出即入禁中搜求矣上皇亦慮轉更驚恐乃初七日未申間請鄭皇后與皇太子每日復來迫脅轉急其使皆自乘馬至宮中不可禦但深痛憤而已暘自此至今三月間鬚髮皆白豈謂生太平無事之時乃目見禍亂如此初七日秘書省欲自縊乃忍死偷生至二月二十三日軍前令張邦昌要百官狀請本官權攝軍國事子能在軍中屢求死使人晝夜監視之至此又再索金銀尤急

其實欲以迫脅京人無異議至二十五日急來請促括金銀官梅和勝(執禮)戶部尚書陳子幹(質)工部侍郎程伯玉(振)開封尹安次公(扶)禮部侍郎及侍御以下與臺官於南薰門外議事先將南榻以下四人盡去衣各遣壯士執五檛併令合面就地以涇柳棒自肩背至腰打五百棒背瘡更不可言只如手臂皆拽脫并不省事擡歸次將梅陳等四從官皆先去巾帶反縛跪膝後用大棒敲死仍割去頭其酷如此痛苦何言至三月初一日晚送張子能來是時張不食已五日恐其遂死及送入仍令鐵騎皆衣甲挾兵刃臨門

云城中有異論卽屠城張舘於尙書令廳至初五日父老皆大號泣升令廳云金人已欲屠城且告相公急救一城人命張不得已號泣揮衆使退虜（改作金人）遣人使作漢裝於令廳人衆中探伺知衆心如此乃於初七日齎册寶來封張爲楚帝國號大楚都於金陵因請免百姓金銀及請見在軍前衆官始肯令馮左丞長源曹樞密載德路樞密允迪譚世勣孫覿汪藻等還從行而北者何㮚孫傅張叔夜司馬朴秦檜等然都城已破敝城中凍餓死者不可計米麥至二十四貫一斛肉一斤兩貫三百菜數莖三四百文今

城已開門外殘破并無居人二麥已熟無人收割勤王之師已有刦掠計赦恩之後漸次甯息虜（改作金人）近在濬州酸棗或陽武過渡至都城不滿百里豈安於此耶今則帑藏皆空禁中供御乘輿之物悉爲虜（改作敵）人般盡至於秘書圖籍國子監鴻臚舘職文思染院官吏皆取去今幸有放歸者宗姓近上人悉皆并家屬取去日日勾收諸國人如捕盜賊初從行時親族相別牽挽於道路號呼不可聞不謂盛時乃至於此

賜進士出身頭品頂戴四川等處承宣布政使司布政使清苑許涵度校刊

三朝北盟會編卷第九十九終

三朝北盟會編卷九十九校勘記

我決失措置決失誤作訣人　些小行李些誤作背　副元帥宗澤脫澤字　張思政政誤作勝　有大石家大誤作火　黏罕軍至步卒皆粟米粥一作自黏罕至步軍卒皆粟米粥　小注狄才人所出所誤作無　小注邠王男誤作邵王男　小注嫁宋國王王誤作住　分守城上及以拽破以字衍　一應禮樂之具脫一字　凡百須皆應付辦一作凡百須索皆府應辦　聶昌往悉從其請往誤作朝　得一委曲巷詰曲可藏避處上曲字衍　近有稍窩居者脫有字　不如遣侍從會至軍前者侍誤作使　且與他盡力根括脫根字　已就整數千萬匹矣萬字衍　金銀必亦可足脫亦字　遂云打毬畢必便歸脫云字　急來請促根括金銀官脫根字

三朝北盟會編卷第一百

靖康中帙七十五

乜澤孫偉靖康野史曰靖康元年閏十一月金戎改作人陷京師駐軍南郊聲言欲縱兵洗城靖康皇帝爲中國生靈屈己出莘其軍虜酋改作金人封以北狩尋以僞刪此二字命檄京城留守知樞密院孫傅京城守禦使簽書樞密院張叔夜以二年二月七日集在京文武臣寮一命以上於秘書省連名書牒請立故太宰張邦昌爲君傅等祈哀虜酋刪此二字申敘國人左袒之意往返六七竟執傅叔夜於軍中下開封府行其事其

令曰日集者親錄官封名氏有異意者送軍中斬首以徇府尹王時雍奉其令作大卷以次授坐人御史中丞秦檜願至軍中論列眾始愕然是時集者數千人檜既行大將范瓊亦挾僞命以佐時雍眾乃噤默奉令虜酋改作金人因具牒作僞詔册命邦昌僭即皇帝位國號大楚奉金戎改作人正朔稱天會五年三月七日某嘗以侍郎陪郊祀朝元正宣和六年元會大官下食料至八千員古今朝請之盛所未有也雖大臣黷貨宦寺分權禮義消亡廉恥廢缺法度崩弛風俗敗壞衰亂之形見已久矣然未至一日中文武士庶千

人皆如達奚珣輩惜一死而舍大義也意爲時雍瑣脇制有不能伸者是時某蒙恩賜告聞於江上私竊怪之每遇靖康二年二月在朝之士必問焉建炎二年客鼎州郡人朝請大夫鍾翱曰是日時雍以大卷轉相授皆屛氣書名惟謹其閒亦有欷泣悲吁者第不敢吐一辭也忽下坐一諫士面目嚴冷者厲聲曰二百年趙氏天下豈可付他姓吾乃異意者請如所令其右一汴士大慟曰吾請同行時雍詰之自列名氏曰奉直大夫寇庠朝請郎高世彬所以志也紹興二年宜州遇浙東徐餞言大夫張僅者堂吏也是日

密署秘書省所集姓名次爲一編緘於篋中乃取平生所受官爵告牒悉投於火自爲布衣五月聞今皇帝卽位於南都挈舟東下欲上其編未果而病卒又遇龍眠李覺知庠爲山東人强毅倖直非碌碌者於是質以所聞爲無疑矣向使檜之忠憤兼善座人則庠世彬必將越衆應之數千人亦必從而和之使壯士擒瑣智士殺時雍然後羣譟斬南薰門而出俱詣軍中又使辯士以禮義廢興曉虜酋改作金人彼雖悍强豈敢殺數千忠義以楚易宋邪檜之名壓嵇紹千萬人矣然則庠世彬僅雖不死節其志亦可嘉也殆聖人所謂狷者已矣某泣血謹記以俟太史採擇焉

又小臣孤憤野錄總敘曰政和中邊臣導遼人李良嗣李善慶歸於京師宣和初女眞執遼主疆吏來告詔以大中侍童貫爲河北河東宣撫使經略北鄙蔡攸輔行四年十月遼蕭后稱藩於我時女眞滅遼遂稱金國十月入幽州貫欲以爲己功而廢格手詔十一月我師入幽州制詔升幽州建燕山府後二年女眞陷忻代州太原府遂渡盟津犯京師明年三月七日金人剗立僞楚是年夏四月一日太上皇帝靖康皇帝北狩五月一日上卽位於南京九月遂幸揚州

某待罪江上得太學生丁特起所著孤臣泣血錄又從諫官袁彥範得痛定錄武廣嘗膽錄已復有人致李綱傳信錄及太學擇術齋記史略者荒誕參錯而使疑者滋惑之大抵不能悉著姦臣敝主誤朝之實使忠義者日夜痛心疾首大懼歲月寖遠是非混淆并恐後世不免以爲訕也某老矣不能從志士仁人復不共戴天之讎刷四海九州之恥區區孤憤無所控愬乃取諸人所錄以日係月編而次之其事則因於舊其辭則紀以實記事非敢私爲之以俟他日太史網羅放失云耳題曰小臣孤憤野錄云

鴻臚寺主簿鄧肅靖康行曰（○舊校云肅字志宏南劍州沙縣人貢入太學靖康初召對擢左正言有栟櫚集是詩見本集）女眞（改作金人）作意厭人肝揮鞭直視無長安南渡黃河如履地西有太行不能山帝城周遭八十里二十萬兵氣裂眦旌旗城上亂雲煙腰間寶劍凝秋水雪花一日放濛濛皁纛登城吹黑風我師舉頭不敢視脫兎放豚一埽空夜起火光連鳳闕征鼓砰轟地欲裂斯民嗷嗷將焉之相顧無言惟泣血僕射何公叩龍墀閉門相臣成噬臍奇兵化作乞和使誓捐一死生羣黎高風洗空胡（改作大）帥怒九鼎如山不復顧郊南期稅上皇輿截破黃流徑歸去陛下仁孝有虞君忍令胡（改作敵）騎驚吾親卜龜太史自鞭馬一出奐回社稷春虜（改作敵）人慕德猶貪利千乘載金未滿意釵鈿那爲六宮留大索民居幾卷地六龍再爲蒼生出身磨虎牙恬不恤重城突兀萬胡奴（改作甲士屯）杳隔鑾輿今十日南門赤子日輧閲爭掬香膏自頂然忿氣爲雲淚爲雨漫漫白雲無青天太王事狄空金帛坐使卜年踰八百天聽端在人心耳蒼蒼誰云九萬隔會看春風擁赭黃萬民歌呼喜欲狂天宇無塵瞻北極旄頭落地化頑石

金人據西京有題詩於壁曰世變時移兩忽然空餘

洛邑舊山川兵屯宮殿鬧如市民靜閭閻冷斷煙漢後幾經成大火周時初建取中天興亡令我掀眉笑不悟邯鄲枕上篇

高世則書趙子砥燕雲錄曰靖康初洛陽城陷成皋人有詩云藝祖憲章誰遣迴門門戶戶有人開清晨山後九州沒日落河頭萬騎來地近蓬蒿堆百骨巷無人跡長蒼苔可憐司馬碑猶臥誰奏伊公一笛哀

遺史曰有孫賣魚者楚州人以賣魚爲生有買者孫賣魚必以蒲穿魚之眼而言曰只爲爾愚後屏去妻子爲道人言人禍福多應宣和間召赴京師未至太上遜位孫賣魚遂止於亳州太清宮是日孫賣魚方在市中忽佯狂奔走入太清宮視防虞桶內水徹底結冰乃取磚石急擊之而大呼曰冰厚打不開凡呼數十聲然後號咷大哭而去人皆莫曉有識記其日時者後知京城陷日時適相契亳州人始異其言冰厚打不開者蓋寓言兵之厚也

賜進士出身頭品頂戴四川等處承宣布政使司布政使清苑許涵度校刊

三朝北盟會編卷一百終

三朝北盟會編卷一百校勘記

金戎戎一作賊下同　時雍以大卷轉相授受大誤作文脫受字　強毅悻直悻誤作倖　詔以大侍中童貫侍中誤作中侍　武廣嘗膽錄而已脫而字　揮鞭直指入長安指誤作覩入誤作無　截彼黃流徑歸去彼誤作破　太王事狄空金帛事一作避　落日河頭萬騎來落日誤作日落　太索民居幾卷地民居一作居民

三朝北盟會編卷第一百一

炎興下帙一

起建炎元年五月一日庚寅盡其日

建炎元年五月一日庚寅朔大元帥即皇帝位於南京

汪伯彥中興日曆紀改作日先是四月二十七日元祐皇后詔令遣王時雍徐秉哲備車馬法駕儀仗等百官庶務各分一半發船載宮嬪及張邦昌等前赴南京迎請又命內侍邵成章王堯管押乘輿服御輦儀仗至南京勸進王坐便廳南仲伯彥潛善延禧耘世則皆侍立成章等捧笥以前點數名件內有道冠一

頂非人間樣制成章等拱以捧曰太母傳語此冠自祖宗以來凡退朝宴閒不戴頭巾只戴此冠後來神宗皇帝易以頭巾循襲至哲宗皇帝道君皇帝非祖宗制也願殿下即位後退朝宴閒戴此冠便是祖宗太平氣象王斂容流涕曰上天眷命羣臣愛戴幕屬將佐上書勸進拜叩固請至於五六吾固辭者亦屢矣方此躊躇以思繼又奉太上皇帝即真之詔太母乘輿服御之意迫不得已敢不欽承於是命剋擇官選得五月一日庚寅命有司於南京譙門之左營築壇場命朱勝非撰策文告天命滕康撰赦文肆赦五月一日庚寅登壇寅受天命南仲充禮儀使延禧讀册告天汪伯彥黃潛善董耘高世則元帥府僚屬皆登壇行事王泣涕即皇帝位於應天府治之正衙南仲伯彥潛善延禧耘世則等先稱賀上殿侍立邦昌率百官稱賀

改元建炎元年

初議改元命幕府官屬聚議耿南仲等議曰王者即位求端於天探一元之意以正本始故必建元故漢光武中興改元建武大王再造王室宜用光武故事紀元恭惟藝祖皇帝誕膺之年太歲丁亥大王殿下

誕彌歲亦丁亥丁亥天元屬火宋以炎德王藝祖開基改元建隆累聖相授逮至靖康乃遭中微殿下紹隆益光前烈南仲等請改元爲建炎

耿延禧中興記曰初議年號黃潛善定爲炎興耿南仲曰此蜀年號遂爲建炎

大赦天下

詔曰皇天祐宋卜世過於漢唐藝祖承周受禪同乎舜禹列聖嗣無疆之歷保邦隆不拔之基屬以朝奸稔成邊釁恃中都之安富忘外敵之憑陵馴致金人來犯京邑初登城而不下慫邀駕以偕行痛念鑾輿

遠征沙漠宗族從而盡從宮闈爲之一空仍抑臣僚俾僭位號朕以介弟之親而受旨開元帥之府以總師方輸敵愾之忠亟奉講和之詔豈圖變故終致阽危蓋嘗指日以誓諸軍使前迎而後請不憚戴星而櫛率土冀外附而內親而三事大夫與萬邦黎獻共致樂推之懇靡容退避之私謂亹亹萬幾難以一日而曠位矧皇皇四海詎可三月而無君勉徇羣情嗣登大寶宵衣旰食紹祖宗垂創之基疾首痛心懷父母播遷之難顧號令久隔衆罔係心軍旅薦興農多失業慰民耳目之注敷朕腹心之言爰布湛恩誕綏

區夏可大赦天下應赦書到日昧爽以前罪人所犯罪無輕重已發覺未發覺已結正未結正常赦所不原者咸赦除之朕惟火德中微天命未改考光武紀元之制紹建隆開國之基用赫丕圖益光前烈可以靖康二年五月一日改爲建炎元年二帝北狩隨行官吏班直諸軍及諸色人等見有家屬并仰依舊支破請給常切存恤無令失所昨金人逼脅使邦昌僭號實非本心今已歸復舊班其應干供奉行使之人亦不獲已尙慮畏避各不自安其已前罪犯并與放免一切不問一應緣金人犯闕歿於王事軍人祖父母妻篤疾及年七十以上家無子孫者委所在勘會詣實特與支本營小分請受如陣亡人依格合給多者卽從多給一應永安軍祖宗陵寢西京應天禪院會聖宮影殿西京可差西京留守及臺臣一員日下前去躬親省視如有合修葺去處一面措置仍密具奏聞南京委汝州守臣依此一天下神霄宮并罷舍屋什物錢糧田產州縣拘收具數申尙書省一應常平司散斂青苗錢穀本以便民歲久法弊反爲民患可自今住罷一應緣軍馬侵犯有臨難死節義不受辱出使軍前及守禦出戰并歿於王事許本家經所

在官司自陳先次覈實具名保明奏聞當議優與褒賞訪聞自來歿於王事合得恩數官司多事指摘細故非理問難逗留致死事者不卽霑恩可令所屬疾速施行一應緣金人大入朝廷遣使往來實歷險難未有經推恩人許令自陳與檢詳元指揮推恩內有金人拘留未還者其請給令所屬且權給一半贍養其家候及一年止一應因金人驅擄及差使過軍前官員及諸色人等得還者並許依舊官職祗應支破請給等內官員已別差人者并令吏部先次別與一般差遣一文臣承務郎武臣承信郎以上并內官醫

官伎術官及致仕並與轉行一官文臣中大夫武臣承宣使並回授與本宗有官有服親武功大夫未帶遙郡一官已帶遙郡防禦使又與轉行右武大夫選人與循資已係承直郎與改官次等合入官校副尉下班祗應依格與轉官資仍並不隔磨勘一應諸路帥守監司許依例進貢恩其金人及盜賊曾失守或逃避之人不許進貢一應承務郎以上服綠服緋及十五年者不以贓私罪與轉服色一應文武陞朝官幷禁軍都虞候以上父母妻未有官封者並與封敘已封敘者更與封敘亡歿者與封贈已封贈者更與

封贈祖父母在者亦聽回授一應文武致仕官幷賜粟帛羊酒即會任大中大夫觀察使以上者官倍賜一應士庶男子婦人年九十以上者賜粟帛等令戶部具別則例行下所在州縣就賜務令得實不得擾呼百歲以上仍保明以聞一應禁軍指揮使以上各特與兒男下班祗應一名諸軍將校合加恩者並與加恩馬步諸軍將士等並特優賞仍比舊例以三分爲率更增一分一應文武官因金人到離任者並限一月內經所在州縣自陳並與免罪轉運提刑司勘驗給還任一應軍人丁夫等逃亡及潰散官兵並州縣百姓因金人所至令失業之人皆因有首領統率原其本心皆欲勤王止緣道路不通遷延日久糧食不繼因而取給民戶刼掠逐路帥守不曾差人總率見今嘯聚未散出首無路自新限一月於所在首身其已前罪犯一切不問並放令逐便軍人依舊本營元職名收管仍免所轄官司及本營問當其少欠官私債負並與除放百姓願在軍者如少壯即減三指刺塡即便支給例物請受其徒中能諭衆歸業或別首納限滿不首復罪如初一應今來嘯聚賊徒既許自新如尙敢乘時作過殺害軍民仰安撫提刑司差

那兵馬捕捉幷家屬務盡斬殺如數多本路軍馬不足申樞密院差大兵前去勦除仰提刑司原立賞格召人擒捕仍許徒中自相殺併依格推賞功效尤大者別具保明格外推恩後獲不以今降赦恩原減一應逃避公人限一月出首依舊職名收管一應逃亡軍人如能勸誘逃亡之人首身本轄官司直簿拘籍每五十人轉一資副都頭以上每一百人轉一資及千人所屬具名申尙書省當議優與推恩一應戰鬭亡失官馬及散亡軍器什物之數合該科罪及官司見責令備者仰統制官保明如委無欺隱特與放罪

除免其民間有收到軍器等物許限一月經所在官司陳首其私收藏官馬不納計贓科罪一應係官欠負不以名色百貫並行蠲免其曾經金人兵馬焚刦殘破州縣鄉村人戶日前私債雖無利息並限二年外方許理索一諸軍昨緣勤王並因差出借過衣糧料錢並與除破更不尅納一應宣和七年十二月二十四日登極合該轉一官向有未經改轉之人並合吏部逐旋具鈔擬轉如失去公案無可照據許取見任告敕照驗許本色官一員委保特與轉補如未祇受歿於王事許回授於本宗本色有官有服人一應

緣金人經由州縣有燒毀係官屋宇等去處除城池倉庫外未得差科修葺少息民力如違以違制論令監司按舉一應經刦所在坊場住罷月日淨課利錢特與紐計除放一應因戰守及差使被賊改作敵刦殺虜者特與免本家二年支移折變仍仰州縣倍加存恤一諸路綱船靠岸日久或遭風水拋失若被盜刦勘會分明委無欺弊不得將官兵尅折請受特與除破一應諸路人戶見欠稅租並依閤展稅賦及緣納錢物并與除放一應諸路借貸常平錢穀並特與除放一應諸路漕司多緣財用匱乏將民戶合納二稅

宛轉折納或支移他郡卻免未支移只納腳乘實惠之類致民間輸納增倍深屬掊克今來並仰遵依條法不得妄冒支移折變仍許人戶越訴提刑司覺察當重寘典憲內京西路昨緣方田添起稅租除六分外止送四分見錢更不支移折變訪聞轉運司將所減分數敷入舊稅抑令人戶輸納重困民力可限赦書到令與蠲免所有違法敷入舊稅去處悉行改正仰提刑司覺察仍許越訴一諸路稅賦支移折變自有成法比年漕司以財用不足往往反覆紐折如合納見錢令輸紬絹卻以紬絹之直折納絲綿之類惟

務削刻良民受弊自今仰轉運司遵依條法不得依前違戾仍委提刑司覺察聽人戶越訴一二稅折科合用納月時估中價近歲轉運司與州縣務於掊尅將及納月顛減時估不以豐凶低昂但稱引用舊例折納太重人戶往往破產今後朝廷非軍事更不下轉運司非泛須索如折科尚敢循習不革守貳轉運司非泛須索并以違制之罪加二等仰提刑司提舉司覺察於起催月終以前具有無違戾保明聞奏不以實聞與同罪一預和買法本支實價訪聞官司立價甚低或高擡他物價直准折或以無價虛劵充數

甚者直至受納未支本錢不遵條限前期起催急於星火今來上供之類欲依祖宗法其和預買有前項違戾守令並轉運司並以違制論加二等仍委提刑司覺察每歲於依限後一月內具有無違戾聞奏不以實聞與同罪一諸路諸般徭役非法令該載者罷該載而非急務仰監司守臣速具以聞當議一切蠲罷一應逃田見今地鄰及地方掌管人等攤認租稅許令陳狀特與放免其田依條召人承佃候逃戶人歸業日給還一昨緣軍興官司於民間勸借錢物及靖康元年後來人戶於所屬州縣獻助錢物依靖康

元年六月二日指揮給降空名告敕計價書填給還比緣監司州縣申明將未降上件指揮已前獻助之物不理數今仰逐州長吏限十日將已降空名告敕通計前後實納之數計價盡數書填給還訖以聞如人數所納前數未及願帖納書填者聽即不得抑勒如違許越訴當議重行黜責一應今來因金人所至州縣刦掠逃避人戶仰監司守令多方招誘歸業內闕食不能自存之人依災傷七分法賑給與免今年夏稅雖即歸業而無力耕種者仰提舉常平司更切審量據等特行借貸錢糧收買牛具之類候將來收

成之日分三等逐科帶納人戶置買耕牛權免稅錢一年其緣金人兵馬蹂踐田土鄉村依此施行一昨經大元帥府駐劄及一月以上去處應辦軍馬極為勞費今來夏稅特除放一應天府興王之地理宜優異今年夏稅並與放免省舉人特奏名并就殿試及再就殿試人並與同進士出身免解人與免省試靖康元年得解及州學職事人並免將來文解一次一應天府差人防秋至今春未能放散顯妨農務應將來差科保甲除陣亡人外特與免一科支移折變一諸路義倉在法合同正稅為一鈔輸納訪聞提舉司

以轉運司侵用有令人戶不得隨稅帶納去處顯屬違法仰令遵依成法改正施行一應人戶典賣田宅因官司不為滅落等第見依舊供應科配差使限赦書到一月內許自陳驗實特與減免一應今日以前典賣田宅馬牛之類違限印契合納倍稅者限百日許陳特與蠲免事發在限內者亦准此一應崇甯以來增置稅務其歲入課利除給官吏等支費外所收錢物不多去處仰轉運司體度并行廢罷一應崇甯以來因買撲坊場河渡及折欠官物沒納田產未有承買者與減見買價三分聽欠戶與收贖限滿不贖

即依所減價出榜別召人承買仍作三年六科輸納一訪聞自來赦書所放逋欠轉運司及州縣迫於調度依舊催納至民間有黃紙放白紙催之語甚失朝廷寬恤愛民之意今來大恩與常赦不同兼務節用可以裕民如監司州縣輒敢故違巧作名目依舊科抑許被科人戶越訴其官吏當重行貶竄一應近年以來州縣緣應奉之費用度窘迫至有前期括借民間二稅免役坊場課利等錢顯是違法自今須管依條限催納不得預借一祖宗以來天下上供委有常數自熙甯後因臣寮奏請歲有增加不勝其弊仰諸

路轉運司取索轄下應於見今上供物數開具祖宗舊制及熙甯以後增添數目聞奏當議并行裁損以紓民力自崇甯以來州縣倉庫受納稅賦務加概量以圖出剩東南六路爲甚以故民力困乏其弊本於補發綱運斛㪷額外增數可除歲額上供數外其每年任其補發額斛並權住罷一諸路常貢之內有時新菓味之類所在因緣貢奉外取索多歸空庫更有饋送騷擾爲甚仰禮部勘會除緣天地宗廟陵寢供獻所須外餘並罷貢一自崇甯以來州縣困乏拋買上供綱運取辦民力或以和雇爲名科差鄉夫般擔

挽運極爲騷擾自今後并不得以和雇爲名科借鄉戶以代兵役州縣故違或監司強抑州縣應副者並許人戶越訴當議重行竄黜一應監司州縣違法賦斂涉於掊剋或科配代買物色實有擾害及應干民間疾苦事件並許中外臣庶詳具利害經所屬官司陳述繳奏或詣闕投進當議考察改正施行雖語言詆訐亦不加罪一應州縣官昨緣京城圍閉赴任愆期多致員缺應已差下官除程限一月到任限滿不到令本路監司郡守各選有才幹人權行具名奏差一次已奏差者他司不許衝替及昨緣防秋所辟官

屬先次赴任因郵置梗澀未受告身人并以掌管職事日與理爲到任月日一應州郡金人曾到城下保守無虞者令所屬等開具元守禦及出戰官兵等保明申尚書省取旨推恩內應天府係祖宗開基之地有三聖御容兩院宗室控扼東南爲襟喉衝要之處與其餘州軍事體不同所有原守禦戰官兵等特先次與轉一官資選人比類施行仍令元帥及應付長官開具保申尚書省給降付身一應吏部宗室注授恩例自有定法昨緣言官論列遂同庶姓甚失惇敘之意可依舊法一應宗室犯罪見鎖閉監管拘管人

該遇今來恩宥并放逐便宗子婦人見入道爲尼願還俗聽元有官封者依舊一應宗室昨來預貢及得解之人並與推恩一應宗室無官人依政和五年二月二十四日册皇太子赦與量試推恩一應外官宗室未有差遣及已授三路差遣願别授者並令吏部不依名次先注闕近便差遣一應諸宮院屋宇近因折毀致使宗室至無處居止並許量口數多寡指占空閒官屋及寺院居住一應宗室因金人取過軍前本房老幼無人養贍或因逃避散居州縣以至失所在京委開封府在外委守臣速行措置月給錢米無

令失所不管漏落别聽候朝廷指揮一應宗室年幼未合出官與依見今官序支破請給一應宗室年幼未及官員并忠義之士在外非曾奉朝廷及大帥府指揮激於忠憤自募勤王人兵未有統屬今來國事稍定仰各將見管人兵交付所至州縣主兵官訖出公據量帶人從前來行在特與推恩一應官員因疾病陳乞致仕今已安痊不以年限滿許召保官員原委保自陳特令再任一應命官尋醫侍養許並召保注授一應恩澤補受文學並許依法召保注授入官一應合特奏並與免試內曾經六舉以上到省人與

登仕郎五舉補京助教四舉上州文學兩舉諸州助教人願赴將來特奏名殿試者亦聽雖試在下等不應出官人亦取旨陞推恩一新春合赴省試人昨緣道路艱阻復歸本貫及在京人卽未有取應之期令禮部檢會故例取旨施行一應去年錫慶院試中武士未經推恩人仰本部限一月開具等第姓名申尚書省一應寺院宮觀有隔下撥放并許於所屬自陳保明申禮部限三日給降其今歲乾龍節合撥放去處雖不曾投進功德疏特與依例撥放試經者與額外添數一次合就試一百人以添一名一百人以上

者兩名三百人以上三名一應暴露遺骸無人識認者許在寺院埋瘞每及一百人令所屬勘驗申禮部給度牒一道一應自今官員犯罪若係贓私自斷定更取特旨斷如係公罪止令刑部大理寺斷定刑名施行更不取特旨一應命官流配編管羈管人永不移放逐便除名追降官資及勒停責授散官安置或終身不齒放歸田里人等及永不收敘人并與敘元官落職人與復舊職折資及降等差遣人與復本等差遣合檢舉者刑部限三日舉其蔡京童貫王黼朱勔李邦彥孟昌齡梁師成譚稹及其子孫皆誤國害

民之人更不收敍一應吳儲吳侔王宲劉昺等親屬前來禁錮約束指揮條具以聞停降諸色人等未經敍用及永不收敍人並特與敍元職名已還補者額外收補一應編管移鄉人並永不移放者並放逐便沙門島罪人不以年歲遠近並移鄉五百州軍一應命官公人軍人犯罪除名有特旨除名停替羈管大理寺合斷刑名外一時特旨除名停替羈配安置之類本不合坐罪者並與除落理元斷月日一應特旨還俗僧道許自陳特與依舊爲僧道令本州出給公據一應禁軍犯偷盜情重依條並行隔下不得遷補

轉若經斷及五年不曾再犯候轉日委所屬勘會詣實特與轉行一應急腳馬遞鋪兵因金人所至逃避散在諸處送遞角可專委本路提刑司疾速措置招刺依舊擺鋪仍依時支給請受一應緣軍興收置物色未曾支還價錢者并限十日支還一京城閭閉日久商旅不行今道路方通理當優異其商賈欲般販物貨上京者并經州縣自陳出給公據特與免沿路稅錢一應中外有文武才略藝出倫或淹布衣或沈下僚內自禁從外至監司郡守廣行搜訪各舉所知一名如舉得其人并行旌擢限十日內薦舉仍以所舉人移文州縣以禮津遣赴行在一應孝子順孫義夫節婦所宜旌表以厚人倫事顯著者仰長吏保明白來上一應祖宗以來赦內常稅寬恤事件及名山大川歷代帝王祭祀封爵等并檢會行嗚呼聖人何以加孝朕每惟問寢之思天子必有所先朕欲救在原之急嗟我文武之列若時忠義之家不食而哭秦廷士當勇於報國左袒而爲劉氏人咸樂於愛君其一德而一心並立功而立德共徯兩宮之復終圖萬世之安副我憂勤躋時康乂

賜進士出身頭品頂戴四川等處承宣布政使司布政使清苑許涵度校刊

三朝北盟會編卷第一百一終

三朝北盟會編卷一百一　校勘記

王衮管押乘輿服御衮誤作究　點數各件各誤作名　羣情愛戴情誤作臣　有未經推恩人有未誤作未有　并令吏部逐旋具鈔令誤作合　今來夏稅特予除放脫予字　一省舉人特奏名脫一字　一自崇甯以來脫一字　所有原守禦出戰官兵等脫出字　及應天府長官應天府誤作應付　許召原保官員委保自陳原字誤在員下　試經者與額外添數一次至以上三名此係誤簡應在令禮部檢會故例施行下　一百人以上添一名脫上字　二百人以上者二誤作一者字衍　若係贓私自合斷定脫合字　刑部限三日檢舉脫檢字　并移至鄉五百里州軍脫至字里字　事節顯著者脫節字　并檢會施行脫施字

三朝北盟會編卷第一百二

炎興下帙二

起建炎元年五月一日庚寅盡五日甲午

中興記曰初命滕康草赦文或詆斥圍城士大夫有憤怒意上命耿延禧改定以進且云圍城士大夫一切不問眾服上有大度眞寬仁聖主矣

朱勝非南都翊戴記曰上幸南京登極勝非建言受命中興宜築壇行禮北望二聖寅受寶冊乃卽帝位因治壇於府東偏五月朔上登壇受寶改元建炎請以中興受命名壇載於登極典詔可之

遺史曰初上在相州也閏月十四日夜夢淵聖令盡解所服袍帶而以自所服者賜之望日上語延禧世則羣臣不敢對先是太上皇帝將禪位解所服緋衣玉帶賜淵聖既上出使河北淵聖又解以賜行上在河北懷衞諸州申狀皆爲靖王或爲康王或以紀年之號兩當之至是始悟靖之爲文立十二月也蓋淵聖立十二月而上建大元帥府遂卽帝位也

黃潛善中書侍郎汪伯彥同知樞密院事卽日押付都堂治事

黃潛善制曰中書政事之本一新萬化之原賢者邦

家之基茂建百王之典朕紹膺鴻緒綏御庶邦炎正中微國步孔棘興衰撥亂坐收三傑之功舍爵策勳進陟五臣之位具官某器識沈毅而足以任天下之重學問淵博而足以識古今之全蚤服釆於禁塗浸宣勞於外屏胡塵改作邊烽侵犯都邑震驚纏氛祲於九重接壓廬改作干戈於萬里立轅門而左袒倡義旅以南征閒關百難獨見松栢後彫之操險夷一致遂成桑榆不負之勳是用蔽於僉言擢升右省式慰沃心之望益惇大政之元爾惟丕命其承迪以先王之典予其克邁乃訓永奠烝民之生益懋遠猷以對休命

汪伯彥制曰朕惟列聖儲休千齡累洽軍政隳壞將帥惰驕胡寇改作强敵長驅京邑震擾博延羣臣之議人莫與能檄召天下之兵士無鬭志卒罹變故幾至阽危肆疇佐命之功共濟經邦之業具官某學貫千載知出萬夫沈謀有先物之幾居簡得鎮時之望參華延閣出總藩符屬時訪落之謀實預扶衰之義肇開幕府爰整師干豊邑故人莫重蕭曹之冠雲臺諸將獨高寇鄧之勳是用順考僉言蔽自朕志擢司兵柄進貳機庭幹茲心膂之憂實賴股肱之舊勝殘去殺期臻眞枕之安保大定功共享銷兵之福往承茂渥永底丕平○舊校云黃汪二制俱孫覿撰見鴻慶集

遺史曰中興之初黃潛善汪伯彥首爲執政智者必知二人無進攻之志矣

二日辛卯上乾龍皇帝爲孝慈淵聖皇帝

御劄勅內外文武臣寮等朕比以乘輿播越宗廟阽危迫於師言勉紹大業居乖晨昏之戀載深手足之懷恭惟乾龍皇帝聰明憲天節儉由性子育加於庶彙色養逮於兩宮金人內侵四郊多壘乃遣單車之使欲邀龍德之臨代親而行即日命駕繼以編戶困於金繒復再屈於虜改作敵嘗欲爲民而請命況幾淵

識外晦內明時方艱虞聖以遵養溥率萬邦之望徯瞻八駿之歸雖道妙無名豈形容之可及惟德施罔極顧遵奉之敢忘爰舉徽稱用昭盛烈乾龍皇帝宜上尊號曰孝慈淵聖皇帝乃令所司擇日奉上册寶應合行典禮禮官即速討論以聞

遺史曰初淵聖即位以四月十三日誕辰爲乾龍節蓋乾坤之乾也詔到四方州郡有讀爲乾溼之乾者雖一字有兩音然乾溼之乾貼龍字非美意識者以爲不祥刪雖一至此二十三字

元祐皇后爲元祐太后

御劄敕內外文武臣寮等朕惟德盛者報必隆屬尊者禮宜備古之彝訓國有故常元祐皇后制行徽柔宅心虛靜蚤儷極於永泰久慕道於瑤華庚辰弁后之文已嘗誕告丙午復號之旨未及布宣比者戎（改作）敵騎內侵都城失守方二聖之遷播屬百辟之抗言還御宮闈暫臨庶務洞達機事之變深惟宗社之安踵遣使軺敦諭至意逮此纘圖之日亟頒歸政之書功加於時畢協於義是用參稽眾志奉上尊稱冀茂對於休辰以永綏於壽祉元祐皇后冊爲元祐太后仍令所司擇日奉上冊寶一應合行典禮禮官疾速

討論以聞

元帥府限十日結局

大元帥府應一行將佐官吏卒伍自河北京東扈衛有勞較優劣等第來上當與推賞

詔責李邦彥等

詔曰作事貴於謀始自古不能去兵苟乖此道亂所由與李邦彥等皆靖康主和議之臣或料敵失宜自成懦弱之勢或過聽誤事復忘備禦之方用起兵端以誤國計孝慈淵聖皇帝勤政宵旰庶圖治安謀臣既未能慎初武服固難於善後輿言及此罰其可逃其李邦彥吳敏蔡懋李梲宇文虛中鄭望之李鄴已下三省別行竄責播告中外咸使聞知

詔修國政（案後所載詔文與此不合當有脫誤）

詔曰朕遭家不競二聖播遷單子一身義不得死三事大夫羣黎百姓戴宋惟舊用歸屬於眇躬朕欲身先士卒北首赴難咸曰宗廟之重不可一日乏祀且將攝行國政矣時復辟則又曰天下之大不可三月無君遜避無從百辟復至蓋祖宗德澤在人固若膠漆天其或者祟降咎災以警懼我宋是用思憲祖宗之舊仰承天意庶或悔過以輯甯我邦家賚及赤子

嗚呼惟孝弟可以動天惟憂勤可以成務惟恭儉可以富民惟兢慎可以保國惟大公可以悅人惟至仁可以安眾惟來讜論屏側言可以達聰惟近正人遠寵倖可以成德惟守大信可以規遠圖惟有常德可以立武事不弛不擾始終如一夙夜惕勵式禳不祥庶幾降鑒俾復我父母兄弟宗族朕將規復舊章不以手筆廢朝典不以內侍典兵權容受直言雖有失當不加以罪謹聽斷除苛撓抑末作去浮靡斥聲樂之奉絕游獵之荒非奉典禮尙方無飾繡繪非急繕治大匠無營土木非軍功無異賞非戎備無僝工弗

利於眾雖衣服飲食皆可廢有宜於國雖赴湯蹈火皆可爲斷之必行無或有二尙慮羣臣狃於故習有以祥瑞奏聞褒頌功德浸於道諛諱惡隱過務在蒙蔽大臣蔽賢有舉非實臺諫懷慝有言非公凡此之屬必殺毋赦朕臨御之始德意未孚於上下用伸播告以敷朕心茲言不食咸聽毋忽

諸路勤王之兵皆至行在

諸路勤王兵至行在於是王德初撥隸劉光世爲右軍將官

郭京走至襄陽統制官張思政會兵擒而殺之

初郭京自京城奔走沿路稱撒豆爲兵撒草爲馬假幻惑眾取兵二月至襄陽有三千餘下寨於海子頭京居於洞山寺欲册立宗室爲帝制置使錢蓋西京總管王襄及統制張思政等止之不從會有自京城逃遁來者具說京以妖術誤國京城不守思政乘閒會諸項兵襲京囚之至是欲以京赴行在半途爲李孝忠所襲思政就轎以槍刺殺之

三日壬辰以張邦昌爲太傅同安郡王五日一赴都堂參議事

汪伯彥建炎時政記曰是日早朝上謂黃潛善汪伯彥曰何以處邦昌潛善曰邦昌僭稱名號罪在不貸爲金人所逼脅念其不得已而從權金人既退專遣潘謹肅奏書繼遣謝克家歸寶璽又迎請隆祐太后歸於宮闈退居東府駿奔來朝惟陛下睿斷處分如何上曰朕嘗與邦昌同奉使軍前小心畏愼不幸逢此禍變雖不能死以盡節然遭變行權緣此宗廟不隳社稷不壞一城生靈獲全肝腦金人纔退齎書赴愬歸寶來朝朕既貸其初欲取以王爵異時金人有詞使邦昌以實具書報之曰舉國之人不忘趙氏退師不旋踵而天下勤王之兵皆左袒歸宋故邦昌恐

懼不待問罪幸保首領而反籍於朕使金人知天人之歸出於自然卿等以謂如何潛善伯彥同對臣等謹奉以施行故有是命

命黃潛善等募忠信能專對之士奉使金國

除作國書外命張邦昌更作金人書早遣使人以行

宗澤徽猷閣待制知襄陽府耿延禧董耘高世則宮觀兼侍讀黃潛厚戶部侍郎梁陽祖徽猷閣待制淮南江浙荆湖制置發運使兼提領措置茶鹽楊淵王起之秦百祥幷除郎官趙子崧延康殿學士知鎭江府

五日甲午耿南仲請老除觀文殿學士提舉杭州洞霄

宮

遺史曰先是上在濟州羣臣勸進議已定耿南仲奏臣老拙幸得遭遇竭盡愚直唯靖康行遣蔡京廷臣多翼蔽之終雖貶出然蔡氏所引實繁有徒必不利臣父子乞賜保全上曰國家今日之事吾最痛心其次門下侍郎父子耳使天下無事吾得居藩衍宅事父兄門下侍郎安享爵祿豈不爲美今日不得已吾即繼大位豈不能保全一舊師傅乎師傅吾師傅也且老矣月以數百千養一前朝老師傅直易耳人言毀譽何足信至是南仲告老乃除觀文殿學士提舉

杭州洞霄宮奉聖旨耿南仲爲孝慈淵聖皇帝勸講官十有五年同朕在外歷艱難險阻又踰半載今以年老乞罷機政已從所請見今恩數人從可特令依舊餘人不得援例

分劉浩丁順孔彥威王善等軍

上命劉浩丁順孔彥威王善各以所部人分爲三等軍人爲一等百姓强壯無業可歸願充刺軍者爲一等老小怯弱不堪出戰人爲一等仰各具見在人數將上二等撥入五軍收管三等給公據放令逐人歸業除劉浩遥郡防禦使大名府鈐轄丁順遥郡防禦使滄州鈐轄孔彥威遥郡防禦使東平府鈐轄王善人數少與轉秉義郎差濮州雷澤縣尉所有逐項下使臣人兵功賞仰各具保明狀申奏等第遞與推恩傅亮勤王人兵依劉浩等例分爲三等亮除直祕閣通判滑州趙子崧薦對改通判濟南府

上韋賢妃尊號爲宣和皇后

御劄敕內外文武臣寮等報德莫尚乎隆名讙化必先乎廣孝茲古今之通誼乃邦國之彝章韋賢妃聰明惠和淑柔淵懿育於慶閥嬪我親闈象服是宜淑則備於四教彤管有煒徽音冠於六宮誕毓眇身嗣

紹大統念慈顏之在遠尚阻奉於晨昏顧令典之有稽宜亟崇於位號是用參稽衆志爰舉丕稱肆張母道之尊歸安天下之養宜上尊號曰宣和皇后所司擇日奉上册寶

立嘉國夫人邢氏爲皇后

制曰乾坤定位而萬物育日月遞照而四時行序人倫之大端必慶於婦順得天下之內治莫尚乎家齊朕嗣守慶基肇臨寰宇茂建長秋之號爰稽前代之文誕告外朝式孚羣聽嘉國夫人邢氏洵美且異淑慎無違系出華宗夙啟會沙之慶質全碩媛載著俔

天之歌居自敕以箴圖動常質於保姆來嬪朱邸增輝皇家屬蘭馭之在行顧椒塗之虛次載念纘圖之始有懷內助之賢翟茀以朝迄來歸於京邑佩玉之儺將表正於宮庭登進名位之崇昭示風化之首於戲塗山翊夏克相神禹之功莘國興周允資太姒之德庶並受於福祿以永格於和平尙愼乃躬期協朕志可立爲皇后

宣和皇后邢皇后在圍城中皆遭金人遣詣隨二帝北狩遙册立也

詔李綱赴行在

敕李綱卿被遇兩朝延登四輔出專將鉞宣威久去於周行總治王畿申命已頒於召節屬朕纘承之始遭時變故之餘經體贊元必賴股肱之良弼折衝排難兼資廊廟之訏謨祗自予衷誕敷廷號俾發揚於賢業以寅亮於天功式遄其歸虛心以待已除卿尙書右僕射兼中書侍郎詔書到日卿可疾速發來赴闕

先是靖康圍城中以資政殿大學士大中大夫領開封府事召李綱率湖南義兵倍道前進至江甯府遇周德作亂使人招安撫定以周德赴勤王爲名支散犒設悉會羣賊於轉運司既而次第執去斬之周德聶旺皆凌遲處斬江甯府乃定時已聞京師失守欲赴大元帥府行次淮甸聞二帝北狩知上卽位於南京先遣人馳行在上疏論議和之非

賜進士出身頭品頂戴四川等處承宣布政使司布政使淸苑許涵度校刊

三朝北盟會編卷第一百二終

三朝北盟會編卷一百二校勘記

惟求讜論屏側言（求誤作來）　有益於國（益誤作宜）　假幻惑眾

聚兵（聚誤作取）　念其爲金人所逼脅不得已而從權（念其二字應在上句誤連下句讀）　退師不旋踵（一作金師旋踵）　梁揚祖（揚誤作陽）

會啟夙沙之慶（誤作夙啟會沙之慶）

三朝北盟會編卷第一百三

炎興下帙三

起建炎元年五月五日甲午盡十四日癸卯

五日甲午內除麻制資政殿大學士大中大夫領開封府李綱除正議大夫尚書右僕射中書侍郎

制曰門下稽古建官莫先於論相用人惟巳尤慎於得賢將宏濟於多艱盍眷圖於舊德巨川之待舟楫茲惟暨於同心元首之賴股肱蓋相須而成體帝賚艮弼國有寶臣肆延登於宰司用敷告於列位資政殿大學士大中大夫領開封府職事隴西縣開國伯食邑八百戶食實封一百戶李綱器宏而道遠學高而德方才兼文武之全識洞聖賢之蘊蚤紆宸睠寖踐華塗歷事上皇獻言有同於藥石被遇淵聖告猷丕式於幾衡神明扶其精神天下想其風采頃暫釋於樞管旋總尹於上京久留遐方殊拂輿望顧予眇質獲纂丕圖整王綱於既壞之餘張國勢於中微之際宜得碩輔共濟遠猷是用擢居右揆之崇兼侍西臺之峻迺錫侯爵進陟文階御以爰田陪之圭賦幷昭異數式勸具僚於乎周室中興山甫明庶邦之若否唐朝再造子儀任一代之安危朕欲經營四方汝

爲朕欲訓飭百工汝率惟長策遠算可以弭難惟竭誠愛日可以圖功其尙弼予一人亦有辭於永世可特授正義大夫尙書右僕射中書侍郎進封隴西郡開國侯加食邑七百戶食實封三百戶主者施行

朱勝非除中書舍人

翊戴記曰靖康元年冬金人再犯京師勝非爲右司員外郎數被命使軍前來往計事及張邦昌以和議質虜(改作金)營乃請勝非行勝非中道上疏論邦昌懷奸不忠必致誤國和議不可恃刦質不可信請大爲將來戰守之防又沿路得邦昌榜檄語涉怨望且挾

虜(改作敵)勢逼脅郡縣須索無厭悉以上聞臨出疆得旨召還時朝廷議建四道副都總管爲八帥分制諸路以衛王室除東道副都總管倍道之南都纔到三日都總管胡直孺提兵勤王竭本道錢穀甲兵以自隨所餘羸卒僅三百人而食纔支旬日强豪富室先已逃避既而虜(改作敵)破直孺之師於襄邑執直孺以寇應天虜(改作敵)攻南門矢石如雨以大車載芻藁縱火逼城闉酋長(改作敵將)躍馬來往指呼其間公命伏弩於要地伺之遂爲效用邵曇者射中酋(改作其)目酋(刪此字)墜馬而死虜(改作敵)勢遂卻經月不近南門乃增陴浚隍益修守備躬擐甲冑與士卒同飲食夜宿城樓者凡數月徒步巡督率一周匝雖雨雪泥淖未嘗肩輿虜(改作敵)柵城西北隅攻圍計百出度宜應之虜(改作敵)不敢攻邦昌既僭竊遍爲書抵諸路帥守一日虜(改作敵)騎送其使至城下集官吏發緘訖械其使乃繳書元帥府虜(改作敵)既不能犯南京遂安大元帥進兵濟州卽日趨謁諸臣僚未有至者乃首建大議曰今二聖北狩天人之心屬在殿下宜以時正位號係天下望且曰南都藝祖皇帝興王之地宗社神靈使虜(改作敵)不能陷以爲大王受命之基請亟幸之以圖大

計遂幸南京登極上卽位之五日故有是命

楊惟忠加殿前都指揮使建武軍節度使

楊惟忠西番部落也從童貫有功靖康中爲高陽關路兵馬副總管元帥府在東平也惟忠來以爲都統制及黃潛善張換高公輸辛彥宗王激皆領兵令惟忠總之上卽位加殿前都指揮使建武軍節度使

六日乙未詣鴻慶宮恭謝

馬忠除龍神衛四廂都指揮使河北統制張換加通侍大夫忻州觀察使河北制置使皆以兵出河北

制曰朕惟兩河之民更百戰之役田野三時之務所

至一空祖宗七世之遺厥存無幾肆夙宵之軫念如
冰淵之交懷孰知拊循經遠之謀我有梟驍改作俊折
衝之士具官馬忠幾能先物勇不顧身胄出名家得
山西氣俗之厚任便邊塞知漠北封圻之詳昨逢多
壘之艱屢立扞城之績雖進厥秩未殫所長爰升統
制之崇俾加使權之重料百城之丁壯總以五符提
兩路之精彊蒐其軍實兼收羣力克展壯猷上以迎
二聖之還下以正四夷改作封之守任吾之責時乃之
休命馬忠將所部人兵五千人號一萬人前去河北
自恩冀州以北取路過河趨河間府雄州以來追襲

金人又命張換將所部人兵五千人號一萬人前去
與馬忠接濟相爲聲援

七日丙申薛廣張瓊以兵出河北

命薛廣將所部人兵三千人號六千人前去自內黃
縣過河會合河北山寨義兵一萬人收復磁相等州
又命張瓊將所部人兵三千人號六千人前去自開
德府西渡會合水寨義兵一萬人與廣接濟相爲聲
援

劄下陝西諸路帥臣各招集人馬聚積糧斛以待朝廷
遣使前去措置恢復又劄西京翟興團結本處義兵保
護陵寢

八日丁酉呂好問除尚書右丞

制曰。舊校云是制孫覿撰富貴不足解憂方極慕親之念孝
悌施於有政莫先同德之求朕以眇躬嗣承大統遭
家不造凜若淵冰雖三軍舉同左袒之心而二聖未
返北轅之役棠棣之華韡韡敢忘原隰之求大隧之
樂融融有待封人之薦具官某儒術之茂闇然日章
信厚之資老而彌篤徧陪甘泉法從之列實自靖康
總攬之初從容片言綽有回天之力險夷一致益堅
衛上之忠肆圖邦命之新進總文昌之轄倚老成於

典刑之重登世臣於故國之遺朕之股肱諒同休戚
其念兩宮戴天之義體予一人側席之思尚能遺佚
公而說之必有御趙王而歸者亶惟乃辟是佑則於
永世有辭

秦湛回天錄曰宣和七年女眞違盟約結連契丹燕
人犯入改作塞朝廷方講和好不以爲虞事至出改作非
意故南至京師种師道宿將諳練兵事而大畏懼不
能聽從既而用兵失策遂失太原時兵部尚書呂好
問以諫官趙召呂公上言三十年造作此禍今患難
已至此全在諸路帥臣協力共濟豈可猶用前日恩

倖及貴近親舊侚田貨賂任使之人欲乞選擇改易又諸路諸州須令各爲之所使兵食可以自立萬一秋冬之間虜(改作敵)人再動不致誤事及召回劉韐等並河北民兵自眞定至邢相傍太行山置大寨以備衝突及應援沿邊諸州今冬女眞(下添兵字)再寇(改作至)指揮盡放回諸路所起勤王兵又乞於諸路已起人內選擇堪用之人就糧於尉氏咸平陳留東明四處若虜(改作敵)騎越河則以四邑之兵列寨如連珠或五十里或三十里則置一寨以護都城使虜(改作衆)不能遽犯亦通四方音信又言防河須用宿將若外戚宰

相親舊及省院使人之屬皆不可用又言防河之兵暴露日久慮其困乏不能對敵今沿河皆設堡障又言太行山在懷澤之間最爲要害乞別委宿將專守險隘雖大軍進退自不相干宰執堅不從至是又言今召諸處兵已不及在京見有二十餘萬乞以六萬人於城外立寨以護城壁宰相亦不從女眞兵至都城之外蠟詔康王爲兵馬大元帥金人攻城甚急鼓噪之聲震動端門之前都城失守御筆夜召公計戎服冒雪而騎兩快行親從介而持乃以先邁上欲幸襄鄧羣臣多藏匿獨呂公與宰相何㮚及同知樞密

院孫公傅入侍既而不果行上幸虜(改作敵)營晚命呂公入城撫慰軍民上既至虜(改作敵)營女眞請遣使止諸路勤王兵呂公見宰執曰京城圍閉之久諸處都無入援之人若更遣使降詔止絕則自取困窮也宰執曰二帥堅要如此呂公曰可緩其辭則忠義之人自曉矣所遣使人須當慎擇庶不敗國家大事宰執曰公何等語耶呂公曰某所見如此不敢不盡深恐後悔耳宰執曰自家在他重圍中如何御得鬬氣呂公曰四方若有忠義之人統兵雲集竊恐女眞不敢猖獗(改作亦有顧忌)上再幸虜營(改作青城)命呂公等入城撫諭

翰林承旨吳幵入內都知李石齎粘罕(改作尼堪)斡离不(改作斡里雅布)廢趙氏立異姓文字來及請太上皇帝親王等於是執政官及內侍從官集內東門皆號哭呂公曰自虜(改作敵)圍京城張叔夜來援其後數日天下帥守無一人至我孤彼强致有此禍計無所出但當率衆懇告耳若其不從上皇出城亦未遲也李石出上手札呂公曰此乃不得已而書也夜半不能決呂公曰諸公不取某言何也遂拂袖出女眞令吳幵莫儔促立異姓繼聞皇城司集議立張邦昌呂公於是密使迪功郎蔡安中門下省錄事張師聽訪康王大元

帥府親戚得韋淵蔣師愈魏養娘並潘夫人給使孫卞郭貴等求大元帥所在及作蠟書備陳內外之事呂公凡謀事幷夜間中庭不聞人聲處方敢說話及寫文書等與人謀議並使其子夜間雪中布衣芒履傳達意旨及定議呂公亦伺雪夜間自往及見外戚婦女等要約其實止一親吏隨行雖門前使令皆不知也呂公與監察御史吳給馬伸張所文林郎吳結閤門宣贊舍人吳革日夜密謀迎立興復又勸呂公託疾呂公云今日實是某盡節之時將來事了力求閒退譬如人家遺火須犯煙塵去救若遠坐看著焚

燒都不管或有人救滅便來爭功若燒盡時一齊散去則何用世臣也上請者或於尚書省中謂上爲廢帝公怒形於色曰聖人全德天下歸往何嘗廢乎其人曰盍稱乾龍皇帝乎公曰亦非也君父位號豈可擅改一坐聳服公密令做造祖宗神主易廟中所列而藏之以虜（改作敵）取公以已俸錢一月開啟乾龍節道場於景德寺寶勝永慶院時公權領門下省但書尚書銜仍舊諸公請之公曰受命於上不可易也有請改年號者公力爭之有移文必去年號公不能止但自行文字必稱靖康二年邦昌欲出別二帥公

曰萬一二帥要留人防衛相公何以處之邦昌答云無此公曰不可不預爲之備今若留人在城裏令居民不聊生若在城外四方道路斷絕設若使他恣縱相公敢治他否邦昌曰此說是也粘罕（改作尼堪）果存留鐵騎五千邦昌力辭次日又使高慶裔王汭來說留人防衛等事公曰南北異道恐北人不諳水土或不能依南朝法則卻致驚擾慶裔曰留一孛堇（改作貝勒）在此處留可也公曰孛堇（改作貝勒）貴人豈敢煩他況南地夏熱或有疾病則南朝負罪深也慶裔曰甚好況只在河北急要南人飛一騎來說即時遣去應副是日

女眞軍行公曰過一日已晚脫城外推尊策立則柰何邦昌曰彭寵之事安保其無苟或所謂愛人以德也或謂公曰若金人回戈公豈能過他不若且更待一年半歲則上下穩便公曰女眞糾合諸番皆厚獲金玉子女而去必無回戈之理若有回戈之事某固不可過但道理如此儻罹於禍則是死宗廟社稷也處死有名萬一京城軍有變吾輩爲他殘殺則死得不好雖懷忠義之心何處告愬四月八日公之子自陳州至濟州行在大元帥府大元帥曰尊公先有帛書來令左右閤子中書袋內取出以示公之子故其

後特降親禮稱吕某昨邦昌僭號之初卽募人齎帛書具道京城內外之事金人甫退又遣人勸進臣僚所不知付尚書省行下照會公至南京故有是命

黃潛善兼御營使汪伯彥御營副使范訥京城留守邵溥京城副留守

放散諸路兵多有散而爲盜賊者

十日巳亥路允迪爲京城撫諭使耿延禧爲京城撫諭副使

上日京城士庶自金人退師人情未安差官撫諭黃潛善對欲差路允迪耿延禧上之信臣可遣至京師

故有是命

大元帥府結局

幕府官僚五軍將佐應扈衛過河至應天府軍兵並與等第推恩

批答許份乞幸揚州狀

奉敕許份申份與眾熟議皆以爲揚州之地控帶江淮城壁新修乞決定至計卽日御眾治兵廣陵事具悉淮海故區下控南服統臨一道實自本朝卿以侍從之近臣膺藩宣之重寄志存王室深惟國步之難利究公家繼上時巡之請屬方勤於北顧難遠議於東遷言念忠誠不忘嘉歎所請宜不允故茲詔示想宜知悉先是知揚州許份於四月末間有狀申大元帥府乞駐帥揚州狀曰恭惟國家祖宗功德澤被天下上皇臨御二十六年遜位嗣主繼膺丕業克勤克儉至德罔愆伏自卽位以來未嘗暇逸再歲金賊犯順（改作人深入）一旦事出非常二聖播遷萬方憤懣凡在臣子如失父母痛心疾首無地措身重託大王獨留於外天意人事理實有歸份等謂神器難以久曠輿論豈宜屢抑伏望大王決定至計早登天位以副二聖顧託之意安億兆願戴之心且以京師新破北顧

可慮渾鄆二郡與寇爲鄰南京雖號興王之邦而胡（改作敵）騎屢至亦非息師之所唯揚州號古都會前江後淮險固可恃四方水陸此得其中加之合郡僚吏下至閭里細民延望計日爲歲份等誠願大王俯就人欲駐蹕於茲誕頒詔條綏靖寰宇又況地距河朔不甚爲遠可以時遣使問二聖與居治兵養士圖迎鑾駕若乃繕治宮室百司與夫儲蓄軍民糧餉之事份等悉力可以畢集份等恨以職守不獲躬詣王庭但仰瞻望激切拳拳之至

金人寇（改作攻）瀛州

十四日癸卯詔罷天申節上壽

朕承祖宗遺澤獲（改作託）於士民之上求所以扶持危顛未知攸濟念二聖之鑾輿在遠方萬民失業將士暴露百官有司靡所底甯夙夜痛悼幾廢寢食儻可以復二聖而保生靈朕不愛身敢自豐殖以重國禍況以眇躬之故聞樂飲酒以自爲樂乎非惟深拂朕志實增慼於朕心所有將來天申節百官上壽常禮可罷當體朕意毋復有請

姚平仲召赴行在

制曰。（舊校云此制汪藻撰）漢室備胡（改作邊）復魏尙雲中之守

秦人禦習（改作稱霸）赦孟明殽澠之奔與其選衆而收新進之材孰若棄瑕而責老成之效具官某稟資沈鷙事上朴忠昨緣外侮之侵嘗畀中權之任乃恃戎昭之果靡遵廟勝之謨坐此逾年隱於亡命肆朕纂圖之始時求敵愾之良議者皆言汝爲可用執干戈以衞社稷方急壯猷聽鼓鼙而思將臣宜頒異數爰復州團之秩俾趨嶽狩之朝庶分北顧之憂尙救東隅之失勉圖鉲績以副朕懷可復吉州團練使所在出榜召赴行在

三朝北盟會編卷第一百三

賜進士出身頭品頂戴四川等處承宣布政使司布政使清苑許涵度校刊

三朝北盟會編卷一百三校勘記

盍眷圖於舊德（盍應作盇）　蚤紓宸睠（睠誤作睠）　神明扶其精忠（忠誤作神）　特授正議大夫（議誤作義）　徒巡督卒夜一周匝（誤作徒步巡督卒一周匝）　任更邊徼（誤作任便邊塞）　聚積糧料（料誤作斛）

及省院使人之屬（使一作吏）　乞十六萬人於城外立寨（十誤作以）　而持刀以先趨（刀誤作乃趨誤作遒）　公趣遣使詣大元帥府勸進日過一日已晚（脫公下十字）　故其後來京特隆親禮（脫來京二字隆誤作降）　曰上之信臣（脫曰字）　但切瞻望激切拳拳之至（切誤作仰）　所以持頭危之道（脫之道二字）　念二聖之鑾輿在遠方（方字衍）　乃恃戎輅之果（輅誤作昭）

三朝北盟會編卷第一百四

炎興下帙四

起建炎元年五月十六日乙巳盡六月二日庚申

十六日乙巳京東轉運判官閻邱陞責授濮州團練副使封州安置

制曰士大夫所嚴者名分朝廷所恃者紀綱儻於擾攘未定之間卽爲專輒自便之計國於何有意則可知爾初無他長專喜自用比以人材之乏畀之一路之權所冀興師以時赴援而躊躇四顧偃蹇不前逮吾幕府之開首戾轅門之令福威在已行止肆情凡

今臺劾之所陳皆昔道塗之親見其鐫爵秩投畀要荒尙堅循省之心無負生全之賜

顯謨閣直學士知東平府盧益落職宮觀

制曰朕惟國家有天下幾二百年所恃以安存者係中外士大夫相與維持之力一旦事出倉卒社稷阽危而四方藩臣赴援者無幾朕甚傷之具官某初無他長早服顯仕光被累朝之眷進登常伯之知在人臣有見危致命之忠在方面有振旅勤王之義而丁甯靡顧酣飲自如逮予踐阼之初巧作謀身之計近臣如此謂疏遠何其鐫延閣之資往食眞祠之祿茲

爲寛典無重後愆

金人陷河中府知軍府事郝仲連被殺

十七日丙午天章閣待制知同州唐重上書

臣於今月十七日恭捧初一日皇帝登寶位赦書望闕宣讀人人感慨流涕當國步多艱之際忽聞詔音以定神器宗廟社稷不缺祭祀四海生靈不忘舊戴誠千萬世之幸累日祗誦紬繹詞旨其中有云紹祖宗垂創之基懷父兄播遷之難卒章云伺候兩宮之復終圖萬世之安其言哀痛深切泣血銘心推原德意而施之惟恐奉詔不勤不敏以辜新政廢神霄朝

拜罷常平給散限外印契額外撥放道僧還俗者給據商賈負販者免稅如此等事於朝政非大安危也於國體非大利害也於人情非大休戚也陛下制詔之意欲紹祖宗垂創之基必思所以興復之策既懷父兄播遷之難必思所以救難之方此乃大安危也大利害也大休戚也誠天下大計也然祖宗垂裕之基以京師爲根本以兩河爲股肱金人再犯(改作至)京闕則根本搖長驅兩河則股肱病矣所以爲興復之策者何如也陛下以太上皇爲父以嗣君皇帝爲兄金人一舉而邀兩宮當被髮纓冠而往救之矣爲救難之方者何如也自古夷狄之侵(刪此四字)中國(下添之禍)未有如此之酷然其吞噬之欲尚未厭也其憑陵之勢尚未已也前日致寇之因陛下嘗通知之乎今日禦寇之術陛下亦熟計之乎既不知已而又不知彼者必殆既不能強而又不能弱者必危陛下度彼已之實則知所以自治矣察強弱之理則得所以常勝矣此天下之大計也陛下所以與(刪此字)大計天下者固以素定非臣所得而擬議也然以今日之務有四而其利甚博大患有五而其禍不可勝言臣爲陛下舉其略而試陳之定都關中據山河百二之勢以植根

本之地所以杜瓜分之漸也建牧大藩重宗子維城之計以固磐石之基所以救瓦解之失也通夏國之好而守撫舊疆所以講好息民也立青唐之後而封以故地所以興滅繼絕也此四者千萬世之大利也雖千萬言而莫究豈非今日之急務乎若夫大患有五而救患亦不可緩法令滋彰而吏緣爲姦欲救此者莫先於守祖宗成憲朝綱委靡而不振故士大夫相習而誕謾欲救此者莫先於登用忠直軍政敗壞而不舉故兵將相煽而奔潰欲救此者莫先於大正刑賞國用竭矣而利源又失欲救此者莫先於選將

漕之臣民心離矣而調發方興欲救此者莫先於擇循良之吏此五者非天下之通患乎今日之務有四而其利甚博大患有五而其禍不可勝言皆詔旨之所及臣愚不忍緘默以苟容敢竭愚而妄有陳焉天下之大計議不旋踵而投機之會間不容髮陛下獨斷而早圖之以起中興之運而成再造之功則祖宗垂創之基於此可紹而兩宮播遷之難於此可復矣此誠天下之大計也臣曩叨諫省屢陳致寇之因坐是斥逐承乏守土累上禦戎之略言皆有證頃者聞陛下以大元帥之節戡定國難臣嘗具劄子陳述三

策乞移闕中以符衆望臣區區之愚已陳其梗概矣玆者恭承詔旨許臣庶詳具利害陳述語言訐計亦不加罪以此見陛下誠有聽言之意首開求言之路有君如此其忍負之臣戇愚徇國不識忌諱敢肆危言以塞明詔進退存亡之幾臣於此卜焉陛下不以臣愚不肖許赴行在得方寸地以披露肝膽庶幾或補於經綸之萬一臣之願也臣非自爲謀也實爲天下國家計也惟陛下裁之

二十一日庚戌資政殿學士王襄趙野并落職責授大中大夫秘書少監分司居住

臣寮上言一旦虜（金改作）人再寇（至改作）唯叔夜自南陽引兵直趨京城精忠挺然胡直孺身冒矢石竭力前進雖敗被執其志可憫惟王襄趙野顧望徘徊道路頓兵曠日持久無赴難之意襄總西道反自洛陽引兵趨鄧州卻行南道野總北道反自大名引兵趨廣濟單州南京卻行東道又襄起兵之日金人已逼洛陽既不能直趨京城以救君父之急又不肯駐軍洛陽以庇一方之民其領兵而南也洛陽已陷又鄧州逡巡遇敗復回其潰散被害甚廣及聞陛下嗣有神器卽收拾疲羸旋爲迎鑾之計至於趙野其罪尤著

所至縱兵大略至廣濟軍悉爲兵擁進及單州皆被殘破又至南京每日遣兵卒計刻民財風聲四出滄濟州野皆所未到百姓夙夜惴慄惟恐野軍之來凡野所過民居唯存牆壁而已百姓怨恨皆於壁上題云趙相公殘破去處在在徧滿夫設總管本以禦盜而野居其位反以爲盜此不可赦以懲戒來者奉聖旨王襄趙野並責授大中大夫秘書少監襄分司北京襄陽府居住野分司西京清州居住

制曰忘身徇國者臣子之忠賞勉罰偷者朝廷之柄矧在艱危之際尤先綜覈之公具官某早被眷知與

聞機政昨屬裔夷（改作都畿）之擾大分方面之權俾各專征靡從中覆列諸屯之卒乘將內屏於京師庶値風塵卽趨郊甸豈有兩君之在野曾無一騎之入關故取迂途以爲遁計旣無以上紓國難復不能留庇居民公縱偏裨肆爲賊害逮朕纂承之始務昭含貸之仁如汝等倫置而不問然人言薦至公論靡容其分務於別都用少伸於邦憲以懲不恪以警無良尙深循省之思無重悔尤之積

李孝忠陷襄陽府安撫使黃叔敖棄城走落職降兩官與監當差遣

李孝忠者京師百司健兒也都城陷李孝忠隨衆奔竄出萬勝門得脫走京西沿路聚衆有義兄弟十八而姓李者皆立名連孝字孝忠爲首又有孝義孝成孝信凡八人第九人乃張世也以衆寇襄陽府京西安撫使黃叔敖棄城走孝忠自南門入城肆焚刦虜子女驅擁强壯爲軍遂據其城而不去議者請罪叔敖棄城之罪故有是命制曰朕惟國家分方面之權於平日遴帥臣之選付千里兵民之寄嚴列城節制之威亦惟事出於非常則當效死而不去矧襄陽都會之域實漢晉用兵之郊方虜（改作敵方）憑陵恃爲屏蔽豈有潢池之內侮遽捐城守以出奔坐使旄倪皆爲魚肉迹其致禍安所逃誅念更肇造之恩姑置惟輕之典削奪名寵斥之冗官往思民寃痛自懲艾

翁彥國以賦斂被罪

翁彥國暴賦橫斂致亂東南其黨吳昉爲其腹心助虐得轉運判官物論沸騰而莫敢言其人無聊生至有擊登聞鼓以訴者上始知而亟罷二人且降詔引咎以慰其民宰相李綱以姻黨昵彥國庇之至貼改詔書獨罪昉而不及彥國中書舍人朱勝非言舍渠魁而責支黨臣愚所未諭也於是卒正彥國罪

孫傅張叔夜遙授觀文殿大學士

李若水賜贈觀文殿學士

敕故吏部侍郎李若水立身徇國之死不懼忠義之節無與比倫達乎朕聞爲之流涕可特贈觀文殿學士與子孫恩澤五人賜銀絹五百匹兩

耿南仲落觀文殿學士提舉杭州洞霄宮

制曰兵家之筭所貴伐謀廊廟之臣豈容誤國倘或信常談於紙上不知墮黠虜（改作狡黠）之計中苟偷歲月之安馴致國家之禍人言薦至邦法何逃具官耿南仲頃委政機適當邊警朝廷可否唯予舊學之許天

下安危恃爾老成之重謂當決淝水之戰乃專主平涼之盟坐使中原幾爲左衽(改作成茲大變)朕痛夫二聖之狩考昔者羣臣之言誰致亂階汝爲戎首姑鐫秘殿之秩以正具臣之誅倘省厥躬毋忘予戒臣寮言南仲專講和之罪故有是命

二十五日甲寅邵溥落職京都小郡

制曰臣子事君當守險夷之一節國家多難豈容顧避之兩端具官某服在近途久更器使昨抗章而請覲既優詔以俯從聞有出疆之行乃爲擇地之計懷諼如此爲爾悵然其亟解於近班用黜臨於小郡茲

爲寬宥毋廢省循

二十八日丁巳遣使撫諭諸路

上謂黃潛善汪伯彥曰金人肆毒中國生靈塗炭朕不得已而徇天下之情二聖北去繼序雪恥思所以追奉鑾輿者必思所以安人心求所以安人心者必求(改作思)所以去(改作求)民瘼比雖下詔多方凡經殘破州縣優加循恤若未盡也可遣使諸路撫諭及詔川陝成都京兆府京西襄鄧州荆湖潭州荆南府江甯府揚州仰逐漕臣積聚錢糧帥守修治城壘宮室官舍以備時巡省觀風俗仍令務從儉約勿致騷擾三省樞密院奉以施行

解州民邵興據神稷山屢與金人大戰破其軍

邵興字晉卿解州安邑人也靖康初金人犯(改作至)晉絳興因起兵爲盜人呼爲邵大伯據解州神稷山屢與金人戰金人執其弟翼以招之興不顧其弟飲泣死戰大破金人之軍

六月初一日巳未朔詔張邦昌一月兩赴都堂

詔曰張邦昌知幾達變勳在社稷朕尊諸論道之地寵以王爵欲與日引同朝共理萬物而懇辭牢避雅志莫奪朕以崇德報功憫勞以事而養民保國實賴

圖維雖已斷來章宜赴都堂治事未極襃崇之典考祖宗故實惟元祐間文彥博以累朝勳德禮絕羣臣一月兩赴都堂平章重事最爲異數今邦昌已降指揮參決大政屬望尤重可依文彥博一月兩赴都堂仍不限時刻出省急速大政許宰執同就第商議以稱朕優假倚賴之意初邦昌累請退不許乃降是詔

新除尚書右僕射兼中書侍郎李綱至南京行在

是日李綱到南京行在有旨宣召綱當赴內殿起居因奏曰臣未到行在十里間御史中丞顏岐封示論臣章疏大意謂張邦昌爲金人所喜更宜增重其禮

臣爲金人之所不喜宜置之閒地不當爲相如臣愚蠢但知有趙氏不知有金人固宜爲所論然岐之論臣謂材不足以任宰相則可謂爲金人所惡不當爲相則不可臣愚不知金人與趙爲仇敵其所喜者爲趙氏耶其所惡者爲趙氏耶且爲趙氏之臣而金人喜之此必有以得其心者而反用以爲相則自古賣國以與人者皆爲忠臣矣今陛下斷自淵衷特達用臣而外廷之論如此臣豈敢當此任願乞身以歸田里至於陛下命相於金人所喜所惡之閒更望聖慮有以審處上宣諭曰岐嘗有此言朕告之以如朕之立恐亦非金人之所喜者岐無辭而退此不足恤遣御藥邵成章宣押赴都堂治事。○舊校云自是日至此卽本公所撰建炎時政志而節取者

二日庚申李綱進劄子論十事

其一議國是其二議巡幸大略謂車駕當一到京師見宗廟慰都人之心度未可居則爲巡幸之計以天下形勢觀之長安爲上襄陽次之建康又次之宜詔有司預爲之備其三議赦令大略謂祖宗登極赦令皆有常式前日赦書一切以張邦昌僞赦書爲法如赦惡逆選人循資責降罪廢官盡復官職皆泛濫不可行謂當改正以法祖宗其四議僭逆大略謂張邦昌爲國大臣不能臨難死節而挾金人之勢易姓建號身處宮禁南面以朝其後勤王之師集迫不得已乃始奉迎朝廷崇之爲三公眞王參與大政非是宜正典刑垂戒萬世其五議僞命大略謂國家更大變故鮮仗節死義之士而奉賊敵改作旨受僞官屈膝於其廷者不可勝數昔唐肅宗平賊而汚僞命者以六等定罪今宜倣之以勵士風其六議戰大略謂軍政久廢士氣怯惰宜一新紀律信賞必罰以作其氣其七議守大略謂賊敵改作情狡獪勢須復來宜於沿河江淮措置控禦以扼其衝其八議本政大略謂崇觀以來政出私門綱紀紊亂宜一歸之於中書則朝廷尊其九議久任大略謂靖康閒進退大臣衆多而太速功效蔑著宜審擇而久任之以責成功其十議修德大略謂始膺天命宜益修孝悌恭儉之德以感天人之心致中興之業得旨皆留榻上候詳觀有當施行者降出是日降出議國是巡幸赦令戰守五劄子餘皆留中。○舊校云此亦本時政志

賜進士出身頭品頂戴四川等處承宣布政使司布政使清苑許涵度校刊

三朝北盟會編卷第一百四終

三朝北盟會編卷一百四校勘記

威福在已（威福誤作福威）進登常伯之尊（尊誤作如）不忘戴舊（戴舊誤作舊戴）推原德意而施行之（脱行字）僧道還俗者（僧道誤作道僧）所以爲救難之方者何如也（脱所以二字）而其利甚溥（溥誤作博下同）法令滋張（張誤作彰）皆詔旨之所未及（脱未字）而機會之投（投誤作機之會）皆野所未到（皆野誤作野皆）所在徧滿（所在誤作在在）而莫敢言其罪（脱罪字）其一議國是大畧謂中國之御夷狄能守而後可戰能戰而後可和而靖康之末皆失之今欲戰則不足欲和則不可莫若自治專以守爲策俟吾政事修士氣振然後可以議大舉（脱大畧至此六十四字）度未可居宜作巡幸之計（一作權時之宜作巡幸之計）政出多門（多誤作私）

三朝北盟會編卷第一百五

炎興下帙五

起建炎元年六月二日庚申盡四日壬戌

綱議國是奏劄曰臣竊以和戰守三者一理也雖有高城深池弗能守也則何以戰雖有堅甲利兵弗能戰也則何以和以守則固以戰則勝然後其和可保不務戰守之計惟信講和之說則國勢益卑制命於敵無以自立矣景德中契丹入寇罷遠幸之謀決親征之策捐金幣三十萬而和約成百有餘年兩國生靈皆賴其利則和戰守三者皆得也靖康之春粗得

守策而割三鎭之地許不可勝計之金幣以議和懲封寨小衅而不戰於和與戰兩失之其冬金人再寇改作入畿甸朝廷以春初固守爲然而不知時事之異膠柱鼓瑟初無變通之謀內之不能撫循士卒以死捍賊改作敵外之不能通達號令以督援兵金人既登城矣猶降和議已定之詔以阻四方勤王之師使虜改作敵得逞其欲凡都城玉帛子女重寶圖籍儀衞輦輅百工伎藝悉索取之次第遣行及其終也刼質二聖巡幸沙漠東宮親王六宮戚屬宗室之家盡驅以行因逼臣僚易姓建號自古夷狄刪此二字之禍中國改作中國之禍未有若此之甚者是靖康之冬弃守策失之而卒爲和議之所誤也天祚有宋必將有主故使陛下脫身危城之中總師大河之外入繼大統以有神器然以今日國勢揆之靖康之初其不相若遠甚則朝廷所以捍患禦侮救寧萬邦者於和戰守當何所從而可也臣愚雖不足以知朝廷國論大體然竊恐猶以和議爲然也何哉二聖播遷陛下父兄沒於虜改作北庭議者必以謂非和則將速二聖之患而虧陛下孝友之德故不得不和臣竊以謂不然夫爲天下者不顧其親顧其親而忘天下之大計者此匹夫之孝

也昔漢高祖與項羽戰於滎陽成皐間太公爲羽軍所得其危屢矣高祖不顧其戰彌厲羽不敢害而卒歸太公然則不顧而戰者乃所以歸太公之術也晉惠公爲秦所執呂郤謀立子圉以靖國人其言曰喪君有君羣臣輯睦甲兵益多好我者勸惡我者懼庶有益乎秦不敢害而卒歸惠公然則不恤敵國而自治者乃所以歸惠公之術也今有盜賊於此刼質主人以兵威臨之則必不敢加害以卑辭求之則所索彌多往往有不可測之理何則彼爲利謀陵懦畏强而初無惻隱之心故也今二聖之在虜改作北庭莫知

安否之審固臣子所不忍言然吾不能逆折其意又將墮其計中以和議爲信然彼必曰割其地以遺我得金帛若干則可不然二聖之禍且不測不予之是陛下之忘父兄也予之則所求無厭雖日割天下之山河竭天下之財用山河財用有盡而金人之欲無窮少有釁端前所予者其功盡廢遂當拱手以聽其命而已昔金人與契丹二十餘歲交戰戰必割地厚賂以講和既和又求釁以戰卒滅契丹今又以和議惑中國至於破都城滅宗社易姓建號其不道此二字改作忠如此而朝廷猶以和議爲然是將以天下畀之敵

國而後已臣愚竊以爲過矣爲今日計莫若一切罷和議專務自守之策而戰議姑俟於可爲之時何哉彼既質盟而刲和地不可復予惟以二聖在其國中不可用兵俟其入寇則多方以禦之所破城邑徐議收復建藩鎮於河北河東之地置元帥府要郡於沿河江淮之內治城壁修器械教水軍習車戰凡捍禦之術種種具備使進無鈔掠之得退有邀擊之患則雖時有出沒必不能深入而憑陵三數年間生養休息軍政益修士氣漸振將帥得人車甲備具然後可議大舉振兵聲罪以討之報不共戴天之讐以雪振

古所無之恥彼知中國能自強如此豈徒不敢肆凶而二聖保萬壽之休亦將悔禍畏威而鑾輿有可還之理儻捨此策益割要害之地奉金帛以予之是倒持太河以其柄授人借寇兵而資盜糧也前既信其詐謀以破國矣今又欲蹈覆車之轍以破天下豈不重可痛哉或謂強弱有勢弱者不可不服於強昔越王勾踐卑身重賂以事吳而後卒復其仇今中國事勢弱矣盍以勾踐爲法卑身重賂以事之庶幾可以免一時之禍而成將來之志臣以爲不然夫吳伐越勾踐以甲盾三百棲於會稽遣使以行成而吳許之

當是時吳無滅越之志故勾踐得以卑身厚賂以成其謀枕戈嘗膽以勵其志而卒報吳今金人之於國家如何哉上自二聖東宮下逮宗室之係於屬籍者悉驅之以行而陛下之在河北遣使降僞詔以求之如是其急也豈復有恩於趙氏哉雖卑身至於奉藩稱臣厚賂至於竭天下之財以予之彼亦未足爲德也必至於混一區宇而後已然則今日之事法勾踐嘗膽枕戈之志則可法勾踐卑身厚賂之謀則不可事固有似是而非者正謂此也然則今爲朝廷計歲時遣使以問二聖之起居極所以崇奉之者至於金

國我不加兵而待其來寇則嚴守禦以備之練兵選將一新軍律俟吾國勢既强然後可以興師邀請有此武功以俟將來此最今日之上策也古語有之曰願與諸君共定國是夫國是定然後設施注措以次推行上有素定之謀下無趨向之惑天下之事不難舉也靖康之間惟其國是不定而且和且戰議論紛然致有今日之禍則今日之所當監者不在靖康乎臣故敢陳和守戰三說以獻伏願陛下斷自淵衷以天下爲度而定國是則中興之功可期矣上大喜付中書省遵守

粘罕（改作尼堪）由河東歸至雲中斡离不（改作斡里雅布）由河北歸至燕山

三日辛酉李綱奏議張邦昌僭逆及受僞命臣僚乞早降處分

李綱時政記曰是日李綱奏曰臣愚瞽輒以管見十事仰瀆天聽已蒙聖慈施行五事如議本政久任修德三事無可施行自應留中所有議張邦昌僭逆及受僞命臣僚二事皆今日刑政之大者乞早降處分上宣諭曰執政中有與卿議不同者更俟款曲商量臣奏曰邦昌僭逆之罪顯然明白無可疑者天下皆

謂邦昌處虜（改作敵）中歲餘厚結虜酋（改作敵）得其歡心攻破都城遷二聖東宮盡取親王宗室以行邦昌蓋與其謀此固不可知然邦昌當道君朝在政府者幾十年淵聖即位首擢爲相奉使虜（改作敵）中方國家禍難之時如能以死守節推明天下所以戴宋之意以感動其心虜（改作金）人未必不悔禍而存趙氏邦昌方且以爲得計偃然當之正位號處宮禁者月有餘日虜（改作敵）騎既退四方勤王之師集邦昌擅降僞詔以止之又遣郎官分使趙野翁彥國等皆齎空名告身數百道以行追勤王之師日進邦昌知天下之不與也不得已乃議奉迎邦昌僭竊本末如此春秋之法人臣無將將而必誅況邦昌已僭竊罪宜如何陛下欲建中興之業當自正朝廷始而尊崇僭逆之臣爲三公眞王參與國政何以示四方執政中有議論不同者乞降旨宣詔臣得與之廷辯如臣理屈其敢復言上許之乃令小黃門徑就幕次宣召黃潛善呂好問汪伯彥再對上語之故潛善力主之詰難數四方屈服然猶持在遠不若在近之說臣曰邦昌當正典刑何遠近之有借使在近當幽縶而反尊崇之如此何也潛善不能對上顧呂好問曰卿在城中知其詳

謂當如何好問曰邦昌僭竊位號人所共知既已自歸惟陛下裁處又引德宗幸奉天不挾朱泚行後以爲悔以附會潛善不若在近之說臣曰呂好問之言首鼠兩端且援朱泚以爲例非是方德宗之狩奉天朱泚蓋未反也姜公輔以得涇軍之心恐資以爲變請挾以行德宗不聽而其後果然今邦昌已僭逆豈可使之在朝廷使道路指目哉因泣拜曰臣不可與邦昌同列陛下必欲用邦昌第罷臣勿以爲相無不可者上宣諭曰俟降出鄉劄子來日將上取旨

四日壬戌張邦昌責授昭化軍節度副使潭州安置

臣僚上言節義者天下之大閑僭逆者臣子之極惡春秋之義人臣無將將而必誅況已僭位號爲天下之所憤怒者哉謹按張邦昌被遇道君之朝久參機政際會靖康之日擢冠宰司資其重臣奉使虜(改作敵)帳初無忠義體國之意但知諛佞保身之謀去中國以踰年從胡(改作敵)騎而偕至乃二聖播遷之日無一言營救之忠憑恃金人盜據神器國危而資之以爲利君辱而攘之以爲榮竊有乘輿安處宮禁降旨以行其僭命南面以朝其僞臣易姓建邦三十餘日迨金人之既退方降赦以收恩考其四日之手書猶援國初之故事指瑤華爲宋后豈有意於趙孤逆計顯然文飾詎掩逮知陛下總師於外天人所歸乃始退還舊班遣使迎奉今乃冒處王爵平章大政極其褒崇以罪爲功臣所未諭今其黨與尚布朝列秋高馬肥虜(改作敵)騎猖獗(改作出沒)邦昌挾借其勢陛下不得而制之中夜以思不寒而慄伏望陛下斷以英哲察其罪惡早正典刑而肆諸市朝以慰四方忠臣義士之心以爲萬世亂臣賊子之戒六月四日奉聖旨張邦昌僭逆理合誅夷原其初心出於迫脅可特與貸免責授昭化軍節度副使潭州安置仍令監司守臣常加覺察日具存在申尚書省劄付應天府差官伴送至府界關報前路官司州軍巡守尉各令互相關牒施行

制曰○(舊校云此制汪藻撰)以死償節者臣子之宜求生害義者聖人所嫉儻或志存於軀命則將義薄於君親具官張邦昌身受國恩位登宰輔宗祏有非常之變乃人臣思自盡之時而不能抗虎狼强暴之威徒爲雀鼠偷生之計陷於大惡所不忍言雖天奪其衷坐愚至此然君異於器代匱可乎宜大正於典刑用肅清於名分尚念本繇於迫脅惻然姑示於矜容黜授散

官竄投荒服其體好生之德毋忘自訟之心

中興姓氏錄叛逆傳曰張邦昌字彥能。舊校云宋史作字子彥大金國志作字時彥元符三年以甲科累遷工部尚書使於高麗國適高麗國王死國人重中國之使權立邦昌爲國王後詔還之宣和初爲尚書左丞三年遷中書侍郎嘗與童貫議事面折其短士論美之六年貫再領軍往謀取燕邦昌建議止其行靖康初除少宰俄除太宰隨康王使於金國軍前及康王還京繼隨肅王入金國金人多喜之及金人陷京師欲滅趙氏取邦昌至京城外京城留守王時雍等迎合金人之意請立邦昌爲帝金人刪此字粘罕改作尼堪命邦昌入京百官軍民迎拜於南薰門內邦昌入居尚書省令廳百官軍民會議於尚書省時雍榜曰大金人刪此字已定冊立張邦昌太宰有異議者夷三族軍民唯唯時雍同徐秉哲呂好問入見邦昌曰金人已滅趙氏欲冊太宰爲君三日不立將夷宗廟生靈邦昌曰身爲宋臣豈敢逆耶有死而已時雍等强之邦昌引刀自裁衆人奪之次日時雍等又逼張邦昌僭位金人遣蕭慶齎來冊立之邦昌僭皇帝位於京師詔書稱手書聖旨唯稱面旨宣旨金人有取赴軍前者先奏然後邦

昌懇金人取還馮澥郭仲荀胡直孺等赦天下死罪已下改國號楚以王時雍爲太宰徐秉哲爲少宰李回路允迪知樞密院呂好問門下侍郎莫儔吳幵同知樞密院及金人退師邦昌即冊哲宗孟后爲大宋皇后俄又請垂簾聽政邦昌復爲太宰聞天下兵馬大元帥康王將至南京邦昌上書以自明又遣謝克家奉上玉璽又至應天府來迎康王即位加邦昌太傅同安郡王五日一赴都堂參議大事及李綱爲相建議宜誅邦昌以戒臣下臣寮亦言其僭乃責授昭化軍節度副使潭州安置賜死時年四十七。舊校云張邦昌潭州安置既抵貶所寓居於郡中天甯寺寺有平楚樓朝廷遣殿中侍御史馬坤賜死讀詔畢張徘徊不忍自盡執事者趣迫登樓張仰首急覩三字長歎就縊見王明清揮麈餘話先是崇甯間望氣者云景州阜城縣有天子氣甚明命開河於邑斷其王氣其後邦昌與劉豫僭位皆阜城人也

僞楚錄曰張邦昌僭位凡三十有三日是時圍城中士大夫或受邦昌僞命或爲邦昌利誘故記事多爲邦昌文飾者謂邦昌以金人迫脅姑從權以安宗社每不敢有僭逆意蓋邦昌竊位之初未知人心向背故繆爲畏避改聖旨爲面旨易詔旨爲手書姑安衆情其後布寬恤事件以收人心慰撫太學獨厚以收

士轝至出辭虜酋(改作金帥)則安然用天子法駕所過設香案百官望塵起居並如故事矣如金人四月一日退師之後邦昌尙分衞兵閉守都城文移中削去靖康年號置修城司專委侍郎邵溥提領修飭樓櫓方且肆赦天下止勤王之師與外路帥守書札皆斥其名仍用國寶援藝祖立周太后故事册隆祐太后爲宋太后又皆金人退師後見諸行事者其僭逆之迹昭然雖邦昌亦不能文過後見諸路勤王之師輻湊臺諫交章以陳禍福知中外之情不附又家屬拘縻盧州方議遣使勸進康邸繼請隆祐垂簾聽政始就臣位若謂復辟非邦昌之本心則可矣

李綱建炎時政記曰東京留守司鞫治華國靖恭夫人李氏公事初張邦昌旣僭竊居福甯殿李氏奉之時以果實爲獻邦昌亦厚答之遂以養女陳氏竊侍邦昌其後邦昌欲退歸府第因其姊入禁中乃留親隨人易陳氏以出邦昌出禁李氏送至內東門有語指斥乘輿上聞之命留守司同御藥院於內東門推治李氏款服且言邦昌用乘輿服御及(添字)取陳氏奉(刪此字)上宣諭曰邦昌敢居宮禁寢殿姦私宮人可以見其情狀有據李氏決脊降配軍營務名下爲妻

秀水閒居錄曰張邦昌以中書舍人使高麗至明州謁海神廟夜夢神告曰他日當爲中國侍郎但不可爲秉國大夫後十餘年累拜小鳳靖康改元金虜犯(改作兵至)闕正月九日拜右相後兩日出質於虜(改作敵)營與之俱回燕山次年都城失守虜(改作金)人立之爲僞楚

吳曾漫錄曰張邦昌知汝州一日百姓下狀有曰伏乞上命指揮者邦昌以非人臣所敢當繫其人於獄自劾待罪朝廷但以不應爲杖其人邦昌無罪逮後僭竊其黨有援此以爲開國之祥吁可怪哉

又論受僞命臣寮

時政記曰是日進呈論受僞命臣寮上宣諭曰國家顚覆士大夫不聞死節往往因以爲利如王及之坐蕃衍宅門詬詈諸王余大均誘取宮嬪以爲妾卿知之否臣奏曰自崇觀以來朝廷不復敦尙名節故士大夫寡廉鮮恥不知君臣之義靖康之禍視兩宮播遷如路人然罕有能仗節死義者在內惟李若水在外惟霍安國死節顯著餘未有聞願詔京畿諸路詢訪優加贈恤如王及之余大均朝廷見付御史臺推鞫必得其實臣聞方金人欲廢趙氏立張邦昌令吳

幵莫儔傳道意旨往返數四京師人謂之捷疾鬼王時雍徐秉哲奉金人旨追捕宗室戚里令居民結保不得容隱以衣袂聯屬以往若囚繫然其後迫道君東宮后妃親王出郊皆臣子之所不忍言又受僞命皆爲執政此四人者宜爲罪首上以詢呂好問而好問以爲有之得旨皆散官安置餘以次謫降內王及之余大均周懿文胡思陳沖等並令御史臺疾速取勘候案到日取旨

賜進士出身頭品頂戴四川等處承宣布政使司布政使清苑許涵度校刊

三朝北盟會編卷第一百五終

三朝北盟會編卷一百五校勘記

是靖康之冬 冬應作中 呂郤謀立子圉 郤誤作卻 彼既背盟而封質 背誤作質質誤作和而字衍 不得已乃請元祐太后垂簾聽政而議奉迎 脫請元祐至政而十字 其敢復言 其應作豈 人臣無將將則必誅 則誤作而下同 用乘輿服御及陳氏事 事誤作奉

有旨李氏決脊 旨誤作據 累拜少宰 少宰誤作小鳳

三朝北盟會編卷第一百六

炎興下帙六

起建炎元年六月五日癸亥盡其日

五日癸亥責降王時雍等

臣僚上言金人之變而近臣百官有爲金人股肱者驅逼二聖太子后妃及搜捕宗室戚屬如王時雍徐秉哲余大均者有爲虜（改作金）人之喉舌傳布命令廢本朝而建僞楚如吳幵莫儔者有因爲奸利汚染國戚如王及之者有爲僞楚之輔翼總其政事如馮澥李回者有受僞楚之官爵與商議論如李擢孫覿者

有肆爲惡言以辱本國以諂邦昌或爲定册之儀視之恬然不以爲怪如胡思顔博文王紹者除徐秉哲已責授余大均王及之胡思别聽指揮外王時雍等并安置王時雍責授昭化軍節度使高州安置徐秉哲責授昭化軍節度副使梅州安置吳幵責授昭化軍節度副使永州安置莫儔責授甯海軍節度副使全州安置王紹除名勒停送容州編管李擢責授陳州團練副使柳州安置顔博文責授果州別駕澧州安置孫覿責授海州團練副使歸州安置并令所在州軍差人管押前去制曰朕惟國家勵名節於百年之餘尊士大夫於衆人之上非以周旋於閒暇蓋將責望於艱危苟捐軀殉國之無人知排難解紛而奚賴具官某早緣推擇進躐近班當君親蒙犯於氛埃至臣子盜稱於神器茲非小變何以生爲乃通命令之往來坐使等威之差僭此而闊略勢不可容宜寵秩之盡鐫以一官而置散無忘自省尙服寬恩

孫覿辨受僞官爵狀曰臣在宿州見朝報有臣僚言章稱受僞楚官爵與商議論有如孫覿李擢者奉聖旨散官安置伏念臣自靖康元年八月和州召還十月蒙恩召試中書舍人兼侍講資善堂撰文官十二

月初三日權直學士院詔劄具存又因東壁統制官不散特支例降三官至今尙未牽復又因拘執虜（改作敵）營七十餘日至三月二十三日放還次日便在假卽不會赴中書後省學士院供職二十七日虜（改作金）人以臣元非放還人數復見追取雖一時竄匿得免而開封吏卒圍第追捕窘辱百端憂悸成疾一向家居在假不出直至四月二十四日陛下行臺至南京有旨推發一半官吏以臣充管押圭寶使二十五日參假受敕太后臨遣徑赴行在所有前後請假關牒見在中書後省學士院閤門御史臺可以照驗卽不

當受僞官爵及預議論今行遣從置遠方實負天下之至冤只緣圍閉以來傳聞失實不知仔細一例論列若不陳訴何以自明伏望聖慈將臣三月二十三日以後放罪月日體究指實施行

又辭中書舍人狀曰臣頃遇淵聖皇帝卽位之日以國子司業擢爲侍御史方中國稔四夷（改作陽九）之禍而廟堂無一定（改作克）之謀羣奸興訛四夫橫議臣冒居言路固無獨見遠慮陪輔聰明而一時誅賞不協公議因事論奏僅能塞責言狂意拙輕犯衆怒怨讟所歸遂成謗藪嘗論故宰相王黼誅死而蔡京方自拱

州請覲大臣游說欲還其賜第以爲謀主宣撫使童貫王安中譚稹皆散官安置而蔡攸乃以大中大夫提舉宮觀任便居住罪同罰異物議沸騰責在臣等諫議大夫楊時在延和殿下宣言淵聖有蔡攸無罪之語以諷臺諫臣獨以爲有罪論奏不已於是京攸之黨惟臣之怨張勸衛仲達以棄官得罪既除削矣又傳逮詔獄將致之死臣論蔡攸父子兄弟等亦棄官而去者何爲獨置不問於是詔御史臺根究臣等條具攸等兄弟親戚賓客之棄官者凡數十人上之有旨送大理寺約法而勸等亦貫死於是逃棄守官之人惟臣之怨金人犯（改作至）闕李綱不忍忿忿欲一戰驅之而幕府吏士皆年少書生慫慂以贊其決方元若草露布以待破賊（改作敵）楚天覺涓刲寨之日漏語於旬日之先都人盡知之臣又論綱素不知兵難以獨任請以諸道兵盡付种師道節制而以綱佐之老者之智壯者之決可幾萬全疏上不報是日也植三幟於開寶寺旁以待報捷御前又張御幄於封邱門上以俟車駕臨受俘獲而王師殲焉於是行營司官屬惟臣之怨又論太學諸生誘衆爲亂刲請人主拜免大臣支解王人流血被道毀撤廬舍掠取金幣

幾至內訌失今不治他日必有握兵之臣脅制天子武夫悍卒戕害將帥縣殺其令丞郡殺其守尉以衆暴寡漸不可長於是大學諸生惟臣之怨臣又論靖康之政專務姑息大臣掠美嫁怨君父伏闕之後學官待罪可也乃降詔以獎其忠羣凶懼誅弗問可也乃肆赦以固其惡行營大臣下行使臣之職收金銀榜以悅衆心開封尹代贅御之職傳詔太學以沽士譽蔡京責秘書監詞臣追數其過宰相甚其言卻之三反竄定無幾王蕃潛師夜遁召兵於唐州臺諫交章論其罪惡而大臣以分兵護送家屬之功竟薄其

罪主威陵夷必自茲始於是上自朝廷大臣下至太學官惟臣之怨時方庇昵私黨以附下罔上臣獨論刺以忤權貴時方棄捐爵祿以市恩釣名臣獨矯激以招怨怒羣嘲衆罵恬不知畏任情妄行卒蹈機穽始則蔡攸黨人呂本中之流作爲痛定等錄文奸言以佐其父又崇飾惡語以併中臣終則言事臣僚又置臣於僞官之内此皆臣積致怨仇以蹈大難伏遇皇帝陛下擴日月之照下雷雨之澤一洗謗誣深垂簡照

趙子崧奏劄論列王時雍徐秉哲等十人乞正其罪

奏劄曰臣竊謂陛下始初清明萬國歸往急先務者惟用人而已風俗不厚廉恥道喪未有甚於斯時也小人既無所守則至於國破主遷亦不以爲意稽首僞朝自謂得計蓋緣平日習與性成不復知義利之分耳今王時雍等盡趨行在意氣揚揚略無忌憚臣聞京城士人籍籍謂王時雍徐秉哲吳幵莫儔范瓊胡思王紹王及之顔博文余大均皆左右賣國逼太上皇取皇子汚辱六宮捕繫宗室盜封禁中之物公取嬪御都城無小無大指此十人者爲國賊此天下之所不赦者也張邦昌未有反正之心虜敵改作騎甫退此十人皆日夕締交密謀勸以久假未肆赦閉又復督逼之時雍奴事金賊人改作肆出詭計辱君父以安已亡社稷以要功秉哲身爲京尹余大均爲少尹助賊敵改作爲虐分遣捉事人追捕宗族急於寇賊立賞召人告首必欲捜羅竭盡而後已有捉事人姓喬姓胡姓韓尤爲殘毒至於拘擠王夫人於匱坊鎖閉如牢獄捉事人無高下金皆有鉅萬之富矣幵儔往來傳金賊人改作語言迫脅城中士民俾皆舍正從僞邀請太上皇不容少緩言氣軒鶩上皇至泣下瓊統兵衆不恤國難棄君徇賊無所不至皇后及東宮將

出都城人號哭遮道願無出瓊斬數人以徇趣車輿以趨虜敵改作寨及之得罪淵聖乃藉賊敵改作威以陵侮朝廷不復知有趙氏爲虜敵改作人搜索宮嬪而擇其美者藏之私家邦昌既僭號胡思獻赦文曰無湯武之征誅有堯舜之揖遜遜字直用濮安懿王諱邦昌惶恐以謂不可思曰如今更理會甚濮安懿王顔博文則曰雖欲避堯之子其如畏天之威孟子曰以小事大畏天者也蓋謂陛下在外教邦昌畏金賊人改作人而不推奉也至王紹則尤爲悖逆其言不可道竊聞時雍秉哲落職宮祠既未足以正典刑又不足以

安反側使此曹手熟則人主何以立國天下亦失望解體矣若不付之詔獄考治其罪臣恐小人辨辭飾非奸惡之狀無以暴白於天下伏望聖慈特降睿旨將十人付獄鞫治明正典刑上以刷二聖危辱之恥下以謝宗族驅虜迫改作之禍永爲萬世臣子之戒臣不勝忠憤

趙子崧家傳曰子崧字伯山太祖皇帝之六世孫也崇甯二年貢禮部奏名爲第一賜進士出身宣和中除徽猷閣待制時王黼當國方議平燕鄭公居中領樞密生日士大夫例以詩爲壽公因以保全生齒困

守歡盟爲諷鄭笑曰能保否能守否公曰公能保呼韓足矣鄭深領其言已而任子諒王子飛皆以書論燕事子諒謂巡邊之兵不宜過白溝一步子飛謂當遣辨士往使遼主問女眞事使勿諱欲兵助兵欲財助財遼人必感服減歲賜削敵國禮倚以爲外藩可又保百年無虞是眞得燕也不然我且殆矣公擕以見鄭鄭奇二說而黼乃創立尙書省經撫房凡燕事皆專行樞密院至不與聞有識者危之郭藥師來朝公察其徵密語李丞相邦彦曰藥師叛遼歸宋其心叵測某早見之坐殿門外瞻視非常有輕中國意大則爲侯景小則爲祿山李相愕然曰子謂何以善其後公曰軍中最黠者張令徽劉舜臣也志不在藥師下今若以燕薊封藥師爲廣陽王以檀順封令徽舜臣爲節度使許世守如折氏常勝軍授田爲世業倘可紓禍也明年黼又括諸路出夫錢盜起京東河北天下騷然命初下雖丞轄亦不與聞公又語李曰自古立大事未有無定論者管仲佐小白霸天子孔明說先主取荆取蜀皆預定計今平燕不先計軍食乃竭四海之力以供無藝之求何可繼也某嘗謂名爲平燕實亡河北京東今已取夫錢則實亡天下矣李

起握公手曰當爲上別白論之已而聞有旨未輸者減半然民已困矣黼失上意頗欲置相一日李問客曰今日孰可相者公曰無人可相坐者驚眎不敢答李問其詳公曰里中有病傷寒者一醫汗之一醫下之外雖支持而中已耗矣謝前醫而訪草澤名士後至者投一藥則殆乃歸過焉今國勢大概類此蔡京倡之王黼成之二十餘年二人者家富於國志得意滿全身而去天下病矣公議望公爲相公欲如何醫治李唯唯九月李果相公與李厚惕然思引去除徽猷閣直學士知淮甯府郭藥師叛金師陷燕山公即

具奏乞留黃河椿夫修城衆笑之未幾虜（改作敵）至牟駝岡游騎過咸平諸州大震獨陳方興板築兵二萬餘人公又設三寨屯於城外收士卒礪器械以示有備賊（改作敵）至牟駝岡去陳百里而返先是聞上皇命淵聖爲開封牧且有南巡意任子諒時居陳公問此舉如何任公曰可危也上果東下太子留守功成位不加益萬一少衄歸罪留守矣公曰然公與某合然非内禪不可任公復乃議以書廣相意云云曰是某意也丞相若能爲寇準公能爲趙犨否公曰敢不勉後兩奉大赦列位宣讀公大慟至不能起明年竭力

治守禦謂虜（改作敵）必大舉自六月後即疏言畿之西南宜屯兵爲備不然虜（改作敵）且扼吾師絶餉道又曰朝廷不須論三鎮棄不棄粘罕（改作尼堪）斡离不（改作斡里雅布）非爭三鎮實南鄉而爭天下宜大爲之備願詔羣臣毋以同異爲論議專以國事爲急其詳見奏議九月四道置都總管公以書曉譬王襄又以書約潁昌應天蔡潁諸郡緩急相援十月詔下團鄉兵公牒潁昌壽春府廬蔡舒光蘄黃州信陽軍勤王曰恭惟太祖皇帝創業垂統救斯民於五代塗炭之中二百餘年閒恩浹骨髓今天子慈孝恭儉視民如傷夙夜講求

盡復祖宗法度將以便民近者邊境失備虜賊（改作金人）再犯（改作至）京都尚未退師天下之所痛心兼聞虜（改作敵）騎所至唯務殺戮生靈刦掠財物驅虜婦人焚毁舍屋産業意欲盡使中國之人父子兄弟夫婦不能相保狼狽凍餒歸於死地以逞其無厭之心遠近之民所共憤疾況朝廷信賞必罰此正豪傑奮發上報君親下保家室之時當所身兼臣子情同休戚朝夕究心不敢少甯須賴隣境犄角輔車協心戮力以捍賊（改作敵）勢以藩王室近奉密詔許結集義兵人自爲戰節鉞以下并以充賞請諸郡體國事不可緩公文

到日各懷忠憤多方措畫廣行招集或信義素著爲衆推服或武藝絶倫謀略可用或膽勇敢死不以軍民世家子弟務在存恤激勸人人自奮知上尊君親下保家室圖富貴免殺戮虜刦之患轉禍爲福其利甚大又於靖康元年蠟彈奏狀曰本府自十一月二十四日後來不得京遞道路隔絶賊（改作敵）騎出没不測自本月初十日以前平安十一日以後諸縣及村落日日被刦臣赤手獨捍孤城又以不通京城消息至尊父子在内臣尤激切痛徹五内見竭力守禦以死報國自六月後來奏報不蒙施行今日果見危急

輒募人齎此奏知乞回降平安指揮以安民心又狀日右臣自六月後來奏乞加兵嚴守輔郡累狀不蒙施行今來賊敵改作騎猖獗深入改作本府境內封虜日夜相繼又以京遞不通民心疑惑西道總管南道不知下落今月十一日胡敵改作騎至本府城下臣見竭力守禦終恐無以報國徒有一死仰念至尊在都四面隔絕激切五內無以效毫髮臣見病心氣脚膝之疾曉夕巡城僅存皮骨輒募人齎此奏知乞回降平安指揮以慰民心臣獲得奸細通說敵志甚大乞聖斷審應毋輕信誤國之言又募張澤隨陳貴齎蠟彈奏

狀曰臣今月二十三日開封府百姓陳貴到府稱奉差同張元齎文字至本府及蔡蘄州內張元將帶文字不見陳貴獨到不知處分何事至臣所遣統領官趙安十一月二十三日押團結軍民六千餘人前去尋訪張元不見遭賊敵改作馬衝散縣尉二員不知存亡本府自十一月二十五日後來四郊日遭警劫屢至城下臣堅壁固守上下一心竭盡駑力諸縣及順昌府蔡州縣鎮皆已殘破臣義兼臣子情同休戚日夕痛心伏乞別降密詔庶幾遵奉臣聞近郡賊敵改作騎多以潰卒爲鄉導若朝廷那兵來京畿近郡剿除討虜擊改作以斷糧道其利甚大臣聞胡直孺在黎驛杜常在潁昌范訥馬忠在南京伏望聖斷責使效命毋令端坐視變又再遣人齎蠟彈奏狀曰臣於閏十一月二十四日募到百姓張澤同樞密院差來使臣陳貴齎奏狀前去至十一月初二日張元方到領樞密院十二日聖旨卽時差人關報鄰郡多方措置招集兵馬外初三日陳貴復回稱二十五日虜敵改作騎攻京師遂致前去不得臣義兼臣子痛心疾首夙夕躓涕恨無捐軀之所臣聞范訥馬忠王淵在應天趙野在單州逐人所將甚衆又聞郭奉世將京東兵到

亳州及江南湖北刀弩弓箭手正兵萬數不久皆到宿亳間臣累次遣人間道移文及以書催促趙野范訥朱勝非併力入援仍責以大義言甚切至臣已檄盧舒潁壽光蔡蘄黃等州發遣勤王人兵到後一併團結前去臣以道路不通未奉平安詔旨無以自存謹再募人奏聞伏乞回降指揮以安民心所有本府曲折候路通續具奏報俄聞二聖出城東都四隣皆陷公乃誓衆設壇歃血以奬王室勇於奮義力與虜敵改作拒其攻脅說誘日甚公且守且戰愈力首尾半年乃保全孤城以通諸道勤王之師康王大元帥奏

除寶文閣學士擢參大議張邦昌僭僞首移書訶斥使其反正幷以書曉其僞臣王時雍二書皆千餘言辭指激切奸謀遂沮又多方間探京城事跡即令其人供具罪狀以蠟彈赴大元帥府隔絕之勢遂通而虛實得聞矣

賜進士出身頭品頂戴四川等處承宣布政使司布政使清苑許涵度校刊

三朝北盟會編卷第一百六終

三朝北盟會編卷一百六校勘記

有爲金人之股肱者（脫之字者字衍）以辱本國（國應作朝）或爲之草勸進之表或爲之定册立之儀（脫或至表六字脫之字立字）

有旨催發一半官吏（催誤作推）下至太學官生（脫官字）意氣軒驁（意誤作言）皇后及東宮將出城都人號哭遮道（都字應連下讀誤作都城）

管仲佐小白霸天下（下誤作子）今既出夫錢（既出誤作己敢）實南鄉而爭天下（鄉應作向）權參大議（權誤作擢）

三朝北盟會編卷第一百七

炎興下帙七

起建炎元年六月五日癸亥盡七日乙丑

又同何志同等差人押李恭佐狀曰責到翰林書藝局著緣藝學李恭佐於二月初五日大金軍前取出青城見說初六日册立張邦昌右子崧等世受國恩叨冒從列聞上件稱說痛徹肝心不免差遣承事郎徐文忠從事郎范塤躬親管押李恭佐一名前詣大元帥府伏望王慈詳李恭佐等所供及乞引至帳前子細詢問深惟宗社之重日下進發大軍移屯南京

仍乞選將命帥提精兵要擊河北迎請二聖還闕兼契勘南京係興王之地鴻慶宫神御所在可以號召四方子崧等見一面會議各發間探合軍前進至城下誅討僭逆迤邐前詣大元帥府軍前躬聽處分小貼子子崧等竊惟國家之制親王素無握兵在外者主上特付大王以大元帥之權此殆天意今王室危難若非大王深念宗社大計仰副二聖付屬之意稍有猶豫則事去矣兼恐四方奸雄乘變而起卒難平定欲望大王遵用故事以天下兵馬大元帥承制號召四方旬日之間可傳檄而定又小貼子契勘南京汴水通流發運使向子諲已到永城方孟卿亦在泗州伏乞劄付遣官催促糧運至南京應辦大軍又小貼子徐文忠李恭佐久在賊改作敵寨備知虜改作敵情范塤故學士范鎮之孫忠義世家伏乞親加清問又同何志同翁彥國申乞用傅亮狀曰右子崧等竊見通直郎傅亮生於西陲習知兵事昨自金賊人改作侵擾亮數上書計策朝廷召對未上殿間報罷亮還關中久之聖上思其所陳復遣觀察使韓膺乘驛求訪洎亮承命赴闕至陝州金賊人改作已圍京城閉關脫身至蔡州遂與士民建義勤王兩月之間其衆大集

某等見其治軍紀律精明計議詳審各以兵委之統制亮忠憤慷慨受之不辭見今進發入京畿方今朝廷命令隔絶國事危急如亮人才誠為時而生但名位至卑恐未足以鎭服諸將伏望大元帥大王特賜詳酌與近上一職名使其人知大王深念宗社之憂以得士為急務益加感勵趣立大功以報朝廷又同何志同等繳元青狀據河北統制官趙㞭解到京師百姓元青一名責列狀說番人此二字改作金國相立張相公做官家呼為大楚皇帝待要遷都江陵右子崧等契勘今來元青供狀比李恭佐等所述尤更詳細萬

一是實郎國事危急當如救焚拯溺不可少緩昨者遣范塡徐文中齎狀申陳竊慮道路艱難不以時達兼恐王府未見得所供事狀之詳伏望大元帥大王深以宗社爲念詳酌某等前後所陳立賜裁斷早移行府號令天下若更遲留竊慮逆臣盡以中原賂賊改作敵移據江東形勝之地自保家族根本一去即欲興復王室事勢轉難又遣閤貟劄子子崧近兩具劄子又與何志同翁彥國同銜兩遣屬官徐文忠范塡及使臣鄭實等四次申稟機事必呈達王府某荷國厚恩蒙太上皇擢在從班付以藩輔二年守禦竭力

盡智粗免狼狽今親見國難如此未知死所勢須不避誅責以底裏上布不復以一身禍福利害爲慮前所申陳似無可疑今日又得逃歸者三人大概不異而親賢宅七少保孝忱不藥同删此三字○舊校云别本作下藥童親被開封府列勾出令隨本官北去其人在奉先寺十餘日逃歸稱凡親王宗室公卿皆大尹徐秉哲勾追赴賊改作敵寨宗室逃在民間者差捉事喬姓胡姓人搜捉必獲又有淮甯府百姓蔣德逃歸稱城上城下幷無番人自三月二十九日去盡見有官員打青織在城上差兵出城剗城外墁道仍盡閉諸門未搭濠

橋以子崧觀之郎是逆賊以爲固守之計若更遲疑必失機會某除已遣陳輿一軍入咸平趙戾一軍入鄢陵及會合翁彥國前軍與何志同蔡州等軍差傳亮充都統制初四日已離本府前去入衛如到近城見得端的即一面討逆子崧愚見以謂兵法先聲而後實用力不如用智今逆賊盜據勢不改作必自營閉門剗城必是待金賊改作敵復遣輕兵或已留兵在城裏伏乞速下明令差敢死之士前去京城招諭臣庶有能執賊以城歸者酬以重賞兼聞左言作樞密范瓊作殿帥可說諭二人轉禍爲福以先聲壓之以智

謀懷之則不戰而自平子崧又思萬一逆賊詭計遣使奉迎大王亦乞審處未可班師按軍近甸號召諸路之兵進討凶逆諭使自縛遣上將清宮然後入謁廟社迎請二聖以展孝道承制賞罰以繫人心戎賊改作僭逆聞之自應膽落小貼子某聞賊臣戀於金賊改作人乞留兵衛或擁兵而南奔或詐稱兩宮以惑四方尤不可不防乞速賜戒約州縣併力誅討又織元祐皇后册文狀曰右子崧等今月初六初七初八日節次據出京人及淮甯府寄居官收接家書并稱京師已迎請元祐皇后入宮併會於太廟行禮及遣使詣

大元帥康王軍中奉迎歸京言說並同又得何志同家書并錄到册文詳看引用故事卽是張邦昌逆狀昭著理當便行討戮某等竊謂兵事貴速不可猶豫伏望大王深惟宗社之重乘機進發駐軍東明子崧等各引所部兵前去躬聽處分若果曾遣使詣行府迎請卽乞召張邦昌及管軍左言范瓊等躬親以素服出詣帳前聽分別遣親信官詳視然後入城設或遲回卽恐奸人窺伺致生他變又申利害劄曰一契勘金賊人改作圍閉京城將及半年朝廷命令隔絶不通竊慮奸賊詭詐妄出號令鼓惑衆聽致四方施行

三朝北盟會編　卷一百七　五

不一深屬不便乞速賜遍行下諸路州軍自今後凡有事宜並申稟大元帥府與決如有奸詐僞冒文字并不得施行一大元帥府自今號令宜結人心使知不忘宗社如近京州縣曾被賊敵改作馬燒刦去處欲乞速疾行下并與放免今年夏稅一科仍乞逐處監司具合寬恤事件疾速申稟一契勘張邦昌弟邦基見任通判廬州并邦昌之母親屬盡在邦基家居住竊慮別生事端乞專委知廬州馮詢提舉淮西茶鹽范沖火急密切收捕張邦基并邦昌親屬斬首以絶姦心所有本家財產盡行拘管入官一宣撫使自童

貫譚稹蔡攸輩爲之取侮四夷方改作散亂天下今范訥居此任逗撓自營罪狀明白況兵馬大元帥既已開府則宣撫使自合放罷伏望詳酌施行一契勘逆賊見據都城勢力漸固四方勤王之師觀望首尾恐誤大事理宜速行江甯府以備緩急竊慮奸賊乘勢先有窺伺江南之意欲乞更賜嚴切催促諸路兵馬進發討逆外別行選差公忠才明官前去江南措置事宜庶得首尾內外相應可濟大事一淮南賊閻僅猖獗蘄黃之間嚴州瑞安縣賊黨益熾荆南竊據未得平定羣賊李孝忠等見在潁蔡境內有窺伺中州

三朝北盟會編　卷一百七　六

之意若不早行措置恐聞變乘釁盜據一方則大事去矣一契勘江甯府最是控扼去處見係宇文粹中右丞知府欲乞詳酌如可以委任卽乞速賜劄下如有所疑卽乞速賜選差有才力官委以措置不可少緩實恐盜賊滋蔓嘯聚蠭起據有形勢之地益難制禦伏望疾速施行又申依應起發前去京城狀曰奉大元帥府行四月六日劄子令依前措置事理奉迎二聖圖保萬全所有抑逼城中推立僭僞事或非本心請進兵近城按甲不動以俟當府遣人通問如金賊人改作有存留下官吏兵馬卽盡行掩殺者右子崧

已催發何志同翁彥國節次入援及依應今來王旨外子崧亦起發前去京畿至都城以來聽候大元帥行府指揮伏乞王慈詳子崧等累申事理速賜移府近京庶幾奸計不行早見興復不勝祈懇之至小貼子十二日據向子諲報有稱御前齎文字人初七初八間夜半自亳州前去廬州認是邦昌往問其母子崧先已申稟乞下廬州識察未奉王旨不免便宜於初七日移文廬州知州馮詢提舉茶鹽范沖存恤其母識察其弟邦基及權添差朝奉郎趙令𢧐充通判專一防禦外使萬一先爲逆使所得州郡未知事體

或致尊奉或遂殘害皆害大事伏乞行府速賜遣官星夜前去說諭馮詢范沖令𢧐示以寛大之意仍將逆使拘執及取索元書繳申復奏狀勸進凡數上不已及上既登寶位特授公延康殿學士建三屯之議曰臣竊惟古者天子有道守在四夷拓地非所先也疆場地廣必有腹心之患蓋因有益以作無益其爲患可勝言哉國家累聖相授未嘗玩兵雖北虜(改作契丹)景德之侵元昊寶元之叛亦務涵容撫愛夷夏之人不欲起邊隙尋干戈故百餘年閒天下晏然豈非以撫四夷爲中國安乎自王安石首用王韶開熙河高

遵裕爲五路入界之舉徐禧敗於永樂西邊驛騷民力重困宣仁聖烈皇后守祖宗之法爲甚嚴每戒邊臣不得生事紹聖之後章惇蔡京相繼用兵以倖厚賞所得尺寸所費山嶽視人命若草芥用邦財如泥土童貫尤無遠慮凡一出師敗績則掩覆而不以聞取荒地築遠壘則錙銖以計功疲敝生靈畧無所備遂使五路精兵皆困弱逃亡不可復用此開邊之患驗在目前也末流畧地燕山馴致禍亂可不鑒哉其熙河等五路自紹聖以來進築州軍堡寨伏望聖慈委諳練軍事臣僚同五路帥臣相度將不係緊要控

扼去處幷罷明遣使告諭夏人示以德意那守禦之兵分屯陝西路𨚫那陝西見在兵馬捍禦河北河東與河東河北之師爲三屯之計如此則省財用固舊疆結夏人吐番之心收將佐士卒爲中原之用是一舉而有數利也比者虜(改作敵)騎雖遠而濬衛河陽屯兵修壘艤舟北岸以示再渡若不急作措置其可慮者甚大今若那河北河東之兵六萬人分爲三屯一屯京東澶濮之閒一屯河中陝華之閒一屯青鄆之閒平時訓練以備非常虜(改作敵)若守約不渝自足張聲勢萬一虜(改作敵)騎南渡則三道併進深入擣燕山

雲中之虛焚舟渡河示以必死人自爲戰未必不成功也兵法曰避實擊虛又曰取其所必救臣雖不知兵徒盡愚忠惟陛下更下公卿詳議留神而擇其中其後奏劄乞正王時雍等十人之罪付獄鞫治明正典刑爲其黨嫉忌乃設陰謀使鎮京口纔十旬趙萬反公重傷退保江岸上章待罪忌者計得貶單州團練副使南雄州安置後復修撰卒

詔判襄關陝江淮以備巡幸

張所傅亮召赴行在

先是右僕射李綱進劄子大畧謂河北河東兩路國

家之翰蔽河北西路三帥府二十餘郡靖康末所失者眞定懷衛濬一帥府三郡而已其餘至今皆爲朝廷堅守一路兵民有城郭者依城郭無城郭者依大河西山自相屯集日以蠟書號籲朝廷乞師請援河東亦然但所失州郡視河北爲多欲乞於兩路置司措置因其人而用之將來以河外郡縣悉議封建使自爲守朝廷量力以助之則藩籬固而中原可安儻捨此而不爲則兩路之人且歸怨於朝廷强壯狡猾者反爲賊（改作敵）用將何以處之今日所當先務者莫急於此有旨除河北置招撫使司河東置經制使司委綱選擇可任使副者具姓名以聞綱荐張所傅亮故所自責授鳳州團練使江州安置亮自通直郎直秘閣通判河陽府被召

趙子崧守陳州閻孝忠守蔡州黃叔敖守襄陽府趙子櫟守汝州季彥卿守漢陽軍程千秋守江陵府公安縣捍禦有功子崧轉兩官孝忠轉一官除直秘閣叔敖轉一官除直秘閣修撰子櫟除寶文閣直學士彥卿除直秘閣千秋轉一官通判江陵府

王襄趙野散官安置

制曰趨朋友之急者不敢以存亡爲辭議春秋之誅

者莫先於功過俱惡爾頃繇近弼出總重兵受朝廷數世之恩固當前死聞君父重圍之急忍復自營乃專懷顧避之私至巧作遷延之役視國家有如於秦越刈生靈不啻於草菅言者以聞爲之於邑其黜徙於散秩用投畀於遐荒茲謂隆寬毋忘至戒以爲總管日逗遛不進故有是命

六日甲子內降七事手詔〇舊校云此詔李忠定公撰見梁溪集

朕以菲德獲承宗祧以臨士民之上屬時多艱未知攸濟慄慄危懼若將隕於深淵恭惟祖宗膺受天命覆育區夏百七十餘載德隆恩普振古所無道君太

上皇帝以憂勤而內禪孝慈淵聖皇帝以恭儉而纂圖海內乂安蒼生蒙福適金人之入寇挾詐謀以款師待以不疑墮其奸計神都失金湯之險翠華有沙漠之行二聖既遷六宮皆從迨朕叔父弟昆宗族戚屬悉被驅逼禍敗之臻古所未有是用夙夜震悼於朕心念父兄幽辱於虜庭（改作穹廬）惻生靈重罹於兵革飲泣嘗膽不遑甯居惟爾四方士民抱負忠義其伊恤於朕躬以共濟於艱難以致安於宗社載念行在將士適當隆暑暴露之久尤軫朕懷當特加犒設州縣民戶募師勤王調發之煩誠可嘉憫當厚與撫循

賦斂之厚當議蠲減法令之弊當議改更潰兵爲盜因閒虜掠殘破郡邑雖已降赦今當遣使招集許令自新贓吏爲奸乘時掊克重困吾民罪不可貸當遣使按治寘於典憲靖康之間忠義敢言之士或至竄逐當悉召還今日以往智謀奇畫之人如能獻陳當悉任用旁招俊乂竄黜奸回協成治功以篤中興之烈於戲天下之士大夫未忘我之祖宗當同心以相扶持天下之軍民不願淪於夷狄（改作異域）當協力以相保守國勢既昌天命益固庶幾鄰敵悔禍奉還鑾輿則一人以甯爾亦有無窮之安不其韙歟故茲詔示想宜知悉

七日乙丑李回責授朝奉大夫祕書少監分司南京袁州居住

制曰節義廉恥朕所望於士大夫也方國家艱危於此觀人而以擇利誤國形於言者之牘汝安取此哉具官某奉事兩朝嘗參二府既不能知存亡而雪主之辱復不能辨正僞而立人之朝處之恬然顏亦厚矣其正名於中祕以分務於陪京服我保全毋忘惕厲言章論列防河兼受僞官故有是命

李若水忠義無與比倫已推恩外可特賜諡

劉韐能死節不爲敵用特贈資政殿大學士特進

制曰（○舊校云此制汪藻撰）忠人臣之大本全者幾希死天下之至難在乎所處嗟我仰承之耆哲挺然不屈於兵威既没元身宜加爵秩具官某天資莊重心術邃明內領藩條懋活民之政外臨邊鎮揚威敵之功方資廊廟之謀遽屬朝廷之變不幸聞名於醜虜（改作異國）將令毀節於僞廷（改作封）龔勝飾巾心肯移於二姓仲鉞臨穴人將贖於百身升華一品之班加賁九原之隧庶幾精爽不昧欽承

譚世勣贈延康殿學士

制曰松柏有心於歲寒而乃見璠璵至寶豈烈火之能遷朕遭胡虜之亂（此四字改作變故之類仍常字）（刪此）陰考士大（刪此字）夫所向（此二字改作之向背）責其大節全者幾人方嘉一士之聞已歎九泉之隔清規如在褒典可忘具官某學貫羣書文馳六藝純誠自表坐銷世俗之浮廉靜無求獨得古人之大蚤預持麾之選偏更法從之華二聖所知羣臣鮮及肆履艱危之會果專忠孝之稱雖甄濟佯瘖靡污天寶之亂而龔生遽夭不見南陽之興爰錫命書升華祕殿以聳具臣之聽以爲信史之光冀爾英魂歆吾至意

知懷州霍安國贈延康殿學士

制曰（制汪藻撰）○舊校云此賢者事君豈爲保妻子之計國家多事所貴死封疆之臣惟我藩宣之英靡從威武之奪旣遭奇禍宜峻恩章具官某少有令名屢更煩使昨任州符之寄適當邊徼之衝嬰無援之孤城抗方虓之醜虜（改作勍敵）壯矣張巡之百戰躬履顏行哀哉卞壼之一門殘無噍類屬予初載聞此沈冤念逝者之何辜爲潸然而出涕茲陞華於祕殿仍加恤於遺孤庶爾精忠光昭信史

賜進士出身頭品頂戴四川等處承宣布政使司布政使清苑許涵度校刊

三朝北盟會編卷第一百七終

三朝北盟會編卷一百七校勘記

親被開封府尹勾出（尹誤作列） 出詣帳前聽處分（脫處字）

伏乞王慈詳審（脫審字）

三朝北盟會編卷第一百八

炎興下帙八

起建炎元年六月八日丙寅盡二十五日癸未

八日丙寅內降黜責士大夫手詔

朕惟祖宗創業守成垂二百年涵養士大夫至矣靖康變故仕於中都者曾無仗節死難之士而偷生取容何其衆也甚者乘時爲奸靡所不至實爲中國羞公議勿容姑取跡狀尤顯著者量加竄黜爲臣子之戒夫節義正所以責學士大夫也至於武臣卒伍理當闊畧以責後效惟王宗濋首引衞兵逃遁致都城失守不可不責餘姑示含容一切不問咨爾有衆其體至懷故茲詔示各宜知悉

內降手詔王宗濋首引衞兵逃遁致都城失守不可不責其餘姑示含容一切不問宗濋可散官安置

制曰國保城闉賞誅而已將援枹鼓生死以之矧提禁旅之嚴申護皇居之重儻先失守安所逃刑具官王宗濋蚤繇戚畹之華擢寘殿巖之選庶幾自立上答所蒙方兵戈交內外之鋒於呼吸有存亡之變衞吾宗社恃汝腹心乃無效命之忠唯作全軀之計望風驚讋委衆潰奔朕推禍亂之原知汝罪辜之首宜

明邦憲以謝國人尚緣四姓之親姑從八辟之議爰鐫寵秩畀以散官其堅訟過之心服我好生之德

洪芻罷諫議大夫張卿材罷刑部郎官胡思王及之余大均周繼文陳沖並先次放罷

以御史臺勘司有請也

傅雱特授宣教郎借工部侍郎充大金通問使

朕講殊鄰之好求專對之才念國家艱難之餘方賢者馳驅之日以爾疏通無壅沈毅有謀雖山濤不學於孫吳而季布得聲於梁楚比選出疆之使實膺仗節之行方事遐征無幾微見於顏面宜加寵數比禮

樂而有光華是用擢之銓調之中假以事官之貳庶爾一言之合成吾兩國之歡日佇來歸毋忘自效

遺史曰先是上即位痛念鑾輿北狩未還欲遣使於金國祈請且通問河北已差周望而河東難得其人李綱荐雱有專對之才雱字彥濟臨江軍人進士及第時從事郎乃改宣教郎借工部侍郎使於金國識者已知上意在乎講和矣

募河東河北忠義之士能保有一方或力戰破賊（改作敵）者授以節鉞餘賞有差

宗澤奏劄論不當割地

朝廷議割河東河西及陝之蒲解宗澤奏劄論其不便曰臣聞天下者我太祖太宗肇造一統之天下也奕世聖神繼繼相授增光共貫之天下也陛下爲天眷祐爲民推戴入紹大統固當兢兢業業思傳之億萬世柰何遽議割河之東又議割河之西又議割陝之蒲解乎此三者太祖太宗基命定命之地柰何輕聽奸計附賊（改作敵）張皇者之言而遂自分裂乎臣竊謂淵聖皇帝有天下之大四海九州之富兆民萬姓之衆自金賊（改作人）再犯未嘗用一將出一師厲一兵秣一馬曰征曰伐但聞奸邪之臣朝進一言以告和

暮入一說以乞盟惟辭之卑惟禮之厚惟虜（改作敵）言是聽惟虜（改作敵）求是應因循踰時終致二聖播遷后妃親王流離北去臣每念是禍正宜天下臣子勿與賊虜（此二字刪）俱生之日也臣意陛下即位必赫然震怒旋乾轉坤大明黜陟以賞善罰惡以進賢退不肖以再造我王室以中興我大宋基業今四十日矣未聞有所號令作新斯民但見刑部指揮有不得謄播赦文于河東河西陝之蒲解茲非所以新人耳目也是欲蹈東晉西遷既覆之轍爾是欲裂王者一統之緒爲偏霸者爾爲是說者何不忠不孝之甚也既自不

忠不孝又壞天下忠義之心褫天下忠義之氣俾河東河西陝之蒲解皆無從爲忠義是賊其民者也臣雖衰老不勝憤痛激切之至

十二日庚午謝克家范宗尹并落職宫祠

制曰父母君臣之義所謂在三死生禍福之間豈容有二具位謝克家范宗尹被寵有日宜知所天乃國家遭變之時昧賢者潔身之道雖揚雄之投天祿自以無他然鄭虔之貶台州難於幸免宜鐫華秩退領宫祠兹爲寛貸之恩毋廢省循之戒

十四日壬申內降河北河東諸路官吏軍民手詔

詔曰○舊校云此詔李忠定公撰見梁溪集 敕河北河東諸路州縣守臣將帥忠義軍民等朕惟祖宗德澤在民垂二百年天下乂安靡有變故而宣和靖康以來國家多難金人內侮道君太上皇帝下哀痛之詔講揖遜之禮比德堯舜古今鮮倫孝慈淵聖皇帝以恭儉之德妥受內禪海內欣戴日俟治康而朞歲之間戎馬金人改作再侵墮虜其改作奸計但以講和一事終至宗社阽危既盡取玉帛子女公私財力悉爲耗竭乃始刦遷二聖中宫洎皇族尊幼中外姻戚以行戎狄改作慘酷之禍振古未有朕以介弟受命總師臣民推戴迫以大義入繼大統重以父兄之辱飲血嘗膽疾首痛心願與天下忠臣義士共濟艱難而近者使臣來自北部審聞兩路守臣義不愛生誓以死守賊敵改作雖憑恃犬羊之此三字改作其衆敢肆攻圍而能率厲士民屢挫醜虜改作敵鋒其忠義軍民等倡義結集動以萬計邀擊其後功績茂著朕甚嘉之夫河北河東國之屏蔽也朝廷豈忍輕棄靖康之間特以金狄人改作憑陵不得已割地賂之將以保全宗社休兵息民而金人不道刪此二字攻破都城易姓改號刦鑾輿以北遷則河北河東之地又何割焉已命某某遣師以爲應援兩路州縣官守

及忠義之士如能竭力捍禦保有方及糾集師徒力戰破賊敵改作者至建炎二年當議酬其勳庸授以節鉞其餘官吏軍兵等優加陞賞一應稅賦財貨悉許移用官吏將佐悉許辟置朝廷更行量力應副爲國屏藩以昭茂功庶幾中原牧甯生靈休息夷狄敵國改作悔禍二聖有可還之期則予一人膺受多福爾亦有無窮之利不其韙歟故兹詔示想宜知悉河北河東路守臣各轉兩官有職名者進除餘具職位姓名以聞

又詔自今有能收復兩路已陷州郡及救解危急保

全一方功効顯著者除本處節度觀察團練防禦使依方鎮法

又詔兩路軍民自今不許撰造事端以疑慮擅殺官吏

又命使臣齎夏藥徧賜兩河守臣將佐

又命催貨務印造見錢鈔遣使齎送兩路州郡

又命降見錢鈔三百萬貫付河北河東路陝西路漕司廣糴應副兩路

又命起東京路夏税絹於大名府樁管川綱河東絹於永興軍樁管以待兩路支俵

李綱時政記曰右詔命數事皆上意也於是兩路知天子德意人情翕然蠟書日至間有破賊改作敵捷報虜改作金人圍守於諸郡者往往抽退

十七日乙亥胡舜陟胡唐老姚舜明王俁各降兩官

制曰御史於百官之回邪政事之闕失皆得而言之朝廷所恃以爲安危御史有不能其官者顧獨無責哉頃者戎馬改作金人內侵變生不測鑾輿出狩事孰駭大茲汝曾無一言爲國長慮乃始終和議墮虜改作致墮計中今而不懲失政刑矣褫官二等聊著厥辜尚服寬恩無貽後悔

范瓊加定武軍承宣使爲御營使司同都統制以討李孝忠

范瓊在京師圍城中心迹甚惡上初即位姑示涵容瓊至行在乃自龍神衛四廂都指揮使溫州觀察使加定武軍承宣使爲御營使司同都統制俾率兵往討李孝忠是時孝忠作亂於京西也

叔向伏誅

叔向擅置救駕義兵所招聚兵得京城統制于涣在其軍中涣省悟以爲未便乃詣南京告叔向不當擅起兵命劉光世擒而誅之涣後隷留守司

馬忠落龍神衛四廂都指揮使降充河北經制副使

制曰朕於將帥待之至者所以責其忠望之深者所以必其勝具官某粵從小校擢領中權寵任兼隆在廷莫比謂能夙夜分朕顧憂乃無多算之奇莫止偏師之敗全軍退衄坐失事幾宜鐫節制之崇仍損使權之重再稽朕命軍有常刑以與金人戰於河北敗績故有是命

張所爲河北路招撫使

張所請乞車駕還闕有五利不許乃授所河北路招撫使相州百姓改作武勇岳飛初隷所爲效用

耿南仲責授節度副使南雄州安置

制曰○舊校云此制汪藻撰梁信侯景之奸而臺城不守唐養祿山之亂而靈武僅存惟議者失於毫釐之間斯敵人玩於股掌之上具官某迂懦無斷徇默苟容道君疑蕭傅之賢選參儲禁淵聖用甘盤之舊擢預政機方醜虜改作隣敵之憑陵舉中原而震擾克綏多難所恃老謀乃憑款敵之言堅主弭兵之議積其瞶眊成此艱危朕念夫當垂白之年甯為爾受失刑之謗而煩言薦至重此難私姑黜置於散官用竄投於荒服汝須知免吾悔何追南仲以專主和議初遭論列落宮

觀士論未厭臣僚因再言其事故有是命

・林泉野記曰耿南仲字晞道開封府人深明易經賢關馳名元豐五年登第淵聖在東宮除太子詹事授太子以易靖康初權知樞密院事遷尚書右丞遷門下侍郎子延禧字伯忍為中書舍人金兵犯順改作人深入南仲怯懦無謀每與李邦彥吳敏主和謝克家孫覿李擢李會王及之王時雍劉觀民附會南仲康王出使辟延禧參議加龍圖閣直學士金人欲割河東河北命兩府二人往議聶昌辭以親南仲辭以疾上怒遣南仲割河北聶昌割河東○舊校云宋史南仲出河東昌出河北昌至絳州為百姓所殺南仲聞不敢往會康王起兵相州以延禧在幕府故往投之凡元帥府事皆與連銜王即位南京充禮儀使未幾以觀文殿學士提舉杭州洞霄宮後臣僚言其主和誤國之罪落職再言降節度副使南雄州安置至吉州卒所著易講註易明象○舊校云一本作易講義明易象又校云他本作易講義易明象二書行於世子延禧字伯順為中書舍人康王出使辟延禧參謀除龍圖閣直學士制曰○舊校云是制孫覿撰唐元和中選宗室四品一人使回鶻於萬里外而以博士通經術者為之貳朕初嗣服申講大國之好親王奉使而副以

左右侍從之良選任之難視唐為重矣具官某器量○舊校云一本作疏亮宏博清明沖澹典學足以擅多聞英辭足以鼓羣動潛宮之舊義同艱難往馳一介之書修復兩朝之好惟孝子辭親之義豈不遲遲去父母之邦而丈夫許國之忠初無刺刺顧婢子之語擢自詞垣之邃進升內閣之華幹予心旅之憂以靖干戈之難毋忘厲翼嗣有龍章康王開大元帥府為帥府官屬王即位進中興記表曰參大府之末寮建明無補紀中興之盛事潤色非長勉強成篇矜慚罔措臣某申謝竊以乾元首出庶物佑下民而作之君上帝監

觀四方有大德者得其位洪惟皇宋嗣有眞王愼德而四夷咸賓干戈不用允治而萬世永賴年穀屢豐遭奸臣變更之餘至國制搶攘之後幾及詩人小雅之變惟思創業大風之歌金國肆殘暴之威彼萬方幷告於上下皇天有悔復之意俾一人輯甯於邦家始緣五利以和戎繼長萬夫而建帥曁經大變迄有成功恭惟皇帝陛下湯勇自天堯仁因性聰明睿知而不殺剛健篤實而日新初臨銅馬之營推心而不二遠出靈武之使修睦而無疑崇臺定三箭之祥朔部有兩王之號乃大呼而起義勃興虎變之文至勸

進之交章肇正龍飛之位揆面者欲雪大耻左袒者咸懷舊恩君萬邦而百官是承唯天祐於一德賚四海而萬姓悅服惟民歸於有仁雖險阻艱難之備更蓋損益盈虛之有待念淵聖遠巡而臨遣與陛下英銳而請行錫玉帶乃傳國之祥合春冰乃受命之始凡漢廷之迎代邸與靈武之奉肅宗歷觀人鬼之謀參考符瑞之應行軍集諸將之議定策聽老臣之謀事有初終迹存首尾障狂瀾於既倒孰知崇論宏議之所繇揚偉績於無前要明盛德大業之初建當於文苑鉅儒而求鴻筆乃以帥幕舊屬而及微臣伏念臣本乏才能但緣遭遇頃陪後乘蓋捧辟書晝預兵戈之謀夜陪樽俎之末辱褒音之屢及叨眷獎之彌隆子犯負羈紲而從文公固顯愚而有罪鄧禹以圖讖而知光武常精白而無他故茲流落之餘每荷恩憐之及顧臣淺陋何所發揮然臣聞建元太始之施爲馬遷過於矜夸至天下以爲近謗建武中元之符慶史官不容撰集故來世罕得傳聞如臣一介之微乃有千齡之會摹寫乾坤之大自揆難工攀依日月之光徒知盡力忘其無識狂則有餘

二十日戊寅汪伯彥除知樞密院事黃潛善兼門下侍

郎

二十一日己卯金人斡离不（改作斡里雅布）廹

節要曰斡离不（改作斡里雅布）知皇帝即位於南京故俟粘罕（改作尼堪）於草地避暑議還太上皇粘罕（改作尼堪）未之許斡离不（改作斡里雅布）打毬冒暑以水沃胸背病傷寒以死

金國太祖實錄曰斡离不（改作斡里雅布）名宗望呼皇子

二十五日癸未呂好問除資政殿學士知宣州

臣僚章疏論受僞命臣僚多有行遣未及者皆等第施行如十友之類令留守司詢訪姓名以聞其言頗及呂好問好問在假上章求去有旨除資政殿學士

知宣州

呂好問辨事僞楚奏劄曰臣輒有誠懇仰干天聽伏念臣世受朝廷厚恩義同休戚多事之際理不當自退自進然事有不得已者豈免喋喋伏念臣賦性迂疏分甘退縮自淵聖皇帝召臣畎畝之中擢至言路超踰等輩徧歷要近屬胡虜猖獗刪此四字都城失守淵聖皇帝再幸軍中因而不返臣憤痛切骨屢欲自裁蓋嘗投狀乞守本官致仕而孫傅張叔夜責臣以世臣之義當死社稷不可止爲身謀求自免而已臣實感其忠讜許以身任其事苟事不成繼之以死於是執手泣別相勉盡節臣念變故至此難以力爭思在天下當立之人唯陛下而已百端經畫求所以通誠懇導迎立之意並是夜間方敢諸處訪問書寫文字既而張邦昌入城臣首勸邦昌當應天順人迎立陛下時張思聰蔡安中傅樞吳革李進皆預臣謀孟忠厚蔣師愈韋淵皆知其事後趙子昉輩宗室戚里亦多知之則臣之心迹不爲不顯以天地宗廟之靈陛下即位於南都則臣已獲初心故自信不疑既而奉元祐皇太后聖旨差臣齎手書慶賀陛下纔一登對即被簡在位居丞轄忝預大政陛下於臣可謂厚矣

若不察臣之心何以至此今人言滋彰深爲可畏既不究其事實則是意必有在臣非不欲竭誠盡力少裨萬一竊慮上負付倚之重下違進退之意伏望聖慈特賜睿旨察臣誠悃除一在外宮觀差遣庶幾垂老之年有以生觀太平之化干冒宸嚴臣無任惶恐戰懼之至取進止又臣近者屢求罷退蒙陛下察臣心迹令諸處不得收接文字又特降御劄稱臣邦昌僭號之初即募人齎帛書具道京城內外之事金人甫退又復勸進臣僚所不知付尚書省行下照會臣一介之微而陛下左右保全雖天地造化之恩無以過此然臣竊自謀之於心勢有不可不去者昨金人圍閉邦昌僭號之時臣若閉門避事以潔其身實爲不難況臣於邦昌未入城之際會乞致仕重念臣世受國恩異於衆人親受賢者之責身任宗社之重不敢保身全家坐視朝廷阽危故臣忍恥含垢追死朝夕不避金人滅族之禍遣人衝圍齎書於陛下而又畫謀奉迎幸而天相神助得覩陛下今日中興之業則臣之志願足矣向若金人網羅得臣所遣之書而臣之謀畫萬一洩露臣之一身當如何臣之家族當如何然則臣之字刪此果愛死耶果不敢愛死耶區區

之心臣自知之皇天后土知之宗廟社稷知之陛下
又知之矣臣之心迹顯然明白臣今求退乃其時也
乃初心也臣猶自以爲當去况他人乎况言者乎方
今國步艱難當惜寸陰而當路之人未暇及他而唯
臣是攻則臣之罪大矣是言者必欲去臣而後已也
臣若不速自引退使言者專意於臣而忘朝廷之急
臣亦避嫌而不敢謀國則兩失其宜伏望察臣顚躋
之危憫臣求退之切罷以宮祠許之自便既以杜言
路之口亦以安螻蟻之誠臣無任祈天俟命激切之
至取進止

賜進士出身頭品頂戴四川等處承宣布政使司布政使清苑許涵度校刊

三朝北盟會編卷第一百八終

三朝北盟會編卷一百八校勘記

中護皇居之重中誤作申　乃賢者馳驅之日乃誤作方　假以
冬官之貳冬誤作事　柰何輕聽姦計附賊張皇者之言計應作邪者字衍　挵面者欲雪大恥挵誤作挵　稱臣於邦昌僭位
之初字脫於

三朝北盟會編卷第一百九

炎興下帙九

起建炎元年六月二十五日癸未盡七月四日壬辰

紹興八年敕送到右宣義郎守尙書兵部員外郎呂用中狀伏念先父好問昨於靖康元年閏十一月初金人欲圍城之際方除兵部尙書卽値國家禍變二聖出幸虜（改作敵）營先父投檄致仕時孫樞密傳○舊校云宋史作孫傅綱目作孫傳謂先父曰尙書怕死耶傳以職任留守當死軍前公世受國恩須承當興復之責張叔夜在傍謂先父曰尙書若不怕死何不了此事叔夜則須去軍前效死也先父不得已而許之繼聞金人欲僞立張邦昌先父本欲閉門不出衆皆責以不出何補不若勉强一出以患禍動之先父遂至省中以禍福喩邦昌勸一面令迎康王及請元祐皇后權聽政事及勸卻回金人所欲留兵以明順逆是時城外消息斷絕於是罄竭家貲加以假貸陰募李進冒犯重圍齎帛書往河北求訪問今上皇帝所在李進屢遭金人捶打幸無敗露至開德府知州王棣考其事進因以實告棣大驚卽差人伴送至大元帥府投下其後

金人欲退先父痛念二聖鑾輿不返又遣人詣大元帥府勸進此皆上下之所共知豈敢少有詐誕以欺罔天下也先父當時又於大雪中夜間密遣子弟陰與孟郡王忠厚相約請昭慈聖獻皇后入禁中正母后之位以安宗社金人方退先父卽以兵部呂尙書貼子召百官入內以邦昌手書請昭慈聖獻皇后聽政大事遂定主上既登寶位先父卽至南京主上嘉其忠義艱難首擢尙書右丞遺言者詆訾主上灼見底蘊出親劄付尙書省其間有呂好問昨邦昌僭號之初卽募人齎帛書具道京城內外之事金人甫退又遣人勸進臣僚所不知之語此可驗也當時金人據城失守城外虜（改作敵）騎連數十州殺人蔽野城中達官被殺者甚衆而先父遣人齎帛書犯重圍而出若使少敗露則必盡遭屠戮與夫自經溝瀆身享美名子孫獲厚祿校量利害孰重孰輕何必區區遣人犯圍自爲殺身滅族之禍也先父向若金人退後方遣人齎帛書旋謀入請昭慈聖獻皇后則豈敢逃天下之責蓋緣十餘年來未有爲先父發明此事者故士大夫亦不知本末使先父時遭謗議久不獲伸用中今者竊覩臣僚章疏尙以先父爲言則是先父事

迹終未辨明人子之義不可强顔立朝亦不可默默
而去用中已於十一月一日以後在假更不敢赴部
供職伏望特賜敷奏如用中所言稍涉虚誕即乞將
用中重行斥責或先父事迹有實亦望朝廷暴白先
父勞效仍乞降注用中乞删此字在外宫觀差遣候指
揮十一月十六日奉聖旨用中所陳錄送史館所乞
宫觀不允
二十七日乙酉折彦質散官安置錢蓋落職分司許高
許亢編管
臣僚章疏論靖康末折彦質爲宣撫副使逃入川陝

錢蓋爲陜西五路制置使逃至湖北許高許亢總兵
防河逃至江南不懲戒則後孰肯任責者有旨彦質
責授散官昌化軍安置錢蓋落職降授朝奉郎分司
高亢編管海外軍
錢蓋落職告詞曰蓋緣推擇多所踐更付之五路之
師處以三秦之地方都邑受圍之日乃維藩奔命之
時所冀投機庶能弭敵豈有望風而先潰專圖擁衆
以自營仍縱叛亡肆爲攘奪朕方念吾民之死禍汝
猶探虜敵改作說以誑朝雖示小懲未厭公論其鐫延
閣之秩往陪祠宫之閑尚服寛恩毋重後悔

錢蓋降官告詞○舊校云是制孫覿撰曰朕建邦置守綏靖一
方實惟倚謀經武之時非有蒐兵伐罪之事夏童弗
率怙衆擾邊疆埸多虞責在將帥具官某薦更任使
擢寘近班屬三陲内侮之初付五路折衝之寄當思
戮力報稱所蒙邊遽上聞卒敗吾事原情定罪實當
嚴誅稍屈刑章止從降黜益圖來效思補厥愆
宗澤除延康殿學士知開封府兼東京留守杜充除顯
謨閣待制知大明府兼北京留守
錢蓋復官依舊陜西經制使
初蓋在靖康時常建議曰河外湟鄯之北於朝廷無

毫髮利而歲費不貲爲中國患不若求青唐之後而
立之使撫有舊部以爲藩臣有益麻黨征者故王之
子爲國人信服儻封立之必得其力至是朝廷再欲
招徠益麻黨征復蓋職名依舊爲陜西經制使齎告
賜益麻黨征措置湟鄯事因調發五路軍馬發赴行
在故有是命
二十八日丙戌李綱進劄子乞募兵買馬募民出財以
助兵費
募兵劄子○舊校云此下劄子俱見時政記大畧謂國家以兵爲重
方熙豐之時内外禁旅合九十五萬人至崇觀間闕

額不補者幾半西討夏人南平方寇北事幽燕所闕折者又三之一至靖康間金人再犯（改作至）闕潰散逃亡者又不知其幾何今行在禁旅單弱何以扞强敵而鎮四方爲今之計莫若取財於東南募兵於西北方河北之人爲金人騷擾未有所歸之期而關陝京東西流爲盜賊强壯不能還業者甚衆宜遣使四路優給例物以招募之新其軍號勒以部伍得十數萬人付之將帥以時教閱訓練不年歲間皆成精兵於要害州郡別置營房屯戍使之更番入衛行在此最今日之急務也買馬劄子大畧謂金人專以鐵騎取

勝而中國馬政不修騎兵鮮少乃以步軍當其馳突宜乎潰散蓋祖宗朝養馬於監牧孳生蕃盛所在雲布故軍旅之用足至崇觀間監牧廢而爲給地牧馬有名而無實其後燕山陷没馬之入於夷狄（改作金人）者不可勝數金人初犯（改作闕下添時字）河北京畿爲之一空後破都城下令括馬京師之馬入於賊（改作敵）者萬有餘匹今行在騎兵不多獨陝西京東西諸路尚有私馬宜降指揮立格式以善價買之可以濟一時之乏民間養馬必皆上戶僧道命官之家中下戶自無馬可養取之既不厲民而旬月間馬遂可集此今日

不得已之務也募民出財劄子大畧謂國家新罹寇難京師帑藏悉爲金人所取外路州郡以調發勤王之師財用爲之一空今又募兵買馬招捉盜賊措置邊事應副殘破州縣振擧百度以圖中興非常賦之所能供辦又不免横賦科取於民如免夫錢天下至今咨怨惟上上等物力有餘之家可以勸誘使斥其贏餘以佐國用而以官告度牒之類償之使朝廷軍馬精强措置邊事就緒盜賊甯息彼乃得保其財產不然雖欲保家室不可得況財產哉命州縣委曲諭以德意必有樂輸從命者此又今日不得已之務也

得旨於陝西河北路募兵各三萬人京東西路募兵各二萬人合兵爲十萬許召募白身及於諸色廂軍中揀選或招收潰散兵卒中改刺創置軍號驍勝壯捷忠勇義成龍武虎威折衝果毅定難靖邊凡十萬每號四軍每軍二千五百人例物白身人全給依上禁軍法餘給半許用諸路闕額禁軍錢常平司錢不足即自朝廷應副內外東西委兩路提刑司河北委招撫司陝西委經制司召募及一軍就本路差有材武大小使臣充將官部隊將管押赴行在聽候差使又命買馬分爲三等格式以定價值除命官將校見

養馬不許括買外餘幷籍記赴官揀選及格式中披帶者即時給還價值每及百匹差官或將校一員管押赴行在隱寄妄冒有馬不籍及無馬而抑勒令置買者並科違制之罪委逐路提刑司總之又降詔曉諭州縣勸誘能出財助國者籍記姓名多寡申朝廷給降度牒償之入財多者取旨推恩一應勸誘到錢物並別項樁管聽候指揮專充募兵買馬緣邊事支用有敢科配騷擾者命官寘責吏人決配凡募兵買馬勸民出財奉行有緒並保明推賞

又議控禦之策

大畧謂唐之方鎮當時寶賴其力以定禍難第措置失宜而其後行姑息之政威柄寖移乃有尾大不掉之患祖宗革去前弊削弱州郡之權一切委以文吏非沿邊諸路雖藩府亦屯兵不多無敢越法行事以處太平無事之時可也一旦夷狄長驅（改作敵國興師）盜賊蠭起州郡莫有能抗之者遂至於手足不足以捍頭目為今之計莫若稍倣方鎮之制擇人任之假以權柄減上供錢穀之數使養兵而訓練之大小相維遠近相援庶幾可以救今日之患夫方鎮者節度使之兵也其次有觀察團練防禦今既以為階官不可復改宜於沿河沿淮沿江諸路置帥府要郡次要郡使帶總管鈐轄都監以寓方鎮之法許其便宜行事辟置僚屬將佐以治兵不數年間必有可觀今日控禦之策無大於此僉謂帥府要郡之制可行但未可如方鎮割隷州郡得旨京東東西路京西南北路河北河東路永興路淮南江南兩浙東西路荊湖南北路皆置帥府要郡次要郡帥府為安撫使帶馬步軍都總管要郡帶兵馬鈐轄次要郡帶兵馬都監皆以武臣為之副帥路分為副總管郡鈐轄為副鈐轄州鈐轄為副都監總管鈐轄司許以便宜行事其軍馬事

辟置僚屬依帥臣法屯兵皆有等差遇朝廷起兵則副總管為帥副鈐轄都監各以兵從聽其節制正官願行者聽轉運使副一員隨軍一員留本路提點刑獄彈壓本路盜賊遇有盜賊則量敵多寡出兵會合以相應援本路帥臣當職官措置兵馬先就緒者當優議旌賞

置賞功司

三省樞密院同置賞功司三省左右司郎官樞密院委都承旨檢察置籍以受功狀違限不施行者必罰受賂乞取者依軍法許人告軍士遇敵逃潰者斬因

而爲盜賊者誅其家屬凡軍政申明約束及更改法
制者數十條皆用勑榜揭於通衢
河北羣盜閻僅黨忠薛廣祝靖皆赴招撫司自效其餘
皆赴東京留守司納款
溫州觀察使樞密院承旨王𤫊除河北路經制使通直
郎直秘閣傅亮除河東路經制副使
白馬滑濬抵滄州大河置廵察使六處以爲斥堠
七月一日己丑李綱進劄子論修城池繕器械
謂國家所以備禦改作禦侮夷狄删此二字者皆在邊郡城池
器械一切備具故敵未易攻今金人下添及字盜賊乃擾

吾腹心而中原郡縣積習承平之久城池坍頹並無
器械何以禦敵官吏軍民多不能守而郡縣遂以陷
沒者非特士氣怯懦蓋亦禦敵之具不備使然宜命
諸路州郡以漸修葺城池練兵馬治器械朝廷量行
應副有能葺治備具者旌賞以勸得旨一應州郡欲
修城池者申明朝廷給降祠部應副

賜進士出身頭品頂戴四川等處承宣布政使司布政使清苑許涵度校刊

三朝北盟會編卷第一百九終

三朝北盟會編卷一百九校勘記

其軍馬司辟置僚屬（司誤作事）　依大河置巡察六使（脫依字六字）　分六處以爲斥堠（脫分字）　四日壬辰傅雱奉使大金國（卷末脫此一條）

三朝北盟會編卷第一百十

炎興下帙十

起建炎元年七月四日壬辰盡其日

傅雱建炎通問錄。（舊校云建炎時政記周望傅雱借太常少卿奉使二虜軍前通問二聖起居注虜改作帥）曰建炎元年皇帝車駕到南京即寶位雱差出自西京永安陵頭檢視陵寢回歸至南京出頭參見李丞相綱首以使事相問是時分河東河北河北使命易通係已差下周望河東路使命難通被差人往往多乞辭免未有人承當此行雱即請願行得指揮赴都堂見宰執商議使事李丞相奏知河東奉使臣與傅雱言一言而合即得旨差雱河東路奉使國相元帥當日投告次日謝又次日詣都堂辭宰執取稟使旨又商議軍前合應答事宜兼慮鄙人有未曉達軍前事理合須取覆宰執請教黃潛善答云今日使事係通問之初虜（改作敵）情未測奉命出疆者當自有所處兼應於軍前事宜難以預行料度況朝廷任人不任事奉使請一面自計度裁決不當更問朝廷雱即時交領國書及禮物辭歸國信所一面便辦行當日得指揮限次日出門即起離南京前去京東措置一行禮物等事七月盡間方到犖縣便差人齎大宋通問所牒去大金國河陽府投下乞計會差借船隻渡河蒙河陽知府張巨侍郎回牒稱爲是國號不同難以過河卽時備錄申朝廷外一面再移河陽稱係是於貴朝通問事理急速不敢住滯欲乞早希公文回示再蒙河陽府回牒稱是國號不同未敢擅便放令人使渡河已申取上畔指揮候得指揮別行關報前去至第九日方得河陽關報稱今來已得上畔指揮許令南使渡河仍打滅人從方得擺渡自河陽府至雲中計一千八百里來往回刪此字共九日得上件關報回接伴使副兩人俱至正使是王秉彝學士副使是契丹蕭太尉正使王秉彝先問云貴朝今來差奉使侍郎去見國相元帥不知理會甚公事雱答曰此行別無公事只爲今聖皇帝方卽位差雱於貴朝通問又問旣是今聖皇帝已卽位昨來所立大楚卻如何安排雱答以張太宰以郡王封之如雱今日之行郡王亦皆預議虜改作金使又問此是大楚欲如此是貴朝抑令其如此雱答以天下四方謳歌獄訟旣盡皆歸於今聖皇帝張太宰欲爲自安之計亦只得如此虜改作金使又言此段事上畔人當時亦曾預料他日大楚必須如此然而今來奉使侍郎旣

是去見國相元帥時卻如何說雱曰旣到貴朝奉使豈敢詐僞每事必以實情去相告虜改作金使歎服稱奉使此行國相元帥必須大喜爲是國相元帥素喜忠義之人到雲中府門外國相遣中書舍人出門相迎館伴大理卿昭文館學士李侗相見問來時不知貴朝有甚公牒雱答以使人遠來通問今聖皇帝令再三起居國相元帥自有通問國書云郎君來日就行府准備相見託館伴關借檯卓共三十以兩卓載朝廷禮物二十八卓載使人私覿禮物是時朝廷禮物亦少只有錦十匹玳瑁家事三件使人私覿禮物於東京旋行收買打造花纈共作五百匹段弁生薑臈茶漆器紙筆等連朝廷禮物併作三十檯卓館伴李侗見之亦加嗟賞稱乍經殘破之後不意措置禮物等如此當日韃靼國獻牟黑水國獻馬兩國人使同時在帥府前伺候引見入府見酋長改作金帥三人皆席地重氈趺坐第一人是左監軍兀室改作烏舍郎君權元帥職第二人右監軍余覩改作伊都第三人是時○舊校作時立愛相國皆重氈在殿中間坐酋長改作金帥二人皆戎服一人小帽窄衫使人當中揖少立然後跪膝打話須與高慶裔傳指揮稱郎君傳尊旨奉使遠來不易

不知今日奉使差來理會甚公事雱答以今聖皇帝方即位差使人於貴朝通問離國中日皇帝令再三起居郎君元帥倉卒差使人通問百事草創禮意全未周旋郎君傳尊旨本國與貴朝本來無甚深怨只緣前後語言失信雱答以此事皆先朝所失又言去年皇子郎君兵至城下南朝本無備易破你全不知我此段恩義及許割三鎭又云祖宗之地尺寸不可與人語言如此其信安在雱答以此亦是前朝所失又云三鎭之地何足計較若不失信諸事亦有商量又云使人今日之來方爲通問如何纔通問便來取

二聖即答以今聖皇帝即位之後惓惓於父兄之情實不能忘所以差人往通問及懇禱郎君此事郎君以爲是孰敢以爲非郎君以爲非孰敢以爲是全在郎君矜念周旋此段祈禱之情郎云使人且歸館中別聽指揮差大理卿昭文館學士李侗館伴李侗性重相見默坐雖久終不發言副使下馬稍遣不免發言叩之李侗顧盼左右前後別無人在側即發言云天下之理盛衰强弱之勢古今所同只如漢武之盛恨不吞盡夷狄(改作匈奴)耶律德光之强恨不席卷中原然而漢武何嘗殺盡夷狄(改作匈奴)耶律德光何嘗併盡得(刪此字)中國南北異宜豈可混併此是胡道(刪此四字)自古何嘗有此理耶又云盛衰固自有時强弱亦是有數周旋如轉輪反覆如引鋸天下何嘗有常强之勢賢人君子佐世因時識消長之理遇事達擒縱之權於此能變守改節即於盛衰强弱之中常使生靈不墜塗炭免得此一段殺戮這箇因果最爲大事其他不足道也又云自古聖賢舉事未有不觀乎時若時有可爲人樂爲用即下手爲之不惟事亦有濟亦不徒費心力若時未可爲人不爲用知其不可爲而爲之豈惟枉費心力事亦難濟何所補哉何如觀時

會通酌取此事力少俟他日設施侗昨見貴朝近上公卿似全未有能見事者以此謀謨廟堂豈不誤事乎只如昨來虜(改作我)兵到京在(刪此字)城守未破國相亦曾煩惱若守禦稍固更停待得數日必須別有商議及兩元帥臨城侗亦親隨元帥在城下虜(改作我)兵只五七人登城城上即舉軍皆散兵勢如此人不爲用豈可不預知乎此段事即見貴朝公卿疏略全不曾講究亦不覺悟稍悟此理必須酌此段事力少待他日爲用徒然枉費心力豈不誤事乎良久又言侗燕人住在九州之地每念先世陷於虜地(改作契丹)昨來

見貴朝初得燕山舉族相慶將謂自此復爲中華人物且覩漢衣冠之盛不謂再有此段事不知自此何日再得爲中華人物又顧左右前後别無人郎云更少三兩日間尋少果子過去夜間庶得少款曲一日晚入館對坐良久又過果子來皆油麪煎果及燕山府棗栗幷有西瓜數十盤旋燒香點茶延之説話再三懇叩之曰使人遠來仰荷見教甚多比不知所懇請二帝回鑾之事貴朝諸公卻有商量無館伴云固知此行祇爲此事前日二公不見郎君高聲云來通問便及二帝莫是要遣兵來取也其意亦有謂雱又

問其意謂何云其意謂初來通問合須議論他事爾若稍不曲折言不相投亦恐不無傷事所以只指揮使人且歸館中候别聽指揮雱再懇云畢竟所懇二帝之事貴朝諸公會有商量否館伴云此事必須申去國中軍前恐與決此事未得館伴又云昨二帝過來時太上自燕山去少帝却自此中去少帝過來此時亦任半月餘日今皆過（删此字）在深虜中（此三字改作極東北處）然二太子在時却曾有此商議候貴朝有懇請時欲發太上回歸今二太子不在亦無此段説話雱又問少帝如何館伴云少帝虜（改作國）中元不曾有此段

商議又云惟是昨在京城下時因有議論昨京城初下發回少帝入城二太子曾與國相商量自古北兵到南朝未嘗有破其國擄其主而歸北只是兵彊而已德不足也今來北兵到此既破其城孰若立其主刻大碑於梁宋間使天下後世知行兵有名且不絶人後裔使南兵自此數百年不敢動若如此施行不惟兵强德亦有餘這箇功績大若只破其國擄其主而歸只是兵强而已德不足也兼他日若趙氏自立郎便更無立主一段恩義國相自遂（改作當日）然其説放回少帝入城後來因緣别有異議議論又復稍變所

以其言不諧雱云議論緣何不諧館伴云當來（改作時）本差監軍兀室（改作烏舍）送辭免不曾入去遂差監軍下子弟及其餘近上郎君同行當時此二十餘人亦望將此事做一段恩義兼亦不無冀望貴朝近上公卿不悟其意遂至其議復變卻稱家國事大不可不爲長慮之計只如唐太宗固嘗臣事可汗（改作突厥）及其既盛亦能生擒可汗國家事大安可不慮哉二太子亦會力爭其事言畢竟是貴朝秦中丞所請存趙氏之説是若他日趙氏自立不惟無立主一段恩義兼恐兵端未已然累日商議不成遂從烏舍郎君之言復

變其議雱又問既共議時不知曾聞有今聖皇帝在外無云緣知之所以商議欲發太上皇帝回鑾也又云固知此事所以亦不留虜人(此二字改作兵)守京城初推契丹蕭太尉守京城蕭太尉不曾承當又推劉彥宗守京城彥宗亦不承當緣二太子復建議云他日必不免趙氏再立然務廣地者荒不如且守河爲界大事有大兵力包不住必别貽後患是用二太子之說只就城中别推賢人守京城此段話虜人(此五字改作國相元)帥既得河北已飽其欲方務爲保守之計將自河以南皆已置度外矣又云見今行府日逐建議守河之

計欲就國中差撥金人十萬人前來守河亦不用燕人及契丹其欲保守河北防患之心如此又云黃河豈可守此是胡道(刪此四字)假饒守得河他日契丹在腹心中安保其不生變也館伴舊事大遼其言大概多尊遼國類皆如此亦不敢深然其言恐其虛誕雱又問所懇二帝之事他日有相從意否館伴云假使有允意亦豈肯便說盡兼方是第一次遣二公來必無便相許之理必須再三曲折俟其有就議之意然後可以商量若欲一叩便允恐無此理然既就商量兵亦便可休也館伴又云金國自海隅小邦(刪此二字)崛起

併二大國此事豈人力所能至某問前後必有朕兆以應受命之符館伴云别無符讖只是大遼曾占望國中金氣旺盛以此應讖又過數日忽見館伴密來相報云南畔近日復有人馬過河來聞復失利然而南朝既遣使來議事又發人馬過河是如何竊恐言與事不相應郎君必須差人入館來議論此事不可不准備也次日果見高尚書入館來相見稱國相令傳語奉使貴朝既是差人來通問如何又卻差軍馬過河來不知所差軍馬之意是如何若是遣兵來取二帝否雱只答以不知高尚書又云且如奉使不知

試自揣度看如何雱云只恐是紅巾嘯聚必非朝廷之意高尚書又云已是三番差人過河來盡有黃榜第一番頭領是張煥被百姓殺之第二番是馬忠亦不曾得便宜第三番是張所亦失利自潰散去三番過河人皆有黃榜如何卻是紅巾嘯聚雱答云必非朝廷之意既有二帝在貴朝又已遣使人通問祈請後面亦節次更差人來豈有更發軍馬過河之理只恐是盜賊盜賊亦能黃榜不假黃榜無以鼓率羣眾高尚書疑其有黃榜終不然其說高尚書既去館伴再來論此事前後併曾聞虜(改作金)人見議守河之計

亦不用大遼人直去國中取人來守河其防河之意甚切貴朝人發遣人過河來正犯其所忌也既是遣使欲與人議事又發人過河竊恐言與事皆不相應其事如何可以商量得兼是人馬過河不會得便宜此小人不能成事徒爲此紛紛何所補哉此段事又是貴朝近上公卿處事不長既欲款之自合輭語影帶看候得時來整頓得人馬可用然後施設如何動必輕舉如此何能成事兼侗嘗聞自古善治國之說有如治病如足病卽去其脛脛病卽去其股然後可以冀一體之安全若足病不能去其脛脛病不能去

其股竊恐併與一體不能安全昔年大遼之失正緣如此昇平既久人不習戰一旦金人之起不謀自治之術持大弗戒謂金人小國不足畏今年出兵不利潰散回歸明年出兵不利潰散回歸卽散募烏合之衆爲用蓋大遼舊少食糧軍以食糧軍爲不足募民兵以民兵爲不足又募市兵以市兵爲不足又募僧兵是爲四軍人雖多亦皆烏合不爲用及至潰散回歸又皆散爲盜賊時大遼不經殘破州軍各自蹂踐其實金人所破州軍十無一處其餘皆潰軍自行燒刦及蹂踐占據將來貴朝弄兵不已且防潰散軍馬歸來自殘破了州府當日大遼亦是三百餘座州軍貴朝是四百餘州軍兩國地里廣狹亦不相遠今來貴朝若截河爲界南畔州府甚多尚有三百餘座誠能保全事力亦不小何須又發人過來引惹百端合早謀休兵之計以圖自治

賜進士出身頭品頂戴四川等處承宣布政使司布政使清苑許涵度校刊

三朝北盟會編卷第一百一十終

三朝北盟會編卷一百十校勘記

己申取上畔指揮候得指揮（取字衍） 只如昨來虜兵到京其城守未破（其誤作在） 更須三兩日間尋少果子來（須誤作少　來誤作過去） 又送果子來（送誤作過） 國相自遂然其說（自字衍） 議論又復稍變（議一作其） 因知此事所以不留虜人守京城（因誤作固） 恃大弗戒（恃誤作持） 即散募烏合之衆爲用（散字衍）

三朝北盟會編卷第一百十一

炎興下帙十一

起建炎元年七月七日乙未盡十六日甲辰

七月七日乙未宣示太上皇帝親書絹背心八字諭宰相黄潛善等

上出絹背心一領宣示泣諭宰臣等曰道君太上皇帝自燕山府密遣使臣曹勛齎來背心領中有親書八字曰便可即眞來救父母羣臣皆泣奏曰此乃陛下受命於道君太上皇帝者宜藏之宗廟以示萬世

借通直郎龍圖閣河北西路招撫司張所上殿

張所上殿面賜章服遣行所具畫一乞以京畿兵三千爲衞於大名府置司一面遣官於河北西路告諭招諭山寨首領民兵候就緒日渡河先復濬衞懷州眞定府次解中山府等處圍民兵乃給地以養之如陝西五路弓箭手法仍乞緡錢百萬以爲半年之費

金人陷慈州權知軍州事張昱棄城率衆奔走

張昱平陽府吏人也犯罪剌配至靖康閒在平陽境內山中聚衆數千會慈州無守軍民共議迎昱入州權知軍州事金人屢犯其境皆不攻徑過至是金人乃以兵至慈州州無城昱不守遂棄城率其衆出奔

金人陷慈州卽時撫諭而去

十三日辛丑京城留守范訥降授承宣使淄州居住宗澤入京師

臣僚上言范訥爲宣撫司日專懷顧望無意勤王軍律不嚴不能戢士遂降授承宣使罷留守淄州居住上卽位宗澤嘗因天下兵集乃請親征迎請二帝力圖中興黃潛善汪伯彥沮止之乃加澤待制知襄陽府澤又乞兵十萬往收復河北不許訥旣罷遂以澤爲京城留守丙午澤入京師治事

林泉野記曰范訥字子辨開封人武舉中第爲童貫

門客累官樞密都承旨貫爲宣撫使訥嘗爲參謀遷節度使靖康中虜改作金人陷太原加訥檢校少保河北河東宣撫使以兵五萬屯河北河東訥同馬忠王元師王淵韓世忠退師應天金人攻城訥屢敗衄建炎初除東京留守郤溥副之在任三月李綱爲相素與訥不協降承宣使淄州居住後退居邠州年老徙居夔州依其姪總以卒

詔請元祐皇太后幸揚州

王燮傅亮上殿面賜燮器甲三萬副就陝府置司〇舊校云建炎時政記王燮傅亮上殿面賜燮器甲戰袍東帶賜亮章服遣行河東路經置司畫一陳乞降指揮陝西路轉運司應副財用就五路舊西兵舊弓箭手將家子弟中募兵二萬人并朝廷所付兵萬人通成三萬就陝府置司云云按此疑有脫簡與金人河中府解州對壘一面遣人結約河東山寨豪傑民兵收復州縣候兵集日乘機會過河得旨從之

左正言鄧肅劄子言叛臣乞立格定罪〇舊校云按肅集所載此疏極詆呂好問污受僞命宜與時雍輩同罪當國步阽危之際好問屈已就事迹雖可疑而心尚無他是編刪而不錄亦君子惡惡欲短之意

劄子曰臣謂叛臣會事僞楚大小輕重固有不等欲乞先立一定罪格於此然後按僞楚之籍取叛臣姓名就格斷之庶幾君臣之間皆不得容私伏望陛下

爲臣昨在圍城之中固知姓名令臣奏來臣謹取旨所撰二格以按叛臣之罪爲陛下盡陳言之所論叛臣之上者其惡有五一曰諸侍從而爲僞執政者王時雍徐秉哲吳幵莫儔李回是也其二曰諸庶官及宮觀而起爲侍從者如司農卿胡思大府卿朱宗之爲侍郎大理卿周懿文爲大尹盧襄李擢范宗尹等皆起於宮觀以爲侍從是也胡思周懿文等今在桎梏固不足論諸餘者且虜改作敵破城自南壁始李擢盧襄提舉其事日聚羣小浩歌城上虜改作敵已塞濠恬然不顧破京城者實此二人范宗尹昔嘗宣和廷

對揣王黼之意數蔡京之罪遂竊虛名以居臺諫當官則以奴僕事耿南仲以取侍從城破則以妾婦事范瓊以資口腹及僞楚一立則起於宮觀以爲諫議然不知所陳者何事哉其三曰撰勸進文與撰赦書是也且赦書之惡不減勸進其詞云有堯舜之揖遜無湯武之征誅不惟不忠之語可駭天下至於廟諱更不復顧雖犬馬有所不爲朝廷取撰勸進文者投之嶺外而以撰赦書者止令分司是不知亦何私於顏博文哉其四曰事務官者金人已有立僞楚之語朝士集議恐不能如禮遂私結十友作事務官講論

册命之儀搜求供奉之物悉心竭力無所不至使邦昌安然得爲揖遜以事美觀皆事務官之力也且陛下登九五之位無不欣躍如獲再生朝廷不聞先時以爲事務官者及僞楚之立而十友紛然如水就下此其情尤可罪也其五曰因邦昌改名是也何昌言先奏於僞楚之庭乞改爲善言其弟昌辰遂請於吏部改爲知言惡犯昌字也以上數等乞定爲叛臣之上寘之嶺外所爲叛臣之次其惡有三其一曰諸執政侍從臺諫稱臣於僞楚及拜於庭下者是也所謂執政者如馮澥曹輔是也所謂侍從者其餘已行遣

矣獨有李會尚爲中書舍人所謂臺諫者洪芻黎確等及舉臺之臣是也當時臺中有爲金人根括而被杖四人以病得免其餘無不在僞楚之庭矣且臺諫者天子耳目之官也虜敵改作騎迫城尚持講和之論聖駕將出曾無一言之戒天作奇禍則倉皇失措遂於他人之庭復處臺諫之職今日尚有不易舊職者不知其所立如此又何論他人之過耶其二曰以庶官而升擢差遣是也然此不可勝數僞楚以後謂之權官而被僞命劄子者皆是也臺省寺諫學校敕局無所不有乞專委留守司按籍取之則無有遺者其

三曰願爲奉使者是也黎確之使趙野李健陳戩之使翁彥國擁黃旗持僞誥左右僕從皆受僞恩馬上洋洋自號奉使力說勤王之師以爲邦昌久居計故邦昌曉諭曰只候勤王師退然後開門蓋恃有二三奉使耳已上數等乞立爲叛臣之次於遠小處編管吏部供到王時雍見係高州安置徐秉哲見係梅州安置吳幵永州安置莫儔全州安置李回袁州居住朱宗之朝奉郎李擢柳州安置范宗尹通直郎提舉杭州洞霄宮盧襄大中大夫權開封府尹胡思周懿文朝散大夫顏博文澧州安置何昌言生前尚書工

部侍郎何昌辰通直郎通判南劒州馮澥中大夫提舉成都府玉局觀李會中書舍人洪芻朝散大夫孫確朝請大夫李健朝請郎陳戩虞部員外郎奉聖旨吳玕移韶州安置顏博文移賀州安置朱宗之責授蘄州團練副使岳州安置范宗尹責授忻州團練副使鄂州安置盧襄責授陳州團練副使衡州安置何昌言責授隰州團練副使及追致仕恩澤何昌辰除名勒停送永州編管馮澥責授朝議大夫秘書少監分司南京成改作陳州居住黎確李健陳戩遠小處監當撰勸進文及事務官劄子留守司開具姓名申尚書省

李回責授安遠軍節度副使惠州安置

李會責授承議郎秘書少監分司南京筠州居住

制曰君臣分定宜生死之靡他義命趣殊在賢愚之所擇豈有本朝之顛沛遽令大節之磷緇爾幸受國恩與聞機政知拔本塞源之公憤盍戴天履地之所同乃甘心二姓之庭至冒寵百僚之上茲而不問何以馭臣宜從置散之科用正投荒之典皆爾自取非朕敢私

十四日壬寅李綱乞降巡幸詔

是日李綱同執政奏事訖畱身奏曰朝廷近日外則經營措置河北河東兩路以爲藩籬葺治軍馬討平盜賊內則修政事明賞刑皆漸有就緒獨車駕巡幸所詣未有定所中外人心未安上宣諭曰但欲迎奉元祐太后及津遣六宮往東南朕當與卿等獨畱中原訓練將士益聚兵馬雖都城可居雖金賊改作人可戰綱再拜曰陛下英斷如此雖漢之高祖光武唐之太宗不過是也中外未知聖意乞降詔告諭

十五日癸卯下巡狩詔

朕惟祖宗都汴垂二百年天下乂甯重熙累洽未嘗少有變故承平之久超軼漢唐比年以來圖慮弗臧禍生所忽金人一歲之閒再犯改作至都城信其詐謀終墮賊改作敵計盡取子女玉帛遂邀二聖鑾輿六宮戚屬悉擁以行夷狄改作中原之禍振古未有四海臣子孰不痛心肆朕纂承丕念先烈眷懷舊京潸然出涕思欲整駕還京謁款宗廟以慰士大夫軍民之心而喪亂之餘民人已多物故朕之父母兄弟宗族靡有畱者顧瞻宮室何以爲懷是用權時之宜法古巡狩駐蹕近甸號召軍馬以防金人秋高氣寒再來入寇改作侵擾朕將親督六師以援京城河北河東諸路與之

決戰已詔奉迎元祐太后津遣六宮及衛士家屬置之東南朕與羣臣將士獨留中原以爲爾京城及萬方百姓請命於皇天庶幾天意昭答中原之勢浸疆歸宅故都迎還二聖以稱朕夙夜憂勤之意一應在京屯兵聚糧修治樓櫓器具並令留守司京城所戶部疾速措置施行咨爾士大夫軍民體朕至懷無有疑慮故茲詔示想宜知悉○舊校云此詔李忠定公撰見時政記

誅宋齊愈

遺史曰宋齊愈新除諫議大夫是時李擢見任給事中擢與齊愈在圍城中皆非純臣擢謂齊愈爲諫議

大夫必論已必得罪且曰先發制人乃不書黃而具齊愈議立張邦昌事繳駮之曰新除諫議大夫宋齊愈昨三月初王時雍等在皇城司聚議乞立邦昌拜大金賊刪此字詔書畢立狀時雍等恐懼不敢塡寫邦昌姓名而齊愈奮然執筆大書張邦昌三字仍自持其狀以示其四壁無不驚駭齊愈自言自從二月在告不出誕欺若此今除諫議大夫當是陛下未知其人邪佞而朝廷未有人論列更乞聖裁遂罷諫議大夫令御史臺王賓置司根勘具案聞奏制曰義重於生雖匹夫不可奪志士失其守或一言幾於喪邦具官宋齊愈蒙國厚恩爲時顯宦方氛祲結蕭墻之內至腥羶謀僭位之人改作至姦邪僭位之謀事既非常座皆失色所幸採符之未獲奈何援筆以遽書遺毒至今造端自汝眭孟五行之說豈所宜言袁宏九錫之文茲焉安忍其解諫垣之職以須廷尉之平邦有常刑朕安敢赦據王賓勘到通直郎前右諫議大夫宋齊愈招金人邀請淵聖皇帝出城未回知樞密院孫傅承軍前遣吳幵等將文字稱廢淵聖皇帝共舉堪爲人主一人及知孫傅等乞不廢淵聖皇帝不許須管於異姓中選具姓名申上齊愈知孫傅等在皇城司集

議遂到本司見衆官及卓子上有王時雍等衆議推舉狀草齊愈問王時雍舉誰時雍云金人令吳幵來密諭意舉張邦昌今已寫下文字只空着姓名又看得金賊改作人元來文字聲說請舉軍前南官以參驗王時雍語言卽是要舉張邦昌齊愈恐違時別有不測爲王時雍會說吳幵密諭張邦昌亦欲早圖了結齊愈輒自用筆於紙上書張邦昌姓名三字欲要於舉狀內塡寫郤將呈時雍其時雍稱是又節次遍呈在坐元集議官時齊愈言道張邦昌衆官看了別無語言齊愈令人吏依紙上寫張邦昌姓名三字於已

撰寫到選舉元空缺姓名以治國事舉狀內塡寫張邦昌姓名三字了後別寫申狀係王時雍等姓名呈時雍看了分付與吳幵莫儔將去其舉狀內別無齊愈姓名所有齊愈寫張邦昌紙片子即時毀了并無見在只收得王時雍等元議定推舉狀草歸家初蒙勘問時懼罪隱忍不招再蒙取會到中書舍人李會狀軍前遣吳幵莫儔傳大金指揮須管於今日異姓中選擇具名申即不得引惹趙氏是日在皇城司聚議忽有右司員外郎宋齊愈自外至見商議不定即與本司廳前寫文字吏人卓子上取紙筆就卓子上

取片紙上書張邦昌三字即不闕是文字上書寫遍呈在坐相顧失色莫敢應無別語言其所寫姓名文字係宋齊愈手自將卻會即時起取是時只記得侍御史胡舜陟在坐司業董逌午間亦曾在坐未委見與不見其餘卿監郎官會以到京未久多不識之及根勘元狀草本再勘方招檢會建炎元年五月一日赦內一項昨金人逼脅使張邦昌僭號實非本心今已歸復舊班其應干供奉行事之人亦不獲已尚慮畏避各不自安其已前罪犯並與放免一切不問勘會上項赦文係謂張邦昌僭號之後供奉行事之人

特從寬貸法寺稱宋齊愈後謀叛以上斬犯不分首從赦犯惡逆以上罪至斬依法用刑宋齊愈合處斬仍除名犯在五月一日大赦前合原赦後處虛妄杖一百罰銅十斤入官放情重奏裁奉聖旨宋齊愈身為士大夫當守節義國家艱危之際不能死節乃探金人之情親書僭逆之臣姓名謀立異姓以危宗社造端在前其罪非受偽命臣僚之比可特不原赦依斷仍令尚書省出榜曉諭

張浚行狀曰宰相李綱以私意惡諫議大夫宋齊愈加之罪至論腰斬公素與齊愈善知齊愈死非其罪

入臺首論綱罷之

十六日甲辰孟忠厚除徽猷閣待制

以為迎奉隆祐太后提舉一行事務步軍指揮使郭仲荀統兵扈衛司封員外郎楊邁沿路州縣預行計置糧草濟渡舟船

粘罕(改作尼堪)自草地歸至雲中遣楊天吉使夏國約同寇(改作侵)陝西

金人起燕山雲中中京上京東京平州遼西長春八路民兵入寇(此二字改作趨)兩河

節要曰渤海萬戶大撻不也(改作托卜嘉)屯兵河間女眞

都統渾打渾阿魯保(改作溫圖琿阿勒巴)屯兵於保州女眞萬戶特朮也(改作特默)屯兵於永甯祁州女眞萬戶胡沙虎(改作呼沙呼)屯兵於霸州女眞萬戶聶耳(改作聶呼)屯兵於冀州女眞副統韶合(改作碩哈)屯兵於眞定遼東漢軍萬戶韓慶和屯兵於慶源女眞都統萬佛奴(改作萬佛努)屯兵於雄莫女眞萬戶余列(改作實呼)屯兵於洺州女眞副統蒙哥(改作蒙克)屯兵於磁相女眞萬戶銀朮(改作尼楚赫)與其弟拔束(改作博索)屯兵於太原新城女眞萬戶憲里(改作錫里)屯兵於嵐憲契丹都統馬五(改作馬武)屯兵於平陽契丹(有闕字)屯兵於慈隰女眞萬戶石家奴(改作石嘉努)屯兵於汾州女眞萬戶婁室(改作羅索)屯兵於河東蘇村婁室(改作羅索)之子鶻眼(改作呼紐)屯兵於解州安邑女眞萬戶撒離喝(改作薩里罕)屯兵於絳州女眞萬戶溫敦(改作溫都)屯兵於澤潞女眞都統茶喝馬(改作察罕理勒)屯兵於孟州昏頭(改作哈達)攻守諸州郡元帥府左監軍達懶(改作達蘭)親圍中山

又曰兩河州郡自賊初入寇(改作金人初入)以朝廷指揮皆得便宜行事故各據人馬以圖自固逐路帥司不能調發致無連兵合勢相援拒賊(改作敵)之理(改作事)其賊(改作敵)勢之大又非一州之力可敵故爲賊(改作敵)衆併力既破一州而復攻一州也至是以京城失守二聖

北狩河北州郡官盡爲官軍作亂害之河東州郡官多棄城而南走兩河州郡外無應援內復自亂於是爲賊(改作敵)乘而取之如俯拾遺物惟中山慶源保莫祁洺冀磁相絳久而陷之

賜進士出身頭品頂戴四川等處承宣布政使司布政使清苑許涵度校刊

三朝北盟會編卷一百十一終

三朝北盟會編卷一百十一校勘記

告諭招撫山寨首領民兵撫誤作論　以爲半年之費得旨從之脫此四字　王璦傳亮上殿此六字應提行誤低格連下　面賜璦器甲戰袍束帶賜亮章服遣次河東路經置司畫一陳乞指揮陝西路轉運司應副財用就五路舊西兵舊弓箭手將家子弟中募兵二萬人幷朝廷所付兵萬人通成三萬就陝府置司脫戰袍至通成六十二字下副字衍　固不足論諭諸餘者脫下論字　講論册立之儀立誤作命　不知其所爲如此又何以論他人之過耶爲誤作立脫以字　李回責授安遠軍李會責授承議二條誤作另提應在上段遠小處監當之下　拜大金賜詔畢書立狀時賜誤作賊書誤在畢上脫時字　雖時雍等恐懼脫雖字

其四座無不驚駭座誤作壁　士心以爲當是陛下未知其人邪佞脫士心以爲四字　其時時雍稱是脫上時字　齊愈又命吏依紙上又命誤作令人　皆莫敢應脫皆字　係宋齊愈手自將去去誤作御　會郎時起取取一作去　法司稱宋齊愈律律誤作後　罰銅十斤人官放免脫免字　渾打渾一作蒲盧渾　賽里誤作憲里

三朝北盟會編卷第一百十二

炎興下秩十二

起建炎元年七月十六日甲辰盡八月十四日辛未

元祐太后發京師

元祐太后進發以孟忠厚爲提舉一行事務都人初望車駕還內而聞太后有南京之行莫不垂泣初上遣張俊迎太后至是俊奉騎馭至行在除俊帶御器械

十七日乙巳李綱乞巡幸

李綱時政記曰劄子大略謂巡幸之策關中爲上襄鄧次之建康爲下今縱未能行上策猶當幸襄鄧以係天下之心夫襄鄧西鄰關陝可以召兵北近京畿可以遣援南通巴蜀可取貨財東達江淮可運穀粟山川險固民物湻厚此誠天設以待臨幸願爲今冬駐蹕之計得旨定議巡幸南陽

十八日丙午差巡幸官屬

戶部侍郎黃潛厚爲巡幸提舉一行事務繕部員外郎陳兗幹辦頓遞行宮一行官吏將佐軍兵安泊去處虞部員外郎李儔幹辦相視橋道渡船幷椿辦糧

料草發運使李祐爲隨軍轉運使

十九日丁未計置迎奉神主

是日委兵部員外郎官幷太常寺官各一員候廵幸有日限三日計置合用舟船車乘等迎奉神主赴行在及據合用人數就太廟親事官擡舁令殿前司差撥禁軍三百人防護仍專委內侍官二員充同共都大主管其合行事件並仰條具申尚書省

二十七日乙卯戒諭士大夫詔

朕覩古之爲士者何其分義之明而忠厚之至也承平之時縻好爵享豐祿○舊校云祿歸本作亨相與同安榮多

事之際不擇地不苟免相與同患難故人之好我至於示我周行王事靡盬至於不遑啟處而鹿鳴四牡之詩作先王之澤可謂臧矣祖宗涵養士類垂二百年教以禮樂風以詩書班爵以貴之制祿以富之於士無負而士之所以圖報國家者不能無愧於古人日者二聖播遷宗社幾至於顛覆而仗節死難者罕有所聞其故何哉肆朕纂承慨然思任羣材相與協濟修政事攘改作詰戎狄改作兵以奉迎鑾輿而士大夫奉公者少營私者多徇國者希謀身者衆乞去則必以東南爲請召用則必以疾病爲辭沿流以自便者相望於道遂避寇而去官者日形於奏牘甚者至假託親疾不候告下挈家而遠遁夫禮義廉耻正所以責士大夫也所守如此朕何望焉豈朕初嗣大位所以誠告者未至與將士大夫狃於故習而未能遽革與已詔甚失節者寘之極典其次投之遠方爲多士萬世之誡其自今以往各盡乃職一乃心助予一人克復大業底綏四方以匹休於隆古敢有弗率弗廸尙蹈前愆在內委御史臺在外委監司彈劾以聞邦有常刑朕不敢赦故茲詔示想宜知悉○舊校云此詔李忠定公撰

八月一日戊午貶竄余大均陳沖洪芻張卿材李彝王及之周懿文胡思夏承等○舊校云是日杭州軍亂執守臣葉夢得

奉聖旨訪聞昨來京城圍閉王府主第宗室及戚里勳畹之家以至民庶根括金銀等官周懿文王及之余大均胡思陳沖等因緣爲姦隱匿財物萬數及恣斂歌樂靡所不爲士大夫負國至此難一例寬貸可差殿中侍御史黎確馬伸就臺根治具案聞奏根勘得夏承洪芻張卿材各有相犯續奉聖旨洪芻罷諫議大夫張卿材罷刑部郎中胡思王及之余大均周懿文陳沖並先次放罷今勘到具撮白刑名下項降

授朝散郎前太僕寺少卿陳沖差懿親宅抄劄將王府果子喫用摘花歸家與內人同坐喫酒令內人唱曲子將牙簡等隱匿公然受犒賞幷錢將出剩金銀等隱匿入已令人收掌未曾收計絹六百一十五匹除輕罪外准條係監守自盜合絞刑贓罪處死除名該大赦原免緣五月十八日奉聖旨難以一例寬貸根治聞奏朝散大夫前大理寺卿周懿文抄劄景王府蜜煎等將摩睺羅士女孩兒等歸家受犒設酒及喫宮人酒果受酒計贓絹六匹六尺除輕罪外准條行下合杖六十公罪減外笞五十不曾計到摩睺羅

贓如不滿百文係城內竊盜杖八十如滿百文杖一百贓罪定斷議減外杖九十罰銅九斤入官放犯在大赦前合原免緣五月十八日奉聖旨難以一例寬貸根治聞奏朝議大夫前刑部郎中張卿材差赴懿親宅抄劄金銀喫內人酒果聞與內人邊氏離三四步坐喫酒將扇兒摩睺羅等歸家受估贓計絹八匹七尺除輕罪外准條與所部接坐合徒二年私罪官減等徒一年半合罰銅三十斤入官放犯大赦前合原朝散大夫前佐諫議大夫洪芻差抄劄見景王祗候人曹三馬後屬託大均放出將來本家宿雇作祗

候准條係監守內犯姦合流三千里私罪議減外徒三年追一官罰銅二十斤除名勒停犯在赦前合原朝散郎開封府少尹夏承根括到鄭仲宅坤儀酒擅支作犒設收受不覺察王及之擅易銀受酒估計絹二十六匹除輕罪外准條係財物不應入而私入合徒一年半贓罪爲徒官減外杖一百罰銅十斤入官犯在赦前合原朝請郎前吏部員外郎王及之抄劄金銀見官屬將甯德皇后親妹追捉苦辱並不施行及喫受沂王府婕妤位酒不鈐束覺察人吏與鄭仲家使女劉嬌奴等私通及輒受犒設酒根括金銀到

家買低次銀抵換入已計贓二十五錠除輕罪外准條係以私物貿易特計例以盜論合加役流贓罪追六官除名勒停該犯在赦前合原免緣五月十八日奉聖旨難以一例寬貸根治聞奏朝散大夫前司農卿胡思推擇張昌邦表內添改詔奉及抄劄棣華宅有祖宗實錄者幷罷館伴不合乘馬有太僕寺少卿差到馬是大王府（下添者字）公然乘騎點數不見實錄十册是親事官等失去除輕罪外准條係不應爲合重杖八十議減等杖七十罰銅七斤犯在赦前合原免緣五月十八日奉聖旨難以一例寬貸根治奏聞一人

追捉未獲先次據干照人說出逐人罪犯朝請郎前添差開封少尹余大均往景王府喬貴妃位抄劄金銀與內人喬念馬並坐飲酒唱曲子又以告首金爲由放喬念馬歸家收養作祗候隱藏根括籠子一隻寄在金銀庫內取出麝香三十臍餘破府尹納了除輕罪外據案不會估到所盜麝香錢如滿十貫係監守自盜合加役流贓罪追三官除名勒停如滿三十五匹合絞刑贓罪除名犯在赦前合原免緣五月十八日奉聖旨難以一例寬貸根治聞奏朝奉郎主客員外郎李彝差往景王府抄劄與內人曹氏等飲會

及與內人喬念馬並坐飲酒知余大均洪芻欲雇買曹氏等放令逐便及請洪芻曹氏等筵會令曹氏使女唱曲子除輕罪外准條不應出謁合徒二年私罪追兩官勒停犯在赦前合原案候收坐高伸身死外龍神衛四廂都指揮使溫州觀察使范瓊因根括金銀時告求王及之減免所根括高伸家金銀數係不應爲重杖八十減外杖七十私罪合罰銅七斤入官放該赦原武經郎閤門宣贊舍人陳思恭因括金銀時告求王及之印押虛抄免納金銀係不應爲重杖八十減外杖七十係私罪合罰銅七斤入官放該赦

原三省樞密院進呈法寺議曰棄市上曰王及之等犯由當戮有司之法如此但朕新政重於殺士大夫伯彥對曰好生聖人之大德祖宗以來未嘗殺一士大夫陛下體祖宗好生之德天下幸甚上顧黃潛善曰如何李綱黃潛善等皆奏曰臣聞天地之大德曰生陛下誠能體天地以當生殺之際生民受賜上稱善奉聖旨余大均陳沖洪芻情犯深重並當誅戮各特貸命除名停勒長流沙門島永不放還王登州交割張卿材責授文州別駕雷州安置李彝責授茂州別駕新州安置王及之責授隨州別駕南恩州安置

周懿文責授隴州別駕英州安置胡思責授沂州別駕連州安置餘並依斷內余大均陳沖洪芻張卿材李彝王及之周懿文胡思令吏部各差使臣一員步軍司各差兵級一人將校一名防送前去候到貶所取逐州交管文狀繳申尚書省周懿文等責詞曰昔季文子有言見無禮於君者猶鷹鸇之逐鳥雀也故春秋不誅其人而誅其人之意豈無說哉爾服釆在庭官榮祿厚國家平日何負汝曹方君親危急之時雖嫠不卹其緯乃乘時幸變乾沒自私以爲無復朝廷之治矣嗚呼亦士也何爲而至於此極哉念本無

知誅之矣益俾全首領投畀遐荒尚保餘生毋忘子
德
幼老春秋曰周懿文余大均等不死淮從貶竄君子
是以知李綱與汪黃諸公不能輔佐恢復河東河北
之境土也曰失其刑矣
二日己未李綱乞置水軍
時政記曰劄子謂生於陵者安於陵生於水者安於
水南方之人習水而善沒其操舟若神而北人有懼
舟檝而不敢登者水戰之利正南人所宜應沿河淮
江帥府要郡宜令造戰船募水軍凡習水而能操舟

者皆籍記姓名使平時許其自便有故則糾集而用
之逐時教閱量行激賞必得其力有旨令諸路詔置
水軍以樓船淩波爲號差御營司幹辦官楊觀復齎
空名告江浙募人造船餘路委提刑司措置總領
三日庚申楊惟忠建武軍節度使〇舊校云時劉光世王𣶒並除節度使
時政記曰先是楊惟忠大元帥府都統制擁扈有功
故有是命
野記曰楊惟忠驍勇善騎射少爲將靖康初爲高陽
關路軍馬副總管康王開大元帥府惟忠來歸授都
統制及黃潛善汪伯彥兵至皆以屬惟忠王即位加

殿前都指揮使營平節度使後檢校少保以兵一萬
衛隆祐皇太后往洪州聞金人渡江軍皆潰部將司
全傳選等去爲盜太后適虔州惟忠走萬安縣山谷
間數日乃還再聚兵數千司全傳選等復降賊陳辛
圍虔州惟忠登陴力戰賴胡友至敗辛後屯軍洪州
李成將馬進來攻呂頤浩率惟忠拒戰進解去改江
西副總管軍於吉州時賊楊勍屯吉州惟忠與勍敘
同姓之好邀勍飲誅其首領而併其兵卒年六十六
以其軍隸岳飛
五日壬戌内降白麻李綱尚書左僕射兼門下侍郎御

營使黃潛善兼尚書右僕射兼中書侍郎御營副使
李綱制曰門下朕博觀羣書歷考往古將啟中興之
昌運必資希世之偉人俾丕修於政經以大慰於民
望爰登碩輔敷告治朝政奉大夫守尚書右僕射李
綱志大而德剛器閎而慮遠自任以天下之重皆謂
有王佐之才粤繇高華每著名節蹇塼造膝識者想
聞其風聲奉常建言公議共推其雅望超躋丞轄進
長樞庭風采聳於邇遐聞譽溢於中外尚稽魁柄殊
鬱師瞻肆朕纂臨之初首圖召用之亟遂陞次輔以
率羣工民情惟嘉國是以定念華夏狃承平而弛備

致夷戎伺閒隙以肆凌(改作君親遺播越以未回)惟民懷舊德而
靡忘惟士俟新政而甚切當今朝有內修外攘之志
汝其比迹於樊侯朕欲民臻仰事俯育之安汝其希
蹤於裴度俾任大事以爾爲棟樑使斷大疑以爾爲
龜筮是用延登上相秉斡鴻鈞特尊左揆之崇兼貳
東臺之峻仍其公爵陟以文階增衍爰田陪敦貢賦
洊臻殊渥昭示顯庸於戲得賢邦家之基汝能追配
於前哲論相人主之職朕則無愧於古人益遠乃猷
以對朕命可特授銀青光祿大夫守尚書左僕射
黃潛善制曰門下巨川之待舟楫用宏濟於多艱元

首之賴股肱以共成於具體惟時王佐實秉國鈞相
須而成闕一不可茲延登於次輔以同斷於大猷式
揚渙號之孚爰聳治庭之聽大中大夫守門下侍郎
黃潛善學造聖賢之蘊識窮事物之微氣粹而慮深
誠篤而忠切表儀禁路著實望於朝端鎮撫巨藩瞻
威棱於閫寄勤勞一節中外百爲朕開帥府以臨戎
爾與籌帷而贊化靜密無二險夷不渝納言而合嘉
謨揆事而無遺策肆朕纂承之始尤嘉翼戴之恭蚤
聯邇臣而功素顯於時進秉大政而士不議其速建
明愈偉聞譽彌崇念中夏玩於燕安致外夷(改作隣國)肆
其侵侮雖國勢之猶弱賴民懷之益深朕欲耆定武
功汝其紹蕭曹之烈朕欲緝熙治具汝其追丙魏之
蹤是用超登右相之隆兼貳西臺之峻乃進公爵仍
陟文階陪敦井賦之多加衍圭田之厚併頒茂物丕
勸具寮於戲朕心惟乃知其增修於遠業嘉猷告爾
后尚胥及於丕平諒體至懷奚俟多訓可特授正議
大夫尚書右僕射(○舊校云以左右僕射並同中書門下平章事前無此官制至建炎時所改乾道末復改僕射爲左右丞相見梁溪漫志)
先是詔李綱到行在拜正議大夫尚書右僕射上即
位左右揆皆虛位首以綱爲右揆至是特授銀青光

祿大夫守尚書左僕射同中書門下平章事并命中
書侍郎黃潛善爲尚書右僕射同中書門下平章事
綱兼御營使潛善御營副使自是宰相始有親兵
十四日辛未傅亮罷制置使發赴行在
內降御筆傅亮兵少不可渡河罷制置副使發赴行
在以臣寮論久在京師逗遛不行故也
李綱時政記曰權知大名府張益謙奏言招撫司騷
擾河北盜賊多不若罷之綱奏曰張所今尚留京師
未行不知益謙何以知其騷擾朝廷以金人攻圍河
北民無所歸聚爲盜賊故置司招撫因其力而用之

以解河北之急豈緣置司乃有盜賊方時艱危朝廷欲有所經畧益謙小臣乃敢沮抑必有使之者遂令分析至八月十二日進呈河東路經制使司奏肰元降畫一聖旨指揮許令陝府置司候措置招集軍馬齊集日渡河續奉聖旨令聽宗澤節制於陽武渡河伏乞明降指揮以憑遵守綱奏曰河東經制司所得兵不多自陽武渡河濬衞懷三州盡係金人所守便爲生界難得糧餉萬一潰散則朝廷別未有一項軍馬可以措置河東不若令依元降畫一指揮且於陝府置司招集軍馬事體爲便黄潛善謂逗遛不進致失機會綱奏曰河東經制司受命啟行纔方數日猶尚在京師恐難謂之逗遛今日事勢亦未見機會可乘不若盡將帥之力可以責成效用其言而績用弗成朝廷自有典憲議久不決八月十四日内降批傅亮兵少不可渡河罷經制副使發赴行在

賜進士出身頭品頂戴四川等處承宣布政使司布政使清苑許涵度校刊

三朝北盟會編卷第一百十二終

三朝北盟會編卷一百十二校勘記

膳部員外郎陳克（膳誤作繕） 幷椿辦糧料草（料字衍） 投檄以自便者（投檄誤作沿流） 邦有有常刑（下有字衍） 今勘到具撮明白（脫明字） 未曾收受（脫受字） 入官放罷（脫罷字下同） 差起發懿親宅抄劄金銀（起發二字誤作赴字抄劄二字應在下文扇兒之上誤簡在此） 受酒估賊（脫酒字） 差抄劄見景王祗候人曹三（劄景一作王府見祗候人曹三） 將來本家同宿（脫同字） 准條係監守自犯姦（自誤作內） 婕妤位酒食（脫食字） 以私物貿易官物（脫官字物誤作特） 內添改諂奉語言（脫語言二字） 有祖宗實錄借看及罷館伴不合乘馬（借看二字誤作者字及誤作幷） 認是親事官等

失去（脫認字） 喬念奴（奴誤作馬下同） 收養作祗候人（脫人字） 於內取出麝香（脫於內二字） 不應出謁而出謁（脫而出謁三字） 杖八十議減外（脫議字下同） 應沿河江淮（淮誤作江） 齎空名告身（脫身字） 李綱時政記曰河北西路轉運使權知大名府張益謙（脫河北至運使七字） 奏言招撫司騷擾不當置司北京及起北京屯戍兵給用器甲爲非是緣置招撫司（脫不當至此二十五字） 河北盜賊多白晝殺人（脫此四字） 不若罷之事以其事委帥臣（脫專以至此七字） 綱奏曰張所畫一乞置司北京候措置就緒日渡河（脫畫一至此十五字） 今尚留京師以招集將佐故未行（脫以招至佐故六字） 不知益謙何以知其騷擾而言不當置司至於守兵器甲不可輒那當令招撫司具合用數申陳自朝廷給降可也（脫而言至此三十四字） 乃有盜賊今京東京西羣盜嘯聚攻掠州縣豈亦招撫司所致耶（脫今京至此二十一字） 乃敢非理公然沮抑（脫非理公然四字） 必有使之者不懲之無以戒妄議而沮姦臣上乃令降旨招撫司依畫一置司北京就緒日疾速渡河不得抽摘守兵具合用器甲數申朝廷應副如招撫到河北兵民嚴行約束無令作過張益謙令分析以聞（脫不懲至益謙七十字又以聞二字） 令於陝府置司（脫於字）

三朝北盟會編卷第一百十三

炎興下帙十三

起建炎元年八月十四日辛未盡十月二十九日乙酉

東京留守宗澤奏剳乞車駕回京師

宗澤自七月到京師屢上表剳乞回鑾○舊校云按忠簡公奏請之疏前後二十有四此錄其一二而高宗優柔不決偏安之志已可見矣又極論曰○舊校云此疏係第二次所上臣蒙恩差權知開封府事今到二十餘日物價市肆漸同平時每覩天意眷顧清明每察人心和平逸樂臣之血誠見將士見商賈見農民見士大夫之懷忠義者咸曰若陛下歸正九重是王室再造大

宋中興也臣竊料百僚中倡爲異議不欲陛下歸京師者不過如張邦昌耿南仲姦邪輩陰與賊虜改作金人爲地爾臣願陛下體堯禹順水之性順將士順商旅順農民順士大夫之懷忠義者早降敕令整頓六師及詔百執事謁款宗廟垂拱九重之日毋一向聽邦昌耿南仲姦邪陰與賊虜改作金人爲地者之語

又別奏曰○舊校云此疏係第八次所上臣契勘京城四壁濠河樓櫓與守禦器具其當職官吏協心併力夙夜自公率厲不懈增築開濬起造脩理寖皆就緒臣又製造決勝戰車一千二百輛每輛用五十五人一卒使車八人擁車二人扶輪六人執牌護車二十人執長槍隨牌護車十八人執神臂弓弩隨槍射遠小使臣專幹辦閱習車事每十車差大使臣總領爲一隊見今俾統制官日逐教習變化進退左右回旋曲折之陣於城外剳寨又沿河一十六縣與上下州軍相接作聯珠寨以嚴備禦臣見使王彥曹中正在河西攻擊收復州縣西京河陽鄭滑等州同爲一體把截探伺次第賊虜改作金人畏讐刪此二字必不敢輕動冒犯自速殄滅刪此六字

又曰臣已修整御街御廊護道杈子平治南薰門一

帶御路聞萬邦百姓寓於京師者日夜顒望陛下迎奉祖宗之主與隆祐太后皇后妃嬪皇子天眷歸安大內以福天下臣民夙夜憂思眷眷戀戀繼之以泣

又別奏曰○舊校云此疏係第四次所上陛下既即位乃宴安南京四方聞之懷疑胥動遞相鼓扇聞諸州縣間有驚刼傷殘之患蓋是小民無知因疑致變旋相踐蹂弗奠攸居茲無他由陛下寅畏過當駐蹕別都俯徇姦謀預圖遷幸使彼狡猾惶惑敢爾横肆盜據竊發闕踴踖以歸畎畝以操耒耜鑄劍戟爲農器思不犯於有司爾若陛下敕翠華之御俾千乘萬騎回復輦轂奠

枕九重臣竊謂可以垂衣裳而天下治可以坐視人民之阜王室自然再造大宋自然中興尚何夷狄改作侵侮之足憂盜賊之足慮乎

十八日乙亥尚書左僕射李綱罷爲觀文殿學士提舉杭州洞霄宮

制曰論人臣之大戒罪莫重於擅朝置輔相以仰成責尤嚴於誤國式揚明命敷告治朝具官李綱頃以時才列於清要屬戎兵之急變參綱轄於中臺同流俗以沽名秉樞機於右府既統師而敗績舉絀典以投荒肆朕紹圖惟人求舊念召環之已賜適揆席之

猶虛首登次輔之崇旋陟上台之峻而乃謀謨莫效狂誕罔悛虧恭愼之前規負弼諧之初望既請盡括郡縣之私馬又將遍取東南之民財以喜怒自分其賢愚致賞罰匪出以功罪令允符於清議屢抗執以封還用若拂於羣情必力祈於親札弟欲恃恩於已靡思移怨於君比劾江浙騷擾之官亟下閭里寬恤之詔貼改已盡之旨巧蔽外姻之姦茲遣防秋之師實爲渡河之援顯頒告命厚犒緡錢費踰百萬之多僅達京師而止每訓趣其速進輒沮格以不行設心謂何專制如此忽覽剡章之奏具陳引咎之辭顧物論以大誼豈邦憲之可屈宜解鈞衡之任俾從祠觀之遊仍聯秘殿之近班併推加戸之異數以全體貌以厚股肱於戲國步多艱方切履冰之懼鼎司失職更懷覆餗之憂尙緣注意之求特徇乞身之請往祇訓語毋怠省循

李綱每建言頗切直黃潛善汪伯彥忌而譖之又諷臣寮使言其罪臣寮上言綱杜絕言路獨擅朝政士夫側立不敢仰視事之大小隨意專行買馬之擾招兵之暴勸納之虐優立賞格公吏爲姦擅易詔令竊庇姻親等事遂罷宰相

汪伯彥時政記曰十八日乙亥降麻制左僕射李綱除觀文殿大學士提舉杭州洞霄宮以綱上表稱疾自請故也

太學生陳東歐陽徹以上書切直死

陳東歐陽徹上書論李綱不可罷黃潛善汪伯彥不可用乞親征邀請二帝語切直斬於市行路之人有爲之哭者

中興姓氏錄曰陳東字少陽潤州人歐陽徹○舊校云徹字德明撫州人東在太學博學雄文聲譽甚盛慨然有濟世安民之志宣和末天下大亂淵聖即位東率太學

諸生伏闕上書言蔡京王黼童貫梁師成李邦彥朱勔亂國害民謂之六賊乞賜誅戮發策親征及京貫勔等追還早正典刑不從靖康初姚平仲敗宰相李邦彥忌李綱主戰罷之大金攻城人情甚駭東引進士伏闕上書言邦彥及張邦昌趙野王孝迪蔡懋李棁○舊校云下有缺文李綱乃社稷之臣不可罷乞召徐處仁唐恪置諸左右閫外事盡付种師道俄而軍民數十萬大呼闕下請用李綱擊碎登聞院鼓殺內侍五十人遂復用綱而民心定邦彥等皆譖東以布衣而脇天子累欲罪之上不允補迪功郎賜同進士出身東又五上書辭之建炎元年左僕射李綱罷黃潛善汪伯彥用事東與布衣歐陽澈在應天府伏闕上書言李綱不可罷潛善伯彥不可用乞親迎請二帝不允潛善伯彥及諸內侍譖於上驅東澈於市斬之死時年四十二識者哀其忠義且知喪亂未已也三年悔誅東等賜東之子錢五百貫東澈承事郎○舊校云東澈俱贈朝奉郎作承事郎誤

二十五日丁丑元祐皇太后發應天府

元祐皇太后自應天府進發中原之人皆知翠華將有江都之幸京師父老有相聚涕泣者

東京留守宗澤奏劄乞且駐蹕南都勿爲巡幸

臣○舊校云按此疏係第七次所上伏覩朝廷前遣翁彥國營繕金陵比有詔復遣官奉迎太后六宮以往且謂朕當獨留中原臣讀詔書私竊疑之此必有進言者勸陛下聲爲此言其意必有所屬進言者欲陛下渡江避賊敵改作而不思天下大計託爲愛君以濟其不忠臣願陛下察其利害之實斷自淵衷早定大計臣學術空疏不能引古爲證姑借近事一二爲陛下別白言之朝廷異時改更三舍以取士欽崇道教以奉眞進貢花石以媚上屈意賊虜敵人改作以講和當時士大夫阿意順指例蒙旌賞其間有識者議論不合稍加裁抑則必以悖戾怠慢加之譴斥陛下試以前日之事槩之其頗僻邅承例霑識擢者果皆忠藎者乎巡幸之事利害所關萬倍於此三者比進言諸臣談何容易又況利害之端曉然可見陛下何不討正其實而早黜之無使此曹如異時阿諛承順之人得便文自營而國家獨坐受其弊也臣重念本朝提封萬里汴京號爲腹心祖宗都此垂二百年宗廟社稷所在而人民依之以居者無慮萬萬計今兩河雖未救甯猶一手臂之不伸也而乃遽欲去而之他非唯不能療一

手臂之不伸也又併與腹心而棄之豈祖宗所以付託之意與天下睽睽萬目所仰之心哉臣乞陛下且暫駐蹕南都無輕議動臣雖老矣尙當躍鞍鼓勇立辦禦敵之具以圖萬全之舉然後埽除宮禁嚴備扈從奉迎鑾輿謁見九廟非特使神祇祖考安樂之庶幾中原增重而不失天下之大勢也不然是徒爲走計耳示虜（改作敵）以弱非惟不恤兩河抑又不恤中原且去宗廟社稷而不顧陛下豈忍乎臣重爲陛下惜者此爾故敢直輸血誠幸陛下留意毋忽

又劄子曰。（舊校云此疏係第六次所上）且我東京是祖宗二百年

積累之基業是天下大一統之本根陛下柰何聽先入之言而輕棄之欲以遺海陬一狂虜（此五字改作敵）乎臣觀河東河北京東京西之民咸懷冤負痛感慨激切想其慷慨之氣直欲呑此賊虜（此三字改作敵）陛下何忍恬聽諛順而不令剛正之士率厲同心勦絕凶殘乎今東京市井如舊上下安帖如舊但嗷嗷之人思望翠華之歸謁款宗廟垂衣九重不啻飢渴之望飲食大旱之望雲霓也臣竊謂陛下一歸則王室再造矣中興之業復成矣

二十二日已卯近降指揮諸路買馬除陝西路每州可令買馬百匹外其東南州軍不係產馬之處並免出其勸民出財助國指揮更不施行

二十八日乙酉尙書右丞許翰資政殿學士提舉杭州洞霄宮

先是翰與李綱素善綱被召薦翰六月有旨端明殿學士許翰復職制曰士有明於遠圖而闇於近畧工於爲國而拙於謀身雖當鑿枘之不同而今實著龜之先見具官許翰蚤明古學出應時須翁歸兼文武之材無施不可賈誼陳治安之策所慮益深方宏康濟之規忽蹈譴訶之域棲遲閭里淹歷歲時肆予纂

佼之初知汝投閒之久悉還故秩召對便朝忠不忘君當大據於素蘊人惟求舊思復見於老成汝其疾驅以承朕命綱罷政翰遂得祠

野記曰許翰字崧老洪州進士中第宣和中爲給事中言高麗入貢奢侈之事出知亳州後提舉杭州洞霄宮靖康初以李綱薦召爲御史中丞言蔡京童貫蔡攸皆坐責俄同知樞密院金人邀求三鎭翰言三鎭棄則京師不可都而天下危矣不宜許乃薦种師道宿將可用又請誅蔡京童貫王黼朱勔楊戩李邦彥孟昌齡等家族幷治門生黨與上不允翰嘗督姚

古种師中兵進解太原之圍及李綱黜并翰罷建炎初綱入相復薦尚書左丞綱解機務翰以資政學士提舉洞霄宮累官通議大夫紹興三十年卒

九月五日壬辰命廵幸淮甸

御史中丞許景衡奏據探報金人犯(改作兵至)河陽汜水等處逼近東京朝廷雖已遣鄭建雄閭勍領兵前去防遏乞車駕南廵以慰人望三省樞密院同奉聖旨命涓吉巡幸淮甸續據有司選用十月一日幸執進呈奉聖旨依令朝廷措置施行

臣寮乞考驗京城失守將吏士卒效命與逃遁者誅賞

示戒

臣寮上言竊覩去冬京師失守城池非不高深兵甲非不堅利士卒非不衆多然上下弛慢嬉戲城上坐覩其壊濠復縱其登城又且公然逃遁無復衛上之心遁於城内者反導虜寇(此二字改作之)刼掠居民遁於城外者結集徒衆焚刼州縣逮今未能偃兵何以爲戒若命留守司於胡虜(改作金人)登城之所三二百步内考驗將吏士卒姓名效命致死者襃其忠義賞賚其家永保廩給逃遁得生者梟首示衆屏逐其家永離其處則人知效死則享榮名而禍家屬偷生則受顯戮而禍妻孥忽有師旅之事其誰不以死衛其上乎有旨令宗澤具功罪尤甚之人申朝廷指揮

七日甲午奉聖旨將來巡幸駐蹕揚州

行下知揚州呂頤浩修治城池繕部員外郎陳兖幹辦頓遞行宫一行官吏將佐軍兵安泊去處虞部員外郎李儔幹辦舟船併椿辦糧草發運使李祜淮南轉運李傳正並差隨軍轉運使

十日丁酉詔巡幸所過無得騷擾

詔曰荆襄關陝江淮皆備巡幸並令因舊就簡無得騷擾訪聞州縣不能深體至意色色求備吏卒並緣

爲姦百姓受害朕臨位以來欲求民瘼恤民隱思所以爲民利者未厭朕心有司以巡幸之故乃更前期騷動朕甚痛之今戎馬驚擾之後盜賊閒作朕夙夜憂維念不暫安縱未能盡除大患使吾民各安南畝其可事一巳之奉以重困吾民乎凡巡幸所止之處當使百姓若不預知朕飲食取足以養氣體不事豐美亭傳取以庇風雨不易卑陋什器輕便不求備用供帳簡寡不求其備儀可齎以行無取於州縣橋梁舟楫取足濟渡道路無治官吏毋出一切無所追呼隨從臣僚皆體朕意有司百官敢騷擾重寘於法惟

是軍馬芻糧必務豐潔將士寨栅必令寬敞官删此字
無得少懈部使者皆朕耳目官有違戾而不以聞
者當與同罪若是爲騷擾罰更加重許民越訴
十五日壬寅差兵部郎官太常寺官各一員計置合用
舟船迎奉神主仍專委內侍官二員充同共都大主管
合行事務各仰條具申尙書省施行
二十一日戊申元祐太后及六宮至揚州
元祐太后至揚州别立揚州正衙牌曰車駕廵幸駐
蹕之門
王彥河北招撫都統制渡河破金人兵收復衞州府新
鄉縣

樞密院以王彥爲河北招撫司都統制同張翼白安
民岳飛等一十頭項七千人渡大河於已陷州縣措
置招撫不順番軍民遂渡河北屢與金人賊删此字兵
鏖戰破之收復衞州新鄉縣
二十七日甲寅車駕發應天府
上巡幸江都自應天府進發
十月一日丁巳聖駕發舟巡幸淮甸
宰執侍從三司百衙禁旅御營使司五軍將佐扈衞
以行

劉光世除殿前都御候御營使司提舉一行事務都廵
檢使
先是劉光世省視陵寢及規畫控扼河陽還遂有是
命
二十九日乙酉王彥及金人戰於新鄉縣不利兵潰彥
入太行山聚衆面刺赤心報國誓殺金賊人改作八字軍
删此字兩河響應
王彥既得衞州新鄉縣即傳檄諸郡金人以爲大兵
之至也卒數萬衆薄彥壘圍之數重矢注如雨彥兵
寡且器甲疏畧疾戰輒不利彥決圍以出其衆遂潰
金人見彥所乘甲馬獨異復盡銳追擊彥與麾下數

十人馳赴之所向披靡轉戰十數里弓矢且盡會日
暮得免他將往往復渡河以還彥收散亡得七百人
保龔城縣西山常慮變生不測夜即徙其寢所其部
曲曰我曹所以棄妻子冒萬死以從公者感公之忠
憤期雪國家之恥耳今使公寢不安席乃反相疑耶
我則非人矣遂皆面刺赤心報國誓殺金賊人改作八
字以示其誠彥益自厲大布威信與士卒同甘苦未
幾兩河響應招集忠義兵民首領如傅選孟德劉澤
焦文通等一十九寨十萬餘衆綿亘數百里金鼓之

聲相聞自幷汾相衞輝澤間倡議討賊改作敵百里刪此二字者皆受彥約束稟朝廷正朔威震燕代金人患之列戍相望時遣勁兵援彥糧道彥每勒兵以待之且戰且行大小無慮百十戰斬獲銀牌首領金環女真及奪還河南被虜生口不可勝計

賜進士出身頭品頂戴四川等處承宣布政使司布政使清苑許涵度校刊

三朝北盟會編卷第一百十三終

三朝北盟會編卷一百十三校勘記

致賞罰匪出以功罪一作致賞罰失當於功罪　出令允符於清議脫出字　用刑若拂於羣情脫刑字　巧庇外姻之姦庇誤作蔽

預須告命須誤作顯　幷推加恩之異數恩誤作戶　巧庇姻親等事巧誤作竊　以上書切直死宋史隸壬午日　李棁下有闕文係乃社稷之賊不可不罷九字　乞親征迎請二帝脫征字　賜東徹承事郎脫賜字　元祐皇太后發應天府宋史隸丙子日　所以仰望之心哉脫以字望字　除陝西路每州可令買馬百匹外至更不施行此段應另行誤連上文　雖當時鑿枘之不同脫時字　幷推治門生黨與脫推字　金人犯河陽汜水等處汜誤作氾

膳部員外郎膳誤作繕　取足以庇風雨脫足字　不求其備儀其字衍　若自為搔擾自誤作是　收復衞州新鄉縣鄉史作興　皆面刺赤心報國誓殺金賊八字號八字軍脫皆字號八字三字　自幷汾相衞輝澤閒澤應作懷　唱議討賊百里者應作唱義討賊者

三朝北盟會編卷第一百十四

炎興下帙十四

起建炎元年十一月丁亥盡二年正月十一日丙申

十一月丁亥朔曲赦應天府宿亳楚泗揚州

詔曰朕法義易之省方體周王之時邁粤自纂圖之歲率勤巡狩之行比繇睢陽來撫淮甸歷宿亳之境域過楚泗之郊圻覩廣陵形勢之雄思藝祖規模之大講求民瘼修舉政綱念聖人之德好生常軫懷於矜恤而天子所至曰幸得無望於惠綏矧復茲禮甚

希吾人實衆雖戒供須之擾甯微應辦之勞駐蹕之初惠恩可後宜敷慶宥用慰羣情於戲若日月之有光明或先臨照如天地無不覆載咸所蓋容思禹方之罪在予尙一人之慶有賴悉蠲咎累共廸中和咨爾庶邦咸悉朕意

四日庚寅詔求能使絶域將萬衆者

詔曰朕以眇躬嗣承大器屬時艱戹慄如冰淵念二聖母后之未還震於夢寐而宗廟生靈之重任嘗懼弗勝臨御以來備殫智力而人多規利弗樂赴功靡獘之餘難於振起遣兩道奉迎之使未副所期爲中原固守之圖亦慮弗至思得忠信宏博可使絶域與智謀勇毅能將萬衆成朕孝弟之志而共安中原慮其湮沈弗能自達夫以天下之大祖宗德澤涵養之久宜多異材副朕延竚仰三省樞密院昭示朕意不以有無官資並許詣行在登聞檢院自陳朕將不愛爵祿優加禮遇以表忠義濟時之功

六日壬辰宰執早朝登御舟進榻前奏事

九日乙未王彥及金人戰於太行山金人遁去

王彥在西山聚兵既集常慮糧儲不繼一日發軍士運粟會奸人有告虜(改作敵)帥者金人乘虛遽以大兵

薄彥壘彥率親兵乘高禦之衆稍卻彥大呼勇士衆(刪此字)力戰且以強弩飛石齊發金人方稍退金人有死者皆以馬負屍而去自此金人布長圍欲持久困彥彥絶饋運者旬餘彥檄召諸寨兵大至金人乃遁去

遺史曰時金人鋭意中原特彥在河朔以兵勢張甚未暇南侵一日虜(改作敵)帥召其衆酋(改作首)領俾以大兵再攻彥壘酋(此二字改作衆)領跪而泣曰王都統寨堅如鐵石未易圖也必欲使某將者願請死不敢行其爲所畏如此

十四日庚子車駕次泗州

粘罕改作尼堪約諸酋改作將分寇改作攻河南

節要曰粘罕改作尼堪知張邦昌之廢故約諸酋分寇此四字改作諸將分道入河南東路窩里嗢改作鄂勒歡入寇此二字改作出山東西路粘罕改作尼堪入寇此二字改作出京西粘罕改作尼堪又除女眞萬戸婁室改作羅索爲陝西路先鋒都統以女眞萬戸散离曷孛堇改作薩里罕貝勒黑峯改作哈芬以字此删副之寇改作侵陝西窩里嗢改作鄂勒歡自燕山率衆由清滄渡河以寇改作侵山東

二十二日戊申知密州軍事趙野棄城而去

趙野以前執政知密州見山東盜賊縱横宮儀據即墨不退翠華乃在淮甸王命不通遂具車擔裝載輜重以家屬乘轎馬棄一城軍民浩浩長行軍民偶語兩日不定於是杜彥等乘間作亂

二十四日庚戌密州軍卒杜彥李逵吳順反杜彥自稱知軍州事追執趙野殺之

趙野棄城去有守衙節級杜彥樂將節級李逵小節級吳順三人者因民洶洶遂謀作亂且曰方今盜賊縱横一州生靈豈可無主請自爲知州軍兵皆聽命彥遂知州而逵與順左右之彥遂遣人追野至張倉鎭執野幷其家屬同癸丑彥等坐黃堂上其徒黨聲喏報捉到趙野彥曰爾爲知州自般老小欲向南去不知一州生靈誰其爲主野不能應彥令取木驢來釘其手足野大驚乃呼曰告太尉願恕一言彥媟罵之衆已撮野跨木驢釘其手足矣推出譙門遲而殺之取其頭籤於市用一笠兒蓋其上百姓見者爲之垂淚其家屬徒黨分去唯一子學老得脫彥等取密州一城强壯盡刺爲軍

二十五日辛亥金人陷河閒府權府鈐轄孫某廉訪李某皆被殺

先是河閒府黃潛善以兵赴大元帥府也令鈐轄孫某權府事金人犯改作攻河閒府孫鈐轄盡力禦之高陽關廉訪使者內侍李某屢率兵與金人接戰河閒府士民伏其忠勇金人攻城之西北角破而城中築月城護其闕凡築月城三重而次攻破時月城已近雲一營是日雲一營中遺火諠亂金人乘亂攻陷之大肆殺戮至於子城忽傳令戢兵時城中士民死者已幾半孫鈐轄李廉訪皆死於亂兵

二十七日癸丑車駕至揚州駐蹕

窩里嗢改作鄂勒歡自燕山率衆由清滄渡河以寇此二字改作侵

山東粘罕改作尼堪自雲中率衆下太行渡河陽再陷西京
又遣女眞萬戸銀朮改作尼楚赫拔束改作博索茶曷馬改作察罕瑪勒
等以寇改作侵以二字漢上
節要曰時鄭建雄守河陽翟進扼河清白磊賊改作敵
不得渡河遂攻河陽南城建雄之軍遂潰粘罕改作尼堪
兵得渡首敗姚慶軍於偃師慶死之西京官吏棄城
南走殘民開門以降粘罕改作尼堪遂入西京屯於大內
以代州叛臣李嗣本知河南府事且遣女眞萬戸銀
朮改作尼楚赫寇改作侵漢上粘罕改作尼堪不自行者以時
宗澤守東京恐澤邀其後故自據西京與澤相持使

漢上之寇改作兵無後顧之憂也
十二月八日癸亥金人陷鄭州知軍州事董庠棄城走
前知階州董庠者因來勤王潰散無所歸宗澤留守
東京令庠知鄭州金人犯改作入境澤出兵援之爲金
人所敗庠亦棄城而走金人不入鄭州而退去遂專
往京西
遺史曰金人寇改作至西京車駕在揚州金人議進兵
殘擾京西乃遣銀朮改作尼楚赫大王自泥水渡河犯西
京西路制置河南尹孫昭遠不敢當引兵即避之金
人陷西京

十三日戊辰金人自龍門渡河沿河安撫使曲方遁走
自河東一路陷没盡河爲界朝廷以唐重帥關中重
沿河置安撫使以統制將兵守河而安撫統制屢易
最後以曲方爲沿河安撫使方已衰老皓首黧面如
鬼物統兵駐於韓城日以飲酒蹴鞠爲事未嘗治軍
故金人議侵關陜乃遣銀朮改作尼楚赫大王提兵一路
擾京西又一路自慈隰而南欲寇改作攻陜右婁室孛
堇改作羅索貝勒統之唐重遣總管劉光弼齎金帛犒兵河
上光弼至華州聞金人逼河遂留不進金人自龍門
清水曲地方分奪桅渡河而方猶飲酒以告者爲妄

言金人出龍門山幷河而南拒韓城四里方始覺知
乃擁兵遁走光弼聞之不歸長安而走邠岐
十九日甲戌金人寇改作至同州軍知州事鄭驤赴井死
周良以同州降於金人
婁室孛堇改作羅索貝勒自清水曲渡河距同州猶七十里
人心已動不安癸酉金人漸至同州通判及知縣衆
官皆走甲戌同州閉門知州軍事鄭驤赴井死軍民
上城名爲守禦而喧亂無法金人至城下呼請官員
打話軍民謂寄居官承節郎前知沙苑監周良者子
弟所出身可與打話遂同請良良辭不可軍民曰州

縣見任官皆棄城去若承節不向前承當則一城生靈皆遭荼毒艮不得已而從之令立青蓋於城上金人遂就來打話且令投拜艮曰如大金不殺戮願以城降金人許之艮出城見其酋改作金將請降金人渡河侵陝西首犯同州同州投拜婁宿孛堇改作羅索貝勒喜以艮爲定國軍節度使知同州唯遣十數騎入城索寄居皇城官某追取金寶畢殺之又入州學取書籍而去餘無秋毫之擾

遺史曰秦檜當國鄭驤之親屬爲檜客情意密驤以死節贈通議大夫猶以爲未錄其叱罵金人之節加

贈樞密直學士制曰往者人習治安士喪廉恥遭時紛變坐視傾危蓋平日詭隨罔知尊主庇民之道故臨事讋懼宜無伏節死難之人朕承多難每爲永歎倘聞義烈豈無裦揚具官鄭驤秉性剛明守身端靖始將使指旋剖郡符迨醜虜改作强敵之横侵能嬰城而自固旁無應援迄以陷亡蹈白刃之在前叱羣凶之愈厲雖加䘏典未慰忠魂載須渙渥之恩增賁有密之職靈兮英爽歆此寵榮後又請謚謚曰威愍驤赴井時金人猶未薄城初無固守與呵叱之節可謂詭冒矣

婁室改作羅索自同州韓城縣界越河以犯改作入長安

節要曰時婁室改作羅索屯河中蘇村官軍扼蒲津西岸賊改作敵不得渡遂潛由上流韓城之域一夕履冰而過直犯長安於是蒲津官軍不戰自潰

二十四日己卯金人删此字銀朮改作尼楚赫陷汝州提點刑獄謝京走被殺

銀朮改作尼楚赫陷汝州兵將扶提點刑獄公事謝京出城奔走爲金人掩襲京被殺緝捕盜賊陳元等將軍各散去將兵王俊聚衆後據繖蓋山有衆數萬

河東制置使王𤦺棄陝州奔於興元府

王𤦺爲河東制置使軍於陝州同州既陷𤦺之兵潰亂不能整乃留張昱治陝𤦺率衆由金商欲入川州縣震駭欲閉門拒守獨提點刑獄張上行破衆議迎𤦺處於興元府給其衣糧

建炎二年正月二日丁亥金人删此字銀朮改作尼楚赫寇改作兵至鄧州安撫使范致虛棄城走權安撫使劉汲率衆出戰被殺

遺史曰初河東制置使趙宗印退軍取商州路出武關欲赴揚州到方城縣遇范致虛使之知鄧州兼西路安撫使致虛遂招宗印屯於鄧州時建炎元年冬

也至是致虛下車方僅一月而金人犯改作兵至鄧州致虛聞風先遁去宗印以其兵掖民出城入房州往襄陽金人酋刪此二字帥銀朮改作尼楚赫大王寇改作至城下轉運使權安撫劉汲率將兵二千人及兩都監出南門聲言欲戰或以爲出奔爲金人所掩汲及兩都監被拘執或曰登時被殺

乾道六年左宣議郎秘書省校書郎兼國史院編修官劉焞進狀伏念臣先祖父朝議大夫知鄧州兼京西南路安撫使臣汲起自諸生遭時多故欽廟收之放逐擢使京西光堯錄其勞效就除帥事於時國兵新破虜改作敵勢方張漢沔之南四面皆敵孤城散兵無經久計先祖父臣汲志在急公受命感遇慷慨自奮誓以死報乃建炎二年正月三日虜改作敵騎犯改作至鄧州先祖父臣汲親統將兵出城與虜改作金帥銀朮改作尼楚赫大王二十萬衆接戰在本州城南當陣遇害五月六日奉聖旨贈兩官特與兩資恩澤當時死事實跡見於提點刑獄權州事程苪之所奏出戰始末見於京西使臣將校之所供蒙恩褒贈見於武勝軍之所被授吏部之所給一時事勢與朝廷之委寄士大夫之論議則見於御史中丞許景衡章疏而先

祖父臣汲忠義憤激凡所施置則見於行狀爲當時先父臣裴自蜀聞難即趨京西朝廷傲擾告命淪失先臣蚤世諸父流離存沒恩命兩未獲霑因之先祖父汲四十年死節未昭於時雖於其間累有申請値秦檜當路用兵時事務從閣束迄無行下自分此生齎恨永已誠不自意未死之年誤蒙陛下召自遠方擢寘三館孤賤形跡一旦得遇天日昔之無告似可號訴累年於玆猶以遭遇聖明未有補報內抱沉痛抑而不發近者誤蒙聖恩待罪史氏獲與諸儒朝夕網羅放失舊聞稍知紹興之間鄭驤唐重之流贈官賜謚之典皆因其子孫自言得以推恩乃知聖朝於盡節之臣隱䘏崇終無所不盡而先祖父臣汲當艱難時仗節死義比於二人迹狀顯著徒以子孫賤遠不能號天叩地請命聖世致使歲月引久史臣不書太常不諡忠義大節泯滅無聞其責在臣無以自贖使臣今日叨塵朝列謬當載筆日見已行之事而猶隱忍緘默若不祈請將復何顏戴天履地仰惟皇帝陛下臨朝勵精大明黜陟日月之照細大不遺方將崇奬死忠敦勸名節使天下聞風有所砥礪是又先祖父臣汲孤忠纍白之時子孫沉冤巨痛有所赴愬

之日重念國難以來州鎮牧守不可勝數倉卒之間望風棄城蓋十八九嬰城自守百無一二至於整兵迎敵以必死抗節者又絶無僅有昨來先祖父臣汲死事之迹既有上件帥臣所保奏武勝軍所被受使臣將校所供訴吏部所給公憑臣僚章疏所論時事一一並可照驗則臣額天泣血泥首請命冀獲彰闡亦固其所臣竊見唐安史之亂顔杲卿李憕張巡許遠皆盡節於天寶之末至德之初而顯於建中長慶之間差次於元和之世褒忠尚義以儆於時雖數十年久猶不可已致太常博士獨孤及議郭知運謚謂

不當以過時廢禮則臣於此時控告君父猶不爲遲檢紹興五年十一月四日聖旨指揮節文應守臣守禦臨難不屈死節昭著不以官品高下並令本路帥司保明指實聞奏特與賜謚臣先祖父臣汲事迹委是應得上件指揮臣今銜哀瀝血伏詣闕下繳進以聞臣誤被聖奬身居朝列莫敢與造曖昧僥倖上恩一言涉誣罪當萬死伏望皇帝陛下天地父母特軫睿慈哀憫死節之臣申詔有司考按事實悉依建炎紹興詔書非獨以慰九原孤忠螻蟻小臣生死骨肉之幸亦庶幾激發忠義砥礪名節於風俗隆替不無所繫伏候敕旨續據太常寺申檢準紹興五年十一月四日指揮節文云云今準省部備準都省批送下劉焞狀乞賜祖父謚事今將遞到録白照得故知鄧州權西京安撫使贈大中大夫劉汲先因金人侵犯鄧州統將官戚鼎提兵戰歿蒙本路提刑程茀保奏贈大中大夫本司契勘本官係守臣戰歿應得上件指揮正月三十日奉聖旨特與賜謚施行本寺今欲擬謚二月二十九日奉敕以孤壘抗方張之虜（改作敵）義弗圖存示本朝有仗節之臣死爲不朽敬（改作爰）徇易名之請因宏厲俗之規具官劉汲奥學決科誠心

事上偭奸回之惡直遭排擯而自如賜環於靖康更化之初分閫於建炎再造之日屬茲穰守正扼賊（改作敵）衝衆避敵（改作難）以苟全獨舍生而徇難髮歸若動尙想常山之威背裂大呼不愧睢陽之戰哀百身而奚贖節一惠以表尊虜國爲忠捐軀曰介冀英魂之如在歆卹寵之不忘可特賜謚忠介

九日甲午籤書武勝軍節度判官廳公事李操叛降於金人

遺史曰金人犯（改作兵至）鄧州官兵守禦劉汲被執守陴者已見金人作木栅圍城矣穰縣典史格某之子被

驅虜作栅金人遣入城使諭城中投拜格氏子呼於城下守陴者皆識之遂鈎上城格氏子曰銀朮改作尼楚赫大王兵十萬取今日巳時攻城城破雞犬不留若能速便投拜則可以免禍有趙士習者福建人欲投拜簽判李操者西京人不欲投拜曰當盡死節趙士習曰豈不知盡節死而爲忠雖死無益於事奈一城生靈何操語塞遂諾與趙士習出城見銀朮改作尼楚赫折箭爲誓不洗城由是金人遂入城初淵聖用宰相白時中之議欲幸襄陽而鄧州爲行宮截留四川輕齎綱及聚糧草至是盡爲金人所得又需索百色技

藝人及金銀物帛如京師圍城中根括之法

粘罕改作尼堪兀室改作烏舍屯西京

窩哩改作鄂勒歡陷青維二州

婁宿孛堇改作羅索貝勒陷延安府

金人陷延安府東城是時鄜延路經畧使王庶在鄜州家屬在延安府奔走得達鄜州權知延安府事劉洪與軍民共守西城

十一日丙申金人銀朮改作尼楚赫陷均州知州楊彥明棄城走

先是靖康初金人方犯至改作河北而諸路州縣軍民皆殺歸朝燕官唯均州有添差武當縣丞不羞務任雄翔者燕山人三世及第有智算尚義慷慨聞亂卽率歸朝燕人約七十餘人家家所有食刀麪刀以至果刀剃刀應干器械尺鐵盡赴州納之知州楊彥明信其然常衛護保存故人不敢犯未幾有潰散兵犯均州境彥明令雄翔措置雄翔卽授方畧分委其衆當之每出必勝均人亦賴之漸付以器甲兵馬使防境內雄翔常語彥明曰國家忘戰久士卒懈惰不可用若金人至必不可當前者邊事初動時若國家能盡取歸朝燕人使之防邊馭之有道猶可支吾今國

家兵馬更過十年後恐或可用彥明以其言爲是及金人犯改作兵至境境內百姓流徙而去彥明計窮未知所措雄翔乃以其衆送彥明全家上武當山與彥明敘別復聚其衆還城中金人到雄翔迎入城於是歸朝燕人盡隨金人北去

賜進士出身頭品頂戴四川等處承宣布政使司布政使清苑許涵度校刊

三朝北盟會編卷第一百十四終

三朝北盟會編卷一百十四校勘記

十一月丁亥朔(脫朔字) 朕意不以有無官資(以應作論) 王
彥在山西聚兵(山西誤作西山) 彥大呼賈勇(脫賈字) 以爻攻
破(以誤作而) 自汜水渡河犯西京(汜誤作泥) 自河東一路陷
沒畫河爲界(二句係接上條誤作另行連下) 知軍州事鄭驤(誤作軍知州事)
情意深密(脫深字) 猶以爲未足(脫足字) 挾提點刑獄
公事謝京(挾誤作扶) 欲閉關拒守(關誤作門) 吏部之所給據
(脫據字) 朝夕羅網散失舊聞(散誤作放) 雖數十年之久(脫之字)
窩哩嗢陷青維二州(脫嗢字)

三朝北盟會編　卷一百十四校勘記　一

三朝北盟會編卷第一百十五

炎興下帙十五

起建炎二年正月十二日丁酉盡二月十九日甲
戌

十二日丁酉金人(刪此字)銀朮(改作尼楚赫)陷房州

十三日戊戌金人(刪此字)婁宿(改作羅索)陷長安安撫使唐重
戰卒總管楊宗閔運使桑景詢通判曾謂提刑郭忠孝
皆被害○(舊校云同死者八人提舉軍馬程迪主管機宜文字王俑及其子建中)

修撰劉岑誌重墓曰靖康元年冬金人破京師明年
二聖北狩今上即位於南京年號建炎是時朝廷已

三朝北盟會編　卷一百十五　一

失河東金人重兵屯於河上陝西大震驚告急之使
日至行在所而永興一道已並邊矣岑適使虜(改作敵)
自汾晉渡河津由關中以歸方入朝宰相傳上旨於
政事堂訪可以爲永興帥者於岑岑曰陝西事宜素
重況多事之初永興之帥其材尤難有天章閣待制
唐重今守同州重與賊(改作敵)對河守備百出民不加
斂而食自足兵不加募而士自至虜(改作敵)陷蒲絳將
及同同人度不能守重開門縱之使出自與殘兵數
百人守城示以必死虜(改作敵)知有備乃引去邦人德
之且立祠焉重平生之志在許國每一及時事輒嘘

欷慷慨泣下沾襟見者皆感動蓋其忠義足以服人才智足以應敵欲守雍都莫如重可卽日除天章閣直學士永興軍路經略安撫司兼知永興軍前帥范致虛先促五路兵向東勤王晉連陝州不進公自同州移書責之曰金人犯闕改作京師半年王室存亡未可知臣子憂國宜如何哉且京師以秦兵爲牙爪四方以京師爲根本今擁秦兵坐視不前是爪牙不足恃而根本搖矣其言累千百皆痛切讀者感激而致虛不能用也逮聞京師失守公慟哭瀝血檄諸道使勤王且勉爲效死盡臣節會永興令下慨然就國以勤王自任日條關中利病且率長安父老子弟表言關陝山河形勢迎請主上入都關中爲先其次則建藩鎮封宗子使守我土地緩急無爲賊敵改作有又欲通夏國之好繼青唐之後犄角以綏虜敵改作勢至於用忠直正刑賞皆中興急務所當先者上嘉其忠進龍圖閣直學士時虜敵改作在河中窺關內甚急而所部銳兵朝自節制半年之間所談不知幾千百言皆不報十二月虜敵改作引兵渡河拔同州明年正月三日及永興城中兵不滿千人嬰城固守凡十日援兵竟不至而大將傅亮以部兵降城遂破公尚餘百兵與接戰城中衆潰中矢以死年四十六部曲中有感德者求舊棺於僧舍掘地斂識之後長安平成都漕趙開與公素友善令人取其喪以歸既至子弟欲易棺櫬見刻其姓名月日於側具在於闕初賊敵改作將至公自度孤城決不能支告轉運使李唐儒曰重平生忠義不敢辭難始意迎車駕入關居建瓴之勢庶可以臨東方今車駕南幸矣關陝又無重兵雖竭盡智力何所施其智巧一死報上不足惜唐儒以其書聞俄而死節報上聞而哀之贈資政殿學士官其家五人方朝廷之訪雍帥也岑既以公薦而又荐提舉常平鄭驤守同州永興通判曾謂爲陝西轉運判官朝廷俱用之後虜敵改作渡河鄭驤死於同公與曾謂死於雍嗚呼三人者可謂不負朝廷矣公字元任眉山人爲兒時已不凡祖母宋氏嘗令讀裴度武侯廟碑一覽不再讀十二賦陳平詩已有大志用薦者改奉議郎知懷安軍金堂縣許光凝入朝薦於宰相得辟雍錄是時邊臣多希功幸賞以欺朝廷至於誘羈縻蠻使貢不毛之地建立州縣張官置吏以困中國其害甚大公遽言之朝遂召對除禮部員外郎丁母憂復除吏部遷右司員外郎起居舍人時宣和七年

三朝北盟會編

八四〇

也十二月金人寇邊(改作兵入攻)燕山安撫使蔡靖方告急而郭藥師叛寇(改作敵)已陷邊自河朔以南皆恐公建言今日之禍起於開邊開邊之謀始於童貫金人兵鋒甚銳不可當宜誅貫以謝邊人庶可以緩師宰相不能決謀遣給事中李鄴出使未及而賊(改作敵)已歷境都邑已戒嚴矣太上皇内禪淵聖即位明年正月改靖康方圍城中公日有所敷陳皆切中時病除諫議大夫時議講和親征二策皆未定公上疏欲宰執廷辨之姚平仲既敗賊(改作敵)愈熾索金帛甚急中書侍郎王孝迪大書揭榜下令民有藏金帛者人得

三朝北盟會編 卷二百十五 四

告之公曰審如此則子得以告父弟得以告兄奴婢得以告主初政如此將何以化天下哉與同列御史迭疏論不可遽罷此令金人退師遷中書舍人凡賞罰黜陟之不當者執不下當路大不樂之與孫覿李擢李會師驥以論事不合皆被黜公得秘閣修撰知同州元年除天章閣待制頃之遂守永興公生巴蜀起布衣纔官中都聲望已藉藉守邊又能死事其名固足以傳不朽然公之死實自岑發之況其大節昭昭如此刻之豐碑置之墓道使見之者曰此吾宋忠臣唐公之墓其誰曰不可

遺史曰唐重儒生不知兵帥關中一蹈范致虛覆轍諱言兵機唯喜人言虜(改作敵)兵遠去關中必無虞京兆府路兵馬副總管楊宗閔與重謀曰今河東諸州皆非我有距此纔一水而本路兵弱宜急繕城塹爲守禦計以待外援捨此無策重以秦民驕不欲擾之而止及金人犯(改作兵薄)境略無措置城陷重自縊死宗閔先令妻劉氏携家人入蜀遂免於難唯宗閔死於其職○(舊校云宗閔父子俱狥國難墓碑乃劉一止所撰見苕溪集當錄之以補是編之闕)轉運副使桑景詢曾謂提刑郭忠孝皆死景詢介直有守尚氣節之人也初童貫用事時州縣官皆迎肩輿

三朝北盟會編 卷二百十五 五

望塵而拜唯景詢不拜議者多之以其發摘奸吏不受干請時人號爲喪門神喪字借姓桑氏言之也忠孝事伊川程頤傳其易與中庸學金人犯(改作兵薄)長安或勸云監司出巡可以免禍郭忠孝不答遂被害

内侍邵成章上書言黄潛善汪伯彦必誤國送成章吉州編管

車駕在揚州金人攻河北陝西京西羣盜起京東宰執黄潛善汪伯彦皆蔽匿不奏及張遇攻眞州去行在六十里上亦不聞内侍邵成章上疏條具潛善伯彦之罪且曰必誤國及申潛善伯彦使聞之上怒送

成章吉州編管

御營使司左軍統制韓世忠領兵屯於河南府

韓世忠初爲王淵軍統制屯於應天府上即位爲御營使司左軍統制從車駕至揚州至是命世忠領張遇陳思恭等兵一萬於河陽府又命知滄州劉錫密結河朔之人自青州絕河進兵命東京留守宗澤總大衆自滑州而北期集於中山府俄爲黃潛善汪伯彥建議從中止之

翟興翟進及金人戰於伊川皁礬嶺敗之又戰於驢道堰又敗之

翟興與弟進遇金人於伊川之皁礬嶺興披甲先登將士齊進接戰終日擒其酋(改作將)夏太尉者後旬日又遇金人於伊川之驢道堰力戰擒酋首(改作其將)傅太尉者自是金人聞大翟小翟之名矣

二十二日丁未詔招降盜賊

詔曰朕惟祖宗仁覆天下生育休息垂二百年家有積聚人知禮教尊君親上安業樂生車書所通煙火萬里頃自奸臣誤國邊隙既開戎禍(改作鋒鏑)及於黎元胡塵(改作氛祲)暗於京闕兵以傷殘而潰散民因侵軼而流亡遂假勤王之名公爲聚寇之患肆朕嗣位震惕於茲遭時艱難涉道寡昧寅畏恭儉不敢怠荒寬大公平庶宏共濟閱日尙淺羣聽未孚攻剽刦掠寇亂滋起重矜州縣之民莫保田廬之安生靈何辜天意未悔今朕駐蹕淮甸寅奉廟祉以來遣使金人屢致父兄之請念欲復泝清汴御還故都而羣盜猥多師虞弗靖膺眕截於大河之外形勢削於累年之間興言及茲痛憤良切咨爾有衆共圖興邦咸有鄉黨鄰里之情豈無父母妻子之念凡今日奪攘縱暴之衆皆異時同心忠義之人白日照臨明爾遷善之意皇天覆幬監予止殺之誠一應盜賊同心易慮散歸田

里或失業不能自還者令所在官司條具以聞朕當區處其日前犯罪一切不問

丁進以其衆詣京城留守司請降

丁進自退壽春府擾於京東京西至是請降於留守司進壽春府軍兵也逃走遇亂復歸鄉里就蘇村團結聚人作過初自十百至千萬至有數萬皆面刺六點或八點或刺入火進自號丁一箭圍壽春府安撫使康允之退之至是請降

二十七日壬子金人(刪此字)銀朮(改作尼楚赫)焚鄧州

銀朮(改作尼楚赫)陷鄧州根括百色技藝人及金銀物帛

既盡是日也金人諭與寄居上戶獻金銀以謝不死於是寄居上戶皆齎金銀犀象出城銀朮改作尼楚赫大王使諭之曰欲留兵十萬屯於鄧州何以應付糧草衆對以鄧州少糧多水非屯兵之地又曰既已投拜皆大金之民矣大金若同軍紅巾之類犯城使誰爲主衆不敢對銀朮改作尼楚赫大王傳令竭城北遷盡過河北官員依舊注授差遣僧道依舊歸寺觀百姓任便居住農家給田種作寄居上戶歸城中傳此語滿城中皆哭俄見四邊已縱火民不可歸乃出城數里閒入一木寨門極低小有板屋亦低僅容立望城中火

已亘天矣自是不得食者兩日有散失骨肉者許於諸寨尋認有失一二十口者一兩日間尋覓皆足雖竭城人盡狼狽出城然少有死者

二十八日癸丑太學生魏佑上書論列黃潛善汪伯彥誤君十罪

金人刪此字婁宿孛堇改作羅索貝勒陷鳳翔府

二月二日丁巳金人刪此字銀朮改作尼楚赫遷鄧州士民北去

節要曰銀朮改作尼楚赫之衆寇改作侵漢上虜改作遷鄧汝均房等州民以歸銀朮改作尼楚赫已焚鄧州乃給寄居官上戶車及牛各有差遷之北去寄居官上戶每過州縣人給米三升貧民下戶途中死者不可計到西京已無幾矣

三日戊午金人刪此字銀朮改作尼楚赫陷唐州

銀朮改作尼楚赫以丁巳寇改作攻唐州戊午登城已未縱焚掠城市一空

十八日癸酉銀朮改作尼楚赫陷蔡州知汝陽縣丞郭瓚死之

銀朮改作尼楚赫犯改作攻蔡州知軍州事閻孝忠先遣家屬在西平縣西陵土豪翟沖家孝忠聚軍民守城金

人攻擊數日城陷於東南隅居人自東奔者皆達餘三面奔者皆死知汝陽縣丞郭瓚朝服而罵金人被執猶罵不絕口不脫朝服而死金人大肆剽掠焚廬舍孝忠被執金人見其貌陋而侏儒不以爲知州遂令荷擔孝忠奔走得脫乃往西陵孝忠字資欽開封人聰惠俊爽精通醫方嘗著信效方議論甚精致行於世初爲知州揭榜詞狀不限字數每狀不限幾事孝忠一覽盡得其理而能暗記其人姓名鄉里以至訴錢物者亦能記其數目金人退留守司差張武經權知州州雖殘破而十縣猶盛民戶詞訟頗繁張武

經不能辨時孝忠已有朝廷指揮放罪民戶思孝忠治民有法經監司陳狀乞求孝忠依舊權知州監司從之孝忠遂權州事

十九日甲戌金人(刪此字)銀朮(改作尼楚赫)寇(改作兵至)陳州軍亂殺知軍事向子褒金人陷陳州(○舊校云宋史忠義傳向子韶知淮甯府建炎二年金人犯之城陷與其弟新知唐州子褒等闔門遇害)

初報金人犯(改作兵至)陳州知州向子褒欲固守時有出戍東軍四千人又有本州軍兵子褒倚之第三將岳景綬者欲棄城率軍兵出奔往揚州子褒不從金人既到景綬以將兵迎戰不勝軍亂殺子褒其家屬或

散或亡餓而城陷金人燒爇刦掠而去留守司差尉氏縣馮長甯權州事

東京留守宗澤奏對論正月丁未詔書乞車駕迴京師

正月丁未詔書二月壬申到東京宗澤拜詔畢讀之有曰遂假勤王之名公爲聚寇之患澤曰使忠義之人聞之解體矣乃具奏曰臣聞人主中天下而立定四海之民恭惟我宋太祖皇帝肇造區夏以今京師爲天下中故創業垂統以貽萬世太宗眞宗仁宗英宗神宗哲廟奕世聖人傳以相授以京師爲根本之地所以高拱穆清坐視天民之阜必於天下之中也惟奠枕於京則自西自東自南自北莫敢不來享莫敢不來王偶緣玩習太平之久文武恬嬉狃於驕淫矜誇忘戰守備遂至賊虜(改作強隣)肆虐殘破州縣圍閉京城刦迎二聖后妃親王與諸皇族蒙塵北去僑寓沙漠此忠臣義士所以夙夜涕泣繼之以血自陛下即位應天四海萬方懽忻鼓舞垂髫黯背山農野叟咸以手加額仰面叩天曰天下有眞主矣萬世永賴實天祚明德爲無疆之休四方帖然若遠若近並無盜賊暨陛下偏聽奸邪與賊虜(改作金人)爲地者之語移蹕淮甸則諸處凶惡强盜時如蝟毛剌起如蜂閧聚

縱火殺掠所在狂盜罔有悛懼以爲天子遠無所依歸遽至是爾臣於二月十八日祇受朝廷降到黃榜詔敕云遂假勤王之名公爲聚寇之患如是勤王之人皆解體矣臣竊謂自賊(刪此字)圍閉京城(改作京城圍閉)天下忠義之士憤懣痛切感勵爭奮故自廣之東西湖之南北福建江淮梯山航海越數千里爭先勤王但當時大臣無遠識見無大謀畧低回曲折憑信誕妄不能撫而用之遂至二聖北狩諸親骨肉皆爲刦特輦連道路當時大臣不出一語使勤王大兵前往救援凡勤王人例遭斥逐未嘗有所犒設未嘗有所幇

助飢荒流離困厄道路弱者塡滿溝壑强者變爲盜賊非勤王之罪皆耿南仲輩鼓倡抑塞爲之爾比來奸邪之人方爾横肆賊虜（改作金人）自然得勢强梁惡少無緣殄滅竊惟國家聖祖神孫繼繼相授湛恩盛德滲漉肝心淪浹骨髓今河東河西不隨順番賊雖强爲剃頭辮髮（删番賊至此九字改作北朝）而自保山寨者不知幾千萬人諸處節義丈夫不敢顧愛身而自黥面爭先救駕者又不知幾數萬人今陛下以勤王者爲盜賊則保山寨與自黥面者豈能自顧邪此詔一出則自今後誰爲勤王者噫得天下有道得其民也得其民

有道得其心也得其心有道所欲與聚所惡勿施爾也果陛下回鑾九重瞻拜宗廟俾四方萬里知有朝廷不失祖宗舊物此人心之所欲也願陛下與之聚之以慰安人心陛下若駐蹕淮甸俾人顒顒之望惶惶之情未有所慰安此人心之所不欲也願陛下勿阻遏之以失人心臣伏詳詔中語豈陛下意皆詞臣失職不能敷繹之過臣願陛下黜代言之臣別降已之詔許還闕之期大慰元元激切之意陛下還京登樓賜赦則天下之人盡皆遷善遠惡不犯於有司矣豈復更有爲盜者王室再造大宋中興在此一舉願陛下睿斷而力行之臣犬馬之齒七十狂妄之言願陛下察之若以臣言上拂陛下之意誅之赦之惟在陛下臣無任激切之至

冀德韓清寇西京翟興敗之擒冀德韓清遁走

德清乘金人入寇（改作之王）嘯聚不逞出没於汝洛之間有衆萬人屯聚於留山寺及艾蒿坪翟興間探得實以輕兵趨間道直抵留山寺一擊而潰生擒冀德殺戮殆盡後數日破艾蒿坪韓清脱身遁走得賊物山積盡給麾下獲婦女數百人悉縱還其家

馬擴得信王推奉爲首倡義舉兵○舊校云信王榛

初斡离不（改作斡里雅布）給田與馬令耕種贍養也久之馬曰耕田不即得食願爲酒肆以自活斡离不（改作斡里雅布）從之馬欲因此親結往來之人復與山寨通託問因寒食日僞隨大姓送喪携親的十三人復奔詣五馬山寨○舊校云五馬山屬眞定諸寨聞之喜躍復推馬爲首是時傳聞信王在金人寨中隱於民間自稱姓梁爲人點茶馬一夕率其兵刦金人寨奪迎以歸遂推奉信王爲首時兩河忠義聞風響應受旗榜者約數十萬人

譚兗據鄧州

金人據鄧州時有陸巡檢者在羽山又有隆德府攢

子譚兗在灰堆山兗者隆德府吏隆德府陷兗脫身奔竄而鄉人之奔竄者推兗爲首間關至西京遂據灰堆山金人焚鄧州遷民人而去也陸巡檢先入鄧州兗聞之率衆殺陸巡檢而自據鄧州以收復報朝廷授兗以官俾知鄧州

李彥仙克陝州

金人旣已渡河陷同州繫橋爲歸路西陷華陝岐雍隴秦陝右大擾鄜延路經略司出兵攻同州收復諸縣焚大慶關檄召河南河北豪傑共起義兵併力擊賊（敵改作）遠近響應旬日間以供狀自達姓名孟迪种

潛張勉張漸白保李進李彥仙等兵各以萬數又勝捷軍卒張宗自稱觀察使亦起兵於南山下彥仙者鞏州人世開線鋪彥仙有大志而不拘文檢爲南曹司從軍勤王至陝華間兵潰散彥仙聚衆勤萬人屢與金人戰彥仙雖無猛勇之才然有智信而能謀及聞陝州空虛率衆襲取而據之彥仙皆以信義治不營毫髮之私與其下同甘苦故得軍民之心皆盡其死力於是諸州人多往依之

邵興歸於李彥仙

邵興初據稷神山聞彥先已得陝州乃以其衆附之願聽節制彥仙辟興爲統領河北忠義軍馬率兵渡河收平陸縣界三門集津洞山張店四鎭又辟興加統制

賜進士出身頭品頂戴四川等處承宣布政使司布政使清苑許涵度校刊

三朝北盟會編卷第一百十五終

三朝北盟會編卷一百十五校勘記

以部兵降賊城遂破脫賊字　以書與轉運使李唐儒脫以書二字與誤作告　俄而以死節報脫以字　至於引誘羈縻鑾使貢不毛之地脫引字　迭成章吉州編管宋史隸辛丑日　盡過河北脫河字　殺知軍事向子韶子韶誤作子褒下同　第三將岳景綬者第三一作子部　忘戰守之備脫之字　仰面叩天叩應作謝　如蠭蟄開聚脫蟄字　所在猖獗猖獗誤作狂盜　無緣殘滅殘應作殄　不敢顧愛其身脫其字　又不知幾萬數人萬數誤作數萬　別降罪已之詔脫罪字　給田與馬擴脫擴字　朝廷授充以官脫朝廷二字　以狀供自達姓名者脫者字

三朝北盟會編卷第一百十六

炎興下帙十六

起建炎二年三月七日辛卯盡五月二日乙酉

三月七日辛卯金人陷中山府

金人陷中山府城中絶糧人皆羸困不能執兵城陷金人見人皆瘦瘠顧而憐之取使臣效用軍兵千餘人令出城外聽指揮皆無力行步扶杖而往至則有金人傳令曰汝皆合死大金念汝忠特貸命不殺將汝等選擇千人置立千人一軍皆無力拜謝

十九日癸卯河東制置使趙宗印屯於郢州

趙宗印在襄陽時中書舍人席益知郢州乃遣人致書招宗印宗印遂以兵屯於郢州益亦具舉畱宗印狀申朝廷

翟與翟進敗金人於福昌三鄉又敗之於龍門收復西京

翟興翟進與權京西北路制置使苗搜遇金人於福昌及三鄉開苦戰終日金人敗北獲金人司天梁寺丞者興進弟兄取龍門路收復洛城金人擁鐵騎數千相拒於龍門石道中興進麾將士力戰破之金人退保洛城官軍乘勝轉戰奪長夏門以入與金人巷

戰遂克復洛城時金人益出精兵自河陽南城至白司馬坡營壘相望距洛不遠十數里復欲窺伺輿遣麾下斷河橋自是金人稍去遠

二十六日庚戌金人陷洛州

初金人圍洛州以知州王麟是童貫舊屬官遂於城下呼爲王姑丈閒其民心軍民信之殺麟全家有韓一者爲統制名一字定志主城中軍事金人自京師回經由洺州境內洺州軍民刦之得南班宗室士遂畱爲知州金人築外城圍洺州栽鹿角掘壕塹甚固密內外不相通欲持久困之洺州終不投拜西山有

李宗作山寨自守有百姓晁進者懷蠟書凡三次出城皆達李宗寨告急宗亦嘗以兵至城中人亦嘗乘夜刦金人金人侵西京陝右也河朔兵虛守者稍怠洺州以糧食盡不可守於是強壯軍民議棄城投拜乃擁出城皆走自白家灘渡大河往大名府金人遂入城

婁宿改作羅索至秦州熙河偏將劉惟輔殺其帥黑峯改作哈芬大王婁宿改作羅索遁走

婁宿改作羅索殘長安鼓行而西跨鳳翔府汧隴不浹旬降秦州熙河隴右大震熙帥張深遣偏將劉惟輔統兵三千禦賊改作敵金人前軍踰鞏州惟輔畱軍熟羊城以精騎千八百人夜逾新店賊改作敵恃勝不虞黎明軍墮伏中惟輔騰稍刺其帥黑峯改作哈芬大王洞胸屠馬足下刪洞胸至此六字婁宿改作羅索失勢遁走

劉光烈擊金人於同州戰敗

金人畧秦雍所過城邑輒下未嘗有迎戰者金人至鞏以深入有後憂又熙河將劉惟輔遇虜改作敵於熟羊城天未曉短兵接戰殺傷相當而虜改作敵失大酋將改作黑峯改作哈芬大王遂復東還惟輔亦走虜改作敵去而惟輔覺鄜延帥王庶令統制劉光烈邀擊金人遂

遇於同州光烈戰敗自此官軍見金人則退怯矣

張嚴及婁宿改作羅索戰於五里坡兵敗被殺

金人自鞏東還也熙河已遣劉惟輔追逐又遣大將張嚴躡至嚴銳意追賊改作逐惟輔不欲聽嚴節制乃出別道由吳山出寶雞掠賊改作敵遊騎而嚴擁大兵及虜改作敵於五里坡嚴初發也約涇原兵會合擊虜改作敵嚴旣下隴關涇原統制官曲端應報中相會於岐隴關嚴信之旣直前而涇原兵不出據青谿山以自保金人反軍擊嚴嚴兵敗死之

節要曰婁宿改作羅索陷長安繼冠鳳翔秦鳳等路後爲

張嚴所敗婁宿改作羅索自秦鳳回張嚴襲之婁宿改作羅索伏兵於五里坡嚴至伏發嚴戰不利死之

吳玠敗金人於青谿嶺

張嚴兵敗金人勢愈張謀趨涇州涇原將曲端拒守麻務鎮命第十二副將吳玠爲先鋒玠進據青谿嶺逆擊破之

粘罕改作尼堪焚西京陝西以援婁室改作羅索

粘罕改作尼堪知婁室改作羅索爲張嚴所襲西來又聞韓世忠大軍將至盡焚西京廬舍虜西京漢上之民北遷留兀室改作烏舍余覩改作伊都屯河陽以待世忠親之陝右

以援婁室改作羅索

信王遣馬擴赴行在乞兵

續自叙曰初信王與馬擴倡義起兵也欲遣使詣行在請稟朝廷之命時兵戈方熾道路梗塞雖已兩發使人慮其不達乃遣馬赴行在臨行信王以兩首詩送馬曰全趙收燕至太平朔方寸土比千金羯胡改作風烟一埽鑾輿返若個將軍肯用心又曰遣公直往面天顏一奏臨朝莫避難多少焦苗待霖雨望公只在月旬問因親送馬至山下握手仰天唏噓流涕曰惟天知公忠義無以家屬爲念勉力此行馬率麾下五百人沿路轉河朔皆大盜據要險馬每至輒單騎詣其寨諭以信王請兵之意且與結約同效忠義盜賊皆踴躍忻從時兵間無紙筆馬所至裂衣襟記其姓名次第云俟到朝廷即先命爾輩以官渡黃河時皆盜魁自操舟相送以濟既至東京見留守宗澤出信王劄子託澤早津送赴行在并以信王二詩示之澤曰兒子方欲赴行在不若先以詩進呈如何馬從之馬遂行至維揚所從之士不滿百人矣既見上因奏言臣陷虜改作敵日適遇太上皇帝車駕北狩時因問內使張恭有何臣僚在此恭對以臣在遂令恭密傳

聖旨令歸到南地見官家時可令用兵虜改作金人無信兵勝則我可歸奏至此上揮淚曰朕稔聞卿忠義即加褒諭下殿拜謝欲出閤見宰執環而前不聞奏論何事但遙聆玉音甚厲曰信王是太上皇帝子朕之親弟豈不認得書蹟何疑之有連曰何疑之有即條制除信王河外兵馬都元帥制曰頃戎虜改作敵國之內侵屬都城之失守逼宮闈而遠適歷險阻以備嘗肆眇躬之纘承濟多難而恢復追襲之兵繼遣勤請之使屢馳撫時序以既周悵初心之未遂忽覽章疏之近奏始聞行役之獨留盍旣言歸迄寬遐念乃陳

手足之助願效忠孝之誠慨然肚圖副朕本旨宜就顯於臨制庶盡總於營屯以迎二聖六宮之還以慰兩河諸鎮之望特授馬擴拱衛大夫利州觀察使樞密副都承旨河外兵馬都元帥府馬步軍都總管節制應援軍馬使俾將兵應援馬具四事奏呈其一曰臣聞秦武王遣甘茂攻宜陽樗里子公孫衍疾其行茂患之引曾子母投杼之事以諷武王曰寡人不聽也請與子盟於是盟於息壤以遣茂行攻宜陽三月不拔樗里公孫果爭於前武王不聽益發兵以佐茂遂拔宜陽今臣疏遠小人捧皇弟信王之奏仗孤忠

冒艱棘請兵於朝陛下斷以不疑付臣閫外之任臣當拊循戰士播宣王威以圖報稱願陛下存武王之心念甘茂之事鑒前代之成敗明當世之嫌疑俾臣得效愚忠畢意攻取惟陛下矜察其二曰王師大舉機會神速軍期文字不可少緩若依常制下都堂然後以達天聽則事涉疑似或規避者定逡巡藏匿不以進呈伏望睿旨令皇弟信王都元帥府專置一司凡軍期急速文字不限寅夜盡時通奏庶免誤事其三曰大將軍受命專征自唐以來用中貴人監軍奪權掣肘每至敗事今二聖遠狩中原未靖皇弟信王慨然有請於朝陛下嘉其意大發王師以付之旦夕舉興必期迎鑾輿靖河朔然後已伏望聖斷罷差中貴監軍不惟今日易以成功庶幾後世取以爲法其四曰王師大舉金鼓器仗全不任用竊觀馬隆募勇士三千武庫給以朽仗隆以爲非任臣滅賊意遂給其三千軍資聽其自入武庫選利器隆於是通涼州解天子西顧之憂今興師北道迎二聖定兩河責望成功伏望特降睿旨所給器仗盡選犀利者以給大軍之用又爲文以誓衆曰金賊（改作人）渝盟連年犯順（改作侵掠）封遷二聖邀致皇族殺我人民掠我子弟奪我

財帛焚我廬舍罪惡貫盈天人共怒皇帝孝悌之至通於神明追念父兄痛入骨髓茲者錫信王元帥之命舉六軍問罪之師委某出征渡河取勝爾等將士素懷忠義當報國恩協力同心埽蕩金賊（改作敵仇）迎還二聖平定兩河奮主辱臣死之忠副簞食壺漿之望爾有功必加厚祿有罪必加顯誅信賞明罰皎如白日今大軍一舉秋毫不得輒有所犯迫其度越燕山深入賊（改作敵）境金帛財寶各有所得盡以付爾安危苦樂與爾同受此言不易各務遵承時汪伯彥黃潛善爲相既疑且忌遂選數項烏合之兵付馬以行又

有洛州棄城軍兵民兵到泗州者有旨撥五百人隨馬往河北應援信王㟧授朝旨反相防閑十羊九牧左忌右疑未至大河詔旨絡繹令一人一騎不得渡河聽諸路帥臣節制馬知其掣肘謂不可以成事矣遂屯於大名以俟之

金人遷天眷於通塞州

金人遷天眷於通塞州去燕山府一千五百里給地十五頃令種蒔以自養淵聖自離都城北狩至沙漠未嘗有舊臣候問起居惟至代州遇鄧茂實效臣節迎謁茂實以工部侍郎副路允迪奉使粘罕（改作尼堪）拘

於雲中後取允迪還京師而留茂實居代州茂實聞淵聖將至代州乃作哀詞又篆宋工部侍郎鄧茂實墓九字取奉使旗裹之以付友人董銳翌日淵聖及郊茂實具冠幘迎謁拜伏號泣見者墮淚金人使譯諭之曰國破主遷所以留公蓋將大用茂實抗辭不屈且請侍舊主俱行金人重之

四月韓世忠還行在

韓世忠軍於京師與丁進不和軍士相擊無虛日世忠慮有變遂還行在

史斌據長安吳玠擒斌克長安又克華州

金人旣退兵涇原將曲端遂下兵秦州而鳳翔長安各爲義兵收復端大怒鳳翔劉彥希殺之會叛賊史斌侵興元不克引兵還關中義兵首領張宗誘斌至長安而散其衆欲徐圖之端遣吳玠襲擊斌斌走鳴犢鎭爲玠所擒端自襲張宗殺之收復長安玠以斌淩遲處斬

十五日戊辰王彥敗金人於太行山

王彥與金人戰旣勝因夜破金人趙固寨金人退兵

五月甲申朔尚書右丞許景衡罷爲資政殿學士提舉杭州洞霄宮

金人陷河北諸州而攻京東京西許景衡以駐蹕揚州恐有不測侵犯請幸江寗府識者雖不以爲是然亦不敢以爲不是黃潛善汪伯彥力阻之遂以宮祠罷執政景衡憂之抑鬱而死

林泉野記曰許景衡字少卿温州人元祐九年登第建炎初除尚書右丞二年金人陷河北騷駿犯（改作至）京東京西景衡請上幸江寗府黃潛善汪伯彥皆阻其議未幾以資政殿學士提舉洞霄宮卒及虜（改作敵）入維揚上方思其言

二日乙酉宗澤奏劄乞車駕還京師

先是東京留守宗澤自建炎元年七月到京師卽奏乞回鑾凡奏十餘劄子言詞激切至是又奏劄○舊校云此疏係第十五次所上其畧曰今之士大夫志氣汙下議論卑靡上者不過持祿保寵下者不過便安自營曾不能留心惻怛爲陛下思承祖宗二百年大一統基業爲可惜又不曾爲陛下思父母兄弟與至親族骨肉蒙塵沙漠翹首望天兵救援之思又不曾爲陛下思祖宗西京園陵寢廟爲賊虜改作仇敵所占今年寒食節未有祭享之地又不曾爲陛下思京師天下根本宗廟朝廷百司倉庫儼然如舊又不曾爲陛下思河北河

東京之刪此字東西陝右淮甸百億萬生靈之衆罹塗刦掠殘破之苦但朝進一言暮入一說計較泛舟冒大風險南幸湖外此姦邪之計耳臣嘗思之是一欲爲賊虜改作敵人方便之計二爲姦邪親屬皆先已津置在南嗟夫爲臣不忠不義乃至於此孔子所謂苟患失之無所不至正在是也夙夜痛心泣血瀝誠竭忠爲陛下保護京城自去年秋冬今春又已三月矣農務之時陛下不早回九重則天下靡有定止又遣少尹范世延等詣行在奏劄子○舊校云是疏第二十二次上曰臣聞孟子言術不可不謹也矢人惟恐不傷人函人惟恐

傷人巫匠亦然臣因其語始知人心所存之邪正與所作之是非若以此道槪之了然區分如辨白黑何則夫忠義之人動容周旋無非用忠義而不忠義之道自然不入焉故其於上下愛戴保護不啻如函人之惟恐傷人也若彼不忠義之人動容周旋亦無非用不忠不義而忠義之道無自入焉故其於上下毀裂捐棄不啻如矢人惟恐不傷人也恭惟國家曩緣賊虜改作金人橫肆刪此二字殘破州縣圍閉京城刦掠邀求靡有紀極以至於强迎二聖后妃親王與諸眷屬蒙塵北去凡忠義之士莫不痛心疾首泣血奮臂左右

陛下張王六師震耀神威總領貔貅之士埽蕩沙漠迎奉二聖來歸京師俾中原生靈還定安集罔或流散愛戴其上保護其下夙夜想念如函人焉惟恐其或傷之也其不忠不義者但知持祿保寵動爲身謀謂我祖宗二百年大一統基業不足惜謂我京城宗廟朝廷府庫帑藏不足戀謂二聖后妃親王大小之屬不足救謂諸帝后山陵園寢不足護謂周室中興不足紹謂晉惠覆轍不足羞謂巡狩之名爲可效謂偏安之霸爲可述儲金帛以爲賊改作敵貲椿器械以爲賊改作敵用禁守禦之招募慮勇敢之敗敵也掊保

甲以助軍慮流移之安業也欺罔天聽陵蔑下民凡誤國之事無不爲之猶矢人焉惟恐其或不傷之也臣願陛下驗已試之迹以此道概之則人心所存之邪正與所作之是非自然區分無足疑矣臣衰老孱懦誤蒙陛下察臣斷斷孤忠憐臣悄悄見愠體天地之大德覆護用日月之大明照臨臣此身與臣血屬當膏砧斧虀粉萬狀矣尙安能爲陛下保釐尹正使京城市井里巷安居樂業熙熙皡皡如我祖宗太平之時乎臣之至此豈止謗書之盈篋而已哉臣伏望陛下六飛萬乘早賜歸大內下慰四海生靈懸血懇

切之望臣之言此實出悃誠痛切憤悶所以不避姦邪詆誣不避冒犯誅戮臣願陛下下臣此言榜之朝堂俾應在朝臣寮章疏指摘臣言如臣言涉狂妄乞正典刑明臣罪惡如臣言符忠義乞降詔敕明告回鑾之期庶慰天下之聽此事甚大恭候睿慈洞察勿貳勿疑至是降詔旨言發輜重入京師朕將還闕恭謁宗廟百姓大喜澤在京師日俟六龍之至而日復一日不聞鑾輅進發又進劄第十一次上○舊校云是疏其畧曰適者親降詔書卽將還闕恭謁宗廟延見父老中外聞之莫不鼓舞相慶以爲陛下英斷如此何事不可

立何功不可就何浮言之可惑何戎狄改作外患之足憂太平基業正在茲舉下詔之後日復一日尙未聞千乘萬騎蠲日啟行民心不能無疑臣竊意陛下乾綱不撓離明並照洞見安危之機必不肯失信於天下是必有姦臣誤陛下負失信之謗也臣伏見近者河陽水漲斷絶河梁有姓馬人妻王氏者率衆討賊改作敵賊勢窮窘不知所爲此下添敵人二字天亡虜寇刪此二字之時也夫天與不取反受其咎臣欲因此時遣閤勍王彥各統大兵乘其孤危大振軍聲盡平賊改作敵壘伏願陛下亟還宮闕以繫天下之心則孰不用命且投

機之會間不容髮願陛下毋惑於姦臣之言斷自淵衷臣自謂茲舉可保萬全無可疑者也或姦謀蔽欺天聽未卽還闕伏願陛下從臣措畫勿使謀臣阻抑以誤社稷大計陳師鞠旅與之決戰埽盡胡氛改作塵擴淸海寓然後奉迎鑾輿歸還京師以快天下之心以塞姦臣之口臣蒙陛下之眷注誓效死節區區愚忠不能自已伏望聖慈特賜睿斷天下幸甚

賜進士出身頭品頂戴四川等處承宣布政使司布政使清苑許涵度校刊

三朝北盟會編卷第一百十六終

三朝北盟會編卷一百十六校勘記

大金念汝等忠脫等字　乃擁士遂出城皆走脫士遂二字
夜逾新店與深俱脫此三字　由是經吳山出寶雞脫是經字
相會於岐隴間間誤作關　託澤津送早赴行在早誤在津上
見宰執環而不前脫不字　即降制除信王河外兵馬
都元帥降誤作條　槜里公孫來爭於前來誤作果　或欲規避
者脫欲字　不限貪夜晝時通奏晝誤作盡　旦夕舉兵兵誤作興
給地十五頃一作千五百頃　滕茂實滕誤作鄧下同　執鳳翔劉
彥殺之脫執字　張宗諤誤作張宗下同　與至親族骨肉脫至字衍族
應作眷　羅塗炭刦掠殘破之苦脫炭字　欲南幸湖外脫欲
字　術不可不慎也慎誤作謹

三朝北盟會編卷第一百十七

炎興下帙十七

起建炎二年五月八日辛卯盡八月

八日辛卯韓世忠閻勍進討西京

三省樞密院進呈陝西諸路帥臣東京留守司京東等處走報金人渡河分投出攻圍虜掠奉聖旨着韓世忠閻勍各領所部人馬前去京西攻討剗下東京留守宗澤差楊進等諸頭領相爲應援

翟進攻兀室(改作烏舍)余覩(改作伊都)於西京失利

節要曰自建炎元年冬粘罕(改作尼堪)再寇(改作至)西京官

吏南走統兵官翟進率軍民上山保險至是歲三月二十六日粘罕(改作尼堪)盡焚其廬舍虜捉其民北去故進始得其城然余覩(改作伊都)兀室(改作烏舍)之衆尚屯河南白馬寺白馬坡河清長源等處雖去西京不遠而賊(改作敵)視之以爲已棄之物不復顧之無何進於四月十二日出兵夜斫其營賊(改作敵)以閒探預知反爲所襲進敗出城賊(改作敵)復據之後進值韓世忠軍至與世忠欲同破賊(改作敵)進爲世忠導至文家寺又爲賊(改作敵)敗乘勢進擊世忠又敗世忠於永安後澗時當盛夏胡(改作敵)騎非利之時又連敗我師少得休息且知粘罕(改作尼堪)由平陸渡河北歸故復棄西京相率回雲中因爾女眞萬戸茶曷馬(改作察罕瑪勒)以戍河陽

十五日戊戌王彦駐軍河南

王彦在河北其衆大集謂之八字軍爲金人所畏方繕甲治兵約日大舉直趨太原斷石嶺關路以臨代北告朔於東京留守宗澤澤擬彦武功大夫忠州防禦使制置兩河軍事會澤以彦兵勢雖盛然孤軍無援不可獨進乃遣書延彦議事彦得書悉召諸寨統兵官指授方畧以俟會合乃以萬餘人先發旣行金人以重兵尾襲而不敢擊是日濟大河駐軍於河之

三朝北盟會編 卷一百十七 二

南

二十日癸卯王彦至京師以兵馬歸於留守司

王彦入京師見留守宗澤澤大喜握彦手曰公力戰河朔以沮金人之氣忠勇無雙海內所聞然京師者國家之根本澤已屢上章邀車駕還闕願公宿兵近甸以衛根本彦卽以所部兵馬付留守司因差統制官張偉統轄於滑州界沿河沙店以來上下埽把截

王庶會涇慶路兵欲逐金人過河王似席貢不從

先是陝西路制置使錢蓋移文鄜延帥王庶兼制環慶涇原兵破賊(改作敵)旣而義兵大起金人東還庶以

金人重載可尾襲取勝移文環慶涇原各大舉協力更戰而庶慶州人也慶帥王似爲桑梓又涇帥席貢乃庶之舉官皆以庶後進不欲聽其節制遂具文應報而兵皆不出金人遊騎上青谿山爲涇原將吳玠所扼至咸陽望渭河南義兵布滿平野不得渡遂循渭而東其支軍入鄜延攻康定園龍坊王庶禦退之於是金人盤礴於馮翊河中據浮橋以通往來渭河以南人情大恐曲端又知孟迪等聽鄜延節制尤不喜遂揭榜稱虜(改作敵)已過河歸國農務不可失時乃盡散渭河以南義兵庶亦斂兵保險又以書約慶涇

帥王似席貢欲大舉除馮翊所餘虜(改作敵)兵逼逐過河復限大河自守至於再三似不應貢許出兵四萬竟以應報不齊又曲端素不欲聽庶節制遂復遷延是時鄜延人以秋深必受兵擾多有遷徙而去者道出環慶吏民皆驚恐移文所在以密檢姦細爲名奪其財物或毆殺之若無官司者

二十一日甲辰金人陷絳州

金人寇(改作至)陝西回軍時絳州猶爲國家守知州乃宗室小監倉也甲辰金人攻陷之軍民巷戰者六日

七月十一日丁亥詔發歸朝官赴行在

是日進呈楚州來歸朝官事上曰聞州郡多囚禁歸朝官載罹寒暑不與疏貸因小有疑則加殘害一郡戮至數百人朕甚憫之覆幬閒皆吾赤子偶生邊地視之遂異然豈可與虜(改作敵)人一例待之金人與吾戰毆打無罪之人又率諸國之衆蔫冒鋒刃使肝腦塗地赤子竟亦何辜朕欲發諸郡拘囚歸朝官盡赴行在拊之以義庶幾可招和氣

留守司借楊進滎州防禦使知河南府

楊進嘗隸王淵軍於應天府金人已陷京師屢分兵犯(改作攻)應天府淵命進及韓世忠與賊(改作敵)戰破之

前後多所殺傷上即位淵爲御營使司副都統制淵妬忌才能深忌進欲殺之故進復反有衆數萬自號沒角牛留守司遣人招安進陰許受招安乃借進滎州防禦使知河南府進不能行

閭勍軍於河南府

閭勍以班直換授靖康中累遷龍神衞四廂都指揮使武昌軍節度使主管侍衞步軍司公事上幸揚州留勍京師留守宗澤命勍軍河南欲會合王彥楊進等以圖河北

郭仲荀爲京師副留守

宗澤爲京師留守招降諸大寇王善楊進丁進等兵勢甚盛澤有渡河迎請二帝之意黄潛善汪伯彦疾其成功又疑其變遂以郭仲荀爲副留守察之

卲興敗婁室孛堇(改作羅索貝勒)於解州

婁室孛堇(改作羅索貝勒)攻解州之朱家山卲興苦戰三日遂敗之斬千餘級殺其韓留孛堇(改作哈里貝勒)毛古曾孛堇(改作蒙古貝勒)李彦仙補興從義郎還陝州軍馬都統制

金人(删此字)窩里嗢(改作鄂勒歡)撻懶(改作達蘭)闍目(改作棟摩)共陷慶源府五馬山義兵朝天鐵壁諸寨

五馬山寨自靖康元年冬武翼大夫趙邦傑聚衆起之至眞定陷又得保州路廉訪使馬擴同主之邦傑等請信王榛總制諸山寨遣馬擴詣行在投表乞師請命擴行寨中有亡歸賊(改作敵)者告於眞定同知韓慶和女眞副都統韶合(改作碩哈)二人陳於東路元帥府恐擴得兵南來故大會賊(改作敵)衆力破諸寨以絶擴之內應以奪擴之歸心諸寨多無井取水汲之於澗汲道爲賊(改作敵)所斷遂至陷沒信王不知所在

宇文虛中觀文殿學士祈請使楊可輔祈請副使使於金國

先是有詔求能戰勝攻取及奉使絶域迎還兩宫者許之自陳虛中方提舉杭州洞霄宫乃上表自薦遂加觀文殿學士爲大金祈請使以楊可輔副之

赦河北陝西京東路

詔曰朕紹履尊極寅畏多艱凜乎朽馭之難持浩若涉川之求濟講興復之策庶以迎二聖之還躬巡省之勞庶以副四方之望然而夷狄(改作敵國)靡聞於悔禍干戈未息於內侵荐渡河津分攻城邑突騎橫馳於畿右控弦大入於關中綿朔野以繹騷亘山東而驚震自聞警奏繼遣援師嗟赤子以何辜重羅屠掠蓋

朕躬之不德罔克撫存尚賴祖宗在天之靈弗替忠義徇國之俗番漢協心而禦敵軍民戮力以殄讐有嘉攘勦之功深憫傷殘之患宜敷渥澤式慰羣情於戲民所懷者仁旣濡汪洋之澤天所助者順必臻眷佑之符覬國勢之漸隆復邦國於永固咨爾有衆咸體至懷

八月東京留守宗澤卒

遺史曰宗澤爲東京留守措置營葺稍有條理頗得士民之心初到京師也會金使八人來使僞楚澤謂有窺伺申奏乞送獄庶全國體詔諭止之澤與黄潛

善汪伯彥議論不同澤在京師凡有申請多爲潛善伯彥所阻止之京師十七縣境臨河者七十里澤措置均之諸縣每縣管四里有零各令開濠一丈深八尺於南岸埋鹿角逋珠列寨而樞密院行下約束只令依倣陝西以三七分爲率三分出戰七分出助軍錢澤措置京城守禦之具補葺甚多費用不少而三省樞密院指揮諸場庫務如修城造器械見雇工作役更不令支錢澤常懷憤懣之氣奏請鑾輿復還京師前後數十章嘗褒諭曰舜巡四岳有歸格藝祖之文周撫萬邦存王歸在豐之訓肅知帝王之軌範咸

以都邑爲本根朕遭時多艱思世大治永懷撥亂之策不憚省方之勞俟敉甯之有期即旋復以何晚夙宵軫慮寢食不忘雖王者以天下爲家曾靡常於臨幸而臣子覩人君猶父得無戀於瞻思卿等留居千里之畿拱扆九重之闕合數十百函之奏傾億千萬衆之心渴聞鳴蹕之音虔舉回鑾之請備覩忠款深可嘆嘉澤有渡河恢復舊疆之意以大名當衝要檄提點刑獄郭永漕臣張益謙與北京留守杜充相犄角永得檄即朝夕謀戰守具因結東平權邦彥爲援兵聲漸振是時王善張用諸大盜皆招集京城下卜

日進發以薛廣爲前驅有陳德者軍班換授宣和閒燕山用兵時爲眞定府路兵馬都監蘆溝之役降爲承德郎京城圍閉在城上守禦城陷歸家不出仕澤聞其名尋訪得之令統軍爲副離京城而澤暴卒澤志大才疏功雖不就而人皆惜之

林泉野記曰宗澤字汝霖婺州人元祐六年登第累遷朝奉郎靖康初知磁州爲備甚嚴整加秘閣修撰康王同王雲奉使金國過磁州百姓殺雲澤勸王起兵援王室不宜北行王遂還相州王既爲天下兵馬大元帥澤與汪伯彥爲副王至大名澤引衆二千來

勸速進副元帥汪伯彥等沮止不從及王欲往東平府乃令劉浩尙功緒楊青常景王忠孝五軍以陳淬爲都統制軍於開德府又令閻邱振孫震往聽澤節制澤屢請進師伯彥恐敗和盟檄止其行金人自衛南來犯（改作攻）開德澤遣統制孔彥舟敗之次日來犯（改作過）行在又爲彥舟所敗澤與權邦彥乘勝欲徑至京城以戰車一百五十輛從行至衛南遇伏兵敗趨南華虜（改作敵）以兩軍掩擊推車者皆走先鋒統制王彥忠等死之澤再聚兵傳檄四方欲邀奪二帝王即位澤請幷集天下兵親征迎二帝復中原黃潛善汪

三朝北盟會編

伯彥又沮其事加徽猷閣待制知襄陽又乞十萬衆欲復河北不聽李綱入相薦爲東京留守澤威惠兼著民心悅服王善以兵五萬丁進以兵十萬楊進以數萬衆皆來降補楊進榮州防禦使知河南府澤遷資政殿學士命合兵閻　勍屯兵西京會合王善丁進楊進合兵六十萬欲渡河迎二聖虜（改作敵）人頗畏憚潛善伯彥嫉其功又慮爲變乃用郭仲荀爲副以察之方出師暴卒年七十楊進大泣京城失望皆哀痛之

靖康小雅曰門下侍郎御營使東京留守宗公諱澤

三朝北盟會編　卷二百十七　九

金人再入塞將犯（改作逼）畿甸公守磁州抗疏力請朝廷大爲之備自乞將兵以與虜（改作敵）角淵聖嘉之進寶和閣修撰且使募河朔騎兵爲夾擊之計康王使虜（改作金）至磁州爲百姓遮留不使北去公因進說又請上便宜總河朔兵入援京師會淵聖以蠟書開道拜上爲兵馬大元帥且專誅賞上進公待制爲副元帥上南至大名或傳金人已北歸公遂分兵邀擊至衛南遇賊（改作敵）力戰數日賊（改作敵）兵日滋公無後繼既小衄賊（改作敵）方北去上嗣位進公龍圖閣學士拜東京留守公既至京師簡料戰士信賞必罰兵勢遂振始招徠巨寇如楊進丁進之流得兵數千萬人又繕葺京師譙門樓堞以至宮闕官府咸一新之雄壯不減宣和間連章乞車駕還闕身願率所訓兵暨所招盜賊渡河北進討時黃潛善汪伯彥當國雖力沮之而公之意未嘗少衰既而上悟其姦拜公門下侍郎御營副使依舊留守建炎二年有旨遣韓世忠之伊洛又令滄帥劉錫密結河朔之人自青州絕河進兵命公總大衆自滑而北期集於中山公間命欣躍齎金銀兵械纖悉畢具行有日矣而潛善伯彥恐公成功又以奸計從中止之公大憤懣鬱鬱久之疽發

三朝北盟會編　卷二百十七　十

背而死中外惜之嗚呼如公之忠義貫古之以死勤事者不幸捐館眞可謂人之云亡邦國殄瘁矣公敗且不懼沮而不屈毅然有古忠臣烈士之風志未克伸功未能成奸臣所誤豈非天哉異時秉史筆者述至於此必書曰黃潛善汪伯彥殺宗澤正史法也詩曰洪河滔滔撼野摧山砥柱中立力當狂瀾胡熾凶焰（改作敵兵熾焰）動植俱殘公俯視之若螢爝然知無不爲獨殿中原方事北討將以身先赤羽若日朱旗絳天二賊巧沮行或止還雖醢二賊奚足惜焉奪之遽矣中外悲歎

宇文虛中權京城留守

宇文虛中與楊可輔爲祈請使副行會宗澤卒遂留虛中權行留守司事

中書侍郎張慤卒

慤字誠伯瀛洲人也元祐六年登第靖康初授龍圖閣直學士河北都轉運使權大名府康王至大名慤來迎陛延康殿學士建炎初召赴行在同知樞密院慤在大名時有洺州王明者號王鐵槍與李洪李民聚衆以復奪二帝爲辭有衆數萬慤差無官宗子不尤及進士王協王慈招安撫之授明州觀察使洪民

皆閤門祗候不尤武翼郎協慈皆承務郎後杜充知北京亦遣王明率衆討金人爲趙六舍人所殺李民復爲賊號滿天星者慤俄除尚書左丞上幸維揚除中書侍郎黄潛善汪伯彥當政慤以忠梗自任不附會黄潛善汪伯彥潛善伯彥屢笑宗澤顛狂慤曰如宗澤顛狂之士多得數人則天下定矣二人語塞次年八月卒於位識者嘆其志未盛行而已死

靖康小雅曰公諱慤靖康之末公爲河北都轉運使趙野帥大名師徒不安遂叛欲殺野公挺身出諭衆方定且請公領帥事野遂得免焉大元帥自相州渡河至大名公力規時病且陳天下所以治亂安危之本上爲動色而心善之明年上登大寶召公入參樞府稍遷右轄遂貳黄門自入預大政惟知殫竭其言益危其諫諍愈切無所避雖黄潛善怙勢肆奸專務壅蔽自汪伯彥而下奴事之不敢少忤其意惟公以直道自持面折其失誦言其短事必力爭雖言不行而不少屈已而皆如公言上獨嘉之潛善内雖不能無愧愈忌公公亦屢乞身甚力上知公忠誠勁直愈加眷苟終不聽公去天下引領冀公入相而公且死矣建炎三年夏上自杭州幸建康過公之墓思公之

賢降詔遣使致祭厚卹其家嗚呼士之仕於朝也患無眷於君矣而天子明察備知公爲深言雖力不足勝黄潛善之奸事既驗不能革黄潛善之愎潛善之誤國嫉賢其罪如此卒不遄死而令公死乎是可歎也詩曰建炎紹統鋭於中興乃得賢輔食蘖飲冰責君堯舜良哉股肱苟用其言不難丕承相臣巨蠹忌嫉才能羣邪翼之如彼鶚鷹公奮不顧忠勇日增瞻之維何垂天之鵬瑣瑣潛善陋比蠹蠅賢妖邪壽何戒何懲

殿中侍御史馬伸言謝克家孫覿不可復用

賜進士出身頭品頂戴四川等處承宣布政使司布政使清苑許涵度校刊

三朝北盟會編卷第一百十七終

三朝北盟會編卷一百十七校勘記

奏報金人渡河分投四出 奏誤作走脫四字 出兵夜攻其營 攻誤作斫 乃遣書延彥議事 遣誤作遣 借楊進營州防禦使 營誤作榮下同 又疑其謀變 脫謀字 殺其將韓裔字堇 脫將字裔誤作畱 前後數十章嘗賜褒諭 脫賜字 著歸格蘗祖之文 著誤作有 傾億千萬眾之心 眾誤作乘 才離京城而澤暴卒 脫才字 命合兵闘邸勍屯兵西京 邸字衍 未行會宗澤卒 脫未字 授明州觀察使 明下應有闕文 備知公爲深 備字衍

炎興下帙十八

起建炎二年八月二十一日癸酉盡十月二十六日丁丑

二十一日癸酉殿中侍御史馬伸上言乞罷黃潛善汪伯彥

殿中侍御史馬伸上言陛下龍飛河朔近得黃潛善汪伯彥以為輔相一意委任不復致疑然自大任以來措置天下未能愜當物情遂使夷虜（改作敵國）日强盜賊日熾國步日蹙威權日消且如二帝親屬盡室北狩宗廟社稷不絕如綫者繫陛下一人而三鎮未復

不當都汴以處至危之地此理甚明然前日下還都之詔以謫許景衡至於今日當如之何其不慎詔令有如此者又如吳給張闓以言事被逐邵成章緣上言遠竄今是何時尚仍舊體以言為諱其壅塞言路有如此者又如祖宗舊制諫官有闕御史中丞翰林學士具名取旨三省不與厥有深意潛善近來自除臺諫仍多親舊其毀法自恣有如此者又如張慤宗澤許景衡公忠有才皆可任重事潛善伯彥忌之沮抑至死其妨功害能有如此者又如有人問潛善伯彥救焚拯溺之事則二人每日難言其意蓋謂陛下制之不得設施或問陳東事則答曰朝廷初不知蓋謂事在陛下也其過則稱君善則稱己有如此者又如御營使雖主兵權凡行在事務皆御營所統潛善伯彥則別置親兵各一千人請給居處優於衆兵其收軍情有如此者潛善伯彥所為類此豈不辜陛下責望之意哉伏望速罷其政柄別擇賢者共圖大事伸仍具申奏照會潛善伯彥

二十二日甲戌殿中侍御史馬伸改衛尉太僕少卿

遺史曰馬伸言乞罷黃潛善汪伯彥政柄辰已刻閤

道路已宣傳無不欣喜見於眉宇翌日聞伸遽改衛尉少卿有顰蹙而吞聲者

二十九日辛巳李成劫掠宿州

先是朝廷命李成充京東河北路都大捉殺使成領兵而南也秋毫無犯於民將及宿州乃懷反心有擴取宿州之意分軍為二一侵泗州别將主之一侵宿州成自主之皆約八月晦日至是整軍入宿州乃曰備奉聖旨屯駐於宿州故人皆不疑市井買賣如舊軍人未及半日即有登城者俄頃弓矢亂發縱火肆剽掠盡取强壯為軍并驅虜其老幼别將侵泗州者

不及期惟到虹縣亦縱火刦掠而回成欲一日取兩州别有冀望非常意既聞泗州軍失期遂止於宿州以前軍使史亮反即時撫諭已定事申聞朝廷待以不疑乃就賜鎧甲萬副成得鎧甲軍勢愈盛矣是時車駕在維揚有交番衛士及百姓販賣者成皆資給之故往來行在者皆譽成有忠義報國之心識者以爲志望不淺非他賊比

賜李成一行將佐詔

朕觀風南服注意中原有嘉忠藎之臣夙統驍雄之衆捍時鑱蠹爲國金湯方炎燠之異常想戍屯之良

苦特馳信使往諭至恩當體眷懷益堅圖報

主客員外郎謝亮撫諭夏國

先是春初夏人諜知鄜延無備有可乘之機有州監軍司忽移文本路稱大金以鄜延割隸本國須當理索若敢違拒當發大兵誅討鄜延路經畧安撫使王庶即口占據檄詞曰金人初犯本朝此三字改作起時嘗以金肅河清界爾今誰守之國家奸臣貪得不邮隣好以至如此貪利之臣何國蔑有不意夏國躬蹈覆轍比聞金人欲自涇原徑擣興靈方切爲之寒心不圖尚欲乘人之急幕府雖士卒單寡然類皆節制之師左支右吾尚堪一戰果能辨此何用多言徑檄興中府因遣諜閒其用事臣李遇傷虜主乃謀移檄賀蘭司忽亦縮甲不敢復言故朝廷議遣人夏國乃詔主客司員外郎謝亮往撫諭夏國以繼舊好亮至陝西庶又移書於亮曰春秋之義大夫出疆有可以安社稷利國家者專之可也夏國爲患至小而緩金人爲患至大而速方黠虜改作金人挫鋭於熙河奔北於本路子女玉帛不知紀極占據同華畏暑休兵閣下能仗節督諸兵將協同義舉漕臣應給糧餉爭先並進雖未能洗雪前耻而此字删亦可以驅迫渡河全秦奠枕徐

圖恢復夏人秋稼未登飢餓疲羸何暇興兵庶可保其無他亮不聽亮自環慶人夏國使還夏人隨之以兵掩取定邊而鄜延無警報

九月一日壬午朔王彥赴行在

初王彥至京師也以兵交付宗澤澤令彥量帶親兵赴揚州行在所既到行在有旨令閤門引見上殿

二日癸未衛尉少卿馬伸貶濮州監酒稅

馬伸爲殿中侍御史上言黄潛善汪伯彥之罪乞罷政柄潛善惡之遽改爲衛尉少卿伸具以所言申御史臺乞行誅竄有詔馬伸言事不實建白不正可送

吏部與京東路監當於是潛善以伸監濮州酒稅促使上道竟死途中天下寃之

三日甲申丁進復反率衆寇淮西

丁進復反韓世忠軍有其餘黨者百餘人斬於揚州竹西亭斬至王權有段恩者勸世忠釋而用之恩常仕於陝西而世忠爲其部曲故世忠敬而聽信之

杜充爲京城留守

遺史曰杜充爲北京留守也提點刑獄郭永嘗畫三策以遺充一日永見充問其事充曰未暇讀也永面數充曰人有志而無才好名而遺實驕蹇自用而有

虛聲以此當大任鮮不顛沛公等足與治乎充大慚一日天雨紙錢於軍營中約厚寸許人皆以爲不祥翌日與金人戰於城下敗績充遂閉門以守至是宗澤卒乃命充爲京城留守張益謙爲北京留守裴億爲轉運使

別錄曰東京留守宗澤卒杜充代之澤方留守時嘗有志經畧河東河北故兩河豪傑皆聚保形勢期以應澤澤又招撫河南羣賊集城下欲遣迎復兩宮議既定先以薛廣張用王善前驅纔離城下而澤已死充無意於虜（改作敵）盡反澤所爲故河北諸屯豪傑皆散而充又務誅殺故城下兵復去爲盜掠西南州縣數歲不能止

十二日癸巳金人陷冀州權知軍州事單某自縊死

先是知冀州權邦彥以兵赴元帥府勤王有雲騎第六指揮李政者在京東立功補官授河北軍將冀州駐劄措置守城甚有法紀律嚴明軍民皆不敢犯金人攻城皆禦退之禦敵之方皆出人意表每戰先見勝則出兵出則必勝或刼金人寨所得財物盡散士卒無纖毫入私家號令明賞罰信由是人皆用命一日金人攻城忽有登城者火其門樓與官兵相隔

政曰事急矣有能躍火而過者有重賞於是有十數人皆以溼氊裹身持仗躍火過大呼力戰金人驚駭有失仗者遂敗走或跳躍下城城乃無虞政大喜皆厚賞之至是而李政已死矣故不能保守而城陷

十三日甲午金人陷長安知軍府事郭琰棄城走

先是金人陷長安已退去也王擇仁入長安稱撫定永興軍既而郭琰以朝廷之命來帥長安擇仁退去琰以擇仁有兵欲得之遂劾擇仁擾鄉村作過等事又移文金州兵會合掩殺之擇仁欲往金州爲金州所拒無所歸聞河東山寨有未順金人者乃經畫河

東山寨於是金人再犯（改作攻）長安琰棄城走遂陷之
初同州有鄉兵首領党松者永興軍路經畧司以爲
統領李彥仙號爲解州制置使也檄松知同州時同
州陷没松大書寄治於二十里外下寨松猶以長安
帥司之命因詣長安見琰欲換其差牒而琰留其知
同州文牒不給付而城陷

王庶節制陝西六路軍馬曲端爲都統制

先是東京留守司承制以王庶權陝西路制置使曲
端權河東路經制使端以狀申庶稱准留守司差河
東經制使乞照會以牒移鄜延帥司請備人馬糧料

支給帶行人兵方擬議間承六月詔書擢庶龍圖閣
待制節制陝西六路軍馬陞端横行遥郡團練使爲
都統制詔内有旨曰儻不靖難於殘暑之前必致盜
兵於秋涼之後庶移文諸路如詔旨催端前來雍耀
間措置邊事端復具公狀稱未受誥身不敢日走馬
承受公事高中立自行在齎端誥身至庶遣人達之
諸路兵皆報應起發庶即以鄜延兵先出至龍坊而
端又稱曰前曾有公移往還已奏乞迴避而涇帥席
貢別差龐世才統步騎萬人來會庶無可柰何則行
下涇原勒端還舊任聽候朝廷指揮亦別差環慶將
劉任忠權統制涇原將寇鐸同統制秦鳳熙河兵不
滿萬人先會鄜延軍屯八公原以待庶欲督戰已戒
行龐世才兵至邠端中悔乃飛書止世才兵復公狀
申節制司已起發赴軍前庶以故緩其行遣使勞端
端既得兵柄則徬徨於淳化矣

金人焚丹州犯（改作薄）延安府

二十日辛丑陝西六路節制司將官賀師範及金人戰
於八公原失利師範被殺

王庶在坊州遣賀師範趨耀州王宗尹趨白水移文
涇環二帥出兵爲援驅逐殘寇渡河且備秋高之復

二師各遣偏將至會師範遇虜（改作敵）於八公原爲賊
（改作敵）所乘王師敗績師範死之涇原二將各引歸

范璯爲御前平寇前將軍

范璯以定武軍承宣使御營使司都統制討李孝忠
爲功加天武捧日四廂都指揮使同主管侍衛步軍
司移軍眞州除御前平寇前將軍璯在眞州馭衆慘
酷斷臂折支割剥炮烙鈎釘椎劚靡所不有

二十六日丁未薛廣及金人戰於相州被殺

初京城留守宗澤命王善張用薛廣收復兩河前驅
纔離京城而澤暴卒杜充代爲留守不善撫馭務誅

殺善與用復叛去而廣已渡河時相州受圍乃解圍相州入相州境遇金人與戰不勝廣死其衆皆散去復爲盜

十月二日癸丑丁進以其衆降於劉正彦

丁進復反率衆寇淮西詔劉正彦帥師討之正彦請通直郎劉晏偕行許之晏者遼東白巖州人在遼以文章筮仕宣和四年率衆數百歸朝廷而朝廷授以通直郎金人犯順(改作舉兵)朝廷以晏總遼東之兵謂之赤心隊故晏以赤心騎八百從逃歷賊境晏知衆寡不敵乃請於正彦曰兵固有先聲而後實者今賊勢

甚張若不以奇計破之難以力取請爲五色旂幟俾騎兵八百持一色於山林重複入皆取後路前後相繼不絶一色旂盡即以一色易之以駭賊心正彦然之賊見官兵累日不絶旂色各異謂官軍甚衆遂不戰而請降乃分進兵各隸麾下詔授晏朝散郎賜金帛有差晏以金帛悉分將士將士皆悦

五日丙辰王彦轉官免對

宗澤遣王彦赴行在也有旨令閤門引見上殿是時朝廷已遣宇文虚中楊可輔爲祈請使議和而彦見黄潛善汪伯彦力陳兩河忠義民兵引頸以望王師願因人心向順大舉北征犄角破賊(改作敵)收復故地言辭激切大忤潛善伯彦之意是日降聖旨王彦沿河宣力日久特與轉武翼郎除閤門宣贊舍人仍舊帶行擬元官遂不得對

王彦爲御營平寇統領官

上以王彦爲御營平寇統領官與平寇前將軍范瓊歸京師彦素知瓊臣節不著難與共事即稱疾求醫有旨令眞州將治彦居眞州閉門遠跡絶不與人通瓊領彦兵而去

劉光世敗李成於上蔡驛口橋成走新息縣○(舊校云當作成走

新息縣上蔡驛口)

李成寇淮西劉光世討之以王德爲先鋒率諸將敗成於上蔡驛口橋成走新息率散卒再戰時光世以儒服臨軍成遥見白袍青蓋者必大將也併兵圍之德潰圍援光世以出光世曰非公之力吾其危哉戰皆勝成遂遁去成主謀陶先生被執至行在以火燃於開明橋上光世特授檢校少保

汪伯彦時政記曰是日御營司進呈檢校少保奉國軍節度使劉光世具奏楚州見養濟李成下人兵家屬男兒婦女共六百餘人上曰此曹凶悍不顧其身

豈恤其家朕念作亂者非家屬之罪宜令遣往遠處州縣亦給錢米以養之黃潛善曰自李成寇叛諸將及郡守監司多言宜殺其家屬臣屢奉聖訓勿殺以招其徒臣聞光世凱還過楚州降卒見其家屬無恙朝廷養濟如舊皆感激仰戴聖恩悔從賊亂今當擇與官軍戰鬭不降者籍其人口别取處分餘外並給公據與令自便朱勝非曰郊祀大禮赦中可條具陛下寛貸德音使天下聞之潛善曰去降赦尚半月日具依今來指揮行候頒赦更分之則四方賊徒聞陛下好生之德如是必散黨而回心以歸聖化矣上曰

昨日於光世處取得李成所用提刀來看其刀重七斤成能左右手輪弄兩刀所向無前惜也成惑於陶先生邪說臣節不忠朕不得用之陶先生名子思嘗爲道士誕妄喜談兵成至符離得之謂成面有割據之相宜驅虜良民十萬往四川據成都保有西蜀成信其說遂生異志逮其敗也軍中多恨不得子思今日光世到都堂押子思來云使人至京門外見鞫其情狀奏聞上曰甚善李成者雄州歸信縣弓手也寡言笑重然諾譎詐不情以驍勇聞於河朔有衆數千假行仁義能以甘言撫慰其士卒故能得其衆心累功知歸信縣雄州失守成妻子在城中爲亂兵誅戮成率其衆萬人各扶老携幼渡河來歸朝廷授以右武大夫忠州防禦使充京東河北路都大捉殺使朝廷慮其黨太盛命分二千人往南京一千人宿州把截糧料餘衆令押赴行在成遣部將史亮者統所分之人行亮至宿州輒剽掠居民焚汴河橋成躡其後復逗遛懷貳不進朝廷得其奸謀命光世追討至光州界勦殺平蕩無餘成僅以身免初光世許得成者以成官爵予之故士奮命爭奪得其秘篋與所用提刀

十二日癸亥金人渡河攻開德府濮州

是日得金人報渡河攻打開德府不破又往濮州見今攻打城壁差御營使司統制官張俊領所部兵由京師前去開德府差統制官韓世忠領所部兵前去東平府迎接又劄下先差河外總管見屯駐冀州馬擴領所部兵與張俊韓世忠互相應援既而議者謂張俊爲中軍統制不可遠去留張俊差統制官范瓊由京師前去開德府

馬擴率兵攻清平不克還行在

先是馬擴以節制應援兵馬使集諸軍欲大舉收復

陷没河北州郡師次館陶聞冀州已陷金人犯(改作攻)博州皆徬徨不敢進其副(闕)重與統制官曲襄(闕)曾班杜林望風奔潰還朝共肆詆誣以迎合當時之意馬軍士乏食衆情洶洶以頓兵不動爲言馬遂率衆往攻清平虜酋(改作金將)撻懶(改作達蘭)郎君與闍目(改作棟摩)窩里嗢(改作鄂勒歡)合兵併往攻之虜(刪此字)與馬戰城南統制軰仲達及子元忠皆殁於陣向晡清平人開門金人掩馬之背馬斂兵退衆皆散亂不整馬以事不可濟乃由濟南以歸時統制官張世昌領一軍誤由東平路與馬相失約而世昌途中立節制使牌令早晚

趨衙馬到行在自上表待罪褫三官併罷其兵職

窩里嗢(改作鄂勒歡)撻懶(改作達蘭)闍目(改作棟摩)之衆既敗馬擴於北京清平故就因之以犯(改作侵)河南

粘罕(改作尼堪)自雲中率衆下太行南渡黎陽以犯(改作逼)澶濮

粘罕(改作尼堪)圍濮州爲本州將官姚端乘夜攻而敗之

粘罕(改作尼堪)圍濮州之初視其小郡甚有輕敵之意端乘其不意夜擣其營直犯中軍粘罕(改作尼堪)跣足走僅免俘馘至城陷姚端引死士突陣而出粘罕(改作尼堪)以端之故盡屠其城

粘罕(改作尼堪)謀陷濮州會窩里嗢(改作鄂勒歡)之衆先犯(改作侵)北京繼寇(改作略)兗鄆

二十六日丁丑范瓊率兵至京師

翟進翟興及楊進戰於伊川鳴臯山下軍敗翟進被殺

宗澤爲東京留守也借楊進榮州防禦使令知河南府進未行澤卒杜充爲留守進爲京城統制其衆皆剽掠百姓苦之進不禁引衆欲入京西路聲言就駐捍賊(改作敵)所過焚室廬驅子女殺戮無辜開發坟塚剌强壯充數號稱七十萬擅制官吏凶暴日熾翟興翟進謀曰楊進凶賊爲國家大患當力除之遂率其

衆迎楊進與楊進遇於伊川之鳴臯山下夾伊水而陣楊進多騎兵進興皆步卒望楊進騎兵有懼心翟進激之戰率衆渡伊水翟進躍馬先登馬爲流矢所中馬驚墜入塹中遂爲賊所害乘勢大呼聲官軍遂大敗興麾餘衆保固伊川

邵興敗金人於陝西(虢)州夏縣

賜進士出身頭品頂戴四川等處承宣布政使司布政使清苑許涵度校刊

三朝北盟會編卷第一百十八

三朝北盟會編卷一百十八校勘記

乃懷反心心應作側　王庶卽口占據檄詞據字衍　伐虜主之謀伐誤作傷之誤作乃　欲獲其餘黨者百餘人獲誤作有者字衍　遣迎復兩宮一作欲遣復兩京　號爲蒲解州制置使也脫蒲字也　詔字衍　松大喜喜誤作書　寄治於三十里外下寨三誤作二　旨有日誤作詔內旨有日　逺賊壓境賊壓誤作壓賊　仍舊帶行元擬官元擬誤作擬元　具依今來指揮行下脫下字　候須赦更及之及誤作分　使朕不得用之脫使字　向晡清平人開門降脫降字　營州誤作滎州　聲言就往捍賊往誤作駐

三朝北盟會編卷第一百十九

炎興下帙十九

起建炎二年十一月盡十二月十一日辛未

十一月苗傅劉正彦以兵八千扈衛隆祐太后六宮駐杭州

是時邊報不一上命苗傅劉正彦帥師扈六宮南渡至錢塘傅爲御營都統制正彦副之劉晏所統赤心隊猶隸麾下傅與正彦皆陝西人傅父禮正彦父發皆爲西邊良將傅隨梁陽祖自信德府來勤王爲右軍統制上卽位爲御營使司後軍統制正彦少爲文資宣和間劉光世薦其才得換武職傅拙直不能曲奉內侍故多譖之者正彦來上方畧故被選用

十二日壬辰金人陷延安府

正月金人陷延安府東城而西城堅守未下金人知曲端與王庶不協乃併力寇（改作攻）鄜延攻自（删此二字）康定王宗尹不能禦庶在坊州聞金人入寇（二字改作攻）康定連夜趨鄜延以遏其前金人詭道陷丹州界於鄜延之閒庶乃自當鄜州來路遣龐世才鄭恩當延安來路時端盡統涇原精兵五萬駐渭化月餘不動日移文趣其進兵遣使臣進士十數輩往說諭端言併兵鄜延無益不如蕩賊巢穴兵法所謂攻其必救乃遣吳玠攻華州端自攻蒲城縣華州蒲城皆無守兵（改作爲敵守）玠拔華州端不攻蒲城復與玠含兵歸襄樂襄樂屬環慶在深山中去金人五百里天大雪寒甚金人攻龐世才世才與戰兵不用命乃敗自此金人遂專圍延安西城日夜攻擊不息庶自收散亡援延安比至甘泉而延安陷權知延安府劉洪及總管馬忠出奔初王𤫊援鄜州聞延安已陷卽復回興元府金人大肆殺掠遂東趨河上如欲渡河者稍北近綏德軍庶自劾待罪

別錄曰十一月壬辰虜（改作敵）陷延安初鄜延經畧使王庶屢戰有功聞虜（改作敵）自熙河敗回仍檄諸路不應又移書勸謝亮以率諸帥亮又不從旣而詔除庶節制六路兵擊虜（改作敵）於鄜延雍耀閒諸路又不應虜（改作敵）諜知遂破延安

王庶奔於曲端軍中曲端奪其制置使印

王庶旣失延安罔知所措倉皇未有所歸念唯有曲端在襄樂雖素不相協然勤王事則自有公議且曰捨端吾何歸乃率官屬馳騎至襄樂造端之壁端號令甚嚴叩其壁者雖貴亦不敢馳庶旣至端令每人

一門減其從人之半及至帳下僅有從兵一二(而已)端設軍容見庶庶惶懼戰慄端數其失延安之罪詞色俱厲庶僅能言自劾見待罪端遂取制置使印稿禮隨行騎從敦迫庶還鄜延盡拘縻其官屬

十五日乙未金人陷濮州

金人圍濮州知州楊粹中固守之金人力擊者三十二日自西北角登城守陴者不能當城遂陷粹中登浮圖最高級不下金人招之不從金人惜其忠義許以不死粹中乃下粹中眞定府人金人以不歸附城中無少長良賤大肆殺戮仍火焚其廬舍俱盡

金人陷開德府

金人寇(改作兵至)開德府王某。(舊校云宋史本紀陷開德府守臣王棣死之)守其城金人以僞文字至城下呼曰知府王某有文字來歸附大金故我來此汝百姓何敢拒師軍民信之欲殺知府知府走南門未出城爲軍民蹂踐而死金人入城怒其拒戰殺戮無孑遺紹興九年復得河南地唯開德府城中無一戶舊居土人

金人陷相州權知軍事趙某同家屬皆赴井死。(舊校云宋史本紀陷相州守臣趙不試死之)

金人圍相州久糧食皆盡猶堅守未下趙縣丞者不

字宗室也權知州事人呼爲安撫趙安撫者與軍民議曰食已盡人相食啗外無救援安可久乎某乃國家宗室豈有順番諸人當自爲計衆皆不應趙安撫曰約降如何衆雖悽慘然有唯唯者趙安撫知其意乃登城樓遥謂金人請開門投拜乞不殺金人許之趙安撫乃具降書開城而自推其家屬入一井中然後身擲入井先命提轄以土蓋覆提轄遂實之以土人皆哀之

二十二日壬寅就江都縣築壇南郊大赦天下

詔曰觀會通以行典禮莫嚴定位以交神遠罪疾而弭兵災亦或因時而致禱朕紹承大統誕受多方屬外患之相仍爰省方而臨幸念父母兄弟尚屈於敵疆惟甲胄干戈再淹於歲序問寢闕温清之奉在原深急難之情信使屢馳久猶未報全師再遣坐待底甯復盜竊之無良乘邊陲之多事憑陵州縣震擾民氓衣冠傾(改作顛)仆於道途耒耜荒殘於本業行者未知所適居者莫獲其安傷閭里之疾苦則撫循之政尙愆憫行陣之勤勞則休息之期尤遠每撫心而及此屢當食以興嗟險阻艱難固備嘗矣勞來還定孰安集之豈菲德之敢圖惟上穹之悔禍永懷眷祐恭

俟監臨雖玆多壘之辰適在當郊之歲惟祭之或祈或報必稽於時物之儀而禮之有儉有豐特視情文之稱是用謀有虞東巡之制循建武二成之規新黻冕以嚴恭逮胥徒而齋沐蓋高在上聰明皆自於我民與善惟人治亂無艱於天位既殫誠悃深極戰兢仰覆冒之何心詎存時怨況顛危之已甚甯忍我遺疾呼反本而必聞精意默通而可動庶幾來假式燕改作實獻多艱新命舊邦協幽明而並貺此疆爾界一內外以均安其敷曠蕩之恩已廣罷鴻之施可大赦天下於戲爲斯民而請命敢忘庶民之無辜置大器於

復安實冀昊天之所予尚賴六服羣辟三事大夫共宏恢復之功亟底隆平之業

邵興敗金人於絳州曲沃縣

知濟南府劉豫權知淄州李某附於金人

初李成敗於劉光世也轉寇淄州攻擊僅兩月不下迪功郎李某權知州固守之成糧漸盡侵濟南府界援於外邑淄州求救於滄州劉錫濟南府亦求救於滄州兩州皆堅守拒成以待外援會金人侵山東先至濟南府劉豫謂滄州救兵來矣既不爲守禦備開納之乃金人也遂就投拜金人未至淄州前一日成起軍轉城而似欲退去者淄州人疑之莫測其故俄而擺列諸軍於城下盡發諸寨老小先行是夜神霄宮火焚燒諸寨淄州人謂成果退去矣翌日金人軍馬逼城淄州人亦謂是滄州救兵乃具香花於城上望塵歡噪既而知是金人遂就投拜金人謂自入南界未有如濟南府淄州秋毫不動而投拜者大喜之自後金人據有中原諸州皆屯戍女眞契丹軍唯濟南府淄州並無一人一騎

韓世忠爲御營平寇左將軍領兵一萬軍京東

金人侵京東故命韓世忠軍於京東以措置之

劉正彥爲御營平寇右將軍

王倫上書乞入大金迎請二聖加朝奉郎大金通問使

制曰○舊校云是制汪藻撰朕惟疆事未甯親庭在遠夙宵軫念庶孝悌通於神明物色求人黨忠信行於蠻貊眷茲久矣今乃得之以爾肖出公侯胸兼勇智言念主憂而臣辱何有於生如皆已逸而人勞孰當其責雖淹回之未試獨慷慨以請行宜升郎秩之榮仍委使華之重朕既俯同晉國用魏絳以和戎爾其遠慕侯生御太公而歸漢勿憚徂征之遠行期歸報之休倫以修職郎改朝奉郎充大金通問使

詔戒百官

朕承祖宗有道之長賴黎獻戴宋之舊嗣守神器適歲當郊祇見皇天后土慨念父母兄弟越在他邦宗廟社稷之託中更異姓一時赤子塗炭靡依獨予一人舊勤於外天其或者俾復大業保乂斯民以導迎南還之御惟茲肇祀實報以祈朕齋慄存念大懼菲德弗獲顧歆乃先事三日繁陰凝翳潤不至濡震於朕心罔承靈祉逮祖廟及壇垂象煥炳夜氣晏温夙靄澄霽迄用成禮顧朕眇昧罔有一二敢曰馨聞於上實惟祖宗之靈相佑在天惟爾萬方有衆不替忠

順協於天心朕既獲祇事勿敢謂幸矧敢怠康方恐懼修省以靈承扶持全安之眷念與爾有衆同體共利冀各迪乃心無拂於上下神祇共迎景貺以宏濟多艱用誕告於率土惟世埋亂在臣庶休戚無有大小遠邇惟底甯爾國則亦甯爾家爾躬焉在股肱大臣其同寅協恭思難圖易輔朕不逮以倡百辟論思獻納之官若耳目風憲左右侍衛有言達於予聽必忠必誠毋奪於私凡百有官君子飭躬謹行惟職業自修守令部使者暨爾僚佐有爲有守其必曰毋傷於民毋害於國無及爾身暨爾家則獲神休而永終譽中外爪牙之臣賈勇敵愾思建戡難之勳以懋遠圖毋貽名節之羞軍民戰士咸奮忠力遂爾寵榮至於失業無依嘯聚林藪怙衆爲暴殺掠無辜當思神明譴殛之報應若影響古今誅討之刑雖緩必正革心自效掩罪以功錫爾官爵永維我國家之用朕信不渝嗚呼天道福善禍淫助順罰惡疏而不失股肱大臣暨爾萬方有衆咸思寅畏冀天悔禍救民塗炭復我父母兄弟宗族臣民躋世隆平與萬世有衆共之咸孚朕志毋苟目前之安而敢怠忽尚有賞刑爲爾後報

十二月五日乙卯隆祐皇太后至杭州

隆祐皇太后至杭州以州治爲行宮扈從統制官苗傅等團住於奉國寺

十日庚申金人犯(改作兵至)東平府知軍府事權邦彥棄城走

遺史曰權邦彥字朝美崇甯四年進士釋褐登第靖康間知冀州以兵附元帥府勤王建炎二年代盧益知東平府孔彥舟爲鈐轄邦彥與之不和彥舟領兵叛去至是金人犯(改作兵至)東平府邦彥不能守棄城遁去降授朝散大夫

金人陷東平府

十四日甲子金人陷北京河北提點刑獄公事郭永死之

金人犯(改作兵至)北京北京留守張益謙轉運使裴億提點刑獄公事郭永共守之益謙億齷齪小人守志不固唯永率士晝夜乘城伺間則出兵擊之或勸益謙委城遁去永曰北門所以遮蔽梁宋虜(改作敵)得志則席卷而朝廷危矣借力不敵猶當死守徐挫其鋒以待外援柰何棄之因募士齎帛書夜縋城出告急於朝廷且請朝廷爲虜(字刪此)備金人攻愈急俘東平濟

南人大呼城下曰二郡已降降者富貴不降無噍類益謙億相顧色動永大言曰今日正吾儕盡節之時不宜有二乃行城撫將士曰王師至矣吾城堅汝輩當努力賊(改作敵)不足畏也衆皆感泣甲子質明大霧四塞虜(改作敵)以斷碑殘礎爲礮樓櫓皆壞左右蒙頭而立有碎首者良久城陷永安坐城樓上或掖之以歸諸子環泣請去永曰吾世受國恩當以死報然巢傾卵覆汝輩亦將何之玆命也奚懼益謙億二人迎降粘罕(改作尼堪)曰城破而降何也二人皆言郭永不肯降粘罕(改作尼堪)遣騎召永永正衣冠向南再拜訖易幅巾而入粘罕(改作尼堪)曰阻降者誰永熟視久之曰不降者我也尚奚問粘罕(改作尼堪)見永狀貌魁傑且夙聞其賢乃自爲胡語(四字改作勸之)數十言欲以富貴啗永而降之永瞋目唾罵曰恨不醢爾以報國家何說降乎粘罕(改作尼堪)令譯者申諭不已永戟手怒罵不絕粘罕(改作尼堪)惡其言麾之使去永復厲聲曰胡不速殺我我死當率義鬼悉滅爾曹大名人在縶者無不以手加額爲之出淚粘罕(改作尼堪)令斷所舉手幷其家屬害之時年五十三即日傳語城中雖素不與永合者亦慟哭金人去相與負其尸瘞之永字謹思大名府元城人

天資雄毅氣剛直長七尺美鬚髯望若神人博通古今得錢即以買書藏書萬卷因事爲錄文皆可傳而不求人知見古人立名節者未嘗不慨然掩卷終日而尤慕顏魯公爲人喜面折人過退無後言聞秋毫之善必獎成如不及士以此嚴憚而歸之事親孝與人交輕財篤義而於吏治精明紹興初贈中政大夫(○舊校云宋史作贈中大夫)資政殿學士謚勇節

十五日乙丑黃潛善爲尚書左僕射同中書門下平章事汪伯彥爲尚書右僕射同中書門下平章事

制曰宰天下之平實係秉鈞之重揚大廷之號不昭

三朝北盟會編

籲俊之公若時登庸訪予落止戎虜未殄改作敵仇未報有朽索馭六馬之憂國步方艱如抱火厝積薪之懼臨朝興歎當饋靡甯眷求四嶽百揆之賢圖回二帝三王之治必有任斯民之責者庶幾選於衆而得之大中大夫知樞密院事御營副使新安郡開國公食邑二千五百戶實封六百戶汪伯彥惟老成人以儒術用德器羣公之表威名萬里之衝秉先物之機判若大龜之決處獨危之正挺如執玉之堅頃佐命於戎衣久宣勞於樞筦歷時滋久雋譽益孚帝賚有聞渭水獲霸王之輔价藩作固顓臾是社稷之臣其遂相

三朝北盟會編　卷二百十九　十二

予無以易汝宜體仰承之意益惇大政之元進躐文階陪敦眞食併蕃物釆庸示眷懷於戲無競維人非賢不任成湯之舉伊尹有不召之臣大舜之舉皋陶而不仁者遠往宣一德用格多方可特授正議大夫守尚書右僕射兼中書侍郎依前御營副使食邑七百戶食實封三百戶餘如故

汪伯彥時政記曰黃潛善汪伯彥並謝上曰潛善作左相伯彥作右相朕何患國事不濟伯彥昨知相州甚有政聲事朕同險艱備知其忠實潛善伯彥更同心濟助以副朕考慎之意

金人陷虢州

十九日己巳李彥仙敗烏魯孛董改作烏嚕貝勒於陝州

二十一日辛未金人寇改作兵至青州

殿中侍御史張守撫諭京城

遺史曰先是朝廷措置防秋朝士紛然求去殿中侍御史張守上疏曰比年綱紀隳壞風俗彫薄士大夫無奉公守節之誠爲全身遠害之計一旦緩急委君父而不顧此靖康之末可爲痛哭流涕者也防秋届期方事備禦而職事官各欲便私而去則國家何賴邪乞揭榜朝堂明示敕戒上納其言時邊事未甯詔

三朝北盟會編　卷二百十九　十三

百官具所見奏聞守卽上防淮渡江利害各六條大槪尤以遠斥堠探報爲先別疏論金人犯趙改作淮甸之路有四宜取四路帥臣守令銓擇能否各賜緡錢俾之募戰士儲芻粟繕甲兵明斥堠公賞罰使之夙夜盡力扞蔽疏至再上宰相黃潛善汪伯彥忘外患恃江淮爲險無經濟遠謀忽畧其言不用守又乞詔執政大臣惟以治軍旅選將帥嚴守禦搜人材係政事之大者凡細微不急之務付之都司六曹惟防秋是圖潛善伯彥滋不悅乃請遣守撫諭京城意守不復還矣陛辭上諭之曰自當不次用卿卽日就道

八七四

賜進士出身頭品頂戴四川等處承宣布政使司布政使清苑許涵度校刊

三朝北盟會編卷第一百十九

三朝北盟會編卷一百十九校勘記

梁揚祖（揚誤作陽）　金人力擊者三日十五日自西北角登城（三日十五日誤作三十二日）　實以報祈（誤作實報以祈）　爾躬在焉（誤作爾躬焉在）　嘯聚林藪（嘯誤作哨）　而敢怠忽（忽誤作惑）　與萬方有眾（方誤作世）　虜得志則席卷而來（脫來字）

三朝北盟會編卷第一百二十

炎興下帙二十

起建炎三年正月盡二月三日壬子

建炎三年正月車駕駐蹕揚州

翟興爲京西北路馬步軍都總管兼安撫制置使兼河南尹兼西京南北路招捉使

翟興爲京西北路兵馬鈐轄與楊進戰於鳴臯山下翟進死之興以其事訴於朝乞選重臣鎮守朝廷乃就命興本路馬步都總管兼安撫制置使兼河南尹兼京西南北路招捉使

京西畱守杜充遣王漢說翟興使圖楊進

楊進據河南府以畱守司命爲知河南府與翟興屢戰進於鳴臯山之北深溝高壘儲蓄糧餉謀爲久計已有僭竊之意詐言遣兵入雲中府復奪淵聖皇帝及濟王歸欲搖動衆心然後舉事杜充乃遣王漢詣伊陽縣見翟興說興使圖之且檄報楊進置乘輿法物儀仗悖逆顯著翟興破賊自此興與兄子琮率鄉社兵討之戰無虛日矣

六日乙酉劉誨王眖奉使金國回

先是已遣宇文虛中楊可輔爲祈請使副使於金國再議遣宣議郎劉誨借中大夫試戸部尚書爲通問使拱衛大夫合州防禦使王眖副之誨等到京師遲遲其行上聞之命畱守司促誨等行到金國金國幷命祈請副使楊可輔歸於是虛中被畱獨遣可輔乙酉誨眖與可輔偕到行在誨字廷誨開封人

金人陷青州

金人寇改作兵薄青州晝夜攻擊凡一十七日丁亥城陷焚燒屋宇殆盡殺掠無遺時權知州魏某被害

金人陷濰州

金人既陷青州卽率兵寇改作攻濰州又陷其城焚掠

而去

軍卒閻臯據濰州自稱知軍州事

金人既退濰州而去牛頭河土軍閻臯與小教頭張成鼓衆占濰州臯自爲知州以成爲昌樂知縣

十日已丑遣祈請大金國信使李鄴周望等

汪伯彦時政記曰是日內殿早朝奏事畢上語宰執曰第四次祈請大國金信使副李鄴周望宋彦通吳德休宜早令進發與定發日使鄴輩知之朱勝非曰奉使須得賜金帛方能辦私覿李鄴周望已見辭免所進官職恥更自乞支賜恐未能便行上曰於格合

得自請何傷黃潛善曰朝廷當爲檢舉只合行下上曰朕奉使時當京城擾攘受命出都門不曾請支賜朕於王府自出隨行起發之費約支錢五萬餘貫如士大夫之貧如何可辦令鄴等依格支賜外仍優加其數國家愛惜財物正爲收積以待當用之時今遣使議和事若遂成二聖得歸朕豈吝金帛之數潛善曰第二第三次奉使劉誨楊可輔王貺歸自軍前皆云金人受私覿物又非昔比更無囘答雖貪食者衆不敢少忤其意恐生事造語有害和議遣使支賜加數甚善上又曰鄴等今日往壽甯寺奉安會聖宮御

容罷早歸私第便與撰了大金元帥書令鄴等早行潛善曰與元帥書自來只是平文不用四六上云潛善早來所撰與大金皇帝通問書其詞語甚精能寫朕欲言之意如此足矣不必須四六也

十二日辛卯邵興敗金人於潼關克虢州

邵興敗金人於潼關乘勢收復虢州李彥以興知虢州軍州事

十六日杜充出兵攻張用等不勝

張用相州湯陰縣之弓手也乘民驚擾呼而聚之與曹成李宏馬友爲義兄弟有衆數十萬分爲六軍成大名府外黃縣人因殺人投拱聖指揮爲兵有膂力軍中服其勇又有王大郎者名善濮州人亦有衆數十萬分爲六軍善初爲亂也濮州弓兵執其父殺之善有衆既盛乃以報父讐爲辭攻濮州不下又攻雷澤縣亦不下與用合軍皆受留守宗澤招安既而復反杜充爲留守又招安用屯於京城之南南御園爲中軍善屯於京城之東劉家寺爲中軍又有岳飛桑仲馬臯李寶諸軍皆屯於京城之西充以用一軍最盛終必難制乃有攻之之意十五日甲午衆人打城請乙未充掩不備出兵攻用令城西諸軍皆發岳飛

桑仲馬臯李寶等皆率兵至城南以擣用覺之勒兵拒戰亦會善自城東率兵來與用爲應官兵大敗賽關索李寶被執岳飛者初隸張所營效用繼隨都統制王彥往太行山遂自爲一軍後歸京城留守司杜充用飛爲統制

劉洪道知青州

先是濱州葛進作亂殺官吏刦財物取强壯充軍又攻破棣州亦取强壯充軍留守司差何大猷知濱州進依舊屯於濱州與其衆皆面刺十字曰永不負趙王誓不捨金賊以示衆葛進嘗率衆刦潞縣金人寨

得劉洪道者字資深青州人進士及第曾任楚州州學教授監六部架閣庫先遣金人驅虜在潞縣寨中進以洪道歸濱州俄報青州有將兵之變安撫使曾孝序被殺洪道說進令申聞朝廷及申留守司乞已知青州進然之遂與大猷同具申既而留守司回報果令洪道知青州洪道未行會金人殘破青州殺權知州魏某而去趙勝據其城洪道乃移文勝而後行至千乘勝聞洪道至失措即馳至千乘謁洪道曰但交割本州民事而已軍馬公自統之勝喜洪道索從道等具儀衛而入遂爲知州洪道揭榜百姓在軍中

願歸農者給據放還於是勝之黨十去六七而勝之勢弱矣有崔邦弼者子弟所出身仕青州因勤王不到京城而回還不出洪道尋致之用爲將官

賜青州劉洪道奬諭敕書

爾履百戰之軍鋒保一方之生齒訖臻寧謐備見忠勤然方面之權豈容或二軍中之令尤在致公必憾與情方收羣力儻習因循之弊坐乖綏禦之方無以馭戎便成誤國其體倚毗之意無從牽制之私

張俊請移左藏庫於鎮江府不報

金人陷徐州知軍州事王復被殺

金人將犯改作至揚州先陷徐州入其城知軍州事王復死於庭下有將校趙立者爲州衙排軍發憤率將兵殺退金人出城立被傷金人以爲死矣立在草莽中夜得微雨漸復蘇金人往揚州而軍民請鄭詩秀才權知州事既而軍民衆議以謂立忠勇能辦事可以爲城民之主乃請立權知州事聞於留守司授立武德大夫兼閤門宣贊舍人知徐州軍事

二十一日庚子下添禁字百官般家出城

邊報屢至朝廷未有禦之之策宰相潛善伯彥殊不介意人皆危之有般徙出城爲避難之計者潛善伯彥慮恐搖動衆心乃禁百官般家出城市井驚惶益

不安矣

張守爲起居郎

張守以殿中侍御史撫諭京師還行在面奏虜改作敵人必來願陛下早圖之毋使宗廟生靈坐罹塗炭上爲之惻然即除守起居郎

張用王善寇陳州馬臯追之官軍戰敗

張用王善在京城下與官軍戰執李寶也乃爲杜充終有疑心不可留遂率衆而南至陳州充遣馬臯追擊之用猶未知也約軍會教場擺列忽報京城有軍

至皐率衆乘其不備直犯其中軍後軍奔至曹成寨爲成所遏皆止用復與善等併攻官軍官軍大敗尸塡蔡河人馬皆踐尸而渡追至鐵爐步而還官軍存者無幾

葛進率衆青州

劉洪道知青州於金人殘破之後城市焚戮殆盡而諸邑富饒洪道招輯百姓不旬日閒喧溢城市葛進謂洪道知青州蓋因已所致且趙勝已死而輒治漸有條理欲取青州乃率衆同向大猷至城下洪道曰葛進之兵皆衣下擐甲此欲襲取其城耳遂閤扉不

納以酒肉米麪釣城下犒其衆進不受遂攻北城而據之洪道以軍民居南城拒守

韓世忠退屯宿遷

韓世忠屯於淮陽將會山東諸寇以拒金人金人粘罕(改作尼堪)方圖維揚大舉兵自京東入寇(刪此字)至滕縣聞世忠扼淮陽恐稽師期分東南道都統兵一萬先至揚州以議事爲名使上不得出揚州然後大兵繼至或謂肅王在軍中同行其事未詳粘罕(改作尼堪)以大軍進逼世忠世忠不能當夜退於宿遷縣未曉至宿遷不虞金人踵襲其後質明覺之奔於沭陽

遺史曰韓世忠在沭陽夜寢不安與其帳下乘夜大潮渡水棄其軍北沙路走鹽城翌日諸軍方覺知以主帥旣去遂皆潰散後軍管隊官李彥先率本隊四十七人得二舟入海聚衆自此輔逵聚衆於漣水李在據高郵皆世忠之兵也其餘收散卒自爲徒黨者不勝計

知淮陽軍某叛附於金人○舊校云宋史本紀金兵執淮陽守臣李寬

韓世忠旣退淮陽軍也金人已到城下知軍某望風投拜金人入城執某而去淮陽無知軍有將校二人自權知軍據城

折可求以麟府州晉甯州軍叛附於金人

三十日己酉閻僅棄泗州率衆走

金人自滕縣直趨臨淮縣皆全裝鐵騎白氊笠子閻僅屯在泗州初聞京東羣寇不甯至是探者回以謂白氊笠子劉忠賊馬犯臨淮或謂是李成徒黨僅以兵進之遇遊騎一二十人猶未知是金人也僅獲數人以歸驗之乃金人遂解生口一二人赴行在己酉金人及泗州境僅率衆出奔金人徑趨泗州之上數十里閒計置渡淮

二月一日庚戌朔金人犯到(改作)楚州知州事朱琳叛降

於金人

金人侵淮以支軍犯楚州知州事朱琳具款狀遣人迎降開西北門納金人開東門放居人自便居人爭欲奔寶應縣取揚州路渡江金人覺之皆邀回城中

粘罕改作尼堪自東平由襲慶徐泗以犯趙改作揚州

節要曰自建炎二年秋窩哩嗢改作鄂勒歡既破五馬山寨以探知馬擴大軍南來使人馳會粘罕改作尼堪共備之故粘罕改作尼堪留兀室改作烏舍余覩改作伊都守雲中率衆南寇也粘罕改作尼堪初下太行由懷衛將欲東應窩哩嗢改作鄂勒歡而聞馬擴敗於青州窩哩嗢改作鄂勒歡從而

入寇由是粘罕改作尼堪渡黎陽以寇改作攻澶濮既陷時杜充守東京慮賊改作敵西來決大河阻之賊改作敵不能西乃東會窩哩嗢改作鄂勒歡衆同陷北京繼寇改作薄兗鄆故至是由泗以犯改作及揚州

遺史曰是時邊報屢至市井皆知金人兵將至者而宰相黄潛善汪伯彥禁止街市不得扇搖邊事亦不許士庶般挈出城二月晦夜閤僅解到金人生口朝廷愴惶以內帑所有通夕般挈翌旦駕御舟泊河岸居人驚怖莫知所爲上卽欲南幸潛善等勸且候報得實渡江未晚也是日遣兵出西門禦賊改作敵士氣不銳人無鬬心在職百官皆欲奔竄是夜江都縣前火

二日辛亥閤僅爲其將姚端所殺

閤僅退兵在洪澤鎮姚端篡殺之是日也揚州士民漸有出奔者百司不能禁止是夜城中火起凡四處

三日壬子金人陷天長軍

朝廷以邊報急方出兵往天長把隘金人又犯改作逼天長官軍潰散是時上遣內侍鄺詢往天長探事審知是金人卽時奔還潰亂人與軍人關報交馳而去猶未知是金人也詢既回乃知端的上大驚決意渡

江

車駕發揚州渡揚子江幸潤州

上得鄺詢報不移刻出揚州都統王淵內侍康履等數騎從過市市人指之曰官家去也俄有宮人自大內星散而出城中大亂宰相潛善伯彥自都堂鞭馬而去軍民爭諸門而出死者不可計數上行次揚子橋見一親事官發言不遜上掣手劍親殺之行至瓜洲鎮得小渡船卽乘以渡江至西津口坐於水府廟中取劍就靴上擦血百官皆不至護衛禁兵無一卒從行者鎮江府官吏聞之知軍府事錢伯言發州兵

迎請宰鎭江少頃漸有百司人得舟南渡者夜上宿於府治宰相從官皆議幸杭州未決而聞禁衛涕泣且藉藉相偶語上驚命朱勝非及管軍左言傳旨問所以勝非呼之前使言厲聲傳問皆以未見家屬爲辭卽諭之曰已有旨分遣舟船專渡衛士妻孥矣衆帖然因問車駕去住利害衆曰聽聖旨無敢譁者乃諭以駐蹕定當錄扈從功勞優賜賞給遂皆欣諾上問有近上宗室否時士㒋爲曹官或以名對遂召士㒋同寢天氣稍暄脫綿背心以賜士㒋

金人入揚州

揚州百姓謂上渡江萬人爭門而去見金人遊騎到乃喧呼言我揚州有主矣遂家家備香花投拜金人入城問上所在衆曰渡江矣金人乃馳瓜洲望江而復回官軍吏民死者數十萬先是宗廟神御國家府庫儲積及勢貴之家裝船欲渡江至瓜洲闕潮水未應而金人已至出閘得渡者百無一二其餘皆遺虜掠不盡者悉縱火焚金人屯於摘星橋下是時簽書淮南節度判官廳公事吳某權州

賜進士出身頭品頂戴四川等處承宣布政使司布政使淸苑許涵度校刊

三朝北盟會編卷一百二十

三朝北盟會編卷一百二十校勘記

兼西京南北路招捉使一作招撫使下同　與翟興屢戰進於鳴皋山之北進字衍　責翟興破賊脫責字　自此興與兄子琮應作興與其子琛琮　祈請大金國信使副金誤在國下　金人愛受私覿物脫愛字　恐生事造端端誤作語　葛進率衆寇青州脫率字　奔於沭陽大大字衍　至南津口坐於水府廟中南誤作西　乃諭以俟駐蹕脫俟字　士彪彪一作彩　百姓謂上已渡江脫已字　流寓人爭門而去流寓誤作萬　迎金人入城脫迎字　金人乃疾馳至瓜洲脫疾字至字　官吏軍民誤作官軍吏民　及豪勢富貴之家脫家字富字　金人悉屯於摘星橋下脫悉字　吳某權州事脫事字

三朝北盟會編卷第一百二十一

炎興下帙二十一

起建炎三年二月三日壬子盡十一日庚申

維揚巡幸記曰建炎戊申冬自鄆濮相繼陷破之後金人横行山東加以李成諸寇乘亂爲孽不可悉數是時黄潛善濫秉大政汪伯彦謬居樞管裁處無術探諜不明未嘗得諸酋二字改作其要領亦恬不介意致胡改作敵寇奄至無以應敵十二月十九日黄潛善遷左僕射盧益知樞密院事當是時泗州屢有警報而朝廷諸公謂小盗易殄滅或曰李成餘黨無足畏也

先是李成後軍在宿州叛去成以追奔爲名遂以俱合朝廷遣劉光世出軍討賊光世既至山東與成接戰王師屢至敗績賴統制苗傅力戰得免成軍遂潰擒敗將數人而成一軍俱走光世不能得但以所擒之人歸行在光世復加檢校少傅而李成之釁未能除也及是宿泗之報人皆指爲敗亡之餘番寇改作金人知朝廷此意亦多僞稱李成之黨以緩我師而執政無知果墮其計至正月十三日夜得泗州報至三十餘騎詐爲漢裝見已殺退乃以所得泗州首級器具俱來是夜朝廷愈倉皇内廷所有適夕般挈早駕舟

河岸居人惶怖罔知所爲上欲卽時南去而潛善力勸云且俟探報得實渡江未晚也上然之少頃又傳只是閹僮自反已卽梟首訖然僅之反也本由遇番賊改作金兵其師不利遂有此作改作事而番改作金人聞僅之反罔有爲已抗者故乘勢而來更無迎敵之師長驅抵淮口是日行在遺兵自西門出赴淮口禦敵以劉光世統之然事出倉卒皆風聞而遁維揚居民挈妻孥而走者十室而八爭門以出相蹂踐而死者不可勝計金銀價驟長至數倍在職百官皆欲奔竄尙未知得實故且觀望事勢侍從聞至堂中問之潛善

伯彥二人俱對以自有處諸公不須慮也百官旣聞此語乃相慰諭以爲知事實者無如宰相今旣所云如此必不可輕動百姓聞之亦以爲然及患出不虞皆喪其家屬故自貴及賤無不歸怨潛善至於切骨蓋有所致而然也是夜江都縣前大火初二日居民般挈如前金銀愈貴行路之人摩肩疊足是夜城中火起凡三四處初三日巳刻得天長軍關報始知番賊改作金人已到上聞之乃被介冑走馬出門惟五六內侍及護聖軍數人隨駕更無扈從上天性慈仁亦不呵止百姓第與行人並輿而行觀者無不駭歎當是

時潛善伯彥尙在堂中會食或有問者猶以前言告之及堂吏來告云駕已興矣二人乃始趨出自鞭馬而走亦無前導之人是日官員百姓出門致死至於相藉比之前二日復數倍矣至申刻番人已到揚子橋應係官私般載什物舳艫相銜無慮萬計悉爲虜改作金人所有是夜揚州火發凡三四初四日賊改作敵至瓜洲人民未渡江者尙數十萬奔迸墜江而死者不啻大半婦人無貴賤老幼悉被驅虜不從者殺之所不忍見金銀珍珠玉帛委棄江畔可掬而取小民或就江網得金銀者不以多少但足爲渡江之費或

渡一人得三百星者舟子爲富焉初城中得邊報人奔出城者皆以得舟爲利蓋老幼不能行或登舟則以爲無所失其如阻堰閘渡者百中一二而已及番改作敵人驟至一綱俱盡死者葬於魚鼈之腹生者墮於胡虜之手王侯之族婉冶之容盡流異域摧陷殘賊豈可勝言刪死者至此三十六字至於官府有司案牘俱爲灰燼片紙不留上至乘輿服御亦皆委去兩府侍從或身死兵刃或家屬散失往往皆是司農卿黃鍔至江下軍人見之呼曰黃相公在此自馬上牽下鍔方辨其非言未卒而首已斷矣未幾史徽繼至亦爲所

殺李待制處遯時遇害給事中黃哲方徒步而一騎士挽弓射之中四矢而卒黃唐傑與弟唐俊皆溺死是時官屬性命不保者什蓋六七而眷屬不救者又復倍之先是上每以北方不甯爲念嘗面諭黃潛善云左藏庫金銀絹帛不若般江甯府以備不虞潛善曰如此恐搖百姓且姑待之至是星雨不存應係上即位之後四方奉表貢獻禮物所積甚多金銀絹帛無慮數千萬一旦皆棄蓋由執政不得其人又如建炎之後所在調發及行在蒐簡軍士所得精鋭亦可十數萬儻得人以爲之用自可無敵夫何倉卒之際

靡有統率盡爲棄甲曳兵之人及主帥挺身渡江此曹往往相率爲盜所有得渡者亦失其父母妻子會無親上死長之意所思者爲亂而已當是時橫行恣意無敢誰何者惟兵爲最豪悍城市貨物至强持去得不嗔恚以爲幸矣是日駕在鎮江聞賊敵改作至瓜洲即時起發當夜至丹陽晚頓次日駕興起鎮江城中居民奔避至棄其家屬當日軍人百姓乘勢爲亂至斧人家門戶持刀入室公行劫虜什物錢帛塡委街衢無人主之幾至大擾自是之後人民南來扶老挈幼如蟻屯蜂聚父母兄弟妻子多不及相見惟哭泣遍滿邑路聞者莫不痛心疾首怨憤之氣達於上下初五日駕起丹陽至常州晚頓是日百姓離丹陽多由僻路而行取便至毘陵是夜招安人丁進縱所領兵自後路遮截行人肆爲劫掠賴太尉王淵在常州領兵至進聞之欲引衆亡入江東淵遂傳令云赦進之罪復令來加以慰諭令招所部兵隨淵至常州淵數進負國之罪叱斬之鐵其首以徇衆人始皆惕息初六日駕起常州至無錫晚頓是時宰官以供應如法居民不動上頗稱善初聖駕之起鎮江也後軍所過之地無不殘刦人以爲戒故前期般挈入山逃

竄以避其亂凡州縣場鎮井邑之地罔有一家敢開門以居故軍人過之愈肆殘害人家所藏輕重之物不可移動者皆爲屏棄如米鹽之類所取之餘則棄諸通衢與糞壤無異官物美酒滿地洋溢可涉凡所經處則煙火亘天焚燒十室而九所存者往往亦不足障風雨矣至於常州城中亦皆關閉無有出入者所在州官有棄官職而遁者知府周玘每日與本部官居城南報恩寺取南門出宜興雖名爲不棄城實欲爲逃遁張本也初七日駕至平江府雖聞民間或私遷徙然商賈貨物如故上至府中始免介胄儀衛

稍增信宿乃起駕既起蘇州乃留右丞朱勝非禮部侍郎張俊彈壓城中初十日駕至吳江縣十一日至秀州十二日至崇德十三日至杭州上以府衙作行宮以顯甯寺充尚書省百司官吏到者曾無十之一如三省六房公吏本千餘人得至者其數不滿五十所以行在職務久而不備十四日下詔郵民十五日聖旨遣具舟至江頭接百姓老幼不得渡者又下詔減常膳不御寢殿俟百姓到足乃始如故又詔出內人一百五十人

四日癸丑車駕發鎭江府

車駕發鎭江府留劉光世以拒江險上宿於呂城鎭大聖庵王淵使探者在鎭江及瓜洲約如金人計置渡江則燒甘露寺爲號淵及上於呂城探者夜聞瓜洲聲喧謂是金人欲渡乃焚甘露寺淵視之曰甘露寺火也翌旦質明請上乘馬而行

誅丁進

丁進從車駕行縱其所部兵遮截行人肆爲刦奪且請以本部兵回大江與金人血戰其意亂也王淵覺之斬於呂城鎭輒橋下截其首至常州令梟於市自此輒橋號爲斬丁橋

金人揭榜發遣西北人從便歸鄉

金人揭榜於揚州市西北人從便歸鄉榜上係銜云東南道都統孛堇改作貝勒東南副都統孛堇改作貝勒東南道都監三員西北人見榜示而去者約萬人餘自東門由邵伯鎭往泰興後爲薛慶兵者是也

五日甲寅車駕幸常州

上自發鎭江府乘馬行軍民亦流移於道路至有不及引避者上皆令宣諭各慰勞是時儀衞法仗皆闕唯一兵執一黃傘隨行

范瓊兵亂於壽春府殺知軍府事鄧紹密

金人自山東將趨維揚也范瓊自京東引軍避其鋒轉至壽春府甲兵不入城自循城而南有壽春府將兵在城上視之者見其旗認曰御營平寇前將軍輕薄者戲之曰御營平寇前將軍不會殺番改作敵人只會走壽春城下過兵聞之喧詬不已瓊聞而問其故知其戲也乃移文壽春府索其發語之人知軍府鄧紹密根刷得一兵遣出之瓊命斬於麾下是日軍人丁打請者將兵怨斬其同類乃持器仗擊之出城於是瓊之諸軍皆被甲持仗殺將兵遂入城大亂縱肆殺掠紹密死於亂兵之下蔡縣趙許之亦死州縣官

往往被害城中悉爲灰燼

六日乙卯靳賽入眞州

先是朝廷聞邊報日急乃遣靳賽往眞州屯戍金人犯（改作至）揚州翠華南渡王德以本部兵焚眞州而去翌日金人到眞州不殺人不虜掠靳賽往來於江中眞州官吏皆散走乙卯金人退去賽乃率兵復入眞州頗肆騷擾又數日向子忞知眞州撫恤居民民漸蓋庵寮居其老小賽之兵漸猖獗民不堪之乃聚衆與爲敵民殺其腹心二人賽大怒愈肆殺掠百姓大恐子忞見賽問曰公之兵何故屯於此邪賽曰被朝

廷差來屯戍耳子忞曰朝廷差公來保護城中百姓公乃殺以逞乎賽氣奪乃曰百姓殺軍中二人皆腹心頭目人但得一首者即可解子忞不得已掠得二人與之賽之衆踴躍歡呼以二人釘於木馬擁至望江橋下燒鐵甲葉令紅貼甲葉徧二人之體不勝荼毒旣貼徧旣（改作又）復揭之然後羣兵取其腸肚骨血食之皆盡

七日丙辰車駕幸平江府以朱勝非爲平江府秀州控扼使張浚副之

車駕到平江府是日朱勝非自鎭江府至以哺時人見其奏處畫鎭江狀上喜即以勝非爲平江府秀州控扼使上曰控扼所以備外寇固宜審處吾民渡江失所宜賑恤使各還業勝非乞一從官共事上命禮部侍郎張浚副焉

上過吳江縣令張俊以所部兵屯於吳江

戶部尙書呂頤浩同簽書樞密院事江淮兩浙經制使駐於江甯府

上南渡思得大臣留江上以鎭之乃以呂頤浩同簽書樞密院事爲江淮兩浙經制使駐於江甯府

八日丁巳撫慰維揚遷徙人詔

詔曰朕以單微之質遭世大變賴臣庶共戴獲承祖宗之餘德念必宅中經遠均布惠澤以慰萬邦歸往之心故雖外迫於敵兵誓不遽離於近甸省刑薄斂撫事與民一毫不擾郡邑行再期矣輸誠盡禮遣使相望而敵兵未寢選將練師朝夕從事而自力不逮至閩長駐之謀議者請適東南險遠之地以保朕躬朕甯不免於敵不忍先事苟生棄我西北之人而遽遠別也故出兩道之師外爲薇援而嗣遣使命之臣祈保赤子以待敵心之易慮則共圖康居日可計矣人力雖殫天命難諶大名東平相繼陷失始官吏民

庶絕江自便朕遷延不先俟天人之我相也逮輕騎潛行不日遽至朕與近臣始挺身東行由江浙爲暫避之計凡乘輿服御若帑藏之積一切棄捐二三大臣至不能保其家室念雖顛沛至是而不負於中原西北之人朕心猶庶幾焉與其謀已忘民未及患而去則不得已而後動不猶愈乎但聞官吏軍民雖有自便之詔多不及避生計蕩然或不得其家屬俱來痛切朕心愧負何極自昔帝王脫身於遑遽之時而立國於顛危之後失勢於屢挫之辱而戡難於必勝之功昔尙有之夫艮農不爲水旱輟其耕志士不爲

貧窮怠其道朕能勞形克己至死不變圖保生民而不能使吾民之亟安能側身修行以已贖民圖格天心而不能保天心之相向賴卿士大夫曁爾萬方有衆戮力一心式孚於帝庶幾成績咸保康乂朕誠切至宜察朕心

知泰州軍州事曾班叛附於金人

金人犯維揚分遣兵往泰州知泰州曾班聚官吏軍民而議曰今揚州已殘破金人以兵臨城須臾到矣班忝爲守臣不當棄城而去況班是待制列在禁從與庶官不同今欲與闔城官吏軍民共以死守之如何軍民皆啼哭以告曰願待制以生靈爲念屈節投拜保全一城生靈班知人心不可違遂迎金人投拜金人之酋長刪此三字入城與班筵會又數日斂掠金銀一夜城外縱火光照城中少頃大雨滅火金人謂泰州不可行殺戮俄而退去

葛進爲金人所殺

葛進圍青州不下安撫使劉洪道招萊州張成俾率衆救援進聞成至遂退去洪道遣崔邦弼追之邦弼爲進所敗而歸進後與金人戰爲金人所殺衆皆散去

金人犯改作至滄州知軍州事劉錫棄城走

劉錫字禹珪泰州人知滄州聞金人至卽棄城走中途遇葛進自青州退兵乃知青州尙爲國家守也趨青州屯於麻家臺劉洪道遣人邀入城錫不從曰青州人屢被驚擾人心遑遑不欲入城也洪道詣麻家臺見錫以酒肉犒其衆敘話良久竟不入城青州人高其義錫乃趨行在尙有馬軍數百人隨行

九日戊午通判滄州軍州事孔德基叛附於金人

十一日庚申車駕幸秀州遣從義郎閤門祗候某秉義郎閤門祗候劉伸使於金國軍前以○舊校云宋史本紀忠訓郎劉俊民爲

閤門祗候齎書使金軍

上在秀州知金人在維揚猶未退兵也召募官兵使於金國軍前有官人先轉七官軍人轉七資於是承信郎某進武校尉劉伸方自淮南散失家屬正無聊賴乃應募而行各先轉七官除閤門祗候是時上已乘舟召二人就御舟賜對授以國書上曰若金人肯回軍了事而歸當不次擢用卿二人遂與應募軍兵五人偕行

賜進士出身頭品頂戴四川等處承宣布政使司布政使清苑許涵度校刊

三朝北盟會編卷第一百二十一終

三朝北盟會編卷一百二十一校勘記

至正月十三日夜應作三年正月三日夜　三十餘騎詐作漢裝詐一作僞漢一作番　早駕舟河岸一作早駕御舟涉河　已卽時梟首訖脫已字　火發凡三四處脫處字　李待制處遯同時遇害脫同字　多至棄其家屬脫多字　無人主之應作無敢阻之　多不及見相爲哭泣誤作多不及相見惟哭泣　命西北人從便歸鄉命誤作市　既帖偏既復揭之下既字衍　而力不逮志誤作自力不逮

自聞長驅之謀自誤作至　始命官吏民庶脫命字　而戕難於一勝之功者尚多有之者誤作昔一誤作必脫多字

三朝北盟會編卷第一百二十二

炎興下帙二十二

起建炎三年二月十三日壬戌盡十八日丁卯

十三日壬戌車駕幸杭州

上至杭州以州治爲行宮以顯甯寺爲尚書省然百司官吏到者十未有一二

十四日癸亥汪伯彦奏劄乞賜竄殛

劄子曰臣聞危而不持顛而不扶焉用彼相臣實犯此有靦面顔輒懣愚誠上干天聽伏念臣周旋羈紲幸會風雲備位宥密者行且再期爰立冢司亦既逾月承靖康既危之後輔建炎復績之初圖回二聖之還言念兩河之復雖政刑兩般於當務然事力不及於前時贊襄百爲未有一得練兵選將而臨事不爲用遣使修睦而所欲未或從卿士啟渡大江之謀先時被患廟堂念係中原之望應變隨宜固萬邦戴后之心控羣奸幸禍之志詔川陝之師從横而禦侮檄東北之兵首尾以解紛備謹邊防以虞寇至終緣彼國兼用吾民陷濮與澶破青及泰所向既北乘勢而東雖世忠控要路於淮徐而范瓊頓勁兵於宿泗對壘兩軍之相拒輕兵間道以潛來臣偶以沈痾所纒不能審志而慮致鑾輿之遑遽挈舟楫以播遷持危扶顛無善可紀雖日登庸日淺以病丐閒如其捨闕理均狗名責實(刪如其至此十字)事失前定奚用臣爲咎將誰歸死有餘責本欲居家待罪恭俟嚴誅重念駐蹕初臨政煩親攬暫兹忍恥靡敢冒居伏望智臨之大君特奮乾剛之獨斷亟選良弼共理多難錄臣罪愆重賜竄殛是日左僕射潛善門下侍郎兼簽書樞密院路允廸各有劄子乞黜責上曰朝廷非不措置往往士大夫不知朕固知之卿等安職降詔不允敕伯彦省所奏劄子理味幾先事出倉卒致鑾輿之遑遽挈舟楫以播遷伏望錄臣罪愆重賜竄殛事具悉朕以非躬紹承大統爰自初載圖濟多艱惟卿同德之臣陪輔中興之業帷幄密勿何勤如焉羈紲艱危備嘗之矣比緣鄰敵深入近畿狩於江津以援淮甸退循眇末良用憮然既不能恪天人佑助之心顧何以平夷夏(改作中外)搶攘之亂不德之故特朕之尤豈必大臣專執其咎務恢遠畫庶保後圖毋重引愆以求去位所乞不允故兹詔示想宜知悉

下責已詔

詔曰朕以非躬獲承大統萬方請命未能解塗炭之

憂二聖蒙塵莫獲晨昏之養兵已練而力屈備雖設而用違震於朕心罔知攸濟實由涼德未究遠圖仰無以當上帝之意而禍亂滋臻俯無以得百姓之心而流亡失所比因强敵深入近境退保江津以援淮甸事出倉卒人用震驚衣冠頓躓於道途簪紱棄捐於兵火嗚呼皇天后土豈不鑒朕之至誠志士仁人豈不卹朕之懇惻儻以寡昧難彌凶災宜降罰於朕躬以謝罪於率土尚以國家歷數之未艾祖宗德澤之在人未至淪亡必將恢復蓋當洗心改事雪溺輸誠悉去彌文務從簡素屏斥細務專事兵戎明告

庶邦暨於列位忠言可以規朕之過失長策可以救國之傾危毋藴於衷悉以達上廟堂近服宜務交修藩翰諸侯深思夾輔將帥致爪牙之用黎元保父母之邦思持顛而扶危用興仆而起壞庶資多助馴致丕平咨爾萬邦欽予至意

下避殿詔

詔曰朕倉卒南渡致士大夫棄其家屬禁衛五軍老幼不時渡濟顛沛逼攘尚未有達行在者雖累次委劉光世王淵多以綱帛堆垛江口賞募日夜濟渡猶恐既渡之後徒步顛仆道路仰康允之日下撥在岸空糧船五十隻綱稍先支一月請受選差使臣二員給券管押明立旗號前去常潤一路裝載南來之人早令至行在朕以此未敢獨享宮壼之安仰有司於役殿御閣朕當自處其中以俟衣冠兵衛士庶老小咸造行在方御寢殿其三省日下出黄榜曉示

下儉約詔

詔曰朕以涼昧荐歷險難深惟不德天未悔禍是以倉卒南渡駐於江浙念國勢之蓋削慨宗廟之僅存雖政事宜有更改在朕躬尤當省懼自今以往當變禍爲福下慰人意易危爲安所有應緣供奉禁省專

屬朕身者如儀物之飾膳羞之奉有司痛行裁省必遵非薄其後宮除職事掌管人不可減放外其餘悉行減放各聽從便仰三省行下體朕至誠之意

十六日乙丑德音

朕以眇末獲承至尊德不足以惠綏黎民武不足以戡定亂略謂言行可以動天地而朕卑辭屈禮未能交南北之情謂孝弟可以通神明而朕焦心勞思莫能拯父兄之難比軍書之告警駭敵國之長驅尚未定約於一言敢憚避師於三舍而事出倉卒民用震驚官寮顛仆而失容老稚奔逃而係路實由菲德昧

於遠圖方藉走集之衝坐成控扼之勢候載書之不食即反施以言旋惟道途次舍多供億之煩而師徒匱從有征行之苦民靡安於農業士或後於軍期宜沛湛恩蕩宥多辟於戲周三十而卜世東都實會於諸侯漢二百而中天南陽乃興於王業惟上帝之所命豈朕躬之敢圖尚賴臣民各宣忠力庶資羣策協濟多難咨爾多方欽予至意

黃潛善汪伯彥再乞罷黜

臣等近已具劄子乞賜竄殛伏蒙聖慈特降詔書不允臣惶懼震越若無所容陛下體堯舜之愛人法禹

湯之罪已德至厚矣在臣等愈不遑安便當繼上封章不敢就職伏念臣等從陛下於軍旅之中復叨近輔中原未奠外患不甯陛下未至於安平之地則臣等未可自便前此雖勢危力憊而不肯遽捨陛下而求去者臣等義分非他人比也今謀國於艱難之時不能彌患而脫身於顛沛之際反獲便私則前日不勝任之罪猶云愛君而今日爲自謀之情無乃私已非惟公議不貸臣等固不忍道也臣等不敢止用常札再有奏陳所有臣等誤國之罪終不可逭陛下公天下之法終不可廢今日之禍患稍甯即當再申前請必冀明正典刑以厭公議

十八日丁卯御史中丞張澂論黃潛善汪伯彥乞重賜竄黜

奏曰臣聞忠臣不避誅竄故能爲國督姦盡言不諱以伸天下之誼明主不吝廢置故能惟辟作威自奮剛斷以聳天下之望臣謹按左僕射黃潛善右僕射汪伯彥本無物望亦乏才術以嘗從陛下於艱難中因緣寵任躐持政柄而相業無聞國步日窘陛下蒙塵於外宗社危逼天下之人聞之者憤怒切齒見之者戟手唾罵且謂陛下甫次餘杭必亟正典刑以謝

海內而數月以來信任如故中外怖駭未知死所臣備位言責既不能早正白簡今豈敢尚仍緘默以重誤陛下謹條列潛善伯彥大罪二十皆顯有實迹不可誣者正月三十日閤僅申有番騎三十人至泗州行在之人無不願出兵抗禦及願乘輿渡江潛善等初無措置但固留陛下不早南渡至初三日探報虜（改作敵）騎在近始倉惶移蹕匹馬扁舟艱危甚矣致萬乘蒙塵其罪一也車駕倉惶渡江士大夫并其家屬禁衛五軍百司人吏老幼等隨從不及或遇賊或溺江或被虜慟哭之聲震於原野嗟怨之聲（改作語）殆不

三朝北盟會編

堪聞又前此六宮渡江已久忽於正月二十一日降指揮見任寄居官不得般家立法過嚴議者咸云天子六宮過江靜處我輩骨肉豈不是人致行在士大夫畏其指揮之嚴不敢般家一旦多餧餓賊之口改作被敵人俘掠使歸怨人主其罪二也車駕駐蹕維揚淮甸之人奔走奉事亦既二年一旦遽然渡江是委一郡生靈於賊改作敵而不卹也若士夫若兵衛若民庶無不恨憤離心閭自眞楚通泰與江南州縣皆碎於潰兵其禍亂之滋豈止一揚州而已哉重失人心其罪三也祖宗神主神御自合先六宮南渡潛善等無寅奉宗廟之意並不措畫一旦車駕起僅一兩卒舁致傾搖暴露行道之人酸鼻下淚人謀不臧禍及在天豈不痛哉宗廟顛沛其罪四也建炎初年自刪此河字南惟西京鄭州拱州遭金賊改作人殘破餘皆無恙自潛善等柄任已來西則五路京西東則澶衛京東今日殘一州明日陷一郡直至淮上所存者十無一二其罪五也士大夫既不預知南渡之期又不敢先次亟行一旦流離東西斃於道路如司農寺官黃鍔史徽范浩等並遭亂兵屠殺而從臣常有未到職事者往往不來殆可發疑衣冠遇害其罪六也揚州行在

三朝北盟會編 卷二百二十二 七

月給軍兵費無慮百萬本以待戰守之用一旦賊改作敵以輕騎涉境並不措置迎戰又江津渡濟不時一旦潰兵千百爲羣流毒東南其害未止軍兵潰散其罪七也揚州左藏庫金銀絹帛數目甚多聞前此打角要盡般發潛善等力沮渡江之議不令裝般三月一日賊改作敵騎已迫尙指揮且般三分之一致出門入門候潮種種留滯不時過江盡爲賊改作敵有間內帑有金亦般運不及皆民之脂血何緣復得府庫耗散其罪八也虜改作敵騎既破濮州痡行殺戮幾同洗城於是聞得北京東平望風不守奪門而去雖僅脫虜改作敵禍而老小奔渡殍於道塗者不可勝計如近日自揚州而至江上壯者虜改作敵驅之以行老弱賊刪此字殺之而去今市井行哭之人非其子弟即其親屬生靈塗炭其罪九也謝克家李擢俱曾受僞命謝克家李擢則徇其分析之詞或除職得郡或復官領宮祠如李會則反分司居住更不問著公議尤所切齒蓋克家擢與潛善等所改作同惡士大夫獻言者同己則不次升擢異己則輒遭恚怒至有問及禦賊改作敵事云朝廷自有措置峻拒而力御之以至今日狠狽如此而潛善等尤護短飾非莫肯虛心以來衆

三朝北盟會編 卷二百二十二 八

八九二

善尤嫉人之有技不納衆善其罪十也潛善爲王黼之客伯彦曾受梁子美提挈故今日梁姓而得差遣者滿天下皆據大任割膏腴之地如梁陽祖爲發運使尤爲猥惡其黨更相扶助欲傾正人而李處遯尤爲親戚用事士大夫無不側目畏之植黨分朋牢不可破其罪十一也言官奏疏以國危乞大詢衆庶凡再上再降出方肯施行於是職事官以上言時病者甚多潛善等以謀不自已出又身爲宰相致大詢及衆內懷不平遂奏請乞降付御史臺抄節中尚書省人莫不怪之其罪十二也又如曾論潛善無名進職

事係關國體潛善兄弟大怒而中書舍人黄唐傑行詰詞極口稱美潛善等遽擢唐傑兄唐俊爲鴻臚少卿以示同已獲利之意用朝廷名爵以脇士大夫人咸笑其淺妄專行私意不勝其公其罪十三也行在百司每事視京師京師有百官月費兩處不減如巡幸而置御營使司則樞密院爲虛設以巡幸而置提舉財用則戶部爲備員皆官屬人吏兵卒耗費無絲毫之補設官重復耗蠹國用其罪十四也故右丞許景衡陳渡江之議潛善等極力排斥景衡恨憤而六宮過江人皆曰雖斥景衡猶用其說也六宮過江已久行在見謀繼往乃忽下指揮見任官不得般家人皆怪怨又如虜改作敵騎驟南來乃多遣求和並不曾以一事誘使人藉口使人莫知所爲政事乖謬人輒譏笑其罪十五也蔡京王黼爲相日曾差衛從人兵至今論者未已潛善等一身兼御營使爲廣占親兵置戰士於游惰之地各不下數百而潛善獨占千餘人皆以爲緩急之助不知名分嫌疑之辨多占兵衛不避嫌疑其罪十六也自古敵人相拒全藉斥堠潛善等計不知此東京斥堠委之郡守自京師至南京至泗州道路遥遠皆未嘗多以金帛專遣有心力

行止人探賊動息止是道聽塗說便指爲實致車駕蒙塵狼狽如此其罪十七也虜人犯改作金兵至東平既破其勢改作城已作南來之計潛善等得閤僅申報便宜請渡江之期乃飾非遂過徇於初二日懇留車駕少待初三日陛下出門當時若少遲留定遭衝突議者謂潛善等以渡江爲下策曾未有中策可以勝之賊改作敵騎已逼尚敢挽留車駕其罪十八也同知樞密院盧益與王黼素有狎邪之舊黼用爲尚書東平之政乖謬冠於一時去年自散官安置中輒乞求來揚州畢其私事其意實爲進用潛善果驟引爲八座

未久俄聞伯彦引爲樞副已而伯彦之客以朝獻讀祝文失於恭恪言者方欲論列潛善等既爲伯彦薦於朝擢起居郎矣遂除集英殿修撰自來二使有罪補外未有除集撰者伯彦之黨潛善引之潛善之客伯彦薦之二人朋比專務欺君其罪十九也宰相之職無所不統水旱蝗蝻在古則策免盜賊夷狄改作搶攘於義則丐歸潛善等使車駕蒙塵如此尙敢出入傳呼宰相張蓋乘馬畧不知廉恥之節致搢紳指目譏誚幾不容口如是而能爲陛下立政造事保安國事乎國家殆辱恬不知恥其罪二十也臣獨以空疏蒙

被親擢職在風憲實負天下之責今日陛下蒙塵臣首當赴死顧臣前此數爲陛下謀渡江之事宸衷輒加采納但爲潛善輩沮遏然主憂臣辱主辱臣死固不係於言之用不用潛善等之罪臣誼當彈劾伏望陛下以一己安危爲不足深念而以二百年基業爲可憂以一時顚躓爲不足深慮而以失億兆之心爲可懼若不痛革前弊力新遠圖別爲經理之謀臣未見其有濟也然痛革前弊力新遠圖非盡逐潛善伯彦輩天下決未肯信服陛下之令其黄潛善汪伯彦伏乞重賜竄黜以回上天之怒以收億兆之心然後改命易方稍圖興復盡斥浮濫一歸簡嚴寬䘏黎元輕徭薄賦作新軍旅選將待時庶幾數年之間漸振安平之業儻陛下尙存體貌未忍棄捐則七廟神靈恐無依託之地忠義之士莫知繫屬之歸陛下孤立一身何所稅駕臣之言激切肝膺震潰唯望剛斷早賜處分

汪伯彦乞罷責

劄子曰臣近具劄子措置臣雖登揆路日淺偶在病假幾月而備員帷幄已閲二年輔贊無狀乞正典刑未蒙俞允臣恐懼震越愈不遑安然以謀國於艱難

之時不能弭患而脱身於顚沛之際反獲便私不敢不體聖意已具奏負國之罪終不可逭陛下天下之法終不可廢候今日之禍患稍寧乞重加竄殛訖今月十八日尙書省據御史中丞張澂狀已進內劄子論臣與黄潛善等致主上蒙塵宗社危逼乞重賜黜責實當公議伏乞檢會臣初奏事理速賜施行以公天下臣更不供職以俟威斷

賜進士出身頭品頂戴四川等處承宣布政使司布政使清苑許涵度校刊

三朝北盟會編卷第一百二十二終

三朝北盟會編卷一百二十二校勘記

兼困吾民困誤作用 悉以上達誤作達上 雖累次赦劉光世王淵赦誤作委 雖政事宜有更改應作改更 自今以往當益務勤畏儉約修德立政庶幾上當天心脱益務至此十六字 故能爲國鋤姦鋤誤作督 種種留滯不得過江得誤作時 於是開德北京東平望風不守開德誤作間得 至有問及禦賊事者必云朝廷自有措置脱者字必字 梁揚祖揚誤作陽 并不曾以一事委使人藉口委誤作誘 保安國事乎國事應作社稷 陛下公天下之法脱公字

三朝北盟會編

下

（附索引）

[宋] 徐夢莘 撰

上海古籍出版社

三朝北盟會編卷第一百二十三

炎興下帙二十三

起建炎三年二月十九日戊辰盡三月二日庚辰

十九日戊辰以駐蹕杭州大赦天下

汪伯彥再乞竄黜

臣緣御史中丞張澂狀申尚書省稱上章彈奏臣致主上蒙塵宗社危逼乞賜竄黜臣昨日與黃潛善各具劄子奏不敢供職乞寘典憲蒙聖慈不允差中使宣押臣赴都堂批旨臣遵稟聖慈感劇顏厚退惟罪戾實不可逃伏念臣智昧知幾才疏應變初以中原

繫望之重本出愛君終然萬乘倉猝而行乃成誤國故嘗自劾懇正邦刑乃蒙明綍之敉未即俞音之賜載惟未濟如在中流思羈紲之奉而安忍去陛下於艱難之時念宵旰之勞而不敢以潔已爲便安之計固欲奉詔以體國不容忍恥而在公豈惟難弭於人言抑亦已深於鬼責退省無狀曷向妨賢冀選賢才以圖底定之功亟竄愚臣以爲失職之戒庶幾允協物論畏服公朝臣更不敢供職恭俟威命

二十日已巳金人焚揚州

金人駐軍於揚州城下丙寅遣擐甲執旗者一人入城呼曰仰百姓限三日出西城過三日不出皆殺并數揚州人之罪謂不合不留上也是日無出城者丁卯金人遣擐甲者四五十人大呼如昨日人皆疑之亦未有出城者戊辰又入城呼且曰今日限足如不出城者盡殺是日西北人往往自西門出出則入一木柵皆留在木柵中至晚西北人出城約數千人唯揚州土人皆不出是夜縱火徹旦出城人盡死已巳金人入城見教場中存留得二三千人皆滿體煙焰亦赶入木柵中又一日淩晨開木柵三路放人出而金人亦退軍

張澂除尚書右丞

黃潛善汪伯彥罷

潛善觀文殿大學士知江甯府伯彥觀文殿大學士知洪州

汪伯彥制曰惟辟作威廢置得馭臣之柄事君盡禮進退爲萬世之規屬予艱難嗣服之初敢眘黜陟大公之典肆頒詔綍用亶廷紳正議大夫守尚書右僕射兼中書侍郎御營副使新安郡開國公食邑三千二百戶食實封一千一百戶汪伯彥被遇兩朝屢更鎮使方國步阽危之日正胡塵(改作敵兵)侵犯之初悼二

聖之北轅豈天地鬼神之意唱大軍而左袒見謳歌訟獄之歸肆醽翊戴之勳進總樞機之密延登宰路參秉國鈞念茲訪落之初允賴扶顛之助明謀弗效變故非常宗廟神靈暴露野次衣冠名族顛踣道塗帑藏一空盜賊四起封章交至惟汝之尤公議靡容非朕敢貸深念潛藩之舊猶懷佐命之勳俾解政機尚圖來效進直殿廬之秘出分藩屏之雄一體疏榮十連增重既降體貌用示保全於戲入則論道經邦具士民之瞻於天下出則承流宣化通輔相之籍於殿中茲予始終之恩故無內外之間勿替朕命益懋爾庸

二十二日辛未金人寇高郵軍知軍趙士瑗棄城走判官齊志行叛附於金人

金人自揚州回軍至高郵知軍趙士瑗棄城遁走判官齊志行率軍縣官出城投拜金人劫掠而去初士瑗知高郵軍任滿朝廷以蘇遲爲代士瑗不奉命朝廷怒特降兩官士瑗乃自陳四任堂除粗有勤勞又發運使李祐劄子保奏遂令士瑗再任是軍至是棄城走

宋世雄以潰兵入泰州知州軍事曾班棄城走

初金人犯至改作泰州知州曾班投拜金人退去揚州潰兵有宋進者初爲韓世忠養馬至是更名世雄聚兵二百餘人犯泰州世雄與其黨十一人入城班不曾招接乃命監酒宋世安待之世安官門子弟喜宴狎至是酒酣擊盞而謳而世雄等謂擊盞爲號恐別有不測乃覆杯盤打撞椅取其腳人執二枝奪門而去會其衆二百人奔馳入門直據州治班與郡官皆奔亂兵乃肆虜掠得金銀者量出以犒軍擲於州治凡兩推與堦基齊世雄推錢犒官裴淵爲首謂之收復泰州兩日淵令不得刦奪財物虜掠婦女由是稍

止後班自劾待罪其兄棣與弟開乞納在身官贖班之罪班遂還謫

曲端鄜延經畧使

曲端自襄樂還涇原王庶駐於鄜延是時延安新殘破未可居會朝廷遣使賜庶節制使印令置司長安除曲端鄜延經畧使庶詣置司處端不欲離涇原即差知涇原郭浩權鄜延經畧使

二十四日癸酉靳賽犯通州

李在率衆據高郵軍

李在初從韓世忠軍隸嚴永吉爲提轄自京東潰散

在寶應閒重聚散卒約得百餘人會金人退高郵而去在乃詐稱五臺山信王下忠義軍率衆至高郵有監比較務秉義郎唐思問先往迎之在既入城遂以時正臣爲知軍以思問爲同知軍盡刷投拜官齊志行以下皆殺之乃遣人邀截金人後軍得金寶船數隻故其軍極富時狀元李釜及董耘在高郵寄居在皆以爲參議又聚集潰散兵卒有衆數千遂據高郵

詔贈陳東歐陽徹官錄其有服親廸功郎一人所居州縣存恤某家

二十七日丙子詔濮州監酒馬伸赴行在

初馬伸爲殿中侍御史言黃潛善汪伯彥誤國貶濮州監酒至是上思其忠直乃詔之而伸已死於道矣

二十八日丁丑詔求直言

上旣黜黃潛善汪伯彥名馬伸思得直言之士乃降詔求直言其畧曰自今政事闕遺民俗利病或有關於國體或有益於邊防並許中外士民直言陳奏言之或失朕不汝尤於是馬擴在罪責中方倉惶自泰州渡江趨行在乃應詔上書

王𤫊自西川至行在除御營前軍統制

王𤫊建炎初爲河東路經制使俄除知鳳翔府金人犯至改作陝西𤫊以輕兵入川至是赴行在除御營前軍統制𤫊表請幸蜀

宮儀犯密州安邱縣

宮儀率衆離卽墨入密州境欲圖密州故先圍安邱縣築外栅以守之

詔幸江甯府

詔曰國家歷運中微干戈未徹因時巡省蓋順權宜以江甯府王氣龍盤地形繡錯據大江之險茲爲用武之邦當六路之衝實有豐財之便將移前蹕暫駐大邦外以控制於多方內以經營於中國尙慮有司

排辦過於奉承百姓驚呼疲於道路儻齊民之或擾豈菲德之敢安將來巡幸沿路州郡及兩浙江東監司江甯府不得分毫騷擾以安人心故茲詔示想宜知悉

輔逵聚衆於漣水軍

輔逵慶源府將兵也慶源府陷逵與韓京將兵百餘奪門得出渡黃河纔有數人逵後籍韓世忠軍爲押火世忠退軍於沭陽衆皆潰散張遇死於漣水軍之張渠村其衆多出没於漣水境內逵聚卒得數百人擾於淮河之南北時至於楚州城下漸有數千當時

淮南號爲悍賊

張用據京西

張用在陳州與王善分軍將趨蔡州至確山縣而止令諸軍不得犯蔡州城下違者斬於是用駐於京西連亘數州上自京西下徹光壽據千里之地兵馬接迹不斷以其衆多故號爲張莽蕩虜掠糧食所至一空

三月一日己卯朔王淵同簽書樞密院事

二日庚辰朱勝非尙書右僕射同中書門下平章事

上至杭州召朱勝非赴行在勝非上章力辭且請渡

江之罪俄中使三輩持親劄至平江趣行勝非恐以軍事付張浚使主之乃來朝以三月一日入見初勝非爲侍中嘗論睢陽特以開基本地故列聖建別都而要非用武之國脫有緩急大駕一動則河之南淮之北皆盜區矣今虜(改作敵)騎充斥兩河雲擾雍洛不可卒至惟襄陽西接蜀漢南引江淮可以號令四方乞鑾輿幸之控制南北以圖中原上欣然納用而大臣或沮之其言不果行及爲學士復論揚州非駐蹕地既爲中書侍郎力論之上深信焉令戶部約當歲計郊祀之費餘財皆運之金陵祀事後當移蹕時宰相黃潛善力沮之後果倉卒爲揚州之役翠華南渡至是上見勝非首及此曰悔不用卿之言次日拜宣奉大夫守尙書右僕射同中書門下平章事兼中書侍郎御營使

馬擴應詔上書

書曰臣伏讀二月二十七日詔書曰自今政事闕違民俗利病或有關於國體或有益於邊防並許中外士民直言陳奏言之或失朕不汝尤臣以是知陛下責躬憂國眞堯舜湯武之用心也是以四方之士願竭衷誠採急務爲陛下獻臣一介武臣不達政事臣

之所業葢本於兵臣嘗觀古人論兵譬如對弈兩敵均焉一著失誤終莫能救是以古今勝敗率由一失一誤而況多失而多誤者乎臣觀金賊猖獗(刪此三字)(改作人)連年犯順(改作深入)刦遷二聖幾危宗社斯非金賊(改作兵)精强故無敵於天下也特我國家急難之際用非其人凡所以爲失誤者多臣試摭而言之其誤有四其失有六其始人用非才不能乘機拓境全示懦弱取侮夷狄(改作外隣)其誤一也虜(改作敵)旣退師畧不修備而禁止莫敢言金人再來其誤二也陛下應天順人乘時御極不能導陛下西據蜀險就陸路形勝以

爭天下返使翠華淹處淮甸重爲賊（改作敵）困其誤三也不能乘人心憤賊（改作敵）之時激使忠義力治兵戰以謀恢復甘蹈覆轍泥於請和使勢力日益窮蹙其誤四也四誤之外復有六失初欲復燕既自招金人之侮彼既長驅入寇（改作深入）是時張孝純帥太原童貫當移司眞定兩鎮助勢以遏燕山鴈門入寇（刪此二字）之師邀掩晉絳挫其鋭於堅城之下然後整兵論和事無不濟柰何貫乃惑幕下鄙生偷安之計擁衆奔還遂使金人長驅渡河其失一也金賊既犯（改作人既至）京闕時已初春彼若修攻具塡壕塹無慮一月彼能堅

圍不過兩旬在我則宜嚴備守禦專任將帥善守鴈門遣使人啗以厚利晝以自滿彼勢不可留必欣然聽命是時河北諸軍方斂兵自守陝西等勤王之師相繼而至萬一賊（改作彼）不從議則密檄河北諸鎮濟喻勤王之師待其意懈前邀後擊可立大功柰何淺識之士急割三鎮以求和遣貴近以爲質自是之後虜（改作彼）益悉我底蘊安其姦謀其失二也割三鎮既爲失矣且宜堅守信誓示以無能以懈虜（改作敵）心亟增備禦以圖後舉倘三鎮不屈卽當遣使通義聲言以歲幣贖之因成斂兵之計柰何輕易之論遽隳信

誓驟欲攖戰其實無能使賊（改作敵）騎復來了不能支爲我太慼其失三也金賊（改作人）既立張楚自界大河而守我當以黃河自爲新邊亟修堡寨倚河爲固修葺戰具帥守令佐悉任武臣使守土治民合爲一事進攻退守得以自專人無掣肘之患則其才得以自盡多方措慮虜（改作敵）騎豈能輕渡柰何不達事機泥於循常一切不爲防閑儒冠侈袂高談闊視畧不介懷於是上疑下懼衆力不齊賊（改作敵）騎復來如拉枯朽其失四也皇弟信王脫於囚虜（改作俘囚）集兵山谷結約河外忠義所得壯勇不啻數十萬顒候王師渡河

相爲策應時方金人欲剃南民頂髮（改作令南民剃髮）人人怨憤日思南歸又燕地漢兒苦其陵虐心生離貳或逃叛上山或南渡投降自河以北傳布蠟檄皆約內應故王彥王仔翟進馬温靳賽劉展樊淸王江鄭立耿進耿洪等義兵楊進馬皐張用王善等羣黨俱奮渡河討賊（改作敵）之志是時若王師得濟則諸路山寨接勢與舉見簽軍漢兒變於內契丹夏國圖於後兩河州縣一旦可復金賊（刪此字）勢自瓦解柰何羣言譖沮禁止渡河使金人反乘機便驅新剃（刪此字）籤軍南渡深侵脅降郡縣土地人民器甲財糧凡我有者悉

成彼用轉利爲害其失五也賊(改作敵)既連陷大名東平二師府勢必選騎潛襲行在我當分遣鋭師列屯淮口設營於近郊預爲捍禦不惟乘賊(改作敵)遠來可以掩擊兼彼探知有備則莫敢易進柰何輕議寡謀者料彼不來畧不爲備遂使虜(改作敵)人大肆猖獗(剗此四字)幾犯清蹕陷生靈於倉卒之際潰軍旅於窘亂之間其失六也此六者大槩當防而不防當擊而不擊勇怯逆施進退倒置皆大失機會者也臣之所陳四誤六失雖云已往不可追悔蓋不可不爲後日之龜鑑臣於二月初三日據聞御舟已渡大江人馬繼至

江口擁併時臣已罷兵職初八日自泰州渡江則審鑾輿已過平江臣竊料金賊(改作人)遠來馬疲人乏既知陛下已渡難以追及方且自爭子女玉帛飽其負載兼淮西仍多民兵彼顧前無利計後有害是以暫止不進又有江北不及渡者西兵與諸軍潰卒往奪路會合於范瓊睥睨鎮江金陵守把舟船繼而天雨連降平地水發道途泥淤馬步俱不能進以是賊(改作敵)心頓沮不思渡江以迫大駕遂使江南民士得以安靜此皆上天眷祐有宋許陛下得以圖維陛下大悟前失赫然震怒憤敵讎之暴恣躬嘗膽之焦勞斥

逐宰輔痛下詔音革心易慮欲與天下英傑亟圖中興之事此臣所以踴躍鼓舞冀陛下戡除賊虜(改作亂難)行之肅清寰海將有日矣然臣更願陛下守之不易行之不倦來四方才能激天下忠義見幾而作不俟終日先賊(改作敵)未來早爲之計處車駕於險固可保之所萃軍馬於壯勇可用之人即經營耕戰數年之間殄掃讎賊(改作仇讎)再隆王室復已陷之境土邀播遷之反兄中興之功決見成就臣今輒以機速利害畫爲三策仰副陛下所求臣願選吏以撫淮甸破金賊(改作人)之計回天下之心是爲上策建都武昌襟帶荆湖控

引川廣招集義兵屯布上流扼據形勢密約河南諸路豪傑許以得地世守用爲屏翰是爲中策駐蹕金陵備禦江口通達漕運亟制戰艦精習水軍厚激戰士以幸一勝觀敵事勢預備遷徙是爲下策若貪顧江湖陂澤之險納探報之虛言緩經營之實績倚長江爲可恃幸金賊(改作人)之不來猶豫遷延倏至秋冬使金賊(改作兵)再舉驅虜舟檝淮江千里數道併進方當此時然後又悔是爲無策臣聞天時不如地利地利不如人和此天數爲下地形爲中人事爲上也明矣自古興王建業未有不得天時據地形藉人力而

能成立者也秦開關延六國之師逡巡而去不敢進攻終爲所併此豈特天時然哉地形之利有以致之也漢高祖據蜀漢用三傑卒能定三秦滅強楚是豈地勢然哉得人力以爲之助也今陛下車駕播越在此若不欲復雌爭天下則建都武昌力辦戰守僅保一隅可矣若必欲見中興恢復之功則非處巴蜀恃三峽之天險用陸路之壯士則不可也說者謂兩浙陂湖水澤之地所宜者舟楫胡（改作敵）人以鞍馬馳射爲事江南地利非其所長況彼盡獵江淮饜飫財寶豈復甘心南渡自取其敗臣應之曰逆胡（改作金人）猝然

乘機而興吞滅諸國意在力危宋祚期無後患而後已財寶地土非其所貪若謂江湖之險北馬必不能侵則往昔開拓之兵何以能抵江浙哉說者又謂聖駕所居彼必睥睨既能越長淮經江浙則又何憚而不能向蜀哉臣應之曰鑾輿所在不以遐邇賊（改作敵）固力圖然而江浙所恃者陂湖豈足以比蜀道之天險且駐蹕江浙又苟能暫安歲月吳越之風懦而驕日復一日士民相習安得復振儻據蜀道所鄰者秦渭之百二之地士勇馬健人樂戰鬭加以撫練士氣百倍豈與江浙之俗同日語哉況處川隴據上流則

江左自可保守安危強弱利害不啻萬萬也說者又謂吳以周瑜水軍二萬潰曹公數十萬中原之兵謝玄以步卒八千破苻堅西來百萬之衆烏在其爲江南不可守也臣復應之曰彼一時也其名則同而事則異殆不可以爲常且孫權以三世練簡之衆輔以劉備諸葛亮合應之謀曹操内有馬超韓遂關中之憂疲於遠馳遽捨鞍馬以幸其勝此周瑜所以能成僞降之功晉帝任謝安之賢修德備武固非一日苻堅不用王猛之言不知天時人事竭國而來畧無善術前輕後儳謝玄得以成淝水之捷古人常言之非

謝玄之善乃苻堅之不善若必欲以吳晉之事方之於今日眞守株而待斃兔也況今河北河東爲彼奄有京西陝華爲彼廢殘京畿漢上爲彼擾踐山東淮甸爲彼破蕩彼方徘徊江隅求操舟之人講舟楫之利彼勢我力比之去歲十倍不同若止欲處大駕於金陵一旦用潰兵疲卒與市井南民禦大敵於長江之上嬰兒搏虎不足以喻其危矣臣誠恐虜（改作敵）人今雖暫去乘秋復來分兵斷絕荊襄之路則秦隴之閒朝廷命令不通當此之時何所舉措臣所以願陛下速謀幸蜀據其形勝用其壯勇則恢復可圖或者

患蜀道之艱難懼百司之勞動六宫諸衞所過州縣驛頓騷然百寮將士亦必有不願遠適者臣以謂盤庚遷亳民胥浮言作誥安衆終享永逸況陛下鑒前日之失慨然欲據地利而圖克復皇天助順百靈效職人誰不願從哉況將士之中西人居半使之入蜀孰不欣然至於宫衞小勞驛饋小用不有暫費安得永甯昔者滕公負曾元而奔光武食麥飯而美急難之時非其僤也或者謂臣熙河人所以勸陛下入蜀便臣鄉里臣實無此臣之母妻兒女悉陷河北今之鄉里更無一人何所顧戀臣所以切切啓陳惓惓不倦者誠冀聖心之一悟斷以不疑明告中外即日西幸則中原指日可復中興之功上與周宣光武等永爲萬世之美談儻空泥庸言甘一隅之安忘萬世之利日往月來自就困蹙臣竊爲陛下危之仰願陛下藉祖宗累世積德之基乘億兆憤賊（刪此二字）報君之志奮然果斷而丞圖之實天下幸甚

三朝北盟會編　卷二百二十三　十五

賜進士出身頭品頂戴四川等處承宣布政使司布政使清苑許涵度校刊

三朝北盟會編卷第二百二十三

三朝北盟會編　卷二百二十三　十六

九〇四

三朝北盟會編卷一百二十三校勘記

終然萬乘倉卒而行然應作緣　一禮疏榮禮一作札　既隆體貌隆誤作降　宋安世誤作世安下同　干戈未徹徹一作敉　張遇一作孫遇　臣以是知陛下責躬行事脫行事二字　憂國愛民脫愛民二字　故無敵於天下也故應作固　其始用人非才用人誤作人用　是時若王師得濟濟誤作齊　既連陷大名東平二帥府帥誤作師　與諸軍潰卒往往奪路脫一往字　今陛下大悟前非脫今字　彼一時也此一時也脫此四字　而其事則異脫其字

三朝北盟會編卷第一百二十四

炎興下帙二十四

起建炎三年三月二日庚辰盡其日

賜朱勝非辭免批答

朕纘萬世之丕基屬四郊之多難眷求輔佐期共濟於艱虞涉歷歲時久未聞於績效既虛厥位益難其人允惟舊德之良宜膺大政之託授之國柄出自予衷再從廊廟之游大慰寰區之望而乃露章荐至避寵牢辭彌徇謙撝殊咈延佇矧卿元功在國懿德及民雅量足以凝遠圖沈機足以斷大事萬方引領冀

臻休息之期二相同心克副焦勞之志毋畱邦渙用穆師瞻

周紫芝上書○舊校云此書以太倉稊米集校對無訛

書曰臣一介微賤身在田野未嘗素官於朝不習祖宗典故不知朝廷治亂安危輒敢遊談妄議以干斧鉞之誅誠不自揣其愚徒以平日父兄之所訓誨朋友之所傳習有得於方册閒者皆可以爲今日鑒至於學士大夫之所談説問巷匹夫之所議論與夫黃童白叟相與垂涕感泣而言亦可以察民情之利病究當世之得失臣於二者豈不聞其一二夫既有所

聞於古又有所聞於今身爲陛下涵養之民心非木石粗知臣子忠義之方其忍不爲陛下言之臣聞漢遣蘇武持節匈奴遭緱王之變爲單于所繫其後昭帝即位請於匈奴而得之甘露中單于入朝帝思股肱之美乃圖形淩煙以著中興輔佐之助哀平之際天下大亂蔡琰爲胡騎所(此四字改作被)獲入於南匈奴魏武帝素與琰父邕善痛其無嗣乃遣使者以金璧贖之卒爲烈女以光漢室蘇武一使者蔡琰一女子於當時安危治亂無所繫而昭帝之與魏武於二子非有父母兄弟之親痛不切於肌膚猶不忍中華士族

流落異域以爲天下後世恨且區區救卹之不暇況有天下之大父母宗族俱墮夷狄(改作在沙漠)可以恝然不爲之慮乎今太上皇帝於陛下爲父淵聖皇帝於陛下爲兄其尊與漢之視蘇武爲孰重而皇太后於陛下爲母其愛與魏之視蔡琰爲孰親況胡虜(改作敵人)盛强憑侮中國無所不至日者虜(改作鐵)騎再入遂陷京師二宮之尊宗族之親相屬於道者三千餘人皆冒炎蒸涉沙漠屈身蒙恥未有反國之期則其羞辱痛恨之心與漢魏之視蘇武蔡琰爲孰甚三者利害較然明白固不待臣言矣在陛下豈不懷問寢之思

興在原之念欲迎復兩宮以雪宗廟之恥而快四方之恨乎陛下果有意如此臣不知其以何道而可以致然臣以今日之勢爲陛下籌之雖驅天下之兵以脅之不足以當其强竭天下之財以餌之不足以厭其欲盡天下甘言以悅之不足以回其意使子房爲謀臣侯公爲辯士猶未足以決勝負而定安危也況臣之愚乎臣不敢誣陛下以高論撼陛下以危言竊爲陛下深思之不過一言曰上策莫如自治而已自治之策無他在力救前日之弊耳陛下亦嘗思所以致今日之禍者乎用人不專黜陟不明剛斷不足此

三者所以招禍亂之本也仰惟太上皇帝恭已南面垂三十年思厭萬幾以禪聖子睿謀神算斷自淵衷當時百寮誰敢言者大臣李綱自九卿中首建此議危言讜論天下聳聞淵聖皇帝博採羣言擢置左右曾不旋踵復以言罷太學之士與父老百姓俯伏闕下叩頭流血以請復用者不可以巨萬計虜(改作敵人)聞綱復用一夕爲之退舍數日爲之歸師則綱之用不用豈不繫一時之重哉柰何未幾惑於羣言委以兵柄遂致覆師以貽竄逐朝廷知其爲賢既委以輔相豈當復責以將帥之任既責以此豈容小衄便加

大譴自古人君倚信大臣自當斷以獨見不可搖於異議前日朝廷之於綱其用也以百姓譽之其去也以羣臣沮之是大臣之進退不由人主之公心實出眾人之私意使綱雖欲奮忠慮爲國家排難解紛其可得乎臣於綱非門生故吏平生未嘗識其面目聞其謦咳而今言及此徒以天下之所係望萬口一音有不可掩者此臣所以區區爲陛下言之也昔郭子儀輔肅宗再造王室中間雖惑於魚朝恩之譖以奪其兵柄而議者謂子儀有社稷功乃置散地非所宜帝亦卽悟眷禮益隆故能卒收成功以興唐祚憲宗

討蔡師數不利羣臣爭請罷兵帝獨斷以不疑故能卒用裴度以平僭亂唐之威令幾於復振仰惟淵聖皇帝爰自卽位以來僅踰朞歲易執政大臣無慮數人如白時中李邦彥吳敏耿南仲徐處仁唐恪之徒相繼進用不過數月輒復罷去其餘近侍之臣更出迭入不可勝數初無損益徒有變更用人不專類皆如此有一李綱乃不能用以臣觀之所謂近捨馮唐而遠思頗牧也臣願陛下之於綱盡以國計傾心付之勿惑於詆訾不根之言勿責以勝負不常之勢則經綸天下之計綱當自有遠畫朝廷日治國勢日強

則虜（改作敵）人自然畏服二聖當有還宮之期四方漸獲消兵之福其所倚賴顧不重哉臣所以望陛下專於用人以救前日之弊者此也朝廷玩於燕安不思慮患之日久矣自蔡京王黼相繼用事交結朋比倚爲腹心遂使閹宦擅政憸壬竊權人主孑然以至孤立言之及此可爲寒心前年虜（改作敵）旣寇（改作薄）城元老大臣下逮百官有司爭挈妻孥順流東下爲自安計方其平時皆坐竊榮寵及緩急之際藐如路人此豈人臣之節乎有如此曹皆在可誅之域而朝廷不加深治後雖欲責以效死而弗去烏可得耶六賊之

惡暴著遠夷（改作方）義當戮於兩觀梟其頭顱狀其惡而聲之以播告萬方使夷狄（改作敵人）知中國有威斷之君四海畏聖主擅生殺之柄然後國威自立虜（改作敵）氣日銷而當時猶且遷延歲月處以善地元惡有如蔡京猶得保其要領而死賴臺諫之臣與太學之士懇惻屢言然後僅得畧正典刑亦未足以快天下翹足之望也其同惡之臣有出於蔡京王黼童貫梁師成援引而進者非獨不能盡逐而去之猶且倚以爲用或付以兵柄或委以重鎮其他固未易悉數如宇文粹中之守建康臣生東南親見其事方王室遭圍閉

之患實臣子自奮之秋而勤王之師沮抑不遣傲睨慘毒無所不至黠徒數百以誅元帥爲名至於害及平民流血滿野拘縶囹圄如鞫囚徒粹中身爲人臣屈首下賊處之恬然不能抗駡以死偷活須臾下汙士類上辱朝廷皆蔡京用事之臣不卽罷去遺患遂及於此乃知賞罰黜陟人主之大柄不可不明亦不可不敏武王討紂而釋箕子之囚知舉善之不可不先也孔子相魯七日而誅少正卯知去惡不可不急也昔者齊桓公問郭何故亡曰以其善善而惡惡也公曰若子之言賢君也何至於亡父老曰不然郭君

善善而不能用惡惡而不能去所以亡乃知舉善黜惡最人主之先務可不愼哉況蔡京用事以紹述責臣下非是則謂之沮毀以經說繩學者非是則謂之邪說士不讀史書者幾三十年不知前代興亡不知古人忠義唯以偷安苟且持祿養高爲事凡今日僨軍之將亡國之大夫皆前日姦佞闒茸假寵盜名可誅而不誅當去而不去者如此人尙在要路則幾何而不至於喪師割地誤國欺君者哉是以猖狂之虜（改作敵國之兵）得以自肆入關而來渡河而去兩年之閒盤旋往返如在無人之境寶玉貨貝嬪御子女盜（改作迫）

擭驅逐如探物而取諸懷諸將堅壁而不進守臣開門以納寇築壘京師數月之閒殘虐萬狀卒至二宮北狩王城之人號呼震地臣思其由皆坐於黜陟不明蓋黜陟不明則正人不復盡用姦人不得盡去使前日盡行竄殛不留爲今日之用則臣知其不復有今日之禍也昔安祿山之反眞卿守平原杲卿守常山皆能摟孤城以抗劇賊李憕正色就死而兩河聞風再固危壁張巡許遠城守不下而能蔽遮江淮天下賴以不亡盧弈爲御史中丞被服坐臺駡賊不屈郭子儀李光弼皆轉戰逐北誓不反顧遂能復振唐

室不知今日忠臣義士能如當時之衆乎何前日忠義之多而今日無之蓋正人不用而姦人猶在也始朝廷起四總管兵首及城下者唯張叔夜臣是以知人才之盛頗有愧於唐也比者虜（改作敵）人長驅直擣王室兩河淮甸以至京師堅壁捍禦者不知有幾轉戰逐北者不知有幾罵賊（改作敵）死難者不知有幾延敵內應者不知有幾逗遛不進者不知有幾用命者賞之不用命者戮之則賞罰明而國威立庶幾可以示激勸之方陛下卽位以來不聞有顯然賞於朝戮於市者則是國威有未立也向以不能盡去朋黨遂

致其禍如此今復不戒後車設有變故臣不知陛下何以使人威信不素立賞罰不素明雖有激勸之方臣知其不可復用也臣願陛下大明黜陟以正忠邪屏逐畏懦輭弱之徒旌擢骨鯁犯難之士凡前日假紹述談經說以自謀其身者一洗而新之使天下曉然皆知忠義者必賞姦邪者必誅則忠臣爭效死節壯士勇於敢爲庶幾可以雪萬世之恥不墜祖宗無疆之基臣所以望於陛下大明黜陟以救前日之弊者此也自崇觀以來姦臣用事日久鉗錮忠讜置而不用七有慷慨敢言衆皆指爲狂夫小則屏斥夷裔

（改作煙瘴）大則嘗被斧鉞皁囊不奏於九重臺諫遂幾於虛位此言路所以壅塞而不通姦邪所以横猾而日肆朝無端人禍及四海至使夷狄興敢拒之師人君下哀痛之詔究其禍根實出於此（刪至使至此二十四字）淵聖皇帝深鑒前弊卽位以來虛已受諫常若不及擢置一時諫諍之臣招集天下敢言之士忠讜之風煥然一新雖禹湯之聖無以復加惜其羣言交至一切聽納受之泛然無所甄別而人主之權遂歸臺諫詩不云乎謀夫孔多是用不集發言盈庭誰敢執其咎蓋謂聽言之不可不擇也人主聽言不先謀及乃心而

紛然惑於衆論則何所適從而可況賢者之出入實繫一時之治亂故魏有段木則諸侯息兵虞有宮之奇則晉獻不侵汲黯在朝而淮南爲之寢謀裴度之用不用每爲天下之重輕可不謹哉頃者諫官上疏論列李綱十有餘事其言未必切中意在巧詆以快私心朝廷自當追念殊勳置而不問章雖屢上斷以不疑則後有賢者誰復敢以私怒陰相擠陷耶一失斯人亂不旋踵至使金虜（改作人）鳩諸國之衆提百萬之師叩關而來如蹈空谷兵動九天聲震四海而吾中國初無一夫敢當其敵者幸而啗以金繒割以壤

地虜（改作彼）亦從而退師柰何虜（改作敵）馬朝解守禦暮怠幸其既去以爲苟安而不慮後日之憂此豈策也哉當時議者猶欲從其北渡躡其後塵以追而擣之既已惑於羣言不能斷以必往已而又以河朔之民恥在左衽（改作不肯忘國）而割地之盟棄不復用則大信既虧虜（改作敵）情益憤矣夫進不能追其師退不能結以信揣其私情豈不再至明年虜（改作敵）騎果入固已洞知朝廷虛實强弱之勢與夫吾兵之多寡人才之勇怯山川之險易矣又當時在庭之臣不免皆去年用事之人而一時之名臣宿將悉已罷遣以此自料果

有必勝之勢乎何不斷以大義與羣臣南下名爲播遷猶得上策而又惑於衆議城守不遷使前日能以剛斷自許於數計之中必行其一臣知其不復有今日之禍也臣願陛下體乾之剛行巽之權有漢光赳赳之稱無元帝優柔之失則兩宫之恥可雪七廟之祀不乏而陛下之聖孝神武光於四方昭示萬世有不可掩矣臣所以望於陛下勇於剛斷以救前日之弊者此也恭惟皇帝陛下以聰明勤儉之資膺皇天付託之任躬履艱難嗣承丕緒天心人望莫不歸悅而適遭兵革搶攘之餘四海彫弊之日扶衰撥亂去

危即安事有不可勝舉者臣之狂瞽所陳不過三策誦臣之言初若迂闊無補察臣之意似能切中時病臣之私意以謂不能力救三弊不知何以遂致中興臣度今日之最急者不過欲報國之大讎雪兩宫之幽憤復境土安天下以成中興之功而已且夷狄（改作金人）服叛不常久矣本其（刪服叛至此八字）侵侮之由實皆中國自召又況資其兵力以爲援助其功既大責報必深一有不至必有禍害昔人以謂湯武之興未嘗與夷狄共功蓋疏而不用也（刪昔人至此二十一字）唐之肅宗嘗用回紇矣卒致掠華人辱太子甾殺近臣以爲唐患

德宗嘗用吐蕃矣卒致刦平涼敗上將空破西陲唯太宗之用突厥也倚以討賊賜予不貲而卒與賊連和舉國入寇於是太宗不勝其怒曾不三年電埽風除遂墟其國豈不快哉國家倚金國以取燕雲其禍根連結固有所自來度今日之勢能如太宗之報突厥其神且速如此乎唐興之初際天所覆悉皆臣服自三王以來未之有也唯吐蕃回鶻最號雄强爲中國患獨甚且久當時謀臣猛將圖視其計卒不得其要領晚節雖自亡而唐亦衰焉今夷虜（改作敵人）日以盛强中國漸致衰弱臣願陛下體太宗之英武以蹶其

芽而犂其庭不願若唐之末世與二虜相（刪此三字）爲盛衰而已也議者以謂方今將帥乖離戰士疲苶甲兵鈍弊財用殫耗連年動衆不勝其勞將何策以制之臣不敢上援遠古願鑒前日之三弊以專於任用明於黜陟勇於剛斷爲陛下言之蓋人主能論一相則賢者必以類至百度自然振舉四海自然悅服柰何正直則必爲邪佞所惡功高則必爲孱庸所忌此譖愬所以必行諸逐所以隨至是任用之專最爲人主難事今既得賢而用之不能盡去姦邪則其勢必不兩立且前日小人之徒至今猶列顯位則是慶父不

去虜難未已也儻不決於驅除臣恐終至誤國是明於黜陟尤爲人主之先務二者非勇於剛斷自信不疑則亦不足以振主威於既弱理頹緒之將紛此三者在陛下力行之而已天下寇雖已去而國勢漸削四方嘯聚旁午山谷九族遠託穹廬而虜（改作敵）情猶未定安危未可知臣意陛下食不得甘味卧不得安寢朝廷大臣當主憂臣辱主辱臣死之時豈得恝然不以安危介意自陛下踐阼以來其所施設猶未足慰天下之望此臣所以敢陳三事以冀陛下奮然有爲以革前日之弊也去年金虜（改作人）既去而君臣相顧以爲無事故謀臣不講禦戎之策絕塞不設防秋之戍朝廷不選將帥郡邑不練甲兵乃復罷舒王配享之祀復春秋取士之科至於士論紛然幾成聚訟可謂不急之務也今日不鑒去年之弊而禦戎（改作敵）防秋選將練兵之計一切置而不問去年復春秋今年行詩賦去年削舒王配享之文今年復元豐釋奠之制觀其事體與前日畧同安知虜（改作敵）人不復窺中國以肆其虎狼之喙耶此臣所以妄意恐陛下復踵前日之三弊是以敢效其愚衷庶幾涓埃之微有以上裨獻納昔人論王伯之理謂以一士止百萬之師

以一言制千里之難今求驍鋭勇敢之將可使絕域之人有能繫單于而斬樓蘭横行匈奴而勒功燕然者乎既不可得即有賢相爲天下之所係望名震四夷（改作方）能使酋長（改作天下）望風而畏則何止卻百萬之師制千里之難而已哉臣見數年之後要路無小人朝廷有公論將士革離叛之心師徒鼓驍鋭之氣財力富强國勢十倍人人思奮以雪君父之恥陛下又濟以剛明果斷建立大功以成大舜之孝固有日矣若乃興師動衆勤民異域以與夷狄（此三字删）角一戰之勝則臣不願陛下爲之文德修而四夷賓中夏安而遠人服惠此中國以綏四方昔人以爲周得上策故曰治人惟聖人能之昔者越王勾踐困於會稽乃苦身焦思嘗膽朝夕不忘其辱其後卒能大破吳國使甲兵横行於江淮東諸侯畢賀號稱霸王徒以得大夫種范蠡而用之耳故種能鎮撫國家親附百姓而甲兵之事則蠡實専之越王爲之食不加肉衣不重采折節下士厚賢禮賓振貧弔死與百姓同甘苦是以二十三年之閒一舉而滅吳以雪會稽之恥此霸王之業不足爲陛下道臣請以漢高之事明之高祖二年東伐楚大敗於睢水之上太公呂后質於羽軍

其後侯公往說而復歸於漢及天下大安偃兵息民而高祖五日一朝號太上皇復爲父子如初果何術以得之哉項羽棄范增而不用高祖得三傑以共成帝業故能力戰以有天下知勇過於湯武而孝行不減於曾參今陛下得將相而用之有若大夫種范蠡蕭何陳平張良之徒而復仇雪恥之心不忘於朝夕之閒則亦何患乎不能成二王之功耶臣生長盛世蒙被累聖之休光恨無以自效其愚朝廷遭值百六之災北方之民橫被屠戮者十有八九臣生於東南僻遠之地目不見戰伐之事坐視兩宮遠在異域中

夜卧起悲憤交攻自揣儒庸不能挽强執鋭以效死唯有孤忠可以自獻是以敢陳蕪猥之辭不避狷狂之罪頃者郡國不以臣不肖兩得充賦於澤宮道由淮汴以至京師是時四方奉花石之貢吳橘蜀艑竒巖而來銜尾而進不絕於道臣在舟中望見幾至泣下是時欲陳狂瞽之言者屢矣重念言之必至殺身其實無補於國今陛下踐阼之初痛革諂諛之弊樂聞骨鯁之言臣於此時不思一奮則是終身無可言之時也惟陛下察其狂狷赦而不誅非獨臣之私幸實天下之幸也干冒天威無任昧死俯伏待罪之至

賜進士出身頭品頂戴四川等處承宣布政使司布政使清苑許涵度校刊

三朝北盟會編卷第一百二十四終

三朝北盟會編卷一百二十四校勘記

朕纘萬世之丕基萬應作奕　昔者齊桓公之郭脫之郭二字

問父老曰郭何故亡脫父老曰三字　李憕正色就死憕作憕

如蹈空谷蹈誤作蹈　不過欲報敵國之大讎脫敵字　惟陛

下察其狂瞽瞽誤作狷

三朝北盟會編卷第一百二十五

炎興下帙二十五

起建炎三年三月三日辛巳盡五日癸未

三日辛巳擇日幸江甯府

是日降旨昨金人逼近倉卒南渡漸至錢塘勢非得已每念中原未嘗終食敢忘果據探報金人軍馬歸回已離揚州錢塘非可久留之地便當移蹕江甯府經理中原之事可令於四月上旬擇日進發應江甯府合預排辦幷沿路一行所須等事有司疾速排日施行務要前期趁辦應副諸軍外餘事悉從簡便不得騷擾

呂頤浩爲知樞密院事知江甯府兼江南兩浙經副使

知杭州康允之差往措置江甯府事

裴淵及靳賽戰於泰州

靳賽刦掠通州以其眾至泰州則日收捉裴淵淵出眾與戰人無器甲悉取民家氊褥作輭纏出城爲賽所敗淵在城上呼其眾入城賽追至門外時門扇猶未闔淵之眾悉力禦之賽眾退去自後兩軍以皆官軍遂各遣介議和淵出金銀犒賽軍而去

五日癸未御營都副統制苗傅劉正彥殺籤書樞密王

淵舉兵詣闕反逼上遜位皇太子元祐太后垂簾聽政秀水閒居錄曰建炎三年己酉二月三日余爲中書侍郎從車駕自瓜洲渡江四日早宰執侍從朝於鎮江府治中上諭曰召從官諸將同入堂議事有中官來云急宣兩府卽復馳詣行宮上曰適王淵奏來乞速幸餘杭云鎮江暫駐止是照管得一處若虜改作金人自通州對岸過江先據蘇州柰何不若錢塘有重江之險適已議定徑往杭州此中諸事暫留卿處置事定卽來更無文字朕卽今上馬卿便治事余頓首曰臣敢不承命車駕既行王淵在江下遣人報之今

差三百人入城防守三鼓方至語部將楊沂中詰旦分差防守倉庫諸門郡官皆不至午閒聞通判梁永祖在近郭竹林寺招之卽來付以郡事六日官吏百姓稍稍入城余率永祖徧走坊市告諭衆情遂安十日至蘇臺車駕未行卽作奏覆旨晚對具述鎮江事上喜見眉采差充平江府秀州控扼使上曰卿是執政官行事並如朝廷不須更具畫一卿必無過擧余拜謝是日車駕進發繼得省劄余加御營副使月末忽被召抗章力辭且請渡江之罪至嘉禾不敢進又辭王淵自平江來云卽被召遂先去中使高琳等三輩繼至皆齎御筆趣行三月初一日至臨安黃汪二相皆罷是日以晡時入見初二日告廷除右相初三日朝退方聚堂得御批王淵除籤書樞密院事仍兼都統制是夕聞諸將不樂初四日留身奏言王淵除命諸將有語陛下聞之否上曰如何余曰臣記得武臣作樞有免進呈及書押劄子故事今淵又兼都統制於諸將尤有利害臣欲罷淵兼官免進呈書押於故事庶彌衆論上皆以爲然卽行之歸堂少頃內臣康履來傳宣旣見請屏人出黃紙一小卷展視字兩行統制官田押統制官金押余謂此何謂也履曰軍

中有謀變者以此爲信號從之者書其名於前履家僕使有得之者密以告余曰知其謀否履曰畧知期以來早卽於天竺寺適得聖旨令朝廷召王淵商議爲備事作方論其意田卽苗也金則劉也詐言謀於城外以誤淵使部曲出外耳卽召淵告之至暮淵報曰已遣精卒五百人使臣十人將一員今夜伏於寺側初五日早朝右丞張澂留身申謝候於殿門未久澂倉皇至閤子曰方奏事內臣康履遽前云街市軍士邀截行路履馳馬獲免上見詰問傳旨復召二府至榻前上令履說履說如初且戰慄不退余曰宰執

奏事其他臣僚不當預乞令履退余奏曰方今國步艱危人情憂懼正是姦宄作過時節履說必有之要須審於處置中軍統制官吳湛嘗委伺察非常今有報否上曰無報余曰湛在行內北門下嘗乞遣人鞫問方令閤門官呼快行召湛忽報湛遣人奏急速事令取文字曰無文字來人乞面奏卽呼入云苗傅劉正彥今早率手下人擐帶器甲將爲教閱忽把截街巷不放人行王樞密朝退與正彥相逢正彥手殺淵籤其首與諸軍同來內前要奏事已閉門拒守上大駭愕不覺起立余曰既殺王淵反狀已著臣請往問

之上曰卿卽遣報既至門首湛迎語曰人已逼門不可開遂登門樓傳與正彥在前張逵王世修次之諸校又次之皆被甲以長竿梟淵首甲士擁其後余抗聲曰汝等皆世受國恩身爲將帥一旦如此欲何爲也傳正彥仰首曰王淵渡江敗事當誅卻除樞密黃潛善汪伯彥作相誤國行遣極輕康履曾擇陵侮將帥人人切齒余曰王淵誠有罪安得專殺黃汪二相貶責自有次第見議再貶二內侍作過上不知耳知之不容今當奏陳重作行遣速率諸軍歸營二凶相顧未行有（改作）語管軍王元登樓大呼聖駕來黃傘遽

前二凶拜諸將軍士皆唱喏余退迎上具奏上曰何不退問更有何事余又問之二凶曰請誅履擇上令吳湛呼康履少頃至押出門眾校卽殺之亦梟其首與王淵首相對擇下直不在禁中二凶又曰聞欲遣使金人乞請太后垂簾聽政上曰太后意如何余曰自無此理門下侍郎顏岐曰若太后自諭之則眾無辭矣上語岐曰卿往奏太后少頃太后乘小輿至不肯登樓內侍報上密語上曰太后欲出門諭諸軍執政皆以爲不可曰方有此請若爲邀出柰何余奏曰必不敢臣請從太后出傳導語言且觀羣凶之意上

以爲可卽下樓步從小輿出至樓前太后呼二凶至講諭久之二凶但言乞垂簾庶於和議可成使回無成捲簾可也忽聞上傳旨曰可依請眾皆羅拜稱謝太后回亦不登門只於廊廡安置諸軍尚不退二凶復請曰太后既許垂簾乞尊主上爲太上皇帝請皇子魏國公攝政庶便和議余因垂泣而言曰凶逆之謀一至如此臣備員宰輔義當死國指樓下曰此臣死所也臣乞下樓面語二凶開諭三軍二凶所恃人眾耳三軍見從卽無事不然不過殺臣上俛首沉思曰卿欲如何開諭余曰臣今先問所請何意彼必曰

爲和議又問出於二將與幕府耶或出於軍衆耶彼必曰出軍衆則答曰如出諸軍當親往徧問既入其軍則可以忠義利害諭知之矣上曰凶焰如此卿往必不全既殺王淵又害卿將置朕何地余卽雨泣伏地曰事變如此臣無解紛之策欲盡死節而已不能保死後事也上揮左右稍卻附耳曰朕今與卿利害正同若復國不成死亦未晚余嗚咽不能言上令傳詔從謀復令李邴取紙筆親書數字與之樓下皆呼拜諸軍欲退余揮淚奏曰臣終當下樓一問諸軍上曰卿勿輕發余曰臣不敢不愼卽趨出呼諸軍近前

二凶先至余因更喚幕官將佐使臣軍校等來者數百人騈首爭聽余曰二將此舉諸軍知之否應曰知又問此事出於忠義爲國耶或別有所圖應曰忠義爲國欲定和議余又曰金人與兵近在江岸和議成與不成固未可知衆曰更在朝廷措置參議官王鈞甫欲前復退余曰王參議有何說鈞甫出曰今日之事二將忠有餘而學不足余曰果是忠於國家別無奸謀自今已後循守法令聽朝廷指揮若有强横鼓衆不法之人不得容庇諸軍共誅之皆曰諾衆遂退初九日鈞甫來與語余遽問曰前日樓下言二將忠

有餘而學不足何謂不足鈞甫逡巡曰如劉將手殺王淵是也余又曰此事軍中爲是爲非鈞甫曰亦有以爲非者余曰賢言學不足必是以爲非鈞甫致謝余曰道君皇帝待燕士如骨肉一旦兵難此輩無一人能效力者古人云燕趙多奇士殆虛語耳鈞甫曰不可謂燕無人只謂朝廷未劄得腳余曰未劄得腳未可與虜敵改作角力自治豈無策乎以主上天資英睿春秋鼎盛尙劄腳未得虜敵改作營近在江北太后抱負聽朝將來秋深事當何如鈞甫曰這箇則甚可憂余曰賢與馬參議皆燕中知名曾獻策要滅契丹

今金人所任信人多是契丹舊人若能渡江必首先來取二人且須早爲朝廷協力爲劄腳之謀鈞甫唯唯是日上幸別宮故相劉正夫第也繼有旨稱睿聖太上皇帝仍以睿聖爲宮名宰執百官皆從侍衞如儀十四日張浚自平江遣進士馮康國持奏并中都省乞主上貶損位號柔伏虜敵改作情次日二凶白當遣使議和不可緩余曰已議定朝夕行出聞得虜敵改作寨有在淮揚之間者未知酋長主將改作何在須遣小使尋訪報信今欲外召二使先遣一小使報信如何皆曰善遂擬定召王孝迪盧益樞密院准備差遣小使次日早

朝奏陳遣使事極有可慮太后曰豈能便和余曰今虜（改作敵）騎留於江北中秋必謀渡江近日事彼必探知虜（改作敵）意欲國家安治乎危亂乎必欲其亂可以乘隙吞噬若不遣使二凶必謂請和我既未遣人安知不可若遣使虜（改作敵）必僞許挾二凶之變刦持其事二者皆害反正臣曾深慮昨日與執政共議託以不知虜酋（改作敵帥）所在先遣小使則臣之謀也太后曰吾未曉卿但說余曰所召二使皆在近處見行在新遭事變必未敢來必有辭免遣人來朝廷體問臣當諭使力辭先遣小使擇一可委人令到平江訴於呂

頤浩等曰朝廷硬差來實不願往乞留軍中頤浩等必欣然留之如此則名爲遣使其實不行以杜塞二凶之謀免墮虜（改作敵）人之計太后喜已而盧益果遣人來問召意余諭使力辭孝迪不辭而來依舊除中書侍郎遣迪功郎胡樞充小使密戒之至平江果不行曉朝留身奏言自事變以來今十餘日能爲朝廷之助者從官中惟兵部侍郎直學士院李邴諫議大夫鄭瑴邴舊爲内翰今乞再除瑴乞遷御史中丞太后俱以爲可復奏曰遭此異變士大夫在朝者固是不幸然須蒙耻奮身共濟艱危如中書舍人林遹刑部侍郎衞膚敏皆杜門不出意欲坐觀成敗是何用心所以乞稍遷二人以爲激勸

賜進士出身頭品頂戴四川等處承宣布政使司布政使濟苑許涵度校刊

三朝北盟會編卷第一百二十五終

三朝北盟會編卷一百二十五校勘記

暫至錢塘勢非得已暫誤作漸　累據探報累誤作果　務要前期趨辦趨誤作趁　兼江南兩浙經制使制誤作副　准備差遣中遣小使脫中遣字　二凶必謂元請和議脫元字　未必敢來未必誤作必未

三朝北盟會編卷第一百二十六

炎興下帙二十六

起建炎三年三月盡其月

三月六日王世修見余曰事已有成容子細稟覆累日與二將諸幕論議大抵以軍中人情中外公論反復曉諭朝廷若舉反正之議無敢不從惟是二將所陳未有一事得請頗以爲言如年號等事昨日再入文字語未畢呈內降文字乃二凶所奏紙末批云第三奏可改元明德或明受余卽示世修曰已從請矣世修曰且告少留此奏來日降下今還軍中言以爲論改年事庶於世修無疑後兩日改年明受又曰二將甚愚不難制惟張逵最乖因議及請復辟言上還宮乃曰本爲議和今使猶未遣豈可輕議迎請余曰虜改作金人近在平江比日已遣小使使路若通非久便見可否胡樞密遣人齎狀來云至平江府爲勤王人所拘留文字亦取去余令偏呈執政及二凶與幕官到堂示之自此使議遂息二十日上下人情翕然和同軍民皆言當反正二十一日世修至云軍中已定便可下詔余曰事固定亦當速然迎請車駕須有禮儀及奏章書詔之類先須執政議定又須擇一吉

日忽平江傳檄指名二凶之惡來人以數十本傳城中二凶得之忿怒相從至堂出檄文曰某等前日之請欲和金人以息兵革本期使人回見得虜改作敵情如何別作商議無何大使不來小使不通方聽朝廷措置今勤王傳檄直以某等爲逆賊實不能堪欲率本軍徑至平江與諸將理會了卻來迎請庶顯本心又聞此檄出張浚之意辭氣忿戾與常日不同余曰旣知是張侍郎之意渠便可罷彼兵權付呂樞密必無事矣於是衆退晚朝具奏批旨云罷浚禮部侍郎後浚來首語余曰前降罷命知非朝廷意卽時毀卻

省劄棄之江中余曰方是時反正事垂成凡有益於此者皆爲之不特此命也如黃汪二相再貶亦是此意浚與黃潛善深知故併告之於是召李內翰邴張直院守分作宰執百官奏章三奏三答詔及率百官迎請詔太后手詔并赦文二十六日執政聚議詔二凶二十七日令行守司發帖子請召諸公皆危之少頃人回曰皆來旣見余曰反正事已定擇日迎請朝內百官皆有章奏公等可便作之傳面頸發赤慚恧無語回顧正彥正彥起曰前日所請本爲和戎改作局今雖平江使命不通未曾別差人別路前去首尾及

一月卻請反正前後事體相違余厲聲曰如公之說正不相違本爲和戎改作局而不可通使更何所待若不由平江他路遣使緣事巳張露其誰不知州縣亦必邀留虜改作金人只在江北今已二十餘日彼必探知子細平江曰稱勤王餘杭尚未反正兩相疑阻虜改作金若乘隙不待秋冬徑渡諸軍奔潰國家束手受斃皆二將爲之也又安知內外無忠義豪勇之士攘臂唱義立定亂之大功者乎前日王淵不當爲簽書人情尙能如此今日事孰爲輕重哉若前後相違今能因衆以請猶是救得一半招諸公說諭乃是要得

上下和同不然下詔率百官諸軍請主上還宮公等六人措身何地平時爲將帥者皆賴國家官爵俸祿號令法度故能使人一旦是非曲直旣明雖三尺童子亦知去就將校軍士今則必難誑惑今日之事不可旋踵請於幕次草奏日已高令堂厨具食前一日預於廊下設幕次紙札皆備食畢送茶且覘之人回云世修草奏張逵共看二將無語少頃持來二十九日下詔卽朝別宮累日陰晦至是開晴人情大和悅中後二凶來私第稱有稟覆事見之云某等自初五日樓下陳請後來未曾見上來早當迎請卽今欲隨

相公一到别宫見上謝過三十日五更赴睿聖宫比曉畢集率文武百官數百員伏殿下餘人立殿門外三奏進封三賜批答答詞前一日所進也久之上方御殿拜舞山呼聲聞數里二府升殿余奏曰日巳巳時二刻乞駕興還行宫上猶遲遲余又奏曰導從侍衞自五鼓集此已過進膳乞趨駕未審乘輦乘馬上曰乘馬就西廊余搢笏披上就鞍軍民從觀往往登屋夾道歡呼焚香如雲至行宫御殿閤門以次引班拜訖皆退是夜二府宿堂四月初一日百官早朝奏日二凶未有以處欲與遷官除淮南西路制置使令

將部曲赴任上曰淮南有金人否奏曰東路有之指揮内使便與説破如所部州縣有金人占據但於沿江駐軍相度渡江仍不候受告起發二將許入辭餘悉免上皆可之初二日早朝捲簾上獨斷如故至晚二凶來見云昨日已入辭蒙恩賜金軍伍已發乞今夜勿閉城門庶得一日發絶是夜數處縱火而大兩傾注火不能起復出一劄子乞賜鐵券余曰故事有之不講久矣取筆面判奏待給賜令所屬檢詳故事如法製造不得住滯又曰王世修尚可從軍否余曰渠爲從官豈可復參謀又曰兩日並不相見余曰是

恐拉行是夜三鼓後人馬出盡初三日押赴朝郎官傅宿來漏舍白急速事宿曰昨夕得省劄給賜二將鐵券此禮本以待有功今可給乎余展劄子請執政同看問宿曰檢詳故事檢得否曰無可檢又問如法製造其法如何宿曰不知也又問如此可給乎執政皆笑宿曰已悟矣余既去朝後數日見邸報宿論功遷一官上曰昨日城上望郊外水際有舟船火炬朕遣人墜城探之乃韓世忠部下先鋒陳思恭船泊水中不敢近岸去人問之但云苗統制去也未勤王兵乃如此余曰勤王兵不爲無助只要他作聲援如遣

陳康國來及拘留小使之類皆是儻或兵至城下勢必交戰勝負固未可知設使戰勝二凶必生姦謀以保護爲名分守兩宫勤王兵雖勝如何措手相持不勝則禍變叵測矣此國家利害也如論臣寮利害則在城者甚危而難爲功在城外者甚安而易取名檄云當與天下共誅之此雖大義然事若至此雖誅何救度諸人朝夕必來臣則去矣望陛下試以此意諭之看有何説仍望速令分路襲擊勿令過江則難討也初四日求罷午間報韓世忠部將佐陳思恭孫世詢等至皆以塵土蒙面破裂衣裳亦有面頰封藥如

金瘡者州人指笑曰舟行未嘗有塵不曾戰鬬何故傷損皆奔趨禁門欲直入衞士呵止遂大呼毆擊而入倡言曰韓太尉使來折簾徑至門殿呼叫不已上大驚遣人引至殿廷望殿上無簾慚怍而退至晚呂頤浩等皆至初五日二府奏事方退留身奏曰陛下旣許臣罷去乞早賜處分臣自此不復敢赴朝上曰卿拜相方三日事變遽作賴卿之力二十五日而事平以卿平難之謀用圖恢復必有所濟余曰臣若不去人必謂有所蒙蔽臣去之後公議乃見今中司闕官乞陛下選除從官知事者爲之庶幾議論得實上

曰誰可余曰中書舍人張守見直學士院自李邴遷執政以後書詔皆出其手日至都堂頗聞謀議且臣累聞聖訓謂守作言官論事得體上曰卽有除命上又曰朕與卿相知今暫聽卿去然孰可繼卿者余曰以時事言之須呂頤浩張浚上曰以謂勤王有功耶城中安靜數日方至余曰嘗論奏外援不爲無益不必先到城下若以二人作相則諸將必喜上曰且除一人二人孰優余曰知臣莫如君況命相大事臣何敢優劣上曰第言之余曰頤浩練事而粗暴張浚喜事而疏淺上曰俱輕浚太少年余曰陛下若以浚爲少年且除近上執政官向日臣自蘇州被召軍旅錢穀悉以付浚後勤王事力皆如此此舉浚實主之上曰然又曰卿欲何往余曰聽命而行不敢有擇上曰除卿帥藩奏曰臣聞命卽出城乞免謝辭上曰莫不當免否余曰除目內帶下合免卽是責命若奏陳乞免卽是從請上曰甚好又兩拜辭上將退上曰卽今便押卿赴都堂余曰蒙陛下恩遇之厚體貌已全乞免此禮上曰有說卿到堂少待令呂頤浩張浚劉光世韓世忠張俊皆參堂以正朝廷體面前日將佐直撞入內殿打衞士叫呼無禮皆不知道理此風不可

長也余曰頤浩是赴堂供職陛下旣以朝廷禮法爲訓臣不敢違臣聞唐李晟平朱泚之亂奏云謹以肅淸宮禁祇奉寢園當時寇汙宮禁晟擊出之故云肅淸今陛下還宮已數日將士直突呼叫至入殿門誠是不知道理上曰極是余曰臣至堂只見諸將畢便去須臾到堂諸人皆至光世曰禮合公參世忠云金人固難苗傅處只有些箇漢兒怕他做甚余曰請太保急追討無令過江歸得御筆張浚除中大夫知樞密院張守除御史中丞至晚鎖院宣召直院王綯翊立宣制頤浩右相余觀文殿大學士知洪州卽奏乞

免謝辭徑之城外接待院先因渡江盡棄囊橐一簪不存至是隨行惟一布囊負之而趨路人皆笑有歎息見憐者中書省吏齎機密文字黄袋來納余令當面開示有二凶請劄子不曾施行者十八紙具奏繳納次日内臣康諝來傳宣曰謝辭依奏已免又出手詔奬余令繳劄子且改除知平江府即作奏乞依前守洪隨行親兵七十人以道路尚難乞將至新任附諝代奏并別作一劄子謝賜奬諭手詔云朕覽卿所奏苗傅等申請朝廷不曾施行事十八紙卿任宰司之三日變起倉卒方羣凶肆虐刦制上下圖謀爲逆

卿在廟堂能折姦言拒而不行保安兩宫卒以無虞雖曰在外大臣將帥提兵入援實卿謀慮周密終始保護之功朕甚嘉之已除卿觀文殿學士知平江府蓋朕將幸建康以援中原倚大臣爲屏翰委任重矣故茲親筆示諭想宜知悉初八日閤門官張泰送詔來依舊守洪遂過錢塘江於越州治行繼聞遣給事周望督諸將討賊又聞諸將擅殺工部侍郎王世修中軍統制官吳湛皆掠其家先是歲前聞金虜（改作人）既破鄆州黄相約諸執政曰六宫先渡江侍從百官家屬亦聽從便惟吾曹骨肉不可動動即軍情不安

至是皆狼狽徒步登舟塞河而下江水未應開不可出余有大船稍工夏立先泊眞州閘外謾遣一介告之令彼放船至瓜洲又以告小子唐卿余從駕渡江不敢顧家詰朝報至云骨屬乘夏立船已過江少頃唐卿來云是夜三鼓後去江岸十數里船不可行特火炬江上尋夏立船一問得之骨肉徒步行蘆葦中欲曉發舟徑渡復遣舟取行李則火起人散虜（改作北）騎至矣

賜進士出身頭品頂戴四川等處承宣布政使司布政使清苑許涵度校刊

三朝北盟會編卷第一百二十六終

三朝北盟會編卷一百二十六校勘記

可改元明德或明受以示余（脫此三字）　改元（誤作改年下同）　令行守司發帖子（行守司一作有司）　徑渡衝突諸軍奔潰（脫衝突二字）　且覘二人同去（二誤作之去誤作云）　乞駕速還行宮（速誤作興）　韓世忠部下將佐（脫下字）　徑至殿門（門誤作門殿）　後勤王事力皆出此（出誤作如）　除目內帶下令免（令誤作合）　金人固難敵（脫敵字）　且改除知平江府（下應接手詔至想宜知悉一段中係誤簡）　卽作奏乞依前守洪（至）　謝賜獎諭（以上三十九字應在想宜知悉下接入初八日云云此係誤簡）　持火炬江上（持誤作特）　黃相約諸執政（黃一作士）

三朝北盟會編卷第一百二十七

炎興下帙二十七

起建炎三年三月盡其月

建炎復辟記曰。（舊校云此節取建炎復辟記者校正無譌）建炎二年十二月十六日乙卯隆祐太后御舟至於杭州有武功大夫鼎州團練使苗傅爲扈從統制官駐軍於奉國寺至三年二月初四日虜騎寇（改作金騎攻）揚州乘輿渡江十三日壬戌車駕次杭州命簽書樞密院事呂頤浩禮部侍郎張浚制置使劉光世御營使司都統制王淵留屯駐於鎮江府江甯府措置沿江守禦公事俄詔淵還遣御營前軍統制張俊將部兵守吴江三月二日庚辰以王淵同簽書樞密院事五日癸未苗傅及御營副將軍劉正彦反揭榜於市及傳榜報諸州曰統制官苗傅謹申大義播告天下民庶官吏軍兵等邇者大金侵擾淮甸皆緣奸臣誤國內侍弄權致數路生靈無罪而就死地數百萬之金帛悉皆遺棄社稷存亡係於金人之手此皆大臣幷內侍等不務修省徇循故態爲惡罔悛致令民庶惶惶不知死所進退大臣盡出閹宦賞罰士卒多自私門金人將至朝廷安然坐視又無分毫措置卽日兩浙之民遂

有維揚之禍嗟爾士庶興言及此甯不感傷朝廷微弱未能明正典刑今某爲民除害應有大臣罪惡顯著幷內侍等官並行誅戮期爾士庶一德一心共圖中興之業其無疑惑以致後患本爲生靈別無希取爾等若獲安居傅等雖死無悔昭示此心誠貫白日宜相訓告以信萬方苗傅同劉正彥勒兵向於闕前梟淵首於闕下是日宣麻除劉光世爲檢校太保殿前都指揮使百官皆入禁中宰相執政在都堂聞事急復入請對頃之門外軍聲益囂中軍統制官吳湛披甲持刀排門而入引傅所遣一使臣一軍人入內

傳傅等語奏於上曰苗傅不負國家止爲天下除害知杭州府康允之與百官議舊校云別本建炎復辟記作諫議大夫鄭瑴知杭州康允之與百官議云云曰今日事急若不請上御樓自撫慰之恐無以止變允之先入諸公願入者請從我衆曰然遂從允之扣內東門請見俄獨詔允之入允之請上御樓諭之於是上步自內殿登闕門蓋杭州雙門是也宰相執政侍從百官皆從焉傅同正彥率兵立門下盡皆被堅執銳控弦露刃塡滿街衢見樓上張黃蓋稱呼萬歲聲喏上乃凭欄呼傅與正彥問曰卿何故如此傅厲聲對曰陛下信任中官賞罰不公軍士有功不賞曲法不端內侍所主乃得好官黃潛善汪伯彥誤國如此猶未遠竄王淵遇賊改作敵不戰首先過江止因結康履卻除爲樞密使臣自陛下卽位以來立功不少今依舊例作遥郡團練使臣將王淵斬訖梟首在此應中官在外者亦皆誅訖更請康履曾擇欲皆斬之以謝三軍上曰黃潛善汪伯彥已降黜康履曾擇待重與責降卿等可與軍士歸寨苗傅奏曰臣若不斬擇履歸寨不得今日之事盡是臣作不干三軍之事天下生靈無辜肝腦塗地止緣中官擅權依舊不肯遣出上曰待朝廷自行斷遣卽今便

與流配海島知卿等忠義卽除苗傅爲承宣使御營都統制劉正彥除觀察使御營副都統制一行軍兵並特赦罪各令歸寨解甲傅曰感聖恩但須得康履等方可歸寨上顧百官曰當是何如有浙西安撫使司主管機宜文字朝散郎時希孟奏曰願陛下速送康履曾擇等交付苗傅中官之害至此爲極若不一切除去恐天下之亂未已軍器監葉宗諤奏曰陛下何惜一康履以慰三軍之心上曰此事極曉但須是朝廷自行遣流於嶺南豈因叛將勒兵向闕便付中官使殺之適時傅不退上命吳湛召履不出乃逃匿

藏避之再命衞士搜捉宮中得於禁中清漏閣衆衞士擒至闕門履望上呼曰臣死矣何獨殺臣遂交與苗傅卽樓下腰斬之臠其肉上命傅等歸寨傅與正彥請宰執官出門議事於是尙書右僕射朱勝非併門下侍郞顏岐尙書右丞張澂簽書樞密院事路允迪皆出見傅等請隆祐太后垂簾同聽政事勝非等奏上欣然許之詔請隆祐太后權同聽政事百官皆出門外聽詔傅與正彥不拜曰自有皇太子可立道君昔日已曾立太子有故事傅之屬官張逵曰民爲貴社稷次之君爲輕今日之事當爲百姓社稷又曰

天無二日衆皆驚愕失色。舊校云此下建炎復辟記作諫議大夫鄭瑴叱逵曰是何悖逆之語不可謂當此時無人死難云云百官復入見上奏曰傅等不拜上問何故不敢對上又顧宰相宰相曰乞詢問適來聽詔百官上又顧問百官但言不妨時希孟出奏曰以臣所見只有二說一則率百官死社稷一則從三軍之言杭州通判張誼面折希孟曰此是何語也三軍之言豈可從上徐謂宰相執政曰朕當退避但須索稟於太后乃命吳湛諭傅等曰已令請太后御樓商議上令顏岐入奏請太后御樓是日北風勁甚樓無門屏幃幕上坐竹椅並無藉褥旣請太后御樓上卽立楹側不復坐百官固請

上坐終不允曰不敢當坐矣頃之太后以一竹輿上樓步從老監五人上以傅等語奏於簾前又命宰相執政奏之太后曰當自出門外與苗傅商議遂肩輿下樓出門見傅百官從之傅與正彥拜輿輦前軍皆聲喏傅等奏曰望太后爲天下生靈作主今日百姓無辜肝腦塗地全賴太后主張太后曰自上皇任蔡京王黼變更祖宗法度童貫等興起邊事所以致招金人養成今日之禍豈關今上皇帝之事皇帝聖孝別無失德止爲黃潛善汪伯彥之輩誤國他今已竄逐了統制豈不曉知此事傅曰臣等已議定豈可猶

豫太后曰待依統制所請上同太后降樓歸內降詔子三月初五日三省樞密院同奉親筆朕卽位以來强敵侵凌遠至淮甸其意專以朕躬爲言朕恐其興兵不已枉害生靈畏天順人退避大位朕有元子毓德東宮可卽皇帝位恭請隆祐太后垂簾同聽政事庶得消弭天變安輯人情敵國聞之息兵講好右劄付刑部仰於赦書速頒降施行又詔曰王淵身爲都統制車駕駐蹕維揚金人領兵前來並無措置斥堠不明以致倉卒南渡士民肝腦塗地宗廟傾危及結內侍康履等並以正典刑令尙書省出榜曉諭三月

十日王孝迪爲中書侍郎盧益爲尚書右丞皆充奉使大金國信使武功大夫忠州防禦使辛道宗武功大夫文州團練使鄭大年爲國信使副奉禮物使虜改作金先以進士黃大本爲承奉郎借朝奉大夫直秘閣賜紫金魚袋進武校尉吳時敏爲秉義郎閤門祗候借武義大夫閤門宣贊舍人爲先期告請使十六日苗傅劉正彥到都堂欲分隸所統兵入衛睿聖宮尚書右丞張澂以爲不可固止之傅正彥遂退十七日乙未張浚不受禮部尚書之命俊亦不肯分兵浚與呂頤浩劉光世韓世忠議舉兵討逆傳檄諸州曰

恭惟宋有天下垂二百年太祖太宗開基創業眞宗仁宗德澤在民列聖相傳人心未厭昨因內侍童貫首開邊禍遂致虜改作北騎歷歲侵陵逆臣苗傅躬犬彘不食之資取鯨鯢必戮之罪乃因艱難之際敢爲廢立之謀劉正彥孺子狂生同惡共濟自除節鉞專擅殺生仰惟建炎皇帝憂勤恭儉志在愛民聞亂登門再三慰勞而傳等陳兵列刃凶焰彌天逼脅至尊倉皇避位語言狂悖所不忍聞大臣和解而不從兵衛皆至於掩泣詔書所至遠近痛心駭戾人情孰不憤怨顧惟率土何以戴天況傳等揭榜於市自稱曰余祖宗諱名曾不迴避迹其本意實有包藏今者呂頤浩因金陵之師劉光世引部曲之衆張浚聚兵於平江韓世忠張俊馬彥輔各領精銳辛道宗永宗陳思恭總率舟師湯東野周杞據總衡要趙哲集民兵劉誨李逮餽餉芻糧楊可輔等叅議軍事幷一行將佐官屬等同時進兵以討元惡舟次秀州四方嚮應用祈亟復大位以順人心今檄諸路軍州官吏軍民等當念祖宗涵養之恩思君父幽廢之辱各奮忠義共濟多艱所有朝廷見行文字並是苗傅等僞命及專擅改元悉勿施行如敢違戾天下共誅之二十八

日苗傅劉正彥至都堂見宰相朱勝非請入見睿聖皇帝奏事勝非難之曰候先奏知傅等固請勝非不得已爲奏許之傅同正彥叩睿聖宮門請見時已昏矣上即令開門引入見之傅正彥拜於殿下上命登殿傅正彥奏請上親札以緩外師上曰人主親札所以取信於天下者以其有御寶今不與國事用何符璽以爲信統制有事但來商議不以何時可來相見勿須疑慮傅等拜謝而出四月一日皇帝復位以王世修爲工部侍郎初傅正彥反也世修實爲之謀畫及外兵至憂懼乃急請復辟以自免故有是命二日

己酉以苗傅爲淮南西路制置使劉正彦爲之副四日辛亥呂頤浩劉光世張浚韓世忠張俊趙哲將兵入城六日癸丑以右僕射朱勝非爲觀文殿大學士知洪州右丞張澂爲資政殿學士知江州門下侍郎顏岐中書侍郎王孝迪皆爲提舉宫官路允迪提舉醴泉觀兼侍讀簽書樞密院事呂頤浩爲右僕射同簽書樞密院事李邴爲尚書右丞八日乙卯詔赦天下二十日丁卯車駕幸江甯府

野記曰王淵字幾道階州人通書史善騎射久爲邊將與夏人戰有功河北京東大旱且苦伐燕之役高

舉張先等羣盜並起攻没州縣衆各數萬命内侍梁方平爲河北京東制置使素與淵不足薦爲都統制欲陷之及見淵復大喜軍政盡與參謀淵身先士卒所向無前踰年悉平加觀察使靖康中金人攻河北淵軍趙州虜改作金兵至城下淵令統制韓世忠夜半出城繞賊改作金營大呼賊改作敵亂自相蹂踐死者甚衆夜遁去是冬犯改作攻京城淵退師應天虜改作金人來攻淵命世忠楊進累戰殺傷賊改作金兵數萬今上即位應天深相倚用除御營使司都統制淵常忌楊進欲加害故進復反從維揚會陳通反杭州辛道宗趙萬等率兵進討辛道宗不能恤下又趙萬逐道宗亦反陷潤州授淵兩浙制置使領張俊等軍往瓜州萬請降淵誘斬萬等進至秀州淵下令教兵十日方行陳通聞之稍怠翌旦淵勒兵馳至杭州通不暇走遂出降又進平婺賊蔣定淵還聞賊張遇衆數萬據揚子橋淵自將數百騎穿過遇寨遇見淵器械精明皇恐出迎馬首一時解甲加顯德軍節度使虜改作金陷維揚從上渡江至常州丁進掠刼不止淵召而戮之上至杭州除簽書樞密院事苗傅劉正彦亂懼淵盛名襲而殺之梟首東衢年五十三

金人陷青州知州劉洪道棄城去

劉洪道棄青州而去金人入其城先是知濱州向大猷爲葛進率之同來犯改作攻青州青州閉門不納葛進攻城不下遣大猷入城議事洪道執之囚於獄中至是金人出大猷於獄令知青州大猷喜於受金人之命於是出文榜多指斥

金人陷鄜州

金人自陷延安府又趨晉甯軍晉甯軍堅守未下至是殘擾晉甯軍併兵趨鄜延經畧使郭浩駐兵境上金人遂陷鄜州

水賊邵青擾泗州

邵青濟南府人五丈河作梢公載窯務草平日爲竊盜後爲樓閣賊過敗下獄不通火伴甚得其徒黨之心嘗以盜敗杖脊而終不悛至是聚舟船往來於楚泗間

賜進士出身頭品頂戴四川等處承宣布政使司布政使清苑許涵度校刊

三朝北盟會編卷第一百二十七終

三朝北盟會編卷一百二十七校勘記

及傳榜報諸州 應作傳檄諸州 披甲持刃排門而入 刃誤作刀 若不請上登御樓 脫登字 因交結康履 脫交字 百官但言不妨 脫百官二字 杭州通判章誼 章誤作張 樓無門屏幃幕 幃誤作幃 上坐一竹椅 脫一字 上即立於楹側 脫於字 拜於轎前軍士皆聲喏 於誤作與脫士字 趙哲調集民兵 脫調字 高舉張先等 一作高齊張先等

三朝北盟會編卷第一百二十八

炎興下帙二十八

起建炎三年四月一日戊申盡二十日丁卯

四月初一日戊申朔皇帝復位

皇帝復位制詔幷臣寮奏請曰。舊校云此亦採集建炎復辟記朝奉郎試禮部侍郎充御營使司參贊軍事臣張浚右臣伏覩三月五日睿聖皇帝親筆朕卽位以來强敵侵陵遠至淮甸其意專以朕躬爲言朕恐其興兵不已枉害生靈畏天順人退避大位臣伏讀再四不覺涕泣臣竊以國家禍難至此皆臣等文武之臣不能

悉心圖事補報朝廷致使土地侵削人民困苦上負睿聖之恩下失天下之望今睿聖皇帝以不忍生靈之故避位求和固爲得策然臣獨有一說不敢不具陳其詳臣竊以當今外難未甯內寇竊起正人主憂勞自任馬上求治之時恐太母以柔靜之身皇帝以幼沖之質端居深處責任臣寮萬一强敵侵陵不肯悔禍則二百年宗廟社稷之基拱手而遂亡矣臣愚不避萬死伏願太母陛下皇帝陛下特軫宸慮祈請睿聖念祖宗委託之重思二帝屬望之勤不憚勤勞親總要務據形勝之地求自治之計抑去徽名用柔敵國然後太母陛下皇帝陛下監國於中撫靖江左如此則於天下國家大計似爲得之如臣言爲然乞行下有司令率文武百官祈請施行

新除資政殿學士大中大夫同簽書樞密院事呂頤浩右臣契勘自崇甯以來內侍童貫譚稹互掌兵柄二十餘年賞罰不明號令失信西則侵陵夏國北則與契丹敗盟致將帥解體士卒不用命皆緣內臣基禍流毒天下遂令徒黨爲患至今近聞將相大臣被命誅戮內侍誠可以快天下之心攄臣民忿怒之氣然伏覩三月五日睿聖皇帝親筆詔書以謂卽位以

來强敵侵陵遠至淮甸其意以朕躬爲言朕恐其興兵不已枉害生靈畏天順人退避大位以此仰見睿聖皇帝出於至誠不吝至尊之位將以紓國之禍也恭惟太后陛下仁聖恭儉之德踰三十年孚於四方垂簾聽政擁祐皇帝陛下四海之內孰不歸依但臣有愚見不敢愛死而不言方今强虜敵改作乘戰勝之威羣盜有蠭起之勢興衰撥亂事屬艱難豈容睿聖皇帝退避大位而享安佚伏望太后陛下皇帝陛下不憚再三祈請睿聖皇帝亟復帝位親總萬幾從此已往屏絕內侍近習之人褒賞今日立功將帥之士然後

駕幸江甯以圖恢復如此則宗廟社稷有無疆之休將帥大臣有無窮之福不然必恐天下禍亂不可勝言

新除資政殿學士大中大夫同簽書樞密院事江淮兩浙置制使司事臣呂頤浩等右臣等契勘都統制王淵不能備禦虜人（改作北兵）致乘輿南渡結連內侍躐除樞管近有統制官苗傅劉正彥被奉聖旨將本官及內侍誅戮委屬允當外有建炎皇帝以避狄（改作敵）遜位一事臣等竊詳建炎皇帝卽位以來恭儉憂勤過失不聞今天下多事之際乃人主馬上圖治之時

深恐太母垂簾嗣君皇帝尚幼未能戡定禍亂臣等今統諸路兵遣詣行在恭請建炎皇帝復位或太后陛下同共聽政庶幾人心厭服可致中興

宰執劄子臣等三月二十九日請召苗傅劉正彥等到都堂諭以睿聖皇帝始以講和大金之故責躬避位退處別宮授位元子恭請太母垂簾同聽政事今國家多事干戈未戢信使雖遣難必復命之期天步方艱宜急防秋之計睿聖皇帝當還尊位總攬萬幾苗傅等一皆聽從取進止

皇太后批答吾近以睿聖皇帝授位元子請同聽政以國家艱難義不得辭朝夕不遑亟願還政今覽卿等所奏甚契吾心可依所奏疾速奏請施行

宰執等上表乞皇帝復位臣朱勝非等言屈己睦鄰事本由於獨斷因時復位理難抑於羣情臣勝非等誠惶誠恐頓首頓首竊以昨者鄰敵侵陵聖躬謙損授位元子退處別宮恭請東朝同聽幾政至誠懇切詔旨丁甯交好金國之歡少息生靈之禍今者干戈尙擾宗廟未安遣使必艱於還期防秋當思於預備若未復九重之正恐尙壅萬幾之繁恭承太母之訓言兼列羣臣之奏請事有必至義不可辭伏望皇帝

陛下察億兆愛戴之公視社稷安危之重亟整六龍之馭率和萬國之心俾中外之協甯庶艱虞之共濟臣勝非等無任感激

皇帝批答朕以金人連年內侵斷然不疑避位與子恭請太母同聽政事庶便和議以迎二聖以安生靈今承太后聖旨幷得卿等所奏當還尊位總攬萬幾殊非本意難議允從兼已具奏太后卿等宜體朕懷

皇帝奏皇太后劄子臣恭請領御寶劄子令臣入禁中起居早來緣臣疾作卑體不安已奉表起居容臣俟望日趨詣謹具奏知

宰執等再上表臣勝非等言伏以責躬與子仰聖德之難名戴后祈天顧羣情之莫遏未頒俞旨再罄忱辭臣勝非等誠惶誠恐頓首頓首竊以有德者興因民心之所與大寶曰位惟帝命之是承屬天步之多難軫淵衷而深念思柔彊敵暫屈威尊播告多方見禹湯之罪已矜憐赤子知堯舜之性仁然事有緩急之殊則理係安危之異盛秋設備當愛日以有爲萬里結盟慮歸程之或阻矧太后憂勤而垂訓暨羣臣懇愊而陳辭宜還正宁之朝大慰羣生之願伏望皇帝陛下仰尊慈旨俯狥輿情亟傳清蹕之音遂反紫

闥之御東嚮而揖者再雖循卽事之儀萬歲之呼者三速契投機之會臣無任云云皇帝親筆批答朕奉太母慈訓及臣寮奏請還卽大位親總萬幾深惟避位本意專在修和覬以迎還二聖安輯生靈今慈旨丁甯與臣寮繼請宗社之計至重防秋之期已迫祈請之使恐難必遂若太母念國家艱難之極不憚憂勤同聽政事則朕猶可勉徇臣庶之願共圖國事不然斷不敢以獨當

尙書省牒部朕顧德弗類遭時多難臨民馭朽索之危涉道濟巨川之遠向者敵師深入國步載艱永惟責躬避位之因專爲講好息兵之計力祈金國冀迎二聖以還歸庶保丕圖可致四方之綏靖今則奉太母之慈訓念嗣君之幼沖致兵民推戴之誠兼內外請祈之切防秋在邇當愛日以有爲遣使出疆恐尋盟而未遂露章狎至復辟爲期朕以太后之旨不敢違羣下之情不可卻遜辭靡獲任重難堪仰太母之慈仁許同聽斷思眇躬之寡昧敢憚憂勤朕惟東朝有垂簾保佑之勞元子有踐阼纂承之託上徽稱於長樂以致四海之歡正冢嗣於靑宮以係萬民之望式頒溫詔誕告多方嗚呼有臣三千實倚同心之助

卜年七百復開過歷之期更賚中外之交修庶格神天之協佑咨爾有衆咸體至懷太后宜上尊號曰隆祐皇太后令有司擇日備禮册命施行所有三月六日赦書應於恩賞等事有司疾速施行如有稽遲重寘典憲故茲詔示想宜知悉

皇太后聖旨吾以國家變生倉卒遵用本朝故事同聽大政皇帝復位卽願撤簾皇帝懇請者再義不得已黽勉數日今中外甯一天下共慶皇帝宜專決萬幾吾當退處東朝以遂初志可以今月四日撤簾故茲詔示想宜知悉

皇帝奏皇太后劄子臣伏覩太后劄子欲以今月四日撤簾國家非常之變仰賴太后姆姆慈仁恭儉始終保祐遂復大位今亟欲還政雖謙沖退抑聖德難名在臣區區之心實不遑安欲望依舊垂簾同聽政事庶得和協内外保安宗廟取進止

皇太后聖旨吾惟自昔人君沖幼必資保護則有同聽政故事前日特以倉卒之變勉徇權宜皇帝復位數日内外寗一機務既宜專決臣庶亦思瞻望豈宜久同大政已下詔用今月四日撤簾宜速遵用施行

皇帝奏皇太后劄子太后聖旨以今月四日撤簾臣

惟非德遭罹變故自非太后保祐則宗社安危殆不可測欲報之德無以爲稱復位之始尤賴母慈救寗中外而聖德謙沖確然不回臣不敢重以機務上凂聖慮已命有司遵依詔旨施行

六日癸丑尚書右僕射朱勝非罷爲觀文殿大學士知洪州呂頤浩爲尚書右僕射同中書門下平章事

制詔曰移蹕而南渡戾止嘉禾請師而北行往防京口深嘉忠議悉出懇誠陛祕殿之峻資貳鴻樞之重託鎭撫六路緝綏兆民俟訖外庸俾圖内治屬營屯之沸擾致宮闕之震驚靡聞召節之符呼兵入衞盡護同盟之師鼓衆偕行使孽將之宵遁繇義師之雲合朕素嘉其有王佐之略復見其得大臣之風是用度越羣公亟付魁柄云

八日乙卯降赦

門下天祐民而作君所以大乎一統王體元以居正所以臨於萬方朕屬時多艱顧德弗類武不足以戡定亂略德不足以惠綏庶民兩宮遠狩則四時懷溫凊之思金國内侵則萬民罹塗炭之苦念艱虞之若此豈眇末之能勝蓋少貶抑至尊之稱庶以厭上天之禍惟國家之歷數未艾而祖宗之德澤在人露章

率籲者若出於一辭總師入覲者沓來於數路斷鼇足而立四極既成開闢之功馭日角而受五龍始正神明之御爰念撥亂者當同於創業救獘者宜急於改爲方圖事揆機爲長久之規而訓兵積粟嚴備禦之策庶恢隆於大業以馴致於丕平帝堯無黃屋之心豈菲躬之敢議漢高先馬上之治庶後效之可成嘉與多方一新霈澤可大赦天下於戲聖人大寶曰位既還宸極之尊王者求端於天期浹仁恩之溥倘賴文武將相中外士民咸一乃心同底於治

湖州通判張燾上疏言時政

苗劉亂既定上求直言湖州通判張憙上疏大概謂人主戡定禍亂未有不本於至誠而能有濟者陛下踐阼以來號令之發未足以感人心政事之施未足以慰人望豈非胸中之誠有未孚乎又言天下治亂在君子小人用舍而已夫小人之黨日勝則君子之類日退將何以弭亂而圖治乎又言竊觀近日措置防守大江之策戶點一丁五人點二使自備糗糧器械而蠲其稅賦烏合之衆素不諳戰陣一旦有風塵之警聞金鼓聲則鳥驚魚潰之不暇尚安能必其用命乎徒費民財又損官賦而不適於用願速罷之又

言近日侍從臺諫所言多循習故態觀望意旨毛舉細務以塞責至國家大事則坐視而不言豈不負陛下遇待之意又言巡幸所至不免經繕重困民力勾踐之棲會稽似不如是不若權時之宜茅茨土階以俟昇平爲之未晚云

二十日丁卯車駕幸江甯府

潰兵劉文舜擾濠州

劉文舜濟南府僧也先是靖康閒京城受圍濟南府有劉和尚者聚兵勤王有衆數千上即位劉和尚率衆至南京納兵乞身歸濟南依舊爲僧未幾其衆皆去圍濟南府乞劉和尚依舊爲首官司令劉和尚出城說諭其衆令退去遂退於數十里之外然後問其所欲其衆曰我輩無頭領得和尚依舊爲頭領劉和尚曰我非馭衆之才豈可爲數千人之首今城中有劉和尚名文舜者有膽勇善射可爲汝頭領汝願之乎衆曰諾遂招文舜令還俗歸其本姓以統其軍車駕南渡中原沸擾文舜與其衆渡淮首犯濠州知州連南夫命俞家鎭土豪俞孝忠率民兵一百五十人往迎之與文舜相遇於白石孝忠進戰馬陷於泥淖中被殺衆皆奔還而防城民兵知孝忠已死亦散歸

文舜至城下南夫許犒其軍約使退去文舜從之南夫科居民量貧富出銀仍出庫帛以遺之併自解金帶授文舜文舜大喜而去

潰兵薛慶據高郵軍

召邵成章赴行在

初邵成章以上書論黃潛善汪伯彥誤國編管吉州上思其忠召之諸內侍忌其忠直譖之曰邵九伯來陛下無歡矣乃使止於洪州居住

邵成章字茂文一字天素開封人也少爲內侍博通經史性特諒直諸內侍皆不喜之常出之於外宣和

初爲淮南路廉訪使者係奏宣撫使童貫五十罪中外大駭貫請上皇移成章爲河北路廉訪使者亦不加罪淵聖即位內侍用事者多貶罷超擢成章入內知內侍省事賜梁師成宅以居時軍民一歲兩殺內侍皆知成章忠賢獨不加害建炎二年隨行在至揚州大金攻河北陝西羣盜起京東西路宰相黃潛善汪伯彥皆蔽匿不奏及張遇攻眞州去行在六十里上亦不聞成章上疏條潛善伯彥之罪且曰必誤國及申潛善使之聞上怒送成章吉州編管明年果失中原上思其忠召之諸內侍忌其忠直遂譖之曰邵

九伯若來陛下無歡樂矣乃使居於洪州大金軍破洪州召之曰知公忠直能事金國則當富貴長享矣成章堅不從屢逼欲殺之監守兩月復釋之曰忠臣難得吾不忍殺復遣之金帛俄以病卒

水賊羅成擾楚州

羅成楚州洪澤鬧之車軍也洪澤鎭市人煙繁盛倍於淮陰故洪澤人常欺侮淮陰人而淮陰人曰淮陰縣也洪澤鎭也鎭隸於縣敢欺侮我哉緣是各不相下初車駕南渡金人方退去京東與宿泗盜賊縱橫洪澤有大小舟千餘皆不敢動而鬧兵恣縱橫行於市中鬧官不敢彈壓成遂鼓率羣兵據舟船作過是時淮陰無官縣吏孫晟權行縣事以巡尉彈壓洪澤成等不服遂與其徒董青輩率舟船犯淮陰晟退避之且使人勸和成等退去初韓世忠京東潰散有後軍將李義者往來於寶應之間有衆五六百成遣人相約合軍共圍楚州去來不定成破漣水軍取練色絹爲帆以絹爲索李義復分軍而去義謂之李大刀爲邵青所敗走至眞州六合縣界中餘衆有數十人欲趨和州眞州檄松江巡檢滑某追捕之滑某以軍班授官善射有膂力卽以土兵數十人追至九女岡殺義并殺數人餘衆散走羅成後亦爲邵青所併

賜進士出身頭品頂戴四川等處承宣布政使司布政使清苑許涵度校刊

三朝北盟會編卷第二百二十八終

三朝北盟會編卷一百二十八校勘記

再罄忱誠 誠誤作辭 暨羣臣懇迫而陳辭 迫誤作愊 救弊者宜急於改圖 圖誤作爲 方度事揆機 度誤作圖 李義謂之李大刀 脫李字

三朝北盟會編卷第一百二十九

炎興下帙二十九

起建炎三年五月九日丙戌盡六月七日甲寅

五月九日丙戌改江甯府爲建康府

詔曰建康之地古稱名都既前人創業之方又仁祖興王之國朕本繇代邸光膺寶圖載惟藩屏之名實符建啓之兆蓋天人之允屬況形勢之具存興邦正議於宏規繼體不失於舊物其令父老再覩漢官之儀亦冀士夫無作楚囚之泣江甯府可改爲建康其節鎭之號如故

張浚往撫諭淮南

十二日己丑薛慶執知樞密院事張浚罷知樞密院事提舉杭州洞霄宮

張浚以樞密之職往淮南撫諭諸賊至高郵軍薛慶郊迎入城見浚之貌慶曰豈有如此樞密耶遂執之朝廷聞之乃罷浚知樞密院事爲提舉杭州洞霄宮浚隨行有陜西兵多遭殺者慶逼浚之所賫官告三千道而館之初薛慶之執浚也屢欲殺之其黨王存勸止之曰眞僞未可知恐殺眞樞密則異日欲歸朝廷其可得耶慶然之浚遂得歸復爲樞密院事

行狀曰盜薛慶嘯聚淮甸兵至數萬附者日衆公以密邇行闕一有滋蔓爲患不細且聞慶等無所係屬欲歸公麾下請往示大信以招撫之渡江而斬賽等率兵降遂趨高郵入慶壘從行者不及百人出黄榜示以朝廷恩義慶感服再拜始公入賊壘外間不聞公信浮言胥動頤浩等遽罷公樞院及聞公訖事還即日趣公歸且詔就職

京西北路總管翟興及楊進戰於汝州魯山縣殺進

楊進入河南府固守於鳴皐山之北山翟興及其子琮屢擾御之使無甯息至是不安其巢穴遂棄輜重

趨南路與分衆邀擊於汝州之魯山縣賊以精鋭迎興於婆婆店酣戰久之進死於陣中其衆皆潰興之軍以藥箭羣發射中進及所乘馬皆斃進之衆以爲徒黨自殺之自是賊之餘衆復立劉可爲首

翟興克河南府

翟興既敗楊進遂平京西南北兩路收復河南府由是躬率將吏至永安軍朝謁諸陵將士至陵所皆泣下感愴不已

翟興保奏李興功特補武義郎兼閤門宣贊舍人

李興孟州王屋人世爲農業體幹魁傑有勇力寡言語尚信義二帝北狩興以保扞鄉里聚衆萬餘元帥府統制官常元以爲義兵統領車駕南渡兩河陷沒興往來懷衛間攻刦虜(改作敵)寨斷絶糧道於牛心寺竹林河等處京西北路制置使翟興遣吏人以書幣迎之遂聽翟興節制差知河南府長水縣及破楊進興保奏特補武義郎兼閤門祗候

京城留守杜充及郭仲荀蘭整閻勍奏陳乞還闕

張用等侵京西王善擾淮西楊進已死京畿稍甯靜充等乃上表請上還闕不從

劉洪道爲京東路經畧安撫制置使

上以京東隔在一隅劉洪道在青州屢騰奏牘方倚洪道經理京東乃除京東經畧安撫制置使併命宮儀知濟南府召閭皐赴行在仍賜詔戒諭密州李逵等使之報國

賜戒諭李逵宮儀張成等敕書

敕李逵等朕惟胡虜(改作敵騎)憑陵山東震擾保此數州之地皆由諸將之功爾等夙著忠誠各應委任宜互傾於肝膈以同奬於朝廷速底成功是爲報國

十六日癸巳詔從官條具利害

詔從官條具利害侍從有獻幸蜀爲長策者上籌之

未決御史中丞張守上疏曰東南爲國家根本之地陛下旣遠適則奸雄必生窺伺之心況將士陜西人往往勸爲此行以蜀近關陜可圖西歸此不過將士自爲計耳非爲陛下與國家計也並陳其害有十翌日至殿廬謂諫議大夫滕康曰幸蜀之事吾曹當以死爭之入見上力言其不可上曰卿言正與朕意合此決難行其議遂寢翟汝文亦有疏請幸荆南其言亦不用

六月一日戊申朔李成圖楚州

六日癸丑誅苗傅劉正彦於建康府

先是四月一日上復位以苗傅劉正彦爲淮南西路制置使副遣之任勤王兵將至傅正彦夜引兵開湧金門而去羣臣乞急遣兵追捕詔韓世忠爲江浙制置使將兵討傅先誅王世修吳湛以世修本預傅謀湛附賊故也傅至衢州江山縣裨將張翼斬王鈞甫馬柔吉將兵降於周望韓世忠追傅等及於建州浦城縣漁陽驛與賊遇傅將兵居溪南正彦將兵居溪北約相策應世忠親率兵力戰正彦軍少郤世忠乘勝追擊正彦兵大敗正彦墜馬世忠生擒之傅棄軍遁去墮水不死衆失傅所在苗翊收其兵萬六百餘人走劍川縣遼人劉晏隸傅麾下統赤心隊世忠追及也晏謂其部曲吾豈從逆黨反者耶韓制置旣來吾事濟矣遂率衆歸世忠裨將江沺擒苗翊以衆降苗竨張逵收其餘兵三千餘人走建陽喬仲福王德趙士成共追之盡降其衆苗傅變姓名爲商人走至建陽一村落中投村舍詹氏欲更衣而去詹氏主識傅遂擒之送於世忠○舊校云土豪詹標執之以獻世忠併正彦檻送行在並陵遲處斬於建康市將就刑正彦瞪目而罵傅曰苗傅爾眞匹夫不用我之言遂至於此苗翊苗竨並磔於市

七日甲寅黄潛善責授甯遠軍節度副使永州安置汪伯彦責授江州團練副使英州安置

左司諫袁植上言前宰相黄潛善汪伯彦國之奸賊也其罪不在王黼蔡攸之下黼攸乘天下治安之久伺人主倦勤之隙持祿保位不顧後患創開邊隅貽禍宗社淵聖皇帝雖戮之而不能顯正典刑天下至今爲恨潛善伯彦當天下喪亂之後正人主憂勞之時天步如履冰國勢如累卵存亡之機繫於一相方且怙寵擅權蔽賢嫉能導諛者親忠直者疏苞苴者進潔廉者退附己者立登要路忤己者致之死地道

路側目而不言搢紳憤怒而不恤閭里愁歎而不知致敵國肆爲謗讟事不忍聞外起逆臣敢行不軌民不堪命自登相府曾未踰年三分天下幾失其二自河之南迄於東京由陝之右迄於淮甸生靈塗炭州縣邱墟臣以爲潛善伯彥之罪不在王黼蔡攸之下也陛下縱釋而不誅柰宗廟社稷何柰天下百姓何李綱陷陛下於失信結怨於虜（改作敵）人兵連禍結未有休息之期陛下特竄之海外天下不議至潛善伯彥姑置之善地所以動搖人心將士解體國勢愈危陛下倉遑東度之際恨不膾大臣心肝以謝宗廟何

事定之後遂貸之耶抑其門生故吏尚居近密爲之營救也臣愚伏望陛下靜默深思念前日有播遷之苦致逆臣生背逆之心采用臣言斷自淵衷命有司檻至行在斬於都市庶幾威權自立人心自附外折虜（改作敵）情內消姦萌可以鼓士氣可以崇國體中興之功在此一舉遂責授潛善甯遠軍節度副使永州安置伯彥江州團練副使英州安置

林泉野記曰黃潛善字茂和登進士第宣和間宰相王黼薦之累加除擢靖康間知河間府兼高陽路安撫使大金犯（改作兵）至京詔河北諸州起兵勤王潛善依

遑逗遛不行及聞京師已破方領兵一萬赴康王於東平府王令駐軍於興仁府以張煥等十軍皆聽節制潛善怯懦無進兵勤王之意及大金自宛亭來攻乃遣張煥丁順孟世甯擊之射中龍虎郎君墮馬而去康王已聞二帝播遷加潛善天下兵馬副元帥王到應天府加潛善徽猷閣學士及即位除中書侍郎以其兄潛厚爲戶部侍郎數月除潛善尚書右僕射御營使潛善固位怯敵與汪伯彥及諸內侍相結署無爲國濟民之志恢復中原之心上幸揚州放散四方勤王之兵潰爲盜賊占親兵一千自衞不用能賢

惟薦用親黨王黼門人如盧益輩多用爲八座侍從陳東歐陽徹上疏乞留李綱即斬之以吳給張闇之言爲譁善交通關節賄賂公行西自吳五路京西東則澶魏京東日爲大金所侵直至淮上潛善恬不爲慮二年加尚書左僕射許景衡乞車駕駐江甯以備大金不測之侵潛善力沮抑之宗澤以收復兩河迎請二帝爲急潛善大惡之專爲諂佞固寵之計三年金人已逼上欲南渡潛善伯彥尚苦留之上更不問率百餘騎徑渡潤州僅以身免軍民百萬皆爲大金殺虜遂陷中原百姓聞潛善之名無不毀罵上至杭

州御史中丞張澂言潛善伯彦大罪二十罷爲觀文殿學士知江甯府後又言其罪改觀文殿學士提舉南京鴻慶宮又再言其罪改觀文殿學士俄又言之士民皆怨憤遂責授祕書少監分司西京後司諫袁植再言其罪責授甯遠軍節度副使永州安置

汪伯彦字廷俊徽州祁門縣人也王本爲祁門令招伯彦爲門客故秦檜皆居伯彦席下崇甯二年登進士第梁子美知大名府伯彦爲司理叅軍子美甚善之累遷中散大夫靖康元年進河北防邊十策擢直龍圖閣知相州伯彦兼主管真定府路安撫使公事

及康王出使於大金過宿州伯彦言大金已南渡勸未可北行遣劉浩以兵二千迎入相州俄除兵馬副元帥雖畧招兵而怯懦無謀無勤王之念常勸謀往東南自保而已加伯彦天下兵馬副元帥建炎初除同知樞密院事俄除遷知樞密院事潛善結内侍以固權陳東歐陽徹被誅畧無一言諫止吳給張闇邵成章皆以忠諫伯彦忌而竄之宗澤屢乞親征迎請二帝伯彦沮之太學生魏祐上書言其與黄潛善共爲奸邪乞早逐之伯彦占親兵一千自衞其家畧無爲國濟民之心梁子美親族皆薦爲美官王綸之客盧益已爲尚書伯彦助潛善爲同知樞密院大金攻陝西五路京東京西諸州多殘破伯彦恬然不恤許景衡乞早渡江甯府伯彦立排沮之建炎二年除尚書右僕射與潛善相結阿諛順旨持固祿位而已大金已逼揚州不遣兵拒戰上欲渡江又與潛善留止次日車駕以百餘騎徑渡鎮江而六軍百姓多爲大金誅虜天下咎其邪佞疏謬聞其名則罔不切齒駡詈御史中丞張澂言其大罪二十罷爲觀文殿大學士知洪州後再言其罪降爲觀文殿學士俄又言之士民亦憤怨未厭以正議大夫祕書少監分司南京

永州居住後司諫袁植再言其罪責授江州團練副使英州安置

裴淵以其衆至行在隸於韓世忠

初裴淵以收復秦州之功狀聞於朝得旨許赴行在既至悉發隸韓世忠軍

張浚江淮荆湖川陝宣撫處置使便宜黜陟賜闕陝官吏等詔

詔曰朕嗣承大統遭時多艱夙夜以思未知攸濟正賴中外有位悉力自效共拯傾危今遣知樞密院事張某喻密旨黜陟之典得以便宜施行卿等其念祖

宗積累之勤勉人臣忠義之節以身殉國無貽名教之羞同德一心共建隆興之業當有懋賞以答殊勳

杜充爲宣武軍節度使

朝廷除杜充爲宣武軍猶未知楊進死乃加進正任觀察使

范瓊率兵至行在送大理寺賜死

范瓊軍於洪州苗傅劉正彥之變除慶遠軍節度使湖北路制置使使瓊以兵會合不從及上復辟遣使宣諭至是方來朝臣寮交章言其罪樞密院計議官劉子羽乞誅瓊以戒暴亂呂頤浩張浚議定必殺之

乃召赴都堂命劉光世入瓊寨撫定其兵送瓊大理寺賜死猶不伏獄吏以刀自缺盆插入叫疼移時死其弟并三子皆流嶺南

張浚行狀曰御營平寇將軍范瓊來赴行在瓊自靖康圍城與女眞（改作金人）通及京城破逼脅后妃及淵聖太子宗室入虜中（改作敵營）又乘勢剽掠爲亂左右張邦昌爲之從衞罪狀非一至是聞二凶伏誅始自豫章擁衆入朝既陛對恃其衆盛悖傲無禮多所邀求且乞貸傅正彥逆黨左言等死公奏大畧云瓊大逆不道罪冠三千之辟呼吸羣凶布在列郡以待竊發若不乘時顯戮則國法不正且他日必有王敦蘇峻之患臣任樞管之寄今者被命奉使川陝行有日矣乃心踟躕若不盡言乞伸典憲死且不瞑上深然之公獨與權樞密院檢詳文字劉子羽密謀夜召子羽及選密院謹節吏數輩作文書劄榜皆備鎖吏於府中翌早公赴都堂召瓊議事瓊從兵溢塗巷意象自若坐定公數瓊罪瓊愕然命縛瓊送大理寺子羽已張榜於省門外親以聖旨撫勞瓊衆曰聖旨罪止瓊餘皆御前軍也無所預衆始投刃應喏瓊論死兵分隸神武軍

姓氏錄叛逆傳曰范瓊字寶臣開封人也自卒伍補官宣和末河北京東羣盜起命瓊往招張仙崔智李寶蔡進等有功金人圍京城瓊與李寶等來勤王屢與大金戰皆身先士卒數破之由是顯名大金退命瓊軍河北招羣盜劉浩等數戰破之加觀察使賜第一區金人再圍京師瓊爲京城四壁都巡檢使金人初至城下三日三戰皆破之彈壓軍民稍定其後城陷淵聖出郊大金使瓊取太上及鄭皇后朱皇后太子諸王貴妃等瓊仗劍逼請出城詣金人寨百姓邀駕者瓊皆斬之金人又命京城再立異姓揭榜於市

勸諭之及欲立張邦昌統制吳革欲擁軍民併與金人死戰以奪二帝瓊又與左言以兵攻革執而誅之殺數百人於金水門外而邦昌立矣般甲仗欲候金人退師往撫諸路不伏者建炎初至應天府加定武軍承宣使御營使司同都統制往襄陽討李孝忠瓊至屢與孝忠戰敗績會諸路兵皆至與孝忠大戰臨陣殺之其將張世立孝忠弟孝義降於喬仲福瓊至運道遇羣賊孫仲等與戰皆滅之加天武捧日四廂都指揮使同主管侍衛步軍司移軍眞州後除瓊御前平寇前將軍領王剛王彥等軍駐京師三年羣盜劉

忠據海州懷仁縣遣統制張仙崔智蔡進徐靖等擊之忠詐降仙等入忠寨撫之忠伏兵起擊仙等皆殺之降其兵瓊屢與忠戰皆敗績羞恨而已回軍壽春府軍士與壽春府兵相爭遂相殺爭出刦其城殺其知府鄧紹密聞苗傅劉正彥之變瓊在洪州傅除慶遠軍節度使湖北制置使瓊與傅書問往來不肯進兵張浚十一檄令會合勤王瓊終不進及上反正遣使宣諭方來臣寮累言其罪張浚杜充議除之召赴都堂命劉光世入瓊寨撫定其兵送瓊大理寺賜死猶大呼不伏罪其弟并三子皆流廣南籍其家財

劉光世招降韓儁

韓儁爲苗傅第四將傅敗儁以所部人馬走至湖口渡江至蘄州知州王甡與州縣盡棄城閃避儁檢視軍資及諸州庫倉錢絹米麥皆盈滿儁悉自封鎖之出榜止約不得秋毫擾於民間不得攘取倉庫次日便行欲往京畿尋楊進殺之至仙居縣界值王善張用遮路兼聞楊進已死會劉光世駐軍江州遣人招安儁儁乃受之光世令蘄州知州王甡及州縣官已復入城治事甡率州縣官迎見儁敘話甚懽儁自此更名世清號爲小韓

賜進士出身頭品頂戴四川等處承宣布政使司布政使淸苑許涵度校刊

三朝北盟會編卷第一百二十九終

三朝北盟會編卷一百二十九校勘記

繼體不失於舊物（不應作休）　江甯府可改爲建康府（脫下府字）

萬六百餘人走劍川縣（一作萬六千餘人走劍州某縣）　不用賢能（誤作能賢）

西自吳五路京西（吳字衍）　常勸上往東南（上誤作諜）

伯彥助潛善薦爲同知樞密院（脫薦字）　及諸庫州倉（誤作諸州庫倉）

三朝北盟會編卷第一百三十

炎興下帙三十

起建炎三年六月十六日癸亥盡八月

十六日癸亥下罪已詔

詔曰朕纂承大統二年於茲天監未回國勢滋削乃者季夏之月常陰示譴當煥而寒變不虛生實由菲德今朕歷陳過失明告庶邦爰自建炎之初大敵始去臣民勸進思戴舊恩便合糾率羣心力圖恢復直造京都號令四方而乃退避苟安遲回不決滋亂長寇以迄於今此則朕昧經邦之遠圖其失一也維揚駐蹕忘援中夏不能指授將帥保固疆陲西自關陝東踰兗鄆爰及唐鄧悉爲戰區加以斥堠不明備禦無素敵師深入直抵淮甸倉卒之閒匹馬南渡至使衣冠陷沒井邑邱墟老稚啼號遺骸枕藉此則朕昧戡亂之大畧其失二也潰散軍兵避寇黎庶既無主帥又乏資糧本以邀求漸成剽奪暴露風雨隱匿山林寢終夕而靡遑日偷生而何樂想亦厭爲暴露思作平人特以誠意未通彼此猜阻使我良家子弟被不令之名報國兒郎懷自疑之計此則朕無綏人之德其失三也既達餘杭羣帥在外逆苗傅等潛懷異

志乘我中虛擅殺樞臣稱兵魏闕逼脅上下顛倒乾坤所賴在外大臣抗疏輸忠提兵入衛將帥協濟國步再安社稷之危幾如壘卵此朕失馭臣之柄其失四也朕之四失姑舉大綱至如直言之士銜憤未攄死事之家遺孤未錄朝綱尚紊軍律不嚴兵無殺敵之心士亡死節之誼京東兩路旱蝗相繼斗米萬錢粟麥雖成反資賊虜加以軍期津發力役繁興遠邇嗷嗷民不堪命疆宇之內悉是吾人怙亂阻兵更相屠戮殺氣薰爲疾疫善良轉爲敵讎皆自朕不能撫卹軍民以至於此爲人父母慙德良多尚賴九廟神

靈遺澤未泯萬邦臣子懷舊一心宗社未夷歷數無改今朕深自修省悔過責躬一食之閒惟二聖是念一席之上惟四方是憂逆耳忠言欽而必受寬民良法信而必行放斥宮嬪減損服御捐不急之務罷冗食之官積粟訓兵圖復舊業庶漸平於多壘獲迎奉於兩宮惸惸此心未知攸濟惟爾股肱輔弼暨於在庭同卹朕躬罔自遐逸愛日圖治庶幾小康惟爾爪牙將臣奮激忠男併力齊心捍禦邦家懋建勳名攘御寇敵惟爾監司郡守拊循疲瘵安集流亡合勢連衡以銷外侮惟爾羣黎百姓念祖宗復育之恩懷父母鄉邦之念各堅忠義同衛王家嗚呼天雖遠誠意旣孚則如影響之隨民雖遠人心旣洽則如堂奧之近爾有疾痛朕同其嚬呻爾有憂勞朕同其焦灼尚慮有眾未悉朕志特頒詔書諄諭再三行在令尚書省出榜朝堂在外令監司郡守行下告諭無有遠邇咸知朕悔過之意庶幾上下協德中外一心銷弭災異導迎善氣嘉與四海同臻綏靖顧不美歟

又詔令侍從臺諫條具闕失

御史中丞張守上疏曰陛下罪己之詔數下矣而天未悔禍實有所未至爾儻能應天以實不以文則安

知譴告警懼非誘掖陛下以致中興之業乎先是守爲殿中侍御史日常進修德之說前後凡三上疏曰願陛下處宮室之安則思二聖母后穹廬毳幕之居也享膳羞之奉則思二聖母后羶肉酪漿之味也服輕煖之衣則思二聖母后窮邊絕域之寒苦也握予奪之柄則思二聖母后語言動作受制於人也享嬪御之適則思二聖母后誰爲之使令也對臣下之朝則思二聖母后誰爲之尊禮也要如舜之兢兢業業如湯之慄慄危懼如大禹之菲惡如文武之憂勤聖心不倦盛德日隆而神天不爲之助順者萬萬無是

理也漢王吉有云俯仰屈信以利行進退趨止以實下吐故納新以斂藏專心積精以通神此言可以行也漢枚乘有云出輿入輦命曰蹶痿之幾洞房清宮命曰寒熱之媒皓齒蛾眉命曰伐性之斧甘脆肥濃命曰腐腸之藥此言可以戒也至是守復再及之且曰天時人事至此極矣陛下覩今日之勢與去年孰愈而朝廷之措置施設蓋與前日未始異也其如二字改作以今日維揚之變而後言之則雖斥逐大臣無救於禍漢制災異策免三公御史大夫蕭望之謂日月無光咎在臣等宣帝以爲意在丞相天變之來宰相

三朝北盟會編　卷一百二十　四

預任其責併論時相有勤王之功無王佐之畧論其才能辦一職而有餘論其器識幹萬幾爲不足算計見效曾不及於前日臣以謂不若更擇文武全材海內推服共願以爲相者親擢而並用之又上疏曰陛下以災異詢訪闕失獻言者不爲少矣願加奬諭或就加褒推一二以示畏天罪己之責上皆嘉納之

二十八日乙亥杜充淮南京東宣撫處置副使

權知磁州蘇珪叛附於金人

初知滋州宗澤既勤王而去也以州事交與鈐轄李侃金人圍磁州有禁軍有民兵民兵甚衆禁軍恐其勢盛將校郭進乃作亂有書表司趙正隆者宗澤常以爲中軍將正隆與進謀遂殺侃及在州官以通判趙子節爲知州又同知蘇珪者素得軍民情亦不被殺金人圍城急對城築城壘坐守以困磁州城中皆知不可守於是楊再興等作亂殺子節而進等請珪爲知州珪曰有三事能從我則方可爲知州衆曰試言之珪曰我欲率軍民奪路歸京師見宗元帥如何時澤已死城中猶未知也衆曰不可又問吾與汝等力戰如何衆又曰不可珪曰盍開門乎衆有相從意皆不應珪乃與衆上城倒旗幟呼曰磁州開門投拜

三朝北盟會編　卷一百二十　五

金人以數隊至城下且折箭爲誓曰不殺人進等猶欲先入縱剽掠然後投拜乃曰可俟來日開門諸吏覺之促珪下弔橋弔橋已下諸軍乃散去由是開門官吏僧道迎金人以入翌日有米麪入城其價頓減數十倍磁州武安縣始下其縣城乃宣和間知縣陳耕所築用以拒張迪等羣寇者也

詔皇太后皇太子六宮赴江表

詔防秋令官吏家屬從便

詔曰朕膺九五之尊當百六之會內則紀綱墮壞未有振舉之方外則夷狄改作敵國侵陵未有禦攘之策頃

者退保淮甸暫駐維揚而輔弼無先見之幾將帥失閒探之實乃禁愚民之遷避頗咈輿情憚於日下之小勞馴致大禍敵人奄至王室阽危皆朕德之不明致生靈之重困雖創懲而罔怠念哀痛以何追今者迫近防秋理當夙戒朕已命杜充提重兵爲淮南京東西宣撫處置副使力保諸路又於七月下旬恭請隆祐太后津遣皇太子六宮及宗室近屬迎奉神主前去江表百司庶府非與軍旅之事者併令從行朕與二三謀臣帷幄宿將士庶軍人戮力同心以備寇敵進援中原念社稷之與存冒鋒鏑而敢避誓有一

死以保羣生爾民爾兵不無室家之累鄉邦之懷雖去危就安事不可忽一應官員百姓欲遣家屬南去者官司不得禁止仍令沿路州縣優與存卹無致失所見留官吏兵將義當體國不可輒離官守所有家屬亦聽從便所至去處聽逐路寺觀空閒房舍宿泊不得邀截攔阻咨爾卿士大夫軍民人等勿謂朕躬有罪而忘宗祖涵養之恩勿謂國步方艱而忘父兄忠義之訓永堅忠悃共濟丕圖

遺史曰維揚之役遭殺戮者不可以萬計上思而憫之時將防秋乃降是詔

遺史曰是時始措置防江之策十有六條令刑部鏤板起居郎張守疏其失有五且曰機事尚神密而鏤板頒行非也又上疏敵師近在東平防秋近有旬月而經畫措置未見端緒大臣在政事堂日困文書賓客之冗願令撥置常事思所以備禦朝夕講究以次施爲朝論是之

置御前五軍別置御營使司五軍統制

初以辛企宗爲御營使司統制陳思恭爲御營使司後軍統制張俊韓世忠不服乃改御營使司五軍爲御前五軍別置御營使司五軍統制以陳師古顏孝恭

等爲之

王瓊爲靳賽所敗

先是朝廷以靳賽爲淮東路總管屯於揚州已而復叛朝廷先遣王瓊爲招撫使與賽遇於興化瓊軍不整爲賽所乘大敗制書金鼓印文盡爲賽所得瓊僅以身得免

朱勝非落職提舉亳州明道宮張澂以資政殿學士知洪州

詔曰朱勝非顏岐張澂路允迪當軸處中荷國重任而不能身衛社稷式遏凶邪方逆臣亂常之日恣其

凌肆以桒機衡危而不持顛而不扶孔子以爲焉用彼相昔馮道歷仕數代嘗爲宰輔措身安寵以免於時坐視廢君易主如同行路而歐陽修以爲有臣如此愧斷臂之婦人朕方力致中興總覈名實雖藏垢納汙務從寛貸而國之綱紀當辨忠邪今二凶就誅典刑斯正勝非之徒盍議其罪勝非遂落職宮觀張澂以資政殿學士知洪州先是張守爲御史中丞首論朱勝非等不能思患預防致賊猖獗至是二賊已伏誅乃正勝非等罪

窩哩嗢改作鄂勒歡撻懶改作達蘭闍目改作棟摩屯濵州粘罕改作尼堪

自揚州歸至東平差濟南叛臣劉豫知東平府兼節制河南諸州郡

七月九日乙酉閻皐宮儀棄濰州閻皐歸於朝廷

金人侵犯删此字京東其勢甚盛於是劉洪道及宮儀閻皐議棄濰州約宮儀攻張建寨閻皐攻秙米寨洪道攻青州皐率其衆欲往登州經由萊州之境張成知之遣人截路邀之皐大敗衆皆潰散皐以二十餘人至登州茶山奪王員外船過海歸於朝廷宮儀洪道率衆出東門過白浪河下寨安泊老小儀率衆復入濰州大肆剽掠然後出攻張建寨不克遂犯密州恐儀再入安邱遂盡焚安邱及沿路居民儀乃屯於密州南盤石河去州八十里洪道攻青州入之得僞知州向大猷并獲大猷所出文榜大猷不知也存留大猷於軍州中

張成以萊州叛附於金人

成既敗閻皐之衆而金人漸入萊州境遂以萊州降金成起身軍卒據有萊州遣人詣行闕進天申節禮物金銀賜詔奬諭

賜萊州張成進天申節禮物金銀奬諭敕書

朕惟東萊隔絶於兵久不爲郡乃以誕彌之日遠輸

貢篚之珍自非誠悃之確然安得馳奔而至此載觀來奏嘉歎久之

潰軍郭仲威據淮陽軍

郭仲威初與李成皆在淄州金人舉兵侵京東仲威與成皆離淄州成往宿泗州仲威往淮陽軍時淮陽軍無守將惟二將校自權知軍仲威屯於城下初許與百姓通買賣既而遂圍其城而攻之仲威之衆僅五六百而已乃取下邳八鄉之民雜於軍中凡攻四月破其城大肆刦掠盡取其强壯充軍是時維揚楚州金人皆已北歸仲威遂趨楚州

翟興攻敗王俊克汝州

王俊聚衆據汝州翟興欲親至城下招之使降既入其境俊則塞井夷竈以困興興大怒既至而城下俊令其黨矢石俱發興曰吾以好意來而王俊敢爾命將士攻之指顧之閒已有登城者俊引其衆遁歸繖蓋山興拔衆入城秋毫無犯百姓皆安堵休士三日復率兵至繖蓋山分布將士出戰賊恃兵衆興躍馬馳突而出曰賊識我乎翟總領也因彎弓射之賊皆遁走

十八日甲午潰軍馬友與張用曹成李宏分軍

張用等屯於確山一帶度夏刈民麥而食皆盡虜掠無所得乃會議欲復往京東友請以本部兵沿淮巡綽且留此用知其有相離之意遂許之友乃以本部兵數萬去爲己軍甲午曹成李宏與用寇光州境內沿淮劄木寨爲久駐之計

二十一日丁酉張浚領劉錫趙哲王彦等兵往川陜

初王彦在眞州養疾維揚之亂因渡江至浙西苗劉之亂以彦爲御營統制彦曰梟鴟逆子行即誅鋤乃欲汚我耶即稱疾辭免時隆祐皇太后稱制降旨不允彦因佯狂乞休致上復辟嘉彦忠義不撓差知洮州主管沿邊同安撫司公事未赴張浚以江浙荆湖川陜宣撫處置使奏爲前軍統制官太子少傅王綯請置使以分浚之權不許是日發建康

杜充除同知樞密院事

制曰折衝制千里之師莫大先聲之振文武作萬邦之憲允賴全德之良朕憂未濟之難思得非常之佐永懷人傑久去朝廷輟茲鎖鑰之嚴付以樞機之重具官某剛明不撓沉鷙有謀徇國亡家得烈丈夫之勇臨機料敵有古名將之風比守兩京備更百戰夷夏（改作中外）聞名而褫氣兵民趨死而一心與其統方面

而保國都孰若委腹心而還廊廟庶仲尼既用齊人悉反於侵疆隨會來歸晉國永無於羣盜副於虛佇時乃之休

賜杜充辭免不允詔惟今日之事在於審觀機會先立規模度吾足以勝彼與吾足以守此者而已以卿資兼知勇識洞古今茲予付爾以本兵之任此孟子所謂國人皆曰賢然後用之者也豈朕私意哉奚乃累章過爲遜避朕言不再勿復重陳

賜杜充第二辭免不允批答朕遭世多艱臨川望濟求賢靡獲當饋興嗟以卿負天下之奇才明古今之

大畧兩京之績四海所聞茲擢預於折衝庶稍寬於憂顧朕志定於召卿之始卿謀期於弼朕之成衆論皆然屢辭奚益所請宜不允

杜充留守京城以絶糧遂赴行在既至除同知樞密院事

二十六日壬寅隆祐皇太后迎養宗廟及省部百官赴洪州諸路公事皆赴洪州與決

詔曰朕屬時多艱涉川未濟念邊隅之震擾慨國勢之搶攘將兼總萬幾則軍旅之政在所先欲專意五兵則邦家之事不可廢蓋文武一道固無任用之殊

而軍國異宜容簡經常之務必有救弊之策以爲戡亂之方今則因時變通隨事參酌合三省樞密之任總百官庶務之繁爰命邇臣俾行厥職若征伐財用之大計與賞罰選任之至權悉屬行營具關朕聽既獲親於戎律亦無廢於邦經庶振大威稍平多壘朕已躬請隆祐皇太后率六宮往江表其行在有司非預軍旅之事悉俾從行仍命李邴權知三省樞密院滕康權同知三省樞密院從衛前去應軍旅錢穀差除等事咸總於行宮其常程有格法事務及四方刑獄奏案吏部注授差遣整會功賞舉辟之類併隸洪州三省樞密院播告中外咸使聞知

李邴滕康制曰。舊校云是制汪藻撰 朕眷留近甸規復中原載惟南國之奧區宜處東朝之嚴衛乃令近弼恭扈遐征既專留鑰之權仍總行臺之政具官某剛明而沉遂敦實而裕和謀謨爲至治之基議論得大臣之體延登未久已聞魏相之有聲委任雖艱所賴姚崇之知變茲屬阽危之會尤須倚重之才孰副予求莫如汝器是用輟從四近之列遣率百司之行朝長樂之宮以日承於溫清分周公之陜其身任於安危稍戢干戈即還郞廟

賜李邴不允詔

朕方排難而解紛未暇宅中而圖大乃眷重江之阻實宜慈壼之居爰輟輔臣往司行省以卿負古人之學有當世之才比擢預於政機坐收還於威柄詳觀底蘊尤見典型茲權中外之宜實付安危之寄是爲分陜咸謂得人奚未喻於至懷尙力辭於成命往圖經濟用釋顧憂

八月劉光世駐軍江州

初王德受韓世忠節制以追苗傅劉正彥也世忠喜德之勇驚欲使歸其麾下乃使心腹健將陳彥章圖

之德與彥章適會於信州同謁郡將彥章進揖德頗倨彥章不平之拔刀刺德不中德奪刀殺彥章就知州請械德詣闕聽旨送郴州編管次長沙詔趣德還適會劉光世克九江奏留德復統故部

潰軍劉文舜屯於舒州

劉文舜率衆犯舒州通判權知州事鄭嚴濠州人也遣人致書以禮待之文舜喜遂入城秋毫不擾嚴申朝廷朝廷命以官并賜袍帶鞍馬文舜一行皆喜文舜用事人王德仁字德一亦授通直郎

王庶罷節制六路軍馬

王庶失延安府自陳待罪至是命下遂罷歸田里庶歸王似代領節制使

賜進士出身頭品頂戴四川等處承宣布政使司布政使清苑許涵度校刊

三朝北盟會編卷第三十終

三朝北盟會編卷一百三十校勘記

滋亂長寇（應作滋長寇亂）　忘援中夏（忘一作志）　備禦無策（策誤作素）　想亦厭為暴客（客誤作露）　逆黨苗傅等（脫黨字）　銜憤未攄（銜應作忠）　士亡死節之誼（亡應作忘）　奮激忠勇（勇誤作男）　俯仰屈信以利形（形誤作行）　俟其如今日維揚之變（脫俟字）　務從寬貸（貸應作宥）　窩里嗢（嗢誤作嘔）　屯於嵯山一帶度夏（嵯誤作確）　乃以本部兵數萬去為七軍（七誤作己）　兵民矢死而一心（矢誤作趨）　而還之廊廟（脫之字）　杜充留守京城以絕糧遂赴行在既至除同知樞密院事（此係錯簡應在杜充除同知樞密院事一條之下另行不提格）　恭扈遐征（遐應作進）

三朝北盟會編卷第一百三十一

炎興下帙三十一

起建炎三年八月二十日丙寅盡閏八月十四日庚寅

二十日丙寅隆祐皇太后至洪州

閏八月一日丁丑朔呂頤浩爲尚書右僕射同中書門下平章事杜充爲尚書左僕射同中書門下平章事皆御營使參知政事王綯御營副使○舊校云費袞梁溪漫志云建炎初改門下侍郎中書侍郎爲參知政事而廢左右丞

賜呂頤浩辭免不允詔

敕頤浩省所奏劄子辭免恩命事朕惟有不世之略然後足以成不世之功有非常之才然後足以濟非常之務卿邁往之氣絶人之資澤加生民動在王室茲已試之效也故去國未幾靡人不懷適者申敕使軺趣朝行闕召見便座博詢嘉猷忠誠慷慨議論明辨茲用延登亞保之位復畀冢司之權卿不聞孟子之言乎如欲平治天下舍我其誰蓋古人自任以天下之重如此今日之勢非卿孰安卿其慨然爲朕力圖所以興復者茲卿自許而亦朕之所期卿者也區區小廉以待常士而已豈足爲卿道哉所請宜不允故茲詔示想宜知悉

潰軍輔逵降於王瓊

輔逵擾於楚漣水之閒朝廷以王瓊爲淮南招撫使以討羣賊逵欲受瓊招安乃諭其衆曰當竭力取漣水南寨得寨則受招安衆皆諾遂攻南寨寨在清河之中流狹而長逵令斫木爲筏併力攻之拔其寨大肆剽掠然後詣瓊降

十四日庚寅宫儀及金人戰於密州軍敗李逵吳順以密州降於金人

宫儀經夏與金人相持屢經戰未有大勝敗七月儀

屯於盤石河在密州之南八十里分屯於常山王廟去城二十里金人於密州之北三十里時時遣人在城下招密州降李逵吳順曰今南有宫儀北有大金安敢投拜若能破宫儀卽日投拜如不然或宫儀破大金軍亦降宫儀今孤城無援唯強是從金人主將特木也改作特默萬戶然其言遂不爲攻擊專謀破宫儀矣南門外雖坦途然兩邊皆山在二十里之閒有常山王廟儀以兵扼其路金人乃颺言宫太尉馬軍五不能當我之一然步軍差勝於我我之步軍十不能當儀之一儀聞之以爲然金人不時出兵轉城而南

侵常山王廟儀兵禦之金人佯若不勝而退去以爲常凡月餘儀之軍皆以金人爲易與耳金人知儀衆皆懈至是馬步齊進馬軍則方在前戰馬軍少歇步人齊進而馬軍兩翼亦進儀兵不能當皆兩邊奔山高處金人以馬軍徑趨八十里直犯盤石河大寨儀猶不知衆皆崩潰儀及劉洪道奔九仙山金人進逼之儀及洪道以餘兵數千奔海州漸至楚州又爲郭仲威所敗乃迤邐至眞州儀兵已敗金人責李逵吳順如約逵順遂以密州降於金人後逵爲順所殺儀至眞州得旨轉兩官遥郡刺史其轉官遥郡制曰勝

敵而擒茲爲妙算聞功則賞豈限常規矧轉鬬以猝然決重圍於俄頃忽而不錄何以示公具官某膽略沈雄神鋒警捷獨出萬夫之上親更百戰之餘比緣彊虜改作敵之師徧蹂全齊之地過城輒下連壁方堅汝揚貔虎之威盡復金湯之固爰峻加於顯秩仍升刺於大州勉建奇功更圖茂渥洪道至朝廷言儀在京東時事儀自縊取首級送行在其將蔡清耿安皆檻送行在撥其軍隸王瓊洪道以向大猷同赴行在言大猷受金人僞命知青州其出榜文多指斥有反狀明白大猷伏罪遂斬之

胡寅上萬言書○舊校云按宋史建炎三年寅上疏凡數千言呂頤浩惡其切直罷之其疏見本傳並非此書若此書乃紹興二年五月後應詔所上者不在建炎時也

臣昨於閏八月一日覩詔書以敵人侵凌備禦不給遂有移蹕之意左顧判鄂右趨吳會安危利害下問羣臣臣時駭然不意清問及此何者以陛下自錢塘未幸江甯也詔曰以援中原矣及至江甯以舊都之名符啟建之議改爲建康也有詔曰天人允屬興邦正讖於宏規矣繼而深懲維揚之禍立還奉隆祐太后以六宮及百司不預軍旅者之南昌有詔曰朕與二三大臣帷幄宿將堅守不動誓言以死答羣生矣

前後三詔不出半年之閒而立言措辭不同如此臣所以畏懼疑惑卒無以上對退而伏念至於旬時陛下以安危利害詢於在庭苟或慮之不精計之不審以害爲利以危爲安則其負誣神明迷誤社稷罪在不赦輒傾愚見不避誅死泛論建炎謀國之失而陳撥亂反正之計念時事之迫切仰德意之寬大冀功效之可圖忘觸犯之難恕惟陛下留神省察幸甚臣聞孔子曰成事不說遂事不諫既往不咎臣今所陳不免追咎既往者蓋謂建炎以來有舉措大失人心之事今欲復收人心而圖存則既往之失不可不知

不可不改也一昨陛下受淵聖皇帝之命出使河北二帝既遷則合糾率師徒北向迎請而遽膺翊戴亟居尊位遙上徽號建立太子不復歸覲宮闕巡省陵寢斬戮直臣以杜眾口南巡淮海偷安歲月虜改作金人深入陝右遠破京西諉不治兵略無捍禦盜賊並作一切招撫無辜之民肝腦塗地故怨氣上觸日昏無光飛蝗蔽天動以旬月方且製造文物糜費不貲猥於城中講行郊報朝廷之上自謂中興虜改作敵騎乘虛直擣行在匹馬南渡狼狽不堪淮甸之間又復流血逮及反正寶位移蹕建康不為久圖百度頹弛

淮南宣撫卒不遣行自畫大江輕失形勢一向畏縮惟務遠逃軍民怨言如出一口存亡之決在於目前凡此節次十數條皆所謂舉措失人心者也自古興亡固不足道且以中興而能存者道之夏少康周宣王燕昭越句踐漢光武唐肅宗皆中興賢君莫不能任賢使能修政事治軍旅而其奮發刻厲期必有成者則又本於忿恥恨忮之意不能報怨終不肯已所以光復舊物名稱中興未有承衰微之後繼斷決之餘切切焉固陋以為榮施施焉苟且以為安而能長久而無禍也臣嘗計天下事今可謂多矣請得舉而論其要尤在於修政事備邊陲治軍旅用人才除盜賊信賞罰理財用核名實屏佞諛去姦慝十事而已今政事未修也何以富國強兵邊陲未備也不聞長慮卻顧論軍旅則罷輭不勝其任論人才則混殽未得其真盜賊跨州連縣而莫敢誰何賞罰昧於功罪而士氣先阻大農當務足食而軍無見糧名實當責成效而類多苟且左右使令豈無佞諛百官有司倘有姦慝天下之事所當留意不可忽者今皆悖理傷道如此而謂無以致天譴其可得乎皇天譴怒於上矣固當深思極慮而應之以實念十事之未當和氣

之未洽深自貶損以省厥咎至德也恭承祖廟以致中興至孝也此之不圖而姑務儉素之小節肆宥赦之小惠此豈承天之道也哉故曰陛下未得其道故也今陛下欲承天意以求治當先自此十事始十事既得其當自反而昭德塞違以明示四方使中外咸知陛下求端於天之意如此其切不徒於虛文則民悅於下矣民悅於下天悅於上變禍為福又何難哉臣竊以當今之勢揆之將欲更此十事宜無甚難然恐陛下未得其要耳故臣願言之所謂修政事者何也臣謹按春秋魯成元年王師敗績於茅戎先儒未

有說也臣謂王國之大宜無不服而茅戎小族至敢逆命王師傷敗故聖人疾而哀之以見四夷盛而刪此四字周道衰矣至此極也今政事之大有甚於四夷改作敵國強盛而兵革不振者乎魯僖二十八年公子買戍衛不卒戍刺之說者以謂衛方有難同姓諸侯義當救恤魯爲衛戍深得救災之禮而公子買以君命出戍乃敢違命而不卒事使魯有闕若以法論之則是乏軍興矣豈不可罪今政事之大有甚於爵祿與人而人莫敢用命者乎外夷入寇改作金師深入長驅郊甸七八年矣兩宮遠狩九廟爲墟天子蒙塵越在草莽而

戎狄改作金人猶以爲未足也正欲飲馬長江投鞭中流以快其志中國惴惴焉奔命之不暇將何以遑中興之治果安在乎修政事之大有急於此乎故曰四夷改作敵國強盛而兵革不振也古之明王得操縱之術役使羣動凡狙詐勍敵皆爲我用其孰敢不力少不如意科罰隨之矣今朝廷欲濟一事唯恐人之不吾從也好爵以糜之甘言以誘之拜一大將如呼小兒刻印封侯亟於反掌初無傑士來應時須而辦吾事者不過迎合所求以取名位既得之則固以望望然有滿志矣尚肯自效邪及責其成功則曰非我也勢使

然也豈理也哉此無他綱紀敗壞而不振也是猶可忍也中興之治果安在乎修政事之大有急於此乎故曰爵祿使人而人不從命也抑又有甚焉者臣聞春秋以王命爲貴以所出者重也渙號一出四方萬里若風行草偃之速其可朝令夕改無一定之計乎朝廷出令則如反汗夫汗豈可反耶昨日所行今日已變今日之論明日復改凡百執事相顧睥睨無所適從以致敗事者職此之由也今年以來大政幾變矣內則立修政之司外則開都督之府今日講議而明日召還廟謀成算其果安在今既欲舉大事盍先

計策當安出設以爲疑則議之於早慮之於初成算已定而後施行不然既而悔之亦無及矣盍早圖之此尤修政事之大者也所謂備邊陲者何也傳曰天子有道守在四夷國無小大疆埸之事不可忽也人之有牆以蔽惡也牆之隙壞誰之咎也衛而惡之其又甚焉勇夫重閉況國乎若敖蚡冒篳路藍縷以啟山林其初土不過同終大通於上國愼其四境故也謹按春秋書梁亡者其說曰梁自亡也梁伯亟城而弗處民罷而弗堪寇至則去之民懼而潰遂併於秦聖人傷之蓋哀梁伯之不虞而深譏邊鄙之無備也

又按春秋楚公子嬰齊帥師伐莒庚申莒潰楚人入鄆蓋楚初無必取莒之意而莒不爲備以自取敗故楚人得而入之而國遂以亡此亦不備不虞之罪也故君子曰恃陋而不備罪之大者也預備不虞善之大者也恃其陋而不爲備故浹辰之閒楚克其三都豈不哀哉雖然前事不忘後事之師前車之覆後車之戒靖康以還數經大故邊陲之事尚復何言而南渡之後未有遠略以爲後圖者甚可怪也長江千里襟帶形勝風波渺茫自古至險用武之國可不先議藩籬以固吾國楚子爲舟師以伐吳不爲軍政無功

而還左氏譏之以今天下蕩蕩數千里而敵人欲至即至若入無人之地此何理也齊侯伐楚楚子使與師言曰君處北海寡人處南海惟是風馬牛不相及也不虞君之涉吾地也何故楚國區區猶各守疆埸今外敵之來恬置而不問可乎今國步雖日蹙譬人之身瘠甚矣而血氣未動少康有田一成有衆一旅而復興有夏越王棲於會稽亦能以其國霸何者得上策自治之道宜其能復興也夫豈無備而能復興乎江左雖微尚跨有江淮之地自古未有欲守長江而不保淮甸淮甸者國之唇江南者國之齒唇亡齒寒其理明甚金人遁去改作三年矣邊備宜日有可恃乃反不如前日淮甸數十州地方二千里孫權以來恃以爲障塞者今不過置二三鎭撫使以處盜賊一旦有急安知不併力助桀爲彼先驅形勢藩籬何所賴焉壽春淮甸尤爲江左形勢要害之地昔李煜叛命以周世宗英主猶屢困堅城之下曠日持久仁贍病篤僅能克之壽春既破而江左搖矣以是知淮南爲江左根本明甚而況淮甸離散之民苟不經略其地勞來安集則隨軍實而長寇讎禍至無日矣叔弓圍費弗克平子怒而執費人以爲囚俘冶區夫曰非

也若見費人寒者衣之饑者食之爲之令主而供其乏困費來如歸南氏亡矣若憚之以威懼之以怒民疾而叛爲之聚也若諸侯皆然費人無歸不親南氏將焉入矣平子從之費人叛南氏魯史記之言猶在耳況今天下之勢而可忽耶伏惟陛下念春秋梁亡之戒悲莒潰入鄆之事謹嚴邊備堅守淮甸扼其要害絕其窺覦然後一意從事於攻治磨厲以須用圖興復如行快馬奔平地宜無難者若牽於將帥之論惑於矛盾之說退避藏匿狼狽不振則陛下雖有求治之志亦無益矣臣所謂當修邊陲以承天意者此

也所謂治軍旅者何也臣聞治國之道莫先乎兵晉所以霸師武臣力也故臣謂今日之事無先於治軍旅者而軍旅之事大要有三一曰選將二曰蒐練三曰教閱何謂選將先志有之安邊陲立功名在於良將不可不擇又曰將不知兵以其卒與敵也君不擇將以其國予敵也臣謹按春秋書宋華元帥師及鄭公子歸生帥師戰於大棘宋師敗績獲宋華元或者曰宋不能擇將舉三軍之衆付之不知兵之人故臨戰而屢敗且以爲其敗誠宜而無哀惻不忍之意獲宋華元者言見獲之易且言其當然也將者國之存

亡所係以漢高祖之才不過能將十萬而高祖亦自知其不如韓信故舉大將之權一朝而拜之諸將不以爲嫌大臣不以爲過者足以勝其任也今王室危甚緊諸將是賴當得知兵慷慨之士付之重權庶能翼戴天子而加之以荼今也至有不知兵法不習戰鬭內不能與士卒同甘苦而得羣下之死志外不能讋服夷盜（改作敵國）而書尺寸之功平居恣睢以邀其上一旦有急首先奔潰豈不痛哉此臣所以願選將也何謂蒐練古者良將於軍政日夜整齊而振飾之如農夫之務去草焉凡老弱游惰一切去之故皆健而

能戰臣謹按春秋書大蒐者四雖各有譏刺其義不同然亦善其能留意軍政故詳書之抑以見不教民戰而棄之者甚可惜也在魯莊公八年春師次於郎以俟陳人蔡人是魯已出師矣而繼以甲午治軍意者雖平時不閑習軍政至是師出而後蒐簡亦猶愈於終不治兵者矣故謹書其日以詳備其事而又書秋師還以善之以見是師之出已成軍旅及其還也宜無喪亡之憂全師而歸爲可嘉也祖宗豢養將士藩屏王室亦無廢墜之爲豈如弁髦而因以敝之今朝廷微弱唯恃軍旅國內空虛養兵尙衆豈得已也

而偷惰宂食十常三四爲將帥者以動搖軍情爲畏唯務姑息無乃求去憂而滋長乎比年以來殊未聞軍旅之衆能立效以報上者無他可用之兵無幾而疲軟者又不足以當敵人之鋒故常敗事爲今之計宜無卹紛紛之論而唯實效是圖兵不可用者悉蒐去之猝有搶攘之變驅以赴敵何患不能齊致死也此臣所以願蒐練也何謂教閱臣聞養兵以待一時之用則當素有以作其敢爲之氣教之閱之以習熟其見聞使其閒居無事軍中有投石超距之戲則緩急可用也楚自克庸以來其君無日不討國人而訓

之卒敗晉師於邲今議者不然每論此則以煩擾爲畏嗚呼賈而欲羸而惡囂乎臣謹按春秋八月壬午大閱閱者閱習車馬教戰陣之事也去古既遠司馬九伐之法四時振旅之事已不復見魯小國耳猶能大閱未必有意復古亦能不廢軍旅之事矣故特書時月與日而善之其他蒐狩未有書日者也今養兵雖衆獨不聞暇時以教閱爲事者諸將守文不過春秋二閱而已進退坐作旌旗鎧仗之事恬不習熟此猶足恃以爲固耶而貴游近戚大臣權要拘占役使動以百數軍政一壞緩急之際何可復理戰而不捷

彼之肉其足食乎此臣所以願教閱也三事者軍旅之急務臣故曰論軍旅則疲輭而不勝任者此也伏惟陛下覽華元之奔覆念蒐狩之唯謹知治兵之無忽思大閱之當法每選將則當如漢高祖之用韓信彼淺敗乃翁事之腐儒不知兵之武夫不能得士卒之歡心者皆勿用每蒐練則願以魏公子無忌救趙爲法彼老而不可用少而未可用鰥寡孤獨廢疾皆無所養者省去之每教閱則當以王翦治兵孫武試兵爲法彼失伍離次敗羣亂衆申令不肯從者必罰無赦三者既備則軍政已立若夫轉餉餽糧簿書錢穀之責則有司存可次第而舉臣所謂當治軍旅以承天意者此也恭惟陛下神武天錫聖學日躋有撥亂之略有駕馭之才有恭儉克已之誠有仁民愛物之義夙興夜寐力圖興復眞有意於爲治矣自星變後數求讜論至誠懇惻上格穹昊以臣不肖謬膺所聞仰奉天聽故詳及外政之十事而又終之內政之二言嗚呼吉凶由人豈有常象在人君應之何如臣竊謂應天以實之事不過如此矣伏惟陛下俯聽芻蕘之議深惟格正厥理以幸天下臣將見迎兩宮之回鑾奉六龍而息駕九廟乂安百姓休息四夷稽首

諸番聽命效驗可必若夫桑生於朝雉登鼎耳變災爲福天其或者安知不在此時惟陛下留神天下幸甚幸甚若夫臣文詞鄙陋言議淺劣則又非陛下所以求直言之意是以輒肆其狂直少效區區愛君憂國之誠而不敢自疑干冒明威伏須罪誅臣無任云云

賜進士出身頭品頂戴四川等處承宣布政使司布政使清苑許涵度校刊

三朝北盟會編卷第一百三十一終

三朝北盟會編卷一百三十一校勘記

屢經戰未有大勝敗衍經字　金人屯於密州之北脫屯字　馬軍在前方戰誤作馬軍方在前戰　則馬軍少歇步軍齊進歇一作御軍誤作人　矧轉鬬以咄嗟咄嗟誤作猝然　乃揚貔虎之威乃誤作汝　更圖茂績績誤作漼　多有指斥誤作多指斥有　以陛下自錢塘來未幸江甯也脫來字　興邦正議於宏規矣議誤作識　立遣使奉隆祐太后脫使字　今復欲收人心而圖存復欲誤作欲復　各稱中興各誤作名　大農當務足食大農一作農夫　以見四夷盛而周道衰矣衍矣字　是猶可忍也忍也一作忍恥　莒恃其陋而不為備脫莒字　用武之圖可不先議

藩籬圖應作國　譬人之身瘠則甚矣脫則字　深惟格王正厥事之理誤作深惟格正厥理

三朝北盟會編卷第一百三十二

炎興下帙三十二

起建炎三年八月十四日庚寅盡十月二十三日戊戌

李成遣人詣行在受招安未回復反

李成在泗州聲言願歸朝廷因會刦杜充老小於汴河殺二萬餘人皆盡不敢赴行在朝廷聞之遣人齎文字往招安成大喜待使人甚厚成欲遣人隨使人赴行在軍中皆恐懼不敢行有張琮者安肅軍人語言稍辯利略知書能謳小詞成之將佐會飲則置琮

於坐隅令謳詞助歡軍中號爲小張於是軍中將佐皆舉琮行成遂命琮琮亦願赴行在乃具受招安之狀隨使人至行在宰相呂頤浩引問琮琮具道成不敢負朝廷願招安之意頤浩喜授琮秉義郎令招成赴行在琮曰琮不願爲秉義郎俟琮再往李成軍中宣布聖上德意及具道廟堂威望招李成同赴行在琮元是安肅軍軍學學生願乞一文資恩澤頤浩尤喜乃授以承務郎且曰俟爾幹事回當遷官升加職名遂齎文字復往招成未至泗州成已復反琮遂歸琮以承務郎受温州監酒而去初成令泗州進士許道作謝表有曰恨非李廣之無雙願效顏回之不貳有旨爲文人婉順先發赴行在行至滁州白塔寺成回遂復反

京城副留守郭仲荀至行在

郭仲荀爲京城留守也人皆缺食糴米一升糶錢四五千雖有錢而無米有以米煮稀粥賣者置於高屋之上先約錢二百文許之上屋然後以稀粥湯少許與之不然則爲衆人所奪矣麻碎如三指闊賣錢二百文非强者不能買也至有人家做飯隣家窺其煙火測其將熟倒壁而入求少飲湯與老者潤咽喉而

彼亦數世鄰居之故義不可卻分數點而畀之人作過者愈多仲荀治事自淩（刪此字）旦抵暮無休息時斬殺每日不可計數乃自京師赴行在都人隨而行者數萬離京城三四日有物可買人始得穀食至是到行在自此京師人來者遂絶矣

程昌寓爲京城副留守上官悟權京城副留守

程昌寓初爲吏部郎官上在揚州會昌寓知蔡州有進士陳味道順昌人與昌寓在學舍同筆研有契是時順昌府郭允迪已投拜金人故遣味道詣蔡州說昌寓味道至蔡州以刺謁昌寓昌寓同州官見之味

道敘拜禮昌寓因留早飲置酒五盃而昌寓使人物色得味道隨行唯一紙被內有檄文昌寓大驚即招州官聚廳使擁味道至庭下以不忠責之味道祈哀昌寓曰昌寓與公雖有舊然事君之義固不當徇私以木驢釘之即日凌遲於市至是除京城留守

金人舉兵由淮東淮西兩路入寇改作來侵

金人舉兵江淮兩浙民皆驚恐無人以禦敵保境之策為獻者先是起居舍人胡寅字明仲上萬言書論天下事切中時病宰相呂頤浩不喜而罷之故天下之士皆箝其口矣

車駕幸平江府

上幸平江府以杜充為建康行宮留守留中書省印付充令王𤫊韓世忠等兵皆聽節制

杜充留守建康

邵青受招安為沿江措置使司水軍統制

初邵青以舟船擾於楚泗之閒又有丁立者同為首領是時洪澤羅成亦以舟船擾於楚州漣水之閒為邵青丁立所併青立後受江東制置司招安以立為統制青為統領杜充防守建康也以青為沿江措置司水軍統制

車駕復幸杭州

周望為荊湖江浙宣撫使守平江府

周望以簽書樞密為荊湖江浙宣撫使陳思恭巨師古會班張守忠兵皆聽節制

二十四日庚午李成據滁州

金人初有舉兵之報知滁州向子伋棄州治入琅邪山寨猶慮勢力單寡不能保守聞李成屯在泗州乃移書招成共守山寨成方未有所向得書欣然鼓行盡虜泗州强壯由來安縣趨滁州或謂子伋曰李成包藏深險不可測豈可放入寨中子伋亦悟遂不納

成成怒曰汝移書招我遠來置不見納且糗糧不具是貳也貳必有謀乃令諸軍措置攻寨遂率兵入滁州

兀朮改作烏珠請於黏罕改作尼堪入寇改作率兵侵江上黏罕改作尼堪等歸

節要曰黏罕改作尼堪自東平歸至雲中窩里嗢改作鄂勒歡闍目改作棟摩自濱州北歸燕山留撻懶改作達蘭守山東後撻懶改作達蘭移屯濰州試舉人於蔚州遼人應詞賦兩河人應經義張孝純充主文忻州進士孫九鼎為魁黏罕改作尼堪禁隱藏被虜亡者犯人罪死樞密院河閒

府爲河北東路眞定府爲河北西路平陽府爲河東南路太原府爲河東北路去中山慶源信德河中府名復舊州名去慶祖慶成軍名復舊縣名改安肅軍爲徐州徐河以境有廣信軍爲遂州遂城以昔乃威勝軍爲沁州沁水之源亦舊名也順安軍爲安州永甯軍爲甯州北平軍爲永平縣樂壽縣爲壽州肅甯城爲肅甯縣爲刪此字元帥府刪此三字禁民漢服及削髮不如法者死劉陶知代州執一軍人於市驗之頂髮稍長大小且不如式斬之後賊將韓常知慶源耿守忠知解梁見小民有依舊幘鼻者亦責以漢服斬之生靈無辜被害不可

勝紀時復布帛大貴細民無力易之坐困於家無敢出焉刪劉陶至此八十五字領燕京樞密院事劉彥宗以病死併樞密院於雲中除雲中留守韓企先爲相同時立愛主之黏罕改作尼堪以彥宗之故命其子芳簽書院事黏罕改作尼堪以通事高慶裔知雲中府兼兩京留守西路兵馬都部署兀朮改作烏珠請於黏罕改作尼堪及窩里嗢改作鄂勒歡乞提兵寇江上從之以女眞萬戶聶耳改作聶呼銀朮改作尼楚赫拔束改作博索渤海萬戶大撻不也改作托卜嘉漢軍萬戶王伯隆及大起燕雲河朔民兵付之兀朮改作烏珠率衆寇改作入江南

節要曰靖康之初金人初寇改作薄京城時在內則城高池深兵食兼足在外則諸路勤王之師霧合雲集四方忠義士雖素不預軍籍亦皆橫身扼腕自備器甲效命登先圖報國家二百年之德澤者朝廷以天下之勢當一鳥合深入之寇改作敵亦未足爲慮也復苟紓目前之急不顧日後之患許割地以議和賊改作敵既得志去官軍隨之北行若用种師道夾河三戰之策則賊改作敵衆無噍類矣時以親王宰臣在賊改作敵中使命絡繹道路約束諸軍不得少有刪此字犯賊刪此字至內邸有數騎輒犯官軍已斃數人官軍束手不

敢擅動內有一卒不勝其憤輒擊殺一賊改作人適會使命在軍目覩其事馬忠恐使命回告朝廷遂斬其卒以徇且傳首於賊改作敵自後賊改作敵時以數騎張弓注矢戲犯官軍避之賊改作敵以爲笑以至於賊改作敵馬尾相繼隨以出塞無敢誰何者由此勤王之師莫不解體故彼賊刪此二字不踰半年復敢入寇改作長驅而至百雉戒嚴而天下勤王之師無向戰之心者失於和之一策也至京城之陷也若御駕親征率軍民整陣而出亦足以當賊改作敵突圍而出亦足以脫賊改作禍矣何哉軍民雖非願戰然陷之死地而後生置之

亡地而後存故韓信背水以破趙田單蟠城以擊燕是也設若不能出城但收兵屯於舊城一如守村寨然後遣使卑辭厚幣許割地以退兵且曰舍此則有死戰而無生降之理兼外城初失我軍必有縋城得脫者但有一二人得脫則四方勤王之師定相傳播無不知京城已陷御駕已出或御駕退保舊城如是則勤王之師孰不奮身赴難爭先救主也彼賊刪此字雖有破城之勢然內有決死之敵改作戰外有必救之兵內外受敵苟不釋去則與我和此自然之理也或曰城既破矣豈能整陣而戰突圍而出及退守舊城

耶臣曰不然蓋京城與邊城之異也邊城郡邑其內守城之軍不若攻城之賊改作敵之盛也所恃以爲命者惟城池而已城池既失衆寡不敵不爲賊刪此二字降則爲賊此二字改作被害矣而京城侍衛之兵守陴之士不下十萬而黏罕改作尼堪窩里孛改作斡里雅布兩路之兵共無六萬至如城破其勢非不足以拒敵也何必淵聖遠出見賊改作敵也譬若御駕親征遇賊改作敵於路則亦無城池可依便當棄六軍以單騎入賊改作陣願議和耶而城陷三日之間淵聖已幸賊改作營不惟城爲賊改作敵陷又且自無其朝廷也由是在內軍民在外勤王之師已成失國之人矣孰有禦敵之心哉此失於和之策二也至建炎三年春黏罕改作尼堪之犯改作襲揚州也時御營之師必有十萬而黏罕改作尼堪止有五六千騎自建炎二年秋九月離雲中下太行渡黎陽攻澶濮山東諸州郡以至犯字刪此揚州可見疲勞之甚矣此强弩飈風之末不足畏也兼是時河北州郡尚有未陷者山東州郡十陷二三人心未安糧道未集寇盜蠭起而不顧後患投身深入我境又可見無知之甚也改作又有可乘之勢也時若我師乘其遠來新至行列未定而擊之可也或則深池堅壁拒而勿戰以

挫其鋭以沮其意且多方出奇邀其出掠者彼萬里孤軍後無委積忌於相持利於速戰不惟糧道不繼又且野不能掠以此制之賊改作敵遁必矣俟其既遁襲而擊之舍而縱之皆可也而乃望風之際車駕渡江六師自潰爲賊改作敵乘之席卷而去此失於退之一也至是兀朮改作烏珠之寇改作入江南也朝廷豈不知虜改作敵所利者騎也我所利者舟師與步兵也江淮之地騎得以爲利乎此皆騎之危地也舟師步兵之利地兀朮改作烏珠有知豈肯置身於此耶時若御駕親征諸路進討兀朮改作烏珠之頭必獻於闕下矣而復望

風之際車駕泛海朝廷自散爲賊敵改作乘之得志而去此失於退之二也凡此四者非虜敵改作之善乃我靖康之兩和建炎之兩退自所致也觀眞廟之時値契丹蕭后入寇澶淵若眞廟不戰而和不戰而走則景德之役已有今日之事矣

靳賽降於劉光世

靳賽猖獗於淮東也上命劉光世討之光世先遣使臣許彥正齎檄招安賽旣聞之與其徒以禮迎彥正願受招安遂引兵詣光世光世就令賽統其所部軍人人皆喜

權邦彥敍復寶文閣直學士知江州

初權邦彥守東平府金人犯境邦彥棄其家出奔降授朝散大夫至是敍復寶文閣直學士知江州制曰遇敵而致澠陵之奔孟明有罪毀家而紓楚國之難令尹爲忠我有藩臣嘗纍城守已正簡書之坐當還符竹之分某頃典大州適當强虜敵改作旣盡逾年之抗遂遭全室之留雖徐庶思親何勝方寸之亂而眞卿委郡不廢朝廷之歸在國法以靡容於人情而可憫付兵民之重寄專江漢之上游式遄其行盡復爾職無愴家庭之禍當思王室之忠

詔親征

上初欲幸明州用呂頤浩計復還杭州乃下詔親征百司有到曹娥江者有到錢清堰者御史中丞趙鼎力諫以爲衆寡不敵不可以戰不若爲避狄敵改作之計會有邊報至遂復召百司回越州市井閙不時虛驚有云番金改作人已到者履棚瓦市至有奪路而出被踐踏而死者

韓世忠駐軍於鎭江府

命韓世忠駐軍於鎭江府備江也

范宗尹參知政事

范宗尹靖康中爲諫議大夫金人犯闕攻汴改作宗尹俯伏流涕乞割三關以獻議者短之京城陷宗尹衣破壞衲衣如貧窮人奔藏於閭巷閒二帝北狩宗尹至單州詣元帥府迎請建炎初臣僚言其專主和議罷之至是復召爲諫議大夫除參知政事

是月閭勍奉宗廟神御至濠州不得入城而去

閭勍奉西京會聖宮神御以舟船由蔡河而下至濠州知州孫逸閉門不納勍曰我主管步軍司閭勍王臣也逸曰太尉雖王臣而逸不識太尉面目今太尉率衆而來逸爲濠州軍民老小計則不敢開門勍曰

勍奉宗廟神御經由城下足下爲朝廷守臣宜率州縣官出郊以拜也逸曰今日之事軍旅之事也太尉若實奉宗廟神御經由城下逸謹當權撤戎服具朝衆率州縣官從城下望拜之於是望拜於四望樓勍不能奪遂引去

十月十五日庚寅李成陷滁州琅邪山寨殺管內安撫向子伋及州縣官

先是朝廷以敵國侵陵許州縣居民自爲保守知滁州向子伋修子城治樓櫓欲爲守禦或謂子城周匝無三里許且西南接幽谷諸山下瞰城中又龍興寺

與端命殿基去城纔數十步若於此立礮可拋至城中心子伋不從於龍興寺下堰斷河水使瀦遏環遶城下河乃山澗連日水猝暴漲堰不可築築或爲水所損者屢矣子伋堅欲作堰令三縣民戶輸財雇匠疊石穿孔貫以鐵汁謂牢不可破而秋雨連日水暴漲堰壞子伋知堰不可成乃以琅邪山寨疊石爲郛上施女牆以開化禪寺爲州治用土豪張仲寶爲將仲寶字子賢有膂力時人謂之小張飛子伋勒令近城二十里內居民悉般老小入山寨時五營軍兵二十餘人及府庫案牘悉在寨中李成怒子伋閉門拒已也遂令諸軍攻擊晝夜不息子伋作書遣僧官智修與成通好請犒軍而退成不從攻之益急寨中唯有澗水細涵不多不足以供數萬人之食人皆食炒米往往乾渴而成病軍兵與强壯之民多縋城遁去鵶嘴山高而又逼城賊乃劚掘鵶嘴山及運柴薪填疊其坳陷處倏忽與城平賊遂登城大肆殺掠溝澗流血子伋被執送成所成命取州縣官作一處拘之乃拘於州倉之側仲寶率數十人自後山出奔爲伏路者所執成留以爲將盡取强壯入隊根刷公吏用爲統制將吏又十餘日賊邏卒獲山寨中子伋遣出

齎蠟書告急者成怒殺子伋州縣諸官

遣史曰成在滁州軍容甚整肅官員秀才許陳利害者雖一句可採必誦之於心而不忘每發一言必中理或問成天下何時可定成吟哦而言曰憑君莫問封侯事一將功成萬骨枯聞者心伏而退嗚呼怪哉

郭仲威降於周望

郭仲威既破淮陽軍卽渡楚州漸由高郵至瓜洲欲渡鎮江聞杜充治兵建康仲威嘗受充借官故懼之乃由泰州入通州渡江至常熟縣時周望以宣撫使在平江遣人招之遂率衆入平江詣降有衆萬人望

以爲統制時號爲郭大刀

二十二日丁酉王彥駐軍興元府

二十三日戊戌金人陷壽春府

金人陷壽春府兀朮改作烏珠以大兵進趨江上畱周太師以兵戍壽春

賜進士出身頭品頂戴四川等處承宣布政使司布政使清苑許涵度校刊

三朝北盟會編卷第一百三十二終

三朝北盟會編卷一百三十二校勘記

求少湯飲與老者潤咽喉湯飲誤作飲湯　爲建康行營畱守畱尙書省印付充營誤作宮尙誤作中　及削髮不如式者式誤作法

去慶陽慶成軍名陽誤作祖　效命先登誤作登先　官軍避之賊以爲笑脫官軍二字　以至與賊馬尾相繼隨之出塞與誤作於之誤作以　田單鑿地以擊燕地誤作城　所自致也所自誤作自所

三朝北盟會編卷第一百三十三

炎興下帙三十三

起建炎三年十月二十三日戊戌盡十一月乙巳朔

張浚至興元府奏乞車駕巡幸興元府

奏曰竊見漢中實天下形勢之地臣頃侍帷幄親聞玉音謂號令中原必基於此臣所以不憚萬里捐軀自效庶幾奉承聖意之萬一謹於興元理財積粟以待巡幸願陛下鑾輿早爲西行之謀前控六路之師後據兩川之粟左通荆襄之財右出秦隴之馬天下大勢斯可定矣

十月二十三日浚抵興元命幕客王以甯作文代祭諸葛孔明曰某以菲才誤膺聖訓出將使指頓轡漢中旁觀定軍之山平生師仰之地適有行役祇謁未遑謹遣屬官致祭於祠下恭惟我公學貫天人識該今古沈機妙思典刑制作之閒闕蓋嘗玩孟德於掌中棲仲謀於江上大勳未集賓天而仙俊魄英魂歸侍帝所青山白雲覆此靈骨至於今千五百年樵丁牧子咸再拜於阡隴牛羊踐履不敢入於疃畦嗚呼豈惟神物護持蓋子思子之言曰惟天下至誠惟能盡其性以之參天地育萬物終乎其天其淵無聲無臭者其惟我公之道德殆所謂無閒然者矣某也後學安能識公目披舊史耳剽前聞服膺師門二十年於此矣今皇帝遭時孔艱訪於落止將卽梁洋之地漸爲恢復之圖某雖巽懦不武而憤敵憑陵忘身殉國不暇量力慨然請行是以在此載惟我公負王佐之才抱王佐之學時命不與齎志空山今也不然雖鼠竊狗偷肆行於海寓而姦雄大猾不敢發於山林其故何哉宋德在人浹肌膚而淪骨髓皇天眷命支百世而卜萬年此某之所有而公之所無也嗚呼某爲何人言敢及此亦不可謂無其志也若夫教誨之

誘掖之左右輔相之某將齋栗有祈於師門公雖在天諒聞我言知有斯時亦復憮然惠以尺寸翼我墜顛庶無罪疾涉於天淵某不敢慢奉以周旋尙饗

二十五日庚子金人陷黄州知軍州事趙令峸死之

先是張用在光州境内沿淮劄木寨上下占百餘里盡收禾稼入木寨中蓄積甚豐無退去之期光州患之至是金人欲取黄州渡江以精騎五百直衝其寨用之衆數十萬悉奔散金人遂焚積聚徑趨黄州一夕而至又一日光州始知之金人焚不盡者光州般

入城知黄州軍州事趙令㞾三月閒丁母憂解官居建昌軍七月起復再知黄州八月到官先是權州蔡通判奏乞移治武昌令㞾到州之三日奏下從所乞乃移治官吏軍民在武昌縣十月戊戌金人以辰刻犯改作至黄州射木笴鑿頭箭入城守衛排軍晏興拾箭遣習水兵潘明浮江過武昌報令㞾視箭而驚曰虜改作金兵也夜半以官兵渡江入黄州連夜上城爲守禦之備金人縱兵攻城庚子城陷令㞾在城之西壁被執行至城東地名土門子金人就坐說誘降令㞾極口罵金人敲殺之軍民被殺者不計數癸卯金

人渡江盡絶甲辰晏興同劉祥於竹林下尋見令㞾屍載過武昌還其家收殮之權葬在武昌縣吉祥寺

遺史曰先是靖康京城圍閉趙令禈爲鄂州通判部官兵在武昌縣把隘京城失守閻僅以潰兵南奔犯黄州縱其下搔擾既退去令禈卽渡江存撫黄州軍民訖復回鄂州黄人德之三月令禈以朝散大夫直龍圖閣改名令㞾來知黄州五月詔修築城壁令㞾奉詔修城十二月方畢工會張遇寇黄州令㞾諭令退去不從遇請令㞾出城相見令㞾往見之遇令取酒一盃飲令㞾顧諸賊色有異必知酒中有毒令㞾執盞謂遇曰令㞾知酒中有毒今爲公飲之而死然所願諸公不殺害城中軍民言訖一飲而盡遇大驚曰酒誠有毒方欲第二盞進也姑以此一盞試公耳乃取毒酒潑於地地裂而有聲由是遇與羣賊皆重令㞾之器識令㞾以二寵妾贈遇使退去遇攜二妾去至團峰而回自後丁進孔彦舟羣寇犯境令㞾皆禦退之

七澤孫偉奇甫劄子伏見十月二十五日金人陷黄州知州趙令㞾執在軍中累日欲命以僞官毆之北去令㞾極口詆罵卒至遇害毅烈之氣至死不屈行

道之人皆言之或者欲蓋從賊渡江之愆乃云令㞾城降又謂已汙僞命然而賊南去之初有過黄州城見令㞾遺骴委於道左又有同時在軍中得出者能言令㞾遇害時事皦如白日著不可誣但以令㞾初乞移治武昌而武昌乃鄂之屬縣邑鄂隸湖北黄隸淮西朝旨既下令㞾未嘗關白兩路監司此乃令㞾不習爲吏之過過亦小矣謂令㞾棄城納款非也令㞾既被旨徙帑藏過武昌未訖事間聞寇至復提武昌兵丁北渡黄州迎敵不忠義者能之乎兼令㞾靖康初通判鄂州邸吏報僞楚遣使肆赦守將欲遁去

令㞺遂盟僚佐俟其至卽殺使者焚其書閉關自守激揚之氣坐客股栗鄂人悉知之嘗聞熙甯中邕州守將蘇緘罵賊遇害神宗皇帝贈以節度使廟食其州嶺南父老至今能道其事自頃國家多難以來如令㞺之死節者無幾人今令㞺盡室皆亡雖推恩無人可授若用蘇緘故事實爲無窮之勸矣又伏見金人渡武昌入洪州江西郡縣聞風畏怖往往遂失臣節獨分甯知縣陳敏識與士民以死相誓斬其傳檄之人幷力拒守至今不下十二月閒土豪羅氏覬望旁近事勢聚羣不逞欲殺敏識以附賊（二字改作應）敏識

擿發其姦悉擒首惡而誅之精誠勁挺與秋霜爭嚴張巡之儔也往年安陸令陳規公安令程千秋皆以禦寇論功擢領方面敏識之功實又倍之今洪州未有守臣謂宜使知洪州

乞建廟禮部狀准湻熙元年七月二十二日敕尙書省送到降授特進樞密使江淮東西路宣撫使魏國公張浚劄子奏臣據黃州狀申據本州士庶父老湯政等狀伏見建炎元年逆賊閻僅侵犯黃州當時通判鄂州趙令㞺將帶官兵在武昌縣把隘閻僅纔退卽時過江收復黃州卻回鄂州任所於當年三月內以朝散大夫直龍圖閣知黃州到任當年五月內脩城至十二月了畢至建炎二年正月初十日孔彥舟侵犯本州攻打城壁凡六晝夜保守堅固賊勢沮退繼而趙龍圖會合五州都巡蔣宣贊前來解圍殺散而去並前後累次盜賊丁一箭九朶花李仲張遇桂仲等侵犯本州城壁幷皆守禦保全至建炎三年三月內趙龍圖丁母憂解官往建昌縣住至當年七月內起復仍知黃州八月初十日再還到任當月十三日係趙龍圖丁母憂去後權州蔡通判起奏朝廷乞移治武昌縣是日奏下依所乞至當月十八日趙龍

圖將帶本州官吏軍民渡江往武昌縣至十月二十三日辰時虜（改作金）人犯城箭射入城內守衞排軍晏興拾得虜（改作敵）箭遣習水兵士潘明將箭浮江過武昌縣報復趙龍圖於當夜二更將帶官兵自武昌縣渡江回來黃州連夜上城擺布守禦於當月二十五日巳時番賊（改作金兵）攻破州城就西邊城上捉龍圖去城東地名土門子就坐趙龍圖一向高聲叱罵云番賊你甚物類如何敢犯大宋州郡殺害生靈眞是畜生禽獸連聲叫罵我（删云番至此二十字）誓死不屈其番賊將酒與飲揮盞擲打云我不飲番賊畜牲之酒褫去涼

衫欲換戰袍又罵云我不着番賊畜牲之衣番賊稱將與你好官又罵云我不受番賊畜牲僞命勒令下拜又罵云我有兩膝只拜我祖宗當時見其難屈毁罵不已番賊(删其番至此八十九字)大(改作因)怒用鐵鞭打趙龍圖面額一下正當左額幷連眼頰(删一下至此十字)血流被面趙龍圖罵聲愈高郎令驅出向東竹林邊腦後敲殺至死罵聲不絕同時遇害官員都監王逵打死在倉巷口判官吳源從事(闕)打殺在東門外上三縣巡檢劉緯(闕)從義亦打殺在東門城上幷殺武昌吳縣尉朱巡檢並打殺使院人吏傅拱姜邵李實王仲李堅衙前毋宰張懿等並一行兵使守城百姓打殺者不計數目至二十八日番(改作金)人過江盡絕二十九日排軍晏興同劉祥於竹林下尋見趙龍圖尸二人舁到江邊用小船載尸過武昌地名磨口分付與龍圖宅眷買棺木收殮令晏興等埋在武昌界內吉祥寺至紹興五年呂誼周仲等具狀經州乞賜保明申奏朝廷云今來所陳趙龍圖守城死節並是指實本州士庶兵吏等情願乞就趙龍圖死節之地建立廟宇歲時祭祀永爲歸向可備申特賜旌表趙龍圖廟額施行本州契勘往年朝散大夫直龍圖閣趙令㞩

知黃州時守城死節皦如白日明不可誣詢之同時被虜之人後得脫出尚存者能言其詳蓋其方當被旨移治南岸纔聞虜(改作敵)騎即時奮勵一夜渡江入城禦敵以嬰其鋒及城陷被執極口詆罵至殺而不屈其節鯁烈之氣凛然如在可敬而仰黃人思之願立廟宇尸而祝之出於誠心理實可從本州切恐歲月久遠必致泯滅寂然(闕)白無疑申乞特賜敷奏俯從所請賜以廟額載在祀典血食一方少伸臣子報國之英魂永爲後人忠義之激勸臣謹錄進呈伏望聖慈特降睿旨施行取進止七月二十三日三省同奉聖旨依

二十六日辛丑金人自黃州渡江取路寇(改作攻)洪州

金人在黃州岸下得小舟其數亦不多乃拆民居絞縛爲筏以舟引之而行遂渡大江癸卯軍馬渡江盡絕取大冶縣捷路不入興國軍徑赴洪州是時劉光世駐軍於洪州先遣統制王德以兵巡綽瑞昌縣興國軍大冶縣德聞金人兵過飛報光世且持重無出兵光世遂止

京城留守程昌寓入京師

知蔡州程昌寓被命爲京城留守遂領兵入京師既

到倉廩皆空隨行兵使食附行乾糧半月皆盡乃出城四外挑野菜而食

詔親征

郭仲荀爲浙東宣撫使軍越州傅崧卿爲浙東防遏使軍婺州

岳飛敗李成於長蘆九里岡

李成據滁州杜充命王瓊征討之瓊以本部兵駐長蘆鎮整飾行伍取瓦梁路趨滁州留輜重舟船在長蘆行之次日提點刑獄裴稟親來犒軍軍既行稟次於崇福禪院般錢絹堆貯滿屋瓊行之三日猶在瓦

梁不敢進賊遣輕騎五百渡茅塘取盤城路夜行徑犯長蘆質明到長蘆輜重軍人猶睡未起無一上岸者遂急斫斷纜開船而去賊遂入崇福禪院掠僧行以百姓百餘人方索金銀衣物忽聞鳴鑼聲賊皆退去僧行士軍被執者九人賊猶以馬捶催督被掠人速行行至九里岡與岳飛相遇初瓊之進兵也充以飛爲策應飛渡宣化鎮聞有賊騎五百徑趨長蘆飛遂往長蘆至盤城質之村人所說與宣化一同飛遂進兵疾趨九里岡賊之綽路者知官軍由盤城趨長蘆恐遏歸路乃報長蘆賊兵鳴鑼促回至九里岡相遇飛擊之賊兵盡殪奪被執人發回長蘆有中刀者有中槍者數十人瓊不至滁州而回會充促還建康遂歸建康自長蘆往滁州有大路二瓊直行其一而不虞其他始賊至長蘆稟在崇福禪院急登舟而去賊既退錢絹盡爲郡人攘取一空

十一月乙巳朔韓世清欲立趙令傻不克

韓世清屯於蘄州兵馬州具官員軍民狀差官五員詣行在舉請世清爲蘄州兵馬鈐轄朝廷從之遂命世清爲蘄州兵馬鈐轄蘄黄光州興國軍都巡檢使令五州應付錢糧劉文舜屯於舒州爲淮西都巡檢

使知江州權邦彥令世清聽文舜節制世清不從聞金人已自黄州渡江犯興國軍乃制黄衣請蘄州鈐轄趙令傻即位以黄衣披之令傻跳叫不從褫其黄衣世清之黨强之令傻叫不絶口知州甄采同州縣官止之世清方稍止采出榜示衆曰今月日旦望拜二聖因此官員思念二聖遠在沙漠至泣下民方稍安

知濠州孫逸以赴建康府稟議離任而去張宗望權知州事

知濠州孫逸見防秋事急乃曰當以軍期事赴建康

府見杜相公稟議遂交印與路分都監張宗望令宗
望權知州事是時兵馬都監李擇之當代而代者李
玠到州逸與擇之偕行

賜進士出身頭品頂戴四川等處承宣布政使司布政使清苑許涵度校刊

三朝北盟會編卷第一百三十三終

三朝北盟會編卷一百三十三校勘記

某將齋粟有祈於師門（師應作公）　庶無罪戾（戾誤作疾）　宴興
拾其箭遺習水兵士潘明（脫其字士字）　金人就坐欲誘降
（欲誤作說）　不計其數（脫其字）　乃云令晟以城降（脫以字）　蔣
宣贊兵馬前來解圍（脫兵馬二字）　李成（誤作李仲）　過武昌縣
報復趙龍圖（復字衍）　幷連頤頰（頤誤作眼）　衙前母宰（母應作毋）
幷一行兵吏（吏誤作使）　地名磨口（一作樊口）　隨行兵吏（吏誤
作使）　兵馬州县官員軍民狀（兵馬下應有闕文）

三朝北盟會編卷第一百三十四

炎興下帙三十四

起建炎三年十一月乙巳朔盡二十三日丁卯

車駕幸明州

車駕欲往明州而神舟不能過堰上命衛士曳之俄有班直十數人出不遜語上命宰相呂頤浩冒雨着泥靴彈壓之且曰班直平日教閱何嘗有兩箭上貼今日之事誰爲國家死戰者衆皆無言頤浩曰今虜改作金人侵陵國家兵勢不敵自當避之豈可不念國家之恩而欲沮衆班直理屈往往跳水而死

中書舍人李正民己酉航海記○舊校云此記見王明清揮麈三錄曰建炎己酉秋七月車駕在金陵初一日下詔奉隆祐太后六宮外泊六曹百司之南昌命簽書樞密院事滕康資正殿學士劉珏同知洪州三省樞密院事治有常程格去細務及從官郎吏皆分其半從行八月十六日隆祐登舟百司辭於丙東門閏八月一日丙出御筆以固守建康或左趍鄂岳右駐吳越集百官議於都堂羣臣皆以鄂岳道遠恐饋餉難繼又慮車駕一動則江北羣盜必乘虛以窺吳越則二浙非我有乃決吳越之行十三日制以呂頤浩爲左僕射杜充爲右僕射繼又命杜充以江淮宣撫使留建康府沿江諸將並聽節制十四日從官以下先行二十六日車駕離建康府九月八日行在平江府十一日以翰林學士張守簽書樞密院二十四日以簽書樞密院周望爲江南荆湖宣撫使駐兵鄂州以控上流以頤浩不可離行在乃改命焉十月二日從官以下先發初五日車駕離平江府十三日行在越州入居府廨百司分寓十月二十日知杭州康允之遣人押到歸朝官某人云自壽陽來報金人數道併入已自采石濟江以未得杜充周望奏報朝廷大駭集從官議

欲移蹕於江上親督諸將爲迎敵之計宰相侍從同對於便坐或謂且遣兵將或謂宜募敢戰士以行宰相呂頤浩又自請行議未決退詣都堂午間得周望奏狀錄到杜充書虜改作敵騎至和州已召王𤦺移師南渡杜充親督師詣采石防守朝廷稍安從官乃請應援建康又分兵守衢州信州臨路慮胡改作敵騎自江黃間南渡或徑趍衢信以迫行在也二十一日命傅崧卿爲浙東防遏使令召募士豪以備衢信得江州報胡改作金人破黃州由鄂州渡江向興國軍路已闕報洪州是日有中使自洪來云隆祐一行已於十

一月初八日起發住虔州矣二十二日從官又請對慮胡(改作敵)騎不測馳突請以郭仲荀輕兵三千從車駕至平江府倚周望韓世忠兵以爲援謂仲荀方自杭來士卒老幼未至易作去計乃令張俊兵以次進發既對上以張俊重兵不可留遂決議皆行退命直學士院汪藻草詔曉論軍民以迎敵之說乃以二十三日先發兵三千車駕以二十五日起行既至錢清堰宿頓是夜得杜充奏我師敗績又康允之奏人馬已至建康府取路犯臨安府界遂倉卒回鑾二十六日曉至越州城下從官對於河次上議趨四明呂頤

浩奏欲令從官已下各從便而去上以爲不可曰士大夫當知義理豈可不扈從若如此則朕所至乃同盜寇耳於是郎官以下或留越或徑歸者多矣二十七日以御史中丞范宗尹參知政事是早車駕詣都堂撫諭將士移御舟過通泗堰不克二十八日晚出門雨作自是路中連雨泥淖吏卒老幼暴露不勝其苦命兩浙轉運使陳國瑞沿路排頓用炭一千二百斤豬肉六百斤以給衛士云十二月五日車駕至四明居於府廨朝廷召集海舟甚急監察御史林之平自春中遣使詣福建召募海船至是相繼而至朝廷

甚喜十一日親從班直百餘人因宰執早朝至行宮門外遮宰相問以欲乘海舟何往頤浩諭以利害乃退上命辛永宗勒兵盡捕諸班直囚之十三日誅爲首者十有餘人並降隸諸軍以侍御史趙鼎爲御史中丞十四日臺諫請對上諭以不得已之事又探報虜(改作金)人已入臨安府張俊引兵出戰不勝康允之走保赭山詔六曹百司官吏併以明越溫臺從便居住於是左右司御營使司參議官皆留十五日大雨羣臣欲朝至殿門有旨放免惟宰執入對既退車駕遂登舟止宰執從行十六日從官以次行吏部侍郎

鄭望之以疾辭不至詔給寬假給事中汪藻乞陛行以從十八日聞有使人至命范宗尹趙鼎復回明州以俟報既至乃前所遣報信使臣而已十九日車駕至昌國縣二十四日權戶部員外郎李承造往台州刷錢帛二十五日早得越州李鄴奏云虜(改作金)人已在西興下寨別令人馬自諸暨趨嵊縣徑入明州乃議移舟之溫台是日范宗尹趙鼎至行在二十六日啟行自是連日南風舟行雖穩而日僅行數十里二十九日歲除庚戌正月一日大風碇海中二日北風稍勁晚泊台州港口三日早至章安鎮駐舟知台州

晁公爲與李承造皆來上幸祥符寺從官迎拜於道左是日得餘姚把隘官陳彥報人馬至縣迎擊乃退又得韓世忠奏見在青龍鎮就糧欲俟敵人之歸爲邀擊計初命世忠駐兵鎮江控扼後聞胡（改作金）人自采石濟師上命追（此字刪）世忠赴行在又欲令移軍於常州呂頤浩請以御筆召之上曰朕於世忠約必降合同乃來於是遣中使齎詔召世忠而世忠聞采石失守已離鎮江登海舟矣至是得奏上優詔答之四日象山縣報人馬至明州張俊出兵擊之五日從官請對於舟中戶部侍郎李迨自明州來言張俊爲

戰守備明州西城外居民爇之矣然其意亦欲來赴行在也晚得康允之奏繳到杜充書知在眞州與劉位聚兵爲邀擊事徐州趙立以師三千來援建康守陳邦光及戶部尚書李梲皆降於虜（改作金）六日張俊奏云二十九日正月初三日遇敵殺傷相當又得二十八日奏及差人齎到二級上命辛企宗以兵一千赴明州策應又出手詔付杜充趙立劉位激勵使戰以爲後圖皆親筆示宰執乃遣之而辛企宗不行七日周望奏常州有緋抹額賊衆犯外城知州事周杞守城以拒賊赤心隊劉晏出戰敗之又言知秀州程

俱率官吏棄城保華亭縣又探建康人馬皆焚糧草收金銀稍稍渡江北去自稱李成人馬云八日張思政奏云張俊出兵擊逐虜（改作敵）騎思政與劉洪道李質分兵追躡九日張俊奏已自臺州陸行趨行在意恐金人小衄濟師而來力不能拒耳前此屢奏求海舟朝廷報以方聚集遣行欲其且留明州既得此奏甚以爲憂又慮李鄴已迎降虜（改作金）人以越爲巢穴其經營未已也十日郭仲荀責授汝州團練使廣州安置以擅離越州及妄支散錢帛又夜過行在不乞朝見等罪也十二日滕康遣使臣奏隆祐一行已至

虔州前此得信州報探云十七日已到吉州又云二十一日有人馬至吉州東岸知州楊淵棄城走朝廷深慮胡（改作敵）騎追躡然本謀南昌之行意謂虜（改作金）人未必侵犯雖離建康日得密詔令緩急取太后聖旨便宜以行後至平江議者乃云自蘄黃渡江陸行二百餘里可抵南昌朝廷始以爲憂遂命劉光世自淮南移軍於江州以爲南昌屏蔽既至而軍中月費十三萬緡知州事權邦彥以用度不足告於朝廷命洪州三省樞密院應副至十一月中權邦彥乃奏言得東平府故吏卒報其父已身亡遂解官持服朝廷

雖遽命起復而邦彥已離郡去及胡敵（改作騎）渡江光世乃言初謂蘄黃間賊寇遣兵迎擊既知其爲金人遂回軍隆祐以初八日行胡敵（改作騎）以十四日到城下於是知州王子獻以下皆走胡敵（改作騎）又犯（改作攻）撫州執知州事王仲山以其子權知州事令根括境內金銀走洪州送納虜怒其少云撫州四縣不及洪州一縣（刪令根至此二十七字）乃知信州陳機探報也十三日劉洪道奏金人再犯境上遣兵拒之及陳彥在餘姚屢獲首級稱李鄴並無關報文字然台州探報越州併放散把隘人兵及管待虜（改作金）人與之燕飲及命

父老僧道赴杭州知其必迎降矣十四日張俊自台州來執胡人（改作敵騎）一名（改作人）至行在戮之知邵武軍張翌奏有光澤縣弓手同胡（改作金）人一騎至軍稱有大軍千餘人繼至已行斬首於是福建諸州皆震恐知福州林遹奏乞遣兵防守又自言老病不任事乃命集英殿修撰程邁代之十五日胡（改作金）人再犯餘姚朝廷欲遣張公裕以海舟數千載兵直抵錢塘江下燒爇胡（改作金）人所集舟船衆以公裕素不知兵慮海舟反爲胡（改作金）人所得皆以爲不可十六日雨雷發聲十七日劉洪道奏虜（改作金）人以十三日一更水陸併進直至城下洪道與張思政皆引兵出天童山先是李質已擅趨台州朝廷方降三官令還四明已無及矣又聞南昌胡敵（改作騎）入潭州而洪撫建昌之間稍稍引去建昌通判晁公邁中先因出城集民兵以軍事付訓練官承信郎蔡延世拒而不納十八日移舟離章安鎮始張俊既移軍朝廷議分遣其將領率兵援明州上不欲遣乃止時駐蹕之地貧俊彈壓蓋行在諸軍惟此皆精甲全裝稍齊整爾又批令劉洪道等皆退避其鋒然議者皆謂明州既失守則海道可虞而行在必不安也十九日晚雷雨又作二十

日泊青嶼門二十一日泊温州港口二十二日余被旨奉使江湖問安隆祐宮自後不復記錄聞行在已渡温州矣

金人寇（改作攻）廬州淮西安撫使李會叛附於金人

降賊王善以其衆降於金人

王善自圍陳州與張用曹成等分軍遂轉掠宿亳濠州竟無屯駐之地遂入廬州聞金人侵合肥乃屯於巢縣將起發向南而去善之母渡浮橋墜水溺死善悔悟欲散其衆而去不可於是請投拜於金人金人拘善於軍中遂給公據俾其衆歸鄉而前軍祝變後

軍鍾統制左軍李防禦右軍張淵各以其衆散去自此淮東淮西皆被王善餘黨之擾矣善麤悍匹夫本無馭衆之才亦無治軍之術徒以縱其徒黨任之侵擾故能乘天下之亂蟻聚烏合不啻一二十萬衆刦掠資財淫污婦女爲中原士庶之患其軍中行伍部隊略無紀律屢攻城邑皆克不捷聞金人至遂投拜

三日丁未德音〇（舊校云是詔汪藻撰）

禦敵者莫如自治動民者當以至誠朕自纘丕圖卽罹多故昧綏懷之遠略貽播越之深憂雖眷我中原漢祚必期於再復而迫於強敵商人幾至於五遷茲

緣儀衛之行尤歷江山之阻老弱扶攜於道路飢疲嘗犯於風霜徒從或苦於驛騷程頓不無於煩費所幸天人協相川陸無虞倣治古之時巡卽奧區而安處言念連年之紛擾坐令率土之流離鄉閭遭焚刦之災財力困供輸之役肆宿宵而軫慮如冰炭之交懷嗟汝何辜由吾不德故每畏天之警戒專克己以焦勞欲睦隣休戰則卑辭厚禮以請和欲省費卹民則貶食損衣而從儉苟可自銷於氛祲殆將無愛於髮膚然邊陲歲駭而師徒不免於屢興餽餉日滋而征斂未遑於全復惟八世祖宗之澤豈汝能忘顧一時社稷之憂非予獲已止侯寇擾改作風塵之息首圖彌省之宜況昨來嘗蔽之俗成致今日陵夷之禍亟雖朕意日求於民瘼而人情終壅於上聞主威非特於萬鈞堂陛自遙於千里旣眞僞有難憑之患則遐邇銜無告之寃已敕輔臣相與虛懷而聽納亦令在位各須忘勢以咨詢直言者勿遺危疑忠告者靡拘微隱所期爾衆咸體朕懷尙慮四民與失職之嗟百姓有奪時之怨科需苛急人心難侯於小康犴獄煩滋邦法有稽於末滅乃用迎長之節特頒在宥之恩於戲王者宅中夫豈甘心於遠狩皇天助順其將悔禍於交侵惟我一二三之臣與夫億兆之衆亟攘外侮協

濟中興

金人寇攻改作和州知軍州事李儔叛附於金人〇（舊校云時通判唐璟死之）

李儔以和州投拜金人執儔於軍中計置渡采石江

六日庚戌知太平州郭偉敗金人於采石再戰又敗之

辛亥壬子日又戰又敗之

金人攻采石渡知太平郭偉親率官軍將佐極力捍禦三日五戰皆捷金人退攻慈湖福山偉又與戰敗之金人乃趨馬家渡後上自温州來到越州思采石

把江官兵推賞有差有官人各與轉兩官

隆祐皇太后及六宮出洪州耿信反扈衞軍潰

太后出洪州舟人耿信反楊惟忠全軍自潰其將司全胡文馬友楊皋趙萬王璉柴卞傅選張擬九軍盡反刼奪宗廟六宮府庫一夕而盡

韓世清敗劉忠於蘄州得僞柔福帝姬

劉忠初聚兵於京東號花面獸其眾皆戴白氊笠又號白氊笠劉忠勇鋭善戰金人既退京東忠乃侵淮西犯蘄州韓世清屯蘄州出兵與忠戰大破之其眾死亡者甚多乃漸入湖南世清奪得一婦人自稱是

柔福帝姬小名環環行第二十一小王娘子之女也或報世清世清疑之乃請知州甄采同通判鈐轄具官裳立於庭坐柔福帝姬於堂上隔簾問之遂具説被虜及得脫之因具言被劉忠虜在軍中初遭劉忠無禮又被劉忠嫁與一押火及言昔時閤中官員姓名稍詳世清等信之遂改舘焉蘄州具其事奏聞之

知楚州趙立敗金人於淮陰領兵入楚州

朝廷聞金人將謀入寇（改作深入）乃召諸路以兵勤王保衞王室趙立方欲知徐州以徐州城孤且乏糧不可守乃率將兵禁兵及民兵約三萬趨行在是時知楚州劉誨被召命赴行在杜充以楚州缺知州且聞立率兵自徐來即劄付立俾知楚州使人迎立授之立至臨淮縣被充之命兼程至龜山金人聞立棄徐州而新知楚州以甲兵於淮陰邀截之立麾下皆謂金人方扼於淮陰而楚州不可往不如退還徐州立忿怒嚼其齒曰正要與金人相殺何謂金人扼路而楚州不可往乃令諸軍曰回顧者斬於是率將先登至淮陰與金人遇大戰四十里至楚州城下遂得以數千人入城而後軍孟成張廣皆以其所部渡河北去方其鏖戰也士卒有失仗者拔砌街甎相擊嶽廟前

甎街三里許皆爲所拔立口中箭貫其兩頰帶箭入城口不能言以手指揮諸軍憩歇方定拔其箭議者謂自燕山之役南北戰爭未有如此之鏖戰者

十三日丁巳杜充焚眞州長蘆崇福禪院

金人已犯和州杜充命清野淮南添差建康府通判劉漢之獻議長蘆崇福院有屋二千間金人得之可以繫筏而渡當焚之充命統制伏之彥往焚燒長蘆崇福院院有重廊層閣金碧相輝映凡二千餘間禪剎之盛爲江淮間第一是時之彥屯於東陽被檄即以數舟載三百人自東陽口泝流而上至楊家洲有

沿江巡檢王㒷下寨又有長蘆崇福禪院僧行數百人居民亦數百人雜居諸渚聞㒷使人邀舟盤問其軍之彥對以准留守司檄備奉聖旨差諸統制伏之彥往焚燒長蘆崇福院僧行聞之已仰天號哭百姓亦哭之彥遂率㒷併土軍同行至長蘆鎮住持僧道林與知事迎接入院之彥具說燒焚之意道林曰物之興廢皆有其時成也毀也吾何容心哉乃對佛燒香之彥取檄就佛前宣揚僧行軍民皆哭之彥亦哭道林與之彥少坐之彥遣其衆取蘆柴於緊要下積堆凡二十四處道林亦遣僧行取庫錢三千餘緡投

入井中又取金銀匣去之彥取責沿江巡檢司焚燒之委文狀具令申刻取火又徐徐至酉刻促放火二十四處火皆齊發昏黑時火焰亘天夜漏方半屋無大小已平榻矣是時驚移老小乘火而行翌日寺基惟灰埃中有釘頭而已

劉位知濠州

知濠州孫逸赴建康稟議也杜充以濠州不可闕知州遂檄節制軍馬劉位俾知濠州位泗州招信人居於磚鎮素豪强爲鄉里所推且宗族稍盛擾擾之際聚鄉民保守橫山分鄉民爲軍使諸弟姪各統之是時西北衣冠與百姓奔赴東南者絡繹道路至有數十里或百餘里無煙舍者州縣無官司比比皆是盜賊艱辛之狀萬緒千般及入泗州境則聞招信劉家聚兵甚衆故流移之人渡江入招信投橫山爲樂國而士大夫往往具刺敬謁於位賓客既多位見客亦有時每頤指其舘穀之所於是狼狽而來者得以暫安而位亦漸漸尊崇矣所以招信劉家之名播於遠邇者蓋自流移士民唱之也杜充在建康以位爲節制軍馬至是令位知濠州軍州事

陳邦光知建康府

知建康府胡舜陟以金人勢逼乃求爲浙西宣撫司參議官朝廷從之遂命陳邦光知建康府舜陟發建康之六月金人犯建康境是時韓世忠在鎮江府或執舜陟解送世忠者世忠責舜陟不合棄建康而走縛於海船之桅檣既而聞知改差浙江宣撫司參議乃放行

金人陷臨江軍

二十一日乙丑金人自馬家渡渡江統制陳淬被殺先是金人計置采石欲渡江爲郭偉所拒遂趨馬家渡統制陳淬及金人戰於江上敗績淬被殺金人遂

濟渡南岸無兵金人舟不多但無人迎敵致使渡長江如蹈平地唯水軍統制邵青以一舟載十八人當金人於江中稍工張青者中十七矢遂退於竹篠渡

遺史曰杜充聚諸軍在建康而沿江皆無備金人已渡乃命諸軍迎敵都統制王𤫊素驕奢不恤軍士惟衛隊以旌旗簇擁夸其榮貴身爲大將無亡矢遺鏃之用率本軍先遁先是輔逵在東陽被檄策應𤫊與逵相遇於途中曰已失渡口遂以兵皆南奔自徽州入福建劉晏走毘陵韓世忠在鎮江以胡（改作敵）騎驍勇其鋒不可當乃率步卒航海以伺其隙

二十三日丁卯杜充棄建康府渡江北走軍潰

杜充在建康治兵專以殘殺爲政斬人無虛日充聞金人已渡江諸軍潰散欲乘船出奔方開水門士庶舟船爭門擁隘不能出充使人諭之曰相公欲迎敵金人耳衆皆呼曰我亦去迎敵充不能行而止自是市井閙喧騰言杜充相公枉斬了多少人及其驚急卻欲先棄城走充聞之莫敢誰何乃命諸軍各人犒賞銀十兩絹十匹令諸軍皆往蔣山下寨是夜軍中不整人多夜呼質明皆潰散到東陽諸軍爭入互相殺移時方定充渡江遁走宿州王進王冠猶以本部兵隨行至眞州駐於天慶觀進冠不相協遂分爲二充以軍不協回惶未有所向知眞州向子忞勸充由通泰入浙欲與之偕行充意在歸北故不從子忞知其意遂乘舟棄眞州而去充檄冠知眞州自爲出陸計聲言往招信縣山寨合劉位人馬來殺金人乃出西門行至天長軍而去

金人寇（改作攻）六安軍知軍事邊某叛降於金人

金人周太師已據壽春府乃命兵侵六安軍丁卯寇（改作攻）城下知軍邊某迎降金人以趙團練者率北軍三百人屯城下不殺掠

金人寇（改作攻）吉州知軍州事楊淵棄城走

楊淵聞金人犯境即棄城去金人駐於城下不入城不甚虜掠（刪此四字）

金人寇（改作攻）袁州知軍州事王仲嶷叛附於金人

賜進士出身頭品頂戴四川等處承宣布政使司布政使清苑許涵度校刊

三朝北盟會編卷第一百三十四終

三朝北盟會編卷一百三十四校勘記

洎六曹百司皆之南昌脱者字　治有常程格去細務及
從官郎吏一作治常程有格法細務及從官郎吏　留守建康府脱守字
已於十一月初八日起發往虔州矣往誤作住　上諭以不
得已之意意誤作事　并於明越溫台從便居住於誤作以台誤作臺
李迨自明越州來越字衍　凡八日回延世拒而不納
脱凡八六字　勸民者當以至誠勸誤作動　乃用迎長之節迎長
應作弛張　思朵石把臨官兵臨誤作江　蘄州具其事奏聞之
之字衍　甜歇稍定方拔其箭誤作甜歇方定拔其箭　遂退於竹
篠港港誤作渡　瓔正與達相遇於途中脱正字

三朝北盟會編卷一百三十五

炎興下帙三十五

起建炎三年十一月二十三日丁卯盡十二月二
十五日己亥

隆祐皇太后自吉州進幸虔州。舊校云朝野雜記高宗自金陵將幸浙西避狄請隆祐皇太后奉祖宗神主往南昌六宮百司皆從時庶事草創六宮暨先朝舊人通不滿四百人後虜薄南昌衛尉皆潰太后倉卒南去后與賢妃皆村夫打轎而馳六宮死亡散失者甚眾。虜改作敵騎

隆祐皇太后離吉州至生米市有人見金人已到市
中者乃解維夜行質明至太和縣又進至萬安縣兵
衛不滿百人滕康劉珏楊惟忠皆竄山谷中惟有中

官何漸使臣王公濟快行張明而已金人追至太和
縣太后乃自萬安縣至皁口捨舟而陸遂幸虔州

金人寇改作攻　撫州知軍州事王仲山叛降於金人

遺史曰王仲山字衡甫與仲嶷爲兄弟仲嶷字峯甫
仲嶷以袁州降仲山又降兄弟典二郡相望皆不能
全其節後綦崇禮行其責詞曰昔唐天寶之亂河北
列郡並陷獨常山平原能爲國守者蓋杲卿眞卿二
顔在焉爾等頃以家聲屢塵仕板未爲虧失寢預使
令爲郡江西惟兄及弟力誠不支死猶有說臨川先
降宜春繼屈魯衛之政若循一途雖爾無恥不愧當

時之公議顧亦何施面目見爾先人於地下哉仲山瑛之父也有壻曰秦檜

二十九日癸酉江東安撫使陳邦光叛附於金人通判建康府事楊邦義死之

金人自渡江數日軍馬皆集遂鼓行逼建康府城下先是杜充清野城外無屋宇皆空闕城下望之旌旗器仗蔽郊滿野鐵騎往來如雲陳邦光即具附降之狀使人迎於十里亭投之兀朮(改作烏珠)喜曰金陵不煩吾攻擊大事成矣邦光率府縣官自出南門詣兀朮(改作烏珠)投拜兀朮(改作烏珠)受之通判楊邦義不拜兀朮問

之邦義曰我大宋之臣也食君之祿受君之衣豈忍背其主而事番狗也兀朮猶欲降之使譯者許以高官邦義大(删兀朮至此四十七字)罵不絕口竟不肯屈(删此四字)兀朮(改作烏珠)命拘至帳下殺之邦義字希稷吉州廬陵縣人後葉夢得知建康府爲請於朝立廟於南門之外以褒忠爲額邦光方出城投拜也城中民攜老幼爭出東門取蔣山路而去金人馳騎往蔣山遮其路驅居人復回城中金人遂據其城

金人寇(改作攻)建昌府權知軍事蔡延世禦退之

蔡延世建昌人也應武舉得承信郎閤門祗候軍無守臣衆推延世權知軍事金人犯(改作略)洪撫州遣十人持檄至建昌軍延世令入城皆殺之至是金人以兵至城下問十人所在延世示之以首級金人怒攻城爲延世所敗由是不攻而去故建昌獨全後宰相薦上殿改通直郎賜緋魚袋

邵青聚衆於建康江中

金人渡江建康失利邵青退於竹篠港欲聚衆凡建康府舟船至者皆攔之漸下真州有宋全(舊校云一本作宋金)者建康水軍將官也水軍統制郭吉潰散不知所在全已在真州攔船青攻全全不勝其餘衆復入建

康青盡奪其舟遂有舟大小僅百隻往來於江中舟船漸聚衆亦數萬得京西路安撫司參議官魏曦者倜儻之士也西京安撫司辟爲參議朝廷以白衣借補閤門宣贊舍人在建康未行會聞金人渡江爲青所得用爲參議遂以其衆往蕪湖

權知濠州張宗望叛降於金人

先是杜充檄劉位知濠州也張宗望遣進士秦絳趙之傑等往招信致書備禮請位位未至其(删此字)金人周太師自壽春府傳檄到州宗望與州縣官議其所以衆謂孤城難守劉位未至不若從權受金人之命

保全家屬宗望然之乃與州縣官列銜具降附之狀遣官吏僧道往壽春府投拜周太師即以孫興來知濠州滕郎中爲兵馬都監以副之迪功郎陳浩然爲通判率北軍五百人入城興與滕郎中皆燕人浩然者王臣也初以進士登第爲壽春府幕官金人據壽春故浩然受金人之命興等既入城惟改建炎三年爲天會之號其餘一遵舊法無所變革北軍與濠民雜居於閭巷間秋毫不相侵擾興惟務撫卹由是居民稍稍安處

杜充觀文殿學士提舉江州太平觀

制曰門下運籌而決千里之勝茲有賴於宗臣失律而致三軍之凶顧可居於宰職眷吾次輔嘗領中權旣貽疆埸之憂宜解機衡之任具官某早繇人望驟履政塗謂其惇大而有謀可以艱難而立事故擢持於國秉仍專付於戎師總諸將萬夫之屯當長江一面之寄所期李勣爲我長城甯使周公至於破斧逮敵人之臨境率我衆以交鋒惟勝負者兵家之常當死生爲天下之計乃因奔北惟事退藏至大棄於其師將焉用於彼相會邊虞之稍息聞物論之交興已咈民瞻難逃策免念備股肱之久姑存體貌之餘止罷要權猶從優數賦殊庭之厚祿加秘殿之隆名於戲泰階平而風雨時始共期於康濟采薇廢而征伐缺今苴負於倚毗尙冀桑榆之收復全龜玉之毀勉圖偉績用對殊休以棄建康府遁還軍潰故有是命

十二月七日辛巳金人陷廣德軍

兀朮（改作烏珠）旣得建康府區處已定乃率衆焚溧水建平路趨杭州一路居民但知潰散之亂軍（刪此字）兵不虞是金人（添軍字下）故聚集居民及鄉兵若將捍禦者金人以爲拒戰所以溧水建平皆焚燒殺戮而去將近廣德軍知軍周烈亦未知是金人謂爲潰兵遣人以

好語迎之許其犒軍且約其不擾金人許之故烈無虞心俄頃金人傳箭至招其投拜烈大驚索馬而奔金人追至二十里被執至杭州殺之金人陷廣德軍焚燒罄盡安吉縣相去八十里猶未知報

八日戊午金人陷安吉縣

知安吉縣曾綽聚鄉兵在石郭把隘金人犯（改作逼）石郭寨發數矢或視之曰沙柳木幹鑿子頭眞番人（二字改作敵）箭非潰兵也鄉兵皆棄竹槍紙甲而奔金人入縣縱火悉爲灰埃唯常樂寺有屋數閒火所不及

九日癸未知餘杭縣事曾愿叛附金人

金人自安吉縣進兵過獨松林嶺嘆曰南朝可謂無人倘以羸兵數百守此吾豈能遽渡哉知餘杭縣會是採得其實知是金人乃與縣丞徐聿成率僧道官吏焚香花迎拜投降金人差押人毛毛可（改作穆昆）問知縣安否委孛堇（改作貝勒）二員同治縣事不焚燒不殺戮出榜於路戒約兵馬不得騷擾縣尉楊汝爲在徑山能仁寺縣差弓手節級及保正齎牒招汝爲汝爲斬之請監事爲統領聚强壯拒金人住持僧梵仁從之於是臨安縣官吏亦叛附於金人

十日甲申金人寇（改作攻）杭州浙江安撫司康允之棄杭

州○舊校云時錢塘縣令朱蹕死之

金人寇（改作攻）杭州杭州猶未知是金人安撫康允之遣東南第三將劉某出城迎敵於湖州市得二級以歸耳上皆戴環子（删耳上至此六字）允之見曰此金人也遂棄城遁去

十二日丙戌扈衛班直亂

上欲幸海道班直衛士語不遜欲殺宰相呂頤浩中軍統制辛永宗彈壓定遂取首亂者數人誅之

十七日辛卯杭州軍民亂殺權知州劉誨金人陷杭州

劉誨知楚州被召赴行在挈家到杭州時上已幸浙東適會金人自安吉縣餘杭路入寇安撫使康允之棄城走軍民共推誨爲知州先是金人在和州李儔者杭州人也與誨有舊金人令儔入城諭誨使降儔已剪髮左衽（改作易金人服）矣誨儔相見執手而言欲獻不能正視軍民謂誨有投拜之意王八差首唱之軍民遂亂誨全家皆死初聞亂誨大呼曰李儔是本州人爲和州知州爲金人所執剃頭（改作易服）而來非金人也亂不可止遂被害是日晚城陷明日贈誨直龍圖閣制曰生好物也死惡物也好物樂也惡物哀也樂生哀死人之情也聖人之治順人情而已劉誨山陽之

守臣錢唐之寓公也紛然圍城之中推以爲守而奉承之非深知其賢爲可恃也指以爲叛而剿絶之非深知其罪爲可誅也事窮勢廹人人自危横議之發初無根柢卒使身塗草野屍混卒伍是亦不幸焉爾錫以寵名官其遺息姑以致哀死之義而已尚其不昧知享此哉

十九日癸巳車駕幸定海縣

上以明州不可居乃決幸海道把隘張公裕進海船二十隻内以興化軍田經船作御舟餘幷作御前使用百司禁衛幷明州備船禁衛有千餘人隨行是日

幸定海縣留張俊明州扞虜改作敵上賜親劄其略曰
惟卿忠勇事朕累年朕非卿則倡義誰先卿非朕則
前功俱廢卿宜戮力共扞賊改作敵兵一戰成功當封
王爵

二十日甲午車駕幸昌國縣

金人寇改作攻越州浙東安撫司李鄴附於金人浙東
宣撫司郭仲荀棄越州走

金人犯改作攻越州郭仲荀以宣撫使職事不戰而奔
其兵將多潰去爲盜知州李鄴以越州叛降於金人

二十二日丙申金人屠洪州

金人在洪州取索金銀寶貨百工技藝皆盡是日大
肆屠戮焚掠殆盡刪大肆至此八字改作復屠之

潰軍成阜侵婺州防遏使傅崧卿出城說而降之

成阜寇婺州州學教授周邦者請率兵擊賊知州沈
誨從之邦率兵數百出城大敗而還誨欲斬邦州官
勸止之浙東防遏使傅崧卿屯婺州阜來攻城崧卿
出城單馬見阜示以至誠說以忠義之節阜等數千
皆來降傅崧卿何㮚榜第進士上駐蹕揚州爲中書
門下省校正諸防公事行在明州以崧卿爲浙東防
遏使取將必用儒術以侯廷慶爲前軍統制步汝霖
爲後軍統制親統中軍皆有紀律云

二十五日己亥張俊敗金人於明州

金人犯改作逼明州張俊欲遣人硬探無敢應者有軍
兵任存請行俊壯之曰汝果能得其實當與汝官存
拜謝而行不旋踵以手提二級而還具得金人之虛
實俊大喜遂決用兵之計亦會隱士劉相如勸俊戰
乃令統制劉寶與戰不勝再命王進党用邱橫迎敵
用與橫皆被傷楊沂中田師忠再戰又不勝李寶繼
進苦戰李直率諸班直以舟師來助劉洪道又率兵
射其旁金人乃敗而稍退去俊戒將士毋驕毋惰且

虜改作敵人侵軼數千里如入無人之境其謂我不能
軍有輕我之心今一旦失利彼將奮怒必再來乃清
野高橋閉關自守奏任存之功特授承節郎王進者
延安人少爲軍卒是役也身先士卒獨立奇功驟加
正使賜金帶俊拔用爲將

李成侵淮西

李成破滁州瑯琊山寨漸欲趨江上止全椒縣遇金
人在烏江馬家渡成避之復回滁州住三日屯於大
寨嶺至是知金人渡江已盡乃率衆往淮西

張俊遣人來奏明州之捷

上在昌國縣捷報至百官皆賀內侍陳顧言不賀曰
上幸海道何賀之有
隆祐皇太后命楊琪軍臨江軍張中彥軍吉州
梁斌張進叛降於金人
梁斌爲選鋒正將張進爲副將上在越州差斌進以本部兵駐於諸暨縣及李鄴以越州投拜金人遣招斌等斌與進皆欲投拜其衆多不從事漸彰露斌與進心不安率腹心五六十人詣州投拜其衆果不至據山自保上在溫州張俊遣人招其衆皆往溫州俊依舊留麾下
邵青破周虎於蕪湖縣
李成之黨有周虎者據蕪湖縣邵青以舟船至蕪湖縣乃遣人與戰一日七敗參議魏曦以小舟觀戰江中既而告青曰吾知所以敗亦知所以勝矣彼以紅布輭纏與我之號一同故與戰則不能分彼我所以必敗宜易其號則勝矣青然之乃令其衆皆作鑽風角子各銜墨而行遇戰則去其紅巾唯見鑽風角子又用墨抹搶於眼下如伶人雜劇之戲者又口吹呌子一戰勝周虎於蕪湖青遂駐於蕪湖
戚方殺後軍統制扈成於金壇

初建康軍潰於蔣山也統制劉經扈成岳飛皆入茅山經屯上觀成屯中觀飛屯下觀皆從（删此二字）兵（下添者字）虜掠爲資（删此二字）飛與經成議移軍入廣德軍鍾村經與成皆許之岳飛與經引兵先行飛等既行成拔軍在路下擺撥不動飛與經軍馬已行盡成乃往金壇縣與其將李璋等議入鎮江會李滑槌之軍將士從之成留老小在金壇以其衆往鎮江李滑槌閉門不納而出銀帛犒成軍軍復回至丹陽得報戚方刦金壇寨盡虜老小而去成大怒有吞啗戚方之意急趨金壇有統領官谷俊者背成投方告其事方勒兵馬爲備又中夜鄉導二人迷路質明始悟成益怒斬鄉導二人成使兌擇日筮之曰緩則吉成曰事已如此何可稍緩又命斬之命尋路而回中途與方隔水相遇方下馬拜成成亦下馬答拜成曰奬軍老小在金壇何故見侵方曰死罪死罪戚方安敢作此乃其下小人有相累者成曰然願得軍中老小見還如何方謝曰既蒙寬恕謹當盡以老小交付不敢稍有侵損約日交還已定方先期令人於橋下掘大坑伏精銳數十人期日盡刷老小鱗次而行若將交還者成以車馬迎之方隔水言曰戚方今日盡將老小交還統

制何用軍馬豈非欲見陵侵乎成曰不然遂約其軍馬皆退而成與方各進馬方稍緩其行成先至橋側伏兵出遂殺成成既死方乃進兵其軍散走方盡取成父母妻子皆殺之於是統領龐榮收成餘眾往宜興縣投水軍統制郭吉

賜進士出身頭品頂戴四川等處承宣布政使司布政使清苑許涵度校刊

三朝北盟會編卷第一百三十五終

三朝北盟會編卷一百三十五校勘記

未聞虧失聞誤作爲 無屋宇皆空闕無字衍 即具降附之狀降附誤作附降 城中民亂老幼爭出東門亂誤作携 乃率眾由溧水建平路由誤作焚 知軍事周烈脫事字 過獨松林嶺林字衍 金人差押軍軍誤作人 金人寇越州浙東宣撫使郭仲荀棄城走知州李鄴叛降於金人誤作浙東安撫司李鄴附於金人浙東宣撫司郭仲荀棄越州走按此應提行作平行誤 潰軍成皋皋誤作皐下同 各附墨而行附誤作衘 兵下添皆字皆誤作者

三朝北盟會編卷第一百三十六

炎興下帙三十六

起建炎四年正月一日甲辰盡三十日癸酉

建炎四年正月甲辰朔車駕駐蹕昌國縣

張俊敗金人於高橋

三日丙午知明州軍州事劉洪道棄城走金人陷明州張俊雖已敗金人於高橋然心猶懼遂與李直及劉洪道俱棄城而去州人隨之爭門而出洪道已渡浮橋使人斷其橋路故州人不及渡而金人已入城追至西門外州人多溺死金人乘勢屠明州存者無幾明州之人是以怨張俊得小勝而棄城遂致大禍

五日戊申車駕發昌國縣

上聞金人已陷明州昌國不可駐蹕遂行

金人陷昌國縣

金人知鑾輿已入海道乃自明州乘小鐵頭船泛海隨潮從風至昌國縣縱火刦掠至沈家門而回乘輿纔隔一日

七日庚戌車駕幸章安鎮。舊校云鎮屬台州

司全張擬以所刦神御來虔州詣隆祐皇大后乞降

傳選陷彬州

岳飛屯於宜興縣

水軍統制郭吉自建康潰散屯於宜興縣時右軍統制岳飛與劉經屯於廣德軍鍾村飛令軍中不得掻擾鄉村約束雖嚴然不可禁止飛患之有將司李寅者獻計曰若移軍宜興三面臨湖唯有一陸路極狹使一小將守之不可犯矣飛大喜遂移軍宜興吉聞飛將至已懼即命虜捉舟船盡載老小若將遁者飛先遣人投書以好語慰諭吉吉覺之急解維開船而去飛遂屯於宜興後龐榮率其衆背吉而投飛納而用之

王德張景斬趙萬於袁州

趙萬寇袁州王德張景與戰敗之萬臨陣乞降德斬萬而併其衆

十四日辛巳金人陷陝州李彥仙死之

李彥仙守陝州高城深池利器械積糧食鼓士氣且戰且守人心益堅固可用又嘗北渡河與金人戰蒲解間民皆陽從虜改作敵而陰歸彥仙金人必欲下陝州然後專力西向彥仙亦自料金人必併兵來攻即遣人詣張浚求馬三百匹俟金人攻陝即空城渡河北趨晉絳幷汾擣其腹心金人必自救乃自嵐石西

渡河由鄜延以歸浚不從浚貽書勸彥仙宜空城清野據險保聚俾敵人來無所掠我亦無傷伺隙而動庶乎功可成彥仙亦不從守城之意益堅金人自舊歲冬以重兵來攻彥仙以死守浚取閒道遺以金幣使犒其軍又遣軍援之至長安不得進彥仙日與金人戰將士皆未嘗解甲金人晝夜力攻至歲終猶未下婁宿（改作羅索）命自正月一日爲始以一軍攻擊一日不下則歇泊次日別輪一軍攻一日十軍輪作十日攻擊如不下次日聚十軍併攻一日如是者凡三十三日必要破城攻擊之法攻具畢施其不當攻具者

皆背負雲梯手執刀斧弓箭每隊以鼓在前擊鼓一聲則進行一步既渡濠池鼓聲漸促莫不爭先疾趨併力齊登死傷者雖滿地而不敢反顧丁巳晨有鳶鴉數萬飛譟於城上與戰聲相亂婁宿（改作羅索）曰城陷矣促使急攻已而城陷彥仙出城走過河北曰吾不甘以身受敵人之刃聞金人大縱屠掠彥仙曰金人所以殺戮過當者以我堅守不下故也我何面目復見世人乎遂投河而死遠近聞之者莫不嘆惜之曰嗟乎烈士世皆稱其忠浚作文遙祭而哭之表其事於朝

十五日戊午車駕駐蹕於章安鎮

上在章安鎮忽有二舟爲風所飄直犯禁衞船問之乃販柑子客也上聞盡令買之分散禁衞軍兵令食穰取其皮爲椀是日元夕放燈之辰也乃命貯油於柑皮中點燈隨潮退放入海中時風息浪靜水波不動有數萬點火珠熒熒出沒滄溟閒章安鎮居人皆登金鼇峯看之

十八日張俊自明州來郭仲荀自越州來

張俊棄明州捉得金人二人至是來獻郭仲荀來乃知李鄴獻越州矣

遺史曰呂頤浩范宗尹王綯從車駕在海道常鬱鬱不樂遊宴六鼇峯以消憂感

耿嗣宗敗金人於盧氏縣

陝州既陷金人攻盧氏縣先是李彥仙遣耿嗣宗屯於盧氏嗣宗出兵與戰金人大敗死者滿野

二十日車駕發章安鎮

上在章安鎮半月餘常一日登金鼇峯見壁閒詩一絕句曰牡蠣灘頭一艇橫夕陽高處待潮生與君不負登臨約同向金鼇背上行上問誰題此詩僧對曰過往遊客上惡之方啜茶以其餘潑於詩上張俊郭

仲荀既到上以章安鎭不可居甲子進發行五六十里有一小島嶼林木茂盛中有屋數間上命泊舟與内侍數人步登岸入其舍乃僧寮也鑪香猶未煙斷而寂不見人令於林中尋之得三僧二僧童云是台州壽聖院之下院也上見壁間有小榜云爲金人侵犯中原伏爲今上皇帝消災祈福祝延聖壽上喜之賜金五十兩三僧各賜紫衣二僧童各賜度牒披剃仍令禮部賜額。舊校云陶九成輟耕録云宋高宗在潛邸日泰州人徐神翁能知前事徽宗召至一日獻詩於帝即此詩也及帝航海次章安鎭落帆於鎭之福濟寺前問左右曰此何山曰金鼇山又問此何所曰牡蠣灘因默思神翁之詩乃登岸見此詩在寺壁間題墨若新方信其爲異人也按

輟耕録所載神仙一事殊近怪誕不足信當以此爲據又曰王明清揮麈餘話云高宗次章安鎭落帆於鎭之祥符寺前屏去警蹕易衣徒步登岸時長老方陞座道說聖之詞帝趾忽前聞其稱讚之語甚喜戒左右勿令驚惶而諦聽之少焉萬騎畢集始知爲六飛臨幸野僧初不閑禮節恐怖失措從行有司教以起居之儀

金人犯遛改作潭州湖南安撫使向子諲棄城走

金人屠洪州向子諲帥湖南初聞警報子諲揭榜禁止官員士庶並不得出城甲子金人寇遛改作潭州呼令開門投拜軍民皆不從請以死守城金人力擊之遂登城子諲突圍出奔城遂陷軍民猶極口罵詈力爲巷戰由是滿城生靈盡遭屠戮後賜詔撫恤官吏軍民

賜潭州官吏軍民等撫恤敕書

朕惟胡虜改作强敵憑陵東南震擾長驅騎卒奄及湘城方薄壘以來攻至浹辰而靡息爾等明於分義屬此艱危雖巧言之百端終堅持於一意逮金湯之失守猶夙夜以輸忠躬履軍鋒詈之極口力爲巷戰奮以忘軀因奏牘之來陳想忠誠而嘉歎

邵興退軍虢州盧氏縣

邵興在虢州聞陜州巳破李彦仙既死而退軍於盧氏縣

二十四日丁卯虔州軍亂

隆祐皇太后既到虔州百官及官私所有之物盡散失衛軍打請唯得折二沙錢市中買物不售軍與民相争鄉民皆喧言曰何人來壞了我州府遂以槍刺軍上有傷者奔入所屯景德寺中披甲執器仗保所居百姓亦披甲執器仗保守坊巷有虔化縣百姓沈立等三百人與百姓相犄角司全令甲軍出於寺後轉殺兵民由是鄉兵與將兵及百姓爭門出軍士遂縱火肆掠虔多竹屋煙焰亘天不可向邇鄉兵之首領陳辛率衆數萬圍虔州太后震恐赦其罪不聽膝

康劉珏楊惟忠皆坐視其亂而不能禁先是胡友犯臨江軍楊琪與戰不勝遂陷臨江軍至是友以其衆復至虔州及陳辛戰於城下破之遂解圍張中彥在吉州聞難不顧

劉可爲其黨所殺劉超據荆門軍

劉可者沒角牛楊進之徒黨進死其衆以可爲首轉寇汝蔡隨唐信陽之間屢與桑仲戰皆不勝爲其徒黨所殺遂推劉超爲首以據荆門軍劉可劉超所過井邑邱墟人無噍類

二十五日戊辰車駕幸温州駐蹕於江心寺

京城留守程昌㝢退還蔡州

程昌㝢爲京城留守在京城凡四月隨行軍吏無糧食不可留遂還蔡州上官悟權留守事

金人登楚州城不能入復退去

趙立在楚州專爲戰守之備金人撻懶（改作達蘭）以數萬人圍城修治攻具以舊歲十二月攻城之南壁立親作旗頭引衆出戰金人來占礮地立與戰卻之凡一月餘不能占礮地有淮陰縣百姓左彬者爲隊長部民廝壕於城下有金人勇將擐甲馳馬掠壕而過彬以刀追逐之虜（改作金）將勒同馬迎敵而彬與戰於野良久虜（改作金）將去立適在城上見之問其姓名補以官使爲親隨立每出戰彬必隨之屢立奇功金人凡攻四十餘日立親出戰者四五十次金人以礮連擊三敵樓而破之遂登城立先取生槐木斫作鹿角以鹿角杈定城破處兩頭又下修月城以裹之月城之中實以柴薪城之內置鎔金汁金人無路可入在城上立者如植城外立洞子數十皆藏兵俟可進則進登城不能措手壅隘不可上爭自月城中入立命潑金汁焚其柴薪燒死者一二百人自是金人以不能入而退還守孫村蒲壽河大寨時時以鐵騎數百人

出沒於城下以掠取尋糧採薪者故城中之人皆不能出而糧薪日以罄竭矣

二十七日庚午李成陷六安縣

李成攻陷六安軍水寨下寨於郭界布置碓磨於十八倉以其衆攻六安軍不克是時安豐縣土豪孫暉統率鄉兵保守安豐塘羣寇不能攻

三十日癸酉令隨行在職事官各條具當如何措畫及當於何處駐蹕汪藻上疏

疏曰○（舊校云此疏以浮溪集校正）准行在御史臺告報正月三十日三省樞密院同奉聖旨將來虜（改作敵）騎北歸或盡

數過江或於建康杭越等州留兵占據各當如何措
畫及當於何處駐蹕除已令侍從官條具外可更令
隨行在職事官各條具以聞者右臣竊惟金人爲中
國刪此二字患雖已五年而自陛下即位以來祖宗土宇
日蹙一日生靈塗炭歲甚一歲臣嘗稽之載籍自古
夷狄彊盛固有之矣未聞有如今日之肆中國陵夷
固有之矣刪自古至此二十六字未聞有如今日之極雖至微
弱之邦至衰闇之主敵人臨境猶能使其國人勉强
一戰未聞以中國堂堂刪此四字改作天下之大州縣所存者
大半陛下英明之資勵精求治一無失德於天下此二

字改作時而犬羊改作敵騎長驅去巢穴刪此三字萬有餘里如入
無人之境至山東則破山東至淮南則破淮南至江
浙則破江浙嘻笑而來飽滿而去坐令原野厭人之
肉川谷流人之血宗社不絕如綫以萬乘之尊至於
乘桴入海倀倀然未知税駕之所其所以至此者何
哉將帥不得其人而陛下所以馭將帥者未得其術
也今陛下所謂將帥者誰乎臣知之矣不過曰劉光
世韓世忠張俊王瓊之徒是也論其官則膺節鉞之
除兼兩鎮之重視執政之臣有韓琦文彦博所不敢
當者其寵可謂極矣論其家則金帛充盈所衣者錦

衣所食者玉食奢豪無所不至雖輿臺厮養皆得以
功賞補官至一軍之中使臣反多卒伍反少其志可
謂驕矣平時飛揚跋扈不循朝廷法度所至焚掠驅
虜甚於夷狄改作寇盜者陛下不得而問也擁重兵居閒
處邀犒設賜賚者陛下不得而吝也然天下之人猶
謂陛下寛之至此者防秋之時責其死力耳及敵人
之來是數人者曾不能爲陛下施鏃矢之勞獨張俊
明州僅能少抗若更堅守數日待虜改作敵再來乘其
機會極力勦除虜改作敵必終身懲創不敢復南此則
俊忠於陛下也其利害豈直爲今日計哉奈何敵未

退數里間遽狼狽引軍而行也雖三尺童子知其不
可以爲虜性强愎改作敵勢强盛不嬰其鋒猶懼屠戮況已
憤怨而去既不增兵益戍徒反旋軍空城以挑之是
前日至小之捷乃莫大之禍也未幾果殘明州無噍
類焉是殺明州一城生靈而陛下再有館頭之行者
張俊使之也臣嘗痛念自秋以來陛下爲宗社大計
懼敵人之侵宵旰焦勞未嘗頃刻少安以建康京口
九江皆要害之地當宿重兵故以杜充守建康韓世
忠守京口劉光世守九江而以王瓊隸杜充其措置
非不盡善也若虜改作敵騎渡江杜充韓世忠王瓊併

力捉其前劉光世掩其後可使奔北不暇而世忠八九月間已埽鎮江所儲之貲盡裝海船焚其城郭爲逃遁之計其比肩諸將聞朝廷欲倚世忠爲杜充之援者無不竊笑是世忠初無爲陛下拒敵之心也洎杜充力戰於前世忠王𤫉卒不爲用劉光世亦偃然坐視不出一兵方與韓梠朝夕飲宴賊至數十里間而不知則朝廷失建康虜（改作敵）犯兩浙乘輿震驚者韓世忠王𤫉使之也使豫章太母播越六宮流離者劉光世使之也嗚呼諸將已負國家罪惡如此謂須少畏陛下之威憚臺諫之言日夜皇恐席藁負鑕請罪有司謝數州生靈之死亦知尙有朝廷之法而張俊方且以萬人殺獲數十人之功冒朝廷不貲之賞自明引軍至溫道路雞犬爲之一空居民聞來逃奔山谷數百里間寂無人煙韓世忠逗遛秀州放軍肆掠浙西爲之騷然至執縛縣宰以取錢糧平江府自城而外無不被害周望僅能守其城中而已雖陛下親御宸翰召之三四而不來元夕取民間子女張燈高會君父冒不測之險而不恤也王𤫉自信州入閩所過州縣邀索動以千計公然移文曰無使枉害生靈其意果安在哉方國家危急之時所恃者諸將所

爲如此不知何以立國臣竊憤之此事人皆知之而無爲陛下言者豈以爲不急之務哉以天步艱難正藉此曹爲重而不敢言耳然臣竊爲懼焉臣聞王者所以得天下者以得民也得民者以得其心也茲者陛下南巡可謂播遷之極矣而百姓尊君親上之志略不少衰豈非祖宗德澤結人之深而恃陛下爲之主耶所謂爲民主者平日取民財力以養兵緩急之時排難解紛而使民安業也今諸將聞敵人之來則望風遁逃反汲汲內相攻殘以爲民害車駕所過一路則一路罹其災所過一州一縣則一州一縣罹其災今江淮兩浙已如此矣萬一幸湖湘幸蜀則虜（改作金）人侵其前而無人以拒官軍殘其後而無法以繩是復爲江淮兩浙無疑矣古者天子所臨曰幸言所過人以爲幸也豈今日之謂哉臣恐人心一解而陛下無所恃也持此將安歸乎臣又聞張俊離明之時士卒頗有願留擊賊者俊聲言陛下召之臣知其說矣陛下諸將皆本無鬭志方無事時則先取赴行在指揮以備警急警急則引去曰朝廷召我矣其實自欲遁而又假上詔令以欺其欲戰之人使歸非於上及用事之臣此尤可罪臣比至黃巖聞陛下使李捧

屯兵縣中降指揮云候金人至台州則前來温州是旣欲遁而陛下又令之使遁也夫士驅之使鬭猶懼不前況令之使遁也然則敵人長驅無所忌憚者適其宜耳何足怪哉臣竊觀今日諸將在古法皆當誅然不可盡誅也准王璦本隸杜充敗敗於前而璦不救此不可赦當先斬璦以令天下其他以次重行貶降使以功贖過如張俊之軍獨可賞其將士耳所以移軍輒遁者俊也罪亦何逃如此庶幾國威少振昔周世宗承五代之衰將士習爲驕惰河東之敗一日而斬大將樊愛能等三十餘人然後東征西討無不如

志白起於秦可謂有功矣一不受命賜死杜郵郭元振唐之勳臣也明皇怒軍容不整挫之纛下蓋威克厥愛允濟愛克厥威允罔功是數君者其知之矣何則人之欲無窮恩有時而旣惟吾威足以制之然後恤焉足以爲恩況此曹平時厭飫於虜掠之貲矣用幾何錫賚而能滿其意哉如有賞而無刑是姑息之政耳自古有能以姑息而成功者乎且漢高祖之興所將者韓信黥布彭越也以今日諸將之才視之何如哉所成就者布衣而取天下也以今諸將之功視之何如哉然高祖於是數人者欲王則王之欲誅則

誅之曾不少貸此其所以爲高祖也故韓信曰陛下不善將兵而善將將豈非將將者人主之職也故今陛下當以將將爲職熟視諸將悍驕如此而無以治之異時張浚集西兵而來則又靡靡相效成風矣不知生靈何時息肩國家何時興復以臣觀之今日之兵今日之將習玩至此陛下已不得而用已不得而制矣非特無以責其至誠徇國抑且人心振恐動有意外之憂有之不如無之臣愚以爲虜改作敵退之後正朝廷大明賞罰立紀綱新人耳目之時莫若擇有威望大臣一人盡護諸將雖陛下親軍亦聽其節制

稍稍以法裁之凡軍輒敢擅移屯以護駕爲名者主將將佐僚屬並論如法仍使於偏裨中擇人才可用者間付以方面之權待其有功加以爵秩陰爲諸將之代天下之大豈無數人將帥之才哉特爲諸將所抑而不得伸耳若陛下馭諸將如臣所言則虜改作敵或盡數過江或於建康杭越等州留兵占據守亦有功戰亦有功車駕回臨安或平江徐議所向留江浙亦可幸湖湘亦可如其不然雖大臣忠貫日月謀臣如雨言利之臣能使錢流地上何益於事哉譬禦飢者當用食捨食之外皆非所急也已疾者當用醫捨

醫之外皆非所急也今日所急在於馭兵馭將其他皆非先務惟陛下與大臣熟議斷而行之臣愚狂瞽不知忌諱罪當萬死

遺史曰汪藻之疏可謂切中時病矣獨不當分曹植黨陰庇杜充之罪夫杜充以宰相統兵守大江固金陵一旦失利乃曰罪在兵將甯有此理況杜充未嘗出戰而藻言杜充力戰於前言不由衷豈能勝億兆人之詛嗚呼分曹植黨今日之大弊議論所以不公事功所以不成者蓋在此也

是月京城留守司辟牛皐充本司都統制兼京西南路提點刑獄

牛皐汝州弓手也聚眾與金人戰以戰功補官累遷武翼大夫榮州刺史爲招撫司中軍統領建炎三年冬金人再蹂京西皐凡十餘戰皆捷加武節大夫果州團練使至是留守司辟爲都統制兼西京南路提刑

三朝北盟會編卷第一百三十六終

賜進士出身頭品頂戴四川等處承宣布政使司布政使清苑許涵度校刊

三朝北盟會編卷一百三十六校勘記

詣張浚求馬三千匹千誤作百披甲執器仗保所居一作披甲執器仗保守所居坊巷及百姓爭門而出脫而字孫村浦浦誤作蒲失豫章失誤作使居民聞其來脫其字而諸將所為如此脫而諸將三字是諸將既欲遁脫諸將二字夫將士驅之使鬭脫將字惟王瓊本隸杜充惟誤作准充敗於前而瓊不救充敗誤作敗敗且人心震動恐有意外之憂動誤在恐上

三朝北盟會編卷第一百三十七

炎興下帙三十七

起建炎四年二月一日甲戌盡四月十四日乙酉

二月甲戌朔責郭仲荀張思政滕康劉珏

酈瓊以其眾降於劉光世

初京城失守閻僅以其眾奔至光州留其壻劉紹先以兵三四千屯於光州知州任詩厚遇之酈瓊以其眾寇固始四面攻擊知縣向宗輝盡力捍禦時曹官吳翼權知光州議請紹先解圍固始紹先率兵趨固始為瓊所敗紹先率其眾至城下呼宗輝開門宗輝開門納之紹先以其眾登城用強弩禦瓊殺傷甚眾劉光世遣人招瓊瓊受招安圍凡四月零二日瓊相州人崛起於兵火中尚氣敢為為眾所推服宗輝恃有功以吳翼曹官不相下翼招宗輝至光州羅織其罪送獄死初羣賊黃林犯固始翼往招之林受招任詩以翼有功令權通判詩既去翼遂權州事

楊世雄以其眾降於劉光世

傅選詣隆祐皇太后乞降

傅選自潰散即率眾轉入湖南刦掠厭所欲矣遂復來降

十三日丙戌金人屠杭州退兵

金人侵入兀朮(改作烏珠)率衆追乘輿親至明州而還其在越州也兀朮(改作烏珠)乘馬往來於市中班直唐琦憤怒以石擊之不中被執罵不絶口亦罵李鄴降虜(改作敵)不忠被殺兀朮(改作烏珠)執鄴退還杭州將退軍庚辰斂軍於吳山七寶山遂縱火三日夜煙焰不絶癸未夜火息甲申縱兵大掠且束裝丙戌退軍以虜掠輜重不可由陸遂山秀州平江取塘岸路行沿路屋宇無大小並縱火靡有孑遺是時餘杭縣投拜官員曾𢡟已奔走得脫聞金人退去乃復來同任且衣凶服

縣尉楊汝爲問其故𢡟曰遂失恃汝爲曰何不解官丁憂𢡟曰未聞上官汝爲唾面不語既而其申監司遂放罷服除授通判鎮江府軍民曰是餘杭縣投拜者不納又論罷之再授通判婺州亦不得赴任自此不能出仕衣冠以爲愧金人在江州未退兵也有衢州軍事判官錢觀復者以衢當路衝白郡守縱民老幼出戶留一丁不留與留而瘦弱不堪任罪如軍法其後軍兵欲乘時爲變顧城中金帛子女無冀獲乃止

賜臨安府民兵撫恤敕書

敕臨安府民兵省本府奏自金人攻陷府城內外軍民併力拒敵血戰五日方始城破又緣諸縣村堡防護嚴密往往多被掩殺緣此怨恨臨行之日焚燒屋宇城郭一空比之其他殘破州郡被禍尤酷實可痛惻欲望優加撫恤事朕惟左袵之憑陵(改作中土奄之淪亡)及東吳之都會爾等挺身禦敵爲國忘生率其忠義之豪挫彼腥羶之暴(改作憑陵之氣)逮逾累日方失堅城凡分塢壁之屯皆奮兵戈之鋭緣茲厚毒爲我深仇洎賊馬(改作敵騎)之旋歸舉民居而焚蕩靡思人怨而神怒惟務井堙而木刊言念吾民重罹此禍顧瘡痍之未

復每寤寐以興嗟已遣使臣往宣恩意其各從於安樂以同待於承平故茲撫恤想宜知悉春暄汝等各比好否遣書指不多及

十四日丁亥聶淵入京師留守上官悟出奔淵以城獻於金人

河南之地盡已陷沒西京南京金人皆屯兵唯京師甸內縣猶爲國家守糧食乏絶四外皆不通民多餓死聶淵者與其徒十十五五以食物與守城者博易久而頗稔熟至日淵以其徒數百人夜登城之北壁縱火焚樓櫓猶不敢下城騷擾是時城之東有夜猫

兒李珠蘇大刀屯駐留守上官悟皆招入城既入城則放火刦掠不止而淵亦掘斷城堤道自守城中亂悟及副留守趙倫乃出奔悟爲留守時官司命令不能行留守司名存而已劉豫以濟南府已投拜金人矣豫嘗遣使說悟令叛悟焚書斬使頃之豫又賂悟左右喬思恭宋厚俾說悟悟不從豫知悟不可說乃止淵遣人往南京金人軍前獻京師三月金人大太師差鎭國郎君入京師駐於朱雀門上給牌子與在京強壯不滿萬人自此京城遂陷失悟在唐門遇董平平逼令悟書塡官告訖殺之金人得京師以前都水使者王夔爲留守夔發公文盡招諸縣頭目人皆

來撫諭自此無盜賊淵河北籤軍首領也

十七日庚寅鼎州武陵百姓鍾相反

鍾相鼎州武陵縣人無他技能善爲誕謾自號老爺亦稱彌天大聖言有神通與天通能救人疾患陰語其徒則曰法分貴賤貧富非善法也我行法當等貴賤均貧富持此說以動小民故環數百里間小民無知者翕然從之備糈謁相旁午於道謂之拜爺如是者凡二十餘年相緣此家貲鉅萬中間累會敗露有司受賄不能盡法繩治至是金人犯陷改作潭州孔彥舟入澧州相乘人情驚擾以拒彥舟爲名聚衆於是日起兵鼎澧荆南之民響應是時鼎州缺守臣湖北提刑王彥成先挈家逃岳州畢世卿奔龍陽就家屬登舟東下僅以身免其餘官吏莫能控制寇遂猖獗焚官府城市寺觀神廟及豪右之家殺官吏儒生僧道巫醫卜祝及有讎隙之人謂賊兵爲爺兒謂國典爲邪法謂殺人爲行法謂刦財爲均平病者不許服藥死者不許行喪唯以拜爺爲事人皆樂附而行之以爲天理當然鼎州之武陵桃源龍陽沅江澧州陽安萍鄉石門慈利荆南之枝江松滋公安石首潭州之益陽甯鄉湘陰安化峽州之宜都岳州之華容辰

州之沅陵凡十九縣皆爲盜區矣

十八日辛卯金人陷秀州權知州軍事趙士醫死之

金人陷秀州軍民共推兵馬鈐轄趙士醫爲知州士醫出城與金人戰爲其所敗士醫死之秀州遂陷

十九日壬辰程昌寓棄蔡州南歸

程昌寓自京師退還蔡州未期月又以蔡州糧食皆盡王命不通遂領率軍民棄蔡而南歸

二十二日乙未宣撫使周望棄其軍奔於太湖

周望以宣撫使駐於平江府聞金人已破秀州漸入

吳江縣恐怖畏怯卽委軍而去走入太湖
遺史曰望方出城而去也市人遮道請留爲一城生靈計既不可留則極口嫚駡望聞而不顧於是市井閒皆喧誦初除望簽書樞密制詞曰腹心留侯高祖肇基於有漢文武吉甫宣王復振於宗周夫非躬不世之全材何以濟中興之遠業賢者登用國其庶幾謂望何以當此

知平陽府湯東野棄城走
知平陽府湯東野見周望已出卽以府印授郭仲威俾權知府事遂率家屬棄城而走

二十三日丙申李成陷舒州
李成犯舒州劉文舜率兵迎戰爲成所敗文舜盡率其衆走權知州鄭嚴亦走入山中成遂入舒州得前秘書省正字李雱雱以王命不通金人在江浙閒妄生向背心遂以成爲一時之英雄投書於成請順流而據金陵號召浙江以觀天意成不從留雱於軍中成執前提刑李著見任提刑以下及州縣官百餘員皆居於太平寺其徒有執鄭嚴而至者成命殺之

車駕自海道歸駐蹕浙東降德音
朕自遭敵國之侵越在方隅之外且念二聖徂征之久懼四方荼毒之深不辭痛屈於眇躬庶或少回於善政每辛勤而遣使祈和好以休兵謂旣殫誠亦須悔禍乃狃憑陵之態專行暴蔑之威跨萬里以長驅分數道而並進悉提羣醜徑渡長江朕惟子視於生靈何惜身臨於行陣遂下平江迎敵之詔卽爲景德親征之行誓以六軍期於一戰會近境已成於對壘而羣臣堅請於避鋒勉馭舟師來臨海道旣阻兵之理極致率土之憤盈念祖宗涵養之恩痛社稷陵夷之恥鄉豪競奮禁旅爭先始金陵殺獲之相當繼鄞水勦除之幾半或驍將大誅於淮甸或奇兵邀擊於

江西捷奏旣騰凶威遂屈今則移師遠去闔境皆清朕惟駐蹕於浙東將卽返兵於吳會乘中原已振之氣復列聖無窮之基嘉與羣生再爲樂國言念承平之俗重罹蹂踐之災妻孥隔絕於封疆肝腦糜捐於原野禍非汝咎痛貫予心今雖幸免於干戈豈獲盡安於田里止俟扞防之暇祛除正賦之煩雖誠意之未申豈沛恩之可後宜布哀矜之惠用蘇凋瘵之民於戲歷數之在舜躬顧朕豈堪於克紹謳吟而思漢氏賴茲可致於中興況今丕應之邇遐與我實同於休戚勉圖遠畧茂對宏休

二十五日戊戌金人陷平江府
周望湯東野既已棄城而去城中無主丁酉夕火發者數處百姓驚惶乃督班郭仲威縱火也戊戌金人寇侵改作盤門仲威遣七防禦者當之七防禦大敗退入城中金人襲之亦入城仲威率衆奔常熟縣是夜金人縱火三日夜乃滅城中悉爲灰燼金人雖不甚屠戮居人自赴水火而死者大半矣庚子金人行

趙立加右武大夫徐州觀察使知楚州軍州事兼管內安撫使淮南東路兵馬鈐轄仍兼便宜
閤勍在越州途中朝辭日朝廷令齎告授趙立官職

差遣自是勍到楚州以告授立

金人犯遏改作荆門軍劉超率衆去
劉超守荆門軍聞金人自江西回軍遂棄城引衆去

趙瓊受楚州旗榜歸朝廷
先是宿遷縣水寨首領趙瓊已投拜金人楚州進士閻泰卿借補成忠郎權知淮陰縣事嘗欲招瓊使復歸朝廷與楚州共扞禦會趙立來知楚州泰卿見其參謀陳适與語楚州事适甚喜薦於立泰卿爲立謀招瓊立即令泰卿齎旗榜親往見瓊瓊受旗榜遂聽楚人節制泰卿還報立大喜加借泰卿秉義郎泰卿曰泰卿本是進士今爲武官不能出戰恐誤使用乞換文資立令照學籍果然遂改借宣教郎令措置高郵軍

二十九日壬寅郭仲威率兵入平陽府
郭仲威在常熟聞金人已行離平江府率衆復入城斸掘人家窖埋之物縱兵擾民民不堪之凡民家所有悉爲仲威之黨所攘奪

三月癸卯朔陳思恭敗金人於吳江
陳思恭隸周望爲統制望奔太湖思恭軍於青烏鎭金人後軍泊於吳江縣下臨太湖石岸險狹思恭乃

以兵邀之金人舟亂不整思恭獲小勝而退

孔彥舟率兵入鼎州
孔彥舟初名彥威爲東平府鈐轄與知州權邦彥不協彥威與一宗女私通事露邦彥欲按發之彥威遂率衆去邦彥追及彥威射中邦彥乃還彥威遂改名彥舟聚衆漸盛轉至京南又渡江據澧州彥舟出兵攻討常不勝鍾相反於武陵也常輕視彥舟是時鼎州城守孤危官吏軍民勢不獲已遂迎請彥舟入城以拒相彥舟許之方離澧州而吳么郎陷澧州殺知州王琮以下官屬十數員彥舟前軍三月癸卯入鼎

州即縱殺官吏軍民占用官私倉庫刦掠民財焉

盧益權知三省樞密院李回權同知三省樞密院往從衛隆祐太后

初上在濟州隆祐太后遣李回往勸進上即位除回延康殿學士知洪州臣僚言其靖康間守黃河棄軍而走且受張邦昌僞命爲尚書右丞遂責吉州安置至是范宗尹薦其材乃召爲權同知三省樞密院往虔州迎隆祐太后

肆赦州縣

先是上幸海道知浙西江東西淮東西湖南北諸州

皆命令不通亦不知翠華端的所在及赦到知駐蹕浙東無不欣喜

知江州權邦彥爲江淮荆浙發運使

吳玠及金人戰於寶雞敗績

先是陝州既陷金人長驅關中曲端遣吳玠屯於彭店原端自擁大兵次邠慶間以策應玠玠與金人戰勝負未決而端退走自邠至涇玠遂敗績玠大罵端由是二人有隙金人雖勝玠以端全軍退去且入夏遂復還河東

盧益辛企宗潘永思赴虔州迎隆祐皇太后

十日壬子金人陷常州○舊校云守臣周杞棄城去

金人取常州路經過不住若奔牛呂城官吏禁其閘斷其紲放練湖水使乾則金人舟船皆不可行惜乎官奔吏竄而閘猶儼然故金人長驅而無阻礙也

車駕幸處州

呂頤浩以金人退兵請還幸越州遂行幸處州

劉綱攻趙瓊水寨

節制泗州劉綱以宿遷縣趙瓊水寨投拜金人遂遣人攻之瓊曰我爲人逼脅勢孤援寡權爲老小之計不得已而投拜今楚州趙安撫遣國奉卿齎旗牌來

即時受之已聽楚州節制復歸朝廷矣公其察之不從兵攻寨瓊出民兵禦退之

二十六日戊辰孔彥舟擊鍾相敗之擒相

孔彥舟在鼎州日與鍾相交戰勝負相當彥舟詐遣人投相謂之入法相受之不疑戊辰彥舟遣人襲擊相寨所遣入法之人爲内應相遂大敗擄妻子竄入山谷爲村人范顏所擒而胡壽得之獻於彥舟彥舟乃造法物儀仗張大其功欲解赴朝廷至攸縣會龍圖殺相所造法物亦散失

四月壬申朔車駕幸越州

尚書左僕射呂頤浩罷授鎮南軍節度使開府儀同三司中太一宮使○舊校云宋史作醴泉觀使

車駕幸越州御史中丞趙鼎言呂頤浩之謬以使相宮使罷左僕射從優禮也

制曰門下獨化陶鎔之上嘗守備於弼諧閱勞官職之煩宜特加於崇奬惟時上宰實我元勳茲祈解於近司爰寵頒於殊渥誕揚大號敷告羣工具官某心術疏通性資明達運籌泉湧獨當天下之危機游刃風生能斷朝廷之大事昨屬艱難之運尤輸經濟之忠冒險直前服勤無斁取虞淵之日重正乾坤問襄

野之塗卒安宗祏故在廷之莫及方當亡以仰成然寖懷偏見之私殊失大臣之體占吏員而有虧銓法專兵柄而飛廢樞庭下吳門之詔則慮失於先時請浙右之行則力違於眾議既人言之薦至於物望以靡諧屢騰引去之章莫副挽留之意念有銘書之偉績難從策免之常規乃峻彝章務全體貌植牙造纛總節制於雄藩執璧面槐視班聯於上袞假以真祠之佚從其私計之安皆儒臣希有之榮蓋邦國久虛之典朕爲無歉汝亦有終於戲險夷一心非忠誠孰能至此進退二道惟明哲足以盡之矧兼將相之崇靡缺君臣之遇毋云去位不我告猷

張俊爲兩浙西路江南東路制置使

金人在建康韓世忠屯兵江上屢騰捷奏乃遣張俊爲兩浙西路江南東路制置使節制浙西軍馬策應世忠俊雖受命未進發人皆切齒

十四日乙酉潰軍戚方攻宣州

戚方勇悍善射初投爲教駿兵士軍與盜賊起在九朶花徒黨行伍中未知名方殺其爲首人遂率眾歸建康投杜充用爲准備將留在帳前建康失利諸軍皆散方走至金壇界與建康統制扈成相遇方欲奪

成軍乃謀殺成遂伏眾於篠中皆執長槍令曰扈統制過則殺俄而成果至伏發以長槍刺成成死統領麗榮率其眾聞岳飛在宜興乃以其眾歸飛以榮爲右軍統制方率眾入常州爲劉宴所敗乃犯宣州知州李光遣兵馬監押呂執中齎書招之方佯受書賞欲攻城也執中覺其僞詐僅得脫歸有衙前石振者爲方所執問以城中虛實振有從賊之心乃悉以虛實告且具言城中之方隅可擊者不可擊者方用振之說鼓行而前是日犯城下光自決守城之計乃命城外居人盡遷入城一應寺院及人家與空閑官舍任

便居住是時有建康潰散班直百餘人無所歸光留於城中光因以主首王逸爲都統制令見任及寄居官分守城壁僧道居民皆執仗登城措置甚有方法攻城不克光以知州儀衛登城北壁令一吏詐作知州招方打話云戚統制爾部曲皆是官軍豈不念國家艱難之際何苦欲攻此城爲盜賊乎方曰方不敢抗撓朝廷但緣士卒皆飢不免尋覓糧食耳又曰我與汝糧食并銀絹犒設如何方曰若蒙犒軍卽便引退於是光乃遺以米肉并銀絹甚厚方雖受之而意猶徐徐睥睨不已王逸曰賊非退也且未可解嚴更

當謹備方果伐木作攻具復攻城城中皆禦退之矢如雨注城中負戶方能汲是時諸邑民兵皆聚城中甯國民兵尤麤壯有膂力以守礮擊石賊甚苦之

王德執劉文舜於饒州殺之

王德欲迎隆祐太后於虔州次吉水會妖賊王念經反於信州之貴溪縣命德討之德道出鄱陽劉文舜在舒州遭李成之敗方寇饒州圍城急知州連南夫以蠟書請德解圍德引兵至城下壓賊壘而陣文舜褫氣悉舍兵請降德僞許其降誘文舜及其次邵譚袁關索等入城執而誅之

劉位攻趙瓊寨敗績

先是劉綱遣人攻趙瓊寨不克綱怒請兵於位位遣人攻瓊楚州趙立曰趙瓊已受旗榜聽我節制義當救之立出兵爲援與戰敗之位兵退走

賜進士出身頭品頂戴四川等處承宣布政使司布政使清苑許涵度校刊

三朝北盟會編卷第一百三十七終

三朝北盟會編卷一百三十七校勘記

林受招安脫安字　悬曰遽失恃遽誤作遂　惟京師與內縣與誤作甸　內外皆不通內誤作四　亦掘斷城中塌道自守中脫字　備糈相謁誤作謁相　知浙西江東西淮東西湖南北諸州一作如浙西江東兩淮湖北諸州　經過不住徑奔於呂城徑誤作若於誤作牛　獨任陶鎔之正嘗首備於彌諧任誤作化正誤作上首誤作守

三朝北盟會編卷第一百三十八

炎興下帙三十八

起建炎四年四月二十四日乙未盡五月十三日

甲寅

二十四日乙未韓世忠敗金人於建康府江中捷奏至

除世忠檢校少師改武成感德節度使

制曰門下朕遭百六艱危之會賴二三梟俊之臣跪推轂而遣將軍守境既騰於戎捷歌出軍而勞還卒疇勳敢廢於邦彝爰賜贊書用孚羣聽具官某勇聞天下氣蓋關中堂堂將種之英凜凜軍鋒之冠行已恭而事上敬蚤服周行臨機果而料敵明屢揚偉績昨屬交侵之警俾屯要害之區磨厲以須鼓儳而擊縱精兵於數路若珠走盤擠醜虜改作羣盗於長江如杵投臼坐以中堅之壁成茲南紀之安威行而海內息肩師勝而國人屬目是用兼隆徽數特表膚功出擁齊旄易兩鎮提封之大入乘夏篆視三孤絕等之崇申衍釆風陪敦井賦以永旂常之載以昭帷幄之成於戲武能威敵者師帥之榮賞不踰時者人君之信惟忠勇可以任安危之重惟謙沖可以保富貴之終勉圖而休毋廢朕命可特授起復檢校少師武成感

德軍節度使

遺史曰初江上防秋韓世忠屯於鎭江府及建康失守世忠退軍於江陰軍迤邐至平江府秀州至是世忠聚集舟船擺布於江中以扼金人歸路時邵青以舟船在無湖往來於建康竹篠港世忠使人招青青受招安而不以會乃曰我方爲賊其下皆窮恐不爲用故不可動也是役也世忠敗金人於江中奏捷至行在除世忠檢校少師改武成感德軍節度使制詞有曰屯兵要害邀擊其師大振軍聲殺獲過當犬羊改作聞風震慴知國有人

二十五日丙申韓世忠與兀朮改作烏珠再戰於江中爲兀朮改作烏珠所敗孫世詢嚴永吉皆戰死

金人在建康韓世忠以海船扼於江中乘風使篷往來如飛兀朮改作烏珠謂將軍曰使船如使馬何以破之韓常曰雖然見常軍則自遁矣兀朮改作烏珠令常以舟師犯之多没常見兀朮改作烏珠伏地請死兀朮改作烏珠貸之乃揭榜立賞許獻所以破海船之策有福州百姓姓王人僑居建康開米鋪爲生見榜有希賞之心乃教兀朮改作烏珠於舟中載土以平板鋪之穴船板以櫂槳俟無風則出江有風則不出海船無風不可動也

以火箭射其篛篷則不攻自破矣兀朮改作烏珠信之一夜造火箭成以戊申出江櫂槳行舟其疾如風天霽無風赫日麗天海船皆不能動金人以火箭射篷則火起世忠海船本備水陸之戰人皆全裝馬皆鐵面皮甲每船有兵有馬有老少有糧食有輜重無風不能行火烘日曝人亂而呼馬驚而嘶被焚與墮江者不可勝計遠望江中層層皆火火船蔽江而下金人鼓櫂以輕舟追襲之金鼓之聲震動天地世忠敗散孫世詢嚴永吉皆力戰而死兀朮改作烏珠既勝欲之建康府謀北歸而世忠海船扼於江中不得去或獻謀於金人曰江水方漲宜於蘆陽地開掘新河二十餘里上接江口舟出江背皆世忠之上流矣兀朮改作烏珠信之乃命掘河一夜河成次日早出舟世忠大驚金人悉趨建康世忠尾襲之而已初長蘆崇福禪院行者普倫普賛普璉結集行者及强壯百姓千餘人分爲三隊在楊家洲上自相守保世忠嘗約普倫等爲策應至是普倫普瑄普賛率其衆千餘人駕小舟千餘艘皆裹紅巾立紅幟來策應至長蘆遇世忠海船狼狽而來金人至長蘆亦同世忠與餘兵至瓜步棄舟而陸奔還鎭江聚兵沿江避兵之人往往取其舟

中糧食或有得銀絹錢物者

中興姓氏錄忠義傳曰孫世詢字諮道開封府人也有勇力善騎射少時曾縚薦之梁方平隨軍屢立功後從韓世忠爲前軍統制與大金戰應天府河東府皆稱其勇苗傅劉正彦反軍臨平鎮世忠來勤王世詢爲先鋒與賊戰大敗之　傳正彦走從世忠追襲至建州浦城縣大戰敗之殺賊兵萬級統制馬彦溥趙竭忠趙竭節皆戰死世詢臨陣遂擒正彦加觀察使及大金兀朮（改作烏珠）渡江復自建康同世詢隨世忠及兀朮（改作烏珠）戰建康門外大敗之次日再戰江中無

風世忠軍皆海舟不能行大金竟以小舟來縱火世忠軍敗世詢及嚴永吉皆力戰而死

張進及梁斌自虜（改作金）寨脫歸

先是張俊命選鋒正將梁斌副將張進屯諸暨縣金人陷越州斌與進投拜上還越州也進得脫復聚衆得二百餘人歸還行在敘其功以贖投拜之罪大言梁斌不肯歸朝廷已併殺之既殺斌然後乃能歸朝耳又數日斌以衆三百餘人還朝廷亦待之如初仍不問張進之詐斌後爲策應選鋒軍統制

牛皋敗金人於宋村擒其將馬五（改作馬武）太師

金人犯（改作下）江西者同軍北歸牛皋潛軍於寶豐之宋村衝其中堅殺傷甚衆生擒馬五（改作馬武）太師招撫司加皋武功大夫和州防禦使爲五軍都統制

汪藻奏論金人留建康乞分張俊軍馬策應

其狀曰右臣昨自三月來得之傳聞云金人在建康築城爲度夏計臣雖幸其不然然心竊憂之以爲中國（改作原）困於腥羶（改作敵氛）而得少休息者正賴其不能觸熱故嘗以寒方至未暑先歸吾於半年間汲汲措畫猶每歲奔命不暇今若縱其度夏則長爲巢穴（改作此蟠踞）無所忌憚不知朝廷何以枝梧洎到行在聞韓

世忠列戰艦江中遮其歸路日有所獲且言金人窮蹙之狀臣竊欣幸以爲三月所傳誕妄耳續覩黄榜備錄韓世忠捷奏又以爲朝夕必可埽除今近二十日矣其詫寂然議者頗疑世忠奏報未必皆實兼數日人自常潤來者皆云虜（改作敵）於蔣山雨花臺兩處各劄大寨抱城開河兩道以護之及穴山作小洞子以爲避暑之地陸增城壘水造戰船而采石金人已渡復回者累累不絶今且五月矣比常年去已月餘乃反去而復回其欲留建康明甚如此則與三月所傳又似符合臣聞金人動設詭詐尤喜爲窮蹙之狀

以疑我師我師墮其計中者前後非一今安知其本爲度夏計而陽爲窮蹙者特以疑誤我師耶建康爲東南咽喉國之門戶也天下轉輸朝廷號令未有不由此而通者若金人果下添長字據此爲巢穴删此三字則東南饋餉遂絶如人扼其咽喉守其門戶果得高枕而臥乎不知羣臣日至上前亦嘗有反復及此者否豈遂以其無事而所當講者承平之先務乎抑揣陛下非所樂聞而不以聞也不惟是而已人既扼我咽喉守我門戶則羣盜亦將覘我緩急以爲向背國家果有力能使之退聽屏息乎況又有意外之憂所難言

者不得不慮臣愚以爲此事所係非細廟堂當若救焚拯溺然朝夕在念及五六月閒我師便利之時會諸將與韓世忠一舉埽除非特去目前之患將使懲創終身不敢復南其利害豈不相萬哉雖近聞遣張俊提兵過江節制浙西人馬迤邐前去以爲策應此固陛下長算也不知張俊果能爲陛下有慨然立功之意乎臣愚欲乞專差得力使臣數人賫陛下宸翰星夜兼程自荆襄鄧湖以來迎張俊軍令分數萬人順流而下仍於上流自計置糧斛載以自隨彼張俊軍既皆新人必鋒鋭可用且敵人見上流之師突然

而至莫知其數必破膽奔潰此制虜改作敵一奇計也如其不然八九月閒氣候稍涼彼得時也機會一失雖悔何追伏望睿慈不以臣言爲愚輕此賊忽此事特加采納不勝幸甚

五月七日戊申濠州土豪王惟忠棄韭山寨率衆歸於節制使劉位

王惟忠濠州鍾離縣農家也字移孝總角有立志兄弟三人惟忠最幼每經行於市中人皆不語以俟其過故人號爲靜街三耶軍興上有詔許民自保惟忠乃據韭山爲寨與鄉人共守韭山有洞可容老小數

千惟忠屢與張文孝史康民戰金人以孫興來知濠州管屬縣鎮皆聽與僞命而用天會年號興遣人招惟忠獨不從至是惟忠率衆棄韭山寨歸於招信縣劉位位令惟忠爲左軍統領官韭山寨壘石爲城周匝四里又作大寨七里環繞之戰禦之具稍備民之願來依者凡萬餘人惟忠選强壯充兵韭山之勢巍然而立外有羣山環繞之山有泉湧出泉下有洞衆泉悉注焉洞雖不大然不論水之多寡或連雨會羣山之水湊於其中而洞能容之呼爲歸水洞儻無此洞則山泉與雨水皆爲羣山所壅不得泄寨在山之

頂萬人居焉常苦無水以給食惟忠患之乃視歸水洞而謀曰若塞此洞不惟可得水以給食且水勢縈回於山曲亦可恃以爲險也然此洞雖小能容無涯之水豈非有神佛以主之乎萬人方待水而食所繫不輕吾將盡誠心禱之於神權塞此洞借水以給衆若神而有靈必陰佑於我乃與進士戴德夫謀禱塞洞之方德夫以惟忠之意朱書鐵爲板以清酌祭神擲板於洞遂實之以土石聞知者皆相視而笑以爲兒戲也既而數人之力告勞而洞已塞矣人皆大駭及惟忠既去歸水洞復陷如初

十日辛亥直龍圖閣劉宴與戚方戰於宣州城下被殺

戚方圍宣州知州李光乞援於朝詔劉宴解圍宣州以觀察使巨師古爲之副宴受命即日就道師古以兵繼之初宴在常州駐軍方率衆自西門突入欲作過宴自城中殺出之至是宴始到城下未安營壘乘賊不意自城南轉城西直趨城北以擣方之帳方大驚走宴恃勇欲生致方乃單騎追之賊見官軍不多乃自駱駝山後設伏以斷其路方率親隨迎戰宴單騎力不能敵退還至天甯寺前隔小溝是時暑雨方漲馬陷於淖不可出橋左有伏賊以鉤槍搭宴宴猶手刃殺數十人以無援而被害宴死數日師古兵到城下光具聞於朝上憫悼之贈宴龍圖閣待制官其四子仍令卽死所立廟榜曰義烈歲時祀之

中興姓氏忠義錄曰劉宴燕山府人也建炎二年隨劉正彥掌赤心隊降丁進有功正彥敗宴降於韓世忠累遷直龍圖閣四年戚方反常州適宴兵至擊方大敗及戚方之寇宣知州軍事李光固守其城宴追方至宣州大敗方解其圍方敗走宴追擊之不勝力戰而死時稱其忠勇立廟於常山

十一日壬子金人焚掠建康執江東安撫使陳邦光渡

江而去○舊校云時李棁亦同被執而去

金人焚燒建康府虜掠人民奪刦財物出建康府城自靜安渡宣化而去兀朮(改作烏珠)屯於六合縣舟船入自瓜步口首尾相銜擺泊至六合不斷建康城中悉爲灰燼矣金人雖已渡淮東無警安撫直寶文閣張稹尚守揚州招信劉位以節制之職聚衆在橫山岵然無一事軍中唯飲酒賭博而已先是知眞州向子忞措置欲移治揚家洲而揚子六合之民願保方山子忞棄眞州金人據建康府大兵入二浙猶有游騎往來於淮南大抵自滁河之西皆爲游騎所擾而不過

滁河之東金人既渡江北占六合於是眞州爲羣賊所擾已不可居王冠率軍兵共守方山後渡江駐於溧水溧陽之間金人又占眞而揚州亦不可守張積乃棄揚州金人據建康半年餘江甯鎭采石至和州道路往來不絕和州亦留兵戍守雜以婦人戴頭巾著軍號執兵器巡防城壁然無一　軍乘虛到城下與之爲敵者惟邵青竹篠港探知建康城中金人不多且兀朮（改作烏珠）等皆在浙東建康有可克之理是時青見有殺牛者牛拒力甚青取槍刺其胸共助而牛用角斡青中股青方病瘡不能行乃遣其次姓馬者

率眾往收復建康既至水門暴雨電雷大作不克人而遂退青殺之遷單德忠爲次又有都團陳德結眾欲殺金人部勒已定前期爲朱都團所告德全家被害兵馬都監金洴死之金人圍建康也守南門番官稱萬戶者常諭居民願往采薪者給牌子前去居民皆不從及被殺戮之餘方悟此萬戶之言乃陰欲保護居民使出城求生也

十三日甲寅戚方攻宣州不克退去宣州解嚴

戚方圍宣州遇劉宴直擣其中又巨師古到及方戰於城北方三戰三敗遂引去宣州受圍凡二十九日受圍之初李光妻管氏病癰甚苦至解嚴管氏皆不知人皆以爲奇大抵守城之法先要財物豐備是時府庫財物盈滿而大富人皆出銀錢爲犒設故賊人積攻具以至積草積柴之處皆多以錢帛募死士燒之而人亦願盡死力如城北木塔寺有木塔下瞰城中虛實當先除去而賊守甚嚴乃募人負草實其塔然後縱火令方下卽有應募者是夜果有草實其塔內縱火火爲塔所束如火柱衝天觀之雖可畏而人心則甚喜州作解嚴會隨功高下以金盃勸酒就賞其盃初方以宣州城爲龜形當以眞武法以禳之乃

令攻城人被髮用紅帛帕首方既退去城之東壁摧壞者數十丈

岳飛殺劉涇併其軍○舊校云按金陀稡編建炎三年虜侵溧陽縣先臣遣劉經將千人夜半馳至縣擊之殺獲五百餘人云云無殺經併軍一事豈倦翁於此爲親者諱耶又云涇稡編作經○虜改作敵

先是岳飛與劉涇合軍屯戍宜興飛領兵往建康刦金人於靖安得勝回軍溧陽縣得涇軍將官王萬報涇欲殺飛母及妻而併其軍飛大驚卽令姚政往圖之政夜行抵宜興以飛母命傳語涇適得家書請來訪畧議事涇不虞其謀入其室則有楊某者伏於壁

閒遂殺涇少刻飛到撫其衆

史康民及金人戰於定遠縣軍敗閻勍被執而去

史康民濮州人也初起於京東因迎神社會有繖扇撾劍之類儀物藉以爲資遂擁衆亂聚衆漸盛乏糧食殺人食之號爲餓蝨子轉至淮南往來於濠泗閒張文孝在其軍謂之張鈐轄文孝用扈鶚及李徽猷計遂背康民殺康民父母自爲一軍先是閻勍在越州除淮南等招撫節制使至崇德縣聞金人已犯錢塘勍到平江招得數百戶又聞金人在建康乃取江陰軍路渡入柴墟鎮至楚州見趙立立方措置楚州

就以上命授立右武大夫徐州觀察使知楚州軍州事兼管內安撫使淮南東路兵馬鈐轄之告勍至泗州而文孝在泗州出迎勍參拜且曰聞太尉將到專來參迎勍甚喜勍與文孝至招信劉位發兵禦之於境文孝戰不勝勍與文孝往濠州界下寨於黃連埠文孝名爲迎勍實挾勍也是時康民屯於韭山文孝往攻濠州康民乘虛掩黃連埠破其寨取勍及同行劉舜臣等一行歸定遠殺李徽猷得扈鶚至定遠臠割剮其心以祭其父母康民拜舜臣以謝殺扈鶚雪父母之讎金人周太師聞康民得勍屯於定遠也乃會亳州大太師兵渡渦口甲寅周太師入自西門康民出兵迎敵大敗而回大太師已自北門入執勍而去是役也康民幾死趙宏救之得免次日康民議追金人奪勍聞已渡渦口矣宏相州湯陰縣弓手也時人謂之趙鬍子初勍迎奉神御趨離西京也於岳飛處借使臣十人而宏其一也循蔡河而下至濠州遇張用勍說用歸朝廷以馬皋之妻一丈青嫁用爲妻初皋爲郭仲荀所誅勍周卹之以爲義女既嫁用遂爲中軍統領有二認旗在馬前題曰關西貞烈女護國馬夫人劉舜臣者用之參議官用俾隨勍以行故

舜臣在勍軍勍在南京金人欲降之不可欲以爲京東安撫使不可乃被害

姓氏錄忠義傳曰閻勍有膂力善騎射少以班直補官靖康初累遷主管步軍司公事上南巡揚州勍留守京師建炎三年京師留守宗澤命勍軍河南府會合王彥楊進丁進等兵六十萬欲渡河迎請二帝會暴卒而止三年同杜充上表請上還闕以圖中原俄京城絕糧杜充赴行在勍亦領兵數千至淮南金人方南侵以節制淮南等路軍馬往拒之四年軍濠州定遠縣與金人戰不勝被執令同招張文孝攻濠州

史康民乘虛襲文孝敗之勍被虜後金人又攻康民於廬州勍同康民與戰敗績復被執勍罵金人不屈而死紹興元年贈檢校少保節度十七年謚壯節

劉超據荊南

劉超據荊南分眾犯陝州先是張浚以宣撫使往川陝也經由鄭州留小潘防禦一軍於鄭州小潘防禦爲部下彭筠所殺筠乃與超合超遣筠犯復州凡所經過井邑邱墟人無噍類於是超欲取鼎澧以窺湖南二廣

劉位攻趙瓊寨

劉位遣人攻趙瓊寨趙立出兵擊卻之位大怒遂率兵攻瓊立復出兵爲援且以檄告位大畧言瓊已聽當使節制爲朝廷守宿遷水寨當使乃淮南東路兵馬鈐轄泗州之兵皆合聽節制位乃止

賜進士出身頭品頂戴四川等處承宣布政使司布政使清苑許涵度校刊

三朝北盟會編卷第一百三十八

三朝北盟會編卷一百三十八校勘記

歌出車而勞還卒 車誤作軍 卒誤作率　兀朮謂將軍曰 將軍應作韓常　舟出江背在世忠之上流矣 在誤作皆　故傅正彥走 故字衍　又言梁斌不肯歸朝廷 又誤作大　總角有大志 大誤作立　及戚方之寇宣州 之字衍 脫州字　然無一事軍乘虛到城下 事字衍　都監金沔死之 金沔一作全沔

三朝北盟會編卷第一百三十九

炎興下帙三十九

起建炎四年五月十三日甲寅盡六月十一日辛巳

范宗尹爲尚書右僕射同中書門下平章事張守參知政事

范宗尹辭免不允批答朕履國家之否運思得天下之奇材以卿粤從布衣早有人望累擊權臣於方用未嘗好利以邀名每陳治道之可行無不會文而切理洎參贊於大政尤灼見於所存一意盡公羣倫皆

理乃付巨川之濟用待巖石之瞻制詔一頒搢紳相慶俛卿行志知國有人謂當承命以周旋猶復抗章而遜避惟此舉而國無陋矣今何時而卿辭位乎勉究良圖毋庸再請

再辭免批答朕惟治亂兩塗未有不由於用相君臣一德相逢鮮值於同時卿識邃而才全謀深而器遠學古人之至要言天下之大公簡於朕心非止今日故擢司風憲升預政機將觀所長不次而用而卿性資天至議論日新言其重厚則如倚太山而坐平原語其疏通則若駕輕車而就熟路乃布大號任之不疑卿當圖羣策以兼收念寸陰之可惜立規模於素定應機會於方來輔成再造之基同享無疆之福此則盡卿致主之術而成朕知人之明也亟上封章百辭奚益所請宜不允仍斷來章

遺史曰范宗尹拜右僕射張守除參知政事宗尹具辭免賜詔不允仍斷來章汪藻行詞曰言其重厚則如倚太山而坐平原語其疏通則若駕輕車而就熟路乃布大號任之不疑宗尹讀之喜宗尹謂守曰今日之勢正如人之疾病沈痼方篤稍施駛藥立有顛仆之勢要使施設有序勿迂勿亟當相與戮力啟沃

上前廣開言路揀拔賢材除剔蠧節抑財用以至惜名器損僥倖斥豪右左縱庶乎其可也

張用寇淮西

張用自京西往東京轉南京界自柳子靳陽趨壽春至舒城縣遂屯中軍其餘諸軍皆分屯四布是時金人方退建康渡江北和州以東金人往來野無所掠乃採草木但葉青而嫩者以火煑之搦去青水不問有毒與無毒但能咀嚼者悉食之以至動活之物不論飛走與蠕動得即啗之人皆困乏

攺御前五軍爲神武五軍御營五軍爲神武副五軍

崔增陷焦湖水寨

崔增磁州人隸閻僅軍爲將守泗州浮橋僅棄泗州諸軍潰散增往壽春界中刲祝博士寨併其軍自濠州轉往巢縣攻焦湖水寨增得小舟數隻直擣其寨寨有舟四五十皆淮西富商大賈及上戸富民初來曾經兵火不能迎拒盡爲增所有虜掠金銀財物子女又選壯充軍

孫興退濠州將校朱式率軍民請兵馬都監李价權知軍州事

金人自建康渡江而北也壽春府軍周太師招孫興

等還壽春官吏居民皆送於西門之外勸酒酌別興與滕郎中及所部兵盡行唯留僞通判陳浩然在州興攜二妓毛馬女楊蘇兒去以金賞其衆自餘無毫髮之擾興在濠州凡半年及既去將校朱式率軍民請軍馬都監李玠權管軍州事玠用司戸參軍江洵武謀囚投拜官張宗望及通判陳浩然於獄遂復用建炎四年年號玠以洵武權通判軍州事以小溪巡檢魏進權兵馬都監

六月二日壬申劉光世來朝

七日丁丑劉位敗張文孝克滁州

劉位屯於橫山張文孝占滁州位以兵收復滁州丁丑至滁州文孝退走遂復滁州

八日戊寅劉位及張文孝戰於滁州被害

劉位既得滁州即以其屬李頡爲司法參軍是夜與頡同宿於子城中頡夢州城中屋舍盡倒既覺以爲不祥拂旦文孝以其衆至城下位所引兵迎戰位逢兵衆數百以爲已兵之戰士也乃指麾殺賊而所逢者賊兵也位覺之欲急戰爲賊所殺權知州者某權知清流縣梅俊迪縣丞張格非等州縣官皆散朝廷聞之郎其地立廟榜曰剛烈

十一日辛巳趙立出兵攻撻懶（改作達蘭）於孫村浦

撻懶以大軍下寨於壽河去淮河孫村浦兩舍乃南北咽喉之路又作寨於孫村浦以守之趙立起宿遷縣趙瑣水寨民兵於城中辛巳親率親隨百餘人取孫村浦寨遣統制王彥忠以兵數百防壽河之救兵金人自壽河寨日遣二三百騎往來於孫村浦聞立出兵急遣鐵騎來救之爲彥忠所扼不得進立亦聞金人以鐵騎來救不克攻而退彥忠亦歸

呂頤浩爲建康府路安撫大使兼知池州朱勝非爲江州路安撫大使兼知江州劉光世爲兩浙西路安撫大

使兼知鎮江府

周望責招化軍節度副使連州安置

周望以同知樞密爲宣撫使棄其軍而奔太湖也以宣撫使印棄太湖中金人已退募漁人入水求得之以宣撫使職弭節知湖州殿中侍御史沈與求言其統重兵於吳門不能捍蔽脫身先遁以致連城陷歿與諸郡以城降賊併緣爲姦掠取民財等事乞正典刑遂責授節度副使連州安置

陳規德安府漢陽軍鎮撫使兼知德安府

陳規字元則沂州人以明法補官靖康初轉通直郎

知德安府之安陸縣金人陷都城規率兵數百勤王半道兵潰而返會郡守及僚屬棄城出奔唯規獨畱不去衆遂推規攝府事規乃聚兵積糧修城以守賊王在党忠相繼來寇皆敗而去遷朝奉大夫直龍圖閣李孝義犯城規與戰頗克會孝忠爲將張世所殺降於喬仲福數月楊進來攻不能下而退范宗尹爲相分鎮以規爲德安府漢陽軍鎮撫使兼知德安府趙延壽謀來寇規擊破其衆累加龍圖閣待制召赴行在在州八年屢破賊衆中原郡縣皆失守唯德安一城獨存識者偉其能然嚴刑重斂頗失民心

規有朝野僉言後序曰規守順昌日得靖康僉言具載金人攻城始末反覆熟讀痛心疾首不覺涕零嗟我國家不幸有如此悲夫世之治亂國之强弱雖曰在天有數未有不因人事得失之所致也揚雄所謂天非人不因人非天不成靖康京城之難若非人事之失則天亦不得而爲災若非天欲降災則人事亦無此失規不揆至愚竊觀金人攻陷京城朝廷大臣守禦將帥施設應敵捍禦攻城之失與夫管見卻敵之策論列而序言之朝廷再援太原大臣以謂中（改作我）國勢弱夷狄方强（改作敵焰方張）用兵無益宜割三鎮以

賂之殊不知勢之强弱在人爲我之計勝彼則强不勝彼則弱若用兵有術以壯中（改作我）國之勢是夷狄（改作敵人）之强用之則有弱有强不用則中止於弱而已强者復弱弱者復强强弱之勢自古無定唯在用兵之如何耳河東安撫使統兵十七萬以援太原又招河東義勇禁兵五萬共兵二十二萬尋皆敗績致太原陷於虜（改作敵）非兵不多蓋用兵之失也其所以失者兵二十二萬直前而行先鋒遇敵者凡有一不勝而卻自此後大兵皆卻是宜乎不能援也有識者觀之不待已敗而後知其不能援也豈不知攻城者分

攻城兵備戰兵運糧兵捉援兵若兵不多兵必不久而速退又不待其援也假使當時往援者將良得計雖無兵二十萬只十萬亦可必援又無十萬只五萬亦可必爲之援也又不五萬至其下亦有可援之理且以五萬兵爲率若止分爲五十將留十將護衛大軍兼備策應內分三兩隊作諸路捉援兵前廣張兵勢牽制捉援之兵以二十將分地深入虜（改作敵）境綿亘可布三五十里不知虜（改作敵）兵多少便能盡害以二十將周圍行偏僻小路尋嚮道多遣遠探向前設伏伺望敵人打糧出兵多則退之少則擒之但絕其

糧道必不深入直抵城下其賊自退又且兵既分遣則人力並用假令數將失利則大兵必不致於一齊敗衄潰散爲盜京城之難其源在於援太原之失利也粘罕（改作尼堪）攻太原之壽陽壽陽城小而百姓死守凡三攻殘虜之（此三字改作敵）衆萬人而竟不拔此必城中有善爲守禦之策者僉言以爲城小而百姓死守者非也攻城者有生有死而善守者有生無死壽陽之人可謂善守而不得謂之死守又或云城小而堅者亦非也若城（太小）矢石交通善守者亦難以設險施策規以爲城愈大而守愈易分段數作限隔則易守若已守先策定險設伏賊（改作敵）欲登城縱令登城已登即死賊（改作敵）欲入城引之入城已入即死今夫百里之城內有數步之城賊（改作敵）人登之守城之人便自甘心拜伏乞命於賊者非攻之善乃守之不善也九月按礮於封邱門外大礮數百座皆在門外賊（改作敵）至不收遂令金人所得咸爲攻城之具規以爲城破亦不在此有善守者假使更置礮數百座亦必無害在於禦礮之術善不善也統制官辛康宗以賊（改作敵）去城遠止兵不得放箭此言善也百姓鼓衆擊死已見其因亂素治之術失也賊先採溼木編洞屋以新

牛皮蓋其上載之令人運土木塡壕以進攻械守城人若得計則城內先施礮碎之亦可用單梢礮放遠至二百七十步下等二百五十步不知京城（當時）倉卒之際用與不用此礮若人不究心則下等二百五十步亦莫能及若能究心則二百七十步過之甚易又有小礮禦近衆其小礮每十人以上不過十五人施放一座亦可以到數十步外不謂小礮不能害物人中四肢則四肢必傷中腰以上則人必死中馬亦然又況大礮每放一礮小礮可放數礮兼小礮不必用石以重三四斤泥丸爲之泥丸之利亦博不獨放時

易得無窮放去人人必傷死若要摧毀攻械則須用大礮及石金人攻城用大礮蓋欲摧毀城樓欲摧毀敵人攻械大礮與小礮遠礮齊用縱賊(改作敵)在城外伐木爲對樓雲梯火車等攻械可以破盡金人廣列礌石礮座尋碑石磨蓋石羊虎爲礮欲攻之所列礮座百餘座飛石如雨擊守城之卒死傷者日不下一二十人此非攻城之能蓋守禦官一時之失計耳苟守禦官得計止令卒近女牆頭坐(城外)礮來高則於女牆頭上過低則打中女牆頭擊礮在外無緣中人則亦不至於死傷又豈有死傷日不下一二十人者唯

女牆頭稍加高厚則全安堵矣又須用造高木一丈長一丈濶一丈上下外直裏斜外密裏稀洞子外密處以大麻繩橫編如竹笆相似以備礮石衆多攻壞女牆頭卽於兩邊速進洞子向前以代女牆頭若此則礮石縱大至多亦無能損壞閒有損者卽逐旋抽換假令止如此捍禦則礮石亦何能害人已可必得無虞也賊(改作敵)以雲梯對樓攻東水門其閒捍禦有設車樓獲勝者固甚善也又恐人在車樓之上愈招矢石矣又聞東門守禦官亦以禦對樓雲梯每至以撞木衝倒仆死者無數此亦奇策然持撞木人與對

樓上人相對不免互相殺亦非全勝金人塡壕橋成五對樓過壕攻城下列礮二百餘所七稍礮可施五十斤石散星礮每座可施礮石數塊礮石並發又以强弩千餘助之城上矢石如雨使守禦者不能存立然後推對樓使登城每對樓上載兵八十人一對樓得城則引衆兵上此金人攻城之方也其大礮數多矢石齊發只前說女牆頭次備以洞子皆可以隔盡對樓登城每一對樓果能載兵八十人樓上廣不過二丈當(面立)得幾人與守城人對敵者不過十數人而已假令八十人盡角力設施五對樓止四百人此外

必無伏兵亦無奇兵樓高須及五丈乘高而戰其跡亦自危甚自履危地來與城上守城人接戰勝負人人可以自決若守城者尙怯不勝則交戰於平田廣野之地不知其敗若何況對樓於塡壕上惟可以直進必不能如城下橫行假使有十對樓所占地步數亦不多不獨接戰可以必勝縱兵上城獲全者術亦多矣不思則不得也賊(改作敵)用雲梯止要登城每座雲梯須十餘人可以負荷到城禦之亦難向前來縱不禦之使賊倚城登梯上至城頭少能不死者何以致之於死女牆頭裏雀臺上靠牆頭排杈木每空濶

三四寸一根通度槍刀向上高出女牆頭五六尺賊（改作敵）至女牆頭上必爲排杈木隔至背後乘空守禦人於木空中施槍刀擊刺無不下者下而不死者鮮矣閏十一月二十四日再推對樓五座盛矢石來以竿衝倒三座守城卒爭持草以燒之對樓木多而草盛火熾南風遂引燒城上樓子三座對樓旣倒在城外必不能卻回亦不能再起自足堵住賊（改作敵）人攻械來路可以置而不問燒者失也縱不引燒城樓止燒了賊（改作敵）樓子亦是城上人自持草火與賊（改作敵）燒鬧再進攻械來路雖然此事已失矣若守禦官別

有守捍之具造城樓骨格欲於舊處安立者以理度之自是賊（改作敵）必不容矢石必倍守禦官若能令人依前說造洞子於闕樓子處兩頭連珠併進不終日決可蔽合權代女牆頭以隔女牆頭矢石雖愈倍於前亦必無害次於燒了城樓子兩頭措置深埋排杈木以防賊（改作敵）急登城上分兵兩向須打城裏從下斜築向上至城面外垠向下陡峻次於城裏腳下取土爲深濠三五丈築月城圍之使賊（改作敵）乘對樓到城如不下對樓上城卻回則已若上城必自立不得到內壕內無不死者如此則一挫賊（改作敵）必罷攻退

兵不期守禦之於此一失以致城陷重念國家之難豈不痛哉攻守之械害物最重其勢可畏者莫甚於礮然而亦全在人用若攻城人能用而守城人不能用之則攻城人可以施其能若守城人能用則攻城人能者亦難設施竊聞虜（改作金）人用礮攻城京城守禦人亦嘗用礮城面不潤必然難安大礮亦難容數多雖有礮臺而臺地步亦不甚廣又礮纔欲施放敵人在外先見必須以衆礮來擊又城上礮亦在高處自然招城外賊人用礮可以直指而擊之以此觀之守禦之人可謂不能用礮也明矣假令當時於城裏

腳下立礮仍每座礮前埋立木爲依敵人在外不見立礮所在雖有能用礮者何能設施或又以謂礮在城裏礮手不能見得城外事無由取的每座礮則用一人於城上專管理礮稍與外物相對卽令施設少偏卻令礮手少挪腳上太偏則就令拽礮人擡轉礮坐放過則令減人或用礮稍大者不及則令添人或用礮稍小者照料得一礮打中餘礮少有不中又城裏立礮可置數多守禦人用礮若能如此雖賊（改作敵）人用礮何能爲也築城之計城面上必作女牆頭中間立拘腳木一條每女牆頭中掛答笆籬惟可以隔

遮弓箭弩弓礮石則難以遮隔若敵改作平頭牆不用笆籬只於近下留品字方空眼與女牆頭相似亦甚濟用或問何以備禦城外脚下自有馬面牆兩邊皆見城外脚下於牆頭上墜下害賊敵改作之物賊敵改作人初到城下觀其攻械勢恐難過宜便於城裏脚下取土爲深濶城壕壕內去壕數丈再築裏城一重對舊城門更不作門卻於新築城下緣裏壕入二三里地新城上開門使人入大城直行不得須於裏壕垠上新城脚下繚繞二三里地方始入門若此則假使賊敵改作善填壕止不過填外壕必不能填得裏壕賊

敵改作若由門入城須行新城脚下裏壕垠上新城上人直下臨賊敵改作何物不可施用正是賊敵改作死地必不敢入既由正門入城尚不敢豈肯用命打城但只如此爲備賊敵改作兵至多攻城百種誠可談笑以待之又況京都舊城亦自可守若遂措置便可使勢如金湯有不可犯之理兼京城之內軍兵百姓金銀粟帛計以億兆之數亦莫能盡若能竭力修作不獨添此一城一壕可不日而成假使添築城壕數重人亦不勞而辦重城既備然後招敵人使入城議事彼若見之必不攻而自退俗諺云求人不如求己古人云上策莫如自治又事貴制人不貴制於人皆此之謂也京城周圍地約一百二十里聞當時賊敵改作在城外諸門多閉有以土塞者止開三兩門通人出入如此乃是自塞生路而爲賊敵改作生路也其爲守之計不獨大啟諸門仍於兩門之間更開三兩門使周圍有門數十座齊開於城內運土木出外填壕作路使戰士出入無至自礙城上覘望敵人空隙稍有便處卽遣兵擊殺或夜出兵使賊敵改作在外所備處多晝夜備戰無有休息彼自不能久攻兼既城內掤開城門自運土填壕欲爲出兵計賊敵改作在外填壕欲

爲入計不攻自破所以敢自掤開城門出填壕者非謂其賊敵改作兵可欺蓋恃其自於城內設險已備引賊敵改作入城而死耳晉王浚遣都護王昌及鮮卑段疾陸眷末柸等部五萬之衆以討石勒諸將皆勸勒固守以疲寇獨張賓孔萇以謂可速鑿北壘爲突門二十餘道勒卽以萇爲攻戰都督造突門於北城鮮卑入城北壘勒俟其陣未定躬率將士鼓譟於城上會孔萇突諸門伏兵俱出擊之生擒末柸等衆皆奔散萇乘勝追擊横尸三十餘里獲鎧甲五千匹此乃守中有攻可謂善守城者也後之守城者何憚而不

法歟州郡城池之制人皆以爲盡善城有敵樓而虜(改作金)人用洞子(改作金)人用火礮摧擊城外有壕而虜(改作金)人用天橋鵝車而對樓慢道塡壘城高數丈虜(改作金)人用雲梯等攻具登城據其城池之制可以自謂堅固前後所未有柰何虜(改作敵)人攻械雄傑亦前古所未有故事貴乎仍舊而人憚於改作皆不可必者古人所謂利不百者不變法功不千者不易器以今城池之制觀之雖然利不至於百而功不至於千其閒有須更改者不可不更改也自古聖人之法未嘗有一定之制可則因否則革爲今之計如敵樓者不可仍舊

制也宜於馬面上築高厚牆下留品字方徑及尺空眼以備覘望及施設槍路牆裏近下以細木蓋一兩架瓦棚可令守禦避寒暑風雨(屋在)牆裏牆皆低下則礮雖在外數多施設千萬悉莫能及又壕上作橋橋中作弔橋時暫隔賊(改作敵)則可若出兵則不能無礙宜爲弔橋兵出入俱利城門宜迂回曲折移向裏百餘步置不獨賊(改作敵)矢石不及其舊門作樓處行入一步向裏便是賊(改作敵)陷穽何謂陷穽蓋百步內兩壁城上下臨賊(改作敵)人應殺賊(改作敵)之具皆可設施舊門前橫築護門牆高丈餘兩頭遮過門二三丈城門啟閉人馬出入壕外人皆不見孰敢窺伺城外腳下去城二丈臨壕垠上宜築高厚羊馬牆高及一丈厚及六尺牆腳下亦築雀臺高二三尺濶四尺雀臺上於羊馬牆上亦留品字空眼以備覘望及通槍路一如大城上女牆頭牆裏雀臺上栽埋排杈木以備賊(改作敵)塡平壕塹及破羊馬牆至城腳下則賊(改作敵)與羊馬牆內兩邊受敵頭上大城向下所施矢石即是賊(改作敵)當一面而守城人三面禦之羊馬牆內兵賴羊馬牆遮隔壕外矢石是羊馬牆與大城係是兩城相乘齊用使賊(改作敵)人雖破羊馬牆無敢入者故

羊馬牆比大城雖甚低薄其捍禦堅守之效不在大城之下又羊馬牆內所置之兵正是披城下寨以留伏兵不知賊(改作敵)人以何術可解若此既有羊馬牆其鹿角可以不用仍於大城上多設暗門以備遣兵於羊馬牆內出入又羊馬牆去大城腳止二丈不令太遠者慮大城上拋擲甎石難過牆外反害牆內人又不令太近者慮其太窄難以回轉長槍又於大城裏城腳下作深濶裏壕壕上向裏度地五七尺可作往來路外築裏城排杈木但多備下賊寇(改作敵衝)城應敵處用以此設備雖使虜(改作金)人善攻不足畏也墨

子宋大夫善守禦公輸般爲雲梯之械將攻宋墨子見之乃解帶爲城以褋爲械九設攻城之機墨子九拒之公輸般攻械盡墨子守有餘公輸般曰吾知所以拒我者以見此攻城者宜乎古人以爲策之下也夫守城者每見敵人設爲一攻械而無策以應之者有未思也規嘗謂昔孫子曰兵者國之大事死生之地存亡之道不可不察也又以謂兵者詭也用無常形詭詐爲道故能而示之不能攻其不備出其不意此兵家之勝不可先傳也是以善守者藏於九地之下使敵不知其所攻今夫備禦之策宜乎藏之於身

待敵而用不可以先傳之然而有傳之於近而達之於遠有利而無害有得而無失不可不先傳也嗟乎靖康丙午虜〔改作金〕人以兒戲之具攻打京城守禦者一時失計遂致城陷迄今一紀有餘而虜〔改作金〕人不思當時倖勝尚以驕氣相矜在規於未知虜〔改作金〕人攻京城械器施設之前則每見人云金人攻城大礮對樓勢不可當貴顯言之則怏然而不敢辨衆人言之則亦不敢痛折今既知其詳則豈可不盡剖其所見而言之況規忝冒職當次對濫膺守臣苟無所見庶幾乎破彼奸謀使攻城掠地之心潛消於冥冥之

中而致我宋之境無有遠邇若州若縣若守若令之人强者愈自奮懦者知其勉孰畏乎虜〔改作金〕人之來攻城之械而城皆可以自保若成我宋山河之壯者不可不論也規竊嘗聞國之利器不可以示人又機事不密則害成而用兵之道以正合以奇勝善出奇者無窮如天地不竭如江海千變萬化孰能窮之今止據虜〔改作金〕人拔京城當時攻械施設畧舉其捍禦之策大概言之至於盡精微致敵之方雖不憚其繁文而有所得眞不可示人者況雖欲傳之有不可得而傳之者矣惟在乎守城之人於敵未至則精加思

索應變之術預爲之備耳區區管見不能自揆輒序於僉言之後

賜進士出身頭品頂戴四川等處承宣布政使司布政使清苑許涵度校刊

三朝北盟會編卷第一百二十九終

三朝北盟會編卷一百三十九校勘記

幷預政機幷誤作廾　寨有舟四五十隻脫隻字　李价一作玠

權知州荀某荀誤作者　遂推規權攝府事脫權字　朝廷

欲再援太原脫欲字　若不用兵何術以壯中國之勢過

夷狄之强脫不字何誤作有過誤作是　不用則終至於弱而已終至

誤作中止　唯在用兵之人何如耳脫人字　先鋒遇敵者有

幾有幾誤作凡有　自此其後脫其字　是宜乎不能援也是字衍

若已先策定守險設備誤作若已守先策定險設　使賊欲登城

使誤作伏　遂令金人得之得之誤作所得　莫謂小礮不能害物

莫誤作不　尋碑石磨蓋石羊虎爲礮座脫座字　所列礮座

百餘座下座字衍　女牆頭坐立脫坐字　又須先用稍大木

造高長一丈誤作又須用造高木一丈長一丈　洞子長一丈脫長一丈三字

郎於兩邊連珠進洞子向前連珠誤作速　運對樓過壕攻

城運誤作五　城下列礮二百餘所脫城字　若對樓傳城若誤

作一傳誤作得　守城士卒脫士字　乘南風脫乘字　自是堵住

賊人攻械來路是誤作足　以隔矢石誤作以隔女牆頭　次於燒

了城樓處處誤作子　於礮石則難以遮隔脫於字　若逐急

措置逐急誤作遂　而爲賊開生路也脫開字　非謂其賊兵

可欺其字衍　而對樓墁道雲梯等而字衍　前古所未有

古誤作後　其舊作門樓處作誤在門下　女牆頭上大城脫女牆二

字　以當伏兵當誤作留　故用而示之不用能而示之不

能脫用而示之不用六字

三朝北盟會編卷第一百四十

炎興下帙四十

起建炎四年六月十一日辛巳盡七月十七日丁巳

程昌寓鼎澧州鎮撫使兼知鼎州

程昌寓家傳曰建炎元年八月公以京西轉運判官入爲尚書吏部郎官自南都扈從至維揚與時宰論事不合出守蔡二年八月至郡巳爲金人所破軍馬散亡盜賊充斥公乃招集流民簡練師旅其命將也不限資格惟有功者居上日與羣盜戰每戰必克遂

爲強兵三年正月杜充留守京城招納賊寇張用王善而復逐之遂圍淮甯兩月張用以其衆號二十萬來寇三月至黃離去城二十里公度其遠來未食先遣汝陽縣尉杜湛設伏以輕兵誘之賊果以萬人追至城東遇伏大潰幾擒其次首馬友六月杜充赴行在檄公爲留守判官月中至京城視事京師屢經虜寇(改作敵)至獨啟四門餘皆闔行者居者皆以爲病公至欲盡闢之又游手游食市多竄竊犯者雖一錢皆死公改錢爲一千副留守郭仲荀皆不從七月蔡父老五百餘人投牋於留守丐公還曰蔡薦經寇(改作敵)擾攘自公臨治盜奔他境雖今有本道運判滕膺攝事民未安其政詞旨誠切杜充時爲宣撫聞之檄公還八月十八日入境城中來告前唐守滕牧招巨寇王民所謂一差針者合王淸兩軍約數萬衆道蔡已入西境新守以其弟牧故許其入城吏民知其入則蔡爲墟矣極言不可弗聽公聞之宵征十九日黎明入城午漏上賊(改作寇)掩至趨門不克入公令營於城東來丐糧曰吾廩米嘗饑賊(改作寇)求市倍其直乃售賊(改作寇)留闕日而行過平榆乃肆掠徼公則無復有蔡矣閏八月没角牛楊進衆十餘萬寇眞和進雖降爲

西京安撫然虜掠不已且百端需於蔡公曰竭民膏血以資寇兵而給盜糧吾不忍也一切絕之故進旣反遂來侵公令杜湛等各以部兵分掩其時雨且夜刦其寨俘斬不可勝計賊不能安怒且恐乃分兵四出聚糧造天橋雲梯謀攻城公亦爲戰守備九月十一日公被召赴行在方趣裝忽聞金人渡河陽公乃上聞乞留捍禦寇(改作敵)退而行未報月末得上蔡狀言虜(改作金)遊騎入二十九日虜(改作敵)騎數至城東及賊大軍至屯於南東北三面約五六萬衆公令戒嚴且遣人縋城而出告警於行在由是朝廷知兩番虜

（改作敵）入始檄諸道爲備十二月初二日公遣畦貴出兵擾虜（改作金）營虜（改作金）之祁王藉其累勝勢甚張衆亦心憚之公閉關偃旗息鼓既獻俘士氣大奮公乃啟扉縱之至初四日生獲逾七百人虜（改作敵）睥睨七日莫測城中虛實乃退出師尾擊頗有所獲公自後連破賊曹貴楊勳斬馘甚衆又破田僧歌虱子兵擒歌公奇其狀愛其勇弗誅復委用之後卒爲良將所謂田樂者也四年二月以既除代奉詔提兵赴行闕會有旨罷諸路勤王之師除公鼎澧鎮撫使

解潛爲荊南府峽州荊門公安軍鎮撫使兼知荊南府

陳求道爲襄陽府鄧隨郢州鎮撫使兼知襄陽府范之才起復爲金房均州鎮撫使兼知均州馮長甯爲淮甯順昌府蔡州鎮撫使兼知淮甯府翟興爲河南孟汝唐州鎮撫使兼知河南府

江淮荊湖京西等路分鎮范宗尹建議也五月二十五日參知政事范宗尹等劄子奏臣等恭依聖旨就都堂聚議分鎮事宜畫一如後一諸鎮臣乞以鎮撫使爲名一欲將京畿湖北淮南京東西州軍並分爲鎮其陝西四川江南兩浙湖南福建二廣並仍舊制一諸鎮除茶鹽之利國家大計所繫所入並歸朝廷及依舊制提舉官外其餘監司並罷所有財賦除供上錢帛等自合認數送納外其餘職並聽本鎮帥臣移用更不從朝廷應副緣今初建理宜寬假而又責以備禦之事欲爲蠲免上供三年候事力富實日自合依舊一今來分鎮州軍多經殘破或依緊要控扼去處理宜增重事權庶可以辦應管內州縣官並許辟置知通令帥臣列名具奏朝廷審量除授官吏廉污勤惰許按察陞黜其所管州軍並聽節制遇軍興許以便宜從事其帥臣不因朝廷召擢更不除代如能捍禦外寇顯立大功當議特許世襲奉聖旨依奏

至是除陳規以下皆鎮撫使

閑居錄曰宣和以來宦者童貫弄兵蔡攸並竊樞柄邊帥大率皆小人以賄賂用之軍政盡廢非徒士卒驕惰不可用且零落盡矣金虜（改作人）大舉南牧不復可以支持靖康初淵聖下令河朔欲令郡將世守事不果行今上駐蹕維揚獻言者甚衆宰相黃潛善以謂非急務悉寢其奏建炎三年南渡至於餘杭潛善既罷余謬當柄途而士大夫復以藩鎮爲請余爲擇熊虞卿等十九疏奏之且問陳以爲宜徵藝祖初時議制宜行在爲京西淮北爲藩方淮南爲郡縣會余

罷去事亦不行次年六月范宗尹爲參政申其說置鎭撫使遂以爲相降詔施行然規模參錯多寡不均李成以舒蘄光黃四州叛擾江西孔彥舟授鼎澧辰沅靖五州不赴遂犯湖南劉綱授濠泗岳飛授通泰趙立授承楚薛慶授天長郭仲威授眞揚王彥授金房皆不能守唯桑仲以宗尹之兄宗禮在其中故授以襄鄧隨郢金均房信陽八郡地大人眾稍稍爲患仲爲其徒所殺裨將李宏代之宏爲僞齊所逐鎭遂廢

婁室改作羅索撒離喝改作薩里罕黑峯改作哈芬敗曲端軍於邠州白店原

節要曰時撒離喝改作薩里罕陣於高原婁室改作羅索黑峯改作哈芬率眾先戰官軍合之賊字刪此少卻撒離喝改作薩里罕恐懼至於號哭無何賊改作敵勢復振官軍敗績由是賊改作敵中目撒離喝改作薩里罕爲哭啼郎君

二十二日壬辰知六安軍邊某殺金人盡殪

邊某初以金人寇改作陷城遂投拜金人以趙團練率北軍三百人屯於六安初備金人時守禦稍嚴鄉村强壯與射生戶皆聚於城中李成張用等皆攻擊不克邊某雖已投拜而强壯射生戶猶在城中金人有

回歸之意道路風傳金人將盡驅六安之民北去故土官李六使者與邊某等密謀先事殺之每日邀請趙團練筵會趙團練不疑壬辰邊某及李六使率軍民及射生戶並殺金人皆盡

二十四日甲午知六安軍邊某棄其城

邊某已殺金人即告報居人盡納軍器少頃再告報依舊做買賣近晚又告報二十四日棄城盡出盡焚燒令各備乾糧甲午果棄城邊某令後軍洪某押後放火城中一空是時張用在舒州有入廬州境者張用立大旗招誘山東河北士庶棄業人人多歸之李六使爲李成敗北去壽春境被殺

戚方詣張俊降

戚方犯湖州安吉縣上鄉們里張俊以兵討之至安吉鄉導言上鄉路狹不可行兵俊乃遣王再興齎檄招之會岳飛追襲其後方無路進退乃詣俊乞降與其徒陳某號爲三三哥哥者同至安吉見俊俊先見方諭之曰國家多難當以忠義報國家不可負朝廷方曰不敢俊曰爾宜一心事主不得有二方拜謝而見三三哥哥者俊曰國家不負人爾亦不可負國家曰不敢俊曰是何不敢人言爾復欲反乃呼證左而問曰

是人果欲反乎曰實欲復反俊命推出斬之方上兵馬簿有馬六百匹獻金玉珠珍不可計方自到行在日與中貴人蒲博不勝取黑漆如馬蹄者用炭火熁去漆乃黄金也以償博負每一博不下數枚於是方已受正使矣時人爲之語曰要高官受招安欲待富須胡做

七月十二日壬子馬吉爲韓世清所敗

韓世清在蘄州敗劉忠得柔福帝姬蘄州甄采聞於朝卽與世清同護送柔福帝姬之行在到興國軍路艱阻不能行四月朝廷遣內侍蔣堯輔來迎請柔福

帝姬不許世清離蘄州祇令采至行在世清曰世清已起發蘄州矣且得柔福帝姬者世清也囑采別具奏乞以世清同護送柔福帝姬且言已一面起發事上覽奏卽降旨令世清徽州駐劄不許赴行在世清屯於徽州之黟縣馬吉以潰散餘兵方擾於旌德太平之間世清屯黟遂率衆往迎之爲世清所敗其提舉官孫抃死於亂兵吉自長壽由涇縣出宣城至廣德受劉光世招安世清追至宣城而還

十三日癸丑崔增犯太平州

崔增既破焦湖水寨有大小舟數千艘又聞金人已渡江北屯於淮東增乃率其衆漸出柵江口未有所向遂犯太平州繞城劄寨甲寅夜以船百艘載攻具傍東南城角攻打賊衆約二千餘併力齊攻知軍州事郭偉盡力禦之有二賊首稱是閤將韓將呼曰城中有勇鋭者請出挑戰荻港巡檢王宗引弓滿兩矢皆中二賊城上人讙呼賊衆稍卻戊午數百人寇城有賊首執大刀有牌旗寫中軍將劉順順引衆犯西南城角宗又射中之宗遂率牙兵魏進士軍洪亮等下城與戰賊遂退去賊驅虜居民於城下臠剖殘殺又縱火焚燒天慶觀及民居攻城不克屢爲官軍所

敗

張用奔於漢陽軍受鄂州路安撫司招安

五月張用諸軍在淮西乏糧六月轉至信陽軍復往德安府用屯中軍於三龍河曹成屯於應城縣諸軍散居連接至郢州絡繹不絶至是魚磨山寨軍亂統領將佐王林孟振張衙推等殺其統領官馬老爺王林者謂之王斬鐵相州人初嘗被擒入布袋倚船板上用刀斫其頸入刀以爲死矣放入黄河中無何布袋繫頭脫遂爬而出漸復得活又謂之王入刀後爲横行遙郡張俊軍下作馬軍將官時馬老爺者旣死

用聞之曰軍容不整至使軍中自相屠殺豈爲殺一馬統領乎乃是欲殺張用耳用請從此自往求一死處諸人各耐辛苦有隨用去者至淮陽有衆一二千時馬友在漢陽界內知漢陽軍范某懼倉庫不能給乃以軍事併倉庫見在移牒與用用遂爲知軍鄂州路安撫使李允文遣張定國往招用用受招安定國乃遂旋濟渡至南岸允文怒曰何不且撫定而遽濟渡乎乃移文問之由是用懼遂反自漢陽界虜掠强壯而去允文遣水軍張崇追擊不及曹成聞馬老爺之死又聞用自奔去大怒令執捉中軍人到即斬之

成常恨中軍統領官吳某貫不同其謀成使人執至責以軍律不整使下有謀上者遂斬之

十七日丁巳郭仲威出平江府率衆奔於興化縣

郭仲威擾平江府之民朝廷聞之遣張俊來治仲威之罪仲威覺之率衆出平江府遁走屯於興化縣朝廷授以眞州鎮撫使

巨師古軍於杭州薛成軍於婺州

賜進士出身頭品頂戴四川等處承宣布政使司布政使清苑許涵度校刊

三朝北盟會編卷第一百四十

三朝北盟會編卷一百四十校勘記

張用以其眾號二十萬來寇以應作分　又游手艱食市多鼠竊艱誤作游鼠誤作竄　前攝守滕牧攝誤作唐　約數萬眾迫蔡迫誤作道　攝守以其弟牧故攝誤作新牧字衍　且間陳以為宜徵藝祖初議時制間誤作問時誤在議上　徑擾江西脫徑字　未經金人時守禦稍嚴未經誤作初備　李六使一作大使　乘城盡出出盡焚燒出盡誤作盡盡

三朝北盟會編卷第一百四十一

炎興下帙四十一

起炎興四年七月二十七日丁卯盡八月十日庚辰

二十七日丁卯金人立劉豫於北京國號齊

金人冊豫文曰○舊校云余家舊藏劉豫事迹一卷不知誰氏所輯自豫篡立以迄廢殞載之特詳此文亦見卷丙因取校正　維天會八年歲次庚戌七月辛丑朔二十七日丁卯皇帝詔曰朕公於御物不以天下事迹作位為己私職在牧民事迹作志在救民　迺知王者為通器威罰既已殄罪位號宜乎授能迺者有遼運屬顛危數窮否塞獲罪上帝流毒下民太祖武元皇帝仗黃鉞而拯黔黎麾白旄而誓師旅事迹作眾妖氛既埽區宇式甯爰事迹作越有宋人來從海道願輸歲幣誓事迹作祈復漢疆太祖方務善鄰卽從來議豈期天方肇亂自起釁階陰結叛臣賊虐輔宰招事迹作鳩集姦慝擾亂邊陲肆朕纘承仰循先志事迹作矩姑存大體式示涵容迺復蔽匿捕逃夸大疆域肆其貪很自起紛爭擾吾外屬之藩鄰取其受賜之疆土因彼告援遂與解和終莫事迹作無聽從巧為辭拒爰命將帥諄事迹作敦諭盟言許以自新終然不改偏師薄汴首罪奔淮嗣子哀鳴請復

懽好地畫三鎮誓至事迹作卜萬年凡有質委悉同文約既而官軍未退夜盡事迹作集衆以犯營誓壘纔乾密傳檄而堅壁私結人使陰起事端以故再遣師徒詰玆敗衂事迹作累而又起畫河之議復成款戰之謀既昧神明迺昭玄鑒京城摧破鼎祚淪亡無併爾疆以示不貪之德止遷其主用彰伐罪之心建楚新封守宋舊服庶能爲國當共息民不料懦夫事迹作庸難勝重任妄爲退讓反陷誅鋤事迹此下有某銜命出和已作潛忍覩父兄甘爲俘虜事務難濟人豈無情方在殷憂樂於僭號心之幸禍於此可知乃遣重兵連年討捕始聞遠竄越在島夷云云重念斯民亂而無主久罹塗炭未獲昭蘇不委仁賢胡能保定咨爾具位劉豫夙擅直事迹作敢言之譽素懷濟世之才居於亂邦生不偶事迹作遇世百里雖智亦奚補於虞亡三仁至高或願從於周仕當姦賊擾攘之際正嘿氓去就之閒擧郡來降奮然獨斷逮乎歷試厥勳克成委之安撫德化行任之尹牧獄訟理付之總戎盜賊息專之節制郡國清況有定衰救亂之謀必挾拯變扶危之策使民無事則櫜弓力穡有役則釋耒荷戈罷無名之征捐不急之務徵隱逸擧孝廉振紀綱修制度省刑罰而去煩酷發倉廩而息蝨螟神人以和上下 協應比下明詔詢考輿情

列郡同辭一心仰戴宜卽始歸之地以昭建業之元事迹作先是用遣西京留守高慶裔副使禮部侍郎知制誥韓昉備禮以璽紱寶册命爾爲皇帝國號大齊都於大名府世修子禮永貢虔誠付爾封疆並從楚舊更須安集自相攸居爾其上體天心下從人欲忠以藩王室信以保邦圻惟天難諶惟命靡常愼厥德保厥位爾其勉哉勿忽朕命玉册計六十六方每方字兩行金塡字 豫遂僭立於北京肆赦云云門下自前朝失御率土無依內離民心致蠭起弄兵之盜外開邊隙來鷹揚問罪之師山川靡甯干戈互動耕桑廢業壠畝彌望而荊榛老幼捐生廬舍多爲之灰燼原野厭於流血溝壑塡於殘骸兵火連年不休亂離自古所少言之流涕念及痛心嗟赤子之無辜冀皇天之降禍宜命亟班於上國郡制特設於東州顧朕何人誤承此任自念夙猷寡陋家世側微昔也壯年久林泉之是樂今焉晚節豈軒冕之爲心屬乞退閑竟無允命提綱五路空殫夙夜之勞歷試暮事迹作期年蔑著錙銖之效雖近地稍形於康乂而遠民未免於饑荒方圖自效而歸敢有懷他之望闕顯册之既申命要在必從避辭者凡四章無所不至使命愈加乎敦迫軍民不容於遁逃

至於屬部之州列奏樂推之牘此豈人事致爾實有天數存焉知便安難遂於己私則吉凶宜同於民患當天造之草昧念王業之艱難恭受册儀尙循牆而欲避勉膺位號若負剌之不遑雖非虞舜之明揚幸無成湯之慙德已於天會八年九月九日卽皇帝位國號大齊布告中外咸知朕意尙念世道交喪國俗益訛貪頑未革於餘風詿誤多罹於憲網力期化洽深軫哀矜宜布湛恩與之更始可大赦天下於戲臨深履薄何以當付託（事迹作副錫命）之隆拯溺救焚可以慰來蘇之望公卿宜力士庶協心共贊眇冲以臻康泰云云以前宗正寺丞李孝揚權左丞濟南通判張東權吏部侍郎兼右丞子麟大中大夫提領諸路兵馬知濟南府以延康殿學士前宣奉大夫前太原尹張孝純依前宣奉大夫封開國公守尙書右丞相弟益北京留守都水使者王夔汴京留守升東平府爲東京以東京爲汴京改西京歸德府爲南京豫生於景州守濟南節制東平僭位大名起四部强壯爲雲從子弟應募者數千人四太子南寇回以李鄴李俅李儔鄭億年臣（事迹作畀）豫以儔爲監察御史億年權工部侍郎

節要曰先是虜（改作北）中僞留守高慶裔獻議於粘罕（改作尼堪）曰吾君舉兵止欲取兩河故汴京既得而復立張邦昌後以邦昌廢逐故再有河南之役方今河南州郡自下之後亦欲循邦昌故事元帥可首建此議無以恩歸他人蓋以金人自陷山東撻懶（改作達蘭）久居濱濰劉豫以相近奉之尤喜撻懶（改作達蘭）嘗有許豫僭逆之意慶裔粘罕（改作尼堪）腹心也恐爲撻懶（改作尼堪）所先遂遽建議務欲功歸粘罕（改作尼堪）粘罕（改作尼堪）從其說遣慶裔自雲中由燕山河閒越舊河之南（劉豫節制舊河爲界）首至豫所隷景州會吏民於州治諭以求賢建國之意郡人莫敢言之皆曰願聽所舉某等不知賢者慶裔徐露以屬劉豫郡人迎合虜（改作敵）情懼豫權勢又豫適景人也故共戴之裔喜曰爾與朝廷帥府之意正相合爾遂令列狀舉之慶裔至德博東平一依景州之例既至東平則分檄諸郡以取願狀歸至雲中具陳諸州郡共戴劉豫之意及持諸吏民願狀於粘罕（改作尼堪）復令慶裔馳問劉豫可否豫佯辭之又且推前知太原張孝純慶裔歸報粘罕（改作尼堪）又遣慶裔諭豫曰戴爾者河南萬姓推孝純者惟爾一人難以一人之情而阻萬姓之願爾可就位我當遣孝純輔爾豫

諾之粘罕（改作尼堪）於是令右監軍兀室（改作烏舍）馳稟於虜（改作金）主吳乞買（改作烏奇邁）從之故豫得僭位或謂本鄧州叛臣張剛中獻策於慶裔以三班奉職酬之復以其說爲已見獻於粘罕（改作尼堪）非也金人入寇（改作進擾）山東以邦昌爲名不易官制風俗者其議素已定矣不然撻懶（改作達蘭）豈敢擅許於人耶劉豫揣意求於虜（改作金）慶裔懷私屬於豫其所由來漸矣非自剛中始也然剛中之罪豈勝誅哉

太行義士石子明與金人漢軍萬戶韓常戰於眞定大敗常軍

石子明與韓常戰於山西眞定胭脂嶺大破常軍千戶劉慶餘爲礮折其頸金人以萬戶比都總管之職千戶比節度使百人長比刺史今燕雲諸路民兵千戶百人長乃以家業或丁數定之在軍則權爲千戶百人長散則還爲散民

三十日庚午水賊崔增攻太平州

崔增自癸丑寇城下攻擊不克至是退去

八月一日辛未朔岳飛除昌州觀察使通泰州鎮撫使

五月岳飛有靖安鎮之捷生獲金人三百餘人至是岳飛獻俘於行在授昌州觀察使通泰州鎮撫使

桑仲陷襄陽府

京西制置使有曹端者自京城陷聚衆擾於京西號爲曹火星程千秋遣人招之屯於襄陽城下是時桑仲在唐州盡取强壯爲兵唐州之民在桐柏者盡爲董平攢集屬董平者進退無所依皆盡室願歸於仲仲之衆漸盛遂自光化軍將寇襄陽千秋遣端禦之併檄鄧州譚兗爲援端與仲相遇於高車急擊之仲敗稍退引去端以獲捷報千秋會兗遣騎兵五百來策應千秋曰譚安撫騎兵皆精鋭當策應功耶遂率衆退於中廬南漳之間且曰令馬軍破賊仲聞端已退去整衆而進與鄧州馬軍遇地勢坡坂而有樹林俗呼爲孛蘿岡非騎兵之利鄧州兵大敗仲遂寇襄陽千秋所率公安親隨兵未嘗歷戰陣皆輕佻欲出戰千秋不許至於再四乃令出戰悉用行纏扎腿以青紅帶繫足着新布衫如市井間做場弄棒人仲以馬軍數百伏路兩旁俟親隨軍纔過未盡卽突出盡喝令坐親隨兵皆坐以棍棒次第敲殺之方其敲也有一人奮身而起大呼曰我與你擡擔仲之黨皆大笑有失仗者千秋下統兵官（闕）仲正等諸軍皆散千秋棄城奔于中廬仲遂據襄陽千秋遣人密說王闢

使圖端闞者端之裨將也遂殺端衆軍皆散或百十人或三二百人各爲火件者莫知其數唯後軍李忠寨差遠獨不散散與不散者盡戴白巾聲言爲曹太尉報讐千秋不可居乃轉往金州自此入川矣

七月丁丑李允文爲鄂州路安撫使知鄂州

靖康間李允文以教王寓辭避奉使謫閑者數年張浚爲川陝宣撫使道出鄂州允文謁之浚與允文皆行至西京以爲京西提刑時趙宗印屯於郢州欲隨浚入川乃以兵馬盡交與允文而吳錫初授宗印招安亦在其中至是允文爲鄂州路安撫知鄂州盡以其兵行

張俊爲檢校少保定江(事迹作甯武)昭慶節度使

制曰門下三軍利用莫如忠勇之兩全十乘啟行尤貴文武之兼寵朕博稽輿論優獎虎臣乃疏進律之褒用竦在庭之聽具官某性資沈鷙材力驍雄得孫吳方畧之奇兼信布爪牙之勇執干戈而衛社稷居(事迹作心)存蹇蹇之忠安(事迹作居)邊境而立功名躬履堂堂之陣昨緣多故尤見殫誠提一旅以翊朝扈六飛而復辟旋因冬狩留駐海壖偶胡馬(改作敵騎)之長驅率王師而鏖戰奮當大敵援枹鼓以忘身坐埽妖氛用鯨鯢而築觀茲及行朝之底定復銷羣盗之搶攘併錄茂勳用加醲賞秩視三孤之貴地兼兩鎮之崇載錫爰田仍加眞賦增中權節制之重示上將威儀之多於戲有功見知朕既每存於大信縱敵生患汝其勿替於前功惟一心同奬於朝廷斯千載永書於令甲服予之訓時乃之休

十日庚辰隆祐皇太后至自虔州

盧益辛企宗護衛隆祐皇太后至行在李回楊惟忠防衛六宮

王𤫊軍於信州

王𤫊自馬家渡失守潰散由徽州走浙東至處州爲神武右軍馮宗回追及戰於天甯寺前𤫊走福建路宗回及李倖追至南劒州然𤫊乃潰兵非盗賊也朝廷命軍於信州

薛慶及金人戰於揚州軍敗被殺郭仲威棄其城奔於興化

兀朮(改作烏珠)自建康回軍至六合縣欲發舟船取楚州路行而趙立在楚州薛慶在高郵軍舟船不可發故兀朮(改作烏珠)駐軍六合未得歸撻懶(改作達蘭)自壽河寨往六合見兀朮(改作烏珠)議事請益兵會孫村浦壽河之軍

共取楚州兀朮改作烏珠乃分三太子兵欲攻高郵時郭仲威爲眞州鎮撫使移文報高郵薛慶慶知金人欲攻己於是率兵來揚州會戰庚午慶至揚州與金人遇遂進戰不勝慶引還金人追至東門外慶墮馬被殺馬尋舊路走還高郵軍中見之曰馬空還矣薛太尉其死乎仲威棄揚州奔興化

姓氏録忠義傳曰薛慶建炎三年率兵數千據高郵軍善用大刀勇冠諸軍知樞密院事張浚往撫淮南至高郵軍慶詐降拜馬首迎入城執之浚部下陝西兵三千多見殺逼浚令出慶軍將士官告三千道四

三朝北盟會編 卷一百四十一 十

年除楚州鎮撫使朝廷約諸州鎮撫互相應援紹興元年金人攻揚州圍鎮撫使郭仲威慶往救之殺金人兵甚眾慶力戰而死人稱其忠勇絕倫能以功掩過者惟慶能之

金人陷高郵軍措置高郵軍事國奉卿棄城走

金人三太子既敗薛慶之軍於揚州即長驅侵高郵軍副統制王林出城迎戰不勝奔於通泰高郵遂陷措置高郵軍事國奉卿走還楚州

張用中軍徒黨歸於鄂州

張用已受鄂州招安曹成以馬老爺事執捉中軍人多被殺戮者用之妻一丈青奮身出招中軍人隸麾下中軍人皆歸之用眾二萬人皆訴無糧食一丈青曰待我措置猶未知用受鄂州招安俄有人報用已受措置司招安一丈青乃率眾趨鄂州避馬友不由漢陽取間道出漢陽之後自下流渡江復與用合

趙立起趙瓊寨民兵不至

先是六月趙立起趙瓊寨民兵於城中七月復放歸本寨至是金人已陷高郵軍撻懶改作達蘭欲併高郵軍人共攻楚州立遣楊柳金率親隨五十人起發瓊民兵起諸寨首領共圖解圍楊柳金至吳城土豪徐宗

三朝北盟會編 卷一百四十一 十一

成曰滿家良賤皆爲楊柳金殺戮今乃敢來此耶遂與土豪衛進及瓊等謀殺楊柳金剖斷楊柳金腳筋以棗木爲大枷械其頸置之井上垂其身軀而死扛出之擲屍於清河中親隨五十人唯一二人得生還時楚州已被攻急立聞之大悔齩指出血滴血寫書責己差蔣某招諸水寨無應者趙瓊賄蔣某銀衣服等使歸援兵遂絕矣

李邦彥吳敏李綱皆復舊官

張琪移屯於襄安鎮

初張琪屯於舒城縣界李成在舒州頭子山遣人索

糧草琪懼之移屯於盧江縣四月琪破礬山寨先是盧巡檢者聚眾自保既遣琪所破乃奔散渡江途中之人以爲姦細遂殺之六月琪破昆山寨至是移軍屯於襄安鎮

范宗尹量移王時雍徐秉哲莫儔吳幵王紹文王及之胡思等仍薦孫覿汪藻李擢陳戩等

范宗尹量移王時雍等皆不聞奏議者譏其不公

翟興令其子琮及趙林敗金人於永安軍

金人侵犯陵寢翟興遣其子琮及統領官趙林率兵由河陽南州至鞏縣永安軍邀擊屢戰皆捷襲逐至

澠池縣出界

翟興加武畧大夫兼閤門宣贊舍人爲河南府孟汝唐州鎮撫使馬步軍都總管兼知河南府事管內勸農使

朝廷以分鎮之權擢翟興爲鎮撫使制詞有曰果毅自奮智畧有餘總合師徒賈攜劒摧鋒之意(事迹作勇)襲逐虜寇(改作敵騎)有履軍搴旗之功先是兩河陷歿興以京西爲與河東河北接境是時尚有忠義之人聚兵保守山寨不願順番者興遣親信持蠟書取間道以結約之如向密王簡王英等數十寨願聽節制興具聞於朝廷上大喜遂命興與經制使王擇仁同領其事擢興節制應援河北河東兩路軍馬使興遣人作商販渡河密賫撫諭自是幷汾澤潞晉絳懷衞河陽等數州山寨首領盧師迪李吉李彥隆馬夜叉李遵宋德輩至河陽見興矣

孔彥舟據潭州

朝廷除程昌寓鼎澧州鎮撫使兼知鼎州詔告既到昌寓檄傳鼎澧間孔彥舟在鼎州仍渡江取太平村入湖南界至甯鄉縣王以甯率師拒之不勝彥舟遂入據潭州

撻懶(改作達蘭)使特木也(改作特默)萬戶撫諭趙瓊寨

撻懶(改作達蘭)會高郵金人併攻楚州慮趙瓊寨爲楚州之援也乃遣特木也(改作特默)萬戶往撫諭之瓊已拒楚州之命不發援兵又徐宗成等殺其來使楊柳金遂約特木也(改作特默)萬戶至遷宿縣趙瓊等諸首領聽命

賜進士出身頭品頂戴四川等處承宣布政使司布政使清苑許涵度校刊

三朝北盟會編卷第一百四十一終

三朝北盟會編卷一百四十一校勘記

朕聞公於御物(脫聞字) 迺復蔽匿逋逃(逋誤作捕) 夫委之安撫德化行(脫夫字) 舉邦來降(降應作王) 冀皇天之降福(福誤作禍) 奉之尤善(善誤作喜) 常軍千戶劉慶餘(脫常軍二字) 此應崔增攻太平州不克退去(脫此四字) 桑仲陷襄陽府(此應提行作平行誤) 地勢皆坡坂(脫皆字) 有衆數萬人(有誤作用) 與以京西爲與河東河北接境(爲字衍) 馬夜叉(夜叉一作疚義) 至宿遷縣(宿遷誤作遷宿) 趙瓊等諸首領聽命(趙應作迫)

三朝北盟會編卷第一百四十二

炎興下帙四十二

起建炎四年九月一日庚子盡十月一日庚午

九月一日庚子朔呂頤浩駐軍於饒州

呂頤浩爲建康府路安撫大使兼知池州張道王渙顏孝恭巨師古楊惟忠王𤫊六軍皆聽節制李成寇江州頤浩乃駐軍於饒州四望山

三日壬寅知德安府陳規以王命招馬友降

馬友擾於京西湖北也以其衆寇德安府圍城數月不退知府陳規守禦甚嚴友不能近規乃與友約通買賣鹽一斤爲錢二十千八月有使往四川回者以路不通行留使府中規乃與奉使謀令以王命招友受降友許諾既成而奉使行友乃以文字報前路不得邀掠奉使至孝感縣尉告之以前途難行奉使遂止而友復猖獗矣時曹成屯於三龍河也

四日癸卯通泰州鎭撫使岳飛入泰州

七月岳飛除通泰州鎭撫使至是以本部兵入泰州飛治軍嚴整將士畏之禁止軍中不得搔擾百姓室家安堵尤得民情

七日馬進入興國軍

馬進自黃州渡江由大冶縣寇興國軍知軍李儀及軍縣官皆在城中遂開門納之進入城放買賣不殺掠如官軍焉

趙延壽寇德安府

趙延壽號趙不忙以衆犯德安府等界守臣陳規禦退之

二十日己未金均房州安撫使王彥及桑仲戰於平麗縣長沙坪仲敗走追至竹山縣而還　仲退據房州

王彥在金州時中原盜賊蠭起大者據州縣鑄印章擅生殺更相吞噬以圖非望而饑饉荐臻無所資給

惟四川號爲全富金州適當蜀之門戶彥撫民治軍寬猛得宜軍民皆信嚮之巨寇桑仲已陷襄陽進攻均房知州李倫清韋知幾脫身奔竄仲勢益張有窺四川之意擁衆號三十萬直犯金州白玉關彥以官軍保長沙坪仲者彥之舊部曲也以申狀懇請於彥曰仲於公無敢犯願假道入蜀以就食耳彥語將佐曰吾素知桑仲之爲人善馭士卒輕財善鬭然勇而無謀決爲諸公破之乃遣統領官門立爲先鋒立血戰不勝馬陷於淖中其子璋馳馬適過立呼之使救璋不顧而去立遂被執爲賊碎其屍立罵不絕口而死人心震恐且糧食不繼或請避賊鋒彥曰方今醜虜（改作强敵）在陝右桑仲在安康則四川腹背受敵柰天下何吾荷國家厚恩誓不與賊俱生以母老託其友遂率同統制王宗永相爲犄角時官軍纔二千人彥謂諸將曰大丈夫要當以忠義死節豈可效鼠輩偷生負國敢有言避賊者斬人皆奮勵願爭先致死已未賊張步騎六道並進其勢甚盛彥執旗大呼麾士士悉殊死鬭自辰及酉賊大敗追襲二百餘里賊陣黃水（此三字改作陳永）還據房陵

二十三日壬戌張浚以陝西路軍軍於富平爲婁宿（改作

羅索）所襲諸軍不戰皆潰

先是張浚以川陝宣撫之職後生氣銳欲聚兵深入剗平禍亂初至漢中會諸將問大舉之策前軍統制王彥獨以爲不可曰陝西兵將上下之情皆未相通若少有不利則五路俱失不若且屯兵利閬興洋以固根本設若敵人犯境則檄諸路將帥互爲應援以禦敵若不捷亦未至爲大失也時浚之幕客皆輕敵其氣亦銳見兵馬已集謂大功可成要當疾進聞彥之言皆相視而笑曰提兵數萬乃畏怯如此何日可成大功彥以計不行即請爲利州路鈐轄而去後浚

駐於秦州金人敗吳玠於彭店原復還河東浚欲大舉因問威武大將軍曲端有何計策端謂承平之久人不經戰金人新造之勢難與爭鋒且宜訓兵秣馬保疆而已俟十年方可議戰浚不喜乃曰將軍持不戰之說豈可以當大將端曰唯遂納威武大將(軍印猶用)端爲參謀時王庶亦爲參謀謀論不協端因辭遂以爲都轉運使隨軍而已端與彥之言不用由是浚與幕客劉子羽輩專爲攻戰之謀常會諸幕客中有言兵馬一集可一埽金人盡淨者浚大喜之幹辦公事郭弈應聲曰不知是怎麽地一埽用若帚埽爲復用

埽帚埽一坐皆驚愕浚亦默然是時大舉之議已定雖三尺之童皆知其不可幕客與兵將皆心知其非而口不敢言唯諾相應和者十八九閒有反復論難者又持之不堅獨楊晟惇極言其非浚不從兵事既舉晟惇乃求行邊不隨幕府浚乃竭全陝六路事力舉於富平金銀錢帛糧食如山積浚以熙河路帥劉錫爲都統制浚以九月發秦亭親督戰六路兵二十萬馬七萬約以更相策援浚見兵馬俱集大喜謂當自此便可以徑入幽燕問曲端如何端曰必敗浚曰若不敗如何端曰若宣撫之兵不敗端伏劒而死浚

曰可責狀否端即索紙筆責令狀曰如不敗甘伏軍法浚曰浚若不勝復當以頭與將軍遂大不協金人屯於大封縣相去八十里而婁室孛堇(改作羅索貝勒)方在綏德軍衆請擊之浚曰不可夫戰者當投戰書約日會戰乃遣使投書金人不報書凡數往浚大書於榜曰有能生致婁室孛堇(改作羅索貝勒)者雖白衣亦授節度使賞銀絹皆萬計婁室孛堇(改作羅索貝勒)自綏德軍來移軍與官軍對壘榜其軍曰有能生致張浚者賞驢一頭布一匹婁室孛堇(改作羅索貝勒)率數十騎登山以望浚軍曰人雖多營壁不固千瘡萬孔極易破耳浚猶遣

使約戰金人許之至期輒不出兵以爲常浚以婁室(改作羅索)爲怯且曰吾破虜(改作敵)必矣幕客有請以婦人巾幗之服遺婁室(改作羅索)者諸路鄉民運糧草錙重者絡繹於道路至軍則繞寨安泊每州縣自爲小寨以車馬爲衞十十五五相連不斷先是知鳳翔府兼權永興軍路經略安撫司公事吳玠謂地勢不利宜據高阜衆曰我師數倍又前臨葦澤非騎兵所宜不聽是日也婁室孛堇(改作羅索貝勒)選三千騎齎食令折合孛堇(改作哲爾格貝勒)率之囊土踰淖徑赴鄉民小寨鄉民奔亂不止踐寨而入諸軍驚亂浚乘騎急奔諸軍皆潰

惟環慶路經畧趙都承先走至邠州乃稍定金人得勝不追所獲珍寶錢帛如山嶽不可計郭奕爲詩曰婁室（改作羅索）大王傳語張老謝得送到糧草斗秤不留一件怎生見得多少浚自愧輕舉無功乃歸罪趙哲矣或有以諸葛孔明比浚者幕客或以爲譏而怒之彼曰非敢譏也孔明應變將畧非其所長是以似之

二十五日甲子金人陷楚州

金人用降人崙進言專攻北壁四十餘日晝夜不息已未礮著敵樓飛石中趙立股骨折而死徐州人密藏埋其屍立死之六日而城陷立一妻一妹一女年

十餘歲一男方總角或遭虜掠或被殺害皆盡後有人見其男在虜（改作金）寨中猶言我爹爹死後便有此事聞之者爲之墮淚立在楚州也視金人如仇讎每言及金人必嚼齒而怒常戒約士卒惟以殺金人爲言且曰若不幸城陷則當備巷戰每一巷口皆以甎壘合隔三五巷爲一閭道出兵以殺金人則金人可以盡殺每戰皆親履行陣爲旗頭見士卒有回顧或退移一步者定行軍法故人人用命不敢有退怯心君子謂向使立以陷城巷戰而死其忠義之節必高出於張巡許遠之上惜乎以礮之餘力而死其身哀哉加贈奉國軍節度使謚忠烈立廟楚州與十人恩澤皆無承受者初立至楚州有徐州軍民老小僅數千强壯惟二千又有楚州將兵約二千四縣民約五千淮陰縣首領嚴宗義兵也共不滿萬人受圍既久徐州人漸有歸鄉而去者圍城初有野麥野豆可以爲糧後皆不生物有鳧茨蘆根男女無貴賤廝掘之後爲水所沒城中絶糧食至草木有屑榆皮而食者親戚互相食啗至城陷而心不變城陷之始四縣民兵爭門而出往往有得生者民兵首領有萬五石琦蔚亨號爲千人敵皆得出惟左彬不忍棄其妻彬乘馬坐

妻於馬後以繩維之手提大刀爭門而出手殺數十人力困而死紹興五年徐州將校出立屍改葬自頂至足無一肢脫落者惟左股爲礮所傷骨折不續人皆奇之

中興姓氏忠義傳曰趙立徐州人也少爲軍卒建炎三年領兵數千與金人苦戰徐州互有勝負以衆寡不敵率兵走楚州尚有衆八百時無守卽命立爲泗楚州鎭撫使金人以重兵圍之一年盡其攻擊之術立以死拒破之城中居民有小過卽誅斬一家使無遺類威勇振一方前後殺金人數萬多爲人巴懸之

城上金人每欲渡江以立正梗淮東故不敢渡劉光世以兵五萬取潤州畏大金不敢進朝廷命以兵救立不敢來詔加觀察使後拒大金於城上中礮而死年三十七大金聞立死爭以雲梯登城城中死戰又大敗之殺其數千人然城中無主將特勝弛備大金探知之遂爭登城城陷皆屠之朝廷嘉立之忠贈開府儀同三司後賜廟宇楚州號顯忠

追薦楚泗等州鎭撫使趙立幷陷沒官吏軍民黃籙道場青詞伏以比者醜虜改作强敵憑陵羣方振擾塗炭旣殫於淮甸襟喉適在於山陽惟時帥臣爲國城守

提孤軍而力奮冐强敵改作突騎以直前摯兵幾及於三時叩壘殆逾於百戰貫精忠於日月塞英氣於乾坤雖云壯志之莫成固已榮名之不朽念元身之遽沒極恩數以難酬輒罄丹誠仰干洪造按科儀而載祓冀仙聖之來臨特垂助順之明俯錄盡忠之魄嘉其節死處以仙科坐起萬化之塗永脫九幽之籍不淪爲物以勸事君

追薦趙立等道場罷散朱表解紛排難嘗力踣於危機福善禍淫固莫逃於昭鑒惟干城之故將實當世之奇材旣忠勇以亡身宜神明之護祐至誠而動天地固異常倫忠死而作神仙況存明訓

前御史中丞秦檜將家屬自虜改作金寨逃歸至漣水軍丁禩水寨

御史中丞秦檜初以不願立張邦昌遭粘罕改作尼堪拘執北去幷其妻王氏同行隨行有小奴硯童與婢興兒御史街司翁順而已至金國見虜改作金主文烈帝高其不附立異姓之節以賜其弟撻懶改作達蘭爲任用任用者執事也撻懶改作達蘭亦高其節甚相親信金人許隨南官遷徙之人各逐便硯童與兒翁順皆不欲捨檜去乃共欲同生死遂不相離金人欲用撻懶改作

達蘭提兵而南也命檜以任用偕行檜密與妻王氏爲計至燕山府留王氏而已獨行王氏故爲喧爭曰我家翁父使我嫁汝時有貲貨二十萬貫欲使我與汝同甘苦盡此平生今大金國以汝爲任用而乃棄我於途中耶喧爭不息撻懶改作達蘭與檜之居比鄰聲相聞撻懶改作達蘭妻一車婆聞之請王氏問其故王氏具以告一車婆曰不須慮也大金國法令許以家屬同行今皇弟爲監軍亦帶家屬在軍中泰任用何故留家屬在此而不同行也白之撻懶改作達蘭遂令王氏同行由是硯童與兒翁順亦偕行檜爲任用又隨行作

參謀軍事又爲隨軍轉運使在孫村浦寨中楚州陷孫村浦寨金人紛紛爭趨入楚州檜常以梢工孫靜爲可與語遂密約靜於淮岸乘紛紛不定作催淮陽軍海州錢糧爲名同妻王氏硯童興兒翁順及親信高益恭等數人登小舟令靜掛席而去至漣水軍界爲丁禩水寨邏者所得將執縛而殺之檜知水寨倘爲國家守乃告之曰我禦史中丞秦檜也寨兵皆村民不曉其說且謂執到姦細陵辱之檜曰此中有秀才否當知我姓名或謂有賣酒王秀才當令一看之王秀才名安道字伯路素不識檜乃佯爲識檜以紿

其衆且欲存檜也遂一見而長揖之曰中丞安樂勞苦不易衆皆以爲王秀才既識之即不可殺遂以禮待之硯童興兒翁順高益恭等一行皆得生全王秀才之力也

二十六日乙丑王闢以其衆降於王彥

王闢曹端自襄陽潰散屯於中廬也闢殺端而侵秭歸不知地利爲思州田祐恭族蠻兵以木弩射退之乃復取興山縣路退於房州是時桑仲方攻金州而未敢也闢爲仲聲援及仲敗闢不敢進彥遣人以順逆諭闢使闢以忠義歸朝廷與附叛賊榮辱利害相去甚遠闢大悟請降彥欲詰闢壘衆謂闢雖願請降然心反覆未可知彥曰我以至誠待闢闢雖詐何能爲遂肩輿至闢營闢大驚迎迓甚恭彥具飯與闢對食開諭禍福闢與其黨皆俯伏聽命遂遣詣鎮撫使司將佐皆不更易於是人人願爲之用闢後腰斬於興元府不克令終

二十七日丙寅趙延壽焚郢州

金人攻李彥先於淮河彥先被殺

李彥先者韓世忠後軍管隊使臣也先是有李進彥犯罪配遠惡過江州遇一道人曰汝異日當富貴指

其口曰能容拳則爲公侯令進彥以拳內口中纔容半許道人曰惜哉雖富貴所得者苦不多耳臨去語進彥曰汝不可自發心逃遁候有人教爾去去即無害進彥曰諾至衡山防送者曰嗟乎生爲兵士傳送罪人何時已乎叱進彥曰汝自去我亦亡矣進彥謝之而去後投韓世忠軍中隸彥先隊下世忠潰於沭陽也彥先與本隊四十三人得二舟下海聚衆有數千彥先進彥分統之趙立在楚州受圍彥先以舟船往來策應與立刺臂爲義兄弟城陷之日彥先舟船猶在北神鎮淮河中前後扼於金人進退未得至是

金人以舟船併力攻彥先彥先所乘舟下碇石急收不應爲金人舟船簇擁彥先全家皆死於淮河時進彥舟船在東海縣招集彥先餘衆遂爲首領後於許浦受劉光世招安

韓世清駐劄宣州

韓世清屯於徽州也六月命世清池州駐劄八月劉洪道以呂頤浩爲參謀來知池州隨行有王涣李貴崔邦弼等兵共數十是時世清有衆萬餘洪道以池州錢糧闕乏令世清宣州駐劄世清遂駐劄於宣州

十月一日庚午朔張浚斬環慶路經畧使趙哲

富平之敗張浚欲斬大將以藉口浚在汾州會諸將帥議事浚立堂上諸將帥立堂下浚問誤國大事誰當任其咎者衆皆言環慶兵先走浚即令擁環慶經畧使趙哲斬之哲不伏且言有復辟功提轄官以骨朶擊其口血流不能作聲斬於堠下不厭公議衆語誼譁浚遂以黃榜赦諸將罪以安衆心

張浚放散五路勤王兵

趙哲已死諸路帥聽令張浚命各歸本路歇泊令方出口諸路之兵已行俄頃兵盡

張浚以孫偓權環慶路經畧使

張浚旣斬趙哲環慶闕帥乃以便宜命轉運判官孫偓權環慶路經畧使命其撫恤士卒整飭行伍激勵將心振作惰氣無有怠縱自蹈前轍

慕洧以環州叛附於西夏

趙哲被誅其部下驚愕人人自危且人人痛切張浚殺將卸罪或語諸將曰汝等戰勇而帥獨坐誅天下甯有是事孫偓旣權帥事也劉子羽語偓令陰圖環慶諸將偓納其言斬統領官喬澤張忠而統制官慕洧覺之懼遂以環州叛張浚遣涇原統制官李彥琪救環州洧附於夏國

賜進士出身頭品頂戴四川等處承宣布政使司布政使清苑許涵度校刊

三朝北盟會編卷第一百四十二終

三朝北盟會編卷一百四十二校勘記

鹽一斤爲錢二千（誤作二十千） 八月有奉使往四川回者

（脫奉字） 平仲退據房州（平字衍） 皆脫身奔竄（脫皆字） 以

陝西路軍軍於富平（一作以陝西五路軍於富平） 議論不協（議誤作謀）

金人用降人衡進言（衡誤作銜） 惜乎以礟之餘力而死

其身（應作惜乎死於礟之餘威不得見之） 有貲財二十萬貫（財誤作貨） 我

御史中丞秦檜也（御誤作禦） 兵其數千（千誤作十） 慕容洧（脫容字下同）

三朝北盟會編卷第一百四十三

炎興下帙四十三

起建炎四年十月一日庚午盡十二月二十七日

乙未

六宮至自虔州

八日丁丑劉光世退軍鎭江府

上命張俊出兵援劉光世而俊他託不行

十日己卯李成徒黨馬進犯江州

李成據舒州朝廷授以舒蘄州鎭撫使成內懷姦狡而外假恭順光黃州鎭撫使吳翼謂光州不可守率軍民棄其城而去道途艱梗無所向往依成死於成軍中自此成謀據江西以觀天下之變遂遣馬進寇江州知州姚舜明問計於統制劉紹先紹先請堅守紹先字嗣祖知書傳稍通兵法京城統制官閻僅喜其爲人以女妻之京城陷僅潰散紹先隨至江州僅留紹先以衆數千屯光州紹先屢與楊進戰及酈瓊圍固始紹先以兵援之堅守城壁力捍瓊保全固始後率衆歸江州舜明喜之辟爲統制

李回同知樞密院

李回扈從六宮還除同知樞密院事李回辭免批答

敕李回省所奏劄子辭免同知樞密院事恩命事俱悉朕惟國家傾危屯否未有甚於此時者也非得天下人豪策慮出乎拘攣之外者不足以輔成中興之功以卿有當世之材遂古人之學詳練周密爲時者明故聞千里之造朝寢食不忘於虛竚擢寘樞機之地共圖龜鼎之安卿而不能尙誰可者免服寵命毋庸固辭所請宜不允故茲詔示想宜知悉

十三日癸未岳飛斬其統制傅慶

傅慶衞州窯戶也有勇力善戰屢立功岳飛寵惜之以爲前軍統制慶恃其才視飛爲平交嘗曰岳丈所

主張此一軍者皆我出戰有功之力每有需索於飛則曰岳丈傅慶沒錢使可覓金若干或錢若干飛亦屢與之無忤色及飛爲鎭撫使持法嚴肅尤不可犯而慶不改其常飛待之頗異慶覺之不喜會劉光世遣王德來高郵以當金人在高郵楚州者飛遣慶以前軍將士應援德與慶交馬而慶言欲伏侍劉相公德許之統領張憲聞其言告於飛飛銜之戒憲勿泄至是飛令諸統制射遠箭慶三籌皆及一百七十步諸統制不過一百五十步飛三賞慶酒醉飛取宣賜戰袍金帶與王貴慶曰賞有功者飛問有功者爲誰慶曰傅慶在清水亭有功當賞傅慶飛大怒叱慶下階取戰袍焚之槌毀其金帶乃曰不斬傅慶何以示衆遂命斬之

張浚退軍秦州

張浚以陝西失利慕洧背叛遂退還秦州

趙彬張中彥叛降於金人

慕洧既叛張浚遣涇原帥劉錡留將官張中彥幕官趙彬守渭中彥彬二人皆曲端腹心意輕錡又知浚已還秦州恐一旦金人至不能守乃相與謀逐錡而據涇原觀望錡進不敢迫洧退不敢入渭遂走順德

中彥彬以錡去乃遣人詣金人乞降

王善餘黨推祝友爲首

先是王善降於金人徒黨皆散金人屯六合也有邸虔者在滁州境內俄復渡淮過北去祝友在滁州界皆善之餘黨友下寨於龔家城復欲往巢縣李防禦者爲王縣尉所殺王縣尉者鄉兵首領也閒探得李防禦寨中人皆出外虜掠糧食乘其虛而刦之遂殺李防禦衆遂推友爲首復還龔家城下寨専殺人爲事

翟琮及李興敗金人於陽城縣擒其保骨孛堇（改作拜格貝勒）

先是張浚經營兩河委翟興措置河外事興遣其子琮率裨將李興渡河攻封陽城縣出金人不意官軍大捷擒河東都統保骨孛堇改作拜格貝勒得都統印記獲首級鞍馬器甲甚多興復遣琮取絳州之垣曲縣至王村與金人遇又獲捷進兵至米糧川橫山義士史準等率眾來歸自是李興屯於商州

二十八日丁酉王林寇通州

王林棄高郵而來也

秦檜至行在除禮部尚書

秦檜既脫虜改作金寨達漣水軍丁禩水寨也禩發遣

檜還行在令秀才王安道馮由義伴行由義字子儀既至行在士論疑之范宗尹李回奏其忠而薦其才張守嘗爲密州州學教授檜亦嘗爲之故首稱檜爲可用上甚喜即除禮部尚書檜具辭免賜詔不允曰卿頃者當干戈之際有社稷之言以忠信篤敬而行蠻貊之邦以靖共正直而爲神明之聽四年去國萬里還朝乃升常伯之聯用示匪躬之勸昔鍾儀之留晉國不忘南音蘇武之在匈奴常持漢節方卿所守未足爲難況乎踐阼之初已有旌賢之詔奪安車之高志加祕殿之隆名今茲之除蓋理前命褒崇非過

何以辭爲檜請以本身合得恩澤授安道由義官由是補廸功郎舟人孫靜亦授承信郎檜陷虜改作金信息不相通時妻兄王㬇取王氏冒姓秦以爲檜嗣立名曰熺俾承恩授官至是王氏諸親以熺見檜檜甚喜以己子視之。舊校云秦熺本王㬇之孽子㬇妻鄭氏達夫之女㬇由婦家而早達鄭氏怙勢而妒熺既誕即逐其所生以熺爲檜之乞子檜之任中司金拘北去夫婦偕行獨留熺於檜之夫人伯父王仲嶷豐父家豐父子時僑而驕每凌虐之其後檜之用其親黨遍躋要途獨時每以參議官處之見揮麈餘話

二十九日戊戌知陳州馮長甯叛附於劉豫僞授戶部侍郎

馮長甯在陳州以王命阻絕乃附於劉豫非甘爲叛首也請立什一稅法豫從之僞除長甯戶部侍郎

十一月簽書樞密院事趙鼎罷

金人攻張榮於鼉潭湖破其茭城

張榮梁山泊漁人也聚梁山泊有舟師三二百人常刦掠金人杜充爲留守時借補榮官至武功大夫遙郡刺史軍中號爲張敵萬金人進兵取維揚也榮乘閒率舟船自清河而下滿舟皆載糧食駐於鼉潭湖積茭爲城以泥傅之漸有眾萬餘金人屯於孫村浦壽河也屢遣人攻之阻湖濼皆不能近是時天寒冰凍

金人已得楚州遂併力攻其茭城榮不能當焚其積聚棄茭城率舟船遂入通泰州

四日癸卯岳飛棄泰州

岳飛爲通泰州鎮撫使軍於泰州會金人撻懶（改作達蘭）有占通州經畫再渡江之意已破張榮茭城虜（改作敵）騎侵入飛以泰州不可守於是率衆渡江入於江陰軍而棄泰州

張浚退軍於興州

張中彥趙彬既叛送款於金人金人是時將陝西所得金帛悉已津發歸河東又知慕洧叛乃徐引兵而

西於是吳玠自鳳翔走保和尙原孫偓段丕則相繼自隴關入秦亭金人至渭州得我情實乃入德順軍張浚聞虜（改作敵）入德順遂移司入興州簿書輜重悉燒毀初浚欲大舉惟劉子羽議論契合三尺之童皆知其非幕官兵將官心知其非而口唯諾者十八九閒有反覆論難者又持之不堅獨幕官楊晟惇力言不可不從乃求行邊不隨浚之富平及失利乃來見浚浚慚諸事悉委之楊晟惇乃大罵子羽意欲殺之楊晟惇旣用事乃言金人欲必舉川蜀然後歸國不若引兵金洋一帶俟金人歸國然後收復川陝事乃永定浚雖未盡信其說然浚已置陝西於度外矣興元帥王庶前帥鄜延知虜（改作敵）情次第適來議事勸浚收熙河秦鳳兵扼隴關以爲後圖浚不聽遂失全陝

放散百司

金人已陷楚州游騎至江上行在驚恐乃放散百司從便仍結絕三省樞密院文字士民多竄匿者家室仳離景況淒其

十日己酉祝友率衆渡江往新市薛店

祝友在滁州龔家城下寨也金人已破楚州矣滁河

舟船盡放下江而去友遣劉統領者於滁河尋遺棄舟船得大小僅二百遣數千人夾岸護送出瓜步口沿江北岸牽至馬家渡友計置渡江招信劉綱又在江南把江口不容渡友衆及岸不得登者三日友督之甚嚴六軍都提舉張鬬死於江遂以諸舟星散著岸上下占十餘里綱之兵不及分而友之衆已有登岸者漸次盡渡往新市薛店下寨縱兵虜掠

徐文以其衆歸朝

初徐聚徐文集衆有舟船數百隻與李彥先李進彥皆在東海縣彥先進彥請聚同謁廟神聚不疑之爲

彥先所殺徐文聞之開船下海占據靈山有河北忠義人護宗室士幹至田横島文封之士幹稱是濮恭懿王之孫朝廷遣人招文授武經大夫兼閤門宣贊舍人士幹送大理寺伏刺面配廣南遠惡後不知所終徐文終仕盡心於王室

十七日丙辰金人陷泰州

撻懶（改作達蘭）既得楚州有再謀渡江之意欲耕地為守遂率軍萬人陷泰州而屯駐

十八日丁巳知通州軍州事呂伸棄城走

金人已破泰州知通州呂伸懼而奔走伸自以棄城

恐終不免於罪戾乃奏云臣夜得夢諸軍皆被朱甲持赤幟蓋火德之應乃國家中興之兆士論以為諂遂罷之

十九日戊午王彥敗桑仲於房州仲退軍襄陽府

桑仲據房州也王彥嘗從間道遣兵斷其糧餽亦請援於宣撫處置使張浚浚遣楊惟直領兵來援丁巳彥濟師攻自黃水兵既接賊氣懾奔潰追至白磧斬獲不可勝計凡為賊詿誤者悉貸之招降來歸皆分隸麾下仲退軍襄陽府

二十日己未金人陷通州

王彥為金均房州鎮撫使

王彥為三州鎮撫自此孝忠自均州來攻彥率其衆號三十萬彥及忠戰勝負相當

劉豫建歸受館於宿州招延南方士大夫軍民置権場通南北之貨譏察閒探

十二月崔增降於呂頤浩

崔增以七月寇太平州攻城不克劉光世在建康遣人招安增不從願受呂頤浩招安乃率舟船往上江纔到魯江口遇邵青船出江增不及備為青所敗增在無為軍界內屢與張琪戰增沿路以虜掠為資所

至無遺聞呂頤浩在饒州遣人投下文字至是到彭澤縣得頤浩差人招安遂聽節制

二十七日乙未張浚江淮招討使

杜充至雲中見粘罕（改作尼堪）

節要曰充持將相之權據長江之險官軍數萬其勢非不能拒賊也而望風屈膝於穹廬之間何背君負國喪心病狂不顧節義之甚耶是誠狗彘之不若乞丐之所鄙黃口巾幗之所賤者尚得列於士林也哉

又聞粘罕（改作尼堪）初圍太原有保正石竧起寨於西山保聚村民人甚衆且強悍多豪俠每朔望告戒必以

忠孝爲主由是戸多可恃人盡知方金人攻之往往爲竧敗金賊（改作人）屢屢遁去及多邀金人出掠者由是粘罕（改作尼堪）遣大軍破而擒之皆粘罕怒使之也（刪皆粘至此七字）當破之日竧已保守八月矣粘罕（改作尼堪）既得竧命釘之於車剸刃於股將欲支解之竧頗節義自持皇恩素感忠赤昂藏之概傲慢之態磊磊落落絶無顧慮之念生死鼎鑊之懼鐵石忠貞不是過也粘罕（改作尼堪）雖腥膻部落（刪此五字）不覺驚異徐謂竧曰爾若降我當命爾以官竧嫚駡曰爺是漢人甘死不降番狗你識爺麽爺姓石石上釘橛更無移改此（刪曰爺至此二十六字）

竟爲賊（刪此字）所害噫理正之役非將相之權也烏合之衆非士卒之練也斬木揭竿非兵甲之堅利也山寨之固非長江天塹之險也八月之久非望風之速也釘之於車剸刃於股非帷幄之優游也顛沛造次非從容立名之地草莽率土非封疆守死之列也充處是而（下添乞字）降賊（刪此字）竧處是而不屈則忠義之士悖逆之夫所操一何遠也充聞竧之風豈不愧歟

賜進士出身頭品頂戴四川等處承宣布政使司布政使清苑許涵度校刊

三朝北盟會編卷第一百四十三終

三朝北盟會編卷一百四十三校勘記

以卿有當世之材邃古人之學術人字　詳練周密應作詳鍊精密　慕容洧誤作慕洧　張中彥一作張中孚　禽其將保骨孛堇脫將字　里正之役里誤作理　所操一何遠也一應作抑

三朝北盟會編卷第一百四十四

炎興下帙四十四

起紹興元年正月一日己亥盡二月二十二日丁丑

紹興元年正月車駕駐蹕越州

一日己亥朔大赦改元

肆赦曰聖人受命以宅中莫大邦圖之繼王者體元而居正盍新年紀之頒朕遭時艱難涉道寡昧孰覩斯民之荼毒莫當强敵之侵陵負此百憂於今五載曷嘗不未改作嚮明求治當饋思賢念兩宮之遠而菲陋是安恐九廟之顛而艱危是蹈苟禍可弭雖勞弗辭然生靈久困於干戈城郭悉殘於煨燼丁壯繫身於異域尫傀暴骨於中原桑田失時男女廢業僅存常產者苦斗升之歎乍失故鄉者無寸土之依或迫飢寒散爲盜賊始焉莫之加卹終而無以自還致汝於斯皆予之過幸高穹之未厭哀否運之已窮戎馬雖來邊防粗備嘉與照臨之內共圖休息之期紹奕世之宏休興百年之丕緒爰因正歲肇易嘉名發渙號於治朝霈鴻恩於寰宇其建炎五年可改爲紹興元年於戲小雅盡廢宣王嗣復於宗周炎正中微光

武系隆於有漢靜言涼德敢對前人倘期中外之彝倫同念祖宗之遺澤輔成此志永底於休

遙拜太上皇帝表本

表曰接千歲之統推神莢以膺期上萬年之觴御端朝而受祉若稽故實遙企清光恭惟太上道君皇帝陛下體道粹精怡神冲漠方席宗祧之慶遽成國步之艱堯游汾水之陽久忘天下文遇明夷之卦益見聖人臣自遠威顏洊更時序當璣衡之載復悵旒冕之猶睽鴻鴈雖賓莫附帛書於沙漠風濤中阻徒瞻雲氣於蓬萊

八日丙午李允文謀殺張用之軍不克

先是乙巳李允文約張用丙午教場中點人皆素隊入教場就請糧食是夜有張崇送下宋統領者密詣用告變曰李節制已備甲士欲盡殺軍士正總管之罪用驚乃別告報來日盡全裝器甲入教場丙午質明軍士皆全裝入城用請允文點軍允文大驚教場急傳令已點入訖可便就請糧於是軍士有去意不從用乃與親隨二千獨留城中統領孟振王林等以軍士出南門長驅往咸甯

十日戊申馬進圍江州未解知州事姚舜明棄城走馬進陷江州

江州被圍僅百日糧食皆盡人相啗食馬進賊兵晝夜攻不息統制劉紹先竭力拒禦至是人皆飢困無鬬志呂頤浩楊惟忠巨師古率師來援及進戰爲進所敗官軍不得近城城中亦不知官軍到近郊沿江安撫使姚舜明與紹先議棄其城出奔紹先知其勢必不可保全乃縱火城中乘喧鬧奪西門走瑞昌姚舜明出東門走南康進率衆入城大肆殺掠日晚有米船到城下泊於酒坊門下始知賊已據城急解維放船下湖口進遣賊黨追至湖口遇頤浩之兵而還

李成聞江州已陷乃渡江入城坐於州治括見任寄居官僅二百員悉殺於庭下李資王易簡及其子寓皆死於亂兵中其不死者惟宗室不諍等四人有沿江安撫司統領官呂諤者城初陷詣進降手射一石三斗弓發無不中進喜成見之曰圍城久士卒多中箭而死非爾耶遂殺之成揭榜許人識認被虜人口自此被虜人口皆爲親人識認而去成許人任便買賣交易生理自後販夫擔豎漸有生意皆作庵寮以居

十一日己酉岳飛起發江陰軍權聽張俊節制以討李

成

李成乘金人殘亂之餘據江淮十餘州連兵數十萬有席卷東南之意數使其徒多爲文書符讖以爲幻惑聲撼中外朝廷患之議遣將未決而張俊請行乃命俊爲江淮路招討使應江淮路駐劄軍馬並聽節制岳飛以通泰州鎮撫使方退屯於江陰軍戊申被命己酉進發癸丑到宜興取老小到徽州有百姓訴其舅姚某搔擾飛白其母責之曰舅所爲如此有累於飛飛能容恐軍情與軍法不能容母亦苦勸而止他日飛與兵官押馬舅亦同行舅出飛馬前而馳約

數十步引弓滿回身射飛中其鞍鞽飛馳馬逐舅擒下馬令王貴張憲捉其手自取佩刀破其心然後碎割之歸白其母母曰我鍾愛此弟何遽如此飛曰若一箭或上或下則飛死矣爲舅所殺母雖欲一日安不可得也所以中鞍鞽者乃天相飛也今日不殺舅他日必爲舅所害故不如殺之母意亦解飛留老小於徽州率軍馬趨洪州會俊時邵青在蕪湖曾以文字告呂頤浩且敘鄉曲乞受招安頤浩從之授青樞密院水軍統制蕪湖縣駐劄兼招捉沿江盜賊亦受俊節制而行

十二日庚戌金人寇改作侵廬州

十三日辛亥金人寇改作侵揚州

十五日癸丑曹成李宏受鄂州李允文招安張用率衆往咸甯縣曹成李宏以無錢糧打請復反

曹成李宏久屯於三龍河時出兵攻德安而宏亦屯於鄂州野無耕種廪無儲積人有飢色成於上元日率衆趨漢陽宏亦繼至張用聞成等至漢陽率其親隨二千人往咸甯與孟振王林復合鄂州李允文遣人招成等成等曰若許入城則秋毫不犯若不容入城則當縱諸軍一蹂踐之允文許其入城遂受招安

渡江入平湖門出東門下寨於東門之外漫岡被野接連不斷鄂州無錢糧允文曰可向南自尋之於是成有復反意一日括軍中官員秀才恐其往江浙説軍中事欲盡殺之約是夜皆送至帳前而夜中大雨不止五更忽霽月色如晝而角聲已催行矣官員秀才遂得不死成自往江西

閻勍贈檢校少保

先是閻勍在定遠縣被改作爲金人下添所字執虜字刪此北去金人欲官使之不從被殺上聞之悼惜不已贈檢校少保

十八日丙辰金人寇改作逼西京西碧潭翟興遣彭玘伏兵井谷擊敗之

金人擁鐵騎數萬犯改作逼南河寄治所西碧潭時翟興以乏糧方散遣諸部就食於諸邑所存親兵纔數千報至人情危懼興安坐自若徐命驍將彭玘授以方畧設伏於井谷遇金人佯爲奔北金人果以銳士二十八騎馳幾及玘軍伏發皆獲之乃酋改作隊長忽沙改作華沙郎君十州改作舒吉郎君柳檝改作瑠嘉郎君佛面改作佛門郎君等餘衆皆潰乘勝追襲至會坑口大張小張店而還

二月一日戊辰朔祝友受劉光世招安

祝友在新市薛店也欲侵宣州以阻水不克渡會劉光世自鎮江遣人招安友留使兩旬方許受招安是時友之衆四散虜掠有至廣德軍者有至安吉縣者據安吉縣幾半月餘亦無一官軍誰何之惟韓世忠差人齎榜至昇慈步張掛而已友既受光世招安王冠在溧水縣駐軍友移書借路趨鎮江冠不從友以兵擊冠軍冠軍大敗友自此取句容趨鎮江府光世分其兵以友知楚州先是史康民在淮南與友合軍康民之軍極富出其平昔刦掠剋蓄留藏不計更以金寶賂光世光世喜康民遂得進用

十四日辛巳秦檜參知政事

秦檜除參知政事具辭免賜詔不允有曰安社稷爲悅嘗抗死以力陳與鳥獸同羣改作雖蠻貊可行卒奉身而旋返虜改作人歎子卿之不屈人知改作史書季友之來歸皆的句也檜既爲參政謂宰相可得嘗因奏事言曰陛下如能用臣爲宰相臣必有聳動四方之士上默然

十五日壬午張榮屠通州

張榮在鼉潭爲金人破其茭城遂率舟船至通州過

捍海堰欲出海復歸京東爲水濤所阻不得去遂據通州糧且盡取人爲粑斵其首斫其兩臂兩脛以鹽淹曝乾用充糧食得脫者無幾

馬進陷筠州知軍州事王庭秀棄城走

張俊軍於洪州與馬進對岸下寨進日來挑戰俊堅壁不出進遂寇筠州知州王庭秀棄城遁走進遂陷筠州

馬進陷臨江軍

馬進陷臨江軍閱視軍資庫有撚金小盤龍紅袍段一乃四川進御之物以路不通寄留於庫中進以爲

李成受命之祥遣人送成成覩之長嘆曰馬防禦不察成心耶卽命焚之

二十二日己丑國奉卿趙瓊刦金人舟船於清河口獲戶部尙書印

金人既得楚州始計治運河幷閘水悉以江浙虜掠舟船自洪澤口入淮至清河口是時國奉卿以楚州既陷居於趙瓊寨中與瓊謀刦其舟船乃以二百餘人夜掩不備刦之有被虜貴官二十餘家各稱其氏族一白晳婦人稱是尙書右丞李梲之妾持戶部尙書印並一玉甕可容二升許奉卿無妻遂取其婦人

而土豪徐宗城取其印並玉甕云梲自在建康被拘執而來途中已死矣一婦人言是陳邦光之親屬有一男子肥而大自稱我是王大郞王善也亂兵殺其弟五官人者善曰我嘗提二十萬衆橫行中原不期在此中不能保存一弟爲人所殺舟中之人抛擲珠玉金銀乞命者徹旦不止是時舟中尙有金人藏船板下不敢出質明舟中金人認得不是官軍皆出鬭又金人有救兵至民兵乃退

桑仲爲襄陽府鄧隨郢州鎭撫使

桑仲在京西連跨數州無糧食人相食陷又屢爲金州兵所敗欲引衆北去至棗陽承朝廷指揮除襄陽府鄧隨郢州鎭撫使遂回襄陽駐軍金州王彥幕屬續觷以爲非便乃投劄子具說利害與宣撫使張浚乞不除仲鎭撫使曰竊聞朝廷除桑仲襄鄧隨郢鎭撫使遠近驚歎莫不解體且以譚兗守鄧州披荆榛保孤壘屢戡大盜奉朝廷法令隱然若一長城曾不得鎭撫使而仲乃得之是奬亂也咸以謂朝廷在遠未詳仲凶逆之狀苟稍知之必將令兗輩梟其頭顱以懲姦慝豈有以四郡數千里之百姓委餓虎之喙乎仰惟相公奉便宜聖旨爲國家大明黜陟豈可不

從權易置耶聞仲連敗衄於安康此正天亡之時若使兗併力勦除稍伸國威而以鎭撫使命兗則忠義者知勸而盜賊少戢矣夫兗鎭襄陽則漢沔漸甯人知畏慕式固朝廷基本利害甚大伏望相公特賜收采疾速施行浚雖知其非便深嘉觷言而不能用

賜進士出身頭品頂戴四川等處承宣布政使司布政使清苑許涵度校刊

三朝北盟會編卷第一百四十四終

三朝北盟會編卷一百四十四校勘記

括見任寄居官僅二百員(僅字衍) 曹成久屯於三龍河(誤作書成李宏) 成自往江西(一作江南) 人嘉季友之來歸(嘉誤作知)

三朝北盟會編卷第一百四十五

炎興下帙四十五

起紹興元年二月二十六日癸巳盡四月十日丙子

二十六日癸巳詔侍從條具時政中書舍人汪藻上書

書曰准尚書省劄子二月二十六日三省同奉手詔

右臣竊惟人君當承平之時中原無犬吠之警人臣以未見未然之事自下劘上甘心蹈斧鉞之誅義士猶不以爲難今國家之危如坐燒屋之下漏船之中陛下宵旰憂勤未知所以拯救之術而求言於臣等儻猶狃習故態用猥瑣之辭取塞詔旨而已豈臣等惓惓效誠於陛下之時也臣昨扈蹕溫州嘗蒙陛下賜以條對臣以爲方今所急者惟馭將一事更無他說譬之飢者當用食捨食之外皆非所急也已疾者當用醫捨醫之外皆非所急也陛下不以臣爲愚雖不克施行然頗加採納臣今日區區之意猶守前見敢再爲陛下陳之古之進說者曰人君恭儉愛人清心省事建立法度制禮作樂豈非甚盛之舉而至美之談歟是數者人君不可須臾而忘然今日用此則未足以解紛何則虜(改作敵)騎充斥於中原羣賊跳梁

於諸路陛下專於恭儉愛人清心省事而已爲足以卻之乎專於建立法度制禮作樂而以爲足以卻之乎是必陛下能使諸將諸將能使士卒爲足以卻之而陛下諸將爵祿已極家貲已盈習成驕悍無復鬪志一方有警輒狐疑相視無一人奮然爲國請行者或至廹不得已而行則邀格外之賞肆無名之求上不恤國下不恤民使朝廷爲之屈勉曲從不啻如奉驕子是豈爲國家平禍亂立功名之人哉臣於此有馭將之說有三焉惟陛下留神裁察一曰示之以法二曰運之以權三曰別之以分何謂示之以法古者

人君之於將帥未嘗一日廢賞亦未嘗一日廢罰如冬夏寒暑然相須而成豈有獨恩無威漫然畧不繩治如今日之甚者哉議者謂承平之時朝廷尊榮操縱在我故武夫提兵者可予可奪可生可殺今溥天搶攘國難未已方藉此曹爲腹心孜孜拊循猶懼不濟柰何欲拂其心將誰肯前死且今諸將悍驕已成雖朝廷有法果能一一治之乎此言是也然臣所謂示之以法者豈欲明主自親其文哉古者人君以恩吉人必有人臣爲朝廷任其責昔肅宗在靈武廣平王以兵二十萬復長安其權可謂重矣先驅不肅顏眞卿劾之王爲之不敢當闕而乘李祐夜入蔡州縛吳元濟其功可謂大矣違詔進馬溫造劾之祐曰今日膽落於溫御史夫先驅不肅違詔進馬於軍政未有害也而二臣已不貸如此蓋小過不貸則惡之大者知朝廷有人不復敢萌於胸中矣今諸將雖驕然臣得之傳聞亦尚知畏朝廷之法而陛下羣臣平居時聚談切齒無不以諸將負國爲言及進言於陛下不過摭拾目前爲道責進身之資而已至此事則未嘗有一言及之者豈以爲細故而不足言也哉揣陛下非所樂聞而不以告耳殊不知陛下專於用恩恩過而驕

有司時一警焉是使陛下結其心者愈固而愈深也何不樂聞之有哉何謂運之以權臣聞馭將如馭馬必馭者之力足以勝馬然後周旋曲折惟我是聽不然竊銜詭轡毀首碎胷雖跬步之閒不能使之前矣漢高祖之諸將其梟雄而難制者莫如韓信方其圍於滎陽漢固危甚人人懷去就之心高祖一旦入其軍中自稱使者卽卧內奪其印符麾召諸將易置之信蓋不知也及信下魏代輒收其精兵以距楚旣敗項羽死垓下則又盡奪其軍徙爲楚王以信之才而周旋曲折惟高祖之聽者豈不以其智足以勝之故

耶信嘗曰陛下不善將兵而善將將是信自知其才惟高祖足以制已故甘心俯首爲之用而不辭也大抵人君之於將帥必有得其要領而使之心畏誠服者謂解衣推食便足以得其懽心者非也唐憲宗時劉闢叛於蜀宰相杜黃裳度惟高崇文足以破之而崇文素憚劉澭使人謂曰公不奮命者當以澭代崇文懼盡力縛賊以獻是以澭代崇文者黃裳得其領要也高祖之用韓信其術亦豈出此哉今陛下諸將倉卒之時可奪其符印而易置其部曲乎於戰勝之時可收其精兵而用以自衛乎於立大功之時可奪其全軍而使之歸鎮乎臣有以知陛下不能矣幸今諸將皆齷齪常才固不足深忌萬一有如韓信者不知陛下何以待之如此則平居之時亦當深察其好惡如以劉澭代崇文之術不可不知也何謂別之以分漢高謂功臣曰諸君知獵乎追殺走獸者狗也而發縱指示者人也今諸君徒得走獸耳如蕭何則發縱指示者也蓋古者用兵謀臣坐於帷幄之中以出籌策而將帥則聽命於前爲之役使此命之所以一而功之所以成也高祖所以謀者蕭何張良陳平而已黥彭之徒不得而與也唐太宗所與謀者房喬杜

如晦而已英衛之徒不得而與也今謀臣之任宰相執政是已陛下以爲謀之不臧歟慎擇而易之可也獨不可使武夫參預其間竊觀陛下對大臣不過數刻而諸將乃得出入禁中是大臣見陛下有時而諸將無時也臣非不知艱難之時陛下欲得其心姑與之無間然此曹何所知識必不能上補聰明下酬與望不過入則希求恩澤出則憑籍權勢而已此道路流傳遂以爲陛下進退人材諸將或與焉以陛下英睿擇善而從顧於此曹何有然致是言者恐必有可疑之迹不可不慎也又廟堂者具瞻之地大臣爲天子建立政事以號令四方者也今諸將率驟謁徑前便衣寄坐視大臣如僚友百端營求期於得而後已朝廷豈不自卑哉祖宗時武臣莫尊三衙見大臣必執撾趨庭肅揖而退非文具也以爲等威不如是之嚴不足以相制以今觀之一何陵夷之甚耶兼國家出師遣將詔侍從集議者所以慎之重之博采眾人之見也而諸將必在焉夫諸將者聽命於朝廷而爲之役使者也乃使之從容預謀彼既各售其說則利於公而不利於私者必不肯以爲可行便於已而不便於國者必不肯以爲可罷欲責其冒鋒鏑赴死地

難矣臣愚以謂自今諸將當律以朝廷之儀每有陳奏必使之如有司之式毋數燕見其至政事堂亦有祖宗故事且無使參議論之餘庶名分不至混淆而可以責功效是三說者果行足以駕馭諸將矣何憂乎保民何艱乎弭盜何患乎遏寇哉若夫國財之生則臣願陛下毋以生財爲言也自五六十年來士大夫喜操生財之說民窮至骨矣今四方莽爲盜區國家所有不過數路數十州而已所謂生者必生於此數十州之民古者以暴賦橫斂爲非尚有賦斂之名也今則直奪而已耳古者以取大半之賦爲非尚有

其半也今則直盡而已耳南畝之民寒耕暑耘黧面塗足終歲勞苦而不厭糟糠者陛下不得而見也胥吏坐門朝暮不得休息愁歎之聲日與死比者陛下不得而聞也鬻妻賣子至無地可容其身者陛下不得而知也尙何以生財爲哉惟痛加裁損庶幾乎其可耳外之可以裁損者軍中之旨請內之可以裁損者禁中之汎取何謂軍中之旨請朝廷不得已而取民之財當一銖一縷一粒以養戰士今一軍之中非戰士者率三居其二有詭名而請者一人而挾數人之名是也有以使臣之名而請者一使臣之俸實兼戰士十人之費而行伍中使臣大半是養兵十萬而止獲萬兵之用也有借補官資而請者異時借補猶須申稟朝廷謂之眞命今則一軍之出四方游手者無不竄名軍中既得主帥借補便悉支行祿稟與命官一同無有限極訪聞岳飛軍中如此類者幾數百人州縣懼於憑陵莫敢詰其盜支之物至不可勝計不惟是而已自軍興以來州縣貪殘之吏惟患盜賊之不來一聞入境則便置軍期司率斂民財無復稽考悉爲侵漁與盜無異此而不治雖財賦日生於國家果有秋毫之益哉何謂禁中汎取臣竊觀國家

軍兵之餉百官之廩乘輿之奉悉在有司而禁中時有須索如戶部銀絹以萬計禮部度牒以百計者月有進焉以陛下清心寡慾必無嬪嬙橫給燕游侈費也以陛下恭勤節儉必無營繕浮耗使令妄予也然人主用財要須有名使有司與聞用而無名是取民膏血擲而棄之溝中耳至於度牒則國家以虛名而收天下之實利陛下用之以重則重陛下用之以輕則輕免一時掊斂之瘡痍而實濟軍國之用誠非小補幸無以方寸之紙輕以予之而不之惜也若內外並加裁損大農之計雖未至有餘其視不知節用而

專務生財者有閒矣陛下所以詔臣者臣固已畢陳於前矣而臣有私憂過計者敢復言之臣聞坤之初六曰履霜堅冰至象曰履霜堅冰陰始凝也馴致其道至堅冰也蓋患之不可不預防也如此自古以兵權屬人久而未有不爲患者豈不以予之至易收之至難不蚤圖之後悔無及耶晉以六卿帥師而卒於分晉者六卿也魯以三家帥師而卒於弱魯者三家也漢自元成兵在外戚而漢由是以亡唐中葉兵在神策而唐由是以亂古今一同此必然之理也國家以三衙管軍而一兵之出必待樞密院之符祖宗於

此蓋有深意今諸軍之驕樞密院已不得而制矣臣恐寇平之後方有勞聖慮孔子所謂吾恐季孫之憂不在顓臾而在蕭墻之內也臣嘗觀自古偏方霸國提兵者未嘗乏人豈以國家四海之大雖曰多故而將帥之材遂至於寥寥如此哉意偏裨之中必有英豪特爲二三將臣抑之而不伸耳臣以爲及今之時當用漢建諸侯之法衆建之而少其力精擇偏裨十餘人裁付兵數千直隸御前而不隸諸將合爲數萬以漸銷諸將之權此萬世計也惟陛下勿以臣人微而忽其言不勝幸甚

遺史曰藻之言深切時務偉矣哉惟論將帥之名分抑之太甚不能無文武黨比之私其言使將臣毋敷燕見者是豈知蜀先主與關張同卧起使將臣無得參議論者是豈知漢光武與賈復輩論朝政藻徒知三衙見大臣執撾肅揖之恭而不知廟堂延接自有官制高下之式藻又謂此曹何所知識是待將帥以無人矣此書旣傳兵將官皆不堪之有令門下士作不當用文臣論者其畧曰今日誤國者皆文臣蔡京擾首改作亂綱紀王黼收復燕雲之役六字改作再啓干戈執政侍從以下持節則喪節守城則棄城建議者執講和

之論奉使者持割地之説言改作提兵勤王則潰散防河拒險則遁逃自金人深入中原蹂踐京東西陝西淮南江浙之地爲王臣而棄民誤國敗事者皆文臣也時時有一二竭節死難當橫潰之衝者皆武臣也又其甚也張邦昌爲僞楚劉豫爲僞齊非文臣誰敢當之自此文武二途若冰炭之不合矣

桑仲以霍明知郢州

楚州新遭張用曹成之後百室無一二存者桑仲以其黨霍明領兵二千知郢州明邯鄲人爲遞鋪曹司有膂力善戰而敢殺

二十九日丙申孔彥舟陷潭州

三月十二日己酉張俊敗馬進於玉隆觀進走江州

初張俊進兵急趨豫章至則喜曰我已得洪州破賊必矣乃復歛兵若無人者金鼓不動令將士登城者斬居月餘賊首馬進以大書文牒使來索戰俊復細書答狀以驕之又命王璦閱水軍於江中以疑之賊勢方强謂俊爲怯戰俊諜知賊稍怠己酉遽命大軍亟行徑濟生米渡遇先鋒擊敗之於玉隆觀乘勝追奔次筠州進方擁十數萬衆據筠州進者李成之驍將也出兵背筠河先守要地俊領步卒與賊迎戰命

統制陳思恭岳飛楊存中等分兵兩道以午爲期視旌旗所向兩道俱進俊前擊至午兩道精騎自山馳下賊駭退走死者數萬人俘八千人俊督鋭卒追至城下賊力不支乃夜遁走遂復筠州臨江軍所俘者八千人俊疑復叛是夜遣陳思恭盡殪之進之據筠州也三月旦日設香案望闕而拜有黑風如蓋自天而下漸低乃聞有聲徐視之則散而爲羣鴉不啻數萬喧噪於庭中剋擇官以爲不祥進曰何以禳之剋擇官曰當易旗幟改軍號可禳也進從之卽命易旗幟改軍號而申成照會成見之不喜謂進有背戾之心回報責之至是果敗筠州退至南康軍遇巨師古兵與戰師古軍敗是時崔增以水軍往南康軍到之日適見師古新敗橫屍滿野而進走江州矣增以舟船聽俊節制

十四日辛亥金人沒立改作默啜攻和尙原吳玠禦退之

沒立改作默啜攻和尙原吳玠擊敗之玠加忠州防禦使兼帥涇原

十六日癸丑賜張浚程唐劉子羽獎諭詔

朕治兵南服屬意西陲眷秦雍之疆歲被胡改作塵之擾連巴蜀之阻日聞邊隅改作烽火之驚念此瘡痍痛

如焚灼倚注樞臣之重總提師律之嚴雖云掌上之奇兵自能制勝允藉幕中之規畫相與圖全卿起自儒家明於將畧閥閲通於禁管未滅頗牧之賢韜鈐贊於廟謨必合孫吳之法山川跋涉歲月淹留挫强敵於方驕賈餘勇而再振執訊獲醜斬將搴旗成茲克捷之功緊乃參佐之力算計見效嘉歎不忘然念虎狼哮噬之無厭豈勝其忿思熊羆奮勵而有獲所戒者輕更懐持重之思助成戡難之烈嗣須異賞甯限彝章卿其無怠朕敢薄酬

十九日丙辰張浚徙治閬中

二十日丁巳桑仲以李道知隨州

李道者相州人李旺之弟也東京留守宗澤以事斬旺令道管其軍道之南也以一軍孤立遂寄桑仲軍中呼李道一軍爲寄軍時隨州闕知州仲令道至隨州聞通判王彦威在洪山卽請歸州彦威旣至道令彦威掌州印彦威力辭不可而道遂掌之是時北方僧來投洪山者戒臘徒有一千六百餘衆寺中不能贍給又有州縣官及寄居僅百家皆仰給於寺中住持僧慶預計糧食將盡不可以支乃集官員僧衆陞堂爲說糧盡之意見任寄居之家一例更供贍一月

一月之外請自營求在寺僧行日給米二合皆以爲其言合理而聞有僧之老者僧童之小者皆餓死官員攜老小尋路而南有達者有不達者衆僧請慶預別供粥飯慶預終不從亦日食米二合而已慶預鄂州京山縣人也自孩童如成人鄉閭皆敬異之後祝髮事浮屠禪學甚高與綿州覺子隰州性覺同得法於丹霞淳長老守洪山以拒羣賊環繞百里地人煙恐爲盜境而洪山獨全慶預之力也

二十五日壬戌孔彦舟自潭州以兵攻陷衡柳全永道州執安撫使向子諲

以鼎澧辰沅靖邵全州武岡軍爲荆湖西路就除程昌寓知鼎州充荆湖西路安撫使

鼎州兵火之後龍陽沿江殘破爲甚賦税所以僅給本縣官吏而已武陵鄉村半爲賊區桃源邊澧州界數爲劉超雷進所擾田畝荆榛賦入稀少倉庫空匱官兵錢糧不以時給於是朝廷以鼎澧辰沅靖邵全州武岡軍爲荆湖西路就除程昌寓知鼎州充荆湖西路安撫使昌寓旣出兵北援澧州又於龍陽新縣邊城要地列置諸寨屯兵守禦是時賊勢强盛四面交侵官兵力寡分布不足遂下屬郡調發洞丁刀手

弓弩手及東南第八將兵弓手以助蔡兵守禦兵數旣增錢糧益窘又值歲歉斗米三千五百文餓莩相仍勢甚急具聞於朝待報不及卽檄辰沅邵全四州取撥諸司物以給軍食矣

撻懶改作達蘭攻張榮於泰州縮頭湖爲張榮所敗撻懶改作達蘭退走

張榮在通州以地勢不利率舟船入縮頭湖作水寨以守撻懶改作達蘭在泰州謀往渡江欲先破榮水寨盡載兵於舟直犯水寨時榮亦出數十舟載兵與金人船相遇金人有戰艦在前不可近榮遑遽欲退不可

榮望金人舟徐顧其衆曰無慮也金人止有戰艦數隻在前餘皆小舟方水退隔泥淖不能近岸我捨舟而陸殺棺材中人耳遂皆棄舟登岸大呼而殺之金人不能驂舟中自亂溺水或陷於泥淖者不可計撻懶改作達蘭收餘衆約二千奔還楚州泥淖中金人猶有未死者凡兩三日誅戮殆盡自東京來未曾承王命列軍中遂無路告捷聞劉光世在鎮江府乃遣人願聽節制且上功狀光世大喜聞於朝廷而榮得右武大夫遙郡觀察使知泰州

節要曰撻懶改作達蘭攻淮東撻不也改作托卜嘉攻張敵萬

泰州縮頭湖水寨為敵萬所敗獲撻懶改作達蘭之壻戶不剌蘆改作呼巴達拉羅丹及俘馘番漢軍五千餘衆

賜襄陽府鄧隨郢州鎮撫使桑仲獎諭敕書

敕桑仲朕惟强虜改作敵亂常中原失馭凡王靈之靡及皆寇改作肆虐以橫行汝盡節朝廷有功江漢見姦人之專殺用國法以成擒坐使羣方肅然知畏剡章來上良用歎嘉故茲獎諭想宜知悉

二十六日癸亥劉光世鑄招納信寶錢招納歸附

撻懶改作達蘭在泰楚欲為久駐之基哆然有吞噬江左之意光世知其去國久戍遠方其衆思歸而有嗟怨之聲也謂可以離間其心即命鑄三色錢以金銀銅為之其文曰招納信寶背有使押字為號獲賊人之稍解事者貸而不殺說諭彼我利害向背曲直飼以酒肴俾將錢密示儕輩有欲歸附者叩江執錢為信而納之自是歸者不絕未幾得女眞契丹渤海漢兒萬人無室家者則為之娶婦給糧馬器仗使出戰前後立功為最創立奇兵赤心兩軍

張榮入泰州

張榮既勝撻懶改作達蘭引衆入泰州授以忠赤靖難橫行遙郡知泰州之命

二十七日甲子李允文殺知岳州袁植

李允文以沿江措置副使知鄂州袁植知岳州各得朝廷指揮許截留上江綱運招軍允文在鄂州招集軍兵稍盛朝廷差高某來代允文不悅乃集諸軍官望闕拜表乞留允文允文遂拒高某不納岳居鄂之上流植截留綱運不放下江允文怒植牒植取之植得牒擲於地差來人曰綱運發與不發在州府然某期違限則必死請回文歸鄂州植曰無回文唯取其牒批示李允文已承朝命差官為代其公牒不可施行允文得牒大怒會劉忠犯岳州植出城避之允文

卽遣吳錫段貴等率兵至岳州數其棄城之罪執植以歸植死於途中或曰允文使殺之也允文以吳錫知岳州馬友取道之湖南友聞錫至乃退軍於潭州益陽縣逐知縣魏舜遂據益陽縣錫聞友至乃閧之

金人聞張浚退軍閬州遂援西河而歸

金人至德順軍以兵少不敢留秦亭聲言分三道而獨出沿邊抄掠熙河熙河素多馬金人駐兵搜取無遺張浚置司閬州五路陷沒劉惟輔疏其罪而罰之秦鳳路統領官關師古收餘兵保岷鞏劉錫屯階城

金人自熙河東還殘階城而去浚入散關過漫天坡郭奕爲詩曰大漫天是小漫天小漫天是大漫天只因大小漫天後遂使生靈入四川又有詩曰秦山未盡蜀山來日照關門兩扇開刺史莫嫌迎候遠相公新送陝西回後奕罷宣司幹官與通判不協不赴任寓普州賣蒸餅爲生晏如也

李成徒黨據興國軍執知軍李儀

李成分遣馬進既占興國軍進留徒黨在興國遂深入江西又遭張俊之敗乃執知軍李儀奔淮南後儀及一親隨僕人遁走得免儀身着衲襖中有碎金數十兩至江州對岸一小寺中腰閒出興國軍印示其主僧求安下且煩僧尋一小舟濟渡僧見儀衲襖中是有物者遂謀殺儀夜并其親隨僕人以繩繫殺之舁其屍棄於寺後半夜大雨僕人稍甦活自解其繩留繫身邊移足欲行覺有屍在地天色雖陰黑僕人認之是儀也乃枕屍而視之曰若得性命渡江願與使君雪寃僕待質明走數十里叩江邊小舟乃渡詣江州密訴盡捕院中僧行出官鞠勘是實追黃金數十兩興國軍印乃擲棄江中不獲僧人與同惡者皆凌遲處斬於是興國軍復降詔與新印賊在興國軍半年儀能調護之無秋毫擾民感儀之惠爲立祠

二十八日乙丑張俊敗馬進於江州

馬進筠州之敗張俊追至奉新樓子莊賊將商元據草山狹險設伏俊熟視山峻路險度必有伏乃遣步兵從閒道直趨山頂殺伏奪險乘勝殺至江州進等拒戰不勝絶江而遁遂復江州自是俊軍有張鐵山之號是時興國軍諸處羣賊悉皆奔竄矣初俊復筠州臨江軍奏捷上親筆諭曰以李成之狡獪馬進之猖狂盤踞已深根株已固卿奮勵決策頻有克捷快士民之意解朝廷之憂且朕待卿最親卿事朕最久君臣之際休戚實同是宜乘賊勢之已衰當官軍之

已振驅除勦戮收建全功詔猶未到軍又有江州之

捷

二十九日丙寅賜李成軍中詔

朕承祖宗之休託民庶之上念連歲腥羶之變改作干戈之擾禍不勝言聞一夫屠戮之災痛如在己而李成者生本邊隸世蒙國恩乘朝廷多事之時爲盜賊亂常之首假順欺衆挐兵累年朕方待以開懷冀其悔過屢下自新之詔勉行姑息之恩裂數郡以開藩封疆特大遣使人而將命錫賚相望而成敢負眷私專懷凶狡每候胡塵之警反爲王旅之讎挾持兩端猖獗

萬狀自謂能欺於天地人皆洞見其肺腑乃至擅離淮右之區越踐江南之地既包容而愈悖豈征討之得辭爰遣將臣前臨賊境纔旗麾之一指俄壁壘之四摧動輒有功捷無虛日顧全師之盡北知元惡之靡逃往即屠之勢無難者言念脅從之衆孰非涵養之餘失身一陷於豺狼終歲莫還於田畝骨肉至於離散頭顱莫得保全靜言無辜有所不忍已敕令於主帥專擒取於渠魁凡汝脅從赦而不問以示好生之德以昭除亂之誠於戲國有大刑所冀鯨鯢之必戮民皆赤子豈容玉石之俱焚咨爾汚染之倫體吾宏貸之意速遏亂畧永保嘉生張浚討李成屢有捷奏上欲殲其渠魁而已憫其脅從故有是詔

四月一日丁卯朔陳彥權興國軍

陳彥以班直出官爲興國軍巡檢李成徒黨賊馬進既退彥入城軍民請彥知軍事彥令士衆具見在城中文武官職位姓名有朝請郎董某者監大冶縣銀場彥委請權通判有武翼郎胡某者委請權都監次第委請州縣官皆有條理惟董某怏怏不足有權軍之意軍民厲聲而呼曰無事之時當用文官多事之際宜用武官今已請陳知軍衆意皆同誰能間之彥

乃命吏牒董某還歸本任董某逡巡聽命遂權通判

十日丙子康淵克通州

劉光世遣將康淵往通州入其城以收復告

賜進士出身頭品頂戴四川等處承宣布政使司布政使清苑許涵度校刊

三朝北盟會編卷第一百四十五終

三朝北盟會編卷一百四十五校勘記

古者人君以恩結人結誤作吉　必有人臣爲朝廷任其責者脫者字　方其圍於滎陽圍應作厄　何術以待之脫術字　高則平居之時居應作定　今諸君徒能得走獸耳脫能字　莫敢訶祖所與謀者謀誤作以　今四方莽爲盜區莽應作舉　楚州新遣詰訶誤作詞　時特有一二竭節死難時特誤作時時　楚州新遣張用曹成之後楚州應作郢州　遇賊先鋒擊敗之脫賊字　與綿州覺了了誤作子　溺水而死脫而死二字　榮自京東來脫榮字京東誤作東京　到軍中到誤作列　錫賚相望賚誤作賓

三朝北盟會編卷第一百四十六

炎興下帙四十六

起紹興元年四月十四日庚辰盡二十日丙戌

十四日庚辰隆祐皇太后崩

隆祐皇太后遺詔曰吾自履宮闈於今三紀常懼菲薄不足以踵先后之懿而格神靈之休乃晚年以來逢國多故二聖遐狩心常愴然皇帝仁孝自天實同憂患雖在顛沛禮無缺違幸時小康還自江介方欲饗天下之養即東朝之安而無如節宣不時偶遇微疾遽至危惙莫能自還悵此兩宮遂成永訣方時艱難合行禮儀難以備舉皇帝服期以日易月十三日而除仍不候除服御朝臣民三日而除作樂婚姻並無禁止殮以常服不可用金玉寶貝權宜就近擇地欑殯俟軍事甯息歸葬園陵所製梓宮取周吾身勿循舊制以爲他日遷奉之便於戲生者人之暫寄死者數之大終甲子一周復奚所恨尚賴臣民之眾永堅忠孝之心輔翼聖朝早臻康阜存歿之際愴悵何言故茲遺詔想宜知悉

大行隆祐皇太后議謚○舊校云謚議汪藻撰　臣伏奉敕禮部狀據太常寺今來大行皇太后崩合差議謚官差臣

撰議謚者臣謹上議曰臣聞承天者地也所以涵六氣而熙歲功配陽者陰也所以分四時而成物化儷宸極者后也所以奉宗廟而隆化極故古之母儀天下者生也薦其尊名終而謚其大行三代尙矣靡得而詳在漢則明德和熹著稱於前在唐則文德懿安垂紀於後皆所以揚椒塗之範炳彤管之輝巍巍乎而與帝德並隆不可貶已恭惟大行隆祐皇太后躬聖善之德茂柔明之資粵自先正魏王有功仁祖之世王室所賴旂常紀之其澤深慶綿用集我太母惟我太母基迹元祐嬪於泰陵逮事宣仁欽聖兩宮稟二南之規兼四教之善正位宮掖三十餘年含洪光大而體坤道之常進退存亡而得聖人之正及靖康初載天割我家二帝出郊中原無統列辟相視莫知所圖我太母起於危疑之中自任以天下之重手援大寶授之聖明當方隅傾側之時序璇歷纂承之次雖文母以十亂興周不能過也已而六飛南渡按蹕武林元凶闒朝宄自內作天下之勢甚於綴旒我太母投袂而寢禍機立談而銷逆祲坐使天地復正三辰復明四方元元悉免塗炭雖媧皇以鍊石補天不能過也旣勳猷崇極如此而乃抑華敦儉率禮蹈和

塞私謁之塗裁外家之寵淸淨謙冲而以道爲本沈潛剛克而與神爲謀擁佑聖躬殫誠盡愛煌煌乎度越麟趾思齊之上矣方期淸我甸服駕旋舊京虔奉翟車謁款宗廟極四海之養卽東朝之安而昊天不辰禍結綿改作慈極郊釁告畢方開盛夏之祥隙駟難留遽掩長秋之御茲天子追慕悼心失圖歎厚載之中傾痛仙游之不返雖遂服不可勉從期歲之喪而興哀無時每過舉音之節由是命有司考易名之典懋飾終之儀告於神明節以四惠庶幾有以彰淑則而暢徽音謹按謚法明德有功曰昭視民如子曰慈聰明睿智曰獻安民有功曰烈若乃兩値時變當陽御簾基圖旣安卽復明辟澤及萬世與天無窮非明德有功耶寢興焦勞言動懇惻冒風濤兵革之險濟宇宙生靈之艱非視民如子耶察興替之端知變通之利親庶政以任溥天之責奉眞人以膺歷數之歸非聰明睿知耶中微之緒而我振之大亂之源而我窒之從容房帷密幹鴻造非安民有功耶嗚呼道之大者理謝形容名之尊者言絕稱謂故古者賤不誄貴幼不誄長而皇后之謚則請之於廟示雖天子必有尊也況我太母盛德元功夐無前比豈膚學之臣

所能擬議意者必受成於宗廟爲足以對在天之靈

大行隆祐皇太后謚議宜以宗廟之命錫之曰昭慈

獻烈皇后臣謹議

大行隆祐皇太后崩奏告宗廟伏以疊積宮闈禍延

文母凡居覆載孰不哀摧國有大喪不敢不告

大殮伏以宮闈寡祐仙馭上賓將奉容依俯臨神匶

顧温慈之永閟銜摧割以奚言謹以十七日舉大殮

之儀不敢不告

掛服伏以昊天不弔禍及東朝念色養之永違攀仙

游而何及爰舉衰麤之制用酬坤育之恩謹以今成

服不敢不告

祭奠比舉郵章恭成裒飾既正阼階之席當陳餘問

之羞仰冀神游俯歆誠薦

欑祭伏以慈壼中虛仙游浸邈爰舉菆塗之禮以須

祖載之期孝養莫追哀誠何極

啟欑伏以邦禍之延坤儀永閟方中告畢卽遠有期

乃涓季夏之辰恭撤西階之殯追攀靡及摧割奚勝

祖奠伏以復土有期遣車在道猶想庭闈之覲忍瞻

警衛之行攀轝哀號奠觴祖訣

啟奠伏以宮闈寡祐陵寢告成爰啟菆塗將臨於厚

夜恭陳奠斝永訣於終天

遷奠伏以蓍龜來諗日月有期既停六綍之儀將舉

九原之奉三靈不弔五內俱摧

發引伏以蓍龜告日披綍在庭載言厥衛之儀將舉

殯防之事攀依永絶摧割奚勝

掩欑伏以龜筮協從衣冠永閟神升帝所參三后在

天之游地占山靈豈千人成聚之比追游莫返銜卹

奚言

上謚册寶伏以柔儀懿範懋著宮闈盛德元勳實施

社稷乃羣臣謚請於宗廟曰昭慈獻烈皇后永爲千

載之稱不敢不告

祔廟伏以慈闈厭世甫竁岡山既終復土之恩爰講

祔姑之禮進陪廟祀永作邦休

配廟伏以 閟作合先朝援正尊名有欽聖御簾之詔

唱爲異議由崇甯當軸之姦茲涓剛辰恭舉徽册用

嚴升廟之禮永對在天之靈

卒哭伏以飈馭遐升日期浸遠甫隔晨昏之養奄然

哭踊之儀追慕無由銜哀何極

欑宮節八月朔伏以宮壼興哀屢改階莫之旦寢闈

在望俄驚陵栢之秋恭惟昭慈獻烈皇太后位正累

朝得齊先后仙游雖邈慈矩具存地隔三山莫獻蟠
桃之實神歸九廟長游大練之衣適遇蕭辰何勝永
慕

秋社伏以宮衣掩御已虛夏青之儀農扈報功忽届
秋成之候恭惟昭慈獻烈皇太后儷天德大救物功
深旣煉石以告成遽乘雲而不返追攀無及感愴奈
何

中秋伏以長樂終天人結母慈之變蓐收告節月圓
秋令之中觀玉珩之屢移望柏城而增愴恭惟昭慈
獻烈皇太后體姜妊之德希黃老之蹤倏赴帝鄉之
期永違天下之養每懷遺訓徒極哀悰

九月旦伏以軒星既掩騩駕莫追方興長夜之哀忽
届杪秋之序恭惟昭慈獻烈皇太后功參十亂道冠
六宮問寢承顏一朝違長樂之養祔姑合食千載奉
泰陵之游搖落有懷追攀無所

重陽伏以穜稑告成嘗帥九嬪之獻菊萸在御莫伸
萬壽之祈恭惟昭慈獻烈皇太后厚德俔天徽音垂
世自哀纏於厚夜忽時及於凋年爰致孝思式陳時
薦

九月望伏以椒掖戒寒柏城無曉永隔乘雲之馭倏
更濡露之辰恭惟昭慈獻烈皇太后化首宮闈澤流
寰宇念纂承於丕緒蒙保祐之隆恩緬想徽音何勝
孺慕

十月望伏以粤結終天時丁良月雖閟宮之在望瞻
大練以無期恭惟昭慈獻烈皇太后夢月鍾靈補天
儷德奄隔晨昏之養屢驚弦晦之遷茲覩流光何勝
永慕

下元節伏以驗灰緹室將觀一氣之回較籍清都莫
重三元之畢緬思慈範永隔仙游恭惟昭慈獻烈皇
太后所憂在賢以儉爲寶方俟含飴之慶遽興復土
之哀爰即佳辰載陳誠薦

秀水閒居錄曰元祐末哲宗方擇后京師里巷作打
毬獻戲以一擊入窠者爲勝謂之孟入於是孟在女
應入宮之選至紹聖閒禁掖造纈有匠者姓孟獻樣
兩大蝴蝶相對繞以纈帶曰孟家蟬民閒競服之未
幾后廢處瑤華宮號華陽教主玉清妙靜仙師議者
皆以爲讖蟬者禪也出家之兆也元符三年徽宗皇
帝嗣位欽聖向后同聽政詔后還宮號元祐皇后次
年向后崩復出居瑤華如故政和七年加號希微元
通知和妙靜仙師靖康初京師失守徽宗淵聖皇族

近屬皆詣虜（改作北）營虜（改作營）中議亦取后淵聖意張邦昌必不能久僭欲留孟后以爲興復基本因遣人入城取物紙尾批庾辭與府尹徐秉哲云趙氏註孟子相度分付會虜（改作金）人以后廢歲久無預時事不復取（邦昌請后入宮詔云遵少帝之玉音湖州士人石茂良在圍城居將官姚友仲家嘗親見批字）虜（改作敵）既退邦昌請后入居延福宮號宋太后既請垂簾號元祐皇后今上踐祚迎后至睢陽上尊號曰隆祐太后建炎三年車駕渡江至餘杭有苗劉二賊之變后復垂簾以平內難二十五日復辟又上尊號曰隆祐皇太后紹興元年崩於會稽初上謚號曰昭

慈獻烈後更謚曰昭慈聖獻至是前讖乃驗焉孟入者兩復入也蟬者禪（去聲）也兩御簾帷之應也大統中絶而復續天位暫傾而復正者后之力可謂異人矣

王德執郭仲威於揚州

郭仲威爲眞揚州鎭撫使建炎四年八月金人犯（改作）入揚州薛慶戰死仲威奔於興化及金人退仲威乃來眞州屯駐而留其次頭領李懷忠知揚州仲威聞李成在江州且嘗有舊潛回揚州駐軍欲往上江合軍到建康遇招信劉綱軍於雨花臺仲威不備爲綱所敗遂回揚州作鎭撫使朝廷以其反復終不爲用詔劉光世生致之光世遣王德往德宣言游徼淮上至維揚仲成迎德於摘星臺德手擒之遂并其衆亦有散而之淮西者有歸遷淮陽軍者

寇宏與宿遷縣土豪趙革合軍於龜山

寇宏壽春人素以刺船爲事凶悍無行良民苦之建炎末與百姓張先聚衆時人謂之張二伯者邀掠舟船沿淮而行泊於濠泗之間楚州趙立爲金人所圍先等以衆至城下立喜用便宜皆以次借官與之時先爲首遂以權知泗州軍州事先既到泗州乃令其次劉全權通判軍州事時人謂之劉馬子者而宏又

其次也遂令宏水陸巡檢宏以衆數百人泊舟於鳳凰洲未幾全自横山澗寨迎取其家屬回宏以纖芥之疑遂殺全是時先在泗州爲土豪吳鈐轄所殺宏遂以其衆徑至泗州會先餘衆殺吳鈐轄退泊於龜山時楚州已陷郭仲威爲眞揚鎭撫使宏願聽仲威節制仲威借補宏敦武郎閤門祗候爲鎭撫司統制於是國奉卿在宿遷趙瓊水寨未有所向瓊復以其父革爲首領奉卿說革率衆下龜山與宏合軍革然之遂率其寨俱行至龜山宏大喜乃合軍衆議以徐宗城知泗州臧珪知盱眙軍宏復上鳳凰洲刈民麥

以圖濠州會傳報仲威爲王德所執俄而潰兵有由龜山往淮西者宏遂以舟船行後劉光世以宗城權知泗州是時泗州居民無一家滿地荆棘荒草而已宏在鳳凰洲屢以舟船犯濠州攻城李玠禦退之

十七日癸未桑仲陷鄧州知軍州事譚兗走西川桑仲以其黨李横知鄧州軍州事

桑仲率兵圍鄧州譚兗遣人招徽蓋山王俊解圍俊率其衆至鄧州入城兗與飲宴宴罷俊醉兗率衆突圍出奔入川中仲攻城陷執俊歸襄陽釘於木驢上呵喝相公遊街遂凌遲殺之

二十日丙戌王亨爲廬州壽春府鎮撫使史康民兼知直揚州鎮撫使

賜進士出身頭品頂戴四川等處承宣布政使司布政使清苑許涵度校刊

三朝北盟會編卷第一百四十六終

三朝北盟會編卷一百四十六校勘記

密斡鴻造 斡誤作幹　銜摧割以奚言 銜一作卽　乃羣臣請謚於宗廟 請謚誤作謚請　人結母慈之戀 戀誤作變　驍駕莫追 一作駅駕　作打毬獻戲 獻字衍　以一人擊入窠者 脫人字　兩大蝴蝶相對綰以纈帶 綰應作繚　且嘗有舊潛回揚州駐軍 二句一作且嘗有溜州同駐軍之舊　遂率其寨俱行 率其二字應作同　宏復上鳳凰洲 上應作至

三朝北盟會編卷第一百四十七

炎興下帙四十七

起紹興元年四月二十一日丁亥盡八月八日壬申

二十一日丁亥張浚殺前威武大將軍曲端於恭州獄中

初王庶以失延安自劾罷六路節制也聞張浚來作宣撫處置使即前途迎見之浚以庶爲參議官復與庶偕行浚既失全陝退保蜀中復欲用端庶曰不可富平之戰宣撫與曲端有勝負之約今日宣撫以何

面見曲端若曲端得志雖宣撫亦敢斬之不可用也吳玠亦懼端之嚴明恐其復用乃書曲端謀反四字於手心玠侍浚立舉手以示浚然不言也浚雖有殺端之意而未有罪庶等曰曲端嘗作詩題柱有指斥乘輿之意曰不向關中興事業御來江上泛漁舟此其罪也浚乃送端萬州羈管復令恭州取勘康隨先在鳳翔府會遣端決背一百有切骨恨浚以康隨爲提點刑獄公事端聞之曰吾其死也呼天者數聲端有馬名鐵象嘗日馳四百里惜之過於子息至是連呼鐵象可惜者又數聲乃赴逮既至隨命獄吏縶之維之糊其口熗之以火端乾渴而死遠近士民聞端之死無不悵怏有數日食不能下者不旬日鐵象亦斃

林泉野記曰曲端字師尹鎮戎軍人通書史善屬文精騎射建炎初經略使知渭州樞密直學士席貢用端爲統制屯涇州是冬金人犯涇屢爲端所敗時陝西五路制置使王庶以端爲都統制庶嚴酷嘗曰假使曲端忤我我亦斬之端聞而忿虜犯改作敵趨延安端不肯救庶走端寨端責以失守因而奪其印累日方得釋建炎三年召端爲御營使司提舉一行事務地遠不能赴張浚宣撫陝右築壇拜端爲威武大將軍

涇州防禦使端登壇諸將懼聲雷動浚由是忌之四年正月二日兩破虜衆改作北軍浚欲合五路兵於耀州與虜改作敵決戰端堅持不可謂宜五路分擊浚不從王庶時爲參謀因譖端欲反乃送端恭州及戰於富平乃詐建端旗幟以威虜改作敵婁室孛堇改作羅索貝勒曰紿我也一戰我軍大敗庶薦康隨爲提點刑獄令誣以端罪次年下端恭州獄逼殺之軍民益體解而五路遂陷於虜改作敵浚還朝中丞辛炳侍御史常同言浚妄殺良將致失五路罷之

翟興殺僞信王楊偡糜之子

沿河守禦官王興報大河北岸有兵千餘人其首領自稱親王翟興命王興招延渡河厚其供饋以兵衛之既行移則稱信王或稱鄧王或自謂是淵聖文檄不一蠱惑衆聽意在誘結將士動搖邊境興察之其爲首領者覺之乘夜潛遁興委都統制董先追襲至商州獲之乃鄧州楊鎡糜之子也識證甚明遂幷其黨殺之

馬友敗孔彥舟於潭州遂以湖南副總管知潭州

先是馬友在南陽軍也張用已受招安在鄂州城中友遣都統王成率衆渡江攻鄂州平湖門或走報用

用曰何不殺之曰不敢殺也用率親兵登城成見之聲喏於城下用問爲誰曰王成用責其不忠便使以神臂弓射之其衆退還漢陽翌日李允文差友爲湖南總管友遂率衆往湖南至是屢與孔彥舟戰敗之彥舟退去友遂入潭州

郭仲荀復登州防禦使主管殿前司公事

辛道宗爲福建路馬步軍副總管

孔彥舟在鄂州受招安

孔彥舟在潭州屢敗於馬友乃退去欲向南行因作口號有又被杜鵑頻喚省參差兵馬過衡陽之句遂寇岳州官吏皆走一城盡空彥舟無所掠遂寇鄂州漢陽軍一帶下寨時鄂州大饑米一升三百五十文民多餓死彥舟括軍中米出糶於市每升二百文人得少蘇皆翕然稱揚彥舟之惠知鄂州李允文聞於朝廷招彥舟彥舟聽命

五月十三日戊申金人折合孛堇改作哲爾格貝勒攻和尚原吳玠禦退之

折合孛堇改作哲爾格貝勒以三百餘騎入山谷欲攻和尚原吳玠遣兵擊之山谷中路狹而多石馬不能行金人棄馬遂敗走於鳳翔府

沒立改作默埒寇改作攻箭筈關吳玠擊退之

沒立改作默埒懲三月之敗復會烏魯改作烏嚕折合改作哲爾格衆數萬由階成出散關吳玠擊走之時沒立改作默埒方攻箭筈關玠復遣兵擊退沒立改作默埒不得與二酋改作烏嚕哲爾格合矣

邵青寇太平州

邵青先受朝廷招安授樞密院水軍統制蕪湖縣駐劄張俊討李成令青聽節制青至池州與張用徒黨相持時時戰鬭又辭以無糧請於朝廷朝廷從之青遂復回蕪湖就糧是時當塗蕪湖久苦青之擾皆不喜

其復至靑遣人往太平州買賣知州郭偉不放入城乃曰邵統制已有指揮往收李成安得復回此邵靑聞之怒率衆欲入城城門皆閉遂擁衆攻城時五月十六日也靑有衆數萬大小舟數千艘入姑溪河上蓮褐山下至采石東至三湖口與其黨單德忠孫立魏曦閻應分布徧滿又於城中外四壁剳立硬寨開畎姑溪河水盡淹圩岸掘斷援兵來路燒屋宇驅百姓沿江採斫草柴於城下塡疊墁道兩所百姓稍怠緩者賊在後以刀殺之幷其屍和柴草疊路一日之閒墁道與城相平下瞰城中縱火箭焚燒樓櫓取有

孕婦人一二十人城下割腹取胎以卜吉凶自此攻城晝夜不息用雲梯及三稍五稍礮者百餘座天橋對樓鵝車洞子一發四面塡壕攻城偉親率將士軍民城上與賊血戰官員軍民傷中者千餘賊以礮打損一敵樓搖動欲倒壞共請立木別修偉曰賊軍在城下曉夜攻擊無休息時何暇修敵樓命百姓運土實之倏忽滿遂牢固不復別修靑亦不能近偉方食於城上靑一礮擊其案損偉不動又以矢斃其侍吏偉亦不顧已未夜偉召募長槍敢死軍兵下城西壁刦賊營寨東風緊猛發火焚燒賊兵所疊墁道火焰熾延及鵝車洞子之屬賊不能救遂將所虜強壯無殘疾鄉人用錦繡衣服新頭巾裝束驅催往江口剖腹取心祭轉西風不應賊連夜接戰中傷及死者甚衆偉以姑溪水面高於賊寨地遂於辛酉夜召募軍民下城開放河水水勢湍急淹浸賊寨賊計窮是會鎭江府劉光世遣人來招安壬戌拔寨遁走下水而去初靑有參議魏曦者多知有謀偉忌之乃用嚮箭射一文字至城下靑得之又兩日靑殺曦人皆謂偉用閒計而靑信之也

六月朱勝非在江州上疏乞恤民招盜

朱勝非自罷知洪州轉徙於湖湘閒建炎四年六月復觀文殿學士除江州路安撫大使知江州勝非聚兵於吉州逗遛不進以劉紹先楊勍傅樞爲統制及李成陷江州爲張俊所敗勝非乃以紹先兵屯江州數月勝非方至然除命已一年矣九江新遭李成所破被禍最酷彫殘甚於他郡而帥府舊治豫章創移於九江官府荒陋且不可號令一路方朝廷置鎭撫使移易諸路帥臣經畫無節於是勝非上疏論東南盜賊欲招撫西北劇寇則命之以官使流離北人各得其所所汰被虜者老弱者不願從軍者留精銳使

散處諸軍如此當不爲患至若江西大寇皆因朝廷號令無定横斂不一名色既多貧民不能堪以故爲寇且言臣被詔赴任來自桂嶺陸行一千七百餘里至臨江軍所見道上居民及近路村落自入衡州界有屋無人入潭州界有屋無壁入袁州界則人屋俱無良民無辜情實可憫陛下幸降寛詔深加哀憐蠲削苛擾俾知實惠招降其首領與補一官收隸軍籍而散遣其徒衆各使還業則江西之亂庶可指日平也不然則爲盗者日益衆勢必南軼湖南二廣皆不得安矣先是李敦仁亂江西帥臣監司多往招收或

許以高爵或啗以厚利敦仁閞殺所遣之人乍服乍叛終莫能平勝非募人往招之有許吉範者願行勝非叩問再三知其能辦然後自爲文榜授之使行以招之吉範如其言而往不數日敦仁輩三千餘人來降然後諸郡解嚴

誅郭仲威

郭仲威自焚刲平江府即轉至淮甸王德誘而執之檻送行在朝廷以仲威望敵不戰焚刲而出誤平江一城生靈者仲威也且在眞陽州跋扈之迹甚明命王舜成押赴平江府㕘遲處斬是日也舜成以甲兵防護㕘遲於飲馬橋下城中軍民歡躍稱快

張俊追及李成敗於蘄州石幢坡成走附於劉豫

張俊旣敗商元馬進於江州而李成在蘄州俊引兵渡江至黄梅縣與成戰成據石幢坡憑山以木石投人俊乃先遣游卒進退若爭險狀以誤之後俊帥衆攻險賊衆奔潰追殺賊將孫建馬進及首領無數自黄梅六安諸郡賊徒聞風逺遁成北走降於僞齊

張俊送知鄂州李允文於行在

張俊爲江淮招討使移牒李允文曰恭奉聖旨統大兵前來掩殺賊徒李成請照會時鄂州糧食且盡而

孔彦舟在漢陽以來允文得牒遂悉衆往江州丁家湖見俊俊分兵三百人與允文回州允文怒俊奪其軍有言侵俊俊怒其在鄂州殺袁植等事差人押送行在所

沈與求爲侍御史

先是沈與求爲侍御史以論李陵乞詔宰執選用罪戾之人除職與郡遂除直龍圖閣知台州待闕未赴上思與求之忠有旨召還再除侍御史上嘗從容言王安石之罪在行新法與求對曰王安石以己意變亂先帝法度誤國害民誠如聖訓然人臣立朝未論

行事之是非先觀心術之邪正揚雄名世大儒主盟聖道新室之亂乃爲美新劇秦之文馮道左右賣國得罪萬世而安石於漢則取雄於五代則取道臣以是知其心術不正則姦僞百出僭亂之萌實由於此起自熙甯元豐以來士皆宗安石之學沈溺其說節義彫喪馴致靖康之禍巧爲賣國一時叛逆適逭典刑願陛下明正其罪以戒爲臣不忠者是時上不欲究僭僞事因與求之言遂大感悟

邵興退軍於興元府

邵興在盧氏縣爲董先所攻興不勝遂率衆走入興

元府投安撫使王庶宣撫張浚以其姓名與年號偶同遂改其名爲隆

七月岳飛爲神武右軍副統制

張用以兵五萬降於張俊

張用自咸甯縣趨江西屯於瑞昌境中曹成屯於吳仙鎭張俊既敗李成成歸劉豫矣乃使岳飛招用降用有受降之意令諸軍來日往吳仙鎭與成合軍翌旦軍士有之吳仙鎭者久之用不至衆皆疑之俄有承局報用已受岳飛招安追軍馬皆回衆以旣行三十里不可回矣乃趨吳仙鎭曹成令中軍人別作一寨未幾用再遣人追其軍馬遂往瑞昌與用合矣

討論蔡京王黼童貫譚稹李邦彥朱勔梁師成孟昌齡楊戩父子親黨門人得官改轉者皆降八官

宰相范宗尹罷爲觀文殿大學士提舉臨安府洞霄宮

范宗尹爲宰相侍御史沈與求言其無經畫才遂罷之制詞有曰日者輕用人言妄裁官簿以廟堂之尊而負天下之謗以人主之孝而暴君親之非朕旣丁甯德意而申命於朝汝方廢格詔書而持必於下此宗尹所以罷相也范宗尹字覺民襄陽人宣和三年登進士乙科時年二十三靖康初召赴闕累遷諫議

大夫是冬虜再犯順四字改作金人再舉入邊宗尹俯伏流涕請割三關與虜敵改作康王在單州宗尹自都來迎建炎初言官疏其主和之罪罷落職三年召復諫議大夫是秋參知政事從駕幸海道次年召復諫議駕回越州拜尚書右僕射奏改御前五軍爲神武五軍御營五軍爲神武副五軍分江淮京湖路爲十五鎭撫使各爲守備屏蔽行在乃以呂頤浩守江東朱勝非守江西劉光世守浙江薦孫覿汪藻李擢陳戩謝克家入朝量移王時雍徐哲秉莫儔吳幵王紹王及之胡思等上皆不知識者尤其不公虜金改作遣秦檜歸朝

士多疑之惟宗尹李回主其忠遂擢爲禮部尚書李成入寇建議遣張俊等破之紹興元年宗尹議討論蔡京等父子親黨門人得官改官者侍御史沈與求以爲言罷爲觀文殿大學士提舉洞霄宫時年三十

十六日庚戌張琪寇饒州

張琪寇饒州呂頤浩遣統制郝晸崔增王進顔孝恭閻皐與戰大敗之琪退走遂寇浮梁

權知濠州李玠率家屬去令張德權知軍州事

李玠在濠州當羣賊縱横之時以嚴酷殺伐守其城縱兵横擾於民故能得兵軍之情久處於危城中金

珠寶貨不可以數計玠棄城而去陸路既不可行又水路爲寇宏所拒宏屢犯城下與玠戰勝負相當至是玠通書與宏請和宏許之玠遂留州印與巡防官張德令德權管軍州事玠乃以家屬泛淮而去凡得民間金銀財寶皆重載而行至鳳凰州見宏宏待之甚厚玠言濠州無守將使宏進趨城可以保民而功成

二十一日乙卯劉光世招安卞甯及郭仲威餘黨渡江

卞甯者楚州五湖中捕魚人也初甯聚集捕魚人後又聚强壯僅有千餘人在湖中山歸化里爲寨無糧食專掠人爲糧郭仲威在眞陽遣人招之不應至是受劉光世招安又有仲威餘黨欲渡淮投劉豫豫不受復出沒於淮南亦受光世招安光世皆令在長蘆以待發舟船濟渡甯及仲威餘黨皆聚於長蘆無糧食衆皆飢乃掠人爲食半月之閒食啗萬餘人乙卯光世方發舟船來濟渡先是兀朮（改作烏珠）屯於六合既退軍不驅虜百姓尚未覺彫殘經甯等食覺彫殘矣

詔張俊班師

中書舍人林遹轉對劄子

伏見比日收復江鈐等州李成敗兵奔逃潰散淮南

番（改作敵）騎渡淮愈遠蓋亦上天悔禍稍稍休養生聚以成陛下中興之業願乘此時嘗膽愛日聚兵積粟蒐閱士卒夙夜籌畫以備他日防秋之計自虜（改作金）人南牧天下痛心疾首日望一日今五年矣將不加勵士不加勇財不加富然未知所以善後者萬一循習目前如積薪厝火寢處其上可謂安乎李成本與虜賊（改作金人）連結爲聲援今雖敗衄根株未除餘孽猶在藏畜愈深不可不慮也虜（改作金）人前歲蹂踐江浙氣燄尙驕今聞遂爾北去在兵法兩敵相當多夸示所長匈奴匿其壯士肥馬示以羸怯遂有平城之圍

鷙鳥欲搏必戢其翼況北歸之衆齊集淵藪未離巢穴(改作經時未久卽遂引去)安知不示弱以怠我師俟秋高馬肥遣李成招集潁淮飢民呼吸羣盜侵軼江南徐以勁騎揚兵福山擣虛浙右水陸並進以困我備禦以分我應援兵法所謂多方以誤之彼處其逸而我不暇合矣比聞北人再犯(改作入)關陝竊思狂虜(改作敵情)非直爲陝右也前代諸葛亮以偏隘之蜀尙欲與曹操爭天下必先取仲達勤師渡瀘豈爲甘心於不毛之地哉趙元昊未叛命之前連年先以兵取哃囉(改作沿邊)諸大部族然後舉兵而南是皆先去後患俾無牽制內

顧之虞況陝西無勁兵之地賊黨(改作敵衆)踰淮越江不顧其後犯兵法所忌今遽併力於西陲安知其計不在於南侵也宣王撥亂中興(下添必先二字)內修政事然後外攘夷狄(删此二字)今日之弊惟在兵不習戰將不肅命財用殫匱民食艱難州縣以軍興爲名而掊取無度此迺腹心之深病政事所當先而盜賊四夷尙爲病在四支可以漸去也陛下與廟堂公卿大臣汲汲講圖之臣書生何足以揣度事機儻赦其狂瞽少賜採擇甚幸

八月八日壬申張俊點揀張用人馬

張用在分甯縣冷家莊受岳飛招安張俊往瑞昌親揀其軍五萬强壯者留之餘逐便令去有投曹成者有投岳飛者有投韓世忠有自營生者自此曹成走湖南韓世忠追之

賜進士出身頭品頂戴四川等處承宣布政使司布政使清苑許涵度校刊

三朝北盟會編卷第一百四十七終

三朝北盟會編卷一百四十七校勘記

浚乃送端萬州羈管（羈誤作覊） 令誣端以罪（誤作令誣以端罪） 馬友在漢陽軍也（漢誤作南） 又於城中外（中字衍） 及三稍五稍礮者百餘座（者字衍） 倏忽塡滿（脫塡字） 青一礮擊其案案損（脫下案字） 東南盜賊則欲招撫使降（脫則字使降二字） 有許吉範者（一作吉世範下同） 眞揚州（揚誤作陽） 至黄梅縣復與成戰（脫復字） 俊怒其在鄂州（一作俊怒具允文之在鄂州） 以論李陵（李陵一作季陵） 以人主之孝（人主一作全生） 亥年召復諫議駕回越州（召復諫議四字衍） 故能得軍兵之情（軍兵誤作兵軍） 在使宏進趨城下（脫下字） 可以保民而成功（成功誤作功成） 在湖中山歸化里爲寨（山字衍歸化里一作歸北里） 在眞揚（揚誤作陽） 漠然未知所以善後者（脫漠字） 必先取南蠻（南蠻誤作仲達） 俾無牽制內顧之虞（內一作尾） 況陝西吾勁兵之地（吾誤作無） 賊儻蹦淮越江（儻誤作黨） 少賜朶擇幸甚（誤作甚幸）

三朝北盟會編卷第一百四十八

炎興下帙四十八

起紹興元年八月八日壬申盡十月三日丙寅

詔呂頤浩赴行在

十五日己卯王擇仁特授通直郎直徽猷閣權發遣河東路制置使司公事韋壽佺特授中衛大夫昭德軍承宣使制置使司都統制太原府經略安撫使兼知太原府李宋臣馮賽並與拱衛大夫忠州團練使兼河東路制置使司都統制宋臣充平陽府路經略安撫使兼知平陽府賽充隆德府路經略安撫使兼知隆德府

己卯降旨韋壽佺李宋臣馮賽并河東諸山寨首領等能著忠義率衆戰敵四軍誓不屈節從番（改作敵） 及王擇仁遣人撫諭約期相應收復故地忠義顯著令學士院降詔獎諭內王擇仁特授通直郎徽猷閣（差權）發遣河東路制置司公事韋壽佺等皆橫行遙郡知太原府爲經略安撫使制曰王擇仁策士謀國常以合從爲先軍志論兵則以伐交爲責乃知強弱之勢常存離合之閒宜資總制之權用率衆從之聽以衛忠存衛社義篤尊君恥中原之見侵憤孽胡（改作強鄰）之不道因連豪傑糾合師徒勵精銳之前鋒將驅攘於醜

類（改作外侮）遺臨全晉參制帥權倅勇冠二軍式奮爪牙之用而盡護諸將率歸帷幄之籌居則保輔車相依之安動則成首尾俱應之勢率和衆志庸建茂勳尙觀厥成嗣膺殊寵時河東已陷擇仁等但遙領其職

二十三日丁亥秦檜爲尙書右僕射同中書門下平章事

范宗尹罷宰相上欲用頤浩而富直柔韓璜等密薦秦檜乃拜檜右僕射制曰出處行藏皆合乎道死生禍福不移其心謀國盡忠常若蓍龜之先見捐身挺節獨如松栢之後彫巍巍眞社稷之臣招之不來麾

之不去者屹然在朝庶幾外侮之姦聞風而弭

汪伯彥復正議大夫提舉臨安府洞霄宮

汪伯彥初爲祁門令王本門客秦檜與其兄梓皆從伯彥學崇甯二年伯彥第進士累官中大夫建炎中爲宰相敗事責授甯遠軍節度副使永州安置至是檜爲宰相薦其才乃復正議大夫提舉臨安府洞霄宮

高安殺楊彪詣王彥降

楊彪高安皆楊進之餘黨也往來京西秋苗將熟卽入房州界華谷劄寨刈稻而食有曹端下潰兵將三百人來合軍華谷田苗已盡復出磐川又食田苗盡迺遣人齎狀詣王彥乞降許之已束裝行安殺彪而自率其衆乃曰楊彪已受降復有向背之心高安殺之矣彥喜留安爲將

孔彥舟爲蘄黃州鎭撫使

孔彥舟在鄂州授蘄黃州鎭撫使中秋日彥舟作筵會東邊坐統制將官西邊坐州縣官早筵十二盞每盞出四美人穠纖長短大抵一般又一般裝束執板謳詞凡四十八人晚筵十二盞每盞出四女童如早筵亦四十八人器皿盡用黃金議者謂臣庶之家在

當時所未有初彥舟在潭州與通判張瞻通家往還瞻妻趙氏宗女也有姿色彥舟悅之離潭之日奪取趙氏而行爲蘄黃州鎭撫使每出獵與趙氏聯轡而往趙氏著銷金袍束玉帶戴尖風笠子宛然如畫彥舟專寵之

李回爲參知政事

初秦檜自虜（改作敵）中歸李回力薦其忠至是張守罷參知政事而除回檜有力也辭免不允批答省表具悉朕錄德而定位量能而授官自一命以上必審稽切實而未嘗以名器假人也況從容帷幄與朕日圖

天下之事者乎卿學通淵源世習臺閣與政未幾赫
然有聞擢諸樞機之廷付以丞弼之任惟九德咸事
旣灼知之已詳雖三命滋恭豈牢辭之可免趣體朕
意毋虛厥官所請宜不允仍斷來章
汪伯彥復觀文殿學士江東安撫大使兼壽春府廬和
等州安撫使兼知池州
九月一日甲午朔汪伯彥提舉臨安府洞霄宮
秦檜薦汪伯彥爲江東安撫大使侍御史沈與求言
伯彥誤國不可復用遂改除宮祠
徐文駐軍於明州

邵青欲以海船寇明州故命徐文軍於明州徐文者
初在登州聚據於靈山後轉海歸朝廷也
二十一日甲寅呂頤浩加少保爲尚書右僕射同中書
門下平章事
范宗尹罷宰相召呂頤浩赴行在而先拜秦檜右僕
射又富直柔韓璜辛道宗永宗皆譖頤浩故到闕多
日未有除拜人皆疑之俄拜少保爲尚書右僕射力
辭少保遂加特進
二十三日丙辰郭偉知太平州再任
郭偉知太平州捍禦崔增邵青有功有旨再任而偉
已受代至是令依降指揮知太平州再任制曰適者
潰叛之徒游魂四出而爾登陴保聚屢抗賊鋒安輯
兵農斯亦勤矣與其更選於羣才孰若因任於已試
進職一等還之故官惟惠疲瘵則可以固民心唯謹
綏馭則可以奮武衞偉還至本州界代者右通直郎
方承閉門不納具申朝廷御史臺稱見發郭偉贓私
上降旨方承封持朝廷理當行遣追理出身令江東
路安撫大使司拘囚取勘具案聞奏
二十四日丁巳王彥敗李忠於秦郊店忠奔於劉豫
李忠本曹端之部曲也曹端與王闢退襄陽屯於中

廬闢殺端欲自統其軍忠不從與其衆戴白頭巾聲
言爲端報仇聚衆數萬號權京西南路副總管擾於
京西漸犯金州界有闚川蜀之心遂具公狀申宣撫
司乞下洋州關隘照會張浚以爲憂遣擧一行事務
顏孝隆稟議官蓋諒馳詣金州以撫慰爲名深賾其
意並以黃敕差忠知商州兼永興軍路總管孝隆至
軍中申宣撫司稱忠實有兵二十五萬有奇諒覘知
忠不遜刲質孝隆不肯赴商州任申宣撫司乞爲備
浚以孝隆爲怯委興元帥王庶收接忠入關仍散處
其衆於興元洋州境內庶移文忠疾速發赴新任如

願入關佽於關下解甲結隊以次進發忠去關二十里駐兵回翔數十日無解甲意一夜殺孝隆引去攻金州鎮撫使王彥率兵控禦忠沈鷙善戰又其下皆河北驍勇官軍與戰輒不利一日彥與忠戰於豐里令提舉官趙横率門軍駐於山上爲官軍之策應别遣精兵與忠接戰彥於高山上觀之官軍少卻彥麾横救之不應官軍遂敗彥内憾横而外猶存禮貌也彥退舍秦郊見路傍居民則麾之使去曰賊甚鋭不可當也忠遂陷諸關彥令將士盡伏山谷閒息烽燧偃旗幟不鳴金鼓禁樵採又焚秦郊積聚若眞遁者

以誘賊秦郊去城纔二十里道路夷坦寂無人聚彥悉出府庫所有召募必死士得千餘人改易麾幟軍號設奇以候其至戰之前一日游騎出秦郊彥召將佐曰賊必以我爲遁明日當悉其家屬乘勢長驅以入郡城夜半分官軍爲三以遏其衝又以五百騎伏於林閒丁巳陵晨賊果大至官軍逆戰聲震山谷勝負猶未分也俄伏騎張兩翼繞出奮擊賊大奔潰擒馘萬數俘生口無算輜械蔽野追襲至於永興軍至秦嶺因收復乾祐縣以歸忠奔於劉豫時金州廪無儲積士有飢色所得貲幣盡分部伍人皆讙悦彥方退舍秦郊也告急於宣撫司與元帥王庶遣偏將鄺晟及馮賽等赴援忠已敗走賽由閒道乘之斬其大將曹威張敵萬腹心蔡大路三人盡獲額孝隆所齎黄敕告劄等賽者孝隆之將也自盧氏縣隨隆至興元府故庶用之

孟庾爲戶部尚書江南荆湖宣諭制置使○舊校云宋史九月己未初措置河南諸鎮屯田以戶部尚書孟庾爲江東西湖東等路宣諭制置使

李捧以其衆降於劉洪道

張琪在宣州南陵之閒駐於孔村其次李捧者以兵攻琪琪敗走捧遂爲首其次卽華旺也池州劉洪道

差兵士往宣州買果子爲捧所得捧曰爲我往池州下文字我欲受池州劉待制招安捧遂以細果一擔附兵歸贈以金銀而軍中首領皆有贈遺旣回池州洪道甚喜再遣往所報一同乃命統制官李貴且招華旺貴與旺同至貴得金銀甚多洪道以旺爲池州兵馬都監然後招捧捧亦至洪道嚴容見之捧股慄謝曰李捧以遭亂世苟逃性命遂與張琪結義爲賊屢蒙朝廷厚恩使就招安而張琪惡心不悛久阻王化今李捧同率忠義之衆併殺張琪張琪逃命不知所在故捧等願就招安爲國家致死洪道甚喜飲之

酒捧一飲而盡并金盃與之洪道命其軍至城下自馬牙至清溪口凡三十里遂問願歸農者給公據放歸岸下艤舟百餘艘濟渡歸農人凡七晝夜不絶歸者以鄉里空虛往往皆餓死朝廷授捧以正使以其衆赴行在

二十八日辛酉詔求有謀策能還兩宮者

任直清改舍人官除直秘閣仍賜緋章服

河南府孟汝唐州鎮撫使翟興遣幹辦公事任直清至行在上召見直清具奏汴洛間艱危之狀及陵寢事上歔欷久之直清以文林郎改舍人官除直秘閣仍賜緋章服

制曰爾以諸生奮身戎幕百舍重趼入奏行朝賜對從容有嘉忠恪官雖寄祿實是京僚蓬萊道山以儲英俊併賜身章用示寵錫求之昔時是非聲譽在人服勤之久保任應格功效卓然者未有一朝而兼得者也朕之寵爾者厚矣爾亦思所以報之

翟興加武功大夫忠州團練使

翟興在河南以孤軍守國家之地忠義之氣堅若金石下詔褒之擢加武功大夫忠州團練使仍命辭曰爾奮身校長不忘國恩獨以貔虎之師屢挫夷虜(改作跳梁)之衆輯綏民旅祗奉寢園遂定洛京益張武衛朕甚嘉之進階三等以旌爾功仍陟軍團俾持使節至是興始得爲遙郡

十月一日甲子朔汪藻轉對劄子乞通好大石(改作達實)林牙

劄子曰○(舊校云浮溪集後序云公集之存者十不得五觀此二劄不見集內信乎散失者多矣)

臣聞契丹自景德以來與本朝爲兄弟之國結之齊盟申以禍福歲講鄰好休兵息民天地鬼神實式臨之不可渝也宣和中姦臣自急謀身之計者欲因事固寵暴興燕山之師與金人滅其社稷至今契丹之人怨我本朝深入骨髓故數年國家遭腥羶(改作蹂躪)之

毒有振古未聞者豈區區金人能爲此哉皆契丹之人攄其忿心相與戮力締謀使之逞憾於我也某初伏思自阿保機(改作安巴堅)有國唐末至今雖天祚怠於政事以至失邦然本無大過人心未離以堂堂大國受命二百餘年懷恩者衆安能遽亡必有再興之理再興而修怨本朝其首也故嘗爲國家私憂過計以謂金人暴虐動違天地決不久存其勢必滅滅金人者契丹也金人滅而吾之中原受敵甫深今果聞大石(改作達實)林牙者有復振之說是安得不慮哉臣愚以

謂林牙雖振勢猶微也於尙微未盛之時以人情揆之必易爲游說若募願使之人或令張浚就陝西募願行者取間道齎重幣厚禮以聘之明言兩朝修好之久本自無他中間止緣奸臣疑惑朝聽遂至敗盟今若悉棄前愆偕之大道復好如初以安元元之心庶幾改聽若候其國勢已成而求之恐無及也此說果行中原有百世之安矣孰與夫去一强敵得一强敵仇我益深者同日而語哉伏望陛下留神而加察焉

又劄子請淮南屯田臣竊惟國家遭金人之禍於今

五年無歲無兵而去歲之役振古未聞適者盤礴之師至江壖不渡此陛下憂勤上通於天而天贊我也然臣嘗觀古者兩敵相持所貴者機會此勝負存亡之分也虜改作金師既退國家非暫都金陵不可而都金陵非盡得淮南不可淮南之地虜改作金人必不能守若爲劉豫經略不過留簽軍數萬人而已耳蓋可驅而去也淮南薦罹腥膻改作敵人蹂踐且羣盜繼之民去本業十室而九空其不耕之田千里相望流移之人心已棄決非朝夕可還也國家欲保淮南勢須屯田則此田皆可耕墾臣愚以爲正二月間可便遣劉光世或呂頤浩率諸頭項招安人馬過江營建寨柵除見存人戶田產不借外其餘移流未還者明降指揮各借五年使諸軍分地而耕俟糧食充盈規模已定然後徐步而圖中原旣固行在藩籬且清東南羣盜此萬世一時也取進止

三日丙寅朱勝非降授中大夫分司南京江州居住

朱勝非知江州嘗論鎭撫使處置乖方之誤又乞歸江西率師於洪州又謂安撫大使與宣撫使名稱甚重而無糧無錢無餉無兵其實不及一小邑上皆是之而當軸者不樂讜言者指其逗遛江西不赴江州

新任之罪責授中大夫分司南京江州居住初不帶卿監官止以中大夫分務失典故也俄果罷鎭撫司江西帥司復歸洪州湖廣湖西依舊爲南北路

賜進士出身頭品頂戴四川等處承宣布政使司布政使清苑許涵度校刊

三朝北盟會編卷一百四十八終

三朝北盟會編卷一百四十八校勘記

陰連豪傑陰誤作因　巍巍眞社稷之臣奕奕蓋廟堂之器又曰定策而安劉氏素聞周勃之賢矢謨而翊舜朝終賴皋陶之德辭免不允有曰方喜得社稷之臣脫奕奕至此四十六字下接招之不來云云　檜有力焉焉誤作也　遣提舉一行事務提脫字　卽於關下解甲卽誤作仰　改易麾幟色號色誤作軍　無民無兵民誤作餉　初不帶卿監官止授中大夫分務失典故也此係小注誤作正文授誤作以

三朝北盟會編卷第一百四十九

炎興下帙四十九

起紹興元年十月三日丙寅盡十二月二十七日庚寅

劉一止論時政

劉一止字行簡湖州歸安人宣和三年第進士爲越州州學教授知州翟汝文推重其爲人建炎中避地姚江傅崧卿來攝郡政一止勸崧卿起義以赴國家之難至則稱劉琨祖逖同寢之事語甚激烈崧卿感慨流涕會參政李丙得祠過郡見一止留語終日密薦一止人物議論宜在朝廷不使一止知也紹興元年召試館職因對策極言當世之故○舊校云此策及下三疏俱見苕溪集　且曰天下事不克濟者患在不爲不患其難聖人不畏多難以因難而圖事爾昔吳王夫差旣勝齊而子胥以爲憂曰是吳命不長也未幾果滅於越吳人侵楚入郢楚人大懼而令尹子西獨喜曰乃今可爲矣而楚以不亡是禍福倚伏果不可不爲也如其不爲而以天命自回人事自正敵國自屈盜賊自平有此理哉上覽之稱善且諭近臣劉一止所對剴切知治道欲驟擢用而執政者不懌乃除秘書省校書郎

至是除監察御史上疏論君子小人用否之辨以謂天下之治衆君子成之不足一小人敗之有餘君子雖衆道則孤小人雖寡勢易蔓且引易五陽决以一陰其卦爲夬而繫辭則曰君子道憂也夫以五君子決一小人不曰道長而曰道憂蓋上下交而志同如泰之時然後小人之道不行若徒能使之憂則將圖之而無不至矣又朝廷行事無一定之議又上疏曰陛下惻宿蠹未除念頹綱不振政煩民困用廣財殫置司講究德至渥也曾未聞有所施行恐以疑似之説欺陛下曰如此將失人心矣夫所謂失人心者刑

政之虐賦役之多則失百姓之心好惡不公賞罰不明則失士君子之心若無則（刪此二字）所失者（下添特字）小人之心耳失小人之心（刪此五字）而得百姓士君子之心（下添又字）何病焉願審其利害當罷行者斷自聖衷勿貳勿疑則事之委靡不振者舉矣上覽奏嘉納是時庶事草創百司法令不全類以人吏省記便爲與奪其弊爲甚一止上言臣愚不肖蒙恩誤擢寘臺察之司伏見尚書六曹下逮百司凡所用法令初無畫一之論類以人吏省記便爲與奪蓋法令具在奸吏猶得舞之今乃一切聽其省記故欺弊何所不有欲與則陳與例欲奪則陳奪例或與或奪在其牙頰其患可勝言哉陛下聖明灼見此弊當降處分令左右司郎官以其省記之文刊定須行然左右司職事號爲最煩竊恐於此不能專一無由得速成臣愚伏望聖慈時降睿旨改送詳定一司敕令立限刊定鏤板頒降內吏部條法最爲急務乞責近限先次施行庶幾杜絶姦吏弄法受賕之弊天下幸甚上納之

李回爲江西安撫大使兼知洪州

李回爲參知政事呂頤浩爲宰相深不喜之遂出回知嚴州又知洪州爲江西安撫大使

辛道宗浙東路兵馬副總管計置臺温明州防遏事

王世冲寇廬州鎮撫使王亨以計破之

僞齊劉豫遣其黨王世冲以番漢（刪此二字）兵寇廬州鎮撫使王亨以計誘世冲至皆斬之大敗其衆

賊兵丁順攻濠州

丁順圍濠州攻擊兩月不退張德寇宏遣人間道詣宣撫司告急宣撫司遣統制官酈瓊率本部兵攻横山澗瓊遣人招王才才不從瓊進兵欲攻才才急乃遣人招順歸寨順將退去而謀曰城久受圍民困可知矣我一旦退去彼必欣然出城我設伏以待之乘

其倉卒可奪門而入於是順使衆呼於城下曰不攻汝城矣來旦我歸矣城守者不信順夜以輕捷數百人伏於莽中未曉焚其寨煙火亘天輜重悉發喧呼而行城中皆以爲順果退去少頃州人乃出城至其寨地滅煙火以拾遺員久順率衆而出州人亂相奔踐多爲順所殺順乘勢寇城城中出勁弓以禦之相拒於弔橋未幾城上囂亂不知所爲宏先止其囂亂然後激使軍民盡力禦賊相持一餉閒彼我皆疲賊乃稍退時出戰者無不被重傷而歸由是順以城不可拔而退去順在城下兩月城外墳墓盡遭發掘民望

之皆慟哭城西七八里有宰相王翼公欽若之墓順遣人發之凡玉瓶玉杯之屬不可勝計悉取而去是時官軍與賊皆乏箭賊取城外墓中棺槨爲箭簳棄露其屍骸而城中之殯有敢匿者斬凡入城與浮殯者盡移屍骸於牀第間以棺木納官一應沙木板及桶器之類取之悉盡由是存者亡者皆遭其害矣

馬友及曹成戰於潭州曹成兵敗退

曹成李宏在瀏陽縣有不相下之心遂至相併而宏往潭州歸馬友友合宏屯於湘陰縣成亦移軍攸縣故友與成用兵相攻成不勝而退去

兩浙東路兵馬副總管楊可輔上書盡言時政辭旨切直罷之

十九日壬午金人寇改作攻鳳翔府寶雞縣

二十日癸未金人寇改作至和尚原吳玠遣弟璘雷仲友及金人戰敗之追至玉女津擒牟哥孛堇改作英格貝勒等二十餘人○舊校云時兀朮僅以身免

權濠州張德牒請寇宏權知濠州

丁順圍濠州兩月既退德自以守城在寇宏之下遂欲以州印與宏左右曰不可德曰我始告急於宏宏率衆來解遂能退賊使一城無虞在我之禮當以印

與之彼感我之意必不留印且不損於實而有辭遜之名有何不可左右曰我爲主彼爲客客主之勢不可相敵今一旦以州權畀之則彼之勢盛我之勢弱矣德不聽左右曰公其悔哉德遂牒州印與宏宏不辭而受之德怏怏不得意始自悔恨焉後朝廷授宏以敦武郎知軍州事乃以眞命知州初李玠權州宏嘗寇城下玠出兵與戰用便宜借官以賞戰士凡借官文帖皆曰羣盜寇宏接戰有功至有累借至正副使者且不下數百員至是人皆憂之宏微知其意悉以他功易之而借官仍舊於是人皆稍安

二十二日乙亥王德齎黃榜招降邵青不從

先是邵青攻泰州不克會鎮江府劉光世遣人招之青受其招安卽以舟船盡行至鎮江不住而過遇海船卽奪之徑入海中駐於崇門鎮朝廷遣王德討之德駐於青龍鎮青率兵往崇門鎮而隔泥港先遣人鋪板布釘籤官軍不知爭途而過多死於泥中官軍遂回青語德曰太尉後隔潮水我若以數百人掉數舟扼於津要則太尉糧食不通而自斃矣然豈可扼人於險哉太尉可速歸也德曰邵統制你是好漢盍歸朝廷乎青曰諾然軍中不能不犯國之法太尉可

乞降黃榜以安眾心應以前罪犯一切不問則與太尉同歸德許之折箭爲誓德具申朝廷乞降黃榜朝廷從之乙亥德遣使臣二人齎黃榜至崇門鎮榜文大概言據王德申稱掩殺水賊邵青其勢困扼不忍廣殺乞降榜招降青見之大怒不納而單德忠之謀行矣

邵青受招安

初邵青以舟船入海也其妻囑之曰你豈不記作賊事發禁在獄中我剪頭髮與你送飯時今既如此乃欲負朝廷耶青既不受黃榜之招其次單德忠知將士皆有歸朝廷意且謂不殺閻在必不肯受招安會諸將晨謁青方圍坐以待閻德忠起身欠伸卽掣刀殺在於坐眾皆驚德忠曰今邵統制欲歸朝廷唯閻在不從今殺之敢有不歸朝廷者依此眾默然或報邵青青使其妻出船見諸將曰統制偶然傷風不安不知何故如是德忠具言閻在凶很失將士之心恐亂軍政請統制出相見議事青乃揮涕而　出曰單統制恐要印當好好分付不須如此德忠乃喫泥以自明然後開論道理具說不可負違朝廷宜納兵以贖罪累數言青從之德忠卽命倒旗槍通款狀於官

軍遂願受招安

二十四日丁丑張俊加太尉

劉豫置招受司於泗州

吳敏爲湖南二廣宣撫使

吳敏宣撫三路置司桂林時馬擴避地在融州野衣竹杖日吟釣於仙溪之上敏卽起馬爲宣撫司都統制兼參議官又以其故人范直方爲參謀

李允文伏誅（舊校云宋史十月丁卯以李允文恣睢專殺賜死大理獄）

神武中軍統制辛永宗罷

郭偉爲淮西宣撫使

以翟興軍爲忠護軍

自京城失守中原散亂逆臣劉豫憑恃虜金改作勢竊據河南距僞境不數百里官軍無日不與之交鋒河南一境東連鄭圃西接關陝北臨大河皆已從僞唯翟興固守一方三面鄰敵孤軍無援糧餉不繼敵人窺伺日急興忠憤所激誓不與賊俱生每開論將士以禍福永堅一節與賊抗士卒莫不奮勵由是臣僚上言曰河南爲國之西宅陵寢所在山川葱鬱祖宗神靈所依兼形勢控扼河陽襟帶川陝西俯淮漢爲王室夾輔天下之勢於此爲重翟興於危迫僅存之

地萬死一生招集散亡激以忠義均有無同辛苦統率將士竭節用命保護陵寢捍禦邊陲迎敵獲捷摧破凶賊勸農耕桑巋立基本雖上至武功大夫下至義兵一例俱支糧二升至春時又或艱食多是無支甯忍死不敢逃亡臣欲望陛下少加恩恤特賜寵錫軍名以示迺心朝廷則河外之人亦必知國家眷顧不忘之意遂以忠護軍爲名

十一月四日丁酉辛永宗權馬軍副都指揮使權主管馬軍司公事

侍御史沈與求再言辛永宗之罪其章不行而有是除

巨師古爲神武後軍統制兼權神武中軍統制

二十五日戊午孟庾爲江西荆湖福建路宣撫使韓世忠爲江西荆湖福建路宣撫副使

曹成馬友劉忠亂湖南范汝爲亂建州福建路制置使辛企宗不能制乃除孟庾宣撫使韓世忠副使命世忠提兵討之

二十六日己未辛永宗權江西兵馬副總管

王彥斬提舉一行事務趙横及中軍統領門璋

王彥既敗李忠也凱歌回金州大賞戰士待趙横如

初終不言豐里之敗時與兵將會飯語話如平常横亦不疑至是忽往教場點兵會兵官具酒飲至四行叱横起使數其豐里不援之罪命杖之百而勇士已捽捉執縛矣横曰受杖何至縛邪彥曰爾之罪合死顧諸將曰敢有起身告趙横者與趙横偕死諸將皆不敢動彥數之曰豐里之戰吾屢麾使汝援之汝不援何也横曰與賈甯之爭氣耳彥問其故横曰鎮撫唯用提轄官賈甯及戰乃用趙横乎彥以其罪遂斬之又叱門璋下堦數之如前璋曰璋爲偏將有統制趙横在不得自由彥曰見危不救安用將爲何有統

制之命并斬之再飲數盃而歸

張琪伏誅

張琪爲蘄賽所擒檻送行在伏誅

權邦彦兵部尚書

二十七日庚申同知樞密院富直柔罷

上初欲相呂頤浩也富直柔與右司諫韓璜樞密副都承旨辛道宗神武中軍統制辛永宗尚書省提點李爰等每見上多譖短頤浩及頤浩拜相侍御史沈與求言其結爲朋黨沮害頤浩入朝事直柔罷永宗已授江西路總管爰除名勒停璜遣小監當

二十九日壬戌曹成陷安仁縣執湖南安撫使向子諲

曹成侵安仁縣入其郛大肆殺掠是時湖南安撫使向子諲退在安仁爲成所執拘於軍中遂入道州

十二月詔百辟卿士各舉所知

詔曰朕之不德宗社播遷方仰瞻於昊天思雪神人之大恥不有濟濟多士寘我周行則不能也且已雖賢不若薦賢之爲愈故孟軻曰一薛居州獨如宋王何近得陳襄薦章起司馬光而下三十三人德行言語政事文學皆所具備審如所薦斯爲盛矣後世瞻之仰之以襄爲何如人耶今宣示百辟卿士可各舉爾所知一應内外侍從須得舉三人以上在外令三省鏤板行下諸監司郡國備錄申牒諸寄居限到五日具名同罪保舉繳連以聞舉得其人當受上賞其或不當宜坐謬舉之罪無以先得罪於朝廷及蔡京王黼門人爲嫌惟善所在而公舉之朕將親選焉

八日辛未呂頤浩奏乞通京東河北商賈

先是劉豫置榷場通南北之貨呂頤浩亦以爲便乃奏通商賈方商賈未通也甘草一兩爲錢一貫二百而市亦無賣如生薑陳皮之類在北方亦皆闕乏

邵青受招安爲樞密院水軍總制

先是杜充守建康時有秉義郎趙祥者監水門金人渡江邵青聚衆而祥爲青所得青受招安祥始得脱身歸乃依於内侍綱綱善小説上喜聽之綱思得新事編小説乃令祥具説青自聚衆已後蹤跡并其徒黨忠詐及强弱戰鬭之將本末甚詳編綴次序侍上則説之故上知青可用而喜單德忠之忠義

十四日丁丑以彗星見及會稽火詔求臣庶言闕失

詔能還兩宫者封王

詔存恤宇文虚中子孫

宇文虚中建炎二年爲祈請使使於金國不得如所

請遂不肯還朝獨令其副楊可輔歸上思虛中忠節乃詔存恤其子孫虛中在沙漠聞劉豫任用張孝純嘗寄詩與孝純其斷句曰有人若問南冠客爲道西山賦蕨薇

辛企宗追三官降宣撫司統制

傅崧卿爲淮南東路宣撫使

傅崧卿以宣諭使到淮南得戶部尚書印於權知泗州徐宗成獻於朝廷先是宿遷縣趙瓊寨刦金人舟船於清河口得於李棁妾之手也

吳敏降授資政殿學士提舉臨安府洞霄宮

路允迪致仕

岳飛爲神武副軍都統制

金人知海州薛安靖通判李鞏巡檢使王企中領簽軍殺金人以其州來降

二十四日丁亥臣僚言王師所過州縣虜掠之害

二十七日庚寅吳玠除鎭西節度使

吳玠除節鉞賞和尙原之功也

王彥敗桑仲於馬耶嶺克均州

桑仲爲襄陽鎭撫使也反藉專政之權以資跋扈之勢南攻德安西據均州至是以其衆分三道一攻住口關一出馬耶嶺一擣洵陽縣使李横主之前軍去金州不三十里王彥曰賊兵以我兵爲寡故寇三道以離吾之勢今吾破其堅則脆者自走矣時賊之大軍在馬耶嶺北彥遣統制焦文通禦住口而彥自以親兵營馬耶嶺與之對壘者幾月矣大戰者凡六日賊大敗奔潰彥縱兵追擊擒統領將官二十七人俘獲千衆克均州

賜進士出身頭品頂戴四川等處承宣布政使司布政使清苑許涵度校刊

三朝北盟會編卷第一百四十九終

三朝北盟會編卷一百四十九校勘記

李䢵誤作李丙　以多難而圖事爾圖一作成　而欲天命自回欲誤作以　蒙恩誤擢賓臺察之司一作叨蒙洪恩擢寘臺察之司　奸吏猶得舞之舞一作侮　兩浙東路兵馬副總管楊可輔路應作西　雷仲友一作雷仲　初李玠權州也脫也字　羣盜寇宏接戰有功一作折戰寇宏有功　二十二日乙酉誤作乙亥下同　憑恃虜勢竊據東渡脫此二字　每開諭將士諭誤作論　南俯淮漢南誤作西　乃除孟庾宣撫司宣撫使脫宣撫司三字　與賈甯之爭氣耳之字衍　何待統制之命待誤作有　到淮南東路脫此二字

三朝北盟會編卷第一百五十

炎興下帙五十

起紹興二年正月盡四月

紹興二年正月車駕駐蹕紹興府

車駕幸臨安府

是時百司官府皆草創往往草舍以杭州州治爲大內臨安府遷於奉國寺基

十二日甲辰曹成受湖南二廣宣撫司招安

曹成執湖南安撫使向子諲據道州朝廷有詔撫諭成如願赴行在即仰放散江淮等路兵民外有堪出

戰人將帶赴行在聽張招討節制羣衆不願聽張招討節制洶洶欲亂湖南二廣宣撫司都總制兼參議官馬擴昔爲節制應援軍馬使駐軍大名時會遣人往諭成成即納款聽命至是馬遣使臣張布齎劄子欲招成成受招安乃放出子諲又乞差人知道州參謀范直方曰曹成不可招促之使赴行在馬曰彼既不願遠出萬一促之是促使散而爲亂也不若招之藉以爲用宣撫使吳敏惑直方之議馬與直方入議狀馬議曰曹成自去年十一月二十九日襲攻安仁縣刦掠財糧執安撫向龍圖入道州某蒙宣撫相公

令當面口念語言寫成招撫曹成一行人馬劄子差使臣張布齋去投下卻於今年正月十二日曹成差使臣劉睿機宜馮志與張布同來稱放出向龍圖乞差人知道州又再准備將領魏富齎到申狀開具所准樞密院劄子及詔書內事件并事目內說願得相公指差一去處某觀敵人之情既懼遠赴行在且畏屬張招討羣情洶洶思欲閧散雖曹成有不得而制之者大衆一潰爲患難量某已將所差到馮志等說諭禍福示以相公恩威信義使之解甲聽命馮志等莫不欣喜順從願候使司分擘使喚某所請聽彼歸

降願約一衆上下悉與安排無令失所某提軍馬親至道州入曹成軍中撫定分撥揀選强壯添隸五軍聯絡隊伍進兵長沙制服馬友上副朝廷委任相公之意下安三路驚擾失業之民止是二月中可以就緒不然失此機會不惟湖湘重困大繫朝廷之憂師老財殫無以善後上負朝廷之責下起兵民之怨雖欲保身不可得也某職在都統當此敵人開闔之時在亟欲以弭禍難伏乞相公詳酌二者之議究其是非斷決歸一或罷某都統放歸田野或止絕參謀橫議無爲含糊以誤國事敏曰柰何參議是故人某

退曰聽用故人之言不采正論可與共事乎望日以詩獻敏有曰未敢此時非趙括已愁他日類田豐遂辭職拂袖歸卧仙溪敏遣騎追之不復還或聞馬去又數日敏以資學宮祠之命到成即復散亂湖廣被其害直方得郡而去

遺史曰是時王次翁在廣右有二詩曰從薪曲突論無憑太尉山中混耦耕頭額爛焦曾未錄參謀先已享專城近來出處事何如先輩風流埽地無忽有子充驚末俗一言未契便長驅

楊惟忠誘楊勍而殺之

楊勍初會陷處州作過後隨朱勝非在吉州聚兵其心常欲復反屯於吉州朝廷命楊惟忠圖之惟忠與勍敘同姓之歡邀勍會飲伏兵誅之遂併其軍亦有奔潰而寇湖南者

張俊加檢校少保定國軍節度使

沈與求爲御史中丞

制曰○舊校云此制程俱撰見北山集　御史中丞執法上以廣人主之聰明次以肅朝廷之綱紀非通達國體特立不回未有能任厥官而厭輿論者也具官沈與求學識精敏性質端方簡自朕心周歷三院比從郡守再陟臺端

不吐剛而茹柔每閉邪而陳善謀猷所及啟沃滋多進長霜臺益觀遠業當使羣工庶尹知風憲之尊君子小人適消長之分時爾之賴往其懋哉

遺史曰與求自侍御史除御史中丞時軍儲窘乏與求極陳屯田利害爲古今集議上下二篇上之又禁衞單寡兵權不在朝廷與求上言仰惟陛下移蹕東南將圖恢復之舉先務之急宜莫如兵漢有南北軍唐有府兵彍騎之法既壞猶有內外諸鎮之兵上下維持使無偏重之勢其意遠矣今圖大舉而兵權不在朝廷雖有樞密院及三省兵部尚書兵部但舉行

文書而已願詔大臣講求利害而舉行之使人情不駭而兵政益修助成經理中興之志

二十三日乙卯岳諒臣知滁州

先是權知滁州梅俊迪爲王才所殺鎮撫使劉綱乃以張格非權知滁州也格非字正夫濮州人先權清流縣丞俊迪權知州也格非權通判格非權知州日嘗呼虞候陳用一聲不應卽命斬之人皆股慄格非在滁州郭仲威餘黨犯境格非以腹心數十舟依山險以避之往來於城中而已其在城中也卽以厚賞募人發掘窖埋遺物其所得甚多清流縣吏許原以女獻格非格非寵愛之乃用原爲腹心使原往行在料理得正任告身并鑄州縣官司印記原取太原路歸遇賊被殺敕與印記不知所在由是州境稍甯息江東安撫大使葉夢得乃奏乞差岳諒臣知滁州以代格非（格非受代）厚載而行至烏衣市諒臣已給枷在烏衣市榜曰枷張格非格非懼棄舟而去於是所齎之物復歸官庫諒臣聞鄉村尙有食人者命捕之一日捕到六人諒臣曰如何得食人曰無糧可食諒臣曰汝之罪（若何）曰自知必死乞快死而已諒臣曰吾貸爾死爾爲我捕捉周智張九二人最嗜食人者也六人

曰願執之以獻諒臣問其期曰期以旬日諒臣許之六人者旬日內果執周智張九至諒臣詰之無異辭卽日淩遲處斬於市中自是食人者遂止諒臣清介自守惟一友僧隨行郡事之餘多瞑目獨坐滁人久猶思之

二十五日丁巳宣州人

韓世清屯於宣州其部兵多欲作過者先是賣蒸餠者皆叫云一箇二十五裏外一般蓋言一箇賣二十五錢裏外皆是白麪也數日閒人多驚惶或傳韓觀察軍中人欲自西廟巷放火爲號內外皆火刦掠民

財者至日西廟巷果先火倏忽城裏城外皆火世清往來彈壓遂不至刦掠實正月二十五日也州人始悟一箇二十五裏外一般謂是世清部曲之暗號知州李彥卿密遣監稅趙令告於朝遂有李光王瓊之行

二月吏部尚書李光爲淮西招撫使王瓊爲副使

李光王瓊除淮西招撫副使謀取韓世清也

翟琮襲金人於絳州垣曲縣敗之

金人侵陜右翟興令其子琮乘隙潛渡黃河襲金人於絳州垣曲縣敗之

知商州軍州事董先叛附於僞齊

董先字覺民洛陽人初從翟興軍與金人戰勇功爲多先是翟興以節制軍馬屯於商州也會先有耿氏之迫來依於興興釋其禍先感之以兄事興俄翟興俾先知商州先中心慚慊密有害興意因樽酒閒伏兵甲執興於座上以制司之命械與令蘇堅衞送至制司欲於中途殺興行方兩舍宿山林庵舍中興夜夢若神人告之使去既覺則羣卒熟寢興乃荷械而去逮曉至洛南農家人識之咨嗟熟視遂破其械以糗糧送與使遣去興之二子一女二妾羣婢與表弟崔三舍人皆被害興既脫復得麾下舊兵千餘人往來商虢閒先既與興爲仇而劉豫勢亦漸盛且侵於商先遂以商州叛附於劉豫

三月一日壬辰朔李光王瓊執韓世清於宣州送行在所

李光以淮西置制使往淮西措置羣盜王瓊爲副二月晦日到宣州東門外下寨有韓世清下壕寨官白世清不可出城世清下問其故壕寨曰李尚書往淮西而下寨甚嚴非過軍也必有謀耳世清曰我何罪是日以朔旦出城見光就留之乃曰得旨揀軍欲往

淮西可批報諸軍令素隊出城以備點揀世清欲上馬馬已牽去世清不得已遂批報諸軍令素隊出城於是執世清以歸

沈與求上言乞卻諸軍將進物

是時大將入覲有進繒帛方物者用分賜六宮御史中丞沈與求上言以謂此事雖微自政和宣和以來進獻稍侈今艱虞之時不宜有此乞斥還之上嘉納仍降扎獎諭與求於是兩浙轉運使徐康國自溫州奏發宣和間所製閒金銷金屏障什物上命止之而康國已津發至行在所與求奏曰吾君勤儉倖大

禹漢文帝以下不足道也異時駐蹕廣陵有進器用華靡者亟命焚之通衢今康國不識事君之禮尙習故態欲以微物累盛德乞用廣陵故事斥而焚之乃顯黜康國明示好惡且爲小人希旨之戒從之

七日戊戌霍明殺桑仲於郢州

桑仲以屢敗於金州乃移文於郢州令霍明攻金州曰金州草寇遮道盡當勦除明不從每報之曰不知金州草寇遮道主名爲誰仲陰怒之且有殺明之意明以措置郢州頗有條理市井買賣漸有向生意近城多種二麥亦有戀郢之心仲以六十騎徑趨郢州

先以二十騎疾馳入城四十騎尙未到仲每下馬必梳頭爲明所殺拘二十人入獄令供仲反狀以報朝廷初有譖隨州官吏侵欺官物入己者仲乃令於洪山維摩院置獄取勘周節推以下官十餘員盡被追攝枷拷不勝其苦伍點檢者實主其事後仲遣伍點檢往朝廷得空頭官告二百道由德安府雲夢縣歸而周節推方爲知縣時仲已被殺周節推銜被勘拷掠之冤遣人殺伍點檢於路而官告莫知所在仲在襄陽也以趙去疾爲通判仲死李横爲鎭撫使去疾猶爲通判後勸歸朝去疾被召見上問桑仲如何人去疾曰忠義人也上問其故去疾曰臣嘗見桑仲爲臣說必欲取東京獻朝廷只待乞兩箇文官與二子上惻然感動命特與仲兩子文官

楊沂中爲神武中軍統制

楊沂中字正夫代州人子弟所試弓馬合格出身知麟州死事宗閔之孫麟州建甯縣死事震之子也

王競屠宿州

王彥及董先戰虢州界

自此王彥及董先屢戰矣

二十二日癸丑僞齊以兵犯翟興中軍興力戰死之

先是僞齊劉豫嘗遣僞迪功郎蔣頤持書傳賊（此字改作金人）語以王封誘翟興興叱之曰我大宋臣也豈肯受賊之（删此二字）僞命不啟緘而焚賊（删此字）書戮頤于市豫計不行復誘興麾下裨將楊章金潤陰約內應以謀害興是日賊（改作金）兵徑趨中軍寨興親迎賊與戰遂陷重圍中賊奮擊之興力戰不勝墜馬遇害年六十

四月桑仲爲神武左副軍統制

先是桑仲遣人告朝廷願宣力取京師乞朝廷出兵於淮南爲聲援朝廷信之議以大臣爲都督遂大舉兵即以仲爲神武左副軍統制是時仲已爲郢州霍

明所殺矣

劉豫陷壽春府

劉豫僞左丞相張孝純罷以僞右丞相劉麟獨秉政

李横以兵圍郢州

霍明殺桑仲於郢州也襄陽走報鄧州李横横初未信三報方信横遂令其衆盡縞素李道在隨州亦縞素皆率其衆會襄陽之兵盡著白衣戴白巾圍郢州聲言爲桑仲報仇

誅韓世清

世清屯於蘄州嘗欲立趙令俊爲皇帝不克及宣州

火被執至行在坐前罪誅之

陽進士出身頭品頂戴四川等處承宣布政使司布政使清苑許涵度校刊

三朝北盟會編卷第一百五十終

三朝北盟會編卷一百五十校勘記

曹成既受招安可促之使赴行在（誤作曹成不可招促之使赴行在）在亟欲以弭禍難（在字衍）柰何參謀是故人（謀誤作議）翌日以詩獻敏（翌誤作望）楊勍初嘗陷虔州（虔誤作處）丁巳宣州火（火誤作人）仍顯斥康國（仍誤作乃斥誤作黜）楊偉（偉誤作楊韋）

三朝北盟會編卷第一百五十一

炎興下帙五十一

起紹興二年五月一日庚申盡九月七日甲子有閏

五月一日庚申朔權邦彥簽書樞密院事

權邦彥自朝議大夫兵部尚書除端明殿學士簽書樞密院事給事中程瑀不書黄具其謬繳駁之不聽

三日壬戌呂頤浩以都督之職出北關門

先是桑仲遣人告朝廷欲宣力收復京師乞朝廷出兵於淮南爲聲援頤浩信之乃有恢復中原之意開

都督府都督江淮荆浙諸軍事制有曰盡江淮表裏之師悉歸經畧舉宿將王侯之貴咸聽指呼以新創置忠鋭軍十將偕行是日出北關門百官班送焉

霍明棄郢州走李横以李簡知郢州遂還歸襄陽府舊

校云宋史五月甲子以霍明權襄鄧隨郢州鎮撫使○

郢州糧盡李横圍城不退城外麥方熟悉爲李横所得又城門盡閉城中乏水横攻益急郢城西壁乃石崖號爲石城城下即漢江漢江猶有舟船惟西壁不受敵故兵不能近明知事急乃夜半縋石城而下與其衆數百泛舟順流而去翌旦横覺之追已無及矣遂别以李簡知郢州横乃退兵襄陽

曹成以其衆降於韓世忠

初曹成據道州以兵守莫邪關岳飛遣前軍張憲攻關有郭進者趫勇有膂力每以夥飯不飽爲言乃自製大馬杓打飯火頭亦笑而與之無忤意軍中呼爲大馬杓郭進每隨憲執馬槍莫邪之役進與旗頭二人先登攻關賊兵拒關進揮槍先進殺賊旗頭賊兵亂官軍齊進遂入關俄報郭進已得關爲第一功飛喜之解金束帶并隨行跟從物賞之仍補秉義郎官軍既入關賊兵散亂第五將韓順夫解鞍卸甲以所

虜婦人佐酒恣飲賊黨楊再興率衆直犯順夫之營官軍退卻順夫爲再興斫折一臂而死飛怒盡誅其親隨兵責其副將王某擒再興以贖罪會糧軍統制王經前軍統制張憲皆到掩殺再興再與屢戰又殺飛之弟翻官軍追擊不已再興屢敗率騎走廣西韓世忠以成屢敗北乃命董旼往招之成以其衆降有郝政者獨不從率衆走沅州戴白巾稱爲成報仇謂之白頭兵郝政後歸於張憲再興走至静江界中官軍追及跳入深澗中官軍欲殺之再興曰我是好漢當執我見岳飛遂受縛飛見再興解其縛曰我與汝

是鄉人汝好漢也吾不殺汝當以忠義報國家再與受命歸之

吕頤浩至鎮江府丹徒前軍反

吕頤浩至丹徒前軍趙延壽反劉光世命王德韓世忠追至建平縣殺之

六月一日庚寅朔李宏殺馬友於潭州

韓世忠將至潭州李宏遂有殺馬友之意是時友爲湖南兵馬副總管宏爲統制因友詣天慶觀朝拜回襲殺於市友之衆欲遁走世忠圍之宏遂降盡併其軍友押字如市字果死於市友在潭州措置酒法官

不造酒祗收稅酒錢城外許造酒不許賣城裏賣酒不許造若酒入城則計升斗收稅至今利之

十三日壬寅劉光世起復甯武甯國軍節度使開府儀同三司

劉光世父延慶靖康間在京城受圍閉城陷延慶斬關奪萬勝門出奔死於亂兵中光世以不知父存亡多以金寶遣人詣偽境尋訪五月有客人自偽境來得其父之骸骨具言死狀皆不可參考乃云以其骨雜在甘草把中故偽境官司不能盡譏察或勸光世割皮滴血以試驗其骨若滲血入骨中即眞父骨也光世不從以禮安葬發哀成服以軍事付幕府上章力請終喪不許奪哀起復至是以捍蔽京口經理淮壖功加甯國一鎮節鉞制曰數摧巨敵累奏膚功不移甯武之舊邦更涖宣城之名鎮特受甯國軍節度使

韓世忠爲太尉武成威德軍節度使岳飛爲中衛大夫武安軍承宣使

李横李道率兵犯德安府

初李横圍郢州霍明縋城而奔往復州明在郢州也常與德安陳規通書問規籍其通船路也横以爲明

走投規故有攻德安之心乃申明朝廷謂陳規以德安府順番（改作敵）遂會隨州李道兵來犯德安府規登城請與横相見規以好語謂之且申和好仍送米百石并油醬之類横受之規請解兵横曰襄陽之兵已到矣無可議者遂造天橋爲攻具先是趙彪爲桑仲所敗乃投於規至是横使人呼於城下曰趙彪與我約欲獻門一座何不速獻門邪規疑之遂殺彪

王彥爲洪州觀察使金均房州鎮撫使王德加忠亮大夫同州觀察使李道爲鄧隨郢州鎮撫使知鄧州○舊校云宋史六月辛丑以李横爲襄郢鎮撫使李道鄧隨鎮使

七月吕頤浩班師

吕頤浩之出師也方至常州前軍趙延壽以本將兵反於丹徒至鎮江府聞桑仲破霍明所殺頤浩不能支又師病寒熱乃歸行在

五日癸亥朱勝非同都督江淮荆浙諸軍事

朱勝非知紹興府以同都督江淮荆浙諸軍事召赴行在所勝非力乞守越且丐外祠皆不許勝非同都督吕頤浩薦其才也會言路論其不知兵給事中胡安國亦謂非所宜任上親札諭以用勝非之意且謂除朱勝非同都督蓋爲昨逆傅作亂而勝非卒調護

於內使勤王之師以致力剗與諸將皆同功一體之人也必能爲朕克濟事功丁甯雖至而論者未已上怒其朋黨與封駁者俱逐凡十三人勝非惶懼亦上會稽印走旁郡牢辭不就職勝非嘗曰宰相權位已重若更典兵文武二柄盡在其中豈人臣所堪後世不幸姦人居此位立功業託口濟世將何以處之辭至數十卒不受兩詔不許詔曰禮義不愆縱多言而奚恤君臣無間於大體以何傷

韓世忠大破劉忠於岳州伏龍岡

劉忠爲韓世忠所敗以數百人走潭州白面山復聚衆走淮西

蘄黃州鎮撫使孔彥舟叛歸於劉豫

孔彥舟爲蘄黃州鎮撫使也劉豫僭僞即令刷彥舟親屬因得其母妻及子共三人賜第處之厚給以祿忽一日有客人至南界問之乃云姓盧是彥舟之親舅境上以聞彥舟使人迎之果其舅也彥舟以家人之禮厚待之軍中呼爲盧舅具言劉豫厚待彥舟親屬之故彥舟曰何以實之盧舅出劉豫之文彥舟遂有叛意未發會報權邦彥同知樞密院事彥舟在東平府與邦彥有隙而邦彥用事彥舟疑圖已遂反出

左右婦人皆嫁之送官員入山寺中恐爲行軍所擾彥舟臨行對官屬言無負朝廷之心所以反者蓋疑權邦彥也槌胷至踵唯攜所寵宗女趙氏去至光州界棄甲仗器械不勝計乃歸劉豫豫厚待之其將陳彥明者率餘衆詣知江州劉紹先降

八月金人遣王倫歸

朱勝非爲侍讀孟庾同都督江淮荆浙諸軍事

先除朱勝非同都督江淮荆浙諸軍事胡安國繳止之乃除勝非侍讀而以孟庾同都督勝非既入朝詔特綴宰相班復自內批云位知樞密院事之上仍日

赴都堂議事勝非雖在經筵實預國論初見上謂卿前日責降非朕意也卿當能亮之存勞優渥恩寵冠一時然後人知上之卒欲相勝非也

十八日乙巳李横攻德安府不克退兵歸襄陽

李横自六月圍德安府未嘗攻城亦未嘗之西北隅造天橋成塡壕皆畢乃鼓衆以天橋臨城之西北角横規在城上率軍民禦之塡壕不實而天橋陷不可進規以六十人持火槍自兩門出縱燒天橋城上以火牛助之倏忽皆盡横亦自焚砲座翌日黎明横已退兵城下無一人一騎矣圍城兩月中並無爭戰亦

無相傷唯有一將背城而坐胡床看造天橋規問有能殺賊者乎有牢城兵士田金請行許之金滿飲卮酒横槍下城潛身於城壕中壕岸稍高金在壕中行約至賊所卽横槍上岸揮而刺之洞胷而卒金復跳身入壕涉水而過城上人皆鼓噪規大喜之除金承信郎

二十七日甲寅尚書右僕射秦檜罷爲觀文殿學士提舉江州太平觀

先是呂頤浩薦朱勝非綦崇禮謝克家入朝往往言秦檜之姧上亦覺悟於是檜結黨欲傾頤浩一日上忽遣使於崇禮處取秦檜麻制崇禮在翰苑初未承詞頭莫知所以俄遣一中使來催崇禮不得已赴殿側祇候奏請詞頭上召崇禮親諭之曰秦檜言南人歸南北人歸北朕是北人將安歸又言若使臣爲宰相可使聳動天下今無聞崇禮請御筆付院上乃索紙寫付崇禮崇禮退因點省其文而不覺口諷之曰聳動四方之意朕聽已疑建明二策之間爾才可見足迹未到院而麻制已成遂罷檜宰相以觀文殿學士提舉江州太平觀乃諭朝廷終不復用仍榜朝堂上怒未已臣僚再言檜之罪遂落職

彗星見肆赦

淮李勍詐稱徐王伏誅

李勍虁州人也詐稱皇弟徐王州郡迎赴行在送大理寺鞫勘得實斬於市

九月七日甲子朱勝非爲尚書右僕射同中書門下平章事（此月日干支通前推算似誤實不誤）

朱勝非復拜宰相制詞有曰懲亟易之徒煩葢嘗輕用於新進懷老成之往效曷若登庸於舊勞又曰馴豺狼之暴而事無遺策卒銷沮於凶謀翊簾幃之政而人靡閒言旋復還於明辟復比之謝安心繫於蒼

生裴度威行於河朔皆上授旨也

孟庾還行在

撫諭川陝諸路官吏軍民

敕成都府利州夔州潼川府鄜延環慶秦鳳涇原熙河路官吏軍民等秦據成臯蜀稱沃野百年無事但知耕耨之及時萬里如家誰識戰爭之爲苦豈謂中原之釁來從東海之濱越關塞以虔劉並秦雍而毒螫近者身罹於鋒鏑遠者力困於征徭或生生蕩析而無餘或蠢蠢驚憂而莫保禍流爾衆痛切朕心屬此治戎於南邦未遑展義而西狩興言嗚咽莫救傷

殘維天地之涵羣生雖幽而覆育亦至維父母之愛其子在遠而思念之愈深向遣輔臣往將使指畢協邇遐之助共圖修扞之功然而外侮內陵歲起仍興之役行齎居送民逾再藉之勞雖兵家有利鈍之常人心無思斁之改將帥用命官師卽工編氓竭力以應軍須徒旅奮身而效死節永懷慨歎姑示拊存載念事煩慮易者人之常情兵勝福生者國之大計尙毋難於督責庶速底於丕平奠樂土之居茫復如於前日行息民之政當益豫於他時播告有邦咸知至意

詔韓世忠赴行在

辛企宗罷

解元襲劉忠於蘄陽口大敗之劉忠附於劉豫

劉忠駐於蘄州蘄陽口韓世忠下統制解元以舟師奄至襲忠大破之忠率餘兵數十人遁走北去遂附於劉豫

呂原爲沿海制置使劉紹先爲沿淮防遏使韓世忠爲江南東西路宣撫使

呂頤浩以蠟書結劉豫知應天府凌唐佐事覺唐佐爲劉豫所殺

先是建炎三年召知應天府孟庾赴行在以直秘閣凌唐佐陞直敷文閣知應天府金人犯攻改作應天府

唐佐投拜金人以應天府爲歸德府令唐佐知府事劉豫僭立唐佐遣人齎蠟書到朝廷宰相呂頤浩召唐佐之姪孫憲於常州授以閤門祗候俾持蠟書至應天議事唐佐之妻田氏使門客張約在家與憲同食憲疑之田氏曰無礙也既而爲約所告豫遣人擒捕唐佐幷家屬至京師憲走得免唐佐見豫責以大義且駡其背國家之恩遂被害豫命出犯由曰朝議大夫直敷文閣凌唐佐結連江南謀反斬首號令其

家屬皆合從坐特貸命各決脊杖二十送潁昌府拘管由是田氏曁婢妾五人各遭重決唐佐二子長子已卒次子方九歲兩杖而斃

賜進士出身頭品頂戴四川等處承宣布政使司布政使清苑許涵度校刊

三朝北盟會編卷第一百五十一

三朝北盟會編卷一百五十一校勘記

出北關門（一作出北關門）　武成感德軍節度使（感誤作威）　勝非同都督呂頤浩薦其才也（自此以下應作另行誤連上條）　託名濟世名（誤作口）　自六月圍德安府未嘗攻城亦未嘗之西北隅造天橋成塡壕皆畢（應作自六月圍德安府攻城不下於城之西北隅造天橋成塡壕皆畢）　因獸省其文（獸誤作點）　淮李勃詐稱徐王伏誅（淮字衍）　興言榛梗（榛梗誤作鳴咽）　在遠而思念之愈深（之字衍）

三朝北盟會編卷第一百五十二

炎興下帙五十二

起紹興二年十月六日癸巳盡其日

十月六日癸巳劉嶸上萬言書

紹興二年十月六日右廸功郎劉嶸謹昧死百拜上書○舊校云城按此疏乃胡寅所上見宋史儒林傳此作劉嶸誤皇帝陛下臣伏覩九月四日詔書比以星文移異慮政事闕失許內外臣庶直言極諫無有所諱者臣愚不肖學問膚淺智慮茅塞恭承德音雖欲冒昧自竭以奉明詔深惟么麽管見不足以裨政事之闕失是憂是懼雖然豈可以不能而遂已耶故盡其愚惟陛下采擇焉伏惟陛下神武天錫聖學日躋有撥亂之畧有駕馭之才有恭儉克己之誠有仁民愛物之意宵旰求治於今六年算計見效宜遂底績今也不然坐薪嘗膽日以外夷改作強敵為憂邊陲無休息之期社稷有阽危之慮日難一日歲甚一歲乘輿警蹕介在海隅震蕩播越未有攸底而黃潛善汪伯彥顧以乳嫗護赤子之術待陛下曰上皇之子殆將三十人今所存唯聖體不可不自愛重也曾不知太祖勤勞取天下列聖兢業慎守不敢失墜也今也宗廟為草萊湮之陵闕為斧鉞

驚之堂堂中華改作原戎馬生之赫赫帝圖盜賊營之然則潛善伯彥所以誤陛下陷陵寢蹙土宇喪生靈豈燕昭越踐漢光武唐肅宗之為乎本初嗣位既不為迎二帝之策因循遠狩又不為守中國之謀以至於今號令不行而德義不孚刑罰不威而爵賞不勸巡幸所過人惟以淮甸為戒駐蹕所在人惟以虜改作敵至為憂東南之州郡幾何翠華之省方無已若不更轍以救危亡則陛下永負孝弟之慾常有父兄之責人心已去天命難恃雖欲羈棲山海跋履崎嶇臣恐非所以為自全之計為今日之策願陛下一切反前失而已則必下詔曰繼紹大統出於臣庶之詔而不悟其非巡幸東南出於僥倖之心而不虞其禍經涉變故僅免死亡蓋上天警悟於眇躬俾大宋不失於舊物金賊改作人以小狄羶穢薰汙刪此七字改作屢入中原逆天亂倫刪此四字扶立僭偽用夷變夏改作與兵搆怨俾臣作君朕義不戴天志思雪恥父兄旅泊陵寢荒殘罪乃在予無所逃責以此號召四海聳動羣心不敢愛身決意講武然後選將訓兵戎衣臨陣巡行淮甸按撫荊襄拔其英豪誓以戰伐天下忠義之士必雲合而景從天下武勇之夫必響應而飈起國用不足於此

不患無財甲兵不强於此不患無備有道多助孰不順之秦隴雖遙壯士驍騎卽可坐致齊魯雖失饒財厚貨必自竭輸陛下凡所欲爲孰不如志其爲利害豈與退保吳越日就滅亡同年而語哉臣不自量每竊憤嘆旣未能披堅執銳先啓戎行而服膺簡編討論古昔固嘗忘其昧陋少贊經綸輒爲陛下畫七策以爲中興之術其一曰罷和議而修戰畧蓋和之可講者勢力相敵利害相當故也非强弱盛衰不相侔所能成也而其議則出於耿南仲何也淵聖在東宮當宣和季年頗不得安王黼欲搖動者屢矣南仲爲

東宮官計無所出則歸依右丞相李邦彥邦彥其時方被寵遇又爲後日之計每因王黼譖害浸潤則必委曲覆護謂太子無失德國本不可搖上皇亦悟其言東宮卒得不動旣而淵聖嗣極遽遷前朝大臣而邦彥爲次相金賊改作兵遽至城下邦彥諂諛小人本無遠畧遂獻和議耿南仲附之沮种師道不使攻擊於是覆邦之患滋蔓而起分朋植黨各求其說之勝欲用兵者李綱种師道兩人而已自餘莫不以講和爲是者國論不一武備闕然中州河東之師必使陷沒以伸和議之必信二聖遠去宗族盡從中原塗炭

至今益甚者本緣耿南仲李邦彥懷感私恩不爲國慮之所致其朋徒附合根枝膠結甯誤趙氏不負耿門之所爲也使其可和則淵聖執德不回馴致禍敗而陛下卑辭厚禮避地稱臣無所不至宜其少緩兵於我矣何乃累年而尙未效耶和之不可恃亦明矣自古國之强盛如漢武帝唐太宗方其得志四夷則必併吞埽滅以示廣大侮亡取亂極其兵力而後已中國禮　義所自出也恃强陵弱猶且如此今乃以謙退仁慈之事望於反常悖道腥羶禽獸之粘罕豈有此理哉删自古至此八十三字若以爲强弱之勢不相侔縱

使向前莫之能抗則古昔奮臂徒步無尺寸之地而爭帝王之圖者彼何人哉伏望陛下明照利害之源罷絕和議刻意講武以使命之幣爲養兵之費此乃晉惠公征繕立圉之策漢高祖迎太公呂后之謀斷而行之確守不變庶幾貪夷改作敵國知吾有含怒必鬭之志沙漠之駕或有還期不然則今僻處江南財物有限厚賞則吾益困少之則無以足其欲小臣則不足遣大臣則張邦昌宇文虛中相繼而反我矣深思熟慮前計後度所謂乞和必無可成之理昔北狄改作契丹至澶淵王欽若陳堯佐請幸吳蜀惟寇準勸親征

及成功之後欽若輩羞愧無所爲說則撼眞宗曰當時寇準亦豈有好計但是熱血相沃譬如博錢以陛下爲孤注耳使人君不明則欽若之言爲愛君寇準之功爲幸勝今日之論和者其情狀一一出於是苟能息絶其後知陛下不藉之以塞民望大臣不藉之以寬已責則必爲善後之圖矣其二曰置行臺以區別緩急之務今四方供貢久不入於王府往往爲州郡以軍須便宜截用經常一壞不可復理行在百費惟以權貨鹽利爲無窮之源爾養兵十萬而兵食日費無慮七八十萬古謂無三年之藏則國非其國今

無一年之積招安日至窘匱日形此豈持久之道故臣愚謂宜置行臺或建康或南昌或江陵或長沙審擇一處以安廟主太后。（舊校云時孟后已崩六宮踰年太后二字疑誤）百官以耆哲諳練大臣總臺謹守成法從事量留兵將爲營衛命戸部計費調以給之陛下提兵按行廣治軍旅周旋彼此不爲定居則饋餉之權宰相宜專主之而責成於發運使如漢委蕭何以關中唐委劉晏以東南經制得人盡汰浮費加以悠久不患無財至於宰相之職平時則守憲章行故事今則不然宜從陛下介胄馳驅發謀制勝莫遑甯處協濟危難若

乃早朝晩見從徒乘馬入政事堂據案呼吏翻簿判花書卯那移闕次安排親舊差遣而已臣未見其有補於中興之萬一也其三曰務實效去虛文夫治兵必精命將必賢政事必修誓戳大憝不爲退計此孝悌之實也遣使乞和空捐金幣不憚辱己僥倖萬一者孝悌之虛文也將帥之才智必能謀勇必能守義必能行得是人而任之然後待以恩御以威結以誠信有功必賞有罪必刑此任將之實也庸駑下才本無智勇見敵則潰無異於賊與之親厚等差不立賜與過度官職逾涯將以收其心適足致其慢聽信妄誕張大之語冀其樸實用命之功者任將之虛文也

簡汰其疲老病弱選擇其壯健驍勇分屯所在置營房以安其室家聚粟帛以足其衣食選衆所畏信者董其部伍申明舊制階級之法以變其驕恣悍悖之習被之以精甲付之以利器進戰獲首虜（刪此二字）則厚賞死則恤其妻孥潰則誅其身降敵則戮其族令在必行分毫不貸此治軍之實也無所別擇一切安養姑息之惟恐一失變色不悅幸其無事則已矣教習擊刺叫噪喑嗚有如聚戲金鼓旗號白挺小隊皆效虜人（改作北軍）紀律蕩然雖其將帥亦不敢自保者治軍

之虛文也保宗廟保陵寢保土地保人民以此六實行乎其間則爲天子之實也陵廟荒墟土地日蹙衣冠黔首爲血爲肉以此六虛行乎其間陛下戴黃屋建幄殿質明聳出雉扇金爐夾侍兩陛仗馬肅立衛兵走而拜伏贊者引百官以次入奉起居既退宰相大臣卑卑而前搢笏出奏司晨唱止則駕入而仗出以此度日而國勢日卑彼粘罕（改作尼堪）者晝夜勵兵跨河越岱電埽中原土地遂有吞吸江湖蹂踐衡霍之意吾方挾虛器茫茫然未知所之此則爲天子之虛文也伏願陛下留意實效勿愛虛文憤發慷慨而力

圖之其四曰大起天下之兵今宿衛單寡國威陵替往者臣常建言乞遣發京師宿衛赴行在又降等仗於兩浙福建江東西湖南北四川二廣抽揀禁軍貢發充御營正兵增厚其月廩精加訓閱陛下自將之天子之軍既强則中國（改作海內）之變自弭漢高祖大敗成皋與數騎渡河晨入張耳韓信軍奪其印易置諸將軍遂復振陛下今欲於劉韓張岳四人之兵有所易置知其不能矣權既偏重柄既倒持彼必謂陛下不能舍之夷踞桀驁日以滋起陛下以孤立之身寄於其上安能使此四人常無怨怒相激而不爲變此

苗劉之禍率爾而作者由此故也臣謂今日在兵必不可用既未有以大變革之莫若先集天下勁兵以强御營之勢然後可以彈壓悍將驕兵兵既不能妄動咸就紀律則四方横潰之軍及羣起不逞之盜必自帖息猶有猖獗不順（改作負固不下）者遣偏師以銳卒往擒滅之遂罷招安之說況陛下以報仇雪恥爲巳任仗義而行天下凶頑不義之徒固將斂袵倒戈而聽驅役之命矣漢光武爲銅馬帝者用此道也東南之卒既起則又命福建團結槍仗建汀南劍邵武四郡可得二萬人各擇其土豪使部督之以俟興發命兩浙

募水手弁起諸州撩湖扞海等兵盡付水軍命江東西湖南北募弓手以在官閑田給養人得一頃正稅之外科須一切與免命廣西及辰沅鼎靖於見教洞丁中簡其精銳分番起之屯戍襄漢以京西淮南荒廢無主之田爲屯田招集兩河山東本路流徙之人略依古法均節之擇强壯者訓習武藝使且耕且戰文武臣中有明習營屯之事肯自奮者因以任使凡此六條陛下誠使執政大臣委棄簿書細故勿設他說以相論駁日夜圖維擇人而爲之累歲積日必見功績於是時而兵弗强敵弗畏盜弗息然後歸之天

命無所爲矣不然是自棄也陛下苟有自棄之心而欲於目前三四庸將數萬潰卒求爲久安三尺童子亦知其不能矣其五曰定根本者非建都之謂也陛下家世都汴舍汴何都焉今都城已失則必思所以克復舊物者然考天下之勢莫强乎關中今則力未能至按南渡之迹莫過乎建康今則事理不可參擇二者欲强進取之資而無形勢之失惟荆襄爲勝春秋之時楚用是而抗衡上國窺周問鼎曹操聞孫權以荆州借劉備則失箸驚恐歷朝建立必增重上流庾亮欲經營中原則先分成漢沔晉太祖欲代魏則

先廣襄陽資力故晉之何充謂荆楚國之西門地帶魏趙得人則中原可定失人則社稷可憂今方城鄧林雖非天險然漢水爲池上下不過千里其要害易守非如淮泗汗漫平原曠衍四通五達易入而難避也誠能屯唐鄧之田以養新兵出廣西武陵洞丁并施黔山軍築堅壘列守漢上阻以水軍防以正軍緣以弓手民兵牽制江黄呼吸廬壽則攻取之計成然後陜西聲氣相應而騎卒能至川廣之富皆可拱揖且比於漂泊大江之南棲伏東海之濵險易利害相去遠矣建康固是六朝舊邦甘守偏隅遷延國祚亦

何不可而臣獨爲不可者蓋以陛下之責與晉元不同故也西晉爲劉聰併吞復立懷愍兩君皆遇弑殞故元帝以瑯琊王憑王敦專制淮南十年之威又因人心未忘晉室起而立國然傳祚十世享國百年强臣內叛胡虜（改作苻秦）外逼其得存猶綴葉露耳當時非無謀臣猛將提重兵出入終不能復取中原者亦勢使然也今陛下父兄（下添遣字）在虜（改作敵）中無恙穹廬氊帳惡黨醜類相聚其衣服飲食居處動靜豈得比中國民庶中人之奉哉（删無恙至此三十二字）其聞陛下登寶位也必旦夕南望曰吾有子弟爲中國帝王吾之歸庶

有日矣痛惟愁困屈辱之中發此念爲此言於今數年日復月切而獻謀者方欲導陛下南竄日遠月忘遂無復國之謀别求建都之所此臣所以深不曉也今河東河北之民知朝廷不復顧念已甘心左袵（改作陷敵）山東京西淮甸之民猶冀陛下未忍遽棄若更遲延歲月無以拯之則怨恨陛下爲敵國者所至皆然亦何必粘罕（改作尼堪）哉於此而欲建都臣知其必不能願陛下先命吕頤浩杜充過江廣斥堠治盗賊然後精選二三萬人爲與衛於穩密州郡速置營屯居室以安存其所謂老小者陛下提此兵渡江南北綏轡

而上遣使巡問父老撫綏刀刃之餘民至於荆襄規模措置爲根本之地猶漢高之關中光武之河內雖巡幸往來征伐四出而固守不可失者以荆襄爲重陛下富於春秋非如昔人白首舉事覬萬一之成者誠能堅忍鼓勵坐薪嘗膽悠久爲之而不能濟則書所載夏少康周宣漢光武之事皆爲妄言以欺後世不足信矣陛下必謂不然也

賜進士出身頭品頂戴四川等處承宣布政使司布政使清苑許涵度校刊

三朝北盟會編卷第一百五十二

三朝北盟會編卷一百五十二校勘記

戎馬生之生應作駛　挾立僭僞挾誤作扶　擇其壯健驍勇健誤作健　卑躬而前卑躬誤作卑卑　司晨唱辰晨誤作止　又降等仗等仗應作劄付於兩浙福建　漢高祖大敗於成皐脫於字　今欲劉韓張岳四人之兵岳一作辛　今日在兵必不可用一作今日行兵必不可以示弱　六朝建立六誤作歷

三朝北盟會編卷第一百五十三

炎興下帙五十三

起紹興二年十月六日癸巳盡十一月五日壬戌

其六日選宗室之賢才者封建任使之今陛下之族被虜而去者衆矣所存亦無幾何黄潛善鄭慤小人之見本無遠識謂陛下以支子入繼又不緣傳付之命國步方梗恐肺腑之間不無非望之冀考其行事必曾進言洞疑虛喝以恐動聖心故自南都至於淮陽誅竄之刑疑忌之意相尋繼見雖其罪戾或自貽戚然豈盡出治親齊家之美意哉殆非所以鞏固皇

圖紹延祚命之道也爲今之計宜於同姓不問親疏選擇賢才布之內外廣加任使其望實傑然尤出衆人之上者陛下宜留之宿衛夾輔王室以慰祖宗在天之靈以續國家如綫之緒使仇虜改作敵知趙氏之在中國者尚如此其衆既失復得者非獨陛下一人而已則其撲炎火之横心立異姓之逆圖庶其少息乎其七日存紀綱以立國體矣夫一君子進衆小人未必退一小人進則衆君子退矣勢不兩立而於君子獨難蓋其道固如此仁宗皇帝在位最久得君子最多而小人亦時見用然罪著則斥之君子亦或見廢然忠顯則收之故其成當時之功貽後人之福者皆君子也至王安石則不然斥絶君子一去而不返崇信小人一任而不改故其敗當時之政爲後世之害者皆小人也仁宗皇帝所養之君子既久且遠日以消亡矣王安石所用之小人方新而近蕃息未艾也所以誤國破家至毒至烈不知已時然則陛下求君子而用之不愛爵賞以待其人豈非甚不易得乎君子未多時而已不堪敗事顯著之小人稍稍類聚未至則召之惟恐其不來既至則用之惟恐其不速陛下土地金帛能有幾何豈堪此輩大言輕用盡輸

之夷狄改作敵邊耶將以汲引豪傑延致英雄是猶卻行而求前北轅而適越也夫以賢治不肖此治平以前陛下之家法以不肖治賢此熙甯以後陛下之家戒矧今日否塞之氣充牣於中原陰長之滋勃興於夷虜改作邊境非得希世異才上下內外參任迭用泰何由復否何由傾乎此存紀綱之一事也右文左武者有國不易之道也漢高祖用韓信彭越不以加於蕭何漢光武用賈復耿弇不以加於鄧禹劉備用關羽張飛不以加於諸葛亮唐太宗用李靖李勣不以加於房杜非獨其禮之等降不同其誠心所以待遇之意亦

異今儒道衰息未有鉅賢碩德立乎朝廷以收運籌指縱之功陛下所深持以爲爪牙者惟三四庸將耳夫此三四人以近時論之曾不足以當种師道之役何況古昔名將乎而偃蹇龎然常負重寄使平寇盗尚或未能豈敢望其向虜改作敵人發一矢哉自愧無以稱職則大言詭論以上欺睿聽慢辭倨禮以下視朝士謂今日禍亂皆文臣所致耳敵人方强不可不避乘時而動又不能節制其兵動則潰潰則盗盗則招招則官反復循環無有窮已其爲國家之害豈淺鮮哉願陛下委大臣以腹心遇近臣以禮貌當使南

衙士氣重於此曹天下懷才自負之人必願立乎左右緩急之際必有能爲陛下竭忠盡節不愧古人者豈皆如臣等輩伈伈俔俔下心低首不能爲朝廷輕重者哉忝奉內朝班綴之列欲求近侍如汲黯之氣折淮南誠未多得敝輿羸馬惴惴然於長戟大劍之中卒伍賤人皆得以惡聲誰何之不敢正色忤視少拂其氣從臣如此況其下者乎唐制監察御史秩七品夫祿至卑也然銜命出使則節度使具櫜鞬戎服郊迎本朝郎官出使序位在轉運之上凡此蓋欲尊重天朝習民於上下之分也故事宰相坐待漏院三衙軍官於簾外倒仗聲喏而退今見在分庭抗禮矣推此類非一日長而不已陛下不爲之别異表著是自創堂陛無復等威亦將何所不至哉此存紀綱之二事也治天下者必取篤實躬行之士而去浮華輕簿之人所以美教化善風俗本朝自熙甯以前皆守此道王安石以佛老之似亂周孔絶滅史學唱說虛無以同天下之習其習既同於今五十年士以能談說相高不復見於行事曰此麤迹耳不足道也其或蹈規矩守廉隅稍異於衆者則羣議而聚罵之以爲怪物繆人此浮華輕薄之爲害也夫欲變風化俗惟

係上所好惡陛下力行孝弟則天下爲孝弟者出矣陛下敦尚名節則天下守名節者出矣故今日正當賞廉白而黜貪汚崇仁義而斥奔競旌能實而懲妄誕貴忠厚而杜殘刻以變風俗苟反此道頹弊日甚必至顛覆而後已至若文詞之麗言語之工倒置是非移易白黑誠不宜任用以爲浮薄之戒也靖康二年顔博文諛佞張邦昌則曰非湯武之干戈同堯舜之禪遜及爲邦昌上表請罪則曰仲尼從佛肸之召本爲興周紀信乘漢王之車固將誑楚博文近臣能文之士也其操術反覆如此陛下宜推類而察之以

陟降多士此存紀綱之三事也法度者治天下之器號令者行法度之具信者出號令之實孔子曰自古皆有死民無信不立聖人重信至於易死疑若太過然持守法度固結民心非信不可也眞宗澶淵之盟契丹守之百二十年不敢輕動宣和宰相王黼一旦敗盟舉兵取誓書遣之天章閣天地鬼神照臨重誓自我背之遂使虜改作敵人得以藉口夫金賊改作亦何憾於我哉皆契丹教之假手借兵以報中國之怨爾失信之禍一至於此孔子之言豈不爲過此存綱紀之四事也臣稟賦愚下無以踰人然夙夕思之得此七策剔爲二十條於當世之務雖不能盡亦可見大畧

矣惟陛下動心加慮反覆而考焉以爲可行則至誠惻怛而速圖之日月逝矣歲不我與機事之來閒不容髮往昔雖不可追然不可謂無可追者而遂已也謂今日難於前日安知後日又不難於今日乎天豈勝人大禍不再深可憂懼今年立春雷震大雪白虹貫日中有黑子錢塘之禍實先示象恭惟上天之仁眷顧陛下懇懇至厚陛下出於危難側身怨艾親近書史引對多士澈撤玩好躬親庶政亦非復維揚之比臣民共知不可誣矣然任至重者力必强責至大者憂必深天下萬姓以二帝之故所望陛下者非止如是而已也迺二月金星犯大火芒怒赫然九月朔日有食之車駕復有預防之行明堂遂虛陽德不競錢塘受辱之地豈可再擁六飛縣名柏人高祖不宿若遂遊會稽幸三衢則地形窮僻扈衛勞勩貢賦不通財用益窘道路艱阻朝覲益稀郵置幽深命令益隔人知陛下無復中興之志威權損削無可希望投戈四逸孰能止之唐莊宗末年之事可不畏哉惟有如臣前所陳思迎父兄誓報仇虜改作敵仇奮發强厲有進無退非怯懦畏避之所能濟也不然而怙恃天命之不庸釋是猶不耕於田枵腹以待嘉禾之旅生不

績於麻露體以待野蠶之成繭事理之必無者也又惟斯民戴宋無已者徒以祖宗德澤深厚之故雖甚塗炭猶未瓦解猶未冰泮然以比來巡幸所過觀之道傍里縣之民一切空室以避兵卒甚者田疇荒萊室廬破毀生聚不保滿目蕭條殊非來蘇望旱之美傳示四方何以彰德萬一淮泗有警虜改作敵騎羣賊改作然俱渡大江陛下又將深尋幽遠則回顧州縣復爲墟邑必曰君王尚且畏避何以責我守城民心觀此安能久忍而無變亂若不望風呼號以事夷狄改作

仇敵則必推擇賢能以自保治陳勝吳廣因民不忍而劉項乘之秦遂滅亡者蓋本於此今宋祚之再興在陛下其遂陵遲不振亦在陛下天下記之野史書之善惡榮辱之傳亦猶今之視昔夫湯以七十里而有天下楚以七千里而爲仇人役使荀卿所以悲而哭之可不鑒乎昔宗澤留守京師一老從官爾然以至誠鼓動羣盜北連懷衛之民誓與同迎二帝皆相聽許剋期而應者無慮數十萬人不幸澤死其志不就復爲潛善伯彥所深嫉故無以澤所謀達宸聽者以此知人心未厭二帝之德況於陛下身爲子弟誠欲

北向而有爲臣將見鋤耰優於長鍛奮臂威於甲兵舉四海爲陛下之用矣或聞宇文虛中踵邦昌劉豫受虜(改作僞)命專制山東若陛下親總六師遣一介之使往諭至意開示大義許以茅土資其兵力彼之順命猶反覆手皆非甚難獨在陛下斷與不斷爲與不爲爾夏國事宜張浚已行措置得其聽信稍舒西顧之憂則關中尚可經營不至遠失淮南荆襄藩蔽接連山東合從掣肘之患則虜(改作敵)人所守者數千里之地兵勢必分力不得合批亢擣虛攻其不備多方以誤之不厭不倦以十年爲期陛下必能掃除妖氛一清國步修上京之廟貌都鞏洛之神皋遣迓父兄歸安鳳闕再修儀物永固龍圖陛下於此時憂憤方已巖然南面稱宋中興永永萬年欣懽無斁其與惕息奔走忍恥臨危有如今日豈不萬萬相絕哉臣本疏外之縱無所知名謬蒙殊異重惟職司注記掌書言動喪亂已來典籍廢缺官業不舉素餐是愧況覩寇仇未殄戎虜(改作强敵)憑陵致陛下鑾駕徬徨百姓未知死所臣子之義有殞無辭有知不言有言不盡苟非畏禍即是欺君震怛於中不能自已戇愚抵首理合誅夷寬仁如天持以無恐苟或其言可采有補大

猷尺寸之功垂名竹帛是古人所榮微臣之至願也伏惟陛下留神察而赦之幸甚

孟庾領姚榮兵四千往建康府

罷劉紹先兵以爲福州兵馬鈐轄

劉紹先知江州也朱勝非江州安置紹先不甚禮之勝非銜之至是勝非復拜相乃短紹先於上前移紹先爲沿淮防遏使紹先至建康而江東安撫大使李光都督府參謀傅崧卿見紹先來索錢糧不喜皆奏其非乃召赴行在分其兵隸劉光世楊沂中以紹先爲福州兵馬鈐轄

罷王冠趙琦軍

罷王冠趙琦以其軍馬分隸張俊楊沂中

知楚州祝友叛附於劉豫

祝友叛附於劉豫通判劉晏知楚州軍州事

僞齊京西路提點刑獄公事牛皐來降

十一月韓世忠來朝

五日壬戌詔求能還兩宮之人

詔曰朕以眇末獲承至尊五年於兹天未悔禍父兄遠狩歲月寖深雖禱祝而求不忘於寤寐而祈請之使莫效於精誠引領瞻望心焉如疚日者於艱危之

際稱秩元祀蓋以温凊急難之念請命於皇天后土及我祖宗夙夜祗慄以俟降監載念國家百七十年之涵養豈無忠義感發懷憤善謀之士如漢侯生者慰朕焦勞苟鑾馭之可還詎彝章之足報應四方有爲謀策能還兩宮者賓封以聞可行者有效當以王爵賞之播告天下明知朕意

廬州壽春府鎭撫使王亨欲附劉豫巨師古擒送行在

賜進士出身頭品頂戴四川等處承宣布政使司布政使清苑許涵度校刊

三朝北盟會編卷第一百五十三終

三朝北盟會編卷一百五十三校勘記

恫疑虛喝（恫誤作洞）　存紀綱以立國體矣（矣字衍）　而已無存（無存誤作不堪）　一日敗盟舉兵（日應作旦）　取誓書還之天章閣（還一作焚）　耰鋤鋑於長鍛（耰鋤誤作鋤 耰鋑誤作優）　批亢擣虛（一批作抳）

三朝北盟會編卷第一百五十四

炎興下帙五十四

起紹興二年十二月一日丁亥盡其日

十二月一日丁亥朔布衣吳伸上萬言書

十二月初一日布衣吳伸謹齋沐裁書昧死百拜獻於皇帝陛下臣嘗讀太史公敘布衣王蠋狀於田單贊曰昔燕之初入齊聞王蠋賢令中軍環畫邑三十里無入而使人謂蠋曰齊人多高子之義吾欲以子爲將封子萬家蠋固謝燕人曰子不聽吾引三軍而屠畫邑王蠋聞之曰忠臣不事二君烈女不更二夫予豈助桀爲暴哉遂經其頸於木枝自奮絶脰而死臣讀至此未嘗不廢卷涕泣扼腕而太息也何哉齊一小國也且有慷慨忠義之士今天下之大四海之廣得無其人乎況天下之士自崇觀以來蒙被國家教養雖山林臯壤巖谷海隅靡不承育而受恩德者矣何以大國之人不如小國之布衣乎臣固有志於是今臣至貧且賤初非以富貴爲心爵祿爲念又非欲以片言幸陛下之用從而求賞揣臣之心實無纖毫覬覦況臣嘗立功於近世者屢矣亦未嘗論功而求仕進則今日之言無意於爵賞也明矣無意於爵

賞而有言者非他臣恐萬世之下罪我聖宋無忠臣義士故以臣所聞所見盡臣之忠竭臣之愚爲陛下陳之伏望天慈畢賜睿覽不惟臣一身之幸將爲社稷之福天下生靈之幸也臣竊觀陛下有孝弟之大德而二帝之問不通陛下有湯武之聖明而敵國之陵不已陛下有太王之至仁而土地之封日削陛下躬堯舜之節儉而國用之富不饒陛下震雷霆之天威而盜賊之鋒未戢凡此五者非特臣得以疑之使三尺之童有知有識亦將有所惑焉何哉二帝之問不通者臣竊謂非陛下忘父兄之遷也非大臣忘君

父之恩也蓋亦人力有所不及思慮有所未至焉臣竊觀趙王入燕也使者十輩既不能達國之音又不能全身於外當時在朝若張耳陳餘之徒非不賢也非無謀也獨不如一廝養能以片言說燕卒與其君俱載而歸今兩國之難未解而鼎峙之形已分使者雖數十輩金帛雖數十萬能免僞齊之盜乎此遣使不如用廝養明矣敵國之陵不已者臣竊謂陛下忍小恥之太過也示小敵之太怯也蓋戎狄之性譬之猘犬若或避之從而吠囓删蓋戎至此十七字臣竊觀苻堅之陵晉也興師百萬力足以移山嶽鞭足以塡江海謝玄以討沮之敗衄淝水設使當時忍恥示怯奔而避之由江遹南當爲秦之屬郡矣故古人有言曰可以計勝難以力屈卽此觀之雖得闘將十萬不如一謀士明矣土地之封日削者臣竊謂陛下視疆埸之太輕任藩屏之太易也臣竊觀越王勾踐之脫於吳也嘗膽以苦其心任賢以廣其謀雖一飲一食未嘗不以滅吳爲念故當時其恥雖大其國雖削數年之間復其疆而雪其恥當今陛下國政之屬如大夫種者誰歟軍旅之託如范蠡者誰歟然陛下移蹕而去之者屢矣百姓從之者如歸市雖太王之仁不過此也

昔太王之去邠而之岐山今陛下有滅夷狄此三字改作恢復之心復父兄之仇此臣所以曉夜太息爲之不平國用之富不饒者臣竊謂陛下千里寄託之非人四方土地之曠也臣竊觀司馬宣王之輔魏也先廣田蓄然後爲滅賊之計當時鄧艾著濟河之論又陳屯田之利其言以二萬人屯淮北以二萬人屯淮南合四萬人之衆且田且守歲入米五百萬斛十萬之衆可給一年之食臣竊見今日自常潤抵界至於大江極目百里盡成荒墟所謂良田不知其幾千頃自淮遹南荒蕪之田又不知其幾千頃疲卒旣多宂官不

滅若於此時且耕且戰則軍食何患不足矣盜賊之烽不息者臣竊謂陛下姑息之德太厚而殺戮之威不張也臣竊觀宓子賤之治單父齊寇至魯人不及自刈父老請民出刈宓子不許且曰今年無麥明年可種若使不耕者得麥則其民樂有寇也其言雖小可以喻大今之盜賊未戢亦樂有寇之類也臣竊意盜賊不可不威昔光武中興未嘗不以討賊爲先故殺之則彼畏而自息招之則彼安而復叛臣以謂用盜賊攻盜賊則草寇無患乎不平矣此五者雖若國之急務然猶未足爲陛下輕重臣復見國勢如累卵

之危生靈有塗炭之戹臣曉夕爲之寒心臣竊聞太祖皇帝之有天下也奄有九州席卷八荒東漸於海西被流沙北極單于南底交趾四方之大罔不臣服當其四夷未賓之初止有中原錢俶望風納土由是置五王宅以待其自至其後李煜欲以臣屬乞爲藩屛遣使請命太祖皇帝曰天無二日殿庭之上豈可容客鼾睡者是欲天下一家中國一人也明矣創此基業垂之十帝可謂盛哉太平日久偶因邊臣失守致使虜人改作敵騎長驅而入賴祖宗之靈社稷之福使兆民有託於陛下當時龍興南都天下之人皆知陛

下孝慈不忍父兄之遠播而居其已破之城今此駐蹕久在東南之一隅臣竊爲陛下疑之不識陛下欲復祖宗之故業乎止欲爲東晉之南據乎臣竊謂復祖宗之故業則陛下有萬世垂統之基若止如東晉之南據則不過有百年之世祚然百年之計尚恐土地日削社稷日危亦未必安於百年也臣聞自淮迤北見屬僞齊自古夷狄不能有中原此刪自古至此十字金人此下添之計殆三字以中原攻中原者耳改作近臣說者必曰朝廷賴僞齊以爲藩籬以捍金賊改作外侮臣竊謂不然夷狄改作平日之患患在手足中國改作今日之患患在心腹不

識說者將謂僞齊今不爲盜能保其子不爲盜乎復能保其孫不爲盜乎不識僞齊俟虜改作金人既定之後去僭僞之大號還土地之故疆乎爲復割據中原久假而不歸乎若曰臣無伐君則武王何爲而併天下若曰國可幷立則隋高何爲而擒叔寶良由勢不兩立尊無二上者也昔秦齊之強猶不敢久僭帝號今金賊改作人竊我名器不歸他人獨授劉豫則知豫必以姦計爲金人謀也既爲謀主則無臣心明矣況人臣之位與人君之尊不可同年而語彼肯捨尊而就卑乎則知劉豫無復納款又明矣臣嘗譬之巨室

之家假人以堂室之奥而自處門廊之隅則居堂室者豈無吞門廊之心乎今劉豫所以卑辭自遜者良由人心未歸而羽毛未成爾縱使劉豫止欲割據一方豈不爲姦雄開基又況自古南北雌雄之勢但見以北併南未聞以南併北者也臣竊觀國之所重者三昔我神祖留意太學蓋欲籠絡天下之英賢而網羅天下之姦雄也陛下駐蹕維揚之時猶有隨駕學生今悉罷去而劉豫乃爲學校以延多士是誘陛下之英賢可知矣今諸軍士卒皆河北山東之人其初止因虜（改作金）人所苦故偷生南方望陛下升斗之養也前此兩年兵食皆足邇來竊見如劉光世軍中士卒一月之糧或闕其半里巷私語皆曰健兒不如乞兒各懷去心悉有竄志而劉豫大彰聲勢廣示富饒省刑薄斂卹衆安民彼思鄉之人有所聞豈不動心是誘陛下之士卒可知矣南北往來商賈如織厚增其利售我物貨關市無征阜通無禁既開商賈之路遂雜五間之徒古人夷關析符使命猶且不通況於往來弗禁者乎臣竊見朝廷內外事無巨細往往皆前期而知此無他從商賈之便者然也從商賈之便則是誘陛下之行旅可知矣誘陛下之英賢則謀謨

可得而策矣誘陛下之士卒則戰鬭可得而用矣誘陛下之行旅則國之虛實可得而知矣臣竊見中國之士子不由科舉進者往往多不得齒於仕版至如貧賤之士雖有嘉謨非有左右先爲之容無因爲陛下前則好名貪祿之士豈不有如僞齊之心乎臣竊見中國之士卒飽則稍安飢則心離懷鄉樂土人情所同又況邱隴之所繫嗜慾之所趨今移北就南歲久無歸彼懷土之人豈不有如僞齊之心乎臣竊見中國之商賈近緣軍興征求百倍爲監官者以奉上爲心以刻剝爲志行旅恨怨痛入骨髓由是百物不通而征商又倍至如僞齊取民有制彼貪利亡恥之徒豈不有如僞齊之心乎凡此三者悉有離心則陛下國勢日以孤危臣又見劉麟猖狂尤甚狠戾自多父子異同悖逆若一僭僞三年鼎勢已立今劉豫不自量力往往自比文王而以其兵柄付之於麟陛下若稍緩其歲月彼將先收民心足食足兵形勢漸固則中原無復爲陛下有矣中原既喪則僞齊反得太祖皇帝奄有中原坐收四方之策矣臣又聞金人重兵悉趨陝西志在吞蜀萬一不幸蜀有變動彼將順流而下水陸並進則陛下豈可復有乘桴之行乎臣

聞兵法有曰我不欲戰雖畫地而守之彼不得與我戰者乖其所之也臣竊謂先平僞齊則是乖其所之也又況僞齊有聲無實若卽伐之如摧枯拉朽爾古人有言曰今不取後世必爲子孫憂今之僞齊若不亟平之不特爲子孫患臣以爲陛下憂也臣伏覩九月有星孛於東南陛下肆赦其文自責可謂上畏天戒之深也臣雖不曉天文疑其非災何以明之昔楚將公子心欲與齊戰時有彗星出柄在齊占者曰柄所在者勝齊恃得柄而不爲備所以敗績今柄在東南所謂得勝之道也若不因天時而制勝臣恐復如

昔之齊也故曰天與不取反受其咎臣觀東南之地本非帝王之都歷考古今未有卜世之久者何哉西北之地土厚而水深東南之地山秀而水清故土厚者其山高水深者闕山秀者其土薄水清者其闕從古至今卜都於西北者或通乎十世而潛號於東南者未踰於百年是亦土地之厚薄流水之淺深者然也又況吳越之地形勢尤薄實非帝王駐蹕之地萬一未復神京而建康古都亦可以暫駐鑾輿臣願陛下整我六師用張天威特回聖駕臨幸秣陵庶漸向於中原無久居於海隅也昔孟子曰王者中天下而立定四海之民故漢高祖用劉敬之策而唐神堯從太宗之謀所以享國日久也臣竊觀自古帝王之興兵權未嘗重假於人如漢光武皆親御六師獨有唐末藩鎭之權太重故有朱全忠之禍今陛下親御之衆不如藩鎭之多也臣竊憂之臣願陛下簡練卒伍繕治器甲親征不庭恭行天罰則擒縱在我而權勢不奪臣竊見陛下之兵尙有百萬而精銳之士又有數萬若傾國出師又不知其幾萬設或併力北伐則父兄之仇可復而中興之業可圖臣伏願陛下大謀早決如晉之平吳唐之伐蔡斷自宸衷不容衆議又

況利於人君者必不利於人臣利於人臣者必不利於人君且人臣趨戰於敵與坐享於家安危不同豈肯棄安而就危乎今遁逃不發逗遛歲月皆人臣自便爲安逸之謀然而臣則安矣君將危焉此正所謂利於人臣必不利於人君之謂也古人有言曰兵聞拙速未覩巧之久也今伐齊之策萬一少遲年歲事必不濟何以言之金人之所利者玉帛子女且如蜀中富庶遐邇共知狄（改作金）人留意必悉衆共攻東北之地屯兵必少加之旣立僞齊必以爲恃況彼素欺吾怯斷不爲備此中原歸於陛下灼然明矣兵法有

曰攻其無備出其不意此全勝之道也國之安危在此一舉陛下若猶豫不斷金人得蜀必復立僭僞割據成國陛下土地止有東南雖有智者臣知不能善其後也臣聞之爲王者可升而爲帝帝者不可復降而爲王萬一止有東南不過王國之君其去帝業遠矣臣願陛下勿謂力有所未及時有所未至因循苟安以東南自滿恐成大禍當以歸命侯長城公自安之言爲戒也臣竊觀周衰之末戰國縱横猶無敢僭帝位者今此劉豫首亂爲階自古首亂者雖不能成事臣恐如湯武驅民者桀與紂也觀其姓名復符南

宋此亦可慮陛下雖欲忍而容之獨如宗廟社稷何如天下蒼生何況劉光世韓世忠皆擁重兵久在江左坐食糜費於國有損若卽北伐正所謂因糧於敵者伏望陛下洞察臣言上以祖宗創業艱難爲念下以生靈塗炭爲憂焚舟決戰如勾踐欲殺妻子焚寶器之時誓與三軍鬬戰共存共亡則危國可以復安亡地可以復得臣聞之一人有慶兆民咸賴國既傾危百姓雖有穀粟安得而食諸萬一出師糧食稍闕亦可權借於民斷在一舉明喻利害設使盡百姓之儲以贍軍獨不憂金人殺而奪之乎臣聞之古人有言曰有叛卒無叛民蓋民有業而卒無生故也況卒之所仰者官給錢糧今既財賦不足則兵食不繼兵食不繼則叛心日生叛心日生正如吳越所謂舟中之人盡爲敵國矣今臣伏望陛下重以軍糧爲念昔張邦昌僭號之時所幸士卒之心未離而去太平之日未遠人思祖宗之德故未爲國患今此離亂積歲士卒暴露日久咸欲息肩正猶水性無分東西隨所決而流也今若乏食其心必離臣恐大事去矣臣又見近日沿邊州軍多用武人爲守或不識字或不曉法州郡被害莫此爲甚而又或起於卒伍或招於賊

徒毒心不改逆謀猶存或以州叛而順番（改作從敵）或恃兵勢而虐民重念祖宗廣土四百餘郡比爲虜（改作金）人割據將去大半今淮甸南若守臣不得其人則州郡逐時陷沒不知陛下沿邊州郡復有幾矣臣以謂武人深不可用爲郡守至如統兵亦須擇其善者若賀若弼有謀將鬬將之辨正此之謂也臣嘗觀柳宗元有言曰俏尾大之勢者莫如建諸侯今之江北可謂土崩矣臣竊見近置安撫大使正如唐之節鎮各有屬郡亦置部曲有分權之勢無補國之威文臣爲之則不知兵者有焉武臣爲之則貪污寡謀者有焉

設有寇至皆是提重兵以自衛統部伍以奔逃或坐視而不救或伺隙以自便昔唐之割據皆此道也又況自古以來國破者必易其君國亡者未必易其臣在亡國之爲將相者未必不爲興國之將相於人君則有利害在人臣初無損益正如馮道歷事四姓是也去此就彼鑒之前代則有馮道驗之今世則有杜充陛下於此不可不自爲之計也臣竊觀周以同姓之親而昌唐任異姓之權而亡不可不戒臣爲陛下計之當今之難莫若以沿邊之郡十州之地建一諸侯以宗室之親者主之彼有人民復有社稷且耕且戰足爲屏翰上合天數下安邊庭金枝玉葉布在四方可以伐敵國之謀可以絕亂臣之望臣前言願陛下代齊者策之上也不得已而建諸侯者策之次也捨此二者復有祕策當俟對天顏而後面陳非紙筆得以盡也臣竊見近日遣使未出我疆已爲賊刦此乃以武臣守邊之禍然所喪雖多似乎天以其策付之陛下矣臣昔見酈食其與唐儉爲死閒事與今日頗相契合古人用閒爲上萬一陛下以臣前言可采臣願爲食其唐儉出使僞齊潛謀將定陛下興師從而伐之臣雖遭僞齊鼎鑊之烹而忠義可以激礪亂

臣賊子臣死之日如生之年也臣竊見自料臣死有三陛下怒臣狂愚之言而殺之通衢臣亦死也陛下用臣狂愚之言而遣之死閒臣亦死也陛下不聽臣言他日或如王蠋自經於木枝臣亦死也有此三者必死之道臣豈好死惡生臣實爲忠義所激不顧微軀此心願爲聖宋之鬼不忍爲夷狄改作僞齊竊國之民也臣又聞主憂則臣辱主辱則臣死竊見大宋未見有肯辱肯死者臣復恐爲萬世笑故以狂愚一得之慮爲陛下陳其梗概昔比干剖心子胥鴟夷二子皆獲美名而以惡聲歸於其主此又非臣之所欲也今臣不貪爵祿不釣名譽不畏誅戮其所欲者欲陛下靜而思之欲陛下聽而行之庶幾上可以回天意下可以收人心況太平之業在數年歲閒陛下不修太平之業將以太平之業屬於誰乎臣之愚忠已貫日月臣自謂無求於陛下而陛下必有求於臣之言矣臣竊觀世俗之所好者莫好於富貴今臣視之如浮雲故終始以不貪爲言況趙孟之貴趙孟能賤之臣萬一得爲太平之民豈不優於亂世之將相乎臣又見魯仲連談笑而卻秦軍平原君欲封之魯連笑而謝曰所謂貴於天下之士者爲人排患釋難解紛亂

而無所取也即有取者是商賈之事也臣雖不材持此心久矣臣曩於鄉曲里閈猶且患難相救危厄相助況於君父艱難之時乎臣竊見近爲陛下陳其利害者其志將以求爵祿也其大將以沽名譽也或再三至於數十往往陛下見之旣繁視以爲常雖間有奇謀異策相見待遇一槪今臣之書已盡愚衷歷陳於前無復再上孔子曰用之則行舍之則藏正愚臣之謂也言甚拙直不事雕琢止取其利害之大意或可或否願陛下詳加擇焉干冒天威臣無任俯伏待罪之至臣伸昧死百拜

牛皋李横及金人戰於汝州克汝州又戰於潁昌府克潁昌府

先是劉豫殺凌唐佐其家屬各脊杖二十拘管在潁昌府李横克潁昌府得唐佐之妻田氏歸於襄陽横報朝廷召其姪孫凌憲令往襄陽迎田氏憲未到襄陽已爲李成所據田氏再陷於僞境不復回朝廷贈唐佐敷文閣待制

賜進士出身頭品頂戴四川等處承宣布政使司布政使清苑許涵度校刊

三朝北盟會編卷第一百五十四終

三朝北盟會編卷一百五十四校勘記

令軍中環晝邑三十里無入（軍中誤作中軍）　鞭足以填江海（海應作河）　盜賊不可不滅（滅誤作威）　西北之地至從古至今（一作西北之地土厚山高而水深東南之地土薄山秀而水清故土厚者堅凝土薄者柔脆從古至今接下云云）　恭行天罰（罰應作討）　願陛下伐齊者（伐誤作代）　臣竊見自料臣死有三（見字衍）　爲人排患釋難（釋字衍）　而無所取也（所字衍）　書或再三（脫書字）

三朝北盟會編卷第一百五十五

炎興下帙五十五

起紹興三年正月盡十二月

紹興三年正月范溫自登州率衆歸行在

先是建炎間山東兵火有滄州人李齊聚衆據沙門島密州板橋人徐文據靈山寺范溫萊州農家人聚衆據徐福島溫無他長惟待人以至誠故能得其衆心呂頤浩爲宰相也知海島中有李齊乃奏上取旨遣其姪某及樞密院准備使喚董某等二人乘海船齎詔招齊使歸朝廷其敕書曰敕李齊幷一行軍兵等朕惟海岱之區久服腥羶（改作被干戈）之毒（改作擾）王靈靡及戎德（改作比歲）無厭（改作甯）爾等合閭里之諸豪冒干戈（改作鋒鏑）而力戰其行莫過所向有功遂摧席捲之凶頗獲提封之舊爰加勇爵用表軍鋒侯登幷賦之輿圖其上師徒之閫閾緬聞忠烈亘用歎嘉除李齊先次給告授武翼郎閤門宣贊舍人外一行軍兵俟收復到郡日具功績申尚書省取旨褒擢故茲獎諭想宜知悉春暄汝等各比好否遣書指不多及船乘風誤至徐島爲溫之黨所獲送於溫所溫以禮待呂某董某且詢問朝廷消息稍知其詳遂具陳情狀差人

隨船回行在且告以李齊已順僞齊矣時紹興元年也朝廷既得狀即遣人以武翼郎閤門宣贊舍人招温温遂率其衆以二年八月到海州東海縣九月離東海縣十月到青龍鎮劄寨至是赴行在授武功大夫康州刺史依前閤門宣贊舍人忠鋭第四將改神武中軍左軍統領官其餘將佐以次授官

賜范温等撫諭招收敕書

敕范温等省所奏今來京東路登萊等州似此等諸頭項忠義之人不少緣未知車駕駐蹕息耗未肯前來伏望給降海行撫諭付温等招收併力勦金賊此刪字事具悉朕昨遭左衽改作外侮之侵頗失中原之馭凡

東平之故俗皆隔絶於殊邦按圖以思當饋而歎茲暫留於越嶠悵尤闕於齊封乃聞英豪多率徒旅堅塢壁以自守冒干戈而直前懷祖宗涵養之休恥夷虜改作僞命服從之醜嘉汝能爾爲之慨然爰頒惻怛之書用示綏懷之意其懋合併之力以圖興復之期趣埽腥羶改作欃槍永同文軌故茲示諭想宜知悉秋涼汝等各比好否遣書指不多及

賜范温等獎敕書

敕范温等省所奏契勘金賊改作人初渡黄河温等便遁居牢山繼聞本路投順遂集忠義乘船入海據守徐福島山東既下北軍於登州黄縣萊州小高濰川昌邑宓州鹽山及沿膠河兩岸深溝高壘分屯人馬督責州縣括刷錢糧虜掠鄉村拘收牛馬老稚離散田野荒蕪民不聊生無以赴愬温等雖尋常出岸或哨綽遊騎或攻刦營寨勦殺番改作敵人誓竭忠節本軍凡遇金賊改作兵接戰內有得功之人别有犒賞遂量功績逐項借補加轉官資伏望將已借補之人給降告劄補正官資事具悉朕惟醜虜改作北騎長驅全改作東齊不守凡妖氛之所被如滄海之橫流汝志存誠恥附於逆乃前期而避鋭徑率衆以乘危隔絶朝廷

薦更歲籥偶使槎之及境附奏牘以披誠志節如斯古今誰及爰峻加於爾秩仍編錄於有功其共復於予封以卒成於汝志故茲獎諭想宜知悉秋涼汝等各比好否遣書指不多及

牛皋李横董先及金人戰於朱仙鎮

劉豫請援於金人兀朮改作烏珠以兵援豫王師相遇於朱仙鎮王師敗績董先初從翟興擢知商州紹興二年先以豫勢盛乃附於豫屢與金州王彦戰後復歸於李横戰金人於朱仙鎮也

金人陷順昌府

金人犯攻改作商州知軍州事邵隆棄城走

先是王彥在金州屢破大寇威聲益著於是宣撫司又以彥節制商虢陝華彥曰上雖南巡不忘西顧今商虢陝華沒於僞齊而陝郡尤密邇河東異日恢復故疆必自此始乃遣僚屬高士瑰部分兵將圖商虢直抵盧氏與金兵三遇皆破走之遂定商州宣撫司以邵隆爲知州至是金人僞皇弟都統撒離喝改作薩里罕大舉圖蜀自商州以入金人犯攻改作商州隆自料不可當卽退軍上津

金人陷金州

先是宣撫使張浚召吳玠王彥及興元帥劉子羽會議於興元約金人若以大兵犯蜀改作蜀卽三帥相爲應援至是撒離喝改作薩里罕盡發五路叛卒自商州侵入彥卽駐軍漢陰以應梁洋金人併兵自上津疾馳不一日至洵陽境上彥飛檄召漢陰諸軍統制官郭進以兵三千先至乘流夜發逆戰於沙限不勝明日金人以官軍寡少欲晡時步騎並進塵坌蔽天彥曰賊遠鬭飈銳難與交鋒彼所疾馳者欲因吾糧食以入蜀耳盡焚儲積發居民趨險保聚盡督軍衆自石泉趨西鄉將與宣撫司兵馬會自此遂失金州會浚遣幹辦官甄援來督彥清野彥遂趨饒風關會合

二月金人陷饒風關遂陷洋州興元府

撒離喝改作薩里罕以重兵犯攻改作饒風關吳玠率諸軍倍道赴之使人以黃柑遺撒離喝改作薩里罕曰吾公何來遽邪玠率楊政田晟王俊諸軍及金人戰於嶺下數戰皆勝王彥以八字軍至山下援玠玠諸軍見援兵至稍弛備玠怒欲斬壕寨官而壕寨官走投金人告以虛實故金人知郭仲地分雖險而兵寡弱易攻乃繞出饒風關背夜以輕兵襲取之仲果退金人以

精兵夾攻王師之背王師皆退玠斬之不能止遂焚興洋儲積走興州金人遂陷洋州興元帥劉子羽焚興元遁走軍大潰金人又陷興元四川震恐

馬擴都督府參議官

牛皋奔於西京

二十四日庚戌池州左軍反

初葉煥代王進知池州也請不用進兵別招敢戰三千人朝廷從之故進以其兵屯饒州煥到池州招敢戰三千人分作五軍是日左軍反欲與中軍合中軍已擐甲兵馬都監華旺闖之持雙刀入中軍問何故

擐甲曰欲爲備耳旺曰反者左軍也爾中軍不宜動乃大呼曰可皆釋甲不者斬衆皆釋甲旺存撫而去至右軍右軍亦擐甲矣旺又使釋甲左軍以諸軍不相應遂焚天王樓攻郭西門走出柯村㷔移文王進使攻之進使兵至追趕過江星散不知所之

王庶爲川陝宣撫司參議

金人陷興洋四川震恐先是宣撫使張浚以興元帥王庶議論不合移知成都庶已行浚即至興元閱視庶平日之所營爲毛舉而髮數之簿書之間得不謹奉行宣司指揮計若干件遂改庶知嘉州庶請祠浚

以庶不遵奉行府命令盡奪職名而奏劾之未報至是復念非庶不可以撫葺興元乃復起庶爲參謀委之巴南招撫散亡俾馳詣巴州措置梁洋一帶庶至巴急散榜梁洋境上招其軍民不數日遠近來會巴之北境米倉山下視興元出兵之孔道於是金人不敢深入

撒離喝（改作薩里罕）由褒斜路退兵

撒離喝（改作薩里罕）既陷興洋到金牛鎮覺不安自以深入恐無歸路而王庶已在巴州散榜於興元洋州間金人死傷已過半野無所掠大失所望又吳玠使鋪兵傳文字皆言會兵馬守諸路隘口不放金人回歸厚犒鋪兵令行金人邏得之果疑而退遂取褒斜棧路徹軍馬而去褒斜路狹隘唯可單行故凡所虜獲悉棄之於路玠加檢校少保充利州階成鳳州制置使

趙鼎知洪州兼江西南路安撫大使

趙鼎進用呂頤浩薦之也鼎爲御史中丞則彈奏頤浩之罪李廸知筠州乃頤浩之客也鼎爲江西安撫廸申朝廷乞回避朝廷以廸易知信州鼎赴洪州也取路由信州汪洋裁書謁鼎鼎大喜問秀才能與鼎

同行過江西否洋曰諾鼎遂與洋同行居鼎門下有俊名後爲第一人及第賜名應辰者是也

劉光世韓世忠來朝

張浚遣統制王浚收復興元府洋州

王彥克金州

金州失利也劉豫遣周貴僞爲京西安撫使盜據金州至是王彥發鎮兵復自饒風以出漢陰貴領兵拒戰統制官許青橫擊大敗之貴僅以身免是時金州新罹兵革軍食艱窘宣撫張浚乃以彥兼本司參議駐兵閬中以備川蜀而留楊禧以兵三千控禦金虜

人（改作）

權邦彥卒

先是正月間邦彥卒邦彥爲簽書樞密事兼權參知政事幾一年碌碌無所建明而卒

野記曰邦彥字朝美崇甯四年釋褐登第靖康初宗澤知相州屯兵開德府金人來犯（改作攻）澤將孔彥舟敗之邦彥隨澤乘勝追擊欲徑至京城解圍行及衛南戰敗走而免建炎二年代盧益知東平府遷寶文閣直學士孔彥舟爲鈐轄不相協彥舟叛去及金人來犯（改作攻）邦彥棄城遁降朝散大夫三年知江州四年爲江淮制置發運使愚昧違傲人皆惡之紹興初以宰相呂頤浩薦爲兵部尚書二年同知樞密院給事中程瑀言其謬不聽時孔彥舟爲舒蘄鎭撫使聞邦彥得用遂叛降劉豫邦彥在位亦無所建明卒年五十四

李横加右武大夫忠州觀察使神武左軍副統制

三月二十七日壬午韓世忠加開府儀同三司淮南宣撫使泗州置司

韓世忠爲太尉武城感德軍節度使神武左軍都統制充江南東路宣撫使加開府儀同三司制曰朕負

黼扆而據域中之尊孰與慰普天之望披輿圖而懷閫外之慮其唯先推轂之求乃眷虎臣久從戎事高勳當報茲隆開府之儀大任薦更式倚干城之略誕揚渙號敷告治廷具官云云頃宣威令往殄寇攘樓船南下而甌粤爲清雖嘗舉褒崇之典鐵騎西馳而荆湘維定顧未酬儁偉之功已盛秋防方當嚴戍廉頗居國詎容鄰壤之加兵李勣守邊將見敵人之遠塞少稽信賞及此移屯遂除淮南宣撫使泗州置司於是世忠軍於鎭江府

四月朱勝非丁母憂

朱勝非母雍國夫人楊氏感疾不安上遣國醫診視存問絡繹累月未安勝非數上章乞罷宰相不許至是楊氏薨於相府勝非解官丁憂勝非爲宰相八月時方經畫淮北上倚勝非以辦勝非即上陳五說謂賊（改作敵）當擊一者國內外軍屯無慮二十萬衆月費二十萬緡儻無變通理必坐困逆豫力行什一法聚斂以資虜（改作敵）若王師不出則豫計得行今當遣兵渡淮取彼蓄積輦以實邊囷淮南既實民力自寬則江上之兵可以進屯而賊（改作敵）計沮矣二者逆豫招誘山寨及知名賊二十項彼雖得之未必爲用我若

失之則人心必去且謂官軍不敢出逆賊（改作北兵）能驟來以江南爲危地淮南爲樂土今我年穀大稔兵力可用若乘此時擣其巢穴自河以南必大振擾則淮北反危江南自安且金人畱鋭師與豫者不多我若一軍聲言取徐鄆實取淮陽一帶一軍聲言趨京師實取光蔡一帶海道舟師聲言入濱滄而實取青密一帶逆豫聞之必分兵拒守然後大軍出廬壽直擣亳宋所至州縣稽首迎降彼若固守京城容有內變如日出奔亦必成擒矣三者虜（改作金）人使命既來而我繼以出兵恐我失信或致怒敵然我師不出虜（改作敵）終不來苟安一隅已大失策況彼奸詐但計强弱虜（改作敵）如尚强和必不集與其使賊（改作敵）併力南寇（改作下）曷若先破豫兵去其一助兵法曰上兵伐謀其次伐交此乃交謀俱伐之也前日使行未有要約逆豫過惡足可藉口夫師討有罪進不渡河使之遁歸以待和約則我不爲無辭也四者淮北之民皆吾赤子如大軍一出當明諭將帥凡州縣官金帛財物均以賞軍若不可運則稱詔以給貧民人心大喜昔藝祖伐蜀詔王全斌等府庫俱賞將士國家惟取疆土蓋此意也五者王師渡淮所下州縣只以助順土豪

有功者領之才可出衆者擢爲守將俾之臨宜措置控扼險要自爲守備又況有此事力移之淮南資糧豐饒軍勢益張兵書所謂以攻爲守變弱爲强之術如此不過三二年中原可定書奏上皆施行之

除劉光世加檢校太傅充江南東路宣撫使

劉光世特授檢校太傅胡世將繳詞頭上不允光世爲宣撫使置司建康府尋移池州兼淮西路宣撫使

翟興贈保信軍節度使以其子琮爲利州觀察使

劉豫猖獗道路阻絕河南消息不通者一年餘翟興之死猶未知端的至是邊報興自去年三月爲僞齊劉豫所刼力戰墜馬死矣上聞之深加歎悼乃下制曰固藩籬而外禦權莫大於敵愾之臣擐甲胄以先登義孰踰於死難之士有能兼是二者獨取名於一時宜舉卹章以昭大節翟興雅好將帥之畧亟勵忠勤之規糾合師徒鎮臨方面肅中權之威令禦外侮於封圻駭茲狂孽（改作强敵）之憑陵誓與孤軍而鏖擊奇禍既作奮勢莫回狼瞫馳師身獲死而無恨張巡遇害氣吞賊而有餘念爾仗節之忠興予當亡之歎可特贈保信軍節度使仍賜三資恩澤以恤其後又有旨授其子琮利州觀察使

劉忠在僞地爲部下所殺

劉忠歸於劉豫也以忠爲登萊沂密都巡檢使至海州懷仁縣爲其部下所殺忠昔年殺張仙於此識者以爲陰報其部下藏其首來獻於行在以其首梟於市

孟庾軍鎮江府劉光世軍建康府巨師古軍揚州

五月神武後軍都統制巨師古罷

巨師古爲神武後軍都統制軍於揚州韓世忠爲淮南宣撫使令師古聽節制師古不從世忠劾奏其罪師古遂罷以郭仲荀權神武後軍都統制

徐文叛附於劉豫

徐文軍於明州也謀欲作亂朝廷命朱師閔往襲之文覺而走泛舟入海以附於劉豫

潘致堯使金還

潘致堯使於金國歸道金人之意云金人要大臣來議和書

十三日丁卯韓肖胄同簽書樞密院事胡松年爲工部尙書撫諭四川官吏軍民

敕成都府潼川府利州夔州等路官吏軍民等朕慨覽輿圖計安邦域眷於梁蜀自我祖宗寬彼政刑革異時之苛急順其風俗俾終歲以嬉恬甲子再周干戈不試怨忞之氣弗起安樂之音相聞緊國家施德澤之深故民物極繁庶之盛豈虞他盜輒亂諸華（改作犯嚴疆）流毒關中遂肆侵陵之計垂涎劍外未忘吞噬之心幸背城伸一戰之威獲守險爲四川之障然而師徒久役備禦尙嚴轉粟兵間固多勞苦取民賦外諒敷征求所期暫費而永甯夫豈好勤而惡逸夙宵在念焚灼於中惟强暴弗戢則適當自摧惟禍亂已窮則時當自定皇天是輔佇成綏靖之圖王化復行終底和平之舊在體至意尙肩一心

六月韓肖胄爲大金通問使胡松年副之使於金國

韓肖胄自吏部侍郎除簽書樞密院事爲大金國通問使上命朱勝非擇副勝非言故事副使用武臣時方危難不當專拘舊制遂薦胡松年爲副從之肖胄松年至京師劉豫欲見之松年曰見之無礙豫之僞臣欲肖胄等以臣禮見肖胄無一語松年曰皆大宋之臣當用平交禮堅執其說僞臣不能奪既見豫松年遂與肖胄長揖敘寒溫如平時豫欲以君臣之禮傲之松年曰松年與殿院比肩事主不宜如是豫問主上如何松年曰聖主萬壽豫曰其志何在松年對

曰主上之志必欲復故疆而後已𨒪有赧色

七月朱勝非起復尚書右僕射同中書門下平章事

朱勝非丁母憂執喪居廬上遣使奪哀强起之三辭不獲王人踵至賜詔有曰念同心相與而共吾事惟二三臣其一日不可以遠朕躬如左右手又曰朕方興復是圖蓋一切當用權以有濟卿旣安危所繫何三年不從政之可言勝非辭愈切及敘本朝典故屬同列開陳上謂匪卿疇克任者虛府以待又賜親筆詔曰卿罹私艱已踰卒哭之制而朕待卿爲政奚啻三秋邪蓋恩以義斷情以禮奪古所然也況成命已

頒與情胥悅卿毋濡滯以咈朕心勝非得詔皇恐不敢辭上命督促甚至不得已而造朝復面陳皆不許卽乞歸第見賓客衣黧黑紫袍皁靴帶從之雖居外治事而還家哀瘠盡執喪之禮

劉光世韓世忠交訴於朝

韓世忠與光世更戍世忠至鎭江府城下遣人入城潛燒倉庫爲光世所擒訴諸朝王德請於光世曰韓公之來獨與王德有隙耳當身往迎見之其下皆不可曰往見韓公必有不測請勿行如不止當以騎從不聽德獨馳往或報世忠曰王德來矣世忠不信俄頃德入謁世忠驚曰公誠烈丈夫曩者小嫌各勿介意因置酒結懽而別光世移軍建康府世忠猶以兵襲其後二將交訴於朝上遣使和解之仍書寇恂賈復事戒之

宰相呂頤浩罷爲鎭南軍節度使開府儀同三司提舉臨安府洞霄宮

御史中丞辛炳言頤浩不恭不忠之罪頤浩遂罷宰相以使相宮祠

九月呂頤浩爲觀文殿大學士領宮祠

辛炳再言伏覩大廷宣制罷呂頤浩左僕射以使相

領宮祠制辭優厚無一字貶黜之意臣所未諭也謹按頤浩麤率乖謬素無人望徇私强很但有人怨兩任宰司狠籍非一不特搢紳士大夫能言之雖三省六曹百司之人尤能言之不特武夫悍卒能言之雖市井閭巷之人亦能言之祖宗以來不聞有大臣如此者頤浩安而行之欺忽陛下敗壞法度日甚一日旁若無人不知頤浩何所恃賴邪臣嘗疏頤浩不恭不忠之罪欲望悉付外廷以明是非鐫去將相崇資以正賞罰於是改觀文殿大學士宮祠如故

岳飛來朝加鎭南軍承宣使江西制置使神武後軍統

制

先是飛駐軍於洪州也趙秉淵爲江南西路兵馬鈐轄洪州駐劄飛因飲酒大醉毆擊秉淵幾死安撫使李回奏劾之至是上戒飛飲酒飛自此不飲初有旨任士安交軍馬與飛士安授江西總管洪州駐劄飛支犒設帶甲人五千輕騎人三千不帶甲人二千士安有隱匿入已飛決之一百士安以病瘡卒郝晸乃其統制也士安在湖南所部乃辛企宗之兵也交兵與飛而統制毛司禮反飛撫定之李回帥江西也傳選駐劄於江州李山駐劄於蘄州聽回節制飛皆乞

爲統制亦乞秉淵爲統制於是飛始能成軍

趙鼎爲沿江制置大使

神武後軍及御前忠銳十將軍馬皆撥付張俊

撥軍馬付張俊乃朱勝非建議也後獨留忠銳第五將在朝廷餘九將撥併故忠銳第五將至今猶屬朝廷也

朱勝非解官持餘服

制曰人主之論一相愼德則朝廷尊大臣之表萬民制行爲天下法睠予宰弼起自閔艱旣殫徇國之勞靳盡慕親之志參稽古誼與解煩機亶告治朝用孚羣聽起復左宣奉大夫守尚書右僕射同中書門下平章事兼知樞密院事監修國史義陽郡開國公食邑三千五百戶食實封一千一百戶朱勝非高明而肅乂莊重而裕和學足以貫天人之本原量足以任國家之大計蚤疇儁望首被詳延一登綱轄之嚴再秉鈞衡之重德業寖觀於久大謀謨備罄於忠嘉自陟屺以纏哀方倚廬而銜恤屬時多故圖厥老成式從變禮之權亟復經邦之任倚資遠略共濟康功奪人子之至情顧非得已舉三年之通誼茲屢有陳朕惟篤君親之愛者所以厚人倫存進退之正者所以

厲臣節重違爾請庸慰毋恩勉循去位之私俾遂執喪之懇於戲安危普注雖倚重於壯猷忠孝兩全庶克終於令聞益懋顯揚之美助成廣愛之風可從其請解左宣奉大夫尚書右僕射同中書門下平章事兼知樞密院事監修國史義陽縣開國公食邑三千五百戶實食封一千一百戶持餘服主者施行

詔移劉光世池州韓世忠軍建康府

十月吳玠加檢校少保鎭西軍節度使陝西經略使

十八日己亥僞齊陷鄧州

劉豫陷鄧州以齊安上僞知軍州事

二十二日癸卯李横棄襄陽府僞齊陷襄陽府

劉豫遣李成攻京西成既陷鄧州而豫之衆有來歸襄陽者鎮撫使李横以爲寇至遂棄城出奔成遂入襄陽是時李道亦棄隨州豫以王嵩僞知隨州嵩本桑仲後軍統制背仲歸豫故豫用之横既棄襄陽未有所向宗人趙去疾勸横以衆歸朝廷横然之横在襄陽也岳飛遣張憲招之不從至是横自黄州渡江徑往洪州投安撫使趙鼎飛知之馳往洪州後横一日至横已參鼎矣飛責横不相從之意横戰慄伏罪而後已鼎發遣横赴行在分其軍明年岳飛乞董先

爲統制官又有李進者小名號李僧兒軍中呼爲八洞鬼初爲桑仲統制官時王俊乃李進下第三人也亦在軍中

李簡棄郢州僞齊陷郢州

劉豫既得襄陽進兵侵郢州知州李簡不能禦乃棄城而遁郢州遂陷豫令荆超僞知郢州超班直也豫謂有才而用之

十一月僞齊寇淮西

王德靳賽以兵禦之

劉豫以李成知襄陽府

十二月韓肖胄胡松年奉使金國回金人遣職方郎中王栩李永壽來趙子晝館之命胡松年押宴

賜進士出身頭品頂戴四川等處承宣布政使司布政使濟苑許涵度校刊

三朝北盟會編卷第一百五十五終

三朝北盟會編卷一百五十五校勘記

久服腥羶之毒服一作困　小高濰州州誤作川　雖尋常出岸出應作上　難與交鋒交一作爭　統制王俊俊誤作浚　以使相領宮祠脫領字　此意臣所未喻也此誤作之喻誤作諭　統制毛同禮同誤作司　呼爲入洞鬼入誤作八

三朝北盟會編卷第一百五十六

炎興下帙五十六

起紹興三年十二月十二日壬辰盡其日

十二日壬辰右迪功郎新授監廣州寘口場鹽稅吳伸上書

書曰右迪功郎新授監廣州寘口場鹽稅吳伸謹齋沐裁書昧死百拜獻上皇帝陛下臣聞天無二日民無二王日並出則爭光王並立則爭强勢不兩立尊無二上者也昔劉項共興爭奪相殺卒分雌雄之勢陳隋兩立强弱相陵遂興吞併之師故忠人之國者願殺身以成仁不易朝而事主若商之夷齊齊之王蠋是也今南北有眞僞之君淮汴如鴻溝之界忠臣義士一念及之涕淚交頤臣雖不才而慕夷齊之高風懷前人之卓行昨居畎畝猶存憂國之心今荷宸恩豈忘報稱之效臣頃自布衣陳芻蕘之言者良由忠誠貫日義在捐軀而陛下不以臣愚不肖聽其狂瞽采其愚慮臣自顧無左右先爲之容獨以片言上達宸聽蒙陛下知臣於草茅之賤命臣以初品之官臣之遭遇又非特賈生馬周之比也臣上有垂白之母自受命之後豈不能歸拜慈親誇耀鄉曲仰念有

君如此之仁如此之賢聽諫納言雖唐虞之主不過如是矣臣當酬報聖恩國爾忘家臣生則願捐軀如王蠋以激厲臣子臣死則願爲厲鬼如張巡以殄禍敵人臣之忠義上徹日星自謂移孝爲忠正在此時故雖過門而不入也其勤勤懇懇唯興利除害是圖慮危求安是務於是游江浙之塗采往來之議覘敵人之虛實觀國勢之安危講將帥之賢愚論財賦之得失究士卒之能否瞻天時之動變察人事之從違訂禦侮之後先臣既有所知聞不敢自默復以管見上聞天聽伏望聖慈察臣無覬覦之心憐臣有忠義之節特賜睿覽使臣區區胸臆得以陳前臣雖受僭越之誅赴之鼎鑊亦爲快幸臣聞之順天者存逆天者亡邇者金人逞其狠（改作雄）心肆其蠆毒驅脅我宋賊殺（改作殘及）無辜屠戮生靈發掘墳隴奪其子女攘取金帛雖浮圖佛宇名山神像靡不受害觀夫彼之暴興豈不暴亡乂況寃殺之氣上聞於天毒虐之暴幽及鬼神（刪屠戮至此五十七字改作所幸）天將悔禍（下添自然二字）殄滅有期圖識所載死亡無日（刪圖識至此八字）觀其謀謨止於金帛子女而已今天下殘破兵火幾遍獨我西蜀富庶有年賊（改作敵）人窺伺蓋亦有日適因險阻未能卽下

三朝北盟會編　卷一百五十六　二

故悉驅犬羊（改作卒衆）以爲蟻附彼既傾衆以西則劉豫孤立於東豫之孤危不得設詭卽此觀之敵人虛實不卜而可知也臣聞之中原者天下之根本也四方者中原之枝葉也秦漢之君莫不得中原而後成帝業唐室之亂至於二三如明皇德宗之時是也其亂之甚不過數月或年歲閒而皇綱復振者無他良由卽復中原則四方卽定也今陛下以聰明睿智之資應命世千載之運承大統於已危之時振中興於顚覆之末夷夏（改作海宇）知圖識之有歸符瑞表天下之有慶是宜中天下而立定四海之民今乃屈翠華之尊而幸蠻海之隅臣未之曉也昔太王居岐（改作避居岐山）以避狄人今陛下居吳以避金賊太王之所避者特一狄人耳（刪以避至此二十四字）正如（刪如字改作非無謂）兵法所謂（改作云）不敵則能逃（下添今二字）陛下之所避者（下添不徒金人四字）復生（改作有）劉豫獨不念國削則身危之謂乎況金人得吾土地不能守（刪此三字）得（改作據）吾人民（下添復字）不可用（可用改作自取）正謂（此二字改作而）貽患害（刪此二字）於（改作之）劉豫晉元帝渡江終晉之世不能有中原當時僭竊皆胡虜醜類猶且不能制劄今劉（刪晉元至此三十一字）豫以中國之人而（刪此字）據中原之位乎（刪此字）臣一思之略無生意萬一劉

三朝北盟會編　卷一百五十六　三

豫未滅則國之安危不卜而可知也臣聞之將者國之輔也輔周則國必强輔隙則國必弱苟以世胄擇人則趙括爲名將之後必能全勝苟以勇銳擇人則武信君有戰勝之功必能自保今陛下付兵權之重寵爵位之尊不過二三人爾其有道家所忌則趙括之徒可憂也其有戰勝而驕則武信君之禍可戒也又况國恃之爲安危民恃之爲司命豈可不擇嘗聞古之命將也以謀將爲先鬬將爲次知將爲先猛將爲次至於大將則兼智謀而有之尙欲其通古今知成敗如孫權呂蒙就學是矣及觀古之爲將進不求

名退不避罪唯民是保唯國是憂故戰則必勝攻則必取後世有異此謀靡不覆敗昔唐之衰也首因黄巢之亂當時諸道節鎭擒一黄巢如摧枯拉朽爾又各坐視𦊅賊邀功卒使唐祚不能支持今劉豫無黄巢之衆而陛下富唐世之兵其如智將自爲之計坐視安危何况夫庸將之見但求利己豈復憂君蓋賊滅改作敵盡則將帥無要君之權士卒無傾濫之賞其有包藏禍心者則坐觀成敗恃其主兵漸成跋扈古人師克在和今陛下將士雖衆孰講廉藺之歡由此觀之將帥賢愚不卜而可知也臣聞之上下征利其國必危今之主將無非營私背公蠹國害民之徒何以明之居於市則有回易之庫居於水則有回易之舟所至擅榷酤之利則官課爲之不登州郡忿無厭之求則民力爲之減耗坐糜廩祿無補事功至如主將利其家則士卒利其身使民無措手足之地孔子曰百姓不足君孰與足古人居則隱兵於農出則隱糧於敵且如羊祜之鎭南夏也初無百日之糧及至季年有十歲之積曷嘗須求國家月費億計止自營田之利以勤羸弱之兵臣觀今將帥征求市利無所不爲止速私家之富靡卹國計之殫况國家所入止有

東南數郡其得既少於昔時而其用復倍於曩日艮由諸軍唯慕虛聲不求實效廣收羸弱之兵以益請糧之數觀其一軍之内堪出戰者復有幾矣備虛名者又復有幾矣以有限之物而贍無用老弱之兵則財賦之得失不卜而可知也臣聞之人無勇怯唯其所用世之說者必曰吳人怯而汧隴之人勇昔吳王夫差敗齊於艾陵辱晉於潢池兵無敵於天下則吳人安得謂之怯苻堅擁百萬之衆當淮淝之敗草行露宿聞風聲鶴唳而恐則汧隴之人安得謂之勇今國家所賴者止知有西北之兵不知有東南之士古

人有言曰勇怯在乎法成敗在乎知怯人使以刑則勇勇人使以賞則死臣觀西北之兵刑不可以威賞不可以勸何哉㫖由雜烏合之徒混招安之衆刑之太重則去此而就彼賞之太輕則志惰而心離又况諸軍無非潰亡之黨子女既足金帛亦豐常人之情無子女則以子女爲好無金帛則以金帛爲貴今二者將自富士亦不乏彼不待賞而足又將何以勸臣觀今之士卒當其敵人稍息邊境暫甯則偷生戎旅以干廪祿若或暫當移屯驟爾行役則興怨謗之辭欲生奔北之志况於臨敵用命豈不潰亡由此觀之

士卒之能否不卜而可知也臣聞之蛇虹彌天東晉所以止於吳而不能有中原故曰天垂象見吉凶聖人則之自艱難已來金人猖獗（改作乘勢）一陷維揚長驅京邑縱肆犬羊（改作其衆）陵虐行在社稷之危甚於贅旒賴歷數之有歸致舊物之不替虜（改作金）人一去四年不敢加兵蓋以知我宋方興而未艾也柰何犬羊無知（删此四字）悖逆（改作更易）天道（改作命）假神器於劉豫分神州爲僞齊雖欲使中原自相攻取而天祚大宋億兆攸歸會無有二故日月齊明星辰順紀上則元象無差次則雨暘協序古人有言曰天視自我民視天聽自我民聽今謳歌者無不吟諷徽猷獄訟者無不思於聖德由是天意漸回而中興有兆臣謂天時不如地利地利不如人和故百姓歸之則爲王百姓去之則爲匹夫臣竊觀京畿隕喪藩服崩離天下嚣然將帥士卒鮮不背叛忘君親之辱偷一時之安大臣或降於虜（改作敵）將士或散於盜寇負國家餘存忠義往往十有八九獨我宋民懷祖宗之德樂陛下之仁從駕者正猶邠人之歸市太王安業者正猶百姓之謳歌大舜衣冠黔首悉圖二聖之歸彫弊瘡痍欲復戴天之報邇無異言遠無異望咸有一節初無二心今天

下但聞卒叛未聞民叛何以驗之臣聞京東之民見屬僞齊劉豫行十一之征可謂取民有制民以爲虐痛思宋德南望王師如旱望雲簞食壺漿家家爲備積穀助糧人人有心巷聞傒后之嗟里有來蘇之望民心如此夫復何憂臣以謂人事之和不卜而可知也臣聞之先發制人後發制於人故事有緩急勢有先後昔東晉之有全吳者以其得淮南故也當苻堅興舉國之衆取孤旅之晉設若恃長江之險退保江左縱使堅衆未即南渡而對壘淮上相持歲月則晉豈復有百年之永乎賴謝安之謀謝玄之鋭迎敵於

壽春敗賊於淝水所謂得先發之道也今淮南虛有屯駐之名而無必戰之實重兵皆在江南而輕兵獨當淮右萬一賊（改作敵）人得計奪我上流淹我淮甸掠我州郡對壘江傍勝負雖若未分而雄雌豈逃一決若坐以相持久於歲月使舟車不能通糧食不相及備前而後寡備左而右寡豈國之利乎今淮南非特唇齒之地實腹心之圖臣聞賊（改作敵）人窺我襄漢則陵侮之萌不卜而可知也今夫知敵人之虛實則制人不可不先也知國勢之安危則圖維不可不豫也知將帥之賢愚則委任不可不擇也知財賦之得失則

國用不可不圖也知天時之變動則天與不可不取也知人事之從違則民利不可不興也知陵侮之有萌則敵謀不可不伐也臣觀天下之情當其事緩之時則可因循及其急迫之際則宜力斷今天下可謂急迫矣臣聞之中原者譬如國朝之心西蜀者譬如國朝之腹中原既割（改作盜）據為偽齊（改作疆）西蜀復（刪此字）幾（下添將字）陷於胡虜（改作敵手）如人之身心腹割裂其能活乎向也國家之難繫之存亡何哉東南之地不過百郡土地日削形勢日蹙於天下無三分之二其地狹一也地頗而人眾山多而物稀居中原之一偏其

人貧二也其土薄而不厚其水清而不深無興旺之氣非帝王之州三也有此三者雖陛下謙德自保於全吳至仁不爭於天下而百萬之師坐糜廩祿一歲之間國用不貲設有旱乾水溢之年將如之何又況土地日削則財賦日少（改作稀）將何以給士卒之費乎臣竊謂中原不取則帝業不恢中興無期危亡有兆何則金人雖強實不足慮劉豫雖微其禍可憂且如金人其來有時其居不久來則避之去則復業此不足慮也明矣且如劉豫以臣（改作偽）竊國用虜（改作臣）僭君素無人望唯多詐謀彼以一旅之眾當孤危之時

不一平之設有大於劉豫復據一方將何以處之嗚呼晉室之亂起於元魏繼踵僭竊終不能平沒晉之世不復故疆今劉豫恃金人之勢露不臣之心自揣悖逆與我聖宋必不兩立勢無俱存彼若以利誘動金人進屯淮右雖不交兵縱未南渡兩軍相持積之歲月必有存亡將何所逃臣以謂先擒劉豫則金人自定昔羊祜有言曰期運雖天所授而功業必由人而立我不一大舉埽滅則眾役無時得安今陛下國勢如彼之危不毅然舉兵以決勝負臣恐因循歲月大禍將至臣嘗譬之病者沈痾積月而藥石自疑服

之温則疑其實服之涼則疑其虛雖有良醫議論不同處之無斷既惑藥石遷延歲月殊不知日月既深病亦彌篤逮至膏肓醫所不及臣以謂今日時勢存亡顯著事理灼然若曰今日未可舉兵不知何時而可也兵法有曰不戰而屈人之兵善也今天下之人皆知以不戰爲善殊不知力能勝人謀能制人則不戰爲善臣竊評天下之議者不過曰金人之兵衆昔苻堅非不强也王莽非不衆也以苻堅之强王莽之衆光武東晉避之可也不戰可也唯其勢不可避亦不可不戰因其必危必亡之勢而爲死戰卻敵之計

是以成功臣竊觀自喪亂之後未嘗接戰設或遇敵非因戰敗多由潰敗今無戰勝之功而責人服不亦難乎又況皮幣不足以塞其貪事之以皮幣則不得免焉犬馬不足以充其欲事之以犬馬則不得免焉金玉不足以厭其求事之以金玉不得免焉和議不足以得其信求之以和議則不得免焉金人反覆陛下知之詳矣今又割中原以假劉豫其志不特以中原攻中原也將以併土地也將以危社稷也臣竊謂祖宗創業之艱難累聖繼承之不易天下一統垂二百年今鼎足分裂於賊臣國勢受制於胡虜改作强敵雖有

大江之南已失祖宗之舊回首中原神人共怒倘宜力謀克復以雪大耻況彼吞併之萌已兆而危亡之禍將及豈可不爲之計也臣聞金人以劉豫爲所愛以中原爲所謀臣願先奪其所愛伐其所謀彼必氣讋膽喪萬一舊惡不悛長驅復來俟其深入誓師血戰痛埽醜類刪此四字彼必蹈苻堅之覆車而陛下享光武之中興矣昔晉室之强取吳之弱易於反掌議論異同至於數載設非羊祜謀之於前而張華杜預贊之於後豈復成功臣以此知能斷大謀者少而因循偷安者多也臣嘗聞否終則傾物極必反昔光武以

數千之衆當王莽百萬之師謝玄以七萬之卒迎苻堅九十七萬之衆强弱固不等矣衆寡固不敵矣卒能敗王莽之衆衄苻堅之師者無他正如兵法所謂投之亡地而後存陷之死地而後生者也金人無王莽苻堅之衆而陛下數倍光武東晉之師加之否終喪亂危於光武東晉之時不一大舉其將焉恃又況金人不能自卻劉豫不能自滅國論未能僉同將相未盡樂戰唯陛下有宗廟社稷之重繼統承休之託上則有君父戴天之仇下則有黔首塗炭之厄利害繫乎陛下一人臣前書論馮道杜充詳矣伏望應天

順時躬行天罰願宸衷之獨斷無築室於道旁嗚呼二聖蒙塵於沙漠豈不朝思暮想望陛下復中原而爲歸期宗廟遷移於亂臣豈不幽思冥忿望陛下復中原以歸祭祀陛下幽明有此責望之重豈可安於東南而不爲克復計也臣固知陛下天資純孝懷思二聖屢軫聖憂朔望　遙瞻愁慘天地蓋亦忍恥含羞以圖後效雖天聰之屢決柰衆議之不同致使稽遲歲月坐待危亡臣竊觀陛下下求言之詔開忠讜之路可謂有意於中興矣言之悖謬者無罪言之切當者有賞可謂有意於聽納矣今雖賞可采之言未

見可采之事豈左右之臣以謂計不出己功不在身執一偏之見而惑陛下之英斷歟不然何其能善善而不能用也今臣所陳痛切可見萬一復有議者以臣狂妄沮惑聖斷伏願膽臣之心以謝不忠之臣臣竊覩回祿之禍歲歲爲災雖生靈之可傷亦天意之有自然天道幽遠人所難測而臣臆說敢試明之夫火生於寅其旺於午宋火德也駐蹕南方正當旺地故其患不在於朝廷而其災常及於百姓今上象無變而火災屢焚豈天亦欲陛下歸中原以正其位乎不然何其屢禍百姓以爲警戒陛下誠能垂日月之

明奮乾剛之斷念生民之無辜知火德之獨旺整我六師克復神京上則順於天道下則安於百姓則今日之災安知不爲成王之雷風宣王之旱魃反爲生民之福也臣又聞國使之來問好雖通以臣料之情亦可慮何則金人反覆萬端可以力勝難以義服今此之來非國有變故則重有須求臣聞道路之言金國近年自相吞噬夫戎狄之性譬猶犬也居則搖尾相憐食則怒牙相視欲其必爭可試以肉今也子女玉帛當充其國因此爭鬭亂復何疑萬一（删夫戎至此四十九字）果如道路之（删此三字改作其）言則劉豫孤立無所救援

必藉來使安此人情緩我歲月胡不聞唐儉爲使而李靖因之食其爲使而韓信襲之已驗之禍不可不戒設或無此數謀必將重求割土厚責歲幣强我所難奪我必爭從之則國削身危違之則起瑕生釁其痛爲陛下惜也今使命將至不可中輟萬一厚有須從與違將何以處臣以此思之晝則忘食夜則忘寢求臣願陛下陽諾陰違俟其還報乘其不疑一怒親征劉豫可擒臣竊觀當今天無變象於上人無離心於下時哉時哉機不可失陛下不於此時親御六師躬行天討則必有後時之悔也臣竊見陛下設高爵

以寵將而將不加勸竭廩祿以贍軍而軍不加銳彼敢戰之士一歲驕惰於一歲而懷鄉之卒一年更甚於一年若曰繕甲治兵養銳待時臣未之聞也臣觀今之兵權委寄太重且如衆軍相呼必曰某姓某家之兵觀其稱呼自相爾汝度其權勢必不統一嗚呼食土之毛莫非王民今不知有陛下但知有將帥者無他良由下權太重而上威不張也平居無事旣相爾汝互相招誘認爲已軍萬一當敵誰肯相救臣以謂陛下若不收回兵權親御兆衆方且姑息將帥之不暇豈能卻强敵而取中原乎臣觀今之士卒已無

鬬心論其敢戰必不若淮南之民而淮南又不若京東之民臣聞京東之民苦於劉豫思我聖澤猶子懷父大兵臨境彼必倒戈自我爲攻取有征無戰但當明其政刑恤其士卒弔民伐罪愼無繹騷若使京東之民自戰而勝則吾之士卒豈不懷慚自相激厲軍威旣張士氣復振然後薄伐醜虜（改作乘機北伐）克復故疆夫何難哉臣聞知者千慮必有一失愚者千慮必有一得臣雖至愚豈無一得古人有負日之暄欲獻於其君者其謀雖拙其忠可嘉今臣以至愚之言而類負暄之獻區區之誠蓋亦可見臣非得已而不已者

況臣已蒙陛下命之以官夫復何求良由忠唯許國義在救危止知愛君不知斧鉞之可畏也止知憂國不顧微軀之存亡也於是譊譊不已復有所言蓋臣之忠義能爲人之所不能者今臣所陳或有可采願陛下試臣以難萬一忠義之跡言與行違臣甘膏斧鉞以戒天下狂生況臣初非自衒亦非躁進實以國家存亡爲憂中原喪亂爲念僞齊未滅臣無生理臣恐如夷齊死於國亡之後無補敗滅故始以天無二日爲喻而終以必擒劉豫爲請言雖率爾其理甚明伏望陛下聽而納焉天下幸甚干冒冕旒臣無任俯

伏待罪之至臣伸昧死百拜

賜進士出身頭品頂戴四川等處承宣布政使司布政使清苑許涵度校刊

三朝北盟會編卷第一百五十六終

三朝北盟會編卷一百五十六校勘記

後世有異此謀者（脫者字）　躬行天討（討誤作罰）　臣又聞金使之來（金誤作國）　富亢其國（富誤作當）　自我爲攻取（衍我字）

三朝北盟會編卷第一百五十七

炎興下帙五十七

起紹興四年正月二十九日己卯盡三月十五日乙丑

紹興四年正月樞密承旨章誼中書舍人孫近使於金國

二十九日己卯右廸功郎新授監廣州寘口場鹽稅吳伸再上論大臣非辜書

正月二十九日右廸功郎新授監廣州寘口場鹽稅臣吳伸謹齋沐裁書昧死百拜獻於皇帝陛下臣聞

趙襄子見圍於晉陽罷圍賞有功之臣五人高赫無功而受上賞五人皆怒襄子曰吾在危戹之中不失臣主之禮者唯赫也子雖有功皆驕寡人孔子聞之曰趙襄子善賞士乎賞一人而天下之臣知君臣之禮臣讀至此每興嗟而不能自已豈舉世無高赫之徒乎將功同而賞異乎將使忠信之士不容於朝端乎將使忠信之士陷於罪戾乎昔人有所謂忠信而獲罪者此臣所以區區晝則忘食夜則忘寢痛爲天下國家惜也臣聞建炎之間苗傅作亂一夫唱惡寶位遷移廢主立幼擅國威權當是之時天下皇皇左

右無措皆有驕君之心未聞有盡禮之臣至於能赴國難者尤鮮其人獨一張浚以微弱之書生率天下之義士忠誠一發勇冠三軍遂擒元凶用復大寶張浚之忠聞於八荒達於皇天豈特夷狄（改作士卒）知之雖三尺之童亦知之豈特三尺之童知之而陛下亦自知之昔申蒯陳不克赴莊公之難不能成功後世猶且義之況於倡天下之大義立不世之大功乎臣雖不敢僭擬仲尼之褒貶竊謂張浚賢於高赫遠矣嗟夫才有短長事有優劣可謂忠有餘而智不及臣請為陛下畢陳其說臣聞張浚之帥陝右也憂國忘家

見危致命食不兼味祿無羨餘聞利國之言咨嗟而不能已見忠義之士延禮唯恐其後廉潔愛民士卒化之而不貪公忠御下吏民善之而無謗此所謂忠有餘者也料敵人之不審陷曲端於無辜昧左右之譖言執一已之私斷失五路之地衄數萬之師覆軍陝右延敵窺川取怨朝廷斂怨鄉曲此所謂智不及者也今五路失利四川孤危罪在張浚夫復何說而臣有言者無他臣恐快朋黨之私墮敵人之計絕忠臣之路何以言之臣聞女無美惡入宮見妬士無賢不肖入朝見嫉蓋貪冒之心人情所同朋黨之私古

今皆有且夫為臺諫者必欲速為輔弼為輔弼者必欲速專鈞衡此貪冒之漸也甲居台輔則甲有親戚故舊乙居台輔則乙有親戚故舊甲或罷政則甲之親戚故舊無所依焉乙或罷政則乙之親戚故舊無所依焉此朋黨之私也今張浚還朝不復元樞之位必正台司之權在同列必嫉之或有薦擢更易差除在百僚必嫉之若不羣而攻之排而逐之則上下俱緩遷陞之階朋黨不得少固其位萬一眾口鑠金積毀銷骨擠以失地之罪陛下不得已而逐之豈不快朋黨之私心乎臣聞魯以季友治亂魏以無忌折衝

虞不用宮之奇而晉幷之吳不用子胥而越幷之田單縱反間於燕而樂毅罷陳平縱反間於楚而范增去子玉死而文公之君臣相賀廉頗逐而白起之籌策得施借使張浚智雖不及數子忠實侔之臣竊謂今世如張浚者復有幾焉萬一忠臣見逐必有不忠者至觀其用兵雖敗金人未必不忌其忠設或反間得行而張浚罷去豈不墮敵人之計乎臣聞齊威前有尊周之功後有滅項之罪春秋書夏滅項為齊公諱之故古人以功覆過良有以也今張浚復辟之功大失地之罪小非特臣得以知之天下之人所共知

之何哉金人起兵三十餘載北滅契丹南侵中原天降喪亂醜類孔熾改作干戈相尋張浚以五路散地之兵當百萬犬羊刪此二字深入重地之虜改作敵如㬂投卵其不敵也明矣尙能枝梧數年與之相持及其退保四川敵人卒未能盡下亦張浚之功也若曰失陝西之地潰五路之兵爲可罪則曩者失太原之利致陷神京失神京之利播遷二帝禍延今日遂使翠華巡狩於海濱賊臣割據於中土當時用事之臣比之張浚罪狀有差如是張浚功大而罪小也又明矣設若寘浚於罪地後之有功者又欲與赤松子遊使未立功者將

以張浚爲戒後有患難誰肯赴之豈不絕忠臣之路乎臣竊見里巷交談人人爲浚危之咸曰某黨某人欲有言也張浚之來章疏列上必於失地之外吹毛求疵增其過惡陛下雖有襄子之明必不能卻如簧之言以保全之若然則張浚未來則其罪緩張浚既至則其罪速萬一果如道路之言則張浚之罪遂將無所逃何則張浚不至則議者必曰慢而不恭有違命之惡浚既來則議者必曰覆軍之將有失地之罪今遲遲其行豈非畏人言乎抑亦自謂無功而歸羞澀其行乎方其未至已有論列其罪者及其還朝廷罪之何疑臣又聞道路之言曰非特一二人欲言之且將羣而攻之不特羣而攻之必使之罪去而後已嗚呼開言路者所以納公忠而去偏黨也今以朋黨之私而所親所舊雖有大惡則過而庇之非親故雖有小過必招而逐之至使執政不敢除一吏忠臣不獲全其身可痛惜哉嗟乎言張浚之短則易爲張浚之事則難若試以言張浚之人而任張浚之責則敗績尤甚於張浚矣臣竊謂自艱難以來未有如浚比者萬一使言者必行而浚以罪去不知誰可繼其忠乎古人一賢勝百萬之師若賢者不容於朝欲政事

修而攘夷狄改作軍旅治不亦難乎臣嘗聞周公使管叔監商管叔以商畔夫周公弟也管叔兄也周公之過不亦宜乎當時以功覆之後世亦未嘗罪周公而議者則曰周公之過如日月之蝕焉今張浚失地之過雖明而赴難之忠亦至臣恐巧言易入聽斷所難伏望陛下痛加察焉無使朋黨得以快其私無使敵國得以乘其閒無使忠臣因而晦其跡實宗廟社稷之福天下生靈之幸也臣與張浚居處則異鄉勢位則相遼既非親戚亦非故舊初無所私於浚也今論張浚之一身而玷及滿朝之權貴臣固知不得罪於今

日必斂怨於他時臣之棄斥殆不能免其必有言而無畏者臣自謂視富貴爲甚輕以忠義爲甚重今至公之論忤及權臣不過使臣終身不得仕進爾至如張浚復辟之忠今古所難臣以忠義得罪雖伏之斧鉞赴之鼎鑊在所不辭豈畏朋黨之害乎臣之所陳披肝瀝膽聽之罪之唯陛下所命焉干冒晃旒臣無任俯伏待罪之至

二月七日丁亥兀朮（改作烏珠）寇（改作攻）仙人關

十一日辛卯吴玠及兀朮（改作烏珠）戰於仙人關敗之

兀朮（改作烏珠）欲大舉兵期必入川劉豫之弟益方之長

安密使人告於吴玠使早備之玠預爲壘於關之傍曰殺金坪是日戰於仙人關下玠命將士更射又出鋭兵出其左右凡拒戰五日金人皆敗初金人自元帥以下皆盡室而來又以劉豫腹心爲四川招撫使既不得志乃退據鳳翔

十四日甲午吴玠斬其統制郭震熙河經略使關師古叛附於劉豫

吴玠自辛卯戰於仙人關兀朮（改作烏珠）日夜攻戰不息統制郭震爲兀朮（改作烏珠）所襲破其寨王師屢敗績甲午玠斬震以徇於衆檄召知金州王彦熙河經略使關師古來救援彦與師古皆不至師古叛附於劉豫

綿威茂川石泉軍安撫使劉琦以兵來援

召趙鼎赴行在

罷都督府

朱勝非方圖進取先議欲取荆襄乃奏上乞罷都督府使諸將得自奮厲上從之遂罷都督府

張浚至行在

張浚在川中初承召命也王庶以被浚奏劾之落職宫祠復遷通議大夫就委浚差人津遣庶下峽浚具奏曰臣已被命還朝與王庶偕行庶以疾留而浚乃

赴行在既到關有指揮軍馬撥付楊沂中軍心皆不平隨行錢物置於左藏庫爲封樁給賞庫今爲左藏庫南庫

三月八日戊午趙鼎參知政事

十五日乙丑張浚罷知樞密院資政殿大學士提舉臨安府洞霄宫

侍御史辛炳言張浚陝西敗事之罪故罷之也

紹興四年三月十五日都省劄子臣寮上言竊見知樞密院張浚昨被命宣撫川陝等路五年於外誤國非一近有旨召還罷宣撫職事爲浚者義當疾馳赴

闕以待罪斥而乃偃蹇自若徘徊鄉里累月不行已而盡掠公私之財選鋭兵自衛出蜀至湖湘間妄以均給軍須爲名獨攜所積單騎而先朝廷嘗降指揮令伺候一行官兵同來復不遵稟今聞已至近邑頗駭衆聽不知浚何施面目敢見陛下也浚以便宜辟置如李允文王以甯傅雱之非其人爲湖南北之害浚以私意作威如曲端趙哲之良將皆不得其死輕失五路坐困四川無分毫之功有邱山之過雖膏斧鉞未足以謝宗廟在天之靈不自修省每多妄作擅造度牒鑄印記肆赦減降出給封贈磨勘綾紙之類

皆有不臣之迹議者謂陝右之人無一日不懷歸中國但諸師業已叛浚聞浚還朝恐懼不暇若蚤正典刑示天下以不復用則陝右之地不勞師而自復矣陛下方信賞必罰以圖治功浚之罰無可恕者臣愚欲望聖斷特降睿旨重賜黜責以爲臣子之戒候敕旨貼黄稱臣謹按浚不臣跋扈之迹初若不甘還朝既而自不皇安乃盡掠四川公私之財藉手爲贖過之計若令復領舊職其計遂行恐非公朝所宜伏乞

睿斷早賜施行

又臣寮上言嘗聞漢王恢請擊匈奴而以亡失輕罪伏誅故武帝之威終能遠振四夷唐房琯乞復兩京而以喪師陳濤被罪故肅宗之功能再造王室人主將欲有爲於天下非大明黜陟不可也而況妄作誤國犯分慢令兼人臣之衆惡非特恢琯一時敗事之比者乎謹按知樞密院事張浚本無才術自任輕儇偶當乏人之際遂叨分閫之權付以便宜使之黜陟而乃不循分守妄自尊大喜怒任意措置乖方生殺廢置不復知有朝廷既失五路又擾四川流毒之餘及於鄰路受命五年喪師失地而歸人臣之罪孰大於此頃者金人犯入改作陝西惟環慶帥王似能堅守

河西熙河帥張深能殺退金人金人不敢西五路以二人故有稍安浚既至宜因用之乃反罷張深王似代以趙哲輩將士解體已不爲用矣及妄聽關報以爲虜敵改作衆可取遽爲富平之舉卒至覆軍所亡將士金帛糧料不可計數遂失五路及其行法又不當於衆心富平之役惟趙哲在衆人中尚能當前轉戰用命勢力不敵而潰諸路略無策應浚乃獨誅哲致其徒怨叛後并力攻川口者是也浚初拜曲端爲大將端素有威望使統衆固宜及爲富平之舉端以爲未可力爭之浚怒安置恭州及敗宜厚謝端而用之乃

信王庶一言委端仇人康隨爲夔路提舉保甲兼提刑羅織端置獄大暑中熾炭圍之致之死部曲又皆叛去其後日夜攻川口公行文檄求端於浚者也是趙哲曲端潰卒擁陝西勁兵力窺川口虜敵改作人特因之耳又用趙開營財利刮膏脂行榷茶鹽及隔糴酒法苛細特甚黎庶嗷嗷無所告訴外召賊敵改作攻内結人怨四川之不亡者幸也凡朝廷所除監司郡守至輒不許上必已所命乃得赴張深已老乞退則令五日一赴宣司治事此例安出哉甚者擅肆赦宥一歲凡再自古便宜未如是之專也建炎三年十一月

虜金改作人已渡江後滕康劉珏得浚十二月書猶言虜金改作人在雲中今歲定不南來宜慎重勿妄動斥擯如此疏繆可知荆湖南北宣撫處置使用所管地分遣李允文王以甯假以便宜肆行生殺遂亂兩路且便宜朝廷止付之浚豈當復以便宜付他人也上下相付何所不至哉浚敗事而歸不自知罪猶傲然偃蹇逡巡留連移文邸吏令會計臨安府葺治府地浚謂朝廷權爲已家物乎浚既被召盡刷四川之物以行科率之擾斂及下戶尚敢託言那輟隨軍錢物應付解潜程昌寓欲以邀功不知隨軍錢物何所從出哉既罷宣撫處置使而沿路妄有行移至劄下峽州荆南潭筠吉虔袁州興國軍計置箭簳每州二三百萬及令川陝宣撫司計置黄牛角二千對又嚴以約束諸州如難計置箭簳即具因依回報浚既知其難辦而故爲此騷擾其徒欲自市求進不復恤人力之困也賴陛下灼見其奸計置牛角一節更不施行不然匱竭所及何時而已乎浚聞罷之始則遷延不行中則疑而有請欲候至潭州道路無虞而後造朝近又奏乞至衢州留數日修治器甲今聞政府虛位則至衢州一日而行星夜兼程不復留滯何前緩而

後急耶自謂罪惡可以計免名位可以力致不畏邦憲不卹人言出入自如何所恃賴陛下縱欲曲全體貌未寘於法柰天下公議何欲望英斷早賜竄黜以爲人臣誤國之戒伏候敕旨

又臣寮上言竊聞知樞密院事張浚將到行在不知陛下遂以樞廷處之耶中外之議有大不然者臣不得不論也浚爲黄潛善所知自與元府曹官一二年引爲侍從潛善當國一時所引皆憸柔妄庸之人而浚爲之上客及虜金改作人飲馬長江有窺江南意浚欲避禍遠去乃建議出撫川陝悉揀西北精兵自隨

榮歸故鄉引一時輕儇諛佞小人如劉子羽程唐輩參議軍事以往陜西以私意斬環慶路安撫使趙哲復擅撫舊將曲端獄死由是將士解體潰叛降賊而陜西州縣殘陷幾盡赤子肝腦塗地皆浚之爲也其後虜（改作敵）騎長驅遂至與元浚懼不知所爲遂引兵遠遁而虜（改作敵）亦稍自退歸浚輒妄奏獲捷功狀欺罔朝廷誅求聚斂人不堪命四川騷然怨情刻骨於是悔宣撫之來甚於賊也陛下初許浚便宜黜陟蓋以軍事在遠不欲從中制也輒立招賢館有覗直龍圖閣之命以孺人號封參議官之妾陛下昨嘗遣中

使傳宣撫問浚乃與之加秩酬其勞自古豈有人臣輒加官王人之禮其狂悖甚矣大抵浚本妄庸幸際艱難專制一方志盈氣滿遂欲飛揚跋扈賴陛下聖明辨之未晚亟遣郎官持節召之浚稍知事節當亟交割軍事卽日就道而乃偃蹇遷延始則欲候秋涼進發次則欲上塚焚黃又欲候道路無虞然後赴闕公然上章慢侮君命聞者無不扼腕既到鼎澧間又擅差撫諭官騷擾州縣又檄荆湖八州軍配出箭簳又令川陜宣撫司計置牛角取媚朝廷始則以輕脆暴恣敗事中則以跋扈偃蹇爲物議所不平卒又以諂媚冀脫伏望睿明察浚罪狀斷自宸衷乞賜罷黜明正典刑庶幾少慰關陜橫死之人少解川蜀憤怨之氣亦以爲人臣跋扈之戒伏候敕旨

又臣寮上言臣近嘗上章論列知樞密院張浚不臣跋扈等事皆公議所共憤嫉不平皆浚之辜負陛下擢用付與之恩略無畏憚一至於此若不明正典刑何以示臣子之戒臣竊思念宥密之地實掌兵機方今行朝神武之兵拱衛清蹕無慮十餘萬衆早夜激昂忠勇之氣咸願報國若浚者何施面目敢居其上然而旬日以來偃然自若人情疑惑豈不搖動臣職

在言路尤竊寒心伏望聖斷赫然出臣章疏亟降睿旨重行貶竄少慰天下忠臣義士之望臣不勝幸甚伏候敕旨貼黃稱訪聞浚所領兵等已至行朝已錄白所奏章疏繳申浚照會訖伏睿察

又臣寮上言臣近嘗論列知樞密張浚罪狀至今半月未蒙施行浚亦偃蹇樞府恃以爲安中外愕然無不驚疑臣已錄白奏狀副本申張浚照會去訖竊以威福者人主之大柄賞罰者天下之公器有福而無威有賞而無罰是猶天之有春夏而無秋冬也陛下歷觀古今之爲人臣有如浚之跋扈僭竊者乎有如

浚之專恣誤國者乎有如浚之欺君慢令者乎一犯於此已不容於公議況兼有衆惡其能逃於典刑哉欲望睿斷檢會臣前奏降付三省早賜竄黜施行伏候敕旨三月十五日三省同奉聖旨張浚除資政殿大學士右通議大夫提舉臨安府洞霄宮任便居住

賜進士出身頭品頂戴四川等處承宣布政使司布政使清苑許涵度校刊

三朝北盟會編卷第一百五十七終

三朝北盟會編卷一百五十七校勘記

罷圍賞有功之臣五人圍賞二字衍　如煅投卵煅應作石　出給封贈磨勘綾帛之類帛誤作紙　而以亡失輒罪伏誅輒罪應作馬邑　宜重用之重誤作因　羅織端獄置字應連下句讀　致之死之字衍　波及下戶波誤作數　那撮隨軍錢物撮誤作攝　以往陝西往誤作住

三朝北盟會編卷第一百五十八

炎興下帙五十八

起紹興四年三月十七日丁卯盡四月四日癸未

十七日丁卯張浚落資政殿大學士依巳降指揮宮觀

臣寮上言竊讀臣僚章疏論列張浚罪狀非一致有跋扈不臣之迹臣愚伏望陛下將所除張浚資政殿大學士指揮特賜寢罷候勑旨三月十七日三省同奉聖旨張浚落資政殿大學士依巳降指揮宮觀落資政殿大學士告詞敕授鉞專征宜懋圖功之略喪師失律難逃誤國之刑矧衆積於罪尤致深駭於聞

聽大臣乃爾公議謂何張浚早以時才幸蒙器使亟躋榮於仕路遂進秩於本兵權貽竊位之譏首建輿戎之議旋分權於帥閫方藉寬西顧之憂乃玩敵於邊陲因以召南侵之侮輕失五路坐困四川兵潰莫收怨結於下始嫁敗亡之禍斬將及於無辜繼陳克復之功露章輕以罔上假便宜行事之勢忘人臣無將之嫌倣內閣以招賢擬尙方而刻印敢行赦宥仍擅恩封朕將略其不貸之愆以盡曲全之意肆加嚴召輒慢令以辭行仰冀要權猶括民而求媚妄作至此夫誰可欺俾遂釋於樞機且務全於體貌彈章薦至寵典難私其鐫秘殿之華往即眞祠之逸昔高宗鬼方之伐戒勿用於小人而王恢馬邑之謀罪必加於戎首今朕爲汝特屈常刑尙服寬恩無忘省咎可落資政殿大學士依舊宮祠

尙書省劄子臣寮上言竊聞近者三省初畫降聖旨張浚除資政殿大學士提舉臨安府洞霄宮任便居住續有旨落職依舊宮觀外廷傳播咸未厭服蓋人君所倚以爲輕重者大臣也百官所視以爲表儀者大臣也大臣而有不臣之迹旣無以訓迪在位百執而於堂陛之嚴尤不可不戒也況今日危難之時乎

嘗謂君臣之道施報而已使臣以禮者君之所以施也事君以忠者臣之所當報也施而不報是不忠也臣而不忠是不臣也況爲大臣乎陛下擢浚而不次用之付與之權幾半天下施之以禮可謂厚矣浚之敗事誤國報稱蔑然浚若知有朝廷則必畏懼循省求爲補過之實乃復跋扈見亦不臣之跡日甚一日其亦思前此銜寃抱恨投匭於陛下之前者無慮數千萬言皆陛下所詳知臣固不必詳言之也爲大臣而不知有朝廷其不臣莫大焉臣尙妄意浚至國門之外必俯伏待罪豈有面目敢覲清光不謂其狠傲

不恤偃蹇自如遂安厥位逮臣與常同錄白章疏以示之後方具請已而不甘聽朝廷行遣指揮忿然卽行覩其造朝尙敢如此陛下雖容恐公議之所不容也公議可畏臣其可但已也陛下方開公道以明賞罰若浚之不臣不竄之嶺表不足以塞公議宮祠自便所至必有以搖動人心者爲害非一臣愚欲望聖斷早賜睿旨施行伏候敕旨

臣寮上言臣嘗觀舜去四凶而共工驩兜三苗曰流之放之竄之而已至鯀則曰殛之蓋鯀平水土九載績用弗成誤及天下非若共工之象恭驩兜之朋黨

三苗之饕餮而已此罪所以獨重也恭惟國家渡江以來雖爲削弱然西秦根本之地尙存也陛下付張浚以樞柄之重假以便宜之權自關以外使浚專之其委倚之意豈特使浚保守川陝而已哉蓋欲壯根本之勢漸圖經制兩河以復中原也浚旣不能謹守尙存之地乃舉三十萬之衆一旦委之敵國盡失五路遂使虜（改作北）騎乘勝長驅侵犯川蜀浚方引兵退處安穩之地殘虐四川爲剝膚椎髓之横斂受命五年所失地土人民甲兵財物不知幾百萬豈特九載績用弗成而已乎浚之一身何足以謝川陝生靈哉

若其輕率妄作僭傲不恭之事則臣前章已具奏陳更不煩瀆聖聽自陛下灼知其罪命使代之召浚還朝天下孰不企望公朝明正典刑投之四裔以禦魑魅今尙祠館優秩安居便地誠未足以厭服公論欲望睿斷不疑謫浚散官竄之嶺表以爲誤國之戒以慰天下之望伏候敕旨貼黃稱契勘昨來虜（改作敵）騎渡江滕康劉珏以措置乖方尙猶謫授分司之官湖南拘住今浚之罪百倍康珏欲望睿斷明照輕重施行

二十一日辛未張浚福州居住仍令本州撥借官田一十頃

臣寮上言近者三上章論列張浚敗師誤國不臣跋扈等事陛下罷浚樞密府落浚職名初若欲正浚之罪以示天下而聖慈寬貸聖度包容終屈邦憲未厭公論蓋祿以祠宮處之善地皆非浚所當得者乃復給借官田以繼其富以是賞之臣所未喻也浚之敗師誤國舉五路而棄之雖身膏斧鉞不足以謝富平三十萬之衆浚之不臣跋扈不知有朝廷雖投畀魑魅不足以快忠臣義士之憤若浚之罪無可矜者今縱已廢棄不復用然川陝之人自聞浚還朝日夕反側視浚之去留與夫得罪之輕重以爲安危則浚之

竄殛其可緩邪五路叛師初非得已若正浚之罪則叛兵歸順不約而同四川貧民不堪斂取之酷恨不食其肉若正浚之罪則（刪叛兵至此二十九字）遠情慰安不戒而孚朝廷以浚之所以得罪之因明正典刑以播告之亟遣使懷詔撫諭正今日之事前此浚以還朝爲名遲迴逾年竭四川公私之財誑人以歸助行在軍須之費其實自爲身謀厚啖一行官吏士卒以買其情口食犒設之類賜予無藝往往錢物不明不可稽考原浚之設心尤可罪也逮茲去位聞有戀戀泣涕倡爲不平之語者浚之門下黨與有力焉臣謂蘇以

祠宮處之善地加之撥借官田川陝傳播豈不搖動朝廷播告之意臣愚欲望聖斷早賜睿旨改正施行取進止三月二十八日同奉聖旨前降借撥官田指揮更不施行

四月一日庚辰朔劉子羽落職差提舉江州太平觀任便居住

三月二十九日尚書省劄子臣寮上言近論列知樞密院張浚昨宣撫處置川陝等路喪師失地敗事誤國已降指揮落職宫祠令於福州居住陛下厚恩特寬典憲臣聞浚所引以參軍事者皆妄庸小人而專橫之甚衆所切齒者唯劉子羽未見施行臣不得不論子羽天資險佞有以媚浚故見信任凡浚過惡皆子羽助成之秦蜀之民欲食其肉頃者富平之舉諸路將帥多以爲未可子羽弗思虜人詭詐（刪此四字改作敵情）不測輕聽間探斷然自以不疑卒至覆軍使五路生靈肝腦塗地全秦之失子羽之謀也富平既敗浚獨罪趙哲爲不用命已斬哲後知其失即出榜盡釋其餘將佐之罪子羽至鳳翔不以爲然復欲斬慕洧及其次統領諸將而下人人恐懼相率叛亡子羽所致也五路既失浚退歸閬州令王庶知興元府庶措置

稍就緒子羽欲得之因而譖毁卒奪其任陝西叛將聞子羽至必欲殺而後已誘虜（改作敵）人併力以攻遂破興元朝廷差王似盧法原爲宣撫副使子羽乃於浚求宣撫判官陰奪二副使之權事無大小子羽專之浚已有施行者子羽輒塗抹改易官吏畏其氣焰敢不稟承浚亦爲其所脅持不復敢誰何以士大夫所言子羽之罪擢髮不足數未有可與子羽同科者自降指揮發來赴行在領銳卒以歸建州之崇安縣蓋其鄉里及聞浚到即出迎於信州今乃稱疾不至爲人臣偃蹇不恭侮慢有如是者乎不明正典刑曷

慰公議伏望睿斷早賜竄殛少快秦蜀將帥軍民怨憤之氣取進止四月一日三省同奉聖旨劉子羽落職差提舉江州太平觀任便居住

又臣寮上言臣聞惟辟作威所以御世若其施之或輕或重失其當則不足以爲御世之術必考核其實質諸典刑參合公論厭服人心然後爲稱故其威罰之行足以使人震恐莫不懲革當舜之時四罪而天下咸服蓋出於此臣竊見頃年張浚宣撫川陝而幕府用事所言皆聽莫如劉子羽一介小人愚憒無識輕躁寡謀彊愎自用專主軍職昧虜（改作敵）人之詭計

贊富平之大舉喪敗師徒十餘萬衆其罪一也陰懷私怨力沮曲端出奇之策妒功害能掩蔽趙哲鏖戰之勳恥已謀之貽敗則移咎於他人既斬趙哲復害曲端寃陷二人一方怨怒其罪二也妄殺二將已失人心仍肆讒誣淫刑以逞其他將士日虞濫及懷不自安率衆叛去致使我師攜二賊勢日張全陝之境不復能保其罪三也子羽被旨召赴行在不奉君命徑歸里第獨至上饒迎迓張浚全無人臣之禮其罪四也夫秦蜀禍敗不可勝言推原所自子羽實爲之首今因臣寮論列止於落職宮祠揆之典憲是爲失刑士論人心皆未允愜伏望聖慈特加睿斷盡削子羽官資流竄遐荒以謝一方少伸將士之怨憤庶收既失之人心以爲天下臣子之戒伏候敕旨

四日癸未劉子羽責授單州團練副使白州安置

臣寮上言伏覩陛下奮發英斷罷黜張浚以正誤國之罪中外傳說孰不欣快臣嘗考之公論以謂浚之所行皆屬官劉子羽程唐馮康國爲之謀康國雖已蒙放罷而子羽尚爲寶文閣直學士程唐爲寶文閣學士知瀘州其罪在康國之上臣豈敢不論也子羽凶暴殘刻敢於爲惡首倡富平之議遂致全秦之失

浚殺趙哲曲端謀皆出於子羽端哲既死浚猶出黃榜安慰諸將而子羽獨於軍衆之前詈辱番將慕洧及曲端部曲張中孚等恐以軍法洧等不堪愧抑遂降僞境子羽在浚幕中最爲橫恣雖浚之凶焰亦畏其挾持莫敢誰何川陝之人切齒恨怨欲甘心焉子羽既知敗事必得罪朝廷既遣其壻捆載順流而下及被召命乘舟出峽又攜高貲與婉妾數人遵陸先歸福建安居數日聞浚至撫州自隣境來迎於路已而復歸至今不至行在人臣敢傲慢不恭如此跡其用心視朝廷爲何如哉唐本成都富人方其欲事童

貫大雪中乞憐於貫之門媪因得見於庭貫方以机子坐於其側飲以巵酒若飼奴僕然唐不恥也因獻渾金佛羅漢像一堂得成都府路提舉茶馬唐既出貫門下遂遣二使臣創第於貫之宅前盡蓄珍奇玩好之物伺貫意旨即以獻納貫嘗築一堂生日落成之唐爲製錦繡帟幕地衣若堂之大小高下云。舊校一本無高下二字曲折因爲壽而獻焉凡此所費悉出於茶馬司侵盜之弊實自唐始又其狂妄之性與浚契合故浚喜之用爲幕官同惡相濟遂致誤國今罪狀敗露猶爲瀘南之帥輕率生事豈不致寇釁改作浚之處唐

唐之自處則善矣柰朝廷何柰生靈何二人之罪狼藉貫盈若以常法止從褫職斥罷恐不足以爲小人之戒欲望英斷特賜貶竄施行而子羽比之程唐其罪尤重陛下寬仁縱不欲明賜誅夷乞流竄海島以示國威天下幸甚取進止四月四日三省同奉聖旨

劉子羽責授單州團練副使白州安置

張栻爲公墓誌。舊校云見南軒先生集曰太上皇帝即位二年張忠獻公領川陝宣撫處置使遂辟公參議軍事公雅志欲圖虜改作敵念關陝要地而張公一見相知非偶然者遂不辭而從宣撫司至關據秦州號令五路會聞虜改作敵窺江淮議爲牽制合五路兵進至富平與虜改作敵遇我衆不能支虜改作敵乘勝而前宣撫司便退保蜀口官屬震恐有建議當保夔州者公曰議者可斬也宣撫司豈可過興州一步係關陝之望安全蜀之心收散亡固壁壘以爲後圖則可與張公意合公單騎直抵秦亭分遣腹心訪諸將所在時虜改作敵騎四出道阻不通將士無所歸忽聞公在近宣撫司留蜀口乃各引所部來會軍復振公命驍將吳玠棄和尚原守大散關虜改作敵不敢犯紹興元年夏始聚兵來攻玠敗之秋復來又大敗之俘獲以數萬計宣

撫司徙治閬中公留關外護軍明年玠以秦鳳路經略使戍河池王彥以金均房鎮撫使戍金州二鎮皆饑而興元帥過爲守備閉關塞褒斜二鎮病之張公亟召玠彥議事皆願得公鎮興元乃承制拜公利州路經略使兼知興元府公至之日盡弛其禁通商輸粟二鎮乃安公謂虜改作敵用騎兵利衝突往來我當先據要地以勁弓弩待之蔑不濟者且以是約二將獨彥頗易公之說是歲十二月虜改作敵由商於犯金州正月至上津彥出不意逆戰不能卻遂焚金州退保石泉公遣將馳告玠玠曰事迫矣當急邀於險諸

將不能辨我當自行不然是負劉待制即越境馳一日夜三百里中道少止公移書曰虜（改作敵）旦夕至饒風嶺下不亟守此是無蜀也公不前某當往玠即復馳至饒風嶺虜（改作敵）急攻數日死傷如積更募死士犯祖溪關以入出玠後玠還漢中公與玠謀守定軍山玠憚之遂西公退守三泉從兵不及三百與士卒同粗糲至取草木芽蘖食之遺玠書曰某誓於此死與公訣矣玠得書泣其愛將楊政大呼軍門曰節使不可負待制不然政輩亦舍節使去矣玠乃從麾下自仙人關由閒道與公會於三泉虜（改作）遊騎甚迫

玠夜視公方酣寢旁無警伺者玠曰此何等時而簡易乃爾公慨然曰吾死命也夫何言玠泣下復往守仙人關公獨爲壁壘於潭毒山上十六日而成又數日而虜（改作敵）至中夜斥堠將遣人報曰虜人（此二字改作敵）至矣諸將皆失色入白事公曰始與公等云何今日寇（改作敵）至欲避耶下令蓐食遲明上馬先止戰地據山角坐胡牀諸將奔至皆泣曰此某等駐軍處而公先之耶豈可使虜（改作敵）矢傷公即爭代公處頃之復有來報曰虜（改作敵）退矣乃還方虜（改作敵）入梁洋蜀大震宣撫司官屬爭咎公有爲浮言相恐動請徙治潼川軍士聞者皆怒公力爲張公言某在此虜（改作敵）決不能越無爲輕動搖張公用公言乃定虜（改作敵）遣十五輩齎書與旗來招公及玠公斬其十四人令一人還曰爲我言於爾酋（改作帥）來戰即來戰即來我有死何可招也先是梁洋官私之積公悉已徙置虜（改作敵）無所得糧日匱前後苦攻死傷十五六涉春已深癘疫且作遂遁去爲我師掩擊及墮溪谷死者不可勝計虜（改作敵）之去四月也其餘衆不能自拔者悉降凡十數柵虜（改作敵）之喪失莫甚於此役方是時虜大酋（此三字改作敵帥）散离喝（改作薩里罕）兀朮（改作烏珠）輩垂涎於蜀日

夜聚謀所選士卒千取百百取十其戰披重鎧登山攻險每一人前輒二人擁其後前者死後被其甲以進又死則又代之如初其爲必取計蓋如此惟公與張公協心戮力以身當兵衝將士視公感激爭忿卒全蜀境公還與元分遣官吏安集勞來凡潰卒之乘時怙亂山谷間者悉捕以徇自是兵勢日振方更恢遠略然張公已困於讒公亦被罪矣是歲除寶文閣直學士和議成公謂宜及無事時講修淮漢守備勵器械治舟楫其言甚悉宰相秦檜忌之諷言者論罷復以祠祿歸

追復趙哲官

告詞曰勅朕惟公道未開私議相勝横逆之至非口舌所能爭是非之分及成敗而後定念折衝之故將久稱屈於師言宜復崇階用光幽壤故親衛大夫明州觀察使趙哲學通三略智過萬人早持使節之華屢啟戎行之乘屬權臣之用事敢專殺以肆威壯士欲言悵滕公之不見百身願贖賦黄鳥以增悲其還横列之名仍假廉平之里庶幾精爽尚克歆承可特追復親衛大夫明州觀察使

張浚奏乞斥遠和議

行狀曰公時已赴福州居住知虜(改作敵)既釋川陝之患必將復率師東南不敢以得罪遠去而不言且是時朝廷已盛講和好之議乃具奏曰臣竊觀北虜(改作人)情狀專以和議誤我亦云久矣彼勢蹙則言和勢盛則復肆前後一轍姑請以近事明之紹興三年秋粘罕(改作尼堪)有親寇(改作下)蜀之意先遣王倫還朝且致勤懇蓋懼朝廷大兵乘彼虛隙又其爲劉豫之計至委曲周悉也自後九月余覩(改作伊都)作難前謀遂寢至十二月余覩(改作伊都)之難稍息則復大集番漢之衆徑造梁洋是時朝廷已遣潘致堯出使矣次年二月虜

(改作敵)困饒風進退未遑先是朝廷開都督府議遣韓世忠直抵泗州虜(改作敵)實畏之於四月遣致堯還其詞婉順欲邀大臣共議此非無所忌憚而然也梁洋之寇未能出境至五月而後得歸既狼狽矣而世忠大兵尋復輟行虜(改作敵)之氣力固已復甦而飯豫之心亦云紓緩所以前日使人之來求請不一故爲難從之事也竊惟北虜(改作金人)傾我社稷壞我陵寢邀我二帝驅我宗室百官自謂怨隙至深其朝夕謀我者不遺餘力矣況劉豫介然處於中其勢不兩立必求援於虜(改作敵)借使暫和心必未已數年之内指摘他故豈無用兵之詞而我之士卒多中原之人謂和議已定不復進取將解體思歸矣若謂今日不得已而與之通使爲陛下之權敵亦固能用權也願陛下蚤夜深思益爲備具處將士家屬於積粟至安之地使出爲戰守者無返顧奔散之憂精擇奇才以撫川陝之師使積年戍邊者無懈惰懷望之意江淮川陝互爲牽制斥遠和議用集大業臣奉使川陝竊見主兵官除吳玠王彦關師古累經拔擢備見可任外其餘人才尚衆謹開具如左吳璘楊政可統大兵田晟可總一路王宗尹王喜王彦可爲統制後皆有聲時服

公之知人

吳玠克秦鳳隴州

初六日乙酉吳玠及兀朮(改作烏珠)戰於鳳州初七日丙戌又戰王師皆勝遂收復秦鳳隴州

吳玠改授定國軍節度使川陝宣撫處置副使

知壽春府羅興以其府叛附於劉豫

賜進士出身頭品頂戴四川等處承宣布政使司布政使清苑許涵度校刊

三朝北盟會編卷第一百五十八

三朝北盟會編卷一百五十八校勘記

懼貽竊位之譏(懼誤作權)　百執事(脫事字)　見有不臣之跡有(誤作亦)　示不復用(脫示字)　多方媚淩(多方誤作有以)　慕容洧(誤作慕洧下同)　四罪而天下咸服者(脫者字)　張中甯(甯應作孚)　卽來我有死(卽來二字衍)　仍假廉平之重(一作仍假康車之里)　王喜王俊(俊誤作彥)

三朝北盟會編卷第一百五十九

炎興下帙五十九

起紹興四年五月盡七月

五月韓世忠自鎮江府來朝

五日甲寅岳飛克郢州

朱勝非自再爲宰相首建議遣諸大帥分屯淮南等路各據要害以經略淮北荆襄又奏襄陽上流襟帶吳蜀我若得之則進可以蹙賊（改作敵）而退可以保境今陷於寇（改作金）所當先取者乃除岳飛江西舒蘄及湖北諸州制置使俾自沔蘄以進又使淮西軍合勢

並進以犄角之始諸將雖擁重兵而無分定路分無所責任勝非修法度嚴紀律明號令某帥當某路一定不復易皆授廟算成畫以出又命司農卿沈昭遠往總軍餉師衆素飽故皆奮勇以進於是朝廷以牛皐習知漢上地利遂俾從飛飛卽辟皐爲唐鄧襄郢安撫副使兼統踏白軍皐自歸朝朝廷授以蔡唐州信陽軍鎮撫使兼知蔡州未到治所番偽（改作偽衆）沓至戰無虛日朝廷恐皐終困偽地卽詔歸行在皐見上因陳偽齊滅亡之道中原可復之計有進士郭良馬驥姚時行者皆補文資至是飛得皐甚喜知大功必成改皐爲神武後軍中部統領兼制置司中軍統制軍旣發飛命不得踐民禾稼皆秋毫不敢犯至郢州令荆超降超不從有偽知長壽縣劉某者登城發言不順飛怒令軍中城破必生致劉某旣得郢超已投崖而死生擒劉某至飛令凌遲斬之。（舊校云按宋史本紀作岳飛復郢州斬偽齊守荆超非投崖而死）

岳飛克襄陽府

偽知襄陽府李成聞已失郢州荆超投崖死乃棄城而去王師遂入襄陽又進復唐州

六月太白晝見熒惑犯南斗

岳飛克隨州

初岳飛命張憲引兵攻隨州月餘不能下牛皐請行乃裹三日糧往衆皆笑之旣而糧未盡而城拔悉推其功與憲且曰吾之存心者國事耳功何爭爲君子多皐之不伐生執偽知州王嵩送襄陽府凌遲處斬

飛取京西數州董先頗有功先以紹興三年來降飛飛用爲選鋒軍統制

七月劉光世來朝

吳玠加檢校少保

吳玠進官賞饒風關之功也

御史中丞辛炳出知漳州

辛炳爲御史中丞屢言宰執大臣之罪而罷黜之朱夢說見當時尙禽色之樂多無用之物二聖播遷而未還中原陷沒而未復萬民塗炭而不安上無良相朝乏賢臣乃貽書於炳責炳不諫炳惶恐袖夢說之書上殿奏陳上不悅時夢說爲岳飛軍幹辦公事乃諭飛罷之飛厚賮夢說而謝遣之炳亦請外補乃以顯謨閣直學士知漳州夢說字肖隱嚴州人徽宗時屢獻直言後登進士第累遷泰州軍事推官飛聞其賢辟爲幹辦公事

中興姓氏錄曰朱夢說字肖隱嚴州人博學有爲國憂民之心政和間見宮中奢侈内侍亂政小人滿朝賢士竄盡乃於五年正月六年九月皆上書言天下事七年又上言入仕之源太濁不急之務太繁宦寺之權太重又曰天下搜採花木製置什物京師置局修造又曰諸路漕司無積年之儲需常平有借支之弊又曰東南困於水潦西北擾於蠻夷州縣嚴於督責良民敝於敷配又曰陛下累層巒以爲麋鹿之苑浚汙池以爲魚鼈之宅起樓觀以爲禽獸之籠又曰宦官委任華重名動四方營起私第强奪民產名園甲第雄冠京師賣官鬻爵貨賂公行人莫敢言道路以目蓋位高而不可抑勢大而不可制官人以爵而有司不敢問其賢否刑人以罪而有司不敢究其是非祿養之臣畏罪而不敢言四方之士欲言而不能達乞斬臣頭以令於市又上書宰相力言宦官之害願力爲天子言之無恣目前之欲以階後來之禍其大略如此徽宗不悅士大夫皆傳其忠後以進士及第靖康初開府儀曹孟鉞乞召夢說而用之未及召至金人陷京師後累遷泰州軍事推官湖北京西宣撫使岳飛聞其賢辟爲幹辦公事隨飛入朝復見時

尙禽色之荒多無用之物二聖播遷未還中原陷沒未復上無良相朝乏賢臣上書於御史中丞辛炳責其不諫炳攜書奏上上不說諭飛罷之飛厚賵夢說而謝遣之

朱夢說進徽宗皇帝時務策臣聞爲武職者必欲適草莽冒矢石奮不顧身誓以革囊裹尸而後已至於攻城陷陣被堅破敵出萬死一生之地然後能壯國威立殊勳者何哉蓋忠精之氣副之以勇敢使其有不能自已者矣爲文臣者豈其不重於將乎當其蒙父兄之教考聖賢之書必欲致身於青雲之上佐君

澤民使功名垂萬世德澤流後昆而後已及其上不見知於其時豈肯甘心淒淒然爲竆人與萬物同腐哉卽欲立一危言效一奇節時之得失爲萬乘一言儻蒙省悟則民受其賜或忤聖聽則自蹈鼎鑊茲亦士之素志也臣愚雖不能披堅執銳效死於軍前實欲獻言進策膏身於斧鉞臣雖嘗於政和五年正月初六日及六年九月初七日以狂妄之言兩浼聖慈矣既蒙陛下赦其愚直不加誅戮而臣尙不知悛敢於批鱗犯諱者何哉茲亦忠義之氣使臣不能自已者矣然方今平治之極臣復何言哉而臣切以謂累

崇高者難爲力享安樂者易以驕陛下既臻平治如此豈易爲力哉當少加畏愼而無肆怠忽可也臣觀今日之失有三太何謂三太曰入仕之源太濁不急之務太繁宦寺之權太盛臣所以持芻蕘之見冀裨聖德之萬一然臣知此言之上獻陛下見怒亦死不見怒亦死陛下見怒臣當死於輦轂之下儻蒙陛下加卹而不見怒臣不死於道路卽死於囹圄何則蓋用事之臣必假手於人以他事致之死地而後已蓋欲杜絕後來之言也願陛下備閱而詳察之或上忤聖慈先賜誅戮使臣得如漢晁錯王章不死於他人之手免爲唐之李世民孟昭圖臣將甘心焉夫將欲任之必有以考之既能考之必知所以因之既知所以因之然後可以責之責之必有功效此任人之要也夫將欲出之當量所以入之既量所以入之必知所以節之既知所以節之然後可以用之其用必無匱此用財之道也夫將愛之必知其所以寵之既欲寵之必知所以福之既知所以福之然後可以享富貴矣其富貴必長保此馭下之制也夫任人不因其材而責之則敗將及之矣烏乎而勝其任哉用財不量其入而用之則弊將及之矣烏乎而給足哉愛人

而寵之不得其制則禍將及之矣烏乎其久處哉今者入仕之源太濁豈非所謂用人責之不因其材乎不急之務太繁豈非所謂運財不究其源乎宦寺之權太盛豈非所謂愛人寵之不得其制乎臣觀陛下崇三舍養育人材月書季考鄉舉里選蓋欲責其成材而考其素行使天下之材由學校而興不欲以請謁之弊得以萌其心奔兢之弊得以逞其欲此陛下聖意高遠非淺近者之所可及也而有司不能遵奉陛下養賢之意仕進之源既不考其言行之實又不詢其鄉曲之譽而顧仕之人以科舉之途迂以請託

之途捷馳騁乎府寺之庭出入乎王公之第以財獲用者班班可數因賂得官者比比皆是道路之間見盛騶從而馳者其人必庸腰金而騁者其家必富何則蓋輸金買勢而致然也昔有唐張克勤開元間欲以其五品官推與其甥而裴吏直以謂壞有司法啟後來賣爵之端不可許嗚呼可謂識大體矣今者以此陳乞欲與無服異姓者又不可勝數而陛下悉賜俞允致四方之人湊於京師者納賄於權門積玉於勢地皆有定價昔之賣官錢入私門者無過是也傷風敗俗自是而始陛下曾一念乎又嘗見縉紳之士

競欲取媚於權門之子悉於市廛易古器鬻畫圖得一珍異之玩即盛價而求售爭妍而乞憐儻合其意美官要職指日可得儒衣儒冠而爲侯門之儈賣恬不爲恥歷臺省者以親姻而獲用不問資考之淺深任府寺者以貨財而見收不問人才之賢否予姪悉居侍從英俊沈於下僚古人所謂正百官以正萬民今百官不正民奚爲而克正哉又曰源清則流長今賢不肖混淆於朝廷之上則入仕之途奚爲而克清哉臣嘗言之曰因製造什物收採花石而得官者非無知之豪民即放停之胥吏是等之人誠宜遠逐爲

可使之廁士大夫之列哉何則畱之又無才能足以備緩急之用去之又不滅國家之員數徒縻爵賞而玷朝冠耳然是選也當責之於宰輔之臣何哉蓋天子職在於論相而已爲宰相者宜如何哉當分任羣司以統庶職量才擢用先德後言以上副明天子仰成之德下克承鼎鼐燮調之重然則宰相之職爲至重而其所責亦不輕書曰天工人其代之又曰董正治官蓋謂是也臣謂陛下當責之以其專凡立之以其法舉得其人則均受其賞或濫其選則獨被其責此唐所謂有不職在舉者正此義也則彼烏敢不崇

尚名節抑去浮華爲官擇人不爲人擇官揚清激濁爲天下公哉則仕源不澄而自清矣上追唐虞奮庸熙載之義下躡文王多士以寗之風豈不美歟夫不急之務者天下搜採花石四方製置什物京師置局修造是也夫花石愈多而愈美什物愈工而愈巧修造愈煩而愈費此不可不知也臣竊聞蘇杭之局悉已罷去臣實爲天下幸甚然伏見舟車起發什物牛馬般載花石道路上下交錯臣實有疑焉臣竊謂古之英斷之主勇於所欲爲而爲斷以所欲去而去既以彼爲非此亦未爲是故當一切罷去知惡不能去春秋

所以識之而又況飾宮觀疊危山簷楹繪以丹雘梁棟飾以珠玉費用不貲目擊可見驅役丁匠逃竄無方科責士庶吁嗟道路耗祖宗積累之財殫府庫歷年之蓄陛下豈不爲寒心乎古云有之仍舊貫何必改作孔子取焉唐魏徵曰成功不廢卽仍其舊除其不急德之次也以此爲德之次則去廣殿處卑宮爲德之上也可知矣然則堯舜之君土階三尺茅茨不翦椽不斲者豈好甘窮約哉蓋聖人之存心必以天下爲懷兆民爲念不敢先已之樂而後人之憂不惟下愛民力又將遺子孫以恭儉也雖有九年之水

而民無菜色者以蓄積多而備先具耳陛下旣以堯舜之道治天下須使典謨訓誥之文播於萬世爲萬全之聖主烏可使纖瑕以累聖德哉臣伏聞諸路漕司無積年之儲常平有借支之弊若以今昇平之久士歌於野何施而不可萬一有水旱相乘盜賊竊發陛下將須之民乎須之國乎臣又聞東南困於水潦西北擾於蠻夷州縣嚴於督責良民傲於敷配如此雖名爲比屋可封之俗實無安堵之民以京師觀之固爲家給人足矣若以天下觀之四方之民雖不衣牛馬之衣食犬彘之食然接薪之儲亦蔑如也臣又

聞淮甸之間流民餓莩枕尸相屬有司畏罪而不敢聞長吏思賑而無術致陛下仁恩惠澤不能遍及萬方良可爲長太息也臣雖無雄才以濟時用實敢以丹言上忤聖意而不避罪也陛下儻若輟後苑木石花竹之費下濟於民亦可以日活千萬矣水之流行災福所係前年秋水遂致汎漲漂沒廬舍河流妄行沖敗隄埽豈上天之意無故而然乎尙未聞陛下有罪已之詔去年洪水復爾暴至不知所從來豈民之災運適當其時在天數有不可逃乎豈天意諄諄欲悟陛下乎尋聞李綱因言而獲罪張勸緣諫而見黜

夫人君之用人必以忠義爲先儻或附下罔上則在所不赦蓋欲忠言嘉謨日陳於前縱面折庭諍尙且優容之期於日聞所未聞也臣嘗聞孟子之言至於君之視臣如犬馬則臣視君如國人孟子之意雖欲救當時之弊臣竊以孟子之言爲失夫君雖視臣如犬馬爲臣者亦當竭犬馬之力以報烏可視之如國人乎臣觀李綱張浚不欲負陛下平昔眷遇之厚恩欲盡犬馬之報陛下豈忍以堯舜之聖而遽負二臣乎又聞陛下累層巒以爲麋鹿之苑浚汙池以爲魚鼈之宅擴樓觀以爲禽獸之籠臣恐傷陛下仁民愛

物之美化陛下何不任山川以遊麋鹿因江河以宅魚鼈擴宇宙以籠禽獸使聖人之德及乎幽深高遠邁唐虞若予之歌追成周行葦之詠豈不盛歟夫致治之要在乎澄本正末明理安分慎賞罰公錫予振綱紀定名位雖有巧僞不得肆其姦雖有讒佞不得恣其慾雖有狂悍不得竊其威雖有權貴不得逞其志如此則上無陵下之暴下無侵上之僭衆賢和百姓安協神人來休祥矣

賜進士出身頭品頂戴四川等處承宣布政使司布政使清苑許涵度校刊

三朝北盟會編卷第一百五十九

三朝北盟會編卷一百五十九校勘記

有進士郭貝驥誤作郭貝馬驥　漕司無積年之儲需需字衍

烏可使之厠士大夫之列哉烏誤作爲　鼎鼐調燮調燮誤作燮調

凡立之以其法一作立之以爲法

三朝北盟會編卷第一百六十

炎興下帙六十

起紹興四年七月盡其月

臣竊見邇者宦寺之權太盛其非所謂澄本正末明理安分歟夫本既不澄末將若之何理既不明分將若之何則侵上陵下之蘖漸萌而不可制也然上之設是職也豈謂是哉陛下必知之矣又安有委之以事任之以權尊之以師傅之重乎自周而下至於秦漢隋唐守成之君喜便佞親近習而執政以爲君側之人不敢相制授受之際俯伏聽命而已至於喉舌

之命臺省之任一歸其手於是乎宋有伊戾齊有易牙秦有趙高漢有張遜遂至於竊攘威柄傾覆神器夫朝有一臣倘至於如是況師保傅者盈於道路乎專位奪權疇克免哉昔漢文帝以郎官上應列宿而不肯輕授況三公之貴重哉而又委任華重名動四方營搆私第强奪民產名園甲舍雄冠京華賣官鬻爵貨賂公行人不敢言道路以目蓋以位高而不可抑勢大而不可制也在漢唐之世骨鯁之士交章上疏力爭於朝雖死不顧倘不能奪其權而沮其勢況默默而不敢言者乎傳曰富不與驕期而驕自至驕不與罪期而罪自至罪不與死期而死自至者言愛人福之而不得其制也夫物禁太盛日盈則昃月滿則虧理之必然也陛下旣愛之寵之須使有克終之美無有顛覆之患可也或過分踰量少有罪釁陛下一日省悟有轂瓜竊車之怒於時雖悔何及又安能保其富貴哉前日何忻之敗乃其驗也臣之此言雖甚狂妄恐亦可以爲書紳之戒臣愚以爲入仕之源太濁者蓋緣宦寺之權太盛何則入其門者必驟昇朝列靡有資限鮮廉寡恥爭趨競進尋常小人阿諛依附以致名節之士高飛遠引恥居其列溷如泥者

有之如此則仕進之源無時而可清也不急之務太繁者亦緣宦寺之權太盛何則領職之官託親近以爲威權假出入以爲禍福徒知權貨之務歲入千萬殊不知四方府庫日以殫竭止欲求媚聖意輕搖上心今年以何第可修明年以若苑可葺興工董役以春繼秋伐木空山運土塞路農民失業曾不加恤耗國蠹財莫甚於此如此則繕營之局無時可已也官人以爵而有司不敢問其賢否刑人以罪而所屬不敢究其是非上忤聖聰而多蒙赦貸下觸權貴而禍不旋踵使天下之人惟知宦寺之權重而不知天子

之道尊傍其門櫝而獲其引用者難若登瀛及其取聖旨獲內降易如反掌使天下之人惟知宦寺之門高而不知九重之禁嚴密勿謂上有明聖之君下有賢能之臣今日諸公皆忠義之士必無異日之患欲爲萬世之計者安可不思慮而預防之古人以謂履霜堅冰至又曰無使滋蔓蔓難圖也其旨微哉其慮深哉臣復以李唐之事言之其孽起於神龍其釁成於天寶至於肅代之後大權一去不可收復於此之時可不痛哉臣又聞侈心欲萌則忌正人侈心已伏則惡直諫自古帝王有此者不無後時之悔殊不知

近君子者雖嚴正可畏然其志則常以天下爲已憂近小人者雖輭美可愛然其意則欲以天下爲已奉常以天下爲已憂者則以勤儉爲先欲以天下爲已奉者則以驕奢爲尚以勤儉爲先者易以安其安必久以驕奢爲尚者易以敗其敗必速臣伏聞投諭獻書者必於睿思殿看詳然後敢進稍有觸忌諱卽寢而不上又不知藥不苦不足以治病言不切不足以正非下情壅遏而不通非平治之世所宜有也祿養之臣畏罪而不敢言四方之士欲言而不能達是終無可言之時也更相蒙蔽亦非平治之世所宜有也

曩者常聞蔡絛獲諫父之罪臣居草萊之下不知所言者何事臣惟聞古人有言曰父有爭子則身不陷於不義又曰事父孝故忠可移於君觀蔡絛果能以國家之事言之於父其於家則爲孝子不可爲逆父於國則爲忠臣不可爲謗君可謂一舉而兩得之矣蔡京之有是子也陛下當慶大臣之有子賜手詔褒美奬其後進可也不應嚴賜貶責以沮忠孝昔唐魏徵之孫謨累言朝廷之得失史臣以爲有祖風遂有是以似之之美狄仁傑之孫廉封還詔書文宗卽面諭之曰後或有事不可勿以還詔爲憚也又狄梁公

之後當嗣家聲不可不慎茲皆美大臣之有繼也張說乃唐之賢宰相也及其子垍輒以諂敗房琯遂有滅族之歎尋亦見刺於史臣元勳之後克有其子者幾何人哉臣常歎方今無忠義之士見有此等事卽競口而非笑焉陛下又從而譴責之使欲言之臣相與語曰蔡京之子尚被薄責我等孤寒少忤聖慈必蒙重戮則競退縮而不敢前矣如此則是鉗天下之口也臣恐國家之利病無自而遍知聖人之聰明無自而昭澈矣陛下聰明仁聖超越堯舜制事致法欲革千載之弊當以古爲鑑焉虞舜所以明四目達四

聽者亦防壅遏之弊也乞檢會臣政和五年正月初六日及六年九月初七日所進之書參賜詳酌或稍可採遠方之獻一切罷絕土木之役無使復興仕進之源嚴賜精選宦寺之職立以資限況千載之典陛下一旦皆興復矣其餘制作乞權賜省罷候年歲豐登倉廩充積然後復議實億兆之幸也儻以狂妄寒生輒敢以亂世之事方之盛明之朝則臣之罪萬死矣亦乞斬臣頭以令於市使擅權之人相與語曰我等竊弄威權果來天下之言而今而後亦宜少戢雖不能驟奪其權亦足以少沮其勢茲亦助陛下持綱

振紀之萬一也嗚呼撼翹翹之木者不量力撲炎炎之火者必自焚臣非不知今之萬死不可逃臣竊以謂國有直臣天下無慮狂夫之言聖人採焉陛下今日之失臺諫之臣知而不言卽爲罔上不知而不言卽爲曠職彼乃自持祿養以專事沈默而不敢言豈陛下務自勝而惡聞過哉臣竊恐萬世之下擬議爲矜能護失杜絕言路之主不得與堯舜齊驅並駕臣所以捨一介草茅之賤命當鼎鑊必死之嚴誅願陛下念臣眷眷之意少加聽採則天下幸甚臣無任冒死謹言

上宰相書某聞人之有病以藥爲醫國之有病以言爲醫藥當醫於未病之前若言不可發於已危之後某觀今日之病雖未至於膏肓亦不止於膚腠矣閤下國之良醫也某願持砭石爲左右之助焉閤下能容而納之乎然某亦嘗不避誅戮上爲天子言矣或者謂匹夫之賤欲干人主之知者當以諛言輭語揄揚聖德歌詠時政假左右之人爲之先容然後可以致身於青雲之上今某無名之賤士不能附權貴敢以逆耳之言上瀆聖聽閒君臣之同是猶一縷之絲引千鈞之重可謂太不知量也縱累言千萬又安能

達九重之深哉將立見誅戮矣愚殆以爲不然夫古之明盛之朝好賢喜士聞一善固有朝奏而暮召者縱有觸犯忌諱不蒙赦貸罪亦旋至安有寢而不報某觀今日之盛直古今無有然書之上也待罪已久竟入無報使狂猾之人愈生憤懣而不能自已也然區區之意以方今之弊有三入仕之源太濁不急之務太繁宦寺之權太盛夫入仕之源太濁皆緣宦寺之權太盛而致然固當以立資限而澄其弊焉今也既不能達九重之深當於宰相之賢副天下之望者進其說欲爲萬世建治安之策非爲一身而求進也

將欲圖天下社稷之利也某竊以謂自古帝王多恃一己之聰明不爲後世子孫之計起苴造鏄言不加恤及其釁成孽大方有後世之悔某雖家貧急於親養不能徧覽羣經然初嘗馳騁乎古今上下粗歷古人之事愚請試言之自三代而下莫盛於漢唐功德之隆者莫先乎武帝光武明皇後世之言人君之聖者亦必以是三君爲言也某以爲敗漢唐者亦是三君也徒以我之聰明人莫已若其駕馭閹宦若身之運臂無適而不隨假以機密漸漬成風致子孫有不可制之勢殊不知釁起於當時也武帝數燕後庭潛

離宮館所論奏機事者多以宦官主之至元帝之世遂有顯恭之徒蕭周之禍光武起中興之功要官悉用閹人不復雜調他事延平之後委用漸大鄭衆之徒參謀禁中同惡相濟中外服從相亂區夏漢亦尋滅唐明皇享昇平之日久財饒志足賞僭爵濫委用閹宦若父之愛子無請而不從委以要職分提禁兵延及肅代專倚捍衛至於天祐大權至不可復收三君産漢唐之禍章章可見矣我天子聰明仁聖當遏亂略於將然杜奸邪於未盛烏可起苴造鏄蹈是三君之失哉某以爲人才混淆財賦不足緣宦寺之權

太盛不惟此也又恐有後世難制之勢亦緣今日而起也某所以言尤切焉夫日奉禁廷以承宣太尉爲不足必以師保傅爲快心出其門下者以小使臣爲可羞必以團練觀察爲足意持節傳命恩固主心伸縮有輕重舉動搖山岳其間甚者有挾氣毬之野夫談命書之賤士或以伶倫而見收或以談諧而獲用或以花石而得官或以煎茶而被命出則奔馳於馬足之後塵入則俛首於尊俎之前列悉皆橫金衣紫雜處朝端又有能承顔順意奉一時之歡笑者既蒙不次之陞擢又獲無窮之錫予論其才能則無有也

又有簪纓之後裔掛藉之名儒開口談先王自以身爲孔孟語其名節則埽地矣悉沐身薰手願出其門得預姻婭之列者則舉族相慶巨鎮雄藩請爲其使削百姓之膏血供無厭之須求奔走饋獻動以萬計雖身爲禁從之貴人名實出於宦寺之門下出擁騶從則意氣洋洋入同僕隸則志趨齷齪競爲鄙佞貪沓之士殊無蹇蹇諤諤之節人爲之羞已不知恥如此則仕源不清蓋可見矣夫天下之物取索有窮內苑之欲追呼不已邇者聞天子恤矜之詔蘇杭之局悉已罷去可謂愛民之深矣尋又聞其局復興某深

知非天子之本懷必牽於左右之懇請敗國蠹政莫此爲甚夫修功德市禽鳥採花石徒知九州之珍玩畢集於內庭殊不知四方庫藏日見殫竭南金和寶惟貴得而後已豈較數之多寡冰紈霧縠又且索以非時豈念民之雕敝土木被丹雘狗馬被文繡及其民卒流亡恬不加䘏月俸節而不支軍儲支而不繼則財賦不足亦可見矣夫朝廷所以爲朝廷者綱紀而已曷爲紀綱不過愼名器公錫予威不上屈勢不下遷耳人之所以爲人者名節而已曷爲名節不過嚴分守重進退志獲時伸道不勢屈耳朝無紀綱則易以危人無名節則難以立今之錫予出於私其如紀綱何引用非其人其如名節何且人所畏者罪與死也人所欲者富與貴也某觀今日之勢罪與死爲易得富與貴爲難求何則宦者用事各立黨類忤其意者言出而禍從出其門者職遷而官驟其易得難求之勢昭然見矣罪與死雖易得在愚之所不畏富與貴雖難求在愚之所不苟某安能默默無言乎閤下天下之望也日與天子坐而論道者也民有疾苦賴公救之綱紀不修望公振之百官不正賴公董之雨暘愆期望公調之夫富國安民量才任職者宰相

之事也入以諫其君出不使人知者人臣之節也古人有言曰君子居其位則當死其官未得其位則當修其辭以明道我將以明道也閤下其如何哉儻上以社稷爲念下以百姓爲憂請力爲天子言之當以漢唐爲鑑無肆目前之欲階後來之禍故當杜於未萌不可悔於已兆或恐矯君之過傷堯舜都俞之好不欲面折庭諍亦乞繳某之書以進之天子使嚴誅戮身雖死而名不滅又聞龍威車騎私出韓愈以謂馳騁於巇嶮之地驟龍騤於大壑之中內人與獵士通衢大軍與凡庶爭路天下其危乎遂忘禁從之貴進切直之諫著布衣待罪於東上閤門而終不加罪今天子聰明仁聖既無漢唐之過閤下之賢又非韓愈之可侔得君之深恩又非韓愈之可比儻或專事沈默而不言又不能繳某之書以進之於天子則將焉用彼相矣可謂上塞而下聾矣其如天下社稷何閤下曾聞魏元忠乎亦唐之一賢也晚節稍憚權倖不能賞善罰惡袁楚客以布衣之賤拾當時之失以激其志言終不聽而名節隨喪卒爲萬世之罪人良可惜也願閤下無繼元忠之失不以貧賤而棄其言不惟今日之幸亦萬世之幸也

賜進士出身頭品頂戴四川等處承宣布政使司布政使清苑許涵度校刊

三朝北盟會編卷第一百六十終

三朝北盟會編卷一百六十校勘記

其非所謂澄本正末其非二字應作豈　張遜應作張讓　言愛人福之一作言人受福之過　安可不患患而預防之患誤作慮　不可勿以還詔爲懼也勿字衍　無自而明徹矣明誤作昭　豈陛下好自勝好誤作務　夫修宮觀宮觀誤作功德　得君之深恩恩字衍

三朝北盟會編卷第一百六十一

炎興下秩六十一

起紹興四年八月三日庚辰盡九月十九日乙丑

八月三日庚辰趙鼎爲知樞密事川陜宣撫處置使

趙鼎爲都督川陜荆襄諸軍事。舊校云宋史八月戊子改命趙鼎都督川陜荆襄諸軍事

當時獻言者謂得荆襄乃可以制中原朝廷是之乃命樞臣趙鼎都督川陜荆襄諸軍事

岳飛淸遠軍節度使湖北荆襄制置使

朝廷欲取荆襄議已定一日下詔趣諸將入覲宰相

朱勝非授岳飛以攻取之計許以建節又戒諸將咸使戮力又飭飛惟當勞來還定以慰吾民來蘇之望無得屠掠凡民始奏捷止言某人收復平定某州不得輒言殺戮飛一舉復襄陽隨郢之地既班師授飛節旄其諸將受賞有差如初約也朝廷欲行獻捷之禮勝非謂本吾家堂奥不足言俟中原盡復大駕還汴乃可

九月十五日辛酉劉豫率北軍南寇改作下

劉豫僞詔文多指斥乃遣僞皇子諸路兵馬大總管尙書左丞相梁國公麟領東南道行臺尙書令率衆并金國元帥兵南寇改作下麟與右丞相張昂上書乞據本戸下已耕種熟地頃畝爲率均出每畝錢二百五十文又在坊郭者以五釐錢營運錢免行錢上北附鄕村田畝均敷豫依其請先是岳飛軍中有校尉王大節者川人飛待以爲客李成退走歸劉豫也上語飛曰如李成歸國朕當以節度使待之飛卽遣大節詐僞投招成歸國是時劉豫方招接江南衣冠大節遂投劉麟麟待之甚厚授丞務郞爲皇太子府屬官麟問攻江南之策大節言四川百姓以宣撫司征擾不已供億重困思得大齊以重兵臨關則人皆響

應既得四川然後發蜀江之舟鼓櫂而下江南屯戍之兵魂喪膽裂矣麟曰不然大金有命會本國之兵趨淮甸渡長江直擣吳會汝以爲如何大節曰其謀非不善但恐南兵扼長江未可渡則我師挫鋭矣不若攻四川必取之地以圖萬全雖若遲而迂然大功可必成麟不聽大節既得敵人之情乃脫身走歸報飛飛大喜送大節於行在上令引見大節具以奏聞且請淮南爲防江之備授大節承節郞閤門祗候至是僞齊與人果合兵犯改作趨淮甸

二十四日庚午朱勝非罷宰相

先是四月朱勝非以母雍國夫人楊氏旣祥在告上賜親劄云卿因母祥祭追慕毁塞過傷其氣朕亦惻然念之然今乃何時而卿謁告使朕憂思廟堂之政蓋非特岳鄂相鄧之間緩急不測機務隨時應變豈容留滯宜來早扶疾之朝兼朕別有所欲面道者非可託於毫楮也勝非皇恐入見六月以霖雨傷農乞行策免故事以消天變復賜親詔卿以雨霪病在農畝乞解機政乃賢相之所爲也賢而不用罪在朕躬卿當爲朕汲引賢才補苴罅漏以召和氣以慰民望少蔽朕之不德也勿再有陳牽於常禮勝非以獨當

國而倚任方隆雖不敢遽去而追思母氏悲痛不能已復以餘服爲言者章奏十二上上乃許之俟總章禮畢如所乞且有保全舊臣之訓至是祀明堂已畢陳故事求去且論當罷者十一事詔許持餘服是時金人與僞齊入寇此字改作淮甸議者不能明勝非之心謂無以應之遂乞持餘服罷去勝非爲宰相也每薦士而言路輒不容朝士問勝非曰胡不辯之勝非曰勝非聞人以爲賢則用之言者論其否則退之初不容心也且言路久塞得人主聽言乃盛德事勝非若於榻前辯是非言未必不直然不知我者以爲壅塞豈宰相事哉聞者悚然

岳飛湖北荆襄潭州制置使

朝廷以爲王𤫊制置無功遂罷之乃命岳飛爲湖北荆襄潭州制置使措置討捕湖賊楊么令程昌寓上流進兵以候師期

十九日乙丑以左朝請大夫試尚書工部侍郎魏良臣充奉使大金國軍前奉表通問使右武大夫果州團練使王繪副之

王繪紹興甲寅通和録曰建炎以來朝廷遣使金國者皆留而不報紹興壬子秋虜改作金人遣先奉使王

倫歸且道息兵講和之意須使人往議遂以潘致堯韓肖冑章誼等三人往所議未定紹興甲寅又遣魏良臣王繪副之以行時宰相朱勝非當軸良臣同繪到堂面請使指云二公見上自知又聞見趙樞密鼎則曰事成不在二公事不成亦不在二公其所遴選者恐語言應對閒疏脫繪艴然私於良臣曰如此則使人並無責任吾輩何辜但恐非朝廷所以遣使之意蓋趙鼎初不主和議也後數日良臣與繪對具奏曰請使指上一一訓敕詳盡且顧良臣等曰卿等皆朕親擢良臣等曲謝退到都堂見宰執具道宣諭之

旨諸公唯唯或曰極是或曰須當如此或曰只得如此及聞上宣諭親擢之語朱相曰勝非得旨各具四人姓名上親指二公是出上意繪曰繪輩此行人或以爲使路通矣無足慮者繪獨憂之非前日之比朱曰何故繪曰前此王倫歸言虜改作金人要遣使商量故遣潘致堯等行洎還云虜改作金人欲大臣往彼故韓胡二樞密往尋虜改作金使李永壽王詡來聘所需三事故以章尙書孫侍郎往章返歸所議互有可否獨疆界一事未定今繪輩之行所授使指皆章孫已陳之迹別無所議虜改作金人每以逗留爲言此行逗

留之迹明矣今三尺之童皆謂虜改作金不可和未知廟堂以謂如何朱勝非作色曰朝廷非不知但不遽絕使路公意欲如何繪曰欲更增歲幣耳趙鼎曰只此數將來已不易出須減百官俸多方收簇如何辦繪曰今乞增幣只是虛數諸公愕然曰何邪繪曰今虜改作敵之所欲吾淮南川陝之土地耳且以淮南鹽論之歲一千萬緡與歲幣孰多今雖增數虜改作敵未必受故曰虛數朱曰待來日奏知更有何事繪曰今所攜禮物六分粘罕改作尼堪以下皆有之獨不及虜酋改作金主萬一親到虜改作邊庭相見何以藉手豈有與其臣而不及其君者更有蕭慶高慶裔先令王倫作手書送信物去及章孫二公往二人亦來館中議事會私覿已盡無以贈之斯二人者乃用事人虜人好賄刪此四字萬一來館中須薄賂之欲乞更加增此私覿兩分來卽與不來卽已朱曰亦待奏知二公以爲是繪論行期未便令下臨安府限三日辦集時九月十三日也先是良臣等對繪曾奏知臣竊知已關僞齊遣臣等奉使恐不測約日過界臣等未行亦是一事欲乞早辦禮物迤邐往鎭江伺候上曰大禮後可行是日又於堂中說及故限三日足辦後得旨令九月十九日

朝辭上殿暨對上曰前日賜卿等馬皆內廐名馬顧繪曰卿必能乘騎顧良臣曰卿文臣頗習此否良臣曰臣雖書生不敢不勉上曰卿等此行切不須與虜改作敵人計較言語卑辭厚禮朕且不憚如歲幣歲貢之類不須較更爲說宇文虛中久在金國渠有父母日望渠歸見粘罕改作尼堪可說與教早放還更說襄陽諸郡皆故地只因李成侵犯不已遂命岳飛收復樞密院有前後探報國書文字卿等可問朱勝非皆錄取去庶知首尾良臣曰臣等近聞有探報朝廷祕而不言乞聖慈宣諭臣等恐合預聞上曰止是淮揚有

舟船來運麥聞今春得麥甚多此不足慮此行甚坦途止是遠涉亦須過爲將護卿等家屬待朕時遣人問訊良臣及繪皆曲謝而退到堂是日朱相不入已三押趙樞孟參胡樞聚堂見良臣等茶罷起白所授聖訓趙曰事涉機密少時閤子中相見胡離席曰啓樞密莫宜就此大家商量如何趙不答胡復回良臣等退繪至客次語良臣曰此事趙樞以不預和議決不肯預此事良臣曰不然繪曰少間飯罷再來趙樞決不見吾輩蓋趙鼎初時已不主和議已而果然趙遣直省官傳語曰以督府事忙請只與參政胡樞密

理會既見二公亦白採報事繪曰若至鎮江聞有警急合與不合申明孟曰豈可不申明自是再至中堂趙必以督府事忙爲辭十九日預備一劄云某等有使事面禀累蒙鈞旨只取劄子以涉機密不敢形於紙筆既而再到果以事忙只取劄子趙久之送劄子與孟久而復見胡曰行期如何繪曰行期只在朝廷發遣良臣不答徐曰某已朝辭但未得國書不敢徑行孟曰旦夕國書可得是日堂中邂逅張俊言已有採報金人大舉今過南京良臣等乞再對不報二十三日堂中見孫近笑而言曰非細再添良臣曰幾何

孫舉五指於胸前蓋聞有大舉意遂添作五十萬次日得國書辭會朱相宣麻即發趙已下傳語曰事忙不及相見且請保重堂吏云爲已喫點心纔畢去送朱相繪於廊柱下厲聲曰豈有遣人使不測之虜改作敵臨行不相見之理設如私家只遣一僕幹事臨行亦須丁甯而後遣堂中皆聞之即日就道至秀州已聞虜改作敵騎犯改作下淮南至平江淮省劄促行備泗州申已發接伴孫少卿十六日至宿州自是兼程前去日被省劄催督至平江府得制置司關報審問事宜又被省劄連到僞界接伴牒朝廷今賚執前去於

阻節處照驗至常州本州申探報虜改作敵騎已在楚州又准省劄云已劄下淮東安撫司令召募使臣說諭承楚州令放過奉使時淮東安撫使以下官吏皆退保陰沙承陽官吏已散十月初七日至鎮江韓世忠已駐軍維揚鎮江沈晦迓於門外舟次排食酒數行晦離席問良臣曰侍郎是誰門下人良臣曰某孤寒無人援引晦曰爲郎時是誰除良臣曰席大光薦對後除晦曰可知是可知是晦亦絕不來相見良臣等因募使臣執旗報信俟報以行乃作禀目備陳前後朝廷不以禮遣參樞首鼠無敢任國事之意初九

日遣書狀官梁植齎赴都堂其稟目云某等比於九月二十四日恭領國書當日就道至平江府緣得泗州關報齊人引伴已至宿州某即以一行官屬姓名般擔人數回報約十月十九日過界至無錫縣承朝旨催促即倍道疾馳十六日卯時至鎮江府所得探報并召募使人往軍前事已逐一公狀申稟不敢繁敘目今韓宣撫大兵已渡江屯泊維揚不測接戰然敵人多寡酋長（改作領隊）姓名見劄寨去處探報不一某深欲還趨軍前而江北官吏四散道路阻絕亦未知軍馬是何頭項又恐爲他盜窺伺如牽駕般擔兵夫

別無支賜給賞未易驅迫使蹈不測之地國書禮物事體非輕萬一別有疏虞使某何以藉手不可不謹儻如潘致堯時卻回行在再降禮物等重有煩費況今日淮南道路兵馬如此明知其不可前進而徑往誠愚而無知之甚者亦朝廷舉措恐不當爾繪竊料承楚之寇（改作衆）若是齊人必不喜聞和議雖齊人所建和議今來既乖素望豈復肯顧使人或謂此賊（刪此二字）金人不在其間是大不然豈有不先關決金人敢擅舉事之理金人果與同謀則前所謂和議果安在哉緣累奉朝廷指揮催促過界不敢不隨宜措置遂速急召募使臣等前去報信雖俟人回進發若得信之後王師與賊（改作敵）接戰則所約日時與交割處所定又致參差繪非敢愛身避事使其有益於國雖蹈萬死亦無所惜若不顧事勢徒委身賊手（改作敵境）亦無所補況繪被命之初乞稟使指蒙僕射相公鈞誨以謂事之成否皆不在二公所以遴選者恐語言應對間疏脫再念此行既無責任在繪固以爲幸然恐非朝廷所以遣使之意在行期日已聞警報亦嘗稟白參政若未出疆有警合與不合前去又蒙鈞誨以謂豈不申明某至此偶值軍馬阻絕深恐有誤國事遂

如鈞誨節次申明然連日被受省劄催促令執宿州牒於前路阻節處照驗前去又令淮東安撫司召募使臣說諭承楚州令放過奉使某殊未曉所以竊謂淮南若有賊馬（改作敵騎）阻節恐合劄下本所相度今來節次承受省劄止是催促行程不問道路通塞合作如何處置卻令淮東安撫司召募使臣說諭承楚州令放過奉使過界其承楚州既有朝廷守臣在彼何用說諭若有賊馬（改作敵騎）阻節及承楚已爲盜賊所據豈可不使某預聞一二況淮東安撫司官吏已散何從召募某今鎮江詳聞事宜大段緊急決非遣使可

以定議再今和議本爲淮境今旣進兵百端懇請終恐無益況臨難解紛萬無此理繪竊有一策輒敢冒進自古兩國議和皆以勢力相孚不能相下於是有講和修睦之請息兵安民之議未聞以弱和强彼初無畏憚曲意定和者也澶淵之役規模宏遠昭然可見比年諸將蓄鋭練兵士氣思奮百倍於前日第以朝廷方篤信黠虜(改作金人)詐和之請斷然不疑歛兵不動以示誠意遂使使命淹延歲月墮欲奮之士氣乖歸附之民心中外憤鬱累年於茲和議未定虜(改作敵)兵已集背天逆理不亡何待竊聞警報初至宣撫韓開

府奮袂怒髮激厲士卒以殄醜虜(此二字改作敵)爲期統率全軍絶江駐劄淮甸伺便以進其軍踴躍如赴私仇議者謂必能成功獨念建康控扼之地聞朝廷已遣張太尉提兵迎敵虜(改作敵)已壓境此行似不可緩仍命劉開府相與應援以破逆賊(此二字改作彼)三不救之説將怒兵奮虜(改作敵)氣自懾更望朝廷勉厲諸將以安危存亡在此一舉使其卒厲士卒爭先鼓勇軍聲旣壯國威自立則繪銜命以往宣布威靈庶幾乎其有濟矣苟不知出此不度事勢止爲退懦之計效尤前轍示之以怯益使吾軍士氣不揚乘輿再動社稷必危萬一虜(改作敵)計少華前日之弊所至按兵不擾遲以歲月人心苟安則大事將去矣而乃以一介之使馳入不測之虜(改作敵)是猶以羊餵虎至則靡爾何功之有恭惟僕射相公參政樞密盛德重望同寅協恭共輔明天子力圖中興某此行事干國體伏望少垂鈞念若不問事體如何姑使繪冒萬死伸無益之請亦無復可辭如繪固不足卹顧一行禮物私覿等方今調發之時亦何忍輕棄繪臨行之時累到都堂竟不蒙與進其所欲稟知者非一無自而達今事廹情切不免冒犯威嚴畧敘萬一竊望廟堂不以繪疏遠

僭言國事爲罪而所陳或有可採乞賜詳酌審其所當然者亟施行之儻使愚者之慮或有一得繪雖赴湯蹈火死無所憾干冒鈞聽

賜進士出身頭品頂戴四川等處承宣布政使司布政使清苑許涵度校刊

三朝北盟會編卷一百六十一終

三朝北盟會編卷一百六十一校勘記

謂得荊襄（荊襄二字一作秦）　上比附鄉村田數均敷（比誤作北）　詐僞投降（脫降字）　至是僞齊與金人（脫金字）　自請使指自（自誤作日）　故以韓胡二樞密往（脫以字）　且以淮南鹽稅論之（脫稅字）　張浚言已有探報（浚誤作俊）　關報密聞事宜（密聞誤作審問）　目今鎮江詳聞事宜（目誤作某）

三朝北盟會編卷第一百六十二

炎興下帙六十二

起紹興四年九月十九日乙丑盡其日

十月初十日御前金書牌至令寄留禮物私覿在鎮江府取天長路出陸前去并據鎮江府備准尚書省劄子稱良臣等顯是故作遷延分析住滯因依及令韓世忠差近上使臣一員專一催促出界即時倉卒治行十一日早方得鎮江府交割禮物私覿了當時沈晦亦不見訪良臣與繪各爲輕裝選使臣軍兵十九人至西津渡江是日沈晦方來相別曰二公果去耶繪曰豈可不行晦曰忠義如此固佳只是分曉便不住萬一未至軍前鋒刃之下有多少事如何分別繪曰但以死報國他在所不恤及至江口據本處巡檢申風色暴猛渡江不得（會等）只得在水府廟以俟日晡風少息遂渡宿瓜州軍營十二日質明前進至揚子橋道逢韓世忠使臣持牒備坐聖旨指揮令遣近上使臣催促出界若稍遲緩罪有所歸繪顧良臣曰幸免管押二字是亦光華比至維揚三遣騎士來促至揚州東門外見有選鋒大隊軍前來某等問之云相公指揮回江頭把隘既入城於譙門上見世忠留

飯云朝廷累有文字催促奉使過界只請令便行仍將出所受到御前金字牌文字一紙係令韓世忠將帶軍馬回來鎭江府江口把隘以示㫐臣因言欲謁陳補董旼遂就食於彼韓世忠差人傳語及送到參辭門狀卽今日去江頭照管舟船恐軍馬爭渡仍令董旼陳補發遣使副行了速來江頭幹當食畢差到馬八匹防護步兵二十八人卽時陳補董旼送繪等出北門繪與陳補有舊城門外駐馬久之以老幼爲託補泣數行下左右傷悼遂行三里餘見防護兵卒皆羸弱無用遂呼語之曰汝輩送我出不得已歸路甚

難可自此去努力報國家諸卒泣拜而去止將所帶使臣軍兵前去是夜宿大儀鎭并無居民官吏環坐一空舍下皆乏食止聞鵶鳴鬼嘯不類人境十三日行數里午前見胡(改作敵)騎十人望見繪等一發叫呼奔馬前來矢下如雨繪謂㫐臣曰速令一行人下馬回視墜馬者十四五矣無敢前者繪與㫐臣并執旗人獨前大呼曰不要放箭是來講和虜(改作敵)人遂歛收弓矢獨一騎前來問當你是甚人繪等云皇帝遣來奉使欲要講和罷兵且各自休息其一騎復回告之衆乃歡然少頃一騎前來令繪等一齊上馬聯騎

往天長去沿路問皇帝在甚處繪等答以在杭州又問韓家在甚處有多少軍馬繪等答在揚州來時卻往鎭江去不見得有多少軍馬又問莫是計麽先你過來待倒回來廝打麽繪答云他是兵家講和人怎得知去城六七里有百餘騎擁一老胡(此二字改作帥)皁旗高旌皆全裝老胡容貌秀整(刪此六字)乃聶兒孛堇(其下皆稱萬戶大郞○聶兒孛堇改作聶呼貝勒)路次相見與使人相揖所問如初又問少帝幾歲(諱淵聖)繪等答曰淵聖皇帝庚辰是三十五歲又問皇帝幾歲答以三十二歲萬戶馬上自屈指數過來軍前時如三十一二恰是也其辭甚

溫遂相引同入天長軍前譯者言你們來講和煞是好公事不如一發了御繪等曰某使人此來專爲懇請大國和議若得速了甚幸然若要太平不難只在大國一言而已譯者又問皇帝今幾歲繪等答云(聖壽)三十二歲譯者云向在汴京皇帝來軍前曾相見不知今相記否譯者又云泗州來所在州縣多見恤刑詔書并戒石銘皇帝如此愛民煞好又問秦中丞檜在何處繪等答曰今帶職名宮觀在溫州居住又問聞曾作相莫是聞得大軍來後怕這裏軍前去取所以教他去繪等云自前年歸朝廷後實曾作相一年

後來堅欲請退遂以宮祠閑居又問繪等韓家有多少軍馬今在何處繪等答以在揚州不知的實數目來時見韓世忠將出皇帝聖旨文字教繪等看已勾回韓世忠令往鎮江府駐劄良臣等親見人馬出揚州東門望瓜州去繪曰侍郎亦不可如此道用兵與講和自是兩事雖指揮勾回然將在軍君命有所不受回與未回使人不可得而知又問云韓世忠卻來掩襲我後如何某曰軍中機事使人緣何得知又云言元帥（謂撻懶○注撻懶改作達蘭）已到高郵三太子已到泗州今次恁大軍馬都是劉齊關作來某云如今舉大兵

前來設若欲取江南州縣與他別人卻壞了元帥軍馬不曉何苦爲他如此萬戶云恰似人家養箇義兒卻賭錢吃酒待趕了又趕去那裏且只得恁地說道韓家有幾萬岳家有幾萬都在淮南從入界來何曾見一箇看如今怎柰何劉麟去哩某等云聞劉齊多是信任李成如李成反覆叛逆之人安可信任譯者云李成煞是粗人不成人物元帥煞不喜他到開德府遂奪了馬教行來十四日天欲明譯者令某等出天長南門過城壕於道邊立馬有三百餘騎圍定某等見老幼輜重並出向西去至巳時引某等轉西至

河邊令某等下馬前用大斧斫殺三十餘人遂令人拽某等下馬掣刀引於萬戶馬前萬戶憤怒擲去所帶貂帽（刪此六字）按劍嗔目問某等云你們來講和昨日道韓家人已回卻因甚使人來奪折橋某等答以是水寨人不知朝廷遣使之意萬戶遂回顧教引領過人來問某等云此是甚人某等認得三人被傷是韓世忠軍下董旼下使臣虞侯內一人不識某答云此是韓世忠軍中人萬戶大怒云似恁地事怎生信得你們卻是先來稱講和暗地同來算害我其掣胡（此二字改作下）遂向前舉斧以刃向某等意欲加害其萬戶以

鞭揮之遂稍卻某等見其意甚怒謂決不免某等厲聲叫呼指天誓云使人棄父母棄性命前來只爲講和爲國家韓世忠既以兩使人爲餌豈肯教知他計謀若不見察願就一死以報國家死無所恨問難往復半時辰來見得某等辭直理順萬戶云教你去元帥處（謂撻懶○注撻懶改作達蘭）某等云若得到元帥納了國書便是使人事了然後請死萬戶笑云大金沒恁公事待教一箇會漢語繙譯人去做通事且好坐馬須臾差到通事蕭大尉防護甲兵二十人遂同行到寶應縣用一黃河渡船擺渡人馬某等於岸上伺候人馬

閒見一人作燕人裝束某向等說話云是濟州人姓潘舊在學校與李鄴極是相熟李鄴見在僞齊作右丞某等問茲事如何答曰甚戚人又問可知否則搖手元帥差到接伴官蕭團練使李少監某等前日進呈語錄誤寫少監欲來相見某等密問得蕭團練小名褐祿改作赫嚕李少監名聿興遂與某等相見因敘使事幸得相見之意李聿興問來議何事某等云此來爲江南欲守見存之地每歲共銀絹各二十五萬匹兩某云見存之地爲章誼回日所存之地又問既來講和卻爲甚教韓世忠來掩不備侍郎團練是幾日過天長某等答曰

十三日到天長李聿興云正是會期全似酈食其事某答云此是田橫不察食其何罪某又云酈食其當時以游說止齊兵韓信從而襲之此來何嘗止大國之兵聿興云兵家事先論曲直師直爲壯江南州縣此已是大國曾經畧定交與大齊後來江南擅自占據及大兵到來又令韓世忠掩不備正是軍人們放馬遽然到來卻是大齊說得都是某等答云經界州縣事前此書中並不曾言及止是淮南不得屯兵本朝一如大國所教如韓世忠掩襲事某等實不豫聞聿興云不知皇帝知與不知某等云皇帝不知又云韓世忠是皇帝所用之將卻不得皇帝指揮怎敢動某云將在軍君命有所不受臨機應變閫外皆得而專之又云如此是韓世忠跋扈萬一和議之後依前生事定又是敗盟約某等云既是講和之後皇帝必須有約束不許妄動聿興云江南第一不是處爲不合思量要復故地如襄漢州縣皆是大齊已有之地何故卻令岳飛侵奪某等云襄漢之地王倫回日係屬江南後李成爲劉齊所用遂來侵擾是時方遣韓肖胄等奉使大國其事曾約束邊境不欲深擾自後李成侵擾不已既招誘德安又結楊么欲裂地而王

之江南恐其包藏禍心侵陵不已實恐難以立國遂遣岳飛收復襄鄧等州故地卽非本朝生事相侵亦須相察聿興云元帥欲要國書看不知可以將去否某等云不妨遂以議事迎請二聖二書授之聿興遂喚幕外趙校尉是副元帥處繙譯人將去蕭褐祿改作赫嚕又問秦中丞安樂麽此人元在自家軍中煞是好人某等答云見作宮觀差遣不任職事卻請俸祿閒居聿興云無如此快活也又云侍郎團練遠來事要早了時若告他元帥須似申包胥泣於秦庭下不知如今本朝所須底事莫須應副得麽某云此是國家大事使人

豈敢擅決使人止得將命傳導言語而已聿興云固是然江南而今擅占據淮南州縣本朝大人門煞怒某云自來使人往還國書中兼使人口授並不聞有此議皇帝皆所不知若大國便加怒豈不誤戹江南聿興再云怎生更待商量復故地某云以中閒丞相惠書有云既欲不絕祭祀豈肯過爲恪愛使不成國是以江南敢再三懇告若或不從卻是使不成國聿興再三審問某等復深言之某等江南數州之地皆江海陂澤又無不經殘破卻與大齊不同聿興云大齊雖號大齊皇帝然止是本朝一附庸指揮使令無

不如意侍郎團練會見執旗報信張革否某等云不曾見不知是幾日離軍前聿興云十一日某等云某等是十二日離揚州以日月考之可見聿興云元帥教將劄子去都是元帥自道底言語更無文采又再三道你我直迷着那言語煞有意來者使臣卻也敢向前覆事也不可得某等云一行人莫非忠義奮不顧身之人豈有懼怕者遂問皇帝在甚處某等云駕在臨安府又問臨安府是甚處某等云便是舊日杭州又云此去杭州幾日可以往回某等云星夜兼程往來不過半月聿興又云大軍在此這公事煞緊某等云若得元帥早有處分回報江南使人豈敢稽緩又云昨日書元帥已教繙譯做番書刪此三字要看次第一兩日相見也十九日午忽送馬來褐祿改作赫嚕聿興令人傳語請上馬見元帥某等回轉語畢上馬同行城中屋宇有五七分已上其下並有兵馬並煅鐵打造軍器河內有糧船百隻並是東京板掛七百料船牽船人等並裝青號上書青州運糧船戶某人又有輦運司第十五綱運字少頃引某等至屋下見撻懶改作達蘭高坐並用蘆席釘壁鋪地左邊用紫布遮壁某等認得是氊車子上所用之物傍有四人坐皆衣渾紗短

袍裹頭巾着毬頭靴右邊有紇絲戰袍或着毛衫軍官五十餘人并有全裝甲士十餘人引某等向前禮畢令譯者問云皇帝安樂某等對曰聖躬萬福又問使旨某等答曰某等離江南日奉皇帝指揮令致誠懇請乞早定和議迎請二聖某等星夜前來十月初六日至鎮江府得先遣張革執旗報信數日無音耗某等不敢住滯又奉皇帝指揮令寄留禮物私覿在鎮江府天長路出陸前來大兵壓境不知所以得罪之由譯者云使臣所說更有甚傳語某等云盡在國書中譯者云國書中事卻見了元帥台旨你們所說

待信來又已前數次失信待不信來又怎生全不信得今次舉兵爲生靈不能得定自入境來並不曾殺一人房屋不曾折著你們都見又呼隨某等一行使臣近前聽某等對云大國舉兵若以生靈爲念天下幸甚江南所以再三遣使懇請上國正爲生靈不得休息所以再遣某等前來欲得早定和議且告元帥矜存趙氏社稷憫恤一方生靈譯者云向時第一番到汴京皇帝同張邦昌來軍前爲質我曾親自說與皇帝國家不要聽賊臣言語我道有一喻一似人家蓋一房子使椽柱瓦木蓋得是好卻須是住房子底

人做主防水火盜賊若不會照管便倒塌了此時親自說與皇帝一一聽得卻令姚平仲來刦寨事不成煞損了他人當時便失信如今言語怎生信得某等云失信之事盡是前朝奸臣誤國皇帝雖親聞此語是時皇帝止是親王事不在已皇帝即位以來未嘗棄信於大國譯者云這底只是我怕你們不知又怕皇帝位高職大後不記得也又問某云元帥問你當時不是曾隨皇帝來軍前麽某云是時先人仲通曾充國信副使後復同沈晦隨從蕭王出使大國在燕京死節譯者傳達了撻懶（改作達蘭）首肯數四譯者云我這裡說得底話望你們到皇帝處一一說某等云豈敢遺落一字須一一奏知云某等皆是皇帝親選差來只是眞實所以遣來懇告況今日既荷大國許和莫非至誠懇請倘恐不肯聽從更豈可不任誠信（某觀譯者所授言語甚多所說極少又每人姓名並地名只作漢語音料止是譯音不改至於人姓名則不能變矣）譯者又云你們說得卻是只是難信某等云到軍前已是半月江南日夕望信臣子心實不遑安敢望早定大計使某等歸報江南庶得生靈早有休息之期某云某輩非敢自爲脫身計大抵國家安使人亦安若國家未安一身亦復安往譯者云元帥令你們

且歸安下處候三二日左元帥到來商議了畫定事節教你們去某等云此來荷元帥授館種種周備不勝感激惟望早賜台令復命江南遂退聿興云沈元用今在耶不在元用謂沈晦字某等云在又云見在甚處某等云在浙中見任待制聿興云是同年聿與曾在宋朝沈晦第三甲及第後來卻再與本朝取應來問某云侍郎是誰榜某云何渙榜又言今年本朝廷試進士出賦題是天下不可以馬上治某答云此可見大國息兵之意天下幸甚又云這賦題是本朝張炳文侍郎出丞相見問是誰意思左右云事見前

漢陸賈傳丞相遂令人用番書刪此三字譯過共傳看後大喜遂與張侍郎轉兩官某等復云大國果有意偃兵修文豈惟江南之幸實天下生靈之福某等以事興所説遣某等回報前後反覆遷延不定某等恐誤國事遂以長書獻撻懶改作達懶云

三朝北盟會編卷一百六十二終

賜進士出身頭品頂戴四川等處承宣布政使司布政使清苑許涵度校刊

三朝北盟會編卷一百六十二校勘記

御前金字牌字誤作書　只是分曉便不住一作只是須要分曉　其他在所不恤脫其字　繪等只得在水府廟繪誤作會　陳楠誤作陳補下同　董畋誤作董畯下同　楠泣數行下楠誤作補　且只得恁地地應作他　又問可和否和誤作知　經畧州縣事畧誤作界　元用謂卽非本朝生事相侵卽應作則　臣子之心脫之字　沈晦字此係小注誤作正文

三朝北盟會編卷第一百六十三

炎興下帙六十三

起紹興四年九月十九日乙丑盡其日

謹裁書獻於元帥節下某等竊聞自古皇王不得已而用兵一本於仁義而已推仁義之心而行於征伐之際則堅甲利兵乃非凶器伐叛服柔乃非危事克致師中之吉終成保大之功是道也堯舜以是而帝湯武以是而王自茲以降五霸之事崇尚詐力不仁不義無足言者恭惟元帥鍾靈嶽瀆孕秀璇璣英勇絕倫智畧輻湊爰整六師征伐四克豐功偉績焜燿

鼎彝雖古韓白衛霍之徒方之蔑如也某等不佞比因使命得伏下風得望履舄欽聞至教具謂大國舉師以仁義為本以生靈為意故自率師入境禁暴戮止俘囚樵夫牧兒秋毫無犯深仁厚德遐邇悅附是宜頻年以來拓地萬里包括宇宙動業隆大超今冠古而無與為比也某等相與退而歎詠仰服大國之仁祗誦元帥之德不能已矣輒敢冒進瞽言伏惟執事留聽竊以大國德澤仁恩不冒寰宇凡日月所照舟車所通無不霑溉獨江南僻陋趙氏社稷與一方生靈未蒙加惠殆非篤近舉遠一視同仁之義頃者伏蒙大國惻然有存撫敝邑之意許通使命遂蒙丞相都元帥賜以書詞許以立國江南君臣感服至意誓傳子孫不敢忘懷爾後江南已三遣使未獲成命自章誼輩回即命某等再奉使指於軍前傾布誠悃欲保守見存之地竭偏方不腆之賦歲歲貢獻以表事大之禮且以二聖復還江表軺車在途遽聞大國舉兵入境江南上下恍然疑懼以謂方伸懇請乃蒙見伐不審何以得罪而至於此某等不敢退緩輒冒萬死崎嶇險阻天與之幸早得達命於麾下過蒙與進不賜擯絕諄諄誨敕至誠惻怛猶有存亡繼絕之

意則江南再造尚有望焉雖然大軍壓境已踰月使人達命亦再浹旬而未知所處豈茲事體重大詳慮熟計詢謀僉同而後報耶抑有隣國容心於其間密將激怒大國而不欲終其惠於敝邑此不可得而知也（聞劉麟在右元帥軍因不深言）竊以江南小國越在海隅中間限以齊境凡欲赴訴無路自達固不若鄰邦密邇上國苟有所言無適不可伏望執事少加察焉抑又聞之古者大國之伐小國也一為欲其土地二為欲其臣服今大國遠勤士馬勞費不貲所得土地即舉以與人而又江南之意誠心懇服方且願臣事而不得

則是二者皆非大國出師之本意而且以生靈爲念則堯舜湯武之用心不過是也某等願早得執事一言歸報江南庶幾速定大計將見在大軍兵不血刃而坐享成功天下生靈早得太平恩沾四表名垂萬世豈不休哉如其不蒙矜貸含怒震雷旌旆所臨如拉枯朽使趙氏社稷寄托無所一方生靈肝腦塗地致大國恩澤終不被於遐陬即是某等奉使無狀無補家國願先污斧鉞以報主恩且以爲異日奉使之戒重念某等一介之微被命此來伏蒙執事假館授餐種種周悉恩遇甚厚心非木石甯不知感以待命

之久君憂臣辱食且不遑是用裂眥瀝血披露危懇敢盡布於下執事進退惟命干犯威嚴不勝戰恐之至不宣託聿興投之聿興云未得指揮不敢收郎令差人去復郎君聿興又云聿興本是樞密院令史本朝令史皆以進士爲之因元帥行軍被差前去初不與軍中人相識及到此與蕭團練同事此人極純實可愛遂以至誠相待聿興今來方敢獨自與侍郎團練相見又云自古享國之盛無如唐室本朝目今制度並依唐制衣服官制之類皆是宇文相公共蔡太學并本朝十數人相與評議某等問蔡太學見任答曰任敷文閣待制他兒子蔡松年見在三太子處作令史近來本朝又爲於燕山府用一萬貫錢買一所宅子蔡太學云猶勝於他汴京宅子又云丞相得宇文相公直是喜歡嘗說道得汴京時歡喜尤不如得相公時歡喜如今直是通家往來時復支賜宅庫裏都滿也某等云大國丞相煞是知人聿興又云昨日元帥書詞煞好足見忠孝侍郎儒士團練名家似恁地忠孝必有美事某等云忠孝是臣子合做底事某等雖愚昧不敢不勉因叩問行期何日定可得報聿興曰必非晚也又云元帥性似劈竹將來使回須是

分毫不可遺不如此定是進兵某等云既是大國許從和議亦須是使江南可以從者若大國故爲難從之說則江南何以自處更望少監宛轉相成陰德非細又答云異日自知二十六日拂明褐祿（改作赫嚕）令人傳語某等元帥有指揮令奉使郎令起發回去褐祿（改作赫嚕）聿興云等一行起發聿興與某等馬差近聿興密語云侍郎團練卻回也如聿興等何時離得塗炭歎息久之某等遂與使臣軍兵行二里餘見撻懶（改作達蘭）擁三百餘騎前來相迎至路次與某等相見譯者首云淮南州郡皆是本朝經畧了當何故後來擅自

占據今大兵已到此卻又教韓世忠前來掩襲捉將我人去又卻遣使求和意是如何某等答云前來蒙丞相惠書止是說淮南不得屯駐軍馬即不曾見說占據之事江南遂依禀指揮不敢於淮南屯駐人馬所以奉承大國之命不敢有違譯者云只此說話便是反覆既是淮南不曾屯駐軍馬卻爲甚大軍到來韓世忠卻在揚州某等答云韓世忠是淮南宣撫聞得境上有軍馬是他職事不得不自爲備今來既是大國之兵必不敢妄動兼使人此來一心只望和議早定如將帥貪功生事使人等豈得預知譯者云既欲講和須是至誠不可奸詐兼是些小掩襲不濟事如欲厮打先約定一日兩軍對敵則好我這里只用仁義行兵若一面講和又令人來掩不備如此終恐誤事只恐你江南終被將臣誤事如前回大兵到汴京姚平仲刦寨事可見本朝事體秦檜與張底一一知得若未信時語言問他們又云我此中捉得你那裡人並不會殺你那裡人捉得我人去亦不要殺卻兼他們何罪況大事不在此某等答云今來大軍壓境更蒙元帥矜察江南別無他意許立和議實爲感幸豈肯更敢虛詐不實及胡亂殺戮譯者又云如國

書中說得煞是使人說得亦煞好只是憑信不得某等答云江南遣使前來懇大國欲定和議無非出於至誠譯者云我這裡軍馬你們想亦見莫只是來窺探虛實否某云大凡欲探刺虛實皆是國勢相敵未測虛實方遣使探刺今大國兵威如此自來所知何待探刺而後知也譯者復云使人所以留滯別無他意但爲等候左元帥相見當面議定方得遣回某等云使人來此所齎國書已先納訖見有上大金皇帝表二聖二后表丞相元帥物錄六封乞留軍前譯者云大金皇帝表留下其餘文字將去物錄中物不用得如今厮殺後若我們敗時物也做主不得我們過河去後不止要這些物某等遂止以大金表授之某等又云元帥遣回使人江南必再遣使來乞一期限譯者云你們自說期限某等云急限半月稍緩二十日譯者云半月後望再有使來不來亦不妨果有使來從甚路來某等云取元帥指揮譯者云只是從揚州來又云到江南傳語皇帝相別後煞是思念冬寒保重某等再三致謝遂授某左元帥書一封某等當面看過遂辭而退見馬前一人著褐紵絲戰袍裹頭巾著弓靴鞋疑是吳銖問之果然又見一人年約六

十餘歲騎馬在撻懶改作達蘭後問褐祿改作赫嚕云是撻懶改作達蘭兄聿興云適來元帥指揮不消得前路去遂與某等相別少頃上馬有鐵騎三十餘人隨後攝兒孛堇改作聶哷貝勒送行到鎮江府見韓世忠具以所當預聞者語之當日鎮江府差到牽駕人夫卽時乘舟離鎮江府二十八日夜至常州見張俊亦以虜改作敵中大意告之二十九日夜至滸市關張浚艤舟集岸遂往請見舟中坐語甚久兼亦畧及使指浚云適聞得奉使回遂欲同詣行在徐思之恐人疑惑如二公到朝廷必自有所以處某見滸市巡檢差到人夫卽時解

舟至十二月初一日拂明到平江府外見趙沈胡三人敘次問趙云且說因甚放過二公來良臣正色曰且容畧敘本末因不顧趙只向沈胡趙乃退步至坐席沈曰大家且坐方點茶皆不語良臣起曰某脫身萬死今欲赴愬於朝廷首先撥怒丞相良臣曰願就都堂請死趙曰恐鼎不合干預且請參政樞密請二公閤子中說話繪曰適魏侍郞對丞相非敢失禮容但備訴艱苦且望丞相優容使畢其說趙曰某知他喫了人多少言語正所謂唾其面使自乾者適來無他如二公勞苦不待言而自知所以如此問者欲速

知事之要領耳其辭少和乃問曲折看國書而退後省諸從官傳語請相見遂見時王居正唐輝孫近劉岑在焉良臣復厲聲曰某所以奮不顧身止念在廷臣寮皆有父母妻子獨主上孤立於此如朝廷得良臣輩豈能使人因大慟衆皆愕然且曰良臣必泣訴於上前遂退因見吏部汪思温王純度支李元倫金部吳幵皆良臣同舍繪亦吳幵舊同官衆問虜改作金兵多少據所見不及二萬人據刺探及虜改作敵人說四路有人每路十萬然皆不曾見時良臣憤怒未已汪思温曰不須如此某靜故見公非當平其氣是日

午刻有旨召對內殿上問勞聖語温厚良臣等皆至感泣上問過界事皆如語錄對上委曲問賊改作勢繪曰臣所見自天長至辰州撻懶改作達蘭大寨五寨共有二萬人或云三太子四太子劉麟四頭項臣皆不曾親見有戰船三百餘隻大小不一人亦不甚精銳臣聞漢高祖怒韓王信反欲與匈奴共擊漢自將擊之前後遣使十餘輩皆以爲可擊繼遣婁敬獨以爲不可曰兩國相擊此宜矜誇見所長今往見羸瘠老弱此必見短伏奇兵以爭利愚謂不可擊乃械繫婁敬往卒困於平城臣願陛下勿輕此賊改作敵臣又聞

張儀以爲人臣割其主之地以求交偷取一時之功而不顧其後外破公家而成私門臣死不敢爲此惟聖主審度事情因時制宜可保萬全上曰卿所論極是卿等見撻懶(改作達蘭)狀貌如何良臣曰臣等素不識之其身長大面微赤色如患風疾臣等初見之首言京城下會對陛下言以蓋房屋爲喻上愕然曰何能記此說是日自泛索後對日出入堂中再召與沈胡大殿上相見問勞甚厚蓋有從官言使人遠歸朝廷如此相待後來何以使人遂有是禮翌日疾作下休致狀纔而堂中請良臣問四路之數良臣曰卻是副

使會與吳玠說若所聞審的當須奏知豈敢不白知朝廷吳玠王純等以讒譖使人於趙不兩月三人同日告殂疾症若一好事者或以爲報應某等仕致狀先歸告良臣曰陛對時聖語如此是未見宰執之語次日諸公對事必不然宜速爲去就良臣曰某已乞從便纔而韓世忠遣壕寨官張杞往軍前下文字回遷觀察使歲暮虜(改作敵)退言章論列馬承家并及魏良臣皆罷又論不渡江人追減恩例并所得恩澤亦有言章皆緣趙鼎初不主和議適使副歸日趙已當局某既乞休致而良臣亦乞宮祠而歸其後詳悉更不

錄焉繪父仲通宣和間蔡攸爲宣撫使副日有書言十不可今附於後云

五月二十五日拱衛大夫平海軍承宣使兼廉訪走馬公事王仲通謹齋沐裁書再拜獻於領院少師相公閣北狄(改作金人)爲中原患久矣其盛衰强弱未始有常其俗以畜養爲業隨逐水草習於攻戰此天性也中國(改作之)所以制戎狄(此二字改作外)者非長攻遠討擣其巢穴而後爲功也備吾之邊疆以禦之而已故甲兵不可不完城邑不可不固糧食不可不充如朝廷前後戒飭邊臣講畫武備常若寇至可謂不恃其不來

恃吾有以待之其竊寇之方無善於此某伏覩朝廷亟命樞近大臣及起發諸路兵馬徑趨河北某嘗聞齊桓公與管仲謀伐莒謀未發而聞於國故曰君子善謀小人善意某雖不知朝廷深謀秘計覩桓公謀伐莒之事可以意得萬一無事則幸矣如或別有措置有不可者十禦以承平之日久爲極盛之時天子方垂衣拱手享四海之福如覆盆之安萬方無事豈不美歟師旅一動則有北顧之憂處安慮危得不愼之二不可也石晉割十六州以事狄人(改作契丹)而周世宗猶能不血刃而定三關況主上睿謀神武王師所

向無不克捷今兩朝通和師出無名二不可也女眞遠夷（此四字改作金人）長於戰鬭北虜用兵（刪此四字）侵奪（下添契丹）郡邑幾二十餘州又欲取漢故地獻納朝廷苟使力能平蕩亦異時復與女眞爲敵國矣是滅一夷狄（改作敵）又生一夷狄（二字改作敵）且無百年誓約可守能必其衆不犯我哉三不可也北界種類（改作部落）多矣如契丹奚人渤海其地皆不毛雖藉漢人（改作內地）境土爲衣食種養之源一旦收之絕其歲賂飢寒可立而待彼當必爭致用兵不已天下騷動四不可也北道數千里無險要可恃皆平原廣野用衆之地寡固不可以敵衆

今逐路戰卒各不過數萬人彼若傾國以應敵昔澶淵之役侵耗之患安可忘之五不可也當熙豐之朝天下豐富府庫餘財貫朽莫校太倉之粟陳腐相因神宗皇帝涵容未欲輕舉者欲先收靈武以大河爲界斷匈奴右臂今靈武尙在西夏爲脣齒之國得不助之乎攻之則理宜必救救之則腹背受敵六不可也夏國多用漢（此字改作內地）人劉文珪計策嘗有意深入因糧草虛乏未快其欲今以關陝諸路精兵備北用則固爲可矣於西則大爲可慮重此忽彼七不可也聚人曰財雖有金城湯池非粟不守如財不足用以

天下之賦轉給爲不難至以谷粟匱乏豈容倉卒而能就也蓋聞各邊儲蓄不廣千里饋糧士有飢色八不可也生齒繁夥民鮮積聚歲有水旱則流離不可勝計國家發倉廩以賑之乃能少濟今若小有事宜科配百出使無可辦孰肯束手待法必轉而爲寇攘九不可也兵者凶器不得已而用之愁苦之氣傷陰陽之和老氏所謂大兵之後必有凶年今幸頻年豐稔民力尙未優裕一有荒歉何以救甯十不可也某所論緣利病灼然惟恐未有人爲朝廷言者某久在牧守荷國厚恩既有所見默默不言是大不忠也方

今領院少師相公爲國元老乃心王室天賴明哲康濟生人天下大事無大於此某嘗採衆議如出一口但畏禍莫敢出位而言某仰恃某官至誠至忠敢罄抽直惟冀高明早爲天子反復開陳苟合帝心天下蒙福忠孝功業爛然光明區區之意實在於此冒瀆尊威戰慄之至

賜進士出身頭品頂戴四川等處承宣布政使司布政使清苑許涵度校刊

三朝北盟會編卷一百六十三終

三朝北盟會編卷一百六十三校勘記

且謂大國舉師（且誤作具）　且冀二聖復還（冀誤作以）　悚然疑懼（悚誤作恍）　含怒震雷（怒誤作恕）　敢盡布於下執事（下字衍）　禓祿聿興云等（云字衍）　若未信時語言問他們（應作若未信可問他們）　某靜故見公非當平其氣（一作上方召見公且平其氣以待之）　欲與匈奴共擊之（誤作欲與匈奴共擊漢自將擊之）　此必欲見短（脫欲字）　日入出堂中（出誤在入上）　某疾作翌日下休致狀（脫某字）　至於穀粟匱乏（於誤作以）

三朝北盟會編卷第一百六十四

炎興下帙六十四

起紹興四年九月二十七日癸酉盡十一月十四日己未

九月二十七日癸酉趙鼎爲尚書右僕射同中書門下平章事兼樞密院事

朝廷方除趙鼎都督川陝荆襄諸軍事未行僞齊謀大舉宰相朱勝非乞持餘服罷去遂留鼎拜相仍降詔撫諭四川詔曰朕顧懷蜀道屢困敵兵選建樞臣往加督護方選日以臨遣偶防秋而戒嚴乃命以宰

相居中仍遥領西南軍務既總司於朝政益增重於使權遲俟來春改圖近弼綏爾衆士膺副朕懷比命屬僚就宣德意

知鼎州程昌寓上廟堂書極論遣使都督川陝荆襄未便

程昌寓謂除趙鼎都督川陝荆襄未便鼎雖拜宰相不行深慮别議遣使乃商榷其利害極論其所以未使者昌寓嘗謂古今利害特在於名實之間事責實故有利無害徇名有害無利昌寓嘗深究其源非謂朝廷遣使樂於徇名亦非奉使者其才不能責實勢使然耳使命一出張官置吏不下數百員與夫屯師聚兵之費當取給於州縣州縣比年所至匱乏常賦之入曾不足以自贍矧有餘貲以供使命之用一被督責必令辦具不過重費鞭樸取之於民官吏苟非其人夤緣爲奸殆有不勝其擾者至於諸路兵力初不足恃使命一出於所部軍馬又須抽摘隨行赴置司去處州縣一或有警不過告急於使司相去既遠應接每不及以至調發人夫征取財賦行過郡邑倉庫一空應報文移日不暇給其閒至有將懦兵驕稍無紀律則滋長賊敵改作勢爲害一方又有未易言者

如是則使命之出將以保州縣而州縣反被其擾將以撫百姓而百姓反受其弊將以治盗賊而盗賊愈長其惡可謂有害無利矣朝廷凡使事之畢亦嘗計其歲月所費以較其利害多寡乎比者伏覩遣都督川陝荆襄諸軍事得之道塗謂朝廷因獻言者以今日大計在於圖秦故特遣大臣出領使事昌寓竊謂朝廷急於圖治輟樞臣使遠方固可以膺重任而成大功然以其勢考之豈能使之責實雖負伊周不世出之才恐未免徇名而有害無利也昌寓備員武陵首尾五年川陝事體粗聞其略試言之且張宣撫入

蜀之初責任非不專事力非不盛財用非不富士馬非不强當時人心又皆鼓勇樂於赴功而累年之間迄無功效徒上下怨懟以謂四川初無盜賊(改作干戈)之擾止緣宣撫使入蜀以擾之宣撫入蜀而人被其擾亦豈爲宣撫者固欲重困州縣乎蓋張官置吏屯師聚兵官吏之所贍給將士之所犒勞所過所需征求調發勢有不得不然者耳況今五路陷沒四川危動民力已困財用已竭强胡(改作敵)垂涎且有吞蜀之意以今事勢較之張宣撫入蜀之初爲何如州縣彫弊似亦極矣乃欲以大臣出使將帶官吏摘抽諸軍又

入蜀地征求調發號曰圖秦竊恐秦未暇圖而腹心肘腋之變先起矣昌寓所以妄意謂未易責實近於徇名而有害無利也抑嘗聞迺者富平之戰騎兵凡十五萬士馬亦可謂强矣而竟致敗衄今四川士馬不過吳玠部曲耳何所恃以圖秦乎昔曹操以百萬之衆順流而下吳之羣臣已爲迎降之說操於圖吳勢若可必矣周瑜以謂今使北土已安操無內憂乃能曠日持久來爭疆埸今北土既未平定加馬超韓遂尙在關西爲操後患又今盛寒馬無藁草驅中國士衆遠涉江湖不習水土必生疾病此數者用兵之患

而操冒行之擒操宜在今日其後操果有赤壁之敗今都督之來圖秦也東土已安而果然無內憂乎南寇已平而果無後患乎中國士衆果能習水土而不生疾病乎昌寓願朝廷鑒此審處利害而行之無令輕舉妄動近於徇名而無實也至如近復襄鄧等州都督之行就當措置撥軍屯守軍勢愈分昔呂蒙爲孫權論徐州曰今操遠在河北不暇東顧往自可克然地勢通陸驍騎所騁今得徐州操後必來爭雖以七八萬人守之尤當懷憂不如取關羽全據長江形勢益張權用其策後果擒羽今朝廷復襄鄧州亦猶

權之取徐州也取之爲易守之實難能保强虜(改作敵)之不爭乎孰若令大臣或大將益重兵聚貨糧守荆州以據長江之險今天下根本大勢實在長江保守長江以固根本然後可以圖秦保蜀料理襄漢經畧中原隨宜度勢以次施設今根本不固遽欲輟大臣於數千里之外以孤軍抗强虜(改作敵)期以復西秦殘破之疆昌寓謂四川民財已竭兵力已弱人心已動而都督又將入蜀萬一强虜(改作敵)乘我閒隙或壓以重兵或傳以僞檄則事有未易言者其所繫豈小哉昌寓初聞樞相趙公出使趙近世偉人也忠義激昂

慨然有康濟四海之志然事勢如前所陳昌寓實憂其行竊意樞相洞達利害已久身爲大臣義當徇國不敢辭避耳今聞大拜脫或別議遣使願試以昌寓所陳更加討論熟計利害而行之且命大臣或大將守荆州以固根本在今非上策亦豈易事特不得已而用之兵非有五萬之衆錢糧非有三年之儲且將不假歲月責以近效亦豈能使之勝其任也荆南前日以二萬人守之亦可今春金人取和尙原闗師古既叛階成州一帶無人控扼上流勢須益兵也昌寓以事干國計不敢緘默或謂昌寓言輕不足信伏望

更加採訪自是不別遣使

金人寇（改作襲）承州知楚州樊敍賓棄城而走。舊校云按宋史金人渡淮楚州守臣樊叙棄城去在九月二十六日壬申當在相趙鼎前一日事若金人攻承州在十月十四日己丑此書支干疑誤

是時改高郵軍爲承州金人犯（改作攻）承州而楚州守臣遁走也

十月朱師亮軍於明州

劉豫聲言遣徐文來犯海道乃命師亮以兵一千屯於明州

張俊爲浙江東西宣撫司軍於鎮江府

邊報金人與劉豫合軍大舉欲侵淮甸遣韓世忠以兵渡江發張俊兵駐於鎮江府軍士多奪取士民舟船如被寇盜是役也兀朮（改作烏珠）屯於天長軍劉麟屯於盱眙軍

孟庾爲行營留守藺整邊順臨安府彈壓官。舊校云孟庾爲行營留守在十月初二日丁丑

趙鼎建親征之議乃差留守及彈壓官是時親征之議猶未定也

召張浚爲資政殿大學士兼侍讀。舊校云張浚爲資政殿大學士在十月初八日癸未

車駕幸平江召張浚任事遂以資政殿學士提舉萬壽觀兼侍讀詔不許辭免日下起發手書賜浚曰卿去國累月未嘗彌忘考言詢事簡在朕心想卿志在王室益紓籌策毋庸固辭便可就道夙夜造朝嘉謨嘉猷佇卿入告

十三日戊子韓世忠敗金人於大儀鎭

韓世忠以董旼軍於天長以解元軍屯於高郵親與呼延通率十餘騎綽路去大儀鎭十數里遇金人鐵騎二百餘世忠與通方立馬議所以待之有三四十騎直衝世忠世忠與戰不利金人有驍將獨戰世忠

力疲通自後擊虜改作敵將世忠墜馬幾被執通救止之世忠復得馬回顧金人百餘騎通請世忠據陂坂扼其路以弓箭當之世忠得還奏通之功乞優異推恩授武功大夫吉州刺史世忠繳其誥命再奏乞重賞通以勸將士遂落官階授吉州刺史

解元敗金人於高郵軍盡俘執以歸

解元及在高郵金人來侵未至三四十里元先知之逆料金人翌日食時必至城下乃伏百人於要路之側又伏百人於城之東北嶽廟下自引四百人伏於路之一隅令曰金人以高郵無兵不知我在高郵卽

輕易而進俟金人過我當先出掩之伏要路者見我麾旗則立幟以待金人進退無路必取嶽廟路走矣若果然則伏者出衆皆諾又密使人伏樊良俟金人過則決河岸以阻其歸路食時金人果徑趨城下元密數之有一百五十騎乃以伏兵出麾旗以招伏要路者伏兵皆立幟以待金人大驚躊躇無路遂向嶽廟走元率兵追之金人前遇伏兵無所施其技盡被擒凡得一百四十八人及金牌銀牌與執事居其半是時董旼在天長亦有功元與旼各加正任觀察使

馬擴復元官除樞密院副都承旨

馬擴在融州仙溪也張浚都督陝右不遠萬里遣人持書幣招之書中專以同濟國事爲言且曰上之待公不輕雖緣讒毀終必保全公荷聖恩如此可不圖報乎馬以劉子羽昔年在眞定有隙今在宣撫幕不往復書謝之紹興三年召爲都督府參議官道遇疾丐祠四年奉祠居信州九月召赴川陝都督府稟議差充詳議官引見上殿奏對稱旨乃復元官拱衛大夫利州觀察使除樞密副都承旨

牛皋徐慶敗金人於廬州城下

金人與僞齊連兵犯改作攻淮西安撫使仇悆盡發宣

司戍軍一千以拒之既而敗亡無一還者卽乞師於湖北岳飛飛遣腹心將徐慶牛皋爲援皋慶引十三騎先至城下入城謁悆坐未定斥堠報金人五十餘騎將逼城時湖北軍馬未到悆色動不安皋曰無畏也爲公退之卽與慶出城迎見敵軍遥謂之曰牛皋在此爾等安敢來番酋改作敵帥曰我知牛公在湖北路已赴詔命此中安得牛公皋乃免胄張旗幟敵人相視失色皋察其有懼意舞槍先登敵人奔潰皋以十三騎襲五十里是時番僞改作金齊大軍十餘萬去廬州百里而屯一夕皆遁悆駭歎且親書保明刪此二字贊其

威望神勇謝於岳飛飛不悅而（刪此四字下添皋願）移其功以畀慶皋亦（刪此二字）無慊色淮西人以爲恨（刪此六字）

二十三日戊戌詔幸江上撫軍

金人在淮甸張俊軍鎭江府促渡江出戰有遲疑未渡之意朝野驚恐親征之議起於趙鼎見上屢請車駕早幸江上上皆首肯之既退卽爲中官阻止至是鼎勸上親征且曰軍民百姓皆望陛下親征唯中官未肯行若陛下一幸江上則諸軍皆盡力禦敵矣中官未見陛下親征之利也臣欲乞陛下發遣近上中官赴都堂臣具酒禮待之諭以禍福然後親征可決

上從之遂發左右親近十數人詣都堂鼎具酒禮以宗廟社稷安危之計諭之且曰諸公見上可以贊成其事俟退敵回鑾則共享安逸之福衆諾之議遂定郎命草詔詔曰天地之大義莫重於君臣堯舜之至仁無先於孝悌一自衣冠南渡胡馬（改作敵騎）北侵五品弗明兩宮未返念有國有家之道必在正名盡事父事兄之誠詎宜安處將時巡於郡國以周視於軍師爾等其愼守封圻嚴戒侵擾虞共乃職謹俟朕行

戒諭州縣詔（○舊校云是詔沈與求撰）

朕以逆臣劉豫稱兵南向寇（改作烽）警既聞神人共憤朕不敢復踏往轍爲退避自安之計而重貽江浙赤子流離屠戮之禍乃下罪己詔親總六師臨幸江濱督厲將士然興師十萬日費千金動衆勞人懼所不免每一念此惻然疚懷尙冀監司帥臣與夫郡邑大小之臣夙夜究心體朕此意凡借貸催科有須於衆者毋或縱吏並緣爲奸凡盜賊姦宄輒生窺伺者務絕其萌毋令竊發其或乘時搶攘恣無名之斂容奸玩寇（改作敵）失譏察之方至使吾民横罹困苦有一於此必罰無赦俟軍事稍平當遣廷臣循行郡國

二十四日己亥車駕發臨安府

車駕進發諸大將有獻俘於行在者戮於秀州時張守方知福州聞而上疏曰凡所獻俘使皆金人或外國借助則宜勦除俾無遺育至於兩河山東諸路之民皆陛下赤子也劉豫驅迫以來誠非得已臣謂俘內有簽軍宜諭以恩信以示不殺貸而歸之或願留者聽其便不惟得先王脅從罔治之義而劉豫之兵可使不戰而自潰雖日殺而驅之前不復爲用矣從之相繼諸將進擊金人敗衄而去

二十七日壬寅幸平江府加贈陳東歐陽澈秘閣修撰與恩澤兩資賜田十頃

車駕至平江府宰相奏事上因論黄潛善汪伯彦當國殺布衣陳東歐陽徹事深自悔恨曰朕至今痛恨之雖各贈五官并與有服親恩澤猶未足以稱朕悔往之意遂各贈朝奉郎秘閣修撰更與恩澤兩資撥賜田十頃雖然死者不可復生追痛無已

三十日乙巳仇悆克壽春府

仇悆爲淮西安撫使劉豫侵淮西悆遣將會合孫暉兵擊敗之復取壽春府

十一月十三日戊午金人陷滁州

金人侵入於是據滁州而居之

十四日己未張浚知樞密院事

行狀曰是日除樞密院事奏曰人道所先惟忠與孝一虧於己覆載不容自昔懷奸欺君妬賢賣國當時閭巷細民莫不深怨嫉憤欲食其肉者至若一心事上守正盡忠雖天下後世皆知企慕稱歎思見其人焉蓋義理人心之所同故好惡不期而自定臣以區區淺薄之才幼被家訓粗知義方平居立身以此自負偶緣遭遇寖獲使令陛下任之太專待之過厚而有怨於臣者攻毁之備至有求於臣者責望之或深上賴聖智保全微軀臣奉使無狀豈不自知至於加

二

臣以大惡之名陷臣於不義之地隳臣子百世之節貽孀親萬里之憂言之嗚咽痛憤無已今陛下察其情僞保庇孤忠許以入侍旋擢樞院在臣毁首碎身無以論報然而公議之所劾訓辭之所戒傳之天下副在史官臣復何顔敢玷近列於是賜詔

賜進士出身頭品頂戴四川等處承宣布政使司布政使清苑許涵度校刊

三朝北盟會編卷第一百六十四終

三朝北盟會編卷一百六十四校勘記

今根本不固不應作未　爲浙江東西宣撫使使誤作司　蘭整一作藺整　通請世忠據坡坂一作討得世忠通據坡坂　解元及在高郵及字衍　故輕易而進故誤作卽

三朝北盟會編卷第一百六十五

炎興下帙六十五

起紹興四年十一月十四日乙未盡十二月三十日癸卯

詔用張浚榜朝堂

行狀曰是日上親書詔曰張浚愛君憂國出於誠心頃履多艱首倡大義固有功於王室仍雅志於中原謂關中據天下之上游未有舍此而能興起者乘虜改作敵百勝之後慨然請行究所施爲無愧人臣之義論其成敗是亦兵家之常矧權重一方愛憎易致遠在千里疑似難明然則道路怨謗之言與夫臺諫風聞之誤蓋無足怪比復召浚置之宥密而觀浚恐懼怵惕如不自安尙慮中外或有所未察歟夫使盡忠竭節之臣懷明哲保身之戒朕甚憫焉可令學士院降詔出榜朝堂

劉光世退軍建康府韓世忠退軍鎭江府張俊退軍常州

濠州鎭撫使寇宏棄城走丁成魏進叛附於金人

金人以重兵臨濠州四面攻擊知濠州寇宏禦之時城中兵少大率人當三女牆頭軍民與僧道相參每

十人爲一甲皆被甲持槍不得內顧每一踏道二人以長刀監守無故上下者殺之宏惟著布袍輭纏夜步行巡視四壁未嘗乘馬呵喝由是守陴者嚴肅不敢懈一日宏在衆中望見守陴者三人據城而去宏徑至上呼其同甲者餘七人皆斬之人皆悚慄北軍以甲兵數萬與衝車雲梯皆薄於城宏作鐵鎚上插狼牙釘謂之破金鎚有緣雲梯而上者以鎚擊之頭鍪與腦骨皆碎屍積於城下數尺而北軍來者猶不止又以鼓數萬聚於東門之外一時俱鳴其聲震天謂之脇城鼓而城之東北壁女牆震而摧者二三

十步北軍以精卒利弓併力齊射飛矢如雨州人駭愕宏乃張布幕以禦箭令市人運灰瓶別修女牆指顧之間女牆如舊矣金人又向舊河口敵樓下併力攻城城上金汁灰瓶與矢石亂發金人死者雖多而相繼來者亦不少既而掘城之半而守陴者亦不驚懼盡力禦卻之力擊者凡七晝夜不休宏以城必不可守乃開北門棄妻子侍母與寡嫂棄城而去從之者十餘人通判國奉卿初在清河口同趙瓊寨民兵刦金人舟船得李梲之妾俾生兩子宏棄濠州也聲言登舟欲以計破金人奉卿信之既而乃知欲爲遁走計已登舟不可復入城矣奉卿曰何不明言於我使我攜一妾兩子而乃棄之死地邪宏以奉卿爲怨已遂殺之宏既去權兵馬鈐轄統制軍馬丁成自南門投拜兵馬都監副統制魏進自東門投拜時金人主帥屯於近郊問宏之家屬所在成謂宏與同奔矣既而聞匿於成家遂斬成於市乃盡取宏與奉卿家屬焉金人以賈舍人僞知軍州事數日以趙榮代之

十二月張浚往沿江勞軍

行狀曰時大酋（改作帥）兀朮（改作烏珠）擁兵十萬於維揚朝廷先遣魏良臣王繪奉使軍前還夜與公遇於中途公問以虜（改作敵）事及大酋（改作軍前）問答良臣繪謂虜（改作

敵）有長平之衆且諭良臣曰當以建州以南王爾家爲小國索銀絹犒軍其數千萬又約韓世忠尅日過江決戰公密奏使人爲虜（改作敵）恐怵朝廷切不可以其言而動及不可令更往軍前恐我之虛實反爲虜（改作敵）得上然之公遂疾驅臨江召大帥韓世忠張俊劉光世與議且勞其軍將士見公來勇氣十倍公既部分諸將遂留鎮江節度之令韓世忠移書兀朮（改作烏珠）爲言張樞密已在鎮江初虜（改作敵）諜報公得罪遠貶故悉力來寇（改作攻）至是兀朮（改作烏珠）問世忠所遺麾

下王愈吾聞張樞密貶嶺外何得已在此愈出公所下文書兀朮（改作烏珠）見公書押色動即强言約日當戰公再遣愈以世忠書往問戰期愈回一日而虜（改作敵）宵遁士馬乏食狼狽死者相屬遣諸將追擊所獲甚衆

太陰犯昴

丙辰夜太陰犯昴按晉天文志五年胡滅亡（剩按晉至此十字）有司奏以滅胡（改作滅敵）之象上因與大臣論及之胡松年曰天象如此中興可期上曰范蠡有言天應至矣人事未也更在朝廷措置如何趙鼎曰當修人事以應之

馬擴爲江西沿江制置副使

車駕幸平江府差馬擴兼行宮留守司參議官被旨發赴平江府扈從車駕至是差充江西沿江制置副使依前樞密副都使承旨駐軍武昌

獎將士詔

朕分遣將帥列屯江淮比命樞臣親行按視還朝之日具一奏陳乃聞身率軍行日加訓練騎射慣習技擊精嫻戎政益修士氣彌振既以嚴飭於武備是將圖建於茂動深察用心之忠尤嘉報國之義朕惟無

德以服遠未能解甲以休兵煩爾師徒久從征役暴露寒暑擁持干戈軫念於心惻怛忘寐惟爾懷國家撫養之恩德憤僭僞侵陵之凶殘宜勉事於艱難終共成於逸樂誓當有濟用副至懷故茲撫諭想宜知悉

十三日丙戌招從僞士大夫詔（干支有誤應作丁亥）

詔曰○（舊校云是詔沈與求撰見龜溪集）朕惟靖康兵革之難神器幾墜天命有在屬於眇躬夙夜兢兢罔敢自逸期與爾士大夫共雪大恥還我兩宮保有黎元永庇中土而强敵侵軼迫朕一隅叛臣乘時盜據京邑使我縉紳淪陷塗炭緜朕不德以至於斯北望傷心投溺無所亦惟爾士大夫蒙祖宗休澤服在周行其有失身僞廷事非其主顧驅脅使然有不得已者朕甚痛之故若張孝純李鄴李儔等內外親族不廢祿仕每飭有司常加存恤朕之於爾厚矣爾尚忍忘之耶其能洗心易慮束身以歸當復其爵秩待遇如初或爲奇謀祕畫立功自效乃頒異賞不限彝章嗚呼逆順之理禍福之機昭然甚明要知所擇朕方布大信以示天下言不爾欺有如皦日咸務自省體朕至懷

寇宏復知濠州

寇宏棄濠州至平江府會車駕駐蹕平江宏匿閭巷間不敢出視事八廂以聞上乃召見宏宏大驚懼至則把見把見之禮衛士驅捽之宏益驚上問淮南事宏戰慄不能對命宏依舊知濠州疾速前去宏遂退

二十日癸巳張宗顔及金人戰於六合縣

金人瀕江犯（改作攻）宣化鎮出没者逾月張俊遣張宗顔潛渡至六合縣出金人之背與戰不勝詐爲捷書以聞

折彦質爲樞密都承旨

詔撥崔邦弼吳錫兩軍付馬擴

詔湖南安撫司撥崔邦弼吳錫兩軍付馬擴安撫司

席益不奉詔上怒落其職

汪伯彦進建炎中興日歷

汪伯彦先於紹興三年被旨編進大元帥府事迹於是年編成上建炎日歷表曰臣伯彦言今年三月十二日准尚書省劄子節文備奉紹興三年十月二十三日聖旨命臣以大元帥府事迹首尾省記編録進御前呈乙夜之覽付之史官纂成一代之典傳信後世有王者起必先受命之符爲天下君宜首表年之事蓋春秋之作探一元之意而黃帝以來紀五德之傳振古如斯於今稽若臣伯彦誠惶誠恐頓首竊以藝祖創艱難之業列聖守盈成之文萬邦惟懷四方來賀垂令聞之不已昭偉績之無前緣朝姦變亂於舊章而王政淪廢乎小雅屬大運百六之戹會加小遊泰一之臨方二帝蒙北燕之塵一張僭南楚之號賴二百年龐洪之澤得億兆人嚮往之心戴宋厥惟舊哉歸啟孰能禦也恭惟皇帝陛下天地合德孝悌通神奉使渠酋（改作北庭）而漢天子以尊建府朔方而晉元帥稱伯黃河合凍發光武滹沱之祥紅氣流光呈周室赤烏之瑞休嘉應有十數謳歌來於萬方就日望雲北面勸進者乃至五六反袂拭目西嚮退讓者

不止再三末如之何迫不得已建議定策二三子何力之有焉應天順人大一統自今以始矣必有不刊之典庶爲罔極之傳臣識昧幾先學唯荒落鞭弭盡周旋之力帷幄無裨補之功攀六龍之御天首四蛇之入宇受恩莫大負罪良多流落江湖莫收魂魄俯仰宇宙回想風雲會逢明詔之頒俾紀當時之實舐筆和墨難摹日月之明拭目揚眉莫覩乾坤之大惟是云爲德業與夫日月時年畢索始終粗悉首尾唐虞二典垂成盛代之書游夏一辭或補闕文之史雖

慚潤色弗近汙誣祖述憲章俟聖人之筆創鋪張揚厲唯國史之發揮臣編類成書名曰建炎中興日歷謹自繕寫分爲五卷隨奏上進以聞臣伯彥誠惶誠恐頓首謹言紹興四年四月二十二日觀文殿學士左正議大夫提舉西京嵩山崇福宮臣汪伯彥上表

又建炎中興日歷序臣恭被聖旨省記大元帥府事迹至陛下即寶位本末編爲成書進御以塵乙覽將付之史館臣精白以承休德不知鼓舞仰惟皇帝陛下盛德之舉豈徒紀事而已哉聖意殆有所在臣聞伊尹申告太甲曰今王嗣有令緒而戒之以愼終於

始蓋保位莫如愼始也始之不愼其克終者鮮矣愼終莫愼乎始故君子大正始焉陛下以天錫智勇之英姿當陽九非常之戹運再造王室起於艱難思厥艱難大正厥始以圖允終紀事之意有在乎是天下幸甚臣仰遵聖訓謹以陛下自康邸奉淵聖皇帝詔出使虜改作北廷改命建府以兵馬大元帥起義河朔由相及魏及鄆及濟憂勞百爲遭神器中移以天下之推戴續已斷之大統即祚於應天臣往者首尾待罪今得以奉詔畢慮省記參以斷編而以事繫之日以日繫之月以月繫之時以時繫之年起自靖康元年冬十有一月十五日至於建炎元年夏五月十日採事摭實編次成書分爲五卷名曰建炎中興日歷或庶幾仰副陛下大正始之意焉爾紹興四年四月二十二日觀文殿學士左正議大夫提舉西京嵩山崇福宮臣汪伯彥謹上

三十日癸卯金人退滁州三十日誤應作二十九日

金人據滁州四十七日至是乃退去

王進薄金人於淮執其酋改作帥程師回張建壽

金人自六合而歸也張俊命王進曰虜改作敵騎無留心必徑渡淮而去可速進兵及其未濟擊之進往虜

改作敵且渡遂薄諸淮大敗之獲其酋首改作大帥程師回張建壽皆名將也師回言劉豫說虜改作敵人云劉光世韓世忠失懽江南可取故金人信之而來趙鼎具以師回之言聞奏上乃以賈復寇恂事訓飭二將

虜改作金主吳乞買改作烏奇邁以病殂

節要曰四年冬虜改作金主吳乞買改作烏奇邁以病死傳位於諳版孛極烈改作安班貝勒都元帥完顏亶虜改作金人自來以諳版孛極烈改作安班貝勒爲儲嗣故得預知時以大兵相拒江上不敢發喪至軍回於五年之春方告諸路諸郡邑立吳乞買改作烏奇邁之靈抛盞燒飯也虜俗。

註虜改作金吏民掛服及禁音樂一月而罷窩里嗢改作鄂勒歡撻懶改作達蘭兀朮改作烏珠自江上回至燕山各赴吳乞買改作烏奇邁之喪虜改作金主完顏亶僞謚曰太宗文烈皇帝

神麓記曰吳乞買改作烏奇邁先患中風病手足無力半身不遂約及一年至天會十三年乙卯歲正旦近侍扶掖而行早見佛自東方臨日出而現從者皆覩而瞻禮閒吳乞買改作烏奇邁問汝等見甚皆云見佛象在日傍雲閒言未訖吳乞買改作烏奇邁昏困再病中風僵仆殂於明德宮時年六十一宗幹宗維傳大行皇帝

有旨急召諳版孛極烈改作安班貝勒喝囉改作赫嚕卽帝位於柩前謚曰太宗文烈皇帝葬之墳山號曰豫陵

趙子砥燕雲錄曰金國置庫收積財貨誓約惟發兵用之至是國主吳乞買改作烏奇邁私用過度諳版改作安班告於粘罕改作尼堪請國主違誓約之罪於是羣臣扶下殿庭杖二十畢羣臣復扶上殿諳版改作安班粘罕改作尼堪以下謝罪繼時過盞

賜進士出身頭品頂戴四川等處承宣布政使司布政使清苑許涵度校刊

三朝北盟會編卷第一百六十五終

三朝北盟會編卷第一百六十六

炎興下帙六十六

起紹興五年正月乙巳朔盡二月十六日庚寅

紹興五年正月乙巳朔車駕駐蹕平江府日食求直言

趙榮退兵濠州

金人與僞齊之兵皆退過淮北也亦遣人報濠州趙榮退兵乙巳榮率北軍及投拜官魏進全家去既出門市人尚未知少頃提轄丁懷輩四人欲作亂先開甲仗庫取器械時榮去未遠而悔曰吾棄城而來無知州以主管州事安得不亂乃以衙兵復入城則懷

等已執兵仗矣懷聞榮復至走避得免榮遂斬其餘三人令梟於市榮令錄事參軍楊壽亨權知軍州事然後榮引衆去榮在濠州月餘城中皆不擾及榮既去軍人不便壽亨之政遂奪州印請兵馬都監孫奕遂權知軍州事是時寇宏在平江得旨已依舊知濠州朝廷以壽亨既權州則奕不宜從軍兵之請代壽亨乃授奕徽州監酒不釐務

十一日乙卯知樞密院事張浚自建康府還行在

十三日丁巳以金人退軍曲赦廬光濠州壽春府

朕以眇質獲承至尊念國家積累之基遭夷狄侵擾改作強敵侵陵之患兩宮遠狩尚虛歸路之期萬姓同憂未覩升平之日浩若涉川而思濟懍乎置器之難安常未明而求衣每側席而思治朕誠不足以感移天意德不足以綏靖亂源致彼叛臣乘予戹運始攘齊地旋據都城未厭鴟張之謀更懷梟噬之惡頻挾虜勢改作敵衆來犯邊陲直渡淮濱將窺江滸自古滔天之巨盜亦知逆順之所存未聞今日之窮凶不顧人神之共怒所賴諸將協力六師爭先奮揚無或敢當斬獲莫知其計遂令羣醜知有天刑雖逆雛偶逭於天誅而匹馬莫還於賊本改作境載循不道深惻於心俾執

干戈皆朕中原之赤子重爲驅役亦我本朝之舊臣迫彼暴虐之威陷茲鋒鏑之苦繇予不德使至於斯自初覽於捷書卽首頒於詔旨殺死者盡從於埋葬俘降者悉處之便安重傷而莫能自存撫以醫藥之厚願歸而無所爲命給其道途之資申戒官司務優存没知朕興懷於兼愛本非得已而用兵重念生靈久罹寇擾改作鋒鏑繹騷連於都邑蹂踐遍於田園雖氛祲之已清然瘡痍之未起困於斯難嗟爾無辜宜錫茂恩以蘇疲憊於戲乘時克亂可見皇天悔禍之心發號施仁實推列聖保邦之澤庶迎善氣以格昌期

咨爾羣倫體予至意

金國主完顔亶立

神麓記曰吳乞買改作烏奇邁病其子宗磐稱是金主之元子合爲儲嗣阿孛改作鄂博宗幹稱係是太祖武元長孫合依元約作儲君粘罕改作尼堪宗維稱於兄弟最年長功高合當其位吳乞買改作烏奇邁不能予奪者累日有楊割改作楊格太師幼子烏野馬改作烏雅瑪完顔亶受師於本朝主客員外郎范正圖略通文義奏太宗曰臣請爲籌之初太宗約稱元謀弟兄輪足却令太祖子孫爲君盟言猶在耳所有太祖正室慈惠皇后親生

男繩果改作勝額早卒有嫡孫喝囉改作赫嚕可稱諳版孛極烈改作安班貝勒以爲儲見年一十五歲矣粘罕改作尼堪兀室改作烏舍利於幼小易制宗幹係伯父續其母如己子也遂共贊成其事是故除宗磐爲忽魯孛極列乃尚書令。忽魯孛極列改作呼嚕貝勒除宗幹爲固論孛極列乃錄尚書序。固論孛極列改作古倫貝勒除宗維爲異辣孛極列乃丞相。異辣孛極列改作伊剌貝勒遂遷烏野馬改作烏雅瑪亶爲左丞以賞之

又曰女眞初元謀叛遼十弟兄兀古達改作阿固達爲謀首同叔楊割改作楊格兄兀躍束改作烏魯斯河民孛極列改作阿密貝勒十室改作烏舍阿失孛極列改作和碩貝勒阿魯改作河嚕曷母廾改作揀摩廾慢獨化實改作圖琿倆骨論你孛極列改作古倫貝勒撒改粘罕父也○撒改改作薩哈注粘罕改作尼堪迭孛極列改作德特貝勒斡魯孛極列改作斡魯貝勒滿霞奴改作邁嘉努按班孛極列改作安班貝勒謝也改作舍音輪作君主至天會間餘人皆死唯有大宰按班孛極列謝也改作安班貝勒舍音稱皇大弟諸君常欲盡坑南人吳乞買改作烏奇邁不從其請緣金河春水泛漲浸沒宮室刷夫數萬改移河漕離其傍側未及畢工因病身死遂立太祖之嫡孫

松漠記聞曰阿骨打改作阿固達正室嫡子繩果改作勝額繩果改作勝額生金主亶繩果改作勝額死其妻爲固論改作古倫所

收故金主養於固論改作古倫家及吳乞買改作烏奇邁卒其子宋國王與固論改作古倫粘罕改作尼堪爭立以金主爲嫡遂立之

節要曰亶立置三省六部改易官制升所居曰會甯府建爲上京封左副元帥粘罕改作尼堪晉國王領三省事除元帥府右監軍兀室改作烏舍尚書右丞相粘罕兀室乃亶所忌者也故以相位易其兵柄耳然二酋皆傑黠之魁而亶遽能易其兵柄者何哉蓋二酋於四年夏自白水泊入見虜主吳乞買値劉豫有寇江之請閑居本土故至是亶能徙而易之加之二酋在燕雲則有衆在本土止匹夫耳雖欲抗之而不可得也○注粘罕改作尼堪兀室改作烏舍酋皆改作人虜改作金吳乞買改作烏奇邁封先虜刪此字吳乞買改作烏奇邁長子宗盤宋

國王領三省事自阿骨打之開國與弟吳乞買約子孫互相傳位故阿骨打在之時以吳乞買爲諳版孛極列後吳乞買繼位故復以阿骨打之長孫亶爲諳版孛極列至是亶既得位於義當復除吳乞買之長子宗盤爲諳版孛極列而擅改官制以三公之位易盤儲貳之地是致宗盤失望後國變亂也○注阿骨打均改作阿固達吳乞買均改作烏奇邁諳版孛極列均改作安班貝勒除知燕京樞密院事韓企先尚書右丞相除山西路兵馬都部署留守大同府尹高慶裔尚書右丞相除前河東南路兵馬都總管平陽府尹蕭慶尚書右丞慶裔與蕭慶皆粘罕之腹心也故置之於內不欲用之於外○注粘罕改作尼堪封窩里嗢改作鄂勒歡冀國王除左副元帥撻懶改作達蘭魯國王除右副元帥兀朮改作烏珠潘王除左監軍僞陝西路經略使撒离曷改作薩里罕右監軍駐於雲中

又曰初女眞之域尚無城郭星散而居虜改作金主完顏晟常浴於河牧於野其爲君草創斯可見矣蓋女眞此二字改作金初起起字改作立國阿骨打改作阿固達之徒爲君也粘罕改作尼堪之徒爲臣也雖有君臣之稱而無尊卑之別樂則同享財則同用至於舍屋車馬衣服飲食之類俱無異焉虜改作金主所獨享惟一殿名曰乾元殿此殿之餘於所居四外栽柳行以作禁圍而已其殿也遶壁盡置大炕平居無事則鎖之或開之則與臣下雜坐於炕僞妃后躬侍飲食或虜主復來臣下之家君臣宴然之際攜手擬背齩頭扭耳至於同歌共舞莫分尊卑其無間故譬諸禽獸刪其殿至此七十五字改作君臣之間情通心一各無覬覦之意焉今虜改作金主完顏亶也自童稚時金人已寇改作入中原得燕人韓昉及中國儒士教之其亶之學也雖不能明經博古而稍解賦詩翰雅歌儒服烹茶焚香奕棋戰象徒失女眞之本態耳由是則與舊大功臣君臣之道殊不相合渠視舊大功臣則曰無知夷狄也刪此三字舊大功臣視渠則曰宛然一漢家少年子也既如是也欲上下同心不亦難乎又曰僭位以來左右諸儒日進諂諛教以

宮室之狀服御之美妃嬪之盛燕樂之侈乘輿之貴禁衛之嚴禮義之尊府庫之限以盡中國爲君之道今亶出則清道警蹕入則端居九重舊大功臣非惟道不相合仍非時莫得見瞻望堦墀迥分霄壤矣

金國聞見錄曰天眷二年奏請定臣制劄子竊以設官分職創制立法者乃帝王之能事而不可闕者也在昔致治之主靡不皆然及世之衰也侵冒放廢官無常守事與言戾實由名喪至於不可復振逮聖人之作也剗弊救失乘時變通致治之具然後煥然一新九辨復貫知言之選其此之謂矣太祖皇帝聖武

經啟文物度數曾不遑暇太宗皇帝嗣位之十二載威德暢洽萬里同風聰明自用不凝於物雖下明詔建官正名欲垂範於將來以爲民極聖謨宏遠可舉而行克成厥緒正在今日伏惟皇帝陛下至性孝德欽奉先猷爰命有司用精詳訂臣等謹按當唐之治朝品祿爵秩考覈選舉其法號爲精密尚慮拘牽故遠自開元所記降及遼宋之傳參用講求有便於今者不必泥古取正於法者亦無循習今先定到官號品秩職守上進御府以塵乙覽恭俟聖斷曲加正定言順事成名賓實舉興化阜民於是乎在凡新書未

載並乞姑仍舊貫除再討論繼此奏請臣等顧惟虛薄講究不能及遠以塞明命是懼儻涓埃有取伏乞先次頒降施行答詔曰朕聞可則循否則革事不憚於改爲言之易成之難政或議於欲速審而後舉示將不刊爰自先皇已頒明命順考古道作新斯人欲端本於朝廷首建官於臺省豈止百司之職守必也正名是將一代之典章無乎不在能事未畢眇躬嗣承懼墜先猷惕增夕厲勉圖繼述申命講求雖曰法唐宜後先之一揆至於因夏固損益之殊途務折衷以適時肆於今而累歲庶同乃繹僅有成書掇所先

行用敷衆聽作室肯構第遵成法之良若綱在綱庶弭百條之紊自餘款備繼此施陳已革乃孚行取四時之信所由式治揭爲萬世之常凡在見聞共思遵守翰林學士韓昉撰詔書曰皇祖有訓非繼體者所敢忘聖人無心每立事於不得已朕丕承洪緒一紀於茲祗遹先猷百爲不越故在朝廷之上其猶草昧之初比以大臣力陳懇奏謂綱紀以未舉在國家之何觀且名可言而言可行所由師事蓋變則通而通則久以用裕民宜法古官以開政府正號以責實效著儀而辨等威天有雷風詞命安得不作人皆顏閔

印符然後可指凡此數條皆今急務禮樂之備源流在茲期以必行斷宜有定仰惟先帝亦鑒愚衷神豈可誣方在天而對越時由易偶若非地則皆然是用載惟殆非相反何必改作蓋當三復於斯言皆曰可行庶將一變而至道乃從所議用創新規維茲故土之風頗尚先民之質性成於習遽易爲難政有所因殆宜仍舊漸期胥效翕致大同凡在邇遐當體朕意其所改創事件宜令尚書省就便從宜施行

宋兗諸王之誅韓昉作詔曰周行管叔之誅漢致燕王之辟茲惟無赦古不爲非豈親親之道有所未敦

以惡惡之心是不可忍朕自稚沖昧承嗣統蓋由文烈之公欲大武元之後得之爲正義亦當然不圖骨肉之間有懷蠭蠆之毒皇伯太師宋國王宗磐族聯諸父位冠三師朕始承祧乃緊協力肆登極品兼綰劇權何爲失圖以底不類謂爲先帝之元子常蓄無君之禍心昵信宵人煽爲姦黨坐圖重鼎行將弄兵皇叔太傅領三省事兗國王宗雋爲國至親與朕同體內懷悖德外縱虛驕肆己之怒專殺以取威擅公之財市恩而惑衆力擯勳舊欲孤朝廷即其所懷濟以同惡皇叔虞王宗英滕王宗偉殿前左副點檢渾

覩改作罕都會甯少尹胡實剌改作和色理郎君石家奴改作實嘉努千戶述孛离改作舒穆嚕古楚等兢爲禍始舉好亂從逆蹤欲以無厭助逆謀之妄作意所非冀獲其必成先將賊其大臣次欲危其宗廟造端累歲舉事有期早露端倪每存含覆第嚴禁衞載肅禮文庶見君親之威少安臣子之分蔑然不顧狂甚自如尚賴神明之靈克開社稷之福日者叛人吳十稔心稱亂授首底亡爰致克奔之徒乃窮相與之黨得厥情狀孚於見聞皆由左驗以質成莫敢詭辭而抵賴欲申三宥公議豈容不煩一兵羣凶悉殄於今月三日已各伏辜并令有司除屬籍訖自餘詿誤更不躡尋庶示寬容用安反側民晝衣而莫犯古猷欽哉予素服以如喪情可知也

天眷二年皇后裴摩申改作費摩申氏謝表曰龍袞珠旒端臨天陛玉書金璽榮昇椒房恭受以還淩兢罔措恭惟道兼天覆明並日升誠意正心基周王之風化制禮作樂煥堯帝之文章俯矜奉事之勞飭遣光華之使溫言獎飾美號重仍顧拜命之甚優慚省躬而莫稱謹當恪遵睿訓益勵夙心庶幾婦道之修仰助人文之化

渤海賀正表曰三陽應律載肇於歲華萬壽稱觴欣逢於元會恭惟受天之祐如日之升布治惟新順夏時而謹始卜年方永邁周歷以垂麻臣幸際明昌良深抃頌遠馳信幣用申祝聖之誠仰冀清躬茂集履端之慶

夏國賀正表曰斗柄建寅正帝歷更新之旦葭灰飛管屬皇圖正始之辰四序推先一人履慶恭惟化流中外德被邇遐方熙律之載陽應令時而布惠克凝神於突奧務行政於要荒四表無虞羣黎仰治爰鳳闕届春之早協龍廷展賀之初百辟稱觴用盡輸誠

之意萬邦薦祉克呈獻歲之心臣無任云云大使武功郎沒細好德副使宣德郎李膺等齎表詣闕以聞

高麗賀正表曰帝出乎震方當遂三陽之生王次乎春所以大一統之始覆幬之內歡慶皆均恭惟中孚應天大有得位所過者化閱眾彙以常新不怒而威覲庶邦之率服茂對佳辰之復備膺諸福之休臣幸際昌期遠居海外千萬歲壽考會莫預於臚傳億兆人同心但竊深於普祝云云使朝散大夫衛尉少卿輕車都尉賜紫金魚袋李仲衍奉表稱賀以聞

十六日庚申韓世忠加少保

十七日辛酉劉光世加少保依前兩鎮節度使充淮南西路宣撫使

劉豫揭榜曉示退軍

劉光世韓世忠張俊來朝

賜劉光世韓世忠張俊詔 ○舊校云是詔沈與求撰

朕自渡江以來志在恢復深惟足食足兵之計夙夜疚懷凡財賦所入未嘗一毫妄費悉用以養兵而已故比年訓練士卒精強而器械亦皆犀利比之曩昔實不相侔是以去冬敵人之來卒賴卿等極力捍禦遂致遁歸蓋前此所未有也朕甚嘉之然中原未復二聖未還而僭偽之徒方扶彊國之援狡謀日急顧我所以勝之者惟是上下內外合爲一家如報私仇乃克有濟儻或各以其職自分彼此日復一日成功實難卿等爲國重臣安危所繫諒必察此不待朕言今國用空殫民力耗竭雖有司錙銖積累而費出之數日以寖廣苟無以繼何以聚人每一念之心常怵惕想卿亦爲朕慮及於此也至於差辟官屬保明功賞軍須用度之類更在精覈勿至泛濫使賞當而爵祿不私用足而資給不匱則存養事力漸圖進取朕與卿等同享無窮之利顧不美哉布朕此意卿宜悉

之

二月三日丁丑車駕至自平江府張守上疏

上在平江府知福州張守屢上疏言敵情上諭輔臣曰張守所陳皆如朕所慮憂國之誠可見也宜即施行且賜詔獎諭既還臨安又賜詔問守曰卻敵之圖善後之計凡今攻戰之利守備之宜綏懷之略措置之方可備具來守上疏其略曰明詔四事臣以爲莫急於措置措置苟當則其餘不足爲陛下道蓋措置失當則不能守備守備不固則不能攻戰攻戰不勝則不能綏懷臣請言之措置之要其一軍旅其二軍

食神武中軍當專衛行在而以餘軍分戍諸路一軍駐淮東一軍駐淮西一軍駐鄂州或駐荆南使北至關隴西抵川陜血脈相通號令相聞有唇齒輔車之勢則自江而南可得安枕而臥也今大將握重兵貴極富溢前無利祿之望退無誅罰之憂故朝廷之勢日削兵將之權日盛臣謂宜拔擢麾下之將使爲統制每將不過五千分布三路朝廷命令徑達其軍諸將既已分屯則所患者錢穀也宜以二浙之粟專供行在而江東之粟以餉淮東江西之粟以餉淮西荆湖之粟以餉鄂岳荆南量所用之數責在漕臣歸其

餘於行在錢帛亦然然後戒飭諸將不得秋毫侵擾州縣以復業之民戶口多寡爲諸將殿最歲終遣大臣爲都督使諸路之兵進相援退相保如常山之蛇首尾相應居則可以守禦進則可以攻戰綏懷之略亦在是矣雖然此臣措置大略臣熟計之猶爲未也究其本原其在陛下內修德而外修政耳召公之告武王曰明王慎德四夷咸賓周詩之頌宣王曰內修政事外攘夷狄修德則不過正心誠意畏天愛民儉於家勤於邦遠聲色屏貨利兢兢業業凡有累德者無不戒也修政則不過任賢使能信賞必罰絕僥倖

裁冗濫謹法度興廉恥凡有以害治者無不去也願陛下果斷而力行之何患夷狄（改作遠人）之不服乎上覽疏大悅

劉光世韓世忠張俊辭回軍

初劉光世韓世忠張俊來朝上嘉其禦敵之功賜賚甚厚服御之物有可予者亦以予之光世等拜賜皆感泣曰願身率士卒圖復中原以報及辭又命近侍出內金盤尊斝各賜酒一行并以飲器賜之

張守加資政殿大學士

張守應詔疏陳四事上大悅除資政殿大學士

十三日丁亥趙鼎爲尚書左僕射同中書門下平章事都督諸路軍馬張浚爲尚書右僕射同中書門下平章事都督諸路軍馬

張浚制略曰高明而宏達剛大而直方資兼文武而可以憲萬邦學洞天人而可以該百聖自敷求於密勿首協濟於艱難勤勞王家有精貫神明之誓芟夷禍亂有計安社稷之忠知無不爲言可底績宣威井絡之野耀武斗樞之庭出入薦更險夷一致望久隆於師尹名大震於羌戎屬胡馬（改作北騎）之長驅挾逆雛之而（改作）反噬召從閒燕付以經綸秉鉞以麾六師共

推於尚父運籌而決千里獨賴於子房方振旅以時行彼潛兵而宵遁風聲鶴唳遂收不陣之功羊狠狼貪迄蹈自焚之禍茲策勳於舍爵迺孚號於揚廷正是魁衡授之鼎鉉宅端揆辨章之任總中樞深密之權內則統率百寮以釐常績之熙外則盡護諸將以董戎旃之重

行狀曰公既除相與鼎益相勉勵同志協謀以為為治之要必以正本澄源為先務誠能陳善閉邪使人君無過舉則國勢尊安醜虜自服改作邊庭迅埽是以進見之際於塞倖門抑近習尤諄切致意焉嘗奏曰王者

以百姓為心修德立政為務治其在我則大邦畏其力小邦懷其德天下舍我將安歸哉非僥倖於近績也仰惟陛下躬不世之資當行王者之事以大有為正心以正朝廷正朝廷以正百官正百官以正萬民國勢既隆強虜改作敵自服因書王朴平邊策以獻又奏臣昨奉清光竊見陛下於君子小人之分聖意拳拳於此宗社生靈之福也昔唐李德裕言於武宗曰邪正二者勢不相容正人指邪人為邪邪人亦指正人為邪人主辨之甚難臣以為正人如松柏特立不倚邪人如藤蘿非附他物不能自起臣嘗類推而言之君子小人見矣大抵不私其身慨然以天下百姓為心此君子也謀身之計甚密而天下百姓之利害我不顧焉此小人也志在於為道不求名而名自歸之此君子也志在於為利掠虛名邀浮譽此小人也其言之剛正不撓無所阿徇此君子也詞氣柔佞切切焉伺候人主之意於眉目顏色之閒此小人也樂道人之善惡稱人之惡此君子也人之有善必力攻其所未至而掩之人之有過則欣喜自得如獲至寶旁引曲借必欲聞於人主之前此小人也難進易退此君子也叨冒爵祿蔑無廉恥此小人也臣嘗以此

而求之君子小人之分庶乎其可以概見矣小人在位則同於已譽之以為君子異於已排之以為小人不顧公議不恤治亂不畏天地鬼神是以自崇觀以來以至今日有異於已者而稱其為君子乎臣以為必無之也彼其專為進身自營之計故好惡不公以至於亡身亂天下而莫之悔惟陛下親學問節嗜慾清明其躬以照臨百官則君子小人之情狀又何隱焉上皆嘉納之

親征詔○舊校云此詔沈與求撰見龜溪集

朕猥以寡昧屬茲艱虞迫臣民愛戴之誠續正統於

將墜痛父兄播遷之難履尊位以何安夙夜以圖策慮並用豈不能躬擐甲冑親冒煙塵乘將士欲戰之心慰黎元厭亂之意然以兩宮萬里一别九年覬迎鑾輅之還期遂庭闈之奉故暴虎馮河之怒敵雖逞於凶殘而投鼠忌器之嫌朕甯甘於屈辱是以卑辭厚幣遣使通和庶殫孝悌之思冀銜哀恫之請至於土地梗絶生齒流離師徒懷暴露之憂閭里起繹騷之歎繇朕不德嗟彼何辜仰懷故國之廟祧至於隕涕俯見中原之父老甯不汗顏比得强敵之情稍有休兵之議而叛臣劉豫懼禍及身造為事端閒諜和

好信逆雛之狂悖率羣賊 改作騎 以陸梁 改作憑陵 借彼援師倚為威勢發我赤子脅使征行涉地稱兵操戈犯順逆天不道一至於斯警奏既聞人神共憤凡是在列怒髮上衝朕以謂逆順之理既分勝負之形可見皆願挺身而效死不忍與賊而俱生朕乃下詔總師卜日引道前驅方戒積陰頓開天地鬼神莫不助順將帥輔弼罔不協心今朕此行士氣百倍雖自纂承之後每乖舉措之方尚念祖宗在天之靈共刷國家累歲之恥殪彼逆黨成此雋功載惟風霜跋履之勤仍蹈鋒鏑戰爭之苦興言及此無所措躬然而能建

非常之功必有不次之賞初詔具在朕不食言咨爾六師咸體朕意

改效用人資法

效用資法一公據二甲頭 公據改為進勇副尉甲頭改為進勇校尉

秦檜復觀文殿學士李綱復觀文殿大學士葉夢得復資政殿學士路允迪復端明殿大學士

詔羣臣修政事

朕以寇戎 改作金人 內侮流毒兩淮賴天之靈將相多士戮力同心迄平外患然中原未靜今處一隅九廟阻

越莫致蒸嘗之思兩宮遠播尙隔晨昏之養夙夜怵惕靡敢遑甯若涉淵冰罔知攸濟公卿大夫師尹百執將何以佐朕新厥德正厥度以開上帝悔禍之衷以副黎民願治之意其各悉意交修不逮用弼成我邦家咨爾有眾宜體至懷上以外寇 改作敵 已遁思與羣臣內修政事乃降是詔

賜進士出身頭品頂戴四川等處承宣布政使司布政使清苑許涵度校刊

三朝北盟會編卷第一百六十六終

三朝北盟會編卷一百六十六校勘記

斬獲莫知其數數誤作計 幼子烏野馬完顏㔁㔁誤作亶 㔁爲左丞以賞之㔁誤作亶 莫分尊卑而無間而誤作其 而稍解賦詩翰墨脫墨字 教以宮室之壯壯誤作狀 時尤非偶若易地則皆然誤作時由易偶若非地則皆然 克凝神於窔奧窔誤作穾

十七 問守以卻敵之圖以誤作日 上覽疏大悅此下應有加資政殿大學士字 羊很狠貪很誤作狽

三朝北盟會編卷第一百六十七

炎興下帙六十七

起紹興五年閏二月乙巳朔盡五月

閏二月一日乙巳朔詔戒飭羣臣

朕惟先王之時小大之臣咸懷忠良故能竭誠體國畢力公正時有舉措丕應徯志用以經理國家無往而不濟朕甚慕之閒者總師前臨大敵此宜臣子恐懼自竭不忘夙夜而乃奉命不虔偷惰自若顧於國家若秦人視越人肥瘠委質而仕當如是乎朕念狃於舊習乃薄其過失先訓告而後刑罰古之道也而

今而後其尚砥礪式悛爾心慕事主之匪躬思爲臣之大戒務盡忠赤以公滅私庶天下之務靡不畢舉敢有弗共自干憲章令出惟行必罰無悔可令刑部鏤板遍牒行下仰監司守貳縣令太守出榜於治所曉諭施行

折彥質爲兵部侍郎兼樞密都承旨

楊政爲涇原路安撫使

楊政字直夫懷德軍人起身寒微貌甚陋時人號爲楊蚫毬初爲統制官下虞候每統制飲宴政不喫其餘食衆虞候勸之曰此物極好何不食之政曰我所請者倉米方爲極好食之可常而有味安用此爲此非當食之物且不可爲常識者器重之既貴得其故妻相待如初公論稱美以神龍衛四廂都指揮使武康軍承宣使爲涇原路安撫使

野史曰楊政懷德軍人爲吳玠統制官從玠敗金人於和尚原仙人關有功累遷神龍衛四廂都指揮使武康軍承宣使五年除涇原路安撫使九年除熙河路經略使十年利州路安撫使知興元府虜改作敵陷陝西政走四川加侍衛親軍馬步都虞候武康軍節度使兼統制既又敗金人於隴州汧陽縣牧牛嶺十

三年來朝加檢校少保歸鎮二十一年進太尉二十六年授開府儀同三司二十七年薨年六十

程昌寓知江州江西沿江制置使

程昌寓以右朝散大夫徽猷閣待制知江州江西沿江制置使

王璦主管侍衛馬軍司公事

王璦至行在主管侍衛馬軍司以其軍隸韓世忠未幾罷爲提舉江州太平觀

陳琳叛王德追至無爲軍生擒以歸

陳琳者張琦之裨將也勇力過人屯於蕪湖縣刦張

琦以衆奔僞齊王德追至無爲軍境上獲之以歸

四月戊申太廟神主至自温州

韓世忠進軍楚州

賜韓世忠詔曰○舊校云是詔沈與求撰覽奏欲依舊留屯淮甸誓與敵人決於一戰已悉朕廹於强敵越在海隅每慨然有恢復中原之志顧以頻年事力未振姑鬱鬱如此自去冬敵人深入卿首挫其鋒鼓我六師人百其勇既致潛師引遁而卿復率兵移屯淮甸進取之計恃此爲基朕甚嘉之前日恐老小或有未便委卿相度今得所奏益見忠誠雖古名將殆無以過使朕

悚然興歎以謂有臣如此禍難不足平也古人有言閫外之事將軍制之今既營屯安便控制得宜卿可施置自便勿復拘執至於軍餉等事已令三省施行方此酷暑將士良勞行飭使人齎賜夏藥撫問卿並宜知之

岳飛退軍

張浚以都督收錫么先遣岳飛軍於鼎州吳錫軍於橋口浚即欲進兵或說浚曰不可進而勝則捕一漁人耳如有不勝則都督爲諸將輕矣浚曰柰何或曰不如先聲言諸軍人馬各已差人犒設矣唯岳制置之軍當躬詣軍中是以犒設而進也或不勝猶有說馬浚從之未幾以輔逵代吳錫浚駐潭州

五月孟庚知樞密院事

朱勝非免喪除觀文殿大學士提舉臨安府洞霄宮

中書舍人胡寅上疏論當復讎不當講和

胡寅爲中書舍人適遇朝廷議遣何蘚○舊校云蘚一作鮮等使於金國祈請和好寅謂當修政事不宜與讎講和乃上疏極論其事乞不講和好揮戈北向蹀血虜改作北廷用復讎怨曰臣竊聞遣使入雲中已有定議臣愚陋蒙陛下擢置從班職在獻納雖小事未當猶合

上聞況遣使體大縱不預初議苟心有所未安豈敢緘默輒行論奏伏望陛下留神省察昔孔子作春秋以示萬世人君缺二字之術無不備載而其大要則在父子君臣之義而已魯威公爲齊所殺不共戴天之讎而莊公者乃威公之子也非特不能爲父雪恥又與齊通好元年爲齊主王姬四年及齊狩於禚五年會齊同伐衞八年及齊同圍郕九年及齊盟於蔇是年爲齊殺子糾仲尼惡之備書於策以著其釋怨通和之罪豈非爲後世永鑒乎女眞者驚動陵寢戕毁宗廟刦質二帝塗炭祖宗之民乃陛下之讎也頃者

誤國之臣自知其才術不足以戡定禍亂而又貪慕富貴是故譸張爲幻遣使求和以苟延歲月九年於此其效何如彼之一身叨竊爵位而去曾何足道而於陛下聖德國家大計虧喪多矣所幸陛下智勇日躋灼然獨見於邪言久惑之後奉行天討罪狀劉豫再安國步漸圖恢復天下忠臣義士聞風興起各思自效以佐丕烈譬如人行萬里登車出門又如創建廈屋初正基柱存亡治亂實係此時今乃蹈庸臣之轍踐已失之謀犯孔子之戒循魯莊之事忘復讎之義陳自辱之辭臣竊謂陛下不取也或謂不少有貶

屈其如二帝何臣應之曰自建炎丁未至紹興甲寅以來卑辭厚禮以問安迎請爲名而遣使者不知幾人矣知二帝所在者誰歟見二帝之面者誰歟得女眞之要領者誰歟因講和而能息虜刪此字兵者誰歟臣但見丙午而後通和之使歸未息肩而黃河長淮大江相次失陷矣臣但聞去年冬使者還言酋豪改作邊境帖服國勢奠安形於章奏傳播遠近曾未數月而劉豫擁兵犯順矣女眞者知中國所重在二帝知中國所恨在刦質知中國所患在用兵則常示欲和之意增吾所重平吾所恨慰吾所患而中國坐受此餌

既久而猶未悟也天下以爲自是改圖必矣何爲復出此謬計耶苟曰姑爲是爾豈有修書稱臣厚費金帛而成就一姑爲之事也苟曰以二帝之故不得不然則前效可考矣況歲月益久虜改作敵情益秘必無可通之理也臣常思之陛下與女眞絶則臣下無所得而人主爲義舉若通和則利歸臣下而人主受其害故凡願奉使通和者皆身謀非國計也陛下可不據孔子之論而決此策乎自王安石廢黜春秋天下學士不知尊向一旦亂臣賊子接迹於四海遭逢陛下篤信此書孔子之志將伸於今日臣願陛下考筆

創之意斷當今之事只行一二大者則美名必輝映千古矣當今之事莫大於夷狄改作邊境之亂也欲紓此怨必殄此讎而不用講和之事賢才畢集民富國治揮戈北向蹀血女眞之三字改作金庭然後復讎之義得而人子之職舉臣等驚下伸眉吐氣食息世間亦預榮矣苟爲不然以中國萬民之君而稱臣於讎虜改作敵則宰輔而下皆其陪臣也借使女眞改作金人欣然講解以一將軍數萬衆駐兵江水之上欲陛下面相結約歃血而退不知陛下何以待之則又欲變置吾之大臣分部吾之兵將割我之土地而取其租賦有一

於此其能從之則無以立國不從則喿敗和好將何據而可臣實惷昧思之不通是以略具古義浼瀆聰聽惟陛下試加采擇或合聖意卽以世讎當復無可通和之義明降指揮寢罷奉使之命刻印銷印俄傾之間初無害日月之明適足彰陛下之無我也免累聖德誤國大謀不勝區區納忠之至

貼黄臣契勘自金人跳梁以來天下之論或以謂必講和議或以謂必須用兵二說謬擾無一定之論伏覩自建炎元年至今前後所遣使命若宇文虛中王倫朱闕路允迪魏可行崔縱洪皓龔璹張邵前後祈

請非不切至近又遣潘致堯高公繪幷韓肖胄劉松年章誼孫近魏良臣王繪相繼入國竊料虜敵改作人回書必無果決之言卽有言必難從之語殆欲款我耳伏望聖明深賜洞察祈請十年略無顯效議和決不可成則臣言或可以備收錄取進止

五月十三日三省同奉聖旨中書舍人胡寅論使事辭旨剴切深得獻納論思之體可令學士院降詔奬諭寅具奏謝曰臣奏論使事尋蒙宰執召至都堂面傳聖諭以爲論議剴切得論思獻納之體乃令學士院降詔奬諭者狂言上瀆方懼罪戾天高聽卑遽蒙開納褒勞奬勉以勸臣下臣榮耀增激愚衷中謝臣聞天下有至公之心有正直之論違正論拂公心以行其邪說雖當時不悟及事已敗壞世已陵遲然後悔之則無及已姑以近事明之方王安石得志託大有爲之說大有爲之說者孟子之言也豈不美哉當時元勳舊德皆言祖宗舊法不可變改安石斥之爲流俗而其說盛行自今觀之其所謂大有爲者乃所以召亂其所謂流俗者皆賢才也使神宗照之於司馬光辭樞密副使之時而退王安石罷新法則尚有崇觀之亂乎及蔡京秉政託繼志述事之說繼志述

事之說孔子之言也豈不美哉當時忠臣義士皆以新法害民當遵元祐蔡京名之爲謗訕而其說盛行自今觀之其所謂繼志述事乃所以遂其私意其所謂謗訕者皆忠言也使上皇照之於陳瓘論列之時而退蔡京復元祐則尙有宣靖之禍乎天下之理一是一非出於是則入非出於非則入是理不並立人無兩存此人才邪正之所由分而國家治亂之所由判自古如此豈惟今哉女眞入寇改作金人深入以來和戰兩議靡於淵聖在位之日兩議不決馴致北狩自今觀之夷狄二字改作敵之不可與和亦易見也而和議之

說不息非特通和女眞又欲通和劉豫和之臣子字實懷二心以國與人亦所不恤豈不過甚矣哉原其所本起於耿南仲昌言之正猶王安石大有爲之論蔡京繼志述事之說而尊主庇民疾仇殄惡不欲和者亦猶司馬光不以王安石爲然陳瓘不以蔡京爲是八年於此正論不勝監觀前事識者憂之尙賴陛下險阻備嘗照知情僞於和議輩皆已試用了無功效此策不足中興斷自宸衷舍非從是遂嚴降詔旨罪狀反虜刪此四字聲罪致討一振國威豈於女眞尙肯通使臣稟性素愚誤以文字上簡聖知擢置綸闈仍使

獻納適覩何蘚之事深恐和說復行國論傾危士氣沮喪所繫不細遂具陳奏陛下憲天聰明灼見忠志曲賜褒諭以來衆言使天下忠義之士皆知陛下雪恥復仇之意用賢才修政事厲兵選將駸駸北向以爲迎二帝之實大計一定邪說不行中興可期社稷之靈宗廟之福豈獨微臣忝竊恩詔以爲今日美談而已哉恭惟奎壁之光下照蔀屋謨訓之懿遠播寰區顧臣何人仰被大賜臣敢不益堅志向勉罄謀猷庶殫毫髮之勞用答乾坤之施

賜進士出身頭品頂戴四川等處承宣布政使司布政使清苑許涵度校刊

三朝北盟會編卷第一百六十七終

三朝北盟會編卷一百六十七校勘記

而人主爲義舉善策(脫善策二字) 用此之人而不用講和之事(脫用此之人四字) 駐兵泗水之上(泗誤作江) 仍令學士院(仍誤作乃)

三朝北盟會編卷第一百六十八

炎興下帙六十八

起紹興五年五月盡十二月

胡寅又論遣使有害無益

臣竊聞宰相張浚有奏論使事爲兵家機謀於臣所論事理不同今何蘚遂行不可救止臣待罪侍從初有所陳已荷聖知今浚以輔臣謀國陛下之所改顏而禮貌之者也勢難以臣故而沮其議臣不當力論致勝徒惑紛紛然臣再三思慮終未曉浚之說須至剖析聞於聖聰望陛下留神省覽姑且置之聖懷俟何蘚歸日與浚孰中孰否則使事之利害決矣今則未敢求直也粘罕(改作尼堪)總師二十餘年破大遼弱我宋雖無遠略亦稱善於用兵其所行事盡詭詐也今我之虛實彼豈不知也尚須卑辭執謙然後足以驕其心示弱屈服然後足以平其怒乎此遣使之無益一也庚戌而後不遣使虜(改作敵)兵亦不來及癸丑遣使則鈎引虜(改作敵)人入國熟視而去曾不旋踵而淮南之警奏至矣此遣使之無益二也前我所使四輩皆朝廷之選侍從之臣聞其入虜(改作敵)境晝夜驅馳略無禮節及見粘罕(改作尼堪)坐受欺紿忽忽而歸未嘗得

其要領況何辭一使臣其何能任覘國之事乎此遣使之無益三也昔富弼之使也以一言息南北百萬之兵可謂偉矣使歸行賞遷進官秩方以中國未能用兵徒賴使臣口舌下虜（改作敵）爲莫大之耻終不肯受其職度量如此乃可辦國事今奉使者首先論其私事祈求恩澤一一足意而行所慮卑近與市井之人無異尚能明目張膽不辱君命乎此遣使之無益四也虜賊（改作敵人）之所大欲者誰不知之既有滅宋之心正使劉豫明日就亡今日亦必赴援而況豫賊祈哀乞援秋高草熟來寇（改作南下）何疑此不待窺覘自可

坐照一堂之上者也此遣使之無益五也今淮以北劉豫自以爲封疆矣河以北粘罕（改作尼堪）自以爲土宇矣使者之行豈能乘雲御風徑至虜（改作北）廷哉必度清淮之阻經濁河之限然後能至也去冬下詔罪狀逆豫明其爲賊今豫肯賓吾使人達之於虜（改作金）哉○舊校云歸本達之於虜哉下有臣□□□□九伯則有之此遣使之無益七也可知無益別有一段此處脱誤　此遣使之無益六也今我與虜（改作敵）之勢如兩家有沒世之仇一弱一强强者侵陵不休弱者必固其門牖嚴其戒備待時而動庶能有濟乃欲命僕夫啗以酒肉悅以金帛適足以重吾之弱增

彼之强而已此遣使之無益八也自古兵强馬衆玩武不戢而無自焚之變此五胡英傑（四字改作五代）勤曜垂珪之所難也粘罕（改作尼堪）好財貪色凶殘不義特盜賊之靡耳（刪此六字）非有保國永世兼幷天下之術也度其兵士壯者老老者死其馬之齒日長矣其臣志滿意得沈酣乎玉帛子女之間不越數年必有禍敗此易見也萬一今冬黨助逆賊（改作豫）昧於一來陛下申嚴將士據大江之險以禦之彼再而衰三而竭必矣小大勝負兵家之常今未有交兵之形而遽自納侮以示畏怯情見力屈當反爲所乘非兵家形格勢禁之

法此遣使之無益九也夫使人之心迎合粘罕（改作尼堪）之意爲身謀也陛下寤寐賢才日昃不倦菲衣節食卑宮室陋器用以養戰士固將爲父兄攄覆載不同之憤雪滄溟不滌之耻若兼用和策則謀臣解體志士喪氣將帥偷安卒伍潰散以爲無復有輸忠效志建功立名之日使和人自謂其說可用如此則必有進爲之漸以國與人取悅於粘罕（改作尼堪）大事去矣此遣使之有害十也○舊校云按上文祇有八條此遽云十疑有脱誤　猶有一說使陛下難處者以二帝爲言耳然自建炎改元以來使命屢遣無一人能得兩宮起居之狀謦咳之音

者況今歲月益久虜改作彼必重閉畏我知之今以虜改作敵爲父兄之仇絶不復通則名正而事順他日或有異聞在我理直易爲處置若通而不絶則虜改作敵握重柄歸曲於我名實俱喪非陛下之利也使或有知二聖所在一見慈顔宜達陛下孝思之念雖歲一遣使竭天下之力以將之亦何不可之有其如艱梗悠邈必無可達之理乎以此揆之則以二帝爲言者理不可信也臣聞善爲國者必有一定不可易之計正其大義不僥倖以成之漢高帝出關得董公之言以弑君討項羽後雖屢敗然項羽負不義之名雖强

必弱漢守其策不變終有天下然張良嶢關之舉養虎論羽君子猶羞之及劉先主諸葛武侯志在復漢目操爲賊亦能三分鼎立魏延出奇欲速孔明不求近功君子以爲眞以天下自任者古之豪傑規模措置大抵如此三國崛起曹氏先據利勢蜀最後立豈以微弱之故卑下於操以苟存耶孟子曰君如彼何哉强爲善而已今日大計只合明復仇之義用賢才修政事息民訓兵以俟北向更無他策儻其未可惟是堅守若夫二三其德無一定論必恐不能有爲至於何蘚之行非特無效須決取辱臣所見如此豈得以張浚有言而自抑也又況蒙被詔書曲加奬諭先以爲榮今焉內愧所以致詳盡義忘其喋喋志在報君非好辯也若夫軍旅之事則未之學張浚以遣使爲機權者臣所未喻不敢强爲之說伏乞陛下幸赦之取進止

楊造乞罷和議劄子

臣嘗覩陸贄論禦戎改作外之策其說甚詳大抵以爲夷狄改作外國之强弱視中國之盛衰聖人所以待之者無一定之規亦無常勝之策顧其勢如何耳其說有二尊卽敘者則曰非德無以化要荒殊不知威不立

力不能服也尙和親者則曰要結可以睦隣好殊不知我結之而彼復解之故當匪茹之勢而行卽敘之方則見侮而不從矣今日正此之謂也自靖康以來力主和議不爲備禦之計卒爲虜改作敵詐以至二聖蒙塵其禍亦可監矣至今不悟猶蹈覆轍深可痛也比聞復遣二使以請和虜改作彼若有謀則許吾和以取重賂愚者以爲喜而智者之所深憂也蓋既許吾和則上下偷安必不爲備禦之計而既出重賂國力必竭不免暴斂民怨盜起虜改作敵復不可信一旦乘虛而來爲不可測此其所以可憂也若其無謀則必絶吾

之使愚者以爲深憂而智者之所喜也蓋不許吾和則吾致死以爲備禦之計此其所以爲可喜也且夷狄豺狼（改作敵情不測）非可以信誓結今其所以不來者非愛我而不來也亦非畏我而不來也以其勢自有牽制未暇來爾昔趙鄭割地以賂秦虞卿曰秦之去也倦而歸乎其亦愛我而不攻乎曰秦之勢無餘力矣必以倦而解也曰秦以倦歸而君又以秦之力所不能取而賂之是助秦自（以）攻也今之爲和議者何以異此說者謂國家今日正猶勾踐事吳稱臣奉貢不得不然是未知事勢之不同也越之棲於會稽蓋吳王

聽宰嚭之言而許之平故勾踐以爲得計今虜（改作敵）未嘗實許和也其所以不拒絕者特以許和紿我以謀全勝欲吾不爲之備而取之易耳故其未來則吾與之重賂其既來則吾莫之禦是吾之求和無纖毫之益徒沮義士忠勇之氣長黠虜（改作強降）桀驁之心竭民脂膏以資盜糧非計之得也若其稱臣奉貢尤非所宜昔辛垣衍欲趙之帝秦也魯仲連曰若使帝秦則連有蹈東海而死耳且又曰若使帝秦則必將烹醢梁王辛垣衍曰秦何爲烹醢梁王魯仲連曰九侯鄂侯文王紂之三公也蓋嘗爲脯醢而囚之矣秦既爲帝則將行其天子之禮以號天下將奪其所憎而予其所愛梁王豈晏然而已乎於是辛垣衍不敢復言帝秦而秦軍亦爲之卻今或稱臣於虜（改作敵）則中國在虜之（三字改作在其）掌握矣彼將所求無厭既得重賂又求割地矣又召大臣大臣往矣又將邀鑾輿之臨幸則何以爲謀若往則遂廢前功不往則興兵而伐叛臣不爲無辭若遂往則又將爲二聖矣言之至此可爲寒心而議者安於此說可謂無謀之甚也猶謂國有人乎或者以爲二聖在彼故吾不得不與之和是不然昔漢太上皇呂后爲項王所得置俎上欲烹

之夫高帝豈恝然亡之哉而未嘗爲之屈蓋勢不可爾然項王卒不敢加害蓋以高祖之（闕）害之無益而存之則可以爲重資故割鴻溝之後卒從侯公之言而歸之今國家若能勵兵秣馬稍振中國之威且勿與之通則彼莫能測其虛實必不敢動吾已復中原然後遣辨士若侯公者往說焉彼亦且奉二聖以來歸矣故二聖雖在彼於中國用兵之勢無有害也故爲今日之計當與諸將議先復中原以振國威然後閉關不出卑辭厚賂以請二聖當必遂所欲於今遣使徒取侮耳非所宜也議者以爲彼強我弱出未必

勝故不敢與校是未知用兵之勢也昔陳恒弒簡公孔子請討之夫以强弱小大論之魯不能敵齊也審矣孔子豈不量敵而後進哉蓋其說曰以謂陳恒之弑齊國之與者半不與者半以魯之衆加齊之半其勝也必矣夫以楚人病秦之詐懷王必欲亡秦而漢末人人思漢之德皆欲興漢在今日人人痛憤二聖未返非特楚人之情而國家德澤之厚人懷不忘亦非止漢世之比也然則在今日儻能奮其威武自淮而北必有響應者矣側聞近日河北亦嘗有欲興義而來請者數輩朝廷慮其生事以敗和議拘之軍中此爲失策儻乘此以有爲不亦可乎且愚竊謂今日之計當乘天下痛憤之切人懷思宋之心乘時有爲及其鋒而用之決可有功若或遲疑不斷竊恐歲月之久人心懈怠懷彼煦濡之恩而忘忠義之心則事難舉矣縱不能出兵猶當爲守禦之備不當爲和議以墮虜（改作其）計也蓋虜（改作敵）之不可信其事已可鑒矣今日之未來非緣和議特其勢自有牽制未暇來耳儻與之和必出重賂徒竭吾賞軍之費爲虜人進兵之用眞所謂資盜糧也俟吾國力已竭然後乘釁興端而兵勢必不支雖有智者不能善其後矣此必

至之理也議者謂虜（改作敵）之所欲不過金帛子女耳與之則得其欲而不來是何異兒童之見也虜（改作彼）之貪心豈有厭哉今少與之則不足以充其欲多與之彼則以爲中國尚富實而（闕）懼我如此是必兵弱可以一往故爲此計實啟戎（改作其）心安能使之不來哉及國力已竭而後爲備禦之計孰若未困而先爲之慮也昔曹操破荆州逐劉備移檄於吳孫權召羣臣謀或以曹公士馬之强既得荆州劉表治艨艟鬭艦乃以水陸俱下勢不可敵不如迎之惟周瑜魯肅以爲當擊便謂北人尚騎本不能水軍與吳越爭衡今操自送死可迎之耶將軍擒操宜在今日瑜請以三萬人爲將軍破之權大喜因拔劍斫案曰復言當迎曹公者與此案同因發兵使瑜拒之遂敗曹公於赤壁故兵之勝敗在人謀耳庸人見朝不及見夕但偷安目前不思後患殊不知無遠慮則近憂亦不能免也夫兵凶器戰危事聖人難言但勢有不得已雖毒天下所不可辭也且狠子野心（改作仇讐吞噬）不可望其仁慈意其憫我惟振之以威乃可服爾故將欲和之亦必戰勝而後可議也在昔契丹所以能百年守盟好者亦以章聖皇帝有澶淵之捷爾臣愚伏望睿明特

發威斷早定大謀專爲戰守之備勿主和議以墮虜改作敵計實天下之幸甚

六月岳飛兵大破湖賊擒楊欽夏誠等湖賊悉平

湖賊楊么爲其下所殺也其黨楊欽夏誠等各領其餘衆拒命欽僞爲馬軍太尉誠僞爲太僕射皆與鍾相首事之人凶愎桀黠賊也張浚臨湖觀之知未可攻乃歸潭州有急詔召浚還朝謀防秋之計會岳飛至潭州出圖示攻討出入之要且曰擒之易耳浚曰恐誤秋防之期俟明年再來討之如何飛請除往來之程限八日破賊請浚曲留以俟之浚然之先是湖

南統制任士安王俊郝晸等領兵二萬餘不稟王𤫊號令遂致放賊及飛始至鞭任士安及孫議以泄其氣使爲賊餌賊併兵攻任士安戰三日兩困之飛乃以伏兵四合一戰破賊衆賊盡乘其舟以入水寨楊欽等迎降尚有餘衆數萬飛杖欽等各一百遣回是夜用師徑掩其營破其賊而執欽等惟夏誠寨三面臨大江北恃峻山不降飛親往測其淺處悉衆運草木放之上流至淺處則棄瓦石壓之一日塡滿長驅入其寨遂斬誠湖賊悉平果不過八日授欽武翼大夫

遺史曰欽驍猾狙詐最桀黠既授以官公論皆不與之欽書出身腳色曰鍾相楊么作亂欽等聚集强壯保守鄉村俟官軍到鼎州乃同共破賊有功見之者無不大笑

仇悆知明州兼沿海制置使

仇悆爲制置使用延超爲制置司都統制

王彥知制荊南兼充峽州荊門公安軍安撫使

張浚以都統視師湖南平楊么乃召王彥赴都督行府彥未到湖賊已平遂令彥知荊南兼峽州荊門公安軍安撫使時解潛已離荊南彥到荊南府庫倉廪

皆虛錢糧俱闕彥懼之荊南不住徑追潛至鄂州會浚收楊么回鄂州復勸彥回荊南赴新任

賜岳飛詔○舊校云是詔沈與求撰

比得張浚奏知湖湘之寇悉已肅清紓朕西顧之憂良用欣愜非卿威名冠世忠略濟時先聲所臨人自信服則何以平積年嘯聚之黨於旬朝指顧之閒不煩誅夷坐獲嘉靖○舊校云歸本作坐收嘉績使朕恩威兼暢厥功茂焉腹心之患既除進取之圖可議緬思規畫嘉歎不忘然恐招撫之初人懷反側更宜綏輯以安衆情措置得宜彼自馴擾浚必與卿計之熟矣或有陳

請可具奏來

七月梁紘知金州兼金均房州安撫使

王彥到荊南

王彥知荊南經盜賊後城郭爲墟移治於枝江縣彥至始還舊治帑廩空乏無三月儲彥依川錢法先措置交子於荊南管內行使便之漸措置屯田以爲出戰入守之計乃擇荒田分將士爲莊莊耕千畝惟山口富里田舊載沮河置千戶石塘瓦窰三堰隄水分漑爲最良今堰廢不治彥親督將士具畚鍤修築計工六萬有奇不浹旬告成公私之利無窮天下論屯田營田實不擾民而得充國遺意者必以彥爲首稱

詔奬諭之

八月張浚加光祿大夫

制曰朕登建哲輔協圖康功內則總一萬類制以樞極之機外則經營四方以廣威懷之略既告成於遠績當受祉於勤歸迺先飲至之期誕錫颺廷之命具官張浚才全而用溥道大而聲宏誠足以感會天人而消氛祲之微識足以貫通古今而應事物之變遭時奮節身徇國家仗義扶顛功存社稷出入參釐於二柄險夷更閲於百爲復專機幄之前籌來尾戎車之親駕爰立作相適觀厥成講明法度之原修飾甲兵之備革人謀之回遹正國步之搶攘首端本於朝廷躬視師於江滸總提紀律昭示王靈周履山川究觀地利勞三軍於細柳猶親巡六尺之輿翦羣盜於綠林初不煩一夫之戟湖湘底定肅清蛇豕之區秦蜀相望增重金湯之勢阻深躋跋霧潦鬱蒸歷寒暑者三時計往來者萬里宜加寵數以答忠勞登峻秩於文階昭儀刑於揆路茲厚保衡之寄益隆體貌之尊於戲邦國定而王心以甯股肱良而元首斯起赤舄几几周公何信宿之遲四牡騤騤樊仲有遄歸之喜正是百辟弼予一人迄乎耆定之休永輯無窮之祉

以平湖湘之功也

馬擴爲都督行府都統制

馬擴以江西沿江制置副使駐軍武昌也是歲四月召赴行在供樞密副都承旨之職爲都督行府官留陛辭議軍事兼行府都統制留鎮江措置軍務

僞齊陷光州

九月華旺敗僞齊於光州克光州

岳飛加檢校少保

解潛權主管馬軍司公事

先是解潛提兵解圍太原也趙鼎嘗居其幕中主事解潛字亨叔靖康中金人已破种師中長驅而南李綱爲河北河東宣撫使薦潛自嗣趙鼎爲幹當公事潛戰敗綱謫潛亦廢建炎四年起爲荆南峽州荆門軍公安鎮撫使兼知荆南府時楊么據洞庭湖聚衆十餘萬擾沿湖州郡潛屢與賊戰勝負相當紹興五年趙鼎爲相薦其材召爲主管侍衛馬軍司七年其軍士與王彥軍爭於闕下宰相張浚罷潛提舉江州太平觀以其兵隸劉錡趙鼎再相復招爲主管侍衛步軍司俄乞宫祠九年除福建路副總管任滿居

平江府因於辛樂宗論及和議之非宰相秦檜聞而怒之授團練副使南安軍安置以卒

趙鼎加左光祿大夫

十月李綱知洪州兼江西安撫制置大使○舊校云史作李綱爲浙西制置大使呂頤浩知潭州兼湖南安撫制置大使席益知成都府兼成都潼川府利夔路安撫大使

賜李綱詔○舊校云李呂二詔俱沈與求撰

朕以大江之西俗輕而悍弄兵之寇無歲無之師旅荐興民益彫瘵肆圖舊弼往鎮臨之卿威名德望聳動一時風釆想聞人自慴服起於閒館作我价藩匪煩指顧之間一變潢池之習先聲所曁諒拆遐衝朕之用卿審矣卿宜以安社稷爲已任勿問中外勉爲朕行不必數有請也故茲親筆詔諭卿其悉之

賜呂頤浩詔

朕以湖湘八州之地西通巴蜀爲國上游往連盜區一方騷動比者招輯雖已略平而民俗剽輕或易生變允藉耆德往鎮撫之乃起卿燕閒之中而屬以方面之事庶期談笑坐以銷弭慰彼黎元增重形勢而抗章固避殊咈朕懷惟卿社稷元老身任安危必不以内外爲閒諒應聞命慨然引途故茲親筆詔諭卿宜悉之

十一日庚戌張浚至行在

行狀曰公還召對便殿具奏曰竊惟二帝皇族遠處沙漠憂憤無聊與夫輕侮受辱可想而見也尚忍言之哉臣尚屈指計之如此者蓋三千晝夜矣虎狼用意實欲摧折而消磨之也雖然上幸陛下總師於南耳異時或有一蹉跌其禍可勝言乎今事雖有可爲之機理未有先勝之道蓋兵家之事不在交鋒接戰然後勝負可分要在得天下之心則氣百倍虜字刪此下添叛人字歸服雖然豈可以聲音笑貌爲哉心念之間

一毫之有差四海所共知今使天下之人皆曰吾君孝悌之心須臾不忘寢食之閒父兄在念當思共爲陛下雪仇矣皆曰吾君之朝君子在位小人屏去侍御僕從罔匪正人譖說不行邪言不入市井之談不聞仁義之益日至則内外安心各服其職而有才智者悉思盡其力矣皆曰吾君之屏珠玉絶弄好輕犬馬賤刀劍金帛之賞不以予幸惟以予功則上下皆勸矣以至吾君言動舉措俱合禮法至誠不倦上格於天則望教化之可行如此則將帥之心日以壯士卒之心日以奮天下百姓之心日以歸夷狄雖號荒

服然非至若禽獸也聞陛下之盛德知中國之理直氣折志喪小人雖異類戰必不力衆必不同則陛下何爲而不可成乎或有不然疑似之說毫髮著見天下之人口不敢言而心敢怒異日事乖勢去禍亂立作如覆水之不可收也蓋隙見於此則心生於彼不易之道自古爲君之難非特今日也一言之失一行之非或失色於人或失禮於人或一小人在側便足以致禍致難起戎改作釁起兵前日明受之變造逆之徒陳兵闕下旁引他辭其監不遠也爲人上者其可不兢畏戒懼哉其警戒深切如此上皆嘉納

金人寇改作攻漣水軍韓世忠將呼延通及金人戰於漣水軍敗之○舊校云延通時爲統制

詔張浚荆襄視師手詔

朕仰惟二聖遠狩九年於茲雖迎請之使屢馳而侍膳之期尚遠晨昏在念怵惕靡容閒緣酋虜改作北使之來歸每諭兩宮之安報嗚呼朕爲人之子而未獲養其父爲人之弟而未能拯其兄瞻望情傷不知涕泗惟孝弟之至固可通於神明而小大之臣當共堅於忠義庶戡多難克濟厥功以爾資父事君之誠副朕念親從兄之志咨爾有衆咸體朕懷

十二月改神武五軍名行營護軍

改神武五軍名行營護軍張浚之軍爲中護軍岳飛之軍爲右護軍韓世忠之軍爲前護軍劉光世之軍爲左護軍吳玠之軍爲後護軍

楊沂中權主管殿前司公事以神武中軍吳錫之軍撥隸殿前司

邵溥爲兵部侍郎都督府參贊軍事

賜進士出身頭品頂戴四川等處承宣布政使司布政使清苑許涵度校刊

三朝北盟會編卷第一百六十八終

三朝北盟會編卷一百六十八校勘記

庚戌而後陛下不遣使脫陛下二字　前我所遣使四輩脫遣字

蓋嘗爲紂脯醢而囚之矣脫紂字　以號令天下脫令字

蓋以高祖之不顧惜原闕此三字從他本補出　乃以數千里

水陸俱下脫數千里三字

三朝北盟會編卷第一百六十九

炎興下帙六十九

起紹興六年正月盡九月

紹興六年正月車駕駐蹕臨安府

張浚出視師

行狀曰以虜（改作敵）勢未衰而叛臣劉豫復據中原爲謀叵測不敢甯處於朝奏請親行邊塞部分諸將以觀機會上卽許焉卽張榜聲豫僭逆之罪以是月中旬啟行公謂楚漢交兵之際漢駐兵殽澠閒則楚不敢犯境而西蓋大軍在前雖有他岐捷徑敵人畏我

之議其後不敢越踰而深入也故太原未陷則粘罕（改作尼堪）之兵不復濟河亦此耳議者多以前後空闕虜（改作敵）出他道爲憂曾不議其糧食所自來師徒所自歸不然必環數千里之地盡以兵守之然後爲可安乎既以此告於上又以此言於同列惟上深以公言爲然至江上會諸帥議事令韓世忠據楚州以圖淮揚劉光世屯合肥以招淮北命張俊練兵建康進屯盱眙令楊沂中領精兵爲後翼佐俊命岳飛屯襄陽以窺中原形勢既立國威大振上遣使賜公御書裴度傳以示至意公於諸將尤稱韓世忠之忠勇岳飛之沉鷙可依以大事世忠在楚州時入僞地叛賊頗聚兵世忠渡淮擊敗之直引兵至淮陽而還士氣百倍上手賜書公曰世忠獲捷整軍還屯進退合宜中外忻悅每患世忠發憤直前奮身不顧今乃審擇利便不失事機亦卿指授之方卿宜明審虛實徐爲後圖或遣岳飛一窺陳蔡使賊（改作敵）枝梧不下以逸待勞時飛母死扶護還廬山公乞御筆敦趣其行飛奉詔歸屯。舊校云賜岳飛御筆曰三年之喪古今之通禮也卿□終天年連請守制者經也然國事多艱之秋正人臣幹蠱之日反經行權以墨縗視事古人亦嘗行之不獨卿始何必過奏之耶且命練兵襄陽以窺中原乃卿素志諸將正在矢師效力卿□□一日離軍當以恢復爲□盡孝於忠更爲所難

卿其勉之紹興六年五月二十八日皇帝書賜岳飛右御筆墨蹟今藏岳氏裔孫湘庭家文藻嘗見之因錄其文附於此公又以東南形勢莫重建康實爲中興根本且人主居此則北望中原常懷憤惕不敢自暇自逸臨安僻居一隅內則易生安肆外則不足號召遠近係中原之心奏請車駕以秋冬臨建康撫三軍以圖恢復

二月諸路安撫使兼營田使

折彥質簽書樞密院事

折彥質自兵部尚書除簽書樞密院事無所建明備員而已

十二日庚戌尙書左司員外郎范直方川陜宣諭并撫問吳玠一行將士

命范直方并依紹興二年諸路宣諭已將指揮仍令條具數內一項勘會前紹興二年諸路宣諭官被奉聖旨檢察詔令平反刑獄觀風問俗宣布德意仍降親筆手詔及令閤門先次引見上面授聖訓并給賜御札歷子採訪閒逐路見任官廉汙能否書上歷子薦列以聞直方今來宣諭川陜撫問吳玠一行將士并合遵依逐官已得指揮并降詔書御札歷子別作施行有旨四川監司帥臣吳玠軍前并令學士院降詔其逐路州軍仰宣諭司騰寫頂下內席益吳玠別

降口宣

賜川陜宣撫處置使司詔○舊校云是詔沈與求撰

朕紹國丕基遭時多難飭戎車於江左爲懷經畧之圖列將闔於關中欲存根本之勢豈於强國專逞淫威敵勁弗支兵挐未解嗟昊天之不弔宜悔禍於我家憫赤子之無辜重流毒於兹土寡德所致悼心何言賴我股肱之臣總護爪牙之任一戰克捷羣醜殲夷改作諸路悉平王靈由是復加士氣於焉再振然念興師累歲戰鬬一方被夷狄改作敵國之係纍甯無淪陷之黨思祖宗之涵養豈有背叛之心憑陵使然蹭蹬至此儻存疑阻殊咈招倈將束身而欲歸或懼刑誅之慘比復業而奠處或憂賦役之煩或立效而褒賞未加或負才而祿秩未稱疾苦無告愁恨何聊仄席以思當饋而歎於是下哀痛之詔布至意以昭宣施曠蕩之恩洗庶辜而拂拭沿邊將士應陷番人改作北庭非抗王師及侵掠入寇者並不得誅殺虜改作敵騎憑陵之際陷沒州縣官吏將士軍民皆緣事力不能捍禦致有脅從或遭驅虜至今困居本土或旅寓遠邊實爲殘破無日背叛陷番此二字改作被陷之人有能立功來歸者

仰沿邊帥守保舉申宣撫司一面旌擢優賞其次雖未能立功而心在本朝有意懷來者各以元舊官職任使兵級弓箭手依舊職名收管民兵願歸業者聽其閒才力可用特與拔擢或有以前罪犯懷疑自危一切原貸或先曾立功未曾推賞即特與推賞因陷番改作邊廢業失所者寬其租賦免其征役非緣道路不通號令擁隔致遠方之民疾苦無所赴訴專委宣撫司講究措置並從寬恤遍下諸處官司施行咨爾有衆咸識朕心各堅奮勵之誠亟臻休息之效故兹詔示想宜知悉

賜吳玠王彥閔師古獎諭敕書○舊校云是詔沆與求撰

朕乘歷運之中微屬方隅之多故兵塵數起邊堠屢驚予懷秦雍之區久罹夷狄改作干戈之禍暴骨滿野連城爲墟興言痛心引望流涕式資驍銳之將屛改作掃此腥羶改作欃槍庶使創殘之民脫於塗炭卿世家隴右氣稟山西攄忠憤於胸中殫威稜於塞外運奇合變並施九拒之謀鼓勇爭先悉用萬全之畧潛軍一舉並騎四馳折虜改作敵勢於方驕激士心而復振茲爲社稷之衛良慰拊髀之思然念歲月棲遲風霜偃薄勤勩雖由於爾力咎責實歸於朕躬更奮鷹揚益殲蟻衆尅復疆土撫定黎甿赤囊之捷累傳功既存於廟祏丹書之誓永固福自及於子孫各堅乃志朕訓是欽

十六日甲寅岳超及金人戰於宿遷縣

韓世忠欲攻淮揚軍既到宿遷縣點選統制岳超統將佐親隨共二百人爲硬探時淮陽亦知世忠進兵金人知軍賈舍人都統阿里也改作額哩頁遣八十騎來宿遷縣硬探與超等相遇於中途衆皆以本來硬探不可迎戰當復回超曰遇敵不戰何以空回金人已鳴鼓超乃率衆衝入虜改作敵陣出而復入者數回金

人乃退超等亦回有中傷者數十人然無一落陣者

十七日乙卯韓世忠敗金人於宿遷縣擒其將牙合孛堇改作雅格貝勒

韓世忠欲進趨淮陽軍城下令呼延通攔前而世忠獨馳一騎使一把雪執信字旗隨之一把雪者其兵之曹號蓋趫捷善走之人也令諸軍馬兵繼進見信旗止則止見信旗麾則俱進步兵又次之通行二三十里遇金人而止世忠於二三里間乘高陂以望通軍約三里許見信旗止通馳至陣前請戰金人出猛將曰牙合孛堇改作雅格貝勒呼令通解甲投拜通曰我乃呼延通也我祖呼延太保在祖宗時殺契丹立大功會誓不與契丹俱生況改作今爾女眞小醜刪此四字侵我王界我豈與爾俱生乎即持槍刺牙合孛堇牙合孛堇與通交鋒轉戰移時不解皆失仗並馬以手相擊各抱持不相捨去陣已遠於是皆墜馬於坑坎中兩陣皆不知牙合孛堇改作雅格貝勒取篦刀刺通之腋流血通搦牙合孛堇改作雅格貝勒之喉氣欲絕而就擒得官軍百餘相會遂回金人退去世忠大喜是時諸軍見信字旗久立不動統制皆率衆以進世忠曰吾旗未曾麾何以輒進違吾之令當行軍法諸統制曰立陣移時

信旗不麾戰士氣銳欲盡命致敵違令之罪實不敢
逃世忠猶責數十人以示行法

馬擴爲沿河制置使

馬擴在鎭江措置事務也正月都督府劄子發遣馬
將帶吳錫一軍並所部人馬赴行在二月爲沿海制
置使駐軍明州

十八日丙寅韓世忠圍淮陽軍

韓世忠既獲牙合孛堇改作雅格貝勒遂率諸軍至淮陽軍
城下城守甚嚴城中街衢亦障合以防克敵弓矢淮
陽軍舉烽報急是時金人有令受圍一日則舉一炬

自夜至曉不滅受圍二日則舉二炬凡圍六日舉六
炬第七日救兵到世忠遂回軍

李綱來朝

劉光輔圍光州僞知州許闕約以城降

王彥保康軍承宣使京西南路安撫使兼知襄陽府

王彥除京西安撫是時岳飛爲京西湖北安撫使當
受飛節制彥昔爲招撫使都統制新鄉之役飛違節
度彥欲斬而恕之以此引嫌辭免不赴

三月韓世忠加少保武甯安化軍節度使淮東宣撫處
置使軍楚州

岳飛加檢校少保武勝宣國軍節度使湖北京西宣撫
使軍襄陽府○舊校云宋史作爲宣撫副使

吳玠加檢校少師保平靜難軍節度使川陝宣撫使軍
興州

四月韓世忠加少保及金人戰於淮陽軍

是役也韓世忠請援於張浚浚不從故王師不克而
退

二十七日甲子賜韓世忠揚武翊運功臣

酈瓊克劉龍城

僞齊劉豫以兵攻劉龍城將窺淮西劉光世遣統制

官酈瓊襲破之盡俘其衆而還光世以功加保靜節
鉞

五月二日己巳高世則感德軍節度使醴泉觀使

楊沂中來朝

二十三日庚寅劉光世加保靜武甯軍節度使張俊加
崇信奉甯軍節度使於盱眙就城之

召張俊屯盱眙軍改授崇信奉甯軍節度使以寵其
行并命盱眙軍依山築城右僕射張浚建議也左僕
射趙鼎深不悅之嘗覽地圖而歎曰德遠誤矣雖不
爲賫敵之具然當念勞人也是役也興於戚夏版築

於山之頂自下運土而上者皆有日課人不堪其勞又望青採斫數十里間竹木皆盡民亦苦之劚掘新舊塚墓莫知其數有一塚舊傳爲桑相公墳發既徹有骷髏尙存長僅二尺人乃知其爲桑維翰也城成無水可守亦無樵採築城之際僞齊有人馬三百餘蹈泗州之境臨淮佇觀移時而去

六月楊沂中進軍泗州張俊進軍盱眙縣劉光世進軍廬州

七月劉光世收復壽春縣

八月岳飛克鎭汝軍商虢二州

是役也僞汝軍薛亨素號驍勇岳飛以牛臯當之臯請生擒以獻果獲亨以歸飛大奇之

岳飛復西京長水縣

秦檜爲行營留守孟庾行營副留守

秦檜爲行營留守張浚薦之也初檜與孟庾皆除行營留守而同爲觀文殿學士庾以先除欲居檜之上檜曰檜嘗爲宰相公參政知樞密院事而已檜宜居上爭之不定奏取旨乃以庾爲副

王彥行營前護軍副都統制

王彥自京南而下也至鎭江丁母憂乞解官持服詔

不允取赴行在賜金帶象笏除兩浙西路淮南東路沿海制置副使措置防守海道畢除行營前護副軍都統制

九月劉豫入寇

劉豫以僞殿前太尉開封尹許青臣權大總管府事以子麟領行臺尙書令馮長甯行臺戶部侍郎行軍參議李鄴行臺右丞簽鄉軍二十萬號七十萬三路南寇東路由渦口犯定遠趨宣化以姪劉猊統之一路由壽春犯合肥子麟統之一路自洛蔡之光州寇六安孔彥舟統之

賜進士出身頭品頂戴四川等處承宣布政使司布政使清苑許涵度校刊

三朝北盟會編卷第一百六十九終

三朝北盟會編卷一百六十九校勘記

每思世忠發憤直前（思誤作患）　二月召諸路安撫使兼營田使折彥質簽書樞密院事（此係一條誤作另行脫召字）　舊歷子見別作施行（脫舊歷子三字見字）　謄寫行下（謄誤作騰行誤作項）　豈虞强國（虞誤作於）　昨緣道路不通（昨誤作非）　幵施九地之謀（地誤作拒）　吳玠加檢校少保（保誤作少師）　四月韓世忠加少保（加少保三字衍）　除行營前護軍副都統制（副誤在軍上）

三朝北盟會編卷第一百七十

炎興下帙七十

起紹興六年九月八日癸酉盡十二月五日戊戌

八日癸酉車駕幸平江府

十日乙亥韓世忠來朝

王庶知荊南府荊湖北路經畧安撫使

王庶被召出川至鎮江府除荊湖北路安撫使知鄂州有旨候奏事畢之任五月復封顯謨閣待制未至鄂改知荊南府湖北路經畧安撫使至是到官治事

岳飛退軍鄂州

二十九日甲午劉豫入寇張浚至建康府督戰

張浚行狀曰公渡江撫淮上諸屯時遣人自燕山回聞徽宗不豫又聞欽宗所貽虜酋（改作金人）書奏曰臣近得北信不禁臣子痛切憤激之情仰惟陛下處天子之尊遭父兄之變聖懷惻怛慟切於中固不止坐薪嘗膽也時張俊軍已進屯盱眙三帥鼎立而岳飛遣兵入僞地直至蔡州焚其積聚時有俘獲力陳建康之行爲不可緩上以九月一日進發至平江公又請先行至江上諜探叛賊（改作敵情）及劉豫姪猊挾虜（此字改作金人）來寇（改作前來）公既行而還徙不一公至江上知來爲

寇者實劉麟兄弟豫封麟淮西王兵凡六萬入寇已渡淮涉南歷壽春逼合肥公奏淮西之寇正當合兵掩擊今士氣甚振可得立勝若一有退則大事去矣上手詔曰近以邊防所疑事咨問於卿今覽卿奏措置方畧審料敵情條理明甚非卿識見高遠出人意表何以臻此於是詔下諸將始爲戰計

侍御史魏矼奏劉論不當講和

臣伏覩魏良臣王繪歸自淮甸亦有虜酋改作金人文字事意曲折不得與聞闕於傳記有曰前車覆轍後車之戒又曰商監不遠在夏后之世靖康初虜改作敵騎既

退大臣偷安無復注意軍事故時有不理會防秋卻理會春秋等語北虜改作兵再入河朔便遣王倫議和優游不決繼邀索五輅又復聚議經時迄以與輅未渡河而遊騎已次濬州故虜改作敵常語人曰所以索輅求車者且令南朝爭議一兩月耳今者陛下奮發英斷親御戎車諸將競趨江上鬬志日銳而陛下復大開言路包容狂直凡非軍旅之事一切停罷宸算素定施設措置犂然當於人心臣仰料天意亦須助順攘戎狄改作剷潛僞而復侵疆實係此舉願自睿斷立罷講和二字況朝廷前此三遣和使而大金既有報聘禮意周旋信言可考頃復專使尋好未有釁隙茲乃僞劉父子巧造兵端謀窺郊甸初無和意使人未見國相報書來自近甸此而可信覆轍未遠今大兵坐扼天險而令援師艤舟上流精銳無慮十萬彼僞劉挾虜改作金爲重其軍本吾赤子人心向背人當自攜持重以待之輕兵以擾之吾計得矣昔曹操降劉琮得其水軍人船合八十萬徑下江陵吳之議者咸曰曹公豺虎也然託名漢相挾天子以征四方今日拒之事更不順且將軍大勢可以拒操者長江也今操得荊州水陸俱下此爲長江之險已與我共之矣

而勢力衆寡又不可論不如迎之獨周瑜曰不然操託名漢相其實漢賊也今北土未平馬超韓遂尚在關西爲操後患其舍鞍馬伏舟楫與吳越爭衡本非中國所長又今盛寒馬無藁草驅中國士衆遠涉江湖之閒不習水土必生疾病此數者用兵之患也而操皆冒行之將軍擒操宜在今日瑜請得精兵三萬人進住夏口保爲將軍破之遂引兵與劉備并力以逆操敗之赤壁今劉豫挾虜改作金以叛視操孰順近日虜改作金衆深入澤國視操孰強而岳飛在江西吳玠在秦隴形勢又孰得更欲聽其詭計摧喪士氣坐

以受其弊非臣所喻也昔辛垣衍說趙帝秦魯仲連折之有曰是使三晉之大臣不如鄒魯之僕妾秦軍聞之爲卻五十里臣久誦斯語不勝憤懣惟陛下爲宗社生靈之重仰順天意俯從人欲飭厲諸將力圖攻守庶有再造之期臣區區識慮蓋止於此陛下與二三大臣熟計而裁決之

十月四日戊戌王德酈瓊趙買臣敗劉豫於安豐縣是夜知壽春府孫暉又敗劉豫於芍陂

僞齊大舉其衆侵犯淮甸有吞併江淮之志劉光世命王德酈瓊等出淮西以逆之由安豐摧崔皋於霍

邱潰賈澤於正陽敗王遇於軍前於是賊之氣已挫矣

八日壬寅楊沂中張宗顏王偉吳錫敗劉猊於定遠縣

劉豫使姪猊自渦口渡淮入定遠是時殿帥楊沂中被命聽張俊節制俊乃分遣沂中及統制張宗顏王偉吳錫等禦之至定遠與賊遇王師力戰猊敗擒其將李亨等

十一日乙巳劉麟寇廬州聞劉猊敗退走

都督張浚約淮南西路太平州宣撫使劉光世軍於廬州光世聞麟入寇其勢甚熾密申宰相趙鼎乞降樞密院指揮退保太平州簽書樞密折彥質助爲之請遂檄光世退軍浚聞之大怒遣向子諲等督光世復還廬州麟以僞齊兵十萬犯廬州知劉猊先敗遂退走先是上親札付王德曰卿宜竭力協濟事功副朕平日眷待之意故光世命德追擊至壽春縣而還橫屍屬道有赴淝水而死者德受相州觀察使制曰茲屬逆雛之猖獗首提銳旅以蕩攘又曰凡蠭屯而蟻聚咸電埽而風驅是役也僞齊失運車七千輛船七百餘隻歸正亡没散去者大半喪器甲僞交鈔告敕軍需金銀犒賞之物不可勝計

參知政事沈與求罷爲資政殿大學士知明州

沈與求爲參知政事時督府治兵欲大舉與求弗預聞與求曰此大事也豈可身居近輔而獨不與哉數上疏求去除資政殿大學士知明州疏再上改提舉臨安府洞霄宮

十九日癸丑張俊楊沂中攻壽春府不克而還

王彥至行在

王彥以新除行營前護副軍統制至行在也

十一月張浚還闕

浚行狀曰是時劉豫令鄉兵僞服胡（金改作）服於河南

諸州十百爲羣由此聞者皆言處處有虜(改作金兵)豫又張大聲勢於淮東阻韓世忠承楚之兵不敢進十月楊沂中抵濠州劉光世駐軍廬州與沂中接連相應劉猊分麟兵之半攻沂中沂中大破猊於藕塘降殺無遺猊僅以身免劉麟拔柵遁走公上奏車駕宜乘時早幸江上上賜手書曰賊豫阻兵梟雛犯順夾淮而陣侵壽及濠鄉奬率師旅分布要害臨敵益勇仗義直前箕張翼舒風馳電埽遂使豪渠宵遁同惡自焚觀草木以成兵委溝壑而不顧昔周瑜赤壁之舉談笑而成謝安淝水之師指揮而定得賢之效與古何

殊寤寐忠勤不忘嘉歎公還至平江府隨班朝見上曰御賊之功盡出右相之力於是趙鼎惶懼乞去

十二月五日戊戌韓世忠敗金人於淮陽軍

趙鼎罷相除觀文殿大學士知紹興府兼浙東安撫使

趙性之中興遺史曰劉豫兵馬遁走張浚獨對乞乘勝取河南擒劉豫父子及言劉光世驕惰不戰不可爲大帥請罷之上問曾與趙鼎議否曰未也上曰可與趙鼎議之浚見鼎具道其故鼎曰不可劉豫几上肉耳然劉豫嘗倚金人爲重輕不知擒滅劉豫得河南故地可保金人不侵入乎如其侵入何以禦之且劉光世軍下統制將轄士校多出其門若無故罷之恐士卒懼而不安浚不悅浚見上請幸建康鼎諫未便遂罷鼎宰相見以觀文殿大學士知紹興府安撫浙東

張浚行狀曰公未至平江府時趙鼎等以議回蹕臨安公入見之次日具奏曰獲聞聖訓惟是車駕進止一事利害至大天下之事不唱則不起不爲則不成今四海之心兆民之念孰不思戀王室叛虜相刼(此四字改作而逆豫)脅之以威雖有智勇無由展竭三歲之間賴陛下再造士氣從之而漸振民心因之而稍固正當

示之以形勢庶幾乎激忠起懦而三四大帥者亦不敢懷偷安苟且之心今日之事存亡安危所自以分六飛儻還則有識解體內外離心日復一日終以削弱異日復欲下巡幸詔書誰爲深信而不疑者哉彼知朝廷姑以此爲避地之計實無意於綱維天下故也議者不過曰秋冬有警車駕難於遠避夫軍旅同心將士用命扼淮而戰破敵有餘又不過曰當秋而進士有戰心及春而還絕彼窺伺爲此論者特可紓一時之急應倉卒之警使年年爲之人皆習熟謂我不競難乎其立國矣陛下欲深居臨安亦豈能安乎

上翻然從其計十二月趙鼎遂知紹興府

折彥質罷樞密除端明殿學士提舉西京嵩山崇福宮劉光世在廬州乞退軍太平州也以書懇趙鼎及彥質而得之至是臺諫論列乃罷彥質簽書樞密提舉宮觀

張俊加少保鎮洮崇信奉甯軍節度使楊沂中加保成軍節度使張俊楊沂中以長樂鎮之功受賞故有是命長樂鎮地名李家灣者是也上親筆詔賜俊其畧曰卿議論持重深達敵情兼聞挽强之士多至數萬人卿等報

國如此朕復何慮又曰卿所部士卒精銳爲諸軍冠聞之深慰平昔內外之臣謂朕待卿獨厚其仰體眷懷益思勉勵

邵隆復知商州

賜進士出身頭品頂戴四川等處承宣布政使司布政使清苑許涵度校刊

三朝北盟會編卷第一百七十終

三朝北盟會編卷一百七十校勘記

諜探叛賊各軍 脫各軍二字　而遷徙不定 定誤作一　郤理會春秋等諸 諸誤作語　其舍鞍馬仗舟楫 仗誤作伏　歸士亡沒 士誤作正　喪器甲僞文鈔告敕 文誤作交　趙甡之 誤作性之

三朝北盟會編卷第一百七十一

炎興下帙七十一

起紹興七年正月一日癸亥盡十五日丁丑

紹興七年正月一日癸亥朔車駕駐蹕平江府下移駐建康府詔

詔曰朕獲纘丕圖行將一紀每念多故惕然於心昨以盛秋載親戎乘露居於野率示四方屬叛逆之來侵幸以時而克定念兩宮征駕未還於殊俗列聖陵寢尚隔於妖氛黎元多艱兵革靡息是惟厥咎在予一人其敢即安爾忘大業思鼓士氣以恢遠猷惟黃

帝以上聖之君無常居之位周王當平治之日有於邁之師朕於斯時敢替前軌將乘春律往臨大江駐蹕建康以察天意播告遐邇俾迪朕懷

十五日丁丑詔賜李綱等詔

敕李綱等比以逆臣嘯亂反易天常陰導敵人提兵南向朕親乘戎輅號令六師將士協心人百其勇按甲江上時出輕兵所向奏功俘馘係道虜改作敵勢既屈潛師遁逃念茲卻敵之初圖為善後之計卿以舊弼乃心王家必能為朕深思熟講凡今攻戰之利備守之宜措置之方綏懷之畧可悉條具來上朕將屈己以聽擇善而從君臣之間期於無隱利害之決斷以必行欽佇嘉猷冀聞確論故茲詔諭想宜知悉春寒卿好遣書指不多及

李丞相綱對曰臣伏奉詔書以偽齊金賊改作兵退遁令臣深思熟講凡今攻戰之利守備之宜措置之方綏懷之畧條具來上臣仰荷聖恩憐臣孤跡嘗備位近司察臣迂愚有千慮之一得雖以罪戾屏伏海濱會不遐遺以國家邊防恢復大計特降清問顧臣學術闇疏智識淺短何足以稱詔旨而裨廟畧之萬一敢竭狂瞽以塞明命伏惟陛下留神省察臣不勝幸

甚臣竊以僭逆之臣仗強捍之虜改作敵提兵南向假擾淮壖其意蓋料朝廷蹈前日退避之轍得以乘間渡江憑陵東南不虞六飛親臨江上號令既行賞罰既明將士摧鋒俘馘係路虜改作敵氣挫屈潛師遁逃此蓋陛下睿謨宏遠天威英斷之所致誠為宗社無疆之休中外臣子之所共慶也然臣區區之愚竊願陛下勿以賊馬改作敵騎退遁為可喜而以僭逆未誅仇敵未報為可慮勿以保全東南為可安而以中原未復刪此四字赤縣神州猶汚腥羶此四字改作未復為可恥勿以諸將屢捷為可賀而以軍政未修士氣未振尚使狂寇改作

僞孽得以潛逃爲可虞則中興之期可指日而俟臣謹采往古之跡揆方今之宜條具攻戰守備措置綏懷之策以獻議者或謂賊馬（改作金人）既退當遂用兵爲大舉之計臣竊以謂不然譬如弈棋先當自生乃可殺敵生理未固而欲浪戰以僥倖此非制勝之術也高祖先保關中故能東向與項籍爭衡光武先保河內故能出征盡降赤眉銅馬之屬肅宗先保靈武故能東向以破安史而復兩京今朝廷以東南爲根本儻不先爲自固之計將何以能萬全勝敵又況將士暴露之久財用調度之費民力科取之困謂宜大爲守

備痡自料理使之蘇息乃爲得計議者又爲賊馬（改作金人）既退當且保據一隅以爲目前之安臣又以爲不然譬如弈棋舍局心而就邊角迫蹙褊小寖以衰微何以取勝秦師伐晉以報崤之師諸葛亮佐蜀連年出師以圖中原不如是不可以立國高祖在漢中謂蕭何曰吾亦欲東耳安能鬱鬱久居此乎光武破隗囂詔岑彭曰人苦不知足既平隴復望蜀此皆帝王以天下爲度者也不如是不足以混一區宇戡定禍亂又況祖宗之境土豈可坐視淪陷不務恢復今歲不征明年不戰使賊勢益張則吾之所糾合精銳士馬日以損耗何以圖敵謂宜於防守既固軍政既修之後卽議攻討乃爲得計此二者守備攻戰之序也至於守備之宜則當料理淮南荊襄以爲藩籬夫淮南荊襄東南之屏蔽也六朝之所能保守江左者以强兵巨鎮盡在淮南荊襄間魏武之雄苻堅石勒之衆宇文拓跋之盛卒不能窺江表後唐李氏有淮南則可以都金陵其後淮南爲周世宗所取遂以削弱今朝廷欲爲守備則當於淮南東西及荊襄置三大帥屯重兵以臨之東路以揚州西路以廬州荊襄以襄陽爲帥府分遣偏師進守支郡小築城壘如開新

邊朝廷應付錢糧謂如淮東則以江東路財用給之淮西則以江西路財用給之荊襄則以湖南北路財用給之徐議營田使自贍養遇有賊馬（改作敵來）則大帥遣兵應援稍能自守商旅必通乃可召人歸業漸次葺理假以歲月則藩籬成矣前有藩籬之固後有長江之險加以戰艦水軍使沿江一帶帥府州縣上連下接自爲防守則賊馬（改作敵騎）雖多豈敢輕犯（改作至）近年以來大將握重兵於江南官吏守空城於江北雖有天險初無戰艦水軍之制故敵人得以侵擾窺伺欲爲守備無他反此而已或謂三大帥率重兵以屯

江北則供億之費不貲臣應之曰使三帥屯兵於江南亦仰給於朝廷其費等爾設若使之渡江葺理淮南以爲守計則朝廷異時可省經費而藩籬之勢成爲無窮之利守備之宜莫大於是矣然後可以議攻戰之利亦當分責於諸路大帥謂如淮東之帥則當責以收復京東東路淮西之帥則當責以收復京東西路荆襄之帥則當責以收復京西南路北川陝之帥則當責以收復陝西五路諸路克捷制勝因利乘便收京畿復故都以戡大憝此事雖似落落難合然在陛下聖志先定於中而以至誠不倦決斷行之蓋無

不可成之理至於擇將之術治兵之政車馬器械之制號令賞罰之權兵家皆有常法無待臣言而兵戰之閒因敵取勝臨事治度者兵無常形又不可預圖也臣竊願以爲獻者在勿失機會而已夫機會之來閒不容髮以戰則勝以守則固一失機會悔不可追昔劉表悔不用蜀先主之言蜀先主曰天下日尋干戈事會之來豈有終極若能應之於後此未足爲恨也臣竊覩朝廷近年以來失機會者多矣自今以往如能保淮南荆襄以爲因選將練卒厲兵秣馬聚財積穀應機而作則以弱爲强取威定亂於一勝之閒

僭逆之臣可正藁街之誅强悍之虜改作敵豈無殄滅之日攻戰之利莫大於是此二者守備攻戰之策也若夫措置之方則臣願先定駐蹕之所蓋萬乘之居必擇形勝然後能制服中外以圖事業臨安平江此皆澤國褊廹偏霸所據非用武之地建康自昔號爲帝王天子之宅以其江山雄壯地勢寬博可以容萬乘六朝以來更都之地今鑾輿未復舊都莫若權宜且於建康駐蹕控引二浙襟帶江湖漕運貯穀無不便利臣昨於建炎初建議幸關中爲上襄陽次之建康爲下者以天下形勢言之也今以建康爲便者以東南形勢言之也然淮南有藩籬之固然後建康可

都願陛下與二三大臣熟計之旣料理淮南仍詔建康守臣修宮闕治城壁立官府創營房使粗成規模以待翠華之幸近年以來車駕所過因陋就簡諸事草創雖陛下以時方艱難用過於儉然宮闕制度亦有不可已者有城壁然後人情不恐有官府然後政事可修有營房然後士卒可用惟自朝廷應副詔有司以漸修建庶幾不擾此措置之方當先者也綏懷之畧則臣願先爲自强之計夫西北之民皆陛下赤子荷祖宗涵養之德其意曷常一日忘宋哉特制於

黠虜改作北敵之勢爲所驅廹陷於塗炭故捨二百年之本朝而事大不道之僭逆豈其本心朝廷之力未能保覆之故數路之民困於重斂傷於慘刑而不能以自歸儻淮南荆襄藩籬既成壤地相接甲兵既備天威振驚必有結約來歸如宿遷之民者必有作外援爲內應如京東郡縣者宜命諸帥優加撫循來歸者給田土內應者與爵賞官吏將士祿秩由舊許之自新孰不感悅朝廷近者得劉豫簽軍皆不殺而優恤之自賊中來歸者皆優與官秩可爲得策更願力爲自强之計使陷溺之民知所依怙益堅戴宋之心此

綏懷之畧所當先者攻戰守備措置綏懷皆中興之至計今日之急務聖問所及臣已粗陳其梗概矣臣伏讀詔書有曰朕將虛已以聽擇善而從君臣之間期於無隱利害之決斷以必行臣三復聖訓不知涕泗之交頤也何者君臣之遇號爲千載聽言用謀尤其所難未信而言則有謗已之嫌交疏言深則有失身之戒蓋雖朋友尙不易言而況於君臣之間乎今陛下求治之切詔旨如此而臣以憂患之餘孤危特甚欲淺言之則何以副陛下期於無隱之訓欲深言之則慮有犯顏逆鱗之愆感懼交中進退惟谷雖然

陛下當艱危多難之秋詔臣子以丁寧惻怛之意緘默不言臣罪大矣有君如此其忍負之故敢冒鼎鑊刀鋸之誅以布心腹腎腸之實惟陛下躬聰明睿智之資有英武敢爲之志然自臨御迨今九年國不闢而日蹙事不立而日壞將驕而難馭卒惰而未練國用匱而無贏餘之積民力困而無休息之期陛下憂勤雖至未足以成中興之業則羣臣之誤陛下自近年以來所用大臣凡幾人慨然敢任天下之重建立事功與夫充位備員者固皆不逃於聖鑒夫用人如用醫必先知術業可以已病然後使之進藥而責成功今於醫者之術

業初不詳究而姑試之則雖日易一醫何補病者殆將飲藥以加病而已平居無事小廉曲謹初似無過而乏濟時之大畧忽有擾攘之故錯愕無所措手足不過奉身而退以天下憂危之重委之陛下而已不知何補於國家陛下安取如此大概近年所操之說有二閑暇則以和議爲得計而以治兵爲失策倉卒則以退避爲愛君而以進禦爲誤國萬口和之牢不可破然累年之間冠蓋相望而初不得其要約翠華掌犯霜露而尙未有所定居上下苟且偷安而不爲長久之計天步益艱國勢益弱職此之由大運有開

天啟宸衷超然遠覽悟前日和議之失而親總六師懲前日退避之非而親臨大敵虜改作逆臣悍虜敵改作數十萬衆飲馬江干雖未能埽蕩邀擊盡殲醜類改作渠魁而天威所臨亦足以使之震怖不敢南渡潛師宵奔則和議之與治兵退避之與進禦其效概可觀矣今賊馬偽齊改作雖退而虜敵改作情狡獪變詐百出未大懲創彊埸相望道路不遠安知其秋高馬肥不再來擾使我罷於奔命哉是宜明詔於卻敵之初圖善後之策也臣夙夜爲陛下深思所以爲善後之策無他在盡反前日之所爲解琴瑟而更張之先定其論如

弈棋之立意後圖其功如弈棋之置子乃可得志臣請試陳其說竊觀自古創業中興之主必有勝兵而爲親征之計者其意豈謂必冒矢石履行陣而後可哉黃屋所臨人心自效賞罰既當士氣奮張用能成功至漢高既得天下擊王諱信陳豨黥布未常不親行光武卽位至平公孫述十三年閒無一歲不親征本朝藝祖太宗定維揚下澤潞取河東皆躬御戎輅眞廟亦有澶淵之幸措天下於大安此所謂始於勤勞終於逸樂者也退避之策可暫而不可久可一而不可再退一步則失一步退一尺則失一尺往時自南都退而至於維揚則關陝河北河東失矣自維揚退而至於江浙則京東西失矣萬一有虜敵改作騎南牧復將退避不知何所適而可航海之策使萬乘冒風濤不測之險此尤不可者惟當於國家閑暇之時明政刑治軍旅選將帥修車馬備器械峙糗糧積金帛賊來禦之候時而復祖宗之大業此最上策杜牧之所謂上策莫如自治者也臣願陛下自今以往願勿復爲退避之計可乎臣又觀古者敵國善隣則有和親仇讎之邦鮮復遣使豈不以釁隙既深終無講好修睦之理故東晉渡江石勒遣使於晉元帝命焚其

幣而卻其使彼遣使來且猶卻之此何可往假道於僭逆之國而自取辱無補於事祇傷國體金人自知罪惡之重懼我必報其措意何如而我方且卑辭重幣屈體以求之其不推誠以見信決矣器幣禮物所費不貲使軺往來坐索士氣而又邀我以不可從之事制我以必不敢爲之謀是和卒不成而徒爲此擾擾也非特如此於吾自治自強之計動輒相妨實有所害金人二十餘年以此策破契丹困中國而終莫之悟夫辨是非利害者人心所同豈眞不悟哉聊復用此以僥倖萬一而已至於邀請二聖如侯生之歸太公則

當在攻戰既勝國勢既强之後今無益也臣願陛下自今以往姑罷遣和議之使可乎此二說定然後擇所當爲一切以至誠之意爲之先後本末各有次第俟吾之政事修倉廪實府庫充器用備士氣振力可有爲乃議大舉則雖兵未交而勝負之勢已決矣抑臣聞朝廷者根本也藩方者枝葉也根本固則枝葉繁朝廷者腹心也將士者爪牙也腹心壯則爪牙奮今國家遠有强威之黠虜（改作北敵）近有僭僞之逆臣所仰以爲捍蔽者在藩方所資以致攻討者在將士然根本腹心則在朝廷惟陛下正心以正朝廷正朝廷

以正百官使君子小人各得其分則是非既明賞罰必當自然藩方協力將士用命雖有逆臣强虜（改作北敵）不足憂此特陛下方寸閒耳臣昧死條上六事一曰信任輔弼二曰公選人材三曰變革士風四曰愛惜日力五曰務盡人事六曰寅畏天戒何以信任輔弼夫撥亂之主履時艱難必資輔弼之臣同心同德相與有爲豈易致哉必如元首股肱之於一身父子兄弟之於一家乃能協濟故高祖視蕭何如左右手太宗遇房杜如子弟蜀先主得諸葛孔明如魚之有水不如是不能感會風雲以成王霸之業今陛下選於衆以圖任股肱之臣遂得捍禦大敵可謂得人矣然臣願陛下待以至誠無事形迹久任以責成功勿使小人得以閒之則君臣之美垂譽無窮昔高祖始終任蕭何太宗始終用房杜故能戡定禍亂卒致太平管仲有言曰知人而不能用害霸也信任而使小人參之害霸也霸者猶如此而況欲恢復天下者乎魏鄭公有言曰君臣同心是謂一體豈有置至公事形迹若上下共由茲路邦之興喪未可知也夫事形迹者未必有過舉而鄭公以爲興喪未可知者凡以相與無志誠之意而惟嫌疑之避不足以建興邦之大業故也陛下誠能推信任之誠臣將見輔弼之任專

而中興之業不難致矣

賜進士出身頭品頂戴四川等處承宣布政使司布政使清苑許涵度校刊

三朝北盟會編卷第一百七十一終

三朝北盟會編卷一百七十一校勘記

要郡州縣上連下接脫要郡二字而戰陣之間因敵決勝臨事制變者誤作而兵戰之間因敵取勝臨事治度者萬乘之居之應作所惟陛下幸察脫幸察二字臣竊歎陛下躬聰明睿智之資脫臣竊歎三字初不得其要領領誤作約必有勝兵一作必以兵勝賊來則禦則禦誤作禦之候時而奮因以光復祖宗之大業誤作候時而復祖宗之大業且猶卻之如此何況假道於僭逆之國誤作此何可往假道於僭逆之國其措意為何如脫為字曾不知為吾害者甚太此古人所謂幾何僥倖而不喪人之國者也原脫此二十六字應在至於邀請二聖之上此二說者已定脫者字已字

然後擇所當為者脫者字此特在陛下方寸間耳脫在字用而不能信任之害霸也信任而使小人參之害霸也脫用而不能信任之害霸也十字惟嫌疑之為避脫為字

三朝北盟會編卷第一百七十二

炎興下帙七十二

起紹興七年正月十五日丁丑盡其日

何謂公選人材夫創業中興之主所資為尤多何則繼體守文率循舊章得中庸之材亦足共治於艱難若為興衰撥亂則非得卓犖瑰奇之材未易有濟故武王之有十亂宣王之有吉甫方叔召虎高祖之有三傑光武之有鄧禹耿弇吳漢之屬唐太宗之有房杜英衛之流憲宗亦有裴度武宗亦有李德裕皆以不世出之才佐大有為之主參翊左右以成大業古

今通道其可忽諸然自昔抱不羣之材者多為小人所忌嫉或中之於闇昧或指之以朋黨或誣之以大惡或謫之以細故而以道事君者不可則止難於自進恥於自明雖負重謗遭深讒安於義命不復自辨惟恃主之明為能察小人之情偽而辨其臣之無辜霍光所以見察於昭帝房杜所以見信於太宗也陛下臨御以來用人才多矣世之所許以為正人端士者往往閑廢於無用之地豈非罹此謗耶遂使陛下宵旰側席而有乏材之歎懷材抱藝願為國家宣力者無因而進前陛下亦少留聖意致察於此乎洪範

皇極之疇曰無有作好遵王之道無有作惡遵王之路無偏無黨王道蕩蕩無黨無偏王道平平好惡偏黨皆足以爲至公之累惟以道爲公而無好惡偏黨之私則王道明矣魏鄭公亡太宗遣人至其家得書半藁其可識者曰天下之人有善有惡任善人則國安用惡人則國獘公卿之內情有愛憎憎者惟見其惡愛者惟見其善愛憎之間所宜詳慎若愛而知其惡憎而知其善去邪勿疑任賢勿猜則可以興矣太宗感悟夫人主豈常能無愛憎然必去愛憎而後能得人以興者愛憎出於私情用人以興邦必由於公道

故也管仲雖仇齊侯必用雍齒雖怨漢祖必賞而況其餘乎陛下誠能推至公之道臣將見人材輩出中興之業不難致矣何謂變革士風夫用兵之際似與士風初不相及然其實相爲表裏者也士風醕厚則議論正議論正則是非明賞罰功罪當則人心服若反此者舉措所以失宜而浸弱也晉之士風尚浮虛而不事事故當時措置乖謬盜賊并起而有五戎亂華改作劉曜石勒之禍本朝嘉祐治平之前何其士風之醕厚自數十年來非特不事事而已奔競爭進邪說利口足以感人主之聽元祐大臣如司馬光之流士風皆持正論爲朝廷長慮卻顧圖久遠之計社稷之臣也而羣枉嫉之指爲奸黨聽其言則大者可族小者可誅賴國家寬仁秖從竄逐其後士風遞相仿傚顛倒是非變亂黑白政事大壞以馴致靖康之變非偶然也殆今四十餘年世變風移愛憎之情銷盡然後始知元祐羣臣之忠褒贈官秩錄用子孫然亦何補向若早變此風則忠臣無誅戮之冤國家有治安之實兩受其利豈不美哉觀近年士風尤薄隨時好惡以取世資不顧國體惟事進身不覈事實惟欲傷人大譽則大進小詆則小遷翕訿成風此非朝廷之福

也陛下得張浚付以重權使禦强敵於關陝浚雖忠以許國而事失機會不爲無過言者痛加繩詆誣以大惡豈不太甚歟浚以浴日之功足以結陛下之知有大臣之辯足以回陛下之聽故得自洗濯復侍清光於帷幄之中然其所傷也多矣借使遭謗困讒之臣無浚之功又無大臣之辯而有下石以擠之者則何以自雪於君父冀察其不然哉朝廷設耳目之官以廣視聽固許之以風聞至於大故事須覈實使果如其言則誅責所加豈宜止從輕典使言而無實則誣人之罪伏讒蒐慝得以中害善良皆非所以修政刑

也臣願陛下降明詔以戒士大夫使體德意從忠厚變近年澆薄之風昔賈誼勸文帝養大臣以禮義廉恥陸贄勸德宗聽言必考實其情以正典刑不宜置而不問皆治道之要也陛下誠能行責實之政臣將見士風醕厚而中興之業不難致矣何謂愛惜日力夫功以志崇所以爲之規模也業以勤廣所以爲之積累也猶造大廈堂室奧序其規模可一日而成至於鳩工聚材則積累非一日所至創業中興何以異此高祖得韓信與之論亡楚之策規模先定而後積累以收成效光武得鄧禹與之論興漢之謀蜀先主得諸葛亮與之論鼎立之計皆定於談笑之閒而高祖以五年成帝業光武以十三年混一區宇先主得蜀亦在數年之後蓋積累而致者如此陛下臨御九年於茲境土未復僭逆未誅仇讎未報尙稽中興之業則其始不爲之規模其後不爲之積累故也逮事粗定之時朝廷所推行者皆簿書期會不急之細務至於攻討防守之策國之大計皆未嘗留意安得不爲僭逆之臣強悍之虜改作敵之所陵侮然則自今以往其可不惜日力哉昔禹不貴尺璧而惜寸陰今日朝廷艱難乃惜分陰之時臣願陛下詔二三大臣熟議所

以爲規模者凡所施爲畫一條具如立課程以次施行又詔州縣使體陛下德意而奉承之所立期限勿太遽以致騷擾勿太緩以失機會使事得其序不擾而辦乃爲得策夫天下無不可爲之事亦無不可爲之時惟失其時則患之小者日益大事之易者日益難正如醫者之治病時不可失其在皮膚針焫及之其在五臟湯劑及之至於骨髓則雖有扁鵲俞跗蔑以爲矣此時之不可失也詩曰迨天之未陰雨徹彼桑土綢繆牖戶今此下民或敢侮予孟子曰國家閒暇及是時明其政刑則雖大國必畏之矣夫用智者當於未奔騰之前千日聚之以待一時之用渴而穿井鬬而鑄兵其能及乎陛下誠能存愛日之心臣將見爲無不成中興之業不難致矣何謂務盡人事臣竊觀天人之道其實一致人之所爲卽天之所爲也國之將興百度皆舉天實祐之猶之農夫盡其穮蓘之力乃亦有秋使未嘗致耕耨之勤而欲望稼穡之利其可得耶天非人不因人非天不成人事盡於前則天理應於後自然之符也光武以兵三千攻尋邑百萬者人也適雷電風雨遂有昆陽之勝而中興之啟運者天也孫權以兵三萬拒曹操數十萬者人也

適風順可以縱火遂有赤壁之捷而鼎足之勢成者天也謝安以兵八千擊苻堅百萬者人也適秦師小郤遂有淝水之功而延東晉之祚者天也創業中興之主莫不皆然盡其在我者而以其成功歸之於天也今未嘗盡人事敵至則先自退屈而欲責功於天其可乎臣願陛下詔二三大臣協心同力務盡人事以聽天命則恢復土宇翦屠鯨鯢迎還兩宮必有日矣夫人心卽天心也下得人心上合天心則無不成之功陛下誠能和同天人之際臣將見大功可立中興之業不難致矣何謂寅畏天戒夫天之於王者如

父母之於子愛之至則所以爲之戒者亦至是故孔子之作春秋於災異必書以謹天戒臣嘗觀商之盛如武丁周之盛如成王漢唐之盛如文景太宗之時未嘗無天變而不爲災者以能寅畏其心恐懼修省也是知人主之於天戒必恐懼修省以致其寅畏之誠則變災爲祥天人之際何其昭昭然也比年以來熒惑失次太白晝見地震水溢或久雨而不霽或當暑而反寒乃正月之朔日有食之此皆天意眷祐陛下丁甯反覆以致告戒陛下雖嘗降詔俾士大夫各修厥職以答天譴然臣竊謂應天以實不以文此在

陛下以至誠之意正厥事以應之昔宋公一言而熒惑退舍太戊桑穀共生於朝而反以爲祥陛下誠能應天之實臣將見百祥來止中興之業不難致矣此六者皆陛下所當先務正心以正朝廷正朝廷以正百官故糞土愚臣忘生觸死爲陛下詳言之抑臣又聞聖人不畏多難而惟畏無難或多難以固其國啓其疆土或無難以喪其國失其土宇昔少康以一旅之衆而祀夏配天不失舊物光武太宗皆躬擐甲冑履危險而身致太平享國長久今朝廷人材不乏將士足用江浙荆淮閩廣川陝財用可理足以爲中興之資

陛下勇智天錫春秋鼎盛欲大有爲何施不可要在改前日之轍斷而行之耳昔仲虺之稱湯不稱其無過而稱其改過不吝蓋帝王改過之道如天地之無心是則行非則改何憚之有酈食其勸高祖鑄印以封六國之後子房一言則趣銷之封德彝勸太宗用刑法以威天下魏鄭公一言則行仁義遂致貞觀之治無損盛德而大功可成豈切切然畏人之議已哉陛下近降親征詔書深悔續成之後措置之失謂盛德之舉矣然則今日措置安可復蹈前日之轍臣今所陳皆改轍前日之道。舊校云梁溪集作陛下觀建炎以來其所措置是耶非

耶以爲是則何以不見其效以爲非則安可復蹈其轍臣前所陳皆改轍之道非循舊跡所能爲也擇善而從斟酌而行則在聖裁矣夫以聖祖二百年之基業四海億兆之生靈皆繫於陛下淸燕之閒聖慮及此得不慄慄危懼勉勉自强上以慰祖宗在天之靈下以副四海生靈之望哉昔周室中興南征北伐之威復古接下之美詠於小雅蓋有文武吉甫顯允方叔以爲之將帥有孝友張仲以在左右故能內修政事删此二字外攘夷狄删此二字復文武之境土陛下所當深法考周室之詩則得之矣所謂善後之策何以加此臣以至愚極陋之資荷陛下非常特達

之知六飛之初虛席以待眷遇之禮邁於等倫以志廣材疏自度不足以任天下之責力丐罷政無補國事每懷愧惕違去闕庭九更寒暑犬馬之心何嘗一日不在赤墀之下自以罪戾遠屏不敢復與世故芻蕘之言久不敢達近者邊報警戒戎輅親臨臣子之情不勝憤懣故敢冒昧以三策爲獻伏蒙聖慈特降詔書獎諭今者又奉詔旨咨以當世之務而臣不量荒淺冒進狂瞽之說以瀆天聽昔太宗謂鄭公爲敢言謝曰陛下導臣使言不然其敢數批逆鱗哉今陛下盛德過於太宗臣雖無魏鄭公之敢言然展盡底蘊亦思慮之所極也良藥苦口而利於病忠言逆耳而利於行在陛下察之而已況臣自經患難衰病交攻常懼先犬馬塡溝壑無所仰報盛德之萬一今者獲奉明問得攄至情臣願足矣雖死之日猶生之年也伏惟陛下哀憐赦其愚直取其拳拳之忠實天下之幸干冒天威臣無任惶懼恐汗待罪之至

謝表臣言伏蒙聖恩特降詔旨令臣條具邊防利害來上臣已遵稟睿訓具狀奏聞者十載倦游屏居海上數行溫詔來自日邊凡清問之下詢皆一時之急務恩輝所逮報稱爲難竊以詢於芻蕘帝王之聖德

告以善道臣子之至情秦思黃髮而霸業成漢屈羣材而帝功立久矣不講寂然此風皇帝陛下慨國步之多艱懲前謀之未淑時乘戎輅躬總六師文帝幸亞夫之營恩均將士太宗臨渭水之上氣讋戎羌肆於御敵之初圖爲善後之策特頒明詔俯訪舊臣丁甯胥訓之辭若忝承黼坐之側咨諏當世之務如親顧草廬之中詢事考言遠邁唐虞之舉畫奇吐策宜得良平之臣臣曩以菲才嘗叨近輔學術泥古識慮濶疏憂患熏心志氣彫落夫何冡啟寡聞之陋亦與詢謀釆擇之閒謹已審察事機條陳利害亟上皁囊

之奏冀塵乙夜之觀戇直不移僅同汲黯之妄發疏通知體豈數賈生之能言伏望皇帝陛下察以至明容之大度赦其狂瞽博招可續之謀用以設施大啟中興之運則臣繼此有得敢忘上陳海岳深高豈賴涓塵之助日月清照但傾葵藿之心

秦丞相檜曰靖康以來和戰之說紛紛然言戰者專欲交兵而彼已之勢未必便言和者專事懇請而軍旅之氣因以阻皆非至當之畫為國者自有正理不必以虛張為强亦不必以力弱為怯宋襄圖霸而兵敗齊湣稱帝而國破虛張惡足為强哉孔子以魯抗

齊而侵疆以復子產以鄭介晉楚而國猶大競力弱何必太怯哉若湯以犧牲遺葛伯文王以西伯事昆夷未嘗虛張也為其殺一童子而征葛終以一天下為政不獲於上帝而伐崇終以致昆夷之喙未嘗太怯也其後漢高帝出關曰吾欲復三秦故地而止耳何嘗曰我必强盛哉滎陽成皋之閒百戰不休何嘗曰我不復振哉又如光武唐太宗戡定羣盜鎮撫四夷(改作中外)時强時弱度議定計約畧相若國家自金虜(改作人)入寇之初但當與契丹故地廟堂太怯遽以三鎮許之三鎮不肯為夷狄(此三字改作滿敵)雖欲割棄而不

可是太怯之過也其後虜(改作金)人退師亦頗欲舍三鎮而要厚賂廟堂謀之不審乃結契丹之叛臣為金人腹心者欲與合謀又潛檄邊臣掩殺割地官以變前議聲雖甚美實無成功是虛張之過也臣頃歸朝廷妄進狂瞽令劉光世通書虜酋(改作金人)說其利害以為得地則歸(下添逆字)豫失亡則在虜(此字改作北軍)卽蒙陛下聽納施行不旋踵虜(改作金)果退師豫遂之東平百端說誘虜(改作金)言候兒孫長大與你圖此臣恭聞陛下宣諭以為得之北來人臣益知不必虛張也繼海州擒獲漢兒高益恭稍知文字臣又嘗妄議俾攜酋長

(删此二字)書歸諭以立國之體當明順逆助豫則叛者得利金國何以統衆款本朝則河南之地自非金國所欲若淵聖所割河朔既立有盟約豈敢睥睨又明言不當留朝廷所遣信使以致不敢再遣得旨作書縱益恭北還旋有所留一二使人來歸後所遣使始不拘留臣益知事有正理不必太怯也今者賊豫陰導虜(改作北)人提兵南向在朝廷當以正理處之蓋不討賊豫則無以為國不安慰狂虜(改作金人)則逆賊未易討前此不欲輕發兵端故隱忍以待釁又賊豫啟之我欲乘機以舉則處以正理不可失也自古兩國相敵

力强者驕不足深較樊噲憤匈奴侮慢欲以十萬衆横行其國季布折之此其盛强之時況今勢有未便臣前奏乞安慰狂虜（改作金人）當用所獲虜人令諸將通其酋長（此二字改作帥）書明言止欲討叛而不敢輕犯大國蓋知虛張之無益也自古立國必明君臣之義陳恆作亂孔子請討此齊國之亂臣而魯不容況賊豫我故臣子不討則三綱大淪何以爲國臣前具奏乞征討賊豫當檄數其罪而陽推虜（改作金）人以紓其締交之計作我士氣而沮彼賊衆蓋知討叛之不必太怯也虜（改作金）人立豫諸酋（改作其下）皆不以爲是其以爲是

者意欲保河朔用豫以爲捍蔽耳河南之地虜（改作金）人非必爭得河南已復中原之大半徐議河朔猶當以二聖爲請臣前奏亦已畧言其故掌陛下採擇則順逆之勢一分人百其勇是爲攻戰之利界在夾河諸軍分處南北譬若藩籬宏遠堂室以安是爲守備之宜因所獲虜人厚拊存之彼各識所屬酋長（此二字删）之意（改作帥）分遣書詞不至差殊則是爲措置之方使虜（改作金）知朝廷志在討叛而義不得已彼豫衆亦知朝廷但誅首惡而脅從罔治則是爲綏懷之畧若乃器械之良窳軍食之困匱裨校之才否山川之險夷則有司之事將帥之職父老知之臣不敢臆說也狂疏無所知識惟聖明裁察

賜進士出身頭品頂戴四川等處承宣布政使司布政使清苑許涵度校刋

三朝北盟會編卷第一百七十二終

三朝北盟會編卷一百七十二校勘記

夫治天下者未嘗不資於人材而創業中興之主（脫治天下十二字）朝廷賞罰功罪當（脫朝廷二字）惟恃主之明（一作惟至明之主）而人心服此措置所以得宜而寑明寑昌也士風澆薄則議論不正是非不明朝廷賞罰功罪不當而人心不服（脫此措至此三十九字）此措置所以失宜而寑微寑弱也（脫寑微二字措置誤作舉措）足以惑人主之聽（惑誤作感）然亦何補於事（脫於事二字）臣觀近年（脫臣字）事須覈實（事一作亦）必考其實而察其情（誤作必考實其情）不宜兩置而不問（脫兩字）何謂愛惜日力臣聞之周書曰功崇惟志業廣

惟勤（脫臣聞至此十四字）歸之於天孟子曰君子創業垂統爲可繼也若夫成功則天也（脫孟子至則天十九字）而欲責成功於天（脫成字）以能寅畏其戒而仰合其心也（誤作以能寅畏其心恐懼修省也）衰病交攻氣息奄奄日與死迫（脫氣息至此八字）漢屈羣策（策誤作材）豈數賈生之能言（數應作類）悉不拘留（悉誤作始）

三朝北盟會編卷第一百七十三

炎興下帙七十三

起紹興七年正月十五日丁丑盡其日

汪丞相伯彥奏對臣謹奉明詔而言曰蓋聞舜好問而爲五帝之盛帝湯好問而爲三王之顯王後之取威定霸以成帝王之業者莫不皆有諮訪如漢祖賴良平之謀而創漢業光武用寇鄧之策而成中興孫權用周瑜之策遂摧曹操而拓有荊州蜀先主用諸葛之謀遂併劉璋而控有西蜀魏武用荀彧郭嘉之策遂擒呂布於下邳破袁紹於官渡斯皆用武詢謀

之效也恭維陛下神武默運禦戎卻敵（改作統禦有方）天人助順一舉而亟清江淮再舉而可復疆土而乃謙沖退遜參古酌今以善後計下詢舊弼臣顧念宿遇披露肝膽竭其愚忠精思熟講祈補萬分之一輒效愚論藉萬全以爲元老決戰以爲將軍相與問答以爲陛下獻惟陛下優容而過聽之其辭曰決戰將軍問於萬全元老曰今天子之駐蹕三吳也蓋得兵家之三勢焉曷謂三勢一曰氣勢二曰地勢三曰國勢憑三勢而命將殺敵無往而不濟於時逆劉干紀金敵濟師翦我長淮窺我江表明天子上承悔禍之天意

下慰厭亂之民心以赫厥怒旗建泰一親總六師將士奮勇人倍其氣雷動猋發山摇谷蕩得氣勢也長江天險巨艦鶻飛一卒當江萬夫莫渡得地勢也辨其曲直知其逆順察其飢飽以壯擊老以生擊死以飽擊飢得國勢也以此三勢按甲江上時遣輕鋭所向必克醜虜(改作北兵)就擒者不啻千百簽軍投降者動以萬計勢窮力蹙知曲之不可以敵直也知逆之不可以敵順也知飢之不可以敵飽也潛師夜遁棄幕烏集當此之時我乘勢越淮而襲擣其巢穴如破竹建瓴之易而躊躇淮甸疑慮未進蒙竊惑焉萬全

元老曰嗟乎以若所謂善也吾之所樂聞也方且圖之再焉將軍之所謂知其一未睹其精者也僕請爲將軍畧舉其凡而將軍必能索其至焉將軍曰唯唯惟願聞一二以發愚蒙萬全元老曰禦戎(改作金)之要來則懲而禦之去則守而備之不貴追也故魯莊公追戎於濟西僖公追齊師至於酅聖人之於春秋皆書以危之且虜(改作金)之奔北尾擊過淮也可謂宜遠去諸葛孔明曰未得戰地雖見大利不前奪之未測彼情雖謂羸弱不進攻之賊(改作金)無故退軍勿進攻之設若我師犯此而前追於淮北生靈塗炭人人懷歸如流離赤子之思念父母其求救也如大旱之望雲霓柰何餽餉千里士有飢色若其畧地就糧則失遺民之望若其飛芻輓粟則艱漕運之計本圖卻敵以安羣情無或動羣情以資敵故未可急追以僥倖一時之功要當愛惜寸陰以圖善後之計事稍前定舉而措之萬全之地蓋未晚也將軍曰曷爲善後之計又曷爲前定耶元老曰審攻戰之利得守備之宜盡措置之方明撫綏之畧然後可圖也曷爲撫綏曰夫金敵所驅而戰者兩河之民十之七九州之虜(改作人)卒十之二狄(此字改作本國之)人十之一焉爾主兵少怨讎

居多彼何所利吾能取彼怨讎而撫之則爲我利矣投降之簽軍就係之酋長(改作北人)既貸之以錫其類宜優卹以勸其來者或給佃淮南之田以養無祿之人或添差缺員以祿有官之士其有智慮者與有材勇者寘諸軍中各隨其宜而無失所之嗟怨庶使兩河九州之衆聞風懷惠攜持而來歸一旦驅而之戰以夷狄(二字改作敵)攻夷狄(二字改作敵)利莫大焉不惟此耳關中諸叛如師古輩以不快於王似而去之孔彥舟以讎嫌權邦彥而去之初非本心儻能遣使間道以往諭上德意而後以恩私結之俾其自效彼將銜恩感義

憣然改圖領所部而獻虜俘於行在矣李成徐文輩於是乎知僞齊之不可以庇身也氣喪膽落朝不謀夕亦將悔過效順請命之不暇不然其徒亦將斬首而來獻矣所謂明撫綏之術其概如此曷謂措置曰恢復之計不患逆劉之難除患金狄（改作敵）之未衰不患金敵之未衰患吾措置有失緩急緩其所急則圖成長久之功急其所緩則效見目前之利失之毫釐差之千里可不愼乎夫立國者莫大於形勢得形勢者制人失形勢者制於人昔李希烈欲破壽春以趨江都張建封圖霍邱以精兵游擊而希烈爲之遁長

江得形勢卒保江淮苻堅東略至泛長江謝幼度以八千之兵阻淝水而破苻融數十萬之衆棄甲宵遁於是徑造渦潁經畧舊都周世宗用王朴之策下江淮屯兵渦口以克壽春卒取淮南十有四州以爲界豈非得形勢今日之計莫如屯據淮甸置帥壽春而眞揚廬濠於文武臣中擇才能守之以籬落江表夫荆南古荆州也北窺中原東瞰江表三國必爭之地吳不得吳蜀不得蜀魏不得魏爲今日計當軍其要害以爲吳越之屛以爲巴蜀之防夫三秦四塞之國巴蜀轉漕給軍之地昔秦恃崤函褎隴之險以囊括

四海漢高祖之王漢中收用巴蜀還定三秦以有天下今也巴蜀僅存而三秦已失爲今日計當固蜀復秦以爲後來之圖是宜申命都督下令荆襄戒嚴警備常若寇（改作敵）至飛檄川陜蓄銳控弦觀釁而動以爲掎角制勝之勢使彼欲南攻則右有西師之可虞彼欲西寇（改作下）則左有王都之可慮此皆在所急而不可緩者也所謂盡措置之方其概如此曷爲守備兵法曰有餘則攻不足則守傳曰不備不虞不可以師昔晉人禦秦深壘固軍以待之秦師不能久此善守也楚爲陣而吳人至見有備而返此善備也莒以

恃陋而潰齊以狎敵而殲鄖人次郊而不戒莫敖小羅而無次皆守備之不謹也爲今之計無恃敵之不來恃吾有以待之可也無恃敵之不攻恃吾之不可攻可也修明攻守拔用才能推誠以與使樂於用命悅以役人使久而無倦召募樂鬬之士守險淮濟激厲士豪之雄益寨泗水遣閒牒以察其情狀廣耳目以伺其奸詐經理殘破之邑勞來歸業之民恩信號令以結人之心信賞必罰以盡人之力理財以給犒士營田以助兵食補苴罅漏以爲他圖所謂守備之宜其概如此曷謂攻戰曰兩軍爭雄伐謀爲上其次

知彼知已可以取勝要在料度人事較量衆寡審方圓勝負之勢識勞佚淺深之謀見可而進知難而止因利乘便合變應權而爲之以此攻戰何往不濟所謂攻戰之利其槪如此雖然於斯三者又有先後之序焉先明撫綏之畧然後可以語措置之方得措置之方然後可以語守備之宜得守備之宜然後可以語攻戰之計於是乎乘天時擇地利因人和振旅電擊諸路響應躪轢淮汴蹂蹈濟鄆憑軾而復僞齊之城横趨魏歷雁門大行而傳檄乎燕雲之外於以奉迎二聖定亂中原於鑠中興可不務乎中庸曰事前

定則不困而又何急焉將軍曰嘗昔聞智者不後時勇者不常決又聞戰以氣勝朝氣銳晝氣惰暮氣歸善用兵者用其朝氣擊其惰歸此不可失之時也孟賁之狐疑不如童子之必至猛虎之猶豫不如蠭蠆之致螫願元老圖之元老曰不然鷙鳥之將擊必匿其形猛獸之將搏必伏其身兵危道也能而示之不能勇而示之怯卑以驕我佚以勞我彼殆將以誘我也昔楚武王侵隨行成而歸鬬伯比請羸師以張之隋侯將追楚師季良止之曰楚之羸其誘我也君何急焉君姑修政庶免於難隋侯懼而修政楚不敢伐

今之敵人潛師而北必盤礴徘徊於宿亳徐淮之間必請營糧濟師待時而再南來聲東擊西攻吾不備出吾不意而出没於荆襄之間睥睨楚澤乘桴而下合洞庭之賊相與爲水攻之謀益以步人水陸俱下使吾守株於前而長江之險已奪其後則將柰何與其急於目前之追奔不若修政以爲善後之計曰曷爲修政事曰若所論四者是也雖然修此四者又有本焉書曰民爲邦本易曰上以厚下安宅能固本而厚下者當知今日地之蹙狹而有以擴其不忍之心察恤民之彫瘵而有以固其愛戴之心軍需之費力

役之征有不得已而出於民者詔令丁甯當惜民力使官吏並無緣爲奸田廬有樂輸不厭之勤內之遠邇衆庶三軍上下相與一心外之兩河遺民九州舊俗相與并力所助多矣使天下皆曰今天下有道如是金人之多行不義僞齊之去順效逆虐用其民棄民久矣棄民則失助矧前日之舉起意於逆劉金敵爲之助得利則歸功金人失利則爲劉賈怨淮甸之役既不得逞所丧又多自茲僞齊取疑於金敵矣主客相疑上下失助以舉事則於戰何有孟子曰寡助之至親戚畔之多助之至天下順之以天下之所順

攻親戚之所畔故君子有不戰戰必勝矣誠能擧率於四者蚤正素定然後奮威諸路連衡以進決有成功若徒知目前追擊之利未知善後之大計也言未卒將軍愀然改容低首自失逡巡避席再拜稽首曰韙哉非固陋之所能及不圖今日發醯鷄之覆廓然識萬全之策也將軍既退元老三復沉思覩倏忽而無見聽惝怳而無聞若戴雲氣乘虛無浮游乎寥廓如見箕子告之以爲武王陳洪範曰汝則大疑謀及乃心謀及卿士謀及庶人謀及卜筮汝則從龜從筮從卿士從庶民從是之謂大同子孫其逢吉汝之所

論雖得於千慮而單聞淺智昧於事機未可以爲確論請獻諸天子參諸羣策質諸廟謀而斷自神算庶幾其可也元老於是如夢覺醉醒仰天而歎曰亶哉其然乎非天下之至神其孰能與於此僕不得而容其喙矣

李參政邴對伏以逆臣劉豫敢肆奸謀外引敵師稱兵犯順人神共憤天地不容陛下神武惟揚聖心獨得親率銳旅前駐大江股肱協謀將士賈勇曾未浹旬累奏捷音虜（敵改作）勢既窮潛師宵遁天聲大振國勢遂强中興之功屬在今日猶復曲垂淸問俯逮舊臣蓋將總衆智以爲謀庶幾無片善之不録臣恭惟聖訓條畫如左戰陣之利有五一曰出輕兵二曰務遠畧三曰儲將帥四曰責成功五曰重賞格何謂出輕兵關陝爲進取之地淮南爲保固之地由關陝可以窺河東由河東可以窺河朔河朔平則京東不取而自歸故曰關陝爲進取之地有淮南外可以捍京東內可以保浙江故曰淮南爲保固之地關陝雖利於進取然不用師於京東以牽制其勢則彼得以一方而拒我淮南雖利於保固然不用命於關陝則彼得併兵而南下二者固相爲表裏者也前日遣大臣

經理關陝誠是然未嘗用兵於京東以分其勢故彼得盡銳以挫於我今淮南之兵既捷矣而關陝之圖尤不可緩也或曰曷不經由宿泗以取京東耶曰由宿泗必用重兵命大將今統重兵者數人皆國所恃以爲根本若輕而置之賊（僞改作）境萬一有失利將不可復用然則遂置而不問耶曰非然也今偏將中如牛皋王進楊珪史康民皆習京東風土熟其人情知其山川險易臣謂可各配以部曲三五千人或出由徐淮揚或出由宿泗彼土之民固吾赤子也懷累聖德澤涵養之久厭僞朝殘虐不道之政必有應者然

後因其豪傑俾其自守因利乘便進取東京可也勢有未可退保江淮可也則我得以擾敵彼將奔命之不暇而自困矣是謂我不動而分陝西重兵之一端也何憚而不為乎何謂務遠畧用兵東京以牽制陝西用兵陝西以牽制京東固然矣陝西失地之後其何以復之曰因其勢而已光武以二千人敗尋邑百萬於昆陽虎豹皆股慄而卻走勢之盛也苻堅以百萬衂於淝水聞風聲鶴唳以為晉師之至勢之衰也前日金賊改作人强盛天下莫與敵而我顯然怒彼以與之角彼不得不盡銳於我今虜改作彼驕甚慣然有

輕敵之心是我潛形匿勢示弱用奇之時也願詔關陝諸將毋張虛勢毋競小利蓄養士氣乘間阻險但務其小勝不必大勝也則驟小可以致大勝矣要之毋顯與之角而已然則朝廷前日遣大臣如何曰固嘗遣之也選任陟降之權生殺賞罰之柄此大臣之職非將帥所得預今雖有二宜撫其體尚輕非遣大臣不可關陝土地沃衍士馬强壯形勢利便號為金城百二他日復五路國家自當循秦漢之舊建都長安今日遣大臣非獨牽制京東亦所以為後日經畫也方今大臣如呂頤浩氣節高亮忠力慨然李綱識度宏遠威名素著必自簡於宸衷願陛下於二人者擇其一起而用之必有以報陛下因臣論兵而及大臣非所當然陛下詔臣以君臣無間則臣有所懷其可不盡陳於陛下哉何謂儲將帥今日淮南摧鋒陷陣之士亦前日所用之軍也何勇怯異耶蓋由陛下以身率之耳以此知强弱無定勢勇怯無常形惟人所為而已今諸大將部下豈無智謀忠勇之士以馭衆統師者乎蓋用之未盡其才故未有以見於世也陛下即位之初韓世忠劉光世張俊威名隱然為大將又今有吳玠岳飛者出矣但多得此數十輩參錯內

外更出迭入何患兵勢不强哉臣願詔大將於所部舉智謀忠勇可以馭衆統師者各兩三名朝廷籍記遇有事宜授以廟畧使專當一隊毋煩隸於大將矣則諸人競奮才智出成勳名為岳飛吳玠之儔也何為責成功常人之情莫不欲成功之在我勢有所壓則憤然不滿大將爵位已崇勳名已著難相統一今用兵可授以成算使自為戰而已慎勿遣重臣臨之以輕其權而分其功也昔晉遣祖逖過江經畧中原敗石勒復河南功垂成矣而晉遣戴淵擁節據其上流淵雖有才望而逖實不厭也因發憤而死前功盡

棄臣嘗歎息於此可爲萬世深戒何謂重賞格曰今御敵退師之後必論功行賞臣願因此詔有司預定賞格以頒天下若小者固不論也謂如得一邑一城一路十人長百人長千人長萬人長之類及近上首領自一命至節度使皆差次使足相當人人知我有是功有是賞則勸於用命矣昔漢高滅項籍最後楊喜等四人各得籍地以封夫滅項者良平之謀信布之力也豈四人能知哉適會其敗亡而殺之耳高祖封之如此其厚蓋示天下以不私所以勸後之用命者也況此出勇力以成功名者耶然則設王爵以待

有功者不亦重乎曰果有是功何爲不可唐郭汾陽李臨淮是也粘罕（改作尼堪）強盛孰與祿山之亂二聖播遷孰與川蜀之狩駐蹕江左孰與靈武之立是今日事勢尤艱於唐也第未有復中原之功若果有之何愛於王爵哉守備之宜有五一曰固根本二曰習舟師三曰防他道四曰講遣策五曰列屯戍何謂固根本建康古所建國山川盤絡漕運便利陛下欲圖中原必駐蹕於建康此不易之論也則江浙信爲根本矣欲保守則失進取之利欲進取則慮根本之傷是何也千里饋糧士有飢色樵蘇後爨師不宿飽今興

十萬之衆深入敵境未能夷一城蹶一將而我已騷然坐困矣民賦固有常國用固有經未知國家何以給之此必窮民之力而後可也瘡痍之後果能任此乎故曰欲進取則慮根本之傷者此也然則遂不進取乎曰臣前所謂遣偏將更出徐泗以擾之是也否則倘有說焉晉之遣祖逖也給兵千人廩布三千匹不給鎧杖使自招募屯於淮陰始鑄兵器得二千人而後行其後旣斬張平元帝嘉其功運糧以給而道遠不至是兵器與資糧皆不取於晉也卒能勝強敵自河以南皆爲晉有乃知古名將內必屯田以自足

外必因糧於敵捨是則無以爲計也誠能慨然以功名自任如祖逖者舉淮南而付之使自爲進取而不爲虛內以事外則夷狄（改作北兵）不足勝中原不足復苟未有斯人也則前者輕兵之說爲不可廢是謂進取保固兩得而不貽後患者也何謂習舟師臣伏見朝廷下福建造海船七百隻守臣經畫來上必如期而辦今旣以長江爲險則教習舟師乃今日之最急務臣聞某州某縣各置水軍五百名以橫海爲名而未見其他措置也漢有伏波下瀨樓船將軍之號皆水軍之名也臣乞倣古之制創建此官以教習水戰俾

近上流將佐領之自成一軍而專隸於朝廷無事則散之緣江州郡緩急則聚而用之昔曹操望見孫權舟船器仗軍伍整肅歎息而去則舟師之盛望之足以威敵矣況其實可用耶又聞之海民船舶不動數月則生水蟲能蠹爛船底則無事之時又當爲教閱之法每若干月日一教而寓勸懲之法既以習戰鬬亦以利舟船也何謂防他道己酉之冬虜（改作金）人自金陵渡江實緣吾本爲避賊之計上下莫肯固守彼得以堂堂而來及其還也韓世忠以舟師遏於江上相持累旬幾獲其酋（改作大）帥彼虜掠雖多亦不得謂

無所失也去冬淮甸既不得肆諸將輕兵迭出捷奏載道情見力屈潛師而遁則虜（改作北）人自用兵以來未有如今日挫衄者臣度（下添北人二字）他年入寇（删此二字）徼創今日之失未必不由舊轍必先以一軍來淮甸爲築室返耕之計以綴我師然後由登萊泛海以窺吳越以出吾左由武昌渡江窺江池以出吾右爲多方以誤我一處不支則彼得志矣淮南之師雖陽爲築室返耕然沮洳之地其勢不能久淹將來固不足慮而此二途可爲深虞者臣願預講左支右梧之策使不出吾素料彼雖出奇吾預知之固不能奇矣何謂

講遺策兵之形無窮故巧亦無窮守備之具竊意有未經講畫者昔賀若弼之攻陳也積荻於岸與舟同色陳人習見不以爲疑其後萃舟以來而陳人不覺也此彼攻之詭計而我不知也魏之伐吳也吳人以車張席爲疑城自石頭至江一夕而就魏人望之曰彼有人焉未可圖也斂兵而退此我守之詭計不可不知也古法雖不用於今緣此類推之必有可預備者願詔臨江守臣凡可設奇以誤敵者皆預爲措置甯設而不用事至而無備則無及矣何謂列屯戍曰長江之險綿亘數千里守備者非一譬若一身必有

要害之處咽喉心腹是也今沿江州郡孰爲心孰爲腹孰爲咽喉苟制得其要則用力少而見功多矣臣願差次其緊慢最緊處屯軍若干人一將領之聽其郡守節制次緊稍緩處差降焉有事宜則以大將兼統之既久則習熟土風人情相諳緩急可用與旋發之師不侔矣如福建本因范汝爲作過屯申世景福州今福人安之惟恐其去頻年福建盜賊不作未必不緣世景彈壓之故也雖沿江與福建事體不同然人情豈相遠哉措畫之方有五一曰親大閱二曰補禁衛三曰討使事四曰講軍制五曰降敕榜何謂親

大閲竊以陛下親統六師遂卻大敵此蓋用高祖馬上治之光武身定大業之説其效既如此自今尤宜練習武事自古帝王皆有講武在禮則春蒐夏苗秋獮冬狩在詩則車攻吉日在春秋則大閲蒐於紅是也當承平時且不敢忘武備今日用武之際豈可曠而不舉乎臣聞諸將練兵異於曩時其挽强蹶張擊刺之技習熟既精果經出入能趨走耐勞苦陛下誠因秋冬之交具軍容闢廣場會諸將明三令五申之制觀坐作進退之節取其才藝絶特者或賚以金帛或加以官爵以激勵之則將士咸悦競勸其勇氣自

倍於平時矣何謂補禁衛李德裕有言曰一天下有常勢北軍是也北軍者今之禁衛是也内以嚴衛九重外以鎮服天下其勢莫重焉建炎以來此輩更番上下往復千里頓踣道路遺棄老弱小人不知忠義大節或有愁歎形於言色明州泛海之役亦稍喧悖當時聚其儕類出於諸州指使其實疏遠之也自兹禁衛愈單寡乃籍五軍以爲重臣常寒心譬如蛟龍不假風雲波濤之勢而自託於山林失其所以爲神矣古者天子自將兵韓信謂高祖能將十萬韓愈曰北軍千萬虎與貔天子自將非他師是也今陛下自將之兵幾何人哉若曰昔日慵惰不爲用喧悖不循理是可廢也嗚呼是不幾於因噎而廢食者歟甚不可也臣願陛下擇忠實嚴重之將以爲殿帥稍補禁衛之缺增訓練之法使隱然自成一軍則天子益尊嚴國勢益安强其馭諸將也若臂之使指矣豈有尾大不掉之患哉

賜進士出身頭品頂戴四川等處承宣布政使司布政使清苑許涵度校刊

三朝北盟會編卷第一百七十三終

三朝北盟會編卷一百七十三校勘記

不貴追也貴一作遣　可謂宜遣去衍宜字　不前趨之趨誤作奪

主兵甚少脫甚字　如巨師古輩脫巨字　以藩籬江表藩籬誤作籬落　汝則有大疑脫有字　內可以保江浙江浙誤作浙江

然不用師於關陝師誤作命　萬一有失利衍有字　則我輕兵得以擾敵脫輕兵二字　固當遣之也當誤作嘗　其後旣斬張方平誤作張平　窺江右以出吾右江右誤作江池　而我不可不知也脫不可二字　有事宜則以大將兼統之衍宜字

屯申世景於福州脫於字

三朝北盟會編卷第一百七十四

炎興下帙七十四

起紹興七年正月十五日丁丑盡其日

何謂講軍制今天下因循舊弊可革者衆矣至最甚而切於時事者軍制是也今諸州郡隸將兵用虎符調發者樞密院之兵也不隸於將兵者州郡之兵也二者不爲虛設獨所謂廂軍者臣不知其所謂也夫習擊刺工騎射履行陣固兵矣挈肩輿供伎巧服厮役又兵乎今自一州守而下至宮觀里居之士皆破兵爲白直充占私役詭名重疊其弊百出皆原於廂軍大郡二三千人小郡亦不下數百人衣糧借請之費一路一歲不知幾千萬齊民之困國用之乏此其一也臣不知廂軍自何時有之蓋自井田之制壞至隋而爲府兵至唐而爲衛兵至開元而爲彍騎至五代而爲方鎭之兵也隋唐軍制至五代而弊極五代軍制至今而弊極而廂軍者又特甚者也曰然則固可廢歟曰今侍衛步軍司所領固不可廢惟州郡在所議仍先講求除郡守兵將官自以禁軍給事外其餘合破廂軍何以代之五季之前不見其名豈今日所謂傔從者耶儻計一廂軍一歲衣糧所廢幾何以

其合破之數給三分之一以畀之使自僦人爲之從官以役凡州郡倉場庫務三司之屬悉僱人以充分郡大小以制其數大抵殺廂軍三分之二然後取其所殺歲額衣糧之數盡募禁軍專習武事則名實相當而禁兵愈增國家不至用民賦以養無用之人矣曰然則安得遽廢之平日取其少壯願充禁軍者改刺而老羸願爲民者聽從便其餘姑仍舊俟之數歲亦無幾何人矣第勿招而已如此則人情順從公私兩濟庶乎其可行也何謂訂使事金賊（改作人）自用兵以來未嘗不以和好爲言且戰且和卒用此術困契

丹及中國其貪惏狡譎如豺狠然（删此八字改作勢）必至於吞噬（改作吞併）而後已此豈可以口舌得其要領也哉和好決不可恃特費我金繒款我師旅而已然以二聖在彼有不可遂已者以爲禮所當然而行之可也謂其可以和好非也朝廷姑以餘力行之耳前日遣執政侍從相繼使未復命兵涉境矣此可爲戒然既以餘力行之亦不可無所考據自靖康來國書往返多矣至渡江盡失之自建炎來國書或出於執政或出於翰林學士其副本皆未嘗付有司其詞意之輕重信幣之多寡使人之官品與夫往來之語錄皆不可考每欲遣使朝廷旋爲措畫紛紛旬月妨費機務豈所謂以餘力行之者哉臣謂宜專命一官如古所謂行人者專掌其事或左或右司領之悉裒前後行遣之見存者稍加類次使有條章其有未盡未便得以參訂當遣使人舉成法而授之可也庶免臨時斟酌之勢而朝廷得專意治兵矣何謂降赦榜古語曰明其爲賊敵乃可服劉豫父子僭叛理必滅亡然猶外假兵威偭彊歲月昔漢高祖數項羽十罪唐高祖亦暴王世充之惡僞齊固不足比數然兵家有所謂伐謀伐交者臣謂宜降赦榜明著豫僭逆之罪曉諭江

北士民使知天地之大不容僭逆與夷狄共事者（删此六字）必速滅亡吾民曉然知豫之不足恃也則回心易慮者多矣或恐赦榜太重有傷國體則止命大將爲檄書朝廷定本頒下而用之亦何傷哉綏懷之畧有五一曰宣德意二曰先賑䘏三曰通關津四曰選才能五曰務寬貸何謂宣德意劉豫竭中國之力以奉夷狄（改作金人）暴征苛歛斯民怨恨痛入骨髓特逼於金人之勢强服之耳登萊沂密兖山林深阻豪右大姓自金人入寇（改作內攻）以來各聚徒黨結爲山寨以自保固今雖累年僞齊暴虐如此勢必有未下者願召募

有膂力熟於山川道路與其豪右大姓舊曾相識之人與之符信密往招誘諭以德意儻以一城一邑一寨自歸率以等第優加爵秩其有顯然立功者不次旌異待以高爵使吾民備知今日朝廷招徠之意未嘗一日而忘山東也雖未有見效他日行師入境響應者衆矣然應募之人虛實難辨今遣數十人不過捐十數校尉承信之名耳俟其還報委有效驗別與任使大抵軍事尙謀賀若弼平陳七策當時以爲神奇自今觀之僅若兒戲然卒用此以取陳今旣與敵人爭勝負苟有可爲而無甚費者皆不可已也何謂

先賑䘏渡江以來中原士民流寓者數年之後各已著業不須復爲經理第今日以後恐須措置前降指揮淮南避寇(改作敵)士民有官者使權攝無官者給糧盡一月止此深得撫循之道願倣此意別爲規制應自江北士民來歸者有官人保驗無僞冒或量給口糧或許以權攝或先次注授差遣無官而貧乏難以自存者令沿江州郡擗截寺舍官屋與之居止亦量給錢米三兩月其能自營爲乃止昔東晉遺黎南渡元帝僑置兗州寄居京口明帝又置濮陽濟陰高平太山等郡後改爲南兗州或還江南(或居)盱眙或居山陽今雖不能如古僑置郡邑以處流人但使沿江州郡安集賑䘏示朝廷懷撫之意亦古之遺制何謂通關津中原士民自遠而來道塗險澀盜賊剽奪飢寒奔逼艱苦萬狀能自達者無幾理當優䘏願敕淮南州郡約束沿江地分人遇有來歸士民卽時報所屬給以行由遇到江口官司驗行由先次差船津濟量差地分人護送不得邀阻其有因而乞覔錢物比常法外稍加重斷官員失覺察停止仍於境上出榜分明曉示庶使江北士民易於歸附無不達之虞何謂選才能前後來歸官吏衆矣朝廷嘉其忠順或賚金

帛或與差遣或進官秩旣以示朝廷德意之厚然未聞有所任使也古者多用敵國之人以成功袁紹謀臣許攸來奔曹操操跣而迎之曰子卿來吾事濟矣卒用其策以滅紹李愬得李祐不殺卒用其力擒吴元濟夫敵國之人尙待以不疑賴以成功況吾人耶臣謂官吏來歸者內有才智可用之人願隨宜任使勿但縻以爵而已又安知無許攸李祐之人耶如此非獨廣招懷之路亦收其功用之實矣何謂務寬貸陛下每有詔令必念江北赤子陷於夷狄(改作僞齊)不能自拔哀矜惻怛若苦疾之在已此帝王之盛德也然

臣下未必能廣陛下德意而宣布之疆場之上不務招倈專務殺戮是陛下憂勤於上而德意未昭於下也昔晉羊祜與吳對壘降者不絶乃增修德信以懷初附慨然有吞吳之心有掠吳二兒爲俘者遣送其家後二兒父率屬來降吳人皆稱爲羊公而不名也後卒以滅吳然則欲取人之國者必先有以得其民之心豈專事殺戮哉敵國且如此況吾人乎臣願敕沿淮守臣令具知此意諸將行師入境敢抗拒者固在勦戮其有良善老弱之人一皆寬貸俾洗然有更生之望則來歸者衆矣臣既爲陛下條畫戰陳之利

守備之宜措畫之方綏懷之畧矣然臣區區復有獻焉曰增修德政而已孰爲德政曰事天感民任臣擇才者是也蓋德政修則前此之所陳皆可以力致德政不修雖有戰陳之利守備之宜措畫之方綏懷之畧猶未能有濟也臣聞上天之於人君猶慈父之於愛子子職修則慈父之心喜君道得則上天之應順閨門整肅上下雍睦而家道與焉父子之情得也兵革衰息內外樂康而國祚興焉天人之氣應也子職未盡必嚴顏以勵之諄誨以諭之非他也親愛之而已君道未盡必垂象以示之災祥以警之非他也亦

親愛之而已教之不聽不能無放黜之予警之不悟不能無危殆之君天人之際甚可畏也人君苟能修胸中之誠以事天其應如響古之所謂反風起禾熒星退舍者豈空言以誑世哉頃年日中有黑子又白氣貫日不旋踵而有肘腋竊發之事其後滕康上疏謂當時無人爲陛下道此者大合聖意謂有諫臣之風亟擢康爲執政臣於時政記中具書其事此非陛下至誠畏天樂聞盡言以裨已闕而能之乎臣伏見今年正月朔日有食之雖非正陽之月然比餘月爲變亦大正月朔日古謂三朝謂歲之朝月之朝日之朝也西漢嘗有此異鮑宣曰小民正月朔尚懼毀敗器物何況於日虧乎其後漢以衰亂此豈可不大畏乎

術家謂日食各有分野五行志雖有此說然孔子書春秋日食三十六其應多在人君劉向備論之矣大抵日爲衆陽之宗人君之象天意專以戒人君今僭竊名位與夫夷狄犬羊之君（刪此八字）豈足以應天變天意決以警陛下臣願陛下修胸中之誠以應天兢兢焉勉勉焉發一言施一事凜然若上天之燭照其上也至於避正殿舉直言求過失皆前世已行之事固不可廢苟無誠信以將之亦虛文耳傳曰不精不誠

不能動人而況於動天乎人子能改過慈父必喜人君能修德天意必順此不易之理必至之符也陛下德與天合則災變息福祥臻年穀豐登氛祲消滅何戎狄改作僭僞之不可攘改作削中興之不可冀乎臣伏讀親征詔曰不敢復蹈前轍以貽江浙赤子屠戮之禍臣惻然歎曰此陛下之誠心也前日避狄改作敵誠不能已然吳越之民受禍極矣今陛下神武赫怒親臨江徼號令諸將以卻醜虜改作北兵非獨吳越之民得保其室家安其生聚雖遐荒僻陋之地莫不帖然安堵若無事時感民之大孰過於此然願陛下推廣此意

因策動之際引前日之咎告謝天地宗廟且諭之於民曰使吾赤子室廬焚蕩老弱殲夷皆朕之過也他日敵師至誓當躬率諸將併力捍禦期於保固使知陛下誠意如此庶忘前日屠戮之過而有更生之望矣臣又聞人君之待過臣下固自有道非獨用慶賞刑威而已或者乃以爵祿賞罰爲人主之大柄臣竊陋之夫賞罰所以待中才之人非所以待豪傑之士與有道之君子也蓋希賞而赴功與畏罪而不爲非者中才之人耳若夫豪傑之士與有道之君子合於義則進不合於義則退招之不來麾之不去爵祿不可得而榮也刑罰不可得而威也人君欲大有爲於世而不得豪傑之士與有道之君子亦不能大有功於世也自古興王之世必有佐命之臣心德同而無間精神會而不疑若子房之於高祖鄧禹之於光武孔明之於先主房喬之於太宗豈待爵祿誘其前刑罰驅其後然後爲之畢力也哉亦誠意相與而已故可與之死可與之生可與之存可與之亡生爲宗臣沒爲配廟苟無誠意以相與而徒用區區爵祿刑罰以爲輕重則子房孔明之徒尚安得而用之故臣願陛下待遇大臣先誠意而後名分先道德而後爵祿君臣相與懽然都俞吁咈相得於言意之表功何大

而不成事何難而不濟危疑何自來讒慝何由作君臣俱享安榮則功烈高乎當年聲名流於無窮矣臣又聞人才不同所用亦異世平則用理法之士時難則用超卓之才伏見比年用人求之太精責之太備纖痕微累必遭指摘曩愆宿負不見洗滌至有因用而反見斥被召而不願行者此何理也古者斬袪射鉤之人猶且不廢況其餘者哉漢武帝英雄之主也詔曰馬或奔踶而致千里士或有負俗之累而立功名覂駕之馬跅弛之士亦在御之而已魏武帝建業

之君也令曰有行之士未必有能進取進取之士未必能有行也陳平豈篤信而蘇秦豈守信耶而陳平定漢業蘇秦弱齊強燕士有偏短庸可廢乎由漢魏二主觀之則人君欲超卓之才以濟大功非濶畧細謹不可也曩在仁祖時元昊背叛西鄙用兵范仲淹雖狂狷無行之徒亦自效於下風而仲淹亦躬爲詭在政府收天下之士不考其素苟可用者莫不咸在特之操以振起之今覩仁宗時爲何如而必欲求纖微於人也傳曰畏首畏尾身其餘幾士顧其身之不能䘏何暇語功名之會哉臣曩侍帷幄屢聞聖訓丁

寧及此嘗仰聖度寬容眞英偉之主也而臣下不能將明聖意迄今猶然臣願如漢魏下詔於羣臣使羣臣曉然知聖主所以用人之意不在於求全而在於赴功也安知不有奇謀異能之士自拔於流俗而出爲世用者哉天意順於上民心悅於下有道德之君子以謀國體有超卓之奇才以赴事功則人君端拱無爲天下治矣臣前所謂德政修則所欲無不得德政不修雖有致治之術猶未能有濟者蓋謂此也臣智識蒙陋才力綿薄頃蒙異知擢在政府勳績不效退領祠宫方陛下焦勞暴露前臨大敵而臣安處家

庭坐靡廪稍不能先士卒冒矢石效一旦之命臣獨何心每竊愧歎今承明詔下逮敢不竭盡惓惓之忠惟陛下矜其愚而擇其當焉臣不勝幸甚干冒旒扆無任皇懼隕越之至謹具錄奏聞謹奏

張參政守奏對曰伏奉詔書以卻敵之功圖善後之計凡今攻戰之利守備之宜措置之方綏懷之畧可悉條具來上者仰惟陛下體虞舜之達聰遵成湯之好問不閒遐邇務聞至言窺之德意所存則中興之功指日可俟臣雖固陋不肖病廢久衰受恩至深論報無所敢不揭所聞以對然言方盈庭不敢枝辭蔓

說廣援古今以煩乙夜之覽姑謂論利害之實願留神裁擇議者謂虜（改作金）人旣遁當追奔逐北恢復中原固可唾手而取也儻一戰收復而能保固其土地皁安其民人則善矣得土地而未能保固得人民而未能皁安是自困之道也明詔四事臣以爲莫急於措置措置苟當則餘不足爲陛下道矣措置失宜則不能守備守備不固則不能攻戰攻戰不利則不能綏懷去冬虜（改作金）人長驅以抵淮甸蓋以措置未能無失故也夫防江不若防淮防淮然後可以駐蹕建康駐蹕建康然後可以經營中原事之序也臣請言措

置之大畧其一措置軍旅其二措置軍食何謂措置軍旅神武中軍當專衛行在而以餘軍分戍三路一軍駐於淮東一軍駐於淮西一軍駐鄂岳或荆南擇要害以處之使北至關輔西抵川陜血脉相通號令相聞有脣齒輔車之勢則自江而南可以奠枕而卧也然今之大將皆握重兵貴極富溢前無祿利之望退無誅罰之憂故朝廷之勢日削兵將之權日重而又爲大將者萬一有稱病而賜罷或卒然不諱則所統之衆將安屬耶臣謂宜拔擢麾下之將使爲統制每將不過五千人棊布四路朝廷號令徑達其軍分

合使令悉由於朝廷之權以用之然後可以有爲也何謂措置軍食諸軍既已分屯諸路則所患者財穀也然所費多寡在彼猶在此爾則所患者轉輸也祖宗以來每歲正供六百餘萬悉出於東南轉輸未嘗以爲病也今宜以兩浙之粟以餉淮東江西之粟以餉淮西荆湖之粟以餉鄂岳荆南量所用之數責漕臣輸將而歸其餘於行在錢帛亦然恐未至於不足也然自艱難以來漕運之船諸軍官司私自占留私自賣販州縣制造尋又奪之故每以乏船爲患而漕運不能辦也宜下諸軍根刷見在之船悉歸漕司仍

令諸路各造一二百艘各專充轉餉如有官司或諸軍拘留則漕司諸州縣聞諸朝廷而痛懲之諸錢糧既無乏絶之患然後特降詔書戒飭各將申嚴紀律不得秋毫侵擾於州縣以復業之民戶口多寡爲諸將殿最歲遣官覈實而升黜之則民得以還其鄉里而田野自闢生齒自滋江北州縣有興復之漸矣如是措置更定候至防秋復遣大臣爲之都督使諸路之兵進相援退相保如常山蛇首尾相應居則可以守備進則可以攻戰可以傳檄而定僞齊可以折箠而笞强敵可以固保其土地而阜安其民人綏懷之畧

亦在是矣然臣復有區區之愚誠敢因清問之及而冒貢一二狄改作金人之輕中改作我國尙改作久矣去秋之來妄意車駕遠避則大擾江浙如曩歲之意也今既挫辱悵然而歸後必不敢輕入使其復來計須悉兵舉國以取必勝是宜陛下留神於攻戰之策也如前所陳措置大畧臣熟計之猶爲未也究其本原則在陛下內修德而外修政昔召公之告武王曰明王愼德四夷咸賓惟德修可以服四夷也周詩之美宣王曰內修政事外攘夷狄惟修政可以攘夷狄也皆書生常談初無驚人可喜之論然删昔召至此六十三字簡約

易行悠久見改作自效則未有二端之為要也删則未至此九
字蓋所謂愼德改過正心誠意畏天愛民儉於家勤
於邦遠聲色屛貨利兢兢業業凡可以累德者無不
戒也持久不倦盛德日新四海愛戴而不忍去何患
四夷改作遠人之不服乎所謂修政不過任賢使能信賞
必罰任賢者非止崇以爵位苟知其賢則一切信任
而不復致疑使能者不必信任苟有一能則隨其才
分而俾盡效其力信賞以勸有功不以所喜而予之
必罰以治有罪不以所惡而奪之抑權倖裁冗濫謹
法度與廉恥凡可以害治者無不去也正朝廷以正

四方何患夷狄改作中外之不治乎伏願陛下果斷而力
行之臣言狂瞽不足以稱塞明詔俯伏以俟誅殛
顏黃門岐奏對曰臣岐二月二日巳時急遞到福清
縣正月十五日賜敕一道臣謹拜跪而受臣仰荷聖
德不忘下問臣不勝愧懼之至臣竊觀聖語有虜改作
敵勢既屈又為善後之計可謂委曲預備矣如攻戰
之利守備之宜措置之方綏懷之畧臣今竭愚條具
在前件四事者臣謹按攻戰之利在擇賢將守備之
宜在明賞罰措置得其方則在號令不妄動綏懷得
其畧則在軍民各安業也聖問曰攻戰之利臣謂在

擇賢將者去年九月敵之遽來未知其賊所改作來者
厚薄皇帝陛下親總六師按甲江上可謂決於聖斷
矣或將或帥皆奉命前往旋以捷音每日而至虜改作
敵騎遁去臣望陛下而今後益擇賢將使之分兵而
任責如此則盡善矣聖問曰守備之宜臣謂在明賞
罰者沿邊臣僚見今盜賊既退知疆界頗靜我之戰
士有才有勇皆無所施雖欲遷徙無自而得將官帥
臣亦安閑自樂臣謂自今朝綱更宜賞罰激勸其心
俾肯服職則守備諸事皆不足慮也聖問曰措置之
方臣謂在號令不妄動者衆軍之家口或遠或近皆

欲安逸若統其軍者措置不當則人皆怨嗟歎其不
得所矣故措置正賴號令分明可賞可罰如小隊大
旅昔日所被其禍甚多臣更願陛下明降指揮自將
帥而下至隊伍長皆得措置之不妄興舉則軍衆之
心皆忻怏矣聖問曰綏懷之畧臣謂在軍民各安業
者軍民之情一等則軍民皆欲安靜也其間不幸身
屬賊者改作敵中狄改作敵衆奔波則隨之不及既來歸我
朝則雖當時臣僚議論不同臣願陛下將此曹一例
收之或亦如舊分於諸寨使各安業如此則綏懷兩
便也陛下自臨安親征至於平江又聞聖意欲至鎮

江建康百姓求安營生相隨不舍臣願戒約所在州縣而不擾之使有生理此乃臣之所見也前件四事臣自謂可行雖愚甚止如此臣嘗聞聖覽有虛已擇善之語臣亦不揆輒明無隱望陛下更矜念之臣在昔曾觀宋庠所贊尊號錄其言曰損之又損天下歸仁臣意欲因今事爲陛下暫改之曰恐之又恐天下歸仁陛下不以臣愚戇率爾之言以助聖德萬分之一則實宗社無疆之慶也

賜進士出身頭品頂戴四川等處承宣布政使司布政使清苑許涵度校刊

三朝北盟會編卷第一百七十四終

三朝北盟會編卷一百七十四校勘記

今自一州守貳貳誤作而　或止令右司領之誤作或左或右司領之

登萊沂密兗兗應作閒　勿但縻以爵秩而已脫秩字　若疾苦之在己疾苦誤作苦疾　宰廬焚蕩焚誤作樊　民知陛下誠意如此民誤作使　有行之士必能進取誤作未必有能進取　有有道之君子有道誤作道德　恢復中原以快宿憤脫以快宿憤四字

臣謂中原固可唾手而取也脫臣謂中原四字　州縣製造製誤作制　旣來歸我聖朝脫聖字

三朝北盟會編卷第一百七十五

炎興下帙七十五

起紹興七年正月十五日丁丑盡其日

王參政綯奏對曰臣向蒙誤恩除帥浙東黽勉在職幾甫周歲去秋偶以衰疾力懇披誠乞領外祠以休疲憊仰荷聖恩矜從免以罪罷揭來浙右寄居崑山席未及煖虜騎侵犯（改作北騎東人）承楚戎輅親行蘇秀稚耄延頸歡呼爭覩天日臣於斯時屬以衰羸屏伏巽方不得同郡縣官吏班迎道左以望屬車之清塵臣之私心死且不瞑臣竊伏念頃以非才猥蒙拔擢叨

與政機日侍帷幄親承睿訓眷待優渥雖至捐糜不足報稱今雖閒退忠不忘君豈敢自後畎畝之民故於今日備禦之計夙夜疚懷私自籌度藏於胸臆念欲獻納而未之敢方此愧憤不知所爲今月十六日戌時准尚書省紅字皮筒遞至詔書一道賜臣臣已即時望闕謝恩祗受訖伏念臣竊位素餐以成罔效分當擯斥不足收采敢意聖慈尚賜紀錄曲垂詢問猶不棄遺伏讀之際戰灼隕越汗浹洟零不勝感激愧怍之至伏讀詔書所問攻戰守備措置綏懷之策皆軍國之先務廟堂之大計臣雖罄竭何足以奉承雖然豈敢隱默以違明詔臣謹竭愚妄之說攻戰之利臣愚以謂莫若作士氣守備之宜臣愚以謂莫若固淮甸措置之方臣愚以謂莫若經久遠綏懷之畧臣愚以謂莫若惠吾民謹按其畫一如後一臣所謂攻戰之利莫若作士氣者傳曰一鼓作氣再而衰三而竭是一戰之頃氣有作竭矣兵法曰朝氣銳晝氣惰暮氣歸是一日之間氣有銳惰矣去冬虜（改作北騎）驟至侵軼疆埸東陷承楚西掠濠壽曲之在彼人所共知如此其甚所以我軍憤怒人百其勇直向無前至於虜（改作敵）勢既屈潛師遁逃具如明詔之所謂者

臣聞新春以來捷音載道市井閭里畎畝藪澤之民聲氣和接更相告語欣若更生人人始有安堵之意茲實廟社之靈國家之福而生民之幸也然臣竊有說焉士氣憤怒十旬有餘非特一戰一日之比其氣豈能常銳而不衰哉又況屢勝之後將佐士卒志得意滿氣適其平而怒斯釋矣使敵伺隙而乘之則今日之勝安知不爲他日之負哉此最兵家之大忌也臣所以言攻戰之利莫若作士氣者正謂今日新捷頻勝之後長慮郤顧所宜素講者也臣願明詔諸帥各分士卒之半分據淮南要害之地明間諜遠斥堠厲

兵秣馬常若寇改作敵至借使復來力足以禦申嚴約束更迭救援無敢蹉跌以後約會擊東則西應擊尾則首應不約而動如十指之捍頭目朝廷且復以時濟師張大聲勢使前行知後必繼至而增勇後繼知前行深入而爭先如貙豻虎如救焚溺刪此八字以此眾攻何慮不克以此眾戰何慮不捷儻或留兵寡少敵兵一至委之而去則不若不留兵之爲愈又或留兵雖眾而士氣驕惰人不思戰忘戒而易擾弛備而易犯兵數徒多雖謂之寡弱可也何足以爲固哉臣又觀狡猾不情改作出沒不常暴戾很賊刪此四字金虜改作敵人常態

安知今春之遁不爲今秋之復來乎伺探所得可喜之託安知非彼揚其虛聲疑吾戒心怠吾士氣以肆其奸譎之謀乎臣竊計六師順動饟軍犒師賞賚之數費倍他年昔吳欲病楚其謀以謂彼出則歸彼歸則出楚必道敝亟肄以罷之多方以誤之今我之動煩費若茲臣竊謂虜改作敵情詭詐隱伏難測安知其計不出於此是以東據承楚而不動西掠濠壽而不居去則摽掠驅虜刪此六字改作蹂躪之餘復歸巢穴改作本境我來則去我去則來此風漸不可長所宜深講攻戰之策預備再至之謀使異時雖欲爲此而不可得則攻戰豈可遽已而士氣安可不作哉臣故曰攻戰之利莫若作士氣者此也一

臣所謂守備之宜莫若固淮甸臣所謂固淮甸者非謂直以淮甸爲邊陲而無意於中原也國家大計理有先後勢有緩急固當循理而行觀勢而動不可倒行而逆施也何以言之漢高祖東向以爭天下則以關中爲根本滎陽爲固雖戰屢敗終守死必爭不肯捨此者志不在於滎陽而乃在於天下也今國家北面而復中原何以異於是江浙者國家之關中淮甸者國家之滎陽淮甸雖屢殘破亦不置之度外者志不在於淮甸而乃在於中原也昔苻

堅以九十七萬之眾伐晉既破壽春而敗於淝水當是時壽春淝水皆晉有也魏太武自雲中由青徐伐宋至瓜步百牢掠廣陵而歸當是時廣陵瓜步亦宋有也以是見晉宋五朝皆倚淮甸以爲屏蔽蓋保淮甸然後可以駐蹕建康保淮甸然後可以經理中原決二大策其要皆在於淮甸淮甸者國家之滎陽在所必爭而不可失之地漢得天下基業實創於滎陽則國家之復中原其趾實在於淮甸使淮甸安固而富實然後可以復中原臣請設爲問難以畢其說若以謂盍乘戰勝之勢大舉深入克復中原據上都以令

天下四方指顧而定一舉而成希世之絕績豈不暫勞而永逸哉臣竊以謂過矣何以言之漢高祖二年楚兵方勝而深入則漢嘗大敗於彭城後有五年楚糧既乏而夾攻則漢方得志於垓下爰自臨淮以北陷没累年綿地千里行師十萬月計糧餉以石數者七萬有奇以運漕則汴水絕流以負擔則非調夫十五萬不可繼以食則無糧可因矣又況歸路之邀我糧道之困我若大兵皆行則內輕而外重外實而內虛分兵以往我分而弱彼合而強未見衰弱之形而遽深入幾何不類漢入彭城之害乎其害有不可勝

言者則深入之說臣不敢以爲然也若謂敵人乏糧忽遠而歸臣又竊以爲過矣何以言之金人犯順改作擕難幾十年初未嘗齎糧矣今日自僞境濟淮而襲承楚何遽計日裹糧頓改常度哉又況承楚稼事未終賦稅未入虜改作敵騎忽至縣官倉廩雖虛而農家之穀被野是必驅役吾民舂穀爲米負薪供爨厭餐飽餚又復漕運餘糧而西去矣則糧乏之說臣又不敢以爲然也若以謂虜寇改作金人能襲承楚而不能犯改作至通泰足以明其兵力之少臣又竊以爲過矣何以言之累年以來僞境固已畫宿州爲界矣今茲陰導狄改作敵人無故出疆安知其意不在通泰鹽筴歲得八百萬緡之利彼必以謂使我得承楚而有之通泰在吾腹中可不攻而自下則力不能犯改作及通泰者臣又不敢以爲然也設使通泰鹽筴爲彼所有彼漕艦瀕長江而上長江之利日與我爭雖欲只保江表亦將驚擾不得奠居不惟我失煮海之利雖天塹之險亦不足恃矣利害之係至重大然則淮甸豈可以不固守而力爭臣所謂守備之宜莫若固淮甸者此也一臣所謂措置之方莫若經久遠者有二說焉一則規度駐蹕之地一則操秉統御之權所謂規度駐

蹕之地臣竊嘗伏思汴都宗廟洛邑陵寢咸在中原洛汴之在天下猶水木之有本源網裘之有綱領誠復中原而都之則臨莅四方舉而措之無復難者睿意所向未嘗不在於此可謂得其要矣將復中原垂定駐蹕之地稽之古昔揆之時宜駐蹕之地未有過於建康何以言之昔曹氏先有中原孫仲謀遂據武昌七八年間山川形勢在江表者觀覽規度至詳熟矣未幾遷居建業使曹氏父子必睥睨逡巡而不敢進後五胡濁亂河洛元帝南度王導相之雖叛臣劇賊陵犯之頻終不肯捨此而他涉由是觀之將圖恢

復中原駐蹕之地信未有過於建康者豈錢塘蘇臺所可比擬建炎巳酉行宮告成無何金寇(改作人)兵火殘毀邇來亦既繕修稍以就緒增葺歲年必復全備然淮甸未固建康形勢雖勝營繕兵甲雖多亦未可以遽議駐蹕也故淮甸之說臣已粗陳於前矣今距防秋纔半年爾防秋已前經理淮甸宿兵捍備足為屏翰使今秋冬金寇(改作人)不能再肆侵軼則來春鑾輿駐蹕建康方議恢復中原此為舉措先後之序不可易者臣所謂規度駐蹕之地者謂此所謂操秉統御之權者自頃虜(改作敵)騎長驅犯(改作及)我北鄙士卒暴露迨今十年結草為廬枕戈而寢師旅之衆宜在厭兵而苦戰厭苦之意萌則勇鋭之志消勇鋭或消而望其立功難矣邇來士氣奮厲戰輒克捷遂立卻敵之功如此之盛臣既已仰觀陛下神武英斷命將出師度越前古遠甚雖宣王有常德以立武事異世同規若合符節豈臣愚陋所能窺測萬一大抵將帥之用士卒招則聚麾則散非命之進不敢進非命之退不敢退去來前卻唯其所欲無不如志雖使之蹈白刃赴湯火無甚難之色人主之用將帥將帥之用士卒一也人主以將帥用士卒者用將帥將帥以士卒聽

命將帥者聽人主則天下之大軍旅之衆如心使臂如臂使指運動圖維以一人而用天下恢恢然有餘地矣左氏曰師能左右曰以詩稱於以四方誦武王也然則以四方者王道帝王之事也史載韓信自謂善將兵稱高祖善將將然則善將將者亦王道帝王之事也國家諸大帥爵祿極矣寵錫至矣眷渥優矣事權重矣前古所謂以四方善將將者陛下淵衷秉操深自得之斡旋轉運沛然閒暇雖天下英雄之難駕御者亦復得而用之矣惟陛下於以四方善將將者當留神而加意焉則數十萬之衆趨走奔命之不暇豈復有慢令難使者哉夫如是何求而不得何為而不成操秉統御之權者謂此臣所謂措置之方莫若經久遠者此也一臣所謂綏懷之畧莫若惠吾民何以言之豫泗襄鄧以北陷於僞境者皆吾民也今加惠焉非謂載粟帛以遺之招惰游而養之也推原厥由非我棄彼而不收亦非彼叛我而不附以田廬之累雖欲不從之而不可得凡此庶民皆蒙祖宗德澤涵養既久且深其耆耄丁壯日夜望思咸懷徯后來蘇之志者人人皆是不幸身縻僞境威力驅使雜於醜虜(刪此四字)與我交兵豈其人之本志也哉臣愚謂宜

因事區別或降服之際或俘獲之餘物色詢訪覆驗情僞願從則隨宜存撫欲歸則畀以資糧使人人皆知聖度寬容海涵天覆原恕脅從一視同仁之意既深信而不我疑彼驅來戰則人無闘志衆有遁心我往伐彼則前途倒戈開門迎降所至如歸無與我敵者孟子曰鄰國之民仰之若父母矣率其子弟攻其父母自生民以來未有能濟者其斯之謂歟晉羊祜行平吳之策未嘗殺吳人吳人視祜同於父母吳人歲饑歸者如市惟其平居無事之日祜得其民者如此後杜預王濬得以兵破其國易於摧枯此正今日

所宜先也吾民陷溺西北者惠心既孚招徠之意已喻矣吾民之在東南者獨何不思加惠哉累年以來數十萬兵戍於東南而民不敢病者正以陛下軫卹黎元禁戢科斂詔令丁甯誠心孚信實惠及民非異時俯偃空言同日而語斯皆所以惠吾民也去冬親征詔下東南之民咸知陛下親屈帝尊蒙犯霜露不憚躬臨爲生靈計德至渥也雖小民莫不願效財力助國討賊是以預納苗稅及和買紬錢之類皆盡所有爭先供輸無復難色其說以謂向非車駕之來安知私室之藏不爲盜賊所有此其所以樂輸而不病也雖然臣竊聞大軍驟移數萬之衆廬舍闕乏無以避風雨蘇秀等州各備葦箔椽柱不免賦之於民此亦當然非甚難者然此諸州類皆澤國數百里間地勢平坦水田彌望葦實生之不產竹木織葦爲席値可力爲徑寸之竹拱把之木迴出浙東極爲難得軍期急遽日限逼促至有徹室取椽三倍市席者其爲煩費過於預納錢穀之數臣願明降諭旨自今春無屋宇處廬舍之備但如向年臨安給價直或隨所產竹木充用不得限以徑寸丈尺則民免煩費且復及期易辦不致誤事而後時矣加意吾民至此則無復

可議者所謂綏懷之畧莫若惠吾民者也臣謹條具如前復念臣識闇見遲料事不工建言無取非適時用今也遽承明詔出於望外雖務磬竭何補毫釐至於智慮淺陋論議迂濶冒貢狂瞽之說仰瀆淵聽則臣之罪無所敢逃謹昧死條具以聞

韓樞密肖胄奏對曰臣伏聞逆賊豫怙終金人同惡舉兵侵犯（删此三字）深蹂（改作入）兩淮驚報初傳羣情大震陛下睿謨自定神斷必行親御戎衣天臨吳會將相協慮士卒一心遂摧賊（改作敵）鋒所向俘馘虜（改作敵）氣沮奪潛師遁逃信悔禍之自天知戡難之有日東

夏竦動中外號呼臣荷國恩厯叨樞近顧當斯際竊食祠宮既不能畫半策以贊帷幄之成謀又不獲備前驅以展行陣之微效進退惟谷夙夜靡甯敢望聖度兼容溫詔下逮訪以急務俾之盡言拜受兢慙罔知所措伏讀再四喜極而涕昔者帝堯舍已而稽於衆大舜與善而取諸人夏禹之拜昌言漢高之屈羣策惟聖慮已與古同符豈伊涓塵可裨海嶽仰應詔旨姑竭愚慮聖問所及臣敢不一二條列試爲陛下言之聖問首曰攻戰之利臣聞乘其時而爲之者功必倍因其利而成之者人不勞聖人奉若天道時苟未至

惟修德政以待之時既至作而求成不俟終日臣頃在紹興二年以備從班獲陪外廷末議恭被詔問攻守之策臣時輒敢不自揆度對言終當用兵蓋如鼂錯之論七國以謂削亦反不削亦反金虜改作人猶是也繼因賜對再具陳賊豫盜據中原人心不附宜出不意擣遣兵將鼓行進討聲言翠華復幸金陵督使過江願賜睿斷濟成大勳二疏諒存其言可復臣之出使軍前陛辭之日亦嘗面奏和議蓋權時宜以濟艱危他日國步安強軍聲大振理當別圖竊惟臣愚前後狂瞽之言尙蒙俯記清衷則攻戰之利臣先固知之矣

況臣親見女眞等軍嘗至川陝者皆畏服西兵勁銳善戰有難敵之語今茲入寇改作南下韓世忠等三大帥卒皆山西將種所統精銳頗多西人臨難敢前屢挫敵衆復聞吳玠繼有捷奏軍聲大震虜改作敵意必搖若以斯時數道並進此有犄角之勢彼受腹背之敵不戰自潰理之必然此其可以攻戰一也抑臣聞之在昔漢運中微新莽縱暴民懷高祖文帝之德謳吟思漢十室而九光武因之不三年成中興之業田單以卽墨兩邑餘衆敗燕於百勝之後蓋以燕用間言劓所得卽墨士卒置之前後且復發掘壟墓僇及死者人懷悲憤怒自十倍用以出戰卒破燕軍恭惟大

宋祖宗之澤海內涵濡垂二百年人心愛戴豈特漢民之謳吟虜寇改作金人比歲暴我改作出入中原豈特卽墨之憤怒此其可以攻戰二也加以賊豫父子虐用其民苛斂煩役殆不堪命臣前過僞境親所見聞比復簽發使臨行陣其怨叛之心益甚矣傳曰天子不受反受其咎書曰傒我後後來其蘇儻因上穹助順之心遠副遺黎雲霓之望萬全之舉一怒而安聖問次曰守備之宜臣聞之勝負何嘗賊改作敵之情僞難察頃者番僞入寇改作僞豫稱兵信由守備有方彼多失亡因

其窘蹙之勢畏我振厲之威潛跡奔竄然金虜(改作人)自恃勝强反成敗衄犬羊之性(删此四字)切於(改作志切)復仇況又狠于野心(删況又至此六字)萬一內懷詭譎有如子胥教吳分三師以敵楚之計我出則歸我歸則出亟肆而罷之則此寇(改作前軍)甫還他酋(改作後兵)繼至方喜其去以徹警又乘吾怠以來寇(改作侵)脫或少失提備豈不動致繹騷故欲議於戰攻當先飭於守備遠若川陝固有吳玠及宣撫使司之兵守備之宜既自為計唯是荆襄之制上流吳越之防海道而江淮緜亘數千里間尤其出入之要衝兵法有云無所不備則無所不寡

今若無事而益為守則不惟兵勢之分有所寡弱兼亦勞人費財坐以守困昔人論長江之守如七尺之軀要害不過數處朝廷比因去冬之警近裡險要必已熟講至於兩淮之壖所當守者固亦有要害若分擇文武臣僚諳練古今察知形勢者按行計度預圖其宜量遠近之中求險阻之要某將最才可將某屯某人有兵可援某所某地可以儲積某道可以轉餉以至器械財用戰船水軍之屬一皆素具無或取於臨時備在敵先倉卒無患臣竊以方今當守備之要地臣固不能盡知亦未易盡言姑舉所聞見惟當先急者莫如淮南淮南在昔固南北之所必爭者也晉敗苻堅百萬之衆實在淝水之上江左置戍每以壽春盱眙為重至若魏人欲制吳則鄧艾先耕墾於壽春周世宗謀江南亦三至淮上親破壽州據淮水上流山川障塞大江甚邇此則平窺淮南如在掌握而又北連潁蔡可以直抵京師北虜(改作兵)入寇(改作境)亦先安重兵於壽春而濟自淮陰夫淮南賊豫父子闚覦之地不惟利源所在可以趨大江使江南而無淮南是縱敵人在吾戶限之外不復可以為固不當以利遺人更為賊(改作敵)有也前日潘致堯回其書已有

江北不許屯戍人馬之語及遣王翊來果持分畫之說我既難從以理拒之疆議未定便可扼險而固守而淮東西雖命宣撫使然不列屯置司乃江浙所遣偏裨分守不過資以輕兵既已勢孤難必責其固志況復力弱豈足抗於敵鋒且狃連歲之無虞可謂泰然而坐視守備既缺斥堠不修遂致番偽之兵如踐無人之境雖既往之不咎豈方來之可忽抑閩虜(改作敵)在承楚逼泰形勢孤絕旁無障寨邑人難以堅守賊(改作敵)兵易於攻取而終以全免者或疑以逼泰皆係產鹽地分虜(改作金)既窺取淮甸私(删此字)指此以為

外府陰加保護以爲後圖借曰不然在理所當致慮比報三將奏功而韓世忠劉光世置司鎭江太平臣愚不能仰測廟謨用意之微或者妄揣以車駕方在浙西翼衞全恃江上故三將皆屯濱江淮朝廷未欲示敵以强尙存修好之議若移兩將江北或致番僞亟爭臣愚以謂張將之兵既置司建康自可分屯江浙屛蔽行闕力已有餘況二將若在淮南籬藩可謂深固若謂不欲致疑虜寇改作敵人彼既舉兵我則移屯有名若慮引惹生事但當嚴加約束俾守封疆無得輕以一人一騎踰淮而北犯者重坐之明揭敕榜告諭遠近以示兼愛生靈之德意可耳聖問又曰措置之方臣竊以爲方今所謂措置莫大於攻守二策乃若守備已備陳其宜其於攻戰猶當愼重臣聞兵家至理莫善於紀律軍行急務無先於糧餉至於號令必有總攝權力必能節制然後可以一臂指之用而御强憤之衆昔李晟統軍秋毫不犯故方克復京師而井里不知安堵如故蓋非若此不足以爲弔伐之師然軍行紀律多利鹵獲今欲削平僭亂止當取彼凶殘又若其民實吾赤子況聞僞境之民深苦貪暴日望王師之至救於水火之中若非紀律之兵恐乖喁喁之望

宜敕諸將嚴立軍制昔諸葛出師雖有木牛流馬之運而倉糧不繼因無成功先主出兵荆州敵國震動至遷都避之而關羽糧盡更致喪敗今若進兵僞境雖稔聞山東河洛之間民言王師若來願資糧餉然僞境兵火之餘戶口彫耗墾田數寡出穀不多比更金寇改作敵人往來無不蠶食豈敢保其尙有餘糧在昔運道水行則慮河流有斷涸不通之處陸運則恐附近無移用轉餉之人要須預計有無之事臣聞春秋傳曰師在左右曰以號令不能使之聽權力不能使之服皆不可言能左右之也唐以九節度之師環賊而攻之一旦潰敗雖以李光弼之威嚴郭子儀之寬厚勢不能自制其兵不自立庭戶一有纖芥利害未免更相讐疾其能出私己以徇國家之急殆未之見若欲併遣進攻必先選命總師分以精銳之兵附以招集之衆合數萬人隱然自成一軍遂遣諸將併進攻討總統之號令既一權力既重諸將雖素貴重疇敢不聽從維持輯睦使必有成其利害與非用素所撫循之兵而僥倖取勝者蓋亦異矣抑前代君臣之遇合相與有爲必先有素定之論然後見之行事享其成功韓信之初見漢高諸葛亮之初見先主王猛

之初見苻堅凡厥指陳皆有定論後所設施不愆本謀今者措置之方惟陛下與二三大臣謀議素定使他日按而行之庶幾臨事不惑不疑此尤措置之本原也聖問又曰綏懷之畧竊以畿甸山東關河之民怨（改作經）金虜（改作人）之多暴（改作驅使）苦僞齊之煩苛臣前巳機言之矣爲今之計當以安集流亡招攜歸附彼忿虜寇（改作干戈）之威虐（改作擾攘）而被蒙朝廷之德惠是猶童蒙脫盜賊之手虎狼之口復親依父母之慈愛（删是猶至此二十一字）豈（下添恐字）他適哉要在擇羊祜陸抗之屬以爲守帥擇卓茂魯公之屬以爲守令俾之悉廣陛下

之德惠輯而附之以招其餘逖聽風聲扶攜而至者勢必衆矣比聞諸將俘獲簽軍恩旨悉貸不殺自拔而歸者加以官資賜以金帛給以田土重以宴犒雖女眞（改作契丹）勃海絕域異類（改作之人）所以優假安全之恩意已無不備至況今淮南江東西荒閑之田至多唯宜具述陛下所爲愛養元元之誠心揭榜境上或選舊西北人若初附簽軍之可信使者使深入僞境轉相告諭俟其來歸從所欲往授田給糧蠲其賦租遂其生理必將接迹而至此亦諸葛亮使民雜耕渭濱之意也昔人有言彼民於此民同是天意（天意與民）意同

無不成之功蓋民心悅則天意得以此德聲溢廣西北舊疆可傳檄而定尙奚血刃轉戰之勞哉恭惟陛下天縱之資日躋之學萬事統紀灼見微渺而衆美不居隆恩蓋載如臣固陋戇愚豈足以策大事殫蠡管之小識進其誠款盡直罄胸臆與親所見聞無復文飾本末具夷僞之情（改作申禦侮之方）終始言天人之助至於高爲迂闊之談力持難行之說臣皆不敢爲也況番僭歷年用兵人神共怒古今所無以吉凶之理倚伏之數推之行且滅亡兼臣昨在軍前聞金酋（改作人）頗有厭兵之意其衆軍亦甚思休息特粘罕（改作尼堪）

兀室（改作烏舍）高慶裔輩持之不肯然上下猜防人心攜貳縱未能亟加天討亦將見內患自生變亂可待也爾後姑復尙與通使經理種種亦易商量權輕重之間事易以成臣螻蟻之願者（删此字）伏望陛下俯從人欲無失天時因得而處失得勝而彌懼思嘗膽之報遵馭朽之戒埽叛逆之餘燼救黎庶之橫流以雪宗社之大憤爲天下之福此非特愚臣憂世愛君之心實海宇臣民憂國之義輕瀆冕旒臣無任惶懼隕越之至

賜進士出身頭品頂戴四川等處承宣布政使司布政使清苑許涵度校刊

三朝北盟會編卷第一百七十五終

三朝北盟會編卷一百七十五校勘記

已試罔效（已試誤作以成）　滎陽爲保固（脫保字保固一作險阻）　故雖屢戰屢敗（脫故字屢字）　後有五年（有一作至）　幾十年矣（脫矣字）　初未嘗賫糧也（也誤作矣）　利害所係至重（誤作利害之係至重大）　豈可以不固守而力爭乎（脫乎字）　彼驅策來戰（脫策字）　各備席箔椽柱（席誤作葦）　一一不免賦之於民（脫一一兩字）　警報初傳（警誤作驚）　可以徑趨大江（脫徑字）　兩淮東西（兩誤作而）　卓茂魯恭之屬（恭誤作公）

三朝北盟會編卷第一百七十六

炎興下帙七十六

起紹興七年正月十五日丁丑盡其日

韓肖冑又奏曰臣竊謂逆臣劉豫藉黠虜改作强敵之兵驅脅從之衆自以爲功在漏刻逆天不祥叛國不義雖不煩干戈鬼神雷霆猶得誅之而況陛下神武親御戎輅以作王旅之氣獻馘受俘月餘三捷凶徒敗北奉頭鼠竄可謂策貴廟堂功高帷幄無復遺慮矣陛下降詔遵祖宗故事以四大議博詢舊弼之臣臣竊仰陛下明目達聰比德虞舜好謀能聽同符漢高

臣雖固陋不足以與大計然荷陛下深恩雖身在外日夜惟念國家利害至熟也其敢緘默以辜明問臣不識比日寇改作侵淮并江之虜改作兵其亦合從諸國如靖康元年再犯改作至東都之師乎悉起精銳如建炎三年再犯改作至維揚之師乎無乃虜改作敵情不及於用兵徇逆豫之請姑遣偏師以僥倖萬一也其合從諸國悉起精銳如建炎三年以前之大舉則今者盛氣而來褫魄而去非其兵力衰墮則虜改作敵中必有大變豫雖欲恃虜改作金久安虜改作金且不足恃方其退遁之時當遣精兵分道追躡俟虜改作敵遠去度其已疲不能還救則亟進擒豫盡俘其雛孽黨類中原之人必洒然自歸矣臣以爲計策若當出於賊虜改作金人初退陛下必已斷而行之豈復俟於數千里之外若曰虜改作金徇逆豫爲國之請姑遣偏師以僥倖萬一則近日之事可知也臣常策逆豫僞爲國家求成於虜改作金其謀有三方國家建議遣大臣豫欲藉虜改作金制和以款我師其謀一也虜改作金若不與國家接則其忿幾息矣而受之安然非豫之利也故欲使二國通使而和成則豫偷安其間和不成則豫乃得奮其詐怵虜改作金用兵名曰合交實欲激怒之也

虜改作金雖爲豫怒非其眞情故不汲汲於用兵而其來者非全兵然不如所欲而去則必圖再來再舉必大發兵則戰守之計誠如明詔不可緩也臣嘗深思爲今之計已爛熟不足爲而甚有新意者屯田是也江之南岸并江之民甚少曠土甚多皆可措爲屯田沿江大將各見分地而分屯而其軍士舊嘗爲農者十計五六擇其非甚精銳可爲田者使各受地凡爲田者聚屯於所屯之旁有形勢之地農隙則各教以所習之技歲成則多分以所種之麥禾至於芻藁薪蒸之用雞豚狗彘之養家擇荒地給之如此則士之不

預選爲田者亦皆望耒耜而興起矣軍士所田必不能盡徧長江之南岸則募江北流徙之人給之又有餘則募江南無業願遷之人給之其分給部勒訓習皆如軍士之法然屯田之始必有耕牛農具穀種營屯之費不憚以圖久長之利者國家所當急務也凡置營田皆占形勢之地則應江上之勢可備禦處遂皆因田以成營屯於衆屯之中擇其甚要害處又加以重兵爲大寨一年之後大寨之糧食可稍取於屯田之穀則漕運之費省大寨之軍止則可以保江而固守出則可以度江而攻討屯田之事常爲根本則

備禦之計成昔人有曰自西陵以至江都五千七百里其險要必爭之地不過數四其言誠有理然今與古異虜（改作金）人用兵非有古人按節鈐制之理不擇可否覘利輒進如開者泛海之師覆亡相繼計猶不悔則不止險要必爭之地爲可守也凡沿江之地皆當守今若大江南岸營屯相望傳烽數號千里不絶則敵人之情畏矣江北士民流離失職江南士民多忌且惡之若無所容者今若使得耕幷江之田是生死而肉骨也荷戴深恩民力之餘將出死衛生以備捍禦則綏懷之畧成矣津岸有可絶江處當預設險

固使不得渡浦漵有可泊舟處當素備舟師使不得入險固非一日可設也舟師非一日可習也因屯兵使爲之日積有功賊（改作敵）至可戰則戰戰守之道盡矣臣謂此策非止爲保固守禦之計至復中原區宇撫定四夷（改作邊隅）皆由此爲之是貴謀賤戰萬全之道也雖然有一於此臣愚者叨侍帷幄日聞天語退而考諸行事知陛下愛民之意至優厚也至誠懇也開者兵興有司或不得已爲一切弊政預買借税之類期限頗急事少定矣當有以休息之獻言者於謀國多爲目前之務而不計利害之實萬一過聽而盡行

之民力不勝其任背於陛下平日之聖意甚至使民未喻而怨咨者非細事也逆豫固非陛下敵也豫專爲虐陛下專爲德使安靜之化刑於四海寬厚之氣襲於殊俗則脅從之衆皆慕之以爲君心愈堅決矣臣謂攻戰備禦措置綏懷惟是爲本陛下雖聖心得之願加察焉

朱勝非奏對曰國家承平日久兵備既弛夷虜（改作敵人）投間抵隙流毒天下（改作長驅深入）伏自陛下臨御修講軍政賞罰必當紀律既明號令每下旌旗皆變今内外勁兵無慮三十萬衆兵既衆矣患無可作之氣今則

勇氣可作氣既作矣患無可乘之機會今則機會可乘不於此時速謀進取使既作之氣復墮當乘之機復失以數年嘗膽之勤爲一旦噬臍之悔可勝惜哉遂列四事以獻一曰進討僭僞二曰守備江淮三曰招撫遺民四曰揆度虜(改作敵)勢上皆善之

呂丞相頤浩奏對十論劄子

一論用兵之策臣契勘臣在河北塞上守臣歲久目睹金人與契丹相持二十年今歲戰來年和來年復戰而戎主天祚不悟其詐卒致顛覆仰惟陛下天性聖孝痛北狩之未還悼生靈(改作民)之荼毒(改作未息)累遣

信使卑辭屈己祈請講和以紓父兄之阨以救生民之命而虜性貪婪吞噬未已(八字改作金人兼併未已)自王倫之回踰四年矣歲歲舉兵侵陵川口去年雖不曾出兵而移師南來大入淮甸與淮甸劉豫同惡相濟其志豈小哉今幸狄(改作敵)人已退若不用兵則五月必傳箭虜(改作敵)中(金人五月間傳箭於國中)令鄉民備八月點集秋冬聞復舉兵至淮甸在我枝梧賦斂愈至財竭力困此不可不用兵也況不用兵則二聖必不得還中原之地必不可復僞齊貲糧必不可焚和議之計必不可諧大江之南亦不可保縱能保定不過一隅爾或曰如此遂廢講和一事耶臣對曰不然古者交兵使在其間既不可因戰而廢和又不可因和而忘戰問遣使命再貽書以驕之復示弱以紿之而我急急爲備出其不意乘時北伐此用兵之利也

二論彼此形勢臣契勘金人本契丹奴婢之(此三字改作)屬國戎(改作遼)主天祚侵陵其民誅求無厭以致憤怨舉兵交戰遂滅耶律氏政和年間內侍童貫奉使大遼得趙良嗣於盧溝河聽其狂計遣使由海道至女眞國通好女眞既滅耶律氏兵益衆勢益張知中國太平日久都無戰備必可圖也遂陷(改作至)中京勢愈猖

獗(改作强盛)二十年主張國事者相粘罕(改作尼堪)也爲之謀臣者劉彥宗兀室孛堇(改作烏舍貝勒)蕭三太師高慶裔張愿(一作恭)之徒是也爲之將帥者斡离不(改作斡里雅布)蟜目(改作棟摩)國王余覩(改作伊都)婁宿孛堇(改作羅索貝勒)三太子四太子撻辣(改作達蘭)郎君之徒是也謀無不從戰無不克橫行天下又近十年彼之勢可謂强矣然粘罕(改作尼堪)之性好殺而善戰用兵不已昧於不戢自焚之禍部曲離心已久將士厭苦從軍皆謳吟思其鄉土勢必潰散有將敗(改作亡)之兆(臣於宣政七年十一月陷於虜賊來年二月得歸朝廷在賊中時其虜衆每夜嗟嘆皆云契丹交兵十年不得歸今又向南去不知何時到家去也○注虜賊改作敵中)

賊（改作敵）虜（改作兵）又虜性嗜殺將兵所向族其強壯老弱畧其婦女財寶悖天道結民怨窮極已甚此亦將亡之兆（刪又虜至此三十七字下添今字）劉彥宗斡离不（改作斡里雅布）余覩（改作伊都）蟾目（改作棟摩）國王婁宿孛堇（改作羅索貝勒）皆已死所存者才氣皆在數人下其將士所有子女玉帛充滿於室志驕意滿亦將（敗改作）亡之兆凡此皆彼之形勢也我之形勢比之數年前不同何以言之數年以前金人所向我之戰兵未及交鋒悉已遁走近年以來陛下留神軍政揀擇精銳汰去孱弱今二三大將下兵已精矣（臣竊料劉光世韓世忠張浚楊沂中岳飛王𤫊下兵數約二十萬人除輜重火頭外戰士不下

十五萬）陛下聖性精於器械制作工巧數年以來卑宮室菲飲食而輟那財用修造器甲今器械畧備矣（夷狄之兵自來以全裝衣甲御敵中國甲士自來止於前後掩心副膊有皮笠子而無兜鍪故怯戰臣嘗觀太宗皇帝於北京武庫架排下河北十七將軍器並無全裝今日並不堪用沂溝之敗恐由此也。注刪夷狄之三字改作北）兵既精器械又備將士之心曾經戰陣膽氣不怯勇於赴敵故頃者韓世忠阨虜（改作敵）於鎮江張俊獲捷於明州陳思恭邀擊於長橋去年虜（改作敵）人初到淮南韓世忠首挫賊（改作其）鋒諸將屢得勝捷至於吳玠累次大捷於川口此我之形勢也夫太祖太宗皇帝有兵十四萬而平定諸國遂取天下今日有兵十五萬察賊（改作敵）之勢如彼度我之勢如此若不用兵恢復中原則必有後時之悔豈宜緩哉

三論舉兵之時臣在河北使陝西沿邊備見虜（改作金）人風俗每於逐年四月盡括官私戰馬逐水草牧放號曰入濼（濼乃不耕之地美水草之處其地虛曠宜馬）入濼之後禁人乘騎八月末各令取馬出濼飼以粟豆準備戰鬭又虜（改作金）人所長者在弧矢之利而暑月弓力怯弱射不能及遠故自古至今凡夷虜犯（改作眾侵）塞邊未嘗出於盛暑之時歷代將帥儒臣皆不知此惟唐杜牧之嘗獻言於宰相李德裕曰漢伐匈奴率以秋冬當虜人

（刪此二字）勁弓折膠重馬免乳之際與之較勝負故敗多勝少今若以仲夏月發兵出其意外一舉無遺類矣嗚呼世稱杜牧之論。（舊校云此處似有闕文）其劄子奏陳次日進呈之際蒙聖諭以爲夏月舉兵乃宣王六月北伐之意也然時方議和未暇及此去歲秋末朝廷再遣使人去北請和而豫賊之子與虜酋（改作金人）引兵過淮信義俱棄可知也然則和議豈可信憑在我之計豈可但已縱令今年秋末復爲邊患哉臣願陛下奮發睿斷乘此機會不可失之時密與大臣決策定議陰敕大將速爲之備於今年四月初舉兵北伐若乃進

兵之路趨汴之計供餉之方招懷之畧臣一一條陳於後伏望睿旨深思熟計廣訓博訪施行

四論分道進兵之策臣本東北人自中原陷賊改作被兵以來傳聞京西路殘破爲甚京畿次之惟京東東路河北東路不曾經兵火百姓安堵如舊然苦於劉豫苛虐思望本朝之心至今未泯茲蓋祖宗德澤感民之所致今乘斯民徯望之心出敵人不意之際舉兵北伐必有大功縱未能盡有其地亦可以收民心慰衆望也臣已條具今年四月舉兵之策矣臣欲乞印今所有戰兵數內差撥五萬人選大將一員統之由

泗洲擣南京至汴京其運糧開具在後編又差大將一員統兵二萬人駐泗州爲應援又別選大將一員統兵二萬人自明州趁今年四月便風泛海前後攻沂密州至青濰州密州至濰州陸路一百二十里又一百二十里到青州京東之民企望王師日久所至必望風而下又遣大將一員提兵二萬駐濠州張聲援此兵不可以深入以糧運艱阻但時遣奇兵渡淮擣順昌府陳州則京西北路諸郡傳檄亦可下惟是申敕大將所至不得殺人刼掠務要宣諭朝廷德意蠲除劉豫什一之政明出黃榜除二稅之外更不行青苗預買之法所下州縣選差逐處

豪傑爲衆推服者主管事務七八月間且班師過淮次年復出臣於去年十二月二十八日具奏兵法所謂彼入我出彼出我入不二三年間中原之地黃河以南必先爲我有蓋謂是也

五論運糧供軍事臣契勘臣已條具分三路進兵以窺中原事其糧食亦合分項應副一項自明州由海道趨沂密州兵二萬人每日一人支米二升二萬人每日合支米四百石一月合支米一萬二千石臣乞於明州支上件米充一月之糧令海船帶附前去密州板橋頭鎮左右住岸則有糧可因矣密州界鄉民不曾廢耕種

米糧易得一項自駐軍濠州策應入界大兵所有軍糧出淮河水運可到濠州岸下則此項人馬不患乏糧也臣曾任察河發運自承楚州運糧至濠州城門交卸惟是自泗州趨汴京之兵五萬人緣泗州已北汴水不通諸軍合齎十日之糧至有糧地分委江浙漕臣揀選精米五萬石前期運至泗州準備諸軍附帶人界兼準備應副爲聲援軍二萬人口食南京以北鄉民皆有耕種則可以因糧矣仍乞申敕六軍凡軍兵所至曉諭鄉村使民通知王師弔伐除糧食必籍鄉村百姓供應外一行軍士如敢擄奪財物虜掠婦女幷行軍法及處分大將凡王師所至搜索劉

豫父子所取糧料準備資給金人者并行焚毀紹興二年臣在政府日已定議北伐嘗請韓世忠到都堂諭以焚毀劉豫糧料事世忠曰此乃清野之法不可不行

六論大兵進發日乞聖駕駐蹕鎮江府臣於建炎四年春末車駕在紹興府日嘗具奏韓世忠已於鎮江府江心艤舟邀截住虜酋（改作金帥）四太子人馬未得濟渡乞車駕進幸浙西號令諸將前去江上夾擊虜酋（改作金師）及具奏聞以萬乘之尊仗雷霆之威車駕所至可以聳動人心銷弭羣慝此議未決而臣罷政其事不行（臣罷左僕射告詞云下吳門之詔有失於先時請浙右之行力違於衆議）去歲秋末

虜（改作敵）騎初到淮甸陛下奮然決策下親征之詔大駕進行平江諸軍將罔敢退縮斬獲既衆虜（改作敵）遂退師此乃皇天悔禍開悟聖衷宗社有靈遂將恢復之兆也臣嘗考往時耶律氏方强德光舉兵破汴京之際大遼强盛自古亦罕聞也不數年周世宗即位慨然有攘戎狄（改作安邊境）之心親統諸軍巡行塞上其出師也自乾甯軍御樓船入黃河順流而下故北取三關兵不血刃（瓦橋關乃雄州高陽關乃河間府益津關乃霸州也歐陽修撰）五代史云世宗英武之材可謂雄傑其料强弱較彼我非明於決戰者孰能至哉伏望睿明深思熟慮若夏初進兵北伐之時暫移蹕權駐鎮江府訓敕大將撫循戰士訖而還之此帝王之盛舉也嘗觀漢高祖唐太宗取天下櫛風沐雨躬臨行陣況陛下天資神武精於騎射何憚而不行哉

七論經理淮甸事臣契勘淮南京東路平土廣野皆天下之沃壤自建炎三年因金人殘破之後居民稀少曠土彌望今又重困虜（改作金）人蹂踐焚蕩一空正當選擇守臣經理之不可緩也夫總兵統衆破敵決戰當責武臣撫存彫瘵招集流亡當用文臣欲望聖慈更命輔臣詳議可否應淮南州郡除濠泗州壽春

府差武臣外其餘並差文臣使之大講經理之政仍勸率鄉村於三月間多種早禾六七月間成熟可濟艱食比至防秋場圃事畢矣其東西二帥可委者因任之不可委者别差官仍訓敕令講求羊祜治襄陽之政事踵行之其通泰州産鹽地分尤宜選任能吏收鹽息以助軍興臣於宣和元年任太府少卿嘗考権貨入納大率淮南路入納歲約一千四五百萬貫浙東西歲入七八百萬貫下戶部勘會便見昔年所收實數蓋通泰楚州産鹽浩瀚倍於浙東西有此數

事豈可不遴選守臣乎或曰虜會或犯(此四字改作敵人)至邊文臣豈可委任臣對曰不然去年宣撫司嘗奏差文臣樊序等守承楚泗州金人望風遁去大率東南州郡無城壁守禦之具若小小冦盜有兵者猶可禦捍若大敵至不問文武臣皆不能保守也但當較其利害大小事體輕重而圖之緩懷之畧自近者始此其要也

八論機會不可失事臣在陝西緣邊見中國與夏人相持前後五十年每出接戰勝負各相半惟自金人猖獗(改作搆釁)以來中國之兵未嘗交鋒望塵奔潰者豈

金人眞不可敵耶我之兵不精耳故自宣和七年以來金人一舉而圖汴京再舉而破京城又再舉而犯(改作軼)揚州又再舉而渡大江併陝西亦失之數年以來朝廷深究其弊修軍政備器械又虜(改作金人)過江之時戰士屢經得捷膽氣不怯人人皆敢迎敵則金人何復能强梁横行如往年哉以近事言之吳玠初擊退於和尙原再禦退於饒風嶺又大捷於仙人關去歲九月賊犯(改作敵臨)淮甸我師屢捷虜冦(改作敵衆)頓兵百餘日師老糧匱無所得而遁則情見勢屈可知矣夫侵陵中國如此之久侮慢如此之甚今王師已振虜(改作敵)衆向衰若不發兵攻擊則終無討伐期矣或曰得汴京而未能守何益於事臣對曰不然昔漢高入關約法三章除秦煩苛之令民心歸之項羽以其地析爲三秦徙高祖於漢中然關中之地終爲漢有因之以取天下況此一舉必可以擒劉麟平僭僞使中原之民知神器不可以非望得亦可以示我宋不忘中國土地人民之意兼彼入我出彼出我入無大悔吝乎臣嘗考宣和年間國家以富有四海之力而戸部支費每月不過九十五萬貫(是時臣爲大府少卿)紹興三年臣在政府日會計戸部經費每月一百一十萬貫

臣閑退以來竊料戸部經費必有增添之數(臣嘗考每月支用十分中八分係五軍下費耗)夫養二十萬兵不能北向爭天下則東南之民力何可枝梧豈不寒心哉況中原之人强悍壯實東南之人柔脆怯弱數年之後見管戰兵漸次衰老消磨既盡雖欲北向爭天下亦難矣臣冒死爲陛下喋喋言之

九論舟楫之利臣嘗觀鼂錯論兵以謂中國之長技五夷狄(改作北人)之長技三未嘗不服鼂錯之知兵也以今日論之虜(改作敵)人便鞍馬每以騎兵取勝國家駐蹕東南當以舟楫舟楫者非虜(改作敵)人之長技乃今日我

之長技也屏而不用可勝惜哉臣已乞舟師二萬照應北伐之兵矣臣嘗廣行詢問海上東北之人皆云南方木性與水相宜故海舟以福建爲上廣東西船次之昌明州船又次之北方之木與水不相宜海水鹹苦能害木性故舟船入海不得耐久而又不能禦風濤往往有覆溺之患今者國家與虜（改作金）人相持之際天以舟楫之力賜我助中興之大業朝廷其舍諸臣自少壯時遍走兩浙東京河北及虜（改作敵）中沿海地分通知海上可往去處是宜大講海上之利以援僞齊京東諸郡（濰密登萊青州皆海道地分自來客旅載南貨至密州板橋鎮卸下）

河北諸郡（濱滄州及海道地分自來商旅販鹽經行）及虜（改作敵）中諸郡（契丹平營州地分唐太宗伐高麗自營州登船昨趙良嗣與馬政使女眞國蘇州界出遠路）今當聚集福建等路沿海人於明州岸先補船主稍工一官（非承信郎不可）依臣所論齎一月之糧前去沂密州（京東海北界邊海去處亦如浙東海岸有居民市井既齎一月之糧到京東界則所在皆有糧可資也）仍差選曾在京東界與金人接戰將兵授以全裝鐵甲使之北去范溫者本京東界不肯臣劉豫之人在海上聚衆屢與豫賊相抗可遣也崔邦弼在青州爲將官數年間與金人於青州濰州界交兵一方之人極喜之可遣也王進本係登州界遞鋪兵士後來爲官兵嘗屠戮番人留在青州者人亦喜之可遣也臣自離朝廷不知諸將見管人兵之數通計崔邦弼下有兵三千人王進下約有二千范溫初到時有兵六千人後來併入軍中或汰諸軍充廂軍若盡行剗刷歸范溫處約得五千人已一萬人矣又於諸軍補足二萬之數遣行所至去處遇僞齊海船可用者即用之其不可用者焚之趁南風而去得北風乃歸虜（改作敵）人雖有鐵騎百萬必不能禦此行在我無浩瀚之費到彼資東北之糧萬全之計豈可緩哉

十論行謀獨斷事臣嘗考古之帝王舉大事決大議

謀不可不廣而斷不可不必晉武帝欲伐吳羣臣以爲未可惟張華贊成其計故一舉而平江表唐憲宗欲伐蔡衆議排沮惟裴度與帝意合故一舉而擒吳元濟韓愈頌其功曰凡此蔡功惟斷乃成不赦不疑由天子明是也今陛下以聖明英武之資虜（改作金）人退兵之際以善後之計下詢於前宰臣料六人者或以爲當用兵或欲且保江南或欲理淮甸或欲堅守和議或以爲上策莫如自治或以謂來則拒之去則勿追乃禦戎（改作敵）之道人之見既不同則議論必不一若夫稽考已然之事斟酌已然之勢孰利孰害緩

急是非可否在聖上獨斷而已臣事陛下久出入將相踰二十年平日嘗以謂若不舉兵則必不能還二聖復中原犁制川陝賊（改作敵）兵紹興三年臣與朱勝非孟庾等已定計北伐樞密院機速房具有案底偶潘致堯高公繪自粘罕（改作尼堪）處奉使回遽言和議其事中輟今又二年矣夫虜（改作敵）性反覆金賊狡譎（删此四字）其操心堅忍必欲吞噬我國陛下屈已極矣去秋忽然兵至其意不淺今其去也必大爲之備秋冬間若不舉兵南來必併兵以窺四川在我之計決不可苟暫時之安而忘北向爭天下之事萬一欲舉兵更

乞質諸大臣參詳禁從博訪卿士謀及庶人及卜筮所貴慮無遺策動有成功臣年已衰老待盡於畎畝妄陳所見不中事機惟陛下赦其萬死幸甚臣契勘自金人跳梁（改作擾攘）以來天下之論或以謂必講和議或以謂必須用兵二說膠擾曾無一定論伏覩自建炎元年至今日前遣去使命若宇文虛中王倫朱弁郭元邁魏行可崔縱洪浩龔璹張邵輩前後所請非不切至今又遣潘致堯高公繪韓肖胄胡松年章誼孫近魏良臣王倫相繼入國窺料虜（改作金）人國書必無果決之言亦有難從之請姑欲款我爾伏望聖明深賜洞察所請十項畧無顯效斟量和議可成不可成如和議可成則臣乞舉兵之策置而不用可也如和議決不可成則臣愚言或可以備聖明收錄

賜進士出身頭品頂戴四川等處承宣布政使司布政使清苑許涵度校刊

三朝北盟會編卷第一百七十六終

三朝北盟會編卷一百七十六校勘記

可謂策貴廟算（算誤作堂） 傳烽數號（數應作散） 出死衛生（衛應作斷） 荷戴深恩之人（脫之人二字） 當有以休息之威權怵慴芻蕘獻言（脫威權至芻蕘六字） 具劄子奏陳（具誤作其） 廣詢博訪施行（詢誤作訓） 便風泛海前去（去誤作後） 歎鼂錯論兵（鼂脫字） 小注（蘇州界出遶路 一作少陸路） 郭元邁（一作郭倫元邁） 惟陛下赦其萬死幸甚（此上自爲一條下貼黃一段應另行誤連爲一）

三朝北盟會編卷第一百七十七

炎興下帙七十七

起紹興七年正月十五日丁丑盡四月

詔遣使詣建康府佛寺爲太上皇帝祈福

劉錡權主管侍衛馬軍司公事

張浚屢薦錡兼文武兩器眞大將才至是行在平江府會侍衛馬軍司解潛與沿邊制置副使王彥兩軍喧争於行宫門前遂兩罷之并其兵付錡仍除錡主管侍衛馬軍司公事

二十五日丁亥何蘚奉使金國回得道君皇帝寧德皇

后訃音

何蘚奉使金國回得訃音降詔曰何蘚奉使回得大金國右副元帥書具報太上皇帝久違和豫厭世升遐寧德皇后亦已上僊禍變非常五情崩潰叩地號天無所追及凡在臣庶悉同哀慕

張浚行狀曰公與趙鼎當國時議徽宗在沙漠當遣信使通問遂遣問安使何蘚等行至是年正月二十五日蘚歸報徽宗與寧德皇后相繼上仙上慟哭擗踊哀不自勝公奏天子之孝與士庶別應仰思所以承宗廟奉社稷者今梓宫未返天下塗炭至讐深耻

亘古所無陛下揮涕而起歛袵而趨一怒以安天下之民臣猶以爲晚也數日後求奏事深陳國家禍難涕泣不能興因乞降詔諭中外上命公具草以進親書付外施行

二十八日庚子以太上皇帝訃音詔諭中外○舊校云此詔即魏公所草

朕以不敏不明託於士民之上勉求治道思濟多難而上帝降罰禍延於我有家天地崩裂諱問遠至嗚呼朕負終身之憂遂懷無窮之恨凡我臣庶尚忍聞之乎今朕所賴以宏濟大業在兵與民惟爾小大文

武之臣早夜孜孜思所以治兵卹民輔朕不逮皇天后土實照臨之無或自暇不卹朕憂故茲詔諭所宜深悉

張浚具奏待罪

陛下時遇艱難身當險阻圖維事業寢食不皇所以思慕兩宮憂勞百姓未嘗一日忘也臣之至愚獲遭任用在諸臣先每因從容語及北狩事聖情惻怛淚必數行臣感慨自期願殲讐虜改作敵十年之間親養闞然莫之私顧其意亦欲遂陛下孝養之志拯生民塗炭之難則臣之事親保家庶幾得矣昊天不弔禍變忽生使陛下抱無窮之痛積罔極之思哀復何言罪將誰執載念昔者陝蜀之行陛下丁寧告戒且曰我有大隙於虜改作敵刷此至恥惟臣是屬而臣終隳成功使賊改作敵無憚況以沙漠之墟飲食憂慮兩宮處此違豫固宜今日之禍端自臣所致尚叨近輔實愧心顔伏願明賜罷黜亟正典刑仰以慰上皇在天之靈俯以息四海怨怒之氣上詔趣公視事

賜朱弁本家官田五頃

先是建炎元年王倫奉使金國軍前修武郎朱弁同被差奉使河東大金軍前通問弁今在虜改作金拘縻

已十年其妻男流落江左並無生事累重俸薄委是狼狽欲望朝廷特賜矜恤奉聖旨令湖州摽撥官田五頃賜弁本家

王倫除徽猷閣待制充奉使金國迎奉梓宮使高公繪轉武經大夫遙郡刺史充副使

初建炎元年王倫以修職郎上書乞入金國迎請二帝乃加朝奉郎爲大金通問使金人方入寇改作用兵留倫不遣紹興初秦檜爲宰相通書金國求好二年金人遺倫回議和至是何蘚還得道君皇帝寧德皇后訃音至是時倫爲左朝奉大夫右文殿修撰主管台

州崇道觀乃加徽猷閣待制爲迎奉梓宮使以高公繪副之王庶方知荆南聞訃音深慮金人藉此崩問邀求乃爲之議其畧曰先帝志慕道眞宜用鼎湖故事奉衣冠刀劍起靈廟葬之名山盡舉送終之典使海内咸知梓宮還與否不足爲國重輕彼雖欲萌奸以作有異志何自而生然後遣使儻或請之未獲則以大兵躡之問罪致討不爲無名因神民痛憤之情刷宗廟存亡之恥臣知梓宮可不請而得爲策之上者庶欲聞奏將發得報知遣使已定故不獲上

楚眞陽太平州鎭江府火

劉豫發姦細來淮甸及淮江諸州放火楚眞陽太平州鎭江府皆火劉光世軍於太平州軍須芻藏一夕而盡

二十四日丙辰詔親征

詔曰朕以菲德獲承大統惟靖康之初變亂既極兩宮遠狩廟社無依以眇然一身不獲已而任天下之責屈身忍恥夙夜慄慄冀以格上天之心迎還鑾輿克致大養不圖降割乃正月丁亥太上皇帝甯德皇后諱問奄至禍變非常振古無有號慟殞絕呼天不聞詩不云乎哀哀父母生我劬勞欲報之德昊天罔極孝子不獲養其親人情之至痛也朕有甚焉抱恨終身曷其窮也朕君臨天下不能建德致兵興一紀毒流四方億萬生靈委骨草莽者非其父母則其妻子兄弟人之愛其親一也使至於此咎由朕躬思與萬邦同致此憤已詔擇日往臨江浙刎銜鉅痛何敢康甯將以艮日遂登戎輅咨爾中外相臣將臣卿士大夫下及三軍以至黎庶共懷忠義期濟多艱戮力一心以承朕意是日發平江府

呂頤浩來朝

先是以知臨安府召呂頤浩時行在平江府張浚請

幸建康頤浩先赴行在欲諫止建康之行浚沮之不得見頤浩乃隨上至建康

岳飛加太尉

三月車駕幸建康府

呂頤浩加少保爲行宮留守

上達建康呂頤浩見上請退駐臨安府臣寮言其罪上皆不從乃加頤浩少保爲行宮留守而召孟庾回

二十一日癸未詔撫恤將士

詔曰朕思親屬萬里用兵十年士卒久勞衣不解甲邊城晝閉馬不輟鞍冒隍指之祁寒觸流金之毒暑

違離親屬暴露風埃諒寢食之非宜嗟室家之靡託所賴將帥撫恤勤勞使之忘生輕不旋踵尙慮偏裨之未諭不能悉體於朕懷或狃故常罔知存恤廬舍風雨之不息衣糧藥物之不將無均食同服之人廢挾纊投醪之義朕惟待士卒如子弟則人將尊我如父兄待士卒如腹心則人將捍我如頭目有施必報其理甚昭夫師克在和恩貴素畜將用軍師之命當明勞苦之情朕雖宅憂敢忘爾衆宜思輯睦以副朕心

二十三日乙酉王彦復洪州觀察使除知邵州以其兵

馬隸馬軍司劉錡

王彦爲前副軍扈蹕平江也坐小校與馬軍司偏裨喧爭降授雄州防禦使至是以疾乞終喪制乃復授洪州觀察使除知邵州制有曰出入累年聞望愈顯而再三自言力求避事朕嘉其冲尙之志念其懇款之誠復廉察之崇資分符竹之重寄陛辭日上撫勞再三日以卿兼能牧民付之便郡須疾安卽召旣行又遣中使賜萬釘寶帶命以所部兵馬隸侍衞馬軍司劉錡彦聞之喜甚曰所付得人矣

楊沂中回軍行在

劉光世加少師依前三鎭節度使充萬壽觀使進封營國公

劉光世得風痺病累上章乞罷乃召赴行在所將慰勞而復遣之旣至則所請彌確以金穀百萬上於朝廷以所隸軍馬宜盡充衞兵以重王室上偉其奏而許之遂特授少師依前三鎭節度使萬壽觀使進封營國公

兵部侍郎呂祉節制行營左護軍王德爲行營左護軍都統制

初呂祉知建康府常有平戎（改作克敵）之志宰相張浚大

喜之召權兵部侍郎遷給事中又以刑部侍郎爲都督府參議官除兵部尙書浚以劉光世每持不戰而罷其兵謂祉知兵命往節制淮西軍馬以王德爲都統制祉辟陳充爲參謀

遺史曰陳充字子高有詩名欣然應其辟葉夢得與充厚勸止之不從夢得曰呂安老非馭將之才子高詩人善文章非國士也淮西諸軍方互有紛紛之論是行也危矣哉亦不聽命夢得贈以詩曰解談孫破虜那厭庾征西克留其家以單騎從軍後酈瓊之變終於不免〇舊校云幕府陳琳老官身戀故溪解談孫破虜那厭庾征西未擬煩刀筆聊應謝

鼓鼙登臨如得句小字與親題此詩見建康集

四月張浚往淮西視師

先是張浚欲征劉豫會四大將於龜山問之曰欲大舉以取劉豫克復中原如何劉光世請守韓世忠請進兵張浚曰都督欲戰則戰欲守則守惟岳飛獨以爲不可用兵浚再三問之飛堅執不可之說浚以飛爲玩寇改作敵議不協而罷至是浚往視師以淮西之軍新易大帥也

上張相公書闕姓氏某東吳鄙人行年三十有二未嘗輒至貴人之門取辱閽吏惟閣下自巡按以來延

見賓客欲求賢者共濟乃事然而草萊之間欲願見閣下者亦多矣某學短才陋識不甚明閣下膺天子之寄示四海如指掌日爲中興之計亦甚切矣故不敢飾空閒上干閣下之聽某嘗與畎畝中人論天下事無不嘆息在口亦不能盡言於閣下也某竊觀比者金人入寇改作南下輒屯兩淮意欲東葉渡江事如前日豈謂主上親御鞍馬諸軍士奮勇彼不得前一旦遁去者此皆由祖宗之靈天下之幸某嘗論之曰賊改作敵在承楚無糧可因惟賴清河之運舳艫相銜適水寨之人出沒淮泗賊改作敵勢既不得前而又不敢遠遁我當一軍自廬壽一軍自滁和一軍自通泰然後遣海船入淮以張聲勢閒使游艇刦之或斷橋或焚廩使賊改作敵進有天長高郵之敗而糧不相繼退有廬壽滁和之疑而又有長淮半渡之患閒使水寨擣其巢穴改其營柵賊改作敵勢晝夜不得休息蓋不戰而自屈也某自顧人微言輕不得以進其說今閣下復領都督巡按於茲觀閣下之意非有事於中原乎嗚呼中原之不易取亦猶大江之不易保也何以言之某嘗論自金人入寇改作用兵十餘年所向無不下者去歲之來以其大軍深入無糧可因而又運漕不繼道當

承楚之險皆非金人所長在我雖曰再勝在彼豈不曰非天時地利而糧不繼也孫子曰再勝在彼久則鈍兵挫銳以我十年退保之師雖曰再勝閣下能保其無長驅乎某又觀大江之險往往自戰國以來能保者惟孫權一人而已蓋曹公赤壁之敗實因連舟不解假以風便偶成其功及在濡須孫權堅守東關使曹公不得窺伺大江而卒亦遁去南唐棄淮甸而亡今閣下不營淮南而大江可以自保乎某又嘗論自金人用師以來四海無不塗炭爲惡甚矣中國之與契丹帑藏之積幾數百年至於子女玉帛未有盛

於此時者也一旦併兩國所有盡歸金人易曰天道惡盈而好謙天下豪傑之士甯不動心乎又況金人北有黑水韃靼契丹西有西夏吐番回鶻東有高麗國南有大宋邊面既廣怨憤日深刪此四字一旦諸國并進則南北之勢不救下添而字金人無噍類此三字改作束手矣今閤下若欲興復中原非遣閒使連絡西夏尋契丹之好申諸國之命內外夾攻使金人首尾不顧則中原不易取也閤下豈不念金人初破契丹非本朝有燕山之役何以至此昔申包胥哭秦庭七日不絕卒能興楚閤下儻或留意某雖愚不惜爲閤下一行也

閤下若欲且守大江非以一軍淮西一軍廬壽一軍蘄黃一軍安復一軍荊襄各爲營田如犬牙之制使賊敵改作不得窺伺大江則大江方可保也昔諸葛亮有渭南之屯司馬氏不得西向今閤下若能駐軍淮甸上連荊襄且耕且戰示以堅守如諸葛之在渭南使某起西北之師若申生之在秦也今日之事譬如太山頹而大厦毀非一士一木之所能也苟非左右牽制使閤下攬戀於其閒則某未見其策也某暗於時事草萊之閒亦不乏人閤下若能舉一賢者寘之幕府無備員之嘆某不孝在衰絰中不敢進見閤下若以當今利病事非一端豈筆舌所能既也幸察焉

賜進士出身頭品頂戴四川等處承宣布政使司布政使清苑許涵度校刊

三朝北盟會編卷第一百七十七

三朝北盟會編卷一百七十七校勘記

修武郎朱弁爲副至是倫劄子云倫於建炎元年與修武郎朱弁此脫爲副至一十字　拘縻已十餘年脫餘字　王庶方知荆南王　故不獲上此應另行誤連上條　廬舍風雨之不庇庇誤作息　充留其家充誤作克　張俊曰都督欲戰則戰俊誤作浚　眞揚誤作眞陽

三朝北盟會編卷第一百七十八

炎興下帙七十八

起紹興七年四月十七日戊申盡八月五日乙未

十七日戊申追尊道君皇帝爲聖文仁德顯孝皇帝惠恭皇后王氏爲顯恭皇后皇后鄭氏爲顯肅皇后

五月九日庚午張浚還行在

行狀曰公自淮西歸與趙鼎在相位以招賢才爲急務從列要津多一時之望百執事奔走效職不敢自營人號爲小元祐又以人主當務講學以爲修身致治之本薦河南門人尹焞宜在講筵有旨促召赴闕會旱災公力求去至再四上曰秦檜何如公曰近與共事始知其闇上曰然則用趙鼎公本以檜爭靖康時建議立趙氏不畏死有力量可以共天下之事而一時仁賢薦檜尤力遂推引同朝始覺其顧望包藏因上問故及之

岳飛居江州乞持餘服

岳飛與張浚議事不合既回鎮即上言將相議事不合乞罷兵守餘服不候報即往江州入廬山廬墓上遣宣諭之猶不起

劉豫陷隨州

六月呂祉自淮西來

張宗元爲湖北京西路宣撫判官以監岳飛軍

呂祉還淮西

王德來朝

呂祉舉止驕傲不諳軍旅統制官有兩使有正使者横榻唱喏祉頷應之有伺候終日稱歇息喫食調弄聲樂之類不得相見者其下多憤怒統制酈瓊王世忠狀王德之罪於朝德密知之遂赴行在上問之德具言諸將驕暴恐生別變上愕然遂命德以本軍入衛

七月張俊爲淮西宣撫使楊沂中爲淮西制置使

呂祉無馭將治軍之才諸將皆恣横祉密聞於朝廷議遣張俊楊沂中往分其兵乃以俊爲淮西宣撫使沂中爲淮西制置使

八日戊辰酈瓊王世忠靳賽趙買臣王師晟叛殺喬仲福等執呂祉等附於劉豫

楊沂中爲淮西制置使先遣吳錫以兵往淮西察其兵中動靜酈瓊王世忠等覺之各有異志統制康淵曰朝廷素輕武臣多受屈辱聞齊皇帝折節下士皆爲之用衆皆不應猶相視以目先是王師晟常北戍在壽春府攜路政弟子文奴以去政訴於呂祉是時將士方不安祉之政師晟還廬州乃與瓊世忠及張全等謀爲叛亂瓊遣人邀截祉所發遞角盡得祉所言軍官之罪瓊等大怨怒康淵曰歸事中原則安矣戊辰諸統制晨謁祉方喫茶瓊袖中出遞申文字呼統制張景曰諸兵官有何罪張統制乃具許多事申朝廷祉見之大驚欲退走不及爲瓊所執有祉之承局者以刀欲砍瓊大呼曰怎敢如此忽見有執鐵骨朶者瓊取以擊承局承局死於階下瓊之提轄已殺張景於聽事又殺喬仲福邢支劉永衡并執前安撫

趙康直安撫趙不羣及劉光輔率前軍長驅以行軍士縱掠城市而後去途中瓊等好謂祉曰王德入朝妄奏瓊等有叛志瓊等懼朝廷見疑所以爲此願尙書及安撫奏知明瓊等無叛心則瓊等駐軍淮上以待朝廷之命祉然之奏書已行瓊復行至霍邱殺祉並殺康直而縱不羣歸蓋不羣方代康直爲淮西安撫知廬州未旬日無怨憾於軍中也上聞之慟哭悔恨者不已劉錡及吳錫至廬州以兵追之不及錡還濠州瓊等遂附於劉豫諸軍潛遁不反者加官而復其軍額初張浚欲改易淮西兵政參政張守以爲不

可力勸止之不從守曰若必欲改易須得有紀律聞望素高能服諸兵官之心者一人方可浚曰正謂有其人故欲易之也是時祉衣服儇佻語言輕易嘗自謂若專總一軍過明堂大禮當白拏劉豫父子來然後盡復舊疆守知浚意必欲用祉而浚往淮西視師守慮其輕改軍政乃以書戒浚持重不當容易答書言必改易之意甚堅及用祉果致敗事

二十三日癸未詔求直言

八月楊沂中居廬州

八月五日乙未劉豫遣使乞兵於金國

是時僞齊國中風傳朝廷將欲北伐者僞皇子劉麟奏云近者聞人屢言張浚總管領烏合之衆或逼宿亳或窺陳蔡或出襄漢增修器甲趣辦軍糧此其志不小先起者制人後起者制於人欲乞從本國選差官聞於上國請發突騎諸路先入伐其姦謀豫從之遽命李鄴姪壻僞廸功郎監南草場游何僞宣議郎皇子大總管府准備差委楊堯弼乞兵於金國堯弼以病辭遂命僞宣教郎戶部員外郎韓元英代堯弼行

張俊知廬州

張俊以淮西宣府至廬州欲追酈瓊聞既渡淮矣遂還泗州

朱勝非知宣州

朱勝非以觀文殿大學士知宣州有都督府所增耗米勝非奏罷放而宰相難之勝非卽揭榜先次放免以請於上上大悅而宰臣慽焉

岳飛赴行在

初岳飛解兵往江州廬山持餘服也累召敦促不肯起朝廷劄下宣撫司參議官李若虛統制王貴同去敦請飛依舊管軍如違若虛等並行軍法若虛等既

至廬山東林寺見飛道朝廷之意敦請飛堅執不肯出若虛曰是欲反耶此非美事若堅執不從朝廷豈不疑宣撫且宣撫乃河北一農夫耳受天子之委任付以兵柄宣撫謂可與朝廷相抗乎宣撫若堅執不從若虛等受刑而死何負於宣撫宣撫心豈不愧凡六日飛乃受詔赴行在張浚道上所以眷念之意且責其不候報卽棄軍而廬墓飛辭窮曰卻如何作主張浚曰待罪可也飛然之遂具表待罪樞密院使見飛今上表已有忿忿之意矣樞密謂秦檜也

金人斬高慶裔於會甯市

節要曰高慶裔粘罕(改作尼堪)用事者吳乞買(改作烏奇邁)之長子宋國王宗磐欲誣(改作除)粘罕(改作尼堪)故先折其羽翼以高慶裔有贓下大理寺粘罕(改作尼堪)乞免官爲庶人贖高慶裔之罪虜(改作金)主不允慶裔臨刑粘罕(改作尼堪)哭別之慶裔謂粘罕(改作尼堪)曰我公早聽某言事豈至於今日某今死爾我公其善保之以此知慶裔嘗教粘罕(改作尼堪)之反也明矣

粘罕(改作尼堪)以病殂

節要曰粘罕(改作尼堪)以慶裔故絕食縱飲恚悶而死雖非梃刃所及似乎非正命也(刪雖非至此十二字)

粘罕(改作尼堪)獄中上書臣聞功大則謗興德高則毀來此言是也自振古論之以周公之聖人也當成王卽政之初以言其業則未盛也以言其時則未太平也以言其君則幼君也周公是時建功立事制禮作樂盡忠竭力勤勞王家公之功德編於詩書流傳天下自古及今稱之無愧焉尚有四國之流言誅弟之過也況後世不及周公者乎臣今所慮輒敢辨於陛下念臣老矣臣於天會之初從二先帝破遼攻宋兵無五萬之衆糧無十日之儲長驅深入旌旗指處莫不請命受降遼宋二主及血屬並歸囚虜遼宋郡邑歸我版圖方今東瀕大海西徹胸溪南連交廣北底室韋罔不臣妾以大金創基洪業繼治盛朝先帝所委臣之力也又扶持陛下幼沖以臨大寶南面天下此成王之勢也臣之忠勤過於周公之(下有闕文)賴成王之聖慮也今臣雖吐其言在陛下察情臣用陳前日之罪御林牙兵忽然猖獗干冒陛下用臣出師之任臣受命欲竭駑鈍之力盡淺拙之謀以狂孽指日可定不期耶律潛伏沙漠復反交攻凡三晝夜其勝負未分猶可爲戰柰杜尤糧草已斷人馬凍死御林牙兵知我深入重地前不樵蘇後又糧斷所以王師失利

又副將外家得心生反逆背負朝廷外家得之反背有其由也知父兄妻子並在御林牙軍中兩軍發釁其外家得將軍下數千騎自亂我軍使臣不得施此大敗之罪也非臣悖慢願陛下察臣之肝膽念臣有立國之功陛下有繼統之業可貸臣螻蟻之命嗚呼功成名遂身退天下之道也臣嘗有此志貪戀陛下之聖意眷慕陛下之宗廟躊躇猶豫以至於此使臣伊呂之功反當長樂之禍願陛下釋臣縲絏之難願成五湖之遊誓竭犬馬之報

下粘罕(改作尼堪)詔門下先王制賞罰賞所以褒有功罰

所以誅有罪非喜怒也朕惟國相粘罕（改作尼堪）輔佐先帝曾立邊功迨先帝上仙朕繼承丕祚眷惟元老俾董征誅不謂持吾重權陰懷異議國人皆曰可殺朕躬匪敢私徇奏對悖慢理當棄殛以彰厥辜嗚呼四皓出而復興漢室二叔誅而再造周基去惡用賢其鑒如此布告中外咸使聞知

松漠記聞曰粘罕（改作尼堪）者吳乞買（改作烏奇邁）三從兄弟名宗翰小名烏家奴（改作烏嘉努）本曰粘漢言其貌類漢兒也（刪本曰至此十一字）其父卽阿盧里移賚（改作阿喇勒伊拉齊）粘罕（改作尼堪）爲四元帥後雖貴亦襲父官稱曰阿盧里移賚

孛極烈（改作阿喇勒伊拉齊貝勒）都元帥孛極烈彼云大官人也（刪孛極至此九字）其庶弟名宗憲字吉甫好讀書甚賢

張滙金虜（刪此二字）節要曰粘罕（改作尼堪）死後有烏陵思謀（改作烏凌阿思謀）者本北遼合蘇款（改作哈斯罕）女眞居遼地俗呼熟女眞如陝西熟戸番之類也女眞烏陵之稚者最爲微賤（刪女眞至此三十字）小名撒盧拇（改作察勒瑪）本無名字女眞（改作金祖）初起時思謀方負柴爲粘罕（改作尼堪）虜之粘罕（改作尼堪）嘉其爲人遂以其弟石窟馬（改作實古納）之乳母妻之命爲都提點（乃北虜貴家奴僕之稱○刪注九字）思謀奸狡多慮善於周身女眞之（此三字改作於衆）中素稱辯慧機術至深

可取粘罕（改作尼堪）用之爲腹心宣和間往來隨奉使作計議使議燕地稅賦及舉兵南侵等事皆預其謀爲用事之人後以門下被虜人洛陽進士吳鼎蘇閭立名曰思謀字仲遠粘罕（改作尼堪）以思謀累充奉使有勞令樞密院白身差權太原府少尹至是粘罕（改作尼堪）死思謀赴喪自粘罕（改作尼堪）死穹廬內亂太行嘯聚蠭起思謀每夜展轉無寐或被衣而坐喟然而嘆曰可惜官人備歷險阻以取天下而今爲數小子壞之我未知其死所矣（粘罕之家呼粘罕爲官人思謀粘罕家人也數小子者謂金虜主亶之輩也思謀妻曹氏乃彬之裔也曹氏常語於臣故得知之○注粘罕均改作尼堪刪虜字）改官制授

甯遠大將軍遷沁南軍節度使知懷州太行義士破懷州萬善鎮思謀率兵民保城集父老諭之曰爾等各撫諭子弟無得扇搖南朝軍來吾開門納王師其奸詐如此兀朮（改作烏珠）凡軍國大事皆咨問之

征蒙記曰粘罕（改作尼堪）僞謚爲威烈皇帝（○舊校云按金史海陵篡立追謚其父宗幹爲皇帝此作宗翰誤）

趙鼎爲醴泉觀使兼侍讀召赴行在

劉洪道主管步軍司公事

楊沂中之請張浚不得已而從之

酈瓊等到僞齊

先是順昌府報到京師云江南劉相公副都統制酈瓊等帶劉相公全甲人馬共淮西百姓十餘萬歸附已拘留器甲訖豫大喜命重粉飾門牆一新從衛增置儀仗以待其來遣僞戶部侍郎馮長甯僞選鋒統制李師雄爲接納使副是日也瓊到京師豫御文德殿引見僞命瓊靖難軍節度使知拱州劉光輔爲北京大名府路副總管趙買臣南京副總管王世忠僞皇子府前軍統制靳賽左軍統制餘或諸州兵馬鈐轄或遙授準備差使緝捕盜賊令瓊等具王師必欲北征備說江南諸軍虛實遣長甯再乞兵於金國

賜進士出身頭品頂戴四川等處承宣布政使司布政使清苑許涵度校刊

三朝北盟會編卷第一百七十八

三朝北盟會編卷一百七十八校勘記

呂祉舉止驕傲至其下多憤怒 此五十四字應在呂祉還淮西之後一行誤連後段　王德來朝 此條應在其下多憤怒之後一行誤移於前　統制酈瓊王世忠狀王德之罪至以本軍入衛 此四十七字應另行在王德來朝一條之後誤連上段　張俊以淮西宣撫 撫誤作府

三朝北盟會編卷第一百七十九

炎興下帙七十九

起紹興七年九月十三日壬申盡十月九日戊戌

九月十三日壬申尚書右僕射張浚觀文殿大學士提舉江州太平觀

臣寮上言臣竊謂兵者國之命也兵強則國強兵弱則國弱兵存則國存兵亡則國亡雖行道之人皆喻此理非必有高世之見而後能知也近者淮西之叛兵亡入僞境者數萬人論其爲害固有不可勝言者然自聞變以來士大夫猶爲自欺之語謂歸者甚衆

亡者不多此本皆無用之兵因得省廩食之費尚欲掩覆過失欺蔽聖明而失謀誤國之罪卒未有任之者衆論沸騰臣安敢塞默謹按尚書右僕射張浚輕而無謀愚而自用德不足以服人而惟恃其權誠不足以用衆而專任其數若喜而怒若怒而喜雖本無疑貳者皆使有疑貳之心予而復奪奪而復予雖本無怨望者皆使有怨望之意無事則張威恃勢使上下有睽隔之情有急則甘言美辭使將士有輕侮之志謀之不善者力與之共謀衆所不與者力使之統衆率易妄作動輒乖謬故酈瓊以下懷不平之心渡淮而去然則浚平日視民如草菅用財若糞土竭百姓之膏血而用之於軍中者曾何補哉夫陛下所恃以立國者兵與民也所倚以治兵恤民者宰相也而浚用意狂惑處事顚錯至使民怨於內兵叛於外則失謀誤國之罪亦將何所逃哉故近日以來人無貴賤賢不肖合辭而言以謂陛下方修明綱紀以立基本若不逐浚則綱紀何由張陛下方倚任輔相以責事功若不逐浚則輔相何所憚今敵人有疑我之意若不逐浚則誘掖之謀將日至今將士有不安之心若不逐浚則搖動之情將日生號令必出於朝廷非

逐浚則緩急何以使人背叛本生於怨恨非逐浚則他日皆爲死敵百姓怨歎非逐浚則無以慰其心衆情憂懼非逐浚則無以安其意合是數者而論之則浚之不可不逐也審矣如謂浚有區區之心尚欲觀其後效則臣以謂浚之才術止於如是而已矣譬由疾之用醫苟如色脈之不辨砭劑之不良則必速易之矣若憚於易醫而甘心危殆則恐非知者之事也臣欲陛下俯察羣情特出睿斷正浚誤國之罪以爲後來之戒天下幸甚取進止

又臣寮上言臣近上殿論宰相張浚失謀誤國乞正

其罪蒙睿旨付外施行近日以來公論日喧臣謹摭所聞以爲陛下言之浚昨以樞臣往撫川陝假借便宜擅作威福違諸將之言而大敗於寇（删此字）敵濫加趙哲之誅而盡散其師旅徒竭四川之財輕失五路之地用劉子羽之謀而罷王彦則興元之士馬金幣盡爲賊（改作敵）有信王庶之譖而殺曲端則關中之將士人民無復歸意論浚前日之罪固當永投荒裔陛下起之謫籍授以魁柄待之以至誠遇之以至禮任之專獨過於羣臣用之久復幾於三歲而浚不思往愆一蹈前轍狂妄很愎動無不謬如兵之有帥不可

一日而闕也浚於劉光世之軍不命帥者幾四月始則別爲六軍使專聽節制於呂祉比至命帥而將士已懷疑慮此浚之罪一也置戍守之城當度其所宜以據要害而今泗州之城乃在淮之北宜小而堅而今盱眙之城員二十有七里虛費公私之力無補捍禦之事此浚之罪二也今日兵備宜取勇夫重閉之說爲往來更戍之計而浚不知此悉兵備邊使江淮無表裏之勢敵人無腹背之虞此浚之罪三也諸軍家屬已安於江上而浚力違衆議盡遣之戍所軍士不便於薪水百姓倍費於輸將使緩急之際將士有骨肉之累而不得專意王事此浚之罪四也淮西今爲戰地當時百姓擇險而居官府量事而置公私儲積皆不必用而浚以盡遣大兵之故復置權貨務於眞州且給牛種於濠壽江南之錢貨盡轉於淮甸使他日敵入有可用之糧居民懷誤陷之憂此浚之罪五也淮西之兵當資地利乃於合肥之北創築長隄調夫四千人役之凡數月勞民費財不適其用此浚之罪六也創造牙牌欲賞復地之功浚之狂妄人已竊笑而去歲虜僞（改作僞）齊入寇遽以是付之大將又如奇功給歷本爲戰勝金人浚於是時亦出黃榜許以

出給既而悔之人皆怨望近因調發復欲與之使陛下爵祿不信於衆人此浚之罪七也去歲淮西戰捷得降卒萬人陛下命給裝賫遣歸北而不審其願否盡刺爲義兵使人心失望而陛下德意未能孚於中原此浚之罪八也兵以閒探爲先而浚一意僥倖（惟求）美報有言敵勢衰弱中原跂望則喜見顏色賞賜優腆不然止令責狀給以軍令故誕慢苟得之人日獲探事之賞而忠信敢死之士無復肯出敵之情僞今皆不得而知此浚之罪九也功同賞異爲政之大患而浚於將士妄有厚薄不能精較其勞績明示以高

三朝北盟會編

下使將士或有怨辭此浚之罪十也今之所急者莫如恤民而浚自前歲以來大為掊剋之政始於給散戸帖擾及四方次則出賣官誥重困江浙次則斂及僧道以至科買雜物其視疲瘵之民殆如仇讎剝膚椎髓略無恤心此浚之罪十一也今之所戒者莫急於妄用而浚之掊斂所得盡入督府支用之數皆不關於戸部遣兵戍多而津發之費不貲移屯戍數而營葺之用倍費多築無用之城濫養俘降之衆以至犒設酈瓊等軍下至小校人賜金一兩連歲橫斂數千萬緡幾盡於浚之妄用此浚之罪十二也害民之政人所共疾而浚於掊剋之人獨加旌賞出賣官誥明知其為抑配而以所得之多寡賞以減半如無錫縣令劉寬剝民最甚遂得除倅永州為國斂怨不恤後患此浚之罪十三也理財以義非士人不能而浚於財利之事專任駔儈桀黠之徒如鎭江有范深朱熙之徒如建康則有錢意王似之流皆駔儈之桀黠者浚皆任以回易之事使藉朝廷之勢以爭利於市井傷公害私虧損國體此浚之罪十四也建康兵火之後全乏舍宇而浚建議移蹕謀不素定倉卒責辦公私倍費使遷徙之家暴露失所疾病死亡人懷嗟

三朝北盟會編 卷二百七十九 五

怨此浚之罪十五也建康營繕之初宗廟宮室皆所未備私起府第獨盡壯麗虧奉上之節無率下之風此浚之罪十六也監司郡守責任至重而浚以妻父宇文時中為湖州太守以舅許有功為成都提刑又除親兄滉知鎭江府任用親戚無以督責吏治此浚之罪十七也四川吏久失職差除尤宜盡公而浚所任用惟其故舊舊任方滿新命已下或至兄弟數人常占佳缺而孤寒不為浚所知之者皆絶望於祿仕此浚之罪十八也扶危救亂常資衆智而浚性惟忌嫉果於自用臣寮有所論列陛下以為可行浚必再三執議力抗君父之命凡人之所言盡不為是專權自恣無所忌憚此浚之罪十九也贊佐謀畫當用忠智之士而浚以高明自許非狂而狡性與已合愚而佞能順已意者一切無所收用縱或時召侍從郎官諏訪利害而其言可用者實未嘗行此浚之罪二十也凡此二十事雖未足以盡浚之所為而不達軍情不恤民力不用善人不畏公議其所以至於敗事者實皆由此今內而民怨外而兵叛誤國之罪已昭著而浚猶强顏殿堂之上進擬差除講問術數以淮西之變為細事以呂祉之死為奇節尚欲文飾其過以

三朝北盟會編 卷二百七十九 六

一二九四

欺聖明此亦可謂無耻矣臣欲望聖慈早降處分將浚前後罪狀明正典刑以爲人臣誤國之戒取進止

又臣寮上言右僕射張浚輕脫寡謀失機敗事士論洶洶人心惶惶臣竊憂之今諸帥統兵有數十萬衆而淮西一軍忽爾致叛此失謀之人安可不治哉臣竊惟陛下力圖恢復卿士大夫有一策之善未嘗不收拾斟酌而用之雖芻蕘之賤未之或棄今浚之謀邊唯在自用罔恤人言雖聖慮所圖謀者咈而不然其强很自專如此儻謀之善猶有可恕矧謀之不臧沿將誰職往年富平之敗論者跡其行事謂有不軌

跋扈之漸今者放滅錄用一洗其謗用之幾時人望其掃除虜改作僭僞期於息馬休兵復爾寡謀失策致一軍之叛背夫爲人臣强愎雖人主之言咈而不然以致叛軍失謀尚且偃蹇政府不自知非公論謂何陛下雖隱忍含容全其體貌豈有大臣失謀至此公論爲非縉紳竊議而笑之尚在宰司將何面目以表帥百僚乎浚天性之强戾剉不改後來復用理宜刷耻以報知遇今乃敗事失機甚於前時望其再立事功不亦難乎且一勝一負兵家之常若戰再負猶有可言豈有數萬之師失於謀慮一旦叛之舍而不戮何以示威而勸來者臣愚伏乞聖慈速賜施行伏候

敕旨

又臣寮上言臣竊聞臣寮上章論列尚書右僕射張浚不可任宰揆未蒙罷出公論沸騰言不可已伏見張浚很愎自用輕脫寡謀事不師於古義言惟悦於已從自持中外之柄多失將士之心頃以樞臣宣撫川陝事權之重古今所無浚不思兢慎妄作威福凡事宿將謀策擯棄不用專聽狂妄趨合之言是致百萬之師委於鋒鏑之下全陝傾覆健將奔走論其棄失所合誅夷聖恩寬大曲示容貸逮至言章既上姑

從薄貶未幾召還授以相柄所冀深悟前罪以圖報稱而浚尚循故轍輕肆自若撫馭無術措置乖方是以近者復致酈瓊等之叛凡數萬之衆踰淮而北指縱如此不其疏哉計浚前日之功曾掩過之不足計浚平時之失實敗事之居多伏望聖慈特賜睿斷收還政柄致之閑散以釋將士之憤以安華夏改作中外之情伏候敕旨奉聖旨張浚罷尚書右僕射觀文殿大學士提舉江州太平觀

制曰春秋之義責重於股肱賞罰之行必先於貴近朕行法而待人以恕議罪而不忘其功欲全君臣進

退之恩思成風俗忠厚之美奧有定命告於外廷具官張浚頃嘗奮身事朕初載入勤王室位冠樞機出捍疆陲謀專帷幄乃疇宿望俾踐台司期左右於一人庶贊襄於萬務屬者式遏戎寇（改作犁敵）經理淮壖番休禦侮之師更戍乘邊之將而乃撫馭失當委付非才軍心乖離卒伍亡叛郵傳沓至駭聞怨怒之情封奏踵來請正失謀之罪然念始終之分察其平昔之懷許上印章退休眞館錫名秘殿庸示眷私於戲桷邑遺兵鄧禹致威權之損街亭違律武侯何貶抑之深倘繼前修勉圖來效

又臣寮上言伏見今月十三日麻制張浚除觀文殿大學士提舉江州太平觀任便居住罪大責輕公論未厭昔漢王恢設馬邑之權欲誘匈奴而伏於便地匈奴覺之而去武帝乃以不擊輜重下恢廷尉且曰若不誅恢無以謝天下之意蓋謂建造兵謀本出於恢武帝既卻廷臣之議而獨從恢言則其無功之罰不可不重也浚自再用之後日欲僥倖功名每以誇言誑計欺惑聖聰陳說利害幾於刦持凡所爲者必使陛下從而後已考其事則非有馬邑之謀論其事則豈得王恢之比既敗事至此而猶以秘殿隆名退安眞館如此則後之誤陛下信任者復何所憚哉臣伏望睿斷將浚削奪官職重賜竄責以爲大臣專權誤國之戒取進止

又臣寮上言臣伏見前宰相張浚以寡謀自用誤國大計陛下特屈邦憲授以祠館爲浚者所宜杜門思過深自訟責而去國之數日乃與賓客置酒高會從容游觀殊無恐懼修省之意今聞盛兵自衞往居苕霅開其意得氣適蓋與功成請祠而去者莫異若不加譴罰則浚必不自知其罪而四方之人亦未必知浚之所以去也伏望聖慈將浚更賜貶降仍以前後臣寮章疏盡付外施行取進止

十五日甲戌張浚落職依舊宮祠

又臣寮上言竊觀十三日麻制張浚以觀文殿大學士提舉江州太平觀大廷敷告明示黜陟所以砥礪百工而爲勸戒黜幽之典未厭公論臣安得無言哉竊以大臣之罪莫大於誤國誤國之誅豈踰於流竄今浚擢任累年選登宰司再加録用委寄非才富平之師前殲於覆亡東南之財又殫於誅剝一事無成四方何賴怨流黎庶謗溢搢紳爲相失職進退無觀陛下尙寵以秘殿逸之祠官雖全其體貌示以始終

其如天下何至其失謀敗事前後臣寮論列備於章疏臣不敢陳臣愚伏望聖慈詳酌褫其職名投之遠方以昭示天下爲誤國之戒伏候敕旨九月十五日三省同奉聖旨張浚可落職依舊宮祠右劄付刑部疾速施行仍關合屬去處

召王庶赴行在

召王庶赴行在出自上意是時浚已去趙鼎未來庶自荆南赴行在

楊沂中還行在

二十一日庚辰詔大將監司守令恤民訓兵

詔曰朕惟立國之務惟兵與民宵旰以圖十年於此賴帝垂祐無甚荒歲得資元元之力以給諸軍比年以來兵籍寖廣而教士益精庶幾國勢遂振以俟皇天悔禍之期而朕不敏不明誤用柄臣寄以兵政乃謀猷乖戾委付非才懷疑反側而莫以告朕遂使積年忠義之衆一旦陷於叛亡之罪凡取於民力以事此軍者皆委於空虛而無效此朕所以慨惜叛者尙深愧吾民也中外文武將何以副朕焦勞願治之意應監司守令各務存恤百姓非供軍費定數之外無得妄取於民將帥之臣撫綏其衆無使失所訓練整齊毋使驕惰毋怠毋忽助朕遠圖有違朕言則有常罰

詔劉光世高世則赴行在

呼延通王勝王權襲金人於淮陽軍敗之

十月九日戊戌張浚責授左朝奉大夫秘書少監分司南京永州居住

臣寮上言近者論奏觀文殿大學士提舉江州太平觀張浚罪狀顯著伏望聖慈特賜褫職然天下聞之以謂浚之罪惡上通於天而罰止於褫職衆論未愜臣豈得默默哉竊以國君爵人於朝與士共之刑人

於市與衆棄之況大臣進退而議其賞罰非當其功罪則天下之人何以悅而服從乎今浚竭天下之財粟東南爲之困乏覆富平之師西北爲之擾攘計爲宰相前後東西南北之民曾不得奠枕而居自兩誤國事可以此等罪止於褫職人心謂何且陛下宵衣旰食所望於恢復倚浚惟多今一事無成復有後悔計人心之怨望不止此也臣愚伏望聖慈酌詳別議其罪以厭天下之心以爲誤國之戒伏候敕旨

又臣寮上言伏見前宰相張浚玩弄柄權致誤國事上貽當宁之深憂陛下曲存體貌之恩畀以祠館謂

宜夙夜惴惕思省厥愆乃上章乞送使臣及親兵百人外更爲帶行州軍七十五人又欲至所居州軍存留親兵五十人以備緩急其言曰臣出入總兵將共十年其所施爲不無仇怨嗟夫浚自知失士之心如此何爲又居相位而不解去也人臣憂國當如其家使如浚之謀其家豈復輕肆生事今乃於國不顧其危於已欲求其安是何謀國之疏而謀家之密乎夫置衞所以寵相臣也今浚罪方放廢之餘更求衞卒如此之衆是浚惟知陛下之勢不恤天下之言也大凡浚之所爲率多任數頃年責居福州於未行間亦

上章以官田爲請其意蓋以此卜陛下眷禮之盛衰且以示寵於人以謂上之恩意殊未忘爾今之所請大概類此蓋緣罪大責輕浚未知所懼伏望睿明更賜貶降使天下明知陛下之好惡以爲臣子誤國之戒伏候敕旨十月九日三省同奉聖旨張浚責授左朝奉大夫秘書少監分司南京永州居住奉敕如右牒到奉行前批十月十日辰時付刑部施行仍關合屬去處

遺史曰張浚罷宰相繼有命落職樞密都承旨張宗元素與浚善因得進用宗元懼以浚黨見逐欲示其義氣明非浚黨及表請斬浚士論恥之既而周秘以浚之責未厭公論也乃復論列請貶嶺外參知政事張守曰噫亦甚矣乃啓上曰張浚爲陛下捍兩淮宣力勤勞前此罷劉光世正以其衆烏合不用命今其驗矣羣臣從而媒孽其短臣恐後之繼者必指浚爲鑒孰肯身任陛下事且其母老矣願陛下哀憐之上惻然於是浚以分司居永州。舊校云宋史本紀趙鼎請浚母老改永州居住

賜進士出身頭品頂戴四川等處承宣布政使司布政使清苑許涵度校刊

三朝北盟會編卷第一百七十九終

三朝北盟會編卷一百七十九校勘記

而今盱眙之城圍（圍誤作員）　調夫四千人役之幾數月（幾誤作凡）　遣歸東北（脫東北字）　逸之祠宮（宮誤作官）　而深愧吾民也（而誤作向）　計爲宰相（至）止於褫職（一作計爲宰相前後兩誤國事東西南北之民曾不得安枕而居何以此等罪止於褫職）　何爲久居相位（久誤作又）　使浚之謀國如其家（誤作使如浚之謀其家）

三朝北盟會編卷第一百八十

炎興下帙八十

起紹興七年閏十月盡十一月十七日乙巳

上皇帝書（闕姓氏）

臣恭惟陛下詔許直言極諫以救闕失臣竊見近年以來凡有投進類皆牽引虛文無有實效可以施於今者間或有之亦不過州縣常談米鹽細務而已非所以裨補天德而聞所未聞也臣不避斧鉞爲陛下一言願陛下赦臣愚而終其說臣自靖康中見陛下於濟南親御鞍馬慨然有恢復之計及陛下即位睢陽臣又復從陛下巡幸淮甸是時陛下深處九重上下積習蒙蔽如國之取舍民之利害陛下亦不得聞矣陛下自睢陽至今日屢涉於艱險非陛下斷然不疑大臣何預焉臣在草萊亦甚微矣當國家無事時方處學校營甘旨及國家有事臣之父母不相保者屢矣事至於此臣當柰何臣竊以淮西一事論之去歲劉豫以虜（改作金）誘以三不救之說力攻淮西劉光世遂欲南渡爲退保之計苟非張浚親至江上使楊沂中絶賊之（二字改作其）後一舉而大破之則江南之民亦危甚矣如光世之罪天下欲共誅之尚賴陛下憐

其舊臣不加刑戮而以善罷惜乎朝廷以光世部曲付之呂祉臣在淮東聞光世軍聽呂祉節制有識無識皆稱呂祉必致敗事臣嘗謂酈瓊等所統軍馬其來久矣而光世遇之甚厚非其他大帥之比及光世既罷當且令諸軍人馬各自爲一頭項仍數加存恤而使之不疑候諸軍稍甯朝廷或別作措置然亦未晚夫何呂祉天資驕傲以尙書自居至於檢舉冒請之類欲爲之一新如瓊等驟見窘迫日生猜忌方在疑似之間朝廷又除張俊爲淮西宣撫楊沂中爲制置以瓊等屬焉此非瓊等欲叛陛下豈不見臣師古不聽

韓世忠節制而甘伏遠竄徐文恥在閭皋之下卒亦叛去如崔增王璞兩軍人馬自分撥之後以致軍兵往往大半失所今朝廷遽欲瓊等撥隸沂中其叛必矣如瓊等軍馬平日驕惰終不爲用陛下勿以瓊等上勞聖慮天下之事有大於此者臣請爲陛下言之臣聞英雄之主未嘗不因天下之事而遂成天下之業也自陛下巡幸東南積有年矣而有面諛陛下者曰指日還兩宮指日中興矣陛下豈不念中興之世則必有中興之臣如周之中興則有張仲吉甫方叔召虎之徒漢之中興則有寇恂鄧禹馮異耿弇之徒晉之中興則有王導謝安之徒唐之中興則有李光弼郭子儀之徒陛下以爲今日中興之臣誰可以比王謝李郭者哉臣觀張浚區區之心實有是念至於其他大臣又孰肯以天下之責而自任也惜乎浚誤於才力有限舉非其人譬如泰山頹而大廈毀又豈一土一木之所能支也臣嘗論漢光武起民間驅數千捨耒耜之人一戰而有天下今陛下富有東南帶甲之士不下二十萬又安可同日而語也臣見陛下去歲親撫六師雖暫留姑蘇而聲勢已振及車駕進發建康陛下屢降指揮令州縣不得騷擾臣觀陛下非

不節儉夫何草萊惟見所過州縣經營頓遞等事非數萬緡不能辨集臣恐陛下萬一欲復東幸臨安徙自虛費臣願凡有巡幸去處亦不必預先降詔亦不須廣修殿宇及排頓之類應執事官所須之物非事涉軍期亦不須隨從車駕仍願 闕 今陛下駐蹕建康與淮西止隔一水初恃光世以爲藩籬而瓊等既已叛去陛下豈不自危如沂中一軍又豈可爲陛下獨當一面也淮西之叛所幸敵人在遠非防秋之時若使瓊等叛在秋冬之交陛下不可不又從而東耶陛下又豈不念金陵雖號六朝建國之地如晉之取吳

隋之取陳未始不藉上流之勢故王濬楊素皆能以大舟巨艦蔽江而下也陛下雖曰一軍淮楚一軍盱眙一軍合肥一軍襄漢及有事牽制則諸軍各自保守如襄漢遠自千里之外陛下可保其無虞乎陛下又豈不念襄陽荆郢乃吳蜀必爭之地在今日尤爲不輕不知陛下亦嘗慮及此否陛下自惟憂戚數下哀痛之詔俾諸將校上下一心共恢大業以臣規之淮泗諸軍上至襄漢但可僅守邊防爲浙江藩翰而已故昔人有論諸葛孔明曰棄荆州而剋西蜀吾知其無能爲也知劍門之險其守不可出其勢不可爲僅可自保猶

三朝北盟會編　卷一百八十　四

不足以自治又何足以制中原哉又曰富人必居四通五達之都使其財布於天下然後以收天下之功今日之事正由此也陛下又豈不念秦漢之都沃壤千里洪河太山直可控扼天下者乎陛下勿謂向者使張浚措置陝西止於如是在今日復將奈何陛下豈不見漢高帝轉戰敗北未嘗少忘關中故高帝以是而有天下臣自草萊知天下之勢未嘗不爲陛下深思而遠慮也如陛下即位睢陽自可徑入關中指麾天下金人豈以東南爲心也當時機會既失在今日又不能救前日之弊臣實爲陛下惜也且如淮西

一帶長使劉光世爲帥則諸軍可以相附今光世實以罪廢而陛下恩加優數倍於衆人而瓊等尙且如此向使光世遽以疾終復將以誰制之則未必不如今日之叛亡也嗚呼陛下在九重之中又豈知諸將帥臣所統軍馬曾無一言以念及陛下者乎且如泗州之兵事無大小則知有張俊楚州一軍則知有韓世忠襄陽一軍則知有岳飛殿前一司則知有楊沂中一旦緩急之際人皆各爲其主誰復知有陛下者乎故淮西一軍自光世既去之後非特臣爲陛下憂自江以南誰不爲陛下憂者也今日又何有怪焉蓋

古之建國諸侯止以千乘獨天子以萬乘制之雖其間有不庭則又羣起而共滅之嗚呼天下之勢倒持久矣臣在草萊尙爲之寒心陛下何以惕然爲祖宗之計乎以臣觀諸路帥臣非不欲盡忠竭節以報陛下如世忠自旦至暮訓習軍馬未嘗少衰世忠年已五十勇力之氣人皆憚之諸軍雖有怨嗟之聲人亦不敢言之於世忠也由是觀之諸路帥臣使之長安在位則可或其間有一不幸則又何以異於淮西之事乎又况小人之情見利則不能不爭見患則不能不避其黨易成陛下可不思患而預防之乎臣竊惟

陛下自即位以來所任宰執至於十八九當時除命一下所謂宰執親戚故舊者不問賢否類皆鼓篋而進其罷也則所謂親戚故舊者亦皆斂服而退當時羣進之人亦不無賢士大夫也夫何朝廷習以爲常雖欲願留而臺諫亦所不容也臣見陛下所除宰執必自兩制所除兩制必自郎曹卿監所除郎曹卿監必自宰執成就今天下雖有賢如呂望謀如子房智如孔明才如馬周或隱於選調或隱於布衣苟無親戚故舊見任宰執則終身淪沒於蓬蓽之中而與草木俱腐矣況使陛下所任宰執稍能霽顔以接寒士雖周公吐哺握髮亦不過如斯而已其間縱有所舉不當亦不害爲濟濟多士雲集於朝也陛下又豈不念凡所除過宰執某人能爲陛下舉一才某人能爲陛下辨天下之形勢某人能爲陛下立天下之規模某人能爲陛下破天下之疑惑某人能爲陛下正天下之紀綱當天下無事時所謂宰執不過以東南一時甯靜引中興之說面諛陛下而已及恩數既足親戚故舊皆已成就遂爾力乞宫祠以便安養既退之後又復薦某人於朝爲身後之計陛下用之不疑所謂被薦之人復歸恩矣將欲子子孫孫承以爲固又

誰肯以陛下祖宗境土爲意哉嗚呼使上天有靈此曹震滅久矣臣所閲陛下除宰執惟張浚庶幾呂頤浩次之也如趙鼎雖有大臣之才而無大臣之器至於倘僻學而臨事失措覦頤浩又其次也惜乎沈與求有憂世許國之心不能盡其才而死耳浚器識甚遠所患者才不足也向使浚才術兼濟如無四曲端罷劉光世不致爲人詬罵而更相短之也浚之孤力無一介爲助者陛下自任以天下之責此亦今日之所難矣至於呂祉淮西之敗祉誠罪人然可憐者有是心而才力不逮爾陛下可不念之臣學問疏繆而識不甚明輒欲效區區之誠仰干天聽臣之愚也亦甚矣臣嘗聞昔人有言曰項籍有取天下之志而無取天下之慮曹操有取天下之慮而無取天下之量劉備有取天下之量而無取天下之才惟陛下天錫勇智雖北人亦稱英武又何遽絶關中而無一言以及之也今又以淮西之叛人得而易之陛下可不張其聲勢而預爲之計乎臣願陛下應諸路軍馬各置都督一員使諸路帥臣副之如淮西一路願陛下除呂頤浩爲都督以張俊副之以楊沂中屬焉詔傅崧卿爲參謀復以史願爲參議何以言之頤浩及俊所

謂股肱頤活臨事有斷崧卿詳審而願亦有謀如淮東一路願陛下除孟庾爲都督以韓世忠副之詔劉甯止以爲參謀復以韓求爲參議何以言之庾與世忠有湖南福建之舊庾既委曲事情甯止與求勇於敢爲如襄陽一路願陛下除秦檜爲都督以岳飛次之詔劉岑爲參謀復以蔣粲爲參議何以言之檜見任樞密寬而有容岑與粲才術過人喜於立事觀其應變亦善與人同如趙鼎劉光世二人也在大臣中位望尤重願陛下除鼎爲川陝都督以光世副之詔折彥質爲參贊軍政以王璞馬擴爲參謀議官如樊

序賓孟涓之徒皆先朝邊人諳曉陝西利害鼎可寘之幕府仍以王德爲都統制將帶光世見存軍馬乘以北風泝流而上願陛下假鼎重權令措置四川財賦任便馳劄招集陝右流離之民鼎與光世威信素行自可傳檄五路間遣吳玠軍馬出沒僞境又豈止牽制而已庶亦措置關中之一端也昔人有言曰虎方捕鹿羆據其穴而取其子虎安得不置鹿而追也何以言之陝右乃天下之根本四川乃陝右之利源自古興王未有不由是而得之也陛下茍或聽臣之言非特荊襄川陝有以爲援且將鼓率一路軍馬徑趨河東然後淮西諸軍及襄漢等路約期並進則番僞改作僞豫首尾不救一戰而天下可復矣嗚呼天下大計陛下自有謀臣如雲又豈以草萊之言而決之也臣竊見明堂大禮在卽陛下當乘此機會召諸大臣盡赴行在願陛下引漢高故事親爲盟主殺白馬而誓之令張浚書名金石而藏諸宗廟拜浚爲大都督以輔陛下願陛下親御鞍馬往來問勞知軍民之疾苦四方之豐歉開達聰明以廣聽納庶使番刪此字僞之刪此字情不能探伺陛下之神策也如臣所舉二三大臣充諸路都督非特陛下左右前後得以鄙之而

臣亦自鄙之也嗚呼天下之勢既已倒持非陛下除以前任宰執人情稍通者爲之如其他傲上忽下之徒亦未有能濟者也臣之區區非特願陛下置諸路都督以張其聲勢實欲爲陛下廣其人材以宣布陛下之威德又豈特使諸路軍馬知有陛下而實恐諸路帥臣有一不幸則所統軍馬不致臨時倉惶而無以制之也陛下又豈知某人一軍名闕號曰自在軍也平居無事未嘗閱習其甚至於白晝殺人而奪其財者惟某人某人兩軍韓岳人馬整肅其失又傷於太嚴至如近下軍兵有請一百錢食二升半米而贍三

四口者日逐上教或至晚方罷及回本營欲得杯熟水以沃肺腑亦不能得何夫自申牌前後打滅火燭不許復爨其情可知及其所請食錢非獨欲贍數口一月之內仍欲買皮條買磁末買弓弦至於修理弓箭種種費耗不過此一事食錢而已身晚上教其妻剔甲其子積薪縱緣陰雨得少休息又不免修葺營寨此特步人之勞至於馬軍又有甚於此者矣臣願陛下備臣所陳以詔寬之應有馬軍兵請受低小之人仰諸路帥臣開具姓名量其高下特與增給無使怨嗟之聲聞於道路某人一軍尤無避忌雖統制將官

親見無禮唯知隱忍而已比年以來諸路軍馬嘗有全裝數隊而入僞境者往往諸軍互相推避各稱本軍人馬點足即無逃亡之人以是將官得以欺蔽統制統制得以欺蔽帥臣帥臣得以欺蔽宰執宰執得以據所申請而欺蔽陛下也至如諸軍出入有攻城破敵之說大率如此上下欺蔽陛下亦無如之何臣願陛下速置諸路都督以通上下之情無使諸軍復有淮西之禍也今年淮西亦宜預爲之備如張俊一軍亦不可數數勞動願陛下令俊差撥與兩軍人馬於濠廬之間駐劄以備緩急仍願陛下速遣鼎與光世爲川陝之行以張其勢今陛下若以陝右爲不可措畫且今淮上諸軍爲山東之謀此非臣所以敢言於陛下也以臣覩之假令劉豫北遁盡如所料不知諸軍人馬沿大河一帶復作何如屯駐又況大河南北皆平衍之地目盡千里非中國步人所長若使金人安處河北以我爲客利戰則戰不利則據河爲守間遣游騎以勞吾師其閒暴露之人不無怨懟當臨敵之際百戰百勝則可萬少有不利則諸軍散漫而無復南渡矣又況東南乃國家之根本雖曰殘破尚茲富饒陛下復以何人爲留守爲濟師餽饟之道又

不知能保川陝荊襄而無復受敵之患乎臣敢冒萬死以聞陛下臣實恐諸軍馬有不測之禍而陝右之民荏苒汚俗不得爲陛下有矣孔子曰無欲速無見小利欲速則不達見小利則大事不成陛下又豈不念六朝之弊區區於江右者哉臣願陛下體淮西一事深思而詳覽焉臣冒犯云云

十一月劉錡來朝

劉錡方知廬州來朝行在也

詔復幸臨安府

初降詔幸建康也有以覩天心之向人皆喜上之英

斷有恢復中原之志上自建康駐蹕不久會有淮西酈瓊之變又張俊自盱眙退軍建康江上事紛紛是時王仲嶷有復官之制又命王暎與郡左正言辛次膺彈樞密使秦檜妻黨王仲嶷王暎父仲山嘗投拜虜（改作金）人仲嶷不當復官暎不當作郡檜力營救次膺乃併劾之曰是將有蒙蔽之漸時檜議遣使金國請和次膺力言國恥未雪義難講好面陳及上疏者六七會親疾丐侍養乃以直秘閣荊湖南路提刑於是主和與主戰之說不能定人心回惶議者以復幸臨安爲是遂降詔候來春復幸浙西

岳飛退軍江州

十七日乙巳兀朮（改作烏珠）執劉麟於武城

先是劉豫聞朝廷舉師北征遣馮長甯乞兵於金國金人以酈瓊率全軍降豫豫勢盛恐久難制欲因出兵而廢豫佯以兵不可出爲辭豫請之愈堅撻懶（改作達蘭）乃謂長甯曰非不欲出兵實以本國用兵以來無往弗捷自有齊國之後動輒不利恐路覆車挫我威武必欲出兵須齊國人馬亦聽本國節制所貴號令一而權不分天下可以指麾而定豫與麟父子罔測其謀欣然從命金人遂令具兵甲器械錢糧總數並令調發輦運陳蔡順昌宿亳之間計程知東京無兵乃邀麟單騎與元帥會於滑州麟從二百騎以是日至武城胡（改作金）騎張翼圍之數里悉掩而囚之

賜進士出身頭品頂戴四川等處承宣布政使司布政使淸苑許涵度校刋

三朝北盟會編卷第一百八十終

三朝北盟會編卷一百八十校勘記

非所以裨補天聽聽誤作德　劉豫以羅誘三不救之說說誤作劉豫以虜誘以三不救之說　未嘗不因天下之勢勢誤作事　陛下可又不從而東耶誤作陛下不可不又從而東耶　遠在千里之外在誤作自　以臣觀之觀誤作規　傅崧卿崧誤作松　頤浩浩誤作活　委曲通情通誤作事　爲參謀議官謀字衍　有請一百食錢食錢誤作錢食　不過此一百食錢而已百誤作事　自晚上教自誤作身　恐擒而因之擒一作掩

三朝北盟會編卷第一百八十一

炎興下帙八十一

起紹興七年十一月十八日丙午盡其日

十八日丙午金人廢劉豫

金人既執劉麟乃馳赴京城下由梁門外登城以百騎守宣德門東華左右掖門副元帥兀朮改作烏珠並三路都統阿魯改作呵嚕陂階改作伯奇五郎君三騎直突入東華門問劉齊王何在僞皇城使等錯愕失對兀朮改作烏珠以鞭擊之徑趨垂拱殿入後宮門問劉齊王何在僞宮人揭簾應云在講武殿閱射講武殿劉豫毀明堂以明堂建殿也三騎馳往直壓殿豫遽欲退更衣兀朮改作烏珠下馬執其手曰不須近有急公事同登門議於是同行至宣德門傍遽命僞侍從開門就東闕亭少立兀朮改作烏珠乃麾小校以小黃馬强豫乘之且曰元帥請到寨中議事豫始覺其謀撫掌大笑上馬衛從猶數十人三酋改作帥露刃夾之而行過豫僞御馬院命換馬出梁門囚於金明池廢爲蜀王年六十五豫初僭立以關錢流傳乃置交子立法七年換至是豫立七年廢丁未金人率僞文武百官軍民僧道耆老等拜詔於宣德門下詔曰敕行臺尚書省朕丕

㢑洪休光宅諸夏將俾內外悉登昇平故自濁河之南割爲隣壤之界灼見先帝舉合大公罪則遄征因不貪其土地從而變置庶共撫其生靈建爾一邦逮今八稔尚勤吾戍安用國爲甯負而君無滋民患已降帝號列爵王封畀有所歸餘皆罔治將大革於弊政用一陶於新風勿謂奪蹊田之牛其罪已甚不能爲託子之友非棄而何凡爾臣民當體至意所有餘事件已委所司逐一下元帥府去處分不盡之事亦就便計議從長施行乃告逐處咸使聞知故茲詔示想宜知悉宣詔畢二酋（改作帥）從素隊數十人頂數丈

長柄上紫傘立於西朶樓相對西街僞丞相張昂李鄴范恭等立東朶樓相對趨前欲拜撻懶（改作達蘭）斂身令通事傳言慰勞不須勞拜者三然後昂等次第進揖遜謝訖次又依前見兀朮（改作烏珠）兀朮直立或摑耳或捫面旁若無人不爲禮（刪兀朮至此十七字）禮畢二酋（改作帥）歸東府以數千騎往來遶大內御街循環不絕仍使小番（改作校）分行街巷揚言曰不用爾爲簽軍不要爾免行錢不要爾五釐錢爲爾敲殺貌事人請爾舊主人來此坐教爾濾快活簽軍即日皆散已起者人馬器甲徑歸東京元來營分願歸農者納馬逐便金人

得豫馬四萬餘匹在京有錢九千八百七十萬緡有絹二百七十萬匹金一百二十萬兩銀六千萬兩舊。（校云劉豫事迹作銀一千六十餘萬）糧九十萬石方州總數又倍之豫內庭嬪御一百七十人姬媵者九人麟婢妾一百二十人父子雖外示儉樸而內爲淫泆以獻女獻妻進姨進妹得差遣如高立之宋緝者紛紛皆是如廉公謹以女奉麟以媳婦伴送麟以二人進豫豫遂以公謹爲僞皇子府准備差委監理料庫有長葛令侯湜者人告其入已贓近萬緡湜計窮遂飾姪女進豫冀其倖免勘官馬楫觀望從輕擬斷合除名勒停豫曰

使功不如使過即命湜爲帶金牌天使陝西五路傳宣撫問回授臨汝倅其用人如此在僞位八年四民凡含齒戴髮上自耆老下至齠齔欲至倡優無不日納官錢以內庭種菜出賣京師池塘計荷葉數目猥屑不可盡言士民凡出語言稍涉時忌者並許人告得其情告者受賞或遭誣執告者免罪由是小人得志父子不敢隱語如負擔相遇或相問曰那里去若應云南頭去便以亂道言語斬之衣著稍或鮮麗又以爲宋之頑民尚仍舊態斬之專務以猛濟寬不覺失於大酷劉觀劉復劉益皆豫之弟猊乃觀之子悉

務聚斂皆乏遠圖唯益屈已待士疏財重義頗得士卒歡心講武之暇涉獵書史以儒術緣飾吏事虜(改作金)人亦忌之(删此三字)廢豫日先爲所執先是邢希戴毛澄之徒皆以忠言告豫令密通朝廷豫殺之既廢遷相州留錢五萬命道士修醮謝諸直言者豫初僭立奔附者衆識者譏之云濃磨一鋌兩鋌墨畫出千年萬年樹誤得百鳥盡飛來踏枝不著空飛去輕薄子撰造詩曲指爲笑端不可勝記豫拘於瓊林苑常蹙額告撻懶(改作達蘭)云父子盡心竭力無負上國唯元帥哀憐之撻懶(改作達蘭)曰劉蜀王劉蜀王爾猶自不知罪過獨不見趙氏少主出京日萬姓燃頂煉臂香煙如雲霧號泣之聲聞十餘里今廢了爾後京城內無一人爲爾煩惱做人猶自不知罪過朝廷還爾奴婢骨肉各與爾父子錢物一庫煞好豫默然語塞豫之族人劉珏者金槍班班直人也豫令知長安到長安日蓬蒿中得三二十人珏措置招人措置屯田之類曲盡其法甚得軍民之情豫廢後金人復以珏爲轉運使來長安諸處人歸之金人懼焉金國遂以詔命召珏到鄭州藥殺之

右從政郎楊堯弼作僞豫傳曰謹按春秋大法聖人

書於經褒貶善惡彰著以昭示後世臣子之觀戒若諸侯之善如美齊侯懿晉文有翊輔周室之力攘夷狄之功(删此五字)則書爵以尊之卿大夫之忠賢如魯季子來歸有歸國家之忠齊高子來盟仲孫省難存邶鄰國書字以賢之宋孔父正色於朝司城司馬死節之義書官以貴之褒而美之以代其賞樂道人之善也楚子爵隱公之世熊達已僭稱武王其後縣大夫皆僭稱公聖人書經善則稱子惡則稱人而正陵僭也如楚人圍宋楚人滅庸貶而罪之以代其罰衛州吁齊無知弒君自立翬弒隱公宋萬弒君捷書名以賊之削去官秩除去族氏以示誅絕彰暴罪惡於萬世今豫雖廢得免萬死爲幸然向稱僞齊若不誅絕何以昭示懲戒當削去僭號貶其官除其姓氏作僞豫傳以爲亂臣賊子之戒云劉豫字彥游景州阜城人也家世爲農至豫始應進士舉元符中登第累歷縣佐郡屬政和二年遷殿中侍御史少時嘗盜同舍生白金盂子紫紗衣至是言者方發其夙醜豫因上疏自明上皇赦而不問未幾累章言禮制局事上皇批云劉豫河北村叟不識禮制遂黜爲兩浙廉訪其謝表云孰云河朔村俗之人來領浙右廉問之事議

者謂豫怨望之迹已見於此時坻儀貟喪妻翟氏繼丁父憂因家焉建炎二年戊申今上幸維揚樞密院張昂與豫有河朔職司之舊力請於朝欲與一郡時濟南太守張悅遲留未行使豫起復代之除中奉大夫知濟南府豫欲換江南一郡而兩府厭其頻數不許謁見乃痛憾而去至郡惟務酷刑以報私仇而父子隱絛犯者皆坐罪建炎三年已酉金虜寇改作兵至山東州郡例多戰守豫遣子刑曹椽承務耶麟部兵出戰爲金虜改作兵所圍又令郡倅張東援之金虜改作兵解去遣人啗以利俾令投拜豫與東欲議出城見虜酋改作金帥百姓遮道願死不降豫因縋城詣軍前通欵是年夏金虜改作人命豫節制京東兵馬徙東平豫遣使說汴京畱守上官悟叛悟焚書以斬之豫又賂悟左右二人喬思恭宋愿說悟悟亦從之時金虜改作之天會七年建炎四年庚戌濟南有魚人得鱣者豫妄謂神物之應乃祀之夏五月附豫姦人言北京順豫門下生禾五穗同本以爲豫受命之符於是齊魯之閒僉會推戴豫亦遣子麟以重寶賂虜酋此二字改作金闥辣改作達蘭左右求僭立而闥辣改作達蘭遂注意立豫詭辭乞立張孝純虜改作金主遂遣使就豫治所問軍民士

大夫所欲立者時獨豫鄉人張浹應之曰願立豫是月戊申金虜刪此字遣西京畱守高慶裔禮部侍耶知制誥韓昉備禮以璽紱立豫册之曰册命爾爲皇帝國號大齊都於大名世修子禮永貢虔誠付爾疆封並同楚舊豫遂僭立於北京其赦文有曰雖無虞舜之明揚幸免成湯之慙德其悖逆如此以前宗政寺丞李孝揚權左丞濟南通判張東權吏部侍耶兼右丞子麟大中大夫提領諸路兵馬知濟南府以延康殿學士前宣奉大夫前太原尹張孝純依前宣奉大夫封開國公守尚書右丞相弟益爲大名畱守都水使者王夔汴京畱守升東平府以爲東京以東京爲汴京改南京爲歸德府豫生於景州守濟南節制東平僭位大名起四部强壯爲雲從子弟應募者數千人又以境內三代有官者爲三衛官目曰翊衛勳衛親衛分三等二年升一等六年即以試弓馬合格人出官是年乃建炎四年金虜刪此字四太子南寇改作下回以李鄴李侏李儔鄭億年臣豫以傳爲監察御史億年權工部侍耶冬十月甲午遣孝純等奉寶册册前妻翟氏爲皇太后妾錢氏爲皇后民間房緡以五釐納官十一月改阜昌元年李鄴畱守東平鄭億年

吏部侍郎馮長甯自陳州歸附請立什一稅法除戶部侍郎李儔知鄆州李俅陽穀縣令是年依倣金虜籍刪此字法鄉各爲寨五家爲保推土豪爲寨長雙丁爲出戰單丁夜巡雙丁上教月兩點集呈器甲試弓馬合格者補效用正軍不願者聽每調發一人即同保四人家備衣糧器甲等費就本寨送納交於駐劄處充支在官無一毫之費惟正軍使臣效用官破請給各有差滄州進士邢希戴上書乞陰通朝廷結好夏國密圖金虜改作人榜於市云大國聞之與生靈爲害不細斬之又有百姓失其姓名酒醉扣門嫚罵豫云

劉豫你是何人要做官家大宋何負於你豫又斬之阜昌二年封子麟爲梁國公除尚書左丞相張昂權右丞相兼門下侍郎冬十月以弟益守汴京李儔知襲慶府十二月東京官屬併父老史平僧錄德眞道錄王從篔等捧表請遷都於汴京僧道賜齋史平補上州文學張東罷右丞范恭權右丞三年夏四月遷都於汴是日暴風揚旆屋瓦振動都人大恐曲赦汴京杖罪以下放免曉示民間今後更不肆赦不用宦官不度僧尼道士奉祖考於舊太廟尊其祖爲徽祖藝文皇帝父日衍祖睿仁皇帝親巡郊社從弟益京兆

留守麟以境內簽軍爲十二軍在府以參謀機宜幹當統領議事差委順習差使指揮使上中下三等守闕上中下三等效用取士網羅人才置諸左右文武並雜用不限資格僞宣節郎太常博士兼直史館祝簡進遷都賦又進國馬賦豫批云文賦并非治天下所宜尙然自前朝失理上恬下嬉怠意監牧國家創業力爲生靈除禍亂致康泰以養馬爲急務而猶恐官吏軍民多如舊俗未知盡心於牧圉芻秣之道此賦極陳馬之爲用使讀之者知此爲至重而不可忽實有補於馬政祝簡可減二年磨勘以示無言不酬西

京奉先指揮兵士李英賣玉注椀豫疑非民間物勘鞫之知得之山陵中遂以劉從善爲河南淘沙官發掘古今山陵民庶墳墓求金虜賊寇發棺不盡者刪求金至此十字及棺中水銀等物以谷俊爲汴京淘沙官發民間埋窖及無主墳墓中物六月大雨遣子麟代謝相國寺中太一宮張昂右丞相兼門下侍郎鄭億年開封尹成忠郎許清臣主管殿前司公事秋九月長星見僞太后死謚曰慈獻宋愿上書言利害豫以說上官悟之故特錄用之授大總管府差委冬十月李鄴權右相范恭守左丞改忠翊郎爲昭果郎忠訓郎

爲昭毅郎李俅言什一稅法利害遷監察御史四年
春二月葬僞太后於東平賜狀元羅誘以下八十四
人及第五月戶部侍郎馮長甯監察御史許伯通刪
修什一稅法條式三十二件隨法申明二十二件諸
律刑統疏議阜昌敕令格式與什一法兼行文意相
妨者從稅法秋九月學士院馬定國進君臣名分論
其畧曰金師再駕攻圍汴都康王以帝弟之親總元
帥之任握天下重兵號稱勤王自冬徂夏遷延六月
移屯濟州坐視京師之危畧無進師之意及夫汴京
失守二帝北遷康王謂天下之在已逡巡即皇帝位

於睢陽自余觀之是耶定國應之曰非耶文多不載
豫批馬定國轉一官冬十月李節除右丞金虜寇改作
人攻蜀敗於王師五年夏成忠郎許清臣除殿前太尉
拆毀景靈東西宮得眞宗皇帝玉石像碎爲二十八
段豫問可作材料否清臣答以斷首矣麟於是取一
段示右丞相張昻云此眞宗皇帝也已而擲之五月
開聖尼院佛像垂鼻衄三日百姓縱觀九月豫下詔
南侵至淮泗遇韓世忠游兵不得前繼聞皇帝親征
四太子宵遁調發盡淨始遣人語之麟乃晝夜兼行
二百四十里抵宿州少安西北大恐麟率僞臣寮上

言嘗謂中原制江表其爲形勢與强弱逆順之理何
啻得百二之利也故自古王者興起必以河朔山東
之地然後爲帝王之眞若乃崛起及遁居吳越之地
討其强者能自保一隅偶有不振則中原之兵已進
而墟其國者不可一二舉也故史冊所載如吳爲晉
所滅陳爲隋所滅周世宗翦伐淮南諸州至宋之初
以次就平是也乞下合屬去處曉示奉豫旨依六年
二月改什一法行五等稅法夏六月汴京地震秋七
月毀明堂得金龍之金四萬兩大銅錢三百萬暴風
連日屋瓦皆震八月麟出獵陳留有義黨數百人欲

刦之南奔皆法外處死於汴京以弟復知濟南府觀
知淮陽軍冬十月下令民鬻子依商稅法計貫陌收
稅知襲慶府李儔罵劾僞丞相張昻豫批云理合誅
戮尙念儔係江南守臣隨軍歸附特以寬貸追五官
與濠州蘆市酒監○舊校云本作添監歸七年春賜狀元邵世
矩一云邵光規以下六十九人及第改明堂基爲講武殿
開上安門爲衆安門朱雀門爲明昌門景龍門爲照
遠門秋九月以殿前大尉許清臣爲權大總管府以
子麟領行臺尙書令馮長甯行臺戶部侍郎行軍參
謀李鄴行臺右相講議軍事發鄉軍三十萬號七十

四萬兩路南寇東路由荆山渦口犯定遠趨宣徽以姪劉猊統之西路侵廬州麟統之僞詔榜示指斥鑾輿尤甚於五年淮淝之役軍之始行也知臨汝軍宋著部夫到京子麟以後期斬之納其女於豫繼斬使臣趙倚語人日已斬趙宋矣尋進於濠壽之間東路猊所統遇楊沂中擒戮悉盡西路麟所統聞猊敗望風北遁失運車七千輛船七百隻逌歸亡歿散走者大半器甲文鈔軍須犒設等物不可勝計建炎已來王師獲捷未有如是之盛也於是廢猊爲庶人免復官徙覲爲東路畱守以妻弟翟倫爲南路畱守八年

夏四月改保康門爲清遠門是月梟鳴於苑又有梟數千鳴於內庭皆作休也之聲豫惡之命能捕獲一梟者賞千錢五月無雲而雷起龍於宣德門捫滅宣德二字豫令修之秋七月聞人南回探報王師欲北征遣宣義郎楊堯弼乞師大金堯弼他辭改差戶部員外韓元美迪功郎游何金虜字刪此不許八月望順昌府馳報喜旗至京云江南劉相公下全軍人馬幷淮西兵十餘萬歸附已交收器甲接納了當九月十三日到京以歸首鄺瓊爲靜難軍節度使知拱州劉光時爲北京大名府副總管趙買臣爲南京副總管王世忠皇子府前軍統制靳賽左軍統制餘或諸州兵馬副鈐轄其次皆遙授諸州准備使喚緝捕盜賊劉麟府效用使臣正軍請受恣縱皆不及朝廷則例皆悔恨獨酈瓊以爲得策麟豫見王師必欲北征遣參議馮長甯使金乞併力南寇改作禦冬十月壬寅平原鎮濠寨官賁百祥見星殞不覺失聲驚曰齊帝星墜禍在百日之內同坐執之赴麟麟問可禳乎百祥日應天以實不在修文惟在修德麟聞之豫以爲狂士斬之汴京閤門奏僧道見謝辭令拜豫批依十一月庚子豫以私憾殺汴京富民孟師齊於東門籍其

家貲豫遣人乞兵大金金人先示難色豫乞愈堅不得已許之俾令先調發齊兵會於淮上約麟單騎議事濬滑之間麟以百騎從是月丁未至河上悉爲虜字刪此擒之四太子五郎君三路都統以數千騎馳赴梁門登城以守丙午四太子與三路都統以數千騎守宣德門東華門二酋此兩字改作繼從東華門入逼豫出見闔辣改作達蘭以鞭麾騎逼豫於闕亭以羸馬䭾之而去四於金明池廢爲蜀王命百官有司皆仍舊以僞齊尙書省爲金虜字刪此行臺尙書省散出文榜買賣不許闕門仍以小番改作校揚言因民所欲皇哉衆聽稱

齊王虐民命廢之放五釐免行錢散鄉軍蔽殺猊事人教你百姓快活你舊主人少帝官家在此民心於是稍安而北軍亦不敢擾民文有闕不在此數宮嬪一百七十人姙身者九人其子麟一百二十人父子皆外示節儉之狀而內爲淫泆如此獻妻得官進姊妹得差遣如高之立宋緝紛紛皆是中閒尤甚者如廉公謹以女奉麟以子妻倂之麟倂取二人進於豫遂以公謹監禮部庫僞皇子府差使愼武郎侯湜出爲長葛令有入已贓萬餘緡事發恐不免以姪女進豫以爲使功不如使過升湜爲金牌天使陝西五路傳

宣撫問其淫汚有至於此僞位八年凡含齒戴髮上至耆老下至齠齓微至倡優無不自納官錢行偶語之禁喜掊尅之術酷虐鄙猥不可以一二記其數也有馬二萬四千匹在京有錢九千八百七十餘萬貫有絹二百七十萬匹有金一百二十萬兩有銀二百萬兩有糧九十萬石方州在外劉觀劉益劉復皆豫之堂弟猊爲觀之子皆事掊斂無他能獨益輕財好施禮賢下士與士卒同甘苦刪禮賢至此十字頗有遠畧故廢豫日虜金改作人亦忌執改作之俾經畧郎君以計掩捕其餘貲之若無故觀至今忝其任便居住僞后錢氏宣和閒爲御侍淵聖時出宮配使臣張保義張爲賊虜錢從賊幾爲賊人所殺賣身與豫爲針線婢故舊在宮庭中豫皆取法於錢先是邢希戴毛澄以忠言諫豫密通朝廷不納而害之至廢遷相州豫悔酉錢五萬醮之十二月甲戌自相州徙上京改封曹王在僞位八年年六十五

賜進士出身頭品頂戴四川等處承宣布政使司布政使淸苑許涵度校刊

三朝北盟會編卷第一百八十一終

三朝北盟會編卷一百八十一校勘記

有翊補周室之力補字衍 書名以賤之賤誤作賊 而彰暴
罪惡於萬世脫而字 樞密院張懿誤作張昂 凡父子容隱
條犯者凡誤作而脫容字 吏多戰守吏誤作例 張柬柬誤作東下同
豫與柬議欲出城見虜酋欲字誤在議上 豫詭辭乞立張孝
純脫豫字 升東平府以爲東京以字衍 以汴京爲西京
誤作以東京爲汴京 鄭億年臣於豫脫於豫二字 雙丁籍爲出戰
至不願者聽一作雙丁籍一爲軍月兩點集呈器甲試弓馬合格者補效用正軍不願者聽州縣
市民亦各籍爲伍單丁巡夜雙丁上教 毅文皇帝毅誤作藝 僞宣教郎教誤
作節 抵宿州始少安脫始字 兩路南寇至麟統之一作分三

路南寇中路由壽春趨合肥以子麟統之李成闢師古
皆在麾下東路由紫荊山出渦口犯定遠趨宣嶽以姪
劉猊統之西路由光州犯六安孔彥舟統之 無雲而雷下脫忽字 賁百祥一作
賈百祥 以數千騎馳赴梁門千字衍 而北軍亦不敢擾
民此下應有豫之廢也四字直接第十四行有馬二萬四千匹至方州在外五十二字元係錯簡誤作有關
文 不在此數至不可以一二記其數也此應上接方州在外下接
劉觀劉益劉復皆豫之堂弟云云元本錯簡

三朝北盟會編卷第一百八十二

炎興下帙八十二

起紹興七年十一月十八日丙午盡其日

豫在僞位求言榜曰九月二十日三省同奉聖旨辭避無術竟膺重任業遠近官吏士庶耆老湊集稱慶顧無能以副衆誠惟極愧惕念時當草昧事極艱難臨政之初若涉大水其無津涯更冀官吏軍民耆老凡有所見陳奏無隱庶補昧隳共圖永濟

建元阜昌榜曰十一月二十三日奉聖旨王者受命必建元以正始近古以來仍紀嘉號以與天下更新乃者卽位之初有司請尊舊制朕以大國之好遜避未遑而使命遠臨促立别號一振受命之元運新我齊民之耳目嘉與諸夏共承天休其以十一月二十三日建元爲阜昌元年布告天下咸使聞知

遷都汴京榜曰十二月十八日奉詔書汴京居四方之上游名區奥壤爲天下最今所宜都無以易此朕今以遷都故事未當輕議既而寇盜衰息强梗歸懷闢輔混同人漸甯謐宅中而據會要因舊以建新邦乃其時矣朕志已定朝議僉協將戒嚴而愼重宜先事以示期宣布詔音宣孚羣庶已期明年春末遷都

於汴凡爾遐邇知朕意焉

立錢后文曰門下朕肇造區夏聿崇王化之基乃正宮闈允賴坤儀之助爰昭懿範協建丕圖敷告明廷宣揚顯冊咨爾錢氏性鍾婉靜德茂肅恭嬪於節制之初嘉爾宜家之美慶傳乃祖德及下民氏啟吳越之王封地鍾斗牛之瑞氣名家濟美遠踰高密之門邦媛流芳益顯臨安之裔建茲創業緊乃協心增厚人倫思繼關雎之化敬修婦禮歡承長樂之欣宜正徽名式資內治褘衣褕翟遠稽周室之儀椒室蘭闈靡效漢家之侈蓋遵典禮匪徇私恩於戲惟恭儉可

以御純樸之民惟憂勤可以副厲精之意書稱嬀汭匹虞舜以應圖詩詠洽陽配周王而受命勉師令德永播徽音可立爲皇后仍令有司擇日備禮冊命施行

戒守令觀農榜敕曰朕撫有宇內五年於茲賤末而貴本欲使元元之民皆趨南畝豐衣足食水旱有儲比屋歸原於今田野未加墾闢閭閻之間儲蓄尚寡抑亦長民之吏訓督之未至耶古者循吏或出入阡陌躬勸耕桑課民樹藝悉有程品用是戶口蕃滋獄訟衰息今郡守縣令所以助朕致理何獨不能及茲春首播植之時其各勉盡率土之力使地無遺利農民亦當深念幸脫兵火之厄㤗然更生勿事惰游竭力畎畝務遂生生之業以養父母以育妻子臻於福壽不亦善乎布告天下咸使聞知稱朕敦本務農之意毋忽朕命故茲昭示想宜知悉

刪修什一稅法尚書省准內降付下朝請大夫尚書戶部郎中兼權侍郎權給事中臣馮長甯等劄子又臣等准尚書省劄子奉聖旨刪修什一稅法令檢點前後指揮削去繁冗類成條式共三十二件並隨法申明二十二件竊惟夏后氏五十而貢殷人七十而助

周人百畝而徹其實皆什一也龍子謂莫善於助莫不善於貢貢者校數歲之中以爲常樂歲粒米狼戾多取之而不爲虐則寡取之凶年糞其田而不足則必取盈焉以此見三代皆行什一之法又無若助爲善者周之衰亂已不能守秦漢而降隨時更變其間雖或輕於什一而取稅更賦之類其目亦繁弊亦隨生所以仲長統極言其陋今通肥磽之地率計稼穡之入斛取一斗未爲甚多一歲之間有數年之儲苟不徇大法視爲甚多攺成輕稅及一方有警一面被災坐視戰士之蔬食彌望餓莩之滿道如之何爲君

行此政也惟唐租庸調法爲近古貞觀之際行之甚備其後稍紛更之率變其法總無名之賦立爲定規名曰兩稅法陸贄常言兩稅新制耗竭編甿惟日滋甚是時行之未久而其獘亦已如此迨五代之季世遂爲民之大蠹權要豪右之家交通州縣欺侮愚弱恃其高貲擇利兼併售必膏腴減削稅數至有入其田宅而不承其稅者貧民下戶急於貿易俯首聽之間有陳詞官吏附勢不能推剖至有田宅已盡而稅籍猶在者監錮拘囚至於賣妻鬻子死而後已官司攤逃戶之賦則牽連邑里歲使代輸無有窮已折變之法小折大折名曰實直巧詐欺民十倍掊取舍其所有而責其所無至於檢災之蠲放分數方田高下之土色不公不實率皆一例大姓享其利而小民被其害暴君汚吏貪虐相資誅求百出朝行寬大之詔夕下刻削之令元元窮蹙羣起爲盜滅亡之由可爲龜鑑者魯哀以年饑二猶不足問於孔子之高弟有若有若對曰盍徹乎又曰百姓足君孰與不足則見什一乃足百姓之法不可以加重也白圭欲二十而取一孟子對以子之道貉道也又曰欲輕之於堯舜之道者大貉小貉則見什一乃堯舜之道不可以加輕

也自上古能行治民之道者無若堯舜夏商周在下能知治民之道無若孔孟之徒其所行所言皆如此則後世有天下國家以安生靈爲意者其可忽諸春秋公羊傳曰什一者天下之中正什一行則頌聲作中道明則百姓安在上有雍熙之美在下無大東之憂豈傷其時久法廢而不復故諄諄言之以示後世歟恭惟陛下受天明命拯民於塗炭之中慈儉勤勞務革貪饕爲循良化呻吟來謳歌爰自節制諸路深監前獘而欲盡革之乃酌古先帝王聖賢所行所言什一之稅多寡升降官不定籍唯據民所供歲入之實數而定其出入無地不耕無田不井與助法同賢於夏后之貢遠矣所以張太平之紀綱立聖化之基址行之數年稍得法意者公私兼利獨豪右權要不逞之徒病其不能容姦因州縣奉行間有乖方或煩苛或滅裂致百姓之疑惑厭苦者乘之肆爲浮言力圖沮壞按周制田不耕宅不毛民無職事者罰以里布與夫夫家之征今法請佃官田升科之後有虛占不耕妨人請佃者令比附輸稅議者乃非之以爲太刻按律應輸課稅以及入官之物而迴避詐匿不輸計所隱准竊盜論歷代行之未嘗增損今法壞隱稅者

准盜斷罪議者乃非之云所隱係已物豈可謂盜詐議藉藉多者扇惑衆聽惟冀幸衆情之不安因之得以搖動成法況自昔有稅唯今之稅尤合衆輸蓋國家既無池臺苑囿樓觀之役又無聲色玩好宴遊之侈外無佛寺道院之修崇内無嬖人幸臣之賜予惟是祿官吏者所以爲民圖治安養軍兵武人置鞍馬器甲者所以爲民平禍亂修城池樓櫓唯要緩急保民備河防邊鄙者唯恐倉卒害民凡民所輸之稅一粒一錢一絲一縷更無妄用盡是還以爲民民能知此豈忍有隱豈復爲異議所惑伏望聖慈特降睿旨付

所司鏤板行下杜絶浮言戒敕官吏示以行法之意必堅必信庶幾斯民咸受實惠取進止奉聖旨依

金人廢劉豫指揮尚書省帥府議冊立劉豫建號大齊置國之初恐其不能自保故爲隨路分駐兵馬至今八年載念上國之兵久勞遠戍兼齊國有違元議闕乏軍須比年以來益漸減損遂致艱窘多有逃亡隨路百姓役用各不得息肩與之征討則兵力不齊爲之拊循則民非我有凡事多誤終無所成況齊人假我國家之力積有歲年事悉從心尚不能安民保國論其德不足以感人言其威不足以服衆實有幸位初不能康濟生靈免其荼毒使天下早致昇平之意反使庶民困苦兩國號令相從相度實爲過舉既知其非豈不可以改圖若混同四海之内聖德廣運睿澤滂被霜露所需孰不歸附今臣等議欲一民心變廢齊國至於普天下之盡行撫綏是爲長便奏訖奉聖旨齊國建立於今八年道德不臨室家不保有失從初兩獲安便之意豈可坐視生民之困苦宜依所奏施行委所司速爲措置有其餘隨宜事件仍別商量行下右奉聖旨在前及商量收到隨宜事件開列如後今行下元帥府照驗前項聖旨并處分事宜不得

有違士庶軍民不至驚擾早賜安措從長施行須議指揮一廢齊國尚書省設置行臺尚書省一齊國自來創立重法一切削去並令依律令施行一知得齊國差使繁重今悉從宜酌量減免一應據食糧軍人各依散隨州軍依舊支給衣糧内有從合役置窠坐有欲歸農及情願當役使並從自便一據存留人數一切仍舊其有年老廢疾人等雖是難任軍役矜其無歸並即分附舊來養老處所酌量賑濟勿令別致凍餓一廢齊以前離背郎主被虜逃走人等若見在本鄉並與親眷團聚之人其郎主更不許識認或有

背夫逃走婦人准上施行只據有無將引去女兒卽行分付與父外有舊北來奴婢並妻女不在此限一齊國後宮人除劉豫貼身存留外其餘並聽自願出嫁或與親眷團聚若是無所歸投分付宮觀養濟一內侍人除摘留合用留守宮禁人外並聽自願隨處住坐一見任大小職官並隨路押軍人員各不得侵奪民利一自來齊國非理廢罷大小職官並與改正敘用或有懷才抱道隱居山谷之人亦仰所在官司以禮聘召量才任用內有才德絶倫者開坐姓名申復以憑不次陞擢一古今聖賢墳墓祠廟並不得亂有

損壞一實在逃亡江南人等不問是何名目若是卻來歸投並免本罪優加存恤右下齊尚書省可照驗卽日尚書省所奉到聖旨上件施行據劉豫已削去帝號降封蜀王幷設置施行訖行臺尚書省各有所奉詔書別行降下外照到降封宣旨昨以建置齊國本圖靖難柰何不當天心至今未獲休息與其害於百姓不若負其一身致有今來變廢仰指揮到日卽速遍牌曉諭隨處官吏軍民僧道耆老人等仍於坊巷村寨多行粉壁告示咸使體悉聖恩普浹之意及思多歲不獲甯居致望太平各安職業無或敢有二心因齊國本非自立凡官司所有勾當無非本國公事其大小職官輒勿誤省會妄生驚疑仍仰自今後更切用心撫循百姓以保祿位各懷忠信仰順天意用答宸心當遵守宣旨厚加撫恤若是執迷不順聽用浮言必當自貽刑戮仍仰至日立便改正廢齊阜昌年號爲天會十五年應州府縣鎭大小官員幷勸依舊勾當所令見今禁斷諸公事幷續有詞訟及係官錢帛諸物文帳並依前來體例如法理納放停不得致錯或有住滯隱瞞別致違礙錯失悉仰准此天會十五年十一月日金虜字刪此廢齊後差除一張孝純與銀青光祿大夫太子太傅開國公權行臺尚書

左丞相一契丹蕭保壽奴改作保壽努兼行臺右丞相一女眞溫御師中行臺左丞一燕人張通古行臺右丞一契丹蕭陳奇太師戶部侍郞一燕人張鈞禮部侍郞一燕人王暈左司郞中一燕人左瀛禮部侍郞一契丹耶律孝忠吏部侍郞一契丹蕭融刑部侍郞一杜充男杜崇兵部郞中一被虜宗室趙子滌汴京總判一張叔夜男仲熊光祿寺丞一僞齊右丞相張昻知孟州一僞齊右丞范恭知淄州一僞齊李鄴知代州一僞齊戶部侍郞馮長甯戶部尚書一僞齊吏部

禮部侍郎鄭億年吏部尚書一僞齊戸部員外郎韓元英許州節度副使一女眞完顔胡沙虎改作乎沙呼汴京留守一燕人蕭長壽奴改作長壽努汴京副留守一燕人劉裪汴京同知留守一契丹韓睿爲都城警巡使一僞齊河南監酒李儔汴京同知副留守一僞齊司農寺丞周廷權同知副留守一李成殿前太尉兼知許州一折可求依舊麟府路安撫使一孔彥舟步軍都指揮使兼知東平府一張中孚初廢豫投以節制五路兵馬令依舊涇原安撫使一張中彥依舊秦鳳路安撫使一趙彬依舊環慶路安撫使一慕容洧依

舊熙河路安撫使一酈師古召到京依舊知西京一王彥先知亳州一李世輔蔡州同知一趙榮依舊知宿州一李師雄馬軍都虞候一王世忠步軍都虞候一靳賽相州同知一趙買臣依舊南京副總管一酈瓊依舊知拱州一徐文汴京總管府水軍都統制一劉光時召到京依舊北京副總管一僞齊殿前太尉許清臣懷州同知一僞齊南路留守翟倫滄州節度使

進封曹王冊門下嚴寶冊以薦鴻名旣俯從於衆欲布恩綸以敷霈澤宜大渙於羣生眷子異姓之王夙有同寅之德聿班明命孚告於朝蜀王劉豫裕大而直方高明而寬厚早居南服以直言强諫聞於時頃在東州以智略英姿長於衆八年享國一節事君屬運會之有終識廢興之大義視去位如脫屣以還朝若登仙向之富國以强兵何霸王之足道今也樂天而知命豈得喪之能移爰因慶賞之行益永褒封之典胙以陶邱之典易其井絡之封於戲列土以建侯邦誓已堅於砥礪盡忠以藩帝室心宜炳若丹青茂對寵光永綏福履可進封曹王食邑一萬戸實封一千戸仍令有司擇日備禮冊命主者施行

謝封曹王表禮成大冊澤霈普天特進列其封階不遐遺於舊物望闕拜命瞻門知恩伏念臣昔仕季朝麤歷要官昧圖存固亡之理竊徙薪曲突之忠項氏將亡一范增而不用周家旣勝以箕子之來歸誠有微能爰許大位辭不獲已服將若何承積年殘毀之餘凡百事艱難已極闘寇賊以置朝市披荊榛而勸耕桑應機投隙以傾挫敵鋒損己便人以招集散徙忘寢忘食必躬必親倍廣業之惟勤庶大恩之不玷俄加廢罷之議愈堅措置之心要先成務於斯邦覬後受知於上國至閒混一之意不待再三之言卽隨

使人往受宣命素所祗備復何遲疑八年辛苦之經營兩手憔悴而分付帝號若釋重負王爵有感鴻恩自得清閑而北來未嘗徘徊而南望久安僻地忽被改封洎捧讀於訓詞若躬聽於御語温其如玉爛然似春星斗輝輝麗煥然之天道典謨渾渾顯大哉之王言徽軫爨下之焦桐青黃溝中之斷木光生懸磬之室榮張設羅之門茲蓋伏遇皇帝陛下德奉三無仁均九有敬識百辟之享獨觀萬化之原有功而必見知無善而常弗棄遂令窮悴得與褒嘉臣敢不守靖致虛安時處順何以效涓埃之報惟不爲名器之

羞臣無任

狀元羅誘南征議臣聞皇天厭亂所以開聖人也故必有不世出之英雄應時撥亂以新寰海以息兆民陛下以積累之資出逢否運應天順人肇臨大寶網羅英俊以備庶官其所以開基創業者至矣然殊未能混一區夏定宗廟萬世之業臣猶爲陛下恥也比復覽聖詔旁求草澤其所以上南征之議大抵皆碌碌之士辭章泛濫不能盡當世之務無以副明詔臣今爲陛下言之臣觀高祖起於匹夫劍斷白蛇旗標赤幟獵販繒屠狗之輩率瘡痍亡命之夫兵不踰數萬西攻武關擊秦王降子嬰以定關中暨徙封南鄭鋭意東鄉復與項籍爭鋒巨細百戰使籍馬不停卒斬東城五載而成帝業以臣觀其所以興者不過於高明果斷急擊勿失所以收成功也向使高祖隱忍遲發將且爲敗虜矣尚何敢望天下哉況陛下據全齊之地挾猛勇之師豪傑之士雲屯霧集劉季君臣相去萬萬而趙又非猛秦項籍之可比此天亡之秋所以假手於陛下若不因幾而取之是乃養虎遺患將使能哸矣今陛下特隱忍而不發者無乃惑於四議乎臣願爲陛下決之其一曰方以卑辭通舊主告

以大金脅迫不得已之意陰結猛勇速求翦伐成即爲君敗不失爲忠觀其猛弱而坐獲福此三王之舉也臣竊薄之此雖三尺之童猶不可欺況爲人主哉陛下獨不見張邦昌之禍乎以彼而奉符璽退而復辟猶且爲虀粉況又有甚焉者哉至今天下猶有爲邦昌惜者獨臣以謂匹夫宜其殺身且成敗在決斷與其退懼不若不爲陛下果欲從此議以通舊主邦昌之禍及矣非陛下不能患不改爾夫圖王不成其敗猶霸此可決者一也其二曰彼有強敵難塞之賂加以宂兵坐食之費俟其凶荒兵老財匱然後可擊此

又不然夫於越蠻夷之資困於會稽及行成於吳金玉子女所以爲賂者不可勝計然終以滅吳況宋之所保猶不下百郡西有三川之饒南有二廣之富增鑄山之算倚煮海之利其所以賂大金者不過歲時聘問講禮之道而已休兵養士惟思所以報齊若不乘獘而擊待其羽翼之成提兵北顧則我齊一敗塗地間不容髮夫天與不取必有後殃此可決者二也其三則曰陛下所以王山東者以其間得民心也若簽而從軍定失民望以臣觀之是不通時變腐儒之說也夫趙奄有神器垂二百年其於生靈德至渥也

一日猶且忘之況大齊姑息之恩哉且民心日夜望故王之來所賴大金威惠故無異心使彼和問稍行將不我援則豪傑四起不待趙氏之兵而齊已誅矣且民何恤哉如金國之師所乞者再四蓋亦可慮也今幸許師既無物以犒勞其來而又不爲之佐則誰肯盡心哉使萬一無敗可也或有不虞則我齊何以爲計當因金國之師簽十州之民刦以征行使見其故主夌遲之甚堅心大齊不敢妄發及使趙氏不能退其兵而齊終得取天下此可決者三也其四則曰陛下親臨戎事國事孰委元子以儲貳之重亦不宜輕動臣請論之昔唐高祖龍飛太原開建國祚皆太宗仗義而輔創大業躬親戎馬平定天下陛下縱未能親臨則莫若以元子行太宗故事躬率其師與民除亂使萬世之後尊陛下爲齊高祖而元子爲太宗如或不然則陛下一傳之後而大臣皆宋之舊臣誰肯竭力以輔少主宜使元子親行成此戡定之功以結民心以服大臣庶幾我齊得以永祚傳於無窮此可決者四也四議既決而臣復有六擊之便今備陳之且兩淮之廣膏腴千里實六朝控扼之地所以表護江浙而不可失者也而又金陵者古之重地前有

長江之險環以太山之固得人以守之則雖窮年皓首而不可拔彼圖退保吳越畧無意於此殊不知兩淮失金陵危則吳越不可保矣此天所以遺陛下臣知其無能爲也若遣兵先據兩淮振威徐泗搖蕩江浙乘隙投間金陵縱不能全圖則山東爲內地陛下可安矣此地利先其守可擊者一也且國步多艱必圖賢相以輔庶幾可救隕越而趙氏自播遷之後鉅公碩德隨已磨滅而所與謀事者不過六七輩呂頤浩横議狂直失大臣風兼有私門之僻雖有政事皆爲利所移朱勝非雖老臣然守法具位怯於圖大事

秦檜量小而謀大翟汝文才有餘而量不足趙鼎雖大器然孤身在外進不容於朝至於范宗尹口尙乳臭驟然登庸言不顧行驕自貴起又無足道是數子輩皆闒茸之士非宰相才也況復互爲朋黨比相譏詆此去而彼入席不暇煖視政府如傳舍且以有倉卒之變其君惸惸於上百官泛泛於下無有任其責者此宰相非其人可擊者二也且國家危亂注意在賢將彼用者第皆庸瑣劉光世雖持重而褊裨不良韓世忠有京西圮上之役不可以言勇至於張俊尸祿素餐坐與卒伍爭利則徒能糜費倉粟是三子者

曾無毫髮功僥冒主知起身行伍致位兩府之列挾不賞之疑懷藏弓之忌金珠子女玩嗜滿前驕奢淫泆以奪其志而又各以權勢相尙互誘軍士結怨連隙欲其師克不其難哉此將驕而不和可擊者三也夫兵者國之爪牙弗戢將自焚彼自敗績之後士卒殆盡不過降烏合之衆招飢悴之夫患生於驕縱治之急則有合從之謀緩則生恣橫之氣間有邊事則各以妻孥爲念彷徨自傷覘覦而後行逡巡而畏縮麾之不至此兵縱而不戢可擊者四也詩曰大宗維翰又曰宗子惟城而太子者亦天下之大本也彼孤子在上旣無宗室屛翰之助又無儲位嗣續之託閹寺竊權勢傾朝野其不殆哉設有軍事孰與之謀此主孤而内危可擊者五也夫用兵之道財用爲先彼自挐兵以來藏無信宿之錢倉無閒日之粟兩浙之閒賦斂橫出官吏生姦民人怨望諸軍邀求之心猶且不已稍有緊急不亡何待此兵窮而財匱可擊者六也且我無四惑之疑彼有六擊之便是乃萬全之師取天下如反掌伏願陛下斷自聖衷確然不回必從臣議則天下幸甚臣謹上議

僞豫詔曰敕奉議郎羅誘朕自乘時創業實賴英乂

當亡求賢孰爲賢者皇天助順錫我忠良克堅北面之心首建南征之議碩謀遠略灼見敵情輿論僉從皆所毗倚賜卿絹一百匹日下乘傳赴闕以候登庸朕當親勒六軍式圖厥事果獲戡定樂與卿共之安享太平豈不大哉秋涼卿比來安好否遣書指不多及

金虜（改作張滙）節要曰撻懶（改作達蘭）自宿遷北歸路由東北劉豫不之出迎更遣人議於撻懶（改作達蘭）曰豫今爲帝矣若相見無拜禮豫嘗拜撻懶（改作達蘭）撻懶（改作達蘭）怒責之盡卻豫贄獻之物不與之見大憾而去渤海萬戸

大撻不也改作托不嘉過淮陽知軍張澳孝純之姪話及劉豫撻不也改作托卜嘉撫掌嘆曰某渤海之大姓氏三字改作族也金人初招某許某開國遼東後被堅執鋭從軍爭戰積有年矣雖一郡之安閒不可得也豫山東守郡爾勢孤援寡出降而已而今當是任以是較之豈不負某耶

金虜改作張滙節要曰劉豫僞皇子府參謀馮長甯乞兵於虜改作金主完顏亶具言酈瓊全軍請降自九月十三日到東京具陳過江自效之理今瓊爲鄉導乘勢併力乞兵南寇改作下虜改作金以廢豫之議已定慮豫

有衆之多陽許其行且遣使馳傳至東京以防瓊詐降爲名立散其衆除女眞萬戶拔束改作博索爲元帥府左都監除龍虎衛大將軍河北東路兵馬都總管河間府尹渤海萬戶大撻不也改作托卜嘉爲元帥府右都監大乃渤海之姓撻不也小名也左都監拔束改作博索居太原府陳村新城右都監撻不也改作托卜嘉居河間府新城起諸路番漢刪此二字軍南寇改作下令初下人莫知其廢豫也於是下詔遣撻懶改作達蘭兀朮改作烏珠撻不也改作托卜嘉提兵以寇改作下江南爲名之東京廢豫爲蜀王又遣撒離喝改作薩里罕拔束改作博索提兵以寇改作入川爲名之長安擒豫弟益豫之立也高慶裔推之粘罕改作尼堪主之虜改作金主吳乞買改作烏奇邁從之豫知恩悉出三人又三人虜改作金之最用事者豫每歲厚有饋獻蔑視其他酋長刪此二字故餘者無不憾之以謂我等衝冒矢石拓闢土地皆爲慶裔輩所賣矣豫雖有此怨謗而未至廢逐者以吳乞買改作烏奇邁在位粘罕改作尼堪當權慶裔用事耳至是吳乞買改作烏奇邁已死慶裔伏誅粘罕改作尼堪繼亡則豫之廢也必矣豫既廢遷居瓊林苑阿魯保改作阿勒巴寨阿魯保乃女眞三路都統豫未廢日金人留之監豫故屯於瓊林苑〇注阿魯保改作阿勒巴撻懶改作達蘭逼其北行且問豫所欲之豫請居

相州及乞魏王宅撻懶改作達蘭逼之行既近相繼發之燕山又發之中京既而發之上京給夫子廟以居之昔金人初破上京盡居其城後又以有罪者徙其中彼人視之以爲罪地如中國瓊崖之類地居燕山東北一千七百里乃五代史所載契丹阿保機改作按巴堅西樓是也

劉豫知臨汝軍崔虎來降

王倫高公繪使於金國回

王倫自金國回報議和之約且曰金許還梓宮及韋太后又許還河南州軍

賜進士出身頭品頂戴四川等處承宣布政使司布政使清苑許涵度校刊

三朝北盟會編卷第一百八十二終

三朝北盟會編卷一百八十二校勘記

以昭受命之元運以昭誤作一振　亶孚羣聽聽誤作庶　今檢點前後指揮檢點一作據照　陸贄誤作陸贊　小折大折一作小估大折

自古上能行治民之道者古上二字誤作上古　在下能知治民之道者脫者字　修城池樓櫓者脫者字　亦各不得息肩脫亦字　相從相度一作相度從初　今臣等議欲一民心議字衍

只據元將引去女兒元字誤作有無二字　諸物文移移誤作帳

金虜廢齊後差除此以下應另行誤連上段　女眞温師中行臺左丞相温師中誤作温御師中　行臺右丞相脫相字　非陛下不能患不改爾一作南征非陛下不能也患不斷爾　夫於越蠻夷之資一作天與越以蠻夷之資

三朝北盟會編卷第一百八十三

炎興下帙八十三

起紹興八年正月盡六月

八年正月車駕駐蹕臨安府

八日乙未知臨安府呂頤浩召赴行在

十四日辛丑僞知蔡州劉永壽殺兀魯孛堇(改作烏嚕貝勒)率城中老小來降

劉永壽僞知蔡州爲淮西安撫使兀魯孛堇(改作烏嚕貝勒)爲副永壽以小隙刼兀魯(改作烏嚕)之罪金人移兀魯(改作烏嚕)爲德州同知未幾忽報兀魯孛堇(改作烏嚕貝勒)以女眞

(删此二字)兵三千走馬來蔡州提轄白安時請拒之永壽不從曰若朝廷賜我死當死之安懼謀泄卽拘永壽勒蔡州兵以待之兀魯孛堇(改作烏嚕貝勒)以其衆入城不爲備安時乘勢盡殺之遂驅城中老小來歸(朝廷)岳飛遣張憲等往接納之老小多有復回不來者投安時武功大夫高州刺史是時亳州宋超亦來降又中原士庶以金人廢齊之後多有挈老小來江南兼酈瓊叛兵復有回歸者沿淮諸州皆招納應接之不暇矣

二月七日癸亥車駕發建康府

車駕在建康府參知政事張守常謂建康自六朝爲帝王都江流險闊氣象雄偉正宜據會要以經理中原依險阻以捍禦強敵可爲別都以圖恢復每對必爲上言之宰相趙鼎欲還臨安守與鼎議於都省不合又詣朝上顧守曰何如守曰臣昨日都省已與趙鼎言之矣陛下至建康席未及暖今又巡幸百司六軍有勤動之苦民力邦用有煩費之憂願少安於此以繫中原民心上曰卿之言是鼎獨毅然遂不能奪守旣而罷去車駕遂還臨安

韓世忠岳飛來朝

王庶爲兵部尙書

王庶爲兵部侍郎對便殿口陳手畫秦蜀形勝利害奏上喜之卽遷本部尙書

三月二日丁亥詔輸諸路宣撫置制使勵士卒帥守及監司共濟軍旅

詔曰昔在光武之興雖定都於洛而車駕往反見於前史者非一用能奮揚英威遞行天討上繼炎漢朕甚慕之朕荷祖宗之休克紹大統夙夜危懼不常厥居比者巡幸建康撫綏淮甸旣已申固邊圉將率六軍是制復還臨安內修政事繕治甲兵以安基業非厭霜露之苦而圖宮室之安也自今而後應諸路宣

撫制置使等闕其深戒不虞益勵士卒常若敵至以聽號令帥守監司其合力同心共濟軍務罔或不勤以副朕經營之意

三月七日壬辰秦檜爲尚書右僕射同中書門下平章事兼樞密使

制曰忠爲天下之賢聖人所以衛社稷誠者政事之本君子所以治國家故汲黯在朝而邪僻爲之寢謀楊綰入相而豪右以之自化惟此鈞衡之任曾何今古之殊我得其人明告在位具官秦檜秉德寬裕涉道淵微守經權而知其宜臨大節而不可奪建茲圖

舊付以本兵憂國忘家持心無二獻可替否守節不阿蘊蓍龜先見之明有松栢後彫之操朕念朝夕之誨必資左右之良在宣帝時有若丙吉魏相在明皇時有若宋璟姚崇一則同心輔政而漢氏中興一則以道納君而唐室大競是用擢升右弼進處文昌蹤三等之榮階衍多田之腴賦期盡協恭之美試觀相濟之能於戲啟乃心沃朕心予欲聞於入告有其善賞厥善汝無怠於旁招往踐攸司欽承休命

王庶樞密副使

先是劉光世罷軍政酈瓊背叛張俊擅棄盱眙還金陵朝廷姑息諸大將不欲有所興革以王庶素有威望故除爲樞密副使

四月十四日己巳詔遣王庶按行營壘察州縣弛慢失職者

上委王庶視師江淮調諸路兵預爲防秋之計庶臨發行朝請犒軍於殿司都教場從之於是便服坐壇上自大將三衛而下雖身任使相悉以戎服步由轅門庭趨受命拜賜而出軍容嚴整不敢仰視聞者聳然蓋自多事而來未嘗行此禮也翌日遂行駐節淮上乃移張俊前部張宗顏將七千人軍淮西復請於

朝授以節鉞就除淮西安撫使知廬州命巨師古將三千人屯太平州分淮東軍一軍屯天長一軍屯泗上緩急互相聲援劉錡軍還駐鎮江專隸樞密院以固根本岳飛聞庶視師淮上與庶書曰今歲若不舉兵當納節請閑庶稱其壯節

張燾兵部侍郎

張燾召赴行在有旨令閤門不隔班先次引見上慰勞久之曰卿去止緣張浚燾曰臣頃者備員後省苟有所見事無大小不敢不盡愚衷如內侍王鑑乃陛下親近委信之人其擅置御莊事臣尚論列不敢有

隱豈有宰相親兄自賜出身者公論不與之臣若不言豈惟負陛下亦負張浚上曰卿於交遊且盡忠若此事主可知因問朕圖治一紀於兹而收效蔑然其弊安在燾言自昔有爲之君未有不先定其規模而能致效者臣紹興初始蒙召對首以治道當先定其規模爲言於今七年所謂規模者臣未見其有一定之說臣竊觀方今朝廷施設之方朝令而夕改者有矣夕行而朝輟者有矣今日以爲是明日以爲非者有矣其事大體重不可輕舉者莫如六蜚之順動往者前臨大江繼又退守矣曾未期年而或進或退豈

不爲黠虜(改作强敵)所窺乎此無他規模不定故也陛下之所朝夕相與論斷國事者二三大臣而已而一紀之間命相之制凡十有四下執政遞遷者亦無慮二十餘人非規模不定任之不一責之不專致此紛紛乎日月逝矣大計不容復失願陛下以先定規模爲急規模既定未有治效不著者上嘆息謂此誠方今之急務朕非不欲立定規模緣宰輔數易未有定論耳遂擢燾兵部侍郎

金人殺知同州李世輔家屬

李世輔知同州與知華州王世忠謀來歸朝爲其下告變於折合孛堇(改作綽合貝勒)世忠被殺金人西路元帥撒离喝(改作薩里罕)來同州欲謀殺世輔而世輔伏兵州廨執撒离喝(改作薩里罕)率兵走半途撒离喝(改作薩里罕)說世輔曰汝欲執我何往耶世輔曰往江南歸大宋耳撒离喝(改作薩里罕)曰若往江南江南方與大金議和大金以河南之地許還江南江南喜於得地講和必送我歸本國汝則被害矣世輔曰何以爲信撒离喝(改作薩里罕)乃解其衣於近體裙衣中取出一文字即金國主密發來退地之文世輔信之遂放撒离喝(改作薩里罕)命去世輔出奔爲金人所追且行且戰其下皆盡世

輔奔于夏國金人遂殺世輔一家親屬

五月劉子羽漳州安置

御史中丞常同言劉子羽陝西敗事之罪而責之

四日巳丑監察御史張戒論和議難成

是時有報金人遣使來議和戊子監察御史張戒上殿進呈第二劄子大畧言自靖康以來主議之臣皆有膏肓不可治之病主戰則諱言和主和則諱言戰至於守備則不復講專持一家之說夫有國家者守備不可一日弛也且使和議成猶不可況未成乎上曰不如此國家焉得有靖康之禍戒字定復解州人

六月王庶還朝

有報金人遣烏陵（改作烏陵阿）思謀來時樞密（副使）王庶視師在淮甸有旨促還朝庶以爲議和非策乃上章言先帝北征而不復天地鬼神爲之憤怒陛下與賊（改作敵）有不共戴天之仇忍復見其使乎其將何以爲心其將何以爲容其將何以爲說且彼之議和割地不過畫河畫淮二者而已若曰畫淮爲界則我之固有安用和爲若曰畫河則東西數千里荆榛無人之地儻我欲宿兵守之財賦無所從出彼必重索歲幣以重困我矣不若拘其使而絕之章凡五上皆極論其和不便（下添奏上二字）不省至是還朝

金人遣烏陵（改作烏陵阿）思謀石少卿來聘

烏陵（改作烏陵阿）思謀來聘議和也（烏陵思謀即撒盧母也宣和中嘗爲和議使到京師者是也○注烏陵改作烏陵阿撒盧母改作蘇瑪拉）王庶方自淮上還朝思謀到館庶再上章力執前議有曰陛下當兩宮北狩之後龍飛睢陽匹馬渡江扁舟航海以至苗劉之變艱難萬狀終無所傷天之相陛下厚矣至今雖未能克復故疆鑾輿順動而大將星列官軍雲屯百度修舉較之前日所謂小康何苦不念父母之仇不思宗廟之恥不痛宫眷之辱不恤百姓之寃逆天違人以事夷狄（改作敵人）乎不省思謀不出國書不赴都堂欲宰相就館議事宰相趙鼎不允思謀廹于歸期乃赴都堂鼎步驟進趨雍容中禮思謀一見服其有宰相體鼎問所議者何事思謀曰有好公事商議鼎曰道君皇帝諱日尙不得更有甚好公事鼎問其所從來思謀曰王倫懇請之故來問割地思謀曰地不可求而得聽大金還與汝鼎以爲非好語是日宰執樞密同見思謀而樞密副使王庶不以目視之閣思謀之語有憤懣不平之氣鼎與思謀議定出國書引見之儀思謀氣稍奪及引見禮甚倨上問朝廷數遣使議和不從今忽來和何也思謀曰大金皇帝仁慈不欲用兵恐生靈塗炭上曰俟朝廷議之思謀請上自決上令思謀退館以俟乃召宰相問之鼎堅執不可秦檜順上旨謂和爲便鼎以二相議不同乞罷宰相不許思謀初入境卽問馬擴所在時馬知鼎州上令急召之至行在俾馬入館見思謀因敘海上相見之好且屈指舉諸虜酋小字詢其安否思謀皆舉其封謚之號以答之因踖踧不安（删且屈至此三十字）時復欲以馬奉使思謀懼其小已也乃謬爲言曰馬某舊往來奉使國中甚敬之今日再遣恐必見留遂信不遣

王庶論不可講和

王庶在都堂與宰執同見虜（改作金）使烏陵（改作烏陵阿）思謀等謂思謀之言不遜順必有譎詐不可信且朝廷待之過矣乃具劄子奏云臣前日在都堂與趙鼎等同見虜（改作金）使烏陵（改作烏陵阿）思謀石（刪此字）少卿除臣已曾有章疏論列虜（改作金）不可與和及再詢訪得烏陵（改作烏陵阿）思謀在宣政間嘗來東京虜（改作金）人任以腹心二聖北狩盡出此賊今日天其或者遣使送死雖虀醢之不足以快陛下無窮之冤今陛下反加禮貌大臣温顏承順臣於是日心酸氣噎如醉如痴臣

未嘗交一談亦未嘗少覘其面君辱臣死臣之不死豈有所顧惜也臣又竊聽其語詭祕譎詐無一可信問其來則曰王倫懇之問其事則曰地不可求聽我與汝且虜（改作金）人不遣使已數年矣王倫何者能邀其來乎若無虜（改作金）主自己之意思謀敢擅出此語乎臣曉夜尋繹此語彼必以用兵之久人馬消耗又老師宿將死亡畧盡且虜性豺狼互有觀望（刪又虜至此九字）故設此策以休我兵候稍平定必尋干戈今若徇目前以從其請後來禍患有不可勝言者矣設若虜（改作金）人未有動作損陛下威武離天下人心蠹耗財賦怠惰兵將歲月易失凶豐不常所壞者國家之事體所憂者陛下之宗社臣下無所不可今走道塗號奉使者朝在塗泥暮升侍從居廟堂而作經綸竊弄威柄專任私昵豈止可流涕慟哭而已哉臣以忠憤所激肆口所言冒瀆天威乞賜誅責臣不勝願幸不省

賜進士出身頭品頂戴四川等處承宣布政使司布政使清苑許涵度校刊

三朝北盟會編卷一百八十三終

三朝北盟會編卷一百八十三校勘記

詔諭諸路宣撫置制使（諭誤作輸） 是制復還臨安（是制二字衍）

逮茲圖舊（逮誤作建） 彼必重索歲幣（重應作厚） 可謂小康（可誤作所）

三朝北盟會編卷第一百八十四

炎興下帙八十四

起紹興八年六月十七日辛未盡十月

十七日辛未殿中侍御史張戒奏論和議不可成

金國遣烏陵（改作烏凌阿）思謀石少卿來議和且有還中原故地還梓宮及歸淵聖之說殿中侍御史張戒以謂故地梓宮及淵聖必無可歸之理或恐太后可以還耳乃具奏曰臣昨五月四日蒙賜對嘗力陳和議恐難成之狀似蒙聖恩慨然開納且曰卿言善和議成否當置而勿論但嚴設備目今王倫既回虜（改作金）

使隨至兩國之交謀議曲折小臣不敢與然其畧可耳剽而聞臆度而知也臣備員御史國有大利害義當盡言況已蒙開納敢不畢其說臣竊爲今日之議理有可必者畫大河爲界復中原還梓宮歸淵聖此必不可得者也各務休兵音問往復或歸吾太后此或可得者也兩國之議和猶兩家之議婚姻也家聲不敵雖有良媒決不能諧婚姻之好國勢不敵雖有虜（改作來）使決不能解侵伐之難虜（改作敵）强我弱國勢殊絕事之可否豈在一使人之口易者可得而難者必不可得理則然耳其或反是狂且癡矣敵國以我

爲狂且删此字癡則删此字焉得不招寇改作致侮乎臣恐其以此卜我也我若懼以增德則彼必以爲智而不敢伐我若喜而自寬則彼必以爲愚而無所憚昔智伯欲襲衛遺之乘馬先以之璧衛君大悅諸大夫皆喜而南文子獨有憂色衛君問之南文子曰無方之禮無功之賞禍之先也我未有往而彼有以來是以憂也於是衛君修津梁捍邊城智伯不敢伐我今未有以勝虜改作彼而虜改作彼初非憚我虜字删此一廢劉豫而自有中原乃遣王倫回揚言講和且有復中原還梓宮歸淵聖之意此正所謂無方之禮無功之賞禍

之先也南文子所憂而以爲善可謂智乎石勒欲擒王浚而奉牋劉琨郭威欲篡漢室而迎立湘陰恐敵或乘之也臣揣彝改作敵情若非襲我則必恐我或乘其後耳是皆款我之意而柰何信之中原之復不復梓宮之還不還淵聖之歸不歸一言可決遷延往返事已可知敵國愚弄使人延慢於我臣恐不足以講和而適以足招寇改作致侮復中原還梓宮歸淵聖臣子之心孰不願然以兵取之則可以貨取之則不可非惟不可亦必不得亦或得之不過如童貫買燕雲之地虜人二字改作彼暫去復來財地卒兩失之耳自古豈有兵不能勝貨財可以卻敵復國者或兵强而後戰可勝戰勝而後中原可復梓宮可還淵聖可歸苟力或未能則勤修厥政嚴設邊備可也不知務此而聽其枝詞游說僥倖萬一欲中原無故自復梓宮無故自還淵聖無故自歸不勞力而坐享成功臣竊以爲過矣事之必不可者臣既力言之其或可者臣亦妄爲陛下謀之輒罄愚直具盡如後乃畫十二條盡切事機貼黃云臣謂淵聖固不可歸而太后或可歸自古伐人之國得其家而歸之者易得其君而歸之者難君之去來繫於勝負而家則無與於事理勢固然虜

人貪婪惟利是視删理勢至此十二字改作以此揆之太后有可歸之理昔太祖常痛恨開運猾夏之禍自此删常痛至此十字登極專務節儉乘輿服用一切簡素別貯供御羨餘之物謂左右曰俟及三百萬緡當移書北虜改作庭贖晉朝陷番改作被陷百姓況陛下爲太皇后雖縮衣節食可也然亦須國勢稍振兵力稍强乃可望耳齊弱周强而宇文護之母遂歸況陛下有大半天下欲報之德昊天罔極可不勉哉

御史中丞常同戶部侍郎向子諲中書舍人潘良貴並罷

遺史曰先是秦檜向子諲范同請與金人講和魏矼常同慮其詐和請善備之潘良貴主戰上命侍從官共議子諲執講和良貴大叱之及同奏事子諲與良貴交爭於殿上上知同爲子諲辟客必附子諲也故固問於同同乃以稱和爲非而以良貴爲是大忤上旨由是同及子諲良貴皆罷以同知湖州同字子正邛州人父安民爲侍御史事哲宗常言蔡京之罪被貶書名元祐姦黨世多其忠同以政和八年登進士第累官知郴州紹興三年宰相呂頤浩薦其正直擢侍御史爲御史中丞○舊按云宋史子諲入見語言頗褻潘良貴叱之退者再高宗色變閤門並彈之常同言良貴無罪忤旨於是二人俱罷子諲出知平江府金使議和將入境不肯拜金詔乃上章力言宜卻勿受忤秦檜意乃致仕則子諲之廢棄正以不附和議故也遺史所載是非失實諸類此不可不辨

劉錡移軍鎭江府

劉錡自廬州召還以主管馬軍司公事移軍屯守鎭江府王庶請之也

三十日甲申張戒奏議和務先戰守

朝廷議遣王倫奉使迎請梓宫殿中侍御史張戒以謂議和務先知戰守乃奏論和狀其大畧云臣爲朝廷計外則姑示講和之名內則不忘決戰之志名則不忘決戰之志而實則嚴兵據險以守此誠至論而臣之所以前後進言於陛下者也自古能戰能守而能和者有矣未有不能戰不能守而能和也又曰使眞宗無蕭撻覽改作達蘭之捷仁宗非慶歷之盛雖有百曹利用百富弼豈能和哉又曰苟不能戰又不能守區區信誓豈足恃也上甚納之

七月王倫加端明殿學士使於金國以請梓宫金國使烏陵改作烏凌阿思謀來故復遣王倫也

八月八日辛酉詔申飭邊備

詔曰日者復遣使人報聘上國申問諱日祈還梓宫

尙慮疆埸之臣未諭朝廷之意遂弛邊備以疑衆心忽於遠圖安於無事所以過奔衝爲守備者或至闕畧練甲兵訓士卒者因廢講求保禦之善後之謀臨敵無決勝之策方秋多警實軫於衷爾其嚴飭屬城明告部曲必謹必戒無忘捍禦之方愈遠愈堅更念久長之計以求無窮之固以成不拔之基凡爾有官咸體朕衷

巨師古軍和州

馬擴爲沿海置制副使軍於鎭江府

九月韓世忠張浚岳飛來朝

參知政事劉大中罷爲資政殿學士知處州府

先是金人遣使來講和好也劉大中附合趙鼎之議以爲不可秦檜怒令蕭振言其罪罷其參知政事以資政知處州

十月劉錡來朝

趙鼎罷爲檢校少傅奉國軍節度知紹興府兼浙東安撫使

金人有許和之議上與宰相議之趙鼎堅執不可講和之說秦檜意欲講和一日朝議宰執奏事退檜獨留身奏講和之說且曰臣以爲講和便上曰然檜曰講和之議臣僚之說皆不同各持兩端畏首畏尾此

不足以斷大事若陛下決欲講和乞陛下英斷獨與臣議其事不許羣臣干與則其事乃可成不然無益也上曰朕獨與卿檜曰臣亦恐未便欲望陛下更精加思慮三日然後別具奏禀上曰然又三日檜復留身奏事如初知上意欲和甚堅猶以爲未也乃曰臣恐別有未便欲望陛下更思慮三日容臣別奏上曰然又三日檜復留身奏事如初知堅確不移方出文字乞決和議不許羣臣干與上欣納之鼎議不協遂罷宰相出知紹興府首途之日檜奏乞備禮餞鼎之行乃就津亭排列別筵率執政侯於津亭鼎相揖罷即登舟檜曰已得旨餞送相公何不少留鼎曰議論已不協何留之有遂登舟叱篙師離岸檜亦叱從人收筵檜將歸且顧鼎言曰檜是好意然舟已開矣自是檜有憾鼎之意

賜進士出身頭品頂戴四川等處承宣布政使司布政使淸苑許涵度校刊

三朝北盟會編卷第一百八十四終

三朝北盟會編卷一百八十四校勘記

但嚴設備具（具誤作目）然其大畧（脫大字）今日之議理有可必者（一作今日之議和有可得者有不可得者）無方之禮（方一作力下同）南文子所憂而以爲喜（喜誤作善）卽或得之（卽誤作亦）

三朝北盟會編卷第一百八十五

炎興下帙八十五

起紹興八年十一月二日甲申盡二十日壬寅

十一月二日甲申張戒奏論金人遣使詔諭江南事

金人遣張通古爲江南詔諭使蕭哲爲明威將軍以副之朝廷遣起居舍人范同爲接伴使且入境甲申張戒以臺官本職上殿因進劄子云臣昨疏十二事陛下雖嘉納朝廷未嘗施行示弱招侮理在必然王倫遠回虜（改作金）使遂有江南詔諭使及明威將軍之號不云國而直云江南是以我太祖待李氏晚年之

禮也曾不得爲孫權乎一則明威一則詔諭此二者何意虜（改作金）云詔諭臣不知所諭者何事虜（改作彼）若果欲和則當以議和之名來而何詔諭之有臣觀虜（改作金）使今日之事與前日大異禮必不屈事必不從臣爲朝廷計上策莫如峻辭拒之其次且勿令遽渡江先問其官名何意詔諭何事禮節事目議定得其實而後進退之尙可少忽乎又曰臣自乙卯歲論戰必敗（去秋至今）凡三年而後驗臣今又謂和無成豈惟無成終必招寇（改作致侮）亦願陛下記之是日午漏戒再具奏曰臣昨十七日面奏臣觀今日朝廷措置太后雖

有可歸之機未必有得歸之理蒙聖問何故臣奏乞候王倫回日爲陛下謀之又云主戰主和政如醫者喜用大寒大熱藥夫寒熱豈可專用一物用藥貴對病議論貴中理臣謂今日和戰二議雖不可盡廢要不可專主獨有嚴兵謹守此議可專主耳

三日乙酉張戒奏論和議利害

乙酉張戒再具奏云人臣謂謀國只當自勉不可僥倖偷安果得偷安猶可但恐屈辱已甚而偷安亦不得耳講和而是則可以息兵非則亦可以招寇（改作致侮）也

禮部侍郎曾開奏論不當講和

有報金人遣張通古持詔而來禮部侍郎曾開以謂不當忘仇讐而講和好乃具劄奏曰臣聞越王勾踐因夫椒之敗棲於會稽切齒忿惋不忘報復雖卑辭厚禮臣妾於吳奉幣貨粟外示衰弱然勞身焦思坐臥嘗膽折節下士陰爲兵備者二十有二年乘吳之隙一舉而滅之會諸侯而致貢於周橫行江淮號稱霸主此無他堅大志而謀先定故也楚地方千里帶甲百萬戰勝攻取嘗雄於諸侯而惑於張儀之言貪商於之地東絕强齊之好西受暴秦之欺懷王入關而不歸頃王逃歸而不恥甘心侵侮日益顯錯土地蹙削國祚衰微終至併吞取笑後世此無他貪近利而忘遠圖故也今女眞（改作金人）之於國家有秦人欺楚之勢而我之待彼也無越人報吳之心信其詭謀僥倖講和稽之前古爲可憂考之今事爲難信而朝廷不思有以伐其謀方且忘大辱甘臣妾貶稱號損金帛以難得之時爲無益之事可不爲慟哭流涕哉書曰不作無益害有益又曰朕志先定詢謀僉同鬼神其依龜筮協從今欲鞏固宗社保守疆圉安輯黎元經畫國事若陛下不先定志不去無益其何以成功

乎夫戎狄豺狼不可保也（刪夫戎至此九字）自用兵以來信使方至兵輒隨之皆已然甚明之驗不待考諸古而可知況今虜（改作敵）酋之在京師者方建鎭南之號增屯戍之守置戰艦備糗糧簡雙丁無非爲入寇（改作深入）之計而我乃日夕冀望和議之成豈不惑耶恭惟陛下仁孝誠至哀慕深切則迎奉梓宮之使不得不遣今旣再往矣梓宮之來杳然無期而託以議和虛費時月使彼可決何必紛紛爲他說乎竊聞虜（改作金）使方責我以招降之事是求釁隙豈非自取哉伏望陛下以越爲心以楚爲戒無忘大恥無惑和議堅心定

志一於圖治使政事修於內兵將強於外則雖不求
而自和矣貼黃臣竊見虜改作北使之來所繫甚大內
外臣僚章疏劄子皆論及此事者願陛下悉以降付
三省樞密院使輔弼大臣集侍從官預加熟議使應
酬之間不至失誤庶無後悔

十九日辛丑令侍從臺諫詳思講和利害條奏

金國使張通古蕭哲入境上欲屈己就和已與秦檜
議定更令侍從臺諫詳思條奏乃降旨曰有大金遣
使至境朕以梓宮未還母后在遠陵寢宮闕久稽汎
埽兄弟宗族未得會聚南北軍民十餘年間不得休
息欲屈己就和在廷侍從臺諫之臣其詳思所宜條

奏來上限一日進入

禮部侍郎曾開奏不當講和

右臣伏奉今月二十日詔旨云云臣蒙器使叨冒侍
從待罪禮司欲進一言特建一論則臣有僭越之罪
今臣幸蒙詔訓條具利便以聞臣不避斧鉞之誅醢
俎之罪極言切論之且虜改作金人之論議必不出此
策欲窮我國欲慢我勢欲弱我兵講和而用事釋怨
以與師臣恐此覊縻之道當思雪憤之恥臣伏見陛
下三遣王倫迎梓宮費耗巨億終無梓宮之還臣子
莫不聽信酋虜改作彼國豈有講和之議是故歲中兩遣
使者來臨欲議割地之禮今朝廷信此等之論故傾
心待之今陛下降睿旨條具上來云欲使陛下委質於
他人昔魏祖欲併孫吳吳主將欲迎之魯肅建策於
孫權曰肅可迎操將軍未可且肅迎之操當以肅還
鄉黨品其名位不失作下曹執事將軍迎之將安歸
乎且一孫權尚思一戰終峙吳國況陛下承藝祖撥
亂戡定之區秉列聖守成修文之業而不揆此恥也
今賊改作敵建議增歲幣之語又是姦詐也是故賊改作
敵歲中多來此觀我釁而　操我策豈不竭我力而

慢我兵哉臣未喻其言也且歲幣乃邦賦之餘則可
以供之昔章聖不欲竭我力而付之虜此字改作契丹富弼
乃議榷場之貨百有五十萬所收乃其地所入章聖
故出聖斷今遽得之故疆費用幾何陛下竭民之膏
血而緝理之京師乃諸夏改作立國之本也陛下豈不欲
都以正人君之號立宗社而清宮室修園寢而迎淵
聖蕭條之餘供此不貲之費幾年而得安何年而臻
治迫於國用稍有不前則劉豫是其規模也臣願陛
下睿斷挫其來使豈不幸哉臣爲陛下策之今我兵
革堅利有憤威之勇效死之力嘗膽思奮是故賊改作

敵有和之議願陛下戒諭諸軍將增修武備牢固邊陲發揚征討之令豈不人人願死於敵場既我增修武事以觀其釁乘機進兵於都邑非賊敢（二字改作彼）有也（有闕字）議然則陛下雖不遽絕其使但以古禮而待之則亦不可費兵而專候於他也皇天照臨此心事無不濟矣若屈志於賊（改作敵）臣願先刎頸以謝衆議願陛下察之焉臣具此數言未盡愚心續當面謝進呈以聞謹奏（舊校云今陛下降睿旨條具下疑有闕文）

禮部侍郎曾開罷爲寶文閣待制宮祠

會開奏論不當講和與夷狄共事（刪此五字）不報開見秦檜具言不可通和之狀檜不答開引石晉奉契丹之禍以證折之檜怒曰侍郎知故事檜獨不知耶開以言不從即乞罷去遂除寶文閣待制宮祠

尹焞除禮部侍郎兼侍講

制曰得遺賢而萬邦甯舉逸民而天下服自季路原憲於游藝以爭先而蔣詡薛方亦稱述之未廣流風既遠此道寖衰我得其人躋諸近列具官尹焞口誦百氏腹笥九經先王遺言聞諸師訓君子所養得自躬行蓋動靜之有常以進退之可度申公已老屢辭加璧之招裴秀居申時赴追鋒之召奏篇迭上聖道益明顧我荷橐之班謀我佚賢之地擢居宗伯仍侍金華往其欽哉服我休命尹焞以太常少卿兼崇政殿說書焞方以疾告在中禮部侍郎曾開以待制宮祠罷去遂除焞爲禮部侍郎除張絢爲太常少卿焞即以太常少卿職事交代與絢力辭免乃以待制提舉萬壽觀

二十日壬寅兵部侍郎兼權吏部尚書張燾條奏屈巳就和利害

兵部侍郎張燾奏准都省送到劄子一道云云臣竊惟虜（改作金）使之來欲議和好將歸我梓宮歸我淵聖歸我母后歸我宗族歸我土地人民其意甚善其言甚甘以爲信然竊考其說蓋以謂彼非畏我甲兵之盛也憚我土地形勢之强也而遽有此議其狼子野（刪此三字）心未易測也論者謂中原之地彼自知決不能有也故有此議又謂彼因廢劉豫人心遂疑懼我乘間恢復土地故有此議又謂契丹林牙漸有興復之勢彼既與我爲深仇非施大恩於我無以結無窮之援也故有此議又謂彼國主厭兵爲日久矣姑務休息故有此議又謂虜酋（二字改作烏奇邁）已死新酋之（改作其主）新立懼不敢當推遜再四與國人約必盡歸我父母

宗族國人許之然後敢立故有此議凡是數者言皆有理虜（改作敵）計果出於此可謂善自爲謀矣此陛下所以必信無疑欲屈巳而聽之也然兹事體至大振古所無豈虜（改作彼）能爲實關天意臣請一爲陛下推原之傳曰天將興之誰能廢之又曰天之所壞不可支也然則自古有天下國家者其治亂興廢曷嘗不本乎天我祖宗受命於天光有天下奕世戴德百數十年不幸至宣和間天下之亂極矣天用降禍於我國家以致靖康之變二帝播遷九族轉徙宗廟隳廢陵寢邱墟土地陷殁天下板蕩是豈人力之所能爲哉

上天假手於虜（改作彼）而已矣今虜（改作彼）一旦盡欲以歸於我亦豈人力之所能爲哉高高在上必有監此者矣由是言之今日之議使天未悔禍則未見其可使天既悔禍則無（此字改作亦）何所不可豈狂虜所能輕（删此六字）哉臣請考人事以驗天意陛下飛龍濟州天所命也虜（改作敵）騎屢犯（改作窺）行闕卒以無虞天所保也歲在甲寅一戰而敗虜（改作敵）師天所贊也歲在丙辰再戰而卻劉豫亦天所贊也歲在丁巳鄺瓊雖叛乃爲僞齊廢滅之資亦天所贊也是蓋陛下躬履艱難側身修行布德立政上當天意而天佑之所致也臣以是知上天悔禍蓋有日矣中興之期亦不遠矣伏願陛下姑少忍之益務自修益務自治益務自强以享天心以聽天命以俟天時時之既至言無不利則何戰不勝何攻不克何爲不成何功不立梓宮何患乎不還淵聖何患乎不返母后何患乎不歸宗族何患乎不復宗廟陵寢何患乎不能繕修南北之民何患乎不能混一今此宣議惟姑聽之而無必信可也彼使既已及境勢固難拒使其果有願和之意如前所陳如我所欲是必天誘其衷使之悔罪必不復强我以難行之禮（而在我者將以既行之禮待之）則事何患乎不成若其

初無此心二三之説責我必不可行之禮而要我必不可從之事其包藏何所不有安知非上天堅我復讎之志便當命將起而應之此臣區區之愚見也其他利害羣臣數能言之臣不復陳伏願陛下斷自淵衷毋取必於虜（改作敵）而取必於天而已若乃屠國家之大耻置宗社之深讎躬率臣民屈膝夷虜（删此二字）北面而臣事之以是而覬和議之必成非臣所敢知也

上覽奏曰朕非不知此第興兵以來殆將一紀無辜之民肝腦塗地朕兼愛南北實所不忍故不憚屈身以成和卿第思之焉遂退遂有（再上）章之意

吏部侍郎魏矼條奏屈己就和利害

吏部侍郎魏矼奏臣準樞密院劄子聖旨以大金遣使至境意欲屈己就和令侍從臺諫詳思所宜條奏來上臣捧讀再四不覺涕泗之橫臆也仰惟陛下悼梓宮之未還念母后之在遠傷陵寢宮闕之久稽汛埽思兄弟宗族之未得會聚痛南北兵民之未得休息意欲屈己就和誠有不得已者然臣聞天下大戒二事親惟孝事君惟忠所宜奉以周旋不可失墜者也陛下爲親而屈孝誠至矣羣臣事陛下其得不盡忠乎臣素不熟虜(改作敵)情不知使人所需者何禮陛

下所以屈己者何事聞諸道路之言謂金人頃立僞齊使之屈膝令受北面之禮靡所不至歲時之貢靡所不取今需於我謂必盡然以事料之其間必有不可從者如屈膝受令則大不可從者也賊豫本匹夫爾既爲金人所立恩莫大焉北面拜舞禮亦宜之陛下承一祖七宗基業海内愛戴一紀於兹天命有歸何藉於金國乎傳聞奉使之歸謂金人悉從我所欲不復有所需其誠然耶必無難行之禮以重困我陛下何用過爲卑辱以取輕侮乎如或故爲不可從之事先有所要則其詭詐之(删此二字)情故可見矣儻或輕易從之屈膝受令他時反爲所制號令廢置將出其手一有不從便生兵隙予奪在彼非計之得也雖使還我空地如之何而可保雖欲寢兵如之何而可寢雖欲息民如之何而可息楚人衷甲吐蕃刦盟前史載之詳矣庸得不慮乎且禮經復讐之義臣未暇論也姑以人主之孝論之孔子稱明王之孝治天下則曰天下和平災害不生禍亂不作故以一人有慶兆民賴之爲天子之孝方今宗廟社稷惟陛下是依天下生靈惟陛下是賴陛下既欲爲親少屈更欲審思宗社安危之機與夫天下治亂之所繫考之古誼酌

之羣情擇其經久可行者行之其不可從者以國人之意拒之庶幾軍民之心不至懷憤且無噬臍之悔也宗社安而國家可保此非天子之孝乎紹興三年虜(改作金)使遽至朝廷數遣官報聘明年使人方且交馳而胡虜(改作金兵)侵淮甸矣天啟陛下之心六師鱗次江上力爲戰守之具其冬魏良臣等以使事回虜(改作金)人約再遣使大爲誹謗之語陛下悟其姦(删此字)計使不復遣虜(改作金)遂引去臣是時以居言路屢陳自治之策前後數千言不過内修政事外攘夷狄(删不過至此十字)章疏具在可考而知今陛下因虜(改作金)使之來

博詢在庭愚初不知和議曲折顧將何辭以對抑聞孟子云左右皆曰不可勿聽國人皆曰不可然後察之見不可焉然後去之如此然後可以爲民父母所謂國人者不過萬民與三軍耳縉紳與萬民一體大將與三軍一體今陛下詢於縉紳民情大可見矣惟三軍之心未知所向和戎國之大事（刪此六字）豈可不訪之兵將乎欲望聖慈速召大將各帶所部近上統制官數人同來以屈己事日廣加訪問以塞他日意外之憂彼或以爲不可亦能鼓作其氣益堅守禦之備也帝堯稽於衆舍己從人以成帝業苟堅不從舉國

之言終致淝水之敗利害較然明甚臣固知陛下孝思之切力能就和而臣所言如此誠以陛下之深知不敢有隱以爲己私也孟子曰君如彼何哉強爲善而已惟陛下留神幸察

賜進士出身頭品頂戴四川等處承宣布政使司布政使清苑許涵度校刊

三朝北盟會編卷第一百八十五

三朝北盟會編卷一百八十五校勘記

事必難從（難誤作不）　酋虜豈有講和之意（意誤作議）　吳主將欲迎之（主應作諸）　是故賊有講和之議（脫講字）　我既增修武事（我既誤作既我）　於都邑非賊敢有也（於字衍所誤作敢）　豈狂虜所能輕重哉（脫重字）

三朝北盟會編卷第一百八十六

炎興下帙八十六

起紹興八年十一月二十一日癸卯盡二十五日丁未

二十一日癸卯兵部侍郎兼權吏部尚書張燾率侍從官上疏

是時侍從臺諫各以己見應詔旨奏聞於是吏部尚書張燾率侍從官同進劄子曰臣等聞之傳曰聖人與衆同欲是以濟事故自古人君設施注措未有不以從衆而成違衆而敗者伏見今日屈己之事陛下

以爲可士大夫不以爲可民庶不以爲可軍士不以爲可如是而求成臣等竊惑之仰惟陛下獨以爲可者謂梓宮可歸也淵聖可返也母后可還也宗族地土可得也故不憚一屈以建非常之功此陛下之聖孝也國人不以爲可者謂虜（改作金）人素多變詐今持虛文以來而梓宮未歸淵聖未還母后未復宗族土地未得何以遽爲卑辱之事以咈公論也以陛下聖孝固無所不盡然天下公論又不可不從使天誘其衷虜（改作敵）果悔禍惟我之從而梓宮已歸淵聖已還母后已復宗族土地皆已得之則兩國通好經久之

禮尚有可議豈有但信其虛言一未有所得而遂欲屈膝以從之乎一屈之後將舉國以聽之臣等恐彼之所許未必可得而我之爲國日朘月削遂至不可復支矣臣等竊聞虜（改作金）使入境伴使北向再拜問虜（改作金）起居此故事也然軍民見者或至流涕夫人心戴宋如此雖使者一屈猶爲之不平況肯使陛下不顧羣議斷而行之萬一衆情不勝其忿而王雲劉晏之事或見於今日陛下始有追悔之心恐已晚矣傳曰衆怒難犯專欲難成合二難以立國危亂之道也臣等職在論思竊聞輿議不敢緘默伏望聖慈俯

同輿情毋遂致屈而緩圖之不勝幸甚上覽奏愀然變色曰卿言可謂納忠朕甚喜士大夫盡忠如此然朕不至爲虜（改作金）所紿方且熟議若決非詐僞然後可從如不然當拘留其人再遣使審問虛實燾等謝

館職官上疏論和議未便

左奉議郎秘書省著作郎臣胡珵左奉議郎守尚書司勳員外郎兼史館校勘臣朱松左朝散郎行秘書省著作佐郎張愼左宣教郎秘書省著作佐郎臣淩景夏左奉議郎秘書省正字兼史館校勘臣常同左奉議郎秘書省正字兼史館校勘臣范如圭謹齋沐

我書昧死百拜獻於皇帝陛下臣聞聽魯仲連而罷新垣衍帝秦之議者魏安僖王是也甘商於之詐而受張儀割地之欺者楚懷王是也恭惟陛下聖明天縱博貫古今是周宣光武中興之主也豈有不及魏安僖王而下同楚懷王者哉臣之所弗信也傳曰主憂臣辱主辱臣死前者上皇訃聞陛下方宅大憂天下受其辱矣今者聞諸道路口語籍籍審如是將辱在陛下之身臣等得其死爲有名之時也人誰無死爲君父死之爲有宋宗社死之爲古今臣子忠孝大訓死之豈爲無名乎或難臣曰子之言新垣衍張儀

之說是也然今日之事且不與楚魏同何也王倫之言彼將歸我梓宮歸我淵聖皇帝歸我天枝之族屬歸我中原之故地重質以要我大義以動我是國人顒顒望之十年而未能致者曾無亡矢遺鏃之費一朝而獲雖使主上爲是一稽顙屈膝焉宜無所愛也豈與夫蘇秦倉卒之謀張儀捭闔之論同日道哉臣曰固也昔者劉項相持滎陽成皋之間常置太公俎上約高祖降矣爲高祖者信其詐謀而遽屈則分羹之語不敢出諸口而天下亦非劉氏有矣惟高祖不信不屈日夜思所以圖楚者而爲天下戮力焉故至

於漢有天下大半諸侯皆附楚兵疲盡而割鴻溝東西之約自至太公呂后自歸故敵不至於窮蹙敗亡之迫而與連和者古無有也臣聞四太子者方據汴都晏然撫有中原之民關輔淮楚之備未始一日徹而戍卒各不下數萬屹然不移彼方肆毒而稔惡未有可圖之釁（刪彼方至此十三字）彼以何憂何恐而一旦無故與我連和皤然若是何爲也哉顧易曉爾彼恃夫蠶食之威動輒得志而我甚易喜故爲和之說以侮我又慮我訓兵積粟蓄銳俟時而事有不可測之者故不得不爲和之說以撓我中國民力日就困竭而虜

使之至（四字改作來使）無已時蓋坐弊敵國使疲於奔命無出此計者或不憚一費而獲永甯猶之可也今年秋如是矣冬又如是矣明年又如是子產之言曰用幣必百兩百兩必千人幾千人而國不亡臣所不忍聞也殫竭膏血以養驕惰之兵屯戍不用鬱其憤慨綏急曰講和講和使此輩一旦藉口而召亂將何以弭其變哉故臣嘗謂秦之行成虜（改作金）之和使兵家用之百勝之術也六國不悟行成割地之無厭故至於社稷不血食國家不悟虜（改作金）使講和之得策其禍豈可勝道哉而況夷狄無義所從來久狼子野心鳴

鏑於父子之親而嗜其甘言信之不惑其料事亦疏矣（刪而況至此二十六字）彼以和之一事得志於我十有二年矣以覆我王室以弛我邊備以竭我國力以解體我將帥以懈緩我不共戴天之讐以絶望我中國謳吟思嘆之赤子柰何至今而猶未悟也陛下躬曾閔之行（此五字改作甘心）受夷狄之（刪此三字）侮不過曰使我獲伸東朝一日之養於天下是亦足矣遑䘏其他臣恐聖慮未必得所求而禍生於意外之所未嘗防也豈可不爲寒心哉信如道路之言則虜（改作敵）人之要我至不遜也至無稽也是坐而降我也艱難以來彼苟可以

毒我者無遺力矣獨欠約我一事耳今不慮而從之且梓宮何在在境已乎母后何在在淵聖皇帝何在在行已乎中原故地版圖何在在使者所已乎陛下柰何不顧祖宗社稷二百年付託之重將不慮而從輕以萬乘之尊冒險而徼倖彼犬羊（刪此二字）苟獲濟其不遜而藉躪以逞將焉避之哉劉豫之監甚未遠也當是時累百王倫何補救敗之計而倫之在虜（改作彼）爲功臣矣可得而追戮哉子思曰人主自臧則衆謀不進事是以臧之猶卻衆謀況未必臧乎故曰聖人甚惡無故之利不可不察也臣等疏遠小臣然於行在與備一官司之列坐糜廩祿無以報大賜情迫理極義不愛身冒干雷霆甘俟斧鉞臣等無任惶懼激切屏營之至

勾龍如淵爲御史中丞

宰相秦檜方主和議力贊屈己之說以爲此事當由聖斷不必謀之在庭上從其言其議已定而外論紛然羣起以攻之檜大懼起居舍人勾龍如淵獻計於檜曰相公爲天下大計而羣說横起何不擇人爲臺官使盡擊去則相公之事濟矣檜大悟遂擢如淵爲御史中丞人皆駭愕

二十五日丁未樞密院編修官胡銓上書乞斬秦檜孫近王倫

書曰○舊校云是疏以澹菴先生本集校正　臣謹按王倫狎邪小人市井無賴頃緣宰相無識遂舉以使虜（改作金）專用詐誕欺罔天聽驟得美官天下之人切齒唾罵今日無故誘致虜（改作來）使以詔諭江南爲名是欲臣妾我也是欲劉豫我也劉豫臣事醜虜（改作金人）南面稱王以爲子孫帝王萬世之業牢不可拔一旦豺狼（刪此二字）改慮捽而縛之父子爲虜商監不遠而倫乃欲陛下效之夫天下者祖宗之天下陛下之位祖宗之位也柰何以

祖宗之天下爲犬戎（改作他人）之天下祖宗之位爲犬戎（删此二字）藩臣之位陛下一屈膝虜（改作金）人則祖宗社稷之靈盡汚夷狄（改作他姓）（改作移）祖宗數百年之赤子盡皆左衽（改作陷邊方）廟庭之宰輔盡爲陪臣天下士大夫皆當裂冠毀冕變爲胡服（删此八字改作易主）異時豺狼無厭之求（删此六字）安知不加我以無禮如劉豫也哉夫三尺童子至無知也指犬豕而使之拜則怫然怒今醜虜則犬豕也堂堂天朝相率而拜犬豕曾不若童穉之羞而陛下忍爲之耶（删夫三至此五十一字）倫之意乃曰我一屈膝則梓宮可還太后可復淵聖可歸中原可得嗚呼自

變亂以來主和議者誰不以此說啗陛下然而卒無一驗則虜之（此二字改作其）情僞已可見矣而陛下尚不覺悟竭民膏血而不恤忘國耆讐而不報含垢忍辱舉天下而臣之甘心焉就令虜決（改作敵竟）可和而盡如倫議天下後世以陛下爲何如主也矧醜虜變詐（删此四字）（改作敵計）百出而倫又以奸邪濟之則梓宮決不可還太后決不可復淵聖決不可歸中原決不可得而一屈膝不可復伸國勢陵夷不可復振可不爲慟哭流涕長太息哉嚮者陛下間關海道危如累卵向不肯臣虜（改作敵）況今日國勢既張諸將盡銳士卒思奮如頃

者醜虜陸梁（改作北騎奔馳）僞豫入寇固嘗敗之於襄陽敗之於淮上敗之於渦口敗之於淮陰較之前日蹈海之危固已萬萬不侔儻不得已而至於用兵則吾豈遽出虜（删此字）人下哉今無故欲臣之屈萬乘之尊下穹廬之拜三軍之士不戰而氣索此魯仲連義不帝秦非惜夫帝秦之虛名惜天下大勢有所不可也今內而百官外而軍民萬口一談皆欲食倫之肉謗議洶洶陛下不聞正恐一旦變作禍且不測臣故謂不斬王倫國之存亡未可知也雖然倫固不足道也秦檜爲心腹大臣而亦爲之計陛下有堯舜之資檜不

能致陛下於唐虞而欲導陛下爲石晉頃者禮部侍郎曾開等以古誼折檜檜乃厲聲折之曰侍郎知故事我獨不知則檜之遂非愎諫已自可知而乃建議命臺諫侍臣僉議可否蓋畏天下議己令臺省侍從共分謗耳有識者皆以謂朝廷無人吁可惜也孔子曰微管仲吾其被髮左衽矣管仲霸者之佐尚能變左衽之區而爲衣裳之會秦檜大國之相也反驅衣裳之俗而爲左衽之鄉則檜也不惟陛下之罪人實管仲之罪人也（删孔子至此六十八字）孫近附檜遂得參知政事天下望治有如飢渴而近伴食中書漫不知可否

檜曰虜刪此字可講和近日可檜曰天子當拜近日當拜臣嘗至政事堂發問而三不答但云已令臺諫侍從議之矣嗚呼身爲參政不能贊佐大事徒取充位如此若虜改作北騎長驅近豈能折衝禦侮邪竊謂秦檜孫近亦可斬也臣備員樞屬義不與檜等共戴天區區之心願斬三人頭竿之藁街聽臣之計羈留虜改作來使責以無禮徐興問罪之師則三軍之士不戰而氣倍不然臣赴東海而死甯能處於小朝廷而求活邪書奏市井閒喧騰數日不定秦檜上表待罪有詔檜無罪可待乃復治事銓遂罷

王庶論和議劄付

第一劄子曰臣竊聞王倫自金國奉使回及金國遣使前來將到行在臣先奉聖諭前來江淮措置邊防莫獲親詣黼座與聞國論臣忝乏樞庭不得默默自已輒貢愚忠冒瀆天聽臣聞無故請和者謀也究觀金虜改作人侵軼歲逾一紀前來乘全勝之勢直擣江淮我國之師未嘗不退縮以避其鋒逮至紹興甲寅冬番僞改作僞豫深入駐兵淮南陛下親征致彼奔潰而去又丙辰冬逆雛傾國南向陛下再統六師壓江淮表裏之衝皇威大振番僞改作僞豫始知所畏於是遣使告以徽宗皇帝顯肅皇后訃音彼若果篤隣好所報訃音不應在累年之後彼其技窮跡露畏我國家乘閒長驅故設此謀沮我師銳氣陛下天資聖孝哀毀之中卽遣使求梓宮往返之閒一年有半尚未與決固已墮彼計中又聞去年金人以欺詐刪此三字廢豫僞庭用事之人奔走四出百姓日虞左衽陷涅昬之俗衆情反側虜酋數輩在關中者若據爐炭危疑追急莫甚刪百姓至此三十三字添一若字於斯時若刪此字國家乘機會一麾則中原雲合響應其深謀卻顧不得不再遣使也從違之閒可不深思而熟計之臣中夜以思虜改作金使之來甘言厚貌不出二策一則以淮爲界一則以河爲界若以淮爲界則我今日所有之地而淮之外亦有見今州縣所治如泗州漣水軍是也既爲我有安俟以和爲請若以河爲界則東西四壁兵火之餘白骨未斂幾無人跡彼若誠實與我乃故疆遺民豈可同僞豫之不恤尚應十年無征役以蘇息之則賦何自而出彼所責歲賂無慮數百萬又豈可加內郡之賦以償不毛之土必以二十萬兵宿於遠餉無用之地假以歲月焉得不自困弊彼之爲計可謂盡善也臣願陛下先與在庭之臣立爲一定之論若以

淮爲界則我賂之何益若以河爲界則瘡痍殘民撫存不暇還定安集非俟經五稔不可賦調所議歲賂五年之後方可津遣先慮而議猶恐未至如或不然則彼以計困我以戰則不可以賂則不給皆墮其術中是宜陛下宵旰深思洞察以爲經久之圖狂瞽之說仰瀆淵聽臣無任隕越待罪之至

第二劄子臣近緣措置邊方(行刪)到沿邊州郡及與守臣次第會議聞虜(改作敵)中自廢豫之後遼人漢人上下不安日夕思變前此歸正者甚衆其意可見彼知其屯戍不足又旋起簽軍以實疆場今之簽軍又非

昔比老弱盡行人心乖離抑又甚焉岳飛近日與臣咨自稱今歲若不乘機會舉兵要納節乞開韓世忠亦以爲然臣方欲到榻前縷細開陳今聞使人入境必大有需索若以梓宮爲說如言得歸事在來年又詐僞(此三字刪)未易可保今陵寢陷歿豈特徽宗顯肅兩梓宮而已若割淮畫河議和兩淮我今有之夫河南則千里邱墟勢須屯兵持守撥諸事力支持不行所謂非徒無益而又害之也彼必以此三說疑我正當剖析曲直利害逆折其詐彼利於和必委曲不得已而從我切望斷自宸衷出臣此章與大臣熟議之無

落奸謀之便天下幸甚

第三劄子臣聞季孫行父之爲臣見有禮於君者若孝子之養父母也見無禮於君者如鷹鸇之逐鳥雀也臣雖不才竊有志焉臣近聞前此虜(改作北)使傲慢無禮多許金幣方稍恭順如此番使人來不可復循前轍欲望陛下先遣人諭旨以方在諒陰聞使人至摧慟不堪爲言不須遽令朝見恐有商量事且令與大臣趙鼎商議如此少破其奸計又得徐觀趨向在朝廷爲得體抑少挫其鋭此事與大臣議之必無不可者惟是王倫決以爲不然彼方要朝廷曲從虜(改作

敵)意以成一己之私此人不達大體前日自陳有廢豫之功如此大事人皆知之尚敢欺誕其餘何所不至萬望聖察臣無任云云

第四劄子臣自聞虜(改作北)使之來蚤夜往來於胸中仰恃陛下兼聽之明臣敢進千慮之得常談未論猥瀆公車竊度陛下不以爲未然抑將信而行之是以愚臣感深激發益竭其心苟有所知不敢不盡顧復畢其說夫戎狄豺狠(此四字刪)宴安酖毒古人戒之國家不靖疆場患生人面獸心之類變詐百出(人面至此十字刪)自(下添金人二字)渝海上之盟以至今日其欺我者何所不

至陛下所自知也豈待臣言乃不慮晏安酖毒之戒尙將信其愚弄臣不知其可也今其誠僞以陛下之聖固難逃於照臨然而但不可輕信其說又不可遽見其使夫商之高宗三年不言其在諒陰言猶不出其可以見外夷之使乎（改作外國使臣）先帝北征而不復天地鬼神爲之怒憤能言之類孰不痛心乎（刪此字）陛下既抱負永訣之痛將見不共戴天之讐其將何以爲心又將何以爲容亦將何以爲說臣愚伏願陛下以宗社之重深思高宗不言之意無見異域之使人只令趙鼎而下孰與商議足以彰陛下孝思之誠而於

國體爲宜臣恭依詔旨見今兼程前去奏事誠恐臣萬一未到闕下之日虜（改作北）使先以投館陛下不疑而易見之敢布腹心伏惟聖聽采納天下幸甚

第五劄子臣准省劄子令疾速依累降聖旨起行在奏事臣緣在盧州伏暑臟腑加之乘騎未得見沿流兼程前詣臣以虜（改作北）使入境屢貢狂瞽上瀆聖聽特蒙寬貸未賜誅斥比聞使人經過州郡傲慢自尊略無平日禮節接伴使欲一見而不可得官司供帳至有打造金醆百端須索肆言駭聽臣昨所上封事初言陛下方在諒陰不當遽見使人且以挫其風稜兼於國體爲得次言虜（改作金）人講和非其本心奸（改作深）謀詭（改作巧）計用之有素次言地界歲幣事關宗社未易輕議仰惟聖明必深察其當否區區妄庸何所逃罪然臣資禀愚直心懷憤懣不能自已輒復論列幸陛下恕其再三之瀆臣聞自古謀人之國者必有一定之論越之滅吳在驕其志秦之取六國在散其從其間或出或入一定之論未嘗易也黠虜逆天犯順（刪此六字改作臣思金）所以謀人之國者曰和而已觀其既以是謀契丹又以是謀中（改作我）國方夾騎陵京闕初以和議爲解暨大兵圍城仍以和議爲辭二聖遠播

中原板蕩十餘年間衣冠之俗（刪此四字）蹂踐幾徧血入犬牙吞噬靡厭（刪血入至此八字）而和議未之或廢也今王倫迎奉梓宮而再受虜人（刪此二字）和議以歸且與其使俱來此爲可信乎劉豫之廢虜人（此二字改作敵）慮中原百姓或有反側陝西降將或生顧望國家一旦出師必有內應者此設講和之說遣使款我昭然無疑臣蒙陛下親擢備位本兵國之大事不敢隱默故重爲陛下陳其三策莫若拘其使而怒之彼必加兵我則應之所謂善戰者制人而不制於人也虜（改作敵）人強大自居一旦或拘其使出於意表銳氣驟奪殞敗可立

而待亥願陛下念不共戴天之讐且謝使人勿與相見一切令與大臣商議然後徐觀所嚮隨事酬應最其下者姑示怯弱待以厚禮俟其出界精兵躡之掩其不備破之必矣儻陛下采其愚忠用濟機會臣敢不罄竭陪在廷之末議或以臣爲妄誕不切於事則臣之智慮窮於是矣不敢復有論說也臣頃與邊帥及諸大將議論皆云若失今日機會他日勞師費財決無補於事功至於抵掌擊節皆云今年不用兵乞納節致仕觀此則人情思奮皆願爲陛下一戰望陛下英斷而力行之臣不敢愛死以報萬一干冒天威戰灼無地

第六劄子臣奮身寒素無能報稱特荷眷知任擢廟堂臣之遭遇世無以過朝夕以思欲效涓埃願助海岳去安卽危惡生就死豈人情哉伏望聖慈擴日月之明息雷霆之怒或鑒一得爲幸非細近者虜（改作金）人議和非本至誠實有包藏臣數有章疏未嘗俞允臣不免再具危懇上瀆天聽伏望居高聽卑旁燭無私少爲鑒察虜（改作金）人之謀不過有二一則爲己一則爲我捨此非狂則愚也所謂爲己者不過彼彼外訌內叛互相猜忌擁兵角立莫敢先動故設爲此謀以待平定徐爲後圖此爲己之計也所謂爲我者必以爲金幣已足不須多積土地已廣不須多占又陛下事之至謹心懷仁恕懇之至切哀憫悔禍欲立盟好永爲隣壤此爲我之謀也陛下試深思之若虜（改作敵）爲己謀臣故慮之熟矣若爲我謀臣死不敢信惟陛下留念無忽

賜進士出身頭品頂戴四川等處承宣布政使司布政使清苑許涵度校刊

三朝北盟會編卷第一百八十六終

三朝北盟會編卷一百八十六校勘記

今持虛文以來（持應作特）　而事有不可測之者（之字衍）　苟獲濟其不遜無稽之謀（脫無稽之謀四字）　而蹂躪以逞（蹂誤作藉）　則眾謀不進事（事字衍）　猶卽眾謀（卽誤作御）　以古誼折檜檜乃厲聲責之（檜誤作繪責誤作折）　三發問而三不答（脫上三字）　皆可斬也（皆誤作亦）　聽臣之計（一本上有然後二字）　臣赴東海而死（一作臣有赴東海而死耳）　甯能處於小朝廷而求活耶（於字衍）　王庶論和議劄子（子誤作付）　乘機會一麾（會字衍）　與臣咨目（目誤作自）

三朝北盟會編卷第一百八十七

炎興下帙八十七

起紹興八年十一月二十六日戊申盡二十九日辛亥

二十六日戊申樞密副使王庶奏乞免簽書和議文字

王庶與講和異議虜（改作金）使張通古等將到國門庶乃奏劄乞免簽和議文字曰臣識性蒙昏計慮疏闊待罪樞庭略無稱效聞者虜（改作金）使之來大臣簽議或和或戰所主不同臣忠憤所激輒爾妄發不量彼已之勢不察時事之宜屢奏封章力請謝絕專圖恢復謂虜（改作敵）情叵測不可以仁恩馴服（刪此四字改作理遣）王倫之往必致稽滯今聞奏報已還近境和議可決臣謀不遠遠知昧通方使之具位效官猶恐瘝曠況當本兵之重曷以稱任臣之失職罪不容誅伏望睿慈速賜降黜以正無知誤國之罰陛下未欲遽置閑散止宜處之外服以備緩急或以適此執政闕員未便斥出卽乞特詳處分遇有和議文字許免簽書庶逃前後反覆有失立朝之節滯固不移粗安頑愚之性臣區區悃愊非敢飾詞深慮緘默有傷國體是日親降筆不許辭免簽書和議行遣事庶再具奏曰臣聞

昔楚王有吳人之難使由於城麇復命而不知高厚大小子西怒曰不能則辭對曰固辭不能而使余也人各有能有不能王遇盜於雲中以背受戈余所能也脾洩之事余所不能也臣然後知古人以忠事君者其才之能與不能未嘗敢以一毫欺人故於艱難禍亂之際各以其能自效而國家可安也臣生於陜西漸染其風氣耳目所聞見者莫非兵事禍亂以來嘗欲以氣吞强虜(改作敵)則所謂講和者非臣之所能也非其所能而强使之則恐誤國家之大計故臣願陛下惟責臣以修戎兵不以講和之事命臣則緩急

之際可以枝梧縱使金人知陛下命臣以此則奸(改作其)謀不得肆而和好易成雖曰治戎兵其實促使和也又況臣賦性愚魯嘗云金人不可和今若預此事臣身為大臣自為二三何以使人也唐渾瑊馬燧李晟將之忠賢古所未有德宗能用之吐番君臣大懼尙結贊謀曰唐之名將特此三人不去之必為吾患於是甘辭厚幣以申勤懇朝廷然之會盟於平涼李晟以言不可信能渾瑊以被刦罷馬燧以為所賣罷果如其計而無一人留者願陛下察臣孤忠特留聖念天下幸甚貼黃契勘臣前次所上章疏及與王倫議論實有妨嫌陛下亦嘗洞照底裏今若不自陳稟則又如趙鼎劉大中輩首鼠兩端於陛下國家何益兼臣備數樞庭自合辭職不合辭事伏乞睿慈除臣一近邊州郡願效尺寸以盡臣節

施廷臣為殿中侍御史

勾龍如淵除御史中丞不數日監察御史施廷臣抗章力贊和議秦檜念如淵之言當擇人為臺官使盡擊去不附和議者故除如淵中丞又除廷臣侍御史除目既頒搢紳駭愕道路以目莫敢異辭又有寺丞莫將上疏附會和議驟除起居舍人沈該亦因附會

由冗散而召對中外沸騰兵部侍郎張燾曰吾世受國恩身忝法從不可自同於衆當念以死爭之乃上疏極論其非曰臣仰惟陛下聖孝天至痛梓宮之未還念兩宮之未復不憚屈己已與虜(改作金)人議和夙夜焦勞存心懇切皇皇汲汲惟恐後時特以衆論未同故未欲輕屈耳幸而日者上自朝廷下逮百執事之臣小大一心無復異議朝夕進退從容獻納庶幾天聽為回卒不至屈此宗社之福也彼施廷臣乃復迎合輒敢抗章力贊此議姑為一身進取之資不恤君父屈辱之恥㬋實定罪殆不容誅乃由察官超擢

柱史夫御史府朝廷綱紀之地而陛下耳目之司也前日勾龍如淵以附會此議而得中丞衆議固已嗤鄙之矣今廷臣又以此而躋橫榻一臺之中長貳皆然既同鄉曲又同腹心惟相附會變亂是非豈不紊國家之紀綱蔽陛下之耳目乎衆論沸騰方且切齒而沈該者又以此議由冗散而召對莫將者又以此議由寺丞而擢右史如淵廷臣庸人也初無所長但知觀望而將則奸人該則贓吏也考其平日奚所不爲陛下柰何遽與此曹斷國論乎今既拂衆情敢犯公議熒惑聖聽惑移聖心力圖顯官如取如攜臣恐

徼幸之徒皆有覬覦之心乘時射利布列要塗倡和邪謀終危社稷此臣所以痛憤不能自已也夫自六察而陟臺端超躐甚矣至以寺丞而擢記注則自祖宗以來未之有也除目既頒搢紳駭愕道路以目莫敢一言是此等輩氣焰皆已能箝人之口矣一時小人緣類借來羽翼既成何所不可詩曰憂心悄悄慍於羣小孔子曰小人成羣斯可慍矣今如淵廷臣將該輩漸已成羣豈國之福哉伏望睿斷翻然而改特加斥逐庶幾少杜羣枉之門天下幸甚至於議和則王倫實爲謀主彼往來虜敵改作中至再四矣陛下所倚爲心腹而信之如著龜者也今其爲言自以二三事之端倪蓋亦可見更望陛下仰念祖宗付託之重俯念億兆受戴之誠貴重此身毋輕自屈但務雪恥但思復讐加禮其使厚資遣發諭以必得事實之意告以國人皆曰不可之狀使彼悔禍果出誠心惟我所欲盡歸於我然後徐議所以報之之禮似未晚也如其變詐將復誘我以虛辭則是包藏終不可測便當厲將士保疆埸自治自強以聽天成以俟天時天時既至何爲不成何求不得伏願陛下少忍而已所謂自強之策豈有甚高難行之論特患陛下不爲而

已君臣上下協力一心定爲規模一新庶政安往而不得志哉矧我將士浸皆可用比之往年氣已數倍萬一未能進取以之自守蓋有餘矣釋此不爲而甘心卑辱之事臣竊惑之仰惟陛下脫身艱難危苦之中保有國祚一紀於茲矣其所恃者不在人心乎自朝廷有屈己之議上下皆已解體儻遂成屈己之事則上下必至離心人心既離何以立國伏願陛下戒之重之臣世受國恩身參法從不敢自同衆人是用輒敢進言夫言而犯雷霆之怒罪固當死不能救止而使陛下受屈辱之恥罪亦當死干冒天威俯伏俟

命所下施廷臣莫將除命更取自聖旨指揮

二十九日辛亥史館校勘范如圭貽秦檜書責其主和議

書曰史館校勘范如圭昨者獲以職事侍鈞座於史院幸聞緒餘之論謂先儒訓釋春秋不務空言皆可見諸行事如圭竊以爲先儒有可行之學而未必得其位相公旣有其學又得其位矣而施設舉措乃若與經旨相戾者心實疑之不敢默默禮經有曰父母之讐不與共戴天寢苫枕土誓死以報魯莊公父弒於齊又爲齊主昏同狩於禚連兵合黨伐衞圍郕及

盟於蔇納公子糾其忘君背父滅絕人之大倫如此魯國臣子則而象之於是公子牙之弒成於前慶父無君之心動於後圉人犖卜齮之徒交侵於黨氏武闈之間而子般閔公皆不得其死仲尼爲此懼故一書特書以著其罪惡爲萬世臣子之大戒不亦深切著明矣乎徽宗皇帝顯肅皇后崩於沙漠去春凶問旣至主上擧號擗踊哀動天地四海之內若喪考妣相公身拜元樞不於此時建白大義乘六軍痛憤之情與之縞素揮戈北向以治女眞反天逆常之罪刪治女九字改作聲罪致討顧遣一王倫者卑辭厚幣以請梓宮甚矣

謀之顚錯也春秋之法讐不復賊不討則不書葬葬者臣子之事不書葬以爲無臣子也夫人之痛莫甚於不得其死君親不得其死而不復讐不討賊使神靈含寃抱恨於地下而不伸雖得梓宮而葬之於臣子之心能安否乎古之人有命將出師誓滅鯨鯢以迎梓宮者矣雖其力小勢窮不能有濟而名正言順亦可以無愧於天下後世未聞發幣遣使祈哀請命以求梓宮於寇讐之手者也女眞改作金人用是知我無復讐之心可以肆爲玩侮仍示欲和之意使倫歸報交使往來至於再至於三其謀我益深言益甘我之

信彼益虔禮益恭墮其計中不自知覺雖三尺童子皆爲朝廷危之倫之言曰女眞欲以梓宮母后淵聖皇帝中原境土悉歸於我審如是豈惟足以解吾君終身之憂哉乃天下臣子之所大願也然自王者迹熄五霸而下鮮不以詐力相傾今乃欲以信義之道望於豺狼刪此三字改作彼甯有此理且諱日之報與不報在彼無毫釐利害至不難從之事也我之懇請屢矣而寂無聞焉於其至易者尚不我從則其他可知矣春秋之於中國書名爵而夷狄則以號外而賤之也王者欲一乎天下曷外而賤之以爲非我族類其心

必異不得不峻內外之限別貴賤之分以防不測之患於未然也凡中國諸侯與夷狄盟會者春秋必謹志而深譏之其法嚴矣（删春秋至此八十九字）女眞（改作金人）自海上結盟借助於我以滅契丹既滅遂犯（改作攻）汴都其不可信一也既爲城下之盟講解而退矣曾不旋踵復圍太原其不可信二也自時厥後和使項背相望而侵犯（改作掠）之兵無歲不有其不可信三也既破京城乃始斂兵議和誘我二帝出郊刦之而去其不可信四也劉豫其所立也事之無所不至一旦執之如探囊中物其不可信五也彼之包藏奸詭（删此四字）不可

測度如此何爲一旦與我如是之厚哉或者謂虜酋（改作金主）初立粘罕（改作尼堪）已死親族離畔契丹復振方務自保畏我加兵故欲釋憾解讐以免南顧之慮豈其然乎自劉豫既廢之後我益畏縮遠屏未嘗敢向北方發一矢彼何憚於我哉是其深謀長計欲不費一鏃而坐收混一之功耳聞其使稱詔諭挾册命而來要主上以下拜之禮果有之乎其無也果可從乎其不可從也反面事讐匹夫猶不肯爲忍以堂堂之宋君臣相率而拜不共戴天之人哉主上哀疚在躬孝友天至必曰吾爲梓宮屈爲皇太后屈爲淵聖皇帝

屈何不可之有使子弟之情獲伸於一日志願足矣遑恤其他相公何不以必然之理開陳於咫尺之前乎誠使一旦拜受女眞之詔册則將行女眞之命令頒女眞之正朔普天之下莫非女眞之土率土之濱莫非女眞之臣我宋君臣上下雖欲求措身之所且不可得徽宗顯肅之梓宮遂無地可葬母后淵聖之輦輅遂無家可歸矣無乃違主上聖孝之心失相公大忠之節乎昔漢高祖責數項羽兵不少解卒能免太公於俎上晉大夫征繕以輔孺子使惡我者懼卒能歸惠公於强秦此古人已試之明驗也相公不用

此策以慰我主上孝悌之念柰何欲誤主上舉祖宗二百年之天下委而棄之哉今所以委曲順從虜（改作敵）意不敢少有違忤者惟恐其不歸梓宮母后淵聖而加兵於我耳曾不知一正君臣之分則號令生殺皆出於其手設若擁梓宮母后淵聖於大江之外下一紙詔召吾君相以下來迎於境我若從之立有禍變如其不從彼將責我曰吾歸而父母之喪歸而親歸而兄有大造於國而乃違我之命不肯來迎是不孝於父母不恭於兄不忠於我也聲罪來寇（改作討）將何以待之事至如此則前日所以順從其意者非特

未有分毫之益適足以致莫大之禍和好既敗雖兵不用其可得乎爲和之說者必曰今雖講和而邊備實未嘗弛必無意外之患如圭觀之朝廷以議和故謂謀臣猛將可以折衝禦侮者皆無所用或斥逐而遠之或併之於驕庸之將又包羞忍恥甘心屈辱以沮喪士氣而離其心殆若歸馬放牛示天下不復用兵者而謂之不弛邊備是內欺其心上欺人主下欺億兆之衆也主上南面而君天下十有二年矣其即位也由天下臣民推戴所迫不得已而從之至於今日天下軍民豈肯聽吾君北面而爲仇賊改作讐之臣

哉主上以思念君父母兄之故不憚於屈己天下軍民以愛君之故不肯聽主上之辱身用此拒虜改作敵不爲無辭若其舉兵而來適足以激怒吾衆我以大義明詔天下率勵瘡痍之餘共雪父母之辱乃不可失之機會也忠義之動孰不奮發中外貔貅之士數十萬衆懷憤怒不平之氣思一吐之積有年所惟君相用之如何耳昔申胥一身乃能存楚楚雖三戶足以亡秦燧氏四家盡殲齊戍田單孤壘一戰而復濟上七十餘城惟其誠心懇切以氣直決勝負耳況女眞無道已甚删況女至此七字中國雖敗亡之餘亦未至如

卽墨遂人之弱詎可甘心降虜改作人而無自強之志相公若必欲拂天下之情贊成主上受此屈辱如有奸雄因衆心之憤擁數十萬衆仗大義以問相公之罪則將何辭以對且如靖康以來爲女眞改作金人之所屠戮者非將士之父兄則其子弟幸得脫身於鋒鏑恨不得女眞之肉臠而食之删幸得至此十八字今改作於是人思效節改作而相公反愛信之如天屬之戚萬口籍籍扼腕忿怒莫不歸罪於相公相公亦知之乎相公嘗自謂我欲濟國事死且不避甯避怨謗相公之心則忠矣使殺身而有濟於君固志士仁人之所願爲也若犯衆

怒陷吾君於不義政恐不惟怨謗而已將喪身及國毒流天下遺臭萬世苟非至愚無知自暴自棄天奪其魄心發風狂者孰肯爲此靖康時有老卒郭京者自言有異術能遁形用兵使敵人莫覺宰相何㮚信以爲然使爲大將募京城市井狂浮之徒部分教習爲之奇兵城中之人皆知京不可用惟淵聖與㮚傾心委任不以爲疑方其引兵出城也君臣猶延頸以望成功及既敗而走然後悔之已無及矣今倫之妄何以異京願相公鑒覆車之轍早悟而改圖之無至事敗頓足拊髀悔恨於不可柰何之時也如圭聞虜

改作金使爲接伴官范同所難頗已恭順不敢過索禮數人皆以爲喜如圭私憂過計竊謂其既以詔諭爲名豈肯但已哉深恐一旦到朝乘君臣上下震慴危懼之際張皇事勢以恐喝朝廷我或倉惶錯愕不暇顧慮遂爲之屈則大事去矣可不早定計也書曰三人占則從二人之言前日詔侍從臺諫之臣所議既上不知以屈爲可者有幾以爲不可者有幾相公何不啟主上遍觀而熟計之人心惟虛一而靜如止水與鑑乃能明燭物理毫髮無遺苟有所偏主則雖泰山在前而且不見相公豈可執一己之私意而忽深

思焉則是非利害判若黑白矣若曰主上聖意堅確臣下莫之能回此非所望於相公也春秋之法王朝公卿書爵而宰咺渠伯糾皆書名者以其承王命而賵諸侯之妾聘弑逆之人故貶之也當不義而不知其不可不智知其不可而不言不忠言不聽而不去阿諛患失惟命是從貽誤君父則將焉用彼相矣此張華所以見責於張林而不能答也相公立乎人之朝謀人之邦國而欲使萬乘之主辱身於不共戴天之讎較諸咺糾罪孰輕重聖人復起難乎免於誅絕矣昔堯舜與羣臣謀謨廟堂之上曰都曰俞曰吁曰咈可否相濟不專徇同故能相與致巍巍之功孔子曰人之言曰予無樂乎爲君惟其言而莫予違也如其善而莫之違也不亦善乎如其善而莫之違也不幾乎一言而喪邦乎北來議論鯁直不肯詭隨者往往聽其去而柔媚諂諛之人相公平日所疾者乃或號召豈相公厭惡正直覺今是而昨非乎將使吾君惟以莫違予言爲樂雖知其足以喪邦亦莫之恤也可不爲痛心哉傳曰嫠不恤緯而憂宗周之隕懼將及也今日存亡危急之秋死生禍福上下所同誰不可言者而當路巨公乃或謂士大夫各有司存不當

越職論朝廷事是拒人於千里之外而自塗其耳目也擿埴冥行將入於罟獲陷阱之中而莫之知矣靖康之間相公不畏其死發一忠言高名大節輝映千古卓然如太山北斗天下仰望殆不可企及如圭舅氏胡文定公每訓子弟舉相公爲標準相公亦以道義相知生則援之於朝與謀國政歿則發揚幽光被哀榮之典施及不肖之甥亦蒙收錄且辱與進款賜教戴恩眷厚矣今茲濫從諸儒備僚屬之末誠不忍相公壞前日之名節受天下之怨怒禍集厥躬而併及於國家也與其雷同衆人竊議於後孰若獻區區

之忠於執事者庶幾悟聰聽於萬一哉恕其狂直而用其言惟相公之命恕其僭越而加之罪亦惟命不勝皇恐之至

賜進士出身頭品頂戴四川等處承宣布政使司布政使清苑許涵度校刊

三朝北盟會編卷第一百八十七

三朝北盟會編卷一百八十七校勘記

乞免簽書和議文字脫書字 大臣僉議僉誤作簽 感移聖心感誤作惑 以聽天命命誤作成 所有施廷臣莫將除命有誤作下 如不善而莫之違也不誤作其

三朝北盟會編卷第一百八十八

炎興下帙八十八

起紹興八年十一月二十九日辛亥盡十二月一日癸丑

王庶再上乞罷和議劄子

李光參知政事

張守知洪州兼江西安撫制置大使

劉一止起居郎

劉一止紹興二年爲起居郎以宫祠去後除祠部員外郎賜奉祠俄除浙東提刑一止立朝議論剴切士論歸之時上眷不衰八年九月召赴行在奏對稱旨上喜除秘書少監未幾復爲起居郎制曰自起居注行而耆作之官遂分自時政記作而二史之職幾廢允惟賢哲昭示典型褚遂良知人臣之當官守規模遠矣魏謩不敢陷人主於非法論諫兼之我得其人可追二子勾龍如淵之詞也

王庶不允辭免簽書和議文字乞罷機政

王庶屢上劄子乞免簽書和議文字上不許乞遂解樞密職事第一劄子曰臣聞晉武帝之伐吳也大臣張華等皆以爲可賈充獨以爲不利吳平武帝賞華等并加充邑戸八千唐憲宗之討蔡也宰相李逢吉等皆欲罷兵裴度獨以爲可伐及蔡平憲宗命度爲相罷逢吉不用蓋謀慮不審輒阻大計至其成功是可責也乃并賞之此晉武之所以敗事憲宗毅然能中興也臣不材偶承人乏備位樞機之地日者王倫再以和議出使臣常安以爲倫必不返議決不成今倫既歸報是臣愚暗不達事理幾敗陛下事陛下雖以臣可赦臣亦何顏以見陛下見同僚見國人乎伏望聖慈以晉武帝唐憲宗之得失爲鑒許臣自免退伏田畝以爲百執之戒臣無任祈天請命俯伏待罪之至貼黃兼臣齒髮衰遲舊有負薪之疾近嘗發動步履艱難侍立殿陛恐或顛隮不恭爲甚乞解機政以便醫藥爲勝惶恐之至

第二劄子臣比以議論迂疏違忤聖聽加以衰遲多病尸素無補乞罷樞密府執事未蒙俞允尚有區區血誠不敢緘默坐視輒復傾倒庶幾少盡平日憂國愛君之意臣聞自昔禦戎改作邊雖時有不同大畧惟和與戰一言而已方其猖獗改作深入也不過乘吾釁隙包藏禍心改作以肆攻取以僥倖無厭刪此五字方其柔服改作引去也又不過畏吾盛強搖尾稽顙改作爲卻暫避偷安朝夕刪此

四字是則戰之與和非彼能之皆係吾中刪此字國之重
輕爾故漢唐之君深明此理與之和必嚴其兵備與
之戰未嘗絕其和意所謂柔遠能邇盡於是矣今乃
天下遭逆虜荼毒刪此四字虔劉者十過七八天子駐蹕
海隅南北屯兵險阻自固不敢渡淮窺長安其衰弱
可謂極矣陛下過自貶損屈辱稱臣遣使進幣項背
相望或拘或囚嫚書惡聲無所不至其困辱可謂至
矣兵家至論不過曰知彼知己今彼如是之强我如
此之弱雖三尺之童皆知之而王倫之來反謂和好
已成盡還侵地驗於古則不合審於今則無謂察其

情則包藏不細觀其勢則蹤跡可見獨陛下斷以不
疑而行之此殆天意未欲悔禍致使陛下篤爲孝思
弗慮此姦謀改作巧計也臣試更爲陛下陳之議和之說
正緣此外訌內叛上下攜貳假我使命以安反側幸
少甯息遠則不出一二載近或期月必別生事此姑
不論且以目前所損言之使人疲於奔命財賦竭於
資送將士挫其勇銳民庶困於將迎歲月費於無益
事勢至此非特虜改作敵人一旦敗盟無以支持又恐
諸將師老財匱有弗戢之災禍可既乎此臣所以朝
夕仰天椎心而泣血也臣前所謂朝廷自作不靖者

正謂此爾且虜改作敵雖無改作不知豈不戒吳越之事
乎甯肯付我土地與我兵馬使復不共戴天之讐也
臣不敢飾非以質前說若復關陝則臣歸骨有地宗
族有相見之期松楸有展眉之日豈臣所不欲哉第
萬萬無此上誤聖明下誤生靈晏安酖毒必至噬臍
矣昔楚懷王惑於張儀之口卒爲秦所拘使子孫流
湉忍恥以事仇讐之國終至覆亡今王倫言語反覆
蹤跡詭秘終恐養成厲階滋蔓難圖悔何可及願陛
下深念前事勉思令圖不遠而復尚可救藥苟或不
然其患豈勝言哉乞留聖念宗社幸甚貼黃臣性資

滯固所見止於如此不可鐫鑿苛留無益恐誤國事
乞早賜斥逐以爲異議之戒臣不勝俯伏俟命之至
第三劄子臣竊詳王倫之歸以爲和好可成故地可
復皇族可歸上自一人下逮百執事皆喜色獨臣愚
闇不達事機蚤夜以思揣度本末未見其可臣復有
强聒之請別無他腸止知愛君和之與否臣不復論
且以自今虜改作金人利害言之講和爲上遣使次之
用兵爲下何以言之虜改作金人自破大遼及長驅中
原幾三十年矣所得地土數倍漢唐所得珠玉子女
莫知紀極地廣而無法以經理財豐而恃勢以相圖

又老師宿將死亡殆盡主幼權分有患失之慮此所以講和爲上也虜改作金人滅大遼蕩中原使信往來曾無虛日得志兩國專用此道刼自廢豫之後醜跡敗露刪此四字杌陧不安故重報使以安反側兼可以察我虛實耗我之資糧離我之腹心怠我之兵勢彼何憚而不爲此所以遣使爲次也虜改作金人之兵內有牽制外多疑忌所用之人非若昔日之勇銳所發之軍非若昔日之强悍前出後空嘗有覆巢之虞率衆深入不無倒戈之患又淮上荒墟地無所掠大江浩渺亦未可渡諸將兵勢不同曩時此所以用兵爲下也

今彼所行皆上策至爲得計吾方信之不疑墮其計中惟恐不如所欲臣不敢效子胥出不祥之言殺身以立後世之名於國何益惟陛下深思之速斷之無使後之視今亦猶今之視昔天下幸甚

第四劄子臣曰臣比以非才叨重任累陳危懇仰瀆聖聰過荷睿慈俯從所欲然至今未蒙處分臣之肝膽傾瀝殆盡臣之蹤跡已見狼狽伏望聖慈矜憐衰憊使遂退休臣不勝激切俯伏俟命之至貼黃伏念臣四海一身萬里無家若非天地兼容父母垂念誰肯爲臣憐者臣不勝皇恐殞越之至

第五劄子臣比緣衰病力乞退休使旨屢臨備宣德意詔辭繼下益佩恩私再冒嚴誅仰干洪造伏念臣孤單寡與約結無奇濫處周行叨連帥職荷收還於遠服俾待罪於樞庭坐籌決勝之罔功解難排紛而無策未委司敗獨賴聖知擢髮數愆空驚白首撫膺增愧惟歎赤心顧茲禍過以災生實因力小而任重伏望皇帝陛下特垂淵聽俯諒微誠遂以真祠置之散地俾愚忠之少愧庶衰疾之有瘳來日尙多敢憚捐軀之義餘生未泯猶思結草之忠臣不勝激切待罪之至

第六劄子臣伏思大宋有天下垂二百年矣祖宗功德重熙累洽雖漢唐未易可擬偶以崇觀之後太平日久上倦萬機委政宰輔奸人弄權橫生邊事夷狄改作敵遂因之不守巢穴刪此四字虔劉兩河板蕩京闕凶焰酷烈痛不忍聞宗社幾致中絕賴天道好還人思戴漢戎馬之間陛下出繼大統天下翻然改圖以謂喪君有君恃此不恐殆天意爾爾後匹馬渡江扁舟航海以至苗劉之變艱難萬端終無所傷天之相陛下可謂厚矣今雖猶未能復兩河取鞏洛定山東降關右而大將星列官軍雲屯比之前日可謂小康矣又

據長江以自衛萬全計也若不念父母之讐不思宗廟之恥不痛宮闕之辱不恤百姓之寃含糊容忍姑從謬悠不能終始以墜大業非特逆虜難以一二數也伏望陛下反覆前後鑒觀天心勉思良圖以冀善後非天下之福社稷之福也非社稷之福陛下之福也取進止

再上劄子

臣待罪闕庭一歲之久未嘗敢有干預朝政偶有短見義合上陳近因虜改作金使請和以喧輿論自非睿謨先定廟算僉諧則內患外憂未易可料欽惟威懷

有道輔贊得人故足以銷奸謀於未萌屈人兵於不戰臣素昧世務豈復知兵和之與否非所敢與獨聞逆虜改作敵人詭詐刪此二字動輒請和口血未乾隨即背叛要我以難從之請加我以違約之辭兵興而每墮其計是以羣議洶洶民心少搖事機之微存亡所繫惟覬陛下深戒前轍博采衆情與中外知兵大臣謀長久保邦至計無專事於聘問而易逐於忠良廣加詢謀期以善後無以厚幣甘言而易於心廣無以成算已定而重於改圖使漆室之女無傷葵之憂則社稷生靈蒙安泰之福臣以感寒暴下伏枕逾旬不能躬對天問以進忠悃狂瞽僭率干冒宸嚴無任戰懼以俟斧鉞

十二月一日癸丑朔戒諭和詔

朕以眇躬撫茲艱運越自初載痛二帝之蒙塵故於累年每卑辭而遣使不難屈己徒以爲親雖悉意以經營終未得其要領昨者驚傳諱問恭請梓宮彼方以講和而來此固當度宜而應朕念陵寢在遠母兄未還傷宗族之流離哀軍民之重困深惟所處務得厥中旣朝慮而夕思又廣詢而博訪言或同異正在兼收事有從來固非創議樞密院編修官胡銓職在

樞機之屬分乖簾陛之儀遽上封章肆爲凶悖初投匭而未出已騰藁而四傳首倡陵犯之風陰懷刦持之計儻誠心於爲國但合輸忠唯專意於取名故茲眩衆閔其淺慮告爾多方勿惑胥動之浮言庶圖長久之大計。舊校云按鄭剛中北山集載有諫止和議四疏又有申救胡銓曾開以及劾施庭臣諸疏是編不採其一何耶

召韓肖胄劉岑赴行在

孟庾知嚴州

金人遣張通古蕭哲來許還河以南故地

金人以張通古爲詔諭江南使以蕭哲爲明威將軍

副之令與王倫偕來朝廷遣范同至境上接伴至是到館通古以持金國詔而來許割三京河南地還梓宮及太后事是時上意與宰相秦檜已定議而朝臣猶未僉諧道路之言皆不以爲是通古要與人主抗禮又欲上面拜金國之詔議儀未定故通古在館多日未得引見

曾開奏論張通古等

奏劄曰臣訪聞虜（改作金）使在路語接伴范同云本國主相及軍前並無遣使之意江南令王倫來喚我倫百拜懇告不得已而來不知有何事商量又以排辦

頓次行有里數數怒濡滯出語不遜范同嘗具因依申朝廷不知既聞此語嘗有以答之乎又聞隨行三節人從在路恣其出入並無檢察有（改作其）下節女眞（此二字改作者）常先半程肆意而行將至之日夜半押馬過臨平逮曉已至江漲下節本名乃酈瓊將官旁觀者多識之此皆朝廷所當譏察不可忽者也陛下初遣使本爲迎奉梓宮王倫遂創生和議疑其不可信故諭倫云若金國果有欲和之意當自遣使來相議倫執陛下聖意遂致哀告求請虜（改作金）使得以藉口謂本無來意因倫拜告而來陛下觀此意豈非盛氣而陵我乎臣竊聞王倫前此日日來所得虜（改作金）書已有早遣使人以圖休息之辭則今日虜（改作金）使豈可謂我拜告而來自當諭館伴官以此語折之也虜（改作金）帥拒我禮物而不受書意責我以招降而使者自入我境已有傲慢侵陵之語就館後言語禮貌必無遜順陛下堅前日之說察其情僞勿輕見之或止令執政與之商議最爲得體仍乞宣諭執政同心協意深思審處預設應答之辭常使在我理直勿有一言之失使得起釁萬一事有可議其於許與之際亦不當輕發善遣而徐議之可也所有虜（改作金）使隨行三

節人從乞嚴行約束勿放出館臣又聞今日宰相執政各班留身奏事者三人豈非所見不同難以共議乎夫人臣當一體於國於小事尚不當有異況此大事乎今乃人懷異志各立偏說既不於都堂會說擇其可者行之又不於榻前各以所見面折庭爭取決而行陛下又不以輔臣留身之言宣諭於衆上下蒙蔽惟恐人知豈不誤大事耶夫朝廷之事固有當密者如行軍用閒已成之謀一或漏泄爲害非細今日之事特未定也正當大詢於國兼衆志而用之豈可但憑一市井駔儈之說而大臣不肯身任侍從不容

與聞者乎臣願陛下以輔臣留身所論使事明賜宣諭以臣寮所論使事悉賜降出使大臣集侍從兩省官公共熟議取其是者斷而行之無爲含糊囁嚅之論以招後悔先是曾開奏論和議利害不省開與秦檜論和議事不協開乞罷禮部侍郎遂以寶文閣待制宮觀會張通古等到館開聞其在途中言語不遜且三節人皆橫無以制之故具是奏

賜進士出身頭品頂戴四川等處承宣布政使司布政使清苑許涵度校刊

三朝北盟會編卷第一百八十八終

三朝北盟會編卷一百八十八校勘記

齒髮衰邁（邁誤作遲）　加以衰邁（邁誤作遲）　苟留無益（苟誤作苟）

皆有喜色（脫有字）　故重報使人（脫人字）　可以察我之虛實（脫之字）

而易逐夫忠良（夫誤作於）　而忽於忠直（誤作而易於心廣）

下節卜名（卜誤作本）　於國於小事（下於字衍）

三朝北盟會編卷第一百八十九

炎興下帙八十九

起紹興八年十二月一日癸丑盡其日

吏部員外郎許忻奏論和議不便

有旨引見吏部員外許忻是時金國使人張通古在館忻具劄子極論和議不便曰臣愚不肖向者兩蒙召見擢置文館未稱塞白深用震懼今玆復降睿旨特命引對仰見陛下於親政之時欲採千慮一得之說以廣聰明是臣圖報萬分之秋也茍有見聞儻或緘默非特小臣有愧於心亦非陛下召見臣之意故

敢竭愚而效忠惟陛下幸察臣竊聞虜(改作北)使之來陛下以祖宗陵寢廢祀徽宗皇帝顯肅皇后梓宮在遠母后春秋已高久闕晨昏之奉淵聖皇帝與夫宗族還歸無期欲屈己以就和遣使報聘玆事體重大固已詔侍從臺諫各具以聞矣不知侍從臺諫皆以爲可乎爲不可乎抑亦可否雜進而陛下未有所擇乎抑亦虜已恭順(改作敵人釋怨)不復要我以難行之禮乎是數者臣所不得而聞也請試別白利害爲陛下詳陳之夫金人之始入寇(刪此字)也固嘗云講和矣靖康之初約肅王至大河而返已而挾之北行訖無音耗

河朔千里焚掠無遺老稚係累而死者億萬計(刪老稚至此十字)復破威勝龍德等州淵聖嘗降詔書謂金人渝盟必不可守是歲又復深入朝廷制置失宜都城遂陷虜情狡甚(此四字改作敵又)懼我百萬之眾必以死爭也止我諸道勤王之師則又曰請和矣乃要淵聖出郊次要徽宗繼往取追宗族殆無虛日傾竭府庫靡有孑遺公卿大臣類皆拘執然後僞立張邦昌而去則是金人所謂講和者果可信乎此已然之禍陛下所親見今徒以王倫繆悠之說誘致虜人(改作來使)責我以必不可行之禮而陛下遂已屈已從之臣是以不覺

涕泗之橫流也彼既以詔諭江南爲名而來則是飛尺書而下本朝豈講和之謂哉我躬受之眞爲臣妾矣陛下方寢苫枕塊其忍下穹廬之拜乎臣竊料陛下必不忍爲也萬一奉其詔令則將變置吾之大臣分部吾之諸將要求無厭靡有窮極當此之時陛下欲從之則無以立國不從之則復責我以違令其何以自處乎況犬羊之羣(此四字改作金人)既已驚動我陵寢戕毀我宗廟劫遷我二帝據守我祖宗之地塗炭我祖宗之民而又徽宗皇帝顯肅皇后鑾輿不返遂至萬國痛心是謂不共戴天之讎彼意我之必復此讎也

未嘗頃刻而忘圖我豈一王倫所能和哉方王倫爲此行也雖閭巷之人亦知其取笑於夷狄改作異邦爲國生事今無故誑誘胡虜改作使來悖慢如此若猶倚信其說而不寤誠可慟哭使賈誼復生謂國有人乎哉無人乎哉古之夷狄固有不得已而事之以皮幣事之以珠玉事之以犬馬者曷嘗有受其詔諭惟夷狄之欲是從如今日事哉删古之至此四十五字脫或包羞忍恥受其詔諭而彼所以許我者不復如約則徒受莫大之辱遺萬世之譏縱使如約則是我今日所有土地先拱手而奉夷狄此二字改作之他人矣祖宗在天之靈以謂如

何徽宗皇帝顯肅皇后不共戴天之讐遂不可復也豈不痛哉陛下其深思之斷非聖人所能安也自虜改作金使及境以來內外惶惑如居風濤洶洶靡定儻或陛下終以王倫之說爲不妄虜改作金人之詔爲可從臣恐不惟墮夷狄之奸計删此五字改作其術中而意外之虞將有不可勝言者矣此衆所共曉陛下亦嘗慮及於此乎國家自甲寅丙辰之歲嘗兩敗狄此字改作金師於淮甸雖未能克復中原之地而大江之南亦足支吾軍聲粗振國勢粗定故虜改作金人因王倫之往復遣使來嘗試朝廷若我從其所欲正墮狂虜删此二字計中

不從其欲且厚攜我之金幣而去亦何適而非彼之利哉爲今之計獨有陛下幡然改慮布告中外以收人心謂祖宗陵寢廢祀徽宗皇帝顯肅皇后梓宮母后淵聖宗族未還故遣使迎請冀遂南歸今虜改作北使之來要朝廷以必不可從之禮實王倫賣國之罪當行誅責以釋天下之疑然後激厲諸將謹捍邊陲無墮狂虜之此三字改作敵計進用忠正黜遠奸邪以振紀綱以修政事務爲實效不事虛名夕慮朝謀以圖興復庶幾乎可矣今虜改作金使雖已就館謂當別議區處之宜臣聞萬人所聚必有公言今在廷百執事之臣與中外一心皆以虜改作金人之詔爲不可從公言

如此陛下獨不察乎若夫謂粘罕改作尼堪已死夷狄改作其國內亂契丹林牙復立故今虜主删此二字復與我和此等語是皆行詐款我師之計非臣所敢知也或者又謂虜改作金使在館今稍恭順改作斂戢如臣之所聞又何其悖慢於前而遽復恭順改作斂戢於後虜改作敵情變詐删此二字百出豈宜輕聽其甘言遂忘預備之深計待其禍亂之已至又無所及此誠切於事情今日之舉存亡所繫愚衷感發不能自已臣不勝憂國愛君之至伏望睿慈覽其惓惓之忠特垂採納更於二三大臣

熟議其便無貽異時之悔實社稷天下幸甚後忻託他故乞從外補乃授荆湖南路轉運判官

是時又有三省檢正諸房文字林季仲奏劄曰臣聞古語有曰乳犬搏虎伏雞搏貍夫犬與雞非虎貍之敵也其能搏之者發於感憤之誠也今人肆爲貪虐以吞噬中夏自今觀之誠强矣然中原之地尚數千里帶甲之士無慮百萬亦何至如是之弱哉嘗試號於衆曰金人殺而父兄係而妻子燔而廬舍奪而財寶是爲不共戴天之讐必思有以報之則俯仰之間氣必百倍以此衆戰誰能禦之今世之說者不然曰

天命如此其如彼何而釋老報應之說又從而蠱之搢紳士大夫率以爲然往往束手受囚延頸待刃爲之甘心焉嗚呼能洗是恥猶有餘恥能雪是冤猶有餘冤若歸之命而聽其自爾可謂善自寬矣且人事盡而後可以言命四夷交侵必因小雅之廢小雅之廢命耶人耶外攘夷狄必出政事之修政事之修命耶人耶（刪四夷至此三十六字）（下添如徒字）以命而已矣（刪此字）則賢才不必求政刑不必用將帥士卒不必選練軍馬器械不必修備以待命之將興斯可也故李泌以謂君相不可言命惟當修人事而已吳王闔閭之敗也謂其子曰夫差而忘越王之傷而父乎卒能破越於夫椒越王勾踐之敗也喟然歎曰吾終此乎卒能滅吳於姑蘇區區吳越發於感憤猶能以危爲安以亡爲存況以天下之大億兆之衆乘其怒心而爲之何遽不爲福乎建炎二年冬臣嘗恩召赴揚州聞之道路未知信否且云陛下中秋對月酒初行愴然泣下乃命徹酒臣以是知陛下之心無一日不在此也舉斯心以感人之心赫斯怒以激衆之怒養以沉潛待時而動則克復宗社取舊物以還中原夫亦何難之有臣未塡溝壑庶幾或見之

尹焞上疏論不當講和

尹焞新除禮部侍郎兼侍講八上章辭免未就職○（舊校云是疏以和靖先生本集校正）時金人張通古在館已浹旬朝廷之議猶未定焞以起自草茅一歲四遷遽有侍從之命方朝廷大計未決朝野皆惶惶在廷羣臣往往各有章疏乃上疏曰臣輒罄愚衷上干聖聽退循僭易甘俟誅戮伏念臣本山林陋儒絕意仕宦靖康之難幸脫危辱遭遇陛下遠加聘召不容固辭力疾造朝一歲四遷乞身未從便塵禁近封章八上天聽莫回臣疏愚衰病決難冒處況今虜（改作金）使在館國家多

事臣初竊意睿謨已定足以懾敵今者浹旬未覩長策中外憂憤人心靡甯臣屢欲親叩冕旒少布愚見而臣自十一月十六日冒寒暴下謁告卧家雖加藥石至今未愈由是不能勉强祇命覬望清光又慮一旦溘先朝露賫恨九泉辜負陛下眷遇之意臣之區區不敢默已竊惟本朝戎虜（改作邊境）之禍亘古未聞中國無人致其猾亂（删中國至此八字）昨者城下之戰詭詐（改作其計）百出二帝北狩皇族播遷宗社之危已絶而續陛下即位以來十有二年雖中原未復仇敵未殄然而賴祖宗德澤之厚陛下勤撫之至所以億兆之心無

有離異遠近愛戴國勢可保設若人心輕摇豈至今日前日徽宗皇帝甯德皇后崩凶問遽來莫究不豫之狀天下之人痛心疾首而陛下亦且屈意降志以迎奉梓宫請問諱日爲事遂使虜（改作敵）意益驕謂我無人乃再啟和議於今日意欲潛圖混一臣妾吾國陛下必爲此議則人心自去祖宗積累之業陛下十二年勤撫之功當決於此矣不識陛下亦嘗徐謀而熟慮乎抑在廷之臣不以告也臣觀陛下所以不顧衆説力求和好者不過謂梓宫未還母兄宗族在人掌握不知虜（改作金）人之情事尚奸詐（改作不可測）正虜（改作金）人之求無有紀極坐竭帑藏歛及百姓感慟人心沮喪士氣異時悔之固無及矣禮曰父母之讐不與戴天兄弟之讐不反兵今陛下方將信讐（改作仇敵）之譎詐（此二字改作計）而覬其肯和以紓目前之意豈不失不共戴天不反兵之意乎又況使人之來以詔諭爲名以割地爲要欲與陛下抗禮於廷復使陛下北面其君則是降也非和也今以不共戴天之讐與之和且猶不可況實降乎臣竊爲陛下痛惜之或以謂金國内亂懼我襲之故爲甘言以緩王師儻或果然尤當訓飭號令中嚴賞罰鼓士卒之心雪社稷之恥尚何和之爲務臣願陛下深思熟慮廣採衆論以全大計勿

以成算重於改圖則天下幸甚仰惟聖謨默運必使萬全固非臣愚所能窺測然而中外之議跼蹐靡安機事之微生靈所繫伏望陛下萬機之暇曲賜睿覽干冒天威罪當萬死

尹焞貽書秦檜論不當講和

尹焞先上疏論和議不報金國使人在館多日議論未決乃上宰相秦檜書曰焞比叩除目卽以病纏念惟疏愚謬與獻納辭避之請屢上不從方今虜（改作金）使在廷天下憂憤竊欲勉强拜命侍清閒之燕盡區

區於冕旒之前退見相公論天下之大勢邇來疾病日加兩足寒痺不能自勵以趨故前者輒陳中外之議今已浹旬未見朝廷有以待虜（改作敵）人之計機會之微間不容髮停雖昏憒之餘不忍默已相公亦知今日天下之心將失軍卒之心將搖士大夫之氣為喪宗社之計岌岌而危乎主上轍駕南轅十二年江淮之間久無竊發豐歛相繼不至流亡更加經理足以自治邊境之防雖未盡善歲竭帑藏使之足食不愛重祿以為信賞將士之心猶知逗遛無功之相恥決戰敢前之相尚朝廷每有激厲懲勸之舉可以收萬

全之效是豈非得人心而然乎今和於虜（改作金）人彼日益強我日益削中國（改作國家）號令皆從虜（改作金）出中國（改作國事）廢置皆從虜（改作金）命侵尋朘削天下有被髮左衽之憂讒間疑貳將帥有誅戮奪權之害姦宄生心大勢柰何（刪侵尋至此三十四字）將見異時虜（改作金）人坐收成功相公被天下之責無所歸咎願相公榻前力陳大計以謂虜（改作金）人與我有不共戴天之讐靖康以來屢墮其術今若一屈使為口實買怨飭兵自困自斃豈肯忍為此議比者竊聞主上以父兄未返降志辱身於九重之中有年矣然未聞虜（改作金）人悔過還

二帝於沙漠繼之梓宮崩問不詳天下之人痛恨切骨則虜人虎狼貪噬之性了然可見天下（刪則虜至此十五字）方將以此望於相公覬有以革其已然豈意為之已甚乎今之上策莫如自治自治之要內則近君子而遠小人外則賞當功而罰當罪使主上之孝悌通於神明主上之道德成於安強勿以小智孑義而圖大功不勝幸甚焞病軀衰羸日甚一日歸田之請前後八上投老山間側聞作新之政此相公之賜也況天下乎檜讀之已不喜至勿以小智孑義而圖大功乃深切齒

金人退還河南

金人遣張通古為詔諭江南使持詔而來通古到館旬餘要與人主抗禮又要上北面而拜其詔朝廷議未定或請列祖宗御容而置金人詔於其中拜之至於紛紛不定者累日通古索備玉輅迎詔書百官導從至是猶未決秦檜主其事坐於待漏院中置輅於殿門之外命三省吏服緋綠腰銀樞密院吏服紫腰金盡赴館候使人出則咸導從使人以為百官也日高通古等始出館馳馬入門有親事官一人手拽馬韁虜使（改作通古）以藤杖擊其手傷竟不肯放通古宣詔

其詞不遜上皆容忍之錫賚逾古等極厚先是上幸海道得開圖書匠舒通能刻金銀銅鐵圖書取鏤塵白字上喜之鑄金為印令刻白字為璽由是士大夫皆用白字圖書至是金人遣使來有鑄成金寶文曰御前之寶乃白字也舒通之刻豈偶然哉

賜進士出身頭品頂戴四川等處承宣布政使司布政使清苑許涵度校刊

三朝北盟會編卷第一百八十九終

三朝北盟會編卷一百八十九校勘記

未知稱塞日深震懼（誤作未稱塞白深用震懼） 是臣圖報萬一之秋也（一誤作分） 遂以屈己從之（以誤作已） 徽宗皇帝顯肅皇后梓宮（下脫未返二字） 足以自支（支誤作治）

三朝北盟會編卷第一百九十

炎興下帙九十

起紹興八年十二月一日癸丑盡其日

太府寺丞某人再上書

書曰臣去年十月嘗上書陳狂瞽之說冒干聖聽繼蒙睿恩召臣賜對擢臣太府今已一年臣之說曰臣聞天下事成敗得失在理不在形形者衆人共爭之地理者衆所不見之處共爭之地舉世皆足以知之不見之處非高智遠識者不能辨願陛下游心於所不爭之地以求治安之理勿貪功於須臾勿喪志於

少屈陛下得治安之理而行之則足以知彼敗亡之理矣夫椒之會越人行成於吳吳王從之吳有亡之理也當時惟伍子胥范蠡識之鴻門之會項羽縱沛公使去楚有亡之理也當時惟范增張良識之方夫椒鴻門之舉乃夫差項羽盛時如四子言其亡形於數年之前者以理知之也何則以兵雄天下雖盛時尤當懼禍而敢以厭繼之乎楚靈王克陳民從亂如歸智伯好勝不已忽斃於肘腋之變虜亂中國改作金人興兵且一紀矣天之假佑不善非助之也厚其凶惡而降之罰虜改作彼獨不悟耳晉高祖欺天叛主倚虜改作

契丹為重不能再世叛亡無餘趙德鈞為耶律德光謀德光乃以其子延壽為罪首其後喪滅無類彼劉豫者助虜改作金為虐敬塘德鈞之禍豫必不免陛下姑俟之臣之為是說蓋亦揆於理知其有然者也是時朝廷先遣王倫奉使虜改作北庭既復命而劉豫已為虜刪此字所逐臣之說似一驗矣未幾王倫再使舉國紛紛各出異論陛下慨然乃主和議非陛下游心於人所不爭之地以求治安之理而能獨見昭明如此耶既得治安之理則知彼敗亡之理安知臣之說不終驗乎今年虜改作金使烏陵改作烏凌阿思謀來議事已遂

今又遣張通古蕭哲來聘且許交割河南地界還梓宮歸東朝淵聖皇族議者雜然盡以為詐刪此字改作不可信已而見行人過索禮儀又肆臆度之說何衆人之難曉一至是乎臣夙夜以思陛下之所以奉天天之所以仁佑陛下無過此舉深慮或者臆度之說少眩聖慈陛下惜一日之屈而墮其初心薄物細故闕輒廣前說以固聖意之所得臣聞柔能制剛弱能制强柔者德也剛者賊也弱者人之所助强者人之所攻故三略曰莫不貪强鮮能守微聖人存之動應事機藏之胸臆而敵國服又曰敵强下之敵陵待之敵暴綏

之敵悖義之以俟須臾使氣疲於人一戰爲勇陛下燿德用柔守微觀變以應今日之事機用是說矣太公告文王曰爭勝不鬭大兵不創鷙鳥將擊卑飛斂翼猛獸將搏弭耳俯伏聖人將動必有愚色尉繚子曰機在於應事政在於意表愼在於愚小智在於治大陛下從虜（金改作）人之和而遂忘父兄之深讐乎宗社之大恥乎蓋將有以爲也如是則沈機制勝畏小治大應是說矣孫武曰利而誘之卑而驕之吳起曰兵有五曰義曰强曰剛曰暴曰逆義必以禮服强必以謙服剛必以辭服暴必以詐服逆必以權服今與

之利乃所以誘之也自卑乃所以驕之也彼以强我以謙彼以逆我以權合孫吳制敵之道灼然無可疑者又十二伐亦曰因其所喜彼將生驕苟能因之必能去之又曰卑辭委聽順命而合彼將不爭堅節乃定又曰厚其賂而錮其心致其大尊以偷其志示之必信以得其情足其富貴以塞其國又曰養其亂進其謠誘之以大勢上察而與天下圖之凡古人所以自屈而就事者於十二伐而有七說合陛下今日之所爲使古人言皆不足信則已使一可信焉陛下豈不遂得志也哉昔之論兵法之要者曰凡用兵之道莫

過一一者獨闕又黃帝之書曰一者潛於道幾於神用之在於機顯之在於勢成之在於君臣固知紛紛者不解此也然此皆陛下求治安之理游心於衆所不爭之地而得之者固紛紜之所不解至於今日之事殆有異焉不可不議和者臣不得不縷悉陳之陛下已得其妙而微者矣是豈不經聖慮而屢陳之者庶幾警曉紛紛之人而息其說也魏武侯與吳起論六國之俗至於燕則曰燕陣守而不走擊之之道當陵而遠之馳而後之謹我車騎必避之路至於三晉則入中國也來則拒去則追可捲其師燕近於夷自古

中國之於夷狄無能盡滅亡蓋以其兵爲生也夷狄亂華無盛於晉方十六國之雄長於中原其相吞滅者皆夷狄耳（刪燕近至此五十一字下添在昔）劉淵則石勒滅之石勒則冉閔滅之冉閔則慕容垂滅之西秦則赫連定滅之西涼則沮渠蒙遜滅之南凉則乞伏熾磐滅之後燕則元魏滅之元魏所滅者三劉裕所滅者二晉桓温所滅者蜀李勢而已苻堅一舉而敗於合肥李靖謂非謝玄之善乃苻堅之不善蓋時爲慕容垂所陷也由是言之紛紛者之論以謂養吾兵一舉而足以滅虜（敵改作）者亦不通乎古今之說也兵法說害天

下者天下閉之殺天下者天下賊之窮天下者天下仇之危天下者天下災之虜人行殺害危窮於天下久矣天下懷閉賊仇災之心淪於腥羶辱於剃削其怨叢天也殺人之父兄利人之貨財臣妾人之子女皆盜也天於大盜終右之乎刪虜人至此六十一字是二此字改作金人者天必有以處之下添矣字又況天下戰國五勝者禍四勝者弊三勝者伯二勝者王一勝者帝虜改作金之勝豈止五哉其禍可立待也以此知陛下行吾治安之理以待虜改作敵之敗亡眞通乎古今之說畏天下而奉天道也孟子曰太王事獯鬻勾踐事吳畏天者

也太王避地天相其心勾踐事仇天相其策相其心故肇基王迹而周之卜世至於三十卜年至於八百相其策亦足以雪恥而霸今陛下以太王之心行勾踐之策願不可乎陛下達孝於父母至恭於兄弟敦睦於九族一舉而悉如吾志此又天相陛下之明驗也天相陛下則相天下之人可也相天下之人則所以處夷虜改作敵國者又可知也臣聞興師十萬則不得操事者七十萬家古人以用兵喻囚人情曰小國不下十數人中國不下百數人大國不下千數人十人聯百人之事百人聯千人之事千人聯萬人之事使良民百萬聯於囹圄上不能省此危道也今日之議成雖未可以去兵而亦可以少休兵矣不得操事者七十萬家與聯於囹圄者千萬人獲息肩之樂願不可乎善用兵者役不再籍糧不乏食國之貧於師者遠輸故運糧百里無一年之食二百里無二年之食三百里無三年之食國虛則民貧民貧則上下不親敵攻其外民盜其內是謂必潰此今日四川之事大可慮也民流者親之地不耕者任之主勝之道故兵法以城稱地以地稱人以人稱粟爲可以固守可以戰勝今四方之民流者不得親四方之田荒者不得耕今日之議成

則兵之戍於外者可以移於近兵之宂於食者可以汰而減與農桑而省餽運俾四方萬里舉無科抑怵惕之勞天下雖未能去兵而三稱之說已行矣願不可乎出不足戰入不足守者古人治之以市市者百貨之官所以給戰守也萬乘無千乘之助必有百乘之市故曰提天下之節制而無百貨之官無謂其能戰守也今關市重斂商賈不通財貨彫虛錢寶空乏公私埽地亦立匱之際也今日之議成費可漸積商可漸通錢可漸增變營擾之習爲阜民歸還徙之勞爲永業俾城郭郊野舉有還定之安出足以戰入足

以守顧不可乎是四事者至易曉也而紛紛之說猶不解焉蓋亦未之思耳或者又曰無約而請和者謀也辭卑而益備者進也臣應之曰陛下遣使以和請虜改作金以和應非無約而請也使人之來徜徉境上舉止甚高言辭頗倨非辭卑也虜改作金以和應出於實矣然曰無約則不可曰益備而進亦不可在我所以自治而待之者何如也夫聖人御世觀盛衰得失而爲之制非計策無以決疑非譎奇無以息寇改作釁非陰謀無以成功此陛下大有爲之日也臣於此多有說焉儻得丹墀咫尺之地使臣獲奉清閒之燕以畢其說非特臣之幸實天下之幸此書傳本元本多訛姑存之疑以傳疑

胡銓簽書武威軍節度判官聽公事

胡銓以上書乞斬秦檜孫近王倫遂罷樞密院編修官歸鄉里舟行至池州貴池口岸下以書報提舉常平方滋滋嘗爲樞密院計議官與銓同舍乃出城至貴池口見銓於稅亭中銓曰曾有近報否滋曰云云又問曰銓負罪之日別有指揮否滋曰近報令與舍人差遣銓曰上書君父又何差遣滋曰樞密院屬官陞擢則無不可者若舍人差遣不在諸州簽判之下銓默然

樞密副使王庶罷爲資政殿學士知潭州兼湖南安撫制置大使

王庶累奏劄乞治兵戎不講和不省遂以疾乞解機政五上章而後獲請以資政殿學士出知潭州及陛辭力請曰以臣異議罔功必致人言乞改除一宮觀差遣不允復温言諭遣之

王庶辭潭州

臣今月二十二日準尚書省劄子蒙恩除臣資政殿學士知潭州者聞命震驚莫知所措伏念臣材術疏陋疾病侵陵屢控悃誠乞避機密覬逃曠弛免負使令敢謂德意優隆徽數膴縟俾之通班機殿假守大藩臣雖至愚曷可妄受是宜設長沙之巨鎮爲江表之上流慎擇老成用寬優渥臣本以識昧置之閒散獲少遂於夙心而乃冒寵叨榮必有乖於清議矧以無能薄植懇辭宥密之司豈可更加崇資重任濫膺藩宣之寄決致敗事仰誤聖知伏望大慈特垂矜察收回涣號允穆師言所有前件恩命臣不敢祗受欲乞一在外宮觀差遣粗安微分以養衰殘異時溝壑未塡筋力稍復誓殫犬馬之勞仰答乾坤之施臣無任懇祈

激切之至

劉錡回軍行在

劉錡自鎮江府撤戍回歸行在所也

知平江府向子諲致仕

初張通古持金人詔來經過平江府向子諲不拜而請致仕許之

劉大中王庶並落職

遺史曰劉大中已得宮祠王庶除知潭州蕭振言大中不孝庶沮撓講和事大中落職依舊宮祠劉一止行詞大中詞曰。舊校云兩制見劉一止苕溪集含齒之類共知篤

於愛親垂髫之童亦羞稱於不孝豈有居儀型之重任爲名教之罪人又曰亡所生之天屬視厥父如路人爨煙不同寢疾弗問事皆有狀聞者寒心庶詞曰大言惑眾小智飾奸旣陳立異之辭旋有壞成之意儻謂和戎改作約和之非策則雖執義以何慚乃因知已之莫酉始欲脫身而邀譽第務死黨不知有君

是月金人改天眷元年

詔威武軍遣王忠民至行在

王忠民字子道河南潁陽人也世業醫忠民幼通經史尤明於刑名杜門卻埽人罕見其面宣和六年童貫爲招討取燕山忠民聞之曰祖宗與遼人有唇齒之好今信奸臣之計而輕棄之禍至無日矣旣而金人渝盟復取燕山徽宗方悔悟亟下詔曰豈無四方忠義之人來徇國家一日之急忠民讀詔泣下曰其果然矣淵聖傳位金人爲城下之盟而還淵聖詔曰應朝廷之闕失政令之僻違保邦御眾之方安邊禦戎改作敵之策自今中外臣僚民庶皆許直言實封以聞雖有過差弗加譴責忠民乃著安邊休征書又畫圖遣人詣北軍達金人二主及執政大臣又著保圖長慶書十一策經民守業書四策通利養民書三策

去亢裁俗書十一策經河南府投進靖康元年冬詔忠民赴闕辭以病十二月犯改作圍洛陽留守王襄南竄忠民募得張義齋書開諭元帥又以策干永興帥范致虛范喜之而不能致也建炎元年金人板榜有弔民伐罪之語忠民著六論以辨密遣諜者散於敵境且以副本獻於朝二年有詔京西制置使翟興敦遣而道阻不通三年同解制置使李彥先欲致忠民亦辭以疾翟興從治藥川忠民避地南下過商虢鎮撫使董先於內鄉因留之軍中事以師禮紹興元年虜改作金立劉豫爲帝忠民作九思圖及亂定四像遣人

達之金酋刪此字又鏤板印圖散於遼境及僞齊以斷
天下之疑宣撫張浚制置王庶皆欲補以官不受遂
薦之朝三年至行在見宰相呂頤浩樞密徐俯皆拜
舍於政府翼日補宣義郎忠民乃以告納木匣中題
其上云本心報國非求名祿藏匣於七寶山下既見
所奏留中力懇去是時董先軍豫章往依焉次年撰
三國和議復鏤板廣傳及遣使臣岳知常販之敵境
俄而知常爲候人所執以擅越外界編置忠民於福
建未幾得釋八年十二月三詔威武軍津遣忠民造
朝力辭恩命罷歸十年挈家寓臨安卒時年七十五

子正卿節二十六年葬於鄂武昌縣云

賜進士出身頭品頂戴四川等處承宣布政使司布政使清苑許涵度校刊

三朝北盟會編卷第一百九十終

三朝北盟會編卷一百九十校勘記
而敢以厭亂繼之乎脫亂字　爭勝不鬭爭一作全　愼在於
畏小畏誤作愚　蓋將以有爲也以有誤作有以　進其惑惑誤作議
昔之論兵法之要者曰殷之興也伊摯在夏周之興也
呂歹在商故明君賢相能以二智爲間者必成大功凡
用兵之道莫過二者脫般之至大功三十二字下接又黃帝之書獨字衍　一者
潛於道一作階於道　二者　以倦其師以倦誤作可掩　後燕則元魏
滅之元魏一作高雲　兵法曰曰誤作說　畏天命而奉天道也命誤
作下　近報令與合入差遣合入誤作舍人下同　豈可更加崇貢
重任崇貢二字衍　始欲脫身而邀譽始應作姑　金人犯洛陽

脫金人二字　開諭二元帥脫二字　及定亂四象象應作策　八
年三月詔威武軍誤作八年十二月三詔威武軍

三朝北盟會編卷第一百九十一

炎興下帙九十一

起紹興九年正月五日丙戌盡十四日乙未

九年正月五日丙戌賜新復河南州軍赦

門下朕以眇躬嗣承丕緒明不能燭德不能綏爲人子孫不能保其所付爲人父母不能全其所安雖窮宵旰之勤未息邊隅之警當國難軍興之既久而師老財匱之是憂被甲荷戈者苦暴露之勞行齎居送者困征求之擾衣冠流離而失所黎元憔悴而靡堪由朕一人昧於治理禍貽爾衆罪在朕躬胡顏以寧

側身思咎至於宗祧緬隔陵寢久荒梓宮未卜於陰山天屬尚留於遠域荼苦斯極振古未聞賴將相之元臣盡忠協德賁爪牙之衆士戮力同心繕甲治兵內以訓練於行伍固軍峻壘外以保守於封陲上穹開悔過之期大金報許和之約割河南之境土歸我輿圖戢宇內之干戈用全民命自茲愛養士卒免罹轉戰之傷蠲減賦征漸息編氓之力俾南北悉臻於綏靖而國家遂致於敉甯嘉與羣生格於康乂肆頒曠蕩之恩用慰遐邇之俗於戲睦鄰修好既通兩國之歡和衆安民以圖萬世之利尚賴文武之士同寅協恭疆埸之臣愼終如始共扶興運永底丕平咨爾多方體予至意金國許退還河南地以講和故有此赦

韓肖胄同簽書樞密院事爲大金國信報謝使錢愐副之

金國遣張通古蕭哲來議和許還三京地故遣韓肖胄錢愐爲報謝使副與之偕行韓世忠聞和議已成不喜伏兵洪澤令詐爲紅巾欲俟通古等回至楚州使刦而殺之壞其和議南北使巳行過揚州世忠軍有將官郝卞者詣轉運副使胡昉密告其事昉大驚

白於肖胄遂具奏乞改途自眞和廬州取道淮西而去昉字元顯建炎三年知淮陰軍世忠駐軍淮陰昉厚奉之後辟昉淮東宣撫處置制司參議紹興五年除知楚州兼主管沿淮安撫司公事八年除直秘閣淮東轉運副使皆世忠成就之力使人改途事世忠深怒昉背巳世忠知郝卞漏其謀追卞欲殺之卞棄家奔鄂州投故人李敵敵納而藏之敵者岳飛軍中回易官有心計能斡旋財賦帷著布衣草鞋雨中自執蓋步行佐飛軍用甚多有歸正人周金者與通古有舊陳奏取旨乞送通古至對境通古至安豐軍金

贈詩爲别曰良人輕一别奄忽幾經秋明月望不見白雲徒自愁征鴻悲北渡江水柰東流會話知何日如今已白頭通古性聰慧秦檜嘗以胡銓上書示之通古一覽即能記誦（此三字涿作即能記誦云）初兵部侍郎兼權吏部尚書張燾力詆拜詔之議秦檜忌之燾亦自知言切恐且得罪遂託疾在告檜使諭之曰北扉闕人上欲以公爲直院然亦假途爾公疾平宜早出燾大駭曰果有是言愈不敢出矣燾乃不主和議者萬一使草國書豈能曲徇意指哉燾嘗思之不過一去今日之事其去在我一爰遷官他日以罪去則事由他人矣坐此不遷遂不預國書事。（舊校云自初兵部侍郎以下至此疑有錯簡）

王倫爲同簽書樞密院事迎護梓宮奉迎兩宮交割地界使藍公佐副之

王倫自龍圖閣學士除同簽書樞密事復使金國制曰。（舊校云是制劉一止撰）朕總攬羣工圖維萬務眷言宥密實秉樞機體隆參佐之聯位在疑承之次亶惟用德亦以覩功具官王倫宇量坦夷機神敏悟出先正名賢之後有流風遺範之存事不辭難行不擇利奉萬里之使無以家爲道二國之言各如意出卓爾傾河之辯毅然叱馭之忠鄙生憑軾以下齊城毛遂定盟而重趙國撲其成效有溢前聞朕念陵寢久荒梓宮未返東朝契濶星紀既周北道謳吟民心未改幸信書之來諗知永好之不渝爾其肅逕還轅就承故壤爰陟本兵之重仍兼賜節之榮惟勞厥心勿乏吾事噫復文武之境朕將無愧於古人合晉楚之成爾乃增光於史册

十日辛卯尹焞除徽猷閣待制提舉萬壽觀兼侍講

尹焞先除禮部侍郎十具辭免不受至是除徽猷閣待制提舉萬壽觀兼侍講蘇符行詞有曰庶幾朕得優禮之宜而卿遂委虵之適焞五具辭免遂得提舉

江州太平興國宫任便居住初焞辭免劄子有云比嘗不量分守輒及國事識見迂陋已驗於今跡其愚庸豈堪時用秦檜見不量分守豈堪時用二句深銜之乃見上具言尹焞劄子有云比嘗不量分守輒及國事尹焞有所議論不可不爲施行欲乞將尹焞所上數事盡付中書當爲詳酌行之上遂以焞奏疏盡付朝廷而檜切齒矣

十三日甲午金人知宿州趙榮來歸

十四日乙未右迪功郎監明州比較務楊煒上李光書

紹興九年正月十四日具位某謹再拜獻書參政閣下某自束髮成人接士大夫已知稱閣下爲令於平江能抗朱勔而去官繼登御史則又觸權臣而得罪某雖碌碌庸眾浮沉里巷然而亦已欽慕閣下信剛決君子人也既得與諸郎遊卒又登門獲侍巾屨誤辱存矚甚厚退雖感激及進覲閣下之所履不無稍異於昔時某前日欽慕之誠亦稍解體而不能無疑也非誣閣下也蓋閣下自起廢進用再登八座七爲郡守仕宦至此亦非不可有爲之地及按其實迹以較閣下之既節似覺從前挺特不羣之風少衰徒有傲

岸虛驕之氣雄壓聾俗而已非獨某不能不疑舉天下有識者莫不皆疑之然尚以謂閣下爲侍從不得專造居朝廷不甚久上下方安於積薪未燃雖閣下獨欲有所建明世必以爲不祥天子亦未必見信當且泯默尸位必將有待而發爾屬者黠虜改作金人遠求講和遺詔諭使至以甘言誘我以無禮臣我以盟誓制我以重幣窮我舉國諠譁議論不一上貽當宁之憂下疑四海之聽人情洶洶彌時不定遠聞閣下奏召造朝天下之人與夫賢士大夫欣欣然皆頌閣下曰泰發至則事當有所拆衷矣尚妄意閣下靖康之

朝挺挺之節固在履此危機正昔所謂有待而發者庶幾能爲聖主開陳存亡利害之勢維持善後之策盡識虜詐改作敵情洞悟天聽斷此國論不數日閣下既至遂復合爲一黨寂然無聲有識者謂閣下非不知利害之曉然所以然者賣諂取執政爾已而果然嗚呼利祿之移人一至是耶管子曰禮義廉恥國之四維蓋禮義立人之大法廉恥立人之大節不廉則無所不取不恥則無所不爲匹夫若是猶不足以成人爲國家大臣而無所不爲無所不取則朝廷安危之計從可知矣閣下平昔自謂高明卓立何爲至此遂不

知人間有廉恥事乎某竊意閣下殆將文其過也柰何聖主重以懷念母兄之切至亟於梓宮之速還帝意堅決不容有闕字以此欺天下爾斯民未可欺也今朝廷豈少閣下哉閣下若以死爭之不得其職而去是亦以道事君之大效也某聞忠孝從義而不從君父閣下豈不知帝王之孝與臣民不同匹夫立於鄉黨士大夫立於搢紳則固當謹信行修末節飾禮文以求區區之譽爲揚名立身之基帝王之孝唯安宗廟固社稷使祖宗之業萬世不墜其爲孝固甚大而不可企及其或不然乃下同於匹夫拘拘於禮之末

節事幾一去九廟四海且不可保況其他乎不爾漢
高祖終不屈楚忍發分羹之語乃遂當爲萬世大不
孝之罪人又況黠虜改作敵人之詐改作計屢講無信之和
效驗明著如日月經天河海帶地不可掩也覆車不
遠參政丈豈不洞知之且自宣和以來先帝始與此
虜改作北人爲海上之盟彼固首倡夾攻之約遼虜改作祚
既滅固嘗割燕薊九州以啗我矣沙塞萬里空空數
十城曾不得一縷之賦卒竭中原膏血以安之曾未
三載中國之儲盡在九州燕涿易檀順景薊又山後武宿二州黠虜此二
字改作彼知我之微於燕薊有積年矣卒假虎翼一奮併

京國而取之閣下豈不見前日之割我燕薊初不得
闕而託迹耶今夫釣者必以餌釣不以餌不得魚也
始虜改作彼欲釣中原前以燕薊爲大餌我既不悟其
機而貪其餌既一釣而舉之矣自靖康國破主上南
狩無厭之虜此四字改作金人既襲廣陵又侵吳越其意固
宜重有所在也雖蹂踐殘戮血流川野其酷莫此甚
刪雖蹂至此十四字所幸神靈庇護社稷有主其利害固萬萬
於靖康之後不然虜改作敵之欲和也已講於前日我
必推誠待之不復退避向何約至今日哉自是雖歲
歲連兵淮甸而天其或者將俾我以中興諸將激揚

無曩日奔潰之風而胡馬改作敵軍屢北國勢亦似稍張
自此固當嘗膽思恥且示以大帛之冠刪此七字改作力圖恢復
則亦何事不可爲哉比年已來黠虜改作金人知我不可以
兵取也又恐我國勢或至於遂強也及發於數歲闕
汲汲然萬里遣使見招於太上之喪以探朝廷意謂
我若遣使而有請則倡爲之和空我國家困我之師
欲異日一舉以取之爾今來果入其計安得此虜刪此
二字不欣欣然一歲再使許還地而來和也閣下豈不
悟此賊刪此字計耶今將舉前策復割中原爲一大餌
以釣江南且向欲竭中原舉天下實一燕薊猶不三

年而遂微況今欲竭江南偏僻一方求實中原其微
將立見不數月彼遂安坐受吾燼矣閣下亦又不悟
此賊改作金人自長驅中國改作深入所過誅掠刦虜無不空
之郡邑也刪誅掠至此十一字改作一空況今以久陷中原一旦棄
之而去固當埽地盡矣不過留數空城老弱病疾溝
壑之餘貽我以大累想見虜之後父哭其子妻哭
其夫寃號之聲痛徹天地豈易舉目屬耳也哉今諸
公乃僉謂不求而自得欲欺主上以太平者盡謂天
下無人乎唯其不求而自得此所以爲虜之刪此二字計
也伏讀赦文所復州縣減免租賦三年蠲放差徭五

年兵官各令按月支給衣糧請給或加犒設或令存恤不知空空之地孱老孤寡既不可賦稅按月所支一切調度何從出乎諸公殆將舉所謂燕山免夫錢復行之乎不特此爾將見數月之後衆使還來紛紛歸報且曰虜使（刪此二字）當供陵寢當修宗廟當葺官府當治城郭當築庫藏當實老幼當賑百役紛然將蝟毛而起不知東南數十州所有幾何頻年以來換度牒鬻官爵出賣戶帖預借和買頭會箕斂衰世掊尅之法畧已盡行剗虜椎髓無所不至膏血無餘不知何從出乎加之虜（改作北）使自此勢須結轍而來數以

重幣困我供奉禮物動計百萬再三往復傾國竭囊不能支矣閤下曷不令板曹司詢帑藏之有無可指掌見矣今日已有三空之譏異時那能以有限之財充無厭之虜（改作填無底之壑）是以江海實漏卮爾日者乃始揭榜都城有曰虜（改作金）人並無需求某所不識也諸公蒙蔽天聽是何異掩耳竊鐘也哉儻或梓宮可還眞僞未辨如爲所欺彼且恃爲大恩百索累至決不可繼又且數至四方之費恐未能給閤下若不早悟斷以獨見開悟聖聽旬歲之間拱手無策行見江南無甯宇矣尚何有於中原哉參政又豈不知中原

乃吾之版圖我之國威稍振自可一舉而復又何不少有忍於須臾徒託重幣急求市之以取後禍彼或稍拂虜（改作其）意轉足而復至則其失猶前日也國力屈矣閤下不可以不早慮之也不然或使淵聖鑾輅而果遂南歸由孱留之久險阻備嘗盡識虜詐（改作敵計）力發奸（改作其）謀洞然觀火曉示主上則閤下諸公誤國之罪將無所逃一旦敢露頭頸墮地願爲豚豕豈可得矣爲閤下計宜脫畧明此翻然改悟早建善後之策歷告吾君尚可及也又況自古連和結好講鄰國之歡以求偃兵息民者固多有之試數其一二論

敵國之勢惟我大而彼小則可和我強而彼弱則可和我盛而彼衰則可和不然我大而彼亦大我強而彼亦強我盛而彼亦盛皆可和也何則蓋我大我強我盛而彼以小以衰以弱請和於我則權在我我安得而不受既受之矣彼或敗盟或有可取之形或有可乘之機顧不妨我徐舉而覆滅之蓋我全制其權擒縱在我也如此豈不悅其和哉設或不請和於我尚當求之何敢拒也至於大小強弱皆如是而和則其勢各不相吞噬也故一講和則可以彼此皆奠枕而長存如不得已交隙而用兵又勝負未可知也如

此而和則和在彼此皆可和之勢也若乃我小而彼大我弱而彼強我衰而彼盛乃欲請和以幸旦暮之存彼固不可知也蓋和全在彼擒縱在彼彼何憚而拒我哉如是則利害曉然尚或講和於彼則是速滅而已矣西漢之與匈奴本朝之與遼虜（改作人）和也皆以安強盛大相若也相與之和蓋和在彼此然匈奴猶為漢患遼虜（改作人）數驚邊鄙正猶禽獸豺狠（刪正猶至此六字）不可以信義結也雖然曾不至以為大患者以其皆可以相制服也及觀六國之與秦和也秦未嘗不欲和也秦欲用兵而自若也卒之一朝乘機遂一

舉而滅六國此以小和大之明驗也石晉之與契丹和也契丹未嘗不與之和既和矣契丹倨嫚自若也終之一旦豺狠（刪此二字）易心耶律德光一舉而滅晉此亦弱和強之明驗也不必更求遠證我太祖太宗之肇造也其割據諸國亦嘗告和於本朝矣未嘗不納之和也及其機可乘則命將出師破而滅之如取諸掌耳曾何害於和哉此亦衰世之明驗也可不鑒哉可不戒哉則今日之利諸公不過謂梓宮可還中原可復不暇他慮耳曾不思不測之虜（改作敵）今甚大矣甚強矣甚盛矣積歲累時方何（改作）以有心於此哉我

鄙我圖必萬計以規萬全一旦當連兵未解忽若風雨退散鬼神潛藏欲還地而修和於吾我固當思曰彼何為而畏我憐我愛我而遽和我哉顧此賊（刪此字）計之見陷亦曉然矣不知閤下明智獨步當世何為獨不悟此柰何今之市井愚夫愚婦皆能知此虜之計（此三字改作為計）若閤下果獨不知之是不智也儻閤下知其不可和徒媚宰相取尊官遂噤默而不以告吾君是不忠也為大臣而不智不忠果可以安國家利社稷乎況今聖主以孤子之身獨立於上基本單寡隤費而易拔其危又萬萬於靖康又豈堪復當此不

測之虜（改作計）乎何閤下為御史則能言人之是非今為執政遂不知其非耶安有身為大臣坐視君上貶屈尊稱臣於醜虜（此二字改作人）恬不為恤諸公世事儒業號為知書此豈平昔所學於聖賢致君之事業哉今天子以祖宗之天下承祖宗之大統因臣民之愛戴建大號即帝位於今十有三年矣天地社稷宗廟神靈實式臨之今無故遽為番犬（此二字改作所）傲弄而一旦貶屈於是耶閤下勿謂目前滅裂支梧可以欺天下數月虜（改作金）使復至前事固在今不改為自茲將見朝廷戎（改作奉）詔不暇矣此事於古無有唯唐高祖之

初未得天下始嘗臣事醜虜（改作奚厥）以圖大事及石晉假契丹以建國遂有此厚禮然其終亦遂爲所滅其後則國家肇造之初南唐李煜嘗規模自貶尊稱降損省府取媚本朝以乞須臾之命然卒亦無效此蓋强弱盛衰之理使然固不可以取媚存也今國家兵籍非不甚衆諸將非不有人但當謹謀謨於帷幄收虜（改作金）幣以賞戰士期之歲月何患中原之不復梓宮之不還太后淵聖之不歸諸公能早暮以思致君堯舜乃不念之而日求臣事於醜虜（改作北庭）欲誅民之膏血以充虜（改作和）幣而不知愧豈不哀哉若此數事

以平日觀之宜非望於閤下所肯爲也設若主上睿謀獨斷未悟虜（改作敵）機閤下宜思天下所以責望於己固當身先百辟抗議廷諍雖鼎鑊在前當無固避此誠赴國之男子也揚名夷狄（改作絕域）功顯聖朝非閤下而誰況天子仁聖容受直諫禮貌大臣閤下雖犯顔攖鱗甚不過奪職宮祠而已此而不爲是閤下惜濡足之故而不救天下之溺不止姑護一言而已又揚譽欺天下日前日非我力爭安得殺禮遽至於是某雖至愚猶不之信況有識之士哉若褚遂良諫高宗立武昭儀卒至還笏殿陛乞骸骨歸田里將甘心

貶死若此斯可謂大臣矣又趙中令相太祖皇帝嘗爲一事擇官中令列二臣姓名進太祖不肯用他日又問復進而不用如是三復問而中令卒不易前人太祖怒甚裂其奏擲置殿陛下中令不動搢笏帶間徐拾碎紙袖歸中書他日又問復以碎紙補綴以進太祖大悟終用二臣某竊謂官二臣此朝廷至細事也而趙中令猶確然終不奪於太祖之盛怒而卒用之大臣事君不當如是耶況今日事實繫宗社存亡閤下忍輕於詭隨乎事已急矣今諸公偃蹇自爲得計昂然百僚之表施面目於通衢出入稱參政以耀

聾俗此何爲耶向使他人居閤下之位爲閤下之爲閤下適在遠外五松閑澹而視之豈不笑絕冠纓也哉閤下平日之志自許如何今一旦昏於利祿門生故吏往往又從而諂諛閤下爲伊尹周公之才某竊恐閤下必不自知其非猶以謂目前之虛譽可以襲而取也不知今天下之人已極日訕笑閤下平生之僞矣某獨不忍退而非誚閤下輒以所聞告之左右儻閤下不此之恤將使後世書之史册曰此賈詔辛相以取執政者閤下能堪之乎疾風知勁草板蕩識忠臣閤下自爲謀可也春秋之法責備賢者某區區

之心猶冀閤下尙能改悟力解社稷之禍挈而置之安存不然不得其職自可引身而去矣豈可與賣國之姦諛甘心低頭共槽櫪而食耶以閤下曩時挺挺之節必非護前而不悟者某所以未敢遽繩閤下以賢者之責也丞相秦公方且含垢忍恥不避天下之譏罵力專誤國之謀傾心黠虜（改作北向）猶盧杞以百口保朱泚李林甫以忠誠稱祿山非某疏遨之言能入也（參政孫公）某之舅子平生齷齪謹畏天下初不以此責之今日可任春秋之責唯閤下耳今公論藉藉又謂閤下乃丞相之門生顧以私恩不敢違其果然乎某

聞大臣事君當知有社稷而不知有其身知有君上而不知有私門可也參政如不爲私恩請亟破誤國之謀盡發黠虜（改作敵人）之詐（改作計）歷告吾君罷絕使命收還金幣正天子之尊號薄黠虜（改作敵中）之聘禮飭諸將之兵備揚問罪之先聲傳檄中原各保境土人自爲戰以待王師一切改轍而圖之然閤下姑欲愛惜名位隨羣而入逐隊而趨亦以謂虜（改作金）必可信和必可講禮幣可供百索可從自今以往不加賦而用度自足皆有以爲善後之計而某乃州縣細吏敢將狂瞽之說熒惑視聽則請直以此書上之天子寘於典憲某所不辭憤激之次方寸亂矣引筆行墨不覺言多惟閤下察之

賜進士出身頭品頂戴四川等處承宣布政使司布政使清苑許涵度校刊

三朝北盟會編卷第一百九十一終

三朝北盟會編卷一百九十一校勘記

世忠知郝卞漏其謀世忠二字衍　獻書參政文閣下脫夫字

宜脫畧明此脫字衍　基本單寡隤廢而易拔廢誤作費

李煜嘗規模自貶尊稱一本嘗下有觀字　當無顧避顧誤作固

三朝北盟會編卷第一百九十二

炎興下帙九十二

起紹興九年正月盡其月

金人退還河南地

金人以東西南三京壽春府宿亳單曹州及陝西京西地歸於有司

韓世忠加少師揚武翊運功臣○舊校云按世忠賜號揚武翊運功臣在紹興六年四月甲子見一百六十九卷其時但加少師而已　劉光世加和衆輔國功臣進封雍國公爲陝西五路宣撫使張俊加少傅安民靖難功臣吳玠加開府儀同三司四川宣撫使岳飛加開府儀同三司楊沂中加太尉保成軍節度使

祕書省正字汪應辰上書論當謹邊備

書曰○舊校云按汪文定公集此書作紹興八年五月所上今編九年正月內誤矣　臣伏見近日虜改作金使在庭中外洶洶朝廷之上號令紛然內則患和議之不諧外則患異議之不息臣雖疏遠有以見聖意之動止也然臣私憂過計竊謂和議不諧非所患和議既諧矣而因循無備之可畏異議不息非所患議異既息矣而上下相蒙之可憂此孟軻所謂入則無法家拂士出則無敵國外患之時也議者往往以今日和好決不可成而成也或不能久臣

以爲過矣請借秦以喻秦之謀楚也與之地借之師而約爲兄弟婚姻矣然則今日所謂還我梓宮歸我母兄復我輿地者安知其不然也及其謀齊也與齊通和四十餘年未嘗接兵又安知今日和好不如是之久也若以爲虜（改作金）人出於悔禍效順之本意則臣所不敢信也臣聞前日王倫之行未嘗一詣虜庭（此二字改作其廷闕）此必有詭謀密計而畏吾使者之或能覘之也是豈能有愛於我而不取哉是豈誠有悔過效順之本意哉夫非誠有悔過效順之意而翻然以與我和是何故也臣謂陛下誠以此思憂以此思懼則

將不遑暇食而謀之矣虜（改作金）使既去所宜深戒執事交修庶政申戒邊備以虜（改作金）雖與通和疆場之上宜各戒嚴以備他盜今方且肆赦中外厚賚士卒褒寵諸師以爲休兵息民自此始矣縱一朝之安遂忘積年之恥獨不思異時意外之患乎此臣所以言因循無備之可畏也方朝廷力排羣議之初大則竄逐小則罷黜雖舉國非之而不顧至有一言迎合則不次擢用是以小人窺見閒隙躁進者阿諛以希寵畏懦者循默以備位淺謀者遂謂無事而忠臣正士乃恥自立於羣小之閒今者事既少定陛下必以出於獨斷益輕天下之士矣夫事是而咸宜猶欲衆謀況其非乎導人而使諫猶恐不進況拒之乎子思言於衞侯曰君之國事將日非矣君出言自以爲是而卿大夫莫敢矯其非卿大夫出言自以爲是而士庶人莫敢矯其非如此則善安從生孟軻曰訑訑之聲音顏色拒人於千里之外則讒諂面諛之人至矣國欲治可得乎此臣所以言上下相蒙之可畏也臣願陛下臥薪嘗膽以圖中興勿謂和好之可以無虞而虛己從衆常恐下情之無盡也兢兢業業以承天心德日新萬邦惟懷臣且親見於聖世何至以中原（改作天下）之大而下爲讎（此字刪）人役哉

秘書省正字樊光遠上書論金人詭詐不足憂信實深可懼

書曰臣竊觀今日士大夫之論莫不憂金人之詭詐臣獨曰詭詐不足憂而信實深可懼也使彼出於詭詐則其術固止於是耳吾乃撫養東南根本之地嚴飭西北備禦之方亦可以爲國也夫何足憂近者金人遣使曰當與我故地士大夫凡有憂國愛君之心者盡言金人之詭詐也而版圖果歸職方是彼不出於詭詐而出於信實矣乃臣之所懼也將不止於得

故地而已也凡其所謂歸梓宮歸兩宮者莫不次第以如其言其可信愈甚則其可懼亦愈甚且吾既已得吾之所欲則彼亦將得彼之所欲通和之使項背相望吾既空府庫以奉之河南之地賦租悉蠲吾又將竭江左民力以給之矣府庫已空民力已竭士氣已墮一言不酬金人改慮此臣之所以私憂過計而爲陛下深懼也夫有無故之福則必有無故之禍往年燕山六州二十四縣金人以兵取之來歸於我當時竭天下之力以賞之所得止數空城而已朝廷動色相賀而天下蹙額相弔虜改作金一旦改慮席卷而

南如寄諸鄰而取之此陛下所見也陛下撫此尼運雖未獲受祖宗所全付然即位之初河南猶陛下有也旋沒於僞齊凡吾之所以經營攘斥者踰一星終矣未能復尺寸之地今一旦得之於彼豈非無故之福如往年之得燕山哉又將竭內地以實之敝所有以事之可爲寒心矣廟謨深閎慮之當得已熟如臣之愚未知所以善其後也臣願陛下勿以得地爲喜而常以爲恥勿以甘言爲悅而常以爲憂勿罪忠義以養敢言之氣勿喜迎合以開濫進之門勿盡民力宜愛惜之以固根本勿沮士氣宜聳動之以備緩急庶乎其可也惟陛下不以臣人微言輕而留神省察實天下之幸

汪伯彥復觀文殿大學士張浚復左宣奉大夫王庶劉大中復端明殿學士

汪伯彥張浚王庶劉大中復職秦檜令臣寮上言王庶劉大中之罪遂再落職初庶離行朝皆不見賓客至蕪湖請知縣高某衩衣相見委以買田宅議者爲庶平日豪邁一旦議論不合而去未宜求田問舍也過池州有再落職之命乃寓居九江買田於敷淺原之上徙家居焉

王倫權東京留守兼知開封府

王倫藍公佐奉使金國至京師以金人已退地而去倫遂權東京留守兼知開封府先是劉豫以陳東歐陽澈在建炎之初上書被誅於南京市乃傚張巡許遠雙廟之制建廟宇以祀之僞封侯爵至是倫令毀其廟而廢其祀

熙河路經略使慕容洧叛附於夏國

慕容洧以熙河附於夏環慶路經略使趙彬追及與洧戰敗之復熙河路洧遂奔夏國張中孚中彥自是歸朝矣洧環州人張浚富平之敗斬趙哲時洧背叛

而去彬字彦中原州人劉錡帥涇原時彬爲慕容所給叛去

知泉州連南夫上封事論和議不可信

得三京河南地肆赦天下赦到泉州知州連南夫以爲金人素持奸計恐朝廷墮其奸謀故謝表有曰臣持橐西清分符南海蔑著藩宣之效敢忘獻納之忠雖虞舜之十二州昔皆吾有然商於之六百里當念爾欺莫知其是必有是不信其然豈其然固知既來而則安或且甯許以負曲有若食其之説無忘韓信之師願益戒於不虞庶免貽於後悔云云是時又有

聖旨指揮不得詆斥大金南夫繼上封事曰臣聞老子之言曰不信者吾亦信之又聞孔子之言曰不逆詐不億不信此皆大聖人之用心陛下納金國和議之約允蹈其言又聞信不足有不信又聞言不必信唯義所在此皆神聖通變之道易曰幾者動之微傳曰知幾其神乎大金素行凶詐改作善於行計比年以來兩國皆墮其術中大概彼以和議成之此以和議失之今陛下果推赤心信之以其割河南之地遂恩之乎臣知陛下知幾有不信也何以言之丙午之禍父母兄弟六宫九族咸被驅虜逮今十四年辱莫大焉使太上聖躬無恙隨所割地全而歸之十四年羈縻隔絶之恨念之猶且心拆得梓宫猶不足爲恩得土地顧何足以爲恩乎況陛下於太上有終天之恨於大金有共天之讎方且許還梓宫許還淵聖六宫彼其計實老子所謂將欲取之必固與之兵法所謂不戰而屈人兵之術也誰不怒髮衝冠握拳嚙齒而痛憤哉借使得所許彼何加損漢王語呂后曰使趙王有天下顧少乃女乎臣竊恐陛下天性孝悌方感其恩遂無王赫斯怒爰整其旅之志蓋用心不剛則四肢委靡將士雖欲斷髮請戰有不可得誰爲陛下守四

方者是陛下十餘年寵將養兵殫財蓄力之意一旦積於虛空無用之地倒持大阿捧手而付之矣昔太祖皇帝之南征也李煜遣其臣徐鉉朝於京師鉉曰煜以小事大如子事父未有過失柰何見伐太祖曰爾謂父子爲兩家可乎安知大金之計不出於此乎豈吾太祖行之而陛下不悟者乎昔唐高祖借兵於突厥嘗臣事之至頡利爲太宗所擒後世稱之爲英主陛下肯出唐太宗下哉臣伏見生靈戴宋幾二百年淪肌浹髓之恩視陛下爲親父母不幸舊染腥羶之俗視大金甚於仇讎韓愈曰叛父母從仇讎非人

之情刪淪肌至此四十一字民情大字刪此可見大金豈不知之
昔耶律德光之擊晉也迺律后嘗非之曰吾國用一
漢人爲主可乎德光曰不可迺律曰然則汝得中國
亦不能有後必有禍悔無及矣刪昔律至此五十二字許還之
約安知不出於此乎使大金用迺律之言則可竊吾
太祖之言用之無乃不可是說也刪使大至此二十五字陛下
聖性高明固知之矣知之則不信亦審矣然臣猶不
能無疑者伏讀正月五日赦文曰戢宇內之干戈又
奉聖旨不得詆斥大金如此直墮其術中使忠義之
士結舌而不得伸忠臣之將縮手而不爲用范增之

說項王曰天下大定矣君王自爲之可不鑒哉此臣
所以昧死上竭愚衷願有獻納臣聞張良爲漢王借
前箸以籌撓楚之權謀爲漢王不能制項王死命遽
欲效武王休馬放牛具陳天下游士各歸事其主陛
下誰與取天下審如詔旨臣恐將士解體魚潰獸散
如張良所謂誰與取天下者然則計將安出臣方閉
戶深念不覺大喜曰河南之復殆天授非人力傳曰
天與不取反受其咎時至弗行反受其殃又曰機不
可失願陛下因而圖之大事濟矣近聞彼國新主厭
兵乃有此議臣謂使其果有厭兵之心正當乘其懈

而擊之如其不然先發制人後發制於人陛下必知
所決擇矣議者若曰強弱大小猶且不侔未易輕舉
臣聞湯以七十里文王以百里所謂在德不在衆漢
高祖以亭長除秦暴唐高祖以一旅取孤隋光武接
十二帝之統而起自單微以至中興今陛下復河南
之地實以聖繼聖日新又新挺眞主之姿應帝王之
運六師方張舊民協力抑又多助之至此臣所以願
陛下因而圖之也臣聞陛下方遣侍從宗臣祗謁宗
廟陵寢將親見宮室之禾黍陵寢之盜掘此正詩人
徬徨不忍去之時也恐有扶老攜幼感泣而聽詔者

少者之哭哭其父與兄也老者之哭哭其子也戲笑
甚於裂眥長歌過於慟哭天地日月亦必爲之悽慘
鬱結陛下聞之追悼其因是誰之過歟與還地孰少
孰多而我河南之民何啻百萬昔者樂生今日效死
因民之欲北嚮爲百姓請命而以王師甲兵之衆隨
之此皆精銳願戰之師彼皆悲歌感慟之士河南起
而河北應簞食壺漿以迎王師孟子之言於今有驗
曠世之舉不約而同此臣所以願陛下因而圖之也
臣平居嘗謂不復中原則不可以立宗社不有四海
則不可以子萬民今有機會遂得河南歸我首尾同

體豈不中應大河安得而閒斷哉此臣所以願陛下因而圖之也臣伏仰陛下英武天縱孝弟性成撫艱運於一紀來和議於此時然不知陛下願爲英武主乎願爲孝悌主乎臣昔守建鄴獲望淸光首爲陛下陳堯舜之道非謂垂衣拱手坐視夫民而名堯舜也願陛下效漢高祖唐太宗之英武敗戎狄迎父母刪此六字改作取亂侮亡以成堯舜之道也今陛下俯首和戎改作議和端爲父兄是孝悌既如此臣願陛下乘機應變殄殲醜虜改作席卷兩河雪祖宗之宿憤擴天地之妖氛英武又如此使天下萬世皆仰陛下聖而不可知之神矣越

漢唐之所謂孝悌英武顧不偉哉其如應變於耳目之前或且經營於年歲之後皆在陛下雄斷如陳著龜而決期日月而已臣猶遲之昔李渤上平賊三策攻不失戰戰不失守固河南以連河北三策具存乃敢以獻歐陽修曰世徒見周師之出何速而不知述律有可取之機也是時述律以謂周師所取是漢故地不足顧也然則十四州之故地皆可指揮而取矣使新主果有厭兵之心事亦類此臣區區之心發於忠憤若謂不識大體不省幾事欲逃萬死之罪甯能高飛遠走不在人間乎方今堂下有耆老碩輔閫外有良將奇兵更乞睿慈付之公議孰計而行之臣不勝戰汗待罪之至

湖北京西宣撫使岳飛上表謝赦

得三京河南地肆赦湖北宣撫使岳飛具表陳慶曰○舊校云以金陀粹編校觀時制變仰聖哲之宏規善勝不爭實帝王之妙算念此艱難之久姑從和好之宜睿澤誕敷輿情胥悅竊以婁敬獻言於漢帝魏絳發策於晉侯皆盟墨未乾口血猶在俄驅南牧之馬旋興北伐之師蓋夷虜改作敵每不情而犬羊改作人多無信莫守金石之約難充谿壑之求圖暫安而解倒懸猶之可也顧

長慮而尊中國豈其然乎恭惟皇帝陛下大德有容神武不殺體乾之健行巽之權務和衆以安民迺講信而修睦已漸還於境土想喜見其威儀臣幸遇明時獲覩盛事身居將閫功無補於涓埃口誦詔書面有慚於軍旅尙作聰明而過慮徒懷猶豫以致疑謂無事而請和者謀恐卑辭而益備者進願定謀而全勝期收地於兩河唾手燕雲正欲復仇而報國誓心天地當令稽首以稱藩

遺史曰表詞飛幕屬張節夫之文也節夫字子亨河朔人豪邁尙氣節秦檜見之切齒

賜進士出身頭品頂戴四川等處承宣布政使司布政使清苑許涵度校刊

三朝北盟會編卷第一百九十二終

三朝北盟會編卷一百九十二校勘記

劉光世懇辭陝西宣撫使許之脫此十二字應接於揚沂中加太尉保成軍節度使下　夫事而咸宜猶欲衆謀應作夫事是而臧之猶卽衆謀　勿謂和好之可以無慮而思患預防常若敵人之至也勿恃獨斷之可以成物脫而思至此二十一字　當時竭天下之力以償之償誤作賞　議者謂庶謂誤作爲　秦檜見之切齒見應作讀

三朝北盟會編卷第一百九十三

炎興下帙九十三

起紹興九年二月盡三月

二月趙士㒟爲朝陵使兵部侍郎張燾副之

召呂頤浩陳規仇悆張孝純孟庾赴行在

張孝純自守太原城陷不能全節嘗爲劉豫僞丞相上㑹密召孝純與李鄴李儔等能束身歸國待之如初孝純不從豫廢金人留孝純於京師至是詔孝純赴闕孝純自慚白於兀朮(改作烏珠)乞歸徐州致仕遂留東京不至

林泉野記曰張孝純徐州人登元祐四年第工詩有文武才畧宣和末知太原府兼河東路安撫使靖康初粘罕(改作尼堪)來攻先築夾城於外期於必取百道進攻孝純與副總管王稟以死守姚古种師中解潛張思政皆來援敗去遙授檢校少保武當軍節度使河東諸郡相繼陷沒城中易子而食城破孝純不得已遂降虜(改作金)僭立前侍御史劉豫於北京以孝純爲左丞相紹興四年上密詔孝純與李鄴李儔等令拔身來歸當待之如初孝純竟不至及虜(改作金)廢劉豫留孝純於京師既而議和歸我河南州縣又詔孝純赴闕孝純慚懼請於兀朮(改作烏珠)乞致仕歸徐州而卒子頴建炎中爲守臣(建炎一作靖康　守臣一作純臣)

節要曰孝純守太原幾年而破爲虜(此字改作金)所執至粘罕(改作尼堪)前逼令拜之孝純曰未審帳上是何人也賊(此字删)曰元帥也孝純曰元帥乃金國大臣某乃大宋國大臣豈有一國大臣拜一國大臣之禮今事至此惟有死爾何相窘拜耶竟不拜粘罕(改作尼堪)不能强之因囚歸雲中比於哥舒翰潼關之敗屈節於祿山遠矣孝純之得還也時滙正在雲中目覩其詳是歲五月六日粘罕(改作尼堪)將避暑於白水泊(此字删)謂孝純曰

公於此無治生事俟某秋歸當還公於鄉里又顧雲中留守高慶裔曰如有人欠孝純錢物可督還之以旦晚孝純歸鄉矣孝純初聞是語不知其所以蓋時粘罕(改作尼堪)與劉豫之議密定外人莫知之也至是粘罕(改作尼堪)遣人送孝純南歸止云歸鄉而已故奉使宇文虛中送孝純詩有閭里共驚新素髮兒孫重整舊斑衣之句則衆莫知相豫也明矣孝純既至河朔欲由濟南歸徐(孝純鄉也)主者曰當與公共至東平節制使寨某得回繳公方可歸徐矣既行則孝純之兄弟孝忠孝立及諸姪鄉人竟遠迓之孝純方喜慰之際無

何至汝上豫已僭位遽有拜相之命當是之時孝純眦於親愛懼於還虜（改作北）因而以喪晚節於罪固莫能逃然比之充豫之輩固有間矣噫鄉使孝純當僞命初下遽叱車而北就老死於穹廬不受汚於僭逆則天下之士千載之後以孝純爲何如人歟以是知士君子於行義造次不可不謹也

樓炤翰林學士

樓炤字仲輝婺州人兼直學士院當張通古蕭哲在館書詔塡委多出於炤之筆至是眞拜翰林學士制詞畧曰養剛大之氣好深湛之思强識博聞足以華國

煥文懋德可用爲儀繼東臺披敕之風擅西掖絲綸之譽蔽自朕志兼直禁林當二國玉帛之往來正一時書詔之塡委意昌明而有體詞曲折而不煩義激武夫茂興元戡難之畧人知聖主似建武中興之年遂拜爲眞固應錫命惟爾抱適用之器處可爲之時豈徒潤色之工更賴告猷之益使朕小雅之政見稱於古則爾内相之任其永有辭

吉州布衣周南仲上書

書曰臣觀劉蕡策曰有正國致君之術無位而不得行有犯顏敢諫之心無路而不得達此蕡之言失也亦蕡之不遇時也士苟遇時患無正國致君之術何患不得行患無犯顏敢諫之心何患不得達臣於去年奏陳十事陛下旣赦其狂矣又賜召命而免終身文解又取十事而行其一二矣臣之遭遇可謂得行得達也尚敢爲劉蕡之言哉使命交馳兩國通好正忠臣義士畫策吐奇之秋臣於此時緘默不言是臣負陛下非陛下負臣所以不避斧鉞之誅採取天下輿論有五不可三急務爲陛下獻何謂五不可欲雪前羞不可主和議欲務萬全不可失機會欲取中原不可居東南欲馭諸軍不可不將將欲得賢才不可

廢公論何爲三急務一曰重國柄二曰蓄邊備三曰擇守令此八者執政大臣所經畫何待臣言然恐肉食者鄙未能遠謀特區區惟陛下斷焉女眞以蕞爾小國（刪女眞至此七字改作金人立國之始）結我盟好受我封建是我徽宗有大造於金虜（刪此字）也口血未乾叛心（改作敵慮）已萌反恩逆天而爲（刪此六字）城下之師我淵聖皇帝不惜土地以惠生靈未踰年間又有青城之役破我京師覆我宗社邀我兩宮立我臣子蠹目狠顧（刪此四字）謂天下決非我宋有也天未厭宋而得陛下出師命帥起大廈於將顛擧神器於已墜駐蹕維揚匡濟大業以

土則狹以財則匱以兵則寡以民則困戎有虞心懼如少康以羿澆死乃立劉豫限我王師又卽豫謀長驅深入侵軼我淮甸蹂踐我江浙憑陵我荆襄窺伺我巴蜀俘縶我臣民焚燬我城邑天誘其衷使虜僞删此二字不克逞志於我是乃皇天悔禍之意也陛下卽位十有二年跋履山川踰越險阻練兵選將鱗集淮漢一舉而虜人改作尼堪遁再舉而劉麟奔非不能擣其虛犂其庭報我靖康之怨今年遣使明年又遣使卑辭厚幣甘心屈辱者爲我父兄故也徽宗北征不復是用痛心疾首昭告於皇天后土我祖宗之靈舉六

師而並進可也何事耗蠹財用區區爲梓宮之求哉情僞之不知甯免萬世之笑乎經曰父之讎弗與共戴天父死於仇子不能報其如在天之靈何其如天下後世之言何且臣知金虜删此字之爲暴也必不久也懷王不還楚而嬴秦亡懷愍不還晉而聰曜亡金寇删此字之亡無日矣使者之來非窺我中國卽緩我師也臣願陛下近鑒靖康講和之失遠監秦劉謀人之禍我有辭焉決策以順天人之心則基圖可復宗社可久兩宮安否可問可還欲雪前羞不可主和議此臣所以爲陛下謀也臣不明興亡成敗之數而識

興亡成敗之理推之以行我有三可勝金寇删此字有五可敗何者漢戰而有天下歷世猶四百年唐戰而有天下歷世猶三百年我藝祖不戰而有天下歷世宜遠於漢唐此爲一可勝也桀虐則失天下紂虐則失天下秦隋虐則失天下陛下仁聖孝悌之至必不失天下此爲二可勝也古之亡國兵民或叛今也有求爲內應者有從之如歸市者有在兩河則念中國之化懷祖宗之德日望王師之來不啻若大旱之望雨此爲三可勝也若論金虜叛改作人背恩則敗背盟則敗樂殺則敗擅廢立則敗據中原則敗又契丹承石

晉之敗一敗於澶淵再敗於金寇改作國今金寇删此字乘南北之勝而未聞敗敗之此其時矣大抵機會之來間不容髮親征之初可進不進一失也凶訃來聞可進不進再失也一之謂甚其可再乎臣度金寇删此字北有契丹南有陛下讎怨交攻腹背受敵天與不取必貽後患萬一遲之既久使兩河奸雄競起陛下於東南可安枕而臥乎臣恐社稷將不血食悔之已無及矣欲務萬全不可失機會此臣所以又爲陛下謀也昔日親總六師臣知陛下決意於兩河今日復幸浙西又知陛下甘心於東南決意於兩河猶以曲

直取勝負甘心於東南則委靡不振而自取敗矣何則東南之地其士脆其民怯其風俗薄而不厚非帝王必爭之地亦非帝王萬世之業也陛下若選形勝爲可進取之資則荆襄上流皆爲我有東連吳會西通巴蜀上盡江湖之流下瞰中原之利方城爲城漢水爲池且攻且守坐控虜（改作敵）師一舉而前兩河可傳檄而定矣欲取中原不可居東南此臣之所以又爲陛下謀也兵有將猶臂之使指將有帥猶身之使臂故能百將一心三軍同力父詔其子兄詔其弟今之諸軍相視若冰炭相疾如仇讎假使一軍深入其

誰爲應一軍陷陣其誰爲援劉光世竊林館之清名張俊負跋扈之大惡岳飛吳玠韓世忠之流裹糧坐甲首鼠兩端所以然者無主帥故也陛下曩年躬擐甲冑親冒煙塵詔書具在誰不聞知未收尺寸之功退守浙西徒以僥倖之言近慕光武蓋光武起於河內征王郎征赤眉征五校征隗囂身自將兵戮力數十戰肯爲空言欺天下後世哉臣不敢遠引異世爲證陛下知有祖宗故事否乎太祖嘗謂宰相曰朕指使將帥如偏裨列校蓋抑其權勢不使過制矣今日諸將尾大不掉陛下已失於初矣尚此不決何耶澶

淵之役章聖一舉而契丹請命成憲具在陛下何憚而不爲也陛下既不鑑太祖馭將之方又不爲章聖親征之行豈中興明主所爲哉欲馭諸軍不可不將將此臣所以又爲陛下謀也陛下親賢急於堯舜艱難以來無一人卓有見於世者以三弊之未除也人弊於黨與士弊於時學官弊於資格何謂人弊於黨與昔也趙鼎張浚之交攻浚在則鼎去鼎之門人亦去鼎入則浚去浚之門人亦去豈鼎之黨今皆可用而浚之黨今皆不賢御史諫官望風希意曾有一人詆時相之言者乎曾有一人劾親舊之罪者乎執政

大臣亦有如郭子儀握光弼之手而涕泣者乎亦有如藺相如申於秦而屈廉頗者乎如陛下訓趙鼎以周公期之除秦檜以丙魏姚宋望之蓋周公有大勳勞於天下而丙魏以寬容稱姚宋以守文應變稱今鼎守不討賊（改作敵）敢望周公乎檜阿匿取容敢望丙魏姚宋乎陛下遇鼎檜爲甚厚則鼎檜負陛下爲極深朝多倖位野多遺賢此其弊一也何謂士弊於時學宣和溺於王氏紹興弊於伊川王氏既非矣伊川容皆是乎不經之語具在簡編大臣倡風學者響應士氣不振職此之由祖宗時用兵如寇準定策如韓

琦奉使如富弼安邊如范仲淹文章如歐陽修未有伊川而諸臣能然今日伊川之門人弟子有一人如諸臣者乎賊改作敵未壓境往往皆爲王欽若陳堯叟請幸之計也未聞有用兵如寇準者主憂臣辱不敢愛其死亦未聞請行如富弼者陛下用尹焞召劉勉之厚風俗可也一舉得李易再舉得張九成三舉四舉而得汪黄取士以循故典可也若曰得人如寇準如富弼臣未知其可此其弊二也何謂官弊於資格文臣者視武弁如奴隸郭子儀文臣也哉取科第者視右階爲庸流李德裕果以科第進哉勢援者盡躋高位英俊者皆沈下僚有深謀遠慮者指爲迂誕驚衆有讜言切諫者指爲誹謗邀名依阿取容者自以爲智能致身竭力者取譏於時輩廊廟皆養貲之人議曹無蹇諤之論倚戚藉勢妨功害能而仕進無非科舉之流招來無非高蹈之士英豪奇特可用取天下者困於罪謫困於草萊困於戎伍困於宮祠岳廟此其弊三也無黨與之弊天下將有舉儲者出無時學之弊天下將有異能者出無資格之弊天下將有崛起而至將相者今也宰相溺於好惡諸將敗於功罪御史護於時政賞某人罰某人賞罰在大臣也不

在陛下罷某事行某事罷行在大臣也不在陛下大臣擅權陛下不斷章疏每上臣度陛下收視於穆清依奏而已又諸將握重兵子弟典禁衛倒持太阿授人以柄陛下思之否乎此重國柄臣所以又爲陛下謀也生財無路理財無術而囊財不窮不識執政大臣獨何爲者遂爲苟且之計也失兩河失五路失山東失兩淮居民未有耕桑之期四川財賦止供本路之費東南漕運半虧祖宗之額祖宗以天下奉天下猶且未足今日以兩路疲民爲天下無窮之奉則生財有路否乎行營田不爲趙充國之計則營田虛設也置和糴不爲陸贄減水運之策則和糴虛設也兵冗未汰官冗未省兼併無藝之征未革不急之務未除則理財有術否乎祖宗天下有常費者三曰郊禮曰黃河曰北虜改作歲幣而養兵不與焉何者西北分屯且耕且守賞賚有節衣糧有準而歲之入亦嘗有餘今日天下既失其半又四川財賦不歸朝廷計朝廷歲月用度千萬皆取於東南刻骨搥髓民不聊生養兵之外更有奉使無益之費不識國家何辦哉臣致身以事君竭力以奉親淵聖未還徽宗在天陛下雖簬藍縷仗大義以報怨已遲矣竭力事怨天下後世

以陛下爲如何主也非爲虜敵改作情不測萬一講和不過分地割界彼主我臣歲責常貢弊我中國兩宮屬於虜此字改作異域祖宗靈寢屬於虜此字改作北廷一匹夫猶有父母猶有墳墓猶有不共戴天之讐陛下神明之主忍舍陵寢忍舍兩宮而爲講和計哉兩年三遣使則民愈困國愈貧養兵之費愈不給夷狄貪婪無厭改作金人口責金弊又不知何時而已此蓄邊備臣所以又爲陛下謀也今日州郡兩府爲之宰相爲之從官爲之親舊爲之監司帥臣奉接不暇尚敢按劾之乎郡守有權勢而不法縣官有親舊而不法監司有覬望而不

法上下皆不法欲致太平之治得乎哉監司郡守之賢否陛下所易察也縣令之才能不聞於陛下縣令之贓罪不聞於陛下此今日之極弊也且以臣桑梓親所聞見者爲陛下條具一二安福令陳定乃廉而愛民之吏也前年因民艱食以撫治事緩於奉行當路劾之遂至奪官未聞諸監司薦其廉未聞擢而用之者以無援故也廬陵令王昌贓而虐民之吏也交結寃虐刪此四字專事貪殘百姓訴之有司解之蓋秦檜之親黨故也臣恭讀去年明堂赦書內一項有禁止虔吉教訟以脅持州縣爲慮臣意廟堂之上有黨護

虔吉贓吏者故以此詔以爲張本也州縣賢明頑民畏之良民愛之囹圄空虛鞫爲茂草訟庭之下日可張雀羅贓汙則吏長其惡民受其毒不訴於有司何以伸不平之氣哉大臣又爲此請是使天下寃枉者無赴愬之路贓汙者得容於時而愷悌君子亦鮮有激勸之方也雖然臣之州其可與虔等駕從衛掠江廣而臣之州苦於虔賊亦有年矣陳邦光虔人也昔爲建康守臣楊邦義吉人也昔爲建康通判方虜改作敵騎之入也邦義請死邦光請降二人所爲忠奸已判則虔吉可同日而語乎州有死士未聞旌別縣訴

贓吏輒蒙重禁國之綱紀如是乎臣生是州亦欲古人自期也歐陽修以文章名楊邦義以死節名縱不能效歐陽修之文願效楊邦義之死以報國亦有年矣州有謗臣臣實恥之此擇守令臣所以又爲陛下謀也雖然五不可三急務乃天下之輿論也非臣臆說也大臣固位而不欲言小臣畏罪而不敢言草萊之士不達國體者亦不能言如臣去墳墓捐妻子三年於此講聞天下之計已熟矣若緘默不言誰爲陛下言之然則區區之言非爲身謀也爲陛下社稷計也大抵自古中興與創業同藝祖應天順人取天下

於掌握陛下若欲同符藝祖上當天心下順人欲則取臣所請斷而行之乃生民之幸社稷之福如降付三省看詳可否大臣必請於陛下曰此瑣事也此不急也此狂妄之言可罪也臣死無憾臣之言不用則天下未即中興亦可爲陛下惜臣愚不識忌諱仰干天誅臣無任激切待命之至

李綱知潭州朱勝非知湖州

李綱制曰○舊校云是制劉一止撰本集作李綱知潭州入總百揆作股肱耳目之臣出殿大邦號禮樂詩書之帥任是安危之責孰踰耆舊之賢具官李綱識洞幾微氣全英特修

身自昔非孔孟之言不師許國以來唯伊呂之心是矢屢展經綸之學實兼文武之資慷慨百爲險夷一意方且辭功名而不有占藪澤以自娛未忘憂國之風忍袖濟時之手眷長沙之巨屏居南紀之上游地控荊湖勢臨吳楚惟威聲之先暨奸慝自消矧教條之舊孚歌謠猶在淮陽之徒得君重其勿留行方叔之克壯其猷豈能無任祇服朕訓有光前聞

朱勝非制曰方時多虞惟爾一德才幹日樞之運力扶天步之艱入告謀猷有舟楫濟川之利不動聲氣措宗社覆盂之安辭功名而弗居寄山林而均佚粤

從得請亦既淹時爰錫命於家庭俾就臨於方面眷惟若雲望最江湖魯公之名節尚存謝傅之風流未泯矧孝思不遠時得覲於松楸而仁政所加愛不殊於桑梓苟愁歎消於田里則潤澤及於京師

趙鼎知泉州

初趙鼎罷宰相而出知紹興府也秦檜送别於江亭鼎不赴别筵而去檜憾之和議既成已得三京地檜謂可報鼎矣乃以周秘知紹興府秘與鼎素不協故也遂移鼎知泉州

三月呂頤浩加少傅依前鎮南軍節度使成國公致仕

秦檜素憾呂頤浩除頤浩西京留守頤浩感疾力請致仕上許之乃加少傅依前鎮南軍節度使成國公致仕制曰○舊校云是制劉一止撰輔朕初載遭時多虞憂勤百爲終始一節屢即齋壇之拜再登鼎鉉之司位並年高功與德稱適故疆之來復惟元帥之是謀方資衞社之忠遽上乞骸之疏察其誠悃匪出僞爲朕不敢以官職之事煩焉進秩一等擁節歸榮其近藥物専精神以自輔俾爾壽臧尚有後渥頤浩遂復歸台州

賜進士出身頭品頂戴四川等處承宣布政使司布政使清苑許涵度校刊

三朝北盟會編卷第一百九十三終

三朝北盟會編卷一百九十三校勘記

子頴建炎中爲守臣（子頴二字一連上句作而卒于頴）　何相碧拜耶（拜字衍）　然比之充豫之輩（充豫應作鄴儔）　以羿澆死（應作以滅澆殪）　兵之有將（脫之字）　將之有帥（脫之字）　竊林館之清名（林一作琳）　天下將有崛起而至將相者出欲得英才不可廢公論此所以又爲陛下謀也（脫出字至謀也十九字）　日可張雀羅（雀字衍）　其可與虔等耶（耶字衍）　駕從衞掠江廣（一作虔駕從衞掠江廣）　舊校小注（本集作李綱知漳州八字衍）

三朝北盟會編卷第一百九十四

炎興下帙九十四

起紹興九年三月四日甲申盡四月

四日甲申王倫交割京師

三月甲申兀朮(改作烏珠)出京城王倫交割京師是日京城官吏百姓送兀朮(改作烏珠)至北郊兀朮(改作烏珠)坐於壇上勸酒為別應交割州軍官物十分留二分外八分般過河北送納

馬擴為荆湖南路馬步軍副總管

馬擴為沿海制置副使時朝廷講和大臣忌言兵事

馬知其弗合遂巡求退乞為湖南馬步軍副總管從之會武岡洞首楊三天叛勢搖荆湖安撫使謝祖信謀於馬馬薦張球祖信奏球守武岡而擒三天破其巢穴

郭仲荀為京城副留守以張俊兵一千赴東京

制曰○(舊校云是制劉一止撰)諸侯朝於方岳未忘巡狩之勤王畧及於舊都實重居留之任肆頒明命庸示眷懷具官郭仲荀賦性通明受材英特兼子房之智勇慕郤縠之詩書夷險屢更忠勤不替執干戈而衛社稷援桴鼓以忘身家入侍殿巖載肅貔貅之衆出分帥閫每寬疆埸之憂建大將之節旄加三公之位號功高不伐寵至益謙朕永念神州薦更戎壘悵遺民罹禍之久屬殊鄰修好之初故臣流落以焉歸行旅彫零而未集是用疇咨宿望申錫深恩往司管鑰之嚴仍總兵符之重惟爾拊摩疲瘵勞來散亡慰父老之謳吟消田里之愁歎俾知朕旨有若親臨則予汝嘉嗣有襃寵

四月呂頤浩薨

董華為公行狀曰公諱頤浩字元直滄州樂陵人登紹聖元年進士第累除河北轉運副使宣和四年朝

廷乘契丹之衰弱舉諸路之兵欲圖燕薊命童貫為宣撫使以蔡攸副之時大將劉延慶統兵僅十萬自涿州取燕山府契丹之兵大集與王師相拒於良鄉縣殺傷亦畧相當正未有所處會金人於十二月自居庸關引兵至燕山府契丹之衆聞風奔潰金人遂有燕山府及檀順景薊等州童貫蔡攸遣使往燕山府見金國主阿骨打(改作阿固達)重許歲幣求此四州之地使者五六輩往來商議金人知貫攸意要燕薊以報天子需索益廣倍於歲賜契丹之數議既定金國兵遂回貫攸引兵五萬前去撫定燕薊貫攸到燕山

旬日即班師相繼詹度王安中知燕山府爲本路安撫使是時郭藥師所統兵二萬號日常勝軍又契丹刺面軍萬餘人號食糧軍費用錢糧不可勝計朝廷命公爲轉運使公條奏燕山一路費用如此雖窮天下之力竭天下之財必無以善其後願詔三省樞密院博議久長之策徽宗震怒阻壞邊事先次落職降官仍舊爲轉運使兼經制燕山府河北京東路財用公在燕山僅二年備歷艱險每恐不能逃禍是時金人漸生釁端變詐反覆邀求不已徽宗感悟憶公前日之言遂復官職進徽猷閣直學士宣和六年丁太夫人憂公扶喪至濟南府營葬未及掩壙有旨起復催促還任不許辭免公再至燕山府又僅一年金人初舉兵犯闕（改作圍汴）既與本朝講好班師乃得還建炎元年五月今上即位於南京六月召公赴行在就道差知揚州是年十月聖駕幸維揚公前期繕治行宮分處三省樞密院百司及衞兵營舍擾不及民而事辦十一月召對公奏云臣竊以金人襲百戰之兵一年之內兩犯京闕（改作圍汴都）天祐陛下躬有神器臣竊觀天下之勢以撥亂爲急撥亂必先任賢退不肖以清其時用能去不能以審其材申信號令以結其心

賞功罰罪以激其氣恭儉節用以豐其財徭役以時以阜其民俟其倉廩實財用足人安時和則有必取之勢無不成之功陛下睿算遠圖布昭聖武伏願任賢使能信賞必罰理財節用積粟訓兵裁抑恩倖無令撓朝廷之權搜選人材使之任將帥之責大開諫路而擇其善總覽羣策而從所長則何爲不成何戰不勝哉上覽奏劄稱旨又旬日再對進劄云淮南兩路北距海南阻江土地膏腴形勢雄勝陛下鑾輿順動以慰天人之心必得其宜矣臣嘗謂强可以使之弱弱可以致之强昔漢高祖與項氏相持百戰百敗然垓下之役一戰遂成帝業越王兵敗棲於會稽卑辭厚禮養兵蓄銳有待而發一戰遂收霸功然則陛下駐蹕淮甸豈非天意所以資陛下興王業乎伏願聚精會神臥薪嘗膽期於除禍亂致太平實無疆之休也改吏部尚書公被旨令密具邊防事宜公具奏云伏惟陛下即位以來仁民愛物之心孚於四海憂勤恭儉之德格於皇天是宜邊境安甯萬邦蒙福然而乘兵政敗壞之後敵人以百戰之師投隙而南所向無前適於斯時實勞指畫傳曰天下多事聖哲馳騖而不足茲誠多事之際而聖哲馳騖之時仰蒙下

詢備禦之策臣儒學進身然嘗任西北緣邊去處夷狄（刪此二字）情僞與夫戰陣之畧粗聞一二犬馬之齒今已六十筋力不能勝甲冑衰邁不能從軍旅顧有愚見不敢緘默輒陳今日備禦十策一曰收民心二曰定廟算三曰料彼已四曰選將帥五曰明斥堠六曰訓强弩七曰分器甲八曰備水戰九曰控浮橋十曰審形勢條分而詳布之深切當時之務明年二月金人以輕騎逼揚州車駕倉卒南渡公與禮部侍郎張浚聯馬奔及行在僅得渡江扈從至秀州除簽書樞密院事江浙制置使公復召募兵四五千人就鎮江

之北杭江下寨與金人相持近一月金人北去苗傅劉正彥狂謀不軌公倡議約諸大將劉光世破之朝於行在即除尚書右僕射扈從鑾輿移蹕建康府尋遷左僕射公與張浚密謀誅范瓊一軍帖然無事是時天下盜賊羣起公謂金人方去李成靳賽等分據淮甸京城隔絶山東河北諸處命令不通其他寇盜不可勝計公以爲前此賞罰失當將士解體若非信賞必罰無以大收將士之心乃奏乞置三省樞密院賞功司應自軍興以來諸路立功將校借補等人並許繳元立功手照自陳朝廷看詳隨宜借補官資於

是四方將士莫不悅服爲用自是士氣稍振公措畫招收諸路潰軍盜賊殆將肅清矣十月金人渡江王師弗能捍禦繼渡浙江逼行在公憂憤不知所爲乃力獻航海爲避狄（改作敵）之計聖上浩然開納時廷臣所論皆不合惟聖意確然不移車駕自明州登海舟精鋭之兵萬餘人扈駕行在台州港進邏趨溫州駐蹕又月餘是時金人已回鎮江韓世忠以舟師扼江路金人不得濟公力請車駕回幸浙西宜下親征之詔以爲先聲亟以鋭兵策應世忠夾擊之此一奇也時車駕已駐蹕於越州會中丞趙鼎上章詆公公遂

罷相後召赴行在拜左僕射公每奏陳金人侵犯（改作攻）陷不已今又大窺川陝皆燕人及中原叛逆協謀所致古者兵交使在其閒爲我之計更宜遣使講和以紓國難前此所遣宇文虚中王倫等數輩雖拘留不還勢當再遣使人以驕其志蒙上開納遣潘致堯高公繪使金國嗣後潘致堯等得歸金通好蓋自茲始其後使命相繼和好遂成卒迎太母鑾輿暨徽宗梓宮以還又言駐蹕之地最爲今日之急務伏願陛下發中興之誠心行中興之實事今當先定駐蹕之地要使號令易通於川陝將兵順流而可下漕運不至

於艱險然後速發大兵一軍往江西湖南以平羣寇一軍往池州至建康府處置已就招安尙懷反側之人於明年二三月閒使民得務耕桑則大江已南在我之根本立矣然後乘今年大暑之際遣精鋭之兵與劉光世渡淮掎角而北去由淮陽軍沂州入密州以擣青鄆命張俊躬親統兵由河中府入絳州以撼河東乘諸路民心懷我宋未泯之心知王師有收復中原之意則中興之業可覬也若不速爲之逡巡過春夏則金人他日再來不惟大江之南我之根本不可立而日後之患不可勝言矣臣嘗聞自古有爲之

君將以取天下者弗躬弗親則不能戡禍亂定海內伏望聖慈考漢高祖以馬上治之之跡法唐太宗櫛風沐雨之事速圖之不可緩也臣竊見三四年來金人纔退士大夫及言事官獻言之人輒有怠心便以謂太平廓然無事矣凡朝廷之謀更唱迭和甲可乙否致機會可乘之便往往沮抑不得遂行臣以謂異日誤天下國家者必斯人之徒也今天下之勢可謂危矣既失中原止存江浙閩廣數路而已其閒亦多曾經殘破浙西郡縣往往已遭焚刼浙東一路在今形勢漕運皆非所便若不移蹕於上流州軍保全此

數路及漸近川陜使國家命令易通於四方則民耕失業號令阻絶俄頃之閒已至秋冬金人復來雖欲追悔無及矣公又奏臣任官以來在西北極邊二十餘年備見虜人改作金國之俗於逐年四月初驅官私馬水草牧放號曰入濼美水草之地入濼之後禁人乘騎八月末方令出濼飼以麥豆以備戰鬬又夏月弓力不强射不能及遠故虜人此二字改作彼未嘗於夏月用兵然自漢至唐士大夫未有深曉此理者惟杜牧有言曰漢伐匈奴嘗以秋冬當虜改作邊人勁弓折膠運馬免乳之際與之較勝負故敗多勝少今若以仲夏月發兵出其意外一舉無遺類刪此字矣臣竊觀陛下總攬

歲久英武日躋則舉兵北向以圖中原此其時也賈誼曰日中必熭操刀必割舍此機會而不乘後欲追悔何可及耶今有兵十六七萬兵費用不貲朝廷竭力經營錢糧常若不辦曠日持久必取於民民怨衆離乃自困之道禍亂之所起可不畏哉今日戰兵其精鋭者皆中原之人數年之後必消磨寖少異時雖欲舉事勢必不能可爲深惜者也臣年踰六十累歲疾病每恐溘先朝露此志遂不得伸輒敢冒昧陳述乞賜聰察又奏曰近日採報金人與劉豫舉大兵以

窺川陝若於來年三月間舉兵北向必可牽制川陝之意萬一川陝參差而王師既逐劉豫川陝間聞之必震恐因遣韓世忠就近由西京入關此亦一奇也上開納此策嘉歎不已以公都督諸軍事總師北向公師次鎮江因臺章上疏遂罷相是歲冬虜改作金騎再犯改作攻淮甸緣事關利害因以邊防機事具奏上親筆褒美令陳利害公即條具所見析爲十論上之其一論用兵之策其二論彼此形勢其三論舉兵之時其四論分道進兵其五論運糧供軍其六論大兵進發其七論經理淮甸其八論機會不可失其九論舟楫之利其十論并謀獨斷上嘉其議而行之薨謚

忠穆

林泉野記曰頤浩字元直齊州人登元祐九年第宣和末進徽猷閣待制河北都轉運使在燕山郭藥師執以犯闕靖康初奉祠居維揚建炎初加徽猷閣學士淮東路安撫使知揚州權戶部侍郎次年張遇犯眞州節制諸將往拒之至揚子橋遇降遷戶部尚書上南渡頤浩同簽書樞密院江淮兩浙經制使軍於江甯府會苗傅劉正彥擅廢立頤浩聞之慟哭約劉光世張俊韓世忠馬彥輔等合兵五萬勤王敗正彥於臨平傅與正彥遁去上復辟拜尚書右僕射御營使命將出師追討傅正彥皆伏誅頤浩爲相不務體貌惟持賞罰先公道治贓吏卹疲民親作書幣以招羣盜撥諸軍入衞軍容稍振是秋轉左僕射依前御營使聞粘罕入寇改作尼堪南下乃請隆祐往洪州上幸明越以避其鋒虜改作金既逼又勸幸海道班直衞士謀殺頤浩賴統制官辛永宗收殺其黨遂從駕航海至章安鎮次年由温台聞虜改作金衆退上還越以御史中丞趙鼎章罷爲觀文殿學士提舉崇福宮俄除建康路安撫大使兼知池州張遇王渙顏孝恭巨師古王瓊楊惟忠等六軍皆授節制與李成將馬進戰於

江州爲進所敗紹興元年范宗尹罷乃召還而秦檜先已除右僕射又富直柔韓璜辛道宗永宗皆懷忌常共詆訾上悟其譖拜頤浩少保尚書左僕射辭免少保改特進逐直柔韓璜道宗頤浩請移蹕臨安命李光王瓊往太平州執韓世清戮之未幾出都督江淮荆浙諸軍事總管巨師古崔增趙延壽等兵以往潤州丹徒前軍反劉光世遣將討滅頤浩同薦朱勝非孟庾綦崇禮黄叔敖姚舜明皆得進秦檜嘗欲傾頤浩上覺罷檜三年辛炳常同言頤浩不恭不忠十

罪以觀文殿大學士罷提舉洞霄宮居台州五年冬起知潭州兼湖南安撫制置大使七年進少保知臨安府兼浙西安撫制置大使時行在平江張浚請移幸建康頤浩乃請赴行在謀止建康之行浚沮格不得見從至建康乃獲對歘上撫諭遣詣臨安八年春上欲返臨安加少傅鎮南定江軍節度使知建康府兼江南安撫制置大使行宫留守力辭罷爲醴泉使及虜（改作金）還河南召頤浩赴闕秦檜以宿憾除爲西京留守置之危地頤浩感憤成疾力丐閑復歸台州薨年六十九贈太師

賜進士出身頭品頂戴四川等處承宣布政使司布政使清苑許涵度校刊

三朝北盟會編卷第一百九十四終

三朝北盟會編卷一百九十四校勘記

隨宜推恩借補官資（脫推恩二字）　金國通好（脫國字）　則民失耕業（誤作民耕失業）　必可牽制川陝之寇（寇誤作意）　兵費用不貲（兵字衍）　六軍皆受節制（受誤作授）　至潤州丹徒前軍反（脫至字）　乃獲對歘（歘應作焉）　鎮南定江軍節度使（鎮南一作鎮安）　罷爲醴泉觀使（脫醴字）　贈太師（一作太保）

三朝北盟會編卷第一百九十五

炎興下帙九十五

起紹興九年五月盡六月二十一日己巳

五月張俊韓世忠來朝

復南京歸德府爲應天府許州爲應昌府陳州爲淮甯府潁州爲順昌府壽州爲壽春府曹州爲興仁府渭州爲平涼府慶州爲慶陽府延州爲延安府

州府之名自陷僞之後經金人及劉豫更改者今復其舊

孟庾爲西京留守兼河南府路宣撫使路允迪爲南京

留守兼應天府路宣撫使

李世輔入延安府遂執夏國宰相王樞歸朝廷

初李世輔奔夏國乃說夏國發兵可以取陝西五路夏國主信之發兵五萬别差都統與世輔共總兵政以宰相王樞監其軍長驅至延安府三十里下寨世輔以二千騎至城下問延安府守者姓名曰趙惟清世輔曰金人不道殺戮我滿家良賤我今提夏國精兵爲亡者雪寃呼惟清開門惟清曰太尉自與大金爲仇讎何與於大宋而欲攻大宋之州府世輔問延安府今爲誰守惟清曰大金已割三京地界還之大宋已行赦書到府官軍民拜恩畢今爲大宋也世輔驚請赦文一驗之惟清以眞本示世輔世輔曰然則世輔請以左右數十人入議事惟清從之門啓世輔入城見市井間百姓歡笑之聲乃知割地事審的遂與惟清約以單騎回軍中併殺夏國頭領南歸朝廷卽率腹心數十人回軍中聲言生執到延安府官屬是夜王樞具飲於帳中夏國都統與世輔皆在坐夏國軍馬悉全裝鐵甲列寨下酒三行世輔命執到延安府官屬入於是世輔腹心人僞擁數人至帳下世輔卽起掣刀一手執王樞一手殺夏國都統帳下大喧

諸軍皆不知其因聞風墮坑塡谷死者莫知其數迨曉世輔招諭餘衆得馬僅二萬匹遂往延安謀欲歸朝廷或謂世輔曰太尉威聲著於大金與夏國矣於大宋則未有寸功當今之計莫若就馬聚兵長驅直渡黄河乘勝取河北河東獻於朝廷則歸之爲有名矣世輔猶豫聞樓炤宣諭陝西將及近境有勸世輔見炤陳叙歸朝之意者或者曰不可大丈夫不就功名則已如欲就功名若一見樓炤宣諭雖欲渡河不可得矣亦會炤以書與世輔期相見世輔遂見炤炤具揚天子德意勉世輔速歸朝廷世輔遂以王樞偕

行留馬在陝西後欲起綱至行在而金人敗盟皆爲金所有

士㒟張燾祗謁陵寢回

士㒟張燾往西京朝陵自陳蔡歷汝潁以至京洛延見父老布宣天子德意迨至柏城披荊棘履榛翳隨宜葺治展敬成禮而還回到行在卽日入對燾具劄子奏曰臣竊惟國家遭百六之戹致夷虜肆蛇豕之毒此七字改作異域憑陵之患禍流海宇上及山陵臣猥被使令恭修祗謁之事至於柏城慟哭深惟虜罪改作敵釁義難戴天雖窮誅極討殄滅之未足以雪此恥而復此讎

也恭惟陛下聖孝天性豈勝痛憤之情顧以梓宮兩宮之故方且與和未可遽言兵也然祖宗在天之靈震怒既久豈容但已異時躬行天討得無望於陛下乎矧惟自古戡定禍亂非武不可狼子野心此四字改作敵人二三其德不可保恃久矣伏望睿慈仰思歷聖責望之重俯念億兆祈向之切益勵將士益修武備夙興夜寐念茲在茲以俟釁隙起而應之電埽風驅雲撤席卷盡俘醜類改作其衆告功諸陵使天下誦之萬世美之如是然後盡天子之孝而爲子孫之責塞矣上問諸陵寢如何燾不對唯言萬世不可忘此賊改作仇上爲之黯然燾又奏諸陵下石澗水自兵興以來涸竭幾十五年臣至陵所修誠禮畢水卽大至父老歎異以爲中興之祥上喜後以語宰相曰張燾言必不妄燾又奏訪聞虜改作金人於淮陽軍採木作筏不計其數又行造繩索甚多不知其意安在如此等事在我豈可不知諸將以朝廷嘗有不得遣間探指揮各務省事遂不復遣虜改作金人奸猾刪此二字廣置耳目我之動息彼無不知虜改作金之情狀我則漠然不聞臣竊惑之臣又見黃河船盡拘北岸悉爲所用往來自若北無一人敢北渡者豈有是理哉臣願陛下戒飭邊吏謹

封疆嚴守禦廣耳目明斥堠先事而預防之庶無後悔又言新復州縣官吏差遣皆以賄得公肆侵漁取償百姓乞令監司嚴行約束又言撫綏之道以安靜不擾爲先今使命絡繹民間困於將迎不安其居非所以慰來蘇之望又言訪聞陝西諸帥皆不相下動輒喧爭設有緩急豈能使其協力不若置一大帥使之節制則首尾相應緩急可恃願陛下留意無忽燾之所言切中時務宰相秦檜方主和議惟恐少忤虜情改作金人故事皆不行

六月二十一日己巳吳玠薨

中書舍人王綸爲公墓銘曰公諱玠字晉卿世居德順之隴干公少沈毅有志節善騎射知兵讀書能通大義未冠以良家子隸涇原軍政和中夏人犯邊力戰有功自是威名益振建炎二年金人內侵已三載矣春渡河出大慶關略秦雍所過城邑輒下三月還自鞏州至鳳翔隴右都護張嚴邀戰失利敵勢愈張謀趨涇州大將曲端拒守麻務鎮命公爲前鋒公進據青溪嶺逆擊大破之敵始有憚公意三年冬劇賊史斌寇興鳳據長安謀爲不軌公擊斬之轉右武大夫四年春擢涇原路馬步軍副總管金人謀取環慶

大將婁室（改作羅索）以衆數萬出麻亭公逆戰於彭店原士殊死鬬殺傷過當敵懼引去而曲端劾公違節度坐降武顯大夫罷總管論者不平未幾復故官職改秦鳳路馬步軍副總管知鳳翔府權永興軍路經略安撫司公事進復長安宣撫處置司將合五路兵與金人決戰公謂宜各守要害以待其弊秋九月師次富平都統制會諸將議戰公又曰兵以利動今地勢不利何以戰宜據高阜先爲不可勝者衆曰我師數倍又前臨葦澤非敵騎所宜不聽既而敵驟至囊土踰淖以薄吾營軍遂大潰而五路俱陷巴蜀大震公獨整衆保散關之東曰和尚原積粟繕兵列柵其上或謂公宜屯漢中以安巴蜀公曰敵不破我不敢進堅壁重兵以臨之彼懼吾躡其後保蜀之道也明年改元紹興春三月敵將沒立（改作默呼）果率銳兵期必取而後進公擊敗之眞拜忠州防禦使兼帥涇原夏五月沒立（改作默呼）復會別將烏魯折合（改作烏嚕哲爾格）衆數萬使二將由階成出散關先至公與之戰三日大敗而去沒立（改作默呼）方攻箭筈關公復遣麾下擊退卒不得與二將合轉明州觀察使丁母嘉國憂起復尋兼陜西諸路都統制敵自破契丹以來狃於常勝至每與公戰

輒北不勝其憤冬十月其元帥四太子者會諸道兵十餘萬造浮梁跨渭水自寶雞連營三十里又疊石爲城夾澗水與官軍相拒公指揮諸將選勁弓弩號駐隊番休迭射矢發如雨敵稍卻則以奇兵旁擊如是三日度其困且走則爲覆於神岔峪待其歸覆發衆大亂俘其將羊哥孛堇（改作英格貝勒）及其酋（改作首）領三百餘人甲士八百六十人尸塡坑谷者二十餘里獲鎧仗數萬計拜鎮西軍節度使二年兼宣撫處置使司都統制節制興文隴州敵久窺蜀必欲以奇取之三年春裒其兵又盡發五路叛卒聲言東去反自商

於出漢陰擣梁洋金州失守公亟率麾下倍道疾馳且調兵利閬既至適與敵遇使人以黄柑遺其師撒離喝（改作薩里罕）大驚曰吳公來何速耶遂大戰饒風關凡六日敵皆敗殺傷不可勝計撒離喝（改作薩里罕）怒斬其千戶孛堇（改作貝勒）數人以死犯（改作奪）關出官軍後公徐結陣趨西縣或曰蜀危矣公曰敵去國遠鬭而死傷大半吾方全師以制其敝蜀何憂也月餘敵果退加檢校少保充利州路階成鳳州制置使四年春二月敵復大入犯（改作趨）仙人關公預爲壘關旁曰殺金坪嚴兵以待敵據阜戰且攻壘公命將士更射叉出

鋭兵擊其左右戰五日皆捷敵復遁去上聞之嘉歎賜以親札曰朕恨不撫卿背也是役也敵決意入蜀自其元帥以下皆盡室以來又以劉豫腹心爲四川招撫使既不得志度公終不可幸勝則還據鳳翔授甲屯田爲久留計自是不復輕動矣夏四月徙鎮定國軍除川陜宣撫副使秋七月録仙人關功進檢校少師奉甯保静軍節度使五年春攻下秦州六年兼營田大使徙鎮保平静難軍公與敵對壘踰十載常患遠餉勞民屢汰冗員浮費歲益屯田至十萬斛又調戍兵命梁洋守將治褒城廢堰廣溉民田復業者數萬家朝廷嘉之每降璽書褒諭七年冬敵廢劉豫且益兵衆以爲疑公策其將去九年春和議成上以其功高復賜親札進開府儀同三司四川宣撫使遣內侍齎詔以賜而公已病甚扶掖聽命自以賞過其勞固辭優詔不許六月己巳以疾薨於仙人關治所享年四十有七公用兵本孫吳而能知其變務遠大不求近效故能保其必勝御下嚴而有恩視士卒之休戚如己而同其甘苦故人樂爲之死其任將佐等功賞斷以公論無親故權勢之徇故麾下諸將多以功顯既貴而自奉之約不逾平時至推解以予士則

不少吝故家無餘貲至無宅以居嗚呼雖古名將何以加諸後胡世將爲川陜宣撫使公弟吳璘適在軍中一日從容問公所以戰則曰璘與先兄束髮從軍屢戰西戎不過一進卻之間勝負決矣至金人則勝不追敗不亂整軍在後更進迭卻堅忍持久令酷而下必死每戰非累日不決蓋自昔用兵所未嘗見勝之之道非屢與之遇者莫能盡知然其要在用所長去所短而已蓋金人之弓矢不若中國之勁利而中國之士卒不若金人之堅忍盡吾長技洞中甲數百步外則彼固不能及我據其形便更出鋭卒與之爲

無窮以挫其堅忍之勢則我固有以制彼至於決機兩陣之間變化如神默運乎心術之微則殆有不能言以是知公之深於兵也十年詔立廟於仙人關賜額曰忠烈謚公武安

吳武安功績記序曰忠烈吳武安公中興名將其撫養士卒似吳起其勤儉精力似陶侃違令必戮似孫武子憂國遠計不倖近功似趙充國身殁之日知與不知莫不流涕又似李廣與羊祜也是以能勝所難勝守所難守以保全蜀使有數年之壽則中原之復可幾也方其薨也其長子未冠而二季尤幼胡宣撫為行狀不詢其子使二舊吏立供為之墓誌又據行狀而言是以如是之不詳乾道乙酉予既作補遺志其大者凡數十事以遺其少子參議且類宸翰詔命碑鐫為一集目之曰保蜀忠勤録庶備國史異時採擇因使蜀士大夫知本末而後之為大將者有所矜式書成人喜讀之薦紳傳道已滿四川然意尚有遺也近得明庭傑從政所撰功績記文實語詳果有未聞知者詢其來由則云方忠烈用兵渠在張魏公幕府親所聞見宣撫司參議馮康國元通命記其事是可信也因鏤之集中以補遺焉岐下張發書

賜進士出身頭品頂戴四川等處承宣布政使司布政使清苑許涵度校刊

三朝北盟會編卷第一百九十五終

三朝北盟會編卷一百九十五校勘記

官吏軍民拜恩畢（脫吏字）　比無一人敢北渡者（比誤作北）

洞中重甲數百步外（脫重字）

三朝北盟會編卷第一百九十六

炎興下帙九十六

起紹興九年六月二十一日己巳盡其日

吳武安公功績記曰吳玠字晉卿世居德順之隴干曾祖謙太子太保祖遂太子太傅父扆少保三世皆以義烈聞侯少沈毅尚氣節長於騎射曉兵法讀書能通大義未冠以良家子隸涇原軍政和中夏人犯邊壘戰立功補進義副尉權隊將討浙西賊方臘破其眾又破河北賊累功轉忠訓郎權涇原第十一正將夏人攻懷德軍以百餘騎突擊追北斬首百四十

有六轉秉義郎擢本路第十二副將建炎三年金人內侵已三載矣春渡河出大慶關婁室（改作羅索）殘長安鼓行而西跨鳳翔扼隴不浹旬降秦州垂頭熙河隴右大震熙帥張深遣偏將軍劉惟輔禦賊（改作之）殺其帥黑風（改作哈芬）大王婁室（改作羅索）失勢遁走深更遣隴右都護張嚴以兵繼進嚴趨鳳翔五馬坡下兵敗死之惟輔自鳳翔石鼻寨遁歸熙州經制司統領劉延亮棄鳳翔歸曲端端斬以徇端與侯大兵屯北原堅壁不動金人謀趨涇州端拒守麻務鎮遣侯以前軍討賊（改作迎敵）侯進據青溪嶺逆擊大破之轉武功郎涇原

路兵馬都監知懷德軍令率本道兵復華州城破將士無殺掠民皆安堵轉武功大夫忠州刺史劇賊史斌寇興鳳據長安謀不軌侯進兵夜襲其城斌出戰斬其首轉右武大夫四年春擢熙河路馬步軍副總管金人謀取環慶大將婁室改作羅索以衆數萬攻麻亭侯逆戰於彭店士殊死鬬殺傷過當而曲端劾侯違節制落武顯大夫論者不直之未幾復故官改秦鳳路馬步軍副總管知鳳翔兼權知永興軍路經略安撫使司公事進復長安轉右武大夫忠州防禦使先是侯與曲端起兵涇原招流民潰卒捍禦金賊改作師

所過人供糧秸道不拾遺猛士如林甲軍蔽野每戰必先占高原必勝之地未嘗敗衄賊改作敵稍北退河東不敢逾河飲馬時朝廷遣樞密張公董師川陜許以便宜不從中制樞密移檄諸路將臣與賊改作金大戰召端與侯問籌策端云平陽廣野賊改作敵便於衝突而我軍未皆習戰須教士十年然後可以大舉侯云高山峻谷我師便於駐隊賊改作敵雖驍勇甲馬厚重終不能馳突我據嵯峨之險占關輔之勢賊改作敵雖强悍不能據我尺寸地宜幕僚佐一以為迂緩一以為怯懦置其言而不用棄其人而弗親秋九月師次富平都統制會諸將議戰侯曰兵以利動今地勢不利將何以戰且徙據高阜制賊馬改作敵騎衝突諸將皆謂不然云我師數倍又前臨葦澤非鐵騎所宜都不聽既而賊此字改作金兵驟至囊土逾澤以薄吾營王師大潰五路悉陷巴蜀大震侯獨整衆保散關之東和尚原積粟繕兵列栅其上或謂侯宜進屯漢中以守巴蜀侯曰賊不破我詎敢輕進吾堅壁重兵下瞰雍甸彼懼吾襲其後保蜀良策也越明年改元紹興春三月金國沒立改作默哷郎君率鋭兵犯原上期必取而後進侯擊敗之眞拜忠州防禦使夏五月沒立改作默哷

及渾女改作和尼郎君馬五太師耿太師復會别將烏魯孛堇改作烏嚕貝勒使二將由階成出大散關先至侯與戰二日連勝而沒立改作默哷方攻箭筈關侯遣麾下擊退不使二將合分兵掩襲兩皆潰去轉明州觀察使誥詞云朕以經理關陜付之樞臣奉將天威式遏亂略非有熊羆之士不二心之臣相與戮力盡忠內撫外禦則戡定之期未可歲月而冀膚功來奏懋賞是宜忠州防禦使秦鳳路經略安撫使馬步軍都總管吳玠材氣不羣忠勇自奮策足功名之會騰聲關隴之間比者擢帥涇原盡護諸將岐下之戰尤為雋功獲

其酋改作隊豪醜類改作敵因折北是用酬其多捷陟以廉平夫雄職美官朕所以待功能之士也益奮爾烈朕無愛焉可特授前件官未幾丁母劉氏嘉國太夫人憂起復尋兼陝西諸路都統制誥詞云孝移於忠者聖人之格言國爾忘家者人臣之彝憲而況分閫外之寄統諸路之師淬厲以須枕戈待旦其可以親喪廢乎觀察使吳玠比以功伐寖階顯榮卻敵有沈果之機馭軍適威愛之濟戰多由率懋賞既行邃深風木之悲方治金革之事矧臨敵忌於易將而制閫庸於奪情其安厥常無曠爾職尚能揚名於世以顯父母則忠孝之道兩得矣爾其勉哉可特授陝西諸路都統制金賊改作人自破契丹以來狃於常勝至是與侯戰輒北不勝其憤冬十月元帥四太子會諸道兵及正甲女眞此四字改作契丹渤海等數萬人造浮橋跨渭水自寶雞連三十里疊石爲城與侯拒戰侯指授諸將選勁弓强弩期以必死番休迭射賊改作敵稍卻則以奇兵乘險據隘橫攻夾擊如是三日度其必困遁走侯遣麾下伏神岔峪待其歸敵果遁走伏發賊改作敵潰俘其部將羊哥大孛堇改作大貝勒及酋改作首領三百餘人甲士八百六十人尸塡坑谷者二十餘里獲鎧

甲數萬計乘夜併兵劫賊改作其大寨四太子全軍陷沒勦殺殆盡幾獲四太子拜鎭西軍節度使御前差中使任充齎詔就賜云兵勢無前用兼必勝之將王靈克布允繫敵愾之威眷我虎臣時獻戎捷受盡護諸將之任當兼總兩帥之雄控臨要衝遏制侵軼永念雍州之域久罹羯虜改作北漢之災屬敵勢之方張厲兵鋒而益倍陰設奇伏躬率啟行下添遂字俘當戶之衆酋二字改作豪下添悉字殄引弓之羣醜二字改作衆威聲遐暢凱奏上聞班勞策勳敢後疇庸之典建牙擁節益隆制閫之權肆衍戶租仍加眞食並頒徽數式示眷懷於戲迪果毅於戎昭益申威於武備方乘戰勝之功行賜山河之誓勉恭迺事圖報異恩可特授鎭西軍節度使陝西諸路都統制武功縣開國子食邑五百戶食實封二百戶紹興二年兼宣撫使司都統制節度使興文隴州賊改作金久窺蜀必欲以奇取之撒离喝改作薩里罕與四太子懲前日之敗不敢窺和尚原紹興三年春裒其兵三十萬又盡發諸路簽軍聲言東歸太原反自商於出漢陰擣梁洋金州失守侯亟率麾下騎兵倍道疾馳晝夜數百里急調兵利閬徑趨金洋先以黃柑數百枚犒賊改作其帥曰大軍遠來聊奉止

渴今日決戰各忠所事撒离喝改作薩里罕以杖擊地大驚曰吳侯爾來何速耶不敢進盤桓累日侯得以其暇治饒風嶺之寨柵方據要險而賊改作敵已麾眾軍急上遂大戰饒風嶺上凡六晝夜賊改作敵皆敗衄撒离喝改作薩里罕大怒斬其千戶孛堇改作貝勒數十人以死犯改作奪關又潛軍間道踰蟬溪嶺出官軍後侯按兵夜徑趨西縣或曰蜀危矣侯曰賊改作敵埽地而來去國遠鬬而死傷大半吾以全軍扼其吭蜀可無憂侯遂為清野之謀分屯諸將示以擣虛之勢賊此字改作金師便旋行中梁山浹月一夕潛遁撒离喝改作薩里罕歸乃

服侯善用兵勢不能破乃密遣通書百端閒誘言金國威德之盛智勇之奇甲兵之強公宜相時而動侯復書云玠謹白金國都統足下遠蒙示書且審雅懷士各有主不容緘默彼已之情不通空相猜貳無復平定時也輒攄愚悃覆答雅貺惟足下亮之夫華夷刪華夷至此七字改作君臣有異分此天下大義古今下添有字常理順之則治逆之則亂披觀傳記數千百年夷狄之亂中華與夫叛臣賊子稱兵犯順卒不旋踵夷滅無遺類者以其刪夷狄至此二十八字悖改作蔑大義下添而字反常理下添者字神人憤疾天地不容也下添伏念二字我太祖皇帝挺生五

季遭時昏亂堅守臣節委贄柴氏仗順討逆功塞宇宙屬世宗棄代歷數有歸百萬之眾懽呼擁戴不得已而君之不殺一士不墮一城與堯舜何異哉深仁厚德布濩涵養行一二百年民至老死不識干戈上下狃習武備不修戎器不備賊盜乘之郡縣瓦解至今五六年而未定此蓋太平日久持盈守成失其道也而謂金國威德之盛甲兵之強果能至是乎且金國行師戰勝得志亦有由也陷城破邑縱士剽掠恣其所取卒徒貪得刪恣其至此八字鼓勇爭奮勝則勝矣而殺傷殘賊變動和氣亦刪殘賊至此七字改作為已甚矣字刪此以

此用士利盡則士不可使以此決勝財殫則戰不可必足下視今之天下何如遭燒刦者十不存一二耕農失業商賈流亡餓死者相枕籍所謂財利何有哉竊憂足下之士自是不可以使足下之戰自是不可以必足下亦可以少休哉乃復據青徐之壤掖扶改作扶掖斗筲之子俾伴擁虛器彼劉豫者嘗北面本朝備位臺省負上皇拔擢之恩臨難畏懦不能以死報國而乘便抵閒僥倖非望三尺童子皆知鄙棄而唾罵之其尚何顏面以視聽於天地之間望天下歸之耶然金國既以夷亂華刪此五字又乃改作挑賊豫以臣反君

顧天下大義古今常理金國盡埽除之矣〔刪金國至此七字改作何在〕而欲以靖亂不知適所以召亂也主上聰明孝友慈仁恭儉聞於天下如奉使金國不能留暨京師之變適治兵藩閫謳歌攸屬嗣位應天實太祖與王之地天意昭昭可見矣維揚之役大兵奄至倉皇無備中外失色然大駕南下橫衝風濤幾數千里如行衽席厮役之卒無一不備而金國之士漂流沈溺者過半此足以見天之不棄趙氏卒欲安全之也今乾象清明星緯順行隆冬屆寒日星温晏陽盛陰剝此中〔改作我〕國之福民心日以固士氣日以振太平可指日而俟以金國之眾自稱多材豈無深明天道而不知審擇取舍安定天下尚爲前之紛紛果何爲耶往者契丹與中國結爲兄弟騂牡相要天日是誓信使往來絡繹於道兩朝赤子實便安之而我納奸人之謀忽棄載書墜失大信故上天薄罰降此災戾然核其禍端窮其亂源鼓作交鬬金國與有力焉比聞契丹仇怨金國深入骨髓渤海奚霫從而和之將會召英豪糾集徒旅借援中國南北通款復尋舊盟併力合勢以逞憾於金國金國之兵暴露鬬戰淹閱歲時力疾氣衰腹背受敵足下能保必勝乎闇機事殞威

名隳成功蔓後患資天下萬世口舌之士詆薄訕笑金國獨何取也玠世爲宋臣食趙氏之祿孕子育孫於中原之地儻有二心天地鬼神實誅之乃辱貽說使相時而動足下度玠豈苟得無恥見利忘義者也一言之失駟馬莫及竊爲足下惜之春律方初萬彙熙泰惟逖去墳墓羇遊萬里之遠軍中倥偬頗安樂否更冀加謹眠食以養新春和平之福玠白撒离喝〔改作薩里罕〕得書大不平日與諸將熟議攻玠紹興四年春二月賊〔刪此字〕復大入撒离喝〔改作薩里罕〕四太子蓄忿日久糾合兵數十萬轉三河之粟魚貫蟻附決意取蜀自元帥以下皆盡室以來又以劉豫腹心爲招撫使召諸路簽軍列屯寶雞綿亘數百里進攻自鐵山鑿崖開道於仙人關高嶺上立大柵下瞰侯營循嶺東下直攻侯軍侯自以萬人當其前公弟總管吳璘由七盤關不待令率輕兵倍道入援其兄四太子聞之與皇弟郎君分領萬戶酋〔改作隊〕長擁兵急攻又往攻殺金坪野寨對壘剳連珠硬寨數十座又來侯營前立礮數座擊我營侯令營中併發神臂弓飛火礮斃賊〔改作之〕無數統制官田晟總兵深入追賊〔改作敵〕賊〔改作敵〕又發生兵萬餘擊營左侯分兵力戰卻之賊〔改作〕

敵不退又添生兵擁洞子雲梯直前攻城身侯兵向前用礮打洞子碎用撞竿撞雲梯倒賊（改作敵）怒縛虛棚戰樓別遣大孛堇（改作貝勒）擁銳卒萬餘一發乘城侯令統制官楊政領長槍防刀手深入刺打隔斷賊（改作敵）又遣二孛堇（改作貝勒）總正甲金人二萬夾攻柵兩肋吳璘左右遮護血戰殺賊（改作敵）賊皆引卻撤离喝（改作薩里罕）駐馬四顧良久云吾得之矣翌日號令諸軍併力共攻侯營兌方一樓子自寅至午危甚姚仲爲統領只在樓上酣鬭樓已傾側仲以絹爲繩拽使復正賊（改作敵）以火焚樓柱仲以海壺擊滅火賊（改作敵）布神

臂弓東嶺下侯亦發神臂弓五百隻與之對賊（改作敵）退去郎遣王萬年劉鈐轄濬水王武宣贊分柴白旗入賊（此字改作敵）壘賊（改作敵）奔潰抵夜侯別遣五將分更刦寨晝夜數十合金人困憊死傷以萬計郎斂兵宵遁殺死千戶萬戶甲軍萬餘得傍牌銃槍金鼓旗幟數千件左軍統制張彥夜刦賊（改作金人）橫山寨斬首千級生擒將領二十人侯又遣統制官王俊設伏河池扼賊（改作其）歸路生擒百餘人斬首千級得甲馬旗幟無數侯悉兵尾襲直過和尙原去上聞之嘉歎賜以親札云史謂趙充國沈勇有大略其用兵以全師保勝爲策乃漢中興良將也朕嘗思其人以濟大業比見宣撫司奏金人擁大兵而來有吞噬四川之心卿能保關克敵挫彼虎狼之銳而壯朕興復之威非謀以濟勇能若是耶朕之所思今乃見之但恨阻遠不得撫卿背而慰朕心也更在不驕其志益厲軍情則所謂濟朕莫大之業者非卿而誰耶已降親筆除卿宣撫使及繼以朕所御戰袍器甲等物賜卿想已畢達今朝廷見議賞典先飛此數字聊寫朕懷金人久不得志則還據鳳翔授甲屯田爲久留計自是不敢輕動侯以熙河經略使關師古自洮岷領選鋒統制李

進前軍統制王師古後軍統制戴越打糧河州襲大潭縣掩骨谷鎭賊慕洧拔寨去師古由殺馬谷攻焦山務焚田家村圍子谷深入賊境（刪此二字）至石要嶺忽遇金賊（改作人）大兵一戰敗績師古旋師大潭內懷慚懼悉還兵宣撫司隻身往降賊（改作金人）侯愛此軍忠義無一人一騎從師古叛者撫存勞徠捐其家財厚資給之兩軍旣合中外一心失一匹夫於師古得萬貔貅於行陣侯由此軍精甚四月徙鎭定國除川陝宣撫副使秋七月朝廷錄仙人關功進檢校少師奉甯保靜軍節度使五年春侯復向天水出奇兵下秦州

六年兼營田大使徙鎮平保知靜難軍侯與金賊對（刪此二字）交戰踰十年熟其軍壘曲折知其部領堅脆常以一當百惟慮遠餉勞民屢汰冗員官節浮費歲屯田至十萬斛又調戍兵命梁洋守將治褒城廢堰廣溉民田復業數萬朝廷嘉之下璽書褒賞七年冬賊（改作金）廢劉豫召諸道兵聲言入蜀侯獨謂不然策其將去已而果然和議成上以侯功高賜親札進開府儀同三司四川宣撫使而侯已疾自以賞過其功固辭優詔不許九年春三月侯以疾革乞解事天子惻然憂之命成都守胡世將訪蜀善醫者治其疾又馳

國醫往視未至而侯以六月已巳薨於軍享年四十七巳亥遺表聞上震悼輟視朝特贈少師九月丙申其弟璘奉喪葬於德順軍永洛城十一日戊申上念公不已賜錢三十萬擢璘龍虎衞四廂都指揮使以慰恤其家侯能撫士卒同其甘苦至軍政則斬刈一不貸故人人效死如建炎二年曲端屯麻務鎮督戰侯遣列校三百七十餘人於大谷比較嶺迎戰矢石未交望風奔潰伏匿山谷四年侯招兵秦鳳前三百四十餘人出赴招安侯問訊再三搜索非是者五六人斥遣之餘三百七十人悉斬於邊亭下去秦州十里士卒股慄自是出戰人皆效死至第功賞則雖以公論無請託之私性樂善每觀史傳有可師者必書之座右日誦幾過其用兵本孫吳而能窮其變化雖功高貴顯而居常極儉約至推以予士則略無少吝其卒也家無餘貲至無宅以居三子拱佐武郎扶撝皆爲文官承奉郎以經史自娛明庭傑賞試論之曰漢皇甫規張奐皆生長山西應賢良中高選規以詩易傳授門弟子三百餘人奐著尚書疑難五十餘萬言以垂世設教二公尚武兼文俱仕度遼將軍破胡虜（改作敵）定以千萬計觀規自布衣時以西羌深入上書

願假近邊無用坐食之兵五千使規爲將上可以除患下可以納降奐每言大丈夫處世當爲國家誅滅胡虜（改作埽）廓邊境嘻此皆前輩豪俊語邇者天子（缺）知元通與吳侯相知之深想吳侯諸子必皆稔聞今元通功高言重若他日會悟吳侯家一朝奉嘗語之曰山西出將二公家世邊人將門出將二公奕世將種大丈夫當用長槍大劒定天下安從文官學弄筆墨也元通曰然俊民論議極有補於世當並爲我書於吳侯傳末云宣撫司薦士明庭傑記

林泉野記曰吳玠字晉卿德順軍人沈勇知書少隸

曲端爲將張浚宣撫川陝用爲都統制紹興元年十月金人陷鳳翔府寶雞縣至和尙原玠遣弟璘及統制雷仲三戰皆敗之又敗之神岔峪口自是累三十餘陣皆克擒萬戶羊哥孛堇改作英格貝勒粘罕改作尼堪壻也及不路孛堇改作博囉貝勒二十餘人兀朮改作烏珠中箭而遁蜀土賴之以功加鎭西軍節度使浚還朝留玠守川口四年兀朮改作烏珠欲入寇劉豫弟益方知長安密使告玠爲備二月果犯興州仙人關兀朮改作烏珠使謂玠曰趙氏已衰不可扶持公來當擇善地百里而王之玠曰業已事趙氏不敢有二於是尅期與戰虜此字改作

烏珠大敗自後每遇輒勝都統郭震爲兀朮改作烏珠所襲敗玠日與壘戰郭震爲兀朮改作烏珠亦復攻之虜改作烏珠又敗四月再敗虜此字刪於鳳州幾獲兀朮改作烏珠復秦鳳隴州降簽軍七萬玠對敵常乘肩輿作樂除四川陝西宣撫處置副使進檢校少保奉甯保靜軍節度使五年以所統爲行營後護軍六年檢校少師靜難軍節度使於興州九年議和改宣撫使仍開封儀同三司六月以疾薨年四十七賜錢三十萬弟璘加開府儀同主其軍三子供扶撝部曲楊政田晟姚仲王彥雷仲皆名將

賜進士出身頭品頂戴四川等處承宣布政使司布政使清苑許涵度校刊

三朝北盟會編卷第一百九十六終

三朝北盟會編卷一百九十六校勘記

董師川陜 師誤作帥 烏魯孛堇折合孛堇 此脫四字 陟以廉平 平一作車 自寶雞連營三十里 脫營字 詆薄姗笑 姗誤作訕

明廷傑嘗試論之 嘗誤作賞 俱任度遼將軍 任誤作仕 當語之曰 當誤作嘗 邇者天子 一作邇者天子知元通與吳侯相知之深無缺文

郭震爲兀朮亦復攻之 爲兀朮三字衍

三朝北盟會編卷第一百九十七

炎興下帙九十七

起紹興九年七月盡十月十一日戊午

七月王倫藍公佐往金國

王倫以奉使金國至東京權留守至是東京留守孟庾至京師倫遂與其副藍公佐渡黃河北去至北留倫不還獨遣公佐歸

金人殺兀室 改作烏舍 蕭慶

節要曰誅兀室 改作烏舍 蕭慶詔朕席祖宗之基撫有萬國仁幬德覆罔不臣妾而帷幄股肱之舊敢爲奸欺開封儀同三司尙書左丞相陳王希尹 希尹兀室名○兀室改作烏舍 猥以軍旅之勞寖備宰輔陰愎險惡出其天資蔑視同僚事輒異論頃更法令之始永作國朝之規務合人情每爲文具比其改革不復尊承幾喪滔風徒成澆政至乃未有詔諭遽先指陳或託旨以宣行每作威而專恣密置黨與懷爲誕謾僭奉玉食之尊荒怠梟鳴之甚外擅家國之利內睽骨肉之恩日者帥臣密奏奸狀已萌蚤弗加誅死不瞑目顧雖未忍灼見非誣心在無君言尤不道逮燕居而竊議謂神器以何歸稔於聽聞迄致彰敗躬蹈前車之既覆豈容

蔓草之弗圖特進尚書左丞蕭慶迷國罔悛欺天相濟將致於理咸伏厥辜嗚呼賴天之靈旣誅兩觀之惡享國無極永保億年之休咨爾臣民咸體予意

神麓記曰悟室（改作烏舍）與國同姓完顏氏母姙三十箇月生名曰悟室（乃三十也。悟室改作烏舍）長而身長七尺餘音如巨鐘面貌長而黃色少鬚髯常閉目坐怒睜如環創撰女眞文字動循禮法軍旅之事暗合孫吳自謂不在張良陳平之下初兀朮（改作烏珠）往祁州元帥府朝辭旣畢衆官餞於燕都檀州門裏兀朮（改作烏珠）甲第至夜闌酒酣皆各歸惟悟室（改作烏舍）獨留嗜酒敲兀朮（改作烏珠）首曰爾鼠輩豈容我敲哉汝之軍馬能有幾何天

下之兵皆我有也言語相激兀朮（改作烏珠）佯醉如厠急走騎告秦國王宗幹云兄援我秦國王與悟室（改作烏舍）從來膠漆及謀誅魯宋之後情轉相好遂言語遮護之曰悟室（改作烏舍）實有酒豈可信哉兀朮（改作烏珠）出次早以辭皇后爲名泣告皇后如前后曰叔且行容款奏帝耳兀朮（改作烏珠）遂行后具此言白東昏使兀朮（改作烏珠）親弟燕京留守紀王阿普（改作鄂博）追兀朮（改作烏珠）至良鄉及之回兀朮（改作烏珠）密奏帝曰朕欲誅老賊久矣柰秦國王方便援之至此自山後沿路險阻處令朕居止善好處自作捺鉢以我骨肉不附已者必誣而去之自任其腹心於權要之務此姦狀之萌惟尊叔自裁之是夜詐稱有密詔入兀室（改作烏舍）所居宅第執而數之賜死同難臥魯南（改作鄂嚕納）撒瀛（改作薩伊游）盧哥濛（改作蘇克穆爾）鐵哥滋（改作特古斯）四子遇害右丞蕭慶幷子男亦被誅

松漠記聞曰陳王悟室（改作烏舍）加恩制貴貴尊賢式重儀型之望親親尚齒亦優宗室之恩朕俯追羣情祗膺顯號爰第景風之賞孰若台曜之先凡爾在廷聽予休命具官屬爲諸父身相累朝蹈五常九德之規

爲四輔三公之冠當艱難創業之際籍左右宅師之勤如獻兆之信蓍龜如濟川之待舟楫迪我高后格於皇天屬正統之有歸賴嘉謀之先定緝熙百度董治六官雍容以拆肘腋之姦指顧以定朔南之地德業茂著古今罕倫迨茲慶錫之頒詢及僉諧之論謂上公之嘉命有九而天下之達尊者三旣已兼全無可增益乃敷求於載籍仍自斷於朕心杖以造朝前已加於異數坐而論道今復舉於舊章蕭相國賜詔不名安平王肩輿升殿併滋優渥以奬耆英於戲建無窮之基則必享無窮之福賜非常之禮所以報非

常之功欽承體貌之隆共對邦家之祉

又曰巳未年五月客星守魯悟室(改作烏舍)占之太史曰不在我分野外方小災無傷至七月魯兗宋滕虞諸王同日誅庚申年星守陳太史以告宇文語悟室(悟室時爲陳王。悟室均改作烏舍)悟室(改作烏舍)不以爲怪至九月而誅虜亦應天道如此(刪虜亦至此七字)余覩(改作伊都)始之降約燕京統軍反統軍之兵皆契丹人余覩(改作伊都)謀誅西軍之在雲中者盡約雲中河東河北燕京郡守之契丹漢兒令誅女眞之在官在軍者天德知軍僞許之遺其妻來告時悟室(改作烏舍)爲西監軍自雲中來燕微聞其

事而未信以通事漢兒那也(改作納延)回行數百里那也(改作納延)見二騎馳甚遽問之曰曾見監軍否以不識對問爲誰曰余覩(改作伊都)下人那也(改作納延)追及悟室(改作烏舍)曰適爾契丹云余覩(改作伊都)下人既在西京何故不識監軍(北人稱雲中爲西京)恐有姦謀遂回馬追獲之搜其靴中得余覩(改作伊都)書曰事已泄宜便下手復馳告悟室(改作烏舍)即回燕統軍來謁縛而誅之又二日至雲中余覩(改作伊都)微覺父子以遊獵爲名遁入夏國夏人問有兵幾何云親兵三二百遂不納投達靼(改作韃靼)達靼(改作韃靼)先授悟室(改作烏舍)之命其首領詐出迎具食帳中潛以兵圍之達靼(改作韃靼)善射無衣甲余覩(改作伊都)出敵不勝父子皆死凡預謀者悉誅契丹之黠漢兒之有聲者皆不免

又曰悟室(改作烏舍)第三子撻撻(改作達勒達)勁勇有智力兼百人悟室(改作烏舍)常與之謀圖蒲路虎(改作富勒呼)之死撻撻(改作達勒達)承詔旨入自從後執其手而殺之爲明威將軍正月十六日挾奴僕十輩入寡嬸家烝焉悟室(改作烏舍)在闕下(虜都也。刪注三字)其長子以告命械繫於家悟室(改舍)至問其故曰放偷敢爾悟室(改作烏舍)命縛杖其背百餘釋之體無傷虜法縛者必死(刪百餘至此十三字)撻撻

(改作達勒達)始謂必杖聞縛而驚遂失心歸至不能坐呼曰我將去人問之曰適蒲路虎(改作富勒呼)來旬日死兀室(改作烏舍)哭之慟曰折我左手是年九月悟室(改作烏舍)亦坐誅

節要曰兀室(改作烏舍)獵居庸關之東憩於山上遙見二馳遞者相遇於道立馬交談久而分去悟室(改作烏舍)疑之命數騎追一人至詰曰爾何人也曰余覩(改作伊都)使者以軍事詣燕山稿里(改作浩里)統軍司(稿里亦契丹也)悟室(改作烏舍)曰爾適相遇者彼何人也曰彼乃稿里(改作浩里)統軍之使余覩(改作伊都)者兀室(改作烏舍)曰爾等適立馬話及何

事曰問候兀室改作烏舍曰非也問候之語無許久又曰話別悟室改作烏舍曰亦非也話別之語無許久又曰敘家事悟室改作烏舍曰家事故非立馬敘又曰敘往事悟室改作烏舍曰往事亦非立馬敘馳者詞窮面赭又且戰慄不已悟室改作烏舍察其言色兼素疑余覩改作伊都稱里改作浩里皆契丹反覆之徒因以詐折之曰我知爾二人爲覩輩議者近有人密告余覩改作伊都稱里改作浩里反期於今日各有使至我故來此伺之果得爾輩夫何隱焉無何馳者實余覩改作伊都議反者也彼謂兀室改作烏舍果知故不敢隱余覩改作伊都之叛由是敗粘罕改作尼堪自

燕山令悟室改作烏舍西捕余覩改作伊都悟室改作烏舍至雲中余覩改作伊都已走悟室改作烏舍盡誅余覩改作伊都殘黨及擅殺粘罕改作尼堪次室蕭氏回至燕山請罪於粘罕改作尼堪曰蕭氏本契丹之元妃也與兄實乃讐仇實不得已而從之彼素忍死以事兄者將有待於今日也今既見事無成恐或不利於兄且兄横行天下萬夫莫當而此人帷幄之間可以寸刃害兄於不測矣事當預防況今至此某以愛兄之故已擅殺之粘罕改作尼堪起而謝之既而泣下噫禽獸此二字改作其同心若是宜乎能有成功也悟室改作烏舍姦猾改作機警多類此粘罕改作尼堪之

下諸酋改作人不可及之

八月蘇符爲禮部侍郎充賀正旦國信使使於金國

鄜延路經略關師古來朝

關師古先自陝西叛去及新復陝西地歸於朝廷師古來朝有認旗二面擁於馬後曰天下弓馬客一國教頭師初渡江凡見者莫不大笑

十一日戊午金人族誅魯國王都元帥撻懶改作達蘭

張匯金虜刪此二字節要曰初撻懶改作達蘭爲元帥宗磐爲上相二人據内外之權共圖不軌兀朮改作烏珠既平宗磐之難馳至燕山以圖撻懶改作達蘭除魯國王撻懶改作

達蘭爲燕京行臺左丞相除簽書杜充爲燕京行臺右丞相命初下撻懶改作達蘭謂使者曰我開國之功臣也何罪而使我與降奴杜充爲伍耶不受命遂叛初欲南歸朝廷不克既而北走至沙漠儒州望雲涼甸兀朮改作烏珠遣右都監撻不也改作托卜嘉追而獲之下祁州元帥府獄至八月十一日伏誅撻懶改作達蘭臨刑謂兀朮改作烏珠曰我開國起義之功臣也爾與我之功固有間矣今小酋刪此二字在上聽任讒邪殺戮股肱我恨圖之晚我死之後禍必及爾請速圖之無效我輩兀朮改作烏珠俛首無言

苗耀神麓記曰魯國王撻懶改作達蘭罷都元帥以四大子兀朮改作烏珠代之差吏部尚書亨作天使就祁州問罪撻懶改作達蘭怏怏謂無罪見誣遂與三子宗武宗旦宗望乃秦檜伴讀者也同妻槃哥改作槃格妃共議曰雖奪我元帥府兵馬尚有本千戶及强壯得力家人部曲可從山後詐僞赴凉徑往闕下問因何罪如是罷權忽有親信契丹人召哲改作珠展郎君知其謀遂告訴於兀朮改作烏珠急點强兵五百騎追至虎谷北口逢撻懶改作達蘭父子車營誘而執之聞奏遂賜死於祁州三子及妃皆遇害

遺史曰初秦檜在虜改作敵中與撻懶改作達蘭相善檜還朝爲宰相知撻懶改作達蘭封魯王檜欲間撻懶改作達蘭使貳乃令高益恭齎書與撻懶改作達蘭益恭者燕人與檜通心腹隨檜歸朝檜授以承信郎令齎書賀撻懶改作達蘭封魯勸撻懶改作達蘭就封以治魯地且已爲南朝宰相以相應令劉光世差人送益恭至沂州劉令莊金人寨取投文字光世令漣水軍山寨統領官王勛送益恭至金人寨得回文到清河遇祝友據楚州差人在清河把隘遂殺勛光世以承信郎借補勛之子恪益恭至祁州投書爲人所告金人遂殺撻懶改作達蘭一族良賤八百餘口而益恭以烹死

節要曰金人之陷山東多撻懶改作達蘭之力也撻懶改作達蘭久居濰州回易屯田遍於諸郡每認山東以爲已有其立劉豫也既不能收功於已又嘗怒豫不拜深有悔吝山東之意撻懶改作達蘭畫山東河北圖獻於虜改作金主曰河北素號富庶然名藩巨邑膏腴之地鹽鐵桑麻之利復盡在舊河之南我初與中國議可以河爲之界爾今新河且非我決彼人自決之以與我也豈可棄之今當以新河爲界則可外禦敵國內扼叛亡多有利吾國矣時吳乞買改作烏奇邁爲虜改作金主

粘罕改作尼堪之徒用事不得行之以撻懶改作達蘭請之再四姑取清州清州在舊河以東屬劉豫聊慰撻懶改作達蘭之意而已後粘罕改作尼堪吳乞買改作烏奇邁既死撻懶改作達蘭專權遂立主議以取山東諸酋改作帥謀之若獨取山東恐驚豫賊之心或至生事不若廢豫以取之也豫之廢也不惟積怨於下添金字諸酋改作帥又且山東爲累耳以是可見撻懶改作達蘭本心止有意於山東既得山東則遂其意矣而河南之地欲守之則兵連禍結卒無休息欲付予人以修豫之故事則知後者必鑑豫之失不無二心於是割河南之地以歸朝廷朝廷得河南皆

撻懶改作達蘭之力也不然則割地何不以舊河爲界斯可見矣其後中山府拘國信使王倫於館會諸路番删此字軍將欲叛改作背盟復寇改作收河南者蓋撻懶改作達蘭時與皇伯宗磐之徒陰謀叛逆欲起兵假以復寇改作收河南爲名爾

又曰紹興九年撻懶改作達蘭避暑於蔚州麻田大嶺下令諸隱藏被虜逃亡者家長罪死產業人口半沒官而半充賞仍於四隣之家共追賞錢三百貫發諸番删此字軍分詣諸路搜捕被虜逃亡者諸番改作軍爲利所誘苟遇村民便行陵虐捶掠之下間或得之苟非

亡者則曰爾當爲我指爾村或隣村所匿亡者一人以易爾身其人不得已而言之諸番改作軍每得一亡者則驅詣所匿之家拘收人口財物以及四隣生民無辜立成星散被害之甚不啻兵火或各持挺聚集相保番改作諸軍苟至遂或鬬敵由是所過捕戮積尸狼藉州縣囹圄爲之一盈此令初下始自蔚州次及嬀州安肅廣信保州北平中山祁州慶源信德之境黎元窮蹙羣起爲盜往往宰耕牛自焚廬舍相率上山及三萬餘衆捕捜遂止撻懶改作達蘭將反故使民爲亂而籍以起兵也

松漠記聞曰楊哥改作揚格太師無子以其姪阿骨打改作阿固達之弟謚曰文烈者爲子其後楊哥改作揚格太師生子撻懶改作達蘭乃令文烈歸宗

又曰撻懶改作達蘭封魯王爲元帥後被誅其子太拽馬亦被囚赦得出庶子烏拽馬改作烏雅美名敦字勉道删此五字今爲平章

僞史官李成男李大諒征蒙記曰天眷元年都元帥魯國王撻懶改作達蘭總四輔南行府都統河南諸路軍兵公事總副元帥大王四太子至京追呼四輔諭曰都元帥割三京還南宋何緣不諭吾計議其中都元

帥必有逆謀欺罔國朝恐與南宋別有異圖其理未當爾等四輔自今後都元帥府應有行移軍文字如吾不在府第無吾手押不得承受回報故來面諭爾等切宜謹守祇待吾急赴國朝整會割還地土是時大諒父成在中山府謂大諒曰今北狄猖獗改作庭不靖非吾所憂吾慮者副元帥兀朮改作烏珠性剛恐還朝有異議又都元帥長男勝都化改作實圖哈引大族下騎兵及萬戶北入沙漠部去省親恐副元帥北征相遇未便吾雖走騎報知令回避未知如何亥年皇統元年副元帥詔至行府數都元帥魯國撻懶改作達蘭南和宋

好包逆甚明已將全賊誅廢外有長男勝都化改作實圖
哈知罪懼誅掠騎北遁分遣精騎追襲捕殺
王山言兀朮改作烏珠之戕其叔撻懶改作達蘭也帛練拉殺
之其家三百餘口皆以帛練拉殺合焚其尸屠其所
居之地三村之人皆不留
定國軍承宣使吳璘爲秦鳳路經略使節制行營右護
軍
九月辛永宗來朝
遺史曰河南州縣新復首命辛永宗爲東京提刑永
宗唯尋訪古器及宣政閒宮禁舊物求覓美女而已

每巡歷州縣不能傳導德意志慮删此二字而專務苛擾
民有寃抑者不能赴訴既去則人唾罵之
以趙榮還金國
金國索趙榮并其家屬朝廷遣還之初榮之來也韓
世忠接遇之及其還也朝廷猶慮世忠沮遏乃自眞
州六合縣取淮西路而去
十五日壬辰胡世將加寶文閣學士川陝宣撫副使
制曰。舊校云是制劄一止摂三秦天下兵勁之地全蜀坤維斗
絕之區並列師屯宏開幕府以壯山河之勢以張貔
虎之威不有異人孰膺重選具官胡世將疏通英特

篤厚粹深學博古而達今氣絕羣而邁往雍容持橐
有獻可替否之風慷慨臨戎有扶顚持危之志資實
兼於文武身每係於重輕一昨蔽自朕心出當閫寄
方略夐超於前古精神坐折於遐衝茲錫贊襄益隆
眷委正齋壇之寵數儼上將之威容井鉞參旗制兩
地兵戎之命雲章奎畫冠上閤英俊之尤久矣疇咨
莫如汝可噫謀晉國之帥蓋難其人顧漢廷之臣無
出其右祇服明訓實觀壯猷云云吳玠既死乃命胡
世將加寶文閣學士爲川陝宣撫副使諸路並聽節
制世將精神明敏閑習吏治知成都府人謂張詠爲

知府後始見世將能繼及宣撫之命卽自成都至河
池會吳璘楊政等諸將諭之曰世將不能騎馬不能
射弓不知敵情不諳邊事凡此數事皆出諸公之下
朝廷所以遣世將來者諸公知之乎衆皆曰願聞其
說世將曰國家開國於五代之後方當五代之時諸
將不起於賊盜者必因殺奪而得之握兵外閫跋扈
難制故自國家受命將無專征必以文臣臨之鑒五
代之弊今朝廷不以世將爲疏繆使宣撫諸將蓋世
將習知國朝故事凡自今以往應軍中事務並不改
吳宣撫之規模有世將所未達者亦當奉聞各攄誠

心致勿疑忌邊機一切事有益於國家者惟盡心力而爲之假世將不來諸公有立功者誰能見之故世將以功狀親閱其實聞於朝廷必信而不疑賞典當繼至此朝廷命世將之意也諸將皆心服自璘以下皆拜謝

神龍衛四廂都指揮使護國軍節度使李世輔賜名顯忠

李世輔到行在賜名顯忠爲樞密院都統制

神龍衛四廂都指揮使雄武軍承宣使關師古爲行營中護前軍統制

以夏國宰相王樞還夏國

朝廷備禮命官津送王樞還歸夏國

樓炤歸自陜西

遺史曰樓炤以樞密之職宣諭三京陜西炤倚秦檜之勢妄自尊大輕忽士流尤鄙武臣陜西諸郡多武臣爲守炤悉令庭參而退反請通判幕官接席議事新復州縣軍民皆駭之又劉豫與金國之人民有訴事者執訴牒告官無阻礙炤所到民訴牒者每一狀非五千不能達故不能盡得其民心炤貪財賄所至苦厭之由是失軍民之心矣還朝無所建明迎秦檜之意而已

岳飛來朝

永興軍路經略安撫使兼知永興軍節度陜西路軍馬張中孚加檢校少保寧國軍節度使

十月九日丙辰張所追復左通郎直龍圖閣

張所建炎初以侍御史出爲河北招撫使累戰金人無援而潰遂編管廣南死於貶所至是追復其官職也

十一日戊午張燾加寶文閣直學士知成都府兼成都路安撫使

成都闕帥上諭宰執曰吏部尚書張燾可付以便宜使治成都第恐其憚於行卿試叩之宰相秦檜退召燾諭以上意燾曰君命燾其敢辭檜以聞上大喜乃除燾成都陛辭因奏臣聞聖人貴因時故從時如救火追亡蹶而趨之猶恐弗及詩不云乎迨天之未陰雨徹彼桑土綢繆牖戶今此下民或敢侮予孔子曰爲此詩者其知道乎能治其國家誰敢侮之孟軻又爲之說曰國家閒暇及是時明其政刑雖大國必畏之矣夫有國而明政刑豈是難事顧閒暇之時爲難得爾國家自軍興以來十有餘年日不暇給今茲議

和甫定征戰暫息亦可謂閒暇之時矣況明年歲在庚申乃藝祖開基之日得非陛下中興之期乎時不可失願陛下鑒詩人歌詠之辭稽孔孟發明之意孜孜汲汲專以明政刑爲務則臣雖萬里之外猶日侍清光也上嘉歎久之曰朕當書此語置之座右燾又奏蜀自軍興以來困於征徭民力彫弊官吏既不加恤又從而誅剝之去朝廷遠無所赴訴臣俟到所部首宣陛下德意俾一路之民咸沾惠澤上曰豈容一路應四川寬恤事件措置悉委卿燾因奏臣入界即行詢訪一應民間利害先次放罷續行具奏官有貪

冒慘酷爲民之蠧者容臣先次放罷續行按發庶幾遠民得沾實惠上皆可之以成都帥而得行四川民事自燾始

賜進士出身頭品頂戴四川等處承宣布政使司布政使清苑許涵度校刊

三朝北盟會編卷第一百九十七終

三朝北盟會編卷一百九十七校勘記

自此留倫不還 自此誤作至北　同男臥魯南 男誤作難　歸室不能坐 室誤作至　罪犯產業人口 犯誤作死　鑒五代之弊也 脫也字　勿致疑忌 勿致誤作致勿

三朝北盟會編卷第一百九十八

炎興下帙九十八

起紹興九年十月十九日丙寅盡十二月

十九日丙寅新知鼎州王彥卒

續感爲公行狀曰王彥字子才河內人隸弓馬子弟所政和五年徽宗皇帝臨軒閱試以武藝中選恩補下班祇應從涇原路經略使种師道兩入夏國蕩平僞拱夏軍割踏駱駝兩城當靖康初金人圍太原京城遣發新招赴援敵戰後軍至大行山焚輜重肆掠百姓驚奔城門晝閉公勒弓兵追殺俱盡金人陷懷

州鼓行犯闕(改作向汴)公流涕曰君父有難雖生何爲乃棄家奔京師求自試討賊(刪此二字)河北招撫使司選充都統制樞密院令率張翼白安民岳飛等十一頭項七千人渡大河已陷州縣措置招撫不順(改作流散)番(刪此字)軍民既濟深入陷地與金人戍兵萬眾鏖戰大破之收復衛州新鄉縣傳檄諸郡賊(改作敵)以爲大軍之至也率數萬眾薄公營圍之數匝矢注如雨官軍既寡且器甲故敝疾戰輒不利即決圍以出遂潰賊(改作敵)敵見公所乘甲馬獨異復盡銳追擊公獨與麾下數十人馳赴所向披靡轉戰十數弓矢俱盡會日暮得免他將往往復渡河以還公收散亡得七百餘人保共城西山間遣心腹結集兩河豪傑以圖再舉時金人大立賞格求公甚急公在西山常慮生變不測夜即徙其寢所部曲或知之泣以告曰我曹所以棄妻子冒百死以從公者感公之忠憤期雪國家之恥爾今使公寢不安席我則非人乃皆面刺赤心報國誓殺金賊(改作人)八字以示誠節公益自感厲大布威信與士卒同甘苦未幾兩河響應招集忠義民兵首領如傅選孟德劉澤焦文通等一十九寨八十餘萬眾綿亘數百里金鼓之聲相聞自井汾相衛懷澤間唱義討

賊(改作拒敵)皆受公約束稟本朝正朔威震燕代金人患之列戍相望時遣勁卒撓沮糧道公每勒兵以待之且戰且行大小無慮數十百戰斬獲銀牌首領金環女眞(刪此四字)及奪還河南被虜生口不可勝計公聚兵既眾慮糧儲不繼一日盡發軍士運糧會有姦人以告虜(改作敵)帥乘我之虛遂以大兵犯(改作促)營壘公率親兵乘高以禦強弩飛石所向輒摧壯士賈勇呼聲動地賊(改作敵)之斃於壘下者相枕藉悉以馬負之而去猶恃眾欲以久困公即布長圍遮絕餽運者旬餘公檄召諸寨兵大至即宵遁時金人銳意中原特以公

在河朔兵勢張甚故未暇南侵謀公益急一日虜改作金人召其酋改作首領俾以大兵再犯改作撼公壘酋改作首領跪而泣曰王都統寨堅如鐵石未易圖也必欲使某將者願請死其爲所畏如此公方繕甲治兵約日大舉直趨太原斷石嶺關以臨代北告期於東京留守資政殿大學士宗澤澤得以便宜從事奏擬公武功大夫忠州防禦使河北制置使遣書延公會議公將兵萬餘將發悉召諸寨統兵官指揮授方略以俟會合既行虜改作敵以重兵尾襲而不敢擊遂濟河既至京師宗澤握公手曰公力戰河北以沮金人之心腹忠勇無前海內所聞然京師者朝廷根本某累上章邀車駕還闕願公宿兵近甸以衞根本公卽以所部兵馬付留守司因差統制官張偉統轄於滑州界沿河沙店以上下地把截令公量帶親兵赴揚州行在所有旨令閤門引見上殿時已遣宇文虛中楊可輔爲祈請國信使副議和而公見宰相力陳兩河忠義民兵引頸以望王師願因人心北征犄角破賊删此四字收復故地言辭憤激大忤宰相意上殿指揮遂寢差充御營平寇統領官時范瓊爲平寇前將軍公素知瓊臣節不著難與共事卽稱疾知樞密院事張公

浚宣撫處置川陝奏公爲前軍統制官時盜賊方熾公爲先驅所過肅清至漢中改差權發遣利州路兵馬鈐轄兼提舉訓練屯駐軍建炎四年改差金均房州安撫使知金州時中原盜賊蠭起大者據郡縣鑄印章擅生殺更相吞噬以圖非望而饑饉荒蕪無所資食唯四川號爲全蜀易於保聚磨牙摧毒垂涎吮血者實繁有徒金州適當蜀之後門兵備刓缺事力么麽公撫民治軍寬猛協宜夜以繼日未幾大賊桑仲乘陷淮安襄陽之勢擁兵西向進攻均房守將李倫清韋知幾奔竄凶威益熾衆號三十萬直擣金州白土關仲公舊部曲也則又申牘懇切於公曰仲於公無敢犯願假道入蜀以就食爾公謂將佐曰吾素知仲之爲人雖能馭士卒輕財善鬬然勇而無謀保爲諸公破之乃遣統領官門立爲先鋒賊恃强鋭甚立與戰不勝遂遇害將士失色或請避賊者公叱之曰樞相張公有事於關陝使仲越金而至梁洋則腹背受敵大事去矣卽勒親卒及民兵疾趨長沙平阻水據山設伏以待之賊望官軍少輒仰高蟻附搏戰公執幟麾士士悉殊死鬬久之賊氣憊欲還吾伏發因之大潰縱兵馳擊斬獲數萬賊退保房陵公休士

進擊賊復敗追奔至於白磧房州平是秋權京西南路副總管李忠反殺宣撫處置使司招安提舉官閻門宣贊舍人顔孝隆等百餘人遂攻金州諸關以闚四川公提兵控禦躬冒矢石賊沈鷙善戰又其下皆河朔驍勇官軍與角輒不利遂陷諸關公退舍秦郊令將士盡伏山谷閉息烽燧噎金鼓禁樵牧又焚秦郊積聚若眞遁者以誘賊秦郊去郡城纔二十里道路東坦寂無人聲公募召必死士預易麾幟色號設奇以須其至閲再信賊游騎至秦郊公召將佐曰賊以我爲遁明日當悉其家屬乘勢長驅以入郡城夜

半分官軍爲三路以遏其衝又以五百騎伏於林麓凌晨賊果大至官軍逆戰聲震山谷勝負未分也而伏騎張翼繞出賊背賊大奔潰擒馘萬數生口無算輜械蔽野追襲至永興之秦嶺因收復永興之乾祐縣以歸時金州困於調度廩無儲積士有飢色所得貲幣盡分軍伍賴之以饒方賊之遇於秦郊見吾麾幟色號特異固已駭怖念其老幼業與之俱故其戰尤力而破敗最甚焉初桑仲既敗還襄陽已而鳩集散亡攻圍鄧州鎭撫使譚兗力不支委城夜逃賊復熾朝廷在遠未暇致討務存懷撫因就除仲襄鄧隨郢鎭撫使庶使革心而仲稔惡不悛反籍專城之權南攻德安西據均陽是冬盡以其衆分三道一攻住口關一出馬郎嶺一擣洵陽縣前軍去金州不遠三十里公曰仲以我寡彼衆故寇三道以離吾之勢今吾破其堅卽脆者自走矣時賊大兵在馬郎之北公遣統制焦文通禦住口而自以親兵營馬郎與之對壘者幾月大戰凡六日賊大敗奔潰縱兵追擊擒統領將官二十七人俘獲壯士數千衆均州平仲之敗也爲其黨所殺時又有王闢董貴郭守中阻兵闚蜀雖凶悖虐焰下於桑李然其小者猶不減萬數公悉

討平之吴玠爲宣撫處置使司都統制守和尚原大摧兀朮（改作烏珠）公兼同都統守建康屢破鉅寇二公實樞相張公浚所選任大犒與元樂工致語有原頭雹散千鈞弩漢上風馳入字軍之語至今人歌之公威稜既著雖遠方持兵者願聽指蹤如知華州李子章知陝州魯閏保據山寨襄唐鎭撫使李横實爲鄰境知虢州耿清又以所部來歸受公節制於是宣撫處置使又以公節制商虢陝華時皆沒於僞齊公曰上雖南巡不忘西顧今商虢陝華沒於僞齊而陝郡又密邇河東他日恢復故疆必自此始則臣誤膺閫寄

奚敢偷安乃遣僚屬高士瑰部分兵將進圖商虢直抵盧氏與賊大兵三遇再破走之遂定商州紹興三年春首金人僞皇弟都統郎君大舉圖蜀自商州以入守將邵隆移治上津賊此字改作金兵遽至跳奔初刪此三字樞相張公前刪此字召公與吳玠及興元帥劉子羽會議漢中約虜改作金人若以大兵犯蜀即三帥協勢相爲手臂公聞虜改作金師大入即駐軍漢陰一帶以應梁洋而賊改作金人併兵自上津疾馳不一日至洵陽境上公飛檄召漢陰諸軍統制官郭進先以兵三千人來至乘流夜發闕於沙限賊改作敵捨騎鵝鴨來攻一日

凡數十合進等禦之殺傷甚衆明旦虜賊改作金人知官軍單寡即步騎並進塵土蔽天公曰賊改作彼遠闘颷銳難與爭鋒彼改作其所以疾馳者欲因吾糧食以入蜀爾即盡焚儲積發居民趨險保聚盡督漢陰兵自石泉趨西鄉將與宣撫制置使司及都統制司兵馬會合併力禦賊改作之公夾西鄉樞相張公遣幹辦官甄援付公手札急令清野會合所以禦戎者雅如公策公遂踰西鄉都統制司移文命公控禦松林明月諸關公部分既定賊改作金人窺伺所以遂越漢水賊改作方牛渡公命馳擊之大破其衆生擒漢兒軍八十餘

人時宣撫置使司兵馬萃於饒風關賊改作金人攻之甚急復召公援公盡以將陣於饒風下而發精兵乘高禦賊改作之一日數十戰長槍衝突奮迅飄忽賊改作敵軍披靡摧折棄甲鳥散傷痍踵路時虜此字改作敵營殺馬而食者已旬餘顧其巢窟已遠改作深入重地欲退不能進益窘時關路統制官郭仲屯營正當饒風關背賊改作敵夜以輕兵銜枚襲取之饒風失守諸軍盡卻興洋亦焚儲積爲清野之計虜改作金師雖至漢中轉戰千里死傷過半且無所掠大失望腥羶改作軍心洶洶異謀欲叛復慮我師掩至即無遺類改作全軍遂自褒斜遁去樞

相張公以爲虜改作金雖深入而亡失士馬之多前此未有實同敗衄而卒保全蜀者係諸將效力棄過錄功用黜陟聖旨進秩行賞有差授公保大軍承宣使公曰某備任爪牙不能殄滅醜類改作朝夕殄敵致彼深入者皆某之罪也奚敢與他將比獨不受士益重之時虜此字改作金兵雖遁而僞齊遣周貴爲京西安撫使盜據金州公發鎮兵復自饒風以出至漢陰周貴領兵拒戰統制官許清橫擊大破之貴僅以身免金州平時金州新苦於兵軍食益艱樞相張公命兼使司參議駐兵閬中以備川蜀而畱格禧以兵三千控禦金房俄

又令公移軍渠州照應巴達等州一帶關隘紹興五年五月公聞下詔車駕親征劉豫公泫然曰上躬犯霜露以誅僭逆此正臣子捐身報國之秋况分鎮詔書有悉心戮力屏翰王室之語乞盡提全軍援行在所至於再三宣撫處置司終以先獲聖旨令公保蜀遂不果行知荊南府兼充荊南府峽州荊門公安軍安撫使江陵盜賊後城郭爲墟前徙枝江公至始還舊治帑廩空乏無三日儲乞置屯田以爲出戰入耕之計爰擇荒田分將士爲百莊莊耕千畝唯山口富里田舊截阻河置千戶塘瓦窑三堰隄水分溉上堰廢

爲榛莽公親督將士具畚鍤從事計工六萬有奇不浹旬告成公私之利無窮天下論屯田實不擾民而得充國之遺意者必以公爲稱首詔奬諭之紹興六年制授公保安軍承宣使京西南路安撫使司時岳飛爲京西湖北宣撫使當受飛節制公昔爲招撫使司都統制日飛實以偏將從新鄉之役違公節度飛以其所部别爲一寨已而公兵大集飛一日單騎叩公壘請罪左右或勸公斬飛以謝衆飛惶恐色動公曰汝罪當誅然去吾之久乃能束身自歸膽氣足尚也方國步艱危人才難得豈復仇報怨時邪吾今捨汝因以巵酒飲之飛再拜謝及公爲置制使飛終不自安即檄使赴棠河把隘自爾復睽及是公上章引嫌辭免劉麟再寇淮甸車駕親征駐蹕平江府樞密院奏以都督府參議軍事除知邵州命以所部隸侍衛馬軍司劉錡公聞之喜甚曰所付得人矣二公素相知心且加交契士論欽之就除知鼎州將行疾遽作遂不起享年五十時紹興九年十月十九日也

遺史曰王彥在邵州就除知鼎州將行疾遽作遂不起享年五十詔贈昭化軍承宣使恩澤六人仍與一子見闕差遣照管孤遺時荊南有彥舊部曲聞彥死

請於安撫使薛弼即佛宫迎彥繪像爲位以哭凡三日士大夫有意於人材者莫不爲時嗟惜彥娶劉氏封碩人長子世顯　官成忠郎其次世雄皆未授命彥事親盡孝撫弟姪盡愛彥既貴母太碩人已老彥喜懼常形於色晨昏無違誕日必設樂獻壽拱手侍側母素嚴設飲食必劉氏親庖起居扶持無須臾離而彥每以此爲樂初彥會議於東京留守司家屬悉在河內及到維揚行在所河北諸將始護致而父武經之喪與其兩兄之孤猶陷於僞境在邵陽日彥優以金幣遣人抵河內迎取之法當任子先推其姪疾

且革殆不知人俄稍悟召弟姪悉以財物均給之其爲將帥也嚴明紀律沈勇能斷而以公行之每出師無供帳厨傳誅茅爲廬與士卒同器而食井竈未具飢渴不敢先戰士卒有傷痍者（解衣衣之）親爲傳藥或違令犯法雖故舊立斬之而撫恤其家及凱還論功必自下推衆以爲當雖疏遠必居上列以是人人樂爲盡死尤長於簡練士伍不以修飾爲先而取其輕足鷙果有力者每破賊大閱以充軍者蓋十之一故其所部號天下精兵舊八字軍既屢摧堅陷陣而勇夫羨慕誓不與賊俱生願刺者至萬數其在金州屢破

大盜雖子弟從軍未嘗濫賞妻之弟戰沒於陣亦不以爲言張浚聞之特官其姪以勸盡忠於公者至於天籍帑庾無毫髮容私嘗曰人臣惟有功於國然後能享朝廷爵祿俯仰無所愧怍若貪冒苟得適足爲恥故兩除留務皆不拜故事廉車秩視從列凡除授郎辭免謝之備禮彥郎直還告命不爲飾辭分鎮時便宜黜陟他鎮例擬借官資彥於立功將士則上之於宣撫處置使司以示不敢專彥喜人盡言幕客或面陳其短必斂容悅謝雅性嫉惡尤切齒贓吏曰此偷祿蠹民者或干以私則曰彥未有寸功以報主恩方且思革弊事故所未敢至與人辨是非略不少屈巳下氣故議者或譏其黑白太分疏於涉世屢蹈危機瀕於不免平日剛毅寡合而待士極能盡禮此彥爲人之大略也

林泉野記曰王彥字子材懷州人武舉中第爲河陽清河縣尉建炎初張所爲河北招撫使從其軍數月即用爲都統制率兵五千過河北與金人三戰皆勝既而爲虜（改作金）所敗兵潰彥走入衛州共城縣北太行山聚兵皆涅其面云誓殺金賊（改作人）不負趙王虜畏憚之呼爲八字軍屢與虜（改作金兵）勝負相當加河東

河北都統制俄還京師加河北河東制置使張浚薦爲御營司將從浚往川陝後爲金房州安撫使知金州賊姒達寇郡彥擊擒姒達又擊破賊桑仲復房州加均房州鎮撫使紹興元年累破賊李忠二十餘萬忠遂降劉豫次年擊破賊董先於金州紫嶺巡城復戰於虢州界彥敗亡統制官（劉奇）然先亦困迫乃降彥洪州觀察使三年正月虜寇（二字改作金兵攻）金州彥走金州爲宣撫使司參議官五年湖北宣撫使六年加保康軍承宣使京西南路安撫使知襄陽府事復率衆一萬赴行在除行營前護軍都統制復除浙西沿海

制置副使七年駐軍平江彥感疾軍士與解潛士卒交爭行宮前彥乞解兵任降洪州觀察使知邵州以其軍隸劉錡後錡敗虜改作金兵於順昌府雖錡善兵然亦彥軍之助也彥在郡甚有治聲爲時循吏九年移鼎州未赴病卒贈昭化軍承宣使

十二月孫暉爲河南府路兵馬副總管

命孫暉爲河南府路副總管令招一千三百人是時有鄭瓊叛軍劉豫放歸農者又豫之廢也有自放免歸者甚衆皆願投募暉未至西京人數已足矣

賜進士出身頭品頂戴四川等處承宣布政使司布政使清苑許涵度校刊

三朝北盟會編卷第一百九十八

三朝北盟會編卷一百九十八校勘記

蕩平僞洪夏軍洪誤作拱　唱義討賊者脫者字　時宰相上殿指揮脫時宰相三字　乘流夜發闕於沙隈闕處原係逆擊二字　公盡以兵將脫兵字　莫不爲之嗟惜之誤作時　方且思草弊倖倖誤作事

三朝北盟會編卷第一百九十九

炎興下帙九十九

起紹興十年正月盡二月

紹興十年正月李誼爲工部尚書迎奉梓宮奉迎兩宮使莫將爲工部侍郎以副之使於金國

十日丙戌李誼落職放罷

李誼既承奉使之命力辭其行親舊曰不可誼曰我不過落職放罷爾安可行乎既而果落職放罷而升莫將

莫將爲迎奉梓宮奉迎兩宮使韓恕副之使於金國

十五日辛卯李綱薨

林泉野記曰李綱字伯紀邵武軍人政和三年中進士乙科狀貌雄偉常有經綸天下之志宣和初京師大水綱爲起居舍人上疏言此非小變恐有兵興國亂之禍上怒而罷之流落七年至宣和末召爲太常少卿金人入寇（改作邊）徽廟議遜位綱引唐睿宗始爲皇帝復爲皇嗣居東宮事以贊其策淵聖卽位太宰白時中勸幸江南以避狄（改作敵）綱力勸固守宗廟遷兵部侍郎遷左丞親征行營使虜（改作金人）夜攻雲澤門及通天安泰門縛筏渡壕雲梯上城綱屢擊之姚平仲刦虜（改作金）寨而敗綱率兵援之亦敗初宰相李邦彥主和議忌綱主戰因此譖罷虜（改作金）聞綱罷攻城愈急太學生陳東上書引數千人伏闕數邦彥罪言綱社稷臣不可罷又百姓數十萬大呼闕下請復用綱擊碎登聞院鼓不止上急召綱復其位令撫諭之斬亂者數十人乃定及虜（此字改作金人）班師种師道請以兵襲之綱是其謀而邦彥沮止綱議不用乃常怏怏上皇自潤州將還命綱迎奉上皇撫其背曰天以卿賜國家也解玉帶賜之還知樞密院綱奏祖宗舊法兵符出於密院而不得典其兵兵衆隸於三衙而不得

專其制今臣既統行營之軍又制密院之令考於舊制未見其可乞以兵付制置司人以綱爲得體士軍多誦之者上頗忌之及金犯（改作入）河東綱出爲河北宣撫使李彌大解潛副之种師道送綱出師知其非將材歸而歎曰兵可憂矣綱出城先斬統制官焦守節以解潛兵渡江一戰潛敗綱銳氣大挫頓兵懷州不進日與鄒柄張杕論事諸將言事先禱柄杕乃得見將士怨憤金人陷太原麾下多叛去者虜（此字改作金兵）乘之大敗而還罷爲觀文殿學士知揚州日下出國門臣僚言不可使守郡改提舉杭州洞霄宮言者不

已遂落職是冬復疏綱十大罪責授昭化軍節度副使建昌軍安置今上卽位應天府召赴行在綱亦率兵而來至江甯軍卒周得位爲亂綱招而戮之至行在除尚書右僕射建議張邦昌不可留乃賜死潭州盡責僞命黨與范訥以無功亦責淄州薦許翰輩用之復請幸江右或襄鄧以避狄未幾遷左相黃潛善汪伯彥譖綱以觀文殿學士提舉洞霄宮陳東歐陽徹上書言綱不可罷黃汪不可用請親征迎還二帝上怒斬東徹綱退居常州會賊趙萬陷潤州欲進寇常州綱以書招安及出家貲犒享趙萬乃聽命次年

臣僚言綱陰與賊通落職鄂州居住後盧傳貶綱嶺南遂單騎南去幾欲渡海旣而聞不實乃還建炎末范宗尹爲相復綱官職紹興二年知潭州以任士安兵一萬隸之張彥中領兵廣東不稟朝命宰相呂頤浩命綱圖之綱以書幣誘彥中至戮而併其兵頃之諫議大夫徐俯言綱倨傲以宮祠罷居福州後張浚亦責居此彼相善洎浚入相復綱觀文殿大學士赴闕出知洪州江南安撫制置大使以鍾世景兵三千從行旋加金紫光祿大夫然方歲旱乃課民修城一方興怨臣僚言罷提舉西京嵩山崇福宮復歸福州九

年再除潭州力辭不可行改江州太平觀次年薨壽五十八贈少師

李綱落職鄂州居住制曰朋姦罔上有虞必去於驩兜欺世盜名孔子首誅於正卯肆朕纂承之始眛於考慎之宜相靡有終刑茲無赦具官某空疏而不學凶愎而寡謀志輕天下而自謂無人權震朝廷而不知有上靡顧國家之大計但營市井之虛名專殺尙威傷列聖好生之德信狂喜妄爲一時羣小之宗比再被於延登朕頗懷於虛佇而果於修怨姦以事君庇巳姻親至擅形於詔令括民財力曾罔恤於基圖

念存禮貌之恩姑解鈞衡之任雖居遠外猶極優崇謂上印以投間能闔門而訟過乃傾家積陰與賊通伊舉措之非常於聽聞而實駭宜鐫寵秩移寘偏州昔漢棄京房罪本繇於不道唐誅元載惡蓋在於罔悛往革乃心毋忘予戒

秀水閒居錄曰李綱字伯紀閩人蔡京之子攸黨也宣和末淵聖受禪綱與吳敏以攸詭計取執政未幾貶黜或謂主議用兵建炎初首拜輔相再閱月繆戾乖剌大拂衆心亟黜之以黃潛善作相殿中侍御史張浚潛善所引用力攻綱至貶海南軍車駕南渡始

駐餘杭有苗劉二賊之變浚以卒兵赴難自春官貳卿徑執鴻樞出使陝蜀便宜除官至節度使學士權出人主之右竭蜀人之膏血悉陝服之甲兵凡三十萬衆與虜角（改作金人）一戰盡覆用其屬劉子羽謀歸罪將帥趙哲曲端並誅之將士由是怨怒俱叛浚僅以身免奔還閬州關陝之陷自此始至今言敗績之大者必曰富平之役也追還薄謫俾居福州而綱自南遷回亦寓是州焉先是綱百計求復用富於財交結中外而未效及浚至綱謂此奇貨可居傾心結納浚亦自云深悔前日之言相與驩甚紹興四年冬劉（删此字）

齊金（改作金齊）虜（删此字）合兵犯（改作窺）淮泗朝廷震恐宰相趙鼎常失身於僞楚初無敢薦者而浚獨薦於言官鼎德之至是乘急變召浚復秉樞機召命下綱贐行百餘奩皆珍異之物又以論時事疏託之浚至即日進綱疏且降詔獎諭明年寇（改作敵）退鼎左相浚右相並兼都督即起綱帥豫章許其入覲綱見上盡以前朝所得書詔犀玉帶及家藏寶玩次第進獻上皆不納延留浹旬賜廄馬金帶飲膳而已綱既去殊怏怏浚以報之未至也擢其弟維及其腹心鄒柄等皆列於朝又以所屬陳公輔爲諫官居頃之議者謂靖康伏闕之變乃公輔爲綱謀不當在言路綱聞而懼抗章丐罷浚又思有以安之謬言江西盜息民安轉綱官爲金紫光祿大夫是時虔吉盜熾旁郡亦擾欺罔如此七年鼎浚爭權浚自爲有卻敵之功興復之策當獨任國事諷侍從臺諫及其黨與攻鼎出會稽逐大將劉光世以呂祉代帥其軍屯於合淝撫荆襄帥岳飛過失以張宗堯監其軍謀取內外軍柄天下寒心秋七月合淝兵亂執祉以入齊傳報紛紜綱意浚必敗即條十五事奏浚措畫之失又貽書於浚痛詆其過以副本傳示遠近欲擠浚而釣奇且示於浚不厚

也浚既貶永州綱亦坐貶薄及暴横貪墨而罷鼎復相窮治浚事至今未已嗚呼勢利之交古人羞之其三相之謂歟浚蜀人字德遠鼎關中人字元鎮八年正月記

又曰李相與張相書月日具位某再拜致書平章都督特進僕射相公閤下綱建炎初蒙上擢任宰相自以材力淺短議論迂疏不足以任天下之責丐罷機政得請宮祠既而言者交攻以罪去國是時閤下爲言官附會時宰以取世資但以爲趨時巧宦喜富貴人耳及明受之變綱遠在嶺海乃聞閤下奮發忠義

糾合師旅取日虞淵洗光咸池回六龍以中天然後知閤下眞一世之奇材因事乃見而獨恨未之識也數年前綱寓居閩中杜門不出以養衰疾適閤下自樞廷均逸彌節海邦謙光過人惠臨衡宇因從容樽俎間奉談笑而款襟抱側聽緒餘追悔昔日之非深明當世之務每言帝德王功霸略皆在人主心術中顧所以致之者何如耳竊自慶抃以爲炎運中微天心悔禍光輔聖主恢復祖宗之業非閤下而誰未幾閤下被召還廟廊綱亦蒙恩起廢承乏帥守踰年於此獲窺廟謨之一二以成去冬卻敵之功綱深歎仰

然自今春閤下專任大政以來薦進人材調護將帥措置邊防均理財用皆未聞卓然有天下之心者聲譽損於前時規模爽於舊說論中興氣象邈未有期不知何爲而然也且以近日淮西敗將之事觀之官吏軍民二十餘萬一朝相率而北去將佐遇害者甚衆閤下平日信任以爲可屬大事如呂祉者被執以往挫威辱國中外震驚於誰責而可乎綱輒不自揆激於憂憤上疏指陳朝廷措置未審深可痛惜及鑒前失以圖將來者十有五事達於冕旒之前情迫言切牴忤已多其知我者以爲出言納忠藎不恤緯而

憂宗周之隕其不知我者以爲出位侵官汲黯之戇又復妄發知與不知是曲是直今日國家危急存亡之秋爲大臣歷事三朝懷孤忠而同休戚者苟有所見其可緘默而不言乎恭惟聖上登用閤下委任之專聽信之篤古所未有往年富平之役三十萬衆一戰而潰怨而不問去春綱入覲軒墀親聆玉音張浚自富平敗始練軍事嗚呼雖秦穆之於孟明光武之於鄧禹馮異何以加此閤下所宜益務慎重諮諏良策圖不世之功以蓋前愆以報知遇使後世稱之視古無愧今乃以措置失當坐失二十萬人僞虜得之

（四字改作金與僞齊皆得）增其氣焰此豈小變雖聖度兼容未以此罪閤下天下謂何閤下材識高遠自任以天下之重前無古人而事有出意外者愚謂所以致此知任而不知所以爲任之道故也今人有於此力足以舉百鈞而益之以萬鈞則力必不勝矣然有可勝之理者與人分之也今閤下以一人兼將相之權總中外之任而無與人共功名之心輭美者進鯁諒者疏逆耳苦口之言不聞曲突徙薪之謀不至變生所忽不足怪也柳子厚作梓人傳謂斲削何於衆工而成功收於梓匠此最知宰相職業者時平猶如此而況艱難

之際乎蕭何相漢高而腹心謀畫則有良平牙爪攻戰則有信布房杜相太宗而善諫則有王魏善戰則有英衛持衆美而效之若此所以成創業開基之功也李林甫盧杞搆亂危國其咎安在忌嫉而已綱願閤下爲房杜之亞以穆天祚不願閤下爲杞林甫之流以私寵利天下之事庶幾可爲也老子曰非此其無私耶故能成其私以公滅私者忘身與家而其國與家俱安背公營私者不過爲子孫計而其家與國俱危不復引古爲喻請以近事明之當宣和末如王蔡之徒其所以謀爲自安之計者深根固蔕可謂至

矣一旦事變往往不能保守然承平無事禍故未作之時謂富貴可以常保而爲此猶可恕也至靖康間禍故作矣如唐恪聶昌之徒其所爲有甚於宣和之末然尚可恕者禍作而未之大也建炎之初承靖康之變禍故大矣然黄潛善竊國欺君又甚於恪昌輩今其身其家又復安在天理昭然所以未之思者寵利誘於前而禍患藏於隱也方今國勢日蹙人心不甯强虜改作敵憑陵僭竊窺伺加以旱魃爲災財物殫竭而閤下獨斡化鈞佩天下之安危豈可使措置多失以蹈覆車之轍哉因淮西之變痛自懲創輯睦將帥博詢衆謀唯其是之從幡然改圖則未必不轉禍而爲福也語曰過而不改是爲過矣雖古聖人不稱其無過而稱其改過閤下誠能知措置之多失而圖所以改之者豈惟宗社安而生靈蒙休閤下亦膺多福而綱將老歸山林亦有枕簟之安閤下不自知其爲過而無改之意豈惟宗社危而生靈告病閤下之禍可立以待之而綱雖欲退休亦莫知税駕之所以安危休戚與國家及閤下同之荷遇之深敢忘忠告以朋友責善之義乎綱素愚直私憂過計其言激切閤下亮而恕之非獨綱之幸天下之幸也不然無所逃

罪所有奏疏副本敢呈之鈞覽惶恐無地不宣

二月劉錡爲東京副留守李顯忠爲南京副留守孟庾爲東京副留守。舊校云史作孟庾爲東京留守非副也

仇悆知河南府

劉遇僭稱皇姪勘實決脊配瓊州牢城

遺史曰先是單州碭山縣染戶宋從因販棗往南京界劉婆家得一小兒曰遇僭以棗博歸養之有金人之出戍於碭山者見之曰此兒似趙家少帝染人不以爲然稍長令學雕花板有京師販猪人張四見之曰此人全似少帝遇僭心中暗喜每看影戲唱詞私

記其宫禁中殿閣下龍鳳之語會三京路通有詔尋訪宋宗室令發遣赴行在遇僧乃自謂是少帝第二子以告於從從不敢語遂告於縣知縣請監酒石某問之石某乃石駙馬之親弟也既見而問之遇僧言少帝之弟二子親坐翁翁懷中翁翁腋下有黑疵子常以手撚之又略言宫禁中事問其流落在人間之因乃曰少帝使黄院子張全夫妻背其出城以奔至夏邑縣遇劉統領留之取其土銙張全夫妻遭難劉統領尚在即尋訪而質之遇僧先謂劉統領曰我乃眞少帝之子公之言當與我一同如或稍異我當以

公累年作過事告於朝廷劉統領懼之且謂經大赦有不實猶當引赦遂盡如遇僧言縣乃信之聞於知單州葉夏卿遂津遣赴行在單徐間諸邑富人隨而來三二十人有朱艮翰朱邦翰者屢投牋啟皆稱殿下隨行爲先生又有劉遇者爲平日狎客相戲亦隨行至泗州有司法參軍孫守信者見而疑其不實白於知州王伯路曰皇姪之事甚有可疑泗州者乃江南之門戶若從此而南必州縣張皇矣莫若厚供而館之具奏取旨俟得旨津遣未晚也伯路然其言具事奏聞送閤門司及閤門諸處勘當淵聖皇帝並無第二子用金字牌付轉運副使胡昉令委清疆官就泗州取勘昉到泗州對移守信爲司理參軍委守信勘之一行人盡攝入獄市中皆喧言皇姪在獄中遇夜獄屋上有火光赤色氣市人送飲饌入獄中一行人饜飫仍有餘及獄中視看之人守信見人情惶惑戒推司不得用綳拷恐致生事當以智推之後追到劉婆爲證獄方具旨決脊杖二十刺配瓊州牢城針筆人執筆不敢下手既而刺字既細小杖直李俊執杖不敢決既而輕拂掠之皮亦不傷自此人呼爲趙麻鬍院虞侯鞏士俊送至滁州之日偶市中遺火市人

以爲趙麻鬍經行有火光之異遇僧經過來安縣題詩於興國寺曰三千里地孤寒客十七年前富貴家泛海玉龍驚雪浪權藏頭角混泥沙猶自謂爲眞耳

遇僧一作僧遇宋從一作朱從葉夏卿一作桑夏卿鞏士俊一作鞏俊王俊

賜進士出身頭品頂戴四川等處承宣布政使司布政使清苑許涵度校刊

三朝北盟會編卷第一百九十九

三朝北盟會編卷一百九十九校勘記

信狂喜佞（佞誤作妄）　至擅刊於詔令（刊誤作形）　浚以率兵赴難（率誤作卒）　而無改之之意（脫下之字）　取其玉鈎（玉鈎誤作土鈐）　殿閤下龍鳳之語（下字衍）　張全夫妻遭難爲劉統領所殺後自己遁走流落歸於梁家時劉統領尙在（脫爲劉統領以下十八字）

三朝北盟會編卷第二百

炎興下帙一百

起紹興十年三月盡六月六日己酉

三月韓世忠張俊岳飛來朝

永興軍路經畧安撫使張中孚及其弟中彥來朝

張中孚中彥自陜西來赴行在也郭奕爲之詩曰張中孚張中彥江南塞北都行徧教我如何做列傳人皆傳道之

禮部侍郎蘇符使金國至京師而還

四月徽猷閣直學士環慶等路經畧使趙彬來朝

十七日辛酉張中孚加檢校少傅充醴泉觀使張中彥加龍神衛四廂都揮使提舉神佑觀趙彬爲兵部侍郎鄜延路經畧安撫使郭浩爲永興軍路經畧安撫使熙河路經畧安撫使楊政知興元府田晟爲涇原路經畧安撫使知金州范綜爲環慶路經畧安撫使王彥權主管鄜延路經畧安撫使司公事

王彥字才淑潞州人好奢喜佞矯僞不情

劉剛爲應天府路兵馬副總管

劉剛字公舉泗州招信人位之子也

劉剛知宿州

先是劉剛除南京總管道由泗州泗州司法參軍孫守信白於知州王伯路請厚待之伯路曰南京非本路且職掌不相干如何守信曰不然泗州者剛之鄉郡剛在南京可與泗州爲斥堠且他日剛必知泗州請用平日待發運使之禮伯路然之往龜山迓剛剛與伯路語剛語辨博伯路大奇之剛往招信省墳有報剛知宿州至靈壁會金人敗盟再犯闕改作京師剛遂回招信

五月李綱贈少師謚忠定

謚議○舊校云按此議葉適所撰曰始公自起居郎極論都城水災斥爲奸黨而抗直之聲震天下矣及斡离不改作斡里雅布來寇改作攻在廷茫然將從乘輿以出獨公請與執政辨詰遂奪其議力守京師而虜改作金以退卻然其啚割三鎮詔書擊女眞之歸而募兵以防其再至爲同列阻之不果爲用也高宗中興首命公自輔於是張邦昌以僭逆誅矣先是河北河東路堅守者建議遣張所傅亮往援之乞幸襄鄧以係人心而無走東南使周望傅雱通問二聖而無踵和約時中原尚未潰也公方除京黼亂政漸復祖宗舊法奏請施行數十事多中機要使稍得歲年之須則兩河不遂陷而虜此字改作北兵不敢鼓行入內地久而仇恥固可報也不幸又七十五日而罷去迄其後常疏外坎壈雖僅免顛沛而曾不少得其意焉自是禍難百出而南北竟以分裂此爲國家惜者所以哀公之志而深悲夫相業之不終士至有未嘗識公面而坐論救公以死彼豈有所願望附託而然哉蓋公之賢自當時市井負販莫不喜爲之道說然而謗公者亦衆矣其尤甚者罪公特以計取顯位而以京師之禍公實使之嗚呼當是之時所謂謀國者豈有他道哉避走而乞和譽賊虜改作金人而卑中國耳以避走乞和譽賊虜改作金人卑中國之人而議公之得失故其自許爲謀詳慮密而謂公爲畧而疏自以爲鎮重能消弭而謂公爲輕鋭而喜事其恬視君父之仇畏敵持祿甘爲世所賤侮而以公之能以身徇國爲人望所屬者謂爲朋黨要結以自營故主和者非致寇改作畏敵而守京師者爲失策矣則公之負謗於時固理之所宜得也何足辨哉顧獨有可恨者是非毁譽之相蒙亦必至於久而後論定是從古已然者也公之歿已半載矣世之論公者卒未有以大異於前日也何歟孔子曰微管仲吾其被髮左衽矣考公之行事而深察其志使要其功烈

之所成就則豈有愧於孔子之所稱也哉悲夫謹按謚法慮國忘家曰忠安民大患曰定請以忠定爲公謚謹議

庚辰詔置敷文閣官屬

詔曰（○舊校云此詔見愧郯錄）恭惟徽宗皇帝躬天縱之睿資輔以日就之聖學因時致治修禮樂恢學校發揮典墳緝熙治具宸章奎翰發號施令著在簡編者煥乎若三辰之文麗天垂光賁飾羣物所以貽謀立教作則萬世者殆與詩書相表裏將加裒輯崇建層閣以嚴寶藏用傳示於永久其閣恭以敷文爲名祗適舊章

宜置學士直學士待制直閣以次列職備西清之咨訪爲儒學之華寵其著於令

金人敗盟兀朮（改作烏珠）率李成孔彥舟酈瓊趙榮入寇（此字改作河南）

金人以還我三京河南地爲非便因大悔悟遂定議背盟復侵三京河南地以兀朮（改作烏珠）爲帥提兵渡河先是兵部侍郎張燾詣永安朝陵回奏言虜（改作敵）情反覆難信乞謹備仍乞陝西早命大帥宰相秦檜不主其說俄除燾知成都府燾又奏前此之蜀者例皆舟行至荆南則舍舟遵陸臣請取道京洛由關陝以往因觀形勢利便便宜得與宣撫使議事上嘉而從之燾入潼關已聞金人有敗盟之意迨至長安諜者絡繹來言虜（改作金）騎還至已渡渭河矣蜀口舊戍兵自講和之後悉以分陝右燾遽行見宣撫胡世將具言蜀口關隘不可無備世將問備禦之策燾曰和尚原一帶在今日最爲要害自原以南入川路口散漫不一若失此原是無蜀也世將曰保蜀之策莫急於此蜀口舊戍皆精銳最號嚴整自朝旨分戍之後關隘撤備世將雖屢申請未見行下公試爲籌之燾遂爲草奏事勢危迫之時乞速降指揮盡陝右所分戍兵還

屯蜀口又請乞賜料外錢伍百萬貫以備急緩朝廷皆從之故得以保全蜀卒以無虞

十一日甲申金人寇（改作圍）京師留守孟庾叛降於金人

金人叛（改作背）盟留守孟庾倉皇不能自處統制王滋願以兵護庾奪門而走還行在庾以金人多不能遠去遂以京師叛附於金庾當要津被眷遇甚厚一旦不能守其節人皆恥之先是劉豫僭僞有郁臻者以吏職出身獻屯田之議豫大喜行其策而果獲利濟豫曰前朝以虛譽用人惟尚科舉至宣和靖康間誤國者進士及第之人也我則不然唯才是用不問門

閤與出身乃以臻爲秉義郎閤門祗候充白波轉運及金人交還三京也召臻赴行在臻見秦檜檜衩衣不禮臻既而曰劉豫國祚不永者蓋由任用此輩而不用士人也臻銜之而退後復歸中原既金人叛改作背盟復據京師尋訪臻而得之喜曰南宋不用郁臻而棄之鄙其不因進士舉耶乃用爲陝西轉運判官

西京留守李利用棄城走

初金人再有復取河南之意河外豪傑密以報河南府兵馬鈐轄李興興告於留守李利用總管孫暉謂雒陽實居衝要重地西連關陜東接王畿南通巴蜀北控大河可以屏衛襄漢況國家陵寢所在不可不注意也利用令興招集忠義欲密爲防禦計不數日得萬人暉大驚而懼之欲以非罪害興會報金人渝盟已渡河利用得報卽望風潛遁興初聽翟興節制屯於商州劉豫得襄漢其勢漸盛乃附於劉豫令興爲鄜延路兵馬鈐轄後改爲河南路兵馬鈐轄國家得三京命興爲河南府兵馬鈐轄特換授武翼大夫兼閤門宣贊舍人

河南府路總管孫暉棄河南府金人陷河南府

金人以鐵騎數千據天津橋將薄城下鈐轄李興領七騎逆擊之金人罔測遂退卻於是總管孫暉得南奔而去興自天津橋轉戰至定鼎門已侵夜矣額被重傷昏仆於地半日復甦省記舊路復走外邑聚兵是時金人已入城以李成僞知河南府

十三日丙戌金人陷拱州○舊校云時守臣王慥死之

十四日丁亥金人寇改作陷應天府南京留守路允迪出見大金人完顏裒爲裒執之而去

初金人以完顏裒爲三路都統知歸德府退地之日朝廷赦書已到裒以輜重先發行最後裒出門卽下釣橋更不放人回極爲肅靜歸德府者南京應天府也裒在南京久甚得人心無秋毫之犯至是金人叛改作背盟裒以兵數千至宋玉臺使人傳語軍民故吏與寄居官州縣學生告以不殺不擾之意請路留守出門相見允迪朝服坐於聽事官吏軍民迫之不動允迪曰允迪有死報朝廷耳然允迪乃應天府人衆以保全鄉郡鄉人爲辭請之終日允迪不得已出城見裒於宋玉臺允迪爲主裒爲客衆人又請允迪過盞不得已又從之裒復過一盞卽執送允迪於兀朮改作烏珠裒遂鼓吹入城秋毫不擾或聞允迪在京師七日不食死惜乎不死於應天府城中也

十八日辛卯李寶敗金人於渤海廟

李寶興仁府乘氏人也少無賴尙氣節鄉人號爲潑李三京中陷僞地金人爲濮州知州寶聚三十餘人謀殺知州歸南不捷脫身走濠州知州寇宏接引差人伴送往行在朝廷以方議和不用寶欲送於韓世忠軍中寶不願會岳飛來朝寶以鄉曲之故往見飛願歸飛遂令寶同歸鄂州以爲馬軍軍猶未見賞寶怏怏時思鄉中忠義之人遂有歸北心乃結連四十餘人各持一大杴約日就江下奪船以杴爲櫂濟渡前期敗露捉獲盡立堦下唯寶言乃寶之罪衆皆不

預飛奇之送入獄拘繫三十九日有北報金人將擾邊出寶於獄問北方事寶言願歸京東會合忠義人立功飛差承局李成贈銀一鋌令越僞界得忠義人發遣八百餘人赴飛軍飛壯其志遂給付武翼大夫閤門宣贊舍人充河北路統領忠義軍馬依舊黃河駐劄並付空頭文牒令以次補官時紹興七年也十年金人敗盟是時寶在河上滑州境內梁興在太行山寶約興與同舉事與探得金人兵重不從金人渡沙店寇（改作圜）京師留守孟庾投拜既而知興仁府李師雄亦投拜寶方在共城西山上具聞其詳乃率衆沿河奪舟順流而下漸至興仁府是時兀朮（改作烏珠）欲南侵而慮寶在河上遂復回至荆岡人馬困乏皆熟寢寶探聞荆岡之東二十里渤海廟下有金人尤不整亦熟寢乃與其次孫定王靖約夜半襲殺之遂分兩路各率衆乘舟分上下水而進寶與曹洋作一路至渤海廟見金人馬果困乏熟寢不覺乃次第以刀斧擊殺數百人定與靖亦至併力殺之金人漸有覺而起者已不能整不及乘馬皆走墮於金渰下死者無數然遺馬甚多岸高船低馬不能下寶令殺馬載之以行爲糧食由是一馬活斫爲四五段自岸推下

盡載而去蓋五月之辛卯也質明金人以精騎來援已無及積屍而焚之兀朮（改作烏珠）聚河南河北兵捉寶不獲守之半月餘乃南侵順昌有樞密院准備差使邱延世者先差在興仁府刺探以金人復取河南方圖南歸備聞寶等在荆岡擊殺金人事延世漸隱名覓路歸朝具言寶之克捷事故朝廷知寶在河上擊殺金人恨未能得寶用之也

二十日癸巳知亳州王彥先叛降於金人

金人敗盟報到行在

初得河南之地也秦檜親戚鄭億年自僞境還朝億

年嘗事劉豫爲僞參知政事旣到朝廷言和好可久願以百口保之至是方一年已敗盟報到行在羣臣皆愀然憂之工部尚書廖剛至都堂會億年在坐剛責之曰公以百口保金人講和今已背盟有何面目尚在朝廷億年氣塞檜不喜謂剛亦譏己也乃曰尚書曉人不當如是耶頗銜之

工部尚書廖剛罷

廖剛字用中南劍州人崇甯登進士第紹興初累官給事中有言其不孝之罪而罷之十年復用爲工部尚書秦檜銜其在都堂譏斥鄭億年令臺諫論其罪而罷之

二十五日戊戌詔諭諸路大將各竭忠力以圖大事

詔曰昨者金人許歸河南諸路及還梓宮母兄朕念爲人子弟當伸孝悌之誠爲民父母當興援救之思是以不憚屈己連遣信使奉表稱臣禮意備厚雖未盡復故疆已許歲輸銀絹至五十萬所遣信使有被拘留有遭拒卻皆忍耻不問相繼再遣不謂設爲詭計方接使人便復興兵今河南百姓休息未久又遭侵擾朕深痛傷何以爲懷仰諸路大帥各竭忠力以圖大計以慰遐邇不忘本朝之心以副朕委任之意

金人敗盟報到行在乃降是詔

賞格曰兩國罷兵南北生靈方得休息兀朮（改作烏珠）不道戕殺其叔舉兵無名首爲亂階將帥軍民有能擒殺兀朮（改作烏珠）者見任節度使以上授以樞柄未至節度使以上授以節使官高者除使相見統兵者仍除宣撫使餘人仍賜銀絹五萬匹兩田一千頃第一區

詔激勵中原忠義之士

詔曰金人侵犯（改作擾）中原兵革不息已踰一紀天下忠臣義士雖在淪陷之中乃心不忘國家今兀朮（改作烏珠）無名再起兵端南北雲擾未知休息之日凡爾懷

忠抱義鄉里豪傑之士有能殺戮首惡或生擒來獻者並與除節度使仍加不次任使其餘能取一路者即付以一路取一州者即付以一州便令久任應府軍所有金帛並留賞給戰士其餘忠力自奮隨功大小高爵重祿朕無所吝上聞兀朮（改作烏珠）再稱兵故有是詔

給事中兼侍讀馮檝罷

金人叛盟檝見秦檜曰金人欲舉兵南寇（改作下）公疏於用兵宜早召張浚以督諸將檜曰善公當來早上殿薦之次日檝上殿奏曰金人南來朝廷未有應敵

之策唯疾召張浚都督諸軍耳上久知張浚敗事乃曰朕雖亡國不復用張浚檝大沮乃乞宫祠遂罷去先是僧圓淨者寓居於王繼先後圃中禪學甚高馮檝嘗往謁之談禪移時繼先欣然欲見之檝不交一言繼先方憑恃恩寵勢焰薰灼遂大慚逐其僧而譖之

劉剛知泗州

劉剛知宿州以金人敗盟不能行遂知泗州仍經畫宿州

劉錡軍於順昌府

劉錡除東京副留守以本部兵馬行乃以舟船乘老小輜重而軍馬出陸方至順昌府承朝旨令分其兵將屯沿京州縣未及而鄜延路副總管劉光遠遁還言金人叛（改作敗）盟事時舟船已入潁河遂急趨順昌錡會諸將統制共議去留或以謂去則遇虜（改作金）人邀我歸路其敗必矣莫若堅守城池徐為之計知順昌府陳規亦贊守城之策遂留順昌

二十六日己亥劉錡及金人龍虎大王韓將軍翟將軍戰於順昌府敗之

召沈晦赴行在

二十八日辛丑吳璘將劉海曹清敗金人於鳳翔府石壁寨

六月劉光世加太保為三京等路招撫處置使李顯忠李貴步諒之軍皆隸之

初劉光世罷軍政也王德以本部軍馬隸江淮宣撫使張俊俊以德之衆皆挫鋒百戰之餘其猛鷙為諸將之冠乃名為鋭勝軍德為統制及光世為招撫使也復請德隸其軍德堅不從故俊益重之光世辟江西路副總管劉紹先為中軍統制置司池州

韓世忠加太保兼河南北諸路招討使封英國公張俊

加少師兼河南北諸路招討使封濟國公岳飛加少保兼河南北諸路招討使（○舊校云按世忠封英國公在圍淮陽之後俊封濟國公亦在克亳州之後不當總書於此）

張俊軍廬州（○舊校云廬州應作亳州）

劉錡加昌州觀察使樞密副都承旨沿淮制置使

劉錡及金人戰於李村敗之

六日己酉金人寇（改作攻）鳳翔府扶風縣吳璘軍統制李永琪楊從儀尚起與戰敗金人於扶風縣（○舊校云史作吳璘遣統制李師顏等戰敗金人於扶風縣）

賜進士出身頭品頂戴四川等處承宣布政使司布政使清苑許涵度校刊

三朝北盟會編卷第二百終

三朝北盟會編卷二百校勘記

斥爲姦黨姦黨一作監當　震於天下矣脫於字　不果爲用也脫爲字　蜀口舊多戍兵脫多字　具言事勢危迫之時脫具字　言二　盡徙陝右所分戍兵脫徙字　鄙其不因進士舉字　因一作應　寶聚三千餘人千誤作十　猶未見賞誤作軍猶未見賞

三朝北盟會編卷第二百一

炎興下帙一百一

起紹興十年六月十一日甲寅盡其日

六月十一日甲寅劉錡及兀朮（改作烏珠）戰於順昌府城下大破其軍兀朮（改作烏珠）敗走

楊汝翼順昌戰勝破賊（此二字刪）錄曰紹興十年春天子以騎師太尉劉公副守東都仍節制所領軍馬纔被朝旨精鋭兵馬分戍陳汴隨軍老小屯泊順昌三月十八日陛辭出城益以殿前司二千人撥隸戍役東裝裹糧越五日而後起行絕江泝淮風濤險阻自臨

安凡二千二百里抵潁上爲順昌之屬邑陸路兩驛而近（水路）縈紆曲拆殆三百里太尉捨舟與屬官將佐先抵城下時五月十五日太守龍學陳規倅汪若海洎兵職官吏門首迎迓館太尉於羅漢院守倅既相報謁即往按視營寨湫隘窄陋悉不如法兩日之間經營區處尚未就緒十七日早太尉門首別提宫宋待制未及回陳守約相見出泰和縣申狀報四太子人馬於五月十二日寇（改作陷）東京亟歸諭諸將戒飭士卒無致張皇其時選鋒游弈兩軍并老弱輜重舟船九百餘隻相去尚遠遣騎追促至四更後方遂入城十八日辰巳間有探報虜騎（改作金兵）已入陳州陳州距順昌纔三百里闔城惶惑罔知所措而馬軍緣寨柵未定遂以羅漢院駐左軍普惠寺駐右軍前軍駐舊衙後軍駐毗盧院中軍駐臺頭寺而太尉遷維摩陀院乃歐陽文忠公之故居也皆在子城外與府治及民家兩不相干是日太尉遣主管機宜杜亨道幹辦公事王羲賓謁陳守以朝廷先降到贍軍錢支發交子欲斂兵入城爲捍禦計陳守愕然曰城中間警報人皆欲去太尉獨欲守城何也繼而汪若海告別云某已奉有檄差往行在稟議太尉因託以章奏附

三朝北盟會編　卷二百一　二

行壽聞挈家出南門矣十九日太尉與屬官并統兵官聚議吾軍方自遠來未及息肩已聞虜騎（改作金兵）壓境諸公以爲如何其間或欲守禦或欲復就便舟順流而下獨太尉激以忠義喻以禍福且曰某赴官留司今京師既陷未可之官賴全軍在此幸有城池祖可守禦顧此機會大不容失要當同心戮力死報國家諸公翕然同辭無或異議於是與官屬登城區處以後軍統制許青守禦東門中軍統制（闕姓字）守禦西門右軍統制焦文通游弈統制鍾彦分守南門左軍統制杜杞守北門分遣將士明遠斥堠仍召募土人

作嚮導閒探是日晚亳州把門使臣白忠等二人來報云有王彥先者劉豫時嘗知亳州號王瓜角自東京同金賊(改作兵)已入亳州亳州至順昌二百四十里纔捉到王彥先所差探事人朱海張山斬之梟首於市又報金賊(改作兵)入陳州陳州至順昌三百里二十日以後報金賊犯(改作兵入)蔡州蔡州至順昌二百七十里續報犯(改作入)項城陳州屬邑至順昌一百九十里又報犯(改作入)泰和泰和順昌屬邑至府城七十里居民緣賊(改作敵)勢逼近後聞太尉一意堅守皆雜遝輻湊入城城中百姓賴以安堵然太守及州官骨肉絡繹

出城皆渡淮而東走太尉日夕在城上親督兵將備設戰具而城壘摧缺旋加補貼芟薙榛棘如笓籬巴僅存數十悉取僞齊所作癡車以輪轅埋設城上又諭州索居民門戶扇踏隨宜懸掛僅能周匝其時新鄜延總管劉光遠以路梗亦留順昌新永康知軍柳倪緣太尉親亦從行至是皆就差檢察一行軍馬提舉四壁守禦自十九日至二十四日凡六日之間爲備禦計食息不暇而探報日急軍中相與激勸爭先整治甲器且曰我輩自此出陣未嘗立功今纔至此便遇大敵須自出力報答國家兼荷太尉存䘏到這

裏要取一場富貴上下響應如出一心二十五日金賊(改作人)游騎數十已涉潁河出沒城下遇太尉伏兵生擒銀牌千戶阿赫殺(改作阿蘇木)阿魯(改作阿魯)等通說韓將軍先遣來城下探城中事宜及有探報韓將軍翟將軍兩頭領在白沙龍渦一帶下寨寨去城北約三十里太尉夜遣千餘人擊之至二十六日早復與賊(刪此字)戰遂殺傷千百人辰巳間入城太尉於北門犒勞卽具捷奏以聞二十七日金賊(改作兵)馳報龍虎大王及三路都統偕自陳州來增益兵馬至二十九日合韓翟二將軍一帶逼城自北之西自西之南自南之

東人馬約三萬餘騎太尉西門出軍仍激勵在城士卒內外協應午巳之間賊(改作敵)臨城施設而柳知軍適在東門爲敵箭中左足柳倪卽拔箭就以破胡弓(刪此四字)射之應聲而倒繼發數十箭無不中者翼以神臂弓硬弩破之遂稍引去卽以步兵邀擊荒怖四奔走小河人馬淹溺者不可勝計抵暮尚有鐵騎數千擺布河外復出官軍千數連擊之大獲捷勝奪到韓將軍大小認旗十面幷鐵甲提刀等至三十日早戰士還屯犒勞如初亦以上聞六月一日金賊(改作兵)尚留舊寨有擒到女眞及漢兒(刪此五字改作間諜)云已遣銀牌

天使馳往東京告急於四太子矣初二日賊（删此字改作金人立）寨城東地名李村去城二十里以精鋭五百人夜出刦之鄉導者引官軍直至中軍以槍徹去氈帳有一披甲者疾呼曰留得我郎太平（删疾呼至此九字）竟爲官軍所殺是夜陰晦欲雨時（删此字）電光所燭但見秃頭辮髮者（删但見至此七字）悉皆殲之其殺傷比之前日兩戰爲最初三日戰士歸城亦以捷狀聞奏初四日初五日金賊（改作兵）相持如初伏兵擒到女眞（改作敵人）具道殺傷甚多且乏糧食有建議者願乘此屢捷之勢順流乘舟全軍而歸太尉乃會諸統兵官於西門上酌酒

而誓曰今日機會天造地設況已屢挫賊（改作敵）鋒軍聲稍振雖賊（改作敵）與官兵多寡不侔然業已至此可前進不可退卻賊（改作金）營去城三十里而四太子又領重兵來援萬一諸軍遽舍順昌不惟前功盡廢一軍老小當此倉卒擾擾豈敢盡保無虞賊（改作敵）衆追襲首尾相失將至狼狽大有不可言者馴致侵擾兩淮驚動江浙則吾輩平生報國之心死爲誤國之鬼雖萬死何以謝天下願諸公堅忠孝心誓與此城俱存勿與此城同亡此言不食天實臨之於是諸統兵官皆願奮不顧身罔有退志齊以警戒之令曉諭將

士人人咸欲效命欣然待敵初六日太尉遂以東門北門外所泊舟船悉沈河底示以死戰不爲東歸計俄報四太子入太和縣輜重前驅已與龍虎諸酋營（删此二字）寨相接連夜潁河縶橋渡軍馬初七日四太子至亦與諸酋首（三字改作龍虎諸帥）連接下寨人馬蔽野駱駝牛馬紛雜其間氈車奚車亦以百數至於攻城戰具來自陳州糧食器甲來自蔡河散遣輕騎巡綽城下有叩城以手揶揄曰城裏人只有一筒日頭裏至晚以前日陷陣人曹晟荷團枷齎實封文字放回太尉得之慮賊爲（二字改作其）詭計以惑衆心不起封而焚之

初八日四太子數責諸酋首（二字改作營）前日用兵之失諸酋首（改作首領）皆答以今次南朝兵馬非日前比往往一以當百不容措手足明日國王臨陣自可備見蓋四太子稱天下兵馬大元帥越國王也郎下令曰順昌城壁如此可以靴尖踢倒來日府衙會食所得婦女玉帛悉聽自留男子三歲以上皆殺之且折箭爲誓以激其衆然太尉發策戰守忠義自持仍以方畧授諸將佐顧視羯戎逆天悖道貪瀆無厭（删顧視至此十二字）（改作蓋）平時憤激直欲氣吞此賊（改作敵壘下添北軍雖盛四字）以謂（改作爲）不足憂也初九日平明四太子遂合龍虎大王

及三路都統韓將軍翟將軍人馬環合城下甲兵鐵騎十有餘萬陣列行布屹若山壁旗幟錯雜大小有差而五色旗各七面按方分植者中軍也而順昌東西兩門受敵賊乃（改作金兵）睥睨東門瀕濠待敵太尉亦自東門出兵應之城上發鼓卽與交鋒轉戰踰時賊復（改作金兵）大酋四太子披白袍甲馬往來指呼以渠自將牙兵三千策應皆重鎧全裝虜（刪此字）號鐵浮圖又號扢叉（改作哈沙）千戶其精鋭特甚自用兵以來所向無前至是以爲官軍殺傷先以槍揭去兜牟卽用刀斧斫臂至有以手捽扯極力鬭敵自辰至戌賊（改作金兵）

大敗遽以拒馬木障之少休城頭鼓聲不絕迺出羹飯坐餉戰士優游閑暇如平常時賊衆（改作金兵）望之駭然披靡食已卽來以數隊趣戰鬭去拒馬木深入斫賊（改作敵）又大破之無何有誤傳令者令少卻官軍遂稍引後賊衆（改作金兵）併擁逼壕而致溺水者二百餘人而還鋒統制韓直身被一槍三箭幾致溺死賴有一虞候挾以上馬而歸虞候與馬皆中箭被血淋漓然餘勇尚未衰也其餘中傷稍輕可者猶欲再出接戰是日西風怒號城土吹落塵霾漲天咫尺不辨僵屍倒馬縱橫枕藉掩入溝壍閒及墮井者不知幾何旗

號器甲積如稻麻葦竹方其接戰時鄜瓊孔彥舟趙提刀等皆單騎列於陣外有河北簽軍告官軍曰我輩元是左護軍本無鬭志所可殺者止是兩拐子馬故官軍力爲破之皆四太子平日所倚仗者十損七八當其敗毌時城上見有車馬自寨而北復渡河而去賊（此字改作金兵）初涉壕耀兵張勢云嚇城既而官軍歸城直欲奪取釣橋望城放箭注落如雨至有用響箭與窄柳箭者城上悉以破胡弓及（刪此四字）神臂弓臨下射之人馬自退復自東而南轉而之西連亘西北薄城而營長十五里闊十餘里至晚發擂聲振山谷父

老皆言有生以來未之或聞然賊（刪此字）營中嘷呼喧嘩自夜達旦時有金人傍城屬耳以聽城中肅然雞犬無聞以是自可見勝負之兆四太子帳前以甲兵環衛持燭照坐賊徒（改作兵衆）皆分番假寢馬上深懼官軍夜擊之至初十日大雨傾注賊（此字改作金兵）於城外埋鹿角柵柵外開小壕深闊各五尺許正爾督工雨亦稍止太尉出百餘騎撓之賊（刪此字）衆悉皆（刪此字）掛甲挽弓以護雨復大作官軍封之晝夜不得休息十一日早賊（改作金）營發擂聲如昨日太尉遍詣諸營撫勞官軍及安慰中傷之人蓋家至戶到人人皆得其懽

心且雖被傷中猶欲抵死報答太尉俄有探報四太子作筏繫橋甚急（金人自到此日給炒麥數合疲困已甚皆思北歸）至晚不輟抽摘人馬過河然不復發擂只擊鑼數聲而已十二日早尚立礮架置推牌斤斧不絕虛立旗幟以疑城上蓋緣潁河暴漲衝激橋筏人馬數十隨亦被溺遂復繫橋連夜以濟兩日之間收集屍首隨處焚化至有數十人同坎者亦有燒半殘者或瀕河爲水漂泛或半爲烏鳶所食雜以馬屍牛首彌望遍野及晚拔寨盡走卽具解圍奏聞賊（改作金）營中礮架推牌雲梯拒馬木敗甲破車積堆如山弓刀槍槊亦委之而

去然猶有潛匿山林閒以伺追襲至十三日十四日悉出境上復會於陳州四太子反怒三路都統韓翟二將軍人以柳條撻之數十下如千戶毛可（改作穆昆）等皆撻之百十下尋以三路都統守南京韓將軍守潁昌翟將軍守陳州四太子龍虎大王各以所轄人馬同之東京初龍虎與（刪此字）諸酋（改作軍）既敗遣銀牌天使告急於四太子天使纔到就龍德宮見之得報卽索靴上馬出門告報士卒頃刻而集經由陳州一宿措畫戰具糧食而行自東京至順昌往復千二百里首尾不過七日何其神速如此而大尉在圍城時奏

求援於朝得報差行營左護軍統制王德躬率全軍來順昌策應十四日金人既退之後王德方且以文移來問賊勢（刪此二字）動息至二十三日卯時以數千騎至城下太尉邀入具飯飯已則卧憩於子城樓上至申時卽出門洒遣人致意曰不果奉別今且復回又報數日傳聞德申樞密院某已解順昌圍矣方金賊（改作兵）在城下得遞到御筆劉某擇利班師太尉以方禦敵未敢輕爲進止既且賊（改作敵）退十日後又被旨先發老小往鎮江府駐劄遂津遣老小輜重幷被傷戰士船載而行以左軍統制杜杞右軍統制焦文通

兩軍防護東下俄聞王德者申宣撫司云某以全軍裹送劉太尉老小出潁河矣其誕謾舉皆類此敵國相去未遠萬一事或蹉跌爲害不細然太尉恬若無聞未嘗畧介懷也順昌古城且素無備迨茲賊已來陳守（刪此五字）始令居民築牛馬墻賊（此字改作金兵）既退後方置礮座比之軍中所放礮爭五十步先軍中置令牌每遇出戰除守禦人外非帶號掛甲者不得登城雖順昌官軍士豪不許預分毫事城中居民各闔戶守家內外肅靜無有犯者初破金賊（此字改作兵）陳守送到賫酒十數石門首犒勞戰士一盃而已再戰退賊（改作

敵後市戸以麪六千餘斤猪百口來獻隨即分付諸軍人不過麪半斤肉數兩至第三戰太尉不免與陳守畧與犒勞官軍但各人給粟米一石及赴倉請之有止得蚌麥五斗者其間不願請者甚多至事定陳守先具奏乞推本府官屬守城恩賞且言措置守禦鼓率將佐犒賞戰士遂至成功雖太尉依應保明聞奏將士頗悵不平方當圍城太尉曉夜城上寢食皆廢閲月之間畧不以家事經意故能激勵軍心皆爲之用遇臨敵則躬親鼓旗賈作士氣先下令不得斫級奪馬及掠取一物一件至有效命如游奕統領田守忠中軍正將李忠之徒恃勇深入率皆手殺十人而後死悉取前後陣歿將士甕土埋瘗作大塚傍作屋數間命僧主之作水陸道塲以致資薦仍復存恤其家種種順昌北門外初有居民瓦屋數十間恐爲賊巢(改作敵據)前期爇之賊(改作敵)退即訪元主酬以價直自始及終無毫髮擾民者城門四啟每得奸細即審問情狀詳悉而衆所不容者抵之遣回使未嘗輕戮一人雖金賊(改作人)亦謂自過南朝來十五年間無如此戰必是外國起鬼兵來(删必是至此八字)我輩莫敢當也後以生擒到女眞(删此二字)阿赫殺(改作阿蘇木)拜契丹等五

十餘人解赴闕下前項有妨功者移書權貴順昌城下無金賊(改作兵)止是兩河與諸路簽軍耳顧雖力詆柰此公議何太尉初領兵不滿二萬當其圍城時城上備禦及防護老小營寨遇敵則又把路捉巷至於子城倉庫等處皆分兵守之其實出戰之士不過五千人當十萬餘衆自非明於料敵果於制勝安能以應不虞之變韓文公作裴相平淮西碑所謂凡此蔡公惟斷乃成者某於太尉亦云自捷奏到朝廷寵以鼎州觀察使再被制命建武泰節鉞皆懇辭至再不欲先戰士而被賞繼而王人踵至使者沓來撫問寵賚優渥有加宸翰獎諭且有卿之偉績朕所不忘之語咸謂主上酬報非常之功夐出前此仍降告身千五百軸俾就軍前書塡隨即繳納以謂不若自朝廷給之爲榮累得旨索本軍功狀校定兩日方得具奏蓋緣節次出戰更番守禦分別功過不容或差至閏六月二十七日准安排全軍功賞遂隊列單申姓名一一覈實統兵官立功者以前降到金帶及金椀賞之其有過者則面疏其失勞績亦減將佐立功者以金帶及金椀賞之其有過者則杖責之降而入隊至於戰士悉以前後所賜銀二十萬兩絹二十萬匹第

功賞之初田守忠李忠輩陷陣本軍將佐不卽救援亦皆免死而被責其能致力策應者仍給賞且出錢千緡揭榜許軍中論告僥冒戰功者按以軍法如陣歿之家亦各優厚周卹斯又見太尉信賞必罰出人意表如此者某隨軒而來偶遭虜寇（改作日擊敵）勢迫茲平甯敢以圍城前後所見敘爲紀實筆墨荒盪甚無文采且將過江貽諸親舊至於解嚴之後以迄班師述事贊功當俟大手筆者

賜進士出身頭品頂戴四川等處承宣布政使司布政使清苑許涵度校刊

三朝北盟會編卷第二百一終

三朝北盟會編卷二百一校勘記

天子以騎帥太尉劉公（帥誤作師）　項城陳州屬邑（脫項城二字）

皆自陳州來（皆誤作偕）　則吾輩平生報國之心（一作則吾輩生無報國之心）

俄聞王德者申宣撫司（者字衍）

三朝北盟會編卷第二百二

炎興下帙一百二

起紹興十年六月十一日甲寅盡閏六月十七日庚寅

汪若海劄子曰朝廷以藍公佐之回和議頗變以龍神衛四廂都指揮使劉錡爲東京副留守兼節制軍馬以五月十六日始次順昌而十七日兀朮(改作烏珠)之軍已壓境兀朮(改作烏珠)之敗盟舉兵來祁州也以大校爲名起國中之兵一頭項入山東曰聶黎孛堇(改作聶呼貝勒)一頭項入陜西曰三郎君一頭項入西京曰李成

兀朮(改作烏珠)與三路都統領龍虎大王韓翟二將軍以五月十二日入東京初遣三路都統領既下淮甯來取順昌犯(改作抵)白沙劉某夜遣師晨至白沙相拒終日合數陣三路都統大敗而去乞援於兀朮(改作烏珠)未至聞劉某遣驍騎將閻充夜刦三路都統寨正中中軍連破五寨見氊帳數重朱紅美車有虜酋急被甲呼曰毋殺我留我則太平軍士不聽殺之其餘不及被甲因亂(刪見氊至此三十九字)擊殺數百人相枕藉死者莫知其數由此虜(此字改作金)軍下(添盡字)驚晝夜不敢下馬唯於馬上寢食而已兀朮(改作烏珠)率重兵來劉某聞其將至也會諸將於東門上問策當安出諸將或曰今已三大戰軍士夷傷者衆若兀朮(改作烏珠)自至恐勢力不加不如權護老小渡淮劉正色謂諸將曰朝廷養兵十五年正要一朝爲緩急之用安可見大敵而退況老小一動必不能全虜(改作敵)騎無數十里之遠若被追老小必亂甲士未能保何老小之可全不如背城一戰於死中求生上足以報國家下足以取富貴請爲諸軍五日內殺回兀朮(改作烏珠)衆皆以爲然人人激厲上下同心皆爲勦敵之志於是壞檣沈舟以爲決戰

兀朮(改作烏珠)所號長勝軍至則責三路都統龍虎韓將

軍等不肯厮殺致敗軍馬之衆謂其衆曰誓與起順昌城掉在潁河折三箭爲誓折一箭曰初九日早飯於府衙會食折二箭曰敢過車輪之下者皆殺折三箭曰婦人財帛盡以賞軍其所將攻城士卒號鐵浮屠又曰鐵塔兵被兩重鐵兜牟周匝皆綴長簷其下乃有氊枕三人爲伍以皮索相連後用拒馬子人進一步移馬子一步示不反顧以鐵騎爲左右翼號拐子馬皆是女真充之自用兵以來所不能攻之城卽勾集此軍六月七日兀朮(改作烏珠)自臨城於潁河北岸劄寨三十餘里約十五萬九日辰時叩城西門索戰

謂城上人曰你只活得一箇日頭猶華人（此二字删）言一日也劉某出軍五千人接戰自西門轉向南門又轉自東門及東北角始與虜（改作金）騎往來馳逐後直撞入虜（改作金）軍中手相扯捽刀斧相斫至有提去虜（此字改作敵人）兜牟而刺之者軍士有中刀洞心而猶刺虜（改作敵）不已者有偶失地利與虜（此字改作敵兵）相抱於城壕而死者血戰自辰至申虜（此字改作金兵）乃敗走橫屍遍野不知其數劉亦斂兵入城兀朮（改作烏珠）大怒親擁三千餘騎直叩東門射城上人着城上礮架皆滿又被城上軍以勁弓射走兀朮（改作烏珠）既大敗乃移寨於城西門

開掘壕塹自西南至西北約十餘里欲爲不戰之計而坐困順昌劉又夜使人刦之上下不敢甯處十二日乃盡走虜（此字改作金人）自言入中原十五年嘗一敗於吳玠以失地利而敗今敗於劉錡眞以戰而敗疑是外國借來神兵兀朮（改作烏珠）至泰和因得氣疾黃腫下血居縣門樓卧兩日至淮甯府龍虎者始敢獻言以爲不當南來亦猶南人深入我地兀朮（改作烏珠）無言怒諸酋（改作將）之敗撻韓將軍九十柳條翟將軍八十柳條其餘或一百或二百哭聲徹天韓將軍頗出怨言曰我只爲你於和尙原壞了人情莫不疑貳住三日

酉翟將軍守淮甯府入東京欲往河北簽人有王山者言河北無正兵可簽只有百姓耳王山者兀朮（改作烏珠）舊用之知潁昌府至是携來欲令再守順昌王山言今大國中只有兀朮（改作烏珠）主兵權舉國中兵盡起祁州所教之兵盡隨兀朮（改作烏珠）除兀朮（改作烏珠）所將一頭項每戰兀朮（改作烏珠）親擁爲押隊其餘頭項如龍虎韓將軍之徒皆無鬬志又其麾下皆不欲南來是以莫肯爲用其所將孔彥舟酈瓊趙榮之徒只單馬隨軍幷無兵權兀朮（改作烏珠）之敗順昌城下三郎君敗於陝西亦遣人告急焉王山言是日南宋再有一頭項

乘其弊可盡捉虜（此二字删）也但劉自金賊犯（改作人攻）順昌見陳蔡以西皆是望風投拜又見舊知州王山在城下恐城中人苟求性命有賣義於外者更不敢用順昌府官吏軍民充守禦既分其兵於城上地分而又分其兵於城中逐巷口擺布每遇令牌一過卽百姓寂無一人敢出戶者止有兵五千人可以出戰計劉所統不過二萬人中又止用五千拒其舉國精銳之師卽今諸大將所統或十萬或二十萬使乘劉錡戰勝之後士氣百倍之際諸路並進兀朮（改作烏珠）可一舉而破甚無難者今兀朮（改作烏珠）之在東京譬如取大魚

當遠其索而困之不必聚天下之師以圍東京今諸大帥唯淮西最務持重不肯輕舉宜以淮西之兵塞其南窺之路俾西京之兵道河陽渡孟津俾淮東之兵卷淮陽渡彭城俾陝西之兵下長安渡蒲坂則河朔之民必響應冠帶而共降其黨（刪冠帶至此七字）契丹黑水渤海諸國必各爲其主而自立則兀朮（改作烏珠）可不戰而擒女眞（改作大金）可不加兵而滅何則我今以淮西京西淮東陝西四路之兵共圍兀朮（改作烏珠）是以四易而攻一難我今以淮西自固根本而以京西淮東陝西出其不意是以四難而攻一易兀朮（改作烏珠）見天下

之師盡圍之必以死戰故曰一難兵法曰勿攻其所難如遂爲之是兀朮（改作烏珠）之攻劉錡也今舉國之師盡聚於東京我仍直趨於河北則河朔之民必響應兀朮（改作烏珠）可不戰而擒也兀朮（改作烏珠）一敗於順昌儻又敗於河朔則苻堅之事其果見於今日矣且堅淝水一敗安能遂滅苻氏故曰契丹之屬必自立則女眞（改作大金）可不加兵而滅也今聞淮西之師得亳便還義士莫不（闕）甚爲朝廷惜之恐人見淮西之班師弗察虜（改作敵）情之强弱故躬往戰地或訪親見臨陣之人或質被虜得脫之士聊述順昌之戰勝以備朝廷之采擇焉

十三日丙辰岳飛統制牛臯敗金人於京西

十六日己未永興軍路經畧使郭浩統制鄭建充攻金人於醴州破之克醴州

王德至順昌府

劉錡在順昌受圍屢乞援師於朝廷詔王德應援是日也德至順昌而金人已退順昌矣

劉光世軍於和州

二十一日甲子吳璘軍統制姚仲向起樊彥鄭師正以兵援郭浩及金人撒离喝（改作薩里罕）戰於鳳翔府大破其

軍

二十二日乙丑司農少卿李若虛與岳飛計議軍事

金人敗盟朝廷遣李若虛往鄂州軍周聿往建康府軍魏矼往楚州軍各計議軍事若虛到鄂州日飛已進發是日若虛追至德安府見飛言兵不可輕動且班師飛不從是時諸軍皆已進發若虛曰面得上旨不可輕動既已進發若見不可進則當以詔還矯詔之罪若虛當任之飛許諾遂進兵

二十三日丙寅岳飛軍統領孫顯大破金人排蠻千戶於陳蔡州界

二十六日己巳劉錡加武泰軍節度使侍衞軍馬都虞候沿淮制置使

韓世忠軍統制王勝敗金人周太師鶻辣孛堇（改作呼拉貝勒）於淮陽軍

閏六月一日癸酉朔張俊軍統制宋超敗金人於永城縣朱家村

五日丁丑涇原路經畧使田晟及金人戰於涇州

是役田晟有怯敵之意令軍中卷旗而出衆知其必退矣故未合而遁

彰武軍承宣使永興軍路經畧安撫使郭浩加奉國軍

節度使侍衞步軍都虞候武康軍承宣使利州路安撫使楊政加武當軍節度使侍衞步軍都虞候定國軍承宣使秦鳳路經畧安撫使吳璘加鎮西軍節度使侍衞步軍都虞候

十三日乙酉復陝西赦

眷惟陝右初復版圖深念瘡痍之遺民未洽朝廷之德澤蠢茲羯虜（改作念茲不靖）懷彼狠貪（改作彼長驅）詭計潛師實同寇盜背天違衆（改作實忘盟約攻城陷邑）荐肆（改作致）侵陵蹂踐我土疆蟊賊我黎庶幸賴神人助順宗社降靈將士摧鋒爭賈無前之勇吏民徇國共堅不貳之心捷奏已傳師徒再克尚以鑾屯假息虎帳戒嚴介胄苦暴露之勞丁壯疲轉輸之苦由朕菲德致爾阽危惕若厲以疚懷軫如傷而在己宜敷渙澤之渥用慰西土之人於戲孽虜（改作敵）以殄滅爲期方折衝於萬里得道者多助之至況有臣惟一心尚賴帷幄協謀爪牙宣力庶永清於四海庸共底於丕平咨爾多方體茲至意

閏六月十八日庚寅王之道上皇帝書

臣聞兵法曰未戰而廟算勝者得算多也未戰而廟算不勝者得算少也多算勝少算不勝而況於無算

乎又曰知己知彼百戰不殆不知彼而知己一勝一負不知彼不知己每戰必敗其言具在昭若日月信如四時後之用兵者不可不鑒也恭惟皇帝陛下比以虜（改作金）人犯順入寇（改作背約深入）郊畿肆命諸將出師恭行天討茲固子犯所謂師直爲壯者然而不知陛下宵旰之暇亦嘗爲廟算計耶其未戰而勝耶其未戰而不勝耶臣雖至愚竊嘗爲陛下籌之且有義兵有應兵有貪兵有驕兵救亂誅暴者謂之義兵兵義者王敵加於己不得已而起者謂之應兵兵應者勝利人民土地寶貨者謂之貪兵兵貪者敗恃國家之

大矜人民之衆欲見威於敵者謂之驕兵兵驕者滅今以吾之義兵而敵彼之貪以吾之應兵而敵彼之驕其論廟算之勝與不勝固較然也若曰不知彼而知已一勝一負不知彼不知已每戰必敗則所謂知已知彼實戰之所先急不知羣臣爲陛下計亦嘗言及此乎陛下自爲宗廟社稷生靈計亦嘗慮及此乎知彼可勝者果有幾乎我可勝者果有幾乎我之所不可勝者其相當乎抑亦有優而有劣乎昔之善爲戰者先爲不可勝以待敵之可勝常使不可勝在已可勝在敵此所以能不戰而屈人之兵也臣請爲陛

下言之且强弱衆寡之不敵也尙矣以强弱言則劉固非項敵也以衆寡言則曹固非袁敵也而項卒歸於劉袁卒歸於曹者豈有他哉得其道則雖弱能强雖寡能衆失其道則雖强易弱雖衆易寡爾臣觀虜（改作金）有五敗陛下有五勝虜（改作金）雖强且衆固無能爲矣然在我有未必勝者三又安得不自知也且虜（此字改作金人）專事攘竊而陛下一本仁義此道勝也虜（此字改作金人）專務奸詐而陛下一本忠信此德勝也虜（此字改作金人）起兵三十年用人如牛羊殺人如草菅而陛下視民如傷不憚屈已增幣俯徇講和之請冀與天下休

息此仁勝也虜（此字改作金人）自兀朮（改作烏珠）用事上則欺幼主以擅權下則殺親族以播虐而陛下夙興夜寐不忘父兄播遷之難方虜踐約（此三字改作金人）請和許還兩宮羣臣以爲不可獨聖意篤於孝悌幸其必信斷然從之此義勝也虜（此字改作金人）前後專以和議欺罔國家刦質二帝屠戮萬方天下之人恥失其君悼喪其親恨不得食其肉而寢其皮（刪恨不至此十字）久矣陛下頃緣王倫與之畫地復聽其和當是時下而樵夫牧子皆以爲虜（改作金）人得計而陛下失計蓋古人所謂和戎國之福者爲其有以休兵息民也今兵不得休民不

得息於養兵之外歲取於民以供谿壑無厭之欲一有不滿必至興師雖遠近未可知而理所不免臣每念及此未嘗不痛心疾首至於無如之何輒復自寬曰福兮禍所伏禍兮福所倚一是一非一失一得夫何常之有哉虜（改作金）人之得計所謂禍也安知不爲福所倚耶和之必至於變無可疑者但變速則禍小變遲則禍大變自彼則禍小變自我則禍大禍小則可轉而爲福禍大則滅亡無日矣速則三年之内遲則五年之外自彼則彼實先之自我則我實起之今虜（改作金）曾不二年無故敗盟引兵入寇（改作境）然後知

虜人(此二字改作其)向之所謂得計者今爲失計而陛下向之所謂失計者今爲得計向得而今失者福兮禍所伏也向失而今得者禍兮福所倚也此計勝也陛下有此五勝固可以勝矣然以臣觀之未見其必勝之理何則唐肅宗詔九節度討安慶緒重以郭子儀李光弼皆一時元功難相統攝特用魚朝恩爲觀軍容宣慰使而不立帥師次鄴南方與賊對未及戰而潰史臣以爲王師無統進退顧望責功不專是以及於敗今者諸軍大會境上而不置統帥臣所謂未可必勝者此其一也齊景公召司馬穰苴爲將以扞燕晉

之師穰苴辭以臣素卑賤士卒未附百姓不服願得君之寵臣以爲監軍景公使莊賈往賈後期不至穰苴斬之以徇三軍士皆爲之震慄由是晉師聞之罷去燕師聞之渡河而解盡取所亡邦内故境以歸今國家用兵十有六年矣士卒之隸諸將者不可謂不親附矣而罰終不行緩急果可用哉臣所謂未可必勝者此其二也今日之兵分隸張俊者則曰張家軍分隸岳飛者則曰岳家軍分隸楊沂中者則曰楊家軍分隸韓世忠者則曰韓家軍相視如仇讐相防如盜賊自不能奉公惴惴然惟恐他人之奉公而名譽

賢於已也自不能立功惴惴然惟恐他人之立功而官爵軋於已也且其平日猶或矛盾若此使臨大利害想其中心必不能效相如之屈於廉頗寇恂之不仇賈復先國家之難而後其私怨安能保其不自爲敵國而以刃相向耶臣所謂未可必勝者此其三也又況兀朮(改作烏珠)所領之兵無非脅從瓦合猶能自號元帥以統之初不聞契丹自爲一軍而各聽本國之號令也今不置統帥而欲求勝能保其必勝乎虜(改作金)自與我角前後無慮數百戰虜(改作金)未嘗不勝我未嘗不敗者非虜(改作彼)能自勝特我師不戰而潰遂

成其勝爾夫所以不戰而潰者非他不畏我而畏敵故也使皆畏我而不畏敵虜(改作敵)亦何能爲哉今罰不行於三軍而欲求勝能保其必勝乎春秋以來如晉楚用兵以將帥不和而敗績者多矣惟是虜(改作金)人前後驅迫鄰國入爲邊患逮二十年未嘗聞其有違衆犯令自爲釁隙以相攻者今諸將不和無以合之而欲求勝能保其必勝乎陸贄奏李晟李建徽楊惠元李懷光四節度狀云四軍接壘羣帥異心論勢力則負絶高卑據職名則不相統屬懷光輕晟等兵微位下而忿其制不如心晟等疑懷光養寇蓄奸而

怨其事多陵已端居則互防飛謗欲戰則第恐分功齟齬不和嫌隙滋甚覆亡之禍翹足可期舊（改作內）寇未平新（改作外）患方起憂憤所切實堪疚心由是言之臣前所謂可勝者五恐不足恃以勝而所未可必勝者三恐不可不深思熟計而求其所以勝也臣願陛下慨然奮發自謀諸心選擇者德素負天下之望者謀及龜筮謀及士庶儻龜從筮從卿士從庶民從矣然後下明詔遣驛車而召焉逮其入見陛下宜避正殿親出玉音而諭之曰今敵國深侵邦內騷動士卒暴露於境予一人臥不安席食不甘味社稷安危一

在將軍願將軍率師應之將軍既已受命陛下乃齋戒告於太廟灼龜卜吉以授斧鉞如武王之命太公望然後遣行先行之數日遣詰諸軍曰予一人以爾諸軍元帥不立日夜憂懼恐貽一國三公其誰適從之誚今謀之卜筮卿士庶民蔽自予一人之志得元老某俾統六師自閫以外咸得制之邦有邦典軍有軍政用命賞於祖不用命戮於社毋或不和不靖自底於罪而爲將軍者臨屯之日又能拊循士卒同其甘苦上不失於關羽之驕下不失於張飛之不恤士有所不誅誅必及其大而威有所不賞賞必及其小而

明夫然後勒兵赴敵臣見其一戎衣而天下定不得專爲有周美矣伏望陛下追懷祖宗積累之難畀付之重痛憤父兄戮辱之苦睽隔之憂矜念軍興以來犬羊所至（刪此四字）積屍腥於草木流血丹於川原毋以臣人微言輕遂忽而不聽棄而不用古語云投機之會閒不容髮又云後將噬臍悔可及乎臣願陛下不爲衆口所奪斷自宸衷而必行之使異時獲投機之功而免噬臍之悔實天下幸甚臣之狂瞽不獨今日當紹興八年六月王倫使虜（改作金）還虜（改作金）遣使隨倫報聘臣於是時固嘗有書致之前吏部侍郎魏矼

以述和議有九不可一可之說當紹興九年五月和議既定淮上興役以備兩宮來歸宿食供頓臣於是時亦嘗有書致之前左諫議大夫曾統以迎奉兩宮有五事當爲先務之急惟臣區區憂國愛君之心無易二書重以家貧地寒遠去軒陛不獲自達是用致之魏矼曾統庶幾有聞於陛下不圖今日乃見茲事似與臣意有相符者雖然亦非臣之私言天下之公言也故敢復盡千慮一得之愚獻於闕下位卑言高罪在不貸惟陛下憐其愚忠而曲賜保全無使天下以臣爲妄不勝俯伏待罪憂懼之至

賜進士出身頭品頂戴四川等處承宣布政使司布政使清苑許涵度校刊

三朝北盟會編卷之二百二終

三朝北盟會編卷二百二校勘記

兀朮親擁爲押隊一作爲擁押隊　自河陽渡孟津自誤作道　自淮陽渡彭城自誤作卷　統制鄭建元元誤作允　願將君之寵臣願誤作顧　而官爵軼於己也軼誤作軏　而所謂未可必勝者二字脫謂

三朝北盟會編卷第二百三

炎興下帙一百三

起紹興十年閏六月十七日庚寅盡其日

上魏侍郎矼書之道竊聞之先民有言詢於芻蕘以謂人有所長不可以其微賤故忽之也之道比緣赴調居於臨安之隘巷者八十餘日朝夕獲聞閭里之言似有可取者輒敢以其聞上瀆聽覽惟執事擇焉其言曰王倫使虜(改作金)還虜(改作金)遣使隨倫報聘國家自靖康以來失於議和致兩宮北狩萬乘東巡百姓墜於塗炭迨今十有四年尚不覺悟又復縱倫賫國引賊(改作敵)入家(改作境)以闞我虛實排辦館待之具所至騷然甚於被盜夫虜(改作金)之爲盜(此二字改作來)也非特今日鼎之盜也以其衆今之盜也以其使盜之志(刪非特至此二十一字)利得子女玉帛爾不以吾之所以館待者過禮而遂已也譬今有被盜者家徒四壁立復不自量又從而東借西乞以其所有而夸於盜其不爲盜之招者幾希(刪譬今至此三十九字)頃年章誼孫近使虜(改作金)餘人盡留南京惟誼與近得至軍前稟議今虜(改作金)使之來自合用此例留餘人於韓世忠軍中令其使副造朝不惟有以褫禽獸之魄而奪其氣(刪不惟至此十三字)亦足以示朝廷之尊(改作體)乃若議和則有九不可而一可之道聞此言如醉而醒如夢而覺因謂同舍郎曰智者千慮必有一失愚者千慮必有一得茲殆所謂一得者乎請試爲執事陳之父母之讐不與同戴天兄弟之仇不與同國虜(改作金)人昨犯(改作陷)京師自徽宗皇帝明德皇后以下悉從播越今茲上仙雖云厭世其實殺之又況淵聖之與六宮尚囚沙漠四海共憤恨不得刳其肝分食其肉(刪恨不至此十字)爲人子弟者義當何如此其不可和者一也當唐德宗時吐番因沙堡之敗懼而求和宰相張延賞入馬燧之言請於德宗從之當時諸將獨李晟以爲不可諸相獨柳渾所言與晟意合曰豺狼之性(四字改作吐番)非盟誓可結已而吐番(刪此二字)果刦盟如晟渾言此其不可和者二也和戎(改作議和)所以息民也此時厭亂久矣孰不欲其通和而幸其休息哉今輿議乃爾蓋傷弓之心猶思靖康覆車之轍而懼其蹈也必欲議和是咈民心民心即天意也天可違乎此其不可和者三也頃自車駕南幸虜(改作金)立劉豫於濟南以有中原之地歲責幣三百六十萬緡豫奉之未嘗少有墜失一旦以計廢豫盡豫所藏擔囊揭篋倒廩傾國而去若取諸

懐不煩顧指而我師以君伐臣睥睨累年終不敢進非虜(改作金)勇而豫怯我弱而豫强也蓋緣既已臣事虜(改作金)人則猶子也為人子者固不虞其父之見逐故虜(改作金)得以逐豫如反手之易為豫計者亦初不謂豫曰汝於虜(改作金)非有父子之親徒以我之廢吏故立汝以為得志必將與我抗而為已之捍蔽也抗我則所以事已者不敢不至豫既挾虜(改作金)以抗我則其於我也不復若虜(改作金)之不虞其逐也且日夜求所以勝我惟恐其不勝而見擒是則我之所以不能取豫者以豫視我若仇而豫之所以見執於虜(改作

金)者以其待虜(改作金)者過於親也今虜(此字改作金人)欲和是以劉豫畜我此其不可和者四也當寶元康定間契丹以重兵壓境遣蕭英劉六符來聘意在刲取關南十縣朝廷命右正言富弼為報聘之行仁宗重念兩國生靈之故許其屈已增幣而契丹平遠卒事弼不肯受賞曰此非臣之本志也嗚呼忠臣之謀國一至此耶今(下添者字)虜(改作金)無約請和非出於謀則是厭兵而欲結好於我以邀歲貢從之而遂罷兵則非特不能保夷狄之(此三字改作其)不叛(改作敗)盟而乘我之間又恐朱克融輩變生不測從之而兵不可罷則不能不於養兵之外横賦重斂歲供谿壑無厭之求其勢必至陳勝吳廣之起於秦青犢黃巾之起於漢為禍殆有甚於(改作焉)夷狄(刪此二字)此其不可和者五也頃年以來諸將非不進兵終不能取淮北尺寸之地或暫得之復旋失之正使舉大河以南盡還朝廷度其力果能保有之乎與其隨得隨失不若置之度外以俟其力足以制夷狄(此二字改作彼)徐為進築之計此其不可和者六也自古中興之主未嘗不因於險阻艱難惟其履險阻艱難而益挫益堅因能興衰撥亂而光祖宗之業刷父兄之恥見稱於天下後世若周宣復文武之境漢光武之恢復疆宇是也今得河南之地不足以立國而虜(改作金)藉此求和則必矢天地以要我自此以往雖使王靈日張軍聲日振尙敢議恢復之事哉此其不可和者七也漢唐以來中國(刪此字)之待夷狄(此三字改作御外)不過征伐之與和親征伐則將帥任其責和親則廟堂主其議今天下之權不在廟堂而在諸將諸將擁重兵據要地偃蹇自肆視國家之安危存亡如越人視秦人之肥瘠漫不加意遇緩急則雖請援者駢肩於庭督戰者接武於塗方見傲視而不顧逗遛而不發曰將在軍君命有所不受儻從虜(改作

(金)盟而不與諸將議使虜(改作金)誠和猶恐自疑而至
於潰叛(改作敗約)萬一挾詐如向結贊之意在窺窬(刪挾詐至)
(此十一字改作藏其心不可測度忽焉而肆力於我)是使諸將得以有詞而不
復出兵矣此其不可和者八也李義琰嘗曰大國之
使可當小國之君今主上以休兵息民爲重固不憚
臣事虜酋(改作北庭)且以其酋(改作主)爲君則其使蓋同列
也若虜(改作金)使援此爲言倨慢無禮不知朝廷何以
待之此其不可和者九也然則所謂一可者孰可哉
韓原之戰秦伯獲晉惠公晉遣陰飴甥使於秦秦伯
曰晉國和乎對曰不和小人恥失其君而悼喪其親

不憚征繕以立圉曰必報仇君子愛其君而知其罪
不憚征繕以待秦命曰必報德以此不和秦伯曰國
謂君何對曰小人慼謂之不免君子恕以爲必歸小
人曰我毒秦秦豈歸君君子曰我知罪矣秦必歸君
貳而執之服而捨之德莫厚焉刑莫威焉納而不定
廢而不立以德爲怨秦其不然於是秦伯說陰飴甥
之對改館晉侯而歸之初不聞其以賄盟也金虜(改作
人)誠欲還二帝六宮與祖宗之故地而爲德於我以
要我盟曰既盟之後言歸於好各守封疆世世子孫
愼勿相犯有渝此盟明神殛之而無所事賄夫誰曰

不可同舍郎曰子之所言九不可理固然矣所謂一
可乃服而舍之如秦伯之歸晉侯歟曰非也晉侯以
三施不報有負於秦伯之君民秦伯尚且歸之我徽
宗皇帝初不聞有負於虜(改作金)而生不得反其國死
又且要其盟豈服而舍之之道哉使虜(改作金)無所要但
以有負於我遂歸梓宮之與天眷猶當愧於秦伯況不
能如是恥爲今日計當以此意明告使者而俾復命
苟爲不從是虜(改作金)無意於盟我何罪也大抵主和
者苟圖目前之安遂忘父子君臣之義他日儻修先
帝之怨亦不過臨時失信敗盟而已夫信者國之寶

民之庇言之端善之主也苟信不繼盟何益哉且自
古失信敗盟未有不身罹其禍而殃及後世者不可
不戒也不愼也之道今月初四日已嘗具稟少見野
人區區之意明日遂有無爲之行不果再詣屏著趾
伏小舟中因念古人身在畎畝心不忘君將次宜興
復紬繹前日臨安之有得於街談巷議者爲之書以
獻庶幾有聞於吾君吾相而使虜(改作金人)計無所施焉
轉禍爲福實在侍郎一言干冒威嚴無任惶懼之至
上諫議曾統書之道不佞待次里社與木石鹿豕爲
伍不識治體不聞國論惟是區區愛君之心實寤寐

不忘宗社安危存亡之長慮此無他嫠不恤緯而憂宗周之隕女不念嫁而憂太子之幼亦其利害禍福有以相及不得不然非過慮也金人自宣和靖康以來愚弄朝廷有同兒戲卒以陵夷我國家迄於今而不振方其設一謀施一計雖下而小夫賤隸咸能料其將然且曰如是者奸改作術也如是者詐改作計也已而合若符契不差毫釐而朝廷之上乃獨斷然以爲非奸改作術非詐改作計也惟恐其奉承之不暇以自取欺侮戮辱而終不悔且悟何哉孔子曰鄙夫可與事君也與哉其未得之也患得之既得之患失之苟患

失之無所不至矣嗟乎此言誠足以箴當世之膏肓也去年夏金人遣使隨王倫報聘講和之道是時調官　臨安獲聞輿論有九不可之說嘗欲掇拾效愚獻忠以裨廟堂末議晝夜以思將成復毀曰位卑言高罪也因止而趣裝以歸行次宜興復念古人身在畎畝心不忘君之道雖不肖柰何竄名仕版乃忍坐視安危存亡之機而不爲一言耶於是慨然裁書託故人遺驛致之前吏部侍郎魏公矼以乞有聞於上凡半年不得報而胡銓之書傳焉言至於此賈誼之流涕痛哭不爲過也遂事不諫之道尚何言哉側聆

道路以爲金人歸我河南故地奉還兩宮此其爲策不淺也蓋以今日所用之將所養之兵皆五路兩河之人歸我以地則不復限以爾界彼疆遲以歲月其勢必至解散茲殆與漢軍楚歌無以異也頃有兩宮播遷天下之人恥失其君而悼喪其親常有不共戴天之憤而主上之所以宵衣旰食勵精政事注意於中興者豈有他哉亦欲埽除黠虜改作恢復疆土以刷父兄之辱而光於祖宗也夫人怒則威威則勇驕則怠怠則弱我師之不逮金人雖三尺童子所共知也而枝梧累年未嘗敗衂者以其素所蓄積者然也金人之

意若曰此不可以力戰吾當還兩宮以驕之彼既臣妾於我則將恃和弛備然後可圖也茲不必以商爲鑒前日劉豫之擒事猶未遠又況包藏禍心未易窺測其萬一也且事固有未見其利而先受其害者淮西昨更兵火井邑聚落化爲炎埃比雖招徠流亡整葺廬舍然餘民百無二三所謂井邑聚落亦皆蓽門圭竇多者僅十數閒少者不過四五椽而已自春及夏監司守令以奉迎兩宮爲名排備牲餼次舍織悉責具急若星火峻如雷霆貧窮盡於誅求彫瘵弊於營繕其奪民時勞民力固在所不論竊嘗以一邑計

其費不下五七萬緡使金人誠還兩宮斯民正復竭膏血鬻妻子以應所須猶將欣然不爾雖食王倫之肉可能謝哉愚謂今日之事殆古人所謂可弔不可賀者請以五事上瀆聽覽庶幾朝夕造膝之際有獻於吾君而備其采擇焉謹按魯僖公十五年晉侯秦伯戰於韓秦獲晉侯以歸及秦伯歸晉侯將及國先使告國人曰孤雖歸辱社稷矣衆皆哭愚以爲淵聖之南來俟其渡河即手疏以自訟可乎此一事也謹按僖公三十二年晉人敗秦師於殽獲其帥孟明視白乙丙西乞術及晉還三帥秦伯素服郊次向師而

哭以迓之愚以謂梓宮及淵聖到日自天子以下素服郊次而哭乃密諭河南所過州縣一切準此而其供帳之類悉去華麗采色而純用布素可乎此二事也謹按襄公二十七年宋之會楚人衷甲竊聞梓宮以下神襯無慮於十百愚以謂委西京守臣待其將至預修陵寢繼遣一二大臣莅葬中取神襯之最下者斲而視之然後奉安及令諸道飭武備以戒不虞可乎此三事也謹按唐開元全盛時明皇幸東都命三百里內縣令刺史各以聲樂集河內太守輦優妓數百被以錦繡飾以犀象而魯山令元德秀獨製于

蔿之歌遺樂工數十聯袂而歌之明皇見而嘆曰賢人之言哉河內之民其塗炭乎因黜河內而陟魯山今兩宮寂無來音而淮西一郡之民已有二十萬緡之費矣百姓足君孰與不足百姓不足君孰與足愚以謂兩宮宿食供頓所經或無屋宇乞依南郊青城故事行下有司預辦數千匹青布臨時設帳以庇風雨而明詔諸路勿造宮殿勿飾器用以重費斯民可乎此四事也謹按檀弓衛司徒文子問於子思曰喪服既除然後乃葬則其服何對曰三年之喪未葬服不變除何有焉愚以謂梓宮之還天子哭泣衰絰以

從檀弓未葬之禮可乎此五事也是五者雖若無補於國家安危存亡實此係焉昔齊仲孫湫來省魯難既歸齊侯問曰魯可取乎對曰不可猶秉周禮所以本也國將亡本必先顛而後枝葉從之魯不棄周禮未可動也君其務甯魯難而親之親有禮霸王之器也庸詎知兩宮來歸金人之使不有若仲孫湫者乎愚是以知安危存亡實卜斯舉檀弓曰子思之母死於衛有若謂子思曰聖人之後也四方於子觀禮子盍慎諸孟子亦曰滕定公薨文公五月居廬未有命戒及至葬四方來觀之顔色之戚哭泣之哀弔者大

倪嗚呼斯禮也何可忽哉至於金人之情僞則愚巳畧見於前及詳於魏公之書夷狄(改作外邦)之不可信也尚矣盟如皦日而平凉之會猶或劫之今虜(改作者下添金字)以二臣妾蓄我初無盟詛夫以奉之者有限而求之者無厭此其勢必至於用兵所不可知者特其遲速遠近而要不能免也雖然昔者越王勾踐亦嘗臣妾於吳矣終而卒滅吳以朝魯衞陳蔡執玉之君愚以謂今日計患在主上不能禮下羣臣以集其謀與羣臣不能輔佐主上以雪其恥如越王之報吳而不在(下添身爲二字)臣妾於虜(删此二字)也不然危亡且在朝夕不識

執事以爲何如祖宗積累至難宗廟社稷至重惟執事其爲國家念之干冒威嚴無任戰慄

賜進士出身頭品頂戴四川等處承宣布政使司布政使清苑許涵度校刊

三朝北盟會編卷第二百三終

三朝北盟會編卷二百三校勘記

輒敢以其所聞(脫所字)　分食其肉(分應作而)　惟不虞其見逐故虜得以逐豫(脫惟不至見逐六字)又恐如朱克融輩(脫如字)

頃自兩宮播遷(自誤作有)　化爲災埃(災誤作炎)

三朝北盟會編卷第二百四

炎興下帙一百四

起紹興十年閏六月二十日壬辰盡十二月

二十日壬辰張憲克穎昌府

趙鼎責授朝議大夫分司南京邵武軍居住

趙鼎聞金人敗盟用兵乃上書言時政秦檜忌鼎復用乃令御史中丞王次翁誣以罪言之遂責授焉秦檜之慽鼎其始也鼎罷宰相出知紹興府檜具筵餞於浙江亭不醤而登舟其成也以鼎上書言時政其慽不可釋矣

劉光世回軍太平州

二十四日丙申張憲及金人戰於陳州

張憲克陳州岳飛令統制趙秉淵知軍州事

二十五日丁酉岳飛將楊成及金人戰於鄭州克鄭州

王勝克海州擒僞知州王山

韓世忠遣都統制王勝率統制王權王升等諸軍取海州僞知海州王山及統兵官花太師至磨行與官軍相遇官軍擊退之去海州六十里勝令二更到城下諸軍齊進果二更至城下轉城不住牽舟趨城北城上以瓦礫拋擲亂擊舟人皆不顧而行逼曉至城北是時花太師退兵唯王山守城勝令諸軍分地攻擊勝坐於北壁壕下令諸軍早飯要白米飯豬肉段子食畢先使搭材以長竹繫刀斷其釣橋繩釣橋落以大竹卷草如黃河卷埽樣使數百人推至北門下釣橋有妨礙處卽以鋸截去之然後推入縱火凡三卷壅其門而火發守陴者於黑煙中擲甎瓦打火燒門盡打火亦滅有甎瓦蓋地地不甚熱行隊方鱗次於門外而第四隊周成先入行隊皆入成舉認旗於城上呼衆曰周成第一功勝傳令盡開諸門諸軍自諸門皆入然火燒門道尚有火在瓦礫之下舁水沃

滅之治道而後勝入坐於十字街之民舍生執王山時花太師率兵到城下不敢戰而退去父老僧道詣勝唱喏謝罪勝曰國家以海州久陷僞境故遣官軍收復境土國家專行仁德不事殺戮各各安心照管老小父老再拜謝曰欲乞裒斂金銀犒軍勝曰官軍入境秋毫不犯不須裒斂金銀如有豬肉米穀犒諸軍一飯可也父老拜謝而去率斂城中豬羊牛驢幷般擔米麪犒軍勝受之分給諸軍卽時報世忠勝在城北居人猶未覺尚有賣糕者少頃攻城居人方稍避之當時惟韓岳出軍秋毫不擾諸軍經過僞境路

傍有農夫皆倚鋤而觀

二十六日戊戌張俊克亳州

金人復占河南以酈瓊知亳州劉光世遣使臣趙立齎書至壽春府孫暉就差一人同往招瓊張俊亦遣二人齎書招之暉令南京進士蔡輔世同立先往輔世過亳宋人有相識者具以情僞告且曰公見酈侯未可直言當徐徐也輔世知其意遣立齎書先行至門守者問之立鄙人無謀乃言劉相公遣我齎文字來招酈大尉守者不敢隱遂送瓊所瓊不發書而焚之枷立項送獄俊所遣二人猶未知乃作商賈入城

隸曲詣州衙計會通報既見瓊則出其文字瓊亦四之并文字解送兀朮（改作烏珠）命凌遲處斬於京師瓊發二人之次日亦解趙立行密諭部從人縱其去時輔世復回壽春矣俊以大軍至城父是時王德已下宿州即引兵趨亳與俊會於城父於是瓊謂二路都統曰夜叉來矣其鋒未易當請避之遂率衆遁去俊軍至城下百姓父老具香花迎軍入城初喜見國家軍馬出酒食餉軍德功居最遷興甯軍承宣使龍神衞四廂都指揮使制有之曰智勇自見屢收不戰之功果毅敢前如踐無人之境德甚慰悅

張俊退軍殺前知濠州楊珪於途中

張俊軍馬在亳州一夜星斗晃耀夜半後俄有纖雲倏忽滿空遂大雨霶霈甲士皆坐於水中徹旦退軍留宋起知亳州留兵千人與之百姓失望楊珪者以子弟所授官仕劉豫後歸朝自言是武功大夫而俊以武功大夫授之俊方經營淮北嘗曰當用諳練僞境事情武臣爲邊知州使之經營淮北珪知之乃具劄子迎合俊意俊大喜遂令珪知濠州珪用刑峻酷人不敢犯金人交還河南也珪受代往宿州居於歸受館中見兀朮（改作烏珠）獻取江南之策兀朮（改作烏珠）不用

復還宿州是時俊軍馬到宿亳間珪迎之又獻平戎（删此二字）書與俊俊知其投書於兀朮（改作烏珠）不中乃與俱還殺之於途中以逃亡聞揭榜召人捕捉之

趙鼎責授清遠軍節度副使潮州安置

秦檜令王次翁誣趙鼎知金人叛（改作背）盟曾出怨言事故自邵武軍安置潮州

七月二日癸卯岳飛將張應韓清克西京

六日丁未李興知河南府兼主管本路安撫司公事特轉右武大夫忠州團練使

初金人犯（改作攻）西京河南兵馬鈐轄李興聚兵迎擊

收復伊陽等八縣又敗金人於河清縣奪到藝祖皇帝御容乘勢收復鄭汝州僞河南尹李成棄西京遁走於孟州與遂申朝廷乞差帥臣官吏湖北京西宣撫使岳飛差兵官郝晸焦元蘇堅方來會合至是詔下就除與知河南府兼主管本路安撫司公事仍特轉右武大夫忠州團練使訓詞褒美仍給眞俸皆出異恩也先是翟興嘗鎭撫河南許以便宜行事許李興依翟興例是時張應韓清亦報收復西京矣

八日己酉岳飛及金人兀朮（改作烏珠）戰於郾城縣敗之楊再興單騎入虜（改作金）陣欲直擒兀朮（改作烏珠）不獲殺

數十百人而還身被數十創

十日辛亥岳飛敗金人於郾城縣

是日殺金人將阿李朶孛堇（改作鄂爾多貝勒）

十四日乙卯岳飛統制王貴姚政敗兀朮（改作烏珠）於潁昌府中楊再興王蘭高林歿於陣

楊再興王蘭以五百騎直入虜（改作金）陣殺數千人再興與蘭皆戰歿高林亦戰死聞者惜之獲再興之尸焚之得箭頭二升天大雨溪澗皆滿溢虜（改作金）騎不得（改作敵）進官軍乃得（刪此字）還

十九日庚申敕順昌官吏手詔

詔順昌府官吏軍民等狂虜犯（改作強兵壓）境王師扼衝惟爾吏民協濟軍事保捍城壘驅遏寇攘（改作敵氛）眷乃忠勤宜加撫惠應本府見禁罪人除犯刼殺故殺鬬殺並爲已殺人者并十惡罪至死僞造符印放火官員犯入己贓將校軍人公人犯枉法監主自盜贓幷依法內枉法自盜罪至死情理輕者奏取指揮鬬殺罪至死情理輕者減一等刺配千里外牢城斷訖錄案聞奏其餘死罪降從流流罪已下幷放官員在城守禦者幷與轉一資軍人等第犒設一次民間租稅昨降赦已放三年外更與放免二年管下諸縣及鄉

村人戶曾被賊馬（刪此二字）焚刼財產屋業者並依災傷法賑濟舊給使效用經放散委有武藝才力可使者依舊收補支給請受管內鋪兵級更與犒設一次逃亡軍人限指揮到百日內許於所在首身依舊收管限滿不首復罪如初應本府縣有民間利害守臣條具以聞詔書到日明告吏民各令知悉

二十一日壬戌岳飛自郾城回軍

岳飛在郾城眾請（刪此二字改作日奉詔十二道令）回軍飛亦以（刪此二字）不可留乃傳令回軍而軍士應時皆南嚮旗靡轍亂不整飛望之口呿而不能合良久（刪傳令至此二十九字改作歎）

曰豈非天乎
八月楊沂中軍於泗州
四日乙亥韓世忠圍淮陽軍
韓世忠圍淮陽軍命諸軍齊攻之有帳前親隨成閔者隨統制許世安奪門而入大戰於門之內閔身中三十餘槍世安亦脛中四箭力戰奪門復出閔氣絶而復蘇者屢矣世忠大呼賞之初閔之叔父戰於馬家渡身死所得恩澤無子承受時閔爲僧童世忠尋而得之令受其叔之恩澤初補官世忠教以弓馬久之轉至武翼郎爲帳前親隨而奪門立功世安以箭

瘡不能乘馬遂肩輿而行世忠怒令世安馬前步行世忠奏閔之功授武德大夫遥郡刺史世忠繳到告身復奏乞重賞閔以激勸將士乃授涿州團練使
解元敗金人於沂州郯城縣
六日丁丑李山史貴韓直敗金人於陳州
初張憲得陳州也岳飛令統制趙秉淵守之金人圍陳州飛統制李山史貴與劉錡軍統制韓直及金人戰於城下敗之
八日己卯陝西都統制吳錡統領侯信敗金人於河北中條山柏梯谷

十日辛巳侯信敗金人於解州界殺其將乞可（改作奇格）
十一日壬午李成攻河南府李興擊敗之
李成自孟州率金人五千餘騎犯（改作攻）河南府李興開城門以待之成果疑不敢進興遣銳士由他門出擊之
岳飛劉光世來朝
楊沂中軍於宿州
十六日丁亥楊沂中軍潰於宿州
楊沂中進兵於宿州也以步軍退屯於泗州兀朮（改作烏珠）詭計令人來告有金人數百屯柳子鎮沂中以爲

然欲擊之或諫以爲不可輕出沂中不聽留統領王滋蕭保領騎兵一千於宿州是夜沂中自將騎兵五千往襲柳子鎮至明不見虜（改作敵）而還兀朮（改作烏珠）以重兵伏其歸路沂中自柳子鎮回半途知其然遂橫奔而潰至壽春府渡淮歸乃與王滋蕭保相隔參議曹勛不知沂中所在表聞於朝朝廷大恐令淮東州縣退保沂中復還泗州軍心始安自是潰兵由淮河上下數百里間三三兩兩而歸其死亡者甚衆
許淮南州縣退保
朝廷以金人復犯（改作攻）河南許淮南州縣權宜退保

州縣官吏皆有輕去之心
王滋蕭保及金人戰於宿州軍敗金人屠其城
金人刦楊沂中不得志遂寇（改作圍）宿州王滋蕭保與
戰不利金人入城怒州人納楊沂中之軍也乃縱（刪此
字）屠戮（改作之）之
二十一日壬辰永興路經略安撫使王俊敗金人鶻眼
（改作呼紐）郎君於盩厔縣南
二十三日甲午楊政軍統制邵俊敗金人於隴州汧陽
縣牧牛鎮○（舊校云宋史本紀八月甲午川陝宣撫司統領王喜等遇金人於汧陽縣敗之）
河東統制王忠植克石州

九月楊沂中劉錡退軍鎮江府
七日戊申知河南府李粤移治於白馬山
李成以累敗於李興乞兵於金國得番漢（刪此二字）軍十
餘萬興聞之度衆寡不敵即移治於永甯白馬山
十二日癸丑楊政統領楊從儀邵俊敗金人於隴州汧
陽縣劉光世軍池州劉錡移軍太平州○（舊校云宋史本紀九月丁未
楊政遣統制楊從儀夜襲金人於鳳翔府敗之）
十五日丙辰李寶以其衆歸於淮東宣撫司
李寶自五月在渤海廟克捷即放船越廣濟軍遇金
人綱船得銀絹錢米甚多將抵徐州與金人兵船相

遇乃來戍徐州者寶方欲嚴備過徐州曹洋曰我有
備矣金人不知我至必無備當掩擊之金人果無備
皆不及持仗爲寶所殺生擒七十餘人寶欲殺之洋
曰不可我方欲歸朝廷何不留金人生口以爲實驗
寶然之已過淮陽軍知軍賈舍人乘馬率人從數十
追及沿岸呼曰爾爲誰時寶之衆皆緋纈頭巾緋纈
袍爲號寶應曰我曹州潑李三也欲歸朝廷耳言訖
引弓一發賈舍人中矢墮馬船已行矣出清河口渡
南岸而見胡深作一寨聚居民養種深乃具申宣撫
使韓世忠差許世安王權來接引丙戌寶到楚州世
忠犒勞甚厚寶以生口七十餘人解赴世忠世忠大

喜
劉錡來朝
十二月淮北宣撫使楊沂中還行在
呼延通投淮陰縣運河卒
遺史曰韓世忠晚年好遊宴常赴諸統制之請莫不
以妻女勸酒世忠必酣醉而後歸唯呼延通忿忿有
不平之意雖備禮邀世忠至私宅然未嘗輒離左右
一日世忠與水軍統制郭宗儀會於通家世忠略寢
通以手捉世忠之佩刀宗儀適見之搦通之手而呼

曰統制不可世忠覺而大驚急馳馬奔歸而令擒呼
延通既至世忠數其罪責爲崔德明軍中自效德明
戍淮陰故通在淮陰世忠以十二月二十三日誕生
是日諸軍獻壽者甚盛世忠臨廳事坐而受之及通
獻壽吾世忠見通卽走入府第不出通伏於地滴淚
成泓衆勸促通通乃起身而去出門上馬奔還淮陰
德明獻壽回數通不合擅離軍之罪決數十下通怏
怏投運河運河水深急救之出水已不甦倒控其水
以身着毛衫領窄水漲束其頸水不得出而死人皆
惜之世忠後亦深自悔恨

李興與李成相拒於白馬山

知河南府李興九月退保於永甯白馬山李成親率
番僞首領刪此四字改作兵衆十餘萬四面攻圍晝夜不息
鼓聲震山谷凡二旬聲不絕興親臨隘口撫恤士卒
盡力禦之成不能施其技先是留守李利用總管孫
暉棄城南歸也興與金人接戰興之家屬散亡兩三
處暉度興必陷沒遂擁其妻周氏至襄陽奪其鞍馬
掠其財物朝廷知之降詔俾本州存恤別給優廩興
移治白馬山寨日唯有幼子在側方虜改作敵勢圍急
人心頗搖興召將士徧諭之曰今雖圍急當與諸公
誓以死守毋或二心萬一山寨有失我豈汚於賊改作
甘從敵者當抱此子南嚮投崖以謝天子諸公欲出降
者請自便諸將皆感泣由是諸隘益堅俄金國遣使
齎黃榜招興以奉國上將軍官俾依舊尹西京其餘
將佐官屬賞各有差興得檄不啓立斬來使以其檄
繳赴朝廷白馬受圍久方深冬泉源枯涸軍民乏水
衆皆病渴興焚香默禱一夕大雪泉脈涌溢將士皆
以爲興之精忠感應興雖在圍中至歲時伏臘專遣
將士齎書取間道詣永安酌獻諸陵李成知興不可
動乃斂諸處攻隘圍兵於山下駐積芻峙糧爲久守

之計興潛遣將士夜出焚刦營寨掩殺過洛水北十
八里至三鄉鎮連戰克捷自是成大挫徑歸西京

賜進士出身頭品頂戴四川等處承宣布政使司布政使清苑許涵度校刊

三朝北盟會編卷第二百四終

三朝北盟會編卷二百四校勘記

檜具筵餞於浙江亭（浙江亭一作津亭）　鼎不留而登舟（脫鼎字）

兀朮再犯京師珪聞之徑走京師上書於兀朮（脫兀朮至上書十五字於誤作見）　李興移治於白馬山（興誤作甹）　與金人兵船相遇（一本無兵字）　數遁不合擅自離軍之罪（脫自字）

三朝北盟會編卷第二百五

炎興下帙一百五

起紹興十一年正月盡三月九日戊申

十一年正月張俊來朝

十五日乙卯金人寇（改作攻）壽春府

十七日丁巳雷仲及金人戰於壽春府

金人陷壽春府

金人侵入淮西宣撫使張俊擺流星馬斥堠於淮西令姚端主之飛書警報交馳於道路淮甸居民不得安業而驚移矣

金人陷商州

金人折合孛堇（改作綽哈貝勒）以步騎五萬攻商州知州邵隆知其不可守乃焚倉庫毀廬舍棄城而去金人遂入商州

二十九日己巳邵隆襲金人於芍藥阪敗之又敗於鴻門生獲阿沒孛堇（改作阿穆爾貝勒）克商州

邵隆棄商州也乃領兵屯於嶺間金人已入城隆閒道出芍藥口遣其子繼春率兵出商州之北以張其勢而移軍鴻門金人以精兵五千來隆設三覆以待鏖戰兩時許大破之擒阿沒孛堇（改作阿穆爾貝勒）隆始屯

十日糧過期士飢餧死尸噉草木疲困日甚及戰隆親鼓之呼聲動山谷無不一當百遂獲大捷繼春亦破洛陽縣金人遁去隆加右武大夫榮州防禦使

是月楊沂中以兵三萬出征

二月三日壬申金人陷盧州

初朝廷命劉錡守盧州錡入城巡城一匝曰城不足守也會報虜（改作金）騎漸犯（改作入）州境錡遂棄盧州與張俊統制關師古冒大雨率衆而南金人（下添遂字）陷盧州大縱殺戮（刪此四字）

六日乙亥金人寇（改作攻）含山縣

初五日金人到柘皋乙亥馳騎至含山縣一百二十里半日而至以五百騎探和州動靜回報無軍馬丙子以六百騎再探之回報無軍馬丁丑以八百騎往探回報南軍渡江金人即漸退去

韓世忠岳飛以兵援淮西

十日己卯張俊軍統制王德渡江先入和州

建康府探者回報金人已寇（改作過）含山縣漸犯（改作入）和州時張俊諸軍雖已促裝猶未起發安撫使葉夢得曰金人已過含山縣矣距和州纔兩舍豈容更候探報萬一和州爲金人所得長江不可保矣夢得請爲證明具聞朝廷宣撫當命諸軍即令鼓行此行必勝俊遂令諸軍進發諭諸統制曰先得和州者勝王德曰德當身先士卒爲諸軍先鋒俊壯之將士皆鼓舞讙譟而行識者謂其氣銳可以勝矣或報已失和州德曰德請復取和州乃率所部兵渡采石約俊明旦會食於和州至中流聞賊（改作敵）勢盛衆莫敢前德驅之進擢首先登岸俊宿於江州德率衆徑至城下馳驅先登遂占和州諸軍始得渡俊入和州會食如約金人猶守昭關捷奏至上親筆諭俊曰自卿提兵渡江曉夕爲念得報已復和州卿謀慮精審分朕憂

顧不勝歎嘉是時俊亦具奏虜（改作敵）已在臣計中乞免聖慮決保無虞上得奏大喜

十八日丁亥張俊楊沂中劉錡及金人戰於柘皋鎮大破其軍

金人退軍也日行三五里或一二十里退至柘皋柘皋皆平地金人謂騎兵之利也張俊楊沂中會劉錡之軍皆到兀朮（改作烏珠）率鐵騎十餘萬分兩隅夾道而陳沂中輕進不利統制官傳逵被箭中目王德曰賊（改作敵）右隅皆勁騎吾當先破之乃麾軍濟渡奮勇先登薄其右隅賊（改作金）陳有一酋（改作帥）被鎧躍馬指畫

部隊德引弓一發應酋紇墮馬德乘勢大呼馳擊諸隊軍皆鼓譟金人以拐子馬兩翼而進德率衆鏖戰大敗之金人退還紫金山劉錡謂德曰昔聞公威略如神今果見之請以兄禮事公錡遂再拜焉俊有愛妾錢塘妓張穠也知書俊文字穠皆與之柘臯之役俊發家書囑穠照管家事穠有書報俊引霍去病趙雲不問家事以堅俊之意且言今日之事唯在於宣撫不當以家事爲念勉圖報國俊得書釋然而喜遂以其書繳奏上大喜親書獎諭以賜穠仍加封雍國夫人俊以立奇功將佐十八人奏聞上皆宣見臨軒勞

問而訓練官任存曰臣生長田舍間賴陛下神聖祖宗威靈僅能破敵安敢以微勞自矜上益喜均賜金帶銀鋌而別賜金琖與存

十九日戊子李顯忠軍統制崔臯敗金人於舒城縣

二十日己丑張俊克廬州

金人退於紫金山張俊得廬州與楊沂中劉錡之軍皆駐於廬州上親筆諭俊曰卿以身徇國雅志捍敵總干以俟仗義而趨忘家室以專征冒水潦而不顧雖南仲之出車就牧萊公之受命飲冰方之於卿未足多尚又遣內侍省副都知陳永錫勞軍歷視戰地宣旨褒寵甚渥

知襄陽府劉錫召赴行在

樞密都承旨周聿往措畫江上

三月四日癸卯金人寇攻改作濠州

金人自柘臯退兵於紫金山也濠州官吏皆謂金人必以銳兵來攻城請於知州王進使善備之進亦以爲然發書告急日至再四而通判軍州事張綱以邊機事請赴行朝進許之綱遂泛舟而去一日趙榮以百數騎至城下進登城望之榮語進曰大金以精兵三十萬旦暮臨城必要濠州勢不可當公且開門縱

民出城使之爲避地計且淮岸舟船頗多若水路陸路從便傾城而去不三兩日可以獲安方今滿城生靈寄命在足下足下宜念之進怒曰趙榮汝不能全節於朝廷乃爲北軍游說耶使勁弩射之榮大怒少退罵進良久而去州人以趙榮曾僞知州事撫恤軍民秋毫不擾今所以來城下言者正爲憐舊治之民耳或以從便避地之謀力請於進進不從癸卯北軍自延陵浮梁渡淮甲辰以鐵騎數萬人列於東門之外連岡被嶺相屬不斷旌旗蔽野囂埃翳天州人望之猶皆戲笑以謂寇宏受圍時城中無兵無食尚自能支

况今食有餘而兵粗足尙何畏哉是時進有兵千餘又有宣撫司兵數百在城中北軍謂樓櫓皆腐爛攻之必破乃使人至城下招降而守陴者怒罵之

八日丁未濠州兵馬鈐轄邵宏叛降於金人金人陷濠州知軍州事王進被執大肆焚掠（刪此四字。舊校云按宋史是月丁未金人陷濠州鈐轄邵青死之豈濠州有二鈐轄耶此疑有誤）

金人犯（改作圖）濠州乙巳對城立礮且治衝車雲梯而又立鐵鑪鎔金汁將爲攻擊者王進令以礮擊之而礮竿折者再既而礮石直上十數丈不離礮座而墜擊殺曳礮者數人識者皆以爲不祥丙午金人以衝

車雲梯之屬俱傅城壘數面力攻如雷霆震發城上與屋瓦皆動矢石如雨東南敵樓爲飛礮擊損州人大恐時城中民兵進以爲不可倚用乃令於閑慢處屯止以隨行兵及宣撫司兵守城進兵多福建人未嘗經守禦或謂民兵自數年兵火以來莫非百戰之餘也皆一可當百請以民兵守禦使官兵爲四壁策應進不從由是守陴弓弩皆不發進出入以鐵扇爲蔽呵喝如常人皆寒心悚懼其日夕馳望者宣撫司救兵而已丁未兵馬鈐轄邵宏縋城投拜具言城內虛實而北軍遂益兵擊東南隅焚其樓順風火烈倏忽而盡北軍遂乘勢登城衆皆奔亂城遂陷知鍾離縣事臧師仁者乃前知州楊珪之黨也民皆切齒怨之至是先爲亂民所殺進奔馬入郡宅朝服坐於廳事遂就拘金人縱火於城中大肆剽掠凡貴賤老幼悉驅虜出城外由是數萬之衆莫不離散者（刪虜出至此十五字）官府廨宅觀寺與居民廬舍片瓦不留皆被焚爇其所存者唯監郡廨後土地堂屋一間有全瓦數十枚木椽十數根至於城面亦平毀數尺其所存者唯東壁女牆數十步而已初張俊楊沂中劉錡在廬州也濠州發流星馬告急者日三四適會俊與沂中錡

軍皆退廬州諸軍各人負十日糧米欲越過定遠縣退還江上矣俊遂越過定遠縣不得已令諸軍趨黃連埠而城已陷

九日戊申楊沂中率兵襲濠州不克

楊沂中聞濠州已陷欲乘其囂亂襲擊之張俊劉錡曰未可沂中不從戊申沂中率兵馳至城下寂然無所聞唯城中有煙埃未息探者曰城中一空沂中遂令士卒入城有遺棄衣物於路者士卒皆下馬拾遺物而北門外金人伏兵皆入官軍退走金人馳騎追之官軍奔周梁橋俊聞沂中兵敗出兵救之與敗兵

相逆而行金人漸止漸退時已近申漏矣官軍亦還翌日金人至周梁橋收北軍之骸聚而焚之仍取遺棄衣甲而去

韓世忠以舟師遇金人於赤龍洲

韓世忠以舟師淮東宣撫司舟船數百艘載甲卒溯淮而上欲解圍濠州金人覺之先遣人於下流赤龍洲告之曰赤龍洲水淺可涉大金已遣人伐木欲塞河扼舟船請宣撫速歸我趙榮也諸軍聞之皆以其言有理世忠亦命舟船速回而金人以鐵騎追及沿淮岸以良弓勁弩且行且射於是矢着船如蝟毛及

至赤龍洲金人已伐木漸運至淮岸未及扼淮而舟船已順流而下幾爲所扼金人自此遂歸黃連埠屯駐諸軍亦班師

張俊楊沂中韓世忠劉錡皆班師

張俊楊沂中劉錡自廬州退軍也士卒人負十日糧米既至黃連埠軍皆乏糧遣捷足及馳馬往建康催糧者踵相躡也又遣提舉一行事務辛永宗親往催督永宗至宣化不渡坐於民舍呼巡檢兵士令採藤花曰我偏愛食此兵士爲採藤花歸已移時矣坐間失其被氈行人皆掩鼻罵之曰大軍燒火待炊提舉催糧不留心如此建康軍中盡刷在寨應諸寨坐人及工匠各人負米六斗星夜渡江又留守司就近呼集上元江寧兩縣民夫相繼而行亦人負米六斗務其輕快也以縣丞管押已有到滁州者會諸軍班師而軍兵與民夫所負之米悉棄於路側奔而歸曰歸到家不過賠米六斗而已管押官縣丞竟不曾渡江諸軍既至滁州錡與俊沂中分路之和州俊沂中自宣化渡江軍於建康錡駐和州不渡申取朝廷指揮凡十一日得指揮渡江遂歸太平州俊沂中皆憾之是時世忠亦以舟師歸楚州俊進少師河南北諸路

招討使是役也岳飛不出兵爲聲援朝廷憾之

淮西從軍記曰紹興九年己未歲金人歸我河南故地十年春朝廷命馬軍帥劉錡充東京副留守三月率本部軍馬赴任中途而金人敗盟四太子兀朮（改作烏珠）以大兵入京師留守孟庾投降分兵復取河南之地東南震動六月錡大破金人於順昌兀朮（改作烏珠）狼狽敗還朝廷之威遂振於是下命以韓世忠張俊岳飛各以本路宣撫兼河南北招討使並進兵閏六月至七月世忠取海州俊取亳州又取宿州飛取蔡州又取陳州京東西皆嚮應既而三帥相繼班師先是

飛方至陳州而俊已定宿亳遂還壽春引兵南渡而歸金人探知於是併力出兵以禦飛飛兵不能支幾敗告急於錡出兵牽制抵太平金人乃退飛軍得還於是殿帥楊存中充淮北宣撫副使而以錡爲判官自行朝由泗上出兵至宿州界與金賊（改作金兵）相遇而兵敗復渡江歸行朝淮北別無軍馬朝廷亦命錡班師歇泊於鎭江已而移軍當塗金人懲敗籤兩河之人與番（改作北）部共數十萬大舉爲南牧計十一年正月犯（改作攻）壽春朝廷復命錡屯廬州錡所將步兵不滿二萬騎數百而已是月十九日錡被命北渡江壽

春守臣孫暉與統制官雷仲已棄城而出金人於是入壽春盡殺守城南兵千餘人繫橋三道渡兵淮上二十五日錡至廬州駐兵城外時廬州帥陳密學卒於州城中無守臣備禦之具皆缺官吏軍民散出逃遁止有淮西宣撫司統制閻承宣兵二千餘人至是亦奔竄而出錡軍未集輜重尚遠而賊（改作金）遊騎已至城下錡於是領兵復回二十六日金人大兵入廬州遣輕騎數千追襲錡是日晚追及於西山口相去數里時小雨連日軍馬疲乏錡自以親兵八字軍數百人殿其後據山口而住使衆軍飽食訖復戈揮西向

列陣以待追騎望見錡旌旗逡巡不敢逼相持至晚各解而退次日錡結陣徐行號令諸軍占擇地利共趨東關依水據山以遏金人之衝自金人渡淮淮南之人皆避過江江南之人爲遷移之計惟視錡兵以爲安危錡既得東關之險稍休士卒兵力復震金人大兵據廬州雖時復遣兵入無爲軍和州界內剽掠而不敢舉兵過江者蓋懼錡之乘其後也江南由是少安後二月十五日乃渡兵采石以保和州錡既得俊渡江聲援相接乃相約進兵而殿帥楊存中亦自行朝而至朝廷乃命三宣撫合軍併力以禦金人十

四日錡起東關領兵出清溪邀擊金人收復巢縣俊亦遣先鋒至含山金人遊騎在無爲軍和州界者皆退十七日錡在柘皋與金人相遇夾河而軍河通巢湖闊二丈餘始金人見錡軍少意甚易之有出入於寨前者錡乃令軍士曳柴疊橋須臾橋成遣甲軍數隊過橋皆臥槍而坐金人望見復入不敢出良久俊遣其姪總管子蓋及統制王承宣德田承宣師中與楊存中並以騎兵相與犄角十八日與金人戰諸軍雜比橫鶩而進內騎兵有稍卻者錡命麾下斧手堵牆而前奮銳擊之金人大敗退歸廬州兀朮（改作烏珠）乃

舉兵北歸錡既勝以所將步人甲重不能奔馳下令軍中不得虜掠諸軍騎兵多者各乘勝襲逐搜羅敗散擄奪棄遺以為俘獲而錡軍中一無所取二十一日三宣撫俱至廬州城下數日之後俊存中大將軍乃始畢集時淮東漕胡直閣昉淮西漕李敷文仲孺江東漕陳郎中敏識皆被命隨軍饋運朝廷又遣兩浙漕張少卿滙繼至會集於軍前是時朝廷雖命三宣撫合軍不相節制然而三軍進退主盟於俊而存中又俊之腹心也錡以順昌之功驟至節鉞朝廷委任過諸大將而朝野士民之譽又翕然故諸將皆切

齒嫉之至是俊存中雖外為合同其實軍旅利害二人同心錡皆不得預聞又不得專進止方金人之初退虛實未明三軍相視猶豫無決但聞俊存中議欲棄壽春而移廬州於巢縣復以廬州為合肥而濠州自金人侵犯（此二字下添改作攻圍但字）閉守城日夜遣人至軍前求援至三月初有被虜人民自淮上竄歸者皆言金人渡淮去已遠而濠路又通初五日俊因會飲謂錡曰公步人久戰可自此先回徑取采石歸太平吾與楊太尉至濠州耀兵淮上安撫濠梁之民而吾軍取宣化以歸金陵楊太尉渡瓜州以歸臨安庶道路

宿食樵爨不相妨仍命諸漕備十日錢糧諸漕以水路止於廬州陸路無夫般運遂議欲支錢糧軍士人一千使之附帶竟如諸漕之議又令江東陳漕撥水路綱運入滁州接濟二軍是夜二軍調發遲明軍馬盡起獨俊留兵數百未行六日早存中移俊帳會食訖二帥俱行去數里探者復報金人攻圍濠州甚急俊茫然失色復遣一使臣馳邀錡錡遽命軍中亦負十日糧繼二軍而行初九日去濠州六十里地名黃連埠各駐軍比至則金人已破濠州殺太守王進盡虜州人發掘城壁而去俊乃召存中錡謀之錡謂存

中曰兩府何以處存中曰厮殺耳相公與太尉在後某當居前有進無退錡曰有制之兵無能之將可禦有利害之兵有能之將不可禦也今我軍雖銳未為有制且軍士被甲荷糧而移今已數日本援濠州濠州已失進無所據人懷歸心勝氣已索然又糧食將盡散處迥野此危道也虜（改作金）人詭計莫測今不若據險下寨塹地栽木使根本不可動然後出兵襲之若其引去徐為後圖此全師保勝之道願相公圖之諸將皆曰善於是鼎足以為營仍約逐軍選募精銳且日入濠州俊遣斥堠數輩還俱言濠州無金人或

謂金人破城之後無所籍又畏大軍之來尋已去矣乃再遣數百往探皆無所見俊乃遣將官王某謂錡曰已不須太尉又去錡乃不行惟楊存中與王承宣德領二千餘騎而往以兩軍所選精鋭策應之四更起黃連午時騎兵先至濠州城西嶺上列陣未定而金人伏甲騎萬餘於城西邊須臾煙舉於城上伏騎分兩翼而出存中謂王曰如何王知其勢不可乃曰某統制官也安敢預事太尉爲宣撫利害當處之楊乃遽以策麾其軍曰那囘諸軍聞之以爲令其走爾散亂南奔無復紀律其步人見馬軍走謂其已敗皆散金人追及步人多不得脱殺傷甚衆遺棄器甲相屬於道黃連三軍聞之皆拔寨而起存中長驅十二日渡江俊十四日渡江錡乃按部伍整旌旗最後徐行金人亦不復追而回錡至和州駐軍馬具奏二月十八日得旨乃歸當塗淮西之事大略如此以士大夫所聞稍異多不得其實予終始從事其間故得而具記之

三朝北盟會編卷第二百五終

賜進士出身頭品頂戴四川等處承宣布政使司布政使清苑許涵度校刊

三朝北盟會編卷二百五校勘記

隆閒道出芍藥口有闕文　繼慶釋之曰汝皆王民勿忘本朝眾咸復携幼弱來歸隆遣其子繼春脫有闕文至隆字二十五字

盡刷在寨應諸寨坐人一作在寨戰諸軍寨坐人　大將軍乃始畢集將字衍　己不須太尉人去人誤作又

三朝北盟會編卷第二百六

炎興下帙一百六

起紹興十一年四月盡十一月二十八日壬戌

四月參知政事孫近罷爲資政殿學士提舉臨安府洞霄宫

孫近嘗建議復召張浚都督諸軍秦檜怒令御史中丞何鑄言其罪近遂罷參政宫祠

韓世忠張俊岳飛來朝

王湛爲節制陝西諸路軍馬兼措置河東忠義軍馬參議官

王湛字彥清商州人略讀書史受業不專多機尙詐商州湛亦隨隆歸商州漸補以官隆料金人有交還河南之意然不久必復取之乃作料理河南之策書寫成編投湛使詣行在湛至行在匿隆所投之文改爲已文投贄而見樓炤炤未之信既而金人許割三京地炤大驚以湛所投贄獻於宰相秦檜檜喜薦湛改官爲樞密院編修官隨炤宣諭陝西回金人敗盟用爲節制司參議官

二十四日壬辰韓世忠張俊除樞密使岳飛爲樞密副使

范同獻議於秦檜曰諸路久握重兵難制當以三大帥皆除樞密使副罷其兵檜喜遂奏其事上從之世忠俊皆除樞密使賜俊玉帶飛樞密副使世忠既拜乃製一字巾入都堂則裹之出則以親兵自衞檜頗不喜飛披襟作雍容之狀檜亦忌之惟俊任其自然故檜不致深疑

二十七日乙未罷淮東西湖北京西宣撫司諸軍以御前為名

罷淮東西湖北京西宣撫司止用逐軍統制領將以御前為名謂之御前諸軍宣撫司並結局官屬各轉兩官張俊獨留提點諸房文字王應求一名餘並發

歸本軍

五月七日甲辰詔諭諸軍

詔曰朕昨命虎臣各當閫寄雖相望列戍已大暢於軍聲而專統一隅顧猶分於兵力爰思更制庶集全功延登秉鉞之元勳並任本兵之大計凡爾有眾朕親統臨肆其偏裨咸得專達尚慮令行之始或隳素習之規其當勵於乃心以務肅於所部儲閱無廢其舊精銳有加於初異績殊庸人苟自懋高爵重祿朕豈遐遺尚思忠義之誠共赴功名之會否爾任事咸服訓言更制之初人心未定故降是詔

二十三日庚申楊沂中加檢校少保開府儀同三司殿前副都指揮使

二十七日甲子王德加清遠軍節度使

王德建節賞柘皐之功也制詞有曰屬狂胡改作邊烽之匪茹改作不靖裒醜類改作突騎以深侵初豕突改作蠢擁於淮壖寖鴟張於江滸賴爾先登之勇過其方銳之鋒

田師中加定江軍節度使

田師中字吉甫以弓馬所子弟補官從京東河北制置使梁方平累立戰功建炎初從統制張俊討李煜

於東京平杜用於陳州誅陳通於錢塘擒徐明於嘉禾皆有功俊用為帳前提轄遷中軍將從討李成遷中軍統制其妻乃俊之子婦也俊子亡遂以其婦再適師中師中極諂佞呼俊為阿爹不啻如親父子故每戰必有奇功而天下之人皆不信其果戰也至是賞柘皐之功與王德皆授節鉞人無智愚皆以德為當而不稱師中

二十九日丙寅汪伯彥加檢校少傅開府儀同三司致仕薨

汪伯彥以宰相敗事責永州安置秦檜嘗在其席下

讀書及爲宰相薦其才復正議大夫俄復觀文殿學士江東安撫大使兼壽春府廬和等州安撫使知池州清議不容臣僚言其誤國遂得宮祠時紹興元年也二年檜再薦伯彥知廬州四年臣僚言其罪落職罷之七年檜再薦復資政殿大學士九年檜專國遂復伯彥觀文殿學士知宣州又拜檢校少傅保信軍節度使至是致仕加開府儀同三司薨贈少師謚忠定

劉光世來朝

張俊岳飛往淮東撫定韓世忠之兵

更制之初諸軍未悉朝廷之意將士不安乃命張俊岳飛拊循之

劉錡罷淮北宣撫判官

張俊楊沂中屢言淮西之戰劉錡不力謂其怯懦至是罷其淮北宣撫判官岳飛乞且留錡掌兵

六月十六日癸未建康府留守葉茂得加觀文殿學士

先是和州之役張俊猶遲遲未有渡江之意知建康府兼行宮留守葉夢得力促其行於是大軍欣躍俊見軍情勇於出戰乃令進發王德首取和州次有柘皐之勝皆夢得啟之也上嘉夢得之功乃加觀文殿學士

張俊岳飛至楚州撫諭韓世忠兵

張俊與岳飛既到楚州飛居於州治俊乃在城外而中軍統制王勝引甲軍而來曰呈點軍馬或告俊曰王勝有害樞密意俊亦懼之問勝曰將士何故擐甲勝曰樞密來點軍馬不敢不帶甲俊下令卸甲即卸甲俊猶憾之飛點簿方知世忠止有三萬餘人乃在楚州十年餘金人不敢犯猶有餘力以侵山東可謂奇特之士也飛回駐於鎮江府知泗州劉綱詣行府稟議綱曰泗州在淮河之北城郭不固無兵無食如

有緩急守乎棄乎飛徐徐言曰此是潤州更有何名綱曰京口飛再問之綱曰丹徒飛三問之綱曰南徐飛曰只此是矣綱退大歎服曰岳鵬舉果有過人初李寶歸於韓世忠也世忠令寶戍海州飛到楚州即呼寶至楚州慰勞甚至使下海往登州以牽制寶焚登州及文登縣而還

十七日甲申李興自白馬山班師至鄂州

李興知河南府事據白馬山與李成相持凡數月成不能攻遂歸西京朝廷以興糧餉不繼孤軍難守即詔班師興統率軍民幾萬人南歸至大章谷逢金人

數千騎邀路與擊敗之金人既退方得路南行以是
日至鄂州宣撫使岳飛已除樞密副使於是都統王
貴申請樞府乞留於鄂州遂就差左軍同統制
遷海州民於鎮江府
張俊以海州在淮北恐爲金人所得因命毁其城遷
其民於鎮江府人不樂遷居莫不垂涕並命遷楚州
軍馬錢糧於鎮江府
三京等路招撫處置使劉光世罷爲萬壽觀使
劉光世既罷自此遂居於溫州
七月詔張俊沿江視師

初岳飛與張俊同至楚州撫諭韓世忠軍飛與俊議
事不合歸至行在飛請獨留不復出掌兵其寮屬皆
乞宮祠而去俊獨出沿江視師
八月二日戊辰持服檢校少傅張中孚起復爲兩浙東
路馬步軍副都總管紹興府駐劄持服清遠軍節度使
張中彦起復爲福建路馬步軍副都總管建州駐劄
八日甲戌樞密副使岳飛罷爲少保武勝定國軍節度
使醴泉觀使
金人遣莫將韓恕回
金人第一書

金人都元帥第一書曰皇統元年九月日皇叔尚書
左丞相兼侍中都元帥領行臺尚書省事去歲使至
遠沐書翰良紉勤意爾後袞袞頻疏嗣音即日動静
之間茂惟神介休祉爰念日者國家推不世之恩興
滅繼絶全畀濁河之外使專綏治本朝偃息民兵求
圖康乂豈謂闕封之始已露狂謀信不由衷務惟惑
亂其如詳悉條目朝廷已嘗諄諭藍公佐輩厥後莫
將之來輒申慢詞背我大施尋奉聖訓盡復賜書謂
宜存省即有悛心乃敢不量已力復逞蠭蠆之毒摇
蕩邊鄙肆意陸梁致稽來使久之未發而比來愈聞

妄作罔革前非至於分遣不逞之徒冒越河海陰
遣寇賊剽攘城邑考之載籍蓋亦未有執迷怙亂至
於此者今兹薦將天威問罪江表已會諸道大軍水
陸並進師行之期近在朝夕義當先事以告因遣莫
將等回惟閤下熟慮而善圖之餘冀以時善衛生理
專奉書披達不宣
朝廷遣劉光遠曹勛使於兀朮改作烏珠
朝廷答書某啓季秋霜冷伏惟太保左丞相侍中都
元帥領省國公臺候起居萬福軍國任重仰勞經畫
莫將等回特承惠書祗荷記存不勝感激某昨嘗上

國皇帝推不世之恩日夜思維不知所以圖報故遣使奉表以修事大之禮至於奏稟干請乃是盡誠不敢有隱從與未從謹以聽命不意上國遽起大兵直渡濁河逵踰淮浦下國恐懼莫知所措夫貪生畏死乃人之常情將士臨危致失常度雖加誅戮有不能禁也今聞興問罪之師先事以告仰見愛念盈厚未忍棄絶下國君臣既畏且感專遣光州觀察使武功縣開國子食邑五百戶劉光遠成州團練使武功縣開國子曹勛往布情懇望太保左丞相侍中都元帥領省國公特爲敷奏曲加寬宥許遣使人請命門下生靈之幸下國之願非所敢忘也惟祈留神加察幸甚向寒竊冀保重少有禮物具於別封伏乞容留不宣

鶚州軍統制張憲謀爲亂都統制王貴執之送於樞密行府

　張憲以前軍統制爲提舉一行事務得飛之子雲書遂欲刼諸軍爲亂且日率諸軍徑赴行在乞岳少保復統軍或曰不若渡江往京西朝廷必遣岳少保來撫諭得少保復統軍則無事矣漸泄露百姓皆晝夜不安官司亦無所措置惟憂懼而已都統制王貴赴鎭江府請樞密行府稟議方回到鶚州前軍副統制王俊以其事告之貴大驚諸統制入謁貴遂執憲送於樞密行府是時張俊以樞密使視師在鎭江建康也俊令就行府取勘王應求請樞密院職級嚴師孟令使劉與仁推勘師孟與仁以樞密院吏無推勘法恐壞亂祖宗之制力辭俊從之遂命應求推勘獄成送大理寺俊小名喜兒濟南府人范瓊領兵在京東俊爲劊子（刪張憲至此二百四十四字。舊校云編中於武穆磊磊事蹟多屬漏畧張憲得書謀亂之事正所謂莫須有之獄此竟作實事入錄後幅並錄獄吏揶揄之語若欲以敝罪武穆者殊不解其何意也是眞穢史不堪入目愚意刪之爲便）

九日甲辰吳璘克泰州

　金人胡瓊（改作和卓）郎君駐軍於泰州之丁劉圈僞安撫使某以五路兵屯泰州甲辰吳璘及姚仲以兵復取泰州僞安撫使某迎官軍降五路兵皆散

十日丁巳姚仲及金人戰於丁劉圈敗之

　吳璘既得泰州甲寅姚仲率先濟渡屯於原下金人胡瓊（改作和卓）郎君屯於原上丁劉圈璘問諸將何以戰必勝仲曰戰於原下則敗戰於原上則勝璘以爲然諸將之議皆不同仲曰諸將所以不同者憚辭勞苦不欲攻原上耳若金人乘勢而下我兵必敗吳璘卒

從仲議丙辰仲率兵半夜取間道登山去虜金改作寨一二里聞稍歇輿乾糧向曉天大寒士卒皆燒火金人覺之仲乘勢進擊之諸軍尾之進金人大敗有騎將楊萬者膂力過人生挾一千戶回詬璘前誇勇璘曰楊萬可斬也正方鏖戰豈可得一敗賊將改作而便回耶萬投千戶於地復上馬入陣胡琖和卓改作郎君退保納家城官軍圍之俄被金字牌指揮勒兵歸戍胡琖和卓改作郎君乃得歸宣撫副使胡世將惜其功將就可以生致胡琖和卓改作郎君矣乃歎曰何不降金字牌且來世將處耶胡琖和卓改作郎君受圍於納家城也遣

涇原路經畧使秦弼策應不至胡琖和卓改作郎君旣得脫歸遂罷弼

三十日乙丑邵隆及金人僞知虢州賈潭戰於虢州敗之復虢州

十月金人陷泗州又陷楚州

金人侵泗楚張俊曰北南將和虜敵改作謂吾怠欲抒柘皋之憤耳勿與交鋒則虜敵改作當自退陰遣威方至泗廵綽金人果引去

十月乙亥金人元帥第二書

書曰皇統元年十月十日具位今月四日劉光遠等來得書審承動靜之詳爲慰所請有可疑者試爲閣下言之自割賜河南之後背惠食言自作兵端前後非一遂致今日鳴鐘伐鼓問罪江淮之上故先遣莫將回具以此告而殊不見答反有遽起大兵直渡濁河之說不知何故雖行人面列之語深切勤至惟白閫外之命聽其書詞脫落甚不類如果能知前日之非而自訟則當遣尊官右職名望夙著者持節而來及所齎緘牘敷陳萬一庶幾其可及也惟閣下圖之薄寒竊冀對時保重專奉書披答不宣

魏良臣王公亮使於金國

朝廷答書某啟孟冬漸寒伏惟太保丞相侍中都元帥領省國公鈞候起居萬福軍國任重悉勤籌畫劉光遠曹勛等回時承惠示書翰不勝忻感竊自念昨蒙上國皇帝割賜河南之地德厚恩深莫可倫擬而愚識淺慮處事乖錯自貽罪戾雖悔何及今日太保左丞相侍中都元帥領省國公奉命征討敝邑恐懼不知所圖乃蒙仁慈先遣莫將韓恕明以見告今又按甲頓兵發回劉光遠曹勛惠書之外將以幣帛仰諭寬貸未忍棄絶之意益深慙荷今再遣左參議大夫尙書吏部侍郎文安郡開國侯食邑一千戶魏良

臣保信軍承宣使知閤門事兼客省四方館事武功縣開國伯食邑七百戸王公亮充稟議使副伏蒙訓諭令敷陳畫一竊惟上令下從乃命之常豈敢有指迷重陷僭越之罪專令臣等聽取鈞誨顧力可遵稟者敢不罄竭以答再造仰乞鈞慈特賜敷奏乞先斂士兵許敝邑遣使拜表闕下恭聽聖訓向寒伏冀倍保鈞重所有少禮具於別封竊冀容納不宣

十三日戊寅岳飛送大理寺

王貴解押（改作誣執）張憲至樞密行府張俊送憲於行在遂下大理寺（刪此五字）秦檜奏請以岳飛同下大理寺鞫

勘反狀於是飛坐大理獄判宗正司士儇作文字欲解救之不密漏其語或聞之以告檜檜令臺官言士儇有不軌心責建州拘管死於建州飛初對吏立身不正而撒其手旁有卒執杖子擊杖子作聲而叱曰叉手正立飛竦然聲喏而叉手矣既而曰吾嘗統十萬軍今日乃知獄吏之貴也

金人陷濠州

是時濠州境內人煙稀少渡江之貧民往往在橫山澗許家舊寨有前招信縣主簿呂浩者主其寨金人雖得濠州但空城而已酈瓊孔彥舟與數金人至橫山澗浩野服下見之皆坐於石上談說移時金人約十日再來果如期而至浩再見之即引與俱北去

邵隆及金人僞知陝州鄭賦戰於陝州敗之克陝州

十一月七日辛丑金人元帥兀朮（改作烏珠）遣使來第三書

書曰皇統元年十一月七日皇叔太保尙書左丞相兼侍中都元帥領行臺尙書省魏國公時寒想惟安善近魏良臣至伏辱惠書語意懇懃自訟前失今則惟命是聽良見高懷昨離闕時親奉聖訓許以便宜從事故因可與閤下成就此計也本擬上自襄陽下至於海以爲界重念河南彫弊日久得如不得淮南

唐鄧二州以地勢觀之亦是淮北不在所割之數來使云歲貢銀絹二十五萬匹兩既能盡以小事大之禮貨利不足道止以所乞爲定

又云淮北京西陝西河東河北自來流亡在南者願歸則聽之理雖未安亦從所乞外有燕以北逋逃及因兵火隔絶之人並請早爲起發今遣昭武大將軍行臺尙書戸部兼工部侍郎兼左司郎中上輕車都尉蘭陵縣開國伯食邑七百戸蕭毅中憲大夫充翰林待制同知制誥兼右諫議大夫河間縣開國子食邑五百戸邢具瞻等奉使江南審定可否其間有不可

言者一一口授惟閤下詳之既盟之後卽當聞於朝廷如有封建大賜又何疑焉有少禮物具敵別幅隆冬竊冀順天愼衞眠食專持書奉答不宣

何鑄爲端明殿學士簽書樞密院事使於金國容州觀察使曹勛副之

二十八日壬戌韓世忠爲太傅橫海武甯安化軍節度使醴泉觀使

臣僚累言韓世忠之罪上留章不出世忠亦忌秦檜陰謀而請罷遂以太傅爲醴泉觀使世忠杜門謝客絕口不言兵不發親戚平交書平時將佐部曲皆莫見其面

福建路安撫大使張俊罷爲檢校少傅崇信軍節度使醴泉觀使〇舊校云宋史作充萬壽觀使任便居住

賜進士出身頭品頂戴四川等處承宣布政使司布政使清苑許涵度校刊

三朝北盟會編卷二百六終

三朝北盟會編卷二百六校勘記

吝爾在事在誤作任　留守葉夢得夢誤作茂　永圖康乂永誤作求

豈謂闕封之始原闕一作得字　方回到鄂州鄂誤作鶚　南北將和南北誤作北南

三朝北盟會編卷第二百七

炎興下帙一百七

起紹興十一年十二月二十九日癸巳盡其日

十二月二十九日癸巳岳飛死於大理寺獄中誅岳雲張憲

初飛在大理寺獄未肯招狀先是飛自鄂陵回軍也在一村寺中與王貴張憲董先王俊夜坐移時不語忽作聲曰天下事竟如何衆皆不敢應唯憲徐言曰在相公處置耳既退俊握先及貴手曰太尉太尉聞適來相公之言及張太尉之對否先與貴曰然及俊告飛使子雲通書軍中事因言鄂陵路中之語○舊校云王俊首武穆反狀揮麈餘話載之最詳追先赴行在時雲與憲已伏誅矣秦檜與先曰止是有一句言語要爾爲證證了只今日便可出仍差大理官二人送先赴大理寺并命證畢就今日摘出繇是先下大理寺對吏即伏吏問飛飛猶不伏有獄子事飛甚謹至是獄子倚門斜立無恭謹之狀飛異之獄子忽然而言曰我平生以岳飛爲忠臣故伏侍甚謹不敢少慢今乃逆臣耳飛聞之請問其故獄子曰君臣不可疑疑則爲亂故君疑臣則誅臣疑君則反若臣疑於君不反復爲君疑而

誅之若君疑於臣不誅則復疑於君而必反君今疑臣矣故送下棘寺豈有復出之理死固無疑矣少保若不死出獄則復疑於君安得不反反既明甚此所以爲逆臣也飛感動仰天移時索筆著押獄子復事之恭謹如初癸巳飛死於獄中梟其首市人聞之悽愴有墮淚者其子雲及憲皆棄市初獄成大理寺丞李若樸何彥由謂飛罪當徒二年白於大理卿周三畏三畏是日遂白於中丞万俟卨卨不應三畏曰當依法三畏豈惜大理卿邪有王輔者投書於秦檜具言飛反狀已明檜以書付卨卒致飛於死既而卨彈若樸以其兄若虛嘗爲飛幕中參議故欲黨庇之并彥由附會樸是時若虛方知宣州乃送徽州羈管而若樸彥由皆罷出飛執兵權之日遣使王忠臣往楚州韓世忠處下書得回書欲歸臨行世忠囑之曰傳語岳宣撫宣撫有結髮之妻見在此中嫁作一押隊之妻可差人來取之忠臣回密報飛以世忠語飛不答世忠上聞飛奏言履冰渡河之日留臣妻侍老母不期妻兩經更嫁臣切骨恨之已差人送錢五百貫以助其不足恐天下不知其由也上令報行

岳侯傳曰侯名飛字鵬舉相州人也少爲韓魏公家

莊容耕種爲生於靖康末聞張所爲河中招討俊遂投軍往三次方得見張所所觀俊才武特刺效用令帳前使喚至建炎初王彦爲張所前軍統制用俊爲使臣王彦行軍往大行山遇金賊（改作兵）接戰俊遂勝奪馬數十匹并擒拓跋耶烏（改作拓跋頁嚕）差俊充前軍準備將至二年俊爲王彦所疑夤夜自引一軍千人投京城留守杜充充用俊出戰數有奇功遂遷俊爲中軍統制至三年春二月被虜（改作金）將張用王善領兵約五十萬衆寇京城留守杜充遣俊并丁進桑仲馬皋等各統兵迎戰不終朝潰散張用王善兵騎敗走陳

州後金賊（刪此二字）兀朮（改作烏珠）與俊軍連年拒戰俊兵勢弱不如虜（改作勝敵）衆遂遭所潰隨杜充棄京城前往建康其時在京居民已降金虜（改作人）內有劉經扈成戚方等諸將於建康乘勢爲亂刦掠州郡惟俊一軍秋豪無犯屯於宜興縣官吏民戶皆懼所在棄家業走宜興縣投俊居止蓋緣俊軍整肅不令騷擾民庶有犯者並依軍法以此前後一年收捕扈成戚方及斬劉經并留守司散殘官軍千餘人復取建康招民安業四年常州太守林茂薦俊於朝廷充通泰鎮撫使時賊首李成自呼李天王并馬進商元等共提兵三十

萬占據淮西淮南數州屯駐往來刦掠朝廷差張俊充兩淮招討使統軍十萬與李成相拒緣李成兵銳數戰未能獲勝張俊奏朝廷乞俊同王𤫊陳思恭以本軍隸之李成遣偏將馬進領兵二十萬對壘於洪州諸將不敢當其鋒張招討請俊議曰俊與李成數戰不勝公有何見願求一計俊對曰某旣蒙下問不避僭越用兵者無他仁信智勇嚴五事不可不用也有功重賞無功重罰行令嚴者是也某雖不才乞爲先鋒與敵迎戰必可破賊俊喜而許之選精兵三萬并本部諸將拒馬進至玉隆觀大破進軍進走筠州

俊領兵追殺之降賊步軍五萬餘衆李成商元北走俊又統衆招降張用等兵數萬俊功第一改差充神武後軍統制兼權沿邊鎮撫使至紹興二年又統本部軍馬前去湖南接連廣界收捕曹成戰於道州大破賊數萬加中衛大夫武昌軍承宣使又復統軍往潭州界收劉忠紹興三年僞齊劉麟并四太子兀朮（改作烏珠）約兵三十萬衆併力大舉犯（改作攻）滁和通泰直抵揚州宣撫使韓世忠困於楚州俊聞曰若得某在通泰豈懼兀朮（改作烏珠）劉麟收曹成劉忠事方幾畢再奉敕收復虔州山賊俊遂先令人探察其賊首係彭

鐵大廖八姑王勝李洞天等約兵十餘萬山賊寨百餘座侯將王萬寇成徐慶首先破固石洞又遣王貴麗榮張憲等分頭領兵攻打賊寨兩月之間捉大小首領五百餘人彭鐵大廖八姑王勝李洞天等作過賊首加鎮南軍承宣使江西湖南制置使神武後軍統制僞齊劉豫遣劉麟并大將李成等兵十萬衆占據均襄隨郢爲久駐之計侯奉敕回軍徑往漢上與李成戰於郢州遂擒斬荆超成退走襄陽侯先復郢州至襄陽成聚兵再戰又敗走鄧州侯進兵成棄鄧州走潁昌府侯三戰復漢上六州加侯清遠軍節度

使僞齊劉猊王瓜角孔彦舟李師雄商元等兵二十萬攻廬州委侯回軍解圍侯先遣牛皋徐慶李山救應又會合劉錡與僞齊接戰於廬州孔彦舟認是牛皋徐慶等兵至遂不戰起寨而走回京師加侯鎮甯崇信軍節度使湖北京西路招撫使鼎州洞庭楊么鍾子義等作亂據鼎澧潭等諸縣朝廷遣王𤩽劉寶并崔晉吳全等將兵七萬收捉湖賊戰數不利再委侯同張浚督諸軍出征時賊勢甚銳浚懼曰此賊非可易圖欲侯明年與公討之侯謂丞相曰未可若論來歲賊勢大張以某所見不過旬日擒捉賊衆浚見

侯忠勇驍雄於是從之浚往湖南安撫司差任士安王俊等領兵二萬與飛同共調發侯方欲料敵次第委任士安王俊孫義等不稟前進爲賊所敗侯急下令諸將曰限三日不平楊么等賊定斬汝輩立功者重賞湖賊楊么等曰吾聞岳宣撫領兵二十萬已入潭州鼎州至今多日不見到來豈不詐也想任士安等懼吾伴言岳軍至遂令楊欽黄佐領兵五萬前赴士安十里到金橋山忽遇飛伏兵四合大破賊衆楊欽黄佐等見兵敗走覩委是岳兵至楊欽等料不能敵遂降楊欽獻計曰楊么可擒容欽令人報楊么今

任士安兵敗困走又聞後有救兵至吾兄急將士卒速來救欽擒捉士安等以除禍根楊么聞之必自領兵前來相公多用伏兵捉楊么不爲難也遣牛皋傅選王綱等各領兵伏於道側楊么果自領兵前來應援牛皋傅選王綱等伏兵四發楊么乘舟走入水寨侯親臨大湖當卜山峻處隔水令人罵之率衆般運草木於水中賊營中聞罵聲爭用瓦石拋擊上流放草木爲瓦石塡平人騎往來并無阻隔侯遂將兵衆長驅深入水寨擒楊么夏成鍾子義等并斬之殺降賊首周倫周亮張百通等並戰船百隻前後八日平

盪盡靜加侯檢校少保行營都總管右護聖將軍紹興六年加侯爲少師武定勝國軍節度使湖北京西路宣撫使江夏駐劄時金賊刪此二字兀朮改作烏珠與僞齊劉麟率大將賈潭商元崔皐李成孔彥舟王瓜角等尅鎮汝蔡商虢唐鄧京西大震有南下之意諸帥養寇改作遷延不進侯遣王貴董先傅選等將兵騎二萬於唐州北楊牛蹄白石何家寨遇番僞賊衆刪此四字李成王瓜角王大捷李序商元等共約十萬迎戰自辰至申賊衆改作成等敗走連夜進兵追至蔡州遂平縣擒王大捷李勤郭安李序等刪此字奪馬千餘匹降士卒三

千餘衆權暫屯北陽歇泊僞鎮汝軍總管薛亨馬汝翼等兵五萬犯方城縣侯遣牛皐王綱以步卒八千往方城東北二十里地名昭福遇僞總管薛亨數戰亨兵敗走牛皐等追至和尚寨擒薛亨斬馬汝翼奪馬二百餘匹降士卒千人屯方城僞西京竇蕳守統制郭德魏汝弼施富任安中等兵騎五萬犯鄧州界侯又遣張憲郝晸楊再興共兵一萬前去迎賊改作戰至內鄉相拒二日憲與郝晸楊再興議曰賊改作僞勢甚銳必欺敵我以輕兵迎戰佯退敗走賊見必來追我我即伏兵取勝衆曰善遂發兵於來日早使輕兵

迎戰佯敗走僞兵果來追伏兵發前後夾擊擒郭德施富奪馬五百餘匹降士卒千人魏汝弼收殘軍趨歸洛陽侯自慮雖獲捷然金賊兀朮刪此三字改作帥僞兵百萬糧食千里緩急難保又見諸路按兵不舉遂收軍復戍鄂州將擒到僞大總管薛亨幷郭德等一十七人奪到馬一千餘匹降卒五千餘人解押赴行在上赦薛亨等賜銀絹幷各人官資上更賜一官付侯軍中使喚時秦檜當國方主和議忌侯申奏乞持母服棄軍權居江州廬山檜遂舉張宗元爲宣撫判官兼軍事詔侯赴行在加侯河南河北諸路招討使並

湖北京西路宣撫使侯方欲討議用兵有深入虜界刪此二字北伐之意紹興八年秋九月胡虜改作金來講和侯議奏曰不可與和緣虜人犬羊之性刪緣虜至此七字改作金與國事下添仇字隙下添既字深何日可忘臣乞整兵復三京陵寢事畢然後謀河朔復取舊疆臣之願也臣受陛下深恩厚祿無一時敢忘因此與秦檜有隙紹興九年加開府儀同三司紹興十年金賊刪此二字兀朮改作烏珠侵犯改作復攻河南朝廷詔諸路再舉侯遣李寶孫彥戰於曹州又周彥楊再興牛皐策應與李寶孫彥合兵再戰大破虜改作金軍二十萬兀朮改作烏珠領潰兵走往汴

京侯又遣張憲傅選與韓常戰於潁昌常軍大敗退走陳州求救兀朮（改作烏珠）侯遣牛皋徐慶崔虎王瀾助張憲傅選與兀朮（改作烏珠）韓常大戰於淮甯虜軍（改作烏珠）敗走汴京張憲屯兵陳州侯自屯郾城縣又遣王貴董先姚政馮賽岳雲等兵三萬占據潁昌爲久駐之計又分兵攻戰諸州遣郝晸張應韓清取鄭州孟邦傑劉政攻永安軍郝晸張應與孟邦傑併兵攻戰河南府李成王勝等兵十餘萬敗走棄洛陽歸懷孟梁興趙鬼火等軍戰絳州沁水縣賊（改作敵）退走濟源斬番（改作金）將何波那（改作阿布哈）千戶孛堇（改作貝勒）兀朮（改作烏珠）

并龍虎大王威武將軍韓常兵十二萬屯臨潁侯自郾城遣楊再興李璋將騎軍三百爲一隊至近臨潁遇兀朮（改作烏珠）大軍戰楊再興王瀾戰歿侯整促軍馬連夜起發於次日早拂明至小商橋離臨潁二十里下寨有探騎報曰夜來三更兀朮（改作烏珠）并韓常將軍等人馬起寨退走前去汴京侯欲乘勢追趕遂中奏朝廷曰臣聞漢有韓信項羽授首蜀有諸葛先主復興臣雖不才竊望比此乞與陛下深入虜（改作北）境復取舊疆報前日之恥伏望陛下察臣肝膽表臣精忠竭力以報臣之願也表到秦檜大怒忌侯功高常用閒譖於上又與張俊楊沂中謀乃遣臺官羅振奏兵微將少民困國乏兵若深入豈不危也願陛下降詔且令班師將來兵強將衆糧食得濟興師北征一舉可定雪恥未晚此萬全之計時侯屯軍於潁昌府陳蔡汝州西京永安前不能進後不能退忽一日詔書十二道令班師赴闕奏事令諸路軍馬并回師侯承宣詔又不敢便行收兵恐兀朮（改作烏珠）聞知斷我軍路故虛張其聲科買布帛造戰牌言進兵北討兀朮（改作烏珠）使人探聽聞知侯有北討之意引兵夜遁一百餘里我兵亦退四十五里至襄城（先令牛皋）備戰時有人報

兀朮（改作烏珠）曰南家兵奔走已棄潁昌兀朮（改作烏珠）提兵復進侯軍屯於蔡州時梁興在河北絳州尚未得知侯謂諸將曰梁興見在河北與金人決戰退走翼城縣趙秉淵戰守淮甯亦不知南歸侯遣李山史貴將兵救梁興趙秉淵等回蔡州兀朮（改作烏珠）不敢進兵侯將諸軍馬依次調發歸江夏自將二千騎取潁昌入淮赴詔加侯樞密副使侯曰所得諸郡一旦都休社稷江山難以中興乾坤世界無由再復有人密報秦檜檜轉惡之十一年大金約和上令議講和事便與不便侯奏曰金虜（改作人）無故約和必探我國之虛實

竊如建炎中正約和間併兵盡舉張浚不能迎遏其軍大潰失離川陝兀朮（改作烏珠）韓常重兵攻淮西是時韓世忠在楚州亦無所措遂求救於朝廷後無旬日盡失淮楚退兵回往鎮江以拒江為阻更無前進之意大概行軍無方畧料敵無知識賞罰不明信令不行兵無鬬志是以戰之不尅攻之不拔則敗之由也如臣提兵深入虜（改作北）境穎昌之戰我兵大捷虜（改作金）眾奔潰潛入汴京當時若得戮力齊心上下相副併兵一舉大事可成今日兀朮（改作烏珠）見我班師有何懼而來約和豈不偽詐據臣所見為害不見為利也

秦檜與張俊楊沂中共舉劉錡為江淮招討都督諸軍檜密遣王俊同王貴前去謀陷侯王俊王貴等覷望（下添檜字）奏張憲岳雲欲謀反等事俄將張憲岳雲杻械送大理寺根勘上聞驚駭秦檜奏乞將張憲與飛同證明其事是時侯尚不知良久秦檜密遣左右傳宣請相公畧到朝廷別聽聖旨侯宣詔卽時前去卻引到大理寺侯駭然曰吾何到此纔入門到廳下轎不見一人止見四面垂簾纔坐少時忽見官吏數人向前云這裏不是相公坐處後面有中丞請相公畧來照對數事侯點頭云吾與國家宣力今日到此何也言罷隨獄吏前行至一處見張憲岳雲露頭赤體各人杻械渾身盡皆血染痛苦呻吟又見羅振等將王俊王貴首張憲岳雲并侯反叛罪狀前來云國家有何虧負你三人都要反背侯向万俟卨羅振曰對天明誓吾無負於國家汝等既掌正法且不可損陷忠臣吾到冥府與汝等面對不休眾人問其說羅振并御史中丞万俟卨等曰相公既不反記得遊天竺日壁上留題曰寒門何日得載富貴乎眾人曰既書此題豈不是要反也侯知眾人皆是秦檜門下既見不容理訴長吁一聲云吾方知已落秦檜國賊之手

使吾為國忠心一旦都休道罷合眼任其拷掠案牘完備先將張憲岳雲處斬紹興十一年冬十一月二十七日侯中毒而卒葬於臨安菜園內天下聞者無不垂涕下至三尺之童皆怨秦檜云○舊校云劉一清錢塘遺事云秦檜欲殺武穆於東窗下謀其妻王氏王曰擒虎易放虎難其意遂決後檜遊西湖舟中得疾見一人披髮厲聲曰汝誤國害民我已請於帝矣檜遂死其妻思之未幾秦熺亦死方士伏章見熺荷鐵枷因問檜所在熺曰吾父在酆都方士如其言而往果見檜與万俟卨俱荷鐵枷備受諸苦檜曰可煩傳語東窗事發矣後紹興二十三年三月內有殿前司神勇後軍施全將一銅刀伏於閻處等檜回朝向前刺之為轎子所隔不中施全依法賜死紹興三十年北虜（改作金兵）犯

邊連年大舉上思曰岳飛若在虜金改作軍豈容至此

卽時下令修廟宇云

賜進士出身頭品頂戴四川等處承宣布政使司布政使清苑許涵度校刊

三朝北盟會編卷第二百七終

三朝北盟會編卷二百七校勘記

山賊寨百餘座賊字衍　加侯清遠節度使清一作靖　失陷川陝陷誤作離

三朝北盟會編卷第二百八

炎興下帙一百八

起紹興十一年十二月二十九日癸巳盡十二年八月

林泉野記曰飛相州人爲韓魏王家佃戶靖康末張所招討河北飛投入效用建炎初所都統制王彦以飛爲將從彦與金人戰太行累立功後彦疑忌飛才乃率其衆投京城留守杜充爲統制三年賊張用王善擾京師充遣飛及丁進桑仲破之充後守建康叛歸虜（此字改作金人）諸將扈成戚方皆反惟飛全一軍屯於

宜興縣時常州吏民避居縣中者甚衆賴飛而全四年至湖州以林茂張俊薦諸朝除通泰鎮撫使戰敗虜衆（改作金兵）紹興初命飛聽江淮招討張俊以拒李成成將馬進來約戰飛請爲軍鋒擊破進於洪州玉隆觀追至筠州蘄州頻勝飛功居最又擊降張遇衆五萬授神武右軍副統制二年破曹成於道州轉中衞大夫武安軍承宣使三年又破劉忠於潭州平虔州山賊數萬來朝加鎮南軍承宣使江西制置使神武後軍統制四年劉豫將李成寇京西飛敗之復郢州進復襄陽鄧隨唐等州又復潁昌遷清遠軍節度使河北京西制置使豫欲攻廬州飛遣統制牛臯徐慶會劉錡軍擊敗豫衆五年改鎮甯軍節度使往鼎州討湖賊楊么么黨楊欽有衆數十萬拒命會有詔召都督張浚防秋欲俟再舉乃出一小圖指示浚攻賊出入之要請除來往之程期以八日擒賊浚從其言先是湖南統制任士安王俊郝晸等不稟帥王𤫉命故屢至敗飛至鞭士安及孫議使先餌賊告曰三日不能平賊皆斬初揚言岳太尉兵二十萬至矣賊見士安等衆少併兵來戰飛俟其困率大兵四面伏發賊衆殲盡奪舟入據水寨欽等窘服相率出降餘衆

尙數萬飛杖欽等各一百遣回乘其被杖未及爲計夜襲其營殺戮甚衆俘欽等還唯夏誠一寨背山三面臨湖恃險不下飛親臨測水淺處遣善罵者二千人隔水罵賊賊爭擲瓦石以擊之飛先令人伐草木投之上流瓦石遇草相積壓艮久淤塞可涉遂長驅進擒其衆湖南平止八日加檢校少保以其軍爲行營右護軍六年加檢校少傅武勝定國軍節度使湖北京西宣撫使征劉豫克鎮汝軍商虢州西京長水縣慨然有清中原之志而諸將養寇（改作玩敵）不進飛乃退軍鄂州統制王貴敗豫軍於商州等處七年進太

尉與宰相張浚議事不合乞持母服居江州廬山浚命張宗元爲宣撫判官撫其衆詔飛赴行在諭遣還軍八年入朝與宰相秦檜議和不協九年加開府儀同三司十年虜叛改作金敗盟飛遣統制李寶孫彥敗之曹州及宛亭縣進少保河南北路招討使寶又敗虜此字改作金人於宛亭牛臯敗之京西又敗之河上張憲復潁昌府陳州董先姚政敗之潁昌軍將楊成復鄭州統制孟邦傑復永安軍張憲韓清敗之河南府軍將楊遇復河南府南城軍將梁興董榮敗之絳州垣曲縣孟州王屋縣濟源縣等處飛再破兀朮改作烏珠於郾

城縣殺其將阿李朶孛堇改作鄂爾多貝勒張憲敗之臨潁縣王貴姚政敗兀朮改作烏珠於潁昌張憲傳選寇成敗之臨潁飛乘勢欲深入而秦檜議和累詔班師乃還尋失所復州縣梁興又敗之絳州翼縣趙秉淵敗之淮甯府既而虜改作金取濠州檜忌飛乃罷其兵除樞密副使未幾同張俊往楚州護韓世忠軍歸鎮江時檜與俊楊沂中譖罷劉錡飛乞還其兵不允飛予雲帶御器械檜諷臣僚言飛不援淮西事以少保武勝定國軍節度醴泉觀使罷○舊校云宋史金佗粹編俱作充萬壽觀使頃之統制張憲謀亂刪此二字冀朝廷還飛軍而已刪此二字爲

副統制王俊發改作泌其奸張俊亦以爲言檜因譖飛令雲作書與憲下飛大理寺命御史中丞万俟卨訊鞫歸罪雲憲坐斬并賜飛死年三十九妻子遷嶺外天下冤之飛畧知書傳禮士恤民所至秋毫無犯民不知兵

金人元帥第四書

書曰冬深想惟動履萬福今月十一日使來伏承手劄具聞事大之勤良可嘉尚所進誓表即時津發赴闕今茲大事已定然而其間有一二未愼者須至廛浼表云比又見行發遣北來三十五人止是近日因

渡淮樵牧偶被掠者殊非昔年逃亡被兵火隔絶之人恐是有司姑徇人情尙爲濡滯也審議使副蕭毅等在江南時已蒙定論據諸路所有北人各於逐處沿邊州城就近交割望早爲應所論盡數津遣過界唐鄧二州已想差官趁此月下旬到彼以備交割外據陝西地界其間或有犬牙相攙處亦請依元約於明年正月下旬差官與本朝合干人員至鳳翔府會合以憑同去行路至日别有計議自今日已往既盟之後固當使民各安其業已遣濠州楚州盱眙等縣新歸附戶口數千還其家貲並復本土外有未

會發遣人數皆已盡數付去人應江南商賈隔在淮以北者已指揮所屬刷會候供到人數亦便發歸所有海州泗州漣水軍今歲流移在南百姓比及新正竊望發過淮北庶不廢一年耕作之計惟閤下裁之所有淮上大軍使至日諸道班還昨以吳璘竊窺關陝以此右副元帥提兵鎮撫亦專人使之斂退恐欲聞知時寒竊冀愼重專此布聞不宣

朝廷答書

某啟季冬極寒伏惟鈞候起居萬福整軍安民悉賴全德特承惠書佩荷記存垂諭大事已定若非國公

以生靈爲念他人豈能辦此天下幸甚北人敢不如命今就近先次津發耶律温等餘當節次發遣唐鄧二州已遣尚書莫將侍郎周聿於此月十一日星夜前去交割陝西地界亦已差樞密都承旨鄭剛中同宣撫官前去趁明年正月下旬計議海州泗州漣水在南百姓見今根刷發過淮北先蒙遣還濠州楚州昭信盱眙等縣戶口又許根刷應江南商賈隔在淮北者亦便發歸卑情豈勝感激恐遣人在路遲滯今專發書計會泗州差走馬傳到府下伏冀向春氣候淑和竊望倍保鈞重不宣

金人改皇統元年

紹興十二年正月樞密使張俊還行在

張俊出視師回到行在力辭本兵章凡四上遣近侍數輩益確俊乃復視事

割泗唐鄧商州入於金國

和議既定畫淮河中流爲界故泗州與唐鄧商州皆係割還金人之地遣工部尚書莫將刑部侍郎周聿往京西割地是時邵隆在商州始終幾十年披荆榛瓦礫以爲治招徠離散皆得其心自金人敗盟之後屢與金人戰雖常暫棄其城俄即收復終不肯離商

而去至是割付金人隆常怏怏不已

十六日庚戌知鎮江府劉子羽復徽猷閣待制

和浹上書辯岳飛之冤編管袁州

和浹字巨源汾州人知書通春秋左氏傳有識性不喜阿隨好直言岳飛以賓客待之飛死浹上書辯飛之冤事下中書秦檜怒送袁州編管袁州官吏以浹取怒時相全不少假監繫甚嚴浹不堪死

二月樞密行府參議官史愿加敷文閣待制

史愿字仲參燕人先歸朝而來也

楊沂中賜名字存中

三月一日丁未鄂州駐劄御前諸軍都統制王貴罷爲特添差福建路馬步軍副都總管福州駐劄

侍衛親軍都虞候雄武軍承宣使御前統制關師古卒

田師中加殿前都虞候爲鄂州駐劄御前諸軍都統制

張俊力薦田師中除殿前都虞候鄂州駐劄御前諸軍都統制以統岳飛之軍軍中初不服統制傅選李山郭青輩往往乞罷去撫諭久之稍定師中專務結託内侍以爲内助故能久其權

十三日壬子工部尚書莫將刑部侍郎周聿自京西劃地回

朝廷與金人元帥書

書曰某啟即日春和伏惟鈞候起居萬福某前日遣人赴泗州上狀續次津發耶律溫等今必皆達府下近據邊界中報合具咨稟唐鄧界上緣李驃騎將甲軍到來民方不知多少有驚移陝西隴城寨將官王吉領兵馬於治坊鎮等處打刼孳畜驅虜戶口殺害人民致使相近去處皆不安帖竊慮引惹生事致傷和好敢望嚴賜約束實爲幸甚兼告指揮泗州今後遇有書信即爲收接發納庶得情懇即達不致留滯向煖竊冀倍保鈞重不宣

四月孟忠厚王次翁迎護梓宮奉迎皇太后

金人許還徽宗皇帝甯德皇后梓宮及皇太后遂命孟忠厚王次翁往迎之以丁禩爲提舉一行事務

五月三日沈昭遠假禮部尚書爲賀大金生辰國信使王公亮假保信軍承宣使副之

籤書樞密院事何鑄罷提舉臨安府洞霄宮

金人元帥第六書

書曰少意重有奉聞今來國朝既推異恩許成江南和議大計普天率土皆欲使其安樂故其間士夫三兩人尚論列據張中孚節使及弟中彥鄭億年資政

各係汴梁及陝右人民早歲朝廷皆常委以近上職任與餘人不同今逐家親族及居地物產俱在本鄉此三人者幸冀指揮并隨行家眷起發前來團聚復業兼張孝純儀同杜充儀同早年各居外臺相輔之任今張既請老而杜亦物故然二家子弟親屬皆有留河南者及宇文虛中銀青係是先朝特旨更不遣還自後已經任使到今多歲并去歲濠梁之破守臣王進既已貸其生命緣世居鄜州見有親族在此則其妻子亦當使之聚首凡此數家并望早賜一就津發外據昨復疆時汴梁留守孟庾陳州太守李正民

及有畢良史者比審議使蕭毅等回具言江南嘗詢訪此人今並委沿邊官司發遣前去所貴南北之人無不均被德澤仰副皇上聖人使無一夫不獲其所之意諒惟洞察此懷悉爲施行幸甚

朝廷答書

書曰啟上太傅左丞相都元帥領省鈞座卽日極暑伏惟鈞候萬福區區不勝瞻仰近何鑄等回伏蒙遠枉鈞翰副以甲馬厚幣豈勝珍感又承傳諭鈞意所以存撫有加及何鑄等往回種種照恤俱深感佩書中首蒙諭及境域不在處皆久有望於上國者自非

仁厚特留矜念何以及此諭早發遣北人過界敢不承稟但中間嘗以北人畏罪之意如聞欲得上國降一赦罪文字使之釋然無疑徑卽發遣免致艱難及諭唐鄧二州交割官所說原約多有不同亦不經再三持論又不告而去已追原差官根問從初差官根問前去只要仔細持論今承來諭顯是原差官商量未盡今當如鈞意唯是烏陵改作烏凌阿尚書與鄭剛中分畫陜西地界和尚原方山原兩處依舊保守今畫圖兩本用硃紅擬畫一本納呈乞降下烏陵改作烏凌阿尚書照便縱有少侵劉某曾占地界去處止是欲與川路少留藩籬以安彼衆人心亦乞矜允實荷大賜其一本已降與鄭剛中遵用伏乞鈞照又諭發遣張中孚及其弟中彥并張孝純宇文虛中王進等家屬謹當一一依稟爲各人居處遠近不同已令所在津遣候到卽發去次惟杜充家口自充離江南之後其家分散久經歲月親故絕少故難根刷鄭億年雖係汴京人但億年初自上國來時稱曾公恩造放歸今親加體問更不願前去其母亦以此中親眷不少只欲留此養老誠出懇切取到親書供狀繳納想蒙情察也餘曲折已一面照應行遣暑次時惟冀倍保鈞

重謹奉啟不宣

六月四日乙丑鎮西軍節度使吳璘來朝

十一日壬申王庶責授嚮德軍節度副使道州安置

王庶落職居於江州秦檜猶怨其異已不附和議令臣僚言其在江州占奪百姓田宅故責授嚮德軍節度副使道州安置

莫將周聿各降兩官

莫將周聿坐割地不親往界首各降兩官

金人放東京留守孟庾知陳州李正民還

孟庾掌東京鑰一旦失節附於金人及和議已定上

以書請放庾還金乃遣庾及徽猷閣待制知陳州李正民皆還朝於是畢良史父子亦得歸良史字少董蔡州人畧知書傳喜字學粗得晉人筆法少遊京師以買賣古器書畫之屬出入貴人之門當時謂之畢償賣遭兵火後僑寓於興國軍江西漕運蔣傑喜其辯慧資給令赴行在遂以古器書畫之説動諸內侍內侍皆喜之上方搜尋古器書畫之屬恨未有辯其眞僞者得良史甚悦月給俸五十千仍令內侍延請爲門客又得東修百餘千良史月得幾二百千而食客滿門隨有輒盡當時號爲窮孟嘗有姓畢人合得

文資恩澤無宗族承受良史邀逅得之補文學旣得三京地即擬官就祿於新復之地留守司俾權知東明縣良史到縣乃搜求京城亂後遺棄古器書畫應一古今骨董買而藏之會金人敗盟良史無所用心乃教學解春秋及復得還歸遂盡載所有骨董而到行在上大喜於是以解春秋改京秩自此人號良史爲畢骨董

朝廷又書

書曰某啓季夏極熱伏惟某官鈞候萬福何鑄等還所蒙惠書近已草畧修報伏蒙上國曲軫仁慈悉從所請深念恩德實自國公特留鈞意力賜贊成區區銘感何有窮已比覩泗州關報備坐指揮送護一行人使等約七月末過界聞令鼓舞舉國之幸已取八月閒遣使報謝閤下敢先次奉知有新茶五百斤聊以將意使中未能多致竊幸笑留餘續上次不宣

二十八日己丑翟琮卒

二十九日庚寅御前統制傅選爲殿前司副統制

八月金人元帥第七書

書曰皇統二年八月日皇叔太傅尚書左丞相兼侍中監修國史都元帥領行臺尚書省事近者叠蒙惠

音備悉勤意即日秋涼想惟侯履安和承諭遣報謝人使已聞朝廷幷唐鄧二州至亦再遣官交割去訖外昨來計議分畫陜西地界緣未得盡知彼處地界遠近曾言俟大事議定各差官仔細檢視臨時從宜施行回辱示報凡事已遵來命差官前去仍約定至彼期限遂差行臺刑部尚書烏林答（改作烏凌阿）贊謨等同往交割仍丁甯戒諭據陜西諸路疆土並合交收緣照鳳成階石四州於彼切近若行盡取或有不便其四州之地更不交割如兩界地形犬牙相侵各有合要去處仰從宜相度施行續據本官等申至彼相

度得大散關合屬本朝於關外立爲界首除將上件四州與江南外應陝西之地並行交割便於立定界御得鄭剛中等公文稱來時只指揮檢視商量難便一面分付已具申稟別行移報又據烏林答（改作烏凌阿）贊謨申三月內鄭剛中公文坐奉指揮照吳玠劉某等所管地界分畫內商州秦州不是吳玠元管地方合自逐州以南吳玠元管界至分畫其餘和尚原方山原兩處不係劉某所管地方遵依元降指揮保守爲此於何鑄等回時已令達意令於大散關西正南立爲界首承今書已前據烏林答（改作烏凌阿）贊謨申鄭

剛中五月中公文稱和尚原方堂堡秦州等已承指揮許交割乞差官前來分畫外商州已具申審其間御說以龍門關爲界至今承來書與前鄭剛中狀內所報亦又不同所云縱有少侵劉某曾占舊界止是欲與川路留少藩籬以安彼衆人心契勘彼間地界已前布聞何煩再三別有改議若謂欲爲藩籬以安人心乃是無故輒有疑惑豈原約也竊冀早爲指揮所司交割施行所謂商州一處來書幷不謂遷延到今尤未了當亦請依元約催促施行又近據沿邊官司申有舊係淮北人民在南方者思鄉前來緣恐其人在南地別有罪犯逃避過淮難以不行勘會便行一例收受曾經指揮仰問當初來歷因依移文對境州軍仔細勘會卻緣逐處稱別無奉到指揮不肯收接文字深詳此事已經計議幷誓表盟言淮北之人有願歸鄉者更不禁約蓋兩國和好務在安濟生靈告以此意便行開諭使上下曉然則有司奉行自無疑難豈有不接文字之理卽日到此之人雖是淮北鄉貫合得歸業緣彼處不曾明有指揮遂使逃竄於理不應請爲指揮有司出榜曉諭應淮北人數願歸鄉者許其自陳及今後沿邊取會文字仰合屬官司依

應收接契勘回報以稱通和之義及來書內有北人畏罪之說欲得朝廷赦罪文字使之釋然無疑據前此雖曾發到北人止是數十人小民其餘幷昨有劄錄姓名之人都未見發遣檢準今年二月二十四日赦罪書自來亡命沒在江南人等見行理索節次發遣來到並行釋罪其官員百姓軍人等並許復舊已有上件寬貸明文今將赦書內一項全備抄錄前去請以此曉諭應在彼北人遍令省會早與發遣自可安心來歸尚何疑哉所附到鄭億年申狀謄具奏聞准奉聖旨爲已經放還只令在彼居住外有杜充家

口雖會離散其元住州縣官司并從來親屬一行人等豈應全不知得次第去處今國家大議既定欲人人咸獲其便理合使其骨肉圓聚并張中孚兄弟張孝純宇文虛中王進等家屬諸處津遣今有數月計此合到即催趁亦就早令到來惟閤下畱意貺賜新茶極佳愧荷餘冀順時倍加保嗇專奉復問不宜

朝廷答書

書曰某啟即日秋涼伏惟某官鈞候萬福專使來辱惠問感荷契愛垂諭上國講修和好開示大信含生蒙福遐邇同之此敝邑之幸也叙謝之誠言不能盡

竊聞元帥府自班師之後每常丁寧諸路帥守應防把兵官吏人等咸使仰體德意謹守封疆不得生事如此處置則天下舉安深合古訓四海之內孰不欽服又聞近日諸處申達北界人馬無故侵掠及謀畫出入至於收納叛人强奪鞍馬又縱羣寇改作兵攻縣道殺官吏驅虜人畜焚毀舍屋及假裝飾以草賊爲名公然犯改作過界驚擾百姓遠煩開諭不勝駭愕雖是聽聞未及已蒙矜恕然邊吏妄作不遵約束甚不稱某畏天事大之誠意也已備錄所示付四川宣撫鄭剛中根刷南來人馬依准文劄與對境州軍取收管公文仍戒沿路諸將不得令人過界刼掠收接南投人馬今出榜界上曉諭庶得疆埸安靜人民樂業信義敦篤垂裕無窮少副來誨老母還歸知恩有自已就報謝使副齎書信布叙前書所論陝西地界亦以別修報書向寒竊冀倍保鈞重不宜

賜進士出身頭品頂戴四川等處承宣布政使司布政使清苑許涵度校刊

三朝北盟會編卷第二百八終

三朝北盟會編卷二百八校勘記

比又見行發遣北來三十五人一作北人見行發遣此三十五人皆久有望於上國者皆字一作此日亦已經再三持論已誤作不論一作諭只要仔細持論論一作諭聞命鼓舞命誤作令

三朝北盟會編卷第二百九

炎興下帙一百九

起紹興十二年八月十日庚午盡其日

十日庚午王庶卒

王庶安置在道州以疾卒諸子扶護歸江州親舊迎見之其子之荀之奇撫柩而哭曰秦檜秦檜此讐必報親舊皆掩其口仍高聲大叫以混其語有學院子甯偉在側聞之而喜謂可以持王氏矣庶嘗自號當叟又或問當叟之意如何庶曰吾之所爲皆合其宜不敢失當故號當叟有詩文遺藁若干卷名曰當叟集藏於家

林泉野記曰王庶字子尚鞏州人進士登第宣和末爲陝西轉運使奏計在京聞金人犯順改作入邊乃見宰相白時中李邦彥請急詔种師道爲大將軍朝廷是之建炎初直龍圖閣鄜延路經畧使知延安府二年加右文殿修撰陝西五路制置使虜改作金圍耀州庶赴援檄曲端策應不至虜改作金知情徑攻延安城潰庶奔於端端囚之於軍久迺釋去後張浚宣撫川陝用庶爲參謀又命庶知興元因譖殺端自是西人解體浚敗於富平遂失五路庶後知荆南政貪酷紹興

七年趙鼎以庶知兵欲用之召爲兵部侍郎八年遷尙書又除樞密副使時主管殿前司楊沂中誣統制官吳錫下大理寺庶明其寃得釋俄被命往沿路察州縣不職者驕暴傲忽將士咸怨及還朝廷方議和庶不以爲然乞去以資政殿學士知潭州兼湖南安撫制置大使秦檜諷臣僚言庶及劉大中沮撓和議落職放罷九年除端明殿學士臣僚承檜夙旨復有言遂奪所授十二年臣僚再言庶居潭州占民田宅責授㵎德軍節度使道州安置卒於貶所

王庶家集定傾論一論節槪天下之士自墮於茍偷

委靡不振之地爲日久矣士夫之志忠義者方國家閒暇時招之不來麾之不去奸臣賊子聞其風聲已自膽落是以能消禍亂於未萌破奸宄於未作不幸國家有緩急安危之變則仗節死義捐身喪家而無恨故名節之士乃治世之膏粱而亂世之藥石也昔戰國之士如伍員之於吳以報父兄之讐怨於楚之君臣義不戴天卒能破楚入郢鞭平王之墓自今觀之凜凜然猶有生氣使後世之士皆如伍員之忠則國家之恥何患乎不刷君父之讐何患乎不報哉伏以靖康之禍自古所無宜有志之士投劍於礪石之墟收血於涿易之野少洗本朝無窮之憤而求與古人忠義伍者寥寥無聞焉豈豪傑不世出之士伏於巖穴草野湮鬱而不振與抑朝廷之上所以振拔招來之者未盡其道歟區區護聞竊疑於此故敢以言伏幸垂察

一論襄漢伏以自東晉至於梁陳國於吳越者皆以江淮爲境地勢平衍無大山深谷以爲限蔽據江淮之上流屯兵宿將以爲巨鎭其地有三曰襄陽曰武昌曰九江地當孔道必得其人而後能守在東晉世如陶侃庾亮之徒相與戮力以捍蔽一方北方之兵

睢盱熟視而不敢南渡者以地利所在勢當然也伏見鑾輿駐蹕杭越其以江淮爲境者與古無異而兵衛所在復加二焉曰建康維陽雖當盜寇竊發而旋即平定人民之富十纔滅三四獨有襄陽武昌九江三郡久爲盜墟城邑殘破百姓屠戮十不存一今雖建帥宿兵而財用殫乏倉廩艱棘雖使陶侃庾亮之流馳騁其閒未能保一日之安也夫用兵之要在於審知彼已以守猶不足何以言攻違此二者而求成功難矣興復之端其要在此伏幸垂察

一論詔令切要臣惟國家方撥亂反正號令所行務

於審諦而得情使卓然見吾威福設施所向以推服其心則奸雄不敢萌惡爲善者不敢不勉賢於誅罰用兵遠矣光武皇帝賜河西之詔勉以齊晉輔周之功而戒以尉佗制七郡之計竇融等以爲天子明見萬里之外網羅張立之情盖懷忠款唐武宗討澤潞恐河北諸鎮爲唇齒詔王元逵勿爲子孫之謀猶存輔車之勢以破其疑元逵等惶恐奉詔旨親率兵出討卒以有功臣願陛下廓日月之明愼雷霆之令臨照遠邇使制詔所及切其機要消患折難於未兆未形之中則中興之業實爲有成此自古明聖之主駕

馭英雄之術也

一論湖賊臣聞爲國之道譬之用藥以治病國有先後之勢而疾有緩急之殊所以斟酌救療不可不察也伏惟國家今日之患虜爲大盜賊爲次(七字改作金人外攻草賊內發下虜字删)虜人頻年用師殺伐相當吾雖衆散失地彼亦不能乘時攻取非力不能顧亦有所牽制爾而虜(改作金)未可卒滅國家必自固而後可以有功患雖大圖之不可速比之於身風痺之疾也楊么之賊名微衆寡據湖山之險路阻吳蜀之通流跳梁不息或招外援(以啟商心)患雖微圖之不可緩比之於身咽喉之疾也治之之道當在所先然咽喉之要切皮膚之輕脆欲以針砭爲治則恐有傷手之危欲以藥石爲治則恐有不及之悔前日元樞之招誘王瓊之入討已有傷手藥石之禍矣使黠虜(改作北中)閒諜知吾有此內患脫或投隙送死相與牽連豈不大可畏哉然則捨此二者將無所施乎臣愚不自料將抒愚計第恐大臣已有勝算儻或博採願有所陳但兵家詭道難於布露當俟面奏

一論行法臣竊惟人主威權之出至於殺戮閫軍政者儻罪狀明白按校詳審既已明行當斷以宸慮守

之不移不可奪於好惡使遠近窺測有掠美避謗之迹失忠誠之心啟讒佞之口動搖國事此利害有不可勝言者請借古以論之彭越爲漢功臣相與滅秦滅楚勳業甚著剖符爲王爵位尊盛一召　不至以是爲罪因以誅死欒布求殺身明其罪終以不赦王恢說武帝伏兵馬邑以誘單于尉史迎降虜(改作單于)得脫去而武帝罪其不能追獲以慰士大夫心雖太后爲言卒不得免二主持法無所縱貸而國勢尊榮胡夷(改作邊情)拱伏此不奪之效也僕固懷恩晚節桀逆至引吐蕃擾敗唐室而代宗隱忍爲諱不言其反李懷

光助朱泚成奉天之亂倚兵自固德宗優容迫於臣下之請誅伐不行而寵增爵位俄及大歷終身逃難屢至危迫止緣姑息蓄鎮昏默爲治頻於困辱此掠美避謗執法不堅之效也諸葛亮街亭之敗馬謖爲前鋒坐違節度捨水上山耳亮涕泣行誅以爲法不可不明郤克伐齊韓厥將上軍聞克將斬人馳將救之聞既斬之矣使速以狥告其僕曰吾以分謗也夫以人臣用師猶任怨確守斷行不移矧於復中興之業乎伏望覽漢唐四主之得失察奸雄之情態不可狃玩以成咎悔不勝幸甚

一論先討後效臣聞帝王興事造業必規模素定故先後緩急之序咸當其宜釐理亂絲得其端緒則條理不紊神功茂烈次第而成未聞廟算不立事至輒應首尾搶攘能底於治者也臣未敢妄論遠古取其切於事者勾踐棲於會稽所以報吳者可謂難矣觀其規模則外用范蠡內用大夫種不惜子女玉帛以蠱夫差之心不憚卑身勞心以結越人之愛生聚教誨外示微弱卒得黃池之隙一舉而滅之秦孝公介居西戎所以圖天下亦可謂難矣觀其規模則用商鞅開阡陌強公室杜私門見利出攻諸侯割地而請盟敗從約開關延敵六國之師逡巡瓦解無亡矢遺鏃之害而天下疲矣方其撥事圖策固已得於冥冥之中是以訖其成功曾不出於規模之內臣愚不識大計伏見頻年數易將相用兵制敵初無成算輕動則喪師退守則失地臨機倉卒僥倖一勝此非朝廷萬全之謀陛下中興之本也當今陛下孜孜聽納帷幄之議必能上起宸心不知國家規模果何所在欲如勾踐隱忍以俟隙復讐乎欲如秦孝公強兵富國鞭笞六國乎若聖慮已定臣願陛下擇一二同心之臣責其功效假以歲月必有所成若聖慮未決則宜博詢賢智使廟算先定然後兵不再出而亂可平矣臣不勝惓惓惟陛下裁擇

一論賞罰臣聞馭臣隣惟在賞罰賞當則功勸罰當則罪服至於擾攘之時此柄猶不可不謹故傳曰信賞必罰蓋賞罰爲示信之表君行賞既不妄臣受賞則不疑然後可以立功立事矣漢高祖當逐鹿之世賞罰以勵智勇挾數用術不專以信故韓信彭越英布剖符受封往往連城數十一日安定使有自疑強大不當得之心亂者踵作終以不保世祖中興較功計勞最爲謹審封爵之行纔不過數縣君臣相示以

誠故建武之元上下安享身見太平二者不可不察也伏見比年以來國步艱難羣臣效力朝廷急於平定爵賞封拜失於濃厚正任防禦承宣節度所在輒有文吏如中奉大夫皆緣軍功不限員數爵賞所以礪世磨鈍恐不當如此愚者苟得爲心貪婪不已無復激勸桀猾者較功揣已豈無不自信之心乎太祖皇帝以郭進守山西十年官不過引進使曹彬取南唐一國逮還京闕而云斡當江南公事回上不以過賞悅臣下長其驕盈之禍下不以虛誇事上以成其謙遜之福要在相與以誠是爲萬世法伏望陛下審信賞必罰之旨覽高祖光武之失觀藝祖君臣之推

誠以圖興復之功天下幸甚

一論行法臣竊惟法令者立國之大本人主之至權陛下所以坐制六合撥亂興衰之具也近者朝廷以四方未平務從含貸督察之政絕仁厚之恩廣而臣下不知浸成驕慢握兵之臣瞋目抵掌坐作聲勢殺生廢置不拘憲章法令不行於軍旅矣詔書之所舉明赦令之所蕩滌夤緣私意沮格不用法令不行於方岳矣召之不肯至令之不肯聽使奸回從而窺測幾何而不凌遲矣臣竊惟陛下宵旰勤勞講求治要固欲廓清華戎改作邦甸混一區宇復祖宗配天之業而法令之出近不行於域內非尊主抑臣陛下憂勤之本意也議者或謂朝廷當含垢匿瑕以收一旦之用又謂朝廷不宜輕自動搖以失人心是皆不然唐德宗姑息藩鎮而叛者四起及至憲宗剛明果斷卒以削平僭亂若謂含垢可以收其用則德宗不宜有偪強之臣動搖可以失人心則憲宗不宜有興復之效此陛下聰明可以洞見矧朝廷承列聖在天之德四海謳吟之願何求而不可哉易曰渙汗其大號汗出而不返者也明王者號令有行而無返伏望陛下明敕中外執憲之臣振爾條綱或強梗恣睢如前所陳

者眞之嚴科如是則可以激忠義之心折奸雄之漸國勢日隆大業可成矣精神不強雖扁鵲不能以愈疾法令不立雖聖人不能以致治惟陛下留神省察

一論虛實用度臣聞與治同道罔不興與亂同道罔不亡古今不易之理也然所謂與治同道者不過乎務農敦本勝殘去殺而已所謂與亂同道者不過乎咈人從已數賦疾征而已今天下自經兵火土地所存十無三四農人耕收十無二三吳蜀屯兵十有七八因功被賞文武官資數倍平日以十有三四之土

地十有二三之耕收供十有七八之軍旅數倍平日之官資雖使天雨鬼輸無有得足一有凶歉何以支持以此治道求爲中興孟子所謂非徒無益而又害之也臣願陛下長慮卻顧解絃更張坐薪嘗膽以圖興復無苟目前坐費日用循致噬臍之悔天下幸甚

賜進士出身頭品頂戴四川等處承宣布政使司布政使渭苑許涵度校刊

三朝北盟會編卷第二百九終

三朝北盟會編卷二百九校勘記

或招外援以啟敵心敵誤作商　然咽喉之切要誤作要切　以長其驕盈之禍以誤作下　覽高祖光武之得失脫得字

三朝北盟會編卷第二百十

炎興下帙一百十

起紹興十二年八月十日庚午盡其日

論敵人強弱臣聞楚王舉兵以討於陳日將定而國陳人聽命復遂縣之繼又誘蔡侯執之以歸叔向曰失信而再克必受其咎弗能久矣桀克有緡以喪其國紂滅東夷而隕其身楚小位下而亟暴於二王能無咎乎天假助不善非祚之也必厚其凶惡而降之罰臣觀金賊改作人瀕海小醜改作之國語言不通刪此四字邈在要荒之外乘二國奸弊豕突獸搏改作長驅中原所至輒

克縱毒長惡惟利是嗜雖五胡改作季之亂華刪此字莫甚於此又無長計遠慮以撫其遺民仁人君子以謀其社稷四邊所用皆鄙夫餓隸心既患失事多曲從剝膚椎髓例以為能刪此八字天意為何人心為何今僥倖立國十有餘年一星終矣衰兆漸萌所以近歲旁塞出沒皆叛卒流人大酋輩此三字改作而彼寂無所聞豈徒二太子婁宿改作羅索等數人零落殆盡其餘盤固互結自相睥睨理勢然也獨粘罕改作尼堪竊有兵權土地濶遠金玉子女盈積聚匿酣飲自以為天崩地陷刪聚虐至此十一字改作自謂天下事無復可憂古之立國如漢高祖唐太宗最為英主地土九州中閒亦少放肆陸賈言不可馬上治魏徵疏十漸以正其失矧此虜此二字改作彼君臣萬萬計不出此其事夥民眾兩倍於彼此字改作漢唐乎陛下欲雪大恥圖中興正在今日當焦勞克己虛心聽納雖休勿休日慎一日人才不必盡賢能也顧其謀王體斷國論者隨宜任用如何耳將帥不必盡驍勇也顧其秉節鉞操兵權者指授方畧如何耳百姓不必盡姑息也顧其主漕計持刑獄者風化如何耳三者既修在朝者賢材任用在軍者上下秉節在野者四民安業如此則國日治兵日強民日富武王之

克商高祖之滅楚不過用此矧彼烏合改作金人驕淫無義逆孽刪此六字其有不亡者哉古語有之上策莫如自治正今日之急務也伏惟少軫聖慮天下幸甚

論圖治臣聞唐太宗撥亂之主也既即大位魏徵勸行仁義及以十漸議之太宗嘗力行其言卒成貞觀之績明皇圖治之君也纂成丕緒姚崇以十事說之切中時病明皇勵精聽納故開元之政無愧前人今陛下克復土宇百度草創勤甚太宗之撥亂懷遠來邇敉甯諸夏功倍明皇之圖治然人才之賢否法度之繁簡民農之疾苦軍旅之情偽其閒利害曲折奸

濫隱慝上蔽聰明下積怨懟豈不如貞觀開元之初十數事而已哉又未知廟堂執政臺諫長貳曾爲陛下別白而言之否臣久荷誤恩叨竊侍從貪戮力疾不避死亡趨侍行闕雖無長計遠慮振起頹弊於今日軍民利病夷夏強弱思之不爲不詳知之不爲不盡切欲罄瀝肝膽仰瀆冕旒期補聖治之萬一未審陛下能霽天威賜以清閒之燕使造膝縷陳展盡梗概苟尺寸之長有所裨益望斷自宸衷勿牽衆議而力行焉或迂疏無用稍涉誕謾俾就誅責亦未爲晚惟陛下憐臣孤忠而與進之臣之願也非所敢望伏

幸察照

論立政臣聞帝王之治天下也安危在修己治亂在立政成敗在用人未有修己而百姓未安立政而天下未治得人而績用弗成者也恭惟陛下以上聖之資秉中興之運當靖康之末寶祚危於綴旒陛下龍飛睢陽郊祭配天不失舊物雖宣王之復古少康之纘禹無以過也天縱睿知好學不倦動則畏天言則引咎宵衣旰食坐薪嘗膽雖堯舜之責躬禹湯之罪已無以過也遭時多艱天步靡甯以四海之大而治於吳越之一隅以萬乘之尊而屈於戎虜（改作邊陲）之小醜（改作一國）雖太王之去邠勾踐之棲越無以過也兢兢業業不敢暇逸（下添以圖二字）內修政事（删此二字）外攘夷狄（删此二字）昧爽待旦未明求衣雖文王之憂勤成王之無逸無以過也恭儉節用服御菲薄嬪嬙不備行宮僅蔽風雨雖堯之土階禹之菲食無以過也可謂知所修己矣屢下寬大之詔盡復祖宗之法恤刑薄賦講武務農訓齊百官撫綏四海車堅馬良兵足食備雖宣宗之綜覈名實文皇之勵精政事無以過也可謂知所以立政矣求賢如不及從善如轉圜任相則垂拱仰成至於分治天下而不以爲疑御將則建牙受鉞

至於兼制數道而不以爲重雖周之任旦望漢之寵信越無以過也可謂知所以用人矣宜其百姓乂安天下大治績用亟成然而行之累年百姓未安天下未治績用未成者其故何哉此愚臣所以當食而噎中夜太息曰有君如是而治不加進土地日蹙夷狄（改作敵鋒）尚熾何功烈如此其卑耶臣本以書生蒙陛下拔擢待罪從官屢膺任使負恩卬山未報毫髮陛下不以臣不才不忍中棄萬里召還臣孤危餘生獲瞻天日愚衷千慮豈無一得仰裨聖政之萬一伏望聖慈俯憐忠誠畧賜清閒之燕使愚臣布腹心瀝肝膽

然後退伏鈇鑕不勝幸甚

論擇相詩曰濟濟多士文王以寧傳曰帝王之興非一士之畧士固以多爲善然所以用天下士特在於一相故曰天子論一相湯之興也相伊尹一人而已高宗之盛也傅說一人而已王周室者太公望而已霸齊國者管仲父而已若高祖之張良光武之鄧禹蜀先主之孔明苻堅之王猛皆一人而已至如唐太宗之善創業守成亦不過用房玄齡杜如晦二人焉何其少也陛下臨御以來拔以爲相者十人矣而在位者多不久何相之衆而去之速也非特臣疑之天

下之人皆疑之豈陛下謀相之始或未愼耶抑陛下禮貌之不至耶抑任之不專待之不誠抑讒閒之或入耶抑其難進而易退耶何相之衆而去之速也若謀始之不愼臣願陛下愼厥始若禮貌之不至臣願陛下益禮貌以勵其節若任之不專待之不誠臣願陛下任之勿惑且推赤心置其腹中若讒閒之或入臣願陛下相與之際如魚得水無令小人伺其隙德重一時望高四海去就爲朝廷之輕重用舍係天下之安危雖千秋萬歲畱以輔陛下可也豈容其拘夫易退之義哉故曰終始愼厥與又曰自周有終相亦惟終

論戰守兵不可一日忘於天下也久矣用之之道蓋亦多說以臣觀之亦無深遠甚高難行之事大率不過戰守兩端而已交鋒接刃以決生死者戰也增陴浚隍效死勿去者守也國家內外養兵無慮百萬竭天下之羽革漆鐵以爲兵之器械空天下之倉庫杼軸以充兵之衣食宜乎鎧仗犀利士氣振發戰則勝守則固乃膚功未奏寸土未復何耶凡以不知戰守之道未嘗聲金鼓也未嘗列行陣也聞敵之至卽曳兵而走豈知所謂戰哉未嘗修城郭也未嘗立宗廟

也聞敵之至則委而去之豈知所謂守哉或曰金人得古人用兵之道奇正無常變化不測如雷霆如風雨如水如火如山如林如以石投卵如以劍斷腐所向無前安可以戰所攻必克安可以守天下之言率如此而臣之言獨不然譬二人奕有高者旁觀之二人皆低者也一人大敗遂以已爲低彼爲高非彼高也我低故彼高爾金人用兵亦豈善哉特以我不善故彼爲善以臣區區之見而昭陛下之神武託社稷之威靈而用今日天下之兵戰亦可守亦可何所往而不可

論用人臣竊以自古夷狄改作疆場之禍未有烈於今日者也陛下以不世出之資當大有爲之運厲精求治德日新矣而其效未見何也非不勤勞也非不恭儉也非不專任宰輔非不寵遇將帥非不强兵非不理財非不求言非不聽諫非不下詔哀痛惻隱以感人心非不遣使卑詞厚禮以交敵國堯舜文武之正道漢唐賢君之盛德陛下皆祖述憲章而躬行之也凡可以臻今日之治紓今日之急者蓋無不爲也然而天意未甚順人心未甚孚事力日困土疆日蹙九廟灰燼之恥未雪也二聖沙漠之狩未回也陛下鬱鬱

僻處於蕞爾之吳其故何哉必有由也陛下亦嘗深思而熟究之乎厥今天下之勢如久病之人非不求醫而倉公扁鵲之效未著也非不用藥而狼毒烏喙之類或進也增其病而速其危可不哀耶嗚呼萬世之安望陛下早圖之也臣愚戇淺薄豈有深謀遠慮以裨陛下之聰明以定天下之禍亂以贊中興之盛烈晝夜思計十年於茲矣原其病察其脈據方用藥竊自謂薄有所得力微身遠無從可達今蒙收召且命之對此時不言何時言耶今蒙陛下賜淸閑之燕容臣委曲敷陳展盡底蘊庶或有一得之可採若以爲迂濶不足以行則臣當乞骸骨老死山林無恨

論政事本末昔周宣王之復古也下添旣云二字內修政事改作復曰外攘夷狄刪此二字惟內修政事刪此二字故能外攘夷狄刪此二字苟政事此二字改作其內之不修則夷狄交侵矣刪夷狄五字改作外安能攘之哉金人腥羶此二字改作擾吾中國改作疆土十年矣而我攘之不能去何也其未修政事耶夫政有小大事有本末先大後小先本後末則得之也今天下之言政事者莫不以兵爲先者也廟堂之上朝夕議論者兵州縣之間星火奉行者兵士之所陳者兵農之所贍者兵商之所助者兵工之所稱者兵無所

往而非兵蓋曰夷狄改作今日之禍改作事如此刪此二字非兵不足以攘改作靖之也其於政也小耶大耶其於事也本耶末耶竊謂兵雖不可去然非所先也詩曰矢其文德洽此四國孔子曰遠人不服則修文德以來之兵法曰文能附衆武能卻敵亦先文而後武其所謂文者非簡牘之空言篆刻之小技君君臣臣父父子子兄兄弟弟夫夫婦婦四民安其業萬物遂其性大綱小紀本徵末廣皆文也是乃政事也今乃修之歟其亦修而未備歟孟子曰蓋亦反其本矣又謂梁惠王曰王如施仁政於民省刑罰薄稅歛深耕易耨壯者

以暇日修其孝弟忠信可使制梃以撻秦楚之堅甲利兵矣又謂梁襄王曰天下定於一不嗜殺人者能一之又謂齊宣王曰今王發政施仁使天下仕者皆欲立於王之朝耕者皆欲耕於王之野商賈皆欲藏於王之市行旅皆欲出於王之塗孰能禦之今能如孟子之言修其政事則正氣實邪氣不能入彼夷狄此三字改作將外不待攘之刪此字而自攘區區復古之宣王何足爲今日道臣故曰兵雖不可去然非所先也惟陛下留神省察勿以爲書生迂闊之言而畧之也

論兵臣山西人也雖自少學讀書而風漸氣染馳馬

試劍亦兵之是好及遭艱難蒙陛下委任假以兵權謂戎虜改作北敵可以氣吞功名可以唾手取也分薄數奇跡前躗後訖無所成立閑居退處歷觀古人用兵之説乃知兵之未易云也左氏曰兵猶火也弗戢將自焚兵之不可好也如此易之萃曰除戎器戒不虞兵之不可去也又如此雖然大抵用兵之説有三焉兵貴合不貴離兵貴精不貴衆兵貴速不貴久兵合而不離則其心和其情通若手足之捍頭目子弟之救父兄少長有禮其行如賓所謂守則固戰則勝者也兵精而不濫則其氣鋭其勢倍進如江河止如邱山攻無堅城戰無彊敵所謂百戰百勝者也兵速而不久則其志果其計決出於雷霆動如發機役不再籍糧不三載所謂勢若從天而下也反此則非惟不能成功未有不敗亡者也唐九節度兵一日皆潰非離而不合之謂乎尋邑百萬破於光武孤軍非衆而不精之謂乎高克之師過期自潰非久而不速之謂乎夫文武一怒而安天下之民晉文公區區圖霸亦一戰而不再戰更願陛下養威蓄鋭待時之至合大兵驅精卒赫文武之一怒而不再行則妖氛靜境土復諸夏安陛下可以垂拱無爲矣其數出易動乍勝

乍負兵家之大忌也望陛下深軫聖念天下幸甚

論形勢臣聞立國必處形勢之地强國必資形勢之利守國必據形勢之便處之得其地則民心歸資之得其利則財用足據之得其便則軍聲振蓋形勢者天下之大本若人之有血氣木之有根基水之有源流謀國者不可不知也故古人言形勢者或謂之上流或謂之襟喉或謂之腹心或謂之四肢其緊慢急緩殆可見矣今天下十失七八所謂咽喉腹心上流者皆爲敵人所有區區吳蜀乃一肢爾尺寸之地又非昔時之吳蜀也自古吳皆以壽春荆襄爲上流蜀

以漢中金洋爲咽喉故時方用武則遴選英奇屯宿重兵尺寸不以假人今襄陽千里蕭條有兵不能自養梁洋田隴邱墟置之不復爲意今日之天下所以守則不固戰則不勝惴惴然不自安者殆謂此也兼梁洋東徹陝華西極洮岷北臨三秦南壓九江表裏山河可戰可守乃天下之脊也捨此不圖欲舉一肢以活四體非徒無益適所以害之爾臣願陛下深軫聖慮早定大計勿使狂夫據之倒持太阿乃有噬臍之悔天下幸甚

賜進士出身頭品頂戴四川等處承宣布政使司布政使清苑許涵度校刊

三朝北盟會編卷第二百十終

三朝北盟會編卷二百十校勘記

天意謂何人心謂何（謂均誤作爲）　相傳說一人而已（脫相字）

哀痛惻怛以感人心（怛誤作隱）

三朝北盟會編卷第二百十一

炎興下帙一百十一

起紹興十二年八月十日庚午盡其日

徽宗皇帝顯肅皇后懿節皇后梓宮及皇太后歸自金國入楚州界

金國以徽宗皇帝顯肅皇后梓宮及皇太后邢皇后還邢皇后中途上仙至是皇太后及三梓宮入楚州界初皇太后與喬貴妃皆在鄭皇后殿中相敘爲姊妹約先遭遇者當援引既而貴妃先遭遇遂薦太后太后亦得幸故二人相得甚歡徽宗北狩二人皆從

及金人欲還太后也乃遣高中尉曰中尉今去江南往復萬里輒有酒一盃爲勸如何高中尉許之貴妃遂出黃金五十兩勸酒一盃高中尉辭金貴妃曰且與中尉路中買果子此不足爲禮也願中尉照管善抵江南高中尉受之貴妃曰姊妹有生死之別欲舉酒一盃以送行人何如高中尉許之貴妃乃舉酒以勸太后曰姊姊此歸見兒郎爲皇太后矣宜善自保重妹妹永無還期當死於此太后慟哭貴妃亦哭太后舉手接盃欲飲貴妃一手執盃而復縮以一手止之曰未可妹妹更有一語太后曰如何貴妃曰姊姊到快活處莫忘了此中不快活太后曰不敢忘今日貴妃方授盃太后執盃飲釂大慟哭不止天眷之在旁者皆哭太后自清河而下是時官吏迎接者皆列在楚州沿淮既入境即登寶舟朝夕倍道而進金字牌促有司行期者踵相接也

車駕如臨平鎮迎皇太后

車駕如臨平鎮奉迎皇太后也是日上入幄朝見宰臣及文武百官班幄外起居如儀上初瞻慈容喜深感極淚涇龍綃軍衞懽聲動天地父老童稚攜持夾道擁觀以手加額咸感歎曰不圖復見聖神母子之

重懽如此也初太后見將相大臣班列於道顧左右曰孰是韓世忠虜改作北中皆知其名左右指世忠太后嘉歎久之

二十三日癸未車駕至自臨平鎮

金人遣使來聘

送梓宮及太后來使副凡十一人各有名色

徽宗皇帝梓宮至自金國

蔡儵若冲狩行錄曰丁未年二月七日太上初出青城三月二十八日起發隨行宗族官吏遠觸炎熱不諳風土飲食不時北至燕山病者幾半盡出所有衣物

命李宗言貨易藥物修合給賜十救八九寓止燕京延壽寺宗室自濮王仲理以下別居仙露僧舍有糧食不給形體裸裼之人太上聞之惻然謂姜謌曰神器流離宗族若此甚憫念之卿爲予細取索等第具一賜目來若將軍前所送生絹一萬匹除給散隨行親族官吏等外盡周之言訖不覺泣下謌亦嗚咽流涕具目以聞遣姜謌散之斡离不（改作斡里雅布）在會城太上面陳南北利害敘結好休兵之意與滅繼絕之道辭發涕零義形於色北人旁觀植立若堵無不感歎至有揮涕者元帥無語但首肯者久之行在統屬謂

之都管有職小官卑充其任者既是統轄即今押班起居御藥楊師道具此以聞太上曰自有本朝離壓不可爲在此間頓改舊制自燕京遷居虜（改作金）部相府院每思宗社寢膳俱廢一日謂都尉蔡儵曰宸極失御播越至此觀其前載尼運之困古今未有荷天眷祐建炎中興億兆攸歸奄有江左雖居沈刦思有以少助繼天之作今草得一書欲厚遺本路都統求通於左副元帥卿爲我與秦檜商量更潤飾之恐有未至儵曰聖述高妙非臣等所及是時秦檜亦寓中京初大金軍至城下以議上尊號邀請淵聖皇帝遂

留宿青城而正朔不敘請議至二月六日有異姓之命翌日請太上同太上皇后嬪妃諸王駙馬應皇族盡出遂易置君乃令城中共舉軍前乞立張邦昌檜職在御史奮不顧身歷數張邦昌平日履行身爲宰輔奉使不死國難而欲主承大器非檜所敢聞不能盡忠於本朝何以效節於大國乞立趙氏以慰人心不從既而太上北遷如檜等輩欲立趙氏謂蔡儵曰天祚吾宋宋必有主今聖慮若此定膺昭格文華理勝雖游夏不能措辭於其間明日具酒肴邀本路都統後聞其書曰某自北來衆所鄙棄獨荷左右見憐故

知英雄度量與俗不同也嘗欲通書於左右而自卜自疑因循至今某聞唯大英雄之人然後能聽大度之言敢略陳固陋惟左右留神省察古之君子莫不以濟世安民爲已任故有國士者止能安一國之人有天下士然後能安天下之人是以堯舜禹湯之君而輔以皋夔稷契之臣則日月所照風雨所及莫不被其澤載在典籍昭然可考不待一二陳也且以近事言之昔唐之太宗起自晉陽奄有天下征伐荒外西破高麗北擒頡利可謂皇帝之師莫强乎天下也而遠思長久之計致突厥稽首戴恩常爲北藩故唐

之亡也終藉沙陀以雪國恥又匈奴冒頓單于圍高祖於白登七日不食當時若欲取之如俯拾地芥冒頓單于不貪近利以爲遠圖使高帝得歸奉祭祀故得歲受繒幣舉中國珍寶玉帛奉約結好後匈奴國亂五單于爭立終得宣帝擁護呼韓近契丹耶律德光責石氏之失約長驅至汴舉石氏宗族遷之北荒然中國之地亦不能守以致糜爛灰燼數十年之間生靈肝腦塗地而終爲劉知遠所有比之唐太宗冒頓單于其英雄度量豈不萬萬相去遠哉先皇帝初理兵於遼東不避浮海之勤而請命於下吏蒙先皇

帝約爲兄弟許以燕雲適燕山妄人嘯聚不逞某之將臣巽懦懷首鼠之兩端某以過聽惑於謬妄之説得罪於大國之初深自克責黜去大號傳位嗣子自知甚明不敢怨尤近聞嗣子之中有爲彼人之所推戴者非嗣子之賢蓋祖宗德澤在人至厚至深未易忘也不審左右欲法唐太宗冒頓單于受興滅繼絶之名享歲幣玉帛之好保國活民爲萬世法耶抑欲効耶律德光使生靈塗炭而終爲他人所有耶若欲如此則非某所知若欲如彼當遣一介之使奉咫尺之書諭嗣子以大計使子子孫孫永奉職貢豈不爲萬世之利也哉伏惟左右以命世之才當大有爲之時必能聽大度之言也昔日有爲趙使秦者秦王問趙可伐歟趙使對曰里人有好色者好色之患世所共知而毋言之則爲賢母妻言之則爲妬婦今日之事大類是矣惟麾下多賢必能審處言欲盡意不覺覼縷伏望臺慈照察幸甚太上天姿好學經傳無不究覽尤精於班史下筆灑灑有西漢之風每謂行在諸臣曰北狩以來無書得一閲日一日聞外有貨書者以衣易之戊申八月入見盡徙韓州之民出而寓焉然春秋博士廢之久矣諸王有得此書閲者太上

聞之不懌宣諭蔡絛曰春秋之書多弑君弑父之事爲人臣子者豈宜觀哉絛頓首從容對曰春秋者聖之史記也周德既衰君臣失守上下無别孔子所以懲惡勸善以正褒貶使後世知懼凡君子之所疑而不決者至春秋而後定故司馬遷曰春秋禮義之大宗也爲人君而不知春秋者前有讒邪而不見後有賊臣而不知爲人臣而不知春秋者守經事而不知其宜遇變事而不知其權願陛下試取一觀之他日絛因奏事上謂曰比取春秋讀之始知宣聖之深意恨見此書之晩自是披覽不倦凡理亂興廢之事跡

賢君忠臣之言行莫不采探其華實深涉其源流鈎纂樞要而編節之歲籥而成書臣嘗侍乾龍節宴太上賦詩以寄淵聖許令和進因用親人善鄰事太上曰此春秋也特蒙宣示以爲榮觀太上皇有所見聞未嘗隱情每聞獻納喜見於顏數令楊師道宣諭曰若志慮未及不惜見教崇奉祖宗本乎天性非勉强僞爲之也每西南望佇目久之謂左右寢陵在何處泣數行下遇忌辰輟膳流涕盡日出入追慕不已有獻新者必薦而後嘗雖在蒙塵不忘教子以義方之訓每下程課諸王問安必留之坐而賜食或賦詩

屬對有兩聯今附於左太上曰方當月白風清夜故鄆王楷對曰正是霜高木落時太上曰落花滿地春光晚莘王植對曰芳草連雲暮色深餘皆類此宗室晉郡王孝騫以下九百四人朝廷遣赴韓州同居相見之日爲之感動撫問再三至於流涕遣杜遵道計買薪米均行給賜莫不安居差孝騫仲晷管宗職事宗室有挾私恨而致訟者紛爭不已至失禮容降詰曰日來宗子不遵憲度失於長幼之序各挾私憤以成讐怨爭訟不已豈不知身寄他鄉復有聚會何幸如之故閱禮儀之言用勸無知之輩且曰君義臣忠

父慈子孝兄愛弟恭所謂六順今則不然造六逆者有之夫賤妨貴少陵長遠間親新間舊小加大淫破義所謂六逆也特申庭訓之方以示睦親之義宗室可體此意分明開諭使同姓曉然知其訓誡如爾後敢以來到韓州事陳訴者並以其罪罪之毋復食言各令知悉楊師道侍燕閒宣諭師道曰近日隨行官吏等悉皆窮困使我傷心初出青城倉皇之間了無一物得齎行道卿等皆棄捐父母妻子冒涉風霜而隨予今坐見如此不能振濟爲之柰何宣諭訖遂泣下左右之人無不感動者遂令有司具狀申明金國

乞給賜衣物從之時闕澣濯之衣太上皇后進絹十匹然紹述神考之志未嘗忘懷適有貸王安石日錄者聞之欣然輟而易之庚戌中元徙居五國城乘舟而行凡四十六日至東路都統習國古乃奉朝命減落隨行官吏諸色人等不許盡行將帶太上力懇不從召而諭之曰公等冒風霜涉險阻憂樂固當同之今者朝命如此事屬他人無如之何已再三力懇竟不可回令選愛者將行公等皆甘苦之人豈有愛憎之別君臣之間彼此不能盡其事一面請詣所屬言訖泣下官吏等亦號呼而出應宗室不許隨行內有神

考親姪晉康郡王孝騫嫡孫和義郡王有奕等六人皆乞隨侍從之族屬有出入不節而致物議紛紛者太上聞之降詔戒飭曰艱難之際慎敬爲先若復出入不節言語輕易或爲狂藥所困舉止取笑有失事體古之人謂言行者君子之樞機樞機之發榮辱之至係焉而今而後戒之慎之各宜杜門省事骨肉之間以禮過從恐閑惹物議自取悔尤既貽親憂何以自處諄諄誨諭使各體悉聖度如天下有細過其以聞者皆悁恕之如劉定宰羊不如法薛安造飯滅尅太上曰羈族他邪不欲口腹罪人只取戒勵亦可警衆又

五國孛堇八曷打（改作貝勒巴納達）下通事慶哥（改作慶格）遣人審聚太上曰初無此事恐復誤傳北人聞之莫不加手於額太子斡烏歡（改作鄂羅歡）遣人奉書上欲於內侍中求曉事能幹人才俊爽者二人所須即請批諭當便應辦太上覽書不説曰若應副誰可遣者若不應副五太子不可違遣王佃陳思正往回書云示諭內侍本亦乏材不免於衆中選擇二人前來然皆自汴京隨逐至此艱苦萬狀久處貧窮敢望優容不勝萬幸紙尾之諭甚荷雅意然以物易人豈其本心哉又諳板勃極烈（改作安班貝勒）夫人（删此二字）致書於太上幷惠藥物亦求內侍答曰承諭乃荷不外以本局分祗有一二人難以輟那送示藥物雖出厚貺以無官應命不敢輒留太上好學不倦移晷亡食而動靜語默之間必有深誨焉因覽唐史至李泌傳復讀不已泌謂肅宗於靈武披冑榛莽復立朝廷盡忠致力於獻納之道位至宰相而數爲權幸所嫉遂令張瑋錄其傳以賜韋后癸丑六月二十四日沂王樗駙馬都尉劉文彥首告謀反金國蔡倖是日聞之莘王植駙馬都尉宋邦光徑令途中聞達太上驚惶未以爲然翌日遣倖渡河以詢虛的既濟則千戶孛堇按打曷（改作貝勒安塔哈）者

已陳兵河濱二逆般發往彼帳前矣盡得其所陳之詳倖歸太上即令會親屬及一行臣僚合議徐王棣以病不能出餘皆預然此已聞有不測之議至是而皆悚慄倖曰吾儕前日不死國難二帝播遷已有愧於前人不意逆黨出於至親至愛之間捐軀效命正在今日倖身以賈高自處願諸公盡力以徇急難少有退避者神明殛之言辭慷慨坐皆泣下莫不懷奮發心至七月中旬彼遣兩使前來劫問太上遣植同倖往見來使欲太上渡河辨又遣徐王棣宋邦光再往至則尚執前議乃請淵聖及信王榛駙馬都尉向

子屒內侍王若沖同往僱賓從之再三力懇彼使方許明日至行宮之側僱所寓之地而引問焉羣臣力拒往返詰問三日之間二賊（改作告者）氣折自承誣枉案上復遣前使以諭太上一面處置太上曰二子悖逆雖自誣告天倫之屬豈忍爲之使曰若如此自有宜命並令之死使歸僱上疏乞深自悔禍以畏天戒太上嘉納之以詔答曰老夫自聞男榜等有誣告之事深悟衆叛親離反求諸己罔知所措若非洗心滌慮則何以全身遠害寡過悔尤顧惟一體其害尚輕茍使坐累諸人復何面目可以自存適覽上疏嘉謀讜

論非卿不聞此語而今而後凡所見聞雖屬微末不惜吐露若隱而不言言而不從高天厚土神之聽之況昔人所謂以國士遇我者報之當何如必不食言于萬無隱一日以書宣示李康曰予平日待蔡僱以國士今日報我殊不愧德康讀其書而奏曰君使臣以禮臣事君以忠君臣之閒各盡其道今陛下蒙塵之際遽罹誣告不責彼而求己而能虛懷修德改過不吝禹聞善言則拜之道太上曰予之不德豈可以上比禹湯康對曰舜何人也有爲者亦若是陛下上畏天戒下恤人民則禹湯何愧哉臣聞諸故老曰熙甯富弼爲相有於神宗之前言災異皆天數非政之得失所致者弼聞之歎曰人君所畏者天人君若不畏天何事不可乃上疏曰願益畏天遠讒佞近忠良神考親書答詔曰茍非意在爱君志存王室何以臻此敢不置之枕席銘諸肺腑終守是戒太上稽首而言曰神考聽言如是康曰陛下天性至孝每於忌辰輟膳悲泣願陛下益廣紹述之意太上曰是吾志也後榜僱書於坐側金國送到今上皇帝進奉金銀等物見之泣下謂行在羣臣曰荷天眷命未忘趙氏中興之主出而繼焉今日信至可謂幸會老夫晚年復

覩盛際使我同得一日瞑目足矣羣臣皆再拜稱慶藥材留充備用其餘並賜一行親屬官吏皆鼓舞再拜受賜行宮有回祿之擾嬪御之內及沿燒者本位陳乞聚夫修蓋太上曰正是農時豈可妨廢止令修蓋官從容應辦宗室仲晷等八百餘人自韓州徙居上京至有闕食死於道路者太上聞之悲不自勝謂左右曰此輩何辜至此於是令李括宣諭蔡僱草表一通候有回期欲乞同歸北狩未有行記以批語賜王若沖曰一自北遷於今八年所履風俗異事不謂不多深欲記錄未有其人詢之蔡僱以謂學問文采

無如卿者高居東山躬耕之餘爲予記之善惡必書
不可隱晦將爲後世之戒太上謙虛待下隨行羣臣不一
小大未嘗名呼每有遣使則溫顔慰諭善爲篇章自
北狩以來傷時感事形於歌詠者千有餘首以二逆
告變之後舉畀炎火以今所得灰燼之餘者僅有數
十篇類之爲別集好生之德澤及禽獸每聞有網捕
者必買而釋之仍戒勵曰毛羽之屬喜生惡死與人
何殊今伊予皆在縶維之中當求諸己也太上欲歸
之心頃刻不忘每令張瑋張堯臣詢訪之少有嘉音
喜見於色近粱舉善等至餘得紹興左丞相書本進
呈大悦

賜進士出身頭品頂戴四川等處承宣布政使司布政使清苑許涵度校刊

三朝北盟會編卷第二百十一

三朝北盟會編卷二百十一校勘記

乃遣高中尉取太后太后與天眷相別貴妃謂高中尉
曰（脫取太后至中尉十六字）　王若冲北狩行錄（誤作蔡鞗若冲狩行錄）　荷
天眷佑（佑誤作祐）　思有以少助繼天之祚（祚誤作作）　一應皇
族盡出（脫一字）　知檜等輩欲立趙氏（知誤作如）　後聞其書
得達粘罕（脫其書六字）　盡從韓州之民出而寓焉（一作盡從韓州
之民借書寓目）　每下程後（後誤作課）　一應宗室（脫一字）　不以小
大未嘗名呼（以誤作一）　喜爲篇章（喜誤作善）　太上好生之德
（脫太上二字）　得紹興與左丞相書本進呈（脫與字）

三朝北盟會編卷第二百十二

炎興下帙一百十二

起紹興十二年八月十四日庚午盡十二月十六日甲戌

皇太后回鑾至行在

車駕至自臨平皇太后還宮滿城士庶夾道聳觀皆以手加額驩聲洋溢太后居於慈甯殿宰臣文武百官上表稱賀亦有獻賦頌雅歌稱美聖德者令中書舍人程惇厚第其高下惇厚以建昌軍進士童藻爲第一知眞州張昌爲第二進士陸涣爲第三昌特轉

一官進士免文解一次太后常許金國劉皇后首飾頭面珠翠之屬緣誓書不遣泛使秦檜乃親作書與知盱眙軍向子固令差信實官員往泗州傳語安撫周企令具奏達候至遣賀正旦使何彥良行即附行子固遣錄事參軍孫守信至泗州見企白其事候發文字已行方可歸守信至泗州見企語之企初不諾守信力言之企乃即時具奏附走馬天使行

九月五日甲午參知政事王次翁爲報謝使使於金國邢孝揚假保信軍承宣使副之

六日乙未孟忠厚以樞密使爲山陵使

秦檜欲去張俊樞密之任乃降孟忠厚樞密使且外示加寵於戚里矣

秦檜加太師

制曰三公論道莫隆帝者之師一德格天乃大賢人之業救時眞宰爲世宗臣事有至難收成功於指顧人無遠慮獨先定於規模力輔眇躬適成大國荷上天之從欲成燮敬以事親實出贊襄宜崇褒陟爰正久虛之位用告大庭之朝具位檜碩大而光明忠肅而恭懿心潛於聖有孟軻命世之才道致其君負伊尹覺民之任蚤中異科之目旋躋要路之津節義著

於艱難正程嬰存趙孤之比平生伏乎忠信見予卿思漢室之深謀皆予同國無異政歸兵權而營屯自肅定浮議而反側以安廟算無遺固衆人之所不識征車遠狩唯君子以爲必歸誓信既著而情孚則恩必施而欲得龍輴來返視西洛以安永固之靈鶴馭懽迎肅東朝以極慈甯之養庶事備矣厥功茂焉宜進大名之封寵拜維垣之貴倂加圭食增重鈞衡彌發具瞻式昭深眷於戲呂望尙父西伯之業所以成周公爲師成王之勳所以集永惟耆德無愧前人其祇邦休以副朕命梓宮及太后還故有是命

十三日壬寅大赦天下

門下朕以寡昧之資履艱難之運上穹悔禍副生靈願治之心大國行仁遂子道事親之孝可謂非常之盛事敢忘莫報之深恩而況申遣使軺許敦盟好來存歿者萬餘里慰契闊者十六年禮備送終天啟固陵之吉壤志伸就養日承長樂之慈顏宗社再安遐邇用乂慶來從於天上澤周浹於人間櫜弓矢而戢干戈式昭偃武省刑罰而薄稅斂庶用還淳宜均惠澤之施以侈有邦之福可大赦天下於戲去兵而未嘗去信蹈前古之格言甯親而有以甯神慰大君之

至德惟比屋克躋於仁壽在庶政宜尙於中和其一心輔弼之臣暨百職文武之士交修不逮永孚於休

王俊知洋州兼沿邊安撫使節制蓬州軍馬

王俊行軍紀律嚴明退者必誅軍中號爲王開山所向無前也然性強犯上吳玠亦畏其反復而喜其勇以其女妻其子常厚遇之是年卒於郡

張中孚加開府儀同三司張中彥靖海軍節度使

金人索張中孚中彥秦檜還之故加以官爵

十月楊愿假戶部尚書充賀正旦國信使何彥良假奉國軍承宣使副之

秦檜以張中孚張中彥歸於金國

十一月五日癸巳樞密使張俊罷爲鎮洮武甯奉甯軍節度使醴泉觀使封清河郡王

張俊爲樞密使固其位而無請去意秦檜欲去之乃令侍御史江邈言其罪邈上言俊據清河坊以應讖兆占承天寺以爲宅基大男楊存中握兵於行在小男田師中擁兵於上流他日變生禍不可測上曰張俊有策立復辟之功非有謀反之事皆不可信於是檜乃以孟忠厚爲樞密使俊素與忠厚不協遂請罷去乃罷爲醴泉觀使還三鎮節鉞封清河郡王邈字

遐舉嚴州人

八日丙申臣僚言沮撓和議者

秦檜欲深趙鼎等罪未有名以處之乃令臣僚言鼎與王庶曾開李彌遜昔年沮撓和議事鼎更不量移彌遜曾開並落職庶已卒於道州矣

十三日辛丑劉光世薨

中興遺史曰劉光世以萬壽觀使免奉朝請居於溫州太后還宮大臣俱入賀光世已病九月扶病赴闕上宣醫療治光世病篤乞致仕進太傅辛丑薨於臨安之賜第年五十四上聞之震悼輟視朝贈太師賻

銀二千兩絹二千匹賜龍腦水銀以殮敕内侍李存約護其喪事上親臨奠增予孫之秩官其親族未命者八人光世妻向氏就請曰光世遺言姪祖禮曾獲文解可以爲文官乞改文官上許之

林泉野記曰光世字平叔延慶次子也能騎射有膽勇稍通書史莊老孫吳之學從父與夏人戰常身先士卒屢擒酋首敵頗畏避童貫才其人朝廷亦加異眷宣和二年方臘反於睦州光世別將一軍自饒趨衢婺出賊不意戰多捷數郡之民皆爲立生祠臘敗走入清溪洞光世遣諜察知其要險難易與楊可世宋江並進擒其僞將相送闕下遷團練使從童貫收燕山後洺州張敵聚衆數十萬陷州縣光世擊斬之除鄜延路副總管金人犯闕改作入汴光世以兵勤王聞虜改作敵退乃還及虜改作金再寇此字改作圍西京光世率兵衆萬餘入援淵聖命内侍陳慎督進師光世聞京城失守不敢進頃之至濟州謁康王王即位爲御營使司都統制彈壓京城乃往西京保護陵寢後還行在宗室叔向領兵謀亂光世奉命擒戮李忠陷襄陽遣喬仲福擊斬忠降其弟孝義内侍康履等用事光世曲意迎奉加奉國軍節度使御營使司提點一行事

務張遇據池州光世輕敵徑進爲遇所敗會王德來援遇走江州兵敗復自池州順流下眞州光世躡其後遇至楊子橋乞降於行在李成將史亮陷宿州寇淮西與光世屢戰後亮敗伏誅李成奔東京擒其將王宣等五十餘人收其兵數千還加檢校少保虜此字改作金兵入揚州光世兵潰走至建康止有衆百餘得統制王德兵五萬軍復振苗劉廢立光世勤王加太尉御營副使誅范瓊命光世撫定其衆分隸諸將斬賽反於揚州王瓊屢戰無功光世往乃降後屯軍江州金人犯改作破甯國軍光世不能援隆祐太后趨虔州虜改作金遂取洪吉諸郡而退光世遣將王祐躡其後擒數百人命王德擊斬賊趙萬於袁州又命靳賽王德討擒妖賊王念經於信州又命王德斬邵談袁闕索劉文舜於饒州遣靳賽張世忠招降河北賊酈瓊幷衆五萬光世來朝除浙西安撫大使知鎮江府加開府儀同三司集慶軍節度使改武甯軍王德敗虜此字改作金兵於揚州俘五百餘人虜改作金圍楚州光世畏其衆不敢援紹興二年加甯國軍節度使三年加檢校太傅移軍建康又移池州四年冬虜改作金及劉豫南寇改作攻遣將酈蓋敗虜此字改作其師於泗州光世退師

建康王德敗虜（此字攷作金兵）於滁州桑根田清敗之三汊河王世忠敗之滁州王師晟敗豫於壽春府斬僞守李爛賽張錡孫暉敗豫於潁河口酈瓊敗虜（此字攷作金兵）於壽春靳賽敗之愼縣王德敗之和州侯動山敗之滁州闕晞敗之來安縣王順敗之泗州白柱坡魏泰敗之白沙山五年郭進劉龍敗之淸流縣皆光世部曲也加少保是秋遣將華旺敗豫於光州六年加太保靜武甯國軍節度使淮西太平州宣撫使軍於廬州克壽春縣是秋命王德靳賽敗劉豫兵於滁州渦口王德酈瓊趙買臣又敗之安豐斬級三千餘劉豫三十

萬衆寇廬州光世退師而劉猊爲楊沂中所敗麟聞之遂望風遁去光世自率數百騎逐北至壽春縣遇豫將雍興自安豐來援幾殆光世還率靳賽兵敗雍興初豫之入寇都督張浚約光世止軍廬州豫兵勢盛光世密白於宰相趙鼎乞退屯鼎降樞密院檄令退守太平州浚怒遣向子諲督還復還於廬州浚還朝言其事故鼎乞出會光世軍帑在太平州爲火所燼亦請閑得太一宮使罷命呂祉節制其軍未幾酈瓊殺祉盡驅諸軍叛降劉豫九年金人歸我淮南之地加和衆輔國功臣陜西五路宣撫使雍國公與弟光遠不協密令言者暴光世罪罷宣撫授萬壽觀使十年虜叛（攷作金敗）盟入寇（此字攷作河陜）加太保三京招撫處置使率李顯忠李貴步諒之衆守太平又徙池州十一年虜犯（攷作金入）淮西光世命崔皐敗之舒城縣頃之諸帥皆罷兵柄光世復以萬壽觀使奉朝請於行在宴居以聲色自奉十二年正月薨年五十四上親臨奠贈太師謚武僖

十四日壬寅知福州程邁知鎮江府劉子羽提舉江州太平觀

程邁劉子羽之罷以臣僚章疏也邁在福州會金人

來取宇文虛中家屬皆在福州其族謀欲留其一子爲嗣邁堅執不容遂並遣行後全家良賤無老幼悉遭金人誅戮哀哉

王勝爲鎮江府駐劄御前諸軍都統制

先是張俊岳飛以樞密使副往楚州撫諭諸軍也王勝爲中軍統制或有譖於俊者謂勝欲殺俊俊憾之俊還至鎮江府以事責勝送建康軍中自效是時王德權管諸軍事俊謂德與勝素不協必殺勝至是德見勝而喜曰我爲王夜叉汝爲王黑龍非我二人誰可以相親者乃厚待之俊罷樞密勝漸至行在見韓世

忠世忠藏於家一日世忠具筵會招醫師王繼先飲燕酒行世忠出勝拜繼先爲父繼先見上言勝可大用遂有都統制之命

十二月十四日壬申王德爲建康府駐劄御前諸軍都統制

王德通遠軍人從劉光世爲前軍統制自陝西勤王建炎初從往江西討張遇於池州光世輕進爲敵所乘德救之免進追至江州敗遇軍中服其驍勇號王夜叉三年從敗李成於淮西擒其將王宣等五十餘人金人陷揚州光世兵潰至建康止百餘人德引衆

四百至和州時張育據城以檄招德德不肯應育率衆來攻德德盡以兵伏草中育至無所見往來提檢德與弟青及王世忠躍出斬育餘衆請降德入城撫育家室及諸賊將皆如親舊莫不歸心俄而賊張和尚來寇致書曰昔張育殺我骨肉我來復讐德以書譬釋不聽乃斬育家人遣送其首又曰此特育一家耳必盡以育一軍首來乃退德集諸軍告之故咸請死戰賊敗和尚爲鄉兵所殺盡降其衆德乃引所獲兵十萬濟江見光世分爲六軍軍聲復振光世勤王命德追苗傅劉正彦至信州與韓世忠將官同在郡守坐因話語言不相中欲刺德德殺之郡廳又殺其下十餘人至福建遇世忠欲鬬世忠避不與校訴於朝德坐罪編管郴州光世爲御營副使駐九江起爲統制金人渡江德拒之敗於興國四年擊斬趙萬於袁州劉文舜邵談袁關索圍饒州誘之入城皆戮之妖賊王念經衆二十餘萬據信州之貴溪弋陽縣辛企宗累月不能克德從光世一戰俘念經從光世軍鎮江金人據楚泗德頻與戰於高郵邵伯之間紹興初降海寇邵青復泰州二年執郭仲荀於揚州送戮之呂頤浩爲都督也前軍至潤州丹徒反德追至建

平殲其衆累加中亮大夫同州觀察使四年虜寇（改作金攻）淮南德敗之滁州桑根又敗之和州六年同靳賽敗劉豫兵於滁州渦口又同酈瓊趙買臣敗之安豐斬三千級又從光世敗劉麟於廬州七年光世罷兵奉祠以呂祉節制其軍德爲都總管酈瓊王世忠不平訴德於朝德亦言諸將驕暴上命德以本軍歸行在而瓊世忠果叛降於劉豫德詣建康張俊每以禮幣厚結之德以兵八千歸於俊八年俊爲淮西宣撫司鋭勝軍統制十年金人叛（改作敗）盟光世起爲三京招撫使復請德隸其軍德不應從俊敗虜（此字改作金人）於

蘄縣復宿州戰城父復亳州叉敗之渦河俊之立功賴德爲多十一年加承宣使兀朮改作烏珠兵於昭關及仙宗鎮從俊及楊沂中劉錡諸軍將遇兀朮改作烏珠兵柘皋沂中爲敵所敗部下多死德以騎師擊虜此字改作金師蘄首萬餘沂中獲免遂復廬州兀朮改作烏珠陷濠州俊令沂中收復遇伏被圍殿前司軍幾殲德同高舉劉寶田師中救之奪沂中出加清遠軍節度使十二年俊在樞庭薦德爲建康駐劄御前諸軍都統制德乃用俊姪子蓋及其親將馬立顧暉皆爲統制及俊罷樞柄德背俊盡罷子蓋等俊以是憾譖於朝而秦

檜亦忌其勇十五年命王權代之罷爲浙東馬步軍副總管紹興府駐劄後改湖北路總管荆南府駐劄二十四年薨○舊校云宋史作二十五年薨年六十八子琪

王進爲池州太平州駐劄御前諸軍都統制

王進初爲張俊帳下提轄專背印隨行軍中呼爲背印王從破李成於江西淮南屢收勇功擢爲中軍統領紹興四年陞中軍同統制五年累遷龍神衛四廂都指揮使安遠軍承宣使選鋒總制劉寶卒進爲統制至是除池州太平駐劄御前諸軍都統制不恤士卒唯厚結王繼先及諸內侍以久其權士卒皆不喜之

十六日甲戌池州駐劄御前統制李顯忠加保信軍節度使爲兩浙東路馬步軍副總管

賜進士出身頭品頂戴四川等處承宣布政使司布政使清苑許涵度校刊

三朝北盟會編卷第二百十二終

三朝北盟會編卷二百十二校勘記

八月十四日庚午四字衍 緣誓書不遣從使從誤作泛 乃除孟忠厚樞密使除誤作降 救時貢宰救一作陟 言所向無前也脫言字 秦檜欲還之脫欲字 張俊罷爲鎭洮甯武泰甯軍節度使甯武泰甯誤作武甯奉甯 閼睎敗之來安縣原闕係馬字 加太保保靜甯國軍節度使保靜誤作靜武 劉豫命子麟以二十萬衆脫命子麟以四字二誤作三 與弟光遠不協遠一作儀 起德爲統制脫德字 遇兀朮兵於柘皋脫於字

三朝北盟會編卷第二百十三

炎興下帙一百十三

起紹興十三年二月盡十四年二月

紹興十三年二月韓世忠封咸安郡王

八月金人遣使人洪皓還。舊校云按宋史忠宣還自金見於內殿在紹興十二年七月此作十三年八月差一年矣疑誤

九月鄭樸何彥良使於金國

紹興十四年正月金人遣使來

浙東副總管李顯忠落節鉞與宮祠

李顯忠歸朝聞其妻周氏在黃龍府繡工遣三人往取之共許金一千兩各人奏補承信郎先以金五百兩畀之三人果至黃龍府用籠牀去其裏隔盛周氏載之於車以行遂達江南時顯忠作浙東副總管旅橐中得金一百兩乃具以情實告於知紹興府婁炤借金四百兩遂償金如約顯忠又陳乞合得恩澤承信郎三人各補以官三人皆喜曰太尉更有一妹在燕山府願取之顯忠別許金三人者不願許金且曰已得金千兩矣既而又取其妹歸是時楊存中亦遣人取其故妻止於平江用別宅居之以再取趙氏不容共居也金人使來因奏今講和乃有臣僚多以金

銀遣人來取其家屬恐大金皇帝聞之不便上乃責顯忠落節鉞與宮祠罷其總管存中以顯忠獨被責而已無罪遂賂遺顯忠不已且稱其才宜復用而顯忠亦閑居七年南北隔絕之久諸大帥家屬往往得至江南如游燦糕送韓世忠妻來又張俊妻魏氏乃羣賊自京西送來

四月解潛責授團練副使南安軍安置

臣寮言解潛及辛永宗居於平江府議論講和事改潛南安軍安置而永宗亦改差荆湖南路馬步軍副總管邵州駐劄

命州縣根刷前後歸朝人發還金國

九月宋之才爲大金賀正旦國使信趙環副之

趙鼎移吉陽軍安置

秦檜令臣僚言趙鼎罪故移吉陽軍安置

朱勝非薨

行狀曰靖康初金人犯順改作稱兵京城戒嚴公嘗使虜改作其營往來計事辭氣不少屈初公爲鄧氏壻後十許年而夫人之堂妹歸張邦昌既爲僚壻公察其人弗與交邦昌雖執政亦未嘗造門也邦昌憾焉每當遷輒沮格及金人犯闕改作來攻邦昌唱和議出質虜改作金營乃請公行朝廷從之俾公使軍前計議疾趨之道中即日上疏論和議不可恃刼質不足信請大爲將來之防又以邦昌所下檄榜有挾虜改作敵勢以脅郡縣之意皆上之行將出疆有旨召還解使事尋知鄭州蓋邦昌姦謀已露至是朝廷始悟公前疏之當也未赴徙海州時朝廷建議置四道總管都副入帥分制諸路爲京師衞其詔有曰吏得辟置兵得誅賞錢穀得以移用有警則都帥率師入衞副帥居守擇諸班簿取前兩地從官之才者居之惟公以庶僚特被選除直龍圖閣充東道副總管置司南京公抵應

天日都總管胡直孺准詔勤王竭本道甲兵財賦以自隨所餘疲弱不滿二百糧食僅及旬日富室大族先已逃避警報日急虜改作金破都帥於襄邑徑犯改作趨南京上下訩懼人將驚潰公奮不顧身以死誓衆踴躍先登令民負闕乘城徇曰敢返顧者斬攻南城矢石交下公益勵奮人殊死鬬公躬擐甲胄與士卒同食飲夜宿城樓者數月徒步巡督率夜一周匝雖雨雪泥淖未嘗肩輿虜改作金列寨城西北隅若築室返耕爲持久計者攻圍殆百方公隨宜用之輒卻虜改作金多爲疑兵公料敵精審逆知詭計屢摧其鋒踰

月日東南諸路兵稍集公曰虜（改作敵）不足畏矣乃大啟城門縱兵民樵採所部多南兵怯敵公親率教習授以方畧用之每捷選壯士夜入虜（改作金）營焚刼使之自亂常設伏兵於要害地伺其出掩擊之堅壁半載餘仗義信威惠以爲守故人無離心士有鬭志以至閒諜用命虜（改作金）動息必聞其初至也如入無人之境及是不敢肆前後斬獲以千計亦屢斃酋首（二字改作其首領）道路始稍通江淮漕運漸至分遣邏兵明遠斥堠虜（此字改作金人）不能抄掠軍食賴以濟京師再受圍已數月公數募人閒道冒重圍攜蠟書通奏每遣必

涕泣開諭勉以捐軀徇國親酌卮酒以飲脫所服綈袍以衣人皆感悅不復顧死淵聖皇帝得公奏每加歎獎始知諸大鎮悉陷獨睢陽堅守屏蔽東南聚勤王之師以圖殄寇（改作捍禦）遂除待制都統管會京師城破諸道勤王兵疑不敢前公遣人傳報京師安託虜（改作金）騎動息以慰安人心且檄率四方戮力以進屬主上開大元帥府於相州軍駐劄東平公日遣人詣軍門凡虜（改作金）人動靜京師事宜莫不以聞上亦倚南都爲重虜（改作金）立邦昌乃爲書徧抵諸道師守一日虜（改作金）以騎送邦昌使人至公集官吏發書按驗

即械繫之上具書元帥府主上自鄆而西公迎謁於濟州首陳翊戴大策曰今二聖北狩天下之心屬在殿下宜以時正位號繫天下望庶以銷弭窺覦之萌應天實藝祖興王地宗社神靈使虜（改作敵）不能陷以爲殿下受命之所請亟幸之以圖大計又奏疏論即位之初宜慎始慎始之說無他仁義而已仁義者天下之大柄也人主當持之而朝廷奉承之則人主尊朝廷當持之而四方順從之則朝廷尊中國當持之而夷狄欽服之則中國尊（删中國至此十五字）人主失其柄必有大臣跋扈之患朝廷失其柄必有尾大不掉之患

中國失其柄必有四夷交侵之患（删中國至此十三字改作而以中禦外尤不出此）國家與北虜（改作契丹）結好一百二十餘年彼旣亂弱我乃遠交金戎（改作人）爲夾攻之計天祚匿於近塞遣使指蹤令金人取之且露章稱賀是中國失其柄矣金戎（此字改作人於是）內侵每以渝盟失信爲辭是皆燕人之語怨我背契丹之約也不思金戎（改作人）通好以來何常違其意哉願睿明慎思其凡進退人材施張法度禮樂征伐慶賞刑威一話一言一嚬一笑必加詳審合於仁義者置之則可以弭兵保民興復大業迎還兩宮矣疏奏上欣然納用然公爲侍從嘗論

睢陽特以基命地故列聖建别都而要非用武之國旣有緩急大駕一動則河之南淮之北皆盜區矣今虜(改作北)騎充斥兩河雲擾雍洛不可卒至惟襄陽西接蜀漢南引江淮可以號令四方乞鑾輿幸之控制南北以圖中原而大臣或沮之其言不果行及爲學士復論揚州非駐蹕地旣得政力論之上深信焉令戸部約畱歲計郊祀之費餘財皆運之金陵祀事後當移蹕矣時相黄潛善力沮之後果倉卒南渡至是上見公首及此且曰悔不用卿之言時方經畫淮北上倚公以辦卽上疏陳五説謂賊(改作敵)當擊書奏上皆施行之自再相首建議遣諸大帥分屯於淮南等路各據要害以經畧淮北荆襄事甚悉四年又奏言襄陽上游襟帶吳蜀我若得之進可以蹙賊(改作敵)而退可以保境今陷於寇(改作僞)所當先取者卽命大將自沔鄂以趨又使淮西軍合勢並進以掎角之始諸將雖擁重兵而無分定路分故無所責成公在朝廷脩法度嚴紀律明號令某帥當某路一定不復易皆授廟算戒師以出又命司農卿沈昭遠往總軍餉士衆素飽皆賈勇以前豫求救於虜(改作金)僞兵(改作兵與)俱來遇我師於襄鄧閒連戰大破之遂復襄陽隨郢七

州之地軍聲及汝潁京洛大振先是分屯纔定卽議進討而荆襄正岳飛所當取一日下詔趣諸將入覲公旣授飛以攻取之畫以迄事建節又戒諸將咸使戮力捷至等級授賞其或違戾罰如軍政卽日奏上罷都督府故諸將得自奮勵復飭飛當勞來還定以慰吾民來蘇之望無得屠掠凡得州郡始奏捷止言某人收復平定某州不得輒言殺戮規模先定故一舉而成功旣班師授飛節旄及諸將授賞有差如初約也朝廷欲行獻捷之禮公謂本吾家堂奥不足言俟中原盡復大駕還汴乃可自用兵以來諸將强悍艱於號令公威信素有以服其心賞罰甚明故莫不聽順樂爲公用之皆能成功於是虜(此字改作金人)始來議和矣蓋自上卽位遣使使虜(改作金)者無慮十數輩而未嘗報聘及王詡李永壽來命禮部侍郎趙子畫館之初上命韓肖胄爲使俾公擇副公言故事副使用武臣時方艱虞不當事拘舊制遂薦胡松年副焉松年入虜(改作金)論難往復辭氣明辨虜(此字改作北庭)爲之折又聞豫兵屢敗襄郢歸於我故纔遣報使公逆料其謀隨事酬應館遇禮旣甚簡而邀求一切不從二使褫氣去人情初以爲疑至是乃安上方親征詔公以

攻戰之利守備之宜措置之方紓懷之畧公慨然上疏列四事以獻無不切當利害疏奏議者伏其精識上心善之而陰有沮之者因不果行

勝非秀水閒居録曰靖康元年予守宋城閏十一月初虜(改作金)騎既破拱州初七日遂抵郡城前一夕予夢有執盜於庭下者形質魁岸左目插矢流血被體既覺頗異之未曉報虜寇(改作敵兵)至即登城督戰虜(改作金)人以大車三乘裝載芻膏縱火逼南門賊(改作其)首(下添將字)被金甲仗劍往來指呼予於要地伏弩俟之果爲效用邵曇者射中酋(改作其)目墜馬死正如所夢虜(改作敵)

知不利乃退自是經月不近南門其後得異龜於城隍廟中大若車輪高及三尺蓋穹龜也有骨尾九條甲色正黃如蜜蠟每甲刻一字可辨者八云郭負放生千秋萬歲餘不可讀目光射人頸鱗如錢顧視不凡眞靈物也始置之城隍廟中郡人連日聚觀予慮其惑衆因言龜不食豈思水乎投之南湖繼又雷萬春廟有大赤蛇盤於香鑪中累日不動時或舉首人莫敢近予作文遣吏祭之切責其賊犯城(刪此三字)(改作果有靈城將陷而)不爲陰助更出異物以怖人何也即日蛇出與賊(改作敵)對壘踰半年城竟獲全實神之助也

又曰靖康二年三月金虜(改作人)僞立故相張邦昌爲楚帝師廻二聖北狩四月初范訥以北宣撫趙野以北道總管翁彥國以東南經制趙子崧以宛邱太守各提勤王兵會於襄邑邦昌皆以手書與之時予留守南都亦皆得一封其外用內侍省印不書名內只一幅云國家之變可謂非常昧陋所遭亦云奇禍又稱予堅守別都力保鴻慶宮其末敘時令云某上子即收投書使臣繫獄以狀繳書於大元帥府

遺史曰靖康元年二月朝廷遣張邦昌奉使斡离不(改作幹里雅布)軍前邦昌請朱勝非同行邦昌妻鄧氏朱勝

非妻之堂妹也邦昌請勝非行上俾勝非使於軍前計議勝非疾趨之道中即日上疏論和議不可恃刼質不足信請大爲將來之防又以邦昌所下檄榜有挾虜(改作敵)勢以脅郡縣之意皆上之行將出疆有旨召還解使職出知海州勝非字藏一蔡州人七歲喪父執喪如禮外氏欲奪其母而嫁之不從外氏强之母乃薰目斷髮示卒不可移勝非總角讀書爲文鄉先生稱爲遠器年十四入郡庠十八升貢入太學踰年升上舍崇甯四年釋褐登第累歷州縣官後除太學正歷兩任徽宗以其久於儒官恬靜有守除秘書

省校書郎兼校正御前文集淵聖即位時為右司郎中嘗使虜（改作金）營往來計事故邦昌請其行

中興姓氏錄曰朱勝非字藏一開封人也崇甯四年登進士第善屬文靖康末胡直孺以直龍圖閣為東道總管軍應天府金人圍京師領兵一萬來勤王敗績被執勝非權知應天府金人來攻勝非惶懼易衣逃匿民間惶惶會韓世忠楊進兵擊破之勝非復出視事民稍安康王開元帥府於河北張邦昌僭位致書於勝非勝非囚其使繳書於王王至濟州勝非率兵來迎至建炎初除中書舍人後除翰林學士制誥

清華士人許其才學二年除尚書左丞又遷加中書侍郎惟諂佞阿諛迎合上意曲奉黃潛善汪伯彥備位無所建明三年潛善伯彥罷以勝非為宣奉大夫尚書左僕射值苗傅劉正彥擅廢立勝非狐趨鼠拱行二人之意而已上復辟罷為觀文殿學士提舉臨安府洞霄宮四年范宗尹薦之除江南西路安撫大使兼知江州勝非聚兵於吉州以劉紹先楊勍為都統制怯江州經李成所破不敢往紹興初紹先以兵屯江州數月勝非方至御史中丞沈與求言其逗遛降授大中大夫分司南京居住以紹先知江州二年呂頤浩薦之召復觀文殿學士兼侍讀俄同都督江浙荆淮諸軍事給事中胡安國諫止其命復為侍讀俄除尚書右僕射三年丁母憂卒哭日起復惟報私恩讐睚無建明尤不能聽訟士民甚苦之四年金人寇（改作攻）淮南勝非懼乞持餘服許之服闋還觀文殿大學士知湖州數月復為提舉洞霄宮秦檜不喜誣之為邦昌親黨不復用卒於湖州年六十三

十二月李光移瓊州安置

李光初安置藤州知州周某者誘光唱和說秦檜和議有諷刺者積得數篇密獻於檜檜怒令臣寮言其

罪故移瓊州安置

金人逼王倫以官倫死金

先是紹興九年王倫為迎護梓宮奉迎兩宮交割地界使藍公佐副之使於金國金國留倫不遣獨以公佐還是歲金人以倫為河北轉運使倫言奉使而來非降也堅辭不受遣使迫之亦不受金人杖其使人復令逼倫倫自縊死

中興姓氏錄曰王倫字正道開封人眞宗宰相旦之後也有縱橫之才少遊市井羣小高其能大金陷京師百姓内亂淵聖登樓撫諭之倫乘亂徑造御前上

問誰能彈壓倫奏臣能之上令即去彈治倫曰臣未有官豈能彈壓因自薦其材上急取紙親除爲吏部侍郎○舊校云宋史作兵部侍郎倫下樓以先備惡少數人傳呼侍郎來乃撫諭之百姓皆定何㮚以倫小人無功除命太峻奏繳其官止補脩職郎建炎二年上書乞入金國迎請二帝乃加朝奉郎金國通問使金國方入寇改作用兵留倫不遣紹興初秦檜爲相遣北人招討都監門客通書金國求好二年虜改作金遣倫回議和七年聞徽宗及鄭后凶問遣倫同高公繪往請梓宮及韋太后及河南州軍秦檜主其謀加倫端明殿學士

樞密院編修文字胡銓上書言金人詐和王倫賣國秦檜孫近助之乞加誅戮進兵討賊改作北討不從九年加簽書樞密院迎護梓宮奉迎兩宮交割地方使藍公佐爲副倫至金見金人兀朮改作烏珠以東西南京壽春宿亳州及陝西京西歸於有司倫權東京留守及孟庾至倫公佐往金國獨發公佐回又留倫不遣金國以倫爲河北轉運使倫曰倫奉使而來非降也大宋之臣豈受大金爵祿耶金人遣使來催之又不受金人杖其使復令來逼之倫厚賂使人金以謝之自縊而死年六十一世稱其忠

賜進士出身頭品頂戴四川等處承宣布政使司布政使清苑許涵度校刊

三朝北盟會編卷第二百十三

三朝北盟會編卷二百十三校勘記

如游煠糕送韓世忠妻來煠一作㸁　取前內地從官之才者內誤作兩　胡直孺奉詔勤王奉誤作准　上其書元帥府其誤作具　合於仁義者行之不合於仁義者置之脫行之以下八字　及王翊李永壽來翊誤作詡　人情初頗危懼誤作人情初以爲疑　議者服其精識服誤作伏　裝載芻藁藁誤作膏

三朝北盟會編卷二百十四

炎興下帙一百十四

起紹興十五年三月盡十月

紹興十五年知敘州邵隆卒

初邵隆知商州幾十年值和議已定割商州爲外境隆不悅之常密遣兵馬以盜刦之金人訴於秦檜檜心恨憤復以隆爲金房開達州安撫司統制除知辰州未赴改知敘州在敘州二年至是因飲酒暴卒年五十一或云檜密使人酖殺之人皆巷哭爲之罷市其部曲陳簡爲立祠於金州隆知兵機善料敵能得士卒心每戰必鼓作忠義之氣故戰必有功云

三月敷文閣待制周金及馬觀國史愿送還金國

五月金人遣使來賀生辰

十月嚴抑爲大金賀生辰國信使曹没副之

秦檜見嚴抑曰聞公素貧抑曰諾檜曰太夫人安否抑曰無恙檜曰當以出疆奉煩庶沾恩賚以奉太夫人遂擬抑奉使曹没字審淵開封人

觀文殿學士祈請國信使宇文虛中死於金國

行狀曰公諱虛中字叔通登大觀三年進士第政和五年除起居舍人國使院編修官六年正月同知貢

舉四月除通直郎中書舍人時承平日久兵將驕妄而貪功者開邊生事不已公已有夷狄（改作北騎）憑陵之慮常議備邊非策論事無所畏憚當權者忌之除河北河東陝西宣撫使司參謀時方興燕山之役小人僥倖引女眞夾攻契丹不顧章聖盟好公以廟謨失策而蔡攸童貫主帥非其人將有自焚之禍遂上書極諫曰臣伏覩陛下恢睿聖英武之畧紹祖宗之貽謀將舉仁義之師復燕雲之故境不以臣愚不肖使參預機事臣被命之初意謂朝廷未有定議欲命臣經度相視攻守形勢參贊廟謨及至河北諸路見朝

廷命將帥調兵旅厲器械轉移錢糧已有擇日定舉之説臣既與軍政苟有所見豈敢隱默輒舉利害仰干淵聽臣聞用兵之策必先計强弱虛實知彼知己以圖萬全今論財用之多寡指宣撫司所置便爲財用有餘若沿邊諸郡帑藏空虛廩食不繼則略而不問論士卒之强弱視宣撫司所駐便言甲兵精鋭若沿邊諸郡士不練習武備刓缺則置而不講夫邊圉無應敵之具府庫無數日之糧雖孫吳復生亦未可舉師是在我者未得萬全之策也用兵之道禦攻者易攻人者難守城者易攻城者難守者在內而攻者

在外在內者爲主而常逸在外者爲客而常勞逸者必安勞者必危今宣撫司兵約有六萬邊鄙可用不過數千契丹九大王耶律淳者智畧輻湊素得士心國主委任信而不疑今欲亟進兵於燕城之下使契丹自西山以輕兵絶吾糧道又自營平以重兵壓我營壘我之糧道不繼耶律淳者激厲衆心堅城自守則我亦危殆矣在我無萬全之策在彼亦未可必勝茲事一舉乃安危存亡之所繫豈可輕議乎且中國與契丹講和今踰百年間有貪惏不過欲得關南十縣而止耳間有傲慢不過對中國（使人稍虧禮節而止）耳自女

眞侵削以來嚮慕本朝一切恭順今捨恭順之契丹不封殖拯救爲我藩籬而遠踰海外引强悍之女眞以爲隣域女眞藉百勝之勢虛喝驕矜不可以禮義交也不可以言説誘也（刪不可至此十四字）視中國與契丹拏兵不止鏖戰不解勝負未決强弱未分持卞莊兩鬬之説引兵踰古北口撫有悖桀（改作矯捷）之衆繫累契丹君臣雄據朔漠貪心不止（改作時復南顧）越逸疆圉憑陵中夏以百年怠惰之兵而當新鋭難敵（改作禦）之虜（改作敵）以寡謀持重久閒安逸之將而角逐於血肉之林巧拙異謀勇怯異勢臣恐中國之邊患未有寧息期也

譬猶富人有萬金之產與寒士爲隣欲吞幷以廣其屋居乃引盜而謀曰彼之所處汝居其半彼之所蓄汝取其全强盜從之寒士既亡雖有萬金之富日爲切鄰强盜所窺欲一夕高枕安臥其可得乎（删譬猶至此七十七字）臣之（删此字）愚見（删此字）竊以爲確喻（删此四字）望陛下思祖宗創業之艱難念隣域百年之盟好下臣此章使百寮廷議儻臣言可採乞降詔旨罷將帥還朝無開邊隙俾中國衣冠禮儀之俗（删中國至此八字改作版圖之內）永覩太平臣冒昧盡言不任戰慄時王黼當國見疏大怒捃拾公他事降爲集英殿脩撰督戰益急公又條

上十一議其大畧有曰契丹昨來遣使女眞願爲附庸女眞不納求附朝廷觀其意蓋是畏女眞愛中國（改作朝廷）避强悍歸仁義（改作修盟好）今西夏以重兵壓雲中狡詐窺伺託爲存亡繼絕之言其意甚遠若契丹北爲女眞所拒南爲中國所棄收合餘燼翻然決計乘夏人聚兵之時割地以爲約續糧以遏兵不惟王師入燕爲所牽制亦恐他日西北邊事未有甯息之日今日爲國家大計須期永久安逸不費兵馬錢糧公私事力坦然無北顧之憂費省力暇逾於昨來與契丹通好時方爲穩便若連兵不解征戰防秋或滅虜（改作遼）之後調發勞費乃過於未用兵以前其利害不可不計又上二十議畧曰臣伏見朝廷昨以耶律淳擅立遣兵巡邊騎卒相侵互有勝負前此屢曾招納已於盟好有違迨王師那回雄州王介儒來尋舊好書牒往復皆有明文其於女眞又違近約若二虜（改作國）脫有興熾卽邊事不可不防所有元約女眞夾攻悠久利害臣不敢與知今復移文涿州勾引契丹人使書牒差人往約女眞雖民心歸仁天道助順王師無戰可保萬全但恐秋高馬肥賊（改作北）兵或聚若只坐待意外功績不爲自治之規竊恐臨事失機貽患

在後且言郭藥師可令帶同知燕山以恩禮畱之京師復盡使挈致家屬居於賜宅緩急有用兵只可單騎遣行專畢便歸然今日事幾與前日不同似不必更放前去脫魚於淵恐滋後患時朝廷銳於摧服契丹故公及守禦之策委曲詳備欲因參幕議幸一止之議上不報然而亦以公言爲忠七年七月除宣和殿學士上復欲以公參謀尋改寶和殿學士十一月除大學士河北河東路宣諭使公上言雲中州郡疆界遙闊萬一收復每歲應副財用必三倍於太原又須建置堡寨關壘不下數百處今財力匱乏何所從

出屯戍軍馬係一抹直取疆界亦倍於何處那移乞罷收復之議以息中國之力尋赴闕有旨至內殿同宰執班奏事是日報粘罕（改作尼堪）兵迫太原上顧公曰王黼不用卿言封殖契丹以爲藩籬今金人兵兩路並進卿料事勢如何公云賊（改作金）兵雖熾然羽檄召諸路兵入援膠結人心使無畔渙憑藉祖宗積累之厚陛下强其志勿先自怯決可保無虞今日之事宜先降罪己詔更革弊端俾人心悅天意回則備禦之事將帥可以任之上命公就草詔公奏言臣未得旨昨晚已草就候進呈上令展讀公又列出宮人斥乘

輿服御物罷應奉司罷西城所罷六尙局罷大晟府內臣寄資等十餘事於所草詔上覽之曰一一可便施行今日不吝改過公再拜泣下令下人心大悅乃宣和七年罪己詔也其畧曰百姓怨懟而朕不知上天震怒而朕不悟有識者比爲陸贄感泣山東將士之詔云雄州奏郭藥師刦蔡靖呂頤浩等降金人公與南陽公入對上謂南陽公曰今梁方平已在濬州守橋南陽公奏言內臣主兵恐將兵不附欲更遣人爲大將而梁方平副之上曰何灌見作管軍可令團結京城二萬人同守濬州衆議粘罕（改作尼堪）兵勢方熾河陽橋最爲要害而守禦未得人欲召熙河帥姚古秦鳳帥种師中令以本路兵會於鄭洛外爲河陽之援而內衞王室上顧公曰卿與姚古种師中如兄弟宜以一使名護其軍遂以資政殿大學士爲軍前宣諭使上曰卿不須往自陝州以西可只在畿甸馳檄召兩人衆議謂永安陵寢未有兵衞護上曰此卻是宇文虛中職事可自滑州分地分以東屬何灌以西屬宇文虛中即大河一帶有守把而諸陵有護衞三省樞密院議二太子兵少今大兵屬粘罕（改作尼堪）謀臣猛將皆在而所召西兵須兩浹旬可至即未有兵將欲

於何灌守河陽及護陵寢卻令公守北京及濬州公奏言粘罕（改作尼堪）兵雖盛未攻下太原必不先下太行其來必緩二太子兵亦不下十萬既得燕山其來必速上曰濬州不可少何灌以防二太子卿既召二鎮兵則護陵寢用何兵公奏言京東兩路及鄜延環慶兵已邀擊金人文字到已旬日惟京西兵未團結不若團結起發以護陵寢及滑州以西河陽浮橋旬日可辦候姚古种師中兵至臣卻與同護京城以西上曰如此穩當自鄭州西去至西京黃河岸一帶皆迫近陵寢又恐粘罕（改作尼堪）兵經由此路極可憂卿且以

祖宗陵寢爲念公乞對畢卽行上曰卿且召姚古种師中只令移文入急遞公乞御前差使臣齎文字前去公又奏种師道老將有謀今閑居長安臣與之有契分欲乞召師道同圍結西京軍馬及本路保伍於黃河岸河橋諸陵寢措置守把詎與師道同入護京師臣只今行文字下陝西漕臣應副師道輕齎錢物令沿路召募人兵前來公陛辭卽出門徽宗內禪淵聖卽位徽宗幸淮浙南陽公爲行宮副使時粘罕（改作尼堪）以重兵圍閉太原日久公馳檄河北諸帥邀擊金人遂往河東河陽澤潞間措置太行山設守備諸處

募兵並未至而二太子兵馬已從濬滑渡河且元指揮援兵並赴宣撫司童貫處時貫已隨從徽宗幸淮浙公往陝西促姚古种師中兵馬且檄令直赴京城應援王室不得遵稟貫節制又以便宜令河陽守臣節度澤潞西京守臣節制汜水關鄭州時朝廷遣馬忠將數千人往團柏鎮公遇之於汜水關以便宜劄付馬忠令引兵回救京城馬忠遂由鄭州東門進兵救京畿與虜（改作金）騎遇於道士店攻獲其首領軍聲大振先是虜（改作金）騎至城下放兵四掠至鄭州爲忠所破遂將其他小寨收斂爲一西路遂通師中古及其他西兵並得至京城無阻公亦星夜歸護京城至鄭州之東阻抄掠游騎不得進遂收合散卒間道以趨且移文河東帥府約會兵黃河上又於宿亳以來得東南兵二萬五千人以便宜起致仕官李邈令統領於汴河上前進與李邈相先後行至陳州門外駐兵淵聖遣中使持御筆令公赴闕遂從門外鈎上入城先是姚平仲刦寨失利西兵俱潰金人復引兵逼城公既至福甯殿奏事淵聖宣諭陝西援兵今已俱潰不守欲遣人奉使爲朕分辨刦寨非朝廷意乃是姚平仲擅興兵兼探康王平安大臣皆不肯行事勢

危殆柰何卿可往否公再拜言主憂臣辱臣豈敢辭淵聖泣下慰勉再三公卽往都亭驛見虜（改作金）使王汭汭與言不遜公依所得旨再三説諭遂送王汭出城因齎書復議請和公渡濠橋道逢甲騎如沓雲梯攻具蔽地而來公間關冒鋒刃而進既至敵營露坐風埃烈日中自巳至申金人數次以全裝人馬注矢露刃周匝圍繞一行皆失色公不爲之動久之乃引公入見康王於軍中掌聖語面諭虜（改作金）人先一日堆馬草於堦前云若兩三日城中無使人來燒草爲號將路允廸以下並不存留且來攻京城今喜得大

資來適虜此字改作敵營人來相賀方知如此次日陪侍康王到虜帳改作帳中見二太子者言語不遜禮節倨傲公以禮義遜謝之至晚虜酋二字改作二太子復遣人隨公將文字入城要越王李邦彥吳敏李綱曹晟金銀騾馬之類又欲御筆畫定三鎮界至方退軍時淵聖令公再奉使止令曹晟前去軍前外餘並作意度仔細說諭並不應副兼奉淵聖聖旨須管於鄉處要康王歸京公再出城與酋長二字改作二太子相見及張邦昌等退公獨留虜酋二字改作二太子之前專達淵聖手書再三以理說諭遂以次日獲從康王歸闕卽拜公籤書樞密

院事制曰國家設中天紫極之輔以應泰階之躔列右府洪樞之司以總萬兵之政雖文武之道有異而安危之計不殊眷時謀謨之臣必投英傑之佐某官志窮精妙識造幾微雅志淵深而足以與權懿文炳蔚而足以華國早由英譽洊歷要塗摛藻揚華密起蘢宮之草參疇婉畫坐談武帳之兵比貧方叔克壯之猷膺召虎來宣之命有嚴共武之服不戰屈人之兵茲銜命於金人仍通和於隣好敏於應對卒以解紛其參管於密庭共圖畫於兵柄佇寵雋烈克迪皇威本精神以折衝運帷幄以決勝勉推平日之議論用濟一時之事功公力辭不受謂國步方艱捐軀效節臣子之分不可因此受寵數乞收還成命淵聖遣中使宣押諭以藉卿終使事在卿去就甚高而國之利害所繫強敵在郊卿何辭以違朕意卽其家傳宣至數四公皇懼受命自是凡三往軍前虜改作金人約公觀回師公為送餞使是日夜分至虜改作金營翌日早其酋改作帥遣人語公云樞密不揹空我亦不揹空如中國人稱脫空○副注中國人稱四字改作云今特促日歸國頭之舉火為號諸營甲騎皆結隊行北去繼與虜酋二字改作二太子相見說及三鎮公泣下不言諸酋此字改作敵帥變色言兩

朝和好樞密卻不喜莫是有不好底公事公云三鎮說不得哽噎教皇帝難割捨為太原有太宗皇帝影殿保州有上皇祖墳豈忍令人家子孫將墳墓割與隣人諸酋改作帥云這事有商量時呂頤浩何沂等在坐皆聞此語公遂再三說此語云如何得箇意到本朝皇帝處諸酋改作帥云使得及得回書對淵聖前開拆果有將來別有詳酌之語虜改作敵既退時徽宗駐蹕鎮江得報宣召南陽公至行宮寢堂出公奏狀徽宗曰虛中自二月上旬三往金人寨中第一次明劫寨非朝廷之意乃西兵貪利遂止其攻城再往奉迎康

王還闕幷取到呂頤浩等初七日與城下爲盟令卽押誓書幷說令退師二太子喜虛中以至誠相待初約四月一日歸國再三說諭遂肯初十日退時令虛中至日親來觀看初十日五更如約往相見二太子帳前吹笛聲鑼步騎兵北去如飛至巳時豁然一空當月約行一程以上此事可喜虛中口辨有智畧了此一段事今已除簽書樞密院事南陽公頓首謝初虜（改作金）人之來重兵驍將盡屬粘罕（改作尼堪）二太子者得郭藥師爲軍鋒遂先至京城下及二太子退諸公以爲泰然無事公獨以粘罕（改作尼堪）爲深憂乃奏陳乞

厚爲隄備京畿作溏濼河北河南聯民召募忻代太原失業人及陝西善戰者每一萬人爲一軍棋布近輔大張形勢廷臣無助者及議追擊二太子悉遣在京軍兵渡河襲逐行方整促而粘罕（改作尼堪）已至澤潞據太行下瞰河津河陽始大駭遂令所遣兵未得遠去且守衞王室再作閉城堅守之計其後議者不復聞粘罕（改作尼堪）澤潞事專以不追擊二太子歸罪執政故公罷政出知青州陛辭上密遣人賜金帶茶藥錦綺公又論青州與金人爲鄰外控海道當措置隄備牽制州郡又上疏論京東盜賊屯聚至數十萬東路尤被其害臣初到界首交割之後體問得餘黨散在山谷與已受招安之人皆未甯謐州縣所憂正在此數月青州以南連接太山往往數百里人煙斷絕今本路瀕海與金賊（改作國）對境北又接濱滄邊面皆通行賊馬若不於耕桑正忙之時速與慰安人情竊慮姦人復出爲盜已一面作奉聖旨遍牒本路又乞置騎兵近邊西路爲一萬騎及閱習事勢飭治器甲爲將來應援河北入衞王室之計朝廷忌功者論公不已公雖已報代上疏論當厚爲金人隄備且言臣蹤跡孤危一路必稟承乞促代者曾孝序之來其言鯁

切並爲三省所沮未幾果以言落職奉祠時南陽公從徽宗來歸因入對淵聖曰卿弟虛中二月初止金人攻城與二太子爲誓約說令還師豈不是社稷功虛中善料事勢欲留在樞府而大臣堅不見聽亦是恐有伏闕之事且令作帥朝辭出門朕遣人賜以金帶茶藥錦綺之屬更不敢令人知卻恐須要奪了南陽公頓首謝且奏言虛中近已罷帥奉祠蓋緣言者謂城外爲盟非二太子止是河北賊魁虛中安以河北之寇作金人以冒退師之功金人自燕中舉兵直至京邑今日乃謂止是河北之寇言者所論如此大

臣曾辨明否上曰大臣且幸卿弟不在眼前豈復更與辨明南陽公出知江甯公來依之雖居閑廢亦上疏論車駕臨幸江甯當用民兵之法措置便宜責在長安總專其屬應干兩稅鹽酒並聽支用知通將官分治軍民同爲訓練其言詳備懇切疏奏不報

賜進士出身頭品頂戴四川等處承宣布政使司布政使清苑許涵度校刊

三朝北盟會編卷第二百十四

三朝北盟會編卷二百十四校勘記

而貪功者開邊生事不已（開一作關）　兵只可單騎遣行（兵字衍）

召兩鎮兵兩鎮兵未至可一到河陽護橋防粘罕大兵（脫鎮兵至此十九字下句人字衍）　公與李邈相先後行（脫公字）

遂從門外釣上入城（釣誤作鈎入字衍）　不復問粘罕澤潞事（問誤作闘）

應干兩稅鹽酒并聽支用（干應作于）

三朝北盟會編卷第二百十五

炎興下帙一百十五

起紹興十五年十月盡其日

建炎元年今上皇帝即位以廷議與金人三鎮責授安化軍節度副使韶州安置公不勝忠憤上疏及移書宰輔辨白其畧云元議與金人三鎮及金帛騾馬遣使送誓書差沈晦爲國信使奉今上皇帝出城至虜(改作金)營皆是正月上旬中旬事臣是時在畿甸收拾援兵至二月一日姚平仲劫寨失利虜(改作金)人復攻城臣自拱州與李邈收集東南兵入援至初二日

奉聖旨宣召自陳州門釣上城入對祓命出城面奉淵聖聖旨明切劫寨非朝廷之意須要奉迎今上皇帝還闕當時所與物止鞋帶四百條水銀鵬砂十許斤敵中王汭等所用別無其他自有奉使月日可考若不分明剖析恐身首異處家族殘滅亦未足消弭人言疏奏不省二年詔募能使金國者公露章應詔有旨復(中大)大夫乘遞馬赴闕制曰朕念二聖和鑾之馭遠勤沙漠之征憚兩河耕稼之民久困干戈之役思得賢士往使殊方豈無忘身徇國之人應側席救災之詔爾名實相稱文武兼資雅意論兵用合孫吳之妙高才視草夙推頗牧之奇蚤薦歷於禁塗遂參陪於樞筦稍忩清議薦寘丹書茲露章於公車蘄將命於絕域朕嘉乃陳議慨然請行宜復次於廷紳俾來朝於蹕輅當圖忠報益展素懷佇爾疾驅副予臨遣時車駕駐蹕維揚公入對上嘉獎再三欲留公公以非應詔本指且感上知遇奮不顧身慨然請行復資政殿大學士左大中大夫充國信使時虜(改作邊)情叵測公至虜(改作金)庭被拘留始誘以富貴中迫以鼎鑊公不爲屈虜(此字改作金人)亦義之不敢加害公知虜(改作敵)欲寇(改作窺)蜀遣使臣闕偁潛告宣撫張浚欲其持

重爲萬全之舉且云江左人錢釗傳昇乃引者勿令近行在又遣使臣楊安以磬書經文寄季弟南陽公及龍圖公常具奏今在御府虜(改作金)常遣公策僞豫公力辭不行四川宣撫司常以使臣徐福狀聞副使楊可輔來歸公復以蠟書潛言虜中(改作北庭)事上命賜家屬銀絹紹興元年有旨以公奉使日久守節不屈令福州賜錢千緡且令守臣存恤家屬常因遣使以金帛團茶賜公制曰男子有四方之志夙厲於遠圖行人道二國之言久勤於將命肆頒渥澤用侈光華卿頃以才猷常登樞近抗使旌於萬里不憚勤勞留

異域者十年益昭忠信念其艮勤宜有襃嘉錫以兼金賁之東帛加織文之織緻分異芔之甘芳特示殊私式將厚意每懷靡及方賴於咨謀有功見知倘期於來諗時紹興七年也公留虜（改作北）庭既久雖流離困苦然忠義所激所遺家人書一語不及私嘗寄南陽公書畧云虛中四繫異域生理殆盡困苦瀕死自古所無中遭脅迫幸全素守惟一節一心待死而已終期不負社稷念虛中遭遇主上最先衆人往日在京城外迎奉歸城中粗殫犬馬之力今日之戹亦爲國事分所當爲夫復何憾又寄公夫人書畧云自離

家五年幽囚困苦非人理所堪今年五十三歲鬚髮半白滿目無親衣食僅續惟期一節不負社稷不愧神明至如思念君親豈忘寤寐俯及兒女頃刻不忘度事勢決不得歸縱使得歸亦得在數年以後兀然旅館待死而已至於歌詩者不勝記其詩有曰定鼎未應周命改登牀合許宋人平又曰南冠終日四軍府北鴈何時到上林又曰傳聞已築西河館自許能肥北海羊雖一飯未嘗忘君如此公志欲就大事嘗與使事得歸者欷歔別且曰大丈夫身拘異域不能效奇功報本朝顧乃同匹夫匹婦之爲諒自經於溝

瀆耶非吾志也時中原東北豪傑之心憤爲左衽（删此三字改作起）公密以信義感發之從者如響乃以紹興乙丑與僞翰林學士高士談等同謀結集欲因虜（改作金）人拜天就刦殺之先期以蠟書來告朝廷欲爲之外應秦檜懷奸無狀且忌公功在已上繳回蠟書會事亦覺公父子俱死家無噍類時年六十有七公初諱黃中後帥慶陽徽宗御筆改今名云子師援右朝議大夫直顯謨閣初廣平公既拘留異域虜（改作金）人將用之懼其以骨肉爲念欲以家屬爲請廣平公密知其意因王倫使還附奏云如虜（改作金）人萬一有請願

以沒賊（删此二字改作甘心陷敵）爲辭會秦檜當國主和議甚力虜（改作金）人以士夫北留者家屬爲請檜悉遣如約顯謨公方侍廣平夫人閑居檜諭旨監司迫遣老幼無一遺者繼又中使促令就道顯謨公到闕具對劄畧云道路之傳以謂臣家屬既到卽送鄰邦致及螻蟻之賤無補國事萬分之一然而嘗聞蘇武持節居匈奴十有九年既歸之後但見因使者致金帛贖胡婦所產子還中國以嗣其世著於信史實爲中國（删此二字）美談伏念臣父虛中忠義自奮謀不及身今若盡遣其室恐非朝廷所以矜恤之意況臣父虛中元是奉

使而去以一身徇國家之急卽與其他被執之人事體不同紹興七年王倫歸自金國嘗與臣謂倫來時臣父虛中託以一事附倫奏云若敵人來取家屬願以沒賊此二字改作甘心陷敵爲言此語陛下必嘗知之以此驗之可見臣父虛中雖以一身持節在外未嘗不乃心王室而其家屬望朝廷主張之意乃先定於十年前豈欲臣母子顚躋於道路而遠徙於他邦哉爲檜所抑竟不得對全家驅迫出境聞者扼腕嗚呼公天資忠義愛君憂國出於志誠忘身殉難終始一節不閒夷險初童貫與燕山之役朝廷以公參謀公知召禍啟釁非國家安靜之福不忍潔身自全以爲高其所論諫及條上三十議大率以自治爲言雖不用而拳拳益切逮虜改作金人渝盟兵逼畿甸公崎嶇戎馬間收合散卒移檄諸道護衛陵寢應援京城繼將命使虜此字改作金營開諭禍福太上皇帝以歸不幸中原復擾二聖北狩公雖得罪嶺表獨抗章應詔願復使絕域公精忠自矢亦可概見矣初公嘗夢挾日以飛故有儻符他日夢倘冀反宸游之句逮拘縶虜改作北庭至死節之日凡十九年餐氈齧雪視古無愧公能隱忍就大事天傾地覆公志莫遂事既敗全家赴死而公之志益顯嗚呼悲夫

李綱傳信錄曰初宇文虛中以中書舍人爲童貫參謀官盧溝河之敗虛中走焉及燕山奏功歸爲翰林學士宣和八年秋復從貫以行金人犯順改作攻汴虛中同貫奔還道君以爲資政大學士京畿宣諭使虜改作金騎既逼都城虛中走宿亳閒至是聞虜此字改作金許和乃歸上以爲簽書樞密院事故京城爲之語曰一走而爲內翰再走而爲大資三走而爲樞密虛中既奉三鎭詔書至金人軍中自以爲有和戎改作議和之功識者笑之

朱勝非秀水閒居錄曰宣和初出師以童貫蔡攸爲宣撫使劉延慶爲總帥翰林學士宇文虛中叔通參謀既至境上虛中度事勢不可爲乃以劄子示貫攸謂當罷兵其畧云昨者耶律延禧失國湻輒簒立國家以兄弟之義不得不問舉兵巡邊招納其人仍絕歲賜是爲義舉今天祐宗社全中國之恩威昭盛德於殊俗顧諟明命恐不可緩正宜明下詔書謂前日之役以湻簒立今湻既亡其國無主幸災伐喪非中國之義仰邊臣按兵不得出討乃令雄州移文對境喻以歲賜已到不知交與何人如此可黜契丹忿戾

之心寬我邊計遷延歲月得以爲備又於仁義恩威一舉兩全如女眞改作金人責我夾攻亦當喻以元約止謂耶律延禧無道今彼國再易主不伐喪義禮所在人情所同雖云夷狄改作金人聞此亦必心服貫攸不能用

叔通靖康初副樞

安成之樞密宇文議燕保京記曰宣和壬寅朝廷議取燕雲命取樞密宇文公以本職顯謨閣待制參預軍事公馳至河北見沿邊匱乏兵備缺然兼慮女眞異日强不可制卽上疏力言不可又貽書與太宰王黼元樞鄭居中及其兄承旨並翰林學士趙野託承

旨與野力勸黼黼不從遂取旨命公不得漏泄章疏時師老無功上有意中輟而契丹九大王耶律淳死國人離心黼再主攻伐之議鐫宇文公待制命知檀州檀州去燕山四程久之環慶闕帥鄭居中薦公遂以修撰帥慶陽而朝廷又有收復靈武之議欲命高俅總其事御筆條畫攻取之計俾公遵行又力言不可高俅自憚其事尋已而公亦罷帥責知亳州乙巳歲公爲翰林學士童貫欲取雲中公以雲中斗絕一隅縱可取亦不可守貫之黨馬擴李宗振等陳可取之策二疏交上時蔡京當國欲從貫言公兄時爲右轄與李邦

彥合謀力爭於上前京之說不勝遂畫旨留侯至乙巳歲十二月金人寇改作入邊燕山失守報至中外失色上御保和殿召問公曰悔不用卿前日之說公奏先降罪己詔以收人心人心悅則中原決保無虞上命公草詔而公先以草成詔本在懷中卽取進呈又列更朝政數十事於詔本之後時上欲詔書中入政事拘於紀年賢能陷於黨籍之語大臣亦有言不須降詔公泣涕力請上從公言詔下人心大悅上曰卿素得陝右士心可以資政殿大學士爲宣諭使躬往陝西擇將召兵以赴國難公以二月二十八日朝辭出

京至陝西以檄文召种師中姚古令各以麾下兵赴京畿而公親總馬忠等兵至鄭州之東遇金人萬騎欲據鄭公慮鄭破卽絕西兵來路遂令忠邀擊於僕射廟前金人大敗公又移文諸郡及申奏朝廷聲言陝西有兵五十萬至二帥及諸兵至者十九萬此先聲也金人莫測虛實遂領兵下寨不敢四出至今鄭人繪公及馬忠像於僕射祠中公以丙午二月一日回至京師時朝廷於正月中旬已講和金人止俟得金帛犒師卽還而李綱引兵刦寨失利無一騎還者金人忿朝廷失約再攻京城西北隅幾破雲梯四面交至矢石如雨城

中精兵自梁方平團結五萬人破於滑州何灌領三萬敗於近畿劫寨失利又喪數萬人驅市人登城守禦不能荷戟彎弓公憂社稷危甚卽入城見淵聖於延和殿泣謂公曰救此危急有何策公言今城中惟有禁衛市人不可出戰西兵至者未滿萬人其餘計程須旬日可至王師寡弱城西北隅已摧毀拒敵未有策惟有臣以身當劫寨之事臣試冒死往說之上曰卿且奮不顧身以救國家之急公卽欲前去自劫寨後金人覘使人來卽殺公捐甲服朝章以三省大程官數十人從張蓋揚鞭喝宇文大資而出城而金人

以萬騎圍繞前驅已有破殺者公言我來計議事汝安得殺人金酋（改作帥）二太子者舊聞公名知公至卽止兵引公至帳前會食公問再攻京城之事二太子曰朝廷已與我和因甚卻來劫寨公曰我招西兵至城下西兵貪利不知朝廷講和只知爾有金帛數十萬所以劫寨止約不得干他朝廷甚事二太子曰是不是公曰人誰不畏死我以不能止約西兵劫寨冒死而來以明非朝廷之意公議論慷慨衆感其信義遂止攻城令公速往奏知公言今日已晚俟來早入城二太子又喜公不疑留飲至夜對公焚攻城器具

翌日公對延和殿言二太子可以信義感動已不攻城今宗室諸公皆從上皇往東南惟康邸爲質於軍中臣取聖旨以來日試往取康邸還闕上許之除公簽書樞密院解所服正透犀帶以賜之公次日再往金人寨中力請康王還並指名取呂頤浩等七人謂金酋（改作人）曰若此事不見聽只死在此所誓不空歸反覆至數千言金人感其意許之公遂與康邸及頤浩等聯轡而歸公嘗謂今上在兄弟中英偉絕人慮久留金人寨中特建議親往奉迎遂爲今日社稷大功又慮兵久不退生變二月七日又取旨說金酋（改作

人）趣其歸師金酋（改作人）許以四月十日爲期公再三陳論自辰至申促至二月十日二太子曰樞密不梢空我亦不梢空（金人以虛誕爲梢空）請公初十日早親來看我退師二太子又說（割三鎮事公以難辭）二太子曰若能固守盟約三鎮別有商量止要賦稅公遂令二太子作誓書入此十六字於書中攜之以歸奏知上喜甚時二太子方還師公亦反覆說令報知粘罕（改作尼堪）回至代州矣而李綱之門人皆曰前日保京城之功只說隴西公今日卻歸宇文須與埽了埽了之說當時忌功語也公初與二种及姚古商議爲備禦一十九事爲一

册皆在書一欲其樞府施行而同列皆言我輩在朝金人必不來何必設備禦所論率矛盾不合公爭於上前言主和者不肯設備主戰者不量力以喪師輕視敵人如兒女子豈不誤國有言官舊嘗懇公薦自代公不諾至是在言路又欲與其知己位亞政府者爲地抗疏力詆公皆虛言無實如誣公在雲中喪師等事公未嘗總兵又雲中在虜（改作北）境距代州三百餘里公未嘗帥太原不知何以得此語又謂公以口舌退金人之師致王師無功詆公旣力兼同列見公智畧輻湊又有退金人保京城大功妒之頗甚公孤立不勝亦懇外補遂以資政殿大學士帥青州朝廷降詔令三鎮邀擊金人粘罕（改作尼堪）者復回至太原公所議備禦十九事皆不省惟唐恪開採其議而何㮚慮計策行則公復用取其策焚之備禦從此而不講公所招宿將孫安節等皆不用至三鎮邀擊喪師金人遂以盟約終不可信攻太原陷澤潞朝廷督种師中等陷沒相繼太原以無援失守大臣親總兵皆潰散國威靡然金人再犯（改作過）京城遂成北狩之禍皆輕敵寡謀妨功嫉能所致也靖康丁未三月入日圖田安成之謹記

金人兀朮（改作烏珠）殂

金人李大諒征蒙記曰皇統元年副元帥兀朮（改作烏珠）誅都元帥撻懶（改作達蘭）以割河南還大宋有逆謀提師過河復取河南四年回師謂南北行府二帥曰吾近因國有叛臣結連南宋自引軍弔伐問罪於宋大軍至亳州思慮越淮橋道沮遏車騎吾心熒惑未決忽淮陰二進士遠來獻陳平宋國策時吾急遣龍虎阿魯保（改作阿勒巴）二帥探路先行韓常周粲騎兵至淮上吾入盱眙疑有重兵把路龍虎遣使報曰淮南無一人一騎爲備已遣五千騎越淮分守盱眙龜山把截水路兩處造橋吾大喜晝夜兼行至淮上果橋成六坐分步騎徑濟淮源占據淮河擺布斥堠細觀南耗東過淮陰南至六合西臨昭信晝夜不絕因觀宋室新立龜山城寨臨淮大勢就山爲險若能聚糧屯兵此地據守吾雖鐵心未敢輕舉但見空壁吾心自忖宋室空有建城立勢之心而無聚糧據守之法又觀二進士所陳圖策淮南路盱眙之楚州行路窄隘左有長淮右臨河渠糧道遥遠有過邵伯至山陽人騎回惟是獲到菱實鷄頭蓮子聞諸軍不避寒酷踏泥打凍決池涸港掘藕拾菱尋魚摸蚌又宰殺騾馬相

兼爲食諸軍飢苦之聲不忍聞但虛心寬諭而已又諸將士云輜重俱盡有食奴婢者又多言南軍不測要回淮上惟吾心所料南宋既修起盱眙此乃據山臨水大利之勢尚無守法措置安有智謀就吾敵也決無渡江之理吾獨與蕭平章計議大言檄書於宋若從此約請詣轅門計議如敢違拒水陸星電越江蕭平章南去日視諸軍飢心嗷嗷忘失寢食龍虎阿魯保改作阿勒巴言若南宋受檄猶得半軍回若宋軍渡江不擊自潰吾曰爾論正與吾心同吾西望糧糗因南聽蕭毅之信心神不甯如此月餘忽蕭平章躍騎走報不覺喜感天神與南使同來議止淮爲界誓信約定南使回吾班師回汴點集軍馬輜重騾馬依稀四分奴婢十中無六七惜哉軍機至此而不能決若能決無一人一騎得回也吾私心用知但一檄書下宋取捷乃萬世不傳之上策吾近因賊徒激惱氣衝吾守順昌日箭瘡發作遇陰風痛連骨髓忽承詔報宇文國相連中外官守七十餘員欲乘邊事未息及遷都之宄謀反幸得萬戸司寇惟可也改作沃赫告首捕獲宇文等請郎暫歸朝議事至日宣到皇叔都元帥遼國王危篤親筆遺四行府帥曰吾天命壽短恨不

能與國同休少年勇鋭冠絕古今事先帝南征北討爲大元帥左都監行營號太子軍東遊海島南巡杭越西過興元北至小不到雲城今契丹漢兒侍吾歲久服心於吾吾大慮者南宋近年軍勢雄鋭有心爭戰聞韓張岳楊各有不協國朝之幸吾今危急雖有其志命不可保遺言於汝等吾身後宋若敗盟任賢用衆大舉北來乘勢撼改作收中原人心復故土如反掌不爲難矣吾分付汝等切宜謹守勿忘吾戒如宋兵勢盛敵強擇用兵馬破之若制禦所不能向與國朝計議擇用智臣爲輔遣天水郡公桓安坐汴京其禮無有弟與兄爭如尚悖心可輔天水郡王併力破敵一也宋若守吾誓言奉國朝命令時通國信益加和好悅其心目不數歲後供須歲幣色色往來竭其財賦安得不重斂於民江南人心奸狡既擾亂非理其人情必作叛亂無慮者二也十五年後南軍衰老縱用賢智亦無驅使無慮者三也俟其失望人心離怨軍勢隳壞然後觀其舉措此際汝宜一心選用精騎備其水陸謀用才畧取江南如拾芥何爲難耳爾等切記吾囑吾昔南征目見宋用軍器大妙者不過神臂弓次者重斧外無所畏今付樣造之既死贈大孝

昭烈皇帝大諒本貫雄州歸義縣父成先係雄州弓手於宣和七年累立戰功自保義郎轉至修武郎准瀛州高陽關路安撫使司劄付父統眾迎敵又累立戰功轉武畧大夫閤門宣贊舍人又功轉右武大夫忠州防禦使奉宋命統眾守捍河間以來遭大兵圍閉又充四城提點兼安撫司統領累奉宋朝命令統義兵收復山東河北京畿等路羣盜立功轉青州觀察使又累與北兵戰敵父兵寡力不敵渡江歸宋遭權待制挾讐申父以羣盜爲名不能整雪分兵江西守候朝廷指揮蒙遣張俊統率大軍招收父約束以

次將佐不得抗拒張俊父之忠義反成過惡恐被誅戮遂率眾歸附前齊天眷元年知鄭州宣麻除鎮海軍節度使其詞門下授鉞建旌式重兵權之寄折衝禦侮允分閫外之憂思付戎麾喜獲名將宜敷渙號顯告明庭中侍大夫安化軍承宣使鄭州守李成智識精明性資果毅戰遇强敵槊貫軍鋒弓綰二鈞矢穿鐵騎爭摧鋒陷陣之勇立斬將奪旗之功仰察天時俯觀人事拯斯民之塗炭提士眾以來歸允懷心膂之良增重牙爪之任嗚呼賈復提眾以歸漢終成定亂之功尉遲捨僞以從唐屢著擒賊之績擬予大將思配前人可特授鎮海軍節度使輔國上將軍充山東路留守東平府住坐賜馬五十匹黃金三十斤

自元帥死後未三載貴戚爭權果如元帥所料天德二年誅廢蕭王宗本三年又誅斬韓常周啓等四十餘員內多有親立功者

賜進士出身頭品頂戴四川等處承宣布政使司布政使清苑許涵度校刊

三朝北盟會編卷第二百十五

三朝北盟會編卷二百十五校勘記

至形於歌詩者不可勝紀（脫形字可字）　出於至誠（至誤作志）

郤圍城之師止三鎮之議復奉今上皇帝以歸（脫郤圍至復奉十二字今誤作太）　前驅已有被矢刃者（矢刃二字誤作殺）　欲與樞府施行（與誤作其）　有逆謀提師過江（江誤作河）　吾私心用知（知應用智字）

三朝北盟會編卷第二百十六

炎興下帙一百十六

起紹興十六年五月盡紹興十九年十二月

紹興十六年五月金人遣使來賀生辰

十月何鑄爲大金賀正旦國信使

十二月金人遣使來賀正旦

紹興十七年三月四日丁卯牛臯卒

丙寅都統制田師中大會諸將而統制官牛臯遇毒而歸知其必斃乃呼門下吏及對家人語以後事翌日丁卯卒於正寢故外人唯知臯無病而卒既而聞其遇毒或以爲秦檜密令師中毒之莫不歎惜者

五月金人遣使來賀生辰

九月一日壬戌朔沈該爲大金賀生辰國信使蘇曄副之

詹大方爲大金賀正旦國信使容肅副之

二日癸亥趙鼎卒於吉陽軍

趙鼎安置在海外者凡數年秦檜朝旨令吉陽軍月具鼎存亡申尚書省鼎遣人呼其一子至謂之曰檜必欲我死也我若不死當誅及我一家我死則汝曹無患矣付以後事不食而死年六十三四方人聞之

有泣下者

林泉野記曰趙鼎字元鎮解州人登崇甯五年第靖康初解潛爲河東宣撫副使辟爲句當公事建炎三年爲樞密院計議官除侍御史遷中丞金人南侵上幸明州宰相呂頤浩議復還親征鼎力爭以衆寡不敵不若爲避狄（改作敵）之計上遂決航海之行四年累言頤浩之過罷之擢簽書樞密院是冬罷爲提舉洞霄宫紹興二年起知建康府兼江東安撫制置使三年知洪州兼江西安撫制置大使頃之改督川陝荆襄諸軍事未行而虜犯（改作金人）淮南宰相朱勝非失措

乞持餘服罷去鼎奏乞親征以督諸將乃留爲尚書右僕射同中書門下平章事兼知樞密院事從幸平江府督韓世忠劉光世張俊進兵淮東擊敗虜（改作金）衆薦張浚復知樞密院事罷席益汪伯彦舉用馬擴折彦質王居正晏敦復陳與義廖剛張致遠胡寅劉大本沈與求章誼劉世甯潘良貴范沖朱震之徒而人心怳向五年遷左僕射兼樞密院事及都督之任士民聞之莫不以手加額鼎爲政戢吏變民謙沖禮士犯顔敢諫權倖請謁内降差除一切格止重伊川程氏六經之學元祐黨籍子孫多謀擢用去贓吏進正人一時稱爲賢相翕然有中興之望六年劉豫寇淮南劉光世以孤軍不敢守廬乞退師太平州鼎從其請張浚往江上督軍復遣光世還遂破劉麟浚回以鼎私於光世爲奏浚又請上幸建康以圖中原鼎謂宜自守未可進乃罷爲觀文殿大學士知紹興府兼浙江安撫制置大使七年浚罷召鼎復尚書左僕射因請上還臨安召用常同張九成傅崧卿向子諲委王庶督軍政八年加特進王倫使自虜（改作金）還敵復遣人來議和右相秦檜遂請臣之鼎爭不從乞罷乃以檢校少保奉國軍節度使知紹興府兼浙江安

撫使再罷爲提舉洞霄宫虜叛（改作金敗）盟鼎上言時政檜方專朝大忌其能心欲殺之諷中丞王次翁誣言其罪責授朝議大夫分司南京邵武軍居住又令次翁誣以聞叛（此字改作敵背）盟嘗有幸言上亦每銜鼎言語切直責授清遠軍節度副使潮州安置十四年檜怒鼎不能自盡令臣僚劾以怨望謫吉陽軍安置十七年卒年六十三朝野痛之有子四人鼎既死檜慽之不置二十五年衢州通判汪召嗣教官莫伋希檜旨誣鼎子與趙令矜飲酒誹謗時政送大理寺欲加族滅會檜死獲免二十六年追復鼎觀文殿學士

秀水閑居錄曰紹興二年呂相頤浩秦相檜引傾憸浮躁之士列於要近以爲黨助謀出呂而專政其黨建言周宣王時內修政事（删此二字）外攘夷狄（删此二字）故能中興今二相宜分任內外之事於是降制除頤浩江淮荆浙都督諸軍事總兵江上制詞云玩歲苟安非拯溺救焚之意待時自定豈興衰撥亂之圖又云盡長江表裏之封悉歸經畧舉宿將王侯之貴咸聽指呼都省置修政局議更張法度檜領之五月頤浩出師羣小亂朝紛然競進無復彝敘上乃覺悟頤浩至潤州兵潰不能進引疾求罷召還八月檜貶而局廢

侍從臺諫往往坐媢竄逐去余守會稽忽除同都督軍事上章力辭極論利害至數千言後旬日改除參政孟庾時庾同韓世忠湖外討賊回就用以代頤浩也九月余復相而頤浩猶帶都督余因進呈奏言此官當罷同列皆言方防秋未可余又言庾姑存之頤浩所領可罷三年正月余又奏適虜（改作金）使來執政皆言江上不可無應接宜待使回三月使人回余又奏始得旨庾赴闕都督府罷是歲九月頤浩罷政四年夏初張浚被罪陝蜀無大帥言者有章云若無大帥必失西蜀六月蒙上宣諭曰西帥難其人朕欲以參政趙鼎知樞密院爲川陝宣撫處置使如張浚故事余曰聖謀如此臣不敢不奉詔自是言者益力而踰月無處分八月余以瘡瘍謁告十餘日忽奉宸翰如前旨翌日執政見訪問疾鼎語余曰今川陝兵柄皆屬吳玠大帥無他能制玠足矣然玠見爲宣撫副使若官與之同豈可制乎余曰公意如何有所見胡不奏且公以元樞出使豈論宣撫耶鼎曰願得一使名在宣撫上者方爲之余心知鼎欲都督即曰偶拙病未愈不能造朝公不欲自言即同官亦可言也鼎唯唯後兩日再奉宸筆改命鼎都督川陝荆襄諸軍

事是時余起復居位已累上十二章丐持餘服鼎窺宰席甚急被命殊不樂申請數十條皆不可行如隨軍錢物須七百萬緡之類余參告進呈指此一項奏言昔聞玉音趙鼎出使如張浚故事上曰然余又曰浚自建康赴蜀朝廷給錢一百五十萬緡今鼎所須三倍以上今歲郊恩所費不貲上曰柰何余曰欲支三百萬緡半出朝廷已如浚數半令所部諸路漕司應副上悅之旣退鼎怒語云令我作乞兒入蜀耶遷延久之郊後余得請鼎果相不復議蜀師五年春鼎遷左相張浚右相並帶都督諸路軍事浚統兵往來

江湖號都督行府權勢甚盛便宜行事關送三省密院奉行內外無敢違者更易大將軍移徙諸軍科歛之重以千萬計軍民胥怨浚方大言進復中原欲獨任國事七年正月逐鼎於會稽至五月淮淝兵變浚貶鼎復相然都督府竟罷矣

又曰趙鼎復相植黨亦急凡凶險刻薄之士無不收用使造虛譽而排善類張戒其一也鼎薦常同爲中丞同卽以鼎所善奏爲臺屬戒自郎官除察院未幾遷殿院紹興八年秋鼎失眷丐罷戒知其決去卽露章請畱以徼後福其言狂躁愚弄既罷猶知泉州蓋

其黨與維持之力也今錄其疏云臣本貫河東絳州趙鼎本貫陝西解州鄉里相近士大夫通號曰西人臣被召除館職官除郎中實自聖恩然人亦或云鼎進擬是非臣所不得而知也今趙鼎求去議者皆以爲未可臣欲言之則形迹如此欲不言則大臣進退國家安危所係陛下他日必悔之臣初不知鼎負陛下者何事鼎與同列忿爭者何語鼎不敢自安者何意臣竊料陛下與鼎君臣之閒嫌疑已久同列之際猜閒已深鼎不自安非一日假使勉强少畱終非可否相濟聖意已決臣不復言但鼎去之後秦檜先悔而陛下後悔理在不疑此爲可慮耳鼎去之後陛下必不獨任能思事如鼎者絕少爭權者甚多後來者不三數月卽與檜爭必矣此所謂秦檜先悔者也陛下卽位十二年而命相凡九人前後拜罷以三十數已試人材可知使後來者皆大過人雖去鼎可也若但逐斥異己而遷除附己者徒爲紛紛則與鼎何異萬一緩急之計又將復用之使鼎何顏復見士大夫哉所謂陛下後悔也臣今爲陛下計有三其上可畱則用之鼎若有負於陛下者面戒飭之鼎若與同列不協則面責以先國家後私讐之義其次必不可則

姑畱之行在祖宗故事宰執罷政多畱京師非特示恩禮亦以備顧問近時前宰執遂無復敢畱行在者乃薄俗可歎非祖宗意也未罷相則如前五日一到朝堂之類罷相則置之講筵少俟期月之閒朝政修明邊境靜謐然後聽其遠去亦未爲晚進退之閒猶爲有禮不然去歲召之如彼其急今日去之如此其遽時有緩急事有大小臣恐天下不無竊議鼎尙不敢自保餘人何足道哉臣之區區所慮者國家之安危所惜者陛下之舉措陛下若以爲公論則願聖心更加審處若以爲跡涉朋附則罪何所逃亦惟陛下

察之而已伏候敕旨貼黃稱臣今爲言事官進退皆出宸衷不敢與鼎請留鼎若去位則臣事陛下無復嫌疑迹逾安矣在計臣則幸鼎之去爲便在陛下則衆論以爲未便也常同初除中丞以臣姓名薦於陛下鼎聞之縮項吐舌搖首人傳以爲笑鼎畏臣如此三省同奉聖旨張戒爲耳目之官附下罔上可與外任差遣

又曰趙相鼎蒲解閒人起於白屋有樸野之狀一日拜相驟爲驕侈以臨安相府爲不足居別起大堂奇花嘉木環植周圍堂之四隅各設大鑪爲異香奇種

每坐堂中則四鑪焚香煙氣氤氳合於坐上謂之香雲又堂饌自鄭難來至菲薄鼎增十倍厚日有會集侍從諸將下逮省寺官所喜者次第召食堂厨公吏支日費香直且數千緡酒饌尚不計也其後鼎坐臺疏落職守泉累章數千言而乾沒都督錢十七萬緡竊用激賞庫錢七十餘萬緡掩有臨安府什物三千餘件乃章中一事命下人皆謂鼎必辯而不辯也

紹興十八年五月金人遣使來賀生辰

九月陳誠之爲大金賀正旦國信使

王墨卿爲大金賀生辰國信使

十二月金人遣使來賀正旦

紹興十九年五月金人遣使來賀生辰

九月湯鵬舉爲大金賀正旦國信使石清副之

張杞爲大金賀生辰國信使

十二月董先爲鄂州駐劄御前左軍統制

董先初在鄂州宣撫司爲背嵬軍統制岳飛死後召先赴行在隸步軍司爲統制先與步帥趙密不協爲江東副總管信州駐劄殿司楊存中憐其才常矚遣甚厚具劄子乞隸殿司以三衙不許互換陳乞不許鄂州都統制田師中乃乞爲統制遂爲左軍統制

金人遣使來賀正旦

金主完顏亶爲齊王亮所弒殂刪此字

神麓記曰皇統九年四月初太白蝕月太史言不利於君將大臣作亂又有旋風從北向南吹染練騰空萬民望之上青下赤落在內廷祥曦殿之側繼而風雷大作有龍自寢殿而出入繞壁幕地衣衆人皆覩東昏震悸遂大赦天下翰林學士承旨張鈞作赦文稱道者龍潛我宮之句由是大怒曰龍柰我何將張鈞杖之數百截去手足而斬之東昏不道自此始也每日窺覘左右近侍不辯親疏唯有少不如意恣情

逞欲手自刃之親殺兵部尚書賽居常護衛將軍八斤(改作巴錦)廣威宿直將軍特賽(改作集賽)定遠胙王長騰馬及其弟冀州節度使查辣(改作扎拉)子姪皆族誅之又手刃鄧王子阿朮(改作阿珠)輔國兄弟二人又手刃皇后裴靡(改作費摩)申氏幷諸妃嬪以放歸宗者數輩皆賜死於家大臣戰慄待死每日入朝與親戚相别而行駙馬都尉唐括(改作唐古)下率平章政事岐國王亮廉訪參政蕭王仲武太常大卿烏達(改作烏塔)宿直將軍斡諸尚廐局使高景山寢殿小底(改作實達爾)興國奴(改作努)同謀因帝醉熟睡先盜去帝側弓刀詐稱宣命夜召亮等直

入詣寢殿就醉寢殺帝時年三十一是夜有護衛將軍忽突(改作呼敦)者元不豫謀潛見此輩入寢殿欲行大逆東昏裸體躍起取旁側弓刀不獲忽突(改作呼敦)先以所執槍刺東昏於壁衆乃同時向前亂刀斫而殺之遂閉殿門與國奴(改作努)傳旨欽取護衛弓刀皆不知其詳然後屏出敷德殿門詐稱前帝宣召大臣等左丞相宗賢夜半入內遂亂刀斫殺幷男子並誅之亦召右丞相曹國王阿魯孛山(改作阿布薩)至則縊殺之遂立亮改號天德暹明朝諸大臣布告天下以失道廢亶爲東昏王

金國岐王亮弒其主亶自立

皇統九年十二月二十日登位改元赦尚書省牒刑部門下朕惟太祖武元皇帝神武應期奄有四海以公存心天下大器授於太宗文烈厭代不忘先訓憑玉宣命屬之前君以統洪業十有五年而昏虐失道人不堪命宗族大臣協心正救之而弗悛遂仰奉九廟之靈已從廢黜亦既殂殞宗族大臣咸以太祖經營締搆所繇垂統推戴眇躬嗣臨天下朕以宗社之重義不獲已爰受命之初兢兢若淵冰未知攸濟尚賴股肱三事文武百僚同心輔翼以底于治宜布惟

新之令以宏在宥之恩可從皇統九年十二月十一日改爲天德元年於戲嗣守丕基休於宗祏永綏宇宙尚軫黎元咨爾多方體予至意

賜進士出身頭品頂戴四川等處承宣布政使司布政使清苑許涵度校刊

三朝北盟會編卷第二百十六終

三朝北盟會編卷二百十六校勘記

謀出呂而檜專政　脫檜字

已試未試人材可知　脫未試二字

廣威宿直將軍特賚　威一作武

夜召亮等直入詣寢殿就醉寢弒帝　詣寢殿一作宵儀殿　弒誤作殺

三朝北盟會編卷第二百十七

炎興下帙一百十七

起紹興二十年二月盡紹興二十一年八月四日

辛未

紹興二十年二月金人遣使來報即位

五月金人遣使來賀生辰

九月陳誠之爲大金賀正旦國信使錢愷副之

王曮爲大金賀生辰國信使趙述副之

十二月金人遣使來賀正旦

紹興二十一年五月金人來賀生辰

八月四日辛未韓世忠薨

韓忠武王中興佐命定國元勳之碑曰王諱世忠字良臣姓韓氏世爲延安人名聞關陝嘗過米脂寨姻家會飲日已夕而關閉王怒以臂拉門關鍵應手而斷旦視之其木蓋兩拱餘關吏駭服年未冠以敢勇應募鄉州挽彊弓二百斤嘗乘悍馬手舞鐵槊奔馳二郎山峭壁間觀者膽裂同列無一人敢繼者軍府校藝獨用鐵胎弓所向雖金石皆洞貫其騎射絕人類此時崇甯四年也屬西方多事王每聞邊報遽至輒上馬或不俟鞍而奮喜與交遊痛飲貲用通有無

或不持一錢相從詣酒肆貫酒期於戰獲馘級以償王出必多獲由是同列皆饒給銀州之役將從黨萬以行父母素鍾愛不許王固請於贈公曰大丈夫當建功業取公侯豈宜齷齪自守贈公奇其志乃聽去軍前至而城閉王直排扉入斬主將擲首陴外三軍乘之大克繼而夏人以重兵來寇蔦平嶺王與黨萬悉精銳鏖戰賊解去而突騎忽出間道擣我營將士驚愕王獨部敢死士殊死鬬賊少卻王爲殿見一騎士甚武揮槍而前王問俘者爲誰曰十軍監軍駙馬郎君兀哆（改作烏貞）也王躍馬從之斬其首賊遂大潰由

是西邊益服王威名朝廷議復燕山調諸將以行至則皆潰王往見劉延慶抵滹沱河獨與蘇格等五騎俱逢虜（改作夏）騎二千餘從者失色王遣五騎列於高岡戒勿動値燕山潰卒來會然皆重傷者王即命艤舟河岸約曰虜（改作敵）奔即鼓譟取聲勢王乃獨躍馬薄賊回折自如虜（改作敵）疑之分爲二隊據坡以視王出其不意突刺二執旗者因縱擊格等五騎應於後舟中潰卒亦鼓譟如約虜（改作敵）疑我伏發遂大潰追斬甚衆欽宗即位之初王方從梁方平防河濬州金人大軍已壓濬境方平漫不顧以爲他盜王說曰今之來者金虜（改作騎）耳願公速整行陣爲護河計河一失守宗社阽危公可忽乎王忠憤由中詞氣激烈方平怒俾王以三千騎當敵名曰硬探實欲致王死地王遇敵輒戰以實歸報方平猶以爲紅巾賊不設備及虜（此字改作金兵）進逼屯子橋則方平脫身遁矣王師既失主帥數萬之衆皆潰虜（改作北）騎大至數陷於重圍中意氣彌壯挺槍奮躍而前所向披靡虜（改作敵）嘆異少卻即潰圍出殿諸軍焚橋而歸至京師欽宗聞王勇冠三軍召對便殿且詢方平失律之狀王條奏甚悉轉武節大夫俄召諸路勤王兵入衞王隸京城四

壁爲統領屬虜（改作金）人許割三鎮而還王淵爲河北總管辟王爲先鋒統制有勝捷軍統制張師正者戰敗轉從大名留守宣撫使李綱斬之以徇師正所部本童貫牙兵初貫創勝捷軍極諸軍之選每禁軍一指揮所選止一二人或三四人皆人物魁梧武藝超絕者纔得五千餘人後隸師正師正死此軍懷反側遂相約爲亂鼓行而東刦掠淄青閒影附脅從者四五萬號二十萬所過亡復噍類山東俶擾王以戍將寓大名雅爲綱所器重遂檄王以所部五百人討之至淄河以軍分爲四隊布鐵蒺藜窒歸路令曰前則

有功退則有死怯走者許後隊殺以爲功於是士皆效死莫敢回顧至半夜縱兵襲賊寨賊既驚擾旦而復戰大破之斬其魁李復餘悉奔潰將所降朝京師欽宗每賜對慰奬甚渥賜衣甲槍牌除正任單州團練使就命將所部屯滹沱河眞定失守王知滹沱形勢已蹙去之趙趙守蓋王淵云淵得王以自固虜(改作金)再入趙知王在焉攻益急粟殫援絶孤城更數日殆破王一夕潛將三百人擣其營虜(改作敵)大驚亂翌日遁去後有自虜(此字改作金營)來者始知大酋(此字改作帥)與二都統是日被槍以斃衆遂不能支除嘉州防禦使將

所部還大名總管趙野辟爲前軍統制今上皇帝時以天下兵馬大元帥駐濟陽王領所部勸進復自濟陽次南京虜(此字改作金人)縱兵逼城人心危懼王據宋王臺力戰虜(改作敵)稍卻翌日再至而酋(改作其帥)白馬三郎以衆數萬薄城王時所將近千人與賊(改作敵)遇卽單騎突之斬酋(改作其帥)以還部兵乘勢鏖鬭虜(改作敵)衆遂潰南京圍解郡守率父老迎謁居民焚香夾道多感涕者於是還詣濟陽勸進遂扈蹕如南京今上卽位換光州觀察使帶御器械王請移蹕長安下兵收兩河朝議不從建御營以王爲左軍統制詔平濟州山口賊(解寶)王大力李顯等所向剿除陞定國軍承宣使依前帶御器械制曰解趙城之圍威鎭河朔御胡馬(改作朔方)之牧(改作勁)效著睢陽皆記實也車駕幸維揚王以所部扈從甫至賊有張遇者號一窩蠭既破儀眞自金山以衆來降者抵城而不解甲扈從者危懼王單騎造其壘曉以逆順禍福叱使速降衆遂解甲聽命李民擁衆十萬亦既來降比至維揚復狠顧整勵器械詔王淵處置淵以屬王王往諭旨誅梗議者劉彥驅李民以出縛小校二十九人送淵戮之以民隸王軍分其衆屬大將張浚等事遂定授王京西

等路捉殺內外賊盜時虜(改作金)再犯(改作攻)河雒王率敢死士戰於孝義橋所殺已數千人而別將以後軍先退虜(改作敵)衆乘我王身被鏃如棘卒力戰以免後至汴詰先退一軍皆斬左右趾以徇威令大振自是軍不復敗矣召還行在授鄜延副總管加平寇(此二字删)將軍承宣使帶御器械統制如故未幾詔王領所部如山東王聞車駕幸錢塘遂由海道趨行在時建炎三年也兀朮(改作烏珠)入寇(改作南下)車駕復幸臨安命杜充以尚書右僕射守建康王守鎭江兼制海道王方治舟秀之青龍無何充以建康叛降於兀朮(改作烏珠)遂自

建康取宣城直至廣德徑趨臨安車駕又幸四明王聞之亟以舟師赴難未發兀朮（改作烏珠）聞王在京口遽勒三十萬騎北還王卽奏願留江上剿除使絕南牧之患遂提兵截大江以邀之獲先鋒將鐵爪鷹李選今上賜札日比在會稽呂頤浩獻議欲會兵京口邀截歸路遽覽來奏及圖上方略實契朕懷惟卿忠憤之誠謀慮之審千里之外不謀而同載觀規圖深所嘉嘆今以獲賊（改作敵）資財物帛盡與將士並將空名告劄二百道用資激賞兀朮（改作烏珠）遣使通問王亦遣使臣石臯報之約日會戰戰數十百合虜（改作敵）終不

得度復使致詞願還所掠以假道不聽請益以名馬又不聽虜（改作金）乃益兵儀眞勢接建康兀朮（改作烏珠）軍於南撻辣（改作達蘭）軍於北王提海艦中流南北接戰相持黃天蕩四十有八日兀朮（改作烏珠）窘甚求打話王酬答如響時於所佩金鳳瓶傳酒縱飲示之虜（改作敵）見王整暇色益沮乃祈假道甚哀王曰是不難但迎還兩宮復舊疆土歸報明主足相全也兀朮（改作烏珠）語塞又數日求登岸會語王以二人從見之復伸前懇而言不順王怒且罵引弓將射之亟馳去虜（改作敵）自知力憊糧竭久或生變而王舟師中流鼓枻飄忽若神凡古渡津口又皆以八面控扼生路垂絕乃一夕潛鑿小河三十里自建康城外之江以通漕渠刑白馬剔婦人心兀朮（改作烏珠）自割其額血祭天幸風濤少休竊載而逃王諜知其謀悉舟師督戰風弱帆緩虜（改作敵）得以輕舸渡去土人稱爲番人河其後秦檜主和更名新開河云（刪土人至此十九字）先是王治兵鎮江嘗曰是閒形勢無如金山龍王廟者虜（改作金）必登此觀我虛實乃遣偏將蘇德以二百人伏廟中又遣二百人伏岸下約曰聞鼓聲岸兵先入廟兵繼出數日虜（改作敵）至果有五騎趨入廟廟中之伏喜先鼓而出五騎振策

以馳僅得其二有一人紅袍白馬既墜復跳而脫詰二人者云卽兀朮（改作烏珠）也是舉也兀朮（改作烏珠）僅以身免俘獲殺傷日不可勝計所遺輜重山積所掠男女獲免者不知數又獲龍虎大王舟千餘艘捷聞今上賜札曰卿比統舟師邀擊虜寇（改作強敵）忠勇之節遠近所聞相拒大江殆彌兩月殺傷莫計俘獲良多所有已立功人早以功狀來上當優與推恩又札曰胡（改作北）馬飲江大肆殘虐卿感激忠憤慷慨自期獨提全軍往邀歸路將士用命水陸齊攻捷音遽聞殺獲甚眾言念忠勞不忘嘉嘆未幾除檢校少師武成感德

軍節度使神武左軍都統制詔除太尉師還建康乃
置背嵬親隨軍皆勇鷙絶倫者除開府儀同三司節
制依舊充淮南東西路宣撫使泗州置司明年以建
康鎮江淮東宣撫使駐鎮江是歲兀朮改作烏珠與酋帥
删此二字撻孛耶改作托卜嘉合三路兵入寇二字改作來騎兵自
泗州取淮陽步兵自楚州取高郵塵覆飛鳥今上賜
札曰覽卿承楚之奏良用駭歎今虜改作敵氣正鋭又
皆小舟輕捷可以横江徑渡想卿謀畫已定可保無
虞更宜率勵將士戮力剿除此亦卿前日之所論奏
也浙西趨行朝無數舍之遠朕甚憂之卿忠憤憂國

朕所素知協濟艱難正在今日切更多算以決萬全
又札曰朕以逆臣劉豫外挾强虜改作鄰驅率吾民遣
兵東嚮覬其措意必欲圖危社稷人神所共嫉覆載
所不容卿爲大將乃心王室忠憤之氣實相同之今
賊犯改作敵入眞滁已逼江上而建康諸渡舊爲賊改作要
衝萬一透漏存亡所係卿宜戮力一心以赴國家之
急先飾守備徐圖進取無失事機以墮賊改作敵計朕
雖不德無以君國子民而祖宗德澤猶在人心所宜
深念累世涵養之恩永垂千載忠誼之烈興言及此
當體至懷王受詔感泣曰至尊憂勤如此臣子何以

生爲遂自鎮江濟師以前軍統制解元守高郵遏虜
改作金步兵而王親提騎隊往大儀以當淮泗之寇改作
衝伐木爲栅自斷歸路大會將佐曰金人馬步分道
並進車駕方在江南有如不勝必爲社稷憂諸軍奮
忠義以報國此其時矣吾平昔恨無死所所以拔橋
斷路示無生還之望遂大饗戰士士皆感奮氣自百
倍會朝廷遣魏良臣使虜改作金至淮揚王置酒送别
杯再行流星庚牌沓至良臣問故王詒以有詔移屯
守江乃撤炊爨班師良臣竊自喜疾馳去王度良臣
已出境乃上馬下令軍中曰視吾鞭所向於是六軍

大集北行至大儀勒精兵爲五陣設伏二十餘處戒
嚴聞鼓之鳴則次第起擊良臣至寨虜改作金果問我
師動息悉如所見以對兀朮改作烏珠號知兵聞大軍倉
卒南還喜甚與羣酋改作麾下厲兵秣馬直趨江口至大
儀五里所王縱虜改作敵騎過吾軍之東直北旗少麾
鼓一鳴伏者四發吾軍旗與虜此字改作金兵雜出虜改作金
師亂我師伍伍迭進步隊各持長斧斫馬足虜改作金
全裝陷泥淖弓刀無所施王東西麾勁騎四面蹂之
虜此字改作其下大半乞降餘皆奔潰追殺數十里兀朮改作
烏珠乘千里馬以遁積尸如邱垤擒其驍將撻孛耶改作

（托卜嘉）女眞千戶長五百餘人獲戰馬五百餘匹器械輜重與山等齊軍勢大振兀朮（改作烏珠）還泗上召艮臣詰責其貢已將斬之艮臣好詞以免解元至高郵亦遇賊虜（改作敵騎）設水軍夾河而陣我師皆願效死虜（此字改作金兵）整隊迭出一日之間合戰十三士力稍罷相拒未決王遣成閔將勁騎往援之閔與元軍合復大戰俘生女眞及千戶長等（刪生女至此八字改作獲甚衆）虜（改作敵）敗去俄而王至窮追於淮虜（改作敵）復大戰敗潰奔走相蹈籍没溺死者不可勝計捷書夻至羣臣入賀今上曰世忠忠勇朕知其必能成功賜札曰聞卿獨抗大敵

剿殺犬羊數（五字改作殺傷至）以萬計攘逐過淮全師而還甚慰朕望兀朮（改作烏珠）舉國來寇（改作而來）憑陵邊圉非卿智勇冠世忠義徇國豈能冐犯矢石率先士卒以寡勝衆俊偉如此朕深念卿躬擐甲冑之勞將士摧鋒力戰之苦夙宵震惻痛切在躬得卿來報頓釋朕懷初金人既傾國內侮朝廷過計有勸今上他幸者於是降旨議散百司物論諱然獨宰相趙鼎與王議合曰戰而不捷去未晚也至是虜酋（改作金師）潰散王自淮上振旅凱旋江左遂安故論者以此舉爲中興第一除少保武威感德軍節度使淮南東路宣撫使鎭江置司

王在鎭江一日方會諸將置酒虜（改作金）帥撻辣（改作達蘭）恥前敗覆以書幣來約戰王卽席遣伶人張軫王愈之持橘茗爲報瓊書略曰元帥軍事艮苦來諭約戰敢不疾治行李以奉承指揮也撻辣（改作達蘭）謀屈卒不來未幾全軍遁去然諸將徘徊顧望無敢渡江者王獨請移軍窮邊經理中原今上賜札曰昨因虜（改作敵）近議者以經理淮甸爲言人多憚行卿獨慨然請以身任其責朕用嘉之又曰今聞全師渡江威名遐播卿妻子同行否乍到醫藥飲食或恐未備有所須一一奏來也改除武寗安化軍節度使依前少保充京

東淮東路宣撫處置使兼營田大使楚州置司兼節制鎭江時楚州累經殘掠邑屋皆邱墟榛棘王至則撫集流亡通商惠工創立營壘民心安固軍氣日益振厲於是曩時煨燼瓦礫之場化爲雄都會府隱然爲國長城矣劉豫閒遣兵入寇每爲王所敗卻生擒僞知鎭淮軍王拱及食糧軍數百獻於朝是年虜（改作金）又犯（改作趨）漣水王迎擊殺其將孫統制追至金城鎭時豫之銳卒盡屯宿遷聖女墩王以輕兵破之轉戰至徐之駕口軍既單弱而虜（改作金）之援兵訛里耶素（改作科里齊蘇）賈舍人踵至遂以背嵬輕騎五百衝之爲

虜(改作金)所圍王突圍拔衆以出復乘銳掩擊過落馬湖五十餘里殺傷不可計攻淮陽旦暮且下會詔班師王亟還道遇僞齊帥劉猊率金國三路都統太一孛堇(改作托音貝勒)鑿山水晶相公清州五路都統東平府總管及兀朮(改作烏珠)舉兵自河開與諸道會王結陣向敵遣小校郝彥雄造其軍大呼曰錦袍氊笠驄馬立陣前者韓相公也衆咎王王曰不如是不足以致敵及虜(改作敵)騎至王先以數騎挑之殺其引戰者二人諸將乘之大破虜(改作其)衆暴屍三十里捷聞今上賜札曰卿誠存報國義獨奮身長驅濟淮力戰破賊(改作敵)俘獲羣醜(改作渠帥)撫輯黔黎眷言忠勞實所嘉歎然王師之出本以弔民主將之威尤宜持重軍旅之外毋爽節宣深體至懷副朕倚注特授橫海武甯安化軍節度使賜揚武翼運功臣依前少保充京東淮南東路宣撫處置使兼營田大使王以承楚軍弱正當寇(改作敵)衝寇至(此二字改作慮)無以守乃增大其城身自督役不勞而城固民恃以無恐家立生祠以報先是移屯淮陽與敵接境王乃多遣閒結山東豪傑俾緩急爲應山東人及太行羣盜多願奉約束者金人廢劉豫中原軍潰盜起王以爲機不可失奏乞全師北討招

納叛亡爲恢復計懇請誠切今上賜札曰覽來奏備見忠義許國之意深用歎嘉今彊埸之事以安靜爲先變故在彼不必干預當敦信約卿其明遠斥堠謹固封疆以備不虞稱朕意焉既而秦檜議和諸帥已屯建康及武昌詔王徙屯京口王上奏極論虜(改作敵)情叵測其將以計緩我師乞獨留此軍蔽遮江淮今上賜札曰覽奏欲依舊留屯淮甸誓與敵人決於一戰已悉朕迫於强敵越在海隅每慨然有恢復中原之志顧以頻年事力未振姑鬱鬱於此自去冬敵人深入卿首挫其鋒鼓我六師人百其勇既至彼潛師引遁而卿復率先移屯淮甸進取之計恃此爲基朕甚嘉之前日恐老小或有未便委卿相度今得所奏益見忠誠雖古名將亦何以過使朕竦然興歎以謂有臣如此禍難不足平也古人有言閫外有事將軍制之今既營屯安便控制得宜卿當施置自便勿復拘執至軍餉等事已令三省施行初國朝軍政日修虜(改作金)師屢衄於是陰謀沮撓吾事秦檜還自沙漠力勸今上屈己和戎(改作議和)銷兵罷將朝廷遣使交割河北境土虜(改作金)亦遣使來議而使者不遜時檜主和議甚力大臣宿將萬口和附王獨慷慨流涕章上以

十數爲今上開陳和議不可之狀大略以謂虜改作敵情詭詐且陜西諸路出兵產馬用武之地豈肯眞實交割又曰但恐以還地爲名先要山東河北等路軍民及北人之歸南改作來歸者出此聲勢搖動人情我若大加卑屈深慮人心離散士卒彫沮又曰今當主辱臣死之際臣願效死節激昂士卒率先迎敵期於必戰以決成敗若其不克陛下委曲聽從事亦未晚又曰如王倫藍公佐交割河南地界別無附合誑賺朝廷雖以王爵處之未爲過當欲乞令供具委無反覆文狀於朝以爲後證如臣言虛妄日後事成虛文亦

乞重賞典憲其言深切懇到出於忠誠且請單騎赴闕而奏今上率優詔褒荅其略曰卿勇略冠世獨當一面國威既震和議漸諧南北兵民可冀休息究其所自卿力居多卿其保護來使無致疏虞所乞入朝奏事俟有機會當卽召卿衆方懷疑疆埸事大正倚卿爲重未可暫離軍中也其後虜改作金果負約如王所言檜甚恐卽上疏曰臣聞德無常師善無常主協於克一此伊尹相湯咸有一德之言也昨見金國撻辣改作達蘭有講和割地之議故贊陛下取河南故疆既而兀朮改作烏珠戕其叔撻辣改作達蘭藍公佐之歸和議已

變故勸陛下定弔民伐罪之計又曰如臣言不行卽乞行罷免以明孔聖陳力就列不能者止之義其詞反覆無據由是天下服王精識而尤檜益深云兀朮改作烏珠既再陷三京又犯改作趨漣水今上賜札曰金人復占據已割舊疆卿素蘊忠義想深憤激凡對境事宜可以結約招納等事可悉從便宜措置若事體稍重卽具奏來王遂率背嵬軍迎擊於泇口鎮破走兀朮改作烏珠僞守趙榮以宿州降李世輔以亳州降詔除少師餘官悉如故十年虜改作金都統周太師者以大軍入寇改作深入水陸並進未及渡淮王督士馬拒戰於

淮陽又走之因取劉伶莊設伏掩擊追至沂水虜改作敵溺死不知其數又遣偏將王勝攻下海州取懷仁諸縣破千秋胡改作和陵大寨擒虜改作其帥郭太師僞守王山盡得其軍糧牛馬器甲卽日獻俘闕下詔除太保依前功臣三鎮節鉞淮東宣撫處置使兼河南北諸路招討使營田大使封英國公是年虜改作金犯改作入淮西殿帥楊存中合宣撫使張俊之師與戰於鍾離不克詔王赴援虜改作金別軍數萬屯定遠王遣成閔以輕騎擊破之轉戰數日兀朮改作烏珠中克敵弓以走其衆大潰遂克鍾離捷聞今上賜札曰聞卿親

率將士與賊改作敵接戰追逼直至城下賊改作敵馬一發奔潰過淮卿已復據濠州卿忠義之氣身先士卒親遇大敵嘉歎何已況卿前後所料賊改作敵情一一必中今日善後之策更爲深加思慮措置以聞也王因上章極言爵賞之濫乞自今非破虜改作敵復境土不畀崇資以塞倖門和議復成秦檜權力益盛異已已淪於腥羶改作北境其間豪傑莫不延頸以俟弔伐若者禍如發矢王復危言苦諫以謂中原士民迫不得自此與和日月侵尋人情銷弱國勢委靡誰復振之今上賜札嘉奬又乞與北使面議優詔不許尋再上

章力陳秦檜誤國詞意剴切檜由是深怨於王已而盡撤邊備召諸大將還闕王及張俊岳飛除樞密使副王上表乞解樞務避寵丐閑時論高之時紹興十一年也二十二年秋八月四日薨謚忠武趙雄撰

賜進士出身頭品頂戴四川等處承宣布政使司布政使清苑許涵度校刊

三朝北盟會編卷第二百十七終

三朝北盟會編卷二百十七校勘記

五月金人遣使來賀生辰　脫遣使二字　王一夕潛起　脫起字

分其衆屬大將張俊等　俊誤作浚　王給以詔移屯守江　給誤作詒

三朝北盟會編卷第二百十八

炎興下帙一百十八

起紹興二十一年八月四日辛未盡其日

孫覿撰公墓誌銘曰建炎三年冬金人合諸衆數萬騎絶淮涉江鼓行而南如踐無人之境一時將吏望風逃散竄伏草莽間無一人敢嬰其鋒者當是時太師鎮南武安寧國軍節度使咸安郡王韓公以兩浙西路制置使提孤軍駐揚子之焦山募海船百餘艘具糗糧治器械進泊金山下連艫相銜爲圜陣東向邀其歸路植一幟書姓名表其上金人望見大笑曰

此吾机上肉耳平旦擁千舟譟而前先是公命工鍛鐵相聯爲長綆貫一大鈎徧授諸軍之伉健強有力者比合戰分海舶爲兩道出其背每縋一綆則曳一舟而入大酋改作金人立萬馬江上鋑欲爲救熟視躁擾莫能進一步曾不逾時掩獲數百舟幾盡遂大敗閉壁不敢復出已乃並治城西南隅鑿一大渠亘三十里欲潛師渡建康而地勢高仰潮不應一日乘南風縱火千餘椷抗舟師破巨浪冒百死趨瓜洲渡公曰窮寇者改作勿追縱使去於是錄俘囚束之沉江中金帛盡與麾下盡遣吾人之被繫執者書婦女州里姓

氏揭諸道以訪其家然後獻捷行在所其後兩淮交兵伏尸流血十有餘年而虜改作金人卒不能飲一馬於江者繄公揚子一戰之捷也公諱世忠字良臣綏德人年十八始隸延安府兵籍悍邁絶人不用鞭轡騎生馬駒挽強馳射勇冠軍中家貧無生產業嗜酒豪縱不治繩檢閒從人貰貸累劵十數遇出戰則躍一馬先登捕酋虜改作隊首馳還得金幣償之率以爲常嘗從統制官党萬戰銀州方解鞍頓舍而賊改作敵驟出間道直擣其營萬狂顧不知所爲公袒裼持一戈率其徒戰卻之萬兵來援殿而還又嘗遙見一酋改作

帥金甲朱旗出護兵意甚得公馳一騎刺之後諜知貴將駙馬郎君兀哷改作烏頁也大帥張深表其功狀上之朝而宣撫使童貫怒不先白已黜其功不錄宣和初妖人方臘起青谿不旬朝衆數萬破徧婺杭睦歙五州江淮大震徽宗詔諸將發兵捕誅時公隸統制官王稟行次浙河別將王淵駐兵在焉公叩馬而進曰公領騎兵而戰非其地柰何淵矍然問曰汝爲誰答曰韓世忠也淵善其言移屯據便地翌日縱騎搏賊公率所部突其旁賊驚奔追殺無噍類淵喜甚飲公酒悉舉飲器授之會稟卒遂從淵不去方臘授首

例補承節郎河朔山東羣盜蠭起大者攻犯城邑小者延蔓巖谷多者萬計少者屯聚魏博則有楊天王之流青徐沂密如高託山等至不可勝數公方從王淵名播於兩河之間而捉殺制置使梁方平又請公自副除山東之盜公皆次第討平之以功累遷武節大夫靖康末金人圍太原樞密使會諸道兵赴援而張師正統勝捷一軍號精銳尚書李彌大素不知兵欲誅一二裨佐立威以飭軍政會太原不守師正遁歸彌大斬以徇衆反側洶洶又不時撫定一夕潰去所過焚掠官軍莫能抗淵聖皇帝詔公討捕晨夜兼

馳至宿遷單騎叩其營大言曰我輩山西良家子好勇尚氣豈有作賊此李公謬妄使若等求活於草間耳衆素服公勇相視慨然投戈免胄請從公自歸公杖馬箠護之而還淵聖召見嘉獎面賜袍帶正授單州團練使今天子以兵馬大元帥駐軍濟州羣臣勸進公偕諸將陪扈至南京上卽位進嘉州防禦使御營平寇將軍再幸維揚又負橐鞬以從四年金山捷書至除檢校少師改武威感德軍節度使制詞曰屯兵要害邀擊其歸大振軍聲殺傷過當犬羊(改作敵中)震疊知國有人至今天下誦之方宣和末金人犯(改作攻)

京師議者皆謂强胡(此二字改作其)不量彼已昧死一來忽見天子宮闕苑囿城池之大愁愁然莫相知而五路之師日至因其疑懼壓以重兵而與之講和庶幾景德澶淵之盟足以爲德無何刼寨一跌始有輕視中原之意積五六年舉國深入超邑越都通行無所畏南至潭湘東暨吳粤皆罹其毒諸將按兵坐視莫敢與校惟公自負其能獨與虜(改作相)角何其壯也北方之俗壯士善騎健馬被鐵衣數重上下山阪如飛矢刃不能傷故常以騎兵取勝公在靖康蒐集惡少年敢死士爲一軍教以擊刺戰射之法號背嵬如古羽

林佽飛射聲越騎之儔履鋒鏑蹈水火無不一當百於是胡馬(改作北騎)牧(改作趨)淮楚閒公至天長之大儀與之遇虜酋(改作金帥)孛菫撻也(改作貝勒托卜嘉)擁鐵騎奔突而前背嵬者人持一長柄巨斧堵墻而進上揕其胸下捎其馬足百遇百克人馬俱斃又自出新意刱克敵弓斗力雄勁可洞犀象貫七札每射鐵馬一發應絃而倒虜(改作敵)大震駭若有鬼神捕獲千萬人長鎧甲器械甚衆又轉至高郵卒擒撻喇(改作塔拉)等具舟載俘獲獻之朝自是胡(改作金)人一再敗衂稍知沮畏雖時時小(刪此字)入盜(刪此字)邊無復跳梁不制之患矣進少

師橫海武甯武安軍三鎮節度使公生長兵間習知
戎事而天資拳勇未嘗以一毫挫於人臨機制勝一
出於意造故能以少擊衆劉豫聚兵泗上公戍山陽
與之對壘屢戰破之嘗乘勝北踰淮泗並符離徑淮
陽之宿遷豫亟召北軍四面而至圍之數重公按甲
不動俄麾其衆曰視吾馬首所向奮戈一躍已潰圍
而出不遺一鏃按轡而旋公曰虜（改作敵）易與耳益治
兵赴利進攻淮陽虜酋（改作金帥）撻里孛堇（改作塔嚕貝勒）者驍
勇蓋衆獨出挑戰不勝而逃有馬太師亦號勇將乘
兩虎相鬬之勢奮迅而出亦重傷敗去退而太息曰

名不虛傳矣師旋斬捕首虜（改作渠首）過當封英國公會
虜（改作金）主遣完顏烏陵思謀（改作烏凌阿思謀）來聘請以太
上皇梓宮皇太后鑾駕來歸除前事復故約上曰誠
如是吾能忍垢以從使驛五反歲行兩周而和戎（改作通和）
之議定兩地晏然解兵徹警公自山陽造朝拜樞
密使貂冠赤舄入侍帷幄極人臣之遇閱數月思避
時柄上書請解機務不許章累上且曰臣蒙國厚恩
誓捐軀戰場效一死以報今以菲材承輔樞機進陪
國論實懷危溢之懼所冀天慈俾解將相之官以祠
宮奉朝請日望清光不勝區區至願上不能奪加太
傅鎮南武安甯國軍節度使醴泉觀使咸安郡王恩
禮襃崇度越前比公受命已杜門謝客絕口不論兵
時跨一驢從二三童奴負几杖挈酒壺爲西湖山水
之游解衣藉草命酒獨酌盡興而返平時將佐部曲
皆莫見其面以二十一年八月四日薨嗚呼靖康建
炎戎狄內訌（改作邊烽日擧）天下多故公起行間忠憤感發
奮不顧身以徇國家之急建陽之役手擒二叛（改作賊）
金山之戰酋（改作敵）渠奔命僅以身免然後驅攘羣盜
四封之內埽蕩無餘方是時也諸宿將徙屯江左公
獨留戍山陽孤壘塊然旁無蚍蜉蟻子之援蔽遮江

淮屹然如金城湯池之固中興之烈公爲第一主上
英武所以駕馭諸將雖隆名顯號極其尊榮而干戈
鈇鉞亦未嘗有所私貸故范瓊以跋扈賜死惟公進
而許國杖一劍裁除大憝爲社稷之臣退釋兵柄以
功名富貴始終一品爲公師持三鎮戎節累封大國
進爵稱王賜號揚武翊運功臣食邑一萬三千七百
戶實封五千九百戶澤流子孫功書竹帛追配前哲
可謂賢也已公御軍嚴而有恩紀律修明不以賞罰
佐喜怒藜羹糗飯與衆均之以故士樂爲用摧鋒陷
堅百戰不殆威名凜然天下想見其風采太母行殿

歸次國門將相大臣班迎道上太母坐帷中顧左右
曰韓某孰是虜改作北中皆知其名既而嘉歎久之閒
遇朝謁傳呼道塗老幼夾道倚舂釋擔聚觀太息上
所賜詔皆親札雲章寶墨奎壁之光粲然集而錄之
為若干卷珠囊玉軸子孫世守之為希代之寶公病
且革故時將吏問病卧內公曰某歷事三朝大小百
餘戰冒白刃中流矢未嘗退衄瘢痍尚在發衣視之
舉體皆是賴天之靈得全首領卧家簀而沒諸君尚
哀其死耶
遺史曰韓世忠疾上飭太醫馳視問勞之使相屬於
道平時將吏問疾卧內世忠曰歷事三朝大小百餘
戰冒白刃中流矢未嘗退衄瘢痍尚存發衣視之舉
體皆是且曰賴天之靈得全首領卧家簀而沒諸君
尚哀之耶疾益侵冊拜太師致仕訃聞不視朝賻贈
有加遣中貴護喪事贈通義郡王官其親屬九人世
忠字良臣綏德軍人年十八始隸延安府兵籍慓悍
絕人不用鞭轡能騎生馬駒挽彊馳射勇冠軍中家
貧無生業嗜酒豪縱不能繩檢人呼為潑韓五有席
三者嘗算世忠當作三公世忠以為侮已痛毆之後
亦到江南依世忠世忠以錢三萬緡贈之兩子隸軍

中皆轉為橫行世忠貧賤時閒從人貰貸累券十數
遇出戰則躍一馬先登捕首虜改作隊首馳還得銀絹償
則償之卒以為常隨統制官党萬戰銀州方解鞍頓
舍而賊敵改作騎出閒道直擣其營萬狂顧不知所為
世忠袒裼持一戈率其徒戰卻之萬兵來援又殿而
還又嘗見一酋帥改作金甲朱旗出戰指麾意氣甚厲
世忠馳一騎刺殺之後諜知乃貴將駙馬郎君兀誃
烏頁改作者大帥張深表其功狀上之朝而宣撫使童貫
怒不先白已黜其功不錄世忠既貴與將吏騎馬出
郊喜坐於淺草中世忠語急而聲厲每言則吐舌或
以為是蛇精
林泉野記曰公諱世忠字良臣延安府人少無賴為
闕忠隸焉累遷為將嘗與張俊俱破鄆賊李太於酸
河何威於洺州大名賊於超化寺內黃賊於祁州徐
靖於莒縣張仙於擂鼓山濰賊於方村并濟南賊公
常勇冠諸軍遂定河北京東之地靖康初從王淵為
統制軍趙州金人入寇改作來攻世忠刦其寨加潁州觀
察使從淵守應天虜敵改作來攻世忠楊進等累戰敗
敵相拒三月而退建炎初為御營使司左軍統制從
幸維揚上甚簡眷二年率張遇陳思恭等軍於河南

府世忠約翟進丁進孟世甯伐虜二字改作攻金人於永興軍三衙失期陳思恭先以後軍遁世忠敗張遇援之得免收散卒數千歸行在後加承宣使帶御器械又除平寇將軍救京東戰敗亡其將張遇三年虜改作金取徐州世忠棄淮陽軍走渡江止餘兵三千亦皆潰去聞苗傅劉正彥廢立乃同呂頤浩入援請爲單鋒破正彥赤心隊軍於臨平上復辟功居多加節度使苗劉走除江西福建制置使率馬彥溥趙竭忠趙竭節等追破於建州浦城縣統制孫世詢臨陣擒正彥傅微服竄村落爲人所執送世忠獻俘行在上親書

忠勇韓世忠五字於白旗以賜加檢校少保御前左軍統制金人南犯下改作世忠屯潤州虜改作金渡江世忠退守江陰四年虜改作金自明州還兀朮烏珠改作使請曰借我一路北歸舟中金帛當盡以與汝世忠曰可留下兀朮改作烏珠乃去以舟師戰於建康門外虜改作金大敗斬首三千級次日再戰世忠海舟無風不能行虜改作金以小舟縱火我師敗統制孫世詢嚴永吉皆死復失所俘後改神武左軍統制紹興元年曹成馬友劉忠亂湖南范汝爲據建州除世忠江西福建荊湖宣撫副使二年復建州汝爲自殺遣提舉官董旼

往道州招降曹成馬友將李宏殺宥以潭州降劉忠據潭州白面山有衆一萬號花面獸世忠破之忠奔劉豫爲其下所殺加太尉武成感德軍節度使未幾除江南東西路宣撫使守建康三年進開府儀同三司淮南宣撫使屯鎮江後劉光世代世忠世忠遣人入城潛燒府庫光世訴於朝移屯建康世忠又欲以兵襲其後上書寇恂賈復事以賜四年虜改作金入淮南上親征世忠敗虜此字改作金人於大儀鎮又遣將董旼敗之天長解元敗之承州及六合縣許世安王權敗之眞州五年來朝加少保遣將呼延通敗虜此字改作金人

於漣水軍爲行營前護軍六年改武甯安化軍節度使京東淮東宣撫處置使敗虜此字改作金人於宿遷圍虜此字改作金人淮陽軍不能克加橫海武甯安化軍節度使賜揚武翊運功臣岳飛進軍京西命世忠爲援延數月方至淮陽對壘終不能克每歲纔獲一二小捷而已九年宰相秦檜主和世忠伏兵洪澤欲刼虜改作金使以破和議部將郝卞以其謀密告淮東運副胡昉時韓肖胄送虜改作金使還昉以告肖胄俾由淮西路而去檜甚銜憾加少師其兄世良爲龍神衛四廂都指揮使和州防禦使主管侍衛步軍司十年虜叛改作

金敗盟加太保河南北招討使封英國公統制王勝敗周太師鶻棘孛堇（改作呼拉貝勒）於淮陽又敗虜（刪此二字）收海州擒僞守王山又遣王昇王權敗之蔣家莊又敗之淮陽統制解元敗之沂州郯城縣世忠敗之淮陽十一年兀朮（改作烏珠）大入淮西世忠與戰濠州虜（改作金）敗而去來朝除樞密使罷兵柄世忠獻錢一百萬緡米九十萬石及鎮江淮東諸庫於朝加兄世良奉國軍承宣使提舉醴泉觀命張俊岳飛還其軍於鎮江秦檜方謀去勳權累諷臣僚言其過章上皆留中世忠懼而乞閒乃加太傅橫海武甯安化軍節度使醴泉觀

使罷十二年改封潭國公十三年進封咸安郡王十七年改封鎮南武安甯國軍節度使薨年六十三贈太師追封蘄王將佐若王權劉寶成閔解元咸秉節鉞登顯仕幕府若韓俅王渙陳桷張偁李易董敗等亦皆至侍從帥守

賜進士出身頭品頂戴四川等處承宣布政使司布政使清苑許涵度校刊

三朝北盟會編卷第二百十八終

三朝北盟會編卷二百十八校勘記

七年遣呼延通王勝王權襲敗虜於淮陽然與淮陽對壘終不能克（脫七年至與淮陽二十字）

三朝北盟會編卷第二百十九

炎興下帙一百十九

起紹興二十一年九月盡紹興二十五年十月二十一日乙未

九月巫伋鄭藻使於金國回

巫伋鄭藻以祈請使副使於金國至金國闕下引見畢內殿奏公事惟正使巫伋得入虜改作金主問所請者何事伋首言乞修奉陵寢虜改作金主令譯者傳言自有看墳人伋第二言乞迎請靖康帝歸國又令譯者傳言不知歸國甚處頓放伋第三言本朝稱皇帝

二字又令譯者傳言此是你國中事當自理會伋唯唯而退以待辭而歸

遺史曰巫伋作祈請使而無祈請之辭投書而已議者謂不識字之承局可優爲也

幸張俊第

上幸張俊第府第官吏各轉一官。舊校云紹興二十一年十月高宗幸張俊第俊獻金器一千兩珠子六萬九千五百九顆又珠子念珠一串一百九顆寶器古器汝窯書畫之類皆極希世之珍見武林舊事閭門轉官所以酬其進獻之費歟

十一月陳相爲大金賀生辰國信使孟思恭副之

陳相字相之孟思恭字彥安

十二月金人遣使來賀正旦

二十二年五月金人遣使來賀生辰

十月孫仲鼇爲大金賀正旦國信使陳靖副之

陳靖字彥恭開封人

李琳爲大金賀生辰國信使石清副之

十二月金人遣使來賀正旦

紹興二十三年五月金人遣使來賀生辰

十月八日癸亥施鉅爲大金賀正旦國信使冀彥明副之

施鉅字大任湖州人冀彥明開封人

吳㮚爲大金賀生辰國信使張彥攸副之

吳㮚字少仁建康人張彥攸字安道開封人

十二月金人遣使來賀正旦

金人改元正元

紹興二十四年五月金人遣使來賀生辰

七月二日癸丑張俊薨

中興遺史曰張俊享年六十九以疾終於牖下上聞其薨震悼輟視朝三日賜棺木襲以一品禮服龍腦水銀賻絹各有差追封循王厚祿其孤俊之妻秦國夫人魏氏先俊薨以其愛妾榮國夫人張氏繼室嫌

其同姓遂改爲章氏俊狀貌雄偉性深渾厚嚴重征行戍守師律整齊納亡撫降皆能得其死力如楊存中田師中趙密輩皆出其門

十四日丁丑幸張俊第臨奠

上幸張俊第臨奠爲之慟哭幹辦官高漸李革皆右武大夫仍賜金帶

八月敕葬張俊

敕葬張俊於常州無錫縣命延福宮使安德軍承宣使內侍省押班張去爲護葬事

林泉野記曰張俊字英伯。（舊校云宋史作伯英）秦州山陽人

少爲弓箭手初從瀘州兵討南蠻有功後從梁方平累攻夏國皆先登宣和五年京東河北盜爭起從梁方平破鄆州賊李太　追至洺州大合羣盜萬人來拒又擊滅之六年破大名賊於超化寺追至內黃又破內黃賊數千七年破沂州賊三萬於沂水追至密州又破密賊徐靖於莒縣回遇賊於南樓山又破之還沂州破賊張仙於礓鼓山又破濰州羣賊於方村累遷武德郎八年濟南賊孫列整眾十萬俊從方平討之先射中賊來挑戰者因大破於鏵子山又破濰州羣黨於昌樂靖康中從种師中救太原與大金戰榆次奪馬千匹及師中死俊潰圍走烏河川虜（改作金）來追俊大呼死戰斬首五百級加武翼大夫從知信德府梁揚祖統兵謁康王於大名王問揚祖諸兵官誰可使揚祖稱俊忠實可任王甚愛之明年李煜。舊（校云宋史作李昱）寇東平府王命俊同苗傅討之至任城縣遇伏兵賴其將趙密射退賊俊與傅擊煜大破之斬二千級加拱衛大夫徐州觀察使王即位除御營使司前軍統制又加帶御器械往平杜用於淮甯府又從兩浙制置王淵招降趙萬於潤州降陳通於杭州至婺州射殺賊何三五建炎二年秀州軍卒徐明反

命俊討擒之獻俘於行在加武甯軍承宣使三年苗傅劉正彥反加俊武甯軍節度使秦鳳路馬步軍副總管交兵於俱重（刪此五字）俊不受與張浚泣議約諸將來勤王時韓世忠軍先爲金人所敗死亡畧盡而不能軍俊乃以統領劉寶一軍借之至臨平擊賊將苗翊馬柔吉軍敗之以復辟功加鎭西軍節度使數日又改御前右軍都統制大金渡江上幸溫州留俊軍守明州禦之大金兵至俊納隱士劉相如之計與之決戰令統制劉寶先戰不勝俊用兵橫衝之而楊沂中田師中軍戰又不勝寶兵再進與之苦戰而李質

率諸班直以舟師來助劉洪道又率其兵射其旁遂大敗之殺數千人四年兀朮（改作烏珠）又領兵至俊擊之於高橋一日數合又大敗之然其心懼其益兵再來遂與質洪道俱棄明州而走兀朮（改作烏珠）聞諸軍已去復來屠其城加俊檢校少保定江昭慶軍節度使改神武右軍都統制大金寇（改作攻）淮南劉光世守潤州乞俊來援俊他託不行李成圍江州兵勢甚盛以俊爲江淮招討使又命王𤫊岳飛陳思恭皆聽其節制領兵五萬往討之紹興初至洪州李成將馬進來挑戰俊堅壁不出後用飛計渡江擊之於玉隆觀敗之

至筠州進陳兵數十萬命飛與陳思恭騎兵擊之數合不能勝俊度其已疲復率眾兵急攻之賊大破殺數萬人臨陣降者五萬俊懼其太眾且疑復反是夜皆殺之進走追至奉新縣之樓子莊至江州又再敗之追至蘄州羅田山又敗之成遂殺進降於劉豫俊命飛追張用降其眾五萬知鄂州李允文恃兵跋扈俊誘而擒送行在加太尉四年大金兵犯（改作攻）淮東以俊爲浙西江東宣撫使領兵至鎮江命統制張宗顏戰於真州六合縣敗之命其將盧師廸戰真州烏墩鎮敗之又戰於烏石山敗之五年師廸戰於龍山

敗之命統制王進戰盱眙敗之其將張元戰白搭敗之進又同楊忠閔往戰於淮河敗之降其將程師回張延壽二人又命統制高舉戰於天長軍敗之王進高舉盧師廸皆俊之將也加開府儀同三司以其軍爲行營中護軍兵六年加崇信奉甯軍節度使進守盱眙築大城以拒大金時主管殿前司楊沂中軍泗州劉豫遣姪猊以軍三萬寇濠州俊令張宗顏王璋會沂中往擊之戰定遠縣及李家灣大破之降其兵萬人俊同沂中攻壽春府不克而還加少保鎮洮崇信奉甯軍節度使七年爲淮南西路安撫使退軍建康

府其軍多擾民不戢頗爲民怨九年加少傅安民靖難功臣十年大金背盟加少師兼河南招討使封齊國公命以兵救劉錡於順昌俊竟不出兀朮（改作烏珠）已退俊乃行命統制朱超戰永城縣米家村敗之統制王德戰蘄城縣敗之下宿州俊進兵戰城父縣敗之下亳州又戰於渦河敗之俊愛惜士卒賞罰明信先計後戰故未嘗敗焉十一年大金兀朮（改作烏珠）龍虎大王鎮國大將軍韓常領兵五十萬陷廬和州連詔促俊率先奪和州諸軍至楊沂中亦以軍來故遣沂中同王德戰含山縣昭關仙崇嶺等處頗敗之兀朮（改作烏珠）

列大陣柘皋俊時感寒疾督戰沂中輕進敗績王德援之以騎軍橫衝其兵大破之擒其酋改作隊長百餘人殺其兵萬餘俄而兀朮改作烏珠復以重兵圍濠州俊以糧乏退軍黃連鎮及濠州已陷令沂中往收復大金伏兵圍之沂中大敗遣王德田師中高舉劉寶救之沂中得免退軍建康府其軍八萬皆少壯精練之士器甲光明鋒鋭爲諸軍第一世謂之鐵山軍俊兵强勢重恃寵怙權上眷之厚凡所言朝廷無不從薦人爲監司郡守帶職名者甚眾宰相不敢少違晚年主和議與秦檜意合來朝除樞密使賜玉帶覺朝廷

欲罷其權乃乞納兵忌劉錡岳飛不赴援每譖於主相二人坐是獲罪復令同飛往楚州領韓世忠軍歸於鎮江府飛罷而俊獨在鎮江以爲備加太傅廣國公大金再陷楚泗濠揚州俊不出兵渡江以堅和議十二年還朝薦其將田師中往鄂州掌岳飛兵初與檜約俊主和議盡罷諸大將悉以兵權歸俊故俊力助其謀及諸將皆罷檜乃令侍御史江邈屢言俊罪罷爲醴泉觀使復還三鎮節鉞封清河郡王改靜康甯武奉國軍節度使二十一年上幸俊第勞之拜太師官吏各遷一官以姪子蓋爲安德軍節度使二十

四年七月薨年六十九追封循王敕葬常州無錫縣以知內侍省張去爲護喪事自行朝至無錫州郡將相祭之者接迹江左以爲榮五子子琦子厚子顏子仁子正孫宗元其麾下將佐若楊存中田師中王德趙密皆爲三公節鉞張宗顏劉寶王進馬立王章皆顯仕幕府若孫佑史愿詹和詹宗明郄漸英溫彥多爲侍從帥守後賜謚曰忠烈

十月沈虛中爲大金賀正旦國信使張掄副之

沈虛中字太虛張掄字材甫開封人

張士襄爲大金賀生辰國信使張說副之

張士襄字贊可建康人張說字次傳開封人醫官公裕之子也娶吳氏乃中宮之妹

十二月金人遣使來賀正旦

紹興二十五年正月車駕駐蹕臨安府

十月初八日壬子鄭楠爲大金賀生辰國信使李大受副之王珉爲大金賀正旦國信使王漢臣副之

二十日甲午秦檜病篤

秦檜以病勢危篤劄子乞同男熺致仕二孫塤堪改差在外宮觀降詔不允曰丙吉有病夏侯勝預知必愈謂有陰德者必饗其壽以及子孫卿獨運廟堂再

安宗社元勳偉績著在旂常過吉遠矣茲徽爽於節宣曾何傷於氣體矧今朝廷特以爲輕重天下倚以爲安危卿其保精神省思慮勿藥之喜中外所期納祿自陳豈朕所望所請宜不允再請許之

制曰太平樂與興賢共享盈成之治三公坐而論道難親幾務之繁眷予不召之臣光輔中興之運茲覽辭榮之奏宜推從欲之仁揚於大廷詔爾百辟具官秦檜閎深而肅括博厚而高明任天下之重而靡辭其難舉天下之言而必見於用蚤堅不奪之節力振無窮之基自登冠於宰司首定盟於鄰好大策非凡

所見咸胥動以浮言方叔克壯其猷獨秉持於素守上以遂予一人之孝養下以成爾百姓之安居不矜功業之輝光復立規模之宏遠勸農桑而臻富庶興禮樂而導中和國制既成天休來萃比連聞於假告已渴佇於儀型乃命僕臣親臨甲第惟陰德之獲報宜勿藥以有瘳何遽貢於囊封祈上還於印組誠請確至詔旨莫回其寵拜於王封用歸榮於里社云云可特授依前太師進封建康郡王

二十一日乙未幸秦檜第

上幸秦檜第問疾檜朝服拖紳無一語惟流涕淋淚而上亦爲之墮淚就手解紅帕賜檜拭淚既退其子熺奏請代居宰相者爲誰上曰此事卿不當與宣賜本府幹辦官丁禩金帶一條巳時還駕

賜進士出身頭品頂戴四川等處承宣布政使司布政使清苑許涵度校刊

三朝北盟會編卷第二百十九終

三朝北盟會編卷二百十九校勘記

俊潰圍走馬河川（馬誤作鳥）　俊乃命統制米超（米超舊校云疑是宋超此作朱超誤）　岳劉錡岳飛以錡戰不力飛不赴援（脫以錡至飛六字）　馬立王璋（璋誤作章）

三朝北盟會編卷第二百二十

炎興下帙一百二十

起紹興二十五年十月二十二日丙申盡其日

二十二日丙申秦檜薨

秦檜遺表曰死生夜旦之常難逃大數命義臣子之戒敢竭愚衷屬餘息之將僻戀清時而何及（中謝）伏念臣早緣末學奮自書生當見危致命之秋守策名委質之分畫疆之遺元樞飛掩報之符存趙之陳具寮奉黴斷之指倉皇去國奔走從君衣冠不變於中華覲會自依於常度雖歷九死其未悔猶冀一言而可興草黴廟之尺書破僞齊之二策身居謍窟心在周行洎浮海以言旋舉同朝而趣異下石而擠者紛至奉身而退者累年荷上聖之深知排羣疑而復用延登右揆峻陟維垣專秉任於鈞衡奉疇咨於帷幄入而告后玉音常許其無心出則稱君輿論共推於得體上遵成算復建中興惟聰明睿智之絕倫蓋古昔帝王之未有挺身死難救民於仗節之初脩睦休兵尋盟於奏凱之後是謂樂天以保天下繼代以率功名居然甯親以甯神（闕）盈城而盈野德之厚也臣何力焉臣感陛下推心委用之誠進期畢命覩陛下

求治焦勞之切退欲忘身但知力疾以盡公不敢辭難而避事仰勤宸注親屈帝尊訓詞矜惻於孱軀天步遄臨於寢室戴恩慈之俯逮徒感咽以何言顧愚臣知遇之若斯雖舉族捐糜而曷報而臣上負乾坤之造莫知藥石之功病在膏肓命垂晷刻闕廷注想難瞻穆穆之光軀鼎妥安尚抱拳拳之悃念籲天而靡逮忍將死以猶言文雖不倫義或有取伏望皇帝陛下惟新盛德謹保清躬萬壽無疆長奉東朝之養五兵不試永居北極之尊益堅鄰國之懽盟深思社稷之大計謹國是之搖動杜邪黨之窺覦以治亂為

蓍龜以賢才為羽翼事有未形而宜戒言或逆耳而可從緩刑乃得衆之方訓本乃富民之術雖淵衷之素定在愚慮之實深凡此數端願留聖念臣形留神往淚盡辭窮憂國有心敢忘城郢之策報君無路尚懷結草之忠

遺史曰初檜病篤招董德元湯思退至卧內各贈黃金千兩德元以為若不受則他時病愈疑我二心矣乃受之思退以為檜多疑心他時病愈必曰我以金試之便待我以必死耶乃不敢受上聞之以思退為非檜之黨檜薨年六十六檜兩居相位凡十九年每薦執政必選世無名譽柔佞易制者不使干與政事備員而已百官不敢謁政府州縣亦不敢通書問若孫近韓肖胄樓炤王次翁范同万俟卨程克俊李文會楊愿李若谷何若段拂汪勃詹大方余堯弼巫伋章夏宋樸史才魏師遜施鉅鄭仲熊等皆不一年或半年誣以罪罷之尚疑復用多使居千里外州軍且使人伺察之是時得兩府者不以為榮劉光世薨其建康園亭并以賜檜檜性陰密乘轎馬或默坐常嚼齒動腮謂之馬啗相家謂得此相者可以殺人內深阻如崖穽世不可測喜贓吏惡廉士通饋送四方大

帥監司郡守饋送無虛日內庫偶闕腦子上一日要腦子求之於檜檜取一匣進之至上前開緘而匣內有書題名銜乃廣西經略方滋送檜者誤不揭去上謂御前未嘗有如此大片白腦子。舊校云憲聖召檜妻入禁中賜宴進淮青魚憲聖顧問曾食此否對以食之已久且視此更大且多歸以語檜檜恚之翌日易以糟鯶魚大者數十枚進之憲聖笑以為誤見四朝聞見錄腦子一事又何疏忽若此檜每生日四方競獻奇寶金玉勸盞為不足道至於搜盡世間之希奇以為侑如符行中鄭藹在四川饋送不可計雖空書亦於書匣中用金獅子二枚坐書凡獻投書啟者以皋夔稷契為不足比擬必曰元聖或曰大聖云初

爲宰相紹興二年罷御筆付綦崇禮令作制力詆之及再爲宰相加太師封益國公崇禮已死檜乃進劄乞於崇禮之女夫謝伋之子家收取御筆焚毁其文曰臣仰仗陛下昨自軍興之初爲宗社生靈計躬至軍前權與和好因以上格天心中興國祚所謂後其身而身存無以天下爲者可以託天下也臣至愚極陋繼亦將命出於自請當是時豈意有今日依乘風雲之幸蓋捐軀徇國萬一近似乃得與今日休兵保邦之議非偶然也靖康之末邦昌僭號臣獨不戴異姓乞於皇族不與背盟之議者選擇繼統其後軍前

取出欲行懲斷幸而不死驅虜遠去臣終不變初議至於徽宗書草以爲南朝有子不當相待遽如石晉國相雖傲岸自用猶卽遣人厚送錢絹至盈萬數後有傳錄至中朝者其本尚在可考不誣愚以君臣之契與立朝本末如此昨自初還朝時首奏令劉光世通書請好其後呂頤浩都督在外臣又奏遣北人招討都監門客通書求好未幾邊報王倫來歸頤浩遂欲攘以歸己力援張邦昌友壻朱勝非來朝旣而圍城中人綦崇禮頤浩勝非援邦昌時受僞命人謝克家復來經筵當臣之求去也陛下親諭再三恩意凝密臣獨以書生不識事體以必退爲眞是頤浩乃與權邦彥同日留身乘間進言以謂宰相之去乃無一事於是旋易臺諫擬請御筆至崇禮草制之日請以爲據克家崇禮之進用外人所不知臣固知二人獨頤浩所私昵非陛下所眷注也崇禮被逐常以所得御筆公示廣衆不知事君之體至於如此士大夫雖每竊非笑然以其人闒茸凡下縉紳不齒不足以汙牙頰姑置度外臣以出處自有本末後世當有公議不必與此輩較曲直故不論也今崇禮已死無子獨有女嫁謝克家之孫伋之子若不收拾所降御筆復

歸天府則萬世之後忠逆不分微臣得君立朝無所考信實害國體伏望聖慈特降睿旨令台州取索崇禮所受御筆繳進仍以臣今奏疏送付史館永以傳信不勝幸甚貼黃克家初受僞命其子伋對所親厚言他日伋等奈何蓋已不有其父矣豈意自全以至今日克家受頤浩勝非之援再至經筵曾無幾時乃自奏言陛下以一人言召臣又以一人言而去恐四方有以窺陛下其敢爲大言無所忌憚如此疑以傳疑何所不至伏望聖慈深賜降鑒奉聖旨依奏三省行下台州取元降御筆復歸天府所謂欲蓋彌彰者

檜之謂也檜每遇生朝錫賚蹕道賜教坊樂佐酒一日有伶人作雜劇之戲其子嬉笑聲徹高檜目之不語少頃檜起更衣久而不出妻王氏使人探之乃在一室中默坐智者謂檜歎其子不足以相副也嗚呼深哉乞置益國官屬雖不行亦不加罪王循友乞加檜九錫雖不行俄自知鎮江遷循友知建康府識者不敢言惟以目相視

靖康小雅曰公諱檜字會之建康人也當靖康二年金國二酋（二酋改作尼堪二太子）既日遣吳幵莫儔入趣立異姓議未決聲言將縱兵屠城中外危懼士大夫震慄

顚倒遂有張邦昌之請公爲御史中丞毅然獨陳於虜（此字改作金庭）以謂主上仁孝聖明天下歸心廢非其罪豈計之得也願速反正以慰神人之望苟立異姓有死而已二酋（改作金人）遽怒致公軍中執之而北時終始不肯立異姓者孫傅張叔夜與公三人而已嗚呼士之所事外則君內則父父既不可易獨君可易耶且胡（改作金）人席其破京師之威以迫憂恐重死之人自以謂惟所廢置莫我違也搢紳既靡然奉承風旨之不暇以偷其生況敢闕其心以攻其失哉公儒者也內激忠憤不顧其身惟義所在其古所謂忠臣耶孔子曰仁者必有勇今於公見之詩曰天崩地陷草我洪圖孰敢爭之維時醇儒祈復明辟義在捐軀猛虎垂涎遂捋其鬚驪龍不睡乃探其珠身赴沙漠名振九區

中興姓氏錄曰秦檜字會之建康人也父敏學曾任湖州吉安縣丞轉信州玉山縣令知靜江府古田縣皆以清白聞敏生四子檜其第三也政和五年何㮚榜登進士第爲密州學教授知州翟汝文安撫使張叔夜皆薦之中宏詞科李邦彥薦入館職後除監察御史靖康初嘗使於大金回除右司監代陳過庭爲

御史中丞大金陷京師取徽宗淵聖北去欲立張邦昌立命御史臺疏其功德檜列其罪而上之又表乞立皇太子或越王又表乞立皇叔親內不預背盟者一人及連銜乞立張邦昌之文檜不肯書名大金乃取詣其軍由是世稱其忠在大金時爲徽宗作書上粘罕（改作尼堪）以結和義粘罕（改作尼堪）喜之賜錢萬貫絹萬匹建炎四年大金攻楚州乃使乘船艦全家厚載而還俾結和議爲內助檜至漣水軍賊丁禩寨諸將度曰兩軍相拒豈有全家厚載逃歸者必大金使來陰壞朝廷宜速追之以絶後患賊軍參議王安道機宜馮

由義力保護之曰此是宋淵聖朝中丞萬一事平朝廷尋之我軍誅矣宜送之朝䄍乃令安道由義送至鎮江府檜見劉光世首言講和爲便光世送之朝士民聞檜來皆驚疑惟范宗尹李回薦其忠除禮部尙書紹興初除參知政事檜曰陛下用臣臣必能聳動天下之士後宰相范宗尹罷上欲用呂頤浩巳召之富直柔韓璜辛道宗永宗皆懼其來密薦檜爲相俾塞其進乃拜尙書右僕射若誤國之相汪伯彥首復其官與之宮祠以報舊恩及呂頤浩至俟命一月上卒用爲左僕射檜心不喜陰結朋黨以自助引翟汝

文參知政事汝文公言天下人知檜眞大金之奸細必誤國矣汝文乞罷去又遣大金招討都監門客通書大金求好故大金遣王倫南還議和頤浩薦朱勝非綦崈禮謝克家入朝往往言檜之姦上悟罷其相乃落職仍諭朝廷終不復用書其罪付崈禮作麻力詆之並其黨胡安國程瑀江躋劉正張燾吳表臣皆罷之後復觀文殿大學士命知溫州碌碌無治聲張浚爲相上幸平江府撫軍浚以檜柔佞易制薦入使備員乃除行宮留守次年奏召爲樞密院使檜亦無所建明奉浚而已八年召爲尙書右僕射兼樞密使

同趙鼎秉政會王倫高公繪自大金還來許還韋太后邢皇后及河南州縣檜力主和議鼎不以爲然乞罷去檜遂專政樞密編修胡銓言和議非策乞斬檜及王倫以謝天下上怒黜銓而和議定許大金歲幣銀五十萬匹兩命王倫交割故地以請太后皇后盡得江南州縣而大金渝盟王倫太后皇后亦不還檜知僧道太冗不貨度牒暗絕其弊使民知務本頤浩巳病檜懷憾不已召爲西京留守頤浩激憤而死後命台州發其家私暗事盡貶其諸子一家破矣趙鼎以宿州降命縛還大金以絕中原士民來降之路世哀

榮之忠而覺檜之心矣參知政事李光憎檜所用皆親戚畧無公道與檜相爭而罷去次年五月大金背盟入寇(刪此二字)復陷河南州縣士民歸咎於檜檜傲然不肯退上亦眷之不衰檜欲慰敵心乃命諸大帥岳飛韓世忠張俊劉錡皆追還不使深入又懼諸將怨濫賞以官又誣趙鼎怨言安置湖州士之稍端正如范冲王居正張九成輩盡逐之楊沂中濠州敗績殿前司兵幾盡檜利其繆加沂中開府儀同三司以慢軍勢鄉人范同議諸將帥多握重兵檜用其策而逐同居鈞州負其功於己檜加尙書右僕射兼樞密使

俄又加少保冀國公忌劉錡謀深名重因與張俊不協乃罷其兵使知荊南又忌岳飛忠勇亦與張俊不協罷其政又誣其反殺之於大理寺天下怨之三軍解體大金遣蕭將韓恕回檜又再主和議割唐鄧商泗州以獻大金倍添歲幣之數又誣李光怨言責建甯軍節度副使藤州安置光大泣而去張俊方知福州檜忌其名而罷之大金還徽宗鄭后邢后梓宮及韋太后上大悅加檜太師屢賜玉帶檜初欲罷諸帥兵乃厚結張俊俾爲樞密使盡護其軍又專主武臣差注及事成使江邈言俊罪而罷之於是朝權盡歸

於檜非檜親黨及昬庸諛佞者則不得在官忠正之士各避山林間檜徙封魏用兄梓爲翰林學士終資政殿學士弟棣及妻兄王㬇王會皆爲兩制王𥲅王歷等皆居撫州恃檜勢陵奪百姓田宅甚於寇盜紹興十二年科舉諭考試官以其子熺爲狀元俄除禮部侍郎遷翰林院學士後除樞密院加少保嘉國公二十四年科舉又令考試官以其孫塤爲狀元上覺自選張孝祥爲第一凡欲差除皆非典故止及其親戚故舊而已不畏公議傲慢自恣大金命盡發前後所得大金契丹及歸朝人五萬還於大金內弱軍勢絶後來歸降之心嚴衢信處婺建等州皆大水士民溺者數萬檜隱而不奏有聞言者必罪之再誣趙鼎怨言安置吉陽軍而死後彗星見檜不乞退康與之言彗不足畏檜特改宣教郎擢用之又忌張浚落其職使知連州頻使臣僚及州縣奏祥瑞以爲檜秉政所致改封益國公別築大第窮土木之麗以賜會武臣乞除差恩賞檜尤惡之積百千員無一得者客行朝餓且死者歲不下數十以激軍中使無鬬志人人思亂士民詞訟畧不省覽殿前司使臣施全候檜肩輿於市刺之不中自是列五十兵持長梃自衞忌胡寅忠

梗誣其罪安置新州又安置李光昌化軍初趙鼎議立普安恩平二郡王爲皇子檜不欲宗强勸上曰鼎欲立皇子待陛下終無子也宜俟親子乃立上見江左小康以爲檜力任之不疑檜陰結內侍及醫師王繼先闞微旨動靜必具知之日進珍寶珠玉書畫奇玩羡餘錢專徇帝嗜好故帝眷寵無比命中使陳琠續珵賜珍玩酒食無虛日兩居相位通十九年薦執政柄必選世無名譽柔佞易制者不使預事備員書姓名而已百官不敢謁執政州縣亦不敢通書問如孫近韓肖胄樓炤王次翁万俟卨程克俊李文會楊

愿李若谷何若段拂汪勃詹大方余堯弼巫伋章夏宋樸史才魏師遜施鉅鄭仲熊等皆其奸黨不一年或半年亦誣以罪而罷之尙疑復用多使居千里外州軍時使人伺察之是時得兩府不以爲榮迫疾甚上臨問之檜已昏默不省次日辛年六十六四方士民相歡慶封建康郡王致仕其子熺尤恣横不學聞檜死置酒大喜其黨董德元曹泳等謀薦熺繼相位上久知檜跋扈秘之未省乃賜熺少師致仕諸孫在外宫祠再贈檜申王護喪以葬江甯繼而臺諫湯鵬舉往往言其姦逐其親曹泳鄭億年王會等於嶺表諸

親王珣等數十人皆罷竄之

秀水閑居錄曰紹興改元范宗尹獨相方三十許歲自謂有其器而政事殊未練也方羣盜擾五七郡小盜擾三兩郡於是公然剽掠民力既竭盡皆渡江縱刦卻又於沿江易置帥藩創立安撫大使但約每帥相去七百里不問形勢如池州僻陋乃置江東大帥事同戲劇又欲治崇甯大觀以來濫冒恩賞條目實繁謂之討論人皆以爲非獨參政秦檜力贊之命既下參政李回非次改官諸大將皆嘗隨童貫被賞並令貶削沿邊死事之人所得恩數亦令追奪物議諠甚檜復以此擠宗尹遂罷相揆席久虛檜欲得之倡言曰我有二策可以悚動天下或問何以不言曰今無相不可行也未幾檜果相次年植黨以排呂頤浩上乃悟盡逐其徒檜亦罷政前一日召當制學士綦崇禮諭以檜二策仍出其元奏云以河北河東人還金虜（刪此字）以中原人還劉（刪此字）豫如斯而已令載之制詞至四年虜（改作金）使李永壽王翊來聘首言此事正與檜語合蓋檜自京城隨虜（改作金）北去爲彼大酋（改作帥）撻辣（改作達蘭）郎君任用虜（改作金）騎渡江與俱來回至楚州遣舟送歸檜王仲山壻也仲山別業在濟南

府爲取數千緡賻其行其後撻辣（改作達蘭）統兵犯（改作攻）淮甸朝廷遣魏良臣王倫奉使至其軍中數問檜且稱其賢乃知檜之策出於虜（改作金）意也檜之初歸自言殺虜（改作金）人之監己者奪舟來歸然全家同舟婢僕亦如故人皆知其非逃歸也逮其輔相力薦良臣入爲都司繼除從官欲弭其言耳

又曰鄭相居中京師人族叔紳者開酒肆（俗云正店）負官錢禁錮開封府其家窘甚妻離去改適張蘊女入端王府至元符末徽宗即祚鄭氏立爲妃紳驟貴居中亦進焉崇甯四年居中爲内翰是年冬星變蔡京罷

相五年居中探知徽宗有復用之意頗爲延譽京師賜第建閣以君臣慶會爲名居中作上樑文曰邸壑未應容謝傅衮衣行見命周公又曰自有薰風來解慍更無箕舌巧爲譏其迎合類如此大觀改元京復相居中除副樞以椒房之故朝論不與卽除資政殿學士未幾再除知樞密院繼拜首相於是賜第建閣寵冠廷臣兩子皆爲從官薦人徑登禁近權勢之盛亞於蔡京自崇甯大觀以來宰執子弟例作從官居中長子曰修年次子曰億年億年思所以自別假手於門館孫謙亨獲與薦名旣赴大比試居中在相位差試官多其所親知舉王安中李邦彥宇文虛中參詳檢點官莫儔黃潁張志李質李舜由輩皆是也余時爲太學官例差入院引試日億年謙亨並案而坐以便傳授巡按官亦其所善嘗有一二員守護慮爲兵卒所糾也庭中士人簾內試官無不扼腕旣考校儔潁等日詣諸位搜訪億年程文旣得之卽送知舉三公拆號億年名在第九余卽就取試卷閱之議論絕尋常惟策三篇粗有可取亦在去留之間每道頭尾各用祖宗故實一事疑卽暗號也榜旣出物議殊不平臺疏論之有旨取程文看詳則試卷已不見議者

益喧又數日得於試院井中汚損不全又有旨令進入乃降手詔稱其文理合在高第且獎諭居中有義方之訓恭惟徽宗皇帝天覆海涵有大恩德於居中父子億年卽授祕書少監遂遺箋法從其後居中丁憂罷相復領樞密院薨於位贈以王爵恩禮寵數哀榮始終冠絕古今以君臣施報之義論之億年兄弟當如何哉建炎四年虜金改作騎渡江億年被執北去逆豫僭立卽臣事之爲戶部吏部侍郎戶部尙書遷除執政尙書右丞資政殿學士紹興七年虜金改作旣廢豫以河南地來歸億年召還時宰秦檜者王仲山之壻也億年母卽仲山親姊檜子熺復娶修年之女至是頗佑之初至除雜學士繼欲復僞齊所授職名參政李光榻前面折之以爲不可乃止後數月光罷政億年竟復資政殿學士仍奉朝請雖士論洶洶而一時侍從臺諫皆檜私黨不復顧逆順之節矣嗚呼億年事逆豫爲執政掌其機事預其深謀而所謂機謀者欲滅吾宋也欲危吾君也欲傾覆趙氏宗社而爲劉氏家國也欲吞倂東南而臣屬之也在律叛逆不原赦不分首從然則億年與豫其罪等舊官其可復乎唐祿山之亂旣復兩京陷賊官以六等定罪最重

棄市次自盡餘流竄故相張說二子均垍皆當死肅宗以在東宮時說有保佑之功欲貸之明皇曰均垍事賊皆任權要均仍爲賊毀吾家事不可赦肅宗復請於是流垍嶺表而均被極刑焉徽宗之待居中厚於明皇之遇張說億年之事逆豫親於張均之事祿山而況居中素無援助之力今失刑如此何以慰徽宗在天之靈乎

賜進士出身頭品頂戴四川等處承宣布政使司布政使清苑許涵度校刊

三朝北盟會編卷二百二十終

三朝北盟會編卷二百二十校勘記

身營狡窟 誤作身居營窟　繼代以率代功 代功誤作功名　闕盈城而盈野 原闕係不至二字　士大夫雖每竊非笑 非字衍　況其心以攻其失哉 原闕係違字　皆以清白聞名 名誤作敏　復命台州發其家私暗事 復誤作後

三朝北盟會編卷第二百二十一

炎興下帙一百二十一

起紹興二十五年十一月盡二十六年五月二十四日壬子

十一月徐嘉爲大金賀生辰國信使

先是差宗正丞鄭枏爲賀生辰國信使臣僚言枏素貪汚罷之乃以徐嘉爲賀生辰國信使

洪皓復敷文閣直學士致仕

行狀曰建炎三年苗傅劉正彥出逃未伏誅上將狩建康先君上疏言今内難甫平外敵方熾若輕至建

康恐金人乘虛侵軼宜遣近臣先往經營庶事告辦鳴鑾未晚也時廟謨已定不能從既而悔之上問宰輔近諫移蹕者爲誰今安在丞相張和公時知樞密院以先君對過秀邀先君至平江欲以爲部使者招二凶適捷書至乃止將辭歸和公曰呂丞相欲見君卽遣直史介謁俄有旨召見時方墨衰經丞相脫巾服衣之既對上以國步艱難兩宮遠狩爲憂先君極言天道好還裔夷安能久陵中夏（删此八字改作敵無久盛之理）此正春秋郯郢之役天其或者警晉訓楚也所言反復當上意上曰卿議論縱橫熟於史傳有專對之才朕方擇使無以易卿先君以母老父喪懇辭不許擢徽猷閣待制遷五官假禮部尚書爲奉使大金軍前使令與宰執議國書先君欲有所議輔臣護其文不喜遂抑遷官賜告一日歸別先君持太碩人拜且泣時長子适甫十三歲遯以下皆襁褓呱呱省別行路不能仰視先君弗子也淮甸賊蠭起除兼淮南京東等路撫諭使俾李成以兵護至南京成方與耿堅圍楚州以責其降虜（改作敵）爲名實持叛心先君遣書抵成成曰泗虹有紅巾非千騎且不可往軍食絶不克唯命先君聞堅可撼陰遣說之曰君越數千里赴國

家急山陽縱有罪當稟於朝今擅兵攻圍名爲勤王實作賊爾堅意動遂強成斂兵先君行未至泗境諜云有迎騎介而來副龔璹曰事叵測虎口詎可入送兵亦不肯前先君不得已遂返卽上疏言李成以朝廷不應付糧饟有引衆納命建康之語今靳賽據揚州薛慶據高郵萬一三叛連衡何以待之方含垢養晦之時宜選辯士諭意優進官秩畀以京口綱運如晉明帝待王敦可也疏奏上遣閤門宣贊舍人賀子儀撫諭成給米五萬石令第將士名貺恩初先君戒所遣使須疏從中出乃詣政事堂白副封時方禁直

達忤宰臣意以託事滯留降承議郎許出滁陽路張守忠李貴嘯聚潁上道益梗提舉官范湜張銳嘗招慰之旋復亂先君至順昌聞賊有至近郊以牛驢市物者約與相見譙門下先君曉譬切至曰自古無白頭賊賊悚然請歸報其渠迺爲書致其渠守忠貴聽命率所領入宿衛守忠初名俊入朝賜今名李貴卽俗所謂李閻羅者先君閒關至太原留幾一年虜（改作金）遇使人禮益削及至雲中大酋（改作帥）粘罕（改作尼堪）迫遣與副使官僞齊先君曰萬里銜命不得御兩君以歸大國度不足以有中原當還諸本朝迺逭天以奉

逆豫豫可磔萬段顧力不能忍事之耶今留亦死不臣豫亦死偷生狗鼠閒甘鼎鑊不悔也粘罕（改作尼堪）怒命壯士擁以下執劍夾承之先君不爲動旁貴人喈曰此眞忠臣也止劍士自爲跽請粘罕（改作尼堪）怒少霽遂流遞於冷山與假吏沈珍隸卒邱德党超張福柯莘俱副使至汴受豫命知恩州流遞猶中國編竄也雲中至冷山行兩月程距虜（改作金）都二百餘里地苦寒四月草始生八月而雪土廬不滿百皆陳王悟室（改作烏舍）聚落悟室（改作烏舍）使誨其子或二年不給衣食盛夏至衣獨布番謂（改作時命）四隸採薪他山嘗久雪薪盡

至拾馬矢煨麪而食紹興二年使者王倫歸爲上言之卽下秀州存問家屬賜銀絹二百适未冠得監南嶽廟先君辱於悟室（改作烏舍）十年多爲詩以諷皆憂國傷時語悟室（改作烏舍）嘗得獻取蜀策持以問先君先君歷陳古事梗之悟室（改作烏舍）銳欲吞中國曰孰謂海大我力可乾但不能使天地相接爾先君曰兵猶火也弗戢將自焚自古豈有四十年用兵不止者又數數爲言所以來爲兩國大事今既不受使迺令深入教小兒兵交使在禮不當執悟室（改作烏舍）或應或不應既大怒曰汝作和事官卻口硬謂我不能殺汝耶先君

曰自分當死願大國無受殺行人之名此去蓮花濼三十里使之乘舟一人蕩諸水以墜淵爲言可也悟室（改作烏舍）義而止兩宮蒙塵五國城嘗遣私人奏書幷獻胡桃梨脩粟麪諸物兩宮始知趙氏中興永祐陵諱聞先君北向泣血旦夕臨後遇諱日卽燕山開泰寺爲文以薦其畧曰故宮爲禾黍改館徒饋於秦牢新廟游衣冠招魂但歌於楚些雖置河東之賦莫止江南之哀遺民失望而痛心孤臣久縶唯嘔血又云盛德之祀傳百世以無窮在天之靈繼三后而不朽故臣讀之無不掩涕已遣使約和悟室（改作烏舍）問所議

十事先君條析之甚至曰封册是虛名年號本朝自有三千兩金景德所無東北宜絲蠶大國有其地矣絹不可增也至於取淮北人搖民害計本朝必不可景德之盟南北所得人皆不取載書猶在可覆視也悟室(改作烏舍)曰吾固取投附人誅之以懲後何爲不可先君曰昔魏侯景舉十二州地歸梁武帝欲以易其姪蕭明於魏景遂作亂陷臺城仆兩帝中國所監決不相從悟室(改作烏舍)稍悟乃曰汝性直所言不誑我吾與汝如燕遣汝歸議遂行所存沈珍邱德党超三人旣而莫公將北來議不合囚涿州事復變道達靼帳

其酋(改作帥)聞洪尚書名爭邀入穹廬出妻女胡舞(刪此五字)舉渾脫(刪此二字)酒以勸到燕一月越王兀朮(改作烏珠)族悟室(改作烏舍)黨與坐死數千百人獨先君故與悟室(改作烏舍)持論身幾死數矣兀朮(改作烏珠)知之故得免燕人重先君執節爭持酒食相勞苦先君開行鏖市物色諜者得趙德書幾數萬言藏故絮中以歸曰順昌之役虜(改作敵)震懼喪魄燕之珍器重寶悉徙以北意欲捐燕以南棄之王師亟還自失機會雖再躪河南後必更戌具以悟室(改作烏舍)問答語兩宮諸王主所居報上是歲紹興十年也明年夏求得皇太后書遣邵武男子

李微來上大喜因御經筵謂講讀官曰不知太母甯否幾二十年雖遣使百輩不如此一書遂官李微其冬復以書來曰虜(改作金)已厭兵勢必不久異時以婦女隨軍今不敢攜朝廷不知虛實卑辭厚幣未有成約不若乘勢進擊再造猶反掌爾所取投附人只欲保守江南歸之可也獨不監侯景之禍乎若欲復故疆報世讐則不宜與胡銓封事此咸有之知中國有人益生懼心張丞相名動殊方可惜置之散地並問李趙二相安否獻六朝御容徽宗御書其後和定永祐陵及太后歸音皆先報凡四年中以文書至者九數陳

軍國利病謂施行之則宗社生靈之福留中皆莫得聞先君言無隱情歸國以此觸罪諸子懼深禍過庭不敢一問北事故忠言秘策不得詳獨係帛書所存大畧如此初宇文虛中既換虜(改作北)官欲扳先君分譴乃力薦於虜(改作北)庭換先君爲翰林直學士力辭獲免宇文虛中爲詳定禮儀使始造赦其文復及先君先君訴虜(改作金)相韓昉乞於眞定或大名養濟圖逃歸計昉怒虛中贊其闕○舊校云盤洲集作贊其決遂換中京副留守復力辭昉大怒降留司判官爲承德郎趣行者屢矣誓以死不就職虜(改作金)法雖未換官而曾被任

使者永不可歸虜欲以計羈先君令校雲中進士試使者監上道先君日損食陽爲有疾狀既至謂同院官曰今取士以詩賦吾故學經爾曰豈不能出語策士乎考官孫九鼎者有太學舊爲以疾聞得回燕虜(改作金)議遣奉使人各還其鄉因赦及之他使者幸稍徙多占淮北無敢言淮南者先君實以饒州闔張公邵朱公弁自亦言和州徽州人既議和還淮以南使者故先君三人在遣中用事者多日此等人若放了幾時更有今不留後必爲我患歸計屢欲變參知政事王公倫至燕先君得虜(改作金)陰謀從坡上輿館中

人語爲留守翼王所獲付吏將馳流星騎上其事副留守渤海人高吉祥素嘉先君忠委曲護出之且易以他牘先君行月餘方以元牘奏垂入境追者七騎至及諸淮則在舟中矣至盱眙以奉使無狀自劾上方以來歸爲喜報無罪可待日以御札趣覲既至闕登時見內殿奏事罷力求鄉郡養老母上曰卿忠貫日月志不忘君雖蘇武不能過豈可捨朕去也賜內庫金帶鞍馬既又以馬驚復拜賜又賜御銘贊制琴一黃金三百兩帛五百匹象齒三百斤縣香酒茶諸果物中使日踵門咨訪宸章沓至且諭旨將柄用皇太后之歸也過燕先君冒禁朝焉至陛對乞賜見明日即詔入慈寧殿已設簾皇太后顧帝人曰云○(舊校盤洲集作皇太后顧帝曰)我故識尚書矣命徹之問勞優渥語必稱尚書朝對外庭臣唯先君一人見宰相秦檜肆言無所避彌三日不休曰張丞相虜(改作敵)所尊憚乃不得用錢塘暫蹕而景靈太廟極土木之工示無中原意耶語侵秦皆類此秦謂适曰尊公信有忠節得上眷但官職如讀書速則易終而無味要當如黃鍾大呂乃可閱九日進徽猷閣直學士提舉萬壽觀兼權直學士院虜(改作金)來取趙彬輩三十家先君疏言昔晉

韓起買環於鄭鄭小國也能引誼不與虜(改作金)既限淮淮官屬皆吳人留不遣蓋慮知其虛實情僞也彼方困於蒙古姑示强以嘗中國若遽從之彼將謂秦無人而輕我矣疏出秦作色曰公無謂秦無人後上疏言或以不與之故恐致渝盟宜曰俟淵聖皇帝及皇族歸乃遣又言王倫郭元邁輩以身徇國棄之不取緩急何以使人辭益剴切經筵進故實引楚平王止子旗伐吳事因言吳取州來楚弗與校撫民治兵五年而後用師今淮右之民勞罷流散宜時使薄斂勿令轉徙無告中興急務也秦益不喜初虜(改作金)圍

楚州久不下時秦畱粘罕（改作尼堪）所虜（刪此字）使之草檄諭降有室撚（改作錫納）者在軍知狀先君與秦語及虜（改作金）事因日憶室撚（改作錫納）否別時託寄聲秦色變而罷明日侍御史李文會論先君在朝必生事遂出知饒州秦方鉗天下舌不得言中官白鍔從皇太后北歸者宣言燮理乖盭洪尚書名聞華夷（改作中外）顧不用秦聞繫鍔大理獄獄成鍔實不識先君特以虜（改作北）中知名故鍔既流嶺海諫議大夫詹大方特疏先君與鍔刎頸交更相稱譽遂罷郡未幾謫濠州團練副使安置英州懿節皇后之姨高氏與其夫趙伯璘隸悟室（改作烏舍）戲下貧甚先君屢賙之范蜀公之孫祖平虜（改作金）不以為官傭奴之先君使以東坡所為蜀公銘白日我官人也虜（此字改作金帥）曰東坡書之不疑矣即釋之先君貲以歸裝貴族有流於黃龍府優籍者二人先君屬副畱守趙倫除其籍劉公光世之庶女小醜在虜（改在金）豢豕為贖以重價求匹偶衣冠之家畧為人奴者贖之數十人張待制宇發自蔚州死雲中先君過荒寺見其櫬攜之至燕山投其僕鍾禹功使葬司馬侍郎朴握節以死居數年無有能明之者先君為陳本末詔以忠節顯著贈兵部尚書其歸也北人

治餽具幾匝月後使者至虜（改作金）多問先君今何官居何地先君有膽畧遇大事敢為平居慷慨有經畧四方之志常與諸子曰在北方久料之熟矣今其勢日削可以憑軾取之過河朔時見父老指其子孫曰是皆生長兵閒已二十餘矣不知有宋我輩老且死恐無以係思趙心不幸大忤時相挫抑顛沛天不假齡齎志歿地諸孤不孝不及見其成大功名也

皓有松漠記聞金國交文具錄傳於時其松漠記聞曰女真舊絕小正朔所不及自興兵以後浸染華風酋長生朝皆自擇佳辰粘罕以正旦悟室以元夕烏拽馬以上巳其他如重午七夕重九中秋中下元四月八日皆然亦有用十一月旦者謂之周正（刪女真至此七十六字）金主生於七月七日以國忌用次日今朝廷遣賀使以正月至彼蓋循契丹故事不欲使人兩至也又曰女真舊不知歲月如燈夕皆不曉己酉歲有中華僧被掠至闕遇上元以長竿引燈表而出之以為戲女真主吳乞買見之大駭問左右曰得非星邪左右以實對時有南人謀變事泄而誅故乞買疑之曰是人欲嘯聚為亂刻日時立此以為信耳命殺之後數年至燕頗設之至今遂盛（刪又曰至此一百一十一字）又曰初

漢兒至曲阜方刪此字改作時有議發宣聖墓下添者字粘罕改作尼堪聞之問高慶緒勃海人曰孔子何人對曰古之大聖人下添尼堪怒三字曰大聖人墓豈可發皆殺之故闕里得全又曰予頃與其千戶李靖相知靖二子亦習進士舉其姪女嫁爲悟室改作烏舍子婦靖之妹曰金哥改作景格爲金主之伯固倫側室其嫡無子而金哥改作景格所生今年約二十餘頗好延接儒士亦讀儒書以光祿大夫爲吏部尚書其父死乞宇文虛中高士談趙伯璘爲誌高宇以趙貧命趙爲之而二人書篆其文額所濡筆甚厚會在燕識之亦學奕象戲點茶刪此七字靖以光

祿知同州冒墨有素刪此四字今亡矣其論議亦可聽衣服皆如漢兒刪此六字又曰遼亡大實改作達實林牙亦降大實小名林牙猶翰林學士虜俗大概以小名居官上○刪注二十一字後與粘罕改作尼堪雙陸爭道罕改作尼堪心欲殺之而口不言大實改作達實懼及既歸帳卽棄其妻攜五子宵遁詰旦粘罕改作尼堪怪其日高不來使召之其妻曰昨夕以酒忤大人大音柁畏罪而竄詢其所之不以告粘罕改作尼堪大怒以配部落之最賤者妻不肯屈强之極口嫚罵遂射殺之大實改作達實深入沙子立天祚之子梁王爲帝而相之女眞遣故遼將余都姑改作伊都庫帥兵經畧屯田於合董改作和勒端城城去上京三千里大實改作達實游騎數十出入軍前都姑改作都庫遣使打話遂退沙子者蓋不毛之地皆平沙廣漠風起揚塵至不能辨色或平地頃刻高數丈絕無水泉人多渴死大實改作達實之走凡三晝夜始得度故女眞不敢窮追遼御馬數十萬牧於磧外女眞以絕遠未之取皆爲大實改作達實所得今梁王大實改作達實皆亡餘黨猶居其地又曰金國治盜甚嚴每捕獲論罪外皆加倍責償唯正旦○舊校云松漠紀聞作正月十六見別本又云歸本亦作正月十六日則縱偷一日以爲戲妻女寶貨車馬爲人所竊皆不加刑刪妻女至此十四字是日人皆嚴備遇偷至則

笑遣之既無所獲雖畚鑊微物亦攜去婦人至顯入人家伺主者出接客則縱其婢妾盜器他日知其主名或偷者自言大則具茶食以贖謂羊酒餚饌之類次則攜壺小亦打糕取之亦有先與室女私約至期而竊去者女願留則聽之自契丹以來皆然今燕亦如此刪既無至此九十九字又曰蒲路虎改作富勒呼性愛民所居官必復租薄征得番漢閒心但時有酒過後除東京留守治勃海城敕令止飲行未抵治所有一僧以榛柃瘦盂遮道而獻榛柃木名有文縷可愛多用爲椀曰可以酌酒路虎改作富勒呼曰皇帝臨遣時宣戒我勿飲爾何人乃欲以此器導我

耶顧左右令窪勃辣駭彼云敲殺也○窪勃辣駭改作斡布哈卽引去行刑者哀其亡辜擊其腦不力欲令宵遁而以死告未畢復呼使前僧被血淋漓蒲路虎改作富勒呼曰所以獻我者意安在對曰大王仁慈正直百姓喜幸故敢奉此爲壽無他志也路虎改作富勒呼意解欲釋之詢其鄉以渤海對路虎改作富勒呼笑曰汝聞我來用此相鶻突豈可赦也卒殺之又於道遇僧尼五輩共車同載召而責之曰汝曹羣游已冒法而乃敢顯行吾前耶皆射殺之又曰金國之法夷人官漢地者皆置通事卽譯語官也或以有官入爲之上下重輕皆出其手得以舞文招賄

三二年皆致富民俗苦之有銀珠哥大王者銀珠者行弟六十也以戰功貴顯而不熟民事嘗留守燕京有民數十家負富僧金六七萬緡不肯償僧誦言欲申訴逋者大恐相率賂通事曰汝輩所負不貲今雖少遷延終不能免苟爲厚謝我爲汝致死其僧民皆欣然許諾僧具牒跪聽命通事潛易他紙譯言曰久旱不雨僧欲焚身動天以蘇百姓銀珠笑卽書牒尾稱塞痕者再庭下已有牽櫳官使二十輩驅之出僧莫測所以扣之則曰塞痕好也狀行矣須臾出郛則逋者已先期積薪擁僧於上四面舉火號呼稱寃不能脫竟以焚死又曰北人惜赦無郊霈予銜命十五年纔兩見赦一爲余都姑叛一爲皇子生又曰省部有令史以進士及第者爲之又有譯史或以練事或以關節凡遞敕或除州太守告令史譯史送之大州獲三數百千帥府千緡若兀朮諸貴人除授則令宰執子弟送之獲數萬緡刪又曰至此三百五十一字又曰長白山在冷山東南千餘里蓋白衣觀音所居其山皆白人不敢入恐穢氣一聞致蛇虺之害刪恐穢至此十字黑水發源於此舊云粟末河契丹德光破晉改爲混同江其刳木爲舟長可八尺形如梭曰梭船上施以槳止以捕魚至渡

車則方舟或三舟後悟室改作烏舍得南人始造船如國運糧者多自國往五國城載魚又曰虜改作金之待中朝使者使副日給細酒二十量罐羊肉八觔果子錢五百雜使錢五百白麪三觔油半觔醋二升鹽半觔粉一觔細白米三升麪醬半觔大柴三束上節細酒六量罐羊肉五觔麪三觔雜使錢二百白米二升中節常供酒五量罐羊肉三觔麪二觔雜使錢一百白米一升半下節常供酒三量罐羊肉二觔麪一觔雜使錢一百白米一升半

文具錄曰臣拘縶絕域十有五年凡所見聞亦嘗記

錄比聞孟庾南還發篋得其狀藁幾阻歸計應有書籍悉被斂留臣之所編若緊切者恐皆焚毀獨存此書其官制祿格封廕謚諱皆出宇文虛中參用國朝及唐法制而增損之臣輒舉其廢置施設之畧近左右司侍郎不除御置外郎各一人六部初置吏戶禮三侍郎位正四品後置三尚書仍兼兵刑之位正三品又增三侍郎升諸司郎中爲從五品添置外郎其後六曹皆置尚書國史院置監修以宰相兼領御史大夫翰林承旨皆闕不除國子監舊在燕京亦不設秘書省令在燕宏法寺監少丞郎皆備中丞唯掌訟

牒若斷獄會法或春水秋山（謂去國數百里逐水草而居處）從駕在外衞兵物故則掌其骸骼至國則歸其家諫官並以他官兼之與臺官皆備員不彈擊鮮有論事者外道雖有漕使亦不刺舉故官吏贓穢畧無忌憚其恃權勢者恣情公行民不堪命（刪與臺至此四十六字）左右丞相以見有人故以侍中令居其下仍爲兼職兩省侍郎亦虛位以左右丞皆有見任仍列其上參政亦闕官故在從二品後雖置二員卻稱參知統收猛安（改作明安）謀克（改作穆昆）以管女眞戶爲上雜以漢人爲下猛安（改作明安）者夷言（刪此二字）謂之眉安謀克（改作穆昆）卽毛毛可都事令

史多以登進士者爲之預其選者人以爲榮凡丁家難者不以文武高下未滿百日皆差監關稅商稅院鹽鐵場一年爲任謂之優饒其稅課倍增者謂之得籌每一籌轉一官有歲中八九遷者近始有止法不得過三官點者揀課額少處受之或以家財貼納只圖遷轉其不欲遷者於課利處除歲額外公然分之每歲轉差參知一員至燕集注五品以下陞陟皆由都事令史好惡其有負者不責降只差監轄鹽場課額雖登出賣甚遲雖任滿去官非賣盡不得仕至有十年不調者無磨勘之法（刪凡丁至此一百七十三字下添官人法三字）每

一任轉一官以二十五月爲任將滿卽改除並不待闕亦無選人法河南州選人初用舉官陞改近以舉官受賂遂廢不行本朝士人有帶職自大觀文至直秘閣皆謂之貼職若擬授者不問高下於階官上只加一資既無職名惟重階官以三品爲高六曹郎中舊依遼例皆稱尚書故以侍郎爲重今則自侍郎以下只呼階官而不稱其職明經童子兩科仕止於州司候縣主簿任子之法一品於閤外承應三品內供奉班不限人數亦無年限並補右職皆與監當本朝人換官以進士爲上奏廕次之軍功與他出身最下

皆入雜班傔使三品以上俸不分正從虛中既在翰林乃誘后舅都檢點乞增正品俸比從三品增三分之一點檢既出復仍舊制近聞一品二品復增正品則三品亦例增矣直省官主供官筆札皆用明經童子登科者爲之引接用衙校牽櫳傔從多用燕卒當職官多取其直而錮其役一卒役一歲往來六七千里貧者甚苦之出錢七八十千乃免廟諱尤嚴不許人犯嘗有一武弁經由元帥投牒誤斥其諱杖背流遞初只諱旻後有申牒云旻閔也遂並閔而諱之當至刪職此七十九字自泗至會甯驛舍地里漫具於後其他不可縷陳聊述大概備乙覽臣無任昧死紹興十三年九月日洪皓謹記

十二月張士襄遠小監當

張士襄因去歲奉使回奏事不實諭與遠小監當遂監南康軍城下酒稅

張浚觀文殿大學士

制曰無德不報君子以茲致祥疑罪惟輕聖人之所惻憫矧茲上宰備載元勳不勝人言之繁寖疏國士之遇投閑已久清議藹然宜有褒嘉之章式昭眷倚之厚具官張浚幼負大節早際昌期五龍夾日而飛忠誠莫貳三軍之帥可奪生死不移耿然孤忠播在輿論朕講信修好休兵息民通南北兩朝之懽爲社稷萬世之計而前日之輔政者何罪滿朝之醜正者何多肆予元臣久在外服朕今祇見上帝錫賚海隅豈其股肱之良尚處瘴癘之地眞祠美職內殿崇資非特以慰斯民之心亦所以增有識之氣

金人遣使來賀正旦

二十六年辛次膺知紹興府兼浙東安撫使

遺史曰先是辛次膺爲湖南提刑聞金人遣使張通古來詔諭江南曾上書言父母之讎不與共戴天兄弟之讎不反兵豈有降萬乘之尊屈己稱藩者乎書奏不報卽丐祠遂主管台州崇道觀紹興十年金人敗盟次膺有故人將漕湖北者擬寄居鄂渚而依焉及見岳飛待遇甚厚力留次膺寓居次膺亟歸語兄弟曰岳飛握重兵昧保身之策禍將及矣飛厚賂其行次膺不受遂入鄱陽寓居宮祠滿以與秦檜不協不復再陳貧窶之甚未嘗以一字通貴要亦未嘗以毫髮干人閱十二年忍窮如鐵石而志氣不少屈兄弟殂喪竭歡致養上順親顏撫恤幼弱一門和熙邑人化之至是除帥浙東未赴移知婺州

四月十八日己丑陳誠之爲大金國賀上尊號使蘇曄副之

陳誠之假資政殿學士蘇曄假崇甯軍節度使副之爲泛使上金國主尊號也

五月二十四日壬子金人遣敬嗣暉蕭中立來賀生辰

賜進士出身頭品頂戴四川等處承宣布政使司布政使清苑許涵度校刊

三朝北盟會編卷第二百二十一

三朝北盟會編卷二百二十一校勘記

先君欲有所易 易誤作議 胡銓封事此咸有之 咸一作或 始造具赦文 赦文誤作始造赦其文 後三日復上疏言或以不與之故 脫三日復三字 金國交文具錄 交字衍 後數年至燕頗設之 設應作識 苟能厚謝我 能誤作爲 其山禽獸皆白 脫禽獸二字 其俗刳木爲舟 脫俗字 始造船如中國運糧者多自國都往五國城載魚 脫中字都字 東言謂之盲安 盲誤作肓 比從品俸增三分之一 從品俸誤作從三品 經由元帥投牒 由應作西

三朝北盟會編卷第二百二十二

炎興下帙一百二十二

起紹興二十六年七月盡其月

七月張邵卒

禮部尚書奉使金國待制張公行實曰建炎元年金虜（改作人）已陷京師二聖北狩車駕南幸海內俶擾公慨然有憂時之志二年二月請於州上封事曰臣聞古人有言主憂臣辱主辱臣死臣觀比年以來夷狄（改作金人）內侮京師陷沒二聖北狩宮室爲空陛下暴露蓋二年於茲矣天未悔禍淮甸再擾乘輿播越南紹

大江以萬乘之尊涉不測之險陛下之憂辱可謂甚矣此誠臣效死之日而職有常守不備行陣冒矢石以畢臣分復欲剖心拆肝指摘時事少陳愚者一得之慮以冀裨益其路無由疾首痛心繼泣以血誠不勝憤懣臣伏讀二月二十七日詔書有曰自今政事闕遺民俗利病或有關於國體或有益於邊防並許中外士民直言陳奏顧臣不學無術暗於大體不敢自謂有忠言至計然惓惓之情不能自已誠不敢避狂妄之罪輒效其愚臣竊觀今日中國之勢可謂危矣四海有瓦解之憂軍民有怨叛之意夷狄（改作邊騎）日以强盜賊日以多帑藏空虛干戈朽鈍而陛下以單寡之兵傷殘之餘退保吳越區區一隅之地國勢危弱莫甚此時臣欲大言之則迂闊而不能以紓難欲小言之則卑陋而不足以立國姑以當今所急者爲獻庶幾日有就月有功歲有成以光中興之業以復祖宗之舊陛下亦欲聞之乎臣聞國之强弱繫乎形勢有中原之形勢有東南之形勢塞飛狐杜太行據成皋之險距白馬之津西取關中以制天下此中原之形勢也據建康阻淮泗資荆湖巴蜀之饒擅吳越閩嶺之利養威蓄銳觀時待釁此東南之形勢也今

中原形勢未可遽爭而東南形勢當力爭之何以言之虜（改作金）既已取三關據大河轢關中城河陽形勢之地既畧有之京師孤弱環而弗取虜（刪此字）非不能取也闕其一面欲誘陛下歸而掩之也彼方據形勢以爭中原而我乃屢衄不振之師乘軍政破壞之後頓兵堅城輕犯險阻決一旦之勝爭尺寸之地非所謂見可而進知難而退者是中原之形勢未可遽爭也東南之地素號富庶誠可因以爲資待釁而動昔漢高以關中成帝業光武以河北致中興劉裕以江左平關陝孫權劉備皆一時之雄亦因江東蜀漢之

資而强於天下今東南兼有江淮蜀漢之地方之漢高光武蓋陛下之關中河北也豈孫權劉備區區僻陋所能擬哉殆天以資陛下而贊之中興舍此則無投足之地矣可不力爭之乎非保東南無以爲陛下之資非據建康無以鎮東南之勢建康之地龍盤虎踞古稱帝都卻倚大江險實天設荆湖巴蜀實居上流無事則漕輓足以給費有警則召兵足以戡難順流而下不淹浹旬吳越閩嶺實財貨所出擿山煑海其利不貲陛下何不據此以跨東南分遣將帥以除盜賊盡城江北諸州擇人以守之重兵以鎮之列屯相

望綿地千里亦禁革之術爲聲援之助以爲建康捍蔽以壯東南形勢乃退保錢塘示弱乎錢塘僻在海隅其地狹小臣恐虜（改作金）人聞之謂我棄江淮而退矣有如遣閒諜誘盜賊啗以高爵連衡抗我外恃金人之救內據要害之地堅城列守未可猝攻則是江淮之閒又生一金賊也（改作勁敵矣）失襄漢唐鄧則川陝之運不通失武昌蘄黄則荆湖之運不通失九江采石則江淮之運不通失淮西廬壽則維揚歷陽可以南渡而江左震矣就令能保錢塘彼將出豫章九江涉當塗京口數道並進南晥饒信北攻蘇秀絕我援

兵梗我糧道無地自處誠非持久之便也以陛下之聖明睿智天資神武如此臣固知陛下非以錢塘爲形勢久安之地也特以前日維揚無備暫爲避狄（改作遷避）之計因時巡幸徐圖其所嚮爾臣竊謂錢塘固非形勢久安之地然舍建康而之他則尤爲不可北門失守則京師陷關中殘破則襄鄧不足恃豫章長沙江陵之屬僻小一隅不足自保又下於錢塘小一搖動則江浙財貨復失之矣或者難臣曰子欲天子幸建康豈欲以長江爲險邪長江之險孰與黄河黄河且不足恃而虜（改作敵）既有之矣乃謂長江足以捍蔽

建康乎臣應之曰不然京師雖倚濁河爲固然我宋之都汴也實以三關四鎮與自河而北若府與州爲之屏蔽自祖宗以來嚴兵鎮守首尾相救形格勢禁虜（改作敵）人不敢入寇（改作潛入）非以黄河不可渡也懼諸鎮之兵俟其渡河而蹴之也引兵深入前限大河或邀其歸路或擊其半濟雖欲無敗可乎澶淵之役縱還而甚懼靖康之初講和而遂歸徒以河北諸鎮未盡破故也靖康再寇（改作至）實失三關諸鎮之未破者大抵兵少勢弱自救不暇虜（改作金）人乘虛破京師劫二聖其視黄河直若一溝瀆耳何足恃哉然則以黄

河爲險而河北諸鎮因河之險以爲捍蔽者京師之勢也以長江爲險而江北諸州因江之險以爲捍蔽者建康之勢也江北之備臣請復言之虜（改作金）入宿亳登萊則楚泗濠梁爲衝維揚爲阨靖江江陰爲重虜（改作金）入曹濮則陳蔡廬壽爲衝歷陽濡須爲阨九江爲重虜（改作金）入汝潁則襄郢爲衝安陸蘄黄爲阨武昌興國爲重以臣之愚欲望陛下分遣能臣相視諸州要害築堅城而守之長江之衝列置水軍而駐於南岸津涉之地嚴爲守備水戰之具務極工巧自江陵而下鎮江而上度地遠近列將守之其閒地遠

勢分則添置城堡守以偏裨聲援相及烽火相望隨其部分統大帥付之以征伐許之以便宜其委任規晝雖在平日悉比極邊虜（改作金）騎入寇（改作潛入）按兵持重或迎其前使不得渡或乘其後使顧而驚或邀其歸使棄所掠或薄其險使殲其類虜圍重鎮則哀兵以援盜賊所渡則併力邀擊此江淮設備之大綱也其閒細目不可勝舉臣未盡言姑以一方之所急者言之徙壽春濬淝水塞瓦梁繕濡須此一方之急也壽春舊治控扼南北阻水爲固其地最險自古南北交兵則必先爭晉守之以抗石勒是以有距靈之勝

梁失之以資侯景是以有臺城之亂周世宗伐淮唯壽春堅守數年不可下因劉仁贍之病其衆遂降世宗惡其險而遷之儻復其舊亦吾之保障也淝水之阻橫貫廬壽謝玄於此實破苻堅遺跡故道尚可究尋瓦梁誠塞後湖爲淵自昔南朝謂之北海遺址尚存復之甚易濡須之隖孫權所營權失合淝則濡須爲重我有合淝則濡須似輕設險豫備亦不可廢凡此數事皆在所急唯徙壽春尤不可緩以臣觀之今已晚矣誠非一守令幹辦所能了也此一方之急臣所知而畧言者如此江淮橫亘其里數千臣之所未

見與言之所未盡其他利害可類推矣陛下誠能從臣之計進守建康以持形勢經畧江北以爲距塞以我富强覬彼釁隙秣馬厲兵復中原之舊雪二聖之恥夫何難哉或者復難臣曰今日之事迫矣中原待救有顯然之急二聖未還須迎請之計車駕巡幸豈有定所子不陳攻取之計建興復之策因西北思歸之士及其鋒而用之以爭中原乃欲說天子以都建康是偷安之計爾且江淮之地縱虜（改作敵）得之不能守也乃區區留意然則江淮而北子欲棄之以蹙國耶臣復應之曰不然觀時而動見可而進兵家之勢

也吾豈棄中原而忘二聖哉顧虜(改作敵)戰屢勝而我常衄虜(改作敵)氣方張而我未振角力爭進誠所未暇若曰得吾地而不能守因置度外又非計也兵法不曰先為不可勝以待敵之可勝無恃敵之不來恃吾有以待之耶鄉所論江北之備特建康之扞蔽天子之近衞耳江淮有備勢可自守無有後患然後選將命兵東繕齊魯西復潼關北取河津以圖恢復以迎二聖未為晚也然今日之急江淮之外若彭門青社若京師澶濮與夫關中川口之地亦宜有以大鎮撫之俾扞蔽益多而東南全矣齊襄公復九世之讎春秋大之越之報吳也亦以二十一年之久玆事體大當務萬全吾豈棄中原而忘二聖哉東南誠全相與堅守虜(改作金)人聞之亦謂我無意於中原也不復備我日益驕惰且有內釁可得而乘昔漢高之都南鄭也張良勸燒棧道以示項羽無西意羽以故不復設備高帝因之遂能定三秦成帝業往事可槩其理灼然不識陛下以為然乎雖然前言所陳特立國之一事爾又有大於此者陛下誠能不惜玉陛方寸之地使臣披露肝膽當為陛下盡陳當今之急所以富國所以强兵所以除盜賊庶乎宏業可興中原可復大

恥可雪陛下亦有意乎蒙恩召對時虜(改作金)再入寇(刪此字)渡河而南朝廷求可使者欲止其師莫有應者公慨然請行上嘉之特轉五官授奉議郎直龍圖閣借禮部尚書充奉使大金軍前使楊憲副之以泛使恩官其二弟邴邴邴又以泛使賞格授添差明州觀察推官與諸弟奉太夫人居於鄞公以其日就道是月至楚州先遣二校執旗渡淮抵淮陰見金人先鋒太一孛堇(改作托雲貝勒)留一人為質遣一人還報遂抵海州界見孛堇(改作貝勒)使鬱(改作裕)太尉者館伴又有店者(改作德濟)天使偕行至濰州接伴天使至有妓樂出迎公曰二聖見在北方某為臣子所不忍聽遂止樂凡三請方赴宴宴罷遣妓四人來侍公明燭竟夕危坐翌日見監軍郎君撻懶(改作達蘭)令公拜曰監軍是北朝兩府某是南朝兩制無拜之禮撻懶(改作達蘭)曰汝見大金皇帝也不拜耶公曰見大金皇帝則拜遂設香案俾望拜撻懶(改作達蘭)遣人取國書因止公於昌邑俾俟報久之隨行吏士謀曰我輩執留於此未有歸期虜(改作敵)亦黠且從初黷我者孛堇(改作貝勒)也不若殺之人各散去遂與楊憲合謀以狀告公公曰不可是反害事吾儕安得脫於是大違衆議憲等怒反誣告於虜(改作

金若僞泄其事者撻懶改作達蘭以甲圍昌邑遣人執公等且問如何謀反忽一使臣曰不干倘書事三日前收得副使狀子今在夾牆裏因指示其處數人取得之以白撻懶改作達蘭方知事不由公鞭楊憲五十使臣譚恭以下各三百俱執送密州柞山寨拘繫虜改作使兵屯守於近明年四月公聞撻懶改作達蘭復經畧乃以書抵之曰竊觀自古忠信之士將命出疆緩頰立談非獨有以利於我亦將有以利於彼然後可以解兩國之紛成一時之事某等駑怯不敢自比古人而區區之意所以爲閤下利害計者請爲大國陳長慮遠

圖之術某聞善創業者不必善守又善制勝者不必善持盈善成始者不必善成終是以自古有爲之君與佐治之臣負英特雄偉之資適逢其會乘敝而起兵强於天下威加於鄰國則必以守文爲難而某等輒復以持盈成終爲難而附益其說以獻於閤下何者以某區區之愚嘗觀於大國自交兵以來大小數百戰未嘗敗衄卒獲大利成大功可謂善創業矣可謂善制勝矣可謂善成始矣然連兵二十餘年士不解甲馬不釋轡南北之民肝腦塗地殺伐不可謂不多愁怨不可謂不衆士大夫不可謂不勞訖未聞有偃革迴兵之議興滅繼絶之恩無乃犯猶火弗戢之戒乎昔楚有養由基者善射去柳葉百步百發而百中之左右觀者數百人皆曰善有一夫立其旁曰可教矣基怒釋弓撫劍而問曰客安能教我射乎客曰我非能教子屈左伸右也夫去柳葉百步而射百發而百中之可謂善矣不以善息少焉氣衰力倦弓撥矢鉤一發不中百發盡廢基曰善此雖古人已陳之說然某等輒敢借是意以教執事者用兵庶乎可以少助大國守文持盈成終之術不識閤下以謂然乎雖然爲用兵之策者亦必有說矣不過曰南人易與

耳甲兵不如昔日之强財用不如昔日之廣大江之水僅一衣帶比之黄河豈不可渡當昔日能勝之而今乃不能耶某等竊以謂不然蓋聞善論天下之兵者不論强弱論其曲直而深識天下之理者不患太弱患於太强當宣和靖康之閒南國亦可謂强矣而其理似曲何者宣和開邊隙其曲在帥臣靖康啟兵端其曲在謀臣是以大國能勝之然宣和靖康之事既往矣固非嗣君之所與亦非使者所敢及而今日之事則又非敢較曲直於大國也特敢以師出有名無名爲言耳抑古語曰困獸猶鬭而況國乎大江之

阻固未嘗恃然冬〻無堅冰水多風濤苻堅魏武皆嘗輕覩訖不能渡自取奔覆況江爲四瀆之長豈黃河可比也哉借令大江可渡而江南地卑多水閣下欲以疾戰勝之則吳楚輕剽難與爭鋒欲以持久斃之則疾疫暴作非所宜處南北之限天實爲之脫有意外之驚少致蹉跌豈不損威重喪前功也議者之意又不過曰南人怨我深矣不以此時遂勝之其如後患何某又以謂不然宋有南朝二百年矣自太祖皇帝以揖遜得天下僭僞畢臣未嘗殺戮傳之子孫世世修德惠澤之結於民也久矣億兆之愛其君也至

矣時雖多故天命未改書曰天視自我民視天聽自我民聽傳曰三代之得天下也得其民也得其民者得其心也自兵興以來調發不可謂不多煩費不可謂不廣然南國之民舉無怨讟之念乃有謳吟之思試察民心可以見天意矣張邦昌挾宰相之貴籍大國爲重不敢一日私有神器自江而北盜賊多有大抵皆以興復趙氏爲言無一人敢僭竊名號者嗣君以片紙呼之一戟向之悉降悉敗此又可以見天意也議者謂某等曰石氏柴氏嘗有南國矣一滅遂廢豈必趙氏長有天下耶某曰不然石氏柴氏之得天下也皆以叛逆取之享國日淺無德在民其所施於民也不厚天之報石氏柴氏也亦薄是以一滅不復興豈比趙氏積德垂十葉之光施澤幾二百年之久過於漢唐遠甚漢嘗滅矣至光武而復興唐嘗喪其河北關中之地幾於滅矣已而亦克復興孰謂趙氏而可以此時取之哉萬分有一假令大國以兩河之地爲他姓之有則百姓無樂推之意日尋干戈藉口以起他日爲大國之患殆恐非細閣下以皇帝貴介之弟當閫外經畧之寄大國休戚閣下實同之伏幸少采愚者一得之慮以某等是書之意達之皇上謀

之元帥罷兵休師遂敝邑之所請早賜某等旋歸復命之期使得報嗣君而稟事焉實天下之幸撻懶（改作達蘭）得書久之傳令俾送僞齊錄用撻懶（改作達蘭）即後爲元帥魯國王者也公至東平見劉豫升陛揖曰即日恭惟殿院台候萬福豫愕然因慰藉公等且及錄用之意公讓責之爲陳君臣大義慷慨憤激詞氣俱厲豫大怒是日副使楊憲已髡而（此二字刪）降公歸欲斬之未發而遁豫囚公於司理院者半年公屢請借書以觀豫知公終不可屈遂復送於虜（改作金）虜（改作金）拘於燕山之圓福寺從者皆散莫知所在是歲辛亥實紹

與改元至四年三月聞戎酋（改作其帥）阿盧吾（改作額魯溫）寇（此字改作回兵）陝西回（刪此字）公草書與之曰某嘗以管窺天竊見於大國可謂既安既治矣然而弓矢未盡櫜櫝匱黔庶未盡返田畝士大夫未盡安室家而閣下亦未免暴衣露蓋之勞豈非以江南爲慮耶審如此某竊以爲過矣某聞天下之事有所謂一時之憂有所謂萬世之憂有所謂一時之利有所謂萬世之利以某爲大國計若釋江南而不伐則可以得萬世之利而萬世以無憂一時之利不足道也伐江南而不釋則止可得一時之利而遺憂於萬世一時之憂未必

銷也請爲閣下別白言之大國議兵執事者之意某知之矣不過曰宋人之怨深矣入其國披其地而今保於江南恐其乘釁隙而擾疆埸焉此一時之憂也萬分有一大國以議者之意爲然命將興師加兵於江南一戰而勝之此一時之利也而所謂萬世之憂與所謂萬世之利初不在是大國之執事者以江南介意而慮東人之未有歸也於是援齊而立之倚爲藩屏且存靖康大河之約而示天下以不貪其地此某妄意之所適者也然某聞以國爲屏者力倍則爲臣爲臣則能制能制則久而爲利力均則爲敵爲敵則不能制不能制則久而爲害大國之於齊固當倍其力而使爲臣非欲均其力而使爲敵也若過以江南爲慮而勤兵於遠戰而勝之則齊人任拓地之福大國失養鷹之術戰而不勝則大國受衄兵之禍而齊人持首鼠之謀雖然以大國之威靈而閣下專閫外之事有所不戰戰則必勝戰勝而後萬世之憂起矣得江南之地而大國不能守虜江南之民而大國無所用縱有金帛之得不償人馬之耗疲民遠役徒以厚齊末大必折尾大不掉古有明訓不可不戒且閣下獨不見景延廣之事乎契丹救晉祖之死而與

之以天下恩爲父子義爲君臣自以爲膠漆之固傳及二世得景延廣一言而背之適無他虞能伐其罪使當是時契丹有牽制之憂晉人獲忠智之佐詎能伐而勝之乎雖伐而勝所損既多既失屏翰之臣旋喪關南之地此天下之所知也安知他日齊之諸臣不有爲景延廣者耶齊人之德大國固厚矣自今日觀之宜不敢背然傳世一再之後歷年十數之久國日以富地日以廣建皇帝尊號則與大國之貴均也稱南北兩朝則與大國之大均也其貴均孰肯爲我事其大均孰肯爲我役志滿意得侈心日萌儒生獻

議曰國體壯矣請去臣號以準古武夫獻議曰兵力强矣請飭武備以待敵於是時而有好利喜功之主則必曰南北朝為敵國其來久矣古不臣而我臣之何以示後世耶此有纖芥之隙可伺彼有蚍蜉之援可恃飛揚跋扈難以制矣伐江南而勝之其憂如此果能一戰而必勝乎其所謂遺憂於萬世而一時之憂未必銷者此也書成未及上守者疑之閉其出入其後十日虜（改作金）遣人索書觀之已而轉徙益北至平欒州興中府義州中京會甯等處去燕山東北二千餘里覊縻流放不復問其所止虜（改作金）蓋慮公明

言兩國利害深識南北之勢過為之慮欲遠而絕之如所謂中京者往時二聖嘗駐蹕於此如司馬公樸魏公行可崔公縱郭公元邁亦嘗在焉會甯則云中都又二千餘里也方是時虜（改作金）新立國嚮慕文教人知公以儒學士多從之授書生徒斷木書於其上捧誦既過削去復書中圓如瓠而首尾尖目之曰木橄欖蓋其俗兒童誦習率以此公又以易講授學者為之期日升僧坐鳴鼓為候請說大義一時聽者畢至由是生徒或有錢米帛之饋則賴以自給歲在癸亥二月初六日金人忽召公詣尚書省說諭放還遣

使館伴俾就館且使與洪公皓朱公弁會於燕山同塗而歸時紹興十三年也四月十四日自會於同涂而洪公先在焉五月朱公自雲中至六月庚戌三人俱發軔於永平館途中以詩唱和目之曰輶軒唱和集七月七日至汴京館於都亭驛二公俾作集序自是南歸至盱眙軍以表聞公陛對首以主憂臣辱願不忘嘗膽為言至言一時死節者請加褒贈有曰臣聞古者敝帷不棄為其埋馬敝蓋不棄為其埋狗夫馬以代勞狗以守禦其為功也微其為物也賤而猶有帷蓋之報況執節死事之臣功非微而事非賤者乎

臣伏見靖康以來迄於建炎使於金人而不返者至數人若陳過庭聶昌若司馬朴若滕茂實若崔縱若魏行可皆執於北荒歿於王事而司馬朴之節尤為可觀劉豫既廢金人取河南地戎酋（删此二字）撻懶（改作達蘭）使樸為尚書左丞欲以收南人之心朴辭以疾堅臥不起撻懶（改作達賚）不能奪其節後以病卒陳過庭且病死其卒自剖其腸取肝為羹以獻冀愈過庭之疾既死以北俗焚之其卒又自剔股肉投之於火曰此肉與公同焚其感人如此聶昌割河東絳州人殺之滕茂實將死自為祭文人憐其忠崔縱中風坐廢三年其

將死也以後事屬臣魏行可之死臣亦見之去冬臣請於金人尙書省乞挈崔縱魏行可之櫬以歸其宰執憐之朝命下所屬發遣而魏行可之櫬有葬之中京者乃不果發而崔縱之櫬金人差丁夫輿致令臣護之以來臣謹置之臨安府城外妙行寺而臣之隨行使臣有呂達者本婺州人亦以病死於北界臣愚欲望聖慈憫死事之臣如陳過庭輩七人其間恐有未經襃贈者命有司檢舉特施卹典訪崔縱之家許親戚迎護其櫬而官助之葬下以慰忠義之魂於九泉上以副陛下不忘臣下之心庶可以激勵天下仗

節死難之義疏奏宰相怒降旨令開具逐人致死因依申尙書省是時和戎（改作議）旣堅朝廷奠枕上下相安大臣方將盡舉天下中興文物之盛而公氣槪質直忠義自許初脫異域萬死一生銳意盡言不暇依違故大忤時宰方國家之不競也虜（改作金）跨河而有之獨環京師而不取公上書首言其詐是後卒如之其見撻懶（改作達蘭）於昌邑也遇秦丞相閒行南歸班荆路隅泣涕相勉詞氣奮烈秦公爲之側目有吳綵者有孫懋者嘗爲馬擴屬官擴軍退而綵懋降虜（此字删）撻懶（改作達蘭）使二人從公飲酒以誘之蓋綵頃在宣和閒與公同爲太學生時以虜僞（改作命）知萊州妄自矜大爭論輒不遜公叱之而罷自是不復見逆豫之僭號也實虜（改作金）援立之背義違天神人共憤而公廷折其狂妄之威示之以比肩之分使一時汙染之俗知有大義貽書於虜（改作金）曉以末大必折尾大不掉以啟廢豫之謀非公胷中甲兵足以殄滅之則豫之跳梁跋扈其有旣哉當其時握節於虜（改作金）者幾三十人嘗因朝廷赦宥許使者歸其里諸公懲久蟄語不以素或徼幸稍南則占籍淮北惟公以實告且甘心流離不爲勢利屈臥起一節忘其凍餒亦猶齧雪

餐氊幸而不死其後益徙而北稍稍自便始有哀王孫者故謝樞密王公倫惠綿衾之詩曰蘇氊久絕寢衣想姜被忽分挾纊春至訓導童蒙資其束脯困戹如是而志不奪其後十餘年間一時南冠者或死或留所餘無幾而公亦自分淪於左衽（改作土壤）身膏胡沙（改作邊庭）歿不復歸矣其於懷闕思親之外處之怡然紬繹書史賦詩作文比歸蕞帙至多類與時不合目擊誣告羅織之禍悉焚之殆無孑遺公之操心慮患如此卒以自免吁可哀哉自靖康以來仗節死義之士固多或歿異域者將無以自見公歸首以司馬等數

人爲言歸崔公之喪且請加卹典雖一時忤大臣意而數公之節義凛凛乎標於青史使後世知聖代之多忠臣公之力也

三朝北盟會編卷第二百二十二

賜進士出身頭品頂戴四川等處承宣布政使司布政使清苑許涵度校刊

三朝北盟會編卷二百二十二校勘記

陛下暴衣露蓋脫衣字　蘙除盜賊蘙誤作以　示草禁之術示誤作亦　則京師陷未可歸脫此三字　清江江陰爲重清誤作靖　統以大帥脫以字　中原待救有頭然之急頭誤作顒　未有歸期虜益玩益誤作亦　柞山寨土牢拘縶脫土牢二字　明年四月一作五月　不必善守文文誤作又　我非能教子屈左伸右也一本無能字　藉大國爲重藉誤作籍　至平州灤州誤作至平灤州　司馬公朴朴誤作樸下同　有挈之中京者挈誤作莾

三朝北盟會編卷第二百二十三

炎興下帙一百二十三

起紹興二十六年十月十八日丙戌盡其日

紹興二十六年十月十八日丙戌尚書左僕射万俟卨

上皇太后回鑾事實

皇太后回鑾事實序曰臣聞聖人之理天下也必以至德要道爲先唯其體純孝之性於自然謹欽愛之誠而不匱烝烝翼翼造次靡違則上可以格於神明下可以刑於海寓天之丕應也如形聲之相隨事有至難也若符契之必合瑞慶大來光映史册矣恭惟

皇帝陛下法姚虞之盡善盡美邁湯后之克寬克仁爰自即位以來慨念慈闈復有封疆之阻未明而興嘗食以歎履至尊之祚有萬乘之貴而未嘗一日以爲歡也大謀長算時出宸慮講信修睦斷以不疑不憚謙辭厚幣之勞以冀承顏問膳之樂聘使交馳閱十六載矣至於恭上册寶以伸南陔之思宏建殿宇以崇長樂之奉自惟鑾輿器用之屬與左右供奉之人前期趣辦罔不畢具然後申遣信臣益加勤請天啟鄰國之意悉如聖心馳馭旋歸丕受四海九州之養閎休茂烈焜燿今古載籍所傳未之有也繄聖孝之至格於神明上帝降臨默垂孚祐克濟登茲於皇懿哉顧念太史之官以論譔爲職國有大慶所當備書矧嘗下明詔俾之繙藁而因仍積歲曠弗置員紬繹之功蔑如莫著臣屬奉訓言典領司事遂與修撰臣允忠等博求本末趣就編摩累月之間條章麤立凡宣諭大臣之聖語堅明和好之遠圖肇正鴻名導迎翟輅典章之盛容衞之美褒榮之及三世顯寵之被一門歲時用度之品目姻族賚蔭之等差下逮參裁禮制之官服勞閨閤之吏增秩受賜各以類陳而前後臣僚揄揚抃蹈之辭亦無不具載起自建炎丁

未迎請之初訖於紹興壬戌還御慈甯之始以年月次之分爲十册稽採事實略已詳盡輒諏日拜章塵於御府昔鄭國城頴之詩固非全美而唐室元和之頌或有飾詞比之聖朝誠不可並世而語唯是張官置局徒費廩食而潤色非工不可以仰副隆指進退慙惕若無所容然竊謂慈甯上壽及此良月宗祏保磐石之安陛下擁如川之福怡色愉聲奉承太母冬温夏清彌億萬年喜氣溢於九重懽謠洽於四海則是書之作推本陛下孝治之孚以迪今日之懿自我作古貽之方來甚盛德之舉不其偉歟臣等區區草

木之微得託名篇帙附天地以不朽實千載一時之榮遇惟陛下矜其淺陋而賜採擇焉臣不勝幸甚紹興二十六年冬十月十八日左宣奉大夫守尚書右僕射同中書門下平章事兼提舉實錄院詳定一司敕令陽武郡開國侯食邑一千九百戶食實封七百戶臣万俟卨謹序

建炎元年五月一日上即位於南京實宣和皇后從狩之年也聖心懷思遣使不絕於道至紹興之六年凡十載閒無慮數十輩自七年正月二十五日何蘚還安問踵至三月九日車駕幸建康十一日行宮內

殿進呈吏部尚書孫近等奏奉旨講究宣和皇后合行推崇典禮宣和皇后尊號曰皇太后詔曰推立愛之道蓋本於事親昭欽養之誠莫先於隆禮爰正母儀之位以形孝治之風宣和皇后靜順承天柔明育德肅雝慶衍是生眇沖陰教表乎六宮美化行于四海閔予小子逢此百罹洒骨肉之至親借父兄而時邁十年地阻懷陟岵凱風之思萬里使還奉上皇寧德之諱興言痛慘增慕劬勞顧家難以何堪惟母慈之是恃念從狩襄城之野遠播徽音將廻還長樂之宮永依善訓屬當在疚亟議推崇日用三牲期致天下之養母臨萬寓宜極域中之尊延望慈闈恭加徽號宣和皇后宜尊爲皇太后仍令所司擇日奉上册寶應合行典禮令禮官討論以聞王倫等還越四日有旨復以倫爲徽猷閣學士借龍圖閣學士樞密都承旨再使高公繪以左武大夫借拱衛大夫忠州防禦使副之

紹興八年正月十四日臣鼎奏曰士大夫多言中原有可圖之勢宜便進兵恐他時不便議論謂朝廷失此機會乞召諸大將更問以此事上曰不須恤此今日事勢須當議和兩宮與皇太后皆未還若不與和

則無可還之理尚書省言大金軍前差福州管內觀察使太原府少尹河東北路置制都總管烏陵(改作烏凌)阿思謀中散大夫太常少卿騎都尉石慶充前來奉使詔吏部員外郎范同借太常少卿充接伴使武功大夫高州刺史帶御器械劉光遠借吉州團練使副之吏部侍郎魏矼充館伴使右武大夫榮州防禦使知閤門事兼客省四方館使藍公佐借慶遠軍承宣使副之二十五日三省進呈虜(改作金)使將入界差官接伴館伴上曰管待之理宜稍優厚若事有商量早遂休兵免使赤子肝腦塗地此朕之本意也詔太常

少卿吳表臣借左中大夫吏部郎中充館伴使王倫往來就館議事接伴使范同等申虜（改作金）使已到常州上曰太后春秋已高朕晨夕思念欲早相見所以不憚屈己冀和議之成者爲此樞密使秦檜曰陛下不憚屈己講和夷狄（此二字删）此爲人君之孝也羣臣見人主卑屈懷不憤之心此人臣之忠也君臣之用心兩得之矣上曰雖然如此有備無患縱使和議已成亦不可弛兵備臣鼎曰假使虜（改作金）人與我河南之地亦須嚴備江南參知政事劉大中曰和與戰自不相妨若專事和好而忘戰守則墮虜（改作彼）計中矣後

殿引見大金人使烏陵（改作烏凌阿）思謀石慶等見上首令王倫傳諭思謀等問太后淵聖聖體安畢良久思謀奏云三十年舊人別無孝順只望和議早成上令王倫引思謀慶令稍近前去御座咫尺復令諭思謀曰既是舊人望留意以王倫爲端明殿學士同簽書樞密院事仍賜同進士出身充迎請使藍公佐宣州觀察使借保信軍節度使提舉萬壽觀副使上曰行在所便當營建宮殿以俟太后之還宰臣等進表上皇太后宮殿名臣檜等言德之大者必盡方物之報以稱其禮孝之至者必得四表之心以甯其親天祚文武之隆世基任姒之聖仰模大業前考異宮宜昭揭於鴻名以答揚於流澤竊於東朝置衞遠存長樂之宏規中禁承顔近著聖慈之茂實皆以體皇居於宸極據壯勢於坤靈廣一人欽愛之風極萬世尊榮之奉載新令典久屬聖時恭惟皇帝陛下達孝通於神明要道刑於海宇恢復大業對越祖宗在天之靈仰慕小心躬蹈帝王高世之行人與能而樂戴天復命以中興上推履武之祥實啟生商之慶方且致天下之養用寅奉於母儀成路寢之安祇日嚴於子道臣等率籲衆志懇請一詞敢稽合於前聞願崇施於

遠古協情文而並舉煥典册以增華輦道中通朝夕燕兩宮之樂佩環入覲時節奉萬年之觴永垂裕於無疆益儲休於有羨伏請建皇太后宮殿以慈甯爲名謹奉表以聞禮部太常寺言奉上皇太后册寶册文曰嗣皇帝臣某謹稽首拜言曰臣聞自昔受命而帝者基德發祥必推本其所自出瑞乙生商履武造周聲之雅頌薦之郊廟以章神物錫符之休以開萬葉紹統之慶於皇盛烈其不可誣已天祚聖母系隆我家誕毓菲沖嗣守大器永爲劬勞詒翼委祉於我一人俾克祇德御以奉宗廟輯甯四方用宏濟於艱

難澤厚流光與覆載並德將竭四海之奉美萬物之報無足稱者粤若稽盛節尊鴻名參天貳地以崇施罔極率籲眾志忻合一詞懇懇惓惓不勝大願謹遣太傅秦檜奉玉册金寶上尊號曰皇太后恭惟皇太后柔閑淵懿體備坤順清淨淡泊用合道沖自天生德而保阿之訓丕勤動容中禮而珮珩之度可則佑我文考假於有家有葛覃恭儉之風有卷耳憂勤之志章明陰教協內治之助峻避私恩抑外家之寵至於德隆行尊淑聞濬發九嬪帥之六宮化之天下誦之上帝臨之有赫厥靈集大命於眇躬予末小子懼

德弗類無以答揚宏休惟順天經敘民彝通神明美教化實本於孝夙夜業業盡欽愛以事親期於上下明察合三才之義中外和平得萬國之歡蓋庶幾焉嗚呼禮莫嚴於報本唯聖人爲能完備而事時孝莫大於尊親唯天子爲能以天下養予小子非曰能之惟我聖母莫盛之禮惟稱秩敘膺受典册導迎休命還御慈甯母儀家邦於萬斯年受福無疆博厚持載燕及羣生予小子其永有依賴宰臣賀表曰稽考典章備嚴册寶望祥雲而遠想曷伸欽愛之誠御蘭殿以親臨幸展追崇之禮慶事躬行於禁掖驩聲自洽於寰區臣等誠懽誠忭稽首頓首恭惟皇太后殿下輔佐宸闈訓齊壼則吉夢夙占於日照眞人果應於虹流屬値艱難久暌溫清度龍沙而修聘迎鸞輅以言還鴻名推講於前期物采畢陳於今日組璣珮玉螭劍範金披纚藉之英華疊篆章而精密東朝端受增重坤儀彤管有光久符基化惟慈顏之悅豫知聖孝之昭孚臣等仰贊中興榮觀聖旨彌文具備已議禮於曲臺列辟交欣喜趨朝於長樂謹奉表稱賀以聞

詔端明殿學士簽書樞密院事何鑄充大金報謝使

曹勛以密州觀察使副之召勛至內殿委以祈請事宜宣諭曰汝若見虜金改作主第云父母眷屬久蒙安存恩德所及至深至厚然歷時已久霜露之感在人子何以安處亡者未有葬藏之期存者已遍桑榆之景兄弟聚族所存無幾今荷基緒居於人上每歲時節風雨晴晦常北首流涕若於此時蒙大國垂憐使父兄子母如初則此皆知所自傳之子孫千萬世所不忘豈不美乎若只令居上國一老人爾在本國所係甚重爾以此意盡言之當有相應至是何鑄抵金國見虜金改作主於春水門開先殿勛具陳上所宣諭及

祈請之辭虜金改作主惻然是晚耶律昭文楊仲修到館傳詔云早來使人上殿所請宜允仍令出回書相示有還太母之詔尙書省奏大金已差副使扈送皇太后一行前來詔魏良臣充接伴使藍公佐副之禮部太常寺言奉迎皇太后還宮實爲大慶合拜表稱賀表曰伏以瞻望慈闈喜言旋於北道肅迎彩仗獲就養於東朝構誠懽誠忭稽首頓首恭惟皇太后殿下位尊母儀德隆坤載六飛在御將承長樂之顏四海均驩永被思齊之化謹遣左中大夫參知政事同提舉詳定一司敕令奉迎扈從禮儀使王次翁捧表

恭迎以聞詔令今月二十一日詣臨平鎮奉迎車駕至臨平鎮奉迎皇太后皇帝入幄朝見宰臣文武百官班幄外起居上初見慈容情深感極淚溼龍綃軍衛驩呼聲震天地父老童稚携持夾道擁觀以手加額咸歎曰不圖復見聖人母子之重驩如此也二十三日車駕還自臨平鎮皇太后還慈甯殿宰臣文武百官表曰萬里回鑾慶母儀之正位九重視膳知子道之攸行運屬昌辰光超往牒臣等誠懽誠忭稽首頓首恭惟皇太后殿下篤生上聖克濟多艱惟事有至難在小人而則恐然誠無不動宜上帝之是依爰俾壽康歸安福祉用是擊鮮而釃酒蓋將含飴以弄孫臣等畧繆佐王孝資錫類昔望殊方之信遥阻山河今趨長樂之朝喜傳鐘鼓謹奉表稱賀以聞又表曰東朝旋軫式偕萬國之懽南面承顏斯表一人之慶惟時盛事允軼前聞臣等誠懽誠忭稽首頓首恭惟皇帝陛下光紹丕圖再恢中寓神武蓋本不殺天下無以解憂良由聖德之孚坐致天心之祐眷茲來復固異鄭伯之如初曾是艱難遠陋　唐宗之不見大欲既得衆美俱歸臣等幸際昌期繆聯榮序早知薄后之長者實興漢家願藉文母之徽音更延周歷

謹奉表稱賀以聞臣僚上言竊惟皇太后北征淹畱沙漠者十有六年尙賴陛下聖明虛心屈己上天悔過和好克成歸我太后此誠國家莫大之慶社稷無疆之福乞令詞臣作爲歌詩勒之金石奏之郊廟揚厲偉績垂之無窮獻皇太后回鑾賦頌千餘人内文理可采者幾四百人詔推恩有差而大理正吳㮚頌爲之冠其辭曰皇帝踐祚十有六載歲在壬戌金人遣使奉皇太后以歸仲秋丙寅龍輿及疆越戊辰事聞於上乃備法駕嚴仗衛奉迎於東朝宸心喜極見諸天表戴髮含齒之流踴躍抃蹈罔不交賀和氣歡

聲洋溢蒼旻嬪嬙賀於宮寀衡庶尹賀於朝商賈工技賀於肆黃童白叟賀於野咸以手加額曰於戲盛哉開闢以來所未有也仰惟太母北征歷時兹久遐瞻沙漠如隔霄漢一旦敵人悔禍寅奉以還吾皇帝得以周全左右侍饍長樂奉千歲之觴盡天下之養俾虞舜之孝思獲舒周文之問安獲展奉承宗廟社稷萬世無疆之休一人兆姓莫大之慶也臣仰觀主上握乾符恢皇綱遭時中微有如綿䋣宸心祗懼克肖天德仁蘇羣黎風清六合迎親之思不忘宵旰而晝夜思慮幾年於兹孝悌之至通於神明格天以道動敵

以誠曰戰曰和隨機而應先加以威幾破敵人之膽終受以信潛消敵人之詐雖明魏絳和戎之利然其來侵也必摧其鋒深鄙漢皇無親之言故其尋盟也必從其請此無他孝足以格穹昊誠足以動夷虜改作遐方聖心先定惟斷以成用是龍馭南歸歡動宮掖瑞慶大來殊尤卓絕臣竊謂隆古帝王有盛德事必見於歌詩下至有唐肅宗清姦臣且有元結之頌憲宗平淮且有柳宗元之雅使一時豐功偉績照映萬世赫赫如前日事以今大慶較其重輕固已萬萬疇昔其可無文字以述盛美乎一介妄庸固不能髣髴日月末光然覩慶事甯敢緘默謹洗心滌慮爲之頌曰

於皇睿明運符中興綿於肅清乾夷坤甯孝思兢兢三聖攸靈惟我文母遠征朔土蒼旻眷顧顯持陰護爰居爰處儲祥降祉睿明紹休匪豫匪遊人謀鬼謀迎親是求夜靡安席晝靡安食宸心切至迎親是議皇帝曰咨命爾輔臣朕有大計儲思惟親輔臣稽首對揚聖志惟斷乃成願破羣議皇穹隆赫鑒兹至德風行萬國聳動蠻貊誕揚天聲四征弗克敵人震驚稽顙尋盟遣使旁午願旋鑾輅稽考曠古目未曾覩帝曰休哉大慶鼎來喧傳九垓疾如驚雷乃嚴法駕

乃飾次舍千輿萬馬出疆以迓文母在遠雷剎日舒六龍鴛輦陟巘嵩呼濟彼洪流天吳翼舟微波聿收瑞氣橫秋文母遄歸千官儀儀歡聲戴馳霆震風飛鑾車至止幅幀咸喜丕照盛美實天所啟有漢高祖安忍無親輿言分羹實忝前聞有唐德宗求之莫獲莫享天心實有慚德惟我皇上聖孝絕倫念兹在兹虞舜周文蹝哉鴻休卓越殊尤二聖重歡壽與天侔慶飛於天恩淪於淵二聖重歡億萬斯年究觀古昔發揮偉績有頌有詩以紹無極瞻兹日月甯容圖繪小臣獻頌樂府是配上深喜之詔進官一等制曰朕惟

王道隆而頌聲作蓋將告諸神明而無愧豈徒中外相應以義理之文而爲觀美哉漢宣雖興協律之事至王褒侈辭亦莫敢當也其賢於武帝遠矣比者東朝旋軫爾援大喜而獻頌材藻甚巨麗然朕取漢宣則慮美蘖心固在所畏特喜爾能得思齊推本與進一官勉行所學

賜進士出身頭品頂戴四川等處承宣布政使司布政使清苑許涵度校刊

三朝北盟會編卷第二百二十三終

三朝北盟會編卷第二百二十四

炎興下帙一百二十四

起紹興二十六年十月二十九日丁酉盡二十九年十二月

二十九日丁酉張浚永州居住

張浚行狀曰公被朝命以太夫人之喪歸蜀八月行至荊南會以星變上降詔求直言公慮虜（改作金）數年間勢必敵釁用兵而吾方溺於晏安謂虜（改作其）可信蕩然莫爲之備沈該万俟卨據相位尤不厭天下望朝廷益輕顧在苦塊經歷阻險死亡無日不得爲上

陳之懷不自安乃復奏曰臣受陛下更生大恩今至憂廹身涉險萬里常恐一旦死塡溝壑終無以仰報陛下萬一思以展盡所懷瞑目無憾臣嘗病世儒牽於和戰異同之說而不知實爲一事或者竊位爲姦不知經久之心切切然利祿是圖而以欺惑陛下之聰明也又其甚則大姦大惡挾虜（改作敵）懷貳以自封殖其家鼓衆曲說愚弄天下敢畢陳之臣聞天地之大德曰生而天地生物之功本於秋冬蓋非嚴凝之於秋冬則無以敷榮之於春夏然則秋冬之嚴凝乃生物之基也在萃之象曰除戎器戒不虞泰之九二

爻曰包荒用馮河泰萃之世聖人謹於武備如此謂不如是不足以生物而行其心也況時方艱難而可忽畧不省啟大禍於後反謂是爲得哉若夫一時之和則實聖賢生殺天下之權商湯事葛矣而終滅葛周太王避狄矣築室於岐未幾謀以御敵詩曰乃立冢土戎醜攸行文王事昆夷矣卒伐之詩曰昆夷駾矣惟其喙矣越勾踐事吳矣坐薪嘗膽竟以滅吳越語曰越十年生聚十年教訓彼皆翕之乎始而張之乎終汲汲德政修立而以生殺爲心未嘗恃和爲安自樂其身而已也漢高祖與項羽和羽歸太公呂后

割鴻溝以西爲漢東爲楚良平進言今楚兵罷食盡釋而不擊是養虎以遺患也漢王從之卒成大業漢文帝與匈奴和曾無間歲之甯漢文全有天下謂可和以息民方是時百姓猶不免侵陵之苦至武帝始大征伐之其後單于來朝漢三百年用以無事唐太宗初定天下有渭上之盟未幾李靖之徒深入沙漠之地犂其庭係其酋改作長海內始安焉茲豈非以和爲權而亦得之哉若夫石晉之有天下則不然取之非其道謀之非其人桑維翰始終主和其言曰願訓農習戰養兵息民俟國無內憂民有餘力觀釁而動

動無不成若有深謀者考其君臣所爲名實不孚於上下朝廷之上專務姑息賞罰失章施設謬戾權移於下政私於上無名之獻莫知紀極一時用事方鎮之臣往往昏於酒色厚於賦斂果於誅戮以害於百姓朝廷莫知所以御之所謂訓農習戰養兵息民畧無實事維翰所陳殆爲空言姑欲信其當時必和之說以偷安竊位而已契丹窺見其心謂晉無人頻來陵侮日甚一日後嗣不勝其忿始用景延廣之議僥倖以戰不知其荒淫怠傲失德非一日天下之心已離天下之勢已去天下之財已匱延廣不學不知行

聖賢之權亟思所以復其恥立其勢強其國急於兵戰之爭事窮勢極數萬之師無一夫爲之發矢北向者至今爲天下唾笑言君臣委靡不振服改作甘役夷狄改作於人者必曰石晉云爾仰惟陛下聰明聖知孝心純一卽位以來任用賢才虜改作金人聞風而畏之於是有議和之事陛下以太母爲重且幸徽廟梓宮之亟還和之權也不幸用事之臣貪天之功肆意利欲乃欲翦除忠良以聽命於虜改作敵而陰蓄其邪心方國家閒暇之時怠傲是圖德政俱廢而專於異已之去意果安在哉夫虜改作金日夕所願欲者欲我之忠

艮淪沒耳欲我之盡失天下之心耳欲我之將士解體不復振其氣耳欲我之懷於晏安以甘於酖毒耳前日用事者一切徇其所欲甚而畢爲之不幾乎與虜改作敵爲地歟身死之日天下舉酒相慶不約而同下至田夫野老莫不以手加額其背天逆人不忠於君而天下人皆惡之如此且彼酋不思虜改作金之於我其愛之而和乎其有餘力而肯和乎其國中亦有掣肘之虞而和乎其圖之於後而和乎臣謂虜此字改作與金有大讎大怨不可復合譬若一葉之分今日之和必其酋改作諸帥攜離人心睽異始爲此舉以息目前

而圖取江淮以去除後患之心其中未嘗一日忘也惜夫前日用事者獨欲爲身謀爲子孫謀而不知爲陛下謀不知爲天下國家謀坐失事機二十餘年誤陛下社稷大事有識之士誰不痛心且夫賢才不用政事不修形勢不立而專欲責成受命於虜改作敵適足以招輕侮之心而正墮其計中魯仲連所謂彼將有所予奪梁王安得晏然而已乎甚可痛惜者也敵國之人何自而畏敵國之心何自而服敵國之難何自而成遲以歲月百姓離心將士喪氣國亦危亡而已臣願陛下鑒石晉之敗而法商湯周太王文王之心用越勾踐之謀考漢唐四君之事以保圖社稷深思大計復人心張國勢立政事以觀機會未絕其和而遣一介之使與之分別曲直逆順之理事必有成臣不孝之身親養已絕含哀忍死其亡無日徒能爲陛下言之而已臣又復思祖宗之德在天下至大至厚太平之治多歷年所三代盛時有不能及恭惟陛下稟乾剛之資輔以緝熙之學何治而不致願陛下充其志氣擴其聰明清明在躬如太虛然惟善之從以選賢才以修德政以大基業天下幸甚上付前奏三省宰執沈該万俟卨湯思退等見之大怒以爲虜改作金初未嘗有釁歲時通問不啻如膠漆而公所奏

無乃若禍在年歲間者或笑以爲狂臺諫湯鵬舉凌哲聞之章疏交上謂公方歸蜀恐搖動遠方有旨復令永州居住候服闋日取旨

遺史曰初張浚謫永州居住秦檜既死已令逐便居住矣至是浚進書乞勿信沈該万俟卨二相宜修武備或謂浚無此書憸人僞撰而進之又或以爲金人令奸細詐作浚進書雖不可明然該卨大怒湯鵬舉迎合二相意乃上言謹按前特進觀文殿大學士張浚輒敢胥動浮言恣爲妄發取腐儒無用之常談沮

今日已定之信誓豈復能爲國家長慮卻顧哉徒以去國有年居閒日久朝夕之所希望者惟冀復用爾殊不思紹興初年宣撫於外飛揚跋扈歷五春秋信任匪人殺戮名將輕失五路坐困四川江淮軍民咸被其擾耗公帑而市私恩縱狂言而無良策已試之效如此尚可言勇哉議者謂前此權臣嘗被其薦故雖瘠致人言姑竄近地而已今浚身在草土名繫罪籍邀譽而論邊事不恭而違詔旨豈知所謂以道佐人主者耶又況居憂者當以純孝存心爲臣者當以恭順承詔而浚以殺戮爲事是不孝也以悖逆爲意是不忠也乞量寘典刑屏之遠方又言前宰臣張浚

學術迂疏智識淺短剛果自任輕肆無謀器小任大自取敗失屢矣去冬陛下施曠蕩之恩還浚貶所復其舊職付以帥閫所以遇浚厚矣浚旣銜憂去職理當闔門自省乃復倡爲異議以動揺國是不惟安危之計獨狥偏私之見獲罪天下公議所不貸也浚初領兵於陝右妄行誅戮而五路至於陷失暨居宰席措置乖方淮西一軍旋致潰叛天下莫不怨之是浚無所施爲動必顛躋曾不追省愆猶肆大言欺愚惑衆冀於再用殊可駭笑況浚近得指揮歸葬於蜀儻堅異議以倡率遠方之人慮或生患又言訪聞浚之議論每及時政憑恃護短專務立異求售前日之聽說以倖將來之復用臣恐遠方遐徼民聽易惑別生事端有旨張浚復令永州居住候服闋日取旨

葛立方爲大金賀生辰國信使梁份副之。舊校云高宗本紀冬十月辛丑遣李琳使金賀正旦

十二月金人遣使來賀正旦

金人以李成知中山府孔彥舟知西京改元正隆元年

二十七年五月金人遣使來賀生辰

十月二十五日癸巳劉章爲大金賀生辰國信使李邦

傑副之孫道夫爲大金賀正旦國信使鄭鵬副之

十二月金人遣使來賀正旦

二十八年正月車駕在臨安府

五月金人遣使來賀生辰

金人在館館伴副使石清因酒與使客從人有語特與外任日下出門

十月沈介爲大金賀正旦國信使宋直溫副之黃中爲大金賀生辰國信使李鼎夏副之

十二月金人遣使賀正旦

二十九年同知樞密院葉義問奉使金國回

葉義問奉使金國回頗知金人有渝盟意乃諭意殿中侍御史江溦奏陳慮之有素則事至而安靜慮之無素則事至而倉卒靖康之變可爲龜鑑今諸將自和好以來各擁重兵高爵厚祿坐致寵榮養成驕恣朝廷宜有以懾其心作其氣戰士以伎藝回易專於雜役而又有老弱疾病之不汰逃亡之不補宜有以蒐閱之使有關心而樂爲用文武職事平居常患其多差除不行臨事要人則歎其無有當預選賢才不宜泥資格觀閥閱緩急非有益矣

正月二十一日乙酉復置江州都統制。舊校云按高宗本紀二十九年五月丁巳詔殿前司選統制官部兵千人戍江州三十年五月乙酉初置江州御前諸軍都統制以步軍司前軍都統制戚方爲之與此編所書俱不合而年月亦不同

乙酉降旨江州舊屯軍馬因移戍無以彈壓盜賊可置都統制一員殿前司通見屯駐人共撥三千人步軍司撥三千人馬軍司二千人令所差官吏招募二千人合用錢糧令戶部科撥付湖廣總領所仰荆南府差官應副營寨委江西漕李若川措置

十二月續戚知荆南府

劉錡改除鎭江府駐劄都統制卽以續戚知荆南府戚十二月庚午視事首論荆南當置一軍卽具劄子與宰相曰戚竊謂今國家之勢實在吳蜀而荆南居吳蜀之中最爲重地前世六朝之成敗興衰載於方冊者亦可見矣邇者北虜（改作敵）列屯近塞㐱然有建都雍汴之舉疆場洶洶靡然搖動幸其事暫輟邊人稍安而議者但知聚兵於東南而不知留意於西北使虜（改作金）人異時萬一遂徙雍汴則其勢不得不西資巴蜀之饒以爲用而南窺江浙之漕以爲食也今警蹕臨安則荆南者實江浙之右臂而巴蜀之咽喉也自中興以來三十餘年矣視荆之重如羈縻州郡故北虜（改作人）有移都之謀若不汲汲然長慮而早圖之艮可寒心也比聞朝廷經理荆州誠中機會少强人意其如兵備單寡形勢削弱未有隱然不拔之固也曷若分鄂渚戍兵之半爲荆南久駐之基而潛消北虜（改作敵）雍汴之謀乎夫和戎狄（此三字改作議和息戰）誠國家之福也聖人屈已同仁推赤心置人腹中其所以堅盟而守信者尤在於備豫而自治爾昔藝祖創業東門其征伐開拓必先取荆湖次巴蜀而後始及江左孰謂今日保聳王室誠可易而忽之哉或謂鄂渚之兵控制江南橫亘千里不可分是不然也設使荆南有警自鄂渚援之則溯流而上殊難爲功使淮南

有警自荆南援之則順流而下殊易為力今分兵於荆南則吳蜀萬里首尾俱應國勢自振然後屯田積穀閉關息民寬徭薄賦講信修睦而措宗社於磐石之固矣自後荆南置都統制別創一軍蓋慼敵之也又以劄子與吳璘宜持重待敵劄子曰某書生不曉兵事偶緣汪闕學至朝廷俾之暫攝制閫所恃宣撫招討少師相公秉鉞專征全蜀生齒倚若長城如某無似竊獲尸素而又得職事相聞伏蒙累示守邊良算顧深歎服忽又領此月初二日關牒金賊改作人侵疆百有餘里焚刦關輔欲令三路蹂踐四川窺伺川

口相公躬提大兵捍禦想賊改作敵素懾威名固已膽破鼠奔矣然某有少管見輒敢漫為鈞座言之庶愚者之慮或有一得耳蓋自符離德順退師雖為小衄而賊改作敵所傷斃亦自不少朝廷兼愛南北姑欲休兵息民遂捨唐鄧海泗之地以與之惟賊素無信義删惟賊至此六字改作金人一旦拱手得地氣驕志得有輕我之心況彼嘗獲吾民其中偷生負國之徒必有以吾之虛實利害而導之者故復啟其貪婪之心蠶食未已某愚意以謂賊改作彼誠無能為也自去秋以來張大聲勢下令傳檄曰以某日取泗以某日過淮以某日侵均襄以某日犯改作攻金商直欲恐脅朝廷冀以必從其欲爾今賊此字改作鬪於秦州鳩集簽軍鳴鼓大唱殺虜人民焚燒屋廬騷騷天水長道睥睨階成泗和以搖興洋此眞賊爾删此三字豈謀國長慮至計哉某謂相公宜提重兵持重待敵據險守要藏鋒伺隙密遣間探明遠斥候無分兵以自弱常處於以一擊十之地若賊改作敵勢重即將階成泗和一帶蓄積輜重老弱牛羊稍遷近裏而以輕兵邀絕津道若賊猖狂此三字改作敵敢犯此字改作深入吾之堅可以必勝若賊改作其力窮氣竭而走則吾可以躡蹤而襲之此萬全之策也昔趙

奢號為名將方其與敵戰也有一卒曰得山者勝奢遽從之遂以成功某不肖誠敢自比於此不識鈞座能采之否某以為執事之休戚係四川之安危用敢不避僭率冒昧言之伏冀垂察喋喋皇恐。舊校云按皇太后韋氏崩在紹興二十九年九月庚子雖與北盟無涉然回鑾既書之矣大臣中死者亦書之矣豈獨於太后反畧耶疑此卷有闕

賜進士出身頭品頂戴四川等處承宣布政使司布政使清苑許涵度校刊

三朝北盟會編卷第二百二十四終

三朝北盟會編卷二百二十四校勘記

則賫聖賢生殺天下之權（殺應作利） 而終滅葛書曰湯一征自葛始（脫書曰至此八字） 而以生殺爲心（殺應作利） 其欲圖之於後而和乎（脫欲字） 視荆南之重（脫南字） 況彼嘗虜獲吾民（脫虜字） 今賊自秦州鳩集簽軍（脫自字州一作川） 而以輕兵邀絕津道（津應作嵮）

三朝北盟會編卷第二百二十五

炎興下帙一百二十五

起紹興三十一年正月十四日丁亥盡其日

紹興三十一年正月十四日丁亥夜雪有雷侍御史汪澈上疏。舊校云按前卷編至二十九年止此卷接以三十一年所載正月丁亥夜風雷雨雪云云與正史同豈三十年內無一事可紀耶且如遣虞允文賀正旦徐度賀生辰之類似宜大書特書者而此編無之卷數雖連當有缺頁無疑

丁亥夜風雷雨雪一夕交作是春大寒兩雪異常人情疑畏侍御史汪澈奏言春秋魯隱公時大雨震電庚辰大雨雪孔子以八日之閒再有天變謹而書之

今一夕之閒而二異皆見此陰盛也今臣下無姦萌戚屬無乖剌無尾大之勢無女謁之私意者殆爲夷狄改作邊警乎天心仁愛陛下故以此示警兆改作欲陛下思患而豫防之願陛下飭大臣當謹邊備尋有旨令侍從臺諫條具消弭災異之術防守盜賊之宜澈復備陳災異之由因言十二事如置使上流以總軍務益李寶兵以備海道撥置松江帥守收拾兩淮人民等皆其急務

校書郎王十朋劄子乞用人先人望。舊校云以梅溪集校

臣一介小官不識忌諱不知朝廷事體愛君憂國出於天性妄懷嫠不恤緯之心竊聞道路洶洶咸謂虜改作北情不可測有南下牧馬巢穴改作遷宅汴都窺伺江淮之意廟堂之上帷幄之臣必有料敵決勝之策臣不得而知然議者以謂邊奏有警則羣臣失色相顧聞稍甯息則恬然便以爲安且謂敵有內難勢必不來夫不恃我之有備而幸敵之有難其謀國之術亦疏且殆矣自建炎至今虜情改作彼國未嘗不內相殘賊也然一酋斃一酋出刪此六字改作健者不乏其勢愈熾曷嘗爲中國利哉要在所以自備如何爾我先有備敵雖彊而不足畏我苟無備敵雖有難幸之何益彼或不以

有備爲畏乘我稍怠長驅而來其將何以禦之耶臣以爲禦戎改作之之策莫急於用人用人之要莫先於人望蓋知人之術自古所難蕭何不生孰能薦韓信於未知名之日孟軻復出亦必取士於國人皆曰賢晉悼公以民譽而用六卿遂成復霸之業東晉以人心而起謝安石遂成破敵之計國家寶元慶歷間西夏叛命仁宗皇帝以經略安撫之任付之韓琦范仲淹二人雅有時望軍中有一韓一范西賊破膽之謠兵不大用而元昊臣服皇祐中用文彥博富弼爲相朝士相賀仁宗皇帝曰古之用人或以夢卜苟不知

人當從人望夢卜豈足憑耶元祐能服人如此今若內外士夫軍民口無異辭咸謂有天資忠義材兼文武可爲將相者有長於用兵士卒樂爲之用者今又投閑置散無地自效或老於蕃郡以汩沒其材內爲讒邪之所媢疾外爲夷狄改作敵國之所竊笑天下輿情憤悶抑鬱臣願陛下斷然爲社稷計起而用之以從人望可以作士氣可以慰人心可以寢敵人之謀可以圖恢復之計陛下縱未即大用之亦宜付以江淮重任自當一面爲國長城亦可無西顧憂矣臣又聞范仲淹初以言事尤爲宰相呂夷簡所惡斥逐於外

西方用兵仁宗始思用仲淹夷簡薦之亦力仲淹果能成功夷簡不失爲賢相陛下當以仁宗之心爲心大臣當以夷簡爲法相與任用天下賢才以爲排難解紛之計天下幸甚社稷幸甚乞以舊宰執侍從之臣名節素著或守遠藩或食祠祿或已休致或在謫籍並宜起廢置諸朝列其聲名風采足以聳動一時謀謨措畫必有大過人者將有驍勇稱善戰者亦宜分置於荆襄江淮用以爲爪牙藩屏用賈誼眾建諸侯而少其力之以駕馭之如是則異人輩出可以供任使矣猛虎在山藜藿爲之不采國有人焉難當自消臣以爲禦戎之策莫大於此

校書郎馮方劄子論措置之策

臣聞道路之言以爲虜改作金人將有敗盟之意臣竊謂議論定然後可以言措置措置定然後可以言成敗何謂議論定然後可以言措置今之議者不知以和爲可保歟欲和者在我制和者在彼彼初無禮義也刪此五字利則旋來否則且已自敗權場以後日急一日廣有調發別無邀求不可窺測若曰添歲幣則彼之互市之所入歲以鉅萬計略不顧惜議者猶欲以趙元昊待之謂絕歲幣可以使之坐困添歲幣可以

使之弭伏亦已疏矣若曰遣泛使則將命往來不過謹守常議而已互相隄防例不敢分外出一語雖百輩何益況吾之國勢未振使人無不少假借雖有富弼者決不能與虜改作之交口辨事也若曰吾奉事之惟謹彼將有所不忍則史冊所載小國之事強國其謹亦多矣齊王事楚楚襄王事秦非不謹也秦豈以謹故不加兵哉臣愚反復熟論以爲虜改作金人之必來如盛夏之必熱但未必在三伏之日也昔魏遣于謹伐梁是時元帝方與羣臣講老子或曰魏兵且至丁卯罷講或曰魏不來庚午復講而江陵受圍乃

縛手無策急召王僧辯於建康王琳於湖州未至而城墟矣初朱買臣在圍中按劍進曰惟斬宗懍黃羅漢可以謝天下帝曰曩實吾意宗黃何罪臣嘗讀書而悲之今日之事議論貴乎一定措置欲其萬全宵衣旰食與腹心大臣日夜謀所以立國之道使不至仰人求活則彼此安靜來則有以待之勿以今日之報急而焦勞明日之報緩而閒暇孟子曰湯以七十里文王以百里未聞以千里畏人者也又曰君子創業垂統爲可繼也若夫成功則天也君如彼何哉強爲善而已矣何謂措置定然後可以言成敗不知兩

淮已有備否議者皆曰結民社矣夫民社者保聚可也應援可也護輜重可也獨不可迎敵耳建炎三年冬虜（改作金）人再犯（改作攻）淮甸是時兵民無慮十五萬虜（改作金）兵纔萬人來去自若如入無人之境責之迎敵必如陝西之弓箭手而後可也臣欲乞以見耕之田蠲其賦役率爲畝二百而出一兵不可則三百又不可則四百足以招之而止未耕之田又加優焉大抵使爲兵者常逸爲民者常勞磨以歲月可使有勇州縣所蠲一錢朝廷與之一錢不過捐十萬緡得萬兵矣縣官養萬兵歲不下百萬也雖然官軍不振則

民兵不能自立不知兩淮已有兵否建炎二年二月二日虜（改作金）人渡淮明日次揚子橋若復乘虛一日一夜長驅臨江則江南人心動搖矣朝廷近以武臣典郡然所遣皆無兵馬雖韓彭何益臣愚乞以營田爲名擇見管軍統制官之循良者全軍出守因而耕作而入其租增置通判以莅民事然後命宿將中爲民屬望可以附衆可以威敵者使統兩淮營田如此則形勢強藩籬固欲守則守欲戰則戰敗則可以削走則可以誅矣臣無任昧死納忠之至

湘山樵夫紹興正人論。（舊校云湘山樵夫不知何人豈畏秦檜之威而自諱其

姓氏耶按二百二十八卷載中興遺史曰河北進士梁勳夜行晝伏歸朝上書言北事極詳且言金人必舉兵秦檜怒押赴惠州編管檜死朝廷取勳已死矣至是人思勳之忠義云余謂勳初登一第非若魏公諸賢有官守言責可比乃力阻和議致觸怒權奸而死其大節尤不可及惜乎其所上之書不傳也此紀見遺因論及之）

張浚和議之初浚即移書執政力責其非屢上劄子力伸前議言愈切坐言章謫連州久之移永州

趙鼎坐和議不合罷相後謫吉陽軍薨於貶所

胡銓和議之初銓上言乞斬秦檜孫近王倫除名編管新州

胡寅任起居舍人上疏力言金虜（刪此字）不可（下添與字）議

和坐言章謫新州
連南夫知泉州上表賀大金許割河南其畧云不信
亦信其然豈然又云雖虞舜之十二州昔皆吾有然
商於之六百里當念爾欺言章劾之落職放罷
張戒入文字論秦檜十事救胡銓等罷
常同緣不附和議久不得差以死
呂本中坐不附和議言章罷中書舍人
張致遠坐不附和議罷給事中
魏矼任吏部侍郎差館伴虜（改作金）使矼入文字云時
任御史日常論和議之非今難以專對秦檜招矼至

堂中問其所以不主和議之意矼具陳虜（改作敵）情難
保檜云（公以智科敵檜以誠待敵）矼云是則是相公以誠待敵但
恐敵人不以誠待相公
張絢坐不肯議虜（改作金）使朝見禮儀補外
曾開坐不附和議罷禮部侍郎
李彌遜坐不附和議罷禮部侍郎
晏敦復任禮部侍郎疏論和議最爲剴切罷尚書出
知衢州
王庶專主用兵之議罷樞密副使
毛叔度臨安府司戶參軍專論虜（改作金）使難測和議
不可保對移嘉州司戶
范如圭以書責秦相主和議罷校書
汪應辰上書論和議罷正字
許忻以不附和議降兩官
方廷實坐不附和議遷宗正少卿
韓訓任澧州推官上萬言書論和議編管循州
陳鼎上萬言書云虜（改作北）人今日敗盟乃朝廷之福
也使虜（刪此字）盟未敗即他日之禍有不可支持者願
乘此敗盟之際早爲自治之策送吏部與合入差遣
許時行論和議引及分羹之事罷

李光附會和議除參知政事庚申虜（改作金）人敗盟復
奪河南之地罷參知政事
洪皓乞不發南歸之人言章出知饒州
沈長卿坐上賀李光啟曰搢紳競守和親甘出婁敬
之下策夷狄（改作敵）情難以信結孰虞吐蕃之刦盟與其
竭四海以奉豺狼（改作異域）之欲何至屈萬乘而下穹廬
之拜除名編管化州
張燾坐率侍從論和議補外
陳康伯任吏部侍郎接伴虜（改作金）使設香案望拜亦
令康伯拜康伯辭以不得旨不敢拜言章論罷

陳括任大理寺丞王倫使金國辟括爲副括曰今朝廷多事欲遣某使金國臣子之義豈敢固辭若朝廷遣臺省諸公某願爲之副如欲令某副王倫之行則某必不敢奉命也罷謫浙東監酒稅

陳剛中任寺丞以賀胡銓之謫其畧曰屈膝請和知廟堂禦侮之無策張膽論事喜樞廷經遠之有人身爲南海之行名若泰山之重又云知無不言願請上方之劍不遇故去聊乘下澤之車送吏部差知贛州安遠縣○舊校云按郡齋讀書志云紹興正論一卷共一百十八人姓名與其獲罪之因此所載不及數十人疑下有脫簡

賜進士出身頭品頂戴四川等處承宣布政使司布政使清苑許涵度校刊

三朝北盟會編卷第二百二十五終

三朝北盟會編卷二百二十五校勘記

撥置沿江帥守 沿誤作松　彼或不以有難爲畏 難誤作備　諸將有以驍勇稱善戰者 脫諸字以字　亦宜分置於荊襄江淮間 間誤作用　臣嘗讀其書而悲之 脫其字

三朝北盟會編卷第二百二十六

炎興下帙一百二十六

起紹興三十一年正月盡其日

工部侍郎沈介上封事論備敵之策

臣竊惟今日之慮莫若備敵之策爲急臣敢首言其失而條具所以備之之策臣聞天下之事未有不失於恃而敗於忽者也不慮其有患慮其忽於有恃者也恃安則忘其危恃無患則忘其備而忽生焉觀事之可疑曰未爲然也聞人有言曰其過慮也其肯思患而預防哉事至而圖之將何及矣朝廷弭兵和戎

改作議和二十八年歸者敵有可疑之釁天下舉憂之而朝廷失於恃非特天下憂之在朝之官有位之士秉鈞樞執綱憲與夫左右侍從之臣舉皆憂之退朝而族談平居而竊議扼腕忿怒仰屋太息及乎進而有言則又皆容悅之說而忘其所奮怒太息矣自古强者制弱歸敵之與我和也將愛我耶抑亦力之有所未至耶揆情而言固無愛我之理則亦力有所未至耳邇者規摹舉措日異而月不同陛下觀之豈能晏然而無所爲乎或者謂曰誓約至堅幣帛至厚可以格姦敵改作心過矣昔日吳濮有釁楚之執事豈其顧盟由古已然又況慮大事者不計其小利豈歲幣之云乎則又云彼方肆虐民孰爲用旱蝗日起兵孰爲動亦過矣傳曰吳方無道必棄疾於人猶足患衞已事之驗也又況城汴之役執事者不止數十百萬人而謂民不爲用兵不敢動豈其善料者哉此臣所以妄論今日之失於恃也臣願陛下勿恃和之可久勿恃兵之不動戒如敵至無忽於備而後可爲也顧今大患有二一曰國論不定二曰威令不行二患不去雖欲備敵將有所不可能何謂國論不定備敵之策不過有三征也和也守也三者之說歸於一然後敵

可備征固力所未能和亦理難必恃亦守而已廟堂之上縉紳之閒同乎守之說而臣謂國論未定者蓋有守之之說而不見守之具也邊候之書若有所聞則焦然以爲憂也色動而慮亂旬月之閒則又皆忻然忘其憂矣國論如此猶未定乎且陛下委重而待理者不過二三大臣朝夕所陳固可見三者之策其定已乎無乃泛然而無所主乎大臣之論如此陛下雖欲有爲誰與共之臣願陛下與大臣斷爲一定之論必專爲守無復異論而後守之具可言也所以爲守之具又必一一而講之曰地孰爲要可以宿兵將

孰爲先可使當敵兵謹於陣糧謹於儲將守淮也將守江也越淮而戰斯守淮矣越江而戰斯守江矣雖用兵不可預料然是數說者不可不講也吳蜀備禦之計孰可循南北戰守之形孰可用此論一定斷然勿移旬歲之間守具備矣何謂威令不行聞之書曰威克厥愛允濟威不立而欲立事雖聖不能也曩者秦檜盜權威福自己宸斷赫然收還權柄然三省樞密院奉行威令者也屬者朝命取劉寶軍二吏以爲黃魚操之用訖不稟承而三省莫敢誰何本兵之臣坐廟堂以選三衙之卒文符既下卻而不視顧乃私

還之而樞廷亦未聞議其罰者萬一當敵欲望號召以爲臂指之用詎可得乎臣謂大臣當審已而不當遠嫌大臣遠嫌則小人必乘其間矣臣伏願陛下明諭大臣無多爲令無專議令其有慢令者悉以上聞罰惟必行勿阿貴近如此則朝廷尊矣二患既除而後守之之策可言也守之之策其要有四一曰御將二曰訓兵三曰先聲以奪敵人之氣四曰棄瑕以用度外之士何謂御將臣聞之善御將者莫若高祖以信越英布之倫至固陵而始分之以地慮其貴而驕也以淮陰之能已破趙則奪其軍易置其將慮其大而專也今諸將之視信越計功角才豈可同年而語而實處三公權兵柄至二十年志得氣盈傲視朝廷彼其至此果何道耶不過掊士軍之廩以利其贏詭尺籍之數以私其祿爲賈人之行以肥其室家既富矣寶貨珍異叢於前矣於是爲市寵媚竈之術宦官之徒有所謂承受者爲之囊橐以利其貨爲之游談以久其權曲意以覆其愆巧言以溢其美慮忠良之臣進說而間已則內外合辭倡爲一說曰彼之握兵將爲桓溫與若專權而久將如祿山之類古豈無其人耶劉向日數稱燕蓋以疑上心避諱呂霍而不肯言

正是類矣士大夫平昔號爲鯁亮者歎息而已未有敢倡言於朝者蓋其陰謀固結牢不可破必敗而後已陛下所宜深察也爲今之策莫若罷其承受之官而黜其珍異之供自然畏威聽命安敢慢乎或曰結其心於平時所以冀其用迎而折之非策也臣曰不然厚其祿寵其官而臨之以恩所以結其心也非爲縱閹宦之臣以爲囊橐而珍異之獻以悅耳目剝軍廩爲賈人也唐肅宗在靈武勢單力微甚矣李勉劾背闕之將而朝廷以尊況在今日而士大夫罔敢正論諸將豈理也哉臣願陛下斷而行之若曰謀之左

右皆其黨也雖欲行之不可得也何謂訓兵大將聽命然後精擇裨校各分以兵大或滿千小則數百使訓練既成才之能否將不可掩一旦有警大將守正以當敵小校制奇以立功考之國史訓兵之事祖宗未嘗不親也其幸後苑幸玉津園幸金明池講武臺幸便殿或曰出習戰也或曰出校獵也或曰閱戰士也又往往引之內庭親授陣法故能作五季之衰爲大宋之盛陛下以馬上再造中興之功自通和後訓兵之政漸弛而諸將專其任矣今之諸將豈有長慮深計國爾忘家者耶運土木以爲技巧豈復使之執

兵操奇贏以行買坐市區以謀利豈復使之行戰綴急有用驅不素教之兵付之貪鄙慢令之將其禍可勝言哉臣願陛下萬機之外雖翰墨之習圖史之玩有益而無損者亦姑置之專以閱武爲事在二三大將論以至意俾各條小校才能給以軍兵量其才而多寡之試之以藝責以月日而訓諭之軍爲幾校校習何藝陛下早朝而退引數校以角藝其精習者厚其予其怠惰者嚴其誅聖心留神而人自勵不過一歲不患不爲精卒雖橫行天下可也況守備哉何謂先聲以奪敵人之勢臣伏讀國史澶淵之役虜（此字改作）契丹盟而退常有輕中國之心當時大臣攄爲長策建立北京雖未始遷都而虜（此字改作契丹）挫氣矣邇者敵人驅百萬之夫爲城汴之役穹廬之徙蓋將有日傳曰城虎牢以備鄭此敵計也觀其舉措甚異萬一南下巢（改作宅）吾汴都其距長淮不遠千里胡行如鬼一二日而至也則吾又安得高枕而卧哉縱彼未動吾能無慮乎臣謂及其未徙也爲計以奪其氣仁宗建北京之策可舉行焉建康北距長江古爲都邑謂宜亟下明詔修宮室治百司將爲巡幸之舉彼之未徙我不先動彼之將行我則前邁縱彼恃強能不疑乎一

二年間我備修矣或曰虜（改作敵）強而恃虛聲促之戰也臣曰不然傳曰城濮之敗謂楚不能師也若我出師必懼而歸理則然也魏文征孫權責權質子徐盛請爲疑城植以葦蕭建以假樓諸將謂無益而權獨用焉卒之退魏者疑城也不意而爲疑城足以走敵先事而建都邑而曰虛聲者惑也則又曰都邑之城宮庭之度百司之葺勞民費財在今胡可臣曰不然陛下儉德冠乎古昔宮室粗備而已百司苟全而已都邑不必城也增陴而已又曰天子之都城守不固可乎臣曰不然傳曰今吳是懼而郢是城守已卑矣

敵方覬然有吞噬之心而吾恃城以爲固豈策也哉敵之來從越江而前戰有進而無卻也何謂棄瑕以用度外之士魏無知薦陳平也高祖疑而問焉無知曰臣所進者才也陛下所問者行也今有尾生孝已之行何益於勝敗之數臣進嘉謀之士顧足以利國家爾卒之出計而成漢業者陳平也國家承平日久崇尚禮義敦固廉耻士大夫一行之失清論不容一事之愆終身自墮彬彬濟濟美矣顧於今日之用似未適也而議論之士狃於素習猶執前說錄微瑕而不顧可用以一眚而論人終身用之太狹而責人太

過誰與共功名哉臣所謂用者非器用也置得其地而勿遺才爾朝廷之上儒學之官清望之臣自非才行兼全器識兩茂不可以膺其選若理財穀也治郡縣也臨邊鄙也校軍旅也如此雖大過猶將用之十步之地必有茂草孰謂今日而無其人乎或曰朝廷隆禮義以範天下之人猶或違令今而棄瑕是誘之爲過也且罪戾之人一聞此聲羣起覬望何以待之臣曰不然棄瑕而用責其功也非尊寵也才可用而貰其過責其後效直不棄之耳負罪而無其才者敢幾之乎臣願陛下與大臣議而責以求才與臺諫言

而論以使過如此則實才輩出何用而不可哉四策既行而勿奪於羣臣勿移於左右如將不畏威兵不習戰敵人不懼實才不進則橫尸伏質臣實任之雖然圖之不可以不亟爲之不可以不力也及今而圖之恨其晚耳疾而爲之懼不力爾若曰玩歲愒日以幸目前之利者非臣所願聞也深念祖宗二百年社稷垂業於陛下者望尊安之也東西二百州生靈屬心於陛下者望生全之也所望尊安者今有阽危之憂望生全者今有塗炭之慮憂心醉於羣臣危言駭於田里而朝野情狀曾不必聞於旒扆之前陛下聖

明曾不思此胡爲而至是哉誠能斥去邪佞卻導諛之說息弛嗜好作自强之志去素餐之臣則士思赴功名誅慢令之將則人思效智勇無偷一時之苟安幸敵人之不至戰戰慄慄若疾之附身社稷之危庶可安乎生民之命庶可續乎然臣尚有慮焉天下之事未有不成於斷而毀於疑者非謂臨事而斷於一時謂其言不可搖可不久而變也疑者非謂決擇而有所疑謂聞忠言而用之姦人得以計而惑也謂其見事功之未成久則漸而間矣誠能立斷如初斷之時棄疑如決疑之日則無慮矣孟子曰謂其君不能者

賊其君者也趙充國曰明主可爲忠言臣雖至陋亦豈敢以宣帝事吾君而自處充國之下以背孟子之訓哉

賜進士出身頭品頂戴四川等處承宣布政使司布政使清苑許涵度校刊

三朝北盟會編卷第二百二十六終

三朝北盟會編卷第二百二十七

炎興下帙一百二十七

起紹興三十一年正月盡其日

和州進士何廷英上書

和州進士何廷英謹齋戒沐浴昧死裁書惶恐頓首拜獻於皇帝陛下臣聞欲成天下之大業必順天下之人心欲安天下之生靈必從天下之所欲坑戮儒生見秦邦之鹿逐駕馭英豪致漢室之龍興得士者昌失士者亡此古今之通論也恭聞我宋太祖皇帝詔曰朕應運開基推誠待物顧干戈之漸偃慮華夏之未安渴聽讜言庶臻治道又曰或聞利害朕當善

聽而行無以逆鱗爲懼此太祖皇帝尚賢求諫之意也恭聞太祖皇帝謂進言者曰朕求正言以規已失昔禹拜昌言世稱其美今朕苟能得言豈惜拜之乎又前有草澤之士上書辭甚悖慢事涉輕罔亦恕而禮遣之此太祖皇帝禮賢樂諫之德也噫嘻萬世之下聖子神孫苟能守祖宗之宏規修祖宗之至道則朝廷何患乎不治天下何憂乎不安頃自秦檜誤國以來姦臣相繼植黨擅權無所不至鉗天下之口結天下之舌於今幾年矣國家利害人不得言之言之則

禍不旋踵矣大者殛於海隅小者斃於囹圄以至在朝則以訕言爲禁捕在學則以謗訕爲屏罰科舉則以時忌爲棄黜遂令天下之忠臣義士撫膺扼腕相視切齒高舉遠引甘心自棄於南山之南北山之北或佯狂於閭閻或飄蓬於江海或慷慨而悲歌或如癡而似醉至於鬱鬱而病憤憤而死者多矣臣於是時進退不能自知無用不免土木其形骸水雲其心志隱於巖石泉水下處於豐草長林者二十年矣每探一枝擷一蕙耕朝雲釣夜月登山臨水瞻望天庭未嘗不謳吟感戴陛下之盛德洪恩也故嘗仰天而

誓曰苟有寸謀尺計可以補國家而朝達宸廷暮竄嶺表死而無憾豈意諫書纔至慈父不諱哭聲尚未止泣血尚未乾所以冒刀鋸忘鼎鑊而輒言天下之利害者是臣當死之秋也臣竊謂不入公門者孝子之常禮不徇末節者忠臣之大權順常禮則三年之喪不可去從大權則一死之忠不可辭願陛下恢乾坤之量開日月之明少延微臣以畢愚衷誠天下之幸也臣竊謂今日之勢爲陛下可憂者三可惑者三可寒心者三可痛哭者三繼之以可勉者三亦可賀者又三何謂可憂者三臣聞居安而慮危有備則無患陛下以今日之勢爲安耶爲有備耶若爲安則天下封疆爲胡虜（改作北庭）所攘者十分之九而陛下所守者東南一隅耳臣未知其安也既知其危豈得恬然高枕尚遲疑而未舉耶若以爲有備則立功之邊臣死矣敢戰之勇士老矣將壇尚未築兵算尚未成未知其有備也既知其無備何不毅然早圖之此臣所以爲陛下憂者一也臣聞文武並用長久之術也竊見前日結胡虜之（刪此三字）好（下添北庭二字）罷天下之兵誅大將而挫忠臣之銳竄元戎而銷壯士之心如虎如貔如熊如羆散而之四方矣今日所招之而未來引之

而未至是猶傷弓之鳥未能無疑失水之魚未有頓蘇在今日之良將不可以不早用大兵不可以不早興中原不可以不早復前恥不可以不早雪苟或良將不能用則中原不能復則前恥不能雪矣此臣所以爲陛下憂者二也臣聞以德報德以直報怨陛下忘陷國之深冤從和戎（改作邊）之下策屈天子之尊遣皇華之使冒霜露涉關河問起居賀正朔賂之以重賚待之以至禮千需萬索惟命是從粵於今年之春修立京師止罷権場拒卻商旅取奪財賄遂至沿江臨近之民奔走驚惶幾月未定至今兩淮之民朝憂

夕慮蹙頞而相告曰父子未我保鄉土未我安誠謂今秋冬必復奔逃而存亡未可知也嗚呼人心動揺有如是也國勢危僘有如是也將恐奸雄乘隙禍起蕭牆不可勝言者此臣所以爲陛下憂之者三也何謂可惑者三臣聞雖有知慧不如乘勢雖有鎡基不如待時今也時已至矣勢已順矣陛下移兵北渡駐蹕淮南亦良策也然而理有未至者臣竊慮之陛下且以防邊進兵於淮南則虛張聲勢漏泄天機胡虜（改作強敵）見疑必生詭計與其後時受制於人孰若順時乘勢而先動之爲愈也又況三軍士卒聞舉兵則欣

躍爭先萬一逆其心遏其志則三軍之情又復挫矣胡虜（改作強敵）之姦（改作謀）又復縱矣此臣所以爲陛下惑之者一也臣聞聖人以四海爲家百姓爲子治則同其樂亂則同其憂陛下自和戎（改作議和）以來偷安獨樂斯民愁歎者於今幾年矣及其國勢已迫事體將危於是費國用造御舟艤於海岸欲爲避寇（改作遷避）之計天下聞之舉皆失笑萬一胡虜猖獗（刪此五字改作北騎長驅）再侵江浙陛下不免乘大舟入滄海以爲可逃其患也設若胡虜（刪此二字）發舟前逐且波濤萬里浩渺無津涯進之不能退之不得當是之時社稷委棄宗廟邱墟

其禍不可勝言此臣所以爲陛下惑之者二也臣聞若藥不瞑眩厥疾弗瘳故善醫者投藥於未病之前不善醫者投藥於已病之後嗚呼病已成矣藥何濟焉今日胡虜（刪此二字）之病如癰之結日復一日將恐毒勢一潰流血萬里瘡痍四海矣伏覩前歲朝章所報有草萊之士因陳邊事以不合時議竄斥遠方夫爲草萊之賤而敢直言則可尙矣而罪亦可赦矣振天威扼讒論復使忠臣義士鉗口結舌天下聞之孰不傷痛此臣所以爲陛下惑之者三也何謂寒心者三臣聞君之視臣如手足則臣視君如腹心君之視臣如土芥則臣視君如國人君之視臣如犬馬則臣視君如

寇讎且陛下今日之視臣如手足乎如土芥乎如犬馬乎臣未暇詳曉姑執一二而陳之伏覩前右相張浚因西北失利蒙朝廷屛斥遠方憔悴無聊者幾年矣粤於丙子年方沐恩量移差遣意謂一新忠臣補飾前過豈期鶴髮之親遽亡邂逅之章復上朝命一出速於星火逐之再去驚怖魂飛嗚呼四十年之間離鄉關棄墳墓扶老攜幼委質爲臣豈無所望哉不謂入桑榆之境斥煙瘴之鄉泣血搥心無所赴愬陛下曾憐之乎太尉劉錡以數千之兵當百萬之衆運

籌決勝多多益辦初無罪名一旦奪其權職倘困鹽
車未副興議陛下曾思之乎如趙榮者雖是陷於虜
廷改作北庭而志在我宋持金石之心脫虎狼之口歸於
朝廷如投父母反被囚鎖復送虜廷改作北庭孤忠憤怨
屈辱無告陛下曾知之乎如此之類不可勝計遂令
天下忠義之士離心離德者正緣是耳此臣所以爲
陛下寒心者一也臣聞君子不黨君子亦有黨乎彼
有附前日之黨者必守和戎刪此字之議者也謂苟非和
戎改作議和則太母亦未歸苟非寢兵則生民亦未安嗚
呼爲是說者何不通之甚也殊不知使諸將未罷則

胡虜改作金人之滅久矣中原恢復亦久矣太母回鑾亦
久矣柰何自和戎改作議和之後淵聖尚未歸中原尚未
復財用日耗人心日離讒諂之人熾矣忠義之士去
矣中國之勢愈衰矣胡虜改作强敵之勢愈縱而無厭矣
此臣所以爲陛下寒心者二也臣聞京師者諸夏之
根本也天子之所居也昔周家所以建都洛邑者以
其得天地之中華刪此字也項羽所以失關中不能王
者以其失天下之衝要也嗚呼中華衝要之地反不爲朝
廷所居耶嘗聞用夏變夷者未聞變於夷者也夫夷
狄之類聖王所以居之化外而聲教所不及者刪嘗聞王

此三十四字今也欺天罔地刪北四字改作朝廷僻在一隅北庭妄自尊大
輒陳穢質而僭以大號敢示猥名而諱於大朝俾中
國遣送之物稱之曰貢獻屈中華刪此三字改作內境之民比
之以臣妾自曠古來未有受辱如朝廷也未有忍辱
如陛下也此臣所以爲陛下寒心者三也何謂痛哭
者三臣聞父母之讎不與共戴天兄弟之讎不與同
履地陛下曾念父母兄弟之讎乎當時陷賊改作敵之
臣幾成傾國之禍虜改作敵騎臨而三軍降京城陷而
萬民哭我先帝棄宗社而播遷復自東而北度天愁
地怨鬼哭神悲胡沙改作邊塵漠漠而去住何歸塞路茫

茫而徘徊莫進痛念祖宗之業悲思骨肉之親追社
稷以傷情悼生靈而揮涕日復一日憔悴聖顏年復
一年消磨睿算遂至霞升雲舉而有終天永久之别
嗚呼往者不可諫來者尤可追至如淵聖皇帝一陷
虜廷改作北庭三十年矣父既沒母亦歸兄弟離散宗廟
邱墟伶仃一身羈縻外國春去秋來而神消魄黯水
遠山遥而心馳魂飛天下聞之孰不悲咽在陛下手
足之愛想亦未忘然而俟河之清人壽幾何將恐歲
華荏苒鐘鳴漏盡雖欲痛之其可及乎此臣所爲陛
下痛哭者一也臣聞天下者祖宗之天下社稷者祖

宗之社稷陛下今日所以膺無敵之貴享無倫之富者皆祖宗之基業陛下曾念祖宗之艱難乎旣曰念之則祖宗之山陵安在哉今陷胡虜改作北庭之區矣想夫牛羊蹂跡狐兔腥羶改作縱橫神碑斷而秋草衰享殿焚而墓煙霭鐵關閉而塵積金鎖壞而埃生青龍潛白虎伏朱雀暗昧玄武沈縮栢露朝悲松風夜號嗚呼以祖宗功德之隆豈期有今日之事乎以聖子神孫甯忍坐視而不救乎此臣所以爲陛下痛哭者二也臣聞漢王都關中而曰游子悲故鄉是山川閭里故舊未忍忘也陛下曾念中原之氏族故國之宮闕

乎自祖宗積德累功垂二百年仙源慶積金枝玉葉可謂繁衍盛大當時拱辰環極聲佩鳴珂近者則百諸王之宮遠者遂分南北之宅以至居京畿之內外而宦游於四方者類皆天府之神人龍宮之仙容也一切入戎虜改作悍敵之手殺之而死者半鞭笞而爲奴隷者半不甘其屈辱而自盡者半奔亡而不知其存者又其半也非獨是耳曾不聞宮娥妃子乎禁宇開而別君王胡虜改作邊騎驅而出京國關河歲暮風雪天寒蹂踐珠翠於干軍遠涉沙塵於萬里對黑山青塚三千粉黛又豈一昭君之悲乎嗚呼三十年閒死者已爲孤塞寒鄉之鬼矣其或存者望故鄉帝里哀嗚天地泣度朝昏其誰知之乎此臣所以爲陛下痛哭者三也何謂勉之者三臣聞投之機會閒不容髮今日之天下危如累卵陛下端拱臨安以爲金城湯池之固曾不知大海東北萬里如掌設若胡虜改作敵人肆計別出奇兵多乘船舫隨其波勢沿海而上驟若風雨直至錢塘國勢兩逼無計可逃設或如此爲之柰何與其坐視一隅不若權都金陵壯其國勢況金陵勝概地稱天險龍蟠虎踞關居自然咽喉控帶縈紆錯盤在今正爲衝要之區也陛下早推宸斷速任舊

人今日天下軍民之所欣慕胡虜改作北庭之所畏服者張浚劉錡是也願陛下早復其舊職早委其兵權統率三軍長驅前進如是則東免海道之不測北無胡虜改作强敵之警憂進之則吉退之則凶若陛下果駐蹕金陵庶得親策將帥俯視犬羊改作邊陲天威不迫事貴速成此臣所以爲陛下勉之者一也臣聞人之所欲天必從之夫中原之民游泳太平衣冠禮樂沈潛聖化鑿井耕田謳歌擊壤含哺而嬉鼓腹而遊陶陶遂有生之化初不識干戈兵革之事一旦遭鯨鯢虎狼之恣父母不相見兄弟妻子離散爲被髮左衽之民

删爲被至此七字飢寒苦役無所告愬思念聖朝日夜不忘若大旱之望雲霓今果能乘勢取之簞食壺漿以迎王師矣陛下翠華駐蹕東吳幾年於茲矣凡執鞭策而備扈從爲爪牙而蒙驅使者以至老將舊兵三軍士卒類皆西北之人襁負而從竭蹷而趨則關河之信誓必相見也彼亦情之所鍾心非木石豈不懷桑梓念墳墓懷親戚之舊今日思歸之切咸願死戰可不因其心順其勢乎此臣所以爲陛下勉之者二也臣聞閫內之政任於相閫外之政任於將夫用兵之法無定議顧方畧如何耳且委用良將可持一定而

爲膠柱鼓瑟者乎故當任之以腹心委之以便宜庶以量其形勢邏其謀算無牽制之失臣竊觀紹興十一年胡虜猖狂删此四字改作金人逼犯删此字淮南是時諸將合謀大戰而勝胡改作金人敗北棄甲曳兵而走方乘勢襲其後當羣凶改作北人喪魄之際正吾軍得志之秋天下咸謂可以建中興之功雪前日之恥豈期廟堂之上意在和戎改作修和投鼠忌器急追將士不令前進由是諸將之志消三軍之氣索犬羊之删此三字改作而敵氛愈炎熾矣天下生民愈益愁歎矣嗚呼前車之覆後車之戒今日事當一新烏可復蹈前日之轍乎此臣

所以爲陛下勉之者三也何謂可賀者三臣聞鼎新而革故否極而泰來此不易之論中華改作原之憂辱已甚矣胡虜改作北敵之罪惡貫盈矣天怒於上人怨於下天人共誅豈有識者不願爲之今日之舉可謂上應天下順人自然乾坤輔德祖宗降靈仗大義舉大兵雲行雨施電掣風馳旌旗爛天戈矛卻日歷兩淮渡大河揚天子之威問匈奴改作邊庭之罪三軍並進萬里橫行戰必勝攻必取此臣所以爲陛下賀之者一也臣聞天時不如地利地利不如人和今天得其時地得其利人得其和所過名山大川鬼神無不佑其

力所過神州赤縣人民莫不歸其仁東收遼海西復秦關自南而北直至幽燕平其巢穴改作國都絶其種類改作徒黨大報深寃盡雪前恥取迎淵聖收尋皇族灑埽山陵慰安宗社遷重器而歸六宮於上國詳延故老搜訪舊人招流亡振孤獨興利除害去殺勝殘頓復山河重恢社稷此臣所以爲陛下賀之者二也臣聞文王一怒而安天下之民武王亦一怒而安天下之民陛下一怒非獨安天下之民又將得天心焉大抵飢者易爲食渴者易爲飲故德之流行速於置郵而傳命此理之必然也當時虎嘯而生風龍興而致雲

此得賢之謌可作矣威加海內復歸故鄉此大風之歌可舉矣勒功燕然刻石湘江分茅裂土大賞功臣繪丹青於雲臺紀勳庸於帝籍國家閑暇晏然無警柳營靜而歸馬臥榆塞空而邊雁飛玉關晝鎖戎野改作沙漠春耕冠帶百蠻車書萬國當是之時方爲太平此臣所以爲陛下賀之者三也臣所陳前策非一己之私謀實天下之公議陛下若欲上應天心下順民情迎穹漢之休祥消邦家之災變除臣所請別無長策苟守株待兔緣木求魚則失其機會矣陛下若以臣言爲忠則陛下熟覽臣書預爲之計若以臣言爲

妄則斬臣之頭以令天下臣將棄人間遊地下追龍逄比于矣嗚呼一興一亡盡在今日惟陛下痛思之干冒天威引首待罪謹昧死奉書以聞臣誠惶誠恐

賜進士出身頭品頂戴四川等處承宣布政使司布政使清苑許涵度校刊

三朝北盟會編卷第二百二十七終

三朝北盟會編卷第二百二十八

炎興下帙一百二十八

起紹興三十一年五月十九日辛卯盡二十八日庚子

五月十九日辛卯金人使虎衛上將軍殿前都點檢高景山通議大夫刑部侍郎王全來賀生辰奏言淵聖皇帝升遐等事

晁公忞金人敗盟記曰紹興辛巳三十一年五月十九日依年例如常儀駕坐紫宸殿引見金人賀生辰使副虎衛上將軍殿前都點檢高景山通議大夫刑

部侍郎王全捧國書陞殿內侍知省接授左僕射次三省樞密院同進呈訖御授知省畢各依位立內王全東壁面北厲聲奏曰皇帝特有聖旨昨自東昏王時兩國講和朕當時雖尚年少未任宰執亦備知自朕卽位後一二年間帝曾差祈請使巫伋等來言及宗屬及增加帝號等事朕以卽位之初未暇及此當時不允許其所言親屬中今則惟天水郡公昨以風疾身故外所請事後因熟慮似不可從今歲貢銀絹數多江南出產不甚豐厚須是取自民間想必難備朕亦別有思度兼以淮水爲界私渡甚多其間往來越

境者雖嚴戒亦難杜絶及江之北漢水之東雖有界至而南北叛亡之人想常互有適足引惹邊事不知故梁王當時何由如此分畫來朕到南京方知欲遣人於帝處備論此意近有司奏告帝以朕行幸南京欲遣使賀灼知帝意甚勤厚就因此使欲便諭及若只常使前來緣事稍重恐不能盡達兼南京宮闕初秋工畢朕以河南府龍門以南地氣稍涼兼牧放水草亦甚寬廣於此過夏擬於八月初旬到南京當於左僕射湯思退右僕射陳康伯及同知樞密院事王綸此三人内可差一員兼殿前太尉楊存中最是舊

人練知事務江以北山川地里備曾經歷可以言事亦當遣來及如鄭藻輩及内臣中選擇旁近委信者一名共四人同使前來不過八月十五日以前到南京朕當宣諭此事可從朕言緣淮南地里朕昔在軍前頗曾行歷土田往往荒瘠人民不多應有戶田盡與江南朕所言者唯土田而已務欲兩國界至分明不生邊事至如此意稍有所難朕亦必從來使回日已後朕以前來止曾經由泗壽州地分外陳蔡唐鄧邊面不曾行歷及到彼處圍場頗多約於九月末旬前去巡獵十一月十二日卻到南京帝於差來正旦使處當備細道來朕知端的於次年二月三月又爲京兆亦未曾知欲因幸温湯經由河東路分卻還中都去奏訖降殿朝見畢次三節人從朝見訖駕興是日禮房報奉聖旨使人朝見訖垂拱殿茶酒爲臟腑不調可移就驛中排辦仍令執政押賜差參知政事楊椿押宴初王全奏陳事因人莫得而知既而詔王全曰適來奏事因可具奏狀以聞故得知者一二焉是時左僕射陳康伯右僕射朱倬知樞密院事葉義問參知政事楊椿同知樞密院事周麟之既知金人有渝盟之端又報孝慈淵聖皇帝訃音是日宰執入堂

聚議講究討論凶制典故調發軍馬扞禦江淮之策

趙甡之中興遺史曰王全高景山來賀生辰也自入境有凶悍之狀過平江秀州舟中以弓矢射夾岸居人官司莫敢誰何但告報居人闔戶而已既到行在命何溥館之引見之日接國書畢王全奏事稱語訥不能敷奏乞令副使高景山代奏事上許之至招景山景山欲升殿侍衛及閤門官止之上詔令升殿景山乃升殿狀貌不恭景山直言淵聖升遐事言語鄙俗上號慟歸禁中景山曰我來理會者兩國正事譊譊不已帶御器械李横約景山下殿曰不得無禮有

事朝廷理會使人猶在殿中班皆未退帶御器械劉炎告宰相陳康伯曰使人在廷未退有茶酒之禮宜奏聞免之康伯曰公自奏聞炎遂轉屏風而入見上哭泣炎奏其事上然之炎卽出傳旨曰今爲聞淵聖皇帝訃音忽覺聖躬不安閤門賜茶酒宜免使人且退班遂退朝廷乃行下諸軍及監司帥臣曰契勘大金意在敗盟恐致興兵仰各措置無落姦便先是河北進士梁勳夜行晝伏歸朝廷上書言北事極詳且言金人必舉兵秦檜怒嗔決之押赴惠州編管檜死朝廷取勳已死矣至是人皆思勳之忠義而切齒檜之不容忠臣

二十日壬辰宰執內殿奏事

宰執內殿奏事禮房報奉聖旨爲臟腑不調二十一日上壽并二十日習上壽儀並免

二十一日癸巳免聖壽節上壽

天申節已降指揮免上壽宰執並赴臨安府明慶寺滿散聖壽節道場同知樞密院周麟之赴都亭押伴御宴

二十二日甲午宰執內殿奏事禮房報孝慈淵聖皇帝升遐

丁未錄欽宗實錄孝慈淵聖皇帝道君太上皇帝長子母曰恭顯皇后王氏以元符三年四月十三日生於坤甯殿九月賜名亶授檢校太尉山南東道節度使韓國公建中靖國元年六月遷開府儀同三司興德軍節度使進封京兆郡王崇甯元年二月改賜名烜十一月又改賜今名大觀元年十一月詔曰朕荷天眷佑景命有僕承家之慶是生多男年近幼學未親師友因嚴以教宜及其時京兆郡王桓高密郡王楷可於來年春擇日出就外學其輔導講讀之官宜以端亮鯁直有文學政事之人舉選以稱朕意記室翊善可如王友例令王答拜於是以祕書監蔡崇爲翊善左司員外郎沈錫爲侍講國子司業汪澥爲記室安德軍觀察留後知入內內侍省楊震提舉管勾本位大觀二年正月遷司空武昌軍節度進封定王八月以國子祭酒汪澥爲翊善起居郎翟汝文爲侍講起居舍人俞㮚爲記室俞㮚遷起居郎石公弼代之會惠恭皇后崩王政和元年二月始詔太史擇日以三月己丑出就資善堂聽講讀以光祿少卿李詩爲翊善辟雍司業耿南仲爲侍講司門員外郎蘇修爲記室甲寅詔宰臣執政官許就資善堂見定王桓

嘉王楷王迎揖於門升堂就坐王西向宰臣執政官東向送亦如之二年九月侍講鄭居中因奏事講筵乞講讀官至資善堂見二王許之四月蘇修卒以左司員外郎張叔夜爲記室叔夜罷以符寶郎陳鍔代之三年正月改官制授太保四年二月甲戌行冠禮於文德殿或云福寧殿先是御制冠禮降議禮局載五禮新儀之首至是始舉行焉三月辛卯詔曰若昔明王誕受厥命建立儲貳以係天下之心朕嗣無疆大歷荷天之休誕育元良是居冢嫡長子桓年逮志學冠於治朝百辟具瞻主器之長永爲宗廟之重父子之

恩考循舊章正位東宮明兩作離爲國大本可以來春出閤立爲皇太子其建宮室設官屬與儀物制度宜令有司討論典禮前期辦具以聞邦家之慶與四海共之十一月己亥詔皇太子會慶上壽押百僚班又詔皇太子謁廟特許宗室陪禮五年二月乙巳制曰在昔先王必建儲貳以隆萬世之統以係四海之心朕撫世承平念國大本遹追來孝垂裕後昆永惟承宗之艱莫如主器之長咨爾萬方有衆聽予一人之告猷皇長子少保武昌軍節度使定王孝友得於天資溫良成於日就出學外傅率履無違既冠阼階

其儀可象方畀命有僕介壽考之萬年而明兩作離兆本支之百世藏自朕志格於天心孚告大廷申錫顯册夫慎乃德惟忠惟孝欽汝止惟幾惟康用克相於我家以對揚於休命可立皇太子仍令所司擇日備禮册命丁未出閤詔改其閤爲府甲寅有司備法駕儀仗列於大慶殿文武百官各服朝服立班於廷百執事官入就位皇帝服通天冠絳紗袍御殿皇太子冠遠遊冠衣朱明衣執桓圭以入受册於廷以翰林學士承旨強淵明爲禮儀使翰林學士王黼撰册文册文或云劉正夫撰審如是則禮儀使亦當用執政宣和殿學士蔡攸書册

殿中監高伸書寶禮畢太師魯國公蔡京率百官稱賀賀訖又詣東宮賀皇太子如故事以戶部尚書劉炳翰林學士承旨強淵明爲賓客中書舍人蔡靖陳邦光並爲詹事祕書監李詩爲顯謨閣待制左庶子兼侍讀宗正少卿耿南仲爲徽猷閣待制右庶子兼侍講祕書少監蘇昱改名煒爲左諭德太常少卿葛次衆爲右諭德國子司業曾楙殿中侍御史華實並爲舍人知入內內侍省楊震董懿提舉左右春坊事內侍楊客機黎景年仝淵張彥卿周珣王若沖王珂管勾左右春坊事劉淵爲家令皇甫僅爲承受丁巳

備法駕謁太廟奏免乘金輅及用鹵簿止依常儀焉至太廟易朝服行禮又奏乞免宮僚稱臣並從之戊午奏臣竊見自昔東宮建司設局張官置吏往往竊有所擬無所不備考其職事實無毫末顯是慕爲虛名徒費廩食書曰愼乃儉德惟懷永圖臣立身之始敢不念茲伏望聖慈詳察應東宮官吏不必具備諸司庶局頗令兼攝至於閑徒冗卒舊例有者亦可蠲除務從儉約如此則不惟臣少安私分仍得清心省事專精問學仰副君父教育之意又奏臣昨就資善堂講讀尋須候邇英經筵已開方取旨定日恭惟聖

學高妙羣臣莫敢及躬御經筵但取遵用祖宗故事非侍儒臣講說修輔聖明如臣之愚正當力學不可曠日豈應擬視經筵兼臣問安視膳之外退還府第綽有餘暇況不同往日深在禁嚴出入不敢自便今欲乞聖慈許令每日不拘早晚但稍有閒隙即請學官赴聽講讀所貴文學日益有以副聖慈眷遇之意並從之三月乙酉詔皇太子遇天甯節赴垂拱殿上壽於親王前別列爲一班家令劉淵罷以梁方平代之六年四月以禮部尚書白時中刑部尚書慕容彥逢爲賓客吏部侍郎劉煥給事中方會爲詹事太常寺少卿賈安宅爲舍人內符寶郎馮楊爲家令六月乙亥詔納故少傅恩平郡王朱伯才女孺人朱氏爲妃令所司備禮册命是月癸未親迎癸丑詔自今車駕行幸皇太子免起居從駕七年十月生子爲嫡皇孫封秩比皇子以起居郎李彌大起居舍人趙野爲舍人彌大辭以太常少卿高樂爲右文殿修撰國子司業魏憲直龍圖閣專其事八年劉煥方會罷以左庶子李詩右庶子耿南仲爲詹事宣和元年以祕書少監會楙祕書監王易簡爲舍人楙遷以國子司業程振代之七年李詩卒以禮部侍郎王易簡爲顯

謨閣直學士充詹事兼侍讀上聰明仁孝好學而善文自以地偪而望崇每懷兢畏講讀之暇惟以髹器貯魚而觀之他事一不關懷人莫能測也宣和七年十二月皇太子除開封牧二十一日差內侍梁邦彥黃僅押賜皇太子碾玉龍束帶一條不許辭免二十二日閤分大內娘子用小轎十餘乘入東宮府議事二十三日申時後入內侍官黃僅等傳聖旨宣押皇太子入殿內續有親從官十餘人催上馬入殿至夜不出至五更太上皇帝徑出殿往龍德宮甯德皇后出往擷景園改甯德宮是日皇太子登寶位先是太

上皇帝御玉華閣先召宰執事及給事中吳敏等曰晡內禪之意已決擢吳敏爲門下侍郎草傳位詔召百官班垂拱殿下宣詔旨是夕夜宣皇太子入居禁中覆以御袍皇太子俯伏感涕力辭因得疾召東宮官耿南仲視醫藥至夜半少蘇翌日又固辭不從因卽大位御垂拱殿見宰執百官大赦天下宣和七年十二月二十三日庚申皇帝卽位改元靖康元年冬粘罕（改作尼堪）斡离不（改作斡里雅布）再犯（改作攻）京師閏十一月城破四月北狩在虜地（改作北庭）三十五年至是報升遐焉

蔡絛國史後補曰皇太子者上嫡長子也母曰惠恭皇后王氏元符三年夏四月十有三日丑時生於坤甯殿其夕惠恭皇后夢宣德正門大啟有兩紅旗書一吉字以入而太子生焉頃哲廟以無子致紛紜及上卽位不數月便有元良之慶中外聞而大喜遂赦天下後累封至定王太子生而岐嶷顧視不凡上甚愛之及冠講冠禮於文德正衙上意先以示羣下取詩頌爲武志也當廷命字曰伯志方大廷樂作百官衞士仰首繽紛閤門臺吏約束班列端笏立聲喧厲不能禁止上駭然使內臣趨下尋問其故則報曰日重輪時青天白日略無雲而成五色暈也立爲皇太子狄（改作金）人敗盟時上亦自懼思有以脫難者又素有禪意冬十有二月十九日上諭大臣以皇太子爲開封牧始知果有意禪燕王而鄭后之力天意得回二十二日太子入朝詔賜排方玉帶仍去所珮魚排方玉帶乘輿服也時吳敏謂未快中外意二十三日敏對罷上有疾不能語索筆舉左手書曰我已無半身矣如何了得大事大臣相顧無語又書曰諸公如何又無語者上顧左右無應者乃自書曰皇太子某可卽皇帝位子稱教主道君退處龍德宮乃命敏入

作禪詔因召太子太子至大臣又舍上而迎奉太子至榻前童貫李邦彥以御衣衣太子太子叩頭自撲哀慟左右上又書曰汝不受則不孝也太子曰臣若受之則不孝也上又書令詔皇后后至諭太子曰老矣吾夫婦欲以身托汝也太子欲力辭幾至氣絕上堅命立之是爲淵聖孝慈皇帝

宰執入堂議事

宰執入堂請殿前太尉成閔步軍太尉李捧並太傅和義郡王楊存中赴堂共議調發軍馬保固江淮旣退又請吏部尚書凌景夏吏部侍郎汪應辰戶部侍

郎錢端禮禮部侍郎金安節刑部侍郎張運工部侍郎黄中給事中兼權兵部侍郎黄祖舜中書舍人虞允文楊邦弼侍御史汪澈殿中侍御史陳俊卿正言劉度聚議久之退宰執服常服金帶率文武百官入和甯門到天章閣南行路隙地面北立班左僕射陳康伯稍前讀孝慈淵聖皇帝舉哀文曰今月十九日金國報孝慈淵聖皇帝升遐舉哀退復位舉哀十五聲訖再拜興是時禁中亦行舉哀之禮哀痛於外聽宰執已下舉哀訖回班面東後殿進名慰皇帝兩拜次進名奉慰皇后兩拜訖退是日免人使校射於玉

津園錫賜依例

二十三日乙未安奉淵聖皇帝几筵

禮房報自舉哀日不視事同日於學士院内安奉几筵用巳時八刻宰執入堂俟午正率百官服常服黑角帶入和甯門裏幕次俟立班訖入几筵殿下舉哀朝臨四拜訖入堂至中時晡臨如朝臨之儀

朱倬都亭驛押宴

右僕射朱倬入都亭驛押伴御宴是日從例賜北使副酒各四大金鉼㮣食果子四大金稜犀皮合鉼合金器悉賜與之

二十四日甲申宰執内殿素幄奏事訖赴几筵朝臨如儀

二十五日乙酉宰執内殿素幄奏事訖赴几筵朝臨如儀

少保利州東路御前都統制吳璘除四川制置使

二十六日戊戌宰執掛服

宰執服常服黑角帶入赴朝臨訖退出和甯門外漏院以俟掛服至辰時八刻選時宰執百官并服孝服入詣几筵殿下立班俟前導皇帝至几筵殿下并陪位官行成服祭奠之禮訖皇帝歸幄次宰執百官詣

東幄前左僕射陳康伯班首躬首致詞奉慰兩拜訖退歸幕次皇帝還内宰執百官於几筵殿門外面南進名奉慰皇帝兩拜訖退仍服孝服朝晡臨如儀

二十七日己亥北使朝辭

宰執已下及應奉人並免赴朝臨是日後殿東廊閤壁設素幄駕坐宰執兩拜訖升幄殿相向立以俟北使朝辭皇帝宰執已下並首絰衰服掩面號慟哀動左右北使朝辭訖哀止授國書訖退

宰執奏請第一聽政表

宰執已下並赴几筵殿門外面南拜第一次奉請皇

帝聽政表知樞密院事葉義問白巾幞頭常服黑角帶入都亭驛押伴御宴同日禮房報值雨免赴臨又報二十八日朝晡臨如值雨並免如拜批答并拜表於宮門裏東廊上及紋縛葦屋下立班又閤門報准內降批答一道宰執鈞旨二十八日拜批答并拜第二表

二十八日庚子宰執請第二聽政表

宰執服孝服內殿奏事畢退赴朝臨訖詣几筵殿門外先拜批答兩拜訖次拜奏請第二聽政表

北使高景山王全已下回程

高景山朝辭退至殿門上顧視奴婢求索手帊揩拭面汗訖復授奴婢奴婢既受更不避畏景山率爾便將所授手帊揩拭自己面汗而景山不之怒信矣無尊卑禮義之分果類禽獸然哉刪高景至此七十二字

宰執奏請第三聽政表

拜表訖合晚臨爲雨降免

汪澈爲御史中丞

王全高景山來聘言欽宗升遐及地界事且要遣將相四人侍御史汪澈奏疏曰天下之勢強弱無定形在吾所以用之今日之勢誠弱矣陛下屈已和戎改作請和厚其金繒謹其聘遣而彼輒出片言以撼吾國若將垂掌而取三尺之童無不痛憤聖神圖國固無遺策然志不定則事不立議不一則功不成吾辭順而理直本固而心同是宜應之以權乘時而動願陛下赫然睿斷置師江上而專付以閫外之任益兵上流而增重荊襄之勢渡師淮甸以守其要害嚴備海道以遏其牽制遣親信之臣徧撫軍士選有用之才豫備指使然後以不共戴天之讎在原之戚下哀痛之詔布告中外將見上下協心其氣百倍機會之來間不容髮在陛下斷之而已於是遷御史中丞入對素幄

復言講和之久將帥養驕軍兵惰弊軍士之廩給薄者幾無以自活宜優恤之以養其力又言淮南山水寨舊來鄉豪自相結集當隨宜存恤使自爲守無令監司州縣擾之庶收其萬一之用又言軍旅將起費用方繁今局務之可省者多支費之浩瀚者鈌百官之冗員俻衆官府之橫用尙繁宜條其不急大加節要以徇今日之務事皆施行

賜進士出身頭品頂戴四川等處承宣布政使司布政使清苑許涵度校刊

三朝北盟會編卷第二百二十八終

三朝北盟會編卷二百二十八校勘記

至如此意稍有所難此應作帝　小注冊文缺或云劉正夫撰脫缺字　尋常須候邇英經筵已開脫常字　內侍符寶郎馮揚脫侍字　聲甚喧厲脫甚字　又素有內禪意脫內字　諭太子曰官家老矣脫官家二字　躬首致詞奉慰首字衍

三朝北盟會編卷第二百二十九

炎興下帙一百二十九

起紹興三十一年六月一日壬寅盡七月二十一日壬辰

六月一日壬寅朔宰執拜奏請聽政批答不允詔

宰執服孝內殿奏事畢赴宮門裏東廊上進名奉慰訖次拜第三次聽政表批答不允詔

二日癸卯以淵聖皇帝升遐憂戚之情詔告天下

詔曰朕惟孝慈淵聖皇帝恭儉孝友根於天性毓德春宮天下歸心遭時多難粤受內禪臨御未幾播遷

異域寢食安否阻隔不聞者三十餘年矣自朕纂承申講和好幾以奉迎回御歸燕使朝乃使命之來遽承凶訃痛悼之劇攀號莫從嗚呼恩莫隆於兄弟義莫篤於君臣朕之大欲蓋在乎此天不我與其又何尤痛自克責以俟上帝之悔禍而已諒爲四方同朕憂戚詔書到日應見禁罪人除犯謀殺鬬殺并爲已殺人者并十惡强盜僞造符印放火官典犯入已贓將校軍人公人枉法監主自盜贓及雜犯死罪并依法內鬬殺情理輕者減一等刺配千里外牢賊斷訖錄案聞奏其餘死罪情理輕者奏取指揮流罪降從杖杖罪以上放咨爾四方咸體至意

敗盟記曰是詔之下也軍民但知孝慈淵聖皇帝升遐之報而未知金人有叛（改作敗）盟之語至初七日馬軍太尉成閔內殿朝辭錫賚金器劍甲往荆襄出戍

初十日御史中丞汪澈除荆襄湖北路宣諭使傳播日聞人情洶洶云

四日乙巳虜（改作金）主亮敗盟遣諸酋率（刪此三字）兵分道入寇（改作攻）

逆（此字改作金主）亮敗盟興兵決策南馳其母諫遂殺母誡遣諸酋（改作帥）分道入寇（改作攻）一軍遵海道以趨兩淮

一軍出宿亳以蹂淮泗一軍歷唐鄧以瞰荆襄一軍據秦鳳以伺梁蜀朝廷命諸將分屯去處謹守邊備

吳璘駐成都（興州）姚仲駐漢州（梁州）王彥駐安康（洋州）吳拱駐襄陽（襄州）李道駐江陵（荆州）田師中駐武昌（鄂州）戚方駐潯陽（江州）李顯忠駐池陽（池州）王權駐建康府（昇州）劉錡駐京口（潤州）李寶守海道江陰軍

七日戊申主管侍衛馬軍司公事成閔內殿朝辭往荆襄出戍

朝廷知金人必叛（改作敗）盟也謂江漢雖素有備然荆襄國之上游邊面空闊乃遣慶遠軍節度使龍神衛

四廂都指揮使主管侍衛馬軍司公事成閔分屯駐鄂州是日朝辭賜賚金器劒甲閔發自臨安諸將皆行

十日辛亥御史中丞汪澈除荆襄湖北路宣諭使

朝廷詔命成閔將兵備荆襄遂命御史中丞汪澈爲湖北京西宣諭使兼節制兩路軍馬澈辭節制以宣諭使行詔曰朕爲湖北京西壤地延袤分屯禁旅控扼邊陲故特遣耳目之臣往勵爪牙之任撫勞將士體訪事宜凡其所臨如朕親幸陛辭上命之曰凡吏之能否民之利病悉以上聞

十六日丁巳詔除劉錡等官

太尉鎮江府都統劉錡爲淮南浙西江東西路制置使京畿淮北京東路河北東路招討使建康府都統制王權副之池州都統制李顯忠江州都統戚方掎角策應馬軍太尉成閔兼荆襄制置使鄂州都統田師中副之荆南都統制李道襄陽都統制吳拱掎角策應

二十一日壬戌送伴人使起居郎呂廣問知閤門事宋鈞回闕

呂廣問回內殿引奏陳送人使到盱眙軍有金人金牌郎君到來敕令臣等跪受大金皇帝聖旨云六月二十三日來南京

二十三日甲子議淵聖皇帝廟號

都堂宰執集侍從兩省臺諫檢正校詳卿監郎官監察御史以上依雜壓就坐議孝慈淵聖皇帝謚號恭文順德仁孝皇帝廟號欽宗尊賢貴義曰恭道德博厚曰文比信從理曰順勤恤民隱曰德克己復禮曰仁慈惠愛親曰孝敬事節用曰欽

二十四日乙丑放仙韶院女樂二百餘人出宮

上恭聞淵聖訃音且知金人用兵之意或傳金人欲來索仙韶院女樂上不忍使良家女歸於絕塞乃盡

遣出宮

周麟之罷同知樞密院事

遺史曰朝廷既聞金國主欲遷都於汴且屯兵宿亳間議遣大臣奉使宰執共議遣參知政事楊椿行其所議者如大金皇帝祇欲到洛陽觀花則不須屯兵於邊若果欲遷都於汴屯兵宿亳則本國亦不免屯兵於淮上非敢故渝盟約也蓋爲國之道不得不然或欲巡幸汴都即還燕京不屯兵於境上則本國亦無一人一騎渡江簽書樞密周麟之與聞其議知其

事易言別無意外難合之請乃陰欲掠奪其恩數而陽爲慷慨之言遂見上毅然請行初皇太后上仙麟之嘗爲告哀使使於金國金國主喜其辨利錫賚加厚麟之以例辭金國主不許曰一時錫賚出自朕意何例之有麟之歸以其物繳進復賜麟之既麟之又請行上大喜乃命麟之使於金國未行會閒探者報金國主親提兵將大舉風傳兵聲甚盛極可畏懼麟之大恐不敢直辭其行乃見上但委曲言事已如此不必遣使雖遣使無益也上大怒以麟之初請行復請止令其自析麟之伏罪侍御史杜莘老引用唐太

宗斬盧祖尚故事言其罪麟之遂罷

敗盟記曰左司諫梁仲敏上言同知樞密院事周麟之奉使懇辭出疆之命上曰爲大臣臨事辭難何以率百官可罷同知樞密事爲人臣避事者之戒

二十五日丙寅疏放臨安府内外罪人

許淮南州郡移治清野

朝廷以金人邀索無禮慮生兵釁乃許淮南州郡措置移治清野

二十七日戊辰除徐嘉敷文閣待制樞密院都丞旨充金國稱賀使知閤門使張掄副之

遺史曰周麟之既罷黜朝廷別議泛使欲以劉岑行上召岑問之岑曰臣受國家厚恩今臣年老矣唯不惜一死可以報國臣請至金國有如議不合當以臣血濺完顔之衣上愕然繇是命徐嘉奉使以張掄副之

七月一日壬申御史中丞荆襄湖北路宣諭使汪澈朝辭

五日丙子詔禁戢浮言

詔曰朕獲承祖宗休德臨御三十餘載夙寤晨興罔敢暇逸志勤道遠治不加進唯是約已裕民之事雖

食息不敢忘迺者放嬪御罷教坊省閑局減冗員凡有益於國而無傷於民者惟患不知未有知而不行者朕謂誠意所加遠近丕應而令下之始胥動浮言幾惑衆聽朕甚不取夫監司郡守所與朕布大信於天下者也其各體朝廷併省節約之意明致之民務在實德毋爲虛文使百姓翕然於變底於雍熙稱朕意焉

七日戊寅帶御器械劉炎送吏部與合入差遣

殿中侍御史杜莘老上言臣聞怨望朝廷輕議君上人臣之罪有不容誅苟有若臣詎可置而不問乎謹

按帶御器械劉炎無行小人持心狡險汙辱之跡臣不欲猥形白簡惟是前月十七日忽來訪臣語言狂恠遂云元居實措置江淮盜賊乃炎所薦而炎今日亦受劄子同共措置使炎當時不就改換今已優閑來日當往力辭炎以文資易武級乃其願欲初非朝廷强之今已多歷年所其受官禄亦不薄矣豈今日尙興怨望而辭避職事乎陛下邇者約已裕民減放宮嬪乃盛德第一事炎與臣言主上不消放出宮人臣愕然問之乃云豈不漏泄禁中事矣陛下燕閒之際淸心寡欲耽翫經史縱放宮嬪於禁中事有何漏

泄而炎敢輕議陛下如此臣伏讀今月五日詔書有云適者放嬪御朕誠意所加而令下之始胥動浮言幾惑衆聽臣謂炎居近習尙敢輕議而騰口於外則所在浮言未必非炎唱之也臣誤蒙陛下擢用執法殿中務在糾正官邪而炎乃無忌憚遽來見臣語言直如是之狂恠臣若縱而不論有負陛下臣又恐此人於百執事之閒肆言無畏什百附和浮言惑衆尤不可遏矣炎之罪大誠不容誅臣愚伏望陛下將炎重加竄逐以爲人臣怨望朝廷輕議君上者之戒於是送吏部與在外合入差遣令臨安府押出國門劉炎初爲右通直郎換閤門宣贊舍人主管內帑錢往來榷場買犀玉書畫依托內侍之門以寵進身後帶御器械値王全高景山來奉使上殿無禮上還禁中班猶未退炎奏乞免茶酒遂傳旨宣諭班乃退使人亦就館當是時羣臣不能措一辭而炎乃逡巡投機全國大體俾狂黠（刪此二字）使人折服退去可謂失之平生收功須臾矣而羣臣不思己之不敏乃嫉炎之見機於是杜莘老論之

十一日壬午宰執百官赴圜壇奏告欽宗謚號

徐嘉張掄朝辭

知濠州劉光時以擅移治降兩宮

臣僚上言知濠州劉光時昨自五月二十日北界有被逐將欲渡淮者光時聞之倉皇失措不爲守禦於二十七日遂驅闔城入橫山澗謂之移治止留軍兵防把本州光時亦便出城自爲得策是時淮上諸郡傳聞人情恐懼動搖不安其北界人尋便歸元未嘗渡淮光時妄作如此若不加罪豈不虧弱國體乎又聞鄰近有數十羣人入濠州界光時不詳審以爲賊徒不稟朝廷擅行殺戮反奏功希賞是欺朝廷也臣愚欲望將光時降兩官具令在職以責後效如更不

悛當重作行遣

劉澤知揚州主管淮東安撫司公事

遺史曰泰興縣令尤袤以揚楚頻易帥守作詩以諷之曰維揚五易帥山陽四易守我來七八月月月常奔走帑藏憂煎熬官民困馳驟世態競趨新人情益異舊如其數移易是使政紛揉彼席不得温設施亦何有淮南重彫瘵十室空八九況復苦將迎不忍更回首嘗聞古爲治必假歲月久安得如弈棋易置翻覆手

十三日甲申淵聖皇帝謚恭文順德仁孝皇帝廟號欽

宗

十六日丁亥湖北京西路制置使成閔至鄂州

遺史曰成閔以馬軍司諸軍發臨安在道除湖北京西路制置使是時邊事未動鄂州軍中罔測其情或勸都統田師中善爲備者於是人情皆不安市井驚惶至有妄言來取師中者或請師中以素隊迎接之爲便師中從之迎見閔於路次人情乃安閔屯於古將壇之左閔受鄂州左軍統制郝晸黃金三百兩以晸知襄陽府爲京西安撫自此人皆知閔爲不足與成事矣

十九日庚寅責受周麟之祕書少監分司南京筠州居住

是時完顏亮因遣賀生辰使指求大臣欲面諭兩淮事意周麟之見任宰執被命充稱賀使往而麟之自度此去或問對之閒難以荅應況金人已露背約勢不可已徒往祇取辱耳故辭不行而言者攻之　故罷同知樞密院事再有是命

二十一日壬辰徐嘉等至盱眙軍金人遣韓汝嘉○舊校云按汝嘉字公度宛平人渡淮止之嘉等乃召還

時盱眙軍申辰時承州安撫蒲察居穆今蒲察久安也○蒲察居穆改作富察圖們

傳語盱眙軍北界遣中靖大夫翰林學士韓汝嘉帶金牌到來欲與本朝國信使副宣諭公文當日巳時使副徐嘉張掄遣通事指使并親事官同本軍虞候李保六人過淮前去傳與韓侍講乞令傳語所宣諭語言欲乞約中流相見繼而韓汝嘉已上船過淮到本軍岸下徐嘉欲就淮河岸口亭子相見韓汝嘉已到遂就燕館使副不曾望闕拜止是跪受宣諭云向來北邊有蒙古韃靼等從東昬王數犯邊境自朕即位久已甯息近准邊將屢申此輩又復作過比之以前保聚尤甚衆至數十萬或仍與西夏通

奸鎮戍突厥奚契丹人等力不能加會至失利若不即行誅滅恐致滋蔓重念祖宗山陵盡在中都西北密邇彼界是以朕心不安以承平歲久全無得力宿將可委專征須朕親往以平寇亂故雖宮室始建方此巡幸而勢不容留已擬於十月十一月間親臨北邊用行討伐然一二年間卻當還此今有司奏聞有使稱賀本欲差人遠迓如期入見緣近以國信使副高景山王全等傳旨一二近上官位有所宣諭今卿等雖來即非所召卿等到闕而歸徐遺所召官等定見運留有妨北討之期故令卿便同即令指定官位人等前來亦可以就稱賀仍須九月初定到闕賓廬未詳上件事意或致疑訝故茲宣示想宜知悉是時徐嘉借資政殿大學士張掄借節度使未至盱眙而韓汝嘉已先在泗州伏匿不使人知覺以待我國信之來既至聞報泗州方知而韓汝嘉即便過淮傳此宣諭云

遺史曰徐嘉張掄爲泛使去盱眙軍館中以待金人接伴使副到泗州即渡淮金人忽遣諫議大夫韓汝嘉走馬八匹徑度淮直入館中嘉掄大驚皆朝服以待汝嘉走馬三節人皆出館門外闔其扉知盱眙軍

周淙在館外穴壁以窺汝嘉令嘉掄與三節人皆列庭下大呼曰有敕遂宣言其大意謂皇帝以蒙古作過親提大兵五百萬恭行天討其宋國奉使未得渡淮候九月皇帝巡幸淮甸日引見言畢上庭分賓主坐嘉戰慄無詞掄乃稍進步而問曰蒙古小邦何煩皇帝親行汝嘉不能對掄曰諫議遠來口言有敕本朝君相何以爲憑請書於紙容掄聞奏汝嘉即索紙書畢而去嘉掄送嶺段香茶皆不受以汝嘉所書聞奏知必用兵即召嘉掄等回未幾金人復報已差接伴使副請奉使渡淮朝廷不從而命沿江沿河嚴飭邊備

賜進士出身頭品頂戴四川等處承宣布政使司布政使清苑許涵度校刊

三朝北盟會編卷第二百二十九終

三朝北盟編卷二百二十九校勘記

批答不允詔（不允二字一作允）　宰執服孝服（脫下服字）　其又何尤（一作於時何尤）　刺配千里外牢城（城誤作賊）　豈不漏洩禁中事耶（耶誤作矣）　以擅移治降兩官（官誤作宮）　且令在職以責後效（且誤作具）

三朝北盟會編卷第二百三十

炎興下帙一百三十

起紹興三十一年七月二十一日壬辰盡八月十三日癸丑

元祐進士乙科元符黨人朝奉郎崔陟孫淮夫梁叟上兩府劄子

淮夫等本貫應天府昨緣郊地之後歸省鄉墳尋復隔絶自念家世仕宦久被國恩不忍自棄於左衽（改作北境）間關來歸本朝竊有管窺所見輒敢冒聞庶幾一得之慮少禆朝廷採擇之萬一淮夫等伏覩金人有可攻之勢三有不可不攻之勢三就其可攻之中又有二策何謂可攻之勢一曰上天悔禍二曰民心歸往三曰戰具有備所謂上天悔禍者金人自頃以來所不可與敵者正以一時用事將兵之臣智勇有以過人故也自酋（改作亮）篡位前此功臣誅鋤已盡向使此曹尚存本朝雖以百萬之兵苦戰數十年豈能盡除之哉及先所掠京師寶貨法物今皆送至京師此乃天意欲還中國也所謂民心歸往者虜（改作金）主若不大興土木牛羊用人則中國遺民亦且安之矣本朝雖欲恢復既已人心不搖亦何以求功所謂戰具

有備者本朝講和之後二十餘年得以生養訓練虜（改作金）人所弱不過五斗本朝戰士所射弓多是一石或二石者鎧甲戈矛之類又皆堅利比見劉兩府之兵渡江人人賈勇皆有死敵之志咸相謂曰我輩父母親戚往往不爲金所掠則爲所殺戮今正當報怨之時此可攻者三也何爲不可不攻曰恐失天時也恐變民心也恐豪傑出於意外也所謂恐失天時者今日虜（改作金）主暴虐在彼爲不幸而我之幸也軍民既離心矣我兵一動彼必内應尚乃遲疑不決萬一此虜（二字改作亮）死則別立新君或土木畢工稍革暴政民人息

肩則難動也所謂恐變民心者彼中百姓所以延頸本朝兵至甚於時雨者科役誅求竭其膏血故也彼民見本朝不動或再講和議疑爲棄我此後無復有望謂如海州東海縣徐元始因不堪其苦虐殺其縣令稱兵願歸正本朝欲用本朝年號者一年有餘而本朝不誘以來之及其死也又不旌褒以勸之其敗也海州之民指以爲患轉以爲戒今滕陽軍沂州之間有來二郎亦苦北軍侵擾聚衆爲亂今則其徒雖散而其人尚在蒙山無所歸亦深悔之若久而不問失民心必矣所謂豪傑出於不意者今河北有任郎君李川輩雖號爲賊而不侵擾百姓客旅缺用者厚與之金但入城取官物而已由是往往百姓安之萬一此徒一熾且假仁義而行之民或歸心則爲患不在金人之下矣此不可不攻者三也何謂就其可攻之中又有二策兵出淮甸襄漢（今日關百里而不守明日關百里而復歸）之不過一勝一負又似昔日將帥各握重兵養寇患以自豐也若以正兵守淮甸以示弱使游騎侵陝西以下關中下檄中原彼必以精兵鋭將盡赴關中之急也後以奇兵由濱州分二路以趨燕晉斷其歸路明告其軍人有能以百人來歸及民閒不附金人自

保山寨者各以次第旌賞將見彼來歸之人不暇也又當告諭渤海契丹之人令明知禍福若能相與共滅金人各爲立君興復其宗社約以白溝爲界不復相侵設二國不肯相聽則虜（改作金）亦必疑此二國之人上下相疑則成内潰也况數年前彼丞相蕭裕已嘗結西元帥欲舉兵作亂欲立契丹之後祁王之子豫王之孫既而敗事今若約以各興其國必以豪傑爲應於二策之中此爲上策伏乞鈞覽淮夫等今具在北聞見事宜備列下項一金之初甚微本一楊哥孛堇（改作楊格貝勒）有二三千人無城郭宮室之居無珠玉

金帛貨財之積當時爲大遼市海東青於海上道由
其國使命往來不絶金人不堪其擾乘怒發兵當時
止知殺敵不知畏死戰勝則財物子女玉帛盡均分
之其所以每戰輒勝也今則久居南地識上下之分
知有妻奴親戚之愛删識上至此十三字覩去就死生甚重無
復昔時輕鋭果敢之氣故前日罷榷場之後沿淮置
巡鋪每兩月一替當其出軍其金人與親戚泣别自
謂極邊有往而不返之慮其軍畏怯如此一自虜改作
金主亮篡位之後前日良將大臣如西元帥撻懶改作
達蘭三路都統將軍韓常蕭玉秉德國師烏陵改作烏凌阿

衍參政魯國王宗盤虜改作金主親弟太傅兗州知州
東平府總管海州知州獨姑孎改作都古嚕訥丞相蕭裕樞
密使張通古平章蕭玉皆稱雄傑勇果之士盡已殺
戮當時北人莫不泣涕咨嗟言今後用兵無人可將
卽自南路投木魯改作特伯烈契丹虜主卽遷陀滿改作俄圖們
里衍改作額哩頁主軍其主管修造軍器及戰船卽是前
日歸附人赤心軍韓哥改作海古勒馬欽專主事見任左
拾遺一金人往日戰馬甚多自去年十月緣軍下馬耗
盡括民閒私馬所有京東山東關西盡起發逐路徑
送往益都府收養於六月初閒又有天使起發赴以

北州府外河北河東路及燕山以北馬卻發遣往天
德雲內府路牧養外自括馬之後大約馬耗八分目
卽南京路正軍皆闕馬今年三月二十五日降下銀
鋌令軍人逐牌子差人往咸州地分自行收買一金
人所造戰船係是福建人北人謂之倪蠻子等三人
指教打造七百隻皆是通州樣各人補忠翊校尉虜
改作金主云候將來成功以節度使待之其所統主將
皆南官蘄賽徐文孟彬王大刀等主管然所括水手皆
灌園種稻取魚之人實不諳江海水性其官吏往往通
賄賂謂如實曾駕舟之人有錢則得免其不諳水性

者無以爲賂則反被差委其宿州水手無處聲寃衆
人共毆殺本州同知如本朝通判奴婢改作蕃爾布而行可見
人心是脅從所謂舟船已發在濵州蒲臺縣伺候閱
習一金人正軍目卽京師雖號一萬宿州陳州許州
皆號千戶然每一萬止是三箇千戶每一千戶止是
甲兵三百人每一甲兵各有兩人或一人阿里喜本朝
所謂傔人○阿里喜改作伊勒希卽馬步人共九百人爲一千戶每
二千七百爲一萬戶卽是京師屯駐軍兵二千七百
餘人南京二千七百人宿州止九百餘人陳許二州
乃韓將軍弟韓定遠九百餘人昔日從軍係是漢兒

軍於前年並已放散歸國止東平府及滄景沿海諸州有自來被虜人分屯山東每人給以官田二頃荒地一段令自給用共二十萬戶號爲民軍外新簽山東河北河東關西有數十萬見各逐州府點集區處外有契丹渤海漢兒軍號七十萬見在天德雲中府路牧馬然所簽人皆不均其閒實有武藝好身手行賄賂者皆免貧者雖單丁亦皆簽發見簽人曾經上司陳狀理會終不理會可見人皆脅從無有鬭志者也但有燕京北至蒙國斯排頓稱準備迎接山東路策應選鋒北軍一淮北陷番（改作被陷）百姓昨在東昏時撫存頗厚小民無知偷生苟活久而且化其心未易動搖今則虜（改作金）主專行暴虐百姓日夜不能聊生是以思慕本朝如出一口去歲十二月閒唐蔡州關報沿邊有人馬甚眾旗幟甚盛不委便是南兵移文諸州各加嚴備百姓聞之往往遞相慶賀至有出郊或私之他郡迎問南兵至期久而無訖皆怏怏悵望一中閒金人復取河南之後張七郡王軍至南京各屬縣往往虜掠良人妻妾奪取財物其酷無異金賊（改作主）百姓之心皆失所望今若不預先嚴加約束則有前日之患要令官軍所到處秋豪無犯使遠近聞

之莫不開關以待最爲切要一金人所造新軍器已畢盡將往日京城所得軍器焚毀了當其所造甲太沈重披戴艱難所造手刀各樣長出鞘亦甚艱難見在東平府沂州滕陽軍京北府處頓放已差官監管伺候新兵支散一金人糧草如景州濱州東平府青州密州濟州兗州等處皆有米草東平府嘉祥縣景州將陵縣及南州諸州各不下五六十萬然官中積之雖富民閒往往闕食一虜（改作金）主篡位以來新修燕京大內將復創修京師大內其委任丞相張浩彈壓官統軍陀滿（改作圖們）俄里衍（改作額哩頁）其專一提點官係內官梁大使者其所用軍民夫工匠每四月一替近者不下千百里遠者不下數千里近者北歸往往半歲遠者得回動是踰年到家不月餘又復起發其河北人夫死損大半其嶺北西京路夫七八千人得歸者無千餘人可見人民究苦一往日本朝莊農經劉豫之後賦稅已重又近日修內夫役頻併每中人之家止敢置地六十畝已該作夫頭一頃以上作隊首有蒔地稍多者則爲了事戶科配誅求謂如修內顏色膠漆金翠珠玉布麻銅鐵鴿子鵝鶉之類皆出民閒其金人北軍一家蒔地不下數頃既無稅賦春

則借農以種夏則借人以耘秋則借人以收遇歲小歉則輸納稅賦民且不能給何暇計糊口之有無遇歲大熟北庫所收甚多盡行貨糴其價必賤則莊農供官科配愈難支持是歲之豐凶民皆被困衣食不給往往顒望聖朝甚於時雨一虜改作金主不聽大臣諫官議論專以威强自作聰明日欲遷都京師意欲窺伺兩淮主其事者惟長安所得女妃花不如及馬欽二人然其意未可測度見萬戶及正軍皆爲本朝與之結盟以來待之甚厚予之甚優豈可貪而不知足言今之世界比之在他時國裏面已是十倍好過正軍動是四五個月

不支錢糧雖遇支給之時往往被本軍官吏瞞昧北軍亦自時出怨言一曩者朝廷講和之後發遣赤心軍及歸朝官歸北彼中金人相指謂其人本一奴婢或本一下軍今大者建節小者授顯官各富有金帛其被發遣人亦相謂說此中一身請俸一身從軍兼領他職自是彼之軍心往往懷思向慕一往日虜改作金人止以射獵打圍便爲戰陣騎射打毬閱習輕銳自虜改作金主纂位之後往往猜忌恐軍人聚集議論將打圍射獵打毬盡行禁斷且軍兵但令屯田亦不敢習藝一金人及故民百姓深畏慕劉兩府鎗聲名關西人亦畏李四廂名世輔改名顯忠聞其風者莫不竦懼一金人極邊往往無兵都在近裏州縣屯駐遇一州或有急難鄰州雖有兵亦不輒便救援且如去年十二月間壽州有賊壽州關報南京告急其南京千戶候月餘承東京都統文字摘那二三百方始起發一虜改作金主纂位之初嘗對諸大臣言若趙宋如東昏時依舊通和煞好方一月餘劉麟作右丞上章乞簽鄉軍攻江南虜改作金主出劉麟作上京轉運使繼而身死一金賊改作人未修內已前米麥極賤米不過二百一石小麥一百五十一石自修內連年水旱蝗

蝻間作官中稅賦之外以和糴爲名强取民間者如帶糴借糴帖糴之類二年之間不下七八次民間有米盡數爲之括拘無卽以戶口大小擬定數目勒令申納以此官中積蓄常多富庶民間由是乏食

八月一日辛丑朔忠義人魏勝收復海州

四日甲辰王秬罷淮南轉運副使與宮觀

臣僚上言謹按淮南轉運副使王秬委瑣庸材天資陰險嘗緣世賞超取美官日以職事獲覲天光陛下念其先世嘗捐軀徇國特賜章服以示激勸秬可謂至榮矣固宜安靜不撓務稱其職仰報國家乃反恃

寵愛輕假自恣惟喜生事以覬功賞豈不上孤陛下奬遇之意乎自到官將淮上民兵分隸諸將初非朝廷本意人情惶駭秬不自安乃騰書獻劄文過飾非嫁怨帥守務快私忿夫當今多事之際臣子宜協力一心同濟國事而秬反復如此其恃寵而妄作一也秬今日申奏朝廷自言生長兵間諳練戎事願得步騎五千求試方畧夫人臣各有分職秬爲漕臣職轉餉耳豈得輕肆狂率大言無當侵將帥之事乎其恃寵而妄作二也秬在平時務交諸將每謹拜禮或因同姓而叙兄弟之親或因半面而結婚姻之好意欲

憑附逞其姦謀而諸將鄙之多不聽從秬不知恥尤自以爲得計其恃寵而妄作三也秬之爲人喜於妄誕近者無故輒申朝廷欲求稟議以希奏對夫國家大事自有廟謨秬一介小臣豈容與議今遠來入奏豈非遂其妄誕之說以誇示於衆乎其恃寵而妄作四也臣竊惟淮南今爲邊境部刺史之任宜得靜重有謀之吏而秬小人恃寵妄作邀功生事若使之得志必致誤國遂與宮觀罷之

八日戊申劉錡浙西江淮制置使

遺史曰軍事將興朝廷無將得一時之譽者唯劉錡而已乃命爲浙西江淮制置使凡百奏陳無不允從恩寵甚盛錡亦以天下之重自任謂可辦者

十日庚戌徐嘉張掄回闕

十一日辛亥王繼先依舊致仕令福建路居住子孫並勒停

殿中侍御史杜莘老上言曰臣聞自古方伎之臣雖不可廢而小人罪惡之極則不可容今有微賤小人粗明診視憑恩恃寵肆其姦惡在王法不可容恕臣焉得不論乎謹按昭慶軍承宣使致仕王繼先初係賤工負擔喝藥因奴事秦檜入拜其妻叙爲兄弟寅

緣薦引遂得以薄術供奉陛下及顯仁皇后間餌其藥特賜寵遇而繼先恃恩寵二十餘年恣爲姦惡臣愚上體聖意未敢論列今者伏遇陛下威斷赫然埽除蠹弊在臣豈容緘默使之漏網請爲陛下陳之繼先於都城廣造第宅多侵官司地分如陶家巷寨屋豐樂橋官地皆被强占起蓋房廊收取賃直又蒲橋之傍有古運河繼先因廣宅基遂填塞其上其宅周迴侵占民居數百家及官街二條見今屋宇臺榭皆高廣宏麗都人謂之快樂仙宮可謂僭侈矣又占臨安府從官宅二所一所與其弟繼善一所作解庫其罪不

容誅一也有軍人李彥者最爲桀黠繼先用爲提轄專探下戶婦女有姿色者百端作計必强取之以爲侍妾雖有婚姻一切不顧及李彥犯罪臨安府斷罪入吏魏某及董安中劉永清等爲幹辦强買益多如宋念一之女榮娘萬八娘之女勝奴與奴之類方其初買也不支與錢及其年滿也又不放出至如鎭江府姓張姓李二家女童妙於歌舞又詐作御前索進至今尙在諸女之父母怨恨入骨無所告訴其罪不容誅二也繼先又於宅傍創一別館專以收蓄俳人繼先則蓄臨安府名妓劉榮奴其子悅道則蓄金盼

盼父子聚麀傷風敗教又令所買妓女時作歌樂及聞淵聖皇帝升遐舉家仍復燕飮乃令妓女舞而不歌舉手頓足爲戲名爲啞樂其罪不容誅三也繼先又於湖州地名舊館別創大第工畢之日自都下載見錢二十萬貫前往排垛謂之鎭宅錢五月閒虜(改作)金使之來繼先聞其狂言遂以修墳爲名往視舊館創造舟船又買舫子二十隻般移財物扇動居民又於太湖洞庭山創屋爲避寇之地預占山寺以盛頓御前藥材爲名差人守把寺僧無以存活其罪不容誅四也繼先居輦轂之下乃陰養無賴惡少共五百

人每日支與錢糧又私置桃花甲苦竹槍牌棒及刀劍等日夕教練自聞邊報不常又置教頭兩名每日於後園閱習其子守道與孫鎔及親戚輩日夕亦擐甲射弓不知謀爲何事其罪不容誅五也繼先因其子悅道累爲浙西運司主管遂籠公私之利凡客人有重貨則强買之官物可以射利則中賣之稅物浩瀚則令監官放免之收錢入己遂至官課虧損凡有兩浙路戶絕田產繼先則爲詭名撲買又常勒臨安府樓店務吏人令供城內戶絕舍宅賤價買爲房廊又因其子安道及親戚郭思仁張球等爲兵官廣借

廂禁軍凡數百人在家役使又招致待闕孤寒小官等充其家防護祇應不欲以私錢給之卻結諸總管於臨安府請供給錢內夾帶王承宣一名每月冒請供給三百五十貫臨安府畏其凶焰莫敢誰何其罪不容誅六也湖州有金鼎者財雄東南以貲得官遷至正使繼先貪其賂遺與之交結鼎常破萬餘緡造一海船船中百物皆備獻於繼先託求閤職繼先受而許之果未幾除閤門宣贊舍人以物議不容爲後省繳駮又有珠子行人姓徐者犯罪不輕繼先受其珍珠貨賂遂與其求囑大理寺官因得釋放凡州縣

治大姦與大獄有力之人厚授金帛以賂繼先繼先受之關節所至隨即解免其罪不容誅七也繼先於本府及他處寺院多令立生祠妄自尊大又卻保庇寺僧與囑託州縣獨免科役凡天下名山大刹莊田優厚去處繼先少受其賂則使之住持凡常住所有大半入繼先之門近日擅毁南山敕賜法華院殿基起蓋亭臺又於北山招賢寺因山作園新舊墳塚盡令發掘移於他處其罪不容誅八也珠子行人姓任者往年不幸繼先遂使人收其珠鋪珠子約共萬餘緡其姊累次懇請繼先不還其姊詛之繼先忿怒役

執捉其家使下吳一送官勘斷誣作與伊姊私通致令其姊編管處州繼先又拘收其田產略無顧忌其罪不容誅九也繼先之術本自庸謬偶有天幸遂貪緣妄作常恐人之軋己稍有拔出其上者類皆巧為沮抑使不得進問有微見其所長即多方擠陷天下名醫皆畏避退縮不獲自進故凡中禁外庭一時貴近或有疾病繼先用藥謬誤以致危困亦無可指其非者其罪不容誅十也繼先過惡臣特舉其尤者餘雖擢髮亦未可數今市井之人則怨其強奪婦女商販之民則怨其侵漁財利鄉村之人則怨其吞併田產至於士大夫則怨其挾持權勢請託無厭合是數者之怨皆恨不得食其肉而寢處其皮其罪惡貫盈王法實不容恕臣愚伏望陛下特賜睿斷將王繼先編管嶺外將本身及其子孫冒受官爵盡行褫奪其第宅財物田產皆民之脂膏及贓汙貨賂所積乞委臨安府及諸州所屬盡行檢括籍没入官以贍軍將其強買奴婢盡放還被苦之家行下諸處寺院將所立生祠亭臺即日毁拆以去國家之蠹以除斯民之害以快天下之公議幸甚奉聖旨王繼先可依舊致仕令福建路居住子孫並勒停臨安府內外第宅房廊田園有司盡行拘集強買奴婢日下放還令逐便諸寺院所立生祠亭臺一切毁拆

遺史曰繼先世為醫其祖以賣黑虎丹得名號黑虎丹王家繼先為人姦黠喜諂佞善褻狎自建炎以醫藥得幸嘗勸上服仙靈脾議者謂仙靈脾者亦名淫羊藿雖強陽然久服令人精清按方論精清者不成子繼先獨不以為然繼先遭遇紹興中富與貴冠絕人臣諸路大帥承順下風莫敢仰其權勢之盛與秦檜相埒張去為以下尤不足道而通關節肆誅求強奪婦女侵漁財利則檜所未嘗為也秦檜宗族與其

妻黨皆貴盛者非檜薦舉之力乃檜請陞遷繼先宗族及吳益宗族官職故繼先及中宮亦請陞遷秦氏王氏之官職也繼先處富貴之極未嘗見一正人端士時設飲饌招教坊樂人酒酣視繼先爲儕輩狎而繼先亦無忤大抵主上以國事委之檜以家事委之去爲以一身委之繼先所以憑恩恃寵靡所忌憚而中外之士莫敢議者三十年至是金人有敗盟之報朝廷有用兵之意初劉錡都統鎮江之軍屢請決戰用兵朝廷猶俟虜金改作人先有釁隙則以兵應之故未許錡申請不已及除浙西江淮制置使亦申請

用兵一日汪應辰獻復和策堅執和議且言自國家講和至今未嘗有違闕用兵之議恐誤大計醫師王繼先因間見上言邊鄙本無師蓋緣新進用士兵官好弗靖喜於用兵意欲邀功耳若斬一二人則和議可以復固上不懌曰是欲我斬劉錡乎是時盱眙奏到金人遣韓汝嘉直入盱眙館門傳敕不許奉使徐嘉張掄渡淮事未有以處之上在劉才人位進膳不舉筯才人怪之遣中人物色聖情因何不懌乃得應辰之策及繼先之言才人侍上因言寬解上意大抵與繼先之言相似上驚問曰汝安得此言才人不能隱遂具說遣中人物色得繼先之言上大怒杜莘老探知上意乃具白簡乘勢彈擊甚善之舉也惜乎莘老蜀人去國稍遠不知繼先出處而言繼先負擔喝藥因奴事秦檜貪緣薦引又顯仁皇后閒餌其藥特賜寵遇者非也其所言十事蓋繼先之細過耳劉才人俄以他事賜第別居

十三日癸丑金國主亮殺其母於京師

金國主亮在汴其母病亮往視之問母所苦母曰吾所病者以皇帝用兵不止遠征江南是吾病也亮大怒曰非朕母也乃梁宋國王之小妻耳遂賜白練而

死

賜進士出身頭品頂戴四川等處承宣布政使司布政使蒲圻許涵度校刊

三朝北盟會編卷第二百三十終

三朝北盟會編卷二百三十校勘記

自金酋篡位金脫字　侵陝西以下關中下檄中原下下檄下字衍

三路都統將軍韓常蕭玉蕭玉二字衍　盡行貨糴貨一作和

三朝北盟會編卷第二百三十一

炎興下帙一百三十一

起紹興三十一年八月十四日甲寅盡九月二十七日丙申

十四日甲寅李寶以舟船下海至東海縣僞知縣高敞及前知縣支邦榮降

劉寶爲鎭江駐劄都統制李寶爲遊奕軍統領官後辟爲後軍統制楊存中知寶與劉寶不相協特令離軍發赴行在授不釐務路分都監百餘日除帶御器械又百餘日除知黃州未行邊報金人舉兵乃授寶左武大夫宣州觀察使沿海提督甲寅下海至東海僞知縣高敞及前知縣支邪榮京東人也在北界以進士及第或勸之使去敞曰我本大宋之民今大宋軍馬已到將安歸遂以縣降寶載敞於海船同下海令敞之子禹挈家住淮甸

十五日乙卯金國主亮殺諫議大夫韓汝嘉舉兵南寇改作向

金國主亮欲舉兵韓汝嘉自盱眙歸諫亮寢兵講和亮不從曰爾與宋朝爲游說邪賜汝嘉死遂起兵

劉錡軍於揚州

劉錡以浙西江淮制置使往揚州置司

遺史曰劉錡以制置往揚州錡曰軍禮久不講人皆不知軍禮乃建大將軍旗鼓而行軍容整肅旗幟鮮明自靖康初李綱解圍太原出國門日常行此禮江浙所未見也觀者悚然惴恐時錡方病不能乘馬遂用皮穿竹爲輿雇游手人肩之鎭江城中香煙如雲霧觀者擁溢錡嘗謂諸將佐曰此舉皆令汝輩建節取重陽日到京師觴設州官於江皋送之錡舉袖揖之曰不暇茶湯且欲速行諸公有墳墓在西北者宜備行計具拜掃之禮相繼而來小人傳其語爲實然

遂軍於揚州

十七日丁巳出師中令赴行在奏事

二十三日癸亥張燾落致仕起知建康府

金人敗盟上思得重臣鎭守要害遂落張燾致仕起知建康府

二十六日丙寅出戍官兵債負除放

奉聖旨應出戍官兵係分劈請給在家訪聞軍將積欠回易官私債負依舊尅除取索深慮贍養不給可令逐軍遵依已降指揮日下盡行除放如依前債戾重寘典憲

二十八日戊辰魏勝特授武經郎兼閤門宣贊舍人知海州

淮東運使楊抗申到探報

先是金人兵馬首犯改作入川界而我中原忠義之士探報繼至九月上旬淮東運使楊抗據進士李坤韓先帖子報云曾校尉太倉催御米走馬人至言咸平府五月一日起東京初八日起廣甯府十三日起義綿州十五日起共三箇萬戶不滿三萬人中閒一箇萬戶山後九州一萬一千人分作十五箇千人漢軍共五萬人元起定七月二十一日大河以北請器甲

今爲北邊事務重未見所往待北邊上走馬人來方敢具報近北邊反了三千戶是奚契丹及新簽漢軍唯北京一處二萬戶來到松亭關圍燕子城了一萬副甲知北邊或退方敢南行若北邊不退未敢南行坤初十日起中秋行到南京凡我指揮一一分明示來人向北非細走馬北向去人二百三十餘道未見端的一匹馬回又韓先探報來云七月三日新差右丞爲元帥宣到諸路節度使并總管十五日御宴十六日差除下項司徒燕人遷右丞相右丞相張浩遷太傅尚書令孫嶺北東京人冀州節度使祟進某人遷御史

大夫騠是駙南京統軍金紫某人充西蜀道行營都統軍騠是駙平陽府總管金紫張彥忠排行第七關西人元是本朝人後來發過去充西蜀道行營副統軍太原府總管銀青劉某充漢南道行營副統軍女眞家吏部尚書榮祿白某遷副樞密院開封府同知奉國軍某遷兵部尚書嶺北東京留守同知奉國軍張某保州節度使戶部尚書通議大夫開封府同知先是六月二十九日郎主駕郎主諱完顏亮在汝州界叛了護衞契丹軍約三百餘人往西京永安軍山內住泊差河南府駐劄千戶去收又七月六日馬行街郎主指揮斬了南京兵馬副都某人

爲殺漢兒奴婢刪此六字并棄職走往燕京又七月九日差走馬四百餘匹根刷諸路應私騾馬除左丞相得留六匹及五品以上許留一匹外餘大小職官并百姓不許收養如隱漏馬該死騾馬要往滑州馱衣甲等用關西河東兩處自來元簽軍今取六月十八日起發往滕陽軍兖州就器甲限七月十五日要到後來未知去向端的七月十八日回程離汴京至七月二十一日知得刦了徐州係自東差去水手約一千餘人其刦了徐州頭首某人卻往梁山濼七月二十六日回程到虹縣見走馬金牌到縣得郎主指揮將叛了莊民便行殺戮及撫恤其後民戶云耐辛苦一兩日般運糧草南去

傳到金人詔

僞詔曰朕在位恢心坦然四鄰歸貢逾有年矣皆出於祖宗洪厚德澤也念境內羣寇越擾邊民叛逆入於南宋況兩朝之民舊屬宋處自來狠子野心始由宋私來我朝盜買戰馬後至彰露而止又以探報羣卒諸路變形或作紅巾或作商旅或兩朝奸吏妄說游辭撰造異端而無厭怠貪婪榮身鬭作兩朝講好親睦之意朕已詳之今朕親將五百萬兵速降夏國以

九月下旬回國遣使往宋以決顛末君臣父子各宜堅心謹守諸路故茲詔示

敗盟記曰戎狄天性妄誕故逆刪戎狄至此八字改作金亮不羞改作好爲大言當爲岐王時作竹詩曰孤驛瀟瀟竹一叢不同凡卉媚春風我心正與君相似只待雲梢拂碧空又不記題曰蛟龍潛匿隱滄波且與蝦蟆作渾和等待一朝頭角就撼搖霹靂震山河又過汝州題詩曰門掩黃昏染碧苔那回蹤跡半塵埃空亭日暮鳥爭噪幽徑草深人未來數仞假山當戶牖一池春水遶樓臺繁花不識興亡地猶倚闌干次第開此詔與

詩意豈相遠哉蓋妄爲此詔誇耀吾人改作中華聲言五百萬兵速降夏國九月下旬回國豈不誕哉是詔乃七月閒韓汝嘉到泗州以後作且如七月初至九月終計是九十日矣中國至西夏并數百萬衆豈九十程可往回而畢耶然則五萬兵非吸風茹雨之士速降夏國非騰雲插翅之人可見誇飾自速死亡兆於是矣

九月十一日庚辰吳拱爲鄂州駐劄御軍都統制

吳拱玠之子也爲鄂州都統制以代田師中已卯到鄂州庚辰交都統制職事漸發諸軍往襄陽癸未諸軍發絶是時左軍統制郝晸爲京西安撫使亦起發

拱承朝廷指揮襄陽儻或有變吳拱不能自保則令退守荆渚拱具劄子申朝廷言此甚失襄人之望且荆州爲吳蜀之門戸襄陽爲荆州之藩籬屏翰上游號爲重地若棄之不守是則撤其藩籬況襄陽依山阻江沃壤千里設若以爲巢穴如人扼其咽喉守其門戸則荆州果得高枕而卧乎朝廷必欲守襄陽爲一道固圉之計非三萬軍馬不可保守若欲保守荆州自合將襄陽爲扞中之計當得軍馬一萬使拱可得措置則修置小寨保護禦敵營關屯田密行閒探

遺史曰吳拱言襄陽形勢則盡之矣不敢以其人而廢其言若夫保守之方則甚爲乖疏所謂修置小寨者其意在於退守萬山而棄城不守也保護禦敵者其意在於閉關自固不出兵以接戰也拱到襄陽首置萬山寨山無水無薪若屯大軍不可時以安息師徒勞役衆口藉藉道路駭聞

劉錡自揚州進軍

劉錡在揚州病上遣中使譚某宣押醫官孟某赴揚州醫治錡曰錡本無病蓋緣國家邊事如此至今猶未決用兵侯狄人侵犯此四字改作敵先發然後使字刪此當之既失制狄人改作之機何以善後後發受制於人錡憂

此不忘是以病也譚某具道已得上旨令制置謹察動靜不可落其奸便錡矍然而起具奏回報即建大將旗鼓而進兵每日進發一軍時錡實病不能食唯以蘿蔔下白粥而已軍行整肅錡亦頗能得將帥之體有鄉兵統領路次迎參錡皆不顧

十七日丙戌楊抗舉劉汜

遺史曰淮南路轉送副使楊抗奏臣伏覩閤門宣贊舍人兩淮西路兵馬都監鎮江府駐劄御前中軍統制淮南浙西浙東西路制置使司提舉一行事務劉

汜志節不苟忠義持心篤信好學輔以儒雅臣嘗至其軍遇汜閱試戰士號令精明進退肅然今保舉堪充將帥任使有旨劉汜與轉武畧郎依舊兼閤門宣贊舍人令三省樞密院籍記汜錫之子錡之姪也

十八日丁亥吴璘遣將官彭青刦鳳翔府鳳州渭河南寶鷄縣金人寨

二十四日癸巳夏俊克泗州

夏俊在盱眙軍幹買北物見完顔亮敗盟有侵犯（改作南攻）之意遂謀欲占泗州有武功大夫張政者自軍中揀下作揚州指使任滿居盱眙俊與政議其事政聚衆得一百八十人知盱眙軍周宗退保在天長至是俊等謀定備船夜渡五更渡淮先占西城西城人覺知皆稱願歸順大宋俊曰大宋人馬取泗州并不殺人各各安心轉至城東下觀汴河有空船俊政等遣西城百姓取船得六十餘拖僞知泗州蒲察徒穆（改作富察圖穆）率其下二三十騎棄東城遁走俊等入東城撫定遣百姓渡淮遣人報制置使劉錡到天長得報并有金人解赴軍前者錡皆不問令俊權泗州泗州有銀一千五百錠絹五百匹錡遣其姪汜取銀絹餘不盡者俊與其衆分有之

盱眙軍報九月二十三日夜二更樞密院使臣夏俊部領義兵併力殺退北軍已復占泗州西城別有措置收復東城至二十四日天曉西城老小盡皆渡過南岸續據俊使王文報東城安撫蒲察徒穆（删此四字）同知大周仁與夏俊在城荅語東城盡倒旗槍又據淮北稍工嚴國到軍稱東城百姓官吏皆歸順本朝有蒲察徒穆（改作富察圖穆）與大周仁逃竄出城不知去向其本城老小見行載前來南岸巳中中軍劉統制措置人馬過淮彈壓

劉蘊古特添差兩浙西路安撫司准備差遣

劉蘊古在北界提盔販賣釵朶者往來於壽春榷場與南客語則曰願歸朝言南北利害若大宋舉兵則恢復舊疆直不難耳南客漸能識姓名有好異者接引使歸朝蘊古自言二弟皆在北界及第已獲兩解不得一第遂有歸正之意若取中原滅大金直易事耳至行在初授蘊古右廸功郎爲浙西安撫司准備差遣吴山有伍員祠在錢塘闤闠之中蘊古先别置廟牌易去舊牌牌上題刻具位姓名合市人皆驚曰舊牌工緻新牌遠甚不知何故易之有右武大夫魏仲昌者窺見其意曰他人之歸正者僥倖官爵苟圖

錢帛而已若劉蘊古者眞奸細也或問其故仲昌曰榜其姓名於吳山廟牌蓋欲使踵來間探者知其已到耳

權知光化軍張超與金人戰於光化軍城中金人退走

張超鄂州駐劄御前遊奕軍將官也都統吳拱令權知光化軍將帶巡捕孔斌擺鋪周明將司曹通教頭楊輝旗頭李成引戰劉進管隊商進直頭賀忠長行曾晟李全鄧高尙青融德蘇進等凡二十四人以癸巳凌晨入城方坐於廳事交割郡事開忽報有金人鐵騎入門乃金人七百騎夜宿於三十里地趁急開

譙門令隨行人擐甲持槍突門而出呼百姓以擡桌之屬堵巷路口超分其衆作數項闌截鏖戰久之於是百姓皆出門渡漢江而城中戰猶未休金人自謂不能當乃聚衆數十人指一官軍攢箭射之官軍身負箭皆如蝟重傷及死者數人金人之死者亦數十人方稍退去光化之役荆襄第一戰也頗增戰士之氣奏功於朝各人得轉二官資皆給公據而已告身竟不下人皆爲不平

二十五日甲午吳璘收復秦州

吳璘遣統領劉海等領兵掩殺賊衆退走入城尋分布官兵自九月二十五日申時攻打至二更已打破秦州除撫存軍民外捉到賊兵活人（刪此四字）金人蕭安撫高同知千戶明威將軍乞求鬧（改作齊哩克）將官奉信校尉竇登金人大郎君二郎君防禦判官李旺王信王主簿趙通事李淮提劉天使及捉到賊兵（刪此二字）活人斫到首級奪到戰馬器甲莫知其數

二十六日乙未金人寇（改作攻）信陽軍

成閔以中軍統制趙撙分兵四千屯德安甲申發鄂州庚寅至德安居五日信陽軍以金兵來告撙曰信陽雖小實爲德安表裏不可失也乃留遊奕統制宋

奕居德安自將所部馳赴之虜（改作金）騎徑去侵（改作攻）光州

吳璘收復隴州方山源

吳璘申金賊（刪此字）都統合喜孛堇（改作喀齊喀貝勒）張金紫追集陝西諸路僞兵於隴州方山源秦州鳳翔府等處屯駐意欲分兵前來侵犯（刪此二字）尋遣差右軍第二正將彭青副將强英左軍第二副將張德等將帶軍馬前去措置收復去後今據逐官申於九月二十五日到方山源差人說諭招撫其本原（改作親從）賊（刪此字）兵堅守不從於二十六日青親擁官兵向前自卯攻打

僞中官兵分番前來戰敵約十五陣青等告誡官兵一擁齊入至巳時攻城破方山源其賊(改作金人)敗走捉獲活人當陣斬到首級奪到鞍馬莫知其數

二十七日丙申吳璘收復洮州

吳璘申遣差將官曹沭等九月二十七日收復洮州及管下冷丁堡通岷堡招撫到洮州同知招武大將軍奥屯蟬只(改作鄂通徹辰)一行官兵老小撫定軍兵依舊安業又據將官張德申九月三十日攻打破隴州與賊(改作金)兵巷戰殺死賊(改作金)兵未知其數捉到活人奪下鞍馬有知州盧奉國同知劉昭武走上涼樓招

撫不下遂用火燒煅及將本州倉塲所裝金賊(改作營)糧草百萬餘盡行燒煅外有歸降兵說諭撫定了當的是獲捷

賜進士出身頭品頂戴四川等處承宣布政使司布政使清苑許涵度校刊

三朝北盟會編卷第二百三十一終

三朝北盟會編卷二百三十一校勘記

甲寅下海至東海縣(脫縣字)　係分擘請給在家(擘誤作劈)　凡義錦州十五日起(錦誤作綿)　分作十五箇千戶(戶誤作人)　況有指揮(有誤作我)　小注(係嶺北東京人係誤作孫)　張中彥(彥誤作忠)　況兩地之民(地誤作朝)　又以探報倉卒(倉誤作犂)　設若侵據以爲巢穴(脫侵據二字)　然後使錡當之(脫錡字)　與夏俊在城答話(話誤作語)　身負箭戰(脫戰字)　信王(誤作王信)　李准提(誤作准提)

三朝北盟會編卷第二百三十二

炎興下帙一百三十二

起紹興三十一年九月二十九日戊戌盡十月五日

甲辰

二十九日戊戌招諭榜

紹興三十一年九月二十九日三省樞密院同奉聖旨金虜（人改作）無厭背盟失信軍馬已犯（入改作）川界今率精兵百萬躬行天討有措置招諭事件如後一中原百姓見爲簽軍想未忘祖宗德澤痛念二聖未還豈肯從賊（敵改作）反攻舊主榜到各宜相率從便歸業內有願立功來歸人當議優加爵賞一女眞渤海奚契丹一應諸國人等暴露日久無不懷歸見此文榜請各散回本國別事新君可圖子孫久久之利一中原諸路州縣官吏軍民有能以一路歸者除安撫使以一州歸者與知州一縣歸者與知縣餘見任官更不改易一諸路忠義豪傑小寨首領能立功自效者並依前項推賞一中原幷諸國艮民見爲奴婢者並放令逐便內有自擒獲本主歸順者卽以本主官爵田宅推賞一諸國官吏軍民不願歸本國者當盡還官爵雖見用事之人一例推賞優卹與中國人一般更

不分別而能立功效者不次擢用一軍行秋毫無犯並不殺人放火亦不虜掠財物及婦女人等事平後放免稅租十年一應干虜（金改作）人殘虐科須等事如簽刷人夫水手工匠差科軍器糧草舟船牛車騾馬掠人家室女繡女一切非法騷擾幷行除放一酷涅之刑如滅族剝皮油煎鋸解鉤脊之類深可痛心一切除去右件中原官吏軍民及諸國人等各懷忠憤改慮易圖克建功名共享安泰故茲榜示知悉

約束沿邊州縣官不得差出

臣僚上言臣竊謂沿邊諸郡正在守倅等官協心相與措置共濟國事今來邊郡官員率愬監司別有名目差去欲望聖慈特降睿旨戒飭諸司

招諭指揮

三省樞密院同奉聖旨朕念中原赤子及諸國人等久爲金虜（人改作）暴虐役使科斂或爲奴婢已無生意又言指吾舊疆百姓爲宋國殘民蹂藉殺戮無所顧惜朕聞之痛心疾首是用分遣大軍諸道並進以救爾於塗炭想聞王師至必能相率歸順朕不惜官爵金帛以爲激賞若係有官之人並依見今原帶官職更不勾減其能以地土來歸或能攻取城邑除爵賞

外凡府庫所存盡以給賜朝廷所留惟器甲文書糧草而已如女眞渤海契丹漢兒應諸國人能歸順本朝其官爵賞賜並與中國人一般更不分别內燕北昨被發歸國者蓋爲奸臣所誤追悔無及今雖用事並許來歸當優加官爵勿復疑慮朕言不食有如皦日

立賞格指揮

三省樞密院勘會諸軍官兵遇敵能戮力破賊(改作自效)立到功效(改作績)從主帥保明申奏朝廷厚加推恩外有接納到歸附歸正人今立賞格下項一接納到五

百人並渤海漢兒萬戶補武翼郎若接納到五百人即與接納到千戶同賞若接納到五百人以上累賞百人長補承信郎若接納到二百人即與接納到百人長同賞若接納到二百人以上累賞一餘軍接納到一百人以上補承信郎五十人補進武校尉三十人以上補進義副尉五人以上補守闕進義副尉五人以下補進勇副尉一接納到簽發南軍萬戶補保義郎若接納到萬戶同賞若接納到一千人以上累賞千戶補承信郎若接納到五百人即與接納到千戶同賞若接納到五百人以上累賞三百戶補進武校尉若接納到二百人即與接納到百人長同賞若接納到二百人以上累賞百人長補進義尉若接納到二百人即與接納到百人長同賞若接納到百人以上累賞餘軍接納到一百人以上補下班祗應五十人以上補進義副尉三十人以上補守闕進義副尉一女眞契丹渤海漢兒幷簽發南軍等如自能前來(歸正歸付)並優與補官爵內已有官人於元官上優加陞轉仍與不次擢用一歸附(歸正)人並不得輒有傷害及掠奪財物如違將犯人依軍法施行

賜統兵大帥詔

朕列屯禁旅控扼邊陲雖分道置使總領其事至於緩急之際相爲犄角要如手足之捍頭目有不待索而自至者勢當然也卿等受制閫之寄臨破敵之機營壁相望當若一身倉猝有警赴援立至共成恢復之功以底中興之業犒勞行賞咸不汝遺將來成功當一例推恩故茲詔示想宜知悉

吳璘克蘭州

吳璘申朝廷云西和州床川知寨張彥忠等申招收到北界熙河蘭州千戶王宏同招撫部押軍馬曾孝忠等率蘭州軍民投拜其僞官尙恃不肯投拜宏等

領官兵闘敵於九月二十九日將本州僞守女眞安遠大將軍蘭州刺史温敦(改作嗢都)烏也(改作烏頁)等酋首(删此二字)殺戮收復蘭州了當幷存恤一行軍民訖

三十日己亥吳璘克隴州

吳璘遣潘青張德攻打隴州己亥入之與金人巷戰知州盧奉國同知劉昭武走上凉樓招撫不下用火燒爇及燒州倉草場糧草盡被燒毁有歸降者撫定

敕賜吳璘

朕爲神州赤縣皆祖宗故地以陷異域踰三十年而猾虜(改作敵情)無厭復出爲惡茲用分命虎臣數道並進

憤焉未有所出久矣功名之志深所未忘已除卿陝西河東招討使制書到日卿可量彼己之勢審動靜之宜卽提鋭兵直出漢中弔秦晉之遺民撫唐漢之都會所過城邑拊摩勞來誡爾軍士毋殺人毋踐稼毋掠婦女毋焚室廬使之簞食壺漿以迎王師副弔民伐罪之旨昔漢光武遣馮異征關中云今之征伐非可畧地屠城要在平定安集之耳朕於光武遠有慙德而卿之才烈豈直可比馮異而已哉勉行此言副我諄囑至於臨敵愼重見可而進信賞必罰恩結士伍是皆所期於卿者也舍爵策勳朕無所吝乃眷西顧實勤我心

十月庚子朔劉錡諸軍會於盱眙軍

劉錡會諸軍以十月旦皆到盱眙淮南轉運楊杭爲隨軍轉運亦在軍中

四日癸卯吳璘除陝西河東各路招討使劉錡除京畿淮北京東路河北東路招討使成閔除京西路河北西路招討使

魏勝知海州

夏俊知泗州

湖北京西宣諭使汪徹論軍馬經過批支錢糧不便擾

民

汪澈爲湖北京西宣諭使奏劄子曰臣伏見成閔一軍人馬昨自行在起發前來湖北原降指揮所至州縣批支錢糧其錢於經總制錢內支其米於常平義倉內支仰見陛下聖慈惟恐擾科於民臣繼被旨以使事陛下聖諭經由成閔所行之路因訪聞所支錢糧事有無欺弊乃聞縣道經總制錢並係每月解發起本州主管官通判廳交納今來人馬經過所支錢糧多是逐急催促人戶今年折帛錢借兌支遣或於人戶以等高下敷借應副臣嘗契勘經總制錢縣道

大小不同終歲所入自有定數而軍馬批支豈容停滯若不從權慮致敗闕但折帛錢已係科撥下諸處總領司今來總領所必不肯認其數督迫不已又誅求於民所敷借人戶錢既不以經總制錢支還則是橫斂今欲乞令逐州主管經總制官司將今一州統收之數撥下大軍經由縣分通融支遣所有借過人戶錢乞從縣道將折納今年以後本名諸色官物卻依舊於經總制錢豁破如此則元降指揮不爲虛文而官吏少安民不重困如得允當乞賜睿旨付有司施行從之

李顯忠及金人相遇於正陽西金人退去

池州駐劄諸軍都統制李顯忠提兵在淮西壽春安豐之閒欲回軍廬州徐觀其變到謝步會探者報曰金人自正陽渡淮矣顯忠曰到廬州歇泊定若金人犯改作入境當收拾些首級而回甚善參議官劉光輔曰不然若欲尋戰功而歸豈可倒卻宜占形勢之地劄定寨腳以待之見利則進策之上也顯忠從之得此山林深可以設伏兵於林中俄報金人已渡正陽者顯忠率諸統制各帶精銳心腹數十人共百餘騎前往巡綽果遇金人三百餘騎各張陣勢相望良久金人有百餘騎轉山取路直掩顯忠之背顯忠覺之率諸統制邀截獲數人而還顯忠亦失黃小官人等二三人金人遂退去合大軍矣顯忠問所獲金人主將爲誰曰郭副畱韓將軍也郭副畱者藥師之子韓將軍者常之子也皆爲萬戶顯忠軍中有中侍大夫齎小使臣空名官告付身僅二十道是役也書塡悉盡中侍大夫告有三光輔及統制受之

詔親征

詔曰朕履運中微遭家多難八陵廢祀可勝抔土之悲二帝蒙塵莫贖終天之痛皇族尚淪於沙漠神京

猶污改作外於腥羶改作版圖銜恨何窮待時而動未免屈身而事小庶期通好以弭兵屬戎虜改作敵情之無厭曾信盟之弗顧怙其篡奪之惡濟以貪殘之凶流毒徧於華夷改作閭閻視民幾於草芥赤地千里謂殘暴而無傷蒼天九重以高明爲可侮輒因賀使公肆嫚言指求將相之臣坐索淮漢之壤吠堯之犬謂秦無人朕姑務於含容彼尚飾其奸詐嘯厥醜改作聚其黨類驅吾善良胡改作敵氣寖結於中原烽火遂交於近甸皆朕威不足以震疊德不足以綏懷負爾萬邦於今三紀撫心自悼流涕無從方將躬縞素以啓行率貔貅而

薄伐取細柳勞軍之制考澶淵卻狄改作敵之規詔旨未頒歡聲四起歲星臨於吳分冀成淝水之勳鬬士倍於晉師當決韓原之勝尙賴股肱爪牙之士文武大小之臣戮力一心捐軀報國共雪侵陵之恥各肩恢復之圖播告邇遐明知朕意

遺史曰詔未降一月之前市人皆能言其詔文詔旣降始知久已製成但未降前不當漏於外耳又先期降付吳璘軍中有旨未得頒行璘具奏乞頒行俄已降出頒行矣

吳璘李顯忠獎諭詔

敕吳璘等所奏首先破賊改作敵大獲勝捷事具悉朕屈已講和以安黎元黠虜貪惏無復天理刪此八字改作北人肆其凶焰犯改作入我邊陲卿忠義奮揚肅將天討翦厥醜類改作其羽翼摧其奸鋒改作彼鋒鋩捷書報聞良深嘉尙想師行於枕上而虜改作敵在目中勉爾功名副朕所徯故茲獎諭想宜知悉冬寒卿比安好遺書指不多及

劉錡等檄契丹西夏高麗渤海韃靼諸國及河北河東等諸路書

大尉威武軍節度使淮南浙西江東西制置使劉錡慶遠軍節度使神龍衛四廂都指揮使京湖制置使成閔少保奉國軍節度使四川宣撫使吳璘檄告契丹西夏高麗渤海韃靼諸國及我河北河東陝西京東河朔等道官吏軍兵等蓋聞惟天無親作不善者神弗赦得道多助仗大義者衆必歸敢攄一切之誠用諗萬方之聽我國家功高上古澤潤中區列聖重光方啓昇平之運斯民不幸適丁板蕩之災蠢改作念茲女眞之微改作强首覆契丹之祀怙其新造間我不虞妖氛旣陷於神都虐焰殆彌於宇縣兩宮北狩訖羅胡改作北地之煙塵大駕南巡未正漢改作兩京之日

月凡居率土誼不戴天主上紹開中興宏濟大業望山河而隕涕瞻陵廟以傷心蓋卧薪嘗膽之是圖甯拯溺救焚之敢緩然以人命至重嘉兵不祥靡辭屈已以事讐姑欲安民而和衆豈謂冥頑之虜改作性狃於篡逆之資以至不仁行大不道驅我中原之老稚翦爲異類改作域之囚俘乃輕棄於穴巢改作用其人民輒坐張於畿甸自謂富强之莫敵公然反覆以見欺指揮而取將相之臣談笑以求漢淮之地九州四海聞之怒髮以衝冠百將三軍誰不攘旗而抵掌幕府瀝膺齊鉞盡護戎旃冀憑宗社之威靈一洗穹廬改作先朝之

穢孽（改作悖憤）待時而動歷歲於茲天亡此胡（改作悔禍在天）使之委身而送死人自爲戰（改作得人曰衆）誓不與賊（改作敵）以俱生帝座一臨士氣百倍劉制置悉南徐之甲成馬軍與侍衛之師李四廂虎視於青徐王太尉鷹揚於潁壽騎師擣崤函之險步軍衝伊洛之郊兵多堅鋒勇有餘憤以此制敵何敵不摧以此攻城何城不克惟彼諸蕃之大國久爲鉅宋之歡鄰玉帛交馳尙憶百年之信誓封疆迥隔頓違兩地之郵音願敦繼好之規共作侮亡之舉至於秦晉奇士齊趙俊才抱節義之良謨志功名之嘉會爲劉氏左袒飽聞思漢之

忠徯湯后東征必慰戴商之望抗旌雲合投袂風從或據郡以迎鋒或聚徒而特起乘茲破竹之勢立爾前茅之勳侯王甯有種乎人皆可致富貴是所欲也時不再來更期父老之誨言深念祖宗之德化勿忘舊主重建丕基檄到如前書不盡意

收復陷沒州縣指揮

三省樞密院同奉聖旨國家以金人不道棄信渝盟遂至興師本非得已爾指揮諸將所至先問百姓疾苦除以官庫給散將士外不得燒毀屋舍殺戮平民刦奪資財擄掠婦女其應干非法科斂役使殘酷不便事件害及吾民者日下除去見作奴婢之人並與釋放如豪傑忠義之士能據一縣迎降者卽與知縣以州迎降者與知州以一路迎降者除安撫使其集合義兵自效者並優補官爵别加任使爲女眞奴婢能擒殺其本主者便與本主在身官職仍以本戶田宅錢物盡行給賜

五日甲辰陳桷差兼京畿淮北京東路河北東路招討使司隨軍轉運使李植差兼京西河北西路招討使司隨軍轉運副使

詔修故少保岳飛廟

先是岳飛被秦檜陷害死於獄中軍民痛爲立廟至是金人犯邊連年大舉上思曰岳飛如在金人豈敢至此下令卽修廟宇

賜進士出身頭品頂戴四川等處承宣布政使司布政使淸苑許涵度校刊

三朝北盟會編卷第二百三十二終

三朝北盟會編卷二百三十二校勘記

一應於虜人殘虐科須等事(於誤作干) 卽與接納到萬戶同賞(卽與二字誤作若) 一餘軍接納到一百人以上(脫一字) 一淫酷之刑(淫酷誤作酷淫) 撫漢唐之都會(漢唐誤作唐漢) 楊抗(誤作楊杭) 惟恐科擾於民(科擾誤作擾科) 因訪聞所支錢糧州司(州司二字誤作事) 得北山深林(誤作得此山林深) 詔旨一頒(一誤作未) 想師行於枕上而虜在我目中(枕一作几 脫我字) 已指揮諸將(已誤作爾)

三朝北盟會編卷第二百三十三

炎興下帙一百三十三

起紹興三十一年十月六日乙巳盡八日丁未

六日乙巳四川安撫使吳璘大散關捷報至

吳璘捷報九月五日金虜(改作兵)自鳳翔大散關入本界三十里犯(改作圍)黃牛堡旬餘不退十八日遣將官彭清直至寶溪渭河夜劫橋頭大寨獲捷上曰朕與金國講好二十年未嘗有纖毫之隙不意今賀天申節使人王全上殿口陳虜(改作金)主之語邀我將相大臣又欲得漢以東淮以南土地一時臣僚誰不勸朕用兵朕謂和好既未解則兵釁不可開姑發信使以審其事至淮既不納既歸又求遣反復詭詐而爲釁端意在敗盟重兵壓境託爲打圍謀爲深入朕不免嚴兵備且戒飭諸將務爲持重以觀其變而犯(改作攻)蜀無名之舉果爲戎首(改作開釁端) 事之曲直甯不判然散關小捷豈非信順之助而況弒殺君親誅戮殘忍天地所不蓋載禽獸所不肯爲(刪天地至此十二字)神怒人怨滅亡無日令三道出師招討審彼已量虛實撫定我城邑招集我人民收復我寢廟毋焚燒毋虜掠毋殺傷以圖萬全之舉高爵醲賞朕所不吝卿等贊朕成

算協以衆謀庶幾恢復神州以雪兩朝之恥宰臣陳伯康等奏曰臣雖不習武敢不奉以周旋

八日丁未金人立葛王裒於遼陽府

神麓記曰亮初刷國中女眞五國烏熟改作烏舍鐵黎改作鐵驪渤海契丹漢兒軍自備衣甲鞍馬弓箭刀槍軍須餱糧車牛奴婢自遙遠來沿邊道途艱辛不肯前行皆共謀曰皇帝無道遠犯改作攻南朝未知勝負難以歸國我等豈能就作失家之鬼乎不若從此就近徑往遼陽東路東京與渤海酋改作羣豪冊立留守葛王爲主何如衆云亦是太祖武元之孫有何不可於是歲十月間入東京留守衛求見大王王纔出廳盡呼萬歲冊卽帝位遷之中都改元大定大赦天下門下朕惟前君乃太祖高皇帝之長孫受文烈遺命嗣膺神器十有五年內撫外甯近安遠至雖晚年刑戮過甚而罪不及民前岐國王亮位叨宰相不思盡忠匡救輒敢行篡弑自僭竊以來昏虐茲甚是用列其無道昭示多方一前來皇叔元帥曹國王自先朝以親賢當任止因篡位之初自懷恐懼無故殺害一前來太宗受太祖遺命不忘至公傳位前君諸子並當職任止因篡位初懷疑懼將太宗親子太保潞國王阿

魯中京留守胡里不勒博改作和阿里留守判宗朝胡里改作呼嚕加宰相胡沙改作和碩霍王胡東改作罕都鄆王神徒馬改作圖美實蔡王烏也改作烏頁八人子嗣等七十餘口並以無罪盡行殺戮一開國功臣晉國王孫領行省楚國王阿辛改作愛紳止因篡位之初自懷疑懼將阿辛改作愛紳並兄子嗣三十餘口及駙馬丞相幹古剌改作鄂囉翁並宗室海州刺史等五十餘口並以無罪盡行殺戮一左副元帥國王撒海改作薩哈累建功勳止因篡位之初自懷疑懼計搆遙没改作雅穆以白礬書假言宮外拾得令其誣告並其子御史大夫沙只改作薩勒扎並子孫三

十餘口及太祖親弟遼越國王男平章孛急改作博濟弟兄子孫一百餘口兵部尚書毛里改作瑪勒弟兄子嗣二十餘口太皇太妃并子任王喂阿改作威赫並以無罪盡行殺戮一前來太祖長女公主兀魯哥改作烏魯格係曹國王親姨因篡位之初無故殺害一故西京留守蒲馬甲爲是親弟自懷疑懼無故殺害一開國功臣皇叔太師長子韓王臨民親正忌其聲譽令其家人誣告勘問不成故意殺害一應係開國功臣太祖太宗時已經封贈王爵無故盡行追奪一會甯府係太祖興王之地所建宮殿無故折毁一中都大內營造累

年殫竭民財力不可勝計民力未足仍折毀南京大內再行修蓋幷皆窮奢極侈土木之功前所未有一因伊小兒病死卻將乳母併二醫人等盡行誅戮一宋國講和之後聘禮不闕頓違信誓欲行吞併動衆興兵遠近嗟怨醫人祁翰副陳諫不可更不循省便行誅戮幷舊有軍器盡行燒毀卻令改造遂致公私困竭生靈飛走無不彫弊一昨來皇叔曹國王被殺之後嬸母國妃納在宮中及親族姨妹姑姪幷一應命婦有容色者恣行烝淫一亡遼豫王子嗣三十餘口天水郡王嗣一百餘口幷以無罪橫遭殺戮一嫡母

太后曾言不可南征之事手自戕殺其大逆無道古今未聞一德宗嫡孫節度使母妻弟子幷太師梁王兒孫婦曹國王次夫人幷子及韓國夫人幷兒婦孫婦等幷以無罪盡行誅戮一樞密使北京西京留守等因北征回幷加族誅宰執亦被鞭撻其餘過惡不可備舉前錄數條稔於聞見遂致天怒人憤衆叛親離朕方留守東京遵養時晦四方豪傑將士吏民咸懷怨苦無所控告自遠而至者數十萬衆日來赴愬再三敦請不謀同辭咸以太祖皇帝聰明神聖應期撫運皇孫繼嗣止予一人歷數有歸不期而會朕推誠固

遜至於再三請者益堅辭不獲已恭念太祖創業之艱難祖宗之社稷深懼乏祀特俯徇羣情勉登大寶臨御之始如履春冰宜推肆眚之恩以布惟新之令大赦天下改正隆六年爲大定元年十月八日昧爽以前除殺祖父母父母不赦外罪無輕重已結正未結正已發覺未發覺咸赦除之內外大小職官並與覃恩仍委尚書省條奏施行一昨來簽軍著軍人其間多有貧難之人欠少官錢私債及典雇兄弟子孫妻女姨妹或父母自行典雇深可憐憫赦書到日不問新舊盡行放免一據南京等處修蓋夫匠盡行放

免一據契丹老和尚等昨因簽差南征遂致叛反赦書到日幷許徑附近官司投首幷許原免依舊復業一據昨因契丹人等作過其間被軍人等將不在作過數內外官員百姓及著軍人等命婦妻女子孫驅奴並左右鄰人一例驅奴令來自可憐卹赦書到日仰隨處官司一一刷會勘驗端的發遣本處依舊團聚住坐所有正係作過人等若從與軍人鬬陣亡虜了家眷驅奴不在與放免如前來敗失在逃卽自新來投首除親屬外付本國人團聚將到驅奴准已收虜爲定一據逃軍離背軍帥主幷避役夫匠或犯罪

在逃亡賤人等赦書到處并限一百日內許令陳首與免本罪安坐更不懲斷內軍人分付本軍收管如限滿不首復罪如初一據亡命山澤聚爲盜寇赦書到處並限一百日經所在官司陳首與免本罪分付原籍收管如係據頭領能勸率徒衆出首委所在官司具姓名申覆尚書省奏聞當議別加旌賞一據自撫定以來不論如何斷訖流移在他所人等並放還鄉一據自來除名開落官吏如不犯正枉法贓並眞盜並與改正量才收用一據自逃亡死絶戸名下所著大小差發並租稅限赦書到並行除放一據五岳

四瀆名山大川聖帝明王忠臣烈士載在祀典者所在官司歲時致祭一據諸處暴露骨骸無人收葬者並委所在官司如法埋瘞一應合改正徵收追究事件並准制條施行於戲以寛而衆可御敢希堯舜之仁代虐而民允懷庶及湯王之德尚賴文武勵翼忠良襄贊成告嘉猷永臻至治咨爾兆庶體予至懷赦書日行五百里敢以赦前事相告言者以其罪罪之到日主者施行

張棣正隆事迹曰裒乃太祖第三子遼王宗輔之子也亮之從弟裒字彥擧乙巳三月一日寅時生小字忽辣馬卽位後改名雍

又曰十月完顏裒立於東京遼陽府遣譯通事蕭荼刺改作蕭察喇帶牌持赦撫定州縣燕地郡邑指揮而下及燕山權留守拒而不從來使立誅之副留守李天吉懼而拜命立遣子器之奉表稱賀中都既定山東河北河東關西傳檄而下至十一月亮死方遣人下河南及殺亮子光英於汴京廢亮后壬午春正月裒知天下之歸己與子允升允迪率甲騎數萬人還燕山守臣完顏宗憲率在都文武百官具天子儀仗迎裒於小東門裒服便衣而入焉越數日下詔以告天子

內外文武百官各推恩初參知政事敬嗣暉知亮死欲立亮子光英於汴左相張浩輩不從乃止裒還燕山貶嗣暉爲庶人遣謚亶爲閔宗臣下僉曰刑餘人不可還廟改謚武宗皇帝父宗輔爲懿宗裒以父名輔非帝王稱改名曰宗堯母壽昌爲欽慈皇太后封亮爲海陵郡王謚曰煬改葬東昏詔朕惟熙宗孝成皇帝以武元嫡孫受文烈顧命卽位十有五年偃兵息民中外乂安惟海陵郡庶人亮包藏禍心覬覦神器除熵奸黨遂成簒逆而又厚誣□從降王封亮既得志肆其凶殘不道之極至於殺母人怨神怒自底誅

滅惟皇眷佑於我家肆予一人纘承先緒暴其悖惡貶爲庶人仍出其殯於兆域之外仰惟熙宗位號宜正是以間者稽之禮文升附太廟復加美謚尊而宗之惟是葬非其所蓋常慊然爰命有司卜地涓日奉還梓宫已於十月初八日備禮改葬於思陵庶幾有以安慰在天之靈播告中外咸使聞知故兹詔示想宜知悉

增將士賞典詔敕朕仰惟太祖皇帝肇造區夏萬國咸服迨十載而正隆失道不務持守害虐黎庶無名弄兵致爾將士軍卒遂勤征役暴露風霜失仰事俯

育之樂朕甚憫之自膺推戴以來再欲班師然邊釁旣成未底寧息征戍之謀固非得已重念賞典不明酬庸未允而又或失於稽緩令敕有司增多舊格比之國朝累行賞格特加優異頒降空名恩命仍出内帑金弊以助錫與一敕副元帥仰於軍前覩功輕重書塡支賜於戲報國之心人所共有爾其奮厲忠節御敵禦侮以息民永底平泰豈特予一人之慶亦使爾士卒安業富貴澤及子孫豈不韙與其新定隨等軍功官賞已令尚書省須降施行故兹詔示想宜知悉

良四子曰允恭允升允迪允修允恭爲皇太子允恭死立允恭之子璟爲太孫璟嘗奏表於良曰臣聞南宋久爲敵怨嘗懷覬覦南京宋之故都應有形蹟惟宜燔毀如洛陽宋之邱陵何必常遣衛護若二處廢則杜絶殘宋之望謂如每遣奉使入宋國朝射往往不勝有損國威今後使人射不勝者乞加罪決取旨是時葛王宣示大臣北虜官（删此三字）鎮國上將軍左司郎中粘割沒雅（改作鈕祜祿穆雅）言臣聞治國之道莫如内安百姓外和隣敵内外旣安何憂於治伏自陛下龍飛以來國富民安四方綏靜雖湯禹之德無踰焉臣

愚不知忌諱冒死謹言皇太孫春秋方壯識量宏遠神機英武非臣下所能發揚潛德正宜謹擇儒學敦厚之士副佐聰明如近奏南宋事臣未敢奉詔南宋流播江外三十餘年無不宵旰嘗膽伺我之隙如南京開封府殘宋故都洛陽宋之邱陵二者乃宋人寢興望想之所宜加修繕以塞宋人之望況自撫定以來彼邦遵服貢賦以時不惟財匱國貧蓋亦念故巢而恐廢邱陵爾若一旦恃富强遠失宋人過望之意使人藉辭激衆歲貢失時以勞聖慮加兵必矣費用國資軍民勞苦天下震驚國內生靈墮於塗炭豈可

忽諸陛下聖功神武日月之明爰念無名之師不宜復蹈前轍安危之係未可知於今日之計莫若內安民外和好陰爲坐困東南之策因其饑饉乘其盜賊謹修邊備養威伺釁以謀混一今後所差奉使乞降指揮選於南京考射閱習然朝射片時勝負臣下希賞爲足以係國家榮辱皇太孫建立之初宜修文德仰佐聖明以福天下如其所請神明之志甚銳寶非宗廟萬世之利奉上指揮所奏至忠並依所言粘割沒雅（改作鈕祜祿穆雅）特轉一重（一重乃是一官也）

西夏回劉錡等檄書

西夏國告檄大宋元帥劉侯侍衛招撫成侯招討吳侯十二月二日承將命傳檄書一道切以恩宣大國濫及小邦遠邇交歡中外咸慶孤聞醜虜（改作金人）無厭敢叛（改作敗）盟而失信驕戎（改作亮爲）不道忘稱好以和親始緣女眞輒興殘賊竊禹迹山川之廣覆堯天日月之光將士銜冤神人共憤妄自尊大者二十餘載恬其簒奪者七八其人皆犬豕之所不爲於春秋之所共貶蓋總辮緵纓之衆無閱書隆禮之風（刪皆犬至此二十八字）唯務貪殘（改作爭）恣行暴虐吞侵諸國建號大金屈隣壤以稱藩率華民而貢賦驅役生靈而恬不知恤殺伐臣庶而自謂無傷雖夷狄之有君不如諸夏之亡也待文王而旣作咸與曰盍歸乎來（刪雖夷至此二十六字）當中興恢復之期乃上帝悔禍之日九重巡幸昔聞太王之居邠（改作屢遷）大駕親征今見漢宣之郤狄（改作復作）詔須天下撫慰民心未聞用夏而變夷第見興王而黜霸（刪未聞至此十四字改作爰應順以興師冀乘時而靖亂）其誰與敵將爲不戰而屈人莫我敢當可謂因時（改作相機）而後動其或恣睢猖獗抗衡王師願洗滌於妖氛庶蕩除於巢穴勿令穢孽重更蕃滋雖螻蟻之何殊亦寇讎之可殺（刪勿令至此二十字）廟堂禦侮看首係於單于帷幄談兵復薄伐

於玁狁如孤者雖處要荒久蒙德澤在李唐則曾賜姓至我宋乃又稱臣頊因巨猾之憑陵遂阻輸將而納款玉關路隔久無撫慰之來葱嶺山長不得貢琛而去懷歸彌篤積有歲年幸逢撥亂反正之秋乃是斬將搴旗之際願惟雄賊（刪此二字）來寇（改作戲）吾疆始長驅急騎以爭先終救死扶傷而不暇使彼望風而遁敗衄而歸豈知敢犯於皇威遠辱率兵而大舉期君如管仲則國人無左衽之憂待子若衞公使邊境有長城之倚（刪期君至此二十六字）神明贊助草木知名功勳不滅於太公威望可同於尙父力同翦滅無與聯和將

觀彼風聲鶴唳之音嘗見其棄甲曳兵而走孤敢不榮觀天討練習武兵贍中原皇帝之尊望東南天子之氣八荒朝貢願同周八百國之侯王四海肅清再建漢四百年之社稷佇聞勘定當貢表箋檄至如前言不盡意

賜進士出身頭品頂戴四川等處承宣布政使司布政使清苑許涵度校刊

三朝北盟會編卷第二百三十三終

三朝北盟會編卷二百三十三校勘記

起紹興三十一年脫一字　直至寶雞渭河雞誤作溪　昏虐滋甚滋誤作玆　留守判宗胡里加判宗誤作判宗朝　計搆遥没以白礬書假信遥没一作逍設信誤作言　臨民清正清誤作親　忠良贊襄誤作襄贊　下詔以告天下誤作天子　徐㷠奸黨徐誤作除　仍出內帑金幣幣誤作弊　安享富貴享誤作業　預選於南京脫預字　檄告大宋元帥檄告誤作告檄

三朝北盟會編卷第二百三十四

炎興下帙一百三十四

起紹興三十一年十月八日盡十六日乙卯

劉錡與金人相持於淮陰

劉錡自盱眙軍進兵酉游奕軍統領員琦中軍統制劉汜於盱眙錡以乙巳到淮陰聞金人將自清河口放船入淮錡列諸軍於運河岸數十里不斷望之如錦繡丙午命淮陰嚮導夏彬以輕舟載二百人自淮河由小清河口至大清河口遠探動息而願去者四百餘人錡止以二百人行回報自小清河口聞有人

聲喧騰幾三十里又大清河口內亦有船上人聲不下數百隻錡厲聲叱之曰吾所聞不如此若不實盡該斬其衆有縮頭稍稍退去者彬獨進曰遠不過一晝夜如金人無動靜願甘軍法如果然乞請犒賞錡然之丁未金人以鐵騎列於淮之北望之如長山錡方信彬所探爲實一行人各轉兩資

九月戊申樞密院契丹通好榜

大宋三省樞密院紹興三十一年九月九日三省樞密院同奉聖旨契丹與我爲二百年兄弟之國頃緣奸臣誤國招致女眞彼此皆被其毒朕既移蹕江南而遼亦遠居漠北相去萬里音信不通今天亡此虜（此二字改作彼）使自送死朕提兵百萬收復中原惟爾大遼豪傑忠義之士亦協力乘勢宜殲厥渠魁報耶律之深讐將來事定通好如初各宜知悉

又續榜措置招諭事件

大宋三省樞密院紹興三十一年十月九日三省樞密院同奉聖旨今續措置招諭事件如後一渤海奚契丹諸國與我本朝初無讐隙止緣女眞不道刦以兵威簽卒從軍不能自脫今朕親行討伐本爲完顔一族倉卒之閒恐難分彼此本榜到日如能束身來

歸或擒殺酋首（改作其帥）自效者除依格給賞外雖管軍節鉞朕亦不惜一女眞與我中國雖爲不共戴天之讐然念國人刦於兵威各爲其主今完顔亮弒君殺母屠兄戮弟暴興工役殘虐生民自古及今無此凶逆爾等各有知識如見此榜文能翻然改悔束身來降者從前過愆一切不問仍優加爵賞右出榜曉諭各宜知悉

金人寇（改作攻）廬州建康都統王權領軍遁走

虜人犯（此三字改作金攻）廬州在城官吏望風爭遁時建康都統王權屯廬州當夜二更領本軍人馬走出城

十日己酉池州駐劄李顯忠奏正陽捷報

池州駐劄御前諸軍都統制李顯忠奏於十月初三日探事番賊改作金兵於安豐軍正陽對岸過淮與信陽軍巡綽探事將官曹高陵等用箭相射至晚復過河去臣尋時分遣統制孔福韋永壽劉彪等部押軍馬前去沿淮江東措置迎敵臣繼率軍馬策應據孔福申於十月初四日辰時以來將帶軍馬到安豐軍正陽西地名大人洲淮河岸上逢見番賊此二字改作金萬戶郭副酋韓將軍統押五千餘衆福等督率軍馬與賊改作之血戰掩擊賊改作其衆敗去其賊此二字改作隨再遣生兵

萬餘布列陣勢前來迎敵福等再鼓勇將士與賊改作之鏖戰移時連併三陣其賊改作北軍大敗當陣殺死及追趕掩入淮河不計數目出榜曉諭

知均州武鉅奏招降到忠義人

知均州武翼郎武鉅報捷稱本州遣人招納到北界忠義歸朝人巡檢昝朝杜海等二萬餘人老小數萬殺到金人首級并捉到活人二百餘人

汪澈奏舉知荊門軍姚岳轉官再任

遺史曰姚岳字崧卿京兆人陝西陷沒岳避地入蜀途中得進士舉業時文一冊讀之曰我平日習舉業實不及此遂珍藏之張浚失陝右欲收係陝右士大夫心紹興初解試令陝右流寓進士盡作合格及類省試亦如此唯雜犯黜落一二人而已岳爲榜首由是陝右流寓進士二十餘人皆過省岳飛爲湖北京西宣撫使以身姓岳母姓姚一見姚岳大喜遂辟爲屬官及飛被罪改作害自謂非飛之客且乞改岳州州名士論鄙之累官知荊門軍籍民兵置一色衣衫一等槍仗新鮮旗幟聚民兵在教場習喏聲令齊一御史中丞汪澈宣諭荊襄到荊門軍岳令民兵迎接擺列於原野中澈見衣衫槍旗如法已喜俄聲喏齊一

而不譁澈大喜乃具奏曰近自襄陽還諸道荊門軍自入境見田野漸闢上下安居百姓累累遮道不絶皆言知軍姚岳爲政不擾並無追呼治道有術外戶不閉他處人民襁褓而來願爲編戶荊門正控扼之境內以姚知軍爲命或一日別有差除則來居之民必散强壯子弟必弛臣密加探聽誠如其言郡守中亦不易得也有旨姚岳特轉一官候任滿令再任

十一日庚戌淮東西軍馬文字不通

劉錡在淮東王權在淮西流星遞文字日往來不斷庚戌淮西文字不通金人深入淮西也錡在淮陰就

遣盱眙軍屯駐兵官員琦劉汜往招信以來體探至招信縣界聞金人扼路不可行而回遂往淮陰合劉錡軍

廬州安撫龔濤棄城走委修武郎添差本州駐泊兵馬都監楊椿權州事

金人犯改作攻廬州當夜四更安撫龔濤請都監楊椿權州棄城遁走

新差淮南運判莫濛降一官放罷

遺史曰莫濛字子蒙湖州人也試中刑法而實不知法意陽爲長厚陰爲險刻有五子父子更相稱譽人

皆笑之嘗爲金部郎中措置沙田蘆場於民不便降監當至是用爲淮南運判避事逗遛不赴省部勘會淮南運判莫濛已降指揮令星速起發之任專一隨王權軍應辦錢糧經今兩月未見申發到任月日顯是遷延有誤軍期有旨特降一官放罷就除向汮淮南轉運判官塡見闕仍專一隨王權軍應辦錢糧

十二日辛亥中使至劉錡軍中傳宣撫諭

中使至劉錡軍中傳宣撫諭錡與之同臨淮岸觀淮北之虜字刪此騎中使震悚錡曰劉錡唯有死報國家耳中使曰上知制置忠義天下休戚委在制置更望上爲宗廟社稷俯爲生靈同率將士共濟事功

金人陷滁州知軍事陸廉棄城走

完顏亮之南侵也自淮西由廬州入和州路先令萬戶蕭琦以騎十萬自壽春渡花靨鎮由定遠取滁州路占揚州琦至藕塘駐軍數日漸侵曲亭瓦店先以百餘騎直犯改作趨清流關復回翌日又以數百騎再犯改作至清流關亦復回又翌日遂長驅入清流關直抵滁州知州陸廉棄城遁去金人所過不殺人不放火不虜掠財物或見州縣人則以好語相謂曰大金皇帝行仁德不須懼怕今給汝公據可以互相說諭

各安業在水口鎮之西有金人遺火燒民居草舍一間立斬之仍揭榜以令過軍初轉運副使楊抗令州縣鄉村臨驛路十里一烽火臺下積草數千束又令村堡居民各置長槍里正里長催督嚴切人甚苦之至是金人入滁州界方以無馬草爲窘急而十里間得草數千束又村人皆棄槍而去金人入境悉無槍杖乃盡取村人所棄者自是人皆謂楊抗與金人有密約眞奸細耳雖甚辨者亦不敢以爲非是

十三日壬子御營前軍統制李捧往江上捍禦朝辭

四州宣撫使吳璘奏收復秦州

吳璘報至上曰金虜（改作人）無故敗盟四路出師朕之應兵良不得已今日之捷雖由祖宗德澤然亦天人信順之助可使吳璘存撫四民令各安業以慰壺漿向化之意内爲金國簽起從軍之人務在優䘏其家毋令重擾一應非理暴役虐用刑戮等事一切除去宰相陳康伯等奏曰神州陷沒三十餘年今日一方之人喜見漢官威儀上曰何止是完顏家兵極暴吾民脫去湯火如解倒懸此皆卿等指蹤之效康伯奏曰臣等何功之有皆仗陛下弔伐威靈中原傳檄而下自此始矣

荆襄成閔淮西王權俱奏勝捷

湖北京西制置使成閔申據知襄陽府郝晸申據權知光化軍張超申九月二十七日辰時有金賊（改作人）全裝軍馬約五千餘騎直入軍衙遂部統官兵七十人於本軍上水北門開城裏外與金人血戰鬬敵前後共六陣至酉時殺敗北界軍馬退回奪到衣甲器械及斫到番人首級保護軍城百姓官員無虞委是勝捷清遠軍節度使龍神衛四廂都指揮使建康府駐劄御前諸軍都統制王權奏臣統率諸軍自壽春縣界（首與）虜酋（改作鈙以）重兵連日攻打及經大戰殺死番賊（改作獲甚多）大軍至和州城下臣分布諸軍人馬披城擺陣與賊（改作之）相拒臣召募敢死二千餘人令統領官王宗楊宣分頭管押夜刧賊（改作其）寨卽時發行良久（先刧）中番賊（刪此二字）大寨相射厮殺聞其第二寨知覺亦向前來與官軍互相厮射血戰至四更殺死番賊（刪此二字）不知其數委是大獲勝捷

劉錡退軍備江

劉錡在淮陰與金人隔淮相持用舟載甲士以弓弩相射已數日壬子自清河口有一小舟順流而下錡使人邀取之有粟米數布袋有驢一頭錡曰此探水勢者也俄頃金人各抱草一束作馬頭過舟舟約有五百餘艘皆至清河口出有載糧食往濠州者有載橄犒之物取楚州之維揚者上水牽挽甚速錡與諸軍方覩之忽承金字牌報淮西虜（改作敵）勢甚盛令錡退軍備江

淮南路轉運副使楊抗遁走至江陰軍

遺史曰楊抗字抑之貪沓詭激之人也敢大言喜輕易談兵聚民作水寨自期必成大功以胡深爲都統領抗隨劉錡軍於淮陰見清河口與金人相持抗言欲自守水寨且催督錢糧應副大軍遂棄其軍而去

遁走渡江止於江陰軍

十五日甲寅劉錡發兵渡淮與金人戰

劉錡屢遣兵或三二百或五百渡淮與金人戰金人退卻官軍得小勝而回錡不發船渡既金人悉衆來戰錡亦不遣援兵節次戰殁者千餘人至是又發千人往皆持刀斧渡淮北與金人鏖戰或進或卻以退無歸路死者十七八

金人寇改作攻襄陽府樊城

吳拱新交鄂州都統制職事乃戍於襄陽府襄陽顒望拱至及拱到襄陽無戰守具乃欲退入萬山山寨

或襄陽失守則入川而諸軍皆詾詾不定朝廷令拱遣兵防護武昌一帶津渡拱聞命即引兵回鄂已退軍矣湖北京西宣諭使汪澈聞之馳書責拱俾亟回襄陽而自發鄂之餘兵悉戰艦張聲勢進戍黄州拱復還襄陽悔其不得還武昌常褊躁不自安憩泊猶未定是日金人數百騎忽至樊城欲奪浮橋徑至城下方繫浮橋未畢金人不得渡拱乃登城漸出禦之安撫使郝晸方見客罷入宅堂矣有虞候者登其堂厲聲呼曰番改作金人已到城下安撫且出來晸聞之遂登城轉運判官姚岏亦登城時城中諸軍攢隊伍者已甚諠不可整又士庶奔馳於市者如沸羹相次漸出兵渡江至樊城下與金人相遇金人少卻官兵稍進金人三卻至竹林下鐵騎突出官兵遂敗死者無數是時拱在樊城而金人亦退士庶驚惶者方息是役也以大獲勝捷聞軍中謂之樊城功賞統制官張平在襄陽未嘗出城亦以奇功就武功大夫上轉中衛大夫

樊城守將翟貴王進戰没統制張訓通殺獲相當

吳拱守襄陽除招討使兼鄂州都統制左軍統制郝晸帥襄陽代吳拱兵荆南都統制李道運代姚岏缺

虜改作金帥劉蕚部領番漢兵號一十五萬來攻荆襄先取光化十月十四日夜牛首鎮莊家詣襄陽報見二三渠帥其二著柿黄其一著白領兵來鎮中王總管宣屯兵西門外三人來報者縋索登城傳報招討招討疑其尚留光化不設備次日虜改作金騎三千攻樊城仍奪樊城浮橋自講好後樊城不修築多摧缺浮橋未成先是戍樊城者一二百人副將翟貴部將王進統之以護浮橋統制張訓通領百騎巡綽虜改作金騎忽至自鄧州路來至長店與張訓通騎兵遇虜改作金焚長店合戰别遣兵取樊城直抵浮橋翟貴王

進領兵出戰我師敗二將没士卒半掩入江中吳招討以四船渡師風甚不能到岸至晚虜（改作金）騎退張訓通騎卒殺獲相當

十六日乙卯劉錡自淮陰退軍

劉錡既承金字牌令退軍備江又聞淮西王權之軍棄廬州文移不通且金人在淮西相持其勢益盛壬子發傳宣撫問中使回乙卯會諸軍自楚州寶應退軍淮甸之民初恃錡以安及聞錡退皆倉卒流離於道路錡單馬雜行於其閒乃諭之曰我劉制置也百姓當無慮不用驚憂民至愚又以爲然遂徐徐其行

故死於路者十六七

勸諭富民助軍

戶部狀伏覩國家多事軍旅方興主上既出内帑以賞軍輔臣又辭大賜以節費經常有限用度浩瀚凡在臣民孰不興念在昔人所謂智者獻謀勇者效力今是時也唯是富人巨室久擅高貲豈不能懷忠抱義若卜式有助國家者儻朝廷有以激昂則用度可以無乏欲望朝廷明降指揮若有肯損家貲以自獻者州縣受納隨便犒軍以其數上聞朝廷當因其多寡而等第推恩則上無橫斂之名下有效忠之實公私皆便似爲可用若曰拱手坐視漠然無意其亦何顏必有議之者矣奉聖旨令戶部行下諸路州縣出榜曉諭如首先獻納人保明取旨優異推恩

賜進士出身頭品頂戴四川等處承宣布政使司布政使清苑許涵度校刊

三朝北盟會編卷第二百三十四

三朝北盟會編卷二百三十四校勘記

統押甲軍五千餘衆脫甲軍二字　今經兩月今經誤作經今　吳璘遣統領官劉汜等領兵掩殺賊衆退走入城尋分布官兵自九月二十五日申時攻打至二更以來打破秦州除撫存軍民外捉賊兵活人金人蕭安撫高同知千戶明威將軍乞求鬧將官奉信校尉寶登金人大郎君二郎君防判官李旺信王主簿趙通事李准提劉天使及捉到賊兵活人斫到首級奪到戰馬器甲頗多莫知其數脫吳璘至此一百二十九字下乃接吳璘報至云云　朝廷以金人昔歲常自光黃擣武昌渡大江擾江西遂令拱遣兵防護武昌一帶津渡脫以金人至遂字共十九字此段應另行誤連上條

三朝北盟會編卷第二百三十五

炎興下帙一百三十五

起紹興三十年十月十七日丙辰盡其日

十七日丙辰金人入廬州以康定山知廬州紇石烈改作赫舍哩同知廬州駐泊兵馬都監楊椿會兵入城殺康定山走紇石烈改作赫舍哩復廬州

合肥野叟楊廬州忠節錄曰公姓楊名椿字德元大梁人沉勇有謀畧擢自左班行門蒙恩擢修武郎特添差廬州駐泊兵馬都監辛巳冬十月虜改作金主親擁衆酋刪此字犯改作攻廬州在城官吏望風爭遁時建康都統制王權屯廬州先領本軍棄城而走公同本州兵馬都監龔福在城往來巡邏安撫龔濤請公并龔福議事濤云江州都統戚方將帶軍馬於九月下旬棄光州已過大江池州都統李顯忠部領軍馬亦棄安豐軍往峽山路渡大江適來本州探稱番改作金兵不知其數已在本州北門外離城二十里地名白馬廟下寨濤慌急意欲遁去因言濤今將帶本州人馬往無爲軍等處措置事務委椿權州事椿白濤曰椿今獨員在城守禦並無人從欲乞撥安撫司效用一隊椿守禦候番改作敵兵到來與之血戰以報國恩

濤言不須如此公後生腳手輕快且自看勢頭公見此言再白濤曰椿元是殿前左班行門累對御試武藝中選蒙恩特充前件差遣今邊事不甯委椿權州且番改作金兵未有一卒到城望風盡走今椿既權州事虜改作金主若竭國而來椿當竭節盡忠不敢棄城遠遁濤聞公言大怒曰公自理會濤棄城遁走公獨員權州揀選強壯及根刷招募諸軍逃走兵效用公部領往來巡護州城十四日有番改作金兵全裝軍馬不知其數於廬州城外往來圍城公度勢力不加遂領兵卒乘勢突陣以出過中泒河駐劄遂急募本地

兵沿焦湖團結水寨鄉兵總首陳彥等二百人守中泒河口有效用秦寶報今月十七日番改作金兵已壞巢縣龔安撫隨行軍馬千餘人盡皆潰散遂親往巢縣招集潰兵二十九日有安撫司潰散效用軍兵四百餘人數中有馬軍效用一百一十二騎公即時勸諭招募盡起發往中泒河口駐劄陳彥具言前月十五日虜改作金主大軍到廬州在州之東北離城五里屯御寨旋築土牆城一座新築井一眼供御水至十月十七日虜改作金主入廬州觀看諸寺廟燒香駕回市中下馬喚在城內外被虜守屋百姓數十人親

自撫郵曰今不令軍損壞爾等若我軍壞一箇南民我卻殺一箇軍每人賜銀十兩慰勞令各從便歸業虜改作金主撫郵罷回御寨至二十日虜改作金主提簇御軍前去和州今廬州只有二萬番刪此字兵係是女真正兵一名頭領授淮南路招撫使康定山又一名同知紇石烈改作赫舍哩今見廬州四城門出榜召募本州逃移老小限一月歸業其諸山水寨聚結逃避之民聞此榜日夜入廬州與賊改作遁買賣如同一家兼以沿淮數處逃移民社鄉兵強壯動以萬計隨身各有長槍紙甲軍須器械將帶老小牛馬約數十萬見

在中泒河以南舒城縣及廬江縣等處屯駐各無糧見行作亂道途不通恃強爲勝劫奪牛馬殺而食之番改作金帥康招撫聞知多出榜文令百姓強壯者齎榜往舒城縣等處召募沿淮逃移民兵歸業聞說鄉兵緣無糧食皆欲順番此字改作金人公見陳彥等所說急以所募民兵八百餘人先差效用岳孝忠部領三百餘人赴上泒河口守把又差宋再興部領三百人赴中泒河口守把並不放人過往公慮合肥以南無爲軍及舒州等處州縣居民無人保護及沿江一帶數百里關津渡處最多無人拒守恐鄉兵泄漏與賊改作敵

指路遂急緊把斷兩道河口要處公又見諸山水寨團聚民社鄉兵日逐入廬州與賊(改作通)買賣恐泄漏公一行人馬虛實公急部領敢死民兵二百一十七人渡中沠河廬州城南二十里店埋伏潛領民兵孫彥等二十人各將帶火種並隨身器械於當夜四更到廬州廬江東門角踰城入取廝麥空地徑赴州倉發火焚燒倉廒糧米就倉所殺死番賊(改作金營)二十六人從舊路復出再於初五日夜領民兵二百一十七人赴廬州門外五里岡等候月落二更以後從廬江門西壁踰城入州其賊(改作金人)自城門內每五十步擺

布正軍作鋪把截街巷公等隨鋪掩殺之其賊(此二字改作敵)不相救援共殺一十七鋪在(刪此字)城屯住番賊(刪此四字改作中)驚亂當夜殺出廬城死者不知其數及奪戰馬五十四匹四鼓歸中沠河駐劄緣此隔絕諸處山水寨人民自後不敢入廬州與賊(改作通)買賣當月二十日忽有乞丐張貧子自廬州出城來至中沠河口詢問廬州番家(改作金營)事體貧子乃言番家(改作金營)正軍內有一千餘人患病死損甚多緣爲今月初四日初五日夜楊權州入城殺盡擺布番(改作諸)兵焚燒倉廒番家(改作營中)軍馬全無糧草日夜驚憂防護甚緊其番(刪此字)帥康招撫與紇石烈(改作赫舍哩)聞知中沠河以南一帶有山水寨及有團結鄉民老小聚糧食甚多同知紇石烈(改作赫舍哩)定於來日領正軍出廬州門往中沠河南盡刦虜諸寨團結老小糧食公聞此說即率民兵踏路險阻要處預先擺布差岳孝忠等六十一人在中沠河以北蘆村內埋伏又差馬軍趙再立領兵七十三騎於廬江門外二十里店草垛後埋伏公親領步人強壯者七十一名近廬江門外十里店向南大路皁角寨兩岡下伏藏乃遣效用胡亮伏宣二人於廬江門外三里岡綽望胡亮未久聞賊(改作敵)至

皁角寨下公分部領埋伏兩下掩殺其趙再立馬軍隨至應敵番(改作金)兵頭領紇石烈(改作赫舍哩)中箭退走其餘番(刪此字)兵皆潰公乘勢追殺至廬州城下賊(改作敵)乃入城閉門不出時斬首四十四級奪戰馬二匹騾子二頭生擒女眞(刪此二字)二人連器械等公即往中沠河口駐劄又於十二月初二日再領兵會合焦湖西口水寨合肥縣尉張用於當夜二更以後同約入廬州各部領人分路刦(城中)番賊(刪此三字改作殺)賊(改作敵)皆驚亂公領民兵殺至興安寺後縣橋路南迎番賊(此二字改作其)大隊頭領招撫使康定山騎高白馬頭戴皁氈

笠身披皁氈擁出衆軍之前公見縱馬向前刺康招撫墜馬而死同知紇石烈改作赫舍哩急領餘衆奔縣橋路遁走公乘勝率兵襲之賊改作金衆敗走公追至白馬廟以北賊改作軍傷死者相屬生擒女眞刪此二字九人並復奪廬州公復募廬州縣鎮鄉村聚落諸寨逃移居民老小不過旬日内盡皆歸業公權州保全生靈不至肝腦塗地陰德及人多矣未幾蒙朝旨知舒州張淵權廬州安撫使張淵以公復奪廬州獲捷事件申奏於朝時諸路都統將帥愧已無功陰賂有司抑遏不行吁公雖有以寡擊衆之勞爲江淮保障趍越

乎張巡許遠而不蒙褒賞惜哉

野叟續録曰隆興二年虜改作金衆不滿三萬再犯改作攻長淮當是時主師如韓津如頓遇如孔福皆望風而遁韓棄合肥頓棄壽春孔棄濠州沿淮居民盡遭驅虜流離死亡相踵於道路者以楊公任滿解印而去民之傷感無其人也吁不見其害孰知其利不見其劣孰知其優不觀韓津輩之失節孰知楊公之忠烈保全哉是以合肥之民因隆興二年韓津之尼而追思紹興辛巳楊公之恩老稚懷慕欲圖報之而不可得乃續其遺録以傳於後冀時秉史筆者得釆其遺録以記楊公之傳庶幾不没其實焉

邵宏淵六合捷報

親衞大夫常德軍承宣使侍衞步軍司左軍都統制提督諸軍策應軍馬邵宏淵申近准制置招討使司指揮提督人馬前去淮西策應王權等依應先次統率左右兩軍於十月十七日到眞州宿泊閒探聞得金賊改作兵邀截道路遂差統領王宗鄭彦孫超將官晁江等於十八日統押左右兩軍五百人騎前去巡綽硬探去後今據王宗等申當日申時約離六合縣東十八里逢見金賊刪此字馬步軍馬五千餘人分布

前來施放弓箭迎敵官軍宗等遂賈率士卒戮力血戰至酉時殺賊改作敵敗走趕擁入河不知其數委是獲捷

知興元府姚仲鳳翔府盩厔縣報捷

御前知軍都統制利州東路安撫使知興元府姚仲奏差使臣王俊將帶人兵齎朝廷降到文榜前去陝西招集忠義人偷刦賊改作金寨收捉金賊改作營活人體探事宜去後今據王俊申十月十七日經過陝西鳳翔府盩厔終南兩縣南山存撫安民樂業二十日到盩厔縣界地名東洛谷口一更以來將賊改作金兵

堡寨攻打有北界人兵趙順等開門歸降俊當時帶領人兵前去招誘盩厔縣有王博事女眞此二字改作金宣威將軍姓秃丹改作圖克坦名撒合改作素赫終不聽從俊將一行人兵親擁攻擊上城奪開東西南門有宣威將軍撒合改作素赫帶領兵前來迎敵俊激諭一行人兵鏖戰至天明殺死賊兵人馬不知其數捉到宣威將軍秃丹撒合改作圖克坦素赫并僞皇親完顏搭鶻改作達呼漢兒軍亞痾三世奴婢改作額爾克諾爾布斫屬買敘塞改作瑪蘇庫所屬小戶因住兒改作賽音珠爾等并奪到撒合改作素赫所受宣威將軍誥敕并僞皇親搭鶻改作達呼宣敕共七件官倉場庫務印記四面戰馬弓箭槍刀金鼓旗幟等有捉到當夜本縣備戰一百餘人并係隨撒合改作素赫鬬敵之人除將捉到撒合改作素赫等見行申解外委是獲勝捷

統領姚興及金人戰於尉子橋歿於陣

完顏亮在壽春欲渡淮繳浮橋已成邏者獲王權軍擺鋪數人中有一曹司亮見之問權所在曹司以實對曰在廬州又問權有兵多少曹司曰有兵五萬亮曰是也吾知之矣乃以金十餘兩遺曹司且令附書回與權權得書繳奏且聞虜改作金已渡淮河遂自廬州退兵沿路作虛寨以相疑使白旗子五十人硬探

遇金人騎兵金人未覺白旗子乃避於路傍見虜改作金人十數騎而已白旗子相語曰此亦硬探者也我輩占地勢埋伏俟其回可以盡數殺衆遂伏於路傍林中旣而虜此字改十數騎果回衆皆出虜此字改作金騎不及遈爲白旗子所掩殺死者七八人生擒三四人解赴權問其虛實皆不應有都濠寨一人嘗隨兀朮改作烏珠渡江者也權與之酒大醉遂泄其語曰大金起兵六十萬以十萬出清河口不戰但爲疑兵以當淮東之軍以二十萬分往京西淮西以三十萬隨主來三十萬中又分爲三十萬出戰十萬護師主十萬奪渡口權曰不可當也宜引避之遂退保和州令破敵軍收後金人以鐵騎追及於尉子橋統領姚興麾令拒戰金人直衝官軍興率兵入陣力戰親出入者數回副統制戴皋率軍馬下路以避不援興興遂死之日已晡權遣親隨軍來策應金人乃退知樞密院事督視江淮軍馬葉義問劄子奏契勘建康府破敵軍統領右武大夫姚興十月十七日隨王權與賊改作敵戰於尉子橋以兵四隊當虜改作金陣數萬衆鏖戰數合手殺數百餘人以援兵不至於陣戰歿死不忘君忠勇可尙當議旌賞以激士氣爲天下忠義之勸臣已差

參議官一員致祭及往其家撫覗孤幼并支賜賻奠開具陣亡將士姓名保明推恩外欲望聖慈特降睿旨先欲將姚興贈觀察使除依格與合得恩澤外更特與恩澤三員仍許奏異名并本寨立廟賜額俟收復淮西日別於戰場立廟從之

姚興贈官告詞敕執干戈而衛社方資敵愾之忠援枹鼓以忘身宜厚恤忠之典右武大夫武功郡開國伯食邑九百戶姚興材全果毅資賦勁嚴憤蛇豕之陸梁（改作當虎豹之憑陵）鼓貔貅而搏戰所提不滿於一旅奮勇何啻於萬兵卒拒其鋒遂殞於陣昇輿車而加襚屬孤子以推恩莫歸先蔑之元宜立睢陽之廟舉爲異寵用寄予哀尚克有知歆此休命可特贈容州觀察使

先是劉錡遣都統王權將兵迎敵逗遛不進爲自安之計錡再檄權往壽春權不聽命以威脅總領都潔漕使李若川固請於朝乞畱權守和州錡復督行權不得已三日發一軍凡二十四日僅發八軍止於廬州戍守故虜（改作金人）犯（改作至）淮得以維橋從容而進如入無人之境權懼旋棄廬州回屯昭關將士皆請戰權乃領親兵先遁麾衆使退虜（改作金）騎至尉子橋始遣統制官姚興一軍三千人迎敵興戮力死戰數告急於王權權於仙宗山上以羣刀斧手自衛殊無援意興勢雖欲卻然猶殺賊（改作殺力）數百人擒其卒而回會賊（此字改作金營）假立權幟以誤興興奔而入遂與其徒俱陷權猶走旗獻捷冀以欺罔自解是後不復更與賊（改作敵）接徑回和州州城新築而所儲資糧可爲數月計權志不在守乃詒衆曰已得金字牌聖旨令棄城守江遂自焚西門棄和州先奔采石渡

賜進士出身頭品頂戴四川等處承宣布政使司布政使清苑許涵度校刊

三朝北盟會編卷第二百三十五終

三朝北盟會編卷二百三十五校勘記

新鑿井一眼（鑿誤作築） 及奪到馬五十四匹（脫到字） 蘆林內埋伏林（誤作村） 兩岡下伏藏（岡字衍） 繫浮橋已成（繫誤作繳） 先欲將姚興賄觀察使（欲字衍）

三朝北盟會編卷第二百三十六

炎興下帙一百三十六

起紹興三十年十月十八日丁巳盡二十七日丙寅

十八日丁巳擇日以興師奏告天地宗廟社稷

丙辰降旨金人敗盟朝廷不得已而興師合奏告天地宗廟社稷等令禮部太常寺疾速條具申尚書省約束將來視師

丁巳降旨將來視師經由去處排辦頓遞修治道路不得過爲華飾勞民費力三省行下約束如有違戾

監司按劾御史臺彈奏

十九日戊午詔遣知樞密院事葉義問督視江淮荆襄軍馬中書舍人虞允文參議軍事兵部郎中馮方咨議軍事檢詳諸房文字洪邁主管機宜文字

遺史曰知樞密院事葉義問督視江淮荆襄軍馬以中書舍人虞允文爲參議軍事義問奏差樞密院檢詳諸房文字洪邁秘書省校書郎馮方主管機宜文字右通直郎知吉州盧陵縣葉行己保義郎新提點廣南西路綱馬驛程徐格幹辦公事義問再奏今照得前後宰執出使郎官已上多充參議洪邁馮方乞

改充參議軍事

太學生直學宋苞上葉樞密書

書曰某聞漢文帝承積累之休中外帖帖無事而洛陽賈誼猶有痛哭流涕長太息之書所以達文帝者河南吳公先之也今日虜（改作金）人移都中原意在叛盟東南二百州生靈之命垂於旦暮祖宗二百年社稷之危猶以一縷係千鈞之重此何止爲痛哭流涕長太息也耶某蒙被教育幾二十年於此憂國之計反不如洛陽一書生固無以自容於天地間閤下居本兵之地國之安危所係今天下豈無策士可以贊

廟謨者而閤下達士之心獨讓河南一吳公乎某竊聞虜（改作金）人窺伺東南之意三十年矣往者傾國來寇（改作而來）其志非止於利吾歲幣也及柘皋之戰諸將以死鬬順昌之圍劉錡以死守彼之（精兵）銳卒死者十有九其約我以和者計誠出於不得已也朝廷失此一機不知乘勢滅賊（改作北向）以圖恢復之計而乃追還諸將甘心議和一時執政大臣偷合苟容爲甚至其說稍有異己者排擯誅戮無所不至諸以歲幣而輕與之和固已墮虜（改作金）人計中矣和議始定聞彼之主謀者舉酒相慶曰吾勢未張戰未必勝姑與之和而坐得重賂且可使之自困吾計今得矣款以二十年後東南諸將非老則死西北兵馬銷鑠亦盡至彼用浙兵騎廣馬則吾徐起而求所大欲未晚也以此知虜（改作金）人今日之舉固已醞造於二十年之前矣朝廷不悟此意歲損東南數百萬以益之謂虜（改作金）人眞與我和也父兄之讎遂日置而不問軍旅之議不至於廟堂者凡幾年矣彼國日富吾國日貧彼備日張吾備日弛吾之强弱彼誠有以料我矣前日去上京二千里而移居中京今又去中京二千里而居我舊京夫虜（改作金）人豈輕遠巢穴（改作北漠）而安居中土

者哉蓋其三十年窺伺東南之意而其形已見於此矣朝廷尙且未悟和議之果不足恃去歲侍從館閣之臣論及虜（改作敵）情者隨以斥逐而防守之計漫不經慮是又信虜（改作金）人眞爲巡幸而無敗盟之意也謀國如此不已疏乎今聞使者在廷口傳虜（改作敵）意欲需我漢東江北之地及邀我二三用事之臣俾來議事此其意又豈在於其地與其人哉挾難塞之情以啟釁我地不可割人不可遣則彼長驅而來耳借使今日割某地遣某人可以解彼三十年包藏之謀可以全吾二百年生靈之命在朝廷亦不足甚惜漢

東江北之地既割矣他日又需我之吳蜀二三用事之臣既遣矣他日又邀我之親王朝廷能繼之乎否則能保虜改作金人之不來乎又聞其使者初見之日殿廷閒已殺其禮止令驛中錫宴則是朝廷雖盡從今日之請而此事已忤其使者之意亦足以生釁矣況今日之請決不可從而可以生釁者非止一事也釁端已萌勢不可掩和議已叛勢不再合朝廷何不赫然震怒以逆折銳鋒乎爲今之計不若誅其正使一人尸諸通衢以聲其叛改作背盟之罪此不惟可以挫彼之强且可以激吾之弱乃釋其副使一人使歸

告其主曰吾與汝約和以來吾攻苦食淡傾內帑之儲以賂者三十年矣吾於汝無負矣汝貪惏無厭求我不已汝意不在得地將釁我也汝欲戰吾率三軍之士以與汝周旋若無厭之求吾不能聽亦使之知東南有人而示吾之不弱也然後下責躬之詔以播告中外曰金虜改作人板蕩我中原隳毁我宗廟屈辱我兩宮發掘我陵寢屠戮我生靈吾與虜改作金不戴天之讎然吾包羞忍辱三十年閒卑辭厚賂以饜犬羊刪此二字之改作其欲者吾非憚於用兵而忘此讎也上則以朞兩宮之復下懼其殘吾西北之民耳今兩宮北狩而不復四海之所痛憤而虜改作金人又據我舊都毒我赤子需我淮漢要領之地邀我左右腹心之臣使我西北之民日不聊生東南之民未知死所天怨人怒至此極矣吾誓與天下上報父兄之讎下雪生民之耻凡前日中外之臣誤我以和議者無問存沒悉正典刑於是斵秦檜之棺而戮其尸旣竄其子孫而籍其貲産以助軍以正其首唱和議欺君誤國之罪復岳飛之爵邑而錄用其子孫以謝三軍之士以激忠義之氣詔下之日使東南之民聞之莫不怒髮衝冠西北之民聞之莫不感激流涕如此則師出

之日吾之民將見人自爲戰彼之民必有倒戈者矣願朝廷決意行之無疑自今日以往由宰執而下以及臺諫侍從之臣則當日造於便朝由郎曹而下以及百職事之臣則當日會於都堂凡防守江淮之策圖取中原之計朝夕相與討論次第而施行之規模籌畫必定於浹旬之閒以解東南倒垂之急以慰西北來蘇之望則天下幸甚

邵宏淵及金人戰於西府橋

金人萬戶蕭琦取路滁州至瓦梁橋滁河不得渡執得土居百姓歐大者問之曰以何法可渡歐大因記

紹興十一年韓世忠以數百騎往定遠縣虛驚而回至瓦梁盡折民舍作浮橋至是恐金人亦折民舍作浮橋也乃苔之以有路自竹岡鎮可以徑到六合免滁河兩渡金人從之令歐大引路至六合而放回金人迂路半日故六合居人皆得奔竄是日金人犯（改作至）眞州邵宏淵方酒醉聞報大驚率衆相拒於西府橋宏淵命將官三人拒於橋上金人弓矢如雨王師多死城中百姓老小盡已驚移惟有看家强壯猶登城以觀者正爭橋間金人載草掘土塡河以渡三將官皆戰死宏淵顧金人已塡河得渡率親隨軍人入

城掩關以拒故軍人皆奔於江上得舟渡江以免宏淵毀閘板退於揚子橋金人不追旣陷眞州不入城乃出山路犯（改作攻）揚州

遺史曰是役也宏淵酒醉未醒實未入陣身在橋之東以麾將士遣三將在橋上占橋迎戰及其退軍也百姓閧然爲之語曰邵太尉在西府橋當住番人（改作北軍）矣揚州百姓則曰若非邵太尉在眞州力戰番人（改作北軍）揚州之人皆避之不及至有言宏淵馳馬入陣鏖戰出入數四血汚滿體其力戰迎敵之譽起於百姓後好事者不究其實爲請立祠堂於二州可謂不虞之譽矣

劉錡至揚州

劉錡退軍至邵伯鎭已聞金人犯（改作攻）眞州謂揚州無官吏矣遲疑未敢發會探者回報見揚州城上旗幟猶是官軍錡曰雖失眞州而揚州猶爲國家守當速進乃自北門入見安撫劉澤澤以城不可守謂當退軍瓜洲錡令諸軍甜歇徐圖所向

二十日己未金人犯（改作攻）滁州

王彥克商州

金州都統制王彥發遣統制官任天錫郭謀等收復

陝西州縣丙辰得豐陽縣戊午得商洛縣己未克商州獲僞知州昭毅大將軍完顏守能同知武騎尉馬彥千戶信武將軍渾達拜男七斤（改作巴納齊錦）金人涅合（改作聶赫）番人楊大首金人阿羅（改作阿嚕）安遠大將軍阿華拜六三（改作古博囉）番人劉春金人高婁石（改作羅索）高受僧望于（刪此五字）通事郭十一李全部落等

知建康府兼行營留守張燾至建康府

金人敗盟落張燾致仕再起知建康府燾聞命上道時金人傾國南侵自合淝徑趨歷陽人情洶洶燾以戊午至當塗見南岸全無守備亟申朝廷乞發軍馬

前來捍禦已未入建康建康居人驚移而去者十已
五六燾既到人情稍安
二十一日庚申王權登車船渡江葉義問朝辭楊存中
爲御營宿衞使
二十二日辛酉金人入和州
王權以姚興戰歿和州不可守乃退渡江南是時金
人已及近郊猶未知權棄和州而退軍也未敢逼城
後軍統制韓林最後出和州乃縱火城中軍亂喧譁
金人聞之曰南兵遁矣遂進兵奪和州入之虜(改作金)
兵陷和州城中糗糧儲峙器械輜重盡委於賊(改作敵)
虜(改作敵)乘勢奔突軍民自相蹂踐擁入城河及爭江
渡溺死者莫知其數將士憤怒號呼指船詆罵皆以
權不戰誤國爲言潰兵棄甲抱蘆束葦浮江而過得
生者十存四五浮流而亡歿者又復二三深可傷痛
二十三日壬戌劉錡退軍瓜州
先是邵宏淵西府橋失利毀眞州閘板循河而軍金
人自山路徑犯(改作趨)揚州屯於平山堂下宏淵又退
在揚子橋南毀板而渡揚州居民皆傾城而奔壬戌
劉錡乃退軍自南門外折民屋爲浮橋諸軍過絶卽
毀浮橋由河東而去錡令諸軍未至瓜洲七八里而

陳火頭輜重悉先往瓜洲
淮東安撫劉澤棄揚州走
是日劉錡以諸軍出揚州劉澤謂城不可守亦棄之
而去奔於泰州漸往通州渡入平江府眞和諸州退
保則有公吏相隨具申到朝廷唯揚州無一字到朝
廷亦不知揚州移治去處
以用兵詔避殿減膳
詔曰朕德不足以懷遠人致金人復叛(改作背)盟好勞
我將士嘗犯矢石朝夕念之坐不安席食不甘味自
今月二十四日當避正殿減常膳
劉岑兼御營隨軍都轉運使
約束將來巡幸
降旨將來巡幸進發應軍旅非泛支降錢穀差除並
隨行在所處分外其餘百司常程事務依舊留臨安
府行遣內不可決者卽申行在所
都遇權發遣濠州軍州事
完顏亮舉兵知濠州劉光時率濠州之官府居民悉
移於橫山澗寨州差到成忠郎閤門祗候東南第二
副將都遇守把亦隨光時在山寨至是光時被召遂
以州事令遇權之既而朝廷亦令遇權發遣軍州事

二十四日癸亥韓之純爲荆湖北路轉運判官

韓之純輕薄不顧士行之人也平日以浪子自名喜嬉遊娼家好爲淫媟之語又刺淫戲於身膚酒酣則示人人爲之羞而不自羞也知漢陽軍不爲吏民所欽重汪澈以中司宣諭荆襄之純諂奉之澈問湖北漕臣李某財計事李某儒者據案牘行移而已諸州財計則未嘗經心不能對之純知其然之純嘗爲湖北總領司屬官粗知財賦所出納一日閒見澈具言湖北財賦澈大喜之純乃諷漢陽士人詣澈舉其才許以重酬澈果薦舉之純除湖北運判填見闕有贓

敗失官人王訓者居於鄂州南草市賣私酒起家妻女婢妾皆娼妓結託總漕兩司屬官時復羣飲於訓家訓出羣娼以奉之汚穢靡所不至兩司公事獨訓占斷請囑鄂州人呼訓家爲淫窟又呼爲關節塌坊之純爲總領司屬官時常往來訓家至是惟訓晝夜無閒至此交通關節請囑公事紛紛矣

二十五日甲子張浚復觀文殿大學士判潭州湯鵬舉復資正殿學士知太平州星夜之任並不許辭免

二十六日乙丑員琦大敗金人於皁角林

金人已占揚州癸亥追逐劉錡有與官軍相遇者官軍拒退之乙丑金人大軍來爭瓜洲渡左軍統領員琦相拒於皁角林金人以運河岸狹非騎兵之利稍退去初琦監潭州排岸司錡知潭州唯信用琦後錡移荆南琦亦隨行中用琦爲提轄衙兵錡移兵鎮江都統琦亦隨之及錡爲制置使乃用琦爲左軍統領皁角林之役遂殺敗金人琦自脩武郎轉左武大夫

招討使劉錡中將帶軍馬見在揚州瓜洲鎮控扼水陸兩路於十月二十六日卯時以來探報得金賊改作兵數萬係高萬戶統率犯改作攻揚州界地名皁角林前來衝突某即時親率軍馬迎敵先遣左軍統領員

琦將帶親隨馬軍自卯時在皁角林至揚子橋灣與金人大戰員琦下馬死戰二十餘陣首先破敵掩殺金人入運河及湖內約三千餘人金賊刪此字又添生兵勢力加重某又遣遊奕中軍兩軍前去併力破賊改作敵某再率諸將誓以死戰自卯時至申時殺敗金賊改作兵橫屍二十里活捉到番刪此字人及奪到番刪此四字馬弓刀旗槍器甲斫到首級不計數目三省樞密院同奉聖旨令出榜曉諭

劉錡捷報到上曰劉錡在淮東屢捷可謂與國家宣力可令宣撫問并賜茶藥器皿金五百兩銀七萬兩

偏裨有功將卒等朕不得已興師使人人能如此向前立功將來凱旋王爵亦所不吝

遺史曰是時諸處以報捷旗趨行在者絡繹於道路市人爲之語曰雖日聞報捷可喜但一報近於一報亦可憂督視葉義問見報捷有金人又添生兵顧侍吏曰生兵是何物遠近聞之謂督視樞密尚不識生兵而司三軍之政可乎當時謂之去源樞密

督視葉義問抵丹陽館

二十七日丙寅劉錡還鎮江府分兵渡江

劉錡在瓜洲四日無日不戰錡恐諸軍之心不固乃

遣人自鎮江取其妻子居於瓜洲以安衆心諸軍火頭有在江南者以舟船送糧食丙寅有金字牌到軍中召錡專防江上錡遂渡江歸鎮江府乘肩輿褰帷露面入鎮江府(人見)其瘦悴(皆有)悽慘之色錡肩輿前使人撫諭居民不須驚惶各歸家照管老小見留大軍在江北迎敵決可無虞其子無馬使人背之而行先是錡以王權淮西失利則淮東孤軍有腹背之敵恐不能守遂棄揚州退保鎮江留劉汜等一千五百人塞瓜洲渡以扼賊是時劉錡已病神氣厖瘁坐起不得行以兩人扶掖行府差李橫代劉錡

趙撙敗金人於蔡州殺萬戶楊總管克蔡州

趙撙在信陽軍也聞金人已寇(改作至)淮西撙曰此可以進兵擣其虛矣乃以已未渡淮庚申下褒信縣壬戌至新蔡縣女真(二字改作金)令佐率衆迎敵撙一鼓破之獲僞令佐械送行在徧其軍而進甲子下平興縣丙寅柵於蔡州南二十里金人出兵背城陣方成列出虜(改作其)不意於宿草乘風縱火鼓譟而進虜(改作金)衆披靡撙呵止之率親兵衝擊斬其大酋(此二字刪)萬戶楊總管得其名馬精甲餘兵潰散奔入(蔡州)蔡州軍吏言簽軍助虜犯(此二字改作金人拒)官軍應誅滅撙曰此皆王

民出於逼脅非其樂從也皆不問整衆而入約士卒秋毫不得犯蔡父老焚香出迎見王師感激至泣下命張彥達攝州事撙提兵追擊至上蔡虜(此字改作金兵)方蓐食聞軍聲亟遁去時御史中丞汪澈宣諭荊襄成閔徙屯應城得撙捷報即馳奏行在且命撙提舉諸軍

賜進士出身頭品頂戴四川等處承宣布政使司布政使清苑許涵度校刊

三朝北盟會編卷第二百三十六終

三朝北盟會編卷二百三十六校勘記

吾與虜不共戴天之讎 脫共字

虜兵陷和州 至 深可傷痛 一本虜兵陷和州五字提行下城中糗糧儲峙一段另行在淮東安撫劉澤棄揚州走一條之前此條誤簡

有廬州差到成忠郎閤門祗候 脫有廬二字

錡用琦

為提轄衙兵 錡誤作中

可令宣撫司問 脫司字

三朝北盟會編卷第二百三十七

炎興下帙一百三十七

起紹興三十一年十月二十七日丙寅盡二十九日戊辰

二十七日丙寅詔戒飭將士

詔曰狂虜（改作金人）不道荐肆凶殘王師所臨無往不克捷奏累至俘獲踵旋尙慮狃吾屢勝之威忽彼不虞之戒獸雖困而猶鬬蠆有毒而可防凡我將士率茲有衆益務整肅軍伍料理甲兵申令戒嚴蓄威養鋭雖折衝於千里期制敵於萬全天下本爲一家豈貪尺寸之地孽胡（改作北軍）亡在旦夕當以殄滅爲期咨爾六師咸聽朕意

李寶敗金人於陳家島

先是有劉臣彪温皋趙開李幾四人聚衆於京東與王世隆合共攻成陽軍成陽軍者密州之莒縣陷僞改焉李寶泊於東海縣臣彪等遣于琦等四人詣寶軍納款請以兵相助寶遣騎兵同四人往仍借補趙開等四人修武郎于琦四人各借補承信郎寶進船至膠西聞臣彪等圍成陽軍是時金人屯駐兵皆趨江上成陽軍雖空虛猶堅守臣彪等說京東百姓曰金人盡趨江上老小獨留而所在兵起皆爲大宋之應何不乘此時殺其老小以圖康靖於是京東之民盡殺金人老小唯沂州倉山冷水營有屯駐金人五百騎故成陽軍遣詣倉山告急金人盡發五百騎解圍成陽軍趙開等皆散去世隆者耿京下馬軍將也乃率其馬軍駐於日照縣二十里寶軍中提舉一行事務曹洋借民馬同小吏徐堅兩騎往迎之世隆以其衆降洋以世隆見寶令作山後都統制以待官軍進攻數日趙開以其衆至洋與寶議亦授趙山後都統制俄金人自膠西出船皆獨桅用夾油絹爲颿約千餘船其勢甚盛兵部尙書右副元帥蘇寶衡統之以大總管六員爲副各分部海船完顏亮令十月十八日到海門山入錢塘江斡了大事遣阿虎（改作阿古）來江上迎報泊於陳家島寶泊於石臼山兩軍相望三十餘里而日起北風寶等憂之有大漢軍水手數百人迎軍降又有大漢軍節次來降大漢軍者簽起上等戶也皆富豪子弟寶與洋問之盡得北軍虛實捷勝軍統領官馮湛請海船十隻自立功洋察湛有懼怯退走意不從洋請以甲寅進船迎戰高敵曰不可彼衆我寡宜避之洋曰彼雖衆皆不諳海道且降人

云女眞金兵改作在船中唯匍匐而睡不能動雖衆何爲
況我深入至此前遇大敵雖欲退走其可得乎有死
而已敵氣沮而止癸丑洋祭風是夜風猶未順四鼓
洋命擊鼓令將士皆飽食已夜漏將盡洋命起碇進
船風猶未順衆有難色方鼓行良久南風漸應順風
進舟將士皆懽譟踴躍洋先以所乘舟直犯虜改作入金
船以火箭亂射船中已有火起者倏忽火大作官軍
舟船皆到火箭亂發虜改作金船皆油絹爲颿故火勝
愈熾金人被焚相與投海而死者不啻數萬人洋賀
寶寶曰皆公之力也點校舟船而馮湛已背陣而去

旣而王世隆趙開等皆來遂令趙率其衆旁海而行
以世隆在舟中至海州世隆馬軍尚有七八百留在
海州以世隆赴行在浙西總管李寶申十月二十七
日將一行官兵海船到密州膠西縣地名唐島逢見
金賊人改作海船六百餘隻乘載女眞刪此二字渤海下添諸軍
二字二萬餘人大漢軍一萬人水手四萬人於唐島以
來應諸浦口至膠西縣水路二百餘里連續使風入
大洋向南定日尅期以取杭州寶親率海船當賊改作
其要路分布衝擊乘風掩殺自早至二更以來殺至
膠西縣港口殺死女眞刪此二字渤海下添諸字軍不知其數

其船被風勢緊猛颼颶靠岸風浪打損及因入船與
賊刪此字戰鬬損壞遂行焚燒了當三晝夜二百餘里
煙火不絶全獲勝捷其金賊人改作殘零船數十隻寶
亦使風趕趁百里戰殺過膠西縣以來其船被風浪
損壞海道上下肅靜別無賊船改作船隻所有都統制押
被亂軍所殺外取得銀牌并銅印及原差海道官職
位并錄白元降征南指揮行程日歷眞本在前所有
燒不盡軍令先會合六路策應李鐵槍下王世隆趙
開劉敵雲孫贇收拾連綴應副萬人遂急披帶追襲
走透上岸金賊人改作又差將官郭大用兵旗次橫王

德和部押諸義兵勦戮盡淨其殺死金賊人改作斫到
首級更不收留外有活捉到女眞刪此二字渤海下添人字等
內副都統制銅印及銀牌除已申具朝廷乞照會
續又報都提舉事務曹洋獲活捉到金人頭首下項
榮祿大夫兵部尚書水軍都統制蘇保衡驃騎上將
軍益都總管副都統完顔都察神鋒總管輔國上將
軍密州節度使蒲輦改作佛甯神鋒軍副總管昭毅大將軍
雄州刺史阿兀改作阿爾威威鎮軍總管昭毅大將軍都
水使者孟斌威鎮軍副總管御前行宣大將軍高什
宿殿小底改作實達爾武發大將軍都水軍使無名姓

二十八日丁卯鎮江府通判陸謙之以託疾避事放罷

戸部侍郎劉岑等劄子勘合近承今年十月三日聖旨指揮令戸部委官前去點檢樁管朝廷錢糧如有違戾去處將當職官吏申取朝廷指揮重作施行數內建康府樁錢糧委鎮江府通判右朝奉郎陸謙之照應已降指揮日下躬親前去點檢本部排日專牒本官前去仍具起發回任月日申部去後今據本官申稱今月十八日起發前去到東陽鎮忽爲痼疾發動除已再回任將理纔候痊可卽便前去點檢申部候指揮奉聖旨陸謙之放罷

二十九日戊辰張子顔等輸米助軍

右承議郎充敷文閣待制提舉江州太平興國宮子顔右通直郎充敷文閣待制提舉佑神觀子正右承事郎充集英殿修撰主管佑神觀子仁左朝散大夫充秘閣修撰江南西路計度轉運副使兼本路勸農使宗元奏臣等伏覩王師進討竊慮兵食所須費用浩大謹以私家所積糧米一十萬石進獻朝廷伏望聖慈特令所屬各差人船前去逐庄交割今開具停米去處下項湖州烏程縣烏鎮庄一萬二千石思溪庄八千石秀州嘉興縣百步橋庄五千石平江府長洲縣尹山庄六千石東庄二千五百石吳縣橫金庄二千五百石儒教庄五千石常州無錫縣新安庄七千石宜興縣善計庄九千石晉陵縣庄二千石武進縣石橋庄一千石宣黄庄七千石鎮江府丹徒縣樂營庄二萬石新豐橋庄六千石太平州蕪湖縣逸菾庄七千石以上計一十萬石有旨令轉運司拘收

太學程宏圖上書

臣聞主憂臣辱主辱臣死臣子之至情也臣等蒙被教育之久當今日國家危疑之際正宜捐軀效命詎敢嘿嘿而無所獻臣聞之近日虜金改作使之來桀驁

不遜宣言傳酋長金主改作之命姑以還天眷畧歲幣爲辭乃欲增割淮漢地界邀取將相大臣道路傳聞中外憤怨且淮漢國之要害也求淮漢則是欲毀吾之藩籬將相國之倚重也邀將相則是欲奪吾之心腹使吾藩籬既失腹心既去天眷雖還歲幣雖畧其能國乎是決不可從之請也夫醜虜金改作之謀我固非一日今重兵壓境而使人乃有此請知我之難應而冀其必不從也不從而釁生釁生而兵舉變在朝夕灼然無可疑者是猶賊在戸外而索物於主人不得其物必無空返之理既決不與則刪是猶至此二十八字主人必

有删此四字改作國家不可無以應之可字删此也今日之事國家之所以應之者其先經務有四焉一曰遣使者以款虜改作金人之謀一曰下詔書以感南北之士一曰先舉事以決進取之策一曰用人望以激忠義之心夫所謂遣使者以款虜改作金人之謀蓋虜改作金人南侵之計爲甚久而攻取之具爲甚備近日決意離舊穴冒長塗親董重兵壓我境土乃遣使者要以難從之請非眞請也啓釁之端侯使者一報耳且聞所遣二使皆酋長改作其主之肺腑平日所親信者未必非其主謀之人前日殿上之對軍民士夫恨不揭其皮而食

其肉删此八字改作之剌骨臣等願朝廷姑善遣之爲之辭曰前日所請皆汝等口語初非國書所載吾將遣使以實汝言非獨使其未知所請之可否吾且得以措置爲前進之策亦可以挫彼之鋭而示吾之未弱也此而不遣恐我之所以爲備者彼皆得以知之其謀一泄則虜改作金使今日回彼界虜酋改作金兵明日入我境必矣夫所謂下詔書以感南北之士者蓋舉天下之大事必先有以作天下之氣國家自和議既行之後爲故相秦檜所誤沮天下忠臣義士之氣二十餘年矣一旦思得其勠力必有以感動其心而奮起之可也故哀痛之詔不可不亟下聖詔一下南北之民當感激流涕爭爲之死事豈有難舉者哉然詔不可徒下也首當正秦檜之罪復無辜之寃以紓天下不平之心而振其敢爲之氣且秦檜所以失吾南民之心者自趙鼎以不任和議而竄逐海外身滅而家亡則學士大夫忠憤之氣沮矣自岳飛決意用兵而誣陷大逆身戮而族誅則三軍將士忠憤之氣沮矣至於長告訐之風起羅織之獄一言及時事者不問其是非必置死所使天下不知有陛下而欲人呼已爲聖臣則天下匹夫匹婦忠憤之氣由此而埽地矣秦檜

之所以失吾中原之心者士大夫一時陷於虜改作北中而家屬在吾國者兩國已和檜既不能官其後嗣庇其宗族以結其心而徒使之怨艾以報我乃返徇虜改作金人之情而悉還之彼又何戀哉且其遣時如赴死所悲號之聲徹於道路甚者宇文虛中有反虜改作金之謀計策已就乃以諭檜檜意忌其功在已上既匿不上聞私遣首者告之虜酋改作北庭遂致宇文族誅使中原忠義之士南嚮吞聲而憤其絶望於我也今者要令有司正秦檜之罪追奪官爵而籍其家財追贈宇文之爵而爲之立祠雪趙鼎岳飛之寃而後

詔書朝下而暮赴必矣又當重為檄文聲言哀切令中書刊板詔告四方擇有深謀密計效死之士授以檄文副之空名告牒令潛入中原開諭招誘思我舊德之人約其徒黨仗義而起期以日月為吾之應擇端慤服眾守義之士授以檄文副以空名告牒令游江浙淮漢招集土豪鄉兵與販私竊盜之徒俾各奮其忠義用命而起期以日月為吾之援陛下然後下親征之詔移蹕建康命將帥勉厲軍士應敵所臨人盡死戰是其氣固足以吞醜虜（改作強敵）蓋內有吾南民義兵之援外有吾中原反間之應使敵人進不敢前

退不敢後則祖宗境土可傳檄而定也夫所謂先舉事以決進取之計者臣等非不審事機妄勸陛下輕易動兵以開未必然之釁也使敗盟生釁之端未露舉國長驅之勢未逼則吾之動也固未可輕今其重兵已臨汝潁而其先驅已羅邊境此其意欲何為者使吾不先發則屯汝洛者直窺襄陽羅邊境者突至淮泗襄陽失利則可以控蜀且有順流東下之勢兩淮失守則脣亡齒寒長江非所恃環海而東又有不可以不早計者海之南北延袤萬里攻備之所不知其幾使敵至而我備之則備多而力分使我先之則彼

不能無東顧之憂而江淮之勢可以少緩朝廷今日若尚猶豫欲前而不敢前臣恐要衝之地為敵人所有而我失其勢矣我失其勢則用命之人將無所措惟能先敵而動則天下之人皆謂國有謀焉故雖驅而赴之萬死之地人知有恃而無恐矣又況四方奸雄之徒凡師旅之際未嘗無鼠竊狗盜之心吾苟示弱而不決則彼將伺隙而動大而竊據小而嘯聚有必致之患儻從臣策為先發之謀示恢復之意則非徒可以坐消此患而為此流者又將起而為之助所謂以寇禦寇（刪此四字）一舉而兩得之（刪此字）也夫所謂用

人望以激忠義之心者雖不可徧舉如張浚張燾胡銓辛次膺皆其人也且浚尤天下所屬望者而朝廷尚未用之臣知之矣是非以輕躁之故而懲之邪五路之失驍將之誅此固浚少年輕躁之過然久在行陣熟知險阻敵人之情素所諳曉而又罷廢二十餘年想其少年之心必能深思而痛懲之矣崤函之敗非不可懲而孟明再用卒霸秦國夫豈可以一失而遽棄之哉側聞浚於秦檜初死之時亦嘗上書言兵事矣陛下試召而問之何以應敵何以制勝何以為善後之策使其言無可取黜之可也如或可用若何

拂天下之心而不用之哉或者疑之謂其罪廢之久必有忿怨不平之恨此尤不然臣嘗以天下之望而考浚之心焉且天下之望不徒歸也是必有愛君憂國之心而天下亦必以是心而望之況一浚未足道也而天下之忠義實視之以爲進退陛下試思之浚一用而忠義激浚一廢而忠義頹其利害孰輕孰重願陛下不以浚而用浚以天下忠義而用浚可也至於胡銓以直言得罪於秦檜不死於秦手亦天意有所待也陛下若能付以臺諫之任是必知無不言雖當多事之時可無姦雄之慮使其一日立朝則說陛

下爲苟安之計操兩可之論者與夫詆忠直而慢事功者皆屏息而不敢爲矣如張燾辛次膺則陛下固嘗親而任之矣處之廟堂之上皆可以籌國本斷國論作天地之英才此而委之可勝惜哉嗚呼今日之事勢已急矣然臣等又恐朝廷之上猶以强弱不同之爲憂財用不足之爲慮以臣觀之爲是說者是皆無謀以沮謀者也蓋兵之强弱不以多寡曲直所在勝負係焉國家自講和之後聘問所往不爲不謹玉帛所遺不爲不厚今日虜（改作金）使請命方欲刈吾藩籬之地取吾腹心之臣不知吾何負彼而致有是哉

中外聞者扼腕思奮今日之事直在我矣師直而壯士氣百倍大兵渡淮南北響應彼將索然自失雖有百萬之師無所用矣臣等因知强弱之勢不足憂也國家自休兵以來故相秦檜務飾太平以貪己功凡百司庶府莫不畢備當此艱虞豈無所可減罷者且以學校一事言之養士之額員以千數公私一試費以萬計官吏廪禄歲又不知其幾苟從一時之宜權省罷之未爲乏官廢事然此特臣等所知者耳其他冗費豈無百倍於斯願俾有司枚舉條具凡非係軍民之急者不以小大一切罷去則民不加斂調發有

餘臣等因知財用之乏不足慮也親征之舉陛下何憚而不爲然臣等固知陛下必爲矣前日和好之議陛下豈得已哉徒以梓宮未還太后未返又恐虜酋（改作金人）肆其凶暴致吾淵聖皇帝不安故勉爲此舉想陛下二十年間念七朝之陵寢思兩河之人民朝夕於懷不能暫置陛下豈不欲奮神武之威以雪父兄之恥徒以事有所重未敢輕發今者陛下於父母兄弟之間生無所累死有餘怨以前日愛親之心發爲復仇之舉則何攻而不取何戰而不勝哉漢高帝以義帝之故三軍縞素猶足以起義氣而取天下況我

國家雪先帝積年之憤其視高帝尤爲易也今觀虜（改作金）使刼我歲幣邀我兩淮其辭氣狠戾與向者殊此必有所恃而然也臣恐憑陵之患直旦暮耳此而不決則欻然驟至雖欲禦之已噬臍矣臣等願陛下行之以果守之以堅拘留虜（改作金）使亟下哀痛之詔促發渡淮之兵速召人望以慰天下之心中外響應士氣激昂中興之功指日可冀然臣竊有私憂過計者不得不爲陛下言之大抵虜（改作金）人之情變詐百出吾與之和彼則以我爲弱取我無厭直欲坐困吾國一舉而有之我欲與戰彼則慮我有謀緩而不進以挫吾銳逮其師老財竭又將變矣虜（改作金）人之情或和或變或緩或速要其所欲豈直歲幣而已哉靖康之禍使者交馳而已叩城矣覆車之轍可不爲鑒臣等激於事勢之逼誠恐朝廷或墮其計異時倉卒雖悔何追故不避斧鉞之誅仰干天聽願陛下以臣之策謀及二三大臣苟以爲可決而行之誠天下蒼生之幸

賜進士出身頭品頂戴四川等處承宣布政使司布政使清苑許涵度校刊

三朝北盟會編卷第二百三十七終

三朝北盟會編卷二百三十七校勘記

傍海而行（傍誤作旁）　地名陳家島（誤作唐島）　與販私鹽竊盜之徒（脫鹽字）　是其氣固足以吞醜虜矣（脫矣字）　可無姦邪之慮（邪誤作雄）　皆屏息而不敢肆矣（肆誤作爲）

三朝北盟會編卷第二百三十八

炎興下帙一百三十八

起紹興三十一年十一月一日己巳盡八日丙子

十一月己巳朔王彥入虢州

王彥自商州遣發官兵會合虢州忠義官辛溥等收復虢州十月丁卯收復朱陽縣招降到縣令奉議大夫劉椐商州都監供奉班祗候王元賓已到虢州城下僞知州蕭信出門迎敵不勝遁去官軍遂入虢州

金人寇（改作攻）　無爲軍

先是知無爲軍韓髦移治在荻港惟總管倪壽率民兵在城中金人犯（改作攻）　無爲軍壽率民兵皆走城中居民先已驚移爲之一空巫師吳椿年者病傴僂不能行獨隱於嶽廟中金人唯十八人入城至嶽廟前椿年出唱喏其酋（改作帥）　問曰爾爲誰椿年曰軍學進士吳椿年聞郎君到來不敢藏避願得投拜其酋（改作帥）　喜曰命爾爲知無爲軍候下江南當以爾知太平州椿年拜謝引金人悉入軍治登譙門繫其酋（刪此字）　馬於門外椿年指民居曰此爲誰氏此爲誰氏其酋（改作帥）　喜椿年請詣其家取某物爲獻其酋（改作帥）　許之椿年下譙門見無人相隨遂解其馬急乘之馳出門

去其酋（改作帥）與十七人步追之顛踣損腰椿年知崔臯將至走報臯且以馬贈臯使速進兵臯以銀五兩酬椿年即率兵以進別以馬載椿年金人見官軍將至悉遁去唯其酋（改作帥）損腰不能行即舁入南禪寺輪藏下臯等入城椿年得其酋（改作帥）以獻臯臯贈椿年錢五千臯張其功作殺退金人生獲賀蘭孛堇（改作呼蘭貝勒）收復無為軍報捷俄縱軍人入居民取遺留之物民不堪之臯轉三官民怨臯之縱兵刼掠也乃訴臯冒稱功伐掠民舍事遂寢其賞不行取賀蘭孛堇（改作呼蘭貝勒）赴行在

二日庚午金人遊騎侵犯（刪此字）瓜洲

是夕金人犯（改作至）瓜洲權都統制李横統制官劉汜率衆迎敵用克敵弓射卻之金人燒瓜洲驛亭而去探報逆（改作金）亮細軍已屯駐和州雞籠山矣欲臨江築壇刑馬祭天尅日渡江

知通州崔邦弼棄城復回

崔邦弼以右武大夫吉州刺史知通州初建城科擾百姓苦之邦弼常言如有警當以死守修城畢畫圖以獻於朝議者短之金人已占揚州邦弼失措通判趙不悔十月戊辰出城先遁去以次郡縣官已逃去己巳質明邦弼欲出門遁去百姓拽起釣橋遮道相與責問邦弼以謂知州修城約以死守今欲前遁使百姓受死於城中何所恃賴邦弼語塞為之少留出官錢散官吏軍兵為姑息自全之計庚午邦弼密令親卒夜半縱火人皆趨救邦弼因得縋西城而去城中軍人剽掠幾至生變大辟罪人王十九等四名皆竄去常平提舉王珏聞變遣料角統領官盛佺等將兵四百餘人前去彈壓令邦弼使喚巳而省定邦弼遲疑數日不得已復入城

三日辛未知樞密院事葉義問行至鎮江府

遺史曰葉義問以知樞密院事來江上督視乘大座船以使臣二人執器械立為門左右見者無不笑義問以儒將自許有姪貞卿者常語人曰方今儒將家叔知院一人而已義問至鎮江聞瓜洲官軍與金人相持巳皇遽失措時隨行有統制輔逵來忠信數人諸統制共坐閒有樞密吏劉子忠忽問曰大江之北即是金人重兵何以卻之逵應曰無兵國家勢弱無法可以卻敵在旁聞者皆掩鼻義問漸發閒探者過江且載銀帛犒設諸軍是時冬月江水低沙洲皆露義問役民夫掘沙為溝可深尺許沿溝栽木枝為鹿

角數重乃曰金人若渡江來且以此欄障之聞者無不大笑民夫且執役且笑且言曰樞密喫羊肉其識見何故不及我喫糟糠村人一夜瀏生沙溝悉平木枝皆流去矣義問得知建康府張燾公狀告急金人侵犯改作攻采石爲渡江之計其勢危急請日下火急起發前來保守江渡

臣僚奏請致祭於山川神祇

臣僚劄子奏竊謂陛下飭躬修德宜可以勝强暴欲望聖旨差發使人降祝文御香告祭沿江祠廟使皆受職同力保護以固江左倣昔謝元禱八公山祠故

事臣願陛下卽行之又臣僚劄子竊謂天下威靈顯著血食廟廷載於祀典者願令州府分詣致禱四聖五嶽之神威靈尤顯著者饗于克誠二百餘年矣豈不能護國家惜生靈埽除改作以靖天下妖孽刪此二字乎願令宮觀設位致禱務虔恭嚴潔冀蒙陰助以速萬全之喜有旨并依其合行事件令禮部太常寺疾速條具申尙書省

張子顔下添等字獻助軍物改作米各與轉一官韓彦古獻助米一萬石與合入差遣

四日壬申葉義問自鎭江起發

是日義問離鎭江三十里宿柴墟鎭至未時後有流星急遞馬傳報淮東總領朱夏卿竹紙手帖云自食後有金人侵犯改作奪瓜洲與官軍接戰至申時官軍敗退潰散瓜洲渡爲金人所據行府以逆改作金亮克日渡采石故且急往爲建康守禦之計

李横及金人戰於瓜洲鎭軍敗統制魏俊王方歿於陣

金人欲奪瓜洲渡以重兵直擣瓜洲又分兵各路向東徑抄江頭自江頭逆趨瓜洲都統制李横引諸軍迎戰葉義問督鎭江駐劄後軍渡江衆皆以爲不可義問强之未著北岸義問懼怯之狀見於顔色卽時

向西去曰欲往建康府諸軍起發耳市人皆媟罵之金人兵勢甚重中軍統制劉汜提本部兵先走諸軍皆不進横以孤軍不可當亦倒卻於是背印使臣不歸失其都統制印金人追官軍官軍塞路不能行舉手就拔髆遮其頭面往往中流矢綴腕於額衆知不可當遂涉運河過河西亦有奔走得脫者金人以鐵騎掩至江上左軍與後軍多沒於江江南人望見皆失聲而哭其聲震天地後得左軍統制魏俊之屍於湖中得後軍統制王方之屍於柳林中皆金瘡被體朝廷賜廟額爲之立廟魏俊王方之死也發憤報國

力戰以喪其命乎與士卒旅進旅退不得已而死乎廟食不朽姑爲一時之激勸也劉汜錡之姪也錫之子也性驕傲不曉兵事唯習膏粱氣味如癡騃小兒每洗面用澡豆面藥玉女粉之類不下六七品凡奉其身者皆稱是錡狃於順昌之勝謂金人爲易殺欲傚謝安之舉幼度使功名萃於一門遂以爲中軍統制殊不知任重致遠儻非才則反誤大事此劉汜所以望敵而遁走也義問至柴溝又聞金人已在采石之報欲復回鎮江又問向裏山路可以通浙東否諸軍皆喧沸曰樞密到此不可回回則有不測左右執事者皆懼恐變生不測乃請義問速趨建康遂趨建康

張浚判建康府不許辭免知建康府張燾召赴行在

賜張浚詔敕張浚復省所奏劄子辭免復觀文殿大學士判建康府恩命事具悉朕惟用人之法當求終身之大節而不責一時之小疵故鮑叔得管仲於三北之餘而秦穆用孟明於一眚之後風績之著書傳可傳卿夙負大名蚤登三事一跌歷年於茲已久棄舊圖新恩有所施屬封疆之多壘方帥閫之須才坐禦邊衝無易舊弼爰寵還於祕殿俾作鎮於巨藩遠覽來章欲回受命乘時機會豈惟復雁門之蹢輔予艱難庶幾雪渭上之恥往承茂渥毋或牢辭所請宜不允不得再有陳請故茲詔示想宜知悉冬寒卿比平安好遣書旨不多及

五日癸酉葉義問至建康府

趙撙發蔡州

趙撙已得蔡州方四五日忽被成閔移文報奉詔總諸軍併舟師援江上留撙一軍守蔡州辛未撙遣諸軍會成閔癸酉又被移文令撙亦歸乃以李詢爲知州撙遂以本部兵歸詢蔡州人以從義郎在鄂州軍

爲部將都統制吳拱令詢同皇甫倜往信陽軍招忠義人取蔡州撙自信陽取蔡州故詢在其軍中撙以

丙子到麻城被旨依前駐劄蔡州

六日甲戌詔諸軍逗撓失律召成閔代劉錡罷王權赴行在奏事差池州都統制李顯忠代之

曾王劄子言信賞必罰上曰賞罰誠人主之大權昨來王權臨陣退衄朕已遠竄今成閔李顯忠吳拱三人大帥制置招討之命宜即批旨便除以示懲勸

王權罷都統制赴行在

王權自和州退兵江南也葉義問奏權不合退軍是

時金人已在楊林計置渡采石矣會有旨令義問差管押權赴行在權乃去軍都提舉張振權主管軍事李顯忠爲建康府駐劄御前諸軍都統制

七日乙亥與金虜改作人戰鬬等並爲戰功

勘會從來戰陣除殺金平和尙原大儀鎭順昌府明州城下立功人外餘不得爲戰功人緣今來用兵制敵理宜激勵乙亥有旨應諸軍等將士但與金虜改作人戰并守禦立功之人並與理爲戰功

虞允文到采石趣李顯忠等交割王權軍馬

虞允文先往采石趣李顯忠交割軍馬去采石五六

里道遇王權敗兵各鳥獸散虞允文訊之皆曰我輩昨隨王統制只聞金聲不聞鼓聲蓋權未嘗與賊改作敵交鋒惟是走耳是日賊改作金兵進迫大江鼓聲動地尅初八日渡江采石瀕江居民震懼竄伏吏士無人色左右止允文曰事已至此尙欲何之允文叱曰今日國家危急如是我豈得不身先士卒遂策馬疾馳到采石人心頗安遙見北岸賊改作金軍列寨連亘不絕我軍奔敗之後部伍絕無紀律虞允文行造其閒會見管兵官虞允文勞之再四因問王權敗北之端皆曰非虜改作敵之善戰蓋緣只是走耳未嘗見陣虞允文因激勸敗卒曰萬一虜改作北兵衝突公等戰乎衆皆嗟吁指北岸曰彼勢如此誰能以身犯必死乎虞允文徐曉之曰虜改作敵萬一過江爾輩措足無所雖走亦何之今怯戰亡走亦死戰亦死等死不如一戰冒萬死求一生轉禍求福因敗成功况朝廷衣食汝輩二十餘年緩急乃不能死戰以報國乎衆因允文語慷慨發憤曰今雖欲戰柰何無統將主其事虞允文覺其可勸唱言汝輩正言王權謬妄致此今朝廷已別選交割王都統軍馬衆愕然曰誰可將者允文諭之曰朝廷差某來趣李顯忠交此軍事與李顯

忠如何衆合掌曰得人矣允文又諭之曰虜改作敵謀來日過江勢已迫急諸人當力戰官家已發內藏庫金銀錢帛并節度承宣使以次官告在此賞給有功者衆皆曰誠然我輩當盡死力轉相勸語須臾各軍皆奮臂爭先死敵虞允文因勾集戰艦揀選水軍五千連小舟排護岸下以戈船當前終夜整齪

虜改作金主亮築壇祭天乞風取來日渡江

虜酋改作金人築壇於采石兩岸逆删此字亮登壇牛羊黑豕白馬各一祭天禱江乞風取初八日以濟因使僞參知政事李通跪壇上口占檄文招王權曰吾提兵

南渡汝昨望風不敢抗拒深知汝懼嚴天威吾今至江上見汝南岸兵亦少止緣吾所用新造船與汝南岸船大小不侔兼汝操舟進退有度甚協吾意汝能盡陪臣之禮即率衆降大者王小者侯若執迷不返吾渡江戮汝無赦虞允文復遣所獲北人齎書諭之曰王權以不曾一戰朝廷已行竄責矣今統兵官乃前執二太子者李世輔更名顯忠并前奉使一箭中的虞允文同在此汝欲來校勝負此亦有以相待

八日丙子中書舍人虞允文統制官張振等大敗金人於楊林

遺史曰金人得和州完顏亮親率大兵臨西采石楊林渡已數日王權軍於東采石相拒知太平州王傳者殊不介意傳與權猶蔽匿不以奏聞兵官幕職官或有請給器甲與軍兵令防城者傳曰不須如此張皇傳自與大金無讐必不見殺其語播於城市中城市之人皆知傳有不能盡節之心州學學諭汪餘慶白於教授蔣繼周曰餘慶請與先生同見太守乞爲守備繼周曰太守敢以無禮之言斥人使人不堪柰何餘慶曰甚易也若果然先生但言滿城之人皆言知州是細作若不爲守備則市人之言不其然乎繼周然之與餘慶同往見傳言有軍期急事傳果怒而出曰教授何故如此逼脅州府繼周曰滿城之人皆言知州是細作宜急爲守備以破其說不然恐生變傳默然氣奪繼周餘慶遂勸傳申發文字報朝廷傳從之一日發八遞第一遞報金人已犯（改作至）采石不言東采石西采石遞到行在朝市大驚六房院堂吏盡般家屬出門城市閧皆謂知邊報的確者無如六房院今既般家而去事可知矣遂驚移不可禁止第二遞報金人已到楊林而不言楊林渡朝廷檢視圖冊不載楊林去處莫知楊林在江南江北朝市無不

驚憂者朝廷遣人於閭巷間尋太平州和州人詢問楊林所在是夜二更後方得一士人具言楊林乃西采石之渡口也憂疑稍定金人在楊林築臺於野亮令諸軍拈鬮子取死士五百人先渡大江就楊林進船乙亥亮刑白馬祭天當塗之人日逐往采石臨江以觀之者不啻數萬丙子有采石之役愚常用心稽究采石事實質之於士人僧道軍兵商賈官員覩牓報之功狀考一時之記錄莫不張其聲勢大其功伐皆不可取信惟太平州及東采石之百姓所言者不約而同蓋其所親見而又無容心於毀譽也愚取之

遂為定說不敢誣天下亦不敢誣後世也曰丙子晨隔江見楊林渡金人築臺四旁有黃黑煙突起人皆莫曉其所謂或曰昨日刑白馬祭天今日祭風欲出船渡江耳少刻煙漸微細而青白色辰巳刻之間有紅傘登臺亮在其下有繡旗環繞之俄聞樞密行府有參贊軍事中書虞舍人到釆石市中喫食乃允文也或走報允文請臨江督軍允文至江口是時風色已作人謂金人祭風果應乎望楊林口有一舟出江相次尾首相銜而出凡出十七舟楊林口忽生沙塞斷江口餘舟皆不可出允文命發戰船有水軍蔡將韓將二人各有戰艦一艘皆唯唯不動乃急命當塗民兵登海鰍船踏車每舟有兵數十人發十海鰍往迎之允文坐蛾眉臺中戰抖幾不能止軍人皆說諭民兵曰此是必死之地若齊心求生萬一有回歸之理民兵皆然之風色忽止官軍以海鰍衝十七舟舟分為二官軍呼曰官軍勝矣遂皆併殺金人金人舟其刪此字底闊如廂極不穩且不諳江道皆不能動手其能施弓箭者五七人而已遂盡死於江中有一舟為水漂流至薛家灣薛家灣者釆石之下數里有王琪軍在焉以勁弓齊射舟不得著岸舟中之人各中一

二百箭往往綴屍於板而死取金人之舟視之乃用和州民舍折板而造者每舟可載二十人板木釘灰皆不如法其敗故宜也是役也金人有四十舟在楊林出江者止十七舟官軍止有海鰍十艘迎戰二戰艦終不出允文追蔡將韓將各鞭之一百金人死士五六百人不死於江者亮盡敲殺之怒其舟不能出江也初亮問上年兀朮改作烏珠何以渡江或答曰兀朮改作烏珠自馬家渡渡江江之南雖有兵望見我軍即奔走船既著岸江岸已無一人一騎亮曰吾渡江亦由是矣及楊林出舟當塗之民在釆石上下登山以觀者數十里不斷不啻數十萬人亮隔江望之曰吾放舟出江而山上人皆不動何也當是之時爭戰之聲方厲安危之機甚切而人皆罷其業離其居樂觀之既而連亘數十里駐足不動遂成江南壁立萬仞之勢豈人力能使之然哉蓋天實為之也允文進劄曰嘗聖恩令從軍江上今月六日抵建康次日准葉義問差臣前來釆石會李顯忠並給犒建康所屯御前軍馬臣於八日午後到釆石見江北虜改作金兵甚厚極目望上下二三十里不絕鼓聲震地臣即時躍馬至岸口與諸統制相見北岸有一高臺臺上大紅繡旗黃旗

各二左右立中有大黃蓋有一人服金甲以胡牀坐其下問之此虜酋（改作金亮）也昨已登臺祭天刑白馬與諸將盟矣兵號四十萬馬數倍之臣與統制官張振等共議列馬步軍為陣靜以待之分戈船為五以其二傍東西岸行其一駐中流載精兵以待戰其二藏小港中以備不測擺布僅畢忽聞虜（改作金）衆齊聲發喊虜酋（改作金主）親執小紅旗麾數百舟絕江而來未頃刻間已有七舟遠達南岸虜（此字刪）登岸與官軍戰臣往來行間再三傳令激以大義許以醲賞步軍統制時俊先登軍皆殊死鬬俘斬既盡而戰於江中者艨

艟相擊虜（改作敵）舟皆平沈溺水死者以萬數天色向晦北岸鼓聲乃止虜（改作金兵）引餘舟遁去臣等尚慮其詐不敢以兵掩其前但以强弓弩襲其後追射之虜（改作金）兵多傷至夜師旋計其岸上之屍凡二千七百餘人射殺萬戶一人服紫茸綿甲注絲戰袍生獲千戶二人女眞（二字改作兵）三十餘人餘皆伉健者臣度虜（改作金）未必遽休而采石之舊將已去新將未至當軍情危疑閒虜（改作金）兵鼎來臣不當便引去暫且留此與統制官同謀戰守須俟一大將至有所分付乃敢還建康仰乞陛下特寬憂顧臣無任激切皇懼之至

九日又奏劄曰臣觀虜（改作金）所用之船皆如州縣渡口雇駕者誠不足以當官軍戰艦又逐船惟滿載敢死士意在直截來奪岸口初不為水中戰具也以昨日之戰虜（改作金）有旗頭為官軍斫斷其左臂尚能以手持小旗麾其下進戰久之乃仆地死金人之伉健可概見矣諸統制欲於瀕江掘塹闊一丈五尺深八尺以防虜（改作金）兵奔衝上岸及更夜潛渡之寇（改作敵）見役丁夫開堤數百丈以衛內堤官軍立於堤上既有所捍蔽又無遁心可以固守也臣聞臨陣易將自古所戒而王權既失士心李顯忠素有人望黜陟之

間無不仰服睿斷聖明虜酋（改作金兵）既敗采石官兵虛弱其盡力如此臣豈敢愛身遽自引去比者戚方已約分兵船親來會合采石成閔軍非久即到官軍既合決可以破賊不獨守江而已臣俟李顯忠到一一議定續具奏知此允文之二劄也

賜進士出身頭品頂戴四川等處承宣布政使司布政使清苑許涵度校刊

三朝北盟會編卷第二百三十八終

三朝北盟會編卷二百三十八校勘記

立馬門左右馬誤作爲 來忠信一作米忠信 書傳所傳所誤作可 令成閔李顯忠吳拱三人大帥令誤作今人字衍 五房院六房院堂吏脫五房院三字 無如五房院六房院脫五房院三字 每舟有兵數十人十字衍 左右分立脫分字 沈溺水死者溺字衍 餘皆伉健者一本無餘字

三朝北盟會編卷第二百三十九

炎興下帙一百三十九

起紹興三十一年十一月八日丙子盡十六日甲申

生之嘗試以允文二劄論之昔歲馬家渡之役兀朮改作烏珠出舟於江官軍不戰而潰金人遂陷建康蹂踐江浙至四明而回當時議者謂方金人進舟欲渡時有能鼓率士氣竭力禦之可使金人皆葬魚鼈之腹不爲難矣雖用力不甚多假使以郡王使相賞之其誰以爲不當采石之役正猶是也或官軍退卻一步則敵人登岸不知肯似向時蹂踐江浙而復回乎海鰍十艘雖用力不多而金人悉死於江中若以前事爲鑒雖醲厚之賞極一時富貴以酬其不退卻之功可謂當矣而允文乃虛張功伐大其勢積意在於邀求厚賞以結將士之心自譽已才而冀異日之用可謂之要君亦可謂之欺君矣允文謂午後到采石鼓聲已震地允文方與統制張振等議列馬步軍爲陣分戈船爲五若金人已擊鼓乃欲進兵也允文方列馬步軍爲陣分戈船爲五不亦遠乎列馬步軍爲陣頃刻間猶可辦也分戈船爲五非十刻不能辦豈容

擺布僅畢虜金改作人方發喊況鼓聲震地已久雖欲出舟何用發喊又謂數百舟絕江而來且楊林渡當冬月乾淺惟單舟乃能出口若欲出數百舟非二十刻不能辦豈可謂頃刻間通計官軍分戈船爲五金人出數百舟當占三時自午後又占三時日已暮矣又謂七舟遽達南岸旣戰罷計岸上之屍凡二千七百餘人七舟可載二千七百餘人則一舟可載四百人矣國家水軍舟船大而壯實者無如馬船官軍每隊五十人一馬船猶不能載八隊況金人拆人家板木旋釘爲舟而能載四百人乎采石居民不啻數千

家戶外有兩國之兵大戰至於敗者盡殲焉數千居民豈能安其居而寂若不聞允文謂親身往來行間再三傳令激以大義許以醲賞至於當塗采石之人指此語爲笑端允文藉此蓋有心望爲宰相也丙子之奏已行丁丑又作奏允文盛稱采石之功難者曰旗頭本執持大旗麾衆當先者也臨陣鏖戰之際已斷其左臂大旗固不可操執正爭命之間安得小旗而麾之耶其疏一也采石丁夫不過有數千人況踏車轉戰至夜疲怠之餘安可役使允文謂掘塹闊一丈五尺深八尺一夕之間開得數百丈又爲內堤可

立官軍計其工料非疲怠之卒一夕可辦者其疏二也愚嘗經由采石尋訪掘塹立堤之地采石人皆大笑之且曰采石地勢有高有下有山有水雖有連接亦有斷頭安能掘數百丈之塹立數百丈之堤愚熟視其地利深以其言爲非是是諸軍虛張報捷者不可勝數諸軍提舉權都統制張振以拱衛大夫永州防禦使陞翊衛大夫定江軍承宣使又進中侍大夫副提舉王琪時俊統制戴皐水軍統制盛新皆轉行階官遥郡是時王權方去軍兩日議者謂權不去則爲權之功故天下事有幸有不幸也有荼園戶沈文貴者以民兵在海鰍船中出江口中箭透項而出遂死之允

文奏其功以謂忠義奮發用命當先力戰身死得贈忠訓郎與一子進武校尉文貴無子以姪爲嗣而受之總首李華者是日偶不在采石故立賞不及張振懷州河內人初兩河陷振聚强壯得百餘人徑太行由喜兒灣流河直趨襄漢與桑仲合時仲爲鎭撫使用振爲諸軍都提舉仲被害李横繼爲鎭撫使待振如仲後横與振有疑隙乃走枝江歸於荆南等州鎭撫使解潛潛用爲中軍統制潛罷鎭撫使振隨潛詣行在遂隸於張俊軍中俊以振爲淮備將稍遷爲正將

王德爲都統制也紹興十六年德奏遊奕軍去隸侍衛馬軍司已久乞將牙兵親隨親兵搭材等合一軍補遊奕之闕以振爲統領後遷統制自初聚衆至爲承宣使皆無可書之績采石之戰邂逅成功豈不幸哉琪翬州人德之弟也新亳州德化人紹興十年張俊至亳州新挈家來歸既至建康俊奏授新正使兼閤職俊以建康城北水陸之田畀新或謂俊在亳州受新北珠一篋而有是報漸陞新爲正將隸中軍後爲水軍統制皋破敵軍統制不救姚興而率衆先奔者是也

晁公忞金人敗盟記曰初八日虜酋（改作金亮）在壇上建黃繡貝珠旗四面亮擐滲金鐵甲坐旗下麾紅旗告戒諸軍有敢死之人賞以金椀一隻酌以好酒然後登船而船小者徑五尺許則大者可知矣皆壯健雄銳兵器甲精好先登船者約三十餘人共千餘艘是時西岸虜（改作精）兵鐵騎周迴三十餘里鳴鼓大喊以助戰艦其船開岸呼噪揮棹輒便衝突過江我軍辟易又會北風虜船（改作船疾）如箭有數十艘將泊南岸我師有恐色虞舍人躍馬行陣揮鞭督戰統制官張振王琪盛新時俊皆曰候其登岸一鬭無遺虞舍人曰昨與公等議破虜（改作敵）爲期今乃不用命乎且虜（刪此字）來勢甚急豈容縱放至岸而擊之儻或機會一失柰何與其到岸不若中流擊之爲宜諸將曰諾卽統帥海鰍車船衝撞往來鏖戰士氣百倍無不一當其十金賊（改作船）大敗且走逆（刪此字）亮將發戰船渡江也恃其兵衆意欲徑趨而渡故所用舟船乃山東平底前後軒昂運載糧船也一舟濟五十餘人以爲大江如平常運河棹渡不難遂於船左右插棹數枝飛棹奔突不知江流與運河之水緩猛之勢絕異又亮迫以酷刑戰士盡死不回而我軍戰船皆艨艟巨艦士

卒用命遇敵賊（刪此字）船卽衝撞中折全舟沈沒者十六七續後繼來者見前敵溺死無餘皆反身回棹歸岸逆（刪此字）亮怒其復回悉詰殺之由是金賊（改作人）喪氣兵威大沮賊（改作敵）既退衄遂具捷騎置以聞

李寶除靜海軍節度使京東東路招討使沿海制置使

李寶燒金人舟船於膠西也遣曹洋奏捷於行在見洋具奏海道之功上大喜厲聲言曰李寶第一功顧內侍曰今日寫旗賜李寶又問倪詢應簡如何洋奏活捉到倪詢應簡二人見拘管在李寶軍中上益喜令洋取倪詢應簡親管押赴行在詢簡平江人越海

投金人獻海道進兵之策并獻海船利害金人用之被擒是日除寶靜海軍節度使京東東路招討使沿海制置使賜金槍御書旗以忠勇李寶爲名金合茶藥酒器金編帶束帶各一玉皮帶一差內侍陳子常同洋押賜洋轉十官賜金編帶賜統制官各錢一千貫

金國主亮退和州以其衆趨淮東

金人以丙子江中之戰失利銳氣稍挫且聞已得揚州遂欲計置瓜洲渡江丁丑完顏亮以大軍皆行

遺史曰虞允文見敵人已退又奏劄曰臣於今月八日大破虜（改作金）兵已具戰守之計斬獲之數敷奏去訖次日絕早臣與將士同在江口擺布戈船分兵待敵其賊（此字刪）衆行列比昨日稍稀至辰巳來虜（改作金）凡再鼓臣等舉旗麾出海鰍戰船五之二分其半向北岸上流（直至）楊林河口以其半傍南岸而行其餘仍藏港中以防不測良久虜（改作金）兵益稀臣恐虜酋（改作北軍）欲遁亟令水軍統制盛新引船杜塞河口以神臂弓克敵弓齊力射虜（改作向射）應弦而倒者以萬數虜（改作敵）見船無歸路卽時從下流發火自焚官軍亦於河口上流舉火盡焚其餘凡一百五十餘舟完顏亮引

餘衆遁去遣一小舟令張千者持書遺王權觀其書意似與權有先約雖其策出於用閒然亦不可不以朝廷已行遣王權之事報之以絕其觀望遇李顯忠至臣與顯忠商量作報遣所獲女眞（改作金營）奴婢二人齎往已錄白同逆（此字刪）亮書眞本繳進去訖其張千本是鎭江軍使臣在瓜洲戰陷虜（改作敵）中臣驗得本人身上有數處重傷已卽時與轉兩官發歸本貫收管聽候朝廷追喚外所有采石至太平州一帶民兵各已安堵允文三奏劄皆有可議者夫敵人應弦而倒者以萬數不知用幾萬神臂弓克敵弓能如是邪況官軍以舟船杜塞楊林河口而已楊林河口不甚寬闊而又敵人擺布何處在岸上乎在舟中乎若在岸上則與河口全不相干若在舟中不過有數舟相對安得應弦而倒者以萬數也允文有門下士昧於名敎典禮乃拾掇三劄溢其虛美作爲記事之文夸大允文之功允文蜀人也首自蜀中傳寫之衆皆和之於是蜀人家家有傳本矣愚恐萬世之後忠佞不分故不得不力辨

晁公忞敗盟記曰初十日行府旣得捷報往靜安渡沿江點檢營寨撫勞守把將士是日李顯忠至自池

陽遣硬探知逆(此字刪)亮緣采石之敗十二日離采石十三日宿驢口十六日抵維揚與瓜洲兵合矣虞舍人謂李顯忠曰賊(改作敵)懲采石之敗空壘往合瓜洲兵鎮江無備某當往第恐兵少今采石愈益深塹築堤伐木爲柵守禦甚固虜(改作敵)未可卒犯(改作攻)鎮江邊岸分屯備禦甚多要害僅數將軍能任其責分一軍相從如何須更得百餘艦則事濟矣顯忠曰敬受令是日虞舍人徑發循慈湖馬家渡等處措置防扼迤邐復還至建康泊至見元樞而知建康府事張燾造謁虞舍人問勞甚勤曰燾所謂賴公之庇完顏亮

約初八日來此會食使燾安往諸公因議可以往鎮江者皆有難色張燾謂虞舍人曰已建大功可任此責虞舍人欣然從之徑往鎮江謁劉錡(錡疾)已劇執虞舍人手曰朝廷養兵三十年我輩一技無所施今日成大功勳乃一中書舍人也錡當愧死矣是時朝廷初得瓜洲之報急遣御營使太傅和義郡王楊存中措置鎮江虞舍人一日與存中總領朱夏卿知鎮江府趙公偁謀曰賊(改作敵)已瞰江宜經畫守禦之備今車船又擺泊維繫岸下有如臨期不堪駕用柰何遂相與臨江按試(下添且字)以警金賊(二字改作敵)時江上止有船二十四隻狀如方長櫃外飾粉灰內執兵兩車轉兩邊之下外無所見并李顯忠所遣船亦至虞舍人命戰士踏車船徑趨北岸瓜洲將泊岸復回虜(改作金)兵驚惶持滿以待其船中流上下轉回如飛虜(改作金)衆皆憑壘縱觀駭愕相謂曰南軍有備如此亟遣人入揚州報亮亮馳騎立至笑謂諸酋(改作帥)曰此紙船欺我也既而回揚州因召問諸酋(改作帥)以必渡之策取十二月三日至鎮江早食有跪前曰南軍有備未易圖也向觀所用舟楫迅駛如飛甯能當之且采石渡方此狹甚而我軍猶不能利當徐爲之謀以伺其隙

亮大怒以爲阻遏軍威遂拔劒按膝數之曰汝罪當死我不卽誅戮汝更有阻吾軍謀者尙何辭酋(此字改作人)其伏地隕淚求貰者久之亮曰姑赦汝出與衆議之具百船渡江違令者斬諸酋(改作人)唯唯而退

李顯忠到采石

王權罷建康駐劄都統制命李顯忠代之顯忠被命急馳以丁丑到采石見完顏亮已退和州是日晚報捷曰十一月九日午時到采石探見金賊(改作兵)於西采石一帶擺布船隻顯忠激厲水軍及諸軍統制將官先於東岸分布馬步軍次用戰艦裝載甲士增以

勁弓硬弩防遏遂遣潛師直取西岸焚燒賊改作敵船
登岸進兵掩殺至晚賊改作敵兵退走和州委是獲捷

李貴克順昌府

李貴爲江州駐劄御前右軍統制同統領張成等帶
領人馬入順昌府界會合忠義總首孟俊等收復順
昌府僞知潁州蕭寬退去貴等遂入城

十六日甲申金人以船筏攻茨湖不克退去

茨湖在漢上流與光化軍相對有鄂州副統制李勝
荆南副統制張進董江鄂州統領趙振張成荆南統
領張抃郎琳李清等各將兵防捍甲申金人乘船絞

筏欲攻茨湖諸軍且侵襄陽會風勢不利不得著岸
有鄂州前軍旗頭史俊麾旗涉水直登其舟呼曰前
軍得功也諸軍可皆進金人初不虞敢登其舟遂大
驚失措行隊不整有墜水而死者諸軍繼進俊殺其
酋此字改作隊長獨收全功而回金人乃退去被殺之酋改作帥
蓋眞定府總管杜萬戶也

京西王宣軍統制趙晟錄到京西戰功曰十二月初
二日虜改作敵侵茨湖以舟渡師時風盛吹過南岸旗
頭史俊先登舟遂殺狗兒改作果勒千戶奪虜此字刪船十
隻殺戮及溺水死者千餘人初三日劉萼聞虜酋二字

改作其千戶被殺遂班師虜此字改作金兵歸者無行次多失路
爲鄉民所殺初六日均州忠義昝朝等部領忠義軍
占據鄧州都護鄭雄者來報初八日招討遣王宣部
領一千七百餘騎初九日抵鄧州城入問鄧州守何
在乃萬戶蕭中一也中一先已攜家歸順失路倒馬
被潁川忠義人丁統領所殺宣遣崔俊尋中一只得
中一妻妾三人其長耶律氏也子號小將軍奴婢改作
諾爾布長壽等數十人鞍馬數十匹招討司保奏得旨
立廟鄧州中一之子授武義大夫十二月京西漕運
姚紹來見三帥責其不親援鄧州拜別即行三帥愧

之次日並起發先是差訓練官二員牛宏王彥忠將
帶正軍聚集忠義約一萬餘人占據汝州並無衣甲
二日虜改作金還師西京過汝王彥忠牛宏部領忠義
邀於七里河虜改作金兵盛遂敗退走汝州虜改作金人
圍之十七日城破殺戮殆盡軍士張免侯順得脫亟
來鄧州吳拱遣統制周貲等八千餘人往援汝州已
不及正月一日遣王宣領所部往汝州節制諸軍初
七日到汝州土門虜改作金騎已退二十八日王宣等
往城北三十五里謁秦王墓二月初五日虜改作金人
數萬騎犯改作攻汝州先以精騎萬數渡汝河王宣部

領親隨約二十餘騎先犯陣諸軍續至皆赴戰自巳至酉鏖戰殺遼州萬戶統軍洎男小將軍天大雨虜(改作敵)人大敗走還西京親隨無不重傷而趙晟爲虜(改作敵)以棒敲碎其首惟親隨梁臯魯順魯臯陳才戰没葛王已立遣兵再取汝州閏二月十二日戰於汝州至晚各分散殺獲相當十三日早虜(改作金)人全師來攻我師敗衂士卒死者百餘將官兩員戰歿十四日兩師相拒至晚各分散十五日降旨班師星夜起發鄧州途中接招討遞角令王宣部領親隨二百餘騎前來唐州二十四日到唐州公參招討差總管充中軍

統制節制沿邊軍馬當日管犒將士招討云汝州路兵馬皆出太尉保全蔡州已爲虜(改作金)人攻破統制趙撙等巷戰逐虜(改作敵)出城告急甚切專候太尉歸望太尉看朝廷面確山縣諸軍見係統領游臯節制逗遛不進蔡州事勢已急望太尉勉力確山自有馬步一萬三千餘眾王宣唯唯次早起行到北陽縣二十六日至鄒溝下寨去確山三十五里二十七日拂早起發攏鋪馬報虜(改作金)人已到確山兩陣相對約一萬精騎宣遂捨步兵引馬軍行到陣前喚諸撥發官步人可披城擺布又問有多少馬答云約有三千

餘騎宣令馬軍分作三陣第一陣如衝賊不勝便退居第三陣之後第二陣不勝便退居第一陣之後第三陣上則三陣俱上又喚馬軍正將田將副將汲將令田將將所部馬軍五隊約三百南當拐子馬汲將將下五隊馬軍衝突陣心宣指揮謂汲將曰不用弓箭各人用長刀衝突汲將爲虜(改作金)騎所圍宣召親隨馬軍崔俊等內有師逵原趙晟曹得楊蕭李(顯忠)張進李順秦順赴探打散軍馬萬餘三隊俱進追趕四十五里虜(改作金)大敗三河皆滿趙晟活捉得謀克(改作穆昆)一名次早蔡州人報虜(改作金)師左監軍走去蔡州

之圍遂解師(此字刪)趙撙兵自信陽歸安陸王宣還襄陽隆興元年王宣除荊南都統制替李道參知政事汪澈督視襄陽軍馬宣拔遂經由鄧州南陽縣鵶路取魯山攻汝州破城活捉到女眞(二字改作金)千戶阿忽沙漢軍千戶崔純並女眞(改作金人)漢軍謀克(改作穆昆)三十餘員并降番漢軍五百餘人馬三千餘匹解赴參政行府有異眾奇功之人李雲趙晟楊迪郝安祖張進曹德江浩劉邦甯王德高順趙進都統王宣保明參政行府將朝廷降到空名官誥書塡推賞乾道閒奉旨割唐鄧與虜人(二字改作金)虜(改作金)人隨卽進兵統軍

不撒改作布沙所領番漢兵共十萬餘衆來攻襄陽至黃渠十一月閒王宣先遣趙晟師逢原王政王洵賈亮戴廷等部押馬軍八十餘騎夜刦虜改作金人大寨斬五級牽馬十餘匹活擒女眞改作金人黃醜四歸寨制置韓仲通推賞十二月內與虜改作金戰於黃渠虜改作金衆盛我師失利退卻七十餘里折兵將官一百一十一人趙晟重傷推恩擢遊奕軍第二十將自此講和班師是役也吳拱多補親舊之未嘗經行陣者返令王宣保明趙晟者鄂州副都統制軍統領官也副都統分戍荊南出軍襄陽京西之戰親在軍中故知其詳晟嘗被召至行在有劄子論今襄陽雖爲京西要地荊南號荊楚上流然光化軍邊面一帶

有小路十九處可以上至夔門歸峽盡是坦途並無關阻若虜人知之直造夔路駐兵屯守則襄陽京南皆一不足爲用一則扼川蜀水路舟船不得而通二則據上流之勢可順流而下武昌九江俱失險矣乞行措置廟堂不以爲意晟軍中號曰趙大斧以能用大斧得名也○注虜改作金

賜進士出身頭品頂戴四川等處承宣布政使司布政使清苑許涵度校刊

三朝北盟會編卷第二百三十九終

三朝北盟會編卷二百三十九校勘記

故天下事有幸有不幸也幸均作辛誤　昧於名教典禮教誤作敬　要害僅數處脫處字　喚諸軍撥發官步人脫軍字

三朝北盟會編卷第二百四十
炎興下帙一百四十
起紹興三十一年十一月十七日乙酉盡二十七
日乙未
十七日乙酉王彥收復華州
金房開達州駐劄都統制王彥遣統制郭湛統押軍
馬前去收復華州有第七將官邢進等於十一月十
七日到華州城下先賈勇士卒自寅時攻打至巳時
打破華州捉到同知招武大將軍韓愿將官信武將
軍韓谿并金賊劉括等三十二人奪到鞍馬器甲不知

其數即時撫定軍民了當
十八日丙戌王權貸命除名勒停瓊州編管
臣僚上言劄子奏近日進對恭聞聖訓論及親征之
事謂朕此行當大明誅賞諸將有功者不惜官爵金帛
重賞之其不用命者付之有司誅其一二以警其餘大哉
聖人之言其眞得古帝王御將之要術也顧於此時
將非其人至於營私背公縱敵玩寇罪惡顯著爲國
之辱如王權者若寘之輕典是爲失罰其何以示諸
將乎臣謹按御前諸軍都統制王權以駔儈之資恣
溪壑之欲遭時多故夤緣結託濫膺閫寄不知忠義
以報國但務掊克以謀身其前後過惡未易悉數姑
指其大者言之近虜此字改作金人敗盟朝廷命權進屯淮
上爲權計者義當身先士卒奮不顧身朝受命夕引
道乃惑於內寵心懷顧戀與其愛姬數人泣別三日
而不能行士卒聞之無不竊笑及至淮宣言欲犒軍
悉出其家金寶厚載而往既至中途復傳令未用且
於新河伺候實欲緩急之際易於他人之手故假犒
軍之名以持去耳其謀出此夫豈存鬭志哉權至歷
陽修築營壘祇爲自安計所謂沿淮守禦之備初不
經意及劉錡檄權住壽春縣即令總漕二司應辦糧

糗權以威脅二司同請乞留權守和州朝廷劄下劉
錡復督行權不得已三日發一軍凡二十四日纔發
八軍止於廬州戍守故虜改作金人犯改作至淮得以繫
橋從容而進入無人之境權亦旋棄廬州回至昭關
將士雖有欲戰之心而權領親兵先遁麾衆便退終
不得交鋒及虜改作金騎至尉子橋始遣姚興一軍迎
敵戮力血戰數陣告急於權權於仙踪山上以鞾刀
斧手自衛飲宴自若殊無應援之意自辰至申僅遣
二百輩往已無及矣興勢雖窮然殺數百人生擒賊
首改作敵帥而回不意賊改作敵假立權幟以誤之興奔而

入遂與其徒俱陷所存者無一二權方走旗獻捷冀以欺罔自解自是之後不復更與賊改作敵接徑回和州和州城新築內外所積之糧亦贍數月權誠能效臧質之守盱眙抗魏師數十萬衆使登城之人傷與城平歷三旬而不拔卒解圍而去則亦可謂禦賊改作敵權志不在守妄言於衆謂已得金字牌棄城守江故自十一月二十一日先往采石坐於船車之上仍放火燒西門而城內所有錢糧器甲騾馬盡委於賊改作敵藉令權於是時不得已而退卻猶當潛師宵遁使敵不知或結陣而退反旗鳴鼓若將向敵使人不

敢進尚可以全吾師也權不知出此爲虜改作敵所覺遣兵逼逐致使軍民奔突一概踐擁入城河與夫及江爭渡沈溺而死者又三之二將士怨怒號呼聲動天地指船詆罵皆以權不戰誤國負朝廷爲言且恨不食其肉也其潰兵抱蘆席浮江而過者往往散而之他權當痛自咎悔收兵江上晝夜糾合以雪前恥乃於二十五日夜半徑發采石歸於建康城中想其心止以骨肉姬妾爲念豈有意於禦敵哉權首鼠依違以至如此言之使人痛憤夫權忝冒節鉞累年受國恩寵不爲不厚邊事方興正爲將者捐軀徇國之

日而權之初也既不能戰又不能援及其終也既不能守又不能退乃使千萬人之命一旦無罪而就死地其亦應誅久矣陛下奪其兵柄召之而來固已壯國威而肅軍政振士氣而快人心儻若赦而不誅臣恐諸將效視陛下雖有熊羆之士百萬之衆安得而用之臣聞周世宗之擊劉崇也其將樊愛能何徽引兵先遁世宗收愛能與徽及所部軍使七十餘人悉斬於市自是驕將惰卒悚然知懼卒成平定之功夫以區區之世宗猶能如此陛下亦何憚而不爲哉臣愚欲望陛下暴權之惡聲權之罪特賜睿斷明正典

刑梟首江上使將士聞風爭先效命以赴國難則威令赫然行於萬里之外胡虜二字改作敵雖強不足平也

取進止

又臣僚上言仰惟陛下愼惜名器而於將士之爵祿品秩未嘗吝惜躬行節儉而於將士之賞賚犒設唯務豐厚則其所以待遇之恩可謂至矣是宜感激厚恩奮不顧身以圖報國而乃於虜寇改作北騎侵疆之秋斂兵退避其罪大矣宜重正典刑而朝廷行遣太輕臣安敢緘默而不論乎臣謹按王權本無奇才進居大將之任坐享富貴積有日矣邊郡有警正賴以捍禦

而乃專於謀身退縮下添畏字避敵下添勢字以張賊勢刪此二字考其用心罪宜誅戮未易縷陳臣且以大概論之虜改作金騎欲南來時朝廷固屢催權往沿淮一帶進據險隘以爲守禦之備而乃恬不加意駐軍於和州爲自便之計雖制置劉錡數趣之逡巡數日發一半軍馬至廬州權又盡呼其兵還屯和州又聞報虜改作敵至尉子橋而權乃以精兵自衞止令破敵一軍禦之及姚興勢孤求援而權遣去應援之人既少又且稽緩致姚興等陷歿人皆痛之後又妄言於衆謂得金字牌令其保江遂行衆爭渡擁入江流者不知幾千

人兵卒怨憤皆有爲王太尉所誤而死不能得厮殺報國而死之語極可傷痛兩淮及江上之人逐處怨罵恨不食其肉朝廷如此而不加怒焉殆恐人人相效何以使諸將之用命乎竊覩關報劉汜以瓜州之戰敗衄令按軍法有旨特貸勒停編管而權之得罪止於罷兵柄領宮祠居住於善地識者以謂同罪異罰非所以示大公又況權之罪加於劉汜數等乎伏望陛下以國事爲重以兩淮生靈爲可憐將王權特加誅戮以慰人心天下幸甚取進止十一月十八日三省樞密院同奉聖旨王權可特貸命除名勒停永不收敘送瓊州編管月具存亡奏聞令臨安府差得力使臣二員軍兵二十人押送前去沿路不得時刻住滯具已起發申三省樞密院

又臣僚上言嘗觀齊威王委政卿大夫諸侯並伐一旦赫然發憤以卽墨大夫之賢而毀言日至知其不事左右以求譽也而封之以阿大夫無狀而譽言日聞知其以幣帛厚左右以求譽也而烹之齊國震懼人人不敢飾非務盡其誠遂起兵擊趙擊魏諸侯不敢加兵由是知人君誅賞一斷以公議而不牽於左右之毀譽則人心自服士氣自振而敵國自退矣臣

仰惟陛下聖謨神斷高出百世遭時多難駕馭將帥動契事宜如近者皁角林之捷卽日降德音命中使進爵賜金恩賚有加則固已封卽墨大夫矣如阿大夫之罪暴著公議所不容者其可不加戮哉臣按王權初無寸功久叨重寄平居則虛名占籍隳壞軍政刻削廩糧剝下自豐固已失矣一旦有疆埸之虞則巧圖窟穴詭置私藏自擇便地望風退怯兵法曰將受命之日則忘其家臨陣約束則忘其親援枹鼓之急則忘其身而權之出師與妻孥泣別三日而後行士卒聞之莫不竊笑則固已當受褫苴之戮矣及尉

子橋之戰身擁强兵不援姚興坐視陷歿而走旗報捷欺罔朝廷歷陽之奔士卒尙欲回戰而權麾之使退一城兵民爭船赴水死亡幾盡軍資戎器併以遺敵彊寇（改作北兵）深入身爲大將兵非寡弱略不交鋒以至於此罪何所逃臣竊聞建隆中晉州荆罕儒戰死藝祖斬不效命者二十九人咸平中望都之役諸將有臨陣而先遁者章聖謂近臣曰今未能偃兵若不推究將來何以爲戒遂斬二十餘人此祖宗之成法也近日瓜洲之衄陛下以劉汜先退竄之遠方矣況元帥之罪重於偏裨淮西之敗甚於瓜洲則王權之

誅豈可出劉汜下哉今軍衆方興征伐未艾而刑罰之行輕重未當臣恐諸將不服將來何以使人捐軀徇國哉臣願陛下鑒齊威穰苴之舉稽藝祖章聖之法速正典刑以服人心以作士氣以集非常之勳天下幸甚取進止十一月二十一日三省樞密院同奉

聖旨坐前後章疏報行

十九日丁亥夜雪成閔回騎至自襄陽見葉義問於建康府

二十日戊子成閔到鎭江府

二十三日辛卯金國主亮在瓜洲鎭臨江

金國主亮自采石趨揚州下寨於州之東南是日觀江旌旗列於江上其勢甚盛鎭江居人亦臨江對觀皆有懼色都統制李橫發水軍戰艦出江中以耀威金人皆凝望不動有一萬戶跪於亮前曰郎主不數日下兩淮之地自古所無也今大江未可渡請駐於揚州力農訓兵徐徐圖之亮唾駡曰爾欲怠我軍心邪命決皮條五十

二十五日癸巳差諸軍都統制

主管馬軍司公事成閔差兼鎭江府駐劄御前諸軍都統制淮南東路制置使京東西路河北東路淮北

泗宿州招討使李顯忠爲淮南西路制置使京畿河北西路淮北壽亳州招討使兼建康府駐劄御前諸軍都統制吳拱爲湖北京西路制置京西北路招討使差兼鄂州駐劄御前諸軍統制

金人寇（改作攻）泰興縣

金國主亮傾國來寇（改作攻）揚州是時泰州泰興知縣尤袤猶守泰興不去袤字延之嘗以淮南置山水寨擾民不能保其家屬竊悲哀之作淮民謠一篇曰東府買舟船西府買器械問儂欲何爲團結山水寨寨長過我廬意氣甚雄麤青衫兩承局暮夜連勾呼勾

呼且未已椎剝到鷄豕供應稍不如前向受笞箠驅東復驅西棄卻鋤與犂無錢買刀劍典盡渾家衣去年江南荒趁熟過江北江北不可往江南歸未得父母生我時教我學耕桑不識官府嚴安能事戎行執槍不解刺執弓不能射團結我何爲徒勞定無益流離重流離忍凍復忍飢誰謂天地寬一身無所依淮南喪亂後安集亦未久死者積如麻生者能幾口荒村日西斜破屋兩三家撫摩力不給將柰此擾何

御營宿衞使楊存中遣前軍統制王剛權知泰州

壬辰剛次泰興縣癸巳質明金人至泰興城下剛率

衆禦之太傅和義郡王楊存中黃旗走報遣發策應前軍統制王剛前去泰州防扼於十一月二十九日據王剛申二十六日未時以來有番賊(改作金人)馬軍二十餘隊前來泰興縣諸門外攻城放火燒門城上用甲軍弓弩射住卽時開門遣差槍刀斧手臨壕迎敵續差將官親隨李思齊王鑄將帶馬軍出城掩殺王剛躬親統率將佐官兵分布督戰擁殺番賊(改作金隊)入河及殺死不知其數追趕二十餘里除殺死入河外活捉到女眞(改作金人)渤海及奪到戰馬金鼓旗槍器甲等

二十七日乙未金人陷泰州

先是知泰州孫政以邊郡不甯乞宮祠而去通判王燾權知州事九月燾以移治爲名而去留州印與兵馬都監趙福洎金人侵淮甸泰州百姓詣御前營衞使司投狀乞以福爲知州主管州事楊存中從之福遂權知泰州有水寨都統領胡深及其副臧珪棄水寨率鄉兵二千入泰州以兵勢凌鑠福且具申於樞密行府葉義問遂以深爲知州深以珪爲通判以福爲路分都監深聞金人欲寇(改作攻)泰州與珪率其衆棄城先遁珪掘斷姜堰盡泄運河水乙未金人到城

下河已乾矣遂徑登其城城中軍民已亂金人縱火殺戮福死於亂兵中子女强壯盡被驅虜而去城中有人走透得出者至姜堰堰斷爲水所阻盡爲金人所獲初福知泰州也申御營宿衞使司乞兵屯戍存中遣前軍統制王剛以本部兵權知泰州以福爲路分都監剛到泰興遇金人而兵皆紫茸軍乃直趨泰州陷之

賜進士出身頭品頂戴四川等處承宣布政使司布政使清苑許涵度校刊

三朝北盟會編卷第二百四十終

三朝北盟會編卷二百四十校勘記

幷金賊劉括等三十二人（賊誤作賊）　如入無人之境（脫如字）

僅遣二百軍往（軍誤作輩）　然猶殺數百人（脫猶字）　殺傷與城平（脫殺字）

三朝北盟會編卷第二百四十一

炎興下帙一百四十一

起紹興三十一年十一月二十八日丙申盡其日

二十八日丙申金國完顏亮被弒於揚州

遺史曰金國主亮駐於揚州之東南督諸萬戶渡江甚急限來日不渡盡行誅斬萬戶皆懼之是時葛王已即位於國中改大定元年有傳錄其赦書至軍中者萬戶等以大江不可渡斬戮不免遂各懷異心有弒其主歸葛王意亮有親兵皆心腹人以紫茸穿甲謂之紫茸軍又謂之細軍素號精勇諸萬戶請於亮

曰紫茸軍遠行數千里未有以犒之可令自取泰州犒其軍亮然之遂發紫茸軍取泰州諸萬戶無所畏丙申夜持勁弓突入帳下衛者止之則曰有急事聞奏亮聞喧欲披衣出則矢已及左右矣亂矢齊發亮斃於帳中於是喧囂不止梁尚書者聞亂即馳入呼諸萬戶曰事已如此固無可奈何然方與敵國相持不知諸君何以善其後衆皆不言梁尚書曰當撫定諸軍勿使囂亂徐使計策可也衆稍定梁尚書遂取紙草牒云大金國牒大宋國三省樞密院國朝太祖皇帝創業開基奄有天下迄今四十餘年其閒謀信修睦兵革寢息百姓安業不意正隆失德師出無名使兩國生靈皆遭塗炭奉新天子明詔已行廢殞大臣將帥方議班師赴闕各宜戢兵以敦舊好須至移牒牒具如前事須牒大宋三省樞密院照驗大定元年十一月三十日牒銀青光祿大夫左領兵都監開國公蒲察改作富察龍虎衛大將軍右領軍都監徒單改作圖克坦右領軍監軍崇進左領軍監軍潘國公徒單儀同三司右領軍副都督函國公銀青榮祿大夫右領軍大都督開國公太保左領軍大都督齊國公初瓜洲之役軍中散人張眞被虜亮增駙馬都尉見而留之駙馬管黃頭女眞三萬

人刪駙馬至此十字亮聞葛王已立乙未命駙馬以本部兵歸丙申兵變駙馬兵既行有溫暾改作溫都者覓張眞而得之梁尚書既作牒未有人傳行乃以張眞齎牒戊戌發十二月己亥渡江是時江南但不見虜改作金人飲馬於江濱方疑之會張眞到方知亮被弒虜改作金騎已有回者有號州簽軍雷政者先自閒道來歸說亮被弒初猶未信得梁尚書牒乃賞政以官

晁公忞敗盟記曰二十七日金虜改作人諸酋此字改作將領集衆兵帳中相與謀曰南軍如此此豈宜輕舉前有大江之險車船之敵後有糧運之阻敵殺之憂祇送死耳完

顏亮凶誖我輩若無船渡江必殺我等柰何內一萬戶曰等死求生可乎衆皆曰願聞教令得生則可有萬戶戴總管李總管者諸酋（改作將）之豪起前密諭諸酋（改作將）曰殺郎主卻與南宋通和歸鄉則生衆口一辭曰諾不食頃諸酋（改作將）統集甲兵萬餘人控弦持滿呼噪直入逆（删此字）亮寢帳把門細軍問爲誰曰我等欲至帳前有公事理會細軍縱入諸酋（改作將）引兵射帳中亮左右護駕親信兵衛識其難作擐甲上馬各帶奴婢出營脫身北走而亮覺變索弓箭仗劍顧視左右無一人矣乃獨身倉卒引弓欲射曰南家人我家人今日殺我赦我在

汝等囚我可也無取弒君之名諸酋（改作將）不應連射帳中矢下如雨亮即死於揚州並殺妃二人太傅一人左右親信謀事者數十人或云逆（删此字）亮有妹夫者見變作先剚刃於逆（删此字）亮腹蓋脫已禍既而亦不免於死爲亂軍所害先是逆（删此字）亮有親軍女眞（删此二字）三萬矛盾戈戟器械精純盡用紫茸絲縧穿聯鐵甲號紫茸軍其次用黃茸號黃茸軍其次用青茸號青茸軍紫青黃三軍一名細軍又名護駕軍專一簇御宿衞雖有大敵悉不遺行初諸酋（改作將）欲弒逆（删此字）亮也而細軍擁衞嚴密不可得近因謂細軍等曰淮東子女玉帛盡皆逃

遊在泰州城域我輩急欲過江無由得往泰州取富貴爾等何不請郎主乞破泰州而取之細軍欣然而請逆（删此字）亮從之細軍去者三萬人一鼓大破泰州子女玉帛無遺泰州統制官王綱棄城走江陰二十八日破泰州而逆（删此字）亮被弒乃二十七日也二十八日將官奡世雄以二十五騎迎見虜（改作金）人李千戶約有三十騎擁過瓜洲被虜散人張眞並虢州簽軍雷政渡江歸順報虜（改作金）主已被弒訖

神麓記曰亮初謀南侵也用梁恪王光道馬欽郭安國等爲謀主盡刷在國番漢軍五十餘萬分五路經河中

府渡大慶關入陝西經孟津渡者爲御營中軍亮統至汝洛經河北西路衞州張家渡者往漢上經浚州通利軍渡者前來徐宿經河間以東過山東入膠西者皆大漢軍使合喜孛堇（改作喀齊喀貝勒）總番軍往熙河德順欲先平巴蜀任宣徽使劉蕚統大軍十餘萬至光化扼江陵差高景山統大漢軍至膠西登戰船陳兵於海亮自提大兵直至淮陽要一舉而下先以采石難渡定要渡瓜洲如違制來日皆從軍法衆軍恐懼惟以待死計無所出勸農使契丹阿列（改作阿里）等謀十一月二十六日夜分以御營諸軍弓弩持滿向內喧嘩聲近御帳亮驚問莫非

南軍至乎王光道秉燭引亮出帳來未即言開眾謂曰君違天虐民殺母戮親族滅大臣舉國愁痛惟君一人南朝無罪背約犯邊生造釁端不容諫諍惡逆不道神人共怒豈能脫乎亮見不免謂曰汝等殺我順南乎歸國乎厲聲言歸國眾箭皆發射死焚其屍時年四十王光道梁恪馬欽郭安國等皆遇害就遣驛使走至汴殺皇后徒姑丹（改作圖克坦）氏太子光英其惠妃德妃昭容婉容昭儀淑儀十六位御嬪皆放歸宗亮簡宗廟廢祭祀棄法律逐功臣治宮室飾臺榭內淫亂犯親戚輕百姓好攻戰侵邊境虐生靈是致如此謚法違天虐物曰煬遂謚為海陵煬王后曰幽皇后息曰殤太子

虞尙書采石斃亮記曰紹興三十一年完顏亮渝盟入塞進兵江淮遣諸酋（改作將）分道入寇（改作境）一軍遵江道以趨兩浙一軍出宿亳以蹂淮西一軍歷唐鄧以瞰荆襄一軍據秦鳳以伺梁蜀朝廷命諸將分屯捍禦吳璘駐興州姚仲駐漢中王彥駐安康吳拱駐襄陽李道駐江陵田師中駐武昌戚方駐潯陽李顯忠駐池陽王權駐建康劉錡駐鎮江成閔駐晉陽李寶守海道秋九月亮以兵十萬號四十萬直趨江南為必渡之舉時劉錡為淮南浙西江東西路制置京

畿淮北京東路河北東路招討使分命諸帥捍禦十月乙卯虜（改作金）兵自安豐過淮西丙辰侵犯（刪此字）廬州（下添至字）柘皐下寨戊午遣樞密葉義問督視荆襄江淮軍馬中書舍人虞允文參謀軍事洪邁馬方並充行府幕屬己未虜（改作金）兵犯（改作攻）滁州先是劉錡遣王權將兵渡淮迎敵權逗遛不進至歷陽修築城壘為自安計錡再檄權往壽春權以威脅總曹固請於朝乞留權守和州錡復督行權不得已三日發一軍凡二十四日僅發去八軍止於廬州戍守故虜（改作金）人犯（改作至）淮得以繫橋從容而進如入無人之境權旋棄廬州回屯昭關將士皆請戰權乃領親兵先遁麾眾使退虜（改作金）騎至尉子橋權始遣姚興一軍迎敵興戮力死戰數告急於權權大飲宴於仙踪山上以羣刀斧自衛殊無援興意興勢雖卻猶殺賊（刪此字）數百人擒渠帥而回會賊（改作敵）假立權幟以誤興興奔入遂與其徒俱陷權猶走旗報捷冀以欺罔自解自是不復更與賊（改作敵）接徑回和州州城新築而所儲資糧可為數月計權志不在守迺給眾曰已得令令棄城守江庚申權登車船上遂自焚西門棄和州先往采石辛酉虜（改作金）兵陷和州城中糧儲器械輜

重盡委於賊改作敵虜改作敵乘勢奔突軍民自相蹂踐擁入城河與江爭渡溺死者什三四將士憤怒號呼指船詆罵皆以權不戰誤國為言潰兵抱蘆葦浮江而過者散而之他甲子權宵遁自采石歸建康是日錡小捷於揚州之西南錡以王權失淮西則淮東孤軍恐不能守越翌日乙丑遂棄揚州退保鎮江留一千五百人塞瓜洲渡亮兵進迫大江刻十一月初七日渡采石瀕江居民震驚竄伏吏士無人色朝廷以諸將逗遛失律召成閔代劉錡趣王權赴都堂議事先遣舍人虞公往池州趣李顯忠交王權軍事虞公

陛辭上曰朕固知和議不足恃二十餘年宮中錢物不敢輕用毫積寸累內藏亦粗充盈正為今日備適葉義問以錢帛為請朕已從內藏支付幾百萬矣卿須錢帛奏來朕所不吝第患事不立耳虞公退急裝趣鎮江時劉錡已臥病虞公見之因咨以今日事勢劉大言曰兵凶器戰危事聖人不得已方用之虞公曰今逆虜違天删此四字改作改作北人叛背盟席捲淮東西窺江南我有心腹之憂今日用兵猶為得已乎劉又曰錡直不愛朝廷官職將歸制置招討印耳虞公笑曰公言大是高節但今國事如此上自王權之敗不遑九

重將以馬上從事此豈將軍上印綬時耶劉語塞時建康已告急虞公倍道趨建康是日我師敗績於瓜洲虞公往采石道遇王權敗兵各鳥獸散公即訊之皆曰我輩昨隨王權只聞金聲不會聞鼓聲蓋權未嘗與賊删此二字交戰惟是走耳去采石尚二十里北虜改作軍鼓聲動地從者止公曰事已至此舍人欲何之虞公不聽亟索馬行暨至采石望北岸賊此字改作金人硬寨連亘數十里我軍星散無紀律虞公易服行造其間會見一二統制官虞公勞之因問王權罷兵之由皆曰權驕惰不恤士卒非虜改作敵之善勝權只有走

耳我輩未嘗見戰虞公曰今可戰乎眾皆笑指北岸曰彼勢如此誰能以身犯必死乎虞公徐曉之曰虜改作敵萬一過江而輩措足無所雖走亦何之今走亦死戰亦死等死不如一戰冒萬死求一生轉禍為福因敗成功在此一舉矧又朝廷衣食汝輩二十餘年緩急乃不能一戰以報國眾皆曰今雖欲戰柰無主其事者何虞公見其可動唱言汝輩止緣王權繆妄致此今朝廷已別選交王權軍矣眾愕然曰誰可將者虞公諭之曰朝廷差我到池州取李顯忠交此軍事顯忠如何眾合辭曰得人矣虞公曰虜改作敵謀來

日過江勢已迫請諸公當力戰官家已發內藏庫錢帛並節度承宣使已下官告在此須賞有功者衆皆曰誠然我輩效命諸統制趨出轉相告語須臾合軍皆奮臂爭首死敵虞公卽與勾集戰艦簡水軍五千餘人連小舟護岸以戈船軍當前終夜整齊十一月乙亥虜改作金築壇於采石西岸上亮登壇殺牛羊豕黑白馬各一祭天禱江乞風以濟丙子壇上見黃纛旂各二亮擐金甲坐壇上麾紅旂以發戰艦凡五百餘艘緣岸鐵騎周匝三四十里聞虜改作彼軍大呼我軍辟易會北風急虜改作北船如劈箭有數十艘卽薄南岸公見統制盛新撫其背曰昨與爾議破虜改作敵爲期今乃不用命乎盛回顧曰舍人在此卽麾軍鏖戰士氣百倍無不一當十虜改作金兵大敗戈船前斷賊此字改作敵歸路岸上餘衆悉拜降先是酋改作亮恃其衆欲徑跨江而渡故所用皆是小舟一舟濟數十人其指可揮而官軍所操皆艨艟巨艦士卒用命遇敵船卽撞劈中折全舟沈沒賊改作敵既退衂公撫勞將士具捷因騎置以聞諸統領官環坐見樞府人吏趨走虞公之前唯謹私怪之閒趨起問吏舍人何官職吏對此中書舍人朝廷侍從官也統領官爭列庭下拜曰初

謂舍人閤門宣贊等官豈有文官能馳騎行陣閒乎虞公起執其手曰諸公何言方與諸公共安危同死生期於破賊改作敵以報國家遂相與誓曰虜改作敵雖敗北然恃衆明日必復來迺遣士卒夜渡江約近北岸虜改作敵箭所不及處維舟爲陣會盟畢虜改作北兵再欲濟江而其意已屈然猶自張不已官軍直突北岸奪其口渡以神臂克敵弓射之虜改作敵皆徒步登岸棄船而焚之官軍乘勢縱火盡爲灰燼虜改作敵衆披靡亮揮軍下壇初亮使僞參知政事李通跪壇上口占檄文招王權戊寅顯忠至遣硬探騎過江知虜改作金兵已走揚州與瓜洲渡兵合矣虞公謂李侯曰賊改作敵徼采石之敗空壘往合瓜洲兵鎮江無備我當往第恐兵少今來采石愈益深塹築堤或伐木爲柵守禦甚固虜改作敵未可卒犯鎮江邊岸分屯備禦甚多要害僅數處將軍能任其責分一軍相從如何更須有百餘戰艦則事濟矣李侯曰敬受令是日虞公徑發循慈湖馬家渡等處措置方畧迤邐還建康公至建康見元樞知府事張公燾徒步造謁虞公問勞甚勤曰燾所謂賴公庇者完顏亮期初八日來此會食使燾安往諸公因議可以往鎮江者皆有難色張目虞公

日明府已建大功可任此責虞公往鎮江謁劉錡劉疾已劇執公手曰朝廷養兵三十年我輩一技無所施今日成大功乃一中書舍人我輩愧當死矣虞公退與楊存中成閔謀曰賊已瞰江宜亟經畫守禦之備今船又繫岸有如臨期不堪駕用柰何遂相與臨江按試時江上止有二十四舟纔忠所遣船亦至虞公命戰士踏戈船上下中流如飛北岸虜酋（二字改作兵）皆憑壘縱觀駭愕相謂曰南軍有備亟遣人揚州報亮亮馳至立問諸酋（改作帥）以必渡之策有酋（字刪此）跪前曰南軍有備未易圖也曏觀所用舟楫迅駛如飛

甯能當之且采石渡方此狹甚而我軍猶不利請徐爲之謀以伺其隙亮大怒諸酋（改作帥）退聚謀曰南軍如此豈宜輕舉秪送死耳亮凶誇明日若不能渡江必殺我輩不如先發遂共定謀殺亮乙未諸酋（改作帥）詐作南軍刦寨直趨亮寢帳親兵問爲誰諸酋（改作帥）語之曰我欲帳前白事親兵縱之入諸酋（改作帥）引弓射亮被傷起彎其弓曰汝是南家人抑亦我家人答曰我家人亮曰今日殺我赦我是在汝等不赦我速殺我然我自知無道汝等殺我固當諸酋（改作帥）連射帳中矢下如雨亮卽死兼殺其妃五人虜（改作金）兵遂

退屯三十里北人號州簽軍雷政渡江歸順報虜（改作金）主已被殺矣使騎往探得其實十二月庚子御營宿衛使和義郡王楊存中管侍衛馬軍御前諸將都統制成閔中書舍人督視荊襄江淮參謀軍事虞允文總領淮東軍馬錢糧朱夏卿列奏以聞北壘亦具亮之死日來求和捷書奏上曰亮已遇弒軍無統率眾心不固賴諸路將帥廣行招納朝議亦欲進師虞公先往行在所禀議事宜時虜（改作金）雖移屯兵尚駐淮東公入見上慰勞有加虞公奏曰此廟堂神靈陛下英斷將士用命臣何力焉上嘉賞再三有旨論功

行賞張振時俊王琪盛新戴臯以功烈顯著人轉三官其餘將士亦以次推恩虞公奏昨采石事勢危急臣於振等行陣間許以重賞振等效死力戰三官恐不足酬其勞乞回在身宮職推賞振等上曰曏江上甚危急得諸將致力其功豈可忘尋改授正任承宣觀察等使虞公繼論列今車駕進發而虜（此字改作北軍）在淮東鎮江對壘道路尚梗今當督淮上之兵斷虜之（二字改作其）歸路發鎮江等兵爲掩襲之舉虜（改作敵）可無噍類矣上深然之命公往淮上措置而諸軍先已過江矣十二月壬寅成閔收復揚州甲辰李顯忠以大軍

濟江去和州三十里與賊（此字改作北軍）相持丙辰成閔收復泗州皆虞公前日鼓勇士氣一戰之力也未幾北虜（改作軍）都管司以牒來云正隆無道背議興兵今已廢殞初立新主見議班師而朝廷將復從和議焉自古江淮用兵稱周瑜之赤壁謝元之淝水爲雋功然瑜乘曹公士卒疲疫之餘而淝水之勝出於苻堅退師之無律今亮以滔天之逆陰謀數十年（下添空國二字）長驅犬羊（改作深入）空國來寇（刪此四字）而虞公奮然以忠義徇國帥罷散之卒身自督戰遂成采石之功而瓜洲之虜（改作兵）不戰而自斃此豈與赤壁淝水乘危徼倖同日語哉異時國史大書特書與宋匹休荐紳鉅工亦必有能效勒燕然銘頌淮西碑以揚厲無前之績者然遠方書生亟欲廣其事以壯吾中國之威激厲士大夫之氣謹再拜稽首而書之

賜進士出身頭品頂戴四川等處承宣布政使司布政使清苑許涵度校刊

三朝北盟會編卷第二百四十一

三朝北盟會編卷二百四十一校勘記

徐思計策可也（思誤作使）　其間講信修睦（講誤作謀）　將官景世雄以二十五騎迎降（降誤作見）　李千戶約有三十騎（一作約引三百騎）　更須有百餘戰艦（有應作得）　丙申北人虢州簽軍雷政（脫丙申二字）

三朝北盟會編卷第二百四十二

炎興下帙一百四十二

起紹興三十一年十一月二十八日丙申盡其日

國史館編修官員興宗采石戰勝錄曰完顏亮竭其國兵前來南牧其身先出汝州京西道示欲出襄漢上流朝廷遂促三司發精兵五萬人合荆鄂之兵凡十二萬先是虞侯作天官屬上殿先論虜改作金人欲南牧之計必爲五道出蜀口欲出荆襄止以兵相持淮東沮洳非用騎之地他日正兵必出淮西奇兵必出海道耳庚辰是年冬奉使又明年三月回。舊校云紹興三十年以

虞公爲賀正旦使具言虜改作敵必南牧蓋已授甲造船必爲南渡之計申言前論疏之語上曰記得卿此言極是是年五月十九日虜改作金使上殿有奏言欲得兩淮之地欲得將相大臣朝廷駭愕議所以發兵是時虜改作金主以兵駐汝陽汝州以避暑爲名詐示渡漢江從上流以窺吳會朝廷發成閔領禁衛五萬人來戍襄漢上出虜改作金使悖語令宰相就都堂命侍從臺諫論所以備虜改作敵之策時宰相宣上語云今日更不論和與守直問戰當如何廟論欲遣成閔全遣禁衛兵禦襄漢上流虞侯云不須得發兵如此之多虜改作金必不從上流上恐發禁衛廂兵益少朝廷內虛異時無兵可爲兩淮之用兵行未幾旬日得報虜改作金主回汴虞侯白宰相虜改作金主已去乞留五千人殿後兵五萬申約止江淮之間欲留此爲用若上流兵盛自江鄂閒應援若淮西兵盛便出大江口池州采石近可以援淮西是時無人爲虞侯之助其說卒不用至九月閒虜改作金以五萬衆兵出淮東劉錡拒之於楚州青石口虜改作金主自提重兵號五十萬皆甲精自壽春壽州渡淮王權拒之二將不敢戰望風奔遁虜改作金纔與南兵相接王權退自安豐廬州屬至合淝又退至

柘皋而中軍已退向濡須和州江口大虞侯見事急知二將必退回遂率四五侍從又同白宰相說王權退師已臨江口必敗國事諸公云權非敢退所以道虜此字改作金人深入身當其衝令邵宏淵出其右李顯忠出其左夾攻之虞侯率四五侍從辨其不然此權必爲走計時朱楊猶不以爲然倬椿明日得報權果渡江朝廷震駭十七日白宰相十八日得王權申十九日上命葉樞密義問督視江淮軍馬伺命虞侯參謀軍事二十一日陛辭上慰勞甚渥云卿本詞臣不當遣以卿諳軍事故也二十二日出臨安是日得報劉錡兵走至瓜洲盡棄淮東

之地虜(此字改作金兵)追馳至皁角林(瓜洲)之前錡之副將員琦
小捷錡乃託病過江十一月初四日錡兵大敗於瓜
洲(劉汜之役)江淮之閒民皆奔走是時虜(改作金)主以重兵
臨采石已數日知建康張燾屢遣官來催督府措置
虞侯與葉樞密初六日到建康是夜被旨罷王權以
李顯忠代之督府詐以檄召權來府議事夜遣虞侯
持檄池州換李顯忠分付人馬令會於采石蓋權兵
在采石未走初七日發建康初八日早去采石於路
十五里聞鼓聲振野問道旁人云是虜(改作金)主臨江
昨刑白黑馬各一祭天取今日過江虞侯見道旁茶

房酒店官軍閑坐虞侯呼問之其說與道旁人言合
虞侯又問云既是虜(改作金)主過江因甚卻(只在)這里眾
軍皆言王權在淮西每日只打鑼未嘗得接戰我輩
皆是馬軍卻使我棄馬步走過江如今已無馬我輩
不會(步趍)厮殺隨行官吏多欲回虞侯云須要在江上
看兵勢蓋上遣我來當進不當退有進言者云事敗
至此舍人與一擔擔何也虞侯不聽虞侯至采石諸
將皆無戰意公方會合諸將士誥之曰我聞王權使
淮西每日打鑼不打鼓眾(日果)如此虞侯慰勞曰權不
戰教汝輩不成事今汝輩半死半活至此不易眾皆

唯唯然王權已罷兵權管你輩不得我是朝廷官官
家差我擔銀犒賞你們今有節度觀察至副校尉官
告皆擔來你輩食(官家)祿(官家)養汝輩三十年不知能戮
力一戰否眾曰我們也要戰但無人主此事虞侯與
說我今日只辦兩眼隨你們成得功大與你填大底
官誥立得功小填小底官誥若死於此則當同死於
此若你們走我亦隨你去你們道走去甚處我便去
見官家說統制以下某人肯殺某人不肯殺諸軍大
權曰今日有分付大家去厮殺於是方布陣擺戈船
是時江北虜(改作金)兵甚厚極目望上下流二三十里

不絕鼓聲振地虞侯卽馳馬至岸口見北岸一高臺
臺上有大紅繡旗黃旗各二左右立中有大黃蓋有
一人服金甲據胡床坐其上眾云此胡酋(改作金亮)也兵
號四十萬馬數倍之虞侯遂與諸將議與統制官張
振王琪戴皋時俊盛新列馬軍步軍爲陣靜以待之
分戈船爲五以其二傍東西岸行東護岸西拒賊(改作
來)船其一駐中流載精兵待戰其二藏小港中以待
不測擺布僅畢忽聞虜中(改作北岸)發喊虜酋(改作金主)親執
小紅旗麾數百舟絕江而來頃刻閒有十數舟達南
岸渡虜(改作兵)登岸與官軍戰公往來行閒公令時俊

先登軍皆死鬭斬虜(改作殺)過當岸上(改作北岸)之虜(改作軍)皆投拜戰於江中死以萬數天色晦亮猶(未遐)會官軍在淮西有潰散三百人自光州路轉江而至虞侯拊勞之授以旗鼓設爲疑兵虜(改作敵)果以爲援兵至鼓聲乃已卻打梆予聲虜(此字刪)引餘舟遁去或欲引水軍掩其前斷其歸路虞侯以爲不可所謂歸師勿遏是也恐或官軍一傷我軍少何以繼之虜(改作金)萬里入寇(改作深入)如此之勢不止今日一戰若官軍少則明日何以爲敵但以强弩襲其後追射之虜(改作金)兵多傷至夜師旋計岸上之死三千七百餘人射死萬戶

一人生獲千戶五人女眞(此二字改作兵)三百餘人餘皆正軍健者虜(改作敵)夜遁去卽夜具奏舊將去新將未至決不敢引去是日椎牛張燕以勞軍有說舍人乃閤門宣贊者及見樞密院人吏在虞侯前甚恭問之云乃中書舍人非武官舍人也軍將乃盡禮致恭至夜半仍令布陣再與將士待敵賊兵已稍希虜(此字改作金人)至辰以來凡再鼓公舉旗揮出海船五分之二其半向北岸上流直渡楊林河口諸將或問公何故遂說與諸將當時只合將船守楊林口不合放賊(改作彼)令出命統制盛新引船直下楊林河口只於江心下(泊船)

度虜(改作敵)箭所不到處戒之曰若虜(改作敵)船至楊林河口出卽齊向射之必爭於死無令一船得出岸如(河口)未有船出卽以克敵神臂弓射北岸於是盛新受令於江心駐船齊力(下添拒字)射虜(此字改作北軍)應弦而倒者萬數虜(改作敵)見船無歸路卽從下流放火自焚官軍亦於河口上流以火焚其餘舟凡一百八十餘隻亮遵陸遁去至午閒遣一小舟令張千持書至書意似與王權有約其策似於用閒亟以已發遣王權之事報之以絶其意遣探馬渡江至暮歸(夜)初九說虜(改作金)主焚龍鳳車(官人所乘)斬船作頭二人(責船致敗)鞭梁大使一百

(名求來采石引亮者)連夜往瓜洲與虜(改作金)主書意合虞侯謂顯忠曰賊(改作彼)懲采石之敗控大兵往合瓜洲之兵鎮江無戰備我當往措畫之患兵少今采石(下添備二字)獲虜(改作敵)既喫手腳必不敢窺伺又兼長江邊岸分屯防禦甚多其實緊要不過數處都統能任其責輟一處兵馬應付如何又須得百餘戰艦方可集事顯忠畧無難色欣然一一應副至建康見葉樞(府事)知尚書張燾聞虞侯至步行來問勞苦甚勤曰某眞謂賴公之庇昨完顏亮要初八日來此會飯不知令肅卻去那裏諸公會議遣官往鎮江措置張目虞公曰馮洪

二公參帷幄之謀不可行虞丈已建大功可任此責虞侯笑曰去不妨然記得一笑話人得一鼈欲以計殺而食之熾火使釜水百沸橫竹稍於其上與鼈誓曰能渡此活汝鼈知主人計以殺之勉力爬稍竟渡之人曰汝能如此渡甚好更爲我渡一遭我欲觀之僕之此行無乃類是諸公大笑是日泰州以急告虞侯至鎮江謁劉信叔劉病已革虞侯問疾劉執虞侯手曰朝廷養兵三十年我輩一技無所施今日成大功乃出於朝廷一中書舍人我輩愧當死矣先遣一將救泰州連日大風未能行侯與楊存中成閔謀曰

賊（改作敵）已瞰江經畫守禦之備不可緩今舟船久繫岸萬一臨時或有不堪駕用誤事柰何相率臨江按試是時江船既止有戰艦二十四隻相繼李顯忠所遣船亦至先是虞侯與李顯忠商量今移時俊軍於馬家渡輟李捧全軍一萬六千人又分戈船百艘來會京口十一月二十五日習水戰耀兵命戰士踏戈船上下中流如飛北岸酋長（二字改作軍）皆憑壘縱觀駭愕皆曰南軍有備急遣人揚州報亮亮跨馬即至列坐諸酋（改作隊）長會議爲必渡之舉有酋（改作隊）長前曰南軍有備未可輕舉向覘所乘舟楫迅駛如飛此甯

能當之且采石江面方此爲狹甚而我軍猶不利不如徐爲之謀以俟其隙亮震怒拔劍數之曰汝罪當死者數矣我不即誅汝今沮吾軍事尚可恕乎酋（此字改作隊長）伏地涕泣交流哀告久之亮曰我且赦汝汝與諸酋（改作人）議來旦合要船百隻即渡江違令者斬之諸酋（改作帥）退曰南軍如此豈宜輕舉輕則送死亮凶很不容吾等說明日必殺我不如先下手爲强也遂定謀殺亮夜即其所居帳中連發三箭射中亮亮引弓欲射已而問曰你是江南人是自家人萬戶答曰自家人虜（改作金）主曰我自去年煞是無道理事至今

日饒我也由你輩殺我也由你輩不若早早下手萬戶一人直入即其帳中殺之並及其帳中妃侍五人並殺梁大使郭副留（藥師之子）馬韓哥（馬欽。韓哥改作海古勒）李參正（通）四人皆爲謀來南者盡焚其屍是月初一日號州簽軍雷政來告虞侯即日同楊存中成閔渡江至瓜洲措置後二日虜（改作金）之大將以檄來請和公是日往行在奏事兩淮之民自鎮江至平江見公船過焚香拜投鳴指讚歎初六日奏事畢初十日車駕幸建康明年二月十八日還臨安

歸正官張棣正隆事迹記曰完顏亮自己巳冬十二

月殺兄亶而自立守舊都於會甯越明年誅夷稍定下求言詔敕中外公卿大夫至於黎庶之賤皆得以書奏對闕庭是時上封事者多陳言以會甯僻在一隅官難於轉輸民艱於赴訴宜徙居燕山以應天地中會亮深然之卽日使官左相張浩右相張通古役天下夫匠百萬肖京師之㝐髴營都於燕山迄三年而成至壬申夏駕始幸之遂以渤海遼陽府爲東京山西大同府爲西京中京大定府爲北京東京開封府爲南京燕山爲中都　府曰大興改元以赦告天下亮以漸染中國之風刪以漸至此七字改作有文才○舊校云劉祁歸潛志云亮讀

書有文才爲藩王時嘗書人扇有大柄若在手清風滿天下之句頗有改作䎱意於書史一日讀晉書至苻堅傳廢卷失聲而歎曰雄偉如此秉史筆者不以正統帝紀歸之而以列傳第之悲夫又一日與翰林承旨完顏宗秀左參知政事蔡松年語曰朕每讀魯論至於夷狄雖有君不如諸夏之亡也朕竊惡之豈非渠以南北之區分同類之比周而貴彼賤我也二子皆唯唯而不對刪又一至此七十三字至丁丑春二月御武德殿吏部尚書李通刑部尚書胡勵翰林直學士蕭廉賜坐而語之曰朕昨夕夜已三鼓夢二青衣持牒稱上帝宣朕遂策小將軍乃亮小烏雖馬也腰弓矢隨彼而前既行之次但如踏空轉時到一門青衣指之曰天門朕隨入焉行一里之地宮極嚴麗朕欲縱馬而入前有二金甲謂之曰此非人間可下馬步趨及殿垂簾如有待一朱衣曰下拜而就跪朕皆隨之但聞殿上語如嬰兒令青衣持宣授朕曰天策上將令征某國朕謝而出復上馬見兵如鬼者左右前後杳無邊際發一矢射之兵衆以大喏而應之朕亦以喏之故驚愕而覺然而大喏之聲猶在於耳朕立遣人於馬廄視所策小將軍但身汗如水取箭袋而數之亦失其一朕大異之豈非天假手於我令取江

南也然而君父之語臣子毋泄於外衆稱賀戊寅夏五月亮御薰風殿宣吏部尚書李通翰林承旨翟永固宣徽使敬嗣暉翰林直學士韓汝嘉四子及庭首問吏部尚書李通朕欲遷都汴京將宮室重修加兵江左使海內一統卿意如何通以阿諛面從惟佞是務對以正知天時人事不可失也亮深悅之徐問翰林承旨翟永固永固對以燕都始成未數載帑藏之匱乏未補百姓之瘡痍未𤻲豈可再營汴都而重勞民力況江南乃繼好之邦歲以厚幣禮陛下豈可無名出師而重勞征伐哉臣爲二事俱不可亮曰非老

奴婢所知復問宣徽使敬嗣暉對以臣與李通所奏同問翰林直學士韓汝嘉汝嘉對以臣與翟永固所奏同亮怒永固汝嘉之咈意遂退及門復宣殿側聽旨二子以爲重則刀鋸輕則鞭笞必不能免繼宣翰林待制綦戩講晉史亮怒稍霽赦而釋之明日拜李通爲右丞敬嗣暉爲參知政事永固知亮之罪己懼而乞解官己卯春三月遣左相張浩右參政嗣暉起天下軍民工匠民夫限五而役三工匠限三而役兩統計二百萬運天下林木花石營都於汴將舊營宮室臺榭雖尺柱亦不存片瓦亦不用更而新之至於丹楹刻桷雕牆峻宇壁泥以金柱石以玉華麗之極不可勝計是年冬遣翰林侍講學士施宜生入覲本朝隱畫工於中間節寫臨安之城邑市井及吳山之秀立其圖以進亮亮遣人於坐間輭屏而圖寫之城邑間兵火殘毁於吳山絶頂寫己策馬而立焉徐令翰林修撰蔡珪作詩書其上曰萬里車書已混同江南豈有別疆封屯兵百萬西湖上立馬吳山第一峯亮詭曰御製亮每與左補闕馬韓哥（改作海古勤）面坐旁拾事迹指畫其處所別白其勝槩亮乃奮髯箕踞不勝其志之鋭明年庚申春正月再役天下軍民匠不

限丁而盡起之委右丞李通提控造軍器於燕山之西北隅遣工部尚書蘇保衡侍郎韓錫郎中張參預造戰船於通州潞河是月二十三日翰林醫（樂使）祁宰奏封事諫亮其略曰臣聞民惟邦本本固邦甯今則北有造軍器之煩勞南有修大內之重役百姓以久苦轉輸不勝疲敝臣願陛下權罷其一俟一成而再計之兼來歲害氣在進不利行師伏望陛下以天下爲念社稷爲心曲隨臣請亮怒令擒而殺之祁宰神色自如而再請曰臣年七十死固足矣惟恐陛下將來不及臣更欲語已爲左右刀刺其頰以杖穿之執縛而出祁宰以朝章受刃辭色終不改刃行之次烈風大作砂石飛舞人面不可見者迨三日而止是年秋八月委戶部尚書梁球先計女眞契丹奚家三色之軍不限丁而盡役之修長者爲正軍矮弱爲阿里喜（改作伊勒希）共得二十四萬以一阿里喜（改作伊勒希）副一正軍而爲一類爲一十二萬餘計中原漢家渤海之地一十七路於內除燕山中都路造軍器南京開封路修大內俱免差焉餘十五路每路發漢軍一萬人遂委吏部侍郎高懷正兵部郎中蕭彥良戶部主事王修翰林修撰鄭子聃登聞檢院使王淑右司郎中

王全東平轉運使梁肅翰林修撰楊伯仁翰林待制劉仲淵修起居注劉元㫖御史徐之萬太府少監李天吉翰林應奉李希顏殿中侍御史高公挺戸部員外郎曹節等分路帶銀牌而出焉目曰差簽軍使至冬十月簽差始定合女眞契丹奚家三色之軍通計爲二十七萬取有唐治分爲二十七軍其所授正副戸各有差遂以五十戸爲蒲里演（改作富勒渾）百戸爲謀克穆昆（改作）千戸爲猛安（改作明安）萬戸爲都統至十一月委正番猛安（改作明安）所簽定女眞契丹奚家軍内檢其精銳者十取一二至都統所簽復三取一及燕山亮自試

其果能射者得五千人目曰細軍其甲各以五色絨線穿之亮每自負曰所簽者數十萬但可張其勢取江南者此五千足矣辛巳二月亮率文武並百官駕幸洛汝百姓以役行而子晝泣號盈其城三日不絶夏四月駐蹕北邙自改曰太平五月復臨於汝以取牛馬水草之便至秋七月始臨汴百官具法駕陳九節儀迎亮於南薰門亮入門暴雨大作儀制樂音皆不能舉至内承天門雷風迅作拔去一鴟門未及開關拆擊三守門吏死入門復霽秋八月皇太后諫亮不可親征亮怒令護御將軍赤盞彥忠（改作持嘉彥忠）殺母於太后宮越數日亮后徒單（改作圖克坦）氏及太子光英再諫亮怒亦欲誅后與子懼隱於宮中三日亮赦而出自母諫死百官鉗口結舌無更言者秋九月亮御正隆殿宣諸大臣問曰衆多宰職不能爲朕爲一路統軍右丞劉萼率爾而對曰臣願請爲之亮喜卽拜爲果勝軍萬戸都統越日拜特進張彥忠爲步軍都統以孟州防禦使王彥章副之將兵十萬道出陝右擊劍外拜工部尙書蘇保衡爲水軍都統昭武大將軍完顏鄭家（改作鎮嘉）副之將兵七萬輜重隨焉自海州飛棹而下擬錢塘江而出期以三旬迎亮於大江之

南是月起天下簽軍分路請甲而從征焉西則河中京兆南則大名相州東則濟南東平三軍請甲之次同日反回者一十二萬步軍都統張彥忠止將兵三萬出陝右水軍都統蘇保衡止將兵二萬出海道右丞劉萼止將萬人出漢上餘則幷會於黃河之南亮領焉冬十月王友起於大名耿京起於濟南陳俊起於太行乘時而嘯聚者處處有之亮首知大名之亂拊髀而歎曰朕兵未行輒撓其後雖匹夫匹婦不可誚卽遣都統斜也（改作舍音）將兵萬人攻大名多與少盡洗之大名之衆聞風而自潰焉斜也（改作舍音）殺居民三

孔彥舟進來乃索筆硯爲詩曰綠葉枝頭金縷裝秋深别有一般香一朝揚汝名天下也學君王着柘黄一日宣梁漢臣曰朕欲修汴京大内時復巡幸卿爲朕謀無得有辭漢臣曰被奉聖訓豈敢辭免願陛下頒詔諸路發人夫工匠以候使唤以梁漢臣充修汴京大内正使孔彥舟爲副使因謂漢臣曰賜金字牌子與卿去處如朕親行賜金銀錢段絹各一百仍差都統阿使多朮律甯（改作舒嚕甯）統騎軍二十萬駐劄於汴京城外防逃走工匠人夫工匠日支米二升半錢五十文人夫亦如之貞元三年梁漢臣孔彥舟至汴

城正隆元年春起夫正隆四年畢工梁漢臣孔彥舟奏京城大内修造了畢又令人催造通州戰船遂起人夫抬舁木植打造戰船三等凡數千隻委兵部尚書蘇保衡徐文統押仍於諸路刷鐵匠五千人打造人馬衣甲軍器有鄆州相州青州進到銅鈸刀五千口改造敵刀又令東平府北京開州大安軍集八百萬簽女眞渤海契丹漢兒五十萬山東兩路河北三路並簽大軍一十萬諸路番漢軍七十萬諸路捕魚稍工水手一十七萬番漢等軍共二百九十七萬令分八路入南界完顔仲統兵取長安鳳翔至西蜀完

顔明統兵自西京至均房汴京南潁昌府方城潁縣鄧州孛堇（改作貝勒）統軍自南潁州蔡州臨汝阿魯（改作阿嚕）朮律（改作摩哩）統軍自亳州至城父順昌府光州乞伏赤朱自壽州合肥和州界耶律朮（改作耶律穆）自青齊至淮楚界御駕親征兵部尚書蘇保衡監修戰船蘇保衡奏臣被奉聖旨打造戰船完備通州至定林口二百八十里陸地不通河溝無水通舟入海伏望特降睿旨行下措置帝宣漢臣來曰蘇保衡奏來稱通州不通水海口陸地二百八十里奈何梁漢臣曰起三路人夫開渠擔水（作成）浮泥用夫拖船入海行下蘇保衡

卽施行梁漢臣私曰賊（改作暴）君無道但得一路人夫叛我宋中興有日柰何自修燕京及大梁簽刷人夫工匠三百餘萬無一人是丈夫也豈非天哉蘇保衡起山東民夫開河擔水挽舟自通州入定林口二百八十里人人稱寃道路嗟嘆而無一人敢叛者漢臣又奏西京洛陽好花宜巡幸看花正隆二年二月幸洛陽一夜天降大霜羣花盡死不悦梁漢臣曰陛下降詔催促諸路大軍南取江淮無失其時天與弗受返遭其咎時至弗行復受其殃臣願陛下統一天下混車書於萬里於是下詔催促馬步軍起行往汴京

宣梁漢臣孔彥舟撫問修大內不意有人譖彥舟者遂賜酒酖之彥舟捧巵跪飲見彥舟臂上雕青問曰何物也彥舟曰臣少年時不成器教人刺來曰卿如今成器敢做甚彥舟股慄命彥舟充西京留守起行至路藥發而死二年八月在汴京値中秋設宴百官翫月忽密雲罩月索筆作鵲橋仙詞曰停盃不舉停歌不發等候銀蟾出海不知何處片雲來做許大通天障礙虬髯撚斷星眸睜煞惟恨劍鋒不快一揮揮斷紫雲根要見嫦娥體態翰林學士祁宰奏曰陛下棄大國宮殿遍幸諸州敗盟興師無故舉事勞役生靈

興工動土修建西京之內開掘無用之河勞苦軍民嗟怨盈路太乙出現陛下轉以爲妖殊不憚畏臣食祿於朝焉可緘默伏望陛下察天地之不祥收兵罷役遹和南宋復還故都四海九州咸感聖德天下幸甚亮大怒斬之滅其族正隆三年二月下詔小龍虎大王兵五萬守鎭蒙古右司虎牙衛將軍大家奴(改作大嘉努)守鎭上京會甯府朮律(改作舒嚕)侍中兵三萬守燕京中都葛王兵五萬屯齊鄆兩州兼津發糧草皇太子奉國衛將軍戶部侍郎張昌等守汴京御營前軍高季禮管押御前射雕軍一萬三千并紫茸細軍三千御前提舉右將軍達耳明威(改作塔爾明威)御前左將軍赤盞明威(改作持嘉明威)御前前軍伽羅明威(改作額嚕明威)御前後軍西道總管興國奴(改作興國努)將紫茸細軍三千人令分五部一部五百人每隊六十人謀克(改作穆昆)一人隊頭一人葫蘆服一人牌頭二人飯食五人隊身五十人五年秋九月起汴京敕天使催促八路軍馬各依地分入南界進發時童謠言正軍三匹馬簽軍兩隻鞋郎主向南去趙老送燈臺九月渡淮至壽春屯駐差御前都統驃騎總管韓夷耶奉敕領軍南行臨發賜御製喜遷鶯詞曰旌旆初舉正駃騠力健嘶風

江渚射虎將軍落雕都尉繡帽錦裘翘楚氣張斷髮爭奈捲地一聲鼙鼓笑談頃指長江齊駭六師飛渡此去無自憒金印如斗獨在功名取斷鎖機謀垂鞭方略人事本無今古試舒卧龍韜韞果見功成朝暮問江左想雲霓以俟玄黃迎路韓夷耶兵南進遣千戶莫利(改作穆棱)領騎五百掠地遇大宋姚興馬軍五十餘至尉子橋遊騎探得遂報破敵軍統制戴臯戴臯請統制姚興再率四隊四百人出陣王權領衆回走東采石江口是夜多張旗幟地中明火徑虜(此字改作敵營)數千伏路虜(改作敵)不能前遂得渡江屯駐東采石亮

駐軍和州兩岸相對日謀渡江是日淮東劉兩府錡擁兵淮楚舍人虞允文催督張振將建康龍灣采石軍船分布上下流張振差戴皋提舉諸處人船王宗海鰍二百隻周榮獅子船一百隻策應采石范汴戰船五十隻在采石河口對母山楊林口薛家灣耿卞張淵將艨艟船三百隻對石婆嘴三山基時俊戰船五十隻屯於沙洲慈烏基馬家渡楊選戰船三十隻對曠口馬家渡張永戰船五十隻策應薛家灣慈烏基王宗水軍金成水軍張振王琪虞允文催督措置防守江岸時十一月八日虜（改作金）主於江西岸築壇

遣奉國大將軍乞伏赤朱押戰船一千餘隻出楊林口沿江擺布虜（改作金）主登壇手執小黃旗招使入船敕下如先得岸者建康金銀給支一萬千戸登舟濟江虜（改作金）主臺上用黃旗一剌千餘隻戰船擺爲一字直趨東岸而進張振登山見賊（改作敵）船指東采石岸進用諸軍號帶旗指使諸軍戰船及艨艟鬬艦海鰍等船出岸兩勢包掩鼓聲震天飛箭如雨旌旗盈江喊聲如雷兩勢掩擊戰士奮勇爭先壓戰艨艟戰艦江上逆水如飛虜（改作敵）船低小盡沒於江活捉番賊（改作敵兵）不知其數跳水死者千餘人虜（改作敵）船一千餘隻走西岸諸軍路車船趕殺梁漢臣奏云本國大捷請陛下登舟早達建康虜（改作金）主欲登舟赤盞明威（改作持嘉明威）將軍奏曰陛下番（改作北）船底小盡被南宋壓沈大江柰何陛下乘舟欲渡是梁漢臣賣陛下於宋朝耳亮見敗舟奔岸亮大怒謂梁漢臣曰汝本宋朝舊臣朕高官厚祿恩過朝士不知紀極而敢反朕遂命赤盞明威（改作持嘉明威）將軍斬梁漢臣於江岸虜（改作金）主見諸軍敗回返和州詔天使催促海道大　軍蘇保衡有海船千戸韓宗愈降於李寶李寶追趕用火箭燒番（改作北）船船盡焚沒盡降其軍正隆五年十

一月亮至揚州東門外漢王廟建御寨詣瓜洲岸望大江見本朝以戰艦教水軍於江心旌旗麗日器甲鮮明艨艟戰艦海鰍戈船及獅子船棧子船於大江心飛走布長陣望北岸一弩箭射不到處打梆子聲不絶排一字陣於浮玉亭上聲喏諸船復回虜（改作金）衆大駭亮謂臣下曰此紙糊船何足道哉遂回揚州御寨有木突（改作穆敦）總管大懷忠總管肖這巴（改作蕭扎巴）衆議曰郎主堅欲渡江適觀大宋戰艦江心如飛甲士奮勇人船精鋭我等皆北人走馬射箭爲上豈可乘船與江南人戰大江多是死於江中不見鄉里大

懷忠等早至御寨奏事見樂家奴（改作樂嘉努）將軍云郎主昨晚大醉未起大懷忠等詢樂家奴（改作樂嘉努）郎主夜來有何聖旨樂家奴（改作樂嘉努）曰昨晚與后妃飲言三日渡江不得將大臣盡行處斬肖這巴（改作蕭扎巴）以足躡大懷忠腳　謂樂家奴（改作樂嘉努）曰若郎主起來謂大臣奏事則箇於是肖這巴（改作蕭扎巴）大懷忠復回商議云若不行弒逆我等無緣還鄉必死於此大懷忠云郎主有紫茸細軍萬人護御又樂家奴（改作樂嘉努）將軍傾信柰何事有泄露死必無疑肖這巴（改作蕭扎巴）云晚朝奏遣細軍東取海陵先請樂家奴（改作樂嘉努）將

軍諭以禍福使心變動事可濟矣晚朝奏云臣等度大江必能濟渡（東有）泰州可令紫茸細軍連夜進取所掠金銀盡以給賜一發渡江必能濟岸遂遣之行是夜諸人邀樂家奴（改作樂嘉努）將軍說之云郎主堅欲下江南今南宋沿江戰艘萬隻衝巨浪如飛我等（盡喂）魚鼈耳樂家奴（改作樂嘉努）曰諸人欲何如大懷忠等曰若不行弒逆定難回鄉樂家奴（改作樂嘉努）曰諸人舉事家奴（改作嘉努）願效愚誠肖這巴（改作蕭扎巴）曰今夜三鼓伏萬弓於暗處使人舉喊父卽入言南人劫寨公先盜郎主弓劍以燭引郎主出帳諸人望燭明處以萬箭齊施時公當避之大懷忠曰若事濟拜公大將軍東道大總管樂家奴（改作樂嘉努）許諾是夜三鼓亮醉臥帳中聞外喊聲樂家奴（改作樂嘉努）入報云南人劫寨亮驚惶索劍甲樂家奴（改作樂嘉努）云恐人所盜臣帶於身家奴（改作嘉努）執燭引亮慌急披錦衾出外家奴（改作嘉努）棄燭奔竄萬箭齊發射死亮大懷忠等引軍北遁

亮乃阿骨打（改作阿固達）長子宗幹之元子也宗幹生四子曰充曰兗曰襃曰袞皆爲亮所誅死亮篡奪後以同謀皆討論封拜自古卞肖王仲武烏捷（改作烏塔）大卿高景山興國奴（改作興國努）各賜鐵券平昔善者皆沾恩

賞睚眦宿怨如完顏卞曹望之劉仲甫之徒皆貶降竄黜焉

神麓記曰亮初登極惟有一親弟梧桐兗。（舊校云金史兗本名梧桐）以殿前都點檢爲賀正旦使來我朝都亭驛中病甚亮以天使催督返界歸國死又有一親弟判宗正雍王袞小名蒲甲（改作博哈）爲人溫克容貌偉秀蒞事精勤果斷不私衆人稱贊惟亮不甚和暢即位之後徙於外藩除西京留守大同尹有說書者劉敏講演書籍至五代梁末帝以弒逆誅友珪之事充拍案厲聲曰有如是乎奴婢契丹人栲栳提點上告變云大

王謀反宣詔至燕京斬而烹之二子皆賜死

天德三年詔門下朕臨民而爲父母必思安於兆民繼世而爲帝王必思期於萬世是以定國家之計豈使止於目前承祖宗之謨不敢忘於在遠昨因撫綏南服分置行臺時邊防未定法令未具本非永設只是從權既而人拘道路之遥事慮歲時之滯凡天下固無親疏彼此無閒各體君上之意務盡均平若能於公相之子孫閭閻之黎庶一體視之如朕之所喜無以加焉朕雖居人上之尊承萬方之統食不甘味寢不安席惟以太平爲憂不敢以位爲樂也自古帝

王罔有酣醉嗜慾輟朝廢政窮奢極侈耽樂是從雖有忠義之士犯顏逆耳一諫而有斥逐再諫而加誅戮則終杜諍臣之口無復敢言者朕非不知亦非不能所以然者重念太祖皇帝艱難以取天下欲救民於水火之中非欲自尊務承先志兢兢持守雖跬步不敢忘凡爾有官君子待享爵祿於安平之時其可不念太祖艱難創業之功今朕求治之意交修不逮以熙庶績朕宣布詔令以告百官蓋有五刑著爲常典小者加之責罰大者至於誅戮有罪犯者必罰無赦爾或罹於邦憲實有傷於朕心故使通聞庶令天下有守法奉公無贓私之過朕所聞知必加進用自今後凡有罪者無或隱而相容凡觖望者必盡獄以取平庶共底於大甯以同享於極治咨爾有衆體予至懷故茲詔示想宜知悉詔書如右宜令尚書刑部關牒各應行下於合屬去處

賜進士出身頭品頂戴四川等處承宣布政使司布政使清苑許涵度校刊

三朝北盟會編卷第二百四十三終

三朝北盟會編卷二百四十三校勘記

岐王亮弑主自立弑誤作殺　王喜徐文王喜應作王善　銅板刀五千口板誤作鈑　自壽州至合肥合州界脫至字　將射鵰軍一萬三千紫茸細軍一萬先下兩淮韓夷耶奉敕領軍南行脫將射鵰至韓夷耶二十一字　姚興單騎突入賊軍出沒數遭身帶數箭撫諭戰士今日報答國家建節封侯在此一日無得退走姚興見賊添兵數萬遣騎求救於王權自辰至酉救兵不至馬之戰歿於陣亮與王權相拒歷陽王權領衆回走東采石江口脫姚興單騎至相拒歷陽七十五字　是夜多張旗幟城中明火抽軍倒那濟江賊軍知覺大戰於楊林渡統制時俊用勁弩數千伏路城中誤作地中脫抽軍至俊用二十一字勁弩誤作徑虜　虜主見諸軍敗績脫績字　總管肖這巴等衆脫等字　使人舉喊公郎入公誤作父　自唐古卞蕭玉誤作古卞肖玉

三朝北盟會編卷第二百四十四

炎興下帙一百四十四

起紹興三十一年十一月二十八日丙申盡其日

張棣金虜改作國圖經。舊校云此卷以金史對校外譌已極無從改正又云但有異同似非外譌也曰一京邑金虜改作人有國之初都上京府曰會甯地名金源其城邑宮室類中原之州縣廨宇制度極草創居民往來或車馬雜遝皆自前朝門爲出入之路畧無禁限每春正擊土牛父老士庶無長無幼皆觀看於殿之側主之出朝也威儀體貌止肖乎守令民之訟未決者多攔駕以訴之其樸野如此至亶始有內庭之禁大率亦闊畧迨亮弑亶而自立粗通經史知中國朝亡之尊密有遷都意繼下求言詔應公卿大夫芻蕘黎庶皆得以利害聞時上書者多陳京師僻在一隅官艱於轉輸民艱於赴訴不若遷燕會三年而始成貞元四年亮率文武百官駕始幸焉遂以渤海遼陽府爲東京山西大同府爲西京中京大定府爲北京東京開封府爲南京燕爲中都府曰大興改元以赦告天下京邑始定焉都城之門十二每一面分三門一正兩偏焉其正門四旁皆又設兩門正門常不開惟車駕出入餘悉由旁兩門焉其

門十二各有標名東曰宣耀曰施仁曰陽春西曰灝華曰立澤曰新益南曰豐宜曰景風曰端禮北曰通元曰會城曰崇知內城門左掖右掖宣陽又在外焉外門榜即墨書粉地內則金書朱地皆故禮部尚書王競書

一宮室亮欲都燕遣畫工寫京師宮室制度至於闊狹修短曲盡其數授之左相張浩輩按圖以修之城之四圍九里有三十步自天津橋之北曰宣陽門如京師朱雀門門分三中繪一龍兩偏繪一鳳用金鍍銅釘實之中門常不開惟車駕出入兩偏分雙隻日開一門

無貴賤皆得往焉過門有兩樓曰文曰武文之轉東曰來甯館武之轉西曰會同館二館皆為本朝人使設也正北曰千步廊東西對焉廊之半各有偏門向東曰太廟向西曰尚書省通天門今改為應天府觀高八丈朱門五金釘飾之東西相去里餘又為設一門左曰左掖右曰右掖內城之正東曰宣華正西曰玉華北曰拱宸門及殿凡九重殿三十有六閣倍之正中位曰皇帝正位後曰皇后正位位之東曰東內西曰西內各十六位乃妃嬪所居之地也西出玉華門曰同樂園瑤池蓬瀛柳莊杏林盡在於是

一宗廟金虜人改作本無宗廟祭祀亦不修刪本無至此九字自平遼之後所用執政大臣多漢人往往說刪所用至此十二字以天子之孝在乎尊祖尊祖之事在乎建宗廟若七世之廟未修四時之祭未舉有天下者不可不念虜方開悟刪此四字遂築室於內之東南隅廟貌祀事雖具制度極簡畧迨亮徙燕遂建巨闕於內城之南千步廊之東曰太廟標名曰衍慶之宮以奉安太祖旻太宗晟德宗宗幹亮父又其東曰元廟以奉安元祖劾者改作和卓仁祖大聖皇帝楊割改作楊格至亶立遷亮父德宗於外室復奉安父懿宗宗堯於太廟其昭穆各有

序

一禘祫虜人本無禘祫之禮刪虜人至此八字至亮徙燕築陵於城之西南九十餘里大洪山時太廟元廟告成始改作遂有尊祖之意時奏議者多陳郊祀配天之事亮耻效中國舊制令別討論之禮官進以三年一祫五年一禘乃上古之制也禘當取夏四月祫取冬十月亮從之詔告天下遂令太常寺備大樂具九奏儀從待期往焉至是月吉日先一夕宿於正殿次日凌晨令導從人各服五色畫衣執旌幢斧鉞幡蓋羽扇自內城至廟夾道駢肩而立徐布九節儀從奏樂及

歌者皆乘馬迨御座衣元纁服袞冕執圭乘玉輅九龍御座至廟禮畢易之金輅服遠遊冠絳紗袍奏樂曲而回

一山陵虜金改作人都上京本無山陵删此四字祖宗以來止始改作卜葬於護國林之東儀制極草創迨亮徙燕始有置陵寢意遂令司天臺卜地於燕山之四圍年餘方得良鄉縣西五十餘里大洪山曰大洪谷曰龍銜峯岡巒秀拔林木森密至築陵之處亮尋毀其寺遂遷祖宗父叔改葬於寺基之上又將正殿元位佛像處鑿穴以奉安太祖旻太宗晟父德宗宗幹其餘各隨昭穆序焉惟亶被殺葬於山之陰謂其刑餘之人不入

一儀衛金虜人改作建國之初其儀制衛從止類中州之守令在內庭間或遇雨雪雖后妃亦去襪履赤足踐之删止類至此二十六字其極改作陋樸如此删此二字亶立始設護衛將軍寢宮小底達爾改作實琴手傘子迨赴燕始乘車輅袞冕儀從頗整肅特令翰林待制邢具瞻作引導詞曰五年一狩仙仗到人間問稼穡艱難蒼生洗眼秋光裏今日見天顏金瓜玉斧沉煙和舞蹈六龍閑歌謡道詠皆相似天子壽南山至亮徙燕知中國

删此三字威儀之尊護從悉具若尋常行獵觀田多無定制或以數百騎或數千騎前後皆執旌旗上繪一日至一大繡日旗曰御坐馬傘或黃或紅時或排駕而出大率制度與中國等删制度至此六字導前者皆琴手傘子其人各長六尺八尺衣奇錦團花袍金鍍銀帶簇金蛾拳腳幞頭雙引而前皆散手及半方有執旗者約千餘隊旗之後曰駕頭駕頭後曰護衛將軍皆衣紫窄袖彩金帶幞頭腰弓矢並馬而行弓矢一繡袋覆之得數百至曲蓋其形六角細曲柄飾以文彩以護軍執之以爲儀式曲蓋後曰御坐馬左右二副點檢領之御馬後曰寢殿小底達爾改作實衣大紅乘騎與護衛將軍一等止無弓矢而腰以紅包袱又約數百及駕或乘逍遥或乘步輦或乘馬臨時取旨焉其上張蓋表裏皆黃羅柄微曲駕之後護衛小底達爾改作實不計其數又其後曰馬軍栲栳隨焉

一旗幟虜金改作人以水德凡用師行征伐旗幟尚黑雖五方皆具必以黑爲主尋常車駕出入止用一色日旗與后同乘加月焉三旗相間而陳或數百隊或千餘隊日旗卽以紅帛爲日刺於黃旗之上月旗卽以素帛爲月刺於紅旗之上又有大繡日月旗二如

祐享大禮冊封一一循古制旗無大小皆備焉然五方五星五嶽青龍白虎朱雀玄武神鳳外又有五星連珠一日月合璧一象二天吳二海馬二鷹隼二太白二近御又張一大旗其制極廣繡繪神物以猛士執之又有數十人護之各施大繩以備風勢名曰蓋天

一冠服虜君臣之服大率與中國相似止左衽異焉雖虜主服亦左衽（刪虜君至此二十四字）其（改作金）臣下之服不從乎職而從乎官如五品服官便可衣五品服雖職上下並不改至於服緋紫亦無歲月可限但官與服色等則服焉如文武臣四品皆橫金文臣則加魚不待賜而許自服焉

一官品虜（改作金）之官品本遵唐制又以本朝之法並遼法參而用之文則郎與大夫武則校尉與將軍其勳爵食邑皆同焉至二品文武混而爲一亮立漸加損益如中亮改中憲奉德改朝列又增崇進榮祿二官至亶再益中大夫行大定官制焉

一取士金虜雖夷狄中至賤者（刪虜雖至此八字）初無文物自侵遼後所在處以科舉取士遂有瀋州榜平州榜興定榜者是也至天會十年海內小安下詔如契丹

開闢制限以三歲有鄉府省三試鄉中曰鄉薦府中曰府解省中曰及第時有秀士有未願起者州縣必根刷遣之程文分兩科曰詩賦曰經義各一場殿試則詩賦加論經義加試策榜首與魁各分焉是年趙洞爲詩賦第一人孫九鼎爲經義第一人並補承議郎第二人承德郎第三人承奉郎餘不限甲次盡補承事郎科舉由是而定亶立又增專經神童法律三科爲雜科亦設鄉府省三試中選之人並補將仕郎迨亮殺亶自立甚有尊經術崇儒雅之意始設殿試又以鄉試聚於州限三人取一府試分立五處河北東西兩路中都於大興府臨潢會甯東京等路於大定府西京路河南北路於大同府大名路山東東西兩路於東平府南京路於開封府京兆鄜延慶原熙秦等路於河中府並限四人取一省試以五百人爲定格殿試日黜落中第之人多寡不等臨期取旨又將第一人特賜一官授正仕郎餘並授從仕郎次舉又罷經義專經神童止以賦詞法律取士詞賦爲正科法律爲雜科亶立於府省試各添策論一場將殿試第一人依舊承議郎第二第三人儒林郎並賜緋餘皆從仕郎至今不易

一屯田屯田之制本出上古虜人非能遵而行之偶爾符合比上古之制猶簡廢偽齊豫後慮中州懷二三之意始治均田屯田軍非女真契丹奚家亦有之自本部族徙居中土與百姓雜處計其戶口給官田使自播種以充口食春秋量給衣馬殊不多餘並無支給若遇出軍之際始月給錢米不過數千老幼在家依舊耕耨亦無不足之歎今日屯田之處大名府路山東東西路河北東西路南京路關西路四路皆有之約一百三十餘千戶每千戶止三四百人多不過五百所居止處皆不在州縣築寨處村落閒千戶百戶

雖設官府亦在其內

一用師虜改作金人用兵專尚騎閒有步者乃簽差漢兒悉非正軍虜改作金人取勝全不責於簽軍惟運薪水掘壕塹張虛勢般糧草而已不以多寡約五十騎爲一隊相去百步而行居長以兩騎自隨戰騎則閑牽之待敵而後用又有一貼軍曰阿里喜改作伊勒希如遇正軍病即以貼軍代行至兵都官曰天下兵馬大元帥次曰左副元帥右副元帥左帥左翊都統又其次曰隨軍萬戶每一萬戶所轄十千戶一千戶轄十謀客謀客本百戶也。正文注均改作穆昆一謀客改作穆昆轄兩蒲輦蒲輦五十戶也。正文注均改作佛寧自萬戶至蒲輦改作佛寧階級雖設尋常飲酒食器不閒別與兄弟父子等所以上下情通無閡塞之患每有事未決者會集而議之自下而上各陳其策如有可采者不擇人而用之其臨大敵也必以步軍當先精騎兩翼之或進或退見可而前弓矢亦不妄發虜流改作金軍有言曰不能打一百餘箇回合何以謂馬軍蓋騎先貴往來衝突而已遇敗亦不散去則逐隊徐徐而退弓力止七斗箭極長刀劍亦不取其快利甲止半身護膝微存馬甲亦甚輕

一田獵虜改作金人無他二字改作之技所喜者刪此三字莫過

此字改作精於田獵昔都會甯之際四時皆獵焉至亮徙燕以都城之外皆民田三時無地可獵候冬月則出一出必踰月后妃親王近臣皆隨焉每獵則以隨駕之軍密布四圍名曰圍場待狐兔猪鹿散走於圍中虜改作金主必下添親字射之或以鵰鷹擊之次及親王近臣出圍者許人捕之飲食陰處而進或以親王近臣共食遇夜則或宿於州縣或宿於郊外無定亮以子光英年十二獲獐取而告太廟裒立尤甚有三事令臣下諫曰飯僧曰作樂曰圍場其重田獵也如此

一刑法金虜刪此字有國之初立法設刑悉遵遼制常

刑之外又有一物曰沙袋以革爲囊實之沙石繫於杖頭有罪者持而決其背大率似脊杖之屬惟數多焉亶立執政大臣多中州漢兒人始加損益首去此沙袋之制至皇統間命下學士院令討論條例頒行天下目之曰皇統新制近千餘條亮弑亶自立又去脊杖以其近人心故也斬刑者以上古之制一也處死者免決重杖止令絞也流者所犯之人無流罪止流犯人之家屬也徒者非謂春秋代徒實拘執就役也徒止五年以上死罪也徒五年則決杖二百四年決杖一百八十三年一百六十二年一百四十一年

一百二十杖無大杖止以荆杖決臀實數也拘役之處逐州有之曰都作院所徒之人或使之磨甲或使之土工使之雜作無用不可腳腕以鐵爲科鐮鐮之罪輕者用一罪重者用二朝縱暮收年限滿則逐便不妨依舊爲百姓刑法大率與舊制不相遠惟僧尼犯姦者死强盜不論得財不得財並處斬强姦者死則古法矣

一京府節鎮防禦州軍京都五處上中都（大興府）南京（開封府）中北京（大定府）東京（遼陽府）西京（大同府）總管府十五處平陽府（建雄軍）眞定府（成德軍）益都府（鎮海軍）東平府（天平軍）京兆府（永興軍）太原府（武勇軍）大名府（天雄軍）河間府（瀛海軍）慶陽府（安國軍）臨洮府（鎮洮軍）鳳翔府（鳳翔軍）延安府（彰武軍）咸平府（安東軍）臨潢府（西樓地名）會甯府（地名金源。舊校云宇文懋昭大金國志作總管府十四處會甯不在其內）散府八處河中府（護國軍）濟南府（德興軍）歸德府（宣武軍）河南府（德昌軍）平涼府（平涼軍）廣甯府興中府彰德府節鎮三十八處絳州（絳陽軍）定州（定武軍）邢州（安國軍）懷州（沁南軍）萊州（定海軍）密州（安化軍）滄州（橫海軍）潞州（昭義軍）汾州（汾陽軍）冀州（安武軍）代州（振武軍）同州（定國軍）雄州（永定軍）保州（順天軍）平州（興平軍）兗州（泰定軍）邪州（靜南軍）涇州（彰化軍）朔州（順義軍）奉聖州（武定軍）衛州（河平軍）蔚州

（忠順軍）義州（崇義軍）許州（昌平軍）徐州（武甯軍）豐州（天德軍）雲內州（開遠軍）嵐州（鎮西軍）鄧州（武勝軍）鄜州（保大軍）鞏州（通遠軍）隆州（利涉軍）錦州（臨海軍）應州（彰國軍）潘州（昭德軍）宗州（歸德軍）懿州（甯昌軍）泰州（德昌軍）防禦二十一處。（舊校云防禦闕一處別本蔡州下有華州二字）博州德州洺州棣州孟州亳州沂州清州蔡州鄭州濬州宿州泗州陝州陳州隴州秦州華州潁州河州刺史七十四處解州景州沃州澤州石州耀州蘭州會州環州原州汝州隰州德州潤州涿州薊州灤州辰州曹州淄州登州濱州濰州嵩州單州唐州祁州遼州沁州海州恩州濟州邳州開州乾州磁州

丹州坊州甯州易州通州順州覇州遂州立州安肅州信州韓州安州慶州澄州復州貴德州弘州宣德州武州滑州睢州壽州建州莫州叅州威州獻州吉州忻州營州濮州商州虢州洮州甯邊州東勝州靜州軍十六並改作州泰安州（泰安軍改）滕州（滕陽軍改）甯海州（甯海軍改）平定州（平定軍改）鈞州（潁州軍改）莒州（城陽軍改）岢嵐州（岢嵐軍改）甯化州（甯化軍改）保德州（保德軍改）隩州（大山軍改）綏德州（綏德軍改）保安州（保安軍改）葭州（晉甯軍改）鎮戎州（鎮戎軍改）積石州（積石軍改）來遠州（來遠軍改）

一地里驛程泗州至臨淮縣六十里臨淮至青陽驛

八十里青陽驛至虹縣八十里虹縣至靈璧縣六十里靈璧縣至靜安鎮六十里靜安鎮至宿州六十里宿州至蘄澤鎮六十里蘄澤至柳子鎮五十里柳子至永城縣六十里永城至贊陽三十七里贊陽至會甯鎮三十七里會甯至穀熟縣八十里穀熟至南京四十里南京至甯陵縣七十里甯陵至拱州六十里拱州至雍邱縣七十里雍邱至封邱縣六十里封邱至胙城縣四十里胙城至沙店河南鋪四十五里沙店至滑州四十里滑州至濬州二十五里濬州至裴家莊三十五里裴家莊至湯陰縣四十里湯陰至相州三十里相州至豐樂縣三十里豐樂縣至磁州三十里磁州至臺城鋪三十里臺城至邯鄲縣三十里邯鄲至臨洺鋪四十里臨洺至沙河縣三十五里沙河至和州四十里和州至都城店二十五里都城至內邱縣三十里內邱至范縣店十五里范縣至柏鄉縣二十五里柏鄉至江店十五里江店至趙州三十里趙州至欒城縣三十里欒城至靈店鋪三十五里靈店至眞定府二十五里眞定至古縣南鋪三十里古縣至新縣三十里新縣至中山府四十五里中山至望都南七里店四十里七里店至經陽店四十里

經陽店至保州三十五里（今人改爲徐州）保州至梁門四十五里梁門至故城店三十里故城至黃村鋪三十里黃村至澤伴鋪三十里澤伴至涿州三十里涿州至劉李店三十里劉李店至良鄉縣三十里良鄉至蘆溝河鋪三十里蘆溝至燕京三十里燕京至交亭三十里交亭至潞州三十里潞州至三河縣三十里三河至下店四十里下店至邦軍店三十五里邦軍至薊州三十里薊州至羅山鋪三十里羅山至玉田縣三十里玉田至沙流河四十里沙流河至永濟務四十里永濟至榛子店四十里榛子店至七筒嶺四十

里七箇嶺至赤峯口四十里赤峯口至平川四十里平川至雙望店四十里雙望店至新安四十里新安至舊榆關三十里舊榆關至潤州二十里潤州至干州四十里干州至南新寨四十里南新至來州四十里來州至石家店四十里石家店至隰州四十里隰州至楊家館五十里楊家館至姚花島四十里姚花島至童家莊四十里童家莊至胡家務四十里胡家務至麻吉步洛四十里步洛至新城四十里新城至茂州四十里茂州至惕穩(改作詳袞)寨四十里惕穩(改作詳袞)至軍官寨四十里軍官至顯州五十里顯州至沙河

五十里沙河至兔兒窩五十里兔兒窩至梁魚務三十三里梁魚務至大河六十里大河至廣州七十里廣州至瀋州六十里瀋州至蒲河四十里蒲河至興州四十里興州至銀州南鋪五十里南鋪至銅州南鋪四十里銅州至咸州南鋪四十里咸州至宿州南鋪四十里宿州至安州南鋪四十里安州南鋪至夾道店五十里夾道店至楊柏店四十里楊柏至奚營四十里奚營至沒瓦鋪五十里沒瓦至木阿鋪五十里木阿至信州五十里信州至威州四十里威州至小寺鋪五十里小寺至勝州鋪五十里勝州至濟州四十里亦至東鋪二十里東鋪至北易州五十里北易州至濱州七十里渡混同江賓州至報打孛堇(改作布達貝勒)鋪七十里孛堇(改作貝勒)鋪至來流河三十里來流河至阿薩(改作阿嚕)鋪四十里阿薩(改作阿嚕)至會甯二鋪三十五里二鋪至會頭鋪四十五里會頭鋪至上京三十里上京至燕二千七百五十里燕至東京一千三百一十七里自東京至泗州一千三十四里

賜進士出身頭品頂戴四川等處承宣布政使司布政使清苑許涵度校刊

三朝北盟會編卷第二百四十四終

三朝北盟會編卷二百四十四校勘記

不若遷燕以應天地中會與亮意合率從之卽日遣左相張浩右相張通古左丞蔡松年役天下軍民夫匠築宮室於燕會（脫燕以至築宮室於四十二字） 曰麗澤（麗誤作立） 曰新義（義誤作益） 樓觀高八尺（樓誤作府） 及殿凡九重（及一作內） 殿三十有六樓閣倍之（樓誤作閒） 具九節儀從（節誤作奏） 金瓜玉斧沈煙和（此下應有闕文） 如五品服官（服字衍） 始治均田屯田軍（一作始置田軍屯田軍） 左翊都統右翊都統（脫右翊都統四字）

令討論條例（討誤作計） 與上古之制一也（與誤作以） 以鐵爲科鎌鏁之（鎌鏁誤作鎌鎌） 徒者非謂脊杖代徒（脊杖誤作春秋） 則古法矣（應作則與古法異矣） 德潤州（一作德順州） 沙河至和州（和州一作刑州下同）

三朝北盟會編卷第二百四十五

炎興下帙一百四十五

起紹興三十一年十一月二十八日丙申盡其日

范成大攬轡錄。（舊校云是卷以金史各志參校殊多牴牾無從改正） 曰過蘆溝河三十五里至燕山城外燕賓館自館行柳堤緣城過新石橋中以杈子隔馳道從左邊過橋入豐宜門卽外城門也兩邊皆短牆有兩門東西出通大路有兵寨在牆外玉石橋燕石色如玉橋上分三道皆以欄楯隔之雕刻極工中爲御路欄以杈子橋四旁皆有玉石柱甚高兩旁有小亭中有碑曰龍津橋入宣陽門金書額兩頭有小四角亭卽登門路也樓下分三門中爲御路常闔皆畫龍兩旁通行皆畫鳳入門北望其闕曰西御廊首轉西至會同館出館復循西廊首橫過至東御廊首轉北循廊簷行幾二百間廊分三節每節一門路東出第一門通街市第二門通毬場第三門通太廟廟中有樓將至宮城廊卽東轉又百許間其西亦然亦有三門但不知所通何處望之皆民居東西廊之中馳道甚闊兩旁有溝溝上植柳兩廊屋脊皆復以青琉璃瓦宮闕門戶卽純用之蔥然翠色馳道之北卽端門十一間曰應天之門舊常

名通天門亦十一間兩夾有樓如左右昇龍之制東西兩角門每樓次第攢三簷與夾樓接極工巧端門之內有左右翔龍門日華月華門前殿曰大安殿使人入左掖門直左循大安殿東廊後壁行入敷德門自側門入又東北行直東有殿宇門曰東宮牆內亭觀甚多直北面南列三門中曰集英門云是故壽康殿母后所居西曰會通門凡會通東小門北入承明門又北則昭慶門東則集禧門尙書省在門外又西則右嘉會門四門正相對入右嘉會門門有樓與左嘉會門相對卽大安殿後門門內至幕次黑布拂廬

待班有頃入宣明門卽常朝便殿門也門內庭中列衛士二百許人帖金雙鳳幞頭團花紅錦衫散手列入仁政門蓋隔門也至仁政殿下大花氈可半庭中團雙鳳殿兩旁各有朶殿朶殿之上兩高樓曰東西上閤門兩旁悉有簾幕中有甲士東西御廊循簷各列甲士東立者紅茸甲金纏竿槍黃旗畫青龍西立者碧茸甲金纏竿槍白旗畫黃龍直至殿下皆然惟立於門下者皁袍持弓矢殿兩角雜列儀物幢節之屬如道士醮壇威儀之類使人由殿下東行上東階卻轉南緣露臺北行入殿闕謂之欄子虜主(改作金主)幞頭紅袍玉帶坐七寶榻背有龍水大屛風四壁帟幕皆紅繡龍斗栱皆有繡衣兩楹間各有焚香大金獅鑾遍地鋪禮佛毯可滿一殿兩旁玉帶金魚或金帶者十四五人相對列立遙望前後殿廡矗起處甚多制度不經工巧無遺力所謂窮奢極侈者煬王亮始營此(改作北)都規摹多出於孔彥舟役民夫八十萬軍匠共四十萬作治數年死者不可勝計地皆古墳塚悉掘棄之虜既蹂躪中原國之制度強效華風往往不遺餘力而終不近似(刪地皆至此三十四字)今虜主(改作主褎)既端坐得國其徒益治文爲以眩之始則大修官制見

其大定二年十二月詔書畧曰建官咸則於三代分職仍總於六卿宣化邇遐服采內外卑高以序名位有倫舊或外差理宜增損冗散者併其任繁劇者益其聯悉命有司存革從允當其新定官制令尙書省鏤行所謂官制者曰三師太師太傅太保曰三公太尉司徒司空曰尙書省有令及左右丞相又有平章政事爲宰相官左右丞參知政事爲執政官左右司郞中員外爲之屬曰六部有尙書侍郞郞中員外郞曰都元帥府有元帥有左右副元帥監軍都監曰樞密院有使副簽書曰大宗正府有判大宗正事及同

判同簽又有丞及宗室將軍之屬曰勸農使司有使副曰殿前都點檢司左右副都點檢左右衞將軍又符寶郎宿直將軍宮籍監副監鷹坊及近侍器物尙廐尙輦四局皆有使副武庫武器二所令丞頓舍官諸直長皆隸焉曰宣徽院有左右使同知同簽院事判官及拱衞直客省引進司尙衣儀鸞尙食尙藥官閹四局使副東西上閤門使副通事舍人供奉官都知判官內供奉押班御院通進太醫院教坊提點使副判官御藥院都監宮苑司尙醖典客二所令丞侍儀局使直長等皆隸焉曰御史臺有大夫中丞侍御史

殿中侍御史監察御史及登聞檢院知院同知院隸焉曰翰林學士院有學士承旨學士侍讀侍講學士知學士侍直待制修撰應奉文字等官承旨至直學士帶知制誥待制至應奉帶同知司天臺提點監少監判官隸焉曰國史院有同修史編修官曰太常寺大丞博士太祝奉禮郎協律郎之屬太廟郊社諸陵大樂四所令丞等隸焉曰秘書監少監丞郎秘書郎著作局郎佐郎及筆硯書畫二局直長隸焉曰諫院左右諫議大夫補闕拾遺曰大理寺有卿少正丞司直評事曰國子監有祭酒司業丞博士助教曰記注

院有修注曰大府監有監少監及丞左右藏庫使副支供所都監太倉酒房市買司使副鈞盾所令丞等隸焉曰少府監有監少監丞文忠尙方圖畫裁造文繡織染區官上林八所令丞諸直長等隸焉曰都水監有監少監丞及街道司管當司隸焉曰四方館曰內藏庫曰法物庫曰権貨務皆有使副曰都城所有提舉左右廂官受給官曰惠民司有令丞曰承發司曰管當司管尙書省當厨曰公使酒庫曰交鈔庫曰印造引鈔庫皆有使副曰直省局有局長副長曰管當尙書省樂工有名無官曰宮師府東宮官也有太

師太傅太保少師少傅少保曰詹事院有詹事少詹事左右衞率府率副率左右監僕正副正長寶典儀贊儀直內郎丞典食丞侍藥奉藥掌欽令丞家令丞司經司藏司倉皆有副左右諭德左右贊善等皆隸焉曰親王府屬官有長史府掾文學又有諸京留守同知留守副留守留守判官諸京都轉運使及同知使副使判官招討使諸府尹諸路轉運使及同知副使判官諸節度使副同知使事諸府同知諸州刺史同知防禦同知總軍招討都監猛安改作明安謀克改作穆昆羣牧防禦使諸京兵馬副都指揮使警巡使判官諸府

軍指揮使提舉漕運解鹽司及同提舉諸京諸路都總管判官京府諸府招討節度觀察判官留守諸府推官節鎮錄事防禦判官都巡河京府運使節鎮諸州司獄知法等爲在外職事官又有諸知事主事都事典事等爲吏職此其分職之序也又參以文武散官列爲正從九品開府儀同三司崇進特進金紫光祿銀青榮祿光祿榮祿資德資政宣奉正奉通奉中奉正議通議大中中議中憲中散中靖中順朝請朝散朝奉朝列奉政奉議奉直大夫承議承德承奉承直承務儒林文林承事徵事從事登仕將仕等郎爲

文散官自榮祿大夫以上文武通得爲之龍虎金吾衛驃騎奉國輔國鎮國上將軍昭武昭毅安遠定遠大將軍廣威宣威建威振威明威信武顯武經武宣武武功武德武義等將軍承信奉信昭信忠武忠顯忠勇修武敦武保義進義等校尉爲武散官又有正儀欽授明時頒朔保章司元等大夫授時靈臺候儀司政平秩正序挈壺司歷司晨等郎爲司天官保康保甯保安保順保和保冲等大夫保全成安成全成和醫正醫效醫候醫痊醫愈等郎爲太醫官中尹中侍中御中儀中閤中涓等大夫通侍郎御侍直御直

司謁司閽司供司奉司引等郎爲內侍官以上三色官皆不過從四品亦以上柱國至武騎尉爲勳官其封邑蔭補皆有正法王食邑止萬戶實封止千戶其下降殺皆准此至縣男止三百戶一品蔭子孫等七人二品六人其下降殺皆准此至五品止蔭一人又有佩服之制文臣五品以上服紫六七品緋八品九品綠武官並服紫自天子而下有玉帶玉雙魚玉魚金魚及金笏頭毬大荔枝御仙花及烏犀紅鞓等帶皆金魚服緋者紅帶銀魚武官自二品以上得佩魚其告身有翔鸞雲鶴龜蓮魚藻瑞草等錦婦人則有雲氣

瑞蓮芙蓉雜花等錦金鸞鸂鶒等羅其封國亦有大國次國小國之別頭銜亦有行守試充之辨其歷曰大明歷一亦避宜忌日無二亦有通行小本歷頭與中國異者（删此五字）每日止注吉凶謂如庚寅歲正月二日出行乘舟動土凶拜官吉之類而最可笑者（删此五字）今四十八年矣小本歷通具百二十歲相屬某年生而四十八歲以前虜（删此字）無年號乃撰造以足之重熙四年清甯咸雍太康大安各十年盛昌六年乾通十年大慶四年收國二年以接於天輔又以其竊據

之（刪此三字）地紛更離合爲十四路曰中都路大興府爲首（即燕山府）通薊易涿順灤平雄霸安保遂安肅（二名）十二州總三十九縣屬焉曰東京路遼陽府爲首會甯咸平廣甯三府瀋濟辰復（濟川）澄貴德（二名）信肇韓十州總三十七縣屬焉曰遼西京兩路大同府爲首天德一府雲內（二名）武豐蔚東勝（二名）奉聖（二名）應甯邊（二名）洪宣化（二名）朔十一州總三十一縣屬焉曰南京路開封府爲首河南歸德二府潁順一軍曹睢壽鄧陳鄆泗單陝唐汝亳蔡嵩潁十六州總一百六縣屬焉曰北京路大定府爲首臨潢興中二府和益錦宗慶懿泰建八

州總二十二縣屬焉曰河東路河間府爲首蠡莫獻冀深清滄景八州總二十九縣屬焉曰河北路眞定府爲首威趙（虜改沃州○注虜改作金）邢相磁定祁洺濬衛十州總五十二縣屬焉曰河東西路東平府爲首大名府滕陽泰安二軍濟恩（徐濮）開滑邳宿兗博德十一州總六十三縣屬焉曰山東東路益都府爲首（即青州）濟南府城陽甯海二軍濰濱沂密淄登萊七州總五十縣屬焉曰河南路平陽府爲首河中一府隰耿澤潞遼沁孟德絳解十州總六十六縣屬焉曰河北路太原府爲首步忻汾代石五州晉甯天山甯化岢嵐平定

五軍總三十五縣屬焉曰京兆路京兆府爲首鳳翔府商乾耀華虢邠同七州總五十七縣屬焉曰鄜延路延安府爲首坊鄜丹三州總一十九縣屬焉曰熙秦路臨洮府爲首蘭鞏隴會秦洮河七州積石鎭戎德順三軍總十六縣屬焉曰慶原路慶陽府爲首平涼環慶涇原四州總十九縣屬焉凡府三十四節鎭三十七防禦二十三刺史七十三軍十六留守四轉運十四使人見虜（改作金）主之日畧得其廷臣名氏曰領省太尉尙書令李石元妃之父也稱皇丈人起復左丞相紇石烈（改作赫舍哩）良弼右丞相紇石烈（改作赫舍哩）

志甯左右平章完顏合喜（改作喀齊喀）完顏夕刺（改作錫喇）左右丞石琚孟浩皆兼太子師傅參政魏子平完顏德受左右宣徽使敬嗣暉耶律後同知宣徽院韓綱殿前都點檢完顏習列（改作錫里）左右副點檢烏古論（改作烏庫哩）忠弼烏古論（改作烏庫哩）元忠判宗正王（不知其名）吏部尙書王宇戶部耶律道禮部楊伯雄兵部高壽星刑部高德基工部張恭愈御史中丞李天瑀工部侍郎張汝霖御史完顏德溫梁肅翰林待制鄭子聃秘書監楊邦基太府監兼客省使梁彬都水監耶律寶大理卿李昌國閤門使盧珙內藏庫使兼國子祭酒王可

進左司員外郎張汝弼右司張亨兵部郎中田彥皋

虜改作金主有八子長曰越王判大興府其母死矣次爲太子母方寵次隋王次瀋王次瀛國公餘未詳宮多內寵其最貴者有元德淑麗溫恭慧明等十妃臣下亦娶數妻多少視官品以先後聘爲序民惟得一妻

族帳部曲錄曰主兵官紇石烈改作赫舍哩志甯字從道以護衛將軍出身授州同知因契丹窩斡逼燕山召爲右翼統軍既滅窩斡拜尚書右丞相天下兵馬副元帥爲人有兀朮改作烏珠風概

夾谷愿改作瓜爾佳愿字仲恭其父先曾作西南路招討使死襲封千戶繼爲副點檢後除西北路招討統軍

夾谷忠改作瓜爾佳忠愿之弟也甚知兵常爲右副點檢後除右翼都統

烏古論改作烏庫坦執中正女眞人頗知書見知昆吾魯神改作烏克蘇喇部族節度使

夾谷愼中女眞人任益都尹兼右翼統軍

納合改作納哈土舉女眞人文舉之兄也頗能詩任冀州節度使兼彈壓一路盜賊

唐括安禮改作唐古安禮字仲和亮之妹婿也自陜西總管入拜參知政事極能文知兵

赤盞順忠改作持嘉順忠女眞人爲開州世襲千戶兼管屯田軍

溫迪罕察剌改作溫特赫察喇女眞人任東平府世襲千戶兼管屯田軍

完顏狗糞元幼年世襲止以小名授官因而名焉見任大名府世襲千戶兼管屯田軍

蒲察門三改作富察默色小名三門自幼襲封因而名焉任明威將軍見任益都府千戶兼管屯田軍

完顏撻懶改作達蘭銀珠改作尼珠大王之孫任西北路招討

知大興府亮死爲河南兵馬副元帥

耶律執中契丹人曾爲右副點檢兼管漢兒軍

耶律勸農人往往不知其名以勸農呼之亮寇改作攻淮何除威勝統軍殺亮者此人首爲謀也葛王立爲平章政事

蕭母里哥改作默爾根契丹人任河閒府尋除東上閤門使右副都點檢

耶律母里哥改作默爾根勸農之子也自宿直將軍弒亮後除蠡州刺史又除右翼都監

蕭五斤改作烏錦契丹人曾知順昌府葛王立除河中府

統軍
完顏阿喜改作愛實婁室改作羅索之孫自統兵至今爲陝西
副元帥
蕭德契丹人德溫之弟曾爲右監軍
蕭順契丹人右丞頤之弟爲京兆府尹兼右翼都監
徐文本朝舊人徐大刀是也知萊州以控海道
張忠彥本朝發還人亮寇攻改作淮甸除步軍都統後
除眞定總管
郭安國藥師之子亮寇攻改作淮日爲先鋒
郭瑞孫安國之子亮時爲右護軍
宰執翟永固燕山艮鄉人事亮與葛王兩作相
蘇保衡雲中府人亮寇攻改作淮爲水軍都統葛王立
除右丞跛一足
石琚字子美中山府人亶朝狀元及第是年出君子
能通人之情賦葛王立除參知政事
魏履元奉聖州人狀元石琚榜及第葛王立除參知
政事
敬嗣暉易州人石琚榜下及第亮時爲宣徽使尋除
參知政事亮死貶爲庶人次年復官召爲宣徽使
趙永錫燕人葛王立除司空謂之槐林趙開者是也

任熊祥燕人遼時及第葛王立除少師
李受渤海人葛王立以母舅常爲參知政事
侍從梁球廣甯府人石琚榜下及第亮時爲戶部尙
書葛王立復爲戶部極有才
王競字無競相州人乃本朝王炎之親兄常爲禮部
尙書。舊校云御選金詩王競安陽人宋進士
胡勵字元化山東密州人少被虜韓昉放從艮狀元
及第是年出好生德洽民不犯上賦亮時爲刑部尙
書葛王立改翰林承旨
馬倖燕人石琚榜及第亮時爲御史中丞葛王立除

爲御史大夫
張恭愈字師韓廣甯府人狀元孫用康榜第二人及
第亮寇攻改作淮甸時爲謀主修船造軍器皆本人主
之除戶部侍郎
蔡珪字正父餘杭人蔡靖遜古之孫松年之子狀元
楊建中榜及第葛王立除刑部侍郎。舊校云按松年眞定人
張汝霖字仲澤遼陽人太師浩之子亮時特賜及第
葛王立遷吏部尙書累拜平章政事對莘國公
張汝爲字仲宣汝霖之兄浩之長子石琚榜及第葛
王立貶爲庶人次年復官除戶部侍郎

劉仲山字山甫中京人特賜及第嘗爲禮部侍郎

李天吉燕人體貌甚偉豐姿長髯狀元胡勵榜及第亮時知雍州復爲大興尹葛王立除刑部侍郎

高懷忠大定人亮特賜及第葛王立除國子監祭酒

高懷正懷忠之弟亮特賜及第爲吏部侍郎葛王立因而任之

蕭廉字和丹契丹人右丞慶之弟亶特賜及第亮時爲右翰林學士葛王立除刑部侍郎

館閣臺諫鄭子聃字景純大定府人先於亮初僭時狀元楊建中榜第三人及第出天錫勇智以正萬邦賦除翼城縣丞被召除書畫直長至正元四年亮令再試狀元及第是年出不貴異物民乃足賦亮時爲翰林修撰尋遷修起居注葛王除爲殿中侍御史兼侍讀學士

劉仲淵字介石燕山人亶朝狀元及第是年出日月得天能久照賦亮時爲翰林待制葛王立遷知學士

○舊校云周密癸辛雜識云金人天會中破眞定拘[境]內進士立試場稽以亮字茂先宣和之間擢第至此臣不出軍中知其才押赴對策大抵以徽宗無道欽宗失信爲問舉人承風旨極行詆毀茂先詣主文劉侍中云君父之過豈臣子所宜言耶即揖而出劉爲色變後復召問[願]附榜[乎][堅]不從時狀元許必仕至郎中其清高如此

張景仁字受甫廣甯人劉仲淵榜別試及第久在翰苑葛王立除翰林侍讀學士

楊伯雄咸平府人狀元劉仲淵榜及第葛王立除翰林直學士

楊伯仁伯雄之弟狀元王彥潛別試及第葛王立除翰林待制

王彥潛河間人亶時狀元及第是年出文以足言行而遠賦葛王立除翰林待制

綦戩字天錫山東膠東人少被虜亮特賜及第授翰林應奉文字葛王立遷待制

劉機字仲章益都府臨朐縣人幼年被虜在葛王家葛王父潞王放從良應舉狀元楊建中榜上甲及第葛王立授左拾遺凡事多取謀於彼其人足智畧又溫粹士多歸之

孫用康字游古燕人亶時狀元及第是年出仁爲道遠行莫能致賦葛王除翰林修撰

呂宗翰字周鄰燕人亮時狀元及第是年出王業艱難賦葛王立除翰林修撰

孟宗獻字友之開封人葛王初立特賜狀元及第解試建官惟賢天下治賦府試立政惟人不惟官賦省

試风夜求賢務任官民賦殿試所以臨御則臣民畏服賦授翰林應奉文字同知制誥尋除右贊善大夫○舊校云孟宗獻以律賦著名學者法之見歸潛志

任忠傑山西天成縣人亮時狀元及第是年出賞罰之令信如四時賦授翰林應奉文字同知制誥

李晞顏獻州人又云中山府人亶時因作省元下第特賜及第授翰林應奉文字同知制誥

王堪棣州人亶朝經義及第葛王立爲翰林修撰

卿監畢逢吉濬州人狀元石琚榜及第葛王立除太府少卿

徐之方狀元劉仲淵榜及第葛王立除少府太監燕山玉田人

任侗燕人狀元石琚榜及第葛王立除都水使者

任偶字子美侗之弟狀元楊建中榜及第葛王立除秘書少監

田轂廣陵人狀元石琚榜及第亶時坐欺罔黨錮貶爲庶人葛王立復官除工部員外郎

馬柔德字周卿廣陵人狀元劉仲淵榜及第亶時與田轂等坐欺罔黨錮貶爲庶人葛王立復官授刑部員外郎

王仲通字達夫閬陽人又云中京人狀元石琚榜及第亶時坐欺罔與田轂等爲黨錮貶爲庶人葛王立復官禮部郎中○舊校云御選金詩王仲通長慶人

王從龍字雲卿山東密州人亶時經義狀元葛王立除太常少卿

孔固字德遠孔子四十七代孫狀元王堪榜及第葛王立除宣徽判官

楊蟠字子飛中京人狀元楊建中榜及第葛王立授宣徽判官

張錫字永山燕山漷陰人又云燕山武康人狀元孫

用康榜及第葛王立授左司員外郎

王全黃龍人狀元劉仲淵榜及第亮時右司郎中葛王立授左司郎中

賜進士出身頭品頂戴四川等處承宣布政使司布政使清苑許涵度校刊

三朝北盟會編卷第二百四十五終

三朝北盟會編卷二百四十五校勘記

燕石色如玉（一本無燕字）　第一門通街市（街一作御）　有監少監丞及街道司（街一作御）　見作昆吾魯神部族節度使（使誤作知）　女眞人任文舉之兄也（誤作女眞女人文舉之兄也）　元幼年世襲（元一作自）　完顏塔懶（誤作撻懶）　耶律勸農使（脫使字）　止以勸農呼之（脫止字）　常爲京兆府尹（脫常字）　常知萊州（脫常字）　出君子能盡人情賦（盡誤作通）　封莘國公（封誤作對）

三朝北盟會編卷第二百四十六

炎興下帙一百四十六

起紹興三十一年十二月一日己亥盡五日癸卯

十二月一日己亥朔趙撙克蔡州

趙撙屯於麻城也被命依前駐軍蔡州會鄂州都統制吳拱荆南都統制李道進取中原初撙離蔡州日畱李詢爲知州而僞刺史蕭楙德入蔡州詢遁去撙取新息縣拱與道信息皆不通金人游騎日相望撙謂若駐軍以待二都統甚善然曠日持久非兵家必勝之道萬一虜（改作金）人增兵雖欲復取蔡州必難不如長驅而入乃率兵疾趨逼城下楙德聞撙至披城爲寨相拒兩日不出戰己亥夜漏未盡撙命將士潛師入地楙德遂遁撙既再得城與衆將議曰蔡州形勢之城虜（改作金）所必爭且陷僞久城無樓櫓雉堞荒榛如堤岸蕭楙德棄之去者知其不可守也今吾衆不過四千朝廷有命使守之虜（改作金）人必再謀攻我在我者宜有以待之於是稍加修治撙仍以李詢依舊爲知州

知通州崔邦弼降官放罷

知通州崔邦弼聞金人陷泰州刦掠罄盡又欲棄城

遁去恐百姓不從已亥夜二更後遣人入城内外縱火三十餘處乘諠鬧出城渡江往福山通判趙不悔已先期而遁料角統領官盛佺所統人隨邦弼出城因而潰去先是提舉茶鹽司得朝旨存留海門靜海兩縣船爲料角探望及般運錢糧而邦弼不悔占留裝載宅庫兵吏家屬後爲提舉王珏摘發邦弼不悔各降兩官放罷時邦弼已致仕盛佺亦降兩官

吳拱等收復鄧州

新除湖北京西北路招討使吳拱荆南駐劄御前諸軍都統制李道主管京西南路安撫司公事郝晸黄

旗走報遣發將官劉革等十二月一日到鄧州新野鎮地名龍鼻刲番賊(二字改作金)寨柵殺死番賊(改作金兵)寨頭不斫其賊(改作帥)拔寨退走入鄧州至十二月六日番賊(改作金人)棄城逃遁收復鄧州了當革等統押軍馬會合忠義首領孫顯等跟蹤追襲外委是勝捷

二日庚子得金國公牒報班師通好

是日金國牒云大金國都督府牒南宋鎮江府正隆無道獨意起兵以致廢殞別立新主正議班師依舊通好邊上知此報御營宿衛使太傅和義郡王楊存中侍衛馬軍御前諸軍都統制成閔中書舍人督視

江淮荆襄參議軍事虞允文總領淮東軍馬錢糧朱夏卿列奏以聞既而北壘亦具亮之死狀來求和

金國移牒三省樞密院

大金大都督府牒宋國三省樞密院國朝自太祖皇帝創業開基奄有天下迄今四十餘年其間講信修睦兵革寢息百姓安業不意正隆失德師出無名使兩國生靈皆被塗炭今奉新天子明詔已從廢殞大臣將帥方議班師赴闕各宜戢兵以敦舊好須至移牒牒具如前事須牒宋國之三省樞密院照驗大定元年十一月三十日牒銀青榮祿大夫左領軍都監

開國公蒲察(改作富察)龍虎衛上將軍右領軍都監徒單(改作圖克坦)右領軍監軍崇進左領軍監軍瀋國公徒單(改作圖克單)儀同三司右領軍副都督函國公銀青榮祿大夫右領軍大都督開國公太保左領軍大都督齊國公

都督府回金國牒

牒云今月一日承來牒照驗正隆廢殞事除已繳奏外須至移文牒請照會紹興三十一年十二月一日侍衛馬步御前諸軍都統制成御營宿衛使太傅和義郡王楊左中大夫知樞密院事都督諸路軍馬葉

晁公忞敗盟記曰是時行府督視江淮荆襄軍馬而
云督視諸路者以金人稱大都督來議和故我不可
示之以弱也

三日辛丑督府發捷旗到行在

帝曰大酋(改作金亮)既滅餘皆南北之民驅迫而來彼復
何罪今卽日襲逐固可使隻輪不反然多殺何爲但
檄諸將迤邐進師會合京畿收復故疆撫定吾民足
矣

御製完顏亮畫贊

金虜(改作主)曰亮獨夫自大弒君殺母叛(改作背)盟犯塞

殘虐兩國屢遷必敗皇天降罰爲戎狄(改作不道)戒

四日壬寅成閔收復楊州

禁止州郡科斂獻納之弊

臣寮上言竊以國家不得已而用兵調度旣廣費固
不貲陛下愛惜民力不忍一毫取之於民盡出內帑
以佐國用恩至渥也昨因臣寮援卜式故事乞令州
縣富民使得輸財以助邊因可其請而行之今州縣
長吏不務體此乃科斂五等人戶或以物力高下或
計田畝多寡出錢作本州獻納以爲己功是豈知朝
廷之意哉此風不止爲擾未已臣愚欲望聖慈特賜

宥旨如諸路州軍欲助軍興者不得輒科於民若上
戶自行獻助具以名聞當議推賞以示旌勸使富者
銳於樂輸貧者免於橫斂則天下幸甚從之

邊臣賀表

表曰醜虜叛(改作北國敗)盟方恣行於狂悖(改作席捲)皇天震
怒俾亟就於誅夷宗社增休邇遐多慶(中賀)竊以夷狄
(改作朔方)之患今古所同唯其空國而來必有塗炭之敗
然淝水之戰纔快斬於符融而澶淵之師止獨殲於
撻覽〇舊校云卽蕭撻凜至戎酋(改作獨夫)之遭戮實曠古之罕聞
恭惟皇帝陛下德備聖神資全勇智本大國而事小

國蓋自下以兼容體至仁而伐不仁果何憂於弗克
豈期妖孽(改作跋扈)敢肆憑陵悉驅番漢之民入擾江淮
之地毒流南北憤激人神爰假手於羣凶用倒戈於
元惡風驅電掃行淨洗於胡(改作邊)塵地闢天開期盡
還於禹迹遂使車書之混一旋興禮樂於昇平臣等
猥守藩條豫聞邊事方(闕)尙在曷勝臣子之憂今王
心載甯永同天下之喜

賜新復州軍赦

尙書省牒刑部門下朕以涼薄之資履艱難之運披
圖慨歎念未清九縣之塵瞻仰焦勞詎敢忘一食之

頃然而誠不足以孚強敵德不足以保遺黎致承平之故區寢隔絕於異域列聖之境未復兩宮之狩莫還恨抱終天悲纏率土痛心疾首隕涕汗顔茲逆虜（改作不道）之干誅幸上天之悔禍爰整濯征之旅往揚者定之功羣豪唱義以雲從列郡聞風而嚮應扶杖而須德化率多羸老之餘簞食以迎王師復喜威儀之見遂日鬭於百里曾不煩於一兵元惡就屠餘黨悉潰賈將率之餘勇盡還祖宗之（删此三字）舊疆重（删此字）念中原（改作土）之（下添遺字）民久淪左衽（删此二字）之（改作異）俗墜衣冠於塗炭變禮義於腥羶（删墜衣至此十二字）（下添動干科禁四字）頭顱

莫保於淫刑（下添横被誅戮四字）閭里悉空於重斂剝因脅從之暴豈無詿誤之人宜推在宥之恩誕布惟新之令可大赦新復州軍應新復州軍並限赦書到日以前罪人無輕重已發覺未發覺已結正未結正常赦所不原者咸赦除之祖宗皇后陵寢自經隔絕久失展省本路招討使到日同本處官吏躬親前去朝謁如法修舉務在嚴潔以稱朕孝思追慕之意淵聖皇帝梓宮及天眷尚在沙漠抱恨無窮若中原與諸國人能律致扶護來歸者賜銀絹五萬匹兩如願補授官資竟與推恩勘會白溝河忻代等處一帶係本朝舊界仰諸路招討使統率大軍到日不得越境於戲天開地闢允臻恢復之期雲行雨施式慰來蘇之望尚賴遐邇之衆咸懷忠義之誠共集大勳永清四海

林栗上宰相劄子乞進軍恢復

劄子曰某昨日獲見虜（改作金）中關牒退而深念虜（改作金）人於我有不戴天不反兵之仇今又渝盟稱兵踐蹂兩淮荼毒生靈暴骸滿野潛師海道視我爲几上之肉猖狂（改作鴟張）顛蹶亘古未聞禍極凶殫自貽屠裂揆之常理其衆若不投身歸命便宜奔潰逃歸今乃按兵江壖議立新主從容移檄令我戢兵以愚觀之

其説有二一者諸將翫寇（改作敵）之罪二者同舟遇風之勢何謂諸將翫寇（改作敵）之罪兩軍相持唯伺間隙設其國中内亂千里之外勢猶可乘今相拒一江而彼有弑逆之釁倉惶顛沛之間縱兵掩擊殄其醜類（改作厥渠魁）然後可以謝兩淮無辜之民洗國家積年之憤今淹留累日顧望不前使之成謀復來修好是將愚弄本朝猶以故吾待我邊臣見此文書又非降款爲其受納已墮計中傳送朝廷意將何待欲辭翫寇（改作敵）之罪其可得乎何謂同舟遇風之勢亮之凶虐衆怨親離欲與俱亡固非一旅然預謀弑逆不過數

人覆手相殘勢當未已若去國未遠巢穴（改作旦夕）可歸縱加刑誅豈能禁遏今已深入吾地結爲死讐京東河北山西陝右皆吾舊民久懷嚮應聞亮之死必已倒戈所未下者特其酋長（改其主帥）尚有女眞之人勢亦不能久立則（删尚有至此十三字）亮之餘衆退無所歸雖欲來降懼不免死苟相推奉以冀生全共爲文移緩我師旅萬一其計得行是一亮死一亮生也死亮凶殘人所同棄生亮方急與人同居爲吾之患不又多乎此則同舟遇風勢當然也詳其關牒尚有兩名不書則其中同惡亦未堅定經此數日或走或降變故萬端

難以預度但在朝廷所以應之如何耳譬如觀奕奕遇其敗勢不能進攻兩眼既成還須自救利害之形豈不相遠昔赤眉偶入長安所過殘賊鄧禹西討久不進師光武敕之曰司徒堯也亡賊桀也長安吏民遑遑無所依歸宜以進討禹猶執前意遂致挫衄帝乃敕之曰赤眉無穀當自來東吾折箠笞之非諸將憂也乃遣侯進屯新安耿弇屯宜陽敕曰賊若東走可遣宜陽兵會新安賊若南走可遣新安兵會宜陽及聞馮異澠池之捷帝乃自幸宜陽盛兵以邀其走路赤眉忽遇大軍驚震乞降曰盆子將百萬兵降陛下何以待之帝曰待汝以不死耳及降帝令縣厨賜食十餘萬人皆得飽飫而已豈復有他望哉愚謂今日之待女眞（改作金衆）計當出此宜敕諸將進軍臨之别遣重兵分出泗亳潁壽規取汴京截其歸路勿與之戰使之前無所進退無所歸然後開以生還之路示以再生之信諸軍但受納降款若只是通好文字不得收接仍賜女眞（二字改作其）軍前詔曰本朝至仁兼愛南北完顏亮稱兵犯順（改作背約）自取滅亡汝等久苦暴君不保朝夕出於迫急實行天誅今窮困無歸朕豈忍殺已敕所在軍府受汝投降詔到宜悉解甲放兵

自詣軍門降首各給本貫公憑聽汝歸業若其中尚敢拒命聽相捕斬前來依格支給賞賜如係女眞契丹渤海諸國人並令有司護送出境元有官資者量高下投與職任不願任者亦聽從便若更猜疑理無容貸諸軍尅日會合屠剿朕雖赦汝恐無及矣昔漢光武受銅馬之降親行其營以安反側朕今自往爲汝涵覆勿復有疑我專爲仁彼專爲暴孟子有言率其子弟攻其父母未有能濟者也如此則無敵於天下無敵於天下者天吏也然而不王者未之有也今日之事又何疑焉若失此時縱其北渡是祿山薨而

慶緒興思明弒而朝義立中原塗炭不知何時而已也愚者千慮不勝拳拳唯廟堂諸公垂聽而擇其中幸甚幸甚

五日癸卯詔戒飭羣臣

詔曰朕以逆改作金亮渝盟侵犯王畧肆頒詔旨躬往視師久已戒嚴屬茲進發凡遠邇股肱之郡小大文武之臣宜體朕心各惕爾職毋縱姦宄毋虐良善無事征求無擾獄市內則輯甯於封部外則式遏於寇攘改作邊疆共濟大勳永底丕乂

成閔自鎮江府渡江追襲

遺史曰先是成閔在京西承金字牌令策應建康成閔喜於得歸兼程疾馳士卒冒大雨糧食不時多死於道路湖北轉運使以舟船載錢糧馬料差漢陽軍監酒務楊某隨軍而軍人自張家渡渡江遵陸皆不及支請初閔自行在率軍馬戍京西湖北也沿路犒設之物不可勝計盡以歸已不散士卒及回至鎮江也有軍中子弟號康保義者因酒後曾顯言於市中或告閔閔遣人捕康保義至卽命斬之完顏亮之死也閔大軍猶在鎮江不渡又七日乃渡駐於揚子橋之樞密行府閔遣使臣李彪探伺金人回軍動靜閔令彪速回報樞密行府曰成閔大軍在揚子橋相持來日當大戰矣彪不聽且曰必當到揚州城下探其動息方敢回閔乃止是時金人已取天長路歸閔之意欲作大戰虛張其功績耳路人喧傳金人已歸揚州空虛故閔之詐不行乃以馬軍司兵追襲李捧亦以神勇軍追襲然不敢與金人相近是時泗州已被夏俊焚燒棄城而南故金人先遣千戶至泗州折民居爲三浮橋頃刻而成翌日軍到皆下馬乘橋而過馬不卸鞍皆步淮而渡望之如雲旣渡絕閔軍到盱眙排列於淮之南岸聲喏有一金人笑曰傳語成太

尉有勞相送金人在泗州住七日有三百人長者一人告千戶曰三百人各有歸心不可彈壓柰何千戶曰郎主雖死豈無王法千戶之弟曰兄言失矣郎主且死兄何不只在揚州而須北歸邪彼各有父母妻子人心難留豈可以强繩之兄以爲然三百人皆上馬卽時馳去由是西城之兵皆上馬爭門馳出不可遏俄而東城人亦去成閔知金人盡去也乃列兵於淮之南岸鳴金鼓教兵士耀武而還聞之者莫不大笑是時龜山沿路有金人遺棄粟米山積往往是京東河北科配民戶令赴浙西州軍送納者猶有布袋

盛貯者各題寫起發州縣及平江府秀州等處送納官糧字時軍運方不繼賴以給軍而統制將官歸已者方亦多矣獨成閔之衆多福建江浙人不能食粟因此日有死者不下二三百人

差隨軍轉運使韓彥直爲京東西路河北東路淮北泗宿州招討使司隨軍轉運副使龔濤爲浙東西路通泰海州沿淮制置京東東路招討使司隨軍轉運使司向均權京畿河北西路淮北壽亳州招討使司隨軍轉運判官呂擢兼京西北路招討使司隨軍轉運判官

賜進士出身頭品頂戴四川等處承宣布政使司布政使清苑許涵度校刊

三朝北盟會編卷第二百四十六終

三朝北盟會編卷二百四十六校勘記

搟將士潛師入城城誤作地　蔡州形勢之地地誤作城　後爲提舉王珏接發誤作王班摘發　苻融誤作符融　方闕尚在原闕係逆虜二字　字時軍運方不繼字字衍　歸已者方亦多矣方字衍

三朝北盟會編卷第二百四十七

炎興下帙一百四十七

起紹興三十一年十二月五日癸卯盡十六日甲寅

車駕將進發先約束巡幸經由州縣

癸卯已降詔戒飭羣臣又降旨曰巡幸視師用今月十日進發已降指揮應經由去處排辦程頓修治道路等事不得過有華飾非理科斂竊慮奉行不虔重勞民力除合行用隨運錢批支驛劵外應貢獻果木飲食之類悉宜禁止可行下逐路監司約束如敢違戾仰御史臺彈劾重寘典憲

招撫司以賈和仲知揚州

招撫司以拱衛大夫和州防禦使賈和仲知揚州和仲單騎入城皆未有官吏漸次主管機宜文字向子廉及兵職官公吏軍民有到州者和仲揭榜使人首錢窖一半給賞由是告者無虚日官司發掘不暇會金字牌委和仲以經總錢收買金人遺棄器甲和仲揭榜收買有以紫茸穿者有以皮條穿者鐵葉柔輭而堅兩面皆明兵將見之以爲朝廷器甲不如也頃之朝廷使淮東總領朱夏卿買器甲夏卿以書託揚州親戚通判葉模模者夢得之子模遂請於和仲以買下器甲與夏卿和仲不可曰和仲承金字牌備奉聖旨自買此器甲豈敢作人情與總領也模怨其不從譖於夏卿夏卿遂譖於葉義問義問以和仲不職放罷朝廷遂以向子固知揚州於是有修城之役破錢二十萬緡矣

七日乙巳李顯忠知和州

知建康府張燾說諭都統制李顯忠曰車駕將發巡幸到此金賊(改作人)倘據鷄籠山得無慮乎顯忠以大軍濟江去和州三十里與賊(改作金)相持

金人知鄧州録事高通以鄧州來歸

初金人以劉蕚爲都統寇(改作攻)京西敗於光化軍及茨湖也回軍至鄧州駐於城北七八里閒僞鄧州節度使蕭中一亦挈家屬出城駐於蕚軍之南一二里閒僞同知節副亦皆以家屬去中一留州事委監倉王直是夜北門有火卽滅中一與十千戶三十謀克(改作穆昆)言曰今日之事如何鄧州屯駐之兵皆爲都統劉相公帶去而城中之兵皆是土人萬一爲南宋之兵內應如何衆皆知中一有順南之意設唯唯而已坐中忽不見白千戶者中一疑其走告於蕚矣乃率

其奴婢將家屬奔走中夜屢遭鄉村土豪驚散中一被殺家屬幸得免翌日金人皆北去錄事高通閫蓦之兵已退乃集官吏軍兵而謀曰今蕭節使及同知節副皆已去城中生靈如何衆皆言唯錄事指揮是時禁軍已擐甲皆有作亂意通又問至於再三皆不應通曰今南兵已近若此時不決則城中之人皆不可保衆請通決之通見衆人亦有順南意乃曰今諸軍無將欲請軍中最長者一人爲將如何衆曰諾通卽舉四人皆軍中職名最高者衆皆聽命通謂軍中已有所主者又四人皆舊部曲得其心遂以中一之

命令王直權管州事衆復以通權節副通始敢言曰欲與一城生靈求一生路以決今日之計如何衆咸諾於是通乃言鄧州本是大宋所有今金國已棄我官吏軍民矣欲舉諸公同歸大宋如何衆皆從之議遂定命吏人作文字未畢忽報城下有十餘騎通令倒旗槍而問之乃曰吳招討下問其主將則曰昝統領昝統領者鄧州弓手昝朝也聚衆在山中投均州武鉅爲忠義人知金人已退故先至城下通令放旗槍於地面報其軍俄有三百餘人至城下中軍兵復立旗槍似欲與爲相應作過者蓋已有約故也通見其勢逼卽令開門以沮其計衆遂入門登城縱掠不傷人遣人尋中一知其已死得其家屬後歸江南朝廷命其子穎爲武翼大夫鄂州總管

九日丁未武鉅收復河南府

新除果州團練使知均州兼管內安撫使節制忠義軍武鉅申昨遣鄉兵總轄杜隱前去會合盧氏縣鄉軍收復州縣今月十四日據本官申收復了嵩州及長水永甯福昌三縣撫定了當委是勝捷又報昨遣杜隱等將帶人兵及盧氏縣高州等處忠義人前去收復河南府去後今據盧氏縣差人前來走報於十

二月九日收復河南府了當

十日戊申車駕自臨安府進發巡幸江上

誅倪詢應簡於平江府

車駕到平江會曹洋自李寶軍中取倪詢應簡回令洋就御舟引見上慰勞良厚因曰少頃令曹洋管押罪人在行宮門外聽旨上乘輦入平江府治洋以兵衞夾道防護詢簡候於門下俄頃有旨倪詢應簡並淩遲處斬又有活執到女眞改作金兵等盡斬之倪詢平江府常熟縣人應簡通州人

十二日庚戌成閔收復盱眙軍泗州

淮東等路制置招討使成閔黃旗走報統率軍馬於十二月十二日收復盱眙軍了當其泗州淮河岸下擺泊舟船數千隻金賊(改作兵)數萬人隔河與官軍相拒閔遂將奪下金賊(改作營)燒不盡橋腳小船二十餘隻併工修整及於龜山以來搶奪到賊(刪此字)船十餘隻并分遣統制官吳超楊欽部押人船於水路邀擊賊(改作金)船又差統制官劉銳陳敏王公述張師顏於十二月十五日夜於泗州東城之東潛師渡淮有賊(改作金)騎數千於城東擺列前來與官軍相拒閔又分遣統領官左士淵張青魏全部押官兵攻奪泗州南門入城占據閔再率官軍戮力掩殺賊(改作金)兵敗走收復泗州了當奪到粟米二萬餘石被虜老小數萬口放令渡淮歸業委是獲捷

吳拱收復汝州

十五日癸丑車駕至常州無錫縣

是日邊報奏淮東虜人(改作金兵)已遁去淮西尚餘三萬衆保和州陳康伯等依旨撰到招安旗榜非惟諸國之人雖女眞一概與補官內萬戶許以節鉞其餘視爵秩高下更超等換授白身特令入官奴婢優與賞賚示之生路庶使束手來歸上曰彼雖夷狄亦(三字改作)

金人也(刪此字)比引見所捉到金人(二字改作者)朕亦悉與貸命送諸軍下役使蓋首惡完顏亮一人耳若概殺之則不勝其多朕不忍爲也

行宮宿衛使楊存中檄完顏亮一行將吏等書

行宮宿衛使楊檄書檄告完顏亮等一行官兵將吏等蓋聞順德者昌逆德者亡故爲臣者當知逆順之理師直爲壯師曲爲老故用兵者宜明曲直之情以順而討逆則何功不成以直而攻曲則何敵不勝惟完顏亮女眞殘種(刪此四字)怙恃凶强肆行暴虐弑君殺母蔑亂人倫棄約背盟迷逆天道挾彼犬羊(改作邊陲)之衆蹂我淮甸之邦罪惡貫盈神人共憤當職恭承帝命肅行天誅念爾醜徒當思後悔東區巨海西扼長淮南限大江之虞北有重兵之阻雖釜魚之暫息顧穴蟻以何逃況葛王既立於爾邦西兵已興於中國路途復隔軍馬何歸盍執暴君往投新主保其名節一洗汚俗之羞(改作以爲遷善之人)樂而妻孥無作異鄉之鬼或挺身而抱義亟率衆以來降庶幾全逆順曲直之宜不失享富貴安榮之利故茲檄示各宜究知

成閔收復陳州

成閔申十二月十五日據本司中軍統制官趙撙申

先准指揮催督結約到陳州忠義人陳亨祖乘勢收復陳州十一月十七日據陳亨祖申於十一月五日將帶忠義人兵已收復陳州了當捉到同知完顏耶魯等九人

陳亨祖以陳州來歸

陳亨祖陳州大豪也聞趙撙已得蔡州卽領民兵據其城縛其僞官屬送蔡州乞歸朝廷撙具奏聞朝廷嘉其忠特投武義郎兼閤門宣贊舍人

十六日甲寅李顯忠收復和州

行宮留守據建康府駐劄御前諸軍都統制李顯忠

黄旗走報並申契勘金賊改作人三萬戸占據和州於城外連珠劄立硬寨當職親率諸軍十二月六日自慈湖濟渡先占北岸石跋背依山下寨與賊改作之對壘雖賊改作敵時遣騎兵沿江窺伺岸口肆爲殺掠當職措置分遣軍馬不時晝夜邀擊殺獲甚多致賊改作敵彼不得休息至十六日進兵酉時直抵和州賊改作敵寨賊改作敵兵畏懼至三更金兵拔寨北遁奪到被刪此字虜鄉民老小三千餘人卽時撫恤各令逐便歸業奪到騾馬收復和州了當

賜楊泰眞楚滁和濠廬光州盱眙高郵光化無爲安豐信陽軍德音

尙書省牒刑部門下朕撫運中興遭時多故崇七德而經武務先禁暴而戢兵收五利以和戎靡憚卑辭而屈己將使華夷改作流離之衆永離塗炭之殃由涼德不足以懷柔致逆虜改作強敵輒渝於盟誓估其戎馬改作不悛之足惡改作驅厥犬羊改作遂爲深入之羣改作謀既俶優於中原遂虔劉於吾國第欲兵連而禍結豈知衆叛以親離宜神聖之莫容致人心之爭奮奇兵鏖擊盡灰赤壁之舟元惡就屠迄投藁街之首餘黨奔潰四境澄清慨念疆埸之民荐被兵戈之苦妻孥蕩析肝腦

糜捐室廬成煨燼之餘田野喪耕鋤之具禍貽以衆罪在朕躬幸已靖於妖氛喜再成於樂土欲撫瘡痍之俗爰推曠蕩之恩楊泰眞楚滁和濠廬光州盱眙高郵光化無爲安豐信陽軍管内限德音到日已前見監罪人除犯刦殺鬬殺併爲已殺人者併十惡罪至死僞造符印放火官員犯入己贓將校軍人公人犯枉法監主自盜賊並依法内枉法自盜罪至死情理輕者奏取指揮鬬殺罪至死情理輕者減一等刺面配千里外州軍牢城斷訖錄案聞奏其餘罪無輕重並行放免於戲歌鴻鴈之詩務遺黎之安業法雷

雨之解與庶彙以昭蘇尙其小大之臣共體隆寬之德輔成極治永息多虞

成閔以劉繹爲修武郎閤門祗候權知泗州

先是劉繹在淮陰也員琦劉氾在盱眙錡令琦氾差人往臨淮縣體探是時招信縣横山劉繹與土豪張楫共有民兵數百人敵適在盱眙琦氾遣繹楫往繹楫至新店會金人亦遣二三騎往泗州探事繹楫等退歸泗州出南門已見盱眙隔岸無兵馬知琦氾等皆去岸下無船可渡遂駐衆於榷場中俄頃金人探馬數百騎入泗州楫請擊之繹懼不從楫曰金人若

知我衆不多守其要便而撓於我雖一人不可生還遂率衆入南門金人見南門有兵突入不知多寡即爭門出循汴河路以奔時霧重有微雨汴河路皆青石石滑馬不能行有墜馬者楫急追之繹亦繼往金人往往下馬而去遂獲馬僅百匹而回泗州不可往漸漸循淮河而上見夏俊在南岸以奪馬事告之俊喜令尋小舟濟渡馬數匹而行餘馬繹與楫兩分之於是各裝載家屬取天長路欲渡江楫在前行未到天長遇金人盡失其馬繹聞之乃還横山至是成閔到盱眙繹遂獻其馬言其殺伐之功閔大喜書塡修武郎閤門祗候告身授繹仍令權知泗州

賜進士出身頭品頂戴四川等處承宣布政使司布政使清苑許涵度校刊

三朝北盟會編卷第二百四十七終

三朝北盟會編卷二百四十七校勘記

據本官申收復了當字（脫當字） 賜揚泰眞楚滁和濠廬揚（誤作楊下同） 敵適在盱眙（一本無敵字）

三朝北盟會編卷第二百四十八

炎興下帙一百四十八

起紹興三十一年十二月二十日戊午盡二十八日丙寅

二十日戊午車駕到鎮江

上未入丹陽館乘騎徑往江下觀看戰船

二十一日己未入行宮駐蹕

時和州鷄籠山金人尚未退也

二十二日庚申吳璘奏收復秦州治平寨

四川宣撫使吳璘報捷遣差左軍統制王中正權知

秦州劉忠中軍第五將王价等將帶軍馬攻討收復陝西陷沒州軍於十二月二十二日未時攻打破治平寨次日措置招收軍民歸業及剗削城壁守禦間探報金賊（改作人） 萬戶僕悉令孛堇（改作富色里貝勒） 帶領千戶名了羅不等甲軍三千餘人在千家堡下寨要復收治平寨中正等統率馬軍步軍於二月十五日辰時自治平寨起發至午時到千家堡照城陂望見金虜（改作人） 在山下擺作三大寨其時步軍未到中正等帶領馬軍下山迎敵其賊（改作軍） 一擁前來告諭官軍不顧死亡與賊（刪此字） 血戰二十餘陣至申時金賊（改作）

兵敗走二十餘里再添生兵擺拽陣勢與官軍迎敵中正等賈率官軍戮力苦戰至酉時其賊(改作軍)盡行敗散奔走乘勢追趕二十餘里斬到首級捉到活人各不計數月收軍回堡當山下寨統領官王中正左腮口角中三槍伏乞照會

二十三日辛酉張振時俊正任承宣使戴皋王珙正任觀察使盛新正任團練使

釆石之功統制官各已遷轉階官及遥郡奚虞允文欲奏請與落階官並與正任乃降旨昨釆石親與虜(改作金)主見陣保護大江功力爲重並特與正任

二十八日丙寅樞密院同奉聖旨進幸建康府用正月三日如値雨别擇日

車駕在鎮江旬日擇日進發

持服秦塤秦堪奏獻金器五千兩銀七千兩米二十萬石候服闋日取旨

知安豐軍孫顯忠申任契丹等歸朝

十二月二十八日淮北壽春府有任契丹男三(改作納蘇)郞君天平軍節度使河北路安撫制置使王任檢校少保天雄軍節度使河北等路安撫使王友直將帶軍馬八百餘人前來即時説諭朝廷恩信管待勞犒訖發前赴闕

行宮留守司榜李顯忠邵宏淵等報捷淮西諸郡並皆甯靜

行宮留守司據建康府駐劄御前諸軍都統制李顯忠池州都統制邵宏淵等申今月十七日早親率軍馬乘勢跟蹤追襲金賊(改作人)離和州三十里地名横山澗其賊(删此二字)連發煙號勾添精鋭騎兵數千騎膺翅擺列拐子馬衝擊官軍當職遂分布馬步軍賈勇將士戮力分頭趕敵及戒諭官兵不得砍級奔馬一擁奔入賊(改作敵)陣自辰時與賊(改作之)鏖戰至午時殺

賊(改作金兵)敗走趕殺三十餘里其賊(改作金兵)取香林蕩路前去殺死番賊(改作敵兵)并掩擁入溝澗及活捉到千戶百人長并騾馬衣甲器械無數除已再遣軍收襲外委是大獲勝捷又報再遣統制官張榮統率全軍追襲至十九日未時至全椒縣界地名馬村後河楚澗溝趕上與賊(改作復與)對敵殺死番賊(改作金兵)并掩擁入河不知其數收到被虜鄉民老小數千人即時撫恤各令隨便歸業奪到馬騾軍器等除已跟蹤追襲外委是大獲勝捷又據建康府駐劄御前諸軍都統制淮南兩路制置使京畿河北淮北壽亳州招討使李顯

忠黃旗走報契丹虜酋（刪此四字）完顏亮被殺之後淮東番賊（改作金騎）遁走淮留精鋭三萬戶在和州爲殿後顯忠近已統兵收復和州趕殺番賊（改作金兵）於横山澗後河兩次獲捷相繼遣發統制官耿卞孔福張榮時俊李福王浩統領官張淵王洪范卞元復朱進董超王宗莀蕤志董安劉淵閔珪軍馬并續遣發池州都統邵宏淵以及顯忠親統其餘諸軍於十二月二十八日起離和州二十九日至仙踪山白陵橋趕上番賊（改作金兵）見陣追襲番賊（刪此二字）至淮河地名堰澗番賊（改作金兵）半渡統率諸軍掩擊賊（改作其）衆溺死不知其數奪下牛畜被虜老少五千餘人已即時撫恤放令逐便歸業委是大獲勝捷兼顯忠已差人撫定廬亳等州并管屬縣鎮今來淮西諸郡委無賊馬（二字改作金兵屯駐）一路肅靜商賈通行人民復業奉聖旨令出榜曉示

張燾卒

張燾行狀曰紹興八年金人遣使至境求和而要我以難行之禮上亦厭兵革且悼梓宮之未還母后之在遠南北軍民久困征役姑欲屈已就和以紓目前之急乃降御劄令在廷之臣詳思所宜條奏公上疏（疏在紹興八年十一月內）時宰相方以和議爲已功力贊屈已之說以謂茲事當由聖斷不必謀之在廷上勉從其請將有定議而外論紛然欲羣起而攻之從班中有不顧節義亟欲求進者乘宰相之懼說之曰公爲天下大計而羣說横起何不擇人爲臺官使盡擊去則公之事濟矣宰相然其說遂擢言者居中司又引其黨與使君横榻除目既頒搢紳駭愕道路以目莫敢異辭公聞其議已定乃嘆曰一屈之後甯可復伸上雖不自重其如天下何狡虜（改作金人）之强非吾所敵而敢與抗者恃人心耳今主上躬屈至尊以臣事之則天下之人誰敢與抗將唯虜（改作金）命是聽則吾之國不以爲國矣今大臣欲邀功一時徒爲身謀不復爲國遠慮使人主倒持太阿以中國之（刪此三字）大柄授之戎虜（改作異國）將有被髮左衽之憂（刪將有至此八字）又引羣小置憲綱之地意在排擊忠良俾天下之人緘口結舌在廷諸公畏其凶焰莫敢救正曾魯仲連之不如豈不得罪於天下後世乎吾世受國恩身忝侍從不可自同於衆人當以死爭遂上疏（疏在第三十八冊）上召公入謂曰卿前所論四人者皆自相矛盾奸計敗露朕皆逐之矣微卿言幾爲小人所誤遂命公兼史館修撰自是屈己之謀遂寢止增歲幣虜（改作金）亦不復以此深

責於我竟歸我梓宮歸我母后歸我河南之地人亦高公之卓見朝廷既得河南議遣使祗謁陵寢上欲得慈祥愷悌望實兼隆者往展孝誠併宣惠澤顧宰相曰張某肯爲朕行乎宰相以語公公曰上不以某不才使備驅策某之願也尚奚辭宰相以言入奏上喜曰張某可謂不辭難矣公於是即日束裝上道自陳蔡歷汝潁以至京洛延見父老布宣天子德意民夾道歡迎爭饋壺漿且言久隔王化不圖今日復得爲宋民雖夕死無憾鼓舞相慶以至感泣公皆慰勞而遣之迨至柏城披荆棘履蓁翳隨宜葺治展誠成禮而

還公所過輒詢民間利病及虜改作敵情虛實頗得其詳既歸入對時宰相方主和議惟恐少忤虜情二字改作金人心事竟不行未幾河南復陷陝右州軍亦多失守宰相始悔不從公言冬十二月大金賀正旦使至命公爲館伴虜改作金使素聞公名畏慕之一見顧其副曰是使南宋不拜詔者也公以語動之遂得其國之情僞密奏之且言宜早爲之備上深然其說方且圖之會公疾作力求告老遂以資政殿學士致仕明年金人果敗盟犯塞改作南向淮上紛擾上思得重臣鎮守要害控扼上流落公致仕再起知建康以時方艱棘

不敢固辭聞命上道時虜酋改作金亮傾國以來初自合肥徑趨歷陽人情洶洶公以十月十九日至姑熟見南岸全無守備亟申朝廷乞發軍馬前來捍禦仍具沿路探報事宜排日申奏二十日至建康下令區處防扼事件各有條理城中初聞江上危急比屋逃竄聞公之來皆相率歸業二十四日王權棄和州退保采石朝廷方罪其畏怯用李顯忠爲代旬餘猶未至人情復大恐時知樞密院葉公義問被旨督師江上今大參虞公允文自西掖出贊軍事十一月六日同至虞公蜀人素知公雅相敬慕公亦高其氣節每與

論時事必擊節稱賞由是益相親矣夕漏下二鼓公方就寢虞公叩門求見甚急公披衣倒屣迎之虞公曰此何等時而公欲寢乎曰日來人情變懼外聞方洶洶視太守動息爲去留儻不鎮之以靜必不安雖然舍人何以見教虞公曰適諜者自江北來云虜改作金於和州作戰艦晝夜打造不計隻數期以明日渡采石約晨炊玉麟堂公何以爲策公曰某被命典司留鑰但當以死守遑恤其他舍人秉義素高以名節自任今朝廷危急如此輟法從之貴出贊大幕正當出妙畫建奇功以安社稷此某平昔所期於閤下也

虞公喜曰此某之素志特決公一言耳明日躍馬至江上而虜（改作金）騎充斥戰艦數百艘列在北岸若欲濟者虜酋（二字改作亮）方築臺刑白馬祭天旗幟滿野金鼓之聲聞數十里喊聲動天地王權所留水軍車船咸在而諸將故等夷未有統屬莫肯用命盡伏山崦虞公使人諭曰國家豢祿廩竭民之膏脂以養爾輩今事勢危急若此正壯士立功報國以取富貴之秋而乃甘心竄伏山崦以延須臾之命又安能必保其要領乎孰若奮身前鬬萬有一勝生則取封爵死則有褒贈爾輩其熟計之將士皆歡呼曰舍人既肯向

前某等當竭力以死報國家有頃賊（改作金）船濟江直來南岸虜酋（改作金主）親在臺上手揮紅旗催發須臾賊（改作來）船漸近我軍徐出山崦擺列江岸賊（改作敵）初未知覺一見大驚欲退不可遂以箭相射我軍羣弩齊發賊（改作敵）在中流中箭者悉墜江中車船乘勢衝撞應時沉沒遂不能濟次日復來方擂鼓裝船欲進見我水軍賊（改作其）船盡卻遂不敢前我以海鰍船二十餘隻先往北岸截斷楊林渡口用尅敵弓齊射賊（此字改作金兵）棄船上岸悉陷泥中不能動坐受箭而斃虜酋（改作金人）度勢不可進遂自取御寨舟船焚燬而去餘舟爲我師所爇皆盡人情遂安公立以其事奏聞且言采石之捷雖足快一時聞虜賊（改作敵）自戰敗之後連日發兵東向揚州臣懼其併力以攻瓜洲爲渡江之計其鎮江府在今日委是危急欲望睿旨敕諸將同心協力極力捍禦庶不墮其奸計有旨令樞密行府添差李捧邵宏淵同往防把仍委楊存中在彼同共措置虜酋（改作金兵）竟不能渡俄爲帳下所殺淮西平詔沿江帥守條陳日今進討恢復事宜公陳十事大率欲預備不虞持重養威觀釁而動期於必勝人皆以爲至論

吳璘與鳳翔金人合喜孛堇（改作喀爾喀貝勒）書

書曰少保奉國軍節度使吳璘謹致書於都統相公閤下冬寒軍務良勞比者正隆被殺大定新立諒惟忻奉新君悲喜交集雖然禍福有幾惟智者能知其幾不可不慮也且公實正隆信臣委任至重休戚同之大定即位亦必有腹心之臣爲之謀主雖以高爵厚祿安公反側而君臣之間疏忌之意豈一日忘乎昔東昏被殺正隆篡位東昏之將相大臣能保其身全其家者幾何此皆公之目見也縱使大定隱忍未發其用事之臣能相容乎公提兵數萬久居於外無

功則以失律爲辭建功則以强大見忌公之得罪於新主者必矣其危如此孰不爲慮今我主上豁達大度推赤心置人腹中臣之擇主捨此安往公若能攺圖來歸當敷奏以咸秦王公世襲王爵元隨戎旅悉付麾下富貴權位子孫無窮身名俱泰如漢之金日磾不亦盛乎理之必然非爲遊辭以動公也機事之來間不容髮猶豫不決終致大禍悔何可及惟公孰計之

賜進士出身頭品頂戴四川等處承宣布政使司布政使清苑許涵度校刊

三朝北盟會編卷第二百四十八終

三朝北盟會編卷二百四十八校勘記

於二十五日辰時誤作二月十五日辰時　劉淵一作劉源

三朝北盟會編卷第二百四十九

炎興下帙一百四十九

起紹興三十二年正月一日戊辰盡二月二十八
日乙丑

紹興三十二年正月戊辰朔車駕駐蹕鎮江府
二日己巳劉繹正除知泗州
三日庚午車駕起發鎮江府
五日壬申車駕幸建康府
上自鎮江遵陸時天寒雪雨不止上乘馬以氊笠氊
衣禦風雨而宰相以下多有乘轎者

六日癸酉安豐軍孫顯忠收復壽州
九日丙子江州駐劄戚方與轉運張某書
書曰方輒有少禀上冒台聽方向者結約下淮北壽
春宿亳南京忠義人首領措置事宜先招到穎壽二
州巡檢高顯并所部民兵一千餘人於十二月二十
六日同差去統領孫福將官王高邢進訓練官鄭建
苗達等將帶軍馬同忠義首領馬立將官黃林王德
等部押軍馬奪門入城與金賊（改作兵）血戰殺死賊（改作金）
兵甚多其賊（改作帥）敗走收復壽春府了當撫定居
民除殺死外生擒到金人簽軍馬匹并鐵甲三千餘
副馬甲二千餘副箭十餘萬枝粟米二十萬餘石共
用布袋盛貯燒毀浮橋三座糧船大小一千餘隻及
招到番軍王九少保王三太保三郎君一行軍馬計
三百一十五人馬三百五十八匹騾子一十四頭老
小三千餘口方已差統領王德迎接已到桐城縣訖
兼廬州北地名叐步見有金賊（改作兵）甚多於十二月
二十七日賊馬（二字改作有）六十餘騎前來壽春南岸看
覷浮橋本軍捉住二人後便退至二十九日統制李
貴王孝先部領軍馬護送招討歸正番官王少保一
行過淮南岸綽路馬逢見金賊（改作人）軍馬二百餘騎

隔小河子厮射兩三時辰本軍殺退番賊前（改作金騎引）
去方於正月初九日到桐城縣纔候解發王少保人
馬即便迤邐前進仰冀臺亮
十二日己卯令李顯忠撤戍還建康
金人已退去李顯忠以建康駐劄兵猶戍於淮西淮
西經蹂踐之後荒凉無廬舍且驚散之民猶未歸也
天大寒多雪士卒暴露有凍落足趾者顯忠亦扶病
往廬壽撫循諸軍上遣中使押醫官到和州顯忠未
還提點醫藥飯食卜端孺以爲和州西去無人煙且
陰雪難行請止中使醫官於和州報顯忠使速歸日

往當塗買饌供中使等甚厚端孺揚言金人已出境矣軍人暴露陰雪勝寒不易未有休息之期中使亦聞其語顯忠歸端孺又請比尋常倍賂中使中使喜既還建康卽以所聞端孺之言聞奏上悟卽日降旨令顯忠諸軍撤戍歸寨有旨幸建康府南門以觀還軍軍中皆踴躍歡呼顯忠命整齪隊伍班師會大雪車駕不出召見顯忠慰勞久之以金瓶御酒勸盤果木牖醯之屬皆渾金器就賜之

十五日壬午趙撙敗金人於蔡州金人遁走

趙撙在蔡州初金人於蔡州乘大雪突騎五百寇（改作）

至城下撙出騎迎擊之金人退去衆請追之撙曰懼其誘我也縱之去庚辰探者報金人兵勢甚盛行且至撙唯孤軍又吳拱遣踏白軍統制焦元來應援合軍不過數千人皆危之撙與諸將議分四壁守禦且以忠義相勉爲死守計是日金人逼於城下先遣兵斷撙歸路黎明已列陣於城西須臾分布四隅下馬鼓噪逼城撙激厲將士曰金人雖多而無攻具將士但堅一心無恐金帥魏都監亦厲其衆曰此城卑薄汝所共知一鼓可陷矣於是以勁弓數百齊射矢著城如蝟毛守者不能立未亭午從西壁坎墉而上倏忽金人登城者已溢滿撙時在西壁知其不可當乃棄城而下跨馬率諸軍巷戰金人壁立城上官軍甚危皆奮勇鏖戰從午至申金人敗出城去方鏖戰之時有官軍旗頭與虜（改作金）之旗頭戰於城上移時兩邊衆兵如山不敢動以待旗頭之勝敗竟殺虜（改作金）旗頭城上百姓望而呼曰趙提舉且保明此旗頭做好官虜（改作金）之旗頭既死卽時散亂多墮城而死者官軍旗頭亦戰死竟不得其姓名蔡州人爲哀之金人敗去撙遂復營葺守禦之備先是有燕人七八十已與蔡州人結姻親者根刷得之繫於獄中及金人

攻西門急權知州李詢皆殺之

光州牒蕲州正月二十日午時承中軍統制兼制置招討司提舉一行事務趙撙鄂州統制成皋踏白軍統制焦元申正月十五日以來有番賊（改作金帥）魏都監部領獲背（改作和拜）太子番軍人馬五萬餘人騎前來攻擊蔡州西門至西北角靠汝河一帶約四百餘步擁并一齊上城其城壁更無敵樓女牆乘馬可上撙等分布馬軍賈率將士與賊（改作之）鬬敵盡命血戰至申時已來殺敗賊（改作金）衆復擁賊（改作金）兵下城以落濠塹汝河不知其數趙撙等卽時統率軍馬出城追趕

其賊（改作兵）退走當陣重傷蕭總管及殺死賊（改作金）兵劉千戸與謀克（改作穆昆）等餘人棄頭不斫横屍滿野棄下衣甲器械不知其數又殺萬戸謀克（改作穆昆）者百餘人委是大獲勝捷

十八日乙酉引見耿京下諸軍都提領賈瑞等一十一人耿京除天平軍節度使將佐授官各有差

濟南府民耿京怨金人征賦之騷擾不能聊生乃結集李鐵槍以下得六人入東山漸次得數十人取萊蕪縣泰安軍有衆百餘有蘭州賈瑞者亦有衆數十人歸京京甚喜瑞説京以其衆分為諸軍各令招人

自此漸盛俄有衆數十萬是時大名府王友直亦起兵遣人通書願聽京節制京以瑞為諸軍都提領完顔亮犯（改作攻）淮甸京遣瑞渡江通朝廷瑞曰如到朝廷宰相以下有所詰問恐不能對請一文人同往京然之乃遣進士辛棄疾行凡一十一人同行到楚州見淮南轉運副使楊抗發赴行在是時上巡幸在建康乙酉瑞等入門即日引見上大喜皆命以官授京天平軍節度使瑞敦武郎閤門祇候皆賜金帶棄疾右儒林郎改右承務郎其餘統制官皆修武郎將官皆成忠郎凡補官者二百餘人悉命降官告令樞密院差使臣二員與瑞等偕詣京軍樞密院差使臣吳革李彪齎京官告節鉞及統制官以下告身至楚州革彪不敢行請在海州伺候京等到來即授告節瑞等不得已從之至海州革彪以官告節鉞待於海州京東招討使李寶遣王世隆率十數騎與瑞等同行

一錄云辛巳歸朝人總轄賈瑞統制官劉震右軍副總管劉弁遊奕軍統制孫肇左軍統領官劉伯達左軍第二副將劉德左軍正將梁宏右軍正將劉威策應右軍副將邢弁踏白第三副將劉聚總轄司提轄董昭賈思成天平軍掌書記辛棄疾辛巳正月十九

日至建康府二十日行宫引見統制官轉修武郎統領官忠訓郎正副將成忠郎書記承務郎

二十日丁亥王友直王任王革來歸友直除防禦使任革授官有差

初鄆州王任以罪亡命金人重賞捕之急大名府王友直方聚衆任歸友直友直得任甚喜乃假任契丹以聚衆完顔亮犯（改作攻）淮南友直聚衆已數萬遂破大名府有衆數十萬亮死葛王巳立乃以友直之衆並放罪令歸農為平民其衆聞之皆散去友直乃與其黨王革及任謀自山東尋路南奔比入界有衆三

千餘至建康引見上喜授友直檢校少保任觀察使華武功大夫友直等皆辭不敢受且曰向若臣有衆數萬歸朝廷則受之不辭今衆不滿萬而受如此之賞不可乃授友直防禦使任團練使華武翼郎兼閤門宣贊舍人

二十八日乙未趙擴棄蔡州

趙擴在蔡州也吳拱以擴軍孤厪有蠟書促擴回軍諸軍統制亦請棄城而擴以金人圍城方急若棄城而去遭金人追逐勢必敗亡不如且駐蔡州況蔡州糧食有餘候破此虜(改作敵)兵卽議進兵中原乃申朝

廷及申拱照驗拱怒以蠟書付諸統制令一面班師擴知蔡州不可以久駐且金人三日中退八十里矣乃會諸統制議退軍擴欲留焦元成皋守城元皋曰恐孤軍不能當金人之衆擴曰今虜(改作金)兵不遠設若我已離城而去彼探而知之縱輕騎追襲如何元請夜出李詢曰夜出恐黑夜人亂請至申刻從西門出馬軍南門出步人擴令晡時出門令華旺以馬軍自西門出擺列不動以防追襲焦元以步人自南門出先行候步人行絕則馬軍殿後日向晡未曾傳令起發閒元以步軍已至南門南門不啟守者不曾得傳令閉門元曰我是統制乃傳提舉之令也遂相爭相詬至相擊相殺奪門啟扉未半而爭門死者已塡滿門道中强有力者僅能踐屍而出積屍擁門終不能開後來者不知其故雖見門有阻難之狀所以愈亂不能禁軍民死者莫知其數元爲衆所擁遂墜馬墮身入雪窖中移時方攀緣而出軍民爭路正喧溢元無馬不能行見一羸兵控一馬尋其主曰我官人在何處元强奪其馬羸兵不從元手殺羸兵跨馬而奔行三十里見擴及諸將擴欲自東路徑歸行在且發火頭輜重已行元曰不可擴曰我是馬軍司中軍

統制不歸馬司將安往元曰提舉聽吳都統節制吳都統令提舉回軍卽無發遣歸馬軍司文字況蔡州立功將士正要提舉保明功賞豈可徑歸行在擴以其言爲然遂由南路還荆襄華旺以馬軍出西門不能殿乃先步軍而行步人與騎兵爭路而趨天氣昏黑蔡州之居人隨軍而出墜坑塡谷者不知其幾多也城中一空唯細民有老小之累者不能動翌日金人聞之遂復入蔡州

右正言劉度劄子

畧言今日視師回鑾願陛下取親臨行陣斬馘執俘

者方可推恩凡賞典之行皆宜愛惜以革僥倖之門

賜進士出身頭品頂戴四川等處承宣布政使司布政使清苑許涵度校刊

三朝北盟會編卷第二百四十九

三朝北盟會編卷二百四十九校勘記

部領獲背太子番軍人馬　獲背太子一作故太子光英

三朝北盟會編卷第二百五十

炎興下帙一百五十

起紹興三十二年閏二月盡四月二十一日丁巳

閏二月洪邁充通金人使副書

書曰邁等咨目頓首再拜國信驃騎國信郎侍講服德譽之久南北阻絶無緣良會下情但切欽仰即日春寒伏惟臺候動止萬福邁等自去冬扈蹕至建康前月被令旨迎候使節已至淮西奉候數日矣今承泗州蒲察改作富察移文知大旆且至符離有上稟事宜已令泗州守關報今又得指揮令通書蓋自古以來

鄰邦往來並用敵國禮鄙者本朝皇帝上爲先帝下爲生靈勉抑尊稱以就和好而貴國無故興師長驅涉境欺天背盟神怒民怨曾不旋踵自取夷滅既已兩國交兵則是大誼已絶竊聞大金新皇帝即位有仁厚愛民之心本朝皇帝亟諭將帥止令收復外不許追襲貴國師歸方議遣使別修誓好乃蒙貴朝首拜信使舉國欣幸無以爲喻但一切之禮難以復仍舊貫更候惠顧曲折面聞唯界首一事舊以淮爲境至中國取接今泗州臨淮虹縣之北迤邐迎候乃隨宜排辦宿頓矣邁等禮合至界首但泗州之北更無人煙館舍難以容衆只候近託當至臨淮上謁想惟高明必能洞察今遣使臣特浼記史瞻望不遠預以爲慰更祈保護以副願言不宣

金人攻海州

十六日癸未吳璘克大散關

金人既失秦州及熙河等州乃堅守大散關以拒王師吳璘遣姚仲等諸將攻擊數月不下仲幕屬朱紱乃投劄子於總領王之望請科斂四川民戶出財賞軍關乃可下書曰先生以博大高明之學當艱難險阻之時凡百設施莫非經濟顧茲全蜀久賴綏撫雖

三邊用兵之際無征輸重困之勞自非先生以體國愛民爲念何以及此然天下之勢固有不兩立者兵與民是也兵不可不費財而責其萬死之切民不可不出財而濟其一時之急此天下之通理也先生深知兵民兩相爲用之策矣聞蜀民自軍興之後恬然自安不知有用兵之費先生恩德固亦大矣然有可言者紱爲先生門下士豈敢自隱且時殊事異故宜改更不可執一自虜改作金人九月六日叩關於時事出倉卒諸將云大軍一出必遂破敵初宜撫吳公自謂可以兩月爲期必能克敵既而虜此字改作金人壁愈堅

相持已踰四月矣將帥牽制久未成功兵不可不謂之暴露如今日事勢與前日不同先生當救時之失以取必勝茲其時也聞之諸軍鬬志不鋭戰心不壯且曰使我力戰就能果效微勞其如賞給當在何處何候覈實保明獲申宣司總司指麾往返數旬豈能濟急大率目今事勢與前時既異不立重賞何以責人於無事前宣撫吳公僅能保守全蜀蓋賞厚而戰士用命也乞先生詳酌事機別與措置畧用斂科軍須之費十分之一多與准備賞給錢物近一二百萬自總所移文諸帥明出曉示號令諸軍各使立功以

就見賞謂如散關一處設如當初有銀絹各一二萬匹兩錢引一二十萬道椿在鳳州宣撫吳公節使姚公以上件賞給明告諸軍遣一二統制官各以其所部全軍一出諭之曰當進而退則坐律進而勝捷鬬臨則有此重賞如是而軍不用命虜（改作敵）不破滅無有也說者蓋謂方今朝廷財用正匱不支緣軍興而費耗國用則先生所不取紱曰不然先生體國愛民之心朝野孰不共知事固有當更張則悠久不能力濟機會令一勞而久逸暫費而永寧正在此舉紱之區區未必可行幸先生恕其狂愚或以爲可教則一

覽付之火之望讀之大駭乃答書曰辱示劄目見咎不科斂百姓異哉足下之言也本所以財賦爲職事應副諸軍自當竭力若是軍須闕乏有功將士合賞但於王少卿取辦可也至於科斂何預哉僕中原人蜀中無一錢生業亦無親族寓居其不科斂何私於蜀蓋以大軍十餘萬衆仰給於此不得不愛養其民力以固根本有四川民力則有三軍四川民窮則三軍坐困矣如足下輩月俸歲廩不從虛空中來亦知其所自乎朝廷德意深厚每務寬恤東南調度如此不聞斂取於民四川獨可以横賦乎國家養兵所以

保民而足下乃爲軍民不兩立恐非安民和衆豐財之義又云用兵本約兩月今已四月然則解嚴未可期也若本所當時便徇諸處無藝之求只作兩月計則今日何以枝梧事未可期則所責無限不且愛民力以備方來之須將如異日何僕之不斂於民力所以爲諸軍也用兵百二十日糗糧草料銀絹錢引所在委積未嘗乏興而足下乃爾云云不知軍行出入何處闕錢糧何處闕草料累次給犒抃朝廷支賜自是諸軍應報稽緩文字纔到本所立便給散畧無留阻若是給賞則須候有功諸軍既無功狀本所憑何

支放散關前攻不下聞自有説莫不爲無有銀絹錢引否不知散關是險固不可取乎豈由有可取之理而無銀絹錢引之故乎士卒不肯用命豈計司之責必有任其咎者况聞攻關之日死傷不少則非士卒之不用命矣自來兵家行動若逗撓無功多是以糧道不繼嫁禍於有司以自解亦未聞以爲堆垜賞給爲詞者也國家息兵二十年將士不戰竭四川之資以奉之一旦臨敵更須堆垜銀絹而始可用則軍政可知矣且如向來和尚原丁劉圈殺金平諸軍大捷近日吳宣撫取方山原秦州等處王四廂取商虢等

州吳四廂取唐鄧州亦不聞先堆垜銀絹始能破敵也朝廷賞格甚明本所初無慳吝如秦州始平之功得宣司關狀即時行下魚關支散何嘗稍令闕誤兼魚關簽廳所備金帛錢物充滿府藏宣撫不住關撥豈是無樁辦耶顧生民膏血不容無功而得耳假令僕重行科斂積金至斗諸軍衣糧犒設支賜之外若無功效一錢豈容妄得哉若果有功豈容本所以不科斂而不賞乎諸軍但務立功無患賞給之不行也但管取足無問總所科斂與不科斂也劉宴斂不及民何害李郭之勳李晟屯東渭橋無積貲輸糧以忠

義感人卒滅大盜足下以書生爲人幕府不能以此等事規贊主帥而反咎王人之不斂於民豈不異哉九月以後興元一軍支撥過錢引二十八萬道銀絹二千兩匹而糗糧草料與犒設賞行錢之類不與焉亦不爲不應副矣若皆及將士豈不可以立功有功而未得賞者何人也朝廷有分司差職各有所主而於財賄出納爲尤嚴經由檢察互相關防所有屢降指揮凡有支費宣司審實總所量度此古今通義而聖朝之明制也足下獨不便之何哉來書謂攻散關若得銀絹一二萬匹兩錢引一二十萬樁在鳳州有

此重賞而虜(改作敵)不破滅無有也樁在鳳州與魚關何異方宣撫以攻守之策會問節使時亦不聞以此爲言今散關鳳翔未破足下可與軍中議取散關要銀絹錢引若干取鳳翔要若干可以必剋本所當一切擔認足下可結罪保明其申當以聞於朝廷如克敵而賞不行僕之責也若本所擔認而不能取足下當何如僕前後見將帥多是忠義赴功捐軀報國之人只緣幕中導之或非其道以至害事如姚帥之賢固不妄聽然足下自不應爲此異論也萬一朝廷聞之得無不可乎之望嘗備員剡荐預有懼焉且宜勉思

妙書謹重語言勿恤小利以敗大事但得主帥成功足下復何求哉信筆不覺喋喋幸照紋得書頗自慚悔閏月癸酉將官楊大亨統領李安攻破五鬼山同統制田昇統領胡洪趙豐陳濤將官馮超等攻打散關正行水門御愛山賊（金改作）寨自二更一擁上山併力攻擊與金人戰鬭至四更時克復散關占據了當分遣軍兵戰奪和尚原金人退走寶鷄

三月八日甲辰寢罷扈從轉官

庚子有旨大駕視師應扈從及隨逐一行官吏軍兵依紹興四年例轉一官資餘人等犒設臣僚上言臣

聞爵賞之設先王所以待有功也賞而當功則賞一人而千萬人勸無功受賞則人人有覬覦之心將不勝給矣故古之人君不輕以賞與人而人亦不得而虛受豈非以僥倖之門有不可啟者歟臣伏覩今月四日指揮大駕視師應扈從及隨逐一行官吏軍兵依紹興四年例與轉一官資餘人等犒設臣有以見陛下知臣下之勤勞而欲得其歡心也然而事關利害殆有不可行者臣不得不為陛下言之且自臨安至建康其路不遠扈從官吏既預借月俸以為行李之資又優給驛劵以為傳食之費水則有舟楫陸則有鞍馬於沿路犒勞胥吏普沾其覩軍兵之驅馳道路事固不同雖往來跋履不無銜冒勞則有矣何功之云且至尊在途猶不得安臣子服勞亦其常分今若例行推賞則是曲示私恩輕瀆公器適彰虛授何以勸功況比來軍中奏功頗多冒濫朝廷方欲痛懲其獘則賞典所加豈容不謹儻以謂紹興四年之例不得不遵則六年移蹕江上比之四年尤為淹久初未嘗有賞則是當時已悟前賞之非而革之矣在於今日豈可不用六年之例而可蹈四年之失乎兼軍旅方興匱乏為甚犒設士卒固不可免若乃其餘自

應從省臣忝扈從之例亦當受賜若自貪榮寵旁懼怨讟默默不言實負公論欲望陛下特賜睿旨追寢前件指揮以杜僥倖之門使中外之人無得而議則天下幸甚有旨扈從禁衞軍兵依已降指揮推賞餘依奏

一日上謂近臣曰近傳到虜（金改作）中賞格卿等曾見否陳康伯奏曰見之上曰其意如何康伯奏覩其語云邊釁未息恐總兵官所請欲復取所失州縣耳上曰朕孰知金國用兵始末自粘罕（尼堪改作）斡离不（斡里雅布改作）等在時軍政極嚴不用賞典止以威刑脅制其下

而人自畏服今賞格如此之重必是人不用命也康伯等俱曰聖裁高遠非臣所及不勝仰歎

九日乙巳吳璘加少傳王彦授節度使

十一日丁未大金人使入國門

樞密都承旨敷文閣待制徐嘉知閤門事孟思恭館伴大金人使入國門赴都亭驛安泊依禮例十三日合朝見使人以朝儀未定展十六日朝見茶酒五盞差起居舍人洪邁借翰林學士充大金國稱賀使知閤門事張掄副之

十八日甲寅就都亭驛賜金使御筵知樞密院事葉義

問押伴

十九日乙卯使人玉津園射

射以雨不出

二十日丙辰就驛賜宴同知樞密院事黃祖舜押伴

二十一日丁巳金使朝辭

是日金使朝辭茶酒五盞退就都亭驛賜御宴葉義問押伴

二十二日金使回程

金使回程太常少卿王普帶御器械王謙爲送伴使四月六日過界

王宏收復全州

王宏爲吳璘軍統制璘遣宏收復全州

金人陷陳州

陳亨祖招集忠義人收復陳州金人圍之急亨祖盡力禦之屢與金人戰金人益增兵亨祖以孤城不可保守乃率衆力擊金人爲流矢所中而死後五日城陷南門被焚門已埃燼而鐵裹閘板落於地城中軍民爭門而出履閘板而過者皆燒損其足不能逃往往仆於門外亨祖母及良賤五十餘口盡遭屠戮自此官軍惟守舊境而已

□□□□□□□□

民不忘祖宗涵養之澤相繼歸正者不絶闕朕恐士大夫分南北彼此浸失招徠之意卿等可審處如有官能辦者與江邊諸州軍差遣如士人願入學者從便分送庠序教養及令應舉其餘隨宜收卹如此則非惟已來者得安未來者聞之必訴然相慕而至宰相陳康伯對曰謹依聖訓當次第施行

二十一日丁巳洪邁等過北界

張子蓋解圍海州奏捷宰相稱賀

御營使太傅楊存中結局

賜進士出身頭品頂戴四川等處承宣布政使司布政使清苑許涵度校刊

三朝北盟會編卷第二百五十終

三朝北盟會編索引

主编　裴汝誠

编者　顧宏義

　　　郭子建

三朝北盟會編索引目録

四角號碼檢字法

第一條　筆畫分爲十種,用0到9十個號碼來代表:

號碼	筆名	筆形	舉　例	說　明	注　意
0	頭	亠	言　尘　广　疒	獨立的點和橫相結合	123都是單筆,0456789都由二以上的單筆合爲一複筆。凡能成爲複筆的,切勿誤作單筆;如亠應作0不作3,寸應作4不作2,厂應作7不作2,丷應作8不作3、2,小應作9不作3、3。
1	橫	一㇀乚㇏	天 土 地 江 元 風	包括橫、挑(趯)和右鉤	
2	垂	丨丿亅	山　月　千　則	包括直、撇和左鉤	
3	點	丶㇏	宀 礻 冖 厶 之 衣	包括點和捺	
4	叉	十乂	草 杏 皮 刈 大 對	兩筆相交	
5	插	扌	扌　戈　中　史	一筆通過兩筆以上	
6	方	口	國 鳴 目 四 甲 由	四邊齊整的方形	
7	角	𠃌厂⅃乚𠂆㇖	羽門灰陰雪衣學罕	橫和垂的鋒頭相接處	
8	八	八丷人𠂉	分頁羊余災余足午	八字形和它的變形	
9	小	小⺌⺍个忄	尖　糸　粦　呆　惟	小字形和它的變形	

第二條　每字只取四角的筆形,順序如下:

(一)左上角　(二)右上角　(三)左下角　(四)右下角

(例)(一)左上角……端……(二)右上角
　　(三)左下角……　……(四)右下角

檢查時照四角的筆形和順序,每字得四碼:

(例)顏=0128　截=4325　烙=9786

第三條　字的上部或下部,只有一筆或一複筆時,無論在何地位,都作左角,它的右角作0。

(例)　^{3}宣^{0}　^{4}直^{0}　^{8}首^{0}　$_{3}$冬$_{0}$　$_{5}$軍$_{0}$　$_{9}$宗$_{0}$　$_{5}$母$_{0}$

每筆用過後,如再充他角,也作0。

(例)　^{5}成$_{0}$　$^{5}_{0}$持　掛$^{3}_{0}$　$^{4}_{0}$大^{0}　$^{4}_{0}$十$^{0}_{0}$　$^{5}_{0}$車$^{0}_{0}$　$^{6}_{0}$時

第四條　由整個囗門鬥所成的字,它們的下角改取內部的筆形,但上下左右有其他的筆形時,不在此例。

(例)因=6043　閉=7724　鬬=7712

　　茵=4460　瀾=3712　荇=4422

附　　則

Ⅰ. 字體寫法都照楷書如下表:

正	^{3}冖　住^{0}　匕^{1}　反^{1}　^{3}礻　^{3}户　^{3}安　心$^{3}_{0}$　卜^{3}　斥$_{3}$　$_{3}$刃　^{3}业^{2}　$_{3}$亦$_{3}$　^{4}草^{4}　執^{4}　$_{4}$禺　衣$_{3}$
誤	^{7}冖　住^{5}　匕^{2}　反^{2}　^{1}礻　^{1}户　^{5}安　心$_{1}$　^{4}卜　斥$_{4}$　刃$_{5}$　^{2}业^{3}　$_{2}$亦$_{3}$　^{1}草^{1}　執^{5}　$_{2}$禺　衣$_{4}$

Ⅱ. 取筆形時應注意的幾點:

1. 宀户等字,凡點下的横,右方和他筆相連的,都作3,不作0。
2. 尸皿門等字,方形的筆頭延長在外的,都作7,不作6。
3. 角筆起落的兩頭,不作7,如$^{1}7^{7}_{2}$。
4. 筆形"八"和他筆交叉時不作8,如美。
5. 业⺌中有二筆,水⺌旁有二筆,都不作小形。

Ⅲ. 取角時應注意的幾點:

1. 獨立或平行的筆,不問高低,一律以最左或最右的筆形作角。

(例)${}^{1}_{1}\overset{\times\times}{\underset{\times\times}{\text{非}}}{}^{1}_{1}$　$\overset{\times}{\text{肯}}{}^{1}$　${}^{1}_{\times}$疾　$\overset{\times}{\text{浦}}{}^{3}$　${}_{2}\underset{\times}{\text{帝}}{}_{2}$

2. 最左或最右的筆形,有他筆蓋在上面或托在下面時,取蓋在上面的一筆作上角,托在下面的一筆作下角。

(例)$^{\times}$宗$^{\times}$　$^{\times}$幸$^{\times}$　$^{\times}$寧$^{\times}$　$^{\times}$共$^{\times}$

3. 有兩複筆可取時,在上角應取較高的複筆,在下角應取較低的複筆。

(例)功$^{\times}$　$^{\times}$盛　$^{\times}$頗　$^{\times}$鴨　$_{\times}$奄

4. 撇爲下面他筆所托時;取他筆作下角。

(例)$_{\times}$春　$_{\times}$奎　$_{\times}$碎　$_{\times}$衣　$_{\times}$辟　$_{\times}$石

5. 左上的撇作左角,它的右角取作右筆。

(例)勾　$\overset{\times}{\text{鈎}}$　$\overset{\times}{\text{侔}}$　$\overset{\times}{\text{鳴}}$

Ⅳ. 四角同碼字較多時,以右下角上方最貼近而露鋒芒的一筆作附角,如該筆已經用過,便將附角作0。

(例)芒$=4471_{0}$ 元^{1} 拼^{1} 是$_{1}$ 疝$_{2}$ 歆^{2} 畜^{3} 殘$_{3}$ 儀$_{3}$ 難$_{4}$ 達$_{4}$ 越$_{5}$

繕$_{5}$ 鑾$_{6}$ 軍^{6} 覽$_{6}$ 功^{7} 郭$_{7}$ 疫$_{7}$ 癱^{8} 愁^{8} 金$_{9}$ 速$_{9}$ 仁^{0} 見^{0}

附角仍有同碼字時,再照各該字所含横筆(一㇀乚㇏)的數目順序排列。例如"市""帝"二字的四角和附角都相同,但市字含有二横,帝字含有三横,所以市字在前,帝字在後。

《三朝北盟會編》人名索引例言

一　本索引係根據上海古籍出版社影印的光緒三十四年刻本《三朝北盟會編》(以下簡稱《會编》)編制。

二　本版《會编》是將原線裝書每二頁(每頁包括正、反兩面)分上、下欄排列縮印在一頁上。爲檢索方便,本索引將每頁由右至左、由上至下暗分爲1、2、3、4四塊,在被檢索名下詳列其在《會编》中所見的册數、卷數、頁數、塊數,其正文加a,注文加b。

例如　1·94·696·4a

指《會编》第一册、卷94、頁696下欄左面正文。

三　本人名索引收録書中出現的宋、遼、金、西夏諸朝人名,宋、遼以前的人名,除與宋、遼人有世系關係者外,概不收録。

四　人名索引以姓名或通用稱謂爲主目,别名、字、號、小字、綽號、封爵、謚號等加圓括號附録於後。

例如　岳飛(岳少保、武穆、鵬舉)

張俊(張太尉、循王、英伯、張七郡王、伯英、忠烈)

五　爲便於檢索,主目後所附之異稱皆出條作參見目。

例如　岳少保　見岳飛

武穆　見岳飛

六　一人事蹟分見於相銜接的前後兩欄,而于原文中又屬同一段落的正文或注文時,只列此人首現之出處。

七　兩宋皇帝以廟號或謚號爲主目,如徽宗、高宗等。遼、金諸朝皇帝,則在廟號或謚號前冠以朝代名,如遼天祚帝、金太祖等。然金帝海陵王因《會编》中多以完顏亮之名出現,故爲檢索便利,而以完顏亮爲主目,以海陵王爲參見目。

八　有姓無名之人,或有姓氏而無名字之婦女,則以姓氏爲主目,並用小字簡要注明其身份,以示區别。

例如　張氏王黼妾

張氏清河郡夫人,安惇妻

張氏李若水母

魏氏張俊妻

魏氏權知青州

九　同姓名而異人者,經考訂後分别立目,並用小字注明其字號、籍貫、官爵等以爲區别。

例如　張榮靖康二年勤王者,歸黄潛善節制

張榮張敵萬,敗金兵於泰州縮頭湖者

張榮紹興三十一年統制官

十　姓名有異而確爲一人者,則並作一條,以常見者爲主目,餘爲參見目。

例如　銀朮(甯朮割、尼楚赫、銀朮哥、銀朮割、尼珠大王……)

甯朮割　見銀朮

尼珠大王　見銀朮

十一　有名無姓,經考訂仍不能確定其姓者,則以其名爲主目,並注明缺姓。

十二　因避諱而缺筆或傳抄致姓名歧異,經考訂爲一人者,逕加復原。避諱缺字或改字者立爲參見目,而以原名爲主目。

十三　年號前的廟號,如徽宗政和五年等表示時間者,不收入本索引。屬於虛文之人名,亦不收入。

十四　本索引採用四角號碼檢字順序編排,即列出每條首字的四角號碼。如首字同,則再取第二字的四角號碼,如再相同,則暗取第三字,以次類推。

《三朝北盟會編》人名索引

0010$_4$ 童

0021_1 龐

0021_3 充

0021_4 雍

帝

0023_0 卞

0023_1 應

0023_2 康

0023_7　廉

0024_7　夜

度

慶

0025_2　摩

0026_7　唐

2·127·928·3a
2·157·1135·3a
2·161·1164·4a
2·162·1172·1a
2·163·1176·3a
2·167·1208·2a
2·176·1279·2a
2·203·1462·2a
2·216·1554·2a
10 章夏 2·220·1580·3a
2·220·1585·1a
16 章聖　見真宗
章聖皇帝　見真宗
23 章綜 1·22·161·4a
37 章築 1·60·446·2a
72 章氏張俊妻 2·219·1575·1a
90 章惇 1·49·372·1a
1·107·786·3a

0062_7　諦

諦里（迪里） 1·24·181·2ab

0080_0　六

46 六如給事　見李鄴
50 六夫人蔡攸妻 1·47·352·1a

0090_6　京

京兆郡王　見欽宗

0121_1　龍

21 龍虎郎君 1·85·633·3a
2·129·938·3a
21 龍虎大王 2·200·1445·2a
2·201·1448·3a
2·202·1454·2a
2·207·1494·2a
2·215·1550·3a
2·217·1562·4a
2·219·1576·4a
60 龍圖公宇文虚中弟
2·215·1545·4a

0128_6　顔

24 顔岐 1·72·545·4a
1·94·690·4a
1·104·766·4a
2·125·915·3a
2·127·925·1a
2·130·945·4a
2·174·1259·2a
43 顔博文 1·83·626·2a
1·106·776·2a
1·106·778·2a
1·111·811·1a
2·153·1105·4a
44 顔孝恭 2·130·945·3a
2·142·1032·3a
2·147·1071·1a
2·194·1402·3a
顔孝隆 2·148·1075·4a
2·198·1428·1a

0164_6　譚

00 譚兗 1·115·844·4a
1·115·845·1a
1·115·846·1a
2·141·1028·3a
2·144·1049·3a
2·146·1065·1a
2·198·1428·2a
譚襄 1·6·36·4a
24 譚稹（譚宣撫、譚禎）
1·18·128·4a
1·18·132·1a
1·19·134·3a
1·19·135·1a
1·19·136·1a、2a、3a
1·19·137·4a
1·19·139·3a
1·22·161·3a
1·24·175·4a
1·30·224·1a
1·31·233·1a
1·34·257·1a
1·36·267·3a
1·42·319·2a
1·43·322·1a
1·44·334·1a
1·54·406·4a
1·54·407·1a
1·78·587·3a、4a
1·101·747·4a
1·106·777·2a
1·107·785·3a
2·128·929·3a
2·147·1070·3a
28 譚從議 1·49·372·1a
30 譚宣撫　見譚稹
31 譚禎　見譚稹
40 譚九 1·7·49·3a
44 譚世勣 1·54·404·4a
1·70·532·1a
1·74·557·3a
1·74·559·2a
1·74·561·2a
1·86·642·1a
1·86·643·2a
1·99·736·1a
1·107·788·4a
譚某紹興末中使
2·231·1663·3a

0180_1　龔

03 龔誼 1·21·150·4a
04 龔詵 1·9·66·2a
1·10·68·4a

14 龔璹 2·167·1208·1a
2·176·1279·2a
2·221·1588·4a
34 龔濤 2·234·1682·1a
2·235·1686·4a
1·246·1773·1a

0212_7 端

21 端儒 見种師中
77 端邸 見徽宗

0365_0 誠

誠伯 見張慤

0422_7 劾

44 劾姑遜(噶順) 1·18·127·2ab
60 劾里孛(和里布)
1·18·127·2ab
77 劾闍(和卓) 1·18·127·2ab

0460_0 謝

00 謝亮 1·118·862·2a、3a
1·119·869·4a
謝京 1·114·834·3a
1·114·838·1a
10 謝丁 1·65·488·3a
27 謝伋 2·220·1581·1a
30 謝甯 1·78·591·4a
1·82·614·1a
37 謝祖信 2·194·1398·2a
40 謝克家 1·27·201·2a
1·34·254·1a
1·40·300·3a
1·48·359·2a
1·70·526·2a
1·70·528·2a
1·74·556·4a
1·78·586·2a
1·84·631·2a
1·86·641·3a
1·87·652·2a
1·91·674·4a
1·91·675·2a
1·92·679·3a、4a
1·92·680·1a、2a
1·92·682·3a
1·92·684·3a
1·93·686·4a
1·94·693·4a
1·94·696·3a
1·96·706·3a
1·102·752·3a
1·105·773·3a
1·108·792·1a
1·108·794·2a
1·117·859·4a
1·122·892·4a
2·147·1070·4a
2·151·1095·2a
2·220·1581·2a
2·220·1583·2a
44 謝也(舍音) 2·166·1196·3ab

0461_0 訛

05 訛辣魯(烏嚕、烏魯)
1·18·127·1ab、3b
60 訛里耶素(科里濟蘇)
2·217·1564·4ab

0461_4 謹

謹思 見郭永

0466_4 諾

諾爾布 見奴婢

0512_7 靖

靖康帝 見欽宗
靖康皇帝 見欽宗

0722_7 鄘

鄘詢 1·120·880·3a、4a

0742_7 郭

00 郭率府 1·97·718·3a
郭奕 2·142·1034·1a
2·145·1058·2a
2·200·1439·3a
郭京 1·65·485·4a
1·65·486·1a
1·65·489·2a
1·66·494·4a
1·69·519·3a
1·69·520·2a
1·69·523·3a
1·72·541·3a
1·72·548·1a
1·73·553·1a
1·75·564·1a
1·88·653·4a
1·88·657·2a
1·99·730·1a
1·102·752·1a、2a
2·187·1354·4a
04 郭諶(郭湛) 2·236·1695·3a
2·240·1723·1a
10 郭三益 1·94·690·4a
1·99·730·1a
郭元邁 2·176·1279·2a
2·176·1280·1a
2·221·1591·4a
2·222·1605·2a
郭震 2·157·1138·2a
2·196·1416·2a
2·196·1417·1a
郭天信 1·67·506·4a
12 郭瑞孫 2·245·1764·1a

郭副留	見郭安國	2·137·994·3a		郭安	2·207·1493·1a
14 郭璞	1·115·842·3a、4a	2·138·1008·3a		郭安國(郭副留)	
19 郭琰	1·118·863·4a	2·140·1020·2a			1·46·349·3a
郭待制	見郭奉世	2·194·1398·2a			2·241·1730·3a
郭偉	2·134·975·4a	2·212·1528·3a			2·242·1739·4a
	2·134·977·4a	郭仲威(郭大刀)			2·242·1743·1a
	2·140·1023·3a	2·130·946·4a			2·245·1764·1a
	2·147·1068·1a	2·131·951·1a		郭良驥	2·159·1151·2a
	2·148·1075·2a	2·132·963·4a			2·159·1156·3a
	2·149·1082·4a	2·137·997·1a		郭宗儀	2·204·1472·4a
25 郭仲	2·155·1119·3a	2·137·998·1a、3a		34 郭湛　見郭諶	
	2·198·1429·3a	2·140·1022·1a		郭浩	2·123·898·4a
郭仲旬	見郭仲荀	2·140·1024·2a			2·127·927·4a
1·74·559·2a	2·150·1088·2a		郭大用	2·237·1701·3a
	1·78·589·4a	28 郭倫	2·176·1280·1b	郭太師	2·217·1566·4a
	1·86·641·4a	30 郭永(謹思、勇節)		郭吉	2·135·980·3a
	1·86·642·1a	1·117·857·2a			2·135·984·1a
	1·86·643·1a、2a	1·118·863·1a			2·136·986·3a
	1·87·647·4a	1·119·873·1a、2a		44 郭執中	1·61·455·4a
	1·96·709·3a	郭進北宋太祖時大將		郭老娘	1·30·223·2a
	1·105·773·3a	1·38·286·3a		郭藥師(燕王、郭相)	
	1·111·814·4a	2·209·1509·1a			1·9·60·2a
	1·117·855·4a	郭進建炎三年六月於磁州作亂			1·9·65·3a、4ab
	1·117·856·1a	之禁軍將校　2·130·944·3a			1·10·67·3a
	1·117·858·1a	郭進紹興初漢陰諸軍統制官			1·10·68·3a、4a
	2·129·936·3a	2·155·1119·2a			1·10·69·2a
	2·132·958·3a	2·198·1429·1a			1·10·70·4a
	2·133·969·1a	郭進(大馬杓)岳飛部將			1·10·71·1a
	2·134·972·1a	2·151·1092·3a			1·10·73·1a
	2·135·983·1a	郭進劉光世部將			1·11·74·3a、4a
	2·135·985·3ab	2·212·1527·1a			1·11·75·4a
	2·136·987·3a、4a	郭守中　2·198·1428·3a			1·11·76·1a、3a

1·11·79·3a
1·11·81·4a
1·11·82·3a
1·12·84·2a
1·12·85·2b
1·12·86·2a
1·14·96·2a
1·15·106·3a
1·15·109·3a
1·16·111·1a、3a
1·16·114·1a、4a
1·17·121·3a
1·17·122·2a
1·17·123·3a
1·17·124·3a
1·18·126·2a
1·18·129·1a、2a、3a
1·18·130·1a、2a
1·18·131·3a、4a
1·18·132·1a、3a
1·19·134·3a
1·19·135·3a
1·19·139·4a
1·20·141·4a
1·21·151·2a
1·22·159·1a
1·22·161·4a
1·22·164·2a
1·23·167·4a
1·23·169·2a
1·23·172·3ab、4a
1·24·175·3a
1·24·177·1ab、3a
1·24·179·4a
1·24·180·2a、4a
1·24·182·1a、3a
1·24·182·1a、3a
1·25·189·4a
1·26·193·2a
1·26·194·4a
1·26·195·1a
1·26·197·1a
1·27·198·1a
1·27·200·4a
1·28·209·2a
1·20·216·3a
1·29·217·1a
1·30·219·3a
1·30·222·1a
1·37·277·2a
1·39·291·1a
1·39·292·1a、4a
1·39·298·3a
1·43·321·3a
1·43·322·2a
1·45·339·2a
1·46·345·2a
1·46·347·4a
1·46·348·1a、2a
1·47·351·4a
1·53·400·2a
1·54·407·1a
1·61·455·3a
1·70·530·3a
1·75·567·3a
1·82·616·2a
1·87·650·3a
1·89·661·2a
1·89·662·2a
1·96·706·2a
1·96·708·1a
1·96·709·4a
1·98·725·4a
1·99·728·3a
1·106·779·2a
1·115·840·1a
2·194·1399·1a
2·194·1402·2a
2·214·1539·4a
2·232·1670·3a
2·242·1739·4b
2·245·1764·1a

46 郭相　見郭藥師

50 郭青　2·208·1500·1a

郭忠孝　1·115·838·3a
1·115·840·3a

郭奉世(郭待制)
1·81·610·3ab
1·106·781·3a

郭貴　1·103·759·1a

60 郭思仁　2·230·1657·3a

86 郭鐸　1·79·597·3a
1·79·599·2a

90 郭少傅　1·81·608·3a、4a
1·97·714·3a

0764_7　設

設野馬(錫默)　1·99·731·4b

0766_2　詔

10 詔瓦(碩哈)　1·4·30·3ab
1·15·105·1a

80 詔合(碩哈)　1·57·429·3ab
1·111·815·1ab
1·117·856·2ab

0766_8　諮

諮道　見孫世詢

0821_2　施

00 施庭臣　2·187·1350·3a
2·187·1356·3a
2·188·1360·4b

30 施宜生　2·242·1741·2a

施富　2·207·1493·2a

80 施全　2·207·1495·4a

1010_4 王

00 王主簿金國官吏
2·231·1665·3a
2·234·1686·1a
王立中 1·82·620·2a
王亨 2·146·1065·2a
2·149·1080·4a
2·153·1108·2a
王競(無競) 2·244·1751·1a
2·245·1764·3a
王彦(王都統、子才)
1·72·544·3a
1·113·829·1a、2a、3a、4a
1·114·831·3a、4a
1·114·838·1a
1·116·850·3a
1·116·852·3a
1·117·854·3a、4a
1·117·855·4a
1·117·860·3a
1·118·862·4a
1·118·865·2a、3a
1·120·877·4a
2·123·901·4a
2·129·941·1a
2·130·947·2a
2·132·964·1a
2·138·1008·4a
2·140·1022·1a
2·142·1033·1a、4a
2·142·1037·2a
2·143·1043·2a、3a
2·144·1049·3a
2·148·1074·2a、3a
2·148·1075·3a
2·148·1076·1a
2·149·1083·3a
2·149·1085·2a、3a
2·150·1090·3a
2·151·1093·4a
2·155·1118·4a
2·155·1119·1a、2a、3a
2·155·1120·4a
2·157·1138·2a
2·158·1147·4a
2·158·1149·4a
2·168·1215·3a
2·168·1216·1a
2·168·1217·1a
2·169·1222·1a
2·169·1223·2a
2·169·1224·2a
2·170·1227·4a
2·177·1280·3a
2·177·1283·1a、2a
2·179·1293·1a
2·196·1416·2a
2·198·1426·1a
2·198·1430·3a
2·198·1431·3a
2·207·1491·1a
2·208·1497·1a
王彦(才淑) 2·200·1439·4a
2·229·1645·4a
2·236·1695·3a
2·238·1707·3a
2·240·1723·1a
2·241·1731·2a
2·250·1794·1a
王彦章 2·242·1742·3a
王彦先(王爪角)
2·182·1319·2a
2·200·1443·4a
2·201·1448·1a
2·207·1492·2a
王彦潛 2·245·1765·3a
王彦忠建炎初統制官,在衞南被殺 1·117·857·4a
王彦忠統制官,建炎四年率兵防壽河者 2·139·1011·4a
王彦忠紹興三十一年京西訓練官 2·239·1720·4a
王彦成 2·137·996·3a
王彦威 2·145·1056·1a
王方 見王萬
王方 2·238·1709·3a、4a
王育 1·6·40·3a
1·22·159·2a
王高 2·249·1785·2a
王高中 1·82·620·2a
王應求 2·206·1483·2a
2·206·1486·3a
王庶(子尚、當叟)
1·60·448·2a
1·114·837·2a
1·116·847·3a
1·117·854·4a
1·117·855·1a
1·118·862·2a
1·118·864·1a、3a
1·118·868·3a
1·119·869·2a、4a
2·123·898·4a
2·130·949·1a、2a
2·142·1034·1a
2·143·1042·3a
2·147·1066·1a
2·147·1070·2a
2·148·1075·4a
2·155·1120·1a、2a
2·157·1138·3a
2·157·1140·1a
2·158·1145·3a
2·170·1225·3a
2·177·1282·1a
2·177·1286·1a

2·179·1293·1a
2·179·1297·1a
2·183·1325·3a、4a
2·183·1326·2a、3a
2·183·1328·1a、2a
2·183·1329·1a
2·184·1332·2a
2·186·1345·2a
2·186·1349·1a
2·187·1349·3a
2·188·1357·1a、2a
2·190·1372·3a
2·190·1373·1a
2·190·1374·1a
2·192·1385·3a
2·192·1389·3a
2·208·1501·4a
2·209·1505·3a、4a
2·212·1525·4a
2·216·1554·3a
2·225·1624·2a
王庭秀 2·144·1048·4a
王庭直 1·98·726·1a
王夜叉 見王德
王度剌 見耶律松
王唐臣 1·25·183·4a
1·25·184·3a
王文 2·231·1664·3a
王文昌 1·74·560·3a
1·98·726·1a
王章 1·71·538·4a
王袞 1·95·704·3a
1·101·741·1a
1·101·749·1ab
王襄(王資政、王大資)
1·51·388·1a
1·64·481·4a
1·65·490·1a
1·81·610·3ab
1·86·644·1a
1·95·703·3a
1·102·752·2a
1·104·764·2a、3a
1·106·780·2a
1·107·787·3a
2·190·1373·4a
王稟 1·5·37·1a
1·6·40·3a
1·22·161·4a
1·25·186·2a
1·47·353·3a
1·48·363·1a
1·53·395·3a、4a
1·53·397·3a
1·53·398·1a
1·53·399·2a、3a、4a
1·54·402·1a
2·193·1390·2a
2·218·1568·4a
02 王瑞臣 1·11·75·3a
王訓 2·236·1697·2a
04 王訥 見王汭
05 王靖 2·200·1443·3a
07 王翊(王栩) 2·155·1126·3a
2·161·1165·1a
2·175·1267·4a
2·213·1533·4a
2·213·1537·1a
2·220·1585·3a
王韶 1·59·442·3a
1·107·786·2a
08 王敵 1·67·506·4a
王說 1·61·460·1a
王謙 2·250·1794·2a
09 王麟(王姑丈) 1·8·56·2a
1·71·539·3a
1·73·550·1a
1·116·847·1a
10 王三太保 2·249·1785·3a
王正(卿節) 2·190·1374·2a
王瓌 1·4·24·1a
1·4·25·1a、2a
1·4·27·3a
1·4·28·1a
1·4·32·1a
1·5·32·4a
1·11·77·3a
1·11·82·1a
1·11·82·1a
1·16·111·2a
1·24·175·4a
王璋 2·219·1576·3a
2·219·1579·1ab
王元 2·125·915·2a
王元師 1·111·810·2a
王元賓 2·238·1707·3a
王霽 1·64·480·3a
王再興 2·140·1022·4a
王可進 2·245·1762·4a
王雲(王尚書、王侍郎、子飛、王子飛、王觀文)
1·21·157·4a
1·23·168·3a、4a
1·27·199·3a、4b
1·27·201·2a
1·45·339·3a
1·47·355·4a
1·54·403·3a
1·55·409·2b
1·55·412·1a
1·57·423·3a
1·58·435·2a、4a
1·58·436·1a
1·58·437·1a、2b
1·61·454·3a、4a
1·61·455·3a
1·62·466·1a、3a

* 注:原誤作"王班"。

* 注:原誤作"王彥"。

* 注:原誤作“王紹文”。

2·217·1566·1a	王永從 1·25·189·3a	1·51·385·1a
	2·220·1581·2a	王永福 1·13·90·2a	1·59·442·3a
	2·220·1583·2a	1·22·160·2a	1·73·550·4a
	2·220·1585·4a	1·24·176·3a	1·107·786·2a
	2·221·1589·3a	王永昌 1·11·79·4a	2·124·911·2a
	2·223·1609·3a	王之望 2·250·1790·3a	2·147·1069·4a
	2·223·1610·1a	王之道 2·202·1457·3a	2·153·1104·3a
	2·225·1623·4a	2·203·1462·1a	2·167·1207·3a
	2·225·1625·1a	2·203·1464·4a	2·167·1208·3a
王復 1·120·878·2a、3a	王之奇 2·209·1505·3a	王安道(伯路)	
王徽 1·3·20·2a	王之荀 2·209·1505·3a	2·142·1037·1a	
王儀 1·90·668·2a	王進初爲杜充部將,後離去。紹	2·143·1041·2a	
王從龍(雲卿)	興初知池州 2·134·978·2a	2·220·1582·4a	
2·245·1766·3a	2·147·1071·1a	2·230·1657·3a	
王從禮 1·49·372·1a	2·155·1119·4a	王安中(王宣撫、履道)	
王從道 1·47·353·1a	2·173·1247·4a	1·6·39·2a	
王從簡 2·181·1310·2a	王進(背印王)延安人,張俊部	1·14·101·4a	
王以甯(王制置)	下 2·135·983·3a	1·14·102·1a	
1·56·419·4a	2·165·1193·3a	1·14·103·1a	
1·57·426·4a	2·212·1529·2a	1·16·111·2a	
1·61·455·4a	2·219·1576·3a	1·16·114·2a	
1·87·650·2a	王進登州界遞鋪兵士	1·17·120·3a	
2·133·965·2a	2·176·1278·2a	1·17·123·1a	
2·141·1031·3a	王進濠州知州,紹興十一年三月	1·18·126·2a、3b	
2·157·1139·1a	金人陷城,被執	1·18·128·4a	
2·157·1140·2a	2·205·1476·3a	1·18·129·2a、3a	
王綸 2·195·1406·1a	2·205·1477·1a	1·18·130·1a、2a、4a	
2·228·1637·1a	2·205·1480·3a	1·18·131·4a	
王繪 2·161·1164·3a	2·208·1500·4a	1·18·132·1a、3a	
2·162·1169·3a	2·208·1501·3a	1·19·133·4a	
2·163·1179·2a	2·208·1504·1a	1·19·135·2a、4a	
2·165·1190·3a	王進紹興三十一年十月戰死樊	1·20·142·2a	
2·167·1208·2a	城者 2·234·1684·3a、4a	1·22·159·1a	
2·170·1226·1a	王守道 2·230·1657·3a	1·24·175·4a	
30 王宜 2·212·1526·3a	王宇 2·245·1762·4a	1·24·180·3a	
2·212·1528·1a	王宰 見王藝	1·34·252·4a	
2·234·1684·4a	王安石(舒王) 1·38·287·1a	1·43·321·4a	
2·239·1720·2a	1·48·361·2a	1·43·327·3a	
王宣撫 見王安中	1·49·372·1a	1·46·345·2a	

23

1·61·459·1a
王普 2·250·1794·2a
王舍 1·61·460·1a
王善(王大郎) 1·76·577·1a
1·79·593·3a
1·102·753·2a、3a
1·117·856·1a
1·117·857·2a
1·117·858·1a
1·118·863·2a
1·118·864·4a
1·120·877·3a
1·120·878·4a
2·123·900·1a
2·123·901·4a
2·129·936·3a
2·129·941·3a
2·134·974·4a
2·140·1020·2a
2·143·1040·4a
2·144·1049·2a
2·207·1491·1a
2·208·1497·1a
2·243·1744·4a *①
2·243·1750·1b
王曾 1·38·288·2a
王會 2·220·1584·2a
2·220·1585·1a
王公亮
2·206·1487·3a、1488·1a
2·208·1500·3a
王公濟 2·135·979·4a
王公述 2·247·1776·1a
83 王鐵槍 見王明
王鎔 2·230·1657·3a
84 王鑄 2·240·1727·2a
王鎮 1·95·702·3a
87 王鈞甫 2·125·916·2a
2·129·937·2a
王欽宇 1·75·564·3a
王欽若(翼公)
2·149·1081·2a
2·152·1099·4a
2·193·1394·1a
王欽臣 1·60·446·1a
88 王鑑 2·183·1326·4a
王簡 2·141·1031·2a
90 王惟忠(移孝,靜街三郎)
2·138·1005·3a
王光道 2·241·1730·3a
王少卿 見王悰
王尚 1·115·838·3b
王尚書 見王雲
王尚書 見王時雍
王炎 2·245·1764·3a
93 王悰(王少卿) 1·9·63·3a
1·10·68·2a、3a
94 王慥 2·200·1442·3b
王慎 見王構
97 王恪 2·197·1421·2a
98 王悅道 2·230·1657·1a
99 王燮 見王瓊

至

16 至聖至明皇帝 見金太祖
38 至道 見李慤

1010_7 五

30 五官人王善弟 2·144·1049·2a
37 五郎君金人 2·181·1306·3a
2·181·1312·4a
40 五太子 見窩里混

亞

亞痾三世奴婢(額爾克諾爾布) 2·235·1690·1ab

1010_8 巫

巫伋 2·219·1574·1a、2a
2·220·1580·3a
2·220·1585·1a
2·228·1636·4a

1014_1 聶

10 聶耳(聶哷、聶兒、萬户大郎、聶黎) 1·111·815·1ab
2·132·960·2ab
2·162·1170·3ab
2·163·1179·1ab *②
2·202·1454·1ab *③
22 聶山(聶昌) 1·23·170·3a
1·30·223·2a
1·31·230·4a
1·34·257·2a
1·40·299·1a、4a
1·43·324·3a
1·49·367·2a
1·51·385·1a、3ab
1·55·412·2a
1·58·430·4a
1·63·475·4a
1·63·476·1a
1·64·479·3a
1·64·481·1a
1·65·486·4a
1·65·488·4b
1·65·492·4a
1·67·505·2a、4a
1·67·507·1a
1·69·523·1a
1·74·555·1a、3a
1·75·564·1a
1·81·612·3a
1·87·652·1a
1·96·706·3a

*① 原误作"王喜"。
*② 注:"聶兒"原誤作"攝兒"。
*③ 注:"聶哷"原誤作"聶呼"。

元居實　2·229·1648·1a
84 元鎮　見趙鼎
90 元當可　1·77·585·1a

1021_4　霍

10 霍王　見胡東
30 霍安國　1·61·455·2a、3a
1·69·523·1a
1·99·730·3a
1·105·774·4a
1·107·789·2a
67 霍明　2·145·1054·4a
2·150·1090·1a、4a
2·150·1091·1a
2·151·1092·2ab
2·151·1093·3a
2·151·1094·1a

1022_7　万

万俟虚　1·62·467·2a
万俟卨　2·207·1490·3a
2·207·1495·3a、4b
2·208·1498·3a
2·220·1580·3a
2·220·1584·4a
2·223·1608·1a
2·223·1609·1a
2·224·1614·3a
2·224·1616·4a

1024_7　夏

00 夏立　2·126·922·3a
03 夏誠　2·168·1215·1a
2·207·1492·4a*
2·208·1497·4a
17 夏承　1·73·549·4a
1·112·817·4a
23 夏俊　2·231·1664·1a、3a
2·231·1666·3a
2·232·1669·3a
2·246·1772·3a
2·247·1778·2a
24 夏鰭　1·72·544·3a
27 夏俶　見夏淑
37 夏淑(夏俶)　1·64·481·4a
1·77·580·3a
40 夏太子　1·61·453·2a
夏太尉　1·115·841·2a
42 夏彬　2·234·1680·1a
60 夏國主　見元昊
90 夏少曾　1·97·713·1a

1040_0　于

00 于立　1·4·27·2a
1·4·32·1a
14 于琦　2·237·1700·2a
25 于仲文　1·12·85·3a
31 于潛　1·61·455·2a
1·61·460·1a
37 于渙　1·108·793·3a
60 于景　1·8·56·3a

1040_6　覃

覃湘大王　見耶律淳

1040_9　平

10 平王　見劉舜仁
27 平叔　見劉光世

1043_0　天

10 天下兵馬大元帥　見高宗
12 天水郡王　見欽宗
天水郡公　見欽宗
21 天順　見遼穆宗
24 天贊　見遼景宗
26 天皇　見遼太祖
38 天祚　見遼天祚帝
50 天素　見邵成章
52 天授　見遼世宗
53 天輔　見遼聖宗
天輔皇帝　見耶律大石
86 天錫　見蓁戩
天錫皇帝　見耶律淳

1060_0　石

00 石慶充　2·223·1609·4a
07 石竧　2·143·1043·4a
10 石元孫　1·62·464·3a
石可寶　1·69·522·1a
1·96·709·3a
14 石琦　2·142·1035·3a
17 石琚(子美)　2·245·1762·4a
2·245·1764·2a、3a、4a
2·245·1766·1a、2a、3a
石子明　2·141·1028·1a、2a
26 石皋　2·217·1562·1a
30 石家奴(石嘉努)
1·111·815·1ab
2·166·1199·2ab
石窟馬　見習古國王
31 石濬　1·33·244·3a
35 石清　2·216·1557·3a
2·219·1574·3a
2·224·1617·4a
37 石洵美　1·11·75·3a
44 石茂良　1·68·512·2a
1·98·719·3a
2·146·1064·1b
石某石駙馬弟　2·199·1438·1a
51 石振　2·137·1000·4a
74 石駙馬　2·199·1438·1a
80 石令問　1·86·641·3a
1·86·646·1a
石普　1·38·285·4a
石公弼　1·49·372·4b

* 注:原誤作“夏成”。

2·228·1638·4a
90 石少卿 2·183·1328·2a
2·183·1329·1a
2·184·1330·3a

西

00 西京留守金人 2·233·1675·2a
10 西元帥 見完顏希尹

1060_1 晉

00 晉康郡王 見趙孝騫
10 晉王遼天祚帝子 1·58·434·2a
晉王 見太宗
30 晉甯郡夫人 見劉氏
60 晉國王 見完顏宗翰
77 晉卿 見邵隆
晉卿 見吴玠

1060_3 雷

18 雷政 2·241·1729·4a
2·241·1730·3a
2·241·1734·3a
2·241·1735·3a
2·242·1739·4a
25 雷仲 2·149·1086·1b
2·196·1416·1a
2·205·1474·3a
2·205·1479·2a
雷仲友 2·149·1081·3a
2·149·1086·1a
30 雷進 2·145·1056·3a
40 雷有功 1·2·12·1a
46 雷觀 1·35·260·4a
1·41·311·4a
1·42·318·4a
1·42·319·3a
1·48·364·2a
1·99·728·3a

1073_1 雲

雲卿 見王從龍

1080_6 賈

00 賈亮 2·239·1722·1a
賈庭 1·21·150·3a
01 賈譓 1·82·619·1a
賈評 1·8·56·2a
08 賈詳 1·32·242·1a
1·52·392·1a
10 賈百祥 2·181·1314·2b
12 賈瑞 2·249·1787·1a
17 賈勇 1·114·838·1ab
26 賈和仲 2·247·1774·2a
30 賈甯 2·149·1083·4a
2·149·1086·1a
賈安宅 2·228·1640·3a
31 賈潭 2·206·1487·2a
2·207·1493·1a
36 賈澤 2·170·1227·2a
44 賈蒙 1·74·558·4a
60 賈思成 2·249·1787·3a
80 賈舍人 2·165·1190·3a
2·169·1222·2a
2·204·1472·3a
2·217·1564·4a

1090_0 不

58 不撒(布沙) 2·239·1722·1ab
67 不路(博囉) 2·196·1416·1ab

1111_0 北

北京留守金人 2·233·1675·2a

1111_7 甄

10 甄五臣 1·9·66·2a
1·10·68·4a
1·11·74·4a
1·11·76·3a
20 甄采 2·133·969·4a
2·134·976·2a
2·140·1023·1a
52 甄援 2·155·1119·3a
2·198·1429·2a

1021_1 麗

麗妃金世宗妃 2·245·1763·1a

1112_7 瑪

瑪勒 見毛里

1122_7 背

背印王 見王進

1123_2 張

00 張立 1·76·575·1a
張亨 2·245·1763·1a
張亢 1·67·504·2a
張亮 1·49·373·1a
張彦 2·196·1414·2a
張彦攸(安道)
2·219·1574·4a
張彦達 2·236·1698·4a
張彦中 2·199·1434·2a
張彦忠 2·232·1668·4a
2·242·1742·3a
張彦卿 2·228·1639·4a
張育 2·212·1528·2a
張商英 1·41·311·1a
1·49·372·3a
張應 2·204·1469·4a
2·204·1470·1a
2·207·1494·1a
張康國 1·48·361·3a
張忞 1·27·199·4a

1·72·547·2a
1·75·565·4a
1·79·593·2a
1·81·611·1a
1·83·621·3a、4a
1·90·668·3a
1·94·696·4a
1·112·816·3a
1·118·866·4a
1·120·878·2a
1·121·886·3a
2·126·921·3a
2·127·923·4a
2·127·927·3a
2·130·945·3a
2·134·972·1a
2·135·983·1a、3a、4a
2·135·984·1a
2·136·986·1a
2·136·987·3a、4a
2·136·990·2a
2·137·1000·3a
2·138·1004·2a
2·138·1004·3a
2·138·1005·2a
2·140·1022·4a
2·140·1023·4a
2·140·1024·2a
2·141·1029·2a
2·143·1039·3a
2·144·1046·4a
2·144·1047·1a
2·144·1048·4a
2·145·1055·1a
2·145·1058·2a、4a
2·147·1067·4a
2·147·1068·4a
2·147·1069·3a
2·147·1070·2a
2·147·1071·1a
2·147·1071·3a
2·147·1072·2a、3a
2·147·1073·1ab
2·149·1082·4a
2·150·1087·4a
2·153·1108·1a
2·155·1125·2a
2·161·1168·2a
2·163·1179·1a
2·164·1185·2a、3a
2·164·1187·1a
2·165·1189·4a
2·165·1190·4a
2·165·1192·1a
2·165·1193·3a
2·166·1200·2a
2·166·1201·3a
2·169·1220·2a
2·169·1223·4a
2·169·1224·1a
2·170·1225·4a
2·170·1227·2a、4a
2·170·1229·1a
2·173·1248·3a
2·176·1274·2a
2·177·1284·1a*
2·177·1286·1ab
2·178·1287·2a
2·178·1288·2a、3a
2·178·1291·3a
2·180·1300·1a
2·180·1305·1a
2·182·1322·1a
2·183·1326·2a、3a
2·192·1383·3a
2·193·1393·2a
2·194·1398·2a
2·194·1401·1a
2·194·1402·2a
2·195·1404·1a
2·200·1439·3a
2·200·1445·3a、4ab
2·202·1457·1a
2·202·1459·2a
2·204·1469·1a、3a
2·205·1474·3a
2·205·1475·1a、2a、4a
2·205·1476·2a
2·205·1477·3a、4a
2·205·1478·2a、4a
2·206·1482·3a、4a
2·206·1483·1a、2a、3a
2·206·1484·1a、2a、3a
2·206·1485·1a、2a
2·206·1486·3a
2·206·1487·2a
2·206·1488·1a
2·206·1489·2a
2·207·1491·3a
2·208·1497·2a
2·208·1499·3a
2·208·1500·1a
2·212·1524·3a
2·212·1525·3a
2·212·1527·4a
2·212·1528·4a
2·212·1529·2a
2·212·1530·1a
2·215·1552·1a
2·216·1554·2a
2·217·1561·3a*
2·217·1566·4a
2·217·1567·3a
2·218·1571·4a
2·219·1574·2a、4a
2·219·1575·1ab
2·219·1579·1a

* 注:原誤作"張浚"。

* 注:原誤作“張俊”。

1·13·90·4ab
1·16·114·3a
1·17·119·2a
1·17·123·4a
1·18·125·3a
1·18·126·1a、2a、3b
1·18·128·3a、4a
1·18·129·1a
1·18·130·1a、2a
1·18·131·4a
1·18·132·3ab
1·19·135·1a
1·19·136·1a
1·19·139·2a、4a
1·19·140·3a
1·20·148·4ab
1·21·155·1a
1·22·159·1a
1·22·161·4a
1·23·167·3a
1·23·168·1a
1·23·169·1a
1·24·176·2a
1·24·178·4a
1·24·181·4a
1·29·212·3a
1·29·214·4a
1·30·220·1a
1·30·221·4a
1·53·398·4a
1·64·481·1a
1·87·651·2a
1·89·659·4a

張慤(誠伯) 1·39·291·1a
1·39·292·1a
1·71·537·3a
1·72·545·4a
1·73·549·4a
1·73·552·1a

1·99·729·4a
1·117·859·1a、2a
1·118·861·2a
2·133·968·2a
2·181·1309·1a*①
2·181·1314·1a

張超 2·231·1665·1a
2·234·1683·2a

張杞 2·163·1180·2a
2·216·1557·3a

張格非(正夫) 2·139·1011·3a
2·150·1088·2a

48 張枚 2·199·1433·4a

50 張中彥 2·135·984·1a
2·136·989·1a
2·143·1040·3a
2·143·1042·1a
2·143·1045·1a
2·182·1319·1a
2·192·1385·4a
2·200·1439·3a、4a
2·206·1485·2a
2·208·1500·3a
2·208·1501·3a
2·212·1525·2a、3a
2·231·1662·1a*②
2·231·1666·3a

張中孚 2·143·1045·1b
2·158·1146·4a*③
2·158·1150·3a
2·182·1319·1a
2·192·1385·4a
2·197·1424·3a
2·200·1439·3a、4a
2·206·1485·2a
2·208·1500·3a
2·208·1501·3a
2·208·1504·1a
2·212·1525·2a、3a

張抃 2·239·1720·1a

張泰 2·126·922·2a

張青建炎三年水軍稍公 2·134·978·1a

張青紹興三十一年成閔部下統領官 2·247·1776·1a

張忠 2·142·1038·3a

張忠彥 2·245·1764·1a

張忠獻公 見張浚

張柬 2·141·1027·2a
2·181·1309·1a*④
2·181·1314·1ab

51 張振 2·238·1711·1a
2·238·1712·1a
2·238·1714·1a
2·239·1715·4a
2·239·1717·2a
2·241·1734·4a
2·242·1737·4a
2·248·1780·1a

52 張撝 1·33·244·3a
1·64·484·2a
1·68·511·2a

53 張成濰州小教頭,建炎三年叛附於金 1·120·876·4a
1·121·887·3a
2·129·936·4a
2·130·946·2a、3a

張成紹興三十一年統領 2·239·1720·1a

張戒(定復) 2·183·1327·4a
2·184·1330·3a
2·184·1332·2a
2·185·1334·3a
2·185·1335·1a
2·216·1556·1a
2·225·1624·1a

57 張換 見張�

張招討 2·150·1086·4a

*① 注:原誤作"張昂"。
*② 注:原誤作"張彥忠"。
*③ 注:原誤作"張中甯"。
*④ 注:原誤作"張東"。

1·105·772·1a、2a、4a
1·105·773·1ab、3b、4a
1·105·774·2a、3a、4a
1·106·776·2a
1·106·778·2a
1·106·782·1a
1·107·783·1a
1·108·796·2a
1·108·797·3a
1·109·798·2a
1·110·804·2a
1·111·811·2a
1·111·813·2a
1·112·818·4a
1·113·824·2a
1·113·826·1a
1·114·832·1a
2·129·940·2a
2·129·941·1a
2·137·999·1a
2·141·1027·3a
2·142·1036·3a
2·145·1054·4a
2·146·1064·1ab
2·152·1099·4a
2·153·1105·4a
2·154·1114·3a
2·162·1174·1a
2·182·1320·4a
2·189·1363·3a
2·199·1434·1a
2·200·1440·2a
2·211·1518·3a
2·213·1531·2a
2·213·1534·3a
2·213·1535·1a
2·214·1542·1a
2·220·1582·2a、4a

57 張擬 2·134·976·1a
2·136·986·2a

58 張軫遼國官僚 1·15·106·1a
1·15·107·2a

張軫伶人 2·217·1564·3a

張掄(材甫) 2·219·1577·3a
2·229·1647·2a、3a
2·229·1648·3a
2·229·1649·4a
2·229·1650·2a
2·230·1656·3a
2·230·1659·2a
2·250·1794·1a

60 張昱 1·111·809·4a
1·114·834·4a

張四 2·199·1437·4a

張見道 1·45·336·3a

張思聰 1·108·796·2a

張思政(張師正、張師政)童貫部下，統領勝捷卒，靖康元年爲李彌大所殺
1·9·61·2a
1·9·65·2a
1·11·76·3a
1·47·353·1a
1·50·379·3a
1·65·489·2a
2·217·1560·4a
2·218·1569·1a

張思政(張統制、張思勝)張灝部將，救援太原，後於襄陽擒殺郭京
1·50·378·2a、4a
1·51·386·3a
1·51·387·2a、3a
1·53·396·2a
1·53·399·2a
1·57·427·2a
1·59·438·2a
1·99·730·2a
1·99·737·1ab
1·102·752·1a、2a
2·134·973·3a
2·137·994·3a
1·193·1390·2a

張思勝 見張思政

張恩義 1·61·460·1a

張昪 1·6·44·1b

張昌 2·212·1524·1a
2·243·1746·2a

張昂 2·161·1163·3a
2·181·1307·2a
2·182·1318·4a

張杲 1·1·1·2a
1·19·137·4a

張景 1·95·698·4a
2·136·986·4a
2·178·1287·3a

張景仁(受甫)
2·245·1765·3a

66 張嚴 1·116·847·4a
1·116·848·1a
2·195·1406·1a
2·196·1409·4a

67 張明 2·135·979·4a

張暎(張換) 1·71·539·3a
1·74·560·2a
1·79·593·3a
1·85·633·2a、3a
1·94·696·1a、4a
1·103·756·4a
1·103·757·2a

張暉 1·38·286·2a

張贍 2·148·1074·4a

71 張愿 2·176·1273·4a

張愿恭 1·24·175·2a
1·24·178·4a
1·29·212·3a
1·29·217·3a

90 張惟協 1·21·150·4a
張懷素 1·45·341·3a
1·49·373·1a
張光 2·127·928·3b
張炎 見張言
91 張炳文 2·162·1174·4a
94 張慎 2·186·1341·4a
97 張煥 1·76·577·1a
1·110·807·4a
2·129·938·3a
98 張悦 2·181·1309·1a
99 張榮靖康二年勤王者,駐廣濟軍,歸黄潛善節制
1·79·593·3a
張榮(張敵萬)敗金兵於泰州縮頭湖者 2·143·1041·4a
2·143·1042·1a
2·144·1048·3a
2·145·1056·4a
2·145·1057·1a、3a
2·148·1076·3a
張榮紹興三十一年統制官
2·248·1780·4a

1168_0 碩

47 碩格 見杓哥
68 碩哈 見韶瓦
碩哈 見韶合

1173_2 裴

00 裴靡申氏 見裴摩申氏
裴摩申氏(費摩申氏、裴靡申氏) 2·166·1199·3ab
2·216·1558·1ab
裴廩 1·56·419·4a
1·61·455·4a
1·96·707·1a
03 裴誼 1·30·225·1a
1·60·448·3a
20 裴億 1·118·863·2a
1·119·873·1a
30 裴濂 2·133·969·1a
裴進 1·81·608·1a
32 裴淵 1·68·511·2a
2·123·898·3a
2·125·913·4a
2·129·939·4a
34 裴汝明 1·71·539·3a

1180_1 冀

00 冀彦明 2·219·1574·3a
24 冀德 1·115·844·3a
60 冀國王 見完顔宗輔
冀景 1·6·40·3a
1·9·61·3a
1·9·65·2a
1·23·172·1a
1·47·353·4a
1·51·386·3a、4a
1·51·387·1a、2a、3a
1·57·426·4a

1217_4 瑶

瑶華 見昭慈聖獻皇后
瑶華仙師 見昭慈聖獻皇后

1240_1 延

30 延之 見尤袤
47 延超 2·168·1215·3a

廷

08 廷誨 見劉誨
23 廷俊 見汪伯彦

1241_0 孔

00 孔彦舟(孔彦威)
1·79·593·2ab
1·81·608·1a、2a
1·85·633·3a
1·94·696·1a、4a
1·102·753·2a、3a
1·117·857·4a
1·119·872·4a
2·133·966·3a
2·133·967·3a
2·137·996·2a
2·137·998·4a
2·137·999·4a
2·140·1022·1a
2·141·1031·3a
2·145·1055·1a
2·145·1056·2a
2·147·1067·1a、2a
2·147·1069·4a
2·148·1074·3a
2·151·1094·3a
2·155·1121·1a
2·169·1224·3a
2·173·1244·4a
2·181·1314·2b
2·182·1319·1a
2·200·1441·2a
2·201·1450·3a
2·202·1455·3a
2·206·1488·2a
2·207·1492·2a
2·224·1617·3a
2·243·1744·3a
2·245·1759·3a
孔彦威 見孔彦舟
03 孔斌 2·231·1665·1a
24 孔德基 1·121·887·4a
31 孔福 2·234·1681·1a
2·235·1689·2a
2·248·1781·1a
60 孔固(德遠) 2·245·1766·3a

1249_3 孫

1262_1 斫

1314_0 武

1519_0 珠

珠展 見召哲

1521_3 虺

虺氏 見蕭太后

1523_6 融

融德 2·231·1665·1a

1540_4 建

30 建安郡王 見趙瑛
90 建炎皇帝 見高宗

1610_4 聖

00 聖文仁德顯孝皇帝 見徽宗
60 聖果 見完顏宗浚

1613_2 環

環環 見柔福帝姬

1623_6 强

32 强淵明 2·228·1639·4a
44 强英 2·231·1665·4a

1661_0 硯

硯童 2·142·1036·3a

1710_7 孟

00 孟庾(孟參) 2·148·1076·3ab
2·149·1083·3a
2·149·1086·1a
2·151·1094·4a
2·151·1096·1a、4a
2·153·1107·4a
2·155·1123·1a
2·161·1166·1a
2·164·1185·3ab
2·167·1206·3a
2·169·1224·2a
2·176·1279·1a
2·177·1282·4a
2·180·1303·1a
2·188·1360·4a
2·193·1390·1a
2·194·1402·4a
2·195·1404·1a
2·197·1417·3a
2·199·1437·4ab
2·200·1441·4a
2·200·1443·2a
2·205·1478·4a
2·208·1500·4a
2·208·1501·4a
2·213·1536·2a
2·216·1555·2a
孟度 1·68·511·4a
03 孟斌 2·237·1701·4a
2·243·1744·4a
07 孟翊 1·45·341·3a
17 孟子書 1·78·588·1a
21 孟師齊 2·181·1312·3a
23 孟參 見孟庾
孟俊 2·239·1720·1a
24 孟德 1·113·829·4a
2·198·1426·3a
30 孟宗獻(友之)
2·245·1765·4a
2·245·1766·1b
34 孟浩 2·245·1762·4a
35 孟迪 1·115·845·1a
1·117·855·1a
36 孟涓 2·180·1303·2a
40 孟大夫 見孟忠厚
孟太后 見昭慈聖獻皇后
孟太母 見昭慈聖獻皇后
孟在 2·146·1063·4a
42 孟彬 2·230·1653·3a
44 孟世甯 1·72·544·2a
1·76·577·1a
1·79·593·3a
1·85·633·3a
2·129·938·3a
2·218·1572·1a
孟某醫官 2·231·1663·3a
50 孟忠厚(孟大夫)
1·90·672·2a
1·91·677·3a
1·92·679·3a
1·92·680·1a
1·108·796·2a
1·109·798·3a
1·111·814·4a
1·112·816·3a
2·208·1500·3a
2·212·1524·2a、3a
2·212·1525·3a
2·212·1530·1a
51 孟振 2·140·1023·4a
2·144·1046·2a
2·144·1047·3a
53 孟成 2·134·976·3a
57 孟邦傑 2·207·1494·1a
2·208·1498·1a
60 孟思恭(彦安)
2·219·1574·2a
2·250·1794·1a
孟昌齡 1·56·420·1a
1·70·529·3a
1·101·747·4a
1·113·827·4a
2·147·1070·3a
72 孟后 見昭慈聖獻皇后
孟氏 見昭慈聖獻皇后
83 孟鉞 2·159·1152·3a

1712_0 刁

刁柄易 1·24·176·2a

1712_7 鄧

00 鄧高 2·231·1665·1a
鄧文誥 1·3·16·1a
10 鄧王 見僞信王
14 鄧珪(鄧述) 1·10·68·2a
1·69·523·4a
1·77·584·4a
1·78·588·1a
1·81·607·1a
1·97·715·2ab
23 鄧綰 1·1·4·2b
27 鄧紹密 1·121·885·3a、4a
2·129·941·2a
33 鄧述 見鄧珪
37 鄧洵武(子常) 1·1·4·2ab、3a
1·1·5·2a
1·48·361·3a
1·75·567·1a
44 鄧茂實 見滕茂實
45 鄧椿 1·1·5·1a
50 鄧肅(志宏) 1·77·585·1a
1·100·739·1ab
1·111·810·3ab
72 鄧氏張邦昌妻 2·213·1534·3a

耶

耶律度剌 見耶律松
耶律廣 1·84·630·4a
耶律章努 見耶律章奴
耶律章奴(耶律章努)
1·21·150·4ab
1·24·181·1ab
耶律延禧 見遼天祚帝
耶律璟 見遼穆宗
耶律後 2·245·1762·4a
耶律德光 見遼太宗
耶律佛頂(佛騰)
1·21·151·2ab
耶律穆 見耶律术
耶律紀(秦晉王)
1·29·214·3a
耶律淳(秦晉國王、燕王、九大王、覃湘大王、天錫皇帝) 1·5·33·3a、4a
1·5·36·4a
1·6·38·4a
1·6·41·1a、4a
1·6·43·4a
1·7·47·2a、3a
1·7·48·1a、3a
1·7·49·3a
1·8·56·2a
1·8·58·3b
1·9·59·3a
1·9·60·1a、3a、4a
1·9·61·1a、3a
1·9·63·4a
1·9·66·2a
1·10·67·3a
1·10·69·1a
1·16·114·4a
1·16·116·3a
1·17·119·2a
1·17·120·1a
1·17·121·3ab
1·46·348·3a
1·21·151·1a
1·75·567·2a
2·214·1538·3a
2·215·1547·4a
2·215·1548·2a
耶律甯 1·21·150·4a
耶律安巴堅 見遼太祖
耶律賨 2·245·1762·4a
耶律宗真 見遼興宗
耶律宗本 1·5·33·3a
耶律濬(昭懷太子)
1·5·33·3a
1·21·155·3a
1·21·156·2a
耶律洪基 見遼道宗
耶律温 2·208·1499·2a
2·208·1500·2a
耶律道 2·245·1762·4a
耶律大石(天輔皇帝、達實、大石林牙、耶律大實、大石、林牙) 1·7·47·2ab
1·7·48·2ab、3ab、4ab
1·8·55·4ab
1·9·61·3ab
1·9·63·4a
1·10·73·2ab
1·11·75·2a
1·12·84·2ab、3ab
1·12·89·1a
1·17·124·2a
1·21·152·1ab
1·49·368·4a
1·58·433·3a
1·98·726·3ab
1·99·737·1ab
2·148·1077·3ab、4ab
2·221·1593·2ab
耶律大實 見耶律大石
耶律大夫 1·81·607·3a
耶律太師金將 1·97·715·1a
耶律太師 見耶律余覩
耶律克恭 1·36·269·2a
耶律术(耶律穆)
2·243·1745·3ab
耶律勸農 2·242·1743·3a
2·245·1763·4a

2·129·936·2a
2·129·936·3a
2·130·947·1a
2·140·1021·2a
2·141·1031·1a、2a
2·141·1032·1a
2·143·1041·1a
2·144·1048·1a
2·147·1066·4a
2·147·1067·1a
2·148·1077·1a、2a
2·149·1083·1a
2·150·1089·1a、2a
2·150·1090·3a、4a
2·155·1118·4a
2·155·1122·3a
2·190·1373·4a
2·200·1442·2a
2·204·1470·1a

1722_7 鄘

17 鄘瓊 2·137·994·3a
2·143·1039·4a
2·149·1080·4a
2·169·1223·3a、4a
2·170·1227·1a
2·178·1287·1a、2a
2·178·1288·3a
2·178·1290·4a
2·178·1291·1a
2·178·1291·3a
2·179·1294·1a
2·179·1295·4a
2·180·1300·1a
2·180·1305·1a
2·180·1305·2a
2·181·1312·2a
2·182·1319·2a
2·182·1323·1a
2·183·1325·2a
2·183·1326·2a
2·185·1338·2a
2·188·1361·2a
2·198·1432·1a
2·200·1441·2a
2·201·1450·3a
2·202·1455·3a
2·204·1469·1a
2·206·1488·2a
2·212·1526·4a
2·212·1528·4a
2·243·1744·4a
60 鄘晟 2·148·1076·3a

1723_2 豫

10 豫王契丹人 2·230·1652·4a
2·233·1675·1a
60 豫國公 見童貫

承

承旨 見宇文粹中

1740_7 子

00 子亨 見張節夫
子充 見馬擴
子彥 見張邦昌
子高 見陳充
子辯 見范訥
10 子正 見常同
子平 見劉銓
12 子飛 見王雲
子飛 見楊蟠
21 子能 見張邦昌
27 子久缺姓 1·19·139·4a
38 子道 見王忠民
40 子才 見王彥
44 子蒙 見莫濛
77 子賢 見張仲實
80 子美 見石琚
子美 見任倜
90 子尚 見王庶
子常 見鄧洵武

1740_8 翠

翠華 見昭慈聖獻皇后

1742_7 邢

10 邢王 見阿魯孛山
20 邢倞 1·31·230·4a
1·58·433·4a
1·63·469·2a
21 邢穎 1·21·150·3a
23 邢弁 2·249·1787·3a
26 邢皇后 見懿節皇后
30 邢進 2·240·1723·1a
2·249·1785·2a
40 邢希戴 2·181·1308·1a
2·181·1310·1a
邢支 2·178·1287·3a
44 邢孝揚 2·212·1524·2a
72 邢氏李處能母 1·18·126·3a
邢氏 見懿節皇后
77 邢具瞻 2·206·1488·4a
2·244·1752·2a

勇

勇節 見郭永

1750_6 鞏

10 鞏元忠 1·118·867·1a
23 鞏俊 2·199·1438·4b
25 鞏仲達 1·118·867·1a
44 鞏世俊 2·199·1438·3a、4b

1750_7 尹

31 尹源 1·38·287·1a

1752_7 那

1760_2 召

習

1762_0 司

1762_7 邵

1·101·741·1a
1·104·767·2a
1·115·840·4a
1·115·846·1a
1·118·861·2a
2·128·933·4a
2·129·939·2a
60 邵曇 1·103·756·2a
2·213·1534·1a
77 邵隆(邵興、晉卿、邵大伯)
1·104·766·3a
1·115·845·2a、3a
1·117·856·1a
1·118·867·4a
1·119·871·2a
1·120·877·2a
2·136·988·3a
2·147·1070·1a
2·155·1119·1a
2·170·1229·2a
2·198·1429·1a
2·205·1474·4a
2·205·1482·1ab
2·206·1482·4a
2·206·1487·2a
2·206·1488·3a
2·208·1499·3a
2·214·1537·3a
邵興 見邵隆
90 邵光規 2·181·1311·4b

1777_3 函

60 函國公金人 2·241·1729·3a
2·246·1768·4a
80 函普 見揞浦

1780_1 翼

10 翼王金人 2·221·1591·2a
80 翼公 見王欽若

柔

24 柔德公主 1·99·732·1a
31 柔福帝姬(環環)
1·79·600·4ab
2·134·976·1a、2a
2·140·1023·1a

1822_7 殤

殤太子 見完顏光英

1918_0 耿

00 耿卞 2·243·1747·1a
2·248·1781·1a
耿京 2·237·1700·3a
2·242·1742·4a
2·249·1787·1a
12 耿延禧(耿舍人、伯忍、伯順)
1·63·473·3a
1·63·474·1a
1·63·476·2a
1·64·478·2a、4a
1·64·480·1a
1·64·482·4a
1·66·500·2a
1·71·537·3a
1·71·538·3a
1·72·545·1a、3a
1·73·552·4a
1·74·555·4a
1·83·621·4a
1·89·664·4a
1·90·668·3a
1·92·680·1a
1·92·683·1a、2a
1·95·704·4a
1·101·741·1a、3a、4a
1·102·749·3a、4a
1·102·752·4a
1·103·760·1a
1·108·794·2a、3a
20 耿信 2·134·976·1a
30 耿進 2·123·901·4a
耿守禧 1·87·646·4a
耿守忠 1·19·134·3a
1·22·161·4a
1·23·171·4a
1·23·172·1a
1·25·184·3a
1·37·281·4a
1·54·407·1a
1·59·438·2a
1·82·616·2a
2·132·960·1a
耿安 2·131·951·2a
34 耿洪 2·123·901·4a
35 耿清 2·198·1428·4a
40 耿太師金將 2·196·1410·4a
耿南仲(耿門下、耿氏、晞道)
1·27·201·1a
1·30·219·3a
1·34·255·1a、4a
1·34·256·2a
1·34·257·3a
1·36·274·4a
1·40·300·4a
1·43·321·2a
1·44·332·1a
1·45·336·3a
1·46·347·3a、4a
1·48·359·2a
1·55·412·2a
1·56·420·2a
1·58·430·4a
1·62·466·2a
1·62·467·3a
1·63·473·3a

2010_4　重

2021_7　秃

2022_7　秀

喬

2024_7　愛

2026_1　信

2033_1　焦

2040_7　受

季

2042_7 禹

禹珪 見劉錫

2052_7 犒

犒里鐸剌(浩里道拉、稿里、浩里) 1·24·181·2ab
2·197·1419·4ab

2071_4 毛

10 毛可(穆昆) 2·201·1451·2ab
15 毛建 1·90·671·4a
20 毛毛可(穆昆)
2·135·982·1ab
24 毛德如 1·98·721·4a
毛特可(穆特赫)
1·24·181·3ab
27 毛叔度 2·225·1624·2a
32 毛澄 2·181·1308·1a
2·181·1313·3a
毛割石(摩古津、毛合尖)
1·21·152·1ab
1·29·213·3ab
40 毛古魯(蒙古勒)
1·117·856·1ab
60 毛里(瑪勒) 2·233·1674·4ab
71 毛馬女 2·139·1011·2a
77 毛同禮 2·155·1125·1a*
2·155·1127·1a
80 毛合尖 見毛割石

2090_4 集

集賽 見特賽

2090_7 秉

秉德(阿辛、愛紳、楚國王)
2·230·1653·1a
2·233·1674·3ab

2092_7 稿

稿里 見犒里鐸剌

2108_6 順

24 順德帝姬(順德公主)
1·79·600·4a
1·99·732·1a
順德公主 見順德帝姬
37 順祖 1·44·331·3a

2110_0 上

上 見高宗
上 見徽宗
上 見欽宗
26 上皇 見徽宗
30 上官悟 1·77·585·1a
2·132·958·4a
2·136·989·2a
2·137·995·4a
2·137·996·1a
2·181·1309·2a

2116_0 黏

黏罕 見完顔宗翰

2120_1 步

00 步諒 2·200·1445·3a
2·212·1527·3a
34 步汝霖 2·135·983·2a

2121_0 仁

00 仁廟 見仁宗
26 仁皇 見仁宗
27 仁叔 見燕瑛
30 仁宗(大宋體天法道極功全德神文聖武睿哲孝明皇帝、仁皇、仁祖、仁廟)
1·1·3·4a
1·3·20·1a
1·6·44·1ab
1·19·134·4a
1·21·157·3a
1·25·187·3a
1·26·193·4a
1·27·201·3a
1·34·253·3a
1·35·265·4a
1·36·274·1a
1·38·285·4a
1·38·289·3a
1·43·321·1a
1·48·363·4a
1·50·380·1a
1·55·412·4a
1·62·464·4a
1·63·476·3a
1·74·561·4a
1·76·572·1a
1·115·843·2a
2·153·1104·2a
2·184·1332·3a
2·203·1463·2a
2·225·1621·4a
37 仁祖 見仁宗

2121_2 虚

虚哥濛(蘇克穆爾)
2·197·1418·3ab

2121_7 伍

伍點檢 2·150·1090·2a

盧

00 盧襄 1·67·509·2a

* 注:原誤作"毛司禮"。

2121_9 伾

2122_0 何

2122_1 行

衍

衞

衡

2123_4 虞

2·140·1023·2a
2·141·1028·2a
2·141·1032·1a
2·143·1043·3a
2·145·1055·3a
2·147·1071·1a
2·148·1075·2a
2·180·1300·2a
2·194·1402·4a
50 崔忠 1·25·183·4a
1·25·184·3a
崔貴妃 1·99·731·4a
57 崔邦弼 1·120·878·2a
1·121·887·3a
2·142·1038·1a
2·165·1192·1a、2a
2·176·1278·2a
2·238·1708·2a
2·246·1767·4a
71 崔陟 2·230·1651·3a
72 崔氏縣尉 1·89·663·3a
77 崔鵬 1·50·377·2a
80 崔美人 1·79·596·2a
崔曾 2·207·1492·2a
崔公義 1·21·150·3a
86 崔智 2·129·940·4a

2222_7 僞

僞信王（鄧王）
2·147·1066·4a
2·147·1067·1a

2223_4 僕

僕悉令（富色里）
2·248·1779·4ab

2224_7 偁

偁缺姓 2·215·1545·3a

2226_4 循

循王 見張俊

2277_0 山

山甫 見劉仲山

幽

幽皇后（徒姑丹氏、圖克坦氏、徒單氏）
2·241·1731·1ab
2·242·1742·3ab

2290_1 崇

24 崇德帝姬 見榮德帝姬
30 崇進 2·231·1661·4a
2·241·1729·3a
2·246·1768·4a

2290_4 欒

30 欒家奴（欒嘉努）
2·243·1748·1ab
40 欒嘉努 見欒家奴

2291_3 繼

繼天集統昭德定功敦仁體信修文振武光聖皇帝 見金太宗
繼天興道敷文成武睿明皇帝 見徽宗

2293_8 崧

44 崧老 見許翰
77 崧卿 見姚岳

2294_4 綏

綏赫 見隨闊

2300_0 卜

卜端孺 2·249·1785·4a

2323_4 伏

00 伏章 2·207·1495·4b
30 伏宣 2·235·1688·3a
伏之彥 2·134·976·4a

獻

獻可 見徐昌言

2324_2 傅

00 傅亮 1·90·670·3a
1·93·689·1a
1·102·753·3a
1·107·783·3a
1·107·787·1a、3a
1·109·802·1a
1·111·810·2ab
1·111·816·1a
1·112·821·4a
1·112·822·2a
1·115·839·2a
2·200·1440·2a
傅慶 2·143·1040·1a
10 傅雱（彥濟）
1·108·791·1a、2a
1·109·803·1a
1·110·803·3ab
2·157·1139·1a
2·200·1440·2a
18 傅政臨（傅先生、傅臨政）
1·65·486·1a
1·69·520·3a
1·72·541·3a
1·72·548·1a
1·99·730·1a

徒單氏　見幽皇后

2454_1　特

00 特离不(特烈布)
1·24·181·2ab
12 特烈布　見特离不
26 特伯烈　見木魯
30 特賽(集賽) 2·216·1558·1ab
2·216·1559·1a
40 特古斯　見鐵哥滋
特木也(特默)
1·111·815·1ab
2·131·950·4ab
2·141·1031·3ab、4ab
63 特默　見特木也

2474_7　岐

10 岐王　見完顔亮
60 岐國王　見完顔亮

2480_6　貨

貨攞(呼蘭)　1·18·127·2ab

贊

贊可　見張士襄

2490_0　科

科里濟蘇　見訛里耶素

2492_7　納

12 納延　見那也
44 納蘇郎君　見男三郎君
68 納合文舉　見納合文舉
納合士舉　見納合士舉
77 納丹珠　見男端孫
80 納合文舉(納哈文舉)
2·245·1763·2ab
納合士舉(納哈士舉)
2·245·1763·2ab

2496_1　結

結通嗢　1·94·693·1a

2498_6　續

16 續理　2·220·1584·4a
53 續鶱　1·25·183·4a
2·144·1049·3a
2·224·1618·2a

2500_0　牛

26 牛臯　2·136·993·1a、2a
2·138·1004·2a、3a
2·153·1108·1a
2·154·1116·2a
2·155·1118·4a
2·155·1119·4a
2·159·1151·2a、4a
2·164·1186·3a、4a
2·169·1224·2a
2·173·1247·4a
2·202·1456·3a
2·207·1492·2a
2·208·1497·3a
2·216·1553·3a
28 牛稔　1·6·42·2a
30 牛宏　2·239·1720·4a
35 牛清　1·30·228·1a
47 牛欄監軍政和末被殺
1·1·5·4a
牛欄監軍　見蕭遏魯

2503_0　失

失侣(舒嚕)　1·18·127·2ab

2520_6　仲

00 仲章　見劉機
10 仲正缺姓　2·141·1028·4a
13 仲武(蕭王) 2·216·1558·1ab
23 仲參　見史愿
26 仲和　見唐括安禮
30 仲宣　見張汝爲
34 仲遠　見烏陵阿思謀
36 仲澤　見張汝霖
40 仲古　見折彦質
44 仲恭　見夾谷愿

2522_7　佛

10 佛面(佛門) 2·144·1048·1ab
30 佛甯　見蒲輦
77 佛門　見佛面
79 佛騰　見耶律佛頂

2590_0　朱

00 朱彦通　1·23·167·4a
1·23·168·4a
10 朱震建炎元年致仕
1·85·636·4a
朱震紹興間爲趙鼎舉用者
2·216·1554·2a
朱夏卿　2·238·1709·3a
2·239·1719·2a
2·241·1734·3a
2·246·1768·3a
2·247·1774·2a
14 朱琳　1·120·879·4a
1·120·880·1a
朱勔　1·27·198·3a
1·31·233·3a
1·32·238·4a
1·34·253·4a
1·42·319·2a
1·43·323·2a
1·45·342·1a
1·50·380·3a
1·52·392·3a

* 注:原“朱”下注“闕”,疑即“朱弁”。

2591_7 純

2600_0 白

自

2610_4 皇

2620_0 伽

伽羅(額嚕) 2·243·1746·3ab

伯

00 伯康　見藍安國
17 伯忍　見耿延禧
21 伯順　見耿延禧
22 伯山　見趙子崧
27 伯紀　見李綱
40 伯奇　見陂階
44 伯英　見張俊
67 伯野　見孫傅
伯路　見王安道

2629_4 保

52 保靜公　見种師道
77 保骨(拜格) 2·143·1040·4ab
2·143·1041·1ab
2·143·1045·1a

2641_3 魏

10 魏王隆祐孟皇后之祖
2·146·1061·1a
11 魏矼　2·170·1226·1a
2·184·1332·1a
2·185·1339·1a
2·202·1456·4a
2·202·1460·3a
2·203·1465·2a
2·223·1609·4a
2·225·1624·1a
17 魏子平　2·245·1762·4a
20 魏舜　2·145·1058·1a
21 魏行可　2·167·1208·1a
2·176·1279·2a
2·222·1605·2a
魏師遜　2·220·1580·3a
2·220·1585·1a
23 魏俊　2·238·1709·3a、4a
24 魏佑　1·115·842·2a
25 魏仲昌　2·231·1664·4a
26 魏伯初　1·49·373·1a
30 魏進建炎四年五月權濠州兵馬都監,紹興四年十一月叛附金人　2·139·1011·2a
2·165·1189·4a
2·165·1190·3a
2·166·1195·1a
魏進建炎四年七月太平州牙兵
2·140·1023·3a
魏憲　2·228·1640·3a
魏富　2·150·1087·1a
魏良臣　2·161·1164·3a、4a
2·162·1169·3a
2·163·1179·2a
2·165·1190·3a
2·167·1208·2a
2·170·1226·1a
2·176·1279·2a
2·185·1339·4a
2·206·1487·3a、4a
2·206·1488·3a
2·217·1563·3a
2·220·1585·4a
2·223·1612·1a
34 魏汝弼　2·207·1493·2a
魏祐　2·129·939·2a
44 魏孝友　1·40·299·4a
魏某王繼先府幹辦
2·230·1657·1a
46 魏覲　1·49·372·1a
47 魏都監金帥
2·249·1786·2a、4a
50 魏泰　2·212·1527·1a
68 魏曦　2·135·980·4a
2·135·984·2a
2·147·1068·1a
72 魏氏張俊妻　2·213·1531·1a
2·219·1574·4a
魏氏權知青州　1·120·876·3a
1·120·878·1a
77 魏履元　2·245·1764·2a
79 魏勝　2·230·1655·4a
2·231·1661·3a
2·232·1669·3a
80 魏全　2·247·1776·1a
魏公　見張浚
魏養娘　1·103·759·1a

2643_0 吴

00 吴育(吴舍人) 1·62·464·2a
吴庸　1·21·150·3a
08 吴謙　2·196·1409·3a
10 吴一　2·230·1658·2a
吴正仲　見吴幵
吴王　見趙佖
吴王契丹人　1·4·27·1b
吴王妃遼人　1·4·27·1ab
吴震　1·24·175·3a
12 吴廷祚　1·84·628·2a
14 吴琦　1·70·527·1a
17 吴丞相　見吴敏
吴承旨　見吴幵
吴子厚　1·6·40·3a
吴子原　1·68·511·4a
吴翼　2·137·994·3a
2·143·1039·3a
18 吴玠政和年間高陽關安撫
1·1·1·2a
1·82·619·1a
吴玠(晉卿、武安)
1·116·848·1a
1·116·850·2a、3a
1·117·855·1a
1·119·869·3a

* 注:原誤作"吳供"。

2690_0 和

2691_4 程

2692_2 穆

2711_7 龜

2713_2 黎

2720_7 多

2721_7 倪

2722_0 向

1·81·610·3ab
1·83·622·1a
1·83·626·3a
1·86·644·1a
1·86·645·2a
1·90·668·2a
1·90·671·3a
1·107·783·3a
2·136·988·2a
2·145·1056·2a
2·149·1084·2a
2·150·1086·3a
2·170·1227·3a
2·184·1331·4a
2·184·1332·1ab
2·190·1373·1a
2·212·1527·2a
2·216·1554·3a
向子詔 1·115·843·1b
1·115·846·1ab
向子伋 2·132·963·1a
向子房(向子方) 1·79·596·2a
1·79·600·4ab
1·99·731·4a
向子㢠 1·79·600·4a
1·99·731·4a
2·211·1521·4a
向子固 2·212·1524·2a
2·247·1774·3a
30 向密 2·141·1031·2a
向宗良 1·49·372·2a
向宗輝 2·137·994·3a
33 向淙 見向深
37 向沟 2·234·1682·2a
向深(向淙) 1·62·468·1a、3ab
向運使 見向子諲
向運勾 見向子諲
40 向大猷 1·120·877·4a
1·120·879·1a
2·127·927·4a
2·130·946·3a
2·131·951·2a
向直閣 見向子諲
47 向均 2·246·1773·1a
72 向氏劉光世妻 2·212·1526·1a

們

們圖琿 見慢獨化實

2723_4 侯

00 侯彦 1·22·164·1a
侯章 1·71·538·2a、3a
1·72·544·1a
1·89·663·2a
12 侯廷慶 2·135·983·2a
20 侯信 2·204·1471·2a、3a
21 侯順 2·239·1720·4a
24 侯動山 2·212·1527·1a
28 侯從 1·61·460·1a
36 侯湜 2·181·1307·3a
2·181·1313·1a
41 侯栖筠 1·28·210·4a
80 侯益 1·1·1·2a
1·7·50·2a
1·7·52·1a
1·8·56·2a
1·17·121·2a
1·19·137·4a
1·21·151·1a
1·24·175·4a
1·75·567·2a

2724_0 將

將明 見王黼

2725_2 解

10 解元 2·151·1096·3a
2·164·1185·4a
2·164·1186·1a
2·164·1189·1a
2·204·1471·2a
2·217·1563·3a
2·218·1572·3a
22 解制置 見解潛
30 解賓 2·217·1561·3b
31 解潛(解制置) 1·1·5·4a
1·47·353·4a
1·48·362·1a、2a
1·48·363·2a
1·50·378·1a、2a、3a
1·51·385·4a
1·51·386·1a、2a
1·51·387·2a
1·51·388·2a
1·53·396·1a
1·53·399·2a、3a
1·53·400·3a
1·54·403·3a
1·55·410·4ab
1·55·414·1a
1·57·427·1a
1·57·430·1ab
1·61·456·1a
1·72·546·2a
1·75·566·2a
1·96·708·2a
1·98·720·1a
2·140·1021·1a
2·157·1140·2a
2·168·1215·3a
2·168·1216·4a
2·168·1217·1a
2·177·1280·3a
2·193·1390·2a
2·198·1432·1a
2·199·1433·4a

2725_7 伊

2726_1 詹

2732_7 烏

2733_2　忽

2742_7　鄒

2743_2　奥

2744_9　彝

2760_0　名

2760_3　魯

2771_2　包

2772_0　勾

2775_4　峰

2791_7　紀

繩

2792_0　綱

2792_7　移

2794_0　叔

2796_2　紹

2824_0　徽

1·11·79·2a
1·11·81·1a
1·11·82·1a
1·12·83·1a
1·12·85·2a
1·12·86·2a
1·13·89·3a
1·13·91·2a
1·13·92·3a
1·14·96·3a
1·14·98·1a
1·14·100·1a
1·14·102·1a
1·15·103·3a
1·15·104·1a
1·15·105·4a
1·15·110·3a
1·16·112·4a
1·16·113·4a
1·17·120·2a、3a
1·17·122·2a
1·17·123·4a
1·18·129·2a
1·18·130·2a
1·18·131·1a
1·19·136·3a
1·19·137·4a
1·20·142·2a
1·21·154·1a
1·22·161·3a
1·22·163·4a
1·22·165·2a
1·23·171·4a
1·24·176·2a
1·24·177·2a
1·24·178·1a
1·24·179·1a
1·25·187·3a
1·25·190·1a
1·26·193·4a
1·26·194·4a
1·26·195·4a
1·26·196·1a
1·27·198·2a、3a
1·27·199·2a
1·27·200·2a、4a
1·27·202·1a
1·27·203·1a
1·28·206·1a、3a
1·28·210·3a
1·29·212·3a、4b
1·29·214·1a
1·29·216·4a
1·29·217·2a
1·30·220·1a
1·30·222·1a
1·31·231·1a
1·31·232·1a
1·31·233·4a
1·32·238·3a
1·32·242·1a
1·32·243·3a
1·34·252·4a
1·36·268·4a
1·36·272·2a
1·36·275·2a
1·36·276·2a
1·37·277·4a
1·37·279·3a
1·37·281·1ab
1·38·283·3a
1·39·292·2a、3a、4a
1·39·293·2a
1·39·294·1a、3a
1·39·295·4a
1·39·297·4a
1·39·298·4a
1·40·299·3a
1·40·300·3a
1·40·301·1a
1·41·307·1a
1·41·309·3a
1·41·312·3a
1·42·313·2a
1·42·315·4a
1·43·322·2a、3a
1·43·324·2a、3a
1·43·325·1a、3a、4a
1·43·326·4a
1·43·327·3a
1·44·328·1a、2a
1·44·330·2a
1·44·332·1a
1·44·333·2a
1·45·335·3a、4a
1·45·336·2a、3a
1·45·337·1a
1·45·338·4a
1·45·339·2a
1·45·340·2a
1·46·348·1a、4a
1·47·352·1a
1·47·356·2a
1·48·361·2a
1·48·364·2a、3a
1·48·365·2a
1·48·366·3a
1·49·371·3a
1·49·372·3a
1·49·373·2a
1·50·377·2a
1·50·379·2a
1·51·383·1a
1·51·384·1a
1·51·385·1a
1·52·390·2a
1·52·391·1a

1·53·399·4a
1·54·402·3a
1·54·403·1a
1·54·404·1a、2a
1·54·405·1a、2a
1·54·406·1a
1·54·407·3a
1·55·409·3a
1·55·413·3a、4a
1·56·416·4a
1·56·418·1a
1·56·420·3a、4a
1·56·422·1a
1·56·423·1a
1·57·426·2a
1·58·433·1a
1·58·434·2a
1·60·446·3a
1·61·457·2a
1·62·464·4a
1·63·469·4a
1·64·480·2a
1·64·481·1a
1·65·490·2a
1·65·494·1a
1·66·500·2a
1·68·511·1a
1·68·515·4a
1·69·523·4a
1·70·526·2a
1·70·529·1a
1·70·531·1a、2a
1·70·532·3a
1·70·533·1a
1·71·534·4a
1·71·535·3a
1·71·536·1a
1·71·537·1a、4a
1·74·554·1a
1·74·556·3a
1·74·557·4a
1·74·558·2a
1·74·560·3a
1·75·564·2a
1·75·567·1a
1·76·571·1a
1·76·573·3a
1·76·575·3a
1·76·576·3a
1·77·584·4a
1·78·588·3a
1·78·590·2a
1·78·591·1a
1·79·594·1a、3a、4a
1·79·595·1a、2a、4a
1·79·596·3a
1·79·597·1a
1·79·598·1a、2a、3a
1·79·600·3ab
1·80·601·4a
1·80·602·2a
1·80·604·2a
1·81·607·1a
1·81·608·4a
1·81·613·1ab
1·82·613·3a
1·84·628·1a
1·84·630·4a
1·85·634·1a
1·87·647·1a
1·87·648·3a
1·87·652·2a
1·88·653·3a
1·89·659·1a
1·89·662·1a、2a、3a
1·90·668·3a
1·91·674·2a
1·91·676·2a
1·92·682·4a
1·92·683·2a
1·93·688·3a
1·94·691·2a
1·94·692·2a
1·95·702·2a
1·95·704·4a
1·95·705·4ab
1·96·706·2a
1·96·709·4a
1·96·711·3a
1·97·714·1a、4a
1·97·716·4a
1·98·722·1a
1·98·723·4a
1·98·728·1a
1·99·728·4a
1·99·729·2a、3a
1·99·731·1a
1·99·732·2a
1·99·733·2a
1·99·735·4a
1·100·738·3a
1·100·739·1a
1·100·739·3a
1·101·741·2a
1·102·749·4a
1·103·755·4a
1·103·758·4a
1·104·763·2a
1·105·771·3a
1·105·772·2a
1·105·775·1a
1·106·778·2a
1·106·779·4a
1·107·784·1a
1·107·787·4a
1·108·792·2a
1·108·794·1a

2825_1 佯

2825_3 儀

2826_6 僧

2828_1 從

2829_4 徐

2835_1 鮮

2891_7 紇

* 注:原誤作"徐哲秉"。

道） 2·245·1762·3ab
2·245·1763·1ab

2921_2 倦

倦翁 2·138·1007·4b

3010_4 室

53 室撚（錫納）2·221·1592·1ab
60 室曷 見完顔宗浚

3010_6 宣

21 宣仁 見宣仁聖烈皇后
宣仁聖烈皇后（宣仁皇后、宣仁高后） 1·48·364·4a
1·48·365·2a
1·70·532·4a
1·107·786·3a
2·146·1061·1a
宣仁皇后 見宣仁聖烈皇后
24 宣贊 2·196·1414·2a
26 宣和皇后 見顯仁皇后
37 宣祖 1·30·225·3a
88 宣簡 見李浦

3010_7 宜

宜春郡夫人 見尹氏

3011_7 瀛

瀛國公金世宗子
2·245·1763·1a
瀛國公 見趙㰌

3012_3 濟

濟王宗室 1·70·530·4a
1·74·554·3a
1·79·596·1a
1·82·613·3a
1·99·731·3a、4b
1·120·876·2a

3014_7 淳

淳長老 2·145·1056·2a

3019_6 涼

涼國王 見完顔宗幹

3020_7 户

户不剌蘆達（呼巴拉羅丹）
2·145·1057·2ab

3021_1 完

完顔亶 見金熙宗
完顔亨 2·197·1421·1a
完顔亮（海陵、岐王、岐國王、海陵郡王、煬、海陵煬王）
1·18·128·1b
1·46·349·3a
2·178·1290·4b
2·216·1557·4a*
2·216·1558·1a、3a
2·216·1559·1a
2·229·1645·3a
2·229·1649·3a
2·230·1651·4b
2·230·1659·3a
2·231·1660·4a
2·231·1662·1b、4a
2·231·1664·1a
2·233·1674·1a
2·233·1676·2a、3a
2·234·1680·4a
2·235·1690·2a
2·236·1696·4a
2·237·1700·4a
2·238·1711·4a
2·238·1712·2a
2·239·1717·2a
2·239·1718·1a、2a
2·239·1719·1a、4a
2·240·1726·2a、3a、4a
2·241·1729·1a、4a
2·241·1730·3a
2·241·1731·2a
2·242·1736·1a
2·242·1738·4b
2·242·1739·4a
2·242·1740·1b
2·243·1744·3a
2·243·1748·3a、4a
2·243·1750·1a、4a
2·244·1751·1a、3ab、4a
2·244·1752·1a、2a
2·244·1753·2a、3a
2·244·1754·4a
2·244·1755·1a
2·244·1758·1a
2·245·1759·3a
2·245·1763·2a、4a
2·245·1764·2a
2·245·1765·1a、2a、3a
2·246·1768·3a
2·246·1769·1ab
2·247·1776·3a
完顔充 2·243·1748·3a
完顔雍（完顔裒、三路都統、葛王、彦舉、忽辣馬、完顔褎） 1·18·128·1b
2·200·1442·3a
2·201·1448·3a
2·202·1454·2a
2·204·1469·2a
2·233·1674·1a
2·233·1676·2a、3a
2·233·1677·3a
2·239·1721·1a

* 注：原誤作"齊王"。

* 注:原誤作“完顏宗傑”。

1·57·425·1ab	1·76·573·2a	2·200·1440·2ab
1·57·429·3ab	1·76·576·2a	2·210·1511·2a
1·58·433·3ab	1·78·589·4ab	2·211·1518·1ab
1·58·434·3ab	1·78·590·2a	2·213·1534·3ab
1·58·436·1ab	1·79·594·3a、4a	2·214·1540·3a
1·60·444·2a	1·79·595·4ab	2·215·1549·2a
1·60·448·3ab、4b	1·79·598·3a	2·220·1582·1b
1·61·454·3ab、4a	1·81·607·1ab	2·228·1641·1ab
1·61·460·4a	1·82·613·3ab	2·250·1793·4ab
1·62·462·1a	1·82·616·2ab	完顏宗望捷懶第三子
1·62·463·1ab	1·82·620·2ab	2·197·1421·1a
1·62·467·2ab	1·83·625·3ab	完顏宗武 2·197·1421·1a
1·63·469·4a	1·85·635·1a	完顏宗弼（兀朮、烏珠、四太
1·63·472·3ab	1·86·641·3a	子、越王、潘王、梁王、大孝
1·63·473·3ab、4a	1·86·643·2ab	昭烈皇帝、遼國王、右副元
1·63·475·4ab	1·87·648·3ab	帥） 1·18·127·4ab
1·64·478·2ab	1·89·660·3a	1·18·128·1ab
1·64·481·1ab	1·89·662·2ab	2·132·959·4ab
1·64·482·4ab	1·90·672·4ab	2·132·960·2ab、2ab
1·65·489·1ab	1·91·674·2a	2·132·961·4ab

* 注:原誤作"潘王"。

1·69·523·1ab
1·69·524·1a、2b
1·70·528·2ab、3ab、4ab
1·70·529·1ab、4a
1·70·531·1ab
1·70·532·3ab、4ab
1·70·533·2ab
1·71·534·3ab
1·71·535·4ab
1·71·536·1ab
1·71·537·2ab
1·71·538·1a、2ab
1·71·539·1ab
1·72·542·2ab
1·72·546·1ab、2ab、3ab
1·72·547·1ab
1·73·549·2ab
1·74·554·1ab、3ab
1·74·556·2ab
1·74·557·3ab
1·74·559·4ab
1·74·562·1ab
1·75·564·2a
1·75·565·1ab
1·76·571·1ab
1·76·573·2a
1·76·574·3ab
1·77·585·2ab
1·78·588·2ab
1·78·589·4ab
1·78·590·2a
1·78·591·3ab、4a
1·78·592·2a
1·79·594·3ab
1·79·595·2ab、4ab
1·79·598·3a
1·79·599·3ab
1·80·602·2ab、4ab
1·81·607·1ab
1·81·608·4ab
1·81·611·1ab、2ab
1·81·612·1ab
1·82·613·3ab
1·82·616·2ab
1·82·618·1ab
1·82·619·2ab
1·82·621·1ab
1·83·622·3ab
1·83·625·3ab
1·84·627·3ab
1·85·633·2ab
1·85·635·1a、3ab
1·86·641·3a
1·86·643·3ab
1·87·647·1ab、2ab
1·87·648·3ab
1·87·649·3ab、4ab
1·87·651·1ab、4ab
1·88·653·4ab
1·89·660·1a
1·89·661·1ab
1·89·662·1ab、2ab
1·92·681·2a、3b
1·96·707·2ab
1·96·709·1ab
1·96·710·1ab
1·96·712·1ab
1·97·713·2ab
1·97·717·3a
1·98·720·1ab
1·98·724·4ab
1·99·728·4ab
1·99·730·3ab
1·99·731·4b
1·99·733·4ab
1·99·737·1ab
1·103·758·4ab
1·105·771·2ab
1·105·773·2ab
1·106·780·2ab
1·107·783·4a
1·108·795·4ab
1·110·803·4a
1·110·807·1b
1·110·809·1a
1·111·814·4ab
1·114·832·1ab
1·114·833·1ab
1·114·837·2ab
1·116·848·1ab
1·116·850·1ab
1·117·854·1ab
1·118·867·2ab、3ab
1·119·873·2ab
1·120·879·2ab
1·120·880·1ab、2ab
2·130·946·1a
2·132·959·4ab
2·132·961·2ab
2·139·1013·2ab
2·141·1027·3ab
2·142·1036·3ab
2·143·1043·4ab
2·152·1099·3a
2·158·1149·2ab
2·161·1165·2ab
2·165·1194·1a
2·165·1194·2ab
2·166·1196·1ab
2·166·1196·3b、4ab
2·166·1197·1b、2ab
2·168·1210·4ab
2·169·1220·2ab
2·173·1249·2ab
2·175·1269·3ab
2·176·1273·4ab
2·176·1279·1ab

3021_4 寇

察

3090_4　宋

* 注:原誤作"汪徹"。

3330_9 述

25 述律　見遼穆宗
40 述孛離(舒穆嚕)
2·166·1199·2ab
述古　見蔡靖

3390_4 梁

00 梁競　1·23·173·3a
1·23·174·3a
1·24·177·3a
梁方平　1·26·194·3a
1·26·196·3a、4a
1·26·197·3a
1·27·199·1a
1·27·203·4a
1·33·247·2a
1·34·256·4a
1·42·318·2a、3a
1·42·319·2a
1·45·342·4a
1·53·400·2a
1·88·653·4a
1·96·710·2a
1·97·715·2ab
1·99·728·4a
2·127·927·2a
2·138·1004·1a
2·206·1483·3a
2·214·1540·2a
2·215·1549·1a
2·217·1560·2a
2·218·1569·1a
2·219·1575·2a
2·228·1640·2a
梁慶裔　1·99·731·2a
02 梁訓禮　1·36·271·2a
03 梁斌　2·135·984·1a
2·138·1004·2a
2·138·1009·3a
2·168·1216·1a
08 梁許　1·69·523·4a
10 梁王遼天祚帝子　1·5·33·2a
1·58·433·1a、3a
1·58·437·1ab
2·221·1593·2a
梁王　見完顔宗弼
梁平　1·45·336·4a
1·78·592·1a
1·79·596·3a
13 梁球(梁大使)
2·242·1738·3a
2·242·1738·4b*
2·242·1741·4a
2·242·1744·1b
2·245·1764·3a
17 梁子美　1·122·893·1a
2·129·939·1a
21 梁師成(守道)　1·19·136·2a
1·28·207·4a
1·31·231·1a
1·31·232·2a
1·32·238·4a
1·32·242·1a、2a
1·33·248·2a
1·34·257·1a
1·36·267·3a
1·41·310·4a
1·42·319·2a
1·43·321·4a
1·45·342·3a
1·48·363·4a
1·58·433·1a
1·77·583·4a
1·101·747·4a
1·113·826·1a
2·124·907·4a
2·128·934·1a
2·147·1070·3a
24 梁勳　2·225·1623·4b
2·228·1638·1a
25 梁仲敏　2·229·1647·2a
26 梁皐　2·239·1721·1a
27 梁修撰　見梁揚祖
28 梁份　2·224·1617·3a
30 梁永祖　2·128·914·2a
梁宏　2·249·1787·3a
34 梁漢臣　2·243·1744·3a
梁汝霖　1·73·550·2a
36 梁澤民　1·61·456·1a
40 梁大使金國内官
2·230·1654·4a
梁大使　見梁球
梁寺丞　1·116·846·4a
42 梁彬　2·245·1762·4a
44 梁植　2·161·1167·1a
46 梁楊祖　見梁揚祖
50 梁肅　2·242·1742·1a
2·245·1762·4a
52 梁揆　1·72·543·4a
56 梁揚祖(梁楊祖、梁修撰、梁陽祖)　1·71·537·3a
1·71·539·3a
1·71·540·3ab
1·71·547·2a
1·81·610·2a
1·83·624·2a
1·90·668·3a
1·102·752·4a
1·102·755·1ab
1·119·869·1a
1·119·875·3ab
1·122·893·1a
1·122·895·3ab
2·219·1575·3a
57 梁邦彦　2·228·1640·4a
72 梁氏　見趙榛

* 注:原誤作"梁求"。

3510_6 冲

3512_7 清

3520_6 神

3530_0 連

3530_6 迪

3610_0 湘

泗

3611_7 温

4003_0 太

4003_8 夾

4004_7 友

4010_0 士

4010_6 查

4020_0 才

4022_7 布

希

南

4033_1 志

赤

4040_7 支

孛

李

* 注:原誤作“李丙”。

1·30·225·2a	1·45·340·2a	1·98·719·4a
1·30·227·2a	1·46·345·4a	1·99·728·3a
1·32·236·4a	1·46·346·1b	1·99·730·1a
1·32·237·2a	1·47·351·1b	1·99·732·3a
1·32·238·2a	1·47·355·2a	1·100·738·4a
1·33·244·1a	1·48·359·1a、2a	1·102·754·1a、2a
1·33·246·1a、2a	1·48·364·2a	1·103·755·3a、4a
1·33·247·2a	1·48·365·4a	1·104·765·3a
1·33·248·2b	1·48·366·1a	1·104·766·4a
1·33·249·2b、2a、4a	1·49·367·1a	1·104·767·2a
1·34·252·1a、2a	1·51·386·1a、2a、3a	1·105·769·1a
1·34·255·2a	1·53·396·1a	1·105·771·2a、3a
1·34·256·2a	1·53·400·2a	1·105·773·3a
1·34·257·1a	1·55·412·1a、4a	1·105·774·2a
1·34·258·1a	1·55·413·3a	1·106·777·3a
1·34·259·1a	1·55·414·2a、3a	1·107·787·1a、4b
1·35·259·3a、4a	1·56·416·1a、2a、3a	1·108·791·2a
1·36·267·4a	1·56·417·4a	1·108·792·2b
1·36·268·2a	1·56·418·1a	1·108·793·2a
1·36·269·1a	1·56·419·1a、4a	1·109·799·4ab
1·36·274·3a	1·56·420·1a	1·109·802·1a
1·37·277·1a、2a、3a	1·57·426·4a	1·110·803·3a
1·37·279·2a	1·59·438·1a	1·111·810·2a
1·37·280·4a	1·60·444·2a	1·111·812·2a、3a
1·39·292·2a	1·60·448·4a	1·111·813·1b
1·39·294·1a	1·61·455·4a	1·111·814·3a
1·40·299·2a	1·62·463·2a	1·112·816·3a、4a
1·40·300·4a	1·63·471·3a	1·112·817·3b
1·40·302·1a、4a	1·63·476·1a	1·112·819·3a
1·40·304·3a	1·64·481·2a	1·112·820·1a、3a、4a
1·41·305·3a	1·65·487·4a	1·112·821·3a、4a
1·41·310·2a	1·65·489·2a	1·112·823·2a
1·42·318·3a	1·66·496·4a	1·113·825·1a、3a、4a
1·44·328·1a	1·66·499·4a	1·113·826·1a
1·44·331·2a	1·72·542·3a	1·113·827·3a、4a
1·44·332·1a、2a	1·83·624·3a	1·117·858·1a
1·44·333·1a	1·94·690·4a	2·124·906·4a
1·45·336·4a	1·96·707·1a	2·129·938·1a
1·45·337·2a、3a	1·96·708·2a	2·129·938·4a

* 注：原誤作“張邦彦”。

1·51·387·3a
1·72·542·3a
1·82·616·2a
1·98·719·4a
1·114·833·1a

70 李防禦王善部下
2·134·975·1a
2·143·1040·4a

71 李驃騎紹興十一年率兵至唐鄧界者 2·208·1500·2a

72 李氏(康樂夫人)劉韐妻
1·75·569·4a

李氏(華國靖恭夫人)
1·105·774·2a
1·105·775·3a

李氏中官 1·65·492·3a

李氏權知淄州 1·119·871·2a

李氏南平人 1·67·504·4a
1·73·550·3a

李質(李寶)真定府路鈐轄
1·32·236·1a
1·48·362·2a
1·57·424·1a
1·68·511·2a、3a
1·68·519·1ab
1·69·521·4a
1·97·713·2a
2·133·968·1a
2·134·973·3a
2·219·1575·4a

李質北宋宣和年間爲省試參詳官 2·220·1586·2a

李縣丞燕人 1·71·539·1a

李縣尉 見李若水

76 李隰 1·69·522·1a

77 李堅 2·133·968·1a

李覺 1·100·738·2a
1·120·879·3b

李用和 1·24·176·3a

李門下 見李處温

李熙靖(李靖甯)
1·54·404·4a
1·83·626·1a
1·84·631·2a
1·84·632·3ab
1·87·652·2a

李民(滿天星) 1·117·859·1a
2·217·1561·3a

李閻羅 見李貴

李興使臣 1·91·675·1a
1·94·693·3a

李興孟州人,翟興保舉補武義郎兼閤門宣贊舍人,紹興十年,知河南府 2·129·936·2a
2·143·1040·4a
2·143·1041·1a
2·200·1442·1a、2a
2·204·1469·4a
2·204·1471·3a
2·204·1472·2a*
2·204·1473·2a
2·204·1474·1ab
2·206·1484·4a

李與權 1·22·165·3a
1·23·174·1a
1·24·175·3a
1·24·177·3a
1·46·349·2a

79 李勝 2·239·1720·1a

80 李全 2·231·1665·1a
2·236·1695·4a

李釜 2·123·899·1a

李義(李大刀) 2·128·934·3a
2·128·935·1a
2·212·1526·2a

李善慶 1·2·15·1a
1·3·16·1a
1·4·24·1a、2a

1·100·738·3a

李善諾 1·51·386·2a

李曾 1·65·489·3a

李會 1·48·359·2a
1·85·633·1a
1·87·652·2a
1·108·794·2a
1·111·811·3a
1·111·812·2a
1·111·814·1a
1·111·816·1a
1·115·840·2a
1·122·892·4a
2·134·974·4a

83 李鐵鎗 2·237·1701·3a
2·249·1787·1a

88 李簡宣和末金使節
1·19·133·1a、2a
1·19·135·2a

李簡紹興二年知郢州
2·151·1092·2a、3a
2·155·1126·2a

李節 2·181·1311·2a

90 李懷忠 2·146·1064·2a

李少監 1·97·718·3a

李光 1·22·164·3a
1·30·223·2a
2·137·1000·4a
2·138·1006·2a、3a
2·150·1089·1a、3a
2·153·1107·4a
2·188·1357·1a
2·191·1376·4a
2·194·1402·4a
2·213·1535·3a
2·220·1583·4a
2·220·1586·4a
2·225·1624·4a

李常 1·98·723·3a

* 注:原誤作"李粵"。

4080_6 賁

賁百祥　2·181·1312·3a
2·181·1314·2a

4090_0 木

27 木魯(特伯烈)
2·230·1653·2ab
30 木突(穆敦) 2·243·1744·4ab
72 木瓜心　1·94·692·4a

4090_8 來

10 來二郎　2·230·1652·2a
17 來承慶　1·25·184·1a

4091_6 檀

檀倬　1·9·62·4a

4128_6 頗

頗拉淑　見蒲辣叔

4192_0 柯

柯莘　2·221·1589·2a

4196_1 梧

梧桐　見完顔兗

4212_2 彭

02 彭端　1·74·558·4a
17 彭玘　2·144·1048·1a
35 彭清　2·233·1673·3a
43 彭城範　1·8·58·3a
50 彭青　2·231·1664·1a
2·231·1665·4a
83 彭鐵大　2·207·1491·4a
88 彭筠　2·138·1009·1a

4221_0 剋

剋者(和卓、金元祖)
2·244·1751·3ab

4240_0 荆

37 荆罕儒　2·240·1726·1a
47 荆超　2·155·1126·2a
2·159·1151·3ab
2·207·1492·1a

4241_3 姚

00 姚慶　1·114·833·1a
02 姚端　1·118·867·2a
1·120·880·3a
2·205·1474·3a
10 姚平仲　1·15·109·3a
1·15·110·1a
1·16·111·2a
1·16·113·3a
1·16·117·2a
1·30·224·4a
1·30·227·2a、3a
1·32·236·4a
1·32·237·1a
1·32·242·1a
1·33·244·1a、2a
1·33·245·1a、3a
1·33·246·1a、2a
1·33·248·2b
1·33·249·2b
1·33·251·1b
1·34·257·2a
1·35·260·2a
1·36·269·1a
1·36·271·1b、3a
1·37·279·4a
1·39·290·2a
1·40·300·4a
1·40·302·1a
1·42·316·4a
1·42·317·4a
1·46·345·4a
1·46·349·4a
1·47·355·1a
1·48·359·1a
1·48·364·2a
1·52·390·3a
1·55·413·3a
1·55·414·4a
1·56·417·2a
1·56·418·3a
1·60·444·2a
1·60·447·2a
1·65·489·1a
1·88·657·3a
1·103·761·1a
1·113·826·1a
1·115·840·1a
2·162·1174·2a
2·163·1178·2a
2·199·1433·2a
2·214·1541·3a
2·215·1545·1a
12 姚璠　1·6·42·2a
1·6·43·4a
1·40·303·4a
1·44·330·3a、4a
1·44·331·1a、4a
14 姚劭　2·234·1684·2a、3a
18 姚政　2·138·1007·4a
2·204·1470·2a
2·207·1494·1a
2·208·1498·1a
20 姚舜明　1·83·624·1a
1·93·686·1a
1·93·688·2a

4252_1 靳

4282_1 斯

斯剌　見斯剌習魯
斯剌習魯(錫喇薩魯、習魯、斯剌、錫喇)
1·4·27·2ab、4ab
1·4·28·1ab、2ab
1·5·32·4ab
1·5·37·3ab
1·12·88·1ab

4301_0 尤

尤袤(延之)　2·229·1649·1a
2·240·1726·4a

4304_2 博

30 博濟　見孛急
40 博索　見拔束
66 博囉　見不路
68 博哈　見完顏袞

4380_5 越

越王金世宗長子
2·245·1763·1a
越王　見趙俁
越王　見完顏宗弼

4385_0 戴

12 戴廷　2·239·1722·1a
24 戴德夫　2·138·1006·1a
26 戴皋　2·235·1690·4a
2·239·1716·3a
2·241·1734·4a
2·242·1737·4a
2·243·1746·4a
2·248·1780·1a
戴總管金國萬户
2·241·1730·1a
43 戴越　2·196·1414·4a

4390_0 朮

朮律(摩哩)紹興三十一年隨完顏亮南征者
2·243·1745·3ab
朮律(舒嚕)紹興三十一年統兵守燕京、中都者
2·243·1746·2ab
朮律甯(舒嚕甯)
2·243·1745·1ab

4410_0 封

封有功　1·1·2·2a

4010_4 董

00 董龐兒　見趙詡
董庠　1·30·223·2a
1·114·833·2a
01 董龍兒　見趙詡
03 董誼　1·71·539·3a
1·77·583·3a
1·79·593·3a
1·86·644·3a
08 董議　1·76·577·1a
10 董平　2·137·996·1a
2·141·1028·3a
24 董先(覺民)　2·147·1067·1a
2·147·1070·1a
2·150·1089·2a
2·150·1090·3a
2·155·1118·4a
2·155·1126·1a
2·159·1151·4a
2·190·1373·4a
2·198·1431·4a
2·207·1490·1a
2·207·1493·1a
2·208·1498·1a
2·216·1557·3a
董德元　2·220·1580·2a
2·220·1585·1a
董偉　1·63·476·4a
25 董仲孫　1·9·66·1a
30 董宣贊　1·77·582·3a
董安　2·248·1781·1a
董安中　2·230·1657·1a
31 董江　2·239·1720·1a
董涉　1·49·372·1a
董逌　1·78·587·1a
1·83·626·1a
1·86·640·4a
1·95·704·4a
1·111·814·2a
40 董才　見趙詡
44 董華　2·194·1398·3a
董某紹興元年權興國軍通判
2·145·1059·3a
董某紹興元年樞密院準備使喚
2·155·1117·3a
47 董愨　2·228·1639·4a
董超　2·248·1781·1a
50 董青　2·128·934·3a
董貴　2·198·1428·3a
51 董耘　1·4·27·4a
1·83·621·4a
1·87·646·4a
1·90·668·3a
1·95·704·4a
1·101·741·1a、3a
1·102·752·4a
2·123·899·1a
60 董旼　2·151·1092·4a
2·162·1170·1a*
2·162·1175·3a
2·164·1185·4a
2·164·1186·2a

*注：原誤作“董皎”。

*注 :原文誤作“師尹”。

藺

蘭

4423$_2$ 蒙

4424$_0$ 蔚

4424$_7$ 獲

蔣

*①②③ 注:原誤作"慕洧"。

4450_4 華

4452_1 蘄

4453_0 英

4460_0 苗

2·138·1004·1a
2·138·1009·3a
2·194·1400·2a
2·194·1402·2a
2·212·1528·2a
2·213·1535·2a
2·218·1572·1a
2·219·1575·3a
2·221·1588·1a
34 苗達 2·249·1785·2a
35 苗禮 1·119·869·1a
57 苗搜 1·116·846·4a
97 苗耀 2·197·1421·1a

4462_7 荀

荀某建炎四年權滁州知州
2·139·1011·3a
2·139·1019·1a

4471_1 老

老和尚 2·233·1675·4a

4472_2 鬱

鬱太尉(裕太尉)
2·222·1601·3ab

4472_7 葛

00 葛立方 2·224·1617·3a
10 葛王 見完顏雍
18 葛政 1·92·684·1a
30 葛進 1·120·877·4a
1·120·879·1a
1·120·882·1a
1·121·887·3a、4a
2·127·927·4a
葛宗 1·95·698·4a
37 葛次衆 2·228·1639·4a
葛逢 1·24·175·3a
1·24·177·2a
1·71·539·3a
77 葛闕 1·32·236·4a

4473_1 藝

藝祖 見太祖

4474_1 薛

00 薛亨 2·169·1224·2a
2·207·1493·2a
薛慶 1·121·885·3a
2·128·933·4a
2·129·935·4a
2·129·936·1a
2·140·1022·1a
2·141·1029·4a
2·141·1030·1a、2a
2·146·1064·2a
2·221·1588·4a
薛廣 1·70·530·2a
1·73·552·4a
1·73·553·1a
1·103·757·2a
1·109·802·1a
1·117·857·3a
1·118·863·2a
1·118·864·4a
17 薛弼 2·198·1430·4a
30 薛安吴革遣出京師告急大元帥府者 1·81·608·1a
薛安徽宗入金後,爲其造飯者
2·211·1521·1a
薛安靖 2·149·1085·2a
53 薛成 2·140·1024·2a
60 薛昂 1·48·361·3a
67 薛嗣昌 1·1·1·2a
1·19·137·4a
1·47·354·3a
1·63·471·4a
77 薛居正 1·38·286·3a

4480_1 楚

10 楚天覺 1·33·244·2a
1·33·248·2b
1·106·777·3a
60 楚國王 見秉德
楚國公 見童貫
楚國公 見王黼
楚國公 見蔡京

4480_6 黃

00 黃庭堅 1·7·47·1a
1·73·548·3a
黃唐俊 1·121·884·1a
1·122·893·2a
黃唐傳 1·40·299·4a
黃唐傑 1·121·884·1a
1·122·893·2a
黃文 1·24·175·3a
01 黃龍圖京東運副 1·81·610·2a
10 黃夏卿 1·86·642·1a
12 黃烈 1·24·175·3a
16 黃醜四 2·239·1722·1a
17 黃珦 1·11·81·1a
1·12·83·1a
1·13·89·3a
1·13·91·2a
1·15·103·3a
1·15·110·3a
黃翼 1·24·180·3a
21 黃潁 2·220·1586·2a
黃經臣 1·69·523·4a
22 黃豐 1·83·622·2a
24 黃佐 2·207·1492·3a
黃僅 2·228·1640·4a
黃待制 見黃潛善
27 黃叔敖 1·104·765·1a、2a
1·107·787·3a

4490_3 蓁

4490_4 葉

茶

4491_0 杜

* 注:原文誤作"業份"。

64 杜時亮 1·24·175·3a
1·24·179·3a
72 杜隱 2·247·1775·3a
77 杜用 2·206·1483·4a
2·219·1575·3a
80 杜義 1·47·357·2a
1·47·358·3a
90 杜常 1·19·138·4a
1·64·481·4a
1·67·504·3a
1·77·580·3a
1·95·698·3a
1·106·781·3a

4491_4 桂

桂仲 2·133·967·3a

權

24 權待制 見權邦彥
2·215·1552·1a
57 權邦彥(朝美、權待制)
1·5·32·4a
1·71·539·3a
1·74·559·3a
1·76·577·1a
1·79·593·2a
1·85·633·4a
1·85·636·3a
1·94·695·4a
1·117·857·2a、4a
1·118·863·3a
1·119·872·4a
2·132·962·2a
2·133·969·4a
2·134·973·4a
2·137·998·4a
2·137·999·2a
2·149·1084·1a
2·151·1092·1a
2·151·1094·3a
2·155·1121·1a
2·173·1244·4a
2·215·1552·1a
2·220·1581·3a

4492_7 栲

栲栳 2·243·1748·4a

4499_0 林

10 林栗 2·246·1770·3a
20 林季仲 2·189·1365·1a
21 林經略 見林積仁
25 林積仁(林學士、充美、林經略) 1·59·437·3a
1·59·438·2ab
1·59·440·1a
30 林之平 2·134·972·2a
林良器 1·46·345·1a
林良肱 1·24·175·3a
32 林淵 1·61·455·2a
1·61·460·1a
37 林遹 2·125·917·2a
2·134·974·2a
2·147·1071·3a
40 林希 1·49·372·2a
44 林茂 2·207·1491·2a
2·208·1497·2a
51 林攄 1·21·153·4a
1·45·341·3a
1·48·361·3a
1·49·373·1a
1·51·384·2a
71 林牙 見耶律大石
77 林學士 見林積仁

4549_0 妹

妹勒都逋 見昧勒都逋

4594_4 樓

樓炤 2·193·1391·1a
2·195·1404·4a
2·197·1424·2a
2·206·1482·4a
2·213·1530·4a*
2·220·1580·3a
2·220·1584·4a

4599_6 棟

棟摩 見閻母

4622_7 獨

獨姑孏(都古嚕訥)
2·230·1653·2ab

4680_6 賀

17 賀子儀 2·221·1588·4a
21 賀師範 1·118·864·3a、4a
23 賀允中 1·19·138·3a
1·23·166·3a、4a
1·29·214·4a
44 賀蘭(呼蘭) 2·238·1708·1ab
賀權 1·23·171·4a
50 賀忠 2·231·1665·1a

4690_0 相

30 相之 見陳相
36 相温(詳袞) 1·11·79·2ab
60 相國公 見趙梃

4691_3 槐

槐林趙開 見趙永錫

4692_7 楊

00 楊雍 1·24·177·1a
楊彥明 1·114·837·2a、3a

* 注:原誤作“婁炤”。

* 注：原誤作“楊杭”。

4713_8 懿

4722_0 狗

4722_7 郁

4728_2 歡

4732_7 郝

4742_0 朝

4742_7 郄

4744_0 奴

4762_0 胡

4762_7 都

4791_7 杞

* 注:原誤作"蕭王"。
* 注:誤作"王信"。

5580_6 費

5602_7 揚

5604_1 擇

5702_0 抑

5706_2 招

5716_1 蟾

5743_0 契

5804_0 撒

离曷、撒离喝、哭啼郎君)
1·111·815·2ab
1·114·832·1ab
2·140·1022·1ab、2ab
2·155·1119·1ab、2ab、3ab
2·155·1120·2ab
2·158·1148·3ab
2·166·1197·1a、2b
2·182·1323·2ab
2·183·1327·3ab
2·195·1407·1ab
2·196·1411·4ab
2·202·1456·3ab
撒離母　見烏陵阿思謀
撒离曷　見撒離喝
撒离喝　見撒離喝
10 撒玹(薩哈、撒改)
1·4·30·3ab
2·166·1196·3ab
18 撒改　見撒玹
21 撒盧拇　見烏陵阿思謀
撒盧母　見烏陵阿思謀
30 撒瀛(薩伊游)
2·197·1418·3ab
38 撒海(薩哈) 2·233·1674·3ab
47 撒胡紹　見烏陵阿思謀
77 撒母　見烏陵阿思謀

6011_3 晁

30 晁進　1·116·847·2a
晁宗慤　1·38·283·2a
31 晁江　2·235·1689·3a
37 晁迥　1·38·283·2a
44 晁基　1·38·283·1a
60 晁貫之　1·62·467·2a
80 晁公忞　2·228·1636·3a
2·239·1717·2a
2·239·1718·4a
2·241·1729·4a
2·246·1769·1a
晁公爲　2·134·973·1a
晁公邁　2·134·974·3a

6013_2 暴

暴振　1·84·632·1a

6015_3 國

08 國論　見完顏宗幹
46 國相　見完顏宗翰
國相元帥　見完顏宗翰
47 國妃　見蕭太后
50 國奉卿　2·137·998·2a
2·137·999·3a
2·141·1030·2a
2·144·1049·1a
2·146·1064·4a
2·165·1190·2a

6021_0 四

37 四軍　見蕭幹
四軍大王　見蕭幹
40 四太子　見完顏宗弼
四太子　見都厮赫
50 四盡中書　見王孝迪

6022_7 易

10 易王阿骨打孫　1·18·127·4a
22 易緩　1·49·372·1a

6033_0 思

思陵　見金熙宗

恩

恩平郡王　2·220·1584·4a

6033_1 黑

27 黑峰(哈芬、黑風)
1·114·832·1ab
1·116·847·2ab、3ab
2·140·1022·1ab、2ab
2·196·1409·4ab
77 黑風　見黑峰

6040_0 田

00 田彦皋　2·245·1763·1a
10 田亘　1·61·456·1a
田丕　1·79·596·2a
1·99·732·1a
20 田秀(田統制) 1·57·428·2a
田統制　見田秀
21 田師中　2·205·1479·4a
2·206·1483·3a
2·208·1500·1a
2·212·1525·3a
2·212·1529·1a
2·216·1553·3a
2·216·1557·3a
2·219·1575·1a、4a
2·229·1645·4a
2·229·1646·2a
2·229·1649·2a
2·231·1661·2a
2·231·1663·1a
2·241·1731·2a
田師忠　2·135·983·3a
22 田樂(田僧歌) 2·140·1021·1a
27 田將王宣部下馬軍正將
2·239·1721·3a
28 田僧歌　見田樂
30 田守忠　2·201·1452·1a
31 田灝　1·30·225·1a
1·60·448·3a
1·66·501·1a
1·67·509·3a
1·67·510·1a
1·68·518·2a
1·75·565·4a

34 田祐恭　2·142·1037·2a
35 田清　2·212·1527·1a
47 田穀　2·245·1766·2a、3a
60 田晟　2·155·1119·3a
2·158·1149·4a
2·196·1413·4a
2·196·1416·2a
2·200·1439·4a
2·202·1457·1a
田昇　2·250·1793·1a
72 田氏凌唐佐妻 2·151·1096·4a
2·154·1116·2a
田氏景王妻　1·79·596·1a
田氏鶴壁人　1·67·504·4a
1·73·550·3a
80 田金　2·151·1095·2a

6040_4　晏

08 晏敦復　2·216·1554·2a
2·225·1624·2a
77 晏興　2·133·966·1a
2·133·967·4a
2·133·968·2a
2·133·970·3a*

6042_7　男

02 男端孫(納丹珠)
2·242·1743·2ab
10 男三郎君(納蘇郎君)
2·248·1780·2ab

6050_4　畢

12 畢璠　1·57·425·3a
30 畢良史(少董、畢骨董)
2·208·1501·1a
2·208·1502·1a
32 畢漸　1·83·624·3a
37 畢逢吉　2·245·1766·1a
77 畢骨董　見畢良史

6060_0　吕

00 吕齊　1·82·613·4a
吕廣問　2·229·1646·2a
03 吕誼　2·133·968·2a
06 吕諤　2·144·1046·4a
07 吕翊中　1·92·684·1a
1·93·686·4a
08 吕誨　1·38·288·2a
25 吕伸　2·143·1043·1a
30 吕安老　見吕祉
吕宗翰(周瓣)
2·245·1765·4a
31 吕祉(吕安老)
2·177·1283·3a、4a
2·178·1287·1a、2a、3a
2·178·1291·3ab
2·179·1293·2a
2·180·1300·1a
2·199·1435·3a
2·199·1436·2a
2·212·1527·2a
2·212·1528·4a
34 吕浩　2·206·1488·2a
吕達　2·222·1606·1a
40 吕大防　1·60·445·2a
41 吕樞密　見吕頤浩
44 吕勤　1·83·626·1a
1·92·681·1a
吕執中　2·137·1000·4a
吕某吕頤浩姪 2·155·1117·4a
47 吕好問(吕尚書)
1·62·466·3a
1·63·469·1a
1·82·614·4a
1·82·620·2a
1·83·625·4a
1·83·626·1a
1·84·630·3a
1·85·636·4a
1·87·652·2a
1·89·666·1a、3a
1·91·677·2a
1·91·678·1a
1·91·679·1a
1·92·681·1a
1·93·685·4a
1·95·700·3a
1·103·757·3a、4a
1·105·771·4a
1·105·773·2a
1·105·775·1a
1·108·795·4a
1·108·796·1a
1·109·798·1a
1·111·810·3b
50 吕本中　1·74·561·3a
1·106·778·1a
2·225·1624·1a
吕夷簡　1·38·288·2a
2·225·1622·1a
57 吕擢　2·246·1773·1a
64 吕時中　1·73·551·3a
1·73·552·1a
71 吕原　2·151·1096·3a
吕頤浩(元直、忠穆、吕樞密)
1·22·165·3a
1·23·173·3a
1·24·175·3a
1·24·177·3a
1·24·180·3a
1·25·188·1a
1·26·194·4a
1·46·349·2a
1·82·616·2a
1·112·820·3a
1·113·828·3a

＊ 注:原誤作"宴興"。

昌

6060_4 固

圖

6072_7 曷

6080_6 圓

員

2·177·1282·2a
2·178·1286·3a
2·186·1345·3a
2·186·1346·2a
2·187·1352·2a
2·189·1363·2a
2·189·1366·2a
2·189·1368·3a
2·208·1500·3a
2·211·1517·1a
2·211·1518·3a
2·213·1536·1a
2·220·1584·1a
2·220·1585·4a
2·228·1640·4a
2·228·1641·3a

6204_9 呼

08 呼敦　見忽突
12 呼延慶　1·1·3·3a
1·1·8·3a
1·2·14·1a
1·4·24·2a、3a
1·4·25·1a
呼延通　2·164·1185·4a
2·164·1189·1ab
2·168·1218·3ab
2·169·1222·3a
2·179·1297·3a
2·204·1472·4a
2·204·1474·1a
2·218·1572·3a
2·218·1573·3a
27 呼紐　見鶻眼
39 呼沙虎　見完顏胡沙虎
44 呼蘭　見貨攦
呼蘭　見賀蘭
呼蘭　見胡來
50 呼拉　見鶻辣
60 呼圖克　見蕭胡覩姑
67 呼嚕加　見胡里加
77 呼巴拉羅丹　見户不剌廬達

6306_4 喀

00 喀齊喀　見完顏合喜
10 喀爾喀　見完顏合喜

6333_4 默

默呼　見没立

6401_4 畦

畦貴　2·140·1021·1a

6402_7 晞

晞道　見耿南仲

噶

噶順　見劾姑遜

6404_1 時

00 時立愛(時相國)
1·17·119·2a
1·24·181·2a
1·24·183·1a
1·45·343·3ab
1·110·804·4ab
2·132·960·2a
時彦　見張邦昌
10 時正臣　2·123·899·1a
23 時俊　2·238·1714·1a
2·239·1716·3a
2·239·1717·2a
2·241·1734·4a
2·242·1737·4a
2·243·1747·1a
2·243·1750·2ab
2·248·1780·1a
2·248·1781·1a
38 時道廛　1·64·482·1a
40 時希孟　2·127·924·4a
41 時桓　見時擴
46 時相國　見時立愛
50 時擴(時桓)　1·44·330·2a、3a
1·44·335·1ab

6509_0 昧

昧勒都逋(妹勒都逋)
1·60·446·3a
1·60·452·2ab

6601_4 囉

囉索　見婁室

6601_7 嗢

08 嗢敦　見温敦
47 嗢都　見温敦

6602_7 喝

喝囉　見金熙宗

6603_2 喂

喂阿(威赫、任王)
2·233·1674·4ab

6624_8 嚴

21 嚴師孟　2·206·1486·3a
30 嚴永吉　2·123·898·4a
2·138·1003·2a
2·138·1004·2a
2·218·1572·2a
嚴宗　2·142·1035·3a
57 嚴抑　2·214·1537·4a
60 嚴國　2·231·1664·3a
72 嚴氏莘王妻　1·79·596·2a

* 注:原误作"明廷傑"。

6716$_4$ 路

6722$_0$ 嗣

6722$_7$ 鄂

6802$_1$ 喻

6806$_1$ 哈

7021$_4$ 雅

7121$_1$ 隴

7122$_0$ 阿

* 原脱"巨"字。

2·236·1696·4a
2·237·1702·1a
劉彪 2·234·1681·1a
劉任忠 1·118·864·3a
23 劉俊明 1·121·887·4b
劉弁 2·249·1787·3a
24 劉勉之 2·193·1394·1a
劉德 2·249·1787·3a
劉侍中金人，天會中於真定試場主文者 2·245·1765·2b
劉侍中 見劉彥宗
25 劉仲元 1·51·388·2a
劉仲武 1·59·438·1b
1·60·447·3a
劉仲山（山甫） 1·8·58·3a
2·245·1765·1a
劉仲淵（介石）
2·242·1742·1a
2·245·1765·2a、3a
2·245·1766·2a、4a
劉仲甫 2·243·1748·4a
劉伸 1·121·887·4a
1·121·888·1a
劉朱傑（劉宋傑）
1·65·486·2a
1·65·494·1ab
26 劉皇后金國皇后
2·212·1524·2a
劉佃 1·33·244·3a
劉伯達 2·249·1787·3a
劉保信 1·2·12·1a
劉和尚 2·128·933·2a
劉繹 2·247·1778·1a
2·249·1785·1a
27 劉僴 1·56·420·3a
劉阜民 1·27·201·1a
劉綱建炎四年節制泗州，請兵於劉位攻趙瓊者 2·137·999·3a
2·137·1001·3a
2·140·1022·1a
2·143·1042·4a
2·146·1064·2a
2·150·1088·2a
劉綱 見劉剛
劉稠 2·182·1319·1a
劉紹先 2·137·994·3a
2·143·1039·4a
2·144·1046·3a
2·147·1068·4a
2·151·1094·4a
2·151·1096·3a
2·153·1107·4a
2·200·1445·3a
2·213·1535·2a
28 劉復 2·181·1307·4a
2·181·1311·4a
2·181·1314·2b
劉僧遇 見劉遇僧
劉從善 2·181·1310·4a
29 劉嶸 2·152·1098·1ab
30 劉寵 2·212·1527·1a
劉寬 2·179·1294·2a
劉甯止 1·41·307·1a
2·180·1303·1a
劉永衡 2·178·1287·3a
劉永清 2·230·1657·1a
劉永壽 2·183·1325·1a
劉進 2·231·1665·1a
劉安 1·66·501·4a
劉安世 1·49·372·3a
劉宴 見劉晏
劉定太常寺主簿，後爲司勳郎官
1·47·356·4a
1·90·670·1a
劉定攜蠟書出京師尋康王者
1·70·533·3a
1·72·544·1a
劉定徽宗入金後爲其宰羊者
2·211·1521·1a
劉寶張俊部將 2·135·983·3a
2·207·1492·2a
2·212·1529·1a、2a
2·219·1575·4a
2·226·1627·1a
2·231·1660·3a
劉寶韓世忠部下將佐
2·218·1573·2a
劉宗 1·95·699·1a
劉宗吉 1·6·42·1a
1·8·56·1a
1·8·59·1a
劉宋傑 見劉朱傑
31 劉涇 見劉經
劉源 2·248·1784·3b
32 劉淵 2·228·1639·4a
2·248·1781·1a
2·248·1784·3a
34 劉漢之 2·134·976·4a
劉汝賢 1·61·460·1a
劉浩 1·64·482·4a
1·71·537·3a
1·72·544·2a
1·72·545·3a
1·73·551·1a
1·73·552·4a
1·79·593·4a
1·85·636·1a
1·94·696·1a、4a
1·102·753·2a、3a
1·117·857·4a
2·129·939·2a
2·129·940·4a
劉洪 1·114·837·2a
1·119·869·3a
劉洪道（資深） 1·120·877·4a
1·120·878·1a、2a
1·120·879·1a
1·121·887·3a、4a

1·47·353·4a
1·47·357·1a、2a
1·48·362·1a、2a
1·50·378·1a、3a
1·51·386·1a、2a
1·51·387·2a、3a
1·52·393·2a
1·53·396·1a
1·53·400·3a
1·56·419·4a
1·57·424·1a
1·57·425·3a
1·60·451·1a
1·61·455·4a
1·64·484·2a
1·66·500·3a
1·67·509·3a
1·67·510·1a
1·72·542·3a
1·75·563·4a
1·75·564·3a、4a
1·75·565·3a、4a
1·75·566·1a
1·75·569·4a
1·90·668·1a
1·97·713·2a
1·98·719·4a
1·103·758·1a
1·107·788·4a
劉鞈　見劉韐
劉松年　2·167·1208·2a
劉梅壽　1·74·554·3a
50 劉忠(花面獸、白氊笠)
1·120·879·4a
2·129·941·1a
2·134·976·1a
2·140·1023·1a
2·145·1057·4a
2·149·1083·3a
2·151·1094·2a
2·151·1096·3a
2·155·1123·1a
2·207·1491·4a
2·208·1497·2a
2·218·1572·2a
劉忠紹興三十一年權知秦州
2·248·1779·4a
劉忠廉　1·21·156·4a
劉春　2·236·1695·4a
52 劉括　2·240·1723·1a
2·240·1728·3a
53 劉威　2·249·1787·3a
57 劉邦甯　2·239·1721·4a
60 劉昉　1·98·725·4a
劉里忙　1·98·727·2a
劉昺　1·51·384·2a
1·101·748·1a
劉思(劉尚書)　1·55·409·1a
1·63·470·4a
1·68·511·1a
1·81·612·3a
1·82·619·2a
1·85·634·4a
劉晏靖康元年金使,被殺
1·69·524·1a、2a
1·70·526·3a
1·71·535·4a
1·73·551·2a
劉晏(劉宴)赤心隊首領
1·118·865·1a
1·119·869·1a
2·219·937·3a
2·134·973·2a
2·134·978·1a
2·137·1000·4a
2·138·1006·2a、3a
2·138·1007·2a
劉晏紹興二年知楚州軍州事
2·153·1108·1a
劉昌祚　1·60·445·1a
67 劉昭武　2·231·1666·1a
2·232·1669·1a
劉嗣　1·64·478·4a
1·64·482·2a
劉嗣初　1·30·224·1a
1·59·437·3a
1·59·438·2a
1·61·455·2a
1·99·730·3a
劉嗣卿　1·15·105·2a
71 劉馬子　見劉全
72 劉剛(公舉、劉綱)
2·200·1439·4a
2·200·1440·1a
2·200·1445·1a
2·206·1484·3a
劉氏(晉甯郡夫人)
1·60·446·1a
劉氏李若水妻　1·82·615·1a
劉氏楊宗閔妻　1·115·840·3a
劉氏王彥妻　2·198·1430·4a
劉氏(嘉國夫人)吴玠母
2·196·1411·1a
77 劉陶　2·132·960·1a、2b
劉展　2·123·901·4a
劉開府　見劉錡
劉民先　1·75·568·2a
劉岊彪　2·237·1700·2a
劉興仁　2·206·1486·3a
78 劉監軍金使劉晏之父
1·96·709·2a
80 劉全(劉馬子)2·146·1064·3a
劉益　2·141·1027·2a
2·157·1138·1a
2·181·1307·4a
2·181·1309·3a
2·181·1314·2b
2·182·1323·3a

2·196·1416·1a
劉無忌 1·69·520·3a
84 劉錡(劉開府)2·143·1040·3a
2·161·1168·2a
2·168·1217·1a
2·177·1280·3a
2·177·1283·2a
2·178·1287·4a
2·180·1304·4a
2·183·1326·4a
2·184·1332·2a
2·184·1333·1a
2·190·1373·1a
2·192·1386·1a
2·198·1430·3a
2·198·1432·1a
2·199·1437·4a
2·200·1445·1a、2a、4a
2·201·1447·1a
2·201·1453·3a
2·202·1454·1a
2·202·1456·3a
2·202·1457·1a
2·204·1471·2a
2·204·1472·2a、4a
2·205·1475·1a、4a
2·205·1476·2a
2·205·1477·3a、4a
2·205·1478·2a、4a
2·206·1484·2a
2·207·1492·2a
2·207·1495·2a
2·208·1497·3a
2·212·1529·1a
2·219·1576·4a
2·219·1579·1ab
2·220·1583·4a
2·224·1618·2a
2·227·1632·4a
2·229·1645·4a
2·229·1646·2a
2·230·1652·1a
2·230·1656·2a
2·230·1659·1a
2·231·1660·4a
2·231·1661·1a
2·231·1663·3a
2·231·1664·1a、2a
2·231·1666·3ab
2·232·1669·3a
2·232·1671·2a
2·233·1678·1a、2a
2·234·1680·1a
2·234·1681·4a
2·234·1682·2a
2·234·1683·3a、4a
2·234·1684·1a
2·234·1685·1a
2·235·1691·2a
2·236·1693·2a
2·236·1695·3a
2·236·1696·2a、3a
2·236·1697·2a、4a
2·236·1698·1a
2·236·1699·3ab
2·238·1710·1a、4a
2·239·1719·2a
2·240·1723·3a
2·240·1725·1a
2·241·1731·2a
2·242·1736·3a
2·243·1747·1a
2·247·1778·1a
86 劉錫(禹珪) 1·115·841·1a
1·117·858·3a
1·119·871·2a
1·121·887·4a
2·130·947·2a
2·142·1034·2a
2·145·1058·1a
2·205·1476·3a
2·231·1664·1a
2·238·1710·1a
88 劉銓(子平、劉子平)
1·57·423·4a
1·61·453·1a、2a
劉鋭(劉都統、劉統制)
1·59·437·3a、4a
1·59·438·1a
1·59·439·3a
2·247·1776·1a
劉鈐轄吴玠部下
2·196·1414·2a
劉範 1·8·58·1a·3a
劉敏 2·243·1748·4a
90 劉惟輔 1·116·847·2a、3a、4a
2·145·1058·1a
2·196·1409·4a
劉光烈 1·116·847·3a、4a
劉光弼 1·114·833·3a
劉光儀 2·212·1530·1b
劉光遠 1·7·49·2a
2·200·1445·2a
2·201·1448·2a
2·206·1485·4a
2·206·1486·1a
2·206·1487·2a、4a
2·212·1527·3a
2·212·1530·1a
2·223·1609·4a
劉光世(平叔、武僖)
1·6·40·3a
1·9·61·2a
1·9·64·1a
1·9·65·1a、2a
1·10·68·1a、3a
1·10·73·1a、2a

* 本書中皆作“邱”。

* 注:原誤作"陳補"。

1·34·256·1a
1·34·257·2a
1·34·258·1a
1·34·259·1a
1·37·278·3a
1·40·299·1a
1·40·300·2a、4a
1·40·304·3ab
1·41·305·3a
1·42·319·3a
1·43·324·3a
1·45·340·1a
1·48·364·2a
1·49·373·3a
1·51·385·1a
1·52·390·4a
1·62·463·3a
1·66·496·4a
1·96·710·2a
1·113·825·4a
1·113·826·2b
1·113·830·3a
1·118·861·3a
2·123·899·1a
2·129·938·4a
2·129·939·2a
2·164·1187·4a
2·164·1188·1a
2·192·1385·4a
2·199·1433·3a
52 陳括 2·225·1625·1a
55 陳摶 1·97·717·4a
陳耕 2·130·944·4a
56 陳規(元則) 1·76·574·4a
1·76·575·1a
2·133·967·2a
2·139·1012·1a、3a
2·140·1021·4a
2·142·1032·3a
2·142·1033·1a
2·151·1093·3a
2·151·1095·1a
2·193·1390·1a
2·200·1445·2a
2·201·1447·2a
57 陳邦光 1·64·487·4a
2·134·973·2a
2·134·977·3a、4a
2·135·980·1a
2·138·1006·3a
2·144·1049·2a
2·193·1395·3a
2·228·1639·4a
60 陳國瑞 2·134·972·2a
陳國材 1·62·466·3a
陳國公 見張言中
陳思正 2·211·1521·2a
陳思恭 1·45·336·3a
1·112·819·2a
1·115·841·1a
2·126·920·3a
2·127·926·3a
2·130·945·3a
2·132·959·3a
2·137·998·3a
2·145·1055·2a
2·176·1274·2a
2·207·1491·3a
2·218·1571·4a
2·219·1576·1a
65 陳味道 2·132·958·4a
72 陳剛中 2·225·1625·1a
陳氏李氏養女,侍張邦昌者
1·105·774·2a
1·105·775·3a
陳質(陳子幹) 1·99·735·4ab
77 陳用 2·150·1088·2a
陳開 1·33·245·1a
陳興 1·93·689·1a
陳輿 1·107·784·3a
陳與義 2·216·1554·2a
80 陳念四 1·24·176·1a
陳公輔 1·37·277·2a
1·37·278·2a
1·37·282·3a
1·43·325·1a、2a
1·43·326·4a
1·44·332·2a
1·47·357·3a
1·48·359·2a
1·48·360·1a
1·48·364·3a
1·54·405·2a
1·55·415·1a
1·56·418·4a
2·199·1435·2a
84 陳鑄 1·95·705·1a
86 陳鍔 2·228·1639·1a
陳錫 1·95·705·1a
陳知質 1·83·622·2a、3a
1·96·707·3a
88 陳簡 2·214·1537·3a
陳符 1·72·543·2a
陳敏 2·247·1776·1a
陳敏識 2·133·967·1a
2·205·1480·1a
94 陳慎 2·212·1526·2a
97 陳恂 1·71·540·1a

7622_7 陽

陽可昇 見楊可昇

7721_1 尼

15 尼珠大王 見銀术
44 尼堪 見完顏宗翰
尼楚赫 見銀术
尼楚貝勒 見銀术

2·151·1094·1a
2·155·1126·1a
2·198·1427·3a
2·198·1431·4a
2·207·1491·1a
2·208·1497·1a
2·239·1716·4a

60 桑景詢(喪門神)
1·77·580·1a
1·115·838·3a
1·115·840·3a

7810_7 監

37 監軍　見完顏希尹
60 監國太子　見趙諶

7922_7 勝

31 勝額　見完顏宗浚
47 勝奴　2·230·1657·1a
勝都化(實圖哈)
2·197·1422·4ab
60 勝果　見徒姑丹聖貨

7923_2 滕

00 滕膺　2·140·1020·3a
滕康　1·94·690·4a
1·101·741·2a
1·102·749·3a
2·129·937·1a
2·130·948·2a、3a
2·134·971·2a
2·135·979·3a
2·136·988·4a
2·137·994·3a
2·157·1140·2a
2·158·1144·3a
2·174·1255·3a
10 滕王　見完顏宗偉
28 滕牧　1·67·506·1a
2·140·1020·3a
2·140·1025·1a
37 滕祹　1·86·643·3a
滕郎中　2·135·981·1a
2·139·1011·2a
44 滕茂實(鄧茂實)
1·36·270·4a
1·86·643·3a
1·116·850·1a
1·116·853·3ab
2·222·1605·4a
滕華實　1·86·643·3a

8000_0 八

60 八曷打(巴納達)
2·211·1521·2ab
72 八斤(巴錦)
2·216·1558·1ab

人

人皇王遼太宗兄1·21·156·1a

入

入洞鬼　見李進

8010_4 全

31 全汚　見金汚
32 全淵(金淵)
1·78·592·1a、3ab
2·228·1639·4a

8010_7 益

益麻黨征　1·109·799·4a

8010_9 金

10 金元祖　見剋者
金哥(景格)
2·221·1593·1ab
13 金武宗　見金熙宗
21 金仁祖　見楊哥
22 金鼎　2·230·1657·4a
24 金德宗　見完顏宗幹
30 金安節　2·228·1642·1a
31 金汚(全汚) 2·138·1007·2a
2·138·1009·3ab
32 金淵　見全淵
37 金潤　2·150·1090·4a
40 金太宗(吴乞買、烏奇邁、文烈帝、完顏晟、文烈、繼天集統昭德定功敦仁體信修文振武光聖皇帝)
1·3·22·2ab
1·18·128·2ab、3ab
1·19·133·2ab
1·19·136·2ab
1·20·141·2ab
1·52·394·3ab
1·74·558·1a
1·87·651·1ab
2·141·1028·1ab
2·142·1036·3a
2·165·1193·4ab
2·165·1194·1ab、2ab
2·166·1196·1ab、3ab、4ab
2·166·1197·1b、2a
2·166·1198·1a
2·166·1199·1a
2·178·1289·1ab
2·178·1290·1ab
2·182·1323·3ab
2·185·1337·4b
2·197·1421·3ab
2·197·1422·3a
2·216·1558·3a
2·221·1592·4a

8012_7　翁

1·105·771·3a
1·107·783·3a
1·111·811·4a
1·113·826·3a
2·213·1534·3a
21 翁順 2·142·1036·3a
28 翁徽猷 見翁彦國
50 翁中丞 見翁彦國
52 翁挺 1·92·684·1a
1·93·686·4a
1·96·706·4a
67 翁鄂囉 見唐括卞
77 翁閣學 見翁彦國

8020_7 今

今上 見高宗
今上皇帝 見高宗

8022_0 介

介石 見劉仲淵

8022_1 俞

21 俞㮚 2·228·1638·4a
44 俞孝忠 2·128·933·3a

8024_7 夔

夔離不 見蕭幹

8030_7 令

令福帝姬(令福公主)
1·79·596·2a
1·99·732·1a
令福公主 見令福帝姬

8033_1 無

無競 見王競

8033_3 慈

慈惠皇后金太祖皇后
2·166·1196·1a

8040_4 姜

06 姜謂 2·211·1518·1a
17 姜邵 2·133·968·1a
40 姜堯臣 1·30·223·2a
1·89·659·2a
1·89·662·1a

8050_1 羊

羊哥(英格) 2·149·1081·3ab
2·195·1406·4ab
2·196·1411·2ab
2·196·1416·1ab

8060_1 合

40 合喜 見完顔合喜
77 合肥野叟 2·235·1686·3a

普

03 普賓 2·138·1003·4a
15 普璉 2·138·1003·4a
28 普倫 2·138·1003·4a
30 普安郡王 2·220·1584·4a

8060_4 舍

舍音 見謝也
舍音 見斜也

8060_6 曾

01 曾龍圖 2·137·999·4a
曾評 1·24·175·3a
06 曾諝 1·115·838·3a
1·115·839·4a
1·115·840·3a
11 曾班 1·121·887·2a、3a
2·123·898·2a、3a
2·132·959·3a
2·137·998·1a
20 曾統 2·202·1460·4a
21 曾綽 2·135·981·4a
22 曾紹 2·138·1004·1a
30 曾寅 1·99·732·1a
40 曾太師 1·84·629·4a
曾布 1·60·446·3a
44 曾懋 1·73·548·4a
1·73·549·1a
曾孝序 1·120·878·1a
2·214·1543·3a
曾楙 2·123·898·4a
2·228·1639·4a
56 曾擇 2·125·915·2a
2·127·924·3a
60 曾晟 2·231·1665·1a
曾恳 2·135·981·4a
2·135·982·1a
2·137·995·1a
2·137·1002·1a
77 曾開 2·123·898·4a
2·185·1335·2a
2·185·1336·2a
2·185·1337·1a、3a
2·186·1344·4a
2·188·1360·4b
2·188·1361·1a
2·188·1362·1a
2·212·1525·4a
2·225·1624·2a
94 曾慥 1·83·626·2a

會

會之 見秦檜

8060_8 谷

谷俊 2·135·984·3a

2·181·1310·4a

8071_7 乞

10 乞可(奇格)
2·204·1471·3ab
23 乞伏赤朱 2·243·1745·3a
43 乞求闊(齊哩克)
2·231·1665·3ab
2·234·1686·1a

8073_0 公

00 公度 見韓汝嘉
77 公舉 見劉剛

8090_4 余

00 余應求 1·44·334·1a
1·48·359·3a
1·48·360·1a
1·55·415·1a
12 余列(實哷) 1·111·815·1ab
37 余深 1·45·341·3a
1·48·361·3a
1·49·373·1a
40 余大約 見余大均
余大均(余大約)
1·73·549·4a
1·73·553·3ab
1·105·774·4a
1·106·776·1a
1·106·778·2a
1·108·791·1a
1·112·817·4a
1·112·820·1a
余堯弼 2·220·1580·3a
2·220·1585·1a
46 余覩 見耶律余覩
47 余都姑(伊都庫)
2·221·1593·2ab
55 余輦公主(蘇尼)
1·24·181·3ab
64 余睹 見耶律余覩
77 余覺民 1·74·559·4a

8211_4 鍾

00 鍾彥 2·201·1447·4a
17 鍾子義 2·207·1492·2a
20 鍾禹功 2·221·1592·2a
鍾統制王善部下
2·134·975·1a
27 鍾翺 1·100·738·1a
44 鍾世景 2·199·1434·2a
46 鍾相 2·137·996·2a
2·137·998·4a
2·137·999·4a
2·168·1215·1a、3a
57 鍾邦直 1·17·121·1a
1·20·141·1a

8315_0 鐵

10 鐵哥滋(特古斯)
2·197·1418·3ab
72 鐵爪鷹 見李選

8315_3 錢

00 錢意 2·179·1294·2a
02 錢端禮 2·228·1642·1a
24 錢侍郎 見錢蓋
26 錢伯言 1·120·880·4a
27 錢俶 2·154·1111·2a
44 錢蓋(錢侍郎、錢相公)
1·63·472·3a
1·65·492·4a
1·81·610·3ab
1·89·661·4a
1·89·664·1a
1·90·671·3a
1·95·698·3a
1·102·752·2a
1·109·799·1a、2a、3a、4a
1·117·854·4a
46 錢觀復 2·137·995·2a
錢相公 見錢蓋
72 錢氏劉豫妻 2·181·1309·4a
2·182·1315·1a
82 錢釗 2·215·1545·4a
91 錢恤 2·191·1375·3a
92 錢愷 2·217·1559·3a

8375_0 餓

餓蝨子 見史康民

8418_1 鎮

鎮國郎君金將 2·137·996·1a

8471_1 饒

饒之 見許亢宗

8490_0 斜

26 斜保三(希卡蘇)
1·99·731·4b
44 斜也(舍音)
2·242·1742·4ab
斜也馬(錫哩布)
1·45·339·4ab

8612_7 錫

24 錫納 見室撚
60 錫里 見賽里
62 錫喇 見斯剌習魯
錫喇薩魯 見斯剌習魯
63 錫默 見設野馬
66 錫哩布 見斜也馬

8614_1 鐸

鐸剌 見耶律松

8722$_7$ 郤

8742$_7$ 鄭

常

9033_1　黨

9060_6　當

9090_4　米

9106_1　悟

9196_0　粘

9501_0　性

9604_7　慢

9682_7　煬

9990_4　榮

《三朝北盟會編》中所見書名篇名索引例言

一　本索引收録《會編》中出現的一切書名和篇名。

二　凡一書多名者，則以通行名或《會編》中常用之名爲主目，其他名稱加圓括號附後。

　例如　封氏編年（編年、封氏記年、封氏紀年）
　　　　建炎中興日曆（日曆、日紀、中興日曆、中興日紀、日記）

三　凡附注於主目後的其他名稱，皆作參見目。

　例如　編年　見封氏編年
　　　　封氏記年　見封氏編年

四　同名異書者，於書名（篇名）後括注著者名加以區別，或小字注撰作、發佈年月加以區別。

　例如　北山集（程俱）
　　　　北山集（鄭剛中）
　　　　金元帥府劄子靖康二年二月十日
　　　　金元帥府劄子靖康二年三月二日

五　一書之篇名，在《會編》中出現其書名者，則在篇名前冠以原書名，並用"·"分隔，作主目，篇名作參見目。若《會編》中未出現原書名，或難以歸併者，則直接以篇名立目。

　例如　宋史·欽宗本紀
　　　　欽宗本紀　見宋史·欽宗本紀

六　文集、行狀、神道碑等在《會編》中多不出其主姓氏，本索引於其名前補出姓氏立目。

七　書名（篇名）下所列數碼，爲本條在《會編》中的册、卷、頁、欄數。

　例如　十不管詞靖康時
　　　　1·51·385·1a

即指第一册第51卷385頁上欄右側正文。

八　因傳抄致書名（篇名）異文，經考訂其有誤者，則逕加改正。

九　同名異書所注著者有多名者，則以其通行名或在《會編》中的常見名列目，不另作參見目。閲者可查檢本書之人名索引相關條目。

十　本索引採用四角號碼檢字順序編排。如同書名，則以著者姓氏之四角號碼爲序。

《三朝北盟會編》中所見書名篇名索引

0026_7 唐

20 唐重家集 1·77·581·1a
唐重墓誌(劉岑)
1·115·838·3a
88 唐鑑 1·61·456·3a
97 唐恪除少宰制 1·51·383·2a

0040_0 文

28 文以足言行而遠賦(王彥潛) 2·245·1765·3a
77 文具録 見金國文具録

0040_8 交

交割山後地里牒文
1·16·112·2b

0044_1 辨

20 辨受僞官爵狀(孫覿)
1·106·776·3a
22 辯利在速戰及累奏郭京狂率敗衄劄子(張叔夜)
1·88·656·2a
50 辯事僞楚狀(謝克家)
1·92·680·2a
辨事僞楚奏劄(吕好問)
1·108·796·1a

0071_0 亡

亡遼遺録 1·21·155·2a
亡遼録(史願) 1·12·84·3a
1·12·85·4a
1·18·126·2a
1·18·130·1a
1·21·150·2a
1·21·155·1b

0073_2 褒

08 褒諭宗澤詔(高宗)
1·117·857·1a
褒諭軍卒御筆(欽宗)
1·28·210·1a
68 褒贈王雲奏 1·64·480·3a
90 褒賞高世由等敕(欽宗)
1·44·330·3a

0080_0 六

六論(王忠民)
2·190·1373·4a

0090_4 棄

棄三關地策(范宗尹)
1·62·466·2a、3a

0090_6 京

21 京師記聞 1·72·543·3a
1·90·672·1a
32 京兆府安撫使劄子
1·94·692·4a

0164_6 譚

譚世勣贈延康殿學士制
1·107·789·1a

0166_1 詣

詣軍前議加金主徽號手詔(欽宗) 1·74·556·4a
1·74·557·1a、2a

0212_7 端

端明殿學士許翰復職制
1·113·827·3a

0292_1 新

新安文獻志(程篁墩)
1·19·136·4b
1·49·371·1b
1·59·442·3b
1·90·670·3b

0365_0 諴

諴飭羣臣詔(高宗)
2·167·1205·1a

0422_7 劾

劾种師道疏(童貫)
1·60·448·1a
劾种師道等奏(童貫)
1·7·49·4a
1·7·50·2a

0460_0 謝

27 謝獎諭詔奏(胡寅)
2·167·1208·2a
40 謝大元帥書狀(宗澤)
1·93·686·1a
謝大元帥書狀別幅(宗澤)
1·93·686·2a
謝大元帥賜書狀(趙子崧)
1·93·686·3a
謝克家范宗尹並落職宫祠制
1·108·792·1a
41 謝樞密王公倫惠綿衾之詩(張邵) 2·222·1606·4a
44 謝封曹王表 2·182·1319·4a
50 謝表(李綱) 2·172·1240·3a
75 謝肆赦表(岳飛)
2·192·1388·3a
80 謝金元帥還馮澥郭仲荀免金銀等書(張邦昌)
1·86·643·1a
86 謝知樞密院表(李綱)
1·37·280·4a

0464_1 詩

詩選 1·54·405·3a

0562$_7$ 請

0569$_4$ 誅

0569$_6$ 諫

0691$_0$ 親

0712$_0$ 翊

0742$_7$ 郭

0766$_2$ 詔

0821$_4$ 旌

0823$_4$ 族

0862$_1$ 諭

0862$_7$ 論

0864_0 許

0865_3 議

1010_1 三

正

1010_3 玉

1010_4 王

至

1010_7 五

1011_3 疏

1014_1 聶

1·92·684·1a
1·93·685·2a
1·95·701·3a
1·99·729·3a
1·104·767·2a
1·105·774·1a
1·106·778·4a
1·111·811·1a
張邦昌少宰制 1·28·207·1a
80 張令徽降表 1·24·178·3a

1224_7 發

27 發歸朝官赴行在詔(高宗)
1·117·855·2a
71 發願文(徽宗) 1·89·660·2a
1·89·662·1a

1240_0 刑

刑部指揮 1·108·791·4a

1243_0 孤

孤臣泣血録(泣血録)(丁特起) 1·68·514·3a
1·70·528·2a、3a
1·70·529·3a
1·71·538·1a
1·72·541·1a
1·73·550·4b
1·73·552·1a
1·74·555·3a
1·74·561·3a
1·86·641·1a
1·89·662·2a
1·100·738·4a
孤臣泣血録拾遺(丁特起)
1·96·708·2a

癸

癸辛雜識(周密)
2·245·1765·2b

1249_3 孫

孫傅謝克家可太子賓客輔太子監國敕(何㮚)
1·74·556·4a

1314_0 武

00 武廣嘗膽録 1·100·738·4a
44 武林舊事 2·219·1574·2b

1464_7 破

破虜將軍曉入燕詩(馬賢良) 1·11·75·1a

1540_0 建

00 建康集(葉夢得)
2·177·1284·1b
08 建議江淮荊湖京西等路分鎮劄子(范宗尹)
2·140·1021·2a
10 建三屯之議狀(趙子崧)
1·107·786·2a
30 建官惟賢天下治賦(孟宗獻) 2·245·1765·4a
60 建國舊碑胡日暗詩(趙良嗣) 1·4·25·4a
90 建炎復辟記 2·127·923·3ab
2·127·924·2b
2·127·925·2b
2·128·929·1b
建炎通問録(傅雱)
1·110·803·3a
建炎中興記(中興記)(耿延禧) 1·70·533·3a
1·72·544·4a
1·72·545·3a
1·83·622·1a
1·85·636·3a
1·89·665·1a
1·92·680·1a
1·92·683·2a
1·101·741·4a
1·102·749·3a
建炎中興日曆(日曆、日紀、中興日曆、中興日紀、日記)(汪伯彥)
1·67·504·3a
1·70·532·1ab
1·72·544·1ab
1·73·551·3ab
1·73·552·2ab
1·74·555·4ab
1·76·576·2ab
1·92·682·3ab
1·94·696·1ab
1·95·698·1ab
1·101·741·1ab
2·165·1192·2a
建炎中興日曆序(汪伯彥)
2·165·1193·1a
建炎時政記(時政紀、時政記)(汪伯彥) 1·64·480·4a
1·102·752·2a
1·113·825·4a
1·118·865·4a
1·119·874·2a
1·120·876·4a
建炎時政記(建炎時政志、時政志、時政記)(李綱)
1·104·767·2b、4b
1·105·771·2a
1·105·774·2a、4a
1·108·793·2a
1·109·799·4b
1·110·803·3b
1·111·810·2b
1·111·813·1b

耿南仲落觀文殿學士提舉杭州洞霄宫制 1·104·765·4a
耿南仲責授節度副使南雄州安置制(汪藻)
1·108·794·1ab
耿南仲門下侍郎制
1·46·347·3a
耿南仲等勸進批答(高宗)
1·90·669·4a

2022_7 秀

秀水閒居録(閒居録、閑居録)(朱勝非) 1·1·5·2a
1·16·116·1a、2a
1·21·157·4a
1·23·172·3a
1·24·180·2a
1·26·195·2a
1·29·217·1a
1·31·230·3a
1·31·234·1a
1·40·300·3a
1·50·374·3a
1·96·708·1a
1·105·774·3a
2·125·914·1a
2·126·918·3a
2·140·1021·4a
2·146·1063·4a
2·199·1434·4a
2·199·1435·4a
2·213·1534·1a、3a
2·215·1547·4a
2·216·1555·1a
1556·1a
1557·1a
2·220·1585·2a、4a
秀水閒居録·李相(綱)與張相(浚)書
2·199·1435·4a

爲

爲宰執等乞大元帥聽政狀(孫覿) 1·94·691·1a

2024_1 辭

27 辭免待制奏狀(孫覿)
1·70·526·2a
1·70·527·2a、3a
1·71·535·1a、2a
1·74·557·2a
1·74·561·1a
1·78·592·1a
辭免樞管劄子(李綱)
1·48·360·4a
31 辭河北東路宣撫使劄子(李綱) 1·48·360·1a
辭潭州劄子(王庶)
2·190·1372·3a
46 辭觀文殿學士知揚州奏(李綱) 1·55·412·3a
50 辭中書舍人狀(孫覿)
1·106·777·1a
86 辭知樞密院劄子(李綱)
1·37·279·2a
1·37·280·4a

2026_1 信

信效方(閻孝忠)
1·115·842·4a

2041_4 雞

雞林志(王雲) 1·64·480·2a

2050_0 手

07 手詔(張邦昌) 1·85·633·4a
50 手書(隆祐太后)
1·94·693·4a

2052_7 犒

40 犒大金金帛未足權行招括指揮(欽宗) 1·32·236·2a
90 犒賞金國軍兵詔(欽宗)
1·72·542·4a

2090_4 采

采石戰勝録(員興宗)
2·242·1736·1a

集

集文武百官議存棄三關地詔(欽宗) 1·62·465·4a

2091_4 維

維揚巡幸記 1·121·882·3a

2108_6 順

順昌戰勝破敵録(楊汝翼)
2·201·1447·1a

2110_0 上

00 上童貫論邊事劄子(馬擴)
1·23·169·2a
上童貫蔡攸二帥書(李積中)
1·17·122·2a
上童貫蠟書(趙良嗣)
1·1·2·2a
上廟堂書(程昌寓)
2·164·1183·2a
上康王蠟書(汪伯彦)
1·64·482·3a
10 上王黼議燕事劄子(馬擴)
1·13·90·2a
1·14·97·2a

上金元帥府書(徐揆)
1·81·609·1a
上金元帥府乞立趙氏狀(郭鐸等) 1·79·597·3a
1·79·599·2a
上金元帥府第六狀(孫傅)
1·79·599·4a
上金元帥府第一狀(孫傅等) 1·79·593·4a
上金元帥府第二狀(孫傅等) 1·79·594·3a
上金元帥府第三狀(孫傅)
1·79·596·4a
上金元帥府第五狀(孫傅)
1·79·599·1a
上金元帥府第四狀(孫傅)
1·79·598·1a
上金元帥書(司馬朴)
1·78·591·4a
上金國相太子書(徐揆)
1·76·573·2a
1·76·574·2a、3a
上父好問靖康中事迹狀(呂用中) 1·109·798·1a
91 上粘罕書(汪若海)
1·76·571·1a
上粘罕書(黄時偁)
1·78·588·2a
上粘罕書(胡理)
1·74·559·4a
上粘罕書(余覺民)
1·74·559·4a

2121_0 仁

20 仁爲道遠行莫能致賦(孫用康) 2·245·1765·4a
30 仁宗慶曆誓書 1·6·44·3a
1·19·135·1a

2121_1 征

征蒙記(李大諒)
2·178·1290·4a
2·197·1422·3a
2·215·1550·3a

能

能還兩宫者封王詔(高宗)
2·149·1084·4a

2221_4 催

12 催發勤王兵蠟書
1·71·538·2a
1·71·539·4a
27 催督元帥府人援蠟書
1·70·533·3a

2122_0 何

何志同家書 1·107·785·1a

2122_1 行

26 行程録 見宣和乙巳奉使行程録
35 行遣内侍京城不得倡率指揮(欽宗) 1·36·267·4a
40 行在越州條具時政書(汪藻) 2·145·1050·3a

2122_7 虜

虜帳夢回驚日處詩(汪藻)
1·74·561·3a

2123_4 虞

虞尚書采石斃亮記(蹇駒)
2·241·1731·2a

2128_1 徙

徙薪曲突論無憑詩(王次翁) 2·150·1087·3a

2191_1 經

經民守業書(王忠民)
2·190·1373·3a

2221_4 任

任諒墓誌 1·27·200·3a

2222_7 僞

17 僞豫傳(楊堯弼)
2·181·1308·2a
44 僞楚録 1·78·590·4a
1·79·593·4a
1·79·599·3a
1·84·629·2a
1·84·630·3a
1·85·633·4a
1·85·636·4a
1·85·637·4a
1·87·647·4a
1·89·663·4a
1·105·773·4a

2224_7 後

後人誰促漁陽戰詩(王安中)
1·54·407·3a

俘

俘遼玉檢僞寶乞宣付秘書省奏(王黼) 1·19·134·4a

2277_0 幽

幽燕地圖 1·1·8·1a

2321_0 允

允李邦彦乞致仕手詔(欽宗)
1·36·275·3a

2323_4 狀

狀（李會） 1·111·814·1a

獻

獻涿州降宋表（郭藥師）
1·46·348·3a
獻涿州降表（郭藥師）
1·9·65·3a、4a

2324_2 傳

00 傳亮罷制置使發赴行在御筆（高宗） 1·112·821·4a
1·112·822·2a
10 傳雱充大金通問使詔（高宗） 1·108·791·1a
30 傳察墓誌（李邴）
1·22·163·3a

2392_7 編

編年　見封氏編年

2409_4 牒

牒（張邦昌） 1·86·643·1a

2420_0 什

什一稅法條式（馮長甯、許伯通） 2·181·1311·1a
什一稅法隨法申明
2·181·1311·1a

付

10 付王時雍徐秉哲御劄（欽宗） 1·86·641·3a、4a
12 付孫傅御筆（欽宗）
1·91·674·2a
27 付詹度密察張毅去就御筆（徽宗） 1·17·123·4a
28 付徐秉哲御批（欽宗）
1·77·579·1a
44 付蔡攸批答（徽宗）
1·6·39·4a
49 付趙良嗣議銀絹代稅賦御筆（徽宗） 1·13·93·1a
1·13·94·3a
1·14·96·1a、3ab
77 付開封府批劄（欽宗）
1·96·707·4a
90 付尚書省親劄（高宗）
1·109·798·3a

2422_7 備

備邊禦敵八事奏（李綱）
1·45·337·3a

2423_1 德

00 德音（高宗） 1·122·890·4a
德音（汪藻） 2·134·975·1a
30 德安府進士張柄太學生雷觀並與同進士出身補迪功郎除秘書正字誥詞
1·42·318·4a

2424_1 待

待罪奏（張浚）
2·177·1281·2a

2451_0 牡

牡蠣灘頭一艇橫詩
2·136·987·4a

2460_1 告

告天下淵聖皇帝升遐詔（高宗） 2·229·1645·1a

2472_7 幼

幼老春秋 1·28·207·3a
1·28·208·3a
1·44·330·4a
1·49·372·1a
1·54·407·3a
1·57·423·4a
1·61·453·1a
1·73·552·4a
1·79·595·1a
1·112·820·1a

2492_7 納

納土狀（張毅） 1·18·125·3a
1·18·126·3b

2498_6 續

續自敘（曾三省）
1·116·848·2a

2520_6 使

11 使北録 1·6·38·2a
44 使女真回奏（高藥師）
1·1·3·2a
80 使金語録（趙良嗣）
1·13·90·2a
1·14·97·1a
1·14·99·3a
1·16·112·2b
使金語録（馬擴）
1·23·167·3a
使金議夾攻契丹御筆（徽宗）
1·4·25·2a
1·4·27·3a

2524_3 傳

00 傳京師檄（李綱）
1·94·690·4a
20 傳位奏天青詞（徽宗）
1·44·329·2a

2710_7 盤

盤洲集 2·221·1590·4b
1591·3b

2711_7 龜

22 龜山先生集(楊時)
1·46·345·3b
32 龜溪集(沈與求)
2·165·1191·3b
2·166·1202·4b

2712_7 歸

31 歸潛志(劉祁)
2·242·1740·1b
2·245·1766·1b

2722_0 御

22 御制頌内藏庫詩(真宗)
1·71·538·4a
37 御選金詩 2·245·1764·3b
1766·3b
50 御史胡舜陟胡唐老姚舜明王俣各降兩官制
1·108·793·2a
88 御筆宣和四年三月(徽宗)
1·5·34·4a
御筆宣和四年四月(徽宗)
1·5·37·2a
1·6·40·4a
御筆宣和五年二月(徽宗)
1·14·97·3a
1·14·98·1a
1·14·99·1a
御筆宣和六年十一月(徽宗)
1·19·138·4a
御筆靖康元年正月(欽宗)
1·30·227·2a
御筆靖康元年二月(欽宗)
1·40·300·1b

2722_2 修

修國政詔(高宗)
1·102·751·3ab

2725_2 解

解圍太原詔(欽宗)
1·50·377·4a

2725_7 伊

伊尹定歸商社稷詩
1·89·660·3a

2733_3 懇

懇三鎮之地告議(吴幵)
1·58·436·2a

2740_7 阜

阜昌敕令格式(馮長甯 許伯通) 2·181·1311·1a

2741_6 免

免公私房錢詔(欽宗)
1·63·472·1a

2743_0 獎

獎將士詔(高宗)
2·165·1191·2a

2790_1 祭

04 祭諸葛孔明文(王以甯)
2·133·965·2a
25 祭种師中文(欽宗)
1·47·353·1a

2791_7 紀

紀實 見北征紀實

2792_0 約

21 約潁昌應天蔡潁諸郡緩急相援書(趙子崧)
1·106·780·2a
50 約東河北之臣不得遣家屬御寶(欽宗) 1·48·365·3a

綱

綱目 1·109·798·1b

2792_7 移

移駐建康府詔(高宗)
2·171·1230·1a

2793_2 緑

緑葉枝頭金縷裝詩(完顔亮)
2·243·1745·1a

2796_2 紹

紹興正論 見紹興正人論
紹興正人論(紹興正論)(湘山樵夫) 2·225·1623·3a
2·225·1625·1b
紹興甲寅通和録(王繪)
2·161·1164·3a

2824_0 徽

30 徽宗親札 1·75·567·2a
44 徽考删定實録 1·1·5·1a

2824_7 復

26 復和策(汪應辰)
2·230·1659·2a
44 復燕奏(童貫) 1·16·114·3a

梁溪漫志(費袞)
1·112·821·3b
2·131·950·1b

3411_2 沈

沈與求爲御史中丞制(程俱) 2·150·1087·4a

3412_7 渤

渤海賀正表 2·166·1199·4a

3418_1 洪

洪皓行狀(洪适)
2·221·1588·1a

3430_9 遼

10 遼天祚帝親征女真詔
1·3·21·4a
1·21·150·4a
遼天祚帝降書 1·21·155·2a
17 遼耶律淳廢天祚帝爲湘陰王詔 1·5·34·1a
遼耶律淳官爵封號盡行削奪降爲庶人詔 1·9·59·3a
遼耶律淳肆赦詔 1·5·33·4a
44 遼蕭太后上金國狀
1·13·94·1a
遼蕭太后納款表
1·10·67·3a、4a
1·10·71·2a、3a
1·12·83·3a
77 遼册東懷國皇帝文
1·3·22·3a

3512_7 清

24 清化縣申燕山府狀
1·22·165·2a
34 清波別志(周煇) 1·1·4·2b
1·2·14·4b

3520_6 神

10 神霄宫圖 1·78·587·3a
30 神宗詔書 1·3·20·1a
44 神麓記(苗耀)
1·18·127·1a、3b、4a
2·165·1194·1a
2·166·1196·1a
2·197·1418·1a
2·197·1421·1a
2·216·1557·4a
2·233·1674·1a
2·241·1730·3a
2·243·1748·4a

3521_8 禮

禮部狀 2·133·967·2a
禮部尚書奉使金國待制張公(邵)行實 2·222·1598·1a

3530_7 遣

25 遣使有害無益論(胡寅)
2·168·1210·3a
77 遣閤真劄子(趙子崧)
1·107·784·1a
遣閤真劄小貼子(趙子崧)
1·107·784·4a

3530_8 遺

07 遺詔(隆祐太后)
2·146·1060·3a
50 遺史 見中興遺史
遺表(安惇) 1·1·14·4a
遺表(秦檜) 2·220·1579·3a
87 遺録 見靖康遺録

3614_7 漫

漫録(吴曾) 1·7·46·3a
1·105·774·3a

3630_2 邊

50 邊事利害奏(种師道)
1·60·444·1a
77 邊臣賀表紹興三十一年十二月四日 2·246·1769·3a

3630_3 還

還都詔(高宗) 1·118·861·2a

3712_7 鴻

鴻慶集(孫覿) 1·62·463·1b
1·102·750·3b

3716_1 澹

澹菴先生集(胡銓)
2·186·1343·4b

3721_7 祀

祀嶽廟青詞(耿延禧)
1·74·555·4a

3730_2 過

過汝州題詩(完顔亮)
2·231·1662·4a

通

26 通和養民書(王忠民)
2·190·1373·3a
47 通好女真御筆(徽宗)
1·1·3·3a

迎

00 迎立孟太后書(張邦昌)
1·89·662·4a
17 迎孟后入宫策(張邦昌)
1·96·711·1a

80 迎人瑶華仙師狀(張叔夜)　1·90·671·4a

3730_4　逢

08 逢敵記　見河東逢虜記
21 逢虜記　見河東逢虜記

3730_7 追

28 追復趙哲官告詞　2·158·1149·1a
44 追薦楚泗等州鎮撫使趙立並陷没官吏軍民黄籙道場青詞　2·142·1036·1a
追薦趙立等道場罷散朱表　2·142·1036·2a

3750_6　軍

66 軍器監請收軍器奏狀(趙監丞)　1·72·541·3a
80 軍前批付留守孫傅書(欽宗)　1·78·591·2a

3780_6　資

18 資政殿學士王襄趙野並落職責授大中大夫秘書少監分司居住制　1·104·764·4a
33 資治通鑑　1·73·548·3a

3814_0　激

激勵中原忠義之士詔(高宗)　2·200·1444·3a

3830_3　送

送馬擴赴行在詩兩首(趙榛)　1·116·848·2a、3a

3830_4　遵

遵用祖宗舊制手詔(欽宗)　1·37·276·4a

4000_0　十

十不管詞靖康時 1·51·385·1a

4001_7　九

九思圖(王忠民)　2·190·1373·4a

4003_0　大

10 大元帥府論諸帥京城下聽候指揮書(耿延禧)　1·92·680·2a
大元帥府下郡邑檄書靖康二年四月二日　1·89·664·4a
1·91·676·2a、4a
1·95·702·4a
大元帥府再下諸處檄書　1·81·609·3a
大元帥府再下諸處檄書小貼子　1·81·610·2a
大元帥府傳諸郡起兵勤王檄　1·71·539·1a、4a
大元帥府指揮靖康二年二月　1·81·609·3a
大元帥府撫安軍衆榜　1·81·608·3a
大元帥府劄下諸處勤王人馬京城下會合聽候指揮檄書(汪伯彦) 1·90·671·2a、3a
大元帥府劄子靖康元年閏十一月　1·70·532·2a
大元帥府劄子靖康二年三月二十五日　1·86·643·4a
1·93·687·4a
大元帥府劄子靖康二年四月十五日　1·94·690·3a
大元帥府劄子靖康二年四月二十日　1·94·696·4a
大元帥府劄子靖康二年四月二十一日　1·95·699·1a
27 大將監司守令恤民訓兵詔(高宗) 2·179·1297·1a、2a
36 大漫天是小漫天詩(郭奕)　2·145·1058·2a
40 大内圖　1·78·587·2a
41 大柄若在手詩(完顔亮)　2·242·1740·2b
48 大赦天下詔靖康二年(高宗)　1·119·870·3a
大赦天下詔紹興十二年(高宗)　2·212·1525·1a
大赦天下詔(徽宗)　1·19·138·1a
80 大金山西軍前和議副使節使王履事迹　1·82·618·4a
大金國志(宇文懋昭)　1·15·108·4b
1·20·141·1b
1·105·773·1b

太

21 太上皇下亳州燒香詔(欽宗)　1·27·198·2a、3a
1·27·200·1a
太上皇帝傳位詔(吴敏)　1·25·190·2a
1·78·588·3a
1·91·676·2a
71 太原告急奏(張孝純)　1·53·396·3a
太原告急奏貼黄(張孝純)　1·53·396·4a
77 太學擇術齋記 1·100·738·4a
太母播告天下手詔(汪藻)　1·93·685·3a、4a
80 太倉稊米集(周紫芝)　2·124·905·4b

90 太常禮官集議金酋徽號詔（欽宗） 1·61·454·4a

4022_7 有

有能收復河北河東兩路已陷州郡者除本處節觀團防使詔（高宗） 1·108·792·4a

南

23 南外宗正等勸進第三狀批答（高宗） 1·94·692·3a
27 南歸録（沈琯） 1·24·177·2a
1·25·187·2a
1·26·193·2a
1·26·195·1a
1·27·198·2a
1·30·219·3a
1·32·237·2a
47 南都翊戴記（翊戴記）（朱勝非） 1·102·749·3a
1·103·756·1a
51 南軒先生集（張栻） 2·158·1147·2b

4024_7 存

存恤宇文虚中子孫詔（高宗） 2·149·1084·4a

4040_1 幸

幸江上撫軍詔（高宗） 2·164·1187·2a
幸江甯府詔（高宗） 2·123·899·3a

4040_7 李

17 李邴權知三省樞密院滕康權同知三省樞密院制（汪藻） 2·130·948·3a
李翼行狀（續觱） 1·25·183·4a
27 李綱謚議（葉適） 2·200·1440·1a
李綱落職鄂州居住制 2·199·1434·3a
李綱罷尚書左僕射爲觀文殿學士提舉杭州洞霄宫制 1·113·825·1a、4a
李綱除尚書右僕射中書侍郎麻制 1·103·755·3a
李綱除尚書左僕射兼門下侍郎御營使麻制 1·112·820·4a
李綱乞宫祠不允詔（欽宗） 1·45·337·1a
李綱知潭州制（劉一止） 2·193·1396·1a
36 李邈贈節度使制 1·57·424·3a
44 李若水文集 1·82·615·2a
李若水逸事 1·82·615·2a
李若水事迹 見靖康忠愍曲周李公事迹
李若水賜謚忠愍告詞 1·82·615·4a
1·82·616·1a
李若水賜贈觀文殿學士敕 1·104·765·4a
李若水贈觀文殿學士告詞 1·82·615·3a
50 李忠愍事迹 見靖康忠愍曲周李公事迹
李奉議奏 1·32·236·3a
57 李邦彦太宰制 1·28·206·4a
60 李回爲參知政事辭免不允批答（高宗） 2·148·1074·4a
李回責授朝奉大夫秘書少監分司南京袁州居住制 1·107·788·3a
80 李會責分司南京筠州居住制 1·111·812·2a

4060_0 古

16 古聖賢圖像 1·77·584·3a
80 古今集議上下二篇（沈與求） 2·150·1088·1a

4060_5 喜

喜遷鶯詞（完顔亮） 2·243·1746·3a

4071_4 雄

雄州牒宣和四年 1·5·34·3a

4073_1 去

去冗裁俗書（王忠民） 2·190·1373·4a

4191_6 樞

樞密宇文議燕保京記（安成之） 2·215·1548·1a
樞密院催諸路兵勤王劄子 1·68·517·4a
樞密院契丹通好榜紹興三十一年十月九日 2·234·1680·2a
樞密院劄子宣和四年三月 1·5·34·4a
樞密院劄子宣和七年十月 1·22·160·4a
樞密院劄子靖康二年正月 1·77·578·3a

4240_0 荆

荆襄關陝江淮以備巡幸詔（高宗） 1·107·787·1a

4241_3 姚

10 姚平仲復吉州團練使制(汪藻) 1·103·761·1ab
20 姚舜明等勸進狀批答(高宗) 1·93·688·4a
77 姚興贈官告詞 2·235·1691·1a

4313_2 求

00 求言詔(徽宗) 1·2·9·2a
求言詔(欽宗) 1·35·261·4a
1·35·265·4a
1·96·706·4a
17 求習武藝知兵書人詔(欽宗) 1·47·356·3a、4a
21 求能使絶域將萬衆者詔(高宗) 1·114·831·2a
求能還兩宫之人詔(高宗) 2·153·1108·1a
40 求直言詔建炎三年(高宗) 2·123·899·2a
求直言詔紹興七年(高宗) 2·178·1288·1a
80 求人材詔(欽宗) 1·58·432·4a

4315_0 城

城頭松柏鎖愁煙詩(毛德如) 1·98·721·4a

4410_0 封

00 封童貫廣陽郡王詔(徽宗) 1·22·159·2a
36 封還李綱除觀文殿學士知揚州詞頭奏(安扶) 1·55·412·4a
封還李綱除觀文殿學士知揚州詞頭奏(劉珏) 1·55·412·4a
50 封事(張邵) 2·222·1598·1a
封事(胡銓) 2·221·1590·3a
2·221·1597·3a
72 封氏記年 見封氏編年
封氏紀年 見封氏編年
封氏編年(編年、封氏記年、封氏紀年)(封有功)
1·1·2·2a
1·1·3·1a
1·6·43·4a
1·9·61·2a
1·9·63·3a
1·9·65·1a、3a
1·10·67·3a
1·10·68·3a
1·11·76·4a
1·16·111·2a
1·22·163·2a
1·25·185·4a
1·25·186·4a
1·27·203·4a
1·39·290·4a
1·47·353·2a
1·53·396·3a
1·53·397·2a
1·53·398·1a
1·53·401·2a
1·60·444·4a
1·61·454·4a
1·74·557·1a
1·77·579·4a
1·78·587·3a
1·85·633·2a、3a

4411_7 范

04 范訥除檢校少保甯武軍節度使充河北河東路宣撫使制 1·58·431·2a
30 范宗尹落職御筆(欽宗) 1·66·498·3a
60 范蜀公銘(蘇軾) 2·221·1592·2a

4412_7 勤

勤王盟文(趙子崧等) 1·89·665·2a

4422_2 茅

茅齋自叙 見茆齋自叙

4422_7 勸

30 勸進文 1·111·811·1a
勸進大元帥狀(姚舜明等) 1·93·688·2a
勸進表(張邦昌等) 1·94·693·4a
勸進表(董逌) 1·95·704·4a
勸進第一狀(趙子崧) 1·93·689·1a
勸進第一狀小帖子(趙子崧) 1·93·689·2a
勸進第二狀(趙子崧) 1·94·690·4a
勸進第二狀(趙叔近等) 1·94·691·3a
勸進第三狀(趙子崧) 1·94·696·1a
勸進第三狀(趙叔近等) 1·94·692·1a
勸進第三狀小帖子(趙子崧) 1·94·696·3a
40 勸士民以財穀助軍興詔(李綱) 1·47·351·1a

4690_0 相

相國寺圖 1·78·587·2a

4692_7 楊

00 楊廬州忠節續録(合肥野叟) 2·235·1689·2a
楊廬州忠節録(合肥野叟) 2·235·1686·3a
30 楊宗閔墓碑(劉一止) 1·115·840·3b

4742_0 朝

12 朝廷致斡離不書靖康元年正月十八日 1·30·223·3a、4a
朝廷致斡離不書靖康元年正月二十四日 1·31·229·4a
1·31·230·1a
朝廷致斡離不書靖康元年二月二日 1·33·245·2a、4a
朝廷致斡離不書靖康元年二月八日 1·36·269·3a
朝廷致斡離不書靖康元年七月二十九日 1·50·380·4a
1·50·381·1a
朝廷致斡離不書靖康元年十月十八日 1·58·435·3a
朝廷致粘罕斡離不書
1·64·481·1a
朝廷致粘罕書 1·50·380·4a
朝廷和議誓書靖康時
1·29·218·1a
1·30·219·4a
1·30·220·1a、2a
1·30·222·3a、4a
1·30·227·3a
1·32·237·1a
1·33·245·4a
1·33·246·1a、3a
1·36·270·2a
1·36·271·3a
1·39·290·2a
1·43·321·3a
1·49·367·4a
1·63·470·1a
1·67·505·3a
1·70·529·3a
1·79·596·1a
朝廷事目宣和二年九月
1·4·28·2a、4a
1·4·29·3a
朝廷事目宣和四年九月
1·9·64·1a、3a
1·10·70·1a
1·11·78·1a
1·12·84·1a
朝廷事目靖康元年正月
1·29·217·3a
朝廷國書宣和二年九月
1·4·28·2a、4a
1·4·29·3a
朝廷國書宣和三年八月
1·5·32·4a
1·5·33·1a
朝廷國書宣和四年九月
1·9·63·1a、3a
1·9·64·1a、2a
1·10·70·1a
1·11·78·1a
朝廷國書宣和四年十二月
1·12·83·1a、2a
朝廷國書宣和五年正月
1·13·91·3a
1·13·92·3a
1·14·96·1a
朝廷國書宣和五年二月
1·14·97·3a
朝廷國書宣和五年三月
1·15·104·4a
1·15·105·2a
朝廷國書靖康元年二月
1·33·246·1a
朝廷國書靖康元年八月
1·55·409·3a
朝廷國書靖康元年九月
1·84·627·3a
朝廷國書靖康元年十月
1·58·435·2a
1·64·480·2a
朝廷國書靖康元年十一月十三日 1·63·469·4a
1·63·470·4a
朝廷國書靖康元年十一月二十三日 1·67·505·4a
朝廷國書建炎元年七月
1·110·803·4a
朝廷國書建炎三年二月
1·121·888·1ab
朝廷與耶律余覩書
1·58·433·4a
1·58·434·1a
1·58·435·1a
朝廷與金人元帥書紹興十二年三月十三日
2·208·1500·2a
朝廷與金人元帥書紹興十二年六月十一日
2·208·1502·2a
朝廷答移牒書 1·29·217·2a
朝廷答金人元帥書紹興十一年十月乙亥 2·206·1487·4a
朝廷答金人元帥書紹興十一年十二月二十九日
2·208·1499·1a
朝廷答金人元帥書紹興十二年五月三日 2·208·1501·1a

朝廷答金人元帥書紹興十二年八月 2·208·1504·1a
67 朝野雜記 2·135·979·3b
朝野僉言(僉言)(夏少曾)
1·70·527·2a、3a、4a
1·71·537·4a
1·72·546·3a
1·73·548·4a
1·73·549·2a
1·80·604·1a
1·81·608·4a
1·83·623·2a
1·83·624·4a
1·83·625·2a
1·84·631·1a
1·97·713·1a
朝野僉言後序(陳規)
2·139·1012·3a

4744_0 好

好生德洽民不犯上賦(胡勵) 2·245·1764·3a

4762_0 胡

胡世將加寶文閣學士川陝宣撫副使制(劉一止)
2·197·1423·2a

4762_7 都

27 都督府回金國牒紹興三十一年十二月二日
2·246·1768·4a
40 都大提舉京城四壁守禦使司牒 1·39·292·1a
都大提舉京城四壁守禦使司榜 1·40·303·4a
90 都省劄子靖康元年二月
1·37·279·1a
都省劄子紹興四年三月十五日
2·157·1138·4a

鵲

鵲橋仙詞(完顏亮)
2·243·1746·1a

4780_1 起

起福建江浙軍民勤王詔(欽宗) 1·63·471·4a
1·63·472·1a

4780_4 趨

趨康王進發詔(隆祐太后)
1·95·699·2a

4792_0 柳

柳詞 1·68·516·4a

4793_2 根

根括高傑高伸家收藏狀(徐秉哲) 1·74·554·3a

4824_0 散

散金歌(范致虚)
1·77·580·1a

4834_0 赦

赦河北陝西京東路詔(高宗) 1·117·856·3a

4844_0 教

教習禁軍詔(欽宗)
1·37·278·3a、4a

4893_0 松

松漠記聞(洪皓)
1·18·127·3a
1·21·153·3a
2·166·1196·3a
2·178·1290·1a
2·197·1419·1a、3a
2·197·1422·3a
2·221·1592·3a
1593·3b
松漠記聞・陳王悟室加恩制
2·197·1418·3a

4894_0 檄

10 檄夏國興中府文(王庶)
1·118·862·2a
21 檄順昌府等處勤王牒(趙子崧) 1·67·503·1a、3a
30 檄完顏亮一行將吏等書(楊存中) 2·247·1776·3a
57 檄契丹西夏高麗渤海鞑靼諸國及河北河東等諸路書(劉錡等) 2·232·1671·2a

4894_1 栟

栟櫚集(鄧肅)1·100·739·1b
1·111·810·3b

4895_7 梅

梅溪集(王十朋)
2·225·1621·2b

4980_2 趙

17 趙子崧家傳 1·89·665·2a
1·106·779·1a
27 趙叔近等勸進第二狀批答(高宗) 1·94·691·4a
30 趙良嗣特與支節度使俸御筆(徽宗) 1·18·132·2a

5000_6 中

22 中山府報平州都統指揮屬縣

2·150·1088·1a
2·168·1215·3a
2·170·1228·2a
2·177·1283·4a
2·179·1298·2a
2·184·1332·1a、2b
2·190·1373·1a
2·192·1388·4a
2·197·1421·2a
2·197·1423·1a
2·197·1424·2a
2·198·1430·3a
2·199·1437·4a
2·204·1472·4a
2·212·1525·4a
2·213·1534·3a
2·218·1571·1a
2·219·1574·2a
2·219·1574·4a
2·220·1580·2a
2·221·1596·3a
2·224·1616·4a
2·225·1623·4b
2·228·1637·4a
2·229·1646·4a
2·229·1647·3a
2·229·1649·1a、2a
2·229·1650·2a
2·230·1656·2a
2·230·1658·4a
2·231·1661·1a
2·231·1663·3a、4a
2·232·1671·1a
2·234·1681·2a
2·234·1682·1a
2·234·1683·4a
2·236·1692·4a
2·236·1695·2a
2·236·1698·1a
2·238·1708·4a
2·238·1712·2a
2·239·1715·3a
2·239·1718·1a
2·241·1729·1a
2·246·1772·2a

中興姓氏姦邪録
1·31·230·4a
1·49·373·2a
1·52·390·2a
1·56·420·3a

中興姓氏忠義傳 見中興姓氏録·忠義傳

中興姓氏忠義録 見中興姓氏録·忠義傳

中興姓氏叛逆傳 見中興姓氏録·叛逆傳

中興姓氏録 1·47·354·2a
1·48·364·1a
1·75·565·3a
1·113·825·4a
2·159·1152·2a
2·213·1535·1a、4a
2·220·1582·3a

中興姓氏録·忠義傳(中興姓氏忠義録、姓氏録·忠義傳、中興姓氏忠義傳)
1·33·244·4a
2·138·1004·1a
2·138·1006·3a
2·138·1008·4a
2·141·1030·1a
2·142·1035·4a

中興姓氏録·叛逆傳(中興姓氏叛逆傳、姓氏録·叛逆傳) 1·46·348·2a
1·105·773·1a
2·129·940·4a

中興日紀 見建炎中興日曆

中興日曆 見建炎中興日曆

80 中人不可預軍事劄子(余應求) 1·44·334·1a

申

00 申童貫急切事務狀(馬擴)
1·23·170·4a

10 申王庶狀(曲端)
1·118·864·1a

20 申依應起發前去京城狀(趙子崧) 1·107·785·4a

申依應起發前去京城狀小貼子(趙子崧) 1·107·786·1a

37 申軍前乞立張邦昌議狀(推戴張邦昌狀)(孫傅等)
1·79·596·4a
1·79·597·2a
1·79·599·3a
1·80·603·3a、4a
1·80·604·1a、2a
1·80·606·1a
1·83·626·2a
1·85·634·1a
1·88·657·4a
1·89·662·4a

40 申大元帥府勸進狀(李邴)
1·95·702·1a

申大元帥府乞行五事狀(宗澤) 1·93·687·1a

申大元帥府乞駐師揚州狀(許份等) 1·95·704·1a
1·103·760·2a、3a

申大元帥府劄子(趙子崧)
1·85·637·4a

申太宰相公速行改正狀(馬伸) 1·91·675·4a

80 申金人元帥狀(張叔夜)
1·88·657·4a

88 申飭邊備詔(高宗)
2·184·1332·3a

車

車駕自海道歸駐驛浙東降德音(高宗) 2·137·997·2a

5001_4 推

推戴張邦昌狀 見申軍前乞立張邦昌議狀

5014_8 蛟

蛟龍潛匿隱滄波詩(完顔亮) 2·231·1662·4a

5023_0 本

本朝開立登寶位赦書
1·78·587·3a

5033_6 忠

忠愍文集跋(李浚、李淳)
1·82·618·1a
忠愍文集前序(費樞)
1·82·617·3a
1·82·618·2a

5043_0 奏

奏(許景衡) 1·113·828·1a
奏(王師中) 1·1·1·1a、3a
奏(張澂) 1·56·421·1a
奏(張益謙) 1·112·821·4a
奏(种師道) 1·44·331·3a
1·48·364·3a
奏(詹度) 1·44·330·1a
奏(宗澤) 1·61·454·4a
1·64·479·2a
奏(楊可勝) 1·33·244·2a、4a
奏(周懿文) 1·92·683·3a
08 奏論諸將無功狀(汪藻)
2·136·989·4a
21 奏行馬政劄子(徐處仁)
1·46·346·2a
23 奏狀(种深) 1·94·692·4a
奏狀小帖子(种深)
1·94·693·2a
34 奏對(顔岐) 2·174·1259·2a
奏對(王綯) 2·175·1261·1a
奏對(朱勝非)
2·176·1272·4a
奏對(汪伯彦)
2·173·1243·3a
奏對(秦檜) 2·172·1241·1a
40 奏太后乞先下詔狀(趙子崧) 1·95·701·3a
82 奏劄(費端友)
1·66·499·2a、3a

5050_3 奉

奉使録 見靖康大金山西軍前和議日録
奉使録 見靖康城下奉使録

5060_1 書

49 書趙子砥燕雲録(高世則)
1·100·739·3a
72 書劉(銓)懷德死節録後(唐文若) 1·61·454·2a

5080_6 責

00 責童貫手札(徽宗)
1·11·82·1a
10 責王寓詔(欽宗)
1·52·393·4a
17 責己詔(高宗) 1·122·889·4a
30 責官謝表(种師道)
1·7·50·3a
1·7·51·2a
40 責李邦彦等詔(高宗)
1·102·751·2a
77 責降王時雍等制
1·106·776·2a

5090_0 未

18 未敢此時非趙括詩(馬擴)
2·150·1087·3a
60 未見燕銘勒故山詩(馬擴)
1·11·79·4a

5090_4 秦

22 秦山未盡蜀山來詩(郭奕)
2·145·1058·2a
48 秦檜爲尚書右僕射同中書門下平章事制
2·148·1074·1a
秦檜爲尚書右僕射同中書門下平章事兼樞密使制
2·183·1326·1a
秦檜加太師制
2·212·1524·3a
77 秦鳳路都總管司劄子
1·94·692·4a

5090_6 東

東上閤門榜 1·83·627·1a

5102_0 打

打毬詩(徽宗) 1·98·723·2a

5202_1 折

折可求言 1·58·433·3a

5204_7 授

授王黼等三公御筆(徽宗)
1·17·118·4a

5806_1 輶

輶軒唱和集(張邵、洪皓、朱弁) 2·222·1605·3a

5894_0 敕

27 敕御史張澂追童貫行刑指揮 1·50·380·3a
40 敕李綱赴行在詔(高宗) 1·102·754·1a、2a

6000_0 口

口號(孔彦舟) 2·147·1067·2a

6000_1 日

07 日記 見建炎中興日曆
27 日紀 見建炎中興日曆
71 日曆 見建炎中興日曆
77 日月得天能久照賦(劉仲淵) 2·245·1765·2a

6010_4 呈

呈大金山西軍前副使王坦翁詩二首(李若水) 1·81·612·1a

6010_7 置

14 置功賞司詔(欽宗) 1·65·486·2a
58 置敷文閣官屬詔(高宗) 2·200·1441·1a

6011_1 罪

罪己詔(高宗) 2·130·942·3a
罪己求直言詔(宇文虚中) 1·25·188·1a
1·25·190·1ab
2·214·1540·2a

6015_3 國

50 國史 1·1·8·1a
2·62·464·2a
1·62·465·3a
1·82·618·1a
國史後補(蔡絛) 1·56·420·4a
1·228·1641·2a
71 國馬賦(祝簡) 2·181·1310·3a

6021_0 四

00 四京圖 1·77·584·3a
26 四總管許自選將兵以禦都城詔(欽宗) 1·51·387·4a
1·51·388·1a
47 四朝聞見録 2·220·1580·4b

6021_1 罷

04 罷諸司庶務專以應辦軍期詔(欽宗) 1·64·479·3a
10 罷天申節上壽詔(高宗) 1·103·761·1a
31 罷汪伯彦制 2·123·897·4a
40 罷内外官司局所詔(欽宗) 1·28·206·1a
44 罷花石綱等御筆手詔(徽宗) 1·25·188·3a

6022_7 易

05 易講註(易講義)(耿南仲) 1·108·794·3ab
易講義 見易講註
67 易明象(易明蒙、明易象)(耿南仲) 1·108·794·3ab
易明蒙 見易明象

6034_3 團

團結軍兵立功當特加恩賞詔(欽宗) 1·28·206·1a

6060_0 吕

47 吕好問除尚書右丞制(孫覿) 1·103·757·3ab
71 吕頤浩爲尚書右僕射同中書門下平章事制 2·128·932·2a
吕頤浩行狀(董華) 2·194·1398·3a
吕頤浩加少傅依前鎮南軍節度使成國公致仕制(劉一止) 2·193·1396·4a
吕頤浩罷左僕射告詞 2·176·1276·2b
吕頤浩罷尚書左僕射制 2·137·1000·1a

回

10 回天録(秦湛) 1·89·666·3a
1·91·677·2a
1·92·681·1a
1·93·685·4a
1·103·757·4a
49 回趙良嗣書(李奭) 1·8·57·2a
1·8·58·2a

6138_6 顯

顯謨閣直學知東平府盧益落職宫觀制 1·104·762·4a

6180_8 題

10 題西京壁詩金據西京時 1·100·739·2a

30 賜宋唤誥(徽宗)
1·43·325·1a
31 賜河北軍民手詔(欽宗)
1·74·558·1a
賜河東河北兩路守臣詔(欽宗) 1·64·481·1a、3a
賜潭州官吏軍民等撫恤敕書(高宗) 2·136·988·3a
40 賜李邴辭免權知三省樞密院不允詔(高宗)
2·130·948·4a
賜李綱詔(沈與求)
2·168·1217·2a
賜李綱詔(欽宗)
1·45·337·1a
賜李綱等詔(高宗)
2·171·1230·2a
賜李成一行將佐詔(高宗)
1·118·862·1a
賜李成軍中詔(高宗)
2·145·1059·1a
44 賜韓世忠詔(沈與求)
2·167·1206·1a
賜杜充辭免除同知樞密院事不允詔(高宗)
2·130·947·4a
賜杜充第二辭免除同知樞密院事不允批答(高宗)
2·130·947·4a
50 賜青州劉洪道獎諭敕書(高宗) 1·120·878·2a
56 賜揚泰真楚滁和濠廬光州盱眙高郵光化無爲安豐信陽軍德音(高宗)
2·247·1777·2a、3a
60 賜吕頤浩詔(沈與求)
2·168·1217·3a
賜吕頤浩辭免尚書左僕射同中書門下平章事不允詔(高宗) 2·131·950·1a、2a
72 賜劉鞈束帶戰袍敕(欽宗)
1·47·357·1a
賜劉光世韓世忠張俊詔(沈與求) 2·166·1200·2a
賜岳飛詔(沈與求)
2·168·1215·4a
賜岳飛御筆(高宗)
2·169·1220·3b
78 賜臨安府民兵撫恤敕書(高宗) 2·137·995·2a、3a

6702_0 明

60 明易象 見易明象
90 明堂布政圖 1·77·584·2a
明堂辟雍圖 1·77·584·3a

6712_2 野

07 野記 見林泉野記
50 野史 2·167·1205·3a

6801_8 噬

噬臍有愧平燕日詩(孫覿)
1·74·561·3a

6884_0 敗

敗盟記 見金人敗盟記

6886_6 贈

11 贈張通古爲别詩(周全)
2·191·1376·1a
75 贈陳充詩(葉夢得)
2·177·1283·4a

7022_7 防

防秋令官吏家屬從便詔(高宗) 2·130·944·4a

7132_7 馬

50 馬擴特除武翼大夫忠州刺史兼閤門宣贊舍人御筆(徽宗) 1·15·104·2a
馬忠落龍神衛四廂都指揮使降充河北經制副使制
1·108·793·4a
馬忠除龍神衛四廂都指揮使河北統制制 1·103·756·4a

7171_7 臣

臣寮上言紹興四年三月十五日
2·157·1139·2a
臣寮上言之二紹興四年三月十五日 2·157·1141·3a、4a
臣寮上言之三紹興四年三月十五日 2·157·1140·4a
臣寮上言紹興四年三月十七日
2·158·1143·1a
臣寮上言之二紹興四年三月十七日 2·158·1144·1a
臣寮上言紹興四年三月二十一日 2·158·1144·4a
臣寮上言紹興四年三月二十九日 2·158·1146·1a
臣寮上言紹興四年四月四日
2·158·1146·3a
臣寮上言紹興七年九月十三日
2·179·1292·1a、4a
臣寮上言之二紹興七年九月十三日 2·179·1295·1a、3a
臣寮上言之三紹興七年九月十三日 2·179·1296·2a、3a
臣寮上言紹興七年九月十五日
2·179·1296·4a
臣寮上言紹興七年十月九日
2·179·1297·3a、4a
臣寮上言紹興三十一年八月四

40 降七事手詔(李綱) 1·107·787·4ab
降李綱御筆(欽宗) 1·33·246·4a
降李若水御筆(欽宗) 1·82·613·4a
50 降表(欽宗) 1·71·534·3a、4a
1·71·535·1a、2a
1·71·536·1a
1·78·590·4a
1·78·591·3a
1·99·734·3a

7727_7 陷

陷燕記(許採) 1·23·172·3a
1·24·175·1a
1·45·339·1a

7740_0 又

又申金元帥府狀(孫傅) 1·79·598·2a

7744_0 册

册皇太子赦(徽宗) 1·101·747·1a

7744_1 開

開封府許百官乘橋榜 1·73·550·4a
開封府許失口之家陳狀詣軍前認識榜 1·73·550·1a、2a
開封府三衙榜靖康元年二月十八日 1·40·300·1ab
開封府再根括馬榜 1·78·590·1a
開封府再根括金銀榜 1·78·588·1a、2a
開封府不得擅打軍器榜 1·77·578·3a
開封府彈壓放火劫掠榜 1·70·530·4a
開封府召募潰散使臣軍兵榜 1·71·541·2a、3a
開封府司文政斬首號令榜 1·66·499·2a
開封府科斂執政以下金銀榜 1·72·543·1a
開封府收繳軍器榜 1·72·541·2a
開封府太上來日往軍前榜 1·78·590·2a
開封府榜靖康元年正月十七日 1·30·223·3a
開封府榜靖康元年二月七日 1·36·267·3a
開封府榜靖康元年二月十八日 1·40·303·2a
開封府榜靖康元年九月 1·56·421·1a
開封府榜靖康元年十一月 1·64·478·2a、3a
開封府榜靖康元年閏十一月二十七日 1·70·529·3a
開封府榜靖康元年十二月四日 1·97·716·2a
開封府榜靖康元年十二月十三日 1·97·716·3a
開封府榜靖康元年十二月十四日 1·97·717·2a
開封府榜靖康元年十二月十五日 1·97·717·2a
開封府榜靖康元年十二月十八日 1·97·717·3a
開封府榜靖康二年正月十三日 1·74·560·1a
開封府榜靖康二年正月十五日 1·74·561·3a
開封府榜靖康二年正月十七日 1·76·575·3a
開封府榜靖康二年正月二十日 1·77·578·4a
開封府榜靖康二年正月二十一日 1·77·578·4a
開封府榜靖康二年二月二日 1·78·587·4a
開封府榜靖康二年二月七日 1·79·595·1a、3a、4a
開封府榜靖康二年二月九日 1·79·598·4a
開封府榜靖康二年二月十三日 1·80·603·2a
開封府榜靖康二年四月四日 1·90·668·1a、2a
開封府榜靖康二年四月十三日 1·93·686·4a
1·93·687·1a
開封府榜靖康二年四月十四日 1·93·687·4a
1·93·688·1a
開封府榜靖康二年四月十七日 1·94·692·4a
開封府榜靖康二年四月十八日 1·94·694·3a
開封府募人齎詔榜 1·86·644·4a
開封府根括金銀榜 1·72·546·4a
開封府根括金銀表段犒金軍榜 1·73·549·2a、3a
開封府車駕詣大金軍前安撫軍民榜 1·74·557·3a
開封府奏靖康元年正月 1·31·234·2a
開封府折還百姓金銀度牒劄子(王時雍) 1·72·542·1a
開封府拘催戚里權貴豪富之家財物等榜 1·72·543·2a
開封府令元開質庫者仍舊開

庫榜 1·77·579·3a

開封府籍馬榜 1·72·541·1a

7750_3 舉

舉使臣武勇指揮 1·45·339·1a

7760_1 閣

閣門儀制榜 1·83·626·4a

7760_2 留

留宿金營軍民勿疑詔（欽宗） 1·70·533·3a

留守司榜靖康二年二月 1·80·602·4a

留守司榜靖康二年三月一日 1·83·625·2a

留守司榜靖康二年三月四日 1·83·626·3a

留守司劄子靖康二年二月 1·80·603·2a

7760_6 閭

閭丘陞責授濮州團練副使封州安置制 1·104·762·3a

7772_0 即

即帝位大赦天下詔（欽宗） 1·26·191·3a
1·28·210·3a
1·29·219·1a

7774_7 民

民間權住典雇人口詔（欽宗） 1·72·542·1a

7780_1 與

04 與謝亮書（王庶） 1·118·862·3a

與諸副元帥總管宗澤趙子崧等書（高宗） 1·90·670·1a

10 與王庶書（岳飛） 2·183·1326·4a

與王襄書（趙子崧） 1·106·780·2a

與王之望書（朱紱） 2·250·1790·3a

與王時雍書（趙子崧） 1·106·782·1a

與王時雍等書（趙子崧） 1·95·700·3a

11 與張邦昌書（趙子崧） 1·106·782·1a

25 與朱勝非書（張邦昌） 1·89·664·2a
1·94·696·1a

26 與吴敏書（蔡絛） 1·54·404·3a
1·54·405·3a

40 與大金皇帝通問書（黄潛善） 1·120·877·2a

與李唐儒書（唐重） 1·115·839·3a

與李處温書（趙良嗣） 1·8·57·2a

與李奭劉範馬柔吉等書（趙良嗣） 1·8·57·1a
1·8·58·1a

42 與姚太守書（趙暘） 1·99·733·3a

44 與范致虚書（唐重） 1·115·839·1a

與范致虚第一書（唐重） 1·77·581·1a

與范致虚第二書（唐重） 1·77·582·2a

與范致虚第三書（唐重） 1·77·583·1a

與蔡攸書（王仲通） 2·163·1180·3a

47 與朝廷百官手札（欽宗） 1·96·707·4a

49 與趙野書（宗澤） 1·85·637·2a

55 與轉運張某書（戚方） 2·249·1785·2a

60 與男灝書（張孝純） 1·53·397·1a

77 與開封尹徐秉哲詔（欽宗） 1·97·715·4a

與桑景詢詩（范致虚） 1·77·580·1a

80 與金元帥府求還孫傅張叔夜秦檜三人書（張邦昌） 1·87·647·3a、4a

與金元帥府乞免括金銀書（張邦昌） 1·86·642·1a、2a

與金元帥府乞還馮澥郭仲荀等書（張邦昌） 1·86·641·4a

與金元帥乞親詣致謝書（張邦昌） 1·85·635·1a

與金國相劄子（徽宗） 1·89·660·1a
1·89·662·1a

與翁彦國手書（張邦昌） 1·89·664·2a、3a
1·92·683·4a

與合喜孛堇書（吴璘） 2·248·1783·4a

7790_4 閑

閑居録 見秀水閒居録

7810_7 監

監國榜 1·79·598·1a

4829_4 除

00 除康王河北兵馬大元帥等蠟書　1·70·532·1a、2a、3a

20 除信王榛河外兵馬都元帥制　1·116·848·4a

26 除吴敏等指揮(欽宗)　1·27·201·1a

30 除宇文虚中等指揮　1·25·189·3a

8000_0 入

40 入内内侍省狀　1·42·318·2a

44 入燕録(王安中)　1·16·111·2a

8010_8 金

00 金立張邦昌策　1·96·711·1a

金廢劉豫詔　2·181·1306·4a

金廢劉豫指揮　2·182·1317·2a

金廢欽宗詔書　1·78·591·2a、3a　1·79·594·3a　1·79·599·4a　1·82·614·1a　1·82·619·4a　1·87·652·1a　1·89·662·4a　1·96·710·3a

02 金彰國軍牒　1·5·36·1a、2a

05 金請换回康王書 1·71·538·1a

金誅宋兗諸王詔(韓昉)　2·166·1198·4a

10 金元帥府致張邦昌書　1·86·642·3a、4a

金元帥府致朝廷書靖康二年正月　1·74·556·4a

金元帥府致朝廷書靖康二年二月　1·78·590·4a

金元帥府牒靖康二年二月十日　1·79·599·2a

金元帥府臺旨　1·80·602·4a　1·80·603·2a、4a

金元帥府回張邦昌書　1·87·647·4a

金元帥府劄子靖康二年二月十日　1·79·599·1a

金元帥府劄子靖康二年三月二日　1·83·626·2a

金元帥第六書　2·208·1500·3a

金元帥第一書　2·206·1485·3a

金元帥第二書　2·206·1487·2a

金元帥第三書　2·206·1488·3a

金元帥第七書　2·208·1502·3a

金元帥第四書　2·208·1498·3a

金下燕京報宣撫司牒　1·12·85·3a、4a

金再根括金銀移文　1·81·611·1a

金不虜掠信德府榜　1·36·271·2a、3a

12 金發遣西北人歸鄉榜　1·121·885·3a

18 金致太原守臣書　1·53·397·3a

21 金虜圖經(張棣)　2·244·1750·3a　2·244·1751·1a、4a　2·244·1752·1a、2a、4a　2·244·1753·1a、2a　2·244·1754·2a、3a、4a　2·244·1755·2a　2·244·1756·1a

金虜節要(節要)(張匯)　1·18·128·1a　1·22·162·4a　1·23·172·2a　1·24·180·4a　1·24·181·4a　1·24·182·2a　1·25·186·1a　1·45·339·4a　1·47·353·3a　1·48·365·3a　1·49·370·2a　1·53·399·3a　1·57·424·2a　1·57·425·1a　1·108·795·4a　1·111·814·4a　1·111·815·2a　1·114·832·1a　1·114·833·1a　1·114·834·3a　1·115·842·2a　1·116·847·4a　1·117·854·1a　1·120·880·1a　2·132·959·4a　2·132·960·3a　2·140·1022·2a　2·141·1027·3a　2·143·1043·4a　2·145·1057·1a　2·165·1193·4a　2·166·1196·4a　2·166·1197·2a　2·178·1289·1a　2·178·1290·2a

8088$_6$ 僉

8242$_7$ 矯

8260$_0$ 剳

8315$_3$ 錢

8612$_7$ 钃

8718$_2$ 欽

8742$_0$ 朔

77 朔風吹雪下雞山詩(趙良嗣) 1·11·79·4a

8742_7 鄭

鄭驤贈樞密直學士制 1·114·834·2a

8791_4 糴

糴米濟民詔(欽宗) 1·77·584·1a

8794_0 敘

04 敘諸將不肯出兵城破被創猶戰自劾劄子(張叔夜) 1·88·657·1a
63 敘戰功勤王及勸都關中以病乞致仕宮觀劄子(張叔夜) 1·88·656·3a

8822_0 竹

竹詩(完顏亮) 2·231·1662·4a

8860_1 答

10 答百官賀蕭后納款詔(徽宗) 1·10·72·2a
11 答張邦昌咨目(高宗) 1·91·675·1a
25 答朱紱書(王之望) 2·250·1791·3a
80 答金人減歲例銀絹書(張邦昌) 1·87·648·1a

8872_7 飭

飭二帥(童貫、蔡攸)御筆(徽宗) 1·9·61·1a

節

節要 見金虜節要

9000_0 小

小臣孤憤野録 1·100·738·4a
小臣孤憤野録總叙 1·100·738·3a

9003_6 憶

憶君王詞(謝克家) 1·78·586·2a

9022_7 尚

尚書吏部復安惇正奉大夫狀 1·2·14·4a
尚書吏部榜 1·83·626·3a
尚書省經撫房劄子 1·10·69·4a
尚書省直取金銀指揮 1·30·223·2a
尚書省榜靖康元年十二月十日 1·97·716·2a
尚書省榜靖康二年正月八日 1·74·556·2a
尚書省榜靖康二年正月十一日 1·74·558·3a、4a
尚書省榜靖康二年三月十七日 1·86·639·3a
尚書省榜靖康二年三月二十三日 1·86·642·4a
1·86·643·1a
尚書省圖 1·78·587·2a
尚書省贈李若水官劄子 1·82·615·3a
尚書省劄子宣和四年三月 1·5·34·3a
尚書省劄子宣和五年十月 1·18·132·1a
尚書省劄子靖康元年正月 1·32·236·3a
尚書省劄子靖康元年三月十八日 1·44·329·4a
尚書省劄子靖康元年三月二十六日 1·44·331·2a
尚書省劄子靖康元年六月 1·48·365·4a
尚書省劄子靖康元年九月 1·55·412·3a
1·56·421·1a
尚書省劄子靖康元年十二月七日 1·72·542·1a
尚書省劄子靖康元年十二月十日 1·72·543·1a
尚書省劄子靖康二年三月八日 1·84·631·2a
尚書省劄子靖康二年三月二十六日 1·86·644·4a
尚書省劄子靖康二年三月二十九日 1·88·657·3a
尚書省劄子靖康二年四月二日 1·89·664·1a
1·93·686·2a
1·94·693·3a
1·94·694·1a
尚書省劄子靖康二年四月九日 1·92·680·2a
尚書省劄子靖康二年四月十七日 1·94·693·2a
尚書省劄子紹興四年三月十七日 2·158·1143·3a
尚書省劄子紹興四年三月二十九日 2·158·1145·2a

9060_6 當

當叟集(王庶) 2·209·1505·1a

9080_6 賞

14 賞功詔書(欽宗) 1·42·318·3a

24 賞告捕姚平仲指揮 1·48·359·1a

60 賞罰之令信如四時賦(任忠傑) 2·245·1766·1a

9601_3 愧

愧郯録 2·200·1441·1b

9682_7 煬

煬王江上録 2·243·1744·3a

《三朝北盟會編》中所見書篇之著者索引例言

一　本索引收録《會編》中所見書、篇之著者名。如某書、篇之著者，《會編》中未加注明，則不收録。

二　爲免與本書之人名索引、書名索引重複，故本索引僅排列著者及其所撰書、篇名，不再標出其書、篇在《會編》中的册、卷、頁、欄數。閲者可查檢本書之人名索引、書名索引相關條目。

三　如一著者多名，或一書多名者，則以通行名或在《會編》中的常用名立條目，不另作參見目。閲者可查檢本書之人名索引、書名索引相關條目。

四　本索引採用四角號碼檢字順序編排。同著者的多種不同著作，則以書、篇名之四角號碼爲序。

《三朝北盟會編》中所見書篇之著者索引

上金元帥府乞立趙氏狀

0864_0 許

26 許伯通
諸律刑統疏議
什一税法格式
什一税法隨法申明
阜昌敕令格式
28 許份
申大元帥府乞駐帥揚州狀
48 許翰
論決戰有五利書
再論決戰書
乞復用种師道奏
52 許採
陷燕記
60 許景衡
奏
92 許忻
論和議不便奏劄

1010_4 王

00 王彦潛
文以足言行而遠賦
王庶
論和議第一劄子
論和議第二劄子
論和議第三劄子
論和議第四劄子
論和議第五劄子
論和議第六劄子
王庶家集、定傾論
辭潭州劄子
檄夏國興中府文
與謝亮書
乞免簽書和議文字奏劄
乞免簽書和議文字再上劄子
乞免簽書和議文字第一劄子
乞免簽書和議文字第二劄子
乞免簽書和議文字第三劄子
乞免簽書和議文字第四劄子
乞免簽書和議文字第五劄子
乞免簽書和議文字第六劄子
乞罷和議劄子
當曳集
王文昌
遍告在京貴戚官吏士庶書
10 王雲
雞林志
21 王師中
奏
23 王俊民
乞借春風以召和氣劄子
25 王仲通
與蔡攸書
27 王綯
應詔奏對
王紹
百官推戴表
28 王倫
乞入大金迎請二聖書
王以甯
上何㮚書
祭諸葛孔明文
王綸
吴玠墓銘
王繪
紹興甲寅通和録
30 王之望
答朱紱書
王之道
上皇帝書
上魏侍郎矼書
王安石
三經新義
王安中
玉燕雙雙撲鬢雲詩
後人誰促漁陽戰詩
燕山府香山寺等降甘露奏
陶悦遷吏部員外郎制詞
入燕録
王寓
諫親征劄子
乞團結居民權令放散劄子
33 王黼
請上繼天興道敷文成武睿明皇帝尊號表
論何執中疏
俘遼玉檢僞實乞宣付秘書省奏
芝生賜第奏
賀宣撫司告破蕭幹表
賀蕭后稱臣表
乞置應奉司劄子
37 王次翁
徙薪曲突論無憑詩
近來出處事何如詩
40 王十朋
梅溪集
乞用人先人望劄子
41 王樞
郭藥師降金表
44 王若冲
北狩行録
50 王忠民
六論
三國和議
經民守業書
保圖長慶書
安邊休征書

- 定亂四像
- 通和養民書
- 九思圖
- 去冗裁俗書

64 王時雍

- 開封府折還百姓金銀度牒劄子

67 王明清

- 揮麈三録
- 揮麈餘話

王嗣昌

- 請畫一奏

77 王履

- 矯首向天兮詩

1014_1 聶

聶山

- 論伏闕劄子
- 乞追王黼行遣劄子

1020_0 丁

丁特起

- 孤臣泣血録
- 孤臣泣血録拾遺
- 乞早決用兵議和之計疏
- 乞用兵書

1022_7 万

万俟卨

- 皇太后回鑾事實
- 皇太后回鑾事實序

1024_7 夏

夏少曾

- 朝野僉言

1060_0 石

17 石琚

- 君子能盡人之情賦

44 石茂良

- 避戎夜話

1060_3 雷

雷觀

- 上皇帝書

1123_2 張

12 張發

- 保蜀忠勤録
- 吳武安功績記序

17 張邵

- 謝樞密王公倫惠綿衾之詩
- 封事
- 輶軒唱和集

21 張師雄

- 論當用厚賞重罰以激勵將士劄子

27 張叔夜

- 辯利在速戰及累奏郭京狂率敗衄劄子
- 請兵邀擊金人第二狀
- 再乞遷都劄子
- 宮詞
- 迎入瑶華仙師狀
- 申金人元帥狀
- 乞遷都劄子
- 乞權暫駐蹕襄陽府畫一狀
- 乞權暫駐蹕襄陽府畫一狀小貼子
- 乞都關中權暫駐蹕襄陽府劄子
- 敘諸將不肯出兵城破被創猶戰自刎劄子
- 敘戰功勤王及勸都關中以病乞致仕宮觀劄子

33 張浚

- 論中外太上皇帝訃音詔
- 待罪奏
- 乞車駕巡幸興元府奏

38 張澂

- 奏
- 乞重賜竄黜黃潛善汪伯彥奏

40 張克公

- 論蔡京奏

張壽

- 論和議之非疏
- 論屈己就和不便劄子
- 論屈己就和利害劄子

41 張柄

- 乞罷蔡懋復用李綱种師道書

43 張栻

- 南軒先生集
- 劉子羽墓誌

44 張孝純

- 太原告急奏
- 太原告急奏貼黃
- 與男灝書

45 張棣

- 正隆事迹
- 金虜圖經

47 張瑴

- 納土狀

53 張戒

- 論和議利害奏
- 論和議利害第二劄子
- 論金人遣使詔諭江南事劄子

57 張邦昌

- 立宋太后手書
- 謝金元帥還馮澥郭仲荀免金銀等書
- 請元祐皇后垂簾聽政手書
- 致大元帥書
- 致金元帥府懇免征催金銀

88 吴敏

雪李邦彦罪狀劄子

太上皇帝傳位詔

蔡京罷相麻制

乞令學者添治春秋劄子

2690_0 和

和詵

議回師稟宣撫使司狀

上契丹事奏

收燕山圖

2691_4 程

12 程瑀

論蔡京劄子

論蔡攸疏

再論蔡京奏

27 程俱

王岧贈正議大夫制

北山集

沈與求爲御史中丞制

30 程宏圖

上皇帝書

60 程昌寓

上廟堂書

88 程篁墩

新安文獻志

2722_0 向

向子諲

致金人書

致知廬州馮詢等牒

2725_2 解

解濳

招降董才並其黨表

2726_1 詹

詹度

論郭藥師奏

平燕詩

奏

2824_0 徽

徽宗

市馬女真詔

許諸色人陳獻利害事詔

王安中知燕山府詹度郭藥師同知御筆

至開封府尹徐秉哲手帖

下燕京管内官吏軍民百姓等詔

再賜詹度御筆

甄擢賢才手詔

發願文

改燕京爲燕山府御筆

付詹度密察張穀去就御筆

付蔡攸批答

付趙良嗣議銀絹代税賦御筆

傳位奏天青詞

使金議夾攻契丹御筆

皇太子除開封牧御筆

御筆

收復燕雲曲赦河東河北燕山府雲中路詔

安堯臣可依安惇遺表恩澤補官除承務郎御批

涿易八州賜名御筆

通和女真御筆

大赦天下詔

求言詔

封童貫廣陽郡王詔

獲蕭幹首告宗廟社稷御紫宸殿受賀詔

蔡京降太子太保楚國公致仕詔

蔡確傳

加王黼等封爵御筆

趙良嗣特與支節度使俸御筆

責童貫手札

打毬詩

授王黼等三公御筆

曲赦新復州縣詔

罷花石綱等御筆手詔

賜童貫蔡攸興師手詔

賜康王詔

賜王黼手詔

賜張瑴詔

賜張瑴手詔

賜詹度御筆

賜种師道御筆批諭

賜宋映誥

册皇太子赦

與金國相劄子

蠲除新復州縣科率手詔

答百官賀蕭后納款詔

飭二帥(童貫、蔡攸)御筆

2829_4 徐

20 徐秉哲

根括高傑高伸家收藏狀

21 徐處仁

上八戒書

奏行馬政劄子

乞拘户絶田土召募鄉兵劄子

乞留蔡京狀

52 徐揆

上金元帥府書

上金國相太子書

3021_1 完

完顔亮

緑葉枝頭金縷裝詩

過汝州題詩

4080_1 真

4241_3 姚

4301_0 尤

4410_0 封

4410_4 董

4411_7 范

4439_4 蘇

4443_0 莫

樊

4445_6 韓

4460_0 苗

苗耀
神麓記

4480_6 黄

31 黄潛善
再乞罷黜劄子
上大元帥勸進表
與大金皇帝通問書
乞黜責劄子
52 黄哲
請失職之罪奏
64 黄時偁
上粘罕書

4490_1 蔡

00 蔡京
廢孟后詔
請入朝覲書
論童貫密奏
寄蔡攸詩
14 蔡珪
萬里車書已混同詩
賀收復燕雲表
27 蔡絛
論行幸陝右書
蔡絛
北征紀實
北狩行録
國史後補
與吴敏書
28 蔡攸
乞西京省侍父京劄子

4490_4 葉

30 葉適
李綱謚議
44 葉夢得
建康集
贈陳充詩
77 葉隆禮
契丹國志

4499_0 林

10 林栗
上宰相乞進軍恢復劄子
20 林季仲
論不當講和奏劄

4692_7 楊

08 楊誨
論割地書
10 楊可勝
奏
34 楊汝翼
順昌戰勝破敵録
楊造
乞罷和議劄子
40 楊堯弼
僞豫傳
楊存中
檄完顔亮一行將吏等書
64 楊時
論三鎮利害書
論王安石三經新義劄子
龜山先生集
90 楊惟忠
上大元帥勸進表
94 楊煒
上李光書

4762_0 胡

16 胡理
論和議未便疏
上粘罕書
20 胡舜陟
論唐恪聶昌疏
論禦戎之策劄子
論趙良嗣奏
論兵機事劄子
政事未得其正宜急正之疏
上張邦昌乞正名位劄子
乞下詔播告四方劄子
乞救援中山劄子
21 胡處晦
上元行詩
30 胡寅
謝奬諭詔奏
論當復讎不當講和疏
論當復讎不當講和疏貼黄
遣使有害無益論
萬言書
44 胡世將
吴玠行狀
吴玠墓誌
60 胡思
張邦昌赦文
74 胡勵
好生德洽民不犯上賦
88 胡銓
上皇帝書
澹菴先生本集
封事

4895_7 梅

梅執禮
金銀已盡狀

4980_2 趙

07 趙詡
上太傅相公書
17 趙子砥
燕雲録
趙子崧

5000$_6$ 史

5090$_4$ 秦

5202$_1$ 折

5320$_0$ 戚

5560$_0$ 曲

5560$_6$ 曹

親征詔
旌戰士獲金人詔
諭南京詔
許軍民樵採萬歲山竹木詔
許民毀折萬歲山屋宇爲薪詔
許人輸財助國詔
王易簡落職與宫祠詔
下河北州軍詔
再諭河北河東割地詔
再付徐秉哲御批
再安撫士庶手詔
再幸四壁詔
百官僧道往軍前致賀粘罕斡离不詔
鬻爵及僧道紫衣師號等詔
尋康王所在詔
改元赦内外文武臣僚等詔
耿南仲聶昌使金人軍前御批
犒大金金帛未足權行招括指揮
犒賞金國軍兵詔
集文武百官議存棄三關地詔
行遣内侍京城不得倡率指揮
允李邦彦致仕手詔
付王時雍徐秉哲御劄
付孫傅御筆
付徐秉哲御批
付開封府批劄
种師道謚忠憲敕
和議已定百姓勿疑詔
和議已定又詔
血詔
御筆
解圍太原詔
免公私房錢詔
祭种師中文
約束河北之臣不得遣家屬御寶
以彗出求直言詔
安撫伏闕上書士庶詔
安慰軍民詔
河北三帥固守三鎮詔
河北河東便宜行事詔
河北路勤王詔
河東河北清野詔
割三鎮詔
軍前批付留守孫傅書
遵用祖宗舊制手詔
太上皇下亳州燒香詔
太常禮官集議金酋徽號詔
李綱乞宫祠不允詔
求言詔
求習武藝知兵書人詔
求人材詔
范宗尹落職御筆
起福建江浙軍民勤王詔
教習禁軍詔
中外臣僚民庶實封直言詔
責王寓詔
括官司士庶金帛詔
撫諭諸路詔
置功賞司詔
四總管許自選將兵以禦都城詔
罷諸司庶務專以應辦軍期詔
罷内外官司局所詔
團結軍兵立功當特加恩賞詔
貶吴敏手詔
嚴飭河北河東州軍毋得不時輕舉手詔
賜康王手詔
賜聶昌御筆
賜聶昌敕
賜解潛諸將士敕
賜河東河北兩路守臣詔
賜河北軍民詔
賜李綱詔
賜劉韐束帶戰袍敕
毁艮嶽爲礮石詔
降李綱御筆
降李若水御筆
降表
留宿金營軍民勿疑詔
即帝位大赦天下詔
民間權住典雇人口詔
與朝廷百官手札
與開封尹徐秉哲詔
除吴敏等指揮
金人退師大赦天下詔
令王若冲邵成章衛護皇太子赴宣德門議事御筆
令從官舉文武官寮内堪充將帥者詔
差中書侍郎王孝迪收簇金銀詔
糴米濟民詔
賞功詔書

8742_7 鄭

07 鄭望之
靖康城下奉使録
17 鄭子聃
天錫勇智以正萬邦賦
不貴異物民乃足賦
72 鄭剛中
北山集
77 鄭居中
上樑文
乞守盟誓遣女真人使奏

索引字頭筆畫檢字

十二畫

十三畫

十七畫

十八畫

十九畫

二十畫

二十一畫

二十二畫

二十三畫

二十四畫